Medizin- und Gesundheitsrecht

D1735722

Textbuch
Deutsches Recht

Medizin- und Gesundheitsrecht

Stand: 1. Dezember 2018

Zusammengestellt und herausgegeben von

Dr. Andreas Spickhoff

Professor an der Universität München

2., neu bearbeitete Auflage

Bibliografische Information der Deutschen Nationalbibliothek
Die Deutsche Nationalbibliothek verzeichnet diese Publikation in der Deutschen Nationalbibliografie; detaillierte bibliografische Daten sind im Internet über http://dnb.d-nb.de abrufbar.

ISBN 978-3-8114-4888-9

E-Mail: kundenservice@cfmueller.de
Telefon: +49 89 2183 7923
Telefax: +49 89 2183 7620

www.cfmueller.de
www.cfmueller-campus.de

Satz: Textservice Zink, Schwarzach
Druck: CPI Clausen & Bosse, Leck

Vorwort

Das Medizin- bzw. Gesundheitsrecht hat sich seit einiger Zeit als eigenständiges Rechtsgebiet etabliert. Die Zuordnung der Inhalte zu den Begriffen Medizinrecht und Gesundheitsrecht schwankt gelegentlich noch ein wenig. Gleichwohl ist nicht zu verkennen, dass die Rechtsentwicklung einen „Fachanwalt für Medizinrecht", eine regelmäßige Tagung der „Medizinrechtslehrerinnen und Medizinrechtslehrer" im deutschsprachigen Raum, vergleichbare interdisziplinäre wissenschaftlich und praktisch ausgerichtete Vereinigungen sowie die Etablierung entsprechender Studienschwerpunkte an einer zunehmenden Zahl juristischer Fakultäten hervorgebracht hat.

Ein „Medizinrechtsgesetz" gibt es demgegenüber nicht; dazu ist das Rechtsgebiet bis auf weiteres auch zu disparat. Ungeachtet dessen ist gerade im medizinrechtlichen Bereich aufgrund seiner ökonomischen Relevanz und seiner Wahrnehmung innerhalb der Bevölkerung in Bezug auf bestimmte Brennpunkte des Medizinrechts eine überaus rege Tätigkeit des Gesetzgebers zu verzeichnen.

Dieser Entwicklung möchte die vorliegende Sammlung einschlägiger Regelungswerke aus den Bereichen des Medizin- bzw. Gesundheitsrechts Rechnung tragen. Die Textsammlung ist an alle adressiert, die sich im Medizinrecht einen Überblick über die Normenlage verschaffen und nicht ständig mit verschiedenen Gesetzestexten in Kopien oder unterschiedlichen Zusammenstellungen konfrontiert sein möchten. Angesprochen sind neben den Dozenten medizin- bzw. gesundheitsrechtlicher Veranstaltungen insbesondere Studenten der Rechtswissenschaft mit entsprechendem Studienschwerpunkt oder an anderen Hochschulen, ebenso aber auch alle in der Praxis Tätigen, die sich mit dem Medizin- bzw. Gesundheitsrecht beschäftigen, also Rechtsanwälte, Mitarbeiter in privaten und gesetzlichen Krankenversicherungen, in der Klinikverwaltung, in Pharmaunternehmen und bei Medizinprodukteherstellern sowie im Bereich der Justiz.

Nachdem der Gesetzgeber als Ziel des Patientenrechtegesetzes 2013 formuliert hat, Patienten sollten ihre Rechte „möglichst selbst im Gesetz nachlesen können" (BT-Drs. 17/10488, S. 9), sei auch der interessierte Laie angesprochen und ermutigt, diesem Ansinnen nachzukommen. Sobald es „hart auf hart" kommt, sollte sich der juristische Laie freilich vorsorglich versierten Rechtsrates bedienen. Denn das Medizinrecht ist eine von der Normenebene her vielschichtige, fachgebietsübergreifende, schnelllebige und überaus komplexe Materie.

Die erhebliche Nachfrage hat eine rasche Neuauflage erforderlich gemacht. Die Auswahl der abgedruckten Texte ist von dem Bestreben gekennzeichnet, alle wesentlichen Gesetze und Regelwerke vollständig oder – bezogen auf das Medizin- und Gesundheitsrecht – abschnittsweise abzudrucken. Grenzen sind insbesondere durch das mögliche Volumen eines Bandes gesetzt. Verlag und Herausgeber hoffen, dass die Textsammlung zum Medizin- und Gesundheitsrecht den Benutzern eine handliche und zuverlässige Orientierung für die tägliche Arbeit bietet. Auf vielfachen Wunsch ist in der Neuauflage das Infektionsschutzgesetz mit aufgenommen worden. Weitere Anregungen und Verbesserungsvorschläge werden gern aufgegriffen.

München, im Dezember 2018   *Andreas Spickhoff*

Inhaltsverzeichnis

und insbesondere dessen Unterfall, das Arztrecht, dann eine zumindest vorrangig zivil- oder strafrechtliche Ausrichtung erhält. Gelegentlich spricht man genau entgegengesetzt indes auch vom „öffentlichen Medizinrecht".

Nicht selten werden schließlich die Begriffe des Gesundheits- und Medizinrechts mehr oder weniger gleichbedeutend verwendet. Dem entspricht, dass
sich die Gegenstände, die in der ältesten Zeitschrift Medizinrecht (MedR) erör-
tert werden, kaum wesentlich von denjenigen unterscheiden, die in einer neueren, Gesundheitsrecht (GesR) bezeichneten Zeitschrift thematisiert werden.
Die voneinander abweichenden Titel dienen wohl vorrangig nur noch der formalen Unterscheidbarkeit der Produkte. Auch eine parallele Textausgabe zum
Recht der Schweiz nennt sich „Medizin- und Gesundheitsrecht" (herausgegeben von *Gächter/Rütsche/Tag*).

In der vorliegenden Textsammlung finden sich im Sinne der hier präferierten
terminologischen Fixierung der betreffenden Rechtsgebiete gesundheitsrechtli-
che Regelungswerke wie das Infektionsschutzgesetz, die über den engeren Bereich des Medizinrechts hinausreichen.

3. Arztrecht

Als berufsbezogener Nukleus des Medizinrechts kann das Arztrecht angesehen
werden. Dabei handelt es sich nicht um die Umschreibung für die Summe aller
den Ärzten zustehenden Ansprüche bzw. Rechte. Vielmehr fasst der Begriff
„Arztrecht" als objektives Recht alle Rechtsregeln zusammen, die sich auf die
Berufsausübung durch den Arzt und auf das Verhältnis des Patienten zum Arzt
bzw. auf sonstige berufsbezogene Rechtsverhältnisse der Ärzte, auch untereinander, beziehen. Der Begriff „Arzt" wird hierbei in einem weiten, gewissermaßen die Institutionen einbeziehenden Sinn verstanden, sodass auch das Kran-
kenhausrecht vom Arztrecht erfasst ist, ebenso wie eine Mehrheit von Ärzten,
die sich zur gemeinsamen Berufsausübung zusammengeschlossen hat. Einbezogen sind hier namentlich Regeln des Berufs- und Werberechts, das im Bürgerlichen Gesetzbuch zu findende Behandlungsvertrags- und Haftungsrecht sowie das Gebührenrecht bis hin zu Regeln der geschlechtlichen Zuordnung im
Transsexuellengesetz, das Transplantations- und nicht zuletzt das Arztstraf-
recht.

Bei alledem erscheinen die Beteiligten, insbesondere auch der Patient als Vertragspartner oder Gegenüber des Arztes, im Privatrechtsverkehr als gleichberechtigt. Das Arztrecht hat die Aufgabe, eventuelle Interessengegensätze zwischen Ärzten und Patienten oder der Rechtsgemeinschaft dort, wo sie bestehen,
in einen angemessenen Ausgleich zu bringen und zu lösen.

4. Patientenrechte

Wie das „Patientenrechtegesetz" von 2013 zeigt, spricht man durchaus von „Patientenrechten". Das ändert nichts daran, dass der Terminus „Patientenrecht"
als Synonym für oder als Gegenbegriff zum Rechtsgebiet „Arztrecht" nicht ge-

Einleitung

I. Begriffliches und Regelungsbereiche

1. Herkunft und Charakter

Das Medizinrecht und das Gesundheitsrecht beinhalten die Zusammenfassung von Normen in einer relativ neuen Begrifflichkeit, die wohl im Wesentlichen der Terminologie des anglo-amerikanischen Rechtskreises entlehnt ist. Man spricht hier vom „Medical Law" und vom „(Public) Health Law". Sowohl das Medizinrecht als auch das Gesundheitsrecht weisen auf den Gegenstand der betreffenden Gebiete hin, nämlich die Medizin bzw. die Gesundheit. Diese beson-deren Gegenstände führen dazu, dass die herkömmliche Kategorisierung des Rechts in Zivilrecht, Öffentliches Recht und (freilich als Teil des Öffentlichen Rechts) Strafrechts überschritten wird. Sowohl das Medizin- als auch das Ge-sundheitsrecht – gleich in welcher Ausprägung die Begriffe verwendet werden – lassen sich kaum noch als bloße Unterfälle einer der drei genannten groben „Säulen des Rechts" einordnen.

2. Gegenstände und Begriffsverständnis von „Medizinrecht" und „Gesundheitsrecht"

Mehrheitlich wird das Medizinrecht ganz einfach in der Weise definiert, dass es die Gesamtheit der Regeln umfasst, die sich auf die Ausübung der Heilkunde beziehen. Das Gesundheitsrecht geht demgegenüber weniger spezifisch von ei-nem wohl recht weiten Begriff der Gesundheit aus, wobei dahingestellt bleibe, ob dazu an die Definition der World Health Organisation angeknüpft werden kann, wonach die Gesundheit als Zustand des vollkommenen körperlichen, see-lischen und sozialen Wohlbefindens begriffen wird. Letztere Definition über-schreitet jedenfalls signifikant den straf- und haftungsbewehrten Begriff der Gesundheit in den entsprechenden Deliktstatbeständen des Straf- und Zivil-rechts. Das Gesundheitsrecht in diesem Sinne umfasst dann alle Normen, die dem Schutz der Gesundheit dienen. Darunter fällt naturgemäß das Gesund-heitssystem an sich, namentlich das Recht der gesetzlichen und privaten Kran-kenversicherung. Beides umfasst seinerseits freilich auch einen Bestandteil des Medizinrechts. Vom Gesundheitsrecht ist darüber hinaus aber auch der Bereich der öffentlich-rechtlichen Gefahrenabwehr erfasst; man denke an das Seuchen-, Hygiene- oder Lebensmittelrecht, ja sogar an Teile des Umweltrechts. In den letztgenannten Bereichen verlässt bzw. übersteigt das Gesundheitsrecht dann den Bereich des Medizinrechts.

In gewisser Akzentverschiebung von dieser Begriffsbestimmung findet sich freilich auch die Auffassung, wonach das Gesundheitsrecht in Anlehnung an die anglo-amerikanische Haltung auf das öffentliche Gesundheitsrecht (Recht des öffentlichen Gesundheitswesens) konzentriert wird, während das Medizin-

bräuchlich geworden ist. Unter Patientenrechten werden vielmehr die subjektiven Rechte der Patienten verstanden. Der Grund für dieses im Vergleich zum Begriff des „Arztrechts" engere Verständnis von Patientenrechten liegt wohl darin, dass im Ganzen gesehen der Arzt die charakteristische Leistung im Arzt-Patientenverhältnis erbringt.

5. Arzneimittel- und Medizinprodukterecht

Ein weiteres Untergebiet des Medizinrechts ist das Arzneimittelrecht. Bis vor wenigen Jahrzehnten war es nicht umfänglich geregelt. Das erste Arzneimittelgesetz trat in Deutschland 1961 in Kraft. Es erwies sich indes gegenüber der kurz danach hereinbrechenden Contergan-Katastrophe als unzureichend. Seit den 1970er Jahren sind dann umfassende Reformen durchgeführt sowie das Heilmittelwerbegesetz erlassen worden. Zudem ist das Arzneimittelrecht in Europa zunehmend durch zunächst gemeinschafts-, später unionsrechtliche Vorgaben überwölbt und beeinflusst worden. Das Apothekenrecht, das Betäubungsmittelrecht und das Heilmittelwerberecht treten ergänzend hinzu. Auch die mit Arzneimitteln in gewisser Weise verwandten Medizinprodukte sind erst 1994 im Medizinproduktegesetz umfassend kodifiziert worden. Auch dieses Rechtsgebiet ist der immer weiteren Europäisierung ausgesetzt. Zur Regelung von Rechtsfragen eines „besonderen Saftes" ist das Transfusionsgesetz hinzugetreten (1998).

6. Biomedizinrecht

Zum Teil hat sich sodann als besonderer Bereich des Medizinrechts das Biomedizinrecht mit ausgeprägtem Bezug zur Bioethik etabliert. Mit diesem freilich durchaus etwas schillernden Terminus, der sich an die Humanbiologie anlehnt, werden Regelungsbereiche des Medizinrechts bis zur Geburt sowie die um den Tod zentrierte Medizin erfasst. Dazu gehören das Embryonenschutz- und Stammzellrecht, das Gendiagnostik- und das Gentechnikrecht (insoweit eher im weiteren Sinne des Gesundheitsrechts); gelegentlich wird auch die Transplantationsmedizin in diesen Bereich einbezogen.

7. Recht der sonstigen Heilberufe

Neben den Ärzten steht freilich eine Gruppe weiterer bedeutsamer Heilberufe. Während die Zahnmedizin – wenngleich besonderen Regeln unterliegend – noch der Medizin im Ganzen zugerechnet werden kann, gehören unter anderem die Heilpraktiker zum Kreis der weiteren Heilberufe. Sie sind im Wesentlichen auch von den Regeln der Patientenrechtegesetzes 2013 zu den medizinischen Behandlungsverträgen erfasst.

8. Krankenhausrecht

Rechtsfragen der Krankenhäuser sind in diversen Spezialgesetzen geregelt, die den Prinzipien der flächendeckenden Versorgung, der Bedarfsplanung, der Qualitätssicherung, aber auch der Kosteneingrenzung verpflichtet sind. Eine

alte Regelung findet sich in der Gewerbeordnung, insbesondere das Kranken-
haus- und das Krankenhausentgeltgesetz treten hinzu. Krankenhaus(aufnahme)verträge sind auch durch das Patientenrechtegesetz 2013 bedauerlicherweise nicht weiter kodifiziert worden, obwohl gerade in diesem Bereich eine Reihe
von Unklarheiten besteht, die bis zur Passivlegitimation im Haftungsfall reichen können. Hier wie andernorts im Medizin- und Gesundheitsrecht wird die
Rechtslage auf absehbare Zeit daher weiterhin durch richterrechtliche Entwicklungen geprägt sein.

9. Krankenversicherung

Die Regelung des für etwa 90% der Bevölkerung zentralen Systems der gesetzlichen und des für etwa 10% der Bevölkerung maßgeblichen Systems der privaten Krankenversicherung folgt der jeweiligen ökonomischen Bedeutung. Von
uneinheitlich gewordenen bundes- und landesrechtlichen Regelungen der beamtenrechtlichen Beihilfe abgesehen findet sich die private Krankenversicherung im Versicherungsvertragsgesetz. Voluminös sind demgegenüber die Regelungswerke, die sich um die gesetzliche Kranken- und Pflegeversicherung
ranken: Neben der Zulassungsverordnung für Vertragsärzte, die den Zugang zu
dieser Materie ermöglichen, sind diesen Bereichen gleich zwei große Bücher
des Sozialgesetzbuchs (V, hier abgedruckt, und XI) gewidmet; weitere Regelungen treten hinzu.

II. Interessen

1. Ärzte und Patienten

Betrachtet man die im Medizinrecht typischerweise anzutreffenden Interessen,
die es auszugleichen gilt, so stehen nach wie vor zunächst die Mediziner selbst
im Blickpunkt. Die Berufsausübung durch Ärzte, ihr Heilauftrag, das ihnen und
der Therapiefreiheit von den Patienten entgegengebrachte Vertrauen sowie die
Regulierung und Integrierung des Heilberufs in das Gemeinwesen sind dabei
prägend. Der Arzt handelt nicht zuletzt als Angehöriger eines freien Berufs.
Demgegenüber erscheint der Patient als oft existentiell berührter Hilfesuchen-
der. Die ärztliche Tätigkeit wird durch die Prinzipien des Heilens, des Helfens,
des Schützens und des Informierens gekennzeichnet.

Dabei wird das alte Schlagwort „salus aegroti suprema lex" häufig überlagert
bis hin zu „voluntas aegroti suprema lex". Das bedingt, dass der Patient prinzi-
piell nicht getäuscht werden darf, im Allgemeinen auch nicht durch Verschwei-
gen. Der Patient hat demgegenüber die Obliegenheit, bei der Behandlung mitzuwirken (§ 630c Abs. 1 BGB), was dadurch geschieht, dass er Fragen
aussprechen, dem Arzt vertrauen und seinen Ratschlägen folgen sollte. Wenn
auch das typisierte Arzt-Patienten-Verhältnis als Zweierbeziehung erscheint,
erweitert sich diese Beziehung namentlich in der Behandlung in Kliniken.
Grund dafür ist die Ausdifferenzierung der modernen Medizin in diversifizierte
Spezialitäten; das System der Krankenversicherung tritt hinzu.

2. Gemeininteressen

Insbesondere die gesetzliche Krankenversicherung wird durch Interessen der Allgemeinheit geprägt. Durch die staatlichen Zuzahlungen aus dem Steueraufkommen sind keineswegs allein Interessen der Krankenversicherten im System der gesetzlichen Versicherung betroffen. Ausdruck dessen sind Budgetierungen, Kostendruck und Sparzwänge. Demgemäß diskutiert man seit geraumer Zeit über den Einfluss von Leistungsbegrenzungen im gesetzlichen Krankenversicherungs- und Sozialrecht allgemein auf den haftungs- und strafrechtlich maßgeblichen medizinischen Standard sowie über die ökonomische Analyse des Medizin- und Gesundheitsrechts, auch wenn reine Kosten-Nutzen-Analysen vielfach an die Grenzen fehlender Kenntnis von erforderlichen Parametern und gesellschaftlicher Akzeptanz stoßen. Auch Ärzte neigen – gottlob – nicht ohne weiteres dazu, sich vorrangig am „homo oeconomicus" auszurichten, sondern eher oder zumindest auch an davon abweichenden ethischen Leitprinzipien. Anders mag es in den Wirtschaftsabteilungen von Kliniken oder von Pharmazie- oder Medizinprodukteherstellern liegen. Allerdings ist auch im Bereich der letztgenannten Akteure im Medizinrecht zu beachten, dass übermäßige Prävention durch Haftung, Strafdrohungen oder administrative Erschwernisse den medizinischen Fortschritt zum Nachteil der Patienten hemmt. Das Abwandern gewisser Bereiche der medizinischen Forschung ins außereuropäische Ausland war – folgerichtig und gut gemeint – der Grund für eine neue Verordnung der Europäischen Union zur klinischen Prüfung von Humanarzneimitteln; neue Regeln zum Bereich der Medizinprodukte treten im Mai 2020 hinzu. Ob diese und die flankierenden gesetzlichen Maßnahmen in den Mitgliedstaaten mit noch größerem bürokratischem Aufwand zu Lasten der Akteure den misslichen Trend stoppen oder gar ins Gegenteil umkehren können, wird angezweifelt werden dürfen.

3. Menschenwürde und Persönlichkeitsrecht

Im Bereich der Fortpflanzungsmedizin oder des Transplantationsrechtes sind wieder andere Interessen zu berücksichtigen. Hier geht es um den Schutz des Menschen schon vor der Zeugung oder nach dem Tode, gewissermaßen also um ein Persönlichkeitsrecht im Werden bzw. um das postmortale Persönlichkeitsrecht bzw. um den Schutz der postmortalen Persönlichkeit.

III. Die Vielschichtigkeit der Regelungsebenen

In den Rechtsgebieten des Medizin- und Gesundheitsrechts zeigt sich zugleich exemplarisch, vielleicht sogar in besonderer Weise die Vielschichtigkeit der Rechtsentwicklung.

1. Internationalisierung

Da die Medizin von ihrem Erkenntnisgegenstand her von vornherein nicht an Landesgrenzen gebunden ist, orientiert sie sich keineswegs nur an inländischen Standards. Während der vorrangig im eigenen Recht ausgebildete Jurist ge-

wohnt ist, sich nur oder jedenfalls einstweilen noch zumeist mit dem inländischen (deutschen) bzw. europäisiertem Recht zu beschäftigen, ist der medizinische Standard von vornherein ein übernationaler. Besonders deutlich zeigt sich
dies im Bereich der medizinischen Forschung, die durch vielfältige Regelungswerke gekennzeichnet ist, man denke an die Deklaration von Helsinki oder das
Biomedizin-Übereinkommen des Europarates mit Forschungszusatzprotokoll,
das freilich von Deutschland nicht ratifiziert worden ist. Auf die Deklaration
von Helsinki als ein von der Weltärztekammer entwickeltes Regelungswerk
wird bedauerlicherweise aus verfassungsrechtlichen Gründen nur in den jeweiligen Berufsordnungen der Länder im Wege einer statischen Verweisung Bezug
genommen, so dass je nach Bundesland unterschiedliche Fassungen der Deklaration anzuwenden sind.

Ungeachtet dessen zeigt sich in vielfacher Weise die Internationalisierung der
Medizin: Patienten überschreiten vielfach Landesgrenzen, wobei teilweise das
Ziel verfolgt wird, einen höheren medizinischen Standard zu erlangen, während
in anderen Fällen – man denke an rein kosmetische Eingriffe – die Suche nach
der preisgünstigsten Behandlungsvariante im Vordergrund steht. Während im
erstgenannten Bereich die Sorge vor einer drohenden Erschleichung von Sozi-
alleistungen aufkommen mag, welcher innerhalb der EU bereits durch eine entsprechende Richtlinie zur Erbringung grenzüberschreitender Leistungen im
Gesundheitswesen Rechnung getragen worden ist, erhebt sich im letztgenannten Bereich die Frage, ob das Recht (insbesondere das Internationale Privat-
und Strafrecht) Patienten, die sich im Ausland behandeln lassen, mit dem
Schutz ihrer eigenen inländischen medizinischen und juristischen Standards
versehen kann – ein Anliegen, das offensichtlich im besten Sinne des Wortes
auf Grenzen stößt.

2. Europäisierung des Medizin- und Gesundheitsrechts

Wie dem auch sei: Neben den national-autonom geprägten Quellen des Medi-
zin- und Gesundheitsrechts sind in Fällen mit Auslandsberührung die allgemeinen, an sich nicht spezifischen Regeln des (mittlerweile zum großen Teil euro-
päisierten) internationalen Privat-, Straf- und ggf. Sozialrechts zu beachten.
Hinzu treten verbindliche Wertentscheidungen aus internationalen Menschenrechten, wobei zu beachten ist, dass der Europäische Gerichtshof für Men-
schenrechte letztere im Einzelfall durchaus von inländischen Vorstellungen abweichend konkretisiert. Hinzu treten unmittelbar verbindliche Verordnungen
der EU sowie mittelbar zu beachtende entsprechende Wertvorgaben aus entsprechenden Richtlinien, die ggf. europarechtskonform umzusetzen sind.

3. Verfassungsrecht

Im Bereich des autonomen deutschen Rechts sind abgesehen von den immer
zahlreicher werdenden einfachgesetzlichen Normen auf Bundesebene gegebenenfalls verfassungsrechtliche Maßstäbe bei der Auslegung zu berücksichtigen, wie beispielhaft die sogenannte Nikolaus-Entscheidung des Bundesver-

fassungsgerichts gezeigt hat, wonach in besonderen Einzelfällen auch über Entscheidungen des gemeinsamen Bundesausschusses hinaus Ansprüche der gesetzlich versicherten Patienten auf Kostenübernahme für besondere Behandlungsmethoden bestehen.

4. Einfach-gesetzliches Bundesrecht

Zwischen dem internationalen und europäischen sowie dem deutschen Verfassungsrecht, das durch das Grundgesetz konkretisiert wird, findet sich ein breites Spektrum bundesrechtlicher einfach-gesetzlicher Normen, zum Teil in allgemeinen Kodifikationen (z.B. Bürgerliches Gesetzbuch, Strafgesetzbuch), zum Teil in Spezialgesetzen (z.B. Krankenhausgesetz, Arzneimittel- und Medizinproduktegesetz).

5. Landesrecht: ärztliches Berufsrecht

Unterhalb bundesrechtlicher Vorgaben ist insbesondere das Arztrecht als Berufsrecht durch landesrechtlich geltende Berufsordnungen gekennzeichnet, die die Landesärztekammern aufgrund entsprechender Ermächtigungen in den jeweiligen Kammergesetzen der Länder erlassen haben.

6. Zusammenspiel der Reglungen

All dies zusammen ergibt ein überaus heterogenes, vielfach sogar diffuses Bild des Medizin- und Gesundheitsrechts. Es ist nichts weniger als erforderlich, landesrechtliche, einfach-bundesrechtliche, verfassungsrechtliche, unionsrechtliche und völkerrechtliche Vorgaben zu koordinieren. Dabei kann obendrein eine Fülle verschiedener Rechtsgebiete zur (Mit-) Entscheidung berufen sein, weil sich das Medizin- und Gesundheitsrecht eben aus unterschiedlichsten Bereichen des Öffentlichen Rechts, des Strafrechts und des Zivilrechts zusammensetzt. Hinzu treten obendrein gewissermaßen noch untergesetzliche Regelungen, nach Ansicht mancher sogar „ungesetzliche" Normen, auf die der Gesetzgeber gelegentlich Bezug nimmt, man denke an die Transplantationsrichtlinien der Bundesärztekammer, die Entscheidungen des Gemeinsamen Bundesausschusses, aber auch an in Bezug genommene internationale Standesregeln wie die Deklaration von Helsinki. Bei alledem ist zu berücksichtigen, dass zum Zwecke der Herstellung der Einheit der Rechtsordnung – oder wenigstens der Widerspruchsfreiheit der Rechtsordnung – die jeweiligen, von unterschiedlichen Gesetzgebern erlassenen Regelungswerke im Rahmen des methodisch Möglichen aufeinander zu beziehen und abgestimmt auszulegen bzw. zu handhaben sind.

7. Codex Medicinae?

Angesichts der Vielschichtigkeit und Zerstreutheit der Materie sowie der unterschiedlichen Gesetzgebungszuständigkeit ist auf absehbare Zeit eine Kodifikation des Medizinrechts nach Art eines „Medizinrechtsgesetzes" weder möglich noch angebracht oder zu erwarten. Das Gebiet des Medizinrechts ist dafür obendrein in zu großer Bewegung. Andererseits erweist es sich aber auch immer wieder als ein faszinierender Spiegel gesellschaftlicher und ethischer Vorstellungen und Interessen, die im Einzelnen konfligieren. Im Idealfall versucht dann zunächst der dazu berufene („zuständige") Gesetzgeber, einen demokratisch legitimierten Ausgleich der Interessen herzustellen, der sich schließlich in der konkreten Anwendung seiner Normen zu bewähren hat.

Grundgesetz für die Bundesrepublik Deutschland

vom 23.5.1949 (BGBl. I S. 1),
zuletzt geändert durch Art. 1 G vom 13.7.2017 (BGBl. I S. 2347)

– Auszug –

Art. 1 (1) ¹Die Würde des Menschen ist unantastbar. ²Sie zu achten und zu schützen ist Verpflichtung aller staatlichen Gewalt.

(2) Das Deutsche Volk bekennt sich darum zu unverletzlichen und unveräußerlichen Menschenrechten als Grundlage jeder menschlichen Gemeinschaft, des Friedens und der Gerechtigkeit in der Welt.

(3) Die nachfolgenden Grundrechte binden Gesetzgebung, vollziehende Gewalt und Rechtsprechung als unmittelbar geltendes Recht.

Art. 2 (1) Jeder hat das Recht auf die freie Entfaltung seiner Persönlichkeit, soweit er nicht die Rechte anderer verletzt und nicht gegen die verfassungsmäßige Ordnung oder das Sittengesetz verstößt.

(2) ¹Jeder hat das Recht auf Leben und körperliche Unversehrtheit. ²Die Freiheit der Person ist unverletzlich. ³In diese Rechte darf nur auf Grund eines Gesetzes eingegriffen werden.

Art. 3 (1) Alle Menschen sind vor dem Gesetz gleich.

(2) ¹Männer und Frauen sind gleichberechtigt. ²Der Staat fördert die tatsächliche Durchsetzung der Gleichberechtigung von Frauen und Männern und wirkt auf die Beseitigung bestehender Nachteile hin.

(3) ¹Niemand darf wegen seines Geschlechtes, seiner Abstammung, seiner Rasse, seiner Sprache, seiner Heimat und Herkunft, seines Glaubens, seiner religiösen oder politischen Anschauungen benachteiligt oder bevorzugt werden. ²Niemand darf wegen seiner Behinderung benachteiligt werden.

Art. 5 (1) ¹Jeder hat das Recht, seine Meinung in Wort, Schrift und Bild frei zu äußern und zu verbreiten und sich aus allgemein zugänglichen Quellen ungehindert zu unterrichten. ²Die Pressefreiheit und die Freiheit der Berichterstattung durch Rundfunk und Film werden gewährleistet. ³Eine Zensur findet nicht statt.

(2) Diese Rechte finden ihre Schranken in den Vorschriften der allgemeinen Gesetze, den gesetzlichen Bestimmungen zum Schutze der Jugend und in dem Recht der persönlichen Ehre.

(3) ¹Kunst und Wissenschaft, Forschung und Lehre sind frei. ²Die Freiheit der Lehre entbindet nicht von der Treue zur Verfassung.

Art. 6 (1) Ehe und Familie stehen unter dem besonderen Schutz der staatlichen Ordnung.

(2) ¹Pflege und Erziehung der Kinder sind das natürliche Recht der Eltern und die zuvörderst ihnen obliegende Pflicht. ²Über ihre Betätigung wacht die staatliche Gemeinschaft.

(3) Gegen den Willen der Erziehungsberechtigten dürfen Kinder nur auf Grund eines Gesetzes von der Familie getrennt werden, wenn die Erziehungsberechtigten versagen oder wenn die Kinder aus anderen Gründen zu verwahrlosen drohen.

(4) Jede Mutter hat Anspruch auf den Schutz und die Fürsorge der Gemeinschaft.

(5) Den unehelichen Kindern sind durch die Gesetzgebung die gleichen Bedingungen für ihre leibliche und seelische Entwicklung und ihre Stellung in der Gesellschaft zu schaffen wie den ehelichen Kindern.

Art. 12 (1) ¹Alle Deutschen haben das Recht, Beruf, Arbeitsplatz und Ausbildungsstätte frei zu wählen. ²Die Berufsausübung kann durch Gesetz oder auf Grund eines Gesetzes geregelt werden.

(2) Niemand darf zu einer bestimmten Arbeit gezwungen werden, außer im Rahmen einer herkömmlichen allgemeinen, für alle gleichen öffentlichen Dienstleistungspflicht.

(3) Zwangsarbeit ist nur bei einer gerichtlich angeordneten Freiheitsentziehung zulässig.

Art. 20 (1) Die Bundesrepublik Deutschland ist ein demokratischer und sozialer Bundesstaat.

(2) ¹Alle Staatsgewalt geht vom Volke aus. ²Sie wird vom Volke in Wahlen und Abstimmungen und durch besondere Organe der Gesetzgebung, der vollziehenden Gewalt und der Rechtsprechung ausgeübt.

(3) Die Gesetzgebung ist an die verfassungsmäßige Ordnung, die vollziehende Gewalt und die Rechtsprechung sind an Gesetz und Recht gebunden.

(4) Gegen jeden, der es unternimmt, diese Ordnung zu beseitigen, haben alle Deutschen das Recht zum Widerstand, wenn andere Abhilfe nicht möglich ist.

Art. 74 (1) Die konkurrierende Gesetzgebung erstreckt sich auf folgende Gebiete:
1. das bürgerliche Recht, das Strafrecht, die Gerichtsverfassung, das gerichtliche Verfahren (ohne das Recht des Untersuchungshaftvollzugs), die Rechtsanwaltschaft, das Notariat und die Rechtsberatung;
2. das Personenstandswesen;
3. das Vereinsrecht;
4. das Aufenthalts- und Niederlassungsrecht der Ausländer;
4a. *(aufgehoben)*
5. *(aufgehoben)*
6. die Angelegenheiten der Flüchtlinge und Vertriebenen;
7. die öffentliche Fürsorge (ohne das Heimrecht);

8. *(aufgehoben)*
9. die Kriegsschäden und die Wiedergutmachung;
10. die Kriegsgräber und Gräber anderer Opfer des Krieges und Opfer von Gewaltherrschaft;
11. das Recht der Wirtschaft (Bergbau, Industrie, Energiewirtschaft, Handwerk, Gewerbe, Handel, Bank- und Börsenwesen, privatrechtliches Versicherungswesen) ohne das Recht des Ladenschlusses, der Gaststätten, der Spielhallen, der Schaustellung von Personen, der Messen, der Ausstellungen und der Märkte;
11a. *(aufgehoben)*
12. das Arbeitsrecht einschließlich der Betriebsverfassung, des Arbeitsschutzes und der Arbeitsvermittlung sowie die Sozialversicherung einschließlich der Arbeitslosenversicherung;
13. die Regelung der Ausbildungsbeihilfen und die Förderung der wissenschaftlichen Forschung;
14. das Recht der Enteignung, soweit sie auf den Sachgebieten der Artikel 73 und 74 in Betracht kommt;
15. die Überführung von Grund und Boden, von Naturschätzen und Produktionsmitteln in Gemeineigentum oder in andere Formen der Gemeinwirtschaft;
16. die Verhütung des Missbrauchs wirtschaftlicher Machtstellung;
17. die Förderung der land- und forstwirtschaftlichen Erzeugung, die Sicherung der Ernährung, die Ein- und Ausfuhr land- und forstwirtschaftlicher Erzeugnisse, die Hochsee- und Küstenfischerei und den Küstenschutz;
18. den städtebaulichen Grundstücksverkehr, das Bodenrecht (ohne das Recht der Erschließungsbeiträge) und das Wohngeldrecht, das Altschuldenhilferecht, das Wohnungsbauprämienrecht, das Bergarbeiterwohnungsbaurecht und das Bergmannssiedlungsrecht;
19. Maßnahmen gegen gemeingefährliche oder übertragbare Krankheiten bei Menschen und Tieren, Zulassung zu ärztlichen und anderen Heilberufen und zum Heilgewerbe, sowie das Recht des Apothekenwesens, der Arzneien, der Medizinprodukte, der Heilmittel, der Betäubungsmittel und der Gifte;
19a. die wirtschaftliche Sicherung der Krankenhäuser und die Regelung der Krankenhauspflegesätze;
20. das Recht der Lebensmittel einschließlich der ihrer Gewinnung dienenden Tiere, das Recht der Genussmittel, Bedarfsgegenstände und Futtermittel sowie den Schutz beim Verkehr mit land- und forstwirtschaftlichem Saat- und Pflanzgut, den Schutz der Pflanzen gegen Krankheiten und Schädlinge sowie den Tierschutz;
21. die Hochsee- und Küstenschifffahrt sowie die Seezeichen, die Binnenschifffahrt, den Wetterdienst, die Seewasserstraßen und die dem allgemeinen Verkehr dienenden Binnenwasserstraßen;
22. den Straßenverkehr, das Kraftfahrwesen, den Bau und die Unterhaltung von Landstraßen für den Fernverkehr sowie die Erhebung und Verteilung

von Gebühren oder Entgelte für die Benutzung öffentlicher Straßen mit Fahrzeugen;

23. die Schienenbahnen, die nicht Eisenbahnen des Bundes sind, mit Ausnahme der Bergbahnen;

24. die Abfallwirtschaft, die Luftreinhaltung und die Lärmbekämpfung (ohne Schutz vor verhaltensbezogenem Lärm);

25. die Staatshaftung;

26. die medizinisch unterstützte Erzeugung menschlichen Lebens, die Untersuchung und die künstliche Veränderung von Erbinformationen sowie Regelungen zur Transplantation von Organen, Geweben und Zellen;

27. die Statusrechte und -pflichten der Beamten der Länder, Gemeinden und anderen Körperschaften des öffentlichen Rechts sowie der Richter in den Ländern mit Ausnahme der Laufbahnen, Besoldung und Versorgung;

28. das Jagdwesen;

29. den Naturschutz und die Landschaftspflege;

30. die Bodenverteilung;

31. die Raumordnung;

32. den Wasserhaushalt;

33. die Hochschulzulassung und die Hochschulabschlüsse.

(2) Gesetze nach Absatz 1 Nr. 25 und 27 bedürfen der Zustimmung des Bundesrates.

Konvention zum Schutz der Menschenrechte und Grundfreiheiten

i.d.F. der Bek. vom 22.10.2010 (BGBl. II S. 1198),
geändert durch Protokoll Nr. 15 vom 24.6.2013 (BGBl. 2014 II S. 1035)

Abschnitt I
Rechte und Freiheiten

Art. 2 Recht auf Leben. (1) [1]Das Recht jedes Menschen auf Leben wird gesetzlich geschützt. [2]Niemand darf absichtlich getötet werden, außer durch Vollstreckung eines Todesurteils, das ein Gericht wegen eines Verbrechens verhängt hat, für das die Todesstrafe gesetzlich vorgesehen ist.

(2) Eine Tötung wird nicht als Verletzung dieses Artikels betrachtet, wenn sie durch eine Gewaltanwendung verursacht wird, die unbedingt erforderlich ist, um

a) jemanden gegen rechtswidrige Gewalt zu verteidigen;

b) jemanden rechtmäßig festzunehmen oder jemanden, dem die Freiheit rechtmäßig entzogen ist, an der Flucht zu hindern;

c) einen Aufruhr oder Aufstand rechtmäßig niederzuschlagen.

Art. 3 Verbot der Folter. Niemand darf der Folter oder unmenschlicher oder erniedrigender Behandlung oder Strafe unterworfen werden.

Art. 5 Recht auf Freiheit und Sicherheit. (1) [1]Jede Person hat das Recht auf Freiheit und Sicherheit. [2]Die Freiheit darf nur in den folgenden Fällen und nur auf die gesetzlich vorgeschriebene Weise entzogen werden:

a) rechtmäßige Freiheitsentziehung nach Verurteilung durch ein zuständiges Gericht;

b) rechtmäßige Festnahme oder Freiheitsentziehung wegen Nichtbefolgung einer rechtmäßigen gerichtlichen Anordnung oder zur Erzwingung der Erfüllung einer gesetzlichen Verpflichtung;

c) rechtmäßige Festnahme oder Freiheitsentziehung zur Vorführung vor die zuständige Gerichtsbehörde, wenn hinreichender Verdacht besteht, dass die betreffende Person eine Straftat begangen hat, oder wenn begründeter Anlass zu der Annahme besteht, dass es notwendig ist, sie an der Begehung einer Straftat oder an der Flucht nach Begehung einer solchen zu hindern;

d) rechtmäßige Freiheitsentziehung bei Minderjährigen zum Zweck überwachter Erziehung oder zur Vorführung vor die zuständige Behörde;

e) rechtmäßige Freiheitsentziehung mit dem Ziel, eine Verbreitung ansteckender Krankheiten zu verhindern, sowie bei psychisch Kranken, Alkohol- oder Rauschgiftsüchtigen und Landstreichern;

f) rechtmäßige Festnahme oder Freiheitsentziehung zur Verhinderung der unerlaubten Einreise sowie bei Personen, gegen die ein Ausweisungs- oder Auslieferungsverfahren im Gange ist.

(2) Jeder festgenommenen Person muss innerhalb möglichst kurzer Frist in einer ihr verständlichen Sprache mitgeteilt werden, welches die Gründe für ihre Festnahme sind und welche Beschuldigungen gegen sie erhoben werden.

(3) [1]Jede Person, die nach Absatz 1 Buchstabe c von Festnahme oder Freiheitsentziehung betroffen ist, muss unverzüglich einem Richter oder einer anderen gesetzlich zur Wahrnehmung richterlicher Aufgaben ermächtigten Person vorgeführt werden; sie hat Anspruch auf ein Urteil innerhalb angemessener Frist oder auf Entlassung während des Verfahrens. [2]Die Entlassung kann von der Leistung einer Sicherheit für das Erscheinen vor Gericht abhängig gemacht werden.

(4) Jede Person, die festgenommen oder der die Freiheit entzogen ist, hat das Recht zu beantragen, dass ein Gericht innerhalb kurzer Frist über die Rechtmäßigkeit der Freiheitsentziehung entscheidet und ihre Entlassung anordnet, wenn die Freiheitsentziehung nicht rechtmäßig ist.

(5) Jede Person, die unter Verletzung dieses Artikels von Festnahme oder Freiheitsentziehung betroffen ist, hat Anspruch auf Schadensersatz.

Art. 6 Recht auf ein faires Verfahren. (1) [1]Jede Person hat ein Recht darauf, dass über Streitigkeiten in Bezug auf ihre zivilrechtlichen Ansprüche und Verpflichtungen oder über eine gegen sie erhobene strafrechtliche Anklage von einem unabhängigen und unparteiischen, auf Gesetz beruhenden Gericht in einem fairen Verfahren, öffentlich und innerhalb angemessener Frist verhandelt wird. [2]Das Urteil muss öffentlich verkündet werden; Presse und Öffentlichkeit können jedoch während des ganzen oder eines Teiles des Verfahrens ausgeschlossen werden, wenn dies im Interesse der Moral, der öffentlichen Ordnung oder der nationalen Sicherheit in einer demokratischen Gesellschaft liegt, wenn die Interessen von Jugendlichen oder der Schutz des Privatlebens der Prozessparteien es verlangen oder – soweit das Gericht es für unbedingt erforderlich hält – wenn unter besonderen Umständen eine öffentliche Verhandlung die Interessen der Rechtspflege beeinträchtigen würde.

(2) Jede Person, die einer Straftat angeklagt ist, gilt bis zum gesetzlichen Beweis ihrer Schuld als unschuldig.

(3) Jede angeklagte Person hat mindestens folgende Rechte:
a) innerhalb möglichst kurzer Frist in einer ihr verständlichen Sprache in allen Einzelheiten über Art und Grund der gegen sie erhobenen Beschuldigung unterrichtet zu werden;
b) ausreichende Zeit und Gelegenheit zur Vorbereitung ihrer Verteidigung zu haben;
c) sich selbst zu verteidigen, sich durch einen Verteidiger ihrer Wahl verteidigen zu lassen oder, falls ihr die Mittel zur Bezahlung fehlen, unentgeltlich den Beistand eines Verteidigers zu erhalten, wenn dies im Interesse der Rechtspflege erforderlich ist;

d) Fragen an Belastungszeugen zu stellen oder stellen zu lassen und die Ladung und Vernehmung von Entlastungszeugen unter denselben Bedingungen zu erwirken, wie sie für Belastungszeugen gelten;

e) unentgeltliche Unterstützung durch einen Dolmetscher zu erhalten, wenn sie die Verhandlungssprache des Gerichts nicht versteht oder spricht.

Art. 8 Recht auf Achtung des Privat- und Familienlebens. (1) Jede Person hat das Recht auf Achtung ihres Privat- und Familienlebens, ihrer Wohnung und ihrer Korrespondenz.

(2) Eine Behörde darf in die Ausübung dieses Rechts nur eingreifen, soweit der Eingriff gesetzlich vorgesehen und in einer demokratischen Gesellschaft notwendig ist für die nationale oder öffentliche Sicherheit, für das wirtschaftliche Wohl des Landes, zur Aufrechterhaltung der Ordnung, zur Verhütung von Straftaten, zum Schutz der Gesundheit oder der Moral oder zum Schutz der Rechte und Freiheiten anderer.

Art. 10 Freiheit der Meinungsäußerung. (1) [1]Jede Person hat das Recht auf freie Meinungsäußerung. [2]Dieses Recht schließt die Meinungsfreiheit und die Freiheit ein, Informationen und Ideen ohne behördliche Eingriffe und ohne Rücksicht auf Staatsgrenzen zu empfangen und weiterzugeben. [3]Dieser Artikel hindert die Staaten nicht, für Hörfunk-, Fernseh- oder Kinounternehmen eine Genehmigung vorzuschreiben.

(2) Die Ausübung dieser Freiheiten ist mit Pflichten und Verantwortung verbunden; sie kann daher Formvorschriften, Bedingungen, Einschränkungen oder Strafdrohungen unterworfen werden, die gesetzlich vorgesehen und in einer demokratischen Gesellschaft notwendig sind für die nationale Sicherheit, die territoriale Unversehrtheit oder die öffentliche Sicherheit, zur Aufrechterhaltung der Ordnung oder zur Verhütung von Straftaten, zum Schutz der Gesundheit oder der Moral, zum Schutz des guten Rufes oder der Rechte anderer, zur Verhinderung der Verbreitung vertraulicher Informationen oder zur Wahrung der Autorität und der Unparteilichkeit der Rechtsprechung.

Art. 12 Recht auf Eheschließung. Männer und Frauen im heiratsfähigen Alter haben das Recht, nach den innerstaatlichen Gesetzen, welche die Ausübung dieses Rechts regeln, eine Ehe einzugehen und eine Familie zu gründen.

Art. 14 Diskriminierungsverbot. Der Genuss der in dieser Konvention anerkannten Rechte und Freiheiten ist ohne Diskriminierung insbesondere wegen des Geschlechts, der Rasse, der Hautfarbe, der Sprache, der Religion, der politischen oder sonstigen Anschauung, der nationalen oder sozialen Herkunft, der Zugehörigkeit zu einer nationalen Minderheit, des Vermögens, der Geburt oder eines sonstigen Status zu gewährleisten.

Charta der Grundrechte
der Europäischen Union (2016/C 202/02)

(ABl. C Nr. 202 S. 389)

Titel I
Würde des Menschen

Art. 1 Würde des Menschen. [1]Die Würde des Menschen ist unantastbar. [2]Sie ist zu achten und zu schützen.

Art. 2 Recht auf Leben. (1) Jeder Mensch hat das Recht auf Leben.

(2) Niemand darf zur Todesstrafe verurteilt oder hingerichtet werden.

Art. 3 Recht auf Unversehrtheit. (1) Jeder Mensch hat das Recht auf körperliche und geistige Unversehrtheit.

(2) Im Rahmen der Medizin und der Biologie muss insbesondere Folgendes beachtet werden:

a) die freie Einwilligung des Betroffenen nach vorheriger Aufklärung entsprechend den gesetzlich festgelegten Einzelheiten,

b) das Verbot eugenischer Praktiken, insbesondere derjenigen, welche die Selektion von Menschen zum Ziel haben,

c) das Verbot, den menschlichen Körper und Teile davon als solche zur Erzielung von Gewinnen zu nutzen,

d) das Verbot des reproduktiven Klonens von Menschen.

Titel II
Freiheiten

Art. 15 Berufsfreiheit und Recht zu arbeiten. (1) Jede Person hat das Recht, zu arbeiten und einen frei gewählten oder angenommenen Beruf auszuüben.

(2) Alle Unionsbürgerinnen und Unionsbürger haben die Freiheit, in jedem Mitgliedstaat Arbeit zu suchen, zu arbeiten, sich niederzulassen oder Dienstleistungen zu erbringen.

(3) Die Staatsangehörigen dritter Länder, die im Hoheitsgebiet der Mitgliedstaaten arbeiten dürfen, haben Anspruch auf Arbeitsbedingungen, die denen der Unionsbürgerinnen und Unionsbürger entsprechen.

Titel IV

Solidarität

Art. 35 Gesundheitsschutz. [1]Jeder Mensch hat das Recht auf Zugang zur Gesundheitsvorsorge und auf ärztliche Versorgung nach Maßgabe der einzelstaatlichen Rechtsvorschriften und Gepflogenheiten. [2]Bei der Festlegung und Durchführung der Politik und Maßnahmen der Union in allen Bereichen wird ein hohes Gesundheitsschutzniveau sichergestellt.

Gesetz zum Schutz von Embryonen
(Embryonenschutzgesetz – ESchG)

vom 13.12.1990 (BGBl. I S. 2746),
zuletzt geändert durch Art. 1 G vom 21.11.2011 (BGBl. I S. 2228)

§ 1 Missbräuchliche Anwendung von Fortpflanzungstechniken. (1) Mit Freiheitsstrafe bis zu drei Jahren oder mit Geldstrafe wird bestraft, wer

1. auf eine Frau eine fremde unbefruchtete Eizelle überträgt,
2. es unternimmt, eine Eizelle zu einem anderen Zweck künstlich zu befruchten, als eine Schwangerschaft der Frau herbeizuführen, von der die Eizelle stammt,
3. es unternimmt, innerhalb eines Zyklus mehr als drei Embryonen auf eine Frau zu übertragen,
4. es unternimmt, durch intratubaren Gametentransfer innerhalb eines Zyklus mehr als drei Eizellen zu befruchten,
5. es unternimmt, mehr Eizellen einer Frau zu befruchten, als ihr innerhalb eines Zyklus übertragen werden sollen,
6. einer Frau einen Embryo vor Abschluss seiner Einnistung in der Gebärmutter entnimmt, um diesen auf eine andere Frau zu übertragen oder ihn für einen nicht seiner Erhaltung dienenden Zweck zu verwenden, oder
7. es unternimmt, bei einer Frau, welche bereit ist, ihr Kind nach der Geburt Dritten auf Dauer zu überlassen (Ersatzmutter), eine künstliche Befruchtung durchzuführen oder auf sie einen menschlichen Embryo zu übertragen.

(2) Ebenso wird bestraft, wer

1. künstlich bewirkt, dass eine menschliche Samenzelle in eine menschliche Eizelle eindringt, oder
2. eine menschliche Samenzelle in eine menschliche Eizelle künstlich verbringt,

ohne eine Schwangerschaft der Frau herbeiführen zu wollen, von der die Eizelle stammt.

(3) Nicht bestraft werden

1. in den Fällen des Absatzes 1 Nr. 1, 2 und 6 die Frau, von der die Eizelle oder der Embryo stammt, sowie die Frau, auf die die Eizelle übertragen wird oder der Embryo übertragen werden soll, und
2. in den Fällen des Absatzes 1 Nr. 7 die Ersatzmutter sowie die Person, die das Kind auf Dauer bei sich aufnehmen will.

(4) In den Fällen des Absatzes 1 Nr. 6 und des Absatzes 2 ist der Versuch strafbar.

§ 2 Missbräuchliche Verwendung menschlicher Embryonen. (1) Wer einen extrakorporal erzeugten oder einer Frau vor Abschluss seiner Einnistung in der Gebärmutter entnommenen menschlichen Embryo veräußert oder zu einem nicht seiner Erhaltung dienenden Zweck abgibt, erwirbt oder verwendet, wird mit Freiheitsstrafe bis zu drei Jahren oder mit Geldstrafe bestraft.

(2) Ebenso wird bestraft, wer zu einem anderen Zweck als der Herbeiführung einer Schwangerschaft bewirkt, dass sich ein menschlicher Embryo extrakorporal weiterentwickelt.

(3) Der Versuch ist strafbar.

§ 3 Verbotene Geschlechtswahl. [1]Wer es unternimmt, eine menschliche Eizelle mit einer Samenzelle künstlich zu befruchten, die nach dem in ihr enthaltenen Geschlechtschromosom ausgewählt worden ist, wird mit Freiheitsstrafe bis zu einem Jahr oder mit Geldstrafe bestraft. [2]Dies gilt nicht, wenn die Auswahl der Samenzelle durch einen Arzt dazu dient, das Kind vor der Erkrankung an einer Muskeldystrophie vom Typ Duchenne oder einer ähnlich schwerwiegenden geschlechtsgebundenen Erbkrankheit zu bewahren, und die dem Kind drohende Erkrankung von der nach Landesrecht zuständigen Stelle als entsprechend schwerwiegend anerkannt worden ist.

§ 3a Präimplantationsdiagnostik; Verordnungsermächtigung. (1) Wer Zellen eines Embryos in vitro vor seinem intrauterinen Transfer genetisch untersucht (Präimplantationsdiagnostik), wird mit Freiheitsstrafe bis zu einem Jahr oder mit Geldstrafe bestraft.

(2) [1]Besteht auf Grund der genetischen Disposition der Frau, von der die Eizelle stammt, oder des Mannes, von dem die Samenzelle stammt, oder von beiden für deren Nachkommen das hohe Risiko einer schwerwiegenden Erbkrankheit, handelt nicht rechtswidrig, wer zur Herbeiführung einer Schwangerschaft mit schriftlicher Einwilligung der Frau, von der die Eizelle stammt, nach dem allgemein anerkannten Stand der medizinischen Wissenschaft und Technik Zellen des Embryos in vitro vor dem intrauterinen Transfer auf die Gefahr dieser Krankheit genetisch untersucht. [2]Nicht rechtswidrig handelt auch, wer eine Präimplantationsdiagnostik mit schriftlicher Einwilligung der Frau, von der die Eizelle stammt, zur Feststellung einer schwerwiegenden Schädigung des Embryos vornimmt, die mit hoher Wahrscheinlichkeit zu einer Tot- oder Fehlgeburt führen wird.

(3) [1]Eine Präimplantationsdiagnostik nach Absatz 2 darf nur
1. nach Aufklärung und Beratung zu den medizinischen, psychischen und sozialen Folgen der von der Frau gewünschten genetischen Untersuchung von Zellen der Embryonen, wobei die Aufklärung vor der Einholung der Einwilligung zu erfolgen hat,
2. nachdem eine interdisziplinär zusammengesetzte Ethikkommission an den zugelassenen Zentren für Präimplantationsdiagnostik die Einhaltung der Voraussetzungen des Absatzes 2 geprüft und eine zustimmende Bewertung abgegeben hat und

3. durch einen hierfür qualifizierten Arzt in für die Präimplantationsdiagnostik zugelassenen Zentren, die über die für die Durchführung der Maßnahmen der Präimplantationsdiagnostik notwendigen diagnostischen, medizinischen und technischen Möglichkeiten verfügen,

vorgenommen werden. [2]Die im Rahmen der Präimplantationsdiagnostik durchgeführten Maßnahmen, einschließlich der von den Ethikkommissionen abgelehnten Fälle, werden von den zugelassenen Zentren an eine Zentralstelle in anonymisierter Form gemeldet und dort dokumentiert. [3]Die Bundesregierung bestimmt durch Rechtsverordnung mit Zustimmung des Bundesrates das Nähere

1. zu der Anzahl und den Voraussetzungen für die Zulassung von Zentren, in denen die Präimplantationsdiagnostik durchgeführt werden darf, einschließlich der Qualifikation der dort tätigen Ärzte und der Dauer der Zulassung,

2. zur Einrichtung, Zusammensetzung, Verfahrensweise und Finanzierung der Ethikkommissionen für Präimplantationsdiagnostik,

3. zur Einrichtung und Ausgestaltung der Zentralstelle, der die Dokumentation von im Rahmen der Präimplantationsdiagnostik durchgeführten Maßnahmen obliegt,

4. zu den Anforderungen an die Meldung von im Rahmen der Präimplantationsdiagnostik durchgeführten Maßnahmen an die Zentralstelle und den Anforderungen an die Dokumentation.

(4) [1]Ordnungswidrig handelt, wer entgegen Absatz 3 Satz 1 eine Präimplantationsdiagnostik vornimmt. [2]Die Ordnungswidrigkeit kann mit einer Geldbuße bis zu fünfzigtausend Euro geahndet werden.

(5) [1]Kein Arzt ist verpflichtet, eine Maßnahme nach Absatz 2 durchzuführen oder an ihr mitzuwirken. [2]Aus der Nichtmitwirkung darf kein Nachteil für den Betreffenden erwachsen.

(6) [1]Die Bundesregierung erstellt alle vier Jahre einen Bericht über die Erfahrungen mit der Präimplantationsdiagnostik. [2]Der Bericht enthält auf der Grundlage der zentralen Dokumentation und anonymisierter Daten die Zahl der jährlich durchgeführten Maßnahmen sowie eine wissenschaftliche Auswertung.

§ 4 Eigenmächtige Befruchtung, eigenmächtige Embryoübertragung und künstliche Befruchtung nach dem Tode. (1) Mit Freiheitsstrafe bis zu drei Jahren oder mit Geldstrafe wird bestraft, wer

1. es unternimmt, eine Eizelle künstlich zu befruchten, ohne dass die Frau, deren Eizelle befruchtet wird, und der Mann, dessen Samenzelle für die Befruchtung verwendet wird, eingewilligt haben,

2. es unternimmt, auf eine Frau ohne deren Einwilligung einen Embryo zu übertragen, oder

3. wissentlich eine Eizelle mit dem Samen eines Mannes nach dessen Tode § 4 künstlich befruchtet.

(2) Nicht bestraft wird im Fall des Absatzes 1 Nr. 3 die Frau, bei der die künstliche Befruchtung vorgenommen wird.

§ 5 Künstliche Veränderung menschlicher Keimbahnzellen. (1) Wer die Erbinformation einer menschlichen Keimbahnzelle künstlich verändert, wird mit Freiheitsstrafe bis zu fünf Jahren oder mit Geldstrafe bestraft.

(2) Ebenso wird bestraft, wer eine menschliche Keimzelle mit künstlich veränderter Erbinformation zur Befruchtung verwendet.

(3) Der Versuch ist strafbar.

(4) Absatz 1 findet keine Anwendung auf
1. eine künstliche Veränderung der Erbinformation einer außerhalb des Körpers befindlichen Keimzelle, wenn ausgeschlossen ist, dass diese zur Befruchtung verwendet wird,
2. eine künstliche Veränderung der Erbinformation einer sonstigen körpereigenen Keimbahnzelle, die einer toten Leibesfrucht, einem Menschen oder einem Verstorbenen entnommen worden ist, wenn ausgeschlossen ist, dass
   a) diese auf einen Embryo, Foetus oder Menschen übertragen wird oder
   b) aus ihr eine Keimzelle entsteht,
   sowie
3. Impfungen, strahlen-, chemotherapeutische oder andere Behandlungen, mit denen eine Veränderung der Erbinformation von Keimbahnzellen nicht beabsichtigt ist.

§ 6 Klonen. (1) Wer künstlich bewirkt, dass ein menschlicher Embryo mit der gleichen Erbinformation wie ein anderer Embryo, ein Foetus, ein Mensch oder ein Verstorbener entsteht, wird mit Freiheitsstrafe bis zu fünf Jahren oder mit Geldstrafe bestraft.

(2) Ebenso wird bestraft, wer einen in Absatz 1 bezeichneten Embryo auf eine Frau überträgt.

(3) Der Versuch ist strafbar.

§ 7 Chimären- und Hybridbildung. (1) Wer es unternimmt,
1. Embryonen mit unterschiedlichen Erbinformationen unter Verwendung mindestens eines menschlichen Embryos zu einem Zellverband zu vereinigen,
2. mit einem menschlichen Embryo eine Zelle zu verbinden, die eine andere Erbinformation als die Zellen des Embryos enthält und sich mit diesem weiter zu differenzieren vermag, oder
3. durch Befruchtung einer menschlichen Eizelle mit dem Samen eines Tieres oder durch Befruchtung einer tierischen Eizelle mit dem Samen eines Menschen einen differenzierungsfähigen Embryo zu erzeugen,
wird mit Freiheitsstrafe bis zu fünf Jahren oder mit Geldstrafe bestraft.

(2) Ebenso wird bestraft, wer es unternimmt,
1. einen durch eine Handlung nach Absatz 1 entstandenen Embryo auf

a) eine Frau oder

b) ein Tier

zu übertragen oder

2. einen menschlichen Embryo auf ein Tier zu übertragen.

§ 8 Begriffsbestimmung. (1) Als Embryo im Sinne dieses Gesetzes gilt bereits die befruchtete, entwicklungsfähige menschliche Eizelle vom Zeitpunkt der Kernverschmelzung an, ferner jede einem Embryo entnommene totipotente Zelle, die sich bei Vorliegen der dafür erforderlichen weiteren Voraussetzungen zu teilen und zu einem Individuum zu entwickeln vermag.

(2) In den ersten vierundzwanzig Stunden nach der Kernverschmelzung gilt die befruchtete menschliche Eizelle als entwicklungsfähig, es sei denn, dass schon vor Ablauf dieses Zeitraums festgestellt wird, dass sich diese nicht über das Einzellstadium hinaus zu entwickeln vermag.

(3) Keimbahnzellen im Sinne dieses Gesetzes sind alle Zellen, die in einer Zell-Linie von der befruchteten Eizelle bis zu den Ei- und Samenzellen des aus ihr hervorgegangenen Menschen führen, ferner die Eizelle vom Einbringen oder Eindringen der Samenzelle an bis zu der mit der Kernverschmelzung abgeschlossenen Befruchtung.

§ 9 Arztvorbehalt. Nur ein Arzt darf vornehmen:

1. die künstliche Befruchtung,

2. die Präimplantationsdiagnostik,

3. die Übertragung eines menschlichen Embryos auf eine Frau,

4. die Konservierung eines menschlichen Embryos sowie einer menschlichen Eizelle, in die bereits eine menschliche Samenzelle eingedrungen oder künstlich eingebracht worden ist.

§ 10 Freiwillige Mitwirkung. Niemand ist verpflichtet, Maßnahmen der in § 9 bezeichneten Art vorzunehmen oder an ihnen mitzuwirken.

§ 11 Verstoß gegen den Arztvorbehalt. (1) Wer, ohne Arzt zu sein,

1. entgegen § 9 Nr. 1 eine künstliche Befruchtung vornimmt,

2. entgegen § 9 Nummer 2 eine Präimplantationsdiagnostik vornimmt oder

3. entgegen § 9 Nummer 3 einen menschlichen Embryo auf eine Frau überträgt,

wird mit Freiheitsstrafe bis zu einem Jahr oder mit Geldstrafe bestraft.

(2) Nicht bestraft werden im Fall des § 9 Nr. 1 die Frau, die eine künstliche Insemination bei sich vornimmt, und der Mann, dessen Samen zu einer künstlichen Insemination verwendet wird.

§ 12 Bußgeldvorschriften. (1) Ordnungswidrig handelt, wer, ohne Arzt zu sein, entgegen § 9 Nummer 4 einen menschlichen Embryo oder eine dort bezeichnete menschliche Eizelle konserviert.

(2) Die Ordnungswidrigkeit kann mit einer Geldbuße bis zu zweitausend-fünfhundert Euro geahndet werden.

§ 13 Inkrafttreten.   Dieses Gesetz tritt am 1. Januar 1991 in Kraft.

Gesetz zur Sicherstellung des Embryonenschutzes im Zusammenhang mit Einfuhr und Verwendung menschlicher embryonaler Stammzellen (Stammzellgesetz – StZG)

vom 28.6.2002 (BGBl. I S. 2277),
zuletzt geändert durch Art. 50 G vom 29.3.2017 (BGBl. I S. 626)

§ 1 Zweck des Gesetzes. Zweck dieses Gesetzes ist es, im Hinblick auf die staatliche Verpflichtung, die Menschenwürde und das Recht auf Leben zu achten und zu schützen und die Freiheit der Forschung zu gewährleisten,

1. die Einfuhr und die Verwendung embryonaler Stammzellen grundsätzlich zu verbieten,
2. zu vermeiden, dass von Deutschland aus eine Gewinnung embryonaler Stammzellen oder eine Erzeugung von Embryonen zur Gewinnung embryonaler Stammzellen veranlasst wird, und
3. die Voraussetzungen zu bestimmen, unter denen die Einfuhr und die Verwendung embryonaler Stammzellen ausnahmsweise zu Forschungszwecken zugelassen sind.

§ 2 Anwendungsbereich. Dieses Gesetz gilt für die Einfuhr von embryonalen Stammzellen und für die Verwendung von embryonalen Stammzellen, die sich im Inland befinden.

§ 3 Begriffsbestimmungen. Im Sinne dieses Gesetzes

1. sind Stammzellen alle menschlichen Zellen, die die Fähigkeit besitzen, in entsprechender Umgebung sich selbst durch Zellteilung zu vermehren, und die sich selbst oder deren Tochterzellen sich unter geeigneten Bedingungen zu Zellen unterschiedlicher Spezialisierung, jedoch nicht zu einem Individuum zu entwickeln vermögen (pluripotente Stammzellen),
2. sind embryonale Stammzellen alle aus Embryonen, die extrakorporal erzeugt und nicht zur Herbeiführung einer Schwangerschaft verwendet worden sind oder einer Frau vor Abschluss ihrer Einnistung in der Gebärmutter entnommen wurden, gewonnenen pluripotenten Stammzellen,
3. sind embryonale Stammzell-Linien alle embryonalen Stammzellen, die in Kultur gehalten werden oder im Anschluss daran kryokonserviert gelagert werden,
4. ist Embryo bereits jede menschliche totipotente Zelle, die sich bei Vorliegen der dafür erforderlichen weiteren Voraussetzungen zu teilen und zu einem Individuum zu entwickeln vermag,
5. ist Einfuhr das Verbringen embryonaler Stammzellen in den Geltungsbereich dieses Gesetzes.

§ 4 Einfuhr und Verwendung embryonaler Stammzellen. (1) Die Einfuhr und die Verwendung embryonaler Stammzellen ist verboten.

(2) Abweichend von Absatz 1 sind die Einfuhr und die Verwendung embryonaler Stammzellen zu Forschungszwecken unter den in § 6 genannten Voraussetzungen zulässig, wenn

1. zur Überzeugung der Genehmigungsbehörde feststeht, dass
   a) die embryonalen Stammzellen in Übereinstimmung mit der Rechtslage im Herkunftsland dort vor dem 1. Mai 2007 gewonnen wurden und in Kultur gehalten werden oder im Anschluss daran kryokonserviert gelagert werden (embryonale Stammzell-Linie),
   b) die Embryonen, aus denen sie gewonnen wurden, im Wege der medizinisch unterstützten extrakorporalen Befruchtung zum Zwecke der Herbeiführung einer Schwangerschaft erzeugt worden sind, sie endgültig nicht mehr für diesen Zweck verwendet wurden und keine Anhaltspunkte dafür vorliegen, dass dies aus Gründen erfolgte, die an den Embryonen selbst liegen,
   c) für die Überlassung der Embryonen zur Stammzellgewinnung kein Entgelt oder sonstiger geldwerter Vorteil gewährt oder versprochen wurde und
2. der Einfuhr oder Verwendung der embryonalen Stammzellen sonstige gesetzliche Vorschriften, insbesondere solche des Embryonenschutzgesetzes, nicht entgegenstehen.

(3) ¹Die Genehmigung ist zu versagen, wenn die Gewinnung der embryonalen Stammzellen offensichtlich im Widerspruch zu tragenden Grundsätzen der deutschen Rechtsordnung erfolgt ist. ²Die Versagung kann nicht damit begründet werden, dass die Stammzellen aus menschlichen Embryonen gewonnen wurden.

§ 5 Forschung an embryonalen Stammzellen. Forschungsarbeiten an embryonalen Stammzellen dürfen nur durchgeführt werden, wenn wissenschaftlich begründet dargelegt ist, dass

1. sie hochrangigen Forschungszielen für den wissenschaftlichen Erkenntnisgewinn im Rahmen der Grundlagenforschung oder für die Erweiterung medizinischer Kenntnisse bei der Entwicklung diagnostischer, präventiver oder therapeutischer Verfahren zur Anwendung bei Menschen dienen und
2. nach dem anerkannten Stand von Wissenschaft und Technik
   a) die im Forschungsvorhaben vorgesehenen Fragestellungen so weit wie möglich bereits in In-vitro-Modellen mit tierischen Zellen oder in Tierversuchen vorgeklärt worden sind und
   b) der mit dem Forschungsvorhaben angestrebte wissenschaftliche Erkenntnisgewinn sich voraussichtlich nur mit embryonalen Stammzellen erreichen lässt.

§ 6 Genehmigung. (1) Jede Einfuhr und jede Verwendung embryonaler Stammzellen bedarf der Genehmigung durch die zuständige Behörde.

(2) ¹Der Antrag auf Genehmigung bedarf der Schriftform. ²Der Antragsteller hat in den Antragsunterlagen insbesondere folgende Angaben zu machen:

1. den Namen und die berufliche Anschrift der für das Forschungsvorhaben verantwortlichen Person,

2. eine Beschreibung des Forschungsvorhabens einschließlich einer wissenschaftlich begründeten Darlegung, dass das Forschungsvorhaben den Anforderungen nach § 5 entspricht,

3. eine Dokumentation der für die Einfuhr oder Verwendung vorgesehenen embryonalen Stammzellen darüber, dass die Voraussetzungen nach § 4 Abs. 2 Nr. 1 erfüllt sind; der Dokumentation steht ein Nachweis gleich, der belegt, dass

   a) die vorgesehenen embryonalen Stammzellen mit denjenigen identisch sind, die in einem wissenschaftlich anerkannten, öffentlich zugänglichen und durch staatliche oder staatlich autorisierte Stellen geführten Register eingetragen sind, und

   b) durch diese Eintragung die Voraussetzungen nach § 4 Abs. 2 Nr. 1 erfüllt sind.

(3) ¹Die zuständige Behörde hat dem Antragsteller den Eingang des Antrags und der beigefügten Unterlagen unverzüglich schriftlich oder elektronisch zu bestätigen. ²Sie holt zugleich die Stellungnahme der Zentralen Ethik-Kommission für Stammzellenforschung ein. ³Nach Eingang der Stellungnahme teilt sie dem Antragsteller die Stellungnahme und den Zeitpunkt der Beschlussfassung der Zentralen Ethik-Kommission für Stammzellenforschung mit.

(4) Die Genehmigung ist zu erteilen, wenn

1. die Voraussetzungen nach § 4 Abs. 2 erfüllt sind,

2. die Voraussetzungen nach § 5 erfüllt sind und das Forschungsvorhaben in diesem Sinne ethisch vertretbar ist und

3. eine Stellungnahme der Zentralen Ethik-Kommission für Stammzellenforschung nach Beteiligung durch die zuständige Behörde vorliegt.

(5) ¹Liegen die vollständigen Antragsunterlagen sowie eine Stellungnahme der Zentralen Ethik-Kommission für Stammzellenforschung vor, so hat die Behörde über den Antrag innerhalb von zwei Monaten schriftlich zu entscheiden. ²Die Behörde hat bei ihrer Entscheidung die Stellungnahme der Zentralen Ethik-Kommission für Stammzellenforschung zu berücksichtigen. ³Weicht die zuständige Behörde bei ihrer Entscheidung von der Stellungnahme der Zentralen Ethik-Kommission für Stammzellenforschung ab, so hat sie die Gründe hierfür schriftlich darzulegen.

(6) ¹Die Genehmigung kann unter Auflagen und Bedingungen erteilt und befristet werden, soweit dies zur Erfüllung oder fortlaufenden Einhaltung der Genehmigungsvoraussetzungen nach Absatz 4 erforderlich ist. ²Treten nach Erteilung der Genehmigung Tatsachen ein, die der Genehmigung entgegenstehen, kann die Genehmigung mit Wirkung für die Zukunft ganz oder teilweise widerrufen oder von der Erfüllung von Auflagen abhängig gemacht oder befristet werden, soweit dies zur Erfüllung oder fortlaufenden Einhaltung der Genehmi-

gungsvoraussetzungen nach Absatz 4 erforderlich ist. [3]Widerspruch und Anfechtungsklage gegen die Rücknahme oder den Widerruf der Genehmigung haben keine aufschiebende Wirkung.

§ 7[1] Zuständige Behörde. (1) [1]Zuständige Behörde ist eine durch Rechtsverordnung des Bundesministeriums für Gesundheit zu bestimmende Behörde aus seinem Geschäftsbereich. [2]Sie führt die ihr nach diesem Gesetz übertragenen Aufgaben als Verwaltungsaufgaben des Bundes durch und untersteht der Fachaufsicht des Bundesministeriums für Gesundheit.

(2) [1]Für individuell zurechenbare öffentliche Leistungen nach diesem Gesetz sind Gebühren und Auslagen zu erheben. [2]Von der Zahlung von Gebühren sind außer den in § 8 Abs. 1 und 2 des Bundesgebührengesetzes bezeichneten Rechtsträgern die als gemeinnützig anerkannten Forschungseinrichtungen befreit.

(3) [1]Das Bundesministerium für Gesundheit wird ermächtigt, im Einvernehmen mit dem Bundesministerium für Bildung und Forschung durch Rechtsverordnung die gebührenpflichtigen Tatbestände zu bestimmen und dabei feste Sätze oder Rahmensätze vorzusehen. [2]Dabei ist die Bedeutung, der wirtschaftliche Wert oder der sonstige Nutzen für die Gebührenschuldner angemessen zu berücksichtigen. [3]In der Rechtsverordnung kann bestimmt werden, dass eine Gebühr auch für eine Amtshandlung erhoben werden kann, die nicht zu Ende geführt worden ist, wenn die Gründe hierfür von demjenigen zu vertreten sind, der die individuell zurechenbare öffentliche Leistung veranlasst hat.

(4) Die bei der Erfüllung von Auskunftspflichten im Rahmen des Genehmigungsverfahrens entstehenden eigenen Aufwendungen des Antragstellers sind nicht zu erstatten.

§ 8 Zentrale Ethik-Kommission für Stammzellenforschung. (1) [1]Bei der zuständigen Behörde wird eine interdisziplinär zusammengesetzte, unabhängige Zentrale Ethik-Kommission für Stammzellenforschung eingerichtet, die sich aus neun Sachverständigen der Fachrichtungen Biologie, Ethik, Medizin und Theologie zusammensetzt. [2]Vier der Sachverständigen werden aus den Fachrichtungen Ethik und Theologie, fünf der Sachverständigen aus den Fachrichtungen Biologie und Medizin berufen. [3]Die Kommission wählt aus ihrer Mitte Vorsitz und Stellvertretung.

(2) [1]Die Mitglieder der Zentralen Ethik-Kommission für Stammzellenforschung werden von der Bundesregierung für die Dauer von drei Jahren berufen. [2]Die Wiederberufung ist zulässig. [3]Für jedes Mitglied wird in der Regel ein stellvertretendes Mitglied bestellt.

---

1 **Anm. d. Herausgebers:**
Gemäß Art. 4 Abs. 15 G vom 18.7.2016 (BGBl. I S. 1666) wird § 7 mit Wirkung vom 1.10.2021 wie folgt geändert:
Die Absätze 2 und 3 werden aufgehoben. Absatz 4 wird Absatz 2.

(3) ¹Die Mitglieder und die stellvertretenden Mitglieder sind unabhängig und an Weisungen nicht gebunden. ²Sie sind zur Verschwiegenheit verpflichtet. ³Die §§ 20 und 21 des Verwaltungsverfahrensgesetzes gelten entsprechend.

(4) Die Bundesregierung wird ermächtigt, durch Rechtsverordnung das Nähere über die Berufung und das Verfahren der Zentralen Ethik-Kommission für Stammzellenforschung, die Heranziehung externer Sachverständiger sowie die Zusammenarbeit mit der zuständigen Behörde einschließlich der Fristen zu regeln.

§ 9 Aufgaben der Zentralen Ethik-Kommission für Stammzellenforschung. Die Zentrale Ethik-Kommission für Stammzellenforschung prüft und bewertet anhand der eingereichten Unterlagen, ob die Voraussetzungen nach § 5 erfüllt sind und das Forschungsvorhaben in diesem Sinne ethisch vertretbar ist.

§ 10 Vertraulichkeit von Angaben. (1) Die Antragsunterlagen nach § 6 sind vertraulich zu behandeln.

(2) Abweichend von Absatz 1 können für die Aufnahme in das Register nach § 11 verwendet werden

1. die Angaben über die embryonalen Stammzellen nach § 4 Abs. 2 Nr. 1,
2. der Name und die berufliche Anschrift der für das Forschungsvorhaben verantwortlichen Person,
3. die Grunddaten des Forschungsvorhabens, insbesondere eine zusammenfassende Darstellung der geplanten Forschungsarbeiten einschließlich der maßgeblichen Gründe für ihre Hochrangigkeit, die Institution, in der sie durchgeführt werden sollen, und ihre voraussichtliche Dauer.

(3) Wird der Antrag vor der Entscheidung über die Genehmigung zurückgezogen, hat die zuständige Behörde die über die Antragsunterlagen gespeicherten Daten zu löschen und die Antragsunterlagen zurückzugeben.

§ 11 Register. Die Angaben über die embryonalen Stammzellen und die Grunddaten der genehmigten Forschungsvorhaben werden durch die zuständige Behörde in einem öffentlich zugänglichen Register geführt.

§ 12 Anzeigepflicht. ¹Die für das Forschungsvorhaben verantwortliche Person hat wesentliche nachträglich eingetretene Änderungen, die die Zulässigkeit der Einfuhr oder der Verwendung der embryonalen Stammzellen betreffen, unverzüglich der zuständigen Behörde anzuzeigen. ²§ 6 bleibt unberührt.

§ 13 Strafvorschriften. (1) ¹Mit Freiheitsstrafe bis zu drei Jahren oder mit Geldstrafe wird bestraft, wer ohne Genehmigung nach § 6 Abs. 1

1. embryonale Stammzellen einführt oder
2. embryonale Stammzellen, die sich im Inland befinden, verwendet.

²Ohne Genehmigung im Sinne des Satzes 1 handelt auch, wer aufgrund einer durch vorsätzlich falsche Angaben erschlichenen Genehmigung handelt. ³Der Versuch ist strafbar.

(2) Mit Freiheitsstrafe bis zu einem Jahr oder mit Geldstrafe wird bestraft, wer einer vollziehbaren Auflage nach § 6 Abs. 6 Satz 1 oder 2 zuwiderhandelt.

§ 14 Bußgeldvorschriften. (1) Ordnungswidrig handelt, wer

1. entgegen § 6 Abs. 2 Satz 2 eine dort genannte Angabe nicht richtig oder nicht vollständig macht oder
2. entgegen § 12 Satz 1 eine Anzeige nicht, nicht richtig, nicht vollständig oder nicht rechtzeitig erstattet.

(2) Die Ordnungswidrigkeit kann mit einer Geldbuße bis zu fünfzigtausend Euro geahndet werden.

§ 15 Bericht. [1]Die Bundesregierung übermittelt dem Deutschen Bundestag im Abstand von zwei Jahren, erstmals zum Ablauf des Jahres 2003, einen Erfahrungsbericht über die Durchführung des Gesetzes. [2]Der Bericht stellt auch die Ergebnisse der Forschung an anderen Formen menschlicher Stammzellen dar.

§ 16 Inkrafttreten. Dieses Gesetz tritt am ersten Tag des auf die Verkündung[2] folgenden Monats in Kraft.

---

2 Anm. d. Verlages:
   Verkündet am 29.6.2002.

Gesetz über genetische Untersuchungen bei Menschen (Gendiagnostikgesetz – GenDG)

vom 31.7.2009 (BGBl. I S. 2529, ber. S. 3672),
zuletzt geändert durch Art. 2 Abs. 1 G vom 4.11.2016 (BGBl. I S. 2460)

Abschnitt 1
Allgemeine Vorschriften

§ 1 Zweck des Gesetzes. Zweck dieses Gesetzes ist es, die Voraussetzungen für genetische Untersuchungen und im Rahmen genetischer Untersuchungen durchgeführte genetische Analysen sowie die Verwendung genetischer Proben und Daten zu bestimmen und eine Benachteiligung auf Grund genetischer Eigenschaften zu verhindern, um insbesondere die staatliche Verpflichtung zur Achtung und zum Schutz der Würde des Menschen und des Rechts auf informationelle Selbstbestimmung zu wahren.

§ 2 Anwendungsbereich. (1) Dieses Gesetz gilt für genetische Untersuchungen und im Rahmen genetischer Untersuchungen durchgeführte genetische Analysen bei geborenen Menschen sowie bei Embryonen und Föten während der Schwangerschaft und den Umgang mit dabei gewonnenen genetischen Proben und genetischen Daten bei genetischen Untersuchungen zu medizinischen Zwecken, zur Klärung der Abstammung sowie im Versicherungsbereich und im Arbeitsleben.

(2) Dieses Gesetz gilt nicht für genetische Untersuchungen und Analysen und den Umgang mit genetischen Proben und Daten
1. zu Forschungszwecken,
2. auf Grund von Vorschriften
   a) über das Strafverfahren, über die internationale Rechtshilfe in Strafsachen, des Bundeskriminalamtgesetzes und der Polizeigesetze der Länder,
   b) des Infektionsschutzgesetzes und der auf Grund des Infektionsschutzgesetzes erlassenen Rechtsverordnungen.

§ 3 Begriffsbestimmungen. Im Sinne dieses Gesetzes
1. ist genetische Untersuchung eine auf den Untersuchungszweck gerichtete
   a) genetische Analyse zur Feststellung genetischer Eigenschaften oder
   b) vorgeburtliche Risikoabklärung
   einschließlich der Beurteilung der jeweiligen Ergebnisse,
2. ist genetische Analyse eine auf die Feststellung genetischer Eigenschaften gerichtete Analyse
   a) der Zahl und der Struktur der Chromosomen (zytogenetische Analyse),
   b) der molekularen Struktur der Desoxyribonukleinsäure oder der Ribonukleinsäure (molekulargenetische Analyse) oder

   c) der Produkte der Nukleinsäuren (Genproduktanalyse),

3. ist vorgeburtliche Risikoabklärung eine Untersuchung des Embryos oder Fötus, mit der die Wahrscheinlichkeit für das Vorliegen bestimmter genetischer Eigenschaften mit Bedeutung für eine Erkrankung oder gesundheitliche Störung des Embryos oder Fötus ermittelt werden soll,

4. sind genetische Eigenschaften ererbte oder während der Befruchtung oder bis zur Geburt erworbene, vom Menschen stammende Erbinformationen,

5. ist verantwortliche ärztliche Person die Ärztin oder der Arzt, die oder der die genetische Untersuchung zu medizinischen Zwecken vornimmt,

6. ist genetische Untersuchung zu medizinischen Zwecken eine diagnostische oder eine prädiktive genetische Untersuchung,

7. ist eine diagnostische genetische Untersuchung eine genetische Untersuchung mit dem Ziel

   a) der Abklärung einer bereits bestehenden Erkrankung oder gesundheitlichen Störung,

   b) der Abklärung, ob genetische Eigenschaften vorliegen, die zusammen mit der Einwirkung bestimmter äußerer Faktoren oder Fremdstoffe eine Erkrankung oder gesundheitliche Störung auslösen können,

   c) der Abklärung, ob genetische Eigenschaften vorliegen, die die Wirkung eines Arzneimittels beeinflussen können, oder

   d) der Abklärung, ob genetische Eigenschaften vorliegen, die den Eintritt einer möglichen Erkrankung oder gesundheitlichen Störung ganz oder teilweise verhindern können,

8. ist prädiktive genetische Untersuchung eine genetische Untersuchung mit dem Ziel der Abklärung

   a) einer erst zukünftig auftretenden Erkrankung oder gesundheitlichen Störung oder

   b) einer Anlageträgerschaft für Erkrankungen oder gesundheitliche Störungen bei Nachkommen,

9. ist genetische Reihenuntersuchung eine genetische Untersuchung zu medizinischen Zwecken, die systematisch der gesamten Bevölkerung oder bestimmten Personengruppen in der gesamten Bevölkerung angeboten wird, ohne dass bei der jeweiligen betroffenen Person notwendigerweise Grund zu der Annahme besteht, sie habe die genetischen Eigenschaften, deren Vorhandensein mit der Untersuchung geklärt werden soll,

10. ist genetische Probe biologisches Material, das zur Verwendung für genetische Analysen vorgesehen ist oder an dem solche Analysen vorgenommen wurden,

11. sind genetische Daten die durch eine genetische Untersuchung oder die im Rahmen einer genetischen Untersuchung durchgeführte genetische Analyse gewonnenen Daten über genetische Eigenschaften,

12. sind Beschäftigte

   a) Arbeitnehmerinnen und Arbeitnehmer,

   b) die zu ihrer Berufsbildung Beschäftigten,

c) Teilnehmer an Leistungen zur Teilhabe am Arbeitsleben sowie an Abklärungen der beruflichen Eignung oder Arbeitserprobung (Rehabilitanden),

d) die in anerkannten Werkstätten für behinderte Menschen Beschäftigten,

e) Personen, die nach dem Jugendfreiwilligendienstegesetz beschäftigt werden,

f) Personen, die wegen ihrer wirtschaftlichen Unselbstständigkeit als arbeitnehmerähnliche Personen anzusehen sind; zu diesen gehören auch die in Heimarbeit Beschäftigten und die ihnen Gleichgestellten,

g) Bewerberinnen und Bewerber für ein Beschäftigungsverhältnis sowie Personen, deren Beschäftigungsverhältnis beendet ist,

13. sind Arbeitgeber (Arbeitgeberinnen und Arbeitgeber) natürliche oder juristische Personen oder rechtsfähige Personengesellschaften, die Personen nach Nummer 12 beschäftigen, bei in Heimarbeit Beschäftigten und den ihnen Gleichgestellten die Auftraggeber oder Zwischenmeister oder bei Beschäftigten, die einem Dritten zur Arbeitsleistung überlassen werden, auch die Dritten.

§ 4 Benachteiligungsverbot. (1) Niemand darf wegen seiner oder der genetischen Eigenschaften einer genetisch verwandten Person, wegen der Vornahme oder Nichtvornahme einer genetischen Untersuchung oder Analyse bei sich oder einer genetisch verwandten Person oder wegen des Ergebnisses einer solchen Untersuchung oder Analyse benachteiligt werden.

(2) ¹Die Geltung von Benachteiligungsverboten oder Geboten der Gleichbehandlung nach anderen Vorschriften und Grundsätzen wird durch dieses Gesetz nicht berührt. ²Dies gilt auch für öffentlich-rechtliche Vorschriften, die dem Schutz bestimmter Personengruppen dienen.

§ 5 Qualitätssicherung genetischer Analysen. (1) ¹Genetische Analysen im Rahmen genetischer Untersuchungen zur Klärung der Abstammung dürfen nur von Einrichtungen vorgenommen werden, die eine Akkreditierung für die Durchführung der genetischen Analysen durch eine hierfür allgemein anerkannte Stelle erhalten haben. ²Für eine Akkreditierung muss die Einrichtung insbesondere

1. die genetischen Analysen nach dem allgemein anerkannten Stand der Wissenschaft und Technik durchführen und hierfür ein System der internen Qualitätssicherung einrichten,

2. über für die entsprechenden Tätigkeiten qualifiziertes Personal verfügen,

3. die Anforderungen an die Aufbewahrung und Vernichtung der Ergebnisse der genetischen Analysen nach § 12 sowie an die Verwendung und Vernichtung genetischer Proben nach § 13 einhalten und hierfür die erforderlichen organisatorischen und technischen Maßnahmen treffen und

4. die erfolgreiche Teilnahme an geeigneten externen Qualitätssicherungsmaßnahmen nachweisen.

[3]Die Einrichtungen werden für die im Akkreditierungsantrag benannten Analysearten sowie Analyseverfahren akkreditiert. [4]Die Akkreditierung ist auf längstens fünf Jahre zu befristen.

(2) Einrichtungen oder Personen, die genetische Analysen zu medizinischen Zwecken im Rahmen genetischer Untersuchungen vornehmen, müssen die in Absatz 1 Satz 2 Nr. 1 bis 4 genannten Anforderungen erfüllen.

§ 6 Abgabe genetischer Untersuchungsmittel. Das Bundesministerium für Gesundheit kann durch Rechtsverordnung mit Zustimmung des Bundesrates regeln, dass bestimmte, in der Rechtsverordnung zu bezeichnende genetische Untersuchungsmittel, die dazu dienen, genetische Untersuchungen vorzunehmen, zur Endanwendung nur an Personen und Einrichtungen abgegeben werden dürfen, die zu diesen Untersuchungen oder zu genetischen Analysen im Rahmen dieser Untersuchungen nach Maßgabe dieses Gesetzes berechtigt sind.

Abschnitt 2
Genetische Untersuchungen zu medizinischen Zwecken

§ 7 Arztvorbehalt. (1) Eine diagnostische genetische Untersuchung darf nur durch Ärztinnen oder Ärzte und eine prädiktive genetische Untersuchung nur durch Fachärztinnen oder Fachärzte für Humangenetik oder andere Ärztinnen oder Ärzte, die sich beim Erwerb einer Facharzt-, Schwerpunkt- oder Zusatzbezeichnung für genetische Untersuchungen im Rahmen ihres Fachgebietes qualifiziert haben, vorgenommen werden.

(2) Die genetische Analyse einer genetischen Probe darf nur im Rahmen einer genetischen Untersuchung von der verantwortlichen ärztlichen Person oder durch von dieser beauftragte Personen oder Einrichtungen vorgenommen werden.

(3) Eine genetische Beratung nach § 10 darf nur durch in Absatz 1 genannte Ärztinnen oder Ärzte, die sich für genetische Beratungen qualifiziert haben, vorgenommen werden.

§ 8 Einwilligung. (1) [1]Eine genetische Untersuchung oder Analyse darf nur vorgenommen und eine dafür erforderliche genetische Probe nur gewonnen werden, wenn die betroffene Person in die Untersuchung und die Gewinnung der dafür erforderlichen genetischen Probe ausdrücklich und schriftlich gegenüber der verantwortlichen ärztlichen Person eingewilligt hat. [2]Die Einwilligung nach Satz 1 umfasst sowohl die Entscheidung über den Umfang der genetischen Untersuchung als auch die Entscheidung, ob und inwieweit das Untersuchungsergebnis zur Kenntnis zu geben oder zu vernichten ist. [3]Eine nach § 7 Abs. 2 beauftragte Person oder Einrichtung darf die genetische Analyse nur vornehmen, wenn ihr ein Nachweis der Einwilligung vorliegt.

(2) [1]Die betroffene Person kann ihre Einwilligung jederzeit mit Wirkung für die Zukunft schriftlich oder mündlich gegenüber der verantwortlichen ärztli-

chen Person widerrufen. [2]Erfolgt der Widerruf mündlich, ist dieser unverzüglich zu dokumentieren. [3]Die verantwortliche ärztliche Person hat der nach § 7 Abs. 2 beauftragten Person oder Einrichtung unverzüglich einen Nachweis des Widerrufs zu übermitteln.

§ 9 Aufklärung. (1) [1]Vor Einholung der Einwilligung hat die verantwortliche ärztliche Person die betroffene Person über Wesen, Bedeutung und Tragweite der genetischen Untersuchung aufzuklären. [2]Der betroffenen Person ist nach der Aufklärung eine angemessene Bedenkzeit bis zur Entscheidung über die Einwilligung einzuräumen.

(2) Die Aufklärung umfasst insbesondere

1. Zweck, Art, Umfang und Aussagekraft der genetischen Untersuchung einschließlich der mit dem vorgesehenen genetischen Untersuchungsmittel im Rahmen des Untersuchungszwecks erzielbaren Ergebnisse; dazu gehören auch die Bedeutung der zu untersuchenden genetischen Eigenschaften für eine Erkrankung oder gesundheitliche Störung sowie die Möglichkeiten, sie zu vermeiden, ihr vorzubeugen oder sie zu behandeln,

2. gesundheitliche Risiken, die mit der Kenntnis des Ergebnisses der genetischen Untersuchung und der Gewinnung der dafür erforderlichen genetischen Probe für die betroffene Person verbunden sind, bei Schwangeren auch gesundheitliche Risiken, die mit der vorgeburtlichen genetischen Untersuchung und der Gewinnung der dafür erforderlichen genetischen Probe für den Embryo oder Fötus verbunden sind,

3. die vorgesehene Verwendung der genetischen Probe sowie der Untersuchungs- oder der Analyseergebnisse,

4. das Recht der betroffenen Person, die Einwilligung jederzeit zu widerrufen,

5. das Recht der betroffenen Person auf Nichtwissen einschließlich des Rechts, das Untersuchungsergebnis oder Teile davon nicht zur Kenntnis zu nehmen, sondern vernichten zu lassen,

6. bei einer genetischen Reihenuntersuchung die Unterrichtung der betroffenen Personen über das Ergebnis der Bewertung der Untersuchung durch die Gendiagnostik-Kommission nach § 16 Abs. 2.

(3) Die verantwortliche ärztliche Person hat den Inhalt der Aufklärung vor der genetischen Untersuchung zu dokumentieren.

§ 10 Genetische Beratung. (1) [1]Bei einer diagnostischen genetischen Untersuchung soll die verantwortliche ärztliche Person nach Vorliegen des Untersuchungsergebnisses der betroffenen Person eine genetische Beratung durch eine Ärztin oder einen Arzt, die oder der die Voraussetzungen nach § 7 Abs. 1 und 3 erfüllt, anbieten. [2]Wird bei der betroffenen Person eine genetische Eigenschaft mit Bedeutung für eine Erkrankung oder gesundheitliche Störung festgestellt, die nach dem allgemein anerkannten Stand der Wissenschaft und Technik nicht behandelbar ist, gilt Satz 1 mit der Maßgabe, dass die verantwortliche ärztliche Person die Beratung anzubieten hat.

(2) [1]Bei einer prädiktiven genetischen Untersuchung ist die betroffene Person vor der genetischen Untersuchung und nach Vorliegen des Untersuchungsergebnisses durch eine Ärztin oder einen Arzt, die oder der die Voraussetzungen nach § 7 Abs. 1 und 3 erfüllt, genetisch zu beraten, soweit diese nicht im Einzelfall nach vorheriger schriftlicher Information über die Beratungsinhalte auf die genetische Beratung schriftlich verzichtet. [2]Der betroffenen Person ist nach der Beratung eine angemessene Bedenkzeit bis zur Untersuchung einzuräumen.

(3) [1]Die genetische Beratung erfolgt in allgemein verständlicher Form und ergebnisoffen. [2]Sie umfasst insbesondere die eingehende Erörterung der möglichen medizinischen, psychischen und sozialen Fragen im Zusammenhang mit einer Vornahme oder Nichtvornahme der genetischen Untersuchung und ihren vorliegenden oder möglichen Untersuchungsergebnissen sowie der Möglichkeiten zur Unterstützung bei physischen und psychischen Belastungen der betroffenen Person durch die Untersuchung und ihr Ergebnis. [3]Mit Zustimmung der betroffenen Person kann eine weitere sachverständige Person mitberatend hinzugezogen werden. [4]Ist anzunehmen, dass genetisch Verwandte der betroffenen Person Träger der zu untersuchenden genetischen Eigenschaften mit Bedeutung für eine vermeidbare oder behandelbare Erkrankung oder gesundheitliche Störung sind, umfasst die genetische Beratung auch die Empfehlung, diesen Verwandten eine genetische Beratung zu empfehlen. [5]Soll die genetische Untersuchung bei einem Embryo oder Fötus vorgenommen werden, gilt Satz 4 entsprechend.

(4) Die verantwortliche ärztliche Person oder die Ärztin oder der Arzt, die oder der die Beratung angeboten oder vorgenommen hat, hat den Inhalt der Beratung zu dokumentieren.

§ 11 Mitteilung der Ergebnisse genetischer Untersuchungen und Analysen. (1) Das Ergebnis einer genetischen Untersuchung darf vorbehaltlich der Absätze 2 und 3 nur der betroffenen Person und nur durch die verantwortliche ärztliche Person oder die Ärztin oder den Arzt, die oder der die genetische Beratung durchgeführt hat, mitgeteilt werden.

(2) Eine nach § 7 Abs. 2 mit der genetischen Analyse beauftragte Person oder Einrichtung darf das Ergebnis der genetischen Analyse nur der ärztlichen Person mitteilen, die sie mit der genetischen Analyse beauftragt hat.

(3) Die verantwortliche ärztliche Person darf das Ergebnis der genetischen Untersuchung oder Analyse anderen nur mit ausdrücklicher und schriftlicher Einwilligung der betroffenen Person mitteilen.

(4) Das Ergebnis der genetischen Untersuchung darf der betroffenen Person nicht mitgeteilt werden, soweit diese Person nach § 8 Abs. 1 Satz 1 in Verbindung mit Satz 2 entschieden hat, dass das Ergebnis der genetischen Untersuchung zu vernichten ist oder diese Person nach § 8 Abs. 2 ihre Einwilligung widerrufen hat.

§ 12 Aufbewahrung und Vernichtung der Ergebnisse genetischer Untersuchungen und Analysen. (1) [1]Die Ergebnisse genetischer Untersuchungen und Analysen hat die verantwortliche ärztliche Person zehn Jahre in den Untersuchungsunterlagen über die betroffene Person aufzubewahren. [2]Die verantwortliche ärztliche Person hat die Ergebnisse genetischer Untersuchungen und Analysen unverzüglich in den Untersuchungsunterlagen über die betroffene Person zu vernichten,

1. wenn die Aufbewahrungsfrist nach Satz 1 abgelaufen ist oder
2. soweit diese Person nach § 8 Abs. 1 Satz 1 in Verbindung mit Satz 2 entschieden hat, dass die Ergebnisse der genetischen Untersuchungen und Analysen zu vernichten sind.

[3]Soweit Grund zu der Annahme besteht, dass durch eine Vernichtung schutzwürdige Interessen der betroffenen Person beeinträchtigt würden oder wenn die betroffene Person eine längere Aufbewahrung schriftlich verlangt, hat die verantwortliche ärztliche Person die Ergebnisse anstelle einer Vernichtung nach Satz 2 Nr. 1 zu sperren und dies der nach § 7 Abs. 2 beauftragten Person oder Einrichtung mitzuteilen. [4]Satz 2 Nr. 2 gilt auch, wenn die betroffene Person ihre Einwilligung nach § 8 Abs. 2 widerrufen hat, soweit ihr die Ergebnisse nicht bereits bekannt sind.

(2) Absatz 1 gilt für die Aufbewahrung, Vernichtung und Sperrung des Ergebnisses einer genetischen Analyse durch die nach § 7 Abs. 2 beauftragte Person oder Einrichtung entsprechend.

§ 13 Verwendung und Vernichtung genetischer Proben. (1) [1]Eine genetische Probe darf nur für die Zwecke verwendet werden, für die sie gewonnen worden ist. [2]Die verantwortliche ärztliche Person oder die nach § 7 Abs. 2 beauftragte Person oder Einrichtung hat die genetische Probe unverzüglich zu vernichten, sobald sie für diese Zwecke nicht mehr benötigt wird oder die betroffene Person ihre Einwilligung nach § 8 Abs. 2 widerrufen hat.

(2) Abweichend von Absatz 1 darf die genetische Probe zu anderen Zwecken nur verwendet werden, soweit dies nach anderen gesetzlichen Vorschriften zulässig ist oder wenn zuvor die Person, von der die genetische Probe stammt, nach Unterrichtung über die anderen Zwecke in die Verwendung ausdrücklich und schriftlich eingewilligt hat.

(3) Wer eine genetische Probe verwendet, hat die erforderlichen technischen und organisatorischen Maßnahmen zu treffen, um eine unzulässige Verwendung der Probe auszuschließen.

§ 14 Genetische Untersuchungen bei nicht einwilligungsfähigen Personen. (1) Bei einer Person, die nicht in der Lage ist, Wesen, Bedeutung und Tragweite der genetischen Untersuchung zu erkennen und ihren Willen hiernach auszurichten, dürfen eine genetische Untersuchung zu medizinischen Zwecken sowie die Gewinnung der dafür erforderlichen genetischen Probe nur vorgenommen werden, wenn

1. die Untersuchung nach dem allgemein anerkannten Stand der Wissenschaft und Technik erforderlich ist, um bei der Person eine genetisch bedingte Erkrankung oder gesundheitliche Störung zu vermeiden oder zu behandeln oder dieser vorzubeugen, oder wenn eine Behandlung mit einem Arzneimittel vorgesehen ist, dessen Wirkung durch genetische Eigenschaften beeinflusst wird,

2. die Untersuchung zuvor der Person in einer ihr gemäßen Weise so weit wie möglich verständlich gemacht worden ist und sie die Untersuchung oder die Gewinnung der dafür erforderlichen genetischen Probe nicht ablehnt,

3. die Untersuchung für die Person mit möglichst wenig Risiken und Belastungen verbunden ist und

4. der Vertreter der Person nach § 9 aufgeklärt worden ist, die Vorschriften über die genetische Beratung nach § 10 gegenüber dem Vertreter eingehalten worden sind und dieser nach § 8 Abs. 1 eingewilligt hat.

(2) Eine genetische Untersuchung darf bei einer in Absatz 1 bezeichneten Person abweichend von Absatz 1 auch vorgenommen werden, wenn

1. sich bei einer genetisch verwandten Person im Hinblick auf eine geplante Schwangerschaft nach dem allgemein anerkannten Stand der Wissenschaft und Technik auf andere Weise nicht klären lässt, ob eine bestimmte genetisch bedingte Erkrankung oder gesundheitliche Störung bei einem künftigen Abkömmling der genetisch verwandten Person auftreten kann,

2. die Voraussetzungen nach Absatz 1 Nr. 2 und 4 vorliegen,

3. die Person voraussichtlich allenfalls geringfügig und nicht über die mit der Gewinnung der dafür erforderlichen genetischen Probe in der Regel verbundenen Risiken hinaus gesundheitlich beeinträchtigt wird und

4. die Person durch das Untersuchungsergebnis voraussichtlich weder physisch noch psychisch belastet wird.

(3) [1]Es dürfen nur die für den jeweiligen Untersuchungszweck erforderlichen Untersuchungen der genetischen Probe vorgenommen werden. [2]Andere Feststellungen dürfen nicht getroffen werden. [3]Die §§ 1627 und 1901 Abs. 2 und 3 des Bürgerlichen Gesetzbuchs finden Anwendung.

§ 15 Vorgeburtliche genetische Untersuchungen. (1) [1]Eine genetische Untersuchung darf vorgeburtlich nur zu medizinischen Zwecken und nur vorgenommen werden, soweit die Untersuchung auf bestimmte genetische Eigenschaften des Embryos oder Fötus abzielt, die nach dem allgemein anerkannten Stand der Wissenschaft und Technik seine Gesundheit während der Schwangerschaft oder nach der Geburt beeinträchtigen, oder wenn eine Behandlung des Embryos oder Fötus mit einem Arzneimittel vorgesehen ist, dessen Wirkung durch bestimmte genetische Eigenschaften beeinflusst wird und die Schwangere nach § 9 aufgeklärt worden ist und diese nach § 8 Abs. 1 eingewilligt hat. [2]Wird anlässlich einer Untersuchung nach Satz 1 oder einer sonstigen vorgeburtlichen Untersuchung das Geschlecht eines Embryos oder Fötus festgestellt, kann dies der Schwangeren mit ihrer Einwilligung nach Ablauf der zwölften Schwangerschaftswoche mitgeteilt werden.

(2) Eine vorgeburtliche genetische Untersuchung, die darauf abzielt, genetische Eigenschaften des Embryos oder des Fötus für eine Erkrankung festzustellen, die nach dem allgemein anerkannten Stand der medizinischen Wissenschaft und Technik erst nach Vollendung des 18. Lebensjahres ausbricht, darf nicht vorgenommen werden.

(3) Vor einer vorgeburtlichen genetischen Untersuchung und nach Vorliegen des Untersuchungsergebnisses ist die Schwangere entsprechend § 10 Abs. 2 und 3 genetisch zu beraten und ergänzend auf den Beratungsanspruch nach § 2 des Schwangerschaftskonfliktgesetzes hinzuweisen; der Inhalt der Beratung ist zu dokumentieren.

(4) [1]Wird die vorgeburtliche genetische Untersuchung bei einer Schwangeren vorgenommen, die nicht in der Lage ist, Wesen, Bedeutung und Tragweite der vorgeburtlichen genetischen Untersuchung zu erkennen und ihren Willen hiernach auszurichten, findet § 14 Abs. 1 Nr. 2 und 3 Anwendung. [2]Die genetische Untersuchung darf nur vorgenommen werden, wenn zuvor

1. der Vertreter der Schwangeren nach § 9 aufgeklärt worden ist,
2. eine Ärztin oder ein Arzt, die oder der die Voraussetzungen nach § 7 Abs. 1 und 3 erfüllt, den Vertreter entsprechend Absatz 2 genetisch beraten und
3. der Vertreter nach § 8 Abs. 1 eingewilligt hat.

[3]Die §§ 1627 und 1901 Abs. 2 und 3 des Bürgerlichen Gesetzbuchs finden Anwendung.

§ 16 Genetische Reihenuntersuchungen. (1) Eine genetische Reihenuntersuchung darf nur vorgenommen werden, wenn mit der Untersuchung geklärt werden soll, ob die betroffenen Personen genetische Eigenschaften mit Bedeutung für eine Erkrankung oder gesundheitliche Störung haben, die nach dem allgemein anerkannten Stand der Wissenschaft und Technik vermeidbar oder behandelbar ist oder der vorgebeugt werden kann.

(2) [1]Mit einer genetischen Reihenuntersuchung nach Absatz 1 darf nur begonnen werden, wenn die Gendiagnostik-Kommission die Untersuchung in einer schriftlichen Stellungnahme bewertet hat. [2]Die Gendiagnostik-Kommission prüft und bewertet anhand der ihr vorgelegten Unterlagen, ob die Voraussetzungen nach Absatz 1 vorliegen, das Anwendungskonzept für die Durchführung der Untersuchung dem allgemein anerkannten Stand der Wissenschaft und Technik entspricht und die Untersuchung in diesem Sinne ethisch vertretbar ist.

Abschnitt 3

Genetische Untersuchungen zur Klärung der Abstammung

§ 17 Genetische Untersuchungen zur Klärung der Abstammung.

(1) [1]Eine genetische Untersuchung zur Klärung der Abstammung darf nur vorgenommen werden, wenn die Person, deren genetische Probe untersucht werden soll, zuvor über die Untersuchung aufgeklärt worden ist und in die

Untersuchung und die Gewinnung der dafür erforderlichen genetischen Probe eingewilligt hat; für die Einwilligung gilt § 8 entsprechend. [2]Die Aufklärung muss durch die für die Vornahme der Untersuchung verantwortliche Person erfolgen; für die Aufklärung gilt § 9 Abs. 2 Nr. 1 erster Halbsatz, Nr. 2 bis 5 und Abs. 3 entsprechend. [3]Es dürfen nur die zur Klärung der Abstammung erforderlichen Untersuchungen an der genetischen Probe vorgenommen werden. [4]Feststellungen über andere Tatsachen dürfen nicht getroffen werden.

(2) Absatz 1 gilt entsprechend für Personen, die eine genetische Untersuchung zur Klärung der Abstammung vornehmen lassen.

(3) [1]Bei einer Person, die nicht in der Lage ist, Wesen, Bedeutung und Tragweite der genetischen Untersuchung zu erkennen und ihren Willen hiernach auszurichten, darf eine genetische Untersuchung zur Klärung der Abstammung vorgenommen werden, wenn

1. die Untersuchung der Person zuvor in einer ihr gemäßen Weise so weit wie möglich verständlich gemacht worden ist und sie die Untersuchung oder die Gewinnung der dafür erforderlichen genetischen Probe nicht ablehnt,

2. der Vertreter der Person zuvor über die Untersuchung aufgeklärt worden ist und dieser in die Untersuchung und die Gewinnung der dafür erforderlichen genetischen Probe eingewilligt hat und

3. die Person voraussichtlich allenfalls geringfügig und nicht über die mit der Untersuchung und der Gewinnung der dafür erforderlichen genetischen Probe in der Regel verbundenen Risiken hinaus gesundheitlich beeinträchtigt wird.

[2]Für die Aufklärung und die Einwilligung des Vertreters gelten Absatz 1 Satz 1 und 2 und Absatz 2 entsprechend. [3]Die §§ 1627 und 1901 Abs. 2 und 3 des Bürgerlichen Gesetzbuchs finden Anwendung.

(4) [1]Genetische Untersuchungen zur Klärung der Abstammung dürfen nur durch Ärztinnen oder Ärzte oder durch auf dem Gebiet der Abstammungsbegutachtung erfahrene nichtärztliche Sachverständige mit abgeschlossener naturwissenschaftlicher Hochschulausbildung vorgenommen werden. [2]§ 7 Abs. 2 gilt entsprechend.

(5) § 11 Abs. 2 bis 4 über die Mitteilung der Ergebnisse und § 13 über die Verwendung und Vernichtung der Proben gelten entsprechend; § 12 über die Aufbewahrung und Vernichtung der Ergebnisse gilt entsprechend mit der Maßgabe, dass die Ergebnisse der genetischen Untersuchung 30 Jahre aufzubewahren sind.

(6) Eine vorgeburtliche genetische Untersuchung zur Klärung der Abstammung darf abweichend von § 15 Abs. 1 Satz 1 nur durch Ärztinnen oder Ärzte vorgenommen werden, wenn nach ärztlicher Erkenntnis an der Schwangeren eine rechtswidrige Tat nach den §§ 176 bis 178 des Strafgesetzbuchs begangen worden ist und dringende Gründe für die Annahme sprechen, dass die Schwangerschaft auf der Tat beruht.

(7) [1]Der nach den Absätzen 1, 2 und 3 Satz 1 Nr. 2 erforderlichen Einwilligung steht eine rechtskräftige gerichtliche Entscheidung nach § 1598a Abs. 2 des Bürgerlichen Gesetzbuchs gleich. [2]In diesem Falle ist eine Ablehnung nach Absatz 3 Satz 1 Nr. 1 unbeachtlich. [3]Die Vorschriften über die Feststellung der Abstammung im Rahmen eines gerichtlichen Verfahrens bleiben unberührt.

(8) [1]Auf genetische Untersuchungen an einem Mundschleimhautabstrich, die zum Nachweis eines Verwandtschaftsverhältnisses im Verfahren nach dem Pass- oder Personalausweisgesetz und im Verfahren der Auslandsvertretungen und der Ausländerbehörden zum Familiennachzug nach dem Aufenthaltsgesetz beigebracht werden, finden keine Anwendung

1. Absatz 1 Satz 1 zweiter Halbsatz, soweit er auf die Entscheidung, ob und inwieweit das Untersuchungsergebnis zur Kenntnis zu geben oder zu vernichten ist, nach § 8 Abs. 1 Satz 2 verweist,

2. Absatz 1 Satz 2 zweiter Halbsatz, soweit er auf § 9 Abs. 2 Nr. 2 und 5 verweist, und

3. Absatz 5, soweit er auf § 12 Abs. 1 Satz 1 verweist.

[2]Auf die Aufklärung und die Einwilligung des Vertreters nach Absatz 3 Satz 1 Nr. 2 findet Absatz 3 Satz 2 in Verbindung mit Absatz 1 Satz 1 und 2 keine Anwendung, soweit er auf die Entscheidung, ob und inwieweit das Untersuchungsergebnis zur Kenntnis zu geben oder zu vernichten ist, nach § 8 Abs. 1 Satz 2 und auf § 9 Abs. 2 Nr. 2 und 5 verweist. [3]Die Aufklärung nach den Absätzen 1 und 3 kann abweichend von Absatz 1 Satz 2 erster Halbsatz im Verfahren vor einer Auslandsvertretung von einer anderen als der für die Untersuchung verantwortlichen Person vorgenommen werden, die nicht die Anforderungen nach Absatz 4 erfüllen muss. [4]Ergibt sich der Verdacht einer Straftat, dürfen abweichend von Absatz 5 das Ergebnis der genetischen Untersuchung und die genetische Probe auch nach einem Widerruf der Einwilligung zum Zwecke der Strafverfolgung übermittelt werden; § 11 Abs. 4, § 12 Abs. 1 Satz 4 und § 13 Abs. 1 finden in diesem Fall keine Anwendung.

Abschnitt 4

Genetische Untersuchungen im Versicherungsbereich

§ 18 Genetische Untersuchungen und Analysen im Zusammenhang mit dem Abschluss eines Versicherungsvertrages. (1) [1]Der Versicherer darf von Versicherten weder vor noch nach Abschluss des Versicherungsvertrages

1. die Vornahme genetischer Untersuchungen oder Analysen verlangen oder

2. die Mitteilung von Ergebnissen oder Daten aus bereits vorgenommenen genetischen Untersuchungen oder Analysen verlangen oder solche Ergebnisse oder Daten entgegennehmen oder verwenden.

[2]Für die Lebensversicherung, die Berufsunfähigkeitsversicherung, die Erwerbsunfähigkeitsversicherung und die Pflegerentenversicherung gilt Satz 1

Nr. 2 nicht, wenn eine Leistung von mehr als 300 000 Euro oder mehr als 30 000 Euro Jahresrente vereinbart wird.

(2) Vorerkrankungen und Erkrankungen sind anzuzeigen; insoweit sind die §§ 19 bis 22 und 47 des Versicherungsvertragsgesetzes anzuwenden.

Abschnitt 5

Genetische Untersuchungen im Arbeitsleben

§ 19 Genetische Untersuchungen und Analysen vor und nach Begründung des Beschäftigungsverhältnisses. Der Arbeitgeber darf von Beschäftigten weder vor noch nach Begründung des Beschäftigungsverhältnisses
1. die Vornahme genetischer Untersuchungen oder Analysen verlangen oder
2. die Mitteilung von Ergebnissen bereits vorgenommener genetischer Untersuchungen oder Analysen verlangen, solche Ergebnisse entgegennehmen oder verwenden.

§ 20 Genetische Untersuchungen und Analysen zum Arbeitsschutz.
(1) Im Rahmen arbeitsmedizinischer Vorsorgeuntersuchungen dürfen weder
1. genetische Untersuchungen oder Analysen vorgenommen werden noch
2. die Mitteilung von Ergebnissen bereits vorgenommener genetischer Untersuchungen oder Analysen verlangt, solche Ergebnisse entgegengenommen oder verwendet werden.

(2) [1]Abweichend von Absatz 1 sind im Rahmen arbeitsmedizinischer Vorsorgeuntersuchungen diagnostische genetische Untersuchungen durch Genproduktanalyse zulässig, soweit sie zur Feststellung genetischer Eigenschaften erforderlich sind, die für schwerwiegende Erkrankungen oder schwerwiegende gesundheitliche Störungen, die bei einer Beschäftigung an einem bestimmten Arbeitsplatz oder mit einer bestimmten Tätigkeit entstehen können, ursächlich oder mitursächlich sind. [2]Als Bestandteil arbeitsmedizinischer Vorsorgeuntersuchungen sind genetische Untersuchungen nachrangig zu anderen Maßnahmen des Arbeitsschutzes.

(3) [1]Die Bundesregierung kann durch Rechtsverordnung mit Zustimmung des Bundesrates regeln, dass abweichend von den Absätzen 1 und 2 im Rahmen arbeitsmedizinischer Vorsorgeuntersuchungen diagnostische genetische Untersuchungen durch zytogenetische und molekulargenetische Analysen bei bestimmten gesundheitsgefährdenden Tätigkeiten von Beschäftigten vorgenommen werden dürfen, soweit nach dem allgemein anerkannten Stand der Wissenschaft und Technik
1. dadurch genetische Eigenschaften festgestellt werden können, die für bestimmte, in der Rechtsverordnung zu bezeichnende schwerwiegende Erkrankungen oder schwerwiegende gesundheitliche Störungen, die bei einer Beschäftigung an einem bestimmten Arbeitsplatz oder mit einer bestimmten Tätigkeit entstehen können, ursächlich oder mitursächlich sind,

2. die Wahrscheinlichkeit, dass die Erkrankung oder gesundheitliche Störung bei der Beschäftigung an dem bestimmten Arbeitsplatz oder mit der bestimmten Tätigkeit entsteht, hoch ist und

3. die jeweilige genetische Untersuchung eine geeignete und die für die Beschäftigte oder den Beschäftigten schonendste Untersuchungsmethode ist, um die genetischen Eigenschaften festzustellen.
[2]Absatz 2 Satz 2 gilt entsprechend.

(4) Die §§ 7 bis 16 gelten entsprechend.

§ 21 Arbeitsrechtliches Benachteiligungsverbot. (1) [1]Der Arbeitgeber darf Beschäftigte bei einer Vereinbarung oder Maßnahme, insbesondere bei der Begründung des Beschäftigungsverhältnisses, beim beruflichen Aufstieg, bei einer Weisung oder der Beendigung des Beschäftigungsverhältnisses nicht wegen ihrer oder der genetischen Eigenschaften einer genetisch verwandten Person benachteiligen. [2]Dies gilt auch, wenn sich Beschäftigte weigern, genetische Untersuchungen oder Analysen bei sich vornehmen zu lassen oder die Ergebnisse bereits vorgenommener genetischer Untersuchungen oder Analysen zu offenbaren.

(2) Die §§ 15 und 22 des Allgemeinen Gleichbehandlungsgesetzes gelten entsprechend.

§ 22 Öffentlich-rechtliche Dienstverhältnisse. Es gelten entsprechend

1. für Beamtinnen, Beamte, Richterinnen und Richter des Bundes, Soldatinnen und Soldaten sowie Zivildienstleistende die für Beschäftigte geltenden Vorschriften,

2. für Bewerberinnen und Bewerber für ein öffentlich-rechtliches Dienstverhältnis oder Personen, deren öffentlich-rechtliches Dienstverhältnis beendet ist, die für Bewerberinnen und Bewerber für ein Beschäftigungsverhältnis oder Personen, deren Beschäftigungsverhältnis beendet ist, geltenden Vorschriften,

3. für den Bund und sonstige bundesunmittelbare Körperschaften, Anstalten und Stiftungen des öffentlichen Rechts, die Dienstherrnfähigkeit besitzen, die für Arbeitgeber geltenden Vorschriften.

Abschnitt 6

Allgemein anerkannter Stand der Wissenschaft und Technik

§ 23 Richtlinien. (1) [1]Beim Robert Koch-Institut wird eine interdisziplinär zusammengesetzte, unabhängige Gendiagnostik-Kommission eingerichtet, die sich aus 13 Sachverständigen aus den Fachrichtungen Medizin und Biologie, zwei Sachverständigen aus den Fachrichtungen Ethik und Recht sowie drei Vertretern der für die Wahrnehmung der Interessen der Patientinnen und Patienten, der Verbraucherinnen und Verbraucher und der Selbsthilfe behinderter Menschen auf Bundesebene maßgeblichen Organisationen zusammensetzt. [2]Die Mitglieder und stellvertretenden Mitglieder der Gendiagnostik-Kommission werden vom Bundesministerium für Gesundheit für die Dauer von drei Jahren berufen. [3]Die Kommission gibt sich eine Geschäftsordnung, in der das Nähere über das Verfahren der Gendiagnostik-Kommission und die Heranziehung externer Sachverständiger festgelegt wird; die Geschäftsordnung bedarf der Zustimmung des Bundesministeriums für Gesundheit. [4]Vertreter des Bundesministeriums für Gesundheit sowie weitere Vertreter von Bundes- und Landesbehörden können mit beratender Stimme an den Sitzungen teilnehmen.

(2) Die Gendiagnostik-Kommission erstellt in Bezug auf den allgemein anerkannten Stand der Wissenschaft und Technik Richtlinien insbesondere für
1. die Beurteilung genetischer Eigenschaften hinsichtlich
    a) ihrer Bedeutung für Erkrankungen oder gesundheitliche Störungen sowie die Möglichkeiten, sie zu vermeiden, ihnen vorzubeugen oder sie zu behandeln,
    b) ihrer Bedeutung für die Wirkung eines Arzneimittels bei einer Behandlung,
    c) der Erforderlichkeit einer genetischen Untersuchung nach § 14 Abs. 1 Nr. 1, um eine genetisch bedingte Erkrankung oder gesundheitliche Störung zu vermeiden oder zu behandeln oder dieser vorzubeugen, oder nach § 14 Abs. 2 Nr. 1 zur Klärung, ob eine bestimmte genetisch bedingte Erkrankung oder gesundheitliche Störung bei einem künftigen Abkömmling der genetisch verwandten Person auftreten kann,
    d) ihrer Bedeutung nach § 15 Abs. 1 Satz 1 für eine Beeinträchtigung der Gesundheit des Embryos oder des Fötus während der Schwangerschaft oder nach der Geburt,
    e) ihrer Bedeutung für die nach § 20 Abs. 3 maßgeblichen Voraussetzungen für den Erlass einer Rechtsverordnung,
2. die Anforderungen an die Qualifikation
    a) zur genetischen Beratung nach § 7 Abs. 3,
    b) der auf dem Gebiet der Abstammungsbegutachtung erfahrenen ärztlichen und nichtärztlichen Sachverständigen nach § 17 Abs. 4,
3. die Anforderungen an die Inhalte der Aufklärung und der genetischen Beratung,
4. die Anforderungen an die Durchführung genetischer Analysen genetischer Proben, insbesondere an die Eignung und Zuverlässigkeit der Analysemethoden, die Verlässlichkeit der Analyseergebnisse und den Befundbericht sowie an die erforderlichen Maßnahmen zur Qualitätssicherung einschließlich Art, Umfang und Häufigkeit externer Qualitätssicherungsmaßnahmen,
5. die Anforderungen an die Durchführung der vorgeburtlichen Risikoabklärung sowie an die insoweit erforderlichen Maßnahmen zur Qualitätssicherung,
6. die Anforderungen an die Durchführung genetischer Reihenuntersuchungen.

(3) Das Robert Koch-Institut veröffentlicht die Richtlinien der Gendiagnostik-Kommission sowie ihre Stellungnahmen nach § 16 Abs. 2 zu den genetischen Reihenuntersuchungen.

(4) [1]Die Gendiagnostik-Kommission bewertet in einem Tätigkeitsbericht die Entwicklung in der genetischen Diagnostik. [2]Der Bericht ist im Abstand von drei Jahren, erstmals zum Ablauf des Jahres 2012, zu erstellen und durch das Robert Koch-Institut zu veröffentlichen.

(5) Die Gendiagnostik-Kommission kann auf Anfrage von Personen oder Einrichtungen, die genetische Untersuchungen oder Analysen vornehmen, gutachtliche Stellungnahmen zu Einzelfragen der Auslegung und Anwendung ihrer Richtlinien abgeben.

§ 24[1] Gebühren und Auslagen. (1) Das Robert Koch-Institut erhebt für Stellungnahmen der Gendiagnostik-Kommission nach § 16 Abs. 2 und § 23 Abs. 5 zur Deckung des Verwaltungsaufwandes Gebühren und Auslagen.

(2) [1]Das Bundesministerium für Gesundheit wird ermächtigt, durch Rechtsverordnung ohne Zustimmung des Bundesrates die gebührenpflichtigen Tatbestände und die Höhe der Gebühren zu bestimmen und dabei feste Sätze oder Rahmensätze vorzusehen. [2]In der Rechtsverordnung können Ermäßigungen und Befreiungen von Gebühren und Auslagen zugelassen und die Erstattung von Auslagen auch abweichend vom Bundesgebührengesetz geregelt werden.

Abschnitt 7

Straf- und Bußgeldvorschriften

§ 25 Strafvorschriften. (1) Mit Freiheitsstrafe bis zu einem Jahr oder mit Geldstrafe wird bestraft, wer

1. entgegen § 8 Abs. 1 Satz 1, auch in Verbindung mit § 14 Abs. 1 Nr. 4 oder Abs. 2 Nr. 2, oder § 15 Abs. 1 Satz 1 oder Abs. 4 Satz 2 Nr. 3 eine genetische Untersuchung oder Analyse ohne die erforderliche Einwilligung vornimmt,

2. entgegen § 14 Abs. 1 Nr. 1 eine genetische Untersuchung vornimmt,

3. entgegen § 15 Abs. 1 Satz 1 eine vorgeburtliche genetische Untersuchung vornimmt, die nicht medizinischen Zwecken dient oder die nicht auf die dort genannten genetischen Eigenschaften des Embryos oder des Fötus abzielt,

4. entgegen § 14 Abs. 3 Satz 1 oder 2 oder § 17 Abs. 1 Satz 3 oder 4, jeweils auch in Verbindung mit Abs. 2, eine weitergehende Untersuchung vornimmt oder vornehmen lässt oder eine Feststellung trifft oder treffen lässt oder

---

1 **Anm. d. Verlages:**
Gemäß Art. 4 Abs. 17 Nr. 2 G vom 18.7.2016 (BGBl. I S. 1666) wird § 24 mit Wirkung vom 1.10.2021 aufgehoben.

5. entgegen § 18 Abs. 1 Satz 1 Nr. 2, § 19 Nr. 2 oder § 20 Abs. 1 Nr. 2 dort genannte Daten oder ein dort genanntes Ergebnis verwendet.

(2) Mit Freiheitsstrafe bis zu zwei Jahren oder mit Geldstrafe wird bestraft, wer eine in Absatz 1 bezeichnete Handlung gegen Entgelt oder in der Absicht begeht, sich oder einen Anderen zu bereichern oder einen Anderen zu schädigen.

(3) ¹Die Tat wird nur auf Antrag verfolgt. ²Antragsberechtigt ist in den Fällen des Absatzes 1 Nr. 1 in Verbindung mit § 15 Abs. 1 Satz 1 und des Absatzes 1 Nr. 3 die Schwangere.

§ 26 Bußgeldvorschriften. (1) Ordnungswidrig handelt, wer

1. entgegen § 7 Abs. 1, entgegen Abs. 2, auch in Verbindung mit § 17 Abs. 4 Satz 2, oder entgegen § 17 Abs. 4 Satz 1 oder § 20 Abs. 1 Nr. 1 eine genetische Untersuchung oder Analyse vornimmt,

2. entgegen § 12 Abs. 1 Satz 2 oder 3, jeweils auch in Verbindung mit Abs. 2 oder § 17 Abs. 5, das Ergebnis einer genetischen Untersuchung oder Analyse nicht oder nicht rechtzeitig vernichtet oder nicht oder nicht rechtzeitig sperrt,

3. entgegen § 13 Abs. 1 Satz 1 oder Abs. 2, jeweils auch in Verbindung mit § 17 Abs. 5, eine genetische Probe verwendet,

4. entgegen § 13 Abs. 1 Satz 2, auch in Verbindung mit § 17 Abs. 5, eine genetische Probe nicht oder nicht rechtzeitig vernichtet,

5. entgegen § 16 Abs. 2 Satz 1 mit einer genetischen Reihenuntersuchung beginnt,

6. entgegen § 17 Abs. 1 Satz 1 erster Halbsatz, auch in Verbindung mit Abs. 3 Satz 2, eine genetische Untersuchung ohne Einwilligung der dort genannten Person vornimmt,

7. entgegen § 17 Abs. 2 in Verbindung mit Abs. 1 Satz 1 erster Halbsatz, jeweils auch in Verbindung mit Abs. 3 Satz 2,
   a) als Vater oder Mutter des Kindes, dessen Abstammung geklärt werden soll,
   b) als Kind, das seine Abstammung klären lassen will, oder
   c) als sonstige Person
   eine genetische Untersuchung ohne die erforderliche Einwilligung vornehmen lässt,

8. entgegen § 18 Abs. 1 Satz 1, § 19 oder § 20 Abs. 1 Nr. 2 die Vornahme einer genetischen Untersuchung oder Analyse oder die Mitteilung dort genannter Daten oder eines dort genannten Ergebnisses verlangt,

9. entgegen § 18 Abs. 1 Satz 1 Nr. 2, § 19 Nr. 2 oder § 20 Abs. 1 Nr. 2 dort genannte Daten oder ein dort genanntes Ergebnis entgegennimmt oder

10. einer Rechtsverordnung nach § 6 zuwiderhandelt, soweit sie für einen bestimmten Tatbestand auf diese Bußgeldvorschrift verweist.

(2) Die Ordnungswidrigkeit kann in den Fällen des Absatzes 1 Nr. 3, 6 und 9 mit einer Geldbuße bis zu dreihunderttausend Euro, in den Fällen des Absatzes 1 Nr. 7 Buchstabe a und b mit einer Geldbuße bis zu fünftausend Euro

und in den übrigen Fällen mit einer Geldbuße bis zu fünfzigtausend Euro geahndet werden.

(3) Die Verwaltungsbehörde soll in den Fällen des Absatzes 1 Nr. 7 Buchstabe a und b von einer Ahndung absehen, wenn die Personen, deren genetische Proben zur Klärung der Abstammung untersucht wurden, der Untersuchung und der Gewinnung der dafür erforderlichen genetischen Probe nachträglich zugestimmt haben.

Abschnitt 8

Schlussvorschriften

§ 27 Inkrafttreten. (1) Dieses Gesetz tritt am 1. Februar 2010 in Kraft, soweit in den folgenden Absätzen nichts Abweichendes bestimmt ist.

(2) Die §§ 6, 20 Abs. 3, die §§ 23 und 24 treten am Tag nach der Verkündung[2] in Kraft.

(3) § 5 tritt am 1. Februar 2011 in Kraft.

(4) § 7 Abs. 3 tritt am 1. Februar 2012 in Kraft.

---

2 **Anm. d. Verlages:**
Verkündet am 4.8.2009.

Gesetz zur Errichtung eines Samenspenderregisters und zur Regelung der Auskunftserteilung über den Spender nach heterologer Verwendung von Samen (Samenspenderregistergesetz – SaRegG)

vom 17. Juli 2017

§ 1 Samenspenderregister. (1) Beim Deutschen Institut für Medizinische Dokumentation und Information wird ein Samenspenderregister errichtet und geführt.

(2) [1]Zweck des Samenspenderregisters ist es, für Personen, die durch heterologe Verwendung von Samen bei einer ärztlich unterstützten künstlichen Befruchtung gezeugt worden sind, die Verwirklichung des Rechts auf Kenntnis ihrer Abstammung sicherzustellen. [2]Gleichzeitig werden mit diesem Gesetz die organisatorischen einschließlich der verfahrensmäßigen Voraussetzungen für die Ausübung dieses Rechts geschaffen.

§ 2 Pflichten der Entnahmeeinrichtung bei der Gewinnung von Samen zur heterologen Verwendung für eine künstliche Befruchtung. (1) [1]Eine Einrichtung, in der Samen zur heterologen Verwendung für eine ärztlich unterstützte künstliche Befruchtung gewonnen wird (Entnahmeeinrichtung), hat sicherzustellen, dass der Samenspender vor der Gewinnung des Samens über Folgendes aufgeklärt worden ist:

1. den Auskunftsanspruch einer durch heterologe Verwendung von Samen gezeugten Person nach § 10 und die Bedeutung, die die Kenntnis der Abstammung für die Entwicklung eines Menschen hat, sowie über die Möglichkeit, sich über die Folgen einer Samenspende beraten zu lassen,
2. die Pflicht der Entnahmeeinrichtung, die in Absatz 2 Satz 1 aufgeführten personenbezogenen Daten zu erheben und diese sowie die Spendenkennungssequenz oder die eindeutige Spendennummer nach Absatz 2 Satz 2 für die in Absatz 4 Satz 2 bis 4 genannte Dauer zu speichern,
3. den Umfang der Verarbeitung der personenbezogenen Daten des Samenspenders bei der Entnahmeeinrichtung sowie
   a) die Übermittlungsverpflichtung bezüglich seiner personenbezogenen Daten an das Deutsche Institut für Medizinische Dokumentation und Information,
   b) die Speicherung seiner personenbezogenen Daten in dem Samenspenderregister sowie deren Speicherungsdauer und
   c) das Recht, über Absatz 2 hinausgehende freiwillige Angaben jederzeit gemäß Absatz 3 Satz 2 widerrufen zu können,
4. die Tatsache, dass das Deutsche Institut für Medizinische Dokumentation und Information den Samenspender von der Speicherung seiner personen-

bezogenen Daten in Kenntnis setzen und dass es dazu bei Bedarf eine Anfrage zu seinen Anschriftsdaten bei der Meldebehörde durchführen wird,

5. die Verpflichtung des Deutschen Instituts für Medizinische Dokumentation und Information nach § 10 Absatz 4 Satz 1, auf Antrag einer nach § 10 Absatz 1 anspruchsberechtigten Person Auskunft über die Identität des Samenspenders aus dem Samenspenderregister zu erteilen,

6. das Verfahren der Auskunftserteilung und die Verpflichtung des Deutschen Instituts für Medizinische Dokumentation und Information, den Samenspender über eine ihn betreffende Auskunftserteilung und darüber zu informieren, dass das Deutsche Institut für Medizinische Dokumentation und Information dazu eine Anfrage zu seinen Anschriftsdaten bei der Meldebehörde durchführen wird, sowie

7. den Ausschluss der Feststellung der rechtlichen Vaterschaft des Samenspenders gemäß § 1600d Absatz 4 des Bürgerlichen Gesetzbuchs.

[2]Der Samenspender hat der Entnahmeeinrichtung schriftlich zu bestätigen, dass er gemäß Satz 1 aufgeklärt worden ist und die dort genannten Aufklärungsinhalte verstanden hat.

(2) [1]Bei der Gewinnung von Samen zur heterologen Verwendung für eine ärztlich unterstützte künstliche Befruchtung hat die Entnahmeeinrichtung folgende personenbezogene Daten des Samenspenders zu erheben und zu speichern:

1. Familienname und, sofern abweichend, Geburtsname,
2. Vornamen,
3. Geburtstag und Geburtsort,
4. Staatsangehörigkeit und
5. Anschrift.

[2]Die Entnahmeeinrichtung hat bei der Gewinnung von Samen zusätzlich zu den in Satz 1 genannten Daten des Samenspenders die Spendenkennungssequenz nach § 41b Absatz 1 Satz 3 der Arzneimittel- und Wirkstoffherstellungsverordnung (Spendenkennungssequenz) oder die eindeutige Spendennummer nach § 41b Absatz 2 Satz 1 der Arzneimittel- und Wirkstoffherstellungsverordnung (eindeutige Spendennummer) zu speichern.

(3) [1]Aufgrund einer schriftlichen Einwilligung des Samenspenders hat die Entnahmeeinrichtung zusätzlich zu den in Absatz 2 genannten Pflichtangaben weitere Angaben des Samenspenders zu dessen Person und Beweggründen für die Samenspende zu speichern. [2]Die Einwilligung kann jederzeit schriftlich oder in Textform gegenüber der Entnahmeeinrichtung oder dem Deutschen Institut für Medizinische Dokumentation und Information widerrufen werden.

(4) [1]Die Daten nach den Absätzen 2 und 3 sind getrennt von den Angaben zu speichern, die nach § 5 der TPG-Gewebeverordnung von der Entnahmeeinrichtung in der Spenderakte und im Entnahmebericht zu dokumentieren sind. [2]Die Daten sind nach Ablauf von zehn Jahren nach der Gewinnung des Samens zu löschen. [3]Die Daten sind unverzüglich zu löschen, wenn der Samenspender der heterologen Verwendung des Samens vor der Verwendung schriftlich oder in

Textform widerspricht. [4]Die Daten nach Absatz 3 Satz 1 sind unverzüglich zu löschen, wenn der Samenspender seine Einwilligung gegenüber der Entnahmeeinrichtung nach Absatz 3 Satz 2 widerrufen hat.

§ 3 Pflichten der Entnahmeeinrichtung bei der Abgabe von Samen zur heterologen Verwendung für eine künstliche Befruchtung. (1) Die Entnahmeeinrichtung darf Samen zur heterologen Verwendung nur an eine Einrichtung der medizinischen Versorgung im Sinne des § 1a Nummer 9 des Transplantationsgesetzes (Einrichtung der medizinischen Versorgung) und nur abgeben, wenn die Voraussetzung nach § 2 Absatz 1 Satz 2 erfüllt ist.

(2) Bei der Abgabe des Samens zur heterologen Verwendung für eine ärztlich unterstützte künstliche Befruchtung hat die Entnahmeeinrichtung der Einrichtung der medizinischen Versorgung die Spendenkennungssequenz oder die eindeutige Spendennummer zu übermitteln.

§ 4 Pflicht der Einrichtung der medizinischen Versorgung vor der heterologen Verwendung von Samen zur künstlichen Befruchtung. [1]Eine Einrichtung der medizinischen Versorgung hat vor einer heterologen Verwendung von Samen für eine ärztlich unterstützte künstliche Befruchtung sicherzustellen, dass die Empfängerin der Samenspende über Folgendes aufgeklärt worden ist:

1. den Auskunftsanspruch einer durch heterologe Verwendung von Samen gezeugten Person nach § 10 und die Bedeutung, die die Kenntnis der Abstammung für die Entwicklung eines Menschen hat, sowie die Möglichkeit, sich über die Folgen einer künstlichen Befruchtung durch heterologe Verwendung von Samen beraten zu lassen,

2. die Pflicht der Einrichtung der medizinischen Versorgung, die in § 5 Absatz 2 Satz 1 aufgeführten personenbezogenen Daten zu erheben und für die in § 5 Absatz 6 Satz 2 genannte Dauer zu speichern,

3. den Umfang der Verarbeitung der personenbezogenen Daten der Empfängerin der Samenspende bei der Einrichtung der medizinischen Versorgung sowie

   a) die Übermittlungsverpflichtung bezüglich ihrer personenbezogenen Daten an das Deutsche Institut für Medizinische Dokumentation und Information und

   b) die Speicherung ihrer personenbezogenen Daten im Samenspenderregister sowie deren Speicherungsdauer,

4. die Verpflichtung des Deutschen Instituts für Medizinische Dokumentation und Information nach § 10 Absatz 4 Satz 1, auf Antrag einer nach § 10 Absatz 1 anspruchsberechtigten Person Auskunft über den Samenspender aus dem Samenspenderregister zu erteilen,

5. das Verfahren der Auskunftserteilung und

6. den Ausschluss der Feststellung der rechtlichen Vaterschaft des Samenspenders gemäß § 1600d Absatz 4 des Bürgerlichen Gesetzbuchs.

[2]Die Empfängerin der Samenspende hat der Einrichtung der medizinischen Versorgung schriftlich zu bestätigen, dass sie gemäß Satz 1 aufgeklärt worden

ist und die dort genannten Aufklärungsinhalte verstanden hat. [3]Sie ist verpflichtet, die Einrichtung der medizinischen Versorgung unter Angabe des Geburtsdatums über die Geburt des Kindes oder der Kinder spätestens drei Monate nach der Geburt zu unterrichten, und hat schriftlich zu versichern, dass sie ihrer Verpflichtung nachkommen wird.

§ 5 Pflichten der Einrichtung der medizinischen Versorgung bei heterologer Verwendung von Samen zur künstlichen Befruchtung. (1) [1]Die Einrichtung der medizinischen Versorgung darf Samen für eine ärztlich unterstützte künstliche Befruchtung nur heterolog verwenden, wenn die Voraussetzung nach § 4 Satz 2 vorliegt und ihr die Spendenkennungssequenz oder die eindeutige Spendennummer des zur Verwendung vorgesehenen Samens vorliegt. [2]Bei der heterologen Verwendung von Samen aus einem anderen Mitgliedstaat der Europäischen Union, aus einem Vertragsstaat des Abkommens über den Europäischen Wirtschaftsraum oder einem Drittstaat hat die Einrichtung der medizinischen Versorgung darüber hinaus sicherzustellen, dass die Entnahmeeinrichtung, von der sie den Samen erhalten hat, dem Deutschen Institut für Medizinische Dokumentation und Information auf Verlangen nach § 7 Absatz 2 die in § 2 Absatz 2 Satz 1 genannten Daten übermitteln wird.

(2) [1]Die Einrichtung der medizinischen Versorgung hat vor der heterologen Verwendung von Samen folgende personenbezogene Daten der Empfängerin der Samenspende zu erheben und zu speichern:
1. Familienname und, sofern abweichend, Geburtsname,
2. Vornamen,
3. Geburtstag und Geburtsort und
4. Anschrift.
[2]Die Einrichtung der medizinischen Versorgung hat zusätzlich zu den personenbezogenen Daten der Empfängerin der Samenspende vor der heterologen Verwendung von Samen den Namen und die Anschrift der Entnahmeeinrichtung, von der sie die zu verwendende Samenspende erhalten hat, sowie die Spendenkennungssequenz oder die eindeutige Spendennummer des heterolog verwendeten Samens zu erheben und zu speichern.

(3) Die Einrichtung der medizinischen Versorgung hat nach der heterologen Verwendung von Samen folgende Daten zu erheben und zu speichern:
1. den Zeitpunkt der Verwendung,
2. den Eintritt der hierdurch herbeigeführten Schwangerschaft sowie
3. den errechneten Geburtstermin.

(4) Ist der Einrichtung der medizinischen Versorgung die Geburt des Kindes oder der Kinder bekannt, hat sie unverzüglich nach Kenntniserlangung auch das Geburtsdatum zu speichern.

(5) Sofern die Empfängerin der Samenspende die Einrichtung der medizinischen Versorgung nicht über die Geburt des Kindes oder der Kinder nach § 4 Satz 3 unterrichtet, hat die Einrichtung der medizinischen Versorgung diese Information bei der Empfängerin der Samenspende zu erfragen.

(6) ¹Die Daten nach den Absätzen 2 und 3 sind getrennt von den Angaben, die die Einrichtungen der medizinischen Versorgung nach § 7 der TPG-Gewebeverordnung zu dokumentieren haben, zu speichern. ²Die Daten sind nach Ablauf von sechs Monaten nach deren Übermittlung an das Deutsche Institut für Medizinische Dokumentation und Information oder im Fall von § 6 Absatz 3 unverzüglich zu löschen.

§ 6 Übermittlung an das Deutsche Institut für Medizinische Dokumentation und Information. (1) Sobald die Einrichtung der medizinischen Versorgung nach heterologer Verwendung von Samen für eine von ihr ärztlich unterstützte künstliche Befruchtung von der Geburt des Kindes oder der Kinder Kenntnis erlangt hat, hat sie folgende Daten an das Deutsche Institut für Medizinische Dokumentation und Information zu übermitteln:
1. die Daten nach § 5 Absatz 2,
2. das Geburtsdatum des Kindes oder der Kinder und
3. die Anzahl der Kinder.

(2) Hat die Einrichtung der medizinischen Versorgung keine Kenntnis von der Geburt eines Kindes oder mehrerer Kinder nach Absatz 1 erlangt, hat sie spätestens vier Monate nach dem errechneten Geburtstermin folgende Daten an das Deutsche Institut für Medizinische Dokumentation und Information zu übermitteln:
1. die Daten nach § 5 Absatz 2 und
2. den errechneten Geburtstermin.

(3) Absatz 2 ist nicht anzuwenden, wenn der Einrichtung der medizinischen Versorgung bekannt ist, dass die heterologe Verwendung von Samen nicht zum Erfolg geführt hat.

(4) ¹Die Entnahmeeinrichtung hat dem Deutschen Institut für Medizinische Dokumentation und Information auf Verlangen gemäß § 7 Absatz 2 die personenbezogenen Daten des Samenspenders nach § 2 Absatz 2 Satz 1 und die weiteren Angaben des Samenspenders nach § 2 Absatz 3 Satz 1 zu übermitteln. ²Widerruft der Samenspender nach § 2 Absatz 3 Satz 2 seine Einwilligung in die weitere Speicherung der nach § 2 Absatz 3 Satz 1 gemachten Angaben, teilt die Entnahmeeinrichtung dies dem Deutschen Institut für Medizinische Dokumentation und Information unverzüglich mit.

(5) ¹Für die Übermittlungen nach den Absätzen 1, 2 und 4 ist ein vom Deutschen Institut für Medizinische Dokumentation und Information erstelltes Formblatt zu verwenden. ²Das Formblatt kann auch elektronisch zur Verfügung gestellt und genutzt werden.

§ 7 Aufgaben des Deutschen Instituts für Medizinische Dokumentation und Information im Zusammenhang mit dem Samenspenderregister. (1) Das Deutsche Institut für Medizinische Dokumentation und Information hat die erforderlichen räumlichen, technischen und organisatorischen Maßnahmen zu treffen, damit die im Samenspenderregister gespeicherten Daten insbesondere gegen unbefugtes Hinzufügen, Löschen oder Verändern geschützt sind und keine unbefugte Kenntnisnahme oder Weitergabe erfolgen kann.

(2) Werden dem Deutschen Institut für Medizinische Dokumentation und Information Daten nach § 6 Absatz 1 oder 2 übermittelt, hat es von der gemeldeten Entnahmeeinrichtung unter Nennung der Spendenkennungssequenz oder der eindeutigen Spendennummer des heterolog verwendeten Samens die Daten des Samenspenders nach § 2 Absatz 2 Satz 1 und § 2 Absatz 3 Satz 1 anzufordern.

(3) ¹Unmittelbar nach Eingang der nach § 6 übermittelten Daten hat das Deutsche Institut für Medizinische Dokumentation und Information zu prüfen, ob die übermittelten Daten vollständig und nicht offensichtlich unrichtig sind. ²Sind die Daten unvollständig oder weisen sie offensichtliche Unrichtigkeiten auf, hat das Deutsche Institut für Medizinische Dokumentation und Information die zur Übermittlung verpflichtete Einrichtung zur Meldung der fehlenden Daten oder zur Korrektur der Daten aufzufordern.

(4) ¹Das Deutsche Institut für Medizinische Dokumentation und Information speichert die Daten im Samenspenderregister und setzt den Samenspender von der Speicherung seiner personenbezogenen Daten im Samenspenderregister in Kenntnis. ²Hierzu hat das Deutsche Institut für Medizinische Dokumentation und Information bei Bedarf eine Anfrage zu den Anschriftsdaten des Samenspenders bei der Meldebehörde durchzuführen. ³Erhält das Deutsche Institut für Medizinische Dokumentation und Information eine aktuellere Anschrift des Samenspenders auf der Grundlage einer Anfrage nach Satz 2 oder § 10 Absatz 5 Satz 2, speichert es diese anstelle der bisher gespeicherten Anschrift des Samenspenders.

(5) ¹Zur Absicherung der Daten nach Absatz 1 und Sicherstellung des Beweiserhalts und des korrekten Löschens gemäß § 8 hat das Deutsche Institut für Medizinische Dokumentation und Information den Stand der Technik zu erfüllen. ²Der Stand der Technik ist als niedergelegt zu vermuten in Technischen Richtlinien des Bundesamtes für Sicherheit in der Informationstechnik. ³Diese gelten in der jeweils aktuellsten durch das Bundesamt für Sicherheit in der Informationstechnik im Bundesanzeiger bekanntgemachten Fassung.

§ 8 Speicherung und Löschung der Samenspenderregisterdaten. ¹Die nach § 6 zu übermittelnden Daten werden in dem Samenspenderregister für die Dauer von 110 Jahren gespeichert. ²Nach Ablauf der Aufbewahrungsfrist sind die Daten zu löschen. ³Die Daten sind unverzüglich zu löschen, sobald das Deutsche Institut für Medizinische Dokumentation und Information Kenntnis davon erlangt, dass die heterologe Verwendung von Samen für eine ärztlich unterstützte künstliche Befruchtung nicht zur Geburt eines Kindes geführt hat. ⁴Wird dem Deutschen Institut für Medizinische Dokumentation und Information von der Entnahmeeinrichtung nach § 6 Absatz 4 Satz 2 der Widerruf der Einwilligung des Samenspenders in die weitere Speicherung der Angaben nach § 2 Absatz 3 Satz 1 mitgeteilt, sind diese Daten unverzüglich aus dem Samenspenderregister zu löschen.

§ 9 Zweckbindung bei personenbezogenen Daten. (1) Es dürfen

1. die Entnahmeeinrichtungen, die Einrichtungen der medizinischen Versorgung und

2. das Deutsche Institut für Medizinische Dokumentation und Information die nach § 2 Absatz 2 Satz 1 und § 2 Absatz 3 Satz 1, § 5 Absatz 2 bis 4 oder § 7 Absatz 4 Satz 1 und 3 erhobenen personenbezogenen Daten ausschließlich für den in § 1 Absatz 2 Satz 1 genannten Zweck verwenden.

(2) Für Entnahmeeinrichtungen und Einrichtungen der medizinischen Versorgung gilt § 7 Absatz 1 und 5 entsprechend.

§ 10 Voraussetzungen und Verfahren der Auskunftserteilung. (1) [1]Eine Person, die vermutet, durch heterologe Verwendung von Samen bei einer ärztlich unterstützten künstlichen Befruchtung gezeugt worden zu sein, hat gegenüber dem Deutschen Institut für Medizinische Dokumentation und Information Anspruch auf Auskunft aus dem Samenspenderregister. [2]Nach Vollendung des 16. Lebensjahres kann die Person diesen Anspruch nur selbst geltend machen. [3]Der Auskunftsanspruch nach Satz 1 besteht unabhängig von einer Auskunftserteilung für die Dauer der Speicherung fort.

(2) [1]Der Anspruch auf Auskunft ist gerichtet auf die Mitteilung der im Samenspenderregister gespeicherten personenbezogenen Daten des Samenspenders, dessen Samen bei der ärztlich unterstützten künstlichen Befruchtung der Mutter der Person, deren Anspruch auf Auskunft gemäß Absatz 3 geltend gemacht wird, heterolog verwendet worden ist. [2]Sofern freiwillige Angaben des Samenspenders nach § 2 Absatz 3 Satz 1 gespeichert sind, erstreckt sich der Auskunftsanspruch auch auf diese Angaben.

(3) [1]Beantragt eine Person im Sinne des Absatzes 1 Auskunft, hat sie dem Deutschen Institut für Medizinische Dokumentation und Information bei Antragstellung ihre Geburtsurkunde sowie eine Kopie ihres Personalausweises vorzulegen. [2]Machen die Eltern als gesetzliche Vertreter den Anspruch auf Auskunft für ihr Kind geltend, das das 16. Lebensjahr noch nicht vollendet hat, haben sie die Geburtsurkunde dieses Kindes und Kopien ihrer Personalausweise vorzulegen. [3]Machen andere Personen den Anspruch als gesetzliche Vertreter geltend, haben sie zusätzlich einen Nachweis über die gesetzliche Vertretungsbefugnis vorzulegen.

(4) [1]Das Deutsche Institut für Medizinische Dokumentation und Information erteilt Auskunft aus dem Samenspenderregister nach Maßgabe der Absätze 1 bis 3. [2]Vor Erteilung der Auskunft empfiehlt das Deutsche Institut für Medizinische Dokumentation und Information der gemäß Absatz 3 Auskunft ersuchenden Person die Inanspruchnahme einer spezifischen Beratung und weist auf bestehende Beratungsangebote hin.

(5) [1]Vier Wochen vor Erteilung einer Auskunft an die gemäß Absatz 3 Auskunft ersuchende Person hat das Deutsche Institut für Medizinische Dokumentation und Information den Samenspender über die anstehende Auskunftserteilung zu informieren. [2]Vor der Information des Samenspenders hat das Deutsche

Institut für Medizinische Dokumentation und Information eine Anfrage zu den Anschriftsdaten des Samenspenders bei der Meldebehörde durchzuführen. [3]Die Pflicht nach Satz 2 besteht nur im Zusammenhang mit dem ersten Auskunftsersuchen. [4]Das Deutsche Institut für Medizinische Dokumentation und Information erteilt eine Auskunft an die gemäß Absatz 3 Auskunft ersuchende Person auch dann, wenn die Information des Samenspenders nach Satz 1 fehlschlägt.

(6) Das Deutsche Institut für Medizinische Dokumentation und Information kann für die Erteilung von Auskünften aus dem Samenspenderregister Entgelte verlangen.

§ 11 Auskunfts- und Berichtigungsansprüche. (1) Dem Samenspender steht ein Auskunfts- und Berichtigungsanspruch gegenüber dem Deutschen Institut für Medizinische Dokumentation und Information nur hinsichtlich seiner nach § 2 Absatz 2 Satz 1 und Absatz 3 Satz 1 im Samenspenderregister gespeicherten Daten zu.

(2) [1]Der Empfängerin der Samenspende steht ein Auskunfts- und Berichtigungsanspruch gegenüber dem Deutschen Institut für Medizinische Dokumentation und Information nur hinsichtlich ihrer nach § 5 Absatz 2 Satz 1, Absatz 3 bis 5 gespeicherten Daten zu. [2]Wenn die heterologe Verwendung von Samen für eine ärztlich unterstützte künstliche Befruchtung nicht zur Geburt eines Kindes geführt hat, hat die Empfängerin der Samenspende gegenüber dem Deutschen Institut für Medizinische Dokumentation und Information einen Anspruch auf Löschung ihrer nach § 5 Absatz 2 und 3 gespeicherten Daten.

§ 12 Bußgeldvorschriften. (1) Ordnungswidrig handelt, wer vorsätzlich oder fahrlässig

1. entgegen § 2 Absatz 2 oder § 5 Absatz 2, 3 oder 4 dort genannte Daten, eine Spendenkennungssequenz, eine eindeutige Spendennummer oder eine dort genannte Angabe nicht, nicht richtig, nicht vollständig oder nicht rechtzeitig erhebt oder nicht, nicht richtig, nicht vollständig oder nicht rechtzeitig speichert,
2. entgegen § 3 Absatz 1 eine Samenspende abgibt,
3. entgegen § 3 Absatz 2, § 6 Absatz 1, 2 oder Absatz 4 Satz 1 eine Spendenkennungssequenz, eindeutige Spendennummer oder Angabe oder dort genannte Daten nicht, nicht richtig, nicht vollständig oder nicht rechtzeitig übermittelt,
4. entgegen § 5 Absatz 1 Satz 1 Samen für eine Befruchtung verwendet,
5. entgegen § 5 Absatz 1 Satz 2 nicht sicherstellt, dass dort genannte Daten übermittelt werden, oder
6. entgegen § 9 Absatz 1 Nummer 1 dort genannte Daten verwendet.

(2) Die Ordnungswidrigkeit kann in den Fällen des Absatzes 1 Nummer 2 und 4 mit einer Geldbuße bis zu dreißigtausend, in den übrigen Fällen mit einer Geldbuße bis zu fünftausend Euro geahndet werden.

§ 13 Übergangsregelungen. (1) Entnahmeeinrichtungen, die Samen vor Inkrafttreten dieses Gesetzes gewonnen haben, dürfen diesen nur dann an eine

Einrichtung der medizinischen Versorgung zur heterologen Verwendung für eine ärztlich unterstützte künstliche Befruchtung abgeben, wenn

1. der Samenspender nachträglich entsprechend § 2 Absatz 1 Satz 1 sowie darüber aufgeklärt worden ist, dass er der Verwendung seines Samens widersprechen kann,

2. der Samenspender schriftlich bestätigt hat, dass er gemäß Nummer 1 aufgeklärt worden ist und die dort genannten Aufklärungsinhalte verstanden hat,

3. der Samenspender der heterologen Verwendung seines Samens nicht widersprochen hat und

4. die Entnahmeeinrichtung die in § 2 Absatz 2 Satz 1 genannten Daten des Samenspenders erhoben und gespeichert und die Spendenkennungssequenz oder die eindeutige Spendennummer nach § 2 Absatz 2 Satz 2 gespeichert hat.

(2) ¹Einrichtungen der medizinischen Versorgung dürfen Samen, der vor Inkrafttreten dieses Gesetzes in einer Entnahmeeinrichtung gewonnen und von dieser an sie abgegeben wurde, nur heterolog für eine ärztlich unterstützte künstliche Befruchtung verwenden, wenn die Voraussetzungen des § 5 Absatz 1 erfüllt sind. ²Die Einrichtung der medizinischen Versorgung hat vor der Verwendung außerdem eine schriftliche Bestätigung der Entnahmeeinrichtung, von der sie die Samenspende erhalten hat, einzuholen, dass die Voraussetzungen des Absatzes 1 erfüllt sind.

(3) ¹Entnahmeeinrichtungen, die vor Inkrafttreten dieses Gesetzes Samen zur heterologen Verwendung für eine ärztlich unterstützte künstliche Befruchtung abgegeben haben, haben in § 2 Absatz 2 Satz 1 genannte personenbezogene Daten des Samenspenders sowie den Kennzeichnungscode, der der Samenspende von der Entnahmeeinrichtung zuerkannt wurde, 110 Jahre nach der Gewinnung des Samens aufzubewahren, soweit solche Angaben zum Zeitpunkt des Inkrafttretens dieses Gesetzes vorhanden sind. ²Nach Ablauf der Aufbewahrungsdauer sind die Daten zu löschen.

(4) ¹Einrichtungen der medizinischen Versorgung, die vor Inkrafttreten dieses Gesetzes Samen für eine ärztlich unterstützte künstliche Befruchtung heterolog verwendet haben, haben

1. in § 5 Absatz 2 Satz 1 genannte personenbezogene Daten der Empfängerin der Samenspende,

2. den Kennzeichnungscode, der der Samenspende von der Entnahmeeinrichtung zuerkannt wurde,

3. den Namen der Entnahmeeinrichtung, von der sie die Samenspende erhalten haben, und

4. den Zeitpunkt der Verwendung des Samens nach § 5 Absatz 3 Nummer 1 110 Jahre nach der heterologen Verwendung des Samens aufzubewahren, soweit solche Angaben zum Zeitpunkt des Inkrafttretens dieses Gesetzes vorhanden sind.

²Nach Ablauf der Aufbewahrungsdauer sind die Daten zu löschen.

B. Arzt- und Heilberuferecht

Bundesärzteordnung

i.d.F. der Bek. vom 16.4.1987 (BGBl. I S. 1218),
zuletzt geändert durch Art. 5 G vom 23.12.2016 (BGBl. I S. 3191)

I. Der ärztliche Beruf

§ 1 (1) Der Arzt dient der Gesundheit des einzelnen Menschen und des gesamten Volkes.

(2) Der ärztliche Beruf ist kein Gewerbe; er ist seiner Natur nach ein freier Beruf.

§ 2 (1) Wer im Geltungsbereich dieses Gesetzes den ärztlichen Beruf ausüben will, bedarf der Approbation als Arzt.

(2) Eine vorübergehende oder eine auf bestimmte Tätigkeiten beschränkte Ausübung des ärztlichen Berufs im Geltungsbereich dieses Gesetzes ist auch aufgrund einer Erlaubnis zulässig.

(3) [1]Ärzte, die Staatsangehörige eines Mitgliedstaates der Europäischen Union oder eines anderen Vertragsstaates des Abkommens über den Europäischen Wirtschaftsraum oder eines Vertragsstaates, dem Deutschland und die Europäische Gemeinschaft oder Deutschland und die Europäische Union vertraglich einen entsprechenden Rechtsanspruch eingeräumt haben, dürfen den ärztlichen Beruf im Geltungsbereich dieses Gesetzes ohne Approbation als Arzt oder ohne Erlaubnis zur vorübergehenden Ausübung des ärztlichen Berufs ausüben, sofern sie vorübergehend und gelegentlich als Erbringer von Dienstleistungen im Sinne des Artikels 50 des EG-Vertrages im Geltungsbereich dieses Gesetzes tätig werden. [2]Sie unterliegen jedoch der Meldepflicht nach diesem Gesetz.

(4) Für die Ausübung des ärztlichen Berufs in Grenzgebieten durch im Inland nicht niedergelassene Ärzte gelten die hierfür abgeschlossenen zwischenstaatlichen Verträge.

(5) Ausübung des ärztlichen Berufs ist die Ausübung der Heilkunde unter der Berufsbezeichnung „Arzt" oder „Ärztin".

§ 2a Die Berufsbezeichnung „Arzt" oder „Ärztin" darf nur führen, wer als Arzt approbiert oder nach § 2 Abs. 2, 3 oder 4 zur Ausübung des ärztlichen Berufs befugt ist.

II. Die Approbation

§ 3 (1) [1]Die Approbation als Arzt ist auf Antrag zu erteilen, wenn der Antragsteller

(aufgehoben)

2. sich nicht eines Verhaltens schuldig gemacht hat, aus dem sich seine <u>Unwürdigkeit oder Unzuverlässigkeit</u> zur Ausübung des ärztlichen Berufs ergibt,

3. nicht in gesundheitlicher Hinsicht zur Ausübung des Berufs ungeeignet ist,

4. nach einem Studium der Medizin an einer wissenschaftlichen Hochschule von mindestens 5 500 Stunden und einer Dauer von mindestens sechs Jahren, von denen mindestens acht, höchstens zwölf Monate auf eine praktische Ausbildung in Krankenhäusern oder geeigneten Einrichtungen der ärztlichen Krankenversorgung entfallen müssen, die ärztliche Prüfung im Geltungsbereich dieses Gesetzes bestanden hat,

5. über die für die Ausübung der Berufstätigkeit erforderlichen Kenntnisse der deutschen Sprache verfügt.

[2]Eine in einem der übrigen Mitgliedstaaten der Europäischen Union oder in einem anderen Vertragsstaat des Abkommens über den Europäischen Wirtschaftsraum abgeschlossene ärztliche Ausbildung gilt als Ausbildung im Sinne der Nummer 4, wenn sie durch Vorlage eines Europäischen Berufsausweises, eines nach dem 20. Dezember 1976 ausgestellten, in der Anlage zu diesem Gesetz aufgeführten ärztlichen Ausbildungsnachweises eines der übrigen Mitgliedstaaten der Europäischen Union oder eines in der Anlage zu diesem Gesetz aufgeführten, nach dem 31. Dezember 1992 ausgestellten ärztlichen Ausbildungsnachweises eines anderen Vertragsstaates des Abkommens über den Europäischen Wirtschaftsraum nachgewiesen wird. [3]Bei ärztlichen Diplomen, Prüfungszeugnissen und sonstigen Befähigungsnachweisen von nach dem 20. Dezember 1976 der Europäischen Union beigetretenen Mitgliedstaaten wird auf eine Ausbildung abgestellt, die nach dem entsprechenden Datum begonnen wurde; hierfür gilt das Datum des Beitritts oder, bei abweichender Vereinbarung, das hiernach maßgebende Datum, bei ärztlichen Ausbildungsnachweisen eines anderen Vertragsstaates des Abkommens über den Europäischen Wirtschaftsraum, mit dem eine besondere Vereinbarung zum Zeitpunkt der Geltung der Verpflichtungen aus den Richtlinien 75/362/EWG und 75/363/EWG des Rates vom 16. Juni 1975 (ABl. EG Nr. L 167 S. 1 und S. 14) getroffen worden ist, das hiernach maßgebende Datum. [4]Sätze 2 und 3 gelten entsprechend für Ausbildungsnachweise von Vertragsstaaten, denen Deutschland und die Europäische Gemeinschaft oder Deutschland und die Europäische Union vertraglich einen entsprechenden Rechtsanspruch eingeräumt haben, ab dem hierfür maßgebenden Zeitpunkt. [5]Das Bundesministerium für Gesundheit wird ermächtigt, durch Rechtsverordnung, die nicht der Zustimmung des Bundesrates bedarf, die Anlage zu diesem Gesetz späteren Änderungen von Anhang V Nummer 5.1.1 der <u>Richtlinie 2005/36/EG</u> des Europäischen Parlaments und des Rates vom 7. September 2005 über die Anerkennung von

Berufsqualifikationen (ABl. EU Nr. L 255 S. 22, 2007 Nr. L 271 S. 18) anzupassen. [6]Gleichwertig den in Satz 2 genannten ärztlichen Ausbildungsnachweisen sind nach dem in Satz 2, 3 oder 4 genannten Zeitpunkt von einem der übrigen Mitgliedstaaten der Europäischen Union oder einem anderen Vertragsstaat des Abkommens über den Europäischen Wirtschaftsraum oder einem Vertragsstaat, dem Deutschland und die Europäische Gemeinschaft oder Deutschland und die Europäische Union vertraglich einen entsprechenden Rechtsanspruch eingeräumt haben, ausgestellte ärztliche Ausbildungsnachweise, die den in der Anlage zu Satz 2 für den betreffenden Staat aufgeführten Bezeichnungen nicht entsprechen, aber mit einer Bescheinigung der zuständigen Behörde oder Stelle des Staates darüber vorgelegt werden, dass sie eine Ausbildung abschließen, die den Mindestanforderungen des Artikels 24 der Richtlinie 2005/36/EG entspricht, und dass sie den für diesen Staat in der Anlage zu Satz 2 aufgeführten Nachweisen gleichstehen. [7]Eine Approbation wird nicht erteilt, wenn eine ärztliche Prüfung oder ein Abschnitt der ärztlichen Prüfung nach der Rechtsverordnung gemäß § 4 Abs. 1 endgültig nicht bestanden wurde. [8]Satz 7 findet keine Anwendung, wenn der Antragsteller einen nach der Richtlinie 2005/36/EG anzuerkennenden Ausbildungsnachweis besitzt.

(1a) [1]Die zuständigen Behörden des Landes, in dem der ärztliche Beruf ausgeübt wird oder zuletzt ausgeübt worden ist, unterrichten die zuständigen Behörden des Herkunftsmitgliedstaats über das Vorliegen strafrechtlicher Sanktionen, über die Rücknahme, den Widerruf und die Anordnung des Ruhens der Approbation oder Erlaubnis, über die Untersagung der Ausübung der Tätigkeit und über Tatsachen, die eine dieser Sanktionen oder Maßnahmen rechtfertigen würden; dabei sind die Vorschriften zum Schutz personenbezogener Daten einzuhalten. [2]Erhalten die zuständigen Behörden Auskünfte der zuständigen Behörden von Aufnahmemitgliedstaaten, die sich auf die Ausübung des ärztlichen Berufs auswirken könnten, so prüfen sie die Richtigkeit der Sachverhalte, befinden über Art und Umfang der durchzuführenden Prüfungen und unterrichten den Aufnahmemitgliedstaat über die Konsequenzen, die sie aus den übermittelten Auskünften ziehen. [3]Die Länder benennen die Behörden und Stellen, die für die Ausstellung oder Entgegennahme der in der Richtlinie 2005/36/EG genannten Ausbildungsnachweise und sonstigen Unterlagen oder Informationen zuständig sind, sowie die Behörden und Stellen, die die Anträge annehmen und die Entscheidungen treffen können, die im Zusammenhang mit dieser Richtlinie stehen. [4]Sie sorgen dafür, dass das Bundesministerium für Gesundheit unverzüglich unterrichtet wird. [5]Das Bundesministerium für Gesundheit übermittelt die Informationen unverzüglich den anderen Mitgliedstaaten und der Europäischen Kommission. [6]Die Länder können zur Wahrnehmung der Aufgaben nach den Sätzen 1 bis 3 gemeinsame Stellen bestimmen. [7]Das Bundesministerium für Gesundheit übermittelt nach entsprechender Mitteilung der Länder statistische Aufstellungen über die getroffenen Entscheidungen, die die Europäische Kommission für den nach Artikel 60 Abs. 1 der Richtlinie 2005/36/EG erforderlichen Bericht benötigt.

(2) [1]Ist die Voraussetzung des Absatzes 1 Satz 1 Nummer 4 nicht erfüllt, so ist Antragstellern, die ihre ärztliche Ausbildung in einem anderen Mitgliedstaat der Europäischen Union oder einem anderen Vertragsstaat des Abkommens über den Europäischen Wirtschaftsraum oder der Schweiz abgeschlossen haben und nicht unter Absatz 1 oder § 14b fallen, die Approbation zu erteilen, wenn die Gleichwertigkeit des Ausbildungsstandes gegeben ist. [2]Der Ausbildungsstand ist als gleichwertig anzusehen, wenn die Ausbildung des Antragstellers keine wesentlichen Unterschiede gegenüber der Ausbildung aufweist, die in diesem Gesetz und in der Rechtsverordnung nach § 4 Absatz 1 geregelt ist. [3]Wesentliche Unterschiede nach Satz 2 liegen vor, wenn

1. die Ausbildung der Antragsteller sich hinsichtlich der beruflichen Tätigkeit auf Fächer bezieht, die sich wesentlich von der deutschen Ausbildung unterscheiden, oder

2. der Beruf des Arztes eine oder mehrere reglementierte Tätigkeiten umfasst, die in dem Staat, der den Ausbildungsnachweis ausgestellt hat, nicht Bestandteil des Berufs des Arztes sind, und sich die deutsche Ausbildung auf Fächer bezieht, die sich wesentlich von denen unterscheiden, die von dem Ausbildungsnachweis der Antragsteller abgedeckt werden.

[4]Fächer unterscheiden sich wesentlich, bei denen Kenntnis und Fähigkeiten eine wesentliche Voraussetzung für die Ausübung des Berufs sind und bei denen die Ausbildung der Antragsteller gegenüber der deutschen Ausbildung wesentliche Abweichungen hinsichtlich des Inhalts aufweist. [5]Wesentliche Unterschiede können ganz oder teilweise durch Kenntnisse und Fähigkeiten ausgeglichen werden, die die Antragsteller im Rahmen ihrer ärztlichen Berufspraxis in Voll- oder Teilzeit oder durch lebenslanges Lernen erworben haben, sofern die durch lebenslanges Lernen erworbenen Kenntnisse und Fähigkeiten von einer dafür in dem jeweiligen Staat zuständigen Stelle formell als gültig anerkannt wurden; dabei ist nicht entscheidend, in welchem Staat diese Kenntnisse und Fähigkeiten erworben worden sind. [6]Liegen wesentliche Unterschiede nach den Sätzen 3 bis 5 vor, müssen die Antragsteller nachweisen, dass sie über die Kenntnisse und Fähigkeiten verfügen, die zur Ausübung des Berufs des Arztes erforderlich sind. [7]Dieser Nachweis ist durch eine Eignungsprüfung zu erbringen, die sich auf die festgestellten wesentlichen Unterschiede bezieht. [8]Über die Feststellung der wesentlichen Unterschiede, die zur Auferlegung einer Eignungsprüfung führt, ist den Antragstellern spätestens vier Monate, nachdem der zuständigen Behörde alle erforderlichen Unterlagen vorliegen, ein rechtsmittelfähiger Bescheid zu erteilen. [9]Die Sätze 2 bis 8 gelten auch für Antragsteller, die über einen Ausbildungsnachweis als Arzt verfügen, der in einem anderen als den in Satz 1 genannten Staaten (Drittstaat) ausgestellt ist und den ein anderer der in Satz 1 genannten Staaten anerkannt hat.

(3) [1]Ist die Voraussetzung des Absatzes 1 Satz 1 Nummer 4 nicht erfüllt, so ist Antragstellern, die über einen Ausbildungsnachweis als Arzt verfügen, der in einem anderen als den in Absatz 2 Satz 1 genannten Staaten (Drittstaat) ausgestellt ist, die Approbation zu erteilen, wenn die Gleichwertigkeit des Ausbildungsstandes gegeben ist. [2]Für die Prüfung der Gleichwertigkeit gilt Absatz 2

Satz 2 bis 6 sowie 8 entsprechend. [3]Der Nachweis der erforderlichen Kenntnisse und Fähigkeiten wird durch das Ablegen einer Prüfung erbracht, die sich auf den Inhalt der staatlichen Abschlussprüfung bezieht. [4]Die erforderlichen Kenntnisse und Fähigkeiten sind nach Satz 3 auch nachzuweisen, wenn die Prüfung des Antrags nur mit unangemessenem zeitlichen oder sachlichen Aufwand möglich ist, weil die erforderlichen Unterlagen und Nachweise aus Gründen, die nicht in der Person der Antragsteller liegen, von diesen nicht vorgelegt werden können.

(3a) [1]Wird die Voraussetzung des Absatzes 1 Satz 1 Nummer 4 auf eine Ausbildung gestützt, die außerhalb des Geltungsbereichs dieses Gesetzes abgeschlossen worden ist, sollen die Voraussetzungen der Gleichwertigkeit der Berufsqualifikation nach den Absätzen 2 oder 3 vor den Voraussetzungen nach Absatz 1 Satz 1 Nummer 2, 3 und 5 geprüft werden. [2]Auf Antrag ist dem Antragsteller ein gesonderter Bescheid über die Feststellung der Gleichwertigkeit seiner Berufsqualifikation zu erteilen.

(4) Soll die Erteilung der Approbation wegen Fehlens einer der Voraussetzungen nach Absatz 1 Satz 1 Nr. 2 und 3 abgelehnt werden, so ist der Antragsteller oder sein gesetzlicher Vertreter vorher zu hören.

(5) Ist gegen den Antragsteller wegen des Verdachts einer Straftat, aus der sich seine Unwürdigkeit oder Unzuverlässigkeit zur Ausübung des ärztlichen Berufs ergeben kann, ein Strafverfahren eingeleitet, so kann die Entscheidung über den Antrag auf Erteilung der Approbation bis zur Beendigung des Verfahrens ausgesetzt werden.

(6) [1]Wenn ein Antragsteller die Approbation aufgrund einer außerhalb des Geltungsbereichs dieses Gesetzes abgeschlossenen Ausbildung für die Ausübung des ärztlichen Berufs beantragt, sind folgende Unterlagen und Bescheinigungen vorzulegen:

1. ein Identitätsnachweis,
1a. eine tabellarische Aufstellung der absolvierten Ausbildungsgänge und der ausgeübten Erwerbstätigkeiten,
2. eine amtlich beglaubigte Kopie der Befähigungsnachweise oder des Ausbildungsnachweises, der zur Aufnahme des entsprechenden Berufs berechtigt sowie gegebenenfalls eine Bescheinigung über die von der betreffenden Person erworbene Berufserfahrung,
2a. im Fall von Absatz 3 eine Bescheinigung über die Berechtigung zur Berufsausübung im Herkunftsstaat und Unterlagen, die geeignet sind darzulegen, im Inland den ärztlichen Beruf ausüben zu wollen,
3. die Unterlagen, die von den zuständigen Behörden des Herkunftsstaats ausgestellt wurden und belegen, dass die Erfordernisse nach Absatz 1 Satz 1 Nr. 2 erfüllt sind oder, wenn im Herkunftsstaat die vorgenannten Unterlagen nicht ausgestellt werden, eine eidesstattliche Erklärung oder – in den Staaten, in denen es keine eidesstattliche Erklärung gibt – eine feierliche Erklärung, die die betreffende Person vor einer zuständigen Justiz- oder Verwaltungsbehörde oder gegebenenfalls vor einem Notar oder einer ent-

sprechend bevollmächtigten Berufsorganisation des Herkunftsstaats, der eine diese eidesstattliche oder feierliche Erklärung bestätigende Bescheinigung ausstellt, abgegeben hat,

4. der Nachweis nach Absatz 1 Satz 1 Nr. 3, wobei ein entsprechender Nachweis, der im Herkunftsmitgliedstaat gefordert wird, anerkannt wird oder, wenn im Herkunftsmitgliedstaat kein derartiger Nachweis verlangt wird, eine von einer zuständigen Behörde des Herkunftsmitgliedstaats ausgestellte Bescheinigung,

5. eine Bescheinigung der zuständigen Behörden des Herkunftsmitgliedstaats, aus der hervorgeht, dass die Nachweise über die geforderten Ausbildungsvoraussetzungen den in der Richtlinie verlangten Nachweisen entsprechen,

6. in Fällen des Absatzes 2 oder 3 zusätzliche Nachweise, um feststellen zu können, ob die Ausbildung wesentliche Unterschiede gegenüber der Ausbildung aufweist, die in diesem Gesetz und in der Rechtsverordnung nach § 4 Absatz 1 geregelt ist,

7. für den Fall, dass sich Ausbildungsnachweise nach Artikel 3 Abs. 1 Buchstabe c der Richtlinie 2005/36/EG, die von der zuständigen Behörde eines Mitgliedstaats oder eines anderen Vertragsstaates des Abkommens über den Europäischen Wirtschaftsraum oder eines Vertragsstaates, dem Deutschland und die Europäische Gemeinschaft oder Deutschland und die Europäische Union vertraglich einen entsprechenden Rechtsanspruch eingeräumt haben, ausgestellt wurden, auf eine Ausbildung beziehen, die ganz oder teilweise in einer rechtmäßig im Hoheitsgebiet eines anderen der oben genannten Staaten niedergelassenen Einrichtung absolviert wurde, Unterlagen darüber,

   a) ob der Ausbildungsgang in der betreffenden Einrichtung von der Ausbildungseinrichtung des Ausstellungsmitgliedstaats offiziell bescheinigt worden ist,

   b) ob der ausgestellte Ausbildungsnachweis dem entspricht, der verliehen worden wäre, wenn der Ausbildungsgang vollständig im Ausstellungsmitgliedstaat absolviert worden wäre, und

   c) ob mit dem Ausbildungsnachweis im Hoheitsgebiet des Ausstellungsmitgliedstaats dieselben beruflichen Rechte verliehen werden.

[2]Die Nachweise nach Satz 1 Nr. 3 und 4 dürfen bei ihrer Vorlage nicht älter als drei Monate sein. [3]Haben die zuständigen Behörden berechtigte Zweifel an der Authentizität der in dem jeweiligen Herkunftsmitgliedstaat ausgestellten Bescheinigungen und Ausbildungsnachweise, können sie von den zuständigen Behörden des Herkunftsmitgliedstaats eine Bestätigung der Authentizität dieser Bescheinigungen und Nachweise sowie eine Bestätigung darüber verlangen, dass der Antragsteller die Mindestanforderungen der Ausbildung erfüllt, die in Artikel 24 der Richtlinie 2005/36/EG verlangt werden. [4]Haben die zuständigen Behörden berechtigte Zweifel an der Berechtigung des Antragstellers zur Ausübung des ärztlichen Berufs, können sie von den zuständigen Behörden eines Mitgliedstaates eine Bestätigung verlangen, aus der sich ergibt, dass dem Antragsteller die Ausübung des ärztlichen Berufs nicht aufgrund eines schwer-

wiegenden standeswidrigen Verhaltens oder einer Verurteilung wegen strafbarer Handlungen dauerhaft oder vorübergehend untersagt worden ist.

(7) Das Berufsqualifikationsfeststellungsgesetz findet mit Ausnahme des § 17 keine Anwendung.

(8) Die Bundesregierung überprüft die Regelungen zu den Anerkennungsverfahren nach diesem Gesetz und berichtet nach Ablauf von drei Jahren dem Deutschen Bundestag.

§ 4 (1) Das Bundesministerium für Gesundheit regelt durch Rechtsverordnung mit Zustimmung des Bundesrates in einer Approbationsordnung für Ärzte die Mindestanforderungen an das Studium der Medizin einschließlich der praktischen Ausbildung in Krankenhäusern und anderen geeigneten Einrichtungen der ärztlichen Krankenversorgung sowie das Nähere über die ärztliche Prüfung und über die Approbation.

(2) [1]Die Regelungen in der Rechtsverordnung sind auf eine Ausbildung auszurichten, welche die Fähigkeit zur eigenverantwortlichen und selbstständigen Ausübung des ärztlichen Berufs vermittelt. [2]In der Ausbildung sollen auf wissenschaftlicher Grundlage die theoretischen und praktischen Kenntnisse, Fähigkeiten und Fertigkeiten vermittelt werden, deren es bedarf, um den Beruf nach den Regeln der ärztlichen Kunst und im Bewusstsein der Verpflichtung des Arztes dem einzelnen und der Allgemeinheit gegenüber auszuüben und die Grenzen des eigenen Wissens und Könnens zu erkennen und danach zu handeln. [3]Dabei sind insbesondere ausreichende Kenntnisse in den versorgungsrelevanten Bereichen zu vermitteln. [4]Die Vorgaben von Artikel 24 der Richtlinie 2005/36/EG sind einzuhalten.

(3) [1]In der Rechtsverordnung können ein vor Beginn oder während der unterrichtsfreien Zeiten des vorklinischen Studiums abzuleistender Krankenpflegedienst, eine Ausbildung in Erster Hilfe sowie eine während der unterrichtsfreien Zeiten des klinischen Studiums abzuleistende Famulatur vorgeschrieben werden. [2]Die Zulassung zur ärztlichen Prüfung darf vom Bestehen höchstens zweier Vorprüfungen abhängig gemacht werden. [3]Es soll vorgesehen werden, dass die ärztliche Prüfung in zeitlich getrennten Abschnitten abzulegen ist. [4]Dabei ist sicherzustellen, dass der letzte Abschnitt innerhalb von drei Monaten nach dem Ende des Studiums abgelegt werden kann. [5]Für die Meldung zur ärztlichen Prüfung und zu den Vorprüfungen sind Fristen festzulegen. [6]In der Rechtsverordnung ist vorzusehen, dass die Auswahl der Krankenhäuser und anderen geeigneten Einrichtungen der ärztlichen Krankenversorgung für die praktische Ausbildung nach § 3 Abs. 1 Satz 1 Nr. 4 durch die Hochschulen im Einvernehmen mit der zuständigen Gesundheitsbehörde erfolgt; dies gilt nicht für Einrichtungen der Hochschulen.

(4) *(weggefallen)*

(5) [1]In der Rechtsverordnung ist ferner die Anrechnung von Hochschulausbildungen und Prüfungen, die innerhalb oder außerhalb des Geltungsbereichs dieses Gesetzes abgelegt werden, zu regeln. [2]Außerdem können in der Rechts-

verordnung auch die fachlichen und zeitlichen Ausbildungserfordernisse für die Ergänzung und den Abschluss einer ärztlichen Ausbildung für die Fälle festgelegt werden, in denen außerhalb des Geltungsbereichs dieses Gesetzes ein Hochschulstudium der Medizin abgeschlossen, damit aber nach dem in dem betreffenden Staat geltenden Recht kein Abschluss der ärztlichen Ausbildung erreicht worden ist.

(6) In der Rechtsverordnung sind die Verfahren zur Prüfung der Voraussetzungen des § 3 Absatz 1 Satz 1 Nummer 2 und 3, insbesondere für die vom Antragsteller vorzulegenden Nachweise und die Ermittlung durch die zuständigen Behörden, entsprechend den Artikeln 8, 50, 51, und 56 der Richtlinie 2005/36/EG, die Fristen für die Erteilung der Approbation als Arzt und das Verfahren zur Ausstellung eines Europäischen Berufsausweises zu regeln.

(6a) In der Rechtsverordnung sind Regelungen zu Durchführung und Inhalt der Eignungsprüfung nach § 3 Absatz 2 und der Kenntnisprüfung nach § 3 Absatz 3 sowie zur Erteilung und Verlängerung der Berufserlaubnis nach § 10 vorzusehen.

(7) Abweichungen von den in den Absätzen 1 bis 3, 5 und 6 sowie der auf dieser Grundlage erlassenen Rechtsverordnung enthaltenen Regelungen des Verwaltungsverfahrens durch Landesrecht sind ausgeschlossen.

§ 5 (1) [1]Die Approbation ist <u>zurückzunehmen</u>, wenn bei ihrer Erteilung eine der Voraussetzungen des § 3 Abs. 1 Satz 1 Nr. 4 nicht vorgelegen hat oder bei einer vor Wirksamwerden des Beitritts erteilten Approbation das an einer Ausbildungsstätte in dem in Artikel 3 des Einigungsvertrages genannten Gebiet oder das in einem Fall des § 14b Abs. 1 Satz 2 oder in einem Fall des § 14a Abs. 4 Satz 1 erworbene Medizinstudium nicht abgeschlossen war oder die Ausbildung nach § 3 Abs. 1 Satz 2 oder 6 oder § 3 Absatz 2 oder 3 oder die nach § 14b nachzuweisende Ausbildung nicht abgeschlossen war. [2]Sie kann zurückgenommen werden, wenn bei ihrer Erteilung eine der Voraussetzungen nach § 3 Abs. 1 Satz 1 Nummer 2 und 3 nicht vorgelegen hat. [3]Eine nach § 3 Abs. 2 oder 3 erteilte Approbation kann zurückgenommen werden, wenn die festgestellte Gleichwertigkeit des Ausbildungsstandes tatsächlich nicht gegeben war oder der alternativ festgestellte gleichwertige Kenntnisstand tatsächlich nicht nachgewiesen worden ist. [4]Eine nach § 3 Absatz 2 oder 3 oder nach § 14b Absatz 2 erteilte Approbation kann zurückgenommen werden, wenn die nachzuweisende Ausbildung tatsächlich doch wesentliche Unterschiede gegenüber der in diesem Gesetz und in der Rechtsverordnung nach § 4 Absatz 1 geregelten Ausbildung aufgewiesen hat oder die zur Ausübung des ärztlichen Berufs im Geltungsbereich dieses Gesetzes erforderlichen Kenntnisse und Fähigkeiten in der Eignungsprüfung tatsächlich nicht nachgewiesen worden sind.

(2) [1]Die Approbation <u>ist zu widerrufen</u>, wenn nachträglich die Voraussetzung nach § 3 Abs. 1 Satz 1 Nr. 2 weggefallen ist. [2]Sie <u>kann widerrufen</u> werden, wenn nachträglich die Voraussetzung nach § 3 Abs. 1 Satz 1 Nr. 3 weggefallen ist.

§ 6 (1) Das <u>Ruhen der Approbation</u> kann angeordnet werden, wenn

1. gegen den Arzt wegen des Verdachts einer Straftat, aus der sich seine Unwürdigkeit oder Unzuverlässigkeit zur Ausübung des ärztlichen Berufs ergeben kann, ein Strafverfahren eingeleitet ist,
2. nachträglich die Voraussetzung nach § 3 Abs. 1 Satz 1 Nr. 3 weggefallen ist,
3. Zweifel bestehen, ob die Voraussetzung des § 3 Abs. 1 Satz 1 Nr. 3 noch erfüllt ist und der Arzt sich weigert, sich einer von der zuständigen Behörde angeordneten amts- oder fachärztlichen Untersuchung zu unterziehen,
4. sich ergibt, dass der Arzt nicht über die Kenntnisse der deutschen Sprache verfügt, die für die Ausübung der Berufstätigkeit in Deutschland erforderlich sind oder
5. sich ergibt, dass der Arzt nicht ausreichend gegen die sich aus seiner Berufsausübung ergebenen Haftpflichtgefahren versichert ist, sofern kraft Landesrechts oder kraft Standesrechts eine Pflicht zur Versicherung besteht.

§ 2 A MBO

(2) Die Anordnung ist aufzuheben, wenn ihre Voraussetzungen nicht mehr vorliegen.

(3) Der Arzt, dessen Approbation ruht, darf den ärztlichen Beruf nicht ausüben.

(4) Die zuständige Behörde kann zulassen, dass die Praxis eines Arztes, dessen Approbation ruht, für einen von ihr zu bestimmenden Zeitraum durch einen anderen Arzt weitergeführt werden kann.

§ 7 *(weggefallen)*

<u>**§ 8**</u> (1) Bei einer Person, deren Approbation oder Bestallung wegen Fehlens oder späteren Wegfalls einer der Voraussetzungen des § 3 Abs. 1 Satz 1 Nr. 2 und 3 zurückgenommen oder widerrufen worden ist oder die gemäß § 9 auf die Approbation verzichtet hat und die einen Antrag auf Wiedererteilung der Approbation gestellt hat, kann die Entscheidung über diesen Antrag zurückgestellt und zunächst eine <u>Erlaubnis zur Ausübung des ärztlichen Berufs</u> bis zu einer Dauer von zwei Jahren erteilt werden.

(2) [1]Die Erlaubnis wird nur widerruflich und befristet erteilt; sie kann auf bestimmte Tätigkeiten und Beschäftigungsstellen beschränkt werden. [2]Personen, denen die Erlaubnis erteilt worden ist, haben im Übrigen die Rechte und Pflichten eines Arztes.

§ 9 [1]Auf die Approbation kann durch schriftliche Erklärung gegenüber der zuständigen Behörde verzichtet werden. [2]Ein Verzicht, der unter einer Bedingung erklärt wird, ist unwirksam.

§ 9a (1) Die jeweils zuständige Stelle unterrichtet die zuständigen Behörden der anderen Mitgliedstaaten der Europäischen Union, der anderen Vertragsstaaten des Abkommens über den Europäischen Wirtschaftsraum und der Schweiz über

1. den Widerruf, die Rücknahme oder das Ruhen der Approbation oder der Erlaubnis, die sofort vollziehbar oder unanfechtbar sind,
2. die sofort vollziehbare oder unanfechtbare Einschränkung der Ausübung des ärztlichen Berufs,
3. den Verzicht auf die Approbation oder die Erlaubnis,
4. das Verbot der Ausübung des ärztlichen Berufs durch unanfechtbare gerichtliche Entscheidung oder
5. das vorläufige Berufsverbot durch gerichtliche Entscheidung.

(2) [1]Die Mitteilung nach Absatz 1 (Warnmitteilung) enthält folgende Angaben:
1. die zur Identifizierung der betroffenen Person erforderlichen Angaben, insbesondere Name, Vorname, Geburtsdatum und Geburtsort,
2. Beruf der betroffenen Person,
3. Angaben über die Behörde oder das Gericht, die oder das die Entscheidung getroffen hat,
4. Umfang der Entscheidung oder des Verzichts und
5. Zeitraum, in dem die Entscheidung oder der Verzicht gilt.
[2]Die Warnmitteilung erfolgt unverzüglich, spätestens jedoch drei Tage nach Eintritt der Unanfechtbarkeit einer Entscheidung nach Absatz 1 Nummer 1, 2 oder Nummer 4, nach Bekanntgabe einer Entscheidung nach Absatz 1 Nummer 5 oder nach einem Verzicht nach Absatz 1 Nummer 3. [3]Sie ist über das durch die Verordnung (EU) Nr. 1024/2012 des Europäischen Parlaments und des Rates vom 25. Oktober 2012 über die Verwaltungszusammenarbeit mit Hilfe des Binnenmarkt-Informationssystems und zur Aufhebung der Entscheidung 2008/49/EG der Kommission (ABl. L 316 vom 14.11.2012, S. 1) eingerichtete Binnenmarkt-Informationssystem (IMI) zu übermitteln. [4]Zeitgleich mit der Warnmitteilung unterrichtet die Stelle, die die Warnmitteilung getätigt hat, die betroffene Person über die Warnmitteilung und deren Inhalt schriftlich unter Beifügung einer Rechtsbehelfsbelehrung. [5]Wird ein Rechtsbehelf gegen die Warnmitteilung eingelegt, ergänzt die Stelle, die die Warnmitteilung getätigt hat, die Warnmitteilung um einen entsprechenden Hinweis.

(3) [1]Im Fall der Aufhebung einer in Absatz 1 genannten Entscheidung oder eines Widerrufs des Verzichts unterrichtet jeweils die zuständige Stelle die zuständigen Behörden der anderen Mitgliedstaaten der Europäischen Union, der anderen Vertragsstaaten des Abkommens über den Europäischen Wirtschaftsraum und der Schweiz unverzüglich unter Angabe des Datums über die Aufhebung der Entscheidung oder den Widerruf des Verzichts. [2]Die zuständige Stelle unterrichtet die zuständigen Behörden der anderen Mitgliedstaaten der Europäischen Union, der anderen Vertragsstaaten des Abkommens über den Europäischen Wirtschaftsraum und der Schweiz ebenfalls unverzüglich über jede Änderung des nach Absatz 2 Satz 1 Nummer 5 angegebenen Zeitraums. [3]Die zuständige Stelle löscht Warnmitteilungen nach Absatz 1 im IMI unverzüglich, spätestens jedoch drei Tage nach Aufhebung der Entscheidung oder Widerruf des Verzichts.

(4) ¹Wird gerichtlich festgestellt, dass eine Person, die die Erteilung der Approbation oder die Feststellung der Gleichwertigkeit ihrer Berufsqualifikation nach diesem Gesetz beantragt hat, dabei gefälschte Berufsqualifikationsnachweise verwendet hat, unterrichtet die zuständige Stelle die zuständigen Behörden der anderen Mitgliedstaaten der Europäischen Union, der anderen Vertragsstaaten des Abkommens über den Europäischen Wirtschaftsraum und der Schweiz über die Identität dieser Person, insbesondere über Name, Vorname, Geburtsdatum und Geburtsort, und den Umstand, dass diese Person gefälschte Berufsqualifikationsnachweise verwendet hat. ²Die Unterrichtung erfolgt unverzüglich, spätestens jedoch drei Tage nach Unanfechtbarkeit der Feststellung über das IMI. ³Absatz 2 Satz 4 und 5 gilt für die Unterrichtung nach Satz 1 entsprechend.

(5) Ergänzend zu den Absätzen 1 bis 4 ist die Durchführungsverordnung (EU) 2015/983 der Kommission vom 24. Juni 2015 betreffend das Verfahren zur Ausstellung des Europäischen Berufsausweises und die Anwendung des Vorwarnmechanismus gemäß der Richtlinie 2005/36/EG des Europäischen Parlaments und des Rates (ABl. L 159 vom 25.6.2015, S. 27) in der jeweils geltenden Fassung zu beachten.

III. Die Erlaubnis

§ 10   (1) ¹Die Erlaubnis zur vorübergehenden Ausübung des ärztlichen Berufs kann auf Antrag Personen erteilt werden, die eine abgeschlossene Ausbildung für den ärztlichen Beruf nachweisen. ²Eine Erlaubnis nach Satz 1 wird Antragstellern, die über einen Ausbildungsnachweis als Arzt verfügen, der in einem Mitgliedstaat der Europäischen Union, einem anderen Vertragsstaat des Abkommens über den Europäischen Wirtschaftsraum oder in der Schweiz ausgestellt ist, nicht erteilt. ³Eine Erlaubnis wird auch nicht in den Fällen des § 3 Absatz 2 Satz 9 erteilt. ⁴§ 8 bleibt unberührt.

(1a) ¹Abweichend von Absatz 1 Satz 2 und 3 kann auf Antrag eine Erlaubnis zur vorübergehenden Ausübung des ärztlichen Berufs erteilt werden, wenn mit dem Antrag dargelegt wird, dass im Hinblick auf die beabsichtigte ärztliche Tätigkeit ein besonderes Interesse an der Erteilung der Erlaubnis besteht. ²Die Erlaubnis steht der Erteilung einer Approbation nicht entgegen.

(2) ¹Die Erlaubnis kann auf bestimmte Tätigkeiten und Beschäftigungsstellen beschränkt werden. ²Sie darf nur widerruflich und nur bis zu einer Gesamtdauer der ärztlichen Tätigkeit von höchstens zwei Jahren im Geltungsbereich dieses Gesetzes erteilt oder verlängert werden.

(3) ¹Eine Erlaubnis darf ausnahmsweise über den in Absatz 2 genannten Zeitraum hinaus im besonderen Einzelfall oder aus Gründen der ärztlichen Versorgung erteilt oder verlängert werden, wenn eine Approbation wegen Fehlens der Voraussetzungen nach § 3 Absatz 1 Nummer 4 nicht erteilt werden kann.

[2]Die Erteilung oder Verlängerung aus Gründen der ärztlichen Versorgung ist nur zulässig, wenn in dem Gebiet, in dem die ärztliche Tätigkeit ausgeübt werden soll, ein gleichwertiger Ausbildungsstand nachgewiesen ist. [3]Die Erlaubnis ist in diesem Fall auf das Gebiet zu beschränken. [4]Die §§ 5, 6, 8, 9 und 13 finden entsprechende Anwendung.

(4) [1]Erlaubnisse nach Absatz 1 Satz 1, die vor dem 1. April 2012 erteilt wurden, bleiben wirksam. [2]Für sie ist Absatz 3 in seiner bis dahin geltenden Fassung bis zum 1. April 2014 für solche Inhaber der Erlaubnis weiter anzuwenden, die bis zum 1. Juli 2012 einen Antrag auf Erteilung der Approbation nach § 3 Absatz 1 Satz 1 gestellt haben. [3]Satz 2 findet auf Staatsangehörige eines Mitgliedstaats der Europäischen Union, eines anderen Vertragsstaats des Abkommens über den Europäischen Wirtschaftsraum und der Schweiz, die über einen Ausbildungsnachweis nach Absatz 1 Satz 2 oder Satz 3 verfügen, sowie auf Drittstaatsangehörige, soweit sich nach dem Recht der Europäischen Gemeinschaft eine Gleichstellung ergibt, keine Anwendung.

(5) In Ausnahmefällen kann eine Erlaubnis zur vorübergehenden Ausübung des ärztlichen Berufs auf Antrag auch Personen erteilt werden, die außerhalb des Geltungsbereichs dieses Gesetzes eine ärztliche Ausbildung erworben, diese Ausbildung aber noch nicht abgeschlossen haben, wenn
1. der Antragsteller aufgrund einer das Hochschulstudium abschließenden Prüfung außerhalb des Geltungsbereichs dieses Gesetzes die Berechtigung zur beschränkten Ausübung des ärztlichen Berufs erworben hat und
2. die aufgrund der Erlaubnis auszuübende Tätigkeit zum Abschluss einer ärztlichen Ausbildung erforderlich ist.

(6) Personen, denen eine Erlaubnis zur Ausübung des ärztlichen Berufs nach den vorstehenden Vorschriften erteilt worden ist, haben im Übrigen die Rechte und Pflichten eines Arztes.

§ 10a (1) [1]Approbierte Zahnärzte, die eine gültige staatliche Anerkennung als Fachzahnarzt für Kieferchirurgie nach der Anordnung Nr. 1 über die Weiterbildung der Ärzte und Zahnärzte (Facharzt-/Fachzahnarztordnung) vom 11. August 1978 (GBl. I Nr. 25 S. 286) in der Fassung der Anordnung Nr. 2 vom 15. April 1986 (GBl. I Nr. 16 S. 262) besitzen und bis zum 2. Oktober 1990 aufgrund der Anweisung zu den Approbationsordnungen für Ärzte und Zahnärzte vom 12. Januar 1982 (Verfügung und Mitteilung des Ministeriums für Gesundheitswesen Nr. 2 S. 28) berechtigt waren, ärztliche Tätigkeiten auf dem Gebiet der Mund-, Kiefer- und Gesichtschirurgie auszuüben, erhalten auf Antrag eine unbefristete Erlaubnis zur Ausübung des ärztlichen Berufs auf dem Gebiet der Mund-, Kiefer- und Gesichtschirurgie. [2]Das Gleiche gilt für Zahnärzte, die sich am 3. Oktober 1990 in dem in Artikel 3 des Einigungsvertrages genannten Gebiet in einer Weiterbildung zum Fachzahnarzt für Kieferchirurgie nach den in Satz 1 genannten Weiterbildungsvorschriften befanden, nachdem sie die Weiterbildung nach diesen Vorschriften erfolgreich abgeschlossen haben.

(2) [1]Approbierte Zahnärzte, die eine gültige staatliche Anerkennung als Fachzahnarzt für eine theoretisch-experimentelle Fachrichtung der Medizin nach der in Absatz 1 Satz 1 genannten Facharzt-/Fachzahnarztordnung in Verbindung mit der Verfügung über die Weiterbildung von Zahnärzten in theoretisch-experimentellen Fachrichtungen der Medizin vom 9. Februar 1983 (Verfügung und Mitteilung des Ministeriums für Gesundheitswesen Nr. 3 S. 17) besitzen und bis zum 2. Oktober 1990 aufgrund der Anweisung zur Approbationsordnung für Zahnärzte vom 9. Februar 1983 (Verfügung und Mitteilung des Ministeriums für Gesundheitswesen Nr. 3 S. 17) berechtigt waren, ärztliche Tätigkeiten auf dem Gebiet auszuüben, auf das sich ihre Anerkennung als Fachzahnarzt bezieht, erhalten auf Antrag eine unbefristete Erlaubnis zur Ausübung des ärztlichen Berufs auf dem betreffenden Fachgebiet, soweit die im Zeitpunkt der Antragstellung ausgeübte oder beabsichtigte Tätigkeit eine Berechtigung zur Ausübung ärztlicher Tätigkeit erfordert. [2]Das Gleiche gilt für approbierte Zahnärzte, die sich am 3. Oktober 1990 in dem in Artikel 3 des Einigungsvertrages genannten Gebiet in einer Weiterbildung zum Fachzahnarzt für eine theoretisch-experimentelle Fachrichtung nach den in Satz 1 genannten Weiterbildungsvorschriften befanden, nachdem sie die Weiterbildung nach diesen Vorschriften erfolgreich abgeschlossen haben.

(3) Die Absätze 1 und 2 finden keine Anwendung, solange die Approbation als Zahnarzt ruht.

(4) Für Inhaber einer Erlaubnis nach Absatz 1 oder 2 gilt § 10 Abs. 6 entsprechend.

IV. Erbringen von Dienstleistungen

§ 10b (1) [1]Staatsangehörige eines Mitgliedstaates der Europäischen Union oder eines anderen Vertragsstaates des Abkommens über den Europäischen Wirtschaftsraum, oder eines Vertragsstaates, dem Deutschland und die Europäische Gemeinschaft oder Deutschland und die Europäische Union vertraglich einen entsprechenden Rechtsanspruch eingeräumt haben, die zur Ausübung des ärztlichen Berufs in einem der übrigen Mitgliedstaaten der Europäischen Union oder in einem anderen Vertragsstaat des Abkommens über den Europäischen Wirtschaftsraum oder einem Vertragsstaat, dem Deutschland und die Europäische Gemeinschaft oder Deutschland und die Europäische Union vertraglich einen entsprechenden Rechtsanspruch eingeräumt haben, aufgrund einer nach deutschen Rechtsvorschriften abgeschlossenen ärztlichen Ausbildung oder aufgrund eines in der Anlage zu § 3 Abs. 1 Satz 2, in § 3 Abs. 1 Satz 6 oder in § 14b Absatz 1 genannten ärztlichen Ausbildungsnachweises berechtigt sind, dürfen als Dienstleistungserbringer im Sinne des Artikels 50 des EG-Vertrages vorübergehend und gelegentlich den ärztlichen Beruf im Geltungsbereich dieses Gesetzes ausüben. [2]Der vorübergehende und gelegentliche Charakter der Erbringung von Dienstleistungen wird im Einzelfall beurteilt, insbesondere anhand der Dauer, der Häufigkeit, der regelmäßigen Wiederkehr und der Kontinuität der Dienstleistung. ³Eine Berechtigung nach Satz 1 besteht nicht, wenn die Voraussetzungen einer Rücknahme, eines Widerrufs oder einer Ruhensanordnung, die sich auf die Tatbestände nach § 3 Abs. 1 Satz 1 Nr. 2 oder 3 beziehen, vorliegen, eine entsprechende Maßnahme mangels deutscher Berufszulassung jedoch nicht erlassen werden kann.

(2) ¹Ein Dienstleistungserbringer im Sinne des Absatzes 1 hat, wenn er zur Erbringung von Dienstleistungen erstmals von einem anderen Mitgliedstaat nach Deutschland wechselt, den zuständigen Behörden in Deutschland vorher schriftlich Meldung zu erstatten. ²Diese Meldung ist einmal jährlich zu erneuern, wenn der Dienstleistungserbringer beabsichtigt, während des betreffenden Jahres vorübergehend oder gelegentlich Dienstleistungen in Deutschland zu erbringen. ³Wenn Dienstleistungen erstmals erbracht werden oder sich eine wesentliche Änderung gegenüber der in den Dokumenten bescheinigten Situation ergibt, hat der Dienstleistungserbringer der zuständigen Behörde folgende Dokumente vorzulegen:

1. den Nachweis über seine Staatsangehörigkeit,
2. eine Bescheinigung darüber, dass er in einem Mitgliedstaat rechtmäßig als Arzt niedergelassen ist, ihm die Ausübung dieses Berufs zum Zeitpunkt der Vorlage der Bescheinigung nicht, auch nicht vorübergehend, untersagt ist, und keine Vorstrafen vorliegen,
3. seinen Berufsqualifikationsnachweis und
4. eine Erklärung des Dienstleistungserbringers, dass er über die zur Erbringung der Dienstleistung erforderlichen Kenntnisse der deutschen Sprache verfügt.

⁴Vom Dienstleistungserbringer im Sinne des Absatzes 1 können dabei Informationen über Einzelheiten zu einem Versicherungsschutz oder einer anderen Art des individuellen oder kollektiven Schutzes in Bezug auf die Berufshaftpflicht verlangt werden. ⁵Die für die Ausübung der Dienstleistung erforderlichen Kenntnisse der deutschen Sprache müssen vorliegen.

(3) ¹Der Dienstleistungserbringer hat beim Erbringen der Dienstleistung im Geltungsbereich dieses Gesetzes die Rechte und Pflichten eines Arztes. ²Er kann den berufsständischen, gesetzlichen oder verwaltungsrechtlichen Berufsregeln und den geltenden Disziplinarbestimmungen unterworfen werden; zu diesen Bestimmungen gehören etwa Regelungen für die Definition des Berufs, das Führen von Titeln und schwerwiegende berufliche Fehler in unmittelbarem und speziellem Zusammenhang mit dem Schutz und der Sicherheit der Verbraucher. ³Die zuständigen Behörden können bei berechtigten Zweifeln von den zuständigen Behörden des Niederlassungsmitgliedstaats für jede Erbringung einer Dienstleistung alle Informationen über die Rechtmäßigkeit der Niederlassung und die gute Führung des Dienstleisters anfordern sowie Informationen über das Nichtvorliegen strafrechtlicher Sanktionen, einer Rücknahme, eines Widerrufs und einer Anordnung des Ruhens der Approbation oder Erlaubnis, über die nicht vorliegende Untersagung der Ausübung der Tätigkeit

und über das Fehlen von Tatsachen, die eine dieser Sanktionen oder Maßnahmen rechtfertigen würden. [4]Die Informationen sind nach Artikel 56 der Richtlinie 2005/36/EG zu übermitteln. [5]Die zuständige Behörde unterrichtet unverzüglich die zuständige Behörde des Herkunftsmitgliedstaats über das Vorliegen der in Satz 3 genannten Sanktionen oder Maßnahmen, die sich auf die Ausübung der von der Richtlinie 2005/36/EG erfassten Tätigkeiten auswirken könnten. [6]Dabei sind die Vorschriften zum Schutz personenbezogener Daten einzuhalten. [7]Auf Anforderung der zuständigen Behörden eines anderen Mitgliedstaats der Europäischen Union oder eines anderen Vertragsstaates des Abkommens über den Europäischen Wirtschaftsraum oder eines Vertragsstaates, dem Deutschland und die Europäische Gemeinschaft oder Deutschland und die Europäische Union vertraglich einen entsprechenden Rechtsanspruch eingeräumt haben, haben die zuständigen Behörden in Deutschland nach Artikel 56 der Richtlinie 2005/36/EG der anfordernden Behörde alle Informationen über die Rechtmäßigkeit der Niederlassung und die gute Führung des Dienstleisters sowie Informationen darüber, dass keine berufsbezogenen disziplinarischen oder strafrechtlichen Sanktionen vorliegen, zu übermitteln.

(4) Einem Staatsangehörigen eines Mitgliedstaates der Europäischen Union oder eines anderen Vertragsstaates des Abkommens über den Europäischen Wirtschaftsraum, oder eines Vertragsstaates, dem Deutschland und die Europäische Gemeinschaft oder Deutschland und die Europäische Union vertraglich einen entsprechenden Rechtsanspruch eingeräumt haben, der im Geltungsbereich dieses Gesetzes den ärztlichen Beruf aufgrund einer Approbation als Arzt oder einer Erlaubnis zur vorübergehenden Ausübung des ärztlichen Berufs ausübt, sind auf Antrag für Zwecke der Dienstleistungserbringung in einem der übrigen Mitgliedstaaten der Europäischen Union oder einem anderen Vertragsstaat des Abkommens über den Europäischen Wirtschaftsraum Bescheinigungen darüber auszustellen, dass
1. er in Deutschland rechtmäßig als Arzt niedergelassen ist,
2. ihm die Ausübung dieser Tätigkeit zum Zeitpunkt der Vorlage der Bescheinigung nicht, auch nicht vorübergehend, untersagt ist und
3. er über einen erforderlichen Berufsqualifikationsnachweis verfügt.

V. Gebührenordnung

§ 11 [1]Die Bundesregierung wird ermächtigt, durch Rechtsverordnung mit Zustimmung des Bundesrates die Entgelte für ärztliche Tätigkeit in einer Gebührenordnung zu regeln. [2]In dieser Gebührenordnung sind Mindest- und Höchstsätze für die ärztlichen Leistungen festzusetzen. [3]Dabei ist den berechtigten Interessen der Ärzte und der zur Zahlung der Entgelte Verpflichteten Rechnung zu tragen.

VI. Zuständigkeiten

§ 12 (1) [1]Die Approbation erteilt in den Fällen des § 3 Abs. 1 Satz 1 die zuständige Behörde des Landes, in dem der Antragsteller die ärztliche Prüfung abgelegt hat. [2]In den Fällen des § 14 Abs. 3 Satz 2 wird sie von der zuständigen Behörde des Landes erteilt, in dessen Gebiet die Behörde ihren Sitz hatte, von der der Antragsteller seine nach den Vorschriften der Deutschen Demokratischen Republik erteilte Approbation erhalten hat. [3]In den Fällen des § 14a Abs. 4 Satz 1 bis 3 wird die Approbation von der zuständigen Behörde des Landes erteilt, in dem der Antragsteller sein Medizinstudium erfolgreich abgeschlossen hat.

(2) [1]Die Entscheidungen nach § 14a Abs. 4 Satz 3 trifft die zuständige Behörde des Landes, in dem der Antragsteller das Medizinstudium nach § 14a Abs. 4 Satz 1 abgeschlossen hat. [2]Die Entscheidungen nach § 14 Abs. 4 Satz 4 trifft die zuständige Behörde des Landes, in dem der Antragsteller seine Ausbildung abgeschlossen hat.

(3) [1]Die Entscheidungen nach § 3 Absatz 1 bis 3, Absatz 6 Satz 3, § 10 Absatz 1 bis 3 und 5, § 10a Absatz 1 und 2, § 14 Absatz 2 Satz 2 und Absatz 4 Satz 6 sowie nach § 14b trifft die zuständige Behörde des Landes, in dem der ärztliche Beruf ausgeübt werden soll. [2]Für das Verfahren zur Ausstellung eines Europäischen Berufsausweises ist die zuständige Behörde des Landes zuständig, in dem der ärztliche Beruf ausgeübt wird oder ausgeübt werden soll. [3]Die Länder können vereinbaren, dass die ihnen durch Satz 1 übertragenen Aufgaben von einem anderen Land oder von einer gemeinsamen Einrichtung wahrgenommen werden. [4]§ 10 Absatz 3 Satz 2 bleibt unberührt.

(4) [1]Die Entscheidungen nach § 3 Abs. 1a Satz 2, §§ 5 und 6 trifft die zuständige Behörde des Landes, in dem der ärztliche Beruf ausgeübt wird oder zuletzt ausgeübt worden ist. [2]Bei Ärzten, die den ärztlichen Beruf häufig wechselnd in ärztlich geleiteten Einrichtungen ausüben, trifft die Entscheidung nach Satz 1 die Behörde des Landes, in dem dem Arzt die Approbation erteilt worden ist. [3]Satz 1 gilt entsprechend für die Entgegennahme der Verzichtserklärung nach § 9.

(5) Die Entscheidung nach § 8 trifft die Behörde des Landes, die die Approbation zurückgenommen oder widerrufen hat.

(6) [1]Die Meldung nach § 10b Abs. 2 nimmt die zuständige Behörde des Landes entgegen, in dem die Dienstleistung erbracht werden soll oder erbracht worden ist. [2]Die Bearbeitung der Informationsanforderungen nach § 10b Abs. 3 Satz 3 und die Unterrichtung des Herkunftsmitgliedstaats nach § 10b Abs. 3 Satz 5 erfolgt durch die zuständige Behörde des Landes, in dem die Dienstleistung erbracht wird oder erbracht worden ist. [3]Sind von den Ländern hierfür gemeinsame Stellen eingerichtet worden, so legen die Länder die zuständigen Stellen fest. [4]Die Bescheinigungen nach § 10b Abs. 4 stellt die zuständige Behörde des Landes aus, in dem der Antragsteller den ärztlichen Beruf ausübt.

(7) Wenn ein Mitgliedstaat der Europäischen Union oder ein anderer Vertragsstaat des Abkommens über den Europäischen Wirtschaftsraum oder ein Vertragsstaat, dem Deutschland und die Europäische Gemeinschaft oder Deutschland und die Europäische Union vertraglich einen entsprechenden Rechtsanspruch eingeräumt haben, zur Erleichterung der Anwendung von Titel III Kapitel III der Richtlinie 2005/36/EG eine Bescheinigung des Herkunftsmitgliedstaats verlangt, dass die in Deutschland ausgestellten Nachweise über die geforderten Ausbildungsvoraussetzungen den in der Richtlinie 2005/36/EG verlangten Nachweisen entsprechen, erteilt diese Bescheinigung das Bundesministerium für Gesundheit.

(8) Soweit die in Deutschland zuständigen Stellen Informationen nach Anhang VII Nummer 1 Buchstabe d der Richtlinie 2005/36/EG an die zuständigen Behörden des Aufnahmemitgliedstaats zu übermitteln haben, hat dies binnen zwei Monaten zu erfolgen.

VII. Straf- und Bußgeldvorschriften

§ 13 Wer die Heilkunde ausübt, solange durch vollziehbare Verfügung das Ruhen der Approbation angeordnet ist, wird mit Freiheitsstrafe bis zu einem Jahr oder mit Geldstrafe bestraft.

§ 13a (1) Ordnungswidrig handelt, wer entgegen § 14 Abs. 4 Satz 1 die Berufsbezeichnung „Arzt" oder „Ärztin" ohne Zusatz führt.

(2) Die Ordnungswidrigkeit kann mit einer Geldbuße bis zu zweitausendfünfhundert Euro geahndet werden.

VIII. Übergangs- und Schlussvorschriften

§ 14 (1) [1]Eine Approbation oder Bestallung, die bei Wirksamwerden des Beitritts im bisherigen Geltungsbereich dieses Gesetzes zur Ausübung des ärztlichen Berufs berechtigt, gilt als Approbation im Sinne dieses Gesetzes. [2]Das Gleiche gilt unbeschadet der Vorschriften des Absatzes 4 für eine Approbation, die am Tage vor dem Wirksamwerden des Vertrages in dem in Artikel 3 des Einigungsvertrages genannten Gebiet zur Ausübung des ärztlichen Berufs berechtigt, soweit sie vor dem 1. Juli 1988 erteilt und nicht durch eine zu diesem Zeitpunkt geltende Anordnung nach § 15 der Approbationsordnung für Ärzte vom 13. Januar 1977 (GBl. I Nr. 5 S. 30) in der Fassung der Anordnung Nr. 2 vom 24. August 1981 (GBl. I Nr. 29 S. 346) eingeschränkt worden ist. [3]Die Berechtigung zur weiteren Führung einer im Zusammenhang mit der Anerkennung als Facharzt verliehenen Bezeichnung durch Inhaber einer in Satz 2 genannten Approbation, die am Tage vor dem Wirksamwerden des Beitritts eine solche Bezeichnung in dem in Artikel 3 des Einigungsvertrages genannten Gebiet führen dürfen, richtet sich nach Landesrecht.

(2) [1]Eine vor dem 1. Juli 1988 erteilte, in dem in Artikel 3 des Einigungsvertrages genannten Gebiet am Tage vor dem Wirksamwerden des Beitritts zur Ausübung des ärztlichen Berufs berechtigende, jedoch durch eine zu diesem Zeitpunkt geltende Anordnung nach § 15 der Approbationsordnung für Ärzte vom 13. Januar 1977 (GBl. I Nr. 5 S. 30) in der Fassung der Anordnung Nr. 2 vom 24. August 1981 (GBl. I Nr. 29 S. 346) eingeschränkte Approbation als Arzt gilt als Erlaubnis nach § 10 Abs. 1 dieses Gesetzes. [2]Der Inhaber einer solchen Approbation erhält auf Antrag eine Approbation als Arzt im Sinne dieses Gesetzes, wenn er die Voraussetzungen des § 3 Abs. 1 Satz 1 Nr. 2 und 3 erfüllt.

(3) [1]Eine nach dem 30. Juni 1988 erteilte, am Tage vor dem Wirksamwerden des Beitritts in dem in Artikel 3 des Einigungsvertrages genannten Gebiet gültige Approbation als Arzt berechtigt zu ärztlicher Tätigkeit in abhängiger Stellung. [2]Der Inhaber einer solchen Approbation erhält auf Antrag eine Approbation als Arzt im Sinne dieses Gesetzes, wenn er eine achtzehnmonatige ärztliche Tätigkeit in abhängiger Stellung in einer oder mehreren der in § 4 Abs. 4 Satz 1 und 3 der Bundesärzteordnung in der Fassung der Bekanntmachung vom 16. April 1987 (BGBl. I S. 1218), die zuletzt durch Artikel 7 des Gesetzes vom 27. April 2002 (BGBl. I S. 1467) geändert worden ist, genannten Einrichtungen nachweist und die Voraussetzungen des § 3 Abs. 1 Satz 1 Nummer 2 und 3 dieses Gesetzes erfüllt.

(4) [1]Der Inhaber einer am Tage vor dem Wirksamwerden des Beitritts in dem in Artikel 3 des Einigungsvertrages genannten Gebiet gültigen Approbation für ärztliche Tätigkeiten in einem medizinisch-theoretischen Fachgebiet gemäß § 4 der Approbationsordnung für Ärzte vom 13. Januar 1977 (GBl. I Nr. 5 S. 30) in der Fassung der Anordnung Nr. 2 vom 24. August 1981 (GBl. I Nr. 29 S. 346) darf die Berufsbezeichnung „Arzt" oder „Ärztin" nur mit dem Zusatz „(theoretische Medizin)" führen. [2]Die in Satz 1 genannte Approbation berechtigt nicht zur Ausübung der Heilkunde. [3]Wer sich bei Wirksamwerden des Beitritts in einer entsprechenden Ausbildung befindet, kann diese Ausbildung abschließen. [4]Er erhält auf Antrag eine Approbation für ärztliche Tätigkeiten in einem medizinisch-theoretischen Fachgebiet nach § 4 der in Satz 1 genannten Approbationsordnung für Ärzte, sofern er die Ausbildung bis zum 31. Dezember 1992 erfolgreich abschließt. [5]Die in Satz 1 genannten Beschränkungen gelten auch insoweit. [6]Der Inhaber einer solchen Approbation erhält auf Antrag eine Approbation als Arzt im Sinne dieses Gesetzes, wenn er die Gleichwertigkeit seines Ausbildungsstandes mit dem eines nach den Vorschriften der aufgrund des § 4 dieses Gesetzes erlassenen Approbationsordnung für Ärzte ausgebildeten Arztes nachweist und die Voraussetzungen des § 3 Abs. 1 Satz 1 Nr. 2 und 3 erfüllt. [7]§ 3 Abs. 2 gilt entsprechend.

(5) Eine bei Wirksamwerden des Beitritts gültige Erlaubnis zur vorübergehenden Ausübung des ärztlichen Berufes und eine am Tage vor dem Wirksam-

werden des Beitritts in dem in Artikel 3 des Einigungsvertrages genannten Gebiet gültige staatliche Erlaubnis zur Ausübung ärztlicher Tätigkeit gemäß § 10 Abs. 3 der Approbationsordnung für Ärzte vom 13. Januar 1977 (GBl. I Nr. 5 S. 30) in der Fassung der Anordnung Nr. 2 vom 24. August 1981 (GBl. I Nr. 29 S. 346) gelten mit ihrem bisherigen Inhalt als Erlaubnis nach § 10 Abs. 1 dieses Gesetzes.

§ 14a (1) Antragsteller, die das Studium der Medizin im Jahre 1970 oder im Sommersemester 1971 aufgenommen haben, weisen an Stelle eines mindestens sechsjährigen Hochschulstudiums der Medizin (§ 3 Abs. 1 Nr. 4) ein Hochschulstudium der Medizin von mindestens elf Semestern und die Ableistung einer nach der ärztlichen Prüfung durchzuführenden einjährigen Medizinalassistentenzeit nach.

(2) Die erforderlichen Ausnahmeregelungen für die in Absatz 1 genannten Personen sind im Übrigen in der Rechtsverordnung nach § 4 zu treffen.

(3) In der Rechtsverordnung nach § 4 kann auch vorgesehen werden, dass Antragsteller, die vor dem Jahre 1970, im Jahre 1970 oder im Sommersemester 1971 das Studium der Medizin aufgenommen haben, eine ärztliche Ausbildung nach § 3 Abs. 1 Nummern 4 und 5 der Bundesärzteordnung in der Fassung der Bekanntmachung vom 16. April 1987 (BGBl. I S. 1218), die zuletzt durch Artikel 7 des Gesetzes vom 27. April 2002 (BGBl. I S. 1467) geändert worden ist, nachzuweisen haben, wenn sie die ärztliche Ausbildung oder einzelne Abschnitte dieser Ausbildung nicht bis zu einem bestimmten Zeitpunkt abschließen.

(4) [1]Studierende der Medizin, die nach dem Wirksamwerden des Beitritts ein vorher begonnenes Medizinstudium an Universitäten oder medizinischen Akademien in dem in Artikel 3 des Einigungsvertrages genannten Gebiet fortsetzen, schließen das Studium nach den bisher für dieses Gebiet geltenden Rechtsvorschriften ab, sofern dies bis zum 31. Dezember 1998 geschieht. [2]Der erfolgreiche Studienabschluss steht dem Abschluss des Medizinstudiums durch die bestandene ärztliche Prüfung nach § 3 Abs. 1 Satz 1 Nr. 4 gleich. [3]Inhaber eines entsprechenden Nachweises erhalten auf Antrag eine Erlaubnis nach § 10 Abs. 1, mit der sie entsprechend einer Erlaubnis nach § 10 Abs. 4 der Bundesärzteordnung in der Fassung der Bekanntmachung vom 16. April 1987 (BGBl. I S. 1218), die zuletzt durch Artikel 7 des Gesetzes vom 27. April 2002 (BGBl. I S. 1467) geändert worden ist, eine achtzehnmonatige Tätigkeit in abhängiger Stellung absolvieren können. [4]Studierende, die im September 1991 ein Medizinstudium an den in Satz 1 genannten Ausbildungsstätten aufnehmen, schließen den vorklinischen Studienabschnitt einschließlich des Physikums nach den in Satz 1 genannten Vorschriften ab, sofern sie das Physikum bis zum 31. Dezember 1994 bestehen. [5]Sie setzen das Medizinstudium nach den Vorschriften der aufgrund des § 4 erlassenen Approbationsordnung für Ärzte fort und schließen die Ausbildung hiernach ab. [6]Für Studierende, die im Jahre 1992 und später ein Medizinstudium an den in Satz 1 genannten Ausbil-

dungsstätten aufnehmen, gelten die Vorschriften dieser Verordnung vom Beginn dieses Studiums an. [7]In der Verordnung können hinsichtlich der Art der Prüfungen besondere Regelungen für die in Satz 5 und 6 genannten Studierenden getroffen werden.

§ 14b (1) [1]Antragstellern, die die Voraussetzungen des § 3 Absatz 1 Satz 1 Nummer 2, 3 und 5 erfüllen und eine Approbation als Arzt aufgrund der Vorlage eines vor dem nach § 3 Abs. 1 Satz 2, 3 oder 4 für die Anerkennung jeweils maßgebenden Datum ausgestellten ärztlichen Ausbildungsnachweises eines der übrigen Mitgliedstaaten oder eines anderen Vertragsstaates des Abkommens über den Europäischen Wirtschaftsraum oder eines Vertragsstaates, dem Deutschland und die Europäische Gemeinschaft oder Deutschland und die Europäische Union vertraglich einen entsprechenden Rechtsanspruch eingeräumt haben, beantragen, ist die Approbation als Arzt ebenfalls zu erteilen. [2]In den Fällen, in denen die ärztliche Ausbildung des Antragstellers den Mindestanforderungen des Artikels 24 der Richtlinie 2005/36/EG vom 7. September 2005 (ABl. EU Nr. L 255 S. 22, 2007 Nr. L 271 S. 18) nicht genügt, kann die zuständige Behörde die Vorlage einer Bescheinigung des Herkunftsmitgliedstaats des Antragstellers verlangen, aus der sich ergibt, dass der Antragsteller während der letzten fünf Jahre vor der Antragstellung mindestens drei Jahre ununterbrochen tatsächlich und rechtmäßig den ärztlichen Beruf ausgeübt hat. [3]Bei Antragstellern, deren Ausbildungsnachweise

1. von der früheren Tschechoslowakei verliehen wurden und die Aufnahme des Berufs des Arztes gestatten oder aus denen hervorgeht, dass die Ausbildung im Falle der Tschechischen Republik und der Slowakei vor dem 1. Januar 1993 aufgenommen wurde, oder

2. von der früheren Sowjetunion verliehen wurden und die Aufnahme des Berufs des Arztes gestatten oder aus denen hervorgeht, dass die Ausbildung im Falle Estlands vor dem 20. August 1991, im Falle Lettlands vor dem 21. August 1991, im Falle Litauens vor dem 11. März 1990 aufgenommen wurde, oder

3. vom früheren Jugoslawien verliehen wurden und die Aufnahme des Berufs des Arztes gestatten oder aus denen hervorgeht, dass die Ausbildung im Falle Sloweniens vor dem 25. Juni 1991 aufgenommen wurde,

ist die Approbation als Arzt zu erteilen, wenn die Behörden dieser Mitgliedstaaten bescheinigen, dass diese Ausbildungsnachweise hinsichtlich der Aufnahme und Ausübung des Berufs des Arztes in ihrem Hoheitsgebiet die gleiche Rechtsgültigkeit haben wie die von ihnen verliehenen Ausbildungsnachweise und eine von den gleichen Behörden ausgestellte Bescheinigung darüber vorgelegt wird, dass die betreffende Person in den fünf Jahren vor Ausstellung der Bescheinigung mindestens drei Jahre ununterbrochen tatsächlich und rechtmäßig den ärztlichen Beruf in ihrem Hoheitsgebiet ausgeübt hat.

(2) [1]Antragstellern, für die Absatz 1 gilt und die die dort genannten Voraussetzungen mit Ausnahme der geforderten Berufserfahrung erfüllten, ist die Approbation zu erteilen, wenn die Ausbildung des Antragstellers keine wesentli-

chen Unterschiede gegenüber der Ausbildung aufweist, die in diesem Gesetz und in der Rechtsverordnung nach § 4 Absatz 1 geregelt ist. [2]§ 3 Absatz 2 Satz 3 bis 8 gilt entsprechend.

§ 15 *(aufgehoben)*

§ 16 *(Inkrafttreten, Außerkrafttreten)*

Anlage (zu § 3 Abs. 1 Satz 2)

Land	Ausbildungs-nachweis	Ausstellende Stelle	Zusätzliche Bescheinigung	Stichtag
België/ Belgique/ Belgien	Diploma van arts/ Diplôme de docteur en médecine	– Les universités/ De universiteiten/ – Le Jury compétent d'enseignement de la Communauté française/De bevoegde Examencommissie van de Vlaamse Gemeenschap		20. Dezember 1976
България	Диплома за висше образование на образователно-квалификац-ионна степен „Магистър" по „Медицина' и професионална квалификация „Магистър-лекар'	Медицински факултет във Висше медицинско училище (Медицински университет, Висш медицински институт в Република България)		1. Januar 2007
Česká republika	Diplom o ukončení studia ve studijním programu všeobecné lékařství (doktor medicíny, MUDr.)	Lékářská fakulta univerzity v České republice	Vysvě dčení o státní rigorózní zkoušce	1. Mai 2004
Danmark	Bevis for bestået lægevidenskabelig embedseksamen	Medicinsk universitetsfakultet	– Autorisation som læge, udstedt af Sundheds-styrelsen og – Tilladelse til selvstændigt virke som	20. Dezember 1976

B 1 BÄO

Land	Ausbildungs-nachweis	Ausstellende Stelle	Zusätzliche Bescheinigung	Stichtag
		læge (dokumentation for gennemført praktisk uddannelse), udstedt af Sundhedsstyrelsen		
Eesti	Diplom arstitea duses õppekava läbimise kohta	Tartu Ülikool		1. Mai 2004
Ελλάς	Πτυχίο Ιατρικής	– Ιατρική Σχολή Πανεπιστημίου – Σχολή Επισ τημών Υγείας, Τμήμα Ιατρικής Πανεπιστημίου		1. Januar 1981
España	Titulo de Licenciado en Medicina y Cirugía	– Ministerio de Educación y Cultura – El rector de una Universidad		1. Januar 1986
France	Diplôme d'Etat de docteur en médecine	Universités		20. Dezember 1976
Hrvatska	Diploma „doktor medicine/doktorica medicine"	Medicinski fakulteti sveučilišta u Republici Hrvatskoj		1. Juli 2013
Ireland	Primary qualification	Competent examining body	Certificate of experience	20. Dezember 1976
Italia	Diploma di laurea in medicina e chirurgia	Università	Diploma di abilitazione all'esercizio della medicina e chirurgia	20. Dezember 1976
Κύπρος	Πιστοποιητικό Εγγραφής Ιατρού	Ιατρικό Συμβούλιο		1. Mai 2004
Latvija	ārsta diploms	Universitātes tipa augstskola		1. Mai 2004

Land	Ausbildungs-nachweis	Ausstellende Stelle	Zusätzliche Bescheinigung	Stichtag
Lietuva	Aukštojo mokslo diplomas, nurodantis suteiktą gydytojo kvalifikaciją	Universitetas	Internatūros pažymėjimas, nurodantis suteiktą medicinos gydytojo profesinę kvalifikaciją	1. Mai 2004
Luxembourg	Diplôme d'Etat de docteur en médecine, chirurgie et accouchements	Jury d'examen d'Etat	Certificat de stage	20. Dezember 1976
Magyarország	Általános orvos oklevél (doctor medicinae universae, röv: dr. med. univ.)	Egyetem		1. Mai 2004
Malta	Lawrja ta' Tabib tal-Mediina u l-Kirurija	Università ta' Malta	Ċertifikat ta' reistrazzjoni maħnruġ mill-Kunsill Mediku	1. Mai 2004
Nederland	Getuigschrift von met goed gevolg afgelegd artsexamen	Faculteit Geneeskunde		20. Dezember 1976
Österreich	1. Urkunde über die Verleihung des akademischen Grades Doktor der gesamten Heilkunde (bzw. Doctor medicinae universae, Dr. med. univ.) 2. Diplom über die spezifische Ausbildung zum Arzt für Allgemeinmedizin bzw. Facharztdiplom	1. Medizinische Fakultät einer Universität 2. Österreichische Ärztekammer		1. Januar 1994
Polska	Dyplom uko'nczenia studiów wyższych na kierunku lekarskim z tytulem „lekarza"	1. Akademia Medyczna 2. Uniwersytet Medyczny 3. Collegium Medicum Uniwersytetu Jagiello'nskiego	Lekarski Egzamin Pa'nstwowy	1. Mai 2004

Land	Ausbildungs-nachweis	Ausstellende Stelle	Zusätzliche Bescheinigung	Stichtag
Portugal	Carta de Curso de licenciatura em medicina	Universidades	Diploma com-provativo da conclusão do internato geral emitido pelo Ministério da Saúde	1. Januar 1986
România	Diplomă de licenţă de doctor medic	Universtităţi		1. Januar 2007
Slovenija	Diploma, s katero se podeljuje strokovni naslov „doktor medicine/doktorica medicine"	Univerza		1. Mai 2004
Slovensko	Vysokoškolský diplom o udelení akademického titulu „doktor medicíny" („MUDr.")	Vysoká škola		1. Mai 2004
Suomi/ Finland	Lääketieteen lisensiaatin tutkinto/ medicine licentiat-examen	– Helsingin ylio-pisto/Helsingfors universitet – Kuopion yliopisto – Oulun yliopisto – Tampereen yliopisto – Turun yliopisto	Todistus lääkä-rin perustervey-denhuollon lisäkoulutuk-sesta/examens-bevis om til-läggsutbildning för läkare inom primärvården	1. Januar 1994
Sverige	Läkarexamen	Universitet	Bevis om prak-tisk utbildning som utfärdas av Socialstyrelsen	1. Januar 1994
United Kingdom	Primary qualifi-cation	Competent exam-ining body	Certification of experience	20. De-zember 1976

Gesetz über die berufsmäßige Ausübung der Heilkunde ohne Bestallung (Heilpraktikergesetz)

vom 17.2.1939 (RGBl. I S. 251),
zuletzt geändert durch Art. 17e G vom 23.12.2016 (BGBl. I S. 3191)

– Auszug –

§ 1 (1) Wer die Heilkunde, ohne als Arzt bestallt zu sein, ausüben will, bedarf dazu der Erlaubnis.

(2) Ausübung der Heilkunde im Sinne dieses Gesetzes ist jede berufs- oder gewerbsmäßig vorgenommene Tätigkeit zur Feststellung, Heilung oder Linderung von Krankheiten, Leiden oder Körperschäden bei Menschen, auch wenn sie im Dienste von anderen ausgeübt wird.

(3) Wer die Heilkunde bisher berufsmäßig ausgeübt hat und weiterhin ausüben will, erhält die Erlaubnis nach Maßgabe der Durchführungsbestimmungen; er führt die Berufsbezeichnung „Heilpraktiker".

§ 2 (1) Wer die Heilkunde, ohne als Arzt bestallt zu sein, bisher berufsmäßig nicht ausgeübt hat, kann eine Erlaubnis nach § 1 in Zukunft nach Maßgabe der gemäß § 7 erlassenen Rechts- und Verwaltungsvorschriften erhalten, die insbesondere Vorgaben hinsichtlich Kenntnissen und Fähigkeiten als Bestandteil der Entscheidung über die Erteilung der Erlaubnis enthalten sollen.

(2) Wer durch besondere Leistungen seine Fähigkeit zur Ausübung der Heilkunde glaubhaft macht, wird auf Antrag des *Reichsministers des Innern* durch den *Reichsminister für Wissenschaft, Erziehung und Volksbildung* unter erleichterten Bedingungen zum Studium der Medizin zugelassen, sofern er seine Eignung für die Durchführung des Medizinstudiums nachweist.

§ 3 Die Erlaubnis nach § 1 berechtigt nicht zur Ausübung der Heilkunde im Umherziehen.

§ 4 *(nicht aufgenommen)*

§ 5 Wer, ohne zur Ausübung des ärztlichen Berufs berechtigt zu sein und ohne eine Erlaubnis nach § 1 zu besitzen, die Heilkunde ausübt, wird mit Freiheitsstrafe bis zu einem Jahr oder mit Geldstrafe bestraft.

§ 5a (1) Ordnungswidrig handelt, wer als Inhaber einer Erlaubnis nach § 1 die Heilkunde im Umherziehen ausübt.

(2) Die Ordnungswidrigkeit kann mit einer Geldbuße bis zu zweitausendfünfhundert Euro geahndet werden.

§ 6 (1) Die Ausübung der Zahnheilkunde fällt nicht unter die Bestimmungen dieses Gesetzes.

(2) ...

§ 7 Der *Reichsminister des Innern* erlässt ... die zur Durchführung und Ergänzung dieses Gesetzes erforderlichen Rechts- und Verwaltungsvorschriften.

§ 8 (1) Dieses Gesetz tritt am Tage nach der Verkündung in Kraft.[1]

(2) Gleichzeitig treten § 56a Abs. 1 Nr. 1 und § 148 Abs. 1 Nr. 7a der Reichsgewerbeordnung, soweit sie sich auf die Ausübung der Heilkunde im Sinne dieses Gesetzes beziehen, außer Kraft.

---

1   Das Gesetz ist am 21.2.1939 in Kraft getreten.

Erste Durchführungsverordnung zum Gesetz über die berufsmäßige Ausübung der Heilkunde ohne Bestallung (Heilpraktikergesetz)

vom 18.2.1939 (RGBl. I S. 259),
zuletzt geändert durch Art. 17f G vom 23.12.2016 (BGBl. I S. 3191)

Auf Grund § 7 des Gesetzes über die berufsmäßige Ausübung der Heilkunde ohne Bestallung (Heilpraktikergesetz) vom 17. Februar 1939 (Reichsgesetzbl. I S. 251) wird verordnet:

§ 1 *(gegenstandslos)*

§ 2[12] (1) [1]Die Erlaubnis wird nicht erteilt,
a) wenn der Antragsteller das 25. Lebensjahr noch nicht vollendet hat,
b) *(nichtig)*
c) *(weggefallen)*
d) wenn er nicht mindestens abgeschlossene Volksschulbildung nachweisen kann,
e) *(weggefallen)*
f) wenn sich aus Tatsachen ergibt, dass ihm die ... sittliche Zuverlässigkeit fehlt, insbesondere wenn schwere strafrechtliche oder sittliche Verfehlungen vorliegen,
g) wenn er in gesundheitlicher Hinsicht zur Ausübung des Berufs ungeeignet ist,

---

1 Aus dem Beschluss des Bundesverfassungsgerichts vom 10. Mai 1988 – 1 BvR 482/84 u. a. – wurde in BGBl. I 1988, S. 1587 folgende Entscheidungsformel veröffentlicht:
§ 2 Absatz 1 Buchstabe b der Ersten Durchführungsverordnung zum Gesetz über die berufsmäßige Ausübung der Heilkunde ohne Bestallung (Heilpraktikergesetz) vom 18. Februar 1939 (Reichsgesetzbl. I Seite 259; Bundesgesetzbl. III 2122 – 2 – 1) ist mit Artikel 2 Absatz 1 des Grundgesetzes in Verbindung mit dem Rechtsstaatsprinzip unvereinbar und nichtig.
Die vorstehende Entscheidungsformel hat gemäß § 31 Abs. 2 des Gesetzes über das Bundesverfassungsgericht Gesetzeskraft.

2 Gemäß Art. 17f Nr. 1 G vom 23.12.2016 (BGBl. I S. 3191) wird § 2 Abs. 1 Buchstabe i wie folgt gefasst:
„i) wenn sich aus einer Überprüfung der Kenntnisse und Fähigkeiten des Antragstellers durch das Gesundheitsamt, die auf der Grundlage von Leitlinien zur Überprüfung von Heilpraktikeranwärtern durchgeführt wurde, ergibt, dass die Ausübung der Heilkunde durch den Betreffenden eine Gefahr für die Gesundheit der Bevölkerung oder für die ihn aufsuchenden Patientinnen und Patienten bedeuten würde." Diese Änderung tritt drei Monate nach Bekanntmachung der Leitlinien zur Überprüfung von Heilpraktikeranwärtern in Kraft. Das Bundesministerium für Gesundheit gibt den Tag des Inkrafttretens im Bundesgesetzblatt bekannt.

h) wenn mit Sicherheit anzunehmen ist, dass er die Heilkunde neben einem anderen Beruf ausüben wird,

i) wenn sich aus einer Überprüfung der Kenntnisse und Fähigkeiten des Antragstellers durch das Gesundheitsamt ergibt, dass die Ausübung der Heilkunde durch den Betreffenden eine Gefahr für die Volksgesundheit bedeuten würde. [2]Das Bundesministerium für Gesundheit macht Leitlinien zur Überprüfung von Heilpraktikeranwärtern bis spätestens zum 31. Dezember 2017 im Bundesanzeiger bekannt. [3]Bei der Erarbeitung der Leitlinien sind die Länder zu beteiligen.

(2) *(gegenstandslos)*

§ 3 (1) Über den Antrag entscheidet die untere Verwaltungsbehörde im Benehmen mit dem Gesundheitsamt.

(2) [1]Der Bescheid ist dem Antragsteller, … und der zuständigen Ärztekammer zuzustellen; das Gesundheitsamt erhält Abschrift des Bescheides. [2]Der ablehnende Bescheid ist mit Gründen zu versehen.

(3) [1]Gegen den Bescheid können der Antragsteller … und die zuständige Ärztekammer binnen zwei Wochen Beschwerde einlegen. [2]Über diese entscheidet die höhere Verwaltungsbehörde nach Anhörung eines Gutachterausschusses (§ 4).

§ 4 (1) [1]Der Gutachterausschuss besteht aus einem Vorsitzenden, der weder Arzt noch Heilpraktiker sein darf, aus zwei Ärzten sowie aus zwei Heilpraktikern. [2]Die Mitglieder des Ausschusses werden vom Reichsminister des Innern für die Dauer von zwei Jahren berufen. [3]Die Landesregierungen werden ermächtigt, durch Rechtsverordnung die zuständige Behörde abweichend von Satz 2 zu bestimmen. [4]Sie können diese Ermächtigung auf oberste Landesbehörden übertragen.

(2) Für mehrere Bezirke höherer Verwaltungsbehörden kann ein gemeinsamer Gutachterausschuss gebildet werden.

§ 5 *(gegenstandslos)*

§ 6 *(gegenstandslos)*

§ 7 (1) [1]Die Erlaubnis ist durch die höhere Verwaltungsbehörde zurückzunehmen, wenn nachträglich Tatsachen eintreten oder bekannt werden, die eine Versagung der Erlaubnis nach § 2 Abs. 1 rechtfertigen würden. [2]Die Landesregierungen werden ermächtigt, durch Rechtsverordnung die zuständige Behörde abweichend von Satz 1 zu bestimmen. [3]Sie können diese Ermächtigung auf oberste Landesbehörden übertragen.

(2) *(gegenstandslos)*

(3) Vor Zurücknahme der Erlaubnis nach Abs. 1 ist der Gutachterausschuss (§ 4) zu hören.

(4) *gegenstandslos*

§§ 8 und 9 *(gegenstandslos)*

§ 10 (1) Anträge auf Zulassung zum Studium der Medizin gemäß § 2 Abs. 2 des Gesetzes sind an die für den Wohnort des Antragstellers zuständige höhere Verwaltungsbehörde einzureichen.

(2) Die Antragsteller dürfen das 30. Lebensjahr noch nicht überschritten haben.

(3) Die höhere Verwaltungsbehörde prüft, ob die Voraussetzungen des § 2 der Verordnung erfüllt sind, und hört zu dem Antrag den Gutachterausschuss (§ 4).

(4) Nach dem Abschluss der Ermittlungen legt sie den Antrag mit dem Gutachten dem Reichsminister des Innern vor, der ... gegebenenfalls den Antrag an den Reichsminister für Wissenschaft, Erziehung und Volksbildung weiterleitet.

§ 11 (1) Höhere Verwaltungsbehörde im Sinne dieser Verordnung ist in Preußen, Bayern, Sachsen und in den sudetendeutschen Gebieten der Regierungspräsident, in Berlin der Polizeipräsident, in Österreich der Landeshauptmann (Bürgermeister der Stadt Wien), im Saarland der Reichskommissar für das Saarland und im Übrigen die oberste Landesbehörde.

(2) Untere Verwaltungsbehörde im Sinne dieser Verordnung ist in Gemeinden mit staatlicher Polizeiverwaltung die staatliche Polizeibehörde, im Übrigen in Stadtkreisen der Oberbürgermeister, in Landkreisen der Landrat.

(3) – *gegenstandslos* –

§§ 12 bis 14 *(gegenstandslos)*

Gesetz über die Ausübung der Zahnheilkunde

i.d.F. der Bek. vom 16.4.1987 (BGBl. I S. 1225),
zuletzt geändert durch Art. 7 G vom 23.12.2016 (BGBl. I S. 3191)

– Auszug –

I. Die Approbation als Zahnarzt

§ 1 (1) [1]Wer im Geltungsbereich dieses Gesetzes die Zahnheilkunde dauernd ausüben will, bedarf einer Approbation als Zahnarzt nach Maßgabe dieses Gesetzes. [2]Die Approbation berechtigt zur Führung der Bezeichnung als „Zahnarzt" oder „Zahnärztin". [3]Die vorübergehende Ausübung der Zahnheilkunde bedarf einer jederzeit widerruflichen Erlaubnis.

(2) [1]Zahnärzte, die Staatsangehörige eines Mitgliedstaates der Europäischen Union oder eines anderen Vertragsstaates des Abkommens über den Europäischen Wirtschaftsraum oder eines Vertragsstaates sind, dem Deutschland und die Europäische Gemeinschaft oder Deutschland und die Europäische Union vertraglich einen entsprechenden Rechtsanspruch eingeräumt haben, dürfen den zahnärztlichen Beruf im Geltungsbereich dieses Gesetzes ohne Approbation als Zahnarzt oder ohne Erlaubnis zur vorübergehenden Ausübung der Zahnheilkunde ausüben, sofern sie vorübergehend und gelegentlich als Erbringer von Dienstleistungen im Sinne des Artikels 50 des EG-Vertrages im Geltungsbereich dieses Gesetzes tätig werden. [2]Sie unterliegen jedoch der Meldepflicht nach diesem Gesetz.

(3) [1]Ausübung der Zahnheilkunde ist die berufsmäßige auf zahnärztlich wissenschaftliche Erkenntnisse gegründete Feststellung und Behandlung von Zahn-, Mund- und Kieferkrankheiten. [2]Als Krankheit ist jede von der Norm abweichende Erscheinung im Bereich der Zähne, des Mundes und der Kiefer anzusehen, einschließlich der Anomalien der Zahnstellung und des Fehlens von Zähnen.

(4) Die Ausübung der Zahnheilkunde ist kein Gewerbe.

(5) Approbierte Zahnärzte können insbesondere folgende Tätigkeiten an dafür qualifiziertes Prophylaxe-Personal mit abgeschlossener Ausbildung wie zahnmedizinische Fachhelferin, weitergebildete Zahnarzthelferin, Prophylaxehelferin oder Dental-Hygienikerin delegieren: Herstellung von Röntgenaufnahmen, Entfernung von weichen und harten sowie klinisch erreichbaren subgingivalen Belägen, Füllungspolituren, Legen und Entfernen provisorischer Verschlüsse, Herstellung provisorischer Kronen und Brücken, Herstellung von Situationsabdrücken, Trockenlegen des Arbeitsfeldes relativ und absolut, Erklärung der Ursache von Karies und Parodontopathien, Hinweise zu zahngesunder Ernährung, Hinweise zu häuslichen Fluoridierungsmaßnahmen, Motivation zu zweckmäßiger Mundhygiene, Demonstration und praktische Übun-

gen zur Mundhygiene, Remotivation, Einfärben der Zähne, Erstellen von Plaque-Indizes, Erstellung von Blutungs-Indizes, Kariesrisikobestimmung, lokale Fluoridierung z.b. mit Lack oder Gel, Versiegelung von kariesfreien Fissuren.

(6) In der Kieferorthopädie können insbesondere folgende Tätigkeiten an zahnmedizinische Fachhelferinnen, weitergebildete Zahnarzthelferinnen oder Dental-Hygienikerinnen delegiert werden: Ausligieren von Bögen, Einligieren von Bögen im ausgeformten Zahnbogen, Auswahl und Anprobe von Bändern an Patienten, Entfernen von Kunststoffresten und Zahnpolitur auch mit rotierenden Instrumenten nach Bracketentfernung durch den Zahnarzt.

(7) Ausübung des zahnärztlichen Berufs ist die Ausübung der Zahnheilkunde unter der Berufsbezeichnung „Zahnarzt" oder „Zahnärztin".

§ 2 (1) [1]Die Approbation als Zahnarzt ist auf Antrag zu erteilen, wenn der Antragsteller

(aufgehoben)

2. sich nicht eines Verhaltens schuldig gemacht hat, aus dem sich seine Unwürdigkeit oder Unzuverlässigkeit zur Ausübung des zahnärztlichen Berufs ergibt,

3. nicht in gesundheitlicher Hinsicht zur Ausübung des Berufs ungeeignet ist,

4. nach einem Studium der Zahnheilkunde an einer wissenschaftlichen Hochschule von mindestens 5000 Stunden und einer Dauer von mindestens fünf Jahren die zahnärztliche Prüfung im Geltungsbereich dieses Gesetzes bestanden hat,

5. über die für die Ausübung der Berufstätigkeit erforderlichen Kenntnisse der deutschen Sprache verfügt.

[2]Eine in einem der übrigen Mitgliedstaaten der Europäischen Union oder in einem anderen Vertragsstaat des Abkommens über den Europäischen Wirtschaftsraum oder eines Vertragsstaates, dem Deutschland und die Europäische Gemeinschaft oder Deutschland und die Europäische Union vertraglich einen entsprechenden Rechtsanspruch eingeräumt haben, abgeschlossene zahnärztliche Ausbildung gilt als Ausbildung im Sinne der Nummer 4, wenn sie durch Vorlage eines Europäischen Berufsausweises, eines nach dem 27. Januar 1980 ausgestellten, in der Anlage zu diesem Gesetz aufgeführten zahnärztlichen Ausbildungsnachweises eines der übrigen Mitgliedstaaten der Europäischen Union oder eines in der Anlage zu diesem Gesetz aufgeführten, nach dem 31. Dezember 1992 ausgestellten zahnärztlichen Ausbildungsnachweises eines anderen Vertragsstaates des Abkommens über den Europäischen Wirtschaftsraum oder eines nach dem hierfür maßgebenden Zeitpunkt ausgestellten Ausbildungsnachweises eines Vertragsstaates, dem Deutschland und die Europäische Gemeinschaft oder Deutsch land und die Europäische Union vertraglich einen entsprechenden Rechtsanspruch eingeräumt haben, nachgewiesen wird. [3]Bei zahnärztlichen Ausbildungsnachweisen von nach dem 20. Dezember 1976 der Europäischen Union beigetretenen Mitgliedstaaten wird auf eine Ausbildung abgestellt, die nach dem entsprechenden Datum begonnen wurde; hierfür

gilt das Datum des Beitritts oder, bei abweichender Vereinbarung, das hiernach maßgebende Datum bei zahnärztlichen Ausbildungsnachweisen eines anderen Vertragsstaates des Abkommens über den Europäischen Wirtschaftsraum oder eines Vertragsstaates, dem Deutschland und die Europäische Gemeinschaft oder Deutschland und die Europäische Union vertraglich einen entsprechenden Rechtsanspruch eingeräumt haben, mit dem eine besondere Vereinbarung zum Zeitpunkt der Geltung der Verpflichtungen aus den Richtlinien 78/686/EWG und 78/687/EWG des Rates vom 25. Juli 1978 (ABl. EG Nr. L 233 S. 1 und S. 10) getroffen worden ist, das hiernach maßgebende Datum. [4]Das Bundesministerium für Gesundheit wird ermächtigt, durch Rechtsverordnung, die nicht der Zustimmung des Bundesrates bedarf, die Anlage zu diesem Gesetz späteren Änderungen von Anhang V Nummer 5.3.2 der Richtlinie 2005/36/EG des Europäischen Parlaments und des Rates vom 7. September 2005 über die Anerkennung von Berufsqualifikationen (ABl. EU Nr. L 255 S. 22, 2007 Nr. L 271 S. 18) anzupassen. [5]Wurde die Ausbildung vor dem nach Satz 2 oder 3 für die Anerkennung der zahnärztlichen Ausbildungsnachweise der übrigen Mitgliedstaaten der Europäischen Union oder der anderen Vertragsstaaten des Abkommens über den Europäischen Wirtschaftsraum oder eines Vertragsstaates, dem Deutschland und die Europäische Gemeinschaft oder Deutschland und die Europäische Union vertraglich einen entsprechenden Rechtsanspruch eingeräumt haben, jeweils maßgebenden Datum aufgenommen und genügt sie nicht allen Mindestanforderungen des Artikels 1 der Richtlinie 78/687/EWG, so kann die zuständige Behörde zusätzlich zu den in der Anlage zu Satz 2 aufgeführten zahnärztlichen Ausbildungsnachweisen die Vorlage einer Bescheinigung des Herkunftsmitgliedstaats verlangen, aus der sich ergibt, dass der Antragsteller während der letzten fünf Jahre vor der Antragstellung mindestens drei Jahre den zahnärztlichen Beruf ununterbrochen und rechtmäßig ausgeübt hat. [6]Gleichwertig den in Satz 2 genannten zahnärztlichen Ausbildungsnachweisen sind nach dem in Satz 2 oder 3 genannten Zeitpunkt von einem der übrigen Mitgliedstaaten der Europäischen Union oder einem anderen Vertragsstaat des Abkommens über den Europäischen Wirtschaftsraum oder eines Vertragsstaates, dem Deutschland und die Europäische Gemeinschaft oder Deutschland und die Europäische Union vertraglich einen entsprechenden Rechtsanspruch eingeräumt haben, ausgestellte Ausbildungsnachweise des Zahnarztes, die den in der Anlage zu Satz 2 für den betreffenden Staat aufgeführten Bezeichnungen nicht entsprechen, aber mit einer Bescheinigung der zuständigen Behörde oder Stelle dieses Staates darüber vorgelegt werden, dass sie eine Ausbildung abschließen, die den Mindestanforderungen des Artikels 34 der Richtlinie 2005/36/EG entspricht, und dass sie den für diesen Staat in der Anlage zu Satz 2 aufgeführten Nachweisen gleichstehen. [7]Die in den Sätzen 2 und 3 genannten Ausbildungsnachweise gelten auch dann als Nachweis einer abgeschlossenen zahnärztlichen Ausbildung im Sinne des Satzes 1 Nummer 4, wenn die Ausbildung aus einer Dauer von mindestens fünf Jahren und weniger als 5000 Stunden theoretischer und praktischer Ausbildung auf Vollzeitbasis bestand, sofern die Antragsteller diese Ausbildung spätestens am 18. Januar 2016 begonnen haben.

[8]Eine Approbation wird nicht erteilt, wenn die naturwissenschaftliche Vorprüfung, die zahnärztliche Vorprüfung oder die zahnärztliche Prüfung nach der Rechtsverordnung gemäß § 3 Abs. 1 endgültig nicht bestanden wurde. [9]Satz 8 findet keine Anwendung, wenn der Antragsteller einen nach der Richtlinie 2005/36/EG anzuerkennenden Ausbildungsnachweis besitzt.

(1a) [1]Die zuständigen Behörde des Landes, in dem der zahnärztliche Beruf ausgeübt wird oder zuletzt ausgeübt worden ist, unterrichten die zuständigen Behörden des Herkunftsmitgliedstaats über das Vorliegen strafrechtlicher Sanktionen, über die Rücknahme, den Widerruf und die Anordnung des Ruhens der Approbation oder Erlaubnis, über die Untersagung der Ausübung der Tätigkeit und über Tatsachen, die eine dieser Sanktionen oder Maßnahmen rechtfertigen würden; dabei sind die Vorschriften zum Schutz personenbezogener Daten einzuhalten. [2]Erhalten die zuständigen Behörden Auskünfte der zuständigen Behörden von Aufnahmemitgliedstaaten, die sich auf die Ausübung des zahnärztlichen Berufs auswirken können, so prüfen sie die Richtigkeit der Sachverhalte, befinden über Art und Umfang der durchzuführenden Prüfungen und unterrichten den Aufnahmemitgliedstaat über die Konsequenzen, die sie aus den übermittelten Auskünften ziehen. [3]Die Länder benennen die Behörden und Stellen, die für die Ausstellung oder Entgegennahme der in der Richtlinie 2005/36/EG genannten Ausbildungsnachweise und sonstigen Unterlagen oder Informationen zuständig sind, sowie die Behörden und Stellen, die die Anträge annehmen und die Entscheidungen treffen können, die im Zusammenhang mit dieser Richtlinie stehen. [4]Sie sorgen dafür, dass das Bundesministerium für Gesundheit unverzüglich unterrichtet wird. [5]Das Bundesministerium für Gesundheit übermittelt die Informationen unverzüglich den anderen Mitgliedstaaten und der Europäischen Kommission. [6]Die Länder können zur Wahrnehmung der Aufgaben nach den Sätzen 1 bis 3 gemeinsame Stellen bestimmen. [7]Das Bundesministerium für Gesundheit übermittelt nach entsprechender Mitteilung der Länder statistische Aufstellungen über die getroffenen Entscheidungen, die die Europäische Kommission für den nach Artikel 60 Abs. 1 der Richtlinie 2005/36/EG erforderlichen Bericht benötigt.

(2) [1]Ist die Voraussetzung des Absatzes 1 Satz 1 Nummer 4 nicht erfüllt, so ist Antragstellern, die ihre Ausbildung für die Ausübung des zahnärztlichen Berufs in einem der übrigen Mitgliedstaaten der Europäischen Union oder einem anderen Vertragsstaat des Abkommens über den Europäischen Wirtschaftsraum oder der Schweiz abgeschlossen haben und nicht unter Absatz 1 oder § 20a fallen, die Approbation zu erteilen, wenn die Gleichwertigkeit des Ausbildungsstandes gegeben ist. [2]Der Ausbildungsstand ist als gleichwertig anzusehen, wenn die Ausbildung des Antragstellers keine wesentlichen Unterschiede gegenüber der Ausbildung aufweist, die in diesem Gesetz und in der Rechtsverordnung nach § 3 Absatz 1 geregelt ist. [3]Wesentliche Unterschiede nach Satz 2 liegen vor, wenn

1. die Ausbildung der Antragsteller hinsichtlich der beruflichen Tätigkeit Fächer umfasst, die sich wesentlich von der deutschen Ausbildung unterscheiden, oder

2. der Beruf des Zahnarztes eine oder mehrere reglementierte Tätigkeiten umfasst, die in dem Staat, der den Ausbildungsnachweis ausgestellt hat, nicht Bestandteil des Berufs des Zahnarztes sind, und die deutsche Ausbildung Fächer umfasst, die sich wesentlich von denen unterscheiden, die von dem Ausbildungsnachweis der Antragsteller abgedeckt werden.

[4]Fächer unterscheiden sich wesentlich, bei denen Kenntnis und Fähigkeiten eine wesentliche Voraussetzung für die Ausübung des Berufs sind und bei denen die Ausbildung der Antragsteller gegenüber der deutschen Ausbildung wesentliche Abweichungen hinsichtlich des Inhalts aufweist. [5]Wesentliche Unterschiede können ganz oder teilweise durch Kenntnisse und Fähigkeiten ausgeglichen werden, die die Antragsteller im Rahmen ihrer zahnärztlichen Berufspraxis in Voll- oder Teilzeit oder durch lebenslanges Lernen erworben haben, sofern die durch lebenslanges Lernen erworbenen Kenntnisse und Fähigkeiten von einer dafür in dem jeweiligen Staat zuständigen Stelle formell als gültig anerkannt wurden; dabei ist nicht entscheidend, in welchem Staat diese Kenntnisse und Fähigkeiten erworben worden sind. [6]Liegen wesentliche Unterschiede nach den Sätzen 3 bis 5 vor, müssen die Antragsteller nachweisen, dass sie über die Kenntnisse und Fähigkeiten verfügen, die zur Ausübung des Berufs des Zahnarztes erforderlich sind. [7]Dieser Nachweis ist durch eine Eignungsprüfung zu erbringen, die sich auf die festgestellten wesentlichen Unterschiede bezieht. [8]Über die Feststellung der wesentlichen Unterschiede, die zur Auferlegung einer Eignungsprüfung führt, ist den Antragstellern spätestens vier Monate, nachdem der zuständigen Behörde alle erforderlichen Unterlagen vorliegen, ein rechtsmittelfähiger Bescheid zu erteilen. [9]Die Sätze 2 bis 8 gelten auch für Antragsteller, die über einen Ausbildungsnachweis als Zahnarzt verfügen, der in einem anderen als den in Satz 1 genannten Staaten (Drittland) ausgestellt ist und ein anderer der in Satz 1 genannten Staaten diesen Ausbildungsnachweis anerkannt hat.

(3) [1]Ist die Voraussetzung des Absatzes 1 Satz 1 Nummer 4 nicht erfüllt, so ist Antragstellern, die über einen Ausbildungsnachweis für die Ausübung des zahnärztlichen Berufs verfügen, der in einem anderen als den in Absatz 2 Satz 1 genannten Staaten (Drittland) ausgestellt ist, die Approbation zu erteilen, wenn die Gleichwertigkeit des Ausbildungsstandes gegeben ist. [2]Für die Prüfung der Gleichwertigkeit gilt Absatz 2 Satz 2 bis 6 sowie 8 entsprechend. [3]Der Nachweis der erforderlichen Kenntnisse und Fähigkeiten wird durch das Ablegen einer Prüfung erbracht, die sich auf den Inhalt der staatlichen Abschlussprüfung bezieht. [4]Die erforderlichen Kenntnisse und Fähigkeiten nach Satz 3 sind auch nachzuweisen, wenn die Prüfung des Antrags nur mit unangemessenem zeitlichen oder sachlichen Aufwand möglich ist, weil die erforderlichen Unterlagen und Nachweise aus Gründen, die nicht in der Person der Antragsteller liegen, von diesen nicht vorgelegt werden können.

(3a) [1]Wird die Voraussetzung des Absatzes 1 Satz 1 Nummer 4 auf eine Ausbildung gestützt, die außerhalb des Geltungsbereichs dieses Gesetzes abgeschlossen worden ist, sollen die Voraussetzungen der Gleichwertigkeit der Berufsqualifikation nach den Absätzen 2 oder 3 vor den Voraussetzungen nach Absatz 1 Satz 1 Nummer 2, 3 und 5 geprüft werden. [2]Auf Antrag ist dem Antragsteller ein gesonderter Bescheid über die Feststellung der Gleichwertigkeit seiner Berufsqualifikation zu erteilen.

(4) Soll die Erteilung der Approbation wegen Fehlens einer der Voraussetzungen nach Absatz 1 Satz 1 Nr. 2 und 3 abgelehnt werden, so ist der Antragsteller oder sein gesetzlicher Vertreter vorher zu hören.

(5) Ist gegen den Antragsteller wegen des Verdachts einer Straftat, aus der sich seine Unwürdigkeit oder Unzuverlässigkeit zur Ausübung des zahnärztlichen Berufs ergeben kann, ein Strafverfahren eingeleitet, so kann die Entscheidung über den Antrag auf Erteilung der Approbation bis zur Beendigung des Verfahrens ausgesetzt werden.

(6) [1]Wenn ein Antragsteller die Approbation aufgrund einer außerhalb des Geltungsbereichs dieses Gesetzes abgeschlossenen Ausbildung für die Ausübung des zahnärztlichen Berufs beantragt, sind folgende Unterlagen und Bescheinigungen vorzulegen:

1. ein Identitätsnachweis,

1a. eine tabellarische Aufstellung der absolvierten Ausbildungsgänge und der ausgeübten Erwerbstätigkeiten,

2. eine amtlich beglaubigte Kopie der Befähigungsnachweise oder des Ausbildungsnachweises, der zur Aufnahme des entsprechenden Berufs berechtigt, sowie gegebenenfalls eine Bescheinigung über die von der betreffenden Person erworbene Berufserfahrung,

2a. im Fall von Absatz 3 eine Bescheinigung über die Berechtigung zur Berufsausübung im Herkunftsstaat und Unterlagen, die geeignet sind darzulegen, im Inland den zahnärztlichen Beruf ausüben zu wollen,

3. die Unterlagen, die von den zuständigen Behörden des Herkunftsmitgliedstaats ausgestellt wurden und belegen, dass die Erfordernisse nach Absatz 1 Satz 1 Nr. 2 erfüllt werden oder, wenn im Herkunftsmitgliedstaat die vorgenannten Unterlagen nicht ausgestellt werden, eine eidesstattliche Erklärung oder – in den Staaten, in denen es keine eidesstattliche Erklärung gibt – eine feierliche Erklärung, die die betreffende Person vor einer zuständigen Justiz- oder Verwaltungsbehörde oder gegebenenfalls vor einem Notar oder einer entsprechend bevollmächtigten Berufsorganisation des Herkunftsmitgliedstaats, der eine diese eidesstattliche oder feierliche Erklärung bestätigende Bescheinigung ausstellt, abgegeben hat,

4. der Nachweis nach Absatz 1 Satz 1 Nr. 3, wobei ein entsprechender Nachweis, der im Herkunftsmitgliedstaat gefordert wird, anerkannt wird oder, wenn im Herkunftsmitgliedstaat kein derartiger Nachweis verlangt wird, eine von einer zuständigen Behörde des Herkunftsmitgliedstaats ausgestellte Bescheinigung,

5. eine Bescheinigung der zuständigen Behörden des Herkunftsmitgliedstaats, aus der hervorgeht, dass die Nachweise über die geforderten Ausbildungsvoraussetzungen den in der Richtlinie verlangten Nachweisen entsprechen,

6. in den Fällen des Absatzes 2 oder 3 zusätzliche Nachweise, um feststellen zu können, ob die Ausbildung wesentliche Unterschiede gegenüber der Ausbildung aufweist, die in diesem Gesetz und in der Rechtsverordnung nach § 3 Absatz 1 geregelt ist,

7. für den Fall, dass sich Ausbildungsnachweise nach Artikel 3 Abs. 1 Buchstabe c der Richtlinie 2005/36/EG, die von der zuständigen Behörde eines Mitgliedstaats oder eines anderen Vertragsstaates des Abkommens über den Europäischen Wirtschaftsraum oder eines Vertragsstaates, dem Deutschland und die Europäische Gemeinschaft oder Deutschland und die Europäische Union vertraglich einen entsprechenden Rechtsanspruch eingeräumt haben, ausgestellt wurden, auf eine Ausbildung beziehen, die ganz oder teilweise in einer rechtmäßig im Hoheitsgebiet eines anderen der oben genannten Staaten niedergelassenen Einrichtung absolviert wurde, Unterlagen darüber,

   a) ob der Ausbildungsgang in der betreffenden Einrichtung von der Ausbildungseinrichtung des Ausstellungsmitgliedstaats offiziell bescheinigt worden ist,

   b) ob der ausgestellte Ausbildungsnachweis dem entspricht, der verliehen worden wäre, wenn der Ausbildungsgang vollständig im Ausstellungsmitgliedstaat absolviert worden wäre, und

   c) ob mit dem Ausbildungsnachweis im Hoheitsgebiet des Ausstellungsmitgliedstaats dieselben beruflichen Rechte verliehen werden.

[2]Die Nachweise nach Satz 1 Nr. 3 und 4 dürfen bei ihrer Vorlage nicht älter als drei Monate sein. [3]Haben die zuständigen Behörden berechtigte Zweifel an der Authentizität der in dem jeweiligen Herkunftsmitgliedstaat ausgestellten Bescheinigungen und Ausbildungsnachweise, können sie von den zuständigen Behörden des Herkunftsmitgliedstaats eine Bestätigung der Authentizität dieser Bescheinigungen und Nachweise sowie eine Bestätigung darüber verlangen, dass der Antragsteller die Mindestanforderungen der Ausbildung erfüllt, die in Artikel 34 der Richtlinie 2005/36/EG verlangt werden. [3]Haben die zuständigen Behörden berechtigte Zweifel an der Berechtigung des Antragstellers zur Ausübung des zahnärztlichen Berufs, können sie von den zuständigen Behörden eines Mitgliedstaates eine Bestätigung verlangen, aus der sich ergibt, dass dem Antragsteller die Ausübung des zahnärztlichen Berufs nicht aufgrund eines schwerwiegenden standeswidrigen Verhaltens oder einer Verurteilung wegen strafbarer Handlungen dauerhaft oder vorübergehend untersagt worden ist.

(7) Das Berufsqualifikationsfeststellungsgesetz findet mit Ausnahme des § 17 keine Anwendung.

(8) Die Bundesregierung überprüft die Regelungen zu den Anerkennungsverfahren nach diesem Gesetz und berichtet nach Ablauf von drei Jahren dem Deutschen Bundestag.

§ 3 (1) [1]Das Bundesministerium für Gesundheit regelt durch Rechtsverordnung mit Zustimmung des Bundesrates in einer Approbationsordnung für

Zahnärzte unter Berücksichtigung von Artikel 34 der Richtlinie 2005/36/EG die Mindestanforderungen an das Studium der Zahnmedizin, das Nähere über die staatliche zahnärztliche Prüfung und die Approbation. [2]Die Zulassung zur zahnärztlichen Prüfung darf vom Bestehen höchstens zweier Vorprüfungen abhängig gemacht werden. [3]Für die Meldung zu den Prüfungen und zu den Vorprüfungen sind Fristen festzulegen. [4]In der Rechtsverordnung ist ferner die Anrechnung von Hochschulausbildungen und Prüfungen, die innerhalb oder außerhalb des Geltungsbereichs dieses Gesetzes abgelegt werden, zu regeln.

(2) In der Rechtsverordnung sind die Verfahren zur Prüfung der Voraussetzungen des § 2 Absatz 1 Satz 1 Nummer 2 und 3, insbesondere die Vorlage der vom Antragsteller vorzulegenden Nachweise und die Ermittlung durch die zuständigen Behörden entsprechend den Artikeln 8, 50, 51 und 56 der Richtlinie 2005/36/EG, die Fristen für die Erteilung der Approbation als Zahnarzt und die Ausstellung eines Europäischen Berufsausweises zu regeln.

(2a) In der Rechtsverordnung sind Regelungen zu Durchführung und Inhalt der Eignungsprüfung nach § 2 Absatz 2 und der Kenntnisprüfung nach § 2 Absatz 3 sowie zu Erteilung und Verlängerung der Berufserlaubnis nach § 13 vorzusehen.

(3) Abweichungen von den in den Absätzen 1 und 2 sowie der auf dieser Grundlage erlassenen Rechtsverordnung enthaltenen Regelungen des Verwaltungsverfahrens durch Landesrecht sind ausgeschlossen.

§ 3a (1) Zur Anpassung des Studiums der Zahnmedizin an die fachliche Weiterentwicklung der Zahnmedizin kann eine Hochschule bei der nach Landesrecht zuständigen Stelle die Zulassung eines Modellstudiengangs beantragen.

(2) Im Rahmen des Modellstudiengangs kann von den Vorgaben der Approbationsordnung für Zahnärzte dahingehend abgewichen werden, dass
1. als staatliche Prüfung nach § 2 Satz 1 Nummer 2 der Approbationsordnung für Zahnärzte lediglich die zahnärztliche Prüfung abzulegen ist und diese Prüfung frühestens nach einem Studium der Zahnheilkunde von zehn Semestern erfolgt,
2. in das in § 26 Absatz 4 Buchstabe b, § 28 Absatz 1 und 5 und § 61 Absatz 2 Buchstabe b und Absatz 3 Satz 1 der Approbationsordnung für Zahnärzte genannte Fach Zahnersatzkunde neben prothetischen Inhalten auch Inhalte der gesamten Zahnheilkunde aufgenommen werden und
3. der Nachweis nach § 36 Absatz 1 Buchstabe c der Approbationsordnung für Zahnärzte, dass der Kandidat je zwei Semester als Praktikant den Kursus und die Poliklinik der Zahnerhaltungskunde und den Kursus und die Poliklinik der Zahnersatzkunde regelmäßig und mit Erfolg besucht hat, durch den Nachweis ersetzt wird, dass der Kandidat vier Semester Zahnerhaltungs- und Zahnersatzkunde integrierende Behandlungskurse regelmäßig und mit Erfolg besucht hat.

(3) ¹Die Zulassung als Modellstudiengang setzt voraus, dass

1. das Reformziel beschrieben wird und erkennen lässt, welche qualitativen Verbesserungen für die zahnmedizinische Ausbildung vom Modellstudiengang erwartet werden,

2. eine von der Hochschule zu erlassende besondere Studien- und Prüfungsordnung besteht,

3. sichergestellt ist, dass die Kenntnisse, Fähigkeiten und Fertigkeiten, die in der naturwissenschaftlichen und in der zahnärztlichen Vorprüfung nach § 2 Satz 1 Nummer 2 Buchstabe a und b der Approbationsordnung für Zahnärzte nachzuweisen sind, im Modellstudiengang in einer dem Regelstudiengang gleichwertigen Weise geprüft werden und diese Prüfung spätestens vor der Teilnahme an dem Operationskursus und dem Kursus der kieferorthopädischen Behandlung nach § 36 Absatz 1 Buchstabe b der Approbationsordnung für Zahnärzte und vor dem Besuch der in Absatz 2 Nummer 3 genannten Lehrveranstaltungen erfolgt,

4. eine sachgerechte begleitende und abschließende Evaluation des Modellstudiengangs in Bezug auf die qualitativen Verbesserungen für die zahnmedizinische Ausbildung gewährleistet ist,

5. Mindest- und Höchstdauer der Laufzeit des Modellstudiengangs festgelegt sind und Verlängerungsanträge anhand von Evaluationsergebnissen zu begründen sind,

6. die Freiwilligkeit der Teilnahme und ein dem Regelstudiengang entsprechender gleichberechtigter Zugang zum Modellstudiengang gewährleistet sind,

7. die Voraussetzungen, unter denen die Hochschule den Modellstudiengang abbrechen kann, benannt sind,

8. geregelt ist, wie beim Übergang vom Modellstudiengang in den Regelstudiengang hinsichtlich des Weiterstudiums, der Anrechnung von Studienzeiten und Prüfungen und anderen Studienleistungen verfahren wird,

9. festgelegt ist, wie die Anforderungen, die in den §§ 14, 19 Absatz 3, § 21 Absatz 1 und 2, § 24 Absatz 1, § 26 Absatz 4 und den §§ 28 und 31 Absatz 2 der Approbationsordnung für Zahnärzte beschrieben sind, im Modellstudiengang erfüllt werden.

²Liegt bei einem Modellstudiengang eine Abweichung nach Absatz 2 Nummer 2 vor, so müssen im Fach Zahnersatzkunde die Prüfungen nach Satz 1 Nummer 3 und 9 neben den prothetischen Inhalten auch die in der Lehre vermittelten Inhalte der gesamten Zahnheilkunde umfassen.

(4) Die Zulassung als Modellstudiengang kann befristet erteilt und mit Auflagen versehen werden.

(5) ¹Für die Prüfungen im Modellstudiengang nach Absatz 3 Satz 1 Nummer 3 und 9 gelten § 22 Absatz 5 und § 30 Absatz 2 der Approbationsordnung für Zahnärzte entsprechend. ²Hat der Studierende in einem Regelstudiengang die naturwissenschaftliche oder die zahnärztliche Vorprüfung nach § 2 Satz 1 Nummer 2 Buchstabe a und b der Approbationsordnung für Zahnärzte endgül-

tig nicht bestanden, ist das Ablegen der entsprechenden Prüfungen nach Satz 1 im Modellstudiengang nicht zulässig. ³Hat der Studierende die entsprechenden Prüfungen nach Satz 1 im Modellstudiengang endgültig nicht bestanden, ist das Ablegen der naturwissenschaftlichen oder der zahnärztlichen Vorprüfung nach § 2 Satz 1 Nummer 2 Buchstabe a und b der Approbationsordnung für Zahnärzte nicht zulässig.

(6) Studierende des Modellstudiengangs haben dem Gesuch um Zulassung zur Abschlussprüfung die in § 19 Absatz 2 und 3 und § 26 Absatz 2 bis 4 der Approbationsordnung für Zahnärzte genannten Nachweise beizufügen.

(7) Die nach Landesrecht zuständige Stelle informiert das Bundesministerium für Gesundheit nach Erteilung der Zulassung eines Modellstudiengangs hierüber einschließlich der Angaben nach Absatz 3 Satz 1 Nummer 1, 2, 3, 5 und 9 sowie über die Evaluationsergebnisse nach Absatz 3 Satz 1 Nummer 4, sobald diese vorliegen.

§ 4 (1) ¹Die Approbation ist zurückzunehmen, wenn bei ihrer Erteilung die zahnärztliche Prüfung nicht bestanden oder bei einer vor Wirksamwerden des Beitritts erteilten Approbation das an einer Ausbildungsstätte in dem in Artikel 3 des Einigungsvertrages genannten Gebiet oder das in einem Fall des § 20 Abs. 1 Satz 2 oder in einem Fall des § 20 Abs. 4 Satz 1 erworbene Studium der Zahnheilkunde nicht abgeschlossen war oder die Ausbildung nach § 2 Abs. 1 Satz 2 oder 6 oder § 2 Absatz 2 oder 3 oder die nach § 20a nachzuweisende Ausbildung nicht abgeschlossen war. ²Sie kann zurückgenommen werden, wenn bei ihrer Erteilung eine der Voraussetzungen nach § 2 Abs. 1 Satz 1 Nummer 2 und 3 nicht vorgelegen hat. ³Eine nach § 2 Abs. 2 oder 3 erteilte Approbation kann zurückgenommen werden, wenn die festgestellte Gleichwertigkeit des Ausbildungsstandes tatsächlich nicht gegeben war oder der alternativ festgestellte gleichwertige Kenntnisstand tatsächlich nicht nachgewiesen worden ist. ⁴Eine nach § 2 Absatz 2 oder 3 oder nach § 20a Absatz 5 erteilte Approbation kann zurückgenommen werden, wenn die nachzuweisende Ausbildung tatsächlich doch wesentliche Unterschiede gegenüber der in diesem Gesetz und in der Rechtsverordnung nach § 3 Absatz 1 geregelten Ausbildung aufgewiesen hat oder die zur Ausübung des zahnärztlichen Berufs im Geltungsbereich dieses Gesetzes erforderlichen Kenntnisse und Fähigkeiten in der Eignungsprüfung tatsächlich nicht nachgewiesen worden sind.

(2) ¹Die Approbation ist zu widerrufen, wenn nachträglich die Voraussetzung nach § 2 Abs. 1 Satz 1 Nr. 2 weggefallen ist. ²Sie kann widerrufen werden, wenn nachträglich eine der Voraussetzungen nach § 2 Abs. 1 Satz 1 Nr. 3 weggefallen ist.

§ 5 (1) Das Ruhen der Approbation kann angeordnet werden, wenn

1. gegen den Zahnarzt wegen des Verdachts einer Straftat, aus der sich seine Unwürdigkeit oder Unzuverlässigkeit zur Ausübung des zahnärztlichen Berufs ergeben kann, ein Strafverfahren eingeleitet ist,
2. nachträglich die Voraussetzung nach § 2 Abs. 1 Satz 1 Nr. 3 weggefallen ist,

3. Zweifel bestehen, ob die Voraussetzung des § 2 Abs. 1 Satz 1 Nr. 3 noch erfüllt ist und der Zahnarzt sich weigert, sich einer von der zuständigen Behörde angeordneten amts- oder fachärztlichen Untersuchung zu unterziehen,

4. sich ergibt, dass der Zahnarzt nicht über die Kenntnisse der deutschen Sprache verfügt, die für die Ausübung der Berufstätigkeit in Deutschland erforderlich sind.

(2) Die Anordnung ist aufzuheben, wenn ihre Voraussetzungen nicht mehr vorliegen.

(3) Der Zahnarzt, dessen Approbation ruht, darf den zahnärztlichen Beruf nicht ausüben.

§ 6 *(weggefallen)*

§ 7 [1]Auf die Approbation kann durch schriftliche Erklärung gegenüber der zuständigen Behörde verzichtet werden. [2]Ein Verzicht, der unter einer Bedingung erklärt wird, ist unwirksam.

§ 7a Bei einer Person, deren Approbation wegen Fehlens oder späteren Wegfalls einer der Voraussetzungen des § 2 Abs. 1 Satz 1 Nr. 2 und 3 zurückgenommen oder widerrufen worden ist oder die gemäß § 7 auf die Approbation verzichtet hat und die einen Antrag auf Wiedererteilung der Approbation gestellt hat, kann die Entscheidung über diesen Antrag zurückgestellt und zunächst eine Erlaubnis zur Ausübung des zahnärztlichen Berufs nach § 13 Abs. 1 bis zu einer Dauer von zwei Jahren erteilt werden.

III. Sonderbestimmungen

§ 13 (1) [1]Die Erlaubnis zur vorübergehenden Ausübung der Zahnheilkunde kann auf Antrag Personen erteilt werden, die eine abgeschlossene zahnärztliche Ausbildung nachweisen. [2]Eine Erlaubnis nach Satz 1 wird Antragstellern, die über einen Ausbildungsnachweis als Zahnarzt verfügen, der in einem Mitgliedstaat der Europäischen Union, einem anderen Vertragsstaat des Abkommens über den Europäischen Wirtschaftsraum oder in der Schweiz ausgestellt wurde, nicht erteilt. [3]Eine Erlaubnis wird auch nicht in den Fällen des § 2 Absatz 2 Satz 9 erteilt. [4]§ 7a bleibt unberührt.

(1a) [1]Abweichend von Absatz 1 Satz 2 und 3 kann auf Antrag eine Erlaubnis zur vorübergehenden Ausübung der Zahnheilkunde erteilt werden, wenn mit dem Antrag dargelegt wird, dass im Hinblick auf die beabsichtigte Ausübung der Zahnheilkunde ein besonderes Interesse an der Erteilung der Erlaubnis besteht. [2]Die Erlaubnis steht der Erteilung einer Approbation nicht entgegen.

(2) [1]Die Erlaubnis kann auf bestimmte Tätigkeiten und Beschäftigungsstellen beschränkt werden. [2]Sie darf nur widerruflich und nur bis zu einer Gesamt-

dauer der zahnärztlichen Tätigkeit von höchstens zwei Jahren im Geltungsbereich dieses Gesetzes erteilt oder verlängert werden.

(3) ¹Eine Erlaubnis darf ausnahmsweise über den in Absatz 2 genannten Zeitraum hinaus im besonderen Einzelfall oder aus Gründen der zahnärztlichen Versorgung erteilt oder verlängert werden, wenn eine Approbation wegen Fehlens der Voraussetzungen nach § 2 Absatz 1 Nummer 4 nicht erteilt werden kann. ²Die §§ 4, 5, 7, 7a und 18 finden entsprechende Anwendung.

(3a) ¹Erlaubnisse nach Absatz 1 Satz 1, die vor dem 1. April 2012 erteilt wurden, bleiben wirksam. ²Für sie ist Absatz 3 in seiner bis dahin geltenden Fassung bis zum 1. April 2014 für solche Inhaber der Erlaubnis weiter anzuwenden, die bis zum 1. Juli 2012 einen Antrag auf Erteilung der Approbation nach § 2 Absatz 1 Satz 1 gestellt haben. ³Satz 2 findet auf Staatsangehörige eines Mitgliedstaats der Europäischen Union, eines anderen Vertragsstaats des Abkommens über den Europäischen Wirtschaftsraum und der Schweiz, die über einen Ausbildungsnachweis nach Absatz 1 Satz 2 oder Satz 3 verfügen, sowie auf Drittstaatsangehörige, soweit sich nach dem Recht der Europäischen Gemeinschaft eine Gleichstellung ergibt, keine Anwendung.

(4) ¹In Ausnahmefällen kann eine Erlaubnis zur vorübergehenden Ausübung der Zahnheilkunde auf Antrag auch Personen erteilt werden, die außerhalb des Geltungsbereichs dieses Gesetzes eine zahnärztliche Ausbildung erworben, diese Ausbildung aber noch nicht abgeschlossen haben, wenn
1. der Antragsteller aufgrund einer das Hochschulstudium abschließenden Prüfung außerhalb des Geltungsbereichs dieses Gesetzes die Berechtigung zur beschränkten Ausübung des zahnärztlichen Berufs erworben hat und
2. die aufgrund der Erlaubnis auszuübende Tätigkeit zum Abschluss einer zahnärztlichen Ausbildung erforderlich ist.
²Die Erlaubnis ist in diesen Fällen auf bestimmte Tätigkeiten und Beschäftigungsstellen zu beschränken. ³Die Erlaubnis kann mit der Auflage verbunden werden, dass die vorübergehende Ausübung der Zahnheilkunde unter Aufsicht eines Zahnarztes, der die Approbation oder die Erlaubnis nach Absatz 1 besitzt, erfolgt. ⁴Sie darf nur unter dem Vorbehalt des Widerrufs und nur bis zu einer Gesamtdauer der zahnärztlichen Tätigkeit erteilt werden, deren es zum Abschluss der Ausbildung bedarf.

(5) Personen, denen eine Erlaubnis zur Ausübung der Zahnheilkunde erteilt worden ist, haben im Übrigen die Rechte und Pflichten eines Zahnarztes.

§ 13a (1) ¹Staatsangehörige eines Mitgliedstaates der Europäischen Union oder eines anderen Vertragsstaates des Abkommens über den Europäischen Wirtschaftsraum oder eines Vertragsstaates, dem Deutschland und die Europäische Gemeinschaft oder Deutschland und die Europäische Union vertraglich einen entsprechenden Rechtsanspruch eingeräumt haben, die zur Ausübung des zahnärztlichen Berufs in einem der übrigen Mitgliedstaaten der Europäischen Union oder in einem anderen Vertragsstaat des Abkommens über den Europäischen Wirtschaftsraum oder einem Vertragsstaat, dem Deutschland und die Europäische Gemeinschaft oder Deutschland und die Europäische Union vertraglich einen entsprechenden Rechtsanspruch eingeräumt haben, aufgrund einer nach deutschen Rechtsvorschriften abgeschlossenen zahnärztlichen Ausbildung oder aufgrund eines in der Anlage zu § 2 Abs. 1 Satz 2, in § 2 Abs. 1 Satz 6 oder in § 20a Absatz 1 bis 4 genannten zahnärztlichen Ausbildungsnachweises berechtigt sind, dürfen als Dienstleistungserbringer im Sinne des Artikels 50 des EG-Vertrages vorübergehend und gelegentlich den zahnärztlichen Beruf im Geltungsbereich dieses Gesetzes ausüben. ²Der vorübergehende und gelegentliche Charakter der Erbringung von Dienstleistungen wird im Einzelfall beurteilt, insbesondere anhand der Dauer, der Häufigkeit, der regelmäßigen Wiederkehr und der Kontinuität der Dienstleistung. ³Eine Berechtigung nach Satz 1 besteht nicht, wenn die Voraussetzungen einer Rücknahme, eines Widerrufs oder einer Ruhensanordnung, die sich auf die Tatbestände nach § 2 Abs. 1 Satz 1 Nr. 2 oder 3 beziehen, vorliegen, eine entsprechende Maßnahme mangels deutscher Berufszulassung jedoch nicht erlassen werden kann.

(2) ¹Ein Dienstleistungserbringer im Sinne des Absatzes 1 hat, wenn er zur Erbringung von Dienstleistungen erstmals von einem anderen Mitgliedstaat nach Deutschland wechselt, den zuständigen Behörden in Deutschland vorher schriftlich Meldung zu erstatten. ²Diese Meldung ist einmal jährlich zu erneuern, wenn der Dienstleistungserbringer beabsichtigt, während des betreffenden Jahres vorübergehend oder gelegentlich Dienstleistungen in Deutschland zu erbringen. ³Wenn Dienstleistungen erstmals erbracht werden oder sich eine wesentliche Änderung gegenüber der in den Dokumenten bescheinigten Situation ergibt, hat der Dienstleistungserbringer der zuständigen Behörde folgende Dokumente vorzulegen:
1. den Nachweis über seine Staatsangehörigkeit,
2. eine Bescheinigung darüber, dass er in einem Mitgliedstaat rechtmäßig als Zahnarzt niedergelassen ist, ihm die Ausübung dieses Berufs zum Zeitpunkt der Vorlage der Bescheinigung nicht, auch nicht vorübergehend, untersagt ist und keine Vorstrafen vorliegen,
3. seinen Berufsqualifikationsnachweis und
4. eine Erklärung des Dienstleistungserbringers, dass er über die zur Erbringung der Dienstleistung erforderlichen Kenntnisse der deutschen Sprache verfügt.

⁴Vom Dienstleistungserbringer im Sinne des Absatzes 1 können dabei Informationen über Einzelheiten zu einem Versicherungsschutz oder einer anderen Art des individuellen oder kollektiven Schutzes in Bezug auf die Berufshaftpflicht verlangt werden. ⁵Die für die Ausübung der Dienstleistung erforderlichen Kenntnisse der deutschen Sprache müssen vorliegen.

(3) ¹Der Dienstleistungserbringer hat beim Erbringen der Dienstleistung im Geltungsbereich dieses Gesetzes die Rechte und Pflichten eines Zahnarztes. ²Er kann den berufsständischen, gesetzlichen oder verwaltungsrechtlichen Berufsregeln und den geltenden Disziplinarbestimmungen unterworfen werden; zu diesen Bestimmungen gehören etwa Regelungen für die Definition des Berufs,

das Führen von Titeln und schwerwiegende berufliche Fehler in unmittelbarem und speziellem Zusammenhang mit dem Schutz und der Sicherheit der Verbraucher. [3]Die zuständigen Behörden können bei berechtigten Zweifeln von den zuständigen Behörden des Niederlassungsmitgliedstaats für jede Erbringung einer Dienstleistung alle Informationen über die Rechtmäßigkeit der Niederlassung und die gute Führung des Dienstleisters anfordern sowie Informationen über das Nichtvorliegen strafrechtlicher Sanktionen, einer Rücknahme, eines Widerrufs und einer Anordnung des Ruhens der Approbation oder Erlaubnis, über die nicht vorliegende Untersagung der Ausübung der Tätigkeit und über das Fehlen von Tatsachen, die eine dieser Sanktionen oder Maßnahmen rechtfertigen würden. [4]Die Informationen sind nach Artikel 56 der Richtlinie 2005/36/EG zu übermitteln. [5]Die zuständige Behörde unterrichtet unverzüglich die zuständige Behörde des Herkunftsmitgliedstaats über das Vorliegen der in Satz 3 genannten Sanktionen oder Maßnahmen, die sich auf die Ausübung der von der Richtlinie 2005/36/EG erfassten Tätigkeiten auswirken könnten. [6]Dabei sind die Vorschriften zum Schutz personenbezogener Daten einzuhalten. [7]Auf Anforderung der zuständigen Behörden eines anderen Mitgliedstaats der Europäischen Union oder eines anderen Vertragsstaates des Abkommens über den Europäischen Wirtschaftsraum oder eines Vertragsstaates, dem Deutschland und die Europäische Gemeinschaft oder Deutschland und die Europäische Union vertraglich einen entsprechenden Rechtsanspruch eingeräumt haben, haben die zuständigen Behörden in Deutschland nach Artikel 56 der Richtlinie 2005/36/EG der anfordernden Behörde alle Informationen über die Rechtmäßigkeit der Niederlassung und die gute Führung des Dienstleisters sowie Informationen darüber, dass keine berufsbezogenen disziplinarischen oder strafrechtlichen Sanktionen vorliegen, zu übermitteln.

(4) Einem Staatsangehörigen eines Mitgliedstaates der Europäischen Union oder eines anderen Vertragsstaates des Abkommens über den Europäischen Wirtschaftsraum oder eines Vertragsstaates, dem Deutschland und die Europäische Gemeinschaft oder Deutschland und die Europäische Union vertraglich einen entsprechenden Rechtsanspruch eingeräumt haben, der im Geltungsbereich dieses Gesetzes den zahnärztlichen Beruf aufgrund einer Approbation als Zahnarzt oder einer Erlaubnis zur vorübergehenden Ausübung der Zahnheilkunde ausübt, sind auf Antrag für Zwecke der Dienstleistungserbringung in einem anderen Mitgliedstaat der Europäischen Union oder einem anderen Vertragsstaat des Abkommens über den Europäischen Wirtschaftsraum oder einem Vertragsstaat, dem Deutschland und die Europäische Gemeinschaft oder Deutschland und die Europäische Union vertraglich einen entsprechenden Rechtsanspruch eingeräumt haben, Bescheinigungen darüber auszustellen, dass

1. er in Deutschland rechtmäßig als Zahnarzt niedergelassen ist,

2. ihm die Ausübung dieser Tätigkeit zum Zeitpunkt der Vorlage der Bescheinigung nicht, auch nicht vorübergehend, untersagt ist und

3. er über einen erforderlichen Berufsqualifikationsnachweis verfügt.

§ 14 Für die Ausübung der Zahnheilkunde in Grenzgebieten durch Zahnärzte, die im Geltungsbereich dieses Gesetzes keine Niederlassung haben, gelten die hierfür abgeschlossenen zwischenstaatlichen Verträge.

§ 15 [1]Die Bundesregierung wird ermächtigt, durch Rechtsverordnung mit Zustimmung des Bundesrates die Entgelte für zahnärztliche Tätigkeit in einer Gebührenordnung zu regeln. [2]In dieser Gebührenordnung sind Mindest- und Höchstsätze für die zahnärztlichen Leistungen festzusetzen. [3]Dabei ist den berechtigten Interessen der Zahnärzte und der zur Zahlung der Entgelte Verpflichteten Rechnung zu tragen.

IV. Zuständigkeiten

§ 16 (1) [1]Die Approbation erteilt in den Fällen des § 2 Abs. 1 Satz 1 die zuständige Behörde des Landes, in dem der Antragsteller die zahnärztliche Prüfung abgelegt hat. [2]In den Fällen des § 20 Abs. 4 Satz 1 wird die Approbation von der zuständigen Behörde des Landes erteilt, in dem der Antragsteller sein Studium der Zahnheilkunde erfolgreich abgeschlossen hat. [3]Für das Verfahren zur Ausstellung eines Europäischen Berufsausweises ist die zuständige Behörde des Landes zuständig, in dem der Beruf des Zahnarztes ausgeübt wird oder ausgeübt werden soll.

(2) [1]Die Entscheidungen nach § 2 Absatz 1 Satz 1 in Verbindung mit Satz 2 und 6, Absatz 2, 3 und 6 Satz 3, nach den §§ 8 bis 10, 13, 20 Abs. 2 Satz 2 und § 20a trifft die zuständige Behörde des Landes, in dem der zahnärztliche Beruf ausgeübt werden soll. [2]Die Länder können vereinbaren, dass die ihnen durch Satz 1 übertragenen Aufgaben von einem anderen Land oder von einer gemeinsamen Einrichtung wahrgenommen werden. [3]Die Entscheidungen nach § 2 Abs. 1a Satz 2, §§ 4 und 5 trifft die zuständige Behörde des Landes, in dem der zahnärztliche Beruf ausgeübt wird oder zuletzt ausgeübt worden ist. [4]Sie übermittelt die Informationen nach § 13a Abs. 3 Satz 7. [5]Satz 2 gilt entsprechend für die Entgegennahme der Verzichtserklärung nach § 7. [6]§ 13 Abs. 3 Satz 2 bleibt unberührt.

(3) Die Entscheidung nach § 7a trifft die zuständige Behörde des Landes, die die Approbation zurückgenommen oder widerrufen hat.

(4) [1]Die Meldung nach § 13a Abs. 2 nimmt die zuständige Behörde des Landes entgegen, in dem die Dienstleistung erbracht werden soll oder erbracht worden ist. [2]Die Bearbeitung der Informationsanforderungen nach § 13a Abs. 3 Satz 3 und die Unterrichtung des Herkunftsmitgliedstaats nach § 13a Abs. 3 Satz 5 erfolgt durch die zuständige Behörde des Landes, in dem die Dienstleistung erbracht wird oder erbracht worden ist. [3]Sind von den Ländern hierfür gemeinsame Stellen eingerichtet worden, so legen die Länder die zuständigen Stellen fest. [4]Die Bescheinigung nach § 13a Abs. 4 stellt die zuständige Behörde des Landes aus, in dem der Antragsteller den zahnärztlichen Beruf ausübt.

(5) [1]Wenn ein Mitgliedstaat der Europäischen Union oder ein anderer Vertragsstaat des Abkommens über den Europäischen Wirtschaftsraum oder ein Vertragsstaat, dem Deutschland und die Europäische Gemeinschaft oder Deutschland und die Europäische Union vertraglich einen entsprechenden Rechtsanspruch eingeräumt haben, zur Erleichterung der Anwendung von Titel III Kapitel III der Richtlinie 2005/36/EG eine Bescheinigung des Herkunftsmitgliedstaats verlangt, dass die in Deutschland ausgestellten Nachweise über die geforderten Ausbildungsvoraussetzungen den in der Richtlinie 2005/36/EG verlangten Nachweisen entsprechen, erteilt diese Bescheinigung das Bundesministerium für Gesundheit. [2]Soweit die in Deutschland zuständigen Stellen Informationen nach Anhang VII Buchstabe d der Richtlinie 2005/36/EG an die zuständigen Behörden des Aufnahmemitgliedstaats zu übermitteln haben, hat dies binnen zwei Monaten zu erfolgen.

(6) *(weggefallen)*

§ 17 Das Bundesministerium für Gesundheit erlässt im Einvernehmen mit dem Bundesministerium für Wirtschaft und Energie durch Rechtsverordnung mit Zustimmung des Bundesrates die zur Durchführung von § 8 Abs. 1 erforderlichen Bestimmungen.

V. Straf-, Übergangs- und Schlussbestimmungen

§ 18 Mit Freiheitsstrafe bis zu einem Jahr oder mit Geldstrafe wird bestraft,
1. wer die Zahnheilkunde ausübt, ohne eine Approbation oder Erlaubnis als Zahnarzt zu besitzen oder nach § 1 Abs. 2, § 14 oder § 19 zur Ausübung der Zahnheilkunde berechtigt zu sein,
2. wer die Zahnheilkunde ausübt, solange durch vollziehbare Verfügung das Ruhen der Approbation angeordnet ist.

§ 19 [1]Wer vor dem Inkrafttreten dieses Gesetzes die Zahnheilkunde ausgeübt hat, ohne im Besitz einer Bestallung als Arzt oder Zahnarzt zu sein, darf sie im bisherigen Umfange weiter ausüben. [2]Die §§ 4 und 5 sind entsprechend anzuwenden.

§ 20 (1) [1]Eine Approbation oder Bestallung, die beim Wirksamwerden des Beitritts im bisherigen Geltungsbereich dieses Gesetzes zur Ausübung des zahnärztlichen Berufs berechtigt, gilt als Approbation im Sinne dieses Gesetzes. [2]Das Gleiche gilt für eine Approbation, die am Tage vor dem Wirksamwerden des Beitritts in dem in Artikel 3 des Einigungsvertrages genannten Gebiet zur Ausübung des zahnärztlichen Berufs berechtigt, soweit sie nicht durch eine zu diesem Zeitpunkt geltende Anordnung nach § 13 der Approbationsordnung für Zahnärzte vom 13. Januar 1977 (GBl. I Nr. 5 S. 34) in der Fassung der Anordnung Nr. 2 vom 24. August 1981 (GBl. I Nr. 29 S. 346) eingeschränkt worden ist. [3]Die Berechtigung zur weiteren Führung einer im Zusammenhang mit der Anerkennung als Fachzahnarzt verliehenen Bezeichnung durch Inhaber einer in Satz 2 genannten Approbation, die am Tage vor dem Wirksamwerden des Beitritts eine solche Bezeichnung in dem in Artikel 3 des Einigungsvertrages genannten Gebiet führen dürfen, richtet sich nach Landesrecht.

(2) [1]Eine in dem in Artikel 3 des Einigungsvertrages genannten Gebiet am Tage vor dem Wirksamwerden des Beitritts zur Ausübung des zahnärztlichen Berufs berechtigende, jedoch durch eine zu diesem Zeitpunkt geltende Anordnung nach § 13 der Approbationsordnung für Zahnärzte vom 13. Januar 1977 (GBl. I Nr. 5 S. 34) in der Fassung der Anordnung Nr. 2 vom 24. August 1981 (GBl. I Nr. 29 S. 346) eingeschränkte Approbation als Zahnarzt gilt als Erlaubnis nach § 13 Abs. 1 dieses Gesetzes. [2]Der Inhaber einer solchen Approbation erhält auf Antrag eine Approbation als Zahnarzt im Sinne dieses Gesetzes, wenn er die Voraussetzungen des § 2 Abs. 1 Satz 1 Nr. 2 und 3 erfüllt.

(3) Eine beim Wirksamwerden des Beitritts gültige Erlaubnis zur vorübergehenden Ausübung der Zahnheilkunde und eine am Tage vor dem Wirksamwerden des Beitritts in dem in Artikel 3 des Einigungsvertrages genannten Gebiet gültige staatliche Erlaubnis zur Ausübung stomatologischer Tätigkeiten gemäß § 8 Abs. 3 der Approbationsordnung für Zahnärzte vom 13. Januar 1977 (GBl. I Nr. 5 S. 34) in der Fassung der Anordnung Nr. 2 vom 24. August 1981 (GBl. I Nr. 29 S. 346) gelten mit ihrem bisherigen Inhalt als Erlaubnis nach § 13 Abs. 1 dieses Gesetzes.

(4) [1]Studierende der Zahnheilkunde, die nach dem Wirksamwerden des Beitritts ein vorher begonnenes Studium der Zahnheilkunde an Universitäten oder Medizinischen Akademien in dem in Artikel 3 des Einigungsvertrages genannten Gebiet fortsetzen, schließen das Studium nach den bisher für dieses Gebiet geltenden Rechtsvorschriften ab, sofern dies bis zum 31. Dezember 1997 geschieht. [2]Der erfolgreiche Studienabschluss steht dem Abschluss des Studiums der Zahnheilkunde durch die bestandene zahnärztliche Prüfung nach § 2 Abs. 1 Satz 1 Nr. 4 gleich. [3]Für Studierende, die im September 1991 und später ein Studium der Zahnheilkunde an den in Satz 1 genannten Ausbildungsstätten aufnehmen, gelten die Vorschriften der aufgrund des § 3 dieses Gesetzes erlassenen Approbationsordnung für Zahnärzte. [4]In dieser Verordnung soll bis zum 31. Dezember 1992 geregelt werden, dass das Studium der Zahnheilkunde künftig eine Pflichtunterrichtsveranstaltung in der Kinderzahnheilkunde zu umfassen und sich die zahnärztliche Prüfung auf dieses Fach zu erstrecken hat.

§ 20a (1) [1]Antragstellern, die die Voraussetzungen des § 2 Absatz 1 Satz 1 Nummer 2, 3 und 5 erfüllen und eine Approbation als Zahnarzt aufgrund der Vorlage eines vor dem nach § 2 Abs. 1 Satz 2 oder Satz 3 für die Anerkennung jeweils maßgebenden Datum ausgestellten zahnärztlichen Ausbildungsnachweises eines der übrigen Mitgliedstaaten der Europäischen Union oder eines anderen Vertragsstaates des Abkommens über den Europäischen Wirtschaftsraum oder eines Vertragsstaates, dem Deutschland und die Europäische Gemeinschaft oder Deutschland und die Europäische Union vertraglich einen entsprechenden

Rechtsanspruch eingeräumt haben, beantragen, ist die Approbation als Zahnarzt ebenfalls zu erteilen. [2]In den Fällen, in denen die zahnärztliche Ausbildung des Antragstellers den Mindestanforderungen des Artikels 34 der Richtlinie 2005/36/EG vom 7. September 2005 (ABl. EU Nr. L 255 S. 22, 2007 Nr. L 271 S. 18) nicht genügt, kann die zuständige Behörde die Vorlage einer Bescheinigung des Herkunftsmitgliedstaats des Antragstellers verlangen, aus der sich ergibt, dass der Antragsteller während der letzten fünf Jahre vor der Antragstellung mindestens drei Jahre ununterbrochen tatsächlich und rechtmäßig den zahnärztlichen Beruf ausgeübt hat.

(2) [1]In Italien, Spanien, Österreich, der Tschechischen Republik, der Slowakei und Rumänien ausgestellte Ausbildungsnachweise des Arztes werden zum Zwecke der Ausübung der Tätigkeit des Zahnarztes unter den in Anhang V Nummer 5.3.2 der Richtlinie 2005/36/EG aufgeführten Berufsbezeichnungen im Sinne des § 2 Abs. 1 Satz 1 Nr. 4 anerkannt, wenn die Inhaber der Ausbildungsnachweise ihre ärztliche Ausbildung spätestens an dem im oben genannten Anhang der Richtlinie 2005/36/EG für den betreffenden Mitgliedstaat aufgeführten Stichtag begonnen haben, sofern ihnen eine von den zuständigen Behörden des betreffenden Mitgliedstaats ausgestellte Bescheinigung darüber beigefügt ist. [2]Aus dieser Bescheinigung muss hervorgehen, dass folgende Bedingungen erfüllt sind:

1. Die betreffende Person hat sich während der letzten fünf Jahre vor Ausstellung der Bescheinigung mindestens drei Jahre lang ununterbrochen tatsächlich und rechtmäßig sowie hauptsächlich den Tätigkeiten nach Artikel 36 der Richtlinie 2005/36/EG gewidmet und

2. die betreffende Person ist berechtigt, diese Tätigkeiten unter denselben Bedingungen auszuüben wie die Inhaber des für diesen Mitgliedstaat in Anhang V Nummer 5.3.2 der Richtlinie 2005/36/EG aufgeführten Ausbildungsnachweises.

[3]Von dem in Satz 2 Nr. 1 genannten Erfordernis einer dreijährigen Tätigkeit befreit sind Personen, die ein mindestens dreijähriges Studium erfolgreich absolviert haben, dessen Gleichwertigkeit mit der in Artikel 34 der Richtlinie 2005/36/EG genannten Ausbildung von den zuständigen Behörden des betreffenden Staates bescheinigt wird. [4]Was die Tschechische Republik und die Slowakei anbelangt, so werden die in der früheren Tschechoslowakei erworbenen Ausbildungsnachweise in gleicher Weise wie die tschechischen und slowakischen Ausbildungsnachweise unter den in den vorstehenden Sätzen genannten Bedingungen anerkannt.

(3) [1]Die Ausbildungsnachweise von Ärzten, die in Italien Personen ausgestellt wurden, die ihre Universitätsausbildung nach dem 28. Januar 1980, spätestens jedoch am 31. Dezember 1984 begonnen haben, werden anerkannt, sofern eine diesbezügliche Bescheinigung der zuständigen italienischen Behörden beigefügt ist, aus der sich ergibt, dass

1. die betreffende Person mit Erfolg eine von den zuständigen italienischen Behörden durchgeführte spezifische Eignungsprüfung abgelegt hat, bei der

überprüft wurde, ob sie Kenntnisse und Fähigkeiten besitzt, die denen derjenigen Personen vergleichbar sind, die Inhaber eines in Anhang V Nummer 5.3.2 der Richtlinie 2005/36/EG für Italien aufgeführten Ausbildungsnachweise sind,

2. die betreffende Person sich während der letzten fünf Jahre vor Ausstellung der Bescheinigung mindestens drei Jahre lang ununterbrochen in Italien tatsächlich und rechtmäßig sowie hauptsächlich den Tätigkeiten nach Artikel 36 der Richtlinie 2005/36/EG gewidmet hat und

3. die betreffende Person berechtigt ist, die Tätigkeiten nach Artikel 36 der Richtlinie 2005/36/EG unter denselben Bedingungen wie die Inhaber der Ausbildungsnachweise, die für Italien in Anhang V Nummer 5.3.2 der Richtlinie 2005/36/EG aufgeführt sind, auszuüben oder diese tatsächlich, rechtmäßig sowie hauptsächlich ausübt.

[2]Von der in Satz 1 Nr. 1 genannten Eignungsprüfung sind Personen befreit, die ein mindestens dreijähriges Studium erfolgreich absolviert haben, dessen Gleichwertigkeit mit der Ausbildung nach Artikel 34 der Richtlinie 2005/36/ EG von den zuständigen Behörden bescheinigt wird. [3]Personen, die ihre medizinische Universitätsausbildung nach dem 31. Dezember 1984 begonnen haben, sind den oben genannten Personen gleichgestellt, sofern das in Satz 2 genannte dreijährige Studium vor dem 31. Dezember 1994 aufgenommen wurde.

(3a) Die Ausbildungsnachweise von Ärzten, die in Spanien Personen ausgestellt wurden, die ihre ärztliche Universitätsausbildung zwischen dem 1. Januar 1986 und dem 31. Dezember 1997 begonnen haben, werden anerkannt, sofern eine diesbezügliche Bescheinigung der zuständigen spanischen Behörden beigefügt ist, aus der sich ergibt, dass die betreffende Person

1. ein mindestens dreijähriges Studium erfolgreich abgeschlossen hat, und die zuständigen spanischen Behörden dessen Gleichwertigkeit mit der in Artikel 34 der Richtlinie 2005/36/EG genannten Ausbildung bescheinigt haben,

2. während der letzten fünf Jahre vor Ausstellung der Bescheinigung mindestens drei Jahre lang ununterbrochen in Spanien tatsächlich, rechtmäßig und hauptsächlich die Tätigkeiten nach Artikel 36 der Richtlinie 2005/36/EG ausgeübt hat und

3. berechtigt ist, die Tätigkeiten nach Artikel 36 der Richtlinie 2005/36/EG unter denselben Bedingungen wie die Inhaber der Ausbildungsnachweise, die für Spanien in Anhang V Nummer 5.3.2 der Richtlinie 2005/36/EG aufgeführt sind, auszuüben, oder sie tatsächlich, rechtmäßig und hauptsächlich ausübt.

(4) Bei Antragstellern, deren Ausbildungsnachweise

1. von der früheren Sowjetunion verliehen wurden und die Aufnahme des Berufs des Zahnarztes gestatten oder aus denen hervorgeht, dass die Ausbildung im Falle Estlands vor dem 20. August 1991, im Falle Lettlands vor dem 21. August 1991, im Falle Litauens vor dem 11. März 1990 aufgenommen wurde, oder

2. vom früheren Jugoslawien verliehen wurden und die Aufnahme des Berufs des Zahnarztes gestatten oder aus denen hervorgeht, dass die Ausbildung im Falle Sloweniens vor dem 25. Juni 1991 aufgenommen wurde,

sind die Ausbildungsnachweise als Zahnarzt anzuerkennen, wenn die Behörden dieser Mitgliedstaaten bescheinigen, dass diese Ausbildungsnachweise hinsichtlich der Aufnahme und Ausübung des Berufs des Zahnarztes in ihrem Hoheitsgebiet die gleiche Rechtsgültigkeit haben wie die von ihnen verliehenen Ausbildungsnachweise und eine von den gleichen Behörden ausgestellte Bescheinigung darüber vorgelegt wird, dass die betreffende Person in den fünf Jahren vor Ausstellung der Bescheinigung mindestens drei Jahre ununterbrochen tatsächlich und rechtmäßig den zahnärztlichen Beruf in ihrem Hoheitsgebiet ausgeübt hat.

(5) [1]Antragstellern, für die einer der Absätze 1 bis 4 gilt und die die dort genannten Voraussetzungen mit Ausnahme der geforderten Berufserfahrung erfüllten, ist die Approbation zu erteilen, wenn die Ausbildung des Antragstellers keine wesentlichen Unterschiede gegenüber der Ausbildung aufweist, die in diesem Gesetz und in der Rechtsverordnung nach § 3 Absatz 1 geregelt ist. [2]§ 2 Absatz 2 Satz 3 bis 8 gilt entsprechend.

§ 21 *(aufgehoben)*

§ 22 *(Änderungsvorschrift)*

§ 23   Alle entgegenstehenden Vorschriften, insbesondere die §§ 29, 40, 53, 54 und 147 der Gewerbeordnung treten insoweit außer Kraft, als sie sich auf Zahnärzte und Dentisten beziehen.

Anlage (zu § 2 Abs. 1 Satz 4)

Land	Ausbildungs-nachweis	Ausstellende Stelle	Zusätzliche Bescheini-gung	Berufsbe-zeichnung	Stichtag
België/ Belgique/ Belgien	Diploma van tandarts/Diplôme de licencié en science dentaire	– De universiteiten/Les universités – De bevoegde Examencommissie van de Vlaamse Gemeenschap/ Le Jury compétent d'enseignement de la Communauté française		Licentiaat in de tandheelkunde/Licencié en science dentaire	28. Januar 1980
България	Диплома за висше образование на образователно-квалификационна степен ‚Магистър' по ‚Дентална медицина с професионална квалификация ‚Магистър-лекар по дентална медицина'	Факултет по дентална медицина към Медицински университет		Лекар по дентална медицина	1. Януари 2007
Česká republika	Diplom o ukončení studia ve studijním programu zubní lékařství (doktor)	Lékařská fakulta univerzity V České republice	Vysvědčení o státní rigorózní zkoušce	Zubní lékař	1. Mai 2004
Danmark	Bevis for tandlægeeksamen (odontologisk kandidateksamen)	Tandlægehøjskolerne, Sundhedsvidenskabeligt universitetsfakultet	Autorisation som tandlæge, udstedt af Sundhedsstyrelsen	Tandlæge	28. Januar 1980
Eesti	Diplom hambaarstiteaduse õppekava läbimise kohta	Tartu Ülikool		Hambaarst	1. Mai 2004

Land	Ausbildungs-nachweis	Ausstellende Stelle	Zusätzliche Bescheini-gung	Berufsbe-zeichnung	Stichtag
Ελλάς	Πτυχίο Οδοντι ατρικής	Πανεπιοτήμιο		Οδοντία τρος ή χει ρούργος οδοντία τρος	1. Janu-ar 1981
España	Título de Licen-ciado en Odonto-logía	El rector de una universidad		Licencia-do en odontol-gia	1. Janu-ar 1986
France	Diplôme d'Etat de docteur en chirurgie dentaire	Universités		Chirur-gien-dentiste	28. Ja-nuar 1980
Hrvatska	Diploma „doktor dentalne medici-ne/doktorica den-talne medicine"	Fakulteti sveuči-lišta u Republici Hrvatskoj		doktor dentalne medicine/doktorica dentalne medicine	1. Juli 2013
Ireland	– Bachelor in Dental Science (B. Dent. Sc.) – Bachelor of Dental Surgery (BDS) – Licentiate in Dental Surgery (LDS)	– Universities – Royal College of Surgeons in Ireland		– Dentist – Dental practi-tioner – Dental surgeon	28. Ja-nuar 1980
Italia	Diploma di laurea in Odontoiatria e Protesi Dentaria	Università	Diploma di abilitazione all'esercizio della profes-sione di odontoiatra	Odontoia-tra	28. Ja-nuar 1980
Κύπρος	Πιστοποιητικό Εγγραφής Οδοντιάτρου	Οδοντιατρικό Συμβούλιο		Οδοντία τρος	1. Mai 2004
Latvija	Zobārsta diploms	Universitātes tipa augstskola	Rezidenta diploms par zobārsta pēcdiploma izglītības	Zobārsts	1. Mai 2004

Land	Ausbildungs-nachweis	Ausstellende Stelle	Zusätzliche Bescheini-gung	Berufsbe-zeichnung	Stichtag
			programmas paeigšanu, ko izsniedz universitātes tipa augst-skola un „Sertifikāts" – kompeten-tas iestādes izsniegts dokuments, kas aplie-cina, ka persona ir nokārtojusi sertifikācijas eksāmenu zobārst-niecībā		
Lietuva	Aukštojo mokslo diplomas, nuro-dantis suteiktą gydytojo odonto-logo kvalifikaciją	Universitetas	Internatūros pažymėji-mas, nuro-dantis suteiktą gy-dytojo odon-tologo pro-fesinę kvalifikaciją	Gydyto-jas odon-tologas	1. Mai 2004
Luxem-bourg	Diplôme d'Etat de docteur en mé-decine dentaire	Jury d'examen d'Etat		Médicin-dentiste	28. Ja-nuar 1980
Magyar-ország	Fogorvos oklevél (doctor medici-nae dentariae, röv.: dr. med. dent.)	Egyetem		Fogorvos	1. Mai 2004
Malta	Lawrja fil- Kiruri-ja Dentali	Università ta' Malta		Tandarts	1. Mai 2004
Nederland	Universitair ge-tuigschrift van een met goed ge-volg afgelegd tandartsexamen	Faculteit Tand-heelkunde		Tandarts	28. Ja-nuar 1980

Land	Ausbildungs-nachweis	Ausstellende Stelle	Zusätzliche Bescheini-gung	Berufsbe-zeichnung	Stichtag
Österreich	Bescheid über die Verleihung des akademischen Grades „Doktor der Zahnheil-kunde"	Medizinische Fakultät einer Universität		Zahnarzt	1. Januar 1994
Polska	Dyplom ukończenia studiów wyższych z tytuem „lekarz dentysta"	1. Akademia Medyczna 2. Uniwersytet Medyczny 3. Collegium Medicum Uniwersytetu Jagielloń-skiego	Lekarsko – Dentystycz-ny Egzamin Państwowy	Lekarz dentysta	1. Mai 2004
Portugal	Carta de Curso de licenciatura em medicina dentária	– Faculdades – Institutos Superiores		Médico dentista	1. Januar 1986
România	Diplomă de licență de medic dentist	Universițăi		medic dentist	1. Okto-ber 2003
Slovenija	Diploma, s katero se podeljuje strokovni naslov „doktor dentalne medicine/dok-torica dentalne medicine"	– Univerza	Potrdilo o opravljenem strokovnem izpitu za poklic zoboz-dravnik/ zoboz-dravnica	Doktor dentalne medicine/ Doktorica dentalne medicine	1. Mai 2004
Slovensko	Vysokoškolský diplom o udelení akademického titulu „doktor zubného lekárstva" („MDDr.")	– Vysoká škola		Zubný lekár	1. Mai 2004
Suomi/ Finland	Hammaslääketie-teen lisensiaatin tutkinto/Odonto-logie licentiat-examen	– Helsingin yliopisto/ Helsingfors universitet – Oulun yliopisto – Turun yliopisto	Terveyden-huollon oikeusturva-keskuksen päätös käytännön palvelun hyväksymi-	Hammas-lääkäri/ Tandläka-re	1. Januar 1994

Land	Ausbildungs-nachweis	Ausstellende Stelle	Zusätzliche Bescheini-gung	Berufsbe-zeichnung	Stichtag
			sestä/Beslut av Rättss-kyddscentra-len för häl sovården om godkännande av praktisk tjänstgöring		
Sverige	Tandläkarexamen	– Universitetet i Umeå – Universitetet i Göteborg – Karolinska Institutet – Malmö Högskola	Endast för examens-bevis som erhållits före den 1 juli 1995, ett utbildnings-bevis som utfärdats av Socialsty-relsen	Tand-läkare	1. Ja-nuar 1994
United Kingdom	– Bachelor of Dental Surgery (BDS or B.Ch.D.) – Licentiate in Dental Surgery	– Universities – Royal Colleges		– Dentist – Dental practi-tioner – Dental surgeon	28. Ja-nuar 1980

(Muster-)Berufsordnung für die in Deutschland tätigen Ärztinnen und Ärzte – MBO-Ä 1997 –[1]

in der Fassung der Beschlüsse des 121. Deutschen Ärztetages 2018 in Erfurt

Das ärztliche Gelöbnis

Als Mitglied der ärztlichen Profession gelobe ich feierlich, mein Leben in den Dienst der Menschlichkeit zu stellen.

Die Gesundheit und das Wohlergehen meiner Patientin oder meines Patienten werden mein oberstes Anliegen sein.

Ich werde die Autonomie und die Würde meiner Patientin oder meines Patienten respektieren.

Ich werde den höchsten Respekt vor menschlichem Leben wahren.

Ich werde nicht zulassen, dass Erwägungen von Alter, Krankheit oder Behinderung, Glaube, ethnischer Herkunft, Geschlecht, Staatsangehörigkeit, politischer Zugehörigkeit, Rasse, sexueller Orientierung, sozialer Stellung oder jeglicher anderer Faktoren zwischen meine Pflichten und meine Patientin oder meinen Patienten treten.

Ich werde die mir anvertrauten Geheimnisse auch über den Tod der Patientin oder des Patienten hinaus wahren.

Ich werde meinen Beruf nach bestem Wissen und Gewissen, mit Würde und im Einklang mit guter medizinischer Praxis ausüben.

Ich werde die Ehre und die edlen Traditionen des ärztlichen Berufes fördern.

Ich werde meinen Lehrerinnen und Lehrern, meinen Kolleginnen und Kollegen und meinen Schülerinnen und Schülern die ihnen gebührende Achtung und Dankbarkeit erweisen.

Ich werde mein medizinisches Wissen zum Wohle der Patientin oder des Patienten und zur Verbesserung der Gesundheitsversorgung teilen.

Ich werde auf meine eigene Gesundheit, mein Wohlergehen und meine Fähigkeiten achten, um eine Behandlung auf höchstem Niveau leisten zu können.

Ich werde, selbst unter Bedrohung, mein medizinisches Wissen nicht zur Verletzung von Menschenrechten und bürgerlichen Freiheiten anwenden.

Ich gelobe dies feierlich, aus freien Stücken und bei meiner Ehre.

(Offizielle deutsche Übersetzung der Deklaration von Genf, autorisiert durch den Weltärztebund)

---

1 Bei der hier abgedruckten „Berufsordnung" handelt es sich um die (Muster-)Berufsordnung, wie sie von dem 100. Deutschen Ärztetag beschlossen und vom 103. Deutschen Ärztetag, 105. Deutschen Ärztetag, 106. Deutschen Ärztetag, 107. Deutschen Ärztetag, 114. Deutschen Ärztetag sowie 118. Deutschen Ärztetag sowie 121. Deutschen Ärztetag novelliert wurde. Rechtswirkung entfaltet die Berufsordnung, wenn sie durch die Kammerversammlungen der Ärztekammern als Satzung beschlossen und von den Aufsichtsbehörden genehmigt wurde.

A. Präambel

Die auf der Grundlage der Kammer- und Heilberufsgesetze beschlossene Berufsordnung stellt die Überzeugung der Ärzteschaft zum Verhalten von Ärztinnen und Ärzten gegenüber den Patientinnen und Patienten, den Kolleginnen und Kollegen, den anderen Partnerinnen und Partnern im Gesundheitswesen sowie zum Verhalten in der Öffentlichkeit dar. Dafür geben sich die in Deutschland tätigen Ärztinnen und Ärzte die nachstehende Berufsordnung. Mit der Festlegung von Berufspflichten der Ärztinnen und Ärzte dient die Berufsordnung zugleich dem Ziel,

– das Vertrauen zwischen Ärztinnen und Ärzten und Patientinnen und Patienten zu erhalten und zu fördern,
– die Qualität der ärztlichen Tätigkeit im Interesse der Gesundheit der Bevölkerung sicherzustellen,
– die Freiheit und das Ansehen des Arztberufes zu wahren,
– berufswürdiges Verhalten zu fördern und berufsunwürdiges Verhalten zu verhindern.

B. Regeln zur Berufsausübung

I. Grundsätze

§ 1 Aufgaben der Ärztinnen und Ärzte. (1) [1]Ärztinnen und Ärzte dienen der Gesundheit des einzelnen Menschen und der Bevölkerung. [2]Der ärztliche Beruf ist kein Gewerbe. [3]Er ist seiner Natur nach ein freier Beruf.

(2) Aufgabe der Ärztinnen und Ärzte ist es, das Leben zu erhalten, die Gesundheit zu schützen und wiederherzustellen, Leiden zu lindern, Sterbenden Beistand zu leisten und an der Erhaltung der natürlichen Lebensgrundlagen im Hinblick auf ihre Bedeutung für die Gesundheit der Menschen mitzuwirken.

§ 2 Allgemeine ärztliche Berufspflichten. (1) [1]Ärztinnen und Ärzte üben ihren Beruf nach ihrem Gewissen, den Geboten der ärztlichen Ethik und der Menschlichkeit aus. [2]Sie dürfen keine Grundsätze anerkennen und keine Vorschriften oder Anweisungen beachten, die mit ihren Aufgaben nicht vereinbar sind oder deren Befolgung sie nicht verantworten können.

(2) [1]Ärztinnen und Ärzte haben ihren Beruf gewissenhaft auszuüben und dem ihnen bei ihrer Berufsausübung entgegengebrachten Vertrauen zu entsprechen. [2]Sie haben dabei ihr ärztliches Handeln am Wohl der Patientinnen und Patienten auszurichten. [3]Insbesondere dürfen sie nicht das Interesse Dritter über das Wohl der Patientinnen und Patienten stellen.

(3) Eine gewissenhafte Ausübung des Berufs erfordert insbesondere die notwendige fachliche Qualifikation und die Beachtung des anerkannten Standes der medizinischen Erkenntnisse.

(4) Ärztinnen und Ärzte dürfen hinsichtlich ihrer ärztlichen Entscheidungen keine Weisungen von Nichtärzten entgegennehmen.

(5) Ärztinnen und Ärzte sind verpflichtet, die für die Berufsausübung geltenden Vorschriften zu beachten.

(6) Unbeschadet der in den nachfolgenden Vorschriften geregelten besonderen Auskunfts- und Anzeigepflichten haben Ärztinnen und Ärzte auf Anfragen der Ärztekammer, welche diese zur Erfüllung ihrer gesetzlichen Aufgaben bei der Berufsaufsicht an die Ärztinnen und Ärzte richtet, in angemessener Frist zu antworten.

(7) Werden Ärztinnen und Ärzte, die in einem anderen Mitgliedstaat der Europäischen Union niedergelassen sind oder dort ihre berufliche Tätigkeit entfalten, vorübergehend und gelegentlich im Geltungsbereich dieser Berufsordnung grenzüberschreitend ärztlich tätig, ohne eine Niederlassung zu begründen, so haben sie die Vorschriften dieser Berufsordnung zu beachten.

§ 3 Unvereinbarkeiten. (1) [1]Ärztinnen und Ärzten ist neben der Ausübung ihres Berufs die Ausübung einer anderen Tätigkeit untersagt, welche mit den ethischen Grundsätzen des ärztlichen Berufs nicht vereinbar ist. [2]Ärztinnen und Ärzten ist auch verboten, ihren Namen in Verbindung mit einer ärztlichen Berufsbezeichnung in unlauterer Weise für gewerbliche Zwecke herzugeben. [3]Ebenso wenig dürfen sie zulassen, dass von ihrem Namen oder vom beruflichen Ansehen der Ärztinnen und Ärzte in solcher Weise Gebrauch gemacht wird.

(2) Ärztinnen und Ärzten ist untersagt, im Zusammenhang mit der Ausübung ihrer ärztlichen Tätigkeit Waren und andere Gegenstände abzugeben oder unter ihrer Mitwirkung abgeben zu lassen sowie gewerbliche Dienstleistungen zu erbringen oder erbringen zu lassen, soweit nicht die Abgabe des Produkts oder die Dienstleistung wegen ihrer Besonderheiten notwendiger Bestandteil der ärztlichen Therapie sind.

§ 128
SGB V

§ 4 Fortbildung. (1) Ärztinnen und Ärzte, die ihren Beruf ausüben, sind verpflichtet, sich in dem Umfange beruflich fortzubilden, wie es zur Erhaltung und Entwicklung der zu ihrer Berufsausübung erforderlichen Fachkenntnisse notwendig ist.

(2) Auf Verlangen müssen Ärztinnen und Ärzte ihre Fortbildung nach Absatz 1 gegenüber der Ärztekammer durch ein Fortbildungszertifikat einer Ärztekammer nachweisen.

§ 5 Qualitätssicherung. Ärztinnen und Ärzte sind verpflichtet, an den von der Ärztekammer eingeführten Maßnahmen zur Sicherung der Qualität der ärztlichen Tätigkeit teilzunehmen und der Ärztekammer die hierzu erforderlichen Auskünfte zu erteilen.

§ 6 Mitteilung von unerwünschten Arzneimittelwirkungen. Ärztinnen und Ärzte sind verpflichtet, die ihnen aus ihrer ärztlichen Behandlungstätigkeit bekannt werdenden unerwünschten Wirkungen von Arzneimitteln der Arzneimittelkommission der deutschen Ärzteschaft und bei Medizinprodukten auftretende Vorkommnisse der zuständigen Behörde mitzuteilen.

II. Pflichten gegenüber Patientinnen und Patienten

§ 7 Behandlungsgrundsätze und Verhaltensregeln. (1) [1]Jede medizinische Behandlung hat unter Wahrung der Menschenwürde und unter Achtung der Persönlichkeit, des Willens und der Rechte der Patientinnen und Patienten, insbesondere des Selbstbestimmungsrechts, zu erfolgen. [2]Das Recht der Patientinnen und Patienten, empfohlene Untersuchungs- und Behandlungsmaßnahmen abzulehnen, ist zu respektieren.

(2) [1]Ärztinnen und Ärzte achten das Recht ihrer Patientinnen und Patienten, die Ärztin oder den Arzt frei zu wählen oder zu wechseln. [2]Andererseits sind – von Notfällen oder besonderen rechtlichen Verpflichtungen abgesehen – auch Ärztinnen und Ärzte frei, eine Behandlung abzulehnen. [3]Den begründeten Wunsch der Patientin oder des Patienten, eine weitere Ärztin oder einen weiteren Arzt zuzuziehen oder einer anderen Ärztin oder einem anderen Arzt überwiesen zu werden, soll die behandelnde Ärztin oder der behandelnde Arzt in der Regel nicht ablehnen.

(3) [1]Ärztinnen und Ärzte haben im Interesse der Patientinnen und Patienten mit anderen Ärztinnen und Ärzten und Angehörigen anderer Fachberufe im Gesundheitswesen zusammenzuarbeiten. [2]Soweit dies für die Diagnostik und Therapie erforderlich ist, haben sie rechtzeitig andere Ärztinnen und Ärzte hinzuzuziehen oder ihnen die Patientin oder den Patienten zur Fortsetzung der Behandlung zu überweisen.

(4) [1]Ärztinnen und Ärzte beraten und behandeln Patientinnen und Patienten im persönlichen Kontakt. [2]Sie können dabei Kommunikationsmedien unterstützend einsetzen. [3]Eine ausschließliche Beratung oder Behandlung über Kommunikationsmedien ist im Einzelfall erlaubt, wenn dies ärztlich vertretbar ist und die erforderliche ärztliche Sorgfalt insbesondere durch die Art und Weise der Befunderhebung, Beratung, Behandlung sowie Dokumentation gewahrt wird und die Patientin oder der Patient auch über die Besonderheiten der ausschließlichen Beratung und Behandlung über Kommunikationsmedien aufgeklärt wird.

(5) Angehörige von Patientinnen und Patienten und andere Personen dürfen bei der Untersuchung und Behandlung anwesend sein, wenn die verantwortliche Ärztin oder der verantwortliche Arzt und die Patientin oder der Patient zustimmen.

(6) Ärztinnen und Ärzte haben Patientinnen und Patienten gebührende Aufmerksamkeit entgegen zu bringen und mit Patientenkritik und Meinungsverschiedenheiten sachlich und korrekt umzugehen.

(7) [1]Bei der Überweisung von Patientinnen und Patienten an Kolleginnen oder Kollegen oder ärztlich geleitete Einrichtungen, haben Ärztinnen und Ärzte rechtzeitig die erhobenen Befunde zu übermitteln und über die bisherige Behandlung zu informieren, soweit das Einverständnis der Patientinnen und Patienten vorliegt oder anzunehmen ist. [2]Dies gilt insbesondere bei der Krankenhauseinweisung und -entlassung. [3]Originalunterlagen sind zurückzugeben.

(8) Ärztinnen und Ärzte dürfen einer missbräuchlichen Verwendung ihrer Verschreibung keinen Vorschub leisten.

§ 8 Aufklärungspflicht. [1]Zur Behandlung bedürfen Ärztinnen und Ärzte der Einwilligung der Patientin oder des Patienten. [2]Der Einwilligung hat grundsätzlich die erforderliche Aufklärung im persönlichen Gespräch vorauszugehen. [3]Die Aufklärung hat der Patientin oder dem Patienten insbesondere vor operativen Eingriffen Wesen, Bedeutung und Tragweite der Behandlung einschließlich Behandlungsalternativen und die mit ihnen verbundenen Risiken in verständlicher und angemessener Weise zu verdeutlichen. [4]Insbesondere vor diagnostischen oder operativen Eingriffen ist, soweit möglich, eine ausreichende Bedenkzeit vor der weiteren Behandlung zu gewährleisten. [5]Je weniger eine Maßnahme medizinisch geboten oder je größer ihre Tragweite ist, umso ausführlicher und eindrücklicher sind Patientinnen oder Patienten über erreichbare Ergebnisse und Risiken aufzuklären.

§ 9 Schweigepflicht. (1) [1]Ärztinnen und Ärzte haben über das, was ihnen in ihrer Eigenschaft als Ärztin oder Arzt anvertraut oder bekannt geworden ist- auch über den Tod der Patientin oder des Patienten hinaus – zu schweigen. [2]Dazu gehören auch schriftliche Mitteilungen der Patientin oder des Patienten, Aufzeichnungen über Patientinnen und Patienten, Röntgenaufnahmen und sonstige Untersuchungsbefunde.

§ 203 StGB
§§ 383 I Nr. 6
-70, 53 I
Nr. 3 StPO
§ 97 StPO

(2) [1]Ärztinnen und Ärzte sind zur Offenbarung befugt, soweit sie von der Schweigepflicht entbunden worden sind oder soweit die Offenbarung zum Schutze eines höherwertigen Rechtsgutes erforderlich ist. [2]Gesetzliche Aussage- und Anzeigepflichten bleiben unberührt. [3]Soweit gesetzliche Vorschriften die Schweigepflicht der Ärztin oder des Arztes einschränken, soll die Ärztin oder der Arzt die Patientin oder den Patienten darüber unterrichten.

(3) Ärztinnen und Ärzte haben ihre Mitarbeiterinnen und Mitarbeiter und die Personen, die zur Vorbereitung auf den Beruf an der ärztlichen Tätigkeit teilnehmen, über die gesetzliche Pflicht zur Verschwiegenheit zu belehren und dies schriftlich festzuhalten.

(4) Wenn mehrere Ärztinnen und Ärzte gleichzeitig oder nacheinander dieselbe Patientin oder denselben Patienten untersuchen oder behandeln, so sind sie untereinander von der Schweigepflicht insoweit befreit, als das Einverständnis der Patientin oder des Patienten vorliegt oder anzunehmen ist.

§ 10 Dokumentationspflicht. (1) [1]Ärztinnen und Ärzte haben über die in Ausübung ihres Berufes gemachten Feststellungen und getroffenen Maßnahmen die erforderlichen Aufzeichnungen zu machen. [2]Diese sind nicht nur Gedächtnisstützen für die Ärztin oder den Arzt, sie dienen auch dem Interesse der Patientin oder des Patienten an einer ordnungsgemäßen Dokumentation.

(2) [1]Ärztinnen und Ärzte haben Patientinnen und Patienten auf deren Verlangen in die sie betreffende Dokumentation Einsicht zu gewähren, soweit der Einsichtnahme nicht erhebliche therapeutische Gründe oder erhebliche Rechte der Ärztin, des Arztes oder Dritter entgegenstehen. [2]Auf Verlangen sind der Patientin oder dem Patienten Kopien der Unterlagen gegen Erstattung der Kosten herauszugeben.

(3) Ärztliche Aufzeichnungen sind für die Dauer von zehn Jahren nach Abschluss der Behandlung aufzubewahren, soweit nicht nach gesetzlichen Vorschriften eine längere Aufbewahrungspflicht besteht.

(4) [1]Nach Aufgabe der Praxis haben Ärztinnen und Ärzte ihre ärztlichen Aufzeichnungen und Untersuchungsbefunde gemäß Absatz 3 aufzubewahren oder dafür Sorge zu tragen, dass sie in gehörige Obhut gegeben werden. [2]Ärztinnen und Ärzte, denen bei einer Praxisaufgabe oder Praxisübergabe ärztliche Aufzeichnungen über Patientinnen und Patienten in Obhut gegeben werden, müssen diese Aufzeichnungen unter Verschluss halten und dürfen sie nur mit Einwilligung der Patientin oder des Patienten einsehen oder weitergeben.

(5) [1]Aufzeichnungen auf elektronischen Datenträgern oder anderen Speichermedien bedürfen besonderer Sicherungs- und Schutzmaßnahmen, um deren Veränderung, Vernichtung oder unrechtmäßige Verwendung zu verhindern. [2]Ärztinnen und Ärzte haben hierbei die Empfehlungen der Ärztekammer zu beachten.

§ 11 Ärztliche Untersuchungs- und Behandlungsmethoden. (1) Mit Übernahme der Behandlung verpflichten sich Ärztinnen und Ärzte den Patientinnen und Patienten gegenüber zur gewissenhaften Versorgung mit geeigneten Untersuchungs- und Behandlungsmethoden.

(2) [1]Der ärztliche Berufsauftrag verbietet es, diagnostische oder therapeutische Methoden unter missbräuchlicher Ausnutzung des Vertrauens, der Unwissenheit, der Leichtgläubigkeit oder der Hilflosigkeit von Patientinnen und Patienten anzuwenden. [2]Unzulässig ist es auch, Heilerfolge, insbesondere bei nicht heilbaren Krankheiten, als gewiss zuzusichern.

§ 12 Honorar und Vergütungsabsprachen. (1) [1]Die Honorarforderung muss angemessen sein. [2]Für die Bemessung ist die amtliche Gebührenordnung für Ärzte (GOÄ) die Grundlage, soweit nicht andere gesetzliche Vergütungsregelungen gelten. [3]Ärztinnen und Ärzte dürfen die Sätze nach der GOÄ nicht in unlauterer Weise unterschreiten. [4]Bei Abschluss einer Honorarvereinbarung haben Ärztinnen und Ärzte auf die Einkommens- und Vermögensverhältnisse der oder des Zahlungspflichtigen Rücksicht zu nehmen.

(2) Ärztinnen und Ärzte können Verwandten, Kolleginnen und Kollegen, deren Angehörigen und mittellosen Patientinnen und Patienten das Honorar ganz oder teilweise erlassen.

(3) Auf Antrag eines Beteiligten gibt die Ärztekammer eine gutachterliche Äußerung über die Angemessenheit der Honorarforderung ab.

(4) Vor dem Erbringen von Leistungen, deren Kosten erkennbar nicht von einer Krankenversicherung oder von einem anderen Kostenträger erstattet werden, müssen Ärztinnen und Ärzte die Patientinnen und Patienten schriftlich über die Höhe des nach der GOÄ zu berechnenden voraussichtlichen Honorars sowie darüber informieren, dass ein Anspruch auf Übernahme der Kosten durch eine Krankenversicherung oder einen anderen Kostenträger nicht gegeben oder nicht sicher ist.

III. Besondere medizinische Verfahren und Forschung

§ 13 Besondere medizinische Verfahren. (1) Bei speziellen medizinischen Maßnahmen oder Verfahren, die ethische Probleme aufwerfen und zu denen die Ärztekammer Empfehlungen zur Indikationsstellung und zur Ausführung festgelegt hat, haben Ärztinnen und Ärzte die Empfehlungen zu beachten.

(2) Soweit es die Ärztekammer verlangt, haben Ärztinnen und Ärzte die Anwendung solcher Maßnahmen oder Verfahren der Ärztekammer anzuzeigen.

(3) Vor Aufnahme entsprechender Tätigkeiten haben Ärztinnen und Ärzte auf Verlangen der Ärztekammer den Nachweis zu führen, dass die persönlichen und sachlichen Voraussetzungen entsprechend den Empfehlungen erfüllt werden.

§ 14 Erhaltung des ungeborenen Lebens und Schwangerschaftsabbruch. (1) [1]Ärztinnen und Ärzte sind grundsätzlich verpflichtet, das ungeborene Leben zu erhalten. [2]Der Schwangerschaftsabbruch unterliegt den gesetzlichen Bestimmungen. [3]Ärztinnen und Ärzte können nicht gezwungen werden, einen Schwangerschaftsabbruch vorzunehmen oder ihn zu unterlassen.

(2) Ärztinnen und Ärzte, die einen Schwangerschaftsabbruch durchführen oder eine Fehlgeburt betreuen, haben dafür Sorge zu tragen, dass die tote Leibesfrucht keiner missbräuchlichen Verwendung zugeführt wird.

§ 15 Forschung. (1) [1]Ärztinnen und Ärzte, die sich an einem Forschungsvorhaben beteiligen, bei dem in die psychische oder körperliche Integrität eines Menschen eingegriffen oder Körpermaterialien oder Daten verwendet werden, die sich einem bestimmten Menschen zuordnen lassen, müssen sicherstellen, dass vor der Durchführung des Forschungsvorhabens eine Beratung erfolgt, die auf die mit ihm verbundenen berufsethischen und berufsrechtlichen Fragen zielt und die von einer bei der zuständigen Ärztekammer gebildeten Ethik-Kommission oder von einer anderen, nach Landesrecht gebildeten unabhängigen und interdisziplinär besetzten Ethik-Kommission durchgeführt wird. [2]Dasselbe gilt vor der Durchführung gesetzlich zugelassener Forschung mit vitalen menschlichen Gameten und lebendem embryonalen Gewebe.

(2) In Publikationen von Forschungsergebnissen sind die Beziehungen der Ärztin oder des Arztes zum Auftraggeber und dessen Interessen offenzulegen.

(3) Ärztinnen und Ärzte beachten bei der Forschung am Menschen nach § 15 Absatz 1 die in der Deklaration von Helsinki des Weltärztebundes in der Fassung der 64. Generalversammlung 2013 in Fortaleza niedergelegten ethischen Grundsätze für die medizinische Forschung am Menschen.

§ 16 Beistand für Sterbende. [1]Ärztinnen und Ärzte haben Sterbenden unter Wahrung ihrer Würde und unter Achtung ihres Willens beizustehen. [2]Es ist ihnen verboten, Patientinnen und Patienten auf deren Verlangen zu töten. [3]Sie dürfen keine Hilfe zur Selbsttötung leisten.

IV Berufliches Verhalten

1. Berufsausübung

§ 17 Niederlassung und Ausübung der Praxis. (1) Die Ausübung ambulanter ärztlicher Tätigkeit außerhalb von Krankenhäusern einschließlich konzessionierter Privatkliniken ist an die Niederlassung in einer Praxis (Praxissitz) gebunden, soweit nicht gesetzliche Vorschriften etwas anderes zulassen.

(2) [1]Ärztinnen und Ärzten ist es gestattet, über den Praxissitz hinaus an zwei weiteren Orten ärztlich tätig zu sein. [2]Ärztinnen und Ärzte haben Vorkehrungen für eine ordnungsgemäße Versorgung ihrer Patientinnen und Patienten an jedem Ort ihrer Tätigkeiten zu treffen.

(3) [1]Die Ausübung ambulanter ärztlicher Tätigkeit im Umherziehen ist berufsrechtswidrig. [2]Zum Zwecke der aufsuchenden medizinischen Gesundheitsversorgung kann die Ärztekammer auf Antrag der Ärztin oder des Arztes von der Verpflichtung nach Absatz 1 Ausnahmen gestatten, wenn sichergestellt ist, dass die beruflichen Belange nicht beeinträchtigt werden und die Berufsordnung beachtet wird.

(4) [1]Der Praxissitz ist durch ein Praxisschild kenntlich zu machen.

[2]Ärztinnen und Ärzte haben auf ihrem Praxisschild
– den Namen,
– die (Fach-) Arztbezeichnung,
– die Sprechzeiten sowie
– ggf. die Zugehörigkeit zu einer Berufsausübungsgemeinschaft gern. § 18a anzugeben.
[3]Ärztinnen und Ärzte, welche nicht unmittelbar patientenbezogen tätig werden, können von der Ankündigung ihres Praxissitzes durch ein Praxisschild absehen, wenn sie dies der Ärztekammer anzeigen.

(5) Ort und Zeitpunkt der Aufnahme der Tätigkeiten am Praxissitz sowie die Aufnahme weiterer Tätigkeiten und jede Veränderung haben Ärztinnen und Ärzte der Ärztekammer unverzüglich mitzuteilen.

§ 18 Berufliche Kooperationen. (1) [1]Ärztinnen und Ärzte dürfen sich zu Berufsausübungsgemeinschaften, Organisationsgemeinschaften, Kooperationsgemeinschaften und Praxisverbünden zusammen schließen. [2]Der Zusammenschluss zur gemeinsamen Ausübung des Arztberufs kann zum Erbringen einzelner Leistungen erfolgen, sofern er nicht einer Umgehung des § 31 dient. [3]Eine Umgehung liegt insbesondere vor, wenn der Gewinn ohne Grund in einer Weise verteilt wird, die nicht dem Anteil der persönlich erbrachten Leistungen entspricht. [4]Die Anordnung einer Leistung, insbesondere aus den Bereichen der Labormedizin, der Pathologie und der bildgebenden Verfahren, stellt keinen Leistungsanteil im Sinne des Satzes 3 dar. [5]Verträge über die Gründung von Teil-Berufsausübungsgemeinschaften sind der Ärztekammer vorzulegen.

(2) [1]Ärztinnen und Ärzte dürfen ihren Beruf einzeln oder gemeinsam in allen für den Arztberuf zulässigen Gesellschaftsformen ausüben, wenn ihre eigenverantwortliche, medizinisch unabhängige sowie nicht gewerbliche Berufsausübung gewährleistet ist. [2]Bei beruflicher Zusammenarbeit, gleich in welcher Form, hat jede Ärztin und jeder Arzt zu gewährleisten, dass die ärztlichen Berufspflichten eingehalten werden.

(2a) [1]Eine Berufsausübungsgemeinschaft ist ein Zusammenschluss von Ärztinnen und Ärzten untereinander, mit Ärztegesellschaften oder mit ärztlich geleiteten Medizinischen Versorgungszentren, die den Vorgaben des § 23a Absatz 1, Buchstabe a, b und d entsprechen, oder dieser untereinander zur gemeinsamen Berufsausübung. [2]Eine gemeinsame Berufsausübung setzt die auf Dauer angelegte berufliche Zusammenarbeit selbständiger, freiberuflich tätiger Gesellschafter voraus. [3]Erforderlich ist, dass sich die Gesellschafter in einem schriftlichen Gesellschaftsvertrag gegenseitig verpflichten, die Erreichung eines gemeinsamen Zweckes in der durch den Vertrag bestimmten Weise zu fördern und insbesondere die vereinbarten Beiträge zu leisten. [4]Erforderlich ist weiterhin regelmäßig eine Teilnahme aller Gesellschafter der Berufsausübungsgemeinschaft an deren unternehmerischem Risiko, an unternehmerischen Entscheidungen und an dem gemeinschaftlich erwirtschafteten Gewinn.

(3) [1]Die Zugehörigkeit zu mehreren Berufsausübungsgemeinschaften ist zulässig. [2]Die Berufsausübungsgemeinschaft erfordert einen gemeinsamen Praxissitz. [3]Eine Berufsausübungsgemeinschaft mit mehreren Praxissitzen ist zulässig, wenn an dem jeweiligen Praxissitz verantwortlich mindestens ein Mitglied der Berufsausübungsgemeinschaft eine ausreichende Patientenversorgung sicherstellt.

(4) Bei allen Formen der ärztlichen Kooperation muss die freie Arztwahl gewährleistet bleiben.

(5) Soweit Vorschriften dieser Berufsordnung Regelungen des Partnerschaftsgesellschaftsgesetzes (Gesetz über Partnerschaftsgesellschaften Angehöriger Freier Berufe [PartGG] vom 25.07.1994 – BGBl. I S. 1744) einschränken, sind sie vorrangig aufgrund von § 1 Absatz 3 PartGG.

(6) [1]Alle Zusammenschlüsse nach Absatz 1 sowie deren Änderung und Beendigung sind der zuständigen Ärztekammer anzuzeigen. [2]Sind für die beteiligten Ärztinnen und Ärzte mehrere Ärztekammern zuständig, so ist jede Ärztin und jeder Arzt verpflichtet, die für ihn zuständige Kammer auf alle am Zusammenschluss beteiligten Ärztinnen und Ärzte hinzuweisen.

§ 18a Ankündigung von Berufsausübungsgemeinschaften und sonstigen Kooperationen. (1) [1]Bei Berufsausübungsgemeinschaften von Ärztinnen und Ärzten sind – unbeschadet des Namens einer Partnerschaftsgesellschaft oder einer juristischen Person des Privatrechts – die Namen und Arztbezeichnungen aller in der Gemeinschaft zusammengeschlossenen Ärztinnen und Ärzte sowie die Rechtsform anzukündigen. [2]Bei mehreren Praxissitzen ist jeder Praxissitz gesondert anzukündigen. [3]§ 19 Absatz 4 gilt entsprechend. [4]Die Fortführung des Namens einer/eines nicht mehr berufstätigen, einer/eines ausgeschiedenen oder verstorbenen Partnerin/Partners ist unzulässig.

(2) [1]Bei Kooperationen gemäß § 23b muss sich die Ärztin oder der Arzt auf ein gemeinsames Praxisschild mit den Kooperationspartnern aufnehmen lassen. [2]Bei Partnerschaften gemäß § 23c darf die Ärztin oder der Arzt, wenn die Angabe ihrer oder seiner Berufsbezeichnung vorgesehen ist, nur gestatten, dass die Bezeichnung „Ärztin" oder „Arzt" oder eine andere führbare Bezeichnung angegeben wird.

(3) 1[2]Zusammenschlüsse zu Organisationsgemeinschaften dürfen angekündigt werden. [2]Die Zugehörigkeit zu einem Praxisverbund gemäß § 23d kann durch Hinzufügen des Namens des Verbundes angekündigt werden.

§ 19 Beschäftigung angestellter Praxisärztinnen und -ärzte. (1) [1]Ärztinnen und Ärzte müssen die Praxis persönlich ausüben. [2]Die Beschäftigung ärztlicher Mitarbeiterinnen und Mitarbeiter in der Praxis setzt die Leitung der Praxis durch die niedergelassene Ärztin oder den niedergelassenen Arzt voraus. [3]Die Ärztin oder der Arzt hat die Beschäftigung der ärztlichen Mitarbeiterin oder des Mitarbeiters der Ärztekammer anzuzeigen.

(2) In Fällen, in denen der Behandlungsauftrag der Patientin oder des Patienten regelmäßig nur von Ärztinnen und Ärzten verschiedener Fachgebiete gemeinschaftlich durchgeführt werden kann, darf eine Fachärztin oder ein Facharzt als Praxisinhaberin oder Praxisinhaber die für sie oder ihn fachgebietsfremde ärztliche Leistung auch durch eine angestellte Fachärztin oder einen angestellten Facharzt des anderen Fachgebiets erbringen.

(3) [1]Ärztinnen und Ärzte dürfen nur zu angemessenen Bedingungen beschäftigt werden. [2]Angemessen sind insbesondere Bedingungen, die der beschäftigten Ärztin oder dem beschäftigten Arzt eine angemessene Vergütung gewähren sowie angemessene Zeit zur Fortbildung einräumen und bei der Vereinbarung von Wettbewerbsverboten eine angemessene Ausgleichszahlung vorsehen.

(4) Über die in der Praxis tätigen angestellten Ärztinnen und Ärzte müssen die Patientinnen und Patienten in geeigneter Weise informiert werden.

§ 20 Vertretung. (1) [1]Niedergelassene Ärztinnen und Ärzte sollen grundsätzlich zur gegenseitigen Vertretung bereit sein; übernommene Patientinnen und Patienten sind nach Beendigung der Vertretung zurück zu überweisen. [2]Ärztinnen und Ärzte dürfen sich grundsätzlich nur durch eine Fachärztin oder einen Facharzt desselben Fachgebiets vertreten lassen.

(2) Die Praxis einer verstorbenen Ärztin oder eines verstorbenen Arztes kann zugunsten ihres Witwers oder seiner Witwe, ihrer Partnerin oder seines Partners nach dem Gesetz über die eingetragene Lebenspartnerschaft oder eines unterhaltsberechtigten Angehörigen in der Regel bis zur Dauer von sechs Monaten nach dem Ende des Kalendervierteljahres, in dem der Tod eingetreten ist, durch eine andere Ärztin oder einen anderen Arzt fortgesetzt werden.

§ 21 Haftpflichtversicherung. Ärztinnen und Ärzte sind verpflichtet, sich _§ 6 I Nr. 5_ hinreichend gegen Haftpflichtansprüche im Rahmen ihrer beruflichen Tätigkeit _§ ÄO_ zu versichern.

§ 22 _(aufgehoben)_

§ 23 Ärztinnen und Ärzte im Beschäftigungsverhältnis. (1) Die Regeln dieser Berufsordnung gelten auch für Ärztinnen und Ärzte, welche ihre ärztliche Tätigkeit im Rahmen eines privatrechtlichen Arbeitsverhältnisses oder öffentlich-rechtlichen Dienstverhältnisses ausüben.

(2) Auch in einem Arbeits- oder Dienstverhältnis darf eine Ärztin oder ein _§ 30_ Arzt eine Vergütung für ihre oder seine ärztliche Tätigkeit nicht dahingehend vereinbaren, dass die Vergütung die Ärztin oder den Arzt in der Unabhängigkeit ihrer oder seiner medizinischen Entscheidungen beeinträchtigt.

§ 23a Ärztegesellschaften. (1) [1]Ärztinnen und Ärzte können auch in der Form der juristischen Person des Privatrechts ärztlich tätig sein. [2]Gesellschafter einer Ärztegesellschaft können nur Ärztinnen und Ärzte sowie Angehörige der in § 23b Absatz 1 Satz 1 genannten Berufe sein. [3]Sie müssen in der Gesellschaft beruflich tätig sein. [4]Gewährleistet sein muss zudem, dass

a) die Gesellschaft verantwortlich von einer Ärztin oder einem Arzt geführt wird, Geschäftsführer müssen mehrheitlich Ärztinnen und Ärzte sein,

b) die Mehrheit der Gesellschaftsanteile und der Stimmrechte Ärztinnen und Ärzten zustehen,

c) Dritte nicht am Gewinn der Gesellschaft beteiligt sind,

d) eine ausreichende Berufshaftpflichtversicherung für jede/jeden in der Gesellschaft tätige Ärztin/tätigen Arzt besteht.

(2) [1]Der Name der Ärztegesellschaft des Privatrechts darf nur die Namen der in der Gesellschaft tätigen ärztlichen Gesellschafter enthalten. [2]Unbeschadet

des Namens der Gesellschaft können die Namen und Arztbezeichnungen aller ärztlichen Gesellschafter und der angestellten Ärztinnen und Ärzte angezeigt werden.

§ 23b Medizinische Kooperationsgemeinschaft zwischen Ärztinnen und Ärzte und Angehörigen anderer Fachberufe. (1) [1]Ärztinnen und Ärzte können sich auch mit selbständig tätigen und zur eigenverantwortlichen Berufsausübung befugten Berufsangehörigen anderer akademischer Heilberufe im Gesundheitswesen oder staatlicher Ausbildungsberufe im Gesundheitswesen sowie anderen Naturwissenschaftlerinnen und Naturwissenschaftlern und Angehörigen sozialpädagogischer Berufe- auch beschränkt auf einzelne Leistungen – zur kooperativen Berufsausübung zusammenschließen (medizinische Kooperationsgemeinschaft). [2]Die Kooperation ist in der Form einer Partnerschaftsgesellschaft nach dem PartGG oder aufgrund eines schriftlichen Vertrages über die Bildung einer Kooperationsgemeinschaft in der Rechtsform einer Gesellschaft bürgerlichen Rechts oder einer juristischen Person des Privatrechts gemäß § 23a gestattet. [3]Ärztinnen und Ärzten ist ein solcher Zusammenschluss im Einzelnen nur mit solchen anderen Berufsangehörigen und in der Weise erlaubt, dass diese in ihrer Verbindung mit der Ärztin oder dem Arzt einen gleichgerichteten oder integrierenden diagnostischen oder therapeutischen Zweck bei der Heilbehandlung, auch auf dem Gebiete der Prävention und Rehabilitation, durch räumlich nahes und koordiniertes Zusammenwirken aller beteiligten Berufsangehörigen erfüllen können. [4]Darüber hinaus muss der Kooperationsvertrag gewährleisten, dass

a) die eigenverantwortliche und selbständige Berufsausübung der Ärztin oder des Arztes gewahrt ist,

b) die Verantwortungsbereiche der Partner gegenüber den Patientinnen und Patienten getrennt bleiben,

c) medizinische Entscheidungen, insbesondere über Diagnostik und Therapie, ausschließlich die Ärztin oder der Arzt trifft, sofern nicht die Ärztin oder der Arzt nach ihrem oder seinem Berufsrecht den in der Gemeinschaft selbständig tätigen Berufsangehörigen eines anderen Fachberufs solche Entscheidungen überlassen darf,

d) der Grundsatz der freien Arztwahl gewahrt bleibt,

e) die behandelnde Ärztin oder der behandelnde Arzt zur Unterstützung in seinen diagnostischen Maßnahmen oder zur Therapie auch andere als die in der Gemeinschaft kooperierenden Berufsangehörigen hinzuziehen kann,

f) die Einhaltung der berufsrechtlichen Bestimmungen der Ärztinnen und Ärzte, insbesondere die Pflicht zur Dokumentation, das Verbot der berufswidrigen Werbung und die Regeln zur Erstellung einer Honorarforderung, von den übrigen Partnerinnen und Partnern beachtet wird,

g) sich die medizinische Kooperationsgemeinschaft verpflichtet, im Rechtsverkehr die Namen aller Partnerinnen und Partner und ihre Berufsbezeichnungen anzugeben und – sofern es sich um eine eingetragene Partnerschaftsgesellschaft handelt- den Zusatz „Partnerschaft" zu führen.

[5]Die Voraussetzungen der Buchstaben a-f gelten bei der Bildung einer juristischen Person des Privatrechts entsprechend. [6]Der Name der juristischen Person muss neben dem Namen einer ärztlichen Gesellschafterin oder eines ärztlichen Gesellschafters die Bezeichnung „Medizinische Kooperationsgemeinschaft!" enthalten. [7]Unbeschadet des Namens sind die Berufsbezeichnungen aller in der Gesellschaft tätigen Berufe anzukündigen.

(2) Die für die Mitwirkung der Ärztin oder des Arztes zulässige berufliche Zusammensetzung der Kooperation im Einzelnen richtet sich nach dem Gebot des Absatzes 1 Satz 3; es ist erfüllt, wenn Angehörige aus den vorgenannten Berufsgruppen kooperieren, die mit der Ärztin oder dem Arzt entsprechend ihrem oder seinem Fachgebiet einen gemeinschaftlich erreichbaren medizinischen Zweck nach der Art ihrer beruflichen Kompetenz zielbezogen erfüllen können.

§ 23c Beteiligung von Ärztinnen und Ärzten an sonstigen Partnerschaften. Ärztinnen und Ärzten ist es gestattet, mit Angehörigen anderer Berufe als den in § 23b beschriebenen in allen Rechtsformen zusammenzuarbeiten, wenn sie nicht die Heilkunde am Menschen ausüben.

§ 23d Praxisverbund. (1) [1]Ärztinnen und Ärzte dürfen, auch ohne sich zu einer Berufsausübungsgemeinschaft zusammenzuschließen, eine Kooperation verabreden (Praxisverbund), welche auf die Erfüllung eines durch gemeinsame oder gleichgerichtete Maßnahmen bestimmten Versorgungsauftrags oder auf eine andere Form der Zusammenarbeit zur Patientenversorgung, z.B. auf dem Felde der Qualitätssicherung oder Versorgungsbereitschaft, gerichtet ist. [2]Die Teilnahme soll allen dazu bereiten Ärztinnen und Ärzten ermöglicht werden, soll die Möglichkeit zur Teilnahme beschränkt werden, z.B. durch räumliche oder qualitative Kriterien, müssen die dafür maßgeblichen Kriterien für den Versorgungsauftrag notwendig und nicht diskriminierend sein und der Ärztekammer gegenüber offengelegt werden. [3]Ärztinnen und Ärzte in einer zulässigen Kooperation dürfen die medizinisch gebotene oder von der Patientin oder dem Patienten gewünschte Überweisung an nicht dem Verbund zugehörige Ärztinnen und Ärzte nicht behindern.

(2) Die Bedingungen der Kooperation nach Absatz 1 müssen in einem schriftlichen Vertrag niedergelegt werden, der der Ärztekammer vorgelegt werden muss.

(3) In eine Kooperation nach Absatz 1 können auch Krankenhäuser, Vorsorge- und Rehabilitationskliniken und Angehörige anderer Gesundheitsberufe nach § 23b einbezogen werden, wenn die Grundsätze nach § 23b gewahrt sind.

§ 24 Verträge über ärztliche Tätigkeit. Ärztinnen und Ärzte sollen alle Verträge über ihre ärztliche Tätigkeit vor ihrem Abschluss der Ärztekammer vorlegen, damit geprüft werden kann, ob die beruflichen Belange gewahrt sind.

§ 25 Ärztliche Gutachten und Zeugnisse. [1]Bei der Ausstellung ärztlicher Gutachten und Zeugnisse haben Ärztinnen und Ärzte mit der notwendigen

Sorgfalt zu verfahren und nach bestem Wissen ihre ärztliche Überzeugung auszusprechen. [2]Gutachten und Zeugnisse, zu deren Ausstellung Ärztinnen und Ärzte verpflichtet sind oder die auszustellen sie übernommen haben, sind innerhalb einer angemessenen Frist abzugeben. [3]Zeugnisse über Mitarbeiterinnen und Mitarbeiter sowie Ärztinnen und Ärzte in Weiterbildung müssen grundsätzlich innerhalb von drei Monaten nach Antragstellung, bei Ausscheiden unverzüglich, ausgestellt werden.

§ 26 Ärztlicher Notfalldienst. Ärztinnen und Ärzte sind nach Maßgabe der Kammer- und Heilberufsgesetze der Länder und der auf ihrer Grundlage erlassenen Satzungen zur Teilnahme am Notfall- bzw. Bereitschaftsdienst verpflichtet.

2. Berufliche Kommunikation

§ 27 Erlaubte Information und berufswidrige Werbung. (1) Zweck der nachstehenden Vorschriften der Berufsordnung ist die Gewährleistung des Patientenschutzes durch sachgerechte und angemessene Information und die Vermeidung einer dem Selbstverständnis der Ärztin oder des Arztes zuwiderlaufenden Kommerzialisierung des Arztberufs.

(2) Auf dieser Grundlage sind Ärztinnen und Ärzte sachliche berufsbezogene Informationen gestattet.

(3) [1]Berufswidrige Werbung ist Ärztinnen und Ärzten untersagt. [2]Berufswidrig ist insbesondere eine anpreisende, irreführende oder vergleichende Werbung. [3]Ärztinnen und Ärzte dürfen eine solche Werbung durch andere weder veranlassen noch dulden. [4]Eine Werbung für eigene oder fremde gewerbliche Tätigkeiten oder Produkte im Zusammenhang mit der ärztlichen Tätigkeit ist unzulässig. [5]Werbeverbote aufgrund anderer gesetzlicher Bestimmungen bleiben unberührt.

(4) [1]Ärztinnen und Ärzte können
1. nach der Weiterbildungsordnung erworbene Bezeichnungen,
2. nach sonstigen öffentlich-rechtlichen Vorschriften erworbene Qualifikationen,
3. als solche gekennzeichnete Tätigkeitsschwerpunkte und
4. organisatorische Hinweise ankündigen.
[2]Die nach Nummer 1 erworbenen Bezeichnungen dürfen nur in der nach der Weiterbildungsordnung zulässigen Form geführt werden. [3]Ein Hinweis auf die verleihende Ärztekammer ist zulässig.

[4]Andere Qualifikationen und Tätigkeitsschwerpunkte dürfen nur angekündigt werden, wenn diese Angaben nicht mit solchen nach geregeltem Weiterbildungsrecht erworbenen Qualifikationen verwechselt werden können.

(5) Die Angaben nach Absatz 4 Nummer 1 bis 3 sind nur zulässig, wenn die Ärztin oder der Arzt die umfassten Tätigkeiten nicht nur gelegentlich ausübt.

(6) [1]Ärztinnen und Ärzte haben der Ärztekammer auf deren Verlangen die zur Prüfung der Voraussetzungen der Ankündigung erforderlichen Unterlagen vorzulegen. [2]Die Ärztekammer ist befugt, ergänzende Auskünfte zu verlangen.

§ 28 *(aufgehoben)*

3. Berufliche Zusammenarbeit

§ 29 Kollegiale Zusammenarbeit. (1) [1]Ärztinnen und Ärzte haben sich untereinander kollegial zu verhalten. [2]Die Verpflichtung, in einem Gutachten, auch soweit es die Behandlungsweise einer anderen Ärztin oder eines anderen Arztes betrifft, nach bestem Wissen die ärztliche Überzeugung auszusprechen, bleibt unberührt. [3]Unsachliche Kritik an der Behandlungsweise oder dem beruflichen Wissen einer Ärztin oder eines Arztes sowie herabsetzende Äußerungen sind berufswidrig.

(2) [1]Es ist berufswidrig, eine Kollegin oder einen Kollegen aus ihrer oder seiner Behandlungtätigkeit oder aus dem Wettbewerb um eine berufliche Tätigkeit durch unlautere Handlungen zu verdrängen. [2]Es ist insbesondere berufswidrig, wenn sich Ärztinnen und Ärzte innerhalb eines Zeitraums von einem Jahr ohne Zustimmung der Praxisinhaberin oder des Praxisinhabers im Einzugsbereich derjenigen Praxis niederlassen, in welcher sie in der Aus- oder Weiterbildung mindestens drei Monate tätig waren. [3]Ebenso ist es berufswidrig, in unlauterer Weise eine Kollegin oder einen Kollegen ohne angemessene Vergütung oder unentgeltlich zu beschäftigen oder eine solche Beschäftigung zu bewirken oder zu dulden.

(3) Ärztinnen und Ärzte mit aus einem Liquidationsrecht resultierenden oder anderweitigen Einkünften aus ärztlicher Tätigkeit (z.B. Beteiligungsvergütung) sind verpflichtet, den von ihnen dazu herangezogenen Kolleginnen und Kollegen eine angemessene Vergütung zu gewähren bzw. sich dafür einzusetzen, dass die Mitarbeit angemessen vergütet wird.

(4) [1]In Gegenwart von Patientinnen und Patienten oder anderen Personen sind Beanstandungen der ärztlichen Tätigkeit und zurechtweisende Belehrungen zu unterlassen. [2]Das gilt auch im Verhältnis von Vorgesetzten und Mitarbeitern und für den Dienst in den Krankenhäusern.

(5) Die zur Weiterbildung befugten Ärztinnen und Ärzte haben ihre nach der Weiterbildungsordnung gegenüber Weiterzubildenden bestehenden Pflichten zu erfüllen.

(6) Ärztinnen und Ärzte dürfen ihre Mitarbeiterinnen und Mitarbeiter nicht diskriminieren und haben insbesondere die Bestimmungen des Arbeits- und Berufsbildungsrechts zu beachten.

§ 29a Zusammenarbeit mit Dritten. (1) [1]Ärztinnen und Ärzten ist es nicht gestattet, zusammen mit Personen, die weder Ärztinnen oder Ärzte sind, noch zu ihren berufsmäßig tätigen Mitarbeiterinnen oder Mitarbeitern gehören, zu untersuchen oder zu behandeln. [2]Dies gilt nicht für Personen, welche sich in der Ausbildung zum ärztlichen Beruf oder zu einem Fachberuf im Gesundheitswesen befinden.

(2) Die Zusammenarbeit mit Angehörigen anderer Fachberufe im Gesundheitswesen ist zulässig, wenn die Verantwortungsbereiche der Ärztin oder des Arztes und des Angehörigen des Fachberufes klar erkennbar voneinander getrennt bleiben.

4. Wahrung der ärztlichen Unabhängigkeit bei der Zusammenarbeit mit Dritten

§ 30 Ärztliche Unabhängigkeit. Ärztinnen und Ärzte sind verpflichtet, in allen vertraglichen und sonstigen beruflichen Beziehungen zu Dritten ihre ärztliche Unabhängigkeit für die Behandlung der Patientinnen und Patienten zu wahren.

§ 31 Unerlaubte Zuweisung. (1) Ärztinnen und Ärzten ist es nicht gestattet, für die Zuweisung von Patientinnen und Patienten oder Untersuchungsmaterial oder für die Verordnung oder den Bezug von Arznei- oder Hilfsmitteln oder Medizinprodukten ein Entgelt oder andere Vorteile zu fordern, sich oder Dritten versprechen oder gewähren zu lassen oder selbst zu versprechen oder zu gewähren.

(2) Sie dürfen ihren Patientinnen und Patienten nicht ohne hinreichenden Grund bestimmte Ärztinnen oder Ärzte, Apotheken, Heil- und Hilfsmittelerbringer oder sonstige Anbieter gesundheitlicher Leistungen empfehlen oder an diese verweisen.

§ 32 Unerlaubte Zuwendungen. (1) [1]Ärztinnen und Ärzten ist es nicht gestattet, von Patientinnen und Patienten oder Anderen Geschenke oder andere Vorteile für sich oder Dritte zu fordern oder sich oder Dritten versprechen zu lassen oder anzunehmen, wenn hierdurch der Eindruck erweckt wird, dass die Unabhängigkeit der ärztlichen Entscheidung beeinflusst wird. [2]Eine Beeinflussung ist dann nicht berufswidrig, wenn sie einer wirtschaftlichen Behandlungs- oder Verordnungsweise auf sozialrechtlicher Grundlage dient und der Ärztin oder dem Arzt die Möglichkeit erhalten bleibt, aus medizinischen Gründen eine andere als die mit finanziellen Anreizen verbundene Entscheidung zu treffen.

(2) [1]Die Annahme von geldwerten Vorteilen in angemessener Höhe ist nicht berufswidrig, sofern diese ausschließlich für berufsbezogene Fortbildung verwendet werden. [2]Der für die Teilnahme an einer wissenschaftlichen Fortbildungsveranstaltung gewährte Vorteil ist unangemessen, wenn er über die notwendigen Reisekosten und Tagungsgebühren hinausgeht.

(3) [1]Die Annahme von Beiträgen Dritter zur Durchführung von Veranstaltungen (Sponsoring) ist ausschließlich für die Finanzierung des wissenschaftlichen Programms ärztlicher Fortbildungsveranstaltungen und nur in angemessenem Umfang erlaubt. [2]Das Sponsoring, dessen Bedingungen und Umfang sind bei der Ankündigung und Durchführung der Veranstaltung offen zu legen.

§ 33 Zuwendungen bei vertraglicher Zusammenarbeit. [1]Soweit Ärztinnen und Ärzte Leistungen für die Hersteller von Arznei- oder Hilfsmitteln oder Medizinprodukten oder die Erbringer von Heilmittelversorgung erbringen (z.B. bei Anwendungsbeobachtungen), muss die hierfür bestimmte Vergütung der erbrachten Leistung entsprechen. [2]Die Verträge über die Zusammenarbeit sind schriftlich abzuschließen und sollen der Ärztekammer vorgelegt werden.

Deklaration von Helsinki des Weltärztebundes Ethische Grundsätze für die medizinische Forschung am Menschen

verabschiedet von der 18. WMA-Generalversammlung, Juni 1964 Helsinki (Finnland)
und revidiert durch die
29. WMA-Generalversammlung, Oktober 1975, Tokio (Japan),
35. WMA-Generalversammlung, Oktober 1983, Venedig (Italien),
41. WMA-Generalversammlung, September 1989, Hong Kong,
48. WMA-Generalversammlung, Oktober 1996, Somerset West (Republik Südafrika),
52. WMA-Generalversammlung, Oktober 2000, Edinburgh (Schottland),
53. WMA-Generalversammlung im Oktober 2002, Washington (Vereinigte Staaten)
(ergänzt um einen klarstellenden Kommentar zu Ziffer 29),
55. WMA-Generalversammlung im Oktober 2004, Tokio (Japan),
(ergänzt um einen klarstellenden Kommentar zu Ziffer 30),
59. WMA-Generalversammlung im Oktober 2008, Seoul (Korea)
64. WMA-Generalversammlung im Oktober 2013, Fortaleza (Brasilien)

Präambel

1. Der Weltärztebund (WMA) hat mit der Deklaration von Helsinki eine Erklärung ethischer Grundsätze für medizinische Forschung am Menschen, einschließlich der Forschung an identifizierbaren menschlichen Materialien und Daten, entwickelt. Die Deklaration ist als Ganzes zu lesen, und ihre einzelnen Paragraphen sollen unter Berücksichtigung aller übrigen relevanten Paragraphen angewendet werden.

2. Im Einklang mit dem Mandat des WMA wendet sich die Deklaration in erster Linie an Ärzte. Der WMA regt andere an der medizinischen Forschung am Menschen Beteiligte an, diese Grundsätze zu übernehmen.

Allgemeine Grundsätze

3. Die Genfer Deklaration des Weltärztebundes verpflichtet den Arzt mit den Worten „Die Gesundheit meines Patienten soll oberstes Gebot meines Handelns sein", und der Internationale Kodex für ärztliche Ethik legt fest: „Der Arzt soll bei der Ausübung seiner ärztlichen Tätigkeit im besten Interesse des Patienten handeln."

B 6 Deklaration von Helsinki

4. Es ist die Pflicht des Arztes, die Gesundheit, das Wohlergehen und die Rechte der Patienten zu fördern und zu erhalten, auch jener, die an der medizinischen Forschung beteiligt sind. Der Erfüllung dieser Pflicht dient der Arzt mit seinem Wissen und Gewissen.

5. Medizinischer Fortschritt beruht auf Forschung, die letztlich auch Studien am Menschen beinhalten muss.

6. Vorrangiges Ziel der medizinischen Forschung am Menschen ist es, die Ursachen, die Entwicklung und die Auswirkungen von Krankheiten zu verstehen und die präventiven, diagnostischen und therapeutischen Maßnahmen (Methoden, Verfahren und Behandlungen) zu verbessern. Selbst die nachweislich besten Maßnahmen müssen fortwährend durch Forschung auf ihre Sicherheit, Effektivität, Effizienz, Verfügbarkeit und Qualität geprüft werden.

7. Medizinische Forschung unterliegt ethischen Standards, die die Achtung vor den Menschen fördern und sicherstellen und ihre Gesundheit und Rechte schützen.

8. Während vorrangiger Zweck der medizinischen Forschung ist, neues Wissen hervorzubringen, darf dieses Ziel niemals Vorrang vor den Rechten und Interessen der einzelnen Versuchspersonen haben.

9. Es ist die Pflicht des Arztes, der sich an medizinischer Forschung beteiligt, das Leben, die Gesundheit, die Würde, die Integrität, das Selbstbestimmungsrecht, die Privatsphäre und die Vertraulichkeit persönlicher Informationen der Versuchsteilnehmer zu schützen. Die Verantwortung für den Schutz von Versuchspersonen muss stets der Arzt oder ein anderer Angehöriger eines Heilberufes tragen und nie die Versuchsperson selbst, auch dann nicht, wenn sie ihr Einverständnis gegeben hat.

10. Ärzte müssen die ethischen, rechtlichen und behördlichen Normen und Standards für Forschung am Menschen ihrer eigenen Länder sowie die maßgeblichen internationalen Normen und Standards berücksichtigen. Keine nationale oder internationale ethische, rechtliche oder behördliche Anforderung soll die in dieser Deklaration niedergelegten Bestimmungen zum Schutz von Versuchspersonen abschwächen oder aufheben.

11. Medizinische Forschung sollte in einer Weise durchgeführt werden, die mögliche Umweltschäden minimiert.

12. Medizinische Forschung am Menschen darf nur von Personen durchgeführt werden, die angemessen ethisch und wissenschaftlich ausgebildet, geübt und qualifiziert sind. Forschung an Patienten oder gesunden Freiwilligen erfordert die Überwachung durch einen kompetenten und angemessen qualifizierten Arzt oder anderen Angehörigen eines Heilberufes.

13. Gruppen, die in der medizinischen Forschung unterrepräsentiert sind, sollten einen angemessenen Zugang zur Teilnahme an der Forschung erhalten.

14. Ärzte, die medizinische Forschung mit medizinischer Behandlung verbinden, sollten ihre Patienten nur soweit in die Forschung einbeziehen, wie dies durch deren möglichen präventiven, diagnostischen oder therapeutischen Wert

gerechtfertigt ist und der Arzt berechtigterweise annehmen kann, dass eine Beteiligung an dem Forschungsvorhaben die Gesundheit der Patienten, die als Versuchspersonen dienen, nicht nachteilig beeinflussen wird.

15. Eine angemessene Entschädigung und Behandlung für Versuchspersonen, die aufgrund ihrer Teilnahme an der Forschung geschädigt wurden, muss gewährleistet sein.

Risiken, Belastungen und Nutzen

16. In der medizinischen Praxis und in der medizinischen Forschung sind die meisten Maßnahmen mit Risiken und Belastungen verbunden. Medizinische Forschung am Menschen darf nur durchgeführt werden, wenn die Bedeutung des Ziels die Risiken und Belastungen für die Versuchspersonen überwiegt.

17. Jeder medizinischen Forschung am Menschen muss eine sorgfältige Abschätzung der voraussehbaren Risiken und Belastungen für die an der Forschung beteiligten Einzelpersonen und Gruppen im Vergleich zu dem voraussichtlichen Nutzen für sie und andere Einzelpersonen oder Gruppen vorangehen, die von dem untersuchten Zustand betroffen sind. Maßnahmen zur Risikominimierung müssen implementiert werden. Die Risiken müssen vom Forscher kontinuierlich überwacht, eingeschätzt und dokumentiert werden.

18. Ärzte dürfen sich nicht an einem Forschungsvorhaben am Menschen beteiligen, wenn sie nicht überzeugt sind, dass die mit der Studie verbundenen Risiken angemessen eingeschätzt worden sind und in zufriedenstellender Weise beherrscht werden können. Sobald sich herausstellt, dass die Risiken den potentiellen Nutzen übersteigen oder wenn es einen schlüssigen Beweis für gesicherte Ergebnisse gibt, müssen Ärzte einschätzen, ob die Studie fortgesetzt, modifiziert oder unverzüglich beendet werden muss.

Vulnerable Gruppen und Einzelpersonen

19. Einige Gruppen und Einzelpersonen sind besonders vulnerabel und können mit größerer Wahrscheinlichkeit ungerecht behandelt oder zusätzlich geschädigt werden. Alle vulnerablen Gruppen und Einzelpersonen sollten besonders bedachten Schutz erhalten.

20. Medizinische Forschung mit einer vulnerablen Gruppe ist nur gerechtfertigt, wenn das Forschungsvorhaben auf die gesundheitlichen Bedürfnisse oder Prioritäten dieser Gruppe reagiert und das Forschungsvorhaben nicht an einer nicht-vulnerablen Gruppe durchgeführt werden kann. Zusätzlich sollte diese Gruppe in der Lage sein, aus dem Wissen, den Anwendungen oder Maßnahmen Nutzen zu ziehen, die aus dem Forschungsvorhaben hervorgehen.

B 6 Deklaration von Helsinki

Wissenschaftliche Anforderungen und Forschungsprotokolle

21. Medizinische Forschung am Menschen muss den allgemein anerkannten wissenschaftlichen Grundsätzen entsprechen sowie auf einer gründlichen Kenntnis der wissenschaftlichen Literatur, anderen relevanten Informationsquellen, ausreichenden Laborversuchen und, sofern angemessen, auf Tierversuchen basieren. Auf das Wohl der Versuchstiere muss Rücksicht genommen werden.

22. Die Planung und Durchführung einer jeden wissenschaftlichen Studie am Menschen muss klar in einem Studienprotokoll beschrieben und gerechtfertigt werden. Das Protokoll sollte eine Erklärung der einbezogenen ethischen Erwägungen enthalten und sollte deutlich machen, wie die Grundsätze dieser Deklaration berücksichtigt worden sind. Das Protokoll sollte Informationen über Finanzierung, Sponsoren, institutionelle Verbindungen, mögliche Interessenkonflikte, Anreize für Versuchspersonen und Informationen bezüglich Vorkehrungen für die Behandlung und/oder Entschädigung von Personen enthalten, die infolge ihrer Teilnahme an der wissenschaftlichen Studie einen Schaden davongetragen haben. Bei klinischen Studien muss das Protokoll auch angemessene Vorkehrungen für Maßnahmen nach Abschluss der Studie beschreiben.

Forschungs-Ethikkommissionen

23. Das Studienprotokoll ist vor Studienbeginn zur Erwägung, Stellungnahme, Beratung und Zustimmung der zuständigen Forschungs-Ethikkommission vorzulegen. Diese Ethikkommission muss transparent in ihrer Arbeitsweise, unabhängig vom Forscher, dem Sponsor und von jeder anderen unzulässigen Beeinflussung, sowie angemessen qualifiziert sein. Sie muss den Gesetzen und Rechtsvorschriften des Landes oder der Länder, in dem oder denen die Forschung durchgeführt werden soll, sowie den maßgeblichen internationalen Normen und Standards Rechnung tragen, die jedoch den in dieser Deklaration festgelegten Schutz von Versuchspersonen nicht abschwächen oder aufheben dürfen. Die Ethikkommission muss das Recht haben, laufende Studien zu beaufsichtigen. Der Forscher muss der Ethikkommission begleitende Informationen vorlegen, insbesondere Informationen über jede Art schwerwiegender unerwünschter Ereignisse. Eine Abänderung des Protokolls darf nicht ohne Erwägung und Zustimmung der Ethikkommission erfolgen. Nach Studienende müssen die Forscher der Kommission einen Abschlussbericht vorlegen, der eine Zusammenfassung der Ergebnisse und Schlussfolgerungen der Studie enthält.

Privatsphäre und Vertraulichkeit

24. Es müssen alle Vorsichtsmaßnahmen getroffen werden, um die Privatsphäre der Versuchspersonen und die Vertraulichkeit ihrer persönlichen Informationen zu wahren.

Informierte Einwilligung

25. Die Teilnahme von einwilligungsfähigen Personen an der medizinischen Forschung muss freiwillig sein. Auch wenn es angemessen sein kann, Familienangehörige oder führende Persönlichkeiten der jeweiligen Gemeinschaft hinzuziehen, darf keine einwilligungsfähige Person in ein Forschungsvorhaben aufgenommen werden, wenn sie nicht freiwillig zustimmt.

26. Bei der medizinischen Forschung an einwilligungsfähigen Personen muss jede potentielle Versuchsperson angemessen über die Ziele, Methoden, Geldquellen, eventuelle Interessenkonflikte, institutionelle Verbindungen des Forschers, den erwarteten Nutzen und die potentiellen Risiken der Studie, möglicherweise damit verbundenen Unannehmlichkeiten, vorgesehene Maßnahmen nach Abschluss einer Studie sowie alle anderen relevanten Aspekte der Studie informiert (aufgeklärt) werden. Die potentielle Versuchsperson muss über das Recht informiert (aufgeklärt) werden, die Teilnahme an der Studie zu verweigern oder eine einmal gegebene Einwilligung jederzeit zu widerrufen, ohne dass ihr irgendwelche Nachteile entstehen. Besondere Beachtung soll dem spezifischen Informationsbedarf der individuellen potentiellen Versuchspersonen sowie den für die Informationsvermittlung verwendeten Methoden geschenkt werden. Nachdem er sich vergewissert hat, dass die potentielle Versuchsperson diese Informationen verstanden hat, hat der Arzt oder eine andere angemessen qualifizierte Person die freiwillige Informierte Einwilligung (Einwilligung nach Aufklärung – „informed consent") der Versuchsperson – vorzugsweise in schriftlicher Form – einzuholen. Falls die Einwilligung nicht in schriftlicher Form geäußert werden kann, muss die nichtschriftliche Einwilligung formell dokumentiert und bezeugt werden. Allen Versuchspersonen medizinischer Forschung sollte die Möglichkeit gegeben werden, über den allgemeinen Ausgang und die allgemeinen Ergebnisse der Studie informiert zu werden.

27. Beim Einholen der Informierten Einwilligung in die Teilnahme an einer wissenschaftlichen Studie muss der Arzt besondere Vorsicht walten lassen, wenn die potentielle Versuchsperson in einem Abhängigkeitsverhältnis zum Arzt steht oder unter Zwang einwilligen könnte. In solchen Situationen muss die Informierte Einwilligung durch eine angemessen qualifizierte Person eingeholt werden, die in jeder Hinsicht außerhalb dieses Verhältnisses steht.

28. Bei einer potentiellen Versuchsperson, die nicht einwilligungsfähig ist, muss der Arzt die Informierte Einwilligung des rechtlichen Vertreters einholen.

B 6 Deklaration von Helsinki

Diese Personen dürfen nicht in eine wissenschaftliche Studie einbezogen werden, die ihnen aller Wahrscheinlichkeit nach nicht nützen wird, sofern nicht beabsichtigt wird, mit der Studie die Gesundheit der Gruppe zu fördern, der die potentielle Versuchsperson angehört, die Forschung nicht mit Personen durchgeführt werden kann, die eine Informierte Einwilligung geben können, und die Forschung nur minimale Risiken und minimale Belastungen birgt.

29. Ist eine potentielle Versuchsperson, die als nicht einwilligungsfähig eingestuft wird, fähig, Entscheidungen über die Teilnahme an der Forschung zuzustimmen, muss der Arzt neben der Einwilligung des rechtlichen Vertreters auch die Zustimmung der potentiellen Versuchsperson einholen. Eine Ablehnung der potentiellen Versuchsperson soll respektiert werden.

30. Forschung mit Personen, die körperlich oder geistig zu einer Einwilligung nicht fähig sind, beispielsweise mit bewusstlosen Patienten, darf nur dann erfolgen, wenn der körperliche oder geistige Zustand, der das Einholen der Informierten Einwilligung verhindert, ein erforderliches Merkmal für die beforschte Gruppe ist. Unter solchen Umständen muss der Arzt die Informierte Einwilligung des rechtlichen Vertreters einholen. Ist ein solcher Vertreter nicht verfügbar und kann die Forschung nicht aufgeschoben werden, kann die Studie ohne Informierte Einwilligung und unter der Voraussetzung durchgeführt werden, dass die besonderen Gründe für den Einschluss von Versuchspersonen, die aufgrund ihres Zustands nicht zu einer Informierten Einwilligung fähig sind, im Studienprotokoll festgehalten worden sind und die Studie von einer Forschungs-Ethikkommission zustimmend bewertet worden ist. Die Einwilligung zur weiteren Teilnahme an der Forschung muss sobald wie möglich bei der Versuchsperson oder einem rechtlichen Vertreter eingeholt werden.

31. Der Arzt muss den Patienten vollständig über die forschungsbezogenen Aspekte der Behandlung informieren. Die Weigerung eines Patienten, an einer Studie teilzunehmen, oder der Entschluss des Patienten, aus der Studie auszuscheiden, darf niemals die Patienten-Arzt-Beziehung nachteilig beeinflussen.

32. Bei medizinischer Forschung, bei der identifizierbare menschliche Materialien oder Daten verwendet werden, wie zum Beispiel in Biobanken oder ähnlichen Depots enthaltenes Material oder Daten, müssen Ärzte für ihre Sammlung, Lagerung und/oder Wiederverwendung eine Informierte Einwilligung einholen. In Ausnahmesituationen kann es sich als unmöglich oder nicht praktikabel erweisen, eine Einwilligung für derartige Forschung zu erhalten. In solchen Situationen darf die Forschung erst nach Beurteilung und Zustimmung einer Forschungs-Ethikkommission durchgeführt werden.

Deklaration von Helsinki B 6

Die Verwendung von Placebos

33. Nutzen, Risiken, Belastungen und Wirksamkeit einer neuen Maßnahme müssen mit denjenigen der nachweislich besten Maßnahme(n) verglichen werden, außer unter folgenden Umständen: Wenn keine nachgewiesene Maßnahme existiert, ist die Verwendung von Placebo oder das Unterlassen einer Maßnahme zulässig, oder wenn aus zwingenden und wissenschaftlich fundierten methodischen Gründen die Verwendung einer weniger wirksamen Maßnahme als die nachweislich beste, die Verwendung eines Placebos oder das Unterlassen einer Maßnahme, notwendig sind, um die Wirksamkeit oder Sicherheit einer Maßnahme festzustellen, und wenn die Patienten, die eine weniger wirksame Maßnahme als die nachweislich beste, ein Placebo oder keine Maßnahme erhalten, keinem zusätzlichen Risiko eines ernsten oder irreversiblen Schadens ausgesetzt werden, welches sich daraus ergibt, dass sie nicht die nachweislich beste Maßnahme erhalten haben. Mit größter Sorgfalt muss ein Missbrauch dieser Option vermieden werden. Maßnahmen nach Abschluss einer Studie.

34. Im Vorfeld einer klinischen Studie sollten Sponsoren, Forscher und Regierungen der Einsatzländer Vorkehrungen für Maßnahmen nach Abschluss der Studie für alle Teilnehmer treffen, die noch eine Maßnahme benötigen, die in der Studie als nützlich erkannt wurde. Diese Information muss den Teilnehmern auch während des Aufklärungs- und Einwilligungsprozesses mitgeteilt werden.

Registrierung von Forschung sowie Publikation und Verbreitung von Ergebnissen

35. Jedes Forschungsvorhaben, an dem Versuchspersonen beteiligt sind, ist vor der Rekrutierung der ersten Versuchsperson in einer öffentlich zugänglichen Datenbank zu registrieren.

36. Forscher, Verfasser, Sponsoren, Herausgeber und Verleger haben im Hinblick auf die Veröffentlichung und Verbreitung der Forschungsergebnisse ethische Verpflichtungen. Forscher sind verpflichtet, die Ergebnisse ihrer Forschung am Menschen öffentlich verfügbar zu machen und sind im Hinblick auf die Vollständigkeit und Richtigkeit ihrer Berichte rechenschaftspflichtig. Alle Beteiligten sollen anerkannten Leitlinien für ethische Berichterstattung („ethical reporting") folgen. Negative und nicht schlüssige Ergebnisse müssen ebenso wie positive veröffentlicht oder in anderer Form öffentlich verfügbar gemacht werden. In der Publikation müssen Finanzierungsquellen, institutionelle Verbindungen und Interessenkonflikte dargelegt werden. Berichte über Forschung, die nicht mit den Grundsätzen dieser Deklaration übereinstimmt, sollten nicht zur Veröffentlichung angenommen werden.

B 6 Deklaration von Helsinki

Nicht nachgewiesene Maßnahmen in der klinischen Praxis

37. Bei der Behandlung eines einzelnen Patienten, für die es keine nachgewiesenen Maßnahmen gibt oder andere bekannte Maßnahmen unwirksam waren, kann der Arzt nach Einholung eines fachkundigen Ratschlags mit Informierter Einwilligung des Patienten oder eines rechtlichen Vertreters eine nicht nachgewiesene Maßnahme anwenden, wenn sie nach dem Urteil des Arztes hoffen lässt, das Leben zu retten, die Gesundheit wiederherzustellen oder Leiden zu lindern. Diese Maßnahme sollte anschließend Gegenstand von Forschung werden, die so konzipiert ist, dass ihre Sicherheit und Wirksamkeit bewertet werden können. In allen Fällen müssen neue Informationen aufgezeichnet und, sofern angemessen, öffentlich verfügbar gemacht werden

Bürgerliches Gesetzbuch (BGB)

i.d.F. der Bek. vom 2.1.2002 (BGBl. I S. 42, ber. S. 2909, ber. 2003 S. 738),
zuletzt geändert durch Art. 6 G vom 12.7.2018 (BGBl. I S. 1151)

– Auszug –

Buch 1
Allgemeiner Teil

Abschnitt 1
Personen

Titel 1
Natürliche Personen, Verbraucher, Unternehmer

§ 1 Beginn der Rechtsfähigkeit. Die Rechtsfähigkeit des Menschen beginnt
mit der Vollendung der Geburt.

Abschnitt 5
Verjährung

Titel 1
Gegenstand und Dauer der Verjährung

§ 195 Regelmäßige Verjährungsfrist. Die regelmäßige Verjährungsfrist beträgt drei Jahre.

**§ 199 Beginn der regelmäßigen Verjährungsfrist und Verjährungshöchst-
fristen.** (1) Die regelmäßige Verjährungsfrist beginnt, soweit nicht ein anderer
Verjährungsbeginn bestimmt ist, mit dem Schluss des Jahres, in dem
1. der Anspruch entstanden ist und
2. der Gläubiger von den den Anspruch begründenden Umständen und der
   Person des Schuldners Kenntnis erlangt oder ohne grobe Fahrlässigkeit erlangen müsste.

(2) Schadensersatzansprüche, die auf der Verletzung des Lebens, des Körpers, der Gesundheit oder der Freiheit beruhen, verjähren ohne Rücksicht auf
ihre Entstehung und die Kenntnis oder grob fahrlässige Unkenntnis in 30 Jahren
von der Begehung der Handlung, der Pflichtverletzung oder dem sonstigen, den
Schaden auslösenden Ereignis an.

(3) ¹Sonstige Schadensersatzansprüche verjähren

1. ohne Rücksicht auf die Kenntnis oder grob fahrlässige Unkenntnis in zehn Jahren von ihrer Entstehung an und

2. ohne Rücksicht auf ihre Entstehung und die Kenntnis oder grob fahrlässige Unkenntnis in 30 Jahren von der Begehung der Handlung, der Pflichtverletzung oder dem sonstigen, den Schaden auslösenden Ereignis an.

²Maßgeblich ist die früher endende Frist.

(3a) Ansprüche, die auf einem Erbfall beruhen oder deren Geltendmachung die Kenntnis einer Verfügung von Todes wegen voraussetzt, verjähren ohne Rücksicht auf die Kenntnis oder grob fahrlässige Unkenntnis in 30 Jahren von der Entstehung des Anspruchs an.

(4) Andere Ansprüche als die nach den Absätzen 2 bis 3a verjähren ohne Rücksicht auf die Kenntnis oder grob fahrlässige Unkenntnis in zehn Jahren von ihrer Entstehung an.

(5) Geht der Anspruch auf ein Unterlassen, so tritt an die Stelle der Entstehung die Zuwiderhandlung.

Buch 2

Recht der Schuldverhältnisse

Abschnitt 1

Inhalt der Schuldverhältnisse

Titel 1

Verpflichtung zur Leistung

§ 249 Art und Umfang des Schadensersatzes. (1) Wer zum Schadensersatz verpflichtet ist, hat den Zustand herzustellen, der bestehen würde, wenn der zum Ersatz verpflichtende Umstand nicht eingetreten wäre.

(2) ¹Ist wegen Verletzung einer Person oder wegen Beschädigung einer Sache Schadensersatz zu leisten, so kann der Gläubiger statt der Herstellung den dazu erforderlichen Geldbetrag verlangen. ²Bei der Beschädigung einer Sache schließt der nach Satz 1 erforderliche Geldbetrag die Umsatzsteuer nur mit ein, wenn und soweit sie tatsächlich angefallen ist.

§ 250 Schadensersatz in Geld nach Fristsetzung. ¹Der Gläubiger kann dem Ersatzpflichtigen zur Herstellung eine angemessene Frist mit der Erklärung bestimmen, dass er die Herstellung nach dem Ablauf der Frist ablehne. ²Nach dem Ablauf der Frist kann der Gläubiger den Ersatz in Geld verlangen, wenn nicht die Herstellung rechtzeitig erfolgt; der Anspruch auf die Herstellung ist ausgeschlossen.

§ 251 Schadensersatz in Geld ohne Fristsetzung. (1) Soweit die Herstellung nicht möglich oder zur Entschädigung des Gläubigers nicht genügend ist, hat der Ersatzpflichtige den Gläubiger in Geld zu entschädigen.

(2) [1]Der Ersatzpflichtige kann den Gläubiger in Geld entschädigen, wenn die Herstellung nur mit unverhältnismäßigen Aufwendungen möglich ist. [2]Die aus der Heilbehandlung eines verletzten Tieres entstandenen Aufwendungen sind nicht bereits dann unverhältnismäßig, wenn sie dessen Wert erheblich übersteigen.

§ 252 Entgangener Gewinn. [1]Der zu ersetzende Schaden umfasst auch den entgangenen Gewinn. [2]Als entgangen gilt der Gewinn, welcher nach dem gewöhnlichen Lauf der Dinge oder nach den besonderen Umständen, insbesondere nach den getroffenen Anstalten und Vorkehrungen, mit Wahrscheinlichkeit erwartet werden konnte.

§ 253 Immaterieller Schaden. (1) Wegen eines Schadens, der nicht Vermögensschaden ist, kann Entschädigung in Geld nur in den durch das Gesetz bestimmten Fällen gefordert werden.

(2) Ist wegen einer Verletzung des Körpers, der Gesundheit, der Freiheit oder der sexuellen Selbstbestimmung Schadensersatz zu leisten, kann auch wegen des Schadens, der nicht Vermögensschaden ist, eine billige Entschädigung in Geld gefordert werden.

§ 254 Mitverschulden. (1) Hat bei der Entstehung des Schadens ein Verschulden des Beschädigten mitgewirkt, so hängt die Verpflichtung zum Ersatz sowie der Umfang des zu leistenden Ersatzes von den Umständen, insbesondere davon ab, inwieweit der Schaden vorwiegend von dem einen oder dem anderen Teil verursacht worden ist.

(2) [1]Dies gilt auch dann, wenn sich das Verschulden des Beschädigten darauf beschränkt, dass er unterlassen hat, den Schuldner auf die Gefahr eines ungewöhnlich hohen Schadens aufmerksam zu machen, die der Schuldner weder kannte noch kennen musste, oder dass er unterlassen hat, den Schaden abzuwenden oder zu mindern. [2]Die Vorschrift des § 278 findet entsprechende Anwendung.

§ 276 Verantwortlichkeit des Schuldners. (1) [1]Der Schuldner hat Vorsatz und Fahrlässigkeit zu vertreten, wenn eine strengere oder mildere Haftung weder bestimmt noch aus dem sonstigen Inhalt des Schuldverhältnisses, insbesondere aus der Übernahme einer Garantie oder eines Beschaffungsrisikos zu entnehmen ist. [2]Die Vorschriften der §§ 827 und 828 finden entsprechende Anwendung.

(2) Fahrlässig handelt, wer die im Verkehr erforderliche Sorgfalt außer Acht lässt.

(3) Die Haftung wegen Vorsatzes kann dem Schuldner nicht im Voraus erlassen werden.

§ 278 Verantwortlichkeit des Schuldners für Dritte. [1]Der Schuldner hat ein Verschulden seines gesetzlichen Vertreters und der Personen, deren er sich zur Erfüllung seiner Verbindlichkeit bedient, in gleichem Umfang zu vertreten wie eigenes Verschulden. [2]Die Vorschrift des § 276 Abs. 3 findet keine Anwendung.

§ 280 Schadensersatz wegen Pflichtverletzung. (1) [1]Verletzt der Schuldner eine Pflicht aus dem Schuldverhältnis, so kann der Gläubiger Ersatz des hierdurch entstehenden Schadens verlangen. [2]Dies gilt nicht, wenn der Schuldner die Pflichtverletzung nicht zu vertreten hat.

(2) Schadensersatz wegen Verzögerung der Leistung kann der Gläubiger nur unter der zusätzlichen Voraussetzung des § 286 verlangen.

(3) Schadensersatz statt der Leistung kann der Gläubiger nur unter den zusätzlichen Voraussetzungen des § 281, des § 282 oder des § 283 verlangen.

Abschnitt 2[1]

Gestaltung rechtsgeschäftlicher Schuldverhältnisse durch Allgemeine Geschäftsbedingungen

§ 305 Einbeziehung Allgemeiner Geschäftsbedingungen in den Vertrag. (1) [1]Allgemeine Geschäftsbedingungen sind alle für eine Vielzahl von Verträgen vorformulierten Vertragsbedingungen, die eine Vertragspartei (Verwender) der anderen Vertragspartei bei Abschluss eines Vertrags stellt. [2]Gleichgültig ist, ob die Bestimmungen einen äußerlich gesonderten Bestandteil des Vertrags bilden oder in die Vertragsurkunde selbst aufgenommen werden, welchen Umfang sie haben, in welcher Schriftart sie verfasst sind und welche Form der Vertrag hat. [3]Allgemeine Geschäftsbedingungen liegen nicht vor, soweit die Vertragsbedingungen zwischen den Vertragsparteien im Einzelnen ausgehandelt sind.

(2) Allgemeine Geschäftsbedingungen werden nur dann Bestandteil eines Vertrags, wenn der Verwender bei Vertragsschluss
1. die andere Vertragspartei ausdrücklich oder, wenn ein ausdrücklicher Hinweis wegen der Art des Vertragsschlusses nur unter unverhältnismäßigen Schwierigkeiten möglich ist, durch deutlich sichtbaren Aushang am Ort des Vertragsschlusses auf sie hinweist und
2. der anderen Vertragspartei die Möglichkeit verschafft, in zumutbarer Weise, die auch eine für den Verwender erkennbare körperliche Behinderung der

---

1 **Amtlicher Hinweis:**
Dieser Abschnitt dient auch der Umsetzung der Richtlinie 93/13/EWG des Rates vom 5. April 1993 über missbräuchliche Klauseln in Verbraucherverträgen (ABl. EG Nr. L 95 S. 29).

anderen Vertragspartei angemessen berücksichtigt, von ihrem Inhalt Kenntnis zu nehmen,
und wenn die andere Vertragspartei mit ihrer Geltung einverstanden ist.

(3) Die Vertragsparteien können für eine bestimmte Art von Rechtsgeschäften die Geltung bestimmter Allgemeiner Geschäftsbedingungen unter Beachtung der in Absatz 2 bezeichneten Erfordernisse im Voraus vereinbaren.

§ 305a Einbeziehung in besonderen Fällen. Auch ohne Einhaltung der in § 305 Abs. 2 Nr. 1 und 2 bezeichneten Erfordernisse werden einbezogen, wenn die andere Vertragspartei mit ihrer Geltung einverstanden ist,
1. die mit Genehmigung der zuständigen Verkehrsbehörde oder auf Grund von internationalen Übereinkommen erlassenen Tarife und Ausführungsbestimmungen der Eisenbahnen und die nach Maßgabe des Personenbeförderungsgesetzes genehmigten Beförderungsbedingungen der Straßenbahnen, Obusse und Kraftfahrzeuge im Linienverkehr in den Beförderungsvertrag,
2. die im Amtsblatt der Bundesagentur für Elektrizität, Gas, Telekommunikation, Post und Eisenbahnen veröffentlichten und in den Geschäftsstellen des Verwenders bereitgehaltenen Allgemeinen Geschäftsbedingungen
   a) in Beförderungsverträge, die außerhalb von Geschäftsräumen durch den Einwurf von Postsendungen in Briefkästen abgeschlossen werden,
   b) in Verträge über Telekommunikations-, Informations- und andere Dienstleistungen, die unmittelbar durch Einsatz von Fernkommunikationsmitteln und während der Erbringung einer Telekommunikationsdienstleistung in einem Mal erbracht werden, wenn die Allgemeinen Geschäftsbedingungen der anderen Vertragspartei nur unter unverhältnismäßigen Schwierigkeiten vor dem Vertragsschluss zugänglich gemacht werden können.

§ 305b Vorrang der Individualabrede. Individuelle Vertragsabreden haben Vorrang vor Allgemeinen Geschäftsbedingungen.

§ 305c Überraschende und mehrdeutige Klauseln. (1) Bestimmungen in Allgemeinen Geschäftsbedingungen, die nach den Umständen, insbesondere nach dem äußeren Erscheinungsbild des Vertrags, so ungewöhnlich sind, dass der Vertragspartner des Verwenders mit ihnen nicht zu rechnen braucht, werden nicht Vertragsbestandteil.

(2) Zweifel bei der Auslegung Allgemeiner Geschäftsbedingungen gehen zu Lasten des Verwenders.

§ 306 Rechtsfolgen bei Nichteinbeziehung und Unwirksamkeit. (1) Sind Allgemeine Geschäftsbedingungen ganz oder teilweise nicht Vertragsbestandteil geworden oder unwirksam, so bleibt der Vertrag im Übrigen wirksam.

(2) Soweit die Bestimmungen nicht Vertragsbestandteil geworden oder unwirksam sind, richtet sich der Inhalt des Vertrags nach den gesetzlichen Vorschriften.

(3) Der Vertrag ist unwirksam, wenn das Festhalten an ihm auch unter Berücksichtigung der nach Absatz 2 vorgesehenen Änderung eine unzumutbare Härte für eine Vertragspartei darstellen würde.

§ 306a Umgehungsverbot. Die Vorschriften dieses Abschnitts finden auch Anwendung, wenn sie durch anderweitige Gestaltungen umgangen werden.

§ 307 Inhaltskontrolle. (1) [1]Bestimmungen in Allgemeinen Geschäftsbedingungen sind unwirksam, wenn sie den Vertragspartner des Verwenders entgegen den Geboten von Treu und Glauben unangemessen benachteiligen. [2]Eine unangemessene Benachteiligung kann sich auch daraus ergeben, dass die Bestimmung nicht klar und verständlich ist.

(2) Eine unangemessene Benachteiligung ist im Zweifel anzunehmen, wenn eine Bestimmung

1. mit wesentlichen Grundgedanken der gesetzlichen Regelung, von der abgewichen wird, nicht zu vereinbaren ist oder

2. wesentliche Rechte oder Pflichten, die sich aus der Natur des Vertrags ergeben, so einschränkt, dass die Erreichung des Vertragszwecks gefährdet ist.

(3) [1]Die Absätze 1 und 2 sowie die §§ 308 und 309 gelten nur für Bestimmungen in Allgemeinen Geschäftsbedingungen, durch die von Rechtsvorschriften abweichende oder diese ergänzende Regelungen vereinbart werden. [2]Andere Bestimmungen können nach Absatz 1 Satz 2 in Verbindung mit Absatz 1 Satz 1 unwirksam sein.

§ 308 Klauselverbote mit Wertungsmöglichkeit. In Allgemeinen Geschäftsbedingungen ist insbesondere unwirksam

1. (Annahme- und Leistungsfrist)

eine Bestimmung, durch die sich der Verwender unangemessen lange oder nicht hinreichend bestimmte Fristen für die Annahme oder Ablehnung eines Angebots oder die Erbringung einer Leistung vorbehält; ausgenommen hiervon ist der Vorbehalt, erst nach Ablauf der Widerrufsfrist nach § 355 Absatz 1 und 2 zu leisten;

1a. (Zahlungsfrist)

eine Bestimmung, durch die sich der Verwender eine unangemessen lange Zeit für die Erfüllung einer Entgeltforderung des Vertragspartners vorbehält; ist der Verwender kein Verbraucher, ist im Zweifel anzunehmen, dass eine Zeit von mehr als 30 Tagen nach Empfang der Gegenleistung oder, wenn dem Schuldner nach Empfang der Gegenleistung eine Rechnung oder gleichwertige Zahlungsaufstellung zugeht, von mehr als 30 Tagen nach Zugang dieser Rechnung oder Zahlungsaufstellung unangemessen lang ist;

1b. (Überprüfungs- und Abnahmefrist)

eine Bestimmung, durch die sich der Verwender vorbehält, eine Entgeltforderung des Vertragspartners erst nach unangemessen langer Zeit für die Überprüfung oder Abnahme der Gegenleistung zu erfüllen; ist der Verwender kein Verbraucher, ist im Zweifel anzunehmen, dass eine Zeit von mehr als 15 Tagen nach Empfang der Gegenleistung unangemessen lang ist;

2. (Nachfrist)
eine Bestimmung, durch die sich der Verwender für die von ihm zu bewirkende Leistung abweichend von Rechtsvorschriften eine unangemessen lange oder nicht hinreichend bestimmte Nachfrist vorbehält;

3. (Rücktrittsvorbehalt)
die Vereinbarung eines Rechts des Verwenders, sich ohne sachlich gerechtfertigten und im Vertrag angegebenen Grund von seiner Leistungspflicht zu lösen; dies gilt nicht für Dauerschuldverhältnisse;

4. (Änderungsvorbehalt)
die Vereinbarung eines Rechts des Verwenders, die versprochene Leistung zu ändern oder von ihr abzuweichen, wenn nicht die Vereinbarung der Änderung oder Abweichung unter Berücksichtigung der Interessen des Verwenders für den anderen Vertragsteil zumutbar ist;

5. (Fingierte Erklärungen)
eine Bestimmung, wonach eine Erklärung des Vertragspartners des Verwenders bei Vornahme oder Unterlassung einer bestimmten Handlung als von ihm abgegeben oder nicht abgegeben gilt, es sei denn, dass
   a) dem Vertragspartner eine angemessene Frist zur Abgabe einer ausdrücklichen Erklärung eingeräumt ist und
   b) der Verwender sich verpflichtet, den Vertragspartner bei Beginn der Frist auf die vorgesehene Bedeutung seines Verhaltens besonders hinzuweisen;

6. (Fiktion des Zugangs)
eine Bestimmung, die vorsieht, dass eine Erklärung des Verwenders von besonderer Bedeutung dem anderen Vertragsteil als zugegangen gilt;

7. (Abwicklung von Verträgen)
eine Bestimmung, nach der der Verwender für den Fall, dass eine Vertragspartei vom Vertrag zurücktritt oder den Vertrag kündigt,
   a) eine unangemessen hohe Vergütung für die Nutzung oder den Gebrauch einer Sache oder eines Rechts oder für erbrachte Leistungen oder
   b) einen unangemessen hohen Ersatz von Aufwendungen verlangen kann;

8. (Nichtverfügbarkeit der Leistung)
die nach Nummer 3 zulässige Vereinbarung eines Vorbehalts des Verwenders, sich von der Verpflichtung zur Erfüllung des Vertrags bei Nichtverfügbarkeit der Leistung zu lösen, wenn sich der Verwender nicht verpflichtet,
   a) den Vertragspartner unverzüglich über die Nichtverfügbarkeit zu informieren und
   b) Gegenleistungen des Vertragspartners unverzüglich zu erstatten.

§ 309 Klauselverbote ohne Wertungsmöglichkeit. Auch soweit eine Abweichung von den gesetzlichen Vorschriften zulässig ist, ist in Allgemeinen Geschäftsbedingungen unwirksam

1. (Kurzfristige Preiserhöhungen)
   eine Bestimmung, welche die Erhöhung des Entgelts für Waren oder Leistungen vorsieht, die innerhalb von vier Monaten nach Vertragsschluss geliefert oder erbracht werden sollen; dies gilt nicht bei Waren oder Leistungen, die im Rahmen von Dauerschuldverhältnissen geliefert oder erbracht werden;

2. (Leistungsverweigerungsrechte)
   eine Bestimmung, durch die
   a) das Leistungsverweigerungsrecht, das dem Vertragspartner des Verwenders nach § 320 zusteht, ausgeschlossen oder eingeschränkt wird oder
   b) ein dem Vertragspartner des Verwenders zustehendes Zurückbehaltungsrecht, soweit es auf demselben Vertragsverhältnis beruht, ausgeschlossen oder eingeschränkt, insbesondere von der Anerkennung von Mängeln durch den Verwender abhängig gemacht wird;

3. (Aufrechnungsverbot)
   eine Bestimmung, durch die dem Vertragspartner des Verwenders die Befugnis genommen wird, mit einer unbestrittenen oder rechtskräftig festgestellten Forderung aufzurechnen;

4. (Mahnung, Fristsetzung)
   eine Bestimmung, durch die der Verwender von der gesetzlichen Obliegenheit freigestellt wird, den anderen Vertragsteil zu mahnen oder ihm eine Frist für die Leistung oder Nacherfüllung zu setzen;

5. (Pauschalierung von Schadensersatzansprüchen)
   die Vereinbarung eines pauschalierten Anspruchs des Verwenders auf Schadensersatz oder Ersatz einer Wertminderung, wenn
   a) die Pauschale den in den geregelten Fällen nach dem gewöhnlichen Lauf der Dinge zu erwartenden Schaden oder die gewöhnlich eintretende Wertminderung übersteigt oder
   b) dem anderen Vertragsteil nicht ausdrücklich der Nachweis gestattet wird, ein Schaden oder eine Wertminderung sei überhaupt nicht entstanden oder wesentlich niedriger als die Pauschale;

6. (Vertragsstrafe)
   eine Bestimmung, durch die dem Verwender für den Fall der Nichtabnahme oder verspäteten Abnahme der Leistung, des Zahlungsverzugs oder für den Fall, dass der andere Vertragsteil sich vom Vertrag löst, Zahlung einer Vertragsstrafe versprochen wird;

7. (Haftungsausschluss bei Verletzung von Leben, Körper, Gesundheit und bei grobem Verschulden)
   a) (Verletzung von Leben, Körper, Gesundheit)
      ein Ausschluss oder eine Begrenzung der Haftung für Schäden aus der Verletzung des Lebens, des Körpers oder der Gesundheit, die auf einer fahrlässigen Pflichtverletzung des Verwenders oder einer vorsätzlichen oder fahrlässigen Pflichtverletzung eines gesetzlichen Vertreters oder Erfüllungsgehilfen des Verwenders beruhen;

b) (Grobes Verschulden)

ein Ausschluss oder eine Begrenzung der Haftung für sonstige Schäden, die auf einer grob fahrlässigen Pflichtverletzung des Verwenders oder auf einer vorsätzlichen oder grob fahrlässigen Pflichtverletzung eines gesetzlichen Vertreters oder Erfüllungsgehilfen des Verwenders beruhen;

die Buchstaben a und b gelten nicht für Haftungsbeschränkungen in den nach Maßgabe des Personenbeförderungsgesetzes genehmigten Beförderungsbedingungen und Tarifvorschriften der Straßenbahnen, Obusse und Kraftfahrzeuge im Linienverkehr, soweit sie nicht zum Nachteil des Fahrgastes von der Verordnung über die Allgemeinen Beförderungsbedingungen für den Straßenbahn- und Obusverkehr sowie den Linienverkehr mit Kraftfahrzeugen vom 27. Februar 1970 abweichen; Buchstabe b gilt nicht für Haftungsbeschränkungen für staatlich genehmigte Lotterie- oder Ausspielverträge;

8. (Sonstige Haftungsausschlüsse bei Pflichtverletzung)

a) (Ausschluss des Rechts, sich vom Vertrag zu lösen)

eine Bestimmung, die bei einer vom Verwender zu vertretenden, nicht in einem Mangel der Kaufsache oder des Werkes bestehenden Pflichtverletzung das Recht des anderen Vertragsteils, sich vom Vertrag zu lösen, ausschließt oder einschränkt; dies gilt nicht für die in der Nummer 7 bezeichneten Beförderungsbedingungen und Tarifvorschriften unter den dort genannten Voraussetzungen;

b) (Mängel)

eine Bestimmung, durch die bei Verträgen über Lieferungen neu hergestellter Sachen und über Werkleistungen

aa) (Ausschluss und Verweisung auf Dritte)

die Ansprüche gegen den Verwender wegen eines Mangels insgesamt oder bezüglich einzelner Teile ausgeschlossen, auf die Einräumung von Ansprüchen gegen Dritte beschränkt oder von der vorherigen gerichtlichen Inanspruchnahme Dritter abhängig gemacht werden;

bb) (Beschränkung auf Nacherfüllung)

die Ansprüche gegen den Verwender insgesamt oder bezüglich einzelner Teile auf ein Recht auf Nacherfüllung beschränkt werden, sofern dem anderen Vertragsteil nicht ausdrücklich das Recht vorbehalten wird, bei Fehlschlagen der Nacherfüllung zu mindern oder, wenn nicht eine Bauleistung Gegenstand der Mängelhaftung ist, nach seiner Wahl vom Vertrag zurückzutreten;

cc) (Aufwendungen bei Nacherfüllung)

die Verpflichtung des Verwenders ausgeschlossen oder beschränkt wird, die zum Zweck der Nacherfüllung erforderlichen Aufwendungen nach § 439 Absatz 2 und 3 oder § 635 Absatz 2 zu tragen oder zu ersetzen;

dd) (Vorenthalten der Nacherfüllung)

der Verwender die Nacherfüllung von der vorherigen Zahlung des vollständigen Entgelts oder eines unter Berücksichtigung des Mangels unverhältnismäßig hohen Teils des Entgelts abhängig macht;

ee) (Ausschlussfrist für Mängelanzeige)
der Verwender dem anderen Vertragsteil für die Anzeige nicht offen-
sichtlicher Mängel eine Ausschlussfrist setzt, die kürzer ist als die
nach dem Doppelbuchstaben ff. zulässige Frist;

ff) (Erleichterung der Verjährung)
die Verjährung von Ansprüchen gegen den Verwender wegen eines
Mangels in den Fällen des § 438 Abs. 1 Nr. 2 und des § 634a Abs. 1
Nr. 2 erleichtert oder in den sonstigen Fällen eine weniger als ein
Jahr betragende Verjährungsfrist ab dem gesetzlichen Verjährungs-
beginn erreicht wird;

9. (Laufzeit bei Dauerschuldverhältnissen)
bei einem Vertragsverhältnis, das die regelmäßige Lieferung von Waren
oder die regelmäßige Erbringung von Dienst- oder Werkleistungen durch
den Verwender zum Gegenstand hat,

a) eine den anderen Vertragsteil länger als zwei Jahre bindende Laufzeit
des Vertrags,

b) eine den anderen Vertragsteil bindende stillschweigende Verlängerung
des Vertragsverhältnisses um jeweils mehr als ein Jahr oder

c) zu Lasten des anderen Vertragsteils eine längere Kündigungsfrist als
drei Monate vor Ablauf der zunächst vorgesehenen oder stillschweigend verlängerten Vertragsdauer;

dies gilt nicht für Verträge über die Lieferung als zusammengehörig ver-
kaufter Sachen sowie für Versicherungsverträge;

10. (Wechsel des Vertragspartners)
eine Bestimmung, wonach bei Kauf-, Darlehens-, Dienst- oder Werkverträ-
gen ein Dritter anstelle des Verwenders in die sich aus dem Vertrag ergebenden Rechte und Pflichten eintritt oder eintreten kann, es sei denn, in der
Bestimmung wird

a) der Dritte namentlich bezeichnet oder

b) dem anderen Vertragsteil das Recht eingeräumt, sich vom Vertrag zu
lösen;

11. (Haftung des Abschlussvertreters)
eine Bestimmung, durch die der Verwender einem Vertreter, der den Vertrag für den anderen Vertragsteil abschließt,

a) ohne hierauf gerichtete ausdrückliche und gesonderte Erklärung eine eigene Haftung oder Einstandspflicht oder

b) im Falle vollmachtsloser Vertretung eine über § 179 hinausgehende
Haftung

auferlegt;

12. (Beweislast)
eine Bestimmung, durch die der Verwender die Beweislast zum Nachteil
des anderen Vertragsteils ändert, insbesondere indem er

a) diesem die Beweislast für Umstände auferlegt, die im Verantwortungsbereich des Verwenders liegen, oder

b) den anderen Vertragsteil bestimmte Tatsachen bestätigen lässt;

Buchstabe b gilt nicht für Empfangsbekenntnisse, die gesondert unterschrieben oder mit einer gesonderten qualifizierten elektronischen Signatur versehen sind;

13. (Form von Anzeigen und Erklärungen)

eine Bestimmung, durch die Anzeigen oder Erklärungen, die dem Verwender oder einem Dritten gegenüber abzugeben sind, gebunden werden

a) an eine strengere Form als die schriftliche Form in einem Vertrag, für den durch Gesetz notarielle Beurkundung vorgeschrieben ist oder

b) an eine strengere Form als die Textform in anderen als den in Buchstabe a genannten Verträgen oder

c) an besondere Zugangserfordernisse;

14. (Klageverzicht)

eine Bestimmung, wonach der andere Vertragsteil seine Ansprüche gegen den Verwender gerichtlich nur geltend machen darf, nachdem er eine gütliche Einigung in einem Verfahren zur außergerichtlichen Streitbeilegung versucht hat;

15. (Abschlagszahlungen und Sicherheitsleistung)

eine Bestimmung, nach der der Verwender bei einem Werkvertrag

a) für Teilleistungen Abschlagszahlungen vom anderen Vertragsteil verlangen kann, die wesentlich höher sind als die nach § 632a Absatz 1 und § 650m Absatz 1 zu leistenden Abschlagszahlungen, oder

b) die Sicherheitsleistung nach § 650m Absatz 2 nicht oder nur in geringerer Höhe leisten muss.

§ 310 Anwendungsbereich. (1) [1]§ 305 Absatz 2 und 3, § 308 Nummer 1, 2 bis 8 und § 309 finden keine Anwendung auf Allgemeine Geschäftsbedingungen, die gegenüber einem Unternehmer, einer juristischen Person des öffentlichen Rechts oder einem öffentlich-rechtlichen Sondervermögen verwendet werden. [2]§ 307 Abs. 1 und 2 findet in den Fällen des Satzes 1 auch insoweit Anwendung, als dies zur Unwirksamkeit von in § 308 Nummer 1, 2 bis 8 und § 309 genannten Vertragsbestimmungen führt; auf die im Handelsverkehr geltenden Gewohnheiten und Gebräuche ist angemessen Rücksicht zu nehmen. [3]In den Fällen des Satzes 1 finden § 307 Absatz 1 und 2 sowie § 308 Nummer 1a und 1b auf Verträge, in die die Vergabe- und Vertragsordnung für Bauleistungen Teil B (VOB/B) in der jeweils zum Zeitpunkt des Vertragsschlusses geltenden Fassung ohne inhaltliche Abweichungen insgesamt einbezogen ist, in Bezug auf eine Inhaltskontrolle einzelner Bestimmungen keine Anwendung.

(2) [1]Die §§ 308 und 309 finden keine Anwendung auf Verträge der Elektrizitäts-, Gas-, Fernwärme- und Wasserversorgungsunternehmen über die Versorgung von Sonderabnehmern mit elektrischer Energie, Gas, Fernwärme und Wasser aus dem Versorgungsnetz, soweit die Versorgungsbedingungen nicht zum Nachteil der Abnehmer von Verordnungen über Allgemeine Bedingungen für die Versorgung von Tarifkunden mit elektrischer Energie, Gas, Fernwärme und Wasser abweichen. [2]Satz 1 gilt entsprechend für Verträge über die Entsorgung von Abwasser.

(3) Bei Verträgen zwischen einem Unternehmer und einem Verbraucher (Verbraucherverträge) finden die Vorschriften dieses Abschnitts mit folgenden Maßgaben Anwendung:

1. Allgemeine Geschäftsbedingungen gelten als vom Unternehmer gestellt, es sei denn, dass sie durch den Verbraucher in den Vertrag eingeführt wurden;

2. § 305c Abs. 2 und die §§ 306 und 307 bis 309 dieses Gesetzes sowie Artikel 46b des Einführungsgesetzes zum Bürgerlichen Gesetzbuche finden auf vorformulierte Vertragsbedingungen auch dann Anwendung, wenn diese nur zur einmaligen Verwendung bestimmt sind und soweit der Verbraucher auf Grund der Vorformulierung auf ihren Inhalt keinen Einfluss nehmen konnte;

3. bei der Beurteilung der unangemessenen Benachteiligung nach § 307 Abs. 1 und 2 sind auch die den Vertragsschluss begleitenden Umstände zu berücksichtigen.

(4) ^{1}Dieser Abschnitt findet keine Anwendung bei Verträgen auf dem Gebiet des Erb-, Familien- und Gesellschaftsrechts sowie auf Tarifverträge, Betriebs- und Dienstvereinbarungen. ^{2}Bei der Anwendung auf Arbeitsverträge sind die im Arbeitsrecht geltenden Besonderheiten angemessen zu berücksichtigen; § 305 Abs. 2 und 3 ist nicht anzuwenden. ^{3}Tarifverträge, Betriebs- und Dienstvereinbarungen stehen Rechtsvorschriften im Sinne von § 307 Abs. 3 gleich.

Titel 8^2
Dienstvertrag und ähnliche Verträge

Untertitel 1
Dienstvertrag

§ 611 Vertragstypische Pflichten beim Dienstvertrag. (1) Durch den Dienstvertrag wird derjenige, welcher Dienste zusagt, zur Leistung der versprochenen Dienste, der andere Teil zur Gewährung der vereinbarten Vergütung verpflichtet.

(2) Gegenstand des Dienstvertrags können Dienste jeder Art sein.

---

2 **Amtlicher Hinweis:**
   Dieser Titel dient der Umsetzung
   1. der Richtlinie 76/207/EWG des Rates vom 9. Februar 1976 zur Verwirklichung des Grundsatzes der Gleichbehandlung von Männern und Frauen hinsichtlich des Zugangs zur Beschäftigung, zur Berufsbildung und zum beruflichen Aufstieg sowie in Bezug auf die Arbeitsbedingungen (ABl. EG Nr. 239 S. 40) und
   2. der Richtlinie 77/187/EWG des Rates vom 14. Februar 1977 zur Angleichung der Rechtsvorschriften der Mitgliedstaaten über die Wahrung von Ansprüchen der Arbeitnehmer beim Übergang von Unternehmen, Betrieben oder Betriebsteilen (ABl. EG Nr. L 61 S. 26).

§ 611a Arbeitsvertrag. (1) [1]Durch den Arbeitsvertrag wird der Arbeitnehmer im Dienste eines anderen zur Leistung weisungsgebundener, fremdbestimmter Arbeit in persönlicher Abhängigkeit verpflichtet. [2]Das Weisungsrecht kann Inhalt, Durchführung, Zeit und Ort der Tätigkeit betreffen. [3]Weisungsgebunden ist, wer nicht im Wesentlichen frei seine Tätigkeit gestalten und seine Arbeitszeit bestimmen kann. [4]Der Grad der persönlichen Abhängigkeit hängt dabei auch von der Eigenart der jeweiligen Tätigkeit ab. [5]Für die Feststellung, ob ein Arbeitsvertrag vorliegt, ist eine Gesamtbetrachtung aller Umstände vorzunehmen. [6]Zeigt die tatsächliche Durchführung des Vertragsverhältnisses, dass es sich um ein Arbeitsverhältnis handelt, kommt es auf die Bezeichnung im Vertrag nicht an.

(2) Der Arbeitgeber ist zur Zahlung der vereinbarten Vergütung verpflichtet.

§ 612 Vergütung. (1) Eine Vergütung gilt als stillschweigend vereinbart, wenn die Dienstleistung den Umständen nach nur gegen eine Vergütung zu erwarten ist.

(2) Ist die Höhe der Vergütung nicht bestimmt, so ist bei dem Bestehen einer Taxe die taxmäßige Vergütung, in Ermangelung einer Taxe die übliche Vergütung als vereinbart anzusehen.

(3) *(weggefallen)*

§ 613 Unübertragbarkeit. [1]Der zur Dienstleistung Verpflichtete hat die Dienste im Zweifel in Person zu leisten. [2]Der Anspruch auf die Dienste ist im Zweifel nicht übertragbar.

Untertitel 2
Behandlungsvertrag

§ 630a Vertragstypische Pflichten beim Behandlungsvertrag. (1) Durch den Behandlungsvertrag wird derjenige, welcher die medizinische Behandlung eines Patienten zusagt (Behandelnder), zur Leistung der versprochenen Behandlung, der andere Teil (Patient) zur Gewährung der vereinbarten Vergütung verpflichtet, soweit nicht ein Dritter zur Zahlung verpflichtet ist.

(2) Die Behandlung hat nach den zum Zeitpunkt der Behandlung bestehenden, allgemein anerkannten fachlichen Standards zu erfolgen, soweit nicht etwas anderes vereinbart ist.

§ 630b Anwendbare Vorschriften. Auf das Behandlungsverhältnis sind die Vorschriften über das Dienstverhältnis, das kein Arbeitsverhältnis im Sinne des § 622 ist, anzuwenden, soweit nicht in diesem Untertitel etwas anderes bestimmt ist. § 613

§ 630c Mitwirkung der Vertragsparteien; Informationspflichten.
(1) Behandelnder und Patient sollen zur Durchführung der Behandlung zusammenwirken.

(2) [1]Der Behandelnde ist verpflichtet, dem Patienten in verständlicher Weise zu Beginn der Behandlung und, soweit erforderlich, in deren Verlauf sämtliche für die Behandlung wesentlichen Umstände zu erläutern, insbesondere die Diagnose, die voraussichtliche gesundheitliche Entwicklung, die Therapie und die zu und nach der Therapie zu ergreifenden Maßnahmen. [2]Sind für den Behandelnden Umstände erkennbar, die die Annahme eines Behandlungsfehlers begründen, hat er den Patienten über diese auf Nachfrage oder zur Abwendung gesundheitlicher Gefahren zu informieren. [3]Ist dem Behandelnden oder einem seiner in § 52 Absatz 1 der Strafprozessordnung bezeichneten Angehörigen ein Behandlungsfehler unterlaufen, darf die Information nach Satz 2 zu Beweiszwecken in einem gegen den Behandelnden oder gegen seinen Angehörigen geführten Straf- oder Bußgeldverfahren nur mit Zustimmung des Behandelnden verwendet werden.

(3) [1]Weiß der Behandelnde, dass eine vollständige Übernahme der Behandlungskosten durch einen Dritten nicht gesichert ist oder ergeben sich nach den Umständen hierfür hinreichende Anhaltspunkte, muss er den Patienten vor Beginn der Behandlung über die voraussichtlichen Kosten der Behandlung in Textform informieren. [2]Weitergehende Formanforderungen aus anderen Vorschriften bleiben unberührt.

(4) Der Information des Patienten bedarf es nicht, soweit diese ausnahmsweise aufgrund besonderer Umstände entbehrlich ist, insbesondere wenn die Behandlung unaufschiebbar ist oder der Patient auf die Information ausdrücklich verzichtet hat.

§ 630d Einwilligung. (1) [1]Vor Durchführung einer medizinischen Maßnahme, insbesondere eines Eingriffs in den Körper oder die Gesundheit, ist der Behandelnde verpflichtet, die Einwilligung des Patienten einzuholen. [2]Ist der Patient einwilligungsunfähig, ist die Einwilligung eines hierzu Berechtigten einzuholen, soweit nicht eine Patientenverfügung nach § 1901a Absatz 1 Satz 1 die Maßnahme gestattet oder untersagt. [3]Weitergehende Anforderungen an die Einwilligung aus anderen Vorschriften bleiben unberührt. [4]Kann eine Einwilligung für eine unaufschiebbare Maßnahme nicht rechtzeitig eingeholt werden, darf sie ohne Einwilligung durchgeführt werden, wenn sie dem mutmaßlichen Willen des Patienten entspricht.

(2) Die Wirksamkeit der Einwilligung setzt voraus, dass der Patient oder im Fall des Absatzes 1 Satz 2 der zur Einwilligung Berechtigte vor der Einwilligung nach Maßgabe von § 630e Absatz 1 bis 4 aufgeklärt worden ist.

(3) Die Einwilligung kann jederzeit und ohne Angabe von Gründen formlos widerrufen werden.

§ 630e Aufklärungspflichten. (1) [1]Der Behandelnde ist verpflichtet, den Patienten über sämtliche für die Einwilligung wesentlichen Umstände aufzuklären. [2]Dazu gehören insbesondere Art, Umfang, Durchführung, zu erwartende Folgen und Risiken der Maßnahme sowie ihre Notwendigkeit, Dringlichkeit,

Eignung und Erfolgsaussichten im Hinblick auf die Diagnose oder die Therapie. [3]Bei der Aufklärung ist auch auf Alternativen zur Maßnahme hinzuweisen, wenn mehrere medizinisch gleichermaßen indizierte und übliche Methoden zu wesentlich unterschiedlichen Belastungen, Risiken oder Heilungschancen führen können.

(2) [1]Die Aufklärung muss

1. mündlich durch den Behandelnden oder durch eine Person erfolgen, die über die zur Durchführung der Maßnahme notwendige Ausbildung verfügt; ergänzend kann auch auf Unterlagen Bezug genommen werden, die der Patient in Textform erhält,

2. so rechtzeitig erfolgen, dass der Patient seine Entscheidung über die Einwilligung wohlüberlegt treffen kann,

3. für den Patienten verständlich sein.

[2]Dem Patienten sind Abschriften von Unterlagen, die er im Zusammenhang mit der Aufklärung oder Einwilligung unterzeichnet hat, auszuhändigen.

(3) Der Aufklärung des Patienten bedarf es nicht, soweit diese ausnahmsweise aufgrund besonderer Umstände entbehrlich ist, insbesondere wenn die Maßnahme unaufschiebbar ist oder der Patient auf die Aufklärung ausdrücklich verzichtet hat.

(4) Ist nach § 630d Absatz 1 Satz 2 die Einwilligung eines hierzu Berechtigten einzuholen, ist dieser nach Maßgabe der Absätze 1 bis 3 aufzuklären.

(5) [1]Im Fall des § 630d Absatz 1 Satz 2 sind die wesentlichen Umstände nach Absatz 1 auch dem Patienten entsprechend seinem Verständnis zu erläutern, soweit dieser aufgrund seines Entwicklungsstandes und seiner Verständnismöglichkeiten in der Lage ist, die Erläuterung aufzunehmen, und soweit dies seinem Wohl nicht zuwiderläuft. [2]Absatz 3 gilt entsprechend.

§ 630f Dokumentation der Behandlung. (1) [1]Der Behandelnde ist verpflichtet, zum Zweck der Dokumentation in unmittelbarem zeitlichen Zusammenhang mit der Behandlung eine Patientenakte in Papierform oder elektronisch zu führen. [2]Berichtigungen und Änderungen von Eintragungen in der Patientenakte sind nur zulässig, wenn neben dem ursprünglichen Inhalt erkennbar bleibt, wann sie vorgenommen worden sind. [3]Dies ist auch für elektronisch geführte Patientenakten sicherzustellen.

(2) [1]Der Behandelnde ist verpflichtet, in der Patientenakte sämtliche aus fachlicher Sicht für die derzeitige und künftige Behandlung wesentlichen Maßnahmen und deren Ergebnisse aufzuzeichnen, insbesondere die Anamnese, Diagnosen, Untersuchungen, Untersuchungsergebnisse, Befunde, Therapien und ihre Wirkungen, Eingriffe und ihre Wirkungen, Einwilligungen und Aufklärungen. [2]Arztbriefe sind in die Patientenakte aufzunehmen.

(3) Der Behandelnde hat die Patientenakte für die Dauer von zehn Jahren nach Abschluss der Behandlung aufzubewahren, soweit nicht nach anderen Vorschriften andere Aufbewahrungsfristen bestehen.

§ 630g Einsichtnahme in die Patientenakte. (1) [1]Dem Patienten ist auf Verlangen unverzüglich Einsicht in die vollständige, ihn betreffende Patientenakte zu gewähren, soweit der Einsichtnahme nicht erhebliche therapeutische Gründe oder sonstige erhebliche Rechte Dritter entgegenstehen. [2]Die Ablehnung der Einsichtnahme ist zu begründen. [3]§ 811 ist entsprechend anzuwenden.

(2) [1]Der Patient kann auch elektronische Abschriften von der Patientenakte verlangen. [2]Er hat dem Behandelnden die entstandenen Kosten zu erstatten.

(3) [1]Im Fall des Todes des Patienten stehen die Rechte aus den Absätzen 1 und 2 zur Wahrnehmung der vermögensrechtlichen Interessen seinen Erben zu. [2]Gleiches gilt für die nächsten Angehörigen des Patienten, soweit sie immaterielle Interessen geltend machen. [3]Die Rechte sind ausgeschlossen, soweit der Einsichtnahme der ausdrückliche oder mutmaßliche Wille des Patienten entgegensteht.

§ 630h Beweislast bei Haftung für Behandlungs- und Aufklärungsfehler. (1) Ein Fehler des Behandelnden wird vermutet, wenn sich ein allgemeines Behandlungsrisiko verwirklicht hat, das für den Behandelnden voll beherrschbar war und das zur Verletzung des Lebens, des Körpers oder der Gesundheit des Patienten geführt hat.

(2) [1]Der Behandelnde hat zu beweisen, dass er eine Einwilligung gemäß § 630d eingeholt und entsprechend den Anforderungen des § 630e aufgeklärt hat. [2]Genügt die Aufklärung nicht den Anforderungen des § 630e, kann der Behandelnde sich darauf berufen, dass der Patient auch im Fall einer ordnungsgemäßen Aufklärung in die Maßnahme eingewilligt hätte.

(3) Hat der Behandelnde eine medizinisch gebotene wesentliche Maßnahme und ihr Ergebnis entgegen § 630f Absatz 1 oder Absatz 2 nicht in der Patientenakte aufgezeichnet oder hat er die Patientenakte entgegen § 630f Absatz 3 nicht aufbewahrt, wird vermutet, dass er diese Maßnahme nicht getroffen hat.

(4) War ein Behandelnder für die von ihm vorgenommene Behandlung nicht befähigt, wird vermutet, dass die mangelnde Befähigung für den Eintritt der Verletzung des Lebens, des Körpers oder der Gesundheit ursächlich war.

(5) [1]Liegt ein grober Behandlungsfehler vor und ist dieser grundsätzlich geeignet, eine Verletzung des Lebens, des Körpers oder der Gesundheit der tatsächlich eingetretenen Art herbeizuführen, wird vermutet, dass der Behandlungsfehler für diese Verletzung ursächlich war. [2]Dies gilt auch dann, wenn es der Behandelnde unterlassen hat, einen medizinisch gebotenen Befund rechtzeitig zu erheben oder zu sichern, soweit der Befund mit hinreichender Wahrscheinlichkeit ein Ergebnis erbracht hätte, das Anlass zu weiteren Maßnahmen gegeben hätte, und wenn das Unterlassen solcher Maßnahmen grob fehlerhaft gewesen wäre.

Titel 13
Geschäftsführung ohne Auftrag

§ 677 Pflichten des Geschäftsführers. Wer ein Geschäft für einen anderen besorgt, ohne von ihm beauftragt oder ihm gegenüber sonst dazu berechtigt zu sein, hat das Geschäft so zu führen, wie das Interesse des Geschäftsherrn mit Rücksicht auf dessen wirklichen oder mutmaßlichen Willen es erfordert.

§ 678 Geschäftsführung gegen den Willen des Geschäftsherrn. Steht die Übernahme der Geschäftsführung mit dem wirklichen oder dem mutmaßlichen Willen des Geschäftsherrn in Widerspruch und musste der Geschäftsführer dies erkennen, so ist er dem Geschäftsherrn zum Ersatz des aus der Geschäftsführung entstehenden Schadens auch dann verpflichtet, wenn ihm ein sonstiges Verschulden nicht zur Last fällt.

§ 679 Unbeachtlichkeit des entgegenstehenden Willens des Geschäftsherrn. Ein der Geschäftsführung entgegenstehender Wille des Geschäftsherrn kommt nicht in Betracht, wenn ohne die Geschäftsführung eine Pflicht des Geschäftsherrn, deren Erfüllung im öffentlichen Interesse liegt, oder eine gesetzliche Unterhaltspflicht des Geschäftsherrn nicht rechtzeitig erfüllt werden würde.

§ 680 Geschäftsführung zur Gefahrenabwehr. Bezweckt die Geschäftsführung die Abwendung einer dem Geschäftsherrn drohenden dringenden Gefahr, so hat der Geschäftsführer nur Vorsatz und grobe Fahrlässigkeit zu vertreten.

§ 681 Nebenpflichten des Geschäftsführers. [1]Der Geschäftsführer hat die Übernahme der Geschäftsführung, sobald es tunlich ist, dem Geschäftsherrn anzuzeigen und, wenn nicht mit dem Aufschub Gefahr verbunden ist, dessen Entschließung abzuwarten. [2]Im Übrigen finden auf die Verpflichtungen des Geschäftsführers die für einen Beauftragten geltenden Vorschriften der §§ 666 bis 668 entsprechende Anwendung.

§ 682 Fehlende Geschäftsfähigkeit des Geschäftsführers. Ist der Geschäftsführer geschäftsunfähig oder in der Geschäftsfähigkeit beschränkt, so ist er nur nach den Vorschriften über den Schadensersatz wegen unerlaubter Handlungen und über die Herausgabe einer ungerechtfertigten Bereicherung verantwortlich.

§ 683 Ersatz von Aufwendungen. [1]Entspricht die Übernahme der Geschäftsführung dem Interesse und dem wirklichen oder dem mutmaßlichen Willen des Geschäftsherrn, so kann der Geschäftsführer wie ein Beauftragter Ersatz seiner Aufwendungen verlangen. [2]In den Fällen des § 679 steht dieser Anspruch dem Geschäftsführer zu, auch wenn die Übernahme der Geschäftsführung mit dem Willen des Geschäftsherrn in Widerspruch steht.

§ 684 Herausgabe der Bereicherung. [1]Liegen die Voraussetzungen des § 683 nicht vor, so ist der Geschäftsherr verpflichtet, dem Geschäftsführer alles, was er durch die Geschäftsführung erlangt, nach den Vorschriften über die Herausgabe einer ungerechtfertigten Bereicherung herauszugeben. ²Genehmigt der Geschäftsherr die Geschäftsführung, so steht dem Geschäftsführer der in § 683 bestimmte Anspruch zu.

§ 685 Schenkungsabsicht. (1) Dem Geschäftsführer steht ein Anspruch nicht zu, wenn er nicht die Absicht hatte, von dem Geschäftsherrn Ersatz zu verlangen.

(2) Gewähren Eltern oder Voreltern ihren Abkömmlingen oder diese jenen Unterhalt, so ist im Zweifel anzunehmen, dass die Absicht fehlt, von dem Empfänger Ersatz zu verlangen.

§ 686 Irrtum über Person des Geschäftsherrn. Ist der Geschäftsführer über die Person des Geschäftsherrn im Irrtum, so wird der wirkliche Geschäftsherr aus der Geschäftsführung berechtigt und verpflichtet.

§ 687 Unechte Geschäftsführung. (1) Die Vorschriften der §§ 677 bis 686 finden keine Anwendung, wenn jemand ein fremdes Geschäft in der Meinung besorgt, dass es sein eigenes sei.

(2) ¹Behandelt jemand ein fremdes Geschäft als sein eigenes, obwohl er weiß, dass er nicht dazu berechtigt ist, so kann der Geschäftsherr die sich aus den §§ 677, 678, 681, 682 ergebenden Ansprüche geltend machen. ²Macht er sie geltend, so ist er dem Geschäftsführer nach § 684 Satz 1 verpflichtet.

§ 688 Vertragstypische Pflichten bei der Verwahrung. Durch den Verwahrungsvertrag wird der Verwahrer verpflichtet, eine ihm von dem Hinterleger übergebene bewegliche Sache aufzubewahren.

Titel 27
Unerlaubte Handlungen

§ 823 Schadensersatzpflicht. (1) Wer vorsätzlich oder fahrlässig das Leben, den Körper, die Gesundheit, die Freiheit, das Eigentum oder ein sonstiges Recht eines anderen widerrechtlich verletzt, ist dem anderen zum Ersatz des daraus entstehenden Schadens verpflichtet.

(2) ¹Die gleiche Verpflichtung trifft denjenigen, welcher gegen ein den Schutz eines anderen bezweckendes Gesetz verstößt. ²Ist nach dem Inhalt des Gesetzes ein Verstoß gegen dieses auch ohne Verschulden möglich, so tritt die Ersatzpflicht nur im Falle des Verschuldens ein.

§ 831 Haftung für den Verrichtungsgehilfen. (1) ¹Wer einen anderen zu einer Verrichtung bestellt, ist zum Ersatz des Schadens verpflichtet, den der andere in Ausführung der Verrichtung einem Dritten widerrechtlich zufügt. ²Die Ersatzpflicht tritt nicht ein, wenn der Geschäftsherr bei der Auswahl der bestellten Person und, sofern er Vorrichtungen oder Gerätschaften zu beschaffen oder die Ausführung der Verrichtung zu leiten hat, bei der Beschaffung oder der Leitung die im Verkehr erforderliche Sorgfalt beobachtet oder wenn der Schaden auch bei Anwendung dieser Sorgfalt entstanden sein würde.

(2) Die gleiche Verantwortlichkeit trifft denjenigen, welcher für den Geschäftsherrn die Besorgung eines der im Absatz 1 Satz 2 bezeichneten Geschäfte durch Vertrag übernimmt.

§ 839 Haftung bei Amtspflichtverletzung. (1) [1]Verletzt ein Beamter vorsätzlich oder fahrlässig die ihm einem Dritten gegenüber obliegende Amtspflicht, so hat er dem Dritten den daraus entstehenden Schaden zu ersetzen. [2]Fällt dem Beamten nur Fahrlässigkeit zur Last, so kann er nur dann in Anspruch genommen werden, wenn der Verletzte nicht auf andere Weise Ersatz zu erlangen vermag.

(2) [1]Verletzt ein Beamter bei dem Urteil in einer Rechtssache seine Amtspflicht, so ist er für den daraus entstehenden Schaden nur dann verantwortlich, wenn die Pflichtverletzung in einer Straftat besteht. [2]Auf eine pflichtwidrige Verweigerung oder Verzögerung der Ausübung des Amts findet diese Vorschrift keine Anwendung.

(3) Die Ersatzpflicht tritt nicht ein, wenn der Verletzte vorsätzlich oder fahrlässig unterlassen hat, den Schaden durch Gebrauch eines Rechtsmittels abzuwenden.

Buch 4
Familienrecht

Abschnitt 2
Verwandtschaft

Titel 2
Abstammung

§ 1591 Mutterschaft. Mutter eines Kindes ist die Frau, die es geboren hat.

§ 1592 Vaterschaft. Vater eines Kindes ist der Mann,
1. der zum Zeitpunkt der Geburt mit der Mutter des Kindes verheiratet ist,
2. der die Vaterschaft anerkannt hat oder
3. dessen Vaterschaft nach § 1600d oder § 182 Abs. 1 des Gesetzes über das Verfahren in Familiensachen und in den Angelegenheiten der freiwilligen Gerichtsbarkeit gerichtlich festgestellt ist.

§ 1593 Vaterschaft bei Auflösung der Ehe durch Tod. [1]§ 1592 Nr. 1 gilt entsprechend, wenn die Ehe durch Tod aufgelöst wurde und innerhalb von 300 Tagen nach der Auflösung ein Kind geboren wird. [2]Steht fest, dass das

Kind mehr als 300 Tage vor seiner Geburt empfangen wurde, so ist dieser Zeitraum maßgebend. ³Wird von einer Frau, die eine weitere Ehe geschlossen hat, ein Kind geboren, das sowohl nach den Sätzen 1 und 2 Kind des früheren Ehemanns als auch nach § 1592 Nr. 1 Kind des neuen Ehemanns wäre, so ist es nur als Kind des neuen Ehemanns anzusehen. ⁴Wird die Vaterschaft angefochten und wird rechtskräftig festgestellt, dass der neue Ehemann nicht Vater des Kindes ist, so ist es Kind des früheren Ehemanns.

§ 1594 Anerkennung der Vaterschaft. (1) Die Rechtswirkungen der Anerkennung können, soweit sich nicht aus dem Gesetz anderes ergibt, erst von dem Zeitpunkt an geltend gemacht werden, zu dem die Anerkennung wirksam wird.

(2) Eine Anerkennung der Vaterschaft ist nicht wirksam, solange die Vaterschaft eines anderen Mannes besteht.

(3) Eine Anerkennung unter einer Bedingung oder Zeitbestimmung ist unwirksam.

(4) Die Anerkennung ist schon vor der Geburt des Kindes zulässig.

§ 1595 Zustimmungsbedürftigkeit der Anerkennung. (1) Die Anerkennung bedarf der Zustimmung der Mutter.

(2) Die Anerkennung bedarf auch der Zustimmung des Kindes, wenn der Mutter insoweit die elterliche Sorge nicht zusteht.

(3) Für die Zustimmung gilt § 1594 Abs. 3 und 4 entsprechend.

§ 1596 Anerkennung und Zustimmung bei fehlender oder beschränkter Geschäftsfähigkeit. (1) ¹Wer in der Geschäftsfähigkeit beschränkt ist, kann nur selbst anerkennen. ²Die Zustimmung des gesetzlichen Vertreters ist erforderlich. ³Für einen Geschäftsunfähigen kann der gesetzliche Vertreter mit Genehmigung des Familiengerichts anerkennen; ist der gesetzliche Vertreter ein Betreuer, ist die Genehmigung des Betreuungsgerichts erforderlich. ⁴Für die Zustimmung der Mutter gelten die Sätze 1 bis 3 entsprechend.

(2) ¹Für ein Kind, das geschäftsunfähig oder noch nicht 14 Jahre alt ist, kann nur der gesetzliche Vertreter der Anerkennung zustimmen. ²Im Übrigen kann ein Kind, das in der Geschäftsfähigkeit beschränkt ist, nur selbst zustimmen; es bedarf hierzu der Zustimmung des gesetzlichen Vertreters.

(3) Ein geschäftsfähiger Betreuter kann nur selbst anerkennen oder zustimmen; § 1903 bleibt unberührt.

(4) Anerkennung und Zustimmung können nicht durch einen Bevollmächtigten erklärt werden.

§ 1597 Formerfordernisse; Widerruf. (1) Anerkennung und Zustimmung müssen öffentlich beurkundet werden.

(2) Beglaubigte Abschriften der Anerkennung und aller Erklärungen, die für die Wirksamkeit der Anerkennung bedeutsam sind, sind dem Vater, der Mutter und dem Kind sowie dem Standesamt zu übersenden.

(3) ¹Der Mann kann die Anerkennung widerrufen, wenn sie ein Jahr nach der Beurkundung noch nicht wirksam geworden ist. ²Für den Widerruf gelten die Absätze 1 und 2 sowie § 1594 Abs. 3 und § 1596 Abs. 1, 3 und 4 entsprechend.

§ 1597a Verbot der missbräuchlichen Anerkennung der Vaterschaft.

(1) Die Vaterschaft darf nicht gezielt gerade zu dem Zweck anerkannt werden, die rechtlichen Voraussetzungen für die erlaubte Einreise oder den erlaubten Aufenthalt des Kindes, des Anerkennenden oder der Mutter zu schaffen, auch nicht, um die rechtlichen Voraussetzungen für die erlaubte Einreise oder den erlaubten Aufenthalt des Kindes durch den Erwerb der deutschen Staatsangehörigkeit des Kindes nach § 4 Absatz 1 oder Absatz 3 Satz 1 des Staatsangehörigkeitsgesetzes zu schaffen (missbräuchliche Anerkennung der Vaterschaft).

(2) ¹Bestehen konkrete Anhaltspunkte für eine missbräuchliche Anerkennung der Vaterschaft, hat die beurkundende Behörde oder die Urkundsperson dies der nach § 85a des Aufenthaltsgesetzes zuständigen Behörde nach Anhörung des Anerkennenden und der Mutter mitzuteilen und die Beurkundung auszusetzen. ²Ein Anzeichen für das Vorliegen konkreter Anhaltspunkte ist insbesondere:

1. das Bestehen einer vollziehbaren Ausreisepflicht des Anerkennenden oder der Mutter oder des Kindes,
2. wenn der Anerkennende oder die Mutter oder das Kind einen Asylantrag gestellt hat und die Staatsangehörigkeit eines sicheren Herkunftsstaates nach § 29a des Asylgesetzes besitzt,
3. das Fehlen von persönlichen Beziehungen zwischen dem Anerkennenden und der Mutter oder dem Kind,
4. der Verdacht, dass der Anerkennende bereits mehrfach die Vaterschaft von Kindern verschiedener ausländischer Mütter anerkannt hat und jeweils die rechtlichen Voraussetzungen für die erlaubte Einreise oder den erlaubten Aufenthalt des Kindes oder der Mutter durch die Anerkennung geschaffen hat, auch wenn das Kind durch die Anerkennung die deutsche Staatsangehörigkeit erworben hat, oder
5. der Verdacht, dass dem Anerkennenden oder der Mutter ein Vermögensvorteil für die Anerkennung der Vaterschaft oder die Zustimmung hierzu gewährt oder versprochen worden ist.

³Die beurkundende Behörde oder die Urkundsperson hat die Aussetzung dem Anerkennenden, der Mutter und dem Standesamt mitzuteilen. ⁴Hat die nach § 85a des Aufenthaltsgesetzes zuständige Behörde gemäß § 85a Absatz 1 des Aufenthaltsgesetzes das Vorliegen einer missbräuchlichen Anerkennung der Vaterschaft festgestellt und ist diese Entscheidung unanfechtbar, so ist die Beurkundung abzulehnen.

(3) ¹Solange die Beurkundung gemäß Absatz 2 Satz 1 ausgesetzt ist, kann die Anerkennung auch nicht wirksam von einer anderen beurkundenden Behörde oder Urkundsperson beurkundet werden. ²Das Gleiche gilt, wenn die Voraussetzungen des Absatzes 2 Satz 4 vorliegen.

(4) Für die Zustimmung der Mutter nach § 1595 Absatz 1 gelten die Absätze 1 bis 3 entsprechend.

(5) Eine Anerkennung der Vaterschaft kann nicht missbräuchlich sein, wenn der Anerkennende der leibliche Vater des anzuerkennenden Kindes ist.

§ 1598 Unwirksamkeit von Anerkennung, Zustimmung und Widerruf.

(1) [1]Anerkennung, Zustimmung und Widerruf sind nur unwirksam, wenn sie den Erfordernissen nach § 1594 Absatz 2 bis 4 und der §§ 1595 bis 1597 nicht genügen. [2]Anerkennung und Zustimmung sind auch im Fall des § 1597a Absatz 3 und im Fall des § 1597a Absatz 4 in Verbindung mit Absatz 3 unwirksam.

(2) Sind seit der Eintragung in ein deutsches Personenstandsregister fünf Jahre verstrichen, so ist die Anerkennung wirksam, auch wenn sie den Erfordernissen der vorstehenden Vorschriften nicht genügt.

§ 1598a Anspruch auf Einwilligung in eine genetische Untersuchung zur Klärung der leiblichen Abstammung. (1) [1]Zur Klärung der leiblichen Abstammung des Kindes können

1. der Vater jeweils von Mutter und Kind,
2. die Mutter jeweils von Vater und Kind und
3. das Kind jeweils von beiden Elternteilen

verlangen, dass diese in eine genetische Abstammungsuntersuchung einwilligen und die Entnahme einer für die Untersuchung geeigneten genetischen Probe dulden. [2]Die Probe muss nach den anerkannten Grundsätzen der Wissenschaft entnommen werden.

(2) Auf Antrag eines Klärungsberechtigten hat das Familiengericht eine nicht erteilte Einwilligung zu ersetzen und die Duldung einer Probeentnahme anzuordnen.

(3) Das Gericht setzt das Verfahren aus, wenn und solange die Klärung der leiblichen Abstammung eine erhebliche Beeinträchtigung des Wohls des minderjährigen Kindes begründen würde, die auch unter Berücksichtigung der Belange des Klärungsberechtigten für das Kind unzumutbar wäre.

(4) [1]Wer in eine genetische Abstammungsuntersuchung eingewilligt und eine genetische Probe abgegeben hat, kann von dem Klärungsberechtigten, der die Abstammungsuntersuchung hat durchführen lassen, Einsicht in das Abstammungsgutachten oder Aushändigung einer Abschrift verlangen. [2]Über Streitigkeiten aus dem Anspruch nach Satz 1 entscheidet das Familiengericht.

§ 1599 Nichtbestehen der Vaterschaft. (1) § 1592 Nr. 1 und 2 und § 1593 gelten nicht, wenn auf Grund einer Anfechtung rechtskräftig festgestellt ist, dass der Mann nicht der Vater des Kindes ist.

(2) [1]§ 1592 Nr. 1 und § 1593 gelten auch nicht, wenn das Kind nach Anhängigkeit eines Scheidungsantrags geboren wird und ein Dritter spätestens

bis zum Ablauf eines Jahres nach Rechtskraft des dem Scheidungsantrag stattgebenden Beschluss die Vaterschaft anerkennt; § 1594 Abs. 2 ist nicht anzuwenden. [2]Neben den nach den §§ 1595 und 1596 notwendigen Erklärungen bedarf die Anerkennung der Zustimmung des Mannes, der im Zeitpunkt der Geburt mit der Mutter des Kindes verheiratet ist; für diese Zustimmung gelten § 1594 Abs. 3 und 4, § 1596 Abs. 1 Satz 1 bis 3, Abs. 3 und 4, § 1597 Abs. 1 und 2 und § 1598 Abs. 1 entsprechend. [3]Die Anerkennung wird frühestens mit Rechtskraft des dem Scheidungsantrag stattgebenden Beschluss wirksam.

§ 1600 Anfechtungsberechtigte. (1) Berechtigt, die Vaterschaft anzufechten, sind:

1. der Mann, dessen Vaterschaft nach § 1592 Nr. 1 und 2, § 1593 besteht,
2. der Mann, der an Eides statt versichert, der Mutter des Kindes während der Empfängniszeit beigewohnt zu haben,
3. die Mutter und
4. das Kind.

(2) Die Anfechtung nach Absatz 1 Nr. 2 setzt voraus, dass zwischen dem Kind und seinem Vater im Sinne von Absatz 1 Nr. 1 keine sozial-familiäre Beziehung besteht oder im Zeitpunkt seines Todes bestanden hat und dass der Anfechtende leiblicher Vater des Kindes ist.

(3) [1]Eine sozial-familiäre Beziehung nach Absatz 2 besteht, wenn der Vater im Sinne von Absatz 1 Nr. 1 zum maßgeblichen Zeitpunkt für das Kind tatsächliche Verantwortung trägt oder getragen hat. [2]Eine Übernahme tatsächlicher Verantwortung liegt in der Regel vor, wenn der Vater im Sinne von Absatz 1 Nr. 1 mit der Mutter des Kindes verheiratet ist oder mit dem Kind längere Zeit in häuslicher Gemeinschaft zusammengelebt hat.

(4) Ist das Kind mit Einwilligung des Mannes und der Mutter durch künstliche Befruchtung mittels Samenspende eines Dritten gezeugt worden, so ist die Anfechtung der Vaterschaft durch den Mann oder die Mutter ausgeschlossen.

§ 1600a Persönliche Anfechtung; Anfechtung bei fehlender oder beschränkter Geschäftsfähigkeit. (1) Die Anfechtung kann nicht durch einen Bevollmächtigten erfolgen.

(2) [1]Die Anfechtungsberechtigten im Sinne von § 1600 Abs. 1 Nr. 1 bis 3 können die Vaterschaft nur selbst anfechten. [2]Dies gilt auch, wenn sie in der Geschäftsfähigkeit beschränkt sind; sie bedürfen hierzu nicht der Zustimmung ihres gesetzlichen Vertreters. [3]Sind sie geschäftsunfähig, so kann nur ihr gesetzlicher Vertreter anfechten.

(3) Für ein geschäftsunfähiges oder in der Geschäftsfähigkeit beschränktes Kind kann nur der gesetzliche Vertreter anfechten.

(4) Die Anfechtung durch den gesetzlichen Vertreter ist nur zulässig, wenn sie dem Wohl des Vertretenen dient.

(5) Ein geschäftsfähiger Betreuter kann die Vaterschaft nur selbst anfechten.

§ 1600b Anfechtungsfristen. (1) [1]Die Vaterschaft kann binnen zwei Jahren gerichtlich angefochten werden. [2]Die Frist beginnt mit dem Zeitpunkt, in dem der Berechtigte von den Umständen erfährt, die gegen die Vaterschaft sprechen; das Vorliegen einer sozial-familiären Beziehung im Sinne von § 1600 Abs. 2 erste Alternative hindert den Lauf der Frist nicht.

(2) [1]Die Frist beginnt nicht vor der Geburt des Kindes und nicht, bevor die Anerkennung wirksam geworden ist. [2]In den Fällen des § 1593 Satz 4 beginnt die Frist nicht vor der Rechtskraft der Entscheidung, durch die festgestellt wird, dass der neue Ehemann der Mutter nicht der Vater des Kindes ist.

(3) [1]Hat der gesetzliche Vertreter eines minderjährigen Kindes die Vaterschaft nicht rechtzeitig angefochten, so kann das Kind nach dem Eintritt der Volljährigkeit selbst anfechten. [2]In diesem Falle beginnt die Frist nicht vor Eintritt der Volljährigkeit und nicht vor dem Zeitpunkt, in dem das Kind von den Umständen erfährt, die gegen die Vaterschaft sprechen.

(4) [1]Hat der gesetzliche Vertreter eines Geschäftsunfähigen die Vaterschaft nicht rechtzeitig angefochten, so kann der Anfechtungsberechtigte nach dem Wegfall der Geschäftsunfähigkeit selbst anfechten. [2]Absatz 3 Satz 2 gilt entsprechend.

(5) [1]Die Frist wird durch die Einleitung eines Verfahrens nach § 1598a Abs. 2 gehemmt; § 204 Abs. 2 gilt entsprechend. [2]Die Frist ist auch gehemmt, solange der Anfechtungsberechtigte widerrechtlich durch Drohung an der Anfechtung gehindert wird. [3]Im Übrigen sind § 204 Absatz 1 Nummer 4, 8, 13, 14 und Absatz 2 sowie die §§ 206 und 210 entsprechend anzuwenden.

(6) Erlangt das Kind Kenntnis von Umständen, auf Grund derer die Folgen der Vaterschaft für es unzumutbar werden, so beginnt für das Kind mit diesem Zeitpunkt die Frist des Absatzes 1 Satz 1 erneut.

§ 1600c Vaterschaftsvermutung im Anfechtungsverfahren. (1) In dem Verfahren auf Anfechtung der Vaterschaft wird vermutet, dass das Kind von dem Mann abstammt, dessen Vaterschaft nach § 1592 Nr. 1 und 2, § 1593 besteht.

(2) Die Vermutung nach Absatz 1 gilt nicht, wenn der Mann, der die Vaterschaft anerkannt hat, die Vaterschaft anficht und seine Anerkennung unter einem Willensmangel nach § 119 Abs. 1, § 123 leidet; in diesem Falle ist § 1600d Abs. 2 und 3 entsprechend anzuwenden.

§ 1600d Gerichtliche Feststellung der Vaterschaft. (1) Besteht keine Vaterschaft nach § 1592 Nr. 1 und 2, § 1593, so ist die Vaterschaft gerichtlich festzustellen.

(2) [1]Im Verfahren auf gerichtliche Feststellung der Vaterschaft wird als Vater vermutet, wer der Mutter während der Empfängniszeit beigewohnt hat. [2]Die Vermutung gilt nicht, wenn schwerwiegende Zweifel an der Vaterschaft bestehen.

(3) [1]Als Empfängniszeit gilt die Zeit von dem 300. bis zu dem 181. Tage vor der Geburt des Kindes, mit Einschluss sowohl des 300. als auch des 181. Tages. [2]Steht fest, dass das Kind außerhalb des Zeitraums des Satzes 1 empfangen worden ist, so gilt dieser abweichende Zeitraum als Empfängniszeit.

(4) Ist das Kind durch eine ärztlich unterstützte künstliche Befruchtung in einer Einrichtung der medizinischen Versorgung im Sinne von § 1a Nummer 9 des Transplantationsgesetzes unter heterologer Verwendung von Samen gezeugt worden, der vom Spender einer Entnahmeeinrichtung im Sinne von § 2 Absatz 1 Satz 1 des Samenspenderregistergesetzes zur Verfügung gestellt wurde, so kann der Samenspender nicht als Vater dieses Kindes festgestellt werden.

(5) Die Rechtswirkungen der Vaterschaft können, soweit sich nicht aus dem Gesetz anderes ergibt, erst vom Zeitpunkt ihrer Feststellung an geltend gemacht werden.

Titel 5
Elterliche Sorge

§ 1626 Elterliche Sorge, Grundsätze. (1) [1]Die Eltern haben die Pflicht und das Recht, für das minderjährige Kind zu sorgen (elterliche Sorge). [2]Die elterliche Sorge umfasst die Sorge für die Person des Kindes (Personensorge) und das Vermögen des Kindes (Vermögenssorge).

(2) [1]Bei der Pflege und Erziehung berücksichtigen die Eltern die wachsende Fähigkeit und das wachsende Bedürfnis des Kindes zu selbständigem verantwortungsbewusstem Handeln. [2]Sie besprechen mit dem Kind, soweit es nach dessen Entwicklungsstand angezeigt ist, Fragen der elterlichen Sorge und streben Einvernehmen an.

(3) [1]Zum Wohl des Kindes gehört in der Regel der Umgang mit beiden Elternteilen. [2]Gleiches gilt für den Umgang mit anderen Personen, zu denen das Kind Bindungen besitzt, wenn ihre Aufrechterhaltung für seine Entwicklung förderlich ist.

§ 1626a Elterliche Sorge nicht miteinander verheirateter Eltern; Sorgeerklärungen. (1) Sind die Eltern bei der Geburt des Kindes nicht miteinander verheiratet, so steht ihnen die elterliche Sorge gemeinsam zu,
1. wenn sie erklären, dass sie die Sorge gemeinsam übernehmen wollen (Sorgeerklärungen),
2. wenn sie einander heiraten oder
3. soweit ihnen das Familiengericht die elterliche Sorge gemeinsam überträgt.

(2) [1]Das Familiengericht überträgt gemäß Absatz 1 Nummer 3 auf Antrag eines Elternteils die elterliche Sorge oder einen Teil der elterlichen Sorge beiden Eltern gemeinsam, wenn die Übertragung dem Kindeswohl nicht widerspricht. [2]Trägt der andere Elternteil keine Gründe vor, die der Übertragung der gemeinsamen elterlichen Sorge entgegenstehen können, und sind solche Gründe auch sonst nicht ersichtlich, wird vermutet, dass die gemeinsame elterliche Sorge dem Kindeswohl nicht widerspricht.

(3) Im Übrigen hat die Mutter die elterliche Sorge.

§ 1626b Besondere Wirksamkeitsvoraussetzungen der Sorgeerklärung.
(1) Eine Sorgeerklärung unter einer Bedingung oder einer Zeitbestimmung ist unwirksam.

(2) Die Sorgeerklärung kann schon vor der Geburt des Kindes abgegeben werden.

(3) Eine Sorgeerklärung ist unwirksam, soweit eine gerichtliche Entscheidung über die elterliche Sorge nach den § 1626a Absatz 1 Nummer 3 oder § 1671 getroffen oder eine solche Entscheidung nach § 1696 Absatz 1 Satz 1 geändert wurde.

§ 1626c Persönliche Abgabe; beschränkt geschäftsfähiger Elternteil.
(1) Die Eltern können die Sorgeerklärungen nur selbst abgeben.

(2) [1]Die Sorgeerklärung eines beschränkt geschäftsfähigen Elternteils bedarf der Zustimmung seines gesetzlichen Vertreters. [2]Die Zustimmung kann nur von diesem selbst abgegeben werden; § 1626b Abs. 1 und 2 gilt entsprechend. [3]Das Familiengericht hat die Zustimmung auf Antrag des beschränkt geschäftsfähigen Elternteils zu ersetzen, wenn die Sorgeerklärung dem Wohl dieses Elternteils nicht widerspricht.

§ 1627 Ausübung der elterlichen Sorge. [1]Die Eltern haben die elterliche Sorge in eigener Verantwortung und in gegenseitigem Einvernehmen zum Wohl des Kindes auszuüben. [2]Bei Meinungsverschiedenheiten müssen sie versuchen, sich zu einigen.

§ 1629 Vertretung des Kindes. (1) [1]Die elterliche Sorge umfasst die Vertretung des Kindes. [2]Die Eltern vertreten das Kind gemeinschaftlich; ist eine Willenserklärung gegenüber dem Kind abzugeben, so genügt die Abgabe gegenüber einem Elternteil. [3]Ein Elternteil vertritt das Kind allein, soweit er die elterliche Sorge allein ausübt oder ihm die Entscheidung nach § 1628 übertragen ist. [4]Bei Gefahr im Verzug ist jeder Elternteil dazu berechtigt, alle Rechtshandlungen vorzunehmen, die zum Wohl des Kindes notwendig sind; der andere Elternteil ist unverzüglich zu unterrichten.

(2) [1]Der Vater und die Mutter können das Kind insoweit nicht vertreten, als nach § 1795 ein Vormund von der Vertretung des Kindes ausgeschlossen ist. [2]Steht die elterliche Sorge für ein Kind den Eltern gemeinsam zu, so kann der Elternteil, in dessen Obhut sich das Kind befindet, Unterhaltsansprüche des Kindes gegen den anderen Elternteil geltend machen. [3]Das Familiengericht kann dem Vater und der Mutter nach § 1796 die Vertretung entziehen; dies gilt nicht für die Feststellung der Vaterschaft.

(2a) Der Vater und die Mutter können das Kind in einem gerichtlichen Verfahren nach § 1598a Abs. 2 nicht vertreten.

(3) [1]Sind die Eltern des Kindes miteinander verheiratet oder besteht zwischen ihnen eine Lebenspartnerschaft, so kann ein Elternteil Unterhaltsansprüche des Kindes gegen den anderen Elternteil nur im eigenen Namen geltend machen, solange

1. die Eltern getrennt leben oder
2. eine Ehesache oder eine Lebenspartnerschaftssache im Sinne von § 269 Absatz 1 Nummer 1 oder 2 des Gesetzes über das Verfahren in Familiensachen und in den Angelegenheiten der freiwilligen Gerichtsbarkeit zwischen ihnen anhängig ist. [2]Eine von einem Elternteil erwirkte gerichtliche Entscheidung und ein zwischen den Eltern geschlossener gerichtlicher Vergleich wirken auch für und gegen das Kind.

§ 1631 Inhalt und Grenzen der Personensorge. (1) Die Personensorge umfasst insbesondere die Pflicht und das Recht, das Kind zu pflegen, zu erziehen, zu beaufsichtigen und seinen Aufenthalt zu bestimmen.

(2) [1]Kinder haben ein Recht auf gewaltfreie Erziehung. [2]Körperliche Bestrafungen, seelische Verletzungen und andere entwürdigende Maßnahmen sind unzulässig.

(3) Das Familiengericht hat die Eltern auf Antrag bei der Ausübung der Personensorge in geeigneten Fällen zu unterstützen.

§ 1631a Ausbildung und Beruf. [1]In Angelegenheiten der Ausbildung und des Berufs nehmen die Eltern insbesondere auf Eignung und Neigung des Kindes Rücksicht. [2]Bestehen Zweifel, so soll der Rat eines Lehrers oder einer anderen geeigneten Person eingeholt werden.

§ 1631b Freiheitsentziehende Unterbringung und freiheitsentziehende Maßnahmen. (1) [1]Eine Unterbringung des Kindes, die mit Freiheitsentziehung verbunden ist, bedarf der Genehmigung des Familiengerichts. [2]Die Unterbringung ist zulässig, solange sie zum Wohl des Kindes, insbesondere zur Abwendung einer erheblichen Selbst- oder Fremdgefährdung, erforderlich ist und der Gefahr nicht auf andere Weise, auch nicht durch andere öffentliche Hilfen, begegnet werden kann. [3]Ohne die Genehmigung ist die Unterbringung nur zulässig, wenn mit dem Aufschub Gefahr verbunden ist; die Genehmigung ist unverzüglich nachzuholen.

(2) [1]Die Genehmigung des Familiengerichts ist auch erforderlich, wenn dem Kind, das sich in einem Krankenhaus, einem Heim oder einer sonstigen Einrichtung aufhält, durch mechanische Vorrichtungen, Medikamente oder auf andere Weise über einen längeren Zeitraum oder regelmäßig in nicht altersgerechter Weise die Freiheit entzogen werden soll. [2]Absatz 1 Satz 2 und 3 gilt entsprechend.

§ 1631c Verbot der Sterilisation. [1]Die Eltern können nicht in eine Sterilisation des Kindes einwilligen. [2]Auch das Kind selbst kann nicht in die Sterilisation einwilligen. [3]§ 1909 findet keine Anwendung.

§ 1631d Beschneidung des männlichen Kindes. (1) [1]Die Personensorge umfasst auch das Recht, in eine medizinisch nicht erforderliche Beschneidung des nicht einsichts- und urteilsfähigen männlichen Kindes einzuwilligen, wenn diese nach den Regeln der ärztlichen Kunst durchgeführt werden soll. [2]Dies gilt nicht, wenn durch die Beschneidung auch unter Berücksichtigung ihres Zwecks das Kindeswohl gefährdet wird.

(2) In den ersten sechs Monaten nach der Geburt des Kindes dürfen auch von einer Religionsgesellschaft dazu vorgesehene Personen Beschneidungen gemäß Absatz 1 durchführen, wenn sie dafür besonders ausgebildet und, ohne Arzt zu sein, für die Durchführung der Beschneidung vergleichbar befähigt sind.

§ 1666 Gerichtliche Maßnahmen bei Gefährdung des Kindeswohls.
(1) Wird das körperliche, geistige oder seelische Wohl des Kindes oder sein Vermögen gefährdet und sind die Eltern nicht gewillt oder nicht in der Lage, die Gefahr abzuwenden, so hat das Familiengericht die Maßnahmen zu treffen, die zur Abwendung der Gefahr erforderlich sind.

(2) In der Regel ist anzunehmen, dass das Vermögen des Kindes gefährdet ist, wenn der Inhaber der Vermögenssorge seine Unterhaltspflicht gegenüber dem Kind oder seine mit der Vermögenssorge verbundenen Pflichten verletzt oder Anordnungen des Gerichts, die sich auf die Vermögenssorge beziehen, nicht befolgt.

(3) Zu den gerichtlichen Maßnahmen nach Absatz 1 gehören insbesondere
1. Gebote, öffentliche Hilfen wie zum Beispiel Leistungen der Kinder- und Jugendhilfe und der Gesundheitsfürsorge in Anspruch zu nehmen,
2. Gebote, für die Einhaltung der Schulpflicht zu sorgen,
3. Verbote, vorübergehend oder auf unbestimmte Zeit die Familienwohnung oder eine andere Wohnung zu nutzen, sich in einem bestimmten Umkreis der Wohnung aufzuhalten oder zu bestimmende andere Orte aufzusuchen, an denen sich das Kind regelmäßig aufhält,
4. Verbote, Verbindung zum Kind aufzunehmen oder ein Zusammentreffen mit dem Kind herbeizuführen,
5. die Ersetzung von Erklärungen des Inhabers der elterlichen Sorge,
6. die teilweise oder vollständige Entziehung der elterlichen Sorge.

(4) In Angelegenheiten der Personensorge kann das Gericht auch Maßnahmen mit Wirkung gegen einen Dritten treffen.

Abschnitt 3
Vormundschaft, Rechtliche Betreuung, Pflegschaft

Titel 2
Rechtliche Betreuung

§ 1896 Voraussetzungen. (1) [1]Kann ein Volljähriger auf Grund einer psychischen Krankheit oder einer körperlichen, geistigen oder seelischen Behinderung seine Angelegenheiten ganz oder teilweise nicht besorgen, so bestellt das Betreuungsgericht auf seinen Antrag oder von Amts wegen für ihn einen Betreuer. [2]Den Antrag kann auch ein Geschäftsunfähiger stellen. [3]Soweit der Volljährige auf Grund einer körperlichen Behinderung seine Angelegenheiten nicht besorgen kann, darf der Betreuer nur auf Antrag des Volljährigen bestellt werden, es sei denn, dass dieser seinen Willen nicht kundtun kann.

(1a) Gegen den freien Willen des Volljährigen darf ein Betreuer nicht bestellt werden.

(2) [1]Ein Betreuer darf nur für Aufgabenkreise bestellt werden, in denen die Betreuung erforderlich ist. [2]Die Betreuung ist nicht erforderlich, soweit die Angelegenheiten des Volljährigen durch einen Bevollmächtigten, der nicht zu den in § 1897 Abs. 3 bezeichneten Personen gehört, oder durch andere Hilfen, bei denen kein gesetzlicher Vertreter bestellt wird, ebenso gut wie durch einen Betreuer besorgt werden können.

(3) Als Aufgabenkreis kann auch die Geltendmachung von Rechten des Betreuten gegenüber seinem Bevollmächtigten bestimmt werden.

(4) Die Entscheidung über den Fernmeldeverkehr des Betreuten und über die Entgegennahme, das Öffnen und das Anhalten seiner Post werden vom Aufgabenkreis des Betreuers nur dann erfasst, wenn das Gericht dies ausdrücklich angeordnet hat.

§ 1897 Bestellung einer natürlichen Person. (1) Zum Betreuer bestellt das Betreuungsgericht eine natürliche Person, die geeignet ist, in dem gerichtlich bestimmten Aufgabenkreis die Angelegenheiten des Betreuten rechtlich zu besorgen und ihn in dem hierfür erforderlichen Umfang persönlich zu betreuen.

(2) [1]Der Mitarbeiter eines nach § 1908f anerkannten Betreuungsvereins, der dort ausschließlich oder teilweise als Betreuer tätig ist (Vereinsbetreuer), darf nur mit Einwilligung des Vereins bestellt werden. [2]Entsprechendes gilt für den Mitarbeiter einer in Betreuungsangelegenheiten zuständigen Behörde, der dort ausschließlich oder teilweise als Betreuer tätig ist (Behördenbetreuer).

(3) Wer zu einer Anstalt, einem Heim oder einer sonstigen Einrichtung, in welcher der Volljährige untergebracht ist oder wohnt, in einem Abhängigkeitsverhältnis oder in einer anderen engen Beziehung steht, darf nicht zum Betreuer bestellt werden.

(4) [1]Schlägt der Volljährige eine Person vor, die zum Betreuer bestellt werden kann, so ist diesem Vorschlag zu entsprechen, wenn es dem Wohl des Volljährigen nicht zuwiderläuft. [2]Schlägt er vor, eine bestimmte Person nicht zu bestellen, so soll hierauf Rücksicht genommen werden. [3]Die Sätze 1 und 2 gelten auch für Vorschläge, die der Volljährige vor dem Betreuungsverfahren gemacht hat, es sei denn, dass er an diesen Vorschlägen erkennbar nicht festhalten will.

(5) Schlägt der Volljährige niemanden vor, der zum Betreuer bestellt werden kann, so ist bei der Auswahl des Betreuers auf die verwandtschaftlichen und sonstigen persönlichen Bindungen des Volljährigen, insbesondere auf die Bindungen zu Eltern, zu Kindern, zum Ehegatten und zum Lebenspartner, sowie auf die Gefahr von Interessenkonflikten Rücksicht zu nehmen.

(6) [1]Wer Betreuungen im Rahmen seiner Berufsausübung führt, soll nur dann zum Betreuer bestellt werden, wenn keine andere geeignete Person zur Verfügung steht, die zur ehrenamtlichen Führung der Betreuung bereit ist. [2]Werden dem Betreuer Umstände bekannt, aus denen sich ergibt, dass der Volljährige durch eine oder mehrere andere geeignete Personen außerhalb einer Berufsausübung betreut werden kann, so hat er dies dem Gericht mitzuteilen.

(7) [1]Wird eine Person unter den Voraussetzungen des Absatzes 6 Satz 1 erstmals in dem Bezirk des Betreuungsgerichts zum Betreuer bestellt, soll das Gericht zuvor die zuständige Behörde zur Eignung des ausgewählten Betreuers und zu den nach § 1 Abs. 1 Satz 1 zweite Alternative des Vormünder- und Betreuervergütungsgesetzes zu treffenden Feststellungen anhören. [2]Die zuständige Behörde soll die Person auffordern, ein Führungszeugnis und eine Auskunft aus dem Schuldnerverzeichnis vorzulegen.

(8) Wird eine Person unter den Voraussetzungen des Absatzes 6 Satz 1 bestellt, hat sie sich über Zahl und Umfang der von ihr berufsmäßig geführten Betreuungen zu erklären.

§ 1898 Übernahmepflicht. (1) Der vom Betreuungsgericht Ausgewählte ist verpflichtet, die Betreuung zu übernehmen, wenn er zur Betreuung geeignet ist und ihm die Übernahme unter Berücksichtigung seiner familiären, beruflichen und sonstigen Verhältnisse zugemutet werden kann.

(2) Der Ausgewählte darf erst dann zum Betreuer bestellt werden, wenn er sich zur Übernahme der Betreuung bereit erklärt hat.

§ 1899 Mehrere Betreuer. (1) [1]Das Betreuungsgericht kann mehrere Betreuer bestellen, wenn die Angelegenheiten des Betreuten hierdurch besser besorgt werden können. [2]In diesem Falle bestimmt es, welcher Betreuer mit welchem Aufgabenkreis betraut wird. [3]Mehrere Betreuer, die eine Vergütung erhalten, werden außer in den in den Absätzen 2 und 4 sowie § 1908i Abs. 1 Satz 1 in Verbindung mit § 1792 geregelten Fällen nicht bestellt.

(2) Für die Entscheidung über die Einwilligung in eine Sterilisation des Betreuten ist stets ein besonderer Betreuer zu bestellen.

(3) Soweit mehrere Betreuer mit demselben Aufgabenkreis betraut werden, können sie die Angelegenheiten des Betreuten nur gemeinsam besorgen, es sei denn, dass das Gericht etwas anderes bestimmt hat oder mit dem Aufschub Gefahr verbunden ist.

(4) Das Gericht kann mehrere Betreuer auch in der Weise bestellen, dass der eine die Angelegenheiten des Betreuten nur zu besorgen hat, soweit der andere verhindert ist.

§ 1900 Betreuung durch Verein oder Behörde. (1) [1]Kann der Volljährige durch eine oder mehrere natürliche Personen nicht hinreichend betreut werden, so bestellt das Betreuungsgericht einen anerkannten Betreuungsverein zum Betreuer. [2]Die Bestellung bedarf der Einwilligung des Vereins.

(2) ¹Der Verein überträgt die Wahrnehmung der Betreuung einzelnen Personen. ²Vorschlägen des Volljährigen hat er hierbei zu entsprechen, soweit nicht wichtige Gründe entgegenstehen. ³Der Verein teilt dem Gericht alsbald mit, wem er die Wahrnehmung der Betreuung übertragen hat.

(3) Werden dem Verein Umstände bekannt, aus denen sich ergibt, dass der Volljährige durch eine oder mehrere natürliche Personen hinreichend betreut werden kann, so hat er dies dem Gericht mitzuteilen.

(4) ¹Kann der Volljährige durch eine oder mehrere natürliche Personen oder durch einen Verein nicht hinreichend betreut werden, so bestellt das Gericht die zuständige Behörde zum Betreuer. ²Die Absätze 2 und 3 gelten entsprechend.

(5) Vereinen oder Behörden darf die Entscheidung über die Einwilligung in eine Sterilisation des Betreuten nicht übertragen werden.

§ 1901 Umfang der Betreuung, Pflichten des Betreuers. (1) Die Betreuung umfasst alle Tätigkeiten, die erforderlich sind, um die Angelegenheiten des Betreuten nach Maßgabe der folgenden Vorschriften rechtlich zu besorgen.

(2) ¹Der Betreuer hat die Angelegenheiten des Betreuten so zu besorgen, wie es dessen Wohl entspricht. ²Zum Wohl des Betreuten gehört auch die Möglichkeit, im Rahmen seiner Fähigkeiten sein Leben nach seinen eigenen Wünschen und Vorstellungen zu gestalten.

(3) ¹Der Betreuer hat Wünschen des Betreuten zu entsprechen, soweit dies dessen Wohl nicht zuwiderläuft und dem Betreuer zuzumuten ist. ²Dies gilt auch für Wünsche, die der Betreute vor der Bestellung des Betreuers geäußert hat, es sei denn, dass er an diesen Wünschen erkennbar nicht festhalten will. ³Ehe der Betreuer wichtige Angelegenheiten erledigt, bespricht er sie mit dem Betreuten, sofern dies dessen Wohl nicht zuwiderläuft.

(4) ¹Innerhalb seines Aufgabenkreises hat der Betreuer dazu beizutragen, dass Möglichkeiten genutzt werden, die Krankheit oder Behinderung des Betreuten zu beseitigen, ihren Verschlimmerung zu verhüten oder ihre Folgen zu mildern. ²Wird die Betreuung berufsmäßig geführt, hat der Betreuer in geeigneten Fällen auf Anordnung des Gerichts zu Beginn der Betreuung einen Betreuungsplan zu erstellen. ³In dem Betreuungsplan sind die Ziele der Betreuung und die zu ihrer Erreichung zu ergreifenden Maßnahmen darzustellen.

(5) ¹Werden dem Betreuer Umstände bekannt, die eine Aufhebung der Betreuung ermöglichen, so hat er dies dem Betreuungsgericht mitzuteilen. ²Gleiches gilt für Umstände, die eine Einschränkung des Aufgabenkreises ermöglichen oder dessen Erweiterung, die Bestellung eines weiteren Betreuers oder die Anordnung eines Einwilligungsvorbehalts (§ 1903) erfordern.

§ 1901a Patientenverfügung. (1) ¹Hat ein einwilligungsfähiger Volljähriger für den Fall seiner Einwilligungsunfähigkeit schriftlich festgelegt, ob er in bestimmte, zum Zeitpunkt der Festlegung noch nicht unmittelbar bevorstehende Untersuchungen seines Gesundheitszustands, Heilbehandlungen oder ärztliche Eingriffe einwilligt oder sie untersagt (Patientenverfügung), prüft der Betreuer, ob diese Festlegungen auf die aktuelle Lebens- und Behandlungssituation zutreffen. [2]Ist dies der Fall, hat der Betreuer dem Willen des Betreuten Ausdruck und Geltung zu verschaffen. [3]Eine Patientenverfügung kann jederzeit formlos widerrufen werden.

(2) [1]Liegt keine Patientenverfügung vor oder treffen die Festlegungen einer Patientenverfügung nicht auf die aktuelle Lebens- und Behandlungssituation zu, hat der Betreuer die Behandlungswünsche oder den mutmaßlichen Willen des Betreuten festzustellen und auf dieser Grundlage zu entscheiden, ob er in eine ärztliche Maßnahme nach Absatz 1 einwilligt oder sie untersagt. [2]Der mutmaßliche Wille ist aufgrund konkreter Anhaltspunkte zu ermitteln. [3]Zu berücksichtigen sind insbesondere frühere mündliche oder schriftliche Äußerungen, ethische oder religiöse Überzeugungen und sonstige persönliche Wertvorstellungen des Betreuten.

(3) Die Absätze 1 und 2 gelten unabhängig von Art und Stadium einer Erkrankung des Betreuten.

(4) Der Betreuer soll den Betreuten in geeigneten Fällen auf die Möglichkeit einer Patientenverfügung hinweisen und ihn auf dessen Wunsch bei der Errichtung einer Patientenverfügung unterstützen.

(5) [1]Niemand kann zur Errichtung einer Patientenverfügung verpflichtet werden. [2]Die Errichtung oder Vorlage einer Patientenverfügung darf nicht zur Bedingung eines Vertragsschlusses gemacht werden.

(6) Die Absätze 1 bis 3 gelten für Bevollmächtigte entsprechend.

§ 1901b Gespräch zur Feststellung des Patientenwillens. (1) [1]Der behandelnde Arzt prüft, welche ärztliche Maßnahme im Hinblick auf den Gesamtzustand und die Prognose des Patienten indiziert ist. [2]Er und der Betreuer erörtern diese Maßnahme unter Berücksichtigung des Patientenwillens als Grundlage für die nach § 1901a zu treffende Entscheidung.

(2) Bei der Feststellung des Patientenwillens nach § 1901a Absatz 1 oder der Behandlungswünsche oder des mutmaßlichen Willens nach § 1901a Absatz 2 soll nahen Angehörigen und sonstigen Vertrauenspersonen des Betreuten Gelegenheit zur Äußerung gegeben werden, sofern dies ohne erhebliche Verzögerung möglich ist.

(3) Die Absätze 1 und 2 gelten für Bevollmächtigte entsprechend.

§ 1901c Schriftliche Betreuungswünsche, Vorsorgevollmacht. [1]Wer ein Schriftstück besitzt, in dem jemand für den Fall seiner Betreuung Vorschläge zur Auswahl des Betreuers oder Wünsche zur Wahrnehmung der Betreuung geäußert hat, hat es unverzüglich an das Betreuungsgericht abzuliefern, nachdem er von der Einleitung eines Verfahrens über die Bestellung eines Betreuers Kenntnis erlangt hat. [2]Ebenso hat der Besitzer das Betreuungsgericht über Schriftstücke, in denen der Betroffene eine andere Person mit der Wahrnehmung seiner Angelegenheiten bevollmächtigt hat, zu unterrichten. [3]Das Betreuungsgericht kann die Vorlage einer Abschrift verlangen.

§ 1902 Vertretung des Betreuten. In seinem Aufgabenkreis vertritt der Betreuer den Betreuten gerichtlich und außergerichtlich.

§ 1903 Einwilligungsvorbehalt. (1) [1]Soweit dies zur Abwendung einer erheblichen Gefahr für die Person oder das Vermögen des Betreuten erforderlich ist, ordnet das Betreuungsgericht an, dass der Betreute zu einer Willenserklärung, die den Aufgabenkreis des Betreuers betrifft, dessen Einwilligung bedarf (Einwilligungsvorbehalt). [2]Die §§ 108 bis 113, 131 Abs. 2 und § 210 gelten entsprechend.

(2) Ein Einwilligungsvorbehalt kann sich nicht erstrecken

1. auf Willenserklärungen, die auf Eingehung einer Ehe oder Begründung einer Lebenspartnerschaft gerichtet sind,

2. auf Verfügungen von Todes wegen,

3. auf die Anfechtung eines Erbvertrags,

4. auf die Aufhebung eines Erbvertrags durch Vertrag und

5. auf Willenserklärungen, zu denen ein beschränkt Geschäftsfähiger nach den Vorschriften der Bücher 4 und 5 nicht der Zustimmung seines gesetzlichen Vertreters bedarf.

(3) [1]Ist ein Einwilligungsvorbehalt angeordnet, so bedarf der Betreute dennoch nicht der Einwilligung seines Betreuers, wenn die Willenserklärung dem Betreuten lediglich einen rechtlichen Vorteil bringt. [2]Soweit das Gericht nichts anderes anordnet, gilt dies auch, wenn die Willenserklärung eine geringfügige Angelegenheit des täglichen Lebens betrifft.

(4) § 1901 Abs. 5 gilt entsprechend.

§ 1904 Genehmigung des Betreuungsgerichts bei ärztlichen Maßnahmen.

(1) [1]Die Einwilligung des Betreuers in eine Untersuchung des Gesundheitszustands, eine Heilbehandlung oder einen ärztlichen Eingriff bedarf der Genehmigung des Betreuungsgerichts, wenn die begründete Gefahr besteht, dass der Betreute auf Grund der Maßnahme stirbt oder einen schweren und länger dauernden gesundheitlichen Schaden erleidet. [2]Ohne die Genehmigung darf die Maßnahme nur durchgeführt werden, wenn mit dem Aufschub Gefahr verbunden ist.

(2) Die Nichteinwilligung oder der Widerruf der Einwilligung des Betreuers in eine Untersuchung des Gesundheitszustands, eine Heilbehandlung oder einen ärztlichen Eingriff bedarf der Genehmigung des Betreuungsgerichts, wenn die Maßnahme medizinisch angezeigt ist und die begründete Gefahr besteht, dass der Betreute auf Grund des Unterbleibens oder des Abbruchs der Maßnahme stirbt oder einen schweren und länger dauernden gesundheitlichen Schaden erleidet.

(3) Die Genehmigung nach den Absätzen 1 und 2 ist zu erteilen, wenn die Einwilligung, die Nichteinwilligung oder der Widerruf der Einwilligung dem Willen des Betreuten entspricht.

(4) Eine Genehmigung nach den Absätzen 1 und 2 ist nicht erforderlich, wenn zwischen Betreuer und behandelndem Arzt Einvernehmen darüber be-

steht, dass die Erteilung, die Nichterteilung oder der Widerruf der Einwilligung dem nach § 1901a festgestellten Willen des Betreuten entspricht.

(5) ¹Die Absätze 1 bis 4 gelten auch für einen Bevollmächtigten. ²Er kann in eine der in Absatz 1 Satz 1 oder Absatz 2 genannten Maßnahmen nur einwilligen, nicht einwilligen oder die Einwilligung widerrufen, wenn die Vollmacht diese Maßnahmen ausdrücklich umfasst und schriftlich erteilt ist.

§ 1905 Sterilisation. (1) ¹Besteht der ärztliche Eingriff in einer Sterilisation des Betreuten, in die dieser nicht einwilligen kann, so kann der Betreuer nur einwilligen, wenn
1. die Sterilisation dem Willen des Betreuten nicht widerspricht,
2. der Betreute auf Dauer einwilligungsunfähig bleiben wird,
3. anzunehmen ist, dass es ohne die Sterilisation zu einer Schwangerschaft kommen würde,
4. infolge dieser Schwangerschaft eine Gefahr für das Leben oder die Gefahr einer schwerwiegenden Beeinträchtigung des körperlichen oder seelischen Gesundheitszustands der Schwangeren zu erwarten wäre, die nicht auf zumutbare Weise abgewendet werden könnte, und
5. die Schwangerschaft nicht durch andere zumutbare Mittel verhindert werden kann.

²Als schwerwiegende Gefahr für den seelischen Gesundheitszustand der Schwangeren gilt auch die Gefahr eines schweren und nachhaltigen Leides, das ihr drohen würde, weil betreuungsgerichtliche Maßnahmen, die mit ihrer Trennung vom Kind verbunden wären (§§ 1666, 1666a), gegen sie ergriffen werden müssten.

(2) ¹Die Einwilligung bedarf der Genehmigung des Betreuungsgerichts. ²Die Sterilisation darf erst zwei Wochen nach Wirksamkeit der Genehmigung durchgeführt werden. ³Bei der Sterilisation ist stets der Methode der Vorzug zu geben, die eine Refertilisierung zulässt.

§ 1906 Genehmigung des Betreuungsgerichts bei freiheitsentziehender Unterbringung und bei freiheitsentziehenden Maßnahmen. (1) Eine Unterbringung des Betreuten durch den Betreuer, die mit Freiheitsentziehung verbunden ist, ist nur zulässig, solange sie zum Wohl des Betreuten erforderlich ist, weil
1. auf Grund einer psychischen Krankheit oder geistigen oder seelischen Behinderung des Betreuten die Gefahr besteht, dass er sich selbst tötet oder erheblichen gesundheitlichen Schaden zufügt, oder
2. zur Abwendung eines drohenden erheblichen gesundheitlichen Schadens eine Untersuchung des Gesundheitszustands, eine Heilbehandlung oder ein ärztlicher Eingriff notwendig ist, die Maßnahmen ohne die Unterbringung des Betreuten nicht durchgeführt werden kann und der Betreute auf Grund einer psychischen Krankheit oder geistigen oder seelischen Behinderung die Notwendigkeit der Unterbringung nicht erkennen oder nicht nach dieser Einsicht handeln kann.

(2) ¹Die Unterbringung ist nur mit Genehmigung des Betreuungsgerichts zulässig. ²Ohne die Genehmigung ist die Unterbringung nur zulässig, wenn mit dem Aufschub Gefahr verbunden ist; die Genehmigung ist unverzüglich nachzuholen.

(3) ¹Der Betreuer hat die Unterbringung zu beenden, wenn ihre Voraussetzungen weggefallen sind. ²Er hat die Beendigung der Unterbringung dem Betreuungsgericht unverzüglich anzuzeigen.

(4) Die Absätze 1 bis 3 gelten entsprechend, wenn dem Betreuten, der sich in einem Krankenhaus, einem Heim oder einer sonstigen Einrichtung aufhält, durch mechanische Vorrichtungen, Medikamente oder auf andere Weise über einen längeren Zeitraum oder regelmäßig die Freiheit entzogen werden soll.

(5) ¹Die Unterbringung durch einen Bevollmächtigten und die Einwilligung eines Bevollmächtigten in Maßnahmen nach Absatz 4 setzen voraus, dass die Vollmacht schriftlich erteilt ist und die in den Absätzen 1 und 4 genannten Maßnahmen ausdrücklich umfasst. ²Im Übrigen gelten die Absätze 1 bis 4 entsprechend.

§ 1906a Genehmigung des Betreuungsgerichts bei ärztlichen Zwangsmaßnahmen. (1) ¹Widerspricht eine Untersuchung des Gesundheitszustands, eine Heilbehandlung oder ein ärztlicher Eingriff dem natürlichen Willen des Betreuten (ärztliche Zwangsmaßnahme), so kann der Betreuer in die ärztliche Zwangsmaßnahme nur einwilligen, wenn

1. die ärztliche Zwangsmaßnahme zum Wohl des Betreuten notwendig ist, um einen drohenden erheblichen gesundheitlichen Schaden abzuwenden,

2. der Betreute auf Grund einer psychischen Krankheit oder einer geistigen oder seelischen Behinderung die Notwendigkeit der ärztlichen Maßnahme nicht erkennen oder nicht nach dieser Einsicht handeln kann,

3. die ärztliche Zwangsmaßnahme dem nach § 1901a zu beachtenden Willen des Betreuten entspricht,

4. zuvor ernsthaft, mit dem nötigen Zeitaufwand und ohne Ausübung unzulässigen Drucks versucht wurde, den Betreuten von der Notwendigkeit der ärztlichen Maßnahme zu überzeugen,

5. der drohende erhebliche gesundheitliche Schaden durch keine andere den Betreuten weniger belastende Maßnahme abgewendet werden kann,

6. der zu erwartende Nutzen der ärztlichen Zwangsmaßnahme die zu erwartenden Beeinträchtigungen deutlich überwiegt und

7. die ärztliche Zwangsmaßnahme im Rahmen eines stationären Aufenthalts in einem Krankenhaus, in dem die gebotene medizinische Versorgung des Betreuten einschließlich einer erforderlichen Nachbehandlung sichergestellt ist, durchgeführt wird.

²§ 1846 ist nur anwendbar, wenn der Betreuer an der Erfüllung seiner Pflichten verhindert ist.

(2) Die Einwilligung in die ärztliche Zwangsmaßnahme bedarf der Genehmigung des Betreuungsgerichts.

(3) ¹Der Betreuer hat die Einwilligung in die ärztliche Zwangsmaßnahme zu widerrufen, wenn ihre Voraussetzungen weggefallen sind. ²Er hat den Widerruf dem Betreuungsgericht unverzüglich anzuzeigen.

(4) Kommt eine ärztliche Zwangsmaßnahme in Betracht, so gilt für die Verbringung des Betreuten gegen seinen natürlichen Willen zu einem stationären Aufenthalt in ein Krankenhaus § 1906 Absatz 1 Nummer 2, Absatz 2 und 3 Satz 1 entsprechend.

(5) [1]Die Einwilligung eines Bevollmächtigten in eine ärztliche Zwangsmaßnahme und die Einwilligung in eine Maßnahme nach Absatz 4 setzen voraus, dass die Vollmacht schriftlich erteilt ist und die Einwilligung in diese Maßnahmen ausdrücklich umfasst. [2]Im Übrigen gelten die Absätze 1 bis 3 entsprechend.

Buch 5

Erbrecht

Abschnitt 1

Erbfolge

§ 1923 Erbfähigkeit. (1) Erbe kann nur werden, wer zur Zeit des Erbfalls lebt.

(2) Wer zur Zeit des Erbfalls noch nicht lebte, aber bereits gezeugt war, gilt als vor dem Erbfall geboren.

Gebührenordnung für Ärzte (GOÄ)[1]

i.d.F. der Bek. vom 9.2.1996 (BGBl. I S. 210),
zuletzt geändert durch Art. 7 G vom 27.6.2017 (BGBl. I S. 1966)

– Auszug –

INHALTSÜBERSICHT

§ 1 Anwendungsbereich. (1) Die Vergütungen für die beruflichen Leistungen der Ärzte bestimmen sich nach dieser Verordnung, soweit nicht durch Bundesgesetz etwas anderes bestimmt ist.

(2) ¹Vergütungen darf der Arzt nur für Leistungen berechnen, die nach den Regeln der ärztlichen Kunst für eine medizinisch notwendige ärztliche Versorgung erforderlich sind. ²Leistungen, die über das Maß einer medizinisch notwendigen ärztlichen Versorgung hinausgehen, darf er nur berechnen, wenn sie auf Verlangen des Zahlungspflichtigen erbracht worden sind.

§ 2 Abweichende Vereinbarung. (1) ¹Durch Vereinbarung kann eine von dieser Verordnung abweichende Gebührenhöhe festgelegt werden. ²Für Leistungen nach § 5a ist eine Vereinbarung nach Satz 1 ausgeschlossen. ³Die Vereinbarung einer abweichenden Punktzahl (§ 5 Abs. 1 Satz 2) oder eines abweichenden Punktewerts (§ 5 Abs. 1 Satz 3) ist nicht zulässig. ⁴Notfall- und akute Schmerzbehandlungen dürfen nicht von einer Vereinbarung nach Satz 1 abhängig gemacht werden.

(2) ¹Eine Vereinbarung nach Absatz 1 Satz 1 ist nach persönlicher Absprache im Einzelfall zwischen Arzt und Zahlungspflichtigem vor Erbringung der Leistung des Arztes in einem Schriftstück zu treffen. ²Dieses muss neben der Nummer und der Bezeichnung der Leistung, dem Steigerungssatz und dem ver-

---

1 Gesetz gilt bis 30.12.2018.

einbarten Betrag auch die Feststellung enthalten, dass eine Erstattung der Vergütung durch Erstattungsstellen möglicherweise nicht in vollem Umfang gewährleistet ist. [3]Weitere Erklärungen darf die Vereinbarung nicht enthalten. [4]Der Arzt hat dem Zahlungspflichtigen einen Abdruck der Vereinbarung auszuhändigen.

(3) [1]Für Leistungen nach den Abschnitten A, E, M und O ist eine Vereinbarung nach Absatz 1 Satz 1 unzulässig. [2]Im Übrigen ist bei vollstationären, teilstationären sowie vor- und nachstationären wahlärztlichen Leistungen eine Vereinbarung nach Absatz 1 Satz 1 nur für vom Wahlarzt höchstpersönlich erbrachte Leistungen zulässig.

§ 3 Vergütungen. Als Vergütungen stehen dem Arzt Gebühren, Entschädigungen und Ersatz von Auslagen zu.

§ 4 Gebühren. (1) Gebühren sind Vergütungen für die im Gebührenverzeichnis (Anlage) genannten ärztlichen Leistungen.

(2) [1]Der Arzt kann Gebühren nur für selbstständige ärztliche Leistungen berechnen, die er selbst erbracht hat oder die unter seiner Aufsicht nach fachlicher Weisung erbracht wurden (eigene Leistungen). [2]Als eigene Leistungen gelten auch von ihm berechnete Laborleistungen des Abschnitts M II des Gebührenverzeichnisses (Basislabor), die nach fachlicher Weisung unter der Aufsicht eines anderen Arztes in Laborgemeinschaften oder in von Ärzten ohne eigene Liquidationsberechtigung geleiteten Krankenhauslabors erbracht werden. [3]Als eigene Leistungen im Rahmen einer wahlärztlichen stationären, teilstationären oder vor- und nachstationären Krankenhausbehandlung gelten nicht

1. Leistungen nach den Nummern 1 bis 62 des Gebührenverzeichnisses innerhalb von 24 Stunden nach der Aufnahme und innerhalb von 24 Stunden vor der Entlassung,
2. Visiten nach den Nummern 45 und 46 des Gebührenverzeichnisses während der gesamten Dauer der stationären Behandlung sowie
3. Leistungen nach den Nummern 56, 200, 250, 250a, 252, 271 und 272 des Gebührenverzeichnisses während der gesamten Dauer der stationären Behandlung,

wenn diese nicht durch den Wahlarzt oder dessen vor Abschluss des Wahlarztvertrages dem Patienten benannten ständigen ärztlichen Vertreter persönlich erbracht werden; der ständige ärztliche Vertreter muss Facharzt desselben Gebiets sein. [4]Nicht persönlich durch den Wahlarzt oder dessen ständigen ärztlichen Vertreter erbrachte Leistungen nach Abschnitt E des Gebührenverzeichnisses gelten nur dann als eigene wahlärztliche Leistungen, wenn der Wahlarzt oder dessen ständiger ärztlicher Vertreter durch die Zusatzbezeichnung „Physikalische Therapie" oder durch die Gebietsbezeichnung „Facharzt für physikalische und Rehabilitative Medizin" qualifiziert ist und die Leistungen nach fachlicher Weisung unter deren Aufsicht erbracht werden.

(2a) [1]Für eine Leistung, die Bestandteil oder eine besondere Ausführung einer anderen Leistung nach dem Gebührenverzeichnis ist, kann der Arzt eine Gebühr nicht berechnen, wenn er für die andere Leistung eine Gebühr berechnet. [2]Dies gilt auch für die zur Erbringung der im Gebührenverzeichnis aufgeführten operativen Leistungen methodisch notwendigen operativen Einzelschritte. [3]Die Rufbereitschaft sowie das Bereitstehen eines Arztes oder Arztteams sind nicht berechnungsfähig.

(3) [1]Mit den Gebühren sind die Praxiskosten einschließlich der Kosten für den Sprechstundenbedarf sowie die Kosten für die Anwendung von Instrumenten und Apparaten abgegolten, soweit nicht in dieser Verordnung etwas anderes bestimmt ist. [2]Hat der Arzt ärztliche Leistungen unter Inanspruchnahme Dritter, die nach dieser Verordnung selbst nicht liquidationsberechtigt sind, erbracht, so sind die hierdurch entstandenen Kosten ebenfalls mit der Gebühr abgegolten.

(4) [1]Kosten, die nach Absatz 3 mit den Gebühren abgegolten sind, dürfen nicht gesondert berechnet werden. [2]Eine Abtretung des Vergütungsanspruchs in Höhe solcher Kosten ist gegenüber dem Zahlungspflichtigen unwirksam.

(5) Sollen Leistungen durch Dritte erbracht werden, die diese dem Zahlungspflichtigen unmittelbar berechnen, so hat der Arzt ihn darüber zu unterrichten.

§ 5 Bemessung der Gebühren für Leistungen des Gebührenverzeichnisses. (1) [1]Die Höhe der einzelnen Gebühr bemisst sich, soweit in den Absätzen 3 bis 5 nichts anderes bestimmt ist, nach dem Einfachen bis Dreieinhalbfachen des Gebührensatzes. [2]Gebührensatz ist der Betrag, der sich ergibt, wenn die Punktzahl der einzelnen Leistung des Gebührenverzeichnisses mit dem Punktwert vervielfacht wird. [3]Der Punktwert beträgt 5,82873 Cent. [4]Bei der Bemessung von Gebühren sind sich ergebende Bruchteile eines Cents unter 0,5 abzurunden und Bruchteile von 0,5 und mehr aufzurunden.

(2) [1]Innerhalb des Gebührenrahmens sind die Gebühren unter Berücksichtigung der Schwierigkeit und des Zeitaufwandes der einzelnen Leistung sowie der Umstände bei der Ausführung nach billigem Ermessen zu bestimmen. [2]Die Schwierigkeit der einzelnen Leistung kann auch durch die Schwierigkeit des Krankheitsfalles begründet sein; dies gilt nicht für die in Absatz 3 genannten Leistungen. [3]Bemessungskriterien, die bereits in der Leistungsbeschreibung berücksichtigt worden sind, haben hierbei außer Betracht zu bleiben. [4]In der Regel darf eine Gebühr nur zwischen dem Einfachen und dem 2,3fachen des Gebührensatzes bemessen werden; ein Überschreiten des 2,3fachen des Gebührensatzes ist nur zulässig, wenn Besonderheiten der in Satz 1 genannten Bemessungskriterien dies rechtfertigen.

(3) [1]Gebühren für die in den Abschnitten A, E und O des Gebührenverzeichnisses genannten Leistungen bemessen sich nach dem Einfachen bis Zweieinhalbfachen des Gebührensatzes. [2]Absatz 2 Satz 4 gilt mit der Maßgabe, dass an die Stelle des 2,3fachen des Gebührensatzes das 1,8fache des Gebührensatzes tritt.

(4) [1]Gebühren für die Leistung nach Nummer 437 des Gebührenverzeichnisses sowie für die in Abschnitt M des Gebührenverzeichnisses genannten Leis-

tungen bemessen sich nach dem Einfachen bis 1,3fachen des Gebührensatzes. [2]Absatz 2 Satz 4 gilt mit der Maßgabe, dass an die Stelle des 2,3fachen des Gebührensatzes das 1,5fache des Gebührensatzes tritt.

(5) Bei wahlärztlichen Leistungen, die weder von dem Wahlarzt noch von dessen vor Abschluss des Wahlarztvertrages dem Patienten benannten ständigen ärztlichen Vertreter persönlich erbracht werden, tritt an die Stelle des Dreieinhalbfachen des Gebührensatzes nach § 5 Abs. 1 Satz 1 das 2,3fache des Gebührensatzes und an die Stelle des Zweieinhalbfachen des Gebührensatzes nach § 5 Abs. 3 Satz 1 das 1,8fache des Gebührensatzes.

§ 5a Bemessung der Gebühren in besonderen Fällen. Im Falle eines unter den Voraussetzungen des § 218a Abs. 1 des Strafgesetzbuches vorgenommenen Abbruch einer Schwangerschaft dürfen Gebühren für die in § 24b Abs. 4 des Fünften Buches Sozialgesetzbuch genannten Leistungen nur bis zum 1,8fachen des Gebührensatzes nach § 5 Abs. 1 Satz 2 berechnet werden.

§ 5b Bemessung der Gebühren bei Versicherten des Standardtarifes der privaten Krankenversicherung. [1]Für Leistungen, die in einem branchenheitlichen Standardtarif nach § 257 Abs. 2a des Fünften Buches Sozialgesetzbuch versichert sind, dürfen Gebühren nur bis zum 1,7fachen des Gebührensatzes nach § 5 Abs. 1 Satz 2 berechnet werden. [2]Bei Gebühren für die in den Abschnitten A, E und O des Gebührenverzeichnisses genannten Leistungen gilt Satz 1 mit der Maßgabe, dass an die Stelle des 1,7fachen des Gebührensatzes das 1,3fache des Gebührensatzes tritt. [3]Bei Gebühren für die in Abschnitt M des Gebührenverzeichnisses genannten Leistungen gilt Satz 1 mit der Maßgabe, dass an die Stelle des 1,7fachen des Gebührensatzes das 1,1fache des Gebührensatzes tritt.

§ 6 Gebühren für andere Leistungen. (1) Erbringen Mund-Kiefer-Gesichtschirurgen, Hals-Nasen-Ohrenärzte oder Chirurgen Leistungen, die im Gebührenverzeichnis für zahnärztliche Leistungen – Anlage zur Gebührenordnung für Zahnärzte vom 22. Oktober 1987 (BGBl. I S. 2316) – aufgeführt sind, sind die Vergütungen für diese Leistungen nach den Vorschriften der Gebührenordnung für Zahnärzte in der jeweils geltenden Fassung zu berechnen.

(2) Selbstständige ärztliche Leistungen, die in das Gebührenverzeichnis nicht aufgenommen sind, können entsprechend einer nach Art, Kosten- und Zeitaufwand gleichwertigen Leistung des Gebührenverzeichnisses berechnet werden.

§ 6a Gebühren bei stationärer Behandlung. (1) [1]Bei vollstationären, teilstationären sowie vor- und nachstationären privatärztlichen Leistungen sind die nach dieser Verordnung berechneten Gebühren einschließlich der darauf entfallenden Zuschläge um 25 vom Hundert zu mindern. [2]Abweichend davon beträgt die Minderung für Leistungen und Zuschläge nach Satz 1 von Belegärzten oder niedergelassenen anderen Ärzten 15 vom Hundert. [3]Ausgenommen von der Minderungspflicht ist der Zuschlag nach Buchstabe J in Abschnitt B V des Gebührenverzeichnisses.

(2) Neben den nach Absatz 1 geminderten Gebühren darf der Arzt Kosten nicht berechnen; die §§ 7 bis 10 bleiben unberührt.

§ 7 Entschädigungen. Als Entschädigungen für Besuche erhält der Arzt Wegegeld und Reiseentschädigung; hierdurch sind Zeitversäumnisse und die durch den Besuch bedingten Mehrkosten abgegolten.

§ 8 Wegegeld. (1) ¹Der Arzt kann für jeden Besuch ein Wegegeld berechnen. ²Das Wegegeld beträgt für einen Besuch innerhalb eines Radius um die Praxisstelle des Arztes von

1. bis zu zwei Kilometern 3,58 Euro, bei Nacht (zwischen 20 und 8 Uhr) 7,16 Euro,
2. mehr als zwei Kilometern bis zu fünf Kilometern 6,65 Euro, bei Nacht 10,23 Euro,
3. mehr als fünf Kilometern bis zu zehn Kilometern 10,23 Euro, bei Nacht 15,34 Euro,
4. mehr als zehn Kilometern bis zu 25 Kilometern 15,34 Euro, bei Nacht 25,56 Euro.

(2) Erfolgt der Besuch von der Wohnung des Arztes aus, so tritt bei der Berechnung des Radius die Wohnung des Arztes an die Stelle der Praxisstelle.

(3) Werden mehrere Patienten in derselben häuslichen Gemeinschaft oder in einem Heim, insbesondere in einem Alten- oder Pflegeheim besucht, darf der Arzt das Wegegeld unabhängig von der Anzahl der besuchten Patienten und deren Versichertenstatus insgesamt nur einmal und nur anteilig berechnen.

§ 9 Reiseentschädigung. (1) Bei Besuchen über eine Entfernung von mehr als 25 Kilometern zwischen Praxisstelle des Arztes und Besuchsstelle tritt an die Stelle des Wegegeldes eine Reiseentschädigung.

(2) Als Reiseentschädigung erhält der Arzt

1. 26 Cent für jeden zurückgelegten Kilometer, wenn er einen eigenen Kraftwagen benutzt, bei Benutzung anderer Verkehrsmittel die tatsächlichen Aufwendungen,
2. bei Abwesenheit bis zu 8 Stunden 51,13 Euro, bei Abwesenheit von mehr als 8 Stunden 102,26 Euro je Tag,
3. Ersatz der Kosten für notwendige Übernachtungen.

(3) § 8 Abs. 2 gilt entsprechend.

§ 10 Ersatz von Auslagen. (1) ¹Neben den für die einzelnen ärztlichen Leistungen vorgesehenen Gebühren können als Auslagen nur berechnet werden

1. die Kosten für diejenigen Arzneimittel, Verbandmittel und sonstigen Materialien, die der Patient zur weiteren Verwendung behält oder die mit einer einmaligen Anwendung verbraucht sind, soweit in Absatz 2 nichts anderes bestimmt ist,
2. Versand- und Portokosten, soweit deren Berechnung nach Absatz 3 nicht ausgeschlossen ist,

3. die im Zusammenhang mit Leistungen nach Abschnitt O bei der Anwendung radioaktiver Stoffe durch deren Verbrauch entstandenen Kosten sowie

4. die nach den Vorschriften des Gebührenverzeichnisses als gesondert berechnungsfähig ausgewiesenen Kosten. [2]Die Berechnung von Pauschalen ist nicht zulässig.

(2) Nicht berechnet werden können die Kosten für

1. Kleinmaterialien wie Zellstoff, Mulltupfer, Schnellverbandmaterial, Verbandspray, Gewebeklebstoff auf Histoacrylbasis, Mullkompressen, Holzspatel, Holzstäbchen, Wattestäbchen, Gummifingerlinge,

2. Reagenzien und Narkosemittel zur Oberflächenanästhesie,

3. Desinfektions- und Reinigungsmittel,

4. Augen-, Ohren-, Nasentropfen, Puder, Salben und geringwertige Arzneimittel zur sofortigen Anwendung sowie für

5. folgende Einmalartikel: Einmalspritzen, Einmalkanülen, Einmalhandschuhe, Einmalharnblasenkatheter, Einmalskalpelle, Einmalproktoskope, Einmaldarmrohre, Einmalspekula.

(3) [1]Versand- und Portokosten können nur von dem Arzt berechnet werden, dem die gesamten Kosten für Versandmaterial, Versandgefäße sowie für den Versand oder Transport entstanden sind. [2]Kosten für Versandmaterial, für den Versand des Untersuchungsmaterials und die Übermittlung des Untersuchungsergebnisses innerhalb einer Laborgemeinschaft oder innerhalb eines Krankenhausgeländes sind nicht berechnungsfähig; dies gilt auch, wenn Material oder ein Teil davon unter Nutzung der Transportmittel oder des Versandweges oder der Versandgefäße einer Laborgemeinschaft zur Untersuchung einem zur Erbringung von Leistungen beauftragten Arzt zugeleitet wird. [3]Werden aus demselben Körpermaterial sowohl in einer Laborgemeinschaft als auch von einem Laborarzt Leistungen aus Abschnitt M oder N ausgeführt, so kann der Laborarzt bei Benutzung desselben Transportweges Versandkosten nicht berechnen; dies gilt auch dann, wenn ein Arzt eines anderen Gebiets Auftragsleistungen aus Abschnitt M oder N erbringt. [4]Für die Versendung der Arztrechnung dürfen Versand- und Portokosten nicht berechnet werden.

§ 11 Zahlung durch öffentliche Leistungsträger. (1) Wenn ein Leistungsträger im Sinne des § 12 des Ersten Buches Sozialgesetzbuch oder ein sonstiger öffentlich-rechtlicher Kostenträger die Zahlung leistet, sind die ärztlichen Leistungen nach den Gebührensätzen des Gebührenverzeichnisses (§ 5 Abs. 1 Satz 2) zu berechnen.

(2) [1]Absatz 1 findet nur Anwendung, wenn dem Arzt vor der Inanspruchnahme eine von dem die Zahlung Leistenden ausgestellte Bescheinigung vorgelegt wird. [2]In dringenden Fällen kann die Bescheinigung auch nachgereicht werden.

§ 12 Fälligkeit und Abrechnung der Vergütung; Rechnung. (1) Die Vergütung wird fällig, wenn dem Zahlungspflichtigen eine dieser Verordnung entsprechende Rechnung erteilt worden ist.

(2) Die Rechnung muss insbesondere enthalten:
1. das Datum der Erbringung der Leistung,
2. bei Gebühren der Nummer und die Bezeichnung der einzelnen berechneten Leistung einschließlich einer in der Leistungsbeschreibung gegebenenfalls genannten Mindestdauer sowie den jeweiligen Betrag und den Steigerungssatz,
3. bei Gebühren für stationäre, teilstationäre sowie vor- und nachstationäre privatärztliche Leistungen zusätzlich den Minderungsbetrag nach § 6a,
4. bei Entschädigungen nach den §§ 7 bis 9 den Betrag, die Art der Entschädigung und die Berechnung,
5. bei Ersatz von Auslagen nach § 10 den Betrag und die Art der Auslage; übersteigt der Betrag der einzelnen Auslage 25,56 Euro, ist der Beleg oder ein sonstiger Nachweis beizufügen.

(3) [1]Überschreitet eine berechnete Gebühr nach Absatz 2 Nr. 2 das 2,3fache des Gebührensatzes, ist dies auf die einzelne Leistung bezogen für den Zahlungspflichtigen verständlich und nachvollziehbar schriftlich zu begründen; das Gleiche gilt bei den in § 5 Abs. 3 genannten Leistungen, wenn das 1,8fache des Gebührensatzes überschritten wird, sowie bei den in § 5 Abs. 4 genannten Leistungen, wenn das 1,15fache des Gebührensatzes überschritten wird. [2]Auf Verlangen ist die Begründung näher zu erläutern. [3]Soweit im Falle einer abweichenden Vereinbarung nach § 2 auch ohne die getroffene Vereinbarung ein Überschreiten der in Satz 1 genannten Steigerungssätze gerechtfertigt gewesen wäre, ist das Überschreiten auf Verlangen des Zahlungspflichtigen zu begründen; die Sätze 1 und 2 gelten entsprechend. [4]Die Bezeichnung der Leistung nach Absatz 2 Nr. 2 kann entfallen, wenn der Rechnung eine Zusammenstellung beigefügt wird, der die Bezeichnung für die abgerechnete Leistungsnummer entnommen werden kann. [5]Leistungen, die auf Verlangen erbracht worden sind (§ 1 Abs. 2 Satz 2), sind als solche zu bezeichnen.

(4) Wird eine Leistung nach § 6 Abs. 2 berechnet, ist die entsprechend bewertete Leistung für den Zahlungspflichtigen verständlich zu beschreiben und mit dem Hinweis „entsprechend" sowie der Nummer und der Bezeichnung der als gleichwertig erachteten Leistung zu versehen.

(5) Durch Vereinbarung mit den in § 11 Abs. 1 genannten Leistungs- und Kostenträgern kann eine von den Vorschriften der Absätze 1 bis 4 abweichende Regelung getroffen werden.

§ 13 *(weggefallen)*

§ 14 *(Inkrafttreten und Übergangsvorschrift)*

Gebührenordnung für Zahnärzte (GOZ)

vom 22.10.1987 (BGBl. I S. 2316),
zuletzt geändert durch V vom 5.12.2011 (BGBl. I S. 2661)[1]

Aufgrund des § 15 des Gesetzes über die Ausübung der Zahnheilkunde in der durch Artikel 5 des Gesetzes vom 22. Dezember 1981 (BGBl. I S. 1568) geänderten Fassung verordnet die Bundesregierung mit Zustimmung des Bundesrates:

INHALTSÜBERSICHT

§ 1 Anwendungsbereich. (1) Die Vergütungen für die beruflichen Leistungen der Zahnärzte bestimmen sich nach dieser Verordnung, soweit nicht durch Bundesgesetz etwas anderes bestimmt ist.

(2) [1]Vergütungen darf der Zahnarzt nur für Leistungen berechnen, die nach den Regeln der zahnärztlichen Kunst für eine zahnmedizinisch notwendige zahnärztliche Versorgung erforderlich sind. [2]Leistungen, die über das Maß einer zahnmedizinisch notwendigen zahnärztlichen Versorgung hinausgehen, darf er nur berechnen, wenn sie auf Verlangen des Zahlungspflichtigen erbracht worden sind.

§ 2 Abweichende Vereinbarung. (1) [1]Durch Vereinbarung zwischen Zahnarzt und Zahlungspflichtigem kann eine von dieser Verordnung abweichende Gebührenhöhe festgelegt werden. [2]Die Vereinbarung einer abweichenden Punktzahl (§ 5 Absatz 1 Satz 2) oder eines abweichenden Punktwertes (§ 5 Absatz 1 Satz 3) ist nicht zulässig. [3]Notfall- und akute Schmerzbehandlungen dürfen nicht von einer Vereinbarung nach Satz 1 abhängig gemacht werden.

(2) [1]Eine Vereinbarung nach Absatz 1 Satz 1 ist nach persönlicher Absprache im Einzelfall zwischen Zahnarzt und Zahlungspflichtigem vor Erbringung der Leistung des Zahnarztes schriftlich zu treffen. [2]Dieses muss neben der

---

1 **Anm. d. Verlages:**
Änderung durch Bek. vom 2.7.2012 (BAnz. AT 2.7.2012 B3) wurde berücksichtigt.

Nummer und der Bezeichnung der Leistung, dem vereinbarten Steigerungssatz und dem sich daraus ergebenden Betrag auch die Feststellung enthalten, dass eine Erstattung der Vergütung durch Erstattungsstellen möglicherweise nicht in vollem Umfang gewährleistet ist. [3]Weitere Erklärungen darf die Vereinbarung nicht enthalten. [4]Der Zahnarzt hat dem Zahlungspflichtigen einen Abdruck der Vereinbarung auszuhändigen.

(3) [1]Leistungen nach § 1 Absatz 2 Satz 2 und ihre Vergütung müssen in einem Heil- und Kostenplan schriftlich vereinbart werden. [2]Der Heil- und Kostenplan muss vor Erbringung der Leistung erstellt werden; er muss die einzelnen Leistungen und Vergütungen sowie die Feststellung enthalten, dass es sich um Leistungen auf Verlangen handelt und eine Erstattung möglicherweise nicht gewährleistet ist. [3]§ 6 Absatz 1 bleibt unberührt.

(4) Bei vollstationären, teilstationären sowie vor- und nachstationären privatzahnärztlichen Leistungen ist eine Vereinbarung nach Absatz 1 Satz 1 nur für vom Wahlzahnarzt persönlich erbrachte Leistungen zulässig.

§ 3 Vergütungen. Als Vergütungen stehen dem Zahnarzt Gebühren, Entschädigungen und Ersatz von Auslagen zu.

§ 4 Gebühren. (1) Gebühren sind Vergütungen für die im Gebührenverzeichnis (Anlage 1) genannten zahnärztlichen Leistungen.

(2) [1]Der Zahnarzt kann Gebühren nur für selbstständige zahnärztliche Leistungen berechnen, die er selbst erbracht hat oder die unter seiner Aufsicht nach fachlicher Weisung erbracht wurden (eigene Leistungen). [2]Für eine Leistung, die Bestandteil oder eine besondere Ausführung einer anderen Leistung nach dem Gebührenverzeichnis ist, kann der Zahnarzt eine Gebühr nicht berechnen, wenn er für die andere Leistung eine Gebühr berechnet. [3]Dies gilt auch für die zur Erbringung der im Gebührenverzeichnis aufgeführten operativen Leistungen methodisch notwendigen operativen Einzelschritte. [4]Eine Leistung ist methodisch notwendiger Bestandteil einer anderen Leistung, wenn sie inhaltlich von der Leistungsbeschreibung der anderen Leistung (Zielleistung) umfasst und auch in deren Bewertung berücksichtigt worden ist.

(3) [1]Mit den Gebühren sind die Praxiskosten einschließlich der Kosten für Füllungsmaterial, für den Sprechstundenbedarf, für die Anwendung von Instrumenten und Apparaten sowie für Lagerhaltung abgegolten, soweit nicht im Gebührenverzeichnis etwas anderes bestimmt ist. [2]Hat der Zahnarzt zahnärztliche Leistungen unter Inanspruchnahme Dritter, die nach dieser Verordnung selbst nicht liquidationsberechtigt sind, erbracht, so sind die hierdurch entstandenen Kosten ebenfalls mit der Gebühr abgegolten.

(4) [1]Kosten, die nach Absatz 3 mit den Gebühren abgegolten sind, dürfen nicht gesondert berechnet werden. [2]Eine Abtretung des Vergütungsanspruchs in Höhe solcher Kosten ist gegenüber dem Zahlungspflichtigen unwirksam.

(5) Sollen Leistungen durch Dritte erbracht werden, die diese dem Zahlungspflichtigen unmittelbar berechnen, so hat der Zahnarzt ihn darüber zu unterrichten.

§ 5 Bemessung der Gebühren für Leistungen des Gebührenverzeichnisses. (1) [1]Die Höhe der einzelnen Gebühr bemisst sich nach dem Einfachen bis Dreieinhalbfachen des Gebührensatzes. [2]Gebührensatz ist der Betrag, der sich ergibt, wenn die Punktzahl der einzelnen Leistung des Gebührenverzeichnisses mit dem Punktwert vervielfacht wird. [3]Der Punktwert beträgt 5,62421 Cent. [4]Bei der Bemessung von Gebühren sind sich ergebende Bruchteile eines Cents unter 0,5 abzurunden und Bruchteile von 0,5 und mehr aufzurunden; die Rundung ist erst nach der Multiplikation mit dem Steigerungsfaktor nach Satz 1 vorzunehmen.

(2) [1]Innerhalb des Gebührenrahmens sind die Gebühren unter Berücksichtigung der Schwierigkeit und des Zeitaufwandes der einzelnen Leistung sowie der Umstände bei der Ausführung nach billigem Ermessen zu bestimmen. [2]Die Schwierigkeit der einzelnen Leistung kann auch durch die Schwierigkeit des Krankheitsfalles begründet sein. [3]Bemessungskriterien, die bereits in der Leistungsbeschreibung berücksichtigt worden sind, haben hierbei außer Betracht zu bleiben. [4]Der 2,3fache Gebührensatz bildet die nach Schwierigkeit und Zeitaufwand durchschnittliche Leistung ab; ein Überschreiten dieses Gebührensatzes ist nur zulässig, wenn Besonderheiten der in Satz 1 genannten Bemessungskriterien dies rechtfertigen; Leistungen mit unterdurchschnittlichem Schwierigkeitsgrad oder Zeitaufwand sind mit einem niedrigeren Gebührensatz zu berechnen.

§ 5a *(aufgehoben)*

§ 6 Gebühren für andere Leistungen. (1) [1]Selbstständige zahnärztliche Leistungen, die in das Gebührenverzeichnis nicht aufgenommen sind, können entsprechend einer nach Art, Kosten- und Zeitaufwand gleichwertigen Leistung des Gebührenverzeichnisses dieser Verordnung berechnet werden. [2]Sofern auch eine nach Art, Kosten- und Zeitaufwand gleichwertige Leistung im Gebührenverzeichnis dieser Verordnung nicht enthalten ist, kann die selbstständige zahnärztliche Leistung entsprechend einer nach Art, Kosten- und Zeitaufwand gleichwertigen Leistung der in Absatz 2 genannten Leistungen des Gebührenverzeichnisses der Gebührenordnung für Ärzte berechnet werden.

(2) Die Vergütungen sind nach den Vorschriften der Gebührenordnung für Ärzte zu berechnen, soweit die Leistung nicht als selbstständige Leistung oder Teil einer anderen Leistung im Gebührenverzeichnis der Gebührenordnung für Zahnärzte enthalten ist und wenn die Leistungen, die der Zahnarzt erbringt, in den folgenden Abschnitten des Gebührenverzeichnisses der Gebührenordnung für Ärzte aufgeführt sind:
1. B I, B II, B III unter den Nummern 30, 31 und 34, B IV bis B VI,
2. C I unter den Nummern 200, 204, 210 und 211, C II, C III bis C VII, C VIII nur soweit eine zugrunde liegende ambulante operative Leistung berechnet wird,
3. E V und E VI,
4. J,

5. L I, L II unter den Nummern 2072 bis 2074, L III, L V unter den Nummern 2253 bis 2256 im Rahmen der Behandlung von Kieferbrüchen, L VI unter den Nummern 2321, 2355 und 2356 im Rahmen der Behandlung von Kieferbrüchen, L VII, L IX,
6. M unter den Nummern 3511, 3712, 3714, 3715, 4504, 4530, 4538, 4605, 4606 und 4715,
7. N unter der Nummer 4852 sowie
8. O.

§ 7 Gebühren bei stationärer Behandlung. (1) [1]Bei vollstationären, teilstationären sowie vor- und nachstationären privatzahnärztlichen Leistungen sind die nach dieser Verordnung berechneten Gebühren einschließlich der darauf entfallenden Zuschläge um 25 vom Hundert zu mindern. [2]Abweichend davon beträgt die Minderung für Leistungen und Zuschläge nach Satz 1 von Belegzahnärzten oder niedergelassenen anderen Zahnärzten 15 vom Hundert. [3]Ausgenommen von dieser Minderungspflicht ist der Zuschlag nach Buchstabe J in Abschnitt B V des Gebührenverzeichnisses der Gebührenordnung für Ärzte.

(2) Neben den nach Absatz 1 geminderten Gebühren darf der Zahnarzt Kosten nicht berechnen; die §§ 8 und 9 bleiben unberührt.

§ 8 Entschädigungen. (1) Als Entschädigungen für Besuche erhält der Zahnarzt Wegegeld oder Reiseentschädigung; hierdurch sind Zeitversäumnisse und die durch den Besuch bedingten Mehrkosten abgegolten.

(2) [1]Der Zahnarzt kann für jeden Besuch ein Wegegeld berechnen. [2]Das Wegegeld beträgt für einen Besuch innerhalb eines Radius um die Praxisstelle des Zahnarztes von
1. bis zu zwei Kilometern 4,30 Euro, bei Nacht (zwischen 20 und 8 Uhr) 8,60 Euro,
2. mehr als zwei Kilometern bis zu fünf Kilometern 8,00 Euro, bei Nacht 12,30 Euro,
3. mehr als fünf Kilometern bis zu zehn Kilometern 12,30 Euro, bei Nacht 18,40 Euro,
4. mehr als zehn Kilometern bis zu 25 Kilometern 18,40 Euro, bei Nacht 30,70 Euro.

[3]Erfolgt der Besuch von der Wohnung des Zahnarztes aus, so tritt bei der Berechnung des Radius die Wohnung des Zahnarztes an die Stelle der Praxisstelle. [4]Werden mehrere Patienten in derselben häuslichen Gemeinschaft oder in einem Heim, insbesondere in einem Alten- oder Pflegeheim besucht, darf der Zahnarzt das Wegegeld unabhängig von der Anzahl der besuchten Patienten und deren Versichertenstatus insgesamt nur einmal und nur anteilig berechnen.

(3) [1]Bei Besuchen außerhalb eines Radius von 25 Kilometern um die Praxisstelle des Zahnarztes tritt an die Stelle des Wegegeldes eine Reiseentschädigung. [2]Als Reiseentschädigung erhält der Zahnarzt

1. 0,42 Euro für jeden zurückgelegten Kilometer, wenn er einen eigenen Kraftwagen benutzt, bei Benutzung anderer Verkehrsmittel die tatsächlichen Aufwendungen,
2. bei Abwesenheit bis zu acht Stunden 56,00 Euro, bei Abwesenheit von mehr als acht Stunden 112,50 Euro je Tag,
3. Ersatz der Kosten für notwendige Übernachtungen.
[3]Absatz 2 Satz 3 und 4 gilt entsprechend.

§ 9 Ersatz von Auslagen für zahntechnische Leistungen. (1) Neben den für die einzelnen zahnärztlichen Leistungen vorgesehenen Gebühren können als Auslagen die dem Zahnarzt tatsächlich entstandenen angemessenen Kosten für zahntechnische Leistungen berechnet werden, soweit diese Kosten nicht nach den Bestimmungen des Gebührenverzeichnisses mit den Gebühren abgegolten sind.

(2) [1]Der Zahnarzt hat dem Zahlungspflichtigen vor der Behandlung einen Kostenvoranschlag des gewerblichen oder des praxiseigenen Labors über die voraussichtlich entstehenden Kosten für zahntechnische Leistungen anzubieten und auf dessen Verlangen in Textform vorzulegen, sofern die Kosten insgesamt voraussichtlich einen Betrag von 1000 Euro überschreiten. [2]Für Behandlungen, die auf der Grundlage eines Heil- und Kostenplans für einen Behandlungszeitraum von mehr als zwölf Monaten geplant werden, gilt Satz 1 nur, sofern voraussichtlich bereits innerhalb eines Zeitraums von sechs Monaten Kosten von mehr als 1000 Euro entstehen. [3]Der Kostenvoranschlag muss die voraussichtlichen Gesamtkosten für zahntechnische Leistungen und die dabei verwendeten Materialien angeben. [4]Art, Umfang und Ausführung der einzelnen Leistungen, Berechnungsgrundlage und Herstellungsort der zahntechnischen Leistungen sind dem Zahlungspflichtigen auf Verlangen näher zu erläutern. [5]Ist eine Überschreitung der im Kostenvoranschlag genannten Kosten um mehr als 15 vom Hundert zu erwarten, hat der Zahnarzt den Zahlungspflichtigen hierüber unverzüglich in Textform zu unterrichten.

§ 10 Fälligkeit und Abrechnung der Vergütung; Rechnung. (1) [1]Die Vergütung wird fällig, wenn dem Zahlungspflichtigen eine dieser Verordnung entsprechende Rechnung nach der Anlage 2 erteilt worden ist. [2]Künftige Änderungen der Anlage 2 werden durch das Bundesministerium für Gesundheit durch Bekanntmachung veröffentlicht.

(2) Die Rechnung muss insbesondere enthalten:
1. das Datum der Erbringung der Leistung,
2. bei Gebühren die Nummer und die Bezeichnung der einzelnen berechneten Leistung einschließlich einer verständlichen Bezeichnung des behandelten Zahnes und einer in der Leistungsbeschreibung oder einer Abrechnungsbestimmung gegebenenfalls genannten Mindestdauer sowie den jeweiligen Betrag und den Steigerungssatz,
3. bei Gebühren für vollstationäre, teilstationäre sowie vor- und nachstationäre privatzahnärztliche Leistungen zusätzlich den Minderungsbetrag nach § 7,

4. bei Entschädigungen nach § 8 den Betrag, die Art der Entschädigung und die Berechnung,

5. bei Ersatz von Auslagen nach § 9 Art, Umfang und Ausführung der einzelnen Leistungen und deren Preise sowie die direkt zurechenbaren Materialien und deren Preise, insbesondere Bezeichnung, Gewicht und Tagespreis der verwendeten Legierungen,

6. bei nach dem Gebührenverzeichnis gesondert berechnungsfähigen Kosten Art, Menge und Preis verwendeter Materialien; die Auslagen sind dem Zahlungspflichtigen auf Verlangen näher zu erläutern.

(3) [1]Überschreitet die berechnete Gebühr nach Absatz 2 Nummer 2 das 2,3fache des Gebührensatzes, ist dies auf die einzelne Leistung bezogen für den Zahlungspflichtigen verständlich und nachvollziehbar schriftlich zu begründen. [2]Auf Verlangen ist die Begründung näher zu erläutern. [3]Soweit im Fall einer abweichenden Vereinbarung nach § 2 auch ohne die getroffene Vereinbarung ein Überschreiten der in Satz 1 genannten Steigerungssätze gerechtfertigt gewesen wäre, ist das Überschreiten auf Verlangen des Zahlungspflichtigen schriftlich zu begründen; die Sätze 1 und 2 gelten entsprechend. [4]Die Bezeichnung der Leistung nach Absatz 2 Nr. 2 kann entfallen, wenn der Rechnung eine Zusammenstellung beigefügt ist, der die Bezeichnung für die abgerechnete Leistungsnummer entnommen werden kann. [5]Bei Auslagen nach Absatz 2 Nr. 5 ist der Beleg oder ein sonstiger Nachweis beizufügen. [6]Wurden zahntechnische Leistungen in Auftrag gegeben, ist eine den Erfordernissen des Absatzes 2 Nr. 5 entsprechende Rechnung des Dentallabors beizufügen; insoweit genügt es, in der Rechnung des Zahnarztes den Gesamtbetrag für diese Leistungen anzugeben. [7]Leistungen, die auf Verlangen erbracht worden sind (§ 1 Abs. 2 Satz 2 und § 2 Abs. 3) sind als solche zu bezeichnen.

(4) Wird eine Leistung nach § 6 Absatz 1 berechnet, ist die entsprechend bewertete Leistung für den Zahlungspflichtigen verständlich zu beschreiben und mit dem Hinweis „entsprechend" sowie der Nummer und der Bezeichnung der als gleichwertig erachteten Leistung zu versehen.

(5) Durch Vereinbarung mit öffentlich-rechtlichen Kostenträgern kann eine von den Vorschriften der Absätze 1 bis 4 abweichende Regelung getroffen werden.

(6) Die Übermittlung von Daten an einen Dritten zum Zwecke der Abrechnung ist nur zulässig, wenn der Betroffene gegenüber dem Zahnarzt in die Übermittlung der für die Abrechnung erforderlichen Daten schriftlich eingewilligt und den Zahnarzt insoweit schriftlich von seiner Schweigepflicht entbunden hat.

§ 11 Übergangsvorschrift. Die Gebührenordnung für Zahnärzte in der vor dem 1. Januar 2012 geltenden Fassung gilt weiter für

1. Leistungen, die vor dem Inkrafttreten der Verordnung vom 5. Dezember 2011 (BGBl. I S. 2661) erbracht worden sind,

2. vor dem Inkrafttreten der Verordnung vom 5. Dezember 2011 (BGBl. I S. 2661) begonnene Leistungen nach den Nummern 215 bis 222, 500 bis

523 und 531 bis 534 des Gebührenverzeichnisses der Gebührenordnung für Zahnärzte in der vor dem 1. Januar 2012 geltenden Fassung, wenn sie erst nach Inkrafttreten der Verordnung vom 5. Dezember 2011 (BGBl. I S. 2661) beendet werden,

3. Leistungen des Gebührenverzeichnisses der Gebührenordnung für Zahnärzte in der vor dem 1. Januar 2012 geltenden Fassung, die auf Grund einer vor dem Inkrafttreten der Verordnung vom 5. Dezember 2011 (BGBl. I S. 2661) geplanten und begonnenen kieferorthopädischen Behandlung bis zum Behandlungsabschluss, längstens jedoch bis zum Ablauf von vier Jahren nach Inkrafttreten dieser Verordnung, erbracht werden.

§ 12 Überprüfung. [1]Die Bundesregierung prüft die Auswirkungen der Neustrukturierung und -bewertung der Leistungen der Gebührenordnung für Zahnärzte. [2]Sie berichtet dem Bundesrat bis spätestens Mitte des Jahres 2015 über das Ergebnis der Prüfung und die tragenden Gründe.

Strafgesetzbuch (StGB)

i.d.F. der Bek. vom 13.11.1998 (BGBl. I S. 3322),
zuletzt geändert durch Art. 1 G vom 30.10.2017 (BGBl. I S. 3618)

– Auszug –

§ 203 Verletzung von Privatgeheimnissen. (1) Wer <u>unbefugt</u> ein fremdes §§ 7 ff.
Geheimnis, namentlich ein zum persönlichen Lebensbereich gehörendes Ge- 1 f SG
heimnis oder ein Betriebs- oder Geschäftsgeheimnis, offenbart, das ihm als §§ 138 f.
1. Arzt, Zahnarzt, Tierarzt, Apotheker oder Angehörigen eines anderen Heil- §§ 294 ff
   berufs, der für die Berufsausübung oder die Führung der Berufsbezeichnung SGb V
   eine staatlich geregelte Ausbildung erfordert,
2. Berufspsychologen mit staatlich anerkannter wissenschaftlicher Abschlussprüfung,
3. Rechtsanwalt, Kammerrechtsbeistand, Patentanwalt, Notar, Verteidiger in
   einem gesetzlich geordneten Verfahren, Wirtschaftsprüfer, vereidigtem Buch-
   prüfer, Steuerberater, Steuerbevollmächtigten oder Organ oder Mitglied eines Organs einer Rechtsanwalts-, Patentanwalts-, Wirtschaftsprüfungs-, Buch-
   prüfungs- oder Steuerberatungsgesellschaft,
4. Ehe-, Familien-, Erziehungs- oder Jugendberater sowie Berater für Sucht-
   fragen in einer Beratungsstelle, die von einer Behörde oder Körperschaft,
   Anstalt oder Stiftung des öffentlichen Rechts anerkannt ist,
5. Mitglied oder Beauftragten einer anerkannten Beratungsstelle nach den
   §§ 3 und 8 des Schwangerschaftskonfliktgesetzes,
6. staatlich anerkanntem Sozialarbeiter oder staatlich anerkanntem Sozialpäd-
   agogen oder
7. Angehörigen eines Unternehmens der privaten Kranken-, Unfall- oder Lebensversicherung oder einer privatärztlichen, steuerberaterlichen oder an-
   waltlichen Verrechnungsstelle
anvertraut worden oder sonst bekannt geworden ist, wird mit Freiheitsstrafe bis §§ 3 StPO
zu einem Jahr oder mit Geldstrafe bestraft.

(2) [1]Ebenso wird bestraft, wer unbefugt ein fremdes Geheimnis, namentlich
ein zum persönlichen Lebensbereich gehörendes Geheimnis oder ein Betriebs-
oder Geschäftsgeheimnis, offenbart, das ihm als
1. Amtsträger,
2. für den öffentlichen Dienst besonders Verpflichteten,
3. Person, die Aufgaben oder Befugnisse nach dem Personalvertretungsrecht
   wahrnimmt,
4. Mitglied eines für ein Gesetzgebungsorgan des Bundes oder eines Landes
   tätigen Untersuchungsausschusses, sonstigen Ausschusses oder Rates, das
   nicht selbst Mitglied des Gesetzgebungsorgans ist, oder als Hilfskraft eines
   solchen Ausschusses oder Rates,

5. öffentlich bestellten Sachverständigen, der auf die gewissenhafte Erfüllung seiner Obliegenheiten auf Grund eines Gesetzes förmlich verpflichtet worden ist oder

6. Person, die auf die gewissenhafte Erfüllung ihrer Geheimhaltungspflicht bei der Durchführung wissenschaftlicher Forschungsvorhaben auf Grund eines Gesetzes förmlich verpflichtet worden ist,

anvertraut worden oder sonst bekannt geworden ist. [2]Einem Geheimnis im Sinne des Satzes 1 stehen Einzelangaben über persönliche oder sachliche Verhältnisse eines anderen gleich, die für Aufgaben der öffentlichen Verwaltung erfasst worden sind; Satz 1 ist jedoch nicht anzuwenden, soweit solche Einzelangaben anderen Behörden oder sonstigen Stellen für Aufgaben der öffentlichen Verwaltung bekannt gegeben werden und das Gesetz dies nicht untersagt.

(3) [1]Kein Offenbaren im Sinne dieser Vorschrift liegt vor, wenn die in den Absätzen 1 und 2 genannten Personen Geheimnisse den bei ihnen berufsmäßig tätigen Gehilfen oder den bei ihnen zur Vorbereitung auf den Beruf tätigen Personen zugänglich machen. [2]Die in den Absätzen 1 und 2 Genannten dürfen fremde Geheimnisse gegenüber sonstigen Personen offenbaren, die an ihrer beruflichen oder dienstlichen Tätigkeit mitwirken, soweit dies für die Inanspruchnahme der Tätigkeit der sonstigen mitwirkenden Personen erforderlich ist; das Gleiche gilt für sonstige mitwirkende Personen, wenn diese sich weiterer Personen bedienen, die an der beruflichen oder dienstlichen Tätigkeit der in den Absätzen 1 und 2 Genannten mitwirken.

(4) [1]Mit Freiheitsstrafe bis zu einem Jahr oder mit Geldstrafe wird bestraft, wer unbefugt ein fremdes Geheimnis offenbart, das ihm bei der Ausübung oder bei Gelegenheit seiner Tätigkeit als mitwirkende Person oder als bei den in den Absätzen 1 und 2 genannten Personen tätiger Beauftragter für den Datenschutz bekannt geworden ist. [2]Ebenso wird bestraft, wer

1. als in den Absätzen 1 und 2 genannte Person nicht dafür Sorge getragen hat, dass eine sonstige mitwirkende Person, die unbefugt ein fremdes, ihr bei der Ausübung oder bei Gelegenheit ihrer Tätigkeit bekannt gewordenes Geheimnis offenbart, zur Geheimhaltung verpflichtet wurde; dies gilt nicht für sonstige mitwirkende Personen, die selbst eine in den Absätzen 1 oder 2 genannte Person sind,

2. als im Absatz 3 genannte mitwirkende Person sich einer weiteren mitwirkenden Person, die unbefugt ein fremdes, ihr bei der Ausübung oder bei Gelegenheit ihrer Tätigkeit bekannt gewordenes Geheimnis offenbart, bedient und nicht dafür Sorge getragen hat, dass diese zur Geheimhaltung verpflichtet wurde; dies gilt nicht für sonstige mitwirkende Personen, die selbst eine in den Absätzen 1 oder 2 genannte Person sind, oder

3. nach dem Tod der nach Satz 1 oder nach den Absätzen 1 oder 2 verpflichteten Person ein fremdes Geheimnis unbefugt offenbart, das er von dem Verstorbenen erfahren oder aus dessen Nachlass erlangt hat.

(5) Die Absätze 1 bis 4 sind auch anzuwenden, wenn der Täter das fremde Geheimnis nach dem Tod des Betroffenen unbefugt offenbart.

(6) Handelt der Täter gegen Entgelt oder in der Absicht, sich oder einen anderen zu bereichern oder einen anderen zu schädigen, so ist die Strafe Freiheitsstrafe bis zu zwei Jahren oder Geldstrafe.

§ 204 Verwertung fremder Geheimnisse. (1) Wer unbefugt ein fremdes Geheimnis, namentlich ein Betriebs- oder Geschäftsgeheimnis, zu dessen Geheimhaltung er nach § 203 verpflichtet ist, verwertet, wird mit Freiheitsstrafe bis zu zwei Jahren oder mit Geldstrafe bestraft.

(2) § 203 Abs. 5 gilt entsprechend.

§ 205 Strafantrag. (1) [1]In den Fällen des § 201 Abs. 1 und 2 und der §§ 202, 203, 204 wird die Tat nur auf Antrag verfolgt. [2]Dies gilt auch in den Fällen der §§ 201a, 202a, 202b und 202 d, es sei denn, dass die Strafverfolgungsbehörde wegen des besonderen öffentlichen Interesses an der Strafverfolgung ein Einschreiten von Amts wegen für geboten hält.

(2) [1]Stirbt der Verletzte, so geht das Antragsrecht nach § 77 Abs. 2 auf die Angehörigen über; dies gilt nicht in den Fällen der §§ 202a, 202b und 202 d. [2]Gehört das Geheimnis nicht zum persönlichen Lebensbereich des Verletzten, so geht das Antragsrecht bei Straftaten nach den §§ 203 und 204 auf die Erben über. [3]Offenbart oder verwertet der Täter in den Fällen der §§ 203 und 204 das Geheimnis nach dem Tod des Betroffenen, so gelten die Sätze 1 und 2 sinngemäß.

§ 211 Mord. (1) Der Mörder wird mit lebenslanger Freiheitsstrafe bestraft.

(2) Mörder ist, wer

– aus Mordlust, zur Befriedigung des Geschlechtstriebs, aus Habgier oder sonst aus niedrigen Beweggründen,

– heimtückisch oder grausam oder mit gemeingefährlichen Mitteln oder

– um eine andere Straftat zu ermöglichen oder zu verdecken,

einen Menschen tötet.

§ 212 Totschlag. (1) Wer einen Menschen tötet, ohne Mörder zu sein, wird als Totschläger mit Freiheitsstrafe nicht unter fünf Jahren bestraft.

(2) In besonders schweren Fällen ist auf lebenslange Freiheitsstrafe zu erkennen.

§ 216 Tötung auf Verlangen. (1) Ist jemand durch das ausdrückliche und ernstliche Verlangen des Getöteten zur Tötung bestimmt worden, so ist auf Freiheitsstrafe von sechs Monaten bis zu fünf Jahren zu erkennen.

(2) Der Versuch ist strafbar.

§ 217 Geschäftsmäßige Förderung der Selbsttötung. (1) Wer in der Absicht, die Selbsttötung eines anderen zu fördern, diesem hierzu geschäftsmäßig die Gelegenheit gewährt, verschafft oder vermittelt, wird mit Freiheitsstrafe bis zu drei Jahren oder mit Geldstrafe bestraft.

(2) Als Teilnehmer bleibt straffrei, wer selbst nicht geschäftsmäßig handelt und entweder Angehöriger des in Absatz 1 genannten anderen ist oder diesem nahesteht.

§ 218 Schwangerschaftsabbruch. (1) ^{1}Wer eine Schwangerschaft abbricht, wird mit Freiheitsstrafe bis zu drei Jahren oder mit Geldstrafe bestraft. ^{2}Handlungen, deren Wirkung vor Abschluss der Einnistung des befruchteten Eies in der Gebärmutter eintritt, gelten nicht als Schwangerschaftsabbruch im Sinne dieses Gesetzes.

(2) ^{1}In besonders schweren Fällen ist die Strafe Freiheitsstrafe von sechs Monaten bis zu fünf Jahren. ^{2}Ein besonders schwerer Fall liegt in der Regel vor, wenn der Täter

1. gegen den Willen der Schwangeren handelt oder
2. leichtfertig die Gefahr des Todes oder einer schweren Gesundheitsschädigung der Schwangeren verursacht.

(3) Begeht die Schwangere die Tat, so ist die Strafe Freiheitsstrafe bis zu einem Jahr oder Geldstrafe.

(4) ^{1}Der Versuch ist strafbar. ^{2}Die Schwangere wird nicht wegen Versuchs bestraft.

§ 218a Straflosigkeit des Schwangerschaftsabbruchs. (1) Der Tatbestand des § 218 ist nicht verwirklicht, wenn

1. die Schwangere den Schwangerschaftsabbruch verlangt und dem Arzt durch eine Bescheinigung nach § 219 Abs. 2 Satz 2 nachgewiesen hat, dass sie sich mindestens drei Tage vor dem Eingriff hat beraten lassen,
2. der Schwangerschaftsabbruch von einem Arzt vorgenommen wird und
3. seit der Empfängnis nicht mehr als zwölf Wochen vergangen sind.

(2) Der mit Einwilligung der Schwangeren von einem Arzt vorgenommene Schwangerschaftsabbruch ist nicht rechtswidrig, wenn der Abbruch der Schwangerschaft unter Berücksichtigung der gegenwärtigen und zukünftigen Lebensverhältnisse der Schwangeren nach ärztlicher Erkenntnis angezeigt ist, um eine Gefahr für das Leben oder die Gefahr einer schwerwiegenden Beeinträchtigung des körperlichen oder seelischen Gesundheitszustandes der Schwangeren abzuwenden, und die Gefahr nicht auf eine andere für sie zumutbare Weise abgewendet werden kann.

(3) Die Voraussetzungen des Absatzes 2 gelten bei einem Schwangerschaftsabbruch, der mit Einwilligung der Schwangeren von einem Arzt vorgenommen wird, auch als erfüllt, wenn ärztlicher Erkenntnis an der Schwangeren eine rechtswidrige Tat nach den §§ 176 bis 178 des Strafgesetzbuches begangen worden ist, dringende Gründe für die Annahme sprechen, dass die Schwangerschaft auf der Tat beruht, und seit der Empfängnis nicht mehr als zwölf Wochen vergangen sind.

(4) ^{1}Die Schwangere ist nicht nach § 218 strafbar, wenn der Schwangerschaftsabbruch nach Beratung (§ 219) von einem Arzt vorgenommen worden

ist und seit der Empfängnis nicht mehr als zweiundzwanzig Wochen verstrichen sind. [2]Das Gericht kann von Strafe nach § 218 absehen, wenn die Schwangere sich zur Zeit des Eingriffs in besonderer Bedrängnis befunden hat.

§ 218b Schwangerschaftsabbruch ohne ärztliche Feststellung, unrichtige ärztliche Feststellung. (1) [1]Wer in den Fällen des § 218a Abs. 2 oder 3 eine Schwangerschaft abbricht, ohne dass ihm die schriftliche Feststellung eines Arztes, der nicht selbst den Schwangerschaftsabbruch vornimmt, darüber vorgelegen hat, ob die Voraussetzungen des § 218a Abs. 2 oder 3 gegeben sind, wird mit Freiheitsstrafe bis zu einem Jahr oder mit Geldstrafe bestraft, wenn die Tat nicht in § 218 mit Strafe bedroht ist. [2]Wer als Arzt wider besseres Wissen eine unrichtige Feststellung über die Voraussetzungen des § 218a Abs. 2 oder 3 zur Vorlage nach Satz 1 trifft, wird mit Freiheitsstrafe bis zu zwei Jahren oder mit Geldstrafe bestraft, wenn die Tat nicht in § 218 mit Strafe bedroht ist. [3]Die Schwangere ist nicht nach Satz 1 oder 2 strafbar.

(2) [1]Ein Arzt darf Feststellungen nach § 218a Abs. 2 oder 3 nicht treffen, wenn ihm die zuständige Stelle dies untersagt hat, weil er wegen einer rechtswidrigen Tat nach Absatz 1, den §§ 218, 219a oder 219b oder wegen einer anderen rechtswidrigen Tat, die er im Zusammenhang mit einem Schwangerschaftsabbruch begangen hat, rechtskräftig verurteilt worden ist. [2]Die zuständige Stelle kann einem Arzt vorläufig untersagen, Feststellungen nach § 218a Abs. 2 und 3 zu treffen, wenn gegen ihn wegen des Verdachts einer der in Satz 1 bezeichneten rechtswidrigen Taten das Hauptverfahren eröffnet worden ist.

§ 218c Ärztliche Pflichtverletzung bei einem Schwangerschaftsabbruch. (1) Wer eine Schwangerschaft abbricht,

1. ohne der Frau Gelegenheit gegeben zu haben, ihm die Gründe für ihr Verlangen nach Abbruch der Schwangerschaft darzulegen,
2. ohne die Schwangere über die Bedeutung des Eingriffs, insbesondere über Ablauf, Folgen, Risiken, mögliche physische und psychische Auswirkungen ärztlich beraten zu haben,
3. ohne sich zuvor in den Fällen des § 218a Abs. 1 und 3 auf Grund ärztlicher Untersuchung von der Dauer der Schwangerschaft überzeugt zu haben oder
4. obwohl er die Frau in einem Fall des § 218a Abs. 1 nach § 219 beraten hat,

wird mit Freiheitsstrafe bis zu einem Jahr oder mit Geldstrafe bestraft, wenn die Tat nicht in § 218 mit Strafe bedroht ist.

(2) Die Schwangere ist nicht nach Absatz 1 strafbar.

§ 219 Beratung der Schwangeren in einer Not- und Konfliktlage. (1) [1]Die Beratung dient dem Schutz des ungeborenen Lebens. [2]Sie hat sich von dem Bemühen leiten zu lassen, die Frau zur Fortsetzung der Schwangerschaft zu ermutigen und ihr Perspektiven für ein Leben mit dem Kind zu eröffnen; sie soll ihr helfen, eine verantwortliche und gewissenhafte Entscheidung zu treffen. [3]Dabei muss der Frau bewusst sein, dass das Ungeborene in jedem Stadium der Schwangerschaft auch ihr gegenüber ein eigenes Recht auf Leben hat und dass deshalb nach der Rechtsordnung ein Schwangerschaftsabbruch nur in Ausnahmesituationen in Betracht kommen kann, wenn der Frau durch das Austragen des Kindes eine Belastung erwächst, die so schwer und außergewöhnlich ist, dass sie die zumutbare Opfergrenze übersteigt. [4]Die Beratung soll durch Rat und Hilfe dazu beitragen, die in Zusammenhang mit der Schwangerschaft bestehende Konfliktlage zu bewältigen und einer Notlage abzuhelfen. [5]Das Nähere regelt das Schwangerschaftskonfliktgesetz.

(2) [1]Die Beratung hat nach dem Schwangerschaftskonfliktgesetz durch eine anerkannte Schwangerschaftskonfliktberatungsstelle zu erfolgen. [2]Die Beratungsstelle hat der Schwangeren nach Abschluss der Beratung hierüber eine mit dem Datum des letzten Beratungsgesprächs und dem Namen der Schwangeren versehene Bescheinigung nach Maßgabe des Schwangerschaftskonfliktgesetzes auszustellen. [3]Der Arzt, der den Abbruch der Schwangerschaft vornimmt, ist als Berater ausgeschlossen.

§ 219a Werbung für den Abbruch der Schwangerschaft. (1) Wer öffentlich, in einer Versammlung oder durch Verbreiten von Schriften (§ 11 Abs. 3) seines Vermögensvorteils wegen oder in grob anstößiger Weise

1. eigene oder fremde Dienste zur Vornahme oder Förderung eines Schwangerschaftsabbruchs oder

2. Mittel, Gegenstände oder Verfahren, die zum Abbruch der Schwangerschaft geeignet sind, unter Hinweis auf diese Eignung

anbietet, ankündigt, anpreist oder Erklärungen solchen Inhalts bekannt gibt, wird mit Freiheitsstrafe bis zu zwei Jahren oder mit Geldstrafe bestraft.

(2) Absatz 1 Nr. 1 gilt nicht, wenn Ärzte oder auf Grund Gesetzes anerkannte Beratungsstellen darüber unterrichtet werden, welche Ärzte, Krankenhäuser oder Einrichtungen bereit sind, einen Schwangerschaftsabbruch unter den Voraussetzungen des § 218a Abs. 1 bis 3 vorzunehmen.

(3) Absatz 1 Nr. 2 gilt nicht, wenn die Tat gegenüber Ärzten oder Personen, die zum Handel mit den in Absatz 1 Nr. 2 erwähnten Mitteln oder Gegenständen befugt sind, oder durch eine Veröffentlichung in ärztlichen oder pharmazeutischen Fachblättern begangen wird.

§ 219b Inverkehrbringen von Mitteln zum Abbruch der Schwangerschaft. (1) Wer in der Absicht, rechtswidrige Taten nach § 218 zu fördern, Mittel oder Gegenstände, die zum Schwangerschaftsabbruch geeignet sind, in den Verkehr bringt, wird mit Freiheitsstrafe bis zu zwei Jahren oder mit Geldstrafe bestraft.

(2) Die Teilnahme der Frau, die den Abbruch ihrer Schwangerschaft vorbereitet, ist nicht nach Absatz 1 strafbar.

(3) Mittel oder Gegenstände, auf die sich die Tat bezieht, können eingezogen werden.

§ 222 Fahrlässige Tötung. Wer durch Fahrlässigkeit den Tod eines Menschen verursacht, wird mit Freiheitsstrafe bis zu fünf Jahren oder mit Geldstrafe bestraft.

§ 223 Körperverletzung. (1) Wer eine andere Person körperlich misshandelt oder an der Gesundheit schädigt, wird mit Freiheitsstrafe bis zu fünf Jahren oder mit Geldstrafe bestraft.

(2) Der Versuch ist strafbar.

§ 224 Gefährliche Körperverletzung. (1) Wer die Körperverletzung
1. durch Beibringung von Gift oder anderen gesundheitsschädlichen Stoffen,
2. mittels einer Waffe oder eines anderen gefährlichen Werkzeugs,
3. mittels eines hinterlistigen Überfalls,
4. mit einem anderen Beteiligten gemeinschaftlich oder
5. mittels einer das Leben gefährdenden Behandlung

begeht, wird mit Freiheitsstrafe von sechs Monaten bis zu zehn Jahren, in minder schweren Fällen mit Freiheitsstrafe von drei Monaten bis zu fünf Jahren bestraft.

(2) Der Versuch ist strafbar.

§ 226 Schwere Körperverletzung. (1) Hat die Körperverletzung zur Folge, dass die verletzte Person
1. das Sehvermögen auf einem Auge oder beiden Augen, das Gehör, das Sprechvermögen oder die Fortpflanzungsfähigkeit verliert,
2. ein wichtiges Glied des Körpers verliert oder dauernd nicht mehr gebrauchen kann oder
3. in erheblicher Weise dauernd entstellt wird oder in Siechtum, Lähmung oder geistige Krankheit oder Behinderung verfällt,

so ist die Strafe Freiheitsstrafe von einem Jahr bis zu zehn Jahren.

(2) Verursacht der Täter eine der in Absatz 1 bezeichneten Folgen absichtlich oder wissentlich, so ist die Strafe Freiheitsstrafe nicht unter drei Jahren.

(3) In minder schweren Fällen des Absatzes 1 ist auf Freiheitsstrafe von sechs Monaten bis zu fünf Jahren, in minder schweren Fällen des Absatzes 2 auf Freiheitsstrafe von einem Jahr bis zu zehn Jahren zu erkennen.

§ 226a Verstümmelung weiblicher Genitalien. (1) Wer die äußeren Genitalien einer weiblichen Person verstümmelt, wird mit Freiheitsstrafe nicht unter einem Jahr bestraft.

(2) In minder schweren Fällen ist auf Freiheitsstrafe von sechs Monaten bis zu fünf Jahren zu erkennen.

§ 227 Körperverletzung mit Todesfolge. (1) Verursacht der Täter durch die Körperverletzung (§§ 223 bis 226a) den Tod der verletzten Person, so ist die Strafe Freiheitsstrafe nicht unter drei Jahren.

(2) In minder schweren Fällen ist auf Freiheitsstrafe von einem Jahr bis zu zehn Jahren zu erkennen.

§ 228 Einwilligung. Wer eine Körperverletzung mit Einwilligung der verletzten Person vornimmt, handelt nur dann rechtswidrig, wenn die Tat trotz der Einwilligung gegen die guten Sitten verstößt.

§ 229 Fahrlässige Körperverletzung. Wer durch Fahrlässigkeit die Körperverletzung einer anderen Person verursacht, wird mit Freiheitsstrafe bis zu drei Jahren oder mit Geldstrafe bestraft.

(1) Wer einen Menschen rechtswidrig mit Gewalt oder durch Drohung mit einem empfindlichen Übel zu einer Handlung, Duldung oder Unterlassung nötigt und dadurch dem Vermögen des Genötigten oder eines anderen Nachteil zufügt, um sich oder einen Dritten zu Unrecht zu bereichern, wird mit Freiheitsstrafe bis zu fünf Jahren oder mit Geldstrafe bestraft.

(2) Rechtswidrig ist die Tat, wenn die Anwendung der Gewalt oder die Androhung des Übels zu dem angestrebten Zweck als verwerflich anzusehen ist.

(3) Der Versuch ist strafbar.

(4) ¹In besonders schweren Fällen ist die Strafe Freiheitsstrafe nicht unter einem Jahr. ²Ein besonders schwerer Fall liegt in der Regel vor, wenn der Täter gewerbsmäßig oder als Mitglied einer Bande handelt, die sich zur fortgesetzten Begehung einer Erpressung verbunden hat.

§ 263 Betrug. (1) Wer in der Absicht, sich oder einem Dritten einen rechtswidrigen Vermögensvorteil zu verschaffen, das Vermögen eines anderen dadurch beschädigt, dass er durch Vorspiegelung falscher oder durch Entstellung oder Unterdrückung wahrer Tatsachen einen Irrtum erregt oder unterhält, wird mit Freiheitsstrafe bis zu fünf Jahren oder mit Geldstrafe bestraft.

(2) Der Versuch ist strafbar.

(3) ¹In besonders schweren Fällen ist die Strafe Freiheitsstrafe von sechs Monaten bis zu zehn Jahren. ²Ein besonders schwerer Fall liegt in der Regel vor, wenn der Täter

1. gewerbsmäßig oder als Mitglied einer Bande handelt, die sich zur fortgesetzten Begehung von Urkundenfälschung oder Betrug verbunden hat,
2. einen Vermögensverlust großen Ausmaßes herbeiführt oder in der Absicht handelt, durch die fortgesetzte Begehung von Betrug eine große Zahl von Menschen in die Gefahr des Verlustes von Vermögenswerten zu bringen,
3. eine andere Person in wirtschaftliche Not bringt,
4. seine Befugnisse oder seine Stellung als Amtsträger oder Europäischer Amtsträger missbraucht oder
5. einen Versicherungsfall vortäuscht, nachdem er oder ein anderer zu diesem Zweck eine Sache von bedeutendem Wert in Brand gesetzt oder durch eine Brandlegung ganz oder teilweise zerstört oder ein Schiff zum Sinken oder Stranden gebracht hat.

(4) § 243 Abs. 2 sowie die §§ 247 und 248a gelten entsprechend.

(5) Mit Freiheitsstrafe von einem Jahr bis zu zehn Jahren, in minder schweren Fällen mit Freiheitsstrafe von sechs Monaten bis zu fünf Jahren wird bestraft, wer den Betrug als Mitglied einer Bande, die sich zur fortgesetzten Be-

gehung von Straftaten nach den §§ 263 bis 264 oder 267 bis 269 verbunden hat, gewerbsmäßig begeht.

(6) Das Gericht kann Führungsaufsicht anordnen (§ 68 Abs. 1).

§ 263a Computerbetrug. (1) Wer in der Absicht, sich oder einem Dritten einen rechtswidrigen Vermögensvorteil zu verschaffen, das Vermögen eines anderen dadurch beschädigt, dass er das Ergebnis eines Datenverarbeitungsvorgangs durch unrichtige Gestaltung des Programms, durch Verwendung unrichtiger oder unvollständiger Daten, durch unbefugte Verwendung von Daten oder sonst durch unbefugte Einwirkung auf den Ablauf beeinflusst, wird mit Freiheitsstrafe bis zu fünf Jahren oder mit Geldstrafe bestraft.

(2) § 263 Abs. 2 bis 6 gilt entsprechend.

(3) Wer eine Straftat nach Absatz 1 vorbereitet, indem er Computerprogramme, deren Zweck die Begehung einer solchen Tat ist, herstellt, sich oder einem anderen verschafft, feilhält, verwahrt oder einem anderen überlässt, wird mit Freiheitsstrafe bis zu drei Jahren oder mit Geldstrafe bestraft.

(4) In den Fällen des Absatzes 3 gilt § 149 Abs. 2 und 3 entsprechend.

§ 266 Untreue. (1) Wer die ihm durch Gesetz, behördlichen Auftrag oder Rechtsgeschäft eingeräumte Befugnis, über fremdes Vermögen zu verfügen oder einen anderen zu verpflichten, missbraucht oder die ihm kraft Gesetzes, behördlichen Auftrags, Rechtsgeschäfts oder eines Treueverhältnisses obliegende Pflicht, fremde Vermögensinteressen wahrzunehmen, verletzt und dadurch dem, dessen Vermögensinteressen er zu betreuen hat, Nachteil zufügt, wird mit Freiheitsstrafe bis zu fünf Jahren oder mit Geldstrafe bestraft.

(2) § 243 Abs. 2 und die §§ 247, 248a und 263 Abs. 3 gelten entsprechend.

§ 267 Urkundenfälschung. (1) Wer zur Täuschung im Rechtsverkehr eine unechte Urkunde herstellt, eine echte Urkunde verfälscht oder eine unechte oder verfälschte Urkunde gebraucht, wird mit Freiheitsstrafe bis zu fünf Jahren oder mit Geldstrafe bestraft.

(2) Der Versuch ist strafbar.

(3) [1]In besonders schweren Fällen ist die Strafe Freiheitsstrafe von sechs Monaten bis zu zehn Jahren. [2]Ein besonders schwerer Fall liegt in der Regel vor, wenn der Täter

1. gewerbsmäßig oder als Mitglied einer Bande handelt, die sich zur fortgesetzten Begehung von Betrug oder Urkundenfälschung verbunden hat,
2. einen Vermögensverlust großen Ausmaßes herbeiführt,
3. durch eine große Zahl von unechten oder verfälschten Urkunden die Sicherheit des Rechtsverkehrs erheblich gefährdet oder
4. seine Befugnisse oder seine Stellung als Amtsträger oder Europäischer Amtsträger missbraucht.

(4) Mit Freiheitsstrafe von einem Jahr bis zu zehn Jahren, in minder schweren Fällen mit Freiheitsstrafe von sechs Monaten bis zu fünf Jahren wird be-

straft, wer die Urkundenfälschung als Mitglied einer Bande, die sich zur fortgesetzten Begehung von Straftaten nach den §§ 263 bis 264 oder 267 bis 269 verbunden hat, gewerbsmäßig begeht.

§ 268 Fälschung technischer Aufzeichnungen. (1) Wer zur Täuschung im Rechtsverkehr

1. eine unechte technische Aufzeichnung herstellt oder eine technische Aufzeichnung verfälscht oder
2. eine unechte oder verfälschte technische Aufzeichnung gebraucht,

wird mit Freiheitsstrafe bis zu fünf Jahren oder mit Geldstrafe bestraft.

(2) Technische Aufzeichnung ist eine Darstellung von Daten, Mess- oder Rechenwerten, Zuständen oder Geschehensabläufen, die durch ein technisches Gerät ganz oder zum Teil selbsttätig bewirkt wird, den Gegenstand der Aufzeichnung allgemein oder für Eingeweihte erkennen lässt und zum Beweis einer rechtlich erheblichen Tatsache bestimmt ist, gleichviel ob ihr die Bestimmung schon bei der Herstellung oder erst später gegeben wird.

(3) Der Herstellung einer unechten technischen Aufzeichnung steht es gleich, wenn der Täter durch störende Einwirkung auf den Aufzeichnungsvorgang das Ergebnis der Aufzeichnung beeinflusst.

(4) Der Versuch ist strafbar.

(5) § 267 Abs. 3 und 4 gilt entsprechend.

§ 269 Fälschung beweiserheblicher Daten. (1) Wer zur Täuschung im Rechtsverkehr beweiserhebliche Daten so speichert oder verändert, dass bei ihrer Wahrnehmung eine unechte oder verfälschte Urkunde vorliegen würde, oder derart gespeicherte oder veränderte Daten gebraucht, wird mit Freiheitsstrafe bis zu fünf Jahren oder mit Geldstrafe bestraft.

(2) Der Versuch ist strafbar.

(3) § 267 Abs. 3 und 4 gilt entsprechend.

§ 270 Täuschung im Rechtsverkehr bei Datenverarbeitung. Der Täuschung im Rechtsverkehr steht die fälschliche Beeinflussung einer Datenverarbeitung im Rechtsverkehr gleich.

§ 274 Urkundenunterdrückung, Veränderung einer Grenzbezeichnung.
(1) Mit Freiheitsstrafe bis zu fünf Jahren oder mit Geldstrafe wird bestraft, wer

1. eine Urkunde oder eine technische Aufzeichnung, welche ihm entweder überhaupt nicht oder nicht ausschließlich gehört, in der Absicht, einem anderen Nachteil zuzufügen, vernichtet, beschädigt oder unterdrückt,
2. beweiserhebliche Daten (§ 202a Abs. 2), über die er nicht oder nicht ausschließlich verfügen darf, in der Absicht, einem anderen Nachteil zuzufügen, löscht, unterdrückt, unbrauchbar macht oder verändert oder

3. einen Grenzstein oder ein anderes zur Bezeichnung einer Grenze oder eines Wasserstandes bestimmtes Merkmal in der Absicht, einem anderen Nachteil zuzufügen, wegnimmt, vernichtet, unkenntlich macht, verrückt oder fälschlich setzt.

(2) Der Versuch ist strafbar.

§ 278 Ausstellen unrichtiger Gesundheitszeugnisse. Ärzte und andere approbierte Medizinalpersonen, welche ein unrichtiges Zeugnis über den Gesundheitszustand eines Menschen zum Gebrauch bei einer Behörde oder Versicherungsgesellschaft wider besseres Wissen ausstellen, werden mit Freiheitsstrafe bis zu zwei Jahren oder mit Geldstrafe bestraft.

§ 299 Bestechlichkeit und Bestechung im geschäftlichen Verkehr. (1) Mit Freiheitsstrafe bis zu drei Jahren oder Geldstrafe wird bestraft, wer im geschäftlichen Verkehr als Angestellter oder Beauftragter eines Unternehmens

1. einen Vorteil für sich oder einen Dritten als Gegenleistung dafür fordert, sich versprechen lässt oder annimmt, dass er bei dem Bezug von Waren oder Dienstleistungen einen anderen im inländischen oder ausländischen Wettbewerb in unlauterer Weise bevorzuge, oder

2. ohne Einwilligung des Unternehmens einen Vorteil für sich oder einen Dritten als Gegenleistung dafür fordert, sich versprechen lässt oder annimmt, dass er bei dem Bezug von Waren oder Dienstleistungen eine Handlung vornehme oder unterlasse und dadurch seine Pflichten gegenüber dem Unternehmen verletze.

(2) Ebenso wird bestraft, wer im geschäftlichen Verkehr einem Angestellten oder Beauftragten eines Unternehmens

1. einen Vorteil für diesen oder einen Dritten als Gegenleistung dafür anbietet, verspricht oder gewährt, dass er bei dem Bezug von Waren oder Dienstleistungen ihn oder einen anderen im inländischen oder ausländischen Wettbewerb in unlauterer Weise bevorzuge, oder

2. ohne Einwilligung des Unternehmens einen Vorteil für diesen oder einen Dritten als Gegenleistung dafür anbietet, verspricht oder gewährt, dass er bei dem Bezug von Waren oder Dienstleistungen eine Handlung vornehme oder unterlasse und dadurch seine Pflichten gegenüber dem Unternehmen verletze.

§ 299a Bestechlichkeit im Gesundheitswesen. Wer als Angehöriger eines Heilberufs, der für die Berufsausübung oder die Führung der Berufsbezeichnung eine staatlich geregelte Ausbildung erfordert, im Zusammenhang mit der Ausübung seines Berufs einen Vorteil für sich oder einen Dritten als Gegenleistung dafür fordert, sich versprechen lässt oder annimmt, dass er

1. bei der Verordnung von Arznei-, Heil- oder Hilfsmitteln oder von Medizinprodukten,

2. bei dem Bezug von Arznei- oder Hilfsmitteln oder von Medizinprodukten, die jeweils zur unmittelbaren Anwendung durch den Heilberufsangehörigen oder einen seiner Berufshelfer bestimmt sind, oder

3. bei der Zuführung von Patienten oder Untersuchungsmaterial

einen anderen im inländischen oder ausländischen Wettbewerb in unlauterer Weise bevorzuge, wird mit Freiheitsstrafe bis zu drei Jahren oder mit Geldstrafe bestraft.

§ 299b Bestechung im Gesundheitswesen. Wer einem Angehörigen eines Heilberufs im Sinne des § 299a im Zusammenhang mit dessen Berufsausübung einen Vorteil für diesen oder einen Dritten als Gegenleistung dafür anbietet, verspricht oder gewährt, dass er

1. bei der Verordnung von Arznei-, Heil- oder Hilfsmitteln oder von Medizinprodukten,
2. bei dem Bezug von Arznei- oder Hilfsmitteln oder von Medizinprodukten, die jeweils zur unmittelbaren Anwendung durch den Heilberufsangehörigen oder einen seiner Berufshelfer bestimmt sind, oder
3. bei der Zuführung von Patienten oder Untersuchungsmaterial

ihn oder einen anderen im inländischen oder ausländischen Wettbewerb in unlauterer Weise bevorzuge, wird mit Freiheitsstrafe bis zu drei Jahren oder mit Geldstrafe bestraft.

§ 300 Besonders schwere Fälle der Bestechlichkeit und Bestechung im geschäftlichen Verkehr und im Gesundheitswesen. [1]In besonders schweren Fällen wird eine Tat nach den §§ 299, 299a und 299b mit Freiheitsstrafe von drei Monaten bis zu fünf Jahren bestraft. [2]Ein besonders schwerer Fall liegt in der Regel vor, wenn

1. die Tat sich auf einen Vorteil großen Ausmaßes bezieht oder
2. der Täter gewerbsmäßig handelt oder als Mitglied einer Bande, die sich zur fortgesetzten Begehung solcher Taten verbunden hat.

§ 301 Strafantrag. (1) Die Bestechlichkeit und Bestechung im geschäftlichen Verkehr nach § 299 wird nur auf Antrag verfolgt, es sei denn, dass die Strafverfolgungsbehörde wegen des besonderen öffentlichen Interesses an der Strafverfolgung ein Einschreiten von Amts wegen für geboten hält.

(2) Das Recht, den Strafantrag nach Absatz 1 zu stellen, haben in den Fällen des § 299 Absatz 1 Nummer 1 und Absatz 2 Nummer 1 neben dem Verletzten auch die in § 8 Absatz 3 Nummer 2 und 4 des Gesetzes gegen den unlauteren Wettbewerb bezeichneten Verbände und Kammern.

§ 323c Unterlassene Hilfeleistung; Behinderung von hilfeleistenden Personen. (1) Wer bei Unglücksfällen oder gemeiner Gefahr oder Not nicht Hilfe leistet, obwohl dies erforderlich und ihm den Umständen nach zuzumuten, insbesondere ohne erhebliche eigene Gefahr und ohne Verletzung anderer wichtiger Pflichten möglich ist, wird mit Freiheitsstrafe bis zu einem Jahr oder mit Geldstrafe bestraft.

(2) Ebenso wird bestraft, wer in diesen Situationen eine Person behindert, die einem Dritten Hilfe leistet oder leisten will.

§ 331 Vorteilsannahme. (1) Ein Amtsträger, ein Europäischer Amtsträger ~§ 11 I~ oder ein für den öffentlichen Dienst besonders Verpflichteter, der für die ~Nr. 2~ Dienstausübung einen Vorteil für sich oder einen Dritten fordert, sich versprechen lässt oder annimmt, wird mit Freiheitsstrafe bis zu drei Jahren oder mit Geldstrafe bestraft.

(2) [1]Ein Richter, Mitglied eines Gerichts der Europäischen Union oder Schiedsrichter, der einen Vorteil für sich oder einen Dritten als Gegenleistung dafür fordert, sich versprechen lässt oder annimmt, dass er eine richterliche Handlung vorgenommen hat oder künftig vornehme, wird mit Freiheitsstrafe bis zu fünf Jahren oder mit Geldstrafe bestraft. [2]Der Versuch ist strafbar.

(3) Die Tat ist nicht nach Absatz 1 strafbar, wenn der Täter einen nicht von ihm geforderten Vorteil sich versprechen lässt oder annimmt und die zuständige Behörde im Rahmen ihrer Befugnisse entweder die Annahme vorher genehmigt hat oder der Täter unverzüglich bei ihr Anzeige erstattet und sie die Annahme genehmigt.

§ 332 Bestechlichkeit. (1) [1]Ein Amtsträger, ein Europäischer Amtsträger oder ein für den öffentlichen Dienst besonders Verpflichteter, der einen Vorteil für sich oder einen Dritten als Gegenleistung dafür fordert, sich versprechen lässt oder annimmt, dass er eine Diensthandlung vorgenommen hat oder künftig vornehme und dadurch seine Dienstpflichten verletzt hat oder verletzen würde, wird mit Freiheitsstrafe von sechs Monaten bis zu fünf Jahren bestraft. [2]In minder schweren Fällen ist die Strafe Freiheitsstrafe bis zu drei Jahren oder Geldstrafe. [3]Der Versuch ist strafbar.

(2) [1]Ein Richter, Mitglied eines Gerichts der Europäischen Union oder Schiedsrichter, der einen Vorteil für sich oder einen Dritten als Gegenleistung dafür fordert, sich versprechen lässt oder annimmt, dass er eine richterliche Handlung vorgenommen hat oder künftig vornehme und dadurch seine richterlichen Pflichten verletzt hat oder verletzen würde, wird mit Freiheitsstrafe von einem Jahr bis zu zehn Jahren bestraft. [2]In minder schweren Fällen ist die Strafe Freiheitsstrafe von sechs Monaten bis zu fünf Jahren.

(3) Falls der Täter den Vorteil als Gegenleistung für eine künftige Handlung fordert, sich versprechen lässt oder annimmt, so sind die Absätze 1 und 2 schon dann anzuwenden, wenn er sich dem anderen gegenüber bereit gezeigt hat,
1. bei der Handlung seine Pflichten zu verletzen oder,
2. soweit die Handlung in seinem Ermessen steht, sich bei Ausübung des Ermessens durch den Vorteil beeinflussen zu lassen.

§ 333 Vorteilsgewährung. (1) Wer einem Amtsträger, einem Europäischen Amtsträger, einem für den öffentlichen Dienst besonders Verpflichteten oder einem Soldaten der Bundeswehr für die Dienstausübung einen Vorteil für diesen oder einen Dritten anbietet, verspricht oder gewährt, wird mit Freiheitsstrafe bis zu drei Jahren oder mit Geldstrafe bestraft.

(2) Wer einem Richter, Mitglied eines Gerichts der Europäischen Union oder Schiedsrichter einen Vorteil für diesen oder einen Dritten als Gegenleistung dafür anbietet, verspricht oder gewährt, dass er eine richterliche Handlung vorgenommen hat oder künftig vornehme, wird mit Freiheitsstrafe bis zu fünf Jahren oder mit Geldstrafe bestraft.

(3) Die Tat ist nicht nach Absatz 1 strafbar, wenn die zuständige Behörde im Rahmen ihrer Befugnisse entweder die Annahme des Vorteils durch den Empfänger vorher genehmigt hat oder sie auf unverzügliche Anzeige des Empfängers genehmigt.

§ 334 Bestechung. (1) ¹Wer einem Amtsträger, einem Europäischen Amtsträger, einem für den öffentlichen Dienst besonders Verpflichteten oder einem Soldaten der Bundeswehr einen Vorteil für diesen oder einen Dritten als Gegenleistung dafür anbietet, verspricht oder gewährt, dass er eine Diensthandlung vorgenommen hat oder künftig vornehme und dadurch seine Dienstpflichten verletzt hat oder verletzen würde, wird mit Freiheitsstrafe von drei Monaten bis zu fünf Jahren bestraft. ²In minder schweren Fällen ist die Strafe Freiheitsstrafe bis zu zwei Jahren oder Geldstrafe.

(2) ¹Wer einem Richter, Mitglied eines Gerichts der Europäischen Union oder Schiedsrichter einen Vorteil für diesen oder einen Dritten als Gegenleistung dafür anbietet, verspricht oder gewährt, dass er eine richterliche Handlung
1. vorgenommen und dadurch seine richterlichen Pflichten verletzt hat oder
2. künftig vornehme und dadurch seine richterlichen Pflichten verletzen würde,
wird in den Fällen der Nummer 1 mit Freiheitsstrafe von drei Monaten bis zu fünf Jahren, in den Fällen der Nummer 2 mit Freiheitsstrafe von sechs Monaten bis zu fünf Jahren bestraft. ²Der Versuch ist strafbar.

(3) Falls der Täter den Vorteil als Gegenleistung für eine künftige Handlung anbietet, verspricht oder gewährt, so sind die Absätze 1 und 2 schon dann anzuwenden, wenn er den anderen zu bestimmen versucht, dass dieser
1. bei der Handlung seine Pflichten verletzt oder,
2. soweit die Handlung in seinem Ermessen steht, sich bei der Ausübung des Ermessens durch den Vorteil beeinflussen lässt.

§ 335 Besonders schwere Fälle der Bestechlichkeit und Bestechung. (1) In besonders schweren Fällen wird
1. eine Tat nach
   a) § 332 Abs. 1 Satz 1, auch in Verbindung mit Abs. 3, und
   b) § 334 Abs. 1 Satz 1 und Abs. 2, jeweils auch in Verbindung mit Abs. 3,
   mit Freiheitsstrafe von einem Jahr bis zu zehn Jahren und
2. eine Tat nach § 332 Abs. 2, auch in Verbindung mit Abs. 3, mit Freiheitsstrafe nicht unter zwei Jahren
bestraft.

(2) Ein besonders schwerer Fall im Sinne des Absatzes 1 liegt in der Regel vor, wenn

1. die Tat sich auf einen Vorteil großen Ausmaßes bezieht,
2. der Täter fortgesetzt Vorteile annimmt, die er als Gegenleistung dafür gefordert hat, dass er eine Diensthandlung künftig vornehme, oder
3. der Täter gewerbsmäßig oder als Mitglied einer Bande handelt, die sich zur fortgesetzten Begehung solcher Taten verbunden hat.

§ 335a Ausländische und internationale Bedienstete. (1) Für die Anwendung der §§ 332 und 334, jeweils auch in Verbindung mit § 335, auf eine Tat, die sich auf eine künftige richterliche Handlung oder eine künftige Diensthandlung bezieht, stehen gleich:

1. einem Richter:
   ein Mitglied eines ausländischen und eines internationalen Gerichts;
2. einem sonstigen Amtsträger:
   a) ein Bediensteter eines ausländischen Staates und eine Person, die beauftragt ist, öffentliche Aufgaben für einen ausländischen Staat wahrzunehmen;
   b) ein Bediensteter einer internationalen Organisation und eine Person, die beauftragt ist, Aufgaben einer internationalen Organisation wahrzunehmen;
   c) ein Soldat eines ausländischen Staates und ein Soldat, der beauftragt ist, Aufgaben einer internationalen Organisation wahrzunehmen.

(2) Für die Anwendung der §§ 331 und 333 auf eine Tat, die sich auf eine künftige richterliche Handlung oder eine künftige Diensthandlung bezieht, stehen gleich:

1. einem Richter:
   ein Mitglied des Internationalen Strafgerichtshofes;
2. einem sonstigen Amtsträger:
   ein Bediensteter des Internationalen Strafgerichtshofes.

(3) Für die Anwendung des § 333 Absatz 1 und 3 auf eine Tat, die sich auf eine künftige Diensthandlung bezieht, stehen gleich:

1. einem Soldaten der Bundeswehr:
   ein Soldat der in der Bundesrepublik Deutschland stationierten Truppen der nichtdeutschen Vertragsstaaten des Nordatlantikpaktes, die sich zur Zeit der Tat im Inland aufhalten;
2. einem sonstigen Amtsträger:
   ein Bediensteter dieser Truppen;
3. einem für den öffentlichen Dienst besonders Verpflichteten:
   eine Person, die bei den Truppen beschäftigt oder für sie tätig und auf Grund einer allgemeinen oder besonderen Anweisung einer höheren Dienststelle der Truppen zur gewissenhaften Erfüllung ihrer Obliegenheiten förmlich verpflichtet worden ist.

§ 336 Unterlassen der Diensthandlung. Der Vornahme einer Diensthandlung oder einer richterlichen Handlung im Sinne der §§ 331 bis 335a steht das Unterlassen der Handlung gleich.

§ 337 Schiedsrichtervergütung. Die Vergütung eines Schiedsrichters ist nur dann ein Vorteil im Sinne der §§ 331 bis 335, wenn der Schiedsrichter sie von einer Partei hinter dem Rücken der anderen fordert, sich versprechen lässt oder annimmt oder wenn sie ihm eine Partei hinter dem Rücken der anderen anbietet, verspricht oder gewährt.

Gesetz über die Spende, Entnahme und Übertragung von Organen und Geweben (Transplantationsgesetz – TPG)[1]

i.d.F. der Bek. vom 4.9.2007 (BGBl. I S. 2206),
zuletzt geändert durch Art. 2 G vom 18.7.2017 (BGBl. I S. 2757)

INHALTSÜBERSICHT

---

1 Dieses Gesetz dient der Umsetzung der Richtlinie 2004/23/EG des Europäischen Parlaments und des Rates vom 31. März 2004 zur Festlegung von Qualitäts- und Sicherheitsstandards für die Spende, Beschaffung, Testung, Verarbeitung, Konservierung, Lagerung und Verteilung von menschlichen Geweben und Zellen (ABl. EU Nr. L 102 S. 48).
   Die Verpflichtungen aus der Richtlinie 98/34/EG des Europäischen Parlaments und des Rates vom 22. Juni 1998 über ein Informationsverfahren auf dem Gebiet der Normen und technischen Vorschriften und der Vorschriften für die Dienste der Informationsgesellschaft (ABl. EG Nr. L 204 S. 37), geändert durch die Richtlinie 98/48/EG des Europäischen Parlaments und des Rates vom 20. Juli 1998 (ABl. EG Nr. L 217 S. 18), sind beachtet worden.

Abschnitt 1

Allgemeine Vorschriften

§ 1 Ziel- und Anwendungsbereich des Gesetzes. (1) [1]Ziel des Gesetzes ist es, die Bereitschaft zur Organspende in Deutschland zu fördern. [2]Hierzu soll jede Bürgerin und jeder Bürger regelmäßig im Leben in die Lage versetzt werden, sich mit der Frage seiner eigenen Spendebereitschaft ernsthaft zu befassen und aufgefordert werden, die jeweilige Erklärung auch zu dokumentieren. [3]Um eine informierte und unabhängige Entscheidung jedes Einzelnen zu ermöglichen, sieht dieses Gesetz eine breite Aufklärung der Bevölkerung zu den Möglichkeiten der Organ- und Gewebespende vor.

(2) [1]Dieses Gesetz gilt für die Spende und die Entnahme von menschlichen Organen oder Geweben zum Zwecke der Übertragung sowie für die Übertragung der Organe oder der Gewebe einschließlich der Vorbereitung dieser Maßnahmen. [2]Es gilt ferner für das Verbot des Handels mit menschlichen Organen oder Geweben.

(3) Dieses Gesetz gilt nicht für
1. Gewebe, die innerhalb ein und desselben chirurgischen Eingriffs einer Person entnommen werden, um auf diese ohne Änderung ihrer stofflichen Beschaffenheit rückübertragen zu werden,
2. Blut und Blutbestandteile.

§ 1a Begriffsbestimmungen. Im Sinne dieses Gesetzes
1. sind Organe, mit Ausnahme der Haut, alle aus verschiedenen Geweben bestehenden, differenzierten Teile des menschlichen Körpers, die in Bezug auf Struktur, Blutgefäßversorgung und Fähigkeit zum Vollzug physiologischer Funktionen eine funktionale Einheit bilden, einschließlich der Organteile und einzelnen Gewebe eines Organs, die unter Aufrechterhaltung der Anforderungen an Struktur und Blutgefäßversorgung zum gleichen Zweck wie das ganze Organ im menschlichen Körper verwendet werden können, mit Ausnahme solcher Gewebe, die zur Herstellung von Arzneimitteln für neuartige Therapien im Sinne des § 4 Absatz 9 des Arzneimittelgesetzes bestimmt sind;
2. sind vermittlungspflichtige Organe die Organe Herz, Lunge, Leber, Niere, Bauchspeicheldrüse und Darm im Sinne der Nummer 1, die nach § 3 oder § 4 entnommen worden sind;
3. sind nicht regenerierungsfähige Organe alle Organe, die sich beim Spender nach der Entnahme nicht wieder bilden können;
4. sind Gewebe alle aus Zellen bestehenden Bestandteile des menschlichen Körpers, die keine Organe nach Nummer 1 sind, einschließlich einzelner menschlicher Zellen;
5. sind nächste Angehörige in der Rangfolge ihrer Aufzählung
   a) der Ehegatte oder der eingetragene Lebenspartner,
   b) die volljährigen Kinder,

    c) die Eltern oder, sofern der mögliche Organ- oder Gewebespender zur Todeszeit minderjährig war und die Sorge für seine Person zu dieser Zeit nur einem Elternteil, einem Vormund oder einem Pfleger zustand, dieser Sorgeinhaber,

    d) die volljährigen Geschwister,

    e) die Großeltern;

6. ist Entnahme die Gewinnung von Organen oder Geweben;

7. ist Übertragung die Verwendung von Organen oder Geweben in oder an einem menschlichen Empfänger sowie die Anwendung beim Menschen außerhalb des Körpers;

8. ist Gewebeeinrichtung eine Einrichtung, die Gewebe zum Zwecke der Übertragung entnimmt, untersucht, aufbereitet, be- oder verarbeitet, konserviert, kennzeichnet, verpackt, aufbewahrt oder an andere abgibt;

9. ist Einrichtung der medizinischen Versorgung ein Krankenhaus oder eine andere Einrichtung mit unmittelbarer Patientenbetreuung, die fachlich-medizinisch unter ständiger ärztlicher Leitung steht und in der ärztliche medizinische Leistungen erbracht werden;

10. sind Verfahrensanweisungen schriftliche Anweisungen, die die Schritte eines spezifischen Verfahrens beschreiben, einschließlich der zu verwendenden Materialien und Methoden und des erwarteten Ergebnisses;

11. ist Rückverfolgbarkeit die Möglichkeit, das Organ in jeder Phase von der Spende bis zur Übertragung oder Verwerfung zu verfolgen und zu identifizieren; dies umfasst auch die Möglichkeit, den Spender, das Entnahmekrankenhaus und den Empfänger im Transplantationszentrum zu identifizieren sowie alle sachdienlichen, nicht personenbezogenen Daten über Produkte und Materialien, mit denen das Organ in Berührung kommt, zu ermitteln und zu identifizieren.

§ 2 Aufklärung der Bevölkerung, Erklärung zur Organ- und Gewebespende, Organ- und Gewebespenderegister, Organ- und Gewebespendeausweise. (1) [1]Die nach Landesrecht zuständigen Stellen, die Bundesbehörden im Rahmen ihrer Zuständigkeit, insbesondere die Bundeszentrale für gesundheitliche Aufklärung, sowie die Krankenkassen sollen auf der Grundlage dieses Gesetzes die Bevölkerung aufklären über

1. die Möglichkeiten der Organ- und Gewebespende,

2. die Voraussetzungen der Organ- und Gewebeentnahme bei toten Spendern einschließlich der Bedeutung einer zu Lebzeiten abgegebenen Erklärung zur Organ- und Gewebespende, auch im Verhältnis zu einer Patientenverfügung, und der Rechtsfolge einer unterlassenen Erklärung im Hinblick auf das Entscheidungsrecht der nächsten Angehörigen nach § 4 sowie

3. die Bedeutung der Organ- und Gewebeübertragung im Hinblick auf den für kranke Menschen möglichen Nutzen einer medizinischen Anwendung von Organen und Geweben einschließlich von aus Geweben hergestellten Arzneimitteln und die Bedeutung der Erhebung transplantationsmedizinischer Daten im Transplantationsregister nach Abschnitt 5a.

[2]Die Aufklärung hat die gesamte Tragweite der Entscheidung zu umfassen und muss ergebnisoffen sein. [3]Die in Satz 1 benannten Stellen sollen auch Ausweise für die Erklärung zur Organ- und Gewebespende (Organspendeausweis) zusammen mit geeigneten Aufklärungsunterlagen bereithalten und der Bevölkerung zur Verfügung stellen. [4]Bund und Länder stellen sicher, dass den für die Ausstellung und die Ausgabe von amtlichen Ausweisdokumenten zuständigen Stellen des Bundes und der Länder Organspendeausweise zusammen mit geeigneten Aufklärungsunterlagen zur Verfügung stehen und dass diese bei der Ausgabe der Ausweisdokumente dem Empfänger des Ausweisdokuments einen Organspendeausweis zusammen mit geeigneten Aufklärungsunterlagen aushändigen.

(1a) [1]Die Krankenkassen haben, unbeschadet ihrer Pflichten nach Absatz 1, die in Absatz 1 Satz 3 genannten Unterlagen ihren Versicherten, die das 16. Lebensjahr vollendet haben, zur Verfügung zu stellen, wenn ihnen die elektronische Gesundheitskarte nach § 291a des Fünften Buches Sozialgesetzbuch ausgestellt wird. [2]Die privaten Krankenversicherungsunternehmen haben die in Absatz 1 Satz 3 genannten Unterlagen ihren Versicherten, die das 16. Lebensjahr vollendet haben, alle fünf Jahre zusammen mit der Beitragsmitteilung nach § 10 Absatz 2a Satz 9 des Einkommensteuergesetzes zur Verfügung zu stellen. [3]Ist den Krankenkassen und den privaten Krankenversicherungsunternehmen ein erstmaliges Erfüllen der Verpflichtungen nach den Sätzen 1 und 2 innerhalb von zwölf Monaten nach Inkrafttreten dieses Gesetzes nicht möglich, haben sie die Unterlagen nach Absatz 1 Satz 3 ihren Versicherten innerhalb des vorgenannten Zeitraums in anderer geeigneter Weise zur Verfügung zu stellen. [4]Solange die Möglichkeit zur Speicherung der Erklärungen der Versicherten zur Organ- und Gewebespende nach § 291a Absatz 3 Satz 1 Nummer 7 des Fünften Buches Sozialgesetzbuch nicht zur Verfügung steht, haben die Krankenkassen und die privaten Krankenversicherungsunternehmen die in Absatz 1 Satz 3 genannten Unterlagen ihren Versicherten alle zwei Jahre zu übersenden. [5]Mit der Zurverfügungstellung der Unterlagen fordern die Krankenkassen und die privaten Krankenversicherungsunternehmen die Versicherten auf, eine Erklärung zur Organ- und Gewebespende zu dokumentieren und benennen ihnen gegenüber fachlich qualifizierte Ansprechpartner für Fragen zur Organ- und Gewebespende sowie zur Bedeutung einer zu Lebzeiten abgegebenen Erklärung zur Organ- und Gewebespende, auch im Verhältnis zu einer Patientenverfügung.

(2) [1]Wer eine Erklärung zur Organ- und Gewebespende abgibt, kann in eine Organ- und Gewebeentnahme nach § 3 einwilligen, ihr widersprechen oder die Entscheidung einer namentlich benannten Person seines Vertrauens übertragen (Erklärung zur Organ- und Gewebespende). [2]Die Erklärung kann auf bestimmte Organe oder Gewebe beschränkt werden. [3]Die Einwilligung und die Übertragung der Entscheidung können vom vollendeten sechzehnten, der Widerspruch kann vom vollendeten vierzehnten Lebensjahr an erklärt werden.

(2a) Niemand kann verpflichtet werden, eine Erklärung zur Organ- und Gewebespende abzugeben.

(3) [1]Das Bundesministerium für Gesundheit kann durch Rechtsverordnung mit Zustimmung des Bundesrates einer Stelle die Aufgabe übertragen, die Erklärungen zur Organ- oder Gewebespende auf Wunsch der Erklärenden zu speichern und darüber berechtigten Personen Auskunft zu erteilen (Organ- und Gewebespenderegister). [2]Die gespeicherten personenbezogenen Daten dürfen nur zum Zwecke der Feststellung verwendet werden, ob bei demjenigen, der die Erklärung abgegeben hatte, eine Organ- oder Gewebeentnahme nach § 3 oder § 4 zulässig ist. [3]Die Rechtsverordnung regelt insbesondere

1. die für die Entgegennahme einer Erklärung zur Organ- oder Gewebespende oder für deren Änderung zuständigen öffentlichen Stellen (Anlaufstellen), die Verwendung eines Vordrucks, die Art der darauf anzugebenden Daten und die Prüfung der Identität des Erklärenden,

2. die Übermittlung der Erklärung durch die Anlaufstellen an das Register sowie die Speicherung der Erklärung und der darin enthaltenen Daten bei den Anlaufstellen und dem Register,

3. die Aufzeichnung aller Abrufe im automatisierten Verfahren nach § 10 des Bundesdatenschutzgesetzes sowie der sonstigen Auskünfte aus dem Register zum Zwecke der Prüfung der Zulässigkeit der Anfragen und Auskünfte,

4. die Speicherung der Personendaten der nach Absatz 4 Satz 1 auskunftsberechtigten Ärzte bei dem Register sowie die Vergabe, Speicherung und Zusammensetzung der Benutzerkennungen und Passwörter für ihre Auskunftsberechtigung,

5. die Löschung der gespeicherten Daten und

6. die Finanzierung des Registers.

(4) [1]Die Auskunft aus dem Register darf ausschließlich an den Erklärenden sowie an einen von einem Krankenhaus dem Register als auskunftsberechtigt benannten Arzt erteilt werden, der weder an der Entnahme noch an der Übertragung der Organe oder Gewebe des möglichen Organ- oder Gewebespenders beteiligt ist und auch nicht Weisungen eines Arztes untersteht, der an diesen Maßnahmen beteiligt ist. [2]Die Anfrage darf erst nach der Feststellung des Todes gemäß § 3 Abs. 1 Satz 1 Nr. 2 erfolgen. [3]Die Auskunft darf nur an den Arzt weitergegeben werden, der die Organ- oder Gewebeentnahme vornehmen oder unter dessen Verantwortung die Gewebeentnahme nach § 3 Abs. 1 Satz 2 vorgenommen werden soll, und an die Person, die nach § 3 Abs. 3 Satz 1 über die beabsichtigte oder nach § 4 über eine in Frage kommende Organ- oder Gewebeentnahme zu unterrichten ist.

(5) Die Bundesregierung kann durch allgemeine Verwaltungsvorschrift mit Zustimmung des Bundesrates ein Muster für den Organ- und Gewebespendeausweis festlegen und im Bundesanzeiger bekannt machen.

Abschnitt 2

Entnahme von Organen und Geweben
bei toten Spendern

§ 3 Entnahme mit Einwilligung des Spenders. (1) [1]Die Entnahme von Organen oder Geweben ist, soweit in § 4 oder § 4a nichts Abweichendes bestimmt ist, nur zulässig, wenn

1. der Organ- oder Gewebespender in die Entnahme eingewilligt hatte,
2. der Tod des Organ- oder Gewebespenders nach Regeln, die dem Stand der Erkenntnisse der medizinischen Wissenschaft entsprechen, festgestellt ist und
3. der Eingriff durch einen Arzt vorgenommen wird.

[2]Abweichend von Satz 1 Nr. 3 darf die Entnahme von Geweben auch durch andere dafür qualifizierte Personen unter der Verantwortung und nach fachlicher Weisung eines Arztes vorgenommen werden.

(2) Die Entnahme von Organen oder Geweben ist unzulässig, wenn

1. die Person, deren Tod festgestellt ist, der Organ- oder Gewebeentnahme widersprochen hatte,
2. nicht vor der Entnahme bei dem Organ- oder Gewebespender der endgültige, nicht behebbare Ausfall der Gesamtfunktion des Großhirns, des Kleinhirns und des Hirnstamms nach Verfahrensregeln, die dem Stand der Erkenntnisse der medizinischen Wissenschaft entsprechen, festgestellt ist.

(3) [1]Der Arzt hat den nächsten Angehörigen des Organ- oder Gewebespenders über die beabsichtigte Organ- oder Gewebeentnahme zu unterrichten. [2]Die entnehmende Person hat Ablauf und Umfang der Organ- oder Gewebeentnahme aufzuzeichnen. [3]Der nächste Angehörige hat das Recht auf Einsichtnahme. [4]Er kann eine Person seines Vertrauens hinzuziehen.

§ 4 Entnahme mit Zustimmung anderer Personen. (1) [1]Liegt dem Arzt, der die Organ- oder Gewebeentnahme vornehmen oder unter dessen Verantwortung die Gewebeentnahme nach § 3 Abs. 1 Satz 2 vorgenommen werden soll, weder eine schriftliche Einwilligung noch ein schriftlicher Widerspruch des möglichen Organ- oder Gewebespenders vor, ist dessen nächster Angehöriger zu befragen, ob ihm von diesem eine Erklärung zur Organ- oder Gewebespende bekannt ist. [2]Ist auch dem nächsten Angehörigen eine solche Erklärung nicht bekannt, so ist die Entnahme unter den Voraussetzungen des § 3 Abs. 1 Satz 1 Nr. 2 und 3, Satz 2 und Abs. 2 Nr. 2 nur zulässig, wenn ein Arzt den nächsten Angehörigen über eine in Frage kommende Organ- oder Gewebeentnahme unterrichtet und dieser ihr zugestimmt hat. [3]Kommt eine Entnahme mehrerer Organe oder Gewebe in Betracht, soll die Einholung der Zustimmung zusammen erfolgen. [4]Der nächste Angehörige hat bei seiner Entscheidung einen mutmaßlichen Willen des möglichen Organ- oder Gewebespenders zu beachten. [5]Der Arzt hat den nächsten Angehörigen hierauf hinzuweisen. [6]Der nächste Angehörige kann mit dem Arzt vereinbaren, dass er seine Erklärung innerhalb einer bestimmten, vereinbarten Frist widerrufen kann; die Vereinbarung bedarf der Schriftform.

(2) [1]Der nächste Angehörige ist nur dann zu einer Entscheidung nach Absatz 1 befugt, wenn er in den letzten zwei Jahren vor dem Tod des möglichen Organ- oder Gewebespenders zu diesem persönlichen Kontakt hatte. [2]Der Arzt hat dies durch Befragung des nächsten Angehörigen festzustellen. [3]Bei mehreren gleichrangigen nächsten Angehörigen genügt es, wenn einer von ihnen nach Absatz 1 beteiligt wird und eine Entscheidung trifft; es ist jedoch der Widerspruch eines jeden von ihnen beachtlich. [4]Ist ein vorrangiger nächster Angehöriger innerhalb angemessener Zeit nicht erreichbar, genügt die Beteiligung und Entscheidung des zuerst erreichbaren nächsten Angehörigen. [5]Dem nächsten Angehörigen steht eine volljährige Person gleich, die dem möglichen Organ- oder Gewebespender bis zu seinem Tode in besonderer persönlicher Verbundenheit offenkundig nahegestanden hat; sie tritt neben den nächsten Angehörigen.

(3) Hatte der mögliche Organ- oder Gewebespender die Entscheidung über eine Organ- oder Gewebeentnahme einer bestimmten Person übertragen, tritt diese an die Stelle des nächsten Angehörigen.

(4) [1]Der Arzt hat Ablauf, Inhalt und Ergebnis der Beteiligung der nächsten Angehörigen sowie der Personen nach Absatz 2 Satz 5 und Absatz 3 aufzuzeichnen. [2]Die nächsten Angehörigen sowie die Personen nach Absatz 2 Satz 5 und Absatz 3 haben das Recht auf Einsichtnahme.

§ 4a Entnahme bei toten Embryonen und Föten. (1) [1]Die Entnahme von Organen oder Geweben bei einem toten Embryo oder Fötus ist nur zulässig, wenn

1. der Tod des Embryos oder Fötus nach Regeln, die dem Stand der Erkenntnisse der medizinischen Wissenschaft entsprechen, festgestellt ist,
2. die Frau, die mit dem Embryo oder Fötus schwanger war, durch einen Arzt über eine in Frage kommende Organ- oder Gewebeentnahme aufgeklärt worden ist und in die Entnahme der Organe oder Gewebe schriftlich eingewilligt hat und
3. der Eingriff durch einen Arzt vorgenommen wird.

[2]In den Fällen des Satzes 1 Nr. 3 gilt § 3 Abs. 1 Satz 2 entsprechend. [3]Die Aufklärung und die Einholung der Einwilligung dürfen erst nach der Feststellung des Todes erfolgen.

(2) [1]Der Arzt hat Ablauf, Inhalt und Ergebnis der Aufklärung und der Einwilligung nach Absatz 1 Satz 1 Nr. 2 aufzuzeichnen. [2]Die entnehmende Person hat Ablauf und Umfang der Organ- oder Gewebeentnahme aufzuzeichnen. [3]Die Frau, die mit dem Embryo oder Fötus schwanger war, hat das Recht auf Einsichtnahme. [4]Sie kann eine Person ihres Vertrauens hinzuziehen. [5]Die Einwilligung kann schriftlich oder mündlich widerrufen werden.

(3) In den Fällen des Absatzes 1 gilt die Frau, die mit dem Embryo oder Fötus schwanger war, nur für die Zwecke der Dokumentation, der Rückverfolgung und des Datenschutzes als Spenderin.

§ 5 Nachweisverfahren. (1) [1]Die Feststellungen nach § 3 Abs. 1 Satz 1 Nr. 2 und Abs. 2 Nr. 2 sind jeweils durch zwei dafür qualifizierte Ärzte zu treffen, die den Organ- oder Gewebespender unabhängig voneinander untersucht haben. [2]Abweichend von Satz 1 genügt zur Feststellung nach § 3 Abs. 1 Satz 1 Nr. 2 die Untersuchung und Feststellung durch einen Arzt, wenn der endgültige, nicht behebbare Stillstand von Herz und Kreislauf eingetreten ist und seitdem mehr als drei Stunden vergangen sind.

(2) [1]Die an den Untersuchungen nach Absatz 1 beteiligten Ärzte dürfen weder an der Entnahme noch an der Übertragung der Organe oder Gewebe des Spenders beteiligt sein. [2]Sie dürfen auch nicht Weisungen eines Arztes unterstehen, der an diesen Maßnahmen beteiligt ist. [3]Die Feststellung der Untersuchungsergebnisse und ihr Zeitpunkt sind von den Ärzten unter Angabe der zugrunde liegenden Untersuchungsbefunde unverzüglich jeweils in einer Niederschrift aufzuzeichnen und zu unterschreiben. [4]Dem nächsten Angehörigen sowie den Personen nach § 4 Abs. 2 Satz 5 und Abs. 3 ist Gelegenheit zur Einsichtnahme zu geben. [5]Sie können eine Person ihres Vertrauens hinzuziehen.

(3) [1]Die Feststellung nach § 4a Abs. 1 Satz 1 Nr. 1 ist durch einen Arzt zu treffen, der weder an der Entnahme noch an der Übertragung der Organe oder Gewebe des Embryos oder Fötus beteiligt sein darf. [2]Er darf auch nicht Weisungen eines Arztes unterstehen, der an diesen Maßnahmen beteiligt ist. [3]Die Untersuchungsergebnisse und der Zeitpunkt ihrer Feststellung sind von den Ärzten unter Angabe der zugrunde liegenden Untersuchungsbefunde unverzüglich jeweils in einer gesonderten Niederschrift aufzuzeichnen und zu unterschreiben. [4]Der Frau, die mit dem Embryo oder Fötus schwanger war, ist Gelegenheit zur Einsichtnahme zu geben. [5]Sie kann eine Person ihres Vertrauens hinzuziehen.

§ 6 Achtung der Würde des Organ- und Gewebespenders. (1) Die Organ- oder Gewebeentnahme bei verstorbenen Personen und alle mit ihr zusammenhängenden Maßnahmen müssen unter Achtung der Würde des Organ- oder Gewebespenders in einer der ärztlichen Sorgfaltspflicht entsprechenden Weise durchgeführt werden.

(2) [1]Der Leichnam des Organ- oder Gewebespenders muss in würdigem Zustand zur Bestattung übergeben werden. [2]Zuvor ist dem nächsten Angehörigen Gelegenheit zu geben, den Leichnam zu sehen.

(3) Die Absätze 1 und 2 gelten entsprechend für tote Embryonen und Föten.

§ 7 Datenerhebung und -verwendung; Auskunftspflicht. (1) Die Erhebung und Verwendung personenbezogener Daten eines möglichen Organ- oder Gewebespenders, eines nächsten Angehörigen oder einer Person nach § 4 Absatz 2 Satz 5 oder Absatz 3 und die Übermittlung dieser Daten an die nach Absatz 3 Satz 1 auskunftsberechtigten Personen ist zulässig, soweit dies erforderlich ist

1. zur Klärung, ob eine Organ- oder Gewebeentnahme nach § 3 Absatz 1 und 2, § 4 Absatz 1 bis 3 sowie § 9 Absatz 3 Satz 2 zulässig ist und ob ihr medizinische Gründe entgegenstehen,
2. zur Unterrichtung der nächsten Angehörigen nach § 3 Absatz 3 Satz 1,
3. zur Organ- und Spendercharakterisierung nach § 10a,
4. zur Rückverfolgung nach § 13 Absatz 1 oder
5. zur Meldung schwerwiegender Zwischenfälle und schwerwiegender unerwünschter Reaktionen auf der Grundlage der Rechtsverordnung nach § 13 Absatz 4.

(2) [1]Zur unverzüglichen Auskunft über die nach Absatz 1 erforderlichen Daten sind verpflichtet:
1. Ärzte, die den möglichen Organ- oder Gewebespender wegen einer dem Tode vorausgegangenen Erkrankung behandelt hatten,
2. Ärzte, die über den möglichen Organ- oder Gewebespender eine Auskunft aus dem Organ- und Gewebespenderegister nach § 2 Abs. 4 erhalten haben,
3. die Einrichtung der medizinischen Versorgung, in der der Tod des möglichen Organ- oder Gewebespenders nach § 3 Abs. 1 Satz 1 Nr. 2 festgestellt worden ist,
4. Ärzte, die bei dem möglichen Organ- oder Gewebespender die Leichenschau vorgenommen haben,
5. die Behörden, in deren Gewahrsam oder Mitgewahrsam sich der Leichnam des möglichen Organ- oder Gewebespenders befindet oder befunden hat,
6. der Transplantationsbeauftragte des Entnahmekrankenhauses,
7. der verantwortliche Arzt des Transplantationszentrums, in dem das Organ übertragen werden soll oder übertragen worden ist, und
8. die von der Koordinierungsstelle (§ 11) oder einer gewebeentnehmenden Gewebeeinrichtung beauftragte Person, soweit sie Auskunft über nach Absatz 1 erforderliche Daten erhalten hat.

[2]Die Pflicht zur unverzüglichen Auskunft besteht erst, nachdem der Tod des möglichen Organ- oder Gewebespenders nach § 3 Abs. 1 Satz 1 Nr. 2 festgestellt ist.

(3) [1]Ein Recht auf Auskunft über die nach Absatz 1 erforderlichen Daten haben
1. Ärzte, die die Entnahme von Organen nach § 3 oder § 4 beabsichtigen und in einem Krankenhaus tätig sind, das nach § 108 des Fünften Buches Sozialgesetzbuch oder nach anderen gesetzlichen Bestimmungen für die Übertragung solcher Organe zugelassen ist oder mit einem solchen Krankenhaus zum Zwecke der Entnahme solcher Organe zusammenarbeitet, sowie der Transplantationsbeauftragte des Entnahmekrankenhauses und der verantwortliche Arzt des Transplantationszentrums, in dem das Organ übertragen werden soll oder übertragen worden ist,
2. Ärzte, die die Entnahme von Geweben nach § 3 oder § 4 beabsichtigen oder unter deren Verantwortung Gewebe nach § 3 Abs. 1 Satz 2 entnommen werden sollen und in einer Einrichtung der medizinischen Versorgung tätig

sind, die solche Gewebe entnimmt oder mit einer solchen Einrichtung zum Zwecke der Entnahme solcher Gewebe zusammenarbeitet, und

3. die von der Koordinierungsstelle beauftragte Person. [2]Die Auskunft soll für alle Organe oder Gewebe, deren Entnahme beabsichtigt ist, zusammen eingeholt werden. [3]Sie darf erst eingeholt werden, nachdem der Tod des möglichen Organ- oder Gewebespenders nach § 3 Abs. 1 Satz 1 Nr. 2 festgestellt ist.

Abschnitt 3

Entnahme von Organen und Geweben bei lebenden Spendern

§ 8 Entnahme von Organen und Geweben. (1) [1]Die Entnahme von Organen oder Geweben zum Zwecke der Übertragung auf andere ist bei einer lebenden Person, soweit in § 8a nichts Abweichendes bestimmt ist, nur zulässig, wenn

1. die Person
   a) volljährig und einwilligungsfähig ist,
   b) nach Absatz 2 Satz 1 und 2 aufgeklärt worden ist und in die Entnahme eingewilligt hat,
   c) nach ärztlicher Beurteilung als Spender geeignet ist und voraussichtlich nicht über das Operationsrisiko hinaus gefährdet oder über die unmittelbaren Folgen der Entnahme hinaus gesundheitlich schwer beeinträchtigt wird,
2. die Übertragung des Organs oder Gewebes auf den vorgesehenen Empfänger nach ärztlicher Beurteilung geeignet ist, das Leben dieses Menschen zu erhalten oder bei ihm eine schwerwiegende Krankheit zu heilen, ihre Verschlimmerung zu verhüten oder ihre Beschwerden zu lindern,
3. im Fall der Organentnahme ein geeignetes Organ eines Spenders nach § 3 oder § 4 im Zeitpunkt der Organentnahme nicht zur Verfügung steht und
4. der Eingriff durch einen Arzt vorgenommen wird.

[2]Die Entnahme einer Niere, des Teils einer Leber oder anderer nicht regenerierungsfähiger Organe ist darüber hinaus nur zulässig zum Zwecke der Übertragung auf Verwandte ersten oder zweiten Grades, Ehegatten, eingetragene Lebenspartner, Verlobte oder andere Personen, die dem Spender in besonderer persönlicher Verbundenheit offenkundig nahestehen.

(2) [1]Der Spender ist durch einen Arzt in verständlicher Form aufzuklären über

1. den Zweck und die Art des Eingriffs,
2. die Untersuchungen sowie das Recht, über die Ergebnisse der Untersuchungen unterrichtet zu werden,
3. die Maßnahmen, die dem Schutz des Spenders dienen, sowie den Umfang und mögliche, auch mittelbare Folgen und Spätfolgen der beabsichtigten Organ- oder Gewebeentnahme für seine Gesundheit,

4. die ärztliche Schweigepflicht,
5. die zu erwartende Erfolgsaussicht der Organ- oder Gewebeübertragung und die Folgen für den Empfänger sowie sonstige Umstände, denen er erkennbar eine Bedeutung für die Spende beimisst,
6. die Erhebung und Verwendung personenbezogener Daten.

[2]Der Spender ist darüber zu informieren, dass seine Einwilligung Voraussetzung für die Organ- oder Gewebeentnahme ist. [3]Die Aufklärung hat in Anwesenheit eines weiteren Arztes, für den § 5 Abs. 2 Satz 1 und 2 entsprechend gilt, und, soweit erforderlich, anderer sachverständiger Personen zu erfolgen. [4]Der Inhalt der Aufklärung und die Einwilligungserklärung des Spenders sind in einer Niederschrift aufzuzeichnen, die von den aufklärenden Personen, dem weiteren Arzt und dem Spender zu unterschreiben ist. [5]Die Niederschrift muss auch eine Angabe über die versicherungsrechtliche Absicherung der gesundheitlichen Risiken nach Satz 1 enthalten. [6]Die Einwilligung kann schriftlich oder mündlich widerrufen werden. [7]Satz 3 gilt nicht im Fall der beabsichtigten Entnahme von Knochenmark.

(3) [1]Bei einem Lebenden darf die Entnahme von Organen erst durchgeführt werden, nachdem sich der Spender und der Empfänger, die Entnahme von Geweben erst, nachdem sich der Spender zur Teilnahme an einer ärztlich empfohlenen Nachbetreuung bereit erklärt hat. [2]Weitere Voraussetzung für die Entnahme von Organen bei einem Lebenden ist, dass die nach Landesrecht zuständige Kommission gutachtlich dazu Stellung genommen hat, ob begründete tatsächliche Anhaltspunkte dafür vorliegen, dass die Einwilligung in die Organspende nicht freiwillig erfolgt oder das Organ Gegenstand verbotenen Handeltreibens nach § 17 ist. [3]Der Kommission muss ein Arzt, der weder an der Entnahme noch an der Übertragung von Organen beteiligt ist, noch Weisungen eines Arztes untersteht, der an solchen Maßnahmen beteiligt ist, eine Person mit der Befähigung zum Richteramt und eine in psychologischen Fragen erfahrene Person angehören. [4]Das Nähere, insbesondere zur Zusammensetzung der Kommission, zum Verfahren und zur Finanzierung, wird durch Landesrecht bestimmt.

§ 8a Entnahme von Knochenmark bei minderjährigen Personen. [1]Die Entnahme von Knochenmark bei einer minderjährigen Person zum Zwecke der Übertragung ist abweichend von § 8 Abs. 1 Satz 1 Nr. 1 Buchstabe a und b sowie Nr. 2 mit folgender Maßgabe zulässig:

1. Die Verwendung des Knochenmarks ist für Verwandte ersten Grades oder Geschwister der minderjährigen Person vorgesehen.
2. [2]Die Übertragung des Knochenmarks auf den vorgesehenen Empfänger ist nach ärztlicher Beurteilung geeignet, bei ihm eine lebensbedrohliche Krankheit zu heilen.
3. [3]Ein geeigneter Spender nach § 8 Abs. 1 Satz 1 Nr. 1 steht im Zeitpunkt der Entnahme des Knochenmarks nicht zur Verfügung.
4. [4]Der gesetzliche Vertreter ist entsprechend § 8 Abs. 2 aufgeklärt worden und hat in die Entnahme und die Verwendung des Knochenmarks eingewil-

ligt. [5]§ 1627 des Bürgerlichen Gesetzbuchs ist anzuwenden. [6]Die minderjährige Person ist durch einen Arzt entsprechend § 8 Abs. 2 aufzuklären, soweit dies im Hinblick auf ihr Alter und ihre geistige Reife möglich ist. [7]Lehnt die minderjährige Person die beabsichtigte Entnahme oder Verwendung ab oder bringt sie dies in sonstiger Weise zum Ausdruck, so ist dies zu beachten.

5. [8]Ist die minderjährige Person in der Lage, Wesen, Bedeutung und Tragweite der Entnahme zu erkennen und ihren Willen hiernach auszurichten, so ist auch ihre Einwilligung erforderlich.

[9]Soll das Knochenmark der minderjährigen Person für Verwandte ersten Grades verwendet werden, hat der gesetzliche Vertreter dies dem Familiengericht unverzüglich anzuzeigen, um eine Entscheidung nach § 1629 Abs. 2 Satz 3 in Verbindung mit § 1796 des Bürgerlichen Gesetzbuchs herbeizuführen.

§ 8b Entnahme von Organen und Geweben in besonderen Fällen.

(1) [1]Sind Organe oder Gewebe bei einer lebenden Person im Rahmen einer medizinischen Behandlung dieser Person entnommen worden, ist ihre Übertragung nur zulässig, wenn die Person einwilligungsfähig und entsprechend § 8 Abs. 2 Satz 1 und 2 aufgeklärt worden ist und in diese Übertragung der Organe oder Gewebe eingewilligt hat. [2]Für die Aufzeichnung der Aufklärung und der Einwilligung gilt § 8 Abs. 2 Satz 4 entsprechend.

(2) Absatz 1 gilt entsprechend für die Gewinnung von menschlichen Samenzellen, die für eine medizinisch unterstützte Befruchtung bestimmt sind.

(3) Für einen Widerruf der Einwilligung gilt § 8 Abs. 2 Satz 6 entsprechend.

§ 8c Entnahme von Organen und Geweben zur Rückübertragung.

(1) Die Entnahme von Organen oder Geweben zum Zwecke der Rückübertragung ist bei einer lebenden Person nur zulässig, wenn

1. die Person
   a) einwilligungsfähig ist,
   b) entsprechend § 8 Abs. 2 Satz 1 und 2 aufgeklärt worden ist und in die Entnahme und die Rückübertragung des Organs oder Gewebes eingewilligt hat,
2. die Entnahme und die Rückübertragung des Organs oder Gewebes im Rahmen einer medizinischen Behandlung erfolgen und nach dem allgemein anerkannten Stand der medizinischen Wissenschaft für diese Behandlung erforderlich sind und
3. die Entnahme und die Rückübertragung durch einen Arzt vorgenommen werden.

(2) [1]Die Entnahme von Organen oder Geweben zum Zwecke der Rückübertragung bei einer Person, die nicht in der Lage ist, Wesen, Bedeutung und Tragweite der vorgesehenen Entnahme zu erkennen und ihren Willen hiernach auszurichten, ist abweichend von Absatz 1 Nr. 1 nur zulässig, wenn der gesetzliche Vertreter oder ein Bevollmächtigter entsprechend § 8 Abs. 2 Satz 1 und 2 aufgeklärt worden ist und in die Entnahme und die Rückübertragung des Organs

oder Gewebes eingewilligt hat. [2]Die §§ 1627, 1901 Abs. 2 und 3 sowie § 1904 des Bürgerlichen Gesetzbuchs sind anzuwenden.

(3) [1]Die Entnahme von Organen oder Geweben zum Zwecke der Rückübertragung bei einem lebenden Embryo oder Fötus ist unter den Voraussetzungen des Absatzes 1 Nr. 2 und 3 nur zulässig, wenn die Frau, die mit dem Embryo oder Fötus schwanger ist, entsprechend § 8 Abs. 2 Satz 1 und 2 aufgeklärt worden ist und in die Entnahme und die Rückübertragung des Organs oder Gewebes eingewilligt hat. [2]Ist diese Frau nicht in der Lage, Wesen, Bedeutung und Tragweite der vorgesehenen Entnahme zu erkennen und ihren Willen hiernach auszurichten, gilt Absatz 2 entsprechend.

(4) Für die Aufzeichnung der Aufklärung und der Einwilligung gilt § 8 Abs. 2 Satz 4 entsprechend.

(5) Für einen Widerruf der Einwilligung gilt § 8 Abs. 2 Satz 6 entsprechend.

Abschnitt 3a

Gewebeeinrichtungen, Untersuchungslabore, Register

§ 8d Besondere Pflichten der Gewebeeinrichtungen. (1) [1]Eine Gewebeeinrichtung, die Gewebe entnimmt oder untersucht, darf unbeschadet der Vorschriften des Arzneimittelrechts nur betrieben werden, wenn sie einen Arzt bestellt hat, der die erforderliche Sachkunde nach dem Stand der medizinischen Wissenschaft besitzt. [2]Die Gewebeeinrichtung ist verpflichtet,

1. die Anforderungen an die Entnahme von Geweben nach dem Stand der medizinischen Wissenschaft und Technik einzuhalten, insbesondere an die Spenderidentifikation, das Entnahmeverfahren und die Spenderdokumentation,

2. sicherzustellen, dass nur Gewebe von Spendern entnommen werden, bei denen eine ärztliche Beurteilung nach dem Stand der medizinischen Wissenschaft und Technik ergeben hat, dass der Spender dafür medizinisch geeignet ist,

3. sicherzustellen, dass die für Gewebespender nach dem Stand der medizinischen Wissenschaft und Technik erforderlichen Laboruntersuchungen in einem Untersuchungslabor nach § 8e durchgeführt werden,

4. sicherzustellen, dass die Gewebe für die Aufbereitung, Be- oder Verarbeitung, Konservierung oder Aufbewahrung nur freigegeben werden, wenn die ärztliche Beurteilung nach Nummer 2 und die Laboruntersuchungen nach Nummer 3 ergeben haben, dass die Gewebe für diese Zwecke geeignet sind,

5. vor und nach einer Gewebeentnahme bei lebenden Spendern Maßnahmen für eine erforderliche medizinische Versorgung der Spender sicherzustellen und

6. eine Qualitätssicherung für die Maßnahmen nach den Nummern 2 bis 5 sicherzustellen.

[3]Das Nähere regelt eine Rechtsverordnung nach § 16a.

(2) Eine Gewebeeinrichtung hat unbeschadet ärztlicher Dokumentationspflichten jede Gewebeentnahme und -abgabe und die damit verbundenen Maßnahmen sowie die Angaben über Produkte und Materialien, die mit den entnommenen oder abgegebenen Geweben in Berührung kommen, für die in
diesem Gesetz geregelten Zwecke, für Zwecke der Rückverfolgung, für Zwecke einer medizinischen Versorgung des Spenders und für Zwecke der Risikoerfassung und Überwachung nach den Vorschriften des Arzneimittelgesetzes
oder anderen Rechtsvorschriften nach Maßgabe einer Rechtsverordnung nach
§ 16a zu dokumentieren.

(3) [1]Jede Gewebeeinrichtung führt eine Dokumentation über ihre Tätigkeit
einschließlich der Angaben zu Art und Menge der entnommenen, untersuchten,
aufbereiteten, be- oder verarbeiteten, konservierten, aufbewahrten, abgegebenen oder anderweitig verwendeten, eingeführten und ausgeführten Gewebe sowie des Ursprungs- und des Bestimmungsortes der Gewebe und macht eine
Darstellung ihrer Tätigkeit öffentlich zugänglich. [2]Sie übermittelt innerhalb der
Fristen nach Satz 5 der zuständigen Bundesoberbehörde jährlich einen Bericht
mit den Angaben zu Art und Menge der entnommenen, aufbereiteten, be- oder
verarbeiteten, aufbewahrten, abgegebenen oder anderweitig verwendeten sowie
der eingeführten und ausgeführten Gewebe einschließlich des Ursprungs- und
Bestimmungsstaates der Gewebe. [3]Der Bericht erfolgt auf einem Formblatt, das
die Bundesoberbehörde herausgegeben und im Bundesanzeiger bekannt gemacht hat. [4]Das Formblatt kann auch elektronisch zur Verfügung gestellt und
genutzt werden. [5]Der Bericht ist nach Ablauf des Kalenderjahres, spätestens bis
zum 1. März des folgenden Jahres zu übermitteln. [6]Die zuständige Bundesoberbehörde stellt die von den Gewebeeinrichtungen übermittelten Angaben anonymisiert in einem Gesamtbericht zusammen und macht diesen öffentlich bekannt. [7]Ist der Bericht einer Gewebeeinrichtung unvollständig oder liegt er bis
zum Ablauf der Frist nach Satz 5 nicht vor, unterrichtet die zuständige Bundesoberbehörde die für die Überwachung zuständige Behörde. [8]Die Gewebeeinrichtungen übersenden der zuständige Behörde mindestens alle zwei Jahre
oder auf Anforderung eine Liste der belieferten Einrichtungen der medizinischen Versorgung.

§ 8e Untersuchungslabore. [1]Die für Gewebespender nach § 8d Abs. 1 Satz 2
Nr. 3 vorgeschriebenen Laboruntersuchungen dürfen nur von einem Untersuchungslabor vorgenommen werden, für das eine Erlaubnis nach den Vorschriften des Arzneimittelgesetzes erteilt worden ist. [2]Das Untersuchungslabor ist
verpflichtet, eine Qualitätssicherung für die nach § 8d Abs. 1 Satz 2 Nr. 3 vorgeschriebenen Laboruntersuchungen sicherzustellen.

§ 8f Register über Gewebeeinrichtungen. (1) [1]Das Deutsche Institut für Medizinische Dokumentation und Information führt ein öffentlich zugängliches
Register über die im Geltungsbereich dieses Gesetzes tätigen Gewebeeinrichtungen und stellt seinen laufenden Betrieb sicher. [2]Das Register enthält Angaben
zu den Gewebeeinrichtungen und ihrer Erreichbarkeit sowie zu den Tätigkeiten,

für die jeweils die Herstellungserlaubnis, die Erlaubnis für die Be- oder Verarbeitung, Konservierung, Lagerung oder das Inverkehrbringen oder die Einfuhrerlaubnis nach den Vorschriften des Arzneimittelgesetzes erteilt worden ist. [3]Die zuständigen Behörden der Länder übermitteln dem Deutschen Institut für Medizinische Dokumentation und Information die Angaben nach Satz 2. [4]Das Deutsche Institut für Medizinische Dokumentation und Information kann für die Benutzung des Registers Entgelte verlangen. [5]Der Entgeltkatalog bedarf der Zustimmung des Bundesministeriums für Gesundheit im Benehmen mit dem Bundesministerium der Finanzen. [6]Von der Zahlung von Entgelten sind die zuständigen Behörden der Länder und die Europäische Kommission befreit.

(2) [1]Das Bundesministerium für Gesundheit kann durch Rechtsverordnung mit Zustimmung des Bundesrates die in das Register aufzunehmenden Angaben nach Absatz 1 Satz 2 im Einzelnen bestimmen sowie Näheres zu ihrer Übermittlung durch die zuständigen Behörden der Länder und der Benutzung des Registers regeln. [2]In der Rechtsverordnung kann auch eine Übermittlung der Angaben an Einrichtungen und Behörden innerhalb und außerhalb des Geltungsbereichs dieses Gesetzes vorgesehen werden.

Abschnitt 4

Entnahme, Vermittlung und Übertragung von Organen, Zusammenarbeit bei der Entnahme von Organen und Geweben

§ 9 Zulässigkeit der Organentnahme und -übertragung, Vorrang der Organspende. (1) Die Entnahme von Organen bei verstorbenen Spendern darf nur in Entnahmekrankenhäusern nach § 9a durchgeführt werden.

(2) [1]Die Übertragung von Organen verstorbener Spender sowie die Entnahme und Übertragung von Organen lebender Spender darf nur in Transplantationszentren nach § 10 vorgenommen werden. [2]Sind Organe im Geltungsbereich dieses Gesetzes entnommen worden, ist ihre Übertragung nur zulässig, wenn die Organentnahme nach § 11 Absatz 4 Satz 5 durch die Koordinierungsstelle organisiert und unter Beachtung der weiteren Regelungen nach § 11 durchgeführt worden ist. [3]Die Übertragung vermittlungspflichtiger Organe ist darüber hinaus nur zulässig, wenn die Organe durch die Vermittlungsstelle unter Beachtung der Regelungen nach § 12 Absatz 3 Satz 1 vermittelt worden sind.

(3) [1]Die mögliche Entnahme und Übertragung eines Organs hat Vorrang vor der Entnahme von Geweben; sie darf nicht durch eine Gewebeentnahme beeinträchtigt werden. [2]Die Entnahme von Geweben bei einem möglichen Spender von Organen nach § 9a Absatz 2 Nummer 1 ist erst dann zulässig, wenn eine von der Koordinierungsstelle beauftragte Person dokumentiert hat, dass die Entnahme oder Übertragung von Organen nicht möglich ist oder durch die Gewebeentnahme nicht beeinträchtigt wird.

§ 9a Entnahmekrankenhäuser. (1) [1]Entnahmekrankenhäuser sind die nach § 108 des Fünften Buches Sozialgesetzbuch oder nach anderen gesetzlichen Bestimmungen zugelassenen Krankenhäuser, die nach ihrer räumlichen und personellen Ausstattung in der Lage sind, Organentnahmen von möglichen Spendern nach § 3 oder § 4 nach Maßgabe des § 11 Absatz 4 Satz 5 zu ermöglichen. [2]Die zuständige Behörde benennt gegenüber der Koordinierungsstelle die Entnahmekrankenhäuser, die die Voraussetzungen nach Satz 1 erfüllen, und unterrichtet die Entnahmekrankenhäuser schriftlich über diese Benennung.

(2) Die Entnahmekrankenhäuser sind verpflichtet,

1. den endgültigen, nicht behebbaren Ausfall der Gesamtfunktion des Großhirns, des Kleinhirns und des Hirnstamms von Patienten, die nach ärztlicher Beurteilung als Organspender nach § 3 oder § 4 in Betracht kommen, nach § 5 festzustellen und der Koordinierungsstelle nach § 11 unverzüglich mitzuteilen; kommen diese Patienten zugleich als Gewebespender nach § 3 oder § 4 in Betracht, ist dies gleichzeitig mitzuteilen,
2. sicherzustellen, dass die Entnahme in einem Operationssaal durchgeführt wird, der dem Stand der medizinischen Wissenschaft und Technik entspricht, um die Qualität und Sicherheit der entnommenen Organe zu gewährleisten,
3. sicherzustellen, dass das von ihnen eingesetzte medizinische Personal für seine Aufgaben qualifiziert ist, und
4. die auf Grund des § 11 getroffenen Regelungen zur Organentnahme einzuhalten.

§ 9b Transplantationsbeauftragte. (1) [1]Die Entnahmekrankenhäuser bestellen mindestens einen Transplantationsbeauftragten, der für die Erfüllung seiner Aufgaben fachlich qualifiziert ist. [2]Der Transplantationsbeauftragte ist in Erfüllung seiner Aufgaben unmittelbar der ärztlichen Leitung des Entnahmekrankenhauses unterstellt. [3]Er ist bei der Wahrnehmung seiner Aufgaben unabhängig und unterliegt keinen Weisungen. [4]Der Transplantationsbeauftragte ist soweit freizustellen, wie es zur ordnungsgemäßen Durchführung seiner Aufgaben erforderlich ist; die Entnahmekrankenhäuser stellen organisatorisch sicher, dass der Transplantationsbeauftragte seine Aufgaben ordnungsgemäß wahrnehmen kann und unterstützen ihn dabei.

(2) Transplantationsbeauftragte sind insbesondere dafür verantwortlich, dass

1. die Entnahmekrankenhäuser ihrer Verpflichtung nach § 9a Absatz 2 Nummer 1 nachkommen,
2. die Angehörigen von Spendern nach § 3 oder § 4 in angemessener Weise begleitet werden,
3. die Zuständigkeiten und Handlungsabläufe in den Entnahmekrankenhäusern zur Erfüllung der Verpflichtungen aus diesem Gesetz festgelegt werden sowie
4. das ärztliche und pflegerische Personal im Entnahmekrankenhaus über die Bedeutung und den Prozess der Organspende regelmäßig informiert wird.

(3) [1]Das Nähere, insbesondere zu der erforderlichen Qualifikation und organisationsrechtlichen Stellung der Transplantationsbeauftragten sowie deren Freistellung von ihren sonstigen Tätigkeiten im Entnahmekrankenhaus, wird durch Landesrecht bestimmt. [2]Durch Landesrecht können die Voraussetzungen festgelegt werden, nach denen mehrere Entnahmekrankenhäuser zur Erfüllung ihrer Verpflichtung nach Absatz 1 die Bestellung eines gemeinsamen Transplantationsbeauftragten schriftlich vereinbaren können. [3]Dabei ist sicherzustellen, dass der Transplantationsbeauftragte seine Aufgaben in jedem der Entnahmekrankenhäuser ordnungsgemäß wahrnehmen kann. [4]Im Landesrecht können auch Ausnahmen von der Verpflichtung zur Bestellung eines Transplantationsbeauftragten vorgesehen werden, soweit und solange die Realisierung einer Organentnahme in begründeten Ausnahmefällen wegen der Besonderheiten des Entnahmekrankenhauses ausgeschlossen ist. [5]Die Ausnahmen können einer Genehmigung durch die zuständige Behörde unterworfen werden.

§ 10 Transplantationszentren. (1) [1]Transplantationszentren sind Krankenhäuser oder Einrichtungen an Krankenhäusern, die nach § 108 des Fünften Buches Sozialgesetzbuch oder nach anderen gesetzlichen Bestimmungen für die Übertragung von Organen verstorbener Spender sowie für die Entnahme und Übertragung von Organen lebender Spender zugelassen sind. [2]Bei der Zulassung nach § 108 des Fünften Buches Sozialgesetzbuch sind Schwerpunkte für die Übertragung dieser Organe zu bilden, um eine bedarfsgerechte, leistungsfähige und wirtschaftliche Versorgung zu gewährleisten und die erforderliche Qualität der Organübertragung zu sichern.

(2) [1]Die Transplantationszentren sind verpflichtet,
1. Wartelisten der zur Übertragung von vermittlungspflichtigen Organen angenommenen Patienten mit den für die Organvermittlung nach § 12 erforderlichen Angaben zu führen sowie unverzüglich über die Annahme eines Patienten zur Organübertragung sowie eine Aufnahme in die Warteliste zu entscheiden und den behandelnden Arzt darüber zu unterrichten, ebenso über die Herausnahme eines Patienten aus der Warteliste,
2. über die Aufnahme in die Warteliste nach Regeln zu entscheiden, die dem Stand der Erkenntnisse der medizinischen Wissenschaft entsprechen, insbesondere nach Notwendigkeit und Erfolgsaussicht einer Organübertragung,
3. die auf Grund des § 11 getroffenen Regelungen zur Organentnahme sowie bei vermittlungspflichtigen Organen die auf Grund des § 12 getroffenen Regelungen zur Organvermittlung einzuhalten,
4. vor der Organübertragung festzustellen, dass die Organ- und Spendercharakterisierung nach § 10a abgeschlossen und dokumentiert ist und die Bedingungen für die Konservierung und den Transport eingehalten worden sind,
5. jede Organübertragung unverzüglich so zu dokumentieren, dass eine lückenlose Rückverfolgung der Organe vom Empfänger zum Spender ermöglicht wird; bei der Übertragung von Organen verstorbener Spender ist die

Kenn-Nummer (§ 13 Abs. 1 Satz 1) anzugeben, um eine Rückverfolgung durch die Koordinierungsstelle zu ermöglichen,

6. die durchgeführten Lebendorganspenden aufzuzeichnen,

7. vor und nach einer Organübertragung Maßnahmen für eine erforderliche psychische Betreuung der Patienten im Krankenhaus sicherzustellen und

8. nach Maßgabe der Vorschriften des Fünften Buches Sozialgesetzbuch Maßnahmen zur Qualitätssicherung, die auch einen Vergleich mit anderen Transplantationszentren ermöglichen, im Rahmen ihrer Tätigkeit nach diesem Gesetz durchzuführen; dies gilt für die Nachbetreuung von Organspendern nach § 8 Abs. 3 Satz 1 entsprechend. [2]§ 9a Absatz 2 Nummer 2 und 3 gilt entsprechend.

(3) [1]Die nach Absatz 2 Satz 1 Nummer 1 für die Organvermittlung erforderlichen Angaben sind von einem Arzt oder einer von diesem beauftragten Person zu erheben, zu dokumentieren und an die Vermittlungsstelle nach Maßgabe des § 13 Absatz 3 Satz 3 zu übermitteln. [2]Den in Satz 1 genannten Personen ist es verboten,

1. für eine Meldung nach § 13 Absatz 3 Satz 3 den Gesundheitszustand eines Patienten unrichtig zu erheben oder unrichtig zu dokumentieren oder

2. bei der Meldung nach § 13 Absatz 3 Satz 3 einen unrichtigen Gesundheitszustand eines Patienten zu übermitteln,

um Patienten bei der Führung der einheitlichen Warteliste nach § 12 Absatz 3 Satz 2 zu bevorzugen.

§ 10a Organ- und Spendercharakterisierung, Transport von Organen, Verordnungsermächtigung zur Organ- und Spendercharakterisierung und zum Transport. (1) [1]Die von der Koordinierungsstelle beauftragte Person stellt unter ärztlicher Beratung und Anleitung sicher, dass die Organe für eine Übertragung nur freigegeben werden, wenn nach ärztlicher Beurteilung die Organ- und Spendercharakterisierung nach dem Stand der medizinischen Wissenschaft und Technik ergeben hat, dass das Organ für eine Übertragung geeignet ist. [2]Die sachdienlichen Angaben über den Spender, die zur Bewertung seiner Eignung zur Organspende erforderlich sind, und die sachdienlichen Angaben über die Merkmale des Organs, die zur Beurteilung nach Satz 1 erforderlich sind, werden nach Maßgabe einer Rechtsverordnung nach Absatz 4 erhoben, um eine ordnungsgemäße Risikobewertung vorzunehmen, die Risiken für den Organempfänger so gering wie möglich zu halten und die Organvermittlung zu optimieren. [3]Bei der Erhebung dieser Angaben werden, soweit dies möglich und angemessen ist, auch die nächsten Angehörigen im Rahmen der Unterrichtung nach § 3 Absatz 3 Satz 1 oder der Befragung nach § 4 Absatz 1 Satz 1 oder weitere Personen, die Angaben zum Organspender machen können, befragt. [4]Die Sätze 1 und 2 gelten entsprechend für die Erhebung der sachdienlichen Angaben vor der Entnahme und Übertragung eines Organs eines lebenden Spenders durch den verantwortlichen Arzt des Transplantationszentrums.

(2) [1]Die Koordinierungsstelle stellt sicher, dass die für die Organ- und Spendercharakterisierung nach Absatz 1 erforderlichen Laboruntersuchungen in La-

boren durchgeführt werden, die über qualifiziertes Personal und geeignete Einrichtungen und Ausrüstungen verfügen. [2]Die Labore verfügen über geeignete Verfahrensanweisungen, die gewährleisten, dass die Angaben zur Organ- und Spendercharakterisierung der Koordinierungsstelle unverzüglich übermittelt werden.

(3) [1]Der Transport von Organen erfolgt unter Beachtung der Verfahrensanweisung der Koordinierungsstelle nach § 11 Absatz 1a Satz 2 Nummer 7. [2]Das Nähere zur Kennzeichnung der Behältnisse für den Transport von Organen regelt eine Rechtsverordnung nach Absatz 4.

(4) [1]Das Bundesministerium für Gesundheit kann durch Rechtsverordnung mit Zustimmung des Bundesrates nach Anhörung der Bundesärztekammer und weiterer Sachverständiger Regelungen zur Organ- und Spendercharakterisierung und zum Transport von Organen treffen. [2]In der Rechtsverordnung können insbesondere Regelungen getroffen werden über die Anforderungen an

1. die Angaben, die nach dem Stand der medizinischen Wissenschaft und Technik bei jeder Organspende erhoben werden müssen,

2. die Angaben, die nach ärztlicher Beurteilung unter Berücksichtigung der Verfügbarkeit der entsprechenden Angaben und der besonderen Umstände des jeweiligen Falles nach dem Stand der medizinischen Wissenschaft und Technik zusätzlich erhoben werden müssen,

3. das Verfahren für die Übermittlung von Angaben über die Organ- und Spendercharakterisierung und

4. die Kennzeichnung der Behältnisse für den Transport von Organen.

[3]Wenn in einem besonderen Fall, einschließlich einem lebensbedrohlichen Notfall, eine Risiko-Nutzen-Analyse ergibt, dass der erwartete Nutzen für den Organempfänger größer ist als die Risiken auf Grund unvollständiger Daten, kann ein Organ auch dann übertragen werden, wenn nicht alle in der Rechtsverordnung nach Satz 2 Nummer 1 festgelegten Mindestangaben vor der Übertragung vorliegen.

§ 11 Zusammenarbeit bei der Entnahme von Organen und Geweben, Koordinierungsstelle. (1) [1]Die Entnahme von Organen verstorbener Spender einschließlich der Vorbereitung von Entnahme, Vermittlung und Übertragung ist gemeinschaftliche Aufgabe der Transplantationszentren und der Entnahmekrankenhäuser in regionaler Zusammenarbeit. [2]Zur Organisation dieser Aufgabe errichten oder beauftragen der Spitzenverband Bund der Krankenkassen, die Bundesärztekammer und die Deutsche Krankenhausgesellschaft oder die Bundesverbände der Krankenhausträger gemeinsam eine geeignete Einrichtung (Koordinierungsstelle). [3]Sie muss auf Grund einer finanziell und organisatorisch eigenständigen Trägerschaft, der Zahl und Qualifikation ihrer Mitarbeiter, ihrer betrieblichen Organisation sowie ihrer sachlichen Ausstattung die Gewähr dafür bieten, dass die Maßnahmen nach Satz 1 in Zusammenarbeit mit den Transplantationszentren und den Entnahmekrankenhäusern nach den Vorschriften dieses Gesetzes durchgeführt werden. [4]Die Transplantationszentren müssen in der Koordinierungsstelle angemessen vertreten sein. [5]Der Spitzenverband Bund der Krankenkassen, die Bundesärztekammer und die Deutsche Krankenhausgesellschaft oder die Bundesverbände der Krankenhausträger gemeinsam haben darauf zu achten, dass die Koordinierungsstelle die Voraussetzungen des Satzes 3 erfüllt und dabei nach den Grundsätzen der Wirtschaftlichkeit arbeitet. [6]Die Koordinierungsstelle hat die grundsätzlichen finanziellen und organisatorischen Entscheidungen dem Spitzenverband Bund der Krankenkassen, der Bundesärztekammer und der Deutschen Krankenhausgesellschaft oder den Bundesverbänden der Krankenhausträger gemeinsam unverzüglich vorzulegen. [7]Die Haushaltslegung und die finanzielle Eigenständigkeit kann auf Veranlassung des Spitzenverbandes Bund der Krankenkassen, der Bundesärztekammer und der Deutschen Krankenhausgesellschaft oder der Bundesverbände der Krankenhausträger gemeinsam durch unabhängige Sachverständige geprüft werden. [8]Die Koordinierungsstelle hat jährlich einen Geschäftsbericht zu veröffentlichen. [9]Der Spitzenverband Bund der Krankenkassen, die Bundesärztekammer und die Deutsche Krankenhausgesellschaft oder die Bundesverbände der Krankenhausträger gemeinsam haben sicherzustellen, dass die Koordinierungsstelle die Veröffentlichungspflicht erfüllt.

(1a) [1]Die Koordinierungsstelle hat die Zusammenarbeit zur Organentnahme bei verstorbenen Spendern und die Durchführung aller bis zur Übertragung erforderlichen Maßnahmen mit Ausnahme der Vermittlung von Organen durch die Vermittlungsstelle nach § 12 unter Beachtung der Richtlinien nach § 16 zu organisieren, um die vorhandenen Möglichkeiten der Organspende wahrzunehmen und durch die Entnahme und Bereitstellung geeigneter Spenderorgane die gesundheitlichen Risiken der Organempfänger so gering wie möglich zu halten. [2]Hierzu erstellt die Koordinierungsstelle geeignete Verfahrensanweisungen unter Beachtung der Richtlinien nach § 16, insbesondere

1. zur Meldung nach § 9a Absatz 2 Nummer 1,

2. zur Überprüfung der Spenderidentität,

3. zur Überprüfung der Einzelheiten der Einwilligung des Spenders nach § 3 oder der Zustimmung anderer Personen nach § 4,

4. zur Überprüfung des Abschlusses der Organ- und Spendercharakterisierung nach § 10a Absatz 1,

5. zur Sicherstellung, dass die Angaben zur Organ- und Spendercharakterisierung das Transplantationszentrum, bei vermittlungspflichtigen Organen die Vermittlungsstelle nach § 12, rechtzeitig erreichen,

6. für die Entnahme, Konservierung, Verpackung und Kennzeichnung von Organen,

7. für den Transport der Organe, um ihre Unversehrtheit während des Transports und eine angemessene Transportdauer sicherzustellen,

8. zur Sicherstellung der Rückverfolgung nach § 13 Absatz 1,

9. zur Sicherstellung der unverzüglichen Meldung schwerwiegender Zwischenfälle und schwerwiegender unerwünschter Reaktionen und der in diesem Zusammenhang getroffenen Maßnahmen auf der Grundlage der Rechtsverordnung nach § 13 Absatz 4.

[3]Die Koordinierungsstelle stellt sicher, dass das von ihr eingesetzte medizinische Personal für seine Aufgaben qualifiziert ist. [4]Das Nähere zur Erstellung der Verfahrensanweisungen nach Satz 2 regelt der Vertrag nach Absatz 2.

(2) [1]Der Spitzenverband Bund der Krankenkassen, die Bundesärztekammer, die Deutsche Krankenhausgesellschaft oder die Bundesverbände der Krankenhausträger gemeinsam und die Koordinierungsstelle regeln durch Vertrag das Nähere zu den Aufgaben der Koordinierungsstelle mit Wirkung für die Transplantationszentren und die Entnahmekrankenhäuser. [2]Der Vertrag regelt insbesondere

1. die Anforderungen an die im Zusammenhang mit einer Organentnahme zum Schutz der Organempfänger erforderlichen Maßnahmen sowie die Rahmenregelungen für die Zusammenarbeit der Beteiligten,

2. die Zusammenarbeit und den Erfahrungsaustausch mit der Vermittlungsstelle,

3. die Unterstützung der Transplantationszentren bei Maßnahmen zur Qualitätssicherung,

4. den Ersatz angemessener Aufwendungen der Koordinierungsstelle für die Erfüllung ihrer Aufgaben nach diesem Gesetz einschließlich der Abgeltung von Leistungen, die Entnahmekrankenhäuser im Rahmen der Organentnahme erbringen,

5. einen angemessenen pauschalen Zuschlag an die Entnahmekrankenhäuser für die Bestellung von Transplantationsbeauftragten und

6. ein Schlichtungsverfahren bei einer fehlenden Einigung über den Ersatz angemessener Aufwendungen nach Nummer 4.

[3]Der Vertrag nach Satz 1 bedarf des Einvernehmens mit dem Verband der Privaten Krankenversicherung.

(3) [1]Der Vertrag nach den Absätzen 1 und 2 sowie seine Änderung bedarf der Genehmigung durch das Bundesministerium für Gesundheit und ist im Bundesanzeiger bekannt zu machen. [2]Die Genehmigung ist zu erteilen, wenn der Vertrag oder seine Änderung den Vorschriften dieses Gesetzes und sonstigem Recht entspricht. [3]Der Spitzenverband Bund der Krankenkassen, die Bundesärztekammer und die Deutsche Krankenhausgesellschaft oder die Bundesverbände der Krankenhausträger gemeinsam überwachen die Einhaltung der Vertragsbestimmungen. [4]Zur Erfüllung ihrer Verpflichtung nach Satz 3 setzen sie eine Kommission ein, die jeweils aus mindestens einem Vertreter des Spitzenverbandes Bund der Krankenkassen, der Bundesärztekammer und der Deutschen Krankenhausgesellschaft oder der Bundesverbände der Krankenhausträger gemeinsam und zwei Vertretern der Länder zusammengesetzt ist. [5]Die Koordinierungsstelle, die Transplantationszentren und die Entnahmekrankenhäuser sind verpflichtet, der Kommission die erforderlichen Unterlagen zur Verfügung zu stellen und die erforderlichen Auskünfte zu erteilen. [6]Die Kommission ist verpflichtet, Erkenntnisse über Verstöße gegen dieses Gesetz oder gegen auf Grund dieses Gesetzes erlassene Rechtsverordnungen an die zuständigen Behörden der Länder weiterzuleiten. [7]Das Nähere zur Zusammensetzung

der Kommission, zur Arbeitsweise und zum Verfahren regelt der Vertrag nach Absatz 2.

(4) [1]Die Transplantationszentren und die Entnahmekrankenhäuser sind verpflichtet, untereinander und mit der Koordinierungsstelle zur Entnahme von Organen sowie zur Entnahme von Geweben bei möglichen Organspendern nach § 3 oder § 4 zusammenzuarbeiten. [2]Die Koordinierungsstelle klärt, ob die Voraussetzungen für eine Organentnahme vorliegen. [3]Hierzu erhebt sie die Personalien dieser möglichen Organspender und weitere für die Durchführung der Organentnahme und -vermittlung erforderliche personenbezogene Daten. [4]Die Entnahmekrankenhäuser sind verpflichtet, diese Daten an die Koordinierungsstelle zu übermitteln. [5]Die Organentnahme wird durch die Koordinierungsstelle organisiert und erfolgt durch die von ihr beauftragten Ärzte.

(5) [1]Die Koordinierungsstelle führt ein Verzeichnis über die Entnahmekrankenhäuser nach § 9a und über die Transplantationszentren nach § 10. [2]Sie dokumentiert die Tätigkeiten der Entnahmekrankenhäuser und der Transplantationszentren und veröffentlicht jährlich einen Bericht, der die Tätigkeiten der Entnahmekrankenhäuser und der Transplantationszentren im vergangenen Kalenderjahr nach einheitlichen Vorgaben darstellt und insbesondere folgende, nicht personenbezogene Daten enthält:

1. Zahl und Art der durchgeführten Organentnahmen nach § 9 Absatz 1, getrennt nach Organen von Spendern nach den §§ 3 und 4, einschließlich der Zahl und Art der nach der Entnahme verworfenen Organe,
2. Zahl und Art der durchgeführten Organübertragungen nach § 9 Absatz 2 und ihre Ergebnisse, getrennt nach Organen von Spendern nach den §§ 3 und 4 sowie nach § 8,
3. die Entwicklung der Warteliste nach § 10 Absatz 2 Satz 1 Nummer 1, insbesondere aufgenommene, transplantierte, aus anderen Gründen ausgeschiedene sowie verstorbene Patienten,
4. die Gründe für die Aufnahme oder Nichtaufnahme in die Warteliste nach § 10 Absatz 2 Satz 1 Nummer 2,
5. Altersgruppe, Geschlecht, Familienstand und Versichertenstatus der zu den Nummern 2 bis 4 betroffenen Patienten,
6. die Nachbetreuung der Spender nach § 8 Absatz 3 Satz 1 und die Dokumentation ihrer durch die Organspende bedingten gesundheitlichen Risiken,
7. die durchgeführten Maßnahmen zur Qualitätssicherung nach § 10 Absatz 2 Nummer 8.

[3]In dem Vertrag nach Absatz 2 können einheitliche Vorgaben für den Tätigkeitsbericht und die ihm zugrunde liegenden Angaben der Entnahmekrankenhäuser und der Transplantationszentren vereinbart werden.

§ 12 Organvermittlung, Vermittlungsstelle. (1) [1]Zur Vermittlung der vermittlungspflichtigen Organe errichten oder beauftragen der Spitzenverband Bund der Krankenkassen, die Bundesärztekammer und die Deutsche Krankenhausgesellschaft oder die Bundesverbände der Krankenhausträger gemeinsam eine geeignete Einrichtung (Vermittlungsstelle). [2]Sie muss auf Grund einer finanziell und organisatorisch eigenständigen Trägerschaft, der Zahl und Qualifikation ihrer Mitarbeiter, ihrer betrieblichen Organisation sowie ihrer sachlichen Ausstattung die Gewähr dafür bieten, dass die Organvermittlung nach den Vorschriften dieses Gesetzes erfolgt. [3]Soweit sie Organe vermittelt, die in Ländern entnommen werden, die nicht Mitgliedstaaten der Europäischen Union oder andere Vertragsstaaten des Abkommens über den Europäischen Wirtschaftsraum sind, um die Organe im Geltungsbereich dieses Gesetzes zu übertragen, oder die im Geltungsbereich dieses Gesetzes entnommen werden, um die Organe in Ländern zu übertragen, die nicht Mitgliedstaaten der Europäischen Union oder andere Vertragsstaaten des Abkommens über den Europäischen Wirtschaftsraum sind, muss sie auch gewährleisten, dass die zum Schutz der Organempfänger erforderlichen Maßnahmen nach dem Stand der Erkenntnisse der medizinischen Wissenschaft durchgeführt und die Qualitäts- und Sicherheitsanforderungen erfüllt werden, die den in diesem Gesetz und auf Grund dieses Gesetzes erlassener Rechtsverordnungen festgelegten Anforderungen gleichwertig sind, und dass eine lückenlose Rückverfolgung der Organe sichergestellt ist. [4]Es dürfen nur Organe vermittelt werden, die im Einklang mit den am Ort der Entnahme geltenden Rechtsvorschriften entnommen worden sind, soweit deren Anwendung nicht zu einem Ergebnis führt, das mit wesentlichen Grundsätzen des deutschen Rechts, insbesondere mit den Grundrechten, offensichtlich unvereinbar ist.

(2) [1]Als Vermittlungsstelle kann auch eine geeignete Einrichtung beauftragt werden, die ihren Sitz außerhalb des Geltungsbereichs dieses Gesetzes hat und die Organe im Rahmen eines internationalen Organaustausches unter Anwendung der Vorschriften dieses Gesetzes für die Organvermittlung vermittelt. [2]Dabei ist sicherzustellen, dass die Vorschriften der §§ 14 und 15 sinngemäß Anwendung finden; eine angemessene Datenschutzaufsicht muss gewährleistet sein.

(3) [1]Die vermittlungspflichtigen Organe sind von der Vermittlungsstelle nach Regeln, die dem Stand der Erkenntnisse der medizinischen Wissenschaft entsprechen, insbesondere nach Erfolgsaussicht und Dringlichkeit für geeignete Patienten zu vermitteln. [2]Die Wartelisten der Transplantationszentren sind dabei als eine einheitliche Warteliste zu behandeln. [3]Die Vermittlungsentscheidung ist für jedes Organ unter Angabe der Gründe zu dokumentieren und unter Verwendung der Kenn-Nummer dem Transplantationszentrum und der Koordinierungsstelle zu übermitteln, um eine lückenlose Rückverfolgung der Organe zu ermöglichen.

(4) [1]Der Spitzenverband Bund der Krankenkassen, die Bundesärztekammer, die Deutsche Krankenhausgesellschaft oder die Bundesverbände der Krankenhausträger gemeinsam und die Vermittlungsstelle regeln durch Vertrag die Aufgaben der Vermittlungsstelle mit Wirkung für die Transplantationszentren. [2]Der Vertrag regelt insbesondere

1. die Art der von den Transplantationszentren nach § 13 Abs. 3 Satz 3 zu meldenden Angaben über die Patienten sowie die Verwendung dieser Angaben

durch die Vermittlungsstelle in einheitlichen Wartelisten für die jeweiligen Arten der durchzuführenden Organübertragungen,

2. die Erfassung der von der Koordinierungsstelle nach § 13 Abs. 1 Satz 4 gemeldeten Organe,

3. die Vermittlung der Organe nach den Vorschriften des Absatzes 3 sowie Verfahren zur Einhaltung der Vorschriften des Absatzes 1 Satz 3 und 4,

3a. für Organe, die in einem anderen Mitgliedstaat der Europäischen Union oder anderen Vertragsstaat des Abkommens über den Europäischen Wirtschaftsraum entnommen werden, um die Organe im Geltungsbereich dieses Gesetzes zu übertragen, oder die im Geltungsbereich dieses Gesetzes entnommen werden, um diese Organe in diesen Staaten zu übertragen, die Anforderungen an die Vermittlung dieser Organe unter Einhaltung der Regelungen dieses Gesetzes und der auf Grund dieses Gesetzes erlassenen Rechtsverordnungen,

3b. die Übermittlung von Daten an die Transplantationsregisterstelle nach § 15e bei Organen, die im Rahmen eines internationalen Austausches in den Geltungsbereich oder aus dem Geltungsbereich dieses Gesetzes vermittelt worden sind,

4. die Überprüfung von Vermittlungsentscheidungen in regelmäßigen Abständen,

5. die Zusammenarbeit und den Erfahrungsaustausch mit der Koordinierungsstelle und den Transplantationszentren,

6. eine regelmäßige Berichterstattung der Vermittlungsstelle an die anderen Vertragspartner,

7. den Ersatz angemessener Aufwendungen der Vermittlungsstelle für die Erfüllung ihrer Aufgaben nach diesem Gesetz,

8. eine vertragliche Kündigungsmöglichkeit bei Vertragsverletzungen der Vermittlungsstelle.

[3]Der Vertrag nach Satz 1 bedarf des Einvernehmens mit dem Verband der Privaten Krankenversicherung.

(5) [1]Der Vertrag nach den Absätzen 1 und 4 sowie seine Änderung bedarf der Genehmigung durch das Bundesministerium für Gesundheit und ist im Bundesanzeiger bekannt zu machen. [2]Die Genehmigung ist zu erteilen, wenn der Vertrag oder seine Änderung den Vorschriften dieses Gesetzes und sonstigem Recht entspricht. [3]Der Spitzenverband Bund der Krankenkassen, die Bundesärztekammer und die Deutsche Krankenhausgesellschaft oder die Bundesverbände der Krankenhausträger gemeinsam überwachen die Einhaltung der Vertragsbestimmungen. [4]Zur Erfüllung ihrer Verpflichtung nach Satz 3 setzen sie eine Kommission ein, die jeweils aus mindestens einem Vertreter des Spitzenverbandes Bund der Krankenkassen, der Bundesärztekammer und der Deutschen Krankenhausgesellschaft oder der Bundesverbände der Krankenhausträger gemeinsam und zwei Vertretern der Länder zusammengesetzt ist. [5]Die Vermittlungsstelle und die Transplantationszentren sind verpflichtet, der Kommission die erforderlichen Unterlagen zur Verfügung zu stellen und die erfor-

derlichen Auskünfte zu erteilen. [6]Die Kommission ist verpflichtet, Erkenntnisse über Verstöße gegen dieses Gesetz und auf Grund dieses Gesetzes erlassene Rechtsverordnungen an die zuständigen Behörden der Länder weiterzuleiten. [7]Das Nähere zur Zusammensetzung der Kommission, zur Arbeitsweise und zum Verfahren regelt der Vertrag nach Absatz 4.

Abschnitt 5

Meldungen, Dokumentation, Rückverfolgung, Datenschutz, Fristen

§ 13 Dokumentation, Rückverfolgung, Verordnungsermächtigung zur Meldung schwerwiegender Zwischenfälle und schwerwiegender unerwünschter Reaktionen. (1) [1]Die Koordinierungsstelle verschlüsselt in einem mit den Transplantationszentren abgestimmten Verfahren die personenbezogenen Daten des Organspenders und bildet eine Kenn-Nummer, die ausschließlich der Koordinierungsstelle einen Rückschluss auf die Person des Organspenders zulässt, um eine lückenlose Rückverfolgung der Organe zu ermöglichen. [2]Die Kenn-Nummer ist in die Begleitpapiere für das entnommene Organ aufzunehmen. [3]Die Begleitpapiere enthalten daneben alle für die Organübertragung erforderlichen medizinischen Angaben, einschließlich der Angaben zur Organ- und Spendercharakterisierung nach § 10a. [4]Die Koordinierungsstelle meldet das Organ, die Kenn-Nummer und die für die Organvermittlung erforderlichen medizinischen Angaben an die Vermittlungsstelle und übermittelt nach Entscheidung der Vermittlungsstelle die Begleitpapiere an das Transplantationszentrum, in dem das Organ auf den Empfänger übertragen werden soll. [5]Das Nähere wird im Vertrag nach § 11 Abs. 2 geregelt.

(2) Die Koordinierungsstelle darf Angaben aus den Begleitpapieren mit den personenbezogenen Daten des Organspenders zur weiteren Information über diesen nur gemeinsam verwenden, insbesondere zusammenführen und an die Transplantationszentren weitergeben, in denen Organe des Spenders übertragen worden sind, soweit dies zur Abwehr einer zu befürchtenden gesundheitlichen Gefährdung der Organempfänger erforderlich ist.

(3) [1]Der behandelnde Arzt hat Patienten, bei denen die Übertragung vermittlungspflichtiger Organe medizinisch angezeigt ist, mit deren schriftlicher Einwilligung unverzüglich an das Transplantationszentrum zu melden, in dem die Organübertragung vorgenommen werden soll. [2]Die Meldung hat auch dann zu erfolgen, wenn eine Ersatztherapie durchgeführt wird. [3]Die Transplantationszentren melden die für die Organvermittlung erforderlichen Angaben über die in die Wartelisten aufgenommenen Patienten nach deren schriftlicher Einwilligung an die Vermittlungsstelle. [4]Der Patient ist vor der Einwilligung darüber zu unterrichten, an welche Stellen seine personenbezogenen Daten übermittelt werden. [5]Duldet die Meldung nach Satz 1 oder 3 wegen der Gefahr des Todes

oder einer schweren Gesundheitsschädigung des Patienten keinen Aufschub, kann sie auch ohne seine vorherige Einwilligung erfolgen; die Einwilligung ist unverzüglich nachträglich einzuholen.

(4) Das Bundesministerium für Gesundheit kann durch Rechtsverordnung mit Zustimmung des Bundesrates das Verfahren regeln

1. für die Übermittlung der Angaben, die für die Sicherstellung der Rückverfolgbarkeit der Organe nach Absatz 1 notwendig sind,

2. für die Meldung, Dokumentation, Untersuchung und Bewertung schwerwiegender Zwischenfälle und schwerwiegender unerwünschter Reaktionen und, soweit beim Organspender gleichzeitig Gewebe entnommen wurde, für die Meldung an die Gewebeeinrichtung, die das Gewebe entgegengenommen hat, sowie

3. zur Sicherstellung der Meldung von Vorfällen bei einer Lebendorganspende, die mit der Qualität und Sicherheit des gespendeten Organs zusammenhängen können, und von schwerwiegenden unerwünschten Reaktionen beim lebenden Spender.

§ 13a Dokumentation übertragener Gewebe durch Einrichtungen der medizinischen Versorgung. Die Einrichtungen der medizinischen Versorgung haben dafür zu sorgen, dass für Zwecke der Rückverfolgung oder für Zwecke der Risikoerfassung nach den Vorschriften des Arzneimittelgesetzes oder anderen Rechtsvorschriften jedes übertragene Gewebe von dem behandelnden Arzt oder unter dessen Verantwortung nach Maßgabe einer Rechtsverordnung nach § 16a dokumentiert wird.

§ 13b Meldung schwerwiegender Zwischenfälle und schwerwiegender unerwünschter Reaktionen bei Geweben. [1]Die Einrichtungen der medizinischen Versorgung haben

1. jeden schwerwiegenden Zwischenfall im Sinne des § 63i Absatz 6 des Arzneimittelgesetzes und

2. jede schwerwiegende unerwünschte Reaktion im Sinne des § 63i Absatz 7 des Arzneimittelgesetzes, die bei oder nach der Übertragung der Gewebe beobachtet wurde und mit der Qualität und Sicherheit der Gewebe im Zusammenhang stehen kann,

unverzüglich nach deren Feststellung zu dokumentieren und der Gewebeeinrichtung, von der sie das Gewebe erhalten haben, unverzüglich nach Satz 2 zu melden. [2]Dabei haben sie alle Angaben, die für die Rückverfolgbarkeit und für die Qualitäts- und Sicherheitskontrolle erforderlich sind, nach Maßgabe einer Rechtsverordnung nach § 16a mitzuteilen.

§ 13c Rückverfolgungsverfahren bei Geweben. (1) Jede Gewebeeinrichtung legt ein Verfahren fest, mit dem sie jedes Gewebe, das durch einen schwerwiegenden Zwischenfall im Sinne des § 63c Absatz 6 des Arzneimittelgesetzes oder eine schwerwiegende unerwünschte Reaktion im Sinne des § 63i Absatz 7 des Arzneimittelgesetzes beeinträchtigt sein könnte, unverzüglich aussondern, von der Abgabe ausschließen und die belieferten Einrichtungen der medizinischen Versorgung unterrichten kann.

(2) [1]Hat eine Gewebeeinrichtung oder eine Einrichtung der medizinischen Versorgung den begründeten Verdacht, dass Gewebe eine schwerwiegende Krankheit auslösen kann, so hat sie der Ursache unverzüglich nachzugehen und das Gewebe von dem Spender zu dem Empfänger oder umgekehrt zurückzuverfolgen. [2]Sie hat ferner vorangegangene Gewebespenden des Spenders zu ermitteln, zu untersuchen und zu sperren, wenn sich der Verdacht bestätigt.

§ 14 Datenschutz. (1) [1]Ist die Koordinierungsstelle, die Vermittlungsstelle oder die Gewebeeinrichtung eine nichtöffentliche Stelle im Geltungsbereich dieses Gesetzes, findet § 38 des Bundesdatenschutzgesetzes mit der Maßgabe Anwendung, dass die Aufsichtsbehörde die Ausführung der Vorschriften über den Datenschutz auch insoweit kontrolliert, als deren Anwendungsbereich weiter ist, als in § 38 Abs. 1 Satz 1 des Bundesdatenschutzgesetzes vorausgesetzt. [2]Dies gilt auch für die Verwendung personenbezogener Daten durch Personen mit Ausnahme des Erklärenden, an die nach § 2 Abs. 4 Auskunft aus dem Organ- und Gewebespenderegister erteilt oder an die die Auskunft weitergegeben worden ist.

(2) [1]Die an der Erteilung oder Weitergabe der Auskunft nach § 2 Abs. 4 beteiligten Personen mit Ausnahme des Erklärenden, die an der Stellungnahme nach § 8 Abs. 3 Satz 2, die an der Mitteilung, Unterrichtung oder Übermittlung nach § 9a Absatz 2 Nummer 1 und § 11 Abs. 4 sowie die an der Organ- oder Gewebeentnahme, der Organvermittlung oder -übertragung oder der Gewebeabgabe oder -übertragung beteiligten Personen sowie die Personen, die bei der Transplantationsregisterstelle nach § 15b Absatz 2 und bei der Vertrauensstelle nach § 15c Absatz 1 Satz 2 personenbezogene Daten erheben, verarbeiten oder nutzen, dürfen personenbezogene Daten der Spender und der Empfänger nicht offenbaren. [2]Dies gilt auch für personenbezogene Daten von Personen, die nach § 3 Abs. 3 Satz 1 über die beabsichtigte oder nach § 4 oder § 4a über eine in Frage kommende Organ- oder Gewebeentnahme unterrichtet worden sind. [3]Die im Rahmen dieses Gesetzes erhobenen personenbezogenen Daten dürfen für andere als in diesem Gesetz genannte Zwecke nicht verwendet werden. [4]Sie dürfen für gerichtliche Verfahren verwendet werden, deren Gegenstand die Verletzung des Offenbarungsverbots nach Satz 1 oder 2 ist. [5]Die in Absatz 1 Satz 1 sowie in § 15b und § 15c genannten Stellen haben technische und organisatorische Maßnahmen zu treffen, damit die Daten gegen unbefugtes Hinzufügen, Löschen oder Verändern geschützt sind und keine unbefugte Weitergabe erfolgt.

(2a) [1]Ärzte und anderes wissenschaftliches Personal des Entnahmekrankenhauses, des Transplantationszentrums, der Koordinierungsstelle nach § 11 und der Vermittlungsstelle nach § 12 dürfen personenbezogene Daten, die im Rahmen der Organ- und Spendercharakterisierung beim Organ- oder Gewebespender oder im Rahmen der Organ- oder Gewebeübertragung beim Organ- oder

Gewebeempfänger erhoben worden sind, abweichend von Absatz 2 Satz 3 für eigene wissenschaftliche Forschungsvorhaben verwenden. [2]Diese Daten dürfen für ein bestimmtes Forschungsvorhaben an Dritte und andere als die in Satz 1 genannten Personen übermittelt und von diesen verwendet werden, wenn

1. die Daten der betroffenen Person nicht mehr zugeordnet werden können,
2. im Falle, dass der Forschungszweck die Möglichkeit der Zuordnung erfordert, die betroffene Person eingewilligt hat oder
3. im Falle, dass weder auf die Zuordnungsmöglichkeit verzichtet noch die Einwilligung mit verhältnismäßigem Aufwand eingeholt werden kann, das öffentliche Interesse an der Durchführung des Forschungsvorhabens die schützenswerten Interessen der betroffenen Person überwiegt und der Forschungszweck nicht auf andere Weise zu erreichen ist.

[3]Die personenbezogenen Daten sind, soweit dies nach dem Forschungszweck möglich ist und keinen im Verhältnis zu dem angestrebten Schutzzweck unverhältnismäßigen Aufwand erfordert, zu anonymisieren oder, solange eine Anonymisierung noch nicht möglich ist, zu pseudonymisieren.

(3) [1]Von diesen Vorschriften unberührt bleibt im Falle der Samenspende das Recht des Kindes auf Kenntnis der eigenen Abstammung. [2]Im Falle der Knochenmarkspende darf abweichend von Absatz 2 die Identität des Gewebespenders und des Gewebeempfängers gegenseitig oder den jeweiligen Verwandten bekannt gegeben werden, wenn der Gewebespender und der Gewebeempfänger oder ihre gesetzlichen Vertreter darin ausdrücklich eingewilligt haben.

§ 15 Aufbewahrungs- und Löschungsfristen. (1) [1]Die Aufzeichnungen über die Beteiligung nach § 4 Abs. 4, über die Aufklärung nach § 4a Abs. 2, zur Feststellung der Untersuchungsergebnisse nach § 5 Abs. 2 Satz 3 und Abs. 3 Satz 3, zur Aufklärung nach § 8 Abs. 2 Satz 4, auch in Verbindung mit § 8a Satz 1 Nr. 4, § 8b Abs. 1 und 2, § 8c Abs. 1 Nr. 1 Buchstabe b und Abs. 2 und 3 und zur gutachtlichen Stellungnahme nach § 8 Abs. 3 Satz 2 sowie die Dokumentationen der Organentnahme, -vermittlung und -übertragung und die nach § 10a erhobenen Angaben zur Organ- und Spendercharakterisierung sind, soweit § 15h nichts anderes bestimmt, mindestens 30 Jahre aufzubewahren, um eine lückenlose Rückverfolgung der Organe zu ermöglichen.

(2) Die nach § 8d Absatz 2 zu dokumentierenden Angaben müssen mindestens 30 Jahre lang nach Ablauf des Verfalldatums des Gewebes und die nach § 13a zu dokumentierenden Daten mindestens 30 Jahre lang nach der Übertragung des Gewebes aufbewahrt werden und unverzüglich verfügbar sein.

(3) Nach Ablauf der Aufbewahrungsfrist nach den Absätzen 1 und 2 sind die Angaben zu löschen oder zu anonymisieren.

Abschnitt 5a

Transplantationsregister

§ 15a Zweck des Transplantationsregisters. Zur Verbesserung der Datengrundlage für die transplantationsmedizinische Versorgung und Forschung sowie zur Erhöhung der Transparenz in der Organspende und Transplantation wird ein Transplantationsregister eingerichtet, insbesondere

1. zur Weiterentwicklung der Regeln zur Aufnahme in die Warteliste nach § 10 Absatz 2 Satz 1 Nummer 2,
2. zur Weiterentwicklung der Organ- und Spendercharakterisierung und ihrer Bewertung nach § 10a Absatz 1 Satz 1 und 4,
3. zur Weiterentwicklung der Konservierung, Aufbereitung, Aufbewahrung und Beförderung der Organe nach § 16 Absatz 1 Satz 1 Nummer 4 Buchstabe b,
4. zur Bewertung schwerwiegender Zwischenfälle und schwerwiegender unerwünschter Reaktionen,
5. zur Weiterentwicklung der Regeln für die Organvermittlung nach § 12 Absatz 3 Satz 1,
6. zur Verbesserung der Qualität in der transplantationsmedizinischen Versorgung und Nachsorge sowie
7. zur Unterstützung der Überwachung der Organspende und Transplantation.

§ 15b Transplantationsregisterstelle. (1) [1]Der Spitzenverband Bund der Krankenkassen, die Bundesärztekammer und die Deutsche Krankenhausgesellschaft oder die Bundesverbände der Krankenhausträger gemeinsam beauftragen eine geeignete Einrichtung mit der Errichtung und dem Betrieb einer Transplantationsregisterstelle. [2]Die Transplantationsregisterstelle muss auf Grund einer finanziell und organisatorisch eigenständigen Trägerschaft, der Qualifikation ihrer Mitarbeiter sowie ihrer sachlichen und technischen Ausstattung gewährleisten, dass sie die ihr nach diesem Abschnitt übertragenen Aufgaben erfüllen kann.

(2) [1]Die Transplantationsregisterstelle führt das Transplantationsregister. [2]Sie hat insbesondere

1. die nach § 15e Absatz 1 übermittelten Daten zu erheben, zu speichern und auf Plausibilität, Vollständigkeit und Vollzähligkeit zu überprüfen und, soweit erforderlich, die übermittelnden Stellen über die Vertrauensstelle zur Berichtigung oder Ergänzung der übermittelten Daten aufzufordern,
2. aus den übermittelten Daten einer Organspende und Transplantation Datensätze zu erstellen, diese zu pflegen und fortzuschreiben,
3. die Daten nach § 15f und § 15g zu übermitteln sowie
4. einen jährlichen Tätigkeitsbericht über ihre Arbeit, einschließlich Angaben zur Vollzähligkeit der übermittelten Daten, zu veröffentlichen.

[3]Die von der Vertrauensstelle nach § 15c Absatz 2 Satz 1 übermittelten Daten hat die Transplantationsregisterstelle abweichend von Satz 2

1. getrennt von den nach Satz 2 Nummer 1 erhobenen Daten zu speichern und

2. nach § 15f Absatz 1 und § 15g Absatz 1 zu übermitteln.

(3) Die Transplantationsregisterstelle unterhält zur Erfüllung ihrer Aufgaben und zur Unterstützung des Fachbeirats nach § 15d eine Geschäftsstelle.

(4) [1]Der Spitzenverband Bund der Krankenkassen, die Bundesärztekammer und die Deutsche Krankenhausgesellschaft oder die Bundesverbände der Krankenhausträger gemeinsam und die Transplantationsregisterstelle regeln im Einvernehmen mit dem Verband der Privaten Krankenversicherung durch Vertrag das Nähere zu den Aufgaben, zu dem Betrieb und zu der Finanzierung der Transplantationsregisterstelle mit Wirkung für die zur Übermittlung der transplantationsmedizinischen Daten nach § 15e Absatz 1 Satz 1 Verpflichteten, insbesondere

1. das Nähere zur Arbeitsweise der Geschäftsstelle nach Absatz 3,

2. die Anforderungen an die Erhebung, Verarbeitung und Übermittlung der Daten nach Absatz 2 Satz 2 Nummer 1 bis 3,

3. die Anforderungen an die Prüfung von Plausibilität, Vollständigkeit und Vollzähligkeit der Daten nach Absatz 2 Satz 2 Nummer 1,

4. die Zusammenarbeit mit der Vertrauensstelle nach § 15c,

5. die Unterstützung der Transplantationszentren sowie der mit der Nachsorge betrauten Einrichtungen und Ärzte in der ambulanten Versorgung,

6. Maßnahmen zur Einhaltung der Anforderungen an den Datenschutz nach § 14 Absatz 2 Satz 5,

7. das Nähere zum Austausch anonymisierter Daten mit anderen wissenschaftlichen Registern nach § 15g Absatz 3,

8. die angemessene Finanzierung der Transplantationsregisterstelle aus Mitteln der gesetzlichen Krankenversicherung,

9. das Nähere zur Datenübermittlung nach § 15g Absatz 1 und 2 sowie

10. einheitliche Vorgaben für den Tätigkeitsbericht nach Absatz 2 Satz 2 Nummer 4 und den Bericht nach § 15g Absatz 4.

[2]Die private Krankenversicherungswirtschaft kann sich an der Finanzierung der Transplantationsregisterstelle beteiligen. [3]Der Vertrag kann auch eine stufenweise Aufnahme des Betriebs der Transplantationsregisterstelle vorsehen. [4]Für Regelungen nach Satz 1 Nummer 2, 4, 6, 7 und 9 ist das Einvernehmen mit der oder dem Bundesbeauftragten für den Datenschutz und die Informationsfreiheit herzustellen.

(5) [1]Der Vertrag sowie seine Änderung bedürfen der Genehmigung durch das Bundesministerium für Gesundheit und sind im Bundesanzeiger bekannt zu machen. [2]Die Genehmigung ist zu erteilen, wenn der Vertrag oder seine Änderung den Vorschriften dieses Gesetzes und sonstigem Recht entspricht.

(6) Der Spitzenverband Bund der Krankenkassen, die Bundesärztekammer und die Deutsche Krankenhausgesellschaft oder die Bundesverbände der Krankenhausträger gemeinsam überwachen die Einhaltung der Vertragsbestimmungen.

(7) Für die Transplantationsregisterstelle sind die §§ 21 und 24 bis 26 des Bundesdatenschutzgesetzes anzuwenden.

§ 15c Vertrauensstelle. (1) [1]Der Spitzenverband Bund der Krankenkassen, die Bundesärztekammer und die Deutsche Krankenhausgesellschaft oder die Bundesverbände der Krankenhausträger gemeinsam beauftragen eine unabhängige Vertrauensstelle, die von der Transplantationsregisterstelle räumlich, technisch, organisatorisch und personell getrennt ist. [2]Die Vertrauensstelle pseudonymisiert die personenbezogenen Organspender- und Organempfängerdaten. [3]Die Vertrauensstelle ist zur Wiederherstellung des Personenbezugs der Daten berechtigt, soweit dies zwingend erforderlich ist

1. zur Erfüllung der Aufgaben der Transplantationsregisterstelle nach § 15b Absatz 2 Satz 2 Nummer 1,

2. zur Erfüllung der Aufgaben der Kommissionen nach § 11 Absatz 3 Satz 4 und § 12 Absatz 5 Satz 4 oder

3. zur Ausübung des Auskunftsrechts des Betroffenen hinsichtlich der Verarbeitung seiner personenbezogenen Daten durch die Transplantationsregisterstelle.

[4]Die Vertrauensstelle hat eine Wiederherstellung des Personenbezugs der Daten gegenüber der Transplantationsregisterstelle und die Weitergabe des der Pseudonymisierung dienenden Kennzeichens an Dritte auszuschließen.

(2) [1]Die Vertrauensstelle hat die ihr nach § 15e Absatz 8 übermittelten transplantationsmedizinischen Daten zusammenzuführen, sicherzustellen, dass die Daten nicht mehr personenbeziehbar sind, und danach diese Daten an die Transplantationsregisterstelle zu übermitteln. [2]Nach der Übermittlung der Daten an die Transplantationsregisterstelle sind die Daten bei der Vertrauensstelle unverzüglich zu löschen.

(3) [1]Der Spitzenverband Bund der Krankenkassen, die Bundesärztekammer und die Deutsche Krankenhausgesellschaft oder die Bundesverbände der Krankenhausträger gemeinsam und die Vertrauensstelle regeln im Einvernehmen mit dem Verband der Privaten Krankenversicherung durch Vertrag das Nähere zu den Aufgaben der Vertrauensstelle nach Absatz 1 Satz 2 bis 4 und Absatz 2, zum Verfahren der Datenpseudonymisierung nach Absatz 1 Satz 2 und zum Verfahren der Zusammenführung der Daten nach Absatz 2 Satz 1 sowie zur Finanzierung der Vertrauensstelle aus Mitteln der gesetzlichen Krankenversicherung. [2]Über die Regelungen zu den Aufgaben der Vertrauensstelle und zum Verfahren der Datenpseudonymisierung nach Absatz 1 Satz 2 und der Zusammenführung der Daten nach Absatz 2 Satz 1 ist das Einvernehmen mit dem oder dem Bundesbeauftragten für den Datenschutz und die Informationsfreiheit herzustellen. [3]Die private Krankenversicherungswirtschaft kann sich an der Finanzierung der Vertrauensstelle beteiligen. [4]Bei der Festlegung des Verfahrens der Datenpseudonymisierung nach Absatz 1 Satz 2 und der Zusammenführung der Daten nach Absatz 2 Satz 1 ist das Bundesamt für Sicherheit in der Informationstechnik zu beteiligen.

(4) [1]Der Vertrag sowie seine Änderung bedürfen der Genehmigung durch das Bundesministerium für Gesundheit und sind im Bundesanzeiger bekannt zu machen. [2]Die Genehmigung ist zu erteilen, wenn der Vertrag oder seine Änderung den Vorschriften dieses Gesetzes und sonstigem Recht entspricht.

(5) Der Spitzenverband Bund der Krankenkassen, die Bundesärztekammer und die Deutsche Krankenhausgesellschaft oder die Bundesverbände der Krankenhausträger gemeinsam überwachen die Einhaltung der Vertragsbestimmungen.

(6) Für die Vertrauensstelle sind die §§ 21 und 24 bis 26 des Bundesdatenschutzgesetzes anzuwenden.

§ 15d Fachbeirat. (1) [1]Bei der Transplantationsregisterstelle wird ein Fachbeirat eingerichtet. [2]Dem Fachbeirat gehören an jeweils zwei Vertreter
1. der Koordinierungsstelle nach § 11 Absatz 1 Satz 2,
2. der Vermittlungsstelle nach § 12 Absatz 1 Satz 1,
3. des Gemeinsamen Bundesausschusses nach § 91 des Fünften Buches Sozialgesetzbuch,
4. der Kommission nach § 11 Absatz 3 Satz 4,
5. der Kommission nach § 12 Absatz 5 Satz 4,
6. der Deutschen Transplantationsgesellschaft und
7. der Patientenorganisationen, die in der Patientenbeteiligungsverordnung genannt oder nach ihr anerkannt sind.

[3]Weitere Experten können im Einzelfall hinzugezogen werden. [4]Der Fachbeirat zieht die wissenschaftlichen medizinischen Fachgesellschaften bei der Erarbeitung und bei der Fortschreibung des bundesweit einheitlichen Datensatzes nach § 15e Absatz 5 hinzu.

(2) [1]Der Fachbeirat berät und unterstützt die Transplantationsregisterstelle und die Vertrauensstelle. [2]Er ist insbesondere zu beteiligen
1. bei der Festlegung der Verfahrensordnung für die Datenübermittlung an die Transplantationsregisterstelle nach § 15e Absatz 4 Satz 2 und
2. bei der Festlegung der Verfahrensordnung für die Datenübermittlung durch die Transplantationsregisterstelle nach § 15f Absatz 2 Satz 2.

[3]Der Fachbeirat schlägt den bundesweit einheitlichen Datensatz sowie dessen Fortschreibung nach § 15e Absatz 5 Satz 2 vor. [4]Bei Anträgen auf Übermittlung von Daten zu Forschungszwecken nach § 15g Absatz 2 Satz 3 ist der Fachbeirat anzuhören.

(3) [1]Der Spitzenverband Bund der Krankenkassen, die Bundesärztekammer und die Deutsche Krankenhausgesellschaft oder die Bundesverbände der Krankenhausträger gemeinsam im Einvernehmen mit dem Verband der Privaten Krankenversicherung geben dem Fachbeirat eine Geschäftsordnung. [2]Die Geschäftsordnung regelt insbesondere das Nähere zur Zusammensetzung, zur Arbeitsweise und zum Verfahren.

§ 15e Datenübermittlung an die Transplantationsregisterstelle und an die Vertrauensstelle. (1) [1]Zur Übermittlung transplantationsmedizinischer Daten an die Transplantationsregisterstelle sind verpflichtet:

1. die Koordinierungsstelle nach § 11 Absatz 1 Satz 2,
2. die Vermittlungsstelle nach § 12 Absatz 1 Satz 1,
3. die Transplantationszentren,
4. der Gemeinsame Bundesausschuss nach § 91 des Fünften Buches Sozialgesetzbuch sowie
5. die mit der Nachsorge betrauten Einrichtungen und Ärzte in der ambulanten Versorgung.

²Die mit der Nachsorge betrauten Einrichtungen und Ärzte in der ambulanten Versorgung können abweichend von Satz 1 die zu übermittelnden Daten an das Transplantationszentrum melden, in dem die Organübertragung vorgenommen wurde. ³Das Transplantationszentrum übermittelt diese Daten an die Transplantationsregisterstelle.

(2) Die an die Transplantationsregisterstelle nach Absatz 1 zu übermittelnden transplantationsmedizinischen Daten sind die transplantationsmedizinischen Daten von in die Warteliste aufgenommenen Patienten, Organempfängern und Organspendern, insbesondere

1. die für die Aufnahme in die Warteliste nach § 10 Absatz 2 Satz 1 Nummer 2 in Verbindung mit § 16 Absatz 1 Satz 1 Nummer 2 erforderlichen Daten der in die Warteliste aufgenommenen Patienten,
2. die nach der Aufnahme in die Warteliste von den Transplantationszentren erhobenen transplantationsmedizinisch relevanten Daten der in die Warteliste aufgenommenen Patienten,
3. die für die Organvermittlung nach § 12 Absatz 3 Satz 1 in Verbindung mit § 16 Absatz 1 Satz 1 Nummer 5 erforderlichen Daten der in die Warteliste aufgenommenen Patienten und verstorbenen Organspender,
4. die Daten des lebenden Organspenders, die im Rahmen der ärztlichen Beurteilung nach § 8 Absatz 1 Satz 1 Nummer 1 Buchstabe c erhoben werden,
5. die für die Organ- und Spendercharakterisierung nach § 10a Absatz 1 Satz 1 und 4 erforderlichen Daten der verstorbenen und lebenden Organspender,
6. die Daten der Entnahme, der Konservierung, der Verpackung, der Kennzeichnung und des Transports, die auf Grundlage der Verfahrensanweisungen nach § 11 Absatz 1a Satz 2 Nummer 6 und 7 in Verbindung mit § 16 Absatz 1 Satz 1 Nummer 4 Buchstabe b dokumentiert werden,
7. die Daten der Organübertragung von Organen verstorbener und lebender Organspender,
8. die Daten, die im Rahmen der stationären und ambulanten Nachsorge der Organempfänger und lebenden Organspender erhoben werden, sowie
9. die Daten der Qualitätssicherung, die in den Richtlinien des Gemeinsamen Bundesausschusses nach § 136 Absatz 1 Satz 1 Nummer 1 des Fünften Buches Sozialgesetzbuch festgelegt worden sind,

soweit diese Daten zur Erreichung der Zwecke des Transplantationsregisters nach § 15a erforderlich sind.

(3) Die personenbezogenen Daten sind vor der Übermittlung an die Transplantationsregisterstelle der Vertrauensstelle nach § 15c zur Pseudonymisierung zuzuleiten.

(4) [1]Der Spitzenverband Bund der Krankenkassen, die Bundesärztekammer und die Deutsche Krankenhausgesellschaft oder die Bundesverbände der Krankenhausträger gemeinsam legen im Einvernehmen mit dem Verband der Privaten Krankenversicherung und der oder dem Bundesbeauftragten für den Datenschutz und die Informationsfreiheit das Verfahren für die Übermittlung der Daten, einschließlich der erstmaligen und laufenden Übermittlung, in einer Verfahrensordnung fest. [2]Der Fachbeirat nach § 15d ist zu beteiligen.

(5) [1]Die Übermittlung transplantationsmedizinischer Daten an die Transplantationsregisterstelle erfolgt auf der Grundlage des bundesweit einheitlichen Datensatzes. [2]Der bundesweit einheitliche Datensatz sowie dessen Fortschreibung werden von dem Spitzenverband Bund der Krankenkassen, der Bundesärztekammer und der Deutschen Krankenhausgesellschaft oder den Bundesverbänden der Krankenhausträger gemeinsam im Einvernehmen mit dem Verband der Privaten Krankenversicherung und der oder dem Bundesbeauftragten für den Datenschutz und die Informationsfreiheit auf Vorschlag des Fachbeirats nach § 15d vereinbart. [3]Dabei sind die Richtlinien der Bundesärztekammer nach § 16 Absatz 1 Satz 1 und die Richtlinien und Beschlüsse des Gemeinsamen Bundesausschusses nach den §§ 136 bis 136c des Fünften Buches Sozialgesetzbuch zu beachten. [4]Der bundesweit einheitliche Datensatz ist vom Bundesministerium für Gesundheit im Bundesanzeiger bekannt zu machen.

(6) [1]Die Übermittlung der personenbezogenen Daten eines in die Warteliste aufgenommenen Patienten oder eines Organempfängers ist nur zulässig, wenn eine ausdrückliche Einwilligung des in die Warteliste aufgenommenen Patienten oder des Organempfängers vorliegt. [2]Die Übermittlung der personenbezogenen Daten von einem lebenden Organspender ist nur zulässig, wenn eine ausdrückliche Einwilligung des lebenden Organspenders vorliegt. [3]Der in die Warteliste aufgenommene Patient, der Organempfänger und der lebende Organspender sind durch einen Arzt im Transplantationszentrum über die Bedeutung und Tragweite der Einwilligung aufzuklären. [4]Sie sind insbesondere darüber aufzuklären, dass im Fall des Widerrufs ihrer datenschutzrechtlichen Einwilligung nach Absatz 7 die bis dahin übermittelten Daten weiter verarbeitet werden dürfen. [5]Übermittelt ein Transplantationszentrum die von ihm erhobenen transplantationsmedizinischen Daten eines in die Warteliste aufgenommenen Patienten, eines Organempfängers oder eines lebenden Organspenders an die Vermittlungsstelle nach § 13 Absatz 3 Satz 3 oder an den Gemeinsamen Bundesausschuss auf der Grundlage von Richtlinien nach § 136 Absatz 1 Satz 1 Nummer 1 des Fünften Buches Sozialgesetzbuch, so ist auch die jeweilige Stelle über die erfolgte Aufklärung und die erklärte Einwilligung des in die Warteliste aufgenommenen Patienten, des Organempfängers oder des lebenden Organspenders zu unterrichten. [6]Wird ein in die Warteliste aufgenommener Patient, ein Organempfänger oder ein lebender Organspender durch eine mit der Nachsorge betraute Einrichtung oder durch einen Arzt in der ambulanten Versorgung im Rahmen der Nachsorge weiterbehandelt, so hat das Transplantati-

onszentrum die Einrichtung oder den Arzt über die erfolgte Aufklärung und über die erklärte Einwilligung des in die Warteliste aufgenommenen Patienten, des Organempfängers oder des lebenden Organspenders zu unterrichten.

(7) Im Falle eines Widerrufs der Einwilligung nach Absatz 6 können die an die Transplantationsregisterstelle übermittelten Daten weiter verarbeitet werden, sofern dies für die Zwecke des Transplantationsregisters nach § 15a erforderlich ist.

(8) [1]Die Koordinierungsstelle nach § 11 Absatz 1 Satz 2, die Vermittlungsstelle nach § 12 Absatz 1 Satz 1 und der Gemeinsame Bundesausschuss nach § 91 des Fünften Buches Sozialgesetzbuch sind verpflichtet, die transplantationsmedizinischen Daten nach Absatz 2, die seit dem 1. Januar 2006 bis einschließlich 31. Oktober 2016 erhoben wurden, abweichend von Absatz 6 auf der Grundlage des bundeseinheitlichen Datensatzes nach Absatz 5 an die Vertrauensstelle zu übermitteln. [2]Die Übermittlung der transplantationsmedizinischen Daten nach Satz 1 ist nur zulässig, wenn die personenbezogenen Daten der Patienten, die in die Warteliste aufgenommen worden sind, und die personenbezogenen Daten der Organspender und Organempfänger vor der Übermittlung an die Vertrauensstelle in einem Verfahren so verändert worden sind, dass die jeweils übermittelnde Stelle einen Personenbezug nicht mehr herstellen kann, eine Zusammenführung der Daten in der Vertrauensstelle jedoch möglich ist. [3]Der Spitzenverband Bund der Krankenkassen, die Bundesärztekammer und die Deutsche Krankenhausgesellschaft oder die Bundesverbände der Krankenhausträger gemeinsam und die Vertrauensstelle legen im Einvernehmen mit dem Verband der Privaten Krankenversicherung und mit der oder dem Bundesbeauftragten für den Datenschutz und die Informationsfreiheit das Nähere zu dem Verfahren nach Satz 2 und zur Übermittlung der Daten in einer Verfahrensordnung fest. [4]Bei der Festlegung des Verfahrens ist das Bundesamt für Sicherheit in der Informationstechnik zu beteiligen.

§ 15f Datenübermittlung durch die Transplantationsregisterstelle.

(1) [1]Die Transplantationsregisterstelle übermittelt

1. der Koordinierungsstelle die zur Erfüllung ihrer Aufgaben, insbesondere der Weiterentwicklung der Organ- und Spendercharakterisierung sowie ihrer Bewertung nach § 10a Absatz 1 Satz 1 und der Bewertung schwerwiegender Zwischenfälle und schwerwiegender unerwünschter Reaktionen, erforderlichen Daten,

2. der Vermittlungsstelle die zur Weiterentwicklung der Organvermittlung nach § 12 Absatz 3 Satz 1 erforderlichen Daten,

3. der Bundesärztekammer die zur Fortschreibung der Richtlinien nach § 16 Absatz 1 Satz 1 erforderlichen Daten,

4. den Kommissionen nach § 11 Absatz 3 Satz 4 und § 12 Absatz 5 Satz 4 die zur Erfüllung ihrer Überwachungstätigkeit erforderlichen Daten,

5. den Transplantationszentren die zur Erfüllung ihrer jeweiligen Verpflichtung nach § 135a Absatz 1 des Fünften Buches Sozialgesetzbuch zur Siche-

rung und Weiterentwicklung der Qualität der von ihnen erbrachten transplantationsmedizinischen Leistungen erforderlichen Daten,

6. dem Gemeinsamen Bundesausschuss nach § 91 des Fünften Buches Sozialgesetzbuch die zur Weiterentwicklung von Richtlinien und Beschlüssen zur Qualitätssicherung für transplantationsmedizinische Leistungen nach den §§ 136 bis 136c des Fünften Buches Sozialgesetzbuch erforderlichen Daten sowie

7. den zuständigen Behörden der Länder die zur Erfüllung ihrer Aufgaben bei der Zulassung von Transplantationszentren nach § 10 Absatz 1 und im Rahmen der Überwachung der Vorschriften dieses Gesetzes und auf Grund dieses Gesetzes erlassenen Rechtsverordnungen erforderlichen Daten.

[2]Die Daten können in einem automatisierten Abrufverfahren übermittelt werden. [3]Das automatisierte Abrufverfahren darf nur eingerichtet werden, soweit die beteiligten Stellen die nach § 14 Absatz 2 Satz 5 erforderlichen technischen und organisatorischen Maßnahmen getroffen haben. [4]Die Verantwortung für die Zulässigkeit des einzelnen Abrufs trägt die abrufende Stelle. [5]Die Transplantationsregisterstelle dokumentiert Anlass und Zweck des einzelnen Abrufs. [6]Sie überprüft die Zulässigkeit der Abrufe durch geeignete Stichprobenverfahren und im Übrigen nur, wenn dazu Anlass besteht. [7]Die Stellen nach Satz 1 dürfen die Daten ausschließlich für ihre jeweils in Satz 1 genannten Zwecke verarbeiten und nutzen.

(2) [1]Der Spitzenverband Bund der Krankenkassen, die Bundesärztekammer und die Deutsche Krankenhausgesellschaft oder die Bundesverbände der Krankenhausträger gemeinsam legen das Verfahren für die Übermittlung der Daten im Einvernehmen mit dem Verband der Privaten Krankenversicherung und der oder dem Bundesbeauftragten für den Datenschutz und die Informationsfreiheit in einer Verfahrensordnung fest. [2]Der Fachbeirat nach § 15d ist zu beteiligen.

§ 15g Datenübermittlung durch die Transplantationsregisterstelle zu Forschungszwecken, Datenaustausch. (1) Die Transplantationsregisterstelle kann anonymisierte Daten nach Abschluss einer Nutzungsvereinbarung an Dritte zu Forschungszwecken übermitteln.

(2) [1]Die Transplantationsregisterstelle kann Dritten Daten in pseudonymisierter Form zur Verwendung für ein bestimmtes Forschungsvorhaben übermitteln, soweit der Forschungszweck die Verwendung pseudonymisierter Daten erfordert und die betroffene Person ausdrücklich eingewilligt hat. [2]Eine Einwilligung ist nicht erforderlich, wenn

1. sie nur mit unverhältnismäßigem Aufwand eingeholt werden kann,

2. das öffentliche Interesse an der Durchführung des Forschungsvorhabens die schützenswerten Interessen der betroffenen Person überwiegt und

3. der Forschungszweck nicht auf andere Weise zu erreichen ist.

[3]Die Übermittlung der Daten erfolgt auf Antrag. [4]Über den Antrag entscheiden der Spitzenverband Bund der Krankenkassen, die Bundesärztekammer und die Deutsche Krankenhausgesellschaft oder die Bundesverbände der Krankenhausträger gemeinsam im Einvernehmen mit dem Verband der Privaten Kran-

kenversicherung nach Anhörung des Fachbeirats nach § 15d. [5]Die Daten sind zu anonymisieren, sobald dies nach dem Forschungszweck möglich ist. [6]Sie dürfen nur für Zwecke der wissenschaftlichen Forschung verarbeitet oder genutzt werden. [7]Eine Veröffentlichung ist, sofern die Daten nicht anonymisiert sind, nur mit ausdrücklicher Einwilligung der Betroffenen zulässig.

(3) Die Transplantationsregisterstelle kann zur Förderung der Zwecke des Transplantationsregisters nach § 15a anonymisierte Daten von wissenschaftlichen Registern erheben und verarbeiten sowie diesen Registern anonymisierte Daten zur Verfügung stellen.

(4) Die Transplantationsregisterstelle veröffentlicht jährlich einen Bericht über die nach den Absätzen 1 bis 3 übermittelten Daten.

§ 15h Aufbewahrungs- und Löschungsfristen. (1) [1]Die Transplantationsregisterstelle hat
1. die Daten des in die Warteliste aufgenommenen Patienten oder des Organempfängers zusammen mit den Daten des Organspenders sowie
2. die Daten des lebenden Organspenders
zu löschen und die Vertrauensstelle über die Löschung zu unterrichten, sobald diese Daten für die Zwecke der Datenübermittlung nach § 15f Absatz 1 Satz 1 nicht mehr erforderlich sind, spätestens 80 Jahre nach der Aufnahme des Patienten in die Warteliste oder nach der Organentnahme beim lebenden Organspender. [2]Soweit die Daten in der Transplantationsregisterstelle zu löschen sind, hat die Vertrauensstelle die personenbezogenen Daten des in die Warteliste aufgenommenen Patienten oder des Organempfängers zusammen mit den personenbezogenen Daten des Organspenders und die personenbezogenen Daten des lebenden Organspenders ebenfalls zu löschen.

(2) Dritte, denen Daten nach § 15g Absatz 2 übermittelt wurden, haben diese zu löschen, sobald deren Verwendung für den Forschungszweck nicht mehr erforderlich ist, spätestens 20 Jahre nach der Übermittlung.

§ 15i Verordnungsermächtigungen. (1) Kommt der Vertrag mit der Transplantationsregisterstelle nach § 15b Absatz 4 nicht bis zum 1. November 2019 zustande, bestimmt das Bundesministerium für Gesundheit durch Rechtsverordnung mit Zustimmung des Bundesrates die Transplantationsregisterstelle und regelt das Nähere zu ihren Aufgaben, zu ihrem Betrieb und zu ihrer Finanzierung nach § 15b Absatz 4.

(2) Kommt der Vertrag mit der Vertrauensstelle nach § 15c Absatz 3 nicht bis zum 1. November 2019 zustande, bestimmt das Bundesministerium für Gesundheit durch Rechtsverordnung mit Zustimmung des Bundesrates die Vertrauensstelle und regelt das Nähere zu ihren Aufgaben nach § 15c Absatz 1 Satz 2 bis 4 und Absatz 2, zum Verfahren der Datenpseudonymisierung nach § 15c Absatz 1 Satz 2 und zum Verfahren der Zusammenführung der Daten nach Absatz 2 Satz 1 sowie zur Finanzierung der Vertrauensstelle nach § 15c Absatz 3.

Richtlinien zum Stand der Erkenntnisse der medizinischen Wissenschaft, Verordnungsermächtigung

§ 16 Richtlinien zum Stand der Erkenntnisse der medizinischen Wissenschaft bei Organen. (1) [1]Die Bundesärztekammer stellt den Stand der Erkenntnisse der medizinischen Wissenschaft in Richtlinien fest für

1. die Regeln zur Feststellung des Todes nach § 3 Abs. 1 Satz 1 Nr. 2 und die Verfahrensregeln zur Feststellung des endgültigen, nicht behebbaren Ausfalls der Gesamtfunktion des Großhirns, des Kleinhirns und des Hirnstamms nach § 3 Abs. 2 Nr. 2 einschließlich der dazu jeweils erforderlichen ärztlichen Qualifikation,

1a. die Regeln zur Feststellung des Todes nach § 4a Abs. 1 Satz 1 Nr. 1,

2. die Regeln zur Aufnahme in die Warteliste nach § 10 Abs. 2 Nr. 2 einschließlich der Dokumentation der Gründe für die Aufnahme oder die Ablehnung der Aufnahme,

3. die ärztliche Beurteilung nach § 9a Absatz 2 Nummer 1,

4. die Anforderungen an die im Zusammenhang mit einer Organentnahme zum Schutz der Organempfänger erforderlichen Maßnahmen einschließlich ihrer Dokumentation ergänzend zu der Organ- und Spendercharakterisierung nach § 10a, insbesondere an

   a) die Untersuchung des Organspenders, der entnommenen Organe und der Organempfänger, um die gesundheitlichen Risiken für die Organempfänger, insbesondere das Risiko der Übertragung von Krankheiten, so gering wie möglich zu halten,

   b) die Konservierung, Aufbereitung, Aufbewahrung und Beförderung der Organe, um diese in einer zur Übertragung oder zur weiteren Aufbereitung und Aufbewahrung vor einer Übertragung geeigneten Beschaffenheit zu erhalten,

   c) die Erkennung und Behandlung von Vorfällen bei einer Lebendorganspende, die mit der Qualität und Sicherheit des gespendeten Organs zusammenhängen können, oder von schwerwiegenden unerwünschten Reaktionen beim lebenden Spender, die im Rahmen seiner Nachbetreuung festgestellt werden,

5. die Regeln zur Organvermittlung nach § 12 Abs. 3 Satz 1,

6. die Anforderungen an die im Zusammenhang mit einer Organentnahme und -übertragung erforderlichen Maßnahmen zur Qualitätssicherung und

7. die Anforderungen an die Aufzeichnung der Lebendorganspenden nach § 10 Absatz 2 Nummer 6.

[2]Die Einhaltung des Standes der Erkenntnisse der medizinischen Wissenschaft wird vermutet, wenn die Richtlinien der Bundesärztekammer beachtet worden sind.

(2) [1]Die Bundesärztekammer legt das Verfahren für die Erarbeitung der Richtlinien nach Absatz 1 und für die Beschlussfassung fest. [2]Die Richtlinien nach Absatz 1 sind zu begründen; dabei ist insbesondere die Feststellung des Standes der Erkenntnisse der medizinischen Wissenschaft nachvollziehbar darzulegen. [3]Bei der Erarbeitung der Richtlinien ist die angemessene Beteiligung von Sachverständigen der betroffenen Fach- und Verkehrskreise, einschließlich des Spitzenverbandes Bund der Krankenkassen, der Deutschen Krankenhausgesellschaft, der Deutschen Transplantationsgesellschaft, der Koordinierungsstelle nach § 11, der Vermittlungsstelle nach § 12 und der zuständigen Behörden der Länder vorzusehen. [4]Darüber hinaus sollen bei der Erarbeitung der Richtlinien nach Absatz 1 Satz 1 Nr. 1, 1a und 5 Ärzte, die weder an der Entnahme noch an der Übertragung von Organen beteiligt sind, noch Weisungen eines Arztes unterstehen, der an solchen Maßnahmen beteiligt ist, bei der Erarbeitung der Richtlinien nach Absatz 1 Satz 1 Nr. 2 und 5 Personen mit der Befähigung zum Richteramt und Personen aus dem Kreis der Patienten, bei der Erarbeitung von Richtlinien nach Absatz 1 Satz 1 Nr. 5 ferner Personen aus dem Kreis der Angehörigen von Organspendern nach § 3 oder § 4 angemessen vertreten sein.

(3) [1]Die Richtlinien nach Absatz 1 sowie deren Änderungen sind dem Bundesministerium für Gesundheit zur Genehmigung vorzulegen. [2]Das Bundesministerium für Gesundheit kann von der Bundesärztekammer im Rahmen des Genehmigungsverfahrens zusätzliche Informationen und ergänzende Stellungnahmen anfordern.

§ 16a Verordnungsermächtigung. [1]Das Bundesministerium für Gesundheit kann durch Rechtsverordnung mit Zustimmung des Bundesrates nach Anhörung der Bundesärztekammer und weiterer Sachverständiger die Anforderungen an Qualität und Sicherheit der Entnahme von Geweben und deren Übertragung regeln, sofern dies zur Abwehr von Gefahren für die Gesundheit von Menschen oder zur Risikovorsorge erforderlich ist. [2]In der Rechtsverordnung kann insbesondere das Nähere zu den Anforderungen an

1. die Entnahme und Übertragung von Geweben einschließlich ihrer Dokumentation und an den Schutz der dokumentierten Daten,
2. die ärztliche Beurteilung der medizinischen Eignung als Gewebespender,
3. die Untersuchung der Gewebespender,
4. die Meldung von Qualitäts- und Sicherheitsmängeln und schwerwiegenden unerwünschten Reaktionen durch Einrichtungen der medizinischen Versorgung und
5. die Aufklärung und die Einholung der Einwilligung der Gewebespender oder der Zustimmung zu einer Gewebeentnahme

geregelt werden. [3]Das Bundesministerium für Gesundheit kann die Ermächtigung nach Satz 1 durch Rechtsverordnung ohne Zustimmung des Bundesrates auf die zuständige Bundesoberbehörde übertragen.

§ 16b Richtlinien zum Stand der Erkenntnisse der medizinischen Wissenschaft zur Entnahme von Geweben und deren Übertragung. (1) ¹Die Bundesärztekammer kann ergänzend zu den Vorschriften der Rechtsverordnung nach § 16a in Richtlinien den allgemein anerkannten Stand der Erkenntnisse der medizinischen Wissenschaft im Einvernehmen mit der zuständigen Bundesoberbehörde zur Entnahme von Geweben und deren Übertragung feststellen, insbesondere zu den Anforderungen an

1. die ärztliche Beurteilung der medizinischen Eignung als Gewebespender,
2. die Untersuchung der Gewebespender und
3. die Entnahme, Übertragung und Anwendung von menschlichen Geweben.

²Bei der Erarbeitung der Richtlinien ist die angemessene Beteiligung von Sachverständigen der betroffenen Fach- und Verkehrskreise einschließlich der zuständigen Behörden von Bund und Ländern sicherzustellen. ³Die Richtlinien werden von der zuständigen Bundesoberbehörde im Bundesanzeiger bekannt gemacht.

(2) Die Einhaltung des Standes der Erkenntnisse der medizinischen Wissenschaft wird vermutet, wenn die Richtlinien der Bundesärztekammer nach Absatz 1 beachtet worden sind.

Abschnitt 6

Verbotsvorschriften

§ 17 Verbot des Organ- und Gewebehandels. (1) ¹Es ist verboten, mit Organen oder Geweben, die einer Heilbehandlung eines anderen zu dienen bestimmt sind, Handel zu treiben. ²Satz 1 gilt nicht für

1. die Gewährung oder Annahme eines angemessenen Entgelts für die zur Erreichung des Ziels der Heilbehandlung gebotenen Maßnahmen, insbesondere für die Entnahme, die Konservierung, die weitere Aufbereitung einschließlich der Maßnahmen zum Infektionsschutz, die Aufbewahrung und die Beförderung der Organe oder Gewebe, sowie
2. Arzneimittel, die aus oder unter Verwendung von Organen oder Geweben hergestellt sind und den Vorschriften über die Zulassung nach § 21 des Arzneimittelgesetzes, auch in Verbindung mit § 37 des Arzneimittelgesetzes, oder der Registrierung nach § 38 oder § 39a des Arzneimittelgesetzes unterliegen oder durch Rechtsverordnung nach § 36 des Arzneimittelgesetzes von der Zulassung oder nach § 39 Abs. 3 des Arzneimittelgesetzes von der Registrierung freigestellt sind, oder Wirkstoffe im Sinne des § 4 Abs. 19 des Arzneimittelgesetzes, die aus oder unter Verwendung von Zellen hergestellt sind.

(2) Ebenso ist verboten, Organe oder Gewebe, die nach Absatz 1 Satz 1 Gegenstand verbotenen Handeltreibens sind, zu entnehmen, auf einen anderen Menschen zu übertragen oder sich übertragen zu lassen.

Abschnitt 7

Straf- und Bußgeldvorschriften

§ 18 Organ- und Gewebehandel. (1) Wer entgegen § 17 Abs. 1 Satz 1 mit einem Organ oder Gewebe Handel treibt oder entgegen § 17 Abs. 2 ein Organ oder Gewebe entnimmt, überträgt oder sich übertragen lässt, wird mit Freiheitsstrafe bis zu fünf Jahren oder mit Geldstrafe bestraft.

(2) Handelt der Täter in den Fällen des Absatzes 1 gewerbsmäßig, ist die Strafe Freiheitsstrafe von einem Jahr bis zu fünf Jahren.

(3) Der Versuch ist strafbar.

(4) Das Gericht kann bei Organ- oder Gewebespendern, deren Organe oder Gewebe Gegenstand verbotenen Handeltreibens waren, und bei Organ- oder Gewebeempfängern von einer Bestrafung nach Absatz 1 absehen oder die Strafe nach seinem Ermessen mildern (§ 49 Abs. 2 des Strafgesetzbuchs).

§ 19 Weitere Strafvorschriften. (1) Wer

1. entgegen § 8 Abs. 1 Satz 1 Nr. 1 Buchstabe a oder Buchstabe b oder Nr. 4 oder § 8c Abs. 1 Nr. 1 oder Nr. 3, Abs. 2 Satz 1, auch in Verbindung mit Abs. 3 Satz 2, oder § 8c Abs. 3 Satz 1 ein Organ oder Gewebe entnimmt,
2. entgegen § 8 Abs. 1 Satz 2 ein Organ entnimmt oder
3. entgegen § 8b Abs. 1 Satz 1, auch in Verbindung mit Abs. 2, ein Organ oder Gewebe zur Übertragung auf eine andere Person verwendet oder menschliche Samenzellen gewinnt,

wird mit Freiheitsstrafe bis zu fünf Jahren oder mit Geldstrafe bestraft.

(2) Wer entgegen § 3 Abs. 1 Satz 1 oder Abs. 2, § 4 Abs. 1 Satz 2 oder § 4a Abs. 1 Satz 1 ein Organ oder Gewebe entnimmt, wird mit Freiheitsstrafe bis zu drei Jahren oder mit Geldstrafe bestraft.

(2a) Mit Freiheitsstrafe bis zu zwei Jahren oder mit Geldstrafe wird bestraft, wer absichtlich entgegen § 10 Absatz 3 Satz 2 den Gesundheitszustand eines Patienten erhebt, dokumentiert oder übermittelt.

(3) Wer

1. entgegen § 2 Abs. 4 Satz 1 oder Satz 3 eine Auskunft erteilt oder weitergibt,
2. entgegen § 13 Abs. 2 eine Angabe verwendet oder
3. entgegen § 14 Abs. 2 Satz 1, auch in Verbindung mit Satz 2, oder Satz 3 personenbezogene Daten offenbart oder verwendet,

wird mit Freiheitsstrafe bis zu einem Jahr oder mit Geldstrafe bestraft.

(4) In den Fällen der Absätze 1, 2 und 2a ist der Versuch strafbar.

(5) Handelt der Täter in den Fällen des Absatzes 2 fahrlässig, ist die Strafe Freiheitsstrafe bis zu einem Jahr oder Geldstrafe.

§ 20 Bußgeldvorschriften. (1) Ordnungswidrig handelt, wer vorsätzlich oder fahrlässig

1. entgegen § 5 Abs. 2 Satz 3 oder Abs. 3 Satz 3 eine Aufzeichnung nicht, nicht richtig, nicht vollständig oder nicht rechtzeitig macht,
2. entgegen § 8d Abs. 1 Satz 2 Nr. 3 in Verbindung mit einer Rechtsverordnung nach § 16a Satz 2 Nr. 3 nicht sicherstellt, dass eine Laboruntersuchung durchgeführt wird,
3. entgegen § 8d Abs. 2 in Verbindung mit einer Rechtsverordnung nach § 16a Satz 2 Nr. 1 eine Gewebeentnahme, eine Gewebeabgabe, eine damit verbundene Maßnahme oder eine dort genannte Angabe nicht, nicht richtig, nicht vollständig oder nicht rechtzeitig dokumentiert,
3a. entgegen § 8d Absatz 3 Satz 2 einen Bericht nicht, nicht richtig, nicht vollständig oder nicht rechtzeitig übermittelt,
4. entgegen § 9 Absatz 1 oder Absatz 2 Satz 1 oder Satz 3 ein Organ entnimmt oder überträgt,
5. entgegen § 9 Absatz 2 Satz 2 ein Organ überträgt, ohne dass die Entnahme des Organs durch die Koordinierungsstelle organisiert wurde,
6. entgegen § 10 Absatz 2 Nummer 4 nicht, nicht richtig, nicht vollständig oder nicht rechtzeitig feststellt, dass die Organ- und Spendercharakterisierung nach § 10a Absatz 1 abgeschlossen ist oder die Bedingungen für den Transport nach § 10a Absatz 3 Satz 1 eingehalten sind,
7. entgegen § 10 Absatz 2 Nummer 5 die Organübertragung nicht, nicht richtig, nicht vollständig oder nicht rechtzeitig dokumentiert,
8. entgegen § 10a Absatz 1 Satz 1 nicht sicherstellt, dass ein Organ nur unter den dort genannten Voraussetzungen für eine Übertragung freigegeben wird,
9. entgegen § 13a in Verbindung mit einer Rechtsverordnung nach § 16a Satz 2 Nr. 1 nicht dafür sorgt, dass ein übertragenes Gewebe dokumentiert wird,
10. entgegen § 13b Satz 1 in Verbindung mit einer Rechtsverordnung nach § 16a Satz 2 Nr. 4 einen Qualitäts- oder Sicherheitsmangel oder eine schwerwiegende unerwünschte Reaktion nicht, nicht richtig, nicht rechtzeitig oder nicht vollständig dokumentiert oder eine Meldung nicht, nicht richtig, nicht vollständig oder nicht rechtzeitig macht oder
11. einer Rechtsverordnung nach § 10a Absatz 4 Satz 1, § 13 Absatz 4 oder § 16a Satz 1 oder einer vollziehbaren Anordnung auf Grund einer solchen Rechtsverordnung zuwiderhandelt, soweit die Rechtsverordnung für einen bestimmten Tatbestand auf diese Bußgeldvorschrift verweist.

(2) Die Ordnungswidrigkeit kann in den Fällen des Absatzes 1 Nummer 1 bis 3 und 4 bis 11 mit einer Geldbuße bis zu dreißigtausend Euro, in den übrigen Fällen mit einer Geldbuße bis zu fünftausend Euro geahndet werden.

(3) Verwaltungsbehörde im Sinne des § 36 Absatz 1 Nummer 1 des Gesetzes über Ordnungswidrigkeiten ist in den Fällen des Absatzes 1 Nummer 3a das Paul-Ehrlich-Institut.

Abschnitt 8

Schlussvorschriften

§ 21 Zuständige Bundesoberbehörde. Zuständige Bundesoberbehörde im Sinne dieses Gesetzes ist das Paul-Ehrlich-Institut.

§ 22 Verhältnis zu anderen Rechtsbereichen. Die Vorschriften des Embryonenschutzgesetzes und des Stammzellgesetzes bleiben unberührt.

§ 23 Bundeswehr. Im Geschäftsbereich des Bundesministeriums der Verteidigung obliegt der Vollzug dieses Gesetzes bei der Überwachung den zuständigen Stellen und Sachverständigen der Bundeswehr.

§ 24 *(Änderung des Strafgesetzbuches)*

§ 25 Übergangsregelungen. (1) Bei Inkrafttreten dieses Gesetzes bestehende Verträge über Regelungsgegenstände nach § 11 gelten weiter, bis sie durch Vertrag nach § 11 Abs. 1 und 2 abgelöst oder durch Rechtsverordnung nach § 11 Abs. 6 ersetzt werden.

(2) Bei Inkrafttreten dieses Gesetzes bestehende Verträge über Regelungsgegenstände nach § 12 gelten weiter, bis sie durch Vertrag nach § 12 Abs. 1 und 4 abgelöst oder durch Rechtsverordnung nach § 12 Abs. 6 ersetzt werden.

§ 26 *(Inkrafttreten, Außerkrafttreten)*

Gesetz über die Änderung der Vornamen und die Feststellung der Geschlechtszugehörigkeit in besonderen Fällen (Transsexuellengesetz – TSG)

vom 10.9.1980 (BGBl. I S. 1654),
zuletzt geändert durch G vom 17.7.2009 (BGBl. I S. 1978)

INHALTSVERZEICHNIS

Erster Abschnitt
Änderung der Vornamen

§ 1 Voraussetzungen. (1) Die Vornamen einer Person sind auf ihren Antrag vom Gericht zu ändern, wenn

1. sie sich auf Grund ihrer transsexuellen Prägung nicht mehr dem in ihrem Geburtseintrag angegebenen Geschlecht, sondern dem anderen Geschlecht als zugehörig empfindet und seit mindestens drei Jahren unter dem Zwang steht, ihren Vorstellungen entsprechend zu leben,

2. mit hoher Wahrscheinlichkeit anzunehmen ist, dass sich ihr Zugehörigkeitsempfinden zum anderen Geschlecht nicht mehr ändern wird, und

3. sie

   a) Deutscher im Sinne des Grundgesetzes ist,

   b) als Staatenloser oder heimatloser Ausländer ihren gewöhnlichen Aufenthalt im Inland hat,

   c) als Asylberechtigter oder ausländischer Flüchtling ihren Wohnsitz im Inland hat oder

   d) als Ausländer, dessen Heimatrecht keine diesem Gesetz vergleichbare Regelung kennt, aa) ein unbefristetes Aufenthaltsrecht besitzt oder

bb) eine verlängerbare Aufenthaltserlaubnis besitzt und sich dauerhaft rechtmäßig im Inland aufhält.

(2) In dem Antrag sind die Vornamen anzugeben, die der Antragsteller künftig führen will.

§ 2 Zuständigkeit. (1) [1]Für die Entscheidung über Anträge nach § 1 sind ausschließlich die Amtsgerichte zuständig, die ihren Sitz am Ort eines Landgerichts haben. [2]Ihr Bezirk umfaßt insoweit den Bezirk des Landgerichts. [3]Haben am Orte des Landgerichts mehrere Amtsgerichte ihren Sitz, so bestimmt die Landesregierung durch Rechtsverordnung das zuständige Amtsgericht, soweit nicht das zuständige Amtsgericht am Sitz des Landgerichts schon allgemein durch Landesrecht bestimmt ist. [4]Die Landesregierung kann auch bestimmen, daß ein Amtsgericht für die Bezirke mehrerer Landgerichte zuständig ist. [5]Sie kann die Ermächtigungen nach Satz 3 und 4 durch Rechtsverordnung auf die Landesjustizverwaltung übertragen.

(2) [1]Örtlich zuständig ist das Gericht, in dessen Bezirk der Antragsteller seinen Wohnsitz oder, falls ein solcher im Geltungsbereich dieses Gesetzes fehlt, seinen gewöhnlichen Aufenthalt hat; maßgebend ist der Zeitpunkt, in dem der Antrag eingereicht wird. [2]Ist der Antragsteller Deutscher und hat er im Geltungsbereich dieses Gesetzes weder Wohnsitz noch gewöhnlichen Aufenthalt, so ist das Amtsgericht Schöneberg in Berlin zuständig; es kann die Sache aus wichtigen Gründen an ein anderes Gericht abgeben; die Abgabeverfügung ist für dieses Gericht bindend.

§ 3 Verfahrensfähigkeit, Beteiligte. (1) [1]Für eine geschäftsunfähige Person wird das Verfahren durch den gesetzlichen Vertreter geführt. [2]Der gesetzliche Vertreter bedarf für einen Antrag nach § 1 der Genehmigung des Familiengerichts.

(2) Beteiligter des Verfahrens ist nur der Antragsteller oder die Antragstellerin.

(3) (*weggefallen*)

§ 4 Gerichtliches Verfahren. (1) Auf das gerichtliche Verfahren sind die Vorschriften des Gesetz über das Verfahren in Familiensachen und in den Angelegenheiten der freiwilligen Gerichtsbarkeit anzuwenden, soweit in diesem Gesetz nichts anderes bestimmt ist.

(2) Das Gericht hört den Antragsteller persönlich an.

(3) [1]Das Gericht darf einem Antrag nach § 1 nur stattgeben, nachdem es die Gutachten von zwei Sachverständigen eingeholt hat, die auf Grund ihrer Ausbildung und ihrer beruflichen Erfahrung mit den besonderen Problemen des Transsexualismus ausreichend vertraut sind. [2]Die Sachverständigen müssen unabhängig voneinander tätig werden; in ihren Gutachten haben sie auch dazu Stellung zu nehmen, ob sich nach den Erkenntnissen der medizinischen Wissenschaft das Zugehörigkeitsempfinden des Antragstellers mit hoher Wahrscheinlichkeit nicht mehr ändern wird.

(4) ¹Gegen die Entscheidung, durch die einem Antrag nach § 1 stattgegeben wird, steht den Beteiligten die sofortige Beschwerde zu. ²Die Entscheidung wird erst mit der Rechtskraft wirksam.

§ 5 Offenbarungsverbot. (1) Ist die Entscheidung, durch welche die Vornamen des Antragstellers geändert werden, rechtskräftig, so dürfen die zur Zeit der Entscheidung geführten Vornamen ohne Zustimmung des Antragstellers nicht offenbart oder ausgeforscht werden, es sei denn, daß besondere Gründe des öffentlichen Interesses dies erfordern oder ein rechtliches Interesse glaubhaft gemacht wird.

(2) ¹Der frühere Ehegatte, die Eltern, die Großeltern und die Abkömmlinge des Antragstellers sind nur dann verpflichtet, die neuen Vornamen anzugeben, wenn dies für die Führung öffentlicher Bücher und Register erforderlich ist. ²Dies gilt nicht für Kinder, die der Antragsteller nach der Rechtskraft der Entscheidung nach § 1 angenommen hat.

(3) In dem Geburtseintrag eines leiblichen Kindes des Antragstellers oder eines Kindes, das der Antragsteller vor der Rechtskraft der Entscheidung nach § 1 angenommen hat, sind bei dem Antragsteller die Vornamen anzugeben, die vor der Rechtskraft der Entscheidung nach § 1 maßgebend waren.

§ 6 Aufhebung auf Antrag. (1) Die Entscheidung, durch welche die Vornamen des Antragstellers geändert worden sind, ist auf seinen Antrag vom Gericht aufzuheben, wenn er sich wieder dem in seinem Geburtseintrag angegebenen Geschlecht als zugehörig empfindet.

(2) ¹Die §§ 2 bis 4 gelten entsprechend. ²In der Entscheidung ist auch anzugeben, daß der Antragsteller künftig wieder die Vornamen führt, die er zur Zeit der Entscheidung, durch welche seine Vornamen geändert worden sind, geführt hat. ³Das Gericht kann auf Antrag des Antragstellers diese Vornamen ändern, wenn dies aus schwerwiegenden Gründen zum Wohl des Antragstellers erforderlich ist.

§ 7 Unwirksamkeit. (1) Die Entscheidung, durch welche die Vornamen des Antragstellers geändert worden sind, wird unwirksam, wenn
1. nach Ablauf von dreihundert Tagen nach der Rechtskraft der Entscheidung ein Kind des Antragstellers geboren wird, mit dem Tag der Geburt des Kindes, oder
2. bei einem nach Ablauf von dreihundert Tagen nach der Rechtskraft der Entscheidung geborenen Kind die Abstammung von dem Antragsteller anerkannt oder gerichtlich festgestellt wird, mit dem Tag, an dem die Anerkennung wirksam oder die Feststellung rechtskräftig wird.

(2) ¹Der Antragsteller führt künftig wieder die Vornamen, die er zur Zeit der Entscheidung, durch welche seine Vornamen geändert worden sind, geführt hat. ²Diese Vornamen sind
1. im Fall des Absatzes 1 Nr. 1 und 2 in das Geburtenregister,
2. im Fall des Absatzes 1 Nr. 3 in das Eheregister
einzutragen.

(3) ¹In Fällen des Absatzes 1 Nr. 1 kann das Gericht die Vornamen des Antragstellers auf dessen Antrag wieder in die Vornamen ändern, die er bis zum Unwirksamwerden der Entscheidung geführt hat, wenn festgestellt ist, daß das Kind nicht von dem Antragsteller abstammt, oder aus sonstigen schwerwiegenden Gründen anzunehmen ist, daß der Antragsteller sich weiter dem nicht seinem Geburtseintrag entsprechenden Geschlecht als zugehörig empfindet. ²Die §§ 2, 3, 4 Abs. 1, 2 und 4 sowie § 5 Abs. 1 gelten entsprechend.

Zweiter Abschnitt
Feststellung der Geschlechtszugehörigkeit

§ 8 Voraussetzungen. (1) Auf Antrag einer Person, die sich auf Grund ihrer transsexuellen Prägung nicht mehr dem in ihrem Geburtseintrag angegebenen, sondern dem anderen Geschlecht als zugehörig empfindet und die seit mindestens drei Jahren unter dem Zwang steht, ihren Vorstellungen entsprechend zu leben, ist vom Gericht festzustellen, daß sie als dem anderen Geschlecht zugehörig anzusehen ist, wenn sie

1. die Voraussetzungen des § 1 Abs. 1 Nr. 1 bis 3 erfüllt,
2. (*weggefallen*)
3. dauernd fortpflanzungsunfähig ist und
4. sich einem ihre äußeren Geschlechtsmerkmale verändernden operativen Eingriff unterzogen hat, durch den eine deutliche Annäherung an das Erscheinungsbild des anderen Geschlechts erreicht worden ist.

(2) In dem Antrag sind die Vornamen anzugeben, die der Antragsteller künftig führen will; dies ist nicht erforderlich, wenn seine Vornamen bereits auf Grund von § 1 geändert worden sind.

§ 9 Gerichtliches Verfahren. (1) ¹Kann dem Antrag nur deshalb nicht stattgegeben werden, weil der Antragsteller sich einem seine äußeren Geschlechtsmerkmale verändernden operativen Eingriff noch nicht unterzogen hat oder noch nicht dauernd fortpflanzungsunfähig ist, so stellt das Gericht dies vorab fest. ²Gegen die Entscheidung steht den Beteiligten die sofortige Beschwerde zu.

(2) ¹Ist die Entscheidung nach Absatz 1 Satz 1 unanfechtbar und sind die dort genannten Hinderungsgründe inzwischen entfallen, so trifft das Gericht die Entscheidung nach § 8. ²Dabei ist es an seine Feststellungen in der Entscheidung nach Absatz 1 Satz 1 gebunden.

(3) ¹Die §§ 2 bis 4 und 6 gelten entsprechend; die Gutachten sind auch darauf zu erstrecken, ob die Voraussetzungen nach § 8 Abs. 1 Nr. 3 und 4 vorliegen. ²In der Entscheidung auf Grund von § 8 und in der Endentscheidung nach Absatz 2 sind auch die Vornamen des Antragstellers zu ändern, es sei denn, daß diese bereits auf Grund von § 1 geändert worden sind.

§ 10 Wirkungen der Entscheidung. (1) Von der Rechtskraft der Entscheidung an, daß der Antragsteller als dem anderen Geschlecht zugehörig anzusehen ist, richten sich seine vom Geschlecht abhängigen Rechte und Pflichten nach dem neuen Geschlecht, soweit durch Gesetz nichts anderes bestimmt ist.

(2) § 5 gilt sinngemäß.

§ 11 Eltern-Kind-Verhältnis. [1]Die Entscheidung, daß der Antragsteller als dem anderen Geschlecht zugehörig anzusehen ist, läßt das Rechtsverhältnis zwischen dem Antragsteller und seinen Eltern sowie zwischen dem Antragsteller und seinen Kindern unberührt, bei angenommenen Kindern jedoch nur, soweit diese vor Rechtskraft der Entscheidung als Kind angenommen worden sind. [2]Gleiches gilt im Verhältnis zu den Abkömmlingen dieser Kinder.

§ 12 Renten und vergleichbare wiederkehrende Leistungen. (1) [1]Die Entscheidung, daß der Antragsteller als dem anderen Geschlecht zugehörig anzusehen ist, läßt seine bei Rechtskraft der Entscheidung bestehenden Ansprüche auf Renten und vergleichbare wiederkehrende Leistungen unberührt. [2]Bei einer sich unmittelbar anschließenden Leistung aus demselben Rechtsverhältnis ist, soweit es hierbei auf das Geschlecht ankommt, weiter von den Bewertungen auszugehen, die den Leistungen bei Rechtskraft der Entscheidung zugrunde gelegen haben.

(2) Ansprüche auf Leistung aus der Versicherung oder Versorgung eines früheren Ehegatten werden durch die Entscheidung, daß der Antragsteller als dem anderen Geschlecht zugehörig anzusehen ist, nicht begründet.

Dritter Abschnitt
Änderung von Gesetzen

§§ 13 bis 15 (*weggefallen*)

Vierter Abschnitt
Übergangs- und Schlußvorschriften

§ 16 Übergangsvorschrift. (1) Ist vor Inkrafttreten dieses Gesetzes auf Grund des § 47 des Personenstandsgesetzes wirksam angeordnet, daß die Geschlechtsangabe im Geburtseintrag einer Person zu ändern ist, weil diese Person nunmehr als dem anderen Geschlecht zugehörig anzusehen ist, so gelten auch für diese Person die §§ 10 bis 12 dieses Gesetzes sowie § 61 Abs. 4 und § 65a Abs. 2 des Personenstandsgesetzes in der Fassung des § 15 Nr. 2 und 4 dieses Gesetzes.

(2) [1]Ist die Person im Zeitpunkt der gerichtlichen Anordnung verheiratet gewesen und ist ihre Ehe nicht inzwischen für nichtig erklärt, aufgehoben oder ge-

schieden worden, so gilt die Ehe mit dem Inkrafttreten dieses Gesetzes als aufgelöst. [2]Die Folgen der Auflösung bestimmen sich nach den Vorschriften über die Scheidung.

(3) Hat eine Person vor Inkrafttreten dieses Gesetzes bei dem nach § 50 des Personenstandsgesetzes zuständigen Gericht beantragt anzuordnen, daß die Geschlechtsangabe in ihrem Geburtseintrag zu ändern ist, weil diese Person nunmehr als dem anderen Geschlecht zugehörig anzusehen ist, und ist eine wirksame Anordnung bei Inkrafttreten des Gesetzes noch nicht ergangen, so hat das damit befaßte Gericht die Sache an das nach § 9 Abs. 3 in Verbindung mit § 2 dieses Gesetzes zuständige Gericht abzugeben; für das weitere Verfahren gelten die Vorschriften dieses Gesetzes.

§ 17 Berlin-Klausel. Dieses Gesetz gilt nach Maßgabe des § 13 Abs. 1 des Dritten Überleitungsgesetzes auch im Land Berlin.

§ 18 Inkrafttreten. [1]§ 2 Abs. 1 Satz 3 bis 5, § 3 Abs. 3 und § 9 Abs. 3 Satz 1, soweit er auf § 2 Abs. 1 Satz 3 bis 5 und § 3 Abs. 3 verweist, treten am Tage nach der Verkündung in Kraft. [2]Im übrigen tritt das Gesetz am 1. Januar 1981 in Kraft.

C. Arzneimittel, Medizin- und Blutprodukte

Gesetz über den Verkehr mit Arzneimitteln (Arzneimittelgesetz – AMG)[1]

i.d.F. der Bek. vom 12.12.2005 (BGBl. I S. 3394),
zuletzt geändert durch Art. 1 G vom 18.7.2017 (BGBl. I S. 2757)

INHALTSÜBERSICHT[2, 3]

---

1   Dieses Gesetz dient der Umsetzung
   – der Richtlinie 2001/83/EG des Europäischen Parlaments und des Rates vom
     6. November 2001 zur Schaffung eines Gemeinschaftskodexes für Humanarznei-
     mittel (ABl. EG Nr. L 311 S. 67),
   – der Richtlinie 2001/82/EG des Europäischen Parlaments und des Rates vom
     6. November 2001 zur Schaffung eines Gemeinschaftskodexes für Tierarznei-
     tel (ABl. EG Nr. L 311 S. 1),
   – der Richtlinie 2001/20/EG des Europäischen Parlaments und des Rates vom
     4. April 2001 zur Angleichung der Rechts- und Verwaltungsvorschriften der Mit-
     gliedstaaten über die Anwendung der guten klinischen Praxis bei der Durchführung
     von klinischen Prüfungen mit Humanarzneimitteln (ABl. EG Nr. L 121 S. 34),
   – der Richtlinie 2002/98/EG des Europäischen Parlaments und des Rates vom
     27. Januar 2003 zur Festlegung von Qualitäts- und Sicherheitsstandards für die
     Gewinnung, Testung, Verarbeitung, Lagerung und Verteilung von menschlichem
     Blut und Blutbestandteilen und zur Änderung der Richtlinie 2001/83/EG (ABl. EU
     Nr. L 33 S. 30),
   – der Richtlinie 2004/23/EG des Europäischen Parlaments und des Rates vom
     31. März 2004 zur Festlegung von Qualitäts- und Sicherheitsstandards für die
     Spende, Beschaffung, Testung, Verarbeitung, Konservierung, Lagerung und Ver-
     teilung von menschlichen Geweben und Zellen (ABl. EU Nr. L 102 S. 48),
   – der Richtlinie 2004/24/EG des Europäischen Parlaments und des Rates vom
     31. März 2004 zur Änderung der Richtlinie 2001/83/EG zur Schaffung eines Ge-
     meinschaftskodexes für Humanarzneimittel hinsichtlich traditioneller pflanzlicher
     Arzneimittel (ABl. EU Nr. L 136 S. 85),
   – der Richtlinie 2004/27/EG des Europäischen Parlaments und des Rates vom
     31. März 2004 zur Änderung der Richtlinie 2001/83/EG zur Schaffung eines Ge-
     meinschaftskodexes für Humanarzneimittel (ABl. EU Nr. L 136 S. 34) und
   – der Richtlinie 2004/28/EG des Europäischen Parlaments und des Rates vom
     31. März 2004 zur Änderung der Richtlinie 2001/82/EG zur Schaffung eines Ge-
     meinschaftskodexes für Tierarzneimittel (ABl. EU Nr. L 136 S. 58).
2   Gemäß Art. 4 Abs. 11 Nr. 1 Buchstabe a G vom 18.7.2016 (BGBl. I S. 1666) wird in
   der Inhaltsübersicht mit Wirkung vom 1.10.2021 die Angabe zu § 33 wie folgt gefasst:
   „§ 33 Aufwendungsersatz und Entgelte".

---

3   Gemäß Art. 2 Nr. 1 G vom 20.12.2016 (BGBl. I S. 3048) wird die Inhaltsübersicht wie folgt geändert:

a) Nach der Angabe zu § 10 wird folgende Angabe eingefügt:
„§ 10a Kennzeichnung von Prüf- und Hilfspräparaten für klinische Prüfungen bei Menschen".

b) Die Angabe zu § 40 wird wie folgt gefasst:
„§ 40 Verfahren zur Genehmigung einer klinischen Prüfung".

c) Nach der Angabe zu § 40 werden die folgenden Angaben eingefügt:
„§ 40a Allgemeine Voraussetzungen für die klinische Prüfung
§ 40b Besondere Voraussetzungen für die klinische Prüfung
§ 40c erfahren bei Hinzufügung eines Mitgliedstaates, bei Änderungen sowie bei Bewertungsverfahren
§ 40d Besondere Pflichten des Prüfers, des Sponsors und der zuständigen Bundesoberbehörde".

d) Die Angabe zu § 41 wird wie folgt gefasst:
„§ 41 Stellungnahme der Ethik-Kommission".

e) Die Angaben zu den §§ 42 und 42a werden wie folgt gefasst:
„§ 42 Korrekturmaßnahmen
§ 42a Datenschutz".

ea) Nach der Angabe zu § 42b wird folgende Angabe eingefügt:
„§ 42c Inspektionen".

f) Die Angaben zu den §§ 63f und 63g werden wie folgt gefasst:
„§ 63f Allgemeine Voraussetzungen für nichtinterventionelle Unbedenklichkeitsstudien
§ 63g Besondere Voraussetzungen für angeordnete nichtinterventionelle Unbedenklichkeitsstudien".

g) Nach der Angabe zu § 147 wird folgende Angabe eingefügt:
„Zwanzigster Unterabschnitt
Übergangsvorschrift
§ 148 Übergangsvorschrift aus Anlass des Vierten Gesetzes zur Änderung arzneimittelrechtlicher und anderer Vorschriften".

Diese Änderungen treten sechs Monate nach der Veröffentlichung der Mitteilung der Europäischen Kommission über die Funktionsfähigkeit des EU-Portals und der Datenbank nach Artikel 82 der Verordnung (EU) Nr. 536/2014 des Europäischen Parlaments und des Rates vom 16. April 2014 über klinische Prüfungen mit Humanarzneimitteln und zur Aufhebung der Richtlinie 2001/20/EG (ABl. L 158 vom 27.5.2014, S. 1) im Amtsblatt der Europäischen Union in Kraft.

Erster Abschnitt

Zweck des Gesetzes und Begriffsbestimmungen, Anwendungsbereich

§ 1 Zweck des Gesetzes. Es ist der Zweck dieses Gesetzes, im Interesse einer ordnungsgemäßen Arzneimittelversorgung von Mensch und Tier für die Sicherheit im Verkehr mit Arzneimitteln, insbesondere für die Qualität, Wirksamkeit und Unbedenklichkeit der Arzneimittel nach Maßgabe der folgenden Vorschriften zu sorgen.

§ 2 Arzneimittelbegriff. (1) Arzneimittel sind Stoffe oder Zubereitungen aus Stoffen,

1. die zur Anwendung im oder am menschlichen oder tierischen Körper bestimmt sind und als Mittel mit Eigenschaften zur Heilung oder Linderung oder zur Verhütung menschlicher oder tierischer Krankheiten oder krankhafter Beschwerden bestimmt sind oder

2. die im oder am menschlichen oder tierischen Körper angewendet oder einem Menschen oder einem Tier verabreicht werden können, um entweder

 a) die physiologischen Funktionen durch eine pharmakologische, immunologische oder metabolische Wirkung wiederherzustellen, zu korrigieren oder zu beeinflussen oder

 b) eine medizinische Diagnose zu erstellen.

(2) Als Arzneimittel gelten

1. Gegenstände, die ein Arzneimittel nach Absatz 1 enthalten oder auf die ein Arzneimittel nach Absatz 1 aufgebracht ist und die dazu bestimmt sind, dauernd oder vorübergehend mit dem menschlichen oder tierischen Körper in Berührung gebracht zu werden,

1a. tierärztliche Instrumente, soweit sie zur einmaligen Anwendung bestimmt sind und aus der Kennzeichnung hervorgeht, dass sie einem Verfahren zur Verminderung der Keimzahl unterzogen worden sind,

2. Gegenstände, die, ohne Gegenstände nach Nummer 1 oder 1a zu sein, dazu bestimmt sind, zu den in Absatz 1 bezeichneten Zwecken in den tierischen Körper dauernd oder vorübergehend eingebracht zu werden, ausgenommen tierärztliche Instrumente,

3. Verbandstoffe und chirurgische Nahtmaterialien, soweit sie zur Anwendung aus oder im tierischen Körper bestimmt und nicht Gegenstände der Nummer 1, 1a oder 2 sind,

4. Stoffe und Zubereitungen aus Stoffen, die, auch im Zusammenwirken mit anderen Stoffen oder Zubereitungen aus Stoffen, dazu bestimmt sind, ohne am oder im tierischen Körper angewendet zu werden, die Beschaffenheit, den Zustand oder die Funktion des tierischen Körpers erkennen zu lassen oder der Erkennung von Krankheitserregern bei Tieren zu dienen.

(3) Arzneimittel sind nicht

1. Lebensmittel im Sinne des § 2 Abs. 2 des Lebensmittel- und Futtermittelgesetzbuches,

2. kosmetische Mittel im Sinne des § 2 Abs. 5 des Lebensmittel- und Futtermittelgesetzbuches,

3. Erzeugnisse im Sinne des § 2 Nummer 1 des Tabakerzeugnisgesetzes,

4. Stoffe oder Zubereitungen aus Stoffen, die ausschließlich dazu bestimmt sind, äußerlich am Tier zur Reinigung oder Pflege oder zur Beeinflussung des Aussehens oder des Körpergeruchs angewendet zu werden, soweit ihnen keine Stoffe oder Zubereitungen aus Stoffen zugesetzt sind, die vom Verkehr außerhalb der Apotheke ausgeschlossen sind,

5. Biozid-Produkte nach Artikel 3 Absatz 1 Buchstabe a der Verordnung (EU) Nr. 528/2012 des Europäischen Parlaments und des Rates vom 22. Mai 2012 über die Bereitstellung auf dem Markt und die Verwendung von Biozidprodukten (ABl. L 167 vom 27.6.2012, S. 1),

6. Futtermittel im Sinne des § 3 Nummer 12 bis 16 des Lebensmittel- und Futtermittelgesetzbuches,

7. Medizinprodukte und Zubehör für Medizinprodukte im Sinne des § 3 des Medizinproduktegesetzes, es sei denn, es handelt sich um Arzneimittel im Sinne des § 2 Absatz 1 Nummer 2 Buchstabe b,

8. Organe im Sinne des § 1a Nr. 1 des Transplantationsgesetzes, wenn sie zur Übertragung auf menschliche Empfänger bestimmt sind.

(3a) Arzneimittel sind auch Erzeugnisse, die Stoffe oder Zubereitungen aus Stoffen sind oder enthalten, die unter Berücksichtigung aller Eigenschaften des

Erzeugnisses unter eine Begriffsbestimmung des Absatzes 1 fallen und zugleich unter die Begriffsbestimmung eines Erzeugnisses nach Absatz 3 fallen können.

(4) [1]Solange ein Mittel nach diesem Gesetz als Arzneimittel zugelassen oder registriert oder durch Rechtsverordnung von der Zulassung oder Registrierung freigestellt ist, gilt es als Arzneimittel. [2]Hat die zuständige Bundesoberbehörde die Zulassung oder Registrierung eines Mittels mit der Begründung abgelehnt, dass es sich um kein Arzneimittel handelt, so gilt es nicht als Arzneimittel.

§ 3 Stoffbegriff. Stoffe im Sinne dieses Gesetzes sind

1. chemische Elemente und chemische Verbindungen sowie deren natürlich vorkommende Gemische und Lösungen,
2. Pflanzen, Pflanzenteile, Pflanzenbestandteile, Algen, Pilze und Flechten in bearbeitetem oder unbearbeitetem Zustand,
3. Tierkörper, auch lebender Tiere, sowie Körperteile, -bestandteile und Stoffwechselprodukte von Mensch oder Tier in bearbeitetem oder unbearbeitetem Zustand,
4. Mikroorganismen einschließlich Viren sowie deren Bestandteile oder Stoffwechselprodukte.

§ 4[4] Sonstige Begriffsbestimmungen. (1) [1]Fertigarzneimittel sind Arzneimittel, die im Voraus hergestellt und in einer zur Abgabe an den Verbraucher

---

4   Gemäß Art. 2 Nr. 2 G vom 20.12.2016 (BGBl. I S. 3048) wird § 4 wie folgt geändert:
   a) Die Absätze 23 bis 25 werden wie folgt gefasst:
      „(23) Klinische Prüfung bei Menschen ist eine solche im Sinne des Artikels 2 Absatz 2 Nummer 2 der Verordnung (EU) Nr. 536/2014 des Europäischen Parlaments und des Rates vom 16. April 2014 über klinische Prüfungen mit Humanarzneimitteln und zur Aufhebung der Richtlinie 2001/20/EG (ABl. L 158 vom 27.5.2014, S. 1). Keine klinische Prüfung ist eine nichtinterventionelle Studie im Sinne des Artikels 2 Absatz 2 Nummer 4 der Verordnung (EU) Nr. 536/2014.
      (24) Sponsor ist eine Person, ein Unternehmen, eine Einrichtung oder eine Organisation im Sinne des Artikels 2 Absatz 2 Nummer 14 der Verordnung (EU) Nr. 536/2014.
      (25) Prüfer ist eine Person im Sinne des Artikels 2 Absatz 2 Nummer 15 der Verordnung (EU) Nr. 536/2014. Hauptprüfer ist eine Person im Sinne des Artikels 2 Absatz 2 Nummer 16 der Verordnung (EU) Nr. 536/2014."
   b) In Absatz 34 wird das Wort „Unbedenklichkeitsprüfung" durch das Wort „Unbedenklichkeitsstudie" und das Wort „Prüfung" durch das Wort „Studie" ersetzt.
   c) Folgender Absatz 42 wird angefügt:
      „(42) EU-Portal ist das gemäß Artikel 80 der Verordnung (EU) Nr. 536/2014 auf EU-Ebene eingerichtete und unterhaltene Portal für die Übermittlung von Daten und Informationen im Zusammenhang mit klinischen Prüfungen."
      Diese Änderungen treten sechs Monate nach der Veröffentlichung der Mitteilung der Europäischen Kommission über die Funktionsfähigkeit des EU-Portals und der Datenbank nach Artikel 82 der Verordnung (EU) Nr. 536/2014 des Europäischen Parlaments und des Rates vom 16. April 2014 über klinische Prüfungen mit Humanarzneimitteln und zur Aufhebung der Richtlinie 2001/20/EG (ABl. L 158 vom 27.5.2014, S. 1) im Amtsblatt der Europäischen Union in Kraft.

bestimmten Packung in den Verkehr gebracht werden oder andere zur Abgabe an Verbraucher bestimmte Arzneimittel, bei deren Zubereitung in sonstiger Weise ein industrielles Verfahren zur Anwendung kommt oder die, ausgenommen in Apotheken, gewerblich hergestellt werden. [2]Fertigarzneimittel sind nicht Zwischenprodukte, die für eine weitere Verarbeitung durch einen Hersteller bestimmt sind.

(2) Blutzubereitungen sind Arzneimittel, die aus Blut gewonnene Blut-, Plasma- oder Serumkonserven, Blutbestandteile oder Zubereitungen aus Blutbestandteilen sind oder als Wirkstoffe enthalten.

(3) [1]Sera sind Arzneimittel im Sinne des § 2 Absatz 1, die Antikörper, Antikörperfragmente oder Fusionsproteine mit einem funktionellen Antikörperbestandteil als Wirkstoff enthalten und wegen dieses Wirkstoffs angewendet werden. [2]Sera gelten nicht als Blutzubereitungen im Sinne des Absatzes 2 oder als Gewebezubereitungen im Sinne des Absatzes 30.

(4) Impfstoffe sind Arzneimittel im Sinne des § 2 Abs. 1, die Antigene oder rekombinante Nukleinsäuren enthalten und die dazu bestimmt sind, bei Mensch oder Tier zur Erzeugung von spezifischen Abwehr- und Schutzstoffen angewendet zu werden und, soweit sie rekombinante Nukleinsäuren enthalten, ausschließlich zur Vorbeugung oder Behandlung von Infektionskrankheiten bestimmt sind.

(5) Allergene sind Arzneimittel im Sinne des § 2 Abs. 1, die Antigene oder Haptene enthalten und dazu bestimmt sind, bei Mensch oder Tier zur Erkennung von spezifischen Abwehr- oder Schutzstoffen angewendet zu werden (Testallergene) oder Stoffe enthalten, die zur antigen-spezifischen Verminderung einer spezifischen immunologischen Überempfindlichkeit angewendet werden (Therapieallergene).

(6) Testsera sind Arzneimittel im Sinne des § 2 Abs. 2 Nr. 4, die aus Blut, Organen, Organteilen oder Organsekreten gesunder, kranker, krank gewesener oder immunisatorisch vorbehandelter Lebewesen gewonnen werden, spezifische Antikörper enthalten und die dazu bestimmt sind, wegen dieser Antikörper verwendet zu werden, sowie die dazugehörenden Kontrollsera.

(7) Testantigene sind Arzneimittel im Sinne des § 2 Abs. 2 Nr. 4, die Antigene oder Haptene enthalten und die dazu bestimmt sind, als solche verwendet zu werden.

(8) Radioaktive Arzneimittel sind Arzneimittel, die radioaktive Stoffe sind oder enthalten und ionisierende Strahlen spontan aussenden und die dazu bestimmt sind, wegen dieser Eigenschaften angewendet zu werden; als radioaktive Arzneimittel gelten auch für die Radiomarkierung anderer Stoffe vor der Verabreichung hergestellte Radionuklide (Vorstufen) sowie die zur Herstellung von radioaktiven Arzneimitteln bestimmten Systeme mit einem fixierten Mutterradionuklid, das ein Tochterradionuklid bildet (Generatoren).

(9) Arzneimittel für neuartige Therapien sind Gentherapeutika, somatische Zelltherapeutika oder biotechnologisch bearbeitete Geweprodukte nach

Artikel 2 Absatz 1 Buchstabe a der Verordnung (EG) Nr. 1394/2007 des Europäischen Parlaments und des Rates vom 13. November 2007 über Arzneimittel für neuartige Therapien und zur Änderung der Richtlinie 2001/83/EG und der Verordnung (EG) Nr. 726/2004 (ABl. L 324 vom 10.12.2007, S. 121).

(10) Fütterungsarzneimittel sind Arzneimittel in verfütterungsfertiger Form, die aus Arzneimittel-Vormischungen und Mischfuttermitteln hergestellt werden und die dazu bestimmt sind, zur Anwendung bei Tieren in den Verkehr gebracht zu werden.

(11) [1]Arzneimittel-Vormischungen sind Arzneimittel, die ausschließlich dazu bestimmt sind, zur Herstellung von Fütterungsarzneimitteln verwendet zu werden. [2]Sie gelten als Fertigarzneimittel.

(12) Die Wartezeit ist die Zeit, die bei bestimmungsgemäßer Anwendung des Arzneimittels nach der letzten Anwendung des Arzneimittels bei einem Tier bis zur Gewinnung von Lebensmitteln, die von diesem Tier stammen, zum Schutz der öffentlichen Gesundheit einzuhalten ist und die sicherstellt, dass Rückstände in diesen Lebensmitteln die im Anhang der Verordnung (EU) Nr. 37/2010 der Kommission vom 22. Dezember 2009 über pharmakologisch wirksame Stoffe und ihre Einstufung hinsichtlich der Rückstandshöchstmengen in Lebensmitteln tierischen Ursprungs (ABl. L 15 vom 20.1.2010, S. 1) in der jeweils geltenden Fassung festgelegten zulässigen Höchstmengen für pharmakologisch wirksame Stoffe nicht überschreiten.

(13) [1]Nebenwirkungen sind bei Arzneimitteln, die zur Anwendung bei Menschen bestimmt sind, schädliche und unbeabsichtigte Reaktionen auf das Arzneimittel. [2]Nebenwirkungen sind bei Arzneimitteln, die zur Anwendung bei Tieren bestimmt sind, schädliche und unbeabsichtigte Reaktionen bei bestimmungsgemäßem Gebrauch. [3]Schwerwiegende Nebenwirkungen sind Nebenwirkungen, die tödlich oder lebensbedrohend sind, eine stationäre Behandlung oder Verlängerung einer stationären Behandlung erforderlich machen, zu bleibender oder schwerwiegender Behinderung, Invalidität, kongenitalen Anomalien oder Geburtsfehlern führen. [4]Für Arzneimittel, die zur Anwendung bei Tieren bestimmt sind, sind schwerwiegend auch Nebenwirkungen, die ständig auftretende oder lang anhaltende Symptome hervorrufen. [5]Unerwartete Nebenwirkungen sind Nebenwirkungen, deren Art, Ausmaß oder Ergebnis von der Fachinformation des Arzneimittels abweichen.

(14) Herstellen ist das Gewinnen, das Anfertigen, das Zubereiten, das Be- oder Verarbeiten, das Umfüllen einschließlich Abfüllen, das Abpacken, das Kennzeichnen und die Freigabe; nicht als Herstellen gilt das Mischen von Fertigarzneimitteln mit Futtermitteln durch den Tierhalter zur unmittelbaren Verabreichung an die von ihm gehaltenen Tiere.

(15) Qualität ist die Beschaffenheit eines Arzneimittels, die nach Identität, Gehalt, Reinheit, sonstigen chemischen, physikalischen, biologischen Eigenschaften oder durch das Herstellungsverfahren bestimmt wird.

(16) Eine Charge ist die jeweils aus derselben Ausgangsmenge in einem einheitlichen Herstellungsvorgang oder bei einem kontinuierlichen Herstellungsverfahren in einem bestimmten Zeitraum erzeugte Menge eines Arzneimittels.

(17) Inverkehrbringen ist das Vorrätighalten zum Verkauf oder zu sonstiger Abgabe, das Feilhalten, das Feilbieten und die Abgabe an andere.

(18) ¹Der pharmazeutische Unternehmer ist bei zulassungs- oder registrierungspflichtigen Arzneimitteln der Inhaber der Zulassung oder Registrierung. ²Pharmazeutischer Unternehmer ist auch, wer Arzneimittel unter seinem Namen in den Verkehr bringt, außer in den Fällen des § 9 Abs. 1 Satz 2.

(19) Wirkstoffe sind Stoffe, die dazu bestimmt sind, bei der Herstellung von Arzneimitteln als arzneilich wirksame Bestandteile verwendet zu werden oder bei ihrer Verwendung in der Arzneimittelherstellung zu arzneilich wirksamen Bestandteilen der Arzneimittel zu werden.

(20) *(aufgehoben)*

(21) Xenogene Arzneimittel sind zur Anwendung im oder am Menschen bestimmte Arzneimittel, die lebende tierische Gewebe oder Zellen sind oder enthalten.

(22) Großhandel mit Arzneimitteln ist jede berufs- oder gewerbsmäßige zum Zwecke des Handeltreibens ausgeübte Tätigkeit, die in der Beschaffung, der Lagerung, der Abgabe oder Ausfuhr von Arzneimitteln besteht, mit Ausnahme der Abgabe von Arzneimitteln an andere Verbraucher als Ärzte, Zahnärzte, Tierärzte oder Krankenhäuser.

(22a) Arzneimittelvermittlung ist jede berufs- oder gewerbsmäßig ausgeübte Tätigkeit von Personen, die, ohne Großhandel zu betreiben, selbstständig und im fremden Namen mit Arzneimitteln im Sinne des § 2 Absatz 1 oder Absatz 2 Nummer 1, die zur Anwendung bei Menschen bestimmt sind, handeln, ohne tatsächliche Verfügungsgewalt über diese Arzneimittel zu erlangen.

(23) ¹Klinische Prüfung bei Menschen ist jede am Menschen durchgeführte Untersuchung, die dazu bestimmt ist, klinische oder pharmakologische Wirkungen von Arzneimitteln zu erforschen oder nachzuweisen oder Nebenwirkungen festzustellen oder die Resorption, die Verteilung, den Stoffwechsel oder die Ausscheidung zu untersuchen, mit dem Ziel, sich von der Unbedenklichkeit oder Wirksamkeit der Arzneimittel zu überzeugen. ²Satz 1 gilt nicht für eine Untersuchung, die eine nichtinterventionelle Prüfung ist. ³Nichtinterventionelle Prüfung ist eine Untersuchung, in deren Rahmen Erkenntnisse aus der Behandlung von Personen mit Arzneimitteln anhand epidemiologischer Methoden analysiert werden; dabei folgt die Behandlung einschließlich der Diagnose und Überwachung nicht einem vorab festgelegten Prüfplan, sondern ausschließlich der ärztlichen Praxis; soweit es sich um ein zulassungspflichtiges oder nach § 21a Absatz 1 genehmigungspflichtiges Arzneimittel handelt, erfolgt dies ferner gemäß den in der Zulassung oder der Genehmigung festgelegten Angaben für seine Anwendung.

(24) Sponsor ist eine natürliche oder juristische Person, die die Verantwortung für die Veranlassung, Organisation und Finanzierung einer klinischen Prüfung bei Menschen übernimmt.

(25) [1]Prüfer ist in der Regel ein für die Durchführung der klinischen Prüfung bei Menschen in einer Prüfstelle verantwortlicher Arzt oder in begründeten Ausnahmefällen eine andere Person, deren Beruf aufgrund seiner wissenschaftlichen Anforderungen und der seine Ausübung voraussetzenden Erfahrungen in der Patientenbetreuung für die Durchführung von Forschungen am Menschen qualifiziert. [2]Wird eine klinische Prüfung in einer Prüfstelle von einer Gruppe von Personen durchgeführt, so ist der Prüfer der für die Durchführung verantwortliche Leiter dieser Gruppe. [3]Wird eine Prüfung in mehreren Prüfstellen durchgeführt, wird vom Sponsor ein Prüfer als Leiter der klinischen Prüfung benannt.

(26) [1]Homöopathisches Arzneimittel ist ein Arzneimittel, das nach einem im Europäischen Arzneibuch oder, in Ermangelung dessen, nach einem in den offiziell gebräuchlichen Pharmakopöen der Mitgliedstaaten der Europäischen Union beschriebenen homöopathischen Zubereitungsverfahren hergestellt worden ist. [2]Ein homöopathisches Arzneimittel kann auch mehrere Wirkstoffe enthalten.

(27) Ein mit der Anwendung des Arzneimittels verbundenes Risiko ist

a) jedes Risiko im Zusammenhang mit der Qualität, Sicherheit oder Wirksamkeit des Arzneimittels für die Gesundheit der Patienten oder die öffentliche Gesundheit, bei zur Anwendung bei Tieren bestimmten Arzneimitteln für die Gesundheit von Mensch und Tier,

b) jedes Risiko unerwünschter Auswirkungen auf die Umwelt.

(28) Das Nutzen-Risiko-Verhältnis umfasst eine Bewertung der positiven therapeutischen Wirkungen des Arzneimittels im Verhältnis zu dem Risiko nach Absatz 27 Buchstabe a, bei zur Anwendung bei Tieren bestimmten Arzneimitteln auch nach Absatz 27 Buchstabe b.

(29) Pflanzliche Arzneimittel sind Arzneimittel, die als Wirkstoff ausschließlich einen oder mehrere pflanzliche Stoffe oder eine oder mehrere pflanzliche Zubereitungen oder eine oder mehrere solcher pflanzlichen Stoffe in Kombination mit einer oder mehreren solcher pflanzlichen Zubereitungen enthalten.

(30) [1]Gewebezubereitungen sind Arzneimittel, die Gewebe im Sinne von § 1a Nr. 4 des Transplantationsgesetzes sind oder aus solchen Geweben hergestellt worden sind. [2]Menschliche Samen- und Eizellen (Keimzellen) sowie imprägnierte Eizellen und Embryonen sind weder Arzneimittel noch Gewebezubereitungen.

(30a) Einheitlicher Europäischer Code oder „SEC" ist die eindeutige Kennnummer für in der Europäischen Union verteilte Gewebe oder Gewebezubereitungen gemäß Anhang VII der Richtlinie 2006/86/EG der Kommission vom 24. Oktober 2006 zur Umsetzung der Richtlinie 2004/23/EG des Europäischen

Parlaments und des Rates hinsichtlich der Anforderungen an die Rückverfolgbarkeit, der Meldung schwerwiegender Zwischenfälle und unerwünschter Reaktionen sowie bestimmter technischer Anforderungen an die Kodierung, Verarbeitung, Konservierung, Lagerung und Verteilung von menschlichen Geweben und Zellen (ABl. L 294 vom 25.10.2006, S. 32), die zuletzt durch die Richtlinie (EU) 2015/565 (ABl. L 93 vom 9.4.2015, S. 43) geändert worden ist.

(30b) [1]EU-Gewebeeinrichtungs-Code ist die eindeutige Kennnummer für Gewebeeinrichtungen in der Europäischen Union. [2]Für den Geltungsbereich dieses Gesetzes gilt er für alle Einrichtungen, die erlaubnispflichtige Tätigkeiten mit Geweben, Gewebezubereitungen oder mit hämatopoetischen Stammzellen oder Stammzellzubereitungen aus dem peripheren Blut oder aus dem Nabelschnurblut durchführen. [3]Der EU-Gewebeeinrichtungs-Code besteht gemäß Anhang VII der Richtlinie 2006/86/EG aus einem ISO-Ländercode und der Gewebeeinrichtungsnummer des EU-Kompendiums der Gewebeeinrichtungen.

(30c) [1]EU-Kompendium der Gewebeeinrichtungen ist das Register, in dem alle von den zuständigen Behörden der Mitgliedstaaten der Europäischen Union genehmigten, lizenzierten, benannten oder zugelassenen Gewebeeinrichtungen enthalten sind und das die Informationen über diese Einrichtungen gemäß Anhang VIII der Richtlinie 2006/86/EG in der jeweils geltenden Fassung enthält. [2]Für den Geltungsbereich dieses Gesetzes enthält das Register alle Einrichtungen, die erlaubnispflichtige Tätigkeiten mit Geweben, Gewebezubereitungen oder mit hämatopoetischen Stammzellen oder Stammzellzubereitungen aus dem peripheren Blut oder aus dem Nabelschnurblut durchführen.

(30d) EU-Kompendium der Gewebe- und Zellprodukte ist das Register aller in der Europäischen Union in Verkehr befindlichen Arten von Geweben, Gewebezubereitungen oder von hämatopoetischen Stammzellen oder Stammzellzubereitungen aus dem peripheren Blut oder aus dem Nabelschnurblut mit den jeweiligen Produktcodes.

(31) Rekonstitution eines Fertigarzneimittels zur Anwendung beim Menschen ist die Überführung in seine anwendungsfähige Form unmittelbar vor seiner Anwendung gemäß den Angaben der Packungsbeilage oder im Rahmen der klinischen Prüfung nach Maßgabe des Prüfplans.

(32) [1]Verbringen ist jede Beförderung in den, durch den oder aus dem Geltungsbereich des Gesetzes. [2]Einfuhr ist die Überführung von unter das Arzneimittelgesetz fallenden Produkten aus Drittstaaten, die nicht Vertragsstaaten des Abkommens über den Europäischen Wirtschaftsraum sind, in den zollrechtlich freien Verkehr. [3]Produkte gemäß Satz 2 gelten als eingeführt, wenn sie entgegen den Zollvorschriften in den Wirtschaftskreislauf überführt wurden. [4]Ausfuhr ist jedes Verbringen in Drittstaaten, die nicht Vertragsstaaten des Abkommens über den Europäischen Wirtschaftsraum sind.

(33) Anthroposophisches Arzneimittel ist ein Arzneimittel, das nach der anthroposophischen Menschen- und Naturerkenntnis entwickelt wurde, nach ei-

nem im Europäischen Arzneibuch oder, in Ermangelung dessen, nach einem in den offiziell gebräuchlichen Pharmakopöen der Mitgliedstaaten der Europäischen Union beschriebenen homöopathischen Zubereitungsverfahren oder nach einem besonderen anthroposophischen Zubereitungsverfahren hergestellt worden ist und das bestimmt ist, entsprechend den Grundsätzen der anthroposophischen Menschen- und Naturerkenntnis angewendet zu werden.

(34) Eine Unbedenklichkeitsprüfung bei einem Arzneimittel, das zur Anwendung bei Menschen bestimmt ist, ist jede Prüfung zu einem zugelassenen Arzneimittel, die durchgeführt wird, um ein Sicherheitsrisiko zu ermitteln, zu beschreiben oder zu quantifizieren, das Sicherheitsprofil eines Arzneimittels zu bestätigen oder die Effizienz von Risikomanagement-Maßnahmen zu messen.

(35) Eine Unbedenklichkeitsprüfung bei einem Arzneimittel, das zur Anwendung bei Tieren bestimmt ist, ist eine pharmakoepidemiologische Studie oder klinische Prüfung entsprechend den Bedingungen der Zulassung mit dem Ziel, eine Gesundheitsgefahr im Zusammenhang mit einem zugelassenen Tierarzneimittel festzustellen und zu beschreiben.

(36) Das Risikomanagement-System umfasst Tätigkeiten im Bereich der Pharmakovigilanz und Maßnahmen, durch die Risiken im Zusammenhang mit einem Arzneimittel ermittelt, beschrieben, vermieden oder minimiert werden sollen; dazu gehört auch die Bewertung der Wirksamkeit derartiger Tätigkeiten und Maßnahmen.

(37) Der Risikomanagement-Plan ist eine detaillierte Beschreibung des Risikomanagement-Systems.

(38) Das Pharmakovigilanz-System ist ein System, das der Inhaber der Zulassung und die zuständige Bundesoberbehörde anwenden, um insbesondere den im Zehnten Abschnitt aufgeführten Aufgaben und Pflichten nachzukommen, und das der Überwachung der Sicherheit zugelassener Arzneimittel und der Entdeckung sämtlicher Änderungen des Nutzen-Risiko-Verhältnisses dient.

(39) Die Pharmakovigilanz-Stammdokumentation ist eine detaillierte Beschreibung des Pharmakovigilanz-Systems, das der Inhaber der Zulassung auf eines oder mehrere zugelassene Arzneimittel anwendet.

(40) Ein gefälschtes Arzneimittel ist ein Arzneimittel mit falschen Angaben über

1. die Identität, einschließlich seiner Verpackung, seiner Kennzeichnung, seiner Bezeichnung oder seiner Zusammensetzung in Bezug auf einen oder mehrere seiner Bestandteile, einschließlich der Hilfsstoffe und des Gehalts dieser Bestandteile,

2. die Herkunft, einschließlich des Herstellers, das Herstellungsland, das Herkunftsland und den Inhaber der Genehmigung für das Inverkehrbringen oder den Inhaber der Zulassung oder

3. den in Aufzeichnungen und Dokumenten beschriebenen Vertriebsweg.

(41) Ein gefälschter Wirkstoff ist ein Wirkstoff, dessen Kennzeichnung auf dem Behältnis nicht den tatsächlichen Inhalt angibt oder dessen Begleitdoku-

mentation nicht alle beteiligten Hersteller oder nicht den tatsächlichen Vertriebsweg widerspiegelt.

§ 4a Ausnahmen vom Anwendungsbereich. [1]Dieses Gesetz findet keine Anwendung auf

1. Arzneimittel, die unter Verwendung von Krankheitserregern oder auf biotechnischem Wege hergestellt werden und zur Verhütung, Erkennung oder Heilung von Tierseuchen bestimmt sind,
2. die Gewinnung und das Inverkehrbringen von Keimzellen zur künstlichen Befruchtung bei Tieren,
3. Gewebe, die innerhalb eines Behandlungsvorgangs einer Person entnommen werden, um auf diese ohne Änderung ihrer stofflichen Beschaffenheit rückübertragen zu werden.

[2]Satz 1 Nr. 1 gilt nicht für § 55.

§ 4b Sondervorschriften für Arzneimittel für neuartige Therapien.

(1) [1]Für Arzneimittel für neuartige Therapien, die im Geltungsbereich dieses Gesetzes

1. als individuelle Zubereitung für einen einzelnen Patienten ärztlich verschrieben,
2. nach spezifischen Qualitätsnormen nicht routinemäßig hergestellt und
3. in einer spezialisierten Einrichtung der Krankenversorgung unter der fachlichen Verantwortung eines Arztes angewendet

werden, finden der Vierte Abschnitt, mit Ausnahme des § 33, und der Siebte Abschnitt dieses Gesetzes keine Anwendung. [2]Die übrigen Vorschriften des Gesetzes sowie Artikel 14 Absatz 1 und Artikel 15 Absatz 1 bis 6 der Verordnung (EG) Nr. 1394/2007 gelten entsprechend mit der Maßgabe, dass die dort genannten Amtsaufgaben und Befugnisse entsprechend den ihnen nach diesem Gesetz übertragenen Aufgaben von der zuständigen Behörde oder der zuständigen Bundesoberbehörde wahrgenommen werden und an die Stelle des Inhabers der Zulassung im Sinne dieses Gesetzes oder des Inhabers der Genehmigung für das Inverkehrbringen im Sinne der Verordnung (EG) Nr. 1394/2007 der Inhaber der Genehmigung nach Absatz 3 Satz 1 tritt.

(2) Nicht routinemäßig hergestellt im Sinne von Absatz 1 Satz 1 Nummer 2 werden insbesondere Arzneimittel,

1. die in so geringem Umfang hergestellt und angewendet werden, dass nicht zu erwarten ist, dass hinreichend klinische Erfahrung gesammelt werden kann, um das Arzneimittel umfassend bewerten zu können, oder
2. die noch nicht in ausreichender Anzahl hergestellt und angewendet worden sind, so dass die notwendigen Erkenntnisse für ihre umfassende Bewertung noch nicht erlangt werden konnten.

(3) [1]Arzneimittel nach Absatz 1 Satz 1 dürfen nur an andere abgegeben werden, wenn sie durch die zuständige Bundesoberbehörde genehmigt worden sind. [2]§ 21a Absatz 2 Satz 1, Absatz 3 bis 6 und 8 gilt entsprechend. [3]Zusätzlich

zu den Angaben und Unterlagen nach § 21a Absatz 2 Satz 1 sind dem Antrag auf Genehmigung folgende Angaben und Unterlagen beizufügen:

1. Angaben zu den spezialisierten Einrichtungen der Krankenversorgung, in denen das Arzneimittel angewendet werden soll,
2. die Anzahl der geplanten Anwendungen oder der Patienten im Jahr,
3. Angaben zur Dosierung,
4. Angaben zum Risikomanagement-Plan mit einer Beschreibung des Risikomanagement-Systems, das der Antragsteller für das betreffende Arzneimittel einführen wird, verbunden mit einer Zusammenfassung des Risikomanagement-Plans und Risikomanagement-Systems, und
5. bei Arzneimitteln für neuartige Therapien, die aus einem gentechnisch veränderten Organismus oder einer Kombination von gentechnisch veränderten Organismen bestehen oder solche enthalten, zusätzlich die technischen Unterlagen gemäß den Anhängen III A, III B und IV der Richtlinie 2001/18/EG des Europäischen Parlaments und des Rates vom 12. März 2001 über die absichtliche Freisetzung genetisch veränderter Organismen in die Umwelt und zur Aufhebung der Richtlinie 90/220/EWG des Rates (ABl. L 106 vom 17.4.2001, S. 1), die zuletzt durch die Richtlinie (EU) 2015/412 (ABl. L 68 vom 13.3.2015, S. 1) geändert worden ist, sowie die auf der Grundlage einer nach Anhang II der Richtlinie 2001/18/EG durchgeführten Umweltverträglichkeitsprüfung gewonnenen Informationen nach Anhang II Buchstabe D der Richtlinie 2001/18/EG.

[4]§ 22 Absatz 2 Satz 1 Nummer 5, Absatz 4 und 7 Satz 1 gilt entsprechend.

(4) [1]Bei Arzneimitteln für neuartige Therapien, die aus einem gentechnisch veränderten Organismus oder einer Kombination von gentechnisch veränderten Organismen bestehen oder solche enthalten, entscheidet die zuständige Bundesoberbehörde im Benehmen mit dem Bundesamt für Verbraucherschutz und Lebensmittelsicherheit über den Antrag auf Genehmigung. [2]Die Genehmigung der zuständigen Bundesoberbehörde für die Abgabe des Arzneimittels nach Satz 1 an andere umfasst auch die Genehmigung für das Inverkehrbringen der gentechnisch veränderten Organismen, aus denen das Arzneimittel nach Satz 1 besteht oder die es enthält. [3]Die Genehmigung darf nur erteilt werden, wenn

1. eine Umweltverträglichkeitsprüfung gemäß den Grundprinzipien des Anhangs II der Richtlinie 2001/18/EG und auf der Grundlage der Angaben nach den Anhängen III und IV der Richtlinie 2001/18/EG durchgeführt wurde und
2. nach dem Stand der Wissenschaft unvertretbare schädliche Auswirkungen auf die Gesundheit Dritter und auf die Umwelt nicht zu erwarten sind.

(5) Können die erforderlichen Angaben und Unterlagen nach § 21a Absatz 2 Satz 1 Nummer 8 nicht erbracht werden, kann der Antragsteller die Angaben und Unterlagen über die Wirkungsweise, die voraussichtliche Wirkung und mögliche Risiken beifügen.

(6) Die Genehmigung kann befristet werden.

(7) [1]Der Inhaber der Genehmigung hat der zuständigen Bundesoberbehörde in bestimmten Zeitabständen, die diese festlegt, über den Umfang der Herstellung und über die Erkenntnisse für die umfassende Beurteilung des Arzneimittels zu berichten. [2]Die Genehmigung ist zurückzunehmen, wenn nachträglich bekannt wird, dass eine der Voraussetzungen nach Absatz 1 Satz 1 nicht vorgelegen hat. [3]Die Genehmigung ist zu widerrufen, wenn eine der Voraussetzungen nach Absatz 1 Satz 1 nicht mehr vorliegt.

(8) [1]Der Antragsteller hat der zuständigen Bundesoberbehörde unter Beifügung entsprechender Unterlagen unverzüglich Anzeige zu erstatten, wenn sich Änderungen in den Angaben und Unterlagen ergeben, die dem Antrag auf Genehmigung beigefügt waren. [2]Satz 1 gilt nach der Genehmigung entsprechend für den Inhaber der Genehmigung. [3]Dieser ist ferner verpflichtet, die zuständige Bundesoberbehörde zu informieren, wenn neue oder veränderte Risiken bestehen oder sich das Nutzen-Risiko-Verhältnis des Arzneimittels geändert hat. [4]Bei Arzneimitteln für neuartige Therapien, die aus einem gentechnisch veränderten Organismus oder einer Kombination von gentechnisch veränderten Organismen bestehen oder solche enthalten, hat der Antragsteller unter Beifügung entsprechender Unterlagen der zuständigen Bundesoberbehörde außerdem unverzüglich anzuzeigen, wenn ihm neue Informationen über Gefahren für die Gesundheit nicht betroffener Personen oder die Umwelt bekannt werden. [5]Satz 4 gilt nach der Genehmigung entsprechend für den Inhaber der Genehmigung. [6]§ 29 Absatz 1a, 1d und 2 ist entsprechend anzuwenden.

(9) [1]Folgende Änderungen dürfen erst vollzogen werden, wenn die zuständige Bundesoberbehörde zugestimmt hat:

1. eine Änderung der Angaben über die Dosierung, die Art oder die Dauer der Anwendung oder über die Anwendungsgebiete, soweit es sich nicht um die Zufügung einer oder Veränderung in eine Indikation handelt, die einem anderen Therapiegebiet zuzuordnen ist,

2. eine Einschränkung der Gegenanzeigen, Nebenwirkungen oder Wechselwirkungen mit anderen Arzneimitteln oder sonstigen Stoffen,

3. eine Änderung der Hilfsstoffe nach Art oder Menge oder der Wirkstoffe nach ihrer Menge,

4. eine Änderung der Darreichungsform in eine Darreichungsform, die mit der genehmigten vergleichbar ist,

5. eine Änderung des Herstellungs- oder Prüfverfahrens, einschließlich der Angaben nach § 21a Absatz 2 Satz 1 Nummer 5,

6. eine Änderung der Art der Aufbewahrung und der Dauer der Haltbarkeit oder

7. bei Arzneimitteln für neuartige Therapien, die aus einem gentechnisch veränderten Organismus oder einer Kombination von gentechnisch veränderten Organismen bestehen oder solche enthalten, eine Änderung, die geeignet ist, die Risikobewertung für die Gesundheit nicht betroffener Personen oder die Umwelt zu verändern.

[2]Die Entscheidung über den Antrag auf Zustimmung muss innerhalb von drei Monaten ergehen. [3]Absatz 4 und § 27 Absatz 2 gelten entsprechend.

(10) [1]Abweichend von Absatz 9 ist eine neue Genehmigung nach Absatz 3 in folgenden Fällen zu beantragen:
1. bei einer Erweiterung der Anwendungsgebiete, soweit es sich nicht um eine Änderung nach Absatz 9 Satz 1 Nummer 1 handelt,
2. bei einer Änderung der Zusammensetzung der Wirkstoffe nach ihrer Art,
3. bei einer Änderung der Darreichungsform, soweit es sich nicht um eine Änderung nach Absatz 9 Satz 1 Nummer 4 handelt.

[2]Über die Genehmigungspflicht nach Satz 1 entscheidet die zuständige Bundesoberbehörde.

(11) [1]Über Anfragen zur Genehmigungspflicht eines Arzneimittels für neuartige Therapien entscheidet die zuständige Behörde im Benehmen mit der zuständigen Bundesoberbehörde. [2]§ 21 Absatz 4 gilt entsprechend.

Zweiter Abschnitt
Anforderungen an die Arzneimittel

§ 5 Verbot bedenklicher Arzneimittel. (1) Es ist verboten, bedenkliche Arzneimittel in den Verkehr zu bringen oder bei einem anderen Menschen anzuwenden.

(2) Bedenklich sind Arzneimittel, bei denen nach dem jeweiligen Stand der wissenschaftlichen Erkenntnisse der begründete Verdacht besteht, dass sie bei bestimmungsgemäßem Gebrauch schädliche Wirkungen haben, die über ein nach den Erkenntnissen der medizinischen Wissenschaft vertretbares Maß hinausgehen.

§ 6 Ermächtigung zum Schutz der Gesundheit. (1) [1]Das Bundesministerium für Gesundheit (Bundesministerium) wird ermächtigt, durch Rechtsverordnung mit Zustimmung des Bundesrates die Verwendung bestimmter Stoffe, Zubereitungen aus Stoffen oder Gegenstände bei der Herstellung von Arzneimitteln vorzuschreiben, zu beschränken oder zu verbieten und das Inverkehrbringen und die Anwendung von Arzneimitteln, die nicht nach diesen Vorschriften hergestellt sind, zu untersagen, soweit es zur Risikovorsorge oder zur Abwehr einer unmittelbaren oder mittelbaren Gefährdung der Gesundheit von Mensch oder Tier durch Arzneimittel geboten ist. [2]Die Rechtsverordnung nach Satz 1 wird vom Bundesministerium für Ernährung und Landwirtschaft im Einvernehmen mit dem Bundesministerium erlassen, soweit es sich um Arzneimittel handelt, die zur Anwendung bei Tieren bestimmt sind.

(2) Die Rechtsverordnung nach Absatz 1 ergeht im Einvernehmen mit dem Bundesministerium für Umwelt, Naturschutz, Bau und Reaktorsicherheit, soweit es sich um radioaktive Arzneimittel und um Arzneimittel handelt, bei deren Herstellung ionisierende Strahlen verwendet werden.

§ 6a *(aufgehoben)*

§ 7 Radioaktive und mit ionisierenden Strahlen behandelte Arzneimittel.
(1) Es ist verboten, radioaktive Arzneimittel oder Arzneimittel, bei deren Herstellung ionisierende Strahlen verwendet worden sind, in den Verkehr zu bringen, es sei denn, dass dies durch Rechtsverordnung nach Absatz 2 zugelassen ist.

(2) [1]Das Bundesministerium wird ermächtigt, im Einvernehmen mit dem Bundesministerium für Umwelt, Naturschutz, Bau und Reaktorsicherheit durch Rechtsverordnung mit Zustimmung des Bundesrates das Inverkehrbringen radioaktiver Arzneimittel oder bei der Herstellung von Arzneimitteln die Verwendung ionisierender Strahlen zuzulassen, soweit dies nach dem jeweiligen Stand der wissenschaftlichen Erkenntnisse zu medizinischen Zwecken geboten und für die Gesundheit von Mensch oder Tier unbedenklich ist. [2]In der Rechtsverordnung können für die Arzneimittel der Vertriebsweg bestimmt sowie Angaben über die Radioaktivität auf dem Behältnis, der äußeren Umhüllung und der Packungsbeilage vorgeschrieben werden. [3]Die Rechtsverordnung wird vom Bundesministerium für Ernährung und Landwirtschaft im Einvernehmen mit dem Bundesministerium und dem Bundesministerium für Umwelt, Naturschutz, Bau und Reaktorsicherheit erlassen, soweit es sich um Arzneimittel handelt, die zur Anwendung bei Tieren bestimmt sind.

§ 8 Verbote zum Schutz vor Täuschung. (1) [1]Es ist verboten, Arzneimittel oder Wirkstoffe herzustellen oder in den Verkehr zu bringen, die
1. durch Abweichung von den anerkannten pharmazeutischen Regeln in ihrer Qualität nicht unerheblich gemindert sind oder
1a. *(aufgehoben)*
2. mit irreführender Bezeichnung, Angabe oder Aufmachung versehen sind. [2]Eine Irreführung liegt insbesondere dann vor, wenn
   a) Arzneimitteln eine therapeutische Wirksamkeit oder Wirkungen oder Wirkstoffen eine Aktivität beigelegt werden, die sie nicht haben,
   b) fälschlich der Eindruck erweckt wird, dass ein Erfolg mit Sicherheit erwartet werden kann oder dass nach bestimmungsgemäßem oder längerem Gebrauch keine schädlichen Wirkungen eintreten,
   c) zur Täuschung über die Qualität geeignete Bezeichnungen, Angaben oder Aufmachungen verwendet werden, die für die Bewertung des Arzneimittels oder Wirkstoffs mitbestimmend sind.

(2) Es ist verboten, gefälschte Arzneimittel oder gefälschte Wirkstoffe herzustellen, in den Verkehr zu bringen oder sonst mit ihnen Handel zu treiben.

(3) Es ist verboten, Arzneimittel, deren Verfalldatum abgelaufen ist, in den Verkehr zu bringen.

§ 9 Der Verantwortliche für das Inverkehrbringen. (1) [1]Arzneimittel, die im Geltungsbereich dieses Gesetzes in den Verkehr gebracht werden, müssen den Namen oder die Firma und die Anschrift des pharmazeutischen Unternehmers tragen. [2]Dies gilt nicht für Arzneimittel, die zur klinischen Prüfung bei Menschen bestimmt sind.

(2) [1]Arzneimittel dürfen im Geltungsbereich dieses Gesetzes nur durch einen pharmazeutischen Unternehmer in den Verkehr gebracht werden, der seinen Sitz im Geltungsbereich dieses Gesetzes, in einem anderen Mitgliedstaat der Europäischen Union oder in einem anderen Vertragsstaat des Abkommens über den Europäischen Wirtschaftsraum hat. [2]Bestellt der pharmazeutische Unternehmer einen örtlichen Vertreter, entbindet ihn dies nicht von seiner rechtlichen Verantwortung.

§ 10[5] Kennzeichnung. (1) [1]Fertigarzneimittel, die Arzneimittel im Sinne des § 2 Abs. 1 oder Abs. 2 Nr. 1 und nicht zur klinischen Prüfung bei Menschen bestimmt oder nach § 21 Abs. 2 Nr. 1a, 1b oder 6 von der Zulassungspflicht freigestellt sind, dürfen im Geltungsbereich dieses Gesetzes nur in den Verkehr gebracht werden, wenn auf den Behältnissen und, soweit verwendet, auf den äußeren Umhüllungen in gut lesbarer Schrift, allgemein verständlich in deutscher Sprache und auf dauerhafte Weise und in Übereinstimmung mit den Angaben nach § 11a angegeben sind

1. der Name oder die Firma und die Anschrift des pharmazeutischen Unternehmers und, soweit vorhanden, der Name des von ihm benannten örtlichen Vertreters,

2. die Bezeichnung des Arzneimittels, gefolgt von der Angabe der Stärke und der Darreichungsform, und soweit zutreffend, den Hinweis, dass es zur Anwendung für Säuglinge, Kinder oder Erwachsene bestimmt ist, es sei denn, dass diese Angaben bereits in der Bezeichnung enthalten sind; enthält das Arzneimittel bis zu drei Wirkstoffe, muss der internationale Freiname (INN) aufgeführt werden oder, falls dieser nicht existiert, die gebräuchliche Bezeichnung; dies gilt nicht, wenn in der Bezeichnung die Wirkstoffbezeichnung nach Nummer 8 enthalten ist,

3. die Zulassungsnummer mit der Abkürzung „Zul.-Nr.",

4. die Chargenbezeichnung, soweit das Arzneimittel in Chargen in den Verkehr gebracht wird, mit der Abkürzung „Ch.-B.", soweit es nicht in Chargen in den Verkehr gebracht werden kann, das Herstellungsdatum,

5. die Darreichungsform,

---

5 Gemäß Art. 1 Nr. 7 Buchstabe c G vom 19.10.2012 (BGBl. I S. 2192), geändert durch Art. 12a Nr. 1 G vom 20.12.2016 (BGBl. I S. 3048) wird in § 10 nach Absatz 1b folgender Ansatz 1c mit Wirkung zum 9.2.2019 eingefügt.

„(1c) Bei Arzneimitteln, die zur Anwendung bei Menschen bestimmt sind, sind auf den äußeren Umhüllungen Sicherheitsmerkmale sowie eine Vorrichtung zum Erkennen einer möglichen Manipulation der äußeren Umhüllung anzubringen, sofern dies durch Artikel 54a der Richtlinie 2001/83/EG des Europäischen Parlaments und des Rates vom 6. November 2001 zur Schaffung eines Gemeinschaftskodexes für Humanarzneimittel (ABl. L 311 vom 28.11.2001, S. 67), die zuletzt durch die Richtlinie 2011/62/EU (ABl. L 174 vom 1.7.2011, S. 74) geändert worden ist, vorgeschrieben oder aufgrund von Artikel 54a der Richtlinie 2001/83/EG festgelegt wird."

6. der Inhalt nach Gewicht, Nennvolumen oder Stückzahl,

7. die Art der Anwendung,

8. die Wirkstoffe nach Art und Menge und sonstige Bestandteile nach der Art, soweit dies durch Auflage der zuständigen Bundesoberbehörde nach § 28 Abs. 2 Nr. 1 angeordnet oder durch Rechtsverordnung nach § 12 Abs. 1 Nr. 4, auch in Verbindung mit Abs. 2, oder nach § 36 Abs. 1 vorgeschrieben ist; bei Arzneimitteln zur parenteralen oder zur topischen Anwendung, einschließlich der Anwendung am Auge, alle Bestandteile nach der Art,

8a. bei gentechnologisch gewonnenen Arzneimitteln der Wirkstoff und die Bezeichnung des bei der Herstellung verwendeten gentechnisch veränderten Organismus oder die Zelllinie,

9. das Verfalldatum mit dem Hinweis „verwendbar bis",

10. bei Arzneimitteln, die nur auf ärztliche, zahnärztliche oder tierärztliche Verschreibung abgegeben werden dürfen, der Hinweis „Verschreibungspflichtig", bei sonstigen Arzneimitteln, die nur in Apotheken an Verbraucher abgegeben werden dürfen, der Hinweis „Apothekenpflichtig",

11. bei Mustern der Hinweis „Unverkäufliches Muster",

12. der Hinweis, dass Arzneimittel unzugänglich für Kinder aufbewahrt werden sollen, es sei denn, es handelt sich um Heilwässer,

13. soweit erforderlich besondere Vorsichtsmaßnahmen für die Beseitigung von nicht verwendeten Arzneimitteln oder sonstige besondere Vorsichtsmaßnahmen, um Gefahren für die Umwelt zu vermeiden,

14. Verwendungszweck bei nicht verschreibungspflichtigen Arzneimitteln.

[2]Sofern die Angaben nach Satz 1 zusätzlich in einer anderen Sprache wiedergegeben werden, müssen in dieser Sprache die gleichen Angaben gemacht werden. [3]Ferner ist Raum für die Angabe der verschriebenen Dosierung vorzusehen; dies gilt nicht für die in Absatz 8 Satz 3 genannten Behältnisse und Ampullen und für Arzneimittel, die dazu bestimmt sind, ausschließlich durch Angehörige der Heilberufe angewendet zu werden. [4]Arzneimittel, die nach einer homöopathischen Verfahrenstechnik hergestellt werden und nach § 25 zugelassen sind, sind zusätzlich mit einem Hinweis auf die homöopathische Beschaffenheit zu kennzeichnen. [5]Weitere Angaben, die nicht durch eine Verordnung der Europäischen Gemeinschaft oder der Europäischen Union vorgeschrieben oder bereits nach einer solchen Verordnung zulässig sind, sind zulässig, soweit sie mit der Anwendung des Arzneimittels im Zusammenhang stehen, für die gesundheitliche Aufklärung der Patienten wichtig sind und den Angaben nach § 11a nicht widersprechen.

(1a) *(aufgehoben)*

(1b) [1]Bei Arzneimitteln, die zur Anwendung bei Menschen bestimmt sind, ist die Bezeichnung des Arzneimittels auf den äußeren Umhüllungen auch in Blindenschrift anzugeben. [2]Die in Absatz 1 Satz 1 Nr. 2 genannten sonstigen Angaben zur Darreichungsform und zu der Personengruppe, für die das Arzneimittel bestimmt ist, müssen nicht in Blindenschrift aufgeführt werden; dies gilt auch dann, wenn diese Angaben in der Bezeichnung enthalten sind. [3]Satz 1 gilt nicht für Arzneimittel,

1. die dazu bestimmt sind, ausschließlich durch Angehörige der Heilberufe angewendet zu werden oder

2. die in Behältnissen von nicht mehr als 20 Milliliter Nennvolumen oder einer Inhaltsmenge von nicht mehr als 20 Gramm in Verkehr gebracht werden.

(1c) Bei Arzneimitteln, die zur Anwendung bei Menschen bestimmt sind, sind auf den äußeren Umhüllungen Sicherheitsmerkmale sowie eine Vorrichtung zum Erkennen einer möglichen Manipulation der äußeren Umhüllung anzubringen, sofern dies durch Artikel 54a der Richtlinie 2001/83/EG des Europäischen Parlaments und des Rates vom 6. November 2001 zur Schaffung eines Gemeinschaftskodexes für Humanarzneimittel (ABl. L 311 vom 28.11.2001, S. 67), die zuletzt durch die Richtlinie 2011/62/EU (ABl. L 174 vom 1.7.2011, S. 74) geändert worden ist, vorgeschrieben oder auf Grund von Artikel 54a der Richtlinie 2001/83/EG festgelegt wird.[6]

(2) Es sind ferner Warnhinweise, für die Verbraucher bestimmte Aufbewahrungshinweise und für die Fachkreise bestimmte Lagerhinweise anzugeben, soweit dies nach dem jeweiligen Stand der wissenschaftlichen Erkenntnisse erforderlich oder durch Auflagen der zuständigen Bundesoberbehörde nach § 28 Abs. 2 Nr. 1 angeordnet oder durch Rechtsverordnung vorgeschrieben ist.

(3) Bei Sera ist auch die Art des Lebewesens, aus dem sie gewonnen sind, bei Virusimpfstoffen das Wirtssystem, das zur Virusvermehrung gedient hat, anzugeben.

(4) [1]Bei Arzneimitteln, die in das Register für homöopathische Arzneimittel eingetragen sind, sind anstelle der Angaben nach Absatz 1 Satz 1 Nr. 1 bis 14 und außer dem deutlich erkennbaren Hinweis „Homöopathisches Arzneimittel" die folgenden Angaben zu machen:

1. Ursubstanzen nach Art und Menge und der Verdünnungsgrad; dabei sind die Symbole aus den offiziell gebräuchlichen Pharmakopöen zu verwenden; die wissenschaftliche Bezeichnung der Ursubstanz kann durch einen Phantasienamen ergänzt werden,

2. Name und Anschrift des pharmazeutischen Unternehmers und, soweit vorhanden, seines örtlichen Vertreters,

3. Art der Anwendung,

4. Verfalldatum; Absatz 1 Satz 1 Nr. 9 und Absatz 7 finden Anwendung,

5. Darreichungsform,

6. der Inhalt nach Gewicht, Nennvolumen oder Stückzahl,

7. Hinweis, dass Arzneimittel unzugänglich für Kinder aufbewahrt werden sollen, weitere besondere Vorsichtsmaßnahmen für die Aufbewahrung und Warnhinweise, einschließlich weiterer Angaben, soweit diese für eine sichere Anwendung erforderlich oder nach Absatz 2 vorgeschrieben sind,

---

6 Abs. 1c gilt ab dem 9. Februar 2019.

8. Chargenbezeichnung,

9. Registrierungsnummer mit der Abkürzung „Reg.-Nr." und der Angabe „Registriertes homöopathisches Arzneimittel, daher ohne Angabe einer therapeutischen Indikation",

10. der Hinweis an den Anwender, bei während der Anwendung des Arzneimittels fortdauernden Krankheitssymptomen medizinischen Rat einzuholen,

11. bei Arzneimitteln, die nur in Apotheken an Verbraucher abgegeben werden dürfen, der Hinweis „Apothekenpflichtig",

12. bei Mustern der Hinweis „Unverkäufliches Muster".

[2]Satz 1 gilt entsprechend für Arzneimittel, die nach § 38 Abs. 1 Satz 3 von der Registrierung freigestellt sind; Absatz 1b findet keine Anwendung.

(4a) [1]Bei traditionellen pflanzlichen Arzneimitteln nach § 39a müssen zusätzlich zu den Angaben in Absatz 1 folgende Hinweise aufgenommen werden:

1. Das Arzneimittel ist ein traditionelles Arzneimittel, das ausschließlich aufgrund langjähriger Anwendung für das Anwendungsgebiet registriert ist, und

2. der Anwender sollte bei fortdauernden Krankheitssymptomen oder beim Auftreten anderer als der in der Packungsbeilage erwähnten Nebenwirkungen einen Arzt oder eine andere in einem Heilberuf tätige qualifizierte Person konsultieren.

[2]An die Stelle der Angabe nach Absatz 1 Satz 1 Nr. 3 tritt die Registrierungsnummer mit der Abkürzung „Reg.-Nr.".

(5) [1]Bei Arzneimitteln, die zur Anwendung bei Tieren bestimmt sind, gelten die Absätze 1 und 1a mit der Maßgabe, dass anstelle der Angaben nach Absatz 1 Satz 1 Nummer 1 bis 14 und Absatz 1a die folgenden Angaben zu machen sind:

1. Bezeichnung des Arzneimittels, gefolgt von der Angabe der Stärke, der Darreichungsform und der Tierart, es sei denn, dass diese Angaben bereits in der Bezeichnung enthalten sind; enthält das Arzneimittel nur einen Wirkstoff, muss die internationale Kurzbezeichnung der Weltgesundheitsorganisation angegeben werden oder, soweit eine solche nicht vorhanden ist, die gebräuchliche Bezeichnung, es sei denn, dass die Angabe des Wirkstoffs bereits in der Bezeichnung enthalten ist,

2. die Wirkstoffe nach Art und Menge und sonstige Bestandteile nach der Art, soweit dies durch Auflage der zuständigen Bundesoberbehörde nach § 28 Absatz 2 Nummer 1 angeordnet oder durch Rechtsverordnung nach § 12 Absatz 1 Nummer 4 auch in Verbindung mit Absatz 2 oder nach § 36 Absatz 1 vorgeschrieben ist,

3. die Chargenbezeichnung,

4. die Zulassungsnummer mit der Abkürzung „Zul.-Nr.",

5. der Name oder die Firma und die Anschrift des pharmazeutischen Unternehmers und, soweit vorhanden, der Name des von ihm benannten örtlichen Vertreters,

6. die Tierarten, bei denen das Arzneimittel angewendet werden soll,
7. die Art der Anwendung,
8. die Wartezeit, soweit es sich um Arzneimittel handelt, die zur Anwendung bei Tieren bestimmt sind, die der Gewinnung von Lebensmitteln dienen,
9. das Verfalldatum entsprechend Absatz 7,
10. soweit erforderlich, besondere Vorsichtsmaßnahmen für die Beseitigung von nicht verwendeten Arzneimitteln,
11. der Hinweis, dass Arzneimittel unzugänglich für Kinder aufbewahrt werden sollen, weitere besondere Vorsichtsmaßnahmen für die Aufbewahrung und Warnhinweise, einschließlich weiterer Angaben, soweit diese für eine sichere Anwendung erforderlich oder nach Absatz 2 vorgeschrieben sind,
12. der Hinweis „Für Tiere",
13. die Darreichungsform,
14. der Inhalt nach Gewicht, Nennvolumen oder Stückzahl,
15. bei Arzneimitteln, die nur auf tierärztliche Verschreibung abgegeben werden dürfen, der Hinweis „Verschreibungspflichtig", bei sonstigen Arzneimitteln, die nur in Apotheken an den Verbraucher abgegeben werden dürfen, der Hinweis „Apothekenpflichtig",
16. bei Mustern der Hinweis „Unverkäufliches Muster".

[2]Arzneimittel zur Anwendung bei Tieren, die in das Register für homöopathische Arzneimittel eingetragen sind, sind mit dem deutlich erkennbaren Hinweis „Homöopathisches Arzneimittel" zu versehen; anstelle der Angaben nach Satz 1 Nummer 2 und 4 sind die Angaben nach Absatz 4 Satz 1 Nummer 1, 9 und 10 zu machen. [3]Die Sätze 1 und 2 gelten entsprechend für Arzneimittel, die nach § 38 Absatz 1 Satz 3 oder nach § 60 Absatz 1 von der Registrierung freigestellt sind. [4]Bei traditionellen pflanzlichen Arzneimitteln zur Anwendung bei Tieren ist anstelle der Angabe nach Satz 1 Nummer 4 die Registrierungsnummer mit der Abkürzung „Reg.-Nr." zu machen; ferner sind die Hinweise nach Absatz 4a Satz 1 Nummer 1 und entsprechend der Anwendung bei Tieren nach Nummer 2 anzugeben. [5]Die Angaben nach Satz 1 Nummer 13 und 14 brauchen, sofern eine äußere Umhüllung vorhanden ist, nur auf der äußeren Umhüllung zu stehen.

(6) Für die Bezeichnung der Bestandteile gilt Folgendes:

1. Zur Bezeichnung der Art sind die internationalen Kurzbezeichnungen der Weltgesundheitsorganisation oder, soweit solche nicht vorhanden sind, gebräuchliche wissenschaftliche Bezeichnungen zu verwenden; das Bundesinstitut für Arzneimittel und Medizinprodukte bestimmt im Einvernehmen mit dem Paul-Ehrlich-Institut und dem Bundesamt für Verbraucherschutz und Lebensmittelsicherheit die zu verwendenden Bezeichnungen und veröffentlicht diese in einer Datenbank nach § 67a;
2. zur Bezeichnung der Menge sind Maßeinheiten zu verwenden; sind biologische Einheiten oder andere Angaben zur Wertigkeit wissenschaftlich gebräuchlich, so sind diese zu verwenden.

(7) Das Verfalldatum ist mit Monat und Jahr anzugeben.

(8) [1]Durchdrückpackungen sind mit dem Namen oder der Firma des pharmazeutischen Unternehmers, der Bezeichnung des Arzneimittels, der Chargenbezeichnung und dem Verfalldatum zu versehen. [2]Auf die Angabe von Namen und Firma eines Parallelimporteurs kann verzichtet werden. [3]Bei Behältnissen von nicht mehr als 10 Milliliter Nennvolumen und bei Ampullen, die nur eine einzige Gebrauchseinheit enthalten, brauchen die Angaben nach den Absätzen 1, 2 bis 5 nur auf den äußeren Umhüllungen gemacht zu werden; jedoch müssen sich auf den Behältnissen und Ampullen mindestens die Angaben nach Absatz 1 Satz 1 Nummer 2 erster Halbsatz, 4, 6, 7, 9 sowie nach den Absätzen 3 und 5 Satz 1 Nummer 1, 3, 7, 9, 12, 14 befinden; es können geeignete Abkürzungen verwendet werden. [4]Satz 3 findet auch auf andere kleine Behältnisse als die dort genannten Anwendung, sofern in Verfahren nach § 25b abweichende Anforderungen an kleine Behältnisse zugrunde gelegt werden.

(8a) [1]Bei Frischplasmazubereitungen und Zubereitungen aus Blutzellen müssen mindestens die Angaben nach Absatz 1 Satz 1 Nummer 1, 2, ohne die Angabe der Stärke, Darreichungsform und der Personengruppe, Nummer 3 oder die Genehmigungsnummer mit der Abkürzung „Gen.-Nr.", Nummer 4, 6, 7 und 9 gemacht sowie die Bezeichnung und das Volumen der Antikoagulansund, soweit vorhanden, der Additivlösung, die Lagertemperatur, die Blutgruppe und bei allogenen Zubereitungen aus roten Blutkörperchen zusätzlich die Rhesusformel, bei Thrombozytenkonzentraten und autologen Zubereitungen aus roten Blutkörperchen zusätzlich der Rhesusfaktor angegeben werden. [2]Bei autologen Blutzubereitungen muss zusätzlich die Angabe „Nur zur Eigenbluttransfusion" gemacht und bei autologen und gerichteten Blutzubereitungen zusätzlich ein Hinweis auf den Empfänger gegeben werden. [3]Bei hämatopoetischen Stammzellzubereitungen aus dem peripheren Blut oder aus dem Nabelschnurblut muss der Einheitliche Europäische Code mit der Abkürzung „SEC" angegeben werden sowie im Fall festgestellter Infektiosität die Angabe „Biologische Gefahr" gemacht werden.

(8b) [1]Bei Gewebezubereitungen müssen mindestens die Angaben nach Absatz 1 Satz 1 Nummer 1 und 2 ohne die Angabe der Stärke, der Darreichungsform und der Personengruppe, Nummer 3 oder die Genehmigungsnummer mit der Abkürzung „Gen.-Nr.", Nummer 4, 6 und 9, der Einheitliche Europäische Code mit der Abkürzung „SEC" sowie die Angabe „Biologische Gefahr" im Falle festgestellter Infektiosität gemacht werden. [2]Bei autologen Gewebezubereitungen müssen zusätzlich die Angabe „Nur zur autologen Anwendung" gemacht und bei autologen und gerichteten Gewebezubereitungen zusätzlich ein Hinweis auf den Empfänger gegeben werden.

(9) [1]Bei den Angaben nach den Absätzen 1 bis 5 dürfen im Verkehr mit Arzneimitteln übliche Abkürzungen verwendet werden. [2]Die Firma nach Absatz 1 Nr. 1 darf abgekürzt werden, sofern das Unternehmen aus der Abkürzung allgemein erkennbar ist.

(10) [1]Für Arzneimittel, die zur Anwendung bei Tieren und zur klinischen Prüfung oder zur Rückstandsprüfung bestimmt sind, finden Absatz 5 Satz 1 Nummer 1, 3, 5, 7, 8, 13 und 14 sowie die Absätze 8 und 9, soweit sie sich hierauf beziehen, Anwendung. [2]Diese Arzneimittel sind soweit zutreffend mit dem Hinweis „Zur klinischen Prüfung bestimmt" oder „Zur Rückstandsprüfung bestimmt" zu versehen. [3]Durchdrückpackungen sind mit der Bezeichnung, der Chargenbezeichnung und dem Hinweis nach Satz 2 zu versehen.

(11) [1]Aus Fertigarzneimitteln entnommene Teilmengen, die zur Anwendung bei Menschen bestimmt sind, dürfen nur mit einer Kennzeichnung abgegeben werden, die mindestens den Anforderungen nach Absatz 8 Satz 1 entspricht. [2]Absatz 1b findet keine Anwendung.

§ 10a[7] *(nicht besetzt)*

§ 11 Packungsbeilage. (1) [1]Fertigarzneimittel, die Arzneimittel im Sinne des § 2 Abs. 1 oder Abs. 2 Nr. 1 sind und die nicht zur klinischen Prüfung oder Rückstandsprüfung bestimmt oder nach § 21 Abs. 2 Nr. 1a, Nr. 1b oder 6 von der Zulassungspflicht freigestellt sind, dürfen im Geltungsbereich dieses Gesetzes nur mit einer Packungsbeilage in den Verkehr gebracht werden, die die Überschrift „Gebrauchsinformation" trägt sowie folgende Angaben in der nachstehenden Reihenfolge allgemein verständlich in deutscher Sprache, in gut lesbarer Schrift und in Übereinstimmung mit den Angaben nach § 11a enthalten muss:
1. zur Identifizierung des Arzneimittels:
   a) die Bezeichnung des Arzneimittels, § 10 Abs. 1 Satz 1 Nr. 2 finden entsprechende Anwendung,
   b) die Stoff- oder Indikationsgruppe oder die Wirkungsweise;
2. die Anwendungsgebiete;
3. eine Aufzählung von Informationen, die vor der Einnahme des Arzneimittels bekannt sein müssen:
   a) Gegenanzeigen,
   b) entsprechende Vorsichtsmaßnahmen für die Anwendung,
   c) Wechselwirkungen mit anderen Arzneimitteln oder anderen Mitteln, soweit sie die Wirkung des Arzneimittels beeinflussen können,

---

7 Gemäß Art. 2 Nr. 3 G vom 20.12.2016 (BGBl. I S. 3048) wird folgender § 10a eingefügt:
   „**§ 10a Kennzeichnung von Prüf- und Hilfspräparaten für klinische Prüfungen bei Menschen.** (1) Prüf- und Hilfspräparate für klinische Prüfungen bei Menschen müssen in deutscher Sprache gekennzeichnet sein.
   (2) Angaben, die zusätzlich in einer anderen Sprache wiedergegeben werden, müssen in beiden Sprachversionen inhaltsgleich sein."
   Diese Änderung tritt sechs Monate nach der Veröffentlichung der Mitteilung der Europäischen Kommission über die Funktionsfähigkeit des EU-Portals und der Datenbank nach Artikel 82 der Verordnung (EU) Nr. 536/2014 des Europäischen Parlaments und des Rates vom 16. April 2014 über klinische Prüfungen mit Humanarzneimitteln und zur Aufhebung der Richtlinie 2001/20/EG (ABl. L 158 vom 27.5.2014, S. 1) im Amtsblatt der Europäischen Union in Kraft.

d) Warnhinweise, insbesondere soweit dies durch Auflage der zuständigen Bundesoberbehörde nach § 28 Abs. 2 Nr. 2 angeordnet oder aufgrund von § 7 des Anti-Doping-Gesetzes oder durch Rechtsverordnung nach § 12 Abs. 1 Nr. 3 vorgeschrieben ist;

4. die für eine ordnungsgemäße Anwendung erforderlichen Anleitungen über
a) Dosierung,
b) Art der Anwendung,
c) Häufigkeit der Verabreichung, erforderlichenfalls mit Angabe des genauen Zeitpunkts, zu dem das Arzneimittel verabreicht werden kann oder muss,
sowie, soweit erforderlich und je nach Art des Arzneimittels,
d) Dauer der Behandlung, falls diese festgelegt werden soll,
e) Hinweise für den Fall der Überdosierung, der unterlassenen Einnahme oder Hinweise auf die Gefahr von unerwünschten Folgen des Absetzens,
f) die ausdrückliche Empfehlung, bei Fragen zur Klärung der Anwendung den Arzt oder Apotheker zu befragen;

5. eine Beschreibung der Nebenwirkungen, die bei bestimmungsgemäßem Gebrauch des Arzneimittels eintreten können; bei Nebenwirkungen zu ergreifende Gegenmaßnahmen, soweit dies nach dem jeweiligen Stand der wissenschaftlichen Erkenntnis erforderlich ist; bei Arzneimitteln, die zur Anwendung bei Menschen bestimmt sind, ist zusätzlich ein Standardtext aufzunehmen, durch den die Patienten ausdrücklich aufgefordert werden, jeden Verdachtsfall einer Nebenwirkung ihren Ärzten, Apothekern, Angehörigen von Gesundheitsberufen oder unmittelbar der zuständigen Bundesoberbehörde zu melden, wobei die Meldung in jeder Form, insbesondere auch elektronisch, erfolgen kann;

6. einen Hinweis auf das auf der Verpackung angegebene Verfalldatum sowie
a) Warnung davor, das Arzneimittel nach Ablauf dieses Datums anzuwenden,
b) soweit erforderlich besondere Vorsichtsmaßnahmen für die Aufbewahrung und die Angabe der Haltbarkeit nach Öffnung des Behältnisses oder nach Herstellung der gebrauchsfertigen Zubereitung durch den Anwender,
c) soweit erforderlich Warnung vor bestimmten sichtbaren Anzeichen dafür, dass das Arzneimittel nicht mehr zu verwenden ist,
d) vollständige qualitative Zusammensetzung nach Wirkstoffen und sonstigen Bestandteilen sowie quantitative Zusammensetzung nach Wirkstoffen unter Verwendung gebräuchlicher Bezeichnungen für jede Darreichungsform des Arzneimittels, § 10 Abs. 6 findet Anwendung,
e) Darreichungsform und Inhalt nach Gewicht, Nennvolumen oder Stückzahl für jede Darreichungsform des Arzneimittels,
f) Name und Anschrift des pharmazeutischen Unternehmers und, soweit vorhanden, seines örtlichen Vertreters,
g) Name und Anschrift des Herstellers oder des Einführers, der das Fertigarzneimittel für das Inverkehrbringen freigegeben hat;

7. bei einem Arzneimittel, das unter anderen Bezeichnungen in anderen Mitgliedstaaten der Europäischen Union nach den Artikeln 28 bis 39 der Richtlinie 2001/83/EG des Europäischen Parlaments und des Rates vom 6. November 2001 zur Schaffung eines Gemeinschaftskodexes für Humanarzneimittel (ABl. L 311 vom 28.11.2001, S. 67), die zuletzt durch die Richtlinie 2012/26/EU (ABl. L 299 vom 27.10.2012, S. 1) geändert worden ist, für das Inverkehrbringen genehmigt ist, ein Verzeichnis der in den einzelnen Mitgliedstaaten genehmigten Bezeichnungen;

8. das Datum der letzten Überarbeitung der Packungsbeilage. ²Für Arzneimittel, die zur Anwendung bei Menschen bestimmt sind und sich auf der Liste gemäß Artikel 23 der Verordnung (EG) Nr. 726/2004 des Europäischen Parlaments und des Rates vom 31. März 2004 zur Festlegung von Gemeinschaftsverfahren für die Genehmigung und Überwachung von Human- und Tierarzneimitteln und zur Errichtung einer Europäischen Arzneimittel-Agentur (ABl. L 136 vom 30.4.2004, S. 1), die zuletzt durch die Verordnung (EU) Nr. 1027/2012 (ABl. L 316 vom 14.11.2012, S. 38) geändert worden ist, befinden, muss ferner folgende Erklärung aufgenommen werden: „Dieses Arzneimittel unterliegt einer zusätzlichen Überwachung." ³Dieser Erklärung muss ein schwarzes Symbol vorangehen und ein geeigneter standardisierter erläuternder Text nach Artikel 23 Absatz 4 der Verordnung (EG) Nr. 726/2004 folgen. ⁴Erläuternde Angaben zu den in Satz 1 genannten Begriffen sind zulässig. ⁵Sofern die Angaben nach Satz 1 in der Packungsbeilage zusätzlich in einer anderen Sprache wiedergegeben werden, müssen in dieser Sprache die gleichen Angaben gemacht werden. ⁶Satz 1 gilt nicht für Arzneimittel, die nach § 21 Abs. 2 Nr. 1 einer Zulassung nicht bedürfen. ⁷Weitere Angaben, die nicht durch eine Verordnung der Europäischen Gemeinschaft oder der Europäischen Union vorgeschrieben oder bereits nach einer solchen Verordnung zulässig sind, sind zulässig, soweit sie mit der Anwendung des Arzneimittels im Zusammenhang stehen, für die gesundheitliche Aufklärung der Patienten wichtig sind und den Angaben nach § 11a nicht widersprechen. ⁸Bei den Angaben nach Satz 1 Nr. 3 Buchstabe a bis d ist, soweit dies nach dem jeweiligen Stand der wissenschaftlichen Erkenntnisse erforderlich ist, auf die besondere Situation bestimmter Personengruppen, wie Kinder, Schwangere oder stillende Frauen, ältere Menschen oder Personen mit spezifischen Erkrankungen einzugehen; ferner sind, soweit erforderlich, mögliche Auswirkungen der Anwendung auf die Fahrtüchtigkeit oder die Fähigkeit zur Bedienung bestimmter Maschinen anzugeben. ⁹Der Inhaber der Zulassung ist verpflichtet, die Packungsbeilage auf aktuellem wissenschaftlichen Kenntnisstand zu halten, zu dem auch die Schlussfolgerungen aus Bewertungen und die Empfehlungen gehören, die auf dem nach Artikel 26 der Verordnung (EG) Nr. 726/2004 eingerichteten europäischen Internetportal für Arzneimittel veröffentlicht werden.

(1a) Ein Muster der Packungsbeilage und geänderter Fassungen ist der zuständigen Bundesoberbehörde unverzüglich zu übersenden, soweit nicht das Arzneimittel von der Zulassung oder Registrierung freigestellt ist.

(1b) Die nach Absatz 1 Satz 1 Nummer 5 und Satz 3 erforderlichen Standardtexte werden von der zuständigen Bundesoberbehörde im Bundesanzeiger bekannt gemacht.

(2) Es sind ferner in der Packungsbeilage Hinweise auf Bestandteile, deren Kenntnis für eine wirksame und unbedenkliche Anwendung des Arzneimittels erforderlich ist, und für die Verbraucher bestimmte Aufbewahrungshinweise anzugeben, soweit dies nach dem jeweiligen Stand der wissenschaftlichen Erkenntnisse erforderlich oder durch Auflage der zuständigen Bundesoberbehörde nach § 28 Abs. 2 Nr. 2 angeordnet oder durch Rechtsverordnung vorgeschrieben ist.

(2a) Bei radioaktiven Arzneimitteln gilt Absatz 1 entsprechend mit der Maßgabe, dass die Vorsichtsmaßnahmen aufzuführen sind, die der Verwender und der Patient während der Zubereitung und Verabreichung des Arzneimittels zu ergreifen haben, sowie besondere Vorsichtsmaßnahmen für die Entsorgung des Transportbehälters und nicht verwendeter Arzneimittel.

(3) [1]Bei Arzneimitteln, die in das Register für homöopathische Arzneimittel eingetragen sind, gilt Absatz 1 entsprechend mit der Maßgabe, dass die in § 10 Abs. 4 vorgeschriebenen Angaben, ausgenommen die Angabe der Chargenbezeichnung, des Verfalldatums und des bei Mustern vorgeschriebenen Hinweises, zu machen sind sowie der Name und die Anschrift des Herstellers anzugeben sind, der das Fertigarzneimittel für das Inverkehrbringen freigegeben hat, soweit es sich dabei nicht um den pharmazeutischen Unternehmer handelt. [2]Satz 1 gilt entsprechend für Arzneimittel, die nach § 38 Abs. 1 Satz 3 von der Registrierung freigestellt sind.

(3a) Bei Sera gilt Absatz 1 entsprechend mit der Maßgabe, dass auch die Art des Lebewesens, aus dem sie gewonnen sind, bei Virusimpfstoffen das Wirtssystem, das zur Virusvermehrung gedient hat, und bei Arzneimitteln aus humanem Blutplasma zur Fraktionierung das Herkunftsland des Blutplasmas anzugeben ist.

(3b) [1]Bei traditionellen pflanzlichen Arzneimitteln nach § 39a gilt Absatz 1 entsprechend mit der Maßgabe, dass bei den Angaben nach Absatz 1 Satz 1 Nr. 2 anzugeben ist, dass das Arzneimittel ein traditionelles Arzneimittel ist, das ausschließlich aufgrund langjähriger Anwendung für das Anwendungsgebiet registriert ist. [2]Zusätzlich ist in die Packungsbeilage der Hinweis nach § 10 Abs. 4a Satz 1 Nr. 2 aufzunehmen.

(3c) Der Inhaber der Zulassung hat dafür zu sorgen, dass die Packungsbeilage auf Ersuchen von Patientenorganisationen bei Arzneimitteln, die zur Anwendung bei Menschen bestimmt sind, in Formaten verfügbar ist, die für blinde und sehbehinderte Personen geeignet sind.

(3d) [1]Bei Heilwässern können unbeschadet der Verpflichtungen nach Absatz 2 die Angaben nach Absatz 1 Satz 1 Nr. 3 Buchstabe b, Nr. 4 Buchstabe e und f, Nr. 5, soweit der dort angegebene Hinweis vorgeschrieben ist, und Nr. 6 Buchstabe c entfallen. [2]Ferner kann bei Heilwässern von der in Absatz 1 vorgeschriebenen Reihenfolge abgewichen werden.

(4) [1]Bei Arzneimitteln, die zur Anwendung bei Tieren bestimmt sind, gilt Absatz 1 mit der Maßgabe, dass anstelle der Angaben nach Absatz 1 Satz 1 die folgenden Angaben nach Maßgabe von Absatz 1 Satz 2 und 3 in der nachstehenden Reihenfolge allgemein verständlich in deutscher Sprache, in gut lesbarer Schrift und in Übereinstimmung mit den Angaben nach § 11a gemacht werden müssen:

1. Name und Anschrift des pharmazeutischen Unternehmers, soweit vorhanden seines örtlichen Vertreters, und des Herstellers, der das Fertigarzneimittel für das Inverkehrbringen freigegeben hat;
2. Bezeichnung des Arzneimittels, gefolgt von der Angabe der Stärke und Darreichungsform; die gebräuchliche Bezeichnung des Wirkstoffes wird aufgeführt, wenn das Arzneimittel nur einen einzigen Wirkstoff enthält und sein Name ein Phantasiename ist; bei einem Arzneimittel, das unter anderen Bezeichnungen in anderen Mitgliedstaaten der Europäischen Union nach den Artikeln 31 bis 43 der Richtlinie 2001/82/EG des Europäischen Parlaments und des Rates zur Schaffung eines Gemeinschaftskodexes für Tierarzneimittel vom 6. November 2001 (ABl. EG Nr. L 311 S. 1), geändert durch die Richtlinie 2004/28/EG (ABl. EU Nr. L 136 S. 58), für das Inverkehrbringen genehmigt ist, ein Verzeichnis der in den einzelnen Mitgliedstaaten genehmigten Bezeichnungen;
3. Anwendungsgebiete;
4. Gegenanzeigen und Nebenwirkungen, soweit diese Angaben für die Anwendung notwendig sind; können hierzu keine Angaben gemacht werden, so ist der Hinweis „keine bekannt" zu verwenden; der Hinweis, dass der Anwender oder Tierhalter aufgefordert werden soll, dem Tierarzt oder Apotheker jede Nebenwirkung mitzuteilen, die in der Packungsbeilage nicht aufgeführt ist;
5. Tierarten, für die das Arzneimittel bestimmt ist, Dosierungsanleitung für jede Tierart, Art und Weise der Anwendung, soweit erforderlich Hinweise für die bestimmungsgemäße Anwendung;
6. Wartezeit, soweit es sich um Arzneimittel handelt, die zur Anwendung bei Tieren bestimmt sind, die der Gewinnung von Lebensmitteln dienen; ist die Einhaltung einer Wartezeit nicht erforderlich, so ist dies anzugeben;
7. besondere Vorsichtsmaßnahmen für die Aufbewahrung;
8. besondere Warnhinweise, insbesondere soweit dies durch Auflage der zuständigen Bundesoberbehörde angeordnet oder durch Rechtsverordnung vorgeschrieben ist;
9. soweit dies nach dem jeweiligen Stand der wissenschaftlichen Erkenntnisse erforderlich ist, besondere Vorsichtsmaßnahmen für die Beseitigung von nicht verwendeten Arzneimitteln oder sonstige besondere Vorsichtsmaßnahmen, um Gefahren für die Umwelt zu vermeiden.

[2]Das Datum der letzten Überarbeitung der Packungsbeilage ist anzugeben. [3]Bei Arzneimittel-Vormischungen sind Hinweise für die sachgerechte Herstellung der Fütterungsarzneimittel und Angaben über die Dauer der Haltbarkeit der Fütterungsarzneimittel aufzunehmen. [4]Weitere Angaben sind zulässig, soweit

sie mit der Anwendung des Arzneimittels im Zusammenhang stehen, für den Anwender oder Tierhalter wichtig sind und den Angaben nach § 11a nicht widersprechen. [5]Bei Arzneimitteln zur Anwendung bei Tieren, die in das Register für homöopathische Arzneimittel eingetragen sind, oder die nach § 38 Absatz 1 Satz 3 oder nach § 60 Absatz 1 von der Registrierung freigestellt sind, gelten die Sätze 1, 2 und 4 entsprechend mit der Maßgabe, dass die in § 10 Absatz 4 vorgeschriebenen Angaben mit Ausnahme der Angabe der Chargenbezeichnung, des Verfalldatums und des bei Mustern vorgeschriebenen Hinweises zu machen sind. [6]Bei traditionellen pflanzlichen Arzneimitteln zur Anwendung bei Tieren ist zusätzlich zu den Hinweisen nach Absatz 3b Satz 1 ein der Anwendung bei Tieren entsprechender Hinweis nach § 10 Absatz 4a Satz 1 Nummer 2 anzugeben.

(5) [1]Können die nach Absatz 1 Satz 1 Nr. 3 Buchstabe a und c sowie Nr. 5 vorgeschriebenen Angaben nicht gemacht werden, so ist der Hinweis „keine bekannt" zu verwenden. [2]Werden auf der Packungsbeilage weitere Angaben gemacht, so müssen sie von den Angaben nach den Absätzen 1 bis 4 deutlich abgesetzt und abgegrenzt sein.

(6) [1]Die Packungsbeilage kann entfallen, wenn die nach den Absätzen 1 bis 4 vorgeschriebenen Angaben auf dem Behältnis oder auf der äußeren Umhüllung stehen. [2]Absatz 5 findet entsprechende Anwendung.

(7) [1]Aus Fertigarzneimitteln entnommene Teilmengen, die zur Anwendung bei Menschen bestimmt sind, dürfen nur zusammen mit einer Ausfertigung der für das Fertigarzneimittel vorgeschriebenen Packungsbeilage abgegeben werden. [2]Absatz 6 Satz 1 gilt entsprechend. [3]Abweichend von Satz 1 müssen bei der im Rahmen einer Dauermedikation erfolgenden regelmäßigen Abgabe von aus Fertigarzneimitteln entnommenen Teilmengen in neuen, patientenindividuell zusammengestellten Blistern Ausfertigungen der für die jeweiligen Fertigarzneimittel vorgeschriebenen Packungsbeilagen erst dann erneut beigefügt werden, wenn sich diese gegenüber den zuletzt beigefügten geändert haben.

§ 11a Fachinformation.   (1) [1]Der pharmazeutische Unternehmer ist verpflichtet, Ärzten, Zahnärzten, Tierärzten, Apothekern und, soweit es sich nicht um verschreibungspflichtige Arzneimittel handelt, anderen Personen, die die Heilkunde oder Zahnheilkunde berufsmäßig ausüben, für Fertigarzneimittel, die der Zulassungspflicht unterliegen oder von der Zulassung freigestellt sind, Arzneimittel im Sinne des § 2 Abs. 1 oder Abs. 2 Nr. 1 und für den Verkehr außerhalb der Apotheken nicht freigegeben sind, auf Anforderung eine Gebrauchsinformation für Fachkreise (Fachinformation) zur Verfügung zu stellen. [2]Diese muss die Überschrift „Fachinformation" tragen und folgende Angaben in gut lesbarer Schrift in Übereinstimmung mit der im Rahmen der Zulassung genehmigten Zusammenfassung der Merkmale des Arzneimittels und in der nachstehenden Reihenfolge enthalten:

1. die Bezeichnung des Arzneimittels, gefolgt von der Stärke und der Darreichungsform;

2. qualitative und quantitative Zusammensetzung nach Wirkstoffen und den sonstigen Bestandteilen, deren Kenntnis für eine zweckgemäße Verabreichung des Mittels erforderlich ist, unter Angabe der gebräuchlichen oder chemischen Bezeichnung; § 10 Abs. 6 findet Anwendung;

3. Darreichungsform;

4. klinische Angaben:
   a) Anwendungsgebiete,
   b) Dosierung und Art der Anwendung bei Erwachsenen und, soweit das Arzneimittel zur Anwendung bei Kindern bestimmt ist, bei Kindern,
   c) Gegenanzeigen,
   d) besondere Warn- und Vorsichtshinweise für die Anwendung und bei immunologischen Arzneimitteln alle besonderen Vorsichtsmaßnahmen, die von Personen, die mit immunologischen Arzneimitteln in Berührung kommen und von Personen, die diese Arzneimittel Patienten verabreichen, zu treffen sind, sowie von dem Patienten zu treffenden Vorsichtsmaßnahmen, soweit dies durch Auflagen der zuständigen Bundesoberbehörde nach § 28 Abs. 2 Nr. 1 Buchstabe a angeordnet oder aufgrund von § 7 des Anti-Doping-Gesetzes oder durch Rechtsverordnung vorgeschrieben ist,
   e) Wechselwirkungen mit anderen Arzneimitteln oder anderen Mitteln, soweit sie die Wirkung des Arzneimittels beeinflussen können,
   f) Verwendung bei Schwangerschaft und Stillzeit,
   g) Auswirkungen auf die Fähigkeit zur Bedienung von Maschinen und zum Führen von Kraftfahrzeugen,
   h) Nebenwirkungen bei bestimmungsgemäßem Gebrauch,
   i) Überdosierung: Symptome, Notfallmaßnahmen, Gegenmittel;

5. pharmakologische Eigenschaften:
   a) pharmakodynamische Eigenschaften,
   b) pharmakokinetische Eigenschaften,
   c) vorklinische Sicherheitsdaten;

6. pharmazeutische Angaben:
   a) Liste der sonstigen Bestandteile,
   b) Hauptinkompatibilitäten,
   c) Dauer der Haltbarkeit und, soweit erforderlich, die Haltbarkeit bei Herstellung einer gebrauchsfertigen Zubereitung des Arzneimittels oder bei erstmaliger Öffnung des Behältnisses,
   d) besondere Vorsichtsmaßnahmen für die Aufbewahrung,
   e) Art und Inhalt des Behältnisses,
   f) besondere Vorsichtsmaßnahmen für die Beseitigung von angebrochenen Arzneimitteln oder der davon stammenden Abfallmaterialien, um Gefahren für die Umwelt zu vermeiden;

7. Inhaber der Zulassung;

8. Zulassungsnummer;

9. Datum der Erteilung der Zulassung oder der Verlängerung der Zulassung;

10. Datum der Überarbeitung der Fachinformation.

[3]Bei allen Arzneimitteln, die zur Anwendung bei Menschen bestimmt sind, ist ein Standardtext aufzunehmen, durch den die Angehörigen von Gesundheitsberufen ausdrücklich aufgefordert werden, jeden Verdachtsfall einer Nebenwirkung an die zuständige Bundesoberbehörde zu melden, wobei die Meldung in jeder Form, insbesondere auch elektronisch, erfolgen kann. [4]Für Arzneimittel, die zur Anwendung bei Menschen bestimmt sind und sich auf der Liste gemäß Artikel 23 der Verordnung (EG) Nr. 726/2004 befinden, muss ferner folgende Erklärung aufgenommen werden: „Dieses Arzneimittel unterliegt einer zusätzlichen Überwachung." [5]Dieser Erklärung muss ein schwarzes Symbol vorangehen und ein geeigneter standardisierter erläuternder Text nach Artikel 23 Absatz 4 der Verordnung (EG) Nr. 726/2004 folgen. [6]Weitere Angaben, die nicht durch eine Verordnung der Europäischen Gemeinschaft oder der Europäischen Union vorgeschrieben oder bereits nach dieser Verordnung zulässig sind, sind zulässig, wenn sie mit der Anwendung des Arzneimittels im Zusammenhang stehen und den Angaben nach Satz 2 nicht widersprechen; sie müssen von den Angaben nach Satz 2 deutlich abgesetzt und abgegrenzt sein. [7]Satz 1 gilt nicht für Arzneimittel, die nach § 21 Abs. 2 einer Zulassung nicht bedürfen oder nach einer homöopathischen Verfahrenstechnik hergestellt sind. [8]Der Inhaber der Zulassung ist verpflichtet, die Fachinformation auf dem aktuellen wissenschaftlichen Kenntnisstand zu halten, zu dem auch die Schlussfolgerungen aus Bewertungen und die Empfehlungen gehören, die auf dem nach Artikel 26 der Verordnung (EG) Nr. 726/2004 eingerichteten europäischen Internetportal für Arzneimittel veröffentlicht werden. [9]Die nach den Sätzen 3 und 5 erforderlichen Standardtexte werden von der zuständigen Bundesoberbehörde im Bundesanzeiger bekannt gemacht.

(1a) Bei Sera ist auch die Art des Lebewesens, aus dem sie gewonnen sind, bei Virusimpfstoffen das Wirtssystem, das zur Virusvermehrung gedient hat, und bei Arzneimitteln aus humanem Blutplasma zur Fraktionierung das Herkunftsland des Blutplasmas anzugeben.

(1b) Bei radioaktiven Arzneimitteln sind ferner die Einzelheiten der internen Strahlungsdosimetrie, zusätzliche detaillierte Anweisungen für die extemporane Zubereitung und die Qualitätskontrolle für diese Zubereitung sowie, soweit erforderlich, die Höchstlagerzeit anzugeben, während der eine Zwischenzubereitung wie ein Eluat oder das gebrauchsfertige Arzneimittel seinen Spezifikationen entspricht.

(1c) [1]Bei Arzneimitteln, die zur Anwendung bei Tieren bestimmt sind, muss die Fachinformation unter der Nummer 4 „klinische Angaben" folgende Angaben enthalten:

a) Angabe jeder Zieltierart, bei der das Arzneimittel angewendet werden soll,
b) Angaben zur Anwendung mit besonderem Hinweis auf die Zieltierarten,
c) Gegenanzeigen,
d) besondere Warnhinweise bezüglich jeder Zieltierart,
e) besondere Warnhinweise für den Gebrauch, einschließlich der von der verabreichenden Person zu treffenden besonderen Sicherheitsvorkehrungen,
f) Nebenwirkungen (Häufigkeit und Schwere),

g) Verwendung bei Trächtigkeit, Eier- oder Milcherzeugung,

h) Wechselwirkungen mit anderen Arzneimitteln und andere Wechselwirkungen,

i) Dosierung und Art der Anwendung,

j) Überdosierung: Notfallmaßnahmen, Symptome, Gegenmittel, soweit erforderlich,

k) Wartezeit für sämtliche Lebensmittel, einschließlich jener, für die keine Wartezeit besteht.

[2]Die Angaben nach Absatz 1 Satz 2 Nr. 5 Buchstabe c entfallen.

(1d) Bei Arzneimitteln, die nur auf ärztliche, zahnärztliche oder tierärztliche Verschreibung abgegeben werden dürfen, ist auch der Hinweis „Verschreibungspflichtig", bei Betäubungsmitteln der Hinweis „Betäubungsmittel", bei sonstigen Arzneimitteln, die nur in Apotheken an Verbraucher abgegeben werden dürfen, der Hinweis „Apothekenpflichtig" anzugeben; bei Arzneimitteln, die einen Stoff oder eine Zubereitung nach § 48 Absatz 1 Satz 1 Nummer 3 enthalten, ist eine entsprechende Angabe zu machen.

(1e) Für Zulassungen von Arzneimitteln nach § 24b können Angaben nach Absatz 1 entfallen, die sich auf Anwendungsgebiete, Dosierungen oder andere Gegenstände eines Patents beziehen, die zum Zeitpunkt des Inverkehrbringens noch unter das Patentrecht fallen.

(2) [1]Der pharmazeutische Unternehmer ist verpflichtet, die Änderungen der Fachinformation, die für die Therapie relevant sind, den Fachkreisen in geeigneter Form zugänglich zu machen. [2]Die zuständige Bundesoberbehörde kann, soweit erforderlich, durch Auflage bestimmen, in welcher Form die Änderungen allen oder bestimmten Fachkreisen zugänglich zu machen sind.

(3) Ein Muster der Fachinformation und geänderter Fassungen ist der zuständigen Bundesoberbehörde unverzüglich zu übersenden, soweit nicht das Arzneimittel von der Zulassung freigestellt ist.

(4) [1]Die Verpflichtung nach Absatz 1 Satz 1 kann bei Arzneimitteln, die ausschließlich von Angehörigen der Heilberufe verabreicht werden, auch durch Aufnahme der Angaben nach Absatz 1 Satz 2 in der Packungsbeilage erfüllt werden. [2]Die Packungsbeilage muss mit der Überschrift „Gebrauchsinformation und Fachinformation" versehen werden.

§ 12[8] **Ermächtigung für die Kennzeichnung, die Packungsbeilage und die Packungsgrößen.** (1) Das Bundesministerium wird ermächtigt, im Einverne-

---

8 Gemäß Art. 2 Nr. 4 G vom 20.12.2016 (BGBl. I S. 3048) werden in § 12 Abs. 1b Nr. 2 nach den Wörtern „bestimmt sind" die Wörter „und nicht in den Anwendungsbereich der Verordnung (EU) Nr. 536/2014 fallen" eingefügt.

Diese Änderung tritt sechs Monate nach der Veröffentlichung der Mitteilung der Europäischen Kommission über die Funktionsfähigkeit des EU-Portals und der Datenbank nach Artikel 82 der Verordnung (EU) Nr. 536/2014 des Europäischen Parlaments und des Rates vom 16. April 2014 über klinische Prüfungen mit Humanarzneimitteln und zur Aufhebung der Richtlinie 2001/20/EG (ABl. L 158 vom 27.5.2014, S. 1) im Amtsblatt der Europäischen Union in Kraft.

hmen mit dem Bundesministerium für Wirtschaft und Energie durch Rechtsverordnung mit Zustimmung des Bundesrates

1. die Vorschriften der §§ 10 bis 11a auf andere Arzneimittel und den Umfang der Fachinformation auf weitere Angaben auszudehnen,

2. vorzuschreiben, dass die in den §§ 10 und 11 genannten Angaben dem Verbraucher auf andere Weise übermittelt werden,

3. für bestimmte Arzneimittel oder Arzneimittelgruppen vorzuschreiben, dass Warnhinweise, Warnzeichen oder Erkennungszeichen auf

   a) den Behältnissen, den äußeren Umhüllungen, der Packungsbeilage oder

   b) der Fachinformation

   anzubringen sind,

4. vorzuschreiben, dass bestimmte Bestandteile nach der Art auf den Behältnissen und den äußeren Umhüllungen anzugeben sind oder auf sie in der Packungsbeilage hinzuweisen ist,

soweit es geboten ist, um einen ordnungsgemäßen Umgang mit Arzneimitteln und deren sachgerechte Anwendung im Geltungsbereich dieses Gesetzes sicherzustellen und um eine unmittelbare oder mittelbare Gefährdung der Gesundheit von Mensch oder Tier zu verhüten, die infolge mangelnder Unterrichtung eintreten könnte.

(1a) Das Bundesministerium wird ferner ermächtigt, durch Rechtsverordnung mit Zustimmung des Bundesrates für Stoffe oder Zubereitungen aus Stoffen bei der Angabe auf Behältnissen und äußeren Umhüllungen oder in der Packungsbeilage oder in der Fachinformation zusammenfassende Bezeichnungen zuzulassen, soweit es sich nicht um wirksame Bestandteile handelt und eine unmittelbare oder mittelbare Gefährdung der Gesundheit von Mensch oder Tier infolge mangelnder Unterrichtung nicht zu befürchten ist.

(1b) Das Bundesministerium wird ferner ermächtigt, im Einvernehmen mit dem Bundesministerium für Wirtschaft und Energie durch Rechtsverordnung mit Zustimmung des Bundesrates

1. die Kennzeichnung von Ausgangsstoffen, die für die Herstellung von Arzneimitteln bestimmt sind, und

2. die Kennzeichnung von Arzneimitteln, die zur klinischen Prüfung bestimmt sind,

zu regeln, soweit es geboten ist, um eine unmittelbare oder mittelbare Gefährdung der Gesundheit von Mensch oder Tier zu verhüten, die infolge mangelnder Kennzeichnung eintreten könnte.

(2) [1]Soweit es sich um Arzneimittel handelt, die zur Anwendung bei Tieren bestimmt sind, tritt in den Fällen des Absatzes 1, 1a, 1b oder 3 an die Stelle des Bundesministeriums das Bundesministerium für Ernährung und Landwirtschaft, das die Rechtsverordnung jeweils im Einvernehmen mit dem Bundesministerium erlässt. [2]Die Rechtsverordnung nach Absatz 1, 1a oder 1b ergeht im Einvernehmen mit dem Bundesministerium für Umwelt, Naturschutz, Bau und Reaktorsicherheit, soweit es sich um radioaktive Arzneimittel und um Arzneimittel handelt, bei deren Herstellung ionisierende Strahlen verwendet werden,

oder in den Fällen des Absatzes 1 Nr. 3 Warnhinweise, Warnzeichen oder Erkennungszeichen im Hinblick auf Angaben nach § 10 Abs. 1 Satz 1 Nr. 13 oder Absatz 5 Satz 1 Nummer 10, § 11 Abs. 4 Satz 1 Nr. 9 oder § 11a Abs. 1 Satz 2 Nr. 6 Buchstabe f vorgeschrieben werden.

(3) [1]Das Bundesministerium wird ferner ermächtigt, durch Rechtsverordnung ohne Zustimmung des Bundesrates zu bestimmen, dass Arzneimittel nur in bestimmten Packungsgrößen in den Verkehr gebracht werden dürfen und von den pharmazeutischen Unternehmern auf den Behältnissen oder, soweit verwendet, auf den äußeren Umhüllungen entsprechend zu kennzeichnen sind. [2]Die Bestimmung dieser Packungsgrößen erfolgt für bestimmte Wirkstoffe und berücksichtigt die Anwendungsgebiete, die Anwendungsdauer und die Darreichungsform. [3]Bei der Bestimmung der Packungsgrößen ist grundsätzlich von einer Dreiteilung auszugehen:

1. Packungen für kurze Anwendungsdauer oder Verträglichkeitstests,
2. Packungen für mittlere Anwendungsdauer,
3. Packungen für längere Anwendungsdauer.

Dritter Abschnitt

Herstellung von Arzneimitteln

§ 13[9] **Herstellungserlaubnis.** (1) [1]Wer

1. Arzneimittel im Sinne des § 2 Absatz 1 oder Absatz 2 Nummer 1,
2. Testsera oder Testantigene,

---

9 Gemäß Art. 2 Nr. 5 G vom 20.12.2016 (BGBl. I S. 3048) wird § 13 wie folgt geändert:
   a) In Absatz 1a Nummer 4 werden nach den Wörtern „zur klinischen Prüfung" die Wörter „außerhalb des Anwendungsbereichs der Verordnung (EU) Nr. 536/2014" eingefügt.
   b) Absatz 2 wird wie folgt geändert:
      aa) In den Nummern 1 und 2 werden nach den Wörtern „klinischen Prüfung" jeweils die Wörter „außerhalb des Anwendungsbereichs der Verordnung (EU) Nr. 536/2014" eingefügt.
      bb) Nach Nummer 2 wird folgende Nummer 2a eingefügt:
         „2a. die Apotheke für die in Artikel 61 Absatz 5 der Verordnung (EU) Nr. 536/2014 genannten Tätigkeiten,".
   c) Absatz 2a wird wie folgt geändert:
      aa) In Satz 1 wird die Angabe „Absatz 2" durch die Wörter „Absatz 2 Nummer 1, 2, 3 bis 6" ersetzt.
      bb) In Satz 2 Nummer 2 werden nach den Wörtern „klinischen Prüfung" die Wörter „außerhalb des Anwendungsbereichs der Verordnung (EU) Nr. 536/2014" eingefügt.
   d) Die folgenden Absätze 5 und 6 werden angefügt:
      „(5) [1]Die Erlaubnis zur Herstellung von Prüf- oder Hilfspräparaten im Sinne des Artikels 2 Absatz 2 Nummer 5 und 8 der Verordnung (EU) Nr. 536/2014 wird von der zuständigen Behörde nach Maßgabe des Artikels 61 Absatz 1 bis 3 der Verordnung (EU) Nr. 536/2014 erteilt. [2]Für die Erteilung der Erlaubnis finden die §§ 16, 17 und 64 Absatz 3a Satz 2 entsprechende Anwendung.

3. Wirkstoffe, die menschlicher, tierischer oder mikrobieller Herkunft sind oder die auf gentechnischem Wege hergestellt werden, oder

4. andere zur Arzneimittelherstellung bestimmte Stoffe menschlicher Herkunft

gewerbs- oder berufsmäßig herstellt, bedarf einer Erlaubnis der zuständigen Behörde. [2]Das Gleiche gilt für juristische Personen, nicht rechtsfähige Vereine und Gesellschaften bürgerlichen Rechts, die Arzneimittel zum Zwecke der Abgabe an ihre Mitglieder herstellen. [3]Satz 1 findet auf eine Prüfung, auf deren Grundlage die Freigabe des Arzneimittels für das Inverkehrbringen erklärt wird, entsprechende Anwendung. [4]§ 14 Absatz 4 bleibt unberührt.

(1a) Absatz 1 findet keine Anwendung auf

1. Gewebe im Sinne von § 1a Nummer 4 des Transplantationsgesetzes, für die es einer Erlaubnis nach § 20b oder § 20c bedarf,

2. die Gewinnung und die Laboruntersuchung von autologem Blut zur Herstellung von biotechnologisch bearbeiteten Gewebeprodukten, für die es einer Erlaubnis nach § 20b bedarf,

3. Gewebezubereitungen, für die es einer Erlaubnis nach § 20c bedarf,

4. die Rekonstitution, soweit es sich nicht um Arzneimittel handelt, die zur klinischen Prüfung bestimmt sind.

(2) Einer Erlaubnis nach Absatz 1 bedarf nicht

1. der Inhaber einer Apotheke für die Herstellung von Arzneimitteln im Rahmen des üblichen Apothekenbetriebs, oder für die Rekonstitution oder das Abpacken einschließlich der Kennzeichnung von Arzneimitteln, die zur klinischen Prüfung bestimmt sind, sofern dies dem Prüfplan entspricht,

2. der Träger eines Krankenhauses, soweit er nach dem Gesetz über das Apothekenwesen Arzneimittel abgeben darf, oder für die Rekonstitution oder das Abpacken einschließlich der Kennzeichnung von Arzneimitteln, die zur klinischen Prüfung bestimmt sind, sofern dies dem Prüfplan entspricht,

3. der Tierarzt im Rahmen des Betriebes einer tierärztlichen Hausapotheke für
   a) das Umfüllen, Abpacken oder Kennzeichnen von Arzneimitteln in unveränderter Form,
   b) die Herstellung von Arzneimitteln, die ausschließlich für den Verkehr außerhalb der Apotheken freigegebene Stoffe oder Zubereitungen aus solchen Stoffen enthalten,

---

(6) Der Inhaber der Erlaubnis nach Absatz 5 ist verpflichtet, der sachkundigen Person nach § 14 Absatz 1 Nummer 1 und § 15 die Erfüllung ihrer Aufgabe zu ermöglichen und ihr insbesondere alle erforderlichen Hilfsmittel zur Verfügung zu stellen."

Diese Änderungen treten sechs Monate nach der Veröffentlichung der Mitteilung der Europäischen Kommission über die Funktionsfähigkeit des EU-Portals und der Datenbank nach Artikel 82 der Verordnung (EU) Nr. 536/2014 des Europäischen Parlaments und des Rates vom 16. April 2014 über klinische Prüfungen mit Humanarzneimitteln und zur Aufhebung der Richtlinie 2001/20/EG (ABl. L 158 vom 27.5.2014, S. 1) im Amtsblatt der Europäischen Union in Kraft.

c) die Herstellung von homöopathischen Arzneimitteln, die, soweit sie zur Anwendung bei Tieren bestimmt sind, die der Gewinnung von Lebensmitteln dienen, ausschließlich Wirkstoffe enthalten, die im Anhang der Verordnung (EU) Nr. 37/2010 als Stoffe aufgeführt sind, für die eine Festlegung von Höchstmengen nicht erforderlich ist,

d) das Zubereiten von Arzneimitteln aus einem Fertigarzneimittel und arzneilich nicht wirksamen Bestandteilen,

e) das Mischen von Fertigarzneimitteln für die Immobilisation von Zoo-, Wild- und Gehegetieren,

soweit diese Tätigkeiten für die von ihm behandelten Tiere erfolgen,

4. der Großhändler für

a) das Umfüllen von flüssigem Sauerstoff in mobile Kleinbehältnisse für einzelne Patienten in Krankenhäusern oder bei Ärzten einschließlich der erforderlichen Kennzeichnung,

b) das Umfüllen, Abpacken oder Kennzeichnen von sonstigen Arzneimitteln in unveränderter Form, soweit es sich nicht um Packungen handelt, die zur Abgabe an den Verbraucher bestimmt sind,

5. der Einzelhändler, der die Sachkenntnis nach § 50 besitzt, für das Umfüllen, Abpacken oder Kennzeichnen von Arzneimitteln zur Abgabe in unveränderter Form unmittelbar an den Verbraucher,

6. der Hersteller von Wirkstoffen, die für die Herstellung von Arzneimitteln bestimmt sind, die nach einer im Homöopathischen Teil des Arzneibuches beschriebenen Verfahrenstechnik hergestellt werden.

(2a) [1]Die Ausnahmen nach Absatz 2 gelten nicht für die Herstellung von Blutzubereitungen, Gewebezubereitungen, Sera, Impfstoffen, Allergenen, Testsera, Testantigenen, Arzneimitteln für neuartige Therapien, xenogenen und radioaktiven Arzneimitteln. [2]Satz 1 findet keine Anwendung auf die in Absatz 2 Nummer 1 oder Nummer 2 genannten Einrichtungen, soweit es sich um

1. das patientenindividuelle Umfüllen in unveränderter Form, das Abpacken oder Kennzeichnen von im Geltungsbereich dieses Gesetzes zugelassenen Sera nicht menschlichen oder tierischen Ursprungs oder

2. die Rekonstitution oder das Umfüllen, das Abpacken oder Kennzeichnen von Arzneimitteln, die zur klinischen Prüfung bestimmt sind, sofern dies dem Prüfplan entspricht, oder

3. die Herstellung von Testallergenen

handelt. [3]Tätigkeiten nach Satz 2 Nummer 1 und 3 sind der zuständigen Behörde anzuzeigen.

(2b) [1]Einer Erlaubnis nach Absatz 1 bedarf ferner nicht eine Person, die Arzt ist oder sonst zur Ausübung der Heilkunde bei Menschen befugt ist, soweit die Arzneimittel unter ihrer unmittelbaren fachlichen Verantwortung zum Zwecke der persönlichen Anwendung bei einem bestimmten Patienten hergestellt werden. [2]Satz 1 findet keine Anwendung auf

1. Arzneimittel für neuartige Therapien und xenogene Arzneimittel sowie
2. Arzneimittel, die zur klinischen Prüfung bestimmt sind, soweit es sich nicht nur um eine Rekonstitution handelt.

(2c) Absatz 2b Satz 1 gilt für Tierärzte im Rahmen des Betriebes einer tierärztlichen Hausapotheke für die Anwendung bei von ihnen behandelten Tieren entsprechend.

(3) Eine nach Absatz 1 für das Umfüllen von verflüssigten medizinischen Gasen in das Lieferbehältnis eines Tankfahrzeuges erteilte Erlaubnis umfasst auch das Umfüllen der verflüssigten medizinischen Gase in unveränderter Form aus dem Lieferbehältnis eines Tankfahrzeuges in Behältnisse, die bei einem Krankenhaus oder anderen Verbrauchern aufgestellt sind.

(4) [1]Die Entscheidung über die Erteilung der Erlaubnis trifft die zuständige Behörde des Landes, in dem die Betriebsstätte liegt oder liegen soll. [2]Bei Blutzubereitungen, Gewebezubereitungen, Sera, Impfstoffen, Allergenen, Arzneimitteln für neuartige Therapien, xenogenen Arzneimitteln, gentechnisch hergestellten Arzneimitteln sowie Wirkstoffen und anderen zur Arzneimittelherstellung bestimmten Stoffen, die menschlicher, tierischer oder mikrobieller Herkunft sind oder die auf gentechnischem Wege hergestellt werden, ergeht die Entscheidung über die Erlaubnis im Benehmen mit der zuständigen Bundesoberbehörde.

§ 14 Entscheidung über die Herstellungserlaubnis. (1) Die Erlaubnis darf nur versagt werden, wenn

1. nicht mindestens eine Person mit der nach § 15 erforderlichen Sachkenntnis (sachkundige Person nach § 14) vorhanden ist, die für die in § 19 genannte Tätigkeit verantwortlich ist,
2. *(aufgehoben)*
3. die sachkundige Person nach Nummer 1 oder der Antragsteller die zur Ausübung ihrer Tätigkeit erforderliche Zuverlässigkeit nicht besitzt,
4. die sachkundige Person nach Nummer 1 die ihr obliegenden Verpflichtungen nicht ständig erfüllen kann,
5. *(weggefallen)*
5a. in Betrieben, die Fütterungsarzneimittel aus Arzneimittel-Vormischungen herstellen, die Person, der die Beaufsichtigung des technischen Ablaufs der Herstellung übertragen ist, nicht ausreichende Kenntnisse und Erfahrungen auf dem Gebiete der Mischtechnik besitzt,
5b. der Arzt, in dessen Verantwortung eine Vorbehandlung der spendenden Person zur Separation von hämatopoetischen Stammzellen aus dem peripheren Blut oder von anderen Blutbestandteilen durchgeführt wird, nicht die erforderliche Sachkenntnis besitzt,
5c. entgegen § 4 Satz 1 Nr. 2 des Transfusionsgesetzes keine leitende ärztliche Person bestellt worden ist oder diese Person nicht die erforderliche Sachkunde nach dem Stand der medizinischen Wissenschaft besitzt oder entgegen § 4 Satz 1 Nr. 3 des Transfusionsgesetzes bei der Durchführung der Spendeentnahme von einem Menschen keine ärztliche Person vorhanden ist,

6. geeignete Räume und Einrichtungen für die beabsichtigte Herstellung, Prüfung und Lagerung der Arzneimittel nicht vorhanden sind oder

6a. der Hersteller nicht in der Lage ist zu gewährleisten, dass die Herstellung oder Prüfung der Arzneimittel nach dem Stand von Wissenschaft und Technik und bei der Gewinnung von Blut und Blutbestandteilen zusätzlich nach den Vorschriften des Zweiten Abschnitts des Transfusionsgesetzes vorgenommen wird.

(2) *(aufgehoben)*

(2a) Die leitende ärztliche Person nach § 4 Satz 1 Nr. 2 des Transfusionsgesetzes kann zugleich die sachkundige Person nach Absatz 1 Nr. 1 sein.

(2b) *(aufgehoben)*

(3) *(weggefallen)*

(4) Abweichend von Absatz 1 Nr. 6 kann teilweise außerhalb der Betriebsstätte des Arzneimittelherstellers

1. die Herstellung von Arzneimitteln zur klinischen Prüfung am Menschen in einer beauftragten Apotheke,

2. die Änderung des Verfalldatums von Arzneimitteln zur klinischen Prüfung am Menschen in einer Prüfstelle durch eine beauftragte Person des Herstellers, sofern diese Arzneimittel ausschließlich zur Anwendung in dieser Prüfstelle bestimmt sind,

3. die Prüfung der Arzneimittel in beauftragten Betrieben,

4. die Gewinnung oder Prüfung, einschließlich der Laboruntersuchungen der Spenderproben, von zur Arzneimittelherstellung bestimmten Stoffen menschlicher Herkunft, mit Ausnahme von Gewebe, in anderen Betrieben oder Einrichtungen,

die keiner eigenen Erlaubnis bedürfen, durchgeführt werden, wenn bei diesen hierfür geeignete Räume und Einrichtungen vorhanden sind und gewährleistet ist, dass die Herstellung und Prüfung nach dem Stand von Wissenschaft und Technik erfolgt und die sachkundige Person nach Absatz 1 Nummer 1 ihre Verantwortung wahrnehmen kann.

(5) [1]Bei Beanstandungen der vorgelegten Unterlagen ist dem Antragsteller Gelegenheit zu geben, Mängeln innerhalb einer angemessenen Frist abzuhelfen. [2]Wird den Mängeln nicht abgeholfen, so ist die Erteilung der Erlaubnis zu versagen.

§ 15 Sachkenntnis. (1) [1]Der Nachweis der erforderlichen Sachkenntnis als sachkundige Person nach § 14 wird erbracht durch

1. die Approbation als Apotheker oder

2. das Zeugnis über eine nach abgeschlossenem, mindestens vierjährigen Hochschulstudium der Pharmazie, der Chemie, der pharmazeutischen Biologie, der Human- oder der Veterinärmedizin abgelegte Prüfung

sowie eine mindestens zweijährige praktische Tätigkeit auf dem Gebiet der qualitativen und quantitativen Analyse sowie sonstiger Qualitätsprüfungen von Arzneimitteln.

[2]Die Mindestdauer des Hochschulstudiums kann dreieinhalb Jahre betragen, wenn auf das Hochschulstudium eine theoretische und praktische Ausbildung von mindestens einem Jahr folgt, die ein Praktikum von mindestens sechs Monaten in einer öffentlichen Apotheke umfasst und durch eine Prüfung auf Hochschulniveau abgeschlossen wird. [3]Die Dauer der praktischen Tätigkeit nach Satz 1 kann um ein Jahr herabgesetzt werden, wenn das Hochschulstudium mindestens fünf Jahre umfasst, und um eineinhalb Jahre, wenn das Hochschulstudium mindestens sechs Jahre umfasst. [4]Bestehen zwei akademische oder als gleichwertig anerkannte Hochschulstudiengänge, von denen sich der eine über vier, der andere über drei Jahre erstreckt, so ist davon auszugehen, dass das Zeugnis über den akademischen oder den als gleichwertig anerkannten Hochschulstudiengang von drei Jahren Dauer die Anforderung an die Dauer nach Satz 2 erfüllt, sofern die Zeugnisse über die beiden Hochschulstudiengänge als gleichwertig anerkannt werden.

(2) [1]In den Fällen des Absatzes 1 Nr. 2 muss der zuständigen Behörde nachgewiesen werden, dass das Hochschulstudium theoretischen und praktischen Unterricht in mindestens folgenden Grundfächern umfasst hat und hierin ausreichende Kenntnisse vorhanden sind:
- Experimentelle Physik
- Allgemeine und anorganische Chemie
- Organische Chemie
- Analytische Chemie
- Pharmazeutische Chemie
- Biochemie
- Physiologie
- Mikrobiologie
- Pharmakologie
- Pharmazeutische Technologie
- Toxikologie
- Pharmazeutische Biologie.

[2]Der theoretische und praktische Unterricht und die ausreichenden Kenntnisse können an einer Hochschule auch nach abgeschlossenem Hochschulstudium im Sinne des Absatzes 1 Nr. 2 erworben und durch Prüfung nachgewiesen werden.

(3) [1]Für die Herstellung und Prüfung von Blutzubereitungen, Sera menschlichen oder tierischen Ursprungs, Impfstoffen, Allergenen, Testsera und Testantigenen findet Absatz 2 keine Anwendung. [2]An Stelle der praktischen Tätigkeit nach Absatz 1 muss eine mindestens dreijährige Tätigkeit auf dem Gebiet der medizinischen Serologie oder medizinischen Mikrobiologie nachgewiesen werden. [3]Abweichend von Satz 2 müssen an Stelle der praktischen Tätigkeit nach Absatz 1
1. für Blutzubereitungen aus Blutplasma zur Fraktionierung eine mindestens dreijährige Tätigkeit in der Herstellung oder Prüfung in plasmaverarbeitenden Betrieben mit Herstellungserlaubnis und zusätzlich eine mindestens sechsmonatige Erfahrung in der Transfusionsmedizin oder der medizinischen Mikrobiologie, Virologie, Hygiene oder Analytik,

2. für Blutzubereitungen aus Blutzellen, Zubereitungen aus Frischplasma sowie für Wirkstoffe und Blutbestandteile zur Herstellung von Blutzubereitungen eine mindestens zweijährige transfusionsmedizinische Erfahrung, die sich auf alle Bereiche der Herstellung und Prüfung erstreckt,

3. für autologe Blutzubereitungen eine mindestens sechsmonatige transfusionsmedizinische Erfahrung oder eine einjährige Tätigkeit in der Herstellung autologer Blutzubereitungen,

4. für hämatopoetische Stammzellzubereitungen aus dem peripheren Blut oder aus dem Nabelschnurblut zusätzlich zu ausreichenden Kenntnissen mindestens zwei Jahre Erfahrungen in dieser Tätigkeit, insbesondere in der zugrunde liegenden Technik,

nachgewiesen werden. [4]Zur Vorbehandlung von Personen zur Separation von hämatopoetischen Stammzellen aus dem peripheren Blut oder von anderen Blutbestandteilen muss die verantwortliche ärztliche Person ausreichende Kenntnisse und eine mindestens zweijährige Erfahrung in dieser Tätigkeit nachweisen. [5]Für das Abpacken und Kennzeichnen verbleibt es bei den Voraussetzungen des Absatzes 1.

(3a) [1]Für die Herstellung und Prüfung von Arzneimitteln für neuartige Therapien, xenogenen Arzneimitteln, Gewebezubereitungen, Arzneimitteln zur In-vivo-Diagnostik mittels Markergenen, radioaktiven Arzneimitteln und Wirkstoffen findet Absatz 2 keine Anwendung. [2]Anstelle der praktischen Tätigkeit nach Absatz 1 muss

1. für Gentherapeutika und Arzneimittel zur In-vivo-Diagnostik mittels Markergenen eine mindestens zweijährige Tätigkeit auf einem medizinisch relevanten Gebiet, insbesondere der Gentechnik, der Mikrobiologie, der Zellbiologie, der Virologie oder der Molekularbiologie,

2. für somatische Zelltherapeutika und biotechnologisch bearbeitete Gewebeprodukte eine mindestens zweijährige Tätigkeit auf einem medizinisch relevanten Gebiet, insbesondere der Gentechnik, der Mikrobiologie, der Zellbiologie, der Virologie oder der Molekularbiologie,

3. für xenogene Arzneimittel eine mindestens dreijährige Tätigkeit auf einem medizinisch relevanten Gebiet, die eine mindestens zweijährige Tätigkeit auf insbesondere einem Gebiet der in Nummer 1 genannten Gebiete umfasst,

4. für Gewebezubereitungen eine mindestens zweijährige Tätigkeit auf dem Gebiet der Herstellung und Prüfung solcher Arzneimittel in Betrieben und Einrichtungen, die einer Herstellungserlaubnis nach diesem Gesetz bedürfen oder eine Genehmigung nach dem Recht der Europäischen Union besitzen,

5. für radioaktive Arzneimittel eine mindestens dreijährige Tätigkeit auf dem Gebiet der Nuklearmedizin oder der radiopharmazeutischen Chemie und

6. für andere als die unter Absatz 3 Satz 3 Nummer 2 aufgeführten Wirkstoffe eine mindestens zweijährige Tätigkeit in der Herstellung oder Prüfung von Wirkstoffen

nachgewiesen werden.

(4) Die praktische Tätigkeit nach Absatz 1 muss in einem Betrieb abgeleistet werden, für den eine Erlaubnis zur Herstellung von Arzneimitteln durch einen Mitgliedstaat der Europäischen Union, einen anderen Vertragsstaat des Abkommens über den Europäischen Wirtschaftsraum oder durch einen Staat erteilt worden ist, mit dem eine gegenseitige Anerkennung von Zertifikaten nach § 72a Satz 1 Nr. 1 vereinbart ist.

(5) Die praktische Tätigkeit ist nicht erforderlich für das Herstellen von Fütterungsarzneimitteln aus Arzneimittel-Vormischungen; Absatz 2 findet keine Anwendung.

(6) Eine nach Überprüfung der erforderlichen Sachkenntnis durch die zuständige Behörde rechtmäßig ausgeübte Tätigkeit als sachkundige Person berechtigt auch zur Ausübung dieser Tätigkeit innerhalb des Zuständigkeitsbereichs einer anderen zuständigen Behörde, es sei denn, es liegen begründete Anhaltspunkte dafür vor, dass die bisherige Sachkenntnis für die neu auszuübende Tätigkeit nicht ausreicht.

§ 16 Begrenzung der Herstellungserlaubnis. [1]Die Erlaubnis wird dem Antragsteller für eine bestimmte Betriebsstätte und für bestimmte Arzneimittel und Darreichungsformen erteilt, in den Fällen des § 14 Abs. 4 auch für eine bestimmte Betriebsstätte des beauftragten oder des anderen Betriebes. [2]Soweit die Erlaubnis die Prüfung von Arzneimitteln oder Wirkstoffen umfasst, ist die Art der Prüfung aufzuführen.

§ 17 Fristen für die Erteilung. (1) Die zuständige Behörde hat eine Entscheidung über den Antrag auf Erteilung der Erlaubnis innerhalb einer Frist von drei Monaten zu treffen.

(2) [1]Beantragt ein Erlaubnisinhaber die Änderung der Erlaubnis in Bezug auf die herzustellenden Arzneimittel oder in Bezug auf die Räume und Einrichtungen im Sinne des § 14 Abs. 1 Nr. 6, so hat die Behörde die Entscheidung innerhalb einer Frist von einem Monat zu treffen. [2]In Ausnahmefällen verlängert sich die Frist um weitere zwei Monate. [3]Der Antragsteller ist hiervon vor Fristablauf unter Mitteilung der Gründe in Kenntnis zu setzen.

(3) [1]Gibt die Behörde dem Antragsteller nach § 14 Abs. 5 Gelegenheit, Mängeln abzuhelfen, so werden die Fristen bis zur Behebung der Mängel oder bis zum Ablauf der nach § 14 Abs. 5 gesetzten Frist gehemmt. [2]Die Hemmung beginnt mit dem Tage, an dem dem Antragsteller die Aufforderung zur Behebung der Mängel zugestellt wird.

§ 18 Rücknahme, Widerruf, Ruhen. (1) [1]Die Erlaubnis ist zurückzunehmen, wenn nachträglich bekannt wird, dass einer der Versagungsgründe nach § 14 Abs. 1 bei der Erteilung vorgelegen hat. [2]Ist einer der Versagungsgründe nachträglich eingetreten, so ist sie zu widerrufen; an Stelle des Widerrufs kann auch das Ruhen der Erlaubnis angeordnet werden. [3]§ 13 Abs. 4 findet entsprechende Anwendung.

(2) [1]Die zuständige Behörde kann vorläufig anordnen, dass die Herstellung eines Arzneimittels eingestellt wird, wenn der Hersteller die für die Herstellung und Prüfung zu führenden Nachweise nicht vorlegt. [2]Die vorläufige Anordnung kann auf eine Charge beschränkt werden.

§ 19 Verantwortungsbereiche. [1]Die sachkundige Person nach § 14 ist dafür verantwortlich, dass jede Charge des Arzneimittels entsprechend den Vorschriften über den Verkehr mit Arzneimitteln hergestellt und geprüft wurde. [2]Sie hat die Einhaltung dieser Vorschriften für jede Arzneimittelcharge in einem fortlaufenden Register oder einem vergleichbaren Dokument vor deren Inverkehrbringen zu bescheinigen.

§ 20 Anzeigepflichten. [1]Der Inhaber der Erlaubnis hat jede Änderung einer der in § 14 Abs. 1 genannten Angaben unter Vorlage der Nachweise der zuständigen Behörde vorher anzuzeigen. [2]Bei einem unvorhergesehenen Wechsel der sachkundigen Person nach § 14 hat die Anzeige unverzüglich zu erfolgen.

§ 20a Geltung für Wirkstoffe und andere Stoffe. § 13 Abs. 2 und 4 und die §§ 14 bis 20 gelten entsprechend für Wirkstoffe und für andere zur Arzneimittelherstellung bestimmte Stoffe menschlicher Herkunft, soweit ihre Herstellung oder Prüfung nach § 13 Abs. 1 einer Erlaubnis bedarf.

§ 20b Erlaubnis für die Gewinnung von Gewebe und die Laboruntersuchungen. (1) [1]Eine Einrichtung, die zur Verwendung bei Menschen bestimmte Gewebe im Sinne von § 1a Nr. 4 des Transplantationsgesetzes gewinnen (Entnahmeeinrichtung) oder die für die Gewinnung erforderlichen Laboruntersuchungen durchführen will, bedarf einer Erlaubnis der zuständigen Behörde. [2]Gewinnung im Sinne von Satz 1 ist die direkte oder extrakorporale Entnahme von Gewebe einschließlich aller Maßnahmen, die dazu bestimmt sind, das Gewebe in einem be- oder verarbeitungsfähigen Zustand zu erhalten, eindeutig zu identifizieren und zu transportieren. [3]Die Erlaubnis darf nur versagt werden, wenn

1. eine angemessen ausgebildete Person mit der erforderlichen Berufserfahrung (verantwortliche Person nach § 20b) nicht vorhanden ist, die, soweit es sich um eine Entnahmeeinrichtung handelt, zugleich die ärztliche Person im Sinne von § 8d Abs. 1 Satz 1 des Transplantationsgesetzes sein kann,
2. weiteres mitwirkendes Personal nicht ausreichend qualifiziert ist,
3. angemessene Räume für die jeweilige Gewebegewinnung oder für die Laboruntersuchungen nicht vorhanden sind oder
4. nicht gewährleistet wird, dass die Gewebegewinnung oder die Laboruntersuchungen nach dem Stand der medizinischen Wissenschaft und Technik und nach den Vorschriften der Abschnitte 2, 3 und 3a des Transplantationsgesetzes vorgenommen werden oder
5. die verantwortliche Person nach § 20b oder der Antragsteller die zur Ausübung ihrer oder seiner Tätigkeit erforderliche Zuverlässigkeit nicht besitzt.

[4]Von einer Besichtigung im Sinne von § 64 Abs. 3 Satz 2 kann die zuständige Behörde vor Erteilung der Erlaubnis nach dieser Vorschrift absehen. [5]Die Erlaubnis wird der Entnahmeeinrichtung von der zuständigen Behörde für eine bestimmte Betriebsstätte und für bestimmtes Gewebe und dem Labor für eine bestimmte Betriebsstätte und für bestimmte Tätigkeiten erteilt und kann die Möglichkeit der Gewebeentnahme außerhalb der Räume nach Satz 3 Nummer 3 durch von der Entnahmeeinrichtung entsandtes Personal vorsehen. [6]Dabei kann die zuständige Behörde die zuständige Bundesoberbehörde beteiligen.

(1a) § 20c Absatz 4 Satz 1 und 2 und Absatz 5 gilt entsprechend.

(2) [1]Einer eigenen Erlaubnis nach Absatz 1 bedarf nicht, wer diese Tätigkeiten unter vertraglicher Bindung mit einem Hersteller oder einem Be- oder Verarbeiter ausübt, der eine Erlaubnis nach § 13 oder § 20c für die Be- oder Verarbeitung von Gewebe oder Gewebezubereitungen besitzt. [2]In diesem Fall hat der Hersteller oder der Be- oder Verarbeiter die Entnahmeeinrichtung oder das Labor der für diese jeweils örtlich zuständigen Behörde anzuzeigen und der Anzeige die Angaben und Unterlagen nach Absatz 1 Satz 3 beizufügen. [3]Nach Ablauf von einem Monat nach der Anzeige nach Satz 2 hat der Hersteller oder der Be- oder Verarbeiter die Entnahmeeinrichtung oder das Labor der für ihn zuständigen Behörde anzuzeigen, es sei denn, dass die für die Entnahmeeinrichtung oder das Labor zuständige Behörde widersprochen hat. [4]In Ausnahmefällen verlängert sich die Frist nach Satz 3 um weitere zwei Monate. [5]Der Hersteller oder der Be- oder Verarbeiter ist hiervon vor Fristablauf unter Mitteilung der Gründe in Kenntnis zu setzen. [6]Hat die zuständige Behörde widersprochen, sind die Fristen in Satz 3 und 4 gehemmt, bis der Grund für den Widerspruch behoben ist. [7]Absatz 1 Satz 3 bis 6 gilt entsprechend mit der Maßgabe, dass die Erlaubnis nach Absatz 1 Satz 5 dem Hersteller oder dem Be- oder Verarbeiter erteilt wird.

(3) [1]Die Erlaubnis ist zurückzunehmen, wenn nachträglich bekannt wird, dass einer der Versagungsgründe nach Absatz 1 Satz 3 bei der Erteilung vorgelegen hat. [2]Ist einer dieser Versagungsgründe nachträglich eingetreten, so ist die Erlaubnis zu widerrufen; anstelle des Widerrufs kann auch das Ruhen der Erlaubnis angeordnet werden. [3]Die zuständige Behörde kann die Gewinnung von Gewebe oder die Laboruntersuchungen vorläufig untersagen, wenn die Entnahmeeinrichtung, das Labor oder der Hersteller oder der Be- oder Verarbeiter die für die Gewebegewinnung oder die Laboruntersuchungen zu führenden Nachweise nicht vorlegt.

(4) Die Absätze 1 bis 3 gelten entsprechend für die Gewinnung und die Laboruntersuchung von autologem Blut für die Herstellung von biotechnologisch bearbeiteten Gewebeprodukten.

(5) [1]Der Inhaber der Erlaubnis hat der zuständigen Behörde jede Änderung der in Absatz 1 Satz 3 genannten Voraussetzungen für die Erlaubnis unter Vorlage der Nachweise vorher anzuzeigen und er darf die Änderung erst vornehmen, wenn die zuständige Behörde eine schriftliche Erlaubnis erteilt hat. [2]Bei

einem unvorhergesehenen Wechsel der angemessen ausgebildeten Person nach § 20b hat die Anzeige unverzüglich zu erfolgen.

§ 20c Erlaubnis für die Be- oder Verarbeitung, Konservierung, Prüfung, Lagerung oder das Inverkehrbringen von Gewebe oder Gewebezubereitungen. (1) [1]Eine Einrichtung, die Gewebe oder Gewebezubereitungen, die nicht mit industriellen Verfahren be- oder verarbeitet werden und deren wesentliche Be- oder Verarbeitungsverfahren in der Europäischen Union hinreichend bekannt sind, be- oder verarbeiten, konservieren, prüfen, lagern oder in den Verkehr bringen will, bedarf abweichend von § 13 Abs. 1 einer Erlaubnis der zuständigen Behörde nach den folgenden Vorschriften. [2]Dies gilt auch im Hinblick auf Gewebe oder Gewebezubereitungen, deren Be- oder Verarbeitungsverfahren neu, aber mit einem bekannten Verfahren vergleichbar sind. [3]Die Entscheidung über die Erteilung der Erlaubnis trifft die zuständige Behörde des Landes, in dem die Betriebsstätte liegt oder liegen soll, im Benehmen mit der zuständigen Bundesoberbehörde.

(2) [1]Die Erlaubnis darf nur versagt werden, wenn
1. eine Person mit der erforderlichen Sachkenntnis und Erfahrung nach Absatz 3 (verantwortliche Person nach § 20c) nicht vorhanden ist, die dafür verantwortlich ist, dass die Gewebezubereitungen und Gewebe im Einklang mit den geltenden Rechtsvorschriften be- oder verarbeitet, konserviert, geprüft, gelagert oder in den Verkehr gebracht werden,
2. weiteres mitwirkendes Personal nicht ausreichend qualifiziert ist,
3. geeignete Räume und Einrichtungen für die beabsichtigten Tätigkeiten nicht vorhanden sind,
4. nicht gewährleistet ist, dass die Be- oder Verarbeitung einschließlich der Kennzeichnung, Konservierung und Lagerung sowie die Prüfung nach dem Stand von Wissenschaft und Technik vorgenommen werden, oder
5. ein Qualitätsmanagementsystem nach den Grundsätzen der Guten fachlichen Praxis nicht eingerichtet worden ist oder nicht auf dem neuesten Stand gehalten wird oder
6. die verantwortliche Person nach § 20c oder der Antragsteller die zur Ausübung ihrer oder seiner Tätigkeit erforderliche Zuverlässigkeit nicht besitzt.

[2]Abweichend von Satz 1 Nummer 3 kann außerhalb der Betriebsstätte die Prüfung der Gewebe und Gewebezubereitungen in beauftragten Betrieben, die keiner eigenen Erlaubnis bedürfen, durchgeführt werden, wenn bei diesen hierfür geeignete Räume und Einrichtungen vorhanden sind und gewährleistet ist, dass die Prüfung nach dem Stand von Wissenschaft und Technik erfolgt und die verantwortliche Person nach § 20c ihre Verantwortung wahrnehmen kann.

(3) [1]Der Nachweis der erforderlichen Sachkenntnis der verantwortlichen Person nach § 20c wird erbracht durch das Zeugnis über ein nach abgeschlossenem Hochschulstudium der Humanmedizin, Biologie, Biochemie oder einem als gleichwertig anerkannten Studium abgelegte Prüfung sowie eine mindestens zweijährige praktische Tätigkeit auf dem Gebiet der Be- oder Verarbeitung von Geweben oder Gewebezubereitungen. [2]Für Einrichtungen, die ausschließ-

lich Gewebe oder Gewebezubereitungen prüfen, kann der Nachweis der praktischen Tätigkeit nach Satz 1 auch durch eine mindestens zweijährige praktische Tätigkeit auf dem Gebiet der Prüfung und Be- oder Verarbeitung von Geweben oder Gewebezubereitungen erbracht werden.

(4) [1]Bei Beanstandungen der vorgelegten Unterlagen ist dem Antragsteller Gelegenheit zu geben, Mängeln innerhalb einer angemessenen Frist abzuhelfen. [2]Wird den Mängeln nicht abgeholfen, so ist die Erteilung der Erlaubnis zu versagen. [3]Die Erlaubnis wird für eine bestimmte Betriebsstätte und für bestimmte Gewebe oder Gewebezubereitungen erteilt.

(5) [1]Die zuständige Behörde hat eine Entscheidung über den Antrag auf Erteilung der Erlaubnis innerhalb einer Frist von drei Monaten zu treffen. [2]Beantragt ein Erlaubnisinhaber die Änderung der Erlaubnis, so hat die Behörde die Entscheidung innerhalb einer Frist von einem Monat zu treffen. [3]In Ausnahmefällen verlängert sich die Frist um weitere zwei Monate. [4]Der Antragsteller ist hiervon vor Fristablauf unter Mitteilung der Gründe in Kenntnis zu setzen. [5]Gibt die Behörde dem Antragsteller nach Absatz 4 Satz 1 Gelegenheit, Mängeln abzuhelfen, so werden die Fristen bis zur Behebung der Mängel oder bis zum Ablauf der nach Absatz 4 Satz 1 gesetzten Frist gehemmt. [6]Die Hemmung beginnt mit dem Tag, an dem dem Antragsteller die Aufforderung zur Behebung der Mängel zugestellt wird.

(6) [1]Der Inhaber der Erlaubnis hat jede Änderung einer der in Absatz 2 genannten Angaben unter Vorlage der Nachweise der zuständigen Behörde vorher anzuzeigen und darf die Änderung erst vornehmen, wenn die zuständige Behörde eine schriftliche Erlaubnis erteilt hat. [2]Bei einem unvorhergesehenen Wechsel der verantwortlichen Person nach § 20c hat die Anzeige unverzüglich zu erfolgen.

(7) [1]Die Erlaubnis ist zurückzunehmen, wenn nachträglich bekannt wird, dass einer der Versagungsgründe nach Absatz 2 bei der Erteilung vorgelegen hat. [2]Ist einer dieser Versagungsgründe nachträglich eingetreten, so ist die Erlaubnis zu widerrufen; an Stelle des Widerrufs kann auch das Ruhen der Erlaubnis angeordnet werden. [3]Absatz 1 Satz 3 gilt entsprechend. [4]Die zuständige Behörde kann vorläufig anordnen, dass die Be- oder Verarbeitung von Gewebe oder Gewebezubereitungen eingestellt wird, wenn der Be- oder Verarbeiter die für die Be- oder Verarbeitung zu führenden Nachweise nicht vorlegt. [5]Wird die Be- oder Verarbeitung von Geweben oder Gewebezubereitungen eingestellt, hat der Be- oder Verarbeiter dafür zu sorgen, dass noch gelagerte Gewebezubereitungen und Gewebe weiter qualitätsgesichert gelagert und auf andere Hersteller, Be- oder Verarbeiter oder Vertreiber mit einer Erlaubnis nach Absatz 1 oder § 13 Abs. 1 übertragen werden. [6]Das gilt auch für die Daten und Angaben über die Be- oder Verarbeitung, die für die Rückverfolgung dieser Gewebezubereitungen und Gewebe benötigt werden.

§ 20d Ausnahme von der Erlaubnispflicht für Gewebe und Gewebezubereitungen. [1]Einer Erlaubnis nach § 20b Absatz 1 und § 20c Absatz 1 bedarf nicht eine Person, die Arzt ist oder sonst zur Ausübung der Heilkunde bei Menschen befugt ist und die dort genannten Tätigkeiten mit Ausnahme des Inverkehrbringens ausübt, um das Gewebe oder die Gewebezubereitung persönlich bei ihren Patienten anzuwenden. [2]Dies gilt nicht für Arzneimittel, die zur klinischen Prüfung bestimmt sind.

Vierter Abschnitt

Zulassung der Arzneimittel

§ 21[10] **Zulassungspflicht.** (1) [1]Fertigarzneimittel, die Arzneimittel im Sinne des § 2 Abs. 1 oder Abs. 2 Nr. 1 sind, dürfen im Geltungsbereich dieses Gesetzes nur in den Verkehr gebracht werden, wenn sie durch die zuständige Bundesoberbehörde zugelassen sind oder wenn für sie die Europäische Gemeinschaft oder die Europäische Union eine Genehmigung für das Inverkehrbringen gemäß Artikel 3 Abs. 1 oder 2 der Verordnung (EG) Nr. 726/2004 auch in Verbindung mit der Verordnung (EG) Nr. 1901/2006 des Europäischen Parlaments und des Rates vom 12. Dezember 2006 über Kinderarzneimittel und zur Änderung der Verordnung (EWG) Nr. 1768/92, der Richtlinien 2001/20/EG und 2001/83/EG sowie der Verordnung (EG) Nr. 726/2004 (ABl. L 378 vom 27.12.2006, S. 1) oder der Verordnung (EG) Nr. 1394/2007 erteilt hat. [2]Das gilt auch für Arzneimittel, die keine Fertigarzneimittel und zur Anwendung bei Tieren bestimmt sind, sofern sie nicht an pharmazeutische Unternehmer abgegeben werden sollen, die eine Erlaubnis zur Herstellung von Arzneimitteln besitzen.

(2) Einer Zulassung bedarf es nicht für Arzneimittel, die

1. zur Anwendung bei Menschen bestimmt sind und aufgrund nachweislich häufiger ärztlicher oder zahnärztlicher Verschreibung in den wesentlichen Herstellungsschritten in einer Apotheke in einer Menge bis zu hundert abgabefertigen Packungen an einem Tag im Rahmen des üblichen Apothekenbetriebs hergestellt werden und zur Abgabe im Rahmen der bestehenden Apothekenbetriebserlaubnis bestimmt sind,

1a. Arzneimittel sind, bei deren Herstellung Stoffe menschlicher Herkunft eingesetzt werden und die entweder zur autologen oder gerichteten, für eine bestimmte Person vorgesehene Anwendung bestimmt sind oder aufgrund einer Rezeptur für einzelne Personen hergestellt werden, es sei denn, es handelt sich um Arzneimittel im Sinne von § 4 Absatz 4,

---

10 Gemäß Art. 2 Nr. 6 G vom 20.12.2016 (BGBl. I S. 3048) werden in § 21 Abs. 1 Satz 1 die Wörter „der Richtlinien 2001/20/EG und 2001/83/EG sowie" durch die Wörter „der Richtlinie 2001/83/EG und der Verordnung (EU) Nr. 536/2014," ersetzt.
   Diese Änderung tritt sechs Monate nach der Veröffentlichung der Mitteilung der Europäischen Kommission über die Funktionsfähigkeit des EU-Portals und der Datenbank nach Artikel 82 der Verordnung (EU) Nr. 536/2014 des Europäischen Parlaments und des Rates vom 16. April 2014 über klinische Prüfungen mit Humanarzneimitteln und zur Aufhebung der Richtlinie 2001/20/EG (ABl. L 158 vom 27.5.2014, S. 1) im Amtsblatt der Europäischen Union in Kraft.

1b. andere als die in Nummer 1a genannten Arzneimittel sind und für Apotheken, denen für einen Patienten eine Verschreibung vorliegt, aus im Geltungsbereich dieses Gesetzes zugelassenen Arzneimitteln

    a) als Zytostatikazubereitung oder für die parenterale Ernährung sowie in anderen medizinisch begründeten besonderen Bedarfsfällen, sofern es für die ausreichende Versorgung des Patienten erforderlich ist und kein zugelassenes Arzneimittel zur Verfügung steht, hergestellt werden oder

    b) als Blister aus unveränderten Arzneimitteln hergestellt werden oder

    c) in unveränderter Form abgefüllt werden,

1c. zur Anwendung bei Menschen bestimmt sind, antivirale oder antibakterielle Wirksamkeit haben und zur Behandlung einer bedrohlichen übertragbaren Krankheit, deren Ausbreitung eine sofortige und das übliche Maß erheblich überschreitende Bereitstellung von spezifischen Arzneimitteln erforderlich macht, aus Wirkstoffen hergestellt werden, die von den Gesundheitsbehörden des Bundes oder der Länder oder von diesen benannten Stellen für diese Zwecke bevorratet wurden, soweit ihre Herstellung in einer Apotheke zur Abgabe im Rahmen der bestehenden Apothekenbetriebserlaubnis oder zur Abgabe an andere Apotheken erfolgt,

1d. Gewebezubereitungen sind, die der Pflicht zur Genehmigung nach den Vorschriften des § 21a Abs. 1 unterliegen,

1e. Heilwässer, Bademoore oder andere Peloide sind, die nicht im Voraus hergestellt und nicht in einer zur Abgabe an den Verbraucher bestimmten Packung in den Verkehr gebracht werden, oder die ausschließlich zur äußeren Anwendung oder zur Inhalation vor Ort bestimmt sind,

1f. medizinische Gase sind und die für einzelne Personen aus im Geltungsbereich dieses Gesetzes zugelassenen Arzneimitteln durch Abfüllen und Kennzeichnen in Unternehmen, die nach § 50 zum Einzelhandel mit Arzneimitteln außerhalb von Apotheken befugt sind, hergestellt werden,

1g. als Therapieallergene für einzelne Patienten aufgrund einer Rezeptur hergestellt werden,

2. zur klinischen Prüfung bei Menschen bestimmt sind,

3. Fütterungsarzneimittel sind, die bestimmungsgemäß aus Arzneimittel-Vormischungen hergestellt sind, für die eine Zulassung nach § 25 erteilt ist,

4. für Einzeltiere oder Tiere eines bestimmten Bestandes in Apotheken oder in tierärztlichen Hausapotheken unter den Voraussetzungen des Absatzes 2a hergestellt werden,

5. zur klinischen Prüfung bei Tieren oder zur Rückstandsprüfung bestimmt sind oder

6. unter den in Artikel 83 der Verordnung (EG) Nr. 726/2004 genannten Voraussetzungen kostenlos für eine Anwendung bei Patienten zur Verfügung gestellt werden, die an einer zu einer schweren Behinderung führenden Erkrankung leiden oder deren Krankheit lebensbedrohend ist, und die mit einem zugelassenen Arzneimittel nicht zufrieden stellend behandelt werden können; dies gilt auch für die nicht den Kategorien des Artikels 3

Absatz 1 oder 2 der Verordnung (EG) Nr. 726/2004 zugehörigen Arzneimitteln; Verfahrensregelungen werden in einer Rechtsverordnung nach § 80 bestimmt.

(2a) [1]Arzneimittel, die für den Verkehr außerhalb von Apotheken nicht freigegebene Stoffe und Zubereitungen aus Stoffen enthalten, dürfen nach Absatz 2 Nr. 4 nur hergestellt werden, wenn für die Behandlung ein zugelassenes Arzneimittel für die betreffende Tierart oder das betreffende Anwendungsgebiet nicht zur Verfügung steht, die notwendige arzneiliche Versorgung der Tiere sonst ernstlich gefährdet wäre und eine unmittelbare oder mittelbare Gefährdung der Gesundheit von Mensch und Tier nicht zu befürchten ist. [2]Die Herstellung von Arzneimitteln gemäß Satz 1 ist nur in Apotheken zulässig. [3]Satz 2 gilt nicht für das Zubereiten von Arzneimitteln aus einem Fertigarzneimittel und arzneilich nicht wirksamen Bestandteilen sowie für das Mischen von Fertigarzneimitteln zum Zwecke der Immobilisation von Zoo-, Wild- und Gehegetieren. [4]Als Herstellen im Sinne des Satzes 1 gilt nicht das Umfüllen, Abpacken oder Kennzeichnen von Arzneimitteln in unveränderter Form, soweit

1. keine Fertigarzneimittel in für den Einzelfall geeigneten Packungsgrößen im Handel verfügbar sind oder

2. in sonstigen Fällen das Behältnis oder jede andere Form der Arzneimittelverpackung, die unmittelbar mit dem Arzneimittel in Berührung kommt, nicht beschädigt wird.

[5]Die Sätze 1 bis 4 gelten nicht für registrierte oder von der Registrierung freigestellte homöopathische Arzneimittel, die, soweit sie zur Anwendung bei Tieren bestimmt sind, die der Gewinnung von Lebensmitteln dienen, ausschließlich Wirkstoffe enthalten, die im Anhang der Verordnung (EU) Nr. 37/2010 als Stoffe aufgeführt sind, für die eine Festlegung von Höchstmengen nicht erforderlich ist.

(3) [1]Die Zulassung ist vom pharmazeutischen Unternehmer zu beantragen. [2]Für ein Fertigarzneimittel, das in Apotheken oder sonstigen Einzelhandelsbetrieben aufgrund einheitlicher Vorschriften hergestellt und unter einer einheitlichen Bezeichnung an Verbraucher abgegeben wird, ist die Zulassung vom Herausgeber der Herstellungsvorschrift zu beantragen. [3]Wird ein Fertigarzneimittel für mehrere Apotheken oder sonstige Einzelhandelsbetriebe hergestellt und soll es unter deren Namen und unter einer einheitlichen Bezeichnung an Verbraucher abgegeben werden, so hat der Hersteller die Zulassung zu beantragen.

(4) [1]Die zuständige Bundesoberbehörde entscheidet ferner, unabhängig von einem Zulassungsantrag nach Absatz 3 oder von einem Genehmigungsantrag nach § 21a Absatz 1 oder § 42 Absatz 2, auf Antrag einer zuständigen Landesbehörde über die Zulassungspflicht eines Arzneimittels, die Genehmigungspflicht einer Gewebezubereitung oder über die Genehmigungspflicht einer klinischen Prüfung. [2]Dem Antrag hat die zuständige Landesbehörde eine begründete Stellungnahme zur Einstufung des Arzneimittels oder der klinischen Prüfung beizufügen.

§ 21a Genehmigung von Gewebezubereitungen. (1) [1]Gewebezubereitungen, die nicht mit industriellen Verfahren be- oder verarbeitet werden und deren wesentliche Be- oder Verarbeitungsverfahren in der Europäischen Union hinreichend bekannt und deren Wirkungen und Nebenwirkungen aus dem wissenschaftlichen Erkenntnismaterial ersichtlich sind, dürfen im Geltungsbereich dieses Gesetzes nur in den Verkehr gebracht werden, wenn sie abweichend von der Zulassungspflicht nach § 21 Abs. 1 von der zuständigen Bundesoberbehörde genehmigt worden sind. [2]Dies gilt auch im Hinblick auf Gewebezubereitungen, deren Be- oder Verarbeitungsverfahren neu, aber mit einem bekannten Verfahren vergleichbar sind. [3]Satz 1 gilt entsprechend für hämatopoetische Stammzellzubereitungen aus dem peripheren Blut oder aus dem Nabelschnurblut, die zur autologen oder gerichteten, für eine bestimmte Person vorgesehenen Anwendung bestimmt sind. [4]Die Genehmigung umfasst die Verfahren für die Gewinnung, Verarbeitung und Prüfung, die Spenderauswahl und die Dokumentation für jeden Verfahrensschritt sowie die quantitativen und qualitativen Kriterien für Gewebezubereitungen. [5]Insbesondere sind die kritischen Verfahrensschritte daraufhin zu bewerten, dass die Funktionalität und die Sicherheit der Gewebe gewährleistet sind.

(1a) Einer Genehmigung nach Absatz 1 bedarf es nicht für Gewebezubereitungen, die zur klinischen Prüfung bei Menschen bestimmt sind.

(2) [1]Dem Antrag auf Genehmigung sind vom Antragsteller folgende Angaben und Unterlagen beizufügen:

1. der Name oder die Firma und die Anschrift des Antragstellers und der Be- oder Verarbeiter,
2. die Bezeichnung der Gewebezubereitung,
3. die Bestandteile der Gewebezubereitung nach Art, Darreichungsform und Packungsgröße,
4. die Anwendungsgebiete sowie die Art der Anwendung und bei Gewebezubereitungen, die nur begrenzte Zeit angewendet werden sollen, die Dauer der Anwendung,
5. Angaben über die Gewinnung der Gewebe und die für die Gewinnung erforderlichen Laboruntersuchungen,
6. Angaben zur Herstellungsweise, einschließlich der Be- oder Verarbeitungsverfahren, der Prüfverfahren mit ihren Inprozess- und Endproduktkontrollen sowie der Verwendung von Elektronen-, Gamma- oder Röntgenstrahlen,
7. Angaben über die Art der Haltbarmachung, die Dauer der Haltbarkeit, die Art der Aufbewahrung und Lagerung der Gewebezubereitung,
8. Angaben zur Funktionalität und zu den Risiken der Gewebezubereitung,
9. Unterlagen über die Ergebnisse von mikrobiologischen, chemischen, biologischen oder physikalischen Prüfungen sowie über die zur Ermittlung angewandten Methoden, soweit diese Unterlagen erforderlich sind,
10. Unterlagen über Ergebnisse von pharmakologischen und toxikologischen Versuchen,

11. eine Nutzen-Risiko-Bewertung,
12. alle für die Bewertung des Arzneimittels zweckdienlichen Angaben und Unterlagen sowie
13. bei hämatopoetischen Stammzellzubereitungen zusätzlich Angaben zur Dosierung und zur Menge des Wirkstoffs.

[2]Die Ergebnisse und Angaben nach Satz 1 Nummer 7 bis 10 sowie die Ergebnisse von klinischen Prüfungen oder sonstigen ärztlichen Erprobungen sind so zu belegen, dass aus diesen Art, Umfang und Zeitpunkt der Untersuchungen hervorgehen. [3]§ 22 Absatz 4, 5 und 7 Satz 1 gilt entsprechend.

(3) [1]Für die Angaben nach Absatz 2 Nummer 4, 8 und 10 kann wissenschaftliches Erkenntnismaterial eingereicht werden, das auch in nach wissenschaftlichen Methoden aufbereitetem medizinischen Erfahrungsmaterial bestehen kann. [2]Hierfür kommen Studien des Herstellers der Gewebezubereitung, Daten aus Veröffentlichungen oder nachträgliche Bewertungen der klinischen Ergebnisse der hergestellten Gewebezubereitungen in Betracht.

(4) [1]Die zuständige Bundesoberbehörde hat eine Entscheidung über den Antrag auf Genehmigung innerhalb einer Frist von fünf Monaten zu treffen. [2]Wird dem Antragsteller Gelegenheit gegeben, Mängeln abzuhelfen, so werden die Fristen bis zur Behebung der Mängel oder bis zum Ablauf der für die Behebung gesetzten Frist gehemmt. [3]Die Hemmung beginnt mit dem Tag, an dem dem Antragsteller die Aufforderung zur Behebung der Mängel zugestellt wird.

(5) [1]Die zuständige Bundesoberbehörde erteilt die Genehmigung schriftlich unter Zuteilung einer Genehmigungsnummer. [2]Sie kann die Genehmigung mit Auflagen verbinden. [3]§ 28 und § 34 finden entsprechende Anwendung.

(6) Die zuständige Bundesoberbehörde darf die Genehmigung nur versagen, wenn
1. die vorgelegten Unterlagen unvollständig sind,
2. die Gewebezubereitung nicht dem Stand der wissenschaftlichen Erkenntnisse entspricht,
3. die Gewebezubereitung nicht die vorgesehene Funktion erfüllt oder das Nutzen-Risiko-Verhältnis ungünstig ist oder
4. das Inverkehrbringen der Gewebezubereitung gegen gesetzliche Vorschriften oder gegen eine Verordnung oder eine Richtlinie oder eine Entscheidung oder einen Beschluss der Europäischen Gemeinschaft oder der Europäischen Union verstoßen würde.

(7) [1]Der Antragsteller oder nach der Genehmigung der Inhaber der Genehmigung hat der zuständigen Bundesoberbehörde unter Beifügung entsprechender Unterlagen unverzüglich Anzeige zu erstatten, wenn sich Änderungen in den Angaben und Unterlagen nach den Absätzen 2 und 3 ergeben. [2]Der Inhaber der Genehmigung ist verpflichtet, die zuständige Bundesoberbehörde zu informieren, wenn neue oder veränderte Risiken bei der Gewebezubereitung bestehen oder sich das Nutzen-Risiko-Verhältnis der Gewebezubereitung geändert hat. [3]§ 29 Absatz 1a, 1d und 2 ist entsprechend anzuwenden. [4]Folgende Ände-

rungen dürfen erst vollzogen werden, wenn die zuständige Bundesoberbehörde zugestimmt hat:

1. eine Änderung der Angaben über die Art oder die Dauer der Anwendung oder die Anwendungsgebiete,
2. eine Einschränkung der Risiken,
3. eine Änderung der Hilfsstoffe nach Art oder Menge,
4. eine Änderung der Darreichungsform,
5. eine Änderung der Angaben über die Gewinnung der Gewebe und die für die Gewinnung erforderlichen Laboruntersuchungen,
6. eine Änderung des Be- oder Verarbeitungsverfahrens oder des Prüfverfahrens,
7. eine Änderung der Art der Haltbarmachung und eine Verlängerung der Haltbarkeit,
8. eine Änderung der Art der Aufbewahrung und Lagerung der Gewebezubereitung und
9. bei hämatopoetischen Stammzellzubereitungen zusätzlich eine Änderung der Angaben über die Dosierung oder die Menge des Wirkstoffs.

[5]Die Entscheidung über den Antrag auf Zustimmung muss innerhalb von drei Monaten ergehen. [6]§ 27 Absatz 2 gilt entsprechend.

(8) [1]Die Genehmigung ist zurückzunehmen, wenn nachträglich bekannt wird, dass einer der Versagungsgründe nach Absatz 6 Nummer 2 bis 4 vorgelegen hat. [2]Sie ist zu widerrufen, wenn einer dieser Versagungsgründe nachträglich eingetreten ist. [3]In beiden Fällen kann auch das Ruhen der Genehmigung befristet angeordnet werden. [4]Vor einer Entscheidung nach den Sätzen 1 bis 3 ist der Inhaber der Genehmigung zu hören, es sei denn, dass Gefahr im Verzuge ist. [5]Ist die Genehmigung zurückgenommen oder widerrufen oder ruht die Genehmigung, so darf die Gewebezubereitung nicht in den Verkehr gebracht und nicht in den Geltungsbereich dieses Gesetzes verbracht werden.

(9) [1]Abweichend von Absatz 1 bedürfen Gewebezubereitungen und hämatopoetische Stammzellzubereitungen aus dem peripheren Blut oder aus dem Nabelschnurblut nach Absatz 1 Satz 3, die in einem Mitgliedstaat der Europäischen Union oder in einem anderen Vertragsstaat des Abkommens über den Europäischen Wirtschaftsraum in den Verkehr gebracht werden dürfen, bei ihrem erstmaligen Verbringen zum Zweck ihrer Anwendung in den Geltungsbereich dieses Gesetzes einer Bescheinigung der zuständigen Bundesoberbehörde. [2]Vor der Erteilung der Bescheinigung hat die zuständige Bundesoberbehörde zu prüfen, ob die Be- oder Verarbeitung der Gewebezubereitungen den Anforderungen an die Entnahme- und Verarbeitungsverfahren, einschließlich der Spenderauswahlverfahren und der Laboruntersuchungen, sowie die quantitativen und qualitativen Kriterien für die Gewebezubereitungen den Anforderungen dieses Gesetzes und seiner Verordnungen entsprechen. [3]Die zuständige Bundesoberbehörde hat die Bescheinigung zu erteilen, wenn sich die Gleichwertigkeit der Anforderungen nach Satz 2 aus der Genehmigungsbescheinigung oder einer anderen Bescheinigung der zuständigen Behörde des

Herkunftslandes ergibt und der Nachweis über die Genehmigung in dem Mitgliedstaat der Europäischen Union oder dem anderen Vertragsstaat des Abkommens über den Europäischen Wirtschaftsraum vorgelegt wird. [4]Eine Änderung in den Anforderungen nach Satz 2 ist der zuständigen Bundesoberbehörde rechtzeitig vor einem weiteren Verbringen in den Geltungsbereich dieses Gesetzes anzuzeigen. [5]Die Bescheinigung ist zurückzunehmen, wenn eine der Voraussetzungen nach Satz 2 nicht vorgelegen hat; sie ist zu widerrufen, wenn eine der Voraussetzungen nach Satz 2 nachträglich weggefallen ist. [6]§ 73 Absatz 3a gilt entsprechend.

§ 22[11] **Zulassungsunterlagen.** (1) Dem Antrag auf Zulassung müssen vom Antragsteller folgende Angaben beigefügt werden:

1. der Name oder die Firma und die Anschrift des Antragstellers und des Herstellers,
2. die Bezeichnung des Arzneimittels,
3. die Bestandteile des Arzneimittels nach Art und Menge; § 10 Abs. 6 findet Anwendung,
4. die Darreichungsform,
5. die Wirkungen,
6. die Anwendungsgebiete,
7. die Gegenanzeigen,
8. die Nebenwirkungen,
9. die Wechselwirkungen mit anderen Mitteln,
10. die Dosierung,
11. zur Herstellungsweise des Arzneimittels,
12. die Art der Anwendung und bei Arzneimitteln, die nur begrenzte Zeit angewendet werden sollen, die Dauer der Anwendung,
13. die Packungsgrößen,
14. die Art der Haltbarmachung, die Dauer der Haltbarkeit, die Art der Aufbewahrung, die Ergebnisse von Haltbarkeitsversuchen,
15. die Methoden zur Kontrolle der Qualität (Kontrollmethoden).

(1a) Die Angaben nach Absatz 1 Nummer 1 bis 10 müssen in deutscher, die übrigen Angaben in deutscher oder englischer Sprache beigefügt werden; an-

---

11 Gemäß Art. 2 Nr. 7 G vom 20.12.2016 (BGBl. I S. 3048) werden in § 22 Abs. 2 Satz 1 Nr. 4 die Wörter „Richtlinie 2001/20/EG des Parlaments und des Rates vom 4. April 2001 zur Angleichung der Rechts- und Verwaltungsvorschriften der Mitgliedstaaten über die Anwendung der guten klinischen Praxis bei der Durchführung von klinischen Prüfungen mit Humanarzneimitteln (ABl. EG Nr. L 121 vom 1.5.2001, S. 34)" durch die Angabe „Verordnung (EU) Nr. 536/2014" ersetzt.
  Diese Änderung tritt sechs Monate nach der Veröffentlichung der Mitteilung der Europäischen Kommission über die Funktionsfähigkeit des EU-Portals und der Datenbank nach Artikel 82 der Verordnung (EU) Nr. 536/2014 des Europäischen Parlaments und des Rates vom 16. April 2014 über klinische Prüfungen mit Humanarzneimitteln und zur Aufhebung der Richtlinie 2001/20/EG (ABl. L 158 vom 27.5.2014, S. 1) im Amtsblatt der Europäischen Union in Kraft.

dere Angaben oder Unterlagen können im Zulassungsverfahren statt in deutscher auch in englischer Sprache gemacht oder vorgelegt werden, soweit es sich nicht um Angaben handelt, die für die Kennzeichnung, die Packungsbeilage oder die Fachinformation verwendet werden.

(2) ¹Es sind ferner vorzulegen:

1. die Ergebnisse physikalischer, chemischer, biologischer oder mikrobiologischer Versuche und die zu ihrer Ermittlung angewandten Methoden (analytische Prüfung),

2. die Ergebnisse der pharmakologischen und toxikologischen Versuche,

3. die Ergebnisse der klinischen Prüfungen oder sonstigen ärztlichen, zahnärztlichen oder tierärztlichen Erprobung,

4. eine Erklärung, dass außerhalb der Europäischen Union durchgeführte klinische Prüfungen unter ethischen Bedingungen durchgeführt wurden, die mit den ethischen Bedingungen der Richtlinie 2001/20/EG des Parlaments und des Rates vom 4. April 2001 zur Angleichung der Rechts- und Verwaltungsvorschriften der Mitgliedstaaten über die Anwendung der guten klinischen Praxis bei der Durchführung von klinischen Prüfungen mit Humanarzneimitteln (ABl. EG Nr. L 121 vom 1.5.2001, S. 34) gleichwertig sind,

5. bei Arzneimitteln, die zur Anwendung bei Menschen bestimmt sind, eine zusammenfassende Beschreibung des Pharmakovigilanz-Systems des Antragstellers, die Folgendes umfassen muss:

   a) den Nachweis, dass der Antragsteller über eine qualifizierte Person nach § 63a verfügt, und die Angabe der Mitgliedstaaten, in denen diese Person ansässig und tätig ist, sowie die Kontaktangaben zu dieser Person,

   b) die Angabe des Ortes, an dem die Pharmakovigilanz-Stammdokumentation für das betreffende Arzneimittel geführt wird, und

   c) eine vom Antragsteller unterzeichnete Erklärung, dass er über die notwendigen Mittel verfügt, um den im Zehnten Abschnitt aufgeführten Aufgaben und Pflichten nachzukommen,

5a. bei Arzneimitteln, die zur Anwendung bei Menschen bestimmt sind, den Risikomanagement-Plan mit einer Beschreibung des Risikomanagement-Systems, das der Antragsteller für das betreffende Arzneimittel einführen wird, verbunden mit einer Zusammenfassung,

6. bei Arzneimitteln, die zur Anwendung bei Tieren bestimmt sind, eine detaillierte Beschreibung des Pharmakovigilanz-Systems des Antragstellers, den

   Nachweis, dass der Antragsteller über eine qualifizierte Person nach § 63a verfügt und, soweit erforderlich, des Risikomanagement-Systems, das der Antragsteller einführen wird, sowie den Nachweis über die notwendige Infrastruktur zur Meldung aller Verdachtsfälle von Nebenwirkungen gemäß § 63h,

7. eine Kopie jeder Ausweisung des Arzneimittels als Arzneimittel für seltene Leiden gemäß der Verordnung (EG) Nr. 141/2000 des Europäischen Parla-

ments und des Rates vom 16. Dezember 1999 über Arzneimittel für seltene Leiden (ABl. EG Nr. L 18 S. 1),

8. bei Arzneimitteln, die zur Anwendung bei Menschen bestimmt sind, eine Bestätigung des Arzneimittelherstellers, dass er oder eine von ihm vertraglich beauftragte Person sich von der Einhaltung der Guten Herstellungspraxis bei der Wirkstoffherstellung durch eine Überprüfung vor Ort überzeugt hat; die Bestätigung muss auch das Datum des Audits beinhalten.

[2]Die Ergebnisse nach Satz 1 Nr. 1 bis 3 sind durch Unterlagen so zu belegen, dass aus diesen Art, Umfang und Zeitpunkt der Prüfungen hervorgehen. [3]Dem Antrag sind alle für die Bewertung des Arzneimittels zweckdienlichen Angaben und Unterlagen, ob günstig oder ungünstig, beizufügen. [4]Dies gilt auch für unvollständige oder abgebrochene toxikologische oder pharmakologische Versuche oder klinische Prüfungen zu dem Arzneimittel.

(3) [1]An Stelle der Ergebnisse nach Absatz 2 Nr. 2 und 3 kann anderes wissenschaftliches Erkenntnismaterial vorgelegt werden, und zwar

1. bei einem Arzneimittel, dessen Wirkstoffe seit mindestens zehn Jahren in der Europäischen Union allgemein medizinisch oder tiermedizinisch verwendet wurden, deren Wirkungen und Nebenwirkungen bekannt und aus dem wissenschaftlichen Erkenntnismaterial ersichtlich sind,

2. bei einem Arzneimittel, das in seiner Zusammensetzung bereits einem Arzneimittel nach Nummer 1 vergleichbar ist,

3. bei einem Arzneimittel, das eine neue Kombination bekannter Bestandteile ist, für diese Bestandteile; es kann jedoch auch für die Kombination als solche anderes wissenschaftliches Erkenntnismaterial vorgelegt werden, wenn die Wirksamkeit und Unbedenklichkeit des Arzneimittels nach Zusammensetzung, Dosierung, Darreichungsform und Anwendungsgebieten aufgrund dieser Unterlagen bestimmbar sind.

[2]Zu berücksichtigen sind ferner die medizinischen Erfahrungen der jeweiligen Therapierichtungen.

(3a) Enthält das Arzneimittel mehr als einen Wirkstoff, so ist zu begründen, dass jeder Wirkstoff einen Beitrag zur positiven Beurteilung des Arzneimittels leistet.

(3b) Bei radioaktiven Arzneimitteln, die Generatoren sind, sind ferner eine allgemeine Beschreibung des Systems mit einer detaillierten Beschreibung der Bestandteile des Systems, die die Zusammensetzung oder Qualität der Tochterradionuklidzubereitung beeinflussen können, und qualitative und quantitative Besonderheiten des Eluats oder Sublimats anzugeben.

(3c) [1]Ferner sind Unterlagen vorzulegen, mit denen eine Bewertung möglicher Umweltrisiken vorgenommen wird, und für den Fall, dass die Aufbewahrung des Arzneimittels oder seine Anwendung oder die Beseitigung seiner Abfälle besondere Vorsichts- oder Sicherheitsmaßnahmen erfordert, um Gefahren für die Umwelt oder die Gesundheit von Menschen, Tieren oder Pflanzen zu vermeiden, dies ebenfalls angegeben wird. [2]Angaben zur Verminderung dieser Gefahren sind beizufügen und zu begründen. [3]Für Arzneimittel, die für die Anwendung bei Tieren bestimmt sind, sind auch die Ergebnisse der Prüfungen zur Bewertung möglicher Umweltrisiken vorzulegen; Absatz 2 Satz 2 bis 4 findet entsprechend Anwendung.

(4) [1]Wird die Zulassung für ein im Geltungsbereich dieses Gesetzes hergestelltes Arzneimittel beantragt, so muss der Nachweis erbracht werden, dass der Hersteller berechtigt ist, das Arzneimittel herzustellen. [2]Dies gilt nicht für einen Antrag nach § 21 Abs. 3 Satz 2.

(5) Wird die Zulassung für ein außerhalb des Geltungsbereiches dieses Gesetzes hergestelltes Arzneimittel beantragt, so ist der Nachweis zu erbringen, dass der Hersteller nach den gesetzlichen Bestimmungen des Herstellungslandes berechtigt ist, Arzneimittel herzustellen, und im Falle des Verbringens aus einem Land, das nicht Mitgliedstaat der Europäischen Union oder anderer Vertragsstaat des Abkommens über den Europäischen Wirtschaftsraum ist, dass der Einführer eine Erlaubnis besitzt, die zum Verbringen des Arzneimittels in den Geltungsbereich dieses Gesetzes berechtigt.

(6) [1]Soweit eine Zulassung im Ausland erteilt worden ist, ist eine Kopie dieser Zulassung und, soweit es sich um Arzneimittel handelt, die zur Anwendung bei Menschen bestimmt sind, eine Kopie der Zusammenfassung der Unbedenklichkeitsdaten einschließlich der Daten aus den regelmäßigen aktualisierten Unbedenklichkeitsberichten, soweit verfügbar, und der Berichte über Verdachtsfälle von Nebenwirkungen beizufügen. [2]Ist eine Zulassung ganz oder teilweise versagt worden, sind die Einzelheiten dieser Entscheidung unter Darlegung ihrer Gründe mitzuteilen. [3]Wird ein Antrag auf Zulassung in einem Mitgliedstaat oder in mehreren Mitgliedstaaten der Europäischen Union geprüft, ist dies anzugeben. [4]Kopien der von den zuständigen Behörden der Mitgliedstaaten genehmigten Zusammenfassungen der Produktmerkmale und der Packungsbeilagen oder, soweit diese Unterlagen noch nicht vorhanden sind, der vom Antragsteller in einem Verfahren nach Satz 3 vorgeschlagenen Fassungen dieser Unterlagen sind ebenfalls beizufügen. [5]Ferner sind, sofern die Anerkennung der Zulassung eines anderen Mitgliedstaates beantragt wird, die in Artikel 28 der Richtlinie 2001/83/EG oder in Artikel 32 der Richtlinie 2001/82/EG vorgeschriebenen Erklärungen abzugeben sowie die sonstigen dort vorgeschriebenen Angaben zu machen. [6]Satz 5 findet keine Anwendung auf Arzneimittel, die nach einer homöopathischen Verfahrenstechnik hergestellt worden sind.

(7) [1]Dem Antrag ist der Wortlaut der für das Behältnis, die äußere Umhüllung und die Packungsbeilage vorgesehenen Angaben sowie der Entwurf einer Zusammenfassung der Produktmerkmale beizufügen, bei der es sich zugleich um die Fachinformation nach § 11a Absatz 1 Satz 2 handelt, soweit eine solche vorgeschrieben ist. [2]Der zuständigen Bundesoberbehörde sind bei Arzneimitteln, die zur Anwendung bei Menschen bestimmt sind, außerdem die Ergebnis-

se von Bewertungen der Packungsbeilage vorzulegen, die in Zusammenarbeit mit Patienten-Zielgruppen durchgeführt wurden. [3]Die zuständige Bundesoberbehörde kann verlangen, dass ihr ein oder mehrere Muster oder Verkaufsmodelle des Arzneimittels einschließlich der Packungsbeilagen sowie Ausgangsstoffe, Zwischenprodukte und Stoffe, die zur Herstellung oder Prüfung des Arzneimittels verwendet werden, in einer für die Untersuchung ausreichenden Menge und in einem für die Untersuchung geeigneten Zustand vorgelegt werden.

§ 23 Besondere Unterlagen bei Arzneimitteln für Tiere. (1) [1]Bei Arzneimitteln, die zur Anwendung bei Tieren bestimmt sind, die der Gewinnung von Lebensmitteln dienen, ist über § 22 hinaus

1. die Wartezeit anzugeben und mit Unterlagen über die Ergebnisse der Rückstandsprüfung, insbesondere über den Verbleib der pharmakologisch wirksamen Bestandteile und deren Umwandlungsprodukte im Tierkörper und über die Beeinflussung der Lebensmittel tierischer Herkunft, soweit diese für die Beurteilung von Wartezeiten unter Berücksichtigung festgesetzter Höchstmengen erforderlich sind, zu begründen und

2. bei einem Arzneimittel, dessen pharmakologisch wirksamer Bestandteil in Tabelle 1 des Anhangs der Verordnung (EU) Nr. 37/2010 nicht aufgeführt ist, eine Bescheinigung vorzulegen, durch die bestätigt wird, dass bei der Europäischen Arzneimittel-Agentur mindestens sechs Monate vor dem Zulassungsantrag ein Antrag nach Artikel 3 der Verordnung (EG) Nr. 470/2009 des Europäischen Parlaments und des Rates vom 6. Mai 2009 über die Schaffung eines Gemeinschaftsverfahrens für die Festsetzung von Höchstmengen für Rückstände pharmakologisch wirksamer Stoffe in Lebensmitteln tierischen Ursprungs, zur Aufhebung der Verordnung (EWG) Nr. 2377/90 des Rates und zur Änderung der Richtlinie 2001/82/EG des Europäischen Parlaments und des Rates und der Verordnung (EG) Nr. 726/2004 des Europäischen Parlaments und des Rates (ABl. L 152 vom 16.6.2009, S. 11) in der jeweils geltenden Fassung gestellt worden ist.

[2]Satz 1 Nr. 2 gilt nicht, soweit § 25 Abs. 2 Satz 5 Anwendung findet.

(2) [1]Bei Arzneimittel-Vormischungen ist das als Trägerstoff bestimmte Mischfuttermittel unter Bezeichnung des Futtermitteltyps anzugeben. [2]Es ist außerdem zu begründen und durch Unterlagen zu belegen, dass sich die Arzneimittel-Vormischungen für die bestimmungsgemäße Herstellung der Fütterungsarzneimittel eignen, insbesondere dass sie unter Berücksichtigung der bei der Mischfuttermittelherstellung zur Anwendung kommenden Herstellungsverfahren eine homogene und stabile Verteilung der wirksamen Bestandteile in den Fütterungsarzneimitteln erlauben; ferner ist zu begründen und durch Unterlagen zu belegen, für welche Zeitdauer die Fütterungsarzneimittel haltbar sind. [3]Darüber hinaus ist eine routinemäßig durchführbare Kontrollmethode, die zum qualitativen und quantitativen Nachweis der wirksamen Bestandteile in den

Fütterungsarzneimitteln geeignet ist, zu beschreiben und durch Unterlagen über Prüfungsergebnisse zu belegen.

(3) [1]Aus den Unterlagen über die Ergebnisse der Rückstandsprüfung und über das Rückstandsnachweisverfahren nach Absatz 1 sowie aus den Nachweisen über die Eignung der Arzneimittel-Vormischungen für die bestimmungsgemäße Herstellung der Fütterungsarzneimittel und den Prüfungsergebnissen über die Kontrollmethoden nach Absatz 2 müssen Art, Umfang und Zeitpunkt der Prüfungen hervorgehen. [2]An Stelle der Unterlagen, Nachweise und Prüfungsergebnisse nach Satz 1 kann anderes wissenschaftliches Erkenntnismaterial vorgelegt werden.

§ 24 Sachverständigengutachten. (1) [1]Den nach § 22 Abs. 1 Nr. 15, Abs. 2 und 3 und § 23 erforderlichen Unterlagen sind Gutachten von Sachverständigen beizufügen, in denen die Kontrollmethoden, Prüfungsergebnisse und Rückstandsnachweisverfahren zusammengefasst und bewertet werden. [2]Im Einzelnen muss aus den Gutachten insbesondere hervorgehen:

1. aus dem analytischen Gutachten, ob das Arzneimittel die nach den anerkannten pharmazeutischen Regeln angemessene Qualität aufweist, ob die vorgeschlagenen Kontrollmethoden dem jeweiligen Stand der wissenschaftlichen Erkenntnisse entsprechen und zur Beurteilung der Qualität geeignet sind,

2. aus dem pharmakologisch-toxikologischen Gutachten, welche toxischen Wirkungen und welche pharmakologischen Eigenschaften das Arzneimittel hat,

3. aus dem klinischen Gutachten, ob das Arzneimittel bei den angegebenen Anwendungsgebieten angemessen wirksam ist, ob es verträglich ist, ob die vorgesehene Dosierung zweckmäßig ist und welche Gegenanzeigen und Nebenwirkungen bestehen,

4. aus dem Gutachten über die Rückstandsprüfung, ob und wie lange nach der Anwendung des Arzneimittels Rückstände in den von den behandelten Tieren gewonnenen Lebensmitteln auftreten, wie diese Rückstände zu beurteilen sind und ob die vorgesehene Wartezeit ausreicht.

[3]Aus dem Gutachten muss ferner hervorgehen, dass die nach Ablauf der angegebenen Wartezeit vorhandenen Rückstände nach Art und Menge die im Anhang der Verordnung (EU) Nr. 37/2010 festgesetzten Höchstmengen unterschreiten.

(2) Soweit wissenschaftliches Erkenntnismaterial nach § 22 Abs. 3 und § 23 Abs. 3 Satz 2 vorgelegt wird, muss aus den Gutachten hervorgehen, dass das wissenschaftliche Erkenntnismaterial in sinngemäßer Anwendung der Arzneimittelprüfrichtlinien erarbeitet wurde.

(3) [1]Den Gutachten müssen Angaben über den Namen, die Ausbildung und die Berufstätigkeit der Sachverständigen sowie seine berufliche Beziehung zum Antragsteller beigefügt werden. [2]Die Sachverständigen haben mit Unter-

schrift unter Angabe des Datums zu bestätigen, dass das Gutachten von ihnen erstellt worden ist.

§ 24a Verwendung von Unterlagen eines Vorantragstellers. [1]Der Antragsteller kann auf Unterlagen nach § 22 Abs. 2, 3, 3c und § 23 Abs. 1 einschließlich der Sachverständigengutachten nach § 24 Abs. 1 Satz 2 eines früheren Antragstellers (Vorantragsteller) Bezug nehmen, sofern er die schriftliche Zustimmung des Vorantragstellers einschließlich dessen Bestätigung vorlegt, dass die Unterlagen, auf die Bezug genommen wird, die Anforderungen der Arzneimittelprüfrichtlinien nach § 26 erfüllen. [2]Der Vorantragsteller hat sich auf eine Anfrage auf Zustimmung innerhalb einer Frist von drei Monaten zu äußern. [3]Eine teilweise Bezugnahme ist nicht zulässig.

§ 24b Zulassung eines Generikums, Unterlagenschutz. (1) [1]Bei einem Generikum im Sinne des Absatzes 2 kann ohne Zustimmung des Vorantragstellers auf die Unterlagen nach § 22 Abs. 2 Satz 1 Nr. 2 und 3 und § 23 Abs. 1 einschließlich der Sachverständigengutachten nach § 24 Abs. 1 Satz 2 Nr. 2 bis 4 des Arzneimittels des Vorantragstellers (Referenzarzneimittel) Bezug genommen werden, sofern das Referenzarzneimittel seit mindestens acht Jahren zugelassen ist oder vor mindestens acht Jahren zugelassen wurde; dies gilt auch für eine Zulassung in einem anderen Mitgliedstaat der Europäischen Union. [2]Ein Generikum, das gemäß dieser Bestimmung zugelassen wurde, darf frühestens nach Ablauf von zehn Jahren nach Erteilung der ersten Genehmigung für das Referenzarzneimittel in den Verkehr gebracht werden. [3]Der in Satz 2 genannte Zeitraum wird auf höchstens elf Jahre verlängert, wenn der Inhaber der Zulassung innerhalb von acht Jahren seit der Zulassung die Erweiterung der Zulassung um eines oder mehrere neue Anwendungsgebiete erwirkt, die bei der wissenschaftlichen Bewertung vor ihrer Zulassung durch die zuständige Bundesoberbehörde als von bedeutendem klinischem Nutzen im Vergleich zu bestehenden Therapien beurteilt werden.

(2) [1]Die Zulassung als Generikum nach Absatz 1 erfordert, dass das betreffende Arzneimittel die gleiche Zusammensetzung der Wirkstoffe nach Art und Menge und die gleiche Darreichungsform wie das Referenzarzneimittel aufweist und die Bioäquivalenz durch Bioverfügbarkeitsstudien nachgewiesen wurde. [2]Die verschiedenen Salze, Ester, Ether, Isomere, Mischungen von Isomeren, Komplexe oder Derivate eines Wirkstoffes gelten als ein und derselbe Wirkstoff, es sei denn, ihre Eigenschaften unterscheiden sich erheblich hinsichtlich der Unbedenklichkeit oder der Wirksamkeit. [3]In diesem Fall müssen vom Antragsteller ergänzende Unterlagen vorgelegt werden, die die Unbedenklichkeit oder Wirksamkeit der verschiedenen Salze, Ester, Ether, Isomere, Mischungen von Isomeren, Komplexe oder Derivate des Wirkstoffes belegen. [4]Die verschiedenen oralen Darreichungsformen mit sofortiger Wirkstofffreigabe gelten als ein und dieselbe Darreichungsform. [5]Der Antragsteller ist nicht verpflichtet, Bioverfügbarkeitsstudien vorzulegen, wenn er auf sonstige Weise nachweist, dass das Generikum die nach dem Stand der Wissenschaft für die

Bioäquivalenz relevanten Kriterien erfüllt. [6]In den Fällen, in denen das Arzneimittel nicht die Anforderungen eines Generikums erfüllt oder in denen die Bioäquivalenz nicht durch Bioäquivalenzstudien nachgewiesen werden kann oder bei einer Änderung des Wirkstoffes, des Anwendungsgebietes, der Stärke, der Darreichungsform oder des Verabreichungsweges gegenüber dem Referenzarzneimittel sind die Ergebnisse der geeigneten vorklinischen oder klinischen Versuche vorzulegen. [7]Bei Arzneimitteln, die zur Anwendung bei Tieren bestimmt sind, sind die entsprechenden Unbedenklichkeitsuntersuchungen, bei Arzneimitteln, die zur Anwendung bei Tieren bestimmt sind, die der Lebensmittelgewinnung dienen, auch die Ergebnisse der entsprechenden Rückstandsversuche vorzulegen.

(3) [1]Sofern das Referenzarzneimittel nicht von der zuständigen Bundesoberbehörde, sondern der zuständigen Behörde eines anderen Mitgliedstaates zugelassen wurde, hat der Antragsteller im Antragsformular den Mitgliedstaat anzugeben, in dem das Referenzarzneimittel genehmigt wurde oder ist. [2]Die zuständige Bundesoberbehörde ersucht in diesem Fall die zuständige Behörde des anderen Mitgliedstaates, binnen eines Monats eine Bestätigung darüber zu übermitteln, dass das Referenzarzneimittel genehmigt ist oder wurde, sowie die vollständige Zusammensetzung des Referenzarzneimittels und andere Unterlagen, sofern diese für die Zulassung des Generikums erforderlich sind. [3]Im Falle der Genehmigung des Referenzarzneimittels durch die Europäische Arzneimittel-Agentur ersucht die zuständige Bundesoberbehörde diese um die in Satz 2 genannten Angaben und Unterlagen.

(4) Sofern die zuständige Behörde eines anderen Mitgliedstaates, in dem ein Antrag eingereicht wird, die zuständige Bundesoberbehörde um Übermittlung der in Absatz 3 Satz 2 genannten Angaben oder Unterlagen ersucht, hat die zuständige Bundesoberbehörde diesem Ersuchen binnen eines Monats zu entsprechen, sofern mindestens acht Jahre nach Erteilung der ersten Genehmigung für das Referenzarzneimittel vergangen sind.

(5) [1]Erfüllt ein biologisches Arzneimittel, das einem biologischen Referenzarzneimittel ähnlich ist, die für Generika geltenden Anforderungen nach Absatz 2 nicht, weil insbesondere die Ausgangsstoffe oder der Herstellungsprozess des biologischen Arzneimittels sich von dem des biologischen Referenzarzneimittels unterscheiden, so sind die Ergebnisse geeigneter vorklinischer oder klinischer Versuche hinsichtlich dieser Abweichungen vorzulegen. [2]Die Art und Anzahl der vorzulegenden zusätzlichen Unterlagen müssen den nach dem Stand der Wissenschaft relevanten Kriterien entsprechen. [3]Die Ergebnisse anderer Versuche aus den Zulassungsunterlagen des Referenzarzneimittels sind nicht vorzulegen.

(6) Zusätzlich zu den Bestimmungen des Absatzes 1 wird, wenn es sich um einen Antrag für ein neues Anwendungsgebiet eines bekannten Wirkstoffes handelt, der seit mindestens zehn Jahren in der Europäischen Union allgemein medizinisch verwendet wird, eine nicht kumulierbare Ausschließlichkeitsfrist von einem Jahr für die Daten gewährt, die aufgrund bedeutender vorklinischer

oder klinischer Studien im Zusammenhang mit dem neuen Anwendungsgebiet gewonnen wurden.

(7) [1]Absatz 1 Satz 3 und Absatz 6 finden keine Anwendung auf Generika, die zur Anwendung bei Tieren bestimmt sind. [2]Der in Absatz 1 Satz 2 genannte Zeitraum verlängert sich

1. bei Arzneimitteln, die zur Anwendung bei Fischen oder Bienen bestimmt sind, auf dreizehn Jahre,

2. bei Arzneimitteln, die zur Anwendung bei einer oder mehreren Tierarten, die der Gewinnung von Lebensmitteln dienen, bestimmt sind und die einen neuen Wirkstoff enthalten, der am 30. April 2004 noch nicht in der Gemeinschaft zugelassen war, bei jeder Erweiterung der Zulassung auf eine weitere Tierart, die der Gewinnung von Lebensmitteln dient, die innerhalb von fünf Jahren seit der Zulassung erteilt worden ist, um ein Jahr. [3]Dieser Zeitraum darf jedoch bei einer Zulassung für vier oder mehr Tierarten, die der Gewinnung von Lebensmitteln dienen, insgesamt dreizehn Jahre nicht übersteigen.

[4]Die Verlängerung des Zehnjahreszeitraums für ein Arzneimittel für eine Tierart, die der Lebensmittelgewinnung dient, auf elf, zwölf oder dreizehn Jahre erfolgt unter der Voraussetzung, dass der Inhaber der Zulassung ursprünglich auch die Festsetzung der Rückstandhöchstmengen für die von der Zulassung betroffenen Tierarten beantragt hat.

(8) Handelt es sich um die Erweiterung einer Zulassung für ein nach § 22 Abs. 3 zugelassenes Arzneimittel auf eine Zieltierart, die der Lebensmittelgewinnung dient, die unter Vorlage neuer Rückstandsversuche und neuer klinischer Versuche erwirkt worden ist, wird eine Ausschließlichkeitsfrist von drei Jahren nach der Erteilung der Zulassung für die Daten gewährt, für die die genannten Versuche durchgeführt wurden.

§ 24c Nachforderungen. [1]Müssen von mehreren Inhabern der Zulassung inhaltlich gleiche Unterlagen nachgefordert werden, so teilt die zuständige Bundesoberbehörde jedem Inhaber der Zulassung mit, welche Unterlagen für die weitere Beurteilung erforderlich sind, sowie Namen und Anschrift der übrigen beteiligten Zulassungsinhaber. [2]Die zuständige Bundesoberbehörde gibt den beteiligten Inhabern der Zulassung Gelegenheit, sich innerhalb einer von ihr zu bestimmenden Frist zu einigen, wer die Unterlagen vorlegt. [3]Kommt eine Einigung nicht zustande, so entscheidet die zuständige Bundesoberbehörde und unterrichtet hiervon unverzüglich alle Beteiligten. [4]Diese sind, sofern sie nicht auf die Zulassung ihres Arzneimittels verzichten, verpflichtet, sich jeweils mit einem der Zahl der beteiligten Inhaber der Zulassung entsprechenden Bruchteil an den Aufwendungen für die Erstellung der Unterlagen zu beteiligen; sie haften als Gesamtschuldner. [5]Die Sätze 1 bis 4 gelten entsprechend für die Nutzer von Standardzulassungen sowie, wenn inhaltlich gleiche Unterlagen von mehreren Antragstellern in laufenden Zulassungsverfahren gefordert werden.

§ 24d Allgemeine Verwertungsbefugnis. Die zuständige Bundesoberbehörde kann bei Erfüllung ihrer Aufgaben nach diesem Gesetz ihr vorliegende Unterlagen mit Ausnahme der Unterlagen nach § 22 Abs. 1 Nr. 11, 14 und 15 sowie Abs. 2 Nr. 1 und des Gutachtens nach § 24 Abs. 1 Satz 2 Nr. 1 verwerten, sofern die erstmalige Zulassung des Arzneimittels in einem Mitgliedstaat der Europäischen Union länger als acht Jahre zurückliegt oder ein Verfahren nach § 24c noch nicht abgeschlossen ist oder soweit nicht die §§ 24a und 24b speziellere Vorschriften für die Bezugnahme auf Unterlagen eines Vorantragstellers enthalten.

§ 25 Entscheidung über die Zulassung. (1) ¹Die zuständige Bundesoberbehörde erteilt die Zulassung schriftlich unter Zuteilung einer Zulassungsnummer. ²Die Zulassung gilt nur für das im Zulassungsbescheid aufgeführte Arzneimittel und bei Arzneimitteln, die nach einer homöopathischen Verfahrenstechnik hergestellt sind, auch für die in einem nach § 25 Abs. 7 Satz 1 in der vor dem 17. August 1994 geltenden Fassung bekannt gemachten Ergebnis genannten und im Zulassungsbescheid aufgeführten Verdünnungsgrade.

(2) ¹Die zuständige Bundesoberbehörde darf die Zulassung nur versagen, wenn

1. die vorgelegten Unterlagen, einschließlich solcher Unterlagen, die aufgrund einer Verordnung der Europäischen Gemeinschaft oder der Europäischen Union vorzulegen sind, unvollständig sind,

2. das Arzneimittel nicht nach dem jeweils gesicherten Stand der wissenschaftlichen Erkenntnisse ausreichend geprüft worden ist oder das andere wissenschaftliche Erkenntnismaterial nach § 22 Abs. 3 nicht dem jeweils gesicherten Stand der wissenschaftlichen Erkenntnisse entspricht,

3. das Arzneimittel nicht nach den anerkannten pharmazeutischen Regeln hergestellt wird oder nicht die angemessene Qualität aufweist,

4. dem Arzneimittel die vom Antragsteller angegebene therapeutische Wirksamkeit fehlt oder diese nach dem jeweils gesicherten Stand der wissenschaftlichen Erkenntnisse vom Antragsteller unzureichend begründet ist,

5. das Nutzen-Risiko-Verhältnis ungünstig ist,

5a. bei einem Arzneimittel, das mehr als einen Wirkstoff enthält, eine ausreichende Begründung fehlt, dass jeder Wirkstoff einen Beitrag zur positiven Beurteilung des Arzneimittels leistet, wobei die Besonderheiten der jeweiligen Arzneimittel in einer risikogestuften Bewertung zu berücksichtigen sind,

6. die angegebene Wartezeit nicht ausreicht,

6a. bei Arzneimittel-Vormischungen die zum qualitativen und quantitativen Nachweis der Wirkstoffe in den Fütterungsarzneimitteln angewendeten Kontrollmethoden nicht routinemäßig durchführbar sind,

6b. das Arzneimittel zur Anwendung bei Tieren bestimmt ist, die der Gewinnung von Lebensmitteln dienen, und einen pharmakologisch wirksamen Bestandteil enthält, der nicht in Tabelle 1 des Anhangs der Verordnung (EU) Nr. 37/2010 enthalten ist,

7. das Inverkehrbringen des Arzneimittels oder seine Anwendung bei Tieren gegen gesetzliche Vorschriften oder gegen eine Verordnung oder eine Richtlinie oder eine Entscheidung oder einen Beschluss der Europäischen Gemeinschaft oder der Europäischen Union verstoßen würde. [2]Die Zulassung darf nach Satz 1 Nr. 4 nicht deshalb versagt werden, weil therapeutische Ergebnisse nur in einer beschränkten Zahl von Fällen erzielt worden sind. [3]Die therapeutische Wirksamkeit fehlt, wenn der Antragsteller nicht entsprechend dem jeweils gesicherten Stand der wissenschaftlichen Erkenntnisse nachweist, dass sich mit dem Arzneimittel therapeutische Ergebnisse erzielen lassen. [4]Die medizinischen Erfahrungen der jeweiligen Therapierichtung sind zu berücksichtigen. [5]Die Zulassung darf nach Satz 1 Nr. 6b nicht versagt werden, wenn das Arzneimittel zur Behandlung einzelner Einhufer bestimmt ist, bei denen die in Artikel 6 Abs. 3 der Richtlinie 2001/82/EG genannten Voraussetzungen vorliegen, und es die übrigen Voraussetzungen des Artikels 6 Abs. 3 der Richtlinie 2001/82/EG erfüllt.

(3) [1]Die Zulassung ist für ein Arzneimittel zu versagen, das sich von einem zugelassenen oder bereits im Verkehr befindlichen Arzneimittel gleicher Bezeichnung in der Art oder der Menge der wirksamen Bestandteile unterscheidet. [2]Abweichend von Satz 1 ist ein Unterschied in der Menge der Wirkstoffe unschädlich, wenn sich die Arzneimittel in der Darreichungsform unterscheiden.

(4) [1]Ist die zuständige Bundesoberbehörde der Auffassung, dass eine Zulassung aufgrund der vorgelegten Unterlagen nicht erteilt werden kann, teilt sie dies dem Antragsteller unter Angabe von Gründen mit. [2]Dem Antragsteller ist dabei Gelegenheit zu geben, Mängeln innerhalb einer angemessenen Frist, jedoch höchstens innerhalb von sechs Monaten abzuhelfen. [3]Wird den Mängeln nicht innerhalb dieser Frist abgeholfen, so ist die Zulassung zu versagen. [4]Nach einer Entscheidung über die Versagung der Zulassung ist das Einreichen von Unterlagen zur Mängelbeseitigung ausgeschlossen.

(5) [1]Die Zulassung ist aufgrund der Prüfung der eingereichten Unterlagen und auf der Grundlage der Sachverständigengutachten zu erteilen. [2]Zur Beurteilung der Unterlagen kann die zuständige Bundesoberbehörde eigene wissenschaftliche Ergebnisse verwerten, Sachverständige beiziehen oder Gutachten anfordern. [3]Die zuständige Bundesoberbehörde kann in Betrieben und Einrichtungen, die Arzneimittel entwickeln, herstellen, prüfen oder klinisch prüfen, zulassungsbezogene Angaben und Unterlagen auch im Zusammenhang mit einer Genehmigung für das Inverkehrbringen gemäß Artikel 3 Abs. 1 oder 2 der Verordnung (EG) Nr. 726/2004, überprüfen. [4]Zu diesem Zweck können Beauftragte der zuständigen Bundesoberbehörde im Benehmen mit der zuständigen Behörde Betriebs- und Geschäftsräume zu den üblichen Geschäftszeiten betreten, Unterlagen einsehen sowie Auskünfte verlangen. [5]Die zuständige Bundesoberbehörde kann ferner die Beurteilung der Unterlagen durch unabhängige Gegensachverständige durchführen lassen und legt deren Beurteilung der Zulassungsentscheidung und, soweit es sich um Arzneimittel handelt, die der

Verschreibungspflicht nach § 48 Abs. 2 Nr. 1 unterliegen, dem der Zulassungskommission nach Absatz 6 Satz 1 vorzulegenden Entwurf der Zulassungsentscheidung zugrunde. [6]Als Gegensachverständiger nach Satz 5 kann von der zuständigen Bundesoberbehörde beauftragt werden, wer die erforderliche Sachkenntnis und die zur Ausübung der Tätigkeit als Gegensachverständiger erforderliche Zuverlässigkeit besitzt. [7]Dem Antragsteller ist auf Antrag Einsicht in die Gutachten zu gewähren. [8]Verlangt der Antragsteller, von ihm gestellte Sachverständige beizuziehen, so sind auch diese zu hören. [9]Für die Berufung als Sachverständiger, Gegensachverständiger und Gutachter gilt Absatz 6 Satz 5 und 6 entsprechend.

(5a) [1]Die zuständige Bundesoberbehörde erstellt ferner einen Beurteilungsbericht über die eingereichten Unterlagen zur Qualität, Unbedenklichkeit und Wirksamkeit und gibt darin eine Stellungnahme hinsichtlich der Ergebnisse von pharmazeutischen und vorklinischen Versuchen sowie klinischen Prüfungen sowie bei Arzneimitteln, die zur Anwendung bei Menschen bestimmt sind, auch zum Risikomanagement- und zum Pharmakovigilanz-System ab; bei Arzneimitteln, die zur Anwendung bei Tieren bestimmt sind, die der Gewinnung von Lebensmitteln dienen, bezieht sich der Beurteilungsbericht auch auf die Ergebnisse der Rückstandsprüfung. [2]Der Beurteilungsbericht ist zu aktualisieren, wenn hierzu neue Informationen verfügbar werden.

(5b) Absatz 5a findet keine Anwendung auf Arzneimittel, die nach einer homöopathischen Verfahrenstechnik hergestellt werden, sofern diese Arzneimittel dem Artikel 16 Abs. 2 der Richtlinie 2001/82/EG oder dem Artikel 19 Abs. 2 der Richtlinie 2001/82/EG unterliegen.

(6) [1]Vor der Entscheidung über die Zulassung eines Arzneimittels, das den Therapierichtungen Phytotherapie, Homöopathie oder Anthroposophie zuzurechnen ist und das der Verschreibungspflicht nach § 48 Abs. 2 Nr. 1 unterliegt, ist eine Zulassungskommission zu hören. [2]Die Anhörung erstreckt sich auf den Inhalt der eingereichten Unterlagen, der Sachverständigengutachten, der angeforderten Gutachten, die Stellungnahmen der beigezogenen Sachverständigen, das Prüfungsergebnis und die Gründe, die für die Entscheidung über die Zulassung wesentlich sind, oder die Beurteilung durch die Gegensachverständigen. [3]Weicht die Bundesoberbehörde bei der Entscheidung über den Antrag von dem Ergebnis der Anhörung ab, so hat sie die Gründe für die abweichende Entscheidung darzulegen. [4]Das Bundesministerium beruft, soweit es sich um zur Anwendung bei Tieren bestimmte Arzneimittel handelt im Einvernehmen mit dem Bundesministerium für Ernährung und Landwirtschaft, die Mitglieder der Zulassungskommission unter Berücksichtigung von Vorschlägen der Kammern der Heilberufe, der Fachgesellschaften der Ärzte, Zahnärzte, Tierärzte, Apotheker, Heilpraktiker sowie der für die Wahrnehmung ihrer Interessen gebildeten maßgeblichen Spitzenverbände der pharmazeutischen Unternehmer, Patienten und Verbraucher. [5]Bei der Berufung sind die jeweiligen Besonderheiten der Arzneimittel zu berücksichtigen. [6]In die Zulassungskommission werden Sachverständige berufen, die auf den jeweiligen Anwendungsgebieten und in der je-

weiligen Therapierichtung (Phytotherapie, Homöopathie, Anthroposophie) über wissenschaftliche Kenntnisse verfügen und praktische Erfahrungen gesammelt haben.

(7) [1]Für Arzneimittel, die nicht der Verschreibungspflicht nach § 48 Abs. 2 Nr. 1 unterliegen, werden bei der zuständigen Bundesoberbehörde Kommissionen für bestimmte Anwendungsgebiete oder Therapierichtungen gebildet. [2]Absatz 6 Satz 4 bis 6 findet entsprechende Anwendung. [3]Die zuständige Bundesoberbehörde kann zur Vorbereitung der Entscheidung über die Verlängerung von Zulassungen nach § 105 Abs. 3 Satz 1 die zuständige Kommission beteiligen. [4]Betrifft die Entscheidung nach Satz 3 Arzneimittel einer bestimmten Therapierichtung (Phytotherapie, Homöopathie, Anthroposophie), ist die zuständige Kommission zu beteiligen, sofern eine vollständige Versagung der Verlängerung nach § 105 Abs. 3 Satz 1 beabsichtigt oder die Entscheidung von grundsätzlicher Bedeutung ist; sie hat innerhalb von zwei Monaten Gelegenheit zur Stellungnahme. [5]Soweit die Bundesoberbehörde bei der Entscheidung nach Satz 4 die Stellungnahme der Kommission nicht berücksichtigt, legt sie die Gründe dar.

(7a) [1]Zur Verbesserung der Arzneimittelsicherheit für Kinder und Jugendliche wird beim Bundesinstitut für Arzneimittel und Medizinprodukte eine Kommission für Arzneimittel für Kinder und Jugendliche gebildet. [2]Absatz 6 Satz 4 bis 6 findet entsprechende Anwendung. [3]Zur Vorbereitung der Entscheidung über den Antrag auf Zulassung eines Arzneimittels, das auch zur Anwendung bei Kindern oder Jugendlichen bestimmt ist, beteiligt die zuständige Bundesoberbehörde die Kommission. [4]Die zuständige Bundesoberbehörde kann ferner zur Vorbereitung der Entscheidung über den Antrag auf Zulassung eines anderen als in Satz 3 genannten Arzneimittels, bei dem eine Anwendung bei Kindern oder Jugendlichen in Betracht kommt, die Kommission beteiligen. [5]Die Kommission hat Gelegenheit zur Stellungnahme. [6]Soweit die Bundesoberbehörde bei der Entscheidung die Stellungnahme der Kommission nicht berücksichtigt, legt sie die Gründe dar. [7]Die Kommission kann ferner zu Arzneimitteln, die nicht für die Anwendung bei Kindern oder Jugendlichen zugelassen sind, den anerkannten Stand der Wissenschaft dafür feststellen, unter welchen Voraussetzungen diese Arzneimittel bei Kindern oder Jugendlichen angewendet werden können. [8]Für die Arzneimittel der Phytotherapie, Homöopathie und anthroposophischen Medizin werden die Aufgaben und Befugnisse nach den Sätzen 3 bis 7 von den Kommissionen nach Absatz 7 Satz 4 wahrgenommen.

(8) [1]Bei Sera, Impfstoffen, Blutzubereitungen, Gewebezubereitungen, Allergenen, xenogenen Arzneimitteln, die keine Arzneimittel nach § 4 Absatz 9 sind, erteilt die zuständige Bundesoberbehörde die Zulassung entweder aufgrund der Prüfung der eingereichten Unterlagen oder aufgrund eigener Untersuchungen oder aufgrund der Beobachtung der Prüfungen des Herstellers. [2]Dabei können Beauftragte der zuständigen Bundesoberbehörde im Benehmen mit der zuständigen Behörde Betriebs- und Geschäftsräume zu den üblichen

Geschäftszeiten betreten und in diesen sowie in den dem Betrieb dienenden Beförderungsmitteln Besichtigungen vornehmen. [3]Auf Verlangen der zuständigen Bundesoberbehörde hat der Antragsteller das Herstellungsverfahren mitzuteilen. [4]Bei diesen Arzneimitteln finden die Absätze 6, 7 und 7a keine Anwendung.

(8a) Absatz 8 Satz 1 bis 3 findet entsprechende Anwendung auf Kontrollmethoden nach § 23 Abs. 2 Satz 3.

(9) [1]Werden verschiedene Stärken, Darreichungsformen, Verabreichungswege oder Ausbietungen eines Arzneimittels beantragt, so können diese auf Antrag des Antragstellers Gegenstand einer einheitlichen umfassenden Zulassung sein; dies gilt auch für nachträgliche Änderungen und Erweiterungen. [2]Dabei ist eine einheitliche Zulassungsnummer zu verwenden, der weitere Kennzeichen zur Unterscheidung der Darreichungsformen oder Konzentrationen hinzugefügt werden müssen. [3]Für Zulassungen nach § 24b Abs. 1 gelten Einzelzulassungen eines Referenzarzneimittels als einheitliche umfassende Zulassung.

(10) Die Zulassung lässt die zivil- und strafrechtliche Verantwortlichkeit des pharmazeutischen Unternehmers unberührt.

§ 25a Vorprüfung. (1) [1]Die zuständige Bundesoberbehörde kann den Zulassungsantrag durch unabhängige Sachverständige auf Vollständigkeit und daraufhin prüfen lassen, ob das Arzneimittel nach dem jeweils gesicherten Stand der wissenschaftlichen Erkenntnisse ausreichend geprüft worden ist. [2]§ 25 Abs. 6 Satz 5 findet entsprechende Anwendung.

(2) Bei Beanstandungen im Sinne des Absatzes 1 hat der Sachverständige dem Antragsteller Gelegenheit zu geben, Mängeln innerhalb von drei Monaten abzuhelfen.

(3) [1]Ist der Zulassungsantrag nach Ablauf der Frist unter Zugrundelegung der abschließenden Stellungnahme des Sachverständigen weiterhin unvollständig oder mangelhaft im Sinne des § 25 Abs. 2 Nr. 2, so ist die Zulassung zu versagen. [2]§ 25 Abs. 4 und 6 findet auf die Vorprüfung keine Anwendung.

(4) Stellt die zuständige Bundesoberbehörde fest, dass ein gleich lautender Zulassungsantrag in einem anderen Mitgliedstaat der Europäischen Union geprüft wird, lehnt sie den Antrag ab und setzt den Antragsteller in Kenntnis, dass ein Verfahren nach § 25b Anwendung findet.

(5) Wird die zuständige Bundesoberbehörde nach § 22 unterrichtet, dass sich ein Antrag auf ein in einem anderen Mitgliedstaat der Europäischen Union bereits zugelassenes Arzneimittel bezieht, lehnt sie den Antrag ab, es sei denn, er wurde nach § 25b eingereicht.

§ 25b Verfahren der gegenseitigen Anerkennung und dezentralisiertes Verfahren. (1) Für die Erteilung einer Zulassung oder Genehmigung in mehr als einem Mitgliedstaat der Europäischen Union hat der Antragsteller einen auf identischen Unterlagen beruhenden Antrag in diesen Mitgliedstaaten einzureichen; dies kann in englischer Sprache erfolgen.

(2) [1]Ist das Arzneimittel zum Zeitpunkt der Antragstellung bereits in einem anderen Mitgliedstaat der Europäischen Union genehmigt oder zugelassen worden, ist diese Zulassung auf der Grundlage des von diesem Staat übermittelten Beurteilungsberichtes anzuerkennen, es sei denn, dass Anlass zu der Annahme besteht, dass die Zulassung des Arzneimittels eine schwerwiegende Gefahr für die öffentliche Gesundheit, bei Arzneimitteln zur Anwendung bei Tieren eine schwerwiegende Gefahr für die Gesundheit von Mensch oder Tier oder für die Umwelt darstellt. [2]In diesem Fall hat die zuständige Bundesoberbehörde nach Maßgabe des Artikels 29 der Richtlinie 2001/83/EG oder des Artikels 33 der Richtlinie 2001/82/EG zu verfahren.

(3) [1]Ist das Arzneimittel zum Zeitpunkt der Antragstellung noch nicht zugelassen, hat die zuständige Bundesoberbehörde, soweit sie Referenzmitgliedstaat im Sinne des Artikels 28 der Richtlinie 2001/83/EG oder des Artikels 32 der Richtlinie 2001/82/EG ist, Entwürfe des Beurteilungsberichtes, der Zusammenfassung der Merkmale des Arzneimittels und der Kennzeichnung und der Packungsbeilage zu erstellen und den zuständigen Mitgliedstaaten und dem Antragsteller zu übermitteln. [2]§ 25 Absatz 5 Satz 5 gilt entsprechend.

(4) Für die Anerkennung der Zulassung eines anderen Mitgliedstaates finden Kapitel 4 der Richtlinie 2001/83/EG und Kapitel 4 der Richtlinie 2001/82/EG Anwendung.

(5) [1]Bei einer abweichenden Entscheidung bezüglich der Zulassung, ihrer Aussetzung oder Rücknahme finden die Artikel 30, 32, 33 und 34 der Richtlinie 2001/83/EG und die Artikel 34, 36, 37 und 38 der Richtlinie 2001/82/EG Anwendung. [2]Im Falle einer Entscheidung nach Artikel 34 der Richtlinie 2001/83/EG oder nach Artikel 38 der Richtlinie 2001/82/EG ist über die Zulassung nach Maßgabe der nach diesen Artikeln getroffenen Entscheidung oder des nach diesen Artikeln getroffenen Beschlusses der Europäischen Gemeinschaft oder der Europäischen Union zu entscheiden. [3]Ein Vorverfahren nach § 68 der Verwaltungsgerichtsordnung findet bei Rechtsmitteln gegen Entscheidungen der zuständigen Bundesoberbehörden nach Satz 2 nicht statt. [4]Ferner findet § 25 Abs. 6 keine Anwendung.

(6) Die Absätze 1 bis 5 finden keine Anwendung auf Arzneimittel, die nach einer homöopathischen Verfahrenstechnik hergestellt worden sind, sofern diese Arzneimittel dem Artikel 16 Abs. 2 der Richtlinie 2001/83/EG oder dem Artikel 19 Abs. 2 der Richtlinie 2001/82/EG unterliegen.

§ 25c Maßnahmen der zuständigen Bundesoberbehörde zu Entscheidungen oder Beschlüssen der Europäischen Gemeinschaft oder der Europäischen Union. Die zuständige Bundesoberbehörde trifft die zur Durchführung von Entscheidungen oder Beschlüssen der Europäischen Gemeinschaft oder der Europäischen Union nach Artikel 127a der Richtlinie 2001/83/EG oder nach Artikel 95b der Richtlinie 2001/82/EG erforderlichen Maßnahmen.

§ 26 Arzneimittelprüfrichtlinien. (1) [1]Das Bundesministerium wird ermächtigt, durch Rechtsverordnung mit Zustimmung des Bundesrates Anforderungen an die in den §§ 22 bis 24, auch in Verbindung mit § 38 Absatz 2 und § 39b Absatz 1 bezeichneten Angaben, Unterlagen und Gutachten sowie deren Prüfung durch die zuständige Bundesoberbehörde zu regeln. [2]Die Vorschriften müssen dem jeweils gesicherten Stand der wissenschaftlichen Erkenntnisse entsprechen und sind laufend an diesen anzupassen, insbesondere sind Tierversuche durch andere Prüfverfahren zu ersetzen, wenn dies nach dem Stand der wissenschaftlichen Erkenntnisse im Hinblick auf den Prüfungszweck vertretbar ist. [3]Die Rechtsordnung ergeht, soweit es sich um radioaktive Arzneimittel und um Arzneimittel handelt, bei deren Herstellung ionisierende Strahlen verwendet werden und soweit es sich um Prüfungen zur Ökotoxizität handelt, im Einvernehmen mit dem Bundesministerium für Umwelt, Naturschutz, Bau und Reaktorsicherheit und, soweit es sich um Arzneimittel handelt, die zur Anwendung bei Tieren bestimmt sind, im Einvernehmen mit dem Bundesministerium für Ernährung und Landwirtschaft.

(2) [1]Die zuständige Bundesoberbehörde und die Kommissionen nach § 25 Abs. 7 haben die Arzneimittelprüfrichtlinien sinngemäß auf das wissenschaftliche Erkenntnismaterial nach § 22 Abs. 3 und § 23 Abs. 3 Satz 2 anzuwenden, wobei die Besonderheiten der jeweiligen Arzneimittel zu berücksichtigen sind. [2]Als wissenschaftliches Erkenntnismaterial gilt auch das nach wissenschaftlichen Methoden aufbereitete medizinische Erfahrungsmaterial.

§ 27 Fristen für die Erteilung. (1) [1]Die zuständige Bundesoberbehörde hat eine Entscheidung über den Antrag auf Zulassung innerhalb einer Frist von sieben Monaten zu treffen. [2]Die Entscheidung über die Anerkennung einer Zulassung ist innerhalb einer Frist von drei Monaten nach Erhalt des Beurteilungsberichtes zu treffen. [3]Ein Beurteilungsbericht ist innerhalb einer Frist von drei Monaten zu erstellen.

(2) [1]Gibt die zuständige Bundesoberbehörde dem Antragsteller nach § 25 Abs. 4 Gelegenheit, Mängeln abzuhelfen, so werden die Fristen bis zur Behebung der Mängel oder bis zum Ablauf der nach § 25 Abs. 4 gesetzten Frist gehemmt. [2]Die Hemmung beginnt mit dem Tage, an dem dem Antragsteller die Aufforderung zur Behebung der Mängel zugestellt wird. [3]Das Gleiche gilt für die Frist, die dem Antragsteller auf sein Verlangen hin eingeräumt wird, auch unter Beiziehung von Sachverständigen, Stellung zu nehmen.

(3) Bei Verfahren nach § 25b Abs. 3 verlängert sich die Frist zum Abschluss des Verfahrens entsprechend den Vorschriften in Artikel 28 der Richtlinie 2001/83/EG und Artikel 32 der Richtlinie 2001/82/EG um drei Monate.

§ 28[12] **Auflagenbefugnis.** (1) [1]Die zuständige Bundesoberbehörde kann die Zulassung mit Auflagen verbinden. [2]Bei Auflagen nach den Absätzen 2 bis 3d zum Schutz der Umwelt entscheidet die zuständige Bundesoberbehörde im Einvernehmen mit dem Umweltbundesamt, soweit Auswirkungen auf die Umwelt zu bewerten sind. [3]Hierzu übermittelt die zuständige Bundesoberbehörde dem Umweltbundesamt die zur Beurteilung der Auswirkungen auf die Umwelt erforderlichen Angaben und Unterlagen. [4]Auflagen können auch nachträglich angeordnet werden.

(2) Auflagen nach Absatz 1 können angeordnet werden, um sicherzustellen, dass

1. die Kennzeichnung der Behältnisse und äußeren Umhüllungen den Vorschriften des § 10 entspricht; dabei kann angeordnet werden, dass angegeben werden müssen

   a) Hinweise oder Warnhinweise, soweit sie erforderlich sind, um bei der Anwendung des Arzneimittels eine unmittelbare oder mittelbare Gefährdung der Gesundheit von Mensch oder Tier zu verhüten,

   b) Aufbewahrungshinweise für den Verbraucher und Lagerhinweise für die Fachkreise, soweit sie geboten sind, um die erforderliche Qualität des Arzneimittels zu erhalten,

2. die Packungsbeilage den Vorschriften des § 11 entspricht; dabei kann angeordnet werden, dass angegeben werden müssen

   a) die in der Nummer 1 Buchstabe a genannten Hinweise oder Warnhinweise,

   b) die Aufbewahrungshinweise für den Verbraucher, soweit sie geboten sind, um die erforderliche Qualität des Arzneimittels zu erhalten,

---

12 Gemäß Art. 2 Nr. 8 G vom 20.12.2016 (BGBl. I S. 3048) wird § 28 wie folgt geändert:
  a) Absatz 3a wird wie folgt geändert:
     aa) In Nummer 2 wird das Wort „Unbedenklichkeitsprüfungen" durch das Wort „Unbedenklichkeitsstudien" ersetzt.
     bb) In Nummer 6 wird das Wort „Wirksamkeitsprüfungen" durch das Wort „Wirksamkeitsstudien" ersetzt.
  b) Absatz 3b wird wie folgt geändert:
     aa) Satz 1 wird wie folgt geändert:
        aaa) In Nummer 2 wird das Wort „Unbedenklichkeitsprüfungen" durch das Wort „Unbedenklichkeitsstudien" ersetzt.
        bbb) In Nummer 3 wird das Wort „Wirksamkeitsprüfung" jeweils durch das Wort „Wirksamkeitsstudie" ersetzt.
     bb) In Satz 2 wird das Wort „Unbedenklichkeitsprüfung" durch das Wort „Unbedenklichkeitsstudie" ersetzt.
  Diese Änderungen treten sechs Monate nach der Veröffentlichung der Mitteilung der Europäischen Kommission über die Funktionsfähigkeit des EU-Portals und der Datenbank nach Artikel 82 der Verordnung (EU) Nr. 536/2014 des Europäischen Parlaments und des Rates vom 16. April 2014 über klinische Prüfungen mit Humanarzneimitteln und zur Aufhebung der Richtlinie 2001/20/EG (ABl. L 158 vom 27.5.2014, S. 1) im Amtsblatt der Europäischen Union in Kraft.

2a. die Fachinformation den Vorschriften des § 11a entspricht; dabei kann angeordnet werden, dass angegeben werden müssen
   a) die in Nummer 1 Buchstabe a genannten Hinweise oder Warnhinweise,
   b) besondere Lager- und Aufbewahrungshinweise, soweit sie geboten sind, um die erforderliche Qualität des Arzneimittels zu erhalten,
   c) Hinweise auf Auflagen nach Absatz 3,
3. die Angaben nach den §§ 10, 11 und 11a den für die Zulassung eingereichten Unterlagen entsprechen und dabei einheitliche und allgemein verständliche Begriffe und ein einheitlicher Wortlaut, auch entsprechend den Empfehlungen und Stellungnahmen der Ausschüsse der Europäischen Arzneimittel-Agentur, verwendet werden, wobei die Angabe weiterer Gegenanzeigen, Nebenwirkungen und Wechselwirkungen zulässig bleibt; von dieser Befugnis kann die zuständige Bundesoberbehörde allgemein aus Gründen der Arzneimittelsicherheit, der Transparenz oder der rationellen Arbeitsweise Gebrauch machen; dabei kann angeordnet werden, dass bei verschreibungspflichtigen Arzneimitteln bestimmte Anwendungsgebiete entfallen, wenn zu befürchten ist, dass durch deren Angabe der therapeutische Zweck gefährdet wird,
4. das Arzneimittel in Packungsgrößen in den Verkehr gebracht wird, die den Anwendungsgebieten und der vorgesehenen Dauer der Anwendung angemessen sind,
5. das Arzneimittel in einem Behältnis mit bestimmter Form, bestimmtem Verschluss oder sonstiger Sicherheitsvorkehrung in den Verkehr gebracht wird, soweit es geboten ist, um die Einhaltung der Dosierungsanleitung zu gewährleisten oder um die Gefahr des Missbrauchs durch Kinder zu verhüten.

(2a) Warnhinweise nach Absatz 2 können auch angeordnet werden, um sicherzustellen, dass das Arzneimittel nur von Ärzten bestimmter Fachgebiete verschrieben und unter deren Kontrolle oder nur in Kliniken oder Spezialkliniken oder in Zusammenarbeit mit solchen Einrichtungen angewendet werden darf, wenn dies erforderlich ist, um bei der Anwendung eine unmittelbare oder mittelbare Gefährdung der Gesundheit von Menschen zu verhüten, insbesondere, wenn die Anwendung des Arzneimittels nur bei Vorhandensein besonderer Fachkunde oder besonderer therapeutischer Einrichtungen unbedenklich erscheint.

(3) [1]Die zuständige Bundesoberbehörde kann durch Auflagen ferner anordnen, dass weitere analytische, pharmakologisch-toxikologische oder klinische Prüfungen durchgeführt werden und über die Ergebnisse berichtet wird, wenn hinreichende Anhaltspunkte dafür vorliegen, dass das Arzneimittel einen großen therapeutischen Wert haben kann und deshalb ein öffentliches Interesse an seinem unverzüglichen Inverkehrbringen besteht, jedoch für die umfassende Beurteilung des Arzneimittels weitere wichtige Angaben erforderlich sind. [2]Die zuständige Bundesoberbehörde überprüft jährlich die Ergebnisse dieser Prüfungen. [3]Satz 1 gilt entsprechend für Unterlagen über das Rückstandsnachweisverfahren nach § 23 Abs. 1 Nr. 2.

(3a) Die zuständige Bundesoberbehörde kann bei Arzneimitteln, die zur Anwendung bei Menschen bestimmt sind, bei Erteilung der Zulassung durch Auflagen ferner anordnen,

1. bestimmte im Risikomanagement-System enthaltene Maßnahmen zur Gewährleistung der sicheren Anwendung des Arzneimittels zu ergreifen, wenn dies im Interesse der Arzneimittelsicherheit erforderlich ist,

2. Unbedenklichkeitsprüfungen durchzuführen, wenn dies im Interesse der Arzneimittelsicherheit erforderlich ist,

3. Verpflichtungen im Hinblick auf die Erfassung oder Meldung von Verdachtsfällen von Nebenwirkungen, die über jene des Zehnten Abschnitts hinausgehen, einzuhalten, wenn dies im Interesse der Arzneimittelsicherheit erforderlich ist,

4. sonstige erforderliche Maßnahmen hinsichtlich der sicheren und wirksamen Anwendung des Arzneimittels zu ergreifen, wenn dies im Interesse der Arzneimittelsicherheit erforderlich ist,

5. ein angemessenes Pharmakovigilanz-System einzuführen, wenn dies im Interesse der Arzneimittelsicherheit erforderlich ist,

6. soweit Bedenken bezüglich einzelner Aspekte der Wirksamkeit des Arzneimittels bestehen, die erst nach seinem Inverkehrbringen beseitigt werden können, Wirksamkeitsprüfungen nach der Zulassung durchzuführen, die den Vorgaben in Artikel 21a Satz 1 Buchstabe f der Richtlinie 2001/83/EG entsprechen.

(3b) [1]Die zuständige Bundesoberbehörde kann bei Arzneimitteln, die zur Anwendung bei Menschen bestimmt sind, nach Erteilung der Zulassung ferner durch Auflagen anordnen,

1. ein Risikomanagement-System und einen Risikomanagement-Plan einzuführen, wenn dies im Interesse der Arzneimittelsicherheit erforderlich ist,

2. Unbedenklichkeitsprüfungen durchzuführen, wenn dies im Interesse der Arzneimittelsicherheit erforderlich ist,

3. eine Wirksamkeitsprüfung durchzuführen, wenn Erkenntnisse über die Krankheit oder die klinische Methodik darauf hindeuten, dass frühere Bewertungen der Wirksamkeit erheblich korrigiert werden müssen; die Verpflichtung, diese Wirksamkeitsprüfung nach der Zulassung durchzuführen, muss den Vorgaben nach Artikel 22a Absatz 1 Buchstabe b Satz 2 der Richtlinie 2001/83/EG entsprechen.

[2]Liegen die Voraussetzungen für eine Auflage nach Satz 1 Nummer 2 für mehr als ein Arzneimittel vor und sind dies Arzneimittel, die in mehreren Mitgliedstaaten zugelassen sind, empfiehlt die zuständige Bundesoberbehörde nach Befassung des Ausschusses für Risikobewertung im Bereich der Pharmakovigilanz nach Artikel 56 Absatz 1 Doppelbuchstabe aa der Verordnung (EG) Nr. 726/2004 den betroffenen Inhabern der Zulassung, eine gemeinsame Unbedenklichkeitsprüfung nach der Zulassung durchzuführen.

(3c) [1]Die zuständige Bundesoberbehörde kann durch Auflage ferner anordnen, dass bei der Herstellung und Kontrolle solcher Arzneimittel und ihrer Ausgangsstoffe, die biologischer Herkunft sind oder auf biotechnischem Wege hergestellt werden,

1. bestimmte Anforderungen eingehalten und bestimmte Maßnahmen und Verfahren angewendet werden,

2. Unterlagen vorgelegt werden, die die Eignung bestimmter Maßnahmen und Verfahren begründen, einschließlich von Unterlagen über die Validierung,

3. die Einführung oder Änderung bestimmter Anforderungen, Maßnahmen und Verfahren der vorherigen Zustimmung der zuständigen Bundesoberbehörde bedarf,

soweit es zur Gewährleistung angemessener Qualität oder zur Risikovorsorge geboten ist. ²Die angeordneten Auflagen sind sofort vollziehbar. ³Widerspruch und Anfechtungsklage haben keine aufschiebende Wirkung.

(3d) ¹Bei Arzneimitteln, die zur Anwendung bei Tieren bestimmt sind, kann die zuständige Bundesoberbehörde in begründeten Einzelfällen ferner anordnen, dass weitere Unterlagen, mit denen eine Bewertung möglicher Umweltrisiken vorgenommen wird, und weitere Ergebnisse von Prüfungen zur Bewertung möglicher Umweltrisiken vorgelegt werden, sofern dies für die umfassende Beurteilung der Auswirkungen des Arzneimittels auf die Umwelt erforderlich ist. ²Die zuständige Bundesoberbehörde überprüft die Erfüllung einer Auflage nach Satz 1 unverzüglich nach Ablauf der Vorlagefrist. ³Absatz 1 Satz 2 und 3 findet entsprechende Anwendung.

(3e) Die zuständige Bundesoberbehörde kann, wenn dies im Interesse der Arzneimittelsicherheit erforderlich ist, bei Arzneimitteln, die zur Anwendung beim Tier bestimmt sind, durch Auflagen ferner anordnen, dass nach der Zulassung ein Risikomanagement-System eingeführt wird, das die Zusammenstellung von Tätigkeiten und Maßnahmen im Bereich der Pharmakovigilanz beschreibt, einschließlich der Bewertung der Effizienz derartiger Maßnahmen, und dass nach der Zulassung Erkenntnisse bei der Anwendung des Arzneimittels systematisch gesammelt, dokumentiert und ausgewertet werden und ihr über die Ergebnisse dieser Untersuchung innerhalb einer bestimmten Frist berichtet wird.

(3f) ¹Bei Auflagen nach den Absätzen 3, 3a, 3b und 3e kann die zuständige Bundesoberbehörde Art, Umfang und Zeitrahmen der Studien oder Prüfungen sowie Tätigkeiten, Maßnahmen und Bewertungen im Rahmen des Risikomanagement-Systems bestimmen. ²Die Ergebnisse sind durch Unterlagen so zu belegen, dass aus diesen Art, Umfang und Zeitpunkt der Studien oder Prüfungen hervorgehen.

(3g) ¹Der Inhaber der Zulassung eines Arzneimittels, das zur Anwendung bei Menschen bestimmt ist, hat alle Auflagen nach den Absätzen 3, 3a und 3b in sein Risikomanagement-System aufzunehmen. ²Die zuständige Bundesoberbehörde unterrichtet die Europäische Arzneimittel-Agentur über die Zulassungen, die unter den Auflagen nach den Absätzen 3, 3a und 3b erteilt wurden.

(3h) Die zuständige Bundesoberbehörde kann bei biologischen Arzneimitteln, die zur Anwendung bei Menschen bestimmt sind, geeignete Maßnahmen zur besseren Identifizierbarkeit von Nebenwirkungsmeldungen anordnen.

(4) ¹Soll die Zulassung mit einer Auflage verbunden werden, so wird die in § 27 Abs. 1 vorgesehene Frist bis zum Ablauf einer dem Antragsteller gewährten Frist zur Stellungnahme gehemmt. ²§ 27 Abs. 2 findet entsprechende Anwendung.

§ 29 Anzeigepflicht, Neuzulassung. (1) ¹Der Antragsteller hat der zuständigen Bundesoberbehörde unter Beifügung entsprechender Unterlagen unverzüglich Anzeige zu erstatten, wenn sich Änderungen in den Angaben und Unterlagen nach den §§ 22 bis 24a und 25 b ergeben. ²Die Verpflichtung nach Satz 1 hat nach Erteilung der Zulassung der Inhaber der Zulassung zu erfüllen.

(1a) ¹Der Inhaber der Zulassung hat der zuständigen Bundesoberbehörde unverzüglich alle Verbote oder Beschränkungen durch die zuständigen Behörden jedes Landes, in dem das betreffende Arzneimittel in Verkehr gebracht wird, sowie alle anderen neuen Informationen mitzuteilen, die die Beurteilung des Nutzens und der Risiken des betreffenden Arzneimittels beeinflussen könnten. ²Zu diesen Informationen gehören bei Arzneimitteln, die zur Anwendung bei Menschen bestimmt sind, sowohl positive als auch negative Ergebnisse von klinischen Prüfungen oder anderen Studien, die sich nicht nur auf die in der Zulassung genannten, sondern auf alle Indikationen und Bevölkerungsgruppen beziehen können, sowie Angaben über eine Anwendung des Arzneimittels, die über die Bestimmungen der Zulassung hinausgeht. ³Er hat auf Verlangen der zuständigen Bundesoberbehörde auch alle Angaben und Unterlagen vorzulegen, die belegen, dass das Nutzen-Risiko-Verhältnis weiterhin günstig zu bewerten ist. ⁴Die zuständige Bundesoberbehörde kann bei Arzneimitteln, die zur Anwendung bei Menschen bestimmt sind, jederzeit die Vorlage einer Kopie der Pharmakovigilanz-Stammdokumentation verlangen. ⁵Diese hat der Inhaber der Zulassung spätestens sieben Tage nach Zugang der Aufforderung vorzulegen. ⁶Die Sätze 1 bis 3 gelten nicht für den Parallelimporteur.

(1b) Der Inhaber der Zulassung hat der zuständigen Bundesoberbehörde den Zeitpunkt für das Inverkehrbringen des Arzneimittels unter Berücksichtigung der unterschiedlichen zugelassenen Darreichungsformen und Stärken unverzüglich mitzuteilen.

(1c) ¹Der Inhaber der Zulassung hat der zuständigen Bundesoberbehörde nach Maßgabe des Satzes 2 anzuzeigen, wenn das Inverkehrbringen des Arzneimittels vorübergehend oder endgültig eingestellt wird. ²Die Anzeige hat spätestens zwei Monate vor der Einstellung des Inverkehrbringens zu erfolgen. ³Dies gilt nicht, wenn Umstände vorliegen, die der Inhaber der Zulassung nicht zu vertreten hat.

(1d) Der Inhaber der Zulassung hat alle Daten im Zusammenhang mit der Absatzmenge des Arzneimittels sowie alle ihm vorliegenden Daten im Zusammenhang mit dem Verschreibungsvolumen mitzuteilen, sofern die zuständige Bundesoberbehörde dies insbesondere aus Gründen der Arzneimittelsicherheit fordert.

(1e) ¹Der Inhaber der Zulassung hat der zuständigen Bundesoberbehörde die in dem Verfahren nach Artikel 107c Absatz 4, 5 oder 6 der Richtlinie 2001/83/

EG geänderten Stichtage oder Intervalle für die Vorlage von regelmäßigen aktualisierten Unbedenklichkeitsberichten anzuzeigen. [2]Etwaige Änderungen des in der Zulassung angegebenen Stichtags oder des Intervalls aufgrund von Satz 1 werden sechs Monate nach ihrer Veröffentlichung über das europäische Internetportal wirksam.

(1f) Der Inhaber der Zulassung ist bei Arzneimitteln, die zur Anwendung beim Menschen bestimmt sind, verpflichtet, die zuständige Bundesoberbehörde und die Europäische Arzneimittel-Agentur zu informieren, falls neue oder veränderte Risiken bestehen oder sich das Nutzen-Risiko-Verhältnis von Arzneimitteln geändert hat.

(1g) [1]Der Inhaber der Zulassung eines Arzneimittels, das zur Anwendung bei Menschen bestimmt ist, hat der zuständigen Bundesoberbehörde unverzüglich die Gründe für das vorübergehende oder endgültige Einstellen des Inverkehrbringens, den Rückruf, den Verzicht auf die Zulassung oder die Nichtbeantragung der Verlängerung der Zulassung mitzuteilen. [2]Er hat insbesondere zu erklären, ob die Maßnahme nach Satz 1 auf einem der Gründe des § 25 Absatz 2 Satz 1 Nummer 3, 4 oder Nummer 5, § 30 Absatz 2 Satz 1 Nummer 1 oder § 69 Absatz 1 Satz 2 Nummer 4 oder Nummer 5 beruht. [3]Die Mitteilung nach Satz 1 hat auch dann zu erfolgen, wenn die Maßnahme in einem Drittland getroffen wird und auf einem der in Satz 2 genannten Gründe beruht. [4]Beruht eine Maßnahme nach Satz 1 oder Satz 3 auf einem der in Satz 2 genannten Gründe, hat der Inhaber der Zulassung dies darüber hinaus der Europäischen Arzneimittel-Agentur mitzuteilen.

(2) [1]Bei einer Änderung der Bezeichnung des Arzneimittels ist der Zulassungsbescheid entsprechend zu ändern. [2]Das Arzneimittel darf unter der alten Bezeichnung vom pharmazeutischen Unternehmer noch ein Jahr, von den Groß- und Einzelhändlern noch zwei Jahre, beginnend mit dem auf die Bekanntmachung der Änderung im Bundesanzeiger folgenden 1. Januar oder 1. Juli, in den Verkehr gebracht werden.

(2a) [1]Eine Änderung

1. der Angaben nach den §§ 10, 11 und 11a über die Dosierung, die Art oder die Dauer der Anwendung, die Anwendungsgebiete, soweit es sich nicht um die Zufügung einer oder Veränderung in eine Indikation handelt, die einem anderen Therapiegebiet zuzuordnen ist, eine Einschränkung der Gegenanzeigen, Nebenwirkungen oder Wechselwirkungen mit anderen Mitteln,

2. der wirksamen Bestandteile, ausgenommen der arzneilich wirksamen Bestandteile,

3. in eine mit der zugelassenen vergleichbaren Darreichungsform,

3a. in der Behandlung mit ionisierenden Strahlen,

4. im Zusammenhang mit erheblichen Änderungen des Herstellungsverfahrens, der Darreichungsform, der Spezifikation oder des Verunreinigungsprofils des Wirkstoffs oder des Arzneimittels, die sich deutlich auf die Qualität, Unbedenklichkeit oder Wirksamkeit des Arzneimittels auswirken können, sowie jede Änderung gentechnologischer Herstellungsverfahren;

bei Sera, Impfstoffen, Blutzubereitungen, Allergenen, Testsera und Testantigenen jede Änderung des Herstellungs- oder Prüfverfahrens oder die Angabe einer längeren Haltbarkeitsdauer,

5. der Packungsgröße und

6. der Wartezeit eines zur Anwendung bei Tieren bestimmten Arzneimittels

darf erst vollzogen werden, wenn die zuständige Bundesoberbehörde zugestimmt hat. [2]Satz 1 Nr. 1 gilt auch für eine Erweiterung der Zieltierarten bei Arzneimitteln, die nicht zur Anwendung bei Tieren bestimmt sind, die der Gewinnung von Lebensmitteln dienen. [3]Die Zustimmung gilt als erteilt, wenn der Änderung nicht innerhalb einer Frist von drei Monaten widersprochen worden ist.

(2b) Abweichend von Absatz 1 kann

1. der Wegfall eines Standortes für die Herstellung des Arzneimittels oder seines Wirkstoffs oder für die Verpackung oder die Chargenfreigabe,

2. eine geringfügige Änderung eines genehmigten physikalisch-chemischen Prüfverfahrens, wenn durch entsprechende Validierungsstudien nachgewiesen werden kann, dass das aktualisierte Prüfverfahren mindestens gleichwertig ist,

3. eine Änderung der Spezifikation eines Wirkstoffs oder anderen Stoffs zur Arzneimittelherstellung zwecks Anpassung an eine Monografie des Arzneibuchs, wenn die Änderung ausschließlich zur Übereinstimmung mit dem Arzneibuch vorgenommen wird und die Spezifikationen in Bezug auf produktspezifische Eigenschaften unverändert bleiben,

4. eine Änderung des Verpackungsmaterials, wenn dieses mit dem Arzneimittel nicht in Berührung kommt und die Abgabe, Verabreichung, Unbedenklichkeit oder Haltbarkeit des Arzneimittels nachweislich nicht beeinträchtigt wird, oder

5. eine Änderung im Zusammenhang mit der Verschärfung der Spezifikationsgrenzwerte, wenn die Änderung nicht Folge einer Verpflichtung aufgrund früherer Beurteilungen zur Überprüfung der Spezifikationsgrenzwerte ist und nicht auf unerwartete Ereignisse im Verlauf der Herstellung zurückgeht,

innerhalb von zwölf Monaten nach ihrer Einführung der zuständigen Bundesoberbehörde angezeigt werden.

(3) [1]Eine neue Zulassung ist in folgenden Fällen zu beantragen:

1. bei einer Änderung der Zusammensetzung der Wirkstoffe nach Art oder Menge,

2. bei einer Änderung der Darreichungsform, soweit es sich nicht um eine Änderung nach Absatz 2a Nr. 3 handelt,

3. bei einer Erweiterung der Anwendungsgebiete, soweit es sich nicht um eine Änderung nach Absatz 2a Nr. 1 handelt, und

3a. bei der Einführung gentechnologischer Herstellungsverfahren.
[2]Über die Zulassungspflicht nach Satz 1 entscheidet die zuständige Bundesoberbehörde.

(4) [1]Die Absätze 1, 1a Satz 4 und 5, die Absätze 1e bis 1g, 2, 2a bis 3 finden keine Anwendung auf Arzneimittel, für die von der Europäischen Gemein-

schaft oder der Europäischen Union eine Genehmigung für das Inverkehrbringen erteilt worden ist. [2]Für diese Arzneimittel gelten die Verpflichtungen des pharmazeutischen Unternehmers nach der Verordnung (EG) Nr. 726/2004 mit der Maßgabe, dass im Geltungsbereich des Gesetzes die Verpflichtung zur Mitteilung an die Mitgliedstaaten oder zur Unterrichtung der Mitgliedstaaten gegenüber der jeweils zuständigen Bundesoberbehörde besteht.

(5) [1]Die Absätze 2a bis 3 finden keine Anwendung für Arzneimittel, die der Verordnung (EG) Nr. 1234/2008 der Kommission vom 24. November 2008 über die Prüfung von Änderungen der Zulassungen von Human- und Tierarzneimitteln (ABl. L 334 vom 12.12.2008, S. 7) in der jeweils geltenden Fassung unterliegen. [2]Die Absätze 2a bis 3 gelten

1. für zulassungspflichtige homöopathische Arzneimittel, die zur Anwendung am Menschen bestimmt sind und die vor dem 1. Januar 1998 zugelassen worden sind oder als zugelassen galten,

2. für die in Artikel 3 Nummer 6 der Richtlinie 2001/83/EG genannten Blutzubereitungen und

3. für nach § 21 zugelassene Gewebezubereitungen, es sei denn, es kommt bei ihrer Herstellung ein industrielles Verfahren zur Anwendung.

§ 30 Rücknahme, Widerruf, Ruhen. (1) [1]Die Zulassung ist zurückzunehmen, wenn nachträglich bekannt wird, dass einer der Versagungsgründe des § 25 Abs. 2 Nr. 2, 3, 5, 5a, 6 oder 7 bei der Erteilung vorgelegen hat; sie ist zu widerrufen, wenn einer der Versagungsgründe des § 25 Abs. 2 Nr. 3, 5, 5a, 6 oder 7 nachträglich eingetreten ist. [2]Die Zulassung ist ferner zurückzunehmen oder zu widerrufen, wenn

1. sich herausstellt, dass dem Arzneimittel die therapeutische Wirksamkeit fehlt,

2. in den Fällen des § 28 Abs. 3 die therapeutische Wirksamkeit nach dem jeweiligen Stand der wissenschaftlichen Erkenntnisse unzureichend begründet ist.

[3]Die therapeutische Wirksamkeit fehlt, wenn feststeht, dass sich mit dem Arzneimittel keine therapeutischen Ergebnisse erzielen lassen. [4]In den Fällen des Satzes 1 kann auch das Ruhen der Zulassung befristet angeordnet werden.

(1a) [1]Die Zulassung ist ferner ganz oder teilweise zurückzunehmen oder zu widerrufen, soweit dies erforderlich ist, um einer Entscheidung oder einem Beschluss der Europäischen Gemeinschaft oder der Europäischen Union nach Artikel 34 der Richtlinie 2001/83/EG oder nach Artikel 38 der Richtlinie 2001/82/EG zu entsprechen. [2]Ein Vorverfahren nach § 68 der Verwaltungsgerichtsordnung findet bei Rechtsmitteln gegen Entscheidungen der zuständigen Bundesoberbehörde nach Satz 1 nicht statt. [3]In den Fällen des Satzes 1 kann auch das Ruhen der Zulassung befristet angeordnet werden.

(2) [1]Die zuständige Bundesoberbehörde kann die Zulassung

1. zurücknehmen, wenn in den Unterlagen nach den §§ 22, 23 oder 24 unrichtige oder unvollständige Angaben gemacht worden sind oder wenn einer der

Versagungsgründe des § 25 Abs. 2 Nr. 6a oder 6b bei der Erteilung vorgelegen hat,

2. widerrufen, wenn einer der Versagungsgründe des § 25 Abs. 2 Nr. 2, 6a oder 6b nachträglich eingetreten ist oder wenn eine der nach § 28 angeordneten Auflagen nicht eingehalten und diesem Mangel nicht innerhalb einer von der zuständigen Bundesoberbehörde zu setzenden angemessenen Frist abgeholfen worden ist; dabei sind Auflagen nach § 28 Abs. 3 und 3 a jährlich zu überprüfen,

3. im Benehmen mit der zuständigen Behörde widerrufen, wenn die für das Arzneimittel vorgeschriebenen Prüfungen der Qualität nicht oder nicht ausreichend durchgeführt worden sind,

4. im Benehmen mit der zuständigen Behörde widerrufen, wenn sich herausstellt, dass das Arzneimittel nicht nach den anerkannten pharmazeutischen Regeln hergestellt worden ist. ²In diesen Fällen kann auch das Ruhen der Zulassung befristet angeordnet werden.

(2a) ¹In den Fällen der Absätze 1 und 1a ist die Zulassung zu ändern, wenn dadurch der in Absatz 1 genannte betreffende Versagungsgrund entfällt oder der in Absatz 1a genannten Entscheidung entsprochen wird. ²In den Fällen des Absatzes 2 kann die Zulassung durch Auflage geändert werden, wenn dies ausreichend ist, um den Belangen der Arzneimittelsicherheit zu entsprechen.

(3) ¹Vor einer Entscheidung nach den Absätzen 1 bis 2a muss der Inhaber der Zulassung gehört werden, es sei denn, dass Gefahr im Verzuge ist. ²Das gilt auch, wenn eine Entscheidung der zuständigen Bundesoberbehörde über die Änderung der Zulassung, Auflagen zur Zulassung, den Widerruf, die Rücknahme oder das Ruhen der Zulassung auf einer Einigung der Koordinierungsgruppe nach Artikel 107g, 107k oder Artikel 107q der Richtlinie 2001/83/EG beruht. ³Ein Vorverfahren nach § 68 der Verwaltungsgerichtsordnung findet in den Fällen des Satzes 2 nicht statt. ⁴In den Fällen des § 25 Abs. 2 Nr. 5 ist die Entscheidung sofort vollziehbar. ⁵Widerspruch und Anfechtungsklage haben keine aufschiebende Wirkung.

(4) ¹Ist die Zulassung für ein Arzneimittel zurückgenommen oder widerrufen oder ruht die Zulassung, so darf es

1. nicht in den Verkehr gebracht und

2. nicht in den Geltungsbereich dieses Gesetzes verbracht werden.

²Die Rückgabe des Arzneimittels an den pharmazeutischen Unternehmer ist unter entsprechender Kenntlichmachung zulässig. ³Die Rückgabe kann von der zuständigen Behörde angeordnet werden.

§ 31 Erlöschen, Verlängerung. (1) ¹Die Zulassung erlischt

1. wenn das zugelassene Arzneimittel innerhalb von drei Jahren nach Erteilung der Zulassung nicht in den Verkehr gebracht wird oder wenn sich das zugelassene Arzneimittel, das nach der Zulassung in den Verkehr gebracht wurde, in drei aufeinander folgenden Jahren nicht mehr im Verkehr befindet,

2. durch schriftlichen Verzicht,
3. nach Ablauf von fünf Jahren seit ihrer Erteilung, es sei denn, dass
   a) bei Arzneimitteln, die zur Anwendung bei Menschen bestimmt sind, spätestens neun Monate,
   b) bei Arzneimitteln, die zur Anwendung bei Tieren bestimmt sind, spätestens sechs Monate
   vor Ablauf der Frist ein Antrag auf Verlängerung gestellt wird,
3a. bei einem Arzneimittel, das zur Anwendung bei Tieren bestimmt ist, die der Gewinnung von Lebensmitteln dienen, und das einen pharmakologisch wirksamen Bestandteil enthält, der in die Tabelle 2 des Anhangs der Verordnung (EU) Nr. 37/2010 aufgenommen wurde, nach Ablauf einer Frist von 60 Tagen nach Veröffentlichung im Amtsblatt der Europäischen Union, sofern nicht innerhalb dieser Frist auf die Anwendungsgebiete bei Tieren, die der Gewinnung von Lebensmitteln dienen, nach § 29 Abs. 1 verzichtet worden ist; im Falle einer Änderungsanzeige nach § 29 Abs. 2a, die die Herausnahme des betreffenden pharmakologisch wirksamen Bestandteils bezweckt, ist die 60-Tage-Frist bis zur Entscheidung der zuständigen Bundesoberbehörde oder bis zum Ablauf der Frist nach § 29 Abs. 2a Satz 2 gehemmt und es ruht die Zulassung nach Ablauf der 60-Tage-Frist während dieses Zeitraums; die Halbsätze 1 und 2 gelten entsprechend, soweit für die Änderung des Arzneimittels die Verordnung (EG) Nr. 1234/2008 Anwendung findet,
4. wenn die Verlängerung der Zulassung versagt wird.
[2]In den Fällen des Satzes 1 Nr. 1 kann die zuständige Bundesoberbehörde Ausnahmen gestatten, sofern dies aus Gründen des Gesundheitsschutzes für Mensch oder Tier erforderlich ist.

(1a) Eine Zulassung, die verlängert wird, gilt ohne zeitliche Begrenzung, es sei denn, dass die zuständige Bundesoberbehörde bei der Verlängerung nach Absatz 1 Satz 1 Nr. 3 eine weitere Verlängerung um fünf Jahre nach Maßgabe der Vorschriften in Absatz 1 Satz 1 Nr. 3 in Verbindung mit Absatz 2 auch unter Berücksichtigung einer zu geringen Anzahl von Patienten, bei denen das betreffende Arzneimittel, das zur Anwendung bei Menschen bestimmt ist, angewendet wurde, als erforderlich beurteilt und angeordnet hat, um das sichere Inverkehrbringen des Arzneimittels weiterhin zu gewährleisten.

(2) [1]Der Antrag auf Verlängerung ist durch einen Bericht zu ergänzen, der Angaben darüber enthält, ob und in welchem Umfang sich die Beurteilungsmerkmale für das Arzneimittel innerhalb der letzten fünf Jahre geändert haben. [2]Der Inhaber der Zulassung hat der zuständigen Bundesoberbehörde dazu eine überarbeitete Fassung der Unterlagen in Bezug auf die Qualität, Unbedenklichkeit und Wirksamkeit vorzulegen, in der alles seit der Erteilung der Zulassung vorgenommenen Änderungen berücksichtigt sind; bei Arzneimitteln, die zur Anwendung bei Tieren bestimmt sind, ist anstelle der überarbeiteten Fassung eine konsolidierte Liste der Änderungen vorzulegen. [3]Bei Arzneimitteln, die zur Anwendung bei Tieren bestimmt sind, die der Gewinnung von Lebensmit-

teln dienen, kann die zuständige Bundesoberbehörde ferner verlangen, dass der Bericht Angaben über Erfahrungen mit dem Rückstandsnachweisverfahren enthält.

(3) [1]Die Zulassung ist in den Fällen des Absatzes 1 Satz 1 Nr. 3 oder des Absatzes 1a auf Antrag nach Absatz 2 Satz 1 innerhalb von sechs Monaten vor ihrem Erlöschen um fünf Jahre zu verlängern, wenn kein Versagungsgrund nach § 25 Abs. 2 Nr. 3, 5, 5a, 6, 6a, 6b, 7 vorliegt oder die Zulassung nicht nach § 30 Abs. 1 Satz 2 zurückzunehmen oder zu widerrufen ist oder wenn von der Möglichkeit der Rücknahme nach § 30 Abs. 2 Nr. 1 oder des Widerrufs nach § 30 Abs. 2 Nr. 2 kein Gebrauch gemacht werden soll. [2]§ 25 Abs. 5 Satz 5 und Abs. 5a gilt entsprechend. [3]Bei der Entscheidung über die Verlängerung ist auch zu überprüfen, ob Erkenntnisse vorliegen, die Auswirkungen auf die Unterstellung unter die Verschreibungspflicht haben.

(4) [1]Erlischt die Zulassung nach Absatz 1 Nr. 2 oder 3, so darf das Arzneimittel noch zwei Jahre, beginnend mit dem auf die Bekanntmachung des Erlöschens nach § 34 folgenden 1. Januar oder 1. Juli, in den Verkehr gebracht werden. [2]Das gilt nicht, wenn die zuständige Bundesoberbehörde feststellt, dass eine Voraussetzung für die Rücknahme oder den Widerruf nach § 30 vorgelegen hat; § 30 Abs. 4 findet Anwendung.

§ 32 Staatliche Chargenprüfung. (1) [1]Die Charge eines Serums, eines Impfstoffes oder eines Allergens darf unbeschadet der Zulassung nur in den Verkehr gebracht werden, wenn sie von der zuständigen Bundesoberbehörde freigegeben ist. [2]Die Charge ist freizugeben, wenn eine Prüfung (staatliche Chargenprüfung) ergeben hat, dass die Charge nach Herstellungs- und Kontrollmethoden, die dem jeweiligen Stand der wissenschaftlichen Erkenntnisse entsprechen, hergestellt und geprüft worden ist und dass sie die erforderliche Qualität, Wirksamkeit und Unbedenklichkeit aufweist. [3]Die Charge ist auch dann freizugeben, soweit die zuständige Behörde eines anderen Mitgliedstaates der Europäischen Union nach einer experimentellen Untersuchung festgestellt hat, dass die in Satz 2 genannten Voraussetzungen vorliegen.

(1a) [1]Die zuständige Bundesoberbehörde hat eine Entscheidung nach Absatz 1 innerhalb einer Frist von zwei Monaten nach Eingang der zu prüfenden Chargenprobe zu treffen. [2]§ 27 Abs. 2 findet entsprechende Anwendung.

(2) [1]Das Bundesministerium erlässt nach Anhörung von Sachverständigen aus der medizinischen und pharmazeutischen Wissenschaft und Praxis allgemeine Verwaltungsvorschriften über die von der Bundesoberbehörde an die Herstellungs- und Kontrollmethoden nach Absatz 1 zu stellenden Anforderungen und macht diese als Arzneimittelprüfrichtlinien im Bundesanzeiger bekannt. [2]Die Vorschriften müssen dem jeweiligen Stand der wissenschaftlichen Erkenntnisse entsprechen und sind laufend an diesen anzupassen.

(3) Auf die Durchführung der staatlichen Chargenprüfung finden § 25 Abs. 8 und § 22 Abs. 7 Satz 3 entsprechende Anwendung.

(4) Der Freigabe nach Absatz 1 Satz 1 bedarf es nicht, soweit die dort bezeichneten Arzneimittel durch Rechtsverordnung nach § 35 Abs. 1 Nr. 4 oder von der zuständigen Bundesoberbehörde freigestellt sind; die zuständige Bundesoberbehörde soll freistellen, wenn die Herstellungs- und Kontrollmethoden des Herstellers einen Entwicklungsstand erreicht haben, bei dem die erforderliche Qualität, Wirksamkeit und Unbedenklichkeit gewährleistet sind.

(5) Die Freigabe nach Absatz 1 oder die Freistellung durch die zuständige Bundesoberbehörde nach Absatz 4 ist zurückzunehmen, wenn eine ihrer Voraussetzungen nicht vorgelegen hat; sie ist zu widerrufen, wenn eine der Voraussetzungen nachträglich weggefallen ist.

§ 33[13,14] **Gebühren und Auslagen.** (1) Die zuständige Bundesoberbehörde erhebt für die Entscheidungen über die Zulassung, über die Genehmigung von Gewebezubereitungen, über die Genehmigung von Arzneimitteln für neuartige Therapien, über die Freigabe von Chargen, für die Bearbeitung von Anträgen, für die Tätigkeit im Rahmen der Sammlung und Bewertung von Arzneimittelrisiken, für das Widerspruchsverfahren gegen einen aufgrund dieses Gesetzes erlassenen Verwaltungsakt oder gegen die aufgrund einer Rechtsverordnung nach Absatz 2 Satz 1 oder § 39 Absatz 3 Satz 1 oder § 39d Absatz 9 erfolgte

---

13 Gemäß Art. 4 Abs. 11 Nr. 1 G vom 18.7.2016 (BGBl. I S. 1666) wird § 33 mit Wirkung vom 1.10.2021 wie folgt geändert:
a) Die Überschrift wird wie folgt gefasst:
   „§ 33 Aufwendungsersatz und Entgelte".
b) Die Absätze 1 und 2 werden aufgehoben.
c) Absatz 3 wird Absatz 1 und nach der Angabe „§ 33 Absatz 1" werden die Wörter „in der bis zum 14. August 2013 geltenden Fassung" eingefügt.
d) Absatz 4 wird Absatz 2 und wie folgt gefasst:
   „(2) Wenn ein Widerspruch gegen einen auf Grund dieses Gesetzes erlassenen Verwaltungsakt oder gegen die Festsetzung von Gebühren für eine individuell zurechenbare öffentliche Leistung nach diesem Gesetz erfolgreich ist, werden notwendige Aufwendungen im Sinne von § 80 Absatz 1 des Verwaltungsverfahrensgesetzes bis zur Höhe der für die Zurückweisung eines entsprechenden Widerspruchs vorgesehenen Gebühren, bei Rahmengebühren bis zu deren Mittelwert, erstattet."
e) Absatz 5 wird Absatz 3 und in Satz 3 werden die Wörter „findet Absatz 2 Satz 3" durch die Wörter „finden die für Gebühren geltenden Regelungen" ersetzt.
f) Absatz 6 wird Absatz 4.
14 Gemäß Art. 2 Nr. 9 G vom 20.12.2016 (BGBl. I S. 3048) werden in § 33 Abs. 1 nach den Wörtern „auf Grund dieses Gesetzes" die Wörter „oder nach der Verordnung (EG) Nr. 1234/2008 oder der Verordnung (EU) Nr. 536/2014" eingefügt, wird nach den Wörtern „nach diesem Gesetz" das Wort „und" durch ein Komma ersetzt und werden nach der Angabe „Verordnung (EG) Nr. 1234/2008" die Wörter „und nach der Verordnung (EU) Nr. 536/2014" eingefügt.
Diese Änderung tritt sechs Monate nach der Veröffentlichung der Mitteilung der Europäischen Kommission über die Funktionsfähigkeit des EU-Portals und der Datenbank nach Artikel 82 der Verordnung (EU) Nr. 536/2014 des Europäischen Parlaments und des Rates vom 16. April 2014 über klinische Prüfungen mit Humanarzneimitteln und zur Aufhebung der Richtlinie 2001/20/EG (ABl. L 158 vom 27.5.2014, S. 1) im Amtsblatt der Europäischen Union in Kraft.

Festsetzung von Gebühren und Auslagen sowie für andere individuell zurechenbare öffentliche Leistungen einschließlich selbstständiger Beratungen und selbstständiger Auskünfte, soweit es sich nicht um mündliche und einfache schriftliche Auskünfte im Sinne des § 7 Nummer 1 des Bundesgebührengesetzes handelt, nach diesem Gesetz und nach der Verordnung (EG) Nr. 1234/2008 Gebühren und Auslagen.

(2) [1]Das Bundesministerium wird ermächtigt, im Einvernehmen mit dem Bundesministerium für Wirtschaft und Energie und, soweit es sich um zur Anwendung bei Tieren bestimmte Arzneimittel handelt, auch mit dem Bundesministerium für Ernährung und Landwirtschaft durch Rechtsverordnung, die der Zustimmung des Bundesrates nicht bedarf, die gebührenpflichtigen Tatbestände näher zu bestimmen und dabei feste Sätze oder Rahmensätze sowie die Erstattung von Auslagen auch abweichend von den Regelungen des Verwaltungskostengesetzes vorzusehen. [2]Die Höhe der Gebühren für die Entscheidungen über die Zulassung, über die Genehmigung von Gewebezubereitungen, über die Genehmigung von Arzneimitteln für neuartige Therapien, über die Freigabe von Chargen sowie für andere individuell zurechenbare öffentliche Leistungen bestimmt sich jeweils nach dem Personal- und Sachaufwand, zu dem insbesondere der Aufwand für das Zulassungsverfahren, bei Sera, Impfstoffen und Allergenen auch der Aufwand für die Prüfungen und für die Entwicklung geeigneter Prüfungsverfahren gehört. [3]Die Höhe der Gebühren für die Entscheidung über die Freigabe einer Charge bestimmt sich nach dem durchschnittlichen Personal- und Sachaufwand; daneben ist die Bedeutung, der wirtschaftliche Wert oder der sonstige Nutzen der Freigabe für den Gebührenschuldner angemessen zu berücksichtigen.

(3) Abweichend von § 18 Absatz 1 Satz 1 des Bundesgebührengesetzes verjährt der Anspruch auf Zahlung von Gebühren und Auslagen, die nach § 33 Absatz 1 in Verbindung mit der Therapieallergene-Verordnung zu erheben sind, drei Jahre nach der Bekanntgabe der abschließenden Entscheidung über die Zulassung.

(4) Soweit ein Widerspruch nach Absatz 1 erfolgreich ist, werden notwendige Aufwendungen im Sinne von § 80 Abs. 1 des Verwaltungsverfahrensgesetzes bis zur Höhe der in einer Rechtsverordnung nach Absatz 2 Satz 1 oder § 39 Abs. 3 Satz 1 oder § 39d Absatz 9 für die Zurückweisung eines entsprechenden Widerspruchs vorgesehenen Gebühren, bei Rahmengebühren bis zu deren Mittelwert, erstattet.

(5) [1]Für die Nutzung von Monographien für Arzneimittel, die nach § 36 von der Pflicht zur Zulassung freigestellt sind, verlangt das Bundesinstitut für Arzneimittel und Medizinprodukte Entgelte. [2]Dabei können pauschale Entgeltvereinbarungen mit den Verbänden, denen die Nutzer angehören, getroffen werden. [3]Für die Bemessung der Entgelte findet Absatz 2 Satz 3 entsprechende Anwendung.

(6) Die zuständige Behörde des Landes hat der zuständigen Bundesoberbehörde die dieser im Rahmen der Mitwirkungshandlungen nach diesem Gesetz

entstehenden Kosten zu erstatten, soweit diese Kosten vom Verursacher getragen werden.

§ 34 Information der Öffentlichkeit. (1) [1]Die zuständige Bundesoberbehörde hat im Bundesanzeiger bekannt zu machen:

1. die Erteilung und Verlängerung einer Zulassung,
2. die Rücknahme einer Zulassung,
3. den Widerruf einer Zulassung,
4. das Ruhen einer Zulassung,
5. das Erlöschen einer Zulassung,
6. die Feststellung nach § 31 Abs. 4 Satz 2,
7. die Änderung der Bezeichnung nach § 29 Abs. 2,
8. die Rücknahme oder den Widerruf der Freigabe einer Charge nach § 32 Abs. 5,
9. eine Entscheidung zur Verlängerung einer Schutzfrist nach § 24b Abs. 1 Satz 3 oder Abs. 7 oder zur Gewährung einer Schutzfrist nach § 24b Abs. 6 oder 8.

[2]Satz 1 Nr. 1 bis 5 und Nr. 7 gilt entsprechend für Entscheidungen oder Beschlüsse der Europäischen Gemeinschaft oder der Europäischen Union.

(1a) [1]Für Arzneimittel, die zur Anwendung bei Menschen bestimmt sind, stellt die zuständige Bundesoberbehörde der Öffentlichkeit über ein Internetportal und erforderlichenfalls auch auf andere Weise folgende Informationen unverzüglich zur Verfügung:

1. Informationen über die Erteilung der Zulassung zusammen mit der Packungsbeilage und der Fachinformation in der jeweils aktuell genehmigten Fassung,
2. den öffentlichen Beurteilungsbericht, der Informationen nach § 25 Absatz 5a für jedes beantragte Anwendungsgebiet sowie eine allgemeinverständlich formulierte Zusammenfassung mit einem Abschnitt über die Bedingungen der Anwendung des Arzneimittels enthält,
3. Zusammenfassungen von Risikomanagement-Plänen,
4. Informationen über Auflagen zusammen mit Fristen und Zeitpunkten für die Erfüllung,
5. Bedenken aus dem Pharmakovigilanz-Bereich.

[2]Bei den Informationen nach Satz 1 Nummer 2 und 5 sind Betriebs- und Geschäftsgeheimnisse und personenbezogene Daten zu streichen, es sei denn, ihre Offenlegung ist für den Schutz der öffentlichen Gesundheit erforderlich. [3]Betreffen die Pharmakovigilanz-Bedenken nach Satz 1 Nummer 5 Arzneimittel, die in mehreren Mitgliedstaaten zugelassen wurden, so erfolgt die Veröffentlichung in Abstimmung mit der Europäischen Arzneimittel-Agentur. [4]Bei Arzneimitteln, die zur Anwendung bei Tieren bestimmt sind, stellt die zuständige Bundesoberbehörde der Öffentlichkeit Informationen über die Erteilung der Zulassung zusammen mit der Fachinformation, den Beurteilungsbericht nach Satz 1 Nummer 2 und, wenn sich das Anwendungsgebiet des Arzneimittels auf Tiere bezieht, die der Gewinnung von Lebensmitteln dienen, auch von

Rückstandsuntersuchungen unter Streichung von Betriebs- und Geschäftsgeheimnissen, unverzüglich zur Verfügung. [5]Die Sätze 1 und 4 betreffen auch Änderungen der genannten Informationen.

(1b) [1]Für Arzneimittel, die zur Anwendung bei Menschen bestimmt sind, sind die Rücknahme eines Zulassungsantrags sowie die Versagung der Zulassung und die Gründe hierfür öffentlich zugänglich zu machen. [2]Ferner sind Entscheidungen über den Widerruf, die Rücknahme oder das Ruhen einer Zulassung öffentlich zugänglich zu machen. [3]Die Bundesoberbehörde ist befugt, bei Arzneimitteln, die zur Anwendung bei Menschen bestimmt sind, Auskunft über den Eingang eines ordnungsgemäßen Zulassungsantrags, den Eingang eines ordnungsgemäßen Antrags auf Genehmigung einer konfirmatorischen klinischen Prüfung sowie über die Genehmigung oder die Versagung einer konfirmatorischen klinischen Prüfung zu geben.

(1c) Die Absätze 1a und 1b Satz 1 und 2 finden keine Anwendung auf Arzneimittel, die nach der Verordnung (EG) Nr. 726/2004 genehmigt sind.

(1d) [1]Die zuständige Bundesoberbehörde stellt die Informationen nach den Absätzen 1a, 1b und 1f elektronisch zur Verfügung. [2]Die zuständige Bundesoberbehörde stellt die Informationen nach den Absätzen 1 und 1b mit Erlass der Entscheidung unter Hinweis auf die fehlende Bestandskraft zur Verfügung.

(1e) Die zuständige Bundesoberbehörde hat über das Internetportal für Arzneimittel nach § 67a Absatz 2 zusätzlich zu den Informationen in Absatz 1a Satz 1 Nummer 1 bis 4 und Absatz 1a Satz 2 mindestens folgende weitere Informationen zu veröffentlichen:

1. die Liste der Arzneimittel nach Artikel 23 der Verordnung (EG) Nr. 726/2004,

2. Informationen über die Meldewege für Verdachtsfälle von Nebenwirkungen von Arzneimitteln an die zuständige Bundesoberbehörde durch Angehörige der Gesundheitsberufe und Patienten, einschließlich der von der zuständigen Bundesoberbehörde bereitgestellten Internet-Formulare.

(1f) Für Arzneimittel, die zur Anwendung bei Menschen bestimmt sind, kann die zuständige Bundesoberbehörde genehmigtes Schulungsmaterial der Öffentlichkeit über ein Internetportal und erforderlichenfalls auch auf andere Weise zur Verfügung stellen, soweit dies im Interesse der sicheren Anwendung der Arzneimittel erforderlich ist.

(1g) [1]Für Arzneimittel, die zur Anwendung bei Menschen bestimmt sind und der staatlichen Chargenprüfung nach § 32 unterliegen, kann die zuständige Bundesoberbehörde Informationen über die Anzahl der freigegebenen Chargen bekannt geben. [2]Angaben zur Größe der freigegebenen Chargen können bekannt gegeben werden, soweit dies zum Schutz der öffentlichen Gesundheit erforderlich ist.

(2) [1]Die zuständige Bundesoberbehörde kann einen Verwaltungsakt, der aufgrund dieses Gesetzes ergeht, im Bundesanzeiger öffentlich bekannt machen, wenn von dem Verwaltungsakt mehr als 50 Adressaten betroffen sind.

²Dieser Verwaltungsakt gilt zwei Wochen nach dem Erscheinen des Bundesanzeigers als bekannt gegeben. ³Sonstige Mitteilungen der zuständigen Bundesoberbehörde einschließlich der Schreiben, mit denen den Beteiligten Gelegenheit zur Äußerung nach § 28 Abs. 1 des Verwaltungsverfahrensgesetzes gegeben wird, können gleichfalls im Bundesanzeiger bekannt gemacht werden, wenn mehr als 50 Adressaten davon betroffen sind. ⁴Satz 2 gilt entsprechend.

§ 35 Ermächtigungen zur Zulassung und Freistellung. (1) Das Bundesministerium wird ermächtigt, durch Rechtsverordnung mit Zustimmung des Bundesrates

1. *(weggefallen)*
2. die Vorschriften über die Zulassung auf Arzneimittel, die nicht der Zulassungspflicht nach § 21 Absatz 1 unterliegen, sowie auf Arzneimittel, die nach § 21 Absatz 2 Nummer 1g von der Zulassung freigestellt sind, auszudehnen, soweit es geboten ist, um eine unmittelbare oder mittelbare Gefährdung der Gesundheit von Mensch und Tier zu verhüten,
3. die Vorschriften über die Freigabe einer Charge und die staatliche Chargenprüfung auf andere Arzneimittel, die in ihrer Zusammensetzung oder in ihrem Wirkstoffgehalt Schwankungen unterworfen sind, auszudehnen, soweit es geboten ist, um eine unmittelbare oder mittelbare Gefährdung der Gesundheit von Mensch oder Tier zu verhüten,
4. bestimmte Arzneimittel von der staatlichen Chargenprüfung freizustellen, wenn das Herstellungsverfahren und das Prüfungsverfahren des Herstellers einen Entwicklungsstand erreicht haben, bei dem die Qualität, Wirksamkeit und Unbedenklichkeit gewährleistet sind.

(2) Die Rechtsverordnungen nach Absatz 1 Nr. 2 bis 4 ergehen im Einvernehmen mit dem Bundesministerium für Wirtschaft und Energie und, soweit es sich um radioaktive Arzneimittel und um Arzneimittel handelt, bei deren Herstellung ionisierende Strahlen verwendet werden, im Einvernehmen mit dem Bundesministerium für Umwelt, Naturschutz, Bau und Reaktorsicherheit und, soweit es sich um Arzneimittel handelt, die zur Anwendung bei Tieren bestimmt sind, im Einvernehmen mit dem Bundesministerium für Ernährung und Landwirtschaft.

§ 36 Ermächtigung für Standardzulassungen. (1) ¹Das Bundesministerium wird ermächtigt, nach Anhörung von Sachverständigen durch Rechtsverordnung mit Zustimmung des Bundesrates bestimmte Arzneimittel oder Arzneimittelgruppen oder Arzneimittel in bestimmten Abgabeformen von der Pflicht zur Zulassung freizustellen, soweit eine unmittelbare oder mittelbare Gefährdung der Gesundheit von Mensch oder Tier nicht zu befürchten ist, weil die Anforderungen an die erforderliche Qualität, Wirksamkeit und Unbedenklichkeit erwiesen sind. ²Die Freistellung kann zum Schutz der Gesundheit von Mensch oder Tier von einer bestimmten Herstellung, Zusammensetzung, Kennzeichnung, Packungsbeilage, Fachinformation oder Darreichungsform abhängig gemacht sowie auf bestimmte Anwendungsarten, Anwendungsgebiete oder Anwendungsbereiche beschränkt werden. [3]Die Angabe weiterer Gegenanzeigen, Nebenwirkungen und Wechselwirkungen durch den pharmazeutischen Unternehmer ist zulässig.

(2) [1]Bei der Auswahl der Arzneimittel, die von der Pflicht zur Zulassung freigestellt werden, muss den berechtigten Interessen der Arzneimittelverbraucher, der Heilberufe und der pharmazeutischen Industrie Rechnung getragen werden. [2]In der Wahl der Bezeichnung des Arzneimittels ist der pharmazeutische Unternehmer frei.

(3) Die Rechtsverordnung nach Absatz 1 ergeht im Einvernehmen mit dem Bundesministerium für Wirtschaft und Energie und, soweit es sich um radioaktive Arzneimittel und um Arzneimittel handelt, bei deren Herstellung ionisierende Strahlen verwendet werden, im Einvernehmen mit dem Bundesministerium für Umwelt, Naturschutz, Bau und Reaktorsicherheit und, soweit es sich um Arzneimittel handelt, die zur Anwendung bei Tieren bestimmt sind, im Einvernehmen mit dem Bundesministerium für Ernährung und Landwirtschaft.

(4) [1]Vor Erlass der Rechtsverordnung nach Absatz 1 bedarf es nicht der Anhörung von Sachverständigen und der Zustimmung des Bundesrates, soweit dies erforderlich ist, um Angaben zu Gegenanzeigen, Nebenwirkungen, Wechselwirkungen, Dosierungen, Packungsgrößen und Vorsichtsmaßnahmen für die Anwendung unverzüglich zu ändern und die Geltungsdauer der Rechtsverordnung auf längstens ein Jahr befristet ist. [2]Die Frist kann bis zu einem weiteren Jahr einmal verlängert werden, wenn das Verfahren nach Absatz 1 innerhalb der Jahresfrist nicht abgeschlossen werden kann.

(5) [1]Die der Rechtsverordnung nach Absatz 1 zugrunde liegenden Monographien sind von der zuständigen Bundesoberbehörde regelmäßig zu überprüfen und soweit erforderlich, an den jeweils gesicherten Stand der Wissenschaft und Technik anzupassen. [2]Dabei sind die Monographien daraufhin zu prüfen, ob die Anforderungen an die erforderliche Qualität, Wirksamkeit und Unbedenklichkeit einschließlich eines positiven Nutzen-Risiko-Verhältnisses, für die von der Pflicht zur Zulassung freigestellten Arzneimittel, weiterhin als erwiesen gelten können.

§ 37 Genehmigung der Europäischen Gemeinschaft oder der Europäischen Union für das Inverkehrbringen, Zulassungen von Arzneimitteln aus anderen Staaten. (1) [1]Die von der Europäischen Gemeinschaft oder der Europäischen Union gemäß der Verordnung (EG) Nr. 726/2004 auch in Verbindung mit der Verordnung (EG) Nr. 1901/2006 oder der Verordnung (EG) Nr. 1394/2007 erteilte Genehmigung für das Inverkehrbringen steht, soweit in den §§ 11a, 13 Abs. 2a, § 21 Abs. 2 und 2a, §§ 40, 56, 56a, 58, 59, 67, 69, 73, 84 oder 94 auf eine Zulassung abgestellt wird, einer nach § 25 erteilten Zulassung gleich. [2]Als Zulassung im Sinne des § 21 gilt auch die von einem anderen Staat für ein Arzneimittel erteilte Zulassung, soweit dies durch Rechtsverordnung des Bundesministeriums bestimmt wird.

(2) ¹Das Bundesministerium wird ermächtigt, eine Rechtsverordnung nach Absatz 1, die nicht der Zustimmung des Bundesrates bedarf, zu erlassen, um eine Richtlinie des Rates oder soweit in internationalen Verträgen die Zulassung von Arzneimitteln gegenseitig als gleichwertig anerkannt wird. ²Die Rechtsverordnung ergeht im Einvernehmen mit dem Bundesministerium für Ernährung und Landwirtschaft, soweit es sich um Arzneimittel handelt, die zur Anwendung bei Tieren bestimmt sind.

Fünfter Abschnitt

Registrierung von Arzneimitteln

§ 38 Registrierung homöopathischer Arzneimittel. (1) ¹Fertigarzneimittel, die Arzneimittel im Sinne des § 2 Abs. 1 oder Abs. 2 Nr. 1 sind, dürfen als homöopathische Arzneimittel im Geltungsbereich dieses Gesetzes nur in den Verkehr gebracht werden, wenn sie in ein bei der zuständigen Bundesoberbehörde zu führendes Register für homöopathische Arzneimittel eingetragen sind (Registrierung). ²Einer Zulassung bedarf es nicht; § 21 Abs. 1 Satz 2 und Abs. 3 findet entsprechende Anwendung. ³Einer Registrierung bedarf es nicht für Arzneimittel, die von einem pharmazeutischen Unternehmer in Mengen bis zu 1000 Packungen in einem Jahr in den Verkehr gebracht werden, es sei denn, es handelt sich um Arzneimittel,

1. die Zubereitungen aus Stoffen gemäß § 3 Nr. 3 oder 4 enthalten,
2. die mehr als den hundertsten Teil der in nicht homöopathischen, der Verschreibungspflicht nach § 48 unterliegenden Arzneimitteln verwendeten kleinsten Dosis enthalten oder
3. bei denen die Tatbestände des § 39 Abs. 2 Nr. 3, 4, 5, 6, 7 oder 9 vorliegen.

(2) ¹Dem Antrag auf Registrierung sind die in den §§ 22 bis 24 bezeichneten Angaben, Unterlagen und Gutachten beizufügen. ²Das gilt nicht für die Angaben über die Wirkungen und Anwendungsgebiete, für die Unterlagen und Gutachten über die klinische Prüfung sowie für Angaben nach § 22 Absatz 2 Nummer 5 und 5a und Absatz 7 Satz 2. ³Die Unterlagen über die pharmakologisch-toxikologische Prüfung sind vorzulegen, soweit sich die Unbedenklichkeit des Arzneimittels nicht anderweitig, insbesondere durch einen angemessen hohen Verdünnungsgrad ergibt. ⁴§ 22 Absatz 1a gilt entsprechend.

§ 39¹⁵ Entscheidung über die Registrierung homöopathischer Arzneimittel, Verfahrensvorschriften. (1) ¹Die zuständige Bundesoberbehörde hat das homöopathische Arzneimittel zu registrieren und dem Antragsteller die Registrierungsnummer schriftlich zuzuteilen. ²§ 25 Abs. 4 und 5 Satz 5 findet ent-

---

15 Gemäß Art. 4 Abs. 11 Nr. 2 G vom 18.7.2016 (BGBl. I S. 1666) werden in § 39 Abs. 3 Satz 1 mit Wirkung vom 1.10.2021 die Wörter „die Gebühren und Auslagen und" gestrichen.

sprechende Anwendung. [3]Die Registrierung gilt nur für das im Bescheid aufgeführte homöopathische Arzneimittel und seine Verdünnungsgrade. [4]Die zuständige Bundesoberbehörde kann den Bescheid über die Registrierung mit Auflagen verbinden. [5]Auflagen können auch nachträglich angeordnet werden. [6]§ 28 Abs. 2 und 4 findet Anwendung.

(2) Die zuständige Bundesoberbehörde hat die Registrierung zu versagen, wenn

1. die vorgelegten Unterlagen unvollständig sind,

2. das Arzneimittel nicht nach dem jeweils gesicherten Stand der wissenschaftlichen Erkenntnisse ausreichend analytisch geprüft worden ist,

3. das Arzneimittel nicht die nach den anerkannten pharmazeutischen Regeln angemessene Qualität aufweist,

4. bei dem Arzneimittel der begründete Verdacht besteht, dass es bei bestimmungsgemäßem Gebrauch schädliche Wirkungen hat, die über ein nach den Erkenntnissen der medizinischen Wissenschaft vertretbares Maß hinausgehen,

4a. das Arzneimittel zur Anwendung bei Tieren bestimmt ist, die der Gewinnung von Lebensmitteln dienen, und es einen pharmakologisch wirksamen Bestandteil enthält, der nicht im Anhang der Verordnung (EU) Nr. 37/2010 als Stoff aufgeführt ist, für den eine Festlegung von Höchstmengen nicht erforderlich ist,

5. die angegebene Wartezeit nicht ausreicht,

5a. das Arzneimittel, sofern es zur Anwendung bei Menschen bestimmt ist, nicht zur Einnahme und nicht zur äußerlichen Anwendung bestimmt ist,

5b. das Arzneimittel mehr als einen Teil pro Zehntausend der Ursubstanz oder bei Arzneimitteln, die zur Anwendung bei Menschen bestimmt sind, mehr als den hundertsten Teil der in allopathischen der Verschreibungspflicht nach § 48 unterliegenden Arzneimitteln verwendeten kleinsten Dosis enthält,

6. das Arzneimittel der Verschreibungspflicht unterliegt; es sei denn, dass es ausschließlich Stoffe enthält, die im Anhang der Verordnung (EU) Nr. 37/ 2010 als Stoffe aufgeführt sind, für die eine Festlegung von Höchstmengen nicht erforderlich ist,

7. das Arzneimittel nicht nach einer im Homöopathischen Teil des Arzneibuches beschriebenen Verfahrenstechnik hergestellt ist,

7a. wenn die Anwendung der einzelnen Wirkstoffe als homöopathisches oder anthroposophisches Arzneimittel nicht allgemein bekannt ist,

8. für das Arzneimittel eine Zulassung erteilt ist,

9. das Inverkehrbringen des Arzneimittels oder seine Anwendung bei Tieren gegen gesetzliche Vorschriften verstoßen würde.

(2a) [1]Ist das Arzneimittel bereits in einem anderen Mitgliedstaat der Europäischen Union oder in einem anderen Vertragsstaat des Abkommens über den Europäischen Wirtschaftsraum registriert worden, ist die Registrierung auf der Grundlage dieser Entscheidung zu erteilen, es sei denn, dass ein Versagungsgrund nach Absatz 2 vorliegt. [2]Für die Anerkennung der Registrierung eines anderen Mitgliedstaates findet Kapitel 4 der Richtlinie 2001/83/EG und für Arzneimittel, die zur Anwendung bei Tieren bestimmt sind, Kapitel 4 der Richtlinie 2001/82/EG entsprechende Anwendung; Artikel 29 Abs. 4, 5 und 6 und die Artikel 30 bis 34 der Richtlinie 2001/83/EG sowie Artikel 33 Abs. 4, 5 und 6 und die Artikel 34 bis 38 der Richtlinie 2001/82/EG finden keine Anwendung.

(2b) [1]Der Antragsteller hat der zuständigen Bundesoberbehörde unter Beifügung entsprechender Unterlagen unverzüglich Anzeige zu erstatten, wenn sich Änderungen in den Angaben und Unterlagen nach § 38 Absatz 2 Satz 1 ergeben. [2]§ 29 Absatz 1a, 1e, 1f und 2 bis 2b gilt entsprechend. [3]Die Verpflichtung nach Satz 1 hat nach Erteilung der Registrierung der Inhaber der Registrierung zu erfüllen. [4]Eine neue Registrierung ist in folgenden Fällen zu beantragen:
1. bei einer Änderung der Zusammensetzung der Wirkstoffe nach Art oder Menge, einschließlich einer Änderung der Potenzstufe,
2. bei einer Änderung der Darreichungsform, soweit es sich nicht um eine Änderung nach § 29 Absatz 2a Satz 1 Nummer 3 handelt.

(2c) [1]Die Registrierung erlischt nach Ablauf von fünf Jahren seit ihrer Erteilung, es sei denn, dass spätestens neun Monate vor Ablauf der Frist ein Antrag auf Verlängerung gestellt wird. [2]Für das Erlöschen und die Verlängerung der Registrierung gilt § 31 entsprechend mit der Maßgabe, dass die Versagungsgründe nach Absatz 2 Nr. 3 bis 9 Anwendung finden.

(2d) Für Rücknahme, Widerruf und Ruhen der Registrierung gilt § 30 Absatz 1 Satz 1, Absatz 2, 2a, 3 und 4 entsprechend mit der Maßgabe, dass die Versagungsgründe nach Absatz 2 Nummer 2 bis 9 Anwendung finden.

(2e) § 34 Absatz 1 Satz 1 Nummer 1 bis 7, Absatz 1a Satz 1 Nummer 1, 4 und 5, Absatz 1a Satz 4, Absatz 1b und 1d gilt entsprechend.

(3) [1]Das Bundesministerium wird ermächtigt, für homöopathische Arzneimittel entsprechend den Vorschriften über die Zulassung durch Rechtsverordnung ohne Zustimmung des Bundesrates Vorschriften über die Gebühren und Auslagen und die Freistellung von der Registrierung zu erlassen. [2]Die Rechtsverordnung ergeht im Einvernehmen mit dem Bundesministerium für Ernährung und Landwirtschaft, soweit es sich um Arzneimittel handelt, die zur Anwendung bei Tieren bestimmt sind. [3]§ 36 Abs. 4 gilt für die Änderung einer Rechtsverordnung über die Freistellung von der Registrierung entsprechend.

§ 39a Registrierung traditioneller pflanzlicher Arzneimittel. [1]Fertigarzneimittel, die pflanzliche Arzneimittel und Arzneimittel im Sinne des § 2 Abs. 1 sind, dürfen als traditionelle pflanzliche Arzneimittel nur in den Verkehr gebracht werden, wenn sie durch die zuständige Bundesoberbehörde registriert sind. [2]Dies gilt auch für pflanzliche Arzneimittel, die Vitamine oder Mineralstoffe enthalten, sofern die Vitamine oder Mineralstoffe die Wirkung der traditionellen pflanzlichen Arzneimittel im Hinblick auf das Anwendungsgebiet oder die Anwendungsgebiete ergänzen.

§ 39b Registrierungsunterlagen für traditionelle pflanzliche Arzneimittel.

(1) ¹Dem Antrag auf Registrierung müssen vom Antragsteller folgende Angaben und Unterlagen beigefügt werden:

1. die in § 22 Abs. 1, 3c, 4, 5 und 7 und § 24 Abs. 1 Nr. 1 genannten Angaben und Unterlagen,

2. die in § 22 Abs. 2 Satz 1 Nr. 1 genannten Ergebnisse der analytischen Prüfung,

3. die Zusammenfassung der Merkmale des Arzneimittels mit den in § 11a Abs. 1 genannten Angaben unter Berücksichtigung, dass es sich um ein traditionelles pflanzliches Arzneimittel handelt,

4. bibliographische Angaben über die traditionelle Anwendung oder Berichte von Sachverständigen, aus denen hervorgeht, dass das betreffende oder ein entsprechendes Arzneimittel zum Zeitpunkt der Antragstellung seit mindestens 30 Jahren, davon mindestens 15 Jahre in der Europäischen Union, medizinisch oder tiermedizinisch verwendet wird, das Arzneimittel unter den angegebenen Anwendungsbedingungen unschädlich ist und dass die pharmakologischen Wirkungen oder die Wirksamkeit des Arzneimittels aufgrund langjähriger Anwendung und Erfahrung plausibel sind,

5. bibliographischer Überblick betreffend die Angaben zur Unbedenklichkeit zusammen mit einem Sachverständigengutachten gemäß § 24 und, soweit zur Beurteilung der Unbedenklichkeit des Arzneimittels erforderlich, die dazu notwendigen weiteren Angaben und Unterlagen,

6. Registrierungen oder Zulassungen, die der Antragsteller in einem anderen Mitgliedstaat oder in einem Drittland für das Inverkehrbringen des Arzneimittels erhalten hat, sowie Einzelheiten etwaiger ablehnender Entscheidungen über eine Registrierung oder Zulassung und die Gründe für diese Entscheidungen.

²Der Nachweis der Verwendung über einen Zeitraum von 30 Jahren gemäß Satz 1 Nr. 4 kann auch dann erbracht werden, wenn für das Inverkehrbringen keine spezielle Genehmigung für ein Arzneimittel erteilt wurde. ³Er ist auch dann erbracht, wenn die Anzahl oder Menge der Wirkstoffe des Arzneimittels während dieses Zeitraums herabgesetzt wurde. ⁴Ein Arzneimittel ist ein entsprechendes Arzneimittel im Sinne des Satzes 1 Nr. 4, wenn es ungeachtet der verwendeten Hilfsstoffe dieselben oder vergleichbare Wirkstoffe, denselben oder einen ähnlichen Verwendungszweck, eine äquivalente Stärke und Dosierung und denselben oder einen ähnlichen Verabreichungsweg wie das Arzneimittel hat, für das der Antrag auf Registrierung gestellt wird.

(1a) Die Angaben nach § 22 Absatz 1 Satz 1 Nummer 1 bis 10 müssen in deutscher, die übrigen Angaben in deutscher oder englischer Sprache beigefügt werden; andere Angaben oder Unterlagen können im Registrierungsverfahren statt in deutscher auch in englischer Sprache gemacht oder vorgelegt werden, soweit es sich nicht um Angaben handelt, die für die Kennzeichnung, die Packungsbeilage oder die Fachinformation verwendet werden.

(2) Anstelle der Vorlage der Angaben und Unterlagen nach Absatz 1 Satz 1 Nr. 4 und 5 kann bei Arzneimitteln zur Anwendung am Menschen auch Bezug

genommen werden auf eine gemeinschaftliche oder unionsrechtliche Pflanzenmonographie nach Artikel 16h Abs. 3 der Richtlinie 2001/83/EG oder eine Listenposition nach Artikel 16f der Richtlinie 2001/83/EG.

(3) [1]Enthält das Arzneimittel mehr als einen pflanzlichen Wirkstoff oder Stoff nach § 39a Satz 2, sind die in Absatz 1 Satz 1 Nr. 4 genannten Angaben für die Kombination vorzulegen. [2]Sind die einzelnen Wirkstoffe nicht hinreichend bekannt, so sind auch Angaben zu den einzelnen Wirkstoffen zu machen.

§ 39c Entscheidung über die Registrierung traditioneller pflanzlicher Arzneimittel. (1) [1]Die zuständige Bundesoberbehörde hat das traditionelle pflanzliche Arzneimittel zu registrieren und dem Antragsteller die Registrierungsnummer schriftlich mitzuteilen. [2]§ 25 Abs. 4 sowie 5 Satz 5 findet entsprechende Anwendung. [3]Die Registrierung gilt nur für das im Bescheid aufgeführte traditionelle pflanzliche Arzneimittel. [4]Die zuständige Bundesoberbehörde kann den Bescheid über die Registrierung mit Auflagen verbinden. [5]Auflagen können auch nachträglich angeordnet werden. [6]§ 28 Abs. 2 und 4 findet entsprechende Anwendung.

(2) [1]Die zuständige Bundesoberbehörde hat die Registrierung zu versagen, wenn der Antrag nicht die in § 39b vorgeschriebenen Angaben und Unterlagen enthält oder

1. die qualitative oder quantitative Zusammensetzung nicht den Angaben nach § 39b Abs. 1 entspricht oder sonst die pharmazeutische Qualität nicht angemessen ist,

2. die Anwendungsgebiete nicht ausschließlich denen traditioneller pflanzlicher Arzneimittel entsprechen, die nach ihrer Zusammensetzung und dem Zweck ihrer Anwendung dazu bestimmt sind, am Menschen angewandt zu werden, ohne dass es der ärztlichen Aufsicht im Hinblick auf die Stellung einer Diagnose, die Verschreibung oder die Überwachung der Behandlung bedarf,

3. das Arzneimittel bei bestimmungsgemäßem Gebrauch schädlich sein kann,

4. die Unbedenklichkeit von Vitaminen oder Mineralstoffen, die in dem Arzneimittel enthalten sind, nicht nachgewiesen ist,

5. die Angaben über die traditionelle Anwendung unzureichend sind, insbesondere die pharmakologischen Wirkungen oder die Wirksamkeit auf der Grundlage der langjährigen Anwendung und Erfahrung nicht plausibel sind,

6. das Arzneimittel nicht ausschließlich in einer bestimmten Stärke und Dosierung zu verabreichen ist,

7. das Arzneimittel nicht ausschließlich zur oralen oder äußerlichen Anwendung oder zur Inhalation bestimmt ist,

8. die nach § 39b Abs. 1 Satz 1 Nr. 4 erforderliche zeitliche Vorgabe nicht erfüllt ist,

9. für das traditionelle pflanzliche Arzneimittel oder ein entsprechendes Arzneimittel eine Zulassung gemäß § 25 oder eine Registrierung nach § 39 erteilt wurde,

10. das Inverkehrbringen des Arzneimittels oder seine Anwendung bei Tieren gegen gesetzliche Vorschriften verstoßen würde.
²Für Arzneimittel, die zur Anwendung bei Tieren bestimmt sind, gilt Satz 1 entsprechend.

(3) ¹Die Registrierung erlischt nach Ablauf von fünf Jahren seit ihrer Erteilung, es sei denn, dass spätestens neun Monate vor Ablauf der Frist ein Antrag auf Verlängerung gestellt wird. ²Für das Erlöschen und die Verlängerung der Registrierung gilt § 31 entsprechend mit der Maßgabe, dass die Versagungsgründe nach Absatz 2 Anwendung finden.

§ 39d[16] **Sonstige Verfahrensvorschriften für traditionelle pflanzliche Arzneimittel.** (1) Die zuständige Bundesoberbehörde teilt dem Antragsteller, sowie bei Arzneimitteln, die zur Anwendung am Menschen bestimmt sind, der Europäischen Kommission und der zuständigen Behörde eines Mitgliedstaates der Europäischen Union auf Anforderung eine von ihr getroffene ablehnende Entscheidung über die Registrierung als traditionelles Arzneimittel und die Gründe hierfür mit.

(2) ¹Für Arzneimittel, die Artikel 16d Abs. 1 der Richtlinie 2001/83/EG entsprechen, gilt § 25b entsprechend. ²Für die in Artikel 16d Abs. 2 der Richtlinie 2001/83/EG genannten Arzneimittel ist eine Registrierung eines anderen Mitgliedstaates gebührend zu berücksichtigen.

(3) Die zuständige Bundesoberbehörde kann den nach Artikel 16h der Richtlinie 2001/83/EG eingesetzten Ausschuss für pflanzliche Arzneimittel auf Antrag um eine Stellungnahme zum Nachweis der traditionellen Anwendung ersuchen, wenn Zweifel über das Vorliegen der Voraussetzungen nach § 39b Abs. 1 Satz 1 Nr. 4 bestehen.

(4) Wenn ein Arzneimittel zur Anwendung bei Menschen seit weniger als 15 Jahren innerhalb der Europäischen Union angewendet worden ist, aber ansonsten die Voraussetzungen einer Registrierung nach den §§ 39a bis 39c vorliegen, hat die zuständige Bundesoberbehörde das nach Artikel 16c Abs. 4 der Richtlinie 2001/83/EG vorgesehene Verfahren unter Beteiligung des Ausschusses für pflanzliche Arzneimittel einzuleiten.

(5) Wird ein pflanzlicher Stoff, eine pflanzliche Zubereitung oder eine Kombination davon in der Liste nach Artikel 16f der Richtlinie 2001/83/EG gestrichen, so sind Registrierungen, die diesen Stoff enthaltende traditionelle pflanzliche zur Anwendung bei Menschen bestimmte Arzneimittel betreffen und die unter Bezugnahme auf § 39b Abs. 2 vorgenommen wurden, zu widerrufen, sofern nicht innerhalb von drei Monaten die in § 39b Abs. 1 genannten Angaben und Unterlagen vorgelegt werden.

(6) § 34 Absatz 1 Satz 1 Nummer 1 bis 7, Absatz 1a Satz 1 Nummer 1, 4 und 5, Absatz 1a Satz 4, Absatz 1b und 1d gilt entsprechend.

---

16 Gemäß Art. 4 Abs. 11 Nr. 3 G vom 18.7.2016 (BGBl. I S. 1666) wird § 39d Abs. 9 mit Wirkung vom 1.10.2021 aufgehoben.

(7) ¹Der Antragsteller hat der zuständigen Bundesoberbehörde unter Beifügung entsprechender Unterlagen unverzüglich Anzeige zu erstatten, wenn sich Änderungen in den Angaben und Unterlagen nach § 39b Absatz 1 Satz 1 in Verbindung mit Absatz 2 ergeben. ²§ 29 Absatz 1a, 1e, 1f und 2 bis 2b gilt entsprechend. ³Die Verpflichtung nach Satz 1 hat nach Erteilung der Registrierung der Inhaber der Registrierung zu erfüllen. ⁴Eine neue Registrierung ist in folgenden Fällen zu beantragen:

1. bei einer Änderung der Anwendungsgebiete, soweit es sich nicht um eine Änderung nach § 29 Absatz 2a Satz 1 Nummer 1 handelt,
2. bei einer Änderung der Zusammensetzung der Wirkstoffe nach Art oder Menge,
3. bei einer Änderung der Darreichungsform, soweit es sich nicht um eine Änderung nach § 29 Absatz 2a Satz 1 Nummer 3 handelt.

(8) Für Rücknahme, Widerruf und Ruhen der Registrierung gilt § 30 Absatz 1 Satz 1, Absatz 2, 2a, 3 und 4 entsprechend mit der Maßgabe, dass die Versagungsgründe nach § 39c Absatz 2 Anwendung finden.

(9) ¹Das Bundesministerium wird ermächtigt, für traditionelle pflanzliche Arzneimittel entsprechend den Vorschriften der Zulassung durch Rechtsverordnung ohne Zustimmung des Bundesrates Vorschriften über die Gebühren und Auslagen der Registrierung zu erlassen. ²Die Rechtsverordnung ergeht im Einvernehmen mit dem Bundesministerium für Ernährung und Landwirtschaft, soweit es sich um Arzneimittel handelt, die zur Anwendung bei Tieren bestimmt sind.

Sechster Abschnitt

Schutz des Menschen bei der klinischen Prüfung

§§ 13 ff.
HPG

§ 40¹⁷ **Allgemeine Voraussetzungen der klinischen Prüfung.** (1) ¹Der Sponsor, der Prüfer und alle weiteren an der klinischen Prüfung beteiligten Personen haben bei der Durchführung der klinischen Prüfung eines Arzneimittels

---

17 Gemäß Art. 2 Nr. 10 G vom 20.12.2016 (BGBl. I S. 3048) wird § 40 wie folgt gefasst:

„**§ 40 Verfahren zur Genehmigung einer klinischen Prüfung.** (1) Mit der klinischen Prüfung von Arzneimitteln bei Menschen darf nur begonnen werden, wenn die zuständige Bundesoberbehörde die klinische Prüfung nach Artikel 8 der Verordnung (EU) Nr. 536/2014 genehmigt hat.

(2) ¹Der nach Artikel 5 Absatz 1 der Verordnung (EU) Nr. 536/2014 zu stellende Antrag auf Genehmigung einer klinischen Prüfung ist über das EU-Portal in deutscher oder englischer Sprache einzureichen. ²Die Unterlagen, die für die betroffene Person oder deren gesetzlichen Vertreter bestimmt sind, sind in deutscher Sprache einzureichen.

(3) ¹Der Antrag wird nach Artikel 5 Absatz 3 der Verordnung (EU) Nr. 536/2014 durch die zuständige Bundesoberbehörde validiert. ²Die nach dem Geschäftsverteilungsplan nach § 41b Absatz 2 zuständige Ethik-Kommission nimmt zu den Antragsunterlagen hinsichtlich der Voraussetzungen nach Artikel 6 Absatz 1 Buchstabe a, b

bei Menschen die <u>Anforderungen der guten klinischen Praxis</u> nach Maßgabe des Artikels 1 Abs. 3 der Richtlinie 2001/20/EG einzuhalten. [2]Die klinische Prüfung eines Arzneimittels bei Menschen darf vom Sponsor nur begonnen werden, wenn die <u>zuständige Ethik-Kommission</u> diese nach Maßgabe des § 42

---

und e der Verordnung (EU) Nr. 536/2014 sowie nach § 40a Satz 1 Nummer 4 und § 40b Absatz 4 Satz 3 Stellung. [3]Für die Stellungnahme gilt die in der Verfahrensordnung nach § 41b Absatz 1 festgelegte Frist. [4]§ 41 Absatz 3 Satz 1 gilt entsprechend. [5]Bei der Validierung des Antrags hinsichtlich der Voraussetzungen nach Artikel 7 der Verordnung (EU) Nr. 536/2014, auch in Verbindung mit Artikel 11 der Verordnung (EU) Nr. 536/2014, sowie nach § 40a Satz 1 Nummer 2, 3 und 5, Satz 2 und 3 und § 40b Absatz 2, 3 Satz 1, Absatz 4 Satz 1 und 9, Absatz 5 und 6 ist die Bundesoberbehörde an die Bewertung der nach dem Geschäftsverteilungsplan nach § 41b Absatz 2 zuständigen Ethik-Kommission gebunden.

(4) [1]Die zuständige Bundesoberbehörde nimmt die Aufgaben nach Artikel 6 der Verordnung (EU) Nr. 536/2014, auch in Verbindung mit Artikel 11 der Verordnung (EU) Nr. 536/2014, wahr und prüft die Voraussetzungen des § 40a Satz 1 Nummer 1 und 4 und des § 40b Absatz 4 Satz 3 hinsichtlich der Nutzen-Risiko-Bewertung nach Artikel 6 Absatz 1 Buchstabe b der Verordnung (EU) Nr. 536/2014. [2]Die nach dem Geschäftsverteilungsplan nach § 41b Absatz 2 zuständige Ethik-Kommission nimmt zu den Voraussetzungen nach Artikel 6 Absatz 1 Buchstabe a, b und e der Verordnung (EU) Nr. 536/2014 sowie nach § 40a Satz 1 Nummer 4 und § 40b Absatz 4 Satz 3 hinsichtlich der Nutzen-Risiko-Bewertung nach Artikel 6 Absatz 1 Buchstabe b der Verordnung (EU) Nr. 536/2014 Stellung. [3]Für die Stellungnahme gilt die in der Verfahrensordnung nach § 41b Absatz 1 festgelegte Frist.

(5) [1]Die nach dem Geschäftsverteilungsplan nach § 41b Absatz 2 zuständige Ethik-Kommission nimmt die Aufgaben nach Artikel 7 der Verordnung (EU) Nr. 536/2014, auch in Verbindung mit Artikel 11 der Verordnung (EU) Nr. 536/2014, wahr und prüft die Voraussetzungen des § 40a Satz 1 Nummer 2, 3 und 5, Satz 2 und 3 und des § 40b Absatz 2, 3 Satz 1, Absatz 4 Satz 1, Satz 3 hinsichtlich der Festlegung der Einwilligung, Satz 4 bis 9, Absatz 5 und 6. [2]§ 41 Absatz 2 gilt entsprechend.

(6) [1]Die zuständige Bundesoberbehörde erhebt eine Gesamtgebühr im Sinne der Artikel 86 und 87 der Verordnung (EU) Nr. 536/2014. [2]Die zuständige Ethik-Kommission erhebt eine Gebühr für die Bearbeitung eines Antrags nach Maßgabe der Rechtsverordnung nach § 41b Absatz 1 und teilt diese der zuständigen Bundesoberbehörde mit. [3]Diese Gebühr ist in den Gebührenbescheid über die Gesamtgebühr nach Satz 1 aufzunehmen.

(7) [1]Bei Prüfpräparaten, die aus einem gentechnisch veränderten Organismus oder einer Kombination von gentechnisch veränderten Organismen bestehen oder solche enthalten, sind zusätzlich zu dem nach Absatz 2 einzureichenden Antrag bei der zuständigen Bundesoberbehörde folgende Unterlagen gemäß den Anhängen II und III zur Richtlinie 2001/18/EG des Europäischen Parlaments und des Rates vom 12. März 2001 über die absichtliche Freisetzung genetisch veränderter Organismen in die Umwelt und zur Aufhebung der Richtlinie 90/220/EWG des Rates (ABl. L 106 vom 17.4.2001, S. 1), die zuletzt durch die Richtlinie (EU) 2015/412 (ABl. L 68 vom 13.3.2015, S. 1) geändert worden ist, einzureichen:
1. eine Darlegung und Bewertung der Risiken für die Gesundheit nicht betroffener Personen und die Umwelt sowie eine Darlegung der vorgesehenen Vorkehrungen,
2. Informationen über den gentechnisch veränderten Organismus, über die Bedingungen der klinischen Prüfung und über den gentechnisch veränderten Organismus möglicherweise aufnehmende Umwelt sowie Informationen über die Wechselwirkungen zwischen dem gentechnisch veränderten Organismus und der Umwelt,

§ 77

Abs. 1 zustimmend bewertet und die <u>zuständige Bundesoberbehörde</u> diese nach Maßgabe des § 42 Abs. 2 genehmigt hat. [3]Die klinische Prüfung eines Arzneimittels darf bei Menschen nur durchgeführt werden, wenn und solange

1. ein Sponsor oder ein Vertreter des Sponsors vorhanden ist, der seinen Sitz in einem Mitgliedstaat der Europäischen Union oder in einem anderen Vertragsstaat des Abkommens über den Europäischen Wirtschaftsraum hat,

2. die vorhersehbaren Risiken und Nachteile gegenüber dem Nutzen für die Person, bei der sie durchgeführt werden soll (betroffene Person), und der voraussichtlichen Bedeutung des Arzneimittels für die Heilkunde ärztlich vertretbar sind,

2a. nach dem Stand der Wissenschaft im Verhältnis zum Zweck der klinischen Prüfung eines Arzneimittels, das aus einem gentechnisch veränderten Organismus oder einer Kombination von gentechnisch veränderten Organismen besteht oder solche enthält, unvertretbare schädliche Auswirkungen auf

a) die Gesundheit Dritter und

b) die Umwelt

nicht zu erwarten sind,

3. die betroffene Person

a) volljährig und in der Lage ist, Wesen, Bedeutung und Tragweite der klinischen Prüfung zu erkennen und ihren Willen hiernach auszurichten,

---

3. einen Beobachtungsplan zur Ermittlung der Auswirkungen auf die Gesundheit nicht betroffener Personen und die Umwelt sowie eine Beschreibung der geplanten Überwachungsmaßnahmen und Angaben über entstehende Reststoffe und ihre Behandlung sowie über Notfallpläne. [2]Der Sponsor kann insoweit auch auf Unterlagen Bezug nehmen, die ein Dritter in einem vorangegangenen Verfahren vorgelegt hat, sofern es sich nicht um vertrauliche Angaben handelt. [3]Die zuständige Bundesoberbehörde stellt das Benehmen mit dem Bundesamt für Verbraucherschutz und Lebensmittelsicherheit her. [4]Die Genehmigung der klinischen Prüfung durch die zuständige Bundesoberbehörde umfasst die Genehmigung der Freisetzung dieser gentechnisch veränderten Organismen im Rahmen der klinischen Prüfung.

(8) [1]Die zuständige Bundesoberbehörde übermittelt die Entscheidung nach Artikel 8 Absatz 1 Unterabsatz 1 der Verordnung (EU) Nr. 536/2014 über das EU-Portal an den Sponsor. [2]Sie ist dabei an den Bewertungsbericht der Ethik-Kommission nach Absatz 5 gebunden. [3]Weicht die Bundesoberbehörde von der Stellungnahme der Ethik-Kommission nach Absatz 4 Satz 2 ab, so bezeichnet sie die zuständige Ethik-Kommission, gibt das Ergebnis der Stellungnahme der Ethik-Kommission wieder und begründet ihr Abweichen von dieser Stellungnahme. [4]In der Begründung kann auf in englischer Sprache abgefasste Bewertungsberichte Bezug genommen werden. [5]Die zuständige Bundesoberbehörde übermittelt die Entscheidung nach Artikel 8 Absatz 2 Unterabsatz 3 der Verordnung (EU) Nr. 536/2014."

Diese Änderung tritt sechs Monate nach der Veröffentlichung der Mitteilung der Europäischen Kommission über die Funktionsfähigkeit des EU-Portals und der Datenbank nach Artikel 82 der Verordnung (EU) Nr. 536/2014 des Europäischen Parlaments und des Rates vom 16. April 2014 über klinische Prüfungen mit Humanarzneimitteln und zur Aufhebung der Richtlinie 2001/20/EG (ABl. L 158 vom 27.5.2014, S. 1) im Amtsblatt der Europäischen Union in Kraft.

b) nach Absatz 2 Satz 1 aufgeklärt worden ist und schriftlich eingewilligt hat, soweit in Absatz 4 oder in § 41 nichts Abweichendes bestimmt ist und

c) nach Absatz 2a Satz 1 und 2 informiert worden ist und schriftlich eingewilligt hat; die Einwilligung muss sich ausdrücklich auch auf die Erhebung und Verarbeitung von Angaben über die Gesundheit beziehen,

4. die betroffene Person nicht auf gerichtliche oder behördliche Anordnung in einer Anstalt untergebracht ist,

5. sie in einer geeigneten Einrichtung von einem angemessen qualifizierten Prüfer verantwortlich durchgeführt wird und die Prüfung von einem Prüfer mit mindestens zweijähriger Erfahrung in der klinischen Prüfung von Arzneimitteln geleitet wird,

6. eine dem jeweiligen Stand der wissenschaftlichen Erkenntnisse entsprechende pharmakologisch-toxikologische Prüfung des Arzneimittels durchgeführt worden ist,

7. jeder Prüfer durch einen für die pharmakologisch-toxikologische Prüfung verantwortlichen Wissenschaftler über deren Ergebnisse und die voraussichtlich mit der klinischen Prüfung verbundenen Risiken informiert worden ist,

8. für den Fall, dass bei der Durchführung der klinischen Prüfung ein Mensch getötet oder der Körper oder die Gesundheit eines Menschen verletzt wird, eine Versicherung nach Maßgabe des Absatzes 3 besteht, die auch Leistungen gewährt, wenn kein anderer für den Schaden haftet, und

9. für die medizinische Versorgung der betroffenen Person ein Arzt oder bei zahnmedizinischer Behandlung ein Zahnarzt verantwortlich ist.

[4]Kann die betroffene Person nicht schreiben, so kann in Ausnahmefällen statt der in Satz 3 Nummer 3 Buchstabe b und c geforderten schriftlichen Einwilligung eine mündliche Einwilligung in Anwesenheit von mindestens einem Zeugen, der auch bei der Information der betroffenen Person einbezogen war, erteilt werden. [5]Der Zeuge darf keine bei der Prüfstelle beschäftigte Person und kein Mitglied der Prüfgruppe sein. [6]Die mündlich erteilte Einwilligung ist schriftlich zu dokumentieren, zu datieren und von dem Zeugen zu unterschreiben.

(1a) [1]Der Prüfer bestimmt angemessen qualifizierte Mitglieder der Prüfgruppe. [2]Er hat sie anzuleiten und zu überwachen sowie ihnen die für ihre Tätigkeit im Rahmen der Durchführung der klinischen Prüfung erforderlichen Informationen, insbesondere den Prüfplan und die Prüferinformation, zur Verfügung zu stellen. [3]Der Prüfer hat mindestens einen Stellvertreter mit vergleichbarer Qualifikation zu benennen.

(1b) Einer Versicherung nach Absatz 1 Satz 3 Nummer 8 bedarf es nicht bei klinischen Prüfungen mit zugelassenen Arzneimitteln, wenn die Anwendung gemäß den in der Zulassung festgelegten Angaben erfolgt und Risiken und Belastungen durch zusätzliche Untersuchungen oder durch den Therapievergleich gering sind und soweit eine anderweitige Versicherung für Prüfer und Sponsor besteht.

(2) [1]Die betroffene Person ist durch einen Prüfer, der Arzt oder, bei zahnmedizinischer Prüfung, Zahnarzt ist, oder durch ein Mitglied der Prüfgruppe, das Arzt oder, bei zahnmedizinischer Prüfung, Zahnarzt ist, über Wesen, Bedeutung, Risiken und Tragweite der klinischen Prüfung sowie über ihr Recht aufzuklären, die Teilnahme an der klinischen Prüfung jederzeit zu beenden; ihr ist eine allgemein verständliche Aufklärungsunterlage auszuhändigen. [2]Der betroffenen Person ist ferner Gelegenheit zu einem Beratungsgespräch mit einem Prüfer oder einem Mitglied der Prüfgruppe, das Arzt oder, bei zahnmedizinischer Prüfung, Zahnarzt ist, über die sonstigen Bedingungen der Durchführung der klinischen Prüfung zu geben. [3]Eine nach Absatz 1 Satz 3 Nummer 3 Buchstabe b erklärte Einwilligung in die Teilnahme an einer klinischen Prüfung kann jederzeit gegenüber dem Prüfer oder einem Mitglied der Prüfgruppe schriftlich oder mündlich widerrufen werden, ohne dass der betroffenen Person dadurch Nachteile entstehen dürfen.

(2a) [1]Die betroffene Person ist über Zweck und Umfang der Erhebung und Verwendung personenbezogener Daten, insbesondere von Gesundheitsdaten zu informieren. [2]Sie ist insbesondere darüber zu informieren, dass

1. die erhobenen Daten soweit erforderlich
   a) zur Einsichtnahme durch die Überwachungsbehörde oder Beauftragte des Sponsors zur Überprüfung der ordnungsgemäßen Durchführung der klinischen Prüfung bereitgehalten werden,
   b) pseudonymisiert an den Sponsor oder eine von diesem beauftragte Stelle zum Zwecke der wissenschaftlichen Auswertung weitergegeben werden,
   c) im Falle eines Antrags auf Zulassung pseudonymisiert an den Antragsteller und die für die Zulassung zuständige Behörde weitergegeben werden,
   d) im Falle unerwünschter Ereignisse des zu prüfenden Arzneimittels pseudonymisiert an den Sponsor und die zuständige Bundesoberbehörde sowie von dieser an die Europäische Datenbank weitergegeben werden,
2. die Einwilligung nach Absatz 1 Satz 3 Nr. 3 Buchstabe c unwiderruflich ist,
3. im Falle eines Widerrufs der nach Absatz 1 Satz 3 Nr. 3 Buchstabe b erklärten Einwilligung die gespeicherten Daten weiterhin verwendet werden dürfen, soweit dies erforderlich ist, um
   a) Wirkungen des zu prüfenden Arzneimittels festzustellen,
   b) sicherzustellen, dass schutzwürdige Interessen der betroffenen Person nicht beeinträchtigt werden,
   c) der Pflicht zur Vorlage vollständiger Zulassungsunterlagen zu genügen,
4. die Daten bei den genannten Stellen für die aufgrund des § 42 Abs. 3 bestimmten Fristen gespeichert werden.

[3]Im Falle eines Widerrufs der nach Absatz 1 Satz 3 Nr. 3 Buchstabe b erklärten Einwilligung haben die verantwortlichen Stellen unverzüglich zu prüfen, inwieweit die gespeicherten Daten für die in Satz 2 Nr. 3 genannten Zwecke noch erforderlich sein können. [4]Nicht mehr benötigte Daten sind unverzüglich zu löschen. [5]Im Übrigen sind die erhobenen personenbezogenen Daten nach Ablauf

der aufgrund des § 42 Abs. 3 bestimmten Fristen zu löschen, soweit nicht gesetzliche, satzungsmäßige oder vertragliche Aufbewahrungsfristen entgegenstehen.

(3) [1]Die Versicherung nach Absatz 1 Satz 3 Nr. 8 muss zugunsten der von der klinischen Prüfung betroffenen Personen bei einem in einem Mitgliedstaat der Europäischen Union oder einem anderen Vertragsstaat des Abkommens über den Europäischen Wirtschaftsraum zum Geschäftsbetrieb zugelassenen Versicherer genommen werden. [2]Ihr Umfang muss in einem angemessenen Verhältnis zu den mit der klinischen Prüfung verbundenen Risiken stehen und auf der Grundlage der Risikoabschätzung so festgelegt werden, dass für jeden Fall des Todes oder der dauernden Erwerbsunfähigkeit einer von der klinischen Prüfung betroffenen Person mindestens 500 000 Euro zur Verfügung stehen. [3]Soweit aus der Versicherung geleistet wird, erlischt ein Anspruch auf Schadensersatz.

(4) Auf eine klinische Prüfung bei Minderjährigen finden die Absätze 1 bis 3 mit folgender Maßgabe Anwendung:

1. [1]Das Arzneimittel muss zum Erkennen oder zum Verhüten von Krankheiten bei Minderjährigen bestimmt und die Anwendung des Arzneimittels nach den Erkenntnissen der medizinischen Wissenschaft angezeigt sein, um bei dem Minderjährigen Krankheiten zu erkennen oder ihn vor Krankheiten zu schützen. [2]Angezeigt ist das Arzneimittel, wenn seine Anwendung bei dem Minderjährigen medizinisch indiziert ist.

2. Die klinische Prüfung an Erwachsenen oder andere Forschungsmethoden dürfen nach den Erkenntnissen der medizinischen Wissenschaft keine ausreichenden Prüfergebnisse erwarten lassen.

3. [1]Die Einwilligung wird durch den gesetzlichen Vertreter abgegeben, nachdem er entsprechend Absatz 2 aufgeklärt worden ist. [2]Sie muss dem mutmaßlichen Willen des Minderjährigen entsprechen, soweit ein solcher feststellbar ist. [3]Der Minderjährige ist vor Beginn der klinischen Prüfung von einem im Umgang mit Minderjährigen erfahrenen Prüfer, der Arzt oder, bei zahnmedizinischer Prüfung, Zahnarzt ist, oder einem entsprechend erfahrenen Mitglied der Prüfgruppe, das Arzt oder, bei zahnmedizinischer Prüfung, Zahnarzt ist, über die Prüfung, die Risiken und den Nutzen aufzuklären, soweit dies im Hinblick auf sein Alter und seine geistige Reife möglich ist; erklärt der Minderjährige, nicht an der klinischen Prüfung teilnehmen zu wollen, oder bringt er dies in sonstiger Weise zum Ausdruck, so ist dies zu beachten. [4]Ist der Minderjährige in der Lage, Wesen, Bedeutung und Tragweite der klinischen Prüfung zu erkennen und seinen Willen hiernach auszurichten, so ist auch seine Einwilligung erforderlich. [5]Eine Gelegenheit zu einem Beratungsgespräch nach Absatz 2 Satz 2 ist neben dem gesetzlichen Vertreter auch dem Minderjährigen zu eröffnen.

4. Die klinische Prüfung darf nur durchgeführt werden, wenn sie für die betroffene Person mit möglichst wenig Belastungen und anderen vorhersehbaren Risiken verbunden ist; sowohl der Belastungsgrad als auch die Risiko-

schwelle müssen im Prüfplan eigens definiert und vom Prüfer ständig überprüft werden.

5. Vorteile mit Ausnahme einer angemessenen Entschädigung dürfen nicht gewährt werden.

(5) [1]Der betroffenen Person, ihrem gesetzlichen Vertreter oder einem von ihr Bevollmächtigten steht eine zuständige Kontaktstelle zur Verfügung, bei der Informationen über alle Umstände, denen eine Bedeutung für die Durchführung einer klinischen Prüfung beizumessen ist, eingeholt werden können. [2]Die Kontaktstelle ist bei der jeweils zuständigen Bundesoberbehörde einzurichten.

§§ 40a bis 40d[18] *(nicht besetzt)*

---

18 Gemäß Art. 2 Nr. 11 G vom 20.12.2016 (BGBl. I S. 3048) werden die folgenden §§ 40a bis 40d eingefügt:

„**§ 40a Allgemeine Voraussetzungen für die klinische Prüfung.** [1]Über die Voraussetzungen nach der Verordnung (EU) Nr. 536/2014 hinaus darf eine klinische Prüfung bei Menschen nur durchgeführt werden, solange

1. ein Sponsor oder ein Vertreter des Sponsors bei rein nationalen sowie bei national und in Drittstaaten durchgeführten klinischen Prüfungen vorhanden ist, der seinen Sitz in einem Mitgliedstaat der Europäischen Union oder in einem anderen Vertragsstaat des Abkommens über den Europäischen Wirtschaftsraum hat,

2. die Person, bei der die klinische Prüfung durchgeführt werden soll (betroffene Person) nicht auf gerichtliche oder behördliche Anordnung in einer Anstalt untergebracht ist,

3. für den Fall, dass bei der Durchführung der klinischen Prüfung ein Mensch getötet oder der Körper oder die Gesundheit eines Menschen verletzt wird, eine Versicherung, die auch Leistungen gewährt, wenn kein anderer für den Schaden haftet, nach folgenden Maßgaben besteht:

    a) die Versicherung muss zugunsten der von der klinischen Prüfung betroffenen Person bei einem in einem Mitgliedstaat der Europäischen Union oder einem anderen Vertragsstaat des Abkommens über den Europäischen Wirtschaftsraum zum Geschäftsbetrieb zugelassenen Versicherer genommen werden,

    b) der Umfang der Versicherung muss in einem angemessenen Verhältnis zu den mit einer klinischen Prüfung verbundenen Risiken stehen und auf der Grundlage der Risikoabschätzung so festgelegt werden, dass für jeden Fall des Todes oder der fortdauernden Erwerbsunfähigkeit einer von der klinischen Prüfung betroffenen Person mindestens 500 000 Euro zur Verfügung stehen,

4. nach dem Stand der Wissenschaft im Verhältnis zum Zweck der klinischen Prüfung eines Arzneimittels, das aus einem gentechnisch veränderten Organismus oder einer Kombination von gentechnisch veränderten Organismen besteht oder solche enthält, unvertretbare schädliche Auswirkungen nicht zu erwarten sind auf

    a) die Gesundheit Dritter und

    b) die Umwelt,

5. sie in einer nach Artikel 50 in Verbindung mit Anhang I Nummer 67 der Verordnung (EU) Nr. 536/2014 geeigneten Einrichtung stattfindet.

[2]Bei xenogenen Arzneimitteln müssen die Anforderungen nach Satz 1 Nummer 3 im Hinblick auf eine Versicherung von Drittrisiken erfüllt sein. [3]Einer Versicherung nach Satz 1 Nummer 3 bedarf es nicht bei einer minimalinterventionellen klinischen Prüfung nach Artikel 2 Absatz 2 Nummer 3 der Verordnung (EU) Nr. 536/2014, soweit

(Fortsetzung zu Fußnote 18)

eine anderweitige Versicherung für Prüfer und Sponsor besteht. [4]Soweit aus der Versicherung nach Satz 1 Nummer 3 geleistet wird, erlischt ein Anspruch auf Schadensersatz.

§ 40b Besondere Voraussetzungen für die klinische Prüfung. (1) Ergänzend zu Artikel 29 der Verordnung (EU) Nr. 536/2014 gelten für die Einwilligung der betroffenen Person oder, falls diese nicht in der Lage ist, eine Einwilligung nach Aufklärung zu erteilen, ihres gesetzlichen Vertreters die Vorgaben nach den Absätzen 2 bis 5.

(2) Die betroffene Person oder, falls diese nicht in der Lage ist, eine Einwilligung nach Aufklärung zu erteilen, ihr gesetzlicher Vertreter ist durch einen Prüfer, der Arzt oder, bei einer zahnmedizinischen Prüfung, Zahnarzt ist, oder durch ein Mitglied des Prüfungsteams, das Arzt oder, bei einer zahnmedizinischen Prüfung, Zahnarzt ist, im Rahmen des Gesprächs nach Artikel 29 Absatz 2 Buchstabe c der Verordnung (EU) Nr. 536/2014 aufzuklären.

(3) [1]Eine klinische Prüfung darf bei einem Minderjährigen, der in der Lage ist, das Wesen, die Bedeutung und die Tragweite der klinischen Prüfung zu erkennen und seinen Willen hiernach auszurichten, nur durchgeführt werden, wenn auch seine schriftliche Einwilligung nach Aufklärung gemäß Artikel 29 der Verordnung (EU) Nr. 536/2014 zusätzlich zu der schriftlichen Einwilligung, die sein gesetzlicher Vertreter nach Aufklärung erteilt hat, vorliegt. [2]Erklärt ein Minderjähriger, der nicht in der Lage ist, Wesen, Bedeutung und Tragweite der klinischen Prüfung zu erkennen und seinen Willen hiernach auszurichten, nicht an der klinischen Prüfung teilnehmen zu wollen, oder bringt er dies in sonstiger Weise zum Ausdruck, so gilt dies als ausdrücklicher Wunsch im Sinne des Artikels 31 Absatz 1 Buchstabe c der Verordnung (EU) Nr. 536/2014.

(4) [1]Eine klinische Prüfung mit einer Person, die nicht in der Lage ist, Wesen, Bedeutung und Tragweite der klinischen Prüfung zu erkennen und ihren Willen hiernach auszurichten, darf nur durchgeführt werden, wenn

1. die Voraussetzungen des Artikels 31 Absatz 1 der Verordnung (EU) Nr. 536/2014 und

2. die Voraussetzungen des Artikels 31 Absatz 3 der Verordnung (EU) Nr. 536/2014 vorliegen.

[2]Erklärt eine Person, die nicht in der Lage ist, Wesen, Bedeutung und Tragweite der klinischen Prüfung zu erkennen und ihren Willen hiernach auszurichten, nicht an der klinischen Prüfung teilnehmen zu wollen, oder bringt sie dies in sonstiger Weise zum Ausdruck, so gilt dies als ausdrücklicher Wunsch im Sinne des Artikels 31 Absatz 1 Buchstabe c der Verordnung (EU) Nr. 536/2014. [3]Bei einer volljährigen Person, die nicht in der Lage ist, Wesen, Bedeutung und Tragweite der klinischen Prüfung zu erkennen und ihren Willen hiernach auszurichten, darf eine klinische Prüfung im Sinne des Artikels 31 Absatz 1 Buchstabe g Ziffer ii der Verordnung (EU) Nr. 536/2014, die ausschließlich einen Nutzen für die repräsentierte Bevölkerungsgruppe, zu der die betroffene Person gehört, zur Folge haben wird (gruppennützige klinische Prüfung), nur durchgeführt werden, soweit die betroffene Person als einwilligungsfähige volljährige Person für den Fall ihrer Einwilligungsunfähigkeit schriftlich nach ärztlicher Aufklärung festgelegt hat, dass sie in bestimmte, zum Zeitpunkt der Festlegung noch nicht unmittelbar bevorstehende gruppennützige klinische Prüfungen einwilligt. [4]Der Betreuer prüft, ob diese Festlegungen auf die aktuelle Situation zutreffen. [5]Die Erklärung kann jederzeit formlos widerrufen werden. [6]§ 1901a Absatz 1, 4 und 5 des Bürgerlichen Gesetzbuches gilt im Übrigen entsprechend. [7]Die betroffene Person ist über sämtliche für die Einwilligung wesentlichen Umstände aufzuklären. [8]Dazu gehören insbesondere die Aufklärung über das Wesen, die Ziele, den Nutzen, die Folgen, die Risiken und die Nachteile klinischer Prüfungen, die unter den Bedingungen des Artikels 31 der Verord-

(Fortsetzung zu Fußnote 18)

nung (EU) Nr. 536/2014 stattfinden, sowie die in Artikel 29 Absatz 2 Buchstabe a Ziffer ii und iv der Verordnung (EU) Nr. 536/2014 angeführten Inhalte. [9]Bei Minderjährigen, für die nach Erreichen der Volljährigkeit Satz 1 gelten würde, darf eine solche gruppennützige klinische Prüfung nicht durchgeführt werden.

(5) Eine klinische Prüfung darf in Notfällen nur durchgeführt werden, wenn die Voraussetzungen des Artikels 35 der Verordnung (EU) Nr. 536/2014 vorliegen.

(6) [1]Die betroffene Person oder, falls diese nicht in der Lage ist, eine Einwilligung nach Aufklärung zu erteilen, ihr gesetzlicher Vertreter muss schriftlich und ausdrücklich in die Erhebung, Verarbeitung und Nutzung von personenbezogenen Daten, insbesondere von Gesundheitsdaten, einwilligen. [2]Sie ist über Zweck und Umfang der Erhebung und Verwendung dieser Daten aufzuklären. [3]Sie ist insbesondere darüber zu informieren, dass

1. die erhobenen Daten, soweit erforderlich,
   a) zur Einsichtnahme durch die Überwachungsbehörde oder Beauftragte des Sponsors zur Überprüfung der ordnungsgemäßen Durchführung der klinischen Prüfung bereitgehalten werden,
   b) pseudonymisiert an den Sponsor oder eine von diesem beauftragte Stelle zum Zwecke der wissenschaftlichen Auswertung weitergegeben werden,
   c) im Fall eines Antrags auf Zulassung pseudonymisiert an den Antragsteller und die für die Zulassung zuständige Behörde weitergegeben werden,
   d) im Fall unerwünschter Ereignisse und schwerwiegender unerwünschter Ereignisse nach Artikel 41 Absatz 1, 2 und 4 der Verordnung (EU) Nr. 536/2014 pseudonymisiert vom Prüfer an den Sponsor weitergegeben werden,
   e) im Fall mutmaßlicher unerwarteter schwerwiegender Nebenwirkungen nach Artikel 42 der Verordnung (EU) Nr. 536/2014 pseudonymisiert vom Sponsor an die Datenbank nach Artikel 40 Absatz 1 der Verordnung (EU) Nr. 536/2014 weitergegeben werden,
   f) im Fall unerwarteter Ereignisse nach Artikel 53 Absatz 1 der Verordnung (EU) Nr. 536/2014 pseudonymisiert vom Sponsor an das EU-Portal weitergegeben werden,
2. im Fall eines Widerrufs der nach Satz 1 und Absatz 1 erklärten Einwilligungen die gespeicherten Daten weiterhin verwendet werden dürfen, soweit dies erforderlich ist, um
   a) Wirkungen des zu prüfenden Arzneimittels festzustellen,
   b) sicherzustellen, dass schutzwürdige Interessen der betroffenen Person nicht beeinträchtigt werden,
   c) der Pflicht zur Vorlage vollständiger Zulassungsunterlagen zu genügen,
3. die Daten bei Prüfer und Sponsor für die aufgrund des Artikels 58 Unterabsatz 1 der Verordnung (EU) Nr. 536/2014 bestimmte Frist gespeichert werden.

(7) Die Kontaktstelle im Sinne des Artikels 28 Absatz 1 Buchstabe g der Verordnung (EU) Nr. 536/2014 ist bei der nach § 77 zuständigen Bundesoberbehörde einzurichten.

§ 40c Verfahren bei Hinzufügung eines Mitgliedstaates, bei Änderungen sowie bei Bewertungsverfahren. (1) Für die Verfahren zur späteren Hinzufügung eines zusätzlichen betroffenen Mitgliedstaates der Europäischen Union nach Artikel 14 der Verordnung (EU) Nr. 536/2014 und zur Genehmigung einer wesentlichen Änderung einer klinischen Prüfung nach Artikel 15 bis 24 der Verordnung (EU) Nr. 536/2014 gelten die §§ 40 bis 40b entsprechend.

(2) Im Rahmen des Bewertungsverfahrens nach Artikel 44 der Verordnung (EU) Nr. 536/2014 wird die Bewertung der zuständigen Ethik-Kommission einbezogen.

§ 41[19] **Besondere Voraussetzungen der klinischen Prüfung.** (1) [1]Auf eine klinische Prüfung bei einer volljährigen Person, die an einer Krankheit leidet, zu deren Behandlung das zu prüfende Arzneimittel angewendet werden soll, findet § 40 Abs. 1 bis 3 mit folgender Maßgabe Anwendung:

(3) [1]Änderungen einer von der zuständigen Bundesoberbehörde genehmigten klinischen Prüfung mit Arzneimitteln, die aus gentechnisch veränderten Organismen bestehen oder diese enthalten und die geeignet sind, die Risikobewertung für die Gesundheit nicht betroffener Personen und die Umwelt zu verändern, darf der Sponsor nur vornehmen, wenn diese Änderungen von der zuständigen Bundesoberbehörde genehmigt wurden. [2]Die Genehmigung ist bei der zuständigen Bundesoberbehörde zu beantragen. [3]Der Antrag ist zu begründen.

§ 40d Besondere Pflichten des Prüfers, des Sponsors und der zuständigen Bundesoberbehörde. Bei klinischen Prüfungen mit Arzneimitteln, die aus einem gentechnisch veränderten Organismus oder einer Kombination von gentechnisch veränderten Organismen bestehen oder die solche Organismen enthalten,

1. treffen der Sponsor und der Prüfer unabhängig vom Vorliegen einer Genehmigung nach § 40c Absatz 3 alle Maßnahmen, die zum Schutz der Gesundheit nicht betroffener Personen und der Umwelt vor unmittelbarer Gefahr geboten sind;
2. unterrichtet der Prüfer den Sponsor unverzüglich über Beobachtungen von in der Risikobewertung nicht vorgesehenen etwaigen schädlichen Auswirkungen auf die Gesundheit nicht betroffener Personen und die Umwelt;
3. teilt der Sponsor der zuständigen Bundesoberbehörde unverzüglich alle ihm bekannt gewordenen neuen Informationen über Gefahren für die Gesundheit nicht betroffener Personen und für die Umwelt mit;
4. informiert der Sponsor die zuständige Bundesoberbehörde unmittelbar nach Abschluss der klinischen Prüfung über die Ergebnisse in Bezug auf die Gefahren für die menschliche Gesundheit oder die Umwelt;
5. unterrichtet die zuständige Bundesoberbehörde die Öffentlichkeit über den hinreichenden Verdacht einer Gefahr für die Gesundheit Dritter oder für die Umwelt in ihrem Wirkungsgefüge einschließlich der zu treffenden Vorsichtsmaßnahmen; wird die Genehmigung zurückgenommen oder widerrufen, das befristete Ruhen der Genehmigung oder eine Änderung der Bedingungen für die klinische Prüfung angeordnet und ist diese Maßnahme unanfechtbar geworden oder sofort vollziehbar, so soll die Öffentlichkeit von der zuständigen Bundesoberbehörde auch hierüber unterrichtet werden; die §§ 17a und 28a Absatz 2 Satz 2 und 3, Absatz 3 und 4 des Gentechnikgesetzes gelten entsprechend."

Diese Änderung tritt sechs Monate nach der Veröffentlichung der Mitteilung der Europäischen Kommission über die Funktionsfähigkeit des EU-Portals und der Datenbank nach Artikel 82 der Verordnung (EU) Nr. 536/2014 des Europäischen Parlaments und des Rates vom 16. April 2014 über klinische Prüfungen mit Humanarzneimitteln und zur Aufhebung der Richtlinie 2001/20/EG (ABl. L 158 vom 27.5.2014, S. 1) im Amtsblatt der Europäischen Union in Kraft.

19 Gemäß Art. 2 Nr. 12 G vom 20.12.2016 (BGBl. I S. 3048) wird § 41 wie folgt gefasst:

„**§ 41 Stellungnahme der Ethik-Kommission.** (1) Die Stellungnahme der Ethik-Kommission nach § 40 Absatz 4 Satz 2 muss im klaren Votum im Sinne einer Zustimmung, einer Zustimmung mit Auflagen im Sinne des Artikels 8 Absatz 1 Unterabsatz 3 der Verordnung (EU) Nr. 536/2014 oder einer Ablehnung der Vertretbarkeit der Durchführung der klinischen Prüfung sowie eine entsprechende Begründung enthalten.

1. Die Anwendung des zu prüfenden Arzneimittels muss nach den Erkenntnissen der medizinischen Wissenschaft angezeigt sein, um das Leben dieser Person zu retten, ihre Gesundheit wiederherzustellen oder ihr Leiden zu erleichtern, oder

2. sie muss für die Gruppe der Patienten, die an der gleichen Krankheit leiden wie diese Person, mit einem direkten Nutzen verbunden sein.

²Kann die Einwilligung wegen einer Notfallsituation nicht eingeholt werden, so darf eine Behandlung, die ohne Aufschub erforderlich ist, um das Leben der betroffenen Person zu retten, ihre Gesundheit wiederherzustellen oder ihr Leiden zu erleichtern, umgehend erfolgen. ³Die Einwilligung zur weiteren Teilnahme ist einzuholen, sobald dies möglich und zumutbar ist.

(2) ¹Auf eine klinische Prüfung bei einem Minderjährigen, der an einer Krankheit leidet, zu deren Behandlung das zu prüfende Arzneimittel angewendet werden soll, findet § 40 Abs. 1 bis 4 mit folgender Maßgabe Anwendung:

1. Die Anwendung des zu prüfenden Arzneimittels muss nach den Erkenntnissen der medizinischen Wissenschaft angezeigt sein, um das Leben der betroffenen Person zu retten, ihre Gesundheit wiederherzustellen oder ihr Leiden zu erleichtern, oder

2. a) die klinische Prüfung muss für die Gruppe der Patienten, die an der gleichen Krankheit leiden wie die betroffene Person, mit einem direkten Nutzen verbunden sein,

   b) die Forschung muss für die Bestätigung von Daten, die bei klinischen Prüfungen an anderen Personen oder mittels anderer Forschungsmethoden gewonnen wurden, unbedingt erforderlich sein,

   c) die Forschung muss sich auf einen klinischen Zustand beziehen, unter dem der betroffene Minderjährige leidet und

   d) die Forschung darf für die betroffene Person nur mit einem minimalen Risiko und einer minimalen Belastung verbunden sein; die Forschung weist nur ein minimales Risiko auf, wenn nach Art und Umfang der Intervention zu erwarten ist, dass sie allenfalls zu einer sehr geringfügigen und vorübergehenden Beeinträchtigung der Gesundheit der betroffenen

---

(2) ¹Die Ethik-Kommission kann eigene wissenschaftliche Erkenntnisse verwerten, Sachverständige hinzuziehen oder Gutachten von Sachverständigen anfordern. ²Sie hat Sachverständige beizuziehen oder Gutachten anzufordern, wenn es sich um eine klinische Prüfung von xenogenen Arzneimitteln oder Gentherapeutika handelt.

(3) ¹Die Stellungnahme ist von den zuständigen Bundesoberbehörden bei der Erfüllung ihrer Aufgaben nach § 40 Absatz 4 Satz 1 maßgeblich zu berücksichtigen. ²Weicht die zuständige Bundesoberbehörde von dem Votum der Ethik-Kommission ab, so hat sie dies gegenüber der Ethik-Kommission schriftlich zu begründen."

Diese Änderung tritt sechs Monate nach der Veröffentlichung der Mitteilung der Europäischen Kommission über die Funktionsfähigkeit des EU-Portals und der Datenbank nach Artikel 82 der Verordnung (EU) Nr. 536/2014 des Europäischen Parlaments und des Rates vom 16. April 2014 über klinische Prüfungen mit Humanarzneimitteln und zur Aufhebung der Richtlinie 2001/20/EG (ABl. L 158 vom 27.5.2014, S. 1) im Amtsblatt der Europäischen Union in Kraft.

Person führen wird; sie weist eine minimale Belastung auf, wenn zu erwarten ist, dass die Unannehmlichkeiten für die betroffene Person allenfalls vorübergehend auftreten und sehr geringfügig sein werden. [2]Satz 1 Nr. 2 gilt nicht für Minderjährige, für die nach Erreichen der Volljährigkeit Absatz 3 Anwendung finden würde.

(3) Auf eine klinische Prüfung bei einer volljährigen Person, die nicht in der Lage ist, Wesen, Bedeutung und Tragweite der klinischen Prüfung zu erkennen und ihren Willen hiernach auszurichten und die an einer Krankheit leidet, zu deren Behandlung das zu prüfende Arzneimittel angewendet werden soll, findet § 40 Abs. 1 bis 3 mit folgender Maßgabe Anwendung:

1. [1]Die Anwendung des zu prüfenden Arzneimittels muss nach den Erkenntnissen der medizinischen Wissenschaft angezeigt sein, um das Leben der betroffenen Person zu retten, ihre Gesundheit wiederherzustellen oder ihr Leiden zu erleichtern; außerdem müssen sich derartige Forschungen unmittelbar auf einen lebensbedrohlichen oder sehr geschwächten klinischen Zustand beziehen, in dem sich die betroffene Person befindet, und die klinische Prüfung muss für die betroffene Person mit möglichst wenig Belastungen und anderen vorhersehbaren Risiken verbunden sein; sowohl der Belastungsgrad als auch die Risikoschwelle müssen im Prüfplan eigens definiert und vom Prüfer ständig überprüft werden. [2]Die klinische Prüfung darf nur durchgeführt werden, wenn die begründete Erwartung besteht, dass der Nutzen der Anwendung des Prüfpräparates für die betroffene Person die Risiken überwiegt oder keine Risiken mit sich bringt.

2. [1]Die Einwilligung wird durch den gesetzlichen Vertreter oder Bevollmächtigten abgegeben, nachdem er entsprechend § 40 Abs. 2 aufgeklärt worden ist. [2]§ 40 Abs. 4 Nr. 3 Satz 2, 3 und 5 gilt entsprechend.

3. [1]Die Forschung muss für die Bestätigung von Daten, die bei klinischen Prüfungen an zur Einwilligung nach Aufklärung fähigen Personen oder mittels anderer Forschungsmethoden gewonnen wurden, unbedingt erforderlich sein. [2]§ 40 Abs. 4 Nr. 2 gilt entsprechend.

4. Vorteile mit Ausnahme einer angemessenen Entschädigung dürfen nicht gewährt werden.

§ 41a[20] Registrierungsverfahren für Ethik-Kommissionen. (1) An dem Verfahren zur Bewertung eines Antrags auf Genehmigung einer klinischen Prü-

---

20 Gemäß Art. 2 Nr. 13 G vom 20.12.2016 (BGBl. I S. 3048) werden in § 41a Abs. 1 die Wörter „des Europäischen Parlaments und des Rates vom 16. April 2014 über klinische Prüfungen mit Humanarzneimitteln und zur Aufhebung der Richtlinie 2001/20/EG (ABl. L 158 vom 27.5.2014, S. 1)" gestrichen.
Diese Änderung tritt sechs Monate nach der Veröffentlichung der Mitteilung der Europäischen Kommission über die Funktionsfähigkeit des EU-Portals und der Datenbank nach Artikel 82 der Verordnung (EU) Nr. 536/2014 des Europäischen Parlaments und des Rates vom 16. April 2014 über klinische Prüfungen mit Humanarzneimitteln und zur Aufhebung der Richtlinie 2001/20/EG (ABl. L 158 vom 27.5.2014, S. 1) im Amtsblatt der Europäischen Union in Kraft.

fung nach der Verordnung (EU) Nr. 536/2014 des Europäischen Parlaments und des Rates vom 16. April 2014 über klinische Prüfungen mit Humanarzneimitteln und zur Aufhebung der Richtlinie 2001/20/EG (ABl. L 158 vom 27.5.2014, S. 1) dürfen nur öffentlich-rechtliche Ethik-Kommissionen der Länder teilnehmen, die nach Landesrecht für die Prüfung und Bewertung klinischer Prüfungen bei Menschen zuständig sind und nach den Absätzen 2 bis 5 registriert sind.

(2) Der Antrag auf Registrierung ist vom jeweiligen Träger der öffentlich-rechtlichen Ethik-Kommissionen der Länder bei dem Bundesinstitut für Arzneimittel und Medizinprodukte zu stellen.

(3) Im Einvernehmen mit dem Paul-Ehrlich-Institut genehmigt das Bundesinstitut für Arzneimittel und Medizinprodukte den Antrag auf Registrierung, wenn folgende Voraussetzungen durch geeignete Unterlagen nachgewiesen werden:

1. die erforderliche aktuelle wissenschaftliche Expertise der Mitglieder sowie der externen Sachverständigen,
2. die interdisziplinäre Zusammensetzung der Ethik-Kommission unter Beteiligung von je mindestens einem Juristen, einer Person mit wissenschaftlicher oder beruflicher Erfahrung auf dem Gebiet der Ethik in der Medizin, einer Person mit Erfahrung auf dem Gebiet der Versuchsplanung und Statistik, drei Ärzten, die über Erfahrungen in der klinischen Medizin verfügen, davon ein Facharzt für klinische Pharmakologie oder für Pharmakologie und Toxikologie, sowie einem Laien,
3. der Ethik-Kommission gehören weibliche und männliche Mitglieder an und bei der Auswahl der Mitglieder und externen Sachverständigen werden Frauen und Männer mit dem Ziel der gleichberechtigten Teilhabe gleichermaßen berücksichtigt,
4. eine Geschäftsordnung, die insbesondere verpflichtende Regelungen zur Arbeitsweise der Ethik-Kommission trifft; dazu gehören insbesondere Regelungen zur Geschäftsführung, zum Vorsitz, zur Vorbereitung von Beschlüssen, zur Beschlussfassung sowie zur Ehrenamtlichkeit und Verschwiegenheitspflicht der Mitglieder und externen Sachverständigen,
5. eine Geschäftsstelle mit dem für die Organisation der Aufgaben der Ethik-Kommission erforderlichen qualifizierten Personal,
6. eine sachliche Ausstattung, die es ermöglicht, kurzfristig Abstimmungsverfahren durchzuführen und fristgerecht Stellungnahmen und Bewertungsberichte zu erstellen,
7. die Ethik-Kommission holt zu jedem Antrag Unabhängigkeitserklärungen der beteiligten Mitglieder und externen Sachverständigen ein, die beinhalten, dass diese keine finanziellen oder persönlichen Interessen, die Auswirkungen auf ihre Unparteilichkeit haben könnten, haben.

(4) Registrierte Ethik-Kommissionen teilen dem Bundesinstitut für Arzneimittel und Medizinprodukte Änderungen, die die Voraussetzungen der Registrierung betreffen, unverzüglich mit.

(5) Das Bundesinstitut für Arzneimittel und Medizinprodukte kann im Einvernehmen mit dem Paul-Ehrlich-Institut das Ruhen der Registrierung anordnen oder die Registrierung aufheben, wenn bekannt wird, dass die Voraussetzungen zur Registrierung nicht oder nicht mehr vorliegen oder wenn ein Verstoß gegen die nach § 41b Absatz 1 festgelegte Verfahrensordnung vorliegt.

(6) [1]Das Bundesinstitut für Arzneimittel und Medizinprodukte veröffentlicht eine Liste der registrierten Ethik-Kommissionen im Bundesanzeiger. [2]Personenbezogene Daten dürfen nur mit Einwilligung der jeweiligen Person veröffentlicht werden. [3]Die Liste ist regelmäßig zu aktualisieren.

§ 41b Verfahrensordnung und Geschäftsverteilungsplan. (1) [1]Das Bundesministerium erstellt durch Rechtsverordnung mit Zustimmung des Bundesrates eine Verfahrensordnung über die Zusammenarbeit der Bundesoberbehörden und der registrierten Ethik-Kommissionen bei der Bearbeitung von Anträgen auf die Genehmigung von klinischen Prüfungen nach der Verordnung (EU) Nr. 536/2014. [2]In der Verfahrensordnung werden insbesondere die Einzelheiten des Registrierungsverfahrens, die Fristen für die Stellungnahmen der registrierten Ethik-Kommissionen, die festen Gebührensätze oder Rahmensätze jeweils nach dem Personal- und Sachaufwand für die Stellungnahmen und Bewertungsberichte der registrierten Ethik-Kommissionen, die Kriterien für einen Geschäftsverteilungsplan einschließlich der für die Verteilung der zu bearbeitenden Anträge maßgeblichen Faktoren sowie die Zuständigkeiten bestimmt, vom Sponsor zusätzliche Informationen nach der Verordnung (EU) Nr. 536/2014 zu ersuchen.

(2) [1]Die bis zum 30. September 2017 registrierten Ethik-Kommissionen oder eine von ihnen benannte Stelle erlassen bis zum 1. Januar 2018 einen gemeinsamen Geschäftsverteilungsplan für alle registrierten Ethik-Kommissionen. [2]Dieser ist jährlich zum 1. Januar zu aktualisieren. [3]Der Geschäftsverteilungsplan kann in besonderen Fällen abweichend von Satz 2 aktualisiert und geändert werden. [4]Das Bundesinstitut für Arzneimittel und Medizinprodukte veröffentlicht den jeweils aktuellen Geschäftsverteilungsplan. [5]Personenbezogene Daten dürfen nur mit Einwilligung der jeweiligen Person veröffentlicht werden.

§ 41c Verordnungsermächtigung. [1]Das Bundesministerium wird ermächtigt, durch Rechtsverordnung, die nicht der Zustimmung des Bundesrates bedarf, eine Bundes-Ethik-Kommission bei dem Bundesinstitut für Arzneimittel und Medizinprodukte und dem Paul-Ehrlich-Institut einzurichten, wenn dies erforderlich ist, um die Bearbeitung in der Verordnung (EU) Nr. 536/2014 geregelten Verfahren sicherzustellen. [2]Für die Bundes-Ethik-Kommission gelten die Vorgaben dieses Abschnitts mit der Maßgabe, dass die Bundes-Ethik-Kommission als registriert gilt, entsprechend.

§ 42²¹ Verfahren bei der Ethik-Kommission, Genehmigungsverfahren bei der Bundesoberbehörde. (1) ¹Die nach § 40 Abs. 1 Satz 2 erforderliche zustimmende Bewertung der Ethik-Kommission ist vom Sponsor bei der nach

---

21 Gemäß Art. 2 Nr. 14 G vom 20.12.2016 (BGBl. I S. 3048) wird § 42 wie folgt gefasst:

„**§ 42 Korrekturmaßnahmen.** (1) Die zuständige Bundesoberbehörde ergreift die in Artikel 77 der Verordnung (EU) Nr. 536/2014 genannten Korrekturmaßnahmen nach Maßgabe der folgenden Absätze.

(2) ¹Die Genehmigung einer klinischen Prüfung ist zurückzunehmen, wenn bekannt wird, dass die Voraussetzungen der Verordnung (EU) Nr. 536/2014 oder die Voraussetzungen des § 40a oder des § 40b Absatz 2 bis 6 bei der Erteilung der Genehmigung nicht vorlagen. ²In diesem Fall kann auch das Ruhen der Genehmigung befristet angeordnet werden.

(3) ¹Die Genehmigung ist zu widerrufen, wenn bekannt wird, dass die in Absatz 2 genannten Voraussetzungen nicht mehr vorliegen. ²Die Genehmigung kann widerrufen werden, wenn die Gegebenheiten der klinischen Prüfung nicht mit den Angaben im Genehmigungsantrag übereinstimmen oder wenn Tatsachen Anlass zu Zweifeln an der Unbedenklichkeit oder der wissenschaftlichen Grundlage der klinischen Prüfung geben. ³In den Fällen der Sätze 1 und 2 kann auch das Ruhen der Genehmigung befristet angeordnet werden.

(4) ¹Wenn der zuständigen Bundesoberbehörde im Rahmen ihrer Tätigkeit Tatsachen bekannt werden, die die Annahme rechtfertigen, dass die Voraussetzungen der Verordnung (EU) Nr. 536/2014 oder des § 40a oder des § 40b Absatz 2 bis 6 nicht mehr vorliegen, kann sie den Sponsor dazu auffordern, Aspekte der klinischen Prüfung zu ändern. ²Maßnahmen der zuständigen Überwachungsbehörde gemäß § 69 bleiben davon unberührt.

(5) ¹In den Fällen der Absätze 2 bis 4 nimmt die zuständige Ethik-Kommission vor der Entscheidung der zuständigen Bundesoberbehörde Stellung, es sei denn, es ist Gefahr im Verzug. ²Soll die Korrekturmaßnahme aufgrund des Fehlens von Voraussetzungen nach Artikel 6 Absatz 1 Buchstabe a, b und e der Verordnung (EU) Nr. 536/2014 oder von Voraussetzungen nach § 40a Satz 1 Nummer 4 oder nach § 40b Absatz 4 Satz 3 ergehen, so gilt § 41 Absatz 3 Satz 1 entsprechend. ³Soll die Korrekturmaßnahme aufgrund des Fehlens von Voraussetzungen nach Artikel 7 der Verordnung (EU) Nr. 536/2014 oder von Voraussetzungen nach § 40a Satz 1 Nummer 2, 3 und 5, Satz 2 und 3 oder nach § 40b Absatz 2, 3, 4 Satz 1, 2 und 9, Absatz 5 und 6 ergehen, so ist die Bundesoberbehörde an die Stellungnahme der Ethik-Kommission gebunden.

(6) Ist die Genehmigung einer klinischen Prüfung zurückgenommen oder widerrufen oder ruht sie, so darf die klinische Prüfung nicht fortgesetzt werden.

(7) Die zuständige Bundesoberbehörde kann die sofortige Unterbrechung der klinischen Prüfung anordnen; in diesem Fall übermittelt sie diese Anordnung unverzüglich dem Sponsor.

(8) Widerspruch und Anfechtungsklage gegen den Widerruf, die Rücknahme, die Anordnung des Ruhens der Genehmigung, die Anordnung der sofortigen Unterbrechung der klinischen Prüfung sowie gegen Anordnungen nach Absatz 4 haben keine aufschiebende Wirkung.

Diese Änderung tritt sechs Monate nach der Veröffentlichung der Mitteilung der Europäischen Kommission über die Funktionsfähigkeit des EU-Portals und der Datenbank nach Artikel 82 der Verordnung (EU) Nr. 536/2014 des Europäischen Parlaments und des Rates vom 16. April 2014 über klinische Prüfungen mit Humanarzneimitteln und zur Aufhebung der Richtlinie 2001/20/EG (ABl. L 158 vom 27.5.2014, S. 1) im Amtsblatt der Europäischen Union in Kraft.

Landesrecht für den Prüfer zuständigen unabhängigen interdisziplinär besetzten Ethik-Kommission zu beantragen. [2]Wird die klinische Prüfung von mehreren Prüfern durchgeführt, so ist der Antrag bei der für den Leiter der klinischen Prüfung zuständigen unabhängigen Ethik-Kommission zu stellen. [3]Das Nähere zur Bildung, Zusammensetzung und Finanzierung der Ethik-Kommission wird durch Landesrecht bestimmt. [4]Der Sponsor hat der Ethik-Kommission alle Angaben und Unterlagen vorzulegen, die diese zur Bewertung benötigt. [5]Zur Bewertung der Unterlagen kann die Ethik-Kommission eigene wissenschaftliche Erkenntnisse verwerten, Sachverständige beiziehen oder Gutachten anfordern. [6]Sie hat Sachverständige beizuziehen oder Gutachten anzufordern, wenn es sich um eine klinische Prüfung bei Minderjährigen handelt und sie nicht über eigene Fachkenntnisse auf dem Gebiet der Kinderheilkunde, einschließlich ethischer und psychosozialer Fragen der Kinderheilkunde, verfügt oder wenn es sich um eine klinische Prüfung von xenogenen Arzneimitteln oder Gentherapeutika handelt. [7]Die zustimmende Bewertung darf nur versagt werden, wenn

1. die vorgelegten Unterlagen auch nach Ablauf einer dem Sponsor gesetzten angemessenen Frist zur Ergänzung unvollständig sind,
2. die vorgelegten Unterlagen einschließlich des Prüfplans, der Prüferinformation und der Modalitäten für die Auswahl der Prüfungsteilnehmer nicht dem Stand der wissenschaftlichen Erkenntnisse entsprechen, insbesondere die klinische Prüfung ungeeignet ist, den Nachweis der Unbedenklichkeit oder Wirksamkeit eines Arzneimittels einschließlich einer unterschiedlichen Wirkungsweise bei Frauen und Männern zu erbringen, oder
3. die in § 40 Abs. 1 Satz 3 Nr. 2 bis 9, Abs. 4 und § 41 geregelten Anforderungen nicht erfüllt sind.

[8]Das Nähere wird in der Rechtsverordnung nach Absatz 3 bestimmt. [9]Die Ethik-Kommission hat eine Entscheidung über den Antrag nach Satz 1 innerhalb einer Frist von höchstens 60 Tagen nach Eingang der erforderlichen Unterlagen zu übermitteln, die nach Maßgabe der Rechtsverordnung nach Absatz 3 verlängert oder verkürzt werden kann; für die Prüfung xenogener Arzneimittel gibt es keine zeitliche Begrenzung für den Genehmigungszeitraum.

(2) [1]Die nach § 40 Abs. 1 Satz 2 erforderliche Genehmigung der zuständigen Bundesoberbehörde ist vom Sponsor bei der zuständigen Bundesoberbehörde zu beantragen. [2]Der Sponsor hat dabei alle Angaben und Unterlagen vorzulegen, die diese zur Bewertung benötigt, insbesondere die Ergebnisse der analytischen und der pharmakologisch-toxikologischen Prüfung sowie den Prüfplan und die klinischen Angaben zum Arzneimittel einschließlich der Prüferinformation. [3]Die Genehmigung darf nur versagt werden, wenn

1. die vorgelegten Unterlagen auch nach Ablauf einer dem Sponsor gesetzten angemessenen Frist zur Ergänzung unvollständig sind,
2. die vorgelegten Unterlagen, insbesondere die Angaben zum Arzneimittel und der Prüfplan einschließlich der Prüferinformation nicht dem Stand der wissenschaftlichen Erkenntnisse entsprechen, insbesondere die klinische Prüfung ungeeignet ist, den Nachweis der Unbedenklichkeit oder Wirksam-

keit eines Arzneimittels einschließlich einer unterschiedlichen Wirkungsweise bei Frauen und Männern zu erbringen,

3. die in § 40 Abs. 1 Satz 3 Nr. 1, 2, 2a und 6, bei xenogenen Arzneimitteln auch die in Nummer 8 geregelten Anforderungen insbesondere im Hinblick auf eine Versicherung von Drittrisiken nicht erfüllt sind,

4. der zuständigen Bundesoberbehörde Erkenntnisse vorliegen, dass die Prüfeinrichtung für die Durchführung der klinischen Prüfung nicht geeignet ist oder dass von dieser die in Nummer 2 bezeichneten Anforderungen an die klinische Prüfung nicht eingehalten werden können oder

5. die in § 40 Absatz 4 oder § 41 geregelten Anforderungen nicht erfüllt sind. [4]Die Genehmigung gilt als erteilt, wenn die zuständige Bundesoberbehörde dem Sponsor innerhalb von höchstens 30 Tagen nach Eingang der Antragsunterlagen keine mit Gründen versehenen Einwände übermittelt. [5]Wenn der Sponsor auf mit Gründen versehene Einwände den Antrag nicht innerhalb einer Frist von höchstens 90 Tagen entsprechend abgeändert hat, gilt der Antrag als abgelehnt. [6]Das Nähere wird in der Rechtsverordnung nach Absatz 3 bestimmt. [7]Abweichend von Satz 4 darf die klinische Prüfung von Arzneimitteln,

1. die unter die Nummer 1 des Anhangs der Verordnung (EG) Nr. 726/2004 fallen,

2. die Arzneimittel für neuartige Therapien, xenogene Arzneimittel sind,

3. die genetisch veränderte Organismen enthalten oder

4. deren Wirkstoff ein biologisches Produkt menschlichen oder tierischen Ursprungs ist oder biologische Bestandteile menschlichen oder tierischen Ursprungs enthält oder zu seiner Herstellung derartige Bestandteile erfordert,

nur begonnen werden, wenn die zuständige Bundesoberbehörde dem Sponsor eine schriftliche Genehmigung erteilt hat. [8]Die zuständige Bundesoberbehörde hat eine Entscheidung über den Antrag auf Genehmigung von Arzneimitteln nach Satz 7 Nr. 2 bis 4 innerhalb einer Frist von höchstens 60 Tagen nach Eingang der in Satz 2 genannten erforderlichen Unterlagen zu treffen, die nach Maßgabe einer Rechtsverordnung nach Absatz 3 verlängert oder verkürzt werden kann; für die Prüfung xenogener Arzneimittel gibt es keine zeitliche Begrenzung für den Genehmigungszeitraum.

(2a) [1]Die für die Genehmigung einer klinischen Prüfung nach Absatz 2 zuständige Bundesoberbehörde unterrichtet die nach Absatz 1 zuständige Ethik-Kommission, sofern ihr Informationen zu anderen klinischen Prüfungen vorliegen, die für die Bewertung der von der Ethik-Kommission begutachteten Prüfung von Bedeutung sind; dies gilt insbesondere für Informationen über abgebrochene oder sonst vorzeitig beendete Prüfungen. [2]Dabei unterbleibt die Übermittlung personenbezogener Daten, ferner sind Betriebs- und Geschäftsgeheimnisse dabei zu wahren.

(3) [1]Das Bundesministerium wird ermächtigt, durch Rechtsverordnung mit Zustimmung des Bundesrates Regelungen zur Gewährleistung der ordnungsgemäßen Durchführung der klinischen Prüfung und der Erzielung dem

wissenschaftlichen Erkenntnisstand entsprechender Unterlagen zu treffen. [2]In der Rechtsverordnung können insbesondere Regelungen getroffen werden über:

1. die Aufgaben und Verantwortungsbereiche des Sponsors, der Prüfer oder anderer Personen, die die klinische Prüfung durchführen oder kontrollieren einschließlich von Anzeige-, Dokumentations- und Berichtspflichten insbesondere über Nebenwirkungen und sonstige unerwünschte Ereignisse, die während der Studie auftreten und die Sicherheit der Studienteilnehmer oder die Durchführung der Studie beeinträchtigen könnten,

2. die Aufgaben der und das Verfahren bei Ethik-Kommissionen einschließlich der einzureichenden Unterlagen, auch mit Angaben zur angemessenen Beteiligung von Frauen und Männern als Prüfungsteilnehmerinnen und Prüfungsteilnehmer, der Unterbrechung oder Verlängerung oder Verkürzung der Bearbeitungsfrist und der besonderen Anforderungen an die Ethik-Kommissionen bei klinischen Prüfungen nach § 40 Abs. 4 und § 41 Abs. 2 und 3,

3. die Aufgaben der zuständigen Behörden und das behördliche Genehmigungsverfahren einschließlich der einzureichenden Unterlagen, auch mit Angaben zur angemessenen Beteiligung von Frauen und Männern als Prüfungsteilnehmerinnen und Prüfungsteilnehmer, und der Unterbrechung oder Verlängerung oder Verkürzung der Bearbeitungsfrist, das Verfahren zur Überprüfung von Unterlagen in Betrieben und Einrichtungen sowie die Voraussetzungen und das Verfahren für Rücknahme, Widerruf und Ruhen der Genehmigung oder Untersagung einer klinischen Prüfung,

4. die Anforderungen an die Prüfeinrichtung und an das Führen und Aufbewahren von Nachweisen,

5. die Übermittlung von Namen und Sitz des Sponsors und des verantwortlichen Prüfers und nicht personenbezogener Angaben zur klinischen Prüfung sowie Ergebnissen der klinischen Prüfung von der zuständigen Behörde an eine europäische Datenbank,

6. die Befugnisse zur Erhebung und Verwendung personenbezogener Daten, soweit diese für die Durchführung und Überwachung der klinischen Prüfung erforderlich sind; dies gilt auch für die Verarbeitung von Daten, die nicht in Dateien verarbeitet oder genutzt werden,

7. soweit Arzneimittel betroffen sind, die aus einem gentechnisch veränderten Organismus oder einer Kombination von gentechnisch veränderten Organismen bestehen oder solche enthalten,

    a) die Erhebung und Verwendung personenbezogener Daten, soweit diese für die Abwehr von Gefahren für die Gesundheit Dritter oder für die Umwelt in ihrem Wirkungsgefüge erforderlich sind,

    b) die Aufgaben und Befugnisse der Behörden zur Abwehr von Gefahren für die Gesundheit Dritter und für die Umwelt in ihrem Wirkungsgefüge,

    c) die Übermittlung von Daten in eine öffentlich zugängliche europäische Datenbank und

    d) den Informationsaustausch mit der Europäischen Kommission;

ferner kann die Weiterleitung von Unterlagen und Ausfertigungen der Entscheidungen an die zuständigen Behörden und die für die Prüfer zuständigen Ethik-Kommissionen bestimmt sowie vorgeschrieben werden, dass Unterlagen auf elektronischen Speichermedien eingereicht werden. [3]In der Rechtsverordnung sind für zugelassene Arzneimittel Ausnahmen entsprechend der Richtlinie 2001/20/EG vorzusehen.

§ 42a[22] **Rücknahme, Widerruf und Ruhen der Genehmigung oder der zustimmenden Bewertung.** (1) [1]Die Genehmigung ist zurückzunehmen, wenn bekannt wird, dass ein Versagungsgrund nach § 42 Abs. 2 Satz 3 Nr. 1, 2 oder 3 bei der Erteilung vorgelegen hat; sie ist zu widerrufen, wenn nachträglich Tatsachen eintreten, die die Versagung nach § 42 Abs. 2 Satz 3 Nr. 2, Nr. 3, Nummer 4 oder Nummer 5 rechtfertigen würden. [2]In den Fällen des Satzes 1 kann auch das Ruhen der Genehmigung befristet angeordnet werden.

(2) [1]Die zuständige Bundesoberbehörde kann die Genehmigung widerrufen, wenn die Gegebenheiten der klinischen Prüfung nicht mit den Angaben im Genehmigungsantrag übereinstimmen oder wenn Tatsachen Anlass zu Zweifeln an der Unbedenklichkeit oder der wissenschaftlichen Grundlage der klinischen Prüfung geben. [2]In diesem Fall kann auch das Ruhen der Genehmigung befristet angeordnet werden. [3]Die zuständige Bundesoberbehörde unterrichtet unter Angabe der Gründe unverzüglich die anderen für die Überwachung zuständigen Behörden und Ethik-Kommissionen sowie die Europäische Kommission und die Europäische Arzneimittel-Agentur.

(3) [1]Vor einer Entscheidung nach den Absätzen 1 und 2 ist dem Sponsor Gelegenheit zur Stellungnahme innerhalb einer Frist von einer Woche zu geben. [2]§ 28 Abs. 2 Nr. 1 des Verwaltungsverfahrensgesetzes gilt entsprechend. [3]Ordnet die zuständige Bundesoberbehörde die sofortige Unterbrechung der Prüfung an, so übermittelt sie diese Anordnung unverzüglich dem Sponsor. [4]Widerspruch und Anfechtungsklage gegen den Widerruf, die Rücknahme oder die Anordnung des Ruhens der Genehmigung sowie gegen Anordnungen nach Absatz 5 haben keine aufschiebende Wirkung.

---

22 Anm. d. Verlages:
Gemäß Art. 2 Nr. 14 G vom 20.12.2016 (BGBl. I S. 3048) wird § 42a wie folgt gefasst:
„**§ 42a Datenschutz.** Personenbezogene Daten sind vor ihrer Übermittlung nach Artikel 41 Absatz 2 und 4 der Verordnung (EU) Nr. 536/2014 durch den Prüfer oder nach Artikel 42 oder Artikel 53 Absatz 1 der Verordnung (EU) Nr. 536/2014 durch den Sponsor unter Verwendung des Identifizierungscodes der betroffenen Person zu pseudonymisieren."
Diese Änderung tritt sechs Monate nach der Veröffentlichung der Mitteilung der Europäischen Kommission über die Funktionsfähigkeit des EU-Portals und der Datenbank nach Artikel 82 der Verordnung (EU) Nr. 536/2014 des Europäischen Parlaments und des Rates vom 16. April 2014 über klinische Prüfungen mit Humanarzneimitteln und zur Aufhebung der Richtlinie 2001/20/EG (ABl. L 158 vom 27.5.2014, S. 1) im Amtsblatt der Europäischen Union in Kraft.

(4) Ist die Genehmigung einer klinischen Prüfung zurückgenommen oder widerrufen oder ruht sie, so darf die klinische Prüfung nicht fortgesetzt werden.

(4a) ¹Die zustimmende Bewertung durch die zuständige Ethik-Kommission ist zurückzunehmen, wenn die Ethik-Kommission nachträglich davon Kenntnis erlangt, dass ein Versagungsgrund nach § 42 Absatz 1 Satz 7 vorgelegen hat; sie ist zu widerrufen, wenn die Ethik-Kommission davon Kenntnis erlangt, dass nachträglich

1. die Anforderungen an die Eignung des Prüfers, seines Stellvertreters oder der Prüfstelle nicht mehr gegeben sind,

2. keine ordnungsgemäße Probandenversicherung mehr besteht oder die Voraussetzungen für eine Ausnahme von der Versicherungspflicht nicht mehr vorliegen,

3. die Modalitäten für die Auswahl der Prüfungsteilnehmer nicht mehr dem Stand der medizinischen Erkenntnisse entsprechen, insbesondere die klinische Prüfung ungeeignet ist, den Nachweis der Unbedenklichkeit oder der Wirksamkeit eines Arzneimittels einschließlich einer unterschiedlichen Wirkungsweise bei Frauen und Männern zu erbringen, oder

4. die Voraussetzungen für die Einbeziehung von Personen nach § 40 Absatz 4 oder § 41 nicht mehr gegeben sind.

²Die Absätze 3 und 4 gelten entsprechend. ³Die zuständige Ethik-Kommission unterrichtet unter Angabe der Gründe unverzüglich die zuständige Bundesoberbehörde und die anderen für die Überwachung zuständigen Behörden.

(5) ¹Wenn der zuständigen Bundesoberbehörde im Rahmen ihrer Tätigkeit Tatsachen bekannt werden, die die Annahme rechtfertigen, dass der Sponsor, ein Prüfer oder ein anderer Beteiligter seine Verpflichtungen im Rahmen der ordnungsgemäßen Durchführung der klinischen Prüfung nicht mehr erfüllt, informiert die zuständige Bundesoberbehörde die betreffende Person unverzüglich und ordnet die von dieser Person durchzuführenden Abhilfemaßnahmen an; betrifft die Maßnahme nicht den Sponsor, so ist dieser von der Anordnung zu unterrichten. ²Maßnahmen der zuständigen Überwachungsbehörde gemäß § 69 bleiben davon unberührt.

§ 42b²³ Veröffentlichung der Ergebnisse klinischer Prüfungen.

(1) ¹Pharmazeutische Unternehmer, die im Geltungsbereich dieses Gesetzes ein Arzneimittel in den Verkehr bringen, das der Pflicht zur Zulassung oder

---

23 Gemäß Art. 2 Nr. 15 G vom 20.12.2016 (BGBl. I S. 3048) wird § 42b wie folgt geändert:
    a) In Absatz 1 Satz 1 werden nach den Wörtern „Ergebnisse konfirmatorischer klinischer Prüfungen" die Wörter „in Drittstaaten" eingefügt.
    b) Absatz 2 wird aufgehoben.
    c) Absatz 3 wird Absatz 2.
    d) Im neuen Absatz 2 Satz 1 werden die Wörter „den Absätzen 1 und 2" durch die Angabe „Absatz 1" ersetzt.
    Diese Änderungen treten sechs Monate nach der Veröffentlichung der Mitteilung der Europäischen Kommission über die Funktionsfähigkeit des EU-Portals und der Da-

Genehmigung für das Inverkehrbringen unterliegt und zur Anwendung bei Menschen bestimmt ist, haben Berichte über alle Ergebnisse konfirmatorischer klinischer Prüfungen zum Nachweis der Wirksamkeit und Unbedenklichkeit der zuständigen Bundesoberbehörde zur Eingabe in die Datenbank nach § 67a Absatz 2 zur Verfügung zu stellen. [2]Diese Berichte sind innerhalb von sechs Monaten nach Erteilung oder Änderung, soweit die Änderung auf konfirmatorischen klinischen Prüfungen beruht der Zulassung oder der Genehmigung für das Inverkehrbringen zur Verfügung zu stellen.

(2) Wird eine klinische Prüfung mit einem bereits zugelassenen oder für das Inverkehrbringen genehmigten Arzneimittel durchgeführt und wird dieses nicht als Vergleichspräparat eingesetzt, hat der Sponsor die Ergebnisse der klinischen Prüfung innerhalb eines Jahres nach ihrer Beendigung entsprechend Absatz 1 zur Verfügung zu stellen.

(3) [1]Die Berichte nach den Absätzen 1 und 2 müssen alle Ergebnisse der klinischen Prüfungen unabhängig davon, ob sie günstig oder ungünstig sind, enthalten. [2]Es sind ferner Aussagen zu nachträglichen wesentlichen Prüfplanänderungen sowie Unterbrechungen und Abbrüchen der klinischen Prüfung in den Bericht aufzunehmen. [3]Im Übrigen ist der Ergebnisbericht gemäß den Anforderungen der Guten Klinischen Praxis abzufassen. [4]Mit Ausnahme des Namens und der Anschrift des pharmazeutischen Unternehmers oder des Sponsors sowie der Angabe des Namens und der Anschrift von nach § 4a des Bundesdatenschutzgesetzes einwilligender Prüfärzte dürfen die Berichte nach Satz 1 keine personenbezogenen, insbesondere patientenbezogenen Daten enthalten. [5]Der Bericht kann in deutscher oder englischer Sprache verfasst sein. [6]§ 63b Absatz 3 Satz 1 ist nicht anzuwenden. [7]Die Vorschriften zum Schutz des geistigen Eigentums und zum Schutz von Betriebs- und Geschäftsgeheimnissen bleiben ebenso wie die §§ 24a und 24b unberührt.

§ 42c[24] *(nicht besetzt)*

---

tenbank nach Artikel 82 der Verordnung (EU) Nr. 536/2014 des Europäischen Parlaments und des Rates vom 16. April 2014 über klinische Prüfungen mit Humanarzneimitteln und zur Aufhebung der Richtlinie 2001/20/EG (ABl. L 158 vom 27.5.2014, S. 1) im Amtsblatt der Europäischen Union in Kraft.

24 Gemäß Art. 2 Nr. 15a G vom 20.12.2016 (BGBl. I S. 3048) wird folgender § 42c eingefügt:
   „**§ 42c Inspektionen.** [1]Die folgenden Inspektionen nach Artikel 78 der Verordnung (EU) Nr. 536/2014 werden durch die zuständige Bundesoberbehörde durchgeführt:
   1. Inspektionen zur Überprüfung der Übereinstimmung der klinischen Prüfung mit
      a) den Angaben und Unterlagen der Genehmigung,
      b) den Angaben eines Zulassungsantrags nach der Verordnung (EG) Nr. 726/2004 oder
      c) den Unterlagen nach § 22 Absatz 2 Nummer 3,
   2. Inspektionen in Drittstaaten,
   3. Inspektionen zur Überprüfung der Meldepflicht nach Artikel 52 der Verordnung (EU) Nr. 536/2014 sowie

Siebter Abschnitt

Abgabe von Arzneimitteln

§ 43 Apothekenpflicht, Inverkehrbringen durch Tierärzte.

(1) [1]Arzneimittel im Sinne des § 2 Abs. 1 oder Abs. 2 Nr. 1, die nicht durch die Vorschriften des § 44 oder der nach § 45 Abs. 1 erlassenen Rechtsverordnung für den Verkehr außerhalb der Apotheken freigegeben sind, dürfen außer in den Fällen des § 47 berufs- oder gewerbsmäßig für den Endverbrauch nur in Apotheken und ohne behördliche Erlaubnis nicht im Wege des Versandes in den Verkehr gebracht werden; das Nähere regelt das Apothekengesetz. [2]Außerhalb der Apotheken darf außer in den Fällen des Absatzes 4 und des § 47 Abs. 1 mit den nach Satz 1 den Apotheken vorbehaltenen Arzneimitteln kein Handel getrieben werden. [3]Die Angaben über die Ausstellung oder Änderung einer Erlaubnis zum Versand von Arzneimitteln nach Satz 1 sind in die Datenbank nach § 67a einzugeben.

(2) Die nach Absatz 1 Satz 1 den Apotheken vorbehaltenen Arzneimittel dürfen von juristischen Personen, nicht rechtsfähigen Vereinen und Gesellschaften des bürgerlichen Rechts und des Handelsrechts an ihre Mitglieder nicht abgegeben werden, es sei denn, dass es sich bei den Mitgliedern um Apotheken oder um die in § 47 Abs. 1 genannten Personen und Einrichtungen handelt und die Abgabe unter den dort bezeichneten Voraussetzungen erfolgt.

(3) [1]Auf Verschreibung dürfen Arzneimittel im Sinne des § 2 Abs. 1 oder Abs. 2 Nr. 1 nur von Apotheken abgegeben werden. [2]§ 56 Abs. 1 bleibt unberührt.

(4) [1]Arzneimittel im Sinne des § 2 Abs. 1 oder Abs. 2 Nr. 1 dürfen ferner im Rahmen des Betriebes einer tierärztlichen Hausapotheke durch Tierärzte an Halter der von ihnen behandelten Tiere abgegeben und zu diesem Zweck vorrätig gehalten werden. [2]Dies gilt auch für die Abgabe von Arzneimitteln zur

---

4. Inspektionen zur Entscheidung über Maßnahmen nach Artikel 77 der Verordnung (EU) Nr. 536/2014, die die Genehmigung einer klinischen Prüfung betreffen. [2]Alle anderen Inspektionen nach Artikel 78 der Verordnung (EU) Nr. 536/2014 zur Überwachung der Einhaltung der Verordnung (EU) Nr. 536/2014 werden durch die zuständige Behörde durchgeführt. [3]Soweit in Durchführungsrechtsakten nach Artikel 78 Absatz 7 der Verordnung (EU) Nr. 536/2014 nicht anders bestimmt, hat die Bundesoberbehörde zur Durchführung der Inspektion die Befugnisse nach § 64 Absatz 4 Nummer 1 bis 3 und Absatz 4a, die im Benehmen mit der zuständigen Behörde ausgeübt werden. [4]Die zuständige Behörde hat zur Durchführung der Inspektion die Befugnisse nach § 64 Absatz 4 und 4a. [5]Das Grundrecht auf Unverletzlichkeit der Wohnung (Artikel 13 Absatz 1 des Grundgesetzes) wird insoweit eingeschränkt." Diese Änderung tritt sechs Monate nach der Veröffentlichung der Mitteilung der Europäischen Kommission über die Funktionsfähigkeit des EU-Portals und der Datenbank nach Artikel 82 der Verordnung (EU) Nr. 536/2014 des Europäischen Parlaments und des Rates vom 16. April 2014 über klinische Prüfungen mit Humanarzneimitteln und zur Aufhebung der Richtlinie 2001/20/EG (ABl. L 158 vom 27.5.2014, S. 1) im Amtsblatt der Europäischen Union in Kraft.

Durchführung tierärztlich gebotener und tierärztlich kontrollierter krankheitsvorbeugender Maßnahmen bei Tieren, wobei der Umfang der Abgabe den aufgrund tierärztlicher Indikation festgestellten Bedarf nicht überschreiten darf. [3]Weiterhin dürfen Arzneimittel im Sinne des § 2 Abs. 1 oder Abs. 2 Nr. 1, die zur Durchführung tierseuchenrechtlicher Maßnahmen bestimmt und nicht verschreibungspflichtig sind, in der jeweils erforderlichen Menge durch Veterinärbehörden an Tierhalter abgegeben werden. [4]Mit der Abgabe ist dem Tierhalter eine schriftliche Anweisung über Art, Zeitpunkt und Dauer der Anwendung auszuhändigen.

(5) [1]Zur Anwendung bei Tieren bestimmte Arzneimittel, die nicht für den Verkehr außerhalb der Apotheken freigegeben sind, dürfen an den Tierhalter oder an andere in § 47 Abs. 1 nicht genannte Personen nur in der Apotheke oder tierärztlichen Hausapotheke oder durch den Tierarzt ausgehändigt werden. [2]Dies gilt nicht für Fütterungsarzneimittel und für Arzneimittel im Sinne des Absatzes 4 Satz 3. [3]Abweichend von Satz 1 dürfen Arzneimittel, die ausschließlich zur Anwendung bei Tieren, die nicht der Gewinnung von Lebensmitteln dienen, zugelassen sind, von Apotheken, die eine behördliche Erlaubnis nach Absatz 1 haben, im Wege des Versandes abgegeben werden. [4]Ferner dürfen in Satz 3 bezeichnete Arzneimittel im Rahmen des Betriebs einer tierärztlichen Hausapotheke im Einzelfall in einer für eine kurzfristige Weiterbehandlung notwendigen Menge für vom Tierarzt behandelte Einzeltiere im Wege des Versandes abgegeben werden. [5]Sonstige Vorschriften über die Abgabe von Arzneimitteln durch Tierärzte nach diesem Gesetz und der Verordnung über tierärztliche Hausapotheken bleiben unberührt.

(6) Arzneimittel dürfen im Rahmen der Übergabe einer tierärztlichen Praxis an den Nachfolger im Betrieb der tierärztlichen Hausapotheke abgegeben werden.

§ 44 Ausnahme von der Apothekenpflicht. (1) Arzneimittel, die von dem pharmazeutischen Unternehmer ausschließlich zu anderen Zwecken als zur Beseitigung oder Linderung von Krankheiten, Leiden, Körperschäden oder krankhaften Beschwerden zu dienen bestimmt sind, sind für den Verkehr außerhalb der Apotheken freigegeben.

(2) Ferner sind für den Verkehr außerhalb der Apotheken freigegeben:

1. a) natürliche Heilwässer sowie deren Salze, auch als Tabletten oder Pastillen,
   b) künstliche Heilwässer sowie deren Salze, auch als Tabletten oder Pastillen, jedoch nur, wenn sie in ihrer Zusammensetzung natürlichen Heilwässern entsprechen,
2. Heilerde, Bademoore und andere Peloide, Zubereitungen zur Herstellung von Bädern, Seifen zum äußeren Gebrauch,
3. mit ihren verkehrsüblichen deutschen Namen bezeichnete
   a) Pflanzen und Pflanzenteile, auch zerkleinert,
   b) Mischungen aus ganzen oder geschnittenen Pflanzen oder Pflanzenteilen als Fertigarzneimittel,

c) Destillate aus Pflanzen und Pflanzenteilen,

d) Presssäfte aus frischen Pflanzen und Pflanzenteilen, sofern sie ohne Lösungsmittel mit Ausnahme von Wasser hergestellt sind,

4. Pflaster,

5. ausschließlich oder überwiegend zum äußeren Gebrauch bestimmte Desinfektionsmittel sowie Mund- und Rachendesinfektionsmittel.

(3) Die Absätze 1 und 2 gelten nicht für Arzneimittel, die

1. nur auf ärztliche, zahnärztliche oder tierärztliche Verschreibung abgegeben werden dürfen oder

2. durch Rechtsverordnung nach § 46 vom Verkehr außerhalb der Apotheken ausgeschlossen sind.

§ 45 Ermächtigung zu weiteren Ausnahmen von der Apothekenpflicht.
(1) [1]Das Bundesministerium wird ermächtigt, im Einvernehmen mit dem Bundesministerium für Wirtschaft und Energie nach Anhörung von Sachverständigen durch Rechtsverordnung mit Zustimmung des Bundesrates Stoffe, Zubereitungen aus Stoffen oder Gegenstände, die dazu bestimmt sind, teilweise oder ausschließlich zur Beseitigung oder Linderung von Krankheiten, Leiden, Körperschäden oder krankhaften Beschwerden zu dienen, für den Verkehr außerhalb der Apotheken freizugeben,

1. soweit sie nicht nur auf ärztliche, zahnärztliche oder tierärztliche Verschreibung abgegeben werden dürfen,

2. soweit sie nicht wegen ihrer Zusammensetzung oder Wirkung die Prüfung, Aufbewahrung und Abgabe durch eine Apotheke erfordern,

3. soweit nicht durch ihre Freigabe eine unmittelbare oder mittelbare Gefährdung der Gesundheit von Mensch oder Tier, insbesondere durch unsachgemäße Behandlung, zu befürchten ist oder

4. soweit nicht durch ihre Freigabe die ordnungsgemäße Arzneimittelversorgung gefährdet wird.

[2]Die Rechtsverordnung wird vom Bundesministerium für Ernährung und Landwirtschaft im Einvernehmen mit dem Bundesministerium und dem Bundesministerium für Wirtschaft und Energie erlassen, soweit es sich um Arzneimittel handelt, die zur Anwendung bei Tieren bestimmt sind.

(2) Die Freigabe kann auf Fertigarzneimittel, auf bestimmte Dosierungen, Anwendungsgebiete oder Darreichungsformen beschränkt werden.

(3) Die Rechtsverordnung ergeht im Einvernehmen mit dem Bundesministerium für Umwelt, Naturschutz, Bau und Reaktorsicherheit, soweit es sich um radioaktive Arzneimittel und um Arzneimittel handelt, bei deren Herstellung ionisierende Strahlen verwendet werden.

§ 46 Ermächtigung zur Ausweitung der Apothekenpflicht. (1) [1]Das Bundesministerium wird ermächtigt, im Einvernehmen mit dem Bundesministerium für Wirtschaft und Energie nach Anhörung von Sachverständigen durch Rechtsverordnung mit Zustimmung des Bundesrates Arzneimittel im Sinne des § 44 vom Verkehr außerhalb der Apotheken auszuschließen, soweit auch bei bestimmungsgemäßem oder bei gewohnheitsmäßigem Gebrauch eine unmittelbare oder mittelbare Gefährdung der Gesundheit von Mensch oder Tier zu befürchten ist. [2]Die Rechtsverordnung wird vom Bundesministerium für Ernährung und Landwirtschaft im Einvernehmen mit dem Bundesministerium und dem Bundesministerium für Wirtschaft und Energie erlassen, soweit es sich um Arzneimittel handelt, die zur Anwendung bei Tieren bestimmt sind.

(2) Die Rechtsverordnung nach Absatz 1 kann auf bestimmte Dosierungen, Anwendungsgebiete oder Darreichungsformen beschränkt werden.

(3) Die Rechtsverordnung ergeht im Einvernehmen mit dem Bundesministerium für Umwelt, Naturschutz, Bau und Reaktorsicherheit, soweit es sich um radioaktive Arzneimittel und um Arzneimittel handelt, bei deren Herstellung ionisierende Strahlen verwendet werden.

§ 47 Vertriebsweg. (1) [1]Pharmazeutische Unternehmer und Großhändler dürfen Arzneimittel, deren Abgabe den Apotheken vorbehalten ist, außer an Apotheken nur abgeben an

1. andere pharmazeutische Unternehmer und Großhändler,
2. Krankenhäuser und Ärzte, soweit es sich handelt um
   a) aus menschlichem Blut gewonnene Blutzubereitungen oder gentechnologisch hergestellte Blutbestandteile, die, soweit es sich um Gerinnungsfaktorenzubereitungen handelt, von dem hämostaseologisch qualifizierten Arzt im Rahmen der ärztlich kontrollierten Selbstbehandlung von Blutern an seine Patienten abgegeben werden dürfen,
   b) Gewebezubereitungen oder tierisches Gewebe,
   c) Infusionslösungen in Behältnissen mit mindestens 500 ml, die zum Ersatz oder zur Korrektur von Körperflüssigkeit bestimmt sind, sowie Lösungen zur Hämodialyse und Peritonealdialyse, die, soweit es sich um Lösungen zur Peritonealdialyse handelt, auf Verschreibung des nephrologisch qualifizierten Arztes im Rahmen der ärztlich kontrollierten Selbstbehandlung seiner Dialysepatienten an diese abgegeben werden dürfen,
   d) Zubereitungen, die ausschließlich dazu bestimmt sind, die Beschaffenheit, den Zustand oder die Funktion des Körpers oder seelische Zustände erkennen zu lassen,
   e) medizinische Gase, bei denen auch die Abgabe an Heilpraktiker zulässig ist,
   f) radioaktive Arzneimittel,
   g) Arzneimittel, die mit dem Hinweis „Zur klinischen Prüfung bestimmt" versehen sind, sofern sie kostenlos zur Verfügung gestellt werden,
   h) Blutegel und Fliegenlarven, bei denen auch die Abgabe an Heilpraktiker zulässig ist, oder
   i) Arzneimittel, die im Falle des § 21 Absatz 2 Nummer 6 zur Verfügung gestellt werden,
3. Krankenhäuser, Gesundheitsämter und Ärzte, soweit es sich um Impfstoffe handelt, die dazu bestimmt sind, bei einer unentgeltlichen aufgrund des § 20

Abs. 5, 6 oder 7 des Infektionsschutzgesetzes vom 20. Juli 2000 (BGBl. I S. 1045) durchgeführten Schutzimpfung angewendet zu werden, oder soweit eine Abgabe von Impfstoffen zur Abwendung einer Seuchen- oder Lebensgefahr erforderlich ist,

3a. spezielle Gelbfieber-Impfstellen gemäß § 7 des Gesetzes zur Durchführung der Internationalen Gesundheitsvorschriften (2005), soweit es sich um Gelbfieberimpfstoff handelt,

3b. Krankenhäuser und Gesundheitsämter, soweit es sich um Arzneimittel mit antibakterieller oder antiviraler Wirkung handelt, die dazu bestimmt sind, aufgrund des § 20 Abs. 5, 6 oder 7 des Infektionsschutzgesetzes zur spezifischen Prophylaxe gegen übertragbare Krankheiten angewendet zu werden,

3c. Gesundheitsbehörden des Bundes oder der Länder oder von diesen im Einzelfall benannte Stellen, soweit es sich um Arzneimittel handelt, die für den Fall einer bedrohlichen übertragbaren Krankheit, deren Ausbreitung eine sofortige und das übliche Maß erheblich überschreitende Bereitstellung von spezifischen Arzneimitteln erforderlich macht, bevorratet werden,

4. Veterinärbehörden, soweit es sich um Arzneimittel handelt, die zur Durchführung öffentlich-rechtlicher Maßnahmen bestimmt sind,

5. auf gesetzlicher Grundlage eingerichtete oder im Benehmen mit dem Bundesministerium von der zuständigen Behörde anerkannte zentrale Beschaffungsstellen für Arzneimittel,

6. Tierärzte im Rahmen des Betriebes einer tierärztlichen Hausapotheke, soweit es sich um Fertigarzneimittel handelt, zur Anwendung an den von ihnen behandelten Tieren und zur Abgabe an deren Halter,

7. zur Ausübung der Zahnheilkunde berechtigte Personen, soweit es sich um Fertigarzneimittel handelt, die ausschließlich in der Zahnheilkunde verwendet und bei der Behandlung am Patienten angewendet werden,

8. Einrichtungen von Forschung und Wissenschaft, denen eine Erlaubnis nach § 3 des Betäubungsmittelgesetzes erteilt worden ist, die zum Erwerb des betreffenden Arzneimittels berechtigt,

9. Hochschulen, soweit es sich um Arzneimittel handelt, die für die Ausbildung der Studierenden der Pharmazie und der Veterinärmedizin benötigt werden.

[2]Die Anerkennung der zentralen Beschaffungsstelle nach Satz 1 Nr. 5 erfolgt, soweit es sich um zur Anwendung bei Tieren bestimmte Arzneimittel handelt, im Benehmen mit dem Bundesministerium für Ernährung und Landwirtschaft.

(1a) Pharmazeutische Unternehmer und Großhändler dürfen Arzneimittel, die zur Anwendung bei Tieren bestimmt sind, an die in Absatz 1 Nr. 1 oder 6 bezeichneten Empfänger erst abgeben, wenn diese ihnen eine Bescheinigung der zuständigen Behörde vorgelegt haben, dass sie ihrer Anzeigepflicht nach § 67 nachgekommen sind.

(1b) Pharmazeutische Unternehmer und Großhändler haben über den Bezug und die Abgabe zur Anwendung bei Tieren bestimmter verschreibungspflichtiger Arzneimittel, die nicht ausschließlich zur Anwendung bei anderen Tieren als solchen, die der Gewinnung von Lebensmitteln dienen, bestimmt sind, Nachweise zu führen, aus denen gesondert für jedes dieser Arzneimittel zeitlich geordnet die Menge des Bezugs unter Angabe des oder der Lieferanten und die Menge der Abgabe unter Angabe des oder der Bezieher nachgewiesen werden kann, und diese Nachweise der zuständigen Behörde auf Verlangen vorzulegen.

(1c) ¹Pharmazeutische Unternehmer und Großhändler haben bis zum 31. März jedes Kalenderjahres nach Maßgabe einer Rechtsverordnung nach Satz 2 elektronisch Mitteilung an das zentrale Informationssystem über Arzneimittel nach § 67a Absatz 1 zu machen über Art und Menge der von ihnen im vorangegangenen Kalenderjahr an Tierärzte abgegebenen Arzneimittel, die

1. Stoffe mit antimikrobieller Wirkung,
2. in Tabelle 2 des Anhangs der Verordnung (EU) Nr. 37/2010 aufgeführte Stoffe oder
3. in einer der Anlagen der Verordnung über Stoffe mit pharmakologischer Wirkung aufgeführte Stoffe

enthalten. ²Das Bundesministerium für Ernährung und Landwirtschaft wird ermächtigt, im Einvernehmen mit dem Bundesministerium, durch Rechtsverordnung mit Zustimmung des Bundesrates

1. Näheres über Inhalt und Form der Mitteilungen nach Satz 1 zu regeln und
2. vorzuschreiben, dass
   a) in den Mitteilungen die Zulassungsnummer des jeweils abgegebenen Arzneimittels anzugeben ist,
   b) die Mitteilung der Menge des abgegebenen Arzneimittels nach den ersten beiden Ziffern der Postleitzahl der Anschrift der Tierärzte aufzuschlüsseln ist.

³In Rechtsverordnungen nach Satz 2 können ferner Regelungen in entsprechender Anwendung des § 67a Absatz 3 und 3a getroffen werden.

(2) ¹Die in Absatz 1 Nr. 5 bis 9 bezeichneten Empfänger dürfen die Arzneimittel nur für den eigenen Bedarf im Rahmen der Erfüllung ihrer Aufgaben beziehen. ²Die in Absatz 1 Nr. 5 bezeichneten zentralen Beschaffungsstellen dürfen nur anerkannt werden, wenn nachgewiesen wird, dass sie unter fachlicher Leitung eines Apothekers oder, soweit es sich um zur Anwendung bei Tieren bestimmte Arzneimittel handelt, eines Tierarztes stehen und geeignete Räume und Einrichtungen zur Prüfung, Kontrolle und Lagerung der Arzneimittel vorhanden sind.

(3) ¹Pharmazeutische Unternehmer dürfen Muster eines Fertigarzneimittels abgeben oder abgeben lassen an

1. Ärzte, Zahnärzte oder Tierärzte,
2. andere Personen, die die Heilkunde oder Zahnheilkunde berufsmäßig ausüben, soweit es sich nicht um verschreibungspflichtige Arzneimittel handelt,
3. Ausbildungsstätten für die Heilberufe.

[2]Pharmazeutische Unternehmer dürfen Muster eines Fertigarzneimittels an Ausbildungsstätten für die Heilberufe nur in einem dem Zweck der Ausbildung angemessenen Umfang abgeben oder abgeben lassen. [3]Muster dürfen keine Stoffe oder Zubereitungen

1. im Sinne des § 2 des Betäubungsmittelgesetzes, die als solche in Anlage II oder III des Betäubungsmittelgesetzes aufgeführt sind, oder

2. die nach § 48 Absatz 2 Satz 3 nur auf Sonderrezept verschrieben werden dürfen,

enthalten.

(4) [1]Pharmazeutische Unternehmer dürfen Muster eines Fertigarzneimittels an Personen nach Absatz 3 Satz 1 nur auf jeweilige schriftliche Anforderung, in der kleinsten Packungsgröße und in einem Jahr von einem Fertigarzneimittel nicht mehr als zwei Muster abgeben oder abgeben lassen. [2]Mit den Mustern ist die Fachinformation, soweit diese nach § 11a vorgeschrieben ist, zu übersenden. [3]Das Muster dient insbesondere der Information des Arztes über den Gegenstand des Arzneimittels. [4]Über die Empfänger von Mustern sowie über Art, Umfang und Zeitpunkt der Abgabe von Mustern sind gesondert für jeden Empfänger Nachweise zu führen und auf Verlangen der zuständigen Behörde vorzulegen.

§ 47a Sondervertriebsweg, Nachweispflichten. (1) [1]Pharmazeutische Unternehmer dürfen ein Arzneimittel, das zur Vornahme eines Schwangerschaftsabbruchs zugelassen ist, nur an Einrichtungen im Sinne des § 13 des Schwangerschaftskonfliktgesetzes vom 27. Juli 1992 (BGBl. I S. 1398), geändert durch Artikel 1 des Gesetzes vom 21. August 1995 (BGBl. I S. 1050), und nur auf Verschreibung eines dort behandelnden Arztes abgeben. [2]Andere Personen dürfen die in Satz 1 genannten Arzneimittel nicht in den Verkehr bringen.

(2) [1]Pharmazeutische Unternehmer haben die zur Abgabe bestimmten Packungen der in Absatz 1 Satz 1 genannten Arzneimittel fortlaufend zu nummerieren; ohne diese Kennzeichnung darf das Arzneimittel nicht abgegeben werden. [2]Über die Abgabe haben pharmazeutische Unternehmer, über den Erhalt und die Anwendung haben die Einrichtung und der behandelnde Arzt Nachweise zu führen und diese Nachweise auf Verlangen der zuständigen Behörde zur Einsichtnahme vorzulegen.

(2a) Pharmazeutische Unternehmer sowie die Einrichtung haben die in Absatz 1 Satz 1 genannten Arzneimittel, die sich in ihrem Besitz befinden, gesondert aufzubewahren und gegen unbefugte Entnahme zu sichern.

(3) Die §§ 43 und 47 finden auf die in Absatz 1 Satz 1 genannten Arzneimittel keine Anwendung.

§ 47b Sondervertriebsweg Diamorphin. (1) [1]Pharmazeutische Unternehmer dürfen ein diamorphinhaltiges Fertigarzneimittel, das zur substitutionsgestützten Behandlung zugelassen ist, nur an anerkannte Einrichtungen im Sinne des § 13 Absatz 3 Satz 2 Nummer 2a des Betäubungsmittelgesetzes und nur auf

Verschreibung eines dort behandelnden Arztes abgeben. [2]Andere Personen dürfen die in Satz 1 genannten Arzneimittel nicht in Verkehr bringen.

(2) Die §§ 43 und 47 finden auf die in Absatz 1 Satz 1 genannten Arzneimittel keine Anwendung.

§ 48 Verschreibungspflicht. (1) [1]Arzneimittel, die

1. durch Rechtsverordnung nach Absatz 2, auch in Verbindung mit den Absätzen 4 und 5, bestimmte Stoffe, Zubereitungen aus Stoffen oder Gegenstände sind oder denen solche Stoffe oder Zubereitungen aus Stoffen zugesetzt sind,
2. nicht unter Nummer 1 fallen und zur Anwendung bei Tieren, die der Gewinnung von Lebensmitteln dienen, bestimmt sind oder
3. Arzneimittel im Sinne des § 2 Absatz 1 oder Absatz 2 Nummer 1 sind, die Stoffe mit in der medizinischen Wissenschaft nicht allgemein bekannten Wirkungen oder Zubereitungen solcher Stoffe enthalten,

dürfen nur bei Vorliegen einer ärztlichen, zahnärztlichen oder tierärztlichen Verschreibung an Verbraucher abgegeben werden. [2]Eine Abgabe von Arzneimitteln, die zur Anwendung bei Menschen bestimmt sind, darf nicht erfolgen, wenn vor der ärztlichen oder zahnärztlichen Verschreibung offenkundig kein direkter Kontakt zwischen dem Arzt oder Zahnarzt und der Person, für die das Arzneimittel verschrieben wird, stattgefunden hat. [3]Hiervon darf nur in begründeten Ausnahmefällen abgewichen werden, insbesondere, wenn die Person dem Arzt oder Zahnarzt aus einem vorangegangenen direkten Kontakt hinreichend bekannt ist und es sich lediglich um die Wiederholung oder die Fortsetzung der Behandlung handelt. [4]Satz 1 Nummer 1 und Satz 2 gelten nicht für die Abgabe durch Apotheken zur Ausstattung der Kauffahrteischiffe im Hinblick auf die Arzneimittel, die aufgrund seearbeitsrechtlicher Vorschriften für den Schutz der Gesundheit der Personen an Bord und deren unverzügliche angemessene medizinische Betreuung an Bord erforderlich sind. [5]Satz 1 Nummer 3 gilt auch für Arzneimittel, die Zubereitungen aus in ihren Wirkungen allgemein bekannten Stoffen sind, wenn die Wirkungen dieser Zubereitungen in der medizinischen Wissenschaft nicht allgemein bekannt sind, es sei denn, dass die Wirkungen nach Zusammensetzung, Dosierung, Darreichungsform oder Anwendungsgebiet der Zubereitung bestimmbar sind. [6]Satz 1 Nummer 3 gilt nicht für Arzneimittel, die Zubereitungen aus Stoffen bekannter Wirkungen sind, soweit diese außerhalb der Apotheken abgegeben werden dürfen. [7]An die Stelle der Verschreibungspflicht nach Satz 1 Nummer 3 tritt mit der Aufnahme des betreffenden Stoffes oder der betreffenden Zubereitung in die Rechtsverordnung nach Absatz 2 Nummer 1 die Verschreibungspflicht nach der Rechtsverordnung.

(2) [1]Das Bundesministerium wird ermächtigt, im Einvernehmen mit dem Bundesministerium für Wirtschaft und Energie durch Rechtsverordnung mit Zustimmung des Bundesrates

1. Stoffe oder Zubereitungen aus Stoffen zu bestimmen, bei denen die Voraussetzungen nach Absatz 1 Satz 1 Nummer 3 auch in Verbindung mit Absatz 1 Satz 5 vorliegen,

2. Stoffe, Zubereitungen aus Stoffen oder Gegenstände zu bestimmen,

    a) die die Gesundheit des Menschen oder, sofern sie zur Anwendung bei Tieren bestimmt sind die Gesundheit des Tieres, des Anwenders oder die Umwelt auch bei bestimmungsgemäßem Gebrauch unmittelbar oder mittelbar gefährden können, wenn sie ohne ärztliche, zahnärztliche oder tierärztliche Überwachung angewendet werden,

    b) die häufig in erheblichem Umfang nicht bestimmungsgemäß gebraucht werden, wenn dadurch die Gesundheit von Mensch oder Tier unmittelbar oder mittelbar gefährdet werden kann, oder

    c) sofern sie zur Anwendung bei Tieren bestimmt sind, deren Anwendung eine vorherige tierärztliche Diagnose erfordert oder Auswirkungen haben kann, die die späteren diagnostischen oder therapeutischen Maßnahmen erschweren oder überlagern,

3. die Verschreibungspflicht für Arzneimittel aufzuheben, wenn aufgrund der bei der Anwendung des Arzneimittels gemachten Erfahrungen die Voraussetzungen nach Nummer 2 nicht oder nicht mehr vorliegen, bei Arzneimitteln nach Nummer 1 kann frühestens drei Jahre nach Inkrafttreten der zugrunde liegenden Rechtsverordnung die Verschreibungspflicht aufgehoben werden,

4. für Stoffe oder Zubereitungen aus Stoffen vorzuschreiben, dass sie nur abgegeben werden dürfen, wenn in der Verschreibung bestimmte Höchstmengen für den Einzel- und Tagesgebrauch nicht überschritten werden oder wenn die Überschreitung vom Verschreibenden ausdrücklich kenntlich gemacht worden ist,

5. zu bestimmen, dass ein Arzneimittel auf eine Verschreibung nicht wiederholt abgegeben werden darf,

6. vorzuschreiben, dass ein Arzneimittel nur auf eine Verschreibung von Ärzten eines bestimmten Fachgebietes oder zur Anwendung in für die Behandlung mit dem Arzneimittel zugelassenen Einrichtungen abgegeben werden darf oder über die Verschreibung, Abgabe und Anwendung Nachweise geführt werden müssen,

7. Vorschriften über die Form und den Inhalt der Verschreibung, einschließlich der Verschreibung in elektronischer Form, zu erlassen,

8. zu bestimmen, in welchen Fällen Ausnahmen von der Vorgabe nach Absatz 1 Satz 2 bestehen.

[2]Die Rechtsverordnungen nach Satz 1 Nummer 2 bis 7 werden nach Anhörungen von Sachverständigen erlassen, es sei denn, es handelt sich um Arzneimittel, die nach Artikel 3 Absatz 1 oder 2 der Verordnung (EG) Nr. 726/2004 zugelassen sind oder die solchen Arzneimitteln im Hinblick auf Wirkstoff, Indikation, Wirkstärke und Darreichungsform entsprechen. [3]In der Rechtsverordnung nach Satz 1 Nummer 7 kann für Arzneimittel, deren Verschreibung die Beachtung besonderer Sicherheitsanforderungen erfordert, vorgeschrieben werden, dass

1. die Verschreibung nur auf einem amtlichen Formblatt (Sonderrezept), das von der zuständigen Bundesoberbehörde auf Anforderung eines Arztes ausgegeben wird, erfolgen darf,

2. das Formblatt Angaben zur Anwendung sowie Bestätigungen enthalten muss, insbesondere zu Aufklärungspflichten über Anwendung und Risiken des Arzneimittels, und

3. eine Durchschrift der Verschreibung durch die Apotheke an die zuständige Bundesoberbehörde zurückzugeben ist.

(3) [1]Die Rechtsverordnung nach Absatz 2, auch in Verbindung mit den Absätzen 4 und 5, kann auf bestimmte Dosierungen, Potenzierungen, Darreichungsformen, Fertigarzneimittel oder Anwendungsbereiche beschränkt werden. [2]Ebenso kann eine Ausnahme von der Verschreibungspflicht für die Abgabe an Hebammen und Entbindungspfleger vorgesehen werden, soweit dies für eine ordnungsgemäße Berufsausübung erforderlich ist. [3]Die Beschränkung auf bestimmte Fertigarzneimittel zur Anwendung am Menschen nach Satz 1 erfolgt, wenn gemäß Artikel 74a der Richtlinie 2001/83/EG die Aufhebung der Verschreibungspflicht aufgrund signifikanter vorklinischer oder klinischer Versuche erfolgt ist; dabei ist der nach Artikel 74a vorgesehene Zeitraum von einem Jahr zu beachten.

(4) Die Rechtsverordnung wird vom Bundesministerium für Ernährung und Landwirtschaft im Einvernehmen mit dem Bundesministerium und dem Bundesministerium für Wirtschaft und Energie erlassen, soweit es sich um Arzneimittel handelt, die zur Anwendung bei Tieren bestimmt sind.

(5) Die Rechtsverordnung ergeht im Einvernehmen mit dem Bundesministerium für Umwelt, Naturschutz, Bau und Reaktorsicherheit, soweit es sich um radioaktive Arzneimittel und um Arzneimittel handelt, bei deren Herstellung ionisierende Strahlen verwendet werden.

(6) Das Bundesministerium für Ernährung und Landwirtschaft wird ermächtigt, im Einvernehmen mit dem Bundesministerium durch Rechtsverordnung mit Zustimmung des Bundesrates im Falle des Absatzes 1 Satz 1 Nr. 2 Arzneimittel von der Verschreibungspflicht auszunehmen, soweit die aufgrund des Artikels 67 Doppelbuchstabe aa der Richtlinie 2001/82/EG festgelegten Anforderungen eingehalten sind.

§ 49 *(weggefallen)*

§ 50 Einzelhandel mit freiverkäuflichen Arzneimitteln. (1) [1]Einzelhandel außerhalb von Apotheken mit Arzneimitteln im Sinne des § 2 Abs. 1 oder Abs. 2 Nr. 1, die zum Verkehr außerhalb der Apotheken freigegeben sind, darf nur betrieben werden, wenn der Unternehmer, eine zur Vertretung des Unternehmens gesetzlich berufene oder eine von dem Unternehmer mit der Leitung des Unternehmens oder mit dem Verkauf beauftragte Person die erforderliche Sachkenntnis besitzt. [2]Bei Unternehmen mit mehreren Betriebsstellen muss für jede Betriebsstelle eine Person vorhanden sein, die die erforderliche Sachkenntnis besitzt.

(2) [1]Die erforderliche Sachkenntnis besitzt, wer Kenntnisse und Fertigkeiten über das ordnungsgemäße Abfüllen, Abpacken, Kennzeichnen, Lagern und In-

verkehrbringen von Arzneimitteln, die zum Verkehr außerhalb der Apotheken freigegeben sind, sowie Kenntnisse über die für diese Arzneimittel geltenden Vorschriften nachweist. [2]Das Bundesministerium wird ermächtigt, im Einvernehmen mit dem Bundesministerium für Wirtschaft und Energie und dem Bundesministerium für Bildung und Forschung durch Rechtsverordnung mit Zustimmung des Bundesrates Vorschriften darüber zu erlassen, wie der Nachweis der erforderlichen Sachkenntnis zu erbringen ist, um einen ordnungsgemäßen Verkehr mit Arzneimitteln zu gewährleisten. [3]Es kann dabei Prüfungszeugnisse über eine abgeleistete berufliche Aus- oder Fortbildung als Nachweis anerkennen. [4]Es kann ferner bestimmen, dass die Sachkenntnis durch eine Prüfung vor der zuständigen Behörde oder einer von ihr bestimmten Stelle nachgewiesen wird und das Nähere über die Prüfungsanforderungen und das Prüfungsverfahren regeln. [5]Die Rechtsverordnung wird, soweit es sich um Arzneimittel handelt, die zur Anwendung bei Tieren bestimmt sind, vom Bundesministerium für Ernährung und Landwirtschaft im Einvernehmen mit dem Bundesministerium, dem Bundesministerium für Wirtschaft und Energie und dem Bundesministerium für Bildung und Forschung erlassen.

(3) Einer Sachkenntnis nach Absatz 1 bedarf nicht, wer Fertigarzneimittel im Einzelhandel in den Verkehr bringt, die
1. im Reisegewerbe abgegeben würden dürfen,
2. zur Verhütung der Schwangerschaft oder von Geschlechtskrankheiten beim Menschen bestimmt sind,
3. *(weggefallen)*
4. ausschließlich zum äußeren Gebrauch bestimmte Desinfektionsmittel sind oder
5. Sauerstoff sind.

§ 51 Abgabe im Reisegewerbe. (1) Das Feilbieten von Arzneimitteln und das Aufsuchen von Bestellungen auf Arzneimittel im Reisegewerbe sind verboten; ausgenommen von dem Verbot sind für den Verkehr außerhalb der Apotheken freigegebene Fertigarzneimittel, die
1. mit ihren verkehrsüblichen deutschen Namen bezeichnete, in ihren Wirkungen allgemein bekannte Pflanzen oder Pflanzenteile oder Presssäfte aus frischen Pflanzen oder Pflanzenteilen sind, sofern diese mit keinem anderen Lösungsmittel als Wasser hergestellt wurden, oder
2. Heilwässer und deren Salze in ihrem natürlichen Mischungsverhältnis oder ihre Nachbildungen sind.

(2) [1]Das Verbot des Absatzes 1 erster Halbsatz findet keine Anwendung, soweit der Gewerbetreibende andere Personen im Rahmen ihres Geschäftsbetriebes aufsucht, es sei denn, dass es sich um Arzneimittel handelt, die für die Anwendung bei Tieren in land- und forstwirtschaftlichen Betrieben, in gewerblichen Tierhaltungen sowie in Betrieben des Gemüse-, Obst-, Garten- und Weinbaus, der Imkerei und der Fischerei feilgeboten oder dass bei diesen Betrieben Bestellungen auf Arzneimittel, deren Abgabe den Apotheken vorbehalten ist, aufgesucht werden. [2]Dies gilt auch für Handlungsreisende

und andere Personen, die im Auftrag und im Namen eines Gewerbetreibenden tätig werden.

§ 52 Verbot der Selbstbedienung. (1) Arzneimittel im Sinne des § 2 Abs. 1 oder Abs. 2 Nr. 1 dürfen

1. nicht durch Automaten und
2. nicht durch andere Formen der Selbstbedienung in den Verkehr gebracht werden.

(2) Absatz 1 gilt nicht für Fertigarzneimittel, die

1. im Reisegewerbe abgegeben werden dürfen,
2. zur Verhütung der Schwangerschaft oder von Geschlechtskrankheiten beim Menschen bestimmt und zum Verkehr außerhalb der Apotheken freigegeben sind,
3. *(weggefallen)*
4. ausschließlich zum äußeren Gebrauch bestimmte Desinfektionsmittel oder
5. Sauerstoff sind.

(3) Absatz 1 Nr. 2 gilt ferner nicht für Arzneimittel, die für den Verkehr außerhalb der Apotheken freigegeben sind, wenn eine Person, die die Sachkenntnis nach § 50 besitzt, zur Verfügung steht.

§ 52a Großhandel mit Arzneimitteln. (1) [1]Wer Großhandel mit Arzneimitteln im Sinne des § 2 Abs. 1 oder Abs. 2 Nr. 1, Testsera oder Testantigenen betreibt, bedarf einer Erlaubnis. [2]Ausgenommen von dieser Erlaubnispflicht sind die in § 51 Absatz 1 Nummer 2 genannten und für den Verkehr außerhalb von Apotheken freigegebenen Fertigarzneimittel.

(2) Mit dem Antrag hat der Antragsteller

1. die bestimmte Betriebsstätte sowie die Tätigkeiten und die Arzneimittel zu benennen, für die die Erlaubnis erteilt werden soll,
2. Nachweise darüber vorzulegen, dass er über geeignete und ausreichende Räumlichkeiten, Anlagen und Einrichtungen verfügt, um eine ordnungsgemäße Lagerung und einen ordnungsgemäßen Vertrieb und, soweit vorgesehen, ein ordnungsgemäßes Umfüllen, Abpacken und Kennzeichnen von Arzneimitteln zu gewährleisten,
3. eine verantwortliche Person zu benennen, die die zur Ausübung der Tätigkeit erforderliche Sachkenntnis besitzt, und
4. eine Erklärung beizufügen, in der er sich schriftlich verpflichtet, die für den ordnungsgemäßen Betrieb eines Großhandels geltenden Regelungen einzuhalten.

(3) [1]Die Entscheidung über die Erteilung der Erlaubnis trifft die zuständige Behörde des Landes, in dem die Betriebsstätte liegt oder liegen soll. [2]Die zuständige Behörde hat eine Entscheidung über den Antrag auf Erteilung der Erlaubnis innerhalb einer Frist von drei Monaten zu treffen. [3]Verlangt die zuständige Behörde vom Antragsteller weitere Angaben zu den Voraussetzungen nach Absatz 2, so wird die in Satz 2 genannte Frist so lange ausgesetzt, bis die erforderlichen ergänzenden Angaben der zuständigen Behörde vorliegen.

(4) Die Erlaubnis darf nur versagt werden, wenn

1. die Voraussetzungen nach Absatz 2 nicht vorliegen,

2. Tatsachen die Annahme rechtfertigen, dass der Antragsteller oder die verantwortliche Person nach Absatz 2 Nr. 3 die zur Ausübung ihrer Tätigkeit erforderliche Zuverlässigkeit nicht besitzt oder

3. der Großhändler nicht in der Lage ist, zu gewährleisten, dass die für den ordnungsgemäßen Betrieb geltenden Regelungen eingehalten werden.

(5) ¹Die Erlaubnis ist zurückzunehmen, wenn nachträglich bekannt wird, dass einer der Versagungsgründe nach Absatz 4 bei der Erteilung vorgelegen hat. ²Die Erlaubnis ist zu widerrufen, wenn die Voraussetzungen für die Erteilung der Erlaubnis nicht mehr vorliegen; anstelle des Widerrufs kann auch das Ruhen der Erlaubnis angeordnet werden.

(6) Eine Erlaubnis nach § 13 oder § 72 umfasst auch die Erlaubnis zum Großhandel mit den Arzneimitteln, auf die sich die Erlaubnis nach § 13 oder § 72 erstreckt.

(7) Die Absätze 1 bis 5 gelten nicht für die Tätigkeit der Apotheken im Rahmen des üblichen Apothekenbetriebes.

(8) ¹Der Inhaber der Erlaubnis hat jede Änderung der in Absatz 2 genannten Angaben sowie jede wesentliche Änderung der Großhandelstätigkeit unter Vorlage der Nachweise der zuständigen Behörde vorher anzuzeigen. ²Bei einem unvorhergesehenen Wechsel der verantwortlichen Person nach Absatz 2 Nr. 3 hat die Anzeige unverzüglich zu erfolgen.

§ 52b Bereitstellung von Arzneimitteln. (1) Pharmazeutische Unternehmer und Betreiber von Arzneimittelgroßhandlungen, die im Geltungsbereich dieses Gesetzes ein tatsächlich in Verkehr gebrachtes und zur Anwendung im oder am Menschen bestimmtes Arzneimittel vertreiben, das durch die zuständige Bundesoberbehörde zugelassen worden ist oder für das durch die Europäische Gemeinschaft oder durch die Europäische Union eine Genehmigung für das Inverkehrbringen gemäß Artikel 3 Absatz 1 oder 2 der Verordnung (EG) Nr. 726/2004 erteilt worden ist, stellen eine angemessene und kontinuierliche Bereitstellung des Arzneimittels sicher, damit der Bedarf von Patienten im Geltungsbereich dieses Gesetzes gedeckt ist.

(2) ¹Pharmazeutische Unternehmer müssen im Rahmen ihrer Verantwortlichkeit eine bedarfsgerechte und kontinuierliche Belieferung vollversorgender Arzneimittelgroßhandlungen gewährleisten. ²Vollversorgende Arzneimittelgroßhandlungen sind Großhandlungen, die ein vollständiges, herstellerneutral gestaltetes Sortiment an apothekenpflichtigen Arzneimitteln unterhalten, das nach Breite und Tiefe so beschaffen ist, dass damit der Bedarf von Patienten von den mit der Großhandlung in Geschäftsbeziehung stehenden Apotheken werktäglich innerhalb angemessener Zeit gedeckt werden kann; die vorzuhaltenden Arzneimittel müssen dabei mindestens dem durchschnittlichen Bedarf für zwei Wochen entsprechen. ³Satz 1 gilt nicht für Arzneimittel, die dem Vertriebsweg des § 47 Absatz 1 Satz 1 Nummer 2 bis 9 oder des § 47a unterliegen

oder die aus anderen rechtlichen oder tatsächlichen Gründen nicht über den Großhandel ausgeliefert werden können.

(3) [1]Vollversorgende Arzneimittelgroßhandlungen müssen im Rahmen ihrer Verantwortlichkeit eine bedarfsgerechte und kontinuierliche Belieferung der mit ihnen in Geschäftsbeziehung stehenden Apotheken gewährleisten. [2]Satz 1 gilt entsprechend für andere Arzneimittelgroßhandlungen im Umfang der von ihnen jeweils vorgehaltenen Arzneimittel.

(3a) Pharmazeutische Unternehmer müssen im Rahmen ihrer Verantwortlichkeit Krankenhäuser im Falle ihnen bekannt gewordener Lieferengpässe bei verschreibungspflichtigen Arzneimitteln zur stationären Versorgung umgehend informieren.

(4) Die Vorschriften des Gesetzes gegen Wettbewerbsbeschränkungen bleiben unberührt.

§ 52c Arzneimittelvermittlung. (1) Ein Arzneimittelvermittler darf im Geltungsbereich dieses Gesetzes nur tätig werden, wenn er seinen Sitz im Geltungsbereich dieses Gesetzes, in einem anderen Mitgliedstaat der Europäischen Union oder in einem anderen Vertragsstaat des Abkommens über den Europäischen Wirtschaftsraum hat.

(2) [1]Der Arzneimittelvermittler darf seine Tätigkeit erst nach Anzeige gemäß § 67 Absatz 1 Satz 1 bei der zuständigen Behörde und Registrierung durch die Behörde in eine öffentliche Datenbank nach § 67a oder einer Datenbank eines anderen Mitgliedstaates der Europäischen Union oder eines anderen Vertragsstaates des Abkommens über den Europäischen Wirtschaftsraum aufnehmen. [2]In der Anzeige sind vom Arzneimittelvermittler die Art der Tätigkeit, der Name und die Adresse anzugeben. [3]Zuständige Behörde nach Satz 1 ist die Behörde, in deren Zuständigkeitsbereich der Arzneimittelvermittler seinen Sitz hat.

(3) Erfüllt der Arzneimittelvermittler nicht die nach diesem Gesetz oder die nach einer aufgrund dieses Gesetzes erlassenen Verordnung vorgegebenen Anforderungen, kann die zuständige Behörde die Registrierung in der Datenbank versagen oder löschen.

§ 53 Anhörung von Sachverständigen. (1) [1]Soweit nach § 36 Abs. 1, § 45 Abs. 1 und § 46 Abs. 1 vor Erlass von Rechtsverordnungen Sachverständige anzuhören sind, errichtet hierzu das Bundesministerium durch Rechtsverordnung ohne Zustimmung des Bundesrates einen Sachverständigen-Ausschuss. [2]Dem Ausschuss sollen Sachverständige aus der medizinischen und pharmazeutischen Wissenschaft, den Krankenhäusern, den Heilberufen, den beteiligten Wirtschaftskreisen und den Sozialversicherungsträgern angehören. [3]In der Rechtsverordnung kann das Nähere über die Zusammensetzung, die Berufung der Mitglieder und das Verfahren des Ausschusses bestimmt werden. [4]Die Rechtsverordnung wird vom Bundesministerium für Ernährung und Landwirtschaft im Einvernehmen mit dem Bundesministerium erlassen, soweit es sich um Arzneimittel handelt, die zur Anwendung bei Tieren bestimmt sind.

(2) [1]Soweit nach § 48 Abs. 2 vor Erlass der Rechtsverordnung Sachverständige anzuhören sind, gilt Absatz 1 entsprechend mit der Maßgabe, dass dem Ausschuss Sachverständige aus der medizinischen und pharmazeutischen Wissenschaft sowie Sachverständige der Arzneimittelkommissionen der Ärzte, Tierärzte und Apotheker angehören sollen. [2]Die Vertreter der medizinischen und pharmazeutischen Praxis und der pharmazeutischen Industrie nehmen ohne Stimmrecht an den Sitzungen teil.

Achter Abschnitt

Sicherung und Kontrolle der Qualität

§ 54 Betriebsverordnungen. (1) [1]Das Bundesministerium wird ermächtigt, im Einvernehmen mit dem Bundesministerium für Wirtschaft und Energie durch Rechtsverordnung mit Zustimmung des Bundesrates Betriebsverordnungen für Betriebe oder Einrichtungen zu erlassen, die Arzneimittel in den Geltungsbereich dieses Gesetzes verbringen oder in denen Arzneimittel entwickelt, hergestellt, geprüft, gelagert, verpackt oder in den Verkehr gebracht werden oder in denen sonst mit Arzneimitteln Handel getrieben wird, soweit es geboten ist, um einen ordnungsgemäßen Betrieb und die erforderliche Qualität der Arzneimittel sowie die Pharmakovigilanz sicherzustellen; dies gilt entsprechend für Wirkstoffe und andere zur Arzneimittelherstellung bestimmte Stoffe sowie für Gewebe. [2]Die Rechtsverordnung wird vom Bundesministerium für Ernährung und Landwirtschaft im Einvernehmen mit dem Bundesministerium und dem Bundesministerium für Wirtschaft und Energie erlassen, soweit es sich um Arzneimittel handelt, die zur Anwendung bei Tieren bestimmt sind. [3]Die Rechtsverordnung ergeht jeweils im Einvernehmen mit dem Bundesministerium für Umwelt, Naturschutz, Bau und Reaktorsicherheit, soweit es sich um radioaktive Arzneimittel oder um Arzneimittel handelt, bei deren Herstellung ionisierende Strahlen verwendet werden.

(2) In der Rechtsverordnung nach Absatz 1 können insbesondere Regelungen getroffen werden über die
1. Entwicklung, Herstellung, Prüfung, Lagerung, Verpackung, Qualitätssicherung, den Erwerb, die Bereitstellung, die Bevorratung und das Inverkehrbringen,
2. Führung und Aufbewahrung von Nachweisen über die in der Nummer 1 genannten Betriebsvorgänge,
3. Haltung und Kontrolle der bei der Herstellung und Prüfung der Arzneimittel verwendeten Tiere und die Nachweise darüber,
4. Anforderungen an das Personal,
5. Beschaffenheit, Größe und Einrichtung der Räume,
6. Anforderungen an die Hygiene,
7. Beschaffenheit der Behältnisse,
8. Kennzeichnung der Behältnisse, in denen Arzneimittel und deren Ausgangsstoffe vorrätig gehalten werden,

9. Dienstbereitschaft für Arzneimittelgroßhandelsbetriebe,
10. Zurückstellung von Chargenproben sowie deren Umfang und Lagerungsdauer,
11. Kennzeichnung, Absonderung oder Vernichtung nicht verkehrsfähiger Arzneimittel,
12. Voraussetzungen für und die Anforderungen an die in Nummer 1 bezeichneten Tätigkeiten durch den Tierarzt (Betrieb einer tierärztlichen Hausapotheke) sowie die Anforderungen an die Anwendung von Arzneimitteln durch den Tierarzt an den von ihm behandelten Tieren.

(2a) *(weggefallen)*

(3) Die in den Absätzen 1 und 2 getroffenen Regelungen gelten auch für Personen, die die in Absatz 1 genannten Tätigkeiten berufsmäßig ausüben.

(4) Die Absätze 1 und 2 gelten für Apotheken im Sinne des Gesetzes über das Apothekenwesen, soweit diese einer Erlaubnis nach § 13, § 52a oder § 72 bedürfen.

§ 55 Arzneibuch. (1) [1]Das Arzneibuch ist eine vom Bundesinstitut für Arzneimittel und Medizinprodukte im Einvernehmen mit dem Paul-Ehrlich-Institut und dem Bundesamt für Verbraucherschutz und Lebensmittelsicherheit bekannt gemachte Sammlung anerkannter pharmazeutischer Regeln über die Qualität, Prüfung, Lagerung, Abgabe und Bezeichnung von Arzneimitteln und den bei ihrer Herstellung verwendeten Stoffen. [2]Das Arzneibuch enthält auch Regeln für die Beschaffenheit von Behältnissen und Umhüllungen.

(2) [1]Die Regeln des Arzneibuches werden von der Deutschen Arzneibuch-Kommission oder der Europäischen Arzneibuch-Kommission beschlossen. [2]Die Bekanntmachung der Regeln kann aus rechtlichen oder fachlichen Gründen abgelehnt oder rückgängig gemacht werden.

(3) Die Deutsche Arzneibuch-Kommission hat die Aufgabe, über die Regeln des Arzneibuches zu beschließen und die zuständige Bundesoberbehörde bei den Arbeiten im Rahmen des Übereinkommens über die Ausarbeitung eines Europäischen Arzneibuches zu unterstützen.

(4) [1]Die Deutsche Arzneibuch-Kommission wird beim Bundesinstitut für Arzneimittel und Medizinprodukte gebildet. [2]Das Bundesinstitut für Arzneimittel und Medizinprodukte beruft im Einvernehmen mit dem Paul-Ehrlich-Institut und dem Bundesamt für Verbraucherschutz und Lebensmittelsicherheit die Mitglieder der Deutschen Arzneibuch-Kommission aus Sachverständigen der medizinischen und pharmazeutischen Wissenschaft, der Heilberufe, der beteiligten Wirtschaftskreise und der Arzneimittelüberwachung im zahlenmäßig gleichen Verhältnis, stellt den Vorsitz und erlässt eine Geschäftsordnung. [3]Die Geschäftsordnung bedarf der Zustimmung des Bundesministeriums im Einvernehmen mit dem Bundesministerium für Ernährung und Landwirtschaft. [4]Die Mitglieder sind zur Verschwiegenheit verpflichtet.

(5) [1]Die Deutsche Arzneibuch-Kommission soll über die Regeln des Arzneibuches grundsätzlich einstimmig beschließen. [2]Beschlüsse, denen nicht mehr

als drei Viertel der Mitglieder der Kommission zugestimmt haben, sind unwirksam. [3]Das Nähere regelt die Geschäftsordnung.

(6) Die Absätze 2 bis 5 finden auf die Tätigkeit der Deutschen Homöopathischen Arzneibuch-Kommission entsprechende Anwendung.

(7) [1]Die Bekanntmachung erfolgt im Bundesanzeiger. [2]Sie kann sich darauf beschränken, auf die Bezugsquelle der Fassung des Arzneibuches und den Beginn der Geltung der Neufassung hinzuweisen.

(8) [1]Bei der Herstellung von Arzneimitteln dürfen nur Stoffe und die Behältnisse und Umhüllungen, soweit sie mit den Arzneimitteln in Berührung kommen, verwendet werden und nur Darreichungsformen angefertigt werden, die den anerkannten pharmazeutischen Regeln entsprechen. [2]Satz 1 findet bei Arzneimitteln, die ausschließlich für den Export hergestellt werden, mit der Maßgabe Anwendung, dass die im Empfängerland geltenden Regelungen berücksichtigt werden können.

(9) Abweichend von Absatz 1 Satz 1 erfolgt die Bekanntmachung durch das Bundesamt für Verbraucherschutz und Lebensmittelsicherheit im Einvernehmen mit dem Bundesinstitut für Arzneimittel und Medizinprodukte und dem Paul-Ehrlich-Institut, soweit es sich um Arzneimittel handelt, die zur Anwendung bei Tieren bestimmt sind.

§ 55a Amtliche Sammlung von Untersuchungsverfahren. [1]Die zuständige Bundesoberbehörde veröffentlicht eine amtliche Sammlung von Verfahren zur Probenahme und Untersuchung von Arzneimitteln und ihren Ausgangsstoffen. [2]Die Verfahren werden unter Mitwirkung von Sachkennern aus den Bereichen der Überwachung, der Wissenschaft und der pharmazeutischen Unternehmer festgelegt. [3]Die Sammlung ist laufend auf dem neuesten Stand zu halten.

Neunter Abschnitt

Sondervorschriften für Arzneimittel, die bei Tieren angewendet werden

§ 56 Fütterungsarzneimittel. (1) [1]Fütterungsarzneimittel dürfen abweichend von § 47 Abs. 1, jedoch nur auf Verschreibung eines Tierarztes, vom Hersteller nur unmittelbar an Tierhalter abgegeben werden; dies gilt auch, wenn die Fütterungsarzneimittel in einem anderen Mitgliedstaat der Europäischen Union oder in einem anderen Vertragsstaat des Abkommens über den Europäischen Wirtschaftsraum unter Verwendung im Geltungsbereich dieses Gesetzes zugelassener Arzneimittel-Vormischungen oder solcher Arzneimittel-Vormischungen, die die gleiche qualitative und eine vergleichbare quantitative Zusammensetzung haben wie im Geltungsbereich dieses Gesetzes zugelassene Arzneimittel-Vormischungen, hergestellt werden, die sonstigen im Geltungsbereich dieses Gesetzes geltenden arzneimittelrechtlichen Vorschriften beachtet werden und den Fütterungsarzneimitteln eine Begleitbescheinigung nach dem vom Bundesministerium für Ernährung und Landwirtschaft bekannt gemachten Muster beigegeben ist. [2]Im Falle des Satzes 1 zweiter Halbsatz hat der verschreibende Tierarzt der nach § 64 Abs. 1 für die Überwachung der Einhaltung der arzneimittelrechtlichen Vorschriften durch den Tierhalter zuständigen Behörde unverzüglich eine Kopie der Verschreibung zu übersenden. [3]Die wiederholte Abgabe auf eine Verschreibung ist nicht zulässig. [4]Das Bundesministerium für Ernährung und Landwirtschaft wird ermächtigt, im Einvernehmen mit dem Bundesministerium und dem Bundesministerium für Wirtschaft und Energie durch Rechtsverordnung Vorschriften über Form und Inhalt der Verschreibung zu erlassen.

(2) [1]Zur Herstellung eines Fütterungsarzneimittels darf nur eine nach § 25 Abs. 1 zugelassene oder aufgrund des § 36 Abs. 1 von der Pflicht zur Zulassung freigestellte Arzneimittel-Vormischung verwendet werden. [2]Auf Verschreibung darf abweichend von Satz 1 ein Fütterungsarzneimittel aus höchstens drei Arzneimittel-Vormischungen, die jeweils zur Anwendung bei der zu behandelnden Tierart zugelassen sind, hergestellt werden, sofern

1. für das betreffende Anwendungsgebiet eine zugelassene Arzneimittel-Vormischung nicht zur Verfügung steht,
2. im Einzelfall im Fütterungsarzneimittel nicht mehr als zwei Arzneimittel-Vormischungen mit jeweils einem antimikrobiell wirksamen Stoff enthalten sind oder höchstens eine Arzneimittel-Vormischung mit mehreren solcher Stoffe enthalten ist und
3. eine homogene und stabile Verteilung der wirksamen Bestandteile in dem Fütterungsarzneimittel gewährleistet ist.

(3) Werden Fütterungsarzneimittel hergestellt, so muss das verwendete Mischfuttermittel vor und nach der Vermischung den futtermittelrechtlichen Vorschriften entsprechen und es darf kein Antibiotikum oder Kokzidiostatikum als Futtermittelzusatzstoff enthalten.

(4) [1]Der Hersteller des Fütterungsarzneimittels hat sicherzustellen, dass die Arzneimitteltagesdosis in einer Menge in dem Mischfuttermittel enthalten ist, die die tägliche Futterration der behandelten Tiere, bei Wiederkäuern den täglichen Bedarf an Ergänzungsfuttermitteln, ausgenommen Mineralfutter, mindestens zur Hälfte deckt. [2]Der Hersteller des Fütterungsarzneimittels hat die verfütterungsfertige Mischung vor der Abgabe so zu kennzeichnen, dass auf dem Etikett das Wort „Fütterungsarzneimittel" und die Angabe darüber, zu welchem Prozentsatz sie den Futterbedarf nach Satz 1 zu decken bestimmt ist, deutlich sichtbar sind.

(5) [1]Der Tierarzt darf Fütterungsarzneimittel nur verschreiben,

1. wenn sie zur Anwendung an den von ihm behandelten Tieren bestimmt sind,
2. wenn sie für die in den Packungsbeilagen der Arzneimittel-Vormischungen bezeichneten Tierarten und Anwendungsgebiete bestimmt sind,
3. wenn ihre Anwendung nach Anwendungsgebiet und Menge nach dem Stand der veterinärmedizinischen Wissenschaft gerechtfertigt ist, um das Behandlungsziel zu erreichen, und

4. wenn die zur Anwendung bei Tieren, die der Gewinnung von Lebensmitteln dienen, verschriebene Menge von Fütterungsarzneimitteln, die

a) vorbehaltlich des Buchstaben b, verschreibungspflichtige Arzneimittel-Vormischungen enthalten, zur Anwendung innerhalb der auf die Abgabe folgenden 31 Tage bestimmt ist, oder

b) antimikrobiell wirksame Stoffe enthalten, zur Anwendung innerhalb der auf die Abgabe folgenden sieben Tage bestimmt ist,

sofern die Zulassungsbedingungen der Arzneimittel-Vormischung nicht eine längere Anwendungsdauer vorsehen.
[2]§ 56a Abs. 2 gilt für die Verschreibung von Fütterungsarzneimitteln entsprechend. [3]Im Falle der Verschreibung von Fütterungsarzneimitteln nach Satz 1 Nr. 4 gilt zusätzlich § 56a Abs. 1 Satz 2 entsprechend.

§ 56a Verschreibung, Abgabe und Anwendung von Arzneimitteln durch Tierärzte. (1) [1]Der Tierarzt darf für den Verkehr außerhalb der Apotheken nicht freigegebene Arzneimittel dem Tierhalter vorbehaltlich besonderer Bestimmungen aufgrund des Absatzes 3 nur verschreiben oder an diesen nur abgeben, wenn

1. sie für die von ihm behandelten Tiere bestimmt sind,

2. sie zugelassen sind oder sie aufgrund des § 21 Abs. 2 Nr. 4 in Verbindung mit Abs. 1 in Verkehr gebracht werden dürfen oder in den Anwendungsbereich einer Rechtsverordnung nach § 36 oder § 39 Abs. 3 Satz 1 Nr. 2 fallen oder sie nach § 38 Abs. 1 in den Verkehr gebracht werden dürfen,

3. sie nach der Zulassung für das Anwendungsgebiet bei der behandelten Tierart bestimmt sind,

4. ihre Anwendung nach Anwendungsgebiet und Menge nach dem Stand der veterinärmedizinischen Wissenschaft gerechtfertigt ist, um das Behandlungsziel in dem betreffenden Fall zu erreichen, und

5. die zur Anwendung bei Tieren, die der Gewinnung von Lebensmitteln dienen,

a) vorbehaltlich des Buchstaben b, verschriebene oder abgegebene Menge verschreibungspflichtiger Arzneimittel zur Anwendung innerhalb der auf die Abgabe folgenden 31 Tage bestimmt ist, oder

b) verschriebene oder abgegebene Menge von Arzneimitteln, die antimikrobiell wirksame Stoffe enthalten und nach den Zulassungsbedingungen nicht ausschließlich zur lokalen Anwendung vorgesehen sind, zur Anwendung innerhalb der auf die Abgabe folgenden sieben Tage bestimmt ist,

sofern die Zulassungsbedingungen nicht eine längere Anwendungsdauer vorsehen.
[2]Der Tierarzt darf verschreibungspflichtige Arzneimittel zur Anwendung bei Tieren, die der Gewinnung von Lebensmitteln dienen, für den jeweiligen Behandlungsfall erneut nur abgeben oder verschreiben, sofern er in einem Zeitraum von 31 Tagen vor dem Tag der entsprechend seiner Behandlungsanweisung vorgesehenen letzten Anwendung der abzugebenden oder zu verschreibenden Arzneimittel die behandelten Tiere oder den behandelten Tierbestand

untersucht hat. ³Satz 1 Nr. 2 bis 4 gilt für die Anwendung durch den Tierarzt entsprechend. ⁴Abweichend von Satz 1 darf der Tierarzt dem Tierhalter Arzneimittel-Vormischungen weder verschreiben noch an diesen abgeben.

(1a) Absatz 1 Satz 3 gilt nicht, soweit ein Tierarzt Arzneimittel bei einem von ihm behandelten Tier anwendet und die Arzneimittel ausschließlich zu diesem Zweck von ihm hergestellt worden sind.

(2) ¹Soweit die notwendige arzneiliche Versorgung der Tiere ansonsten ernstlich gefährdet wäre und eine unmittelbare oder mittelbare Gefährdung der Gesundheit von Mensch und Tier nicht zu befürchten ist, darf der Tierarzt bei Einzeltieren oder Tieren eines bestimmten Bestandes abweichend von Absatz 1 Satz 1 Nr. 3, auch in Verbindung mit Absatz 1 Satz 3, nachfolgend bezeichnete zugelassene oder von der Zulassung freigestellte Arzneimittel verschreiben, anwenden oder abgeben:

1. soweit für die Behandlung ein zugelassenes Arzneimittel für die betreffende Tierart und das betreffende Anwendungsgebiet nicht zur Verfügung steht, ein Arzneimittel mit der Zulassung für die betreffende Tierart und ein anderes Anwendungsgebiet;

2. soweit ein nach Nummer 1 geeignetes Arzneimittel für die betreffende Tierart nicht zur Verfügung steht, ein für eine andere Tierart zugelassenes Arzneimittel;

3. soweit ein nach Nummer 2 geeignetes Arzneimittel nicht zur Verfügung steht, ein zur Anwendung beim Menschen zugelassenes Arzneimittel oder, auch abweichend von Absatz 1 Satz 1 Nr. 2, auch in Verbindung mit Absatz 1 Satz 3, ein Arzneimittel, das in einem Mitgliedstaat der Europäischen Union oder einem anderen Vertragsstaat des Abkommens über den Europäischen Wirtschaftsraum zur Anwendung bei Tieren zugelassen ist; im Falle von Tieren, die der Gewinnung von Lebensmitteln dienen, jedoch nur solche Arzneimittel aus anderen Mitgliedstaaten der Europäischen Union oder anderen Vertragsstaaten des Abkommens über den Europäischen Wirtschaftsraum, die zur Anwendung bei Tieren, die der Gewinnung von Lebensmitteln dienen, zugelassen sind;

4. soweit ein nach Nummer 3 geeignetes Arzneimittel nicht zur Verfügung steht, ein in einer Apotheke oder durch den Tierarzt nach § 13 Abs. 2 Satz 1 Nr. 3 Buchstabe d hergestelltes Arzneimittel.

²Bei Tieren, die der Gewinnung von Lebensmitteln dienen, darf das Arzneimittel jedoch nur durch den Tierarzt angewendet oder unter seiner Aufsicht verabreicht werden und nur pharmakologisch wirksame Stoffe enthalten, die in Tabelle 1 des Anhangs der Verordnung (EU) Nr. 37/2010 aufgeführt sind. ³Der Tierarzt hat die Wartezeit anzugeben; das Nähere regelt die Verordnung über tierärztliche Hausapotheken. ⁴Die Sätze 1 bis 3 gelten entsprechend für Arzneimittel, die nach § 21 Abs. 2 Nr. 4 in Verbindung mit Abs. 2a hergestellt werden. ⁵Registrierte oder von der Registrierung freigestellte homöopathische Arzneimittel dürfen abweichend von Absatz 1 Satz 1 Nr. 3 verschrieben, abgegeben und angewendet werden; dies gilt für Arzneimittel, die zur Anwen-

dung bei Tieren bestimmt sind, die der Gewinnung von Lebensmitteln dienen, nur dann, wenn sie ausschließlich Wirkstoffe enthalten, die im Anhang der Verordnung (EU) Nr. 37/2010 als Stoffe aufgeführt sind, für die eine Festlegung von Höchstmengen nicht erforderlich ist.

(2a) Abweichend von Absatz 2 Satz 2 dürfen Arzneimittel für Einhufer, die der Gewinnung von Lebensmitteln dienen und für die nichts anderes in Abschnitt IX Teil II des Equidenpasses im Sinne der Verordnung (EG) Nr. 504/2008 der Kommission vom 6. Juni 2008 zur Umsetzung der Richtlinie 90/426/EWG des Rates in Bezug auf Methoden zur Identifizierung von Equiden (ABl. L 149 vom 7.6.2008, S. 3) in der jeweils geltenden Fassung festgelegt ist, auch verschrieben, abgegeben oder angewendet werden, wenn sie Stoffe, die in der Verordnung (EG) Nr. 1950/2006 der Kommission vom 13. Dezember 2006 zur Erstellung eines Verzeichnisses von für die Behandlung von Equiden wesentlichen Stoffen gemäß der Richtlinie 2001/82/EG des Europäischen Parlaments und des Rates zur Schaffung eines Gemeinschaftskodexes für Tierarzneimittel (ABl. L 367 vom 22.12.2006, S. 33) aufgeführt sind, enthalten.

(3) [1]Das Bundesministerium für Ernährung und Landwirtschaft wird ermächtigt, im Einvernehmen mit dem Bundesministerium durch Rechtsverordnung mit Zustimmung des Bundesrates

1. Anforderungen an die Abgabe und die Verschreibung von Arzneimitteln zur Anwendung an Tieren, auch im Hinblick auf die Behandlung, festzulegen,

2. vorbehaltlich einer Rechtsverordnung nach Nummer 5 zu verbieten, bei der Verschreibung, der Abgabe oder der Anwendung von zur Anwendung bei Tieren bestimmten Arzneimitteln, die antimikrobiell wirksame Stoffe enthalten, von den in § 11 Absatz 4 Satz 1 Nummer 3 und 5 genannten Angaben der Gebrauchsinformation abzuweichen, soweit dies zur Verhütung einer unmittelbaren oder mittelbaren Gefährdung der Gesundheit von Mensch oder Tier durch die Anwendung dieser Arzneimittel erforderlich ist,

3. vorzuschreiben, dass der Tierarzt im Rahmen der Behandlung bestimmter Tiere in bestimmten Fällen eine Bestimmung der Empfindlichkeit der eine Erkrankung verursachenden Erreger gegenüber bestimmten antimikrobiell wirksamen Stoffen zu erstellen oder erstellen zu lassen hat,

4. vorzuschreiben, dass

a) Tierärzte über die Abgabe, Verschreibung und Anwendung, auch im Hinblick auf die Behandlung, von für den Verkehr außerhalb der Apotheken nicht freigegebenen Arzneimitteln Nachweise führen müssen,

b) bestimmte Arzneimittel nur durch den Tierarzt selbst angewendet werden dürfen, wenn diese Arzneimittel

aa) die Gesundheit von Mensch oder Tier auch bei bestimmungsgemäßem Gebrauch unmittelbar oder mittelbar gefährden können, sofern sie nicht fachgerecht angewendet werden,

bb) wiederholt in erheblichem Umfang nicht bestimmungsgemäß gebraucht werden und dadurch die Gesundheit von Mensch oder Tier unmittelbar oder mittelbar gefährdet werden kann,

5. vorzuschreiben, dass der Tierarzt abweichend von Absatz 2 bestimmte Arzneimittel, die bestimmte antimikrobiell wirksame Stoffe enthalten, nur
   a) für die bei der Zulassung vorgesehenen Tierarten oder Anwendungsgebiete abgeben oder verschreiben oder
   b) bei den bei der Zulassung vorgesehenen Tierarten oder in den dort vorgesehenen Anwendungsgebieten anwenden

   darf, soweit dies erforderlich ist, um die Wirksamkeit der antimikrobiell wirksamen Stoffe für die Behandlung von Mensch und Tier zu erhalten.
²In Rechtsverordnungen nach Satz 1 können ferner

1. im Fall des Satzes 1 Nummer 3 Anforderungen an die Probenahme, die zu nehmenden Proben, das Verfahren der Untersuchung sowie an die Nachweisführung festgelegt werden,
2. im Fall des Satzes 1 Nummer 4 Buchstabe a
   a) Art, Form und Inhalt der Nachweise sowie die Dauer der Aufbewahrung geregelt werden,
   b) vorgeschrieben werden, dass Nachweise auf Anordnung der zuständigen Behörde nach deren Vorgaben vom Tierarzt zusammengefasst und ihr zur Verfügung gestellt werden, soweit dies zur Sicherung einer ausreichenden Überwachung der Anwendung von Arzneimitteln bei Tieren, die der Gewinnung von Lebensmitteln dienen, erforderlich ist.
³In Rechtsverordnungen nach Satz 1 Nummer 2, 3 und 5 ist Vorsorge dafür zu treffen, dass die Tiere jederzeit die notwendige arzneiliche Versorgung erhalten. ⁴Die Nachweispflicht kann auf bestimmte Arzneimittel, Anwendungsbereiche oder Darreichungsformen beschränkt werden.

(4) Der Tierarzt darf durch Rechtsverordnung nach Absatz 3 Satz 1 Nummer 4 Buchstabe b bestimmte Arzneimittel dem Tierhalter weder verschreiben noch an diesen abgeben.

(5) ¹Das Bundesministerium für Ernährung und Landwirtschaft wird ermächtigt, im Einvernehmen mit dem Bundesministerium durch Rechtsverordnung mit Zustimmung des Bundesrates eine Tierarzneimittelanwendungskommission zu errichten. ²Die Tierarzneimittelanwendungskommission beschreibt in Leitlinien den Stand der veterinärmedizinischen Wissenschaft, insbesondere für die Anwendung von Arzneimitteln, die antimikrobiell wirksame Stoffe enthalten. ³In der Rechtsverordnung ist das Nähere über die Zusammensetzung, die Berufung der Mitglieder und das Verfahren der Tierarzneimittelanwendungskommission zu bestimmen. ⁴Ferner können der Tierarzneimittelanwendungskommission durch Rechtsverordnung weitere Aufgaben übertragen werden.

(6) Es wird vermutet, dass eine Rechtfertigung nach dem Stand der veterinärmedizinischen Wissenschaft im Sinne des Absatzes 1 Satz 1 Nr. 4 oder des § 56 Abs. 5 Satz 1 Nr. 3 gegeben ist, sofern die Leitlinien der Tierarzneimittelanwendungskommission nach Absatz 5 Satz 2 beachtet worden sind.

§ 56b Ausnahmen. Das Bundesministerium für Ernährung und Landwirtschaft wird ermächtigt, im Einvernehmen mit dem Bundesministerium durch

Rechtsverordnung mit Zustimmung des Bundesrates Ausnahmen von § 56a zuzulassen, soweit die notwendige arzneiliche Versorgung der Tiere sonst ernstlich gefährdet wäre.

§ 57 Erwerb und Besitz durch Tierhalter, Nachweise. (1) [1]Der Tierhalter darf Arzneimittel, die zum Verkehr außerhalb der Apotheken nicht freigegeben sind, zur Anwendung bei Tieren nur in Apotheken, bei dem den Tierbestand behandelnden Tierarzt oder in den Fällen des § 56 Abs. 1 bei Herstellern erwerben. [2]Andere Personen, die in § 47 Abs. 1 nicht genannt sind, dürfen solche Arzneimittel nur in Apotheken erwerben. [3]Satz 1 gilt nicht für Arzneimittel im Sinne des § 43 Abs. 4 Satz 3. [4]Die Sätze 1 und 2 gelten nicht, soweit Arzneimittel, die ausschließlich zur Anwendung bei Tieren, die nicht der Gewinnung von Lebensmittel dienen, zugelassen sind,

a) vom Tierhalter im Wege des Versandes nach § 43 Absatz 5 Satz 3 oder 4 oder

b) von anderen Personen, die in § 47 Absatz 1 nicht genannt sind, im Wege des Versandes nach § 43 Absatz 5 Satz 3

oder nach § 73 Absatz 1 Nummer 1a erworben werden. [5]Abweichend von Satz 1 darf der Tierhalter Arzneimittel-Vormischungen nicht erwerben.

(1a) [1]Tierhalter dürfen Arzneimittel, bei denen durch Rechtsverordnung vorgeschrieben ist, dass sie nur durch den Tierarzt selbst angewendet werden dürfen, nicht im Besitz haben. [2]Dies gilt nicht, wenn die Arzneimittel für einen anderen Zweck als zur Anwendung bei Tieren bestimmt sind oder der Besitz nach der Richtlinie 96/22/EG des Rates vom 29. April 1996 über das Verbot der Verwendung bestimmter Stoffe mit hormonaler beziehungsweise thyreostatischer Wirkung und von β-Agonisten in der tierischen Erzeugung und zur Aufhebung der Richtlinien 81/602/EWG, 88/146/EWG und 88/299/EWG (ABl. EG Nr. L 125 S. 3) erlaubt ist.

(2) [1]Das Bundesministerium für Ernährung und Landwirtschaft wird ermächtigt, im Einvernehmen mit dem Bundesministerium durch Rechtsverordnung mit Zustimmung des Bundesrates vorzuschreiben, dass

1. Betriebe oder Personen, die Tiere halten, die der Gewinnung von Lebensmitteln dienen, und diese oder von diesen stammende Erzeugnisse in Verkehr bringen, und

2. andere Personen, die in § 47 Absatz 1 nicht genannt sind,

Nachweise über den Erwerb, die Aufbewahrung und den Verbleib der Arzneimittel und Register oder Nachweise über die Anwendung der Arzneimittel zu führen haben, soweit es geboten ist, um eine ordnungsgemäße Anwendung von Arzneimitteln zu gewährleisten, und sofern es sich um Betriebe oder Personen nach Nummer 1 handelt, dies zur Durchführung von Rechtsakten der Europäischen Gemeinschaft oder der Europäischen Union auf diesem Gebiet erforderlich ist. [2]In der Rechtsverordnung können Art, Form und Inhalt der Register und Nachweise sowie die Dauer ihrer Aufbewahrung geregelt werden. [3]In der Rechtsverordnung kann ferner vorgeschrieben werden, dass Nachweise auf Anordnung der zuständigen Behörde nach deren Vorgaben vom Tierhalter zusammenzufassen sind und ihr zur Verfügung gestellt werden, soweit dies zur Sicherung einer ausreichenden Überwachung im Zusammenhang mit der Anwendung von Arzneimitteln bei Tieren, die der Gewinnung von Lebensmitteln dienen, erforderlich ist.

(3) [1]Das Bundesministerium für Ernährung und Landwirtschaft wird ermächtigt, im Einvernehmen mit dem Bundesministerium durch Rechtsverordnung mit Zustimmung des Bundesrates vorzuschreiben, dass Betriebe oder Personen, die

1. Tiere in einem Tierheim oder in einer ähnlichen Einrichtung halten oder
2. gewerbsmäßig Wirbeltiere, ausgenommen Tiere, die der Gewinnung von Lebensmitteln dienen, züchten oder halten oder vorübergehend für andere Betriebe oder Personen betreuen,

Nachweise über den Erwerb verschreibungspflichtiger Arzneimittel zu führen haben, die für die Behandlung der in den Nummern 1 und 2 bezeichneten Tiere erworben worden sind. [2]In der Rechtsverordnung können Art, Form und Inhalt der Nachweise sowie die Dauer ihrer Aufbewahrung geregelt werden.

§ 57a Anwendung durch Tierhalter. Tierhalter und andere Personen, die nicht Tierärzte sind, dürfen verschreibungspflichtige Arzneimittel bei Tieren nur anwenden, soweit die Arzneimittel von dem Tierarzt verschrieben oder abgegeben worden sind, bei dem sich die Tiere in Behandlung befinden.

§ 58 Anwendung bei Tieren, die der Gewinnung von Lebensmitteln dienen. (1) [1]Zusätzlich zu der Anforderung des § 57a dürfen Tierhalter und andere Personen, die nicht Tierärzte sind, verschreibungspflichtige Arzneimittel oder andere vom Tierarzt verschriebene oder erworbene Arzneimittel bei Tieren, die der Gewinnung von Lebensmitteln dienen, vorbehaltlich einer Maßnahme der zuständigen Behörde nach § 58d Absatz 3 Satz 2 Nummer 2 nur nach einer tierärztlichen Behandlungsanweisung für den betreffenden Fall anwenden. [2]Nicht verschreibungspflichtige Arzneimittel, die nicht für den Verkehr außerhalb der Apotheken freigegeben sind und deren Anwendung nicht aufgrund einer tierärztlichen Behandlungsanweisung erfolgt, dürfen nur angewendet werden,

1. wenn sie zugelassen sind oder in den Anwendungsbereich einer Rechtsverordnung nach § 36 oder § 39 Abs. 3 Satz 1 Nr. 2 fallen oder sie nach § 38 Abs. 1 in den Verkehr gebracht werden dürfen,
2. für die in der Kennzeichnung oder Packungsbeilage der Arzneimittel bezeichneten Tierarten und Anwendungsgebiete und
3. in einer Menge, die nach Dosierung und Anwendungsdauer der Kennzeichnung des Arzneimittels entspricht.

[3]Abweichend von Satz 2 dürfen Arzneimittel im Sinne des § 43 Abs. 4 Satz 3 nur nach der veterinärbehördlichen Anweisung nach § 43 Abs. 4 Satz 4 angewendet werden.

(2) Das Bundesministerium für Ernährung und Landwirtschaft wird ermächtigt, im Einvernehmen mit dem Bundesministerium durch Rechtsverordnung

mit Zustimmung des Bundesrates zu verbieten, dass Arzneimittel, die zur Anwendung bei Tieren bestimmt sind, die der Gewinnung von Lebensmitteln dienen, für bestimmte Anwendungsgebiete oder -bereiche in den Verkehr gebracht oder zu diesen Zwecken angewendet werden, soweit es geboten ist, um eine mittelbare Gefährdung der Gesundheit des Menschen zu verhüten.

(3) Das Bundesministerium für Ernährung und Landwirtschaft wird ferner ermächtigt, im Einvernehmen mit dem Bundesministerium durch Rechtsverordnung mit Zustimmung des Bundesrates Einzelheiten zu technischen Anlagen für die orale Anwendung von Arzneimitteln bei Tieren, die Instandhaltung und Reinigung dieser Anlagen und zu Sorgfaltspflichten des Tierhalters festzulegen, um eine Verschleppung antimikrobiell wirksamer Stoffe zu verringern.

§ 58a Mitteilungen über Tierhaltungen. (1) [1]Wer Rinder (Bos taurus), Schweine (Sus scrofa domestica), Hühner (Gallus gallus) oder Puten (Meleagris gallopavo) berufs- oder gewerbsmäßig hält, hat der zuständigen Behörde nach Maßgabe des Absatzes 2 das Halten dieser Tiere bezogen auf die jeweilige Tierart und den Betrieb, in dem die Tiere gehalten werden (Tierhaltungsbetrieb), spätestens 14 Tage nach Beginn der Haltung mitzuteilen. [2]Die Mitteilung hat ferner folgende Angaben zu enthalten:

1. den Namen des Tierhalters,
2. die Anschrift des Tierhaltungsbetriebes und die nach Maßgabe tierseuchenrechtlicher Vorschriften über den Verkehr mit Vieh für den Tierhaltungsbetrieb erteilte Registriernummer,
3. bei der Haltung
   a) von Rindern ergänzt durch die Angabe, ob es sich um Mastkälber bis zu einem Alter von acht Monaten oder um Mastrinder ab einem Alter von acht Monaten,
   b) von Schweinen ergänzt durch die Angabe, ob es sich um Ferkel bis einschließlich 30 kg oder um Mastschweine über 30 kg
   (Nutzungsart) handelt.

(2) Die Mitteilungspflicht nach Absatz 1 Satz 1 gilt

1. für zum Zweck der Fleischerzeugung (Mast) bestimmte Hühner oder Puten und ab dem Zeitpunkt des jeweiligen Schlüpfens dieser Tiere und
2. für zum Zweck der Mast bestimmte Rinder oder Schweine und ab dem Zeitpunkt, ab dem die jeweiligen Tiere vom Muttertier abgesetzt sind.

(3) Derjenige, der am 1. April 2014 Tiere im Sinne des Absatzes 1 Satz 1 hält, hat die Mitteilung nach Absatz 1 Satz 1 und 2 spätestens bis zum 1. Juli 2014 zu machen.

(4) [1]Wer nach Absatz 1 oder 3 zur Mitteilung verpflichtet ist, hat Änderungen hinsichtlich der mitteilungspflichtigen Angaben innerhalb von 14 Werktagen mitzuteilen. [2]Die Mitteilung nach Absatz 1 oder 3, jeweils auch in Verbindung mit Satz 1, hat elektronisch oder schriftlich zu erfolgen. [3]Die vorgeschriebenen Mitteilungen können durch Dritte vorgenommen werden, soweit der Tierhalter dies unter Nennung des Dritten der zuständigen Behörde angezeigt hat. [4]Die

Absätze 1 und 3 sowie Satz 1 gelten nicht, soweit die verlangten Angaben nach tierseuchenrechtlichen Vorschriften über den Verkehr mit Vieh mitgeteilt worden sind. [5]In diesen Fällen übermittelt die für die Durchführung der tierseuchenrechtlichen Vorschriften über den Verkehr mit Vieh zuständige Behörde der für die Durchführung der Absätze 1 und 3 sowie des Satzes 1 zuständigen Behörde die verlangten Angaben. [6]Die Übermittlung nach Satz 5 kann nach Maßgabe des § 10 des Datenschutzgesetzes im automatisierten Abrufverfahren erfolgen.

§ 58b Mitteilungen über Arzneimittelverwendung. (1) [1]Wer Tiere, für die nach § 58a Mitteilungen über deren Haltung zu machen sind, hält, hat der zuständigen Behörde im Hinblick auf Arzneimittel, die antibakteriell wirksame Stoffe enthalten und bei den von ihm gehaltenen Tieren angewendet worden sind, für jeden Tierhaltungsbetrieb, für den ihm nach den tierseuchenrechtlichen Vorschriften über den Verkehr mit Vieh eine Registriernummer zugeteilt worden ist, unter Berücksichtigung der Nutzungsart halbjährlich für jede Behandlung mitzuteilen

1. die Bezeichnung des angewendeten Arzneimittels,
2. die Anzahl und die Art der behandelten Tiere,
3. vorbehaltlich des Absatzes 3 die Anzahl der Behandlungstage,
4. die insgesamt angewendete Menge von Arzneimitteln, die antibakteriell wirksame Stoffe enthalten,
5. für jedes Halbjahr die Anzahl der Tiere der jeweiligen Tierart, die
   a) in jedem Halbjahr zu Beginn im Betrieb gehalten,
   b) im Verlauf eines jeden Halbjahres in den Betrieb aufgenommen,
   c) im Verlauf eines jeden Halbjahres aus dem Betrieb abgegeben worden sind.

[2]Die Mitteilungen nach Satz 1 Nummer 5 Buchstabe b und c sind unter Angabe des Datums der jeweiligen Handlung zu machen. [3]Die Mitteilung ist jeweils spätestens am 14. Tag desjenigen Monats zu machen, der auf den letzten Monat des Halbjahres folgt, in dem die Behandlung erfolgt ist. [4]§ 58a Absatz 4 Satz 2 und 3 gilt entsprechend.

(2) [1]Abweichend von Absatz 1 Satz 1 können die in Absatz 1 Satz 1 Nummer 1 bis 4 genannten Angaben durch nachfolgende Angaben ersetzt werden:

1. die Bezeichnung des für die Behandlung vom Tierarzt erworbenen oder verschriebenen Arzneimittels,
2. die Anzahl und Art der Tiere, für die eine Behandlungsanweisung des Tierarztes ausgestellt worden ist,
3. die Identität der Tiere, für die eine Behandlungsanweisung des Tierarztes ausgestellt worden ist, sofern sich aus der Angabe die Nutzungsart ergibt,
4. vorbehaltlich des Absatzes 3 die Dauer der verordneten Behandlung in Tagen,
5. die vom Tierarzt insgesamt angewendete oder abgegebene Menge des Arzneimittels.

[2]Satz 1 gilt nur, wenn derjenige, der Tiere hält,

1. gegenüber dem Tierarzt zum Zeitpunkt des Erwerbs oder der Verschreibung der Arzneimittel schriftlich versichert hat, von der Behandlungsanweisung nicht ohne Rücksprache mit dem Tierarzt abzuweichen, und

2. bei der Abgabe der Mitteilung nach Absatz 1 Satz 1 an die zuständige Behörde schriftlich versichert, dass bei der Behandlung nicht von der Behandlungsanweisung des Tierarztes abgewichen worden ist.

[3]§ 58a Absatz 4 Satz 2 und 3 gilt hinsichtlich des Satzes 1 entsprechend.

(3) [1]Bei Arzneimitteln, die antibakterielle Stoffe enthalten und einen therapeutischen Wirkstoffspiegel von mehr als 24 Stunden aufweisen, teilt der Tierarzt dem Tierhalter die Anzahl der Behandlungstage im Sinne des Absatzes 1 Satz 1 Nummer 3, ergänzt um die Anzahl der Tage, in denen das betroffene Arzneimittel seinen therapeutischen Wirkstoffspiegel behält, mit. [2]Ergänzend zu Absatz 1 Satz 1 Nummer 3 teilt der Tierhalter diese Tage auch als Behandlungstage mit.

§ 58c Ermittlung der Therapiehäufigkeit. (1) Die zuständige Behörde ermittelt für jedes Halbjahr die durchschnittliche Anzahl der Behandlungen mit antibakteriell wirksamen Stoffen, bezogen auf den jeweiligen Betrieb, für den nach den tierseuchenrechtlichen Vorschriften über den Verkehr mit Vieh eine Registriernummer zugeteilt worden ist, und die jeweilige Art der gehaltenen Tiere unter Berücksichtigung der Nutzungsart, indem sie nach Maßgabe des Berechnungsverfahrens zur Ermittlung der Therapiehäufigkeit vom 21. Februar 2013 (BAnz. AT 22.2.2013 B2)

1. für jeden angewendeten Wirkstoff die Anzahl der behandelten Tiere mit der Anzahl der Behandlungstage multipliziert und die so errechnete Zahl jeweils für alle verabreichten Wirkstoffe des Halbjahres addiert und

2. die nach Nummer 1 ermittelte Zahl anschließend durch die Anzahl der Tiere der betroffenen Tierart, die durchschnittlich in dem Halbjahr gehalten worden sind, dividiert (betriebliche halbjährliche Therapiehäufigkeit).

(2) [1]Spätestens bis zum Ende des zweiten Monats des Halbjahres, das auf die Mitteilungen des vorangehenden Halbjahres nach § 58b Absatz 1 Satz 1 folgt, teilt die zuständige Behörde dem Bundesamt für Verbraucherschutz und Lebensmittelsicherheit für die Zwecke des Absatzes 4 und des § 77 Absatz 3 Satz 2 in anonymisierter Form die nach Absatz 1 jeweils ermittelte halbjährliche betriebliche Therapiehäufigkeit mit. [2]Darüber hinaus teilt die zuständige Behörde dem Bundesinstitut für Risikobewertung jeweils auf dessen Verlangen in anonymisierter Form die nach Absatz 1 jeweils ermittelte halbjährliche Therapiehäufigkeit sowie die in § 58b Absatz 1 Satz 1 Nummer 4 genannten Angaben mit, soweit dies für die Durchführung einer Risikobewertung des Bundesinstitutes für Risikobewertung auf dem Gebiet der Antibiotikaresistenz erforderlich ist. [3]Die Mitteilungen nach den Sätzen 1 und 2 können nach Maßgabe des § 10 des Bundesdatenschutzgesetzes im automatisierten Abrufverfahren erfolgen.

(3) ¹Soweit die Länder für die Zwecke des Absatzes 1 eine gemeinsame Stelle einrichten, sind die in den §§ 58a und 58b genannten Angaben dieser Stelle zu übermitteln; diese ermittelt die halbjährliche betriebliche Therapiehäufigkeit nach Maßgabe des in Absatz 1 genannten Berechnungsverfahrens zur Ermittlung der Therapiehäufigkeit und teilt sie den in Absatz 2 Satz 1 und 2 genannten Behörden mit. ²Absatz 2 Satz 3 gilt entsprechend.

(4) ¹Das Bundesamt für Verbraucherschutz und Lebensmittelsicherheit ermittelt aus den ihm mitgeteilten Angaben zur jeweiligen halbjährlichen betrieblichen Therapiehäufigkeit

1. als Kennzahl 1 den Median (Wert, unter dem 50 Prozent aller erfassten halbjährlichen Therapiehäufigkeiten liegen) und

2. als Kennzahl 2 das dritte Quartil (Wert, unter dem 75 Prozent aller erfassten halbjährlichen betrieblichen Therapiehäufigkeiten liegen)

der bundesweiten halbjährlichen Therapiehäufigkeit für jede in § 58a Absatz 1 bezeichnete Tierart. ²Das Bundesamt für Verbraucherschutz und Lebensmittelsicherheit macht diese Kennzahlen bis zum Ende des dritten Monats des Halbjahres, das auf die Mitteilungen des vorangehenden Halbjahres nach § 58b Absatz 1 folgt, für das jeweilige abgelaufene Halbjahr im Bundesanzeiger bekannt und schlüsselt diese unter Berücksichtigung der Nutzungsart auf.

(5) ¹Die zuständige Behörde oder die gemeinsame Stelle nach Absatz 3 teilt dem Tierhalter die nach Absatz 1 ermittelte betriebliche halbjährliche Therapiehäufigkeit für die jeweilige Tierart der von ihm gehaltenen Tiere im Sinne des § 58a Absatz 1 unter Berücksichtigung der Nutzungsart mit. ²Der Tierhalter kann ferner Auskunft über die nach den §§ 58a und 58b erhobenen, gespeicherten oder sonst verarbeiteten Daten verlangen, soweit sie seinen Betrieb betreffen.

(6) ¹Die nach den §§ 58a und 58b erhobenen oder nach Absatz 5 mitgeteilten und jeweils bei der zuständigen Behörde oder der gemeinsamen Stelle nach Absatz 3 gespeicherten Daten sind für die Dauer von sechs Jahren aufzubewahren. ²Die Frist beginnt mit Ablauf des 30. Juni oder 31. Dezember desjenigen Halbjahres, in dem die bundesweite halbjährliche Therapiehäufigkeit nach Absatz 4 bekannt gegeben worden ist. ³Nach Ablauf dieser Frist sind die Daten zu löschen.

§ 58d Verringerung der Behandlung mit antibakteriell wirksamen Stoffen. (1) Um zur wirksamen Verringerung der Anwendung von Arzneimitteln, die antibakteriell wirksame Stoffe enthalten, beizutragen, hat derjenige, der Tiere im Sinne des § 58a Absatz 1 Satz 1 berufs- oder gewerbsmäßig hält,

1. jeweils zwei Monate nach einer Bekanntmachung der Kennzahlen der bundesweiten halbjährlichen Therapiehäufigkeit nach § 58c Absatz 4 Satz 2 festzustellen, ob im abgelaufenen Zeitraum seine betriebliche halbjährliche Therapiehäufigkeit bei der jeweiligen Tierart der von ihm gehaltenen Tiere unter Berücksichtigung der Nutzungsart bezogen auf den Tierhaltungsbetrieb, für den ihm nach den tierseuchenrechtlichen Vorschriften über den

Verkehr mit Vieh eine Registriernummer zugeteilt worden ist, oberhalb der Kennzahl 1 oder der Kennzahl 2 der bundesweiten halbjährlichen Therapiehäufigkeit liegt,

2. die Feststellung nach Nummer 1 unverzüglich nach ihrer Feststellung in seinen betrieblichen Unterlagen aufzuzeichnen.

(2) [1]Liegt die betriebliche halbjährliche Therapiehäufigkeit eines Tierhalters bezogen auf den Tierhaltungsbetrieb, für den ihm nach den tierseuchenrechtlichen Vorschriften über den Verkehr mit Vieh eine Registriernummer zugeteilt worden ist,

1. oberhalb der Kennzahl 1 der bundesweiten halbjährlichen Therapiehäufigkeit, hat der Tierhalter unter Hinzuziehung eines Tierarztes zu prüfen, welche Gründe zu dieser Überschreitung geführt haben können und wie die Behandlung der von ihm gehaltenen Tiere im Sinne des § 58a Absatz 1 mit Arzneimitteln, die antibakteriell wirksame Stoffe enthalten, verringert werden kann, oder

2. oberhalb der Kennzahl 2 der bundesweiten halbjährlichen Therapiehäufigkeit, hat der Tierhalter auf der Grundlage einer tierärztlichen Beratung innerhalb von zwei Monaten nach dem sich aus Absatz 1 Nummer 1 ergebenden Datum einen schriftlichen Plan zu erstellen, der Maßnahmen enthält, die eine Verringerung der Behandlung mit Arzneimitteln, die antibakteriell wirksame Stoffe enthalten, zum Ziel haben.

[2]Ergibt die Prüfung des Tierhalters nach Satz 1 Nummer 1, dass die Behandlung mit den betroffenen Arzneimitteln verringert werden kann, hat der Tierhalter zu ergreifen, die zu einer Verringerung führen können. [3]Der Tierhalter hat dafür Sorge zu tragen, dass die Maßnahme nach Satz 1 Nummer 1 und die in dem Plan nach Satz 1 Nummer 2 aufgeführten Schritte unter Gewährleistung der notwendigen arzneilichen Versorgung der Tiere durchgeführt werden. [4]Der Plan nach Satz 1 Nummer 2 ist um einen Zeitplan zu ergänzen, wenn die nach dem Plan zu ergreifenden Maßnahmen nicht innerhalb von sechs Monaten erfüllt werden können.

(3) [1]Der Plan nach Absatz 2 Satz 1 Nummer 2 ist der zuständigen Behörde unaufgefordert spätestens zwei Monate nach dem sich aus Absatz 1 Nummer 1 ergebenden Datum zu übermitteln. [2]Soweit es zur wirksamen Verringerung der Behandlung mit Arzneimitteln, die antibakteriell wirksame Stoffe enthalten, erforderlich ist, kann die zuständige Behörde gegenüber dem Tierhalter

1. anordnen, dass der Plan zu ändern oder zu ergänzen ist,

2. unter Berücksichtigung des Standes der veterinärmedizinischen Wissenschaft zur Verringerung der Behandlung mit Arzneimitteln, die antibakteriell wirksame Stoffe enthalten, Anordnungen treffen, insbesondere hinsichtlich

a) der Beachtung von allgemein anerkannten Leitlinien über die Anwendung von Arzneimitteln, die antibakteriell wirksame Mittel enthalten, oder Teilen davon sowie

b) einer Impfung der Tiere,

3. im Hinblick auf die Vorbeugung vor Erkrankungen unter Berücksichtigung des Standes der guten fachlichen Praxis in der Landwirtschaft oder der guten hygienischen Praxis in der Tierhaltung Anforderungen an die Haltung der Tiere anordnen, insbesondere hinsichtlich der Fütterung, der Hygiene, der Art und Weise der Mast einschließlich der Mastdauer, der Ausstattung der Ställe sowie deren Einrichtung und der Besatzdichte,

4. anordnen, dass Arzneimittel, die antibakteriell wirksame Stoffe enthalten, für einen bestimmten Zeitraum in einem Tierhaltungsbetrieb nur durch den Tierarzt angewendet werden dürfen, wenn die für die jeweilige von einem Tierhalter gehaltene Tierart, unter Berücksichtigung der Nutzungsart, festgestellte halbjährliche Therapiehäufigkeit zweimal in Folge erheblich oberhalb der Kennzahl 2 der bundesweiten Therapiehäufigkeit liegt.

[3]In der Anordnung nach Satz 2 Nummer 1 ist das Ziel der Änderung oder Ergänzung des Planes anzugeben. [4]In Anordnungen nach Satz 2 Nummer 2, 3 und 4 ist Vorsorge dafür zu treffen, dass die Tiere jederzeit die notwendige arzneiliche Versorgung erhalten. [5]Die zuständige Behörde kann dem Tierhalter gegenüber Maßnahmen nach Satz 2 Nummer 3 auch dann anordnen, wenn diese Rechte des Tierhalters aus Verwaltungsakten widerrufen oder aus anderen Rechtsvorschriften einschränken, sofern die erforderliche Verringerung der Behandlung mit Arzneimitteln, die antibakteriell wirksame Stoffe enthalten, nicht durch andere wirksame Maßnahmen erreicht werden kann und der zuständigen Behörde tatsächliche Erkenntnisse über die Wirksamkeit der weitergehenden Maßnahmen vorliegen. [6]Satz 5 gilt nicht, soweit unmittelbar geltende Rechtsvorschriften der Europäischen Gemeinschaft oder der Europäischen Union entgegenstehen.

(4) [1]Hat der Tierhalter Anordnungen nach Absatz 3 Satz 2 Nummer 1 bis 4, im Fall der Nummer 3 auch in Verbindung mit Satz 5, nicht befolgt und liegt die für die jeweilige von einem Tierhalter gehaltene Tierart unter Berücksichtigung der Nutzungsart festgestellte halbjährliche Therapiehäufigkeit deshalb wiederholt oberhalb der Kennzahl 2 der bundesweiten Therapiehäufigkeit, kann die zuständige Behörde das Ruhen der Tierhaltung im Betrieb des Tierhalters für einen bestimmten Zeitraum, längstens für drei Jahre, anordnen. [2]Die Anordnung des Ruhens der Tierhaltung ist aufzuheben, sobald sichergestellt ist, dass die in Satz 1 bezeichneten Anordnungen befolgt werden.

§ 58e Verordnungsermächtigungen. (1) [1]Das Bundesministerium für Ernährung und Landwirtschaft wird ermächtigt, im Einvernehmen mit dem Bundesministerium durch Rechtsverordnung mit Zustimmung des Bundesrates das Nähere über Art, Form und Inhalt der Mitteilungen des Tierhalters nach § 58a Absatz 1 oder § 58b zu regeln. [2]In der Rechtsverordnung nach Satz 1 kann vorgesehen werden, dass

1. die Mitteilungen nach § 58b Absatz 1 oder 3 durch die Übermittlung von Angaben oder Aufzeichnungen ersetzt werden können, die aufgrund anderer arzneimittelrechtlicher Vorschriften, insbesondere aufgrund einer Verordnung nach § 57 Absatz 2, vorzunehmen sind,

2. Betriebe bis zu einer bestimmten Bestandsgröße von den Anforderungen nach § 58a und § 58b ausgenommen werden.

³Eine Rechtsverordnung nach Satz 2 Nummer 2 darf nur erlassen werden, soweit

1. durch die Ausnahme der Betriebe das Erreichen des Zieles der Verringerung der Behandlung mit Arzneimitteln, die antibakteriell wirksame Stoffe enthalten, nicht gefährdet wird und

2. die Repräsentativität der Ermittlung der Kennzahlen der bundesweiten halbjährlichen Therapiehäufigkeit erhalten bleibt.

(2) Das Bundesministerium für Ernährung und Landwirtschaft wird ermächtigt, im Einvernehmen mit dem Bundesministerium durch Rechtsverordnung mit Zustimmung des Bundesrates

1. zum Zweck der Ermittlung des Medians und der Quartile der bundesweiten halbjährlichen Therapiehäufigkeit Anforderungen und Einzelheiten der Berechnung der Kennzahlen festzulegen,

2. die näheren Einzelheiten einschließlich des Verfahrens zur

    a) Auskunftserteilung nach § 58c Absatz 5,

    b) Löschung der Daten nach § 58c Absatz 6

zu regeln.

(3) Das Bundesministerium für Ernährung und Landwirtschaft wird ermächtigt, im Einvernehmen mit dem Bundesministerium durch Rechtsverordnung mit Zustimmung des Bundesrates die näheren Einzelheiten über

1. die Aufzeichnung nach § 58d Absatz 1 Nummer 2,

2. Inhalt und Umfang des in § 58d Absatz 2 Satz 1 Nummer 2 genannten Planes zur Verringerung der Behandlung mit Arzneimitteln, die antibakteriell wirksame Stoffe enthalten, sowie

3. die Anforderung an die Übermittlung einschließlich des Verfahrens nach § 58d Absatz 3 Satz 1

zu regeln.

(4) ¹Das Bundesministerium für Ernährung und Landwirtschaft wird ermächtigt, im Einvernehmen mit dem Bundesministerium durch Rechtsverordnung mit Zustimmung des Bundesrates Fische, die der Gewinnung von Lebensmitteln dienen, in den Anwendungsbereich der §§ 58a bis 58f und der zur Durchführung dieser Vorschriften erlassenen Rechtsverordnungen einzubeziehen, soweit dies für das Erreichen des Zieles der Verringerung der Behandlung mit Arzneimitteln, die antibakteriell wirksame Stoffe enthalten, erforderlich ist. ²Eine Rechtsverordnung nach Satz 1 darf erstmals erlassen werden, wenn die Ergebnisse eines bundesweit durchgeführten behördlichen oder im Auftrag einer Behörde bundesweit durchgeführten Forschungsvorhabens über die Behandlung mit Arzneimitteln, die antibakteriell wirksame Stoffe enthalten, bei Fischen, die der Gewinnung von Lebensmitteln dienen, im Bundesanzeiger veröffentlicht worden sind.

§ 58f Verwendung von Daten. ¹Die Daten nach den §§ 58a bis 58d dürfen ausschließlich zum Zweck der Ermittlung und der Berechnung der Therapiehäufigkeit, der Überwachung der Einhaltung der §§ 58a bis 58d und zur Verfolgung und Ahndung von Verstößen gegen arzneimittelrechtliche Vorschriften verarbeitet und genutzt werden. [2]Abweichend von Satz 1 darf die zuständige Behörde, soweit

1. sie Grund zu der Annahme hat, dass ein Verstoß gegen das Lebensmittel- und Futtermittelrecht, das Tierschutzrecht oder das Tierseuchenrecht vorliegt, die Daten nach den §§ 58a bis 58d an die für die Verfolgung von Verstößen zuständigen Behörden übermitteln, soweit diese Daten für die Verfolgung des Verstoßes erforderlich sind,

2. die Daten nach den §§ 58a bis 58d für die Evaluierung nach § 58g erforderlich sind, diese Daten in anonymisierter Form nach Maßgabe des Satzes 3 über die zuständige oberste Landesbehörde an das Bundesministerium für Ernährung und Landwirtschaft übermitteln.

[3]Das Bundesministerium für Ernährung und Landwirtschaft gibt im Bundesanzeiger die Art der für den Zweck der Evaluierung zu übermittelnden Daten und den Zeitpunkt der Übermittlung bekannt. [4]Das Bundesministerium für Ernährung und Landwirtschaft und die zuständigen obersten Landesbehörden dürfen die ihnen nach Satz 2 Nummer 2 übermittelten Daten ausschließlich für den Zweck der Evaluierung nach § 58g verarbeiten und nutzen. [5]Die nach Satz 2 Nummer 2 übermittelten Daten sind mit Abschluss der Wahlperiode des Deutschen Bundestages, in der in dieser der Bericht nach § 58g übermittelt worden ist, zu löschen, soweit die Daten nicht in den Bericht aufgenommen worden sind.

§ 58g Evaluierung. Das Bundesministerium für Ernährung und Landwirtschaft berichtet dem Deutschen Bundestag fünf Jahre nach Inkrafttreten dieses Gesetzes über die Wirksamkeit der nach den §§ 58a bis 58d getroffenen Maßnahmen.

§ 59 Klinische Prüfung und Rückstandsprüfung bei Tieren, die der Lebensmittelgewinnung dienen. (1) Ein Arzneimittel im Sinne des § 2 Abs. 1 oder Abs. 2 Nr. 1 darf abweichend von § 56a Abs. 1 vom Hersteller oder in dessen Auftrag zum Zweck der klinischen Prüfung und der Rückstandsprüfung angewendet werden, wenn sich die Anwendung auf eine Prüfung beschränkt, die nach Art und Umfang nach dem jeweiligen Stand der wissenschaftlichen Erkenntnisse erforderlich ist.

(2) [1]Von den Tieren, bei denen diese Prüfungen durchgeführt werden, dürfen Lebensmittel nicht gewonnen werden. [2]Satz 1 gilt nicht, wenn die zuständige Bundesoberbehörde eine angemessene Wartezeit festgelegt hat. [3]Die Wartezeit muss

1. mindestens der Wartezeit nach der Verordnung über tierärztliche Hausapotheken entsprechen und gegebenenfalls einen Sicherheitsfaktor einschließen, mit dem die Art des Arzneimittels berücksichtigt wird, oder,

2. wenn Höchstmengen für Rückstände im Anhang der Verordnung (EU) Nr. 37/2010 festgelegt wurden, sicherstellen, dass diese Höchstmengen in den Lebensmitteln, die von den Tieren gewonnen werden, nicht überschritten werden.

[4]Der Hersteller hat der zuständigen Bundesoberbehörde Prüfungsergebnisse über Rückstände der angewendeten Arzneimittel und ihrer Umwandlungsprodukte in Lebensmitteln unter Angabe der angewandten Nachweisverfahren vorzulegen.

(3) Wird eine klinische Prüfung oder Rückstandsprüfung bei Tieren durchgeführt, die der Gewinnung von Lebensmitteln dienen, muss die Anzeige nach § 67 Abs. 1 Satz 1 zusätzlich folgende Angaben enthalten:

1. Name und Anschrift des Herstellers und der Personen, die in seinem Auftrag Prüfungen durchführen,
2. Art und Zweck der Prüfung,
3. Art und Zahl der für die Prüfung vorgesehenen Tiere,
4. Ort, Beginn und voraussichtliche Dauer der Prüfung,
5. Angaben zur vorgesehenen Verwendung der tierischen Erzeugnisse, die während oder nach Abschluss der Prüfung gewonnen werden.

(4) Über die durchgeführten Prüfungen sind Aufzeichnungen zu führen, die der zuständigen Behörde auf Verlangen vorzulegen sind.

§ 59a Verkehr mit Stoffen und Zubereitungen aus Stoffen. (1) [1]Personen, Betriebe und Einrichtungen, die in § 47 Abs. 1 aufgeführt sind, dürfen Stoffe oder Zubereitungen aus Stoffen, die aufgrund einer Rechtsverordnung nach § 6 bei der Herstellung von Arzneimitteln für Tiere nicht verwendet werden dürfen, zur Herstellung solcher Arzneimittel oder zur Anwendung bei Tieren nicht erwerben und für eine solche Herstellung oder Anwendung nicht anbieten, lagern, verpacken, mit sich führen oder in den Verkehr bringen. [2]Tierhalter sowie andere Personen, Betriebe und Einrichtungen, die in § 47 Abs. 1 nicht aufgeführt sind, dürfen solche Stoffe oder Zubereitungen nicht erwerben, lagern, verpacken oder mit sich führen, es sei denn, dass sie für eine durch Rechtsverordnung nach § 6 nicht verbotene Herstellung oder Anwendung bestimmt sind.

(2) [1]Tierärzte dürfen Stoffe oder Zubereitungen aus Stoffen, die nicht für den Verkehr außerhalb der Apotheke freigegeben sind, zur Anwendung bei Tieren nur beziehen und solche Stoffe oder Zubereitungen dürfen an Tierärzte nur abgegeben werden, wenn sie als Arzneimittel zugelassen sind oder sie aufgrund des § 21 Abs. 2 Nr. 3 oder 5 oder aufgrund einer Rechtsverordnung nach § 36 ohne Zulassung in den Verkehr gebracht werden dürfen. [2]Tierhalter dürfen sie für eine Anwendung bei Tieren nur erwerben oder lagern, wenn sie von einem Tierarzt als Arzneimittel verschrieben oder durch einen Tierarzt abgegeben worden sind. [3]Andere Personen, Betriebe und Einrichtungen, die in § 47 Abs. 1 nicht aufgeführt sind, dürfen durch Rechtsverordnung nach § 48 bestimmte Stoffe oder Zubereitungen aus Stoffen nicht erwerben, lagern, verpacken, mit sich führen oder in den Verkehr bringen, es sei denn, dass die Stoffe oder Zubereitungen für einen anderen Zweck als zur Anwendung bei Tieren bestimmt sind.

(3) Die futtermittelrechtlichen Vorschriften bleiben unberührt.

§ 59b Stoffe zur Durchführung von Rückstandskontrollen. [1]Der pharmazeutische Unternehmer hat für Arzneimittel, die zur Anwendung bei Tieren bestimmt sind, die der Gewinnung von Lebensmitteln dienen, der zuständigen Behörde die zur Durchführung von Rückstandskontrollen erforderlichen Stoffe auf Verlangen in ausreichender Menge gegen eine angemessene Entschädigung zu überlassen. [2]Für Arzneimittel, die von dem pharmazeutischen Unternehmer nicht mehr in den Verkehr gebracht werden, gelten die Verpflichtungen nach Satz 1 bis zum Ablauf von drei Jahren nach dem Zeitpunkt des letztmaligen Inverkehrbringens durch den pharmazeutischen Unternehmer, höchstens jedoch bis zu dem nach § 10 Abs. 7 angegebenen Verfalldatum der zuletzt in Verkehr gebrachten Charge.

§ 59c Nachweispflichten für Stoffe, die als Tierarzneimittel verwendet werden können. [1]Betriebe und Einrichtungen, die Stoffe oder Zubereitungen aus Stoffen, die als Tierarzneimittel oder zur Herstellung von Tierarzneimitteln verwendet werden können und anabole, infektionshemmende, parasitenabwehrende, entzündungshemmende, hormonale oder psychotrope Eigenschaften aufweisen, herstellen, lagern, einführen oder in den Verkehr bringen, haben Nachweise über den Bezug oder die Abgabe dieser Stoffe oder Zubereitungen aus Stoffen zu führen, aus denen sich Vorlieferant oder Empfänger sowie die jeweils erhaltene oder abgegebene Menge ergeben, diese Nachweise mindestens drei Jahre aufzubewahren und auf Verlangen der zuständigen Behörde vorzulegen. [2]Satz 1 gilt auch für Personen, die diese Tätigkeiten berufsmäßig ausüben. [3]Soweit es sich um Stoffe oder Zubereitungen aus Stoffen mit thyreostatischer, östrogener, androgener oder gestagener Wirkung oder β-Agonisten mit anaboler Wirkung handelt, sind diese Nachweise in Form eines Registers zu führen, in dem die hergestellten oder erworbenen Mengen sowie die zur Herstellung von Arzneimitteln veräußerten oder verwendeten Mengen chronologisch unter Angabe des Vorlieferanten und Empfängers erfasst werden.

§ 59d Verabreichung pharmakologisch wirksamer Stoffe an Tiere, die der Lebensmittelgewinnung dienen. [1]Pharmakologisch wirksame Stoffe, die
1. als verbotene Stoffe in Tabelle 2 des Anhangs der Verordnung (EU) Nr. 37/2010 der Kommission vom 22. Dezember 2009 über pharmakologisch wirksame Stoffe und ihre Einstufung hinsichtlich der Rückstandshöchstmengen in Lebensmitteln tierischen Ursprungs (ABl. L 15 vom 20.1.2010, S. 1), die zuletzt durch die Durchführungsverordnung (EU) 2015/446 (ABl. L 74 vom 18.3.2015, S. 18) geändert worden ist, oder
2. nicht im Anhang der Verordnung (EU) Nr. 37/2010

aufgeführt sind, dürfen einem der Lebensmittelgewinnung dienenden Tier nicht verabreicht werden. [2]Satz 1 gilt nicht in den Fällen des § 56a Absatz 2a und des Artikels 16 Absatz 2 der Verordnung (EG) Nr. 470/2009 sowie für die Verabreichung von Futtermitteln, die zugelassene Futtermittelzusatzstoffe enthalten.

§ 60 Heimtiere. (1) Auf Arzneimittel, die ausschließlich zur Anwendung bei Zierfischen, Zier- oder Singvögeln, Brieftauben, Terrarientieren, Kleinnagern,

Frettchen oder nicht der Gewinnung von Lebensmitteln dienenden Kaninchen bestimmt und für den Verkehr außerhalb der Apotheken zugelassen sind, finden die Vorschriften der §§ 21 bis 39 d und 50 keine Anwendung.

(2) Die Vorschriften über die Herstellung von Arzneimitteln finden mit der Maßgabe Anwendung, dass der Nachweis einer zweijährigen praktischen Tätigkeit nach § 15 Abs. 1 entfällt.

(3) Das Bundesministerium für Ernährung und Landwirtschaft wird ermächtigt, im Einvernehmen mit dem Bundesministerium für Wirtschaft und Energie und dem Bundesministerium durch Rechtsverordnung mit Zustimmung des Bundesrates die Vorschriften über die Zulassung auf Arzneimittel für die in Absatz 1 genannten Tiere auszudehnen, soweit es geboten ist, um eine unmittelbare oder mittelbare Gefährdung der Gesundheit von Mensch oder Tier zu verhüten.

(4) Die zuständige Behörde kann Ausnahmen von § 43 Abs. 5 Satz 1 zulassen, soweit es sich um die Arzneimittelversorgung der in Absatz 1 genannten Tiere handelt.

§ 61 Befugnisse tierärztlicher Bildungsstätten. Einrichtungen der tierärztlichen Bildungsstätten im Hochschulbereich, die der Arzneimittelversorgung der dort behandelten Tiere dienen und von einem Tierarzt oder Apotheker geleitet werden, haben die Rechte und Pflichten, die ein Tierarzt nach den Vorschriften dieses Gesetzes hat.

Zehnter Abschnitt

Pharmakovigilanz

§ 62[25] **Organisation des Pharmakovigilanz-Systems der zuständigen Bundesoberbehörde.** (1) [1]Die zuständige Bundesoberbehörde hat zur Verhütung einer unmittelbaren oder mittelbaren Gefährdung der Gesundheit von Mensch oder Tier die bei der Anwendung von Arzneimitteln auftretenden Risiken, insbesondere Nebenwirkungen, Wechselwirkungen mit anderen Mitteln, Risiken durch gefälschte Arzneimittel oder gefälschte Wirkstoffe sowie potenzielle Risiken für die Umwelt aufgrund der Anwendung eines Tierarzneimittels, zentral zu erfassen, auszuwerten und die nach diesem Gesetz zu ergreifenden Maßnahmen zu koordinieren. [2]Sie wirkt dabei mit den Dienststellen der Weltgesundheitsorganisation, der Europäischen Arzneimittel-Agentur, den Arzneimit-

---

25 Gemäß Art. 2 Nr. 1 G vom 19.10.2012 (BGBl. I S. 2192) werden in § 62 Abs. 3 Satz 1 die Wörter „und erforderlichenfalls an den Inhaber der Zulassung" gestrichen. Diese Änderung tritt sechs Monate, nachdem die Europäische Arzneimittel-Agentur bekannt gegeben hat, dass die Datenbank nach Artikel 24 der Verordnung (EG) Nr. 726/2004 über die erforderliche Funktion nach Artikel 2 Absatz 3 der Richtlinie 2010/84/EU verfügt, in Kraft.

telbehörden anderer Länder, den Gesundheits- und Veterinärbehörden der Bundesländer, den Arzneimittelkommissionen der Kammern der Heilberufe, nationalen Pharmakovigilanzzentren sowie mit anderen Stellen zusammen, die bei der Durchführung ihrer Aufgaben Arzneimittelrisiken erfassen. [3]Die zuständige Bundesoberbehörde kann die Öffentlichkeit über Arzneimittelrisiken und beabsichtigte Maßnahmen informieren. [4]Die Bundesoberbehörde betreibt ein Pharmakovigilanz-System. Soweit sie für Arzneimittel, die zur Anwendung bei Menschen bestimmt sind, zuständig ist, führt sie regelmäßig Audits ihres Pharmakovigilanz-Systems durch und erstattet der Europäischen Kommission alle zwei Jahre Bericht, erstmals zum 21. September 2013.

(2) [1]Die zuständige Bundesoberbehörde erfasst alle Verdachtsfälle von Nebenwirkungen, von denen sie Kenntnis erlangt. [2]Meldungen von Patienten und Angehörigen der Gesundheitsberufe können in jeder Form, insbesondere auch elektronisch, erfolgen. [3]Meldungen von Inhabern der Zulassung nach § 63c erfolgen elektronisch. [4]Die zuständige Bundesoberbehörde stellt durch Sammeln von Informationen und erforderlichenfalls durch Nachverfolgung von Berichten über vermutete Nebenwirkungen sicher, dass alle geeigneten Maßnahmen getroffen werden, um sämtliche biologische Arzneimittel, die im Geltungsbereich dieses Gesetzes verschrieben, abgegeben oder verkauft werden und über die Verdachtsfälle von Nebenwirkungen berichtet wurden, klar zu identifizieren, wobei der Name des Arzneimittels und die Nummer der Herstellungscharge genau angegeben werden sollen.

(3) [1]Die zuständige Bundesoberbehörde hat bei Arzneimitteln, die zur Anwendung bei Menschen bestimmt sind, jeden ihr gemeldeten und im Inland aufgetretenen Verdachtsfall einer schwerwiegenden Nebenwirkung innerhalb von 15 Tagen und jeden ihr gemeldeten und im Inland aufgetretenen Verdachtsfall einer nicht schwerwiegenden Nebenwirkung innerhalb von 90 Tagen elektronisch an die Datenbank nach Artikel 24 der Verordnung (EG) Nr. 726/2004 (EudraVigilance-Datenbank) und erforderlichenfalls an den Inhaber der Zulassung zu übermitteln. [2]Die zuständige Bundesoberbehörde hat bei Arzneimitteln, die zur Anwendung bei Tieren bestimmt sind, jeden ihr gemeldeten und im Inland aufgetretenen Verdachtsfall einer schwerwiegenden Nebenwirkung unverzüglich, spätestens aber innerhalb von 15 Tagen nach Bekanntwerden, an die Europäische Arzneimittel-Agentur und an den Inhaber der Zulassung, wenn dieser noch keine Kenntnis hat, zu übermitteln. [3]Die zuständige Bundesoberbehörde arbeitet mit der Europäischen Arzneimittel-Agentur und dem Inhaber der Zulassung zusammen, um insbesondere Doppelerfassungen von Verdachtsmeldungen festzustellen. [4]Die zuständige Bundesoberbehörde beteiligt, soweit erforderlich, auch Patienten, Angehörige der Gesundheitsberufe oder den Inhaber der Zulassung an der Nachverfolgung der erhaltenen Meldungen.

(4) Die zuständige Bundesoberbehörde kontrolliert die Verwaltung der Mittel für die Tätigkeiten im Zusammenhang mit der Pharmakovigilanz, dem Betrieb der Kommunikationsnetze und der Marktüberwachung, damit ihre Unabhängigkeit bei der Durchführung dieser Pharmakovigilanz-Tätigkeiten gewahrt bleibt.

(5) Bei Arzneimitteln, die zur Anwendung bei Menschen bestimmt sind, trifft die zuständige Bundesoberbehörde in Zusammenarbeit mit der Europäischen Arzneimittel-Agentur insbesondere folgende Maßnahmen:

1. sie überwacht die Ergebnisse von Maßnahmen zur Risikominimierung, die Teil von Risikomanagement-Plänen sind, und die Auflagen nach § 28 Absatz 3, 3a und 3b,

2. sie beurteilt Aktualisierungen des Risikomanagement-Systems,

3. sie wertet Daten in der EudraVigilance-Datenbank aus, um zu ermitteln, ob es neue oder veränderte Risiken gibt und ob das Nutzen-Risiko-Verhältnis von Arzneimitteln davon beeinflusst wird.

(6) [1]Die zuständige Bundesoberbehörde kann in Betrieben und Einrichtungen, die Arzneimittel herstellen oder in den Verkehr bringen oder klinisch prüfen, die Sammlung und Auswertung von Arzneimittelrisiken und die Koordinierung notwendiger Maßnahmen überprüfen. [2]Zu diesem Zweck können Beauftragte der zuständigen Bundesoberbehörde im Benehmen mit der zuständigen Behörde Betriebs- und Geschäftsräume zu den üblichen Geschäftszeiten betreten, Unterlagen einschließlich der Pharmakovigilanz-Stammdokumentation einsehen sowie Auskünfte verlangen. [3]Satz 1 gilt auch für von Betrieben und Einrichtungen nach Satz 1 beauftragte Unternehmen. [4]Über die Inspektion ist ein Bericht zu erstellen. [5]Der Bericht ist den Betrieben und Einrichtungen nach Satz 1 zur Stellungnahme zu geben. [6]Führt eine Inspektion zu dem Ergebnis, dass der Zulassungsinhaber die Anforderungen des Pharmakovigilanz-Systems, wie in der Pharmakovigilanz-Stammdokumentation beschrieben, und insbesondere die Anforderungen des Zehnten Abschnitts nicht erfüllt, so weist die zuständige Bundesoberbehörde den Zulassungsinhaber auf die festgestellten Mängel hin und gibt ihm Gelegenheit zur Stellungnahme. [7]Die zuständige Bundesoberbehörde informiert in solchen Fällen, sofern es sich um Betriebe und Einrichtungen handelt, die Arzneimittel zur Anwendung beim Menschen herstellen, in Verkehr bringen oder prüfen, die zuständigen Behörden anderer Mitgliedstaaten, die Europäische Arzneimittel-Agentur und die Europäische Kommission.

§ 63 Stufenplan. [1]Die Bundesregierung erstellt durch allgemeine Verwaltungsvorschriften mit Zustimmung des Bundesrates zur Durchführung der Aufgaben nach § 62 einen Stufenplan. [2]In diesem werden die Zusammenarbeit der beteiligten Behörden und Stellen auf den verschiedenen Gefahrenstufen, die Einschaltung der pharmazeutischen Unternehmer sowie die Beteiligung der oder des Beauftragten der Bundesregierung für die Belange der Patientinnen und Patienten näher geregelt und die jeweils nach den Vorschriften dieses Gesetzes zu ergreifenden Maßnahmen bestimmt. [3]In dem Stufenplan können ferner Informationsmittel und -wege bestimmt werden.

§ 63a Stufenplanbeauftragter. (1) [1]Wer als pharmazeutischer Unternehmer Fertigarzneimittel, die Arzneimittel im Sinne des § 2 Abs. 1 oder Abs. 2 Nr. 1 sind, in den Verkehr bringt, hat eine in einem Mitgliedstaat der Europäischen

Union ansässige qualifizierte Person mit der erforderlichen Sachkenntnis und der zur Ausübung ihrer Tätigkeit erforderlichen Zuverlässigkeit (Stufenplanbeauftragter) zu beauftragen, ein Pharmakovigilanzsystem einzurichten, zu führen und bekannt gewordene Meldungen über Arzneimittelrisiken zu sammeln, zu bewerten und die notwendigen Maßnahmen zu koordinieren. ²Satz 1 gilt nicht für Personen, soweit sie nach § 13 Absatz 2 Satz 1 Nummer 1, 2, 3, 5 oder Absatz 2b keiner Herstellungserlaubnis bedürfen. ³Der Stufenplanbeauftragte ist für die Erfüllung von Anzeigepflichten verantwortlich, soweit sie Arzneimittelrisiken betreffen. ⁴Er hat ferner sicherzustellen, dass auf Verlangen der zuständigen Bundesoberbehörde weitere Informationen für die Beurteilung des Nutzen-Risiko-Verhältnisses eines Arzneimittels, einschließlich eigener Bewertungen, unverzüglich und vollständig übermittelt werden. ⁵Das Nähere regelt die Arzneimittel- und Wirkstoffherstellungsverordnung. ⁶Andere Personen als in Satz 1 bezeichnet dürfen eine Tätigkeit als Stufenplanbeauftragter nicht ausüben.

(2) Der Stufenplanbeauftragte kann gleichzeitig sachkundige Person nach § 14 oder verantwortliche Person nach § 20c sein.

(3) ¹Der pharmazeutische Unternehmer hat der zuständigen Behörde und der zuständigen Bundesoberbehörde den Stufenplanbeauftragten und jeden Wechsel vorher mitzuteilen. ²Bei einem unvorhergesehenen Wechsel des Stufenplanbeauftragten hat die Mitteilung unverzüglich zu erfolgen.

§ 63b Allgemeine Pharmakovigilanz-Pflichten des Inhabers der Zulassung. (1) Der Inhaber der Zulassung ist verpflichtet, ein Pharmakovigilanz-System einzurichten und zu betreiben.

(2) Der Inhaber der Zulassung ist verpflichtet, bei Arzneimitteln, die zur Anwendung bei Menschen bestimmt sind,

1. anhand seines Pharmakovigilanz-Systems sämtliche Informationen wissenschaftlich auszuwerten, Möglichkeiten der Risikominimierung und -vermeidung zu prüfen und erforderlichenfalls unverzüglich Maßnahmen zur Risikominimierung und -vermeidung zu ergreifen,

2. sein Pharmakovigilanz-System regelmäßig in angemessenen Intervallen Audits zu unterziehen; dabei hat er die wichtigsten Ergebnisse in seiner Pharmakovigilanz-Stammdokumentation zu vermerken und sicherzustellen, dass Maßnahmen zur Mängelbeseitigung ergriffen werden; wenn die Maßnahmen zur Mängelbeseitigung vollständig durchgeführt sind, kann der Vermerk gelöscht werden,

3. eine Pharmakovigilanz-Stammdokumentation zu führen und diese auf Anfrage zur Verfügung zu stellen,

4. ein Risikomanagement-System für jedes einzelne Arzneimittel zu betreiben, das nach dem 26. Oktober 2012 zugelassen worden ist oder für das eine Auflage nach § 28 Absatz 3b Satz 1 Nummer 1 erteilt worden ist,

5. die Ergebnisse von Maßnahmen zur Risikominimierung zu überwachen, die Teil des Risikomanagement-Plans sind oder die als Auflagen nach § 28 Absatz 3, 3a bis 3c genannt worden sind, und

6. das Risikomanagement-System zu aktualisieren und Pharmakovigilanz-Daten zu überwachen, um zu ermitteln, ob es neue Risiken gibt, sich bestehende Risiken verändert haben oder sich das Nutzen-Risiko-Verhältnis von Arzneimitteln geändert hat.

(3) ¹Der Inhaber der Zulassung darf im Zusammenhang mit dem zugelassenen Arzneimittel keine die Pharmakovigilanz betreffenden Informationen ohne vorherige oder gleichzeitige Mitteilung an die zuständige Bundesoberbehörde sowie bei Arzneimitteln, die zur Anwendung bei Menschen bestimmt sind, auch an die Europäische Arzneimittel-Agentur und die Europäische Kommission öffentlich bekannt machen. ²Er stellt sicher, dass solche Informationen in objektiver und nicht irreführender Weise dargelegt werden.

§ 63c²⁶ Dokumentations- und Meldepflichten des Inhabers der Zulassung für Arzneimittel, die zur Anwendung bei Menschen bestimmt sind, für Verdachtsfälle von Nebenwirkungen. (1) Der Inhaber der Zulassung hat Unterlagen über alle Verdachtsfälle von Nebenwirkungen sowie Angaben über abgegebene Mengen zu führen.

---

26 Gemäß Art. 2 Nr. 2 G vom 19.10.2012 (BGBl. I S. 2192) wird § 63c wie folgt geändert. Diese Änderung tritt sechs Monate, nachdem die Europäische Arzneimittel-Agentur bekannt gegeben hat, dass die Datenbank nach Artikel 24 der Verordnung (EG) Nr. 726/2004 über die erforderliche Funktion nach Artikel 2 Absatz 3 der Richtlinie 2010/84/EU verfügt, in Kraft:
  a)Absatz 2 wird wie folgt gefasst:
  „(2) ¹Der Inhaber der Zulassung übermittelt alle Informationen über sämtliche Verdachtsfälle von
  1.schwerwiegenden Nebenwirkungen, die im In- oder Ausland auftreten, innerhalb von 15 Tagen,
  2.nicht schwerwiegenden Nebenwirkungen, die im Inland oder einem Mitgliedstaat der Europäischen Union auftreten, innerhalb von 90 Tagen
  nach Bekanntwerden elektronisch an die EudraVigilance-Datenbank nach Artikel 24 der Verordnung (EG) Nr. 726/2004. ²Bei Arzneimitteln mit Wirkstoffen, auf die sich die Liste von Veröffentlichungen bezieht, die die Europäische Arzneimittel-Agentur gemäß Artikel 27 der Verordnung (EG) Nr. 726/2004 auswertet, muss der Inhaber der Zulassung die in der angeführten medizinischen Fachliteratur verzeichneten Verdachtsfälle von Nebenwirkungen nicht an die EudraVigilance-Datenbank übermitteln; er muss aber die anderweitige medizinische Fachliteratur auswerten und alle Verdachtsfälle über Nebenwirkungen entsprechend Satz 1 melden. ³Inhaber der Registrierung nach § 38 oder § 39a oder pharmazeutische Unternehmer, die nicht Inhaber der Registrierung nach § 38 oder nach § 39a sind und die ein von der Pflicht zur Registrierung freigestelltes homöopathisches Arzneimittel oder ein traditionell pflanzliches Arzneimittel in den Verkehr bringen, übermitteln Informationen nach Satz 1 an die zuständige Bundesoberbehörde."
  b) In Absatz 5 Satz 2 werden die Wörter „mit der Maßgabe, dass im Geltungsbereich des Gesetzes die Verpflichtung zur Mitteilung an die Mitgliedstaaten oder zur Unterrichtung der Mitgliedstaaten gegenüber der jeweils zuständigen Bundesoberbehörde besteht" gestrichen.

(2) [1]Der Inhaber der Zulassung hat ferner

1. jeden ihm bekannt gewordenen Verdachtsfall einer schwerwiegenden Nebenwirkung, der im Inland aufgetreten ist, zu erfassen und der zuständigen Bundesoberbehörde unverzüglich, spätestens aber innerhalb von 15 Tagen nach Bekanntwerden,

2. jeden ihm bekannt gewordenen Verdachtsfall einer schwerwiegenden Nebenwirkung, der in einem Drittland aufgetreten ist, zu erfassen und der zuständigen Bundesoberbehörde sowie der Europäischen Arzneimittel-Agentur unverzüglich, spätestens aber innerhalb von 15 Tagen nach Bekanntwerden

elektronisch anzuzeigen. [2]Die zuständige Bundesoberbehörde kann vom Inhaber der Zulassung verlangen, auch Verdachtsfälle von nicht schwerwiegenden Nebenwirkungen, die im Inland aufgetreten sind, zu erfassen und ihr unverzüglich, spätestens aber innerhalb von 90 Tagen nach Bekanntwerden, elektronisch anzuzeigen.

(3) Der Inhaber der Zulassung muss gewährleisten, dass alle Verdachtsmeldungen von Nebenwirkungen bei Arzneimitteln, die zur Anwendung bei Menschen bestimmt sind, bei einer zentralen Stelle im Unternehmen in der Europäischen Union verfügbar sind.

(4) [1]Die Absätze 1 bis 3, § 62 Absatz 6 und § 63b gelten entsprechend

1. für den Inhaber der Registrierung nach § 39a,

2. für einen pharmazeutischen Unternehmer, der nicht Inhaber der Zulassung oder Inhaber der Registrierung nach § 39a ist und der ein zulassungspflichtiges oder ein von der Pflicht zur Zulassung freigestelltes oder ein traditionelles pflanzliches Arzneimittel in den Verkehr bringt.

[2]Die Absätze 1 bis 3 gelten entsprechend

1. für den Inhaber der Registrierung nach § 38,

2. für einen pharmazeutischen Unternehmer, der nicht Inhaber der Registrierung nach § 38 ist und ein registrierungspflichtiges oder von der Pflicht zur Registrierung freigestelltes homöopathisches Arzneimittel in den Verkehr bringt,

3. für den Antragsteller vor Erteilung der Zulassung.

[3]Die Absätze 1 bis 3 gelten unabhängig davon, ob sich das Arzneimittel noch im Verkehr befindet oder die Zulassung oder die Registrierung noch besteht. [4]Die Erfüllung der Verpflichtungen nach den Absätzen 1 bis 3 kann durch schriftliche Vereinbarung zwischen dem Inhaber der Zulassung und dem pharmazeutischen Unternehmer, der nicht Inhaber der Zulassung ist, ganz oder teilweise auf den Inhaber der Zulassung übertragen werden.

(5) [1]Die Absätze 1 bis 4 finden keine Anwendung auf Arzneimittel, für die von der Europäischen Gemeinschaft oder der Europäischen Union eine Genehmigung für das Inverkehrbringen erteilt worden ist. [2]Für diese Arzneimittel gelten die Verpflichtungen des pharmazeutischen Unternehmers nach der Verordnung (EG) Nr. 726/2004 in der jeweils geltenden Fassung mit der Maßgabe, dass im Geltungsbereich des Gesetzes die Verpflichtung zur Mitteilung an die

Mitgliedstaaten oder zur Unterrichtung der Mitgliedstaaten gegenüber der jeweils zuständigen Bundesoberbehörde besteht. [3]Bei Arzneimitteln, bei denen eine Zulassung der zuständigen Bundesoberbehörde Grundlage der gegenseitigen Anerkennung ist oder bei denen eine Bundesoberbehörde Berichterstatter in einem Schiedsverfahren nach Artikel 32 der Richtlinie 2001/83/EG ist, übernimmt die zuständige Bundesoberbehörde die Verantwortung für die Analyse und Überwachung aller Verdachtsfälle schwerwiegender Nebenwirkungen, die in der Europäischen Union auftreten; dies gilt auch für Arzneimittel, die im dezentralisierten Verfahren zugelassen worden sind.

§ 63d[27] **Regelmäßige aktualisierte Unbedenklichkeitsberichte.** (1) Der Inhaber der Zulassung übermittelt regelmäßige aktualisierte Unbedenklichkeitsberichte, die Folgendes enthalten:

1. Zusammenfassungen von Daten, die für die Beurteilung des Nutzens und der Risiken eines Arzneimittels von Interesse sind, einschließlich der Ergebnisse aller Prüfungen, die Auswirkungen auf die Zulassung haben können,

2. eine wissenschaftliche Bewertung des Nutzen-Risiko-Verhältnisses des Arzneimittels, die auf sämtlichen verfügbaren Daten beruht, auch auf Daten aus klinischen Prüfungen für Indikationen und Bevölkerungsgruppen, die nicht der Zulassung entsprechen,

3. alle Daten im Zusammenhang mit der Absatzmenge des Arzneimittels sowie alle ihm vorliegenden Daten im Zusammenhang mit dem Verschreibungsvolumen, einschließlich einer Schätzung der Anzahl der Personen, die das Arzneimittel anwenden.

(2) Die Unbedenklichkeitsberichte sind elektronisch an die zuständige Bundesoberbehörde zu übermitteln.

(3) [1]Das Vorlageintervall für regelmäßige aktualisierte Unbedenklichkeitsberichte nach Absatz 1 wird in der Zulassung angegeben. [2]Der Termin für die Vorlage wird ab dem Datum der Erteilung der Zulassung berechnet. [3]Vorlageintervall und -termine können in der Europäischen Union nach dem Verfahren

---

27 Gemäß Art. 2 Nr. 3 G vom 19.10.2012 (BGBl. I S. 2192) wird § 63d Absatz 2 wie folgt gefasst. Diese Änderung tritt zwölf Monate nach Bekanntgabe durch die Europäische Arzneimittel-Agentur, dass das Datenarchiv nach Artikel 25a der Verordnung (EG) Nr. 726/2004 über seine Funktionsfähigkeit verfügt, in Kraft:

„(2) Die Übermittlung der regelmäßigen aktualisierten Unbedenklichkeitsberichte hat elektronisch zu erfolgen

1. bei Arzneimitteln, bei denen Vorlageintervall und -termine in der Zulassung oder gemäß dem Verfahren nach Artikel 107c Absatz 4, 5 und 6 der Richtlinie 2001/83/EG festgelegt sind, an die Europäische Arzneimittel-Agentur,

2. bei Arzneimitteln, die vor dem 26. Oktober 2012 zugelassen wurden und bei denen Vorlageintervall und -termine nicht in der Zulassung festgelegt sind, an die zuständige Bundesoberbehörde,

3. bei Arzneimitteln, die nur im Inland zugelassen wurden und bei denen nicht nach Artikel 107c Absatz 4 der Richtlinie 2001/83/EG Vorlageintervall und -termine in der Zulassung festgelegt sind, an die zuständige Bundesoberbehörde."

nach Artikel 107c Absatz 4 der Richtlinie 2001/83/EG festgelegt werden. [4]Der Inhaber der Zulassung kann beim Ausschuss für Humanarzneimittel oder bei der Koordinierungsgruppe nach Artikel 27 der Richtlinie 2001/83/EG beantragen, dass ein einheitlicher Stichtag nach Artikel 107c Absatz 6 der Richtlinie 2001/83/EG in der Europäischen Union festgelegt oder das Vorlageintervall regelmäßiger aktualisierter Unbedenklichkeitsberichte geändert wird. [5]Für Arzneimittel, die vor dem 26. Oktober 2012 oder die nur im Inland zugelassen sind und für die Vorlageintervall und -termine nicht in der Zulassung oder nach Artikel 107c Absatz 4, 5 oder 6 der Richtlinie 2001/83/EG festgelegt sind, übermittelt der Inhaber der Zulassung regelmäßige aktualisierte Unbedenklichkeitsberichte nach Absatz 1 unverzüglich nach Aufforderung oder in folgenden Fällen:

1. wenn ein Arzneimittel noch nicht in den Verkehr gebracht worden ist: mindestens alle sechs Monate nach der Zulassung und bis zum Inverkehrbringen,

2. wenn ein Arzneimittel in den Verkehr gebracht worden ist: mindestens alle sechs Monate während der ersten beiden Jahre nach dem ersten Inverkehrbringen, einmal jährlich in den folgenden zwei Jahren und danach im Abstand von drei Jahren.

(4) [1]Abweichend von Absatz 1 werden für Arzneimittel, die nach § 22 Absatz 3 oder nach § 24b Absatz 2 zugelassen sind, regelmäßige aktualisierte Unbedenklichkeitsberichte nur in folgenden Fällen übermittelt,

1. wenn eine Auflage nach § 28 Absatz 3 oder 3a erteilt worden ist,

2. wenn sie von der zuständigen Bundesoberbehörde für einen Wirkstoff nach Erteilung der Zulassung wegen Bedenken im Zusammenhang mit Pharmakovigilanz-Daten oder wegen Bedenken aufgrund nicht ausreichend vorliegender regelmäßiger aktualisierter Unbedenklichkeitsberichte angefordert werden oder

3. wenn Intervall und Termine für die Vorlage regelmäßiger aktualisierter Unbedenklichkeitsberichte gemäß Artikel 107c Absatz 4 der Richtlinie 2001/83/EG in der Zulassung bestimmt worden sind.

[2]Die zuständige Bundesoberbehörde übermittelt die Beurteilungsberichte zu den angeforderten regelmäßigen aktualisierten Unbedenklichkeitsberichten nach Satz 1 Nummer 2 dem Ausschuss für Risikobewertung im Bereich der Pharmakovigilanz, der prüft, ob die Einleitung des Verfahrens nach Artikel 107c Absatz 4 der Richtlinie 2001/83/EG notwendig ist. [3]Satz 1 Nummer 2 und 3 gilt entsprechend für den Inhaber von Registrierungen nach § 38 oder § 39a sowie für den pharmazeutischen Unternehmer, der nicht Inhaber der Zulassung oder Inhaber der Registrierung nach § 38 oder § 39a ist und der ein zulassungs- oder registrierungspflichtiges oder ein von der Pflicht zur Zulassung oder der Registrierung freigestelltes oder ein traditionelles pflanzliches Arzneimittel in den Verkehr bringt.

(5) [1]Die zuständige Bundesoberbehörde beurteilt die regelmäßigen aktualisierten Unbedenklichkeitsberichte daraufhin, ob es neue oder veränderte Risi-

ken gibt oder sich das Nutzen-Risiko-Verhältnis von Arzneimitteln geändert hat, und ergreift die erforderlichen Maßnahmen. [2]Für Arzneimittel, für die ein einheitlicher Stichtag oder ein einheitliches Vorlageintervall nach Artikel 107c Absatz 4 der Richtlinie 2001/83/EG festgelegt worden ist, sowie für Arzneimittel, die in mehreren Mitgliedstaaten zugelassen sind und für die regelmäßige aktualisierte Unbedenklichkeitsberichte in der Zulassung festgelegt sind, gilt für die Beurteilung das Verfahren nach den Artikeln 107e und 107g.

(6) [1]Die Erfüllung der Verpflichtungen nach den Absätzen 1 bis 4 kann durch schriftliche Vereinbarung zwischen dem Inhaber der Zulassung und dem pharmazeutischen Unternehmer, der nicht Inhaber der Zulassung ist, ganz oder teilweise auf den Inhaber der Zulassung übertragen werden. [2]Die Absätze 1 bis 5 gelten nicht für einen Parallelimporteur.

§ 63e Europäisches Verfahren. [1]In den Fällen von Artikel 107i der Richtlinie 2001/83/EG ergreift die zuständige Bundesoberbehörde die dort vorgesehenen Maßnahmen. [2]Für das Verfahren gelten die Artikel 107i bis 107k der Richtlinie 2001/83/EG.

§ 63f[28] **Allgemeine Voraussetzungen für nichtinterventionelle Unbedenklichkeitsprüfungen.** (1) [1]Nichtinterventionelle Unbedenklichkeitsprüfungen, die vom Inhaber der Zulassung auf eigene Veranlassung durchgeführt werden, sind der zuständigen Bundesoberbehörde anzuzeigen. [2]Die zuständige Bundesoberbehörde kann vom Inhaber der Zulassung das Protokoll und die Fortschrittsberichte anfordern. [3]Innerhalb eines Jahres nach Abschluss der Datenerfassung hat der Inhaber der Zulassung der zuständigen Bundesoberbehörde den Abschlussbericht zu übermitteln.

(2) Für nichtinterventionelle Unbedenklichkeitsprüfungen, die vom Inhaber der Zulassung aufgrund einer Auflage nach § 28 Absatz 3, 3a oder 3b durchgeführt werden, gilt das Verfahren nach § 63g.

---

28 Anm. d. Verlages:
Gemäß Art. 2 Nr. 16 G vom 20.12.2016 (BGBl. I S. 3048) wird § 63f wie folgt geändert:
a) In der Überschrift wird das Wort „Unbedenklichkeitsprüfungen" durch das Wort „Unbedenklichkeitsstudien" ersetzt.
b) In Absatz 3 Nummer 2 wird das Wort „Prüfungen" durch das Wort „Studien" ersetzt.
c) In Absatz 4 Satz 2 wird das Wort „Prüfung" durch das Wort „Studie" ersetzt.
d) In Absatz 1 Satz 1, Absatz 2, Absatz 3 im Satzteil vor der Aufzählung und in Absatz 4 Satz 1 wird das Wort „Unbedenklichkeitsprüfungen" jeweils durch das Wort „Unbedenklichkeitsstudien" ersetzt.
Diese Änderungen treten sechs Monate nach der Veröffentlichung der Mitteilung der Europäischen Kommission über die Funktionsfähigkeit des EU-Portals und der Datenbank nach Artikel 82 der Verordnung (EU) Nr. 536/2014 des Europäischen Parlaments und des Rates vom 16. April 2014 über klinische Prüfungen mit Humanarzneimitteln und zur Aufhebung der Richtlinie 2001/20/EG (ABl. L 158 vom 27.5.2014, S. 1) im Amtsblatt der Europäischen Union in Kraft.

(3) Die Durchführung von Unbedenklichkeitsprüfungen nach den Absätzen 1 und 2 ist nicht zulässig, wenn

1. durch sie die Anwendung eines Arzneimittels gefördert werden soll,
2. sich Vergütungen für die Beteiligung von Angehörigen der Gesundheitsberufe an solchen Prüfungen nach ihrer Art und Höhe nicht auf den Zeitaufwand und die angefallenen Kosten beschränken oder
3. ein Anreiz für eine bevorzugte Verschreibung oder Empfehlung bestimmter Arzneimittel entsteht.

(4) [1]Der Inhaber der Zulassung hat Unbedenklichkeitsprüfungen nach den Absätzen 1 und 2 auch der Kassenärztlichen Bundesvereinigung, dem Spitzenverband Bund der Krankenkassen und dem Verband der Privaten Krankenversicherung e.V. unverzüglich anzuzeigen. [2]Dabei sind Ort, Zeit, Ziel und Protokoll der Prüfung sowie Name und lebenslange Arztnummer der beteiligten Ärzte anzugeben. [3]Sofern beteiligte Ärzte Leistungen zu Lasten der gesetzlichen Krankenversicherung erbringen, sind bei Anzeigen nach Satz 1 auch die Art und die Höhe der jeweils an sie tatsächlich geleisteten Entschädigungen anzugeben sowie jeweils eine Ausfertigung der mit ihnen geschlossenen Verträge und jeweils eine Darstellung des Aufwandes für die beteiligten Ärzte und eine Begründung für die Angemessenheit der Entschädigung zu übermitteln. [4]Sofern sich bei den in Satz 3 genannten Informationen Änderungen ergeben, sind die jeweiligen Informationen nach Satz 3 vollständig in der geänderten, aktualisierten Form innerhalb von vier Wochen nach jedem Quartalsende zu übermitteln; die tatsächlich geleisteten Entschädigungen sind mit Zuordnung zu beteiligten Ärzten namentlich mit Angabe der lebenslangen Arztnummer zu übermitteln. [5]Innerhalb eines Jahres nach Abschluss der Datenerfassung sind unter Angabe der insgesamt beteiligten Ärzte die Anzahl der jeweils und insgesamt beteiligten Patienten und Art und Höhe der jeweils und insgesamt geleisteten Entschädigungen zu übermitteln. [6]Die Angaben nach diesem Absatz sind entsprechend den Formatvorgaben nach § 67 Absatz 6 Satz 13 elektronisch zu übermitteln.

§ 63g[29] Besondere Voraussetzungen für angeordnete nichtinterventionelle Unbedenklichkeitsprüfungen. (1) Der Inhaber der Zulassung hat bei nich-

---

29 Gemäß Art. 2 Nr. 17 G vom 20.12.2016 (BGBl. I S. 3048) wird § 63g wie folgt geändert:
 a) In der Überschrift wird das Wort „Unbedenklichkeitsprüfungen" durch das Wort „Unbedenklichkeitsstudien" ersetzt.
 b) Absatz 1 wird wie folgt geändert:
  aa) Im Satzteil vor der Aufzählung wird das Wort „Unbedenklichkeitsprüfungen" durch das Wort „Unbedenklichkeitsstudien" und das Wort „Prüfungsprotokolls" durch das Wort „Studienprotokolls" ersetzt.
  bb) In den Nummern 1 und 2 wird das Wort „Prüfung" jeweils durch das Wort „Studie" ersetzt.
 c) Absatz 2 wird wie folgt geändert:
  aa) In Satz 1 wird das Wort „Unbedenklichkeitsprüfung" durch das Wort „Unbedenklichkeitsstudie" und das Wort „Prüfungen" jeweils durch das Wort „Studien" ersetzt.

tinterventionellen Unbedenklichkeitsprüfungen, die nach § 28 Absatz 3, 3a oder 3b angeordnet wurden, den Entwurf des Prüfungsprotokolls vor Durchführung

1. der zuständigen Bundesoberbehörde, wenn es sich um eine Prüfung handelt, die nur im Inland durchgeführt wird,
2. dem Ausschuss für Risikobewertung im Bereich der Pharmakovigilanz, wenn es sich um eine Prüfung handelt, die in mehreren Mitgliedstaaten der Europäischen Union durchgeführt wird,

vorzulegen.

(2) [1]Eine nichtinterventionelle Unbedenklichkeitsprüfung nach Absatz 1 darf nur begonnen werden, wenn der Protokollentwurf bei Prüfungen nach Absatz 1 Nummer 1 durch die zuständige Bundesoberbehörde genehmigt wurde oder bei Prüfungen nach Absatz 1 Nummer 2 durch den Ausschuss für Risikobewertung im Bereich der Pharmakovigilanz genehmigt wurde und der Protokollentwurf der zuständigen Bundesoberbehörde vorliegt. [2]Die zuständige Bundesoberbehörde hat nach Vorlage des Protokollentwurfs innerhalb von 60 Tagen über die Genehmigung der Prüfung zu entscheiden. [3]Eine Genehmigung ist zu versagen, wenn die Anwendung des Arzneimittels gefördert werden soll, die Ziele mit dem Prüfungsdesign nicht erreicht werden können oder es sich um eine klinische Prüfung nach § 4 Absatz 23 Satz 1 handelt.

(3) [1]Nach Beginn einer Prüfung nach Absatz 1 sind wesentliche Änderungen des Protokolls vor deren Umsetzung,

1. wenn es sich um eine Prüfung handelt, die nur im Inland durchgeführt wird, von der zuständigen Bundesoberbehörde,
2. wenn es sich um eine Prüfung handelt, die in mehreren Mitgliedstaaten der Europäischen Union durchgeführt wird, von dem Ausschuss für Risikobewertung im Bereich der Pharmakovigilanz

zu genehmigen. [2]Wird die Prüfung in den Fällen von Satz 1 Nummer 2 auch im Inland durchgeführt, unterrichtet der Inhaber der Zulassung die zuständige Bundesoberbehörde über die genehmigten Änderungen.

(4) [1]Nach Abschluss einer Prüfung nach Absatz 1 ist der abschließende Prüfungsbericht

1. in den Fällen nach Absatz 1 Nummer 1 der zuständigen Bundesoberbehörde,
2. in den Fällen nach Absatz 1 Nummer 2 dem Ausschuss für Risikobewertung im Bereich der Pharmakovigilanz

innerhalb von zwölf Monaten nach Abschluss der Datenerfassung vorzulegen, wenn nicht durch die nach Satz 1 Nummer 1 oder 2 zuständige Stelle auf die Vorlage verzichtet worden ist. [2]Der Abschlussbericht ist zusammen mit einer Kurzdarstellung der Prüfungsergebnisse elektronisch zu übermitteln.

§ 63h Dokumentations- und Meldepflichten für Arzneimittel, die zur Anwendung bei Tieren bestimmt sind. (1) Der Inhaber der Zulassung hat für Arzneimittel, die zur Anwendung bei Tieren bestimmt sind, Unterlagen über alle Verdachtsfälle von Nebenwirkungen, die in der Europäischen Union oder einem Drittland auftreten, sowie Angaben über die abgegebenen Mengen zu führen.

(2) ¹Der Inhaber der Zulassung hat für Arzneimittel, die zur Anwendung bei Tieren bestimmt sind, ferner

1. jeden ihm bekannt gewordenen Verdachtsfall einer schwerwiegenden Nebenwirkung, der im Geltungsbereich dieses Gesetzes aufgetreten ist, zu erfassen und der zuständigen Bundesoberbehörde

2. a) jeden ihm durch einen Angehörigen eines Gesundheitsberufes bekannt gewordenen Verdachtsfall einer schwerwiegenden unerwarteten Nebenwirkung, der nicht in einem Mitgliedstaat der Europäischen Union aufgetreten ist,

   b) bei Arzneimitteln, die Bestandteile aus Ausgangsmaterial von Mensch oder Tier enthalten, jeden ihm bekannt gewordenen Verdachtsfall einer Infektion, die eine schwerwiegende Nebenwirkung ist und durch eine Kontamination dieser Arzneimittel mit Krankheitserregern verursacht wurde und nicht in einem Mitgliedstaat der Europäischen Union aufgetreten ist,

   unverzüglich, spätestens aber innerhalb von 15 Tagen nach Bekanntwerden, der zuständigen Bundesoberbehörde sowie der Europäischen Arzneimittel-Agentur, und

3. häufigen oder im Einzelfall in erheblichem Umfang beobachteten Missbrauch, wenn durch ihn die Gesundheit unmittelbar gefährdet werden kann, der zuständigen Bundesoberbehörde unverzüglich

anzuzeigen. ²Die Anzeigepflicht nach Satz 1 Nummer 1 und 2 Buchstabe a gilt entsprechend für Nebenwirkungen bei Menschen aufgrund der Anwendung eines zur Anwendung bei Tieren bestimmten Arzneimittels.

(3) Der Inhaber der Zulassung, der die Zulassung im Wege der gegenseitigen Anerkennung oder im dezentralisierten Verfahren erhalten hat, stellt für Arzneimittel, die zur Anwendung bei Tieren bestimmt sind, ferner sicher, dass jeder Verdachtsfall

---

bb) In Satz 2 wird das Wort „Prüfung" durch das Wort „Studie" ersetzt.

cc) In Satz 3 wird das Wort „Prüfungsdesign" durch das Wort „Studiendesign" ersetzt.

d) In Absatz 3 wird das Wort „Prüfung" jeweils durch das Wort „Studie" ersetzt.

e) Absatz 4 wird wie folgt geändert:

aa) In Satz 1 wird im Satzteil vor der Aufzählung das Wort „Prüfung" durch das Wort „Studie" und das Wort „Prüfungsbericht" durch das Wort „Studienbericht" ersetzt.

bb) In Satz 2 wird das Wort „Prüfungsergebnisse" durch das Wort „Studienergebnisse" ersetzt.

Diese Änderungen treten sechs Monate nach der Veröffentlichung der Mitteilung der Europäischen Kommission über die Funktionsfähigkeit des EU-Portals und der Datenbank nach Artikel 82 der Verordnung (EU) Nr. 536/2014 des Europäischen Parlaments und des Rates vom 16. April 2014 über klinische Prüfungen mit Humanarzneimitteln und zur Aufhebung der Richtlinie 2001/20/EG (ABl. L 158 vom 27.5.2014, S. 1) im Amtsblatt der Europäischen Union in Kraft.

1. einer schwerwiegenden Nebenwirkung oder
2. einer Nebenwirkung bei Menschen aufgrund der Anwendung eines zur Anwendung bei Tieren bestimmten Arzneimittels,

der im Geltungsbereich dieses Gesetzes aufgetreten ist, auch der zuständigen Behörde des Mitgliedstaates zugänglich ist, dessen Zulassung Grundlage der Anerkennung war oder die im Rahmen eines Schiedsverfahrens nach Artikel 36 der Richtlinie 2001/82/EG Berichterstatter war.

(4) Der zuständigen Bundesoberbehörde sind für Arzneimittel, die zur Anwendung bei Tieren bestimmt sind, alle zur Beurteilung von Verdachtsfällen oder beobachteten Missbrauchs vorliegenden Unterlagen sowie eine wissenschaftliche Bewertung vorzulegen.

(5) [1]Der Inhaber der Zulassung hat für Arzneimittel, die zur Anwendung bei Tieren bestimmt sind, sofern nicht durch Auflage oder in Satz 5 oder 6 anderes bestimmt ist, auf der Grundlage der in Absatz 1 und in § 63a Absatz 1 genannten Verpflichtungen der zuständigen Bundesoberbehörde einen regelmäßigen aktualisierten Bericht über die Unbedenklichkeit des Arzneimittels unverzüglich nach Aufforderung oder mindestens alle sechs Monate nach der Zulassung bis zum Inverkehrbringen vorzulegen. [2]Ferner hat er solche Berichte unverzüglich nach Aufforderung oder mindestens alle sechs Monate während der ersten beiden Jahre nach dem ersten Inverkehrbringen und einmal jährlich in den folgenden zwei Jahren vorzulegen. [3]Danach hat er die Berichte in Abständen von drei Jahren oder unverzüglich nach Aufforderung vorzulegen. [4]Die regelmäßigen aktualisierten Berichte über die Unbedenklichkeit von Arzneimitteln umfassen auch eine wissenschaftliche Beurteilung des Nutzens und der Risiken des betreffenden Arzneimittels. [5]Die zuständige Bundesoberbehörde kann auf Antrag die Berichtsintervalle verlängern. [6]Bei Arzneimitteln, die nach § 36 Absatz 1 von der Zulassung freigestellt sind, bestimmt die zuständige Bundesoberbehörde den Zeitpunkt der Vorlage der regelmäßigen aktualisierten Berichte über die Unbedenklichkeit des Arzneimittels in einer Bekanntmachung, die im Bundesanzeiger veröffentlicht wird. [7]Die Sätze 1 bis 6 gelten nicht für den Parallelimporteur.

(6) [1]Die Absätze 1 bis 5, § 62 Absatz 6 und § 63b Absatz 3 gelten entsprechend
1. für den Inhaber der Registrierung nach § 39a,
2. für einen pharmazeutischen Unternehmer, der nicht Inhaber der Zulassung oder Inhaber der Registrierung nach § 39a ist und der ein zulassungspflichtiges oder ein von der Pflicht zur Zulassung freigestelltes oder ein traditionelles pflanzliches Arzneimittel in den Verkehr bringt.

[2]Die Absätze 1 bis 4 gelten entsprechend
1. für den Inhaber der Registrierung nach § 38,
2. für einen pharmazeutischen Unternehmer, der nicht Inhaber der Registrierung nach § 38 ist und ein registrierungspflichtiges oder von der Pflicht zur Registrierung freigestelltes homöopathisches Arzneimittel in den Verkehr bringt,
3. für den Antragsteller vor Erteilung der Zulassung.

[3]Die Absätze 1 bis 4 gelten unabhängig davon, ob sich das Arzneimittel noch im Verkehr befindet oder die Zulassung oder die Registrierung noch besteht. [4]Die Erfüllung der Verpflichtungen nach den Absätzen 1 bis 5 kann durch schriftliche Vereinbarung zwischen dem Inhaber der Zulassung und dem pharmazeutischen Unternehmer, der nicht Inhaber der Zulassung ist, ganz oder teilweise auf den Inhaber der Zulassung übertragen werden.

(7) [1]Die Absätze 1 bis 6 finden keine Anwendung auf Arzneimittel, für die von der Europäischen Gemeinschaft oder der Europäischen Union eine Genehmigung für das Inverkehrbringen erteilt worden ist. [2]Für diese Arzneimittel gelten die Verpflichtungen des pharmazeutischen Unternehmers nach der Verordnung (EG) Nr. 726/2004 und seine Verpflichtungen nach der Verordnung (EG) Nr. 540/95 in der jeweils geltenden Fassung mit der Maßgabe, dass im Geltungsbereich des Gesetzes die Verpflichtung zur Mitteilung an die Mitgliedstaaten oder zur Unterrichtung der Mitgliedstaaten gegenüber der jeweils zuständigen Bundesoberbehörde besteht. [3]Bei Arzneimitteln, bei denen eine Zulassung der zuständigen Bundesoberbehörde Grundlage der gegenseitigen Anerkennung ist oder bei denen eine Bundesoberbehörde Berichterstatter in einem Schiedsverfahren nach Artikel 36 der Richtlinie 2001/82/EG ist, übernimmt die zuständige Bundesoberbehörde die Verantwortung für die Analyse und Überwachung aller Verdachtsfälle schwerwiegender Nebenwirkungen, die in der Europäischen Union auftreten; dies gilt auch für Arzneimittel, die im dezentralisierten Verfahren zugelassen worden sind.

§ 63i Dokumentations- und Meldepflichten bei Blut- und Gewebezubereitungen und Gewebe. (1) Der Inhaber einer Zulassung für Blutzubereitungen im Sinne von Artikel 3 Nummer 6 der Richtlinie 2001/83/EG oder einer Zulassung oder Genehmigung für Gewebezubereitungen oder für hämatopoetische Stammzellzubereitungen im Sinne der Richtlinie 2004/23/EG des Europäischen Parlaments und des Rates vom 31. März 2004 zur Festlegung von Qualitäts- und Sicherheitsstandards für die Spende, Beschaffung, Testung, Verarbeitung, Konservierung, Lagerung und Verteilung von menschlichen Geweben und Zellen (ABl. L 102 vom 7.4.2004, S. 48), die zuletzt durch die Verordnung (EG) Nr. 596/2009 (ABl. L 188 vom 18.7.2009, S. 14) geändert worden ist, oder einer Zulassung für Gewebezubereitungen im Sinne von § 21 hat Unterlagen zu führen über Verdachtsfälle von schwerwiegenden Zwischenfällen oder schwerwiegenden unerwünschten Reaktionen, die in einem Mitgliedstaat der Europäischen Union oder in einem Vertragsstaat des Abkommens über den Europäischen Wirtschaftsraum oder in einem Drittstaat aufgetreten sind, und die Anzahl der Rückrufe.

(2) [1]Der Inhaber einer Zulassung oder Genehmigung für Blut- oder Gewebezubereitungen im Sinne von Absatz 1 hat ferner jeden Verdacht eines schwerwiegenden Zwischenfalls und jeden Verdacht einer schwerwiegenden unerwünschten Reaktion zu dokumentieren und unverzüglich, spätestens aber innerhalb von 15 Tagen nach Bekanntwerden, der zuständigen Bundesoberbehörde anzuzeigen. [2]Die Anzeige muss alle erforderlichen Angaben enthalten,

insbesondere Name oder Firma und Anschrift des pharmazeutischen Unternehmers, Bezeichnung und Nummer oder Kennzeichnungscode der Blut- oder Gewebezubereitung, Tag und Dokumentation des Auftretens des Verdachts des schwerwiegenden Zwischenfalls oder der schwerwiegenden unerwünschten Reaktion, Tag und Ort der Blutbestandteile- oder Gewebeentnahme, belieferte Betriebe oder Einrichtungen sowie Angaben zu der spendenden Person. [3]Bei Gewebezubereitungen und hämatopoetischen Stammzellzubereitungen aus dem peripheren Blut oder aus dem Nabelschnurblut ist außerdem der EU-Gewebeeinrichtungs-Code, sofern vorhanden, und ist bei der Meldung eines Verdachts einer schwerwiegenden unerwünschten Reaktion ferner der Einheitliche Europäische Code, sofern vorhanden, anzugeben. [4]Die nach Satz 1 angezeigten Zwischenfälle oder Reaktionen sind auf ihre Ursache und Auswirkung zu untersuchen und zu bewerten und die Ergebnisse der zuständigen Bundesoberbehörde unverzüglich mitzuteilen, ebenso die Maßnahmen zur Rückverfolgung und zum Schutz der Spender und Empfänger.

(3) [1]Die Blut- und Plasmaspendeeinrichtungen oder die Gewebeeinrichtungen haben bei nicht zulassungs- oder genehmigungspflichtigen Blut- oder Gewebezubereitungen sowie bei Blut und Blutbestandteilen und bei Gewebe jeden Verdacht eines schwerwiegenden Zwischenfalls und jeden Verdacht einer schwerwiegenden unerwünschten Reaktion zu dokumentieren und unverzüglich der zuständigen Behörde zu melden. [2]Die Meldung muss alle notwendigen Angaben wie Name oder Firma und Anschrift der Spende- oder Gewebeeinrichtung, Bezeichnung und Nummer oder Kennzeichnungscode der Blut- oder Gewebezubereitung, Tag und Dokumentation des Auftretens des Verdachts des schwerwiegenden Zwischenfalls oder der schwerwiegenden unerwünschten Reaktion, Tag der Herstellung der Blut- oder Gewebezubereitung sowie Angaben zu der spendenden Person enthalten. [3]Bei Geweben und Gewebezubereitungen sowie bei hämatopoetischen Stammzellen und Stammzellzubereitungen aus dem peripheren Blut oder aus dem Nabelschnurblut ist außerdem der EU-Gewebeeinrichtungs-Code, sofern vorhanden, und ist bei der Meldung eines Verdachts einer schwerwiegenden unerwünschten Reaktion ferner der Einheitliche Europäische Code, sofern vorhanden, anzugeben. [4]Absatz 2 Satz 4 gilt entsprechend. [5]Die zuständige Behörde leitet die Meldungen nach den Sätzen 1 bis 3 sowie die Mitteilungen nach Satz 4 an die zuständige Bundesoberbehörde weiter.

(4) [1]Der Inhaber einer Zulassung oder Genehmigung für Blut- oder Gewebezubereitungen im Sinne von Absatz 1 hat auf der Grundlage der in Absatz 1 genannten Verpflichtungen der zuständigen Bundesoberbehörde einen aktualisierten Bericht über die Unbedenklichkeit der Arzneimittel unverzüglich nach Aufforderung oder, soweit Rückrufe oder Fälle oder Verdachtsfälle schwerwiegender Zwischenfälle oder schwerwiegender unerwünschter Reaktionen betroffen sind, mindestens einmal jährlich vorzulegen. [2]Satz 1 gilt nicht für den Parallelimporteur.

(5) [1]§ 62 Absatz 1, 2 Satz 1 und 2, Absatz 4 und 6 und § 63 gelten entsprechend. [2]Die §§ 63a und 63b Absatz 1 und 2 gelten für den Inhaber einer Zulas-

sung für Blut- oder Gewebezubereitungen entsprechend. [3]Das Nähere regelt die Arzneimittel- und Wirkstoffherstellungsverordnung; die allgemeine Verwaltungsvorschrift nach § 63 Satz 1 findet Anwendung. [4]Im Übrigen finden die §§ 62 bis 63h keine Anwendung.

(6) [1]Schwerwiegender Zwischenfall im Sinne der vorstehenden Vorschriften ist jedes unerwünschte Ereignis im Zusammenhang mit der Gewinnung, Untersuchung, Aufbereitung, Be- oder Verarbeitung, Konservierung, Aufbewahrung oder Abgabe von Blut und Blutbestandteilen, Geweben, Gewebe- oder Blutzubereitungen, das die Übertragung einer ansteckenden Krankheit, den Tod oder einen lebensbedrohenden Zustand, eine Behinderung oder einen Fähigkeitsverlust von Patienten zur Folge haben könnte oder einen Krankenhausaufenthalt erforderlich machen oder verlängern könnte oder zu einer Erkrankung führen oder diese verlängern könnte. [2]Als schwerwiegender Zwischenfall gilt auch jede fehlerhafte Identifizierung oder Verwechslung von Keimzellen oder imprägnierten Eizellen im Rahmen von Maßnahmen einer medizinisch unterstützten Befruchtung.

(7) Schwerwiegende unerwünschte Reaktion im Sinne der vorstehenden Vorschriften ist eine unbeabsichtigte Reaktion, einschließlich einer übertragbaren Krankheit, beim Spender oder Empfänger im Zusammenhang mit der Gewinnung von Gewebe oder Blut oder der Übertragung von Gewebe- oder Blutzubereitungen, die tödlich oder lebensbedrohend verläuft, eine Behinderung oder einen Fähigkeitsverlust zur Folge hat oder einen Krankenhausaufenthalt erforderlich macht oder verlängert oder zu einer Erkrankung führt oder diese verlängert.

(8) [1]Der Inhaber einer Zulassung oder Genehmigung für Blut- oder Gewebezubereitungen im Sinne von Absatz 1 darf im Zusammenhang mit dem zugelassenen oder genehmigten Arzneimittel keine Informationen, die die Hämo- oder Gewebevigilanz betreffen, ohne vorherige oder gleichzeitige Mitteilung an die zuständige Bundesoberbehörde und an die Europäische Kommission öffentlich bekannt machen. [2]Er stellt sicher, dass solche Informationen in objektiver und nicht irreführender Weise öffentlich bekannt gemacht werden.

§ 63j Ausnahmen. (1) Die Regelungen des Zehnten Abschnitts finden keine Anwendung auf Arzneimittel, die im Rahmen einer klinischen Prüfung als Prüfpräparate eingesetzt werden.

(2) § 63b, mit Ausnahme der Absätze 1 und 3, die §§ 63c, 63d, 63e, 63f und 63g finden keine Anwendung auf Arzneimittel, die zur Anwendung bei Tieren bestimmt sind.

Elfter Abschnitt
Überwachung

§ 64 Durchführung der Überwachung. (1) ¹Betriebe und Einrichtungen, in denen Arzneimittel hergestellt, geprüft, gelagert, verpackt oder in den Verkehr gebracht werden, in denen sonst mit ihnen Handel getrieben wird oder die Arzneimittel einführen oder in denen mit den genannten Tätigkeiten im Zusammenhang stehende Aufzeichnungen aufbewahrt werden, unterliegen insoweit der Überwachung durch die zuständige Behörde; das Gleiche gilt für Betriebe und Einrichtungen, die Arzneimittel entwickeln, klinisch prüfen, einer Rückstandsprüfung unterziehen oder Arzneimittel nach § 47a Abs. 1 Satz 1 oder zur Anwendung bei Tieren bestimmte Arzneimittel anwenden oder in denen mit den genannten Tätigkeiten im Zusammenhang stehende Aufzeichnungen aufbewahrt werden. ²Die Entwicklung, Herstellung, Prüfung, Lagerung, Verpackung, Einfuhr und das Inverkehrbringen von Wirkstoffen und anderen zur Arzneimittelherstellung bestimmten Stoffen und von Gewebe, der sonstige Handel mit diesen Wirkstoffen und Stoffen sowie die mit den genannten Tätigkeiten im Zusammenhang stehende Aufbewahrung von Aufzeichnungen unterliegen der Überwachung, soweit sie durch eine Rechtsverordnung nach § 54, nach § 12 des Transfusionsgesetzes oder nach § 16a des Transplantationsgesetzes geregelt sind. ³Im Fall des § 14 Absatz 4 Nummer 4 und des § 20b Absatz 2 unterliegen die Entnahmeeinrichtungen und Labore der Überwachung durch die für sie örtlich zuständige Behörde; im Fall des § 20c Absatz 2 Satz 2 unterliegen die beauftragten Betriebe der Überwachung durch die für sie örtlich zuständige Behörde. ⁴Satz 1 gilt auch für Personen, die diese Tätigkeiten berufsmäßig ausüben oder Arzneimittel nicht ausschließlich für den Eigenbedarf mit sich führen, für den Sponsor einer klinischen Prüfung oder seinen Vertreter nach § 40 Abs. 1 Satz 3 Nr. 1 sowie für Personen oder Personenvereinigungen, die Arzneimittel für andere sammeln. ⁵Satz 1 findet keine Anwendung auf die Rekonstitution, soweit es sich nicht um Arzneimittel handelt, die zur klinischen Prüfung bestimmt sind.

(2) ¹Die mit der Überwachung beauftragten Personen müssen diese Tätigkeit hauptberuflich ausüben. ²Die zuständige Behörde kann Sachverständige beiziehen. ³Sie soll Angehörige der zuständigen Bundesoberbehörde als Sachverständige beteiligen, soweit es sich um Blutzubereitungen, Gewebe und Gewebezubereitungen, radioaktive Arzneimittel, gentechnisch hergestellte Arzneimittel, Sera, Impfstoffe, Allergene, Arzneimittel für neuartige Therapien, xenogene Arzneimittel oder um Wirkstoffe oder andere Stoffe, die menschlicher, tierischer oder mikrobieller Herkunft sind oder die auf gentechnischem Wege hergestellt werden, handelt. ⁴Bei Apotheken, die keine Krankenhausapotheken sind oder die einer Erlaubnis nach § 13 nicht bedürfen, kann die zuständige Behörde Sachverständige mit der Überwachung beauftragen.

(3) ¹Die zuständige Behörde hat sich davon zu überzeugen, dass die Vorschriften über Arzneimittel, Wirkstoffe und andere zur Arzneimittelherstellung be-

stimmte Stoffe sowie über Gewebe, über die Werbung auf dem Gebiete des Heilwesens, des Zweiten Abschnitts des Transfusionsgesetzes, der Abschnitte 2, 3 und 3a des Transplantationsgesetzes und über das Apothekenwesen beachtet werden. [2]Sie hat dafür auf der Grundlage eines Überwachungssystems unter besonderer Berücksichtigung möglicher Risiken in angemessenen Zeitabständen und in angemessenem Umfang sowie erforderlichenfalls auch unangemeldet Inspektionen vorzunehmen und wirksame Folgemaßnahmen festzulegen. [3]Sie hat auch Arzneimittelproben amtlich untersuchen zu lassen.

(3a) [1]Betriebe und Einrichtungen, die einer Erlaubnis nach den §§ 13, 20c, 72, 72b Absatz 1 oder § 72c bedürfen, sowie tierärztliche Hausapotheken sind in der Regel alle zwei Jahre nach Absatz 3 zu überprüfen. [2]Die zuständige Behörde erteilt die Erlaubnis nach den §§ 13, 20c, 52a, 72, 72b Absatz 1 oder § 72c erst, wenn sie sich durch eine Inspektion davon überzeugt hat, dass die Voraussetzungen für die Erlaubniserteilung vorliegen.

(3b) [1]Die zuständige Behörde führt die Inspektionen zur Überwachung der Vorschriften über den Verkehr mit Arzneimitteln, die zur Anwendung bei Menschen bestimmt sind, gemäß den Leitlinien der Europäischen Kommission nach Artikel 111a der Richtlinie 2001/83/EG durch, soweit es sich nicht um die Überwachung der Durchführung klinischer Prüfung handelt. [2]Sie arbeitet mit der Europäischen Arzneimittel-Agentur durch Austausch von Informationen über geplante und durchgeführte Inspektionen sowie bei der Koordinierung von Inspektionen von Betrieben und Einrichtungen in Ländern, die nicht Mitgliedstaaten der Europäischen Union oder andere Vertragsstaaten des Abkommens über den Europäischen Wirtschaftsraum sind, zusammen.

(3c) [1]Die Inspektionen können auch auf Ersuchen eines anderen Mitgliedstaates, der Europäischen Kommission oder der Europäischen Arzneimittel-Agentur durchgeführt werden. [2]Unbeschadet etwaiger Abkommen zwischen der Europäischen Union und Ländern, die nicht Mitgliedstaaten der Europäischen Union oder andere Vertragsstaaten des Abkommens über den Europäischen Wirtschaftsraum sind, kann die zuständige Behörde einen Hersteller in dem Land, das nicht Mitgliedstaat der Union oder Vertragsstaat des Abkommens über den Europäischen Wirtschaftsraum ist, auffordern, sich einer Inspektion nach den Vorgaben der Europäischen Union zu unterziehen.

(3d) [1]Über die Inspektion ist ein Bericht zu erstellen. [2]Die zuständige Behörde, die die Inspektion durchgeführt hat, teilt den überprüften Betrieben, Einrichtungen oder Personen den Inhalt des Berichtsentwurfs mit und gibt ihnen vor dessen endgültiger Fertigstellung Gelegenheit zur Stellungnahme.

(3e) Führt die Inspektion nach Auswertung der Stellungnahme nach Absatz 3d Satz 2 zu dem Ergebnis, dass die Betriebe, Einrichtungen oder Personen den gesetzlichen Vorschriften nicht entsprechen, so wird diese Information, soweit die Grundsätze und Leitlinien der Guten Herstellungspraxis oder der Guten Vertriebspraxis des Rechts der Europäischen Union für Arzneimittel zur Anwendung beim Menschen oder die Grundsätze und Leitlinien der Guten

Herstellungspraxis des Rechts der Europäischen Union für Arzneimittel zur Anwendung bei Tieren betroffen sind, in die Datenbank nach § 67a eingegeben.

(3f) [1]Innerhalb von 90 Tagen nach einer Inspektion zur Überprüfung der Guten Herstellungspraxis oder der Guten Vertriebspraxis wird den überprüften Betrieben, Einrichtungen oder Personen ein Zertifikat ausgestellt, wenn die Inspektion zu dem Ergebnis geführt hat, dass die entsprechenden Grundsätze und Leitlinien eingehalten werden. [2]Die Gültigkeitsdauer des Zertifikates über die Einhaltung der Grundsätze und Leitlinien der Guten Herstellungspraxis soll drei Jahre, die des Zertifikates über die Einhaltung der Grundsätze und Leitlinien der Guten Vertriebspraxis fünf Jahre nicht überschreiten. [3]Das Zertifikat ist zurückzunehmen, wenn nachträglich bekannt wird, dass die Voraussetzungen nicht vorgelegen haben; es ist zu widerrufen, wenn die Voraussetzungen nicht mehr gegeben sind.

(3g) [1]Die Angaben über die Ausstellung, die Versagung, die Rücknahme oder den Widerruf eines Zertifikates über die Einhaltung der Grundsätze und Leitlinien der Guten Herstellungspraxis sind in eine Datenbank nach § 67a einzugeben. [2]Das gilt auch für die Erteilung, die Rücknahme, den Widerruf oder das Ruhen einer Erlaubnis nach § 13 oder § 72 Absatz 1 und 2 sowie für die Registrierung und Löschung von Arzneimittelvermittlern oder von Betrieben und Einrichtungen, die Wirkstoffe herstellen, einführen oder sonst mit ihnen Handel treiben, ohne einer Erlaubnis zu bedürfen. [3]Die Angaben über die Ausstellung, die Versagung, die Rücknahme oder den Widerruf einer Erlaubnis nach § 52a sowie eines Zertifikates über die Einhaltung der Grundsätze und Leitlinien der Guten Vertriebspraxis sind in eine Datenbank der Europäischen Arzneimittel-Agentur nach Artikel 111 Absatz 6 der Richtlinie 2001/83/EG einzugeben.

(3h) [1]Die Absätze 3b, 3c und 3e bis 3g finden keine Anwendung auf tierärztliche Hausapotheken sowie auf Betriebe und Einrichtungen, die ausschließlich Fütterungsarzneimittel herstellen. [2]Darüber hinaus findet Absatz 3d Satz 2 auf tierärztliche Hausapotheken keine Anwendung.

(3i) [1]Abweichend von Absatz 3c hat die zuständige Behörde über ein begründetes Ersuchen eines anderen Mitgliedstaates der Europäischen Union zu entscheiden, in den Gewebe oder Gewebezubereitungen verbracht werden sollen, die zuvor in den Geltungsbereich dieses Gesetzes eingeführt wurden, eine einführende Gewebeeinrichtung, die der Erlaubnispflicht des § 72b Absatz 1 oder des § 72c Absatz 1 unterliegt, zu inspizieren oder sonstige Überwachungsmaßnahmen durchzuführen. [2]Der andere Mitgliedstaat erhält zuvor Gelegenheit zur Stellungnahme. [3]Die Sätze 1 und 2 gelten entsprechend für ein begründetes Ersuchen eines anderen Mitgliedstaates der Europäischen Union, in den hämatopoetische Stammzellen oder Stammzellzubereitungen aus dem peripheren Blut oder aus dem Nabelschnurblut verbracht werden sollen, die zuvor in den Geltungsbereich dieses Gesetzes eingeführt wurden, eine einführende Einrichtung, die der Erlaubnispflicht nach § 72 Absatz 4 oder § 72c Absatz 4 Satz 1 in Verbindung mit Absatz 1 unterliegt, zu inspizieren oder sonstige Überwachungsmaßnahmen durchzuführen.

(3j) [1]Im Fall einer Inspektion nach Absatz 3i kann die zuständige Behörde auf ein Ersuchen der zuständigen Behörde des anderen Mitgliedstaates der Europäischen Union gestatten, dass beauftragte Personen dieses Mitgliedstaates die Inspektion begleiten. [2]Eine Ablehnung des Ersuchens muss die zuständige Behörde gegenüber der zuständigen Behörde des anderen Mitgliedstaates begründen. [3]Die begleitenden Personen sind befugt, zusammen mit den mit der Überwachung beauftragten Personen Grundstücke, Geschäftsräume, Betriebsräume und Beförderungsmittel zu den üblichen Geschäftszeiten zu betreten und zu besichtigen.

(4) Die mit der Überwachung beauftragten Personen sind befugt

1. Grundstücke, Geschäftsräume, Betriebsräume, Beförderungsmittel und zur Verhütung dringender Gefahr für die öffentliche Sicherheit und Ordnung auch Wohnräume zu den üblichen Geschäftszeiten zu betreten, zu besichtigen sowie in Geschäftsräumen, Betriebsräumen und Beförderungsmitteln zur Dokumentation Bildaufzeichnungen anzufertigen, in denen eine Tätigkeit nach Absatz 1 ausgeübt wird; das Grundrecht des Artikels 13 des Grundgesetzes auf Unverletzlichkeit der Wohnung wird insoweit eingeschränkt,

2. Unterlagen über Entwicklung, Herstellung, Prüfung, klinische Prüfung oder Rückstandsprüfung, Erwerb, Einfuhr, Lagerung, Verpackung, Inverkehrbringen und sonstigen Verbleib der Arzneimittel sowie über das im Verkehr befindliche Werbematerial und über die nach § 94 erforderliche Deckungsvorsorge einzusehen,

2a. Abschriften oder Ablichtungen von Unterlagen nach Nummer 2 oder Ausdrucke oder Kopien von Datenträgern, auf denen Unterlagen nach Nummer 2 gespeichert sind, anzufertigen oder zu verlangen, soweit es sich nicht um personenbezogene Daten von Patienten handelt,

3. von natürlichen und juristischen Personen und nicht rechtsfähigen Personenvereinigungen alle erforderlichen Auskünfte, insbesondere über die in Nummer 2 genannten Betriebsvorgänge zu verlangen,

4. vorläufige Anordnungen, auch über die Schließung des Betriebes oder der Einrichtung zu treffen, soweit es zur Verhütung dringender Gefahren für die öffentliche Sicherheit und Ordnung geboten ist.

(4a) Soweit es zur Durchführung dieses Gesetzes oder der auf Grund dieses Gesetzes erlassenen Rechtsverordnungen oder der Verordnung (EG) Nr. 726/2004 erforderlich ist, dürfen auch die Sachverständigen der Mitgliedstaaten der Europäischen Union, soweit sie die mit der Überwachung beauftragten Personen begleiten, Befugnisse nach Absatz 4 Nr. 1 wahrnehmen.

(5) Der zur Auskunft Verpflichtete kann die Auskunft auf solche Fragen verweigern, deren Beantwortung ihn selbst oder einen seiner in § 383 Abs. 1 Nr. 1 bis 3 der Zivilprozessordnung bezeichneten Angehörigen der Gefahr strafrechtlicher Verfolgung oder eines Verfahrens nach dem Gesetz über Ordnungswidrigkeiten aussetzen würde.

(6) [1]Das Bundesministerium wird ermächtigt, durch Rechtsverordnung mit Zustimmung des Bundesrates Regelungen über die Wahrnehmung von Über-

wachungsaufgaben in den Fällen festzulegen, in denen Arzneimittel von einem pharmazeutischen Unternehmer im Geltungsbereich des Gesetzes in den Verkehr gebracht werden, der keinen Sitz im Geltungsbereich des Gesetzes hat, soweit es zur Durchführung der Vorschriften über den Verkehr mit Arzneimitteln sowie über die Werbung auf dem Gebiete des Heilwesens erforderlich ist. [2]Dabei kann die federführende Zuständigkeit für Überwachungsaufgaben, die sich auf Grund des Verbringens eines Arzneimittels aus einem bestimmten Mitgliedstaat der Europäischen Union ergeben, jeweils einem bestimmten Land oder einer von den Ländern getragenen Einrichtung zugeordnet werden. [3]Die Rechtsverordnung wird vom Bundesministerium für Ernährung und Landwirtschaft im Einvernehmen mit dem Bundesministerium erlassen, soweit es sich um Arzneimittel handelt, die zur Anwendung bei Tieren bestimmt sind.

§ 65 Probenahme. (1) [1]Soweit es zur Durchführung der Vorschriften über den Verkehr mit Arzneimitteln, über die Werbung auf dem Gebiete des Heilwesens, des Zweiten Abschnitts des Transfusionsgesetzes, der Abschnitte 2, 3 und 3a des Transplantationsgesetzes und über das Apothekenwesen erforderlich ist, sind die mit der Überwachung beauftragten Personen befugt, gegen Empfangsbescheinigung Proben nach ihrer Auswahl zum Zwecke der Untersuchung zu fordern oder zu entnehmen. [2]Diese Befugnis erstreckt sich insbesondere auf die Entnahme von Proben von Futtermitteln, Tränkwasser und bei lebenden Tieren, einschließlich der dabei erforderlichen Eingriffe an diesen Tieren. [3]Soweit der pharmazeutische Unternehmer nicht ausdrücklich darauf verzichtet, ist ein Teil der Probe oder, sofern die Probe nicht oder ohne Gefährdung des Untersuchungszwecks nicht in Teile von gleicher Qualität teilbar ist, ein zweites Stück der gleichen Art, wie das als Probe entnommene, zurückzulassen.

(2) [1]Zurückzulassende Proben sind amtlich zu verschließen oder zu versiegeln. [2]Sie sind mit dem Datum der Probenahme und dem Datum des Tages zu versehen, nach dessen Ablauf der Verschluss oder die Versiegelung als aufgehoben gelten.

(3) Für Proben, die nicht bei dem pharmazeutischen Unternehmer entnommen werden, ist durch den pharmazeutischen Unternehmer eine angemessene Entschädigung zu leisten, soweit nicht ausdrücklich darauf verzichtet wird.

(4) [1]Als privater Sachverständiger zur Untersuchung von Proben, die nach Absatz 1 Satz 2 zurückgelassen sind, kann nur bestellt werden, wer
1. die Sachkenntnis nach § 15 besitzt. [2]An Stelle der praktischen Tätigkeit nach § 15 Abs. 1 und 4 kann eine praktische Tätigkeit in der Untersuchung und Begutachtung von Arzneimitteln in Arzneimitteluntersuchungsstellen oder in anderen gleichartigen Arzneimittelinstituten treten,
2. die zur Ausübung der Tätigkeit als Sachverständiger zur Untersuchung von amtlichen Proben erforderliche Zuverlässigkeit besitzt und
3. über geeignete Räume und Einrichtungen für die beabsichtigte Untersuchung und Begutachtung von Arzneimitteln verfügt.

§ 66[30] **Duldungs- und Mitwirkungspflicht.** (1) [1]Wer der Überwachung nach § 64 Abs. 1 unterliegt, ist verpflichtet, die Maßnahmen nach den §§ 64 und 65 zu dulden und die in der Überwachung tätigen Personen bei der Erfüllung ihrer Aufgaben zu unterstützen, insbesondere ihnen auf Verlangen die Räume und Beförderungsmittel zu bezeichnen, Räume, Behälter und Behältnisse zu öffnen, Auskünfte zu erteilen und die Entnahme der Proben zu ermöglichen. [2]Die gleiche Verpflichtung besteht für die sachkundige Person nach § 14, die verantwortliche Person nach § 20c, den Stufenplanbeauftragten, Informationsbeauftragten, die verantwortliche Person nach § 52a und den Leiter der klinischen Prüfung sowie deren Vertreter, auch im Hinblick auf Anfragen der zuständigen Bundesoberbehörde.

(2) Die Duldungs- und Mitwirkungspflicht nach Absatz 1 findet entsprechende Anwendung auf Maßnahmen der Bundesoberbehörden nach § 25 Absatz 5 Satz 4 oder Absatz 8 Satz 2 und 3 oder nach § 62 Absatz 6.

§ 67[31, 32] **Allgemeine Anzeigepflicht.** (1) [1]Betriebe und Einrichtungen, die Arzneimittel entwickeln, herstellen, klinisch prüfen oder einer Rückstandsprü-

---

30 Gemäß Art. 2 Nr. 18 G vom 20.12.2016 (BGBl. I S. 3048) werden in § 66 Abs. 1 Satz 2 die Wörter „und den Leiter der klinischen Prüfung" gestrichen und werden nach dem Wort „Vertreter" die Wörter „und den Hauptprüfer und den Prüfer" eingefügt.
   Diese Änderung tritt sechs Monate nach der Veröffentlichung der Mitteilung der Europäischen Kommission über die Funktionsfähigkeit des EU-Portals und der Datenbank nach Artikel 82 der Verordnung (EU) Nr. 536/2014 des Europäischen Parlaments und des Rates vom 16. April 2014 über klinische Prüfungen mit Humanarzneimitteln und zur Aufhebung der Richtlinie 2001/20/EG (ABl. L 158 vom 27.5.2014, S. 1) im Amtsblatt der Europäischen Union in Kraft.
31 Gemäß Art. 1 Nr. 53 Buchstabe g G vom 19.10.2012 (BGBl. I S. 2192) wird den § 67 folgender Absatz 8 angefügt. Diese Änderung tritt am ersten Tag des zweiten Jahres in Kraft, das auf die Verkündung des Durchführungsrechtsaktes der Europäischen Kommission nach Artikel 85c Absatz 3 der Richtlinie 2001/83/EG im Amtsblatt der Europäischen Union folgt:
   „(8) [1]Wer zum Zweck des Einzelhandels Arzneimittel, die zur Anwendung bei Menschen bestimmt sind, im Wege des Versandhandels über das Internet anbieten will, hat dies vor Aufnahme der Tätigkeit der zuständigen Behörde unter Angabe des Namens oder der Firma und der Anschrift des Ortes, von dem aus Arzneimittel geliefert werden sollen, und die Adresse jedes Internetportals einschließlich aller Angabe zu deren Identifizierung anzuzeigen. [2]Nachträgliche Änderungen sind ebenfalls anzuzeigen. [3]Die zuständige Behörde übermittelt diese Informationen an eine Datenbank nach § 67a. [4]Das Internetportal nach Satz 1 muss den Namen und die Adresse der zuständigen Behörde und ihre sonstigen Kontaktdaten, das gemeinsame Versandhandelslogo nach Artikel 85c der Richtlinie 2001/83/EG aufweisen und eine Verbindung zum Internetportal des Deutschen Instituts für Medizinische Dokumentation und Information haben."
32 Anm. d. Verlages:
   Gemäß Art. 2 Nr. 19 G vom 20.12.2016 (BGBl. I S. 3048) wird § 67 wie folgt geändert:
   a) Absatz 1 wird wie folgt geändert:
      aa) In Satz 1 wird das Komma und werden die Wörter „bei einer klinischen Prüfung bei Menschen auch der zuständigen Bundesoberbehörde," gestrichen.

fung unterziehen, prüfen, lagern, verpacken, in den Verkehr bringen oder sonst mit ihnen Handel treiben, haben dies vor der Aufnahme der Tätigkeiten der zuständigen Behörde, bei einer klinischen Prüfung bei Menschen auch der zuständigen Bundesoberbehörde anzuzeigen. [2]Satz 1 gilt entsprechend für Einrichtungen, die Gewebe gewinnen, die die für die Gewinnung erforderliche Laboruntersuchung durchführen, Gewebe be- oder verarbeiten, konservieren, prüfen, lagern oder in Verkehr bringen. [3]Die Entwicklung von Arzneimitteln ist anzuzeigen, soweit sie durch eine Rechtsverordnung nach § 54 geregelt ist. [4]Das Gleiche gilt für Personen, die diese Tätigkeiten selbstständig und berufsmäßig ausüben, sowie für Personen oder Personenvereinigungen, die Arzneimittel für andere sammeln. [5]In der Anzeige sind die Art der Tätigkeit und die Betriebsstätte anzugeben; werden Arzneimittel gesammelt, so ist das Nähere über die Art der Sammlung und über die Lagerstätte anzugeben. [6]Ist nach Satz 1 eine klinische Prüfung bei Menschen anzuzeigen, so sind der zuständigen Behörde auch deren Sponsor, sofern vorhanden dessen Vertreter nach § 40 Absatz 1 Satz 3 Nummer 1 sowie der Prüfer und sein Stellvertreter, soweit erforderlich auch mit Angabe der Stellung als Leiter der klinischen Prüfung, namentlich zu benennen. [7]Die Sätze 1 bis 4 gelten entsprechend für Betriebe und Einrichtungen, die Wirkstoffe oder andere zur Arzneimittelherstellung bestimmte Stoffe herstellen, prüfen, lagern, verpacken in den Verkehr bringen oder sonst mit ihnen Handel treiben, soweit diese Tätigkeiten durch eine Rechtsverordnung nach § 54 geregelt sind. [8]Satz 1 findet keine Anwendung auf die Rekonstitution, soweit es sich nicht um Arzneimittel handelt, die zur klinischen Prüfung bestimmt sind. Die Sätze 1 bis 5 und 7 gelten auch für Betriebe und Einrichtungen, die mit den dort genannten Tätigkeiten im Zusammenhang stehende Aufzeichnungen aufbewahren.

---

    bb) Satz 6 wird aufgehoben.

    cc) Im bisherigen Satz 7 werden die Wörter „Sätze 1 bis 4" durch die Wörter „Sätze 1 und 3 bis 5" ersetzt.

  b) Absatz 3a wird aufgehoben.

  c) In Absatz 4 wird das Wort „und" gestrichen und werden nach dem Wort „Apothekenwesen" die Wörter „und für klinische Prüfungen bei Menschen mit Arzneimitteln, die in den Anwendungsbereich der Verordnung (EU) Nr. 536/2014 fallen" eingefügt.

  d) Absatz 6 wird wie folgt geändert:

    aa) In den Sätzen 8 und 11 wird die Angabe „Absatz 3" jeweils durch die Angabe „Absatz 2" ersetzt.

    bb) In Satz 14 wird das Wort „Unbedenklichkeitsprüfungen" durch das Wort „Unbedenklichkeitsstudien" ersetzt.

Diese Änderungen treten sechs Monate nach der Veröffentlichung der Mitteilung der Europäischen Kommission über die Funktionsfähigkeit des EU-Portals und der Datenbank nach Artikel 82 der Verordnung (EU) Nr. 536/2014 des Europäischen Parlaments und des Rates vom 16. April 2014 über klinische Prüfungen mit Humanarzneimitteln und zur Aufhebung der Richtlinie 2001/20/EG (ABl. L 158 vom 27.5.2014, S. 1) im Amtsblatt der Europäischen Union in Kraft.

(2) Ist die Herstellung von Arzneimitteln beabsichtigt, für die es einer Erlaubnis nach § 13 nicht bedarf, so sind die Arzneimittel mit ihrer Bezeichnung und Zusammensetzung anzuzeigen.

(3) [1]Nachträgliche Änderungen sind ebenfalls anzuzeigen. [2]Bei Betrieben und Einrichtungen, die Wirkstoffe herstellen, einführen oder sonst mit ihnen Handel treiben, genügt jährlich eine Anzeige, sofern die Änderungen keine Auswirkungen auf die Qualität oder Sicherheit der Wirkstoffe haben können.

(3a) Ist nach Absatz 1 der Beginn einer klinischen Prüfung bei Menschen anzuzeigen, so sind deren Verlauf, Beendigung und Ergebnisse der zuständigen Bundesoberbehörde mitzuteilen; das Nähere wird in der Rechtsverordnung nach § 42 bestimmt.

(3b) Betriebe und Einrichtungen, die mit den in Absatz 1 Satz 1 bis 4 und 7 genannten Tätigkeiten im Zusammenhang stehende Aufzeichnungen außerhalb der von der Erlaubnis nach den §§ 13, 20b, 20c, 52a, 72b oder 72c erfassten Räume aufbewahren lassen, haben dies vor Aufnahme der Tätigkeit der zuständigen Behörde anzuzeigen; dies gilt auch für nachträgliche Änderungen.

(4) [1]Die Absätze 1 bis 3 gelten nicht für diejenigen, die eine Erlaubnis nach § 13, § 20b, § 20c, § 52a, § 72, § 72b oder § 72c haben, und für Apotheken nach dem Gesetz über das Apothekenwesen. [2]Absatz 2 gilt nicht für tierärztliche Hausapotheken.

(5) [1]Wer als pharmazeutischer Unternehmer ein Arzneimittel, das nach § 36 Absatz 1 von der Pflicht zur Zulassung freigestellt ist, in den Verkehr bringt, hat dies zuvor der zuständigen Bundesoberbehörde und der zuständigen Behörde anzuzeigen. [2]In der Anzeige sind der Hersteller, die verwendete Bezeichnung, die verwendeten nicht wirksamen Bestandteile, soweit sie nicht in der Verordnung nach § 36 Absatz 1 festgelegt sind, sowie die tatsächliche Zusammensetzung des Arzneimittels, soweit die Verordnung nach § 36 Absatz 1 diesbezügliche Unterschiede erlaubt, anzugeben. [3]Anzuzeigen sind auch jede Änderung der Angaben und die Beendigung des Inverkehrbringens.

(6) [1]Wer Untersuchungen durchführt, die dazu bestimmt sind, Erkenntnisse bei der Anwendung zugelassener oder registrierter Arzneimittel zu sammeln, hat dies der zuständigen Bundesoberbehörde, der Kassenärztlichen Bundesvereinigung, dem Spitzenverband Bund der Krankenkassen und dem Verband der Privaten Krankenversicherung e.V. unverzüglich anzuzeigen. [2]Dabei sind Ort, Zeit, Ziel und Beobachtungsplan der Anwendungsbeobachtung anzugeben sowie gegenüber der Kassenärztlichen Bundesvereinigung und dem Spitzenverband Bund der Krankenkassen die beteiligten Ärzte namentlich mit Angabe der lebenslangen Arztnummer zu benennen. [3]Entschädigungen, die an Ärzte für ihre Beteiligung an Untersuchungen nach Satz 1 geleistet werden, sind nach ihrer Art und Höhe so zu bemessen, dass kein Anreiz für eine bevorzugte Verschreibung oder Empfehlung bestimmter Arzneimittel entsteht. [4]Sofern beteiligte Ärzte Leistungen zu Lasten der gesetzlichen Krankenversicherung erbringen, sind bei Anzeigen nach Satz 1 auch die Art und die Höhe der jeweils

an sie tatsächlich geleisteten Entschädigungen anzugeben sowie jeweils eine Ausfertigung der mit ihnen geschlossenen Verträge und jeweils eine Darstellung des Aufwandes für die beteiligten Ärzte und eine Begründung für die Angemessenheit der Entschädigung zu übermitteln. [5]Sofern sich bei den in Satz 4 genannten Informationen Änderungen ergeben, sind die jeweiligen Informationen nach Satz 4 vollständig in der geänderten, aktualisierten Form innerhalb von vier Wochen nach jedem Quartalsende zu übermitteln; die tatsächlich geleisteten Entschädigungen sind mit Zuordnung zu beteiligten Ärzten namentlich mit Angabe der lebenslangen Arztnummer zu übermitteln. [6]Innerhalb eines Jahres nach Abschluss der Datenerfassung sind unter Angabe der insgesamt beteiligten Ärzte die Anzahl der jeweils und insgesamt beteiligten Patienten und Art und Höhe der jeweils und insgesamt geleisteten Entschädigungen zu übermitteln. [7]Der zuständigen Bundesoberbehörde ist innerhalb eines Jahres nach Abschluss der Datenerfassung bei Untersuchungen mit Arzneimitteln, die zur Anwendung bei Menschen bestimmt sind, ein Abschlussbericht zu übermitteln. [8]§ 42b Absatz 3 Satz 1 und 4 gilt entsprechend. [9]Die Angaben nach diesem Absatz sind bei Untersuchungen mit Arzneimitteln, die zur Anwendung bei Menschen bestimmt sind, elektronisch zu übermitteln. [10]Hierfür machen die zuständigen Bundesoberbehörden elektronische Formatvorgaben bekannt; die zuständige Bundesoberbehörde hat ihr übermittelte Anzeigen und Abschlussberichte der Öffentlichkeit über ein Internetportal zur Verfügung zu stellen. [11]Für die Veröffentlichung der Anzeigen gilt § 42b Absatz 3 Satz 4 entsprechend. [12]Die Sätze 4 bis 6 gelten nicht für Anzeigen gegenüber der zuständigen Bundesoberbehörde. [13]Die Kassenärztliche Bundesvereinigung, der Spitzenverband Bund der Krankenkassen und der Verband der Privaten Krankenversicherung e.V. legen einvernehmlich Formatvorgaben für die elektronische Übermittlung der an sie zu richtenden Angaben fest und geben diese bekannt. [14]Für Arzneimittel, die zur Anwendung bei Tieren bestimmt sind, sind die Anzeigen nach Satz 1 nur gegenüber der zuständigen Bundesoberbehörde zu erstatten. [15]Die Sätze 1 bis 12 und 14 gelten nicht für Unbedenklichkeitsprüfungen nach § 63 f.

(7) [1]Wer beabsichtigt, gewerbs- oder berufsmäßig Arzneimittel, die in einem anderen Mitgliedstaat der Europäischen Union zum Inverkehrbringen durch einen anderen pharmazeutischen Unternehmer zugelassen sind, erstmalig aus diesem Mitgliedstaat in den Geltungsbereich des Gesetzes zum Zweck des Inverkehrbringens im Geltungsbereich des Gesetzes zu verbringen, hat dies dem Inhaber der Zulassung vor der Aufnahme der Tätigkeit anzuzeigen. [2]Für Arzneimittel, für die eine Genehmigung für das Inverkehrbringen gemäß der Verordnung (EG) Nr. 726/2004 erteilt worden ist, gilt Satz 1 mit der Maßgabe, dass die Anzeige dem Inhaber der Genehmigung und der Europäischen Arzneimittel-Agentur zu übermitteln ist. [3]An die Agentur ist eine Gebühr für die Überprüfung der Einhaltung der Bedingungen, die in den unionsrechtlichen Rechtsvorschriften über Arzneimittel und den Genehmigungen für das Inverkehrbringen festgelegt sind, zu entrichten; die Bemessung der Gebühr richtet sich nach den unionsrechtlichen Rechtsvorschriften.

§ 67a Datenbankgestütztes Informationssystem. (1) [1]Die für den Vollzug dieses Gesetzes zuständigen Behörden des Bundes und der Länder wirken mit dem Deutschen Institut für Medizinische Dokumentation und Information zusammen, um ein gemeinsam nutzbares zentrales Informationssystem über Arzneimittel und Wirkstoffe sowie deren Hersteller oder Einführer zu errichten. [2]Dieses Informationssystem fasst die für die Erfüllung der jeweiligen Aufgaben behördenübergreifend notwendigen Informationen zusammen. [3]Das DIMDI errichtet dieses Informationssystem auf der Grundlage der von den zuständigen Behörden oder Bundesoberbehörden nach der Rechtsverordnung nach Absatz 3 zur Verfügung gestellten Daten und stellt dessen laufenden Betrieb sicher. [4]Daten aus dem Informationssystem werden an die zuständigen Behörden und Bundesoberbehörden zur Erfüllung ihrer im Gesetz geregelten Aufgaben sowie an die Europäische Arzneimittel-Agentur übermittelt. [5]Die zuständigen Behörden und Bundesoberbehörden erhalten darüber hinaus für ihre im Gesetz geregelten Aufgaben Zugriff auf die aktuellen Daten aus dem Informationssystem. [6]Eine Übermittlung an andere Stellen ist zulässig, soweit dies die Rechtsverordnung nach Absatz 3 vorsieht. [7]Für seine Leistungen kann das Deutsche Institut für Medizinische Dokumentation und Information Entgelte verlangen. [8]Diese werden in einem Entgeltkatalog festgelegt, der der Zustimmung des Bundesministeriums bedarf.

(2) [1]Das Deutsche Institut für Medizinische Dokumentation und Information stellt allgemein verfügbare Datenbanken mit Informationen zu Arzneimitteln über ein Internetportal bereit. [2]Das Internetportal wird mit dem von der Europäischen Arzneimittel-Agentur eingerichteten europäischen Internetportal nach Artikel 26 der Verordnung (EG) Nr. 726/2004 für Arzneimittel verbunden. [3]Darüber hinaus stellt das Deutsche Institut für Medizinische Dokumentation und Information Informationen zum Versandhandel mit Arzneimitteln, die zur Anwendung bei Menschen bestimmt sind, über ein allgemein zugängliches Internetportal zur Verfügung. [4]Dieses Internetportal wird verbunden mit dem von der Europäischen Arzneimittel-Agentur betriebenen Internetportal, das Informationen zum Versandhandel und zum gemeinsamen Versandhandelslogo enthält. [5]Das Deutsche Institut für Medizinische Dokumentation und Information gibt die Adressen der Internetportale im Bundesanzeiger bekannt.

(3) [1]Das Bundesministerium wird ermächtigt, Befugnisse zur Verarbeitung und Nutzung von Daten für die Zwecke der Absätze 1 und 2 und zur Erhebung von Daten für die Zwecke des Absatzes 2 im Einvernehmen mit dem Bundesministerium des Innern und dem Bundesministerium für Wirtschaft und Energie durch Rechtsverordnung mit Zustimmung des Bundesrates einzuräumen und Regelungen zu treffen hinsichtlich der Übermittlung von Daten durch Behörden des Bundes und der Länder an das Deutsche Institut für Medizinische Dokumentation und Information, einschließlich der personenbezogenen und betriebsbezogenen Daten für die in diesem Gesetz geregelten Zwecke, und der Art, des Umfangs und der Anforderungen an die Daten. [2]In dieser Rechtsverordnung kann auch vorgeschrieben werden, dass Anzeigen auf elektronischen

oder optischen Speichermedien erfolgen dürfen oder müssen, soweit dies für eine ordnungsgemäße Durchführung der Vorschriften über den Verkehr mit Arzneimitteln erforderlich ist. [3]Die Rechtsverordnung wird vom Bundesministerium für Ernährung und Landwirtschaft im Einvernehmen mit dem Bundesministerium, dem Bundesministerium des Innern und dem Bundesministerium für Wirtschaft und Energie erlassen, soweit es sich um Arzneimittel handelt, die zur Anwendung bei Tieren bestimmt sind.

(3a) [1]Das Bundesministerium für Ernährung und Landwirtschaft wird ermächtigt, im Einvernehmen mit dem Bundesministerium, dem Bundesministerium des Innern und dem Bundesministerium für Wirtschaft und Energie durch Rechtsverordnung mit Zustimmung des Bundesrates Regelungen zu treffen hinsichtlich der Übermittlung von Daten durch das Deutsche Institut für Medizinische Dokumentation und Information an Behörden des Bundes und der Länder, einschließlich der personenbezogenen und betriebsbezogenen Daten, zum Zweck wiederholter Beobachtungen, Untersuchungen und Bewertungen zur Erkennung von Risiken für die Gesundheit von Mensch und Tier durch die Anwendung bestimmter Arzneimittel, die zur Anwendung bei Tieren bestimmt sind, (Tierarzneimittel-Monitoring) sowie hinsichtlich der Art und des Umfangs der Daten sowie der Anforderungen an die Daten. [2]Absatz 3 Satz 2 gilt entsprechend.

(4) Die Rechtsverordnung nach den Absätzen 3 und 3a ergeht im Einvernehmen mit dem Bundesministerium für Umwelt, Naturschutz, Bau und Reaktorsicherheit, soweit es sich um radioaktive Arzneimittel oder um Arzneimittel handelt, bei deren Herstellung ionisierende Strahlen verwendet werden.

(5) Das Deutsche Institut für Medizinische Dokumentation und Information ergreift die notwendigen Maßnahmen, damit Daten nur den dazu befugten Personen übermittelt werden und nur diese Zugang zu diesen Daten erhalten.

§ 67b EU-Kompendium der Gewebeeinrichtungen, EU-Kompendium der Gewebe- und Zellprodukte, Unterrichtungspflichten. (1) [1]Die zuständigen Behörden der Länder geben die in Anhang VIII der Richtlinie 2006/86/EG in der jeweils geltenden Fassung genannten Angaben in das EU-Kompendium der Gewebeeinrichtungen ein. [2]Sie stellen sicher, dass jeder Einrichtung eine EU-Gewebeeinrichtungsnummer eindeutig zugeordnet wird.

(2) [1]Bei notwendigen Änderungen aktualisieren die zuständigen Behörden unverzüglich, spätestens nach zehn Werktagen, das EU-Kompendium der Gewebeeinrichtungen. [2]Als Änderungen nach Satz 1 gelten insbesondere
1. die erstmalige Erteilung einer Erlaubnis für Einrichtungen, die erlaubnispflichtige Tätigkeiten mit Geweben, Gewebezubereitungen, hämatopoetischen Stammzellen oder Stammzellzubereitungen aus dem peripheren Blut oder aus dem Nabelschnurblut durchführen,
2. Änderungen der Erlaubnis, einschließlich Änderungen im Hinblick auf
   a) eine neue Art von Geweben, Gewebezubereitungen, hämatopoetischen Stammzellen oder Stammzellzubereitungen aus dem peripheren Blut oder aus dem Nabelschnurblut,

b) eine neue Tätigkeit mit Geweben, Gewebezubereitungen, hämatopoetischen Stammzellen oder Stammzellzubereitungen aus dem peripheren Blut oder aus dem Nabelschnurblut oder

c) neue Nebenbestimmungen zur Erlaubnis,

3. jede Rücknahme oder jeder Widerruf der Erlaubnis,

4. eine freiwillige, auch teilweise Einstellung der Tätigkeit einer Einrichtung,

5. Änderungen der Angaben über eine Einrichtung im Sinne des Anhangs VIII der Richtlinie 2006/86/EG in der jeweils geltenden Fassung sowie

6. Änderungen wegen falscher Angaben im EU-Kompendium der Gewebeeinrichtungen.

(3) Die zuständigen Behörden unterrichten die zuständigen Behörden eines anderen Mitgliedstaates der Europäischen Union, wenn sie

1. im EU-Kompendium der Gewebeeinrichtungen falsche Angaben feststellen, die diesen Mitgliedstaat betreffen, oder

2. einen erheblichen Verstoß gegen die Bestimmungen über den Einheitlichen Europäischen Code im Zusammenhang mit diesem Mitgliedstaat feststellen.

(4) Die zuständigen Behörden unterrichten die Europäische Kommission und die zuständigen Behörden der anderen Mitgliedstaaten der Europäischen Union, wenn das EU-Kompendium der Gewebe- und Zellprodukte einer Aktualisierung bedarf.

§ 68 Mitteilungs- und Unterrichtungspflichten. (1) Die für die Durchführung dieses Gesetzes zuständigen Behörden und Stellen des Bundes und der Länder haben sich

1. die für den Vollzug des Gesetzes zuständigen Behörden, Stellen und Sachverständigen mitzuteilen und

2. bei Zuwiderhandlungen und bei Verdacht auf Zuwiderhandlungen gegen Vorschriften des Arzneimittelrechts, Heilmittelwerberechts oder Apothekenrechts für den jeweiligen Zuständigkeitsbereich unverzüglich zu unterrichten und bei der Ermittlungstätigkeit gegenseitig zu unterstützen.

(2) Die Behörden nach Absatz 1

1. erteilen der zuständigen Behörde eines anderen Mitgliedstaates der Europäischen Union oder bei Arzneimitteln, die zur Anwendung bei Menschen bestimmt sind, der Europäischen Arzneimittel-Agentur auf begründetes Ersuchen Auskünfte und übermitteln die erforderlichen Urkunden und Schriftstücke, soweit dies für die Überwachung der Einhaltung der arzneimittelrechtlichen, heilmittelwerberechtlichen und apothekenrechtlichen Vorschriften oder zur Verhütung oder zur Abwehr von Arzneimittelrisiken erforderlich ist,

2. überprüfen alle von der ersuchenden Behörde eines anderen Mitgliedstaates mitgeteilten Sachverhalte und teilen ihr das Ergebnis der Prüfung mit.

(3) [1]Die Behörden nach Absatz 1 teilen den zuständigen Behörden eines anderen Mitgliedstaates und der Europäischen Arzneimittel-Agentur oder der Europäischen Kommission alle Informationen mit, die für die Überwachung der

Einhaltung der arzneimittelrechtlichen, heilmittelwerberechtlichen und apothekenrechtlichen Vorschriften in diesem Mitgliedstaat oder zur Verhütung oder zur Abwehr von Arzneimittelrisiken erforderlich sind. [2]In Fällen von Zuwiderhandlungen oder des Verdachts von Zuwiderhandlungen können auch die zuständigen Behörden anderer Mitgliedstaaten, das Bundesministerium, soweit es sich um Arzneimittel handelt, die zur Anwendung bei Tieren bestimmt sind, auch das Bundesministerium für Ernährung und Landwirtschaft sowie die Europäische Arzneimittel-Agentur und die Europäische Kommission unterrichtet werden.

(4) [1]Die Behörden nach Absatz 1 können, soweit dies zur Einhaltung der arzneimittelrechtlichen, heilmittelwerberechtlichen und apothekenrechtlichen Anforderungen oder zur Verhütung oder zur Abwehr von Arzneimittelrisiken erforderlich ist, auch die zuständigen Behörden anderer Staaten und die zuständigen Stellen des Europarates unterrichten. [2]Absatz 2 Nummer 1 findet entsprechende Anwendung. [3]Bei der Unterrichtung von Vertragsstaaten des Abkommens über den Europäischen Wirtschaftsraum, die nicht Mitgliedstaaten der Europäischen Union sind, erfolgt diese über die Europäische Kommission.

(5) [1]Der Verkehr mit den zuständigen Behörden anderer Staaten, Stellen des Europarates, der Europäischen Arzneimittel-Agentur und der Europäischen Kommission obliegt dem Bundesministerium. [2]Das Bundesministerium kann diese Befugnis auf die zuständigen Bundesoberbehörden oder durch Rechtsverordnung mit Zustimmung des Bundesrates auf die zuständigen obersten Landesbehörden übertragen. [3]Ferner kann das Bundesministerium im Einzelfall der zuständigen obersten Landesbehörde die Befugnis übertragen, sofern diese ihr Einverständnis damit erklärt. [4]Die obersten Landesbehörden können die Befugnisse nach den Sätzen 2 und 3 auf andere Behörden übertragen. [5]Soweit es sich um Arzneimittel handelt, die zur Anwendung bei Tieren bestimmt sind, tritt an die Stelle des Bundesministeriums das Bundesministerium für Ernährung und Landwirtschaft. [6]Die Rechtsverordnung nach Satz 2 ergeht in diesem Fall im Einvernehmen mit dem Bundesministerium.

(5a) Im Fall der Überwachung der Werbung für Arzneimittel, die zur Anwendung bei Menschen bestimmt sind, obliegt dem Bundesamt für Verbraucherschutz und Lebensmittelsicherheit der Verkehr mit den zuständigen Behörden anderer Mitgliedstaaten der Europäischen Union und der Europäischen Kommission zur Durchführung der Verordnung (EG) Nr. 2006/2004 des Europäischen Parlaments und des Rates vom 27. Oktober 2004 über die Zusammenarbeit zwischen den für die Durchsetzung der Verbraucherschutzgesetze zuständigen nationalen Behörden (ABl. EU Nr. L 364 S. 1), geändert durch Artikel 16 Nr. 2 der Richtlinie 2005/29/EG des Europäischen Parlaments und des Rates vom 11. Mai 2005 (ABl. EU Nr. L 149 S. 22) als zentraler Verbindungsstelle.

(6) [1]In den Fällen des Absatzes 3 Satz 2 und des Absatzes 4 unterbleibt die Übermittlung personenbezogener Daten, soweit durch sie schutzwürdige Interessen der Betroffenen beeinträchtigt würden, insbesondere wenn beim Empfänger kein angemessener Datenschutzstandard gewährleistet ist. [2]Personenbezogene

Daten dürfen auch dann übermittelt werden, wenn beim Empfänger kein angemessener Datenschutzstandard gewährleistet ist, soweit dies aus Gründen des Gesundheitsschutzes erforderlich ist.

§ 69 Maßnahmen der zuständigen Behörden. (1) [1]Die zuständigen Behörden treffen die zur Beseitigung festgestellter Verstöße und die zur Verhütung künftiger Verstöße notwendigen Anordnungen. [2]Sie können insbesondere das Inverkehrbringen von Arzneimitteln oder Wirkstoffen untersagen, deren Rückruf anordnen und diese sicherstellen, wenn

1. die erforderliche Zulassung oder Registrierung für das Arzneimittel nicht vorliegt oder deren Ruhen angeordnet ist,
2. das Arzneimittel oder der Wirkstoff nicht nach den anerkannten pharmazeutischen Regeln hergestellt ist oder nicht die nach den anerkannten pharmazeutischen Regeln angemessene Qualität aufweist,
2a. der begründete Verdacht besteht, dass es sich um ein gefälschtes Arzneimittel oder einen gefälschten Wirkstoff handelt,
3. dem Arzneimittel die therapeutische Wirksamkeit fehlt,
4. der begründete Verdacht besteht, dass das Arzneimittel schädliche Wirkungen hat, die über ein nach den Erkenntnissen der medizinischen Wissenschaft vertretbares Maß hinausgehen,
5. die vorgeschriebenen Qualitätskontrollen nicht durchgeführt sind,
6. die erforderliche Erlaubnis für das Herstellen des Arzneimittels oder des Wirkstoffes oder das Verbringen in den Geltungsbereich des Gesetzes nicht vorliegt oder ein Grund zur Rücknahme oder zum Widerruf der Erlaubnis nach § 18 Abs. 1 gegeben ist oder
7. die erforderliche Erlaubnis zum Betreiben eines Großhandels nach § 52a nicht vorliegt oder ein Grund für die Rücknahme oder den Widerruf der Erlaubnis nach § 52a Abs. 5 gegeben ist.

[3]Im Falle des Satzes 2 Nummer 2 und 4 kann die zuständige Bundesoberbehörde den Rückruf eines Arzneimittels anordnen, sofern ihr Tätigwerden im Zusammenhang mit Maßnahmen nach § 28, § 30, § 31 Abs. 4 Satz 2 oder § 32 Abs. 5 zur Abwehr von Gefahren für die Gesundheit von Mensch oder Tier durch Arzneimittel geboten ist. [4]Die Entscheidung der zuständigen Bundesoberbehörde nach Satz 3 ist sofort vollziehbar. [5]Soweit es sich bei Arzneimitteln nach Satz 2 Nummer 4 um solche handelt, die für die Anwendung bei Tieren bestimmt sind, beschränkt sich die Anwendung auf den bestimmungsgemäßen Gebrauch.

(1a) [1]Bei Arzneimitteln, für die eine Genehmigung für das Inverkehrbringen oder Zulassung

1. gemäß der Verordnung (EG) Nr. 726/2004 oder
2. im Verfahren der Anerkennung gemäß Kapitel 4 der Richtlinie 2001/83/EG oder Kapitel 4 der Richtlinie 2001/82/EG oder
3. aufgrund eines Gutachtens des Ausschusses gemäß Artikel 4 der Richtlinie 87/22/EWG vom 22. Dezember 1986 vor dem 1. Januar 1995

erteilt worden ist, unterrichtet die zuständige Bundesoberbehörde den Ausschuss für Humanarzneimittel oder den Ausschuss für Tierarzneimittel über festgestellte Verstöße gegen arzneimittelrechtliche Vorschriften nach Maßgabe der in den genannten Rechtsakten vorgesehenen Verfahren unter Angabe einer eingehenden Begründung und des vorgeschlagenen Vorgehens. [2]Bei diesen Arzneimitteln können die zuständigen Behörden vor der Unterrichtung des Ausschusses nach Satz 1 die zur Beseitigung festgestellter und zur Verhütung künftiger Verstöße notwendigen Anordnungen treffen, sofern diese zum Schutz der Gesundheit von Mensch oder Tier oder zum Schutz der Umwelt dringend erforderlich sind. [3]In den Fällen des Satzes 1 Nr. 2 und 3 unterrichten die zuständigen Behörden die Europäische Kommission und die anderen Mitgliedstaaten, in den Fällen des Satzes 1 Nr. 1 die Europäische Kommission und die Europäische Arzneimittel-Agentur über die zuständige Bundesoberbehörde spätestens am folgenden Arbeitstag über die Gründe dieser Maßnahmen. [4]Im Fall des Absatzes 1 Satz 2 Nummer 2a und 4 kann auch die zuständige Bundesoberbehörde das Ruhen der Zulassung anordnen oder den Rückruf eines Arzneimittels anordnen, sofern ihr Tätigwerden zum Schutz der in Satz 2 genannten Rechtsgüter dringend erforderlich ist; in diesem Fall gilt Satz 3 entsprechend.

(2) [1]Die zuständigen Behörden können das Sammeln von Arzneimitteln untersagen, wenn eine sachgerechte Lagerung der Arzneimittel nicht gewährleistet ist oder wenn der begründete Verdacht besteht, dass die gesammelten Arzneimittel missbräuchlich verwendet werden. [2]Gesammelte Arzneimittel können sichergestellt werden, wenn durch unzureichende Lagerung oder durch ihre Abgabe die Gesundheit von Mensch und Tier gefährdet wird.

(2a) Die zuständigen Behörden können ferner zur Anwendung bei Tieren bestimmte Arzneimittel sowie Stoffe und Zubereitungen aus Stoffen im Sinne des § 59a sicherstellen, wenn Tatsachen die Annahme rechtfertigen, dass Vorschriften über den Verkehr mit Arzneimitteln nicht beachtet worden sind.

(3) Die zuständigen Behörden können Werbematerial sicherstellen, das den Vorschriften über den Verkehr mit Arzneimitteln und über die Werbung auf dem Gebiete des Heilwesens nicht entspricht.

(4) Im Falle des Absatzes 1 Satz 3 kann auch eine öffentliche Warnung durch die zuständige Bundesoberbehörde erfolgen.

(5) Die zuständige Behörde kann im Benehmen mit der zuständigen Bundesoberbehörde bei einem Arzneimittel, das zur Anwendung bei Menschen bestimmt ist und dessen Abgabe untersagt wurde oder das aus dem Verkehr gezogen wurde, weil
1. die Voraussetzungen für das Inverkehrbringen nicht oder nicht mehr vorliegen,
2. das Arzneimittel nicht die angegebene Zusammensetzung nach Art und Menge aufweist oder
3. die Kontrollen der Arzneimittel oder der Bestandteile und der Zwischenprodukte nicht durchgeführt worden sind oder ein anderes Erfordernis oder eine andere Voraussetzung für die Erteilung der Herstellungserlaubnis nicht erfüllt worden ist,

in Ausnahmefällen seine Abgabe an Patienten, die bereits mit diesem Arzneimittel behandelt werden, während einer Übergangszeit gestatten, wenn dies medizinisch vertretbar und für die betroffene Person angezeigt ist.

§ 69a Überwachung von Stoffen, die als Tierarzneimittel verwendet werden können. Die §§ 64 bis 69 gelten entsprechend für die in § 59c genannten Betriebe, Einrichtungen und Personen sowie für solche Betriebe, Einrichtungen und Personen, die Stoffe, die in Tabelle 2 des Anhangs der Verordnung (EU) Nr. 37/2010 der Kommission vom 22. Dezember 2009 über pharmakologisch wirksame Stoffe und ihre Einstufung hinsichtlich der Rückstandshöchstmengen in Lebensmitteln tierischen Ursprungs (ABl. L 15 vom 20.1.2010, S. 1) in der jeweils geltenden Fassung aufgeführt sind, herstellen, lagern, einführen oder in den Verkehr bringen.

§ 69b Verwendung bestimmter Daten. (1) Die für das Lebensmittel-, Futtermittel-, Tierschutz- und Tierseuchenrecht für die Erhebung der Daten für die Anzeige und die Registrierung Vieh haltender Betriebe zuständigen Behörden übermitteln der für die Überwachung nach § 64 Abs. 1 Satz 1 zweiter Halbsatz zuständigen Behörde auf Ersuchen die zu deren Aufgabenerfüllung erforderlichen Daten.

(2) ¹Die Daten dürfen für die Dauer von drei Jahren aufbewahrt werden. ²Die Frist beginnt mit Ablauf desjenigen Jahres, in dem die Daten übermittelt worden sind. ³Nach Ablauf der Frist sind die Daten zu löschen, sofern sie nicht aufgrund anderer Vorschriften länger aufbewahrt werden dürfen.

Zwölfter Abschnitt

Sondervorschriften für Bundeswehr, Bundespolizei, Bereitschaftspolizei, Zivilschutz

§ 70 Anwendung und Vollzug des Gesetzes. (1) Die Vorschriften dieses Gesetzes finden auf Einrichtungen, die der Arzneimittelversorgung der Bundeswehr, der Bundespolizei und der Bereitschaftspolizeien der Länder dienen, sowie auf die Arzneimittelbevorratung für den Zivilschutz entsprechende Anwendung.

(2) ¹Im Bereich der Bundeswehr obliegt der Vollzug dieses Gesetzes bei der Überwachung des Verkehrs mit Arzneimitteln den zuständigen Stellen und Sachverständigen der Bundeswehr. ²Im Bereich der Bundespolizei obliegt er den zuständigen Stellen und Sachverständigen der Bundespolizei. ³Im Bereich der Arzneimittelbevorratung für den Zivilschutz obliegt er den vom Bundesministerium des Innern bestimmten Stellen; soweit Landesstellen bestimmt werden, bedarf es hierzu der Zustimmung des Bundesrates.

§ 71 Ausnahmen. (1) ¹Die in § 10 Abs. 1 Nr. 9 vorgeschriebene Angabe des Verfalldatums kann entfallen bei Arzneimitteln, die an die Bundeswehr, die

Bundespolizei sowie für Zwecke des Zivil- und Katastrophenschutzes an Bund oder Länder abgegeben werden. [2]Die zuständigen Bundesministerien oder, soweit Arzneimittel an Länder abgegeben werden, die zuständigen Behörden der Länder stellen sicher, dass Qualität, Wirksamkeit und Unbedenklichkeit auch bei solchen Arzneimitteln gewährleistet sind.

(2) [1]Das Bundesministerium wird ermächtigt, durch Rechtsverordnung Ausnahmen von den Vorschriften dieses Gesetzes und der aufgrund dieses Gesetzes erlassenen Rechtsverordnungen für den Bereich der Bundeswehr, der Bundespolizei, der Bereitschaftspolizeien der Länder und des Zivil- und Katastrophenschutzes zuzulassen, soweit dies zur Durchführung der besonderen Aufgaben einschließlich der Teilnahme an internationalen Hilfsaktionen in diesen Bereichen gerechtfertigt ist und der Schutz der Gesundheit von Mensch oder Tier gewahrt bleibt. [2]Die Rechtsverordnung wird vom Bundesministerium für Ernährung und Landwirtschaft im Einvernehmen mit dem Bundesministerium erlassen, soweit es sich um Arzneimittel handelt, die zur Anwendung bei Tieren bestimmt sind.

(3) Die Rechtsverordnung ergeht, soweit sie den Bereich der Bundeswehr berührt, im Einvernehmen mit dem Bundesministerium der Verteidigung, und, soweit sie den Bereich der Bundespolizei und des Zivilschutzes berührt, im Einvernehmen mit dem Bundesministerium des Innern, jeweils ohne Zustimmung des Bundesrates; soweit die Rechtsverordnung den Bereich der Bereitschaftspolizeien der Länder oder des Katastrophenschutzes berührt, ergeht sie im Einvernehmen mit dem Bundesministerium des Innern mit Zustimmung des Bundesrates.

Dreizehnter Abschnitt

Einfuhr und Ausfuhr

§ 72[33] **Einfuhrerlaubnis.** (1) [1]Wer

1. Arzneimittel im Sinne des § 2 Absatz 1 oder Absatz 2 Nummer 1,
2. Wirkstoffe, die menschlicher, tierischer oder mikrobieller Herkunft sind oder die auf gentechnischem Wege hergestellt werden, oder

---

33 Gemäß Art. 2 Nr. 20 G vom 20.12.2016 (BGBl. I S. 3048) wird nach § 72 Abs. 2 folgender Abs. 2a eingefügt:

„(2a) Die zuständige Behörde erteilt die Erlaubnis zur Einfuhr von Prüf- oder Hilfspräparaten im Sinne des Artikels 2 Absatz 2 Nummer 5 und 8 der Verordnung (EU) Nr. 536/2014 nach Artikel 61 Absatz 1 bis 3 der Verordnung (EU) Nr. 536/2014. § 13 Absatz 5 Satz 2 und Absatz 6 gilt entsprechend."

Diese Änderungen treten sechs Monate nach der Veröffentlichung der Mitteilung der Europäischen Kommission über die Funktionsfähigkeit des EU-Portals und der Datenbank nach Artikel 82 der Verordnung (EU) Nr. 536/2014 des Europäischen Parlaments und des Rates vom 16. April 2014 über klinische Prüfungen mit Humanarzneimitteln und zur Aufhebung der Richtlinie 2001/20/EG (ABl. L 158 vom 27.5.2014, S. 1) im Amtsblatt der Europäischen Union in Kraft.

3. andere zur Arzneimittelherstellung bestimmte Stoffe menschlicher Herkunft

gewerbs- oder berufsmäßig aus Ländern, die nicht Mitgliedstaaten der Europäischen Union oder andere Vertragsstaaten des Abkommens über den Europäischen Wirtschaftsraum sind, in den Geltungsbereich dieses Gesetzes einführen will, bedarf einer Erlaubnis der zuständigen Behörde. ²§ 13 Absatz 4 und die §§ 14 bis 20a sind entsprechend anzuwenden.

(2) Auf Personen und Einrichtungen, die berufs- oder gewerbsmäßig Arzneimittel menschlicher Herkunft zur unmittelbaren Anwendung bei Menschen einführen wollen, findet Absatz 1 mit der Maßgabe Anwendung, dass die Erlaubnis nur versagt werden darf, wenn der Antragsteller nicht nachweist, dass für die Beurteilung der Qualität und Sicherheit der Arzneimittel und für die gegebenenfalls erforderliche Überführung der Arzneimittel in ihre anwendungsfähige Form nach dem Stand von Wissenschaft und Technik qualifiziertes Personal und geeignete Räume vorhanden sind.

(3) Die Absätze 1 und 2 finden keine Anwendung auf
1. Gewebe im Sinne von § 1a Nummer 4 des Transplantationsgesetzes,
2. autologes Blut zur Herstellung von biotechnologisch bearbeiteten Gewebeprodukten,
3. Gewebezubereitungen im Sinne von § 20c und
4. Wirkstoffe, die für die Herstellung von nach einer im Homöopathischen Teil des Arzneibuches beschriebenen Verfahrenstechnik herzustellenden Arzneimitteln bestimmt sind.

(4) ¹Abweichend von Absatz 1 dürfen hämatopoetische Stammzellen oder Stammzellzubereitungen aus dem peripheren Blut oder aus dem Nabelschnurblut nur von einer einführenden Einrichtung im Sinne des § 72b Absatz 1 Satz 1 aus Staaten eingeführt werden, die weder Mitgliedstaaten der Europäischen Union noch andere Vertragsstaaten des Abkommens über den Europäischen Wirtschaftsraum sind. ²Die einführende Einrichtung bedarf einer Erlaubnis der zuständigen Behörde. ³Die Entscheidung über die Erteilung der Erlaubnis trifft die zuständige Behörde des Landes, in dem die Betriebsstätte der einführenden Einrichtung liegt oder liegen soll, im Benehmen mit der zuständigen Bundesoberbehörde. ⁴Für die Einfuhr zur unmittelbaren Anwendung gilt Absatz 2 entsprechend.

(5) ¹Dem Antrag auf Erlaubnis nach Absatz 4 Satz 2 sind die in den Anhängen I und III Teil A der Richtlinie (EU) 2015/566 der Kommission vom 8. April 2015 zur Durchführung der Richtlinie 2004/23/EG hinsichtlich der Verfahren zur Prüfung der Gleichwertigkeit von Qualitäts- und Sicherheitsstandards bei eingeführten Geweben und Zellen (ABl. L 93 vom 9.4.2015, S. 56) in der jeweils geltenden Fassung genannten Informationen und Unterlagen beizufügen. ²Abweichend von Satz 1 sind einem Antrag auf Erteilung einer Erlaubnis, hämatopoetische Stammzellen oder Stammzellzubereitungen aus dem peripheren Blut oder aus dem Nabelschnurblut zur unmittelbaren Anwendung beim Menschen einzuführen, nur die in Anhang I Teil A, B und C Nummer 1

bis 3 und in Anhang III Teil A Nummer 1 und 3 der Richtlinie (EU) 2015/566 genannten Informationen und Unterlagen beizufügen. [3]Die §§ 14 bis 19 und 72b Absatz 2c und 2d gelten entsprechend.

§ 72a[34] **Zertifikate.** (1) [1]Der Einführer darf Arzneimittel im Sinne des § 2 Abs. 1 und 2 Nr. 1, 1a, 2 und 4 oder Wirkstoffe nur einführen, wenn

1. die zuständige Behörde des Herstellungslandes durch ein Zertifikat bestätigt hat, dass die Arzneimittel oder Wirkstoffe entsprechend anerkannten Grundregeln für die Herstellung und die Sicherung ihrer Qualität der Europäischen Union oder nach Standards, die diesen gleichwertig sind, hergestellt werden, die Herstellungsstätte regelmäßig überwacht wird, die Überwachung durch ausreichende Maßnahmen, einschließlich wiederholter und unangekündigter Inspektionen, erfolgt und im Falle wesentlicher Abweichungen von den anerkannten Grundregeln die zuständige Behörde informiert wird, und solche Zertifikate für Arzneimittel im Sinne des § 2 Abs. 1 und 2 Nr. 1, die zur Anwendung bei Menschen bestimmt sind, und Wirkstoffe, die menschlicher, tierischer oder mikrobieller Herkunft sind, oder Wirkstoffe, die auf gentechnischem Wege hergestellt werden, gegenseitig anerkannt sind,

2. die zuständige Behörde bescheinigt hat, dass die genannten Grundregeln bei der Herstellung und der Sicherung der Qualität der Arzneimittel sowie der dafür eingesetzten Wirkstoffe, soweit sie menschlicher, tierischer oder mikrobieller Herkunft sind, oder Wirkstoffe, die auf gentechnischem Wege hergestellt werden, oder bei der Herstellung der Wirkstoffe eingehalten werden oder

3. die zuständige Behörde bescheinigt hat, dass die Einfuhr im öffentlichen Interesse liegt.

[2]Bei hämatopoetischen Stammzellen oder Stammzellzubereitungen aus dem peripheren Blut oder aus dem Nabelschnurblut mit Ausnahme solcher zur unmittelbaren Anwendung und solcher, die zur gerichteten, für eine bestimmte Person vorgesehenen Anwendung bestimmt sind, hat die einführende Einrichtung die in Anhang III Teil B der Richtlinie (EU) 2015/566 genannte Dokumentation bereitzuhalten und auf Verlangen der zuständigen Behörde zu übermitteln. [3]Die zuständige Behörde darf eine Bescheinigung nach

---

34 Gemäß Art. 2 Nr. 20a G vom 20.12.2016 (BGBl. I S. 3048) wird § 72a Abs. 1a Nr. 1 wie folgt gefasst:
„1. Arzneimittel, die zur klinischen Prüfung bei Menschen bestimmt sind, Hilfspräparate im Sinne des Artikels 2 Absatz 2 Nummer 8 und 10 der Verordnung (EU) Nr. 536/2014 oder Arzneimittel, die zur Anwendung im Rahmen eines Härtefallprogramms bestimmt sind,".
Diese Änderung tritt sechs Monate nach der Veröffentlichung der Mitteilung der Europäischen Kommission über die Funktionsfähigkeit des EU-Portals und der Datenbank nach Artikel 82 der Verordnung (EU) Nr. 536/2014 des Europäischen Parlaments und des Rates vom 16. April 2014 über klinische Prüfungen mit Humanarzneimitteln und zur Aufhebung der Richtlinie 2001/20/EG (ABl. L 158 vom 27.5.2014, S. 1) im Amtsblatt der Europäischen Union in Kraft.

1. Satz 1 Nummer 2 nur ausstellen, wenn ein Zertifikat nach Satz 1 Nummer 1 nicht vorliegt und sie oder eine zuständige Behörde eines Mitgliedstaates der Europäischen Union oder eines anderen Vertragsstaates des Abkommens über den Europäischen Wirtschaftsraum sich regelmäßig im Herstellungsland vergewissert hat, dass die genannten Grundregeln bei der Herstellung der Arzneimittel oder Wirkstoffe eingehalten werden,

2. Satz 1 Nummer 3 nur erteilen, wenn ein Zertifikat nach Satz 1 Nummer 1 nicht vorliegt und eine Bescheinigung nach Satz 1 Nummer 2 nicht vorgesehen ist oder nicht möglich ist.

(1a) Absatz 1 Satz 1 gilt nicht für

1. Arzneimittel, die zur klinischen Prüfung beim Menschen oder zur Anwendung im Rahmen eines Härtefallprogramms bestimmt sind,

2. Arzneimittel menschlicher Herkunft zur unmittelbaren Anwendung oder hämatopoetische Stammzellzubereitungen aus dem peripheren Blut oder aus dem Nabelschnurblut, die zur gerichteten, für eine bestimmte Person vorgesehenen Anwendung bestimmt sind,

3. Wirkstoffe, die menschlicher, tierischer oder mikrobieller Herkunft sind und für die Herstellung von nach einer im Homöopathischen Teil des Arzneibuches beschriebenen Verfahrenstechnik herzustellenden Arzneimitteln bestimmt sind,

4. Wirkstoffe, die Stoffe nach § 3 Nummer 1 bis 3 sind, soweit sie den Anforderungen der Guten Herstellungspraxis gemäß den Grundsätzen und Leitlinien der Europäischen Kommission nicht unterliegen,

5. Gewebe im Sinne von § 1a Nummer 4 des Transplantationsgesetzes,

6. autologes Blut zur Herstellung von biotechnologisch bearbeiteten Gewebeprodukten,

7. Gewebezubereitungen im Sinne von § 20c und

8. Wirkstoffe, die in einem Staat hergestellt und aus diesem eingeführt werden, der nicht Mitgliedstaat der Europäischen Union oder ein anderer Vertragsstaat des Abkommens über den Europäischen Wirtschaftsraum ist und der in der von der Europäischen Kommission veröffentlichten Liste nach Artikel 111b der Richtlinie 2001/83/EG aufgeführt ist.

(1b) Die in Absatz 1 Satz 1 Nr. 1 und 2 für Wirkstoffe, die menschlicher, tierischer oder mikrobieller Herkunft sind, oder für Wirkstoffe, die auf gentechnischem Wege hergestellt werden, enthaltenen Regelungen gelten entsprechend für andere zur Arzneimittelherstellung bestimmte Stoffe menschlicher Herkunft.

(1c) Arzneimittel und Wirkstoffe, die menschlicher, tierischer oder mikrobieller Herkunft sind oder Wirkstoffe, die auf gentechnischem Wege hergestellt werden, sowie andere zur Arzneimittelherstellung bestimmte Stoffe menschlicher Herkunft, ausgenommen die in Absatz 1a Nr. 1 und 2 genannten Arzneimittel, dürfen nicht aufgrund einer Bescheinigung nach Absatz 1 Satz 1 Nr. 3 eingeführt werden.

(1d) Absatz 1 Satz 1 findet auf die Einfuhr von Wirkstoffen sowie anderen zur Arzneimittelherstellung bestimmten Stoffen menschlicher Herkunft Anwendung, soweit ihre Überwachung durch eine Rechtsverordnung nach § 54 geregelt ist.

(1e) Die zuständige Behörde stellt dem Inhaber der Erlaubnis nach § 72 Absatz 4 Satz 2 eine Bescheinigung nach Maßgabe des Anhangs II der Richtlinie (EU) 2015/566 aus, wenn ein Zertifikat nach Absatz 1 Satz 1 Nummer 1 vorliegt oder die Voraussetzungen für eine Bescheinigung nach Absatz 1 Satz 1 Nummer 2 in Verbindung mit Absatz 1 Satz 3 Nummer 1 erfüllt sind.

(2) Das Bundesministerium wird ermächtigt, durch Rechtsverordnung mit Zustimmung des Bundesrates zu bestimmen, dass Stoffe und Zubereitungen aus Stoffen, die als Arzneimittel oder zur Herstellung von Arzneimitteln verwendet werden können, nicht eingeführt werden dürfen, sofern dies zur Abwehr von Gefahren für die Gesundheit des Menschen oder zur Risikovorsorge erforderlich ist.

(3) [1]Das Bundesministerium wird ferner ermächtigt, durch Rechtsverordnung mit Zustimmung des Bundesrates die weiteren Voraussetzungen für die Einfuhr von den unter Absatz 1a Nr. 1 und 2 genannten Arzneimitteln, zu bestimmen, sofern dies erforderlich ist, um eine ordnungsgemäße Qualität der Arzneimittel zu gewährleisten. [2]Es kann dabei insbesondere Regelungen zu den von der sachkundigen Person nach § 14 durchzuführenden Prüfungen und der Möglichkeit einer Überwachung im Herstellungsland durch die zuständige Behörde treffen.

(4) *(aufgehoben)*

§ 72b Einfuhrerlaubnis und Zertifikate für Gewebe und bestimmte Gewebezubereitungen.

(1) [1]Gewebe im Sinne von § 1a Nummer 4 des Transplantationsgesetzes oder Gewebezubereitungen im Sinne von § 20c Absatz 1 Satz 1 oder Satz 2 dürfen nur von einer einführenden Gewebeeinrichtung eingeführt werden, die diese Tätigkeit gewerbs- oder berufsmäßig ausübt und die über die Einfuhr einen Vertrag mit einem Drittstaatlieferanten geschlossen hat. [2]Drittstaatlieferant ist eine Gewebeeinrichtung oder eine andere Stelle in einem Staat, der weder Mitgliedstaat der Europäischen Union noch anderer Vertragsstaat des Abkommens über den Europäischen Wirtschaftsraum ist, die für die Ausfuhr von Geweben oder Gewebezubereitungen, die sie an die einführende Gewebeeinrichtung liefert, verantwortlich ist. [3]Die einführende Gewebeeinrichtung bedarf einer Erlaubnis der zuständigen Behörde. [4]Die Entscheidung über die Erteilung der Erlaubnis trifft die zuständige Behörde des Landes, in dem die Betriebsstätte der einführenden Gewebeeinrichtung liegt oder liegen soll, im Benehmen mit der zuständigen Bundesoberbehörde. [5]Für die Einfuhr von Gewebezubereitungen zur unmittelbaren Anwendung gilt § 72 Absatz 2 entsprechend.

(1a) [1]Dem Antrag auf Erlaubnis nach Absatz 1 Satz 3 sind die in den Anhängen I und III Teil A der Richtlinie (EU) 2015/566 genannten Informationen und Unterlagen beizufügen. [2]Abweichend von Satz 1 sind einem Antrag auf Erteilung einer Erlaubnis, Gewebezubereitungen zur unmittelbaren Anwendung bei Menschen einzuführen, nur die in Anhang I Teil A, B und C Nummer 1 bis 3 und in Anhang III Teil A Nummer 1 und 3 der Richtlinie (EU) 2015/566 genannten Informationen und Unterlagen beizufügen. [3]§ 20c Absatz 2 bis 5 und 7 gilt entsprechend.

(2) [1]Die einführende Gewebeeinrichtung nach Absatz 1 darf die Gewebe oder Gewebezubereitungen nur einführen, wenn

1. die Behörde des Herkunftslandes durch ein Zertifikat bestätigt hat, dass die Gewinnung, Laboruntersuchung, Be- oder Verarbeitung, Konservierung, Lagerung oder Prüfung nach Standards durchgeführt wurden, die den von der Europäischen Union festgelegten Standards der Guten fachlichen Praxis mindestens gleichwertig sind, und solche Zertifikate gegenseitig anerkannt sind, oder

2. die für die einführende Gewebeeinrichtung zuständige Behörde bescheinigt hat, dass die Standards der Guten fachlichen Praxis bei der Gewinnung, Laboruntersuchung, Be- oder Verarbeitung, Konservierung, Lagerung oder Prüfung eingehalten werden, nachdem sie oder eine zuständige Behörde eines anderen Mitgliedstaates der Europäischen Union oder eines anderen Vertragsstaates des Abkommens über den Europäischen Wirtschaftsraum sich darüber im Herstellungsland vergewissert hat, oder

3. die für die einführende Gewebeeinrichtung zuständige Behörde bescheinigt hat, dass die Einfuhr im öffentlichen Interesse ist, wenn ein Zertifikat nach Nummer 1 nicht vorliegt und eine Bescheinigung nach Nummer 2 nicht möglich ist.

[2]Die einführende Gewebeeinrichtung hat die in Anhang III Teil B der Richtlinie (EU) 2015/566 genannte Dokumentation bereitzuhalten und auf Verlangen der zuständigen Behörde vorzulegen. [3]Abweichend von Satz 1 Nr. 2 kann die zuständige Behörde von einer Besichtigung der Entnahmeeinrichtungen im Herkunftsland absehen, wenn die von der einführenden Gewebeeinrichtung eingereichten Unterlagen zu keinen Beanstandungen Anlass geben oder ihr Einrichtungen oder Betriebsstätten sowie das Qualitätssicherungssystem desjenigen, der im Herkunftsland das Gewebe gewinnt, bereits bekannt sind.

(2a) Die zuständige Behörde stellt dem Inhaber der Erlaubnis nach Absatz 1 eine Bescheinigung nach Maßgabe des Anhangs II der Richtlinie (EU) 2015/566 aus, wenn ein Zertifikat nach Absatz 2 Satz 1 Nummer 1 vorliegt oder die Voraussetzungen für eine Bescheinigung nach Absatz 2 Satz 1 Nummer 2, auch in Verbindung mit Absatz 2 Satz 3, erfüllt sind.

(2b) Die Absätze 2 und 2a gelten nicht für hämatopoetische Stammzellzubereitungen aus dem Knochenmark, die zur gerichteten, für eine bestimmte Person vorgesehenen Anwendung bestimmt sind.

(2c) [1]Der Inhaber der Erlaubnis nach Absatz 1 Satz 3 hat jede Veränderung der in § 20c Absatz 2 genannten Voraussetzungen und jede wesentliche Änderung seiner Einfuhrtätigkeiten unter Vorlage von Nachweisen der zuständigen Behörde im Voraus anzuzeigen. [2]Der Inhaber der Erlaubnis darf die Änderung erst vornehmen, wenn die zuständige Behörde eine schriftliche Erlaubnis erteilt hat. [3]Als wesentliche Änderung der Einfuhrtätigkeiten gelten insbesondere Änderungen im Hinblick auf

1. die Art der eingeführten Gewebe oder Gewebezubereitungen,
2. die in einem Drittstaat, der weder Mitgliedstaat der Europäischen Union noch anderer Vertragsstaat des Abkommens über den Europäischen Wirtschaftsraum ist, ausgeübten Tätigkeiten, die sich auf die Qualität und die Sicherheit der eingeführten Gewebe oder Gewebezubereitungen auswirken können, oder
3. die eingesetzten Drittstaatlieferanten.

[4]Nimmt der Inhaber der Erlaubnis eine einmalige Einfuhr im Sinne des § 72c Absatz 2 von Geweben oder Gewebezubereitungen vor, die von einem Drittstaatlieferanten stammen, der nicht Gegenstand dieser Erlaubnis ist, so gilt eine solche einmalige Einfuhr nicht als wesentliche Änderung, sofern die Erlaubnis der einführenden Gewebeeinrichtung die Einfuhr derselben Art von Geweben oder Gewebezubereitungen von einem anderen Drittstaatlieferanten umfasst.

(2d) Der Inhaber der Erlaubnis hat der zuständigen Behörde unverzüglich Folgendes mitzuteilen:

1. den Widerruf, die Rücknahme oder die Anordnung des Ruhens der Genehmigung, Erlaubnis oder Bescheinigung eines Drittstaatlieferanten für die Ausfuhr von Geweben oder Gewebezubereitungen durch die zuständige Behörde des Staates, in dem der Drittstaatlieferant ansässig ist,
2. jede sonstige Entscheidung, die
   a) wegen Nichteinhaltung der Bestimmungen von der zuständigen Behörde des Staates, in dem der Drittstaatlieferant ansässig ist, getroffen wurde und
   b) für die Qualität und die Sicherheit der eingeführten Gewebe oder Gewebezubereitungen relevant sein kann,
3. die vollständige oder teilweise Einstellung seiner Einfuhrtätigkeit und
4. einen unvorhergesehenen Wechsel der verantwortlichen Person nach § 20c.

(3) [1]Das Bundesministerium wird ermächtigt, durch Rechtsverordnung mit Zustimmung des Bundesrates die weiteren Voraussetzungen für die Einfuhr von Geweben oder Gewebezubereitungen nach Absatz 2 zu bestimmen, um eine ordnungsgemäße Qualität der Gewebe oder Gewebezubereitungen zu gewährleisten. [2]Es kann dabei insbesondere Regelungen zu den von der verantwortlichen Person nach § 20c durchzuführenden Prüfungen und der Durchführung der Überwachung im Herkunftsland durch die zuständige Behörde treffen.

(4) Absatz 2 Satz 1 findet auf die Einfuhr von Gewebe und Gewebezubereitungen im Sinne von Absatz 1 Anwendung, soweit ihre Überwachung durch eine Rechtsverordnung nach § 54, nach § 12 des Transfusionsgesetzes oder nach § 16a des Transplantationsgesetzes geregelt ist.

§ 72c Einmalige Einfuhr von Gewebe oder Gewebezubereitungen.

(1) [1]Gewebe im Sinne von § 1a Nummer 4 des Transplantationsgesetzes oder Gewebezubereitungen im Sinne von § 20c Absatz 1 Satz 1 oder Satz 2, die

Gegenstand einer einmaligen Einfuhr sind, dürfen nur von einer einführenden Gewebeeinrichtung im Sinne des § 72b Absatz 1 Satz 1 eingeführt werden. [2]Die einführende Gewebeeinrichtung bedarf für die einmalige Einfuhr einer Erlaubnis der zuständigen Behörde. [3]Die Entscheidung über die Erteilung der Erlaubnis trifft die zuständige Behörde des Landes, in dem die Betriebsstätte der einführenden Gewebeeinrichtung liegt oder liegen soll.

(2) [1]Eine einmalige Einfuhr ist die Einfuhr eines Gewebes oder einer Gewebezubereitung im Auftrag einer bestimmten Person, die dieses Gewebe oder diese Gewebezubereitung bei einem Drittstaatlieferanten für die zukünftige Verwendung für sich oder Verwandte ersten oder zweiten Grades gelagert hat. [2]Es ist erlaubt, das Gewebe oder die Gewebezubereitung an eine Person abzugeben, die Ärztin oder Arzt ist und die das Gewebe oder die Gewebezubereitung bei der bestimmten Person oder der nahe verwandten Person anwenden soll. [3]Die Abgabe des Gewebes oder der Gewebezubereitung an andere als die vorgenannten Personen ist ausgeschlossen.

(3) [1]Dem Antrag auf Erlaubnis nach Absatz 1 Satz 2 sind die in Anhang I mit Ausnahme des Teils F der Richtlinie (EU) 2015/566 genannten Informationen und Unterlagen beizufügen. [2]§ 20c Absatz 2 bis 5 und 7 ist entsprechend anzuwenden. [3]Die zuständige Behörde stellt dem Inhaber der Erlaubnis nach Absatz 1 Satz 2 eine Bescheinigung nach Maßgabe des Anhangs II der Richtlinie (EU) 2015/566 aus. [4]§ 72b Absatz 2c Satz 1 und 2 und Absatz 2d ist entsprechend anzuwenden.

(4) [1]Die Absätze 1 bis 3 gelten entsprechend für hämatopoetische Stammzellen und Stammzellzubereitungen aus dem peripheren Blut oder aus dem Nabelschnurblut. [2]Abweichend von Absatz 3 Satz 2 sind die Vorgaben der §§ 14 bis 19 entsprechend anzuwenden.

§ 73[35] **Verbringungsverbot.** (1) [1]Arzneimittel, die der Pflicht zur Zulassung oder Genehmigung nach § 21a oder zur Registrierung unterliegen, dürfen in den Geltungsbereich dieses Gesetzes nur verbracht werden, wenn sie zum Verkehr

---

35 Gemäß Art. 2 Nr. 21 G vom 20.12.2016 (BGBl. I S. 3048) wird § 73 wie folgt geändert:
   a) In Absatz 2 Nummer 2 wird das Komma und werden die Wörter „mit Ausnahme von Arzneimitteln, die zur klinischen Prüfung bei Menschen bestimmt sind" durch die Wörter „oder die vom Sponsor einer klinischen Prüfung bei Menschen oder einer von diesem beauftragten Person als Hilfspräparate gemäß Artikel 59 der Verordnung (EU) Nr. 536/2014 für eine klinische Prüfung bei Menschen gemäß den Angaben des Prüfplans verwendet werden sollen" ersetzt.
   b) In Absatz 4 Satz 2 wird die Angabe „und 9" gestrichen.
   Diese Änderungen treten sechs Monate nach der Veröffentlichung der Mitteilung der Europäischen Kommission über die Funktionsfähigkeit des EU-Portals und der Datenbank nach Artikel 82 der Verordnung (EU) Nr. 536/2014 des Europäischen Parlaments und des Rates vom 16. April 2014 über klinische Prüfungen mit Humanarzneimitteln und zur Aufhebung der Richtlinie 2001/20/EG (ABl. L 158 vom 27.5.2014, S. 1) im Amtsblatt der Europäischen Union in Kraft.

im Geltungsbereich dieses Gesetzes zugelassen, nach § 21a genehmigt, registriert oder von der Zulassung oder der Registrierung freigestellt sind und

1. der Empfänger in dem Fall des Verbringens aus einem Mitgliedstaat der Europäischen Union oder einem anderen Vertragsstaat des Abkommens über den Europäischen Wirtschaftsraum pharmazeutischer Unternehmer, Großhändler oder Tierarzt ist, eine Apotheke betreibt oder als Träger eines Krankenhauses nach dem Apothekengesetz von einer Apotheke eines Mitgliedstaates der Europäischen Union oder eines anderen Vertragsstaates des Abkommens über den Europäischen Wirtschaftsraum mit Arzneimitteln versorgt wird,

1a. im Falle des Versandes an den Endverbraucher das Arzneimittel von einer Apotheke eines Mitgliedstaates der Europäischen Union oder eines anderen Vertragsstaates des Abkommens über den Europäischen Wirtschaftsraum, welche für den Versandhandel nach ihrem nationalen Recht, soweit es dem deutschen Apothekenrecht im Hinblick auf die Vorschriften zum Versandhandel entspricht, oder nach dem deutschen Apothekengesetz befugt ist, entsprechend den deutschen Vorschriften zum Versandhandel oder zum elektronischen Handel versandt wird oder

2. der Empfänger in dem Fall des Verbringens aus einem Staat, das[36] nicht Mitgliedstaat der Europäischen Union oder ein anderer Vertragsstaat des Abkommens über den Europäischen Wirtschaftsraum ist, eine Erlaubnis nach § 72, § 72b oder § 72c besitzt.

[2]Die in § 47a Abs. 1 Satz 1 genannten Arzneimittel dürfen nur in den Geltungsbereich dieses Gesetzes verbracht werden, wenn der Empfänger eine der dort genannten Einrichtungen ist. [3]Das Bundesministerium veröffentlicht in regelmäßigen Abständen eine aktualisierte Übersicht über die Mitgliedstaaten der Europäischen Union und die anderen Vertragsstaaten des Europäischen Wirtschaftsraums, in denen für den Versandhandel und den elektronischen Handel mit Arzneimitteln dem deutschen Recht vergleichbare Sicherheitsstandards bestehen.

(1a) Fütterungsarzneimittel dürfen in den Geltungsbereich dieses Gesetzes nur verbracht werden, wenn sie

1. den im Geltungsbereich dieses Gesetzes geltenden arzneimittelrechtlichen Vorschriften entsprechen und

2. der Empfänger zu den in Absatz 1 genannten Personen gehört oder im Falle des § 56 Abs. 1 Satz 1 Tierhalter ist.

(1b) [1]Es ist verboten, gefälschte Arzneimittel oder gefälschte Wirkstoffe in den Geltungsbereich dieses Gesetzes zu verbringen. [2]Die zuständige Behörde kann in begründeten Fällen, insbesondere zum Zwecke der Untersuchung oder Strafverfolgung, Ausnahmen zulassen.

---

36 Richtig wohl: der.

(2) Absatz 1 Satz 1 gilt nicht für Arzneimittel, die

1. im Einzelfall in geringen Mengen für die Arzneimittelversorgung bestimmter Tiere bei Tierschauen, Turnieren oder ähnlichen Veranstaltungen bestimmt sind,

2. für den Eigenbedarf der Einrichtungen von Forschung und Wissenschaft bestimmt sind und zu wissenschaftlichen Zwecken benötigt werden, mit Ausnahme von Arzneimitteln, die zur klinischen Prüfung bei Menschen bestimmt sind,

2a. in geringen Mengen von einem pharmazeutischen Unternehmer, einem Betrieb mit einer Erlaubnis nach § 13 oder von einem Prüflabor als Anschauungsmuster oder zu analytischen Zwecken benötigt werden,

2b. von einem Betrieb mit Erlaubnis nach § 13 entweder zum Zweck der Be- oder Verarbeitung und des anschließenden Weiter- oder Zurückverbringens oder zum Zweck der Herstellung eines zum Inverkehrbringen im Geltungsbereich zugelassenen oder genehmigten Arzneimittels aus einem Mitgliedstaat der Europäischen Union oder einem anderen Vertragsstaat des Abkommens über den Europäischen Wirtschaftsraum verbracht werden,

3. unter zollamtlicher Überwachung durch den Geltungsbereich des Gesetzes befördert oder in ein Zolllagerverfahren oder eine Freizone des Kontrolltyps II übergeführt oder in eine Freizone des Kontrolltyps I oder ein Freilager verbracht werden,

3a. in einem Mitgliedstaat der Europäischen Union oder einem anderen Vertragsstaat des Abkommens über den Europäischen Wirtschaftsraum zugelassen sind und auch nach Zwischenlagerung bei einem pharmazeutischen Unternehmer, Hersteller oder Großhändler wiederausgeführt oder weiterverbracht oder zurückverbracht werden,

4. für das Oberhaupt eines auswärtigen Staates oder seine Begleitung eingebracht werden und zum Gebrauch während seines Aufenthalts im Geltungsbereich dieses Gesetzes bestimmt sind,

5. zum persönlichen Gebrauch oder Verbrauch durch die Mitglieder einer diplomatischen Mission oder konsularischen Vertretung im Geltungsbereich dieses Gesetzes oder Beamte internationaler Organisationen, die dort ihren Sitz haben, sowie deren Familienangehörige bestimmt sind, soweit diese Personen weder Deutsche noch im Geltungsbereich dieses Gesetzes ständig ansässig sind,

6. bei der Einreise in den Geltungsbereich dieses Gesetzes in einer dem üblichen persönlichen Bedarf oder dem üblichen Bedarf der bei der Einreise mitgeführten nicht der Gewinnung von Lebensmitteln dienenden Tiere entsprechenden Menge eingebracht werden,

6a. im Herkunftsland in Verkehr gebracht werden dürfen und ohne gewerbs- oder berufsmäßige Vermittlung in einer dem üblichen persönlichen Bedarf entsprechenden Menge aus einem Mitgliedstaat der Europäischen Union oder einem anderen Vertragsstaat des Abkommens über den Europäischen Wirtschaftsraum bezogen werden,

7. in Verkehrsmitteln mitgeführt werden und ausschließlich zum Gebrauch oder Verbrauch der durch diese Verkehrsmittel beförderten Personen bestimmt sind,

8. zum Gebrauch oder Verbrauch auf Seeschiffen bestimmt sind und an Bord der Schiffe verbraucht werden,

9. als Proben der zuständigen Bundesoberbehörde zum Zwecke der Zulassung oder der staatlichen Chargenprüfung übersandt werden,

9a. als Proben zu analytischen Zwecken von der zuständigen Behörde im Rahmen der Arzneimittelüberwachung benötigt werden,

10. durch Bundes- oder Landesbehörden im zwischenstaatlichen Verkehr bezogen werden.

(3) [1]Abweichend von Absatz 1 Satz 1 dürfen Fertigarzneimittel, die zur Anwendung bei Menschen bestimmt sind und nicht zum Verkehr im Geltungsbereich dieses Gesetzes zugelassen, registriert oder von der Zulassung oder Registrierung freigestellt sind, in den Geltungsbereich dieses Gesetzes verbracht werden, wenn

1. sie von Apotheken auf vorliegende Bestellung einzelner Personen in geringer Menge bestellt und von diesen Apotheken im Rahmen der bestehenden Apothekenbetriebserlaubnis abgegeben werden,

2. sie in dem Staat rechtmäßig in Verkehr gebracht werden dürfen, aus dem sie in den Geltungsbereich dieses Gesetzes verbracht werden, und

3. für sie hinsichtlich des Wirkstoffs identische und hinsichtlich der Wirkstärke vergleichbare Arzneimittel für das betreffende Anwendungsgebiet im Geltungsbereich des Gesetzes nicht zur Verfügung stehen

oder wenn sie in angemessenem Umfang, der zur Sicherstellung einer ordnungsgemäßen Versorgung der Patienten des Krankenhauses notwendig ist, zum Zwecke der vorübergehenden Bevorratung von einer Krankenhausapotheke oder krankenhausversorgenden Apotheke unter den Voraussetzungen der Nummer 2 bestellt und von dieser Krankenhausapotheke oder krankenhausversorgenden Apotheke unter den Voraussetzungen der Nummer 3 im Rahmen der bestehenden Apothekenbetriebserlaubnis zum Zwecke der Verabreichung an einen Patienten des Krankenhauses unter der unmittelbaren persönlichen Verantwortung einer ärztlichen Person abgegeben werden oder sie nach den apothekenrechtlichen Vorschriften oder berufsgenossenschaftlichen Vorgaben oder im Geschäftsbereich des Bundesministeriums der Verteidigung für Notfälle vorrätig zu halten sind oder kurzfristig beschafft werden müssen, wenn im Geltungsbereich dieses Gesetzes Arzneimittel für das betreffende Anwendungsgebiet nicht zur Verfügung stehen. [2]Die Bestellung nach Satz 1 Nummer 1 und die Abgabe der nach Satz 1 in den Geltungsbereich dieses Gesetzes verbrachten Arzneimittel bedürfen der ärztlichen oder zahnärztlichen Verschreibung für Arzneimittel, die nicht aus Mitgliedstaaten der Europäischen Union oder anderen Vertragsstaaten des Abkommens über den Europäischen Wirtschaftsraum bezogen worden sind. [3]Das Nähere regelt die Apothekenbetriebsordnung.

(3a) Abweichend von Absatz 1 Satz 1 dürfen Gewebezubereitungen, die nicht zum Verkehr im Geltungsbereich dieses Gesetzes nach § 21a Absatz 1 genehmigt sind, und hämatopoetische Stammzellzubereitungen aus dem peripheren Blut oder aus dem Nabelschnurblut, die nicht zum Verkehr im Geltungsbereich dieses Gesetzes nach § 21 zugelassen oder nach § 21a Absatz 1 genehmigt sind, in den Geltungsbereich dieses Gesetzes verbracht werden, wenn

1. sie von einer Einrichtung, die Inhaber einer Erlaubnis nach den §§ 13, 20c, 72, 72b oder nach § 72c für Tätigkeiten mit diesen Gewebezubereitungen oder hämatopoetischen Stammzellzubereitungen aus dem peripheren Blut oder aus dem Nabelschnurblut ist, auf vorliegende Bestellung einer einzelnen Person in geringer Menge bestellt werden und von dieser Einrichtung an das anwendende Krankenhaus oder den anwendenden Arzt abgegeben werden,

2. sie in dem Staat, aus dem sie in den Geltungsbereich dieses Gesetzes verbracht werden, rechtmäßig in Verkehr gebracht werden dürfen,

3. für sie hinsichtlich der Funktionalität vergleichbare Arzneimittel für das betreffende Anwendungsgebiet im Geltungsbereich dieses Gesetzes nicht zur Verfügung stehen und

4. im Fall des Verbringens aus einem Staat, der weder Mitgliedstaat der Europäischen Union noch anderer Vertragsstaat des Abkommens über den Europäischen Wirtschaftsraum ist, die Bestellung und Abgabe auf Grund einer ärztlichen Verschreibung erfolgt.

(3b) [1]Abweichend von Absatz 1 Satz 1 dürfen Fertigarzneimittel, die nicht zum Verkehr im Geltungsbereich dieses Gesetzes zugelassen oder registriert oder von der Zulassung oder Registrierung freigestellt sind zum Zwecke der Anwendung bei Tieren, in den Geltungsbereich dieses Gesetzes nur verbracht werden, wenn

1. sie von Apotheken für Tierärzte oder Tierhalter bestellt und von diesen Apotheken im Rahmen der bestehenden Apothekenbetriebserlaubnis abgegeben werden oder vom Tierarzt im Rahmen des Betriebs einer tierärztlichen Hausapotheke für die von ihm behandelten Tiere bestellt werden,

2. sie in einem Mitgliedstaat der Europäischen Union oder einem anderen Vertragsstaat des Abkommens über den Europäischen Wirtschaftsraum zur Anwendung bei Tieren zugelassen sind und

3. im Geltungsbereich dieses Gesetzes kein zur Erreichung des Behandlungsziels geeignetes zugelassenes Arzneimittel, das zur Anwendung bei Tieren bestimmt ist, zur Verfügung steht.

[2]Die Bestellung und Abgabe in Apotheken dürfen nur bei Vorliegen einer tierärztlichen Verschreibung erfolgen. [3]Absatz 3 Satz 3 gilt entsprechend. [4]Tierärzte, die Arzneimittel nach Satz 1 bestellen oder von Apotheken beziehen oder verschreiben, haben dies unverzüglich der zuständigen Behörde anzuzeigen. [5]In der Anzeige ist anzugeben, für welche Tierart und welches Anwendungsgebiet die Anwendung des Arzneimittels vorgesehen ist, der Staat, aus dem das Arzneimittel in den Geltungsbereich dieses Gesetzes verbracht wird, die Bezeich-

nung und die bestellte Menge des Arzneimittels sowie seine Wirkstoffe nach Art und Menge.

(4) [1]Auf Arzneimittel nach Absatz 2 Nummer 4 und 5 finden die Vorschriften dieses Gesetzes keine Anwendung. [2]Auf Arzneimittel nach Absatz 2 Nummer 1 bis 3 und 6 bis 10 und den Absätzen 3 und 3a finden die Vorschriften dieses Gesetzes keine Anwendung mit Ausnahme der §§ 5, 8, 13 bis 20a, 52a, 64 bis 69a und 78, ferner in den Fällen des Absatzes 2 Nummer 2 und der Absätze 3 und 3a auch mit Ausnahme der §§ 48, 95 Absatz 1 Nummer 1 und 3a, Absatz 2 bis 4, § 96 Nummer 3, 10 und 11 sowie § 97 Absatz 1, 2 Nummer 1 und 9 sowie Absatz 3, ferner in den Fällen des Absatzes 3a auch mit Ausnahme der §§ 20b bis 20d, 72, 72b, 72c, 96 Nummer 18b und 18d und des § 97 Absatz 2 Nummer 7a. [3]Auf Arzneimittel nach Absatz 3b finden die Vorschriften dieses Gesetzes keine Anwendung mit Ausnahme der §§ 5, 8, 48, 52a, 56a, 57, 58 Absatz 1 Satz 1, der §§ 59, 64 bis 69a, 78, 95 Absatz 1 Nummer 1, 3a, 6, 8, 9 und 10, Absatz 2 bis 4, § 96 Nummer 3, 13, 14 und 15 bis 17, § 97 Absatz 1, 2 Nummer 1, 21 bis 24 sowie 31 und Absatz 3 sowie der Vorschriften der aufgrund des § 12 Absatz 1 Nummer 1 und 2 sowie Absatz 2, des § 48 Absatz 2 Nummer 4 und Absatz 4, des § 54 Absatz 1, 2 und 3 sowie des § 56a Absatz 3 erlassenen Verordnung über tierärztliche Hausapotheken und der aufgrund der §§ 12, 54 und 57 erlassenen Verordnung über Nachweispflichten für Arzneimittel, die zur Anwendung bei Tieren bestimmt sind.

(5) [1]Ärzte und Tierärzte dürfen bei der Ausübung ihres Berufes im kleinen Grenzverkehr im Sinne der Verordnung (EG) Nr. 1931/2006 des Europäischen Parlaments und des Rates vom 20. Dezember 2006 zur Festlegung von Vorschriften über den kleinen Grenzverkehr an den Landaußengrenzen der Mitgliedstaaten sowie zur Änderung der Bestimmungen des Übereinkommens von Schengen (ABl. L 405 vom 30.12.2006, S. 1) nur Arzneimittel mitführen, die zum Verkehr im Geltungsbereich dieses Gesetzes zugelassen oder registriert sind oder von der Zulassung oder Registrierung freigestellt sind. [2]Abweichend von Absatz 1 Satz 1 dürfen Ärzte, die eine Gesundheitsdienstleistung im Sinne der Richtlinie 2011/24/EU des Europäischen Parlaments und des Rates vom 9. März 2011 über die Ausübung der Patientenrechte in der grenzüberschreitenden Gesundheitsversorgung (ABl. L 88 vom 4.4.2011, S. 45) erbringen, am Ort ihrer Niederlassung zugelassene Arzneimittel in kleinen Mengen in einem für das Erbringen der grenzüberschreitenden Gesundheitsversorgung unerlässlichen Umfang in der Originalverpackung mit sich führen, wenn und soweit Arzneimittel gleicher Zusammensetzung und für gleiche Anwendungsgebiete auch im Geltungsbereich dieses Gesetzes zugelassen sind; der Arzt darf diese Arzneimittel nur selbst anwenden. [3]Ferner dürfen abweichend von Absatz 1 Satz 1 Tierärzte, die als Staatsangehörige eines Mitgliedstaates der Europäischen Union oder eines anderen Vertragsstaates des Abkommens über den Europäischen Wirtschaftsraum eine Dienstleistung im Sinne der Richtlinie 2006/123/EG des Europäischen Parlaments und des Rates vom 12. Dezember 2006 über Dienstleistungen im Binnenmarkt (ABl. L 376 vom 27.12.2006, S. 36) er-

bringen, am Ort ihrer Niederlassung zugelassene Arzneimittel in kleinen Mengen in einem für das Erbringen der Dienstleistung unerlässlichen Umfang in der Originalverpackung mit sich führen, wenn und soweit Arzneimittel gleicher Zusammensetzung und für gleiche Anwendungsgebiete auch im Geltungsbereich dieses Gesetzes zugelassen sind; der Tierarzt darf diese Arzneimittel nur selbst anwenden. [4]Er hat den Tierhalter auf die für das entsprechende, im Geltungsbereich dieses Gesetzes zugelassene Arzneimittel festgesetzte Wartezeit hinzuweisen.

(6) [1]Für die zollamtliche Abfertigung zum freien Verkehr im Falle des Absatzes 1 Satz 1 Nr. 2 sowie des Absatzes 1a Nr. 2 in Verbindung mit Absatz 1 Satz 1 Nr. 2 ist die Vorlage einer Bescheinigung der für den Empfänger zuständigen Behörde erforderlich, in der die Arzneimittel bezeichnet sind und bestätigt wird, dass die Voraussetzungen nach Absatz 1 oder Absatz 1a erfüllt sind. [2]Die Zolldienststelle übersendet auf Kosten des Zollbeteiligten die Bescheinigung der Behörde, die diese Bescheinigung ausgestellt hat.

(7) Im Falle des Absatzes 1 Nr. 1 hat ein Empfänger, der Großhändler ist oder eine Apotheke betreibt, das Bestehen der Deckungsvorsorge nach § 94 nachzuweisen.

§ 73a Ausfuhr. (1) [1]Abweichend von den §§ 5 und 8 Absatz 1 und 2 dürfen die dort bezeichneten Arzneimittel ausgeführt oder aus dem Geltungsbereich des Gesetzes verbracht werden, wenn die zuständige Behörde des Bestimmungslandes die Einfuhr oder das Verbringen genehmigt hat. [2]Aus der Genehmigung nach Satz 1 muss hervorgehen, dass der zuständigen Behörde des Bestimmungslandes die Versagungsgründe bekannt sind, die dem Inverkehrbringen im Geltungsbereich dieses Gesetzes entgegenstehen.

(2) [1]Auf Antrag des pharmazeutischen Unternehmers, des Herstellers, des Ausführers oder der zuständigen Behörde des Bestimmungslandes stellt die zuständige Behörde oder die zuständige Bundesoberbehörde, soweit es sich um zulassungsbezogene Angaben handelt und der Zulassungsinhaber seinen Sitz außerhalb des Geltungsbereiches des Arzneimittelgesetzes hat, ein Zertifikat entsprechend dem Zertifikatsystem der Weltgesundheitsorganisation aus. [2]Wird der Antrag von der zuständigen Behörde des Bestimmungslandes gestellt, ist vor Erteilung des Zertifikats die Zustimmung des Herstellers einzuholen.

§ 74 Mitwirkung von Zolldienststellen. (1) [1]Das Bundesministerium der Finanzen und die von ihm bestimmten Zolldienststellen wirken bei der Überwachung des Verbringens von Arzneimitteln und Wirkstoffen in den Geltungsbereich dieses Gesetzes und der Ausfuhr mit. [2]Die genannten Behörden können

1. Sendungen der in Satz 1 genannten Art sowie deren Beförderungsmittel, Behälter, Lade- und Verpackungsmittel zur Überwachung anhalten,
2. den Verdacht von Verstößen gegen Verbote und Beschränkungen dieses Gesetzes oder der nach diesem Gesetz erlassenen Rechtsverordnungen, der sich bei der Wahrnehmung ihrer Aufgaben ergibt, den zuständigen Verwaltungsbehörden mitteilen,

3. in den Fällen der Nummer 2 anordnen, dass die Sendungen der in Satz 1 genannten Art auf Kosten und Gefahr des Verfügungsberechtigten einer für die
Arzneimittelüberwachung zuständigen Behörde vorgeführt werden.
[3]Das Brief- und Postgeheimnis nach Artikel 10 des Grundgesetzes wird nach
Maßgabe der Sätze 1 und 2 eingeschränkt.

(2) [1]Das Bundesministerium der Finanzen regelt im Einvernehmen mit dem
Bundesministerium durch Rechtsverordnung, die nicht der Zustimmung des
Bundesrates bedarf, die Einzelheiten des Verfahrens nach Absatz 1. [2]Es kann
dabei insbesondere Pflichten zu Anzeigen, Anmeldungen, Auskünften und zur
Leistung von Hilfsdiensten sowie zur Duldung der Einsichtnahme in Geschäfts-
papiere und sonstige Unterlagen und zur Duldung von Besichtigungen und von
Entnahmen unentgeltlicher Proben vorsehen. [3]Die Rechtsverordnung ergeht im
Einvernehmen mit dem Bundesministerium für Umwelt, Naturschutz, Bau und
Reaktorsicherheit, soweit es sich um radioaktive Arzneimittel und Wirkstoffe
oder um Arzneimittel und Wirkstoffe handelt, bei deren Herstellung ionisieren-
de Strahlen verwendet werden, und im Einvernehmen mit dem Bundesministerium für Ernährung und Landwirtschaft, soweit es sich um Arzneimittel und
Wirkstoffe handelt, die zur Anwendung bei Tieren bestimmt sind.

Vierzehnter Abschnitt

Informationsbeauftragter, Pharmaberater

§ 74a Informationsbeauftragter. (1) [1]Wer als pharmazeutischer Unternehmer Fertigarzneimittel, die Arzneimittel im Sinne des § 2 Abs. 1 oder Abs. 2
Nr. 1 sind, in den Verkehr bringt, hat eine Person mit der erforderlichen Sachkenntnis und der zur Ausübung ihrer Tätigkeit erforderlichen Zuverlässigkeit
zu beauftragen, die Aufgabe der wissenschaftlichen Information über die Arzneimittel verantwortlich wahrzunehmen (Informationsbeauftragter). [2]Der Informationsbeauftragte ist insbesondere dafür verantwortlich, dass das Verbot
des § 8 Abs. 1 Nr. 2 beachtet wird und die Kennzeichnung, die Packungsbeilage, die Fachinformation und die Werbung mit dem Inhalt der Zulassung oder
der Registrierung oder, sofern das Arzneimittel von der Zulassung oder Registrierung freigestellt ist, mit den Inhalten der Verordnungen über die Freistellung
von der Zulassung oder von der Registrierung nach § 36 oder § 39 Abs. 3 übereinstimmen. [3]Satz 1 gilt nicht für Personen, soweit sie nach § 13 Abs. 2 Satz 1
Nr. 1, 2, 3 oder 5 keiner Herstellungserlaubnis bedürfen. [4]Andere Personen als
in Satz 1 bezeichnet dürfen eine Tätigkeit als Informationsbeauftragter nicht
ausüben.

(2) Der Informationsbeauftragte kann gleichzeitig Stufenplanbeauftragter
sein.

(3) [1]Der pharmazeutische Unternehmer hat der zuständigen Behörde den Informationsbeauftragten und jeden Wechsel vorher mitzuteilen. [2]Bei einem un-

vorhergesehenen Wechsel des Informationsbeauftragten hat die Mitteilung unverzüglich zu erfolgen.

§ 75 Sachkenntnis. (1) [1]Pharmazeutische Unternehmer dürfen nur Personen, die die in Absatz 2 bezeichnete Sachkenntnis besitzen, beauftragen, hauptberuflich Angehörige von Heilberufen aufzusuchen, um diese über Arzneimittel im Sinne des § 2 Abs. 1 oder Abs. 2 Nr. 1 fachlich zu informieren (Pharmaberater). [2]Satz 1 gilt auch für eine fernmündliche Information. [3]Andere Personen als in Satz 1 bezeichnet dürfen eine Tätigkeit als Pharmaberater nicht ausüben.

(2) Die Sachkenntnis besitzen

1. Apotheker oder Personen mit einem Zeugnis über eine nach abgeschlossenem Hochschulstudium der Pharmazie, der Chemie, der Biologie, der Human- oder der Veterinärmedizin abgelegte Prüfung,

2. Apothekerassistenten sowie Personen mit einer abgeschlossenen Ausbildung als technische Assistenten in der Pharmazie, der Chemie, der Biologie, der Human- oder Veterinärmedizin,

3. Pharmareferenten.

(3) Die zuständige Behörde kann eine abgelegte Prüfung oder abgeschlossene Ausbildung als ausreichend anerkennen, die einer der Ausbildungen der in Absatz 2 genannten Personen mindestens gleichwertig ist.

§ 76 Pflichten. (1) [1]Der Pharmaberater hat, soweit er Angehörige der Heilberufe über einzelne Arzneimittel fachlich informiert, die Fachinformation nach § 11a vorzulegen. [2]Er hat Mitteilungen von Angehörigen der Heilberufe über Nebenwirkungen und Gegenanzeigen oder sonstige Risiken bei Arzneimitteln schriftlich aufzuzeichnen und dem Auftraggeber schriftlich mitzuteilen.

(2) Soweit der Pharmaberater vom pharmazeutischen Unternehmer beauftragt wird, Muster von Fertigarzneimitteln an die nach § 47 Abs. 3 berechtigten Personen abzugeben, hat er über die Empfänger von Mustern sowie über Art, Umfang und Zeitpunkt der Abgabe von Mustern Nachweise zu führen und auf Verlangen der zuständigen Behörde vorzulegen.

Fünfzehnter Abschnitt

Bestimmung der zuständigen Bundesoberbehörden und sonstige Bestimmungen

§ 77 Zuständige Bundesoberbehörde. (1) Zuständige Bundesoberbehörde ist das Bundesinstitut für Arzneimittel und Medizinprodukte, es sei denn, dass das Paul-Ehrlich-Institut oder das Bundesamt für Verbraucherschutz und Lebensmittelsicherheit zuständig ist.

(2) Das Paul-Ehrlich-Institut ist zuständig für Sera, Impfstoffe, Blutzubereitungen, Gewebezubereitungen, Gewebe, Allergene, Arzneimittel für neuar-

tige Therapien, xenogene Arzneimittel und gentechnisch hergestellte Blutbestandteile.

(3) [1]Das Bundesamt für Verbraucherschutz und Lebensmittelsicherheit ist zuständig für Arzneimittel, die zur Anwendung bei Tieren bestimmt sind. [2]Zum Zwecke der Überwachung der Wirksamkeit von Antibiotika führt das Bundesamt für Verbraucherschutz und Lebensmittelsicherheit wiederholte Beobachtungen, Untersuchungen und Bewertungen von Resistenzen tierischer Krankheitserreger gegenüber Stoffen mit antimikrobieller Wirkung, die als Wirkstoffe in Tierarzneimitteln enthalten sind, durch (Resistenzmonitoring). [3]Das Resistenzmonitoring schließt auch das Erstellen von Berichten ein.

(4) Das Bundesministerium wird ermächtigt, durch Rechtsverordnung ohne Zustimmung des Bundesrates die Zuständigkeit des Bundesinstituts für Arzneimittel und Medizinprodukte und des Paul-Ehrlich-Instituts zu ändern, sofern dies erforderlich ist, um neueren wissenschaftlichen Entwicklungen Rechnung zu tragen, oder wenn Gründe der gleichmäßigen Arbeitsauslastung eine solche Änderung erfordern.

§ 77a Unabhängigkeit und Transparenz. (1) [1]Die zuständigen Bundesoberbehörden und die zuständigen Behörden stellen im Hinblick auf die Gewährleistung von Unabhängigkeit und Transparenz sicher, dass mit der Zulassung und Überwachung befasste Bedienstete der Zulassungsbehörden oder anderer zuständiger Behörden oder von ihnen beauftragte Sachverständige keine finanziellen oder sonstigen Interessen in der pharmazeutischen Industrie haben, die ihre Neutralität beeinflussen könnten. [2]Diese Personen geben jährlich dazu eine Erklärung ab.

(2) Im Rahmen der Durchführung ihrer Aufgaben nach diesem Gesetz machen die zuständigen Bundesoberbehörden und die zuständigen Behörden die Geschäftsordnungen ihrer Ausschüsse, die Tagesordnungen sowie die Ergebnisprotokolle ihrer Sitzungen öffentlich zugänglich; dabei sind Betriebs-, Dienst- und Geschäftsgeheimnisse zu wahren.

§ 78 Preise. (1) [1]Das Bundesministerium für Wirtschaft und Energie wird ermächtigt, im Einvernehmen mit dem Bundesministerium und, soweit es sich um Arzneimittel handelt, die zur Anwendung bei Tieren bestimmt sind, im Einvernehmen mit dem Bundesministerium für Ernährung und Landwirtschaft durch Rechtsverordnung mit Zustimmung des Bundesrates
1. Preisspannen für Arzneimittel, die im Großhandel, in Apotheken oder von Tierärzten im Wiederverkauf abgegeben werden,
2. Preise für Arzneimittel, die in Apotheken oder von Tierärzten hergestellt und abgegeben werden, sowie für Abgabegefäße,
3. Preise für besondere Leistungen der Apotheken bei der Abgabe von Arzneimitteln

festzusetzen. [2]Abweichend von Satz 1 wird das Bundesministerium für Wirtschaft und Energie ermächtigt, im Einvernehmen mit dem Bundesministerium durch Rechtsverordnung, die nicht der Zustimmung des Bundesrates bedarf, den Anteil des Festzuschlags, der nicht der Förderung der Sicherstellung des Notdienstes dient, entsprechend der Kostenentwicklung der Apotheken bei wirtschaftlicher Betriebsführung anzupassen. [3]Die Preisvorschriften für den Großhandel aufgrund von Satz 1 Nummer 1 gelten auch für pharmazeutische Unternehmer oder andere natürliche oder juristische Personen, die eine Tätigkeit nach § 4 Absatz 22 ausüben bei der Abgabe an Apotheken, die die Arzneimittel zur Abgabe an den Verbrauch beziehen. [4]Die Arzneimittelpreisverordnung, die aufgrund von Satz 1 erlassen worden ist, gilt auch für Arzneimittel, die gemäß § 73 Absatz 1 Satz 1 Nummer 1a in den Geltungsbereich dieses Gesetzes verbracht werden.

(2) [1]Die Preise und Preisspannen müssen den berechtigten Interessen der Arzneimittelverbraucher, der Tierärzte, der Apotheken und des Großhandels Rechnung tragen; zu den berechtigten Interessen der Arzneimittelverbraucher gehört auch die Sicherstellung der Versorgung. [2]Ein einheitlicher Apothekenabgabepreis für Arzneimittel, die vom Verkehr außerhalb der Apotheken ausgeschlossen sind, ist zu gewährleisten. [3]Satz 2 gilt nicht für nicht verschreibungspflichtige Arzneimittel, die nicht zu Lasten der gesetzlichen Krankenversicherung abgegeben werden.

(3) [1]Für Arzneimittel nach Absatz 2 Satz 2, für die durch die Verordnung nach Absatz 1 Preise und Preisspannen bestimmt sind, haben die pharmazeutischen Unternehmer einen einheitlichen Abgabepreis sicherzustellen; für nicht verschreibungspflichtige Arzneimittel, die zu Lasten der gesetzlichen Krankenversicherung abgegeben werden, haben die pharmazeutischen Unternehmer zum Zwecke der Abrechnung der Apotheken mit den Krankenkassen ihren einheitlichen Abgabepreis anzugeben, von dem bei der Abgabe im Einzelfall abgewichen werden kann. [2]Sozialleistungsträger, private Krankenversicherungen sowie deren jeweilige Verbände können mit pharmazeutischen Unternehmern für die zu ihren Lasten abgegebenen verschreibungspflichtigen Arzneimittel Preisnachlässe auf den einheitlichen Abgabepreis des pharmazeutischen Unternehmers vereinbaren. [3]Bei der Abgabe von Arzneimitteln, bei der die Preise und Preisspannen gemäß der Verordnung nach Absatz 1 von der Festsetzung ausgenommen sind, darf der einheitliche Abgabepreis nach Satz 1 nicht überschritten werden.

(3a) [1]Gilt für ein Arzneimittel ein Erstattungsbetrag nach § 130b des Fünften Buches Sozialgesetzbuch, gibt der pharmazeutische Unternehmer das Arzneimittel zum Erstattungsbetrag ab. [2]Abweichend von Satz 1 kann der pharmazeutische Unternehmer das Arzneimittel zu einem Betrag unterhalb des Erstattungsbetrages abgeben; die Verpflichtung in Absatz 3 Satz 1 erster Halbsatz bleibt unberührt. [3]Der Abgabepreis nach Satz 1 oder Satz 2 gilt auch für Personen, die das Arzneimittel nicht als Versicherte einer gesetzlichen Krankenkasse im Wege der Sachleistung erhalten.

(4) [1]Bei Arzneimitteln, die im Fall einer bedrohlichen übertragbaren Krankheit, deren Ausbreitung eine sofortige und das übliche Maß erheblich überschreitende Bereitstellung von spezifischen Arzneimitteln erforderlich macht, durch Apotheken abgegeben werden und die zu diesem Zweck nach § 47

Abs. 1 Satz 1 Nr. 3c bevorratet wurden, gilt als Grundlage für die nach Absatz 2 festzusetzenden Preise und Preisspannen der Länderabgabepreis. [2]Entsprechendes gilt für Arzneimittel, die aus für diesen Zweck entsprechend bevorrateten Wirkstoffen in Apotheken hergestellt und in diesen Fällen abgegeben werden. [3]In diesen Fällen gilt Absatz 2 Satz 2 auf Länderebene.

§ 79 Ausnahmeermächtigung für Krisenzeiten. (1) Das Bundesministerium wird ermächtigt, im Einvernehmen mit dem Bundesministerium für Wirtschaft und Energie durch Rechtsverordnung mit Zustimmung des Bundesrates Ausnahmen von den Vorschriften dieses Gesetzes und der aufgrund dieses Gesetzes erlassenen Rechtsverordnungen zuzulassen, wenn die notwendige Versorgung der Bevölkerung mit Arzneimitteln sonst ernstlich gefährdet wäre und eine unmittelbare oder mittelbare Gefährdung der Gesundheit von Menschen durch Arzneimittel nicht zu befürchten ist; insbesondere können Regelungen getroffen werden, um einer Verbreitung von Gefahren zu begegnen, die als Reaktion auf die vermutete oder bestätigte Verbreitung von krankheitserregenden Substanzen, Toxinen, Chemikalien oder eine Aussetzung ionisierender Strahlung auftreten können.

(2) Das Bundesministerium für Ernährung und Landwirtschaft wird ermächtigt, im Einvernehmen mit dem Bundesministerium und dem Bundesministerium für Wirtschaft und Energie durch Rechtsverordnung, die nicht der Zustimmung des Bundesrates bedarf, Ausnahmen von den Vorschriften dieses Gesetzes und der aufgrund dieses Gesetzes erlassenen Rechtsverordnungen zuzulassen, wenn die notwendige Versorgung der Tierbestände mit Arzneimitteln sonst ernstlich gefährdet wäre und eine unmittelbare oder mittelbare Gefährdung der Gesundheit von Mensch oder Tier durch Arzneimittel nicht zu befürchten ist.

(3) Die Rechtsverordnungen nach Absatz 1 oder 2 ergehen im Einvernehmen mit dem Bundesministerium für Umwelt, Naturschutz, Bau und Reaktorsicherheit, soweit es sich um radioaktive Arzneimittel und um Arzneimittel, bei deren Herstellung ionisierende Strahlen verwendet werden, oder um Regelungen zur Abwehr von Gefahren durch ionisierende Strahlung handelt.

(4) Die Geltungsdauer der Rechtsverordnung nach Absatz 1 oder 2 ist auf sechs Monate zu befristen.

(5) [1]Im Falle eines Versorgungsmangels der Bevölkerung mit Arzneimitteln, die zur Vorbeugung oder Behandlung lebensbedrohlicher Erkrankungen benötigt werden, oder im Fall einer bedrohlichen übertragbaren Krankheit, deren Ausbreitung eine sofortige und das übliche Maß erheblich überschreitende Bereitstellung von spezifischen Arzneimitteln erforderlich macht, können die zuständigen Behörden im Einzelfall gestatten, dass Arzneimittel, die nicht zum Verkehr im Geltungsbereich dieses Gesetzes zugelassen oder registriert sind,
1. befristet in Verkehr gebracht werden sowie
2. abweichend von § 73 Absatz 1 in den Geltungsbereich dieses Gesetzes verbracht werden.

²Satz 1 gilt, wenn die Arzneimittel in dem Staat rechtmäßig in Verkehr gebracht werden dürfen, aus dem sie in den Geltungsbereich dieses Gesetzes verbracht werden. ³Die Gestattung durch die zuständige Behörde gilt zugleich als Bescheinigung nach § 72a Absatz 1 Satz 1 Nummer 3 oder nach § 72b Absatz 2 Satz 1 Nummer 3, dass die Einfuhr im öffentlichen Interesse liegt. ⁴Im Falle eines Versorgungsmangels oder einer bedrohlichen übertragbaren Krankheit im Sinne des Satzes 1 können die zuständigen Behörden im Einzelfall auch ein befristetes Abweichen von Erlaubnis- oder Genehmigungserfordernissen oder von anderen Verboten nach diesem Gesetz gestatten. ⁵Vom Bundesministerium wird festgestellt, dass ein Versorgungsmangel oder eine bedrohliche übertragbare Krankheit im Sinne des Satzes 1 vorliegt oder nicht mehr vorliegt. ⁶Die Feststellung erfolgt durch eine Bekanntmachung, die im Bundesanzeiger veröffentlicht wird. ⁷Die Bekanntmachung ergeht im Einvernehmen mit dem Bundesministerium für Umwelt, Naturschutz, Bau und Reaktorsicherheit, soweit es sich um radioaktive Arzneimittel und um Arzneimittel handelt, bei deren Herstellung ionisierende Strahlen verwendet werden.

(6) ¹Maßnahmen der zuständigen Behörden nach Absatz 5 sind auf das erforderliche Maß zu begrenzen und müssen angemessen sein, um den Gesundheitsgefahren zu begegnen, die durch den Versorgungsmangel oder die bedrohliche übertragbare Krankheit hervorgerufen werden. ²Widerspruch und Anfechtungsklage gegen Maßnahmen nach Absatz 5 haben keine aufschiebende Wirkung.

§ 80 Ermächtigung für Verfahrens- und Härtefallregelungen. ¹Das Bundesministerium wird ermächtigt, durch Rechtsverordnung, die nicht der Zustimmung des Bundesrates bedarf, die weiteren Einzelheiten über das Verfahren bei

1. der Zulassung einschließlich der Verlängerung der Zulassung,
1a. der Genehmigung nach § 21a Absatz 1 oder der Bescheinigung nach § 21a Absatz 9,
1b. der Genehmigung nach § 4b Absatz 3,
2. der staatlichen Chargenprüfung und der Freigabe einer Charge,
3. den Anzeigen zur Änderung der Zulassungsunterlagen,
3a. den Anzeigen über Änderungen der Angaben und Unterlagen für die Genehmigung nach § 21a Absatz 1 oder über Änderungen in den Anforderungen für die Bescheinigung nach § 21a Absatz 9,
3b. den Anzeigen über Änderungen der Angaben und Unterlagen für die Genehmigung nach § 4b Absatz 3,
3c. der zuständigen Bundesoberbehörde und den beteiligten Personen im Falle des Inverkehrbringens in Härtefällen nach § 21 Abs. 2 Satz 1 Nr. 6 in Verbindung mit Artikel 83 der Verordnung (EG) Nr. 726/2004,
4. der Registrierung einschließlich der Verlängerung der Registrierung,
4a. den Anzeigen zur Änderung der Registrierungsunterlagen,
4b. der Veröffentlichung der Ergebnisse klinischer Prüfungen nach § 42b,

5. den Meldungen von Arzneimittelrisiken und
6. der elektronischen Einreichung von Unterlagen nach den Nummern 1 bis 5 einschließlich der zu verwendenden Formate

zu regeln; es kann dabei die Weiterleitung von Ausfertigungen an die zuständigen Behörden bestimmen sowie vorschreiben, dass Unterlagen in mehrfacher Ausfertigung sowie auf elektronischen oder optischen Speichermedien eingereicht werden. ²Das Bundesministerium kann diese Ermächtigung ohne Zustimmung des Bundesrates auf die zuständige Bundesoberbehörde übertragen. ³In der Rechtsverordnung nach Satz 1 Nr. 3a können insbesondere die Aufgaben der zuständigen Bundesoberbehörde im Hinblick auf die Beteiligung der Europäischen Arzneimittel-Agentur und des Ausschusses für Humanarzneimittel entsprechend Artikel 83 der Verordnung (EG) Nr. 726/2004 sowie die Verantwortungsbereiche der behandelnden Ärzte und der pharmazeutischen Unternehmer oder Sponsoren geregelt werden, einschließlich von Anzeige-, Dokumentations- und Berichtspflichten insbesondere für Nebenwirkungen entsprechend Artikel 24 Abs. 1 und Artikel 25 der Verordnung (EG) Nr. 726/2004. ⁴Dabei können auch Regelungen für Arzneimittel getroffen werden, die unter den Artikel 83 der Verordnung (EG) Nr. 726/2004 entsprechenden Voraussetzungen Arzneimittel betreffen, die nicht zu den in Artikel 3 Abs. 1 oder 2 dieser Verordnung genannten gehören. ⁵Die Rechtsverordnungen nach den Sätzen 1 und 2 ergehen im Einvernehmen mit dem Bundesministerium für Ernährung und Landwirtschaft, soweit es sich um Arzneimittel handelt, die zur Anwendung bei Tieren bestimmt sind.

§ 81 Verhältnis zu anderen Gesetzen. Die Vorschriften des Betäubungsmittel- und Atomrechts, des Anti-Doping-Gesetzes und des Tierschutzgesetzes bleiben unberührt.

§ 82 Allgemeine Verwaltungsvorschriften. ¹Die Bundesregierung erlässt mit Zustimmung des Bundesrates die zur Durchführung dieses Gesetzes erforderlichen allgemeinen Verwaltungsvorschriften. ²Soweit sich diese an die zuständige Bundesoberbehörde richten, werden die allgemeinen Verwaltungsvorschriften von dem Bundesministerium erlassen. ³Die allgemeinen Verwaltungsvorschriften nach Satz 2 ergehen im Einvernehmen mit dem Bundesministerium für Ernährung und Landwirtschaft, soweit es sich um Arzneimittel handelt, die zur Anwendung bei Tieren bestimmt sind.

§ 83 Angleichung an das Recht der Europäischen Union. (1) Rechtsverordnungen oder allgemeine Verwaltungsvorschriften nach diesem Gesetz können auch zum Zwecke der Angleichung der Rechts- und Verwaltungsvorschriften der Mitgliedstaaten der Europäischen Union erlassen werden, soweit dies zur Durchführung von Verordnungen, Richtlinien, Entscheidungen oder Beschlüssen der Europäischen Gemeinschaft oder der Europäischen Union, die Sachbereiche dieses Gesetzes betreffen, erforderlich ist.

(2) *(aufgehoben)*

§ 83a Rechtsverordnungen in bestimmten Fällen. [1]Das Bundesministerium wird ermächtigt, durch Rechtsverordnung ohne Zustimmung des Bundesrates Verweisungen auf Vorschriften in Rechtsakten der Europäischen Gemeinschaft oder der Europäischen Union in diesem Gesetz oder in aufgrund dieses Gesetzes erlassenen Rechtsverordnungen zu ändern, soweit es zur Anpassung an Änderungen dieser Vorschriften erforderlich ist. [2]Handelt es sich um Vorschriften über Arzneimittel oder Stoffe, die zu Anwendung am Tier bestimmt sind, tritt an die Stelle des Bundesministeriums das Bundesministerium für Ernährung und Landwirtschaft, das die Rechtsverordnung im Einvernehmen mit dem Bundesministerium erlässt.

§ 83b Verkündung von Rechtsverordnungen. Rechtsverordnungen nach diesem Gesetz können abweichend von § 2 Absatz 1 des Verkündungs- und Bekanntmachungsgesetzes im Bundesanzeiger verkündet werden.

Sechzehnter Abschnitt

Haftung für Arzneimittelschäden

§ 84 Gefährdungshaftung. (1) [1]Wird infolge der Anwendung eines zum Gebrauch bei Menschen bestimmten Arzneimittels, das im Geltungsbereich dieses Gesetzes an den Verbraucher abgegeben wurde und der Pflicht zur Zulassung unterliegt oder durch Rechtsverordnung von der Zulassung befreit worden ist, ein Mensch getötet oder der Körper oder die Gesundheit eines Menschen nicht unerheblich verletzt, so ist der pharmazeutische Unternehmer, der das Arzneimittel im Geltungsbereich dieses Gesetzes in den Verkehr gebracht hat, verpflichtet, dem Verletzten den daraus entstandenen Schaden zu ersetzen. [2]Die Ersatzpflicht besteht nur, wenn

1. das Arzneimittel bei bestimmungsgemäßem Gebrauch schädliche Wirkungen hat, die über ein nach den Erkenntnissen der medizinischen Wissenschaft vertretbares Maß hinausgehen oder
2. der Schaden infolge einer nicht den Erkenntnissen der medizinischen Wissenschaft entsprechenden Kennzeichnung, Fachinformation oder Gebrauchsinformation eingetreten ist.

(2) [1]Ist das angewendete Arzneimittel nach den Gegebenheiten des Einzelfalls geeignet, den Schaden zu verursachen, so wird vermutet, dass der Schaden durch dieses Arzneimittel verursacht ist. [2]Die Eignung im Einzelfall beurteilt sich nach der Zusammensetzung und der Dosierung des angewendeten Arzneimittels, nach der Art und Dauer seiner bestimmungsgemäßen Anwendung, nach dem zeitlichen Zusammenhang mit dem Schadenseintritt, nach dem Schadensbild und dem gesundheitlichen Zustand des Geschädigten im Zeitpunkt der Anwendung sowie allen sonstigen Gegebenheiten, die im Einzelfall für oder gegen die Schadensverursachung sprechen. [3]Die Vermutung gilt nicht, wenn ein anderer Umstand nach den Gegebenheiten des Einzelfalls geeignet ist, den

Schaden zu verursachen. [4]Ein anderer Umstand liegt nicht in der Anwendung weiterer Arzneimittel, die nach den Gegebenheiten des Einzelfalls geeignet sind, den Schaden zu verursachen, es sei denn, dass wegen der Anwendung dieser Arzneimittel Ansprüche nach dieser Vorschrift aus anderen Gründen als der fehlenden Ursächlichkeit für den Schaden nicht gegeben sind.

(3) Die Ersatzpflicht des pharmazeutischen Unternehmers nach Absatz 1 Satz 2 Nr. 1 ist ausgeschlossen, wenn nach den Umständen davon auszugehen ist, dass die schädlichen Wirkungen des Arzneimittels ihre Ursache nicht im Bereich der Entwicklung und Herstellung haben.

§ 84a Auskunftsanspruch. (1) [1]Liegen Tatsachen vor, die die Annahme begründen, dass ein Arzneimittel den Schaden verursacht hat, so kann der Geschädigte von dem pharmazeutischen Unternehmer Auskunft verlangen, es sei denn, dies ist zur Feststellung, ob ein Anspruch auf Schadensersatz nach § 84 besteht, nicht erforderlich. [2]Der Anspruch richtet sich auf dem pharmazeutischen Unternehmer bekannte Wirkungen, Nebenwirkungen und Wechselwirkungen sowie ihm bekannt gewordene Verdachtsfälle von Nebenwirkungen und Wechselwirkungen und sämtliche weiteren Erkenntnisse, die für die Bewertung der Vertretbarkeit schädlicher Wirkungen von Bedeutung sein können. [3]Die §§ 259 bis 261 des Bürgerlichen Gesetzbuchs sind entsprechend anzuwenden. [4]Ein Auskunftsanspruch besteht insoweit nicht, als die Angaben aufgrund gesetzlicher Vorschriften geheim zu halten sind oder die Geheimhaltung einem überwiegenden Interesse des pharmazeutischen Unternehmers oder eines Dritten entspricht.

(2) [1]Ein Auskunftsanspruch besteht unter den Voraussetzungen des Absatzes 1 auch gegenüber den Behörden, die für die Zulassung und Überwachung von Arzneimitteln zuständig sind. [2]Die Behörde ist zur Erteilung der Auskunft nicht verpflichtet, soweit Angaben aufgrund gesetzlicher Vorschriften geheim zu halten sind oder die Geheimhaltung einem überwiegenden Interesse des pharmazeutischen Unternehmers oder eines Dritten entspricht. [3]Ansprüche nach dem Informationsfreiheitsgesetz bleiben unberührt.

§ 85 Mitverschulden. Hat bei der Entstehung des Schadens ein Verschulden des Geschädigten mitgewirkt, so gilt § 254 des Bürgerlichen Gesetzbuchs.

§ 86 Umfang der Ersatzpflicht bei Tötung. (1) [1]Im Falle der Tötung ist der Schadensersatz durch Ersatz der Kosten der versuchten Heilung sowie des Vermögensnachteils zu leisten, den der Getötete dadurch erlitten hat, dass während der Krankheit seine Erwerbsfähigkeit aufgehoben oder gemindert oder eine Vermehrung seiner Bedürfnisse eingetreten war. [2]Der Ersatzpflichtige hat außerdem die Kosten der Beerdigung demjenigen zu ersetzen, dem die Verpflichtung obliegt, diese Kosten zu tragen.

(2) [1]Stand der Getötete zur Zeit der Verletzung zu einem Dritten in einem Verhältnis, vermöge dessen er diesem gegenüber kraft Gesetzes unterhaltspflichtig war oder unterhaltspflichtig werden konnte, und ist dem Dritten infol-

ge der Tötung das Recht auf Unterhalt entzogen, so hat der Ersatzpflichtige dem Dritten insoweit Schadensersatz zu leisten, als der Getötete während der mutmaßlichen Dauer seines Lebens zur Gewährung des Unterhalts verpflichtet gewesen sein würde. [2]Die Ersatzpflicht tritt auch dann ein, wenn der Dritte zur Zeit der Verletzung erzeugt, aber noch nicht geboren war.

(3) [1]Der Ersatzpflichtige hat dem Hinterbliebenen, der zur Zeit der Verletzung zu dem Getöteten in einem besonderen persönlichen Näheverhältnis stand, für das dem Hinterbliebenen zugefügte seelische Leid eine angemessene Entschädigung in Geld zu leisten. [2]Ein besonderes persönliches Näheverhältnis wird vermutet, wenn der Hinterbliebene der Ehegatte, der Lebenspartner, ein Elternteil oder ein Kind des Getöteten war.

§ 87 Umfang der Ersatzpflicht bei Körperverletzung. [1]Im Falle der Verletzung des Körpers oder der Gesundheit ist der Schadensersatz durch Ersatz der Kosten der Heilung sowie des Vermögensnachteils zu leisten, den der Verletzte dadurch erleidet, dass infolge der Verletzung zeitweise oder dauernd seine Erwerbsfähigkeit aufgehoben oder gemindert oder eine Vermehrung seiner Bedürfnisse eingetreten ist. [2]In diesem Fall kann auch wegen des Schadens, der nicht Vermögensschaden ist, eine billige Entschädigung in Geld verlangt werden.

§ 88 Höchstbeträge. [1]Der Ersatzpflichtige haftet

1. im Falle der Tötung oder Verletzung eines Menschen nur bis zu einem Kapitalbetrag von 600 000 Euro oder bis zu einem Rentenbetrag von jährlich 36 000 Euro,

2. im Falle der Tötung oder Verletzung mehrerer Menschen durch das gleiche Arzneimittel unbeschadet der in Nummer 1 bestimmten Grenzen bis zu einem Kapitalbetrag von 120 Millionen Euro oder bis zu einem Rentenbetrag von jährlich 7,2 Millionen Euro.

[2]Übersteigen im Falle des Satzes 1 Nr. 2 die den mehreren Geschädigten zu leistenden Entschädigungen die dort vorgesehenen Höchstbeträge, so verringern sich die einzelnen Entschädigungen in dem Verhältnis, in welchem ihr Gesamtbetrag zu dem Höchstbetrag steht.

§ 89 Schadensersatz durch Geldrenten. (1) Der Schadensersatz wegen Aufhebung oder Minderung der Erwerbsfähigkeit und wegen Vermehrung der Bedürfnisse des Verletzten sowie der nach § 86 Abs. 2 einem Dritten zu gewährende Schadensersatz ist für die Zukunft durch Entrichtung einer Geldrente zu leisten.

(2) Die Vorschriften des § 843 Abs. 2 bis 4 des Bürgerlichen Gesetzbuchs und des § 708 Nr. 8 der Zivilprozessordnung finden entsprechende Anwendung.

(3) Ist bei der Verurteilung des Verpflichteten zur Entrichtung einer Geldrente nicht auf Sicherheitsleistung erkannt worden, so kann der Berechtigte gleichwohl Sicherheitsleistung verlangen, wenn die Vermögensverhältnisse des Ver-

pflichteten sich erheblich verschlechtert haben; unter der gleichen Voraussetzung kann er eine Erhöhung der in dem Urteil bestimmten Sicherheit verlangen.

§ 90 *(weggefallen)*

§ 91 Weitergehende Haftung. Unberührt bleiben gesetzliche Vorschriften, nach denen ein nach § 84 Ersatzpflichtiger im weiteren Umfang als nach den Vorschriften dieses Abschnitts haftet oder nach denen ein anderer für den Schaden verantwortlich ist.

§ 92 Unabdingbarkeit. [1]Die Ersatzpflicht nach diesem Abschnitt darf im Voraus weder ausgeschlossen noch beschränkt werden. [2]Entgegenstehende Vereinbarungen sind nichtig.

§ 93 Mehrere Ersatzpflichtige. [1]Sind mehrere ersatzpflichtig, so haften sie als Gesamtschuldner. [2]Im Verhältnis der Ersatzpflichtigen zueinander hängt die Verpflichtung zum Ersatz sowie der Umfang des zu leistenden Ersatzes von den Umständen, insbesondere davon ab, inwieweit der Schaden vorwiegend von dem einen oder dem anderen Teil verursacht worden ist.

§ 94 Deckungsvorsorge. (1) [1]Der pharmazeutische Unternehmer hat dafür Vorsorge zu treffen, dass er seinen gesetzlichen Verpflichtungen zum Ersatz von Schäden nachkommen kann, die durch die Anwendung eines von ihm in den Verkehr gebrachten, zum Gebrauch bei Menschen bestimmten Arzneimittels entstehen, das der Pflicht zur Zulassung unterliegt oder durch Rechtsverordnung von der Zulassung befreit worden ist (Deckungsvorsorge). [2]Die Deckungsvorsorge muss in Höhe der in § 88 Satz 1 genannten Beträge erbracht werden. [3]Sie kann nur
1. durch eine Haftpflichtversicherung bei einem im Geltungsbereich dieses Gesetzes zum Geschäftsbetrieb befugten unabhängigen Versicherungsunternehmen, für das im Falle einer Rückversicherung ein Rückversicherungsvertrag nur mit einem Rückversicherungsunternehmen, das seinen Sitz im Geltungsbereich dieses Gesetzes, in einem anderen Mitgliedstaat der Europäischen Union, in einem anderen Vertragsstaat des Abkommens über den Europäischen Wirtschaftsraum oder in einem von der Europäischen Kommission aufgrund von Artikel 172 der Richtlinie 2009/138/EG des Europäischen Parlaments und des Rates vom 25. November 2009 betreffend die Aufnahme und Ausübung der Versicherungs- und Rückversicherungstätigkeit (Solvabilität II) (ABl. L 335 vom 17.12.2009, S. 1) als gleichwertig anerkannten Staat hat, besteht, oder
2. durch eine Freistellungs- oder Gewährleistungsverpflichtung eines inländischen Kreditinstituts oder eines Kreditinstituts eines anderen Mitgliedstaates der Europäischen Union oder eines anderen Vertragsstaates des Abkommens über den Europäischen Wirtschaftsraum
erbracht werden.

(2) ¹Wird die Deckungsvorsorge durch eine Haftpflichtversicherung erbracht, so gelten die § 113 Abs. 3 und die §§ 114 bis 124 des Versicherungsvertragsgesetzes sinngemäß.

(3) ¹Durch eine Freistellungs- oder Gewährleistungsverpflichtung eines Kreditinstituts kann die Deckungsvorsorge nur erbracht werden, wenn gewährleistet ist, dass das Kreditinstitut, solange mit seiner Inanspruchnahme gerechnet werden muss, in der Lage sein wird, seine Verpflichtungen im Rahmen der Deckungsvorsorge zu erfüllen. ²Für die Freistellungs- oder Gewährleistungsverpflichtung gelten die § 113 Abs. 3 und die §§ 114 bis 124 des Versicherungsvertragsgesetzes sinngemäß.

(4) Zuständige Stelle im Sinne des § 117 Abs. 2 des Versicherungsvertragsgesetzes ist die für die Durchführung der Überwachung nach § 64 zuständige Behörde.

(5) Die Bundesrepublik Deutschland und die Länder sind zur Deckungsvorsorge gemäß Absatz 1 nicht verpflichtet.

§ 94a Örtliche Zuständigkeit. (1) Für Klagen, die aufgrund des § 84 oder des § 84a Abs. 1 erhoben werden, ist auch das Gericht zuständig, in dessen Bezirk der Kläger zur Zeit der Klageerhebung seinen Wohnsitz, in Ermangelung eines solchen seinen gewöhnlichen Aufenthaltsort hat.

(2) Absatz 1 bleibt bei der Ermittlung der internationalen Zuständigkeit der Gerichte eines ausländischen Staates nach § 328 Abs. 1 Nr. 1 der Zivilprozessordnung außer Betracht.

Siebzehnter Abschnitt

Straf- und Bußgeldvorschriften

§ 95 Strafvorschriften. (1) Mit Freiheitsstrafe bis zu drei Jahren oder mit Geldstrafe wird bestraft, wer

1. entgegen § 5 Absatz 1 ein Arzneimittel in den Verkehr bringt oder bei anderen anwendet,

2. einer Rechtsverordnung nach § 6, die das Inverkehrbringen von Arzneimitteln untersagt, zuwiderhandelt, soweit sie für einen bestimmten Tatbestand auf diese Strafvorschrift verweist,

2a. *(aufgehoben)*

2b. *(aufgehoben)*

3. entgegen § 7 Abs. 1 radioaktive Arzneimittel oder Arzneimittel, bei deren Herstellung ionisierende Strahlen verwendet worden sind, in den Verkehr bringt,

3a. entgegen § 8 Abs. 1 Nr. 1 oder Absatz 2, auch in Verbindung mit § 73 Abs. 4 oder § 73a, Arzneimittel oder Wirkstoffe herstellt, in den Verkehr bringt oder sonst mit ihnen Handel treibt,

4. entgegen § 43 Abs. 1 Satz 2, Abs. 2 oder 3 Satz 1 mit Arzneimitteln, die nur auf Verschreibung an Verbraucher abgegeben werden dürfen, Handel treibt oder diese Arzneimittel abgibt,

5. Arzneimittel, die nur auf Verschreibung an Verbraucher abgegeben werden dürfen, entgegen § 47 Abs. 1 an andere als dort bezeichnete Personen oder Stellen oder entgegen § 47 Abs. 1a abgibt oder entgegen § 47 Abs. 2 Satz 1 bezieht,

5a. entgegen § 47a Abs. 1 ein dort bezeichnetes Arzneimittel an andere als die dort bezeichneten Einrichtungen abgibt oder in den Verkehr bringt,

6. entgegen § 48 Abs. 1 Satz 1 in Verbindung mit einer Rechtsverordnung nach § 48 Abs. 2 Nr. 1 oder 2 Arzneimittel, die zur Anwendung bei Tieren bestimmt sind, die der Gewinnung von Lebensmitteln dienen, abgibt,

7. Fütterungsarzneimittel entgegen § 56 Abs. 1 ohne die erforderliche Verschreibung an Tierhalter abgibt,

8. entgegen § 56a Abs. 1 Satz 1, auch in Verbindung mit Satz 3, oder Satz 2 Arzneimittel verschreibt, abgibt oder anwendet, die zur Anwendung bei Tieren bestimmt sind, die der Gewinnung von Lebensmitteln dienen, und nur auf Verschreibung an Verbraucher abgegeben werden dürfen,

9. Arzneimittel, die nur auf Verschreibung an Verbraucher abgegeben werden dürfen, entgegen § 57 Abs. 1 erwirbt,

10. entgegen § 58 Abs. 1 Satz 1 Arzneimittel, die nur auf Verschreibung an Verbraucher abgegeben werden dürfen, bei Tieren anwendet, die der Gewinnung von Lebensmitteln dienen oder

11. entgegen § 59d Satz 1 Nummer 1 einen verbotenen Stoff einem dort genannten Tier verabreicht.

(2) Der Versuch ist strafbar.

(3) ¹In besonders schweren Fällen ist die Strafe Freiheitsstrafe von einem Jahr bis zu zehn Jahren. ²Ein besonders schwerer Fall liegt in der Regel vor, wenn der Täter

1. durch eine der in Absatz 1 bezeichneten Handlungen

   a) die Gesundheit einer großen Zahl von Menschen gefährdet,

   b) einen anderen der Gefahr des Todes oder einer schweren Schädigung an Körper oder Gesundheit aussetzt oder

   c) aus grobem Eigennutz für sich oder einen anderen Vermögensvorteile großen Ausmaßes erlangt oder

2. in den Fällen des Absatzes 1 Nr. 3a gefälschte Arzneimittel oder Wirkstoffe herstellt oder in den Verkehr bringt und dabei gewerbsmäßig oder als Mitglied einer Bande handelt, die sich zur fortgesetzten Begehung solcher Taten verbunden hat.

(4) Handelt der Täter in den Fällen des Absatzes 1 fahrlässig, so ist die Strafe Freiheitsstrafe bis zu einem Jahr oder Geldstrafe.

§ 96[37] **Strafvorschriften.** Mit Freiheitsstrafe bis zu einem Jahr oder mit Geldstrafe wird bestraft, wer

1. entgegen § 4b Absatz 3 Satz 1 ein Arzneimittel abgibt,
2. einer Rechtsverordnung nach § 6, die die Verwendung bestimmter Stoffe, Zubereitungen aus Stoffen oder Gegenständen bei der Herstellung von Arzneimitteln vorschreibt, beschränkt oder verbietet, zuwiderhandelt, soweit sie für einen bestimmten Tatbestand auf diese Strafvorschrift verweist,
3. entgegen § 8 Abs. 1 Nr. 2, auch in Verbindung mit § 73a, Arzneimittel oder Wirkstoffe herstellt oder in den Verkehr bringt,
4. ohne Erlaubnis nach § 13 Absatz 1 Satz 1 oder § 72 Absatz 1 Satz 1 ein Arzneimittel, einen Wirkstoff oder einen dort genannten Stoff herstellt oder einführt,
4a. ohne Erlaubnis nach § 20b Abs. 1 Satz 1 oder Abs. 2 Satz 7 Gewebe gewinnt oder Laboruntersuchungen durchführt oder ohne Erlaubnis nach § 20c Abs. 1 Satz 1 Gewebe oder Gewebezubereitungen be- oder verarbeitet, konserviert, prüft, lagert oder in den Verkehr bringt,
5. entgegen § 21 Abs. 1 Fertigarzneimittel oder Arzneimittel, die zur Anwendung bei Tieren bestimmt sind, oder in einer Rechtsverordnung nach § 35 Abs. 1 Nr. 2 oder § 60 Abs. 3 bezeichnete Arzneimittel ohne Zulassung oder ohne Genehmigung der Europäischen Gemeinschaft oder der Europäischen Union in den Verkehr bringt,

---

37 Gemäß Art. 2 Nr. 22 G vom 20.12.2016 (BGBl. I S. 3048) wird § 96 wie folgt geändert:
   a) Die Nummern 10 und 11 werden wie folgt gefasst:
      „10. entgegen § 40 Absatz 1 die klinische Prüfung beginnt,
      11. entgegen § 40a Satz 1 Nummer 2 oder Nummer 3, auch in Verbindung mit Satz 2, entgegen § 40a Satz 1 Nummer 4 Buchstabe a oder Nummer 5 oder § 40b Absatz 3, Absatz 4 Satz 1 Nummer 1, Satz 2, Satz 3 oder Satz 9 oder Absatz 5 eine klinische Prüfung durchführt,".
   b) In Nummer 19 wird das Wort „oder" am Ende durch ein Komma ersetzt.
   c) In Nummer 20 Buchstabe b wird der Punkt am Ende durch das Wort „oder" ersetzt.
   d) Folgende Nummer 21 wird angefügt:
      „21. gegen die Verordnung (EU) Nr. 536/2014 des Europäischen Parlaments und des Rates vom 16. April 2014 über klinische Prüfungen mit Humanarzneimitteln und zur Aufhebung der Richtlinie 2001/20/EG (ABl. L 158 vom 27.5.2014, S. 1) verstößt, indem er
         a) entgegen Artikel 5 Absatz 1 Unterabsatz 1 in Verbindung mit Artikel 25 Absatz 1 Satz 1 Buchstabe c oder Anhang I Nummer 41 Satz 1 ein Antragsdossier nicht richtig oder nicht vollständig übermittelt oder
         b) entgegen Artikel 28 Absatz 1 Buchstabe a, c oder Buchstabe e in Verbindung mit Artikel 29 Absatz 1 Satz 1 oder Satz 3, entgegen Artikel 32 Absatz 1 oder Artikel 33 eine klinische Prüfung durchführt."
   Diese Änderungen treten sechs Monate nach der Veröffentlichung der Mitteilung der Europäischen Kommission über die Funktionsfähigkeit des EU-Portals und der Datenbank nach Artikel 82 der Verordnung (EU) Nr. 536/2014 des Europäischen Parlaments und des Rates vom 16. April 2014 über klinische Prüfungen mit Humanarzneimitteln und zur Aufhebung der Richtlinie 2001/20/EG (ABl. L 158 vom 27.5.2014, S. 1) im Amtsblatt der Europäischen Union in Kraft.

5a. ohne Genehmigung nach § 21a Abs. 1 Satz 1 Gewebezubereitungen in den Verkehr bringt,

5b. ohne Bescheinigung nach § 21a Absatz 9 Satz 1 eine Gewebezubereitung erstmalig verbringt,

6. eine nach § 22 Abs. 1 Nr. 3, 5 bis 9, 11, 12, 14 oder 15, Abs. 3b oder 3c Satz 1 oder § 23 Abs. 2 Satz 2 oder 3 erforderliche Angabe nicht vollständig oder nicht richtig macht oder eine nach § 22 Abs. 2 oder 3, § 23 Abs. 1, Abs. 2 Satz 2 oder 3, Abs. 3 auch in Verbindung mit § 38 Abs. 2, erforderliche Unterlage oder durch vollziehbare Anordnung nach § 28 Absatz 3, 3a, 3b oder Absatz 3c Satz 1 Nummer 2 geforderte Unterlage nicht vollständig oder mit nicht richtigem Inhalt vorlegt,

7. entgegen § 30 Abs. 4 Satz 1 Nr. 1, auch in Verbindung mit einer Rechtsverordnung nach § 35 Abs. 1 Nr. 2, ein Arzneimittel in den Verkehr bringt,

8. entgegen § 32 Abs. 1 Satz 1, auch in Verbindung mit einer Rechtsverordnung nach § 35 Abs. 1 Nr. 3, eine Charge ohne Freigabe in den Verkehr bringt,

9. entgegen § 38 Abs. 1 Satz 1 oder § 39a Satz 1 Fertigarzneimittel als homöopathische oder als traditionelle pflanzliche Arzneimittel ohne Registrierung in den Verkehr bringt,

10. entgegen § 40 Abs. 1 Satz 3 Nr. 2, 2a Buchstabe a, Nr. 3, 4, 5, 6 oder 8, jeweils auch in Verbindung mit Abs. 4 oder § 41, die klinische Prüfung eines Arzneimittels durchführt,

11. entgegen § 40 Abs. 1 Satz 2 die klinische Prüfung eines Arzneimittels beginnt,

12. entgegen § 47a Abs. 1 Satz 1 ein dort bezeichnetes Arzneimittel ohne Verschreibung abgibt, wenn die Tat nicht nach § 95 Abs. 1 Nr. 5a mit Strafe bedroht ist,

13. entgegen § 48 Abs. 1 Satz 1 Nr. 1 in Verbindung mit einer Rechtsverordnung nach § 48 Abs. 2 Nr. 1, 2 oder Nummer 7 oder entgegen § 48 Absatz 1 Satz 1 Nummer 3, auch in Verbindung mit einer Rechtsverordnung nach § 48 Absatz 2 Satz 1 Nummer 1, Arzneimittel abgibt, wenn die Tat nicht in § 95 Abs. 1 Nr. 6 mit Strafe bedroht ist,

14. ohne Erlaubnis nach § 52a Abs. 1 Satz 1 Großhandel betreibt,

14a. entgegen § 52c Absatz 2 Satz 1 eine Tätigkeit als Arzneimittelvermittler aufnimmt,

15. entgegen § 56a Abs. 4 Arzneimittel verschreibt oder abgibt,

16. entgegen § 57 Abs. 1a Satz 1 in Verbindung mit einer Rechtsverordnung nach § 56a Abs. 3 Satz 1 Nr. 2 ein dort bezeichnetes Arzneimittel in Besitz hat,

17. entgegen § 59 Abs. 2 Satz 1 Lebensmittel gewinnt,

18. entgegen § 59a Abs. 1 oder 2 Stoffe oder Zubereitungen aus Stoffen erwirbt, anbietet, lagert, verpackt, mit sich führt oder in den Verkehr bringt,

18a. entgegen § 59d Satz 1 Nummer 2 einen Stoff einem dort genannten Tier verabreicht,

18b. ohne Erlaubnis nach § 72 Absatz 4 Satz 2, § 72b Absatz 1 Satz 3 oder § 72c Absatz 1 Satz 2, auch in Verbindung mit § 72c Absatz 4 Satz 1, dort genannte hämatopoetische Stammzellen, Stammzellzubereitungen, Gewebe oder Gewebezubereitungen einführt,

18c. entgegen § 72a Absatz 1 Satz 1, auch in Verbindung mit Absatz 1b oder Absatz 1d, oder entgegen § 72a Absatz 1c ein Arzneimittel, einen Wirkstoff oder einen in den genannten Absätzen anderen Stoff einführt,

18d. entgegen § 72b Abs. 2 Satz 1 Gewebe oder Gewebezubereitungen einführt,

18e. entgegen § 73 Absatz 1b Satz 1 ein gefälschtes Arzneimittel oder einen gefälschten Wirkstoff in den Geltungsbereich dieses Gesetzes verbringt,

19. ein zum Gebrauch bei Menschen bestimmtes Arzneimittel in den Verkehr bringt, obwohl die nach § 94 erforderliche Haftpflichtversicherung oder Freistellungs- oder Gewährleistungsverpflichtung nicht oder nicht mehr besteht oder

20. gegen die Verordnung (EG) Nr. 726/2004 des Europäischen Parlaments und des Rates vom 31. März 2004 zur Festlegung von Gemeinschaftsverfahren für die Genehmigung und Überwachung von Human- und Tierarzneimitteln und zur Errichtung einer Europäischen Arzneimittel-Agentur (ABl. L 136 vom 30.4.2004, S. 1), die zuletzt durch die Verordnung (EU) Nr. 1027/2012 (ABl. L 316 vom 14.11.2012, S. 38) geändert worden ist, verstößt, indem er

a) entgegen Artikel 6 Absatz 1 Satz 1 der Verordnung in Verbindung mit Artikel 8 Absatz 3 Unterabsatz 1 Buchstabe c bis e, h bis iaa oder Buchstabe ib der Richtlinie 2001/83/EG des Europäischen Parlaments und des Rates vom 6. November 2001 zur Schaffung eines Gemeinschaftskodexes für Humanarzneimittel (ABl. L 311 vom 28.11.2001, S. 67), die zuletzt durch die Richtlinie 2012/26/EU (ABl. L 299 vom 27.10.2012, S. 1) geändert worden ist, eine Angabe oder eine Unterlage nicht richtig oder nicht vollständig beifügt oder

b) entgegen Artikel 31 Abs. 1 Satz 1 der Verordnung in Verbindung mit Artikel 12 Abs. 3 Unterabsatz 1 Satz 2 Buchstabe c bis e, h bis j oder k der Richtlinie 2001/82/EG des Europäischen Parlaments und des Rates vom 6. November 2001 zur Schaffung eines Gemeinschaftskodexes für Tierarzneimittel (ABl. EG Nr. L 311 S. 1), geändert durch die Richtlinie 2004/28/EG des Europäischen Parlaments und des Rates vom 31. März 2004 (ABl. EU Nr. L 136 S. 58), eine Angabe nicht richtig oder nicht vollständig beifügt.

§ 97[38] **Bußgeldvorschriften.** (1) Ordnungswidrig handelt, wer eine in

1. § 96 Nummer 1 bis 5b, 7 bis 18e oder Nummer 19 oder

2. § 96 Nummer 6 oder Nummer 20

bezeichnete Handlung fahrlässig begeht.

---

38 Gemäß Art. 2 Nr. 23 G vom 20.12.2016 (BGBl. I S. 3048) wird § 97 wie folgt geändert:

a) Absatz 1 Nummer 2 wird wie folgt gefasst:
  „2. § 96 Nummer 6, 20 oder Nummer 21".

(2) Ordnungswidrig handelt auch, wer vorsätzlich oder fahrlässig

1. entgegen § 8 Absatz 3 ein Arzneimittel in den Verkehr bringt,
2. entgegen § 9 Abs. 1 Arzneimittel, die nicht den Namen oder die Firma des pharmazeutischen Unternehmers tragen, in den Verkehr bringt,
3. entgegen § 9 Abs. 2 Satz 1 Arzneimittel in den Verkehr bringt, ohne seinen Sitz im Geltungsbereich dieses Gesetzes oder in einem anderen Mitgliedstaat der Europäischen Union oder in einem anderen Vertragsstaat des Abkommens über den Europäischen Wirtschaftsraum zu haben,

---

b) Absatz 2 wird wie folgt geändert:
  aa) Die Nummern 9 und 9a werden aufgehoben.
  bb) Nummer 9b wird Nummer 9.
  cc) In der neuen Nummer 9 werden die Wörter „oder Absatz 2" gestrichen.
  dd) In Nummer 24m wird das Wort „Unbedenklichkeitsprüfung" durch das Wort „Unbedenklichkeitsstudie" ersetzt.
  ee) In Nummer 31 wird die Angabe „§ 42 Abs. 3," gestrichen.
c) Nach Absatz 2c wird folgender Absatz 2d eingefügt:
  „(2d) Ordnungswidrig handelt, wer gegen die Verordnung (EU) Nr. 536/2014 des Europäischen Parlaments und des Rates vom 16. April 2014 über klinische Prüfungen mit Humanarzneimitteln und zur Aufhebung der Richtlinie 2001/20/EG (ABl. L 158 vom 27.5.2014, S. 1) verstößt, indem er vorsätzlich oder fahrlässig
    1. entgegen den Artikeln 36, 37 Absatz 1, 2, 3 oder Absatz 5 oder Artikel 54 Absatz 2 die zuständige Bundesoberbehörde nicht oder nicht rechtzeitig unterrichtet,
    2. entgegen Artikel 37 Absatz 4 Unterabsatz 1 Satz 1 in Verbindung mit Satz 2, Unterabsatz 2 oder Unterabsatz 3, entgegen Artikel 37 Absatz 4 Unterabsatz 4 oder Absatz 8 oder Artikel 43 Absatz 1 ein dort genanntes Dokument nicht, nicht richtig, nicht vollständig oder nicht rechtzeitig übermittelt,
    3. entgegen Artikel 37 Absatz 6 die zuständige Bundesoberbehörde nicht oder nicht rechtzeitig in Kenntnis setzt,
    4. entgegen Artikel 38 Absatz 1 eine Mitteilung nicht oder nicht rechtzeitig macht oder
    5. entgegen
      a) Artikel 41 Absatz 1 oder Absatz 2 Unterabsatz 1 Satz 2 in Verbindung mit Unterabsatz 2 Satz 1 oder entgegen Artikel 41 Absatz 4 oder
      b) Artikel 42 Absatz 1 in Verbindung mit Absatz 2 Satz 1, entgegen Artikel 52 Absatz 1 oder Artikel 53 Absatz 1
      eine Meldung nicht, nicht richtig, nicht vollständig oder nicht rechtzeitig macht."
d) In Absatz 4 Nummer 1 wird die Angabe „9b" durch die Angabe „9" und werden die Wörter „Absätze 2a bis 2c" durch die Wörter „Absätze 2a bis 2c und des Absatzes 2d Nummer 1bis 5 und 6 Buchstabe b" ersetzt.
Diese Änderungen treten sechs Monate nach der Veröffentlichung der Mitteilung der Europäischen Kommission über die Funktionsfähigkeit des EU-Portals und der Datenbank nach Artikel 82 der Verordnung (EU) Nr. 536/2014 des Europäischen Parlaments und des Rates vom 16. April 2014 über klinische Prüfungen mit Humanarzneimitteln und zur Aufhebung der Richtlinie 2001/20/EG (ABl. L 158 vom 27.5.2014, S. 1) im Amtsblatt der Europäischen Union in Kraft.

4. entgegen § 10, auch in Verbindung mit § 109 Abs. 1 Satz 1 oder einer Rechtsverordnung nach § 12 Abs. 1 Nr. 1, Arzneimittel ohne die vorgeschriebene Kennzeichnung in den Verkehr bringt,

5. entgegen § 11 Abs. 1 Satz 1, auch in Verbindung mit Abs. 2a bis 3b oder 4, jeweils auch in Verbindung mit einer Rechtsverordnung nach § 12 Abs. 1 Nr. 1, Arzneimittel ohne die vorgeschriebene Packungsbeilage in den Verkehr bringt,

5a. entgegen § 11 Abs. 7 Satz 1 eine Teilmenge abgibt,

6. einer vollziehbaren Anordnung nach § 18 Abs. 2 zuwiderhandelt,

7. entgegen

a) den §§ 20, 20b Absatz 5, § 20c Absatz 6, § 52a Absatz 8, § 67 Absatz 8 Satz 1, § 72b Absatz 2c Satz 1 oder § 73 Absatz 3b Satz 4,

b) § 21a Absatz 7 Satz 1, § 29 Absatz 1 Satz 1, auch in Verbindung mit Satz 2, entgegen § 29 Absatz 1c Satz 1, § 63c Absatz 2, § 63h Absatz 2, § 63i Absatz 2 Satz 1 oder

c) § 67 Absatz 1 Satz 1, auch in Verbindung mit Satz 2, jeweils auch in Verbindung mit § 69a, entgegen § 67 Absatz 5 Satz 1 oder Absatz 6 Satz 1

eine Anzeige nicht, nicht richtig, nicht vollständig oder nicht rechtzeitig erstattet,

7a. entgegen § 29 Abs. 1a Satz 1, Abs. 1b oder 1d eine Mitteilung nicht, nicht richtig, nicht vollständig oder nicht rechtzeitig macht,

8. entgegen § 30 Abs. 4 Satz 1 Nr. 2 oder § 73 Abs. 1 oder 1a Arzneimittel in den Geltungsbereich dieses Gesetzes verbringt,

9. entgegen § 40 Abs. 1 Satz 3 Nr. 7 die klinische Prüfung eines Arzneimittels durchführt,

9a. ohne einen Stellvertreter nach § 40 Absatz 1a Satz 3 benannt zu haben, eine klinische Prüfung durchführt,

9b. entgegen § 42b Absatz 1 oder Absatz 2 die Berichte nicht, nicht richtig, nicht vollständig oder nicht rechtzeitig zur Verfügung stellt,

10. entgegen § 43 Abs. 1, 2 oder 3 Satz 1 Arzneimittel berufs- oder gewerbsmäßig in den Verkehr bringt oder mit Arzneimitteln, die ohne Verschreibung an Verbraucher abgegeben werden dürfen, Handel treibt oder diese Arzneimittel abgibt,

11. entgegen § 43 Abs. 5 Satz 1 zur Anwendung bei Tieren bestimmte Arzneimittel, die für den Verkehr außerhalb der Apotheken nicht freigegeben sind, in nicht vorschriftsmäßiger Weise abgibt,

12. Arzneimittel, die ohne Verschreibung an Verbraucher abgegeben werden dürfen, entgegen § 47 Abs. 1 an andere als dort bezeichnete Personen oder Stellen oder entgegen § 47 Abs. 1a abgibt oder entgegen § 47 Abs. 2 Satz 1 bezieht,

12a. entgegen § 47 Abs. 4 Satz 1 Muster ohne schriftliche Anforderung, in einer anderen als der kleinsten Packungsgröße oder über die zulässige Menge hinaus abgibt oder abgeben lässt,

13. die in § 47 Abs. 1b oder Abs. 4 Satz 3 oder in § 47a Abs. 2 Satz 2 vorgeschriebenen Nachweise nicht oder nicht richtig führt oder der zuständigen Behörde auf Verlangen nicht vorlegt,

13a. entgegen § 47a Abs. 2 Satz 1 ein dort bezeichnetes Arzneimittel ohne die vorgeschriebene Kennzeichnung abgibt,

14. entgegen § 50 Abs. 1 Einzelhandel mit Arzneimitteln betreibt,

15. entgegen § 51 Abs. 1 Arzneimittel im Reisegewerbe feilbietet oder Bestellungen darauf aufsucht,

16. entgegen § 52 Abs. 1 Arzneimittel im Wege der Selbstbedienung in den Verkehr bringt,

17. entgegen § 55 Absatz 8 Satz 1 auch in Verbindung mit Satz 2, einen Stoff, ein Behältnis oder eine Umhüllung verwendet oder eine Darreichungsform anfertigt,

17a. entgegen § 56 Abs. 1 Satz 2 eine Kopie einer Verschreibung nicht oder nicht rechtzeitig übersendet,

18. entgegen § 56 Abs. 2 Satz 1, Abs. 3 oder 4 Satz 1 oder 2 Fütterungsarzneimittel herstellt,

19. entgegen § 56 Absatz 4 Satz 2 eine verfütterungsfertige Mischung nicht, nicht richtig, nicht vollständig, nicht in der vorgeschriebenen Weise oder nicht rechtzeitig kennzeichnet,

20. entgegen § 56 Abs. 5 Satz 1 ein Fütterungsarzneimittel verschreibt,

21. entgegen § 56a Abs. 1 Satz 1 Nr. 1, 2, 3 oder 4, jeweils auch in Verbindung mit Satz 3, Arzneimittel,

    a) die zur Anwendung bei Tieren bestimmt sind, die nicht der Gewinnung von Lebensmitteln dienen, und nur auf Verschreibung an Verbraucher abgegeben werden dürfen,

    b) die ohne Verschreibung an Verbraucher abgegeben werden dürfen,

    verschreibt, abgibt oder anwendet,

21a. entgegen § 56a Abs. 1 Satz 4 Arzneimittel-Vormischungen verschreibt oder abgibt,

22. Arzneimittel, die ohne Verschreibung an Verbraucher abgegeben werden dürfen, entgegen § 57 Abs. 1 erwirbt,

22a. entgegen § 57a Arzneimittel anwendet,

23. entgegen § 58 Abs. 1 Satz 2 oder 3 Arzneimittel bei Tieren anwendet, die der Gewinnung von Lebensmitteln dienen,

23a. entgegen § 58a Absatz 1 Satz 1 oder 2 oder Absatz 3, Absatz 4 Satz 1, Satz 2 oder Satz 3 oder § 58b Absatz 1 Satz 1, 2 oder 3 oder Absatz 2 Satz 2 Nummer 2 oder Absatz 3 eine Mitteilung nicht, nicht richtig, nicht vollständig, nicht in der vorgeschriebenen Weise oder nicht rechtzeitig macht,

23b. entgegen § 58d Absatz 1 Nummer 2 eine dort genannte Feststellung nicht, nicht richtig oder nicht rechtzeitig aufzeichnet,

23c. entgegen § 58d Absatz 2 Satz 1 Nummer 2 einen dort genannten Plan nicht, nicht richtig, nicht vollständig, nicht in der vorgeschriebenen Weise oder nicht rechtzeitig erstellt,

23d. einer vollziehbaren Anordnung nach § 58d Absatz 3 oder Absatz 4 Satz 1 zuwiderhandelt,

24. einer Aufzeichnungs- oder Vorlagepflicht nach § 59 Abs. 4 zuwiderhandelt,

24a. entgegen § 59b Satz 1 Stoffe nicht, nicht richtig oder nicht rechtzeitig überlässt,

24b. entgegen § 59c Satz 1, auch in Verbindung mit Satz 2, einen dort bezeichneten Nachweis nicht, nicht richtig oder nicht vollständig führt, nicht oder nicht mindestens drei Jahre aufbewahrt oder nicht oder nicht rechtzeitig vorlegt,

24c. entgegen § 63a Abs. 1 Satz 1 einen Stufenplanbeauftragten nicht beauftragt oder entgegen § 63a Abs. 3 eine Mitteilung nicht, nicht vollständig oder nicht rechtzeitig erstattet,

24d. entgegen § 63a Abs. 1 Satz 6 eine Tätigkeit als Stufenplanbeauftragter ausübt,

24e. entgegen § 63b Absatz 1 ein Pharmakovigilanz-System nicht betreibt,

24 f. entgegen § 63b Absatz 2 Nummer 1 eine dort genannte Maßnahme nicht oder nicht rechtzeitig ergreift,

24g. entgegen § 63b Absatz 2 Nummer 3 eine Pharmakovigilanz-Stammdokumentation nicht, nicht richtig oder nicht vollständig führt oder nicht, nicht richtig, nicht vollständig oder nicht rechtzeitig zur Verfügung stellt,

24h. entgegen § 63b Absatz 2 Nummer 4 ein Risikomanagement-System für jedes einzelne Arzneimittel nicht, nicht richtig oder nicht vollständig betreibt,

24i. entgegen § 63b Absatz 3 Satz 1 eine dort genannte Information ohne die dort genannte vorherige oder gleichzeitige Mitteilung veröffentlicht,

24j. entgegen § 63d Absatz 1, auch in Verbindung mit Absatz 3 Satz 1 oder Absatz 3 Satz 4, einen Unbedenklichkeitsbericht nicht, nicht richtig, nicht vollständig oder nicht rechtzeitig vorlegt,

24k. entgegen § 63f Absatz 1 Satz 3 einen Abschlussbericht nicht oder nicht rechtzeitig übermittelt,

24l. entgegen § 63g Absatz 1 einen Entwurf des Prüfungsprotokolls nicht, nicht richtig oder nicht rechtzeitig vorlegt,

24m. entgegen § 63g Absatz 2 Satz 1 mit einer Unbedenklichkeitsprüfung beginnt,

24n. entgegen § 63g Absatz 4 Satz 1 einen Prüfungsbericht nicht, nicht richtig, nicht vollständig oder nicht rechtzeitig vorlegt,

24o. entgegen § 63h Absatz 5 Satz 1, 2 oder Satz 3 einen Bericht nicht, nicht richtig, nicht vollständig oder nicht rechtzeitig vorlegt,

24p. entgegen § 63i Absatz 3 Satz 1 eine Meldung nicht, nicht richtig oder nicht rechtzeitig macht,

24q. entgegen § 63i Absatz 4 Satz 1 einen Bericht nicht, nicht richtig oder nicht rechtzeitig vorlegt,

25. einer vollziehbaren Anordnung nach § 64 Abs. 4 Nr. 4, auch in Verbindung mit § 69a, zuwiderhandelt,

26. einer Duldungs- oder Mitwirkungspflicht nach § 66, auch in Verbindung mit § 69a, zuwiderhandelt,

27. entgegen einer vollziehbaren Anordnung nach § 74 Abs. 1 Satz 2 Nr. 3 eine Sendung nicht vorführt,

27a. entgegen § 74a Abs. 1 Satz 1 einen Informationsbeauftragten nicht beauftragt oder entgegen § 74a Abs. 3 eine Mitteilung nicht, nicht vollständig oder nicht rechtzeitig erstattet,

27b. entgegen § 74a Abs. 1 Satz 4 eine Tätigkeit als Informationsbeauftragter ausübt,

28. entgegen § 75 Abs. 1 Satz 1 eine Person als Pharmaberater beauftragt,

29. entgegen § 75 Abs. 1 Satz 3 eine Tätigkeit als Pharmaberater ausübt,

30. einer Aufzeichnungs-, Mitteilungs- oder Nachweispflicht nach § 76 Abs. 1 Satz 2 oder Abs. 2 zuwiderhandelt,

30a. *(aufgehoben)*

31. einer Rechtsverordnung nach § 7 Abs. 2 Satz 2, § 12 Abs. 1 Nr. 3 Buchstabe a, § 12 Abs. 1b, § 42 Abs. 3, § 54 Abs. 1, § 56a Abs. 3, § 57 Absatz 2 oder Absatz 3, § 58 Abs. 2 oder § 74 Abs. 2 oder einer vollziehbaren Anordnung aufgrund einer solchen Rechtsverordnung zuwiderhandelt, soweit die Rechtsverordnung für einen bestimmten Tatbestand auf diese Bußgeldvorschrift verweist,

32.-36. *(aufgehoben)*

(2a) Ordnungswidrig handelt, wer vorsätzlich oder fahrlässig gegen Artikel 1 der Verordnung (EG) Nr. 540/95 der Kommission vom 10. März 1995 zur Festlegung der Bestimmungen für die Mitteilung von vermuteten unerwarteten, nicht schwerwiegenden Nebenwirkungen, die innerhalb oder außerhalb der Gemeinschaft an gemäß der Verordnung (EWG) Nr. 2309/93 zugelassenen Human- oder Tierarzneimitteln festgestellt werden (ABl. L 55 vom 11.3.1995, S. 5), in Verbindung mit § 63h Absatz 7 Satz 2 verstößt, indem er nicht sicherstellt, dass der Europäischen Arzneimittel-Agentur und der zuständigen Bundesoberbehörde eine dort bezeichnete Nebenwirkung mitgeteilt wird.

(2b) Ordnungswidrig handelt, wer gegen die Verordnung (EG) Nr. 726/2004 verstößt, indem er vorsätzlich oder fahrlässig

1. entgegen Artikel 16 Absatz 2 Satz 1 oder Satz 2 in Verbindung mit Artikel 8 Absatz 3 Unterabsatz 1 Buchstabe c bis e, h bis iaa oder Buchstabe ib der Richtlinie 2001/83/EG oder entgegen Artikel 41 Absatz 4 Satz 1 oder 2 in Verbindung mit Artikel 12 Absatz 3 Unterabsatz 1 Satz 2 Buchstabe c bis e, h bis j oder Buchstabe k der Richtlinie 2001/82/EG, jeweils in Verbindung mit § 29 Absatz 4 Satz 2, der Europäischen Arzneimittel-Agentur oder der zuständigen Bundesoberbehörde eine dort genannte Mitteilung nicht, nicht richtig, nicht vollständig oder nicht rechtzeitig macht,

2. entgegen Artikel 28 Absatz 1 in Verbindung mit Artikel 107 Absatz 1 Unterabsatz 2 der Richtlinie 2001/83/EG nicht dafür sorgt, dass eine Meldung an einer dort genannten Stelle verfügbar ist,

3. entgegen Artikel 49 Absatz 1 Satz 1 oder Absatz 2 Satz 1, jeweils in Verbindung mit § 29 Absatz 4 Satz 2, nicht sicherstellt, dass der zuständigen Bundesoberbehörde oder der Europäischen Arzneimittel-Agentur eine dort bezeichnete Nebenwirkung mitgeteilt wird,

4. entgegen Artikel 49 Absatz 3 Satz 1 eine dort bezeichnete Unterlage nicht, nicht richtig oder nicht vollständig führt.

(2c) Ordnungswidrig handelt, wer gegen die Verordnung (EG) Nr. 1901/2006 des Europäischen Parlaments und des Rates vom 12. Dezember 2006 über Kinderarzneimittel und zur Änderung der Verordnung (EWG) Nr. 1768/92, der Richtlinien 2001/20/EG und 2001/83/EG sowie der Verordnung (EG) Nr. 726/2004 (ABl. L 378 vom 27.12.2006, S. 1) verstößt, indem er vorsätzlich oder fahrlässig

1. entgegen Artikel 33 Satz 1 ein dort genanntes Arzneimittel nicht, nicht richtig oder nicht rechtzeitig in den Verkehr bringt,

2. einer vollziehbaren Anordnung nach Artikel 34 Absatz 2 Satz 4 zuwiderhandelt,

3. entgegen Artikel 34 Absatz 4 Satz 1 den dort genannten Bericht nicht oder nicht rechtzeitig vorlegt,

4. entgegen Artikel 35 Satz 1 die Genehmigung für das Inverkehrbringen nicht oder nicht rechtzeitig auf einen dort genannten Dritten überträgt und diesem einen Rückgriff auf die dort genannten Unterlagen nicht oder nicht rechtzeitig gestattet,

5. entgegen Artikel 35 Satz 2 eine Unterrichtung nicht, nicht richtig oder nicht rechtzeitig vornimmt, oder

6. entgegen Artikel 41 Absatz 2 Satz 2 ein Ergebnis der dort genannten Prüfung nicht, nicht richtig oder nicht rechtzeitig vorlegt.

(3) Die Ordnungswidrigkeit kann mit einer Geldbuße bis zu 25 000 Euro geahndet werden.

(4) Verwaltungsbehörde im Sinne des § 36 Absatz 1 Nummer 1 des Gesetzes über Ordnungswidrigkeiten ist in den Fällen

1. des Absatzes 1 Nummer 2, des Absatzes 2 Nummer 7 Buchstabe b, Nummer 7a, 9b und 24e bis 24q, der Absätze 2a bis 2c und

2. des Absatzes 2 Nummer 7 Buchstabe c, soweit die Tat gegenüber der zuständigen Bundesoberbehörde begangen wird,

die nach § 77 zuständige Bundesoberbehörde.

§ 98 Einziehung. [1]Gegenstände, auf die sich eine Straftat nach § 95 oder § 96 oder eine Ordnungswidrigkeit nach § 97 bezieht, können eingezogen werden. [2]§ 74a des Strafgesetzbuches und § 23 des Gesetzes über Ordnungswidrigkeiten sind anzuwenden.

Verordnung (EU) Nr. 536/2014
des Europäischen Parlaments und des Rates

vom 16. April 2014
über klinische Prüfungen mit Humanarzneimitteln
und zur Aufhebung der Richtlinie 2001/20/EG

DAS EUROPÄISCHE PARLAMENT UND DER RAT DER EUROPÄI-
SCHEN UNION –

gestützt auf den Vertrag über die Arbeitsweise der Europäischen Union, insbesondere auf Artikel 114 und Artikel 168 Absatz 4 Buchstabe c,

auf Vorschlag der Europäischen Kommission,

nach Zuleitung des Entwurfs des Gesetzgebungsakts an die nationalen Parla-
mente,

nach Stellungnahme des Europäischen Wirtschafts- und Sozialausschusses[1],

nach Anhörung des Ausschusses der Regionen,

gemäß dem ordentlichen Gesetzgebungsverfahren[2],

in Erwägung nachstehender Gründe:

(1) In einer klinischen Prüfung sollten die Rechte, die Sicherheit, die Würde
und das Wohl der Prüfungsteilnehmer geschützt werden, und die in ihrem
Rahmen gewonnenen Daten sollten zuverlässig und belastbar sein. Die Interessen der Prüfungsteilnehmer sollten stets Vorrang vor sonstigen Interessen haben.

(2) Damit auf unabhängige Weise kontrolliert werden kann, ob diese Grundsätze eingehalten werden, sollten klinische Prüfungen vorab genehmigungs-
pflichtig sein.

(3) Die derzeit geltende Definition einer klinischen Prüfung, die in der Richtlinie 2001/20/EG des Europäischen Parlaments und des Rates[3] enthalten
ist, sollte präzisiert werden. Dazu sollte das Konzept der klinischen Prüfung genauer definiert werden, indem das weiter gefasste Konzept der „klinischen Studie" eingeführt wird, zu deren Kategorien die klinische Prüfung
gehört. Diese Kategorie sollte auf der Grundlage spezieller Kriterien definiert werden. Dieser Ansatz berücksichtigt in angemessener Weise die internationalen Leitlinien und entspricht dem Unionsrecht für Arzneimittel,

---

1 ABl. C 44 vom 15.2.2013, S. 99.
2 Standpunkt des Europäischen Parlaments vom 3. April 2014 (noch nicht im Amtsblatt
   veröffentlicht) und Beschluss des Rates vom 14. April 2014.
3 Richtlinie 2001/20/EG des Europäischen Parlaments und des Rates vom 4. April 2001
   zur Angleichung der Rechts- und Verwaltungsvorschriften der Mitgliedstaaten über
   die Anwendung der guten klinischen Praxis bei der Durchführung von klinischen Prüfungen mit Humanarzneimitteln (ABl. L 121 vom 1.5.2001, S. 34).

das auf der Aufteilung in die zwei Teile „klinische Prüfung" und „nichtinterventionelle Studie" aufbaut.

(4) Mit der Richtlinie 2001/20/EG sollen die Verwaltungsvorschriften für klinische Prüfungen in der Union vereinfacht und harmonisiert werden. Die Erfahrung hat jedoch gezeigt, dass der harmonisierte Ansatz der Regulierung klinischer Prüfungen nur teilweise verwirklicht wurde. Dadurch gestaltet sich insbesondere die Durchführung einer klinischen Prüfung in mehreren Mitgliedstaaten schwierig. Die wissenschaftliche Entwicklung lässt jedoch vermuten, dass zukünftige klinische Prüfungen auf genauer definierte Bevölkerungsgruppen ausgerichtet sein werden, wie beispielsweise über ihre Genominformation bestimmbare Untergruppen. Um eine ausreichende Zahl Patienten in solche klinischen Prüfungen einzubeziehen, könnte es erforderlich sein, die Prüfung in zahlreichen oder gar allen Mitgliedstaaten durchzuführen. Mit den neuen Verfahren zur Genehmigung klinischer Prüfungen sollte die Beteiligung möglichst vieler Mitgliedstaaten gefördert werden. Um die Verfahren zur Einreichung eines Antragsdossiers zur Genehmigung klinischer Prüfungen zu vereinfachen, sollte daher eine mehrfache Einreichung weitgehend identischer Informationen vermieden und durch die Einreichung eines einzigen Antragsdossiers ersetzt werden, das über ein zentrales Einreichungsportal an alle betroffenen Mitgliedstaaten übermittelt wird. Da klinische Prüfungen, in einem einzigen Mitgliedstaat durchgeführt werden, für die europäische klinische Forschung gleichermaßen bedeutsam sind, sollte das Antragsdossier für solche klinische Prüfungen ebenfalls über dieses zentrale Portal übermittelt werden.

(5) Die Erfahrungen mit der Richtlinie 2001/20/EG zeigen auch, dass die Rechtsform der Verordnung Vorteile für Sponsoren und Prüfer bieten würde, beispielsweise im Zusammenhang mit klinischen Prüfungen, die in mehr als einem Mitgliedstaat stattfinden, da sie sich unmittelbar auf ihre Bestimmungen stützen können, aber auch im Zusammenhang mit der Sicherheitsberichterstattung und der Etikettierung von Prüfpräparaten. Abweichende Ansätze unter den verschiedenen Mitgliedstaaten werden so weitgehend vermieden.

(6) Die betroffenen Mitgliedstaaten sollten bei der Bewertung eines Antrags auf Genehmigung einer klinischen Prüfung zusammenarbeiten. Diese Zusammenarbeit sollte sich aber nicht auf Aspekte erstrecken, die ihrem Wesen nach nationaler Natur sind, wie die Einwilligung nach Aufklärung.

(7) Damit sich der Beginn einer klinischen Prüfung nicht aus verwaltungstechnischen Gründen verzögert, sollte das Verfahren flexibel und effizient sein, ohne die Patientensicherheit oder die öffentliche Gesundheit zu beeinträchtigen.

(8) Die Fristen für die Bewertung eines Antragsdossiers sollten ausreichen, um das Dossier zu prüfen, zugleich aber einen raschen Zugang zu neuen, innovativen Behandlungen sicherstellen und so gestaltet sein, dass die Union ein für die Durchführung klinischer Prüfungen attraktiver Standort bleibt.

In diesem Zusammenhang war mit der Richtlinie 2001/20/EG das Konzept der stillschweigenden Genehmigung eingeführt worden. Dieses Konzept sollte beibehalten werden, um die Einhaltung der Zeitvorgaben sicherzustellen. Im Fall einer Krisensituation im Bereich der öffentlichen Gesundheit sollten die Mitgliedstaaten die Möglichkeit haben, einen Antrag auf Genehmigung einer klinischen Prüfung schnell zu bewerten und zu genehmigen. Daher sollte kein Mindestzeitraum für die Genehmigung festgelegt werden.

(9) Klinische Prüfungen zur Entwicklung von Arzneimitteln für seltene Leiden im Sinne der Verordnung (EG) Nr. 141/2000 des Europäischen Parlaments und des Rates[4] und von Arzneimitteln für Prüfungsteilnehmer, die an schweren, zu Invalidität führenden und oft lebensbedrohlichen Krankheiten leiden, von denen nicht mehr als eine Person unter 50 000 in der Union betroffen ist (äußerst seltene Krankheiten), sollte gefördert werden.

(10) Die Mitgliedstaaten sollten innerhalb der festgesetzten Fristen alle Anträge auf klinische Prüfungen effizient bewerten. Eine rasche, aber gründliche Bewertung ist bei klinischen Prüfungen besonders wichtig, die Krankheiten betreffen, die zu schwerer Invalidität führen und/oder lebensbedrohlich sind und für die die therapeutischen Möglichkeiten begrenzt oder nicht vorhanden sind, wie im Falle seltener und äußerst seltener Krankheiten.

(11) Bei klinischen Prüfungen geht das Risiko für die Sicherheit der Prüfungsteilnehmer hauptsächlich von zwei Quellen aus: dem Prüfpräparat und der Intervention. Bei vielen klinischen Prüfungen besteht jedoch im Vergleich zur normalen klinischen Praxis nur ein minimales zusätzliches Risiko für die Sicherheit der Prüfungsteilnehmer. Dies ist insbesondere dann der Fall, wenn das Prüfpräparat bereits über eine Zulassung verfügt, seine Qualität, Sicherheit und Wirksamkeit also bereits im Rahmen des Zulassungsverfahrens bewertet wurden, oder, wenn das Prüfpräparat nicht gemäß den Bedingungen der Zulassung verwendet wird, seine Anwendung evidenzbasiert und durch veröffentlichte wissenschaftliche Erkenntnisse über die Sicherheit und Wirksamkeit des Prüfpräparats untermauert ist, und wenn die Intervention im Vergleich zur normalen klinischen Praxis nur ein sehr begrenztes zusätzliches Risiko für die Sicherheit der Prüfungsteilnehmer darstellt. Diese „minimalinterventionellen klinischen Prüfungen" sind oft von grundlegender Bedeutung für die Bewertung von Standardbehandlungen und -diagnosen, und dienen der Optimierung der Arzneimittelanwendung und tragen so zu einem hohen Gesundheitsschutzniveau bei. Solche klinischen Prüfungen sollten weniger strengen Regeln hinsichtlich der Überwachung, der Anforderungen an den Inhalt des Master Files und die Rückverfolgbarkeit des Prüfpräparats unterlie-

---

4 Verordnung (EG) Nr. 141/2000 des Europäischen Parlaments und des Rates vom 16. Dezember 1999 über Arzneimittel für seltene Leiden (ABl. L 18 vom 22.1.2000, S. 1).

gen. Zur Gewährleistung der Sicherheit der Prüfungsteilnehmer sollten sie allerdings dem gleichen Antragsverfahren wie andere klinische Prüfungen unterliegen. Die veröffentlichten wissenschaftlichen Erkenntnisse, die die Sicherheit und Wirksamkeit eines Prüfpräparats untermauern, das nicht gemäß den Bedingungen der Zulassung angewendet wird, könnten hochwertige Daten, die in Artikeln in wissenschaftlichen Zeitschriften veröffentlicht sind, sowie nationale, regionale oder institutionelle Behandlungspläne, Bewertungsberichte zu Gesundheitstechnologien oder sonstige geeignete Nachweise umfassen.

(12) Durch die am 10. Dezember 2012 vom Rat der Organisation für wirtschaftliche Zusammenarbeit und Entwicklung (OECD) verabschiedete Empfehlung zur Regelung klinischer Prüfungen („Recommendation on the Governance of Clinical Trials") wurden verschiedene Risikokategorien für klinische Prüfungen eingeführt. Diese Kategorien sind mit den in dieser Verordnung definierten Kategorien für klinische Prüfungen vereinbar, denn die OECD-Kategorien A und B(1) entsprechen der Definition für minimalinterventionelle klinische Prüfungen gemäß dieser Verordnung, und die OECD-Kategorien B(2) und C entsprechen der Definition für klinische Prüfungen nach dieser Verordnung.

(13) In die Bewertung eines Antrags auf Genehmigung einer klinischen Prüfung sollten insbesondere der erwartete therapeutische Nutzen und der Nutzen für die öffentliche Gesundheit („Relevanz") sowie das Risiko und die Unannehmlichkeiten für die Prüfungsteilnehmer einbezogen werden. Bei der Bewertung der Relevanz sollten verschiedene Faktoren berücksichtigt werden, z.B. ob die klinische Prüfung von den für die Bewertung von Arzneimitteln und die Zulassung ihres Inverkehrbringens zuständigen Regulierungsbehörden empfohlen oder angeordnet wurde und ob die Surrogat-Endpunkte – sofern sie verwendet werden – gerechtfertigt sind.

(14) Die an einer klinischen Prüfung teilnehmenden Prüfungsteilnehmer sollten repräsentativ für die Bevölkerungsgruppen, z.B. die Geschlechter- und Altersgruppen, sein, die voraussichtlich das in der klinischen Prüfung untersuchte Arzneimittel anwenden werden, sofern nicht der Prüfplan eine begründete andere Regelung enthält.

(15) Um die Behandlungsmöglichkeiten für schutzbedürftige Personengruppen, wie gebrechliche oder ältere Menschen, Menschen, die an mehreren chronischen Krankheiten leiden, und psychisch Kranke, zu verbessern, sollten Arzneimittel, die voraussichtlich von erheblicher klinischer Bedeutung sind, eingehend und angemessen auf ihre Wirkung bei diesen spezifischen Bevölkerungsgruppen geprüft werden, auch hinsichtlich der Anforderungen, die sie angesichts der Besonderheiten dieser Bevölkerungsgruppen und zum Schutz von Gesundheit und Wohl der zu diesen Gruppen gehörenden Prüfungsteilnehmern erfüllen müssen.

(16) Damit der Sponsor auf Fragen oder Anmerkungen eingehen kann, die während der Bewertung des Antragsdossiers aufkommen, sollte im Genehmigungsverfahren die Möglichkeit einer Verlängerung der Fristen für

die Bewertung vorgesehen werden. Außerdem sollte gewährleistet sein, dass innerhalb der verlängerten Fristen immer ausreichend Zeit für die Bewertung der zusätzlich übermittelten Informationen verbleibt.

(17) Bei der Genehmigung der Durchführung einer klinischen Prüfung sollten alle Aspekte des Schutzes der Prüfungsteilnehmer und der Zuverlässigkeit und Belastbarkeit der Daten einbezogen werden. Diese Genehmigung sollte daher in einer einzigen Entscheidung des betroffenen Mitgliedstaats enthalten sein.

(18) Die Bestimmung der an der Bewertung des Antrags auf Durchführung einer klinischen Prüfung zu beteiligenden geeigneten Stelle(n) und die Organisation der Beteiligung von Ethik-Kommissionen innerhalb der in dieser Verordnung festgelegten Zeitpläne für die Genehmigung dieser klinischen Prüfung sollten dem betroffenen Mitgliedstaat überlassen bleiben. Diese Entscheidungen hängen von der internen Organisation des jeweiligen Mitgliedstaats ab. Bei der Auswahl der geeigneten Stelle(n) sollten die Mitgliedstaaten darauf achten, dass auch Laien einbezogen werden, insbesondere Patienten oder Patientenorganisationen. Sie sollten auch sicherstellen, dass das erforderliche Fachwissen vorhanden ist. Im Einklang mit den internationalen Leitlinien sollte die Bewertung von einer angemessenen Anzahl von Personen gemeinsam vorgenommen werden, die insgesamt über die erforderlichen Qualifikationen und Erfahrungen verfügen. Die die Bewertung vornehmenden Personen sollten unabhängig vom Sponsor, der Prüfstelle und den beteiligten Prüfern sowie frei von jeder anderen unzulässigen Beeinflussung sein.

(19) Die Bewertung von Anträgen auf Genehmigung klinischer Prüfungen sollte auf der Grundlage des Fachwissens geeigneter Experten erfolgen. Die Beiziehung spezifischer Experten sollte in Erwägung gezogen werden, wenn klinische Prüfungen bewertet werden, an denen Prüfungsteilnehmer in Notfallsituationen, Minderjährige, nicht einwilligungsfähige Prüfungsteilnehmer, schwangere und stillende Frauen sowie gegebenenfalls andere identifizierte spezifische Bevölkerungsgruppen, wie ältere Menschen oder Menschen, die an seltenen oder äußerst seltenen Krankheiten leiden, beteiligt sind.

(20) In der Praxis verfügen Sponsoren nicht immer über sämtliche Informationen, die sie zur Übermittlung eines vollständigen Antrags auf Genehmigung einer klinischen Prüfung in sämtlichen Mitgliedstaaten, in denen die klinische Prüfung letztendlich durchgeführt wird, benötigen. Sie sollten die Möglichkeit haben, einen Antrag zu übermitteln, der nur auf den Unterlagen basiert, die von den Mitgliedstaaten, in denen die klinische Prüfung möglicherweise stattfinden soll, gemeinsam bewertet wurden.

(21) Der Sponsor sollte seinen Antrag auf Genehmigung einer klinischen Prüfung zurückziehen dürfen. Um ein reibungsloses Funktionieren des Bewertungsverfahrens zu gewährleisten, sollte ein Antrag auf Genehmigung einer klinischen Prüfung jedoch nur für die gesamte klinische Prüfung zurückgezogen werden dürfen. Der Sponsor sollte die Möglichkeit haben,

nach Rücknahme eines Antrags einen neuen Antrag auf Genehmigung einer klinischen Prüfung zu übermitteln.

(22) In der Praxis kann Sponsoren aufgrund der Zielvorgaben für die Rekrutierung oder aus anderen Gründen daran gelegen sein, die klinische Prüfung nach deren Erstgenehmigung auf zusätzliche Mitgliedstaaten auszuweiten. Es sollte ein Genehmigungsmechanismus eingerichtet werden, mit dem eine solche Erweiterung möglich ist, ohne dass dadurch eine erneute Bewertung des Antrags durch alle betroffenen Mitgliedstaaten erforderlich wäre, die an der Erstgenehmigung der klinischen Prüfung beteiligt waren.

(23) Klinische Prüfungen erfahren nach Genehmigung üblicherweise noch zahlreiche Änderungen. Diese Änderungen können die Durchführung, den Aufbau, die Methodik, das Prüf- oder das Hilfspräparat, den Prüfer oder die Prüfstelle betreffen. Wenn diese Änderungen wesentliche Auswirkungen auf die Sicherheit oder Rechte der Prüfungsteilnehmer oder auf die Zuverlässigkeit und Belastbarkeit der im Rahmen der klinischen Prüfung gewonnenen Daten haben, sollten sie einem Genehmigungsverfahren nach dem Muster des Verfahrens zur Erstgenehmigung unterliegen.

(24) Der Inhalt der Antragsdossiers für die Genehmigung einer klinischen Prüfung sollte harmonisiert werden, um sicherzustellen, dass alle Mitgliedstaaten über die gleichen Informationen verfügen und das Verfahren für Anträge auf klinische Prüfungen einfacher wird.

(25) Um eine größere Transparenz im Bereich klinischer Prüfungen zu erreichen, sollten Daten aus klinischen Prüfungen nur dann zur Unterstützung eines Antrags auf Genehmigung einer klinischen Prüfung übermittelt werden, wenn diese klinische Prüfung in einer öffentlich zugänglichen und kostenlosen Datenbank registriert worden ist, die ein Primär- oder Partnerregister oder ein Datenlieferant des Registernetzwerks für klinische Prüfungen der Weltgesundheitsorganisation (WHO ICTRP) ist. Datenlieferanten des WHO ICTRP erstellen und verwalten Aufzeichnungen über klinische Prüfungen so, dass sie den Anforderungen des WHO Registers entsprechen. Besondere Bestimmungen sollten für Daten vorgesehen werden, die aus klinischen Prüfungen stammen, die vor dem Tag der Anwendung dieser Verordnung begonnen wurden.

(26) Es sollte den Mitgliedstaaten überlassen bleiben, die Anforderungen hinsichtlich der Sprache des Antragsdossiers festzulegen. Damit die Bewertung eines Antrags auf Genehmigung einer klinischen Prüfung reibungslos funktioniert, sollten die Mitgliedstaaten in Erwägung ziehen, sich auf eine in medizinischen Kreisen allgemein verstandene Sprache zu einigen, in der diejenigen Dokumente abgefasst werden, die nicht für den Prüfungsteilnehmer bestimmt sind.

(27) Die Würde des Menschen und sein Recht auf Unversehrtheit sind in der Charta der Grundrechte der Europäischen Union (im Folgenden „Charta") aufgeführt. Insbesondere besagt die Charta, dass Interventionen im Rahmen der Medizin oder Biologie nur mit freier Einwilligung des Betroffe-

nen nach vorheriger Aufklärung vorgenommen werden dürfen. Die Richtlinie 2001/20/EG enthält ausführliche Bestimmungen zum Schutz der
Prüfungsteilnehmer. Diese Bestimmungen sollten beibehalten werden.
Die Bestimmungen darüber, wer der gesetzliche Vertreter nicht einwilligungsfähiger Personen und Minderjähriger ist, sind von Mitgliedstaat zu
Mitgliedstaat unterschiedlich. Es sollte daher den Mitgliedstaaten überlassen bleiben festzulegen, wer der gesetzliche Vertreter nicht einwilligungsfähiger Personen und Minderjähriger ist. Für nicht einwilligungsfähige Prüfungsteilnehmer, Minderjährige sowie schwangere Frauen und
stillende Frauen sind besondere Schutzmaßnahmen erforderlich.

(28) Ein Arzt mit geeigneter Qualifikation oder gegebenenfalls ein qualifizierter Zahnarzt sollte für die gesamte medizinische Versorgung des Prüfungsteilnehmers, einschließlich der medizinischen Versorgung durch anderes medizinisches Personal, verantwortlich sein.

(29) Es ist angebracht, dass Hochschulen und andere Forschungseinrichtungen
unter bestimmten Umständen, die im Einklang mit dem anwendbaren Da-
tenschutzrecht stehen, Daten aus klinischen Prüfungen sammeln dürfen,
die für künftige wissenschaftliche Forschung, z.B. für Zwecke der medizinischen, naturwissenschaftlichen oder sozialwissenschaftlichen Forschung, verwendet werden sollen. Um Daten für solche Zwecke zu sammeln, ist es notwendig, dass der Prüfungsteilnehmer seine Einwilligung
zur Verwendung seiner Daten außerhalb des Prüfplans der klinischen Prüfung erteilt und das Recht hat, diese Einwilligung jederzeit zurückzuziehen. Außerdem ist es notwendig, dass Forschungsprojekte, die sich auf
solche Daten stützen, vor ihrer Durchführung Überprüfungen unterzogen
werden, die für die Forschung an Humandaten geeignet sind, z.B. zu ethischen Aspekten.

(30) Gemäß den internationalen Leitlinien sollte die Einwilligung nach Aufklärung eines Prüfungsteilnehmers schriftlich erteilt werden. Wenn der
Prüfungsteilnehmer nicht in der Lage ist zu schreiben, kann die Einwilligung durch geeignete andere Mittel wie z.B. durch Ton- oder Bildauf-
zeichnungsgeräte aufgezeichnet werden. Vor Einholung der Einwilligung
nach Aufklärung sollte der potenzielle Prüfungsteilnehmer in einem Gespräch, das in einer Sprache geführt wird, die er leicht versteht, Informationen erhalten. Der Prüfungsteilnehmer sollte die Möglichkeit haben, jederzeit Fragen zu stellen. Dem Prüfungsteilnehmer sollte ausreichend
Zeit gegeben werden, um über seine Entscheidung nachzudenken. Angesichts der Tatsache, dass in einigen Mitgliedstaaten die einzige Person, die
nach nationalem Recht dafür qualifiziert ist, ein Gespräch mit einem potenziellen Prüfungsteilnehmer zu führen, ein Arzt ist, wogegen in anderen
Mitgliedstaaten dies durch andere entsprechend ausgebildete Personen erfolgt, ist vorzusehen, dass das vorherige Gespräch mit einem potenziellen
Prüfungsteilnehmer durch ein Mitglied des Prüfungsteams geführt wird,
das für diese Aufgabe nach dem nationalen Recht des Mitgliedstaats qualifiziert ist, in dem die Rekrutierung stattfindet.

(31) Um zu bescheinigen, dass die Einwilligung nach Aufklärung aus freien Stücken erteilt wurde, sollte der Prüfer alle relevanten Umstände berücksichtigen, die die Entscheidung eines potenziellen Prüfungsteilnehmers, an einer klinischen Prüfung teilzunehmen, beeinflussen könnten, insbesondere die Frage, ob der potenzielle Prüfungsteilnehmer zu einer wirtschaftlich oder sozial benachteiligten Gruppe gehört oder sich in einer Situation institutioneller oder hierarchischer Abhängigkeit befindet, was seine Entscheidung über die Teilnahme unangemessen beeinflussen könnte.

(32) Von dieser Verordnung sollte nationales Recht unberührt bleiben, das vorschreibt, dass ein Minderjähriger, der in der Lage ist, sich eine Meinung zu bilden und die ihm erteilten Informationen zu bewerten, zusätzlich zu der Einwilligung nach Aufklärung durch den gesetzlichen Vertreter selbst der Teilnahme zustimmen muss, damit er an einer klinischen Prüfung teilnehmen kann.

(33) Es sollte erlaubt werden, dass die Einwilligung nach Aufklärung für bestimmte klinische Prüfungen in vereinfachten Verfahren eingeholt wird, wenn die Methodik der Prüfung erfordert, dass Gruppen von Prüfungsteilnehmern anstelle von einzelnen Prüfungsteilnehmern eingeteilt werden, um unterschiedliche Prüfpräparate verabreicht zu bekommen. In diesen klinischen Prüfungen werden die Prüfpräparate gemäß den Zulassungen angewandt, und der einzelne Prüfungsteilnehmer erhält eine Standardbehandlung, unabhängig davon, ob er der Teilnahme an der klinischen Prüfung zustimmt, sie verweigert oder seine Teilnahme an ihr beendet, so dass die einzige Folge der Nichtteilnahme darin besteht, dass Daten über ihn nicht für die klinische Prüfung verwendet werden. Solche klinischen Prüfungen, die zum Vergleich etablierter Therapien dienen, sollten stets in einem einzigen Mitgliedstaat durchgeführt werden.

(34) Besondere Bestimmungen sollten zum Schutz von schwangeren und stillenden Frauen, die an klinischen Prüfungen teilnehmen, festgelegt werden, insbesondere dann, wenn die klinische Prüfung mit keinem direkten Nutzen für sie oder ihren Embryo, ihren Fötus oder ihr Kind nach der Geburt verbunden ist.

(35) Personen, die einen Pflichtwehrdienst ableisten, Personen, denen die Freiheit entzogen wurde, Personen, die aufgrund einer gerichtlichen Entscheidung nicht an einer klinischen Prüfung teilnehmen können, und Personen, die wegen ihres Alters, ihrer Behinderung oder ihres Gesundheitszustands pflegebedürftig sind und aus diesem Grund in einem Pflegeheim untergebracht sind, also in Unterkünften, in denen Personen, die ständige Hilfe benötigen, solche Hilfe gewährt wird, befinden sich in einem Verhältnis der Unterordnung oder faktischen Abhängigkeit und bedürfen deshalb besonderer Schutzmaßnahmen. Die Mitgliedstaaten sollten solche zusätzlichen Maßnahmen beibehalten dürfen.

(36) Diese Verordnung sollte klare Bestimmungen zur Einwilligung nach Aufklärung in Notfällen enthalten. Dabei handelt es sich um Fälle, in denen

sich ein Patient beispielsweise durch multiple Traumata, Schlaganfälle oder Herzinfarkte plötzlich in einem lebensbedrohlichen Zustand befindet, der ein unverzügliches medizinisches Eingreifen erfordert. In solchen Fällen kann eine Behandlung im Rahmen einer bereits genehmigten und in Durchführung begriffenen klinischen Prüfung zielführend sein. Jedoch ist es in bestimmten Notfallsituationen nicht möglich, vor dem Eingriff eine Einwilligung nach Aufklärung einzuholen. In dieser Verordnung sollten daher klare Regeln darüber festgelegt werden, wann ein solcher Patient in eine klinische Prüfung einbezogen werden kann; dies sollte nur unter äußerst strengen Auflagen gestattet sein. Außerdem sollte die klinische Prüfung in einem solchen Fall unmittelbar den klinischen Zustand betreffen, aufgrund dessen es dem Patienten oder seinem gesetzlichen Vertreter innerhalb des Zeitfensters für die Behandlung nicht möglich ist, eine Einwilligung nach Aufklärung zu erteilen. Früher geäußerte Einwände des Patienten sollten beachtet werden, und es sollte so schnell wie möglich eine Einwilligung nach Aufklärung des Prüfungsteilnehmers oder des gesetzlichen Vertreters eingeholt werden.

(37) Um es Patienten zu erlauben, an einer klinischen Prüfung teilzunehmen, sowie die wirksame Überwachung einer klinischen Prüfung durch den betroffenen Mitgliedstaat zu ermöglichen, sollten der Beginn der klinischen Prüfung, das Ende der Rekrutierung von Prüfungsteilnehmern für die klinische Prüfung und das Ende der klinischen Prüfung gemeldet werden. Gemäß den internationalen Standards sollten die Ergebnisse der klinischen Prüfung innerhalb eines Jahres nach Ende der klinischen Prüfung gemeldet werden.

(38) Der Tag der ersten Handlung zur Rekrutierung eines potenziellen Prüfungsteilnehmers ist der Tag, zu dem die erste Handlung gemäß der im Prüfplan beschriebenen Rekrutierungsstrategie erfolgt, z.B. der Tag der Kontaktaufnahme mit einem potenziellen Prüfungsteilnehmer oder der Tag, an dem die Werbung für eine bestimmte klinische Prüfung veröffentlicht wurde.

(39) Der Sponsor sollte eine Zusammenfassung der Ergebnisse der klinischen Prüfung zusammen mit einer für einen Laien verständlichen Zusammenfassung sowie gegebenenfalls den Bericht über die klinische Prüfung innerhalb der festgesetzten Fristen übermitteln. Wenn es aus wissenschaftlichen Gründen, z.B. wenn die klinische Prüfung in Drittländern noch andauert und Daten von diesem Teil der Prüfung nicht zur Verfügung stehen, weswegen eine statistische Analyse nicht aussagekräftig wäre, nicht möglich ist, die Zusammenfassung der Ergebnisse innerhalb der festgesetzten Fristen zu übermitteln, sollte der Sponsor dies im Prüfplan erläutern und angeben, wann die Ergebnisse übermittelt werden.

(40) Damit der Sponsor alle möglicherweise relevanten Sicherheitsinformationen bewerten kann, sollte der Prüfer ihm grundsätzlich sämtliche schwerwiegenden unerwünschten Ereignisse melden.

(41) Der Sponsor sollte die vom Prüfer gemeldeten Informationen bewerten und Sicherheitsinformationen zu schwerwiegenden unerwünschten Ereignissen, die mutmaßliche unerwartete schwerwiegende Nebenwirkungen darstellen, der Europäischen Arzneimittel-Agentur (im Folgenden „Agentur") melden.

(42) Die Agentur sollte diese Informationen zur Bewertung an die Mitgliedstaaten weiterleiten.

(43) Die Mitglieder der Internationalen Konferenz zur Angleichung der technischen Anforderungen an die Zulassung von Humanarzneimitteln (International Conference on Harmonisation of Technical Requirements for Registration of Pharmaceuticals for Human Use, „ICH") haben sich auf ausführliche Leitlinien für die gute klinische Praxis geeinigt, die mittlerweile einen international anerkannten Standard für den Aufbau und die Durchführung klinischer Prüfungen sowie für die diesbezüglichen Aufzeichnungen und die Berichterstattung darüber darstellen; sie entsprechen Grundsätzen, die ihren Ursprung in der Deklaration von Helsinki des Weltärztebundes haben. Bei der Planung und Durchführung klinischer Prüfungen und bei den diesbezüglichen Aufzeichnungen und der Berichterstattung darüber können sich detaillierte Fragen zu dem geeigneten Qualitätsstandard stellen. In einem solchen Fall sollten die ICH-Leitlinien zur guten klinischen Praxis zur Anwendung der in dieser Verordnung enthaltenen Bestimmungen angemessen berücksichtigt werden, sofern keine anderen spezifischen Leitlinien der Kommission vorliegen und die genannten Leitlinien mit dieser Verordnung vereinbar sind.

(44) Die Durchführung einer klinischen Prüfung sollte vom Sponsor angemessen überwacht werden, damit die Zuverlässigkeit und Belastbarkeit der Ergebnisse gewährleistet ist. Die Überwachung kann auch zur Sicherheit der Prüfungsteilnehmer beitragen, unter Berücksichtigung der Merkmale der klinischen Prüfung und Achtung der Grundrechte der Prüfungsteilnehmer. Bei der Festlegung des Überwachungsumfangs sollte den jeweiligen Merkmalen der klinischen Prüfung Rechnung getragen werden.

(45) Die an der Durchführung einer klinischen Prüfung mitwirkenden Personen, insbesondere Prüfer und sonstiges medizinisches Fachpersonal, sollten über ausreichende Qualifikationen verfügen, um ihre Aufgaben wahrzunehmen; eine klinische Prüfung sollte in dafür geeigneten Einrichtungen durchgeführt werden.

(46) Damit die Sicherheit der Prüfungsteilnehmer sowie die Zuverlässigkeit und Belastbarkeit der Daten aus klinischen Prüfungen gewährleistet sind, ist vorzusehen, dass Vorkehrungen für die Rückverfolgbarkeit, die Lagerung, die Rückgabe und die Vernichtung von Prüfpräparaten, je nach Art der klinischen Prüfung, getroffen werden. Aus denselben Gründen sollte es solche Vorkehrungen auch für nicht zugelassene Hilfspräparate geben.

(47) Dem Sponsor können während einer klinischen Prüfung schwere Verstöße gegen die Regeln für die Durchführung dieser klinischen Prüfung be-

kannt werden. Dies sollte den betroffenen Mitgliedstaaten gemeldet werden, damit sie erforderlichenfalls Maßnahmen ergreifen können.

(48) Auch andere Ereignisse außer den Meldungen von mutmaßlichen unerwarteten schwerwiegenden Nebenwirkungen können für das Nutzen-Risiko-Verhältnis relevant sein; diese sollten ebenfalls zeitnah den betroffenen Mitgliedstaaten gemeldet werden. Für die Sicherheit der Prüfungsteilnehmer ist es wichtig, dass zusätzlich zu schwerwiegenden unerwünschten Ereignissen und Nebenwirkungen alle unerwarteten Ereignisse, die die Nutzen-Risiko-Bewertung des Arzneimittels erheblich beeinflussen könnten oder die zu Änderungen der Verabreichung eines Arzneimittels oder allgemein der Art der Durchführung der klinischen Prüfung führen würden, den betroffenen Mitgliedstaaten gemeldet werden. Beispiele für solche unerwarteten Ereignisse sind unter anderem ein Anstieg der Häufigkeit des Auftretens erwarteter schwerwiegender Nebenwirkungen, die klinisch wichtig sein könnten, eine beträchtliche Gefahr für die Patientengruppe, wie etwa mangelnde Wirksamkeit eines Arzneimittels, oder eine wichtige sicherheitsrelevante Erkenntnis aus einem in jüngster Zeit abgeschlossenen Tierversuch (wie etwa Karzinogenität).

(49) Erfordern unerwartete Ereignisse eine dringende Änderung einer klinischen Prüfung, sollten der Sponsor und der Prüfer ohne vorherige Genehmigung dringend gebotene Sicherheitsmaßnahmen ergreifen dürfen. Handelt es sich bei solchen Maßnahmen um eine vorübergehende Unterbrechung der klinischen Prüfung, sollte der Sponsor eine wesentliche Änderung beantragen, bevor er die klinische Prüfung wieder aufnimmt.

(50) Um sicherzustellen, dass eine klinische Prüfung gemäß dem Prüfplan durchgeführt wird, und damit die Prüfer über die von ihnen verabreichten Prüfpräparate informiert sind, sollte der Sponsor den Prüfern eine Prüferinformation zur Verfügung stellen.

(51) Die im Rahmen der klinischen Prüfung gewonnenen Daten sollten so aufgezeichnet, gehandhabt und aufbewahrt werden, dass dadurch die Sicherheit und die Rechte der Prüfungsteilnehmer sowie die Zuverlässigkeit und Belastbarkeit der im Rahmen der klinischen Prüfung gewonnenen Daten gewahrt bleiben und eine akkurate Berichterstattung und Auswertung sowie eine wirksame Überwachung durch den Sponsor und wirksame Inspektionen durch die Mitgliedstaaten sichergestellt sind.

(52) Um die Einhaltung des Prüfplans und der vorliegenden Verordnung nachweisen zu können, sollte von Sponsor und Prüfer je eine als fortlaufende Akte zu führende Dokumentation (Master File) zu der klinischen Prüfung angelegt und geführt werden, in dem die für eine wirksame Überwachung (Überwachung durch den Sponsor und Inspektion durch die Mitgliedstaaten) relevanten Dokumente enthalten sind. Der Master File zur klinischen Prüfung sollte in geeigneter Weise archiviert werden, damit auch nach Beendigung der klinischen Prüfung eine Überwachung möglich bleibt.

(53) Sind bereits zugelassene Hilfspräparate nicht ohne weiteres verfügbar, dürfen in begründeten Fällen nicht zugelassene Hilfspräparate in einer kli-

nischen Prüfung verwendet werden. Der Preis der bereits zugelassenen Hilfspräparate sollte nicht als Umstand angesehen werden, der die Verfügbarkeit solcher Arzneimittel beeinflusst.

(54) Arzneimittel, die für Prüfungen in Forschung und Entwicklung bestimmt sind, werden von der Richtlinie 2001/83/EG des Europäischen Parlaments und des Rates[5] nicht erfasst. Zu diesen Arzneimitteln gehören auch Arzneimittel, die im Rahmen klinischer Prüfungen verwendet werden. Für sie sollten spezielle Bestimmungen erlassen werden, die ihren Besonderheiten Rechnung tragen. Bei der Festlegung dieser Bestimmungen sollte unterschieden werden zwischen Prüfpräparaten (das geprüfte Produkt und die entsprechenden Vergleichspräparate, einschließlich Placebos) und Hilfspräparaten (Arzneimittel, die in einer klinischen Prüfung verwendet werden, jedoch nicht als Prüfpräparate), beispielsweise Arzneimitteln, die als Hintergrundtherapie, Provokationssubstanz oder Bedarfsmedikation eingesetzt oder zur Bewertung der Endpunkte in der klinischen Prüfung verwendet werden. Nicht zu den Hilfspräparaten zählen sollten Komedikationen, also Arzneimittel ohne Bezug zur klinischen Prüfung und ohne Relevanz für den Aufbau der klinischen Prüfung.

(55) Um die Sicherheit der Prüfungsteilnehmer und die Zuverlässigkeit und Belastbarkeit der im Rahmen einer klinischen Prüfung gewonnenen Daten zu gewährleisten, und um die Verteilung der Prüf- und Hilfspräparate auf die verschiedenen Prüfstellen in der EU zu ermöglichen, sollten Bestimmungen für die Herstellung und die Einfuhr von Prüfpräparaten und Hilfspräparaten erlassen werden. Die Bestimmungen sollten, wie dies bereits in der Richtlinie 2001/20/EG der Fall war, die derzeit geltenden Vorschriften über gute Herstellungspraxis für von der Richtlinie 2001/83/EG erfasste Produkte widerspiegeln. In einigen speziellen Fällen sollte von diesen Bestimmungen abgewichen werden dürfen, um die Durchführung einer klinischen Prüfung zu erleichtern. Daher sollten die anzuwendenden Bestimmungen eine gewisse Flexibilität erlauben, sofern dadurch weder die Sicherheit der Prüfungsteilnehmer noch die Zuverlässigkeit und Belastbarkeit der im Rahmen der klinischen Prüfung gewonnenen Daten gefährdet wird.

(56) Die Anforderung, wonach zur Herstellung oder Einfuhr von Prüfpräparaten eine Genehmigung erforderlich ist, sollte nicht für die Zubereitung radioaktiver Prüfpräparate auf der Grundlage von Radionuklidgeneratoren, Kits oder Radionuklidvorstufen nach den Anweisungen des Herstellers für die Verwendung in Krankenhäusern, Gesundheitszentren oder Kliniken gelten, die an derselben klinischen Prüfung in demselben Mitgliedstaat teilnehmen.

---

5 Richtlinie 2001/83/EG des Europäischen Parlaments und des Rates vom 6. November 2001 zur Schaffung eines Gemeinschaftskodexes für Humanarzneimittel (ABl. L 311 vom 28.11.2001, S. 67).

(57) Prüf- und Hilfspräparate sollten angemessen etikettiert werden, damit die Sicherheit der Prüfungsteilnehmer und die Zuverlässigkeit und Belastbarkeit der im Rahmen klinischer Prüfungen gewonnenen Daten gewährleistet sind, und damit eine Verteilung dieser Produkte an Prüfstellen in der gesamten Union möglich ist. Die Etikettierungsbestimmungen sollten den Risiken für die Sicherheit der Prüfungsteilnehmer und für die Zuverlässigkeit und Belastbarkeit der im Rahmen klinischer Prüfungen gewonnenen Daten entsprechen. Wurde ein Prüf- oder ein Hilfspräparat bereits als zugelassenes Arzneimittel gemäß der Richtlinie 2001/83/EG und der Verordnung (EG) Nr. 726/2004 des Europäischen Parlaments und des Rates[6] in Verkehr gebracht, sollte bei klinischen Prüfungen ohne Verblindung des Etiketts grundsätzlich keine zusätzliche Etikettierung vorgeschrieben sein. Es gibt sogar spezielle Produkte, beispielsweise radioaktive Arzneimittel, die als diagnostische Prüfpräparate verwendet werden, für die die allgemeinen Etikettierungsbestimmungen aufgrund ihrer sehr stark kontrollierten Einsatzbedingungen im Rahmen klinischer Prüfungen ungeeignet sind.

(58) Damit klare Verantwortlichkeiten bestehen, wurde mit der Richtlinie 2001/20/EG im Einklang mit internationalen Leitlinien das Konzept des „Sponsors" einer klinischen Prüfung eingeführt. Dieses Konzept sollte beibehalten werden.

(59) In der Praxis kommt es vor, dass klinische Prüfungen von losen, informellen Netzwerken von Forschern oder Forschungseinrichtungen gemeinsam durchgeführt werden. Die Netzwerke sollten als Kosponsoren einer klinischen Prüfung fungieren können. Damit das Konzept der Verantwortlichkeit für die klinische Prüfung nicht verwässert wird, wenn eine klinische Prüfung mehrere Sponsoren hat, sollten sie alle den einem Sponsor gemäß dieser Verordnung auferlegten Verpflichtungen unterliegen. Die Kosponsoren sollten die dem Sponsor obliegenden Verantwortlichkeiten jedoch vertraglich untereinander aufteilen können.

(60) Um sicherzustellen, dass die Mitgliedstaaten Durchsetzungsmaßnahmen ergreifen können und dass in geeigneten Fällen gerichtliche Schritte unternommen werden können, ist vorzusehen, dass Sponsoren, die nicht in der Union niedergelassen sind, durch einen gesetzlichen Vertreter in der Union vertreten werden. Allerdings sollte angesichts der unterschiedlichen Ansätze in den Mitgliedstaaten zur zivilrechtlichen und strafrechtlichen Haftung jedem betroffenen Mitgliedstaat für sein Hoheitsgebiet die Wahl gelassen werden, ob er einen solchen gesetzlichen Vertreter vorschreibt, sofern zumindest eine Kontaktperson in der Union niedergelassen ist.

---

6 Verordnung (EG) Nr. 726/2004 des Europäischen Parlaments und des Rates vom 31. März 2004 zur Festlegung von Gemeinschaftsverfahren für die Genehmigung und Überwachung von Human- und Tierarzneimitteln und zur Errichtung einer Europäischen Arzneimittel-Agentur (ABl. L 136 vom 30.4.2004, S. 1).

(61) Für den Fall, dass einem Prüfungsteilnehmer im Rahmen einer klinischen Prüfung ein Schaden entsteht, für den der Prüfer oder Sponsor zivil- oder strafrechtlich haftbar ist, sollten die Bedingungen für eine Haftung in solchen Fällen, unter Einschluss von Fragen zur Kausalität und des Schadensumfangs und der Strafbemessung, weiterhin durch das nationale Recht geregelt werden.

(62) Bei klinischen Prüfungen sollte die Zahlung des Schadensersatzes, der gemäß den einschlägigen Rechtsvorschriften zugesprochen wurde, gewährleistet sein. Deshalb sollten die Mitgliedstaaten sicherstellen, dass es Verfahren für Schadensersatzleistungen für Prüfungsteilnehmer gibt, die der Art und dem Umfang des Risikos entsprechen.

(63) Die betroffenen Mitgliedstaaten sollten befugt sein, die Genehmigung für eine klinische Prüfung zu widerrufen, eine klinische Prüfung zu suspendieren oder von einem Sponsor zu verlangen, eine klinische Prüfung zu ändern.

(64) Um die Einhaltung dieser Verordnung sicherzustellen, sollten die Mitgliedstaaten in der Lage sein, Inspektionen durchzuführen, und über die hierfür notwendigen Kapazitäten verfügen.

(65) Die Kommission sollte überprüfen können, ob die Mitgliedstaaten die Einhaltung dieser Verordnung korrekt überwachen. Zudem sollte die Kommission überwachen können, ob die Rechtssysteme von Drittländern die Erfüllung der spezifischen Bestimmungen dieser Verordnung und der Richtlinie 2001/83/EG in Bezug auf klinische Prüfungen in Drittländern gewährleisten.

(66) Zur Straffung und Erleichterung des Informationsflusses zwischen Sponsoren und Mitgliedstaaten sowie zwischen den Mitgliedstaaten sollte die Agentur in Zusammenarbeit mit den Mitgliedstaaten und der Kommission eine EU-Datenbank einrichten und pflegen, auf die über ein EU-Portal zugegriffen werden kann.

(67) Damit bei den klinischen Prüfungen ein ausreichendes Maß an Transparenz besteht, sollten in dieser EU-Datenbank alle über das EU-Portal übermittelten relevanten Informationen zu klinischen Prüfungen erfasst werden. Die EU-Datenbank sollte öffentlich zugänglich sein, und die Daten sollten in einem Format präsentiert werden, das die Suche erleichtert; zusammenhängende Daten und Dokumente sollten durch die EU-Prüfungsnummer und durch Hyperlinks verknüpft werden, indem beispielsweise die Zusammenfassung, die Zusammenfassung für den Laien, der Prüfplan und der Studienabschlussbericht einer klinischen Prüfung verknüpft werden; auch sollte es Links zu Daten aus anderen klinischen Prüfungen geben, bei denen dasselbe Prüfpräparat verwendet wurde. Bevor eine klinische Prüfung begonnen wird, sollte sie in der EU-Datenbank erfasst werden. In der EU-Datenbank sollten grundsätzlich auch Beginn und Ende der Rekrutierung von Prüfungsteilnehmern veröffentlicht werden. In der EU-Datenbank sollten keine personenbezogenen Daten zu den an einer Prüfung teilnehmenden Prüfungsteilnehmern erfasst werden. Die in der EU-Datenbank enthaltenen Informationen sollten öffentlich zugäng-

lich sein, sofern es nicht aus besonderen Gründen erforderlich ist, bestimmte Angaben nicht zu veröffentlichen, um das Recht auf Privatsphäre und das Recht auf den Schutz personenbezogener Daten einer Person, die in den Artikeln 7 und 8 der Charta verankert sind, zu wahren. Die öffentlich verfügbaren Informationen in der EU-Datenbank sollten dazu beitragen, die öffentliche Gesundheit zu schützen, die Innovationsfähigkeit der europäischen medizinischen Forschung zu stärken und gleichzeitig den berechtigten wirtschaftlichen Interessen der Sponsoren Rechnung tragen.

(68) Für die Zwecke dieser Verordnung sollten die in einem Studienabschlussbericht enthaltenen Daten grundsätzlich nicht mehr als vertrauliche geschäftliche Informationen gelten, sobald eine Zulassung erteilt wurde, das Verfahren zur Erteilung einer Zulassung abgeschlossen ist oder der Antrag auf Zulassung zurückgezogen wurde. Zusätzlich sollten die Hauptmerkmale einer klinischen Prüfung, die Schlussfolgerung zu Teil I des Bewertungsberichts zur Genehmigung einer klinischen Prüfung und die Entscheidung über die Zulassung einer klinischen Prüfung, die wesentliche Änderung einer klinischen Prüfung und die Ergebnisse der klinischen Prüfung, einschließlich der Gründe für eine vorübergehende Unterbrechung und einen Abbruch, grundsätzlich nicht als vertraulich gelten.

(69) Innerhalb eines Mitgliedstaats können mehrere Stellen bei der Genehmigung einer klinischen Prüfung mitwirken. Um eine wirksame und effiziente Zusammenarbeit zwischen den Mitgliedstaaten zu ermöglichen, sollte jeder Mitgliedstaat eine Kontaktstelle benennen.

(70) Das in dieser Verordnung festgelegte Genehmigungsverfahren wird weitestgehend unter der Zuständigkeit der Mitgliedstaaten abgewickelt. Dennoch sollten die Kommission und die Agentur gemäß dieser Verordnung unterstützend tätig werden, damit das Verfahren reibungslos funktioniert.

(71) Für die Durchführung der sich aus dieser Verordnung ergebenden Tätigkeiten sollten die Mitgliedstaaten Gebühren erheben dürfen. Allerdings sollten es die Mitgliedstaaten vermeiden, dass in einem einzigen Mitgliedstaat mehrere Zahlungen an unterschiedliche an der Bewertung des Antrags auf Genehmigung einer klinischen Prüfung beteiligte Stellen zu leisten sind.

(72) Zur Gewährleistung einheitlicher Bedingungen für die Durchführung dieser Verordnung sollten der Kommission Durchführungsbefugnisse zur Aufstellung und Änderung der Regeln zur Zusammenarbeit zwischen den Mitgliedstaaten bei der Bewertung der von dem Sponsor über die Eudra-Vigilance-Datenbank vorgelegten Informationen und zur Festlegung der Einzelheiten für das Inspektionsverfahren übertragen werden. Diese Befugnisse sollten im Einklang mit der Verordnung (EU) Nr. 182/2011 des Europäischen Parlaments und des Rates[7] ausgeübt werden.

---

7 Verordnung (EU) Nr. 182/2011 des Europäischen Parlaments und des Rates vom 16. Februar 2011 zur Festlegung der allgemeinen Regeln und Grundsätze, nach denen die Mitgliedstaaten die Wahrnehmung der Durchführungsbefugnisse durch die Kommission kontrollieren (ABl. L 55 vom 28.2.2011, S. 13).

(73) Zur Ergänzung oder Änderung bestimmter nicht wesentlicher Vorschriften dieser Verordnung sollte der Kommission die Befugnis übertragen werden, gemäß Artikel 290 des Vertrags über die Arbeitsweise der Europäischen Union (AEUV) delegierte Rechtsakte zu Folgendem zu erlassen: zur Änderung der Anhänge I, II, IV und V der vorliegenden Verordnung zur Anpassung an den technischen Fortschritt oder um der Entwicklung der internationalen Regulierungsvorschriften im Bereich klinischer Prüfungen, an denen die Union oder die Mitgliedstaaten beteiligt sind, Rechnung zu tragen; zur Änderung des Anhangs III zur Verbesserung der Informationen über die Sicherheit von Arzneimitteln, zur Anpassung der technischen Anforderungen an den technischen Fortschritt und zur Berücksichtigung der Entwicklung der internationalen Regulierungsvorschriften im Bereich Sicherheitsanforderungen für klinische Prüfungen, die von Gremien gebilligt wurden, in denen die Union oder die Mitgliedstaaten beteiligt sind; zur Festlegung der Grundsätze und Leitlinien für die gute Herstellungspraxis und die Einzelheiten der Inspektion zur Gewährleistung der Qualität der Prüfpräparate; zur Änderung des Anhangs VI zur Gewährleistung der Sicherheit der Prüfungsteilnehmer und der Zuverlässigkeit und Belastbarkeit der im Rahmen einer klinischen Prüfung gewonnenen Daten oder zur Anpassung an den technischen Fortschritt. Es ist von besonderer Bedeutung, dass die Kommission im Zuge ihrer Vorbereitungsarbeit angemessene Konsultationen, auch auf Ebene von Sachverständigen, durchführt. Bei der Vorbereitung und Ausarbeitung delegierter Rechtsakte sollte die Kommission gewährleisten, dass die einschlägigen Dokumente dem Europäischen Parlament und dem Rat gleichzeitig, rechtzeitig und auf angemessene Weise übermittelt werden.

(74) Gemäß der Richtlinie 2001/83/EG lässt jene Richtlinie die Anwendung nationaler Rechtsvorschriften unberührt, die den Verkauf, die Lieferung und den Gebrauch von empfängnisverhütenden oder schwangerschaftsunterbrechenden Arzneimitteln verbieten oder einschränken. Gemäß der Richtlinie 2001/83/EG werden nationale Rechtsvorschriften, die die Verwendung spezifischer Arten menschlicher oder tierischer Zellen untersagen oder beschränken, grundsätzlich nicht von der Richtlinie und den darin genannten Verordnungen berührt. Ebenso sollte diese Verordnung auch nationale Rechtsvorschriften unberührt lassen, die die Verwendung von spezifischen Arten menschlicher oder tierischer Zellen oder den Verkauf, die Lieferung und den Gebrauch von Arzneimitteln, die als empfängnisverhütende oder schwangerschaftsunterbrechende Arzneimittel verwendet werden, untersagen oder beschränken. Zudem sollte diese Verordnung nationale Rechtsvorschriften unberührt lassen, die den Verkauf, die Lieferung und den Gebrauch von Arzneimitteln, die Suchtmittel im Sinne der einschlägigen geltenden internationalen Übereinkommen, wie etwa dem Einheits-Übereinkommen der Vereinten Nationen von 1961 über Suchtstoffe, enthalten, untersagen oder beschränken. Die Mitglied-

staaten sollten der Kommission die betreffenden nationalen Rechtsvorschriften mitteilen.

(75) Gemäß der Richtlinie 2001/20/EG dürfen keine Gentherapieprüfungen durchgeführt werden, die zu einer Veränderung der genetischen Keimbahnidentität der Prüfungsteilnehmer führen. Diese Bestimmung ist beizubehalten.

(76) Für die Verarbeitung personenbezogener Daten in den Mitgliedstaaten im Rahmen dieser Verordnung, unter Überwachung der zuständigen Behörden der Mitgliedstaaten, insbesondere der von den Mitgliedstaaten benannten öffentlichen unabhängigen Behörden gilt die Richtlinie 95/46/EG des Europäischen Parlaments und des Rates[8]; für die Verarbeitung personenbezogener Daten durch die Kommission und die Agentur unter Überwachung des Europäischen Datenschutzbeauftragten im Rahmen dieser Verordnung gilt die Verordnung (EG) Nr. 45/2001 des Europäischen Parlaments und des Rates[9]. Durch diese Instrumente werden die Rechte auf Schutz personenbezogener Daten gestärkt, wozu das Recht auf Zugang, Berichtigung und Löschung gehört. Außerdem werden die Fälle festgelegt, in denen Beschränkungen dieser Rechte auferlegt werden können. Um diese Rechte zu achten und gleichzeitig die Belastbarkeit und Zuverlässigkeit von Daten aus klinischen Prüfungen, die zu wissenschaftlichen Zwecken benutzt werden, und die Sicherheit von an klinischen Prüfungen teilnehmenden Prüfungsteilnehmern zu schützen, ist es angemessen vorzusehen, dass unbeschadet der Richtlinie 95/46/EG der Widerruf einer Einwilligung nach Aufklärung keine Auswirkungen auf die Ergebnisse bereits durchgeführter Tätigkeiten haben sollte, wie etwa die Speicherung und Verwendung von Daten, die auf der Grundlage der Einwilligung nach Aufklärung vor deren Widerruf gewonnen wurden.

(77) Prüfungsteilnehmer sollten nicht für Prüfpräparate, Hilfspräparate, Medizinprodukte, die für ihre Verabreichung benutzt werden, und Verfahren, die nach dem Prüfplan spezifisch erforderlich sind, zahlen müssen, es sei denn, im Recht des betroffenen Mitgliedstaats ist etwas anderes vorgesehen.

(78) Das in dieser Verordnung vorgeschriebene Genehmigungsverfahren sollte so bald wie möglich zur Anwendung kommen, damit Sponsoren die Vorteile des gestrafften Genehmigungsverfahrens nutzen können. Jedoch sollte angesichts der Bedeutung der für das Genehmigungsverfahren erforderlichen umfangreichen IT-Funktionen vorgesehen werden, dass die-

---

8 Richtlinie 95/46/EG des Europäischen Parlaments und des Rates vom 24. Oktober 1995 zum Schutz natürlicher Personen bei der Verarbeitung personenbezogener Daten und zum freien Datenverkehr (ABl. L 281 vom 23.11.1995, S. 31).

9 Verordnung (EG) Nr. 45/2001 des Europäischen Parlaments und des Rates vom 18. Dezember 2000 zum Schutz natürlicher Personen bei der Verarbeitung personenbezogener Daten durch die Organe und Einrichtungen der Gemeinschaft und zum freien Datenverkehr (ABl. L 8 vom 12.1.2001, S. 1).

se Verordnung erst anwendbar wird, nachdem überprüft wurde, dass das EU-Portal und die EU-Datenbank uneingeschränkt funktionsfähig sind.

(79) Die Richtlinie 2001/20/EG sollte aufgehoben werden, so dass für die Durchführung klinischer Prüfungen in der Union nur ein einziges Regelwerk gilt. Um den Übergang zu den in dieser Verordnung vorgesehenen Bestimmungen zu erleichtern, sollten es Sponsoren während einer Übergangsfrist noch gestattet sein, klinische Prüfungen gemäß der Richtlinie 2001/20/EG zu beginnen und durchzuführen.

(80) Diese Verordnung entspricht den wichtigsten internationalen Leitfäden zu klinischen Prüfungen, wie der Fassung 2008 der Deklaration von Helsinki des Weltärztebundes, und der guten klinischen Praxis, die in der Deklaration von Helsinki ihren Ursprung hat.

(81) Die Erfahrungen mit der Richtlinie 2001/20/EG haben auch gezeigt, dass ein großer Anteil der klinischen Prüfungen von nichtkommerziellen Sponsoren durchgeführt wird. Nichtkommerzielle Sponsoren sind häufig auf Finanzmittel angewiesen, die teilweise oder gänzlich aus öffentlichen Mitteln oder von Wohltätigkeitsorganisationen stammen. Um den wertvollen Beitrag dieser nichtkommerziellen Sponsoren optimal zu nutzen und sie zu weiterer Forschung zu animieren, sollten die Mitgliedstaaten Maßnahmen zur Förderung von klinischen Prüfungen ergreifen, die von solchen Sponsoren durchgeführt werden; Zugeständnisse bei der Qualität der klinischen Prüfungen sollte es aber nicht geben.

(82) Diese Verordnung beruht auf einer doppelten Rechtsgrundlage, nämlich auf Artikel 114 und Artikel 168 Absatz 4 Buchstabe c AEUV. Sie bezweckt die Vollendung des Binnenmarkts in Bezug auf klinische Prüfungen und Humanarzneimittel auf einem hohen Gesundheitsschutzniveau. Außerdem sind darin hohe Standards für die Qualität und Sicherheit von Arzneimitteln festgelegt, um allgemeinen Sicherheitsbedenken hinsichtlich dieser Produkte zu begegnen. Diese beiden Ziele werden parallel verfolgt. Sie sind untrennbar miteinander verbunden und keines steht dem anderen an Wichtigkeit nach. Gestützt auf Artikel 114 AEUV wird mit dieser Verordnung eine Harmonisierung der Rechtsvorschriften für die Durchführung klinischer Prüfungen in der Union vorgenommen, wodurch erreicht wird, dass der Binnenmarkt in Bezug auf die Durchführung klinischer Prüfungen in mehreren Mitgliedstaaten, die Anerkennung von im Rahmen klinischer Prüfungen gewonnenen und im Antrag auf Genehmigung einer anderen klinischen Prüfung oder auf Zulassung eines Arzneimittels verwendeten Daten und den freien Verkehr von im Rahmen klinischer Prüfungen verwendeten Arzneimitteln funktioniert. Im Sinne von Artikel 168 Absatz 4 Buchstabe c AEUV werden mit dieser Verordnung dadurch, dass dafür gesorgt ist, dass die aus klinischen Prüfungen gewonnenen Daten zuverlässig und belastbar sind, hohe Standards für Qualität und Sicherheit von Arzneimitteln festgelegt, die wiederum gewährleisten, dass Behandlungen und Arzneimittel, die eine bessere Behandlung der Patienten bewirken sollen, auf zuverlässigen und belastbaren Daten beru-

hen. Zudem sind in dieser Verordnung hohe Standards für Qualität und Sicherheit der im Rahmen klinischer Prüfungen verwendeten Arzneimittel festgelegt, wodurch die Sicherheit der an einer klinischen Prüfung teilnehmenden Prüfungsteilnehmer sichergestellt wird.

(83) Diese Verordnung steht im Einklang mit den Grundrechten und Grundsätzen, die insbesondere mit der Charta anerkannt wurden; einschlägig sind in diesem Zusammenhang vor allem die Achtung der Würde des Menschen und seines Rechts auf Unversehrtheit, die Rechte des Kindes, die Achtung des Privat- und Familienlebens, des Schutzes personenbezogener Daten und die Freiheit der Kunst und der Wissenschaft. Diese Verordnung sollte von den Mitgliedstaaten im Einklang mit den genannten Rechten und Grundsätzen angewandt werden.

(84) Der Europäische Datenschutzbeauftragte hat eine Stellungnahme[10] nach Artikel 28 Absatz 2 der Verordnung (EG) Nr. 45/2001 abgegeben.

(85) Da die Ziele dieser Verordnung, nämlich die Gewährleistung der Zuverlässigkeit und Belastbarkeit der Daten aus klinischen Prüfungen bei gleichzeitiger Achtung der Rechte, der Sicherheit, der Würde und des Wohls der Prüfungsteilnehmer in der gesamten Union, von den Mitgliedstaaten nicht ausreichend verwirklicht werden können, sondern vielmehr wegen ihres Umfangs auf Unionsebene besser zu verwirklichen sind, kann die Union in Einklang mit dem in Artikel 5 des Vertrags über die Europäische Union verankerten Subsidiaritätsprinzip tätig werden. Entsprechend dem in demselben Artikel genannten Grundsatz der Verhältnismäßigkeit geht diese Verordnung nicht über das für die Verwirklichung dieser Ziele erforderliche Maß hinaus –

HABEN FOLGENDE VERORDNUNG ERLASSEN:

Kapitel I

Allgemeine Bestimmungen

Art. 1 Geltungsbereich. Diese Verordnung gilt für alle in der Union durchgeführten klinischen Prüfungen.

Sie gilt nicht für nichtinterventionelle Studien.

Art. 2 Begriffsbestimmungen. (1) Für die Zwecke dieser Verordnung gelten für die Begriffe „Arzneimittel", „radioaktives Arzneimittel", „Nebenwirkung", „schwerwiegende Nebenwirkung", „Primärverpackung" und „äußere Umhüllung" die in Artikel 1 Nummern 2, 6, 11, 12, 23 bzw. 24 der Richtlinie 2001/83/EG genannten Definitionen.

---

10 ABl. C 253 vom 3.9.2013, S. 10.

C 2 Verordnung (EU) Nr. 536/2014

(2) Ferner bezeichnet im Sinne der vorliegenden Verordnung der Begriff

1. „klinische Studie" jede am Menschen durchgeführte Untersuchung, die dazu bestimmt ist,

   a) die klinischen, pharmakologischen oder sonstigen pharmakodynamischen Wirkungen eines oder mehrerer Arzneimittel zu erforschen oder zu bestätigen,

   b) jegliche Nebenwirkungen eines oder mehrerer Arzneimittel festzustellen oder

   c) die Absorption, die Verteilung, den Stoffwechsel oder die Ausscheidung eines oder mehrerer Arzneimittel zu untersuchen,

   mit dem Ziel, die Sicherheit und/oder Wirksamkeit dieser Arzneimittel festzustellen;

2. „klinische Prüfung" eine klinische Studie, die mindestens eine der folgenden Bedingungen erfüllt:

   a) Der Prüfungsteilnehmer wird vorab einer bestimmten Behandlungsstrategie zugewiesen, die nicht der normalen klinischen Praxis des betroffenen Mitgliedstaats entspricht;

   b) die Entscheidung, die Prüfpräparate zu verschreiben, wird zusammen mit der Entscheidung getroffen, den Prüfungsteilnehmer in die klinische Studie aufzunehmen, oder

   c) an den Prüfungsteilnehmern werden diagnostische oder Überwachungsverfahren angewendet, die über die normale klinische Praxis hinausgehen;

3. „minimalinterventionelle klinische Prüfung" eine klinische Prüfung, die alle folgende Bedingungen erfüllt:

   a) Die Prüfpräparate – außer Placebos – sind zugelassen;

   b) dem Prüfplan der klinischen Prüfung zufolge

      i) werden die Prüfpräparate gemäß den Bedingungen der Zulassung verwendet oder

      ii) stellt die Verwendung der Prüfpräparate in einem der betroffenen Mitgliedstaaten eine evidenzbasierte Verwendung dar, die durch veröffentlichte wissenschaftliche Erkenntnisse über Sicherheit und Wirksamkeit dieser Prüfpräparate untermauert ist, und

   c) die zusätzlichen diagnostischen oder Überwachungsverfahren stellen im Vergleich zur normalen klinischen Praxis in dem betroffenen Mitgliedstaat nur ein minimales zusätzliches Risiko bzw. eine minimale zusätzliche Belastung für die Sicherheit der Prüfungsteilnehmer dar;

4. „nichtinterventionelle Studie" eine klinische Studie, die keine klinische Prüfung ist;

5. „Prüfpräparat" ein Arzneimittel, das in einer klinischen Prüfung getestet oder als Vergleichspräparat, auch als Placebo, verwendet wird;

6. „normale klinische Praxis" das Behandlungsregime, dem üblicherweise zur Behandlung, Verhütung oder Diagnose einer Krankheit oder Gesundheitsstörung gefolgt wird;

7. „Prüfpräparat für neuartige Therapien" ein Prüfpräparat, das ein Arzneimittel für neuartige Therapien im Sinne des Artikels 2 Nummer 1 Buchstabe a der Verordnung (EG) Nr. 1394/2007 des Europäischen Parlaments und des Rates[11] ist;

8. „Hilfspräparat" ein für die Bedürfnisse einer klinischen Prüfung entsprechend der Beschreibung im Prüfplan eingesetztes Arzneimittel, das jedoch nicht als Prüfpräparat verwendet wird;

9. „zugelassenes Prüfpräparat" ein gemäß der Verordnung (EG) Nr. 726/2004 oder in einem der betroffenen Mitgliedstaaten gemäß der Richtlinie 2001/83/EG zugelassenes Arzneimittel, das als Prüfpräparat verwendet wird, ungeachtet etwaiger Änderungen der Etikettierung;

10. „zugelassenes Hilfspräparat" ein gemäß der Verordnung (EG) Nr. 726/2004 oder in einem der betroffenen Mitgliedstaaten gemäß der Richtlinie 2001/83/EG zugelassenes Arzneimittel, das als Hilfspräparat verwendet wird, ungeachtet etwaiger Änderungen der Etikettierung;

11. „Ethik-Kommission" ein in einem Mitgliedstaat eingerichtetes unabhängiges Gremium, das gemäß dem Recht dieses Mitgliedstaats eingesetzt wurde und dem die Befugnis übertragen wurde, Stellungnahmen für die Zwecke dieser Verordnung unter Berücksichtigung der Standpunkte von Laien, insbesondere Patienten oder Patientenorganisationen, abzugeben;

12. „betroffener Mitgliedstaat" den Mitgliedstaat, in dem ein Antrag auf Genehmigung einer klinischen Prüfung oder einer wesentlichen Änderung derselben jeweils gemäß den Kapiteln II oder III dieser Verordnung übermittelt wurde;

13. „wesentliche Änderung" jede Änderung irgendeines Aspekts der klinischen Prüfung, die nach Mitteilung einer in den Artikeln 8, 14, 19, 20 oder 23 genannten Entscheidung vorgenommen wird und die vermutlich wesentliche Auswirkungen auf die Sicherheit oder die Rechte der Prüfungsteilnehmer oder auf die Zuverlässigkeit und Belastbarkeit der im Rahmen der klinischen Prüfung gewonnenen Daten nach sich ziehen wird;

14. „Sponsor" eine Person, ein Unternehmen, eine Einrichtung oder eine Organisation, die bzw. das die Verantwortung für die Einleitung, das Management und die Aufstellung der Finanzierung einer klinischen Prüfung übernimmt;

15. „Prüfer" eine für die Durchführung einer klinischen Prüfung an einer Prüfstelle verantwortliche Person;

16. „Hauptprüfer" einen Prüfer, bei dem es sich um den verantwortlichen Leiter eines Prüferteams handelt, das die klinische Prüfung an einer Prüfstelle durchführt;

---

11 Verordnung (EG) Nr. 1394/2007 des Europäischen Parlaments und des Rates vom 13. November 2007 über Arzneimittel für neuartige Therapien und zur Änderung der Richtlinie 2001/83/EG und der Verordnung (EG) Nr. 726/2004 (ABl. L 324 vom 10.12.2007, S. 121).

17. „Prüfungsteilnehmer" eine Person, die entweder als Empfänger des Prüfpräparats oder als Mitglied einer Kontrollgruppe an einer klinischen Prüfung teilnimmt;

18. „Minderjähriger" eine Person, die gemäß dem Recht des betroffenen Mitgliedstaats noch nicht alt genug ist, um eine Einwilligung nach Aufklärung zu erteilen;

19. „nicht einwilligungsfähige Person" eine Person, die aus anderen als aus Altersgründen gemäß dem Recht des betroffenen Mitgliedstaats nicht in der Lage ist, eine Einwilligung nach Aufklärung zu erteilen;

20. „gesetzlicher Vertreter" eine natürliche oder juristische Person, eine Behörde oder eine Stelle, die gemäß dem Recht des betroffenen Mitgliedstaats berechtigt ist, im Namen einer nicht einwilligungsfähigen Person oder eines Minderjährigen die Einwilligung nach Aufklärung zu erteilen;

21. „Einwilligung nach Aufklärung" eine aus freien Stücken erfolgende, freiwillige Erklärung der Bereitschaft, an einer bestimmten klinischen Prüfung teilzunehmen, durch einen Prüfungsteilnehmer, nachdem dieser über alle Aspekte der klinischen Prüfung, die für die Entscheidungsfindung bezüglich der Teilnahme relevant sind, aufgeklärt wurde, oder im Falle von Minderjährigen und nicht einwilligungsfähigen Personen eine Genehmigung oder Zustimmung ihres gesetzlichen Vertreters, sie in die klinische Prüfung aufzunehmen;

22. „Prüfplan" ein Dokument, in dem Zielsetzung, Aufbau, Methodik, statistische Überlegungen und Organisation einer klinischen Prüfung beschrieben sind. Der Begriff „Prüfplan" umfasst auch nachfolgende Änderungen des Prüfplans und Prüfplanänderungen;

23. „Prüferinformation" eine Zusammenstellung der für die Untersuchung des Prüfpräparats/der Prüfpräparate am Menschen relevanten klinischen und nichtklinischen Daten über die betreffenden Präparate;

24. „Herstellung" die vollständige oder teilweise Herstellung sowie die verschiedenen bei Abfüllung, Abpacken und Etikettierung (einschließlich Verblindung) eingesetzten Verfahren;

25. „Beginn einer klinischen Prüfung" die erste Handlung zur Rekrutierung eines potenziellen Prüfungsteilnehmers für eine spezifische klinische Prüfung, sofern dies im Prüfplan nicht anders festgelegt ist;

26. „Ende einer klinischen Prüfung" den letzten Besuch des letzten Prüfungsteilnehmers oder einen späteren Zeitpunkt, wenn ein solcher im Prüfplan festgelegt ist;

27. „Abbruch einer klinischen Prüfung" das vorzeitige Ende einer klinischen Prüfung aus beliebigen Gründen bevor die im Prüfbericht festgelegten Bedingungen erfüllt sind;

28. „vorübergehende Unterbrechung einer klinischen Prüfung" eine nicht im Prüfplan vorgesehene Unterbrechung der Durchführung einer klinischen Prüfung durch den Sponsor, der die Prüfung jedoch wiederaufzunehmen beabsichtigt;

29. „Suspendierung einer klinischen Prüfung" die Unterbrechung der Durchführung einer klinischen Prüfung durch einen Mitgliedstaat;

30. „gute klinische Praxis" einen Katalog detaillierter ethischer und wissenschaftlicher Qualitätsanforderungen, die bei der Planung, Aus- und Durchführung, Überwachung, Prüfung, Aufzeichnung, Analyse klinischer Prüfungen sowie bei der Berichterstattung darüber eingehalten werden müssen, mit denen sichergestellt wird, dass die Rechte, die Sicherheit und das Wohl der Prüfungsteilnehmer geschützt werden und die im Rahmen der klinischen Prüfung gewonnenen Daten zuverlässig und belastbar sind;

31. „Inspektion" eine von einer zuständigen Behörde durchgeführte amtliche Überprüfung von Unterlagen, Einrichtungen, Aufzeichnungen, Qualitätssicherungssystemen und allen sonstigen Ressourcen, die nach Ansicht der zuständigen Behörde im Zusammenhang mit der klinischen Prüfung stehen und die sich in der Prüfstelle, in den Einrichtungen des Sponsors und/oder des Auftragsforschungsinstituts oder in sonstigen Einrichtungen befinden können, die nach Ansicht der zuständigen Behörde inspiziert werden sollten;

32. „unerwünschtes Ereignis" jedes nachteilige medizinische Vorkommnis, das einem Prüfungsteilnehmer widerfährt, dem ein Arzneimittel verabreicht wird, und das nicht unbedingt in kausalem Zusammenhang mit dieser Behandlung steht;

33. „schwerwiegendes unerwünschtes Ereignis" jedes nachteilige medizinische Vorkommnis, das unabhängig von der Dosis eine stationäre Behandlung oder deren Verlängerung erforderlich macht, zu einer bleibenden oder schwerwiegenden Behinderung oder Invalidität führt, zu einer kongenitalen Anomalie oder einem Geburtsfehler führt, lebensbedrohlich ist oder zum Tod führt;

34. „unerwartete schwerwiegende Nebenwirkung" eine schwerwiegende Nebenwirkung, deren Art, Schweregrad oder Ergebnis nicht den Referenzinformationen zur Sicherheit entspricht;

35. „Studienabschlussbericht" einen Bericht über die klinische Prüfung in einem leicht durchsuchbaren Format, der gemäß Anhang I Teil I Modul 5 der Richtlinie 2001/83/EG erarbeitet wurde und mit einem Antrag auf Zulassung vorgelegt wird.

(3) Für die Zwecke dieser Verordnung gilt eine Person, auf die sowohl die Definition des „Minderjährigen" als auch die der „nicht einwilligungsfähigen Person" zutrifft, als nicht einwilligungsfähige Person.

Art. 3 Allgemeiner Grundsatz. Eine klinische Prüfung darf nur durchgeführt werden, wenn

a) die Rechte, die Sicherheit, die Würde und das Wohl der Prüfungsteilnehmer geschützt sind und Vorrang vor allen sonstigen Interessen haben und

b) sie dafür konzipiert ist, zuverlässige und belastbare Daten zu liefern.

C 2 Verordnung (EU) Nr. 536/2014

Kapitel II

Verfahren zur Genehmigung einer klinischen Prüfung

Art. 4 Vorherige Genehmigung. Eine klinische Prüfung wird einer wissenschaftlichen und ethischen Überprüfung unterzogen und gemäß dieser Verordnung genehmigt.

[1]Die ethische Überprüfung erfolgt durch eine Ethik-Kommission gemäß dem Recht des betroffenen Mitgliedstaat. [2]Die Überprüfung durch die Ethik-Kommission kann Aspekte umfassen, die gemäß der Regelung in Artikel 6 in Teil I des Bewertungsberichts zur Genehmigung einer klinischen Prüfung bzw. gemäß der Regelung in Artikel 7 in Teil II dieses Bewertungsberichts behandelt werden, je nachdem, was für den einzelnen betroffenen Mitgliedstaat angemessen ist.

Die Mitgliedstaaten sorgen dafür, dass die Fristen und Verfahren für die Überprüfung durch die Ethik-Kommissionen mit den Fristen und Verfahren vereinbar sind, die in dieser Verordnung für die Bewertung des Antrags auf Genehmigung einer klinischen Prüfung festgelegt sind.

Art. 5 Einreichung eines Antrags. (1) Um eine Genehmigung zu erhalten, übermittelt der Sponsor den betroffenen Mitgliedstaaten seiner Wahl über das in Artikel 80 genannte Portal (im Folgenden „EU-Portal") ein Antragsdossier.

Der Sponsor schlägt einen der betroffenen Mitgliedstaaten als berichterstattenden Mitgliedstaat vor.

Ist ein anderer betroffener Mitgliedstaat als der zum berichterstattenden Mitgliedstaat vorgeschlagene Mitgliedstaat bereit, als berichterstattender Mitgliedstaat tätig zu werden, oder wünscht der vorgeschlagene Mitgliedstaat, diese Aufgabe nicht zu übernehmen, so wird dies über das EU-Portal allen betroffenen Mitgliedstaaten spätestens drei Tage nach Übermittlung des Antragsdossiers mitgeteilt.

Ist nur ein betroffener Mitgliedstaat bereit, als berichterstattender Mitgliedstaat tätig zu werden, oder ist an der klinischen Prüfung nur ein Mitgliedstaat beteiligt, so ist dieser Mitgliedstaat der berichterstattende Mitgliedstaat.

Gibt es keinen betroffenen Mitgliedstaat, der bereit ist, als berichterstattender Mitgliedstaat tätig zu werden, oder gibt es mehr als einen betroffenen Mitgliedstaat, der bereit ist, als berichterstattender Mitgliedstaat tätig zu werden, wird der berichterstattende Mitgliedstaat durch eine Einigung zwischen den betroffenen Mitgliedstaaten unter Berücksichtigung der in Artikel 85 Absatz 2 Buchstabe c genannten Empfehlungen ausgewählt.

Gibt es keine Einigung zwischen den betroffenen Mitgliedstaaten, übernimmt der ursprünglich vorgeschlagene Mitgliedstaat diese Aufgabe.

Der berichterstattende Mitgliedstaat teilt dem Sponsor und den anderen betroffenen Mitgliedstaaten über das EU-Portal innerhalb von sechs Tagen nach

Einreichung des Antragsdossiers mit, dass er der berichterstattende Mitgliedstaat ist.

(2) Bei einem Antrag für eine minimalinterventionelle klinische Prüfung, bei der das Prüfpräparat nicht gemäß den Bedingungen der geltenden Zulassung verwendet wird, die Anwendung dieses Präparats aber evidenzbasiert und durch veröffentlichte wissenschaftliche Erkenntnisse über Sicherheit und Wirksamkeit dieses Präparats untermauert ist, schlägt der Sponsor einen der betroffenen Mitgliedstaaten, in denen die Anwendung evidenzbasiert ist, als berichterstattenden Mitgliedstaat vor.

(3) Innerhalb von zehn Tagen nach Einreichung des Antragsdossiers validiert der berichterstattende Mitgliedstaat den Antrag unter Berücksichtigung der von den anderen betroffenen Mitgliedstaaten vorgebrachten Anmerkungen und teilt dem Sponsor über das EU-Portal Folgendes mit:

a) ob die beantragte klinische Prüfung in den Geltungsbereich dieser Verordnung fällt;

b) ob das Antragsdossier vollständig gemäß Anhang I ist.

Die betroffenen Mitgliedstaaten können dem berichterstattenden Mitgliedstaat innerhalb von sieben Tagen nach Einreichung des Antragsdossiers Anmerkungen mitteilen, die für die Validierung des Antrags von Belang sind.

(4) Teilt der berichterstattende Mitgliedstaat dem Sponsor nicht innerhalb der in Absatz 3 Unterabsatz 1 genannten Frist die Informationen mit, so gilt die beantragte klinische Prüfung als in den Geltungsbereich dieser Verordnung fallend und das Antragsdossier als vollständig.

(5) Stellt der berichterstattende Mitgliedstaat unter Berücksichtigung der von den anderen betroffenen Mitgliedstaaten vorgebrachten Anmerkungen fest, dass das Antragsdossier unvollständig ist oder die beantragte klinische Prüfung nicht in den Geltungsbereich dieser Verordnung fällt, teilt er dies dem Sponsor über das EU-Portal mit und setzt ihm eine Frist von höchstens zehn Tagen zur Stellungnahme zum Antrag oder zur Ergänzung des Antragsdossiers über das EU-Portal.

Innerhalb von fünf Tagen nach Eingang der Stellungnahme oder des ergänzten Antragsdossiers teilt der berichterstattende Mitgliedstaat dem Sponsor mit, ob der Antrag den Anforderungen gemäß Absatz 3 Unterabsatz 1 Buchstaben a und b entspricht oder nicht.

Erfolgt durch den berichterstattenden Mitgliedstaat nicht innerhalb der in Unterabsatz 2 genannten Frist eine Mitteilung an den Sponsor, gilt die beantragte klinische Prüfung als in den Geltungsbereich dieser Verordnung fallend und das Antragsdossier als vollständig.

Gibt der Sponsor innerhalb der in Unterabsatz 1 genannten Frist keine Stellungnahme ab oder vervollständigt er nicht das Antragsdossier innerhalb dieser Frist, gilt der Antrag in allen betroffenen Mitgliedstaaten als hinfällig.

(6) [1]Für die Zwecke dieses Kapitels gilt der Tag, an dem der Sponsor gemäß Absatz 3 oder Absatz 5 benachrichtigt wurde, als Tag der Validierung des An-

trags. [2]Wird der Sponsor nicht benachrichtigt, gilt der letzte Tag der jeweils in Absatz 3 bzw. 5 genannten Fristen als Tag der Validierung des Antrags.

Art. 6 Bewertungsbericht – in Teil I zu behandelnde Aspekte. (1) Der berichterstattende Mitgliedstaat bewertet den Antrag nach folgenden Aspekten:

a) ob es sich tatsächlich um eine minimalinterventionelle klinische Prüfung handelt, falls der Sponsor dies geltend gemacht hat;

b) Übereinstimmung mit Kapitel V in Bezug auf

   i) den erwarteten therapeutischen Nutzen und den Nutzen für die öffentliche Gesundheit unter Berücksichtigung aller folgenden Aspekte:

     – die Eigenschaften der Prüfpräparate und des Wissens darüber;

     – die Relevanz der klinischen Prüfung, einschließlich der Frage, ob die Gruppen der an der klinischen Prüfung teilnehmenden Prüfungsteilnehmer die zu behandelnden Bevölkerungsgruppen abbilden, oder, wenn dies nicht der IFall ist, die Erklärung und Begründung gemäß Nummer 17 Buchstabe y des Anhangs I der vorliegenden Verordnung; der aktuelle Stand der Wissenschaft; die Frage, ob die klinische Prüfung von den für die Bewertung und Zulassung von Arzneimitteln zuständigen Regulierungsbehörden empfohlen oder angeordnet wurde, sowie gegebenenfalls eine Stellungnahme des Pädiatrieausschusses zu einem pädiatrischen Prüfkonzept gemäß der Verordnung (EG) Nr. 1901/2006 des Europäischen Parlaments und des Rates[12];

     – die Zuverlässigkeit und Belastbarkeit der im Rahmen der klinischen Prüfung gewonnenen Daten unter Einbeziehung des statistischen Ansatzes, des Aufbaus der klinischen Prüfung und der Methodik (einschließlich Probenumfang, Randomisierung, Komparatoren und Endpunkte);

   ii) die Risiken und Nachteile für den Prüfungsteilnehmer unter Berücksichtigung

     – der Eigenschaften der Prüfpräparate und der Hilfspräparate sowie des Wissens darüber;

     – der Merkmale der Intervention im Vergleich zur normalen klinischen Praxis;

     – der Sicherheitsmaßnahmen, einschließlich der Vorkehrungen zur Risikominimierung, Überwachung und Sicherheitsberichterstattung und des Sicherheitsplans;

     – des Risikos, das der klinische Zustand, für dessen Behandlung das Prüfpräparat getestet wird, für die Gesundheit des Prüfungsteilnehmer darstellt;

---

12 Verordnung (EG) Nr. 1901/2006 des Europäischen Parlaments und des Rates vom 12 Dezember 2006 über Kinderarzneimittel und zur Änderung der Verordnung (EWG) Nr. 1768/92, der Richtlinien 2001/20/EG und 2001/83/EG sowie der Verordnung (EG) Nr. 726/2004 (ABl. L 378 vom 27.11.2006, S. 1).

c) Erfüllung der Anforderungen an Herstellung und Einfuhr von Prüfpräparaten und Hilfspräparaten gemäß Kapitel IX;

d) Erfüllung der Etikettierungsvorschriften gemäß Kapitel X;

e) Vollständigkeit und Angemessenheit der Prüferinformation.

(2) [1]Der berichterstattende Mitgliedstaat erstellt einen Bewertungsbericht. [2]Die in Absatz 1 genannten Aspekte werden in Teil I des Bewertungsberichts behandelt.

(3) Der Bewertungsbericht enthält eine der folgenden Schlussfolgerungen zu den in Teil I des Bewertungsberichts behandelten Aspekten:

a) die Durchführung der klinischen Prüfung ist nach Maßgabe der Anforderungen dieser Verordnung vertretbar;

b) die Durchführung der klinischen Prüfung ist nach Maßgabe der Anforderungen dieser Verordnung vertretbar; sie ist jedoch besonderen Auflagen unterworfen, die in der Schlussfolgerung genau aufgeführt sind, oder

c) die Durchführung der klinischen Prüfung ist nach Maßgabe der Anforderungen dieser Verordnung nicht vertretbar.

(4) Der berichterstattende Mitgliedstaat übermittelt den endgültigen Teil I des Bewertungsberichts, einschließlich der Schlussfolgerung, innerhalb von 45 Tagen ab dem Tag der Validierung über das EU-Portal dem Sponsor und den übrigen betroffenen Mitgliedstaaten.

(5) Für klinische Prüfungen, an denen mehr als ein Mitgliedstaat beteiligt ist, umfasst das Bewertungsverfahren drei Phasen:

a) eine Phase der Erstbewertung durch den berichterstattenden Mitgliedstaat innerhalb von 26 Tagen ab dem Tag der Validierung;

b) eine Phase der koordinierten Überprüfung innerhalb von zwölf Tagen nach Abschluss der Phase der Erstbewertung, in die alle betroffenen Mitgliedstaaten einbezogen sind;

c) eine Phase der Konsolidierung, die vom berichterstattenden Mitgliedstaat innerhalb von sieben Tagen nach Abschluss der Phase der koordinierten Überprüfung vorgenommen wird.

Während der Phase der Erstbewertung erstellt der berichterstattende Mitgliedstaat einen Entwurf des Teils I des Bewertungsberichts und leitet ihn allen anderen betroffenen Mitgliedstaaten zu.

Während der Phase der koordinierten Überprüfung überprüfen alle betroffenen Mitgliedstaaten gemeinsam den Antrag auf der Grundlage des Entwurfs des Teils I des Bewertungsberichts und tauschen etwaige Anmerkungen aus, die für den Antrag von Belang sind.

[1]Während der Phase der Konsolidierung berücksichtigt der berichterstattende Mitgliedstaat bei der Erstellung der endgültigen Fassung des Teils I des Bewertungsberichts gebührend die Anmerkungen der anderen betroffenen Mitgliedstaaten und dokumentiert, in welcher Weise alle diese Anmerkungen behandelt wurden. [2]Der berichterstattende Mitgliedstaat übermittelt dem Spon-

sor und allen anderen betroffenen Mitgliedstaaten innerhalb der in Absatz 4 genannten Frist den endgültigen Teil I des Bewertungsberichts.

(6) Für die Zwecke dieses Kapitels gilt der Tag, an dem der endgültige Teil I des Bewertungsberichts dem Sponsor und den übrigen betroffenen Mitgliedstaaten vom berichterstattenden Mitgliedstaat übermittelt wird, als Berichtstag.

(7) [1]Der berichterstattende Mitgliedstaat kann auch die Frist gemäß Absatz 4 für klinische Prüfungen unter Verwendung eines Prüfpräparats für neuartige Therapien oder von Arzneimitteln gemäß Ziffer 1 des Anhangs zu Verordnung (EG) Nr. 726/2004 um weitere 50 Tage verlängern, damit eine Beratung mit Sachverständigen möglich ist. [2]In solchen Fällen gelten die Fristen gemäß den Absätzen 5 und 8 dieses Artikels entsprechend.

(8) Im Zeitraum zwischen Validierung und Berichtstag darf einzig der berichterstattende Mitgliedstaat auf der Grundlage der in Absatz 5 genannten Anmerkungen den Sponsor um zusätzliche Informationen ersuchen, wobei er die in Absatz 5 genannten Anmerkungen berücksichtigt.

Um diese zusätzlichen Informationen gemäß den Unterabsätzen 3 und 4 vom Sponsor einzuholen und zu überprüfen, kann der berichterstattende Mitgliedstaat die in Absatz 4 genannte Frist um bis zu 31 Tage verlängern.

Der Sponsor übermittelt die angeforderten zusätzlichen Informationen innerhalb einer vom berichterstattenden Mitgliedstaat gesetzten Frist, die zwölf Tage ab dem Eingang des Informationsersuchens nicht überschreiten darf.

[1]Nach Eingang der zusätzlichen Informationen überprüfen die betroffenen Mitgliedstaaten gemeinsam mit dem berichterstattenden Mitgliedstaat alle zusätzlichen vom Sponsor übermittelten Informationen zusammen mit dem ursprünglichen Antrag und teilen einander alle Anmerkungen mit, die für den Antrag von Belang sind. [2]Die koordinierte Überprüfung wird innerhalb von höchstens zwölf Tagen ab dem Eingang der zusätzlichen Informationen durchgeführt, und die weitere Konsolidierung wird innerhalb von höchstens sieben Tagen nach Abschluss der koordinierten Überprüfung durchgeführt. [3]Bei der Erstellung der endgültigen Fassung des Teils I des Bewertungsberichts berücksichtigt der berichterstattende Mitgliedstaat gebührend die Anmerkungen der betroffenen Mitgliedstaaten und dokumentiert, in welcher Weise alle diese Anmerkungen behandelt wurden.

Legt der Sponsor innerhalb der vom berichterstattenden Mitgliedstaat gemäß Unterabsatz 3 gesetzten Frist keine zusätzlichen Informationen vor, gilt der Antrag in allen betroffenen Mitgliedstaaten als hinfällig.

Sowohl das Ersuchen um zusätzliche Informationen als auch die zusätzlichen Informationen werden über das EU-Portal übermittelt.

Art. 7 Bewertungsbericht – in Teil II zu behandelnde Aspekte. (1) Jeder betroffene Mitgliedstaat bewertet den Antrag für sein Hoheitsgebiet nach folgenden Aspekten:

a) Einhaltung der Voraussetzungen für die Einwilligung nach Aufklärung gemäß Kapitel V;

b) Übereinstimmung der Vorkehrungen für Vergütung oder Aufwandsentschädigung der Prüfungsteilnehmer mit den Anforderungen des Kapitels V und der Prüfer;

c) Übereinstimmung der Vorkehrungen für die Rekrutierung von Prüfungsteilnehmern mit den Anforderungen des Kapitels V;

d) Übereinstimmung mit der Richtlinie 95/46/EG;

e) Übereinstimmung mit Artikel 49

f) Übereinstimmung mit Artikel 50;

g) Übereinstimmung mit Artikel 76;

h) Übereinstimmung mit den Bestimmungen über die Gewinnung, Lagerung und zukünftige Nutzung der vom Prüfungsteilnehmer genommenen biologischen Proben.

Die in Unterabsatz 1 genannten Aspekte werden in Teil II des Bewertungsberichts behandelt.

(2) Jeder betroffene Mitgliedstaat nimmt innerhalb von 45 Tagen nach Validierung des Antrags seine Bewertung vor und übermittelt über das EU-Portal Teil II des Bewertungsberichts, einschließlich seiner Schlussfolgerung, dem Sponsor.

Jeder betroffene Mitgliedstaat kann in begründeten Fällen den Sponsor lediglich innerhalb der in Unterabsatz 1 genannten Frist um zusätzliche Informationen zu den in Absatz 1 aufgeführten Aspekten ersuchen.

(3) Um die in Absatz 2 Unterabsatz 2 genannten zusätzlichen Informationen gemäß den Unterabsätzen 2 und 3 vom Sponsor einzuholen und zu überprüfen, kann der betroffene Mitgliedstaat die in Absatz 2 Unterabsatz 1 genannte Frist um höchstens 31 Tage verlängern.

Der Sponsor übermittelt die angeforderten zusätzlichen Informationen innerhalb einer vom betroffenen Mitgliedstatt gesetzten Frist, die zwölf Tage ab dem Eingang des Informationsersuchens nicht überschreiten darf.

Nach Eingang der zusätzlichen Informationen stellt der betroffene Mitgliedstaat seine Bewertung innerhalb von höchstens 19 Tagen fertig.

Legt der Sponsor innerhalb der vom betroffenen Mitgliedstaat gemäß Unterabsatz 2 gesetzten Frist keine zusätzlichen Informationen vor, gilt der Antrag als hinfällig.

Sowohl das Ersuchen um zusätzliche Informationen als auch die zusätzlichen Informationen werden über das EU-Portal übermittelt.

Art. 8 Entscheidung über die klinische Prüfung. (1) Jeder betroffene Mitgliedstaat teilt dem Sponsor über das EU-Portal mit, ob er die klinische Prüfung genehmigt, unter Auflagen genehmigt oder eine Genehmigung versagt.

Die Mitteilung erfolgt in Form einer einzigen Entscheidung innerhalb von fünf Tagen ab dem Berichtstag oder ab dem letzten Tag der Bewertung gemäß Artikel 7, wobei der spätere Zeitpunkt maßgebend ist.

C 2 Verordnung (EU) Nr. 536/2014

Die Genehmigung einer klinischen Prüfung unter Auflagen ist nur möglich, wenn die Auflagen ihrer Art wegen zum Zeitpunkt der Genehmigung nicht erfüllt werden können.

(2) Gelangt der berichterstattende Mitgliedstaat in Bezug auf Teil I des Bewertungsberichts zu dem Schluss, dass die Durchführung der klinischen Prüfung vertretbar oder unter bestimmten Auflagen vertretbar ist, so gilt diese Schlussfolgerung als die Schlussfolgerung des betroffenen Mitgliedstaats.

Unbeschadet des Unterabsatzes 1 darf ein betroffener Mitgliedstaat die Schlussfolgerung des berichterstattenden Mitgliedstaats in Bezug auf Teil I des Bewertungsberichts ablehnen, jedoch nur aus folgenden Gründen:

a) wenn er der Auffassung ist, dass die Teilnahme an der klinischen Prüfung dazu führen würde, dass ein Prüfungsteilnehmer eine schlechtere Behandlung erhalten würde als dies gemäß normaler klinischer Praxis im betroffenen Mitgliedstaat der Fall wäre;

b) Verstoß gegen die in Artikel 90 genannten nationalen Rechtsvorschriften;

c) Bedenken hinsichtlich der Sicherheit der Prüfungsteilnehmer sowie der Zuverlässigkeit und Belastbarkeit der gemäß Artikel 6 Absatz 5 oder Absatz 8 übermittelten Daten.

Lehnt ein betroffener Mitgliedstaat die Schlussfolgerung gemäß Unterabsatz 2 ab, so übermittelt er der Kommission, sämtlichen Mitgliedstaaten und dem Sponsor über das EU-Portal seine Ablehnung zusammen mit einer detaillierten Begründung.

(3) Ist die klinische Prüfung hinsichtlich der in Teil I des Bewertungsberichts behandelten Aspekte vertretbar oder unter bestimmten Auflagen vertretbar, so enthält die Entscheidung des betroffenen Mitgliedstaats seine Schlussfolgerung zu Teil II des Bewertungsberichts.

(4) [1]Ein betroffener Mitgliedstaat versagt die Genehmigung einer klinischen Prüfung, wenn er aus einem der in Absatz 2 Unterabsatz 2 genannten Gründe die Schlussfolgerung des berichterstattenden Mitgliedstaats in Bezug auf Teil I des Bewertungsberichts ablehnt, oder wenn er in hinreichend begründeten Fällen zu dem Schluss gelangt, dass die in Teil II des Bewertungsberichts behandelten Aspekte nicht eingehalten werden, oder wenn eine Ethik-Kommission eine ablehnende Stellungnahme abgegeben hat, die gemäß dem Recht des betroffenen Mitgliedstaats für diesen gesamten Mitgliedstaat gültig ist. [2]Der betroffene Mitgliedstaat sieht im Hinblick auf eine solche Versagung ein Rechtsmittelverfahren vor.

(5) Gelangte der berichterstattende Mitgliedstaat in Bezug auf Teil I des Bewertungsberichts zu dem Schluss, dass die klinische Prüfung nicht vertretbar ist, gilt diese Schlussfolgerung als die Schlussfolgerung aller betroffenen Mitgliedstaaten.

(6) Teilt der betroffene Mitgliedstaat dem Sponsor seine Entscheidung nicht innerhalb der in Absatz 1 genannten einschlägigen Frist mit, gilt die Schlussfolgerung in Bezug auf Teil I des Bewertungsberichts als Entschei-

dung des betroffenen Mitgliedstaats über den Antrag auf Genehmigung der klinischen Prüfung.

(7) Ab dem Berichtstag dürfen die betroffenen Mitgliedstaaten keine zusätzlichen Informationen zu den in Teil I des Bewertungsberichts behandelten Aspekten vom Sponsor verlangen.

(8) [1]Für die Zwecke dieses Kapitels gilt der Tag, an dem die in Absatz 1 genannte Entscheidung dem Sponsor übermittelt wurde, als Notifizierungstag. [2]Wurde der Sponsor nicht gemäß Absatz 1 unterrichtet, so gilt der letzte Tag der in Absatz 1 genannten Frist als Notifizierungstag.

(9) Wenn innerhalb von zwei Jahren ab dem Notifizierungstag der Genehmigung kein Prüfungsteilnehmer in die klinische Prüfung in einem betroffenen Mitgliedstaat aufgenommen wurde, erlischt die Genehmigung in diesem betroffenen Mitgliedstaat, es sei denn, auf Antrag des Sponsors wurde gemäß dem in Kapitel III festgelegten Verfahren eine Verlängerung gewährt.

Art. 9 Den Antrag bewertende Personen. (1) Die Mitgliedstaaten sorgen dafür, dass die Personen, die den Antrag validieren und bewerten, keine Interessenkonflikte haben, unabhängig vom Sponsor, der Prüfstelle, den beteiligten Prüfern und Personen, die die klinische Prüfung finanzieren, sowie frei von jeder anderen unzulässigen Beeinflussung sind.

[1]Um Unabhängigkeit und Transparenz zu gewährleisten, sorgen die Mitgliedstaaten dafür, dass Personen, die den Antrag hinsichtlich der in Teil I und Teil II des Bewertungsberichts behandelten Aspekte zulassen und bewerten, keine finanziellen oder persönlichen Interessen haben, die Auswirkungen auf ihre Unparteilichkeit haben könnten. [2]Diese Personen geben jährlich eine Erklärung über ihre finanziellen Interessen ab.

(2) Die Mitgliedstaaten sorgen dafür, dass die Bewertung von einer angemessenen Anzahl von Personen gemeinsam vorgenommen wird, die zusammengenommen über die erforderlichen Qualifikationen und Erfahrungen verfügen.

(3) An der Bewertung nimmt mindestens ein Laie teil.

Art. 10 Besondere Berücksichtigung schutzbedürftiger Bevölkerungsgruppen. (1) Handelt es sich bei den Prüfungsteilnehmern um Minderjährige, wird bei der Bewertung eines Antrags auf Genehmigung einer klinischen Prüfung pädiatrisches Fachwissen herangezogen oder Beratung im Hinblick auf die klinischen, ethischen und psychosozialen Probleme im pädiatrischen Bereich eingeholt.

(2) Handelt es sich bei den Prüfungsteilnehmern um nicht einwilligungsfähige Personen, wird bei der Bewertung eines Antrags auf Genehmigung einer klinischen Prüfung Fachwissen zu der spezifischen Erkrankung oder der betreffenden Patientengruppe herangezogen oder Beratung im Hinblick auf die klinischen, ethischen und psychosozialen Probleme speziell im Zusammenhang mit der spezifischen Erkrankung und der betreffenden Patientengruppe eingeholt.

(3) Handelt es sich bei den Prüfungsteilnehmerinnen um schwangere oder stillende Frauen, wird bei der Bewertung des Antrags auf Genehmigung einer klinischen Prüfung das Fachwissen zum betreffenden gesundheitlichen Problem und zu der durch die betreffende Prüfungsteilnehmerin repräsentierten Bevölkerungsgruppe besonders berücksichtigt.

(4) Ist nach dem Prüfplan vorgesehen, dass an einer klinischen Prüfung spezifische Gruppen oder Untergruppen von Prüfungsteilnehmern teilnehmen, so wird gegebenenfalls insbesondere bei der Bewertung des Antrags auf Genehmigung dieser klinischen Prüfung Fachwissen zu den durch die betreffenden Prüfungsteilnehmer repräsentierten Bevölkerungsgruppen besonders berücksichtigt.

(5) Bei Anträgen auf Genehmigung einer klinischen Prüfung gemäß Artikel 35 werden insbesondere die Umstände der Durchführung der klinischen Prüfung betrachtet.

Art. 11 Einreichung und Bewertung von Anträgen, die nur die in Teil I oder in Teil II des Bewertungsberichts behandelten Aspekte betreffen. Der Sponsor kann darum ersuchen, dass sich ein Antrag auf Genehmigung einer klinischen Prüfung, seine Bewertung und die Schlussfolgerung nur auf die in Teil I des Bewertungsberichts behandelten Aspekte erstrecken.

[1]Nachdem ihm die Schlussfolgerung zu den in Teil I des Bewertungsberichts behandelten Aspekten mitgeteilt worden ist, kann der Sponsor innerhalb von zwei Jahren eine Genehmigung beantragen, die sich nur auf die in Teil II des Bewertungsberichts behandelten Aspekte erstreckt. [2]In diesem Antrag erklärt der Sponsor, dass er keine Kenntnis von neuen wesentlichen wissenschaftlichen Informationen hat, die die Gültigkeit eines Punktes ändern könnten, der in dem Antrag zu den in Teil I des Bewertungsberichts behandelten Aspekten übermittelt wurde. [3]In einem solchen Fall wird der Antrag gemäß Artikel 7 bewertet und der betroffene Mitgliedstaat teilt seine Entscheidung über die klinische Prüfung gemäß Artikel 8 mit. [4]In den Mitgliedstaaten, in denen der Sponsor innerhalb von zwei Jahren keine Genehmigung beantragt, die auf in Teil II des Bewertungsberichts zu behandelnde Aspekte beschränkt ist, gilt der Antrag zu den in Teil I des Bewertungsberichts behandelten Aspekten als hinfällig.

Art. 12 Zurückziehung eines Antrags. [1]Bis zum Berichtstag kann der Sponsor seinen Antrag jederzeit zurückziehen. [2]In einem solchen Fall kann der Antrag nur in Bezug auf alle betroffenen Mitgliedstaaten zurückgezogen werden. [3]Die Gründe für die Rücknahme sind über das EU-Portal bekannt zu geben.

Art. 13 Neueinreichung. [1]Dieses Kapitel berührt nicht das Recht des Sponsors, nach Versagung einer Genehmigung oder Rücknahme eines Antrags in jedwedem betroffenen Mitgliedstaat seiner Wahl erneut einen Antrag zu übermitteln. [2]Dieser Antrag gilt als neuer Antrag auf Genehmigung einer weiteren klinischen Prüfung.

Art. 14 Spätere Hinzufügung eines betroffenen Mitgliedstaat.

(1) Wünscht der Sponsor eine genehmigte klinische Prüfung auf einen anderen Mitgliedstaat auszuweiten (im Folgenden „zusätzlicher betroffener Mitgliedstaat"), übermittelt er über das EU-Portal bei dem betreffenden Mitgliedstaat ein Antragsdossier.

Das Antragsdossier kann erst nach dem Tag der Notifizierung der ursprünglichen Entscheidung über die Genehmigung übermittelt werden.

(2) Der berichterstattende Mitgliedstaat für das Antragsdossier nach Absatz 1 ist der berichterstattende Mitgliedstaat für das ursprüngliche Genehmigungsverfahren.

(3) Der zusätzliche betroffene Mitgliedstaat teilt dem Sponsor über das EU-Portal im Wege einer einzigen Entscheidung innerhalb von 52 Tagen ab dem Tag der Einreichung des Antragsdossiers gemäß Absatz 1 mit, ob er die klinische Prüfung genehmigt, unter Auflagen genehmigt oder eine Genehmigung versagt.

Die Genehmigung einer klinischen Prüfung unter Auflagen ist nur möglich, wenn die Auflagen ihrer Art wegen zum Zeitpunkt der Genehmigung nicht erfüllt werden können.

(4) Gelangte der berichterstattende Mitgliedstaat in Bezug auf Teil I des Bewertungsberichts zu dem Schluss, dass die Durchführung der klinischen Prüfung vertretbar oder unter bestimmten Auflagen vertretbar ist, gilt diese Schlussfolgerung als die Schlussfolgerung des zusätzlichen betroffenen Mitgliedstaats.

Unbeschadet des Unterabsatzes 1 darf es ein zusätzlicher betroffener Mitgliedstaat ablehnen, die Schlussfolgerung des berichterstattenden Mitgliedstaats in Bezug auf Teil I des Bewertungsberichts zu akzeptieren, jedoch nur aus folgenden Gründen:

a) wenn er der Auffassung ist, dass die Teilnahme an der klinischen Prüfung dazu führen würden, dass ein Prüfungsteilnehmer eine schlechtere Behandlung erhalten würde als gemäß normaler klinischer Praxis im betroffenen Mitgliedstaat;

b) bei Verstoß gegen das in Artikel 90 genannten nationale Recht;

c) bei Bedenken hinsichtlich der Sicherheit der Prüfungsteilnehmer sowie der Zuverlässigkeit und Belastbarkeit der gemäß Absatz 5 oder Absatz 6 übermittelten Daten.

Lehnt ein zusätzlicher betroffener Mitgliedstaat die Schlussfolgerung gemäß Unterabsatz 2 ab, übermittelt er der Kommission, sämtlichen Mitgliedstaaten und dem Sponsor über das EU-Portal seine Ablehnung zusammen mit einer detaillierten Begründung.

(5) Vom Tag der Einreichung des Antragsdossiers gemäß Absatz 1 bis fünf Tage vor Ablauf der in Absatz 3 genannten Frist kann der zusätzliche betroffene Mitgliedstaat dem berichterstattenden Mitgliedstaat und den anderen betroffenen Mitgliedstaaten Anmerkungen zu dem Antrag über das EU-Portal übermitteln.

C 2 Verordnung (EU) Nr. 536/2014

(6) Im Zeitraum zwischen dem Tag der Einreichung des Antragsdossiers gemäß Absatz 1 und dem Ablauf der in Absatz 3 genannten Frist darf einzig der berichterstattende Mitgliedstaat auf der Grundlage der in Absatz 5 genannten Anmerkungen den Sponsor um zusätzliche Informationen zu den in Teil I des Bewertungsberichts behandelten Aspekten ersuchen.

Um diese zusätzlichen Informationen gemäß den Unterabsätzen 3 und 4 vom Sponsor einzuholen und zu überprüfen, kann der berichterstattende Mitgliedstaat die in Absatz 3 Unterabsatz 1 genannte Frist um bis zu 31 Tage verlängern.

Der Sponsor übermittelt die angeforderten zusätzlichen Informationen innerhalb der vom berichterstattenden Mitgliedstaat gesetzten Frist, die zwölf Tage ab dem Eingang des Informationsersuchens nicht überschreiten darf.

[1]Nach Eingang der zusätzlichen Informationen überprüft der zusätzliche betroffene Mitgliedstaat zusammen mit allen anderen betroffenen Mitgliedstaaten gemeinsam alle zusätzlichen vom Sponsor übermittelten Informationen zusammen mit dem ursprünglichen Antrag, und sie teilen einander alle Anmerkungen mit, die für den Antrag von Belang sind. [2]Die koordinierte Überprüfung wird innerhalb von höchstens zwölf Tagen ab dem Eingang der zusätzlichen Informationen durchgeführt, und die weitere Konsolidierung wird innerhalb von höchstens sieben Tagen ab dem Abschluss der koordinierten Überprüfung durchgeführt. [3]Der berichterstattende Mitgliedstaat berücksichtigt die Anmerkungen der betroffenen Mitgliedstaaten in angemessener Weise und dokumentiert, in welcher Weise alle solchen Anmerkungen behandelt wurden.

Legt der Sponsor innerhalb der vom berichterstattenden Mitgliedstaat gemäß Unterabsatz 3 gesetzten Frist keine zusätzlichen Informationen vor, gilt der Antrag in dem zusätzlichen betroffenen Mitgliedstaat als hinfällig.

Sowohl das Ersuchen um zusätzliche Informationen als auch die zusätzlichen Informationen werden über das EU-Portal übermittelt.

(7) [1]Der zusätzliche betroffene Mitgliedstaat bewertet den Antrag innerhalb der in Absatz 3 genannten Frist für sein Hoheitsgebiet hinsichtlich der in Teil II des Bewertungsberichts behandelten Aspekte und übermittelt dem Sponsor über das EU-Portal Teil II des Bewertungsberichts einschließlich seiner Schlussfolgerung. [2]Innerhalb dieses Zeitraums kann er in begründeten Fällen zusätzliche Informationen zu den in Teil II des Bewertungsberichts behandelten Aspekten vom Sponsor anfordern, jedoch nur für sein Hoheitsgebiet.

(8) Um die in Absatz 7 genannten zusätzlichen Informationen gemäß den Unterabsätzen 2 und 3 vom Sponsor einzuholen und zu überprüfen, kann der zusätzliche betroffene Mitgliedstaat die in Absatz 7 genannte Frist um höchstens 31 Tage verlängern.

Der Sponsor übermittelt die angeforderten zusätzlichen Informationen innerhalb der vom zusätzlichen betroffenen Mitgliedstaat gesetzten Frist, die zwölf Tage ab dem Eingang des Informationsersuchens nicht überschreiten darf.

Nach Eingang der zusätzlichen Informationen stellt der betroffene Mitgliedstaat seine Bewertung innerhalb von höchstens 19 Tagen fertig.

Legt der Sponsor innerhalb der vom zusätzlichen betroffenen Mitgliedstaat gemäß Unterabsatz 2 gesetzten Frist keine zusätzlichen Informationen vor, gilt der Antrag im zusätzlichen betroffenen Mitgliedstaat als hinfällig.

Sowohl das Ersuchen um zusätzliche Informationen als auch die zusätzlichen Informationen werden über das EU-Portal übermittelt.

(9) Ist die Durchführung der klinischen Prüfung hinsichtlich der in Teil I des Bewertungsberichts behandelten Aspekte vertretbar oder unter bestimmten Auflagen vertretbar, so enthält die Entscheidung des zusätzlichen betroffenen Mitgliedstaats seine Schlussfolgerung zu Teil II des Bewertungsberichts.

(10) [1]Der zusätzliche betroffene Mitgliedstaat versagt die Genehmigung einer klinischen Prüfung, wenn er aus in Absatz 4 Unterabsatz 2 dieses Artikels genannten Gründen die Schlussfolgerung des berichterstattenden Mitgliedstaats in Bezug auf Teil I des Bewertungsberichts ablehnt, oder wenn er in hinreichend begründeten Fällen zu dem Schluss gelangt, dass die in Teil II des Bewertungsberichts behandelten Aspekte nicht eingehalten werden, oder wenn eine Ethik-Kommission eine ablehnende Stellungnahme abgegeben hat, die gemäß dem Recht des zusätzlichen betroffenen Mitgliedstaats für diesen gesamten zusätzlichen Mitgliedstaat gültig ist. [2]Der zusätzliche betroffene Mitgliedstaat sieht im Hinblick auf eine solche Versagung ein Rechtsmittelverfahren vor.

(11) Teilt der zusätzliche betroffene Mitgliedstaat dem Sponsor seine Entscheidung nicht innerhalb der in Absatz 3 genannten Frist mit, oder wurde diese Frist gemäß Absatz 6 oder Absatz 8 verlängert und hat der zusätzliche betroffene Mitgliedstaat dem Sponsor seine Entscheidung nicht innerhalb der verlängerten Frist mitgeteilt, so gilt die Schlussfolgerung in Bezug auf Teil I des Bewertungsberichts als Entscheidung dieses zusätzlichen betroffenen Mitgliedstaats über den Antrag auf Genehmigung der klinischen Prüfung.

(12) Ein Antragdossier gemäß diesem Artikel darf nicht übermittelt werden, wenn hinsichtlich der betreffenden klinischen Prüfung ein Verfahren gemäß Kapitel III anhängig ist.

Kapitel III

Verfahren zur Genehmigung einer wesentlichen Änderung einer klinischen Prüfung

Art. 15 Allgemeine Grundsätze. Eine wesentliche Änderung, einschließlich der Hinzufügung einer Prüfstelle oder der Änderung eines Hauptprüfers an einer Prüfstelle, darf nur vorgenommen werden, wenn sie gemäß dem in diesem Kapitel bestimmten Verfahren genehmigt wurde.

C 2 Verordnung (EU) Nr. 536/2014

Art. 16 Einreichung des Antrags. Um eine Genehmigung zu erhalten, übermittelt der Sponsor den betroffenen Mitgliedstaaten über das EU-Portal ein Antragsdossier.

Art. 17 Validierung eines Antrags auf Genehmigung einer wesentlichen Änderung eines in Teil I des Bewertungsberichts behandelten Aspekts. (1) Der berichterstattende Mitgliedstaat für die Genehmigung einer wesentlichen Änderung ist der berichterstattende Mitgliedstaat für das ursprüngliche Genehmigungsverfahren.

Die betroffenen Mitgliedstaaten können dem berichterstattenden Mitgliedstaat innerhalb von fünf Tagen ab der Einreichung des Antragsdossiers Anmerkungen mitteilen, die für die Validierung des Antrags auf Genehmigung einer wesentlichen Änderung von Belang sind.

(2) Innerhalb von sechs Tagen ab der Einreichung des Antragsdossiers validiert der berichterstattende Mitgliedstaat den Antrag unter Berücksichtigung der von den anderen betroffenen Mitgliedstaaten vorgebrachten Anmerkungen und teilt dem Sponsor über das EU-Portal mit, ob

a) die wesentliche Änderung einen in Teil I des Bewertungsberichts behandelten Aspekt betrifft und

b) das Antragsdossier gemäß Anhang II vollständig ist.

(3) Unterrichtet der berichterstattende Mitgliedstaat den Sponsor nicht innerhalb der in Absatz 2 genannten Frist, gilt die beantragte wesentliche Änderung als in Teil I des Bewertungsberichts behandelte Aspekte betreffend und das Antragsdossier als vollständig.

(4) Stellt der berichterstattende Mitgliedstaat unter Berücksichtigung der von den anderen betroffenen Mitgliedstaaten vorgebrachten Anmerkungen fest, dass der Antrag keinen in Teil I des Bewertungsberichts behandelten Aspekt betrifft oder dass das Antragsdossier unvollständig ist, teilt er dies dem Sponsor über das EU-Portal mit und setzt ihm eine Frist von höchstens zehn Tagen zur Stellungnahme zum Antrag oder zur Ergänzung des Antragsdossiers über das EU-Portal.

Innerhalb von fünf Tagen ab dem Eingang der Stellungnahme oder des ergänzten Antragsdossiers teilt der berichterstattende Mitgliedstaat dem Sponsor mit, ob der Antrag den Anforderungen gemäß Absatz 2 Buchstaben a und b entspricht oder nicht.

Unterrichtet der berichterstattende Mitgliedstaat den Sponsor nicht innerhalb der in Unterabsatz 2 genannten Frist, gilt die beantragte wesentliche Änderung als durch die in Teil I des Bewertungsberichts behandelten Aspekte abgedeckt und das Antragsdossier als vollständig.

Gibt der Sponsor innerhalb der in Unterabsatz 1 genannten Frist keine Stellungnahme ab oder vervollständigt er das Antragsdossier nicht innerhalb dieser Frist, gilt der Antrag in allen betroffenen Mitgliedstaaten als hinfällig.

(5) [1]Für die Zwecke der Artikel 18, 19 und 22 gilt der Tag, an dem die in Absatz 2 genannten Informationen dem Sponsor übermittelt wurden, als Tag

der Validierung des Antrags. ²Werden dem Sponsor keine Informationen übermittelt, gilt der letzte Tag der in Absatz 2 oder 4 jeweils genannten Frist als Tag der Validierung des Antrags.

Art. 18 Bewertung einer wesentliche Änderung, die einen in Teil I des Bewertungsberichts behandelten Aspekt betrifft. (1) Der berichterstattende Mitgliedstaat bewertet den Antrag im Hinblick auf einen in Teil I des Bewertungsberichts behandelten Aspekt, einschließlich der Klärung der Frage, ob die klinische Prüfung nach der wesentlichen Änderung weiterhin eine minimalinterventionelle klinische Prüfung ist, und erstellt einen Bewertungsbericht.

(2) Der Bewertungsbericht enthält eine der folgenden Schlussfolgerungen zu den in Teil I des Bewertungsberichts behandelten Aspekten:

a) die wesentliche Änderung ist unter Berücksichtigung der in dieser Verordnung festgelegten Anforderungen vertretbar;

b) die wesentliche Änderung ist unter Berücksichtigung der in dieser Verordnung festgelegten Anforderungen vertretbar; sie ist jedoch besonderen Auflagen unterworfen, die in der Schlussfolgerung im Einzelnen aufzuführen sind, oder

c) die wesentliche Änderung ist unter Berücksichtigung der in dieser Verordnung festgelegten Anforderungen nicht vertretbar.

(3) Der berichterstattende Mitgliedstaat übermittelt über das EU-Portal den endgültigen Bewertungsbericht, einschließlich der Schlussfolgerung, dem Sponsor und den übrigen betroffenen Mitgliedstaaten innerhalb von 38 Tagen ab der Validierung:

Für die Zwecke dieses Artikels und der Artikel 19 und 23 gilt der Tag, an dem der endgültige Bewertungsbericht dem Sponsor und den übrigen betroffenen Mitgliedstaaten übermittelt wird, als Berichtstag.

(4) Bei klinischen Prüfungen, die mehr als einen Mitgliedstaat betreffen, umfasst das Bewertungsverfahren hinsichtlich einer wesentlichen Änderung drei Phasen:

a) eine Erstbewertungsphase durch den berichterstattenden Mitgliedstaat innerhalb von 19 Tagen ab dem Tag der Validierung;

b) eine Phase der koordinierten Überprüfung innerhalb von zwölf Tagen ab dem Abschluss der Erstbewertungsphase, in die alle betroffenen Mitgliedstaaten einbezogen sind; und

c) eine Phase der Konsolidierung, die vom berichterstattenden Mitgliedstaat innerhalb von sieben Tagen ab dem Abschluss der Phase der koordinierten Überprüfung vorgenommen wird.

Während der Erstbewertungsphase erstellt der berichterstattende Mitgliedstaat den Entwurf eines Bewertungsberichts, den er allen betroffenen Mitgliedstaaten zuleitet.

Während der Phase der koordinierten Überprüfung überprüfen alle betroffenen Mitgliedstaaten gemeinsam den Antrag auf der Grundlage des Entwurfs des Bewertungsberichts und teilen einander etwaige Anmerkungen mit, die für den Antrag von Belang sind.

[1]Während der Phase der Konsolidierung berücksichtigt der berichterstattende Mitgliedstaat bei der Erstellung der endgültigen Fassung des Berichtsentwurfs in angemessener Weise die Anmerkungen der anderen betroffenen Mitgliedstaaten und dokumentiert, in welcher Weise alle solche Anmerkungen berücksichtigt wurden. [2]Der berichterstattende Mitgliedstaat übermittelt den endgültigen Bewertungsbericht bis spätestens zum Berichtstag dem Sponsor und allen anderen betroffenen Mitgliedstaaten.

(5) [1]Der berichterstattende Mitgliedstaat kann die Frist gemäß Absatz 3 für klinische Prüfungen unter Verwendung eines Prüfpräparats für neuartige Therapien oder eines Arzneimittels gemäß Ziffer 1 des Anhangs zu Verordnung (EG) Nr. 726/2004 um weitere 50 Tage verlängern, um eine Beratung mit Sachverständigen zu ermöglichen. [2]In solchen Fällen gelten die Fristen gemäß den Absätzen 4 und 6 dieses Artikels entsprechend.

(6) Einzig der berichterstattende Mitgliedstaat darf im Zeitraum zwischen dem Tag der Validierung und Berichtstag auf der Grundlage der in Absatz 4 genannten Anmerkungen den Sponsor um zusätzliche Informationen ersuchen.

Um diese zusätzlichen Informationen gemäß den Unterabsätzen 3 und 4 vom Sponsor einzuholen und zu überprüfen, kann der berichterstattende Mitgliedstaat die in Absatz 3 Unterabsatz 1 genannte Frist um höchstens 31 Tage verlängern.

Der Sponsor übermittelt die angeforderten zusätzlichen Informationen innerhalb der vom berichterstattenden Mitgliedstaat gesetzten Frist, die zwölf Tage ab Eingang des Informationsersuchens nicht überschreiten darf.

[1]Nach Eingang der zusätzlichen Informationen prüfen die betroffenen Mitgliedstaaten alle zusätzlichen vom Sponsor übermittelten Informationen zusammen mit dem ursprünglichen Antrag und teilen einander alle Anmerkungen mit, die für den Antrag von Belang sind. [2]Die koordinierte Überprüfung wird innerhalb von höchstens zwölf Tagen ab dem Eingang der zusätzlichen Informationen durchgeführt, und die weitere Konsolidierung wird innerhalb von höchstens sieben Tagen ab dem Abschluss der koordinierten Überprüfung durchgeführt. [3]Bei der Erstellung der endgültigen Fassung des Berichtsentwurfs berücksichtigt der berichterstattende Mitgliedstaat in angemessener Weise die Anmerkungen der anderen betroffenen Mitgliedstaaten und dokumentiert, in welcher Weise alle solche Anmerkungen berücksichtigt wurden.

Legt der Sponsor innerhalb der vom berichterstattenden Mitgliedstaat gemäß Unterabsatz 3 gesetzten Frist keine zusätzlichen Informationen vor, gilt der Antrag in allen betroffenen Mitgliedstaaten als hinfällig.

Sowohl das Ersuchen um zusätzliche Informationen als auch die zusätzlichen Informationen werden über das EU-Portal übermittelt.

Art. 19 Entscheidung über die wesentliche Änderung eines in Teil I des Bewertungsberichts behandelten Aspekts. (1) Jeder betroffene Mitgliedstaat teilt dem Sponsor über das EU-Portal mit, ob er die wesentliche Änderung genehmigt, unter Auflagen genehmigt oder eine Genehmigung versagt.

Die Notifizierung erfolgt im Wege einer einzigen Entscheidung innerhalb von fünf Tagen ab dem Berichtstag.

Die Genehmigung einer wesentlichen Änderung unter Auflagen ist nur möglich, wenn die Auflagen ihrer Art wegen zum Zeitpunkt dieser Genehmigung nicht erfüllt werden können.

(2) Gelangte der berichterstattende Mitgliedstaat zu dem Schluss, dass die wesentliche Änderung vertretbar oder unter bestimmten Auflagen vertretbar ist, so gilt diese Schlussfolgerung als die Schlussfolgerung des betroffenen Mitgliedstaats.

Abweichend von Unterabsatz 1 darf ein betroffener Mitgliedstaat die Schlussfolgerung des berichterstattenden Mitgliedstaats ablehnen, jedoch nur aus folgenden Gründen:

a) wenn er der Auffassung ist, dass eine Teilnahme an der klinischen Prüfung dazu führen würde, dass ein Prüfungsteilnehmer eine schlechtere Behandlung erhalten würde als dies der Fall gemäß normaler klinischer Praxis in dem betroffenen Mitgliedstaat wäre;

b) Verstoß gegen das in Artikel 90 genannte nationale Recht;

c) Bedenken hinsichtlich der Sicherheit der Prüfungsteilnehmer und der Zuverlässigkeit und Belastbarkeit der gemäß Artikel 18 Absatz 4 oder Absatz 6 übermittelten Daten.

Lehnt der betroffene Mitgliedstaat die Schlussfolgerung gemäß Unterabsatz 2 ab, übermittelt er der Kommission, sämtlichen Mitgliedstaaten und dem Sponsor über das EU-Portal seine Ablehnung zusammen mit einer detaillierten Begründung.

[1]Ein betroffener Mitgliedstaat versagt die Genehmigung einer wesentlichen Änderung, wenn er aus den in Unterabsatz 2 genannten Gründen die Schlussfolgerung des berichterstattenden Mitgliedstaats in Bezug auf Teil I des Bewertungsberichts ablehnt oder wenn eine Ethik-Kommission eine ablehnende Stellungnahme abgegeben hat, die gemäß dem Recht des betroffenen Mitgliedstaats für diesen gesamten Mitgliedstaat gültig ist. [2]Dieser Mitgliedstaat sieht im Hinblick auf eine solche Versagung ein Rechtsmittelverfahren vor.

(3) Kommt der berichterstattende Mitgliedstaat in Bezug auf die wesentliche Änderung, die in Teil I des Bewertungsberichts behandelte Aspekte betrifft, zu dem Schluss, dass die wesentliche Änderung nicht vertretbar ist, so gilt diese Schlussfolgerung als die Schlussfolgerung aller betroffenen Mitgliedstaaten.

(4) Teilt der betroffene Mitgliedstaat dem Sponsor seine Entscheidung nicht innerhalb der in Absatz 1 genannten Frist mit, gilt die Schlussfolgerung des Bewertungsberichts als Entscheidung des betroffenen Mitgliedstaats über den Antrag auf Genehmigung der wesentlichen Änderung.

C 2 Verordnung (EU) Nr. 536/2014

Art. 20 Validierung, Bewertung und Entscheidung betreffend eine wesentliche Änderung eines in Teil II des Bewertungsberichts behandelten Aspekts. (1) Innerhalb von sechs Tagen ab der Einreichung des Antragsdossiers teilt der betroffene Mitgliedstaat dem Sponsor über das EU-Portal Folgendes mit:

a) ob die wesentliche Änderung einen in Teil II des Bewertungsberichts behandelten Aspekt betrifft und

b) ob das Antragsdossier gemäß Anhang II vollständig ist.

(2) Unterrichtet der betroffene Mitgliedstaat den Sponsor nicht innerhalb der in Absatz 1 genannten Frist, gilt die beantragte wesentliche Änderung als in Teil II des Bewertungsberichts behandelte Aspekte betreffend und das Antragsdossier als vollständig.

(3) Stellt der betroffene Mitgliedstaat fest, dass die wesentliche Änderung keinen in Teil II des Bewertungsberichts behandelten Aspekt betrifft oder dass das Antragsdossier unvollständig ist, so teilt er dies dem Sponsor über das EU-Portal mit und setzt ihm eine Frist von höchstens zehn Tagen zur Stellungnahme zum Antrag oder zur Ergänzung des Antragsdossiers über das EU-Portal.

Innerhalb von fünf Tagen ab dem Eingang der Stellungnahme oder des ergänzten Antragsdossiers teilt der berichterstattende Mitgliedstaat dem Sponsor mit, ob der Antrag den Anforderungen gemäß Absatz 1 Buchstaben a und b entspricht oder nicht.

Teilt der betroffene Mitgliedstaat die Informationen dem Sponsor nicht innerhalb der in Unterabsatz 2 genannten Frist mit, gilt die beantragte wesentliche Änderung als in Teil II des Bewertungsberichts behandelte Aspekte betreffend und das Antragsdossier als vollständig.

Gibt der Sponsor innerhalb der in Unterabsatz 1 genannten Frist keine Stellungnahme ab bzw. vervollständigt er das Antragsdossier nicht innerhalb dieser Frist, gilt der Antrag in dem betroffenen Mitgliedstaat als hinfällig.

(4) [1]Für die Zwecke dieses Artikels gilt der Tag, an dem die in Absatz 1 oder 3 genannten Informationen dem Sponsor übermittelt wurden, als Tag der Validierung des Antrags. [2]Werden dem Sponsor keine Informationen übermittelt, gilt der letzte Tag der in Absatz 1 oder 3 jeweils genannten Frist als Tag der Validierung des Antrags.

(5) Der betroffene Mitgliedstaat bewertet den Antrag und übermittelt dem Sponsor über das EU-Portal Teil II des Bewertungsberichts, einschließlich seiner Schlussfolgerung und der Entscheidung, ob er die wesentliche Änderung genehmigt, unter Auflagen genehmigt oder die Genehmigung versagt.

Die Notifizierung erfolgt im Wege einer einzigen Entscheidung innerhalb von 38 Tagen ab dem Tag der Validierung.

Die Genehmigung einer wesentlichen Änderung unter Auflagen ist nur möglich, wenn die Auflagen ihrer Art wegen zum Zeitpunkt dieser Genehmigung nicht erfüllt werden können.

(6) Innerhalb der Frist gemäß Absatz 5 Unterabsatz 2 kann der betroffene Mitgliedstaat in begründeten Fällen zusätzliche Informationen zu der wesentlichen Änderung vom Sponsor anfordern, jedoch nur für sein Hoheitsgebiet.

Um diese zusätzlichen Informationen von dem Sponsor einzuholen und zu überprüfen, kann der betroffene Mitgliedstaat die Frist gemäß Absatz 5 Unterabsatz 2 um höchstens 31 Tage verlängern.

Der Sponsor übermittelt die angeforderten zusätzlichen Informationen innerhalb der vom betroffenen Mitgliedstaat gesetzten Frist, die zwölf Tage ab dem Eingang des Informationsersuchens nicht überschreiten darf.

Nach Eingang der zusätzlichen Informationen stellt der betroffene Mitgliedstaat seine Bewertung innerhalb von höchstens 19 Tagen fertig.

Legt der Sponsor innerhalb der vom betroffenen Mitgliedstaat gemäß Unterabsatz 3 gesetzten Frist keine zusätzlichen Informationen vor, gilt der Antrag in diesem Mitgliedstaat als hinfällig.

Sowohl das Ersuchen um zusätzliche Informationen als auch die zusätzlichen Informationen werden über das EU-Portal übermittelt.

(7) [1]Ein betroffener Mitgliedstaat versagt die Genehmigung einer wesentlichen Änderung, wenn er in hinreichend begründeten Fällen zu dem Schluss kommt, dass die in Teil II des Bewertungsberichts behandelten Aspekte nicht eingehalten werden, oder wenn eine zuständige Ethik-Kommission eine ablehnende Stellungnahme abgegeben hat, die gemäß dem Recht dieses betroffenen Mitgliedstaats für diesen gesamten Mitgliedstaat gilt. [2]Dieser Mitgliedstaat sieht im Hinblick auf eine solche Versagung ein Rechtsmittelverfahren vor.

(8) Teilt der betroffene Mitgliedstaat dem Sponsor seine Entscheidung nicht innerhalb der in den Absätzen 5 bzw. 6 genannten Fristen mit, gilt die wesentliche Änderung in diesem Mitgliedstaat als genehmigt.

Art. 21 Wesentliche Änderung betreffend sowohl in Teil I als auch in Teil II des Bewertungsberichts behandelte Aspekte. (1) Betrifft eine wesentliche Änderung sowohl in Teil I als auch in Teil II des Bewertungsberichts behandelte Aspekte, wird der Antrag auf Genehmigung der wesentlichen Änderung gemäß Artikel 17 validiert.

(2) Die in Teil I des Bewertungsberichts behandelten Aspekte werden gemäß Artikel 18, die in Teil II des Bewertungsberichts behandelten Aspekte gemäß Artikel 22 bewertet.

Art. 22 Bewertung einer wesentlichen Änderung, die sowohl in Teil I behandelte Aspekte als auch in Teil II behandelte Aspekte betrifft – Bewertung der in Teil II des Bewertungsberichts behandelten Aspekte. (1) Jeder betroffene Mitgliedstaat bewertet innerhalb von 38 Tagen ab dem Tag der Validierung für sein eigenes Hoheitsgebiet die Aspekte der wesentlichen Änderung, die in Teil II des Bewertungsberichts behandelt werden, und übermittelt den Bericht einschließlich seiner Schlussfolgerung über das EU-Portal dem Sponsor.

C 2 Verordnung (EU) Nr. 536/2014

(2) Innerhalb der Frist gemäß Absatz 1 kann der betroffene Mitgliedstaat in begründeten Fällen zusätzliche Informationen zu dieser wesentlichen Änderung vom Sponsor anfordern, jedoch nur für sein Hoheitsgebiet.

(3) Um die in Absatz 2 genannten zusätzlichen Informationen gemäß den Unterabsätzen 3 und 4 vom Sponsor einzuholen und zu überprüfen, kann der betroffene Mitgliedstaat die Frist gemäß Absatz 1 um höchstens 31 Tage verlängern.

Der Sponsor übermittelt die angeforderten zusätzlichen Informationen innerhalb der vom betroffenen Mitgliedstaat gesetzten Frist, die zwölf Tage ab dem Eingang des Informationsersuchens nicht überschreiten darf.

Nach Eingang der zusätzlichen Informationen stellt der betroffene Mitgliedstaat seine Bewertung innerhalb von höchstens 19 Tagen fertig.

Legt der Sponsor innerhalb der vom betroffenen Mitgliedstaat gesetzten Frist gemäß Unterabsatz 2 die angeforderten zusätzlichen Informationen nicht vor, gilt der Antrag in diesem Mitgliedstaat als hinfällig.

Sowohl das Ersuchen um zusätzliche Informationen als auch die zusätzlichen Informationen werden über das EU-Portal übermittelt.

Art. 23 Entscheidung über die wesentliche Änderung, die sowohl in Teil I als auch in Teil II des Bewertungsberichts behandelte Aspekte betrifft.
(1) Jeder betroffene Mitgliedstaat teilt dem Sponsor über das EU-Portal mit, ob er die wesentliche Änderung genehmigt, unter Auflagen genehmigt oder eine Genehmigung versagt.

Die Mitteilung erfolgt in Form einer einzigen Entscheidung innerhalb von fünf Tagen ab dem Berichtstag oder ab dem letzten Tag der Bewertungsfrist gemäß Artikel 22, wobei der spätere Zeitpunkt maßgebend ist.

Die Genehmigung einer wesentlichen Änderung unter Auflagen ist nur möglich, wenn die Auflagen ihrer Art wegen zum Zeitpunkt dieser Genehmigung nicht erfüllt werden können.

(2) Gelangte der berichterstattende Mitgliedstaat zu dem Schluss, dass die wesentliche Änderung der in Teil I des Bewertungsberichts behandelten Aspekte vertretbar oder unter bestimmten Auflagen vertretbar ist, gilt diese Schlussfolgerung als die Schlussfolgerung des betroffenen Mitgliedstaats.

Abweichend von Unterabsatz 1 darf ein betroffener Mitgliedstaat die Schlussfolgerung des berichterstattenden Mitgliedstaats ablehnen, jedoch nur aus folgenden Gründen:

a) wenn er der Auffassung ist, dass eine Teilnahme an der klinischen Prüfung dazu führen würde, dass ein Prüfungsteilnehmer eine schlechtere Behandlung erhalten würde als dies der Fall gemäß normaler klinischer Praxis in dem betroffenen Mitgliedstaat wäre;

b) Verstoß gegen sein in Artikel 90 genanntes nationales Recht;

c) Bedenken hinsichtlich der Sicherheit der Prüfungsteilnehmer und der Zuverlässigkeit und Belastbarkeit der gemäß Artikel 18 Absatz 4 oder Absatz 6 übermittelten Daten.

Lehnt der betroffene Mitgliedstaat die Schlussfolgerung gemäß Unterabsatz 2 ab, so übermittelt er der Kommission, sämtlichen Mitgliedstaaten und dem Sponsor über das EU-Portal seine Ablehnung zusammen mit einer ausführlichen Begründung.

(3) Ist die wesentliche Änderung der in Teil I des Bewertungsberichts behandelten Aspekte vertretbar oder unter bestimmten Auflagen vertretbar, so enthält die Entscheidung des betroffenen Mitgliedstaats seine Schlussfolgerung zur wesentlichen Änderung der in Teil II des Bewertungsberichts behandelten Aspekte.

(4) ¹Ein betroffener Mitgliedstaat versagt die Genehmigung einer wesentlichen Änderung, wenn er aus in Absatz 2 Unterabsatz 2 genannten Gründen die Schlussfolgerung des berichterstattenden Mitgliedstaats hinsichtlich der wesentlichen Änderung der in Teil I des Bewertungsberichts behandelten Aspekte ablehnt, oder wenn er in hinreichend begründeten Fällen zu dem Schluss kommt, dass die in Teil II des Bewertungsberichts behandelten Aspekte nicht eingehalten werden, oder wenn eine zuständige Ethik-Kommission eine ablehnende Stellungnahme abgegeben hat, die gemäß dem Recht des betroffenen Mitgliedstaats für diesen gesamten Mitgliedstaat gilt. ²Dieser Mitgliedstaat sieht im Hinblick auf eine solche Versagung ein Rechtsmittelverfahren vor.

(5) Kommt der berichterstattende Mitgliedstaat hinsichtlich der wesentlichen Änderung der in Teil I des Bewertungsberichts behandelten Aspekte zu dem Schluss, dass die wesentliche Änderung nicht vertretbar ist, so gilt diese Schlussfolgerung als Schlussfolgerung des betroffenen Mitgliedstaats.

(6) Teilt der betroffene Mitgliedstaat dem Sponsor seine Entscheidung nicht innerhalb der in Absatz 1 genannten Frist mit, gilt die Schlussfolgerung in Bezug auf die wesentliche Änderung der in Teil I des Bewertungsberichts behandelten Aspekte als Entscheidung des betroffenen Mitgliedstaats über den Antrag auf Genehmigung der wesentlichen Änderung.

Art. 24 Den Antrag auf eine wesentliche Änderung bewertende Personen. Artikel 9 gilt auch für Bewertungen gemäß diesem Kapitel.

Kapitel IV

Antragsdossier

Art. 25 Im Antragsdossier vorzulegende Daten. (1) Das Antragsdossier für die Genehmigung einer klinischen Prüfung enthält sämtliche für die Validierung und Bewertung gemäß Kapitel II erforderlichen Dokumente und Informationen zu

a) der Durchführung der klinischen Prüfung, einschließlich des wissenschaftlichen Kontextes und der getroffenen Vorkehrungen;

b) dem Sponsor, den Prüfern, den potenziellen Prüfungsteilnehmern und den Prüfstellen;

c) den Prüfpräparaten und erforderlichenfalls den Hilfspräparaten, insbesondere zu ihren Eigenschaften, ihrer Kennzeichnung, ihrer Herstellung und Kontrolle;

d) den Maßnahmen zum Schutz der Prüfungsteilnehmer;

e) der Begründung, warum es sich um eine minimalinterventionelle klinische Prüfung handelt, falls der Sponsor dies geltend gemacht hat.

Eine Liste der erforderlichen Dokumente und Informationen findet sich in Anhang I.

(2) Das Antragsdossier für die Genehmigung einer wesentlichen Änderung enthält alle zur Validierung und Bewertung gemäß Kapitel III erforderlichen Dokumente und Informationen:

a) Verweis auf die klinische Prüfung bzw. die klinischen Prüfungen, die wesentlich geändert werden soll(en), unter Angabe der in Artikel 81 Absatz 1 Unterabsatz 3 genannten EU-Prüfungsnummer (im Folgenden „EU-Prüfungsnummer");

b) eine klare Beschreibung der wesentlichen Änderung, insbesondere der Art und der Gründe für die wesentliche Änderung;

c) gegebenenfalls Daten und zusätzliche Informationen zur Begründung der wesentlichen Änderung;

d) eine klare Beschreibung der Folgen der wesentlichen Änderung für die Rechte und Sicherheit der Prüfungsteilnehmer sowie die Zuverlässigkeit und Belastbarkeit der im Rahmen der klinischen Prüfung gewonnenen Daten.

Eine Liste der erforderlichen Dokumente und Informationen findet sich in Anhang II.

(3) Nichtklinische Informationen, die im Rahmen eines Antragsdossiers übermittelt werden, müssen auf Daten aus Studien beruhen, die gemäß dem zum Zeitpunkt der Durchführung der Studien geltenden Unionsrecht über die gute Laborpraxis durchgeführt wurden.

(4) Wird im Antragsdossier auf im Rahmen klinischer Prüfungen gewonnene Daten verwiesen, so müssen diese aus klinischen Prüfungen stammen, die gemäß dieser Verordnung oder, wenn die Prüfungen vor dem in Artikel 99 Absatz 2 genannten Tag stattgefunden haben, gemäß der Richtlinie 2001/20/EG durchgeführt wurden.

(5) Wurde die klinische Prüfung gemäß Absatz 4 außerhalb der Union durchgeführt, so muss diese gemäß Grundsätzen durchgeführt worden sein, die denen dieser Verordnung im Hinblick auf Rechte und Sicherheit der Prüfungsteilnehmer sowie Zuverlässigkeit und Belastbarkeit der im Rahmen klinischer Prüfungen gewonnenen Daten gleichwertig sind.

(6) Daten aus einer klinischen Prüfung, die ab dem in Artikel 99 Absatz 2 genannten Tag begonnen wurde, werden nur im Rahmen eines Antragsdossiers übermittelt, wenn diese klinische Prüfung vor Beginn in einem öffentlichen Register registriert wurde, das ein Primär- oder Partnerregister oder ein Datenlieferant des WHO ICTRP ist.

Daten aus einer klinischen Prüfung, die vor dem in Artikel 99 Absatz 2 genannten Tag begonnen wurde, werden nur im Rahmen eines Antragsdossiers übermittelt, wenn diese klinische Prüfung in einem öffentlichen Register registriert wurde, das ein Primär- oder Partnerregister oder ein Datenlieferant des WHO ICTRP ist, oder wenn die Ergebnisse dieser klinischen Prüfung in einer unabhängigen, im Peer-Review-Verfahren geprüften Veröffentlichung veröffentlicht worden sind.

(7) Im Rahmen eines Antragsdossiers übermittelte Daten, die den Absätzen 3 bis 6 nicht entsprechen, werden bei der Bewertung des Antrags auf Genehmigung einer klinischen Prüfung oder einer wesentlichen Änderung nicht berücksichtigt.

Art. 26 Sprachenregelung. Der betroffene Mitgliedstaat bestimmt, in welcher Sprache das Antragsdossier oder Teile davon abgefasst sein müssen.

Bei der Anwendung von Unterabsatz 1 ziehen die Mitgliedstaaten für Dokumente, die nicht für die Prüfungsteilnehmer bestimmt sind, eine in medizinischen Kreisen allgemein verstandene Sprache in Erwägung.

Art. 27 Aktualisierung im Wege delegierter Rechtsakte. Der Kommission wird die Befugnis übertragen, gemäß Artikel 85 zur Anpassung der Anhänge I und II an den technischen Fortschritt oder um der Entwicklung der internationalen Regelungen im Bereich klinischer Prüfungen, an denen die Union oder die Mitgliedstaaten beteiligt sind, Rechnung zu tragen, delegierte Rechtsakte zu erlassen.

Kapitel V

Schutz der Prüfungsteilnehmer
und Einwilligung nach Aufklärung

Art. 28 Allgemeine Bestimmungen. (1) Eine klinische Prüfung darf nur unter folgenden Voraussetzungen durchgeführt werden:

a) Der erwartete Nutzen für die Prüfungsteilnehmer oder für die öffentliche Gesundheit rechtfertigt die vorhersehbaren Risiken und Nachteile, und die Einhaltung dieser Bedingung wird ständig überwacht;

b) die Prüfungsteilnehmer, oder, falls ein Prüfungsteilnehmer nicht in der Lage ist, eine Einwilligung nach Aufklärung zu erteilen, sein gesetzlicher Vertreter sind gemäß Artikel 29 Absätze 2 bis 6 aufgeklärt worden;

c) die Prüfungsteilnehmer, oder, falls ein Prüfungsteilnehmer nicht in der Lage ist, eine Einwilligung nach Aufklärung zu erteilen, sein gesetzlicher Vertreter haben eine Einwilligung nach Aufklärung gemäß Artikel 29 Absätze 1, 7 und 8 erteilt;

d) das Recht der Prüfungsteilnehmer auf körperliche und geistige Unversehrtheit, Privatsphäre und Schutz der ihn betreffenden Daten gemäß der Richtlinie 95/46/EG bleibt gewahrt;

e) die klinische Prüfung ist so geplant, dass sie mit möglichst wenig Schmerzen, Beschwerden, Angst und allen anderen vorhersehbaren Risiken für die Prüfungsteilnehmer verbunden ist und sowohl die Risikoschwelle als auch das Ausmaß der Belastung im Prüfplan eigens definiert und ständig überprüft werden;

f) für die medizinische Versorgung der Prüfungsteilnehmer ist ein Arzt mit geeigneter Qualifikation oder gegebenenfalls ein qualifizierter Zahnarzt verantwortlich;

g) die Prüfungsteilnehmer, oder, falls ein Prüfungsteilnehmer nicht in der Lage ist, eine Einwilligung nach Aufklärung zu erteilen, sein gesetzlicher Vertreter haben die Kontaktdaten einer Stelle erhalten, die ihnen gegebenenfalls weitere Informationen erteilt;

h) die Prüfungsteilnehmer werden keiner unzulässigen Beeinflussung, etwa finanzieller Art, ausgesetzt, um sie zur Teilnahme an der Prüfung zu bewegen.

(2) [1]Unbeschadet der Richtlinie 95/46/EG kann der Sponsor den Prüfungsteilnehmer oder, falls der Prüfungsteilnehmer nicht in der Lage ist, eine Einwilligung nach Aufklärung zu erteilen, seinen gesetzlicher Vertreter dann, wenn der Prüfungsteilnehmer oder sein gesetzlicher Vertreter seine Einwilligung nach Aufklärung erteilt, an der klinischen Prüfung teilzunehmen, um seine Einwilligung ersuchen, dass seine Daten außerhalb des Prüfplans der klinischen Prüfung, jedoch ausschließlich zu wissenschaftlichen Zwecken, verwendet werden. [2]Diese Einwilligung kann von dem Prüfungsteilnehmer oder seinem gesetzlichen Vertreter jederzeit widerrufen werden.

Die wissenschaftliche Forschung, für die die Daten außerhalb des Prüfplans der klinischen Prüfung verwendet werden, wird gemäß dem für den Datenschutz geltenden Recht durchgeführt.

(3) [1]Jeder Prüfungsteilnehmer oder, falls der Prüfungsteilnehmer nicht in der Lage ist, eine Einwilligung nach Aufklärung zu erteilen, sein gesetzlicher Vertreter kann seine Teilnahme an der klinischen Prüfung jederzeit durch Widerruf seiner Einwilligung beenden, ohne dass ihm daraus ein Nachteil entsteht und ohne dass er dies in irgendeiner Weise begründen müsste. [2]Unbeschadet der Richtlinie 95/46/EG hat der Widerruf der Einwilligung nach Aufklärung keine Auswirkungen auf Tätigkeiten, die auf der Grundlage der Einwilligung nach Aufklärung bereits vor deren Widerruf durchgeführt wurden, oder auf die Verwendung der auf dieser Grundlage erhobenen Daten.

Art. 29 Einwilligung nach Aufklärung. (1) [1]Die Einwilligung nach Aufklärung wird nach entsprechender Aufklärung gemäß Absatz 2 von der Person, die das Gespräch gemäß Absatz 2 Buchstabe c geführt hat, sowie vom Prüfungsteilnehmer oder, falls der Prüfungsteilnehmer nicht in der Lage ist, eine Einwilligung nach Aufklärung zu erteilen, seinem gesetzlichen Vertreter schriftlich erteilt, datiert und unterzeichnet. [2]Ist der Prüfungsteilnehmer nicht in der Lage, seine Einwilligung nach Aufklärung schriftlich zu erteilen, kann die Einwilligung in geeigneter alternativer Weise in Anwesenheit mindestens eines unparteiischen Zeugen erteilt und aufgezeichnet werden In diesem Fall unterzeichnet und datiert der Zeuge das Dokument zur Einwilligung nach Aufklärung. [3]Der Prüfungsteilnehmer oder, falls der Prüfungsteilnehmer nicht in der Lage ist, eine Einwilligung nach Aufklärung zu erteilen, sein gesetzlicher Vertreter erhält eine Ausfertigung des Dokuments oder der Aufzeichnung, mit dem die Einwilligung nach Aufklärung erteilt wurde. [4]Die Einwilligung nach Aufklärung ist zu dokumentieren. [5]Dem Prüfungsteilnehmer oder seinem gesetzlichen Vertreter ist eine angemessene Frist zu gewähren, um über seine Entscheidung, an der klinischen Prüfung teilzunehmen, nachzudenken.

(2) Die Informationen, die dem Prüfungsteilnehmer oder, falls der Prüfungsteilnehmer nicht in der Lage ist, eine Einwilligung nach Aufklärung zu erteilen, seinem gesetzlichen Vertreter zur Verfügung gestellt werden, um die Einwilligung nach Aufklärung zu erlangen, müssen

a) den Prüfungsteilnehmer oder seinen gesetzlichen Vertreter in die Lage versetzen zu verstehen,

   i) worin das Wesen, die Ziele, der Nutzen, die Folgen, die Risiken und die Nachteile der klinischen Prüfung bestehen;

   ii) welche Rechte und Garantien dem Prüfungsteilnehmer zu seinem Schutz zustehen, insbesondere sein Recht, die Teilnahme an der klinischen Prüfung zu verweigern oder diese Teilnahme jederzeit zu beenden, ohne dass ihm daraus ein Nachteil entsteht und ohne dass er dies in irgendeiner Weise begründen müsste;

   iii) unter welchen Bedingungen die klinische Prüfung durchgeführt wird; dies schließt die erwartete Dauer der Teilnahme des Prüfungsteilnehmer an der klinischen Prüfung ein, und

   iv) welche alternativen Behandlungsmöglichkeiten bestehen, einschließlich der Nachsorgemaßnahmen, wenn die Teilnahme des Prüfungsteilnehmers an der klinischen Prüfung abgebrochen wird;

b) umfassend, knapp, klar, zweckdienlich und für Laien verständlich sein;

c) im Rahmen eines vorangegangenen Gesprächs mitgeteilt werden, das ein Mitglied des Prüfungsteams führt, das gemäß dem Recht des betroffenen Mitgliedstaats angemessen qualifiziert ist;

d) Angaben über das in Artikel 76 Absatz 1 genannte geltende Verfahren zur Entschädigung für Schäden enthalten und

e) die EU-Prüfungsnummer sowie Informationen über die Verfügbarkeit der Ergebnisse der klinischen Prüfung gemäß Absatz 6 enthalten.

(3) Die Informationen gemäß Absatz 2 werden schriftlich niedergelegt und dem Prüfungsteilnehmer oder, falls der Prüfungsteilnehmer nicht in der Lage ist, eine Einwilligung nach Aufklärung zu erteilen, seinem gesetzlichen Vertreter zur Verfügung gestellt.

(4) Während des in Absatz 2 Buchstabe c genannten Gesprächs werden dem Informationsbedarf bestimmter Patientengruppen und einzelner Prüfungsteilnehmer und der Art und Weise, in der die Informationen erteilt werden, besondere Aufmerksamkeit gewidmet.

(5) Während des in Absatz 2 Buchstabe c genannten Gesprächs wird sichergestellt, dass der Prüfungsteilnehmer die Informationen verstanden hat.

(6) Der Prüfungsteilnehmer wird darüber informiert, dass die Zusammenfassung der Ergebnisse der klinischen Prüfung und eine Zusammenfassung, die in einer für Laien verständlichen Sprache formuliert ist, unabhängig vom Ergebnis der klinischen Prüfung in der in Artikel 81 genannten EU-Datenbank („EU-Datenbank") gemäß Artikel 37 Absatz 4 bereitgestellt werden, sowie – soweit möglich – wann dies geschehen wird.

(7) Die Verordnung lässt nationales Recht unberührt, demzufolge sowohl die Unterschrift der nicht einwilligungsfähigen Person als auch die Unterschrift ihres gesetzlichen Vertreters auf dem Formular für die Einwilligung nach Aufklärung verlangt werden können.

(8) Diese Verordnung lässt nationales Recht unberührt, das vorschreibt, dass ein Minderjähriger, der in der Lage ist, sich eine Meinung zu bilden und die ihm erteilten Informationen zu beurteilen, zusätzlich zu der Einwilligung nach Aufklärung durch den gesetzlichen Vertreter selbst der Teilnahme zustimmen muss, damit er an einer klinischen Prüfung teilnehmen kann.

Art. 30 Einwilligung nach Aufklärung bei Cluster-Prüfungen. (1) Wird eine klinische Prüfung ausschließlich in einem Mitgliedstaat durchgeführt, kann dieser Mitgliedstaat unbeschadet des Artikels 35 und abweichend von Artikel 28 Absatz 1 Buchstaben b, c und g sowie von Artikel 29 Absatz 1, Artikel 29 Absatz 2 Buchstabe c und Artikel 29 Absätze 3, 4 und 5 sowie von Artikel 31 Absatz 1 Buchstaben a, b und c und Artikel 32 Absatz 1 Buchstaben a, b und c dem Prüfer gestatten, die Einwilligung nach Aufklärung mit Hilfe der vereinfachten Verfahren gemäß Absatz 2 des vorliegenden Artikels einzuholen, sofern alle Bedingungen gemäß Absatz 3 des vorliegenden Artikels erfüllt sind.

(2) Für klinische Prüfungen, die die Voraussetzungen gemäß Absatz 3 erfüllen, gilt die Einwilligung nach Aufklärung als erteilt, wenn
a) die gemäß Artikel 29 Absatz 2 Buchstaben a, b, d und e erforderlichen Informationen gemäß den Angaben des Prüfplans vor der Aufnahme des Prüfungsteilnehmer in die klinische Prüfung erteilt werden und sofern aus diesen Informationen insbesondere hervorgeht, dass der Prüfungsteilnehmer seine Teilnahme an der klinischen Prüfung verweigern oder diese Teilnahme jederzeit beenden kann, ohne dass ihm dadurch Nachteile entstehen, und
b) der potenzielle Prüfungsteilnehmer nach Aufklärung keine Einwände gegen seine Teilnahme an der klinischen Prüfung erhebt.

(3) Die Einwilligung nach Aufklärung kann mit Hilfe der vereinfachten Verfahren gemäß Absatz 2 eingeholt werden, wenn alle folgenden Voraussetzungen erfüllt sind:
a) die vereinfachten Verfahren zur Einholung der Einwilligung nach Aufklärung stehen in Einklang mit dem Recht des betroffenen Mitgliedstaats;

b) die Methodik der klinischen Prüfung erfordert es, dass Gruppen von Prüfungsteilnehmern anstelle von einzelnen Prüfungsteilnehmern in einer klinischen Prüfung eingeteilt werden, um unterschiedliche Prüfpräparate verabreicht zu bekommen;

c) bei der klinischen Prüfung handelt es sich um eine minimalinterventionelle klinische Prüfung und die bereits zugelassenen Prüfpräparate werden gemäß den Bedingungen der Zulassung verwendet;

d) außer der Standardbehandlung der betroffenen Prüfungsteilnehmer werden keine Interventionen vorgenommen;

e) im Prüfplan werden die Gründe dafür angegeben, dass die Einwilligung nach Aufklärung mit Hilfe der vereinfachten Verfahren eingeholt wird, und es wird beschrieben, in welchem Umfang und auf welchem Wege die Prüfungsteilnehmer aufgeklärt werden.

(4) Der Prüfer dokumentiert alle Fälle, in denen Prüfungsteilnehmer die Teilnahme verweigern bzw. beenden, und stellt sicher, dass keine Daten für die klinische Prüfung von Prüfungsteilnehmern erhoben werden, die die Teilnahme an der klinischen Prüfung verweigert haben oder ihre Teilnahme daran beendet haben.

Art. 31 Klinische Prüfungen mit nicht einwilligungsfähigen Prüfungsteilnehmern. (1) Nicht einwilligungsfähige Prüfungsteilnehmer dürfen, sofern sie ihre Einwilligung nach Aufklärung nicht vor Verlust ihrer Einwilligungsfähigkeit erteilt oder sie diese verweigert haben, nur dann an klinischen Prüfungen teilnehmen, wenn außer den in Artikel 28 aufgeführten Voraussetzungen auch alle folgenden Voraussetzungen erfüllt sind:

a) Es wurde eine Einwilligung nach Aufklärung ihres gesetzlichen Vertreters eingeholt;

b) der nicht einwilligungsfähige Prüfungsteilnehmer hat die Informationen gemäß Artikel 29 Absatz 2 in einer Form erhalten, die seiner Fähigkeit, diese zu begreifen, angemessen ist;

c) der ausdrückliche Wunsch eines nicht einwilligungsfähigen Prüfungsteilnehmers, der in der Lage ist, sich eine Meinung zu bilden und die in Artikel 29 Absatz 2 genannten Informationen zu beurteilen, die Teilnahme an der klinischen Prüfung zu verweigern oder seine Teilnahme daran zu irgendeinem Zeitpunkt zu beenden, wird vom Prüfer beachtet;

d) über eine Entschädigung für Ausgaben und Einkommensausfälle, die sich direkt aus der Teilnahme an der klinischen Prüfung ergeben, hinaus gibt es für die Prüfungsteilnehmer oder ihre gesetzlichen Vertreter keine finanziellen oder anderweitigen Anreize;

e) die klinische Prüfung ist im Hinblick auf nicht einwilligungsfähige Prüfungsteilnehmer unerlässlich und Daten von vergleichbarer Aussagekraft können nicht im Rahmen klinischer Prüfungen an einwilligungsfähigen Personen oder mit anderen Forschungsmethoden gewonnen werden;

f) die klinische Prüfung steht im direkten Zusammenhang mit einem klinischen Zustand, unter dem der Prüfungsteilnehmer leidet;

g) es gibt wissenschaftliche Gründe für die Erwartung, dass die Teilnahme an der klinischen Prüfung

   i) einen direkten Nutzen für den nicht einwilligungsfähigen Prüfungsteilnehmer zur Folge haben wird, der die Risiken und Belastungen überwiegt, oder

   ii) Nutzen für die repräsentierte Bevölkerungsgruppe, zu der der betroffene nicht einwilligungsfähige Prüfungsteilnehmer gehört, zur Folge haben wird, sofern die klinische Prüfung im direkten Zusammenhang mit dem lebensbedrohlichen oder zu Invalidität führenden klinischen Zustand steht, unter dem der Prüfungsteilnehmer leidet, und sofern die Prüfung den betroffenen nicht einwilligungsfähigen Prüfungsteilnehmer im Vergleich zur Standardbehandlung seiner Krankheit nur einem minimalen Risiko und einer minimalen Belastung aussetzt.

(2) Absatz 1 Buchstabe g Ziffer ii lässt mögliche strengere nationale Regelungen unberührt, die die Durchführung derartiger klinischer Prüfungen an nicht einwilligungsfähigen Prüfungsteilnehmern verbieten, wenn keine wissenschaftlichen Gründe vorliegen, die erwarten lassen, dass eine Teilnahme an der klinischen Prüfung einen direkten Nutzen für den Prüfungsteilnehmer zur Folge hat, der die Risiken und Belastungen einer Teilnahme an der Prüfung überwiegt.

(3) Der Prüfungsteilnehmer wird so weit wie möglich in den Einwilligungsprozess einbezogen.

Art. 32 Klinische Prüfungen mit Minderjährigen. (1) Klinische Prüfungen mit Minderjährigen dürfen nur dann durchgeführt werden, wenn zusätzlich zu den in Artikel 28 aufgeführten Voraussetzungen auch alle folgenden Voraussetzungen erfüllt sind:

a) ihr gesetzlicher Vertreter hat eine Einwilligung nach Aufklärung erteilt;

b) die Minderjährigen haben von im Umgang mit Minderjährigen erfahrenen oder entsprechend ausgebildeten Prüfern oder Mitgliedern des Prüfungsteams die Informationen gemäß Artikel 29 Absatz 2 über die Prüfung, ihre Risiken und ihre Vorteile in einer ihrem Alter und ihrer geistigen Reife entsprechenden Weise erhalten;

c) der ausdrückliche Wunsch eines Minderjährigen, der in der Lage ist, sich eine eigene Meinung zu bilden und die Informationen nach Artikel 29 Absatz 2 zu beurteilen, die Teilnahme an der klinischen Prüfung zu verweigern oder seine Teilnahme daran zu irgendeinem Zeitpunkt zu beenden, wird vom Prüfer respektiert;

d) über eine Entschädigung für Ausgaben und Einkommensausfälle, die sich direkt aus der Teilnahme an der klinischen Prüfung ergeben, hinaus gibt es für den Prüfungsteilnehmer oder seinen gesetzlichen Vertreter keine finanziellen oder anderweitigen Anreize;

e) Ziel der klinischen Prüfung ist die Erforschung von Behandlungen für einen klinischen Zustand, das nur Minderjährige betrifft, oder die klinische Prüfung ist zur Bestätigung von im Rahmen klinischer Prüfungen an einwilligungsfähigen Personen oder mittels anderer Forschungsmethoden gewonnener Daten in Bezug auf Minderjährige unerlässlich;

f) die klinische Prüfung steht entweder unmittelbar im Zusammenhang mit dem klinischen Zustand, unter dem der betroffene Minderjährige leidet, oder kann aufgrund ihrer Beschaffenheit nur mit Minderjährigen durchgeführt werden;

g) es gibt wissenschaftliche Gründe für die Erwartung, dass die Teilnahme an der klinischen Prüfung:

i) einen direkten Nutzen für den betroffenen Minderjährigen zur Folge haben wird, der die Risiken und Belastungen überwiegt, oder

ii) einen Nutzen für die Bevölkerungsgruppe, zu der der betroffene Minderjährige gehört, zur Folge haben wird und der betroffene Minderjährige im Vergleich zur Standardbehandlung seiner Krankheit durch die klinische Prüfung nur einem minimalen Risiko und einer minimalen Belastung ausgesetzt wird.

(2) Der Minderjährige wird seinem Alter und seiner geistigen Reife entsprechend in den Prozess der Einwilligung nach Aufklärung einbezogen.

(3) Hat der Minderjährige während der klinischen Prüfung gemäß dem Recht des betroffenen Mitgliedstaats die rechtliche Fähigkeit zur Einwilligung nach Aufklärung erreicht, so muss seine ausdrückliche Einwilligung nach Aufklärung eingeholt werden, bevor dieser Prüfungsteilnehmer die Teilnahme an der klinischen Prüfung weiterführen kann.

Art. 33 Klinische Prüfungen mit schwangeren oder stillenden Frauen.
Klinische Prüfungen mit schwangeren oder stillenden Frauen dürfen nur durchgeführt werden, wenn zusätzlich zu den in Artikel 28 genannten Voraussetzungen folgende Bedingungen erfüllt sind:

a) Die klinische Prüfung hat unter Umständen einen direkten Nutzen für die betroffene schwangere oder stillende Frau oder ihren Embryo oder Fötus oder ihr Kind nach der Geburt zur Folge, der die Risiken und Belastungen einer Teilnahme an der Prüfung überwiegt, oder

b) wenn eine derartige klinische Prüfung keinen direkten Nutzen für die betroffene schwangere oder stillende Frau oder ihren Embryo, ihren Fötus oder ihr Kind nach der Geburt zur Folge hat, kann sie nur durchgeführt werden, wenn

i) durch eine klinische Prüfung mit Frauen, die nicht schwanger sind oder nicht stillen, keine vergleichbaren Ergebnisse gewonnen werden können;

ii) die klinische Prüfung dazu beiträgt, Ergebnisse zu gewinnen, die für schwangere oder stillende Frauen oder für Frauen im Zusammenhang mit der Fortpflanzung oder für andere Embryonen, Föten oder Kinder von Nutzen sein können, und

iii) sie für die betroffene schwangere oder stillende Frau, den Embryo, den Fötus oder das Kind nach der Geburt nur ein minimales Risiko birgt und nur eine minimale Belastung darstellt;

c) bei Forschungsvorhaben mit stillenden Frauen wird in besonderem Maße dafür Sorge getragen, dass eine Beeinträchtigung der Gesundheit des Kindes ausgeschlossen ist, und

d) über eine Entschädigung für Ausgaben und Einkommensausfälle, die sich direkt aus der Teilnahme an der klinischen Prüfung ergeben, hinaus gibt es für die Prüfungsteilnehmerin keine finanziellen oder anderweitigen Anreize.

Art. 34 Zusätzliche nationale Maßnahmen. Die Mitgliedstaaten können zusätzliche Maßnahmen beibehalten, die Personen betreffen, die einen Pflichtwehrdienst ableisten, Personen, denen die Freiheit entzogen wurde, Personen, die aufgrund einer gerichtlichen Entscheidung nicht an einer klinischen Prüfung teilnehmen dürfen, und Personen, die in einem Pflegeheim untergebracht sind.

Art. 35 Klinische Prüfungen in Notfällen. (1) Abweichend von Artikel 28 Absatz 1 Buchstaben b, und c, Artikel 31 Absatz 1 Buchstaben a und b und von Artikel 32 Absatz 1 Buchstaben a und b kann die Einwilligung nach Aufklärung zur Teilnahme an einer klinischen Prüfung erst eingeholt werden und können die entsprechenden Informationen über die klinische Prüfung zur Verfügung gestellt werden, nachdem die Entscheidung getroffen wurde, den Prüfungsteilnehmer in die klinische Prüfung einzubeziehen, sofern diese Entscheidung zu dem Zeitpunkt der ersten Intervention mit dem Prüfungsteilnehmer gemäß dem Prüfbericht für diese klinische Prüfung getroffen wurde und alle folgenden Voraussetzungen erfüllt sind:

a) aufgrund der Dringlichkeit der Situation, die sich aus einem plötzlichen lebensbedrohlichen oder einem anderen plötzlichen schwerwiegenden Gesundheitszustand ergibt, ist der Prüfungsteilnehmer nicht in der Lage, im Voraus eine Einwilligung nach Aufklärung zu erteilen und Informationen über die klinische Prüfung zu erhalten;

b) es gibt wissenschaftliche Gründe für die Erwartung, dass die Teilnahme des Prüfungsteilnehmers an der klinischen Prüfung unter Umständen einen direkten klinisch relevanten Nutzen für den Prüfungsteilnehmer zur Folge hat, mit dem eine nachweisbare gesundheitsbezogene Verbesserung erreicht wird, die das Leiden des Prüfungsteilnehmers lindert und/oder seine Gesundheit verbessert, oder mit dem die Diagnose seiner Krankheit ermöglicht wird;

c) es ist nicht möglich, innerhalb der für die Behandlung zur Verfügung stehenden Zeit im Vorfeld dem gesetzlichen Vertreter alle Informationen bereitzustellen und eine vorherige Einwilligung nach Aufklärung von diesem einzuholen;

d) der Prüfer bescheinigt, dass der Prüfungsteilnehmer nach seiner Kenntnis zuvor keine Einwände gegen die Teilnahme an der klinischen Prüfung geäußert hat;

e) die klinische Prüfung steht in direktem Zusammenhang mit dem klinischen Zustand des Prüfungsteilnehmers, das die Einholung der Einwilligung nach

Verordnung (EU) Nr. 536/2014 C 2

Aufklärung des Prüfungsteilnehmers oder seines gesetzlichen Vertreters nach Aufklärung und die Bereitstellung der Informationen innerhalb der für die Behandlung zur Verfügung stehenden Zeit unmöglich macht, und die klinische Prüfung kann aufgrund ihrer Art ausschließlich in Notfallsituationen durchgeführt werden;

f) die klinische Prüfung ist im Vergleich zur Standardbehandlung seiner Krankheit nur ein minimales Risiko und eine minimale Belastung für den Prüfungsteilnehmer.

(2) Nach einer Intervention gemäß Absatz 1 wird die Einwilligung nach Aufklärung gemäß Artikel 29 für die weitere Teilnahme des Prüfungsteilnehmers an der klinischen Prüfung eingeholt und die Informationen werden zu folgenden Bedingungen bereitgestellt:

a) Für nicht einwilligungsfähige Personen und Minderjährige wird die Einwilligung nach Aufklärung unverzüglich von dem Prüfer bei ihrem gesetzlichen Vertreter eingeholt; die in Artikel 29 Absatz 2 genannten Informationen werden dem Prüfungsteilnehmer und seinem gesetzlichen Vertreter so bald wie möglich übergeben.

b) Für andere Prüfungsteilnehmer wird die Einwilligung nach Aufklärung unverzüglich von dem Prüfer beim Prüfungsteilnehmer oder beim seinem gesetzlichen Vertreter eingeholt, je nachdem, welche Einwilligung zuerst eingeholt werden kann; die in Artikel 29 Absatz 2 genannten Informationen werden dem Prüfungsteilnehmer oder dem gesetzlichen Vertreter, je nachdem, was zuerst möglich ist, so bald wie möglich übergeben.

Wurde die Einwilligung nach Aufklärung gemäß Buchstabe b beim gesetzlichen Vertreter eingeholt, so wird die Einwilligung nach Aufklärung des Prüfungsteilnehmers zur weiteren Teilnahme an der klinischen Prüfung eingeholt, sobald dieser einwilligungsfähig ist.

(3) Erteilt der Prüfungsteilnehmer oder gegebenenfalls sein gesetzlicher Vertreter seine Einwilligung nicht, wird er davon in Kenntnis gesetzt, dass er das Recht hat, der Nutzung von Daten, die im Rahmen der klinischen Prüfung gewonnen wurden, zu widersprechen.

Kapitel VI
Beginn, Ende, vorübergehende Unterbrechung und vorzeitiger Abbruch einer klinischen Prüfung

Art. 36 Mitteilung über den Beginn einer klinischen Prüfung und das Ende der Rekrutierung von Prüfungsteilnehmern. (1) Der Sponsor unterrichtet jeden betroffenen Mitgliedstaat über das EU-Portal vom Beginn der klinischen Prüfung in dem betreffenden Mitgliedstaat.

Diese Mitteilung erfolgt innerhalb von 15 Tagen ab dem Beginn der klinischen Prüfung in dem betreffenden Mitgliedstaat.

C 2 Verordnung (EU) Nr. 536/2014

(2) Der Sponsor unterrichtet jeden betroffenen Mitgliedstaat über das EU-Portal von der ersten Visite des ersten Prüfungsteilnehmers in dem betreffenden Mitgliedstaat.

Diese Mitteilung erfolgt innerhalb von 15 Tagen ab der ersten Visite des ersten Prüfungsteilnehmers in dem betreffenden Mitgliedstaat.

(3) Der Sponsor unterrichtet jeden betroffenen Mitgliedstaat über das EU-Portal darüber, wann er die Rekrutierung von Prüfungsteilnehmern für eine klinische Prüfung in dem betreffenden Mitgliedstaat beendet.

[1]Diese Mitteilung erfolgt innerhalb von 15 Tagen ab der Beendigung der Rekrutierung von Prüfungsteilnehmern. [2]Wird erneut mit der Rekrutierung von Prüfungsteilnehmern begonnen, gilt Absatz 1.

Art. 37 Ende der klinischen Prüfung, vorübergehende Unterbrechung und vorzeitiger Abbruch der klinischen Prüfung und Einreichung von Ergebnissen. (1) Der Sponsor unterrichtet jeden betroffenen Mitgliedstaat über das EU-Portal vom Ende der klinischen Prüfung in dem betreffenden Mitgliedstaat.

Diese Mitteilung erfolgt innerhalb von 15 Tagen ab der Beendigung der klinischen Prüfung in dem betreffenden Mitgliedstaat.

(2) Der Sponsor unterrichtet jeden betroffenen Mitgliedstaat über das EU-Portal von dem Ende der klinischen Prüfung in allen betroffenen Mitgliedstaaten.

Diese Mitteilung erfolgt innerhalb von 15 Tagen ab der Beendigung der klinischen Prüfung in dem letzten der betroffenen Mitgliedstaaten.

(3) Der Sponsor unterrichtet jeden betroffenen Mitgliedstaat über das EU-Portal vom Ende einer klinischen Prüfung in allen betroffenen Mitgliedstaaten und in allen Drittländern, in denen die klinische Prüfung durchgeführt wurde.

Diese Mitteilung erfolgt innerhalb von 15 Tagen ab der Beendigung der klinischen Prüfung im letzten der betroffenen Mitgliedstaaten und Drittländer, in denen die klinische Prüfung durchgeführt wurde.

(4) [1]Unabhängig vom Ergebnis der klinischen Prüfung übermittelt der Sponsor innerhalb eines Jahres ab dem Ende der klinischen Prüfung in allen betroffenen Mitgliedstaaten eine Zusammenfassung der Ergebnisse der klinischen Prüfung an die EU-Datenbank. [2]Der Inhalt dieser Zusammenfassung ist in Anhang IV dargelegt.

[1]Dieser ist eine Zusammenfassung angefügt, die in einer für Laien verständlichen Weise formuliert ist. [2]Der Inhalt dieser Zusammenfassung ist in Anhang V dargelegt.

[1]Ist es aus im Prüfplan dargelegten wissenschaftlichen Gründen nicht möglich, innerhalb eines Jahres eine Zusammenfassung der Ergebnisse zu übermitteln, wird die Zusammenfassung übermittelt, sobald sie verfügbar ist. [2]In einem solchen Fall wird im Prüfplan zusammen mit einer Begründung angegeben, wann die Ergebnisse übermittelt werden.

Wenn die klinische Prüfung dazu dienen sollte, eine Zulassung für ein Prüfpräparat zu erhalten, übermittelt der Antragsteller für die Zulassung des Prüfpräparats innerhalb von 30 Tagen ab dem Tag, an dem die Zulassung erteilt wurde, das Verfahren zur Erteilung der Zulassung beendet wurde oder der Antragsteller den Antrag auf eine Zulassung zurückgezogen hat, neben der Zusammenfassung der Ergebnisse auch den Studienabschlussbericht an die EU-Datenbank.

Wenn der Sponsor beschließt, Rohdaten freiwillig zur gemeinsamen Nutzung zur Verfügung zu stellen, erarbeitet die Kommission Leitlinien für das Format und die Freigabe dieser Daten.

(5) Bei einer vorübergehenden Aussetzung einer klinischen Prüfung in allen betroffenen Mitgliedstaaten aus Gründen, die sich nicht auf das Nutzen-Risiko-Verhältnis auswirken, unterrichtet der Sponsor jeden betroffenen Mitgliedstaat über das EU-Portal hierüber.

[1]Diese Mitteilung erfolgt innerhalb von 15 Tagen ab der vorübergehenden Aussetzung der klinischen Prüfung in allen betroffenen Mitgliedstaaten. [2]Sie enthält auch die Gründe für diese Maßnahme.

(6) Wenn eine gemäß Absatz 5 vorübergehend ausgesetzte klinische Prüfung wieder aufgenommen wird, setzt der Sponsor jeden der betroffenen Mitgliedstaaten durch das EU-Portal hiervon in Kenntnis.

Diese Mitteilung erfolgt innerhalb von 15 Tagen ab der Wiederaufnahme der vorübergehend ausgesetzten klinischen Prüfung in allen betroffenen Mitgliedstaaten.

(7) [1]Bei klinischen Prüfungen, die vorübergehend ausgesetzt und nicht innerhalb von zwei Jahren wieder aufgenommen werden, gilt der Tag des Ablaufs dieser Frist oder der Tag der Entscheidung des Sponsors darüber, die klinische Prüfung nicht wieder aufzunehmen, als Ende der klinischen Prüfung, je nachdem, welcher Zeitpunkt zuerst eintritt. [2]Wird eine klinische Prüfung vorzeitig abgebrochen, gilt der Tag des Abbruchs als Ende der klinischen Prüfung.

Bei einem vorzeitigen Abbruch der klinischen Prüfung aus Gründen, die sich nicht auf das Nutzen-Risiko-Verhältnis auswirken, benachrichtigt der Sponsor jeden betroffenen Mitgliedstaat über das EU-Portal über die Gründe für diese Maßnahme und gegebenenfalls über die Nachsorgemaßnahmen für die Prüfungsteilnehmer.

(8) Unbeschadet des Absatzes 4 ist für klinische Prüfungen, in deren Prüfplan eine Frist für eine Zwischenanalyse der Daten vor dem Ende der gesamten klinischen Prüfung festgelegt ist und für die die Daten vorliegen, die Zusammenfassung dieser Daten innerhalb eines Jahres nach Ablauf der Frist für eine Zwischenanalyse der Daten bei der EU-Datenbank zu übermitteln.

Art. 38 Vorübergehende Unterbrechung oder vorzeitiger Abbruch durch den Sponsor aus Gründen der Sicherheit der Prüfungsteilnehmer.

(1) Eine vorübergehende Unterbrechung oder ein vorzeitiger Abbruch einer klinischen Prüfung aufgrund einer Änderung des Nutzen-Risiko-Verhältnisses

wird für die Zwecke dieser Verordnung den betroffenen Mitgliedstaaten über das EU-Portal mitgeteilt.

[1]Diese Mitteilung erfolgt unverzüglich, jedoch spätestens 15 Tage ab dem Tag der vorübergehenden Unterbrechung oder des vorzeitigen Abbruchs. [2]Sie enthält die Gründe für diese Maßnahme und benennt die Nachsorgemaßnahmen.

(2) Eine Wiederaufnahme der klinischen Prüfung nach einer vorübergehenden Unterbrechung gemäß Absatz 1 gilt als wesentliche Änderung, die an das Genehmigungsverfahren gemäß Kapitel III geknüpft ist.

Art. 39 Aktualisierung des Inhalts der Zusammenfassung der Ergebnisse und Zusammenfassung für Laien. Der Kommission wird die Befugnis übertragen, gemäß Artikel 89 zur Anpassung der Anhänge IV und V an die technischen Fortschritt und die Entwicklung der internationalen Regelungen im Bereich klinischer Prüfungen, an denen die Union oder die Mitgliedstaaten beteiligt sind, delegierte Rechtsakte zu erlassen.

Kapitel VII

Sicherheitsberichterstattung
im Rahmen einer klinischen Prüfung

Art. 40 Elektronische Datenbank für die Sicherheitsberichterstattung.
(1) [1]Von der gemäß der Verordnung (EG) Nr. 726/2004 eingerichteten Europäischen Arzneimittel-Agentur (im Folgenden „die Agentur") wird eine elektronische Datenbank für die Berichterstattung gemäß den Artikeln 42 und 43 eingerichtet und unterhalten. [2]Diese Datenbank ist ein Modul der in Artikel 24 der Verordnung (EG) Nr. 726/2004 genannten Datenbank (im Folgenden „Eudra-Vigilance-Datenbank").

(2) Die Agentur erstellt in Zusammenarbeit mit den Mitgliedstaaten ein strukturiertes internetgestütztes Standardformular, mit dem die Sponsoren mutmaßliche unerwartete schwerwiegende Nebenwirkungen an die in Absatz 1 genannte Datenbank melden können.

Art. 41 Meldung unerwünschter Ereignisse und schwerwiegender unerwünschter Ereignisse vom Prüfer an den Sponsor. (1) Der Prüfer zeichnet alle unerwünschten Ereignisse oder abnormen Laborwerte auf, die im Prüfplan als kritisch für die Sicherheitsbewertung bezeichnet sind, dokumentiert sie und meldet sie an den Sponsor gemäß den Berichtspflichten und innerhalb der im Prüfplan angegebenen Fristen.

(2) [1]Der Prüfer zeichnet alle unerwünschten Ereignisse auf und dokumentiert sie, außer wenn im Prüfbericht etwas anderes vorgesehen ist. [2]Der Prüfer meldet dem Sponsor alle schwerwiegenden unerwünschten Ereignisse, die bei

den von ihm im Rahmen der klinischen Prüfung behandelten Prüfungsteilnehmern auftreten, außer wenn im Prüfbericht etwas anderes vorgesehen ist.

[1]Alle schwerwiegenden unerwünschten Ereignisse meldet der Prüfer dem Sponsor unverzüglich, jedoch spätestens innerhalb von 24 Stunden, nachdem er von den Ereignissen erfahren hat, sofern im Prüfplan für bestimmte schwerwiegende unerwünschte Ereignisse keine unverzügliche Meldung vorgesehen ist. [2]Gegebenenfalls übermittelt der Prüfer dem Sponsor einen Folgebericht, der es dem Sponsor ermöglicht einzuschätzen, ob sich das schwerwiegende unerwünschte Ereignis auf das Nutzen-Risiko-Verhältnis der klinischen Prüfung auswirkt.

(3) Der Sponsor führt genaue Aufzeichnungen über alle ihm vom Prüfer gemeldeten unerwünschten Ereignisse.

(4) Erlangt der Prüfer Kenntnis von einem schwerwiegenden unerwünschten Ereignis, das nach dem Abschluss der klinischen Prüfung bei einem der von ihm behandelten Prüfungsteilnehmer eingetreten ist und das mutmaßlich in einem ursächlichen Verhältnis zu dem Prüfpräparat steht, meldet er dies unverzüglich dem Sponsor.

Art. 42 Meldung mutmaßlicher unerwarteter schwerwiegender Nebenwirkungen durch den Sponsor an die Agentur. (1) Der Sponsor einer klinischen Prüfung, die in wenigstens einem Mitgliedstaat durchgeführt wird, meldet unverzüglich elektronisch alle relevanten Informationen zu den folgenden mutmaßlichen unerwarteten schwerwiegenden Nebenwirkungen an die in Artikel 40 Absatz 1 genannte Datenbank:

a) alle mutmaßlichen unerwarteten schwerwiegenden Nebenwirkungen von Prüfpräparaten, die während dieser klinischen Prüfung auftreten, unabhängig davon, ob die mutmaßliche unerwartete schwerwiegende Nebenwirkung in einer Prüfstelle in der Union oder in einem Drittland aufgetreten ist;

b) alle mutmaßlichen unerwarteten schwerwiegenden Nebenwirkungen im Zusammenhang mit demselben, in einem Prüfpräparat, das bei der klinischen Prüfung verwendet wird, enthaltenen Wirkstoff, ungeachtet seiner Darreichungsform und der geprüften Dosierung oder Indikation, die während einer klinischen Prüfung auftreten, die ausschließlich in einem Drittland stattfindet, sofern diese klinische Prüfung:

   i) unter der Verantwortung dieses Sponsors erfolgt oder

   ii) unter der Verantwortung eines anderen Sponsors erfolgt, der entweder zu demselben Mutterunternehmen wie der Sponsor der klinischen Prüfung gehört oder der gemeinsam mit dem Sponsor der klinischen Prüfung auf der Grundlage einer förmlichen Vereinbarung ein Arzneimittel entwickelt. In diesem Zusammenhang werden die Lieferung des Prüfpräparats oder die Übermittlung von Informationen über Sicherheitsfragen an einen potenziellen künftigen Zulassungsinhaber nicht als gemeinsame Entwicklung betrachtet; und

c) alle mutmaßlichen unerwarteten schwerwiegenden Nebenwirkungen von Prüfpräparaten, die bei einem der Prüfungsteilnehmer auftreten, die der

Sponsor nach dem Abschluss der klinischen Prüfung feststellt oder von denen er erst dann Kenntnis erlangt.

(2) Die Frist, innerhalb deren der Sponsor der Agentur mutmaßliche unerwartete schwerwiegende Nebenwirkungen zu melden hat, hängt von der Schwere der Nebenwirkung ab und ist folgende:

a) bei tödlichen oder lebensbedrohlichen mutmaßlichen unerwarteten schwerwiegenden Nebenwirkungen unverzüglich, und jedenfalls spätestens sieben Tage, nachdem der Sponsor von der Nebenwirkung Kenntnis erlangt hat;

b) bei nicht tödlichen oder nicht lebensbedrohlichen mutmaßlichen unerwarteten schwerwiegenden Nebenwirkungen spätestens 15 Tage, nachdem der Sponsor von der Nebenwirkung Kenntnis erlangt hat;

c) bei mutmaßlichen unerwarteten schwerwiegenden Nebenwirkungen, die anfangs für nicht tödlich oder nicht lebensbedrohlich gehalten wurden, sich später aber als tödlich oder lebensbedrohlich erwiesen haben, unverzüglich, und jedenfalls spätestens sieben Tage, nachdem der Sponsor Kenntnis davon erlangt hat, dass es sich um eine tödliche oder lebensbedrohliche Nebenwirkung gehandelt hat.

Um eine zügige Meldung zu ermöglichen, kann der Sponsor gemäß Anhang III Abschnitt 2.4 erforderlichenfalls zunächst eine unvollständige Meldung übermitteln und dieser dann die vollständige Meldung folgen lassen.

(3) [1]Ist es dem Sponsor aufgrund des Mangels an Ressourcen unmöglich, seine Meldung direkt in die in Artikel 40 Absatz 1 genannte Datenbank einzugeben, und hat er die Zustimmung des betroffenen Mitgliedstaats erlangt, kann er seine Meldung dem Mitgliedstaat, in dem die mutmaßliche unerwartete schwerwiegende Nebenwirkung aufgetreten ist, übermitteln. [2]Der Mitgliedstaat meldet die mutmaßliche unerwartete schwerwiegende Nebenwirkung gemäß Absatz 1 des vorliegenden Artikels.

Art. 43 Jährliche Berichterstattung durch den Sponsor an die Agentur.
(1) Für alle Prüfpräparate außer Placebos übermittelt der Sponsor der Agentur jährlich über die in Artikel 40 Absatz 1 genannte Datenbank einen Bericht zur Sicherheit jedes Prüfpräparats, das in einer klinischen Prüfung, deren Sponsor er ist, verwendet wird

(2) Wenn bei einer klinischen Prüfung mehrere Prüfpräparate verwendet werden, kann der Sponsor, falls dies im Prüfplan vorgesehen ist, für alle bei dieser klinischen Prüfung eingesetzten Prüfpräparate einen einzigen Sicherheitsbericht übermitteln.

(3) Der in Absatz 1 genannte jährliche Bericht enthält nur zusammenfassende und anonymisierte Daten.

(4) [1]Die Berichterstattungspflicht gemäß Absatz 1 beginnt mit dem Tag der ursprünglichen Genehmigung für eine klinische Prüfung gemäß dieser Verordnung. [2]Sie erlischt mit Ende der letzten klinischen Prüfung, die der Sponsor mit dem Prüfpräparat durchführt.

Art. 44 Bewertung durch die Mitgliedstaaten. (1) Die Agentur leitet den betroffenen Mitgliedstaaten die gemäß den Artikeln 42 und 43 übermittelten Informationen auf elektronischem Wege weiter.

(2) [1]Bei der Bewertung der Informationen gemäß den Artikeln 42 und 43 arbeiten die Mitgliedstaaten zusammen. [2]Die Kommission kann im Wege von Durchführungsrechtsakten Vorschriften für diese Zusammenarbeit erstellen oder verändern. [3]Diese Durchführungsrechtsakte werden gemäß dem in Artikel 88 Absatz 2 genannten Prüfverfahren erlassen.

(3) Die zuständige Ethik-Kommission wird bei der Bewertung der Informationen gemäß den Absätzen 1 und 2 einbezogen, wenn die Rechtsvorschriften des betroffenen Mitgliedstaats, dies vorsehen.

Art. 45 Technische Aspekte. [1]Anhang III enthält Hinweise zu den technischen Aspekten der Sicherheitsberichterstattung gemäß den Artikeln 41 bis 44. [2]Sofern es zu einer Verbesserung des Schutzes der Prüfungsteilnehmer erforderlich ist, wird der Kommission die Befugnis übertragen, gemäß Artikel 89 in Bezug auf die Änderung von Anhang III zu folgenden Zwecken delegierte Rechtsakte zu erlassen:

a) zur Verbesserung der Informationen über die Sicherheit von Arzneimitteln;

b) zur Anpassung der technischen Anforderungen an den technischen Fortschritt;

c) zur Berücksichtigung der Entwicklung der internationalen Regelungen im Bereich der Sicherheitsanforderungen für klinische Prüfungen, die von Gremien gebilligt wurden, deren Mitglied die Union oder die Mitgliedstaaten sind.

Art. 46 Berichterstattung in Bezug auf Hilfspräparate. Für Hilfspräparate erfolgt die Sicherheitsberichterstattung gemäß Titel IX Kapitel 3 der Richtlinie 2001/83/EG.

Kapitel VIII

Durchführung einer klinischen Prüfung, Überwachung durch den Sponsor, Schulung und Erfahrung, Hilfspräparate

Art. 47 Einhaltung des Prüfplans und der guten klinischen Praxis. Der Sponsor einer klinischen Prüfung und der Prüfer stellen sicher, dass die klinische Prüfung nach Maßgabe des Prüfplans und gemäß den Grundsätzen der guten klinischen Praxis durchgeführt wird.

Unbeschadet anderer Vorschriften des Unionsrechts oder Leitlinien der Kommission berücksichtigen der Sponsor und der Prüfer bei der Ausarbeitung des Prüfplans und bei der Anwendung dieser Verordnung und des Prüfplans ebenfalls in angemessener Weise die Qualitätsstandards und die ICH-Leitlinien zur guten klinischen Praxis.

Die Kommission macht die in Unterabsatz 2 genannten ausführlichen ICH-Leitlinien zur guten klinischen Praxis öffentlich zugänglich.

Art. 48 Überwachung. [1]Um zu überwachen, dass die Rechte, die Sicherheit und das Wohl der Prüfungsteilnehmer geschützt sowie die gemeldeten Daten verlässlich und belastbar sind und die Durchführung der klinischen Prüfung gemäß den Anforderungen der Verordnung erfolgt, überwacht der Sponsor die Durchführung der klinischen Prüfung in angemessener Weise. [2]Der Sponsor legt Ausmaß und Art der Überwachung auf der Grundlage einer Bewertung fest, die sämtliche Merkmale der klinischen Prüfung und insbesondere folgende Merkmale berücksichtigt:

a) ob es sich bei der klinischen Prüfung um eine minimalinterventionelle klinische Prüfung handelt;
b) Ziele der klinischen Prüfung und angewandte Methodik und
c) Grad der Abweichung der Intervention von der normalen klinischen Praxis.

Art. 49 Eignung der an der Durchführung einer klinischen Prüfung mitwirkenden Personen. Bei dem Prüfer handelt es sich um einen Arzt gemäß nationalem Recht oder um eine Person, die einen Beruf ausübt, durch den sie aufgrund der dafür erforderlichen wissenschaftlichen Kenntnisse und Erfahrung bei der Patientenbetreuung in dem betroffenen Mitgliedstaat anerkanntermaßen für die Rolle als Prüfer qualifiziert ist.

Andere an der klinischen Prüfung mitwirkenden Personen müssen durch Ausbildung, Fortbildung und Erfahrung zur Durchführung ihrer Tätigkeit ausreichend qualifiziert sein.

Art. 50 Eignung der Prüfstellen. Die Einrichtungen, in denen eine klinische Prüfung durchgeführt werden soll, müssen für die Durchführung einer klinischen Prüfung gemäß dieser Verordnung geeignet sein.

Art. 51 Rückverfolgbarkeit, Lagerung, Rückgabe und Vernichtung von Prüfpräparaten. (1) [1]Prüfpräparate müssen rückverfolgbar sein. [2]Sie werden in geeigneter und angemessener Weise aufbewahrt, zurückgegeben und/oder vernichtet, so dass die Sicherheit der Prüfungsteilnehmer und die Zuverlässigkeit und Belastbarkeit der im Rahmen einer klinischen Prüfung gewonnenen Daten sicherstellt sind; dabei ist insbesondere zu berücksichtigen, ob das Prüfpräparat bereits zugelassen ist und ob es sich um eine minimalinterventionelle klinische Prüfung handelt.

Unterabsatz 1 gilt auch für nicht zugelassene Hilfspräparate.

(2) Das Antragsdossier enthält einschlägige Informationen zur Rückverfolgbarkeit, Lagerung, Rückgabe und Vernichtung der Arzneimittel gemäß Absatz 1.

Art. 52 Meldung schwerwiegender Verstöße. (1) Der Sponsor meldet den betroffenen Mitgliedstaaten einen schwerwiegenden Verstoß gegen diese Verordnung oder gegen den zu dem betreffenden Zeitpunkt geltenden Prüfplan über das EU-Portal unverzüglich, jedoch spätestens innerhalb von sieben Tagen, nachdem er davon Kenntnis erhalten hat.

(2) Im Sinne dieses Artikels bezeichnet ein „schwerwiegender Verstoß" einen Verstoß durch den die Sicherheit und die Rechte eines Prüfungsteilnehmers oder die Zuverlässigkeit und Belastbarkeit der im Rahmen der klinischen Prüfung gewonnenen Daten wahrscheinlich erheblich beeinträchtigt werden.

Art. 53 Sonstige für die Sicherheit der Prüfungsteilnehmer relevante Meldepflichten. (1) [1]Der Sponsor meldet den betroffenen Mitgliedstaaten über das EU-Portal alle unerwarteten Ereignisse, die sich auf das Nutzen-Risiko-Verhältnis der klinischen Prüfung auswirken, bei denen es sich aber nicht um mutmaßliche unerwartete schwerwiegende Nebenwirkungen im Sinne von Artikel 42 handelt. [2]Diese Unterrichtung erfolgt unverzüglich, jedoch spätestens 15 Tage, nachdem der Sponsor Kenntnis von diesem Ereignis erlangt hat.

(2) [1]Der Sponsor übermittelt den betroffenen Mitgliedstaaten über das EU-Portal alle von Drittlandsbehörden erstellten Inspektionsberichte, die die klinische Prüfung betreffen. [2]Auf Ersuchen eines betroffenen Mitgliedstaats legt der Sponsor eine Übersetzung des Berichts oder seiner Zusammenfassung in der Amtssprache der Union vor, die in dem Ersuchen genannt ist.

Art. 54 Dringende Sicherheitsmaßnahmen. (1) Wird ein unerwartetes Ereignis voraussichtlich schwerwiegende Auswirkungen auf das Nutzen-Risiko-Verhältnis haben, ergreifen Sponsor und Prüfer geeignete dringende Sicherheitsmaßnahmen zum Schutz der Prüfungsteilnehmer.

(2) Der Sponsor unterrichtet über das EU-Portal die betroffenen Mitgliedstaaten über das Ereignis und die ergriffenen Maßnahmen.

Diese Unterrichtung erfolgt unverzüglich, jedoch spätestens sieben Tage, nachdem die Maßnahmen ergriffen wurden.

(3) Dieser Artikel lässt Kapitel III und VII unberührt.

Art. 55 Prüferinformation. (1) Der Sponsor stellt dem Prüfer eine Prüferinformation zur Verfügung.

(2) Die Prüferinformation wird aktualisiert, wenn neue relevante Sicherheitsinformationen verfügbar werden, und wird mindestens einmal jährlich vom Sponsor überprüft.

Art. 56 Aufzeichnung, Verarbeitung, Behandlung und Speicherung von Informationen. (1) Alle Daten zu einer klinischen Prüfung werden durch den Sponsor oder gegebenenfalls den Prüfer so aufgezeichnet, verarbeitet, behandelt und gespeichert, dass sie korrekt übermittelt, ausgelegt und überprüft werden können, wobei gleichzeitig die Vertraulichkeit der Unterlagen und der personenbezogenen Daten der Prüfungsteilnehmer gemäß dem geltenden Recht zum Datenschutz gewahrt bleibt.

(2) Es werden geeignete technische und organisatorische Maßnahmen getroffen, um die verarbeiteten Informationen und personenbezogenen Daten vor unbefugtem oder unrechtmäßigem Zugriff, unbefugter und unrechtmäßiger Bekanntgabe, Verbreitung und Veränderung sowie vor Vernichtung oder zufälligem Verlust zu schützen, insbesondere wenn die Verarbeitung die Übertragung über ein Netzwerk umfasst.

Art. 57 Master File über die klinische Prüfung. [1]Sponsor und Prüfer führen über die klinische Prüfung jeweils einen Master File. [2]Der Master File der klinischen Prüfung enthält zu jeder Zeit die wesentlichen Dokumente über diese klinische Prüfung, die es ermöglichen, die Durchführung der klinischen Prüfung und die Qualität der gewonnenen Daten unter Berücksichtigung aller Merkmale der klinischen Prüfung – insbesondere etwa, ob diese minimalinterventionell ist – zu überprüfen. [3]Der Master File ist ohne weiteres verfügbar und ist den Mitgliedstaaten unmittelbar auf Anforderung zugänglich.

Der vom Prüfer geführte Master File über die klinische Prüfung und der vom Sponsor geführte Master File können unterschiedliche Informationen enthalten, wenn dies aufgrund der unterschiedlichen Verantwortlichkeiten des Prüfers und des Sponsors gerechtfertigt ist.

Art. 58 Archivierung des Master File über die klinische Prüfung. [1]Soweit in anderen Rechtsvorschriften der Union nicht ein längerer Zeitraum vorgeschrieben ist, bewahren Prüfer und Sponsor den Inhalt ihres Master File nach Beendigung der klinischen Prüfung mindestens 25 Jahre lang auf. [2]Die Patientenakten der Prüfungsteilnehmer werden jedoch gemäß dem nationalen Recht aufbewahrt.

Der Inhalt des Master Files wird so archiviert, dass sichergestellt ist, dass er ohne weiteres verfügbar ist und den zuständigen Behörden unmittelbar auf Anforderung zugänglich ist.

[1]Jede Übertragung der Eigentumsrechte am Master File über die klinische Prüfung ist zu dokumentieren. [2]Die in diesem Artikel aufgeführten Verpflichtungen gehen auf den neuen Eigentümer über.

[1]Der Sponsor benennt innerhalb seiner Organisation Personen, die für die Archivierung zuständig sind. [2]Der Zugang zu den Archiven ist nur diesen Personen gestattet.

Für die Archivierung des Inhalts des Master Files sind Medien zu verwenden, auf denen der Inhalt über die gesamte in Unterabsatz 1 genannte Frist hinweg vollständig erhalten und lesbar bleibt.

Jede Änderung des Inhalts des Master Files über die klinische Prüfung muss rückverfolgbar sein.

Art. 59 Hilfspräparate. (1) In einer klinischen Prüfung dürfen nur zugelassene Hilfspräparate zum Einsatz kommen.

(2) ¹Absatz 1 gilt nicht, wenn es in der Union kein zugelassenes Hilfspräparat gibt oder wenn vom Sponsor billigerweise nicht erwartet werden kann, dass er ein zugelassenes Hilfspräparat verwendet. ²Eine diesbezügliche Rechtfertigung ist in den Prüfplan aufzunehmen.

(3) Die Mitgliedstaaten stellen sicher, dass nicht zugelassene Hilfspräparate zum Zweck ihrer Verwendung in einer klinischen Prüfung gemäß Absatz 2 in ihr Hoheitsgebiet eingeführt werden können.

Kapitel IX

Herstellung und Einfuhr von Prüfpräparaten und Hilfspräparaten

Art. 60 Geltungsbereich dieses Kapitels. Dieses Kapitel gilt für die Herstellung und die Einfuhr von Prüfpräparaten und Hilfspräparaten.

Art. 61 Erlaubnis zur Herstellung und Einfuhr. (1) Für Herstellung und Einfuhr von Prüfpräparaten in der bzw. die Union ist eine Erlaubnis erforderlich.

(2) Um die in Absatz 1 genannte Erlaubnis zu erhalten, muss der Antragsteller folgende Voraussetzungen erfüllen:
a) Er muss über geeignete und ausreichende Räumlichkeiten, technische Ausrüstung und Kontrollmöglichkeiten zur Herstellung oder Einfuhr verfügen, die den Anforderungen dieser Verordnung entsprechen;
b) er muss dauerhaft und stets auf die Dienste zumindest einer sachkundigen Person zurückgreifen können, die den in Artikel 49 Absätze 2 und 3 der Richtlinie 2001/83/EG genannten Qualifikationsvoraussetzungen entspricht (im Folgenden „sachkundige Person").

(3) Der Antragsteller macht in seinem Antrag auf Erlaubnis Angaben zu den Arten und Darreichungsformen der von ihm hergestellten oder importierten Prüfpräparate, den Herstellungs- oder Importvorgängen, dem Herstellungsprozess, falls relevant, der Herstellungsstätte, an der die Prüfpräparate hergestellt werden sollen oder der Betriebsstätte in der Union, in die sie nach dem Import verbracht werden und genaue Angaben zur sachkundigen Person.

(4) Für die Herstellung- und Einfuhrerlaubnis gemäß Absatz 1 gelten die Artikel 42 bis 45 und Artikel 46 Buchstabe e der Richtlinie 2001/83/EG entsprechend.

(5) Absatz 1 gilt nicht für Folgendes:
a) Umetikettieren oder Umpacken, sofern diese Tätigkeiten in Krankenhäusern, Gesundheitszentren oder Kliniken von Apothekern oder anderen Personen, die in den betroffenen Mitgliedstaaten zur Durchführung solcher Verfahren berechtigt sind, durchgeführt werden und die Prüfpräparate ausschließlich zur Anwendung in Krankenhäusern, Gesundheitszentren oder

Kliniken, die an derselben klinischen Prüfung in demselben Mitgliedstaat teilnehmen, bestimmt sind;

b) Zubereitung von radioaktiven Arzneimitteln, die als diagnostische Prüfpräparate verwendet werden, sofern dieses Verfahren in Krankenhäusern, Gesundheitszentren oder Kliniken von Apothekern oder anderen Personen, die in den Mitgliedstaaten zur Durchführung solcher Verfahren berechtigt sind, erfolgt und die Prüfpräparate ausschließlich zur Anwendung in Krankenhäusern, Gesundheitszentren oder Kliniken, die an derselben klinischen Prüfung in demselben Mitgliedstaat teilnehmen, bestimmt sind;

c) Zubereitung von Arzneimitteln gemäß Artikel 3 Nummern 1 und 2 der Richtlinie 2001/83/EG für die Nutzung als Prüfpräparate, wenn diese Verfahren in Krankenhäusern, Gesundheitszentren oder Kliniken, die in den betroffenen Mitgliedstaaten zur Durchführung solcher Verfahren berechtigt sind, durchgeführt werden und die Prüfpräparate ausschließlich zur Anwendung in Krankenhäusern, Gesundheitszentren oder Kliniken, die an derselben klinischen Prüfung in demselben Mitgliedstaat teilnehmen, bestimmt sind.

(6) [1]Die Mitgliedstaaten sorgen dafür, dass die in Absatz 5 genannten Tätigkeiten geeigneten und angemessenen Anforderungen zur Gewährleistung der Sicherheit der Prüfungsteilnehmer und der Zuverlässigkeit und Belastbarkeit der im Rahmen einer klinischen Prüfung gewonnenen Daten unterliegen. [2]Die genannten Tätigkeiten werden durch regelmäßige Inspektionen von den Mitgliedstaaten kontrolliert.

Art. 62 Zuständigkeiten der sachkundigen Person. (1) Die sachkundige Person stellt sicher, dass jede Charge von Prüfpräparaten, die in der Union hergestellt oder in die Union eingeführt wird, den in Artikel 63 genannten Anforderungen entspricht und stellt eine entsprechende Bescheinigung aus.

(2) Die gemäß Absatz 1 ausgestellte Bescheinigung ist den betroffenen Mitgliedstaaten vom Sponsor auf Verlangen vorzulegen.

Art. 63 Herstellung- und Einfuhr. (1) [1]Prüfpräparate sind gemäß Herstellungsverfahren herzustellen, die die Qualität dieser Arzneimittel und damit die Sicherheit der Prüfungsteilnehmer und die Zuverlässigkeit und Belastbarkeit der im Rahmen einer klinischen Prüfung erhobenen Daten gewährleisten (im Folgenden „gute Herstellungspraxis"). [2]Der Kommission wird die Befugnis übertragen, gemäß Artikel 89 delegierte Rechtsakte zu erlassen, in denen unter Berücksichtigung der Sicherheit der Prüfungsteilnehmer, der Zuverlässigkeit und Belastbarkeit der im Rahmen einer klinischen Prüfung gewonnenen Daten, des technischen Fortschritts und der Entwicklungen internationaler Regelungen, an denen die Union oder die Mitgliedstaaten beteiligt sind, die Grundsätze und Leitlinien für die gute Herstellungspraxis und die Einzelheiten der Inspektion zur Gewährleistung der Qualität der Prüfpräparate festgelegt werden.

[1]Außerdem erlässt die Kommission ausführliche Leitlinien, die im Einklang mit der guten Herstellungspraxis stehen, und veröffentlicht diese. [2]Sie überprüft

sie erforderlichenfalls, um dem technischen und wissenschaftlichen Fortschritt Rechnung zu tragen.

(2) Absatz 1 gilt nicht für die von Artikel 61 Absatz 5 erfassten Tätigkeiten.

(3) Prüfpräparate, die in die Union eingeführt werden, müssen unter Verwendung von Qualitätsstandards hergestellt worden sein, die den in Absatz 1 festgelegten mindestens gleichwertig sind.

(4) Die Mitgliedstaaten gewährleisten die Einhaltung der Vorschriften dieses Artikels durch Inspektionen.

Art. 64 Veränderung zugelassener Prüfpräparate. Auf bereits zugelassene Prüfpräparate sind die Artikel 61, 62 und 63 nur anwendbar, wenn diese auf eine Art verändert werden, die nicht von der Zulassung abgedeckt ist.

Art. 65 Herstellung von Hilfspräparaten. Ist ein Hilfspräparat nicht zugelassen, oder wird ein bereits zugelassenes Hilfspräparat verändert, ohne dass diese Veränderung durch die Zulassung abgedeckt ist, wird es unter Anwendung der guten Herstellungspraxis gemäß Artikel 63 Absatz 1 oder eines zumindest gleichwertigen Standards hergestellt, um eine geeignete Qualität sicherzustellen.

Kapitel X

Etikettierung

Art. 66 Nicht zugelassene Prüfpräparate und nicht zugelassene Hilfspräparate. (1) Auf der äußeren Umhüllung und der Primärverpackung nicht zugelassener Prüfpräparate und nicht zugelassener Hilfspräparate erscheinen folgende Angaben:

a) Angabe von Ansprechpartnern oder an der klinischen Prüfung mitwirkenden Personen;

b) Angaben zur Identifizierung der klinischen Prüfung;

c) Angaben zur Identifizierung des Arzneimittels;

d) Angaben zur Verwendung des Arzneimittels.

(2) Die Angaben auf der äußeren Umhüllung und der Primärverpackung müssen die Sicherheit der Prüfungsteilnehmer sowie die Zuverlässigkeit und Belastbarkeit der im Rahmen einer klinischen Prüfung gewonnenen Daten gewährleisten, aber auch dem Aufbau der klinischen Prüfung Rechnung tragen und berücksichtigen, ob es sich bei den Produkten um Prüf- oder Hilfspräparate handelt, und ob es sich dabei um Produkte mit speziellen Eigenschaften handelt.

Die Angaben auf der äußeren Umhüllung und der Primärverpackung müssen deutlich lesbar sein.

Anhang VI enthält eine Liste der auf der äußeren Umhüllung und der Primärverpackung anzugebenden Informationen.

C 2 Verordnung (EU) Nr. 536/2014

Art. 67 Zugelassene Prüfpräparate und zugelassene Hilfspräparate.
(1) Bereits zugelassene Prüf- und Hilfspräparate werden gemäß folgenden Vorschriften etikettiert:
a) gemäß Artikel 66 Absatz 1 oder
b) gemäß Titel V der Richtlinie 2001/83/EG.

(2) [1]Ungeachtet des Absatzes 1 Buchstabe b sind auf der äußeren Umhüllung und der Primärverpackung bereits zugelassener Prüf- und Hilfspräparate zusätzliche Angaben zur Identifizierung der klinischen Prüfung und zum Ansprechpartner zu machen, falls die im Prüfplan festgehaltenen besonderen Umstände der klinischen Prüfung dies zur Gewährleistung der Sicherheit der Prüfungsteilnehmer und der Zuverlässigkeit und Belastbarkeit der im Rahmen einer klinischen Prüfung gewonnenen Daten erforderlich machen. [2]Anhang VI Abschnitt C enthält eine Liste der auf der äußeren Umhüllung und der Primärverpackung in einem solchen Fall anzugebenden zusätzlichen Informationen.

Art. 68 Als Prüfpräparate oder Hilfspräparate für die medizinische Diagnose verwendete radioaktive Arzneimittel. Auf radioaktive Arzneimittel, die als diagnostische Prüfpräparate oder als diagnostische Hilfspräparate verwendet werden, finden die Artikel 66 und 67 keine Anwendung.

Die in Unterabsatz 1 genannten Produkte sind so zu etikettieren, dass die Sicherheit der Prüfungsteilnehmer und die Zuverlässigkeit und Belastbarkeit der im Rahmen der klinischen Prüfung gewonnenen Daten gewährleistet sind.

Art. 69 Sprache. [1]Der betroffene Mitgliedstaat bestimmt, in welcher Sprache die Angaben auf dem Etikett abgefasst sein müssen. [2]Ein Arzneimittel kann in mehreren Sprachen etikettiert werden.

Art. 70 Delegierte Rechtsakte. Der Kommission wird die Befugnis übertragen, gemäß Artikel 89 in Bezug auf die Änderung des Anhangs VI zur Gewährleistung der Sicherheit der Prüfungsteilnehmer und der Zuverlässigkeit und Belastbarkeit der im Rahmen einer klinischen Prüfung gewonnenen Daten oder zur Anpassung an den technischen Fortschritt delegierte Rechtsakte zu erlassen.

Kapitel XI

Sponsor und Prüfer

Art. 71 Sponsor. Eine klinische Prüfung kann einen oder mehrere Sponsoren haben.

[1]Jeder Sponsor kann seine Aufgaben in einem schriftlichen Vertrag gänzlich oder teilweise auf eine Person, ein Unternehmen, eine Einrichtung oder eine Organisation übertragen. [2]Eine solche Übertragung hat jedoch keine Auswirkungen auf die Verantwortlichkeit des Sponsors, insbesondere in Bezug auf die

Sicherheit der Prüfungsteilnehmer und die Zuverlässigkeit und Belastbarkeit der im Rahmen einer klinischen Prüfung gewonnenen Daten.

Eine Person kann gleichzeitig Prüfer und Sponsor sein.

Art. 72 Co-Sponsoring. (1) [1]Gibt es bei einer klinischen Prüfung mehrere Sponsoren, so unterliegt jeder dieser Sponsoren in vollem Umfang den sich aus dieser Verordnung ergebenden Verpflichtungen, sofern die Sponsoren nicht in einem schriftlichen Vertrag eine Aufteilung ihrer Verantwortlichkeiten vornehmen. [2]Artikel 74 bleibt hiervon unberührt. [3]Ist in dem betreffenden Vertrag bezüglich eines bestimmten Aspekts nicht klar festgelegt, wer die Verantwortung hierfür trägt, obliegt sie allen Sponsoren.

(2) Abweichend von Absatz 1 sind die Sponsoren gemeinsam dafür verantwortlich, Folgendes zu benennen:

a) einen Sponsor, der für die Einhaltung der in den Kapiteln II und III festgelegten Verpflichtungen des Sponsors im Rahmen der Genehmigungsverfahren verantwortlich ist;

b) einen Sponsor, der als Kontaktstelle für sämtliche Fragen, die Prüfungsteilnehmer, Prüfer oder betroffene Mitgliedstaaten im Zusammenhang mit der klinischen Prüfung haben, und für die Beantwortung dieser Fragen verantwortlich ist;

c) einen Sponsor, der für die Durchführung von gemäß Artikel 77 getroffenen Maßnahmen verantwortlich ist.

Art. 73 Hauptprüfer. Ein Hauptprüfer stellt an einer Prüfstelle sicher, dass die klinische Prüfung den Anforderungen der Verordnung entspricht.

Der Hauptprüfer weist den Mitgliedern des Prüferteams ihre Aufgaben so zu, dass die Sicherheit der Prüfungsteilnehmer sowie die Zuverlässigkeit und Belastbarkeit der im Rahmen der klinischen Prüfung in der Prüfstelle gewonnenen Daten nicht gefährdet werden.

Art. 74 Rechtlicher Vertreter des Sponsors in der Union. (1) [1]Ist der Sponsor einer klinischen Prüfung nicht in der Union niedergelassen, stellt er sicher, dass eine natürliche oder juristische Person als sein rechtlicher Vertreter in der Union niedergelassen ist. [2]Dieser rechtliche Vertreter ist dafür verantwortlich, die Einhaltung der dem Sponsor aus dieser Verordnung erwachsenden Verpflichtungen sicherzustellen; die gesamte in dieser Verordnung vorgesehene Kommunikation mit dem Sponsor wird über diesen rechtlichen Vertreter abgewickelt. [3]Jeglicher Kontakt mit diesem rechtlichen Vertreter gilt als direkte Kommunikation mit dem Sponsor.

(2) Die Mitgliedstaaten können auf die Anwendung von Absatz 1 bei klinischen Prüfungen, die ausschließlich auf ihrem Hoheitsgebiet oder auf ihrem Hoheitsgebiet und dem Hoheitsgebiet eines Drittstaats durchgeführt werden, verzichten, sofern sie sicherstellen, dass der Sponsor zumindest einen Ansprechpartner für diese klinische Prüfung auf ihrem Hoheitsgebiet benennt,

über den die gesamte in dieser Verordnung vorgesehene Kommunikation mit dem Sponsor abgewickelt wird.

(3) In Bezug auf klinische Prüfungen, die in mehr als einem Mitgliedstaat durchgeführt werden, können alle betroffenen Mitgliedstaaten auf die Anwendung von Absatz 1 verzichten, sofern sie sicherstellen, dass der Sponsor zumindest einen Ansprechpartner für diese klinische Prüfung in der Union benennt, über den die gesamte in dieser Verordnung vorgesehene Kommunikation mit dem Sponsor abgewickelt wird.

Art. 75 Haftung. Die zivil- oder strafrechtliche Haftung des Sponsors, Prüfers oder der Personen, auf die der Sponsor Aufgaben übertragen hat, wird durch dieses Kapitel nicht berührt.

Kapitel XII

Schadensersatz

Art. 76 Schadensersatz. (1) Die Mitgliedstaaten stellen sicher, dass Verfahren zur Entschädigung für jeden Schaden, der einem Prüfungsteilnehmer durch seine Teilnahme an einer klinischen Prüfung auf ihrem Hoheitsgebiet entsteht, in Form einer Versicherung oder einer Garantie oder ähnlichen Regelungen bestehen, die hinsichtlich ihres Zwecks gleichwertig sind und der Art und dem Umfang des Risikos entsprechen.

(2) Der Sponsor und der Prüfer wenden das Verfahren gemäß Absatz 1 in einer Weise an, die dem betroffenen Mitgliedstaat, in dem die klinische Prüfung durchgeführt wird, entspricht.

(3) Die Mitgliedstaaten verlangen vom Sponsor für minimalinterventionelle klinische Prüfungen keine zusätzliche Anwendung des Verfahrens gemäß Absatz 1, wenn alle Schäden, die einem Prüfungsteilnehmer aus der Verwendung des Prüfpräparats gemäß dem Prüfbericht dieser klinischen Prüfung auf dem Hoheitsgebiet dieses Mitgliedstaats entstehen könnten, durch das bereits vorhandene anwendbare Entschädigungssystem abgedeckt sind.

Kapitel XIII

Überwachung durch die Mitgliedstaaten, EU-Inspektionen und Kontrollen

Art. 77 Von den Mitgliedstaaten zu ergreifende Korrekturmaßnahmen. (1) Hat ein Mitgliedstaat berechtigte Gründe für die Annahme, dass die Anforderungen der Verordnung nicht mehr eingehalten werden, kann er auf seinem Hoheitsgebiet folgende Maßnahmen ergreifen:

a) Er kann die Genehmigung für die klinische Prüfung zurücknehmen;
b) er kann die klinische Prüfung aussetzen;
c) er kann den Sponsor dazu auffordern, jeden beliebigen Aspekt der klinischen Prüfung zu ändern.

(2) ¹Bevor der betroffene Mitgliedstaat eine Maßnahme gemäß Absatz 1 ergreift, holt er – es sei denn, unverzügliches Handeln ist geboten – die Meinung des Sponsors und/oder des Prüfers ein. ²Diese Meinung muss innerhalb von sieben Tagen abgeben werden.

(3) Der betroffene Mitgliedstaat unterrichtet alle betroffenen Mitgliedstaaten über das EU-Portal unverzüglich, nachdem er eine Maßnahme gemäß Absatz 1 getroffen hat.

(4) Jeder betroffene Mitgliedstaat kann die anderen betroffenen Mitgliedstaaten konsultieren, bevor er eine der Maßnahmen gemäß Absatz 1 ergreift.

Art. 78 Inspektionen durch die Mitgliedstaaten. (1) ¹Die Mitgliedstaaten ernennen Inspektoren zur Durchführung von Inspektionen zur Überwachung der Einhaltung dieser Verordnung. ²Sie tragen dafür Sorge, dass diese Inspektoren angemessen qualifiziert und geschult sind.

(2) Inspektionen werden in der Verantwortung desjenigen Mitgliedstaats durchgeführt, in dem die Inspektion stattfindet.

(3) Beabsichtigt ein betroffener Mitgliedstaat, eine Inspektion in seinem Hoheitsgebiet oder in einem Drittstaat in Bezug auf eine klinische Prüfung vorzunehmen, die in mehreren Mitgliedstaaten durchgeführt wird, unterrichtet er die anderen betroffenen Mitgliedstaaten, die Kommission und die Agentur über das EU-Portal von seiner Absicht und teilt ihnen nach der Inspektion deren Ergebnisse mit.

(4) Nichtkommerzielle Sponsoren können von gegebenenfalls anfallenden Inspektionsgebühren befreit werden.

(5) Um die vorhandenen Ressourcen effizient zu nutzen und Doppelarbeit zu vermeiden, koordiniert die Agentur die Zusammenarbeit zwischen den betroffenen Mitgliedstaaten bei Inspektionen, die in Mitgliedstaaten oder in Drittländern durchgeführt werden, sowie bei Inspektionen, die im Rahmen eines Zulassungsantrags gemäß der Verordnung (EG) Nr. 726/2004 durchgeführt werden.

(6) ¹Nach einer Inspektion erstellt der Mitgliedstaat, unter dessen Verantwortung die Inspektion durchgeführt wurde, einen Inspektionsbericht. ²Der Mitgliedstaat macht den Inspektionsbericht der inspizierten Stelle sowie dem Sponsor der betreffenden klinischen Prüfung zugänglich und speist ihn über das EU-Portal in die EU-Datenbank ein.

(7) ¹Die Kommission legt im Wege von Durchführungsrechtsakten die Einzelheiten der Inspektionsverfahren einschließlich der Anforderungen an Qualifikation und Schulung der Inspektoren fest. ²Diese Durchführungsrechtsakte werden gemäß dem in Artikel 88 Absatz 2 genannten Prüfverfahren erlassen.

C 2 Verordnung (EU) Nr. 536/2014

Art. 79 Kontrollen durch die Union. (1) Die Kommission kann Kontrollen durchführen, um Folgendes zu überprüfen:

a) ob die Mitgliedstaaten die Einhaltung dieser Verordnung ordnungsgemäß überwachen;

b) ob das im Fall von in Drittländern durchgeführten klinischen Prüfungen angewandte Rechtssystem die Einhaltung von Anhang I, Einführung und allgemeine Grundlagen, Nummer 8 der Richtlinie 2001/83/EG gewährleistet;

c) ob das im Fall von in Drittländern durchgeführten klinischen Prüfungen angewandte Rechtssystem die Einhaltung von Artikel 25 Absatz 5 dieser Verordnung gewährleistet.

(2) Die Kontrollen durch die Union gemäß Absatz 1 Buchstabe a werden in Zusammenarbeit mit den betroffenen Mitgliedstaaten organisiert.

Die Kommission erstellt in Zusammenarbeit mit den Mitgliedstaaten ein Programm für die Kontrollen durch die Union gemäß Absatz 1 Buchstaben b und c.

[1]Die Kommission berichtet über die Ergebnisse jeder Kontrolle durch die Union. [2]Diese Berichte enthalten gegebenenfalls Empfehlungen. [3]Die Kommission übermittelt diese Berichte über das EU-Portal.

Kapitel XIV

IT-Infrastruktur

Art. 80 EU-Portal. [1]Von der Agentur wird in Zusammenarbeit mit den Mitgliedstaaten und der Kommission ein Portal auf EU-Ebene eingerichtet und unterhalten, das als zentrale Anlaufstelle für die Übermittlung von Daten und Informationen im Zusammenhang mit klinischen Prüfungen gemäß dieser Verordnung dient. [2]Das EU-Portal ist auf dem jeweils neuesten Stand der Technik und benutzerfreundlich, damit kein unnötiger Arbeitsaufwand entsteht.

Daten und Informationen, die über das EU-Portal übermittelt werden, werden in der EU-Datenbank gespeichert.

Art. 81 EU-Datenbank. (1) [1]Von der Agentur wird in Zusammenarbeit mit den Mitgliedstaaten und der Kommission eine EU-Datenbank auf Unionsebene eingerichtet und unterhalten. [2]Die Agentur gilt als für die EU-Datenbank verantwortliche Stelle und ist dafür verantwortlich, dass eine unnötige Doppelerfassung von Daten in dieser Datenbank und in den EU-Datenbanken EudraCT and EudraVigilance vermieden wird.

Die EU-Datenbank enthält alle Daten und Informationen, die gemäß dieser Verordnung übermittelt werden.

[1]In der EU-Datenbank wird jede klinische Prüfung mit einer einzigen EU-Prüfungsnummer erfasst. [2]Der Sponsor bezieht sich bei allen späteren Übermittlungen, die mit einer klinischen Prüfung in Verbindung stehen oder einen Bezug zu ihr aufweisen, auf diese EU-Prüfungsnummer.

(2) [1]Die EU-Datenbank wird eingerichtet, um eine Zusammenarbeit der zuständigen Behörden der betroffenen Mitgliedstaaten in dem für die Anwendung dieser Verordnung erforderlichen Umfang zu ermöglichen sowie die Suche nach bestimmten klinischen Prüfungen zu gestatten. [2]Außerdem soll die Kommunikation zwischen den Sponsoren und den betroffenen Mitgliedstaaten erleichtert werden, und Sponsoren sollen auf frühere darin gespeicherte Anträge auf Genehmigung einer klinischen Prüfung oder wesentliche Änderungen derselben verweisen können. [3]Die Unionsbürger können über die Datenbank auch Zugriff auf klinische Informationen über Arzneimittel erhalten. [4]Zu diesem Zweck werden alle in der EU-Datenbank enthaltenen Daten in einem Format dargestellt, das sich problemlos durchsuchen lässt, alle in Bezug zueinander stehenden Daten werden mittels der EU-Prüfungsnummer zusammengefasst, und in der EU-Datenbank und anderen von der Agentur verwalteten Datenbanken enthaltene in Bezug zueinander stehende Daten und Dokumente werden mittels Hyperlinks miteinander verknüpft.

(3) [1]Die EU-Datenbank unterstützt die Aufzeichnung und Übermittlung sämtlicher Daten über Arzneimittel ohne Zulassung in der Union und über Stoffe ohne Zulassung als Bestandteil eines Arzneimittels in der Union an das in der Eudrovigilance-Datenbank enthaltenen Arzneimittelverzeichnis, die für die ständige Aktualisierung dieses Kompendiums erforderlich sind. [2]Zu diesem Zweck und um es dem Sponsor zu ermöglichen, auf frühere Anträge Bezug zu nehmen, wird für jedes Arzneimittel ohne Zulassung eine EU-Arzneimittelnummer ausgestellt, und es wird ein EU-Wirkstoffcode für jeden neuen Wirkstoff vergeben, der nicht früher als Bestandteil eines Arzneimittels in der Union zugelassen wurde. [3]Dies geschieht vor oder während des Antrags auf Genehmigung der ersten klinischen Prüfung mit diesem gemäß dieser Verordnung vorgelegten Arzneimittel oder Wirkstoff. [4]Diese Nummern werden bei allen späteren Anträgen auf klinische Prüfungen und diesbezüglichen wesentlichen Änderungen erwähnt.

[1]Die gemäß Unterabsatz 1 übermittelten Daten über Arzneimittel und Stoffe entsprechen den Unionsstandards und den internationalen Standards für die Identifizierung von Arzneimitteln und Wirkstoffen. [2]Soll in einer klinischen Prüfung ein Prüfpräparat, für das bereits eine Zulassung in der Union vorliegt, bzw. ein Wirkstoff, der Bestandteil eines in der Union zugelassenen Arzneimittels ist, verwendet wird, so ist bei dem Antrag auf diese klinische Prüfung auf die entsprechenden Nummern des Arzneimittels und des Wirkstoffs zu verweisen.

(4) Die EU-Datenbank ist der Öffentlichkeit zugänglich, mit Ausnahme der Daten und Informationen oder Teilen davon, die aus folgenden Gründen vertraulich behandelt werden müssen:

a) Schutz personenbezogener Daten gemäß der Verordnung (EG) Nr. 45/2001;

b) Schutz von Betriebs- oder Geschäftsgeheimnissen, insbesondere durch Berücksichtigung des Status der Zulassung des Arzneimittels, sofern kein übergeordnetes öffentliches Interesse an der Offenlegung besteht;

c) Schutz vertraulicher Mitteilungen zwischen Mitgliedstaaten bezüglich der Ausarbeitung des Bewertungsberichts;

d) Gewährleistung einer wirksamen Überwachung der Durchführung einer klinischen Prüfung durch die Mitgliedstaaten.

(5) Unbeschadet Absatz 4 sind in den Antragsunterlagen enthaltene Daten, sofern kein übergeordnetes öffentliches Interesse an einer Offenlegung besteht, nicht öffentlich zugänglich, bevor eine Entscheidung über die klinische Prüfung getroffen wurde.

(6) Personenbezogene Daten werden in der EU-Datenbank nur in dem Ausmaß gespeichert, wie es für die Zwecke von Absatz 2 erforderlich ist.

(7) Personenbezogene Daten der Prüfungsteilnehmer werden der Öffentlichkeit nicht zugänglich gemacht.

(8) Die Benutzerschnittstelle der EU-Datenbank steht in allen Amtssprachen der Union zur Verfügung.

(9) Der Sponsor aktualisiert die EU-Datenbank laufend mit jeglichen Änderungen der klinischen Prüfung, bei denen es sich nicht um wesentliche Änderungen handelt, die aber für die Überwachung der klinischen Prüfung durch die betroffenen Mitgliedstaaten relevant sind.

(10) [1]Die Agentur, die Kommission und die Mitgliedstaaten sorgen dafür, dass die betroffenen Personen ihre Informations-, Auskunfts-, Berichtigungs- und Widerspruchsrechte in Einklang mit der Verordnung (EG) Nr. 45/2001 und den nationalen Datenschutzvorschriften zur Umsetzung der Richtlinie 95/46/EG wirksam wahrnehmen können. [2]Dazu gehört, dass die Betroffenen ihr Recht auf Auskunft über die sie betreffenden Daten und auf Berichtigung oder Löschung unrichtiger oder unvollständiger Daten tatsächlich ausüben können. [3]Die Agentur, die Kommission und die Mitgliedstaaten stellen in ihrem jeweiligen Zuständigkeitsbereich sicher, dass unrichtige oder unrechtmäßig verarbeitete Daten gemäß geltendem Recht gelöscht werden. [4]Korrekturen und Löschungen von Daten werden schnellstmöglich, spätestens jedoch 60 Tage, nachdem die betroffene Person dies verlangt hat, vorgenommen.

Art. 82 Funktionsfähigkeit des EU-Portals und der EU-Datenbank.

(1) Die Agentur legt in Zusammenarbeit mit den Mitgliedstaaten und der Kommission die Funktionsmerkmale des EU-Portals und der EU-Datenbank sowie den Zeitrahmen für die entsprechende Umsetzung fest.

(2) Der Verwaltungsrat der Agentur unterrichtet die Kommission auf der Grundlage eines unabhängigen Prüfberichts, wenn er überprüft hat, dass das EU-Portal und die EU-Datenbank voll funktionsfähig sind und die Systeme die gemäß Absatz 1 festgelegten Funktionsmerkmale erfüllen.

(3) Wenn sich die Kommission vergewissert hat, dass die in Absatz 2 genannten Bedingungen erfüllt werden, veröffentlicht sie eine diesbezügliche Mitteilung im Amtsblatt der Europäischen Union.

Kapitel XV

Zusammenarbeit der Mitgliedstaaten

Art. 83 Nationale Kontaktstellen. (1) Jeder Mitgliedstaat benennt eine nationale Kontaktstelle, um die Abwicklung der in den Kapiteln II und III vorgesehenen Verfahren zu erleichtern.

(2) ¹Jeder Mitgliedstaat teilt der Kommission die in Absatz 1 genannte Kontaktstelle mit. ²Die Kommission veröffentlicht eine Liste der nationalen Kontaktstellen.

Art. 84 Unterstützung durch die Agentur und die Kommission. Die Agentur wirkt bei der Zusammenarbeit der Mitgliedstaaten im Rahmen der Genehmigungsverfahren gemäß den Kapiteln II und III dieser Verordnung unterstützend mit, indem sie das EU-Portal und die EU-Datenbank in Einklang mit den bei der Umsetzung dieser Verordnung gemachten Erfahrungen fortlaufend aktualisiert.

Die Kommission wirkt bei der Zusammenarbeit der Mitgliedstaaten gemäß Artikel 44 Absatz 2 unterstützend mit.

Art. 85 Koordinations- und Beratungsgruppe für klinische Prüfungen. (1) Hiermit wird eine Koordinations- und Beratungsgruppe für klinische Prüfungen (KBkP) eingesetzt, die aus den in Artikel 83 genannten nationalen Kontaktstellen besteht.

(2) Die KBkP hat folgende Aufgaben:

a) Unterstützung des Austauschs von Informationen zu den Erfahrungen mit der Umsetzung dieser Verordnung zwischen den Mitgliedstaaten und der Kommission;

b) Unterstützung der Kommission bei ihrer Mitwirkung gemäß Artikel 84 Unterabsatz 2;

c) Ausarbeitung von Empfehlungen für Kriterien zur Auswahl eines berichterstattenden Mitgliedstaats.

(3) Die KBkP wird von einem Vertreter der Kommission geleitet.

(4) ¹Die KBkP tritt in regelmäßigen Abständen zusammen sowie immer dann, wenn es sich als erforderlich erweist, auf Ersuchen der Kommission oder eines Mitgliedstaats. ²Der Inhalt der Tagesordnung wird auf Antrag der Kommission oder eines Mitgliedstaats festgelegt.

(5) Die Sekretariatsgeschäfte werden von der Kommission wahrgenommen.

(6) ¹Die KBkP legt ihre Geschäftsordnung fest. ²Die Geschäftsordnung wird veröffentlicht.

C 2 Verordnung (EU) Nr. 536/2014

Kapitel XVI
Gebühren

Art. 86 Allgemeiner Grundsatz. [1]Diese Verordnung hindert die Mitgliedstaaten nicht daran, für die ihnen mit dieser Verordnung übertragenen Aufgaben Gebühren zu erheben, sofern die Höhe dieser Gebühren auf transparente Weise und nach dem Grundsatz der Kostendeckung festgelegt wird. [2]Die Mitgliedstaaten können geringere Gebühren für nichtkommerzielle klinische Prüfungen festlegen.

Art. 87 Einmalige Zahlung für Tätigwerden eines Mitgliedstaats. Ein Mitgliedstaat verlangt für eine Bewertung gemäß den Kapiteln II und III nie mehrere Zahlungen an unterschiedliche an dieser Bewertung des Antrags beteiligte Stellen.

Kapitel XVII
Durchführungsrechtsakte und delegierte Rechtsakte

Art. 88 Ausschussverfahren. (1) [1]Die Kommission wird von dem Ständigen Ausschuss für Humanarzneimittel, der durch die Richtlinie 2001/83/EG eingesetzt wurde, unterstützt. [2]Dieser Ausschuss ist ein Ausschuss im Sinne der Verordnung (EU) Nr. 182/2011.

(2) Wird auf diesen Absatz Bezug genommen, so gilt Artikel 5 der Verordnung (EU) Nr. 182/2011.

Gibt der Ausschuss keine Stellungnahme ab, so erlässt die Kommission den Durchführungsrechtsakt nicht und Artikel 5 Absatz 4 Unterabsatz 3 der Verordnung (EU) Nr. 182/2011 findet Anwendung.

Art. 89 Ausübung der Befugnisübertragung. (1) Die Befugnis zum Erlass delegierter Rechtsakte wird der Kommission unter den in diesem Artikel festgelegten Bedingungen übertragen.

(2) [1]Die Befugnis zum Erlass delegierter Rechtsakte gemäß den Artikeln 27, 39, 45, Artikel 63 Absatz 1 und Artikel 70 wird der Kommission für einen Zeitraum von fünf Jahren ab dem in Artikel 99 Unterabsatz 2 genannten Tag übertragen. [2]Die Kommission erstellt spätestens sechs Monate vor Ablauf des Zeitraums von fünf Jahren einen Bericht über die Befugnisübertragung. [3]Die Befugnisübertragung verlängert sich automatisch um Zeiträume gleicher Länge, es sei denn, das Europäische Parlament oder der Rat widersprechen einer solchen Verlängerung spätestens drei Monate vor Ablauf des jeweiligen Zeitraums.

(3) [1]Die Befugnisübertragung gemäß den Artikeln 27, 39, 45, Artikel 63 Absatz 1 und Artikel 70 kann vom Europäischen Parlament oder vom Rat je-

derzeit widerrufen werden. [2]Der Beschluss über den Widerruf beendet die Übertragung der in diesem Beschluss angegebenen Befugnisse. [3]Er wird am Tag nach seiner Veröffentlichung im Amtsblatt der Europäischen Union oder zu einem im Beschluss über den Widerruf angegebenen späteren Zeitpunkt wirksam. [4]Die Gültigkeit delegierter Rechtsakte, die bereits in Kraft sind, wird von dem Beschluss über den Widerruf nicht berührt.

(4) Sobald die Kommission einen delegierten Rechtsakt erlässt, übermittelt sie ihn gleichzeitig dem Europäischen Parlament und dem Rat.

(5) [1]Ein delegierter Rechtsakt, der gemäß den Artikeln 27, 39, 45, Artikel 63 Absatz 1 und Artikel 70 erlassen wurde, tritt nur in Kraft, wenn weder das Europäische Parlament noch der Rat innerhalb einer Frist von zwei Monaten nach Übermittlung dieses Rechtsakts an das Europäische Parlament und den Rat Einwände erhoben haben oder wenn vor Ablauf dieser Frist das Europäische Parlament und der Rat beide der Kommission mitgeteilt haben, dass sie keine Einwände erheben werden. [2]Auf Initiative des Europäischen Parlaments oder des Rates wird diese Frist um zwei Monate verlängert.

Kapitel XVIII

Sonstige Bestimmungen

Art. 90 Besondere Anforderungen an spezielle Gruppen von Arzneimitteln. [1]Diese Verordnung lässt die Anwendung nationaler Rechtsvorschriften unberührt, die die Verwendung spezifischer Arten menschlicher oder tierischer Zellen oder den Verkauf, die Lieferung und die Verwendung von Arzneimitteln, die diese Zellen enthalten, aus ihnen bestehen oder aus ihnen gewonnen werden, oder zur Schwangerschaftsunterbrechung eingesetzte Arzneimittel oder Arzneimittel, die Suchtstoffe im Sinne einschlägiger geltender internationaler Übereinkommen wie dem Einheits-Übereinkommen der Vereinten Nationen von 1961 über Suchtstoffe enthalten, untersagen oder beschränken. [2]Die Mitgliedstaaten teilen der Kommission diese nationalen Rechtsvorschriften mit.

Es dürfen keine Prüfungen im Bereich der Gentherapie durchgeführt werden, die zu einer Veränderung der genetischen Keimbahnidentität der Prüfungsteilnehmer führen.

Art. 91 Verhältnis zu anderer Gesetzgebung der Union. Diese Verordnung lässt die Richtlinie 97/43/Euratom des Rates[13], die Richtlinie 96/29/Euratom

---

13 Richtlinie 97/43/Euratom des Rates vom 30. Juni 1997 über den Gesundheitsschutz von Personen gegen die Gefahren ionisierender Strahlung bei medizinischer Exposition und zur Aufhebung der Richtlinie 84/466/Euratom (ABl. L 180 vom 9.7.1997, S. 22).

C 2 Verordnung (EU) Nr. 536/2014

des Rates[14], die Richtlinie 2001/18/EG des Europäischen Parlaments und des Rates[15], die Richtlinie 2004/23/EG des Europäischen Parlaments und des Rates[16], die Richtlinie 2002/98/EG des Europäischen Parlaments und des Rates[17], die Richtlinie 2010/53/EG des Europäischen Parlaments und des Rates[18] und die Richtlinie 2009/41/EG des Europäischen Parlaments und des Rates[19] unberührt.

Art. 92 Kostenfreiheit der Prüfpräparate, sonstigen Produkte und Verfahren für den Prüfungsteilnehmer. Unbeschadet der Zuständigkeit der Mitgliedstaaten für die Festlegung ihrer Gesundheitspolitik sowie für die Organisation des Gesundheitswesens und die medizinische Versorgung sind die Kosten für Prüfpräparate, Hilfspräparate, für ihre Verabreichung eingesetzte Medizinprodukte und nach dem Prüfplan eigens erforderliche Verfahren nicht vom Prüfungsteilnehmer zu tragen, sofern das Recht des betroffenen Mitgliedstaats nichts anderes vorsieht.

Art. 93 Datenschutz. (1) Bei der Verarbeitung personenbezogener Daten im Rahmen der Durchführung dieser Verordnung wenden die Mitgliedstaaten Richtlinie 95/46/EG an.

(2) Bei der Verarbeitung personenbezogener Daten durch die Kommission und die Agentur im Rahmen der Durchführung dieser Verordnung gilt die Verordnung (EG) Nr. 45/2001.

Art. 94 Sanktionen. (1) [1]Die Mitgliedstaaten erlassen Vorschriften über die bei einem Verstoß gegen diese Verordnung zu verhängenden Sanktionen und

---

14 Richtlinie 96/29/Euratom des Rates vom 13. Mai 1996 zur Festlegung der grundlegenden Sicherheitsnormen für den Schutz der Gesundheit der Arbeitskräfte und der Bevölkerung gegen die Gefahren durch ionisierende Strahlungen (ABl. L 159 vom 29.6.1996, S. 1).

15 Richtlinie 2001/18/EG des Europäischen Parlaments und des Rates vom 12. März 2001 über die absichtliche Freisetzung genetisch veränderter Organismen in die Umwelt und zur Aufhebung der Richtlinie 90/220/EWG des Rates (ABl. L 106 vom 17.4.2001, S. 1).

16 Richtlinie 2004/23/EG des Europäischen Parlaments und des Rates vom 31. März 2004 zur Festlegung von Qualitäts- und Sicherheitsstandards für die Spende, Beschaffung, Testung, Verarbeitung, Konservierung, Lagerung und Verteilung von menschlichen Geweben und Zellen (ABl. L 102 vom 7.4.2004, S. 48).

17 Richtlinie 2002/98/EG des Europäischen Parlaments und des Rates vom 27. Januar 2003 zur Festlegung von Qualitäts- und Sicherheitsstandards für die Gewinnung, Testung, Verarbeitung, Lagerung und Verteilung von menschlichem Blut und Blutbestandteilen und zur Änderung der Richtlinie 2001/83/EG (ABl. L 33 vom 8.2.2003, S. 30).

18 Richtlinie 2010/53/EU des Europäischen Parlaments und des Rates vom 7. Juli 2010 über Qualitäts- und Sicherheitsstandards für zur Transplantation bestimmte menschliche Organe (ABl. L 207 vom 6.8.2010, S. 14).

19 Richtlinie 2009/41/EG des Europäischen Parlaments und des Rates vom 6. Mai 2009 über die Anwendung genetisch veränderter Mikroorganismen in geschlossenen Systemen (ABl. L 125 vom 21.5.2009, S. 75).

treffen alle erforderlichen Maßnahmen, um sicherzustellen, dass diese Sanktionen angewandt werden. [2]Die Sanktionen müssen wirksam, verhältnismäßig und abschreckend sein.

(2) Die in Absatz 1 genannten Regelungen betreffen unter anderem Folgendes:

a) Nichteinhaltung der Bestimmungen dieser Verordnung über die Beibringung von Informationen, die in der EU-Datenbank öffentlich verfügbar gemacht werden sollen;

b) Nichteinhaltung der Bestimmungen dieser Verordnung über die Sicherheit der Prüfungsteilnehmer.

Art. 95 Zivilrechtliche Haftung und strafrechtliche Verantwortung. Diese Verordnung lässt die Rechtsvorschriften der Mitgliedstaaten und der Union über die zivil- und strafrechtliche Haftung eines Sponsors und eines Prüfers unberührt.

Kapitel XIX

Schlussbestimmungen

Art. 96 Aufhebung.   (1) Die Richtlinie 2001/20/EG wird zu dem in Artikel 99 Unterabsatz 2 genannten Tag aufgehoben.

(2) Bezugnahmen auf die Richtlinie 2001/20/EG gelten als Bezugnahmen auf die vorliegende Verordnung und sind gemäß der in Anhang VII enthaltenen Übereinstimmungstabelle zu lesen.

Art. 97 Überprüfung. [1]Fünf Jahre nach dem im Unterabsatz 2 von Artikel 99 genannten Tag und anschließend alle fünf Jahre legt die Kommission dem Europäischen Parlament und dem Rat einen Bericht über die Anwendung dieser Verordnung vor. [2]Dieser Bericht enthält eine Bewertung der Auswirkungen der Verordnung auf den wissenschaftlichen und technischen Fortschritt, umfassende Informationen zu den verschiedenen Arten der nach dieser Verordnung genehmigten klinischen Prüfungen und die Maßnahmen, die getroffen werden müssen, um die Wettbewerbsfähigkeit der europäischen klinischen Forschung zu wahren. [3]Ausgehend von dem Bericht unterbreitet die Kommission gegebenenfalls einen Legislativvorschlag zur Aktualisierung der in dieser Verordnung vorgesehenen Bestimmungen.

Art. 98 Übergangsbestimmungen. (1) Abweichend von Artikel 96 Absatz 1 der vorliegenden Verordnung gilt für eine klinische Prüfung, für die der Antrag auf Genehmigung vor dem in Artikel 99 Unterabsatz 2 der vorliegenden Verordnung genannten Tag gemäß der Richtlinie 2001/20/EG eingereicht wurde, noch bis drei Jahre ab dem in jenem Absatz genannten Tag die genannte Richtlinie.

C 2 Verordnung (EU) Nr. 536/2014

(2) [1]Abweichend von Artikel 96 Absatz 1 der vorliegenden Verordnung darf eine klinische Prüfung, für die der Antrag auf Genehmigung zwischen sechs Monaten nach dem Tag der Veröffentlichung der Mitteilung gemäß Artikel 82 Absatz 3 der vorliegenden Verordnung und 18 Monaten nach dem Tag der Veröffentlichung dieser Mitteilung oder – falls die Veröffentlichung dieser Mitteilung früher als am 28. November 2015 erfolgt – zwischen dem 28. Mai 2016 und dem 28. Mai 2017 übermittelt wurde, nach Maßgabe der Artikel 6, 7 und 9 der Richtlinie 2001/20/EG begonnen werden. [2]Für die betreffende klinische Prüfung gilt die genannte Richtlinie noch bis 42 Monate nach dem Tag der Veröffentlichung der Mitteilung gemäß Artikel 82 Absatz 3 der vorliegenden Verordnung, oder – falls die Veröffentlichung vor dem 28. November 2015 erfolgt, bis zum 28. Mai 2019.

Art. 99 Inkrafttreten. Diese Verordnung tritt am zwanzigsten Tag nach ihrer Veröffentlichung im Amtsblatt der Europäischen Union in Kraft.

Sie gilt ab sechs Monate nach der Veröffentlichung der Mitteilung gemäß Artikel 82 Absatz 3, keinesfalls jedoch vor dem 28. Mai 2016.

Diese Verordnung ist in allen ihren Teilen verbindlich und gilt unmittelbar in jedem Mitgliedstaat.

Gesetz über das Apothekenwesen (Apothekengesetz – ApoG)

i.d.F. der Bek. vom 15.10.1980 (BGBl. I S. 1993),
zuletzt geändert durch Art. 41 G vom 29.3.2017 (BGBl. I S. 626)

Erster Abschnitt

Die Erlaubnis

§ 1 (1) Den Apotheken obliegt die im öffentlichen Interesse gebotene Sicherstellung einer ordnungsgemäßen Arzneimittelversorgung der Bevölkerung.

(2) Wer eine Apotheke und bis zu drei Filialapotheken betreiben will, bedarf der Erlaubnis der zuständigen Behörde.

(3) Die Erlaubnis gilt nur für den Apotheker, dem sie erteilt ist, und für die in der Erlaubnisurkunde bezeichneten Räume.

§ 2 (1) Die Erlaubnis ist auf Antrag zu erteilen, wenn der Antragsteller

1. *(aufgehoben)*
2. voll geschäftsfähig ist;
3. die deutsche Approbation als Apotheker besitzt;
4. die für den Betrieb einer Apotheke erforderliche Zuverlässigkeit besitzt; dies ist nicht der Fall, wenn Tatsachen vorliegen, welche die Unzuverlässigkeit des Antragstellers in Bezug auf das Betreiben einer Apotheke dartun, insbesondere wenn strafrechtliche oder schwere sittliche Verfehlungen vorliegen, die ihn für die Leitung einer Apotheke ungeeignet erscheinen lassen, oder wenn er sich durch gröbliche oder beharrliche Zuwiderhandlung gegen dieses Gesetz, die auf Grund dieses Gesetzes erlassene Apothekenbetriebsordnung oder die für die Herstellung von Arzneimitteln und den Verkehr mit diesen erlassenen Rechtsvorschriften als unzuverlässig erwiesen hat;
5. die eidesstattliche Versicherung abgibt, dass er keine Vereinbarungen getroffen hat, die gegen § 8 Satz 2, § 9 Abs. 1, § 10 oder § 11 verstoßen, und den Kauf- oder Pachtvertrag über die Apotheke sowie auf Verlangen der zuständigen Behörde auch andere Verträge, die mit der Einrichtung und dem Betrieb der Apotheke in Zusammenhang stehen, vorlegt;
6. nachweist, dass er im Falle der Erteilung der Erlaubnis über die nach der Apothekenbetriebsordnung (§ 21) vorgeschriebenen Räume verfügen wird;
7. nicht in gesundheitlicher Hinsicht ungeeignet ist, eine Apotheke ordnungsgemäß zu leiten;
8. mitteilt, ob und gegebenenfalls an welchem Ort er in einem Mitgliedstaat der Europäischen Union oder in einem anderen Vertragsstaat des Abkommens über den Europäischen Wirtschaftsraum oder in einem Vertragsstaat, dem Deutschland und die Europäische Union vertraglich einen entsprechen-

den Rechtsanspruch eingeräumt haben, eine oder mehrere Apotheken betreibt.

(2) Abweichend von Absatz 1 ist einem approbierten Antragsteller, der nicht gemäß § 4 Abs. 1 Nr. 4 der Bundes-Apothekerordnung die pharmazeutische Prüfung im Geltungsbereich dieses Gesetzes bestanden hat, die Erlaubnis nur zu erteilen, wenn sie für eine Apotheke beantragt wird, die seit mindestens drei Jahren betrieben wird.

(2a) [1]Absatz 2 gilt nicht für approbierte Antragsteller, deren förmliche Qualifikationen bereits durch die zuständigen Behörden für andere Zwecke anerkannt wurden und die tatsächlich und rechtmäßig die beruflichen Tätigkeiten eines Apothekers mindestens drei Jahre lang ununterbrochen im Geltungsbereich dieses Gesetzes ausgeübt haben.

(3) Hat der Apotheker nach seiner Approbation oder nach Erteilung eines nach § 4 Abs. 1a bis 1d, 2 oder 3 der Bundes-Apothekerordnung der pharmazeutischen Prüfung gleichwertigen Diploms, Prüfungszeugnisses oder sonstigen Befähigungsnachweises mehr als zwei Jahre lang ununterbrochen keine pharmazeutische Tätigkeit ausgeübt, so ist ihm die Erlaubnis nur zu erteilen, wenn er im letzten Jahr vor der Antragstellung eine solche Tätigkeit mindestens sechs Monate lang wieder in einer in einem Mitgliedstaat der Europäischen Union oder in einem anderen Vertragsstaat des Abkommens über den Europäischen Wirtschaftsraum oder in einem Vertragsstaat, dem Deutschland und die Europäische Union vertraglich einen entsprechenden Rechtsanspruch eingeräumt haben, gelegenen Apotheke oder Krankenhausapotheke ausgeübt hat.

(4) Die Erlaubnis zum Betrieb mehrerer öffentlicher Apotheken ist auf Antrag zu erteilen, wenn
1. der Antragsteller die Voraussetzungen nach den Absätzen 1 bis 3 für jede der beantragten Apotheken erfüllt und
2. die von ihm zu betreibende Apotheke und die von ihm zu betreibenden Filialapotheken innerhalb desselben Kreises oder derselben kreisfreien Stadt oder in einander benachbarten Kreisen oder kreisfreien Städten liegen.

(5) [1]Für den Betrieb mehrerer öffentlicher Apotheken gelten die Vorschriften dieses Gesetzes mit folgenden Maßgaben entsprechend:
1. Der Betreiber hat eine der Apotheken (Hauptapotheke) persönlich zu führen.
2. Für jede weitere Apotheke (Filialapotheke) hat der Betreiber schriftlich einen Apotheker als Verantwortlichen zu benennen, der die Verpflichtungen zu erfüllen hat, wie sie in diesem Gesetz und in der Apothekenbetriebsordnung für Apothekenleiter festgelegt sind.
[2]Soll die Person des Verantwortlichen im Sinne des Satzes 1 Nummer 2 geändert werden, so ist dies der Behörde von dem Betreiber zwei Wochen vor der

---

1 Anm. d. Verlages:
Der Wortlaut des Abs. 2a wurde durch Art. 2a G vom 20.12.2016 (BGBl. I S. 3048) identisch ein zweites Mal eingefügt.

Änderung schriftlich anzuzeigen. [3]Bei einem unvorhergesehenen Wechsel der Person des Verantwortlichen muss die Änderungsanzeige nach Satz 2 unverzüglich erfolgen.

§ 3 Die Erlaubnis erlischt
1. durch Tod;
2. durch Verzicht;
3. durch Rücknahme oder Widerruf der Approbation als Apotheker, durch Verzicht auf die Approbation oder durch Widerruf der Erlaubnis nach § 2 Abs. 2 der Bundes-Apothekerordnung;
4. wenn ein Jahr lang von der Erlaubnis kein Gebrauch gemacht worden ist; die zuständige Behörde kann die Frist verlängern, wenn ein wichtiger Grund vorliegt.

§ 4 (1) Die Erlaubnis ist zurückzunehmen, wenn bei ihrer Erteilung eine der Voraussetzungen nach § 2 nicht vorgelegen hat.

(2) [1]Die Erlaubnis ist zu widerrufen, wenn nachträglich eine der Voraussetzungen nach § 2 Abs. 1 Nr. 1, 2, 4, 6 oder 7 weggefallen ist. [2]Die Erlaubnis kann widerrufen werden, wenn der Erlaubnisinhaber nachträglich Vereinbarungen getroffen hat, die gegen § 8 Satz 2 auch in Verbindung mit Satz 4, § 9 Abs. 1, § 10 oder § 11 verstoßen.

§ 5 Wird eine Apotheke ohne Erlaubnis betrieben, so hat die zuständige Behörde die Apotheke zu schließen.

§ 6 Eine Apotheke darf erst eröffnet werden, nachdem die zuständige Behörde bescheinigt hat, dass die Apotheke den gesetzlichen Anforderungen entspricht (Abnahme).

§ 7 [1]Die Erlaubnis verpflichtet zur persönlichen Leitung der Apotheke in eigener Verantwortung. [2]Im Falle des § 2 Abs. 4 obliegen dem vom Betreiber nach § 2 Abs. 5 Nr. 2 benannten Apotheker die Pflichten entsprechend Satz 1; die Verpflichtungen des Betreibers bleiben unberührt. [3]Die persönliche Leitung einer Krankenhausapotheke obliegt dem angestellten Apotheker.

§ 8 [1]Mehrere Personen zusammen können eine Apotheke nur in der Rechtsform einer Gesellschaft bürgerlichen Rechts oder einer offenen Handelsgesellschaft betreiben; in diesen Fällen bedürfen alle Gesellschafter der Erlaubnis. [2]Beteiligungen an einer Apotheke in Form einer Stillen Gesellschaft und Vereinbarungen, bei denen die Vergütung für dem Erlaubnisinhaber gewährte Darlehen oder sonst überlassene Vermögenswerte am Umsatz oder am Gewinn der Apotheke ausgerichtet ist, insbesondere auch am Umsatz oder Gewinn ausgerichtete Mietverträge, sind unzulässig. [3]Pachtverträge über Apotheken nach § 9, bei denen die Pacht vom Umsatz oder Gewinn abhängig ist, gelten nicht als Vereinbarungen im Sinne des Satzes 2. [4]Die Sätze 1 bis 3 gelten für Apotheken nach § 2 Abs. 4 entsprechend.

§ 9 (1) [1]Die Verpachtung einer Apotheke oder von Apotheken nach § 2 Abs. 4 ist nur in folgenden Fällen zulässig:

1. wenn und solange der Verpächter im Besitz der Erlaubnis ist und die Apotheke aus einem in seiner Person liegenden wichtigen Grund nicht selbst betreiben kann oder die Erlaubnis wegen des Wegfalls einer der Voraussetzungen nach § 2 Abs. 1 Nr. 7 widerrufen oder durch Widerruf der Approbation wegen des Wegfalls einer der Voraussetzungen nach § 4 Abs. 1 Satz 1 Nr. 3 der Bundes-Apothekerordnung erloschen ist;

2. nach dem Tode eines Erlaubnisinhabers durch seine erbberechtigten Kinder bis zu dem Zeitpunkt, in dem das jüngste der Kinder das 23. Lebensjahr vollendet. Ergreift eines dieser Kinder vor Vollendung des 23. Lebensjahres den Apothekerberuf, so kann die Frist auf Antrag verlängert werden, bis es in seiner Person die Voraussetzungen für die Erteilung der Erlaubnis erfüllen kann;

3. durch den überlebenden erbberechtigten Ehegatten oder Lebenspartner bis zu dem Zeitpunkt der Heirat oder der Begründung einer Lebenspartnerschaft, sofern er nicht selbst eine Erlaubnis gemäß § 1 erhält.

[2]Die Zulässigkeit der Verpachtung wird nicht dadurch berührt, dass nach Eintritt der in Satz 1 genannten Fälle eine Apotheke innerhalb desselben Ortes, in Städten innerhalb desselben oder in einen angrenzenden Stadtbezirk, verlegt wird oder dass ihre Betriebsräume geändert werden. [3]Handelt es sich im Falle der Verlegung oder der Veränderung der Betriebsräume um eine Apotheke, die nach Satz 1 Nr. 1 verpachtet ist, so bedarf der Verpächter keiner neuen Erlaubnis. [4]§ 3 Nr. 5 bleibt unberührt.

(1a) Stirbt der Verpächter vor Ablauf der vereinbarten Pachtzeit, so kann die zuständige Behörde zur Vermeidung unbilliger Härten für den Pächter zulassen, dass das Pachtverhältnis zwischen dem Pächter und dem Erben für die Dauer von höchstens zwölf Monaten fortgesetzt wird.

(2) [1]Der Pächter bedarf der Erlaubnis nach § 1. [2]Der Pachtvertrag darf die berufliche Verantwortlichkeit und Entscheidungsfreiheit des pachtenden Apothekers nicht beeinträchtigen.

(3) Für die Dauer der Verpachtung finden auf die Erlaubnis des Verpächters § 3 Nr. 4, § 4 Abs. 2, soweit sich diese Vorschrift auf § 2 Abs. 1 Nr. 6 bezieht, sowie § 7 Satz 1 keine Anwendung.

(4) [1]Die nach Absatz 2 erteilte Erlaubnis ist zurückzunehmen, wenn bei ihrer Erteilung eine der Voraussetzungen nach Absatz 1 nicht vorgelegen hat; sie ist zu widerrufen, wenn nachträglich eine dieser Voraussetzungen weggefallen ist. [2]§ 4 bleibt unberührt.

§ 10 Der Erlaubnisinhaber darf sich nicht verpflichten, bestimmte Arzneimittel ausschließlich oder bevorzugt anzubieten oder abzugeben oder anderweitig die Auswahl der von ihm abzugebenden Arzneimittel auf das Angebot bestimmter Hersteller oder Händler oder von Gruppen von solchen zu beschränken.

§ 11 (1) [1]Erlaubnisinhaber und Personal von Apotheken dürfen mit Ärzten oder anderen Personen, die sich mit der Behandlung von Krankheiten befassen, keine Rechtsgeschäfte vornehmen oder Absprachen treffen, die eine bevorzugte Lieferung bestimmter Arzneimittel, die Zuführung von Patienten, die Zuweisung von Verschreibungen oder die Fertigung von Arzneimitteln ohne volle Angabe der Zusammensetzung zum Gegenstand haben. [2]§ 140a des Fünften Buches Sozialgesetzbuch bleibt unberührt.

(2) Abweichend von Absatz 1 darf der Inhaber einer Erlaubnis zum Betrieb einer öffentlichen Apotheke auf Grund einer Absprache anwendungsfertige Zytostatikazubereitungen, die im Rahmen des üblichen Apothekenbetriebes hergestellt worden sind, unmittelbar an den anwendenden Arzt abgeben.

(3) [1]Der Inhaber einer Erlaubnis zum Betrieb einer Krankenhausapotheke darf auf Anforderung des Inhabers einer Erlaubnis zum Betrieb einer öffentlichen Apotheke die im Rahmen seiner Apotheke hergestellten anwendungsfertigen Zytostatikazubereitungen an diese öffentliche Apotheke oder auf Anforderung des Inhabers einer Erlaubnis zum Betrieb einer anderen Krankenhausapotheke an diese Krankenhausapotheke abgeben. [2]Dies gilt entsprechend für den Inhaber einer Erlaubnis zum Betrieb einer öffentlichen Apotheke für die Abgabe der in Satz 1 genannten Arzneimittel an eine Krankenhausapotheke oder an eine andere öffentliche Apotheke. [3]Eines Vertrages nach § 14 Abs. 3 oder Abs. 4 bedarf es nicht.

(4) Im Falle einer bedrohlichen übertragbaren Krankheit, deren Ausbreitung eine sofortige und das übliche Maß erheblich überschreitende Bereitstellung von spezifischen Arzneimitteln erforderlich macht,

a) findet Absatz 1 keine Anwendung auf Arzneimittel, die von den Gesundheitsbehörden des Bundes oder der Länder oder von diesen benannten Stellen nach § 47 Abs. 1 Satz 1 Nr. 3c des Arzneimittelgesetzes bevorratet oder nach § 21 Absatz 2 Nummer 1c des Arzneimittelgesetzes hergestellt wurden,

b) gilt Absatz 3 Satz 1 und 2 entsprechend für Zubereitungen aus von den Gesundheitsbehörden des Bundes oder der Länder oder von diesen benannten Stellen bevorrateten Wirkstoffen.

§ 11a [1]Die Erlaubnis zum Versand von apothekenpflichtigen Arzneimitteln gemäß § 43 Abs. 1 Satz 1 des Arzneimittelgesetzes ist dem Inhaber einer Erlaubnis nach § 2 auf Antrag zu erteilen, wenn er schriftlich oder elektronisch versichert, dass er im Falle der Erteilung der Erlaubnis folgende Anforderungen erfüllen wird:

1. Der Versand wird aus einer öffentlichen Apotheke zusätzlich zu dem üblichen Apothekenbetrieb und nach den dafür geltenden Vorschriften erfolgen, soweit für den Versandhandel keine gesonderten Vorschriften bestehen.

2. Mit einem Qualitätssicherungssystem wird sichergestellt, dass

   a) das zu versendende Arzneimittel so verpackt, transportiert und ausgeliefert wird, dass seine Qualität und Wirksamkeit erhalten bleibt,

   b) das versandte Arzneimittel der Person ausgeliefert wird, die von dem Auftraggeber der Bestellung der Apotheke mitgeteilt wird. Diese Festlegung kann insbesondere die Aushändigung an eine namentlich benannte natürliche Person oder einen benannten Personenkreis beinhalten,

c) die Patientin oder der Patient auf das Erfordernis hingewiesen wird, mit dem behandelnden Arzt Kontakt aufzunehmen, sofern Probleme bei der Medikation auftreten und

d) die Beratung durch pharmazeutisches Personal in deutscher Sprache erfolgen wird.

3. Es wird sichergestellt, dass

a) innerhalb von zwei Arbeitstagen nach Eingang der Bestellung das bestellte Arzneimittel versandt wird, soweit das Arzneimittel in dieser Zeit zur Verfügung steht, es sei denn, es wurde eine andere Absprache mit der Person getroffen, die das Arzneimittel bestellt hat; soweit erkennbar ist, dass das bestellte Arzneimittel nicht innerhalb der in Satz 1 genannten Frist versendet werden kann, ist der Besteller in geeigneter Weise davon zu unterrichten,

b) alle bestellten Arzneimittel geliefert werden, soweit sie im Geltungsbereich des Arzneimittelgesetzes in den Verkehr gebracht werden dürfen und verfügbar sind,

c) für den Fall von bekannt gewordenen Risiken bei Arzneimitteln ein geeignetes System zur Meldung solcher Risiken durch Kunden, zur Information der Kunden über solche Risiken und zu innerbetrieblichen Abwehrmaßnahmen zur Verfügung steht,

d) eine kostenfreie Zweitzustellung veranlasst wird,

e) ein System zur Sendungsverfolgung unterhalten wird und

f) eine Transportversicherung abgeschlossen wird.

[2]Im Falle des elektronischen Handels mit apothekenpflichtigen Arzneimitteln gilt Satz 1 mit der Maßgabe, dass die Apotheke auch über die dafür geeigneten Einrichtungen und Geräte verfügen wird.

§ 11b (1) Die Erlaubnis nach § 11a ist zurückzunehmen, wenn bei ihrer Erteilung eine der Voraussetzungen nach § 11a nicht vorgelegen hat.

(2) [1]Die Erlaubnis ist zu widerrufen, wenn nachträglich eine der Voraussetzungen nach § 11a weggefallen ist. [2]Die Erlaubnis kann widerrufen werden, wenn Tatsachen die Annahme rechtfertigen, dass der Erlaubnisinhaber entgegen einer vollziehbaren Anordnung der zuständigen Behörde die Apotheke nicht den Anforderungen des § 11a Satz 1 Nr. 1 bis 3, Satz 2 oder einer Rechtsverordnung nach § 21 entsprechend betreibt.

(3) Wird der Versandhandel ohne Erlaubnis betrieben, gilt § 5 entsprechend.

§ 12 Rechtsgeschäfte, die ganz oder teilweise gegen § 8 Satz 2, § 9 Abs. 1, § 10 oder § 11 verstoßen, sind nichtig.

§ 12a (1) [1]Der Inhaber einer Erlaubnis zum Betrieb einer öffentlichen Apotheke ist verpflichtet, zur Versorgung von Bewohnern von Heimen im Sinne des § 1 des Heimgesetzes mit Arzneimitteln und apothekenpflichtigen Medizinprodukten mit dem Träger der Heime einen schriftlichen Vertrag zu schließen. [2]Der Vertrag bedarf zu seiner Rechtswirksamkeit der Genehmigung der zuständigen Behörde. [3]Die Genehmigung ist zu erteilen, wenn

1. die öffentliche Apotheke und die zu versorgenden Heime innerhalb desselben Kreises oder derselben kreisfreien Stadt oder in einander benachbarten Kreisen oder kreisfreien Städten liegen,

2. die ordnungsgemäße Arzneimittelversorgung gewährleistet ist, insbesondere Art und Umfang der Versorgung, das Zutrittsrecht zum Heim sowie die Pflichten zur Überprüfung der ordnungsgemäßen, bewohnerbezogenen Aufbewahrung der von ihm gelieferten Produkte durch pharmazeutisches Personal der Apotheke sowie die Dokumentation dieser Versorgung vertraglich festgelegt sind,

3. die Pflichten des Apothekers zur Information und Beratung von Heimbewohnern und des für die Verabreichung oder Anwendung der gelieferten Produkte Verantwortlichen festgelegt sind, soweit eine Information und Beratung zur Sicherheit der Heimbewohner oder der Beschäftigten des Heimes erforderlich sind,

4. der Vertrag die freie Apothekenwahl von Heimbewohnern nicht einschränkt und

5. der Vertrag keine Ausschließlichkeitsbindung zugunsten einer Apotheke enthält und die Zuständigkeitsbereiche mehrerer an der Versorgung beteiligter Apotheken klar abgrenzt.

[4]Nachträgliche Änderungen oder Ergänzungen des Vertrages sind der zuständigen Behörde unverzüglich anzuzeigen.

(2) Die Versorgung ist vor Aufnahme der Tätigkeit der zuständigen Behörde anzuzeigen.

(3) Soweit Bewohner von Heimen sich selbst mit Arzneimitteln und apothekenpflichtigen Medizinprodukten aus öffentlichen Apotheken versorgen, bedarf es keines Vertrages nach Absatz 1.

§ 13 (1) Nach dem Tode des Erlaubnisinhabers dürfen die Erben die Apotheke für längstens 12 Monate durch einen Apotheker verwalten lassen.

(1a) Stirbt der Pächter einer Apotheke vor Ablauf der vereinbarten Pachtzeit, so kann die zuständige Behörde zur Vermeidung unbilliger Härten für den Verpächter zulassen, dass dieser die Apotheke für die Dauer von höchstens zwölf Monaten durch einen Apotheker verwalten lässt.

(1b) [1]Der Verwalter bedarf für die Zeit der Verwaltung einer Genehmigung. [2]Die Genehmigung ist zu erteilen, wenn er die Voraussetzungen des § 2 Abs. 1 Nr. 1 bis 4, 7 und 8 erfüllt.

(2) [1]Die Genehmigung erlischt, wenn der Verwalter nicht mehr die Approbation als Apotheker besitzt. [2]§ 4 ist entsprechend anzuwenden.

(3) Der Verwalter ist für die Beachtung der Apothekenbetriebsordnung und der Vorschriften über die Herstellung von Arzneimitteln und den Verkehr mit diesen verantwortlich.

Zweiter Abschnitt

Krankenhausapotheken, Bundeswehrapotheken, Zweigapotheken, Notapotheken

§ 14 (1) [1]Dem Träger eines Krankenhauses ist auf Antrag die Erlaubnis zum Betrieb einer Krankenhausapotheke zu erteilen, wenn er

1. die Anstellung eines Apothekers, der die Voraussetzungen nach § 2 Abs. 1 Nr. 1 bis 4, 7 und 8 sowie Abs. 3, auch in Verbindung mit Abs. 2 oder 2a, erfüllt, und

2. die für Krankenhausapotheken nach der Apothekenbetriebsordnung vorgeschriebenen Räume nachweist.

[2]Der Leiter der Krankenhausapotheke oder ein von ihm beauftragter Apotheker hat die Ärzte des Krankenhauses über Arzneimittel zu informieren und zu beraten, insbesondere im Hinblick auf eine zweckmäßige und wirtschaftliche Arzneimitteltherapie. [3]Dies gilt auch insoweit, als die ambulante Versorgung berührt ist.

(2) [1]Die Erlaubnis ist zurückzunehmen, wenn nachträglich bekannt wird, dass bei der Erteilung eine der nach Absatz 1 Satz 1 erforderlichen Voraussetzungen nicht vorgelegen hat. [2]Sie ist zu widerrufen, wenn eine der Voraussetzungen nach Absatz 1 weggefallen ist oder wenn der Erlaubnisinhaber oder eine von ihm beauftragte Person den Bestimmungen dieses Gesetzes, der auf Grund des § 21 erlassenen Rechtsverordnung oder den für die Herstellung von Arzneimitteln oder den Verkehr mit diesen erlassenen Rechtsvorschriften gröblich oder beharrlich zuwiderhandelt. [3]Entsprechend ist hinsichtlich der Genehmigung nach Absatz 5 Satz 1 und 3 zu verfahren, wenn die Voraussetzungen nach Absatz 5 Satz 2 nicht vorgelegen haben oder weggefallen sind.

(3) Wer als Inhaber einer Erlaubnis zum Betrieb einer Krankenhausapotheke nach Absatz 1 beabsichtigt, ein weiteres, nicht von ihm selbst getragenes Krankenhaus mit Arzneimitteln zu versorgen, hat dazu mit dem Träger dieses Krankenhauses einen schriftlichen Vertrag zu schließen.

(4) [1]Wer als Träger eines Krankenhauses beabsichtigt, das Krankenhaus von dem Inhaber einer Erlaubnis zum Betrieb einer Apotheke nach § 1 Abs. 2 oder nach den Gesetzen eines anderen Mitgliedstaates der Europäischen Union oder eines anderen Vertragsstaates des Abkommens über den Europäischen Wirtschaftsraum versorgen zu lassen, hat mit dem Inhaber dieser Erlaubnis einen schriftlichen Vertrag zu schließen. [2]Erfüllungsort für die vertraglichen Versorgungsleistungen ist der Sitz des Krankenhauses. [3]Anzuwendendes Recht ist deutsches Recht.

(5) [1]Der nach Absatz 3 oder 4 geschlossene Vertrag bedarf zu seiner Rechtswirksamkeit der Genehmigung der zuständigen Behörde. [2]Diese Genehmigung ist zu erteilen, wenn sichergestellt ist, dass das Krankenhaus mit einer Apotheke nach Absatz 3 oder 4 einen Vertrag über die Arzneimittelversorgung des

Krankenhauses durch diese Apotheke geschlossen hat, der folgende Voraussetzungen erfüllt:

1. die ordnungsgemäße Arzneimittelversorgung ist gewährleistet, insbesondere sind die nach der Apothekenbetriebsordnung oder bei Apotheken, die ihren Sitz in einem anderen Mitgliedstaat der Europäischen Union oder einem anderen Vertragsstaat des Abkommens über den Europäischen Wirtschaftsraum haben, nach den in diesem Staat geltenden Vorschriften erforderlichen Räume und Einrichtungen sowie das erforderliche Personal vorhanden;

2. die Apotheke liefert dem Krankenhaus die von diesem bestellten Arzneimittel direkt oder im Falle des Versandes im Einklang mit den Anforderungen nach § 11a;

3. die Apotheke stellt Arzneimittel, die das Krankenhaus zur akuten medizinischen Versorgung besonders dringlich benötigt, unverzüglich und bedarfsgerecht zur Verfügung;

4. eine persönliche Beratung des Personals des Krankenhauses durch den Leiter der Apotheke nach Absatz 3 oder 4 oder den von ihm beauftragten Apotheker der versorgenden Apotheke erfolgt bedarfsgerecht und im Notfall unverzüglich;

5. die versorgende Apotheke gewährleistet, dass das Personal des Krankenhauses im Hinblick auf eine zweckmäßige und wirtschaftliche Arzneimitteltherapie von ihr kontinuierlich beraten wird;

6. der Leiter der versorgenden Apotheke nach Absatz 3 oder 4 oder der von ihm beauftragte Apotheker ist Mitglied der Arzneimittelkommission des Krankenhauses.

[3]Eine Genehmigung der zuständigen Behörde ist auch für die Versorgung eines anderen Krankenhauses durch eine unter derselben Trägerschaft stehende Krankenhausapotheke erforderlich. [4]Für die Erteilung der Genehmigung gilt Satz 2 entsprechend.

(6) [1]Der Leiter der Krankenhausapotheke nach Absatz 1 oder einer Apotheke nach Absatz 4 oder ein von ihm beauftragter Apotheker hat die Arzneimittelvorräte des zu versorgenden Krankenhauses nach Maßgabe der Apothekenbetriebsordnung zu überprüfen und dabei insbesondere auf die einwandfreie Beschaffenheit und ordnungsgemäße Aufbewahrung der Arzneimittel zu achten. [2]Zur Beseitigung festgestellter Mängel hat er eine angemessene Frist zu setzen und deren Nichteinhaltung der für die Apothekenaufsicht zuständigen Behörde anzuzeigen.

(7) [1]Der Leiter der Krankenhausapotheke nach Absatz 1 oder ein von ihm beauftragter Apotheker oder der Leiter einer Apotheke nach Absatz 4 dürfen nur solche Krankenhäuser mit Arzneimitteln versorgen, mit denen rechtswirksame Verträge bestehen oder für deren Versorgung eine Genehmigung nach Absatz 5 Satz 3 erteilt worden ist. [2]Die in Satz 1 genannten Personen dürfen Arzneimittel nur an die einzelnen Stationen und anderen Teileinheiten des Krankenhauses zur Versorgung von Patienten abgeben, die in dem Krankenhaus vollstationär, teilstationär, vor- oder nachstationär (§ 115a des Fünften Bu-

ches Sozialgesetzbuch) behandelt, ambulant operiert oder im Rahmen sonstiger stationsersetzende Eingriffe (§ 115b des Fünften Buches Sozialgesetzbuch) versorgt werden, ferner zur unmittelbaren Anwendung bei Patienten an ermächtigte Ambulanzen des Krankenhauses, insbesondere an Hochschulambulanzen (§ 117 des Fünften Buches Sozialgesetzbuch), psychiatrische Institutsambulanzen (§ 118 des Fünften Buches Sozialgesetzbuch), sozialpädiatrische Zentren (§ 119 des Fünften Buches Sozialgesetzbuch) und ermächtigte Krankenhausärzte (§ 116 des Fünften Buches Sozialgesetzbuch) sowie an Patienten im Rahmen der ambulanten Behandlung im Krankenhaus, wenn das Krankenhaus hierzu ermächtigt (§ 116a des Fünften Buches Sozialgesetzbuch) oder berechtigt (§§ 116b und 140b Abs. 4 Satz 3 des Fünften Buches Sozialgesetzbuch) ist. [3]Bei der Entlassung von Patienten nach stationärer oder ambulanter Behandlung im Krankenhaus darf an diese die zur Überbrückung benötigte Menge an Arzneimitteln nur abgegeben werden, wenn im unmittelbaren Anschluss an die Behandlung ein Wochenende oder ein Feiertag folgt. [4]Unbeschadet des Satzes 3 können an Patienten, für die die Verordnung häuslicher Krankenpflege nach § 92 Abs. 7 Satz 1 Nr. 3 des Fünften Buches Sozialgesetzbuch vorliegt, die zur Überbrückung benötigten Arzneimittel für längstens drei Tage abgegeben werden. [5]An Beschäftigte des Krankenhauses dürfen Arzneimittel nur für deren unmittelbaren eigenen Bedarf abgegeben werden.

(8) [1]Krankenhäuser im Sinne dieses Gesetzes sind Einrichtungen nach § 2 Nr. 1 des Krankenhausfinanzierungsgesetzes. [2]Diesen hen hinsichtlich der Arzneimittelversorgung gleich:

1. die nach Landesrecht bestimmten Träger und Durführenden des Rettungsdienstes,
2. Kur- und Spezialeinrichtungen, die der Gesundheitsvorsorge oder der medizinischen oder beruflichen Rehabilitation dienen, sofern sie
   a) Behandlung oder Pflege sowie Unterkunft und Verpflegung gewähren,
   b) unter ständiger hauptberuflicher ärztlicher Leitung stehen und
   c) insgesamt mindestens 40 vom Hundert der jährlichen Leistungen für Patienten öffentlich-rechtlicher Leistungsträger oder für Selbstzahler abrechnen, die keine höheren als die den öffentlich-rechtlichen Leistungsträgern berechneten Entgelte zahlen.

[3]Die nach Landesrecht bestimmten Träger und Durchführenden des Rettungsdienstes sowie Kur- und Spezialeinrichtungen sind als eine Station im Sinne des Absatzes 7 Satz 2 anzusehen, es sei denn, dass sie in Stationen oder andere Teileinheiten mit unterschiedlichem Versorgungszweck unterteilt sind. [4]Dem Träger einer in Satz 2 genannten Einrichtung darf für diese eine Erlaubnis nach Absatz 1 nicht erteilt werden.

(9) Die Absätze 3, 4, 5 Satz 3 und Absatz 7 Satz 1 bis 3 finden keine Anwendung, soweit es sich um Arzneimittel zur Behandlung einer bedrohlichen übertragbaren Krankheit handelt, deren Ausbreitung eine sofortige und das übliche Maß erhebliche überschreitende Bereitstellung von spezifischen Arzneimitteln erforderlich macht, und die von den Gesundheitsbehörden des Bundes

oder der Länder oder von diesen benannten Stellen nach § 47 Abs. 1 Satz 1 Nr. 3c bevorratet oder nach § 21 Absatz 2 Nummer 1c des Arzneimittelgesetzes hergestellt wurden.

§ 15 (1) Im Geschäftsbereich des Bundesministeriums der Verteidigung obliegt die Arzneimittelversorgung den Bundeswehrapotheken.

(2) [1]Das Bundesministerium der Verteidigung regelt unter Berücksichtigung der besonderen militärischen Gegebenheiten in Dienstvorschriften die Errichtung der Bundeswehrapotheken sowie deren Einrichtung und Betrieb. [2]Dabei stellt er sicher, dass die Angehörigen der Bundeswehr hinsichtlich der Arzneimittelversorgung und der Arzneimittelsicherheit nicht anders gestellt sind als Zivilpersonen.

§ 16 (1) Tritt infolge Fehlens einer Apotheke ein Notstand in der Arzneimittelversorgung ein, so kann die zuständige Behörde dem Inhaber einer nahe gelegenen Apotheke auf Antrag die Erlaubnis zum Betrieb einer Zweigapotheke erteilen, wenn dieser die dafür vorgeschriebenen Räume nachweist.

(2) [1]Zweigapotheken müssen verwaltet werden. [2]§ 13 gilt entsprechend.

(3) Die Erlaubnis nach Absatz 1 soll einem Apotheker nicht für mehr als eine Zweigapotheke erteilt werden.

(4) Die Erlaubnis wird für einen Zeitraum von fünf Jahren erteilt; sie kann erneut erteilt werden.

§ 17 [1]Ergibt sich sechs Monate nach öffentlicher Bekanntmachung eines Notstandes in der Arzneimittelversorgung der Bevölkerung, dass weder ein Antrag auf Betrieb einer Apotheke noch einer Zweigapotheke gestellt worden ist, so kann die zuständige Behörde einer Gemeinde oder einem Gemeindeverband die Erlaubnis zum Betrieb einer Apotheke unter Leitung eines von ihr anzustellenden Apothekers erteilen, wenn diese die nach diesem Gesetz vorgeschriebenen Räume und Einrichtungen nachweisen. [2]Der Apotheker muss die Voraussetzungen des § 2 Abs. 1 Nr. 1 bis 4 und 7 erfüllen.

Dritter Abschnitt

Notdienstpauschale, Apothekenbetriebsordnung und Ausnahmeregelungen für Bundespolizei und Bereitschaftspolizei

§ 18 (1) [1]Der im Vereinsregister des Amtsgerichts Frankfurt am Main unter der Registernummer 4485 eingetragene Deutsche Apothekerverband e.V. errichtet und verwaltet einen Fonds zur Förderung der Sicherstellung des Notdienstes von Apotheken. [2]Er nimmt die Aufgaben im Zusammenhang mit der Errichtung des Fonds sowie der Vereinnahmung und Verteilung der Mittel, einschließlich des Erlasses und der Vollstreckung der hierzu notwendigen Verwaltungsakte, als Beliehener nach Maßgabe der §§ 19 und 20 wahr. [3]Der Deutsche Apothekerverband e.V. ist Anordnungsbehörde im Sinne des § 3 des Verwaltungsvollstreckungsgesetzes und Vollzugsbehörde im Sinne des § 7 des Verwaltungsvollstreckungsgesetzes.

(2) [1]Der Deutsche Apothekerverband e.V. hat den Fonds nach Absatz 1 Satz 1 getrennt vom sonstigen Vermögen des Vereins zu errichten und zu verwalten. [2]Die ihm bei der Errichtung und Verwaltung des Fonds entstehenden Ausgaben werden aus den Einnahmen des Fonds gedeckt. [3]Die Finanzmittel sind bei der Bundesrepublik Deutschland Finanzagentur GmbH anzulegen. [4]Der Fonds hat zur Sicherstellung seiner Zahlungsfähigkeit im jeweils laufenden Quartal Betriebsmittel in angemessener Höhe vorzuhalten, die aus Einnahmen des Fonds zu bilden sind. [5]Zur anfänglichen Aufbringung der Betriebsmittel können Darlehen in angemessener Höhe aufgenommen werden, die bis spätestens zum 31. Dezember 2013 aus den Einnahmen des Fonds zurückzuzahlen sind.

(3) [1]Die Rechts- und Fachaufsicht über den Deutschen Apothekerverband e.V. bei der Wahrnehmung der Aufgaben nach Absatz 1 führt das Bundesministerium für Gesundheit. [2]Der Deutsche Apothekerverband e.V. hat der Aufsichtsbehörde auf Verlangen die Rechnungslegung des Fonds offenzulegen.

§ 19 (1) [1]Die Apotheken sind verpflichtet, nach jedem Quartalsende innerhalb von zehn Tagen nach Bekanntgabe des Bescheids nach Absatz 2 Satz 1 für alle im Quartal abgegebenen Packungen verschreibungspflichtiger Fertigarzneimittel zur Anwendung bei Menschen den Anteil des Festzuschlags nach § 3 Absatz 1 Satz 1 der Arzneimittelpreisverordnung, der der Förderung der Sicherstellung des Notdienstes von Apotheken dient, an den nach § 18 Absatz 1 Satz 1 errichteten Fonds abzuführen. [2]Soweit die Apotheken für die Abrechnung mit den Krankenkassen Rechenzentren in Anspruch nehmen, haben sie die auf die abgerechneten sowie die auf die sonstigen abgegebenen Arzneimittel entfallenden Anteile nach Satz 1 über die Rechenzentren abzuführen.

(2) [1]Der Deutsche Apothekerverband e.V. setzt gegenüber der Apotheke für jedes Quartal die abzuführenden Beträge fest. [2]Widerspruch und Klage gegen die Festsetzung haben keine aufschiebende Wirkung. [3]Der Beliehene ist Widerspruchsbehörde im Sinne des § 73 Absatz 1 Satz 2 Nummer 2 der Verwaltungsgerichtsordnung. [4]Für ein Vorverfahren werden Gebühren und Auslagen erhoben. [5]Für die vollständige oder teilweise Zurückweisung eines Widerspruchs wird eine Gebühr bis zu 500 Euro erhoben. [6]Bei Rücknahme eines Widerspruchs nach Beginn seiner sachlichen Bearbeitung, jedoch vor deren Beendigung, ist die Gebühr nach Satz 5 anteilig zu erheben. [7]Hat der Widerspruch nur deshalb keinen Erfolg, weil die Verletzung einer Verfahrens- oder Formvorschrift nach § 45 des Verwaltungsverfahrensgesetzes unbeachtlich ist, wird keine Gebühr erhoben. [8]Über die Gebühren nach den Sätzen 5 und 6 entscheidet die Widerspruchsbehörde nach billigem Ermessen. [9]Für Klagen gegen den Beliehenen ist das Verwaltungsgericht örtlich zuständig, in dessen Bezirk er seinen Sitz hat.

(3) [1]Die Rechenzentren nach Absatz 1 Satz 2 übermitteln dem Deutschen Apothekerverband e.v. im Wege elektronischer Datenübertragung oder maschinell lesbar auf Datenträgern vollständige Angaben zur Anzahl der im jeweiligen Quartal von den einzelnen Apotheken zu Lasten der gesetzlichen Krankenversicherung abgegebenen Packungen verschreibungspflichtiger Fertigarzneimittel zur Anwendung bei Menschen. [2]Die Apotheken haben dem Deutschen Apothekerverband e.v. die Gesamtzahl der von ihnen im jeweiligen Quartal abgegebenen Packungen verschreibungspflichtiger Fertigarzneimittel zur Anwendung bei Menschen, die nicht zu Lasten der gesetzlichen Krankenversicherung verordnet oder nicht als Sachleistung abgegeben wurden, im Wege einer Selbsterklärung mitzuteilen. [3]Form und Inhalt der Erklärung nach Satz 2 werden vom Deutschen Apothekerverband e.v. festgelegt und auf seiner Webseite bekannt gemacht. [4]Die Übermittlung der Daten hat jeweils innerhalb von vier Wochen nach Quartalsende zu erfolgen. [5]Die Daten dürfen nur für die Zwecke nach Absatz 2 Satz 1 verarbeitet und genutzt werden.

(4) [1]Der Deutsche Apothekerverband e.v. erstattet aus den Einnahmen des Fonds den Rechenzentren die notwendigen Kosten für die Übermittlung der Angaben nach Absatz 3 Satz 1 in nachgewiesener Höhe. [2]Abweichend von Satz 1 kann der Deutsche Apothekerverband e.v. mit den Rechenzentren eine pauschale Kostenerstattung vereinbaren.

(5) [1]Soweit Apotheken keine Rechenzentren in Anspruch nehmen, erfolgt die Abführung sämtlicher Anteile nach Absatz 1 Satz 1 unmittelbar durch die Apotheke aufgrund einer Selbsterklärung. [2]Absatz 2 und Absatz 3 Satz 3 bis 5 gelten entsprechend.

(6) [1]Der Deutsche Apothekerverband e.v. stellt sicher, dass die Apotheken ihren Verpflichtungen nach den Absätzen 1, 3 und 5 nachkommen. [2]Bei unterlassener oder bei Anhaltspunkten für eine unvollständige Abführung der Anteile nach Absatz 1 kann er die zur Ermittlung der abzuführenden Beträge notwendigen Überprüfungen der Apotheken sowie der in Anspruch genommenen Rechenzentren vornehmen. [3]Die mit der Überprüfung beauftragten Personen können insbesondere die Betriebs- und Geschäftsräume zu den üblichen Geschäftszeiten betreten, die erforderlichen Auskünfte verlangen sowie in begründeten Fällen Geschäftsunterlagen, einschließlich elektronischer Dateien, einsehen und hiervon Abschriften oder Kopien fertigen. [4]Der zur Auskunft Verpflichtete kann die Auskunft auf solche Fragen verweigern, deren Beantwortung ihn selbst oder einen seiner in § 383 Absatz 1 Nummer 1 bis 3 der Zivilprozessordnung bezeichneten Angehörigen der Gefahr strafrechtlicher Verfolgung oder eines Verfahrens nach dem Gesetz über Ordnungswidrigkeiten aussetzen würde. [5]Die Apotheken und die Rechenzentren haben die Beauftragten des Deutschen Apothekerverbandes e.v. bei der Überprüfung zu unterstützen.

(7) [1]Kommt eine Apotheke ihrer Verpflichtung zur Selbsterklärung nach Absatz 3 Satz 2 nicht nach oder liegen tatsächliche Anhaltspunkte für die Unrichtigkeit der Angaben der abgegebenen Selbsterklärung vor, kann der Deutsche Apothekerverband e.v. die Anzahl der in der betreffenden Apotheke abge-

gebenen Packungen verschreibungspflichtiger Arzneimittel, die nicht zu Lasten der gesetzlichen Krankenversicherung oder nicht als Sachleistung abgegeben wurden, schätzen. [2]Dabei sind alle Umstände zu berücksichtigen, die für die Schätzung von Bedeutung sind. [3]Für die Schätzung wird eine Gebühr bis zu 500 Euro erhoben. [4]Absatz 2 Satz 3 bis 9 gilt entsprechend.

§ 20 (1) Apotheken, die von der zuständigen Behörde zur Dienstbereitschaft im Notdienst durchgehend in der Zeit von spätestens 20 Uhr bis mindestens 6 Uhr des Folgetages bestimmt wurden und den Notdienst vollständig erbracht haben, erhalten hierfür einen pauschalen Zuschuss.

(2) Die für die Einteilung zur Dienstbereitschaft im Notdienst zuständige Behörde teilt dem Deutschen Apothekerverband e.V. für ihren Zuständigkeitsbereich nach jedem Quartalsende spätestens bis zum Ende des folgenden Monats die Apotheken mit, die im jeweiligen Quartal Notdienste nach Absatz 1 erbracht haben, sowie die Anzahl der jeweils erbrachten Notdienste.

(3) [1]Der Deutsche Apothekerverband e.V. setzt gegenüber den Apotheken für jedes Quartal den pauschalen Zuschuss nach Absatz 1 fest und zahlt ihn für jeden nach Absatz 2 mitgeteilten Notdienst an die Apotheken aus dem Fonds nach § 18 Absatz 1 Satz 1 nach jedem Quartalsende spätestens bis zum Ablauf des folgenden Quartals aus. [2]§ 19 Absatz 2 Satz 3 bis 9 gilt entsprechend. [3]Der Zuschuss errechnet sich als Quotient aus der um die Ausgaben nach § 18 Absatz 2 Satz 2, einschließlich der nach § 19 Absatz 4 zu erstattenden Kosten, und die Beträge zur Bildung von Betriebsmitteln nach § 18 Absatz 2 Satz 4 und zur Erfüllung der Verpflichtungen aus Darlehen nach § 18 Absatz 2 Satz 5 bereinigten Summe der beim Fonds vorhandenen Anteile nach § 19 Absatz 1 und der Anzahl der nach Absatz 2 mitgeteilten Notdienste.

§ 20a Der Deutsche Apothekerverband e.V. hat den Schaden zu ersetzen, welcher der Bundesrepublik Deutschland durch rechtswidrige und vorsätzliche oder fahrlässige Verletzung seiner Pflichten bei der Ausübung der Aufgaben und Befugnisse nach den §§ 18 bis 20 entsteht.

§ 21 (1) [1]Das Bundesministerium für Gesundheit wird ermächtigt, durch Rechtsverordnung mit Zustimmung des Bundesrates eine Apothekenbetriebsordnung zu erlassen, um einen ordnungsgemäßen Betrieb der Apotheken, Zweigapotheken und Krankenhausapotheken zu gewährleisten und um die Qualität der dort herzustellenden und abzugebenden Arzneimittel sicherzustellen. [2]Hierbei sind die von der Weltgesundheitsorganisation aufgestellten Grundregeln für die Herstellung von Arzneimitteln und die Sicherung ihrer Qualität, die Vorschriften des Arzneibuches und die allgemein anerkannten Regeln der pharmazeutischen Wissenschaft zu berücksichtigen. [3]Mit Zustimmung des Bundesrates können durch die Apothekenbetriebsordnung nach Satz 1 Regelungen über die Organisation, Ausstattung und Mitwirkung von Apotheken bei der Durchführung von nach dem Fünften Buch Sozialgesetzbuch vereinbarten Versorgungsformen erlassen werden. [4]Weiterhin wird das Bundesministerium ermächtigt, durch Rechtsverordnung mit Zustimmung des Bundesrates Regelungen insbesondere zur Gestaltung einschließlich des Betreibens und der Qualitätssicherung von Informationen in elektronischen Medien, die in Verbindung mit dem elektronischen Handel mit Arzneimitteln verwendet werden, zu treffen.

(2) In der Apothekenbetriebsordnung nach Absatz 1 Satz 1 können Regelungen getroffen werden über

1. das Entwickeln, Herstellen, Erwerben, Prüfen, Ab- und Umfüllen, Verpacken und Abpacken, Lagern, Feilhalten, Abgeben und die Kennzeichnung von Arzneimitteln sowie die Absonderung oder Vernichtung nicht verkehrsfähiger Arzneimittel und über sonstige Betriebsvorgänge,

1a. die Anforderungen an den Versand, an den elektronischen Handel einschließlich Versand, an die Beratung und Information in Verbindung mit diesem Arzneimittelhandel und Sicherstellung der ordnungsgemäßen Aushändigung dieser Arzneimittel an den Endverbraucher, an Dokumentationspflichten sowie zur Bestimmung von Arzneimitteln oder Arzneimittelgruppen, deren Abgabe auf dem Wege des Versandhandels aus Gründen der Arzneimittelsicherheit oder des Verbraucherschutzes nicht zulässig ist, soweit nicht mit angemessenen Mitteln die Arzneimittelsicherheit und der Verbraucherschutz gewährleistet werden können und die Annahme der Risiken begründet ist und die Risiken unverhältnismäßig sind,

2. die Führung und Aufbewahrung von Nachweisen über die in Nummer 1 genannten Betriebsvorgänge,

3. die besonderen Versuchsbedingungen und die Kontrolle der bei der Entwicklung, Herstellung und Prüfung von Arzneimitteln verwendeten Tiere sowie die Führung und Aufbewahrung von Nachweisen darüber; die Vorschriften des Tierschutzgesetzes und der auf Grund des Tierschutzgesetzes erlassenen Rechtsverordnungen bleiben unberührt,

4. die Anforderungen an das Apothekenpersonal und dessen Einsatz,

5. die Vertretung des Apothekenleiters,

6. die Größe, Beschaffenheit, Ausstattung und Einrichtung der Apothekenbetriebsräume sowie der sonstigen Räume, die den Versand und den elektronischen Handel einschließlich Versand mit Arzneimitteln sowie die Beratung und Information in Verbindung mit diesem Handel betreffen,

7. die Beschaffenheit und die Kennzeichnung der Behältnisse in der Apotheke,

8. die apothekenüblichen Waren, die Nebengeschäfte, die Dienstbereitschaft und das Warenlager der Apotheken sowie die Arzneimittelabgabe innerhalb und außerhalb der Apothekenbetriebsräume,

9. die Voraussetzungen der Erlaubniserteilung für die Errichtung von Rezeptsammelstellen und das dabei zu beachtende Verfahren sowie die Voraussetzungen der Schließung von Rezeptsammelstellen und die Anforderungen an ihren Betrieb,

10. die Benennung und den Verantwortungsbereich von Kontrollleitern in Apotheken,

11. die Zurückstellung von Chargenproben sowie deren Umfang und Lagerungsdauer,
12. die Anforderungen an die Hygiene in den Apotheken und
13. die Überprüfung der Arzneimittelvorräte in Krankenhäusern sowie die Führung und Aufbewahrung von Nachweisen darüber.

(3) In der Rechtsverordnung nach Absatz 1 Satz 4 können insbesondere folgende Regelungen zur Gestaltung einschließlich des Betreibens und der Qualitätssicherung von Informationen in elektronischen Medien getroffen werden, die in Verbindung mit dem elektronischen Handel mit Arzneimitteln verwendet werden:

1. Darbietung und Anwendungssicherheit,
2. Bestellformular und dort aufgeführte Angaben,
3. Fragebogen zu für die Arzneimitteltherapie relevanten Angaben, soweit diese aus Gründen der Arzneimittelsicherheit erforderlich sein können,
4. Informationen zur Arzneimittelsicherheit,
5. Vermittlungsart und -qualität der Information,
6. Qualitätssicherung, Qualitätskontrolle und Qualitätsbestätigung,
7. Zielgruppenorientierung,
8. Transparenz,
9. Urheberschaft der Webseite und der Informationen,
10. Geheimhaltung und Datenschutz,
11. Aktualisierung von Informationen,
12. Verantwortlichkeit und Ansprechpartner für Rückmeldungen,
13. Zugreifbarkeit auf gesundheits- oder arzneimittelbezogene Daten oder Inhalte,
14. Verlinkung zu anderen Webseiten und sonstigen Informationsträgern,
15. Einrichtungen zur Erkennung und Überprüfung des Status der Überwachung oder Überprüfung der Apotheke und der Webseite sowie deren Grundlagen.

(4) Soweit Apotheken eine Erlaubnis zur Herstellung von Arzneimitteln nach den Vorschriften des Arzneimittelgesetzes haben, gelten für den Apothekenbetrieb die Apothekenbetriebsordnung, für den Herstellungsbetrieb die entsprechenden Vorschriften des Arzneimittelrechts.

§ 22 Einrichtungen, die der Arzneimittelversorgung der Angehörigen der Bundespolizei und der Bereitschaftspolizeien der Länder im Rahmen der freien Heilfürsorge sowie ihrer Tierbestände dienen, unterliegen nicht den Vorschriften dieses Gesetzes.

Vierter Abschnitt
Straf- und Bußgeldbestimmungen

§ 23 Wer vorsätzlich oder fahrlässig ohne die erforderliche Erlaubnis oder Genehmigung eine Apotheke, Krankenhausapotheke oder Zweigapotheke betreibt oder verwaltet, wird mit Freiheitsstrafe bis zu sechs Monaten oder mit Geldstrafe bis zu einhundertachtzig Tagessätzen bestraft.

§ 24 *(weggefallen)*

§ 25 (1) Ordnungswidrig handelt, wer vorsätzlich oder fahrlässig
1. entgegen § 2 Abs. 5 Nr. 2 einen Verantwortlichen nicht, nicht richtig oder nicht rechtzeitig benennt,
2. auf Grund einer nach § 8 Satz 2, § 9 Abs. 1, § 10 oder § 11 Abs. 1 unzulässigen Vereinbarung Leistungen erbringt oder annimmt oder eine solche Vereinbarung in sonstiger Weise ausführt,
3. eine Apotheke durch eine Person verwalten lässt, der eine Genehmigung nach § 13 Abs. 1b Satz 1 nicht erteilt worden ist,
4. entgegen § 14 Abs. 7 Satz 1 ein Krankenhaus mit Arzneimitteln versorgt oder
5. entgegen § 14 Abs. 7 Satz 2, 3 oder 4 Arzneimittel abgibt.

(2) Ordnungswidrig handelt auch, wer vorsätzlich oder fahrlässig einer nach § 21 erlassenen Rechtsverordnung zuwiderhandelt, soweit sie für einen bestimmten Tatbestand auf diese Bußgeldvorschrift verweist.

(3) Die Ordnungswidrigkeit kann in den Fällen des Absatzes 1 Nr. 2 mit einer Geldbuße bis zu zwanzigtausend Euro, in den Fällen des Absatzes 1 Nr. 1, 3 und 4 und des Absatzes 2 mit einer Geldbuße bis zu fünftausend Euro geahndet werden.

Fünfter Abschnitt
Schluss- und Übergangsbestimmungen

§ 26 (1) ¹Personalkonzessionen, Realkonzessionen und sonstige persönliche Betriebserlaubnisse, die vor dem Inkrafttreten dieses Gesetzes erteilt worden sind, gelten als Erlaubnisse im Sinne des § 1. ²Dies gilt auch für Berechtigungen, deren Inhaber Gebietskörperschaften sind; die Apotheken können verpachtet werden; § 9 findet keine Anwendung.

(2) ¹Die nach bisherigem Recht erteilten Erlaubnisse zum Betrieb einer Krankenhausapotheke gelten in ihrem bisherigen Umfange weiter. ²Die nach bisherigem Recht erteilten Erlaubnisse zum Betrieb einer Zweigapotheke gelten als Erlaubnisse im Sinne des § 16.

§ 27 (1) ¹Inhaber von anderen als den in § 26 bezeichneten Apothekenbetriebsberechtigungen bedürfen zum Betreiben der Apotheke einer Erlaubnis nach § 1. ²Soweit sie beim Inkrafttreten dieses Gesetzes eine Apotheke auf Grund einer solchen Berechtigung betreiben, gilt die Erlaubnis als erteilt.

(2) ¹Soweit eine solche Berechtigung nach Maßgabe der Verleihungsurkunde und der bis zum Inkrafttreten dieses Gesetzes geltenden landesrechtlichen Bestimmungen von einer Person, die nicht eine der Voraussetzungen des § 2 Abs. 1 Nr. 3 erfüllt, genutzt werden durfte, verbleibt es dabei. ²Die Nutzung hat durch Verpachtung zu erfolgen; § 9 findet keine Anwendung; § 13 bleibt unberührt.

(3) Inhabern einer solchen Berechtigung wird eine Erlaubnis zum Betrieb einer anderen Apotheke, die keine Zweigapotheke ist, nur erteilt, wenn sie auf die bisherige Berechtigung verzichten.

§ 28 (1) Bei verpachteten Apotheken gilt die dem Pächter verliehene Betriebserlaubnis oder die Bestätigung als Pächter als Erlaubnis nach § 1.

(2) Am 1. Mai 1960 bestehende Verträge über die Verpachtung oder Verwaltung einer Apotheke, die den §§ 9 und 13 nicht entsprechen, bleiben bis zum Ablauf der vereinbarten Vertragsdauer in Kraft, wenn sie nicht zu einem früheren Zeitpunkt ihre Gültigkeit verlieren.

§ 28a *(aufgehoben)*

§ 29 *(weggefallen)*

§ 30 Auf ärztliche und tierärztliche Abgabestellen für Arzneimittel (Hausapotheken) finden die Vorschriften dieses Gesetzes keine Anwendung.

§ 31 Außerkrafttreten

§ 32 *(aufgehoben)*

§ 33 Inkrafttreten

Anlage

(zu § 2 Abs. 2)

(aufgehoben)

Gesetz über den Verkehr mit Betäubungsmitteln (Betäubungsmittelgesetz – BtMG)

i.d.F. der Bek. vom 1.3.1994 (BGBl. I S. 358),
zuletzt geändert durch Art. 1 VO vom 2.7.2018 (BGBl. I S. 1078)

– Auszug –

Erster Abschnitt
Begriffsbestimmungen

§ 1 Betäubungsmittel. (1) Betäubungsmittel im Sinne dieses Gesetzes sind die in den Anlagen I bis III aufgeführten Stoffe und Zubereitungen.

(2) [1]Die Bundesregierung wird ermächtigt, nach Anhörung von Sachverständigen durch Rechtsverordnung mit Zustimmung des Bundesrates die Anlagen I bis III zu ändern oder zu ergänzen, wenn dies

1. nach wissenschaftlicher Erkenntnis wegen der Wirkungsweise eines Stoffes, vor allem im Hinblick auf das Hervorrufen einer Abhängigkeit,

2. wegen der Möglichkeit, aus einem Stoff oder unter Verwendung eines Stoffes Betäubungsmittel herstellen zu können, oder

3. zur Sicherheit oder zur Kontrolle des Verkehrs mit Betäubungsmitteln oder anderen Stoffen oder Zubereitungen wegen des Ausmaßes der missbräuchlichen Verwendung und wegen der unmittelbaren oder mittelbaren Gefährdung der Gesundheit

erforderlich ist. [2]In der Rechtsverordnung nach Satz 1 können einzelne Stoffe oder Zubereitungen ganz oder teilweise von der Anwendung dieses Gesetzes oder einer aufgrund dieses Gesetzes erlassenen Rechtsverordnung ausgenommen werden, soweit die Sicherheit und die Kontrolle des Betäubungsmittelverkehrs gewährleistet bleiben.

(3) [1]Das Bundesministerium für Gesundheit wird ermächtigt in dringenden Fällen zur Sicherheit oder zur Kontrolle des Betäubungsmittelverkehrs durch Rechtsverordnung ohne Zustimmung des Bundesrates Stoffe und Zubereitungen, die nicht Arzneimittel sind, in die Anlagen I bis III aufzunehmen, wenn dies wegen des Ausmaßes der missbräuchlichen Verwendung und wegen der unmittelbaren oder mittelbaren Gefährdung der Gesundheit erforderlich ist. [2]Eine auf der Grundlage dieser Vorschrift erlassene Verordnung tritt nach Ablauf eines Jahres außer Kraft.

(4) Das Bundesministerium für Gesundheit (Bundesministerium) wird ermächtigt, durch Rechtsverordnung ohne Zustimmung des Bundesrates die Anlagen I bis III oder die aufgrund dieses Gesetzes erlassenen Rechtsverordnungen zu ändern, soweit das aufgrund von Änderungen der Anhänge zu dem Einheits-Übereinkommen von 1961 über Suchtstoffe in der Fassung der Be-

kanntmachung vom 4. Februar 1977 (BGBl. II S. 111) und dem Übereinkommen von 1971 über psychotrope Stoffe (BGBl. 1976 II S. 1477) (Internationale Suchtstoffübereinkommen) in ihrer jeweils für die Bundesrepublik Deutschland verbindlichen Fassung erforderlich ist.

§ 2 Sonstige Begriffe. (1) Im Sinne dieses Gesetzes ist
1. Stoff:
   a) chemische Elemente und chemische Verbindungen sowie deren natürlich vorkommende Gemische und Lösungen,
   b) Pflanzen, Algen, Pilze und Flechten sowie deren Teile und Bestandteile in bearbeitetem oder unbearbeitetem Zustand,
   c) Tierkörper, auch lebender Tiere, sowie Körperteile, -bestandteile und Stoffwechselprodukte von Mensch und Tier in bearbeitetem oder unbearbeitetem Zustand,
   d) Mikroorganismen einschließlich Viren sowie deren Bestandteile oder Stoffwechselprodukte;
2. Zubereitung:
   ohne Rücksicht auf ihren Aggregatzustand ein Stoffgemisch oder die Lösung eines oder mehrerer Stoffe außer den natürlich vorkommenden Gemischen und Lösungen;
3. ausgenommene Zubereitung:
   eine in den Anlagen I bis III bezeichnete Zubereitung, die von den betäubungsmittelrechtlichen Vorschriften ganz oder teilweise ausgenommen ist;
4. Herstellen:
   das Gewinnen, Anfertigen, Zubereiten, Be- oder Verarbeiten, Reinigen und Umwandeln.

(2) Der Einfuhr oder Ausfuhr eines Betäubungsmittels steht jedes sonstige Verbringen in den oder aus dem Geltungsbereich dieses Gesetzes gleich.

Zweiter Abschnitt

Erlaubnis und Erlaubnisverfahren

§ 3 Erlaubnis zum Verkehr mit Betäubungsmitteln. (1) Einer Erlaubnis des Bundesinstitutes für Arzneimittel und Medizinprodukte bedarf, wer
1. Betäubungsmittel anbauen, herstellen, mit ihnen Handel treiben, sie, ohne mit ihnen Handel zu treiben, einführen, ausführen, abgeben, veräußern, sonst in den Verkehr bringen, erwerben oder
2. ausgenommene Zubereitungen (§ 2 Abs. 1 Nr. 3) herstellen
will.

(2) Eine Erlaubnis für die in Anlage I bezeichneten Betäubungsmittel kann das Bundesinstitut für Arzneimittel und Medizinprodukte nur ausnahmsweise zu wissenschaftlichen oder anderen im öffentlichen Interesse liegenden Zwecken erteilen.

§ 4 Ausnahmen von der Erlaubnispflicht. (1) Einer Erlaubnis nach § 3 bedarf nicht, wer

1. im Rahmen des Betriebs einer öffentlichen Apotheke oder einer Krankenhausapotheke (Apotheke)

    a) in Anlage II oder III bezeichnete Betäubungsmittel oder dort ausgenommene Zubereitungen herstellt,

    b) in Anlage II oder III bezeichnete Betäubungsmittel erwirbt,

    c) in Anlage III bezeichnete Betäubungsmittel aufgrund ärztlicher, zahnärztlicher oder tierärztlicher Verschreibung abgibt,

    d) in Anlage II oder III bezeichnete Betäubungsmittel an Inhaber einer Erlaubnis zum Erwerb dieser Betäubungsmittel zurückgibt oder an den Nachfolger im Betrieb der Apotheke abgibt,

    e) in Anlage I, II oder III bezeichnete Betäubungsmittel zur Untersuchung, zur Weiterleitung an eine zur Untersuchung von Betäubungsmitteln berechtigte Stelle oder zur Vernichtung entgegennimmt oder

    f) in Anlage III bezeichnete Opioide in Form von Fertigarzneimitteln in transdermaler oder in transmucosaler Darreichungsform an eine Apotheke zur Deckung des nicht aufschiebbaren Betäubungsmittelbedarfs eines ambulant versorgten Palliativpatienten abgibt, wenn die empfangende Apotheke die Betäubungsmittel nicht vorrätig hat,

2. im Rahmen des Betriebs einer tierärztlichen Hausapotheke in Anlage III bezeichnete Betäubungsmittel in Form von Fertigarzneimitteln

    a) für ein von ihm behandeltes Tier miteinander, mit anderen Fertigarzneimitteln oder arzneilich nicht wirksamen Bestandteilen zum Zwecke der Anwendung durch ihn oder für die Immobilisation eines von ihm behandelten Zoo-, Wild- und Gehegetieres mischt,

    b) erwirbt,

    c) für ein von ihm behandeltes Tier oder Mischungen nach Buchstabe a für die Immobilisation eines von ihm behandelten Zoo-, Wild- und Gehegetieres abgibt oder

    d) an Inhaber der Erlaubnis zum Erwerb dieser Betäubungsmittel zurückgibt oder an den Nachfolger im Betrieb der tierärztlichen Hausapotheke abgibt,

3. in Anlage III bezeichnete Betäubungsmittel

    a) aufgrund ärztlicher, zahnärztlicher oder tierärztlicher Verschreibung,

    b) zur Anwendung an einem Tier von einer Person, die dieses Tier behandelt und eine tierärztliche Hausapotheke betreibt oder

    c) von einem Arzt nach § 13 Absatz 1a Satz 1

    erwirbt,

4. in Anlage III bezeichnete Betäubungsmittel

    a) als Arzt, Zahnarzt oder Tierarzt im Rahmen des grenzüberschreitenden Dienstleistungsverkehrs oder

    b) aufgrund ärztlicher, zahnärztlicher oder tierärztlicher Verschreibung erworben hat und sie als Reisebedarf

    ausführt oder einführt,

5. gewerbsmäßig

    a) an der Beförderung von Betäubungsmitteln zwischen befugten Teilnehmern am Betäubungsmittelverkehr beteiligt ist oder die Lagerung und Aufbewahrung von Betäubungsmitteln im Zusammenhang mit einer solchen Beförderung oder für einen befugten Teilnehmer am Betäubungsmittelverkehr übernimmt oder

    b) die Versendung von Betäubungsmitteln zwischen befugten Teilnehmern am Betäubungsmittelverkehr durch andere besorgt oder vermittelt oder

6. in Anlage I, II oder III bezeichnete Betäubungsmittel als Proband oder Patient im Rahmen einer klinischen Prüfung oder in Härtefällen nach § 21 Absatz 2 Nummer 6 des Arzneimittelgesetzes in Verbindung mit Artikel 83 der Verordnung (EG) Nr. 726/2004 des Europäischen Parlaments und des Rates vom 31. März 2004 zur Festlegung von Gemeinschaftsverfahren für die Genehmigung und Überwachung von Human- und Tierarzneimitteln und zur Errichtung einer Europäischen Arzneimittel-Agentur (ABl. L 136 vom 30.4.2004, S. 1) erwirbt.

(2) Einer Erlaubnis nach § 3 bedürfen nicht Bundes- und Landesbehörden für den Bereich ihrer dienstlichen Tätigkeit sowie die von ihnen mit der Untersuchung von Betäubungsmitteln beauftragten Behörden.

(3) [1]Wer nach Absatz 1 Nr. 1 und 2 keiner Erlaubnis bedarf und am Betäubungsmittelverkehr teilnehmen will, hat dies dem Bundesinstitut für Arzneimittel und Medizinprodukte zuvor anzuzeigen. [2]Die Anzeige muss enthalten:

1. den Namen und die Anschriften des Anzeigenden sowie der Apotheke oder der tierärztlichen Hausapotheke,

2. das Ausstellungsdatum und die ausstellende Behörde der apothekenrechtlichen Erlaubnis oder der Approbation als Tierarzt und

3. das Datum des Beginns der Teilnahme am Betäubungsmittelverkehr.

[3]Das Bundesinstitut für Arzneimittel und Medizinprodukte unterrichtet die zuständige oberste Landesbehörde unverzüglich über den Inhalt der Anzeigen, soweit sie tierärztliche Hausapotheken betreffen.

§ 5 Versagung der Erlaubnis. (1) Die Erlaubnis nach § 3 ist zu versagen, wenn

1. nicht gewährleistet ist, dass in der Betriebsstätte und, sofern weitere Betriebsstätten in nicht benachbarten Gemeinden bestehen, in jeder dieser Betriebsstätten eine Person bestellt wird, die verantwortlich ist für die Einhaltung der betäubungsmittelrechtlichen Vorschriften und der Anordnungen der Überwachungsbehörden (Verantwortlicher); der Antragsteller kann selbst die Stelle eines Verantwortlichen einnehmen,

2. der vorgesehene Verantwortliche nicht die erforderliche Sachkenntnis hat oder die ihm obliegenden Verpflichtungen nicht ständig erfüllen kann,

3. Tatsachen vorliegen, aus denen sich Bedenken gegen die Zuverlässigkeit des Verantwortlichen, des Antragstellers, seines gesetzlichen Vertreters oder bei juristischen Personen oder nicht rechtsfähigen Personenvereinigungen

der nach Gesetz, Satzung oder Gesellschaftsvertrag zur Vertretung oder Geschäftsführung Berechtigten ergeben,

4. geeignete Räume, Einrichtungen und Sicherungen für die Teilnahme am Betäubungsmittelverkehr oder die Herstellung ausgenommener Zubereitungen nicht vorhanden sind,

5. die Sicherheit oder Kontrolle des Betäubungsmittelverkehrs oder der Herstellung ausgenommener Zubereitungen aus anderen als den in den Nummern 1 bis 4 genannten Gründen nicht gewährleistet ist,

6. die Art und der Zweck des beantragten Verkehrs mit dem Zweck dieses Gesetzes, die notwendige medizinische Versorgung der Bevölkerung sicherzustellen, daneben aber den Missbrauch von Betäubungsmitteln oder die missbräuchliche Herstellung ausgenommener Zubereitungen sowie das Entstehen oder Erhalten einer Betäubungsmittelabhängigkeit soweit wie möglich auszuschließen, vereinbar ist oder

7. bei Beanstandung der vorgelegten Antragsunterlagen einem Mangel nicht innerhalb der gesetzten Frist (§ 8 Abs. 2) abgeholfen wird.

(2) Die Erlaubnis kann versagt werden, wenn sie der Durchführung der internationalen Suchtstoffübereinkommen oder Beschlüssen, Anordnungen oder Empfehlungen zwischenstaatlicher Einrichtungen der Suchtstoffkontrolle entgegensteht oder dies wegen Rechtsakten der Organe der Europäischen Union geboten ist.

§ 6 Sachkenntnis. (1) Der Nachweis der erforderlichen Sachkenntnis (§ 5 Abs. 1 Nr. 2) wird erbracht

1. im Falle des Herstellens von Betäubungsmitteln oder ausgenommenen Zubereitungen, die Arzneimittel sind, durch den Nachweis der Sachkenntnis nach § 15 Absatz 1 des Arzneimittelgesetzes,

2. im Falle des Herstellens von Betäubungsmitteln, die keine Arzneimittel sind, durch das Zeugnis über eine nach abgeschlossenem wissenschaftlichem Hochschulstudium der Biologie, der Chemie, der Pharmazie, der Human- oder der Veterinärmedizin abgelegte Prüfung und durch die Bestätigung einer mindestens einjährigen praktischen Tätigkeit in der Herstellung oder Prüfung von Betäubungsmitteln,

3. im Falle des Verwendens für wissenschaftliche Zwecke durch das Zeugnis über eine nach abgeschlossenem wissenschaftlichem Hochschulstudium der Biologie, der Chemie, der Pharmazie, der Human- oder der Veterinärmedizin abgelegte Prüfung und

4. in allen anderen Fällen durch das Zeugnis über eine abgeschlossene Berufsausbildung als Kaufmann im Groß- und Außenhandel in den Fachbereichen Chemie oder Pharma und durch die Bestätigung einer mindestens einjährigen praktischen Tätigkeit im Betäubungsmittelverkehr.

(2) Das Bundesinstitut für Arzneimittel und Medizinprodukte kann im Einzelfall von den im Absatz 1 genannten Anforderungen an die Sachkenntnis abweichen, wenn die Sicherheit und Kontrolle des Betäubungsmittelverkehrs oder der Herstellung ausgenommener Zubereitungen gewährleistet sind.

§ 7 Antrag. [1]Der Antrag auf Erteilung einer Erlaubnis nach § 3 ist in doppelter Ausfertigung beim Bundesinstitut für Arzneimittel und Medizinprodukte zu stellen, das eine Ausfertigung der zuständigen obersten Landesbehörde übersendet. [2]Dem Antrag müssen folgende Angaben und Unterlagen beigefügt werden:

1. die Namen, Vornamen oder die Firma und die Anschriften des Antragstellers und der Verantwortlichen,
2. für die Verantwortlichen die Nachweise über die erforderliche Sachkenntnis und Erklärungen darüber, ob und aufgrund welcher Umstände sie die ihnen obliegenden Verpflichtungen ständig erfüllen können,
3. eine Beschreibung der Lage der Betriebsstätten nach Ort (gegebenenfalls Flurbezeichnung), Straße, Hausnummer, Gebäude und Gebäudeteil sowie der Bauweise des Gebäudes,
4. eine Beschreibung der vorhandenen Sicherungen gegen die Entnahme von Betäubungsmitteln durch unbefugte Personen,
5. die Art des Betäubungsmittelverkehrs (§ 3 Abs. 1),
6. die Art und die voraussichtliche Jahresmenge der herzustellenden oder benötigten Betäubungsmittel,
7. im Falle des Herstellens (§ 2 Abs. 1 Nr. 4) von Betäubungsmitteln oder ausgenommenen Zubereitungen eine kurzgefasste Beschreibung des Herstellungsganges unter Angabe von Art und Menge der Ausgangsstoffe oder -zubereitungen, der Zwischen- und Endprodukte, auch wenn Ausgangsstoffe oder -zubereitungen, Zwischen- oder Endprodukte keine Betäubungsmittel sind; bei nicht abgeteilten Zubereitungen zusätzlich die Gewichtsvomhundertsätze, bei abgeteilten Zubereitungen die Gewichtsmengen der je abgeteilte Form enthaltenen Betäubungsmittel und
8. im Falle des Verwendens zu wissenschaftlichen oder anderen im öffentlichen Interesse liegenden Zwecken eine Erläuterung des verfolgten Zwecks unter Bezugnahme auf einschlägige wissenschaftliche Literatur.

§ 8 Entscheidung. (1) [1]Das Bundesinstitut für Arzneimittel und Medizinprodukte soll innerhalb von drei Monaten nach Eingang des Antrages über die Erteilung der Erlaubnis entscheiden. [2]Es unterrichtet die zuständige oberste Landesbehörde unverzüglich über die Entscheidung.

(2) [1]Gibt das Bundesinstitut für Arzneimittel und Medizinprodukte dem Antragsteller Gelegenheit, Mängeln des Antrages abzuhelfen, so wird die in Absatz 1 bezeichnete Frist bis zur Behebung der Mängel oder bis zum Ablauf der zur Behebung der Mängel gesetzten Frist gehemmt. [2]Die Hemmung beginnt mit dem Tage, an dem dem Antragsteller die Aufforderung zur Behebung der Mängel zugestellt wird.

(3) [1]Der Inhaber der Erlaubnis hat jede Änderung der in § 7 bezeichneten Angaben dem Bundesinstitut für Arzneimittel und Medizinprodukte unverzüglich mitzuteilen. [2]Bei einer Erweiterung hinsichtlich der Art der Betäubungsmittel oder des Betäubungsmittelverkehrs sowie bei Änderungen in der Person des Erlaubnisinhabers oder der Lage der Betriebsstätten, ausgenommen inner-

halb eines Gebäudes, ist eine neue Erlaubnis zu beantragen. [3]In den anderen Fällen wird die Erlaubnis geändert. [4]Die zuständige oberste Landesbehörde wird über die Änderung der Erlaubnis unverzüglich unterrichtet.

§ 9 Beschränkungen, Befristung, Bedingungen und Auflagen. (1) [1]Die Erlaubnis ist zur Sicherheit und Kontrolle des Betäubungsmittelverkehrs oder der Herstellung ausgenommener Zubereitungen auf den jeweils notwendigen Umfang zu beschränken. [2]Sie muss insbesondere regeln:

1. die Art der Betäubungsmittel und des Betäubungsmittelverkehrs,
2. die voraussichtliche Jahresmenge und den Bestand an Betäubungsmitteln,
3. die Lage der Betriebstätten und
4. den Herstellungsgang und die dabei anfallenden Ausgangs-, Zwischen- und Endprodukte, auch wenn sie keine Betäubungsmittel sind.

(2) Die Erlaubnis kann

1. befristet, mit Bedingungen erlassen oder mit Auflagen verbunden werden oder
2. nach ihrer Erteilung hinsichtlich des Absatzes 1 Satz 2 geändert oder mit sonstigen Beschränkungen oder Auflagen versehen werden,

wenn dies zur Sicherheit oder Kontrolle des Betäubungsmittelverkehrs oder der Herstellung ausgenommener Zubereitungen erforderlich ist oder die Erlaubnis der Durchführung der internationalen Suchtstoffübereinkommen oder von Beschlüssen, Anordnungen oder Empfehlungen zwischenstaatlicher Einrichtungen der Suchtstoffkontrolle entgegensteht oder dies wegen Rechtsakten der Organe der Europäischen Union geboten ist.

§ 10 Rücknahme und Widerruf. (1) [1]Die Erlaubnis kann auch widerrufen werden, wenn von ihr innerhalb eines Zeitraumes von zwei Kalenderjahren kein Gebrauch gemacht worden ist. [2]Die Frist kann verlängert werden, wenn ein berechtigtes Interesse glaubhaft gemacht wird.

(2) Die zuständige oberste Landesbehörde wird über die Rücknahme oder den Widerruf der Erlaubnis unverzüglich unterrichtet.

§ 10a Erlaubnis für den Betrieb von Drogenkonsumräumen. (1) [1]Einer Erlaubnis der zuständigen obersten Landesbehörde bedarf, wer eine Einrichtung betreiben will, in deren Räumlichkeiten Betäubungsmittelabhängigen eine Gelegenheit zum Verbrauch von mitgeführten, ärztlich nicht verschriebenen Betäubungsmitteln verschafft oder gewährt wird (Drogenkonsumraum). [2]Eine Erlaubnis kann nur erteilt werden, wenn die Landesregierung die Voraussetzungen für die Erteilung in einer Rechtsverordnung nach Maßgabe des Absatzes 2 geregelt hat.

(2) [1]Die Landesregierungen werden ermächtigt, durch Rechtsverordnung die Voraussetzungen für die Erteilung einer Erlaubnis nach Absatz 1 zu regeln. [2]Die Regelungen müssen insbesondere folgende Mindeststandards für die Sicherheit und Kontrolle beim Verbrauch von Betäubungsmitteln in Drogenkonsumräumen festlegen:

 1. Zweckdienliche sachliche Ausstattung der Räumlichkeiten, die als Drogenkonsumraum dienen sollen;
 2. Gewährleistung einer sofort einsatzfähigen medizinischen Notfallversorgung;
 3. medizinische Beratung und Hilfe zum Zwecke der Risikominderung beim Verbrauch der von Abhängigen mitgeführten Betäubungsmittel;
 4. Vermittlung von weiterführenden und ausstiegsorientierten Angeboten der Beratung und Therapie;
 5. Maßnahmen zur Verhinderung von Straftaten nach diesem Gesetz in Drogenkonsumräumen, abgesehen vom Besitz von Betäubungsmitteln nach § 29 Abs. 1 Satz 1 Nr. 3 zum Eigenverbrauch in geringer Menge;
 6. erforderliche Formen der Zusammenarbeit mit den für die öffentliche Sicherheit und Ordnung zuständigen örtlichen Behörden, um Straftaten im unmittelbaren Umfeld der Drogenkonsumräume soweit wie möglich zu verhindern;
 7. genaue Festlegung des Kreises der berechtigten Benutzer von Drogenkonsumräumen, insbesondere im Hinblick auf deren Alter, die Art der mitgeführten Betäubungsmittel sowie die geduldeten Konsummuster; offenkundige Erst- oder Gelegenheitskonsumenten sind von der Benutzung auszuschließen;
 8. eine Dokumentation und Evaluation der Arbeit in den Drogenkonsumräumen;
 9. ständige Anwesenheit von persönlich zuverlässigem Personal in ausreichender Zahl, das für die Erfüllung der in den Nummern 1 bis 7 genannten Anforderungen fachlich ausgebildet ist;
10. Benennung einer sachkundigen Person, die für die Einhaltung der in den Nummern 1 bis 9 genannten Anforderungen, der Auflagen der Erlaubnisbehörde sowie der Anordnungen der Überwachungsbehörde verantwortlich ist (Verantwortlicher) und die ihm obliegenden Verpflichtungen ständig erfüllen kann.

(3) Für das Erlaubnisverfahren gelten § 7 Satz 1 und 2 Nr. 1 bis 4 und 8, §§ 8, 9 Abs. 2 und § 10 entsprechend; dabei tritt an die Stelle des Bundesinstituts für Arzneimittel und Medizinprodukte jeweils die zuständige oberste Landesbehörde, an die Stelle der obersten Landesbehörde jeweils das Bundesinstitut für Arzneimittel und Medizinprodukte.

(4) Eine Erlaubnis nach Absatz 1 berechtigt das in einem Drogenkonsumraum tätige Personal nicht, eine Substanzanalyse der mitgeführten Betäubungsmittel durchzuführen oder beim unmittelbaren Verbrauch der mitgeführten Betäubungsmittel aktive Hilfe zu leisten.

Dritter Abschnitt

Pflichten im Betäubungsmittelverkehr

§ 11 Einfuhr, Ausfuhr und Durchfuhr. (1) [1]Wer Betäubungsmittel im Einzelfall einführen oder ausführen will, bedarf dazu neben der erforderlichen Erlaubnis nach § 3 einer Genehmigung des Bundesinstitutes für Arzneimittel und Medizinprodukte. [2]Betäubungsmittel dürfen durch den Geltungsbereich dieses Gesetzes nur unter zollamtlicher Überwachung ohne weiteren als den durch die Beförderung oder den Umschlag bedingten Aufenthalt und ohne dass das Betäubungsmittel zu irgendeinem Zeitpunkt während des Verbringens dem Durchführenden oder einer dritten Person tatsächlich zur Verfügung steht, durchgeführt werden. [3]Ausgenommene Zubereitungen dürfen nicht in Länder ausgeführt werden, die die Einfuhr verboten haben.

(2) [1]Die Bundesregierung wird ermächtigt, durch Rechtsverordnung ohne Zustimmung des Bundesrates das Verfahren über die Erteilung der Genehmigung zu regeln und Vorschriften über die Einfuhr, Ausfuhr und Durchfuhr zu erlassen, soweit es zur Sicherheit oder Kontrolle des Betäubungsmittelverkehrs, zur Durchführung der internationalen Suchtstoffübereinkommen oder von Rechtsakten der Organe der Europäischen Union erforderlich ist. [2]Insbesondere können

1. die Einfuhr, Ausfuhr oder Durchfuhr auf bestimmte Betäubungsmittel und Mengen beschränkt sowie in oder durch bestimmte Länder oder aus bestimmten Ländern verboten,
2. Ausnahmen von Absatz 1 für den Reiseverkehr und die Versendung von Proben im Rahmen der internationalen Zusammenarbeit zugelassen,
3. Regelungen über das Mitführen von Betäubungsmitteln durch Ärzte, Zahnärzte und Tierärzte im Rahmen des grenzüberschreitenden Dienstleistungsverkehrs getroffen und
4. Form, Inhalt, Anfertigung, Ausgabe und Aufbewahrung der zu verwendenden amtlichen Formblätter festgelegt

werden.

§ 12 Abgabe und Erwerb. (1) Betäubungsmittel dürfen nur abgegeben werden an

1. Personen oder Personenvereinigungen, die im Besitz einer Erlaubnis nach § 3 zum Erwerb sind oder eine Apotheke oder tierärztliche Hausapotheke betreiben,
2. die in § 4 Abs. 2 oder § 26 genannten Behörden oder Einrichtungen.
3. *(weggefallen)*

(2) [1]Der Abgebende hat dem Bundesinstitut für Arzneimittel und Medizinprodukte außer in den Fällen des § 4 Abs. 1 Nr. 1 Buchstabe e unverzüglich jede einzelne Abgabe unter Angabe des Erwerbers und der Art und Menge des Betäubungsmittels zu melden. [2]Der Erwerber hat dem Abgebenden den Empfang der Betäubungsmittel zu bestätigen.

(3) Die Absätze 1 und 2 gelten nicht bei
1. Abgabe von in Anlage III bezeichneten Betäubungsmitteln
   a) aufgrund ärztlicher, zahnärztlicher oder tierärztlicher Verschreibung im Rahmen des Betriebes einer Apotheke,
   b) im Rahmen des Betriebes einer tierärztlichen Hausapotheke für ein vom Betreiber dieser Hausapotheke behandeltes Tier,
   c) durch den Arzt nach § 13 Absatz 1a Satz 1,
2. der Ausfuhr von Betäubungsmitteln und
3. Abgabe und Erwerb von Betäubungsmitteln zwischen den in § 4 Abs. 2 oder § 26 genannten Behörden oder Einrichtungen.

(4) ¹Das Bundesministerium für Gesundheit wird ermächtigt, durch Rechtsverordnung ohne Zustimmung des Bundesrates das Verfahren der Meldung und der Empfangsbestätigung zu regeln. ²Es kann dabei insbesondere deren Form, Inhalt und Aufbewahrung sowie eine elektronische Übermittlung regeln.

§ 13 Verschreibung und Abgabe auf Verschreibung. (1) ¹Die in Anlage III bezeichneten Betäubungsmittel dürfen nur von Ärzten, Zahnärzten und Tierärzten und nur dann verschrieben oder im Rahmen einer ärztlichen, zahnärztlichen oder tierärztlichen Behandlung einschließlich der ärztlichen Behandlung einer Betäubungsmittelabhängigkeit verabreicht oder einem anderen zum unmittelbaren Verbrauch oder nach Absatz 1a Satz 1 überlassen werden, wenn ihre Anwendung am oder im menschlichen oder tierischen Körper begründet ist. ²Die Anwendung ist insbesondere dann nicht begründet, wenn der beabsichtigte Zweck auf andere Weise erreicht werden kann. ³Die in Anlagen I und II bezeichneten Betäubungsmittel dürfen nicht verschrieben, verabreicht oder einem anderen zum unmittelbaren Verbrauch oder nach Absatz 1a Satz 1 überlassen werden.

(1a) ¹Zur Deckung des nicht aufschiebbaren Betäubungsmittelbedarfs eines ambulant versorgten Palliativpatienten darf der Arzt diesem die hierfür erforderlichen, in Anlage III bezeichneten Betäubungsmittel in Form von Fertigarzneimitteln nur dann überlassen, soweit und solange der Bedarf des Patienten durch eine Verschreibung nicht rechtzeitig gedeckt werden kann; die Höchstüberlassungsmenge darf den Dreitagesbedarf nicht überschreiten. ²Der Bedarf des Patienten kann durch eine Verschreibung nicht rechtzeitig gedeckt werden, wenn das erforderliche Betäubungsmittel
1. bei einer dienstbereiten Apotheke innerhalb desselben Kreises oder derselben kreisfreien Stadt oder in einander benachbarten Kreisen oder kreisfreien Städten nicht vorrätig ist oder nicht rechtzeitig zur Abgabe bereitsteht oder
2. obwohl es in einer Apotheke nach Nummer 1 vorrätig ist oder rechtzeitig zur Abgabe bereitstünde, von dem Patienten oder den Patienten versorgenden Personen nicht rechtzeitig beschafft werden kann, weil
   a) diese Personen den Patienten vor Ort versorgen müssen oder aufgrund ihrer eingeschränkten Leistungsfähigkeit nicht in der Lage sind, das Betäubungsmittel zu beschaffen, oder

b) der Patient aufgrund der Art und des Ausmaßes seiner Erkrankung dazu nicht selbst in der Lage ist und keine Personen vorhanden sind, die den Patienten versorgen.

[3]Der Arzt muss unter Hinweis darauf, dass eine Situation nach Satz 1 vorliegt, bei einer dienstbereiten Apotheke nach Satz 2 Nummer 1 vor Überlassung anfragen, ob das erforderliche Betäubungsmittel dort vorrätig ist oder bis wann es zur Abgabe bereitsteht. [4]Über das Vorliegen der Voraussetzungen nach den Sätzen 1 und 2 und die Anfrage nach Satz 3 muss der Arzt mindestens folgende Aufzeichnungen führen und diese drei Jahre, vom Überlassen der Betäubungsmittel an gerechnet, aufbewahren:

1. den Namen des Patienten sowie den Ort, das Datum und die Uhrzeit der Behandlung,
2. den Namen der Apotheke und des kontaktierten Apothekers oder der zu seiner Vertretung berechtigten Person,
3. die Bezeichnung des angefragten Betäubungsmittels,
4. die Angabe der Apotheke, ob das Betäubungsmittel zum Zeitpunkt der Anfrage vorrätig ist oder bis wann es zur Abgabe bereitsteht,
5. die Angaben über diejenigen Tatsachen, aus denen sich das Vorliegen der Voraussetzungen nach den Sätzen 1 und 2 ergibt.

[5]Über die Anfrage eines nach Satz 1 behandelnden Arztes, ob ein bestimmtes Betäubungsmittel vorrätig ist oder bis wann es zur Abgabe bereitsteht, muss der Apotheker oder die zu seiner Vertretung berechtigte Person mindestens folgende Aufzeichnungen führen und diese drei Jahre, vom Tag der Anfrage an gerechnet, aufbewahren:

1. das Datum und die Uhrzeit der Anfrage,
2. den Namen des Arztes,
3. die Bezeichnung des angefragten Betäubungsmittels,
4. die Angabe gegenüber dem Arzt, ob das Betäubungsmittel zum Zeitpunkt der Anfrage vorrätig ist oder bis wann es zur Abgabe bereitsteht.

[6]Im Falle des Überlassens nach Satz 1 hat der Arzt den ambulant versorgten Palliativpatienten oder zu dessen Pflege anwesende Dritte über die ordnungsgemäße Anwendung der überlassenen Betäubungsmittel aufzuklären und eine schriftliche Gebrauchsanweisung mit Angaben zur Einzel- und Tagesgabe auszuhändigen.

(2) [1]Die nach Absatz 1 verschriebenen Betäubungsmittel dürfen nur im Rahmen des Betriebs einer Apotheke und gegen Vorlage der Verschreibung abgegeben werden. [2]Diamorphin darf nur von pharmazeutischen Unternehmer und nur an anerkannte Einrichtungen nach Absatz 3 Satz 2 Nummer 2a gegen Vorlage der Verschreibung abgegeben werden. [3]Im Rahmen des Betriebs einer tierärztlichen Hausapotheke dürfen nur die in Anlage III bezeichneten Betäubungsmittel und nur zur Anwendung bei einem vom Betreiber der Hausapotheke behandelten Tier abgegeben werden.

(3) [1]Die Bundesregierung wird ermächtigt, durch Rechtsverordnung mit Zustimmung des Bundesrates das Verschreiben von den in Anlage III bezeichne-

ten Betäubungsmitteln, ihre Abgabe aufgrund einer Verschreibung und das Aufzeichnen ihres Verbleibs und des Bestandes bei Ärzten, Zahnärzten, Tierärzten, in Apotheken, tierärztlichen Hausapotheken, Krankenhäusern, Tierkliniken, Alten- und Pflegeheimen, Hospizen, Einrichtungen der spezialisierten ambulanten Palliativversorgung, Einrichtungen der Rettungsdienste, Einrichtungen, in denen eine Behandlung mit dem Substitutionsmittel Diamorphin stattfindet, und auf Kauffahrteischiffen zu regeln, soweit es zur Sicherheit oder Kontrolle des Betäubungsmittelverkehrs erforderlich ist. [2]Insbesondere können

1. das Verschreiben auf bestimmte Zubereitungen, Bestimmungszwecke oder Mengen beschränkt,

2. das Verschreiben von Substitutionsmitteln für Drogenabhängige von der Erfüllung von Mindestanforderungen an die Qualifikation der verschreibenden Ärzte abhängig gemacht und die Festlegung der Mindestanforderungen den Ärztekammern übertragen,

2a. das Verschreiben von Diamorphin nur in Einrichtungen, denen eine Erlaubnis von der zuständigen Landesbehörde erteilt wurde, zugelassen,

2b. die Mindestanforderungen an die Ausstattung der Einrichtungen, in denen die Behandlung mit dem Substitutionsmittel Diamorphin stattfindet, festgelegt,

3. Meldungen

   a) der verschreibenden Ärzte an das Bundesinstitut für Arzneimittel und Medizinprodukte über das Verschreiben eines Substitutionsmittels für einen Patienten in anonymisierter Form,

   b) der Ärztekammern an das Bundesinstitut für Arzneimittel und Medizinprodukte über die Ärzte, die die Mindestanforderungen nach Nummer 2 erfüllen und

   Mitteilungen

   c) des Bundesinstituts für Arzneimittel und Medizinprodukte an die zuständigen Überwachungsbehörden und an die verschreibenden Ärzte über die Patienten, denen bereits ein anderer Arzt ein Substitutionsmittel verschrieben hat, in anonymisierter Form,

   d) des Bundesinstituts für Arzneimittel und Medizinprodukte an die zuständigen Überwachungsbehörden der Länder über die Ärzte, die die Mindestanforderungen nach Nummer 2 erfüllen,

   e) des Bundesinstituts für Arzneimittel und Medizinprodukte an die obersten Landesgesundheitsbehörden über die Anzahl der Patienten, denen ein Substitutionsmittel verschrieben wurde, die Anzahl der Ärzte, die zum Verschreiben eines Substitutionsmittels berechtigt sind, die Anzahl der Ärzte, die ein Substitutionsmittel verschrieben haben, die verschriebenen Substitutionsmittel und die Art der Verschreibung

   sowie Art der Anonymisierung, Form und Inhalt der Meldungen und Mitteilungen vorgeschrieben,

4. Form, Inhalt, Anfertigung, Ausgabe, Aufbewahrung und Rückgabe des zu verwendenden amtlichen Formblattes für die Verschreibung sowie der Aufzeichnungen über den Verbleib und den Bestand festgelegt und

5. Ausnahmen von § 4 Abs. 1 Nr. 1 Buchstabe c für die Ausrüstung von Kauffahrteischiffen erlassen werden.

[3]Für das Verfahren zur Erteilung einer Erlaubnis nach Satz 2 Nummer 2a gelten § 7 Satz 2 Nummer 1 bis 4, § 8 Absatz 1 Satz 1, Absatz 2 und 3 Satz 1 bis 3, § 9 Absatz 2 und § 10 entsprechend. [4]Dabei tritt an die Stelle des Bundesinstitutes für Arzneimittel und Medizinprodukte jeweils die zuständige Landesbehörde, an die Stelle der zuständigen obersten Landesbehörde jeweils das Bundesinstitut für Arzneimittel und Medizinprodukte. [5]Die Empfänger nach Satz 2 Nr. 3 dürfen die übermittelten Daten nicht für einen anderen als den in Satz 1 genannten Zweck verwenden. [6]Das Bundesinstitut für Arzneimittel und Medizinprodukte handelt bei der Wahrnehmung der ihm durch Rechtsverordnung nach Satz 2 zugewiesenen Aufgaben als vom Bund entliehenes Organ des jeweils zuständigen Landes; Einzelheiten einschließlich der Kostenerstattung an den Bund werden durch Vereinbarung geregelt.

§ 14 Kennzeichnung und Werbung. (1) [1]Im Betäubungsmittelverkehr sind die Betäubungsmittel unter Verwendung der in den Anlagen aufgeführten Kurzbezeichnungen zu kennzeichnen. [2]Die Kennzeichnung hat in deutlich lesbarer Schrift, in deutscher Sprache und auf dauerhafte Weise zu erfolgen.

(2) Die Kennzeichnung muss außerdem enthalten

1. bei rohen, ungereinigten und nicht abgeteilten Betäubungsmitteln den Gewichtsvomhundertsatz und bei abgeteilten Betäubungsmitteln das Gewicht des enthaltenen reinen Stoffes,

2. auf Betäubungsmittelbehältnissen und – soweit verwendet – auf den äußeren Umhüllungen bei Stoffen und nicht abgeteilten Zubereitungen die enthaltene Gewichtsmenge, bei abgeteilten Zubereitungen die enthaltene Stückzahl; dies gilt nicht für Vorratsbehältnisse in wissenschaftlichen Laboratorien sowie für zur Abgabe bestimmte kleine Behältnisse und Ampullen.

(3) Die Absätze 1 und 2 gelten nicht für Vorratsbehältnisse in Apotheken und tierärztlichen Hausapotheken.

(4) Die Absätze 1 und 2 gelten sinngemäß auch für die Bezeichnung von Betäubungsmitteln, in Katalogen, Preislisten, Werbeanzeigen oder ähnlichen Druckerzeugnissen, die für die am Betäubungsmittelverkehr beteiligten Fachkreise bestimmt sind.

(5) [1]Für in Anlage I bezeichnete Betäubungsmittel darf nicht geworben werden. [2]Für in den Anlagen II und III bezeichnete Betäubungsmittel darf nur in Fachkreisen der Industrie und des Handels sowie bei Personen und Personenvereinigungen, die eine Apotheke oder eine tierärztliche Hausapotheke betreiben, geworben werden, für in Anlage III bezeichnete Betäubungsmittel auch bei Ärzten, Zahnärzten und Tierärzten.

§ 15 Sicherungsmaßnahmen. [1]Wer am Betäubungsmittelverkehr teilnimmt, hat die Betäubungsmittel, die sich in seinem Besitz befinden, gesondert aufzubewahren und gegen unbefugte Entnahme zu sichern. [2]Das Bundesinstitut für

Arzneimittel und Medizinprodukte kann Sicherungsmaßnahmen anordnen, soweit es nach Art oder Umfang des Betäubungsmittelverkehrs, dem Gefährdungsgrad oder der Menge der Betäubungsmittel erforderlich ist.

§ 16 Vernichtung. (1) [1]Der Eigentümer von nicht mehr verkehrsfähigen Betäubungsmitteln hat diese auf seine Kosten in Gegenwart von zwei Zeugen in einer Weise zu vernichten, die eine auch nur teilweise Wiedergewinnung der Betäubungsmittel ausschließt sowie den Schutz von Mensch und Umwelt vor schädlichen Einwirkungen sicherstellt. [2]Über die Vernichtung ist eine Niederschrift zu fertigen und diese drei Jahre aufzubewahren.

(2) [1]Das Bundesinstitut für Arzneimittel und Medizinprodukte, in den Fällen des § 19 Abs. 1 Satz 3 die zuständige Behörde des Landes, kann den Eigentümer auffordern, die Betäubungsmittel auf seine Kosten an diese Behörden zur Vernichtung einzusenden. [2]Ist ein Eigentümer der Betäubungsmittel nicht vorhanden oder nicht zu ermitteln, oder kommt der Eigentümer seiner Verpflichtung zur Vernichtung oder der Aufforderung zur Einsendung der Betäubungsmittel gemäß Satz 1 nicht innerhalb einer zuvor gesetzten Frist von drei Monaten nach, so treffen die in Satz 1 genannten Behörden die zur Vernichtung erforderlichen Maßnahmen. [3]Der Eigentümer oder Besitzer der Betäubungsmittel ist verpflichtet, die Betäubungsmittel den mit der Vernichtung beauftragten Personen herauszugeben oder die Wegnahme zu dulden.

(3) Absatz 1 und Absatz 2 Satz 1 und 3 gelten entsprechend, wenn der Eigentümer nicht mehr benötigte Betäubungsmittel beseitigen will.

§ 17 Aufzeichnungen. (1) [1]Der Inhaber einer Erlaubnis nach § 3 ist verpflichtet, getrennt für jede Betriebsstätte und jedes Betäubungsmittel fortlaufend folgende Aufzeichnungen über jeden Zugang und jeden Abgang zu führen:
1. das Datum,
2. den Namen oder die Firma und die Anschrift des Lieferers oder des Empfängers oder die sonstige Herkunft oder den sonstigen Verbleib,
3. die zugegangene oder abgegangene Menge und den sich daraus ergebenden Bestand,
4. im Falle des Anbaues zusätzlich die Anbaufläche nach Lage und Größe sowie das Datum der Aussaat,
5. im Falle des Herstellens zusätzlich die Angabe der eingesetzten oder hergestellten Betäubungsmittel, der nicht dem Gesetz unterliegenden Stoffe oder der ausgenommenen Zubereitungen nach Art und Menge und
6. im Falle der Abgabe ausgenommener Zubereitungen durch deren Hersteller zusätzlich den Namen oder die Firma und die Anschrift des Empfängers.
[2]Anstelle der in Nummer 6 bezeichneten Aufzeichnungen können die Durchschriften der Ausgangsrechnungen, in denen die ausgenommenen Zubereitungen kenntlich gemacht sind, fortlaufend nach dem Rechnungsdatum abgeheftet werden.

(2) Die in den Aufzeichnungen oder Rechnungen anzugebenden Mengen sind

1. bei Stoffen und nicht abgeteilten Zubereitungen die Gewichtsmenge und
2. bei abgeteilten Zubereitungen die Stückzahl.

(3) Die Aufzeichnungen oder Rechnungsdurchschriften sind drei Jahre, von der letzten Aufzeichnung oder vom letzten Rechnungsdatum an gerechnet, gesondert aufzubewahren.

§ 18 Meldungen. (1) Der Inhaber einer Erlaubnis nach § 3 ist verpflichtet, dem Bundesinstitut für Arzneimittel und Medizinprodukte getrennt für jede Betriebsstätte und für jedes Betäubungsmittel die jeweilige Menge zu melden, die

1. beim Anbau gewonnen wurde, unter Angabe der Anbaufläche nach Lage und Größe,
2. hergestellt wurde, aufgeschlüsselt nach Ausgangsstoffen,
3. zur Herstellung anderer Betäubungsmittel verwendet wurde, aufgeschlüsselt nach diesen Betäubungsmitteln,
4. zur Herstellung von nicht unter dieses Gesetz fallenden Stoffen verwendet wurde, aufgeschlüsselt nach diesen Stoffen,
5. zur Herstellung ausgenommener Zubereitungen verwendet wurde, aufgeschlüsselt nach diesen Zubereitungen,
6. eingeführt wurde, aufgeschlüsselt nach Ausfuhrländern,
7. ausgeführt wurde, aufgeschlüsselt nach Einfuhrländern,
8. erworben wurde,
9. abgegeben wurde,
10. vernichtet wurde,
11. zu anderen als den nach den Nummern 1 bis 10 angegebenen Zwecken verwendet wurde, aufgeschlüsselt nach den jeweiligen Verwendungszwecken und
12. am Ende des jeweiligen Kalenderhalbjahres als Bestand vorhanden war.

(2) Die in den Meldungen anzugebenden Mengen sind

1. bei Stoffen und nicht abgeteilten Zubereitungen die Gewichtsmenge und
2. bei abgeteilten Zubereitungen die Stückzahl.

(3) Die Meldungen nach Absatz 1 Nr. 2 bis 12 sind dem Bundesinstitut für Arzneimittel und Medizinprodukte jeweils bis zum 31. Januar und 31. Juli für das vergangene Kalenderhalbjahr und die Meldung nach Absatz 1 Nr. 1 bis zum 31. Januar für das vergangene Kalenderjahr einzusenden.

(4) Für die in Absatz 1 bezeichneten Meldungen sind die vom Bundesinstitut für Arzneimittel und Medizinprodukte herausgegebenen amtlichen Formblätter zu verwenden.

Sechster Abschnitt
Straftaten und Ordnungswidrigkeiten

§ 29 Straftaten. (1) [1]Mit Freiheitsstrafe bis zu fünf Jahren oder mit Geldstrafe wird bestraft, wer

1. Betäubungsmittel unerlaubt anbaut, herstellt, mit ihnen Handel treibt, sie, ohne Handel zu treiben, einführt, ausführt, veräußert, abgibt, sonst in den Verkehr bringt, erwirbt oder sich in sonstiger Weise verschafft,

2. eine ausgenommene Zubereitung (§ 2 Abs. 1 Nr. 3) ohne Erlaubnis nach § 3 Abs. 1 Nr. 2 herstellt,

3. Betäubungsmittel besitzt, ohne zugleich im Besitz einer schriftlichen Erlaubnis für den Erwerb zu sein,

4. *(weggefallen)*

5. entgegen § 11 Abs. 1 Satz 2 Betäubungsmittel durchführt,

6. entgegen § 13 Abs. 1 Betäubungsmittel
   a) verschreibt,
   b) verabreicht oder zum unmittelbaren Verbrauch überlässt,

6a. entgegen § 13 Absatz 1a Satz 1 und 2 ein dort genanntes Betäubungsmittel überlässt,

7. entgegen § 13 Absatz 2
   a) Betäubungsmittel in einer Apotheke oder tierärztlichen Hausapotheke,
   b) Diamorphin als pharmazeutischer Unternehmer
   abgibt,

8. entgegen § 14 Abs. 5 für Betäubungsmittel wirbt,

9. unrichtige oder unvollständige Angaben macht, um für sich oder einen anderen oder für ein Tier die Verschreibung eines Betäubungsmittels zu erlangen,

10. einem anderen eine Gelegenheit zum unbefugten Erwerb oder zur unbefugten Abgabe von Betäubungsmitteln verschafft oder gewährt, eine solche Gelegenheit öffentlich oder eigennützig mitteilt oder einen anderen zum unbefugten Verbrauch von Betäubungsmitteln verleitet,

11. ohne Erlaubnis nach § 10a einem anderen eine Gelegenheit zum unbefugten Verbrauch von Betäubungsmitteln verschafft oder gewährt, oder wer eine außerhalb einer Einrichtung nach § 10a bestehende Gelegenheit zu einem solchen Verbrauch eigennützig oder öffentlich mitteilt,

12. öffentlich, in einer Versammlung oder durch Verbreiten von Schriften (§ 11 Abs. 3 des Strafgesetzbuches) dazu auffordert, Betäubungsmittel zu verbrauchen, die nicht zulässigerweise verschrieben worden sind,

13. Geldmittel oder andere Vermögensgegenstände einem anderen für eine rechtswidrige Tat nach Nummern 1, 5, 6, 7, 10, 11 oder 12 bereitstellt,

14. einer Rechtsverordnung nach § 11 Abs. 2 Satz 2 Nr. 1 oder § 13 Abs. 3 Satz 2 Nr. 1, 2a oder 5 zuwiderhandelt, soweit sie für einen bestimmten Tatbestand auf diese Strafvorschrift verweist.

²Die Abgabe von sterilen Einmalspritzen an Betäubungsmittelabhängige und die öffentliche Information darüber sind kein Verschaffen und kein öffentliches Mitteilen einer Gelegenheit zum Verbrauch nach Satz 1 Nr. 11.

(2) In den Fällen des Absatzes 1 Satz 1 Nr. 1, 2, 5 oder 6 Buchstabe b ist der Versuch strafbar.

(3) ¹In besonders schweren Fällen ist die Strafe Freiheitsstrafe nicht unter einem Jahr. ²Ein besonders schwerer Fall liegt in der Regel vor, wenn der Täter

1. in den Fällen des Absatzes 1 Satz 1 Nr. 1, 5, 6, 10, 11 oder 13 gewerbsmäßig handelt,

2. durch eine der in Absatz 1 Satz 1 Nr. 1, 6 oder 7 bezeichneten Handlungen die Gesundheit mehrerer Menschen gefährdet.

(4) Handelt der Täter in den Fällen des Absatzes 1 Satz 1 Nr. 1, 2, 5, 6 Buchstabe b, Nr. 10 oder 11 fahrlässig, so ist die Strafe Freiheitsstrafe bis zu einem Jahr oder Geldstrafe.

(5) Das Gericht kann von einer Bestrafung nach den Absätzen 1, 2 und 4 absehen, wenn der Täter die Betäubungsmittel lediglich zum Eigenverbrauch in geringer Menge anbaut, herstellt, einführt, ausführt, durchführt, erwirbt, sich in sonstiger Weise verschafft oder besitzt.

(6) Die Vorschriften des Absatzes 1 Satz 1 Nr. 1 sind, soweit sie das Handeltreiben, Abgeben oder Veräußern betreffen, auch anzuwenden, wenn sich die Handlung auf Stoffe oder Zubereitungen bezieht, die nicht Betäubungsmittel sind, aber als solche ausgegeben werden.

§ 29a Straftaten. (1) Mit Freiheitsstrafe nicht unter einem Jahr wird bestraft, wer

1. als Person über 21 Jahre Betäubungsmittel unerlaubt an eine Person unter 18 Jahren abgibt oder sie ihr entgegen § 13 Abs. 1 verabreicht oder zum unmittelbaren Verbrauch überlässt oder

2. mit Betäubungsmitteln in nicht geringer Menge unerlaubt Handel treibt, sie in nicht geringer Menge herstellt oder abgibt oder sie besitzt, ohne sie aufgrund einer Erlaubnis nach § 3 Abs. 1 erlangt zu haben.

(2) In minder schweren Fällen ist die Strafe Freiheitsstrafe von drei Monaten bis zu fünf Jahren.

§ 30 Straftaten. (1) Mit Freiheitsstrafe nicht unter zwei Jahren wird bestraft, wer

1. Betäubungsmittel unerlaubt anbaut, herstellt oder mit ihnen Handel treibt (§ 29 Abs. 1 Satz 1 Nr. 1) und dabei als Mitglied einer Bande handelt, die sich zur fortgesetzten Begehung solcher Taten verbunden hat,

2. im Falle des § 29a Abs. 1 Nr. 1 gewerbsmäßig handelt,

3. Betäubungsmittel abgibt, einem anderen verabreicht oder zum unmittelbaren Verbrauch überlässt und dadurch leichtfertig dessen Tod verursacht oder

4. Betäubungsmittel in nicht geringer Menge ohne Erlaubnis nach § 3 Abs. 1 Nr. 1 einführt.

(2) In minder schweren Fällen ist die Strafe Freiheitsstrafe von drei Monaten bis zu fünf Jahren.

§ 30a Straftaten. (1) Mit Freiheitsstrafe nicht unter fünf Jahren wird bestraft, wer Betäubungsmittel in nicht geringer Menge unerlaubt anbaut, herstellt, mit ihnen Handel treibt, sie ein- oder ausführt (§ 29 Abs. 1 Satz 1 Nr. 1) und dabei als Mitglied einer Bande handelt, die sich zur fortgesetzten Begehung solcher Taten verbunden hat.

(2) Ebenso wird bestraft, wer

1. als Person über 21 Jahre eine Person unter 18 Jahren bestimmt, mit Betäubungsmitteln unerlaubt Handel zu treiben, sie, ohne Handel zu treiben, einzuführen, auszuführen, zu veräußern, abzugeben oder sonst in den Verkehr zu bringen oder eine dieser Handlungen zu fördern, oder

2. mit Betäubungsmitteln in nicht geringer Menge unerlaubt Handel treibt oder sie, ohne Handel zu treiben, einführt, ausführt oder sich verschafft und dabei eine Schusswaffe oder sonstige Gegenstände mit sich führt, die ihrer Art nach zur Verletzung von Personen geeignet und bestimmt sind.

(3) In minder schweren Fällen ist die Strafe Freiheitsstrafe von sechs Monaten bis zu zehn Jahren.

§ 30b Straftaten. § 129 des Strafgesetzbuches gilt auch dann, wenn eine Vereinigung, deren Zwecke oder deren Tätigkeit auf den unbefugten Vertrieb von Betäubungsmitteln im Sinne des § 6 Nr. 5 des Strafgesetzbuches gerichtet sind, nicht oder nicht nur im Inland besteht.

§ 30c *(aufgehoben)*

§ 31 Strafmilderung oder Absehen von Strafe. [1]Das Gericht kann die Strafe nach § 49 Abs. 1 des Strafgesetzbuches mildern oder, wenn der Täter keine Freiheitsstrafe von mehr als drei Jahren verwirkt hat, von Strafe absehen, wenn der Täter

1. durch freiwilliges Offenbaren seines Wissens wesentlich dazu beigetragen hat, dass eine Straftat nach den §§ 29 bis 30a, die mit seiner Tat im Zusammenhang steht, aufgedeckt werden konnte, oder

2. freiwillig sein Wissen so rechtzeitig einer Dienststelle offenbart, dass eine Straftat nach § 29 Abs. 3, § 29a Abs. 1, § 30 Abs. 1, § 30a Abs. 1 die mit seiner Tat im Zusammenhang steht und von deren Planung er weiß, noch verhindert werden kann.

[2]War der Täter an der Tat beteiligt, muss sich sein Beitrag zur Aufklärung nach Satz 1 Nummer 1 über den eigenen Tatbeitrag hinaus erstrecken. [3]§ 46b Abs. 2 und 3 des Strafgesetzbuches gilt entsprechend.

§ 31a Absehen von der Verfolgung. (1) [1]Hat das Verfahren ein Vergehen nach § 29 Abs. 1, 2 oder 4 zum Gegenstand, so kann die Staatsanwaltschaft von der Verfolgung absehen, wenn die Schuld des Täters als gering anzusehen wäre, kein öffentliches Interesse an der Strafverfolgung besteht und der Täter die Betäubungsmittel lediglich zum Eigenverbrauch in geringer Menge anbaut, herstellt, einführt, ausführt, durchführt, erwirbt, sich in sonstiger Weise verschafft oder besitzt. [2]Von der Verfolgung soll abgesehen werden, wenn der Täter in einem Drogenkonsumraum Betäubungsmittel lediglich zum Eigenverbrauch, der nach § 10a geduldet werden kann, in geringer Menge besitzt, ohne zugleich im Besitz einer schriftlichen Erlaubnis für den Erwerb zu sein.

(2) [1]Ist die Klage bereits erhoben, so kann das Gericht in jeder Lage des Verfahrens unter den Voraussetzungen des Absatzes 1 mit Zustimmung der Staatsanwaltschaft und des Angeschuldigten das Verfahren einstellen. [2]Der Zustimmung des Angeschuldigten bedarf es nicht, wenn die Hauptverhandlung aus den in § 205 der Strafprozessordnung angeführten Gründen nicht durchgeführt werden kann oder in den Fällen des § 231 Abs. 2 der Strafprozessordnung und der §§ 232 und 233 der Strafprozessordnung in seiner Abwesenheit durchgeführt wird. [3]Die Entscheidung ergeht durch Beschluss. [4]Der Beschluss ist nicht anfechtbar.

§ 32 Ordnungswidrigkeiten. (1) Ordnungswidrig handelt, wer vorsätzlich oder fahrlässig

1. entgegen § 4 Abs. 3 Satz 1 die Teilnahme am Betäubungsmittelverkehr nicht anzeigt,

2. in einem Antrag nach § 7, auch in Verbindung mit § 10a Abs. 3 oder § 13 Absatz 3 Satz 3, unrichtige Angaben macht oder unrichtige Unterlagen beifügt,

3. entgegen § 8 Abs. 3 Satz 1, auch in Verbindung mit § 10a Abs. 3, eine Änderung nicht richtig, nicht vollständig oder nicht unverzüglich mitteilt,

4. einer vollziehbaren Auflage nach § 9 Abs. 2, auch in Verbindung mit § 10a Abs. 3, zuwiderhandelt,

5. entgegen § 11 Abs. 1 Satz 1 Betäubungsmittel ohne Genehmigung ein- oder ausführt,

6. einer Rechtsverordnung nach § 11 Abs. 2 Satz 2 Nr. 2 bis 4, § 12 Abs. 4, § 13 Abs. 3 Satz 2 Nr. 2, 3 oder 4, § 20 Abs. 1 oder § 28 Abs. 2 zuwiderhandelt, soweit sie für einen bestimmten Tatbestand auf diese Bußgeldvorschrift verweist,

7. entgegen § 12 Abs. 1 Betäubungsmittel abgibt oder entgegen § 12 Abs. 2 die Abgabe oder den Erwerb nicht richtig, nicht vollständig oder nicht unverzüglich meldet oder den Empfang nicht bestätigt,

7a. entgegen § 13 Absatz 1a Satz 3 nicht, nicht richtig oder nicht rechtzeitig bei einer Apotheke anfragt,

7b. entgegen § 13 Absatz 1a Satz 4 oder 5 eine Aufzeichnung nicht, nicht richtig oder nicht vollständig führt oder eine Aufzeichnung nicht oder nicht mindestens drei Jahre aufbewahrt,

8. entgegen § 14 Abs. 1 bis 4 Betäubungsmittel nicht vorschriftsmäßig kennzeichnet,

9. einer vollziehbaren Anordnung nach § 15 Satz 2 zuwiderhandelt,

10. entgegen § 16 Abs. 1 Betäubungsmittel nicht vorschriftsmäßig vernichtet, eine Niederschrift nicht fertigt oder sie nicht aufbewahrt oder entgegen § 16 Abs. 2 Satz 1 Betäubungsmittel nicht zur Vernichtung einsendet, jeweils auch in Verbindung mit § 16 Abs. 3,

11. entgegen § 17 Abs. 1 oder 2 Aufzeichnungen nicht, nicht richtig oder nicht vollständig führt oder entgegen § 17 Abs. 3 Aufzeichnungen oder Rechnungsdurchschriften nicht aufbewahrt,

12. entgegen § 18 Abs. 1 bis 3 Meldungen nicht richtig, nicht vollständig oder nicht rechtzeitig erstattet,

13. entgegen § 24 Abs. 1 einer Duldungs- oder Mitwirkungspflicht nicht nachkommt,

14. entgegen § 24a den Anbau von Nutzhanf nicht, nicht richtig, nicht vollständig oder nicht rechtzeitig anzeigt oder

15. Betäubungsmittel in eine Postsendung einlegt, obwohl diese Versendung durch den Weltpostvertrag oder ein Abkommen des Weltpostvereins verboten ist; das Postgeheimnis gemäß Artikel 10 Abs. 1 des Grundgesetzes wird insoweit für die Verfolgung und Ahndung der Ordnungswidrigkeit eingeschränkt.

(2) Die Ordnungswidrigkeit kann mit einer Geldbuße bis zu fünfundzwanzigtausend Euro geahndet werden.

(3) Verwaltungsbehörde im Sinne des § 36 Abs. 1 Nr. 1 des Gesetzes über Ordnungswidrigkeiten ist das Bundesinstitut für Arzneimittel und Medizinprodukte, soweit das Gesetz von ihm ausgeführt wird, im Falle des § 32 Abs. 1 Nr. 14 die Bundesanstalt für Landwirtschaft und Ernährung.

§ 33 Einziehung. [1]Gegenstände, auf die sich eine Straftat nach den §§ 29 bis 30a oder eine Ordnungswidrigkeit nach § 32 bezieht, können eingezogen werden. [2]§ 74a des Strafgesetzbuches und § 23 des Gesetzes über Ordnungswidrigkeiten sind anzuwenden.

§ 34 Führungsaufsicht. In den Fällen des § 29 Abs. 3, der §§ 29a, 30 und 30a kann das Gericht Führungsaufsicht anordnen (§ 68 Abs. 1 des Strafgesetzbuches).

Betäubungsmittelabhängige Straftäter

§ 35 Zurückstellung der Strafvollstreckung. (1) ¹Ist jemand wegen einer Straftat zu einer Freiheitsstrafe von nicht mehr als zwei Jahren verurteilt worden und ergibt sich aus den Urteilsgründen oder steht sonst fest, dass er die Tat aufgrund einer Betäubungsmittelabhängigkeit begangen hat, so kann die Vollstreckungsbehörde mit Zustimmung des Gerichts des ersten Rechtszuges die Vollstreckung der Strafe, eines Strafrestes oder der Maßregel der Unterbringung in einer Entziehungsanstalt für längstens zwei Jahre zurückstellen, wenn der Verurteilte sich wegen seiner Abhängigkeit in einer seiner Rehabilitation dienenden Behandlung befindet oder zusagt, sich einer solchen zu unterziehen, und deren Beginn gewährleistet ist. ²Als Behandlung gilt auch der Aufenthalt in einer staatlich anerkannten Einrichtung, die dazu dient, die Abhängigkeit zu beheben oder einer erneuten Abhängigkeit entgegenzuwirken.

(2) ¹Gegen die Verweigerung der Zustimmung durch das Gericht des ersten Rechtszuges steht der Vollstreckungsbehörde die Beschwerde nach dem Zweiten Abschnitt des Dritten Buches der Strafprozessordnung zu. ²Der Verurteilte kann die Verweigerung dieser Zustimmung nur zusammen mit der Ablehnung der Zustimmung durch die Vollstreckungsbehörde nach den §§ 23 bis 30 des Einführungsgesetzes zum Gerichtsverfassungsgesetz anfechten. ³Das Oberlandesgericht entscheidet in diesem Falle auch über die Verweigerung der Zustimmung; es kann die Zustimmung selbst erteilen.

(3) Absatz 1 gilt entsprechend, wenn

1. auf eine Gesamtfreiheitsstrafe von nicht mehr als zwei Jahren erkannt worden ist oder
2. auf eine Freiheitsstrafe oder Gesamtfreiheitsstrafe von mehr als zwei Jahren erkannt worden ist und ein zu vollstreckender Rest der Freiheitsstrafe oder der Gesamtfreiheitsstrafe zwei Jahre nicht übersteigt

und im Übrigen die Voraussetzungen des Absatzes 1 für den ihrer Bedeutung nach überwiegenden Teil der abgeurteilten Straftaten erfüllt sind.

(4) Der Verurteilte ist verpflichtet, zu Zeitpunkten, die die Vollstreckungsbehörde festsetzt, den Nachweis über die Aufnahme und über die Fortführung der Behandlung zu erbringen; die behandelnden Personen oder Einrichtungen teilen der Vollstreckungsbehörde einen Abbruch der Behandlung mit.

(5) ¹Die Vollstreckungsbehörde widerruft die Zurückstellung der Vollstreckung, wenn die Behandlung nicht begonnen oder nicht fortgeführt wird und nicht zu erwarten ist, dass der Verurteilte eine Behandlung derselben Art alsbald beginnt oder wieder aufnimmt, oder wenn der Verurteilte den nach Absatz 4 geforderten Nachweis nicht erbringt. ²Von dem Widerruf kann abgesehen werden, wenn der Verurteilte nachträglich nachweist, dass er sich in Behandlung befindet. ³Ein Widerruf nach Satz 1 steht einer erneuten Zurückstellung der Vollstreckung nicht entgegen.

(6) Die Zurückstellung der Vollstreckung wird auch widerrufen, wenn
1. bei nachträglicher Bildung einer Gesamtstrafe nicht auch deren Vollstreckung nach Absatz 1 in Verbindung mit Absatz 3 zurückgestellt wird oder
2. eine weitere gegen den Verurteilten erkannte Freiheitsstrafe oder freiheitsentziehende Maßregel der Besserung und Sicherung zu vollstrecken ist.

(7) [1]Hat die Vollstreckungsbehörde die Zurückstellung widerrufen, so ist sie befugt, zur Vollstreckung der Freiheitsstrafe oder der Unterbringung in einer Entziehungsanstalt einen Haftbefehl zu erlassen. [2]Gegen den Widerruf kann die Entscheidung des Gerichts des ersten Rechtszuges herbeigeführt werden. [3]Der Fortgang der Vollstreckung wird durch die Anrufung des Gerichts nicht gehemmt. [4]§ 462 der Strafprozessordnung gilt entsprechend.

§ 36 Anrechnung und Strafaussetzung zur Bewährung. (1) [1]Ist die Vollstreckung zurückgestellt worden und hat sich der Verurteilte in einer staatlich anerkannten Einrichtung behandeln lassen, so wird die vom Verurteilten nachgewiesene Zeit seines Aufenthaltes in dieser Einrichtung auf die Strafe angerechnet, bis infolge der Anrechnung zwei Drittel der Strafe erledigt sind. [2]Die Entscheidung über die Anrechnungsfähigkeit trifft das Gericht zugleich mit der Zustimmung nach § 35 Abs. 1. [3]Sind durch die Anrechnung zwei Drittel der Strafe erledigt oder ist eine Behandlung in der Einrichtung zu einem früheren Zeitpunkt nicht mehr erforderlich, so setzt das Gericht die Vollstreckung des Restes der Strafe zur Bewährung aus, sobald dies unter Berücksichtigung des Sicherheitsinteresses der Allgemeinheit verantwortet werden kann.

(2) Ist die Vollstreckung zurückgestellt worden und hat sich der Verurteilte einer anderen als der in Absatz 1 bezeichneten Behandlung seiner Abhängigkeit unterzogen, so setzt das Gericht die Vollstreckung der Freiheitsstrafe oder des Strafrestes zur Bewährung aus, sobald dies unter Berücksichtigung des Sicherheitsinteresses der Allgemeinheit verantwortet werden kann.

(3) Hat sich der Verurteilte nach der Tat einer Behandlung seiner Abhängigkeit unterzogen, so kann das Gericht, wenn die Voraussetzungen des Absatzes 1 Satz 1 nicht vorliegen, anordnen, dass die Zeit der Behandlung ganz oder zum Teil auf die Strafe angerechnet wird, wenn dies unter Berücksichtigung der Anforderungen, welche die Behandlung an den Verurteilten gestellt hat, angezeigt ist.

(4) Die §§ 56a bis 56g und 57 Abs. 5 Satz 2 des Strafgesetzbuches gelten entsprechend.

(5) [1]Die Entscheidungen nach den Absätzen 1 bis 3 trifft das Gericht des ersten Rechtszuges ohne mündliche Verhandlung durch Beschluss. [2]Die Vollstreckungsbehörde, der Verurteilte und die behandelnden Personen oder Einrichtungen sind zu hören. [3]Gegen die Entscheidungen ist sofortige Beschwerde möglich. [4]Für die Entscheidungen nach Absatz 1 Satz 3 und nach Absatz 2 gilt § 454 Abs. 4 der Strafprozessordnung entsprechend; die Belehrung über die Aussetzung des Strafrestes erteilt das Gericht.

§ 37 Absehen von der Erhebung der öffentlichen Klage. (1) [1]Steht ein Beschuldigter in Verdacht, eine Straftat aufgrund einer Betäubungsmittelabhängigkeit begangen zu haben, und ist keine höhere Strafe als eine Freiheitsstrafe bis zu zwei Jahren zu erwarten, so kann die Staatsanwaltschaft mit Zustimmung des für die Eröffnung des Hauptverfahrens zuständigen Gerichts vorläufig von der Erhebung der öffentlichen Klage absehen, wenn der Beschuldigte nachweist, dass er sich wegen seiner Abhängigkeit der in § 35 Abs. 1 bezeichneten Behandlung unterzieht, und seine Resozialisierung zu erwarten ist. [2]Die Staatsanwaltschaft setzt Zeitpunkte fest, zu denen der Beschuldigte die Fortdauer der Behandlung nachzuweisen hat. [3]Das Verfahren wird fortgesetzt, wenn

1. die Behandlung nicht bis zu ihrem vorgesehenen Abschluss fortgeführt wird,

2. der Beschuldigte den nach Satz 2 geforderten Nachweis nicht führt,

3. der Beschuldigte eine Straftat begeht und dadurch zeigt, dass die Erwartung, die dem Absehen von der Erhebung der öffentlichen Klage zugrunde lag, sich nicht erfüllt hat, oder

4. aufgrund neuer Tatsachen oder Beweismittel eine Freiheitsstrafe von mehr als zwei Jahren zu erwarten ist.

[4]In den Fällen des Satzes 3 Nr. 1, 2 kann von der Fortsetzung des Verfahrens abgesehen werden, wenn der Beschuldigte nachträglich nachweist, dass er sich weiter in Behandlung befindet. [5]Die Tat kann nicht mehr verfolgt werden, wenn das Verfahren nicht innerhalb von zwei Jahren fortgesetzt wird.

(2) [1]Ist die Klage bereits erhoben, so kann das Gericht mit Zustimmung der Staatsanwaltschaft das Verfahren bis zum Ende der Hauptverhandlung, in der die tatsächlichen Feststellungen letztmals geprüft werden können, vorläufig einstellen. [2]Die Entscheidung ergeht durch unanfechtbaren Beschluss. [3]Absatz 1 Satz 2 bis 5 gilt entsprechend. [4]Unanfechtbar ist auch eine Feststellung, dass das Verfahren nicht fortgesetzt wird (Abs. 1 Satz 5).

(3) Die in § 172 Abs. 2 Satz 3, § 396 Abs. 3 und § 467 Abs. 5 der Strafprozessordnung zu § 153a der Strafprozessordnung getroffenen Regelungen gelten entsprechend.

§ 38 Jugendliche und Heranwachsende. (1) [1]Bei Verurteilung zu Jugendstrafe gelten die §§ 35 und 36 sinngemäß. [2]Neben der Zusage des Jugendlichen nach § 35 Abs. 1 Satz 1 bedarf es auch der Einwilligung des Erziehungsberechtigten und des gesetzlichen Vertreters. [3]Im Falle des § 35 Abs. 7 Satz 2 findet § 83 Abs. 2 Nr. 1, Abs. 3 Satz 2 des Jugendgerichtsgesetzes sinngemäß Anwendung. [4]Abweichend von § 36 Abs. 4 gelten die §§ 22 bis 26a des Jugendgerichtsgesetzes entsprechend. [5]Für die Entscheidungen nach § 36 Abs. 1 Satz 3 und Abs. 2 sind neben § 454 Abs. 4 der Strafprozessordnung die §§ 58, 59 Abs. 2 bis 4 und § 60 des Jugendgerichtsgesetzes ergänzend anzuwenden.

(2) § 37 gilt sinngemäß auch für Jugendliche und Heranwachsende.

Achter Abschnitt

Übergangs- und Schlussvorschriften

§ 39 Übergangsregelung. [1]Einrichtungen, in deren Räumlichkeiten der Verbrauch von mitgeführten, ärztlich nicht verschriebenen Betäubungsmitteln vor dem 1. Januar 1999 geduldet wurde, dürfen ohne eine Erlaubnis der zuständigen obersten Landesbehörde nur weiterbetrieben werden, wenn spätestens 24 Monate nach dem Inkrafttreten des Dritten BtMG-Änderungsgesetzes vom 28. März 2000 (BGBl. I S. 302) eine Rechtsverordnung nach § 10a Abs. 2 erlassen und ein Antrag auf Erlaubnis nach § 10a Abs. 1 gestellt wird. [2]Bis zur unanfechtbaren Entscheidung über einen Antrag können diese Einrichtungen nur weiterbetrieben werden, soweit die Anforderungen nach § 10a Abs. 2 oder einer nach dieser Vorschrift erlassenen Rechtsverordnung erfüllt werden. [3]§ 29 Abs. 1 Satz 1 Nr. 10 und 11 gilt auch für Einrichtungen nach Satz 1.

§ 39a Übergangsregelung aus Anlass des Gesetzes zur Änderung arzneimittelrechtlicher und anderer Vorschriften. Für eine Person, die die Sachkenntnis nach § 5 Absatz 1 Nummer 2 nicht hat, aber am 22. Juli 2009 die Voraussetzungen nach § 141 Absatz 3 des Arzneimittelgesetzes erfüllt, gilt der Nachweis der erforderlichen Sachkenntnis nach § 6 Absatz 1 Nummer 1 als erbracht.

Verordnung über das Verschreiben, die Abgabe und den Nachweis des Verbleibs von Betäubungsmitteln (Betäubungsmittel-Verschreibungsverordnung – BtMVV)[1]

vom 20.1.1998 (BGBl. I S. 74),
zuletzt geändert durch Art. 2 VO vom 2.7.2018 (BGBl. I S. 1078)

§ 1 Grundsätze. (1) [1]Die in Anlage III des Betäubungsmittelgesetzes bezeich-neten Betäubungsmittel dürfen nur als Zubereitungen verschrieben werden. [2]Die Vorschriften dieser Verordnung gelten auch für Salze und Molekülverbindungen der Betäubungsmittel, die nach den Erkenntnissen der medizinischen Wissen-schaft ärztlich, zahnärztlich oder tierärztlich angewendet werden. [3]Sofern im Einzelfall nichts anderes bestimmt ist, gilt die für ein Betäubungsmittel festge-setzte Höchstmenge auch für dessen Salze und Molekülverbindungen.

(2) Betäubungsmittel für einen Patienten oder ein Tier und für den Praxisbe-darf eines Arztes, Zahnarztes oder Tierarztes dürfen nur nach Vorlage eines ausgefertigten Betäubungsmittelrezeptes (Verschreibung), für den Stationsbe-darf, den Notfallbedarf nach § 5d und den Rettungsdienstbedarf nach § 6 Absatz 1 nur nach Vorlage eines ausgefertigten Betäubungsmittelanforderungs-scheines (Verschreibung für den Stationsbedarf, den Notfallbedarf und den Ret-tungsdienstbedarf), abgegeben werden.

(3) Der Verbleib und der Bestand der Betäubungsmittel sind lückenlos nach-zuweisen:
1. in Apotheken und tierärztlichen Hausapotheken,
2. in Praxen der Ärzte, Zahnärzte und Tierärzte,
3. auf Stationen der Krankenhäuser und der Tierkliniken,
4. in Alten- und Pflegeheimen, sowie in Hospizen,
5. in Einrichtungen der Rettungsdienste,
6. in Einrichtungen nach § 5 Absatz 10 Satz 1 Nummer 3 Buchstabe a, b und c, Satz 2 Nummer 1 Buchstabe b und Nummer 4 und § 5a Absatz 2 sowie
7. auf Kauffahrteischiffen, die die Bundesflagge führen.

§ 2 Verschreiben durch einen Arzt. (1) Für einen Patienten darf der Arzt in-nerhalb von 30 Tagen verschreiben:
a) bis zu zwei der folgenden Betäubungsmittel unter Einhaltung der nachste-hend festgesetzten Höchstmengen:

---

1 **Anm. d. Verlages:**
Diese Verordnung ist Art. 3 der Zehnten Betäubungsmittelrechts-Änderungsverord-nung. Sie ist am 1.2.1998 in Kraft getreten.

1. Amfetamin   600 mg,
2. Buprenorphin   800 mg,
2a. Cannabisextrakt (bezogen auf den Δ⁹-Tetrahydrocannabinol-Gehalt)
    1 000 mg.
3. Codein als Substitutionsmittel   40 000 mg,
3a. Dexamfetamin   600 mg,
3b. Diamorphin   30 000 mg,
4. Dihydrocodein als Substitutionsmittel   40 000 mg,
5. Dronabinol   500 mg,
6. Fenetyllin   2 500 mg,
7. Fentanyl   500 mg,
7a. Flunitrazepam   30 mg,
8. Hydrocodon   1 200 mg,
9. Hydromorphon   5 000 mg,
10. *(aufgehoben)*
11. Levomethadon   1 800 mg,
11a. Lisdexamfetamindimesilat   2 100 mg,
12. Methadon   3 600 mg,
13. Methylphenidat   2 400 mg,
14. *(aufgehoben)*
15. Morphin   24 000 mg,
16. Opium, eingestelltes   4 000 mg,
17. Opiumextrakt   2 000 mg,
18. Opiumtinktur   40 000 mg,
19. Oxycodon   15 000 mg,
20. Pentazocin   15 000 mg,
21. Pethidin   10 000 mg,
22. *(aufgehoben)*
23. Piritramid   6 000 mg,
23a. Tapentadol   18 000 mg,
24. Tilidin   18 000 mg

oder

b) eines der weiteren in Anlage III des Betäubungsmittelgesetzes bezeichneten Betäubungsmittel außer Alfentanil, Cocain, Etorphin, Remifentanil und Sufentanil.

(2) ¹In begründeten Einzelfällen und unter Wahrung der erforderlichen Sicherheit des Betäubungsmittelverkehrs darf der Arzt für einen Patienten, der in seiner Dauerbehandlung steht, von den Vorschriften des Absatzes 1 hinsichtlich

1. der Zahl der verschriebenen Betäubungsmittel und
2. der festgesetzten Höchstmengen

abweichen. ²Eine solche Verschreibung ist mit dem Buchstaben „A" zu kennzeichnen.

(3) ¹Für seinen Praxisbedarf darf der Arzt die in Absatz 1 aufgeführten Betäubungsmittel sowie Alfentanil, Cocain bei Eingriffen am Kopf als Lösung bis

zu einem Gehalt von 20 vom Hundert oder als Salbe bis zu einem Gehalt von 2 vom Hundert, Remifentanil und Sufentanil bis zur Menge seines durchschnittlichen Zweiwochenbedarfs, mindestens jedoch die kleinste Packungseinheit, verschreiben. [2]Die Vorratshaltung soll für jedes Betäubungsmittel den Monatsbedarf des Arztes nicht überschreiten. [3]Diamorphin darf der Arzt bis zur Menge seines durchschnittlichen Monatsbedarfs verschreiben. [4]Die Vorratshaltung soll für Diamorphin den durchschnittlichen Zweimonatsbedarf des Arztes nicht überschreiten.

(4) [1]Für den Stationsbedarf darf nur der Arzt verschreiben, der ein Krankenhaus oder eine Teileinheit eines Krankenhauses leitet oder in Abwesenheit des Leiters beaufsichtigt. [2]Er darf die in Absatz 3 bezeichneten Betäubungsmittel unter Beachtung der dort festgelegten Beschränkungen über Bestimmungszweck, Gehalt und Darreichungsform verschreiben. [3]Dies gilt auch für einen Belegarzt, wenn die ihm zugeteilten Betten räumlich und organisatorisch von anderen Teileinheiten abgegrenzt sind.

§ 3 Verschreiben durch einen Zahnarzt. (1) Für einen Patienten darf der Zahnarzt innerhalb von 30 Tagen verschreiben:

a) eines der folgenden Betäubungsmittel unter Einhaltung der nachstehend festgesetzten Höchstmengen:

1.	Buprenorphin	40 mg,
2.	Hydrocodon	300 mg,
3.	Hydromorphon	1 200 mg,
4.	Levomethadon	200 mg,
5.	Morphin	5 000 mg,
6.	Oxycodon	4 000 mg,
7.	Pentazocin	4 000 mg,
8.	Pethidin	2 500 mg,
9.	Piritramid	1 500 mg,
9a.	Tapentadol	4 500 mg,
10.	Tilidin	4 500 mg

oder

b) eines der weiteren in Anlage III des Betäubungsmittelgesetzes bezeichneten Betäubungsmittel außer Alfentanil, Amfetamin, Cocain, Diamorphin, Dronabinol, Etorphin, Fenetyllin, Fentanyl, Levacetylmethadol, Methadon, Methylphenidat, Nabilon, Normethadon, Opium, Papaver somniferum, Pentobarbital, Remifentanil, Secobarbital und Sufentanil.

(2) [1]Für seinen Praxisbedarf darf der Zahnarzt die in Absatz 1 aufgeführten Betäubungsmittel sowie Alfentanil, Fentanyl, Remifentanil und Sufentanil bis zur Menge seines durchschnittlichen Zweiwochenbedarfs, mindestens jedoch die kleinste Packungseinheit, verschreiben. [2]Die Vorratshaltung soll für jedes Betäubungsmittel den Monatsbedarf des Zahnarztes nicht übersteigen.

(3) [1]Für den Stationsbedarf darf nur der Zahnarzt verschreiben, der ein Krankenhaus oder eine Teileinheit eines Krankenhauses leitet oder in Abwesenheit

des Leiters beaufsichtigt. [2]Er darf die in Absatz 2 bezeichneten Betäubungsmittel unter Beachtung der dort festgelegten Beschränkungen über Bestimmungszweck, Gehalt und Darreichungsform verschreiben. [3]Dies gilt auch für einen Belegzahnarzt, wenn die ihm zugeteilten Betten räumlich und organisatorisch von anderen Teileinheiten abgegrenzt sind.

§ 4 Verschreiben durch einen Tierarzt. (1) Für ein Tier darf der Tierarzt innerhalb von 30 Tagen verschreiben:

a) eines der folgenden Betäubungsmittel unter Einhaltung der nachstehend festgesetzten Höchstmengen:

1.	Amfetamin	600 mg,
2.	Buprenorphin	150 mg,
3.	Hydrocodon	1 200 mg,
4.	Hydromorphon	5 000 mg,
5.	Levomethadon	750 mg,
6.	Morphin	20 000 mg,
7.	Opium, eingestelltes	12 000 mg,
8.	Opiumextrakt	6 000 mg,
9.	Opiumtinktur	120 000 mg,
10.	Pentazocin	15 000 mg,
11.	Pethidin	10 000 mg,
12.	Piritramid	6 000 mg,
13.	Tilidin	18 000 mg

oder

b) eines der weiteren in Anlage III des Betäubungsmittelgesetzes bezeichneten Betäubungsmittel außer Alfentanil, Cocain, Diamorphin, Dronabinol, Etorphin, Fenetyllin, Fentanyl, Levacetylmethadol, Methadon, Methylphenidat, Nabilon, Oxycodon, Papaver somniferum, Pentobarbital, Remifentanil, Secobarbital und Sufentanil.

(2) [1]In begründeten Einzelfällen und unter Wahrung der erforderlichen Sicherheit des Betäubungsmittelverkehrs darf der Tierarzt in einem besonders schweren Krankheitsfall von den Vorschriften des Absatzes 1 hinsichtlich

1. der Zahl der verschriebenen Betäubungsmittel und

2. der festgesetzten Höchstmengen

abweichen. [2]Eine solche Verschreibung ist mit dem Buchstaben „A" zu kennzeichnen.

(3) [1]Für seinen Praxisbedarf darf der Tierarzt die in Absatz 1 aufgeführten Betäubungsmittel sowie Alfentanil, Cocain zur Lokalanästhesie bei Eingriffen am Kopf als Lösung bis zu einem Gehalt von 20 vom Hundert oder als Salbe bis zu einem Gehalt von 2 vom Hundert, Etorphin nur zur Immobilisierung von Tieren, die im Zoo, im Zirkus oder in Wildgehegen gehalten werden, durch eigenhändige oder in Gegenwart des Verschreibenden erfolgende Verabreichung, Fentanyl, Methadon, Pentobarbital, Remifentanil und Sufentanil bis zur Menge seines durchschnittlichen Zweiwochenbedarfs, mindestens jedoch die kleinste

Packungseinheit, verschreiben. [2]Die Vorratshaltung soll für jedes Betäubungsmittel den Monatsbedarf des Tierarztes nicht übersteigen.

(4) [1]Für den Stationsbedarf darf nur der Tierarzt verschreiben, der eine Tierklinik oder eine Teileinheit einer Tierklinik leitet oder in Abwesenheit des Leiters beaufsichtigt. [2]Er darf die in Absatz 3 bezeichneten Betäubungsmittel, ausgenommen Etorphin, unter Beachtung der dort festgelegten Beschränkungen über Bestimmungszweck, Gehalt und Darreichungsform verschreiben.

§ 5 Substitution, Verschreiben von Substitutionsmitteln. (1) [1]Substitution im Sinne dieser Verordnung ist die Anwendung eines Substitutionsmittels. [2]Substitutionsmittel im Sinne dieser Verordnung sind ärztlich verschriebene Betäubungsmittel, die bei einem opioidabhängigen Patienten im Rahmen eines Therapiekonzeptes zur medizinischen Behandlung einer Abhängigkeit, die durch den Missbrauch von erlaubt erworbenen oder durch den Missbrauch von unerlaubt erworbenen oder erlangten Opioiden begründet ist, angewendet werden.

(2) [1]Im Rahmen der ärztlichen Therapie soll eine Opioidabstinenz des Patienten angestrebt werden. [2]Wesentliche Ziele der Substitution sind dabei insbesondere

1. die Sicherstellung des Überlebens,
2. die Besserung und Stabilisierung des Gesundheitszustandes,
3. die Abstinenz von unerlaubt erworbenen oder erlangten Opioiden,
4. die Unterstützung der Behandlung von Begleiterkrankungen oder
5. die Verringerung der durch die Opioidabhängigkeit bedingten Risiken während einer Schwangerschaft sowie während und nach der Geburt.

(3) [1]Ein Arzt darf einem Patienten Substitutionsmittel unter den Voraussetzungen des § 13 Absatz 1 des Betäubungsmittelgesetzes verschreiben, wenn er die Mindestanforderungen an eine suchtmedizinische Qualifikation erfüllt, die von den Ärztekammern nach dem allgemein anerkannten Stand der medizinischen Wissenschaft festgelegt werden (suchtmedizinisch qualifizierter Arzt). [2]Zudem muss er die Meldeverpflichtungen nach § 5b Absatz 2 erfüllen.

(4) [1]Erfüllt der Arzt nicht die Mindestanforderungen an eine suchtmedizinische Qualifikation nach Absatz 3 Satz 1 (suchtmedizinisch nicht qualifizierter Arzt), muss er zusätzlich zu der Voraussetzung nach Absatz 3 Satz 2

1. sich zu Beginn der Behandlung mit einem suchtmedizinisch qualifizierten Arzt abstimmen sowie
2. sicherstellen, dass sich sein Patient zu Beginn der Behandlung und mindestens einmal in jedem Quartal dem suchtmedizinisch qualifizierten Arzt nach Nummer 1 im Rahmen einer Konsiliarbehandlung vorstellt.

[2]Ein suchtmedizinisch nicht qualifizierter Arzt darf gleichzeitig höchstens zehn Patienten mit Substitutionsmitteln behandeln. [3]Er darf keine Behandlung nach § 5a durchführen.

(5) [1]Im Vertretungsfall soll der substituierende Arzt von einem suchtmedizinisch qualifizierten Arzt vertreten werden. [2]Gelingt es dem substituierenden

Arzt nicht, einen Vertreter nach Satz 1 zu bestellen, so kann er von einem suchtmedizinisch nicht qualifizierten Arzt vertreten werden. [3]In diesem Fall darf die Vertretung einen zusammenhängenden Zeitraum von bis zu vier Wochen und höchstens insgesamt zwölf Wochen im Jahr umfassen. [4]Der Vertreter hat sich mit dem zu vertretenden Arzt grundsätzlich vor Beginn des Vertretungsfalles abzustimmen. [5]Notfallentscheidungen bleiben in allen Vertretungsfällen unberührt. [6]Der Vertreter fügt den Schriftwechsel sowie die sonstigen Aufzeichnungen zwischen den an der Vertretung beteiligten Ärzten der Dokumentation nach Absatz 11 bei. [7]Der Vertreter nach Satz 2 darf im Rahmen seiner Vertretung keine Behandlung nach § 5a durchführen.

(6) [1]Als Substitutionsmittel im Sinne von Absatz 1 darf der substituierende Arzt nur Folgendes verschreiben:
1. ein zur Substitution zugelassenes Arzneimittel, das nicht den Stoff Diamorphin enthält,
2. eine Zubereitung von Levomethadon, von Methadon oder von Buprenorphin oder
3. in begründeten Ausnahmefällen eine Zubereitung von Codein oder Dihydrocodein.
[2]Die in Satz 1 genannten Substitutionsmittel dürfen nicht zur intravenösen Anwendung bestimmt sein. [3]Die Verschreibung eines in Satz 1 genannten Substitutionsmittels ist mit dem Buchstaben „S" zu kennzeichnen. [4]Für die zur Substitution zugelassenen Arzneimittel mit dem Stoff Diamorphin gilt § 5a.

(7) [1]Dem Patienten ist das vom Arzt verschriebene Substitutionsmittel zum unmittelbaren Verbrauch von den in Absatz 10 Satz 1 und 2 bezeichneten Personen oder dem dort bezeichneten Personal in den in Absatz 10 Satz 1 und 2 genannten Einrichtungen zu überlassen. [2]Im Fall des Verschreibens von Codein oder Dihydrocodein kann dem Patienten nach der Überlassung jeweils einer Dosis zum unmittelbaren Verbrauch die für einen Tag zusätzlich benötigte Menge des Substitutionsmittels in abgeteilten Einzeldosen ausgehändigt und ihm die eigenverantwortliche Einnahme gestattet werden, sofern dem Arzt keine Anhaltspunkte für eine nicht bestimmungsgemäße Einnahme des Substitutionsmittels vorliegen.

(8) [1]Abweichend von Absatz 7 Satz 1 darf der substituierende Arzt dem Patienten das Substitutionsmittel zur eigenverantwortlichen Einnahme gemäß den Feststellungen der Bundesärztekammer nach Absatz 12 Satz 1 Nummer 3 Buchstabe b ausnahmsweise dann verschreiben, wenn
1. die Kontinuität der Substitutionsbehandlung des Patienten nicht anderweitig gewährleistet werden kann,
2. der Verlauf der Behandlung dies zulässt,
3. Risiken der Selbst- oder Fremdgefährdung so weit wie möglich ausgeschlossen sind und
4. die Sicherheit und Kontrolle des Betäubungsmittelverkehrs nicht beeinträchtigt werden.

[2]In diesem Fall darf das Substitutionsmittel nur in folgenden Mengen verschrieben werden:

1. in der für bis zu zwei aufeinanderfolgende Tage benötigten Menge oder
2. in der Menge, die benötigt wird für die Wochenendtage Samstag und Sonntag und für dem Wochenende vorangehende oder folgende Feiertage, auch einschließlich eines dazwischen liegenden Werktages, höchstens jedoch in der für fünf Tage benötigten Menge.

[3]Der substituierende Arzt darf dem Patienten innerhalb einer Kalenderwoche nicht mehr als eine Verschreibung aushändigen. [4]Er darf die Verschreibung nur im Rahmen einer persönlichen Konsultation aushändigen. [5]Die Verschreibung ist nach dem Buchstaben „S" zusätzlich mit dem Buchstaben „Z" zu kennzeichnen.

(9) [1]Sobald und solange der substituierende Arzt zu dem Ergebnis kommt, dass eine Überlassung des Substitutionsmittels zum unmittelbaren Verbrauch nach Absatz 7 nicht mehr erforderlich ist, darf er dem Patienten Substitutionsmittel zur eigenverantwortlichen Einnahme gemäß den Feststellungen der Bundesärztekammer nach Absatz 12 Satz 1 Nummer 3 Buchstabe b in folgenden Mengen verschreiben:

1. grundsätzlich in der für bis zu sieben Tage benötigten Menge oder
2. in begründeten Einzelfällen in der für bis zu 30 Tage benötigten Menge.

[2]Ein Einzelfall nach Satz 1 Nummer 2 kann durch einen medizinischen oder einen anderen Sachverhalt begründet sein. [3]Ein durch einen anderen Sachverhalt begründeter Einzelfall liegt vor, wenn der Patient aus wichtigen Gründen, die seine Teilhabe am gesellschaftlichen Leben oder seine Erwerbstätigkeit betreffen, darauf angewiesen ist, eine Verschreibung des Substitutionsmittels zur eigenverantwortlichen Einnahme für bis zu 30 Tage zu erhalten. [4]Der Patient hat dem Substitutionsarzt diese Sachverhalte glaubhaft zu machen. [5]Medizinische Sachverhalte, die einen Einzelfall begründen, werden im Rahmen von Absatz 12 Satz 1 Nummer 3 Buchstabe b durch die Bundesärztekammer festgestellt. [6]Der substituierende Arzt darf die Verschreibung nach Satz 1 Nummer 1 und 2 nur im Rahmen einer persönlichen Konsultation an den Patienten aushändigen. [7]Die Verschreibung ist nach dem Buchstaben „S" zusätzlich mit dem Buchstaben „T" zu kennzeichnen. [8]Der substituierende Arzt kann patientenindividuelle Zeitpunkte festlegen, an denen Teilmengen des verschriebenen Substitutionsmittels in der Apotheke an den Patienten oder an die Praxis des substituierenden Arztes abgegeben oder zum unmittelbaren Verbrauch überlassen werden sollen.

(10) [1]Substitutionsmittel nach Absatz 6 Satz 1 dürfen dem Patienten zum unmittelbaren Verbrauch nur überlassen werden von

1. dem substituierenden Arzt in der Einrichtung, in der er ärztlich tätig ist,
2. dem vom substituierenden Arzt in der Einrichtung nach Nummer 1 eingesetzten medizinischen Personal oder
3. dem medizinischen, pharmazeutischen oder pflegerischen Personal in
   a) einer stationären Einrichtung der medizinischen Rehabilitation,
   b) einem Gesundheitsamt,
   c) einem Alten- oder Pflegeheim,

d) einem Hospiz oder

e) einer anderen geeigneten Einrichtung, die zu diesem Zweck von der zuständigen Landesbehörde anerkannt sein muss, sofern der substituierende Arzt nicht selber in der jeweiligen Einrichtung tätig ist und er mit der jeweiligen Einrichtung eine Vereinbarung getroffen hat.

[2]Außerdem darf ein Substitutionsmittel nach Absatz 6 Satz 1 dem Patienten zum unmittelbaren Verbrauch überlassen werden

1. bei einem Hausbesuch

a) vom substituierenden Arzt oder dem von ihm eingesetzten medizinischen Personal oder

b) vom medizinischen oder pflegerischen Personal, das von einem ambulanten Pflegedienst oder von einer Einrichtung der spezialisierten ambulanten Palliativversorgung eingesetzt wird, sofern der substituierende Arzt für diesen Pflegedienst oder diese Einrichtung nicht selber tätig ist und er mit diesem Pflegedienst oder dieser Einrichtung eine Vereinbarung getroffen hat,

2. in einer Apotheke von dem Apotheker oder von dem dort eingesetzten pharmazeutischen Personal, sofern der substituierende Arzt mit dem Apotheker eine Vereinbarung getroffen hat,

3. in einem Krankenhaus von dem dort eingesetzten medizinischen oder pflegerischen Personal, sofern der substituierende Arzt für dieses Krankenhaus nicht selber tätig ist und er mit dem Krankenhaus eine Vereinbarung getroffen hat, oder

4. in einer staatlich anerkannten Einrichtung der Suchtkrankenhilfe von dem dort eingesetzten und dafür ausgebildeten Personal, sofern der substituierende Arzt für diese Einrichtung nicht selber tätig ist und er mit der Einrichtung eine Vereinbarung getroffen hat.

[3]Der substituierende Arzt hat sicherzustellen, dass das Personal nach den Sätzen 1 und 2 fachgerecht in das Überlassen des Substitutionsmittels zum unmittelbaren Verbrauch eingewiesen wird. [4]Die Vereinbarung nach den Sätzen 1 und 2 hat schriftlich oder elektronisch zu erfolgen und muss bestimmen, wie das eingesetzte Personal einer Einrichtung nach den Sätzen 1 und 2 fachlich eingewiesen wird und muss daneben mindestens eine verantwortliche Person in der jeweiligen Einrichtung benennen sowie Regelungen über die Kontrollmöglichkeiten durch den substituierenden Arzt enthalten. [5]Der substituierende Arzt darf die benötigten Substitutionsmittel in den in den Sätzen 1 und 2 genannten Einrichtungen unter seiner Verantwortung lagern. [6]Die Einwilligung des über die jeweiligen Räumlichkeiten Verfügungsberechtigten bleibt unberührt.

(11) [1]Der substituierende Arzt hat die Erfüllung seiner Verpflichtungen nach den Absätzen 1 bis 10 sowie nach § 5a Absatz 1 bis 4 und § 5b Absatz 2 und 4 gemäß den von der Bundesärztekammer nach Absatz 12 Satz 3 bestimmten Anforderungen zu dokumentieren. [2]Die Dokumentation ist auf Verlangen der zuständigen Landesbehörde zur Einsicht und Auswertung vorzulegen oder einzusenden.

(12) [1]Die Bundesärztekammer stellt den allgemein anerkannten Stand der Erkenntnisse der medizinischen Wissenschaft für die Substitution in einer Richtlinie fest, insbesondere für

1. die Ziele der Substitution nach Absatz 2,
2. die allgemeinen Voraussetzungen für die Einleitung und Fortführung einer Substitution nach Absatz 1 Satz 1,
3. die Erstellung eines Therapiekonzeptes nach Absatz 1 Satz 2, insbesondere
   a) die Auswahl des Substitutionsmittels nach Absatz 1 Satz 2 und Absatz 6,
   b) die Voraussetzungen für das Verschreiben des Substitutionsmittels zur eigenverantwortlichen Einnahme nach den Absätzen 8 und 9,
   c) die Entscheidung über die Erforderlichkeit einer Einbeziehung psychosozialer Betreuungsmaßnahmen sowie
   d) die Bewertung und Kontrolle des Therapieverlaufs.

[2]Daneben kann die Bundesärztekammer nach dem allgemein anerkannten Stand der Erkenntnisse der medizinischen Wissenschaft weitere als die in Absatz 2 Satz 2 bezeichneten wesentliche Ziele der Substitution in dieser Richtlinie feststellen. [3]Sie bestimmt auch die Anforderungen an die Dokumentation der Substitution nach Absatz 11 Satz 1 in dieser Richtlinie. [4]Die Einhaltung des allgemein anerkannten Standes der Erkenntnisse der medizinischen Wissenschaft wird vermutet, wenn und soweit die Feststellungen nach den Sätzen 1 und 2 beachtet worden sind.

(13) [1]Vor der Entscheidung der Bundesärztekammer über die Richtlinie nach Absatz 12 Satz 1 bis 3 ist dem Gemeinsamen Bundesausschuss nach § 91 des Fünften Buches Sozialgesetzbuch Gelegenheit zur Stellungnahme zu dem allgemein anerkannten Stand der Erkenntnisse der medizinischen Wissenschaft für die Substitution zu geben. [2]Die Stellungnahme ist von der Bundesärztekammer in ihre Entscheidung über die Richtlinie nach Absatz 12 Satz 1 bis 3 einzubeziehen.

(14) [1]Die Bundesärztekammer hat dem Bundesministerium für Gesundheit die Richtlinie nach Absatz 12 Satz 1 bis 3 zur Genehmigung vorzulegen. [2]Änderungen der vom Bundesministerium für Gesundheit genehmigten Richtlinie sind dem Bundesministerium für Gesundheit von der Bundesärztekammer ebenfalls zur Genehmigung vorzulegen. [3]Das Bundesministerium für Gesundheit kann von der Bundesärztekammer im Rahmen des Genehmigungsverfahrens zusätzliche Informationen und ergänzende Stellungnahmen anfordern. [3]Das Bundesministerium für Gesundheit macht die genehmigte Richtlinie und genehmigte Änderungen der Richtlinie im Bundesanzeiger bekannt.

(15) Die Absätze 3 bis 11 sind entsprechend anzuwenden, wenn das Substitutionsmittel aus dem Bestand des Praxis- oder Stationsbedarfs zum unmittelbaren Verbrauch überlassen oder nach Absatz 7 Satz 2 ausgehändigt wird.

§ 5a Verschreiben von Substitutionsmitteln mit dem Stoff Diamorphin.

(1) [1]Zur Behandlung einer schweren Opioidabhängigkeit können zur Substi-

tution zugelassene Arzneimittel mit dem Stoff Diamorphin verschrieben werden. [2]Der substituierende Arzt darf diese Arzneimittel nur verschreiben, wenn

1. er ein suchtmedizinisch qualifizierter Arzt ist und sich seine suchtmedizinische Qualifikation auf die Behandlung mit Diamorphin erstreckt oder er im Rahmen des Modellprojektes „Heroingestützte Behandlung Opiatabhängiger" mindestens sechs Monate ärztlich tätig war,

2. bei dem Patienten eine seit mindestens fünf Jahren bestehende Opioidabhängigkeit verbunden mit schwerwiegenden somatischen und psychischen Störungen bei derzeit überwiegend intravenösem Konsum vorliegt,

3. ein Nachweis über zwei erfolglos beendete Behandlungen der Opioidabhängigkeit vorliegt, von denen mindestens eine eine sechsmonatige Behandlung nach § 5 sein muss, und

4. der Patient das 23. Lebensjahr vollendet hat.

[3]§ 5 Absatz 1, 2, 3 Satz 2, Absatz 6 Satz 3 und Absatz 12 gilt entsprechend. [4]Die Verschreibung darf der Arzt nur einem pharmazeutischen Unternehmer vorlegen.

(2) [1]Die Behandlung mit Diamorphin darf nur in Einrichtungen durchgeführt werden, denen eine Erlaubnis durch die zuständige Landesbehörde erteilt wurde. [2]Die Erlaubnis wird erteilt, wenn

1. nachgewiesen wird, dass die Einrichtung in das örtliche Suchthilfesystem eingebunden ist,

2. gewährleistet ist, dass die Einrichtung über eine zweckdienliche personelle und sachliche Ausstattung verfügt und

3. eine sachkundige Person benannt worden ist, die für die Einhaltung der in Nummer 2 genannten Anforderungen, der Auflagen der Erlaubnisbehörde sowie der Anordnungen der Überwachungsbehörde verantwortlich ist (Verantwortlicher).

(3) [1]Diamorphin darf nur innerhalb der Einrichtung nach Absatz 2 verschrieben, verabreicht oder unter Aufsicht des substituierenden Arztes oder des sachkundigen Personals nach Absatz 2 Satz 2 Nummer 2 zum unmittelbaren Verbrauch überlassen werden. [2]In den ersten sechs Monaten der Behandlung müssen Maßnahmen der psychosozialen Betreuung stattfinden.

(4) [1]Die Behandlung mit Diamorphin ist nach jeweils spätestens zwei Jahren Behandlungsdauer daraufhin zu überprüfen, ob die Voraussetzungen für die Behandlung noch gegeben sind und ob die Behandlung fortzusetzen ist. [2]Die Überprüfung erfolgt, indem eine Zweitmeinung eines suchtmedizinisch qualifizierten Arztes, der nicht der Einrichtung angehört, eingeholt wird. [3]Ergibt diese Überprüfung, dass die Voraussetzungen für die Behandlung nicht mehr gegeben sind, ist die diamorphingestützte Behandlung zu beenden.

(5) Die Absätze 1 bis 4 und § 5 Absatz 11 sind entsprechend anzuwenden, wenn Diamorphin aus dem Bestand des Praxis- oder Stationsbedarfs nach Absatz 3 Satz 1 verabreicht oder zum unmittelbaren Verbrauch überlassen wird.

§ 5b Substitutionsregister. (1) [1]Das Bundesinstitut für Arzneimittel und Medizinprodukte (Bundesinstitut) führt für die Länder als vom Bund entliehenes Organ ein Register mit Daten über das Verschreiben von Substitutionsmitteln (Substitutionsregister). [2]Die Daten des Substitutionsregisters dürfen nur verwendet werden, um

1. das Verschreiben eines Substitutionsmittels durch mehrere Ärzte für denselben Patienten und denselben Zeitraum frühestmöglich zu unterbinden,
2. zu überprüfen, ob die ein Substitutionsmittel verschreibenden Ärzte die Mindestanforderungen nach § 5 Absatz 3 Satz 1 oder die Anforderungen nach § 5 Absatz 4 Satz 1 erfüllen sowie
3. das Verschreiben von Substitutionsmitteln entsprechend den Vorgaben nach § 13 Abs. 3 Nr. 3 Buchstabe e des Betäubungsmittelgesetzes statistisch auszuwerten.

[3]Das Bundesinstitut trifft organisatorische Festlegungen zur Führung des Substitutionsregisters.

(2) [1]Jeder Arzt, der ein Substitutionsmittel für einen Patienten verschreibt, hat dem Bundesinstitut unverzüglich schriftlich oder kryptiert auf elektronischem Wege folgende Angaben zu melden:

1. den Patientencode,
2. das Datum der ersten Anwendung eines Substitutionsmittels,
3. das verschriebene Substitutionsmittel,
4. das Datum der letzten Anwendung eines Substitutionsmittels,
5. Name, Vorname, Geburtsdatum, dienstliche Anschrift und Telefonnummer des verschreibenden Arztes sowie
6. im Falle des Behandelns nach § 5 Absatz 4 Satz 1 Nummer 1 Name, Vorname, dienstliche Anschrift und Telefonnummer des suchtmedizinisch qualifizierten Arztes, dem sich der jeweilige Patient nach § 5 Absatz 4 Satz 1 Nummer 2 vorzustellen hat.

[2]Der Patientencode setzt sich wie folgt zusammen:

a) erste und zweite Stelle: erster und zweiter Buchstabe des ersten Vornamens,
b) dritte und vierte Stelle: erster und zweiter Buchstabe des Familiennamens,
c) fünfte Stelle: Geschlecht („F" für weiblich, „M" für männlich),
d) sechste bis achte Stelle: jeweils letzte Ziffer von Geburtstag, -monat und -jahr.

[3]Es ist unzulässig, dem Bundesinstitut Patientendaten uncodiert zu melden. [4]Der Arzt hat die Angaben zur Person durch Vergleich mit dem Personalausweis oder Reisepass des Patienten zu überprüfen.

(3) [1]Das Bundesinstitut verschlüsselt unverzüglich den Patientencode nach Absatz 2 Satz 1 Nr. 1 nach einem vom Bundesamt für Sicherheit in der Informationstechnik vorgegebenen Verfahren in ein Kryptogramm in der Weise, dass er daraus nicht oder nur mit einem unverhältnismäßig großen Aufwand zurückgewonnen werden kann. [2]Das Kryptogramm ist zusammen mit den Angaben nach Absatz 2 Satz 1 Nr. 2 bis 6 zu speichern und spätestens sechs Monate

nach Bekanntwerden der Beendigung des Verschreibens zu löschen. [3]Die gespeicherten Daten und das Verschlüsselungsverfahren nach Satz 1 sind durch geeignete Sicherheitsmaßnahmen gegen unbefugte Kenntnisnahme und Verwendung zu schützen.

(4) [1]Das Bundesinstitut vergleicht jedes neu gespeicherte Kryptogramm mit den bereits vorhandenen. [2]Ergibt sich keine Übereinstimmung, ist der Patientencode unverzüglich zu löschen. [3]Liegen Übereinstimmungen vor, teilt das Bundesinstitut dies jedem beteiligten Arzt unter Angabe des Patientencodes, des Datums der ersten Anwendung eines Substitutionsmittels und der Namen und Vornamen, dienstlichen Anschriften und Telefonnummern der anderen beteiligten Ärzte unverzüglich mit. [4]Die Ärzte haben zu erklären, ob der Patientencode demselben Patienten zuzuordnen ist. [5]Wenn dies zutrifft, haben sie sich darüber abzustimmen, wer künftig für den Patienten Substitutionsmittel verschreibt, und über das Ergebnis das Bundesinstitut unter Angabe des Patientencodes zu unterrichten. [6]Wenn dies nicht zutrifft, haben die Ärzte darüber ebenfalls das Bundesinstitut unter Angabe des Patientencodes zu unterrichten. [7]Das Substitutionsregister ist unverzüglich entsprechend zu bereinigen. [8]Erforderlichenfalls unterrichtet das Bundesinstitut die zuständigen Überwachungsbehörden der beteiligten Ärzte, um das Verschreiben von Substitutionsmitteln von mehreren Ärzten für denselben Patienten und denselben Zeitraum unverzüglich zu unterbinden.

(5) [1]Die Ärztekammern haben dem Bundesinstitut auf dessen Anforderung, unter Angabe von Vorname, Name, dienstlicher Anschrift und Geburtsdatum eines nach Absatz 2 Satz 1 Nummer 5 oder Nummer 6 gemeldeten Arztes, unverzüglich zu melden, ob der Arzt die Mindestanforderungen nach § 5 Absatz 3 Satz 1 erfüllt. [2]Die Ärztekammern haben dem Bundesinstitut unverzüglich nach Bekanntwerden die Angabe „Hinweis: Suchttherapeutische Qualifikation liegt nicht mehr vor." zu denjenigen Ärzten, welche zuvor von den Ärztekammern dem Bundesinstitut gemeldet wurden, zu übermitteln, die die Mindestanforderungen nach § 5 Absatz 3 Satz 1 bisher erfüllt haben, aktuell aber nicht mehr erfüllen. [3]Das Bundesinstitut kann zum Zweck der Datenbereinigung von den Ärztekammern auch Meldungen zu allen Kammermitgliedern, die die Mindestanforderungen nach § 5 Absatz 3 Satz 1 erfüllen, mit folgenden Angaben verlangen:

1. Name und Vorname,
2. dienstliche Anschrift,
3. Geburtsdatum.

[4]Das Bundesinstitut unterrichtet aus dem Datenbestand des Substitutionsregisters unverzüglich die zuständigen Überwachungsbehörden der Länder über Name, Vorname, Anschrift und Telefonnummer

1. der Ärzte, die ein Substitutionsmittel nach § 5 Absatz 3 Satz 1 verschrieben haben, und
2. der nach Absatz 2 Satz 1 Nummer 6 gemeldeten suchtmedizinisch qualifizierten Ärzte,

wenn die in Nummer 1 und 2 genannten Ärzte die Mindestanforderungen nach § 5 Absatz 3 Satz 1 in Verbindung mit den nach den Sätzen 1 bis 3 übermittelten Daten nicht erfüllen.

(6) [1]Das Bundesinstitut teilt den zuständigen Überwachungsbehörden zum 30. Juni und 31. Dezember eines jeden Jahres folgende Angaben aus dem Datenbestand des Substitutionsregisters mit:

1. Namen, Vornamen, Anschriften und Telefonnummern der Ärzte, die nach § 5 Absatz 3 Satz 1 Substitutionsmittel verschrieben haben,
2. Namen, Vornamen, Anschriften und Telefonnummern der Ärzte, die nach § 5 Absatz 4 Substitutionsmittel verschrieben haben,
3. Namen, Vornamen, Anschriften und Telefonnummern der Ärzte, die nach Absatz 2 Satz 1 Nummer 6 als suchtmedizinisch qualifizierter Arzt gemeldet worden sind, sowie
4. Anzahl der Patienten, für die ein unter Nummer 1 oder Nummer 2 genannter Arzt ein Substitutionsmittel verschrieben hat.

[2]Die zuständigen Überwachungsbehörden können auch jederzeit im Einzelfall vom Bundesinstitut entsprechende Auskunft verlangen.

(7) [1]Das Bundesinstitut teilt den obersten Landesgesundheitsbehörden für das jeweilige Land zum 31. Dezember eines jeden Jahres folgende Angaben aus dem Datenbestand des Substitutionsregisters mit:

1. die Anzahl der Patienten, denen ein Substitutionsmittel verschrieben wurde,
2. die Anzahl der Ärzte, die nach § 5 Absatz 3 Satz 1 Substitutionsmittel verschrieben haben,
3. die Anzahl der Ärzte, die nach § 5 Absatz 4 Substitutionsmittel verschrieben haben,
4. die Anzahl der Ärzte, die nach Absatz 2 Satz 1 Nummer 6 als suchtmedizinisch qualifizierter Arzt gemeldet worden sind, sowie
5. Art und Anteil der verschriebenen Substitutionsmittel.

[2]Auf Verlangen erhalten die obersten Landesgesundheitsbehörden die unter den Nummern 1 bis 5 aufgeführten Angaben auch aufgeschlüsselt nach Überwachungsbereichen.

§ 5c Verschreiben für Patienten in Alten- oder Pflegeheimen, Hospizen und in der spezialisierten ambulanten Palliativversorgung. (1) [1]Der Arzt, der ein Betäubungsmittel für einen Patienten in einem Alten- oder Pflegeheim, einem Hospiz oder in der spezialisierten ambulanten Palliativversorgung verschreibt, kann bestimmen, dass die Verschreibung nicht dem Patienten ausgehändigt wird. [2]In diesem Falle darf die Verschreibung nur von ihm selbst oder durch von ihm angewiesenes oder beauftragtes Personal seiner Praxis, des Alten- oder Pflegeheimes, des Hospizes oder der Einrichtung der spezialisierten ambulanten Palliativversorgung in der Apotheke vorgelegt werden.

(2) Das Betäubungsmittel ist im Falle des Absatzes 1 Satz 1 dem Patienten vom behandelnden Arzt oder dem von ihm beauftragten, eingewiesenen und kontrollierten Personal des Alten- oder Pflegeheimes, des Hospizes oder der

Einrichtung der spezialisierten ambulanten Palliativversorgung zu verabreichen oder zum unmittelbaren Verbrauch zu überlassen.

(3) [1]Der Arzt darf im Falle des Absatzes 1 Satz 1 die Betäubungsmittel des Patienten in dem Alten- oder Pflegeheim, dem Hospiz oder der Einrichtung der spezialisierten ambulanten Palliativversorgung unter seiner Verantwortung lagern; die Einwilligung des über die jeweiligen Räumlichkeiten Verfügungsberechtigten bleibt unberührt. [2]Für den Nachweis über den Verbleib und Bestand gelten die §§ 13 und 14 entsprechend.

(4) Betäubungsmittel, die nach Absatz 3 gelagert wurden und nicht mehr benötigt werden, können von dem Arzt

1. einem anderen Patienten dieses Alten- oder Pflegeheimes, dieses Hospizes oder dieser Einrichtung der spezialisierten ambulanten Palliativversorgung verschrieben werden,

2. an eine versorgende Apotheke zur Weiterverwendung in einem Alten- oder Pflegeheim, einem Hospiz oder einer Einrichtung der spezialisierten ambulanten Palliativversorgung zurückgegeben werden oder

3. in den Notfallvorrat nach § 5d Absatz 1 Satz 1 überführt werden.

§ 5d Verschreiben für den Notfallbedarf in Hospizen und in der spezialisierten ambulanten Palliativversorgung. (1) [1]Hospize und Einrichtungen der spezialisierten ambulanten Palliativversorgung dürfen in ihren Räumlichkeiten einen Vorrat an Betäubungsmitteln für den unvorhersehbaren, dringenden und kurzfristigen Bedarf ihrer Patienten (Notfallvorrat) bereithalten. [2]Berechtigte, die von der Möglichkeit nach Satz 1 Gebrauch machen, sind verpflichtet,

1. einen oder mehrere Ärzte damit zu beauftragen, die Betäubungsmittel, die für den Notfallvorrat benötigt werden, nach § 2 Absatz 4 Satz 2 zu verschreiben,

2. die lückenlose Nachweisführung über die Aufnahme in den Notfallvorrat und die Entnahme aus dem Notfallvorrat durch interne Regelungen mit den Ärzten und Pflegekräften, die an der Versorgung von Patienten mit Betäubungsmitteln beteiligt sind, sicherzustellen und

3. mit einer Apotheke die Belieferung für den Notfallvorrat sowie eine mindestens halbjährliche Überprüfung der Notfallvorräte insbesondere auf deren einwandfreie Beschaffenheit sowie ordnungsgemäße und sichere Aufbewahrung schriftlich zu vereinbaren; der unterzeichnende Apotheker zeigt die Vereinbarung der zuständigen Landesbehörde vor der ersten Belieferung schriftlich oder elektronisch an; § 6 Absatz 3 Satz 2 bis 4 gilt entsprechend.

(2) [1]Der oder die Ärzte nach Absatz 1 Satz 2 Nummer 1 dürfen die für den Notfallvorrat benötigten Betäubungsmittel bis zur Menge des durchschnittlichen Zweiwochenbedarfs, mindestens jedoch die kleinste Packungseinheit, verschreiben. [2]Die Vorratshaltung darf für jedes Betäubungsmittel den durchschnittlichen Monatsbedarf für Notfälle nicht überschreiten.

§ 6 Verschreiben für Einrichtungen des Rettungsdienstes. (1) Für das Verschreiben des Bedarfs an Betäubungsmitteln für Einrichtungen und Teileinheiten von Einrichtungen des Rettungsdienstes (Rettungsdienstbedarf) finden die Vorschriften über das Verschreiben für den Stationsbedarf nach § 2 Abs. 4 entsprechende Anwendung.

(2) [1]Der Träger oder der Durchführende des Rettungsdienstes hat einen Arzt damit zu beauftragen, die benötigten Betäubungsmittel nach § 2 Abs. 4 zu verschreiben. [2]Die Aufzeichnung des Verbleibs und Bestandes der Betäubungsmittel ist nach den §§ 13 und 14 in den Einrichtungen und Teileinheiten der Einrichtungen des Rettungsdienstes durch den jeweils behandelnden Arzt zu führen.

(3) [1]Der Träger oder der Durchführende des Rettungsdienstes hat mit einer Apotheke die Belieferung der Verschreibungen für den Rettungsdienstbedarf sowie eines mindestens halbjährliche Überprüfung der Betäubungsmittelvorräte in den Einrichtungen oder Teileinheiten der Einrichtungen des Rettungsdienstes insbesondere auf deren einwandfreie Beschaffenheit sowie ordnungsgemäße und sichere Aufbewahrung schriftlich zu vereinbaren. [2]Mit der Überprüfung der Betäubungsmittelvorräte ist ein Apotheker der jeweiligen Apotheke zu beauftragen. [3]Es ist ein Protokoll anzufertigen. [4]Zur Beseitigung festgestellter Mängel hat der mit der Überprüfung beauftragte Apotheker dem Träger oder Durchführenden des Rettungsdienstes eine angemessene Frist zu setzen und im Falle der Nichteinhaltung die zuständige Landesbehörde zu unterrichten.

(4) [1]Bei einem Großschadensfall sind die benötigten Betäubungsmittel von dem zuständigen leitenden Notarzt nach § 2 Abs. 4 zu verschreiben. [2]Die verbrauchten Betäubungsmittel sind durch den leitenden Notarzt unverzüglich für den Großschadensfall zusammengefasst nachzuweisen und der zuständigen Landesbehörde unter Angabe der nicht verbrauchten Betäubungsmittel anzuzeigen. [3]Die zuständige Landesbehörde trifft Festlegungen zum Verbleib der nicht verbrauchten Betäubungsmittel.

§ 7 Verschreiben für Kauffahrteischiffe. (1) [1]Für das Verschreiben und die Abgabe von Betäubungsmitteln für die Ausrüstung von Kauffahrteischiffen gelten die §§ 8 und 9. [2]Auf den Betäubungsmittelrezepten sind die in Absatz 4 Nr. 4 bis 6 genannten Angaben anstelle der in § 9 Abs. 1 Nr. 1 und 5 vorgeschriebenen anzubringen.

(2) [1]Für die Ausrüstung von Kauffahrteischiffen darf nur ein von der zuständigen Behörde beauftragter Arzt Betäubungsmittel verschreiben; er darf für diesen Zweck bei Schiffsbesetzung ohne Schiffsarzt das Betäubungsmittel Morphin verschreiben. [2]Für die Ausrüstung von Kauffahrteischiffen bei Schiffsbesetzung mit Schiffsarzt und solchen, die nicht die Bundesflagge führen, können auch andere der in der Anlage III des Betäubungsmittelgesetzes bezeichneten Betäubungsmittel verschrieben werden.

(3) Ausnahmsweise dürfen Betäubungsmittel für die Ausrüstung von Kauffahrteischiffen von einer Apotheke zunächst ohne Verschreibung abgegeben werden, wenn

1. der in Absatz 2 bezeichnete Arzt nicht rechtzeitig vor dem Auslaufen des Schiffes erreichbar ist,

2. die Abgabe nach Art und Menge nur zum Ersatz
   a) verbrauchter,
   b) unbrauchbar gewordener oder
   c) außerhalb des Geltungsbereichs des Betäubungsmittelgesetzes von Schiffen, die die Bundesflagge führen, beschaffter und entsprechend dem vom Bundesministerium für Verkehr und digitale Infrastruktur nach § 108 Absatz 2 Satz 1 des Seearbeitsgesetzes bekanntgemachten Stand der medizinischen Erkenntnisse auszutauschender Betäubungsmittel erfolgt,

3. der Abgebende sich vorher überzeugt hat, dass die noch vorhandenen Betäubungsmittel nach Art und Menge mit den Eintragungen im Betäubungsmittelbuch des Schiffes übereinstimmen, und

4. der Abgebende sich den Empfang von dem für die ordnungsgemäße Durchführung der medizinischen Betreuung nach seearbeitsrechtlichen Vorschriften Verantwortlichen bescheinigen lässt.

(4) Die Bescheinigung nach Absatz 3 Nr. 4 muss folgende Angaben enthalten:

1. Bezeichnung der verschriebenen Arzneimittel nach § 9 Abs. 1 Nr. 3,

2. Menge der abgegebenen Arzneimittel nach § 9 Abs. 1 Nr. 4,

3. Abgabedatum,

4. Name des Schiffes,

5. Name des Reeders,

6. Heimathafen des Schiffes und

7. Unterschrift des für die medizinische Betreuung nach seearbeitsrechtlichen Vorschriften Verantwortlichen.

(5) [1]Der Abgebende hat die Bescheinigung nach Absatz 3 Nr. 4 unverzüglich dem von der zuständigen Behörde beauftragten Arzt zum nachträglichen Verschreiben vorzulegen. [2]Dieser ist verpflichtet, unverzüglich die Verschreibung auf einem Betäubungsmittelrezept der Apotheke nachzureichen, die das Betäubungsmittel nach § 7 Abs. 3 beliefert hat. [3]Die Verschreibung ist mit dem Buchstaben „K" zu kennzeichnen. [4]Die Bescheinigung nach § 7 Abs. 3 Nr. 4 ist dauerhaft mit dem in der Apotheke verbleibenden Teil der Verschreibung zu verbinden. [5]Wenn die Voraussetzungen des Absatzes 3 Nr. 1 und 2 nicht vorgelegen haben, ist die zuständige Behörde unverzüglich zu unterrichten.

(6) Für das Verschreiben und die Abgabe von Betäubungsmitteln für die Ausrüstung von Schiffen, die keine Kauffahrteischiffe sind, sind die Absätze 1 bis 5 entsprechend anzuwenden.

§ 8 Betäubungsmittelrezept. (1) [1]Betäubungsmittel für Patienten, den Praxisbedarf und Tiere dürfen nur auf einem dreiteiligen amtlichen Formblatt (Betäubungsmittelrezept) verschrieben werden. [2]Das Betäubungsmittelrezept darf für das Verschreiben anderer Arzneimittel nur verwendet werden, wenn dies neben der eines Betäubungsmittels erfolgt. [3]Die Teile I und II der Verschreibung sind zur Vorlage in einer Apotheke, im Falle des Verschreibens von Diamorphin nach § 5a Absatz 1 zur Vorlage bei einem pharmazeutischen Unternehmer, bestimmt, Teil III verbleibt bei dem Arzt, Zahnarzt oder Tierarzt, an den das Betäubungsmittelrezept ausgegeben wurde.

(2) [1]Betäubungsmittelrezepte werden vom Bundesinstitut für Arzneimittel und Medizinprodukte auf Anforderung an den einzelnen Arzt, Zahnarzt oder Tierarzt ausgegeben. [2]Das Bundesinstitut für Arzneimittel und Medizinprodukte kann die Ausgabe versagen, wenn der begründete Verdacht besteht, dass die Betäubungsmittelrezepte nicht den betäubungsmittelrechtlichen Vorschriften gemäß verwendet werden.

(3) [1]Die nummerierten Betäubungsmittelrezepte sind nur zur Verwendung des anfordernden Arztes, Zahnarztes oder Tierarztes bestimmt und dürfen nur im Vertretungsfall übertragen werden. [2]Die nicht verwendeten Betäubungsmittelrezepte sind bei Aufgabe der ärztlichen, zahnärztlichen oder tierärztlichen Tätigkeit dem Bundesinstitut für Arzneimittel und Medizinprodukte zurückzugeben.

(4) [1]Der Arzt, Zahnarzt oder Tierarzt hat die Betäubungsmittelrezepte gegen Entwendung zu sichern. [2]Ein Verlust ist unter Angabe der Rezeptnummern dem Bundesinstitut für Arzneimittel und Medizinprodukte unverzüglich anzuzeigen, das die zuständige oberste Landesbehörde unterrichtet.

(5) Der Arzt, Zahnarzt oder Tierarzt hat Teil III der Verschreibung und die Teile I bis III der fehlerhaft ausgefertigten Betäubungsmittelrezepte nach Ausstellungsdaten oder nach Vorgabe der zuständigen Landesbehörde geordnet drei Jahre aufzubewahren und auf Verlangen der nach § 19 Abs. 1 Satz 3 des Betäubungsmittelgesetzes zuständigen Landesbehörde einzusenden oder Beauftragten dieser Behörde vorzulegen.

(6) [1]Außer in den Fällen des § 5 dürfen Betäubungsmittel für Patienten, den Praxisbedarf und Tiere in Notfällen unter Beschränkung auf die zur Behebung des Notfalls erforderliche Menge abweichend von Absatz 1 Satz 1 verschrieben werden. [2]Verschreibungen nach Satz 1 sind mit den Angaben nach § 9 Abs. 1 zu versehen und mit dem Wort „Notfall-Verschreibung" zu kennzeichnen. [3]Die Apotheke hat den verschreibenden Arzt, Zahnarzt oder Tierarzt unverzüglich nach Vorlage der Notfall-Verschreibung und möglichst vor der Abgabe des Betäubungsmittels über die Belieferung zu informieren. [4]Dieser ist verpflichtet, unverzüglich die Verschreibung auf einem Betäubungsmittelrezept der Apotheke nachzureichen, die die Notfall-Verschreibung beliefert hat. [5]Die Verschreibung ist mit dem Buchstaben „N" zu kennzeichnen. [6]Die Notfall-Verschreibung ist dauerhaft mit dem in der Apotheke verbleibenden Teil der nachgereichten Verschreibung zu verbinden.

§ 9 Angaben auf dem Betäubungsmittelrezept. (1) Auf dem Betäubungsmittelrezept sind anzugeben:

1. Name, Vorname und Anschrift des Patienten, für den das Betäubungsmittel bestimmt ist; bei tierärztlichen Verschreibungen die Art des Tieres sowie Name, Vorname und Anschrift des Tierhalters,
2. Ausstellungsdatum,
3. Arzneimittelbezeichnung, soweit dadurch eine der nachstehenden Angaben nicht eindeutig bestimmt ist, jeweils zusätzlich Bezeichnung und Gewichtsmenge des enthaltenen Betäubungsmittels je Packungseinheit, bei abgeteilten Zubereitungen je abgeteilter Form, Darreichungsform,
4. Menge des verschriebenen Arzneimittels in Gramm oder Milliliter, Stückzahl der abgeteilten Form,
5. Gebrauchsanweisung mit Einzel- und Tagesgabe oder im Falle, daß dem Patienten eine schriftliche Gebrauchsanweisung übergeben wurde, ein Hinweis auf diese schriftliche Gebrauchsanweisung; im Fall des § 5 Absatz 8 und 9 zusätzlich die Reichdauer des Substitutionsmittels in Tagen und im Fall des § 5 Absatz 9 Satz 8 Vorgaben zur Abgabe des Substitutionsmittels oder, im Fall, dass dem Patienten schriftliche Vorgaben zur Abgabe oder zum Überlassen zum unmittelbaren Verbrauch des Substitutionsmittels übergeben wurden, ein Hinweis auf diese schriftlichen Vorgaben,
6. in den Fällen des § 2 Abs. 2 Satz 2 und des § 4 Abs. 2 Satz 2 der Buchstabe „A", in den Fällen des § 5 Absatz 6 Satz 3 und § 5a Absatz 1 Satz 1 der Buchstabe „S", in den Fällen des § 5 Absatz 8 Satz 5 zusätzlich der Buchstabe „Z", in den Fällen des § 5 Absatz 9 Satz 7 zusätzlich der Buchstabe „T", in den Fällen des § 7 Abs. 5 Satz 3 der Buchstabe „K", in den Fällen des § 8 Abs. 6 Satz 5 der Buchstabe „N",
7. Name des verschreibenden Arztes, Zahnarztes oder Tierarztes, seine Berufsbezeichnung und Anschrift einschließlich Telefonnummer,
8. in den Fällen des § 2 Abs. 3, § 3 Abs. 2 und § 4 Abs. 3 der Vermerk „Praxisbedarf" anstelle der Angaben in den Nummern 1 und 5,
9. Unterschrift des verschreibenden Arztes, Zahnarztes oder Tierarztes, im Vertretungsfall darüber hinaus der Vermerk „i.V.".

(2) [1]Die Angaben nach Absatz 1 sind dauerhaft zu vermerken und müssen auf allen Teilen der Verschreibung übereinstimmend enthalten sein. [2]Die Angaben nach den Nummern 1 bis 8 können durch eine andere Person als den Verschreibenden erfolgen. [3]Im Falle einer Änderung der Verschreibung hat der verschreibende Arzt die Änderung auf allen Teilen des Betäubungsmittelrezeptes zu vermerken und durch seine Unterschrift zu bestätigen.

§ 10 Betäubungsmittelanforderungsschein. (1) [1]Betäubungsmittel für den Stationsbedarf nach § 2 Abs. 4, § 3 Abs. 3 und § 4 Abs. 4, den Notfallbedarf nach § 5d und den Rettungsdienstbedarf nach § 6 Absatz 1 dürfen nur auf einem dreiteiligen amtlichen Formblatt (Betäubungsmittelanforderungsschein) verschrieben werden. [2]Die Teile I und II der Verschreibung für den Stationsbedarf, den Notfallbedarf und den Rettungsdienstbedarf sind zur Vorlage in der Apotheke bestimmt, Teil III verbleibt bei dem verschreibungsberechtigten Arzt, Zahnarzt oder Tierarzt.

(2) Betäubungsmittelanforderungsscheine werden vom Bundesinstitut für Arzneimittel und Medizinprodukte auf Anforderung ausgegeben an:

1. den Arzt oder Zahnarzt, der ein Krankenhaus oder eine Krankenhausabteilung leitet,
2. den Tierarzt, der eine Tierklinik leitet,
3. einen beauftragten Arzt nach § 5d Absatz 1 Satz 2 Nummer 1,
4. den nach § 6 Absatz 2 beauftragten Arzt des Rettungsdienstes oder
5. den zuständigen leitenden Notarzt nach § 6 Absatz 4.

(3) [1]Die nummerierten Betäubungsmittelanforderungsscheine sind nur zur Verwendung in der Einrichtung bestimmt, für die sie angefordert wurden. [2]Sie dürfen vom anfordernden Arzt, Zahnarzt oder Tierarzt an Leiter von Teileinheiten oder an einen weiteren beauftragten Arzt nach § 5d Absatz 1 Satz 2 Nummer 1 weitergegeben werden. [3]Über die Weitergabe ist ein Nachweis zu führen.

(4) Teil III der Verschreibung für den Stationsbedarf, den Notfallbedarf und den Rettungsdienstbedarf und die Teile I bis III von fehlerhaft ausgefertigten Betäubungsmittelanforderungsscheinen sowie die Nachweisunterlagen gemäß Absatz 3 sind vom anfordernden Arzt, Zahnarzt oder Tierarzt drei Jahre, von der letzten Eintragung an gerechnet, aufzubewahren und auf Verlangen der nach § 19 Abs. 1 Satz 3 des Betäubungsmittelgesetzes zuständigen Landesbehörde einzusenden oder Beauftragten dieser Behörden vorzulegen.

§ 11 Angaben auf dem Betäubungsmittelanforderungsschein. (1) Auf dem Betäubungsmittelanforderungsschein sind anzugeben:

1. Name oder die Bezeichnung und die Anschrift der Einrichtung, für die die Betäubungsmittel bestimmt sind,
2. Ausstellungsdatum,
3. Bezeichnung der verschriebenen Arzneimittel nach § 9 Abs. 1 Nr. 3,
4. Menge der verschriebenen Arzneimittel nach § 9 Abs. 1 Nr. 4,
5. Name des verschreibenden Arztes, Zahnarztes oder Tierarztes einschließlich Telefonnummer,
6. Unterschrift des verschreibenden Arztes, Zahnarztes oder Tierarztes, im Vertretungsfall darüber hinaus der Vermerk „i. V.“.

(2) [1]Die Angaben nach Absatz 1 sind dauerhaft zu vermerken und müssen auf allen Teilen der Verschreibung für den Stationsbedarf, den Notfallbedarf und den Rettungsdienstbedarf übereinstimmend enthalten sein. [2]Die Angaben nach den Nummern 1 bis 5 können durch eine andere Person als den Verschreibenden erfolgen. [3]Im Falle einer Änderung der Verschreibung für den Stationsbedarf, den Notfallbedarf und den Rettungsdienstbedarf hat der verschreibende Arzt die Änderung auf allen Teilen des Betäubungsmittelanforderungsscheines zu vermerken und durch seine Unterschrift zu bestätigen.

§ 12 Abgabe. (1) Betäubungsmittel dürfen vorbehaltlich des Absatzes 2 nicht abgegeben werden:

1. auf eine Verschreibung,
   a) die nach den §§ 1 bis 4 oder § 7 Abs. 2 für den Abgebenden erkennbar nicht ausgefertigt werden durfte,
   b) bei deren Ausfertigung eine Vorschrift des § 7 Abs. 1 Satz 2, des § 8 Abs. 1 Satz 1 und 2 oder des § 9 nicht beachtet wurde,
   c) die bei Vorlage vor mehr als sieben Tagen ausgefertigt wurde, oder
   d) die mit dem Buchstaben „K" oder „N" gekennzeichnet ist;
2. auf eine Verschreibung für den Stationsbedarf, den Notfallbedarf und den Rettungsdienstbedarf,
   a) die nach den §§ 1 bis 4, § 7 Abs. 1 oder § 10 Abs. 3 für den Abgebenden erkennbar nicht ausgefertigt werden durfte oder
   b) bei deren Ausfertigung eine Vorschrift des § 10 Abs. 1 oder des § 11 nicht beachtet wurde;
3. auf eine Verschreibung nach § 8 Abs. 6, die
   a) nicht nach Satz 2 gekennzeichnet ist oder
   b) vor mehr als einem Tag ausgefertigt wurde;
4. auf eine Verschreibung nach § 5 Absatz 8 oder Absatz 9, wenn sie nicht in Einzeldosen und in kindergesicherter Verpackung konfektioniert sind.

(2) [1]Bei Verschreibungen und Verschreibungen für den Stationsbedarf, den Notfallbedarf und den Rettungsdienstbedarf, die einen für den Abgebenden erkennbaren Irrtum enthalten, unleserlich sind oder den Vorschriften nach § 9 Abs. 1 oder § 11 Abs. 1 nicht vollständig entsprechen, ist der Abgebende berechtigt, nach Rücksprache mit dem verschreibenden Arzt, Zahnarzt oder Tierarzt Änderungen vorzunehmen. [2]Angaben nach § 9 Abs. 1 Nr. 1 oder § 11 Abs. 1 Nr. 1 können durch den Abgebenden geändert oder ergänzt werden, wenn der Überbringer der Verschreibung oder der Verschreibung für den Stationsbedarf, den Notfallbedarf und den Rettungsdienstbedarf diese Angaben nachweist oder glaubhaft versichert oder die Angaben anderweitig ersichtlich sind. [3]Auf Verschreibungen oder Verschreibungen für den Stationsbedarf, den Notfallbedarf und den Rettungsdienstbedarf, bei denen eine Änderung nach Satz 1 nicht möglich ist, dürfen die verschriebenen Betäubungsmittel oder Teilmengen davon abgegeben werden, wenn der Überbringer glaubhaft versichert oder anderweitig ersichtlich ist, dass ein dringender Fall vorliegt, der die unverzügliche Anwendung des Betäubungsmittels erforderlich macht. [4]In diesen Fällen hat der Apothekenleiter den Verschreibenden unverzüglich über die erfolgte Abgabe zu benachrichtigen; die erforderlichen Korrekturen auf der Verschreibung oder Verschreibung für den Stationsbedarf, den Notfallbedarf und den Rettungsdienstbedarf sind unverzüglich vorzunehmen. [5]Änderungen und Ergänzungen nach den Sätzen 1 und 2, Rücksprachen nach den Sätzen 1 und 4 sowie Abgaben nach Satz 3 sind durch den Abgebenden auf den Teilen I und II, durch den Verschreibenden, außer im Falle des Satzes 2, auf Teil III der Verschreibung oder der Verschreibung für den Stationsbedarf, den Notfallbedarf und den Rettungs-

dienstbedarf zu vermerken. [6]Für die Verschreibung von Diamorphin gelten die Sätze 2 bis 4 nicht.

(3) Der Abgebende hat auf Teil I der Verschreibung oder der Verschreibung für den Stationsbedarf, den Notfallbedarf und den Rettungsdienstbedarf folgende Angaben dauerhaft zu vermerken:

1. Name und Anschrift der Apotheke,
2. Abgabedatum und
3. Namenszeichen des Abgebenden.

(4) [1]Der Apothekenleiter hat Teil I der Verschreibungen und Verschreibungen für den Stationsbedarf, den Notfallbedarf und den Rettungsdienstbedarf nach Abgabedaten oder nach Vorgabe der zuständigen Landesbehörde geordnet drei Jahre aufzubewahren und auf Verlangen dem Bundesinstitut für Arzneimittel und Medizinprodukte oder der nach § 19 Abs. 1 Satz 3 des Betäubungsmittelgesetzes zuständigen Landesbehörde einzusenden oder Beauftragten dieser Behörden vorzulegen. [2]Teil II ist zur Verrechnung bestimmt. [3]Die Sätze 1 und 2 gelten im Falle der Abgabe von Diamorphin für den Verantwortlichen für Betäubungsmittel des pharmazeutischen Unternehmers entsprechend.

(5) Der Tierarzt darf aus seiner Hausapotheke Betäubungsmittel nur zur Anwendung bei einem von ihm behandelten Tier und nur unter Einhaltung der für das Verschreiben geltenden Vorschriften der §§ 1 und 4 Abs. 1 und 2 abgeben.

§ 13 Nachweisführung. (1) [1]Der Nachweis von Verbleib und Bestand der Betäubungsmittel in den in § 1 Abs. 3 genannten Einrichtungen ist unverzüglich nach Bestandsänderung nach amtlichem Formblatt zu führen. [2]Es können Karteikarten oder Betäubungsmittelbücher mit fortlaufend numerierten Seiten verwendet werden. [3]Die Aufzeichnung kann auch mittels elektronischer Datenverarbeitung erfolgen, sofern jederzeit der Ausdruck der gespeicherten Angaben in der Reihenfolge des amtlichen Formblattes gewährleistet ist. [4]Im Falle des Überlassens eines Substitutionsmittels zum unmittelbaren Verbrauch nach § 5 Absatz 7 Satz 1 oder eines Betäubungsmittels nach § 5c Absatz 2 ist der Verbleib patientenbezogen nachzuweisen.

(2) [1]Die Eintragungen über Zugänge, Abgänge und Bestände der Betäubungsmittel sowie die Übereinstimmung der Bestände mit den geführten Nachweisen sind

1. von dem Apotheker für die von ihm geleitete Apotheke,
2. von dem Tierarzt für die von ihm geleitete tierärztliche Hausapotheke und
3. von dem in den §§ 2 bis 4 bezeichneten, verschreibungsberechtigten Arzt, Zahnarzt oder Tierarzt für den Praxis- oder Stationsbedarf,
4. von einem nach § 5d Absatz 1 Satz 2 Nummer 1 beauftragten Arzt für Hospize und Einrichtungen der spezialisierten ambulanten Palliativversorgung sowie von dem nach § 6 Absatz 2 beauftragten Arzt für Einrichtungen des Rettungsdienstes,

5. vom für die Durchführung der medizinischen Betreuung nach den seearbeitsrechtlichen Vorschriften Verantwortlichen für das jeweilige Kauffahrteischiff, das die Bundesflagge führt,

6. im Falle des Nachweises nach Absatz 1 Satz 4 von den in § 5 Absatz 10 Satz 1 und 2 oder den in § 5c Absatz 2 benannten Personen,

7. vom Verantwortlichen im Sinne des § 5a Absatz 2 Satz 2 Nummer 3

am Ende eines jeden Kalendermonats zu prüfen und, sofern sich der Bestand geändert hat, durch Namenszeichen und Prüfdatum zu bestätigen. ²Für den Fall, daß die Nachweisführung mittels elektronischer Datenverarbeitung erfolgt, ist die Prüfung auf der Grundlage zum Monatsende angefertigter Ausdrucke durchzuführen. ³Sobald und solange der Arzt die Nachweisführung und Prüfung nach Satz 1 Nummer 6 nicht selbst vornimmt, hat er sicherzustellen, dass er durch eine Person nach § 5 Absatz 10 Satz 1 und 2 oder § 5c Absatz 2 am Ende eines jeden Kalendermonats über die erfolgte Prüfung und Nachweisführung schriftlich oder elektronisch unterrichtet wird.

(3) ¹Die Karteikarten, Betäubungsmittelbücher oder EDV-Ausdrucke nach Absatz 2 Satz 2 sind in den in § 1 Abs. 3 genannten Einrichtungen drei Jahre, von der letzten Eintragung an gerechnet, aufzubewahren. ²Bei einem Wechsel in der Leitung einer Krankenhausapotheke, einer Einrichtung eines Krankenhauses, einer Tierklinik oder einem Wechsel des beauftragten Arztes nach § 5c Absatz 1 Satz 2 Nummer 1 oder § 6 Absatz 2 Satz 1 sind durch die in Absatz 2 genannten Personen das Datum der Übergabe sowie der übergebene Bestand zu vermerken und durch Unterschrift zu bestätigen. ³Die Karteikarten, die Betäubungsmittelbücher und die EDV-Ausdrucke sind auf Verlangen der nach § 19 Abs. 1 Satz 3 des Betäubungsmittelgesetzes zuständigen Landesbehörde einzusenden oder Beauftragten dieser Behörde vorzulegen. ⁴In der Zwischenzeit sind vorläufige Aufzeichnungen vorzunehmen, die nach Rückgabe der Karteikarten und Betäubungsmittelbücher nachzutragen sind.

§ 14 Angaben zur Nachweisführung. (1) ¹Beim Nachweis von Verbleib und Bestand der Betäubungsmittel sind für jedes Betäubungsmittel dauerhaft anzugeben:

1. Bezeichnung, bei Arzneimitteln entsprechend § 9 Abs. 1 Nr. 3,

2. Datum des Zugangs oder des Abgangs,

3. zugegangene oder abgegangene Menge und der sich daraus ergebende Bestand; bei Stoffen und nicht abgeteilten Zubereitungen die Gewichtsmenge in Gramm oder Milligramm, bei abgeteilten Zubereitungen die Stückzahl; bei flüssigen Zubereitungen, die im Rahmen einer Behandlung angewendet werden, die Menge auch in Millilitern,

4. Name oder Firma und Anschrift des Lieferers oder des Empfängers oder die sonstige Herkunft oder der sonstige Verbleib,

5. in Apotheken im Falle der Abgabe auf Verschreibung für Patienten sowie für den Praxisbedarf der Name und die Anschrift des verschreibenden Arztes, Zahnarztes oder Tierarztes und die Nummer des Betäubungsmittelrezeptes, im Falle der Verschreibung für den Stationsbedarf, den Notfallbedarf sowie

den Rettungsdienstbedarf der Name des verschreibenden Arztes, Zahnarztes oder Tierarztes und die Nummer des Betäubungsmittelanforderungsscheines,

5a. in Krankenhäusern, Tierkliniken, Hospizen sowie in Einrichtungen der spezialisierten ambulanten Palliativversorgung und des Rettungsdienstes im Falle des Erwerbs auf Verschreibung für den Stationsbedarf, den Notfallbedarf sowie den Rettungsdienstbedarf der Name des verschreibenden Arztes, Zahnarztes oder Tierarztes und die Nummer des Betäubungsmittelanforderungsscheines,

6. beim pharmazeutischen Unternehmen im Falle der Abgabe auf Verschreibung von Diamorphin Name und Anschrift des verschreibenden Arztes und die Nummer des Betäubungsmittelrezeptes.

²Bestehen bei den in § 1 Abs. 3 genannten Einrichtungen Teileinheiten, sind die Aufzeichnungen in diesen zu führen.

(2) ¹Bei der Nachweisführung ist bei flüssigen Zubereitungen die Gewichtsmenge des Betäubungsmittels, die in der aus technischen Gründen erforderlichen Überfüllung des Abgabebehältnisses enthalten ist, nur zu berücksichtigen, wenn dadurch der Abgang höher ist als der Zugang. ²Die Differenz ist als Zugang mit „Überfüllung" auszuweisen.

§ 15 Formblätter. Das Bundesinstitut für Arzneimittel und Medizinprodukte gibt die amtlichen Formblätter für das Verschreiben (Betäubungsmittelrezepte und Betäubungsmittelanforderungsscheine) und für den Nachweis von Verbleib und Bestand (Karteikarten und Betäubungsmittelbücher) heraus und macht sie im Bundesanzeiger bekannt.

§ 16 Straftaten. Nach § 29 Abs. 1 Satz 1 Nr. 14 des Betäubungsmittelgesetzes wird bestraft, wer

1. entgegen § 1 Abs. 1 Satz 1, auch in Verbindung mit Satz 2, ein Betäubungsmittel nicht als Zubereitung verschreibt,
2. a) entgegen § 2 Abs. 1 oder 2 Satz 1, § 3 Abs. 1 oder § 5 Absatz 6 Satz 1 für einen Patienten,
   b) entgegen § 2 Abs. 3 Satz 1, § 3 Abs. 2 Satz 1 oder § 4 Abs. 3 Satz 1 für seinen Praxisbedarf oder
   c) entgegen § 4 Abs. 1 für ein Tier
   andere als die dort bezeichneten Betäubungsmittel oder innerhalb von 30 Tagen mehr als ein Betäubungsmittel, im Falle des § 2 Abs. 1 Buchstabe a mehr als zwei Betäubungsmittel, über die festgesetzte Höchstmenge hinaus oder unter Nichteinhaltung der vorgegebenen Bestimmungszwecke oder sonstiger Beschränkungen verschreibt,
3. entgegen § 2 Abs. 4, § 3 Abs. 3 oder § 4 Abs. 4
   a) Betäubungsmittel für andere als die dort bezeichneten Einrichtungen,
   b) andere als die dort bezeichneten Betäubungsmittel oder
   c) dort bezeichnete Betäubungsmittel unter Nichteinhaltung der dort genannten Beschränkungen verschreibt oder

4. entgegen § 7 Abs. 2 Betäubungsmittel für die Ausrüstung von Kauffahrteischiffen verschreibt,

5. entgegen § 5a Absatz 3 Satz 1 Diamorphin verschreibt, verabreicht oder
überlässt.

§ 17 Ordnungswidrigkeiten. Ordnungswidrig im Sinne des § 32 Abs. 1
Nr. 6 des Betäubungsmittelgesetzes handelt, wer vorsätzlich oder leichtfertig

1. entgegen § 5b Absatz 2, § 7 Abs. 1 Satz 2 oder Abs. 4, § 8 Abs. 6 Satz 2,
§ 9 Abs. 1, auch in Verbindung mit § 2 Abs. 2 Satz 2, § 4 Abs. 2 Satz 2, § 5
Absatz 6 Satz 3, § 7 Abs. 5 Satz 3 oder § 8 Abs. 6 Satz 5, § 11 Abs. 1 oder
§ 12 Abs. 3, eine Angabe nicht, nicht richtig, nicht vollständig oder nicht
in der vorgeschriebenen Form macht,

2. entgegen § 5 Absatz 11 die erforderlichen Maßnahmen nicht oder nicht
vollständig dokumentiert oder der zuständigen Landesbehörde die Dokumentation nicht zur Einsicht und Auswertung vorlegt oder einsendet,

3. entgegen § 8 Abs. 1 Satz 1, auch in Verbindung mit § 7 Abs. 1, Betäubungsmittel nicht auf einem gültigen Betäubungsmittelrezept oder entgegen § 10 Abs. 1 Satz 1 Betäubungsmittel nicht auf einem gültigen Betäubungsmittelanforderungsschein verschreibt,

4. entgegen § 8 Abs. 3 für seine Verwendung bestimmte Betäubungsmittelrezepte überträgt oder bei Aufgabe der Tätigkeit dem Bundesinstitut für Arzneimittel und Medizinprodukte nicht zurückgibt,

5. entgegen § 8 Abs. 4 Betäubungsmittelrezepte nicht gegen Entwendung si-
chert oder einen Verlust nicht unverzüglich anzeigt,

6. entgegen § 8 Abs. 5, § 10 Abs. 4 oder § 12 Abs. 4 Satz 1 die dort bezeichneten Teile der Verschreibung oder der Verschreibung für den Stationsbedarf, den Notfallbedarf und den Rettungsdienstbedarf nicht oder nicht vorschriftsmäßig aufbewahrt,

7. entgegen § 8 Abs. 6 Satz 4 die Verschreibung nicht unverzüglich der Apotheke nachreicht,

8. entgegen § 10 Abs. 3 Satz 3 keinen Nachweis über die Weitergabe von
Betäubungsmittelanforderungsscheinen führt,

9. einer Vorschrift des § 13 Abs. 1 Satz 1, Abs. 2 oder 3 oder des § 14 über die
Führung von Aufzeichnungen, deren Prüfung oder Aufbewahrung zuwiderhandelt oder

10. entgegen § 5 Absatz 3 Satz 1 oder Absatz 4 oder Absatz 5 oder § 5a
Absatz 1 Satz 2 Nummer 1 ein Substitutionsmittel verschreibt, ohne die
Mindestanforderungen an die Qualifikation zu erfüllen oder ohne einen
Konsiliarius in die Behandlung einzubeziehen oder ohne sich als Vertreter,
der die Mindestanforderungen an die Qualifikation nicht erfüllt, abzustimmen oder ohne die diamorphinspezifischen Anforderungen an die Qualifikation nach § 5a Absatz 1 Satz 2 Nummer 1 zu erfüllen.

§ 18 Übergangsvorschrift. (1) [1]Die Bundesärztekammer hat die Richtlinie
nach § 5 Absatz 12 Satz 1 bis 3 und Absatz 14 Satz 3 dem Bundesministerium

für Gesundheit spätestens bis zum 31. August 2017 zur Genehmigung vorzulegen. [2]Das Bundesministerium für Gesundheit macht die genehmigte Richtlinie unverzüglich im Bundesanzeiger bekannt.

(2) Bis zur Bekanntmachung der Richtlinie gemäß Absatz 1 Satz 2 findet die Verordnung in ihrer bis zum 29. Mai 2017 geltenden Fassung weiter Anwendung.

Gesetz über Medizinprodukte
(Medizinproduktegesetz – MPG)[1]

i.d.F. der Bek. vom 7.8.2002 (BGBl. I S. 3146),
zuletzt geändert durch Art. 7 G vom 18.7.2017 (BGBl. I S. 2757)

INHALTSÜBERSICHT[2]

---

1 Dieses Gesetz dient der Umsetzung
  – der Richtlinie 90/385/EWG des Rates vom 20. Juni 1990 zur Angleichung der Rechtsvorschriften der Mitgliedstaaten über aktive implantierbare medizinische Geräte (Abl. EG Nr. L 189 S. 17), zuletzt geändert durch die Richtlinie 93/68/EWG (Abl. EG Nr. L 220 S. 1)
  – der Richtlinie 93/42/EWG des Rates vom 14. Juni 1993 über Medizinprodukte (Abl. EG Nr. L 169 S. 1), zuletzt geändert durch die Richtlinie 2001/104/EG (Abl. EG Nr. L 6 S. 50) und
  – der Richtlinie 98/79/EG des Europäischen Parlaments und des Rates vom 27. Oktober 1998 über In-vitro-Diagnostika (Abl. EG Nr. L 331 S. 1).
2 Gemäß Art. 4 Abs. 59 Nr. 1 G vom 18.7.2016 (BGBl. I S. 1666) wird in der Inhaltsübersicht mit Wirkung vom 1.10.2021 die Angabe zu § 35 wie folgt gefasst:
  „§ 35 – weggefallen –“.

Erster Abschnitt
Zweck, Anwendungsbereich des Gesetzes, Begriffsbestimmungen

§ 1 Zweck des Gesetzes. Zweck dieses Gesetzes ist es, den Verkehr mit Medizinprodukten zu regeln und dadurch für die Sicherheit, Eignung und Leistung der Medizinprodukte sowie die Gesundheit und den erforderlichen Schutz der Patienten, Anwender und Dritter zu sorgen.

§ 2 Anwendungsbereich des Gesetzes. (1) [1]Dieses Gesetz gilt für Medizinprodukte und deren Zubehör. [2]Zubehör wird als eigenständiges Medizinprodukt behandelt.

(2) [1]Dieses Gesetz gilt auch für das Anwenden, Betreiben und Instandhalten von Produkten, die nicht als Medizinprodukte in Verkehr gebracht wurden, aber mit der Zweckbestimmung eines Medizinproduktes im Sinne der Anlagen 1 und 2 der Medizinprodukte-Betreiberverordnung eingesetzt werden. [2]Sie gelten als Medizinprodukte im Sinne dieses Gesetzes.

(3) [1]Dieses Gesetz gilt auch für Produkte, die dazu bestimmt sind, Arzneimittel im Sinne des § 2 Abs. 1 des Arzneimittelgesetzes zu verabreichen. [2]Werden die Medizinprodukte nach Satz 1 so in den Verkehr gebracht, dass Medizinprodukt und Arzneimittel ein einheitliches, miteinander verbundenes Produkt bilden, das ausschließlich zur Anwendung in dieser Verbindung bestimmt und nicht wiederverwendbar ist, gilt dieses Gesetz nur insoweit, als das Medizinprodukt die Grundlegenden Anforderungen nach § 7 erfüllen muss die sicherheits- und leistungsbezogene Produktfunktionen betreffen. [3]Im Übrigen gelten die Vorschriften des Arzneimittelgesetzes.

(4) Die Vorschriften des Atomgesetzes sowie des Strahlenschutzgesetzes und der auf dessen Grundlage erlassenen Rechtsverordnungen, des Chemikaliengesetzes, der Gefahrstoffverordnung, der Betriebssicherheitsverordnung, der Druckgeräteverordnung, der Aerosolpackungsverordnung sowie die Rechtsvorschriften über Geheimhaltung und Datenschutz bleiben unberührt.

(4a) Dieses Gesetz gilt auch für Produkte, die vom Hersteller sowohl zur Verwendung entsprechend den Vorschriften über persönliche Schutzausrüstungen der Richtlinie 89/686/EWG des Rates vom 21. Dezember 1989 zur Angleichung der Rechtsvorschriften der Mitgliedstaaten für persönliche Schutzausrüstungen (ABl. L 399 vom 30.12.1989, S. 18) als auch der Richtlinie 93/42/EWG des Rates vom 14. Juni 1993 über Medizinprodukte (ABl. L 169 vom 12.7.1993, S. 1) bestimmt sind.

(5) Dieses Gesetz gilt nicht für
1. Arzneimittel im Sinne des § 2 des Arzneimittelgesetzes; die Entscheidung darüber, ob ein Produkt ein Arzneimittel oder ein Medizinprodukt ist, erfolgt insbesondere unter Berücksichtigung der hauptsächlichen Wirkungsweise des Produkts, es sei denn, es handelt sich um ein Arznei-

mittel im Sinne des § 2 Absatz 1 Nummer 2 Buchstabe b des Arzneimittelgesetzes,

2. kosmetische Mittel im Sinne des § 2 Absatz 5 des Lebensmittel-, Bedarfs-
   gegenstände- und Futtermittelgesetzbuchs,

3. menschliches Blut, Produkte aus menschlichem Blut, menschliches Plasma
   oder Blutzellen menschlichen Ursprungs oder Produkte, die zum Zeitpunkt
   des Inverkehrbringens Bluterzeugnisse, -plasma oder -zellen dieser Art enthalten, soweit es sich nicht um Medizinprodukte nach § 3 Nr. 3 oder § 3
   Nr. 4 handelt,

4. Transplantate oder Gewebe oder Zellen menschlichen Ursprungs und Produkte, die Gewebe oder Zellen menschlichen Ursprungs enthalten oder aus
   solchen Geweben oder Zellen gewonnen wurden, soweit es sich nicht um
   Medizinprodukte nach § 3 Nr. 4 handelt,

5. Transplantate oder Gewebe oder Zellen tierischen Ursprungs, es sei denn,
   ein Produkt wird unter Verwendung von abgetötetem tierischen Gewebe
   oder von abgetöteten Erzeugnissen hergestellt, die aus tierischem Gewebe
   gewonnen wurden oder es handelt sich um Medizinprodukte nach § 3 Nr. 4.

§ 3 Begriffsbestimmungen.

1. Medizinprodukte sind alle einzeln oder miteinander verbunden verwendeten Instrumente, Apparate, Vorrichtungen, Software, Stoffe und Zubereitungen aus Stoffen oder andere Gegenstände einschließlich der vom Hersteller
   speziell zur Anwendung für diagnostische oder therapeutische Zwecke bestimmten und für ein einwandfreies Funktionieren des Medizinproduktes
   eingesetzten Software, die vom Hersteller zur Anwendung für Menschen
   mittels ihrer Funktionen zum Zwecke
   a) der Erkennung, Verhütung, Überwachung, Behandlung oder Linderung
      von Krankheiten,
   b) der Erkennung, Überwachung, Behandlung, Linderung oder Kompen-
      sierung von Verletzungen oder Behinderungen,
   c) der Untersuchung, der Ersetzung oder der Veränderung des anatomi-
      schen Aufbaus oder eines physiologischen Vorgangs oder
   d) der Empfängnisregelung
   zu dienen bestimmt sind und deren bestimmungsgemäße Hauptwirkung im
   oder am menschlichen Körper weder durch pharmakologisch oder immuno-
   logisch wirkende Mittel noch durch Metabolismus erreicht wird, deren Wirkungsweise aber durch solche Mittel unterstützt werden kann.

2. Medizinprodukte sind auch Produkte nach Nummer 1, die einen Stoff oder
   eine Zubereitung aus Stoffen enthalten oder auf die solche aufgetragen sind,
   die bei gesonderter Verwendung als Arzneimittel im Sinne des § 2 Abs. 1
   des Arzneimittelgesetzes angesehen werden können und die in Ergänzung
   zu den Funktionen des Produktes eine Wirkung auf den menschlichen Körper entfalten können.

3. Medizinprodukte sind auch Produkte nach Nummer 1, die als Bestandteil
   einen Stoff enthalten, der gesondert verwendet als Bestandteil eines Arz-

neimittels oder Arzneimittel aus menschlichem Blut oder Blutplasma im Sinne des Artikels 1 der Richtlinie 2001/83/EG des Europäischen Parlaments und des Rates vom 6. November 2001 zur Schaffung eines Gemeinschaftskodexes für Humanarzneimittel (ABl. L 311 vom 28.11.2001, S. 67), die zuletzt durch die Verordnung (EG) Nr. 1394/2007 (ABl. L 324 vom 10.12.2007, S. 121) geändert worden ist, betrachtet werden und in Ergänzung zu dem Produkt eine Wirkung auf den menschlichen Körper entfalten kann.

4. [1]In-vitro-Diagnostikum ist ein Medizinprodukt, das als Reagenz, Reagenzprodukt, Kalibriermaterial, Kontrollmaterial, Kit, Instrument, Apparat, Gerät oder System einzeln oder in Verbindung miteinander nach der vom Hersteller festgelegten Zweckbestimmung zur In-vitro-Untersuchung von aus dem menschlichen Körper stammenden Proben einschließlich Blut- und Gewebespenden bestimmt ist und ausschließlich oder hauptsächlich dazu dient, Informationen zu liefern

   a) über physiologische oder pathologische Zustände oder

   b) über angeborene Anomalien oder

   c) zur Prüfung auf Unbedenklichkeit oder Verträglichkeit bei den potenziellen Empfängern oder

   d) zur Überwachung therapeutischer Maßnahmen.

   [2]Probenbehältnisse gelten als In-vitro-Diagnostika. Probenbehältnisse sind luftleere oder sonstige Medizinprodukte, die von ihrem Hersteller speziell dafür gefertigt werden, aus dem menschlichen Körper stammende Proben unmittelbar nach ihrer Entnahme aufzunehmen und im Hinblick auf eine In-vitro-Untersuchung aufzubewahren. [3]Erzeugnisse für den allgemeinen Laborbedarf gelten nicht als In-vitro-Diagnostika, es sei denn, sie sind aufgrund ihrer Merkmale nach der vom Hersteller festgelegten Zweckbestimmung speziell für In-vitro-Untersuchungen zu verwenden.

5. In-vitro-Diagnostikum zur Eigenanwendung ist ein In-vitro-Diagnostikum, das nach der vom Hersteller festgelegten Zweckbestimmung von Laien in der häuslichen Umgebung angewendet werden kann.

6. Neu im Sinne dieses Gesetzes ist ein In-vitro-Diagnostikum, wenn

   a) ein derartiges Medizinprodukt für den entsprechenden Analyten oder anderen Parameter während der vorangegangenen drei Jahre innerhalb des Europäischen Wirtschaftsraums nicht fortwährend verfügbar war oder

   b) das Verfahren mit einer Analysetechnik arbeitet, die innerhalb des Europäischen Wirtschaftsraums während der vorangegangenen drei Jahre nicht fortwährend in Verbindung mit einem bestimmten Analyten oder anderen Parameter verwendet worden ist.

7. [1]Als Kalibrier- und Kontrollmaterial gelten Substanzen, Materialien und Gegenstände, die von ihrem Hersteller vorgesehen sind zum Vergleich von Messdaten oder zur Prüfung der Leistungsmerkmale eines In-vitro-Diagnostikums im Hinblick auf die bestimmungsgemäße Anwendung.

[2]Zertifizierte internationale Referenzmaterialien und Materialien, die für externe Qualitätsbewertungsprogramme verwendet werden, sind keine In-vitro-Diagnostika im Sinne dieses Gesetzes.

8. [1]Sonderanfertigung ist ein Medizinprodukt, das nach schriftlicher Verordnung nach spezifischen Auslegungsmerkmalen eigens angefertigt wird und zur ausschließlichen Anwendung bei einem namentlich benannten Patienten bestimmt ist. [2]Das serienmäßig hergestellte Medizinprodukt, das angepasst werden muss, um den spezifischen Anforderungen des Arztes, Zahnarztes oder des sonstigen beruflichen Anwenders zu entsprechen, gilt nicht als Sonderanfertigung.

9. [1]Zubehör für Medizinprodukte sind Gegenstände, Stoffe sowie Zubereitungen aus Stoffen, die selbst keine Medizinprodukte nach Nummer 1 sind, aber vom Hersteller dazu bestimmt sind, mit einem Medizinprodukt verwendet zu werden, damit dieses entsprechend der von ihm festgelegten Zweckbestimmung des Medizinproduktes angewendet werden kann. [2]Invasive, zur Entnahme von Proben aus dem menschlichen Körper zur In-vitro-Untersuchung bestimmte Medizinprodukte sowie Medizinprodukte, die zum Zweck der Probenahme in unmittelbaren Kontakt mit dem menschlichen Körper kommen, gelten nicht als Zubehör für In-vitro-Diagnostika.

10. Zweckbestimmung ist die Verwendung, für die das Medizinprodukt in der Kennzeichnung, der Gebrauchsanweisung oder den Werbematerialien nach den Angaben des in Nummer 15 genannten Personenkreises bestimmt ist.

11. [1]Inverkehrbringen ist jede entgeltliche oder unentgeltliche Abgabe von Medizinprodukten an andere. [2]Erstmaliges Inverkehrbringen ist die erste Abgabe von neuen oder als neu aufbereiteten Medizinprodukten an andere im Europäischen Wirtschaftsraum. [3]Als Inverkehrbringen nach diesem Gesetz gilt nicht
   a) die Abgabe von Medizinprodukten zum Zwecke der klinischen Prüfung,
   b) die Abgabe von In-vitro-Diagnostika für Leistungsbewertungsprüfungen,
   c) die erneute Abgabe eines Medizinproduktes nach seiner Inbetriebnahme an andere, es sei denn, dass es als neu aufbereitet oder wesentlich verändert worden ist.

   [4]Eine Abgabe an andere liegt nicht vor, wenn Medizinprodukte für einen anderen aufbereitet und an diesen zurückgegeben werden.

12. [1]Inbetriebnahme ist der Zeitpunkt, zu dem das Medizinprodukt dem Endanwender als ein Erzeugnis zur Verfügung gestellt worden ist, das erstmals entsprechend seiner Zweckbestimmung im Europäischen Wirtschaftsraum angewendet werden kann. [2]Bei aktiven implantierbaren Medizinprodukten gilt als Inbetriebnahme die Abgabe an das medizinische Personal zur Implantation.

13. Ausstellen ist das Aufstellen oder Vorführen von Medizinprodukten zum Zwecke der Werbung.

14. Die Aufbereitung von bestimmungsgemäß keimarm oder steril zur Anwendung kommenden Medizinprodukten ist die nach deren Inbetriebnahme zum Zwecke der erneuten Anwendung durchgeführte Reinigung, Desinfektion und Sterilisation einschließlich der damit zusammenhängenden Arbeitsschritte sowie die Prüfung und Wiederherstellung der technisch-funktionellen Sicherheit.

15. [1]Hersteller ist die natürliche oder juristische Person, die für die Auslegung, Herstellung, Verpackung und Kennzeichnung eines Medizinproduktes im Hinblick auf das erstmalige Inverkehrbringen im eigenen Namen verantwortlich ist, unabhängig davon, ob diese Tätigkeiten von dieser Person oder stellvertretend für diese von einer dritten Person ausgeführt werden. [2]Die dem Hersteller nach diesem Gesetz obliegenden Verpflichtungen gelten auch für die natürliche oder juristische Person, die ein oder mehrere vorgefertigte Medizinprodukte montiert, abpackt, behandelt, aufbereitet, kennzeichnet oder für die Festlegung der Zweckbestimmung als Medizinprodukt im Hinblick auf das erstmalige Inverkehrbringen im eigenen Namen verantwortlich ist. [3]Dies gilt nicht für natürliche oder juristische Personen, die – ohne Hersteller im Sinne des Satzes 1 zu sein – bereits in Verkehr gebrachte Medizinprodukte für einen namentlich genannten Patienten entsprechend ihrer Zweckbestimmung montieren oder anpassen.

16. Bevollmächtigter ist die im Europäischen Wirtschaftsraum niedergelassene natürliche oder juristische Person, die vom Hersteller ausdrücklich dazu bestimmt wurde, im Hinblick auf seine Verpflichtungen nach diesem Gesetz in seinem Namen zu handeln und den Behörden und zu ständigen Stellen zur Verfügung zu stehen.

17. Fachkreise sind Angehörige der Heilberufe, des Heilgewerbes oder von Einrichtungen, die der Gesundheit dienen, sowie sonstige Personen, soweit sie Medizinprodukte herstellen, prüfen, in der Ausübung ihres Berufes in den Verkehr bringen, implantieren, in Betrieb nehmen, betreiben oder anwenden.

18. [1]Harmonisierte Normen sind solche Normen von Vertragsstaaten des Abkommens über den Europäischen Wirtschaftsraum, die den Normen entsprechen, deren Fundstellen als „harmonisierte Norm" für Medizinprodukte im Amtsblatt der Europäischen Union veröffentlicht wurden. [2]Die Fundstellen der diesbezüglichen Normen werden vom Bundesinstitut für Arzneimittel und Medizinprodukte im Bundesanzeiger bekannt gemacht. [3]Den Normen nach den Sätzen 1 und 2 sind die Medizinprodukte betreffenden Monografien des Europäischen Arzneibuches, deren Fundstellen im Amtsblatt der Europäischen Union veröffentlicht und die als Monografien des Europäischen Arzneibuchs, Amtliche deutsche Ausgabe, im Bundesanzeiger bekannt gemacht werden, gleichgestellt.

19. [1]Gemeinsame Technische Spezifikationen sind solche Spezifikationen, die In-vitro-Diagnostika nach Anhang II Listen A und B der Richtlinie 98/79/EG des Europäischen Parlaments und des Rates vom 27. Oktober 1998 über In-vitro-Diagnostika (ABl. EG Nr. L 331 S. 1) in der jeweils gelten-

den Fassung betreffen und deren Fundstellen im Amtsblatt der Europäischen Union veröffentlicht und im Bundesanzeiger bekannt gemacht wurden. [2]In diesen Spezifikationen werden Kriterien für die Bewertung und Neubewertung der Leistung, Chargenfreigabekriterien, Referenzmethoden und Referenzmaterialien festgelegt.

20. Benannte Stelle ist eine für die Durchführung von Prüfungen und Erteilung von Bescheinigungen im Zusammenhang mit Konformitätsbewertungsverfahren nach Maßgabe der Rechtsverordnung nach § 37 Abs. 1 vorgesehene Stelle, die der Europäischen Kommission und den Vertragsstaaten des Abkommens über den Europäischen Wirtschaftsraum von einem Vertragsstaat des Abkommens über den Europäischen Wirtschaftsraum benannt worden ist.

21. Medizinprodukte aus Eigenherstellung sind Medizinprodukte einschließlich Zubehör, die in einer Gesundheitseinrichtung hergestellt und angewendet werden, ohne dass sie in den Verkehr gebracht werden oder die Voraussetzungen einer Sonderanfertigung nach Nummer 8 erfüllen.

22. [1]In-vitro-Diagnostika aus Eigenherstellung sind In-vitro-Diagnostika, die in Laboratorien von Gesundheitseinrichtungen hergestellt werden und in diesen Laboratorien oder in Räumen in unmittelbarer Nähe zu diesen angewendet werden, ohne dass sie in den Verkehr gebracht werden. [2]Für In-vitro-Diagnostika, die im industriellen Maßstab hergestellt werden, sind die Vorschriften über Eigenherstellung nicht anwendbar. [3]Die Sätze 1 und 2 sind entsprechend anzuwenden auf in Blutspendeeinrichtungen hergestellte In-vitro-Diagnostika, die der Prüfung von Blutzubereitungen dienen, sofern sie im Rahmen der arzneimittelrechtlichen Zulassung der Prüfung durch die zuständige Behörde des Bundes unterliegen.

23. Sponsor ist eine natürliche oder juristische Person, die die Verantwortung für die Veranlassung, Organisation und Finanzierung einer klinischen Prüfung bei Menschen oder einer Leistungsbewertungsprüfung von In-vitro-Diagnostika übernimmt.

24. [1]Prüfer ist in der Regel ein für die Durchführung der klinischen Prüfung bei Menschen in einer Prüfstelle verantwortlicher Arzt oder in begründeten Ausnahmefällen eine andere Person, deren Beruf aufgrund seiner wissenschaftlichen Anforderungen und der seine Ausübung voraussetzenden Erfahrungen in der Patientenbetreuung für die Durchführung von Forschungen am Menschen qualifiziert. [2]Wird eine Prüfung in einer Prüfstelle von mehreren Prüfern vorgenommen, so ist der verantwortliche Leiter der Gruppe der Hauptprüfer. [3]Wird eine Prüfung in mehreren Prüfstellen durchgeführt, wird vom Sponsor ein Prüfer als Leiter der klinischen Prüfung benannt. [4]Die Sätze 1 bis 3 gelten für genehmigungspflichtige Leistungsbewertungsprüfungen von In-vitro-Diagnostika entsprechend.

25. [1]Klinische Daten sind Sicherheits- oder Leistungsangaben, die aus der Verwendung eines Medizinproduktes hervorgehen. [2]Klinische Daten stammen aus folgenden Quellen:

a) einer klinischen Prüfung des betreffenden Medizinproduktes oder
b) klinischen Prüfungen oder sonstigen in der wissenschaftlichen Fachliteratur wiedergegebenen Studien über ein ähnliches Produkt, dessen Gleichartigkeit mit dem betreffenden Medizinprodukt nachgewiesen werden kann, oder
c) veröffentlichten oder unveröffentlichten Berichten über sonstige klinische Erfahrungen entweder mit dem betreffenden Medizinprodukt oder einem ähnlichen Produkt, dessen Gleichartigkeit mit dem betreffenden Medizinprodukt nachgewiesen werden kann.

26. Einführer im Sinne dieses Gesetzes ist jede in der Europäischen Union ansässige natürliche oder juristische Person, die ein Medizinprodukt aus einem Drittstaat in der Europäischen Union in Verkehr bringt.

Zweiter Abschnitt

Anforderungen an Medizinprodukte und deren Betrieb

§ 4 Verbote zum Schutz von Patienten, Anwendern und Dritten. (1) Es ist verboten, Medizinprodukte in den Verkehr zu bringen, zu errichten, in Betrieb zu nehmen, zu betreiben oder anzuwenden, wenn
1. der begründete Verdacht besteht, dass sie die Sicherheit und die Gesundheit der Patienten, der Anwender oder Dritter bei sachgemäßer Anwendung, Instandhaltung und ihrer Zweckbestimmung entsprechender Verwendung über ein nach den Erkenntnissen der medizinischen Wissenschaften vertretbares Maß hinausgehend unmittelbar oder mittelbar gefährden oder
2. das Datum abgelaufen ist, bis zu dem eine gefahrlose Anwendung nachweislich möglich ist.

(2) ¹Es ist ferner verboten, Medizinprodukte in den Verkehr zu bringen, wenn sie mit irreführender Bezeichnung, Angabe oder Aufmachung versehen sind. ²Eine Irreführung liegt insbesondere dann vor, wenn
1. Medizinprodukten eine Leistung beigelegt wird, die sie nicht haben,
2. fälschlich der Eindruck erweckt wird, dass ein Erfolg mit Sicherheit erwartet werden kann oder dass nach bestimmungsgemäßem oder längerem Gebrauch keine schädlichen Wirkungen eintreten,
3. zur Täuschung über die in den Grundlegenden Anforderungen nach § 7 festgelegten Produkteigenschaften geeignete Bezeichnungen, Angaben oder Aufmachungen verwendet werden, die für die Bewertung des Medizinproduktes mitbestimmend sind.

§ 5 Verantwortlicher für das erstmalige Inverkehrbringen. ¹Verantwortlicher für das erstmalige Inverkehrbringen von Medizinprodukten ist der Hersteller oder sein Bevollmächtigter. ²Werden Medizinprodukte nicht unter der Verantwortung des Bevollmächtigten in den Europäischen Wirtschaftsraum eingeführt, ist der Einführer Verantwortlicher. ³Der Name oder die Firma und die

Anschrift des Verantwortlichen müssen in der Kennzeichnung oder Gebrauchsanweisung des Medizinproduktes enthalten sein.

§ 6 Voraussetzungen für das Inverkehrbringen und die Inbetriebnahme.

(1) [1]Medizinprodukte, mit Ausnahme von Sonderanfertigungen, Medizinprodukten aus Eigenherstellung, Medizinprodukten gemäß § 11 Abs. 1 sowie Medizinprodukten, die zur klinischen Prüfung oder In-vitro-Diagnostika, die für Leistungsbewertungszwecke bestimmt sind, dürfen in Deutschland nur in den Verkehr gebracht oder in Betrieb genommen werden, wenn sie mit einer CE-Kennzeichnung nach Maßgabe des Absatzes 2 Satz 1 und des Absatzes 3 Satz 1 versehen sind. [2]Über die Beschaffenheitsanforderungen hinausgehende Bestimmungen, die das Betreiben oder das Anwenden von Medizinprodukten betreffen, bleiben unberührt.

(2) [1]Mit der CE-Kennzeichnung dürfen Medizinprodukte nur versehen werden, wenn die Grundlegenden Anforderungen nach § 7, die auf sie unter Berücksichtigung ihrer Zweckbestimmung anwendbar sind, erfüllt sind und ein für das jeweilige Medizinprodukt vorgeschriebenes Konformitätsbewertungsverfahren nach Maßgabe der Rechtsverordnung nach § 37 Abs. 1 durchgeführt worden ist. [2]Zwischenprodukte, die vom Hersteller spezifisch als Bestandteil für Sonderanfertigungen bestimmt sind, dürfen mit der CE-Kennzeichnung versehen werden, wenn die Voraussetzungen des Satzes 1 erfüllt sind. [3]Hat der Hersteller seinen Sitz nicht im Europäischen Wirtschaftsraum, so darf das Medizinprodukt zusätzlich zu Satz 1 nur mit der CE-Kennzeichnung versehen werden, wenn der Hersteller einen einzigen für das jeweilige Medizinprodukt verantwortlichen Bevollmächtigten im Europäischen Wirtschaftsraum benannt hat.

(3) [1]Gelten für das Medizinprodukt zusätzlich andere Rechtsvorschriften als die dieses Gesetzes, deren Einhaltung durch die CE-Kennzeichnung bestätigt wird, so darf der Hersteller das Medizinprodukt nur dann mit der CE-Kennzeichnung versehen, wenn auch diese anderen Rechtsvorschriften erfüllt sind. [2]Steht dem Hersteller aufgrund einer oder mehrerer weiterer Rechtsvorschriften während einer Übergangszeit die Wahl der anzuwendenden Regelungen frei, so gibt er mit der CE-Kennzeichnung an, dass dieses Medizinprodukt nur den angewandten Rechtsvorschriften entspricht. [3]In diesem Fall hat der Hersteller in den dem Medizinprodukt beiliegenden Unterlagen, Hinweisen oder Anleitungen die Nummern der mit den angewandten Rechtsvorschriften umgesetzten Richtlinien anzugeben, unter denen sie im Amtsblatt der Europäischen Union veröffentlicht sind. [4]Bei sterilen Medizinprodukten müssen diese Unterlagen, Hinweise oder Anleitungen ohne Zerstörung der Verpackung, durch welche die Sterilität des Medizinproduktes gewährleistet wird, zugänglich sein.

(4) Die Durchführung von Konformitätsbewertungsverfahren lässt die zivil- und strafrechtliche Verantwortlichkeit des Verantwortlichen nach § 5 unberührt.

§ 7 Grundlegende Anforderungen.
(1) Die Grundlegenden Anforderungen sind für aktive implantierbare Medizinprodukte die Anforderungen des Anhangs 1

der Richtlinie 90/385/EWG des Rates vom 20. Juni 1990 zur Angleichung der Rechtsvorschriften der Mitgliedstaaten über aktive implantierbare medizinische Geräte (ABl. L 189 vom 20.7.1990, S. 17), die zuletzt durch Artikel 1 der Richtlinie 2007/47/EG (ABl. L 247 vom 21.9.2007, S. 21) geändert worden ist, für In-vitro-Diagnostika die Anforderungen des Anhangs I der Richtlinie 98/79/EG und für die sonstigen Medizinprodukte die Anforderungen des Anhangs I der Richtlinie 93/42/EWG des Rates vom 14. Juni 1993 über Medizinprodukte (ABl. L 169 vom 12.7.1993, S. 1), die zuletzt durch Artikel 2 der Richtlinie 2007/47/EG (ABl. L 247 vom 21.9.2007, S. 21) geändert worden ist, in den jeweils geltenden Fassungen.

(2) Besteht ein einschlägiges Risiko, so müssen Medizinprodukte, die auch Maschinen im Sinne des Artikels 2 Buchstabe a der Richtlinie 2006/42/EG des Europäischen Parlaments und des Rates vom 17. Mai 2006 über Maschinen (ABl. L 157 vom 9.6.2006, S. 24) sind, auch den grundlegenden Gesundheits- und Sicherheitsanforderungen gemäß Anhang I der genannten Richtlinie entsprechen, sofern diese grundlegenden Gesundheits- und Sicherheitsanforderungen spezifischer sind als die Grundlegenden Anforderungen gemäß Anhang I der Richtlinie 93/42/EWG oder gemäß Anhang 1 der Richtlinie 90/385/EWG.

(3) Bei Produkten, die vom Hersteller nicht nur als Medizinprodukt, sondern auch zur Verwendung entsprechend den Vorschriften über persönliche Schutzausrüstungen der Richtlinie 89/686/EWG bestimmt sind, müssen auch die einschlägigen grundlegenden Gesundheits- und Sicherheitsanforderungen dieser Richtlinie erfüllt werden.

§ 8 Harmonisierte Normen, Gemeinsame Technische Spezifikationen. (1) Stimmen Medizinprodukte mit harmonisierten Normen oder ihnen gleichgestellten Monografien des Europäischen Arzneibuches oder Gemeinsamen Technischen Spezifikationen, die das jeweilige Medizinprodukt betreffen, überein, wird insoweit vermutet, dass sie die Bestimmungen dieses Gesetzes einhalten.

(2) [1]Die Gemeinsamen Technischen Spezifikationen sind in der Regel einzuhalten. [2]Kommt der Hersteller in hinreichend begründeten Fällen diesen Spezifikationen nicht nach, muss er Lösungen wählen, die dem Niveau der Spezifikationen zumindest gleichwertig sind.

§ 9 CE-Kennzeichnung. (1) [1]Die CE-Kennzeichnung ist für aktive implantierbare Medizinprodukte gemäß Anhang 9 der Richtlinie 90/385/EWG, für In-vitro-Diagnostika gemäß Anhang X der Richtlinie 98/79/EG und für die sonstigen Medizinprodukte gemäß Anhang XII der Richtlinie 93/42/EWG zu verwenden. [2]Zeichen oder Aufschriften, die geeignet sind, Dritte bezüglich der Bedeutung oder der graphischen Gestaltung der CE-Kennzeichnung in die Irre zu leiten, dürfen nicht angebracht werden. [3]Alle sonstigen Zeichen dürfen auf dem Medizinprodukt, der Verpackung oder der Gebrauchsanweisung des Medizinproduktes angebracht werden, sofern sie die Sichtbarkeit, Lesbarkeit und Bedeutung der CE-Kennzeichnung nicht beeinträchtigen.

(2) Die CE-Kennzeichnung muss von der Person angebracht werden, die in den Vorschriften zu den Konformitätsbewertungsverfahren gemäß der Rechtsverordnung nach § 37 Abs. 1 dazu bestimmt ist.

(3) [1]Die CE-Kennzeichnung nach Absatz 1 Satz 1 muss deutlich sichtbar, gut lesbar und dauerhaft auf dem Medizinprodukt und, falls vorhanden, auf der Handelspackung sowie auf der Gebrauchsanweisung angebracht werden. [2]Auf dem Medizinprodukt muss die CE-Kennzeichnung nicht angebracht werden, wenn es zu klein ist, seine Beschaffenheit dies nicht zulässt oder es nicht zweckmäßig ist. [3]Der CE-Kennzeichnung muss die Kennnummer der Benannten Stelle hinzugefügt werden, die an der Durchführung des Konformitätsbewertungsverfahrens nach den Anhängen 2, 4 und 5 der Richtlinie 90/385/EWG, der Anhänge II, IV, V und VI der Richtlinie 53/42/EWG sowie den Anhängen II, IV, VI und VII der Richtlinie 98/79/EG beteiligt war, das zur Berechtigung zur Anbringung der CE-Kennzeichnung geführt hat. [4]Bei Medizinprodukten, die eine CE-Kennzeichnung tragen müssen und in sterilem Zustand in den Verkehr gebracht werden, muss die CE-Kennzeichnung auf der Steril-Verpackung und gegebenenfalls auf der Handelspackung angebracht sein. [5]Ist für ein Medizinprodukt ein Konformitätsbewertungsverfahren vorgeschrieben, das nicht von einer Benannten Stelle durchgeführt werden muss, darf der CE-Kennzeichnung keine Kennnummer einer Benannten Stelle hinzugefügt werden.

§ 10 Voraussetzungen für das erstmalige Inverkehrbringen und die Inbetriebnahme von Systemen und Behandlungseinheiten sowie für das Sterilisieren von Medizinprodukten. (1) [1]Medizinprodukte, die eine CE-Kennzeichnung tragen und die entsprechend ihrer Zweckbestimmung innerhalb der vom Hersteller vorgesehenen Anwendungsbeschränkungen zusammengesetzt werden, um in Form eines Systems oder einer Behandlungseinheit erstmalig in den Verkehr gebracht zu werden, müssen keinem Konformitätsbewertungsverfahren unterzogen werden. [2]Wer für die Zusammensetzung des Systems oder der Behandlungseinheit verantwortlich ist, muss in diesem Fall eine Erklärung nach Maßgabe der Rechtsverordnung nach § 37 Abs. 1 abgeben.

(2) Enthalten das System oder die Behandlungseinheit Medizinprodukte oder sonstige Produkte, die keine CE-Kennzeichnung nach Maßgabe dieses Gesetzes tragen, oder ist die gewählte Kombination von Medizinprodukten nicht mit deren ursprünglicher Zweckbestimmung vereinbar, muss das System oder die Behandlungseinheit einem Konformitätsbewertungsverfahren nach Maßgabe der Rechtsverordnung nach § 37 Abs. 1 unterzogen werden.

(3) [1]Wer Systeme oder Behandlungseinheiten gemäß Absatz 1 oder 2 oder andere Medizinprodukte, die eine CE-Kennzeichnung tragen, für die der Hersteller eine Sterilisation vor ihrer Verwendung vorgesehen hat, für das erstmalige Inverkehrbringen sterilisiert, muss dafür nach Maßgabe der Rechtsverordnung nach § 37 Abs. 1 ein Konformitätsbewertungsverfahren durchführen und eine Erklärung abgeben. [2]Dies gilt entsprechend, wenn Medizinprodukte, die steril angewendet werden, nach dem erstmaligen Inverkehrbringen aufbereitet und an andere abgegeben werden.

(4) [1]Medizinprodukte, Systeme und Behandlungseinheiten gemäß der Absätze 1 und 3 sind nicht mit einer zusätzlichen CE-Kennzeichnung zu versehen. [2]Wer Systeme oder Behandlungseinheiten nach Absatz 1 zusammensetzt oder diese sowie Medizinprodukte nach Absatz 3 sterilisiert, hat dem Medizinprodukt nach Maßgabe des § 7 die nach den Nummern 11 bis 15 des Anhangs I der Richtlinie 90/385/EWG, nach den Nummern 13.1, 13.3, 13.4 und 13.6 des Anhangs I der Richtlinie 93/42/EWG oder den Nummern 8.1, 8.3 bis 8.5 und 8.7 des Anhangs I der Richtlinie 98/79/EG erforderlichen Informationen beizufügen, die auch die von dem Hersteller der Produkte, die zu dem System oder der Behandlungseinheit zusammengesetzt wurden, mitgelieferten Hinweise enthalten müssen.

§ 11 Sondervorschriften für das Inverkehrbringen und die Inbetriebnahme. (1) [1]Abweichend von den Vorschriften des § 6 Abs. 1 und 2 kann die zuständige Bundesoberbehörde auf begründeten Antrag das erstmalige Inverkehrbringen oder die Inbetriebnahme einzelner Medizinprodukte, bei denen die Verfahren nach Maßgabe der Rechtsverordnung nach § 37 Abs. 1 nicht durchgeführt wurden, in Deutschland befristet zulassen, wenn deren Anwendung im Interesse des Gesundheitsschutzes liegt. [2]Die Zulassung kann auf begründeten Antrag verlängert werden.

(2) [1]Medizinprodukte dürfen nur an den Anwender abgegeben werden, wenn die für ihn bestimmten Informationen in deutscher Sprache abgefasst sind. [2]In begründeten Fällen kann eine andere für den Anwender des Medizinproduktes leicht verständliche Sprache vorgesehen oder die Unterrichtung des Anwenders durch andere Maßnahmen gewährleistet werden. [3]Dabei müssen jedoch die sicherheitsbezogenen Informationen in deutscher Sprache oder in der Sprache des Anwenders vorliegen.

(3) Regelungen über die Verschreibungspflicht von Medizinprodukten können durch Rechtsverordnung nach § 37 Abs. 2, Regelungen über die Vertriebswege von Medizinprodukten durch Rechtsverordnung nach § 37 Abs. 3 getroffen werden.

(4) Durch Rechtsverordnung nach § 37 Abs. 4 können Regelungen für Betriebe und Einrichtungen erlassen werden, die Medizinprodukte in Deutschland in den Verkehr bringen oder lagern.

§ 12 Sonderanfertigungen, Medizinprodukte aus Eigenherstellung, Medizinprodukte zur klinischen Prüfung oder für Leistungsbewertungszwecke, Ausstellen. (1) [1]Sonderanfertigungen dürfen nur in den Verkehr gebracht oder in Betrieb genommen werden, wenn die Grundlegenden Anforderungen nach § 7, die auf sie unter Berücksichtigung ihrer Zweckbestimmung anwendbar sind, erfüllt sind und das für sie vorgesehene Konformitätsbewertungsverfahren nach Maßgabe der Rechtsverordnung nach § 37 Abs. 1 durchgeführt worden ist. [2]Der Verantwortliche nach § 5 ist verpflichtet, der zuständigen Behörde auf Anforderung eine Liste der Sonderanfertigungen vorzulegen. [3]Für die Inbetriebnahme von Medizinprodukten aus Eigenherstellung nach

§ 3 Nr. 21 und 22 finden die Vorschriften des Satzes 1 entsprechende Anwendung.

(2) [1]Medizinprodukte, die zur klinischen Prüfung bestimmt sind, dürfen zu diesem Zwecke an Ärzte, Zahnärzte oder sonstige Personen, die aufgrund ihrer beruflichen Qualifikation zur Durchführung dieser Prüfungen befugt sind, nur abgegeben werden, wenn bei aktiven implantierbaren Medizinprodukten die Anforderungen der Nummer 3.2 Satz 1 und 2 des Anhangs 6 der Richtlinie 90/385/EWG und bei sonstigen Medizinprodukten die Anforderungen der Nummer 3.2 des Anhangs VIII der Richtlinie 93/42/EWG erfüllt sind. [2]Der Sponsor der klinischen Prüfung muss die Dokumentation nach Nummer 3.2 des Anhangs 6 der Richtlinie 90/385/EWG mindestens 15 Jahre und die Dokumentation nach Nummer 3.2 des Anhangs VIII der Richtlinie 93/42/EWG mindestens fünf und im Falle von implantierbaren Produkten mindestens 15 Jahre nach Beendigung der Prüfung aufbewahren.

(3) [1]In-vitro-Diagnostika für Leistungsbewertungsprüfungen dürfen zu diesem Zwecke an Ärzte, Zahnärzte oder sonstige Personen, die aufgrund ihrer beruflichen Qualifikation zur Durchführung dieser Prüfungen befugt sind, nur abgegeben werden, wenn die Anforderungen der Nummer 3 des Anhangs VIII der Richtlinie 98/79/EG erfüllt sind. [2]Der Sponsor der Leistungsbewertungsprüfung muss die Dokumentation nach Nummer 3 des Anhangs VIII der Richtlinie 98/79/EG mindestens fünf Jahre nach Beendigung der Prüfung aufbewahren.

(4) [1]Medizinprodukte, die nicht den Voraussetzungen nach § 6 Abs. 1 und 2 oder § 10 entsprechen, dürfen nur ausgestellt werden, wenn ein sichtbares Schild deutlich darauf hinweist, dass sie nicht den Anforderungen entsprechen und erst erworben werden können, wenn die Übereinstimmung hergestellt ist. [2]Bei Vorführungen sind die erforderlichen Vorkehrungen zum Schutz von Personen zu treffen. [3]Nach Satz 1 ausgestellte In-vitro-Diagnostika dürfen an Proben, die von einem Besucher der Ausstellung stammen, nicht angewendet werden.

§ 13 Klassifizierung von Medizinprodukten, Abgrenzung zu anderen Produkten.

(1) [1]Medizinprodukte mit Ausnahme der In-vitro-Diagnostika und der aktiven implantierbaren Medizinprodukte werden Klassen zugeordnet. [2]Die Klassifizierung erfolgt nach den Klassifizierungsregeln des Anhangs IX der Richtlinie 93/42/EWG.

(2) Bei Meinungsverschiedenheiten zwischen dem Hersteller und einer Benannten Stelle über
1. die Anwendung der vorgenannten Regeln,
2. die Abgrenzung von Medizinprodukten zu anderen Produkten oder
3. die Einstufung, ob es sich bei Medizinprodukten der Klasse I um solche mit Messfunktion oder um steril in Verkehr gebrachte Medizinprodukte handelt,
hat die Benannte Stelle der zuständigen Bundesoberbehörde die Angelegenheit zur Entscheidung vorzulegen.

(3) Die zuständige Bundesoberbehörde entscheidet ferner auf Antrag einer zuständigen Behörde oder des Herstellers über

1. die Klassifizierung einzelner Medizinprodukte,
2. die Abgrenzung von Medizinprodukten zu anderen Produkten oder
3. die Einstufung, ob es sich bei Medizinprodukten der Klasse I um solche mit Messfunktion oder um steril in Verkehr gebrachte Medizinprodukte handelt.

(4) [1]Die zuständige Behörde übermittelt alle Entscheidungen über die Klassifizierung von Medizinprodukten und zur Abgrenzung von Medizinprodukten zu anderen Produkten an das Deutsche Institut für Medizinische Dokumentation und Information zur zentralen Verarbeitung und Nutzung nach § 33 Abs. 1 Satz 1. [2]Dies gilt für Entscheidungen der zuständigen Bundesoberbehörde nach Absatz 2 und 3 entsprechend.

§ 14 Tätigkeiten im Zusammenhang mit Medizinprodukten. [1]Medizinprodukte dürfen nur nach Maßgabe der Rechtsverordnung nach § 37 Absatz 5 betrieben und angewendet werden. [2]Medizinprodukte dürfen nicht betrieben und angewendet werden, wenn sie Mängel aufweisen, durch die Patienten, Beschäftigte oder Dritte gefährdet werden können.

Dritter Abschnitt

Benannte Stellen und Bescheinigungen

§ 15 Benennung und Überwachung der Stellen, Anerkennung und Beauftragung von Prüflaboratorien. (1) [1]Bei der zuständigen Behörde kann ein Antrag auf Benennung als Benannte Stelle gestellt werden. [2]Voraussetzung für die Benennung ist, dass die Befähigung der Stelle zur Wahrnehmung ihrer Aufgaben sowie die Einhaltung der Kriterien des Anhangs 8 der Richtlinie 90/385/EWG, des Anhangs XI der Richtlinie 93/42/EWG, des Anhangs IX der Richtlinie 98/79/EG und der Durchführungsverordnung (EU) Nr. 920/2013 der Kommission vom 24. September 2013 über die Benennung und Beaufsichtigung benannter Stellen gemäß der Richtlinie 90/385/EWG des Rates über aktive implantierbare medizinische Geräte und der Richtlinie 93/42/EWG des Rates über Medizinprodukte (ABl. L 253 vom 25.9.2013, S. 8) entsprechend den Verfahren, für die sie benannt werden soll, durch die zuständige Behörde in einem Benennungsverfahren festgestellt wurden. [3]Die Benennung kann unter Auflagen erteilt werden und ist zu befristen. [4]Die zuständige Behörde teilt der Europäischen Kommission die Benannten Stellen, die für Aufgaben im Zusammenhang mit der Durchführung von Konformitätsbewertungsverfahren nach Maßgabe der Rechtsverordnung nach § 37 Absatz 1 benannt wurden, sowie die Aufgabengebiete der Benannten Stellen mit.

(2) [1]Die zuständige Behörde überwacht die Einhaltung der in Absatz 1 für Benannte Stellen festgelegten Verpflichtungen und Anforderungen. [2]Die zuständige Behörde trifft die Anordnungen, die zur Beseitigung festgestellter Mängel oder zur Verhütung künftiger Verstöße notwendig sind. [3]Die Überwachung der Benannten Stellen, die an der Durchführung von Konformitätsbewer-

tungsverfahren für Medizinprodukte, die ionisierende Strahlen erzeugen oder radioaktive Stoffe enthalten, beteiligt sind, wird im Auftrag des Bundes durch die Länder ausgeführt. [4]Die zuständige Behörde kann von der Benannten Stelle und deren mit der Leitung und der Durchführung von Fachaufgaben beauftragten Personal die zur Erfüllung ihrer Überwachungsaufgaben erforderlichen Auskünfte und sonstige Unterstützung verlangen. [5]Die zuständige Behörde ist befugt, die Benannte Stelle bei Überprüfungen zu begleiten. [6]Die Beauftragten der zuständigen Behörde sind befugt, zu den üblichen Betriebs- und Geschäftszeiten Grundstücke und Geschäftsräume sowie Prüflaboratorien zu betreten und zu besichtigen und die Vorlage von Unterlagen, insbesondere Unterlagen über die Erteilung der Bescheinigungen und zum Nachweis der Erfüllung der Anforderungen des Absatzes 1 Satz 2, zu verlangen. [7]Das Betretungsrecht erstreckt sich auch auf Grundstücke des Herstellers und seiner Unterauftragnehmer von entscheidender Bedeutung, soweit die Überwachung dort erfolgt. [8]§ 26 Absatz 4 und 5 gilt entsprechend.

(3) Stellen, die der Europäischen Kommission und den anderen Mitgliedstaaten der Europäischen Union auf Grund eines Rechtsaktes des Rates oder der Europäischen Kommission von einem Vertragsstaat des Abkommens über den Europäischen Wirtschaftsraum mitgeteilt wurden, sind Benannten Stellen nach Absatz 1 gleichgestellt.

(4) Die zuständige Behörde macht die deutschen Benannten Stellen mit ihren jeweiligen Aufgaben und ihrer Kennnummer auf ihrer Internetseite bekannt.

(5) [1]Soweit eine Benannte Stelle zur Erfüllung ihrer Aufgaben Prüflaboratorien beauftragt, muss sie sicherstellen, dass diese die auf sie zutreffenden Kriterien des Anhangs 8 der Richtlinie 90/385/EWG, des Anhangs XI der Richtlinie 93/42/EWG in Verbindung mit Anhang I der Durchführungsverordnung (EU) Nr. 920/2013 oder des Anhangs IX der Richtlinie 98/79/EG entsprechend den Verfahren, für die sie beauftragt werden sollen, erfüllen. [2]Die Erfüllung der Mindestkriterien ist in einem Anerkennungsverfahren durch die zuständige Behörde festzustellen. [3]Die Anerkennung kann unter Auflagen erteilt werden und ist zu befristen. [4]Absatz 2 Satz 1, 2, 4 bis 8 und Absatz 4 gelten entsprechend.

(6) [1]Die Anerkennung nach Absatz 5 erlischt mit Fristablauf, mit der Einstellung des Betriebs des Prüflaboratoriums oder durch Verzicht. [2]Die Einstellung oder der Verzicht sind der zuständigen Behörde unverzüglich schriftlich mitzuteilen. [3]Die zuständige Behörde nimmt die Anerkennung zurück, soweit nachträglich bekannt wird, dass ein Prüflaboratorium bei der Anerkennung nicht die Voraussetzungen für eine Anerkennung erfüllt hat. [4]Sie widerruft die Anerkennung, soweit die Voraussetzungen für eine Anerkennung nachträglich weggefallen sind. [5]An Stelle des Widerrufs kann das Ruhen der Anerkennung angeordnet werden.

§ 15a Benennung und Überwachung von Konformitätsbewertungsstellen für Drittstaaten. (1) [1]Mit der Benennung als Konformitätsbewertungsstelle für Drittstaaten ist eine natürliche oder juristische Person oder eine rechtsfähige

Personengesellschaft befugt, Aufgaben der Konformitätsbewertung im Bereich der Medizinprodukte für den oder die genannten Drittstaaten im Rahmen des jeweiligen Abkommens der Europäischen Gemeinschaft oder der Europäischen Union mit dritten Staaten oder Organisationen nach Artikel 216 des Vertrages über die Arbeitsweise der Europäischen Union wahrzunehmen. [2]§ 15 Absatz 1, 2 und 4 gilt entsprechend.

(2) Grundlage für die Benennung als Konformitätsbewertungsstelle für Drittstaaten ist ein von der zuständigen Behörde durchgeführtes Benennungsverfahren, mit dem die Befähigung der Stelle zur Wahrnehmung ihrer Aufgaben gemäß den entsprechenden sektoralen Anforderungen der jeweiligen Abkommen festgestellt wird.

(3) [1]Die Benennung als Konformitätsbewertungsstelle für Drittstaaten kann unter Auflagen erteilt werden und ist zu befristen. [2]Erteilung, Ablauf, Rücknahme, Widerruf und Erlöschen der Benennung sind der Europäischen Kommission sowie den in den jeweiligen Abkommen genannten Institutionen unverzüglich anzuzeigen.

§ 16 Erlöschen, Rücknahme, Widerruf und Ruhen der Benennung.

(1) [1]Die Benennung erlischt mit Fristablauf, mit der Einstellung des Betriebs der Benannten Stelle oder durch Verzicht. [2]Die Einstellung oder der Verzicht sind der zuständigen Behörde unverzüglich schriftlich mitzuteilen.

(2) [1]Die zuständige Behörde nimmt die Benennung zurück, soweit nachträglich bekannt wird, dass eine Benannte Stelle bei der Benennung nicht die Voraussetzungen für eine Benennung erfüllt hat; sie widerruft die Benennung, soweit die Voraussetzungen für eine Benennung nachträglich weggefallen sind. [2]An Stelle des Widerrufs kann das Ruhen der Benennung angeordnet werden.

(3) In den Fällen der Absätze 1 und 2 ist die bisherige Benannte Stelle verpflichtet, alle einschlägigen Informationen und Unterlagen der Benannten Stelle zur Verfügung zu stellen, mit der der Hersteller die Fortführung der Konformitätsbewertungsverfahren vereinbart.

(4) [1]Die zuständige Behörde teilt der Europäischen Kommission unverzüglich das Erlöschen, die Rücknahme und den Widerruf unter Angabe der Gründe und der für notwendig erachteten Maßnahmen mit. [2]Erlöschen, Rücknahme und Widerruf einer Benennung sind von der zuständigen Behörde auf deren Internetseite bekannt zu machen.

(5) Die Absätze 1, 2 und 4 gelten für Konformitätsbewertungsstellen für Drittstaaten entsprechend.

§ 17 Geltungsdauer von Bescheinigungen der Benannten Stellen. (1) [1]Soweit die von einer Benannten Stelle im Rahmen eines Konformitätsbewertungsverfahrens nach Maßgabe der Rechtsverordnung nach § 37 Abs. 1 erteilte Bescheinigung eine begrenzte Geltungsdauer hat, kann die Geltungsdauer auf Antrag um jeweils höchstens fünf Jahre verlängert werden. [2]Sollte diese Benannte

Stelle nicht mehr bestehen oder andere Gründe den Wechsel der Benannten Stelle erfordern, kann der Antrag bei einer anderen Benannten Stelle gestellt werden.

(2) [1]Mit dem Antrag auf Verlängerung ist ein Betrag einzureichen, der Angaben darüber enthält, ob und in welchem Umfang sich die Beurteilungsmerkmale für die Konformitätsbewertung seit der Erteilung oder Verlängerung der Konformitätsbescheinigung geändert haben. [2]Soweit nichts anderes mit der Benannten Stelle vereinbart wurde, ist der Antrag spätestens sich Monate vor Ablauf der Gültigkeitsfrist zu stellen.

§ 18 Einschränkung, Aussetzung und Zurückziehung von Bescheinigungen, Unterrichtungspflichten. (1) [1]Stellt eine Benannte Stelle fest, dass die Voraussetzungen zur Ausstellung einer Bescheinigung vom Hersteller nicht oder nicht mehr erfüllt werden oder die Bescheinigung nicht hätte ausgestellt werden dürfen, schränkt sie unter Berücksichtigung des Grundsatzes der Verhältnismäßigkeit die ausgestellte Bescheinigung ein, setzt sie aus oder zieht sie zurück, es sei denn, dass der Verantwortliche durch geeignete Abhilfemaßnahmen die Übereinstimmung mit den Voraussetzungen gewährleistet. [2]Die Benannte Stelle trifft die erforderlichen Maßnahmen unverzüglich.

(2) Vor der Entscheidung über eine Maßnahme nach Absatz 1 ist der Hersteller von der Benannten Stelle anzuhören, es sei denn, dass eine solche Anhörung angesichts der Dringlichkeit der zu treffenden Entscheidung nicht möglich ist.

(3) Die Benannte Stelle unterrichtet

1. unverzüglich das Deutsche Institut für Medizinische Dokumentation und Information über alle ausgestellten, geänderten, ergänzten und, unter Angabe der Gründe, über alle abgelehnten, eingeschränkten, zurückgezogenen, ausgesetzten und wieder eingesetzten Bescheinigungen; § 25 Abs. 5 und 6 gilt entsprechend,

2. unverzüglich die für sie zuständige Behörde in Fällen, in denen sich ein Eingreifen der zuständigen Behörde als erforderlich erweisen könnte,

3. auf Anfrage die anderen Benannten Stellen oder die zuständigen Behörden über ihre Bescheinigungen und stellt zusätzliche Informationen, soweit erforderlich, zur Verfügung,

4. auf Anfrage Dritte über Angaben in Bescheinigungen, die ausgestellt, geändert, ergänzt, ausgesetzt oder widerrufen wurden.

(4) Das Deutsche Institut für Medizinische Dokumentation und Information unterrichtet über eingeschränkte, verweigerte, ausgesetzte, wieder eingesetzte und zurückgezogene Bescheinigungen elektronisch die für den Verantwortlichen nach § 5 zuständige Behörde, die zuständige Behörde des Bundes, die Europäische Kommission, die anderen Vertragsstaaten des Abkommens über den Europäischen Wirtschaftsraum und gewährt den Benannten Stellen eine Zugriffsmöglichkeit auf diese Informationen.

Vierter Abschnitt
Klinische Bewertung, Leistungsbewertung, Klinische Prüfung, Leistungsbewertungsprüfung

§ 19 Klinische Bewertung, Leistungsbewertung. (1) [1]Die Eignung von Me- *§§ 40ff.* dizinprodukten für den vorgesehenen Verwendungszweck ist durch eine klini- *AMG* sche Bewertung anhand von klinischen Daten nach § 3 Nummer 25 zu belegen, soweit nicht in begründeten Ausnahmefällen andere Daten ausreichend sind. [2]Die klinische Bewertung schließt die Beurteilung von unerwünschten Wirkungen sowie die Annehmbarkeit des in den Grundlegenden Anforderungen der Richtlinien 90/385/EWG und 93/42/EWG genannten Nutzen-/Risiko-Verhältnisses ein. [3]Die klinische Bewertung muss gemäß einem definierten und methodisch einwandfreien Verfahren erfolgen und gegebenenfalls einschlägige harmonisierte Normen berücksichtigen.

(2) [1]Die Eignung von In-vitro-Diagnostika für den vorgesehenen Verwendungszweck ist durch eine Leistungsbewertung anhand geeigneter Daten zu belegen. [2]Die Leistungsbewertung ist zu stützen auf

1. Daten aus der wissenschaftlichen Literatur, die die vorgesehene Anwendung des Medizinproduktes und die dabei zum Einsatz kommenden Techniken behandeln, sowie einen schriftlichen Bericht, der eine kritische Würdigung dieser Daten enthält, oder

2. die Ergebnisse aller Leistungsbewertungsprüfungen oder sonstigen geeigneten Prüfungen.

§ 20 Allgemeine Voraussetzungen zur klinischen Prüfung. (1) [1]Mit der klinischen Prüfung eines Medizinproduktes darf in Deutschland erst begonnen werden, wenn die zuständige Ethik-Kommission diese nach Maßgabe des § 22 zustimmend bewertet und die zuständige Bundesoberbehörde diese nach Maßgabe des § 22a genehmigt hat. [2]Bei klinischen Prüfungen von Medizinprodukten mit geringem Sicherheitsrisiko kann die zuständige Bundesoberbehörde von einer Genehmigung absehen. [3]Das Nähere zu diesem Verfahren wird in einer Rechtsverordnung nach § 37 Absatz 2a geregelt. [4]Die klinische Prüfung eines Medizinproduktes darf bei Menschen nur durchgeführt werden, wenn und solange

1. die Risiken, die mit ihr für die Person verbunden sind, bei der sie durchgeführt werden soll, gemessen an der voraussichtlichen Bedeutung des Medizinproduktes für die Heilkunde ärztlich vertretbar sind,

1a. ein Sponsor oder ein Vertreter des Sponsors vorhanden ist, der seinen Sitz in einem Mitgliedstaat der Europäischen Union oder in einem anderen Vertragsstaat des Abkommens über den Europäischen Wirtschaftsraum hat,

2. die Person, bei der sie durchgeführt werden soll, ihre Einwilligung hierzu erteilt hat, nachdem sie durch einen Arzt, bei für die Zahnheilkunde bestimmten Medizinprodukten auch durch einen Zahnarzt, über Wesen, Be-

deutung und Tragweite der klinischen Prüfung aufgeklärt worden ist und mit dieser Einwilligung zugleich erklärt, dass sie mit der im Rahmen der klinischen Prüfung erfolgenden Aufzeichnung von Gesundheitsdaten und mit der Einsichtnahme zu Prüfungszwecken durch Beauftragte des Auftraggebers oder der zuständigen Behörde einverstanden ist,

3. die Person, bei der sie durchgeführt werden soll, nicht auf gerichtliche oder behördliche Anordnung in einer Anstalt verwahrt ist,

4. sie in einer geeigneten Einrichtung und von einem angemessen qualifizierten Prüfer durchgeführt und von einem entsprechend qualifizierten und spezialisierten Arzt, bei für die Zahnheilkunde bestimmten Medizinprodukten auch von einem Zahnarzt, oder einer sonstigen entsprechend qualifizierten und befugten Person geleitet wird, die mindestens eine zweijährige Erfahrung in der klinischen Prüfung von Medizinprodukten nachweisen können,

5. soweit erforderlich, eine dem jeweiligen Stand der wissenschaftlichen Erkenntnisse entsprechende biologische Sicherheitsprüfung oder sonstige für die vorgesehene Zweckbestimmung des Medizinproduktes erforderliche Prüfung durchgeführt worden ist,

6. soweit erforderlich, die sicherheitstechnische Unbedenklichkeit für die Anwendung des Medizinproduktes unter Berücksichtigung des Standes der Technik sowie der Arbeitsschutz- und Unfallverhütungsvorschriften nachgewiesen wird,

7. die Prüfer über die Ergebnisse der biologischen Sicherheitsprüfung und der Prüfung der technischen Unbedenklichkeit sowie die voraussichtlich mit der klinischen Prüfung verbundenen Risiken informiert worden sind,

8. ein dem jeweiligen Stand der wissenschaftlichen Erkenntnisse entsprechender Prüfplan vorhanden ist und

9. für den Fall, dass bei der Durchführung der klinischen Prüfung ein Mensch getötet oder der Körper oder die Gesundheit eines Menschen verletzt oder beeinträchtigt wird, eine Versicherung nach Maßgabe des Absatzes 3 besteht, die auch Leistungen gewährt, wenn kein anderer für den Schaden haftet.

(2) ¹Eine Einwilligung nach Absatz 1 Nr. 2 ist nur wirksam, wenn die Person, die sie abgibt,

1. geschäftsfähig und in der Lage ist, Wesen, Risiken, Bedeutung und Tragweite der klinischen Prüfung einzusehen und ihren Willen hiernach zu bestimmen, und

2. die Einwilligung selbst und schriftlich erteilt hat.
²Eine Einwilligung kann jederzeit widerrufen werden.

(3) ¹Die Versicherung nach Absatz 1 Nr. 9 muss zugunsten der von der klinischen Prüfung betroffenen Person bei einem in Deutschland zum Geschäftsbetrieb befugten Versicherer genommen werden. ²Ihr Umfang muss in einem angemessenen Verhältnis zu den mit der klinischen Prüfung verbundenen Risiken stehen und auf der Grundlage der Risikoabschätzung so festgelegt werden,

dass für jeden Fall des Todes oder der dauernden Erwerbsunfähigkeit einer von der klinischen Prüfung betroffenen Person mindestens 500 000 Euro zur Verfügung stehen. [3]Soweit aus der Versicherung geleistet wird, erlischt ein Anspruch auf Schadensersatz.

(4) Auf eine klinische Prüfung bei Minderjährigen finden die Absätze 1 bis 3 mit folgender Maßgabe Anwendung:

1. Das Medizinprodukt muss zum Erkennen oder zum Verhüten von Krankheiten bei Minderjährigen bestimmt sein.
2. Die Anwendung des Medizinproduktes muss nach den Erkenntnissen der medizinischen Wissenschaft angezeigt sein, um bei dem Minderjährigen Krankheiten zu erkennen oder ihn vor Krankheiten zu schützen.
3. Die klinische Prüfung an Erwachsenen darf nach den Erkenntnissen der medizinischen Wissenschaft keine ausreichenden Prüfergebnisse erwarten lassen.
4. Die Einwilligung wird durch den gesetzlichen Vertreter oder Betreuer abgegeben. Sie ist nur wirksam, wenn dieser durch einen Arzt, bei für die Zahnheilkunde bestimmten Medizinprodukten auch durch einen Zahnarzt, über Wesen, Bedeutung und Tragweite der klinischen Prüfung aufgeklärt worden ist. Ist der Minderjährige in der Lage, Wesen, Bedeutung und Tragweite der klinischen Prüfung einzusehen und seinen Willen hiernach zu bestimmen, so ist auch seine schriftliche Einwilligung erforderlich.

(5) Auf eine klinische Prüfung bei Schwangeren oder Stillenden finden die Absätze 1 bis 4 mit folgender Maßgabe Anwendung: Die klinische Prüfung darf nur durchgeführt werden, wenn

1. das Medizinprodukt dazu bestimmt ist, bei schwangeren oder stillenden Frauen oder bei einem ungeborenen Kind Krankheiten zu verhüten, zu erkennen, zu heilen oder zu lindern,
2. die Anwendung des Medizinproduktes nach den Erkenntnissen oder medizinischen Wissenschaft angezeigt ist, um bei der schwangeren oder stillenden Frau oder bei einem ungeborenen Kind Krankheiten oder deren Verlauf zu erkennen, Krankheiten zu heilen oder zu lindern oder die schwangere oder stillende Frau oder das ungeborene Kind vor Krankheiten zu schützen,
3. nach den Erkenntnissen der medizinischen Wissenschaft die Durchführung der klinischen Prüfung für das ungeborene Kind keine unvertretbaren Risiken erwarten lässt und
4. die klinische Prüfung nach den Erkenntnissen der medizinischen Wissenschaft nur dann ausreichende Prüfergebnisse erwarten lässt, wenn sie an schwangeren oder stillenden Frauen durchgeführt wird.

(6)-(8) *(aufgehoben)*

§ 21 Besondere Voraussetzungen zur klinischen Prüfung. Auf eine klinische Prüfung bei einer Person, die an einer Krankheit leidet, zu deren Behebung das zu prüfende Medizinprodukt angewendet werden soll, findet § 20 Abs. 1 bis 3 mit folgender Maßgabe Anwendung:

1. Die klinische Prüfung darf nur durchgeführt werden, wenn die Anwendung des zu prüfenden Medizinproduktes nach den Erkenntnissen der medizinischen Wissenschaft angezeigt ist, um das Leben des Kranken zu retten, seine Gesundheit wiederherzustellen oder sein Leiden zu erleichtern.

2. Die klinische Prüfung darf auch bei einer Person, die geschäftsunfähig oder in der Geschäftsfähigkeit beschränkt ist, durchgeführt werden. Sie bedarf der Einwilligung des gesetzlichen Vertreters. Daneben bedarf es auch der Einwilligung des Vertretenen, wenn er in der Lage ist, Wesen, Bedeutung und Tragweite der klinischen Prüfung einzusehen und seinen Willen hiernach zu bestimmen.

3. Die Einwilligung des gesetzlichen Vertreters ist nur wirksam, wenn dieser durch einen Arzt, bei für die Zahnheilkunde bestimmten Medizinprodukten auch durch einen Zahnarzt, über Wesen, Bedeutung und Tragweite der klinischen Prüfung aufgeklärt worden ist. Auf den Widerruf findet § 20 Abs. 2 Satz 2 Anwendung. Der Einwilligung des gesetzlichen Vertreters bedarf es so lange nicht, als eine Behandlung ohne Aufschub erforderlich ist, um das Leben des Kranken zu retten, seine Gesundheit wiederherzustellen oder sein Leiden zu erleichtern, und eine Erklärung über die Einwilligung nicht herbeigeführt werden kann.

4. [1]Die Einwilligung des Kranken oder des gesetzlichen Vertreters ist auch wirksam, wenn sie mündlich gegenüber dem behandelnden Arzt, bei für die Zahnheilkunde bestimmten Medizinprodukten auch gegenüber dem behandelnden Zahnarzt, in Gegenwart eines Zeugen abgegeben wird, der auch bei der Information der betroffenen Person einbezogen war. [2]Der Zeuge darf keine bei der Prüfstelle beschäftigte Person und kein Mitglied der Prüfgruppe sein. [3]Die mündlich erteilte Einwilligung ist schriftlich zu dokumentieren, zu datieren und von dem Zeugen zu unterschreiben.

§ 22 Verfahren bei der Ethik-Kommission. (1) [1]Die nach § 20 Absatz 1 Satz 1 erforderliche zustimmende Bewertung der Ethik-Kommission ist vom Sponsor bei der nach Landesrecht für den Prüfer zuständigen unabhängigen interdisziplinär besetzten Ethik-Kommission zu beantragen. [2]Wird die klinische Prüfung von mehreren Prüfern durchgeführt, so ist der Antrag bei der für den Hauptprüfer oder Leiter der klinischen Prüfung zuständigen unabhängigen Ethik-Kommission zu stellen. [3]Bei multizentrischen klinischen Prüfungen genügt ein Votum. [4]Das Nähere zur Bildung, Zusammensetzung und Finanzierung der Ethik-Kommission wird durch Landesrecht bestimmt. [5]Der Sponsor hat der Ethik-Kommission alle Angaben und Unterlagen vorzulegen, die diese zur Bewertung benötigt. [6]Zur Bewertung der Unterlagen kann die Ethik-Kommission eigene wissenschaftliche Erkenntnisse verwerten, Sachverständige beiziehen oder Gutachten anfordern. [7]Sie hat Sachverständige beizuziehen oder Gutachten anzufordern, wenn es sich um eine klinische Prüfung bei Minderjährigen handelt und sie nicht über eigene Fachkenntnisse auf dem Gebiet der Kinderheilkunde, einschließlich ethischer und psychosozialer Fragen der Kinderheilkunde, verfügt. [8]Das Nähere zum Verfahren wird in einer Rechtsverordnung nach § 37 Absatz 2a geregelt.

(2) Die Ethik-Kommission hat die Aufgabe, den Prüfplan und die erforderlichen Unterlagen, insbesondere nach ethischen und rechtlichen Gesichtspunkten, zu beraten und zu prüfen, ob die Voraussetzungen nach § 20 Absatz 1 Satz 4 Nummer 1 bis 4 und 7 bis 9 sowie Absatz 4 und 5 und nach § 21 erfüllt werden.

(3) Die zustimmende Bewertung darf nur versagt werden, wenn

1. die vorgelegten Unterlagen auch nach Ablauf einer dem Sponsor gesetzten angemessenen Frist zur Ergänzung unvollständig sind,

2. die vorgelegten Unterlagen einschließlich des Prüfplans, der Prüferinformation und der Modalitäten für die Auswahl der Probanden nicht dem Stand der wissenschaftlichen Erkenntnisse entsprechen, insbesondere die klinische Prüfung ungeeignet ist, den Nachweis der Unbedenklichkeit, Leistung oder Wirkung des Medizinproduktes zu erbringen, oder

3. die in § 20 Absatz 1 Satz 4 Nummer 1 bis 4 und 7 bis 9 sowie Absatz 4 und 5 und die in § 21 genannten Anforderungen nicht erfüllt sind.

(4) [1]Die Ethik-Kommission hat eine Entscheidung über den Antrag nach Absatz 1 innerhalb einer Frist von 60 Tagen nach Eingang der erforderlichen Unterlagen zu übermitteln. [2]Sie unterrichtet zusätzlich die zuständige Bundesoberbehörde über die Entscheidung.

§ 22a Genehmigungsverfahren bei der Bundesoberbehörde. (1) [1]Die nach § 20 Absatz 1 Satz 1 erforderliche Genehmigung ist vom Sponsor bei der zuständigen Bundesoberbehörde zu beantragen. [2]Der Antrag muss, jeweils mit Ausnahme der Stellungnahme der beteiligten Ethik-Kommission, bei aktiven implantierbaren Medizinprodukten die Angaben nach Nummer 2.2 des Anhangs 6 der Richtlinie 90/385/EWG und bei sonstigen Medizinprodukten die Angaben nach Nummer 2.2 des Anhangs VIII der Richtlinie 93/42/EWG enthalten. [3]Zusätzlich hat der Sponsor alle Angaben und Unterlagen vorzulegen, die die zuständige Bundesoberbehörde zur Bewertung benötigt. [4]Die Stellungnahme der Ethik-Kommission ist nachzureichen. [5]Das Nähere zum Verfahren wird in einer Rechtsverordnung nach § 37 Absatz 2a geregelt.

(2) Die zuständige Bundesoberbehörde hat die Aufgabe, den Prüfplan und die erforderlichen Unterlagen insbesondere nach wissenschaftlichen und technischen Gesichtspunkten zu prüfen, ob die Voraussetzungen nach § 20 Absatz 1 Satz 4 Nummer 1, 5, 6 und 8 erfüllt werden.

(3) Die Genehmigung darf nur versagt werden, wenn

1. die vorgelegten Unterlagen auch nach Ablauf einer dem Sponsor gesetzten angemessenen Frist zur Ergänzung unvollständig sind,

2. das Medizinprodukt oder die vorgelegten Unterlagen, insbesondere die Angaben zum Prüfplan einschließlich der Prüferinformation, nicht dem Stand der wissenschaftlichen Erkenntnisse entsprechen, insbesondere die klinische Prüfung ungeeignet ist, den Nachweis der Unbedenklichkeit, Leistung oder Wirkung des Medizinproduktes zu erbringen, oder

3. die in § 20 Absatz 1 Satz 4 Nummer 1, 5, 6 und 8 genannten Anforderungen nicht erfüllt sind.

(4) [1]Die Genehmigung gilt als erteilt, wenn die zuständige Bundesoberbehörde dem Sponsor innerhalb von 30 Tagen nach Eingang der Antragsunterlagen keine mit Gründen versehenen Einwände übermittelt. [2]Wenn der Sponsor auf mit Gründen versehene Einwände den Antrag nicht innerhalb einer Frist von 90 Tagen entsprechend abgeändert hat, gilt der Antrag als abgelehnt.

(5) Nach einer Entscheidung der zuständigen Bundesoberbehörde über den Genehmigungsantrag oder nach Ablauf der Frist nach Absatz 4 Satz 2 ist das Einreichen von Unterlagen zur Mängelbeseitigung ausgeschlossen.

(6) [1]Die zuständige Bundesoberbehörde unterrichtet die zuständigen Behörden über genehmigte und abgelehnte klinische Prüfungen und Bewertungen der Ethik-Kommission und informiert die zuständigen Behörden der anderen Vertragsstaaten des Europäischen Wirtschaftsraums und die Europäische Kommission über abgelehnte klinische Prüfungen. [2]Die Unterrichtung erfolgt automatisch über das Informationssystem des Deutschen Instituts für Medizinische Dokumentation und Information. [3]§ 25 Absatz 5 und 6 gilt entsprechend.

(7) [1]Die für die Genehmigung einer klinischen Prüfung zuständige Bundesoberbehörde unterrichtet die zuständige Ethik-Kommission, sofern ihr Informationen zu anderen klinischen Prüfungen vorliegen, die für die Bewertung der von der Ethik-Kommission begutachteten Prüfung von Bedeutung sind; dies gilt insbesondere für Informationen über abgebrochene oder sonst vorzeitig beendete Prüfungen. [2]Dabei unterbleibt die Übermittlung personenbezogener Daten; ferner sind Betriebs- und Geschäftsgeheimnisse dabei zu wahren. [3]Absatz 6 Satz 2 und 3 gilt entsprechend.

§ 22b Rücknahme, Widerruf und Ruhen der Genehmigung oder der zustimmenden Bewertung. (1) [1]Die Genehmigung nach § 22a ist zurückzunehmen, wenn bekannt wird, dass ein Versagungsgrund nach § 22a Absatz 3 bei der Erteilung vorgelegen hat. [2]Sie ist zu widerrufen, wenn nachträglich Tatsachen eintreten, die die Versagung nach § 22a Absatz 3 Nummer 2 oder Nummer 3 rechtfertigen würden. [3]In den Fällen des Satzes 1 kann auch das Ruhen der Genehmigung befristet angeordnet werden.

(2) [1]Die zuständige Bundesoberbehörde kann die Genehmigung widerrufen, wenn die Gegebenheiten der klinischen Prüfung nicht mit den Angaben im Genehmigungsantrag übereinstimmen oder wenn Tatsachen Anlass zu Zweifeln an der Unbedenklichkeit oder der wissenschaftlichen Grundlage der klinischen Prüfung geben. [2]In diesem Fall kann auch das Ruhen der Genehmigung befristet angeordnet werden.

(3) [1]Vor einer Entscheidung nach den Absätzen 1 und 2 ist dem Sponsor Gelegenheit zur Stellungnahme innerhalb einer Frist von einer Woche zu geben. [2]§ 28 Absatz 2 Nummer 1 des Verwaltungsverfahrensgesetzes gilt entsprechend. [3]Ordnet die zuständige Bundesoberbehörde den Widerruf, die Rücknahme oder das Ruhen der Genehmigung mit sofortiger Wirkung an, so übermittelt sie diese Anordnung unverzüglich dem Sponsor. [4]Widerspruch und Anfechtungsklage haben keine aufschiebende Wirkung.

(4) Ist die Genehmigung einer klinischen Prüfung zurückgenommen oder widerrufen oder ruht sie, so darf die klinische Prüfung nicht fortgesetzt werden.

(5) [1]Die zustimmende Bewertung durch die zuständige Ethik-Kommission ist zurückzunehmen, wenn die Ethik-Kommission nachträglich Kenntnis erlangt, dass ein Versagungsgrund nach § 22 Absatz 3 vorgelegen hat; sie ist zu widerrufen, wenn die Ethik-Kommission nachträglich Kenntnis erlangt, dass

1. die Anforderungen an die Eignung des Prüfers und der Prüfstelle nicht gegeben sind,
2. keine ordnungsgemäße Probandenversicherung besteht,
3. die Modalitäten für die Auswahl der Prüfungsteilnehmer nicht dem Stand der medizinischen Erkenntnisse entsprechen, insbesondere die klinische Prüfung ungeeignet ist, den Nachweis der Unbedenklichkeit, Leistung oder Wirkung des Medizinproduktes zu erbringen,
4. die Voraussetzungen für die Einbeziehung von Personen nach § 20 Absatz 4 und 5 oder § 21 nicht gegeben sind.

[2]Die Absätze 3 und 4 gelten entsprechend. [3]Die zuständige Ethik-Kommission unterrichtet unter Angabe von Gründen unverzüglich die zuständige Bundesoberbehörde und die anderen für die Überwachung zuständigen Behörden.

(6) [1]Wird die Genehmigung einer klinischen Prüfung zurückgenommen, widerrufen oder das Ruhen einer Genehmigung angeordnet, so informiert die zuständige Bundesoberbehörde die zuständigen Behörden und die Behörden der anderen betroffenen Mitgliedstaaten des Europäischen Wirtschaftsraums über die getroffene Maßnahme und deren Gründe. [2]§ 22a Absatz 6 Satz 2 und 3 gilt entsprechend.

§ 22c Änderungen nach Genehmigung von klinischen Prüfungen. (1) Der Sponsor zeigt jede Änderung der Dokumentation der zuständigen Bundesoberbehörde an.

(2) Beabsichtigt der Sponsor nach Genehmigung der klinischen Prüfung eine wesentliche Änderung, so beantragt er unter Angabe des Inhalts und der Gründe der Änderung

1. bei der zuständigen Bundesoberbehörde eine Begutachtung und
2. bei der zuständigen Ethik-Kommission eine Bewertung der angezeigten Änderungen.

(3) Als wesentlich gelten insbesondere Änderungen, die

1. sich auf die Sicherheit der Probanden auswirken können,
2. die Auslegung der Dokumente beeinflussen, auf die die Durchführung der klinischen Prüfung gestützt wird, oder
3. die anderen von der Ethik-Kommission beurteilten Anforderungen beeinflussen.

(4) [1]Die Ethik-Kommission nimmt innerhalb von 30 Tagen nach Eingang des Änderungsantrags dazu Stellung. [2]§ 22 Absatz 4 Satz 2 gilt entsprechend.

(5) [1]Stimmt die Ethik-Kommission dem Antrag zu und äußert die zuständige Bundesoberbehörde innerhalb von 30 Tagen nach Eingang des Änderungsan-

trages keine Einwände, so kann der Sponsor die klinische Prüfung nach dem geänderten Prüfplan durchführen. [2]Im Falle von Auflagen muss der Sponsor diese beachten und die Dokumentation entsprechend anpassen oder seinen Änderungsantrag zurückziehen. [3]§ 22a Absatz 6 gilt entsprechend. [4]Für Rücknahme, Widerruf und Ruhen der Genehmigung der Bundesoberbehörde nach Satz 1 findet § 22b entsprechende Anwendung.

(6) [1]Werden wesentliche Änderungen aufgrund von Maßnahmen der zuständigen Bundesoberbehörde an einer klinischen Prüfung veranlasst, so informiert die zuständige Bundesoberbehörde die zuständigen Behörden und die zuständigen Behörden der anderen betroffenen Vertragsstaaten des Abkommens über den Europäischen Wirtschaftsraum über die getroffene Maßnahme und deren Gründe. [2]§ 22a Absatz 6 Satz 2 und 3 gilt entsprechend.

§ 23 Durchführung der klinischen Prüfung. Neben den §§ 20 bis 22c gelten für die Durchführung klinischer Prüfungen von aktiven implantierbaren Medizinprodukten auch die Bestimmungen der Nummer 2.3 des Anhangs 7 der Richtlinie 90/385/EWG und für die Durchführung klinischer Prüfungen von sonstigen Medizinprodukten die Bestimmungen der Nummer 2.3 des Anhangs X der Richtlinie 93/42/EWG.

§ 23a Meldungen über Beendigung oder Abbruch von klinischen Prüfungen. (1) Innerhalb von 90 Tagen nach Beendigung einer klinischen Prüfung meldet der Sponsor der zuständigen Bundesoberbehörde die Beendigung der klinischen Prüfung.

(2) [1]Beim Abbruch der klinischen Prüfung verkürzt sich diese Frist auf 15 Tage. [2]In der Meldung sind alle Gründe für den Abbruch anzugeben.

(3) Der Sponsor reicht der zuständigen Bundesoberbehörde innerhalb von zwölf Monaten nach Abbruch oder Abschluss der klinischen Prüfung den Schlussbericht ein.

(4) [1]Im Falle eines Abbruchs der klinischen Prüfung aus Sicherheitsgründen informiert die zuständige Bundesoberbehörde alle zuständigen Behörden, die Behörden der Mitgliedstaaten des Europäischen Wirtschaftsraums und die Europäische Kommission. [2]§ 22a Absatz 6 Satz 2 und 3 gilt entsprechend.

§ 23b Ausnahmen zur klinischen Prüfung. Die §§ 20 bis 23a sind nicht anzuwenden, wenn eine klinische Prüfung mit Medizinprodukten durchgeführt wird, die nach den §§ 6 und 10 die CE-Kennzeichnung tragen dürfen, es sei denn, diese Prüfung hat eine andere Zweckbestimmung des Medizinproduktes zum Inhalt oder es werden zusätzlich invasive oder andere belastende Untersuchungen durchgeführt.

§ 24 Leistungsbewertungsprüfung. [1]Auf Leistungsbewertungsprüfungen von In-vitro-Diagnostika sind die §§ 20 bis 23b entsprechend anzuwenden, wenn

1. eine invasive Probenahme ausschließlich oder in erheblicher zusätzlicher Menge zum Zwecke der Leistungsbewertung eines In-vitro-Diagnostikums erfolgt oder

2. im Rahmen der Leistungsbewertungsprüfung zusätzlich invasive oder andere belastende Untersuchungen durchgeführt werden oder
3. die im Rahmen der Leistungsbewertung erhaltenen Ergebnisse für die Diagnostik verwendet werden sollen, ohne dass sie mit etablierten Verfahren bestätigt werden können.

[2]In den übrigen Fällen ist die Einwilligung der Person, von der die Proben entnommen werden, erforderlich, soweit das Persönlichkeitsrecht oder kommerzielle Interessen dieser Person berührt sind.

Fünfter Abschnitt

Überwachung und Schutz vor Risiken

§ 25 Allgemeine Anzeigepflicht. (1) Wer als Verantwortlicher im Sinne von § 5 Satz 1 und 2 seinen Sitz in Deutschland hat und Medizinprodukte mit Ausnahme derjenigen nach § 3 Nr. 8 erstmalig in den Verkehr bringt, hat dies vor Aufnahme der Tätigkeit unter Angabe seiner Anschrift der zuständigen Behörde anzuzeigen; dies gilt entsprechend für Betriebe und Einrichtungen, die Medizinprodukte, die bestimmungsgemäß keimarm oder steril zur Anwendung kommen, ausschließlich für andere aufbereiten.

(2) Wer Systeme oder Behandlungseinheiten nach § 10 Abs. 1 zusammensetzt oder diese sowie Medizinprodukte nach § 10 Abs. 3 sterilisiert und seinen Sitz in Deutschland hat, hat der zuständigen Behörde unter Angabe seiner Anschrift vor Aufnahme der Tätigkeit die Bezeichnung sowie bei Systemen oder Behandlungseinheiten die Beschreibung der betreffenden Medizinprodukte anzuzeigen.

(3) Wer als Verantwortlicher nach § 5 Satz 1 und 2 seinen Sitz in Deutschland hat und In-vitro-Diagnostika erstmalig in Verkehr bringt, hat der zuständigen Behörde unter Angabe seiner Anschrift vor Aufnahme der Tätigkeit anzuzeigen:
1. die die gemeinsamen technologischen Merkmale und Analyten betreffenden Angaben zu Reagenzien, Medizinprodukten mit Reagenzien und Kalibrier- und Kontrollmaterialien sowie bei sonstigen In-vitro-Diagnostika die geeigneten Angaben,
2. im Falle der In-vitro-Diagnostika gemäß Anhang II der Richtlinie 98/79/EG und der In-vitro-Diagnostika zur Eigenanwendung alle Angaben, die eine Identifizierung dieser In-vitro-Diagnostika ermöglichen, die analytischen und gegebenenfalls diagnostischen Leistungsdaten gemäß Anhang I Abschnitt A Nr. 3 der Richtlinie 98/79/EG, die Ergebnisse der Leistungsbewertung sowie Angaben zu Bescheinigungen,
3. bei einem „neuen In-vitro-Diagnostikum" im Sinne von § 3 Nr. 6 zusätzlich die Angabe, dass es sich um ein „neues In-vitro-Diagnostikum" handelt.

(4) Nachträgliche Änderungen der Angaben nach den Absätzen 1 bis 3 sowie eine Einstellung des Inverkehrbringens sind unverzüglich anzuzeigen.

(5) ¹Die zuständige Behörde übermittelt die Daten gemäß den Absätzen 1 bis 4 dem Deutschen Institut für medizinische Dokumentation und Information zur zentralen Verarbeitung und Nutzung nach § 33. ²Dieses unterrichtet auf Anfrage die Europäische Kommission und die anderen Vertragsstaaten des Abkommens über den Europäischen Wirtschaftsraum über Anzeigen nach den Absätzen 1 bis 4.

(6) Näheres zu den Absätzen 1 bis 5 regelt die Rechtsverordnung nach § 37 Abs. 8.

§ 26 Durchführung der Überwachung. (1) ¹Betriebe und Einrichtungen mit Sitz in Deutschland, in denen Medizinprodukte hergestellt, klinisch geprüft, einer Leistungsbewertungsprüfung unterzogen, verpackt, ausgestellt, in den Verkehr gebracht, errichtet, betrieben, angewendet oder Medizinprodukte, die bestimmungsgemäß keimarm oder steril zur Anwendung kommen, aufbereitet werden, unterliegen insoweit der Überwachung durch die zuständigen Behörden. ²Dies gilt auch für Sponsoren und Personen, die die in Satz 1 genannten Tätigkeiten geschäftsmäßig ausüben, sowie für Personen und Personenvereinigungen, die Medizinprodukte für andere sammeln.

(2) ¹Die zuständige Behörde hat sich davon zu überzeugen, dass die Vorschriften über Medizinprodukte und die Werbung auf dem Gebiet des Heilwesens beachtet werden. ²Sie prüft in angemessenem Umfang unter besonderer Berücksichtigung möglicher Risiken, ob die Voraussetzungen zum Inverkehrbringen, zur Inbetriebnahme, zum Errichten, Betreiben und Anwenden erfüllt sind. ³Satz 2 gilt entsprechend für die Überwachung von klinischen Prüfungen und von Leistungsbewertungsprüfungen sowie für die Überwachung der Aufbereitung von Medizinprodukten, die bestimmungsgemäß keimarm oder steril angewendet werden. ⁴Die zuständige Behörde ergreift die Maßnahmen, die notwendig sind, um festgestellte Verstöße zu beseitigen und künftigen Verstößen vorzubeugen. ⁵Sie kann bei hinreichenden Anhaltspunkten für eine unrechtmäßige CE-Kennzeichnung oder eine von dem Medizinprodukt ausgehende Gefahr verlangen, dass der Verantwortliche im Sinne von § 5 das Medizinprodukt von einem Sachverständigen überprüfen lässt. ⁶Bei einem In-vitro-Diagnostikum nach § 3 Nummer 6 kann sie zu jedem Zeitpunkt innerhalb von zwei Jahren nach der Anzeige nach § 25 Absatz 3 und danach in begründeten Fällen die Vorlage eines Berichts über die Erkenntnisse aus den Erfahrungen mit dem neuen In-vitro-Diagnostikum nach dessen erstmaligem Inverkehrbringen verlangen.

(2a) Die zuständigen Behörden müssen über die zur Erfüllung ihrer Aufgaben notwendige personelle und sachliche Ausstattung verfügen sowie für eine dem allgemeinen anerkannten Stand der Wissenschaft und Technik entsprechende regelmäßige Fortbildung der überwachenden Mitarbeiter sorgen.

(2b) Die Einzelheiten zu den Absätzen 1 bis 2a, insbesondere zur Durchführung und Qualitätssicherung der Überwachung, regelt eine allgemeine Verwaltungsvorschrift nach § 37a.

(3) Die mit der Überwachung beauftragten Personen sind befugt,

1. Grundstücke, Geschäftsräume, Betriebsräume, Beförderungsmittel, in denen eine Tätigkeit nach Absatz 1 ausgeübt wird, zu den üblichen Geschäftszeiten und zur Verhütung dringender Gefahr für die öffentliche Sicherheit und Ordnung auch Wohnräume, in denen eine Tätigkeit nach Absatz 1 ausgeübt wird, zu betreten und zu besichtigen sowie in Geschäftsräumen, Betriebsräumen und Beförderungsmitteln zur Dokumentation bewegte und unbewegte Bildaufzeichnungen anzufertigen; das Grundrecht der Unverletzlichkeit der Wohnung (Artikel 13 des Grundgesetzes) wird insoweit eingeschränkt,

2. Medizinprodukte zu prüfen, insbesondere hierzu in Betrieb nehmen zu lassen, sowie Proben unentgeltlich zu entnehmen,

3. Unterlagen über die Entwicklung, Herstellung, Prüfung, klinische Prüfung, Leistungsbewertungsprüfung oder Erwerb, Aufbereitung, Lagerung, Verpackung, Inverkehrbringen und sonstigen Verbleib der Medizinprodukte sowie über das im Verkehr befindliche Werbematerial einzusehen,

4. von natürlichen und juristischen Personen und nicht rechtsfähigen Personenvereinigungen alle erforderlichen Auskünfte, insbesondere über die in Nummer 3 genannten Betriebsvorgänge, zu verlangen,

5. Unterlagen und Dokumente, die nach Maßgabe der Verordnung nach § 37 Absatz 5 zu erstellen und zu führen sind, einzusehen,

6. Abschriften oder Ablichtungen von Unterlagen oder Dokumenten nach den Nummern 3 und 5 oder Ausdrucke oder Kopien von Datenträgern, auf denen Unterlagen oder Dokumente nach den Nummern 3 und 5 gespeichert sind, anzufertigen oder zu verlangen, soweit es sich nicht um personenbezogene Daten von Patienten handelt.

(4) [1]Wer der Überwachung nach Absatz 1 unterliegt, hat Maßnahmen nach Absatz 3 Satz 1 Nr. 1 bis 3 zu dulden und die beauftragten Personen sowie die sonstigen in der Überwachung tätigen Personen bei der Erfüllung ihrer Aufgaben zu unterstützen. [2]Dies beinhaltet insbesondere die Verpflichtung, diesen Personen die Medizinprodukte zugänglich zu machen, erforderliche Prüfungen zu gestatten, hierfür benötigte Mitarbeiter und Hilfsmittel bereitzustellen, Auskünfte zu erteilen und Unterlagen vorzulegen.

(5) Der im Rahmen der Überwachung zur Auskunft Verpflichtete kann die Auskunft auf solche Fragen verweigern, deren Beantwortung ihn selbst oder einen seiner in § 383 Abs. 1 Nr. 1 bis 3 der Zivilprozessordnung bezeichneten Angehörigen der Gefahr strafrechtlicher Verfolgung oder eines Verfahrens nach dem Gesetz über Ordnungswidrigkeiten aussetzen würde.

(6) [1]Sachverständige, die im Rahmen des Absatzes 2 prüfen, müssen die dafür notwendige Sachkenntnis besitzen. [2]Die Sachkenntnis kann auch durch ein Zertifikat einer von der zuständigen Behörde akkreditierten Stelle nachgewiesen werden.

(7) Die zuständige Behörde unterrichtet auf Anfrage das Bundesministerium für Gesundheit sowie die zuständigen Behörden der anderen Vertragsstaaten

des Abkommens über den Europäischen Wirtschaftsraum über durchgeführte Überprüfungen, deren Ergebnisse sowie die getroffenen Maßnahmen

§ 27 Verfahren bei unrechtmäßiger und unzulässiger Anbringung der CE-Kennzeichnung. (1) [1]Stellt die zuständige Behörde fest, dass die CE-Kennzeichnung auf einem Medizinprodukt unrechtmäßig angebracht worden ist, ist der Verantwortliche nach § 5 verpflichtet, die Voraussetzungen für das rechtmäßige Anbringen der CE-Kennzeichnung nach Weisung der zuständigen Behörde zu erfüllen. [2]Werden diese Voraussetzungen nicht erfüllt, so hat die zuständige Behörde das Inverkehrbringen dieses Medizinproduktes einzuschränken, von der Einhaltung bestimmter Auflagen abhängig zu machen, zu untersagen oder zu veranlassen, dass das Medizinprodukt vom Markt genommen wird. [3]Sie unterrichtet davon die übrigen zuständigen Behörden in Deutschland und das Bundesministerium für Gesundheit, das die Europäische Kommission und die anderen Vertragsstaaten des Abkommens über den Europäischen Wirtschaftsraum hiervon unterrichtet.

(2) [1]Trägt ein Produkt unzulässigerweise die CE-Kennzeichnung als Medizinprodukt, trifft die zuständige Behörde die erforderlichen Maßnahmen nach Absatz 1 Satz 2. [2]Absatz 1 Satz 3 gilt entsprechend.

§ 28 Verfahren zum Schutze vor Risiken. (1) Die nach diesem Gesetz zuständige Behörde trifft alle erforderlichen Maßnahmen zum Schutze der Gesundheit und zur Sicherheit von Patienten, Anwendern und Dritten vor Gefahren durch Medizinprodukte, soweit nicht das Atomgesetz oder eine darauf gestützte Rechtsverordnung für Medizinprodukte, die ionisierende Strahlen erzeugen oder radioaktive Stoffe enthalten, für die danach zuständige Behörde entsprechende Befugnisse vorsieht.

(2) [1]Die zuständige Behörde ist insbesondere befugt, Anordnungen, auch über die Schließung des Betriebs oder der Einrichtung, zu treffen, soweit es zur Abwehr einer drohenden Gefahr für die öffentliche Gesundheit, Sicherheit oder Ordnung geboten ist. [2]Sie kann das Inverkehrbringen, die Inbetriebnahme, das Betreiben, die Anwendung der Medizinprodukte sowie den Beginn oder die weitere Durchführung der klinischen Prüfung oder der Leistungsbewertungsprüfung untersagen, beschränken oder von der Einhaltung bestimmter Auflagen abhängig machen oder den Rückruf oder die Sicherstellung der Medizinprodukte anordnen. [3]Sie unterrichtet hiervon die übrigen zuständigen Behörden in Deutschland, die zuständige Bundesoberbehörde und das Bundesministerium für Gesundheit.

(3) [1]Stellt die zuständige Behörde fest, dass CE gekennzeichnete Medizinprodukte oder Sonderanfertigungen die Gesundheit oder Sicherheit von Patienten, Anwendern oder Dritten oder deren Eigentum gefährden können, auch wenn sie sachgemäß installiert, in Stand gehalten oder ihrer Zweckbestimmung entsprechend angewendet werden und trifft sie deshalb Maßnahmen mit dem Ziel, das Medizinprodukt vom Markt zu nehmen oder das Inverkehrbringen oder die Inbetriebnahme zu verbieten oder einzuschränken, teilt sie diese um-

gehend unter Angabe von Gründen dem Bundesministerium für Gesundheit zur Einleitung eines Schutzklauselverfahrens nach Artikel 7 der Richtlinie 90/385/ EWG, Artikel 8 der Richtlinie 93/42/EWG oder Artikel 8 der Richtlinie 98/79/ EG mit. [2]In den Gründen ist insbesondere anzugeben, ob die Nichtübereinstimmung mit den Vorschriften dieses Gesetzes zurückzuführen ist auf

1. die Nichteinhaltung der Grundlegenden Anforderungen,
2. eine unzulängliche Anwendung harmonisierter Normen oder Gemeinsamer Technischer Spezifikationen, sofern deren Anwendung behauptet wird, oder
3. einen Mangel der harmonisierten Normen oder Gemeinsamen Technischen Spezifikationen selbst.

(4) [1]Die zuständige Behörde kann veranlassen, dass alle, die einer von einem Medizinprodukt ausgehenden Gefahr ausgesetzt sein können, rechtzeitig in geeigneter Form auf diese Gefahr hingewiesen werden. [2]Eine hoheitliche Warnung der Öffentlichkeit ist zulässig, wenn bei Gefahr im Verzug andere ebenso wirksame Maßnahmen nicht oder nicht rechtzeitig getroffen werden können.

(5) Maßnahmen nach Artikel 14b der Richtlinie 93/42/EWG und Artikel 13 der Richtlinie 98/79/EG trifft das Bundesministerium für Gesundheit durch Rechtsverordnung nach § 37 Abs. 6.

§ 29 Medizinprodukte-Beobachtungs- und -Meldesystem. (1) [1]Die zuständige Bundesoberbehörde hat, soweit nicht eine oberste Bundesbehörde im Vollzug des Atomgesetzes oder der aufgrund dieses Gesetzes erlassenen Rechtsverordnungen zuständig ist, zur Verhütung einer Gefährdung der Gesundheit oder der Sicherheit von Patienten, Anwendern oder Dritten die bei der Anwendung oder Verwendung von Medizinprodukten auftretenden Risiken, insbesondere Nebenwirkungen, wechselseitige Beeinflussung mit anderen Stoffen oder Produkten, Gegenanzeigen, Verfälschungen, Funktionsfehler, Fehlfunktionen und technische Mängel zentral zu erfassen, auszuwerten und zu bewerten. [2]Sie hat die zu ergreifenden Maßnahmen zu koordinieren, insbesondere, soweit sie alle schwerwiegenden unerwünschten Ereignisse während klinischer Prüfungen oder Leistungsbewertungsprüfungen von In-vitro-Diagnostika oder folgende Vorkommnisse betreffen:

1. jede Funktionsstörung, jeden Ausfall oder jede Änderung der Merkmale oder der Leistung eines Medizinproduktes sowie jede Unsachgemäßheit der Kennzeichnung oder Gebrauchsanweisung, die direkt oder indirekt zum Tod oder zu einer schwerwiegenden Verschlechterung des Gesundheitszustandes eines Patienten oder eines Anwenders oder einer anderen Person geführt haben oder hätten führen können,
2. jeden Grund technischer oder medizinischer Art, der aufgrund der in Nummer 1 genannten Ursachen durch die Merkmale und die Leistungen eines Medizinproduktes bedingt ist und zum systematischen Rückruf von Medizinprodukten desselben Typs durch den Hersteller geführt hat.

[2]§ 26 Abs. 2 Satz 2 findet entsprechende Anwendung. [3]Die zuständige Bundesoberbehörde teilt das Ergebnis der Bewertung der zuständigen Behörde mit,

die über notwendige Maßnahmen entscheidet. [4]Die zuständige Bundesoberbehörde übermittelt Daten aus der Beobachtung, Sammlung, Auswertung und Bewertung von Risiken in Verbindung mit Medizinprodukten an das Deutsche Institut für Medizinische Dokumentation und Information zur zentralen Verarbeitung und Nutzung nach § 33. [5]Näheres regelt die Rechtsverordnung nach § 37 Abs. 8.

(2) [1]Soweit dies zur Erfüllung der in Absatz 1 aufgeführten Aufgaben erforderlich ist, dürfen an die danach zuständigen Behörden auch Name, Anschrift und Geburtsdatum von Patienten, Anwendern oder Dritten übermittelt werden. [2]Die nach Absatz 1 zuständige Behörde darf die nach Landesrecht zuständige Behörde auf Ersuchen über die von ihr gemeldeten Fälle und die festgestellten Erkenntnisse in Bezug auf personenbezogene Daten unterrichten. [3]Bei der Zusammenarbeit nach Absatz 3 dürfen keine personenbezogenen Daten von Patienten übermittelt werden. [4]Satz 3 gilt auch für die Übermittlung von Daten an das Informationssystem nach § 33.

(3) [1]Die Behörde nach Absatz 1 wirkt bei der Erfüllung der dort genannten Aufgaben mit den Dienststellen der anderen Vertragsstaaten des Abkommens über den Europäischen Wirtschaftsraum und der Europäischen Kommission, der Weltgesundheitsorganisation, den für die Gesundheit und den Arbeitsschutz zuständigen Behörden anderer Staaten, den für die Gesundheit, den Arbeitsschutz, den Strahlenschutz und das Mess- und Eichwesen zuständigen Behörden der Länder und den anderen fachlich berührten Bundesoberbehörden, Benannten Stellen in Deutschland, den zuständigen Trägern der gesetzlichen Unfallversicherung, dem Medizinischen Dienst des Spitzenverbandes Bund der Krankenkassen, den einschlägigen Fachgesellschaften, den Herstellern und Vertreibern sowie mit anderen Stellen zusammen, die bei der Durchführung ihrer Aufgaben Risiken von Medizinprodukten erfassen. [2]Besteht der Verdacht, dass ein Zwischenfall durch eine elektromagnetische Einwirkung eines anderen Gerätes als ein Medizinprodukt verursacht wurde, ist das Bundesamt für Post und Telekommunikation zu beteiligen.

(4) Einzelheiten zur Durchführung der Aufgaben nach § 29 regelt der Sicherheitsplan nach § 37 Abs. 7.

§ 30 Sicherheitsplan für Medizinprodukte. (1) Wer als Verantwortlicher nach § 5 Satz 1 und 2 seinen Sitz in Deutschland hat, hat unverzüglich nach Aufnahme der Tätigkeit eine Person mit der zur Ausübung ihrer Tätigkeit erforderlichen Sachkenntnis und der erforderlichen Zuverlässigkeit als Sicherheitsbeauftragten für Medizinprodukte zu bestimmen.

(2) [1]Der Verantwortliche nach § 5 Satz 1 und 2 hat, soweit er nicht ausschließlich Medizinprodukte nach § 3 Nr. 8 erstmalig in den Verkehr bringt, der zuständigen Behörde den Sicherheitsbeauftragten sowie jeden Wechsel in der Person unverzüglich anzuzeigen. [2]Die zuständige Behörde übermittelt die Daten nach Satz 1 an das Deutsche Institut für Medizinische Dokumentation und Information zur zentralen Verarbeitung und Nutzung nach § 33.

(3) [1]Der Nachweis der erforderlichen Sachkenntnis als Sicherheitsbeauftragter für Medizinprodukte wird erbracht durch

1. das Zeugnis über eine abgeschlossene naturwissenschaftliche, medizinische oder technische Hochschulausbildung oder

2. eine andere Ausbildung, die zur Durchführung der unter Absatz 4 genannten Aufgaben befähigt,

und eine mindestens zweijährige Berufserfahrung. [2]Die Sachkenntnis ist auf Verlangen der zuständigen Behörde nachzuweisen.

(4) [1]Der Sicherheitsbeauftragte für Medizinprodukte hat bekannt gewordene Meldungen über Risiken bei Medizinprodukten zu sammeln, zu bewerten und die notwendigen Maßnahmen zu koordinieren. [2]Er ist für die Erfüllung von Anzeigepflichten verantwortlich, soweit sie Medizinprodukterisiken betreffen.

(5) Der Sicherheitsbeauftragte für Medizinprodukte darf wegen der Erfüllung der ihm übertragenen Aufgaben nicht benachteiligt werden.

§ 31 Medizinprodukteberater. (1) [1]Wer berufsmäßig Fachkreise fachlich informiert oder in die sachgerechte Handhabung der Medizinprodukte einweist (Medizinprodukteberater), darf diese Tätigkeit nur ausüben, wenn er die für die jeweiligen Medizinprodukte erforderliche Sachkenntnis und Erfahrung für die Information und, soweit erforderlich, für die Einweisung in die Handhabung der jeweiligen Medizinprodukte besitzt. [2]Dies gilt auch für die fernmündliche Information.

(2) Die Sachkenntnis besitzt, wer

1. eine Ausbildung in einem naturwissenschaftlichen, medizinischen oder technischen Beruf erfolgreich abgeschlossen hat und auf die jeweiligen Medizinprodukte bezogen geschult worden ist oder

2. durch eine mindestens einjährige Tätigkeit, die in begründeten Fällen auch kürzer sein kann, Erfahrungen in der Information über die jeweiligen Medizinprodukte und, soweit erforderlich, in der Einweisung in deren Handhabung erworben hat.

(3) [1]Der Medizinprodukteberater hat der zuständigen Behörde auf Verlangen seine Sachkenntnis nachzuweisen. [2]Er hält sich auf dem neuesten Erkenntnisstand über die jeweiligen Medizinprodukte, um sachkundig beraten zu können. [3]Der Auftraggeber hat für eine regelmäßige Schulung des Medizinprodukteberaters zu sorgen.

(4) Der Medizinprodukteberater hat Mitteilungen von Angehörigen der Fachkreise über Nebenwirkungen, wechselseitige Beeinflussungen, Fehlfunktionen, technische Mängel, Gegenanzeigen, Verfälschungen oder sonstige Risiken bei Medizinprodukten aufzuzeichnen und unverzüglich dem Verantwortlichen nach § 5 Satz 1 und 2 oder dessen Sicherheitsbeauftragten für Medizinprodukte schriftlich oder elektronisch zu übermitteln.

Zuständige Behörden, Rechtsverordnungen, sonstige Bestimmungen

§ 32 Aufgaben und Zuständigkeiten der Bundesoberbehörden im Medizinproduktebereich. (1) Das Bundesinstitut für Arzneimittel und Medizinprodukte ist insbesondere zuständig für

1. die Aufgaben nach § 29 Absatz 1 und 3,
2. die Bewertung hinsichtlich der technischen und medizinischen Anforderungen und der Sicherheit von Medizinprodukten, es sei denn, dass dieses Gesetz anderes vorschreibt oder andere Bundesoberbehörden zuständig sind,
3. Genehmigungen von klinischen Prüfungen und Leistungsbewertungsprüfungen nach den §§ 22a und 24,
4. Entscheidungen zur Abgrenzung und Klassifizierung von Medizinprodukten nach § 13 Absatz 2 und 3,
5. Sonderzulassungen nach § 11 Absatz 1 und
6. die Beratung der zuständigen Behörden, der Verantwortlichen nach § 5, von Sponsoren und Benannten Stellen.

(2) ¹Das Paul-Ehrlich-Institut ist zuständig für die Aufgaben nach Absatz 1, soweit es sich um in Anhang II der Richtlinie 98/79/EG genannte In-vitro-Diagnostika handelt, die zur Prüfung der Unbedenklichkeit oder Verträglichkeit von Blut- oder Gewebespenden bestimmt sind oder Infektionskrankheiten betreffen. ²Beim Paul-Ehrlich-Institut kann ein fachlich unabhängiges Prüflabor eingerichtet werden, das mit Benannten Stellen und anderen Organisationen zusammenarbeiten kann.

(3) Die Physikalisch-Technische Bundesanstalt ist zuständig für die Sicherung der Einheitlichkeit des Messwesens in der Heilkunde und hat

1. Medizinprodukte mit Messfunktion gutachterlich zu bewerten und, soweit sie nach § 15 dafür benannt ist, Baumusterprüfungen durchzuführen,
2. Referenzmessverfahren, Normalmessgeräte und Prüfhilfsmittel zu entwickeln und auf Antrag zu prüfen und
3. die Bundesoberbehörden, die zuständigen Behörden und Benannten Stellen wissenschaftlich zu beraten.

§ 32a Besondere Zuständigkeiten. Die Bearbeitung von Meldungen der für die Kontrolle der Außengrenzen zuständigen Behörden über Aussetzungen gemäß Artikel 27 Absatz 3 Satz 1 der Verordnung (EG) Nr. 765/2008 des Europäischen Parlaments und des Rates vom 9. Juli 2008 über die Vorschriften für die Akkreditierung und Marktüberwachung im Zusammenhang mit der Vermarktung von Produkten und zur Aufhebung der Verordnung (EWG) Nr. 339/93 des Rates (ABl. L 218 vom 13.8.2008, S. 30) obliegt der Überwachungsbehörde, die für die Zollstelle örtlich zuständig ist.

§ 33 Datenbankgestütztes Informationssystem, Europäische Datenbank. (1) ¹Das Deutsche Institut für medizinische Dokumentation und Information richtet ein Informationssystem über Medizinprodukte zur Unterstützung des Vollzugs dieses Gesetzes ein und stellt den für die Medizinprodukte zuständigen Behörden des Bundes und der Länder die hierfür erforderlichen Informationen zur Verfügung. [2]Es stellt die erforderlichen Daten für die Europäische Datenbank im Sinne von Artikel 10b der Richtlinie 90/385/EWG, Artikel 14a der Richtlinie 93/42/EWG und Artikel 12 der Richtlinie 98/79/EG zur Verfügung. [3]Eine Bereitstellung für Informationen an nicht-öffentliche Stellen ist zulässig, soweit dies die Rechtsverordnung nach § 37 Abs. 8 vorsieht. [4]Für seine Leistungen kann es Entgelte verlangen. [5]Diese werden in einem Entgeltkatalog festgelegt, der der Zustimmung des Bundesministeriums für Gesundheit bedarf.

(2) Im Sinne des Absatzes 1 hat das dort genannte Institut insbesondere folgende Aufgaben:

1. zentrale Verarbeitung und Nutzung von Informationen gemäß § 25 Abs. 5, auch in Verbindung mit § 18 Abs. 3, §§ 22a bis 23a und 24,

2. zentrale Verarbeitung und Nutzung von Basisinformationen der in Verkehr befindlichen Medizinprodukte,

3. zentrale Verarbeitung und Nutzung von Daten aus der Beobachtung, Sammlung, Auswertung und Bewertung von Risiken in Verbindung mit Medizinprodukten,

4. Informationsbeschaffung und Übermittlung von Daten an Datenbanken anderer Mitgliedstaaten und Institutionen der Europäischen Union und anderer Vertragsstaaten des Abkommens über den Europäischen Wirtschaftsraum, insbesondere im Zusammenhang mit der Erkennung und Abwehr von Risiken in Verbindung mit Medizinprodukten,

5. Aufbau und Unterhaltung von Zugängen zu Datenbanken, die einen Bezug zu Medizinprodukten haben.

(3) Das in Absatz 1 genannte Institut ergreift die notwendigen Maßnahmen, damit Daten nur dazu befugten Personen übermittelt werden oder diese Zugang zu diesen Daten erhalten.

§ 34 Ausfuhr. (1) Auf Antrag eines Herstellers oder Bevollmächtigten stellt die zuständige Behörde für die Ausfuhr eine Bescheinigung über die Verkehrsfähigkeit des Medizinproduktes in Deutschland aus.

(2) Medizinprodukte, die einem Verbot nach § 4 Abs. 1 unterliegen, dürfen nur ausgeführt werden, wenn die zuständige Behörde des Bestimmungslandes die Einfuhr genehmigt hat, nachdem sie von der zuständigen Behörde über die jeweiligen Verbotsgründe informiert wurde.

§ 35[3] Gebühren und Auslagen. Für individuell zurechenbare öffentliche Leistungen nach diesem Gesetz und den zur Durchführung dieses Gesetzes erlassenen Rechtsverordnungen sind Gebühren und Auslagen nach Maßgabe der Rechtsverordnung nach § 37 Absatz 9 zu erheben.

---

3 Gemäß Art. 4 Abs. 59 Nr. 2 G vom 18.7.2016 (BGBl. I S. 1666) wird § 35 mit Wirkung vom 1.10.2021 aufgehoben.

§ 36 Zusammenarbeit der Behörden und Benannten Stellen im Europäischen Wirtschaftsraum und der Europäischen Kommission. Die für die Durchführung des Medizinprodukterechts zuständigen Behörden und Benannten Stellen arbeiten mit den zuständigen Behörden und Benannten Stellen der anderen Vertragsstaaten des Abkommens über den Europäischen Wirtschaftsraum und der Europäischen Kommission zusammen und erteilen einander die notwendigen Auskünfte, um eine einheitliche Anwendung der zur Umsetzung der Richtlinien 90/385/EWG, 93/42/EWG und 98/79/EG erlassenen Vorschriften zu erreichen.

§ 37[4] Verordnungsermächtigungen. (1) Das Bundesministerium für Gesundheit wird ermächtigt, zur Umsetzung von Rechtsakten der Europäischen Gemeinschaft oder der Europäischen Union durch Rechtsverordnung die Voraussetzungen für die Erteilung der Konformitätsbescheinigungen, die Durchführung der Konformitätsbewertungsverfahren und ihre Zuordnung zu Klassen von Medizinprodukten sowie Sonderverfahren für Systeme und Behandlungseinheiten zu regeln.

(2) ¹Das Bundesministerium für Gesundheit wird ermächtigt, durch Rechtsverordnung für Medizinprodukte, die

1. die Gesundheit des Menschen auch bei bestimmungsgemäßer Anwendung unmittelbar oder mittelbar gefährden können, wenn sie ohne ärztliche oder zahnärztliche Überwachung angewendet werden, oder

2. häufig in erheblichem Umfang nicht bestimmungsgemäß angewendet werden, wenn dadurch die Gesundheit von Menschen unmittelbar oder mittelbar gefährdet wird,

die Verschreibungspflicht vorzuschreiben. ²In der Rechtsverordnung nach Satz 1 können weiterhin Abgabebeschränkungen geregelt werden.

(2a) ¹Das Bundesministerium für Gesundheit wird ermächtigt, durch Rechtsverordnung Regelungen zur ordnungsgemäßen Durchführung der klinischen Prüfung und der genehmigungspflichtigen Leistungsbewertungsprüfung sowie der Erzielung dem wissenschaftlichen Erkenntnisstand entsprechender Unterlagen zu treffen. ²In der Rechtsverordnung können insbesondere Regelungen getroffen werden über

---

4 Gemäß Art. 4 Abs. 59 Nr. 3 G vom 18.7.2016 (BGBl. I S. 1666) wird § 37 mit Wirkung vom 1.10.2021 wie folgt geändert:

a) Absatz 9 wird aufgehoben.

b) Absatz 10 wird Absatz 9.

c) Absatz 11 wird Absatz 10 und in Satz 1 werden die Wörter „Absätzen 1 bis 10" durch die Wörter „Absätzen 1 bis 9" ersetzt.

d) Absatz 12 wird Absatz 11 und wie folgt geändert:

aa) In Satz 1 werden die Wörter „Absätzen 6 und 10" durch die Wörter „Absätzen 6 und 9" ersetzt.

bb) Satz 3 wird aufgehoben.

cc) In dem neuen Satz 6 wird die Angabe „Absatz 11" durch die Angabe „Absatz 10" ersetzt.

1. Aufgaben und Verantwortungsbereiche des Sponsors, der Prüfer oder anderer Personen, die die klinische Prüfung durchführen oder kontrollieren, einschließlich von Anzeige-, Dokumentations- und Berichtspflichten insbesondere über schwerwiegende unerwünschte Ereignisse, die während der Prüfung auftreten und die Sicherheit der Studienteilnehmer oder die Durchführung der Studie beeinträchtigen könnten,

2. Aufgaben und Verfahren bei Ethik-Kommissionen einschließlich der einzureichenden Unterlagen, auch mit Angaben zur angemessenen Beteiligung von Frauen und Männern als Prüfungsteilnehmerinnen und Prüfungsteilnehmer, der Unterbrechung, Verlängerung oder Verkürzung der Bearbeitungsfrist und der besonderen Anforderungen an die Ethik-Kommissionen bei klinischen Prüfungen nach § 20 Absatz 4 und 5 sowie nach § 21,

3. die Aufgaben der zuständigen Behörden und das behördliche Genehmigungsverfahren einschließlich der einzureichenden Unterlagen, auch mit Angaben zur angemessenen Beteiligung von Frauen und Männern als Prüfungsteilnehmerinnen und Prüfungsteilnehmer und der Unterbrechung oder Verlängerung oder Verkürzung der Bearbeitungsfrist, das Verfahren zur Überprüfung von Unterlagen in Betrieben und Einrichtungen sowie die Voraussetzungen und das Verfahren für Rücknahme, Widerruf und Ruhen der Genehmigung oder Untersagung einer klinischen Prüfung,

4. die Anforderungen an die Prüfeinrichtung und an das Führen und Aufbewahren von Nachweisen,

5. die Übermittlung von Namen und Sitz des Sponsors und des verantwortlichen Prüfers und nicht personenbezogener Angaben zur klinischen Prüfung von der zuständigen Behörde an eine europäische Datenbank,

6. die Art und Weise der Weiterleitung von Unterlagen und Ausfertigung der Entscheidungen an die zuständigen Behörden und die für die Prüfer zuständigen Ethik-Kommissionen bestimmt werden,

7. Sonderregelungen für Medizinprodukte mit geringem Sicherheitsrisiko.

(3) Das Bundesministerium für Gesundheit wird ermächtigt, durch Rechtsverordnung Vertriebswege für Medizinprodukte vorzuschreiben, soweit es geboten ist, die erforderliche Qualität des Medizinproduktes zu erhalten oder die bei der Abgabe oder Anwendung von Medizinprodukten notwendigen Erfordernisse für die Sicherheit des Patienten, Anwenders oder Dritten zu erfüllen.

(4) [1]Das Bundesministerium für Gesundheit wird ermächtigt, durch Rechtsverordnung Regelungen für Betriebe oder Einrichtungen zu erlassen (Betriebsverordnungen), die Medizinprodukte in Deutschland in den Verkehr bringen oder lagern, soweit es geboten ist, um einen ordnungsgemäßen Betrieb und die erforderliche Qualität, Sicherheit und Leistung der Medizinprodukte sicherzustellen sowie die Sicherheit und Gesundheit der Patienten, der Anwender und Dritter nicht zu gefährden. [2]In der Rechtsverordnung können insbesondere Regelungen getroffen werden über die Lagerung, den Erwerb, den Vertrieb, die Information und Beratung sowie die Einweisung in den Betrieb einschließlich Funktionsprüfung nach Installation und die Anwendung der Medizinprodukte.

[3]Die Regelungen können auch für Personen getroffen werden, die die genannten Tätigkeiten berufsmäßig ausüben.

(5) Das Bundesministerium für Gesundheit wird ermächtigt, durch Rechtsverordnung

1. Anforderungen an das Errichten, Betreiben, Anwenden und Instandhalten von Medizinprodukten festzulegen, Regelungen zu treffen über die Einweisung der Betreiber und Anwender, die sicherheitstechnischen Kontrollen, Funktionsprüfungen, Meldepflichten und Einzelheiten der Meldepflichten von Vorkommnissen und Risiken, das Bestandsverzeichnis und das Medizinproduktebuch sowie weitere Anforderungen festzulegen, soweit dies für das sichere Betreiben und die sichere Anwendung oder die ordnungsgemäße Instandhaltung notwendig ist,

1a. Anforderungen an die sichere Aufbereitung von bestimmungsgemäß keimarm oder steril zur Anwendung kommenden Medizinprodukten festzulegen und Regelungen zu treffen über

a) zusätzliche Anforderungen an Aufbereiter, die Medizinprodukte mit besonders hohen Anforderungen an die Aufbereitung aufbereiten,

b) die Zertifizierung von Aufbereitern nach Buchstabe a,

c) die Anforderungen an die von der zuständigen Behörde anerkannten Konformitätsbewertungsstellen, die Zertifizierungen nach Buchstabe b vornehmen,

2. a) Anforderungen an das Qualitätssicherungssystem beim Betreiben und Anwenden von In-vitro-Diagnostika festzulegen,

b) Regelungen zu treffen über

aa) die Feststellung und die Anwendung von Normen zur Qualitätssicherung, die Verfahren zur Erstellung von Richtlinien und Empfehlungen, die Anwendungsbereiche, Inhalte und Zuständigkeiten, die Beteiligung der betroffenen Kreise sowie

bb) Umfang, Häufigkeit und Verfahren der Kontrolle sowie die Anforderungen an die für die Kontrolle zuständigen Stellen und das Verfahren ihrer Bestellung und

c) festzulegen, dass die Normen, Richtlinien und Empfehlungen oder deren Fundstellen vom Bundesministerium für Gesundheit im Bundesanzeiger bekannt gemacht werden,

3. zur Gewährleistung der Messsicherheit von Medizinprodukten mit Messfunktion diejenigen Medizinprodukte mit Messfunktion zu bestimmen, die messtechnischen Kontrollen unterliegen, und zu bestimmen, dass der Betreiber, eine geeignete Stelle oder die zuständige Behörde messtechnische Kontrollen durchzuführen hat sowie Vorschriften zu erlassen über den Umfang, die Häufigkeit und das Verfahren von messtechnischen Kontrollen, die Voraussetzungen, den Umfang und das Verfahren der Anerkennung und Überwachung mit der Durchführung messtechnischer Kontrollen betrauter Stellen sowie die Mitwirkungspflichten des Betreibers eines Medizinproduktes mit Messfunktion bei messtechnischen Kontrollen.

(6) Das Bundesministerium für Gesundheit wird ermächtigt, durch Rechtsverordnung ein bestimmtes Medizinprodukt oder eine Gruppe von Medizinprodukten aus Gründen des Gesundheitsschutzes und der Sicherheit oder im Interesse der öffentlichen Gesundheit gemäß Artikel 36 des Vertrages über die Arbeitsweise der Europäischen Union zu verbieten oder deren Bereitstellung zu beschränken oder besonderen Bedingungen zu unterwerfen.

(7) [1]Das Bundesministerium für Gesundheit wird ermächtigt, durch Rechtsverordnung zur Durchführung der Aufgaben im Zusammenhang mit dem Medizinprodukte-Beobachtungs- und -Meldesystem nach § 29 einen Sicherheitsplan für Medizinprodukte zu erstellen. [2]In diesem werden insbesondere die Aufgaben und die Zusammenarbeit der beteiligten Behörden und Stellen sowie die Einschaltung der Hersteller und Bevollmächtigten, Einführer, In-Verkehr-Bringer und sonstiger Händler, der Anwender und Betreiber, der Europäischen Kommission sowie der anderen Vertragsstaaten des Abkommens über den Europäischen Wirtschaftsraum näher geregelt und die jeweils zu ergreifenden Maßnahmen bestimmt. [3]In dem Sicherheitsplan können ferner Einzelheiten zur Risikobewertung und deren Durchführung, Mitwirkungspflichten der Verantwortlichen nach § 5 Satz 1 und 2, sonstiger Händler, der Anwender, Betreiber und Instandhalter, Einzelheiten des Meldeverfahrens und deren Bekanntmachung, Melde-, Berichts-, Aufzeichnungs- und Aufbewahrungspflichten, Prüfungen und Produktionsüberwachungen, Einzelheiten der Durchführung von Maßnahmen zur Risikoabwehr und deren Überwachung sowie Informationspflichten, -mittel und -wege geregelt werden. [4]Ferner können in dem Sicherheitsplan Regelungen zu personenbezogenen Daten getroffen werden, soweit diese im Rahmen der Risikoabwehr erfasst, verarbeitet und genutzt werden.

(8) [1]Das Bundesministerium für Gesundheit wird ermächtigt, zur Gewährleistung einer ordnungsgemäßen Erhebung, Verarbeitung und Nutzung von Daten nach § 33 Abs. 1 und 2 durch Rechtsverordnung Näheres zu regeln, auch hinsichtlich der Art, des Umfangs und der Anforderungen an Daten. [2]In dieser Rechtsverordnung können auch die Gebühren für Handlungen dieses Institutes festgelegt werden.

(9) [1]Das Bundesministerium für Gesundheit wird ermächtigt, für den Bereich der Bundesverwaltung durch Rechtsverordnung die gebührenpflichtigen Tatbestände nach § 35 zu bestimmen und dabei feste Sätze oder Rahmensätze vorzusehen. [2]Die Gebührensätze sind so zu bemessen, dass der mit den individuell zurechenbaren öffentlichen Leistungen verbundene Personal- und Sachaufwand abgedeckt ist. [3]In der Rechtsverordnung kann bestimmt werden, dass eine Gebühr auch für eine Leistung erhoben werden kann, die nicht zu Ende geführt worden ist, wenn die Gründe hierfür von demjenigen zu vertreten sind, der die Leistung veranlasst hat.

(10) Das Bundesministerium für Gesundheit wird ermächtigt, durch Rechtsverordnung Regelungen zur Erfüllung von Verpflichtungen aus zwischenstaatlichen Vereinbarungen oder zur Durchführung von Rechtsakten des Rates oder

der Europäischen Kommission, die Sachbereiche dieses Gesetzes betreffen, insbesondere sicherheitstechnische und medizinische Anforderungen, die Herstellung und sonstige Voraussetzungen des Inverkehrbringens, des Betreibens, des Anwendens, des Ausstellens, insbesondere Prüfungen, Produktionsüberwachung, Bescheinigungen, Kennzeichnung, Aufbewahrungs- und Mitteilungspflichten, behördliche Maßnahmen sowie Anforderungen an die Benennung und Überwachung von Benannten stellen, zu treffen.

(11) [1]Die Rechtsverordnungen nach den Absätzen 1 bis 10 ergehen mit Zustimmung des Bundesrates und im Einvernehmen mit dem Bundesministerium für Wirtschaft und Energie. [2]Sie ergehen im Einvernehmen mit dem Bundesministerium für Umwelt, Naturschutz, Bau und Reaktorsicherheit, soweit der Strahlenschutz betroffen ist oder es sich um Medizinprodukte handelt, bei deren Herstellung radioaktive Stoffe oder ionisierende Strahlen verwendet werden, und im Einvernehmen mit dem Bundesministerium für Arbeit und Soziales, soweit der Arbeitsschutz betroffen ist und im Einvernehmen mit dem Bundesministerium des Innern, soweit der Datenschutz betroffen ist.

(12) [1]Die Rechtsverordnungen nach den Absätzen 6 und 10 bedürfen nicht der Zustimmung des Bundesrates bei Gefahr in Verzug oder wenn ihr unverzügliches Inkrafttreten zur Durchführung von Rechtsakten der Europäischen Gemeinschaft oder der Europäischen Union erforderlich ist. [2]Die Rechtsverordnungen nach den Absätzen 1 bis 3 können ohne Zustimmung des Bundesrates erlassen werden, wenn unvorhergesehene gesundheitliche Gefährdungen dies erfordern. [3]Soweit eine Rechtsverordnung nach Absatz 9 Gebühren und Auslagen von Bundesbehörden betrifft, bedarf sie nicht der Zustimmung des Bundesrates. [4]Die Rechtsverordnungen nach den Sätzen 1 und 2 bedürfen nicht des Einvernehmens mit den jeweils beteiligten Bundesministerien. [5]Sie treten spätestens sechs Monate nach ihrem Inkrafttreten außer Kraft. [6]Ihre Geltungsdauer kann nur mit Zustimmung des Bundesrates verlängert werden. [7]Soweit der Strahlenschutz betroffen ist, bleibt Absatz 11 unberührt.

§ 37a Allgemeine Verwaltungsvorschriften. Die Bundesregierung erlässt mit Zustimmung des Bundesrates die zur Durchführung dieses Gesetzes erforderlichen allgemeinen Verwaltungsvorschriften insbesondere zur Durchführung und Qualitätssicherung der Überwachung, zur Sachkenntnis der mit der Überwachung beauftragten Personen, zur Ausstattung, zum Informationsaustausch und zur Zusammenarbeit der Behörden.

Siebenter Abschnitt

Sondervorschriften für den Bereich der Bundeswehr

§ 38 Anwendung und Vollzug des Gesetzes. (1) Dieses Gesetz findet auf Einrichtungen, die der Versorgung der Bundeswehr mit Medizinprodukten dienen, entsprechende Anwendung.

(2) Im Bereich der Bundeswehr obliegt der Vollzug dieses Gesetzes und die Überwachung den jeweils zuständigen Stellen und Sachverständigen der Bundeswehr.

§ 39 Ausnahmen. (1) [1]Schreiben die Grundlegenden Anforderungen nach § 7 die Angabe des Verfalldatums vor, kann diese bei Medizinprodukten entfallen, die an die Bundeswehr abgegeben werden. [2]Das Bundesministerium der Verteidigung stellt sicher, dass Qualität, Leistung und Sicherheit der Medizinprodukte gewährleistet sind. [3]Satz 1 gilt entsprechend für Medizinprodukte, die zum Zweck des Zivil- und Katastrophenschutzes an die zuständigen Behörden des Bundes oder der Länder abgegeben werden. [4]Die zuständigen Behörden stellen sicher, dass Qualität, Leistung und Sicherheit der Medizinprodukte gewährleistet sind.

(2) Das Bundesministerium der Verteidigung kann für seinen Geschäftsbereich im Einvernehmen mit dem Bundesministerium für Gesundheit und, soweit der Arbeitsschutz betroffen ist, im Einvernehmen mit dem Bundesministerium für Arbeit und Soziales in Einzelfällen Ausnahmen von diesem Gesetz und aufgrund dieses Gesetzes erlassenen Rechtsverordnungen zulassen, wenn Rechtsakte der Europäischen Gemeinschaft oder der Europäischen Union dem nicht entgegenstehen und dies zur Durchführung der besonderen Aufgaben gerechtfertigt ist und der Schutz der Gesundheit gewahrt bleibt.

Achter Abschnitt

Straf- und Bußgeldvorschriften

§ 40 Strafvorschriften. (1) Mit Freiheitsstrafe bis zu drei Jahren oder mit Geldstrafe wird bestraft, wer

1. entgegen § 4 Abs. 1 Nr. 1 ein Medizinprodukt in den Verkehr bringt, errichtet, in Betrieb nimmt, betreibt oder anwendet,

2. entgegen § 6 Abs. 1 Satz 1 ein Medizinprodukt, das den Vorschriften des Strahlenschutzgesetzes und der auf dessen Grundlage erlassenen Rechtsverordnungen unterliegt oder bei dessen Herstellung ionisierende Strahlen verwendet wurden, in den Verkehr bringt oder in Betrieb nimmt,

3. entgegen § 6 Abs. 2 Satz 1 in Verbindung mit einer Rechtsverordnung nach § 37 Abs. 1 ein Medizinprodukt, das den Vorschriften des Strahlenschutzgesetzes und der auf dessen Grundlage erlassenen Rechtsverordnungen unter-

liegt oder bei dessen Herstellung ionisierende Strahlen verwendet wurden, mit der CE-Kennzeichnung versieht oder

4. entgegen § 14 Satz 2 ein Medizinprodukt betreibt oder anwendet.

(2) Der Versuch ist strafbar.

(3) [1]In besonders schweren Fällen ist die Strafe Freiheitsstrafe von einem Jahr bis zu fünf Jahren. [2]Ein besonders schwerer Fall liegt in der Regel vor, wenn der Täter durch eine der in Absatz 1 bezeichneten Handlungen

1. die Gesundheit einer großen Zahl von Menschen gefährdet,
2. einen anderen in Gefahr des Todes oder einer schweren Schädigung an Körper oder Gesundheit bringt oder
3. aus grobem Eigennutz für sich oder einen anderen Vermögensvorteile großen Ausmaßes erlangt.

(4) Handelt der Täter in den Fällen des Absatzes 1 fahrlässig, so ist die Strafe Freiheitsstrafe bis zu einem Jahr oder Geldstrafe.

§ 41 Strafvorschriften. Mit Freiheitsstrafe bis zu einem Jahr oder mit Geldstrafe wird bestraft, wer

1. entgegen § 4 Abs. 2 Satz 1 in Verbindung mit Satz 2 ein Medizinprodukt in den Verkehr bringt,
2. entgegen § 6 Abs. 1 Satz 1 ein Medizinprodukt, das nicht den Vorschriften des Strahlenschutzgesetzes und der auf dessen Grundlage erlassenen Rechtsverordnungen unterliegt oder bei dessen Herstellung ionisierende Strahlen nicht verwendet wurden, in den Verkehr bringt oder in Betrieb nimmt,
3. entgegen § 6 Abs. 2 Satz 1 in Verbindung mit einer Rechtsverordnung nach § 37 Abs. 1 ein Medizinprodukt, das nicht den Vorschriften des Strahlenschutzgesetzes und der auf dessen Grundlage erlassenen Rechtsverordnungen unterliegt oder bei dessen Herstellung ionisierende Strahlen nicht verwendet wurden, mit der CE-Kennzeichnung versieht,
4. entgegen § 20 Absatz 1 Satz 1 oder Satz 4 Nummer 1 bis 6 oder Nummer 9, jeweils auch in Verbindung mit § 20 Absatz 4 oder Absatz 5 oder § 21 Nummer 1 oder entgegen § 22b Absatz 4 mit einer klinischen Prüfung beginnt, eine klinische Prüfung durchführt oder eine klinische Prüfung fortsetzt,
5. entgegen § 24 Satz 1 in Verbindung mit § 20 Absatz 1 Satz 1 oder Satz 4 Nummer 1 bis 6 oder Nummer 9, jeweils auch in Verbindung mit § 20 Absatz 4 oder Absatz 5, oder entgegen § 24 Satz 1 in Verbindung mit § 22b Absatz 4 mit einer Leistungsbewertungsprüfung beginnt, eine Leistungsbewertungsprüfung durchführt oder eine Leistungsbewertungsprüfung fortsetzt oder
6. einer Rechtsverordnung nach § 37 Abs. 2 Satz 2 zuwiderhandelt, soweit sie für einen bestimmten Tatbestand auf diese Strafvorschrift verweist.

§ 42 Bußgeldvorschriften. (1) Ordnungswidrig handelt, wer eine der in § 41 bezeichneten Handlungen fahrlässig begeht.

(2) Ordnungswidrig handelt, wer vorsätzlich oder fahrlässig

1. entgegen § 4 Abs. 1 Nr. 2 ein Medizinprodukt in den Verkehr bringt, errichtet, in Betrieb nimmt, betreibt oder anwendet,
2. entgegen § 9 Abs. 3 Satz 1 eine CE-Kennzeichnung nicht richtig oder nicht in der vorgeschriebenen Weise anbringt,
3. entgegen § 10 Abs. 1 Satz 2 oder Abs. 3 Satz 1, auch in Verbindung mit Satz 2, jeweils in Verbindung mit einer Rechtsverordnung nach § 37 Abs. 1, eine Erklärung nicht, nicht richtig, nicht vollständig oder nicht rechtzeitig abgibt,
4. entgegen § 10 Abs. 4 Satz 2 einem Medizinprodukt eine Information nicht beifügt,
5. entgegen § 11 Absatz 2 Satz 1 ein Medizinprodukt abgibt,
6. entgegen § 12 Abs. 1 Satz 1 in Verbindung mit einer Rechtsverordnung nach § 37 Abs. 1 eine Sonderanfertigung in den Verkehr bringt oder in Betrieb nimmt,
7. entgegen § 12 Abs. 2 Satz 1 oder Abs. 3 Satz 1 ein Medizinprodukt abgibt,
8. entgegen § 12 Abs. 4 Satz 1 ein Medizinprodukt ausstellt,
9. entgegen § 12 Abs. 4 Satz 3 ein In-vitro-Diagnostikum anwendet,
10. entgegen § 20 Abs. 1 Satz 4 Nr. 7 oder 8, jeweils auch in Verbindung mit § 21 Nr. 1, eine klinische Prüfung durchführt,
11. entgegen § 25 Abs. 1 Satz 1, Abs. 2, 3 oder 4 oder § 30 Abs. 2 Satz 1 eine Anzeige nicht, nicht richtig, nicht vollständig oder nicht rechtzeitig erstattet,
12. entgegen § 26 Abs. 4 Satz 1 eine Maßnahme nicht duldet oder eine Person nicht unterstützt,
13. entgegen § 30 Abs. 1 einen Sicherheitsbeauftragten nicht oder nicht rechtzeitig bestimmt,
14. entgegen § 31 Abs. 1 Satz 1, auch in Verbindung mit Satz 2, eine Tätigkeit ausübt,
15. entgegen § 31 Abs. 4 eine Mitteilung nicht, nicht richtig oder nicht vollständig aufzeichnet oder nicht, nicht richtig, nicht vollständig, nicht in der vorgeschriebenen Weise oder nicht rechtzeitig übermittelt oder
16. einer Rechtsverordnung nach § 37 Abs. 1, 2, 2a, 3, 4 Satz 1 oder 3, Abs. 5 Nr. 1, 1a, 2 Buchstabe a oder b Doppelbuchstabe bb oder Nr. 3, Abs. 7 oder 8 Satz 1 oder einer vollziehbaren Anordnung aufgrund einer solchen Rechtsverordnung zuwiderhandelt, soweit die Rechtsverordnung für einen bestimmten Tatbestand auf diese Bußgeldvorschrift verweist.

(3) Die Ordnungswidrigkeit kann mit einer Geldbuße bis zu dreißigtausend Euro geahndet werden.

§ 43 Einziehung. [1]Gegenstände, auf die sich eine Straftat nach § 40 oder § 41 oder eine Ordnungswidrigkeit nach § 42 bezieht, können eingezogen werden. [2]§ 74a des Strafgesetzbuches und § 23 des Gesetzes über Ordnungswidrigkeiten sind anzuwenden.

Neunter Abschnitt
Übergangsbestimmungen

§ 44 Übergangsbestimmungen. (1) [1]Medizinprodukte mit Verfalldatum, die vor dem 30. Juni 2007 zum Zweck des Zivil- und Katastrophenschutzes an die zuständigen Behörden des Bundes oder der Länder oder zur Durchführung ihrer besonderen Aufgaben an die Bundeswehr abgegeben wurden, dürfen auch nach Ablauf des Verfalldatums angewendet werden. [2]Die zuständigen Behörden stellen sicher, dass Qualität, Leistung und Sicherheit der Medizinprodukte gewährleistet sind.

(2) [1]Auf Medizinprodukte im Sinne des § 3 Nr. 3 sind die Vorschriften dieses Gesetzes ab dem 13. Juni 2002 anzuwenden. [2]Medizinprodukte nach § 3 Nr. 3 dürfen noch bis zum 13. Dezember 2005 nach den am 13. Dezember 2000 in Deutschland geltenden Vorschriften in Deutschland erstmalig in Verkehr gebracht werden. [3]Das weitere Inverkehrbringen und die Inbetriebnahme der danach erstmalig in Verkehr gebrachten Medizinprodukte ist bis zum 13. Dezember 2007 zulässig.

(3) Die Vorschriften des § 14 sowie der Rechtsverordnung nach § 37 Abs. 5 gelten unabhängig davon, nach welchen Vorschriften die Medizinprodukte erstmalig in den Verkehr gebracht wurden.

(4) Für klinische Prüfungen nach § 20 und Leistungsbewertungsprüfungen nach § 24 des Medizinproduktegesetzes, mit denen vor dem 20. März 2010 begonnen wurde, sind die §§ 19 bis 24 des Medizinproduktegesetzes in der Fassung der Bekanntmachung vom 7. August 2002 (BGBl. I S. 3146), das zuletzt durch Artikel 1 des Gesetzes vom 14. Juni 2007 (BGBl. I S. 1066) geändert worden ist, weiter anzuwenden.

(5) Für klinische Prüfungen und Leistungsbewertungsprüfungen nach Absatz 4 ist ab dem 21. März 2010 die Medizinprodukte-Sicherheitsplanverordnung vom 24. Juni 2002 (BGBl. I S. 2131), die zuletzt durch Artikel 3 des Gesetzes vom 14. Juni 2007 (BGBl. I S. 1066) geändert worden ist, in der jeweils geltenden Fassung entsprechend anzuwenden, die sie durch Artikel 3 des Gesetzes vom 29. Juli 2009 (BGBl. I S. 2326) erhält.

Verordnung über die Erfassung, Bewertung und Abwehr von Risiken bei Medizinprodukten (Medizinprodukte-Sicherheitsplanverordnung – MPSV)[1]

vom 24.6.2002 (BGBl. I S. 2131),
zuletzt geändert durch Art. 5 der VO vom 2.7.2018 (BGBl. I S. 1080)

Abschnitt 1
Anwendungsbereich, Begriffsbestimmungen

§ 1 Anwendungsbereich. Diese Verordnung regelt die Verfahren zur Erfassung, Bewertung und Abwehr von Risiken im Verkehr oder in Betrieb befindlicher Medizinprodukte.

§ 2 Begriffsbestimmungen. Im Sinne dieser Verordnung ist

1. Vorkommnis eine Funktionsstörung, ein Ausfall, eine Änderung der Merkmale oder der Leistung oder eine unsachgemäße Kennzeichnung oder Gebrauchsanweisung eines Medizinproduktes, die oder der unmittelbar oder mittelbar zum Tod oder zu einer schwerwiegenden Verschlechterung des Gesundheitszustands eines Patienten, eines Anwenders oder einer anderen Person geführt hat, geführt haben könnte oder führen könnte; als Funktionsstörung gilt auch ein Mangel der Gebrauchstauglichkeit, der eine Fehlanwendung verursacht,

2. korrektive Maßnahme eine Maßnahme zur Beseitigung, Verringerung oder Verhinderung des erneuten Auftretens eines von einem Medizinprodukt ausgehenden Risikos,

3. Rückruf eine korrektive Maßnahme, mit der die Rücksendung, der Austausch, die Um- oder Nachrüstung, die Aussonderung oder Vernichtung eines Medizinprodukts veranlasst wird oder Anwendern, Betreibern oder Patienten Hinweise auf die weitere sichere Anwendung oder den Betrieb von Medizinprodukten gegeben werden,

4. Maßnahmenempfehlung eine Mitteilung des Verantwortlichen nach § 5 des Medizinproduktegesetzes, mit der ein Rückruf veranlasst wird,

5. schwerwiegendes unerwünschtes Ereignis jedes in einer genehmigungspflichtigen klinischen Prüfung oder einer genehmigungspflichtigen Leistungsbewertungsprüfung auftretende ungewollte Ereignis, das unmittelbar

---

1 **Anm. d. Verlages:**
Diese Verordnung ist Art. 1 der Verordnung über die Erfassung, Bewertung und Abwehr von Risiken bei Medizinprodukten vom 24.6.2002 (BGBl. I S. 2131). Sie ist am 28.6.2002 in Kraft getreten.

oder mittelbar zum Tod oder zu einer schwerwiegenden Verschlechterung des Gesundheitszustands eines Probanden, eines Anwenders oder einer anderen Person geführt hat, geführt haben könnte oder führen könnte ohne zu berücksichtigen, ob das Ereignis vom Medizinprodukt verursacht wurde; das Vorgesagte gilt entsprechend für schwerwiegende unerwünschte Ereignisse, die in einer klinischen Prüfung oder Leistungsbewertungsprüfung, für die eine Befreiung von der Genehmigungspflicht nach § 20 Absatz 1 Satz 2 des Medizinproduktegesetzes erteilt wurde, aufgetreten sind.

Abschnitt 2
Meldung von Vorkommnissen und Rückrufen

§ 3 Meldepflichten. (1) [1]Der Verantwortliche nach § 5 des Medizinproduktegesetzes hat Vorkommnisse, die in Deutschland aufgetreten sind, sowie in Deutschland durchgeführte Rückrufe der zuständigen Bundesoberbehörde zu melden. [2]In anderen Vertragsstaaten des Abkommens über den Europäischen Wirtschaftsraum aufgetretene Vorkommnisse und durchgeführte Rückrufe hat er den dort zuständigen Behörden zu melden. [3]Rückrufe, die aufgrund von Vorkommnissen, die außerhalb des Europäischen Wirtschaftsraums aufgetreten sind, auch im Europäischen Wirtschaftsraum durchgeführt werden, sind meldepflichtig. [4]Die Meldung derartiger korrektiver Maßnahmen, einschließlich des zugrunde liegenden Vorkommnisses, hat an die zuständige Bundesoberbehörde zu erfolgen, wenn der Verantwortliche nach § 5 des Medizinproduktegesetzes seinen Sitz in Deutschland hat.

(2) [1]Wer Medizinprodukte beruflich oder gewerblich betreibt oder anwendet, hat dabei aufgetretene Vorkommnisse der zuständigen Bundesoberbehörde zu melden. [2]Satz 1 gilt entsprechend für Ärzte und Zahnärzte, denen im Rahmen der Diagnostik oder Behandlung von mit Medizinprodukten versorgten Patienten Vorkommnisse bekannt werden.

(3) [1]Wer, ohne Verantwortlicher nach § 5 des Medizinproduktegesetzes zu sein, beruflich oder gewerblich oder in Erfüllung gesetzlicher Aufgaben oder Verpflichtungen Medizinprodukte zur Eigenanwendung durch Patienten oder andere Laien an den Endanwender abgibt, hat ihm mitgeteilte Vorkommnisse der zuständigen Bundesoberbehörde zu melden. [2]In allen anderen Fällen informieren Vertreiber und Händler den Verantwortlichen nach § 5 des Medizinproduktegesetzes über ihnen mitgeteilte Vorkommnisse.

(4) Der Prüfer oder der Hauptprüfer hat dem Sponsor jedes schwerwiegende unerwünschte Ereignis zu melden.

(5) [1]Der Sponsor hat schwerwiegende unerwünschte Ereignisse der zuständigen Bundesoberbehörde zu melden. [2]Dies gilt auch, wenn sie außerhalb von Deutschland aufgetreten sind. [3]Wird eine klinische Prüfung auch in anderen Vertragsstaaten des Abkommens über den Europäischen Wirtschaftsraum

durchgeführt, hat der Sponsor den dort zuständigen Behörden ebenfalls Meldung über in Deutschland aufgetretene schwerwiegende unerwünschte Ereignisse zu erstatten.

(6) [1]Die zuständige Bundesoberbehörde bestätigt der nach den Absätzen 1 bis 3 und 5 meldenden Person oder Stelle den Eingang der Meldung. [2]Sie informiert unverzüglich den Verantwortlichen nach § 5 des Medizinproduktegesetzes über Meldungen nach den Absätzen 2 und 3, der daraufhin eine Meldung nach Absatz 1 mit allen erforderlichen Angaben oder eine Begründung übermittelt, warum kein Vorkommnis im Sinne des § 2 Abs. 1 vorliegt oder die Voraussetzungen nach § 4 erfüllt sind. [3]Schließt sich die zuständige Bundesoberbehörde dieser Begründung nicht an, kann sie eine Meldung nach Absatz 1 verlangen.

(7) [1]Stellt ein schwerwiegendes unerwünschtes Ereignis zugleich ein Vorkommnis dar, so kann der Verantwortliche nach § 5 des Medizinproduktegesetzes seine Verpflichtung zur Meldung von Vorkommnissen nach Absatz 1 auch erfüllen, indem er eine Meldung nach Absatz 5 vornimmt. [2]In der Meldung ist kenntlich zu machen, dass damit auch die Verpflichtung zur Meldung eines Vorkommnisses nach Absatz 1 erfüllt ist.

§ 4 Ausnahmen von der Meldepflicht und besondere Verfahren. (1) [1]Die zuständige Behörde des Bundes kann für bereits ausreichend untersuchte Vorkommnisse Ausnahmen von der Meldepflicht oder eine zusammenfassende Meldung in regelmäßigen Zeitabständen anordnen. [2]Liegen die Voraussetzungen nach Satz 1 vor, kann eine Ausnahme von der Meldepflicht auch auf Antrag des Verantwortlichen nach § 5 des Medizinproduktegesetzes zugelassen werden.

(2) [1]Vorkommnisse, die bereits Gegenstand einer Maßnahmenempfehlung des Verantwortlichen nach § 5 des Medizinproduktegesetzes oder einer Anordnung der zuständigen Behörde waren und danach weiterhin auftreten können, sind von diesem in regelmäßigen, mit der zuständigen Bundesoberbehörde im Einzelfall abgestimmten Zeitabständen zusammenfassend zu melden. [2]Der Inhalt der Meldung nach Satz 1 wird zwischen der zuständigen Behörde des Bundes und dem Verantwortlichen nach § 5 des Medizinproduktegesetzes abgesprochen.

§ 5 Fristen. (1) [1]Der Verantwortliche nach § 5 des Medizinproduktegesetzes hat Vorkommnisse entsprechend der Eilbedürftigkeit der durchzuführenden Risikobewertung zu melden, spätestens jedoch innerhalb von 30 Tagen, nachdem er Kenntnis hiervon erhalten hat. [2]Bei Gefahr im Verzug hat die Meldung unverzüglich zu erfolgen. [3]Rückrufe sind spätestens mit Beginn der Umsetzung der Maßnahmen zu melden.

(2) [1]Die Meldungen und Mitteilungen nach § 3 Absatz 2 bis 4 und 5 Satz 3 haben unverzüglich zu erfolgen. [2]Dies gilt auch für Meldungen von schwerwiegenden unerwünschten Ereignissen, für die ein Zusammenhang mit dem zu prüfenden Medizinprodukt, einem Vergleichsprodukt oder den in der klini-

schen Prüfung angewandten therapeutischen oder diagnostischen Maßnahmen oder den sonstigen Bedingungen der Durchführung der klinischen Prüfung nicht ausgeschlossen werden kann. [3]Alle anderen schwerwiegenden unerwünschten Ereignisse sind vollständig zu dokumentieren und in zusammenfassender Form vierteljährlich oder auf Aufforderung der zuständigen Bundesoberbehörde zu melden.

§ 6 Meldung durch Vertreiber. Soweit im Auftrag des Verantwortlichen nach § 5 des Medizinproduktegesetzes von einem in Deutschland ansässigen Vertreiber Meldungen erstattet werden, gelten die den Verantwortlichen nach § 5 des Medizinproduktegesetzes betreffenden Vorschriften der §§ 3 bis 5 entsprechend.

§ 7 Modalitäten der Meldung. (1) Das Bundesministerium für Gesundheit macht die zuständigen Bundesoberbehörden unter Angabe ihrer Zuständigkeitsbereiche, ihrer Postanschriften und der Telekommunikationsnummern der für die Risikoerfassung und -bewertung zuständigen Organisationseinheiten sowie Hinweise zur Erreichbarkeit außerhalb der üblichen Dienstzeiten auf seiner Internetseite bekannt und sorgt für eine fortlaufende Aktualisierung dieser Bekanntmachung.

(2) [1]Die Meldungen nach § 3, mit Ausnahme der Meldungen nach § 3 Absatz 4, erfolgen elektronisch und maschinenlesbar im Sinne von § 12 des E-Government-Gesetzes. [2]Die zuständigen Bundesoberbehörden veröffentlichen Informationen zur elektronischen Übermittlung sowie die dabei zu verwendenden Formblätter auf ihren Internetseiten.

(3) Der Meldung eines Rückrufs nach § 3 Absatz 1 sind insbesondere folgende Informationen beizufügen:
1. die Maßnahmenempfehlung gemäß § 14 Absatz 2 in deutscher und, soweit vorhanden, in englischer Sprache,
2. der relevante Auszug aus der Risikoanalyse des Produktes,
3. eine Begründung, dass die geplante korrektive Maßnahme erforderlich und ausreichend ist, um das von dem Medizinprodukt ausgehende Risiko zu beseitigen oder zu verringern oder dessen erneutes Auftreten zu verhindern; dies schließt die Begründung und Darlegung des Zeitplans für die Durchführung des Rückrufs sowie, sofern zutreffend, die Begründung für seine Beschränkung auf bestimmte Chargen oder Produktserien ein.

(4) Das Format der zusammenfassenden Meldung von schwerwiegenden unerwünschten Ereignissen nach § 5 Absatz 2 Satz 3 ist mit der zuständigen Bundesoberbehörde abzustimmen.

Abschnitt 3

Risikobewertung
durch die zuständige Bundesoberbehörde

§ 8 Aufgaben der Behörde. [1]Die zuständige Bundesoberbehörde hat für alle ihr nach § 3 zu meldenden Vorkommnisse, Rückrufe und schwerwiegenden unerwünschten Ereignisse, die ihr bekannt werden, eine Risikobewertung vorzunehmen. [2]Sie hat wissenschaftliche Untersuchungen durchzuführen oder durchführen zu lassen, um mögliche Risiken zu ermitteln.

§ 9 Ziel und Inhalt der Risikobewertung. [1]Ziel und Inhalt der Risikobewertung durch die zuständige Bundesoberbehörde ist es, festzustellen, ob ein unvertretbares Risiko vorliegt und welche korrektiven Maßnahmen geboten sind. [2]Sofern der Verantwortliche nach § 5 des Medizinproduktegesetzes eigenverantwortliche korrektive Maßnahmen trifft, schließt die Risikobewertung durch die zuständige Bundesoberbehörde die Prüfung ein, ob
1. diese Maßnahmen angemessen sind und
2. sie den Grundsätzen der integrierten Sicherheit entsprechen, die in den Grundlegenden Anforderungen nach § 7 Absatz 1 des Medizinproduktegesetzes einschlägigen Richtlinien formuliert sind.
[3]Satz 2 gilt für eigenverantwortliche korrektive Maßnahmen des Sponsors oder der die klinische Prüfung oder Leistungsbewertungsprüfung durchführenden Personen entsprechend.

§ 10 Verfahren der Risikobewertung. [1]Die Risikobewertung erfolgt in Zusammenarbeit mit dem Verantwortlichen nach § 5 des Medizinproduktegesetzes und, soweit erforderlich, mit den jeweils betroffenen Betreibern und Anwendern. [2]Die Risikobewertung im Falle von klinischen Prüfungen oder Leistungsbewertungsprüfungen schließt die Zusammenarbeit mit dem Sponsor oder dem Leiter der klinischen Prüfung oder der Leistungsbewertungsprüfung ein. [3]Soweit erforderlich, können die für das Medizinproduktewesen, das Eich- und Messwesen sowie den Arbeits- oder Strahlenschutz zuständigen Behörden des Bundes und der Länder, die Strafverfolgungsbehörden, Behörden anderer Staaten, die einschlägigen wissenschaftlichen Fachgesellschaften, der Medizinische Dienst des Spitzenverbandes Bund der Krankenkassen, Benannte Stellen sowie sonstige Einrichtungen, Stellen, Ethik-Kommissionen und Personen beteiligt werden, die aufgrund ihrer Kenntnisse und Erfahrungen zur Beantwortung spezifischer Fragestellungen beitragen können. [4]Die zuständige Bundesoberbehörde hat durch geeignete organisatorische Maßnahmen sicherzustellen, dass besonders eilbedürftige Fälle unverzüglich bearbeitet werden.

§ 11 Befugnisse der Behörde. (1) [1]Die zuständige Bundesoberbehörde kann vom Verantwortlichen nach § 5 Satz 1 und 2 des Medizinproduktegesetzes sowie dem in § 3 Absatz 2, 3 und 5 genannten Personenkreis alle für die Sachverhaltsaufklärung oder die Risikobewertung erforderlichen Auskünfte und Unterlagen sowie die Überlassung des betroffenen Produkts oder von Mustern der betroffenen Produktcharge, bei In-vitro-Diagnostika auch des von einem Vorkommnis betroffenen Probenmaterials, zu Untersuchungszwecken verlangen. [2]Patientendaten sind vor der Übermittlung an die zuständige Bundesoberbehörde so zu anonymisieren, dass ein Personenbezug nicht mehr hergestellt werden kann. [3]Andere personenbezogene Daten dürfen nur unverändert verarbeitet werden und nur, soweit dies zur Durchführung von Aufgaben nach dieser Verordnung erforderlich ist. [4]Die zuständige Bundesoberbehörde kann in begründeten Fällen und in Abstimmung mit der zuständigen Behörde Produktprüfungen und Überprüfungen der Produktionsverfahren im Betrieb des Verantwortlichen nach § 5 des Medizinproduktegesetzes oder bei dessen Unterauftragnehmer vornehmen.

(2) Wenn eine ordnungsgemäße Risikobewertung wegen unzureichender Mitwirkung des Verantwortlichen nach § 5 des Medizinproduktegesetzes, der keinen Sitz in Deutschland hat, nicht möglich ist, informiert die zuständige Bundesoberbehörde, soweit erforderlich, Betreiber und Anwender hierüber und kann vorsorgliche Maßnahmen empfehlen.

§ 12 Mitwirkungspflichten. (1) [1]Die in § 11 Abs. 1 Satz 1 genannten Personen haben die zuständige Bundesoberbehörde bei der Erfüllung ihrer Aufgaben nach § 8 Satz 1 zu unterstützen und die verlangten Auskünfte zu erteilen. [2]Der Auskunftspflichtige kann die Auskunft auf solche Fragen verweigern, deren Beantwortung ihn selbst oder einen seiner in § 383 Abs. 1 Nr. 1 bis 3 der Zivilprozessordnung bezeichneten Angehörigen der Gefahr strafrechtlicher Verfolgung oder eines Verfahrens nach dem Gesetz über Ordnungswidrigkeiten aussetzen würde; er ist darauf hinzuweisen. [3]Im Übrigen bleiben Bestimmungen zum Schutz personenbezogener Daten, gesetzliche Geheimhaltungspflichten und die ärztliche Schweigepflicht unberührt.

(2) [1]Der Verantwortliche nach § 5 des Medizinproduktegesetzes hat die für die Risikobewertung erforderlichen Untersuchungen unverzüglich durchzuführen und der zuständigen Bundesoberbehörde die Ergebnisse mitzuteilen. [2]Er hat zu jeder Meldung einen Abschlussbericht sowie auf Verlangen alle zweckdienlichen Unterlagen, insbesondere relevante Auszüge aus der Risikoanalyse und der klinischen Bewertung, vorzulegen. [3]Vor einer zerstörenden Prüfung des betroffenen Produkts oder der vorhandenen Muster der betroffenen Produktcharge hat sich der Verantwortliche nach § 5 des Medizinproduktegesetzes mit der zuständigen Bundesoberbehörde ins Benehmen zu setzen.

(3) Im Falle von klinischen Prüfungen oder Leistungsbewertungsprüfungen gelten die in Absatz 1 und 2 genannten Mitwirkungspflichten entsprechend für den Sponsor sowie die die klinische Prüfung oder die Leistungsbewertungsprüfung durchführenden Personen.

(4) [1]Anwender und Betreiber tragen dafür Sorge, dass Medizinprodukte und Probematerialien, die im Verdacht stehen, an einem Vorkommnis beteiligt zu sein, nicht verworfen werden, bis die Risikobewertung der zuständigen Bun-

desoberbehörde abgeschlossen ist. [2]Dies schließt nicht aus, dass sie diese Medizinprodukte und Probematerialien dem Verantwortlichen nach § 5 des Medizinproduktegesetzes oder dem Sponsor zum Zwecke der Untersuchung überlassen.

(5) Der Verantwortliche nach § 5 des Medizinproduktegesetzes hat auf Verlangen der zuständigen Bundesoberbehörde Unterlagen, die für die Sachverhaltsaufklärung und Risikobewertung notwendig sind, elektronisch zur Verfügung zu stellen, sofern ihm dies möglich und zumutbar ist.

§ 13 Abschluss der Risikobewertung. [1]Die zuständige Bundesoberbehörde teilt das Ergebnis ihrer Risikobewertung dem Verantwortlichen nach § 5 des Medizinproduktegesetzes und der Person, die ihr das Vorkommnis oder das schwerwiegende unerwünschte Ereignis gemeldet hat, sowie nach Maßgabe des § 20 den zuständigen Behörden mit. [2]Die Risikobewertung durch die Bundesoberbehörde ist damit abgeschlossen. [3]Auf der Grundlage neuer Erkenntnisse kann eine erneute Risikobewertung erforderlich werden.

Abschnitt 4

Korrektive Maßnahmen

§ 14 Eigenverantwortliche korrektive Maßnahmen des Verantwortlichen nach § 5 des Medizinproduktegesetzes. (1) [1]Der Verantwortliche nach § 5 des Medizinproduktegesetzes hat die gebotenen korrektiven Maßnahmen durchzuführen. [2]Bei der Auswahl der Maßnahmen hat er die in den Grundlegenden Anforderungen der einschlägigen Richtlinien formulierten Grundsätze der integrierten Sicherheit anzuwenden. [3]Er hat Vorkehrungen zu treffen, damit erforderlichenfalls der Rückruf von Medizinprodukten, von denen unvertretbare Risiken ausgehen, schnell und zuverlässig durchgeführt werden kann.

(2) [1]Der Verantwortliche nach § 5 des Medizinproduktegesetzes hat über Rückrufe die sonstigen Inverkehrbringer, die betroffenen Betreiber und die Anwender durch eine Maßnahmenempfehlung schriftlich in deutscher Sprache zu informieren. [2]Diese Maßnahmenempfehlungen haben für mögliche Rückfragen eine Kontaktperson oder eine Kontaktstelle mit Hinweisen zur Erreichbarkeit anzugeben, die betroffenen Produkte und Produktchargen klar und eindeutig zu bezeichnen, den festgestellten Mangel oder die festgestellte Fehlfunktion und, soweit bekannt, deren Ursache zu beschreiben, das von den Produkten ausgehende Risiko und die der Bewertung zugrunde liegenden Tatsachen und Überlegungen hinreichend ausführlich darzustellen und die erforderlichen korrektiven Maßnahmen unmissverständlich vorzugeben. [3]Weitere Angaben können gemacht werden, soweit sie zweckdienlich sind. [4]Aufmachungen und Ausführungen, die geeignet sind, das Risiko zu verharmlosen, sowie Werbeaussagen sind unzulässig.

(3) [1]Der Verantwortliche nach § 5 des Medizinproduktegesetzes hat die ordnungsgemäße Durchführung der Maßnahmen nach Absatz 1 sicherzustellen und deren Wirksamkeit zu überprüfen. [2]Die Durchführung und die Überprüfungen sind zu dokumentieren. [3]Der Verantwortliche nach § 5 des Medizinproduktegesetzes mit Sitz in Deutschland hat der zuständigen Behörde den Abschluss eines Rückrufs mitzuteilen.

(4) Die zuständige Behörde überwacht die vom Verantwortlichen nach § 5 des Medizinproduktegesetzes durchgeführten Maßnahmen.

(5) Soweit korrektive Maßnahmen im Auftrag des Verantwortlichen nach § 5 des Medizinproduktegesetzes von einem in Deutschland ansässigen Vertreiber durchgeführt werden, gelten die Vorschriften der Absätze 2 bis 4 entsprechend.

§ 14a Eigenverantwortliche korrektive Maßnahmen des Sponsors von klinischen Prüfungen oder Leistungsbewertungsprüfungen. (1) Treten während der klinischen Prüfung oder der genehmigungspflichtigen Leistungsbewertungsprüfung Umstände auf, die die Sicherheit der Probanden, Anwender oder Dritter beeinträchtigen können, so ergreifen der Sponsor sowie die die klinische Prüfung oder die Leistungsbewertungsprüfung durchführenden Personen unverzüglich alle erforderlichen Sicherheitsmaßnahmen, um die Probanden, Anwender oder Dritte vor unmittelbarer oder mittelbarer Gefahr zu schützen.

(2) Der Sponsor unterrichtet unverzüglich die zuständige Bundesoberbehörde und veranlasst die Information der zuständigen Ethik-Kommission über diese neuen Umstände.

(3) Die zuständige Behörde überwacht die vom Sponsor durchgeführten Maßnahmen.

§ 15 Maßnahmen der zuständigen Behörden. [1]Soweit ein Verantwortlicher nach § 5 des Medizinproduktegesetzes die erforderlichen korrektiven Maßnahmen nicht eigenverantwortlich trifft oder die getroffenen Maßnahmen nicht ausreichen, trifft die zuständige Behörde die notwendigen Maßnahmen gegen den Verantwortlichen nach § 5 des Medizinproduktegesetzes oder den in Deutschland ansässigen Vertreiber. [2]Dies gilt für den Sponsor oder die die klinischen Prüfung oder die Leistungsbewertungsprüfung durchführenden Personen entsprechend.

§ 16 Verpflichtung zur Mitwirkung an den korrektiven Maßnahmen. Der in § 3 Absatz 2, 3 und 5 genannte Personenkreis hat an den korrektiven Maßnahmen entsprechend den Maßnahmenempfehlungen mitzuwirken, die der Verantwortliche nach § 5 des Medizinproduktegesetzes eigenverantwortlich oder auf Anordnung der zuständigen Behörde herausgegeben hat. Dies gilt für Maßnahmenempfehlungen des Sponsors der klinischen Prüfung oder Leistungsbewertungsprüfung entsprechend.

§ 17 Maßnahmen der zuständigen Behörden gegen Betreiber und Anwender. Soweit durch Maßnahmen nach den §§ 14 und 15 eine ausreichende

Risikominimierung nicht oder nicht hinreichend schnell erreicht wird oder erreicht werden kann, treffen die zuständigen Behörden die notwendigen Maßnahmen, um das Betreiben oder Anwenden der betroffenen Medizinprodukte zu untersagen oder einzuschränken.

§ 18 Notfallplanung der zuständigen Behörden. [1]Die zuständigen Behörden teilen die Angaben zur Erreichbarkeit außerhalb der üblichen Dienstzeiten dem Bundesministerium für Gesundheit und den zuständigen Bundesoberbehörden mit. [2]Das Bundesministerium für Gesundheit macht die Erreichbarkeit im Bundesanzeiger bekannt und sorgt für eine fortlaufende Aktualisierung dieser Bekanntmachung.

Abschnitt 5

Unterrichtungspflichten und Informationsaustausch

§ 19 Unterrichtung des Bundesministeriums für Gesundheit durch die zuständige Bundesoberbehörde. [1]Die zuständige Bundesoberbehörde informiert das Bundesministerium für Gesundheit unverzüglich über alle eingehenden Meldungen, die Vorkommnisse mit Todesfolge oder sonstige besonders bedeutsame Vorkommnisse betreffen. [2]Darüber hinaus unterrichtet sie das Bundesministerium für Gesundheit über alle korrektiven Maßnahmen, die in Deutschland im Verkehr oder in Betrieb befindliche Produkte betreffen.

§ 20 Informationsaustausch zwischen der zuständigen Bundesoberbehörde und den zuständigen Landesbehörden. (1) [1]Die zuständige Bundesoberbehörde informiert

1. die für den Sitz des Verantwortlichen nach § 5 des Medizinproduktegesetzes oder, sofern der Verantwortliche seinen Sitz nicht in Deutschland hat und ein in Deutschland ansässiger Vertreiber bekannt ist, des Vertreibers sowie die für den Ort des Vorkommnisses zuständige oberste Landesbehörde oder die von dieser benannte zuständige Behörde über eingehende Meldungen von Vorkommnissen und Rückrufen sowie über den Abschluss und das Ergebnis der durchgeführten Risikobewertung,

2. die für den Sitz des Sponsors oder seines Vertreters nach § 20 Absatz 1 Satz 4 Nummer 1a des Medizinproduktegesetzes oder, sofern diese ihren Sitz nicht in Deutschland haben, die für die Prüfstellen in Deutschland sowie die für den Ort des schwerwiegenden unerwünschten Ereignisses zuständige oberste Landesbehörde oder die von dieser benannte zuständige Behörde über eingehende Meldungen von schwerwiegenden unerwünschten Ereignissen, über den Abschluss und das Ergebnis der durchgeführten Risikobewertung.

[2]Die Information kann auch in der Weise erfolgen, dass das Deutsche Institut für Medizinische Dokumentation und Information der zuständigen Behörde

mitteilt, dass für sie neue Daten nach § 29 Absatz 1 Satz 4 des Medizinproduktegesetzes zum Abruf bereitgehalten werden. [3]Sofern der Verantwortliche nach § 5 des Medizinproduktegesetzes oder der Sponsor nicht bereit ist, erforderliche korrektive Maßnahmen eigenverantwortlich durchzuführen, teilt die zuständige Bundesoberbehörde die aufgrund der Risikobewertung für erforderlich erachteten Maßnahmen mit.

(2) [1]Die zuständige Behörde teilt der zuständigen Bundesoberbehörde alle getroffenen Anordnungen mit und informiert sie über Fortgang und Abschluss der Maßnahmen. [2]Sie informiert ferner die zuständige Bundesoberbehörde, wenn sie deren Bewertung des Risikos nicht teilt.

(3) [1]Das Bundesinstitut für Arzneimittel und Medizinprodukte führt in Abstimmung mit dem Paul-Ehrlich-Institut regelmäßige Besprechungen (Routinesitzungen) mit den für Medizinprodukte zuständigen obersten Bundes- und Landesbehörden sowie der zuständigen Behörde nach § 15 des Medizinproduktegesetzes über die Grundlagen und das Verfahren der Risikoerfassung und -bewertung sowie Fälle von allgemeinem Interesse durch. [2]Bei Abstimmungsbedarf zu speziellen Fragen kann die zuständige Bundesoberbehörde zu einer Sondersitzung einladen. [3]Soweit sinnvoll, sollen der Medizinische Dienst der Spitzenverbände der Krankenkassen, Vertreter der Heilberufe und der Krankenhäuser, die Verbände der Medizinprodukte-Industrie sowie sonstige betroffene Behörden und Organisationen beteiligt werden.

§ 21 Europäischer und internationaler Informationsaustausch. (1) [1]Die zuständige Bundesoberbehörde unterrichtet die zuständigen Behörden der anderen Vertragsstaaten des Abkommens über den Europäischen Wirtschaftsraum und die Europäische Kommission sowie auf der Grundlage von Vereinbarungen oder Verwaltungsabsprachen oder auf Anfrage auch die zuständigen Behörden anderer Staaten über als Folge eines Vorkommnisses durchgeführte oder für erforderlich erachtete korrektive Maßnahmen; dies schließt Informationen über die zugrunde liegenden Vorkommnisse ein. [2]Auf Anfrage übermittelt sie auch Informationen und Auskünfte zu vorliegenden Meldungen und durchgeführten Risikobewertungen. [3]Bei korrektiven Maßnahmen nach § 14 kann, soweit keine Anfrage vorliegt, eine Unterrichtung unterbleiben, wenn diese für den Empfänger im Hinblick auf die ordnungsgemäße Aufgabenwahrnehmung keinen relevanten Erkenntnisgewinn darstellt. [4]§ 11 Abs. 1 Satz 2 findet entsprechende Anwendung.

(2) [1]Die zuständige Bundesoberbehörde leitet von den zuständigen Behörden der anderen Vertragsstaaten des Abkommens über den Europäischen Wirtschaftsraum sowie anderer Staaten sowie von internationalen Organisationen erhaltene Mitteilungen über durchgeführte oder von diesen für erforderlich erachtete korrektive Maßnahmen nach Prüfung auf Plausibilität an die für den Sitz des Verantwortlichen nach § 5 des Medizinproduktegesetzes oder, sofern der Verantwortliche seinen Sitz nicht in Deutschland hat und ein in Deutschland ansässiger Vertreiber bekannt ist, des Vertreibers zuständige oberste Landesbe-

hörde oder die von dieser benannte zuständige Behörde weiter. [2]Sofern der Verantwortliche nach § 5 des Medizinproduktegesetzes seinen Sitz nicht in Deutschland hat und ein in Deutschland ansässiger Vertreiber nicht bekannt ist, entscheidet die zuständige Bundesoberbehörde nach den Umständen des jeweiligen Einzelfalls, welche zuständigen obersten Landesbehörden oder von diesen benannte Behörden eine Mitteilung nach Satz 1 erhalten.

(3) [1]Die zuständige Bundesoberbehörde unterrichtet die zuständigen Behörden der anderen Vertragsstaaten des Abkommens über den Europäischen Wirtschaftsraum und die Europäische Kommission über aus Gründen der Sicherheit abgelehnte, ausgesetzte oder beendete klinische Prüfungen sowie über angeordnete wesentliche Änderungen oder vorübergehende Unterbrechungen von klinischen Prüfungen. [2]§ 22a Absatz 6 Satz 2 und 3 des Medizinproduktegesetzes gilt entsprechend.

§ 22 Unterrichtung sonstiger Behörden, Organisationen und Stellen.
(1) Die zuständige Bundesoberbehörde unterrichtet das Bundesministerium für Umwelt, Naturschutz, Bau und Reaktorsicherheit über eingehende Meldungen von Vorkommnissen und Rückrufen sowie über den Abschluss und das Ergebnis der durchgeführten Risikobewertungen, soweit der Strahlenschutz betroffen ist, und das Robert-Koch-Institut, soweit Medizinprodukte betroffen sind, die zu Desinfektionszwecken bestimmt sind.

(2) [1]Die zuständige Bundesoberbehörde unterrichtet das Bundesministerium der Verteidigung, die zuständige Behörde nach § 15 des Medizinproduktegesetzes sowie die in der Vorkommnismeldung angegebene Benannte Stelle über eingehende Meldungen von Vorkommnissen und Rückrufen sowie über den Abschluss und das Ergebnis der durchgeführten Risikobewertungen. [2]Die Unterrichtung kann auch durch Gewährung des Zugriffs auf die Daten erfolgen, die dem Deutschen Institut für Medizinische Dokumentation und Information gemäß § 29 Absatz 1 Satz 5 des Medizinproduktegesetzes übermittelt worden sind.

(3) Informationen und Auskünfte zu vorliegenden Meldungen, durchgeführten Risikobewertungen und korrektiven Maßnahmen dürfen auch an den Medizinischen Dienst des Spitzenverbandes Bund der Krankenkassen, die Deutsche Krankenhausgesellschaft und andere Organisationen, Stellen und Personen übermittelt werden, soweit von diesen ein Beitrag zur Risikoverringerung geleistet werden kann oder ein berechtigtes Interesse besteht.

(4) § 11 Abs. 1 Satz 2 findet entsprechende Anwendung.

(5) [1]Ist das Bundesinstitut für Arzneimittel und Medizinprodukte im Rahmen eines Konsultationsverfahrens nach Anhang II (Absatz 4.3) und III (Absatz 5) der Richtlinie 93/42/EWG des Rates vom 14. Juni 1993 über Medizinprodukte (ABl. L 169 vom 12.7.1993, S. 1), die zuletzt durch Artikel 2 der Richtlinie 2007/47/EG (ABl. L 247 vom 21.9.2007, S. 21) geändert worden ist, oder nach Anhang 2 (Absatz 4.3) und Anhang 3 (Absatz 5) der Richtlinie 90/385/EWG des Rates vom 20. Juni 1990 zur Angleichung der Rechtsvorschrif-

ten der Mitgliedstaaten über aktive implantierbare medizinische Geräte (ABl. L 189 vom 20.7.1990, S. 17), die zuletzt durch Artikel 1 der Richtlinie 2007/47/EG (ABl. L 247 vom 21.9.2007, S. 21) geändert worden ist, in den jeweils geltenden Fassungen tätig geworden und erhält später Informationen über den verwendeten ergänzenden Stoff, die Auswirkungen auf das Nutzen-/Risiko-Profil der Verwendung dieses Stoffes im Medizinprodukt haben könnten, so informiert es darüber die beteiligten Benannten Stellen. [2]Die Benannte Stelle prüft, ob diese Information Auswirkungen auf das Nutzen-/Risiko-Profil der Verwendung des Stoffes in dem Medizinprodukt hat, und veranlasst gegebenenfalls eine Neubewertung des Konformitätsbewertungsverfahrens.

§ 23 Wissenschaftliche Aufarbeitung der durchgeführten Risikobewertungen. [1]Die zuständige Bundesoberbehörde führt eine regelmäßige wissenschaftliche Aufarbeitung der durchgeführten Risikobewertungen durch und gibt die Ergebnisse bekannt. [2]Personenbezogene Daten sind dabei zu anonymisieren.

§ 24 Veröffentlichung von Informationen über das Internet. [1]Die zuständige Behörde des Bundes kann über durchgeführte korrektive Maßnahmen, Empfehlungen und Ergebnisse der wissenschaftlichen Aufarbeitung nach § 23 über die Internetseite der Behörde informieren. [2]Die Information über korrektive Maßnahmen darf außer den Angaben nach § 14 Abs. 2 Satz 2 sowie der im Handelsregister als vertretungsberechtigt ausgewiesenen Personen keine personenbezogene Daten enthalten.

Gesetz über die Werbung auf dem Gebiete des Heilwesens (Heilmittelwerbegesetz – HWG)

i.d.F. der Bek. vom 19.10.1994 (BGBl. I S. 3068),
zuletzt geändert durch Art. 12 G vom 20.12.2016 (BGBl. I S. 3048)

§ 1 (1) Dieses Gesetz findet Anwendung auf die Werbung für
1. Arzneimittel im Sinne des § 2 des Arzneimittelgesetzes,
1a. Medizinprodukte im Sinne des § 3 des Medizinproduktegesetzes,
2. andere Mittel, Verfahren, Behandlungen und Gegenstände, soweit sich die Werbeaussage auf die Erkennung, Beseitigung oder Linderung von Krankheiten, Leiden, Körperschäden oder krankhaften Beschwerden bei Mensch oder Tier bezieht, sowie operative plastisch-chirurgische Eingriffe, soweit sich die Werbeaussage auf die Veränderung des menschlichen Körpers ohne medizinische Notwendigkeit bezieht.

(2) ^{1}Andere Mittel im Sinne des Absatzes 1 Nr. 2 sind kosmetische Mittel im Sinne des Artikels 2 Absatz 1 Buchstabe a der Verordnung (EG) Nr. 1223/2009 des Europäischen Parlaments und des Rates vom 30. November 2009 über kosmetische Mittel (ABl. L 342 vom 22.12.2009, S. 59), die zuletzt durch die Verordnung (EU) 2015/1298 (ABl. L 199 vom 29.7.2015, S. 22) geändert worden ist. ^{2}Gegenstände im Sinne des Absatzes 1 Nr. 2 sind auch Gegenstände zur Körperpflege im Sinne des § 2 Absatz 6 Nummer 4 des Lebensmittel- und Futtermittelgesetzbuches.

(3) Eine Werbung im Sinne dieses Gesetzes ist auch das Ankündigen oder Anbieten von Werbeaussagen, auf die dieses Gesetz Anwendung findet.

(3a) Teleshopping im Sinne dieses Gesetzes ist die Sendung direkter Angebote an die Öffentlichkeit für den Absatz von Arzneimitteln gegen Entgelt oder die Erbringung von ärztlichen, zahnärztlichen und tierärztlichen Behandlungen und Verfahren gegen Entgelt.

(4) Dieses Gesetz findet keine Anwendung auf die Werbung für Gegenstände zur Verhütung von Unfallschäden.

(5) Das Gesetz findet keine Anwendung auf den Schriftwechsel und die Unterlagen, die nicht Werbezwecken dienen und die zur Beantwortung einer konkreten Anfrage zu einem bestimmten Arzneimittel erforderlich sind.

(6) Das Gesetz findet ferner keine Anwendung beim elektronischen Handel mit Arzneimitteln auf das Bestellformular und die dort aufgeführten Angaben, soweit diese für eine ordnungsgemäße Bestellung notwendig sind.

(7) Das Gesetz findet ferner keine Anwendung auf Verkaufskataloge und Preislisten für Arzneimittel, wenn die Verkaufskataloge und Preislisten keine Angaben enthalten, die über die zur Bestimmung des jeweiligen Arzneimittels notwendigen Angaben hinausgehen.

(8) Das Gesetz findet ferner keine Anwendung auf die auf Anforderung einer Person erfolgende Übermittlung der nach den §§ 10 bis 11a des Arzneimittelgesetzes für Arzneimittel vorgeschriebenen vollständigen Informationen, des genehmigten und veröffentlichten Schulungsmaterials für Arzneimittel nach § 34 Absatz 1f des Arzneimittelgesetzes und des öffentlichen Beurteilungsberichts für Arzneimittel nach § 34 Absatz 1a Satz 1 Nummer 2 des Arzneimittelgesetzes und auf die Bereitstellung dieser Informationen im Internet.

§ 2 Fachkreise im Sinne dieses Gesetzes sind Angehörige der Heilberufe oder des Heilgewerbes, Einrichtungen, die der Gesundheit von Mensch oder Tier dienen, oder sonstige Personen, soweit sie mit Arzneimitteln, Medizinprodukten, Verfahren, Behandlungen, Gegenständen oder anderen Mitteln erlaubterweise Handel treiben oder sie in Ausübung ihres Berufes anwenden.

§ 3 [1]Unzulässig ist eine <u>irreführende Werbung.</u> [2]Eine Irreführung liegt insbesondere dann vor,

1. wenn Arzneimitteln, Medizinprodukten, Verfahren, Behandlungen, Gegenständen oder anderen Mitteln eine therapeutische Wirksamkeit oder Wirkungen beigelegt werden, die sie nicht haben,
2. wenn fälschlich der Eindruck erweckt wird, dass
   a) ein Erfolg mit Sicherheit erwartet werden kann,
   b) bei bestimmungsgemäßem oder längerem Gebrauch keine schädlichen Wirkungen eintreten,
   c) die Werbung nicht zu Zwecken des Wettbewerbs veranstaltet wird,
3. wenn unwahre oder zur Täuschung geeignete Angaben
   a) über die Zusammensetzung oder Beschaffenheit von Arzneimitteln, Medizinprodukten, Gegenständen oder anderen Mitteln oder über die Art und Weise der Verfahren oder Behandlungen oder
   b) über die Person, Vorbildung, Befähigung oder Erfolge des Herstellers, Erfinders oder der für sie tätigen oder tätig gewesenen Personen
   gemacht werden.

§ 3a [1]Unzulässig ist eine Werbung für Arzneimittel, die der Pflicht zur Zulassung unterliegen und die nicht nach den arzneimittelrechtlichen Vorschriften zugelassen sind oder als zugelassen gelten. [2]Satz 1 findet auch Anwendung, wenn sich die Werbung auf Anwendungsgebiete oder Darreichungsformen bezieht, die nicht von der Zulassung erfasst sind.

§ 4 (1) [1]Jede Werbung für Arzneimittel im Sinne des § 2 Abs. 1 oder Abs. 2 Nr. 1 des Arzneimittelgesetzes muss folgende Angaben enthalten:

1. den Namen oder die Firma und den Sitz des pharmazeutischen Unternehmers,
2. die Bezeichnung des Arzneimittels,
3. die Zusammensetzung des Arzneimittels gemäß § 11 Abs. 1 Satz 1 Nr. 6 Buchstabe d des Arzneimittelgesetzes,
4. die Anwendungsgebiete,

5. die Gegenanzeigen,
6. die Nebenwirkungen,
7. Warnhinweise, soweit sie für die Kennzeichnung der Behältnisse und äußeren Umhüllungen vorgeschrieben sind,
7a. bei Arzneimitteln, die nur auf ärztliche, zahnärztliche oder tierärztliche Verschreibung abgegeben werden dürfen, den Hinweis „Verschreibungspflichtig",
8. die Wartezeit bei Arzneimitteln, die zur Anwendung bei Tieren bestimmt sind, die der Gewinnung von Lebensmitteln dienen.
[2]Eine Werbung für traditionelle pflanzliche Arzneimittel, die nach dem Arzneimittelgesetz registriert sind, muss folgenden Hinweis enthalten: „Traditionelles pflanzliches Arzneimittel zur Anwendung bei … [spezifiziertes Anwendungsgebiet/spezifizierte Anwendungsgebiete] ausschließlich auf Grund langjähriger Anwendung".

(1a) Bei Arzneimitteln, die nur einen Wirkstoff enthalten, muss der Angabe nach Absatz 1 Nr. 2 die Bezeichnung dieses Bestandteils mit dem Hinweis: „Wirkstoff:" folgen; dies gilt nicht, wenn in der Angabe nach Absatz 1 Nr. 2 die Bezeichnung des Wirkstoffs enthalten ist.

(2) [1]Die Angaben nach den Absätzen 1 und 1a müssen mit denjenigen übereinstimmen, die nach § 11 oder § 12 des Arzneimittelgesetzes für die Packungsbeilage vorgeschrieben sind. [2]Können die in § 11 Abs. 1 Satz 1 Nr. 3 Buchstabe a und Nr. 5 des Arzneimittelgesetzes vorgeschriebenen Angaben nicht gemacht werden, so können sie entfallen.

(3) [1]Bei einer Werbung außerhalb der Fachkreise ist der Text „Zu Risiken und Nebenwirkungen lesen Sie die Packungsbeilage und fragen Sie Ihren Arzt oder Apotheker" gut lesbar und von den übrigen Werbeaussagen deutlich abgesetzt und abgegrenzt anzugeben. [2]Bei einer Werbung für Heilwässer tritt an die Stelle der Angabe „die Packungsbeilage" die Angabe „das Etikett" und bei einer Werbung für Tierarzneimittel an die Stelle „Ihren Arzt" die Angabe „den Tierarzt". [3]Die Angaben nach Absatz 1 Nr. 1, 3, 5 und 6 können entfallen. [4]Satz 1 findet keine Anwendung auf Arzneimittel, die für den Verkehr außerhalb der Apotheken freigegeben sind, es sei denn, dass in der Packungsbeilage oder auf dem Behältnis Nebenwirkungen oder sonstige Risiken angegeben sind.

(4) Die nach Absatz 1 vorgeschriebenen Angaben müssen von den übrigen Werbeaussagen deutlich abgesetzt, abgegrenzt und gut lesbar sein.

(5) [1]Nach einer Werbung in audiovisuellen Medien ist der nach Absatz 3 Satz 1 oder 2 vorgeschriebene Text einzublenden, der im Fernsehen vor neutralem Hintergrund gut lesbar wiederzugeben und gleichzeitig zu sprechen ist, sofern nicht die Angabe dieses Textes nach Absatz 3 Satz 4 entfällt. [2]Die Angaben nach Absatz 1 können entfallen.

(6) [1]Die Absätze 1, 1a, 3 und 5 gelten nicht für eine Erinnerungswerbung. [2]Eine Erinnerungswerbung liegt vor, wenn ausschließlich mit der Bezeichnung

eines Arzneimittels oder zusätzlich mit dem Namen, der Firma, der Marke des pharmazeutischen Unternehmers oder dem Hinweis: „Wirkstoff:" geworben wird.

§ 4a (1) Unzulässig ist es, in der Packungsbeilage eines Arzneimittels für andere Arzneimittel oder andere Mittel zu werben.

(2) Unzulässig ist es auch, außerhalb der Fachkreise für die im Rahmen der vertragsärztlichen Versorgung bestehende Verordnungsfähigkeit eines Arzneimittels zu werben.

§ 5 Für homöopathische Arzneimittel, die nach dem Arzneimittelgesetz registriert oder von der Registrierung freigestellt sind, darf mit der Angabe von Anwendungsgebieten nicht geworben werden.

§ 6 Unzulässig ist eine Werbung, wenn
1. Gutachten oder Zeugnisse veröffentlicht oder erwähnt werden, die nicht von wissenschaftlich oder fachlich hierzu berufenen Personen erstattet worden sind und nicht die Angabe des Namens, Berufes und Wohnortes der Person, die das Gutachten erstellt oder das Zeugnis ausgestellt hat, sowie den Zeitpunkt der Ausstellung des Gutachtens oder Zeugnisses enthalten,
2. auf wissenschaftliche, fachliche oder sonstige Veröffentlichungen Bezug genommen wird, ohne dass aus der Werbung hervorgeht, ob die Veröffentlichung das Arzneimittel, das Verfahren, die Behandlung, den Gegenstand oder ein anderes Mittel selbst betrifft, für die geworben wird, und ohne dass der Name des Verfassers, der Zeitpunkt der Veröffentlichung und die Fundstelle genannt werden,
3. aus der Fachliteratur entnommene Zitate, Tabellen oder sonstige Darstellungen nicht wortgetreu übernommen werden.

§ 7 (1) [1]Es ist unzulässig, Zuwendungen und sonstige Werbegaben (Waren oder Leistungen) anzubieten, anzukündigen oder zu gewähren oder als Angehöriger der Fachkreise anzunehmen, es sei denn, dass
1. es sich bei den Zuwendungen oder Werbegaben um Gegenstände von geringem Wert, die durch eine dauerhafte und deutlich sichtbare Bezeichnung des Werbenden oder des beworbenen Produkts oder beider gekennzeichnet sind, oder um geringwertige Kleinigkeiten handelt; Zuwendungen oder Werbegaben sind für Arzneimittel unzulässig, soweit sie entgegen den Preisvorschriften gewährt werden, die aufgrund des Arzneimittelgesetzes gelten;
2. die Zuwendungen oder Werbegaben in
   a) einem bestimmten oder auf bestimmte Art zu berechnenden Geldbetrag oder
   b) einer bestimmten oder auf bestimmte Art zu berechnenden Menge gleicher Ware gewährt werden;
   Zuwendungen und Werbegaben nach Buchstabe a sind für Arzneimittel unzulässig, soweit sie entgegen den Preisvorschriften gewährt werden, die auf-

grund des Arzneimittelgesetzes gelten; Buchstabe b gilt nicht für Arzneimittel, deren Abgabe den Apotheken vorbehalten ist;

3. die Zuwendungen oder Werbegaben nur in handelsüblichem Zubehör zur
   Ware oder in handelsüblichen Nebenleistungen bestehen; als handelsüblich
   gilt insbesondere eine im Hinblick auf den Wert der Ware oder Leistung angemessene teilweise oder vollständige Erstattung oder Übernahme von
   Fahrtkosten für Verkehrsmittel des öffentlichen Personennahverkehrs, die
   im Zusammenhang mit dem Besuch des Geschäftslokals oder des Orts der
   Erbringung der Leistung aufgewendet werden darf;

4. die Zuwendungen oder Werbegaben in der Erteilung von Auskünften oder
   Ratschlägen bestehen oder

5. es sich um unentgeltlich an Verbraucherinnen und Verbraucher abzugeben-
   de Zeitschriften handelt, die nach ihrer Aufmachung und Ausgestaltung der
   Kundenwerbung und den Interessen der verteilenden Person dienen, durch
   einen entsprechenden Aufdruck auf der Titelseite diesen Zweck erkennbar
   machen und in ihren Herstellungskosten geringwertig sind (Kundenzeit-
   schriften).

[2]Werbegaben für Angehörige der Heilberufe sind unbeschadet des Satzes 1 nur
dann zulässig, wenn sie zur Verwendung in der ärztlichen, tierärztlichen oder
pharmazeutischen Praxis bestimmt sind. [3]§ 47 Abs. 3 des Arzneimittelgesetzes
bleibt unberührt.

(2) Absatz 1 gilt nicht für Zuwendungen im Rahmen ausschließlich berufsbezogener wissenschaftlicher Veranstaltungen, sofern diese einen vertretbaren
Rahmen nicht überschreiten, insbesondere in Bezug auf den wissenschaftlichen
Zweck der Veranstaltung von untergeordneter Bedeutung sind und sich nicht
auf andere als im Gesundheitswesen tätige Personen erstrecken.

(3) Es ist unzulässig, für die Entnahme oder sonstige Beschaffung von Blut-,
Plasma- oder Gewebespenden zur Herstellung von Blut- und Gewebeprodukten
und anderen Produkten zur Anwendung bei Menschen mit der Zahlung einer finanziellen Zuwendung oder Aufwandsentschädigung zu werben.

§ 8 [1]Das Teleshopping im Sinne des § 1 Absatz 3a sowie die Werbung für das
Teleshopping sind unzulässig. [2]Die Werbung für das Beziehen bestimmter Arzneimittel im Wege der Einzeleinfuhr nach § 73 Absatz 2 Nummer 6a oder
Absatz 3 des Arzneimittelgesetzes ist unzulässig. [3]Die Übersendung von Listen
nicht zugelassener oder nicht registrierter Arzneimittel, deren Einfuhr aus einem anderen Mitgliedstaat oder aus einem anderen Vertragsstaat des Abkommens über den Europäischen Wirtschaftsraum nur ausnahmsweise zulässig ist,
an Apotheker oder Betreiber einer tierärztlichen Hausapotheke ist zulässig, soweit die Listen nur Informationen über die Bezeichnung, die Packungsgrößen,
die Wirkstärke und den Preis dieses Arzneimittels enthalten.

§ 9 Unzulässig ist eine Werbung für die Erkennung oder Behandlung von
Krankheiten, Leiden, Körperschäden oder krankhaften Beschwerden, die nicht

auf eigener Wahrnehmung an dem zu behandelnden Menschen oder Tier beruht (Fernbehandlung). *Satz 1 ist nicht anzuwenden auf die Werbung für Fernbehandlungen, die unter Verwendung von Kommunikationsmedien erfolgen, wenn nach allgemein anerkannten fachlichen Standards ein persönlicher ärztlicher Kontakt mit dem zu behandelnden Menschen nicht erforderlich ist.*

§ 7 IV MBO

§ 10 (1) Für <u>verschreibungspflichtige</u> Arzneimittel darf nur bei Ärzten, Zahnärzten, Tierärzten, Apothekern und Personen, die mit diesen Arzneimitteln erlaubterweise Handel treiben, geworben werden.

(2) [1]Für Arzneimittel, die psychotrope Wirkstoffe mit der Gefahr der Abhängigkeit enthalten und die dazu bestimmt sind, bei Menschen die Schlaflosigkeit oder psychische Störungen zu beseitigen oder die Stimmungslage zu beeinflussen, darf außerhalb der Fachkreise nicht geworben werden. [2]Dies gilt auch für Heilmittel, die zur Notfallkontrazeption zugelassen sind.

§ 11 (1) [1]Außerhalb der Fachkreise darf für Arzneimittel, Verfahren, Behandlungen, Gegenstände oder andere Mittel nicht geworben werden

1. *(aufgehoben)*
2. mit Angaben oder Darstellungen, die sich auf eine Empfehlung von Wissenschaftlern, von im Gesundheitswesen tätigen Personen, von im Bereich der Tiergesundheit tätigen Personen oder anderen Personen, die auf Grund ihrer Bekanntheit zum Arzneimittelverbrauch anregen können, beziehen,
3. mit der Wiedergabe von Krankengeschichten sowie mit Hinweisen darauf, wenn diese in missbräuchlicher, abstoßender oder irreführender Weise erfolgt oder durch eine ausführliche Beschreibung oder Darstellung zu einer falschen Selbstdiagnose verleiten kann,
4. *(aufgehoben)*
5. mit einer bildlichen Darstellung, die in missbräuchlicher, abstoßender oder irreführender Weise Veränderungen des menschlichen Körpers auf Grund von Krankheiten oder Schädigungen oder die Wirkung eines Arzneimittels im menschlichen Körper oder in Körperteilen verwendet,
6. *(aufgehoben)*
7. mit Werbeaussagen, die nahelegen, dass die Gesundheit durch die Nichtverwendung des Arzneimittels beeinträchtigt oder durch die Verwendung verbessert werden könnte,
8. durch Werbevorträge, mit denen ein Feilbieten oder eine Entgegennahme von Anschriften verbunden ist,
9. mit Veröffentlichungen, deren Werbezweck missverständlich oder nicht deutlich erkennbar ist,
10. *(aufgehoben)*
11. mit Äußerungen Dritter, insbesondere mit Dank-, Anerkennungs- oder Empfehlungsschreiben, oder mit Hinweisen auf solche Äußerungen, wenn diese in missbräuchlicher, abstoßender oder irreführender Weise erfolgen,
12. mit Werbemaßnahmen, die sich ausschließlich oder überwiegend an Kinder unter 14 Jahren richten,
13. mit Preisausschreiben, Verlosungen oder anderen Verfahren, deren Ergebnis vom Zufall abhängig ist, sofern diese Maßnahmen oder Verfahren einer

unzweckmäßigen oder übermäßigen Verwendung von Arzneimitteln Vorschub leisten,

14. durch die Abgabe von Arzneimitteln, deren Muster oder Proben oder durch Gutscheine dafür,

15. durch die nicht verlangte Abgabe von Mustern oder Proben von anderen Mitteln oder Gegenständen oder durch Gutscheine dafür.

[2]Für Medizinprodukte gilt Satz 1 Nr. 7 bis 9, 11 und 12 entsprechend. [3]Ferner darf für die in § 1 Nummer 2 genannten operativen plastisch-chirurgischen Eingriffe nicht mit der Wirkung einer solchen Behandlung durch vergleichende Darstellung des Körperzustandes oder des Aussehens vor und nach dem Eingriff geworben werden.

(2) Außerhalb der Fachkreise darf für Arzneimittel oder Medizinprodukte zur Anwendung bei Menschen nicht mit Angaben geworben werden, die nahe legen, dass die Wirkung des Arzneimittels einem anderen Arzneimittel oder einer anderen Behandlung entspricht oder überlegen ist.

§ 12 (1) [1]Außerhalb der Fachkreise darf sich die Werbung für Arzneimittel und Medizinprodukte nicht auf die Erkennung, Verhütung, Beseitigung oder Linderung der in Abschnitt A der Anlage zu diesem Gesetz aufgeführten Krankheiten oder Leiden beim Menschen beziehen, die Werbung für Arzneimittel außerdem nicht auf die Erkennung, Verhütung, Beseitigung oder Linderung der in Abschnitt B dieser Anlage aufgeführten Krankheiten oder Leiden beim Tier. [2]Abschnitt A Nr. 2 der Anlage findet keine Anwendung auf die Werbung für Medizinprodukte.

(2) [1]Die Werbung für andere Mittel, Verfahren, Behandlungen oder Gegenstände außerhalb der Fachkreise darf sich nicht auf die Erkennung, Beseitigung oder Linderung dieser Krankheiten oder Leiden beziehen. [2]Dies gilt nicht für die Werbung für Verfahren oder Behandlungen in Heilbädern, Kurorten und Kuranstalten.

§ 13 Die Werbung eines Unternehmens mit Sitz außerhalb des Geltungsbereichs dieses Gesetzes ist unzulässig, wenn nicht ein Unternehmen mit Sitz oder eine natürliche Person mit gewöhnlichem Aufenthalt im Geltungsbereich dieses Gesetzes oder in einem anderen Mitgliedstaat der Europäischen Union oder in einem anderen Vertragsstaat des Abkommens über den Europäischen Wirtschaftsraum, die nach diesem Gesetz unbeschränkt strafrechtlich verfolgt werden kann, ausdrücklich damit betraut ist, die sich aus diesem Gesetz ergebenden Pflichten zu übernehmen.

§ 14 Wer dem Verbot der irreführenden Werbung (§ 3) zuwiderhandelt, wird mit Freiheitsstrafe bis zu einem Jahr oder mit Geldstrafe bestraft.

§ 15 (1) Ordnungswidrig handelt, wer vorsätzlich oder fahrlässig

1. entgegen § 3a eine Werbung für ein Arzneimittel betreibt, das der Pflicht zur Zulassung unterliegt und das nicht nach den arzneimittelrechtlichen Vorschriften zugelassen ist oder als zugelassen gilt,

2. eine Werbung betreibt, die die nach § 4 vorgeschriebenen Angaben nicht enthält oder entgegen § 5 mit der Angabe von Anwendungsgebieten wirbt,

3. in einer nach § 6 unzulässigen Weise mit Gutachten, Zeugnissen oder Bezugnahmen auf Veröffentlichungen wirbt,

4. entgegen § 7 Abs. 1 und 3 eine mit Zuwendungen oder sonstigen Werbegaben verbundene Werbung betreibt,

4a. entgegen § 7 Abs. 1 als Angehöriger der Fachkreise eine Zuwendung oder sonstige Werbegabe annimmt,

5. entgegen § 8 Satz 1 oder Satz 2 Teleshopping oder eine dort genannte Werbung betreibt,

6. entgegen § 9 für eine Fernbehandlung wirbt,

7. entgegen § 10 für die dort bezeichneten Arzneimittel wirbt,

8. auf eine durch § 11 verbotene Weise außerhalb der Fachkreise wirbt,

9. entgegen § 12 eine Werbung betreibt, die sich auf die in der Anlage zu § 12 aufgeführten Krankheiten oder Leiden bezieht,

10. eine nach § 13 unzulässige Werbung betreibt.

(2) Ordnungswidrig handelt ferner, wer fahrlässig dem Verbot der irreführenden Werbung (§ 3) zuwiderhandelt.

(3) Die Ordnungswidrigkeit nach Absatz 1 kann mit einer Geldbuße bis zu fünfzigtausend Euro, die Ordnungswidrigkeit nach Absatz 2 mit einer Geldbuße bis zu zwanzigtausend Euro geahndet werden.

§ 16 [1]Werbematerial und sonstige Gegenstände, auf die sich eine Straftat nach § 14 oder eine Ordnungswidrigkeit nach § 15 bezieht, können eingezogen werden. [2]§ 74a des Strafgesetzbuches und § 23 des Gesetzes über Ordnungswidrigkeiten sind anzuwenden.

§ 17 Das Gesetz gegen den unlauteren Wettbewerb bleibt unberührt.

§ 18 *(aufgehoben)*

Anlage zu § 12

**Krankheiten und Leiden,
auf die sich die Werbung gemäß § 12 nicht beziehen darf**

A. Krankheiten und Leiden beim Menschen

1. Nach dem Infektionsschutzgesetz vom 20. Juli 2000 (BGBl. I S. 1045) meldepflichtige Krankheiten oder durch meldepflichtige Krankheitserreger verursachte Infektionen,

2. bösartige Neubildungen,

3. Suchtkrankheiten, ausgenommen Nikotinabhängigkeit,

4. krankhafte Komplikationen der Schwangerschaft, der Entbindung und des Wochenbetts.

B. Krankheiten und Leiden beim Tier

1. Nach der Verordnung über anzeigepflichtige Tierseuchen und der Verordnung über meldepflichtige Tierkrankheiten in ihrer jeweils geltenden Fassung anzeige- oder meldepflichtige Seuchen oder Krankheiten,
2. bösartige Neubildungen,
3. bakterielle Eutererkrankungen bei Kühen, Ziegen und Schafen,
4. Kolik bei Pferden und Rindern.

Gesetz zur Regelung des Transfusionswesens (Transfusionsgesetz – TFG)[1]

i.d.F. der Bek. vom 28.8.2007 (BGBl. I S. 2169),
zuletzt geändert durch Art. 3 G vom 18.7.2017 (BGBl. I S. 2757)

Erster Abschnitt
Zweck des Gesetzes, Begriffsbestimmungen

§ 1 Zweck des Gesetzes. Zweck dieses Gesetzes ist es, nach Maßgabe der nachfolgenden Vorschriften zur Gewinnung von Blut und Blutbestandteilen von Menschen und zur Anwendung von Blutprodukten für eine sichere Gewinnung von Blut und Blutbestandteilen und für eine gesicherte und sichere Versorgung der Bevölkerung mit Blutprodukten zu sorgen und deshalb die Selbstversorgung mit Blut und Plasma auf der Basis der freiwilligen und unentgeltlichen Blutspende zu fördern.

§ 2 Begriffsbestimmungen. Im Sinne dieses Gesetzes

1. ist Spende die bei Menschen entnommene Menge an Blut oder Blutbestandteilen, die Wirkstoff oder Arzneimittel ist oder zur Herstellung von Wirkstoffen oder Arzneimitteln und anderen Produkten zur Anwendung bei Menschen bestimmt ist,
2. ist Spendeeinrichtung eine Einrichtung, die Spenden entnimmt oder deren Tätigkeit auf die Entnahme von Spenden und, soweit diese zur Anwendung bestimmt sind, auf deren Testung, Verarbeitung, Lagerung und das Inverkehrbringen gerichtet ist,
3. sind Blutprodukte Blutzubereitungen im Sinne von § 4 Abs. 2 des Arzneimittelgesetzes, Sera aus menschlichem Blut im Sinne des § 4 Abs. 3 des Arzneimittelgesetzes und Blutbestandteile, die zur Herstellung von Wirkstoffen oder Arzneimitteln bestimmt sind.

---

1 Dieses Gesetz dient der Umsetzung der Richtlinie 2002/98/EG des Europäischen Parlaments und des Rates vom 27. Januar 2003 zur Festlegung von Qualitäts- und Sicherheitsstandards für die Gewinnung, Testung, Verarbeitung, Lagerung und Verteilung von menschlichem Blut und Blutbestandteilen und zur Änderung der Richtlinie 2001/83/EG (ABl. EU Nr. L 33 S. 30) sowie der Richtlinie 2004/23/EG des Europäischen Parlaments und des Rates vom 31. März 2004 zur Festlegung von Qualitäts- und Sicherheitsstandards für die Spende, Beschaffung, Testung, Verarbeitung, Konservierung, Lagerung und Verteilung von menschlichen Geweben und Zellen (ABl. EU Nr. L 102 S. 48).

Zweiter Abschnitt
Gewinnung von Blut und Blutbestandteilen

§ 3 Versorgungsauftrag. (1) Die Spendeeinrichtungen haben die Aufgabe, Blut und Blutbestandteile zur Versorgung der Bevölkerung mit Blutprodukten zu gewinnen.

(2) [1]Zur Erfüllung der Aufgabe gemäß Absatz 1 arbeiten die Spendeeinrichtungen zusammen. [2]Sie unterstützen sich gegenseitig, insbesondere im Falle des Auftretens von Versorgungsengpässen. [3]Sie legen die Einzelheiten der Zusammenarbeit in einer Vereinbarung fest.

(3) [1]Die spendenden Personen leisten einen wertvollen Dienst für die Gemeinschaft. [2]Sie sind aus Gründen des Gesundheitsschutzes von den Spendeeinrichtungen besonders vertrauensvoll und verantwortungsvoll zu betreuen.

(4) Die nach Landesrecht zuständigen Stellen und die für die gesundheitliche Aufklärung zuständige Bundesoberbehörde sollen die Aufklärung der Bevölkerung über die freiwillige und unentgeltliche Blut- und Plasmaspende fördern.

§ 4 Anforderungen an die Spendeeinrichtungen. [1]Eine Spendeeinrichtung darf nur betrieben werden, wenn
1. eine ausreichende personelle, bauliche, räumliche und technische Ausstattung vorhanden ist,
2. die Spendeeinrichtung oder der Träger von Spendeeinrichtungen eine leitende ärztliche Person bestellt hat, die die erforderliche Sachkunde nach dem Stand der medizinischen Wissenschaft besitzt, und
3. bei der Durchführung der Spendeentnahmen von einem Menschen eine ärztliche Person vorhanden ist.

[2]Die leitende ärztliche Person nach Satz 1 Nr. 2 kann zugleich die ärztliche Person nach Satz 1 Nr. 3 sein. [3]Der Schutz der Persönlichkeitssphäre der spendenden Personen, eine ordnungsgemäße Spendeentnahme und die Voraussetzungen für eine notfallmedizinische Versorgung der spendenden Personen sind sicherzustellen.

§ 5 Auswahl der spendenden Personen. (1) [1]Es dürfen nur Personen zur Spendeentnahme zugelassen werden, die unter der Verantwortung einer ärztlichen Person nach dem Stand der medizinischen Wissenschaft und Technik für tauglich befunden worden sind und die Tauglichkeit durch eine ärztliche Person festgestellt worden ist. [2]Die Zulassung zur Spendeentnahme soll nicht erfolgen, soweit und solange die spendewillige Person nach Richtlinien der Bundesärztekammer von der Spendeentnahme auszuschließen oder zurückzustellen ist.

(2) Bei der Gewinnung von Eigenblut, Blut zur Stammzellseparation und Plasma zur Fraktionierung ist die Tauglichkeit der spendenden Personen auch nach den Besonderheiten dieser Blutprodukte zu beurteilen.

(3) [1]Die für die Leitung der Qualitätskontrolle nach § 14 Absatz 1 Nummer 1 des Arzneimittelgesetzes zuständige Person hat dafür zu sorgen, dass die

§§ 3/1 f.

spendende Person vor der Freigabe der Spende nach dem Stand der medizinischen Wissenschaft und Technik auf Infektionsmarker, mindestens auf Humanes Immundefekt Virus (HIV)-, Hepatitis B- und Hepatitis C-Virus-Infektionsmarker untersucht wird. [2]Bei Eigenblutentnahmen sind diese Untersuchungen nach den Besonderheiten dieser Entnahmen durchzuführen. [3]Anordnungen der zuständigen Bundesoberbehörde bleiben unberührt.

§ 6 Aufklärung, Einwilligung. (1) [1]Eine Spendeentnahme darf nur durchgeführt werden, wenn die spendende Person vorher in einer für sie verständlichen Form über Wesen, Bedeutung und Durchführung der Spendeentnahme und der Untersuchungen sachkundig aufgeklärt worden ist und in die Spendeentnahme und die Untersuchungen eingewilligt hat. [2]Aufklärung und Einwilligung sind von der spendenden Person schriftlich zu bestätigen. [3]Sie muss mit der Einwilligung gleichzeitig erklären, dass die Spende verwendbar ist, sofern sie nicht vom vertraulichen Selbstausschluss Gebrauch macht.

(2) [1]Die spendende Person ist über die mit der Spendeentnahme verbundene Erhebung, Verarbeitung und Nutzung personenbezogener Daten aufzuklären. [2]Die Aufklärung ist von der spendenden Person schriftlich zu bestätigen.

§ 7 Anforderungen zur Entnahme der Spende. (1) Die anlässlich der Spendeentnahme vorzunehmende Feststellung der Identität der spendenden Person, die durchzuführenden Laboruntersuchungen und die Entnahme der Spende haben nach dem Stand der medizinischen Wissenschaft und Technik zu erfolgen.

(2) Die Entnahme der Spende darf nur durch eine ärztliche Person oder durch anderes qualifiziertes Personal unter der Verantwortung einer ärztlichen Person erfolgen.

§ 8 Spenderimmunisierung. (1) [1]Eine für die Gewinnung von Plasma zur Herstellung von speziellen Immunglobulinen erforderliche Spenderimmunisierung darf nur durchgeführt werden, wenn und solange sie im Interesse einer ausreichenden Versorgung der Bevölkerung mit diesen Arzneimitteln geboten ist. [2]Sie ist nach dem Stand der medizinischen Wissenschaft und Technik durchzuführen.

(2) [1]Ein Immunisierungsprogramm darf nur durchgeführt werden, wenn und solange

1. die Risiken, die mit ihm für die Personen verbunden sind, bei denen es durchgeführt werden soll, ärztlich vertretbar sind,
2. die Personen, bei denen es durchgeführt werden soll, ihre schriftliche Einwilligung hierzu erteilt haben, nachdem sie durch eine ärztliche Person über Wesen, Bedeutung und Risiken der Immunisierung sowie die damit verbundene Erhebung, Verarbeitung und Nutzung personenbezogener Daten aufgeklärt worden sind und dies schriftlich bestätigt haben,
3. seine Durchführung von einer ärztlichen Person, die nach dem Stand der medizinischen Wissenschaft sachkundig ist, geleitet wird,

4. ein dem Stand der medizinischen Wissenschaft entsprechender Immunisierungsplan vorliegt,

5. die ärztliche Kontrolle des Gesundheitszustandes der spendenden Personen während der Immunisierungsphase gewährleistet ist,

6. der zuständigen Behörde die Durchführung des Immunisierungsprogramms angezeigt worden ist und

7. das zustimmende Votum einer nach Landesrecht gebildeten und für die ärztliche Person nach Satz 1 Nr. 3 zuständigen und unabhängigen Ethik-Kommission vorliegt.

[2]Mit der Anzeige an die zuständige Behörde und der Einholung des Votums der Ethik-Kommission nach Nummern 6 und 7 dürfen keine personenbezogenen Daten übermittelt werden. [3]Zur Immunisierung sollen zugelassene Arzneimittel angewendet werden.

(3) [1]Von der Durchführung des Immunisierungsprogramms ist auf der Grundlage des Immunisierungsplanes ein Protokoll anzufertigen (Immunisierungsprotokoll). [2]Für das Immunisierungsprotokoll gilt § 11 entsprechend. [3]Dies muss Aufzeichnungen über alle Ereignisse enthalten, die im Zusammenhang mit der Durchführung des Immunisierungsprogramms auftreten und die Gesundheit der spendenden Person oder den gewünschten Erfolg des Immunisierungsprogramms beeinträchtigen können. [4]Zur Immunisierung angewendete Erythrozytenpräparate sind zu dokumentieren und der immunisierten Person zu bescheinigen.

(4) [1]Die in Absatz 3 Satz 3 genannten Ereignisse sind von der die Durchführung des Immunisierungsprogramms leitenden ärztlichen Person der Ethik-Kommission, der zuständigen Behörde und dem pharmazeutischen Unternehmer des zur Immunisierung verwendeten Arzneimittels unverzüglich mitzuteilen. [2]Von betroffenen immunisierten Personen werden das Geburtsdatum und die Angabe des Geschlechtes übermittelt.

§ 9 Hämatopoetische Stammzellen aus dem peripheren Blut und andere Blutbestandteile. [1]Die für die Separation von hämatopoetischen Stammzellen aus dem peripheren Blut und von anderen Blutbestandteilen erforderliche Vorbehandlung der spendenden Personen ist nach dem Stand der medizinischen Wissenschaft durchzuführen. [2]§ 8 Abs. 2 bis 4 gilt entsprechend.

§ 10 Aufwandsentschädigung. [1]Die Spendeentnahme soll unentgeltlich erfolgen. [2]Der spendenden Person kann eine Aufwandsentschädigung gewährt werden, die sich an dem unmittelbaren Aufwand je nach Spendeart orientieren soll.

§ 11 Spenderdokumentation, Datenschutz. (1) [1]Jede Spendeentnahme und die damit verbundenen Maßnahmen sind unbeschadet ärztlicher Dokumentationspflichten für die in diesem Gesetz geregelten Zwecke, für Zwecke der ärztlichen Behandlung der spendenden Person und für Zwecke der Risikoerfassung nach dem Arzneimittelgesetz zu protokollieren. [2]Die Aufzeichnungen sind mindestens fünfzehn Jahre, im Falle der §§ 8 und 9 Abs. 1 mindestens zwanzig

Jahre und die Angaben, die für die Rückverfolgung benötigt werden, mindestens dreißig Jahre lang aufzubewahren und zu vernichten oder zu löschen, wenn die Aufbewahrung nicht mehr erforderlich ist. [3]Sie müssen so geordnet sein, dass ein unverzüglicher Zugriff möglich ist. [4]Werden die Aufzeichnungen länger als dreißig Jahre nach der letzten bei der Spendeeinrichtung dokumentierten Spende desselben Spenders aufbewahrt, sind sie zu anonymisieren.

(1a) [1]Bei hämatopoetischen Stammzellzubereitungen aus dem peripheren Blut oder aus dem Nabelschnurblut ist für die Rückverfolgung zusätzlich die eindeutige Spendennummer gemäß § 2 Nummer 21 der Arzneimittel- und Wirkstoffherstellungsverordnung zu protokollieren und aufzubewahren. [2]Das Bundesministerium für Gesundheit wird ermächtigt, durch Rechtsverordnung, die der Zustimmung des Bundesrates bedarf, von der Verpflichtung nach Satz 1 Ausnahmen vorzusehen.

(2) [1]Die Spendeeinrichtungen dürfen personenbezogene Daten der spendewilligen und spendenden Personen erheben, verarbeiten und nutzen, soweit das für die in Absatz 1 genannten Zwecke erforderlich ist. [2]Sie übermitteln die protokollierten Daten den zuständigen Behörden und der zuständigen Bundesoberbehörde, soweit dies zur Erfüllung der Überwachungsaufgaben nach dem Arzneimittelgesetz oder zur Verfolgung von Straftaten oder Ordnungswidrigkeiten, die im engen Zusammenhang mit der Spendeentnahme stehen, erforderlich ist. [3]Zur Risikoerfassung nach dem Arzneimittelgesetz sind das Geburtsdatum und das Geschlecht der spendenden Person anzugeben.

§ 11a Blutdepots. Für Blutdepots der Einrichtungen der Krankenversorgung, die ausschließlich für interne Zwecke, einschließlich der Anwendung, Blutprodukte lagern und abgeben, gelten die Vorschriften des § 3 Abs. 1 Satz 1, 3 und 4, § 4 Abs. 1 Satz 1 und 2, § 7 Abs. 1 Satz 1, Abs. 2 und 4 und § 20 Abs. 2 der Arzneimittel- und Wirkstoffherstellungsverordnung sowie § 16 Abs. 2 und § 19 Abs. 3 entsprechend.

§ 12 Verordnungsermächtigung. [1]Das Bundesministerium für Gesundheit kann durch Rechtsverordnung mit Zustimmung des Bundesrates nach Anhörung der Bundesärztekammer und weiterer Sachverständiger die fachlichen Anforderungen nach diesem Abschnitt regeln, sofern dies zur Abwehr von Gefahren für die Gesundheit von Menschen oder zur Risikovorsorge erforderlich ist. [2]In der Rechtsverordnung kann insbesondere das Nähere zu den Anforderungen an

1. die Spendeeinrichtungen,
2. die Auswahl und Untersuchung der spendenden Personen,
3. die Aufklärung und Einwilligung der spendenden Personen,
4. die Spendeentnahme,
5. die Spenderimmunisierung und die Vorbehandlung zur Blutstammzellentnahme und
6. die Dokumentation der Spendeentnahme und den Schutz der dokumentierten Daten

geregelt werden. ³Das Bundesministerium für Gesundheit kann die Ermächtigung nach Satz 1 durch Rechtsverordnung ohne Zustimmung des Bundesrates auf die zuständige Bundesoberbehörde übertragen.

§ 12a Richtlinien zum Stand der Erkenntnisse der medizinischen Wissenschaft und Technik zur Gewinnung von Blut und Blutbestandteilen. (1) ¹Die Bundesärztekammer kann den allgemein anerkannten Stand der Erkenntnisse der medizinischen Wissenschaft und Technik zur Gewinnung von Blut und Blutbestandteilen ergänzend zu den Vorschriften der Rechtsverordnung nach § 12 im Einvernehmen mit der zuständigen Bundesoberbehörde in Richtlinien feststellen. ²Bei der Erarbeitung der Richtlinien ist die angemessene Beteiligung von Sachverständigen der betroffenen Fach- und Verkehrskreise und der zuständigen Behörden von Bund und Ländern sicherzustellen. ³Die Richtlinien werden von der zuständigen Bundesoberbehörde im Bundesanzeiger bekannt gemacht.

(2) Die Einhaltung des Standes der Erkenntnisse der medizinischen Wissenschaft und Technik wird vermutet, wenn die Richtlinien der Bundesärztekammer nach Absatz 1 beachtet worden sind.

Dritter Abschnitt

Anwendung von Blutprodukten

§ 13 Anforderungen an die Durchführung.   (1) ¹Blutprodukte sind nach dem Stand der medizinischen Wissenschaft und Technik anzuwenden. ²Es müssen die Anforderungen an die Identitätssicherung, die vorbereitenden Untersuchungen, einschließlich der vorgesehenen Testung auf Infektionsmarker und die Rückstellproben, die Technik der Anwendung sowie die Aufklärung und Einwilligung beachtet werden. ³Ärztliche Personen, die im Zusammenhang mit der Anwendung von Blutprodukten Laboruntersuchungen durchführen oder anfordern, müssen für diese Tätigkeiten besonders sachkundig sein. ⁴Die Anwendung von Eigenblut richtet sich auch nach den Besonderheiten dieser Blutprodukte. ⁵Die zu behandelnden Personen sind, soweit es nach dem Stand der medizinischen Wissenschaft vorgesehen ist, über die Möglichkeit der Anwendung von Eigenblut aufzuklären.

(2) Die ärztlichen Personen, die eigenverantwortlich Blutprodukte anwenden, müssen ausreichende Erfahrung in dieser Tätigkeit besitzen.

§ 14 Dokumentation, Datenschutz.   (1) ¹Die behandelnde ärztliche Person hat jede Anwendung von Blutprodukten und von gentechnisch hergestellten Plasmaproteinen zur Behandlung von Hämostasestörungen für die in diesem Gesetz geregelten Zwecke, für Zwecke der ärztlichen Behandlung der von der Anwendung betroffenen Personen und für Zwecke der Risikoerfassung nach dem Arzneimittelgesetz zu dokumentieren oder dokumentieren zu lassen.

[2]Die Dokumentation hat die Aufklärung und die Einwilligungserklärungen, das Ergebnis der Blutgruppenbestimmung, soweit die Blutprodukte blutgruppenspezifisch angewendet werden, die durchgeführten Untersuchungen sowie die Darstellung von Wirkungen und unerwünschten Ereignissen zu umfassen.

(2) [1]Angewendete Blutprodukte und Plasmaproteine im Sinne von Absatz 1 sind von der behandelnden ärztlichen Person oder unter ihrer Verantwortung mit folgenden Angaben unverzüglich zu dokumentieren:

1. Patientenidentifikationsnummer oder entsprechende eindeutige Angaben zu der zu behandelnden Person, wie Name, Vorname, Geburtsdatum und Adresse,
2. Chargenbezeichnung,
3. Pharmazentralnummer oder
   - Bezeichnung des Präparates
   - Name oder Firma des pharmazeutischen Unternehmers
   - Menge und Stärke,
4. Datum und Uhrzeit der Anwendung.

[2]Bei hämatopoetischen Stammzellzubereitungen aus dem peripheren Blut oder aus dem Nabelschnurblut sind mindestens die Angaben nach Anhang VI Teil B der Richtlinie 2006/86/EG der Kommission vom 24. Oktober 2006 zur Umsetzung der Richtlinie 2004/23/EG des Europäischen Parlaments und des Rates hinsichtlich der Anforderungen an die Rückverfolgbarkeit, der Meldung schwerwiegender Zwischenfälle und unerwünschter Reaktionen sowie bestimmter technischer Anforderungen an die Kodierung, Verarbeitung, Konservierung, Lagerung und Verteilung von menschlichen Geweben und Zellen (ABl. L 294 vom 25.10.2006, S. 32), die zuletzt durch die Richtlinie (EU) 2015/565 (ABl. L 93 vom 9.4.2015, S. 43) geändert worden ist, in der jeweils geltenden Fassung zu dokumentieren. [3]Bei Eigenblut sind diese Vorschriften sinngemäß anzuwenden. [4]Die Einrichtung der Krankenversorgung (Krankenhaus, andere ärztliche Einrichtung, die Personen behandelt) hat sicherzustellen, dass die Daten der Dokumentation patienten- und produktbezogen genutzt werden können.

(2a) [1]Erfolgt die Anwendung von Gerinnungsfaktorenzubereitungen durch den Hämophiliepatienten im Rahmen der Heimselbstbehandlung, nimmt dieser die Dokumentation entsprechend den Absätzen 1 und 2 vor. [2]Die ärztliche Person, die diesen Patienten wegen Hämostasestörungen dauerhaft behandelt (hämophiliebehandelnde ärztliche Person), hat die Dokumentation des Hämophiliepatienten mindestens einmal jährlich auf Schlüssigkeit und Vollständigkeit hin zu überprüfen und in die eigene Dokumentation zu übernehmen.

(3) [1]Die Aufzeichnungen, einschließlich der EDV-erfassten Daten, müssen mindestens fünfzehn Jahre, die Daten nach Absatz 2 mindestens dreißig Jahre lang aufbewahrt werden. [2]Sie müssen zu Zwecken der Rückverfolgung unverzüglich verfügbar sein. [3]Die Aufzeichnungen sind zu vernichten oder zu löschen, wenn eine Aufbewahrung nicht mehr erforderlich ist. [4]Werden die Aufzeichnungen länger als dreißig Jahre aufbewahrt, sind sie zu anonymisieren.

(3a) Die Einrichtungen der Krankenversorgung, die behandlungsbedürftige Hämophiliepatienten zeitlich begrenzt im Rahmen eines stationären oder ambulanten Aufenthalts behandeln, übermitteln der hämophiliebehandelnden ärztlichen Person Angaben über den Anlass der Behandlung mit Blutprodukten und Plasmaproteinen im Sinne von Absatz 1 sowie ihre Dokumentation nach Absatz 2.

(4) [1]Die Einrichtungen der Krankenversorgung dürfen personenbezogene Daten der zu behandelnden Personen erheben, verarbeiten und nutzen, soweit das für die in den Absätzen 1 und 2a genannten Zwecke erforderlich ist. [2]Sie übermitteln die dokumentierten Daten den zuständigen Behörden, soweit dies zur Verfolgung von Straftaten, die im engen Zusammenhang mit der Anwendung von Blutprodukten stehen, erforderlich ist. [3]Zur Risikoerfassung nach dem Arzneimittelgesetz sind das Geburtsdatum und das Geschlecht der zu behandelnden Person anzugeben.

§ 15 Qualitätssicherung. (1) [1]Einrichtungen der Krankenversorgung, die Blutprodukte anwenden, haben ein System der Qualitätssicherung für die Anwendung von Blutprodukten nach dem Stand der medizinischen Wissenschaft und Technik einzurichten. [2]Sie haben eine ärztliche Person zu bestellen, die für die transfusionsmedizinischen Aufgaben verantwortlich und mit den dafür erforderlichen Kompetenzen ausgestattet ist (transfusionsverantwortliche Person). [3]Sie haben zusätzlich für jede Behandlungseinheit, in der Blutprodukte angewendet werden, eine ärztliche Person zu bestellen, die in der Krankenversorgung tätig ist und über transfusionsmedizinische Grundkenntnisse und Erfahrungen verfügt (transfusionsbeauftragte Person). [4]Hat die Einrichtung der Krankenversorgung eine Spendeeinrichtung oder ein Institut für Transfusionsmedizin oder handelt es sich um eine Einrichtung der Krankenversorgung mit Akutversorgung, so ist zusätzlich eine Kommission für transfusionsmedizinische Angelegenheiten (Transfusionskommission) zu bilden.

(2) [1]Im Rahmen des Qualitätssicherungssystems sind die Qualifikation und die Aufgaben der Personen, die im engen Zusammenhang mit der Anwendung von Blutprodukten tätig sind, festzulegen. [2]Zusätzlich sind die Grundsätze für die patientenbezogene Qualitätssicherung der Anwendung von Blutprodukten, insbesondere der Dokumentation, einschließlich der Dokumentation der Indikation zur Anwendung von Blutprodukten und Plasmaproteinen im Sinne von § 14 Abs. 1, und des fachübergreifenden Informationsaustausches, die Überwachung der Anwendung, die anwendungsbezogenen Wirkungen, Nebenwirkungen und unerwünschten Reaktionen und zusätzlich erforderliche therapeutische Maßnahmen festzulegen.

§ 16 Unterrichtungspflichten. (1) [1]Treten im Zusammenhang mit der Anwendung von Blutprodukten und gentechnisch hergestellten Plasmaproteinen zur Behandlung von Hämostasestörungen unerwünschte Ereignisse auf, hat die behandelnde ärztliche Person unverzüglich die notwendigen Maßnahmen zu ergreifen. [2]Sie unterrichtet die transfusionsbeauftragte und die transfusionsverantwortliche Person oder die sonst nach dem Qualitätssicherungssystem der Einrichtung der Krankenversorgung zu unterrichtenden Personen.

(2) [1]Im Falle des Verdachts der unerwünschten Reaktion oder Nebenwirkung eines Blutproduktes ist unverzüglich der pharmazeutische Unternehmer und im Falle des Verdachts einer schwerwiegenden unerwünschten Reaktion oder Nebenwirkung eines Blutproduktes und eines Plasmaproteinpräparates im Sinne von Absatz 1 zusätzlich die zuständige Bundesoberbehörde zu unterrichten. [2]Die Unterrichtung muss alle notwendigen Angaben wie Bezeichnung des Produktes, Name oder Firma des pharmazeutischen Unternehmers, die Chargenbezeichnung und, sofern vorhanden, den Einheitlichen Europäischen Code gemäß § 4 Abs. 30a des Arzneimittelgesetzes enthalten. [3]Von der Person, bei der der Verdacht auf die unerwünschten Reaktionen oder Nebenwirkungen aufgetreten ist, sind das Geburtsdatum und das Geschlecht anzugeben.

(3) Die berufsrechtlichen Mitteilungspflichten bleiben unberührt.

§ 17 Nicht angewendete Blutprodukte. (1) [1]Nicht angewendete Blutprodukte sind innerhalb der Einrichtungen der Krankenversorgung sachgerecht zu lagern, zu transportieren, abzugeben oder zu entsorgen. [2]Transport und Abgabe von Blutprodukten aus zellulären Blutbestandteilen und Frischplasma dürfen nur nach einem im Rahmen des Qualitätssicherungssystems schriftlich oder elektronische festgelegten Verfahren erfolgen. [3]Im Falle einer elektronischen Festlegung des Verfahrens ist sicherzustellen, dass die elektronischen Dokumente für die jeweiligen Empfänger jederzeit leicht zugänglich sind und dass sie in hinreichender Weise vor unbefugten Manipulationen geschützt sind. [4]Nicht angewendete Eigenblutentnahmen dürfen nicht an anderen Personen angewendet werden.

(2) Der Verbleib nicht angewendeter Blutprodukte ist zu dokumentieren.

§ 18 Stand der medizinischen Wissenschaft und Technik zur Anwendung von Blutprodukten. (1) [1]Die Bundesärztekammer stellt im Einvernehmen mit der zuständigen Bundesoberbehörde und nach Anhörung von Sachverständigen unter Berücksichtigung der Richtlinien und Empfehlungen der Europäischen Union, des Europarates und der Weltgesundheitsorganisation zu Blut und Blutbestandteilen in Richtlinien den allgemein anerkannten Stand der medizinischen Wissenschaft und Technik insbesondere für

1. die Anwendung von Blutprodukten, einschließlich der Dokumentation der Indikation zur Anwendung von Blutprodukten und Plasmaproteinen im Sinne von § 14 Abs. 1, die Testung auf Infektionsmarker der zu behandelnden Personen anlässlich der Anwendung von Blutprodukten und die Anforderungen an die Rückstellproben,

2. die Qualitätssicherung der Anwendung von Blutprodukten in den Einrichtungen der Krankenversorgung und ihre Überwachung durch die Ärzteschaft,

3. die Qualifikation und die Aufgaben der im engen Zusammenhang mit der Anwendung von Blutprodukten tätigen Personen,

4. den Umgang mit nicht angewendeten Blutprodukten in den Einrichtungen der Krankenversorgung

fest. [2]Bei der Anhörung ist die angemessene Beteiligung von Sachverständigen der betroffenen Fach- und Verkehrskreise, insbesondere der Träger der Spendeeinrichtungen, der Spitzenverbände der Krankenkassen, der Deutschen Krankenhausgesellschaft, der Kassenärztlichen Bundesvereinigung sowie der zuständigen Behörden von Bund und Ländern sicherzustellen. [3]Die Richtlinien werden von der zuständigen Bundesoberbehörde im Bundesanzeiger bekannt gemacht.

(2) Es wird vermutet, dass der allgemein anerkannte Stand der medizinischen Wissenschaft und Technik zu den Anforderungen nach diesem Abschnitt eingehalten worden ist, wenn und soweit die Richtlinien der Bundesärztekammer nach Absatz 1 beachtet worden sind.

Vierter Abschnitt

Rückverfolgung

§ 19 Verfahren. (1) [1]Wird von einer Spendeeinrichtung festgestellt oder hat sie begründeten Verdacht, dass eine spendende Person mit HIV, mit Hepatitis-Viren oder anderen Erregern, die zu schwerwiegenden Krankheitsverläufen führen können, infiziert ist, ist die entnommene Spende auszusondern und dem Verbleib vorangegangener Spenden nachzugehen. [2]Das Verfahren zur Überprüfung des Verdachts und zur Rückverfolgung richtet sich nach dem Stand der wissenschaftlichen Erkenntnisse. [3]Es sind insbesondere folgende Sorgfaltspflichten zu beachten:

1. der Rückverfolgungszeitraum für vorangegangene Spenden zum Schutz vor den jeweiligen Übertragungsrisiken muss angemessen sein,
2. eine als infektiös verdächtige Spende muss gesperrt werden, bis durch Wiederholungs- oder Bestätigungstestergebnisse über das weitere Vorgehen entschieden worden ist,
3. es muss unverzüglich Klarheit über den Infektionsstatus der spendenden Person und über ihre infektionsverdächtigen Spenden gewonnen werden,
4. eine nachweislich infektiöse Spende muss sicher ausgesondert werden,
5. die notwendigen Informationsverfahren müssen eingehalten werden, wobei § 16 Abs. 2 Satz 3 entsprechend gilt, und
6. die Einleitung des Rückverfolgungsverfahrens ist unverzüglich der zuständigen Behörde anzuzeigen, wenn die Bestätigungstestergebnisse die Infektiosität bestätigen, fraglich sind oder eine Nachtestung nicht möglich ist; § 16 Abs. 2 Satz 3 gilt entsprechend.

[4]Die verantwortliche ärztliche Person der Spendeeinrichtung hat die spendende Person unverzüglich über den anlässlich der Spende gesichert festgestellten Infektionsstatus zu unterrichten. [5]Sie hat die spendende Person eingehend aufzuklären und zu beraten. [6]Sind Blutprodukte, bei denen der begründete Verdacht

besteht, dass sie Infektionserreger übertragen, angewendet worden, so sind die Einrichtungen der Krankenversorgung verpflichtet, die behandelten Personen unverzüglich zu unterrichten und ihnen eine Testung zu empfehlen. [7]Vor der Testung ist die schriftliche Einwilligung der behandelten Person einzuholen. [8]Die behandelte Person ist eingehend zu beraten.

(2) [1]Wird in einer Einrichtung der Krankenversorgung bei einer zu behandelnden oder behandelten Person festgestellt oder besteht der begründete Verdacht, dass sie durch ein Blutprodukt gemäß Absatz 1 Satz 1 infiziert worden ist, muss die Einrichtung der Krankenversorgung der Ursache der Infektion unverzüglich nachgehen. [2]Sie hat das für die Infektion oder den Verdacht in Betracht kommende Blutprodukt zu ermitteln und die Unterrichtungen entsprechend § 16 Abs. 2 vorzunehmen. [3]Der pharmazeutische Unternehmer hat zu veranlassen, dass die spendende Person ermittelt und eine Nachuntersuchung empfohlen wird. [4]Absatz 1 Satz 8 gilt entsprechend. [5]Wird die Infektiosität der spendenden Person bei der Nachuntersuchung bestätigt oder nicht ausgeschlossen oder ist eine Nachuntersuchung nicht durchführbar, so findet das Verfahren nach Absatz 1 entsprechend Anwendung.

(3) [1]Die Einrichtungen der Krankenversorgung, die Spendeeinrichtungen und die pharmazeutischen Unternehmer haben mit den zuständigen Behörden des Bundes und der Länder zusammenzuarbeiten, um die Ursache der Infektion nach Absatz 2 zu ermitteln. [2]Sie sind insbesondere verpflichtet, die für diesen Zweck erforderlichen Auskünfte zu erteilen. [3]§ 16 Abs. 2 Satz 3 gilt entsprechend.

(4) Die nach Absatz 1 bis 3 durchgeführten Maßnahmen sind für Zwecke weiterer Rückverfolgungsverfahren und der Risikoerfassung nach dem Arzneimittelgesetz zu dokumentieren.

§ 20 Verordnungsermächtigung. [1]Das Bundesministerium für Gesundheit wird ermächtigt, nach Anhörung von Sachverständigen eine Rechtsverordnung mit Zustimmung des Bundesrates zur Regelung der Einzelheiten des Verfahrens der Rückverfolgung zu erlassen, sofern dies zur Abwehr von Gefahren für die Gesundheit von Menschen oder zur Risikovorsorge erforderlich ist. [2]Mit der Verordnung können insbesondere Regelungen zu einer gesicherten Erkennung des Infektionsstatus der spendenden und der zu behandelnden Personen, zur Dokumentation und Übermittlung von Daten zu Zwecken der Rückverfolgung, zum Zeitraum der Rückverfolgung sowie zu Sperrung und Lagerung von Blutprodukten erlassen werden.

Fünfter Abschnitt
Meldewesen

§ 21 Koordiniertes Meldewesen. (1) [1]Die Träger der Spendeeinrichtungen und die pharmazeutischen Unternehmer haben der zuständigen Bundesoberbehörde jährlich nach Satz 4 die Zahlen zu dem Umfang der Gewinnung von Blut und Blutbestandteilen sowie zu dem Umfang der Herstellung, des Verlusts, des Verfalls, des Inverkehrbringens, des Imports und des Exports von Blutprodukten und Plasmaproteinen im Sinne von § 14 Absatz 1 zu melden. [2]Die Einrichtungen der Krankenversorgung haben der zuständigen Bundesoberbehörde jährlich nach Satz 4 die Zahlen zum Verbrauch und Verfall von Blutprodukten und Plasmaproteinen im Sinne von § 14 Absatz 1 zu melden. [3]Einzelheiten zu den nach Satz 2 zu meldenden Blutprodukten und Plasmaproteinen im Sinne von § 14 Absatz 1 werden in der Rechtsverordnung nach § 23 geregelt. [4]Die Meldungen haben nach Abschluss des Kalenderjahres, spätestens zum 1. März des folgenden Jahres, zu erfolgen. [5]Die zuständige Bundesoberbehörde unterrichtet die für die Überwachung zuständige Landesbehörde, wenn die Meldungen wiederholt nicht oder unvollständig erfolgen.

(1a) [1]Die hämophiliebehandelnde ärztliche Person hat die Anzahl der Patienten mit angeborenen Hämostasestörungen, differenziert nach dem Schweregrad der Erkrankung und nach Altersgruppen, sowie die Gesamtmenge der bei diesen Patientengruppen angewendeten Gerinnungsfaktorenzubereitungen nach Satz 3 an das Deutsche Hämophilieregister nach § 21a zu melden. [2]Im Fall der schriftlichen Einwilligung des behandelten Patienten sind anstelle der Meldung nach Satz 1

1. an die Vertrauensstelle nach § 21a Absatz 2 Satz 1 die personenidentifizierenden Daten nach Maßgabe des nach § 21a Absatz 2 Satz 4 festgelegten Pseudonymisierungsverfahrens und

2. an das Deutsche Hämophilieregister nach § 21a Absatz 1 Satz 1 die pseudonymisierten Daten nach Maßgabe der nach § 21a Absatz 3 Satz 3 getroffenen Festlegungen und des § 2 Absatz 4 Satz 2 Nummer 3 der Transfusionsgesetz-Meldeverordnung, insbesondere

   a) die Angaben zu Alter, Geschlecht und Wohnort des Patienten,

   b) die Behandlungsdaten,

   c) die Angaben zur Krankenkasse,

   d) die Angaben zum Widerruf der Einwilligung des Patienten oder zum Tod des Patienten

zu melden. [3]Die Meldungen haben nach Abschluss des Kalenderjahres, spätestens zum 1. Juli des folgenden Jahres, zu erfolgen. [4]Mit der Meldung nach Satz 1 oder Satz 2 wird die Meldepflicht nach Absatz 1 Satz 2 für Gerinnungsfaktorenzubereitungen erfüllt.

(2) [1]Die zuständige Bundesoberbehörde stellt die nach den Absätzen 1 und 1a gemeldeten Daten anonymisiert in einem Bericht zusammen und macht diesen bekannt. [2]Sie hat melderbezogene Daten streng vertraulich zu behandeln.

(3) Die Spendeeinrichtungen übersenden der zuständigen Behörde einmal jährlich eine Liste der belieferten Einrichtungen der Krankenversorgung und stellen diese Liste auf Anfrage der zuständigen Bundesoberbehörde zur Verfügung.

§ 21a Deutsches Hämophilieregister, Verordnungsermächtigung. (1) [1]Das Paul-Ehrlich-Institut führt in Zusammenarbeit mit der Gesellschaft für Thrombose- und Hämostaseforschung e.V., der Deutschen Hämophiliegesellschaft zur Bekämpfung von Blutungskrankheiten e.V. und der Interessengemeinschaft Hämophiler e.V. ein klinisches Register unter der Bezeichnung „Deutsches Hämophilieregister". [2]Das Deutsche Hämophilieregister hat insbesondere folgende Aufgaben:

1. die Erhebung, Zusammenführung, Prüfung und Auswertung der Meldungen nach § 21 Absatz 1a,
2. die Festlegung der Einzelheiten zum Datensatz nach Absatz 3 Satz 3 und § 2 Absatz 4 Satz 2 Nummer 3 der Transfusionsgesetz-Meldeverordnung entsprechend dem Stand der medizinischen Wissenschaft und Technik einschließlich der Fortschreibung des Datensatzes,
3. die Festlegung der Einzelheiten des Pseudonymisierungsverfahrens nach Absatz 2 Satz 4,
4. die Auswertung der erfassten Daten und die Rückmeldung der Auswertungsergebnisse an die hämophiliebehandelnden ärztlichen Personen zur Verbesserung der Versorgung von Patienten mit angeborenen Hämostasestörungen,
5. die Bereitstellung notwendiger anonymisierter Daten zur Herstellung von Transparenz zum Versorgungsgeschehen, zu Zwecken der Versorgungsforschung und zur Weiterentwicklung der wissenschaftlichen Grundlagen auf dem Gebiet angeborener Hämostasestörungen nach Absatz 5,
6. die internationale Zusammenarbeit mit anderen Hämophilieregistern,
7. die Förderung der interdisziplinären Zusammenarbeit in der Hämophiliebehandlung.

(2) [1]Das Paul-Ehrlich-Institut richtet unter Einbeziehung eines unabhängigen Dritten eine vom Deutschen Hämophilieregister organisatorisch, personell und technisch getrennte Vertrauensstelle ein. [2]Die Vertrauensstelle erhebt die ihr nach § 21 Absatz 1a Satz 2 Nummer 1 übermittelten personenidentifizierenden Daten, erzeugt daraus ein Pseudonym, übermittelt das Pseudonym an das Deutsche Hämophilieregister und löscht die nur für die Erzeugung des Pseudonyms temporär gespeicherten personenidentifizierenden Daten unverzüglich nach der Übermittlung des Pseudonyms. [3]Es ist ein Pseudonymisierungsverfahren anzuwenden, das nach dem jeweiligen Stand der Technik eine Identifizierung von Patienten ausschließt. [4]Das Pseudonymisierungsverfahren wird vom Deutschen Hämophilieregister in Abstimmung mit der Bundesbeauftragten für den Datenschutz und die Informationsfreiheit sowie dem Bundesamt für Sicherheit in der Informationstechnik und den nach Absatz 1 Satz 1 Beteiligten festgelegt. [5]Das von der Vertrauensstelle erzeugte Pseudonym darf nur an

das Deutsche Hämophilieregister übermittelt, vom Deutschen Hämophilieregister nur für die in Absatz 1 Satz 2 genannten Aufgaben genutzt und an keine andere Stelle übermittelt werden.

(3) [1]Das Deutsche Hämophilieregister erhebt für die in Absatz 1 Satz 2 genannten Aufgaben folgende Daten:

1. die Daten zur meldenden hämophiliebehandelnden ärztlichen Person sowie zum Zeitpunkt und zum Jahr oder Zeitraum der Meldung nach § 2 Absatz 4 Satz 2 Nummer 1 und 2 der Transfusionsgesetz-Meldeverordnung,

2. die von der hämophiliebehandelnden ärztlichen Person übermittelten anonymisierten Daten nach § 21 Absatz 1a Satz 1 sowie

3. im Fall der schriftlichen Einwilligung des behandelten Patienten
   a) das von der Vertrauensstelle nach Absatz 2 erzeugte Pseudonym und
   b) die von der hämophiliebehandelnden ärztlichen Person übermittelten Daten nach § 21 Absatz 1a Satz 2 Nummer 2.

[2]Das Deutsche Hämophilieregister führt das von der Vertrauensstelle nach Absatz 2 übermittelte Pseudonym mit den dem Deutschen Hämophilieregister nach Satz 1 Nummer 3 Buchstabe b übermittelten Daten zusammen. [3]Das Nähere zu Art und Umfang sowie zum Übermittlungsverfahren der an das Deutsche Hämophilieregister zu übermittelnden Daten nach § 21 Absatz 1a Satz 2 Nummer 2 und § 2 Absatz 4 Satz 2 Nummer 3 der Transfusionsgesetz-Meldeverordnung wird vom Deutschen Hämophilieregister in Abstimmung mit der Bundesbeauftragten für den Datenschutz und die Informationsfreiheit und den nach Absatz 1 Satz 1 Beteiligten festgelegt. [4]Bei der Festlegung der Daten nach Satz 3 sind insbesondere diejenigen Daten zu bestimmen, die grundsätzlich auch für die Behandlungsdokumentation erhoben werden und die medizinisch oder methodisch notwendig sind, um

1. die Qualität von Diagnostik oder von der Behandlung von Patienten mit angeborenen Hämostasestörungen mit Hilfe geeigneter Indikatoren zu ermitteln,

2. mögliche Begleiterkrankungen und Komplikationen zu erfassen,

3. die Sterblichkeit festzustellen,

4. eine Transparenz zum Versorgungsgeschehen herzustellen,

5. die wissenschaftlichen Grundlagen auf dem Gebiet der angeborenen Hämostasestörungen weiterzuentwickeln sowie

6. eine geeignete Validierung oder Risikoadjustierung bei der Auswertung der Daten zu ermöglichen.

[5]Das Deutsche Hämophilieregister macht eine jeweils aktuelle Übersicht über die Art und den Umfang der erfassten Daten sowie zum Übermittlungsverfahren nach Satz 3 im Bundesanzeiger bekannt. [6]Es ist auszuschließen, dass Patienten durch die Verarbeitung und Nutzung der Daten bei der Vertrauensstelle und dem Deutschen Hämophilieregister wieder identifiziert werden können. [7]Im Fall eines Widerrufs der Einwilligung des Patienten oder seines Todes sind dessen Daten zu anonymisieren.

(4) [1]Die hämophiliebehandelnde ärztliche Person klärt ihre Patienten mit angeborener Hämostasestörung über die Erhebung, Verarbeitung und Nutzung ih-

rer personenbezogenen Daten und über den Zweck des Deutschen Hämophilieregisters auf. [2]Die Aufklärung umfasst die Information über die Möglichkeit, in die Aufnahme der pseudonymisierten Patienten- und Behandlungsdaten in das Deutsche Hämophilieregister schriftlich einzuwilligen. [3]Bei fehlender Einwilligung umfasst die Aufklärung die Information, dass die hämophiliebehandelnde ärztliche Person verpflichtet ist, anonymisierte Daten nach § 21 Absatz 1a Satz 1 an das Deutsche Hämophilieregister zu melden. [4]Der Patient ist darüber zu informieren, dass im Fall seines Widerrufs der Einwilligung oder seines Todes seine pseudonymisierten Daten anonymisiert werden. [5]Die Aufklärung ist von den Patienten schriftlich zu bestätigen.

(5) [1]Das Deutsche Hämophilieregister kann zu Forschungszwecken anonymisierte Daten an die am Deutschen Hämophilieregister Beteiligten nach Absatz 1 Satz 1 und an Dritte übermitteln. [2]Die Übermittlung der anonymisierten Daten erfolgt auf Antrag und nach Abschluss einer Nutzungsvereinbarung. [3]Über den Antrag entscheidet der Lenkungsausschuss des Deutschen Hämophilieregisters. [4]Die Daten dürfen nur für die in Absatz 1 Satz 2 genannten Aufgaben und unter Beachtung der Publikationsgrundsätze des Deutschen Hämophilieregisters verarbeitet oder genutzt werden.

(6) [1]Das Bundesministerium für Gesundheit wird ermächtigt, nach Anhörung von Sachverständigen durch Rechtsverordnung mit Zustimmung des Bundesrates die organisatorische und technische Ausgestaltung sowie die Nutzung des Deutschen Hämophilieregisters zu regeln. [2]In der Rechtsverordnung kann insbesondere das Nähere geregelt werden zu den Anforderungen an

1. die Organisationsstruktur und die Geschäftsführung des Registers,
2. die Vertretung des Registers gegenüber Dritten,
3. den Lenkungsausschuss,
4. den beratenden Fachausschuss,
5. die Geschäftsordnung der nach Absatz 1 Satz 1 am Register Beteiligten,
6. das Antrags- und Entscheidungsverfahren nach Absatz 5, die Nutzungsvereinbarung und die Publikationsgrundsätze des Registers sowie
7. die Maßnahmen zur Qualitätskontrolle und Qualitätssicherung.

§ 22 Epidemiologische Daten. (1) [1]Die Träger der Spendeeinrichtungen erstellen getrennt nach den einzelnen Spendeeinrichtungen vierteljährlich und jährlich unter Angabe der Gesamtzahl der getesteten Personen eine Liste über die Anzahl der spendenden Personen, die auf einen Infektionsmarker bestätigt positiv getestet worden sind, sowie vierteljährlich über die Anzahl der durchgeführten Untersuchungen. [2]Personen, denen Eigenblut entnommen worden ist, sind ausgenommen. [3]Die Zahlenangaben sind nach den verschiedenen Infektionsmarkern, auf die getestet wird, nach Art der Spende, nach Erstspendewilligen, Erst- und Wiederholungsspendern, nach Geschlecht und Alter, nach möglichem Infektionsweg, nach Selbstausschluss, nach Wohnregion sowie nach Vorspenden zu differenzieren. [4]Die Liste ist bis zum Ende des auf den Berichtszeitraum folgenden Quartals der für die Epidemiologie zuständigen Bundesoberbehörde zuzuleiten. [5]Werden die Listen wiederholt nicht oder unvollständig zugeleitet, ist die für die Überwachung zuständige Landesbehörde zu unterrichten. [6]Besteht ein infektionsepidemiologisch aufklärungsbedürftiger Sachverhalt, bleibt die Befugnis, die zuständige Landesbehörde und die zuständige Bundesoberbehörde zu informieren, unberührt.

(2) [1]Die für die Epidemiologie zuständige Bundesoberbehörde stellt die Angaben in anonymisierter Form übersichtlich zusammen und macht eine jährliche Gesamtübersicht bis zum 30. September des folgenden Jahres bekannt. [2]Meldedaten sind streng vertraulich zu behandeln.

§ 23 Verordnungsermächtigung. Das Bundesministerium für Gesundheit wird ermächtigt, nach Anhörung von Sachverständigen eine Rechtsverordnung mit Zustimmung des Bundesrates zur Regelung von Art, Umfang und Darstellungsweise der Angaben nach diesem Abschnitt zu erlassen.

Sechster Abschnitt

Sachverständige

§ 24 Arbeitskreis Blut. [1]Das Bundesministerium für Gesundheit richtet einen Arbeitskreis von Sachverständigen für Blutprodukte und das Blutspende- und Transfusionswesen ein (Arbeitskreis Blut). [2]Der Arbeitskreis berät die zuständigen Behörden des Bundes und der Länder. [3]Er nimmt die nach diesem Gesetz vorgesehenen Anhörungen von Sachverständigen bei Erlass von Verordnungen wahr. [4]Das Bundesministerium für Gesundheit beruft die Mitglieder des Arbeitskreises auf Vorschlag der Berufs- und Fachgesellschaften, Standesorganisationen der Ärzteschaft, der Fachverbände der pharmazeutischen Unternehmer, einschließlich der staatlichen und kommunalen Bluttransfusionsdienste, der Arbeitsgemeinschaft Plasmapherese und der Blutspendedienste des Deutschen Roten Kreuzes, überregionaler Patientenverbände, insbesondere der Hämophilieverbände, des Bundesministeriums der Verteidigung und der Länder. [5]Der Arbeitskreis gibt sich im Einvernehmen mit dem Bundesministerium für Gesundheit eine Geschäftsordnung. [6]Das Bundesministerium für Gesundheit bestimmt und beruft die leitende Person des Arbeitskreises. [7]Es kann eine Bundesoberbehörde mit der Geschäftsführung des Arbeitskreises beauftragen.

Siebter Abschnitt

Pflichten der Behörden

§ 25 Mitteilungspflichten der Behörden. [1]Die für die Durchführung des Gesetzes zuständigen Behörden des Bundes und der Länder teilen sich für die in diesem Gesetz geregelten Zwecke gegenseitig ihnen bekannt gewordene Verdachtsfälle schwerwiegender unerwünschter Reaktionen oder Nebenwirkungen von Blutprodukten unverzüglich mit. [2]§ 16 Abs. 2 Satz 3 gilt entsprechend.

Achter Abschnitt
Sondervorschriften

§ 26 Bundeswehr. (1) Die Vorschriften dieses Gesetzes finden auf Einrichtungen der Bundeswehr entsprechende Anwendung.

(2) Im Geschäftsbereich des Bundesministeriums der Verteidigung obliegt der Vollzug dieses Gesetzes bei der Überwachung den zuständigen Stellen und Sachverständigen der Bundeswehr.

(3) Das Bundesministerium der Verteidigung kann für seinen Geschäftsbereich im Einvernehmen mit dem Bundesministerium für Gesundheit in Einzelfällen Ausnahmen von diesem Gesetz und aufgrund dieses Gesetzes erlassenen Rechtsverordnungen zulassen, wenn dies zur Durchführung der besonderen Aufgaben gerechtfertigt ist und der Schutz der Gesundheit gewahrt bleibt.

Neunter Abschnitt
Bestimmung der zuständigen Bundesoberbehörden und sonstige Bestimmungen

§ 27 Zuständige Bundesoberbehörden. (1) Zuständige Bundesoberbehörde ist das Paul-Ehrlich-Institut.

(2) Die für die Epidemiologie zuständige Bundesoberbehörde ist das Robert Koch-Institut.

(3) Die für die gesundheitliche Aufklärung zuständige Bundesoberbehörde ist die Bundeszentrale für gesundheitliche Aufklärung.

(4) Die für die medizinische Dokumentation und Information zuständige Bundesbehörde ist das Deutsche Institut für Medizinische Dokumentation und Information.

§ 28 Ausnahmen vom Anwendungsbereich. Dieses Gesetz findet keine Anwendung auf die Entnahme einer geringfügigen Menge Blut zu diagnostischen Zwecken, auf homöopathische Eigenblutprodukte, autologes Blut zur Herstellung von biotechnologisch bearbeiteten Gewebeprodukten und auf die Entnahme einer geringfügigen Menge Eigenblut zur Herstellung von Produkten für die zahnärztliche Behandlung, sofern diese Produkte in der Zahnarztpraxis auf der Grundlage des von der Bundeszahnärztekammer festgestellten und in den Zahnärztlichen Mitteilungen veröffentlichten Standes der medizinischen Wissenschaft und Technik hergestellt und angewendet werden.

§ 29 Verhältnis zu anderen Rechtsbereichen. [1]Die Vorschriften des Arzneimittelrechts, des Medizinprodukterechts und des Seuchenrechts bleiben unberührt, soweit in diesem Gesetz nicht etwas anderes vorgeschrieben ist. [2]Das Transplantationsrecht findet keine Anwendung.

C 9 TFG

§ 30 Angleichung an Gemeinschaftsrecht. (1) Rechtsverordnungen nach diesem Gesetz können auch zum Zwecke der Angleichung der Rechtsvorschriften der Mitgliedstaaten der Europäischen Union erlassen werden, soweit dies zur Durchführung von Verordnungen oder zur Umsetzung von Richtlinien oder Entscheidungen des Rates der Europäischen Union oder der Kommission der Europäischen Gemeinschaften, die Sachbereiche dieses Gesetzes betreffen, erforderlich ist.

(2) Rechtsverordnungen nach diesem Gesetz, die ausschließlich der Umsetzung von Richtlinien oder Entscheidungen des Rates der Europäischen Union oder der Kommission der Europäischen Gemeinschaften in nationales Recht dienen, bedürfen nicht der Zustimmung des Bundesrates.

Zehnter Abschnitt

Straf- und Bußgeldvorschriften

§ 31 Strafvorschriften. Mit Freiheitsstrafe bis zu einem Jahr oder mit Geldstrafe wird bestraft, wer entgegen § 5 Abs. 3 Satz 1 nicht dafür sorgt, dass die spendende Person vor der Freigabe der Spende auf die dort genannten Infektionsmarker untersucht wird.

§ 32 Bußgeldvorschriften. (1) Ordnungswidrig handelt, wer eine in § 31 bezeichnete Handlung fahrlässig begeht.

(2) Ordnungswidrig handelt, wer vorsätzlich oder fahrlässig
1. entgegen § 4 Satz 1 Nr. 2 eine Spendeeinrichtung betreibt,
2. entgegen § 8 Abs. 2 Satz 1 Nr. 4 oder 6, jeweils auch in Verbindung mit § 9 Absatz 1 Satz 2, ein Immunisierungsprogramm oder eine Vorbehandlung durchführt,
3. einer Rechtsverordnung nach § 12 Satz 1 oder einer vollziehbaren Anordnung auf Grund einer solchen Rechtsverordnung zuwiderhandelt, soweit die Rechtsverordnung für einen bestimmten Tatbestand auf diese Bußgeldvorschrift verweist, oder
4. entgegen § 21 Absatz 1 Satz 1 oder Satz 2 oder Absatz 1a Satz 1, auch in Verbindung mit Satz 2, jeweils auch in Verbindung mit einer Rechtsverordnung nach § 23, eine Meldung nicht, nicht richtig, nicht vollständig oder nicht rechtzeitig macht.

(3) Die Ordnungswidrigkeit kann im Falle des Absatzes 1 mit einer Geldbuße bis zu fünfundzwanzigtausend Euro, in den Fällen des Absatzes 2 Nummer 1 bis 3 mit einer Geldbuße bis zu zehntausend Euro und in den übrigen Fällen mit einer Geldbuße bis zu fünftausend Euro geahndet werden.

(4) Verwaltungsbehörde im Sinne des § 36 Absatz 1 Nummer 1 des Gesetzes über Ordnungswidrigkeiten ist in den Fällen des Absatzes 2 Nummer 4 das Paul-Ehrlich-Institut.

(3) Die Ordnungswidrigkeit kann im Falle des Absatzes 1 mit einer Geldbuße bis zu fünfundzwanzigtausend Euro und in den Fällen des Absatzes 2 mit einer Geldbuße bis zu zehntausend Euro geahndet werden.

Elfter Abschnitt

Übergangsvorschriften

§ 33   Wer bei Inkrafttreten dieses Gesetzes die Tätigkeit der Anwendung von Blutprodukten ausübt und die Voraussetzungen der in diesem Zeitpunkt geltenden Vorschriften erfüllt, darf diese Tätigkeit weiter ausüben.

Zwölfter Abschnitt

Schlussvorschriften

§ 34 Übergangsregelung aus Anlass des Gesetzes zur Fortschreibung der Vorschriften für Blut- und Gewebezubereitungen und zur Änderung anderer Vorschriften.   § 21 Absatz 1a und § 21a Absatz 1 bis 5 sind ab dem 1. August 2019 anzuwenden.

§§ 35 bis 37 *(weggefallen)*

§ 38 Rückkehr zum einheitlichen Verordnungsrang.   Die auf den §§ 35 bis 37 beruhenden Teile der dort geänderten Rechtsverordnungen können aufgrund der jeweils einschlägigen Ermächtigung durch Rechtsverordnung geändert werden.

§ 39 *(Inkrafttreten)*

D. Öffentliches Gesundheitsrecht

Gewerbeordnung (GewO)

in der Fassung der Bekanntmachung vom 22. Februar 1999 (BGBl. I S. 202)
zuletzt geändert durch Art. 1 G vom 17.10.2017 (BGBl. I S. 3562)

§ 30   Privatkrankenanstalten.   (1) [1]Unternehmer von Privatkranken- und Privatentbindungsanstalten sowie von Privatnervenkliniken bedürfen einer Konzession der zuständigen Behörde. [2]Die Konzession ist nur dann zu versagen, wenn

1. Tatsachen vorliegen, welche die Unzuverlässigkeit des Unternehmers in Beziehung auf die Leitung oder Verwaltung der Anstalt oder Klinik dartun,

1a. Tatsachen vorliegen, welche die ausreichende medizinische und pflegerische Versorgung der Patienten als nicht gewährleistet erscheinen lassen,

2. nach den von dem Unternehmer einzureichenden Beschreibungen und Plänen die baulichen und die sonstigen technischen Einrichtungen der Anstalt oder Klinik den gesundheitspolizeilichen Anforderungen nicht entsprechen,

3. die Anstalt oder Klinik nur in einem Teil eines auch von anderen Personen bewohnten Gebäudes untergebracht werden soll und durch ihren Betrieb für die Mitbewohner dieses Gebäudes erhebliche Nachteile oder Gefahren hervorrufen kann oder

4. die Anstalt oder Klinik zur Aufnahme von Personen mit ansteckenden Krankheiten oder von Geisteskranken bestimmt ist und durch ihre örtliche Lage für die Besitzer oder Bewohner der benachbarten Grundstücke erhebliche Nachteile oder Gefahren hervorrufen kann.

(2) Vor Erteilung der Konzession sind über die Fragen zu Absatz 1 Nr. 3 und 4 die Ortspolizei- und die Gemeindebehörden zu hören.

Gesetz zur wirtschaftlichen Sicherung der Krankenhäuser und zur Regelung der Krankenhauspflegesätze (Krankenhausfinanzierungsgesetz – KHG)

i.d.F. der Bek. vom 10.4.1991 (BGBl. I S. 885),
zuletzt geändert durch Art. 6 G vom 24.7.2017 (BGBl. I S. 2581)

1. Abschnitt

Allgemeine Vorschriften

§ 1 Grundsatz. (1) Zweck dieses Gesetzes ist die wirtschaftliche Sicherung der Krankenhäuser, um eine qualitativ hochwertige, patienten- und bedarfsgerechte Versorgung der Bevölkerung mit leistungsfähigen, qualitativ hochwertigen und eigenverantwortlich wirtschaftenden Krankenhäusern zu gewährleisten und zu sozial tragbaren Pflegesätzen beizutragen.

(2) ¹Bei der Durchführung des Gesetzes ist die Vielfalt der Krankenhausträger zu beachten. ²Dabei ist nach Maßgabe des Landesrechts insbesondere die wirtschaftliche Sicherung freigemeinnütziger und privater Krankenhäuser zu gewährleisten. ³Die Gewährung von Fördermitteln nach diesem Gesetz darf nicht mit Auflagen verbunden werden, durch die die Selbstständigkeit und Unabhängigkeit von Krankenhäusern über die Erfordernisse der Krankenhausplanung und der wirtschaftlichen Betriebsführung hinaus beeinträchtigt werden.

§ 2 Begriffsbestimmungen. Im Sinne dieses Gesetzes sind
1. Krankenhäuser
   Einrichtungen, in denen durch ärztliche und pflegerische Hilfeleistung Krankheiten, Leiden oder Körperschäden festgestellt, geheilt oder gelindert werden sollen oder Geburtshilfe geleistet wird und in denen die zu versorgenden Personen untergebracht und verpflegt werden können,
1a. mit den Krankenhäusern notwendigerweise verbundene Ausbildungsstätten
   staatlich anerkannte Einrichtungen an Krankenhäusern zur Ausbildung für die Berufe
   a) Ergotherapeut, Ergotherapeutin,
   b) Diätassistent, Diätassistentin,
   c) Hebamme, Entbindungspfleger,
   d) Krankengymnast, Krankengymnastin, Physiotherapeut, Physiotherapeutin,
   e) Pflegefachfrau, Pflegefachmann,
   f) Gesundheits- und Kinderkrankenpflegerin, Gesundheits- und Kinderkrankenpfleger,

g) Krankenpflegehelferin, Krankenpflegehelfer,

h) medizinisch-technischer Laboratoriumsassistent, medizinisch-technische Laboratoriumsassistentin,

i) medizinisch-technischer Radiologieassistent, medizinisch-technische Radiologieassistentin,

j) Logopäde, Logopädin,

k) Orthoptist, Orthoptistin,

l) medizinisch-technischer Assistent für Funktionsdiagnostik medizinisch-technische Assistentin für Funktionsdiagnostik,

wenn die Krankenhausträger Träger oder Mitträger der Ausbildungsstätte sind,

2. Investitionskosten

a) die Kosten der Errichtung (Neubau, Umbau, Erweiterungsbau) von Krankenhäusern und der Anschaffung der zum Krankenhaus gehörenden Wirtschaftsgüter, ausgenommen der zum Verbrauch bestimmten Güter (Verbrauchsgüter),

b) die Kosten der Wiederbeschaffung der Güter des zum Krankenhaus gehörenden Anlagevermögens (Anlagegüter);

zu den Investitionskosten gehören nicht die Kosten des Grundstücks, des Grundstückserwerbs, der Grundstückserschließung sowie ihrer Finanzierung sowie die Kosten der Telematikinfrastruktur gemäß § 291a Abs. 7 Satz 4 des Fünften Buches Sozialgesetzbuch,

3. für die Zwecke dieses Gesetzes den Investitionskosten gleichstehende Kosten

a) die Entgelte für die Nutzung der in Nummer 2 bezeichneten Anlagegüter,

b) die Zinsen, die Tilgung und die Verwaltungskosten von Darlehen, soweit sie zur Finanzierung der in Nummer 2 sowie in Buchstabe a bezeichneten Kosten aufgewandt worden sind,

c) die in Nummer 2 sowie in den Buchstaben a und b bezeichneten Kosten, soweit sie gemeinschaftliche Einrichtungen der Krankenhäuser betreffen,

d) Kapitalkosten (Abschreibungen und Zinsen) für die in Nummer 2 genannten Wirtschaftsgüter,

e) Kosten der in Nummer 2 sowie in den Buchstaben a bis d bezeichneten Art, soweit sie die mit den Krankenhäusern notwendigerweise verbundenen Ausbildungsstätten betreffen und nicht nach anderen Vorschriften aufzubringen sind,

4. Pflegesätze

die Entgelte der Benutzer oder ihrer Kostenträger für stationäre und teilstationäre Leistungen des Krankenhauses,

5. pflegesatzfähige Kosten:

die Kosten des Krankenhauses, deren Berücksichtigung im Pflegesatz nicht nach diesem Gesetz ausgeschlossen ist.

§ 2a Definition von Krankenhausstandorten. (1) [1]Der Spitzenverband Bund der Krankenkassen und die Deutsche Krankenhausgesellschaft vereinbaren im Benehmen mit den Ländern, den Kassenärztlichen Bundesvereinigungen und dem Verband der Privaten Krankenversicherung bis zum 30. Juni 2017 eine bundeseinheitliche Definition, die die Kriterien für den Standort oder die Standorte eines Krankenhauses und dessen Ambulanzen festlegt. [2]Sie haben sicherzustellen, dass diese Definition des Standorts eines Krankenhauses und dessen Ambulanzen eine eindeutige Abgrenzung von Versorgungseinheiten insbesondere in räumlicher, organisatorischer, medizinischer, wirtschaftlicher und rechtlicher Hinsicht ermöglicht. [3]Die Definition soll insbesondere für Zwecke der Qualitätssicherung, der Abrechnung, für die Krankenhausplanung und die Krankenhausstatistik geeignet sein. [4]Die Möglichkeit, Vereinbarungen nach § 11 des Krankenhausentgeltgesetzes oder nach § 11 der Bundespflegesatzverordnung einheitlich für alle Standorte eines Krankenhauses zu schließen, bleibt unberührt. [5]Die Definition ist für den Spitzenverband Bund der Krankenkassen, die Unternehmen der privaten Krankenversicherung, die Deutsche Krankenhausgesellschaft, die Kassenärztlichen Bundesvereinigungen und deren Mitglieder und Mitgliedskassen sowie für die Leistungserbringer verbindlich. [6]Das Benehmen mit den Ländern nach Satz 1 wird mit zwei von der Gesundheitsministerkonferenz der Länder benannten Vertretern der Länder hergestellt.

(2) Kommt die Vereinbarung nach Absatz 1 Satz 1 ganz oder teilweise nicht fristgerecht zustande, legt die Schiedsstelle nach § 18a Absatz 6 ohne Antrag einer Vertragspartei innerhalb von sechs Wochen die Kriterien für den Standort oder die Standorte eines Krankenhauses und dessen Ambulanzen fest.

§ 3 Anwendungsbereich. [1]Dieses Gesetz findet keine Anwendung auf
1. *(aufgehoben)*
2. Krankenhäuser im Straf- oder Maßregelvollzug,
3. Polizeikrankenhäuser,
4. Krankenhäuser der Träger der allgemeinen Rentenversicherung und, soweit die gesetzliche Unfallversicherung die Kosten trägt, Krankenhäuser der Träger der gesetzlichen Unfallversicherung und ihrer Vereinigungen; das gilt nicht für Fachkliniken zur Behandlung von Erkrankungen der Atmungsorgane, soweit sie der allgemeinen Versorgung der Bevölkerung mit Krankenhäusern dienen.

[2]§ 28 bleibt unberührt.

§ 4 Wirtschaftliche Sicherung der Krankenhäuser. Die Krankenhäuser werden dadurch wirtschaftlich gesichert, dass
1. ihre Investitionskosten im Wege öffentlicher Förderung übernommen werden und sie
2. leistungsgerechte Erlöse aus den Pflegesätzen, die nach Maßgabe dieses Gesetzes auch Investitionskosten enthalten können, sowie Vergütungen für vor- und nachstationäre Behandlung und für ambulantes Operieren erhalten.

§ 5 Nicht förderungsfähige Einrichtungen. (1) Nach diesem Gesetz werden nicht gefördert

1. Krankenhäuser, die nach den landesrechtlichen Vorschriften für den Hochschulbau gefördert werden; dies gilt für Krankenhäuser, die Aufgaben der Ausbildung von Ärzten nach der Approbationsordnung für Ärzte vom 27. Juni 2002 (BGBl. I S. 2405), zuletzt geändert durch Artikel 71 des Gesetzes vom 21. Juni 2005 (BGBl. I S. 1818), erfüllen, nur hinsichtlich der nach den landesrechtlichen Vorschriften für Hochschulen förderfähigen Maßnahmen,

2. Krankenhäuser, die nicht die in § 67 der Abgabenordnung bezeichneten Voraussetzungen erfüllen,

3. Einrichtungen in Krankenhäusern,

    a) soweit die Voraussetzungen nach § 2 Nr. 1 nicht vorliegen, insbesondere Einrichtungen für Personen, die als Pflegefälle gelten,

    b) für Personen, die im Maßregelvollzug aufgrund strafrechtlicher Bestimmungen untergebracht sind,

4. Tuberkulosekrankenhäuser mit Ausnahme der Fachkliniken zur Behandlung von Erkrankungen der Atmungsorgane, soweit sie nach der Krankenhausplanung des Landes der allgemeinen Versorgung der Bevölkerung mit Krankenhäusern dienen,

5. Krankenhäuser, deren Träger ein nicht bereits in § 3 Satz 1 Nr. 4 genannter Sozialleistungsträger ist, soweit sie nicht nach der Krankenhausplanung des Landes der allgemeinen Versorgung der Bevölkerung mit Krankenhäusern dienen,

6. Versorgungskrankenhäuser,

7. Vorsorge- oder Rehabilitationseinrichtungen nach § 107 Abs. 2 des Fünften Buches Sozialgesetzbuch, soweit die Anwendung dieses Gesetzes nicht bereits nach § 3 Satz 1 Nr. 4 ausgeschlossen ist,

8. die mit den Krankenhäusern verbundenen Einrichtungen, die nicht unmittelbar der stationären Krankenversorgung dienen, insbesondere die nicht für den Betrieb des Krankenhauses unerlässlichen Unterkunfts- und Aufenthaltsräume,

9. Einrichtungen, die aufgrund bundesrechtlicher Rechtsvorschriften vorgehalten oder unterhalten werden; dies gilt nicht für Einrichtungen, soweit sie aufgrund des § 30 des Infektionsschutzgesetzes vom 20. Juli 2000 (BGBl. I S. 1045) vorgehalten werden,

10. Einrichtungen, soweit sie durch die besonderen Bedürfnisse des Zivilschutzes bedingt sind,

11. Krankenhäuser der Träger der gesetzlichen Unfallversicherung und ihrer Vereinigungen.

(2) Durch Landesrecht kann bestimmt werden, dass die Förderung nach diesem Gesetz auch den in Absatz 1 Nr. 2 bis 8 bezeichneten Krankenhäusern und Einrichtungen gewährt wird.

§ 6 Krankenhausplanung und Investitionsprogramme. (1) Die Länder stellen zur Verwirklichung der in § 1 genannten Ziele Krankenhauspläne und

Investitionsprogramme auf; Folgekosten, insbesondere die Auswirkungen auf die Pflegesätze, sind zu berücksichtigen.

(1a) [1]Die Empfehlungen des Gemeinsamen Bundesausschusses zu den planungsrelevanten Qualitätsindikatoren gemäß § 136c Absatz 1 des Fünften Buches Sozialgesetzbuch sind Bestandteil des Krankenhausplans. [2]Durch Landesrecht kann die Geltung der planungsrelevanten Qualitätsindikatoren ganz oder teilweise ausgeschlossen oder eingeschränkt werden und können weitere Qualitätsanforderungen zum Gegenstand der Krankenhausplanung gemacht werden.

(2) Hat ein Krankenhaus auch für die Versorgung der Bevölkerung anderer Länder wesentliche Bedeutung, so ist die Krankenhausplanung insoweit zwischen den beteiligten Ländern abzustimmen.

(3) Die Länder stimmen ihre Krankenhausplanung auf die pflegerischen Leistungserfordernisse nach dem Elften Buch Sozialgesetzbuch ab, insbesondere mit dem Ziel, Krankenhäuser von Pflegefällen zu entlasten und dadurch entbehrlich werdende Teile eines Krankenhauses nahtlos in wirtschaftlich selbstständige ambulante oder stationäre Pflegeeinrichtungen umzuwidmen.

(4) Das Nähere wird durch Landesrecht bestimmt.

§ 6a *(weggefallen)*

§ 7 Mitwirkung der Beteiligten. (1) [1]Bei der Durchführung dieses Gesetzes arbeiten die Landesbehörden mit den an der Krankenhausversorgung im Lande Beteiligten eng zusammen; das betroffene Krankenhaus ist anzuhören. [2]Bei der Krankenhausplanung und der Aufstellung der Investitionsprogramme sind einvernehmliche Regelungen mit den unmittelbar Beteiligten anzustreben.

(2) Das Nähere wird durch Landesrecht bestimmt.

2. Abschnitt

Grundsätze der Investitionsförderung

§ 8 Voraussetzungen der Förderung. (1) [1]Die Krankenhäuser haben nach Maßgabe dieses Gesetzes Anspruch auf Förderung, soweit und solange sie in den Krankenhausplan eines Landes und bei Investitionen nach § 9 Abs. 1 Nr. 1 in das Investitionsprogramm aufgenommen sind. [2]Die zuständige Landesbehörde und der Krankenhausträger können für ein Investitionsvorhaben nach § 9 Abs. 1 eine nur teilweise Förderung mit Restfinanzierung durch den Krankenhausträger vereinbaren; Einvernehmen mit den Landesverbänden der Krankenkassen, den Ersatzkassen und den Vertragsparteien nach § 18 Abs. 2 ist anzustreben. [3]Die Aufnahme oder Nichtaufnahme in den Krankenhausplan wird durch Bescheid festgestellt. [4]Gegen den Bescheid ist der Verwaltungsrechtsweg gegeben.

(1a) ¹Krankenhäuser, die bei den für sie maßgeblichen planungsrelevanten Qualitätsindikatoren nach § 6 Absatz 1a auf der Grundlage der vom Gemeinsamen Bundesausschuss nach § 136c Absatz 2 Satz 1 des Fünften Buches Sozialgesetzbuch übermittelten Maßstäbe und Bewertungskriterien oder den im jeweiligen Landesrecht vorgesehenen Qualitätsvorgaben nicht nur vorübergehend eine in einem erheblichen Maß unzureichende Qualität aufweisen, dürfen insoweit ganz oder teilweise nicht in den Krankenhausplan aufgenommen werden. ²Die Auswertungsergebnisse nach § 136c Absatz 2 Satz 1 des Fünften Buches Sozialgesetzbuch sind zu berücksichtigen.

(1b) Plankrankenhäuser, die nach den in Absatz 1a Satz 1 genannten Vorgaben nicht nur vorübergehend eine in einem erheblichen Maß unzureichende Qualität aufweisen oder für die in höchstens drei aufeinanderfolgenden Jahren Qualitätsabschläge nach § 5 Absatz 3a des Krankenhausentgeltgesetzes erhoben wurden, sind insoweit durch Aufhebung des Feststellungsbescheides ganz oder teilweise aus dem Krankenhausplan herauszunehmen; Absatz 1a Satz 2 gilt entsprechend.

(1c) Soweit die Empfehlungen des Gemeinsamen Bundesausschusses nach § 6 Absatz 1a Satz 2 nicht Bestandteil des Krankenhausplans geworden sind, gelten die Absätze 1a und 1b nur für die im Landesrecht vorgesehenen Qualitätsvorgaben.

(2) ¹Ein Anspruch auf Feststellung der Aufnahme in den Krankenhausplan und in das Investitionsprogramm besteht nicht. ²Bei notwendiger Auswahl zwischen mehreren Krankenhäusern entscheidet die zuständige Landesbehörde unter Berücksichtigung der öffentlichen Interessen und der Vielfalt der Krankenhausträger nach pflichtgemäßem Ermessen, welches Krankenhaus den Zielen der Krankenhausplanung des Landes am besten gerecht wird; die Vielfalt der Krankenhausträger ist nur dann zu berücksichtigen, wenn die Qualität der erbrachten Leistungen der Einrichtungen gleichwertig ist.

(3) Für die in § 2 Nr. 1a genannten Ausbildungsstätten gelten die Vorschriften dieses Abschnitts entsprechend.

§ 9 Fördertatbestände. (1) Die Länder fördern auf Antrag des Krankenhausträgers Investitionskosten, die entstehen insbesondere
1. für die Errichtung von Krankenhäusern einschließlich der Erstausstattung mit den für den Krankenhausbetrieb notwendigen Anlagegütern,
2. für die Wiederbeschaffung von Anlagegütern mit einer durchschnittlichen Nutzungsdauer von mehr als drei Jahren.

(2) Die Länder bewilligen auf Antrag des Krankenhausträgers ferner Fördermittel
1. für die Nutzung von Anlagegütern, soweit sie mit Zustimmung der zuständigen Landesbehörde erfolgt,
2. für Anlaufkosten, für Umstellungskosten bei innerbetrieblichen Änderungen sowie für Erwerb, Erschließung, Miete und Pacht von Grundstücken,

soweit ohne die Förderung die Aufnahme oder Fortführung des Krankenhausbetriebs gefährdet wäre,

3. für Lasten aus Darlehen, die vor der Aufnahme des Krankenhauses in den Krankenhausplan für förderungsfähige Investitionskosten aufgenommen worden sind,

4. als Ausgleich für die Abnutzung von Anlagegütern, soweit sie mit Eigenmitteln des Krankenhausträgers beschafft worden sind und bei Beginn der Förderung nach diesem Gesetz vorhanden waren,

5. zur Erleichterung der Schließung von Krankenhäusern,

6. zur Umstellung von Krankenhäusern oder Krankenhausabteilungen auf andere Aufgaben, insbesondere zu ihrer Umwidmung in Pflegeeinrichtungen oder selbstständige, organisatorisch und wirtschaftlich vom Krankenhaus getrennte Pflegeabteilungen.

(3) ¹Die Länder fördern die Wiederbeschaffung kurzfristiger Anlagegüter sowie kleine bauliche Maßnahmen durch feste jährliche Pauschalbeträge, mit denen das Krankenhaus im Rahmen der Zweckbindung der Fördermittel frei wirtschaften kann; § 10 bleibt unberührt. ²Die Pauschalbeträge sollen nicht ausschließlich nach der Zahl der in den Krankenhausplan aufgenommenen Betten bemessen werden. ³Sie sind in regelmäßigen Abständen an die Kostenentwicklung anzupassen.

(3a) ¹Der vom Land bewilligte Gesamtbetrag der laufenden und der beiden folgenden Jahrespauschalen nach Absatz 3 steht dem Krankenhaus unabhängig von einer Verringerung der tatsächlichen Bettenzahl zu, soweit die Verringerung auf einer Vereinbarung des Krankenhausträgers mit den Landesverbänden der Krankenkassen und den Ersatzkassen nach § 109 Abs. 1 Satz 4 oder 5 des Fünften Buches Sozialgesetzbuch beruht und ein Fünftel der Planbetten nicht übersteigt. ²§ 6 Abs. 3 bleibt unberührt.

(4) Wiederbeschaffung im Sinne dieses Gesetzes ist auch die Ergänzung von Anlagegütern, soweit diese nicht über die übliche Anpassung der vorhandenen Anlagegüter an die medizinische und technische Entwicklung wesentlich hinausgeht.

(5) Die Fördermittel sind nach Maßgabe dieses Gesetzes und des Landesrechts so zu bemessen, dass sie die förderungsfähigen und unter Beachtung betriebswirtschaftlicher Grundsätze notwendigen Investitionskosten decken.

§ 10 Entwicklungsauftrag zur Reform der Investitionsfinanzierung.

(1) ¹Für in den Krankenhausplan eines Landes aufgenommene Krankenhäuser, die Entgelte nach § 17b erhalten, sowie für in den Krankenhausplan eines Landes aufgenommene psychiatrische und psychosomatische Einrichtungen nach § 17d Absatz 1 Satz 1 wird eine Investitionsförderung durch leistungsorientierte Investitionspauschalen ermöglicht. ²Dafür werden Grundsätze und Kriterien für die Ermittlung eines Investitionsfallwertes auf Landesebene entwickelt. ³Die Investitionsfinanzierung der Hochschulkliniken ist zu berücksichtigen. ⁴Die näheren Einzelheiten des weiteren Verfahrens legen Bund und Län-

der fest. [5]Das Recht der Länder, eigenständig zwischen der Förderung durch leistungsorientierte Investitionspauschalen und der Einzelförderung von Investitionen einschließlich der Pauschalförderung kurzfristiger Anlagegüter zu entscheiden, bleibt unberührt.

(2) [1]Die Vertragsparteien auf Bundesebene nach § 17b Absatz 2 Satz 1 vereinbaren die Grundstrukturen für Investitionsbewertungsrelationen und das Verfahren zu ihrer Ermittlung, insbesondere zur Kalkulation in einer sachgerechten und repräsentativen Auswahl von Krankenhäusern; § 17b Absatz 3 Satz 6 und 7 und Absatz 7 Satz 6 ist entsprechend anzuwenden. [2]In den Investitionsbewertungsrelationen ist der Investitionsbedarf für die voll- und teilstationären Leistungen pauschaliert abzubilden; der Differenzierungsgrad soll praktikabel sein. [3]Die Vertragsparteien nach Satz 1 beauftragen das Institut für das Entgeltsystem im Krankenhaus, für das DRG-Vergütungssystem und für Einrichtungen nach § 17d Abs. 1 Satz 1 bundeseinheitliche Investitionsbewertungsrelationen zu entwickeln und zu kalkulieren. [4]Für die Finanzierung der Aufgaben gilt § 17b Abs. 5 entsprechend. [5]Die erforderlichen Finanzmittel sind mit dem DRG-Systemzuschlag zu erheben; dieser ist entsprechend zu erhöhen. [6]Für die Befugnisse des Bundesministeriums für Gesundheit gilt § 17b Abs. 7 und 7a entsprechend. [7]Für die Veröffentlichung der Ergebnisse gilt § 17b Absatz 2 Satz 8 entsprechend.

§ 11 Landesrechtliche Vorschriften über die Förderung. [1]Das Nähere zur Förderung wird durch Landesrecht bestimmt. [2]Dabei kann auch geregelt werden, dass Krankenhäuser bei der Ausbildung von Ärzten und sonstigen Fachkräften des Gesundheitswesens besondere Aufgaben zu übernehmen haben; soweit hierdurch zusätzliche Sach- und Personalkosten entstehen, ist ihre Finanzierung zu gewährleisten.

§ 12 Förderung von Vorhaben zur Verbesserung von Versorgungsstrukturen. (1) [1]Zur Förderung von Vorhaben der Länder zur Verbesserung der Strukturen in der Krankenhausversorgung wird beim Bundesversicherungsamt aus Mitteln der Liquiditätsreserve des Gesundheitsfonds ein Fonds in Höhe von insgesamt 500 Millionen Euro errichtet (Strukturfonds). [2]Im Fall einer finanziellen Beteiligung der privaten Krankenversicherungen an der Förderung nach Satz 1 erhöht sich das Fördervolumen um den entsprechenden Betrag. [3]Zweck des Strukturfonds ist insbesondere der Abbau von Überkapazitäten, die Konzentration von stationären Versorgungsangeboten und Standorten sowie die Umwandlung von Krankenhäusern in nicht akutstationäre örtliche Versorgungseinrichtungen; palliative Versorgungsstrukturen sollen gefördert werden. [4]Von dem in Satz 1 genannten Betrag, abzüglich der Aufwendungen nach Absatz 2 Satz 6 und nach § 14 Satz 4, kann jedes Land den Anteil abrufen, der sich aus dem Königsteiner Schlüssel mit Stand vom 1. Januar 2016 ergibt. [5]Soweit durch die von einem Land bis zum 31. Juli 2017 eingereichten Anträge die ihm nach Satz 4 zustehenden Fördermittel nicht ausgeschöpft werden, werden mit diesen Mitteln Vorhaben anderer Länder gefördert, für die Anträge gestellt worden sind. [6]Fördermittel können auch für die Finanzierung der Zinsen, der Tilgung und der Verwaltungskosten von Darlehen gewährt werden, soweit diese zur Finanzierung förderungsfähiger Vorhaben nach Satz 3 aufgenommen worden sind.

(2) [1]Voraussetzung für die Zuteilung von Fördermitteln nach Absatz 1 ist, dass

1. die Umsetzung des zu fördernden Vorhabens am 1. Januar 2016 noch nicht begonnen hat,

2. das antragstellende Land, gegebenenfalls gemeinsam mit dem Träger der zu fördernden Einrichtung, mindestens 50 Prozent der förderungsfähigen Kosten des Vorhabens trägt,

3. das antragstellende Land sich verpflichtet,

   a) in den Jahren 2016 bis 2018 jährlich Haushaltsmittel für die Investitionsförderung der Krankenhäuser mindestens in der Höhe bereitzustellen, die dem Durchschnitt der in den Haushaltsplänen der Jahre 2012 bis 2014 hierfür ausgewiesenen Haushaltsmittel abzüglich der auf diesen Zeitraum entfallenden durchschnittlichen Zuweisungen nach Artikel 14 des Gesundheitsstrukturgesetzes oder den im Haushaltsplan des Jahres 2015 für die Investitionsförderung der Krankenhäuser ausgewiesenen Haushaltsmitteln entspricht, und

   b) die in Buchstabe a genannten Mittel um die vom Land getragenen Mittel nach Nummer 2 zu erhöhen und

4. die in Absatz 3 genannten Kriterien erfüllt sind.

[2]Beträge, mit denen sich die Länder am Volumen des öffentlichen Finanzierungsanteils der förderfähigen Kosten nach § 6 Absatz 1 des Kommunalinvestitionsförderungsgesetzes beteiligen, dürfen nicht auf die vom Land zu tragenden Kosten nach Satz 1 Nummer 2 und auf die in den Jahren 2016 bis 2018 bereitzustellenden Haushaltsmittel nach Satz 1 Nummer 3 Buchstabe a angerechnet werden. [3]Mittel aus dem Strukturfonds zur Förderung der Schließung eines Krankenhauses dürfen nicht gewährt werden, wenn der Krankenhausträger gegenüber dem antragstellenden Land aufgrund der Schließung zur Rückzahlung von Mitteln für die Investitionsförderung verpflichtet ist; für Mittel der Investitionsförderung, auf deren Rückzahlung das antragstellende Land verzichtet hat, gilt Satz 2 entsprechend. [4]Das Bundesversicherungsamt prüft die Anträge und weist die Mittel zu, bis der in Absatz 1 Satz 1 genannte Betrag abzüglich der Aufwendungen nach Satz 6 und nach § 14 Satz 4 ausgeschöpft ist. [5]Nicht zweckentsprechend verwendete oder überzahlte Mittel sind unverzüglich an das Bundesversicherungsamt zurückzuzahlen, wenn eine Verrechnung mit Ansprüchen auf Auszahlung von Fördermitteln nicht möglich ist. [6]Die für die Verwaltung der Mittel und die Durchführung der Förderung notwendigen Aufwendungen des Bundesversicherungsamts werden aus dem in Absatz 1 Satz 1 und 2 genannten Betrag gedeckt.

(3) Das Bundesministerium für Gesundheit bestimmt durch Rechtsverordnung mit Zustimmung des Bundesrates insbesondere das Nähere

1. zu den Kriterien der Förderung und zum Verfahren der Vergabe der Fördermittel,
2. zur Verteilung der nicht ausgeschöpften Mittel nach Absatz 1 Satz 5,
3. zum Nachweis der Förderungsvoraussetzungen nach Absatz 2 Satz 1,
4. zum Nachweis der zweckentsprechenden Verwendung der Fördermittel und zur Rückzahlung überzahlter oder nicht zweckentsprechend verwendeter Fördermittel.

§ 13 Entscheidung zu den förderungsfähigen Vorhaben. [1]Im Einvernehmen mit den Landesverbänden der Krankenkassen und den Ersatzkassen treffen die Länder die Entscheidung, welche Vorhaben gefördert werden sollen und für die dann ein Antrag auf Förderung beim Bundesversicherungsamt gestellt werden soll. [2]Sie können andere Institutionen an der Auswahlentscheidung beteiligen. [3]Ein Anspruch auf Förderung besteht nicht. [4]Die Länder prüfen die zweckentsprechende Verwendung der Fördermittel.

§ 14 Auswertung der Wirkungen der Förderung. [1]Das Bundesversicherungsamt gibt in Abstimmung mit dem Bundesministerium für Gesundheit und dem Bundesministerium der Finanzen eine begleitende Auswertung des durch die Förderung bewirkten Strukturwandels in Auftrag. [2]Die hierfür erforderlichen nicht personenbezogenen Daten werden ihm oder der beauftragten Stelle von den antragstellenden Ländern auf Anforderung zur Verfügung gestellt. [3]Zwischenberichte über die Auswertung sind dem Bundesministerium für Gesundheit und dem Bundesministerium der Finanzen jährlich, erstmals zum 31. Juli 2017, vorzulegen. [4]Die Aufwendungen für die Auswertung werden aus dem Betrag nach § 12 Absatz 1 Satz 1 und 2 gedeckt. [5]Auf der Grundlage der Auswertung legt das Bundesministerium für Gesundheit dem Deutschen Bundestag einen Bericht über den durch die Förderung bewirkten Strukturwandel vor.

§ 15 Beteiligung an Schließungskosten. [1]Die Vertragsparteien nach § 18 können vereinbaren, dass sich die in § 18 Absatz 2 genannten Sozialleistungsträger an den Kosten der Schließung eines Krankenhauses beteiligen. [2]Die Unternehmen der privaten Krankenversicherung können sich an der Vereinbarung beteiligen. [3]Hierbei ist zu berücksichtigen, ob und inwieweit die Schließung bereits nach den §§ 12 bis 14 gefördert wird. [4]Eine Vereinbarung nach Satz 1 darf nicht geschlossen werden, wenn der Krankenhausträger aufgrund der Schließung zur Rückzahlung von Mitteln für die Investitionsförderung verpflichtet ist, die für dieses Krankenhaus gewährt worden sind.

3. Abschnitt

Vorschriften über Krankenhauspflegesätze

§ 16 Verordnung zur Regelung der Pflegesätze. [1]Die Bundesregierung wird ermächtigt, durch Rechtsverordnung mit Zustimmung des Bundesrates Vorschriften zu erlassen über

1. die Pflegesätze der Krankenhäuser,
2. die Abgrenzung der allgemeinen stationären und teilstationären Leistungen des Krankenhauses von den Leistungen bei vor- und nachstationärer Behandlung (§ 115a des Fünften Buches Sozialgesetzbuch), den ambulanten Leistungen einschließlich der Leistungen nach § 115b des Fünften Buches Sozialgesetzbuch, den Wahlleistungen und den belegärztlichen Leistungen,
3. die Nutzungsentgelte (Kostenerstattung und Vorteilsausgleich sowie diesen vergleichbare Abgaben) der zur gesonderten Berechnung ihrer Leistungen berechtigten Ärzte an das Krankenhaus, soweit diese Entgelte pflegesatzmindernd zu berücksichtigen sind,
4. die Berücksichtigung der Erlöse aus der Vergütung für vor- und nachstationäre Behandlung (§ 115a des Fünften Buches Sozialgesetzbuch), für ambulante Leistungen einschließlich der Leistungen nach § 115b des Fünften Buches Sozialgesetzbuch und für Wahlleistungen des Krankenhauses sowie die Berücksichtigung sonstiger Entgelte bei der Bemessung der Pflegesätze,
5. die nähere Abgrenzung der in § 17 Abs. 4 bezeichneten Kosten von den pflegesatzfähigen Kosten,
6. das Verfahren nach § 18,
7. die Rechnungs- und Buchführungspflichten der Krankenhäuser,
8. ein Klagerecht des Verbandes der privaten Krankenversicherung gegenüber unangemessen hohen Entgelten für nichtärztliche Wahlleistungen.

[2]Die Ermächtigung kann durch Rechtsverordnung auf die Landesregierungen übertragen werden; dabei kann bestimmt werden, dass die Landesregierungen die Ermächtigung durch Rechtsverordnung auf oberste Landesbehörden weiter übertragen können.

§ 17 Grundsätze für die Pflegesatzregelung. (1) [1]Die Pflegesätze und die Vergütung für vor- und nachstationäre Behandlung nach § 115a des Fünften Buches Sozialgesetzbuch sind für alle Benutzer des Krankenhauses einheitlich zu berechnen. [2]Die Pflegesätze sind im Voraus zu bemessen. [3]Bei der Ermittlung der Pflegesätze ist der Grundsatz der Beitragssatzstabilität (§ 71 Abs. 1 des Fünften Buches Sozialgesetzbuch) nach Maßgabe dieses Gesetzes und des Krankenhausentgeltgesetzes zu beachten. [4]Überschüsse verbleiben dem Krankenhaus; Verluste sind vom Krankenhaus zu tragen. [5]Eine Einrichtung, die in räumlicher Nähe zu einem Krankenhaus liegt und mit diesem organisatorisch verbunden ist, darf für allgemeine, dem Versorgungsauftrag des Krankenhauses entsprechende Krankenhausleistungen keine höheren Entgelte verlangen, als sie nach den Regelungen dieses Gesetzes, des Krankenhausentgeltgesetzes und der Bundespflegesatzverordnung zu leisten wären. [6]Für nichtärztliche Wahlleistungen gilt § 17 Absatz 1, 2 und 4 des Krankenhausentgeltgesetzes entsprechend.

(1a) Für die mit pauschalierten Pflegesätzen vergüteten voll- oder teilstationären Krankenhausleistungen gelten im Bereich der DRG-Krankenhäuser die Vorgaben des § 17b und im Bereich der psychiatrischen und psychosomatischen Einrichtungen die Vorgaben des § 17d.

(2) Soweit tagesgleiche Pflegesätze vereinbart werden, müssen diese medizinisch leistungsgerecht sein und einem Krankenhaus bei wirtschaftlicher Betriebsführung ermöglichen, den Versorgungsauftrag zu erfüllen.

(2a) *(aufgehoben)*

(3) Im Pflegesatz sind nicht zu berücksichtigen

1. Kosten für Leistungen, die nicht der stationären oder teilstationären Krankenhausversorgung dienen,
2. Kosten für wissenschaftliche Forschung und Lehre, die über den normalen Krankenhausbetrieb hinausgehen.

(4) Bei Krankenhäusern, die nach diesem Gesetz voll gefördert werden, und bei den in § 5 Abs. 1 Nr. 1 erster Halbsatz bezeichneten Krankenhäusern sind außer den in Absatz 3 genannten Kosten im Pflegesatz nicht zu berücksichtigen

1. Investitionskosten, ausgenommen die Kosten der Wiederbeschaffung von Wirtschaftsgütern mit einer durchschnittlichen Nutzungsdauer bis zu drei Jahren,
2. Kosten der Grundstücke, des Grundstückserwerbs, der Grundstückserschließung sowie ihrer Finanzierung,
3. Anlauf- und Umstellungskosten,
4. Kosten der in § 5 Abs. 1 Nr. 8 bis 10 bezeichneten Einrichtungen,
5. Kosten, für die eine sonstige öffentliche Förderung gewährt wird;

dies gilt im Falle der vollen Förderung von Teilen eines Krankenhauses nur hinsichtlich des geförderten Teils.

(4a) *(weggefallen)*

(4b) [1]Instandhaltungskosten sind im Pflegesatz zu berücksichtigen. [2]Dazu gehören auch Instandhaltungskosten für Anlagegüter, wenn in baulichen Einheiten Gebäudeteile, betriebstechnische Anlagen und Einbauten oder wenn Außenanlagen vollständig oder überwiegend ersetzt werden. [3]Die in Satz 2 genannten Kosten werden pauschal in Höhe eines Betrages von 1,1 vom Hundert der für die allgemeinen Krankenhausleistungen vereinbarten Vergütung finanziert. [4]Die Pflegesatzfähigkeit für die in Satz 2 genannten Kosten entfällt für alle Krankenhäuser in einem Bundesland, wenn das Land diese Kosten für die in den Krankenhausplan aufgenommenen Krankenhäuser im Wege der Einzelförderung oder der Pauschalförderung trägt.

(5) [1]Bei Krankenhäusern, die nach diesem Gesetz nicht oder nur teilweise öffentlich gefördert werden, sowie bei anteilig öffentlich geförderten Maßnahmen mit Restfinanzierung durch den Krankenhausträger dürfen von Sozialleis-

tungsträgern und sonstigen öffentlich-rechtlichen Kostenträgern keine höheren Pflegesätze gefordert werden, als sie von diesen für Leistungen vergleichbarer nach diesem Gesetz voll geförderter Krankenhäuser zu entrichten sind. [2]Krankenhäuser, die nur deshalb nach diesem Gesetz nicht gefördert werden, weil sie keinen Antrag auf Förderung stellen, dürfen auch von einem Krankenhausbenutzer keine höheren als die sich aus Satz 1 ergebenden Pflegesätze fordern. [3]Soweit bei teilweiser Förderung Investitionen nicht öffentlich gefördert werden und ein vergleichbares Krankenhaus nicht vorhanden ist, dürfen die Investitionskosten in den Pflegesatz einbezogen werden, soweit die Landesverbände der Krankenkassen und die Ersatzkassen der Investition zugestimmt haben. [4]Die Vertragsparteien nach § 18 Abs. 2 vereinbaren die nach den Sätzen 1 und 2 maßgebenden Pflegesätze. [5]Werden die Krankenhausleistungen mit pauschalierten Pflegesätzen nach Absatz 1a vergütet, gelten diese als Leistungen vergleichbarer Krankenhäuser im Sinne des Satzes 1.

§ 17a Finanzierung von Ausbildungskosten. (1) [1]Die Kosten der in § 2 Nr. 1a genannten Ausbildungsstätten und der Ausbildungsvergütungen und die Mehrkosten des Krankenhauses infolge der Ausbildung sind nach Maßgabe der folgenden Vorschriften durch Zuschläge zu finanzieren, soweit diese Kosten nach diesem Gesetz zu den pflegesatzfähigen Kosten gehören und nicht nach anderen Vorschriften aufzubringen sind (Ausbildungskosten); der von dem jeweiligen Land finanzierte Teil der Ausbildungskosten ist in Abzug zu bringen. [2]Abweichend von Satz 1 sind bei einer Anrechnung nach Satz 3 nur die Mehrkosten der Ausbildungsvergütungen zu finanzieren. [3]Bei der Ermittlung der Mehrkosten der Ausbildungsvergütung sind Personen, die in der Krankenpflegehilfe ausgebildet werden, im Verhältnis 6 zu 1 auf die Stelle einer voll ausgebildeten Person nach Teil 2 des Pflegeberufegesetzes anzurechnen.

(2) [1]Mit dem Ziel, eine sachgerechte Finanzierung sicherzustellen, schließen
1. die Vertragsparteien nach § 17b Abs. 2 Satz 1 auf Bundesebene eine Rahmenvereinbarung insbesondere über die zu finanzierenden Tatbestände und über ein Kalkulationsschema für die Verhandlung des Ausbildungsbudgets nach Absatz 3;
2. die in § 18 Abs. 1 Satz 2 genannten Beteiligten auf Landesebene ergänzende Vereinbarungen insbesondere zur Berücksichtigung der landesrechtlichen Vorgaben für die Ausbildung und zum Abzug des vom Land finanzierten Teils der Ausbildungskosten, bei einer fehlenden Vereinbarung nach Nummer 1 auch zu den dort möglichen Vereinbarungsinhalten.

[2]Die Vereinbarungen nach Satz 1 sind bei der Vereinbarung des Ausbildungsbudgets nach Absatz 3 zu beachten. [3]Kommt eine Vereinbarung nach Satz 1 nicht zu Stande, entscheidet auf Antrag einer Vertragspartei bei Satz 1 Nr. 1 die Schiedsstelle nach § 18a Abs. 6 und bei Satz 1 Nr. 2 die Schiedsstelle nach § 18a Abs. 1.

(3) [1]Bei ausbildenden Krankenhäusern vereinbaren die Vertragsparteien nach § 18 Abs. 2 für einen zukünftigen Zeitraum (Vereinbarungszeitraum) ein krankenhausindividuelles Ausbildungsbudget, mit dem die Ausbildungskosten finan-

ziert werden; § 11 Abs. 2 des Krankenhausentgeltgesetzes gilt entsprechend. [2]Sie stellen dabei Art und Anzahl der voraussichtlich belegten Ausbildungsplätze fest. [3]Das Budget soll die Kosten der Ausbildungsstätten bei wirtschaftlicher Betriebsgröße und Betriebsführung decken. [4]Die für den Vereinbarungszeitraum zu erwartenden Kostenentwicklungen sind zu berücksichtigen. [5]Ab dem Jahr 2010 sind bei der Vereinbarung des Ausbildungsbudgets auch die Richtwerte nach Absatz 4b zu berücksichtigen. [6]Soweit Richtwerte nicht vereinbart oder nicht durch Rechtsverordnung vorgegeben sind, vereinbaren die Vertragsparteien nach § 18 Abs. 2 entsprechende Finanzierungsbeträge im Rahmen des Ausbildungsbudgets. [7]Es ist eine Angleichung der krankenhausindividuellen Finanzierungsbeträge an die Richtwerte oder im Falle des Satzes 6 eine Angleichung der Finanzierungsbeträge im Land untereinander anzustreben; dabei sind krankenhausindividuelle Abweichungen des vom Land finanzierten Teils der Ausbildungskosten zu berücksichtigen. [8]Soweit erforderlich schließen die Vertragsparteien Strukturverträge, die den Ausbau, die Schließung oder die Zusammenlegung von Ausbildungsstätten finanziell unterstützen und zu wirtschaftlichen Ausbildungsstrukturen führen; dabei ist Einvernehmen mit der zuständigen Landesbehörde anzustreben. [9]Die Ausbildung in der Region darf nicht gefährdet werden. [10]Soweit eine Ausbildungsstätte in der Region erforderlich ist, zum Beispiel weil die Entfernungen und Fahrzeiten zu anderen Ausbildungsstätten nicht zumutbar sind, können auch langfristig höhere Finanzierungsbeträge gezahlt werden; zur Prüfung der Voraussetzungen sind die Vorgaben zum Sicherstellungszuschlag nach § 17b Absatz 1a Nummer 6 in Verbindung mit § 5 Abs. 2 des Krankenhausentgeltgesetzes entsprechend anzuwenden. [11]Weicht am Ende des Vereinbarungszeitraums die Summe der Zahlungen aus dem Ausgleichsfonds nach Absatz 5 Satz 5 und den verbleibenden Abweichungen nach Absatz 6 Satz 5 oder die Summe der Zuschläge nach Absatz 9 Satz 1 von dem vereinbarten Ausbildungsbudget ab, werden die Mehr- oder Mindererlöse vollständig über das Ausbildungsbudget des nächstmöglichen Vereinbarungszeitraums ausgeglichen. [12]Steht bei der Verhandlung der Ausgleichsbetrag noch nicht fest, sind Teilbeträge als Abschlagszahlungen auf den Ausgleich zu berücksichtigen.

(4) (*aufgehoben*)

(4a) Der Krankenhausträger hat den anderen Vertragsparteien rechtzeitig vor den Verhandlungen Nachweise und Begründungen insbesondere über Art und Anzahl der voraussichtlich belegten Ausbildungsplätze, Ausbildungskosten und für die Vereinbarung von Zuschlägen nach Absatz 6 vorzulegen sowie im Rahmen der Verhandlungen zusätzliche Auskünfte zu erteilen.

(4b) [1]Als Zielwert für die Angleichung der krankenhausindividuellen Finanzierungsbeträge nach Absatz 3 Satz 6 ermitteln die Vertragsparteien nach § 17b Abs. 2 Satz 1 jährlich für die einzelnen Berufe nach § 2 Nr. 1a die durchschnittlichen Kosten je Ausbildungsplatz in den Ausbildungsstätten und die sonstigen Ausbildungskosten und vereinbaren für das folgende Kalenderjahr entsprechende Richtwerte unter Berücksichtigung zu erwartender Kostenentwicklungen; die Beträge können nach Regionen differenziert festgelegt werden. [2]Zur

Umsetzung der Vorgaben nach Satz 1 entwickeln die Vertragsparteien insbesondere unter Nutzung der Daten nach § 21 Abs. 2 Nr. 1 Buchstabe c des Krankenhausentgeltgesetzes und von Daten aus einer Auswahl von Krankenhäusern und Ausbildungsstätten, die an einer gesonderten Kalkulation teilnehmen, jährlich schrittweise das Verfahren zur Erhebung der erforderlichen Daten und zur Kalkulation und Vereinbarung von Richtwerten. [3]Kommt eine Vereinbarung nach Satz 1 nicht zustande, kann das Bundesministerium für Gesundheit das Verfahren oder die Richtwerte durch eine Rechtsverordnung nach § 17b Abs. 7 vorgeben. [4]Für die Veröffentlichung der Ergebnisse gilt § 17b Absatz 2 Satz 8 entsprechend.

(5) [1]Mit dem Ziel, eine Benachteiligung ausbildender Krankenhäuser im Wettbewerb mit nicht ausbildenden Krankenhäusern zu vermeiden, vereinbaren die in § 18 Abs. 1 Satz 2 genannten Beteiligten auf Landesebene

1. erstmals für das Jahr 2006 einen Ausgleichsfonds in Höhe der von den Krankenhäusern im Land angemeldeten Beträge (Sätze 3 und 4),

2. die Höhe eines Ausbildungszuschlags je voll- und teilstationärem Fall, mit dem der Ausgleichsfonds finanziert wird,

3. die erforderlichen Verfahrensregelungen im Zusammenhang mit dem Ausgleichsfonds und den in Rechnung zu stellenden Zuschlägen, insbesondere Vorgaben zur Verzinsung ausstehender Zahlungen der Krankenhäuser mit einem Zinssatz von 8 vom Hundert über dem Basiszins nach § 247 Abs. 1 des Bürgerlichen Gesetzbuchs.

[2]Der Ausgleichsfonds wird von der Landeskrankenhausgesellschaft errichtet und verwaltet; sie hat über die Verwendung der Mittel Rechenschaft zu legen. [3]Zur Ermittlung der Höhe des Ausgleichsfonds melden die ausbildenden Krankenhäuser die jeweils nach Absatz 3 oder 4 für das Vorjahr vereinbarte Höhe des Ausbildungsbudgets sowie Art und Anzahl der Ausbildungsplätze und die Höhe des zusätzlich zu finanzierenden Mehraufwands für Ausbildungsvergütungen; im Falle einer für den Vereinbarungszeitraum absehbaren wesentlichen Veränderung der Zahl der Ausbildungsplätze oder der Zahl der Auszubildenden kann ein entsprechend abweichender Betrag gemeldet werden. [4]Soweit Meldungen von Krankenhäusern fehlen, sind entsprechende Beträge zu schätzen. [5]Die Landeskrankenhausgesellschaft zahlt aus dem Ausgleichsfonds den nach Satz 3 gemeldeten oder nach Satz 4 geschätzten Betrag in monatlichen Raten jeweils an das ausbildende Krankenhaus.

(6) [1]Der Ausbildungszuschlag nach Absatz 5 Satz 1 Nr. 2 wird von allen nicht ausbildenden Krankenhäusern den Patienten oder Patientinnen oder deren Sozialleistungsträger in Rechnung gestellt. [2]Bei ausbildenden Krankenhäusern wird der in Rechnung zu stellende Zuschlag verändert, soweit der an den Ausgleichsfonds gemeldete und von diesem gezahlte Betrag von der Höhe des nach Absatz 3 oder 4 vereinbarten Ausbildungsbudgets abweicht. [3]Die sich aus dieser Abweichung ergebende Veränderung des Ausbildungszuschlags und damit die entsprechende Höhe des krankenhausindividuellen, in Rechnung zu stellenden Ausbildungszuschlags wird von den Vertragsparteien nach § 18 Abs. 2 ver-

einbart. [4]Alle Krankenhäuser haben die von ihnen in Rechnung gestellten Ausbildungszuschläge in der nach Absatz 5 Satz 1 Nr. 2 festgelegten Höhe an den Ausgleichsfonds abzuführen; sie haben dabei die Verfahrensregelungen nach Absatz 5 Satz 1 Nr. 3 einzuhalten. [5]Eine Erlösabweichung zwischen dem in Rechnung gestellten krankenhausindividuellen Zuschlag nach Satz 3 und dem abzuführenden Zuschlag verbleibt dem ausbildenden Krankenhaus.

(7) [1]Das Ausbildungsbudget ist zweckgebunden für die Ausbildung zu verwenden. [2]Der Krankenhausträger hat für die Budgetverhandlungen nach Absatz 3 eine vom Jahresabschlussprüfer bestätigte Aufstellung für das abgelaufene Jahr über die Einnahmen aus dem Ausgleichsfonds und den in Rechnung gestellten Zuschlägen, über Erlösabweichungen zum vereinbarten Ausbildungsbudget und über die zweckgebundene Verwendung der Mittel vorzulegen.

(8) [1]Kommt eine Vereinbarung nach Absatz 3 oder eine Vereinbarung nach Absatz 5 zur Höhe des Ausgleichsfonds, den Ausbildungszuschlägen und den Verfahrensregelungen nicht zustande, entscheidet auf Antrag einer Vertragspartei die Schiedsstelle nach § 18a Abs. 1 innerhalb von sechs Wochen. [2]Die Genehmigung der Vereinbarung oder die Festsetzung der Schiedsstelle ist von einer der Vertragsparteien bei der zuständigen Landesbehörde zu beantragen. [3]Gegen die Genehmigung ist der Verwaltungsrechtsweg gegeben. [4]Ein Vorverfahren findet nicht statt; die Klage hat keine aufschiebende Wirkung.

(9) [1]Kommt die Bildung eines Ausgleichsfonds nach Absatz 5 nicht zustande, werden die Ausbildungsbudgets nach Absatz 3 durch einen krankenhausindividuellen Zuschlag je voll- und teilstationärem Fall finanziert, der den Patienten oder Patientinnen oder deren Sozialleistungsträger in Rechnung gestellt wird. [2]Ist zu Beginn des Kalenderjahres dieser Zuschlag krankenhausindividuell noch nicht vereinbart, wird der für das Vorjahr vereinbarte Zuschlag nach Satz 1 oder der für das Vorjahr geltende Zuschlag nach Absatz 6 Satz 2 und 3 weiterhin in Rechnung gestellt; § 15 Abs. 1 und 2 Satz 1 des Krankenhausentgeltgesetzes ist entsprechend anzuwenden. [3]Um Wettbewerbsverzerrungen infolge dieser Ausbildungszuschläge zu vermeiden, werden für diesen Fall die Landesregierungen ermächtigt, durch Rechtsverordnung einen finanziellen Ausgleich zwischen ausbildenden und nicht ausbildenden Krankenhäusern und Vorgaben zur Abrechnung der entsprechenden Zuschläge für die Jahre vorzugeben, für die ein Ausgleichsfonds nicht zustande gekommen ist.

(10) [1]Kosten der Unterbringung von Auszubildenden sind nicht pflegesatzfähig, soweit die Vertragsparteien nach § 18 Abs. 2 nichts anders vereinbaren. [2]Wird eine Vereinbarung getroffen, ist bei ausbildenden Krankenhäusern der Zuschlag nach Absatz 6 Satz 3 entsprechend zu erhöhen. [3]Der Erhöhungsbetrag verbleibt dem Krankenhaus.

(11) Für ausbildende Krankenhäuser, die der Bundespflegesatzverordnung unterliegen, gilt § 21 des Krankenhausentgeltgesetzes mit der Maßgabe, dass die Daten nach Absatz 2 Nr. 1 Buchstabe a und c zu übermitteln sind.

§ 17b Einführung eines pauschalierenden Entgeltsystems für DRG-Krankenhäuser. (1) [1]Für die Vergütung der allgemeinen Krankenhausleistungen gilt ein durchgängiges, leistungsorientiertes und pauschalierendes Vergütungssystem. [2]Das Vergütungssystem hat Komplexitäten und Komorbiditäten abzubilden; sein Differenzierungsgrad soll praktikabel sein. [3]Mit den Entgelten nach Satz 1 werden die allgemeinen voll- und teilstationären Krankenhausleistungen für einen Behandlungsfall vergütet. [4]Die Fallgruppen und ihre Bewertungsrelationen sind bundeseinheitlich festzulegen. [5]Die Bewertungsrelationen sind als Relativgewichte auf eine Bezugsleistung zu definieren; sie sind für Leistungen, bei denen in erhöhtem Maße wirtschaftlich begründete Fallzahlsteigerungen eingetreten oder zu erwarten sind, gezielt abzusenken oder in Abhängigkeit von der Fallzahl bei diesen Leistungen abgestuft vorzugeben. [6]Um mögliche Fehlanreize durch eine systematische Übervergütung der Sachkostenanteile bei voll- und teilstationären Leistungen jährlich zu analysieren und geeignete Maßnahmen zum Abbau vorhandener Übervergütung zu ergreifen, sind auf der Grundlage eines Konzepts des Instituts für das Entgeltsystem im Krankenhaus bis spätestens zum 30. Juni 2016 sachgerechte Korrekturen der Bewertungsrelationen der Fallpauschalen zu vereinbaren; die Analyse und die geeigneten Maßnahmen sind erstmals bei der Weiterentwicklung des Vergütungssystems für das Jahr 2017 durchzuführen. [7]Soweit dies zur Ergänzung der Fallpauschalen in eng begrenzten Ausnahmefällen erforderlich ist, können die Vertragsparteien nach Absatz 2 Satz 1 Zusatzentgelte für Leistungen, Leistungskomplexe oder Arzneimittel vereinbaren, insbesondere für die Behandlung von Blutern mit Blutgerinnungsfaktoren oder für eine Dialyse, wenn die Behandlung des Nierenversagens nicht die Hauptleistung ist. [8]Sie vereinbaren auch die Höhe der Entgelte; diese kann nach Regionen differenziert festgelegt werden. [9]Nach Maßgabe des Krankenhausentgeltgesetzes können Entgelte für Leistungen, die nicht durch die Entgeltkataloge erfasst sind, durch die Vertragsparteien nach § 18 Absatz 2 vereinbart werden. [10]Besondere Einrichtungen, deren Leistungen insbesondere aus medizinischen Gründen, wegen einer Häufung von schwerkranken Patienten oder aus Gründen der Versorgungsstruktur mit den Entgeltkatalogen noch nicht sachgerecht vergütet werden, können zeitlich befristet aus dem Vergütungssystem ausgenommen werden; unabhängig davon, ob die Leistungen mit den Entgeltkatalogen sachgerecht vergütet werden, ist bei Palliativstationen oder -einheiten, die räumlich und organisatorisch abgegrenzt sind und über mindestens fünf Betten verfügen, dafür ein schriftlicher Antrag des Krankenhauses ausreichend. [11]Entstehen bei Patientinnen oder Patienten mit außerordentlichen Untersuchungs- und Behandlungsabläufen extrem hohe Kostenunterdeckungen, die mit dem pauschalierten Vergütungssystem nicht sachgerecht finanziert werden (Kostenausreißer), sind entsprechende Fälle zur Entwicklung geeigneter Vergütungsformen vertieft zu prüfen. [12]Zur Förderung der palliativmedizinischen Versorgung durch Palliativdienste ist die Kalkulation eines Zusatzentgelts zu ermöglichen; im Einvernehmen mit der betroffenen medizinischen Fachgesellschaft sind die hierfür erforderlichen Kriterien bis zum 29. Februar 2016 zu entwickeln.

(1a) Soweit allgemeine Krankenhausleistungen nicht oder noch nicht in die Entgelte nach Absatz 1 Satz 1 einbezogen werden können, weil der Finanzierungstatbestand nicht in allen Krankenhäusern vorliegt, sind bundeseinheitliche Regelungen für Zu- oder Abschläge zu vereinbaren, insbesondere für

1. die Notfallversorgung,
2. die besonderen Aufgaben nach § 2 Absatz 2 Satz 2 Nummer 4 des Krankenhausentgeltgesetzes,
3. die vom Gemeinsamen Bundesausschuss nach § 136b Absatz 1 Satz 1 Nummer 5 und Absatz 9 des Fünften Buches Sozialgesetzbuch festgelegten Leistungen oder Leistungsbereiche mit außerordentlich guter oder unzureichender Qualität,
4. die Beteiligung der Krankenhäuser an Maßnahmen zur Qualitätssicherung auf der Grundlage der §§ 136 und 136b des Fünften Buches Sozialgesetzbuch und die Beteiligung ganzer Krankenhäuser oder wesentlicher Teile der Einrichtungen an einrichtungsübergreifenden Fehlermeldesystemen, sofern diese den Festlegungen des Gemeinsamen Bundesausschusses nach § 136a Absatz 3 Satz 3 des Fünften Buches Sozialgesetzbuch entsprechen,
5. befristete Zuschläge für die Finanzierung von Mehrkosten aufgrund von Richtlinien des Gemeinsamen Bundesausschusses,
6. die Finanzierung der Sicherstellung einer für die Versorgung der Bevölkerung notwendigen Vorhaltung von Leistungen,
7. die Aufnahme von Begleitpersonen nach § 2 Absatz 2 Satz 2 Nummer 3 des Krankenhausentgeltgesetzes und § 2 Absatz 2 Satz 2 Nummer 3 der Bundespflegesatzverordnung sowie für
8. den Ausbildungszuschlag nach § 17a Absatz 6.

(2) [1]Der Spitzenverband Bund der Krankenkassen und der Verband der privaten Krankenversicherung gemeinsam vereinbaren entsprechend den Vorgaben der Absätze 1, 1a und 3 mit der Deutschen Krankenhausgesellschaft ein Vergütungssystem, das sich an einem international bereits eingesetzten Vergütungssystem auf der Grundlage der Diagnosis Related Groups (DRG) orientiert, seine jährliche Weiterentwicklung und Anpassung, insbesondere an medizinische Entwicklungen, Kostenentwicklungen, Verweildauerverkürzungen und Leistungsverlagerungen zu und von anderen Versorgungsbereichen, und die Abrechnungsbestimmungen, soweit diese nicht im Krankenhausentgeltgesetz vorgegeben werden. [2]Sie orientieren sich dabei unter Wahrung der Qualität der Leistungserbringung an wirtschaftlichen Versorgungsstrukturen und Verfahrensweisen. [3]Die Prüfergebnisse nach § 137c des Fünften Buches Sozialgesetzbuch sind zu beachten. [4]Der Bundesärztekammer ist Gelegenheit zur beratenden Teilnahme an den Sitzungen der Vertragsparteien nach Absatz 2 Satz 1 zu geben, soweit medizinische Fragen der Entgelte und der zugrunde liegenden Leistungsabgrenzung betroffen sind; dies gilt entsprechend für einen Vertreter der Berufsorganisationen der Krankenpflegeberufe. [5]Die betroffenen medizinischen Fachgesellschaften und, soweit deren Belan-

ge berührt sind, die Spitzenorganisationen der pharmazeutischen Industrie und der Industrie für Medizinprodukte erhalten Gelegenheit zur Stellungnahme. [6]Für die gemeinsame Beschlussfassung des Spitzenverbandes Bund der Krankenkassen und des Verbandes der privaten Krankenversicherung haben der Spitzenverband Bund der Krankenkassen zwei Stimmen und der Verband der privaten Krankenversicherung eine Stimme. [7]Das Bundesministerium für Gesundheit kann an den Sitzungen der Vertragsparteien teilnehmen und erhält deren fachliche Unterlagen. [8]Die Vertragsparteien veröffentlichen in geeigneter Weise die Ergebnisse der Kostenerhebungen und Kalkulationen; die der Kalkulation zugrunde liegenden Daten einzelner Krankenhäuser sind vertraulich.

(3) [1]Die Vertragsparteien nach Absatz 2 Satz 1 vereinbaren bis zum 30. Juni 2000 die Grundstrukturen des Vergütungssystems und des Verfahrens zur Ermittlung der Bewertungsrelationen auf Bundesebene (Bewertungsverfahren), insbesondere der zugrunde zu legenden Fallgruppen, sowie die Grundzüge ihres Verfahrens zur laufenden Pflege des Systems auf Bundesebene. [2]Die Vertragsparteien vereinbaren die Bewertungsrelationen und die Bewertung der Zu- und Abschläge nach Absatz 1a. [3]Die Bewertungsrelationen werden auf der Grundlage der Fallkosten einer sachgerechten und repräsentativen Auswahl von Krankenhäusern kalkuliert. [4]Nach Maßgabe der Absätze 4 und 6 ersetzt das neue Vergütungssystem die bisher abgerechneten Entgelte nach § 17 Abs. 2a. [5]Erstmals für das Jahr 2005 wird nach § 18 Abs. 3 Satz 3 ein Basisfallwert vereinbart. [6]Auf der Grundlage eines vom Institut für das Entgeltsystem im Krankenhaus zu entwickelnden Vorschlags vereinbaren die Vertragsparteien nach Absatz 2 Satz 1 bis spätestens zum 31. Dezember 2016 ein praktikables Konzept für eine repräsentative Kalkulation nach Satz 3 und deren Weiterentwicklung. [7]Als Bestandteil des Konzepts haben die Vertragsparteien geeignete Maßnahmen zu seiner Umsetzung zu vereinbaren; dabei können sie insbesondere bestimmte Krankenhäuser zur Teilnahme an der Kalkulation verpflichten und Maßnahmen ergreifen, um die Lieferung uneingeschränkt verwertbarer Daten zu gewährleisten und um die Richtigkeit der übermittelten Daten umfassend überprüfen zu können.

(4) *(aufgehoben)*

(5) [1]Zur Finanzierung der ihnen übertragenen Aufgaben nach den Absätzen 1 bis 3 sowie § 10 Abs. 2 und § 17d vereinbaren die Vertragsparteien nach Absatz 2 Satz 1

1. einen Zuschlag für jeden abzurechnenden Krankenhausfall, mit dem die Entwicklung, Einführung und laufende Pflege des Vergütungssystems finanziert werden (DRG-Systemzuschlag); der Zuschlag dient der Finanzierung insbesondere der Entwicklung der DRG-Klassifikation und der Kodierregeln, der Ermittlung der Bewertungsrelationen, der Bewertung der Zu- und Abschläge, der Ermittlung der Richtwerte nach § 17a Abs. 4b, von pauschalierten Zahlungen für die Teilnahme von Krankenhäusern oder Ausbildungsstätten an der Kalkulation und der Vergabe von Aufträgen, auch so-

weit die Vertragsparteien die Aufgaben durch das Institut für das Entgeltsystem im Krankenhaus wahrnehmen lassen oder das Bundesministerium für Gesundheit nach Absatz 7 anstelle der Vertragsparteien entscheidet,

2. Maßnahmen, die sicherstellen, dass die durch den Systemzuschlag erhobenen Finanzierungsbeträge ausschließlich zur Umsetzung der in diesem Absatz genannten Aufgaben verwendet werden,

3. das Nähere zur Weiterleitung der entsprechenden Einnahmen der Krankenhäuser an die Vertragsparteien,

4. kommt eine Vereinbarung nicht zustande, entscheidet auf Antrag einer Vertragspartei die Schiedsstelle nach § 18a Abs. 6.

[2]Die Vertragsparteien vereinbaren pauschalierte Zahlungen für die Teilnahme von Krankenhäusern oder Ausbildungsstätten an der Kalkulation, die einen wesentlichen Teil der zusätzlich entstehenden Kosten umfassen sollen; sie sollen als fester Grundbetrag je Krankenhaus und ergänzend als Finanzierung in Abhängigkeit von Anzahl und Qualität der übermittelten Datensätze gezahlt werden. [3]Über die Teilnahme des einzelnen Krankenhauses entscheiden prospektiv die Vertragsparteien nach Absatz 2 Satz 1 aufgrund der Qualität des Rechnungswesens oder der Notwendigkeit der zu erhebenden Daten; ein Anspruch auf Teilnahme besteht nicht. [4]Für die Vereinbarungen gilt Absatz 2 Satz 6 entsprechend. [5]Ein Einsatz der Finanzmittel zur Deckung allgemeiner Haushalte der Vertragsparteien oder zur Finanzierung herkömmlicher Verbandsaufgaben im Zusammenhang mit dem Vergütungssystem ist unzulässig. [6]Die vom Bundesministerium für Gesundheit zur Vorbereitung einer Rechtsverordnung nach Absatz 7 veranlassten Kosten für die Entwicklung, Einführung und laufende Pflege des Vergütungssystems sind von den Selbstverwaltungspartnern unverzüglich aus den Finanzmitteln nach Satz 1 zu begleichen; die Entscheidungen verantwortet das Bundesministerium. [7]Der DRG-Systemzuschlag ist von den Krankenhäusern je voll- und teilstationärem Krankenhausfall dem selbst zahlenden Patienten oder dem jeweiligen Kostenträger zusätzlich zu den tagesgleichen Pflegesätzen oder einer Fallpauschale in Rechnung zu stellen; er ist an die Vertragsparteien oder eine von ihnen benannte Stelle abzuführen. [8]Der Zuschlag unterliegt nicht der Begrenzung der Pflegesätze durch § 10 Abs. 4 des Krankenhausentgeltgesetzes; er geht nicht in den Gesamtbetrag und die Erlösausgleiche nach dem Krankenhausentgeltgesetz oder der Bundespflegesatzverordnung ein.

(6) *(aufgehoben)*

(7) [1]Das Bundesministerium für Gesundheit wird ermächtigt, durch Rechtsverordnung ohne Zustimmung des Bundesrates

1. Vorschriften über das Vergütungssystem zu erlassen, soweit eine Einigung der Vertragsparteien nach Absatz 2 ganz oder teilweise nicht zustande gekommen ist und eine der Vertragsparteien insoweit das Scheitern der Verhandlungen erklärt hat; die Vertragsparteien haben zu den strittigen Punkten ihre Auffassungen und die Auffassungen sonstiger Betroffener darzulegen und Lösungsvorschläge zu unterbreiten,

2. abweichend von Nummer 1 auch ohne Erklärung des Scheiterns durch eine Vertragspartei nach Ablauf vorher vorgegebener Fristen für Arbeitsschritte zu entscheiden, soweit dies erforderlich ist, um die Einführung des Vergütungssystems und seine jährliche Weiterentwicklung fristgerecht sicherzustellen,

3. Leistungen oder besondere Einrichtungen nach Absatz 1 Satz 9 und 10 zu bestimmen, die mit dem DRG-Vergütungssystem noch nicht sachgerecht vergütet werden können; für diese Bereiche können die anzuwendende Art der Vergütung festgelegt sowie Vorschriften zur Ermittlung der Entgelthöhe und zu den vorzulegenden Verhandlungsunterlagen erlassen werden,

4. unter den Voraussetzungen nach den Nummern 1 und 2 Richtwerte nach § 17a Abs. 4b zur Finanzierung der Ausbildungskosten vorzugeben.

[2]Von Vereinbarungen der Vertragsparteien nach Absatz 2 kann abgewichen werden, soweit dies für Regelungen nach Satz 1 erforderlich ist. [3]Das Institut für das Entgeltsystem im Krankenhaus ist verpflichtet, dem Bundesministerium zur Vorbereitung von Regelungen nach Satz 1 unmittelbar und unverzüglich nach dessen Weisungen zuzuarbeiten. [4]Das Bundesministerium kann sich von unabhängigen Sachverständigen beraten lassen. [5]Das Institut für das Entgeltsystem im Krankenhaus ist auch im Falle einer Vereinbarung durch die Vertragsparteien nach Absatz 2 verpflichtet, auf Anforderung des Bundesministeriums Auskunft insbesondere über den Entwicklungsstand des Vergütungssystems, die Entgelte und deren Veränderungen sowie über Problembereiche und mögliche Alternativen zu erteilen. [6]Kommt eine Vereinbarung nach Absatz 1 Satz 6 oder Absatz 3 Satz 6 nicht zustande, entscheidet auf Antrag einer Vertragspartei die Schiedsstelle nach § 18a Absatz 6.

(7a) Das Bundesministerium für Gesundheit wird ermächtigt, durch Rechtsverordnung mit Zustimmung des Bundesrates Vorschriften über die Unterlagen, die von den Krankenhäusern für die Budgetverhandlungen vorzulegen sind, zu erlassen.

(8) [1]Die Vertragsparteien nach Absatz 2 führen eine Begleitforschung zu den Auswirkungen des neuen Vergütungssystems, insbesondere zur Veränderung der Versorgungsstrukturen und zur Qualität der Versorgung, durch; dabei sind auch die Auswirkungen auf die anderen Versorgungsbereiche sowie die Art und der Umfang von Leistungsverlagerungen zu untersuchen. [2]Sie schreiben dazu Forschungsaufträge aus und beauftragen das Institut für das Entgeltsystem im Krankenhaus, insbesondere die Daten nach § 21 des Krankenhausentgeltgesetzes auszuwerten. [3]Die Kosten dieser Begleitforschung werden mit dem DRG-Systemzuschlag nach Absatz 5 finanziert. [4]Die Begleitforschung ist mit dem Bundesministerium für Gesundheit abzustimmen.

(9) *(aufgehoben)*

(10) [1]Über die nach Absatz 1 Satz 11 vorzunehmende vertiefte Prüfung von Kostenausreißern hinausgehend beauftragen die Vertragsparteien nach Absatz 2 bis zum 31. Dezember 2013 das Institut für das Entgeltsystem im Krankenhaus mit der Festlegung von Kriterien zur Ermittlung von Kostenausreißern und einer auf dieser Grundlage erfolgenden systematischen Prüfung, in

welchem Umfang Krankenhäuser mit Kostenausreißern belastet sind. [2]Das Institut für das Entgeltsystem im Krankenhaus entwickelt ein Regelwerk für Fallprüfungen bei Krankenhäusern, die an der DRG-Kalkulation teilnehmen. [3]Zur sachgerechten Beurteilung der Kostenausreißer hat das Institut für das Entgeltsystem im Krankenhaus von den an der Kalkulation teilnehmenden Krankenhäusern über den Kalkulationsdatensatz hinausgehende detaillierte fallbezogene Kosten- und Leistungsdaten zu erheben. [4]Das Institut für das Entgeltsystem im Krankenhaus veröffentlicht die Prüfergebnisse jährlich im Rahmen eines Extremkostenberichts, erstmals bis zum 31. Dezember 2014. [5]In dem Bericht sind auch die Gründe von Kostenausreißerfällen und Belastungsunterschieden zwischen Krankenhäusern darzulegen. [6]Auf der Grundlage des Berichts sind geeignete Regelungen für eine sachgerechte Vergütung von Kostenausreißern im Rahmen des Entgeltsystems zu entwickeln und durch die Vertragsparteien nach Absatz 2 zu vereinbaren.

§ 17c Prüfung der Abrechnung von Pflegesätzen, Schlichtungsausschuss.
(1) [1]Der Krankenhausträger wirkt durch geeignete Maßnahmen darauf hin, dass

1. keine Patienten in das Krankenhaus aufgenommen werden, die nicht der stationären Krankenhausbehandlung bedürfen, und bei Abrechnung von tagesbezogenen Pflegesätzen keine Patienten im Krankenhaus verbleiben, die nicht mehr der stationären Krankenhausbehandlung bedürfen (Fehlbelegung),

2. eine vorzeitige Verlegung oder Entlassung aus wirtschaftlichen Gründen unterbleibt,

3. die Abrechnung der nach § 17b vergüteten Krankenhausfälle ordnungsgemäß erfolgt.

[2]Die Krankenkassen können durch Einschaltung des Medizinischen Dienstes (§ 275 Absatz 1 des Fünften Buches Sozialgesetzbuch) die Einhaltung der in Satz 1 genannten Verpflichtungen prüfen.

(2) [1]Der Spitzenverband Bund der Krankenkassen und die Deutsche Krankenhausgesellschaft regeln das Nähere zum Prüfverfahren nach § 275 Absatz 1c des Fünften Buches Sozialgesetzbuch; in der Vereinbarung sind abweichende Regelungen zu § 275 Absatz 1c Satz 2 des Fünften Buches Sozialgesetzbuch möglich. [2]Dabei haben sie insbesondere Regelungen über den Zeitpunkt der Übermittlung zahlungsbegründender Unterlagen an die Krankenkassen, über das Verfahren zwischen Krankenkassen und Krankenhäusern bei Zweifeln an der Rechtmäßigkeit der Abrechnung im Vorfeld einer Beauftragung des Medizinischen Dienstes der Krankenversicherung, über den Zeitpunkt der Beauftragung des Medizinischen Dienstes der Krankenversicherung, über die Prüfungsdauer, über den Prüfungsort und über die Abwicklung von Rückforderungen zu treffen; die §§ 275 bis 283 des Fünften Buches Sozialgesetzbuch bleiben im Übrigen unberührt. [3]Kommt eine Vereinbarung ganz oder teilweise nicht zu Stande, trifft auf Antrag einer Vertragspartei die Schlichtungsstelle nach § 18a Absatz 6 die ausstehenden Entscheidungen. [4]Die Vereinbarung oder Festsetzung durch die Schlichtungsstelle ist für die Krankenkassen, den Medizinischen

Dienst der Krankenversicherung und die zugelassenen Krankenhäuser unmittelbar verbindlich.

(3) [1]Der Spitzenverband Bund der Krankenkassen und die Deutsche Krankenhausgesellschaft bilden einen Schlichtungsausschuss auf Bundesebene; das Institut für das Entgeltsystem im Krankenhaus und das Deutsche Institut für Medizinische Dokumentation und Information sind Mitglieder ohne Stimmrecht. [2]Aufgabe des Schlichtungsausschusses ist die verbindliche Klärung von Kodier- und Abrechnungsfragen von grundsätzlicher Bedeutung. [3]Der Schlichtungsausschuss kann auch von den Landesverbänden der Krankenkassen und den Ersatzkassen sowie den Landeskrankenhausgesellschaften angerufen werden; die Vertragsparteien nach Satz 1 können weitere Anrufungsrechte einräumen. [4]Bei den Entscheidungen sind die Stellungnahmen des Instituts für das Entgeltsystem im Krankenhaus und des Deutschen Instituts für Medizinische Dokumentation und Information zu berücksichtigen. [5]Die Entscheidungen des Schlichtungsausschusses sind zu veröffentlichen und für die Krankenkassen, den Medizinischen Dienst der Krankenversicherung und die zugelassenen Krankenhäuser unmittelbar verbindlich. [6]Absatz 4 Satz 4 zweiter Halbsatz sowie § 18a Absatz 6 Satz 2 bis 4, 7 und 8 sind entsprechend anzuwenden. [7]Kommen die für die Einrichtung des Schlichtungsausschusses erforderlichen Entscheidungen nicht ganz oder teilweise zu Stande, trifft auf Antrag einer Vertragspartei die Schiedsstelle nach § 18a Absatz 6 die ausstehenden Entscheidungen. [8]Soweit eine Einigung auf die unparteiischen Mitglieder nicht zu Stande kommt, werden diese durch das Bundesministerium für Gesundheit berufen.

(4) [1]Zur Überprüfung der Ergebnisse der Prüfungen nach § 275 Absatz 1c des Fünften Buches Sozialgesetzbuch können die beteiligten Parteien gemeinsam eine unabhängige Schlichtungsperson bestellen. [2]Die Bestellung der Schlichtungsperson kann für einzelne oder sämtliche Streitigkeiten erfolgen. [3]Gegen die Entscheidung der Schlichtungsperson ist der Sozialrechtsweg gegeben. [4]Eine gerichtliche Überprüfung der Entscheidung der Schlichtungsperson findet nur statt, wenn geltend gemacht wird, dass die Entscheidung der öffentlichen Ordnung widerspricht. [5]Die Kosten der Schlichtungsperson tragen die am Schlichtungsverfahren beteiligten Parteien zu gleichen Teilen.

(4a) *(aufgehoben)*

(4b) [1]Gegen die Entscheidungen der Schiedsstelle nach Absatz 2 Satz 3, Absatz 3 Satz 7 sowie des Schlichtungsausschusses auf Bundesebene nach Absatz 3 ist der Sozialrechtsweg gegeben. [2]Ein Vorverfahren findet nicht statt; die Klage hat keine aufschiebende Wirkung.

(5) [1]Das Krankenhaus hat selbst zahlenden Patienten, die für die Abrechnung der Fallpauschalen und Zusatzentgelte erforderlichen Diagnosen, Prozeduren und sonstigen Angaben mit der Rechnung zu übersenden. [2]Sofern Versicherte der privaten Krankenversicherung von der Möglichkeit einer direkten Abrechnung zwischen dem Krankenhaus und dem privaten Krankenversicherungsunternehmen Gebrauch machen, sind die Daten entsprechend § 301 des Fünften Buches Sozialgesetzbuch im Wege des elektronischen Datenaustau-

sches an das private Krankenversicherungsunternehmen zu übermitteln, wenn der Versicherte hierzu schriftlich seine Einwilligung, die jederzeit widerrufen werden kann, erklärt hat.

§ 17d Einführung eines pauschalierenden Entgeltsystems für psychiatrische und psychosomatische Einrichtungen. (1) [1]Für die Vergütung der allgemeinen Krankenhausleistungen von Fachkrankenhäusern und selbstständigen, gebietsärztlich geleiteten Abteilungen an somatischen Krankenhäusern für die Fachgebiete Psychiatrie und Psychotherapie, Kinder- und Jugendpsychiatrie und -psychotherapie (psychiatrische Einrichtungen) sowie Psychosomatische Medizin und Psychotherapie (psychosomatische Einrichtungen) ist ein durchgängiges, leistungsorientiertes und pauschalierendes Vergütungssystem auf der Grundlage von tagesbezogenen Entgelten einzuführen. [2]Dabei ist zu prüfen, ob für bestimmte Leistungsbereiche andere Abrechnungseinheiten eingeführt werden können. [3]Ebenso ist zu prüfen, inwieweit auch die im Krankenhaus ambulant zu erbringenden Leistungen der psychiatrischen Institutsambulanzen nach § 118 des Fünften Buches Sozialgesetzbuch einbezogen werden können. [4]Das Vergütungssystem hat den unterschiedlichen Aufwand der Behandlung bestimmter, medizinisch unterscheidbarer Patientengruppen abzubilden; dabei muss unter Berücksichtigung des Einsatzzwecks des Vergütungssystems als Budgetsystem sein Differenzierungsgrad praktikabel und der Dokumentationsaufwand auf das notwendige Maß begrenzt sein. [5]Die Bewertungsrelationen sind als Relativgewichte zu definieren. [6]Die Definition der Entgelte und ihre Bewertungsrelationen sind bundeseinheitlich festzulegen. [7]Die Bewertungsrelationen werden auf der Grundlage der Kosten einer sachgerechten und repräsentativen Auswahl von psychiatrischen und psychosomatischen Einrichtungen kalkuliert, die ab dem 1. Januar 2020 die vom Gemeinsamen Bundesausschuss nach § 136a Absatz 2 des Fünften Buches Sozialgesetzbuch festgelegten Anforderungen erfüllen sollen; § 17b Absatz 3 Satz 6 und 7 ist entsprechend anzuwenden. [8]Soweit an der Kalkulation teilnehmende Einrichtungen die vom Gemeinsamen Bundesausschuss nach § 136a Absatz 2 des Fünften Buches Sozialgesetzbuch festgelegten Anforderungen nicht erfüllen, haben die Vertragsparteien nach § 17b Absatz 2 Satz 1 eine geeignete Übergangsfrist zu bestimmen. [9]Vor dem 1. Januar 2020 soll für die Kalkulation eine umfassende Umsetzung der Vorgaben der Psychiatrie-Personalverordnung zur Zahl der Personalstellen erfolgen. [10]Für die Dauer einer Übergangsfrist nach Satz 8 gelten die bisherigen Vorgaben der Psychiatrie-Personalverordnung zur Personalausstattung weiter.

(2) [1]Mit den Entgelten nach Absatz 1 werden die voll- und teilstationären sowie stationsäquivalenten allgemeinen Krankenhausleistungen vergütet. [2]Soweit dies zur Ergänzung der Entgelte in eng begrenzten Ausnahmefällen erforderlich ist, können die Vertragsparteien nach Absatz 3 Zusatzentgelte und deren Höhe vereinbaren. [3]Entgelte für Leistungen, die auf Bundesebene nicht bewertet worden sind, werden durch die Vertragsparteien nach § 18 Abs. 2 vereinbart. [4]Die Vorgaben des § 17b Absatz 1a für Zu- und Abschläge gelten entsprechend. [5]Für

die Finanzierung der Sicherstellung einer für die Versorgung der Bevölkerung notwendigen Vorhaltung von Leistungen gelten § 17b Absatz 1a Nummer 6 und § 5 Abs. 2 des Krankenhausentgeltgesetzes entsprechend. [6]Im Rahmen von Satz 4 ist auch die Vereinbarung von Regelungen für Zu- oder Abschläge für die Teilnahme an der regionalen Versorgungsverpflichtung zu prüfen.

(3) [1]Die Vertragsparteien nach § 17b Abs. 2 Satz 1 vereinbaren nach den Vorgaben der Absätze 1, 2 und 4 das Entgeltsystem, seine grundsätzlich jährliche Weiterentwicklung und Anpassung, insbesondere an medizinische Entwicklungen, Veränderungen der Versorgungsstrukturen und Kostenentwicklungen, und die Abrechnungsbestimmungen, soweit diese nicht gesetzlich vorgegeben werden. [2]Es ist ein gemeinsames Entgeltsystem zu entwickeln; dabei ist von den Daten nach Absatz 9 und für Einrichtungen, die die Psychiatrie-Personalverordnung anwenden, zusätzlich von den Behandlungsbereichen nach der Psychiatrie-Personalverordnung auszugehen. [3]Mit der Durchführung der Entwicklungsaufgaben beauftragen die Vertragsparteien das Institut für das Entgeltsystem im Krankenhaus. [4]§ 17b Abs. 2 Satz 2 bis 8 ist entsprechend anzuwenden. [5]Zusätzlich ist der Bundespsychotherapeutenkammer Gelegenheit zur beratenden Teilnahme an den Sitzungen zu geben, soweit psychotherapeutische und psychosomatische Fragen betroffen sind.

(4) [1]Die Vertragsparteien auf Bundesebene vereinbaren die Grundstrukturen des Vergütungssystems sowie des Verfahrens zur Ermittlung der Bewertungsrelationen auf Bundesebene, insbesondere zur Kalkulation in einer sachgerechten Auswahl von Krankenhäusern. [2]Nach Maßgabe der Sätze 3 bis 6 ersetzt das neue Vergütungssystem die bisher abgerechneten Entgelte nach § 17 Absatz 2. [3]Das Vergütungssystem wird bis zum 1. Januar 2017 auf Verlangen des Krankenhauses eingeführt. [4]Das Krankenhaus hat sein Verlangen zum Zeitpunkt der Aufforderung zur Verhandlung durch die Sozialleistungsträger den anderen Vertragsparteien nach § 18 Absatz 2 Nummer 1 oder Nummer 2 schriftlich oder elektronisch mitzuteilen. [5]Verbindlich für alle Krankenhäuser wird das Vergütungssystem zum 1. Januar 2018 eingeführt. [6]Bis Ende des Jahres 2019 wird das Vergütungssystem für die Krankenhäuser budgetneutral umgesetzt. [7]Ab dem Jahr 2020 sind der krankenhausindividuelle Basisentgeltwert und der Gesamtbetrag nach den näheren Bestimmungen der Bundespflegesatzverordnung von den Vertragsparteien nach § 18 Absatz 2 anzupassen. [8]Die Vertragsparteien auf Bundesebene legen dem Bundesministerium für Gesundheit bis zum 30. Juni 2019 einen gemeinsamen Bericht über die Auswirkungen des neuen Entgeltsystems, die ersten Anwendungserfahrungen mit dem neuen Entgeltsystem sowie über die Anzahl von Modellvorhaben nach § 64b des Fünften Buches Sozialgesetzbuch und über die ersten Erkenntnisse zu diesen Modellvorhaben vor. [9]In den Bericht sind die Stellungnahmen der Fachverbände der Psychiatrie und Psychosomatik einzubeziehen. [10]Das Bundesministerium für Gesundheit legt den Bericht dem Deutschen Bundestag vor.

(5) [1]Für die Finanzierung der den Vertragsparteien auf Bundesebene übertragenen Aufgaben gilt § 17b Abs. 5 entsprechend. [2]Die erforderlichen Finanzie-

rungsmittel sind mit dem DRG-Systemzuschlag zu erheben; dieser ist entsprechend zu erhöhen.

(6) ¹Das Bundesministerium für Gesundheit wird ermächtigt, durch Rechtsverordnung ohne Zustimmung des Bundesrates

1. Vorschriften über das Vergütungssystem zu erlassen, soweit eine Einigung der Vertragsparteien nach Absatz 3 ganz oder teilweise nicht zustande gekommen ist und eine der Vertragsparteien insoweit das Scheitern der Verhandlungen erklärt hat; die Vertragsparteien haben zu den strittigen Punkten ihre Auffassungen und die Auffassungen sonstiger Betroffener darzulegen und Lösungsvorschläge zu unterbreiten;

2. abweichend von Nummer 1 auch ohne Erklärung des Scheiterns durch eine Vertragspartei nach Ablauf vorher vorgegebener Fristen für Arbeitsschritte zu entscheiden, soweit dies erforderlich ist, um die Einführung des Vergütungssystems und seine jährliche Weiterentwicklung fristgerecht sicherzustellen;

3. Leistungen nach Absatz 2 Satz 3 zu bestimmen, die mit dem neuen Vergütungssystem noch nicht sachgerecht vergütet werden können; für diese Bereiche können die anzuwendende Art der Vergütung festgelegt sowie Vorschriften zur Ermittlung der Entgelthöhe und zu den vorzulegenden Verhandlungsunterlagen erlassen werden.

²Das Bundesministerium für Gesundheit kann von Vereinbarungen der Vertragsparteien nach Absatz 3 abweichen, soweit dies für Regelungen nach Satz 1 erforderlich ist. ³Es kann sich von unabhängigen Sachverständigen beraten lassen. ⁴Das Institut für das Entgeltsystem im Krankenhaus ist verpflichtet, dem Bundesministerium für Gesundheit zur Vorbereitung von Regelungen nach Satz 1 unmittelbar und unverzüglich nach dessen Weisungen zuzuarbeiten. ⁵Es ist auch im Falle einer Vereinbarung durch die Vertragsparteien nach Absatz 3 verpflichtet, auf Anforderung des Bundesministeriums für Gesundheit Auskunft insbesondere über den Entwicklungsstand des Vergütungssystems, die Entgelte und deren Veränderungen sowie über Problembereiche und mögliche Alternativen zu erteilen. ⁶Kommt eine Vereinbarung nach Absatz 1 Satz 7 nicht zustande, entscheidet auf Antrag einer Vertragspartei die Schiedsstelle nach § 18a Absatz 6.

(7) Das Bundesministerium für Gesundheit wird ermächtigt, durch Rechtsverordnung mit Zustimmung des Bundesrates Vorschriften über die Unterlagen, die von den Krankenhäusern für die Budgetverhandlungen vorzulegen sind, zu erlassen.

(8) ¹Die Vertragsparteien auf Bundesebene führen eine Begleitforschung zu den Auswirkungen des neuen Vergütungssystems, insbesondere zur Veränderung der Versorgungsstrukturen und zur Qualität der Versorgung, durch. ²Dabei sind auch die Auswirkungen auf die anderen Versorgungsbereiche sowie die Art und der Umfang von Leistungsverlagerungen zu untersuchen. ³§ 17b Abs. 8 Satz 2 bis 4 gilt entsprechend. ⁴Erste Ergebnisse sind im Jahr 2017 zu veröffentlichen.

(9) ¹Für Einrichtungen nach Absatz 1 Satz 1 gilt § 21 des Krankenhausentgeltgesetzes mit der Maßgabe, dass die Daten nach seinem Absatz 2 Nr. 1

Buchstabe a und Nr. 2 Buchstabe a bis h zu übermitteln sind. [2]Zusätzlich ist von Einrichtungen, die die Psychiatrie-Personalverordnung anwenden, für jeden voll- und teilstationären Behandlungsfall die tagesbezogene Einstufung der Patientin oder des Patienten in die Behandlungsbereiche nach den Anlagen 1 und 2 der Psychiatrie-Personalverordnung zu übermitteln; für die zugrunde liegende Dokumentation reicht eine Einstufung zu Beginn der Behandlung und bei jedem Wechsel des Behandlungsbereichs aus.

§ 18 Pflegesatzverfahren. (1) [1]Die nach Maßgabe dieses Gesetzes für das einzelne Krankenhaus zu verhandelnden Pflegesätze werden zwischen dem Krankenhausträger und den Sozialleistungsträgern nach Absatz 2 vereinbart. [2]Die Landeskrankenhausgesellschaft, die Landesverbände der Krankenkassen, die Ersatzkassen und der Landesausschuss des Verbandes der privaten Krankenversicherung können sich am Pflegesatzverfahren beteiligen. [3]Die Pflegesatzvereinbarung bedarf der Zustimmung der Landesverbände der Krankenkassen und des Landesausschusses des Verbandes der privaten Krankenversicherung. [4]Die Zustimmung gilt als erteilt, wenn die Mehrheit der Beteiligten nach Satz 3 der Vereinbarung nicht innerhalb von zwei Wochen nach Vertragsschluss widerspricht.

(2) Parteien der Pflegesatzvereinbarung (Vertragsparteien) sind der Krankenhausträger und

1. Sozialleistungsträger, soweit auf sie allein, oder
2. Arbeitsgemeinschaften von Sozialleistungsträgern, soweit auf ihre Mitglieder insgesamt

im Jahr vor Beginn der Pflegesatzverhandlungen mehr als fünf vom Hundert der Belegungs- und Berechnungstage des Krankenhauses entfallen.

(3) [1]Die Vereinbarung soll nur für zukünftige Zeiträume getroffen werden. [2]Der Krankenhausträger hat nach Maßgabe des Krankenhausentgeltgesetzes und der Rechtsverordnung nach § 16 Satz 1 Nr. 6 die für die Vereinbarung der Budgets und Pflegesätze erforderlichen Unterlagen über Leistungen sowie die Kosten der nicht durch pauschalierte Pflegesätze erfassten Leistungen vorzulegen. [3]Die in Absatz 1 Satz 2 genannten Beteiligten vereinbaren die Höhe der mit Bewertungsrelationen bewerteten Entgelte nach den §§ 17b und 17d mit Wirkung für die Vertragsparteien nach Absatz 2.

(4) [1]Kommt eine Vereinbarung über die Pflegesätze oder die Höhe der Entgelte nach Abs. 3 Satz 3 innerhalb von sechs Wochen nicht zustande, nachdem eine Vertragspartei schriftlich zur Aufnahme der Pflegesatzverhandlungen aufgefordert hat, so setzt die Schiedsstelle nach § 18a Abs. 1 auf Antrag einer Vertragspartei die Pflegesätze unverzüglich fest. [2]Die Schiedsstelle kann zur Ermittlung der vergleichbaren Krankenhäuser gemäß § 17 Abs. 5 auch gesondert angerufen werden.

(5) [1]Die vereinbarten oder festgesetzten Pflegesätze werden von der zuständigen Landesbehörde genehmigt, wenn sie den Vorschriften dieses Gesetzes und sonstigem Recht entsprechen; die Genehmigung ist unverzüglich zu ertei-

len. [2]Gegen die Genehmigung ist der Verwaltungsrechtsweg gegeben. [3]Ein Vorverfahren findet nicht statt; die Klage hat keine aufschiebende Wirkung.

§ 18a Schiedsstelle. (1) [1]Die Landeskrankenhausgesellschaften und die Landesverbände der Krankenkassen bilden für jedes Land oder jeweils für Teile des Landes eine Schiedsstelle. [2]Ist für ein Land mehr als eine Schiedsstelle gebildet worden, bestimmen die Beteiligten nach Satz 1 die zuständige Schiedsstelle für mit landesweiter Geltung zu treffende Entscheidungen.

(2) [1]Die Schiedsstellen bestehen aus einem neutralen Vorsitzenden sowie aus Vertretern der Krankenhäuser und Krankenkassen in gleicher Zahl. [2]Der Schiedsstelle gehört auch ein von dem Landesausschuss des Verbandes der privaten Krankenversicherung bestellter Vertreter an, der auf die Zahl der Vertreter der Krankenkassen angerechnet wird. [3]Die Vertreter der Krankenhäuser und deren Stellvertreter werden von der Landeskrankenhausgesellschaft, die Vertreter der Krankenkassen und deren Stellvertreter von den Landesverbänden der Krankenkassen bestellt. [4]Der Vorsitzende und sein Stellvertreter werden von den beteiligten Organisationen gemeinsam bestellt; kommt eine Einigung nicht zustande, werden sie von der zuständigen Landesbehörde bestellt.

(3) [1]Die Mitglieder der Schiedsstellen führen ihr Amt als Ehrenamt. [2]Sie sind in Ausübung ihres Amtes an Weisungen nicht gebunden. [3]Jedes Mitglied hat eine Stimme. [4]Die Entscheidungen werden mit der Mehrheit der Mitglieder getroffen; ergibt sich keine Mehrheit, gibt die Stimme des Vorsitzenden den Ausschlag.

(4) Die Landesregierungen werden ermächtigt, durch Rechtsverordnung das Nähere über

1. die Zahl, die Bestellung, die Amtsdauer und die Amtsführung der Mitglieder der Schiedsstelle sowie die ihnen zu gewährende Erstattung der Barauslagen und Entschädigung für Zeitverlust,
2. die Führung der Geschäfte der Schiedsstelle,
3. die Verteilung der Kosten der Schiedsstelle,
4. das Verfahren und die Verfahrensgebühren

zu bestimmen; sie können diese Ermächtigung durch Rechtsverordnung auf oberste Landesbehörden übertragen.

(5) Die Rechtsaufsicht über die Schiedsstelle führt die zuständige Landesbehörde.

(6) [1]Der Spitzenverband Bund der Krankenkassen und die Deutsche Krankenhausgesellschaft bilden eine Schiedsstelle; diese entscheidet in den ihr nach diesem Gesetz oder der Bundespflegesatzverordnung zugewiesenen Aufgaben. [2]Die Schiedsstelle besteht aus Vertretern des Spitzenverbandes Bund der Krankenkassen und der Deutschen Krankenhausgesellschaft in gleicher Zahl sowie einem unparteiischen Vorsitzenden und zwei weiteren unparteiischen Mitgliedern. [3]Der Schiedsstelle gehört ein vom Verband der privaten Krankenversicherung bestellter Vertreter an, der auf die Zahl der Vertreter der Krankenkassen angerechnet wird. [4]Die unparteiischen Mitglieder werden von den beteiligten

Organisationen gemeinsam bestellt. [5]Die unparteiischen Mitglieder werden durch den Präsidenten des Bundessozialgerichts berufen, soweit eine Einigung nicht zustande kommt. [6]Durch die Beteiligten zuvor abgelehnte Personen können nicht berufen werden. [7]Absatz 3 gilt entsprechend. [8]Der Spitzenverband Bund der Krankenkassen und die Deutsche Krankenhausgesellschaft vereinbaren das Nähere über die Zahl, die Bestellung, die Amtsdauer, die Amtsführung, die Erstattung der baren Auslagen und die Entschädigung für den Zeitaufwand der Mitglieder der Schiedsstelle sowie die Geschäftsführung, das Verfahren, die Höhe und die Erhebung der Gebühren und die Verteilung der Kosten. [9]Kommt eine Vereinbarung nach Satz 8 bis zum 31. August 1997 nicht zustande, bestimmt das Bundesministerium für Gesundheit ihren Inhalt durch Rechtsverordnung. [10]Die Rechtsaufsicht über die Schiedsstelle führt das Bundesministerium für Gesundheit. [11]Gegen die Entscheidung der Schiedsstelle ist der Verwaltungsrechtsweg gegeben. [12]Ein Vorverfahren findet nicht statt; die Klage hat keine aufschiebende Wirkung.

§ 18b *(weggefallen)*

§ 19 *(weggefallen)*

§ 20 Nichtanwendung von Pflegesatzvorschriften. [1]Die Vorschriften des Dritten Abschnitts mit Ausnahme des § 17 Abs. 5 finden keine Anwendung auf Krankenhäuser, die nach § 5 Abs. 1 Nr. 2, 4 oder 7 nicht gefördert werden. [2]§ 17 Abs. 5 ist bei den nach § 5 Abs. 1 Nr. 4 oder 7 nicht geförderten Krankenhäusern mit der Maßgabe anzuwenden, dass an die Stelle der Pflegesätze vergleichbarer nach diesem Gesetz voll geförderter Krankenhäuser die Pflegesätze vergleichbarer öffentlicher Krankenhäuser treten.

4. Abschnitt

§§ 21 bis 26 *(weggefallen)*

5. Abschnitt

Sonstige Vorschriften

§ 27 Zuständigkeitsregelung. Die in diesem Gesetz den Landesverbänden der Krankenkassen zugewiesenen Aufgaben nehmen für die Ersatzkassen die nach § 212 Abs. 5 des Fünften Buches Sozialgesetzbuch benannten Bevollmächtigten, für die knappschaftliche Krankenversicherung die Deutsche Rentenversicherung Knappschaft-Bahn-See und für die Krankenversicherung der Landwirte die Sozialversicherung für Landwirtschaft, Forsten und Gartenbau wahr.

§ 28 Auskunftspflicht und Statistik. (1) [1]Die Träger der nach § 108 des Fünften Buches Sozialgesetzbuch zur Krankenhausbehandlung zugelassenen Krankenhäuser und die Sozialleistungsträger sind verpflichtet, dem Bundesministerium für Gesundheit sowie den zuständigen Behörden der Länder auf Verlangen Auskünfte über die Umstände zu erteilen, die für die Beurteilung der Bemessung und Entwicklung der Pflegesätze nach diesem Gesetz benötigt werden. [2]Unter die Auskunftspflicht fallen insbesondere die personelle und sachliche Ausstattung sowie die Kosten der Krankenhäuser, die im Krankenhaus in Anspruch genommenen stationären und ambulanten Leistungen sowie allgemeine Angaben über die Patienten und ihre Erkrankungen. [3]Die zuständigen Landesbehörden können darüber hinaus von den Krankenhausträgern Auskünfte über Umstände verlangen, die sie für die Wahrnehmung ihrer Aufgaben bei der Krankenhausplanung und Krankenhausfinanzierung nach diesem Gesetz benötigen.

(2) [1]Die Bundesregierung wird ermächtigt, für Zwecke dieses Gesetzes durch Rechtsverordnung mit Zustimmung des Bundesrates jährliche Erhebungen über Krankenhäuser einschließlich der in den §§ 3 und 5 genannten Krankenhäuser und Einrichtungen als Bundesstatistik anzuordnen. [2]Die Bundesstatistik auf Grundlage dieser Erhebungen kann insbesondere folgende Sachverhalte umfassen:

1. Art des Krankenhauses und der Trägerschaft,
2. im Krankenhaus tätige Personen nach Geschlecht, Beschäftigungsverhältnis, Tätigkeitsbereich, Dienststellung, Aus- und Weiterbildung,
3. sachliche Ausstattung und organisatorische Einheiten des Krankenhauses,
4. Kosten nach Kostenarten,
5. in Anspruch genommene stationäre und ambulante Leistungen,
6. Patienten nach Alter, Geschlecht, Wohnort, Erkrankungen nach Hauptdiagnosen,
7. Ausbildungsstätten am Krankenhaus.

[3]Auskunftspflichtig sind die Krankenhausträger gegenüber den statistischen Ämtern der Länder; die Rechtsverordnung kann Ausnahmen von der Auskunftspflicht vorsehen. [4]Die Träger der nach § 108 des Fünften Buches Sozialgesetzbuch zur Krankenhausbehandlung zugelassenen Krankenhäuser teilen die von der Statistik umfassten Sachverhalte gleichzeitig den für die Krankenhausplanung und -finanzierung zuständigen Landesbehörden mit. [5]Dasselbe gilt für die Träger der nach § 111 des Fünften Buches Sozialgesetzbuch zur Vorsorge- oder Rehabilitationsbehandlung zugelassenen Einrichtungen.

(3) Die Befugnis der Länder, zusätzliche, von Absatz 2 nicht erfasste Erhebungen über Sachverhalte des Gesundheitswesens als Landesstatistik anzuordnen, bleibt unberührt.

(4) Das Statistische Bundesamt führt unter Verwendung der von der Datenstelle nach § 21 Absatz 3 Satz 1 Nummer 4 des Krankenhausentgeltgesetzes

übermittelten Daten jährlich eine Auswertung als Bundesstatistik zu folgenden Sachverhalten durch:

1. Identifikationsmerkmale der Einrichtung,
2. Patienten nach Anlass und Grund der Aufnahme, Weiterbehandlung, Verlegung und Entlassung sowie Gewicht der unter Einjährigen bei der Aufnahme, Diagnosen einschließlich der Nebendiagnosen, Beatmungsstunden, vor- und nachstationäre Behandlung, Art der Operationen und Prozeduren sowie Angabe der Leistungserbringung durch Belegoperateur, -anästhesist oder -hebamme,
3. in Anspruch genommene Fachabteilungen,
4. Abrechnung der Leistungen je Behandlungsfall nach Höhe der Entgelte insgesamt, der DRG-Fallpauschalen, Zusatzentgelte, Zu- und Abschläge und sonstigen Entgelte,
5. Zahl der DRG-Fälle, Summe der Bewertungsrelationen sowie Ausgleichsbeträge nach § 5 Absatz 4 des Krankenhausentgeltgesetzes,
6. Anzahl der Ausbildenden und Auszubildenden, jeweils gegliedert nach Berufsbezeichnung nach § 2 Nr. 1a sowie die Anzahl der Auszubildenden nach Berufsbezeichnungen zusätzlich gegliedert nach jeweiligem Ausbildungsjahr.

§ 29 *(aufgehoben)*

§ 30 Darlehen aus Bundesmitteln. ¹Lasten aus Darlehen, die vor der Aufnahme des Krankenhauses in den Krankenhausplan für förderungsfähige Investitionskosten aus Bundesmitteln gewährt worden sind, werden auf Antrag des Krankenhausträgers erlassen, soweit der Krankenhausträger vor dem 1. Januar 1985 von diesen Lasten nicht anderweitig freigestellt worden ist und solange das Krankenhaus in den Krankenhausplan aufgenommen ist. ²Für die in § 2 Nr. 1a genannten Ausbildungsstätten gilt Satz 1 entsprechend.

§ 31 Berlin-Klausel *(gegenstandslos)*

§ 32 *(Inkrafttreten)*

Gesetz über die Entgelte
für voll- und teilstationäre Krankenhausleistungen
(Krankenhausentgeltgesetz – KHEntgG)

vom 23.4.2002 (BGBl. I S. 1412),
zuletzt geändert durch Art. 8c G vom 17.7.2017 (BGBl. I S. 2615)

INHALTSÜBERSICHT

Abschnitt 1

Allgemeine Vorschriften

§ 1 Anwendungsbereich. (1) Die vollstationären und teilstationären Leistungen der DRG-Krankenhäuser werden nach diesem Gesetz und dem Krankenhausfinanzierungsgesetz vergütet.

(2) [1]Dieses Gesetz gilt auch für die Vergütung von Leistungen der Bundeswehrkrankenhäuser, soweit diese Zivilpatienten behandeln, und der Krankenhäuser der Träger der gesetzlichen Unfallversicherung, soweit nicht die gesetzliche Unfallversicherung die Kosten trägt. [2]Im Übrigen gilt dieses Gesetz nicht für

1. Krankenhäuser, auf die das Krankenhausfinanzierungsgesetz nach seinem § 3 Satz 1 keine Anwendung findet,
2. Krankenhäuser, die nach § 5 Abs. 1 Nr. 2, 4 oder 7 des Krankenhausfinanzierungsgesetzes nicht gefördert werden,
3. Krankenhäuser und selbstständige, gebietsärztlich geleitete Abteilungen für die Fachgebiete Psychiatrie und Psychotherapie, Kinder- und Jugendpsychiatrie und -psychotherapie sowie Psychosomatische Medizin und Psychotherapie, soweit im Krankenhausfinanzierungsgesetz oder in der Bundespflegesatzverordnung nichts Abweichendes bestimmt wird.
4. *(aufgehoben)*

(3) ¹Die vor- und nachstationäre Behandlung wird für alle Benutzer einheitlich nach § 115a des Fünften Buches Sozialgesetzbuch vergütet. ²Die ambulante Durchführung von Operationen und sonstiger stationsersetzender Eingriffe wird für die gesetzlich versicherten Patienten nach § 115b des Fünften Buches Sozialgesetzbuch und für sonstige Patienten nach den für sie geltenden Vorschriften, Vereinbarungen oder Tarifen vergütet.

§ 2 Krankenhausleistungen. (1) ¹Krankenhausleistungen nach § 1 Abs. 1 sind insbesondere ärztliche Behandlung, auch durch nicht fest angestellte Ärztinnen und Ärzte, Krankenpflege, Versorgung mit Arznei-, Heil- und Hilfsmitteln, die für die Versorgung im Krankenhaus notwendig sind, sowie Unterkunft und Verpflegung; sie umfassen allgemeine Krankenhausleistungen und Wahlleistungen. ²Zu den Krankenhausleistungen gehören nicht die Leistungen der Belegärzte (§ 18) sowie der Beleghebammen und -entbindungspfleger.

(2) ¹Allgemeine Krankenhausleistungen sind die Krankenhausleistungen, die unter Berücksichtigung der Leistungsfähigkeit des Krankenhauses im Einzelfall nach Art und Schwere der Krankheit für die medizinisch zweckmäßige und ausreichende Versorgung des Patienten notwendig sind. ²Unter diesen Voraussetzungen gehören dazu auch
1. die während des Krankenhausaufenthalts durchgeführten Maßnahmen zur Früherkennung von Krankheiten im Sinne des Fünften Buches Sozialgesetzbuch,
2. die vom Krankenhaus veranlassten Leistungen Dritter,
3. die aus medizinischen Gründen notwendige Mitaufnahme einer Begleitperson des Patienten oder die Mitaufnahme einer Pflegekraft nach § 11 Absatz 3 des Fünften Buches Sozialgesetzbuch,
4. die besonderen Aufgaben von Zentren und Schwerpunkten für die stationäre Versorgung von Patienten, insbesondere die Aufgaben von Tumorzentren und geriatrischen Zentren sowie entsprechenden Schwerpunkten,
5. die Frührehabilitation im Sinne von § 39 Abs. 1 Satz 3 des Fünften Buches Sozialgesetzbuch,
6. das Entlassmanagement im Sinne des § 39 Absatz 1a des Fünften Buches Sozialgesetzbuch.

³Nicht zu den Krankenhausleistungen nach Satz 2 Nr. 2 gehört eine Dialyse, wenn hierdurch eine entsprechende Behandlung fortgeführt wird, das Kranken-

haus keine eigene Dialyseeinrichtung hat und ein Zusammenhang mit dem Grund der Krankenhausbehandlung nicht besteht. [4]Besondere Aufgaben nach Satz 2 Nummer 4 setzen deren Ausweisung und Festlegung im Krankenhausplan des Landes oder eine gleichartige Festlegung durch die zuständige Landesbehörde im Einzelfall gegenüber dem Krankenhaus voraus. [5]Die besonderen Aufgaben umfassen nur Leistungen, die nicht bereits durch die Fallpauschalen, nach sonstigen Regelungen dieses Gesetzes oder nach Regelungen des Fünften Buches Sozialgesetzbuch vergütet werden; sie können auch Leistungen, die nicht zur unmittelbaren stationären Patientenversorgung gehören, umfassen.

(3) Bei der Erbringung von allgemeinen Krankenhausleistungen durch nicht im Krankenhaus fest angestellte Ärztinnen und Ärzte hat das Krankenhaus sicherzustellen, dass diese für ihre Tätigkeit im Krankenhaus die gleichen Anforderungen erfüllen, wie sie auch für fest im Krankenhaus angestellte Ärztinnen und Ärzte gelten.

Abschnitt 2

Vergütung der Krankenhausleistungen

§ 3 Grundlagen. Die voll- und teilstationären allgemeinen Krankenhausleistungen werden vergütet durch
1. ein von den Vertragsparteien nach § 11 Abs. 1 gemeinsam vereinbartes Erlösbudget nach § 4,
2. eine von den Vertragsparteien nach § 11 Abs. 1 gemeinsam vereinbarte Erlössumme nach § 6 Abs. 3 für krankenhausindividuell zu vereinbarende Entgelte,
3. Entgelte nach § 6 Abs. 2 für neue Untersuchungs- und Behandlungsmethoden,
4. Zusatzentgelte für die Behandlung von Blutern,
5. Zu- und Abschläge nach § 7 Abs. 1.

§ 4 Vereinbarung eines Erlösbudgets. (1) [1]Das von den Vertragsparteien nach § 11 Abs. 1 zu vereinbarende Erlösbudget umfasst für voll- und teilstationäre Leistungen die Fallpauschalen nach § 7 Abs. 1 Satz 1 Nr. 1 und die Zusatzentgelte nach § 7 Abs. 1 Satz 1 Nr. 2. [2]Es umfasst nicht die krankenhausindividuell zu vereinbarenden Entgelte nach § 6 Abs. 1 bis 2a, nicht die Zusatzentgelte für die Behandlung von Blutern, nicht die Zu- und Abschläge nach § 7 Absatz 1, nicht die Entgelte für Modellvorhaben nach § 63 des Fünften Buches Sozialgesetzbuch und nicht die Vergütung nach § 140a des Fünften Buches Sozialgesetzbuch für die integrierte Versorgung.

(2) [1]Das Erlösbudget wird leistungsorientiert ermittelt, indem für die voraussichtlich zu erbringenden Leistungen Art und Menge der Entgelte nach Absatz 1 Satz 1 mit der jeweils maßgeblichen Entgelthöhe multipliziert werden. [2]Die Entgelthöhe für die Fallpauschalen wird ermittelt, indem diese nach

den Vorgaben des Entgeltkatalogs und der Abrechnungsbestimmungen mit den effektiven Bewertungsrelationen und mit dem Landesbasisfallwert nach § 10 bewertet werden. [3]Bei Patientinnen und Patienten, die über den Jahreswechsel im Krankenhaus stationär behandelt werden (Überlieger), werden die Erlöse aus Fallpauschalen in voller Höhe dem Jahr zugeordnet, in dem die Patientinnen und Patienten entlassen werden.

(2a) [1]Abweichend von Absatz 2 Satz 1 und 2 gilt für Leistungen, die im Vergleich zur Vereinbarung für das laufende Kalenderjahr zusätzlich im Erlösbudget berücksichtigt werden, ab dem Jahr 2013 ein Vergütungsabschlag von 25 Prozent (Mehrleistungsabschlag). [2]Für das Jahr 2012 haben die Vertragsparteien die Höhe des Abschlags zu vereinbaren. [3]Der Mehrleistungsabschlag nach Satz 1 oder 2 gilt nicht für zusätzlich vereinbarte Entgelte mit einem Sachkostenanteil von mehr als zwei Dritteln, bei Transplantationen sowie bei zusätzlichen Kapazitäten aufgrund der Krankenhausplanung oder des Investitionsprogramms des Landes; im Übrigen können die Vertragsparteien zur Vermeidung unzumutbarer Härten einzelne Leistungen von der Erhebung des Abschlags ausnehmen, ferner können sie für einzelne Leistungen oder Leistungsbereiche Ausnahmen vom Mehrleistungsabschlag aufgrund besonderer Qualitätsvereinbarungen festlegen. [4]Der Vergütungsabschlag ist durch einen einheitlichen Abschlag auf alle mit dem Landesbasisfallwert vergüteten Leistungen des Krankenhauses umzusetzen. [5]Die näheren Einzelheiten der Umsetzung des Mehrleistungsabschlags vereinbaren die Vertragsparteien. [6]Der Mehrleistungsabschlag ist in der Rechnung gesondert auszuweisen. [7]Die Abschläge nach Satz 1 oder 2 werden bei der Ermittlung des Landesbasisfallwerts nicht absenkend berücksichtigt. [8]Der nach Satz 1 für das Jahr 2013 ermittelte Mehrleistungsabschlag gilt sowohl für das Jahr 2013 als auch für die Jahre 2014 und 2015; auch der für das Jahr 2014, 2015 und 2016 zu ermittelnde Mehrleistungsabschlag ist entsprechend dreijährig zu vereinbaren. [9]Die Leistungen nach Satz 1 oder 2 sind nach Ablauf der jeweiligen Geltung des Mehrleistungsabschlags in den Erlösbudgets für die Folgejahre jeweils in Höhe des ungekürzten Landesbasisfallwerts zu vereinbaren. [10]Der Mehrleistungsabschlag findet keine Anwendung für Leistungen, für welche die Vertragsparteien auf Bundesebene abgesenkte oder gestaffelte Bewertungsrelationen nach § 17b Absatz 1 Satz 5 des Krankenhausfinanzierungsgesetzes vereinbart haben.

(2b) [1]Abweichend von Absatz 2 Satz 2 ist für mit Fallpauschalen bewertete Leistungen, die im Vergleich zur Vereinbarung für das laufende Kalenderjahr zusätzlich im Erlösbudget berücksichtigt werden, erstmals für das Jahr 2017, der Fixkostendegressionsabschlag nach § 10 Absatz 13 anzuwenden. [2]Ein höherer Abschlag oder eine längere Abschlagsdauer ist von den Vertragsparteien für zusätzliche Leistungen mit höherer Fixkostendegression oder für Leistungen zu vereinbaren, bei denen bereits in erhöhtem Maße wirtschaftlich begründete Fallzahlsteigerungen eingetreten sind, soweit es sich nicht um Leistungen handelt, deren Bewertung nach § 9 Absatz 1c abgesenkt oder abgestuft wurde. [3]Der für das Krankenhaus anzuwendende Abschlag nach Satz 1 oder Satz 2 gilt

1. nicht bei
   a) Transplantationen, Polytraumata, schwer brandverletzten Patienten und der Versorgung von Frühgeborenen,
   b) Leistungen mit einem Sachkostenanteil von mehr als zwei Dritteln,
   c) zusätzlich bewilligten Versorgungsaufträgen, für die bislang keine Abrechnungsmöglichkeit bestand,
   d) Leistungen von nach § 2 Absatz 2 Satz 4 krankenhausplanerisch ausgewiesenen Zentren sowie
   e) Leistungen, deren Bewertung nach § 9 Absatz 1c abgesenkt oder abgestuft wurde,
2. hälftig für Leistungen, die in dem Katalog nicht mengenanfälliger Leistungen nach § 9 Absatz 1 Nummer 6 aufgeführt sind.

[4]Abweichend von Satz 1 oder Satz 2 ist für Leistungen, die durch eine Verlagerung von Leistungen zwischen Krankenhäusern begründet sind, die nicht zu einem Anstieg der Summe der effektiven Bewertungsrelationen im Einzugsgebiet des Krankenhauses führt, der für das Krankenhaus anzuwendende Abschlag nach Satz 1 oder Satz 2 in halber Höhe anzuwenden; diese Leistungsverlagerungen zwischen Krankenhäusern sind vom Krankenhaus auf der Grundlage von Informationen, die den Beteiligten nach § 18 Absatz 1 Satz 2 des Krankenhausfinanzierungsgesetzes im Einzugsgebiet des Krankenhauses vorliegen, glaubhaft darzulegen. [5]Der Vergütungsabschlag ist durch einen einheitlichen Abschlag auf alle mit dem Landesbasisfallwert vergüteten Leistungen des Krankenhauses umzusetzen. [6]Ein während der maßgeblichen Abschlagsdauer vereinbarter Rückgang der mit Fallpauschalen bewerteten Leistungen ist bei der Ermittlung der Grundlage der Bemessung des Abschlags mindernd zu berücksichtigen. [7]Sofern für zusätzlich im Erlösbudget berücksichtigte Leistungen für die Jahre 2015 oder 2016 nach Absatz 2a Satz 8 noch ein Mehrleistungsabschlag in den Jahren 2017 und 2018 zu erheben ist, ist das maßgebliche Abschlagsvolumen erhöhend bei der Ermittlung des Fixkostendegressionsabschlags zu berücksichtigen und durch den einheitlichen Abschlag nach Satz 5 umzusetzen. [8]Für die Umsetzung des Fixkostendegressionsabschlags sind darüber hinaus die Vorgaben, die die Vertragsparteien auf Bundesebene nach § 9 Absatz 1 Nummer 6 vereinbaren, anzuwenden. [9]Für die Jahre 2017 und 2018 ist der zu vereinbarende höhere Abschlag nach Satz 2 auf 50 Prozent begrenzt.

(3) [1]Das nach den Absätzen 1 und 2 vereinbarte Erlösbudget und das nach § 6 Abs. 3 vereinbarte Erlössumme werden für die Ermittlung von Mehr- oder Mindererlösausgleichen zu einem Gesamtbetrag zusammengefasst. [2]Weicht die Summe der auf das Kalenderjahr entfallenden Erlöse des Krankenhauses aus den Entgelten nach § 7 Abs. 1 Satz 1 Nr. 1 und 2 und nach § 6 Abs. 1 Satz 1 und Abs. 2a von dem nach Satz 1 gebildeten Gesamtbetrag ab, werden die Mehr- oder Mindererlöse nach Maßgabe der folgenden Sätze ausgeglichen. [3]Mindererlöse werden ab dem Jahr 2007 grundsätzlich zu 20 vom Hundert ausgeglichen; Mindererlöse aus Zusatzentgelten für Arzneimittel und Medikalprodukte werden nicht ausgeglichen. [4]Mehrerlöse aus Zusatzentgelten für Arz-

neimittel und Medikalprodukte und aus Fallpauschalen für schwerverletzte, insbesondere polytraumatisierte oder schwer brandverletzte Patienten werden zu 25 vom Hundert, sonstige Mehrerlöse zu 65 vom Hundert ausgeglichen. [5]Für Fallpauschalen mit einem sehr hohen Sachkostenanteil sowie für teure Fallpauschalen mit einer schwer planbaren Leistungsmenge, insbesondere bei Transplantationen oder Langzeitbeatmung, sollen die Vertragsparteien im Voraus einen von den Sätzen 3 und 4 abweichenden Ausgleich vereinbaren. [6]Mehr- oder Mindererlöse aus Zusatzentgelten für die Behandlung von Blutern sowie aufgrund von Abschlägen nach § 8 Abs. 4 werden nicht ausgeglichen. [7]Zur Ermittlung der Mehr- oder Mindererlöse hat der Krankenhausträger eine vom Jahresabschlussprüfer bestätigte Aufstellung über die Erlöse nach § 7 Absatz 1 Satz 1 Nummer 1, 2 und 5 vorzulegen. [8]Der nach diesen Vorgaben ermittelte Ausgleichsbetrag wird im Rahmen des Zu- oder Abschlags nach § 5 Abs. 4 abgerechnet. [9]Steht bei der Budgetverhandlung der Ausgleichsbetrag noch nicht fest, sind Teilbeträge als Abschlagszahlung auf den Ausgleich zu berücksichtigen.

(4) [1]Auf Verlangen des Krankenhauses werden Leistungen für ausländische Patienten, die mit dem Ziel einer Krankenhausbehandlung in die Bundesrepublik Deutschland einreisen, sowie Leistungen für Empfänger von Gesundheitsleistungen nach dem Asylbewerberleistungsgesetz nicht im Rahmen des Erlösbudgets vergütet. [2]Das Verlangen kann für im Jahr 2015 zusätzlich erbrachte Leistungen für Empfänger von Gesundheitsleistungen nach dem Asylbewerberleistungsgesetz, die in einem nachfolgenden Vereinbarungszeitraum zu Mehrerlösausgleichen führen, nachträglich geäußert werden.

(5) [1]Die Vertragsparteien nach § 11 sind an das Erlösbudget gebunden. [2]Auf Verlangen einer Vertragspartei ist bei wesentlichen Änderungen der der Vereinbarung des Erlösbudgets zugrunde gelegten Annahmen das Erlösbudget für das laufende Kalenderjahr neu zu vereinbaren. [3]Die Vertragsparteien können im Voraus vereinbaren, dass in bestimmten Fällen das Erlösbudget nur teilweise neu vereinbart wird. [4]Der Unterschiedsbetrag zum bisherigen Erlösbudget ist im Rahmen des Zu- oder Abschlags nach § 5 Abs. 4 abzurechnen.

(6) Solange die Vertragsparteien auf Bundesebene nach § 9 für die Nichtteilnahme von Krankenhäusern an der Notfallversorgung dem Grunde nach einen Abschlag nach § 17b Absatz 1a Nummer 1 des Krankenhausfinanzierungsgesetzes vereinbart, diesen jedoch in der Höhe nicht festgelegt haben, oder solange ein Zu- oder Abschlag durch Rechtsverordnung nach § 17b Abs. 7 des Krankenhausfinanzierungsgesetzes nicht festgelegt wurde, ist ein Betrag in Höhe von 50 Euro je vollstationärem Fall abzuziehen.

(7) [1]Werden von der Anwendung des DRG-Vergütungssystems bisher ausgenommene besondere Einrichtungen nach § 6 Abs. 1 im Vereinbarungszeitraum in das Erlösbudget einbezogen, wird die Differenz zwischen dem Anteil dieser Leistungen an der zuletzt vereinbarten Erlössumme nach § 6 Abs. 3 und dem neuen im Rahmen des Erlösbudgets vereinbarten Vergütungsanteil in einem Zeitraum von drei Jahren schrittweise abgebaut. [2]War der bisher nach § 6

Abs. 3 vereinbarte Vergütungsanteil höher, wird das Erlösbudget nach Absatz 2 im ersten Jahr um zwei Drittel und im zweiten Jahr um ein Drittel der für das jeweilige Jahr ermittelten Differenz erhöht; war der bisher vereinbarte Vergütungsanteil niedriger, wird das Erlösbudget nach Absatz 2 entsprechend vermindert. [3]Die Fallpauschalen werden mit dem Landesbasisfallwert bewertet und in entsprechender Höhe in Rechnung gestellt. [4]Die sich hierdurch ergebende Unter- oder Überdeckung des vereinbarten Erlösbudgets wird durch einen Zu- oder Abschlag auf die abgerechnete Höhe der DRG-Fallpauschalen und die Zusatzentgelte (§ 7 Abs. 1 Satz 1 Nr. 1 und 2) sowie auf die sonstigen Entgelte nach § 6 Abs. 1 Satz 1 und Abs. 2a finanziert und gesondert in der Rechnung ausgewiesen. [5]Die Höhe des Zuschlags ist anhand eines Prozentsatzes zu berechnen, der aus dem Verhältnis des Unter- oder Überdeckungsbetrags einerseits sowie des Gesamtbetrags nach Absatz 3 Satz 1 andererseits zu ermitteln und von den Vertragsparteien zu vereinbaren ist. [6]Ausgleiche für Vorjahre und für einen verspäteten Beginn der Laufzeit nach § 15 sind über die Zuschläge nach § 5 Abs. 4 zu verrechnen.

(8) [1]Die bei der Neueinstellung oder Aufstockung vorhandener Teilzeitstellen von ausgebildetem Pflegepersonal mit einer Berufserlaubnis nach § 1 Abs. 1 Krankenpflegegesetz in der unmittelbaren Patientenversorgung auf bettenführenden Stationen zusätzlich entstehenden Personalkosten werden für die Jahre 2016 bis 2018 zu 90 Prozent finanziell gefördert. [2]Dazu können die Vertragsparteien für diese Jahre jährlich einen zusätzlichen Betrag bis zur Höhe von 0,15 Prozent des Gesamtbetrags nach Absatz 3 Satz 1 vereinbaren. [3]Wurde für ein Kalenderjahr ein Betrag nicht vereinbart, kann für das Folgejahr ein zusätzlicher Betrag bis zur Höhe von 0,3 Prozent vereinbart werden. [4]Ist bereits für ein Kalenderjahr ein Betrag vereinbart worden, wird dieser um einen für das Folgejahr neu vereinbarten Betrag kumulativ erhöht, soweit zusätzliche Neueinstellungen oder Aufstockungen vorhandener Teilzeitstellen vereinbart werden. [5]Voraussetzung für diese Förderung ist, dass das Krankenhaus nachweist, dass aufgrund einer schriftlichen Vereinbarung mit der Arbeitnehmervertretung zusätzliches Pflegepersonal in der unmittelbaren Patientenversorgung auf bettenführenden Stationen im Vergleich zum Bestand der entsprechend umgerechneten Vollkräfte am 1. Januar 2015 neu eingestellt oder aufgestockt und entsprechend der Vereinbarung beschäftigt wird. [6]Der dem Krankenhaus nach den Sätzen 2 bis 5 insgesamt zustehende Betrag wird durch einen Zuschlag auf die abgerechnete Höhe der DRG-Fallpauschalen und die Zusatzentgelte (§ 7 Abs. 1 Satz 1 Nr. 1 und 2) sowie auf die sonstigen Entgelte nach § 6 Abs. 1 Satz 1 und Abs. 2a finanziert und gesondert in der Rechnung ausgewiesen. [7]Die Höhe des Zuschlags ist anhand eines Prozentsatzes zu berechnen, der aus dem Verhältnis der für die Neueinstellungen und Aufstockungen vorhandener Teilzeitstellen insgesamt vereinbarten Beträge einerseits sowie des Gesamtbetrags nach Absatz 3 Satz 1 andererseits zu ermitteln und von den Vertragsparteien zu vereinbaren ist. [8]Kommt eine Vereinbarung nicht zustande, entscheidet die Schiedsstelle nach § 13 auf Antrag einer Vertragspartei. [9]Soweit die mit dem zusätzlichen Betrag finanzierten Neueinstellungen oder Aufstockungen

vorhandener Teilzeitstellen in der unmittelbaren Patientenversorgung auf bettenführenden Stationen nicht umgesetzt werden, ist der darauf entfallende Anteil der Finanzierung zurückzuzahlen; für eine entsprechende Prüfung hat das Krankenhaus den anderen Vertragsparteien eine Bestätigung des Jahresabschlussprüfers vorzulegen, einmalig über die Stellenbesetzung zum 1. Januar 2015 in der Pflege insgesamt und in dem nach Satz 1 geförderten Pflegebereich, über die aufgrund dieser Förderung im jeweiligen Förderjahr zusätzlich beschäftigten Pflegekräfte, differenziert in Voll- und Teilzeitkräfte, und über die im jeweiligen Förderjahr in der Pflege insgesamt und in dem nach Satz 1 geförderten Pflegebereich zum 31. Dezember festgestellte jahresdurchschnittliche Stellenbesetzung sowie über die zweckentsprechende Verwendung der Mittel. [10]Der Spitzenverband Bund der Krankenkassen berichtet jährlich bis zum 30. Juni dem Bundesministerium für Gesundheit über die Zahl der Vollkräfte und den Umfang der aufgestockten Teilzeitstellen, die aufgrund dieser Förderung im Vorjahr zusätzlich beschäftigt wurden. [11]Die Krankenkassen sind verpflichtet, dem Spitzenverband Bund der Krankenkassen in einem von diesem festzulegenden Verfahren die für die Berichterstattung nach Satz 10 erforderlichen Informationen über die Vereinbarungen der Vertragsparteien zur Neueinstellung oder Aufstockung vorhandener Teilzeitstellen von Pflegepersonal zu übermitteln. [12]Für die Jahre 2019 bis 2021 sind übergangsweise von den Krankenhäusern nur die Bestätigungen nach Satz 9 zweiter Halbsatz und vom Spitzenverband Bund der Krankenkassen nur der Bericht nach Satz 10 vorzulegen sowie von den Krankenkassen nur die Informationen nach Satz 11 zu übermitteln.

(9) [1]Die zur Erfüllung der Anforderungen des Infektionsschutzgesetzes erforderliche personelle Ausstattung wird bei Einhaltung der Anforderungen zur Qualifikation und zum Bedarf, die in der Empfehlung zu personellen und organisatorischen Voraussetzungen zur Prävention nosokomialer Infektionen der Kommission für Krankenhaushygiene und Infektionsprävention benannt werden, in den Jahren 2013 bis 2019 finanziell gefördert, soweit Satz 2 nicht Abweichendes bestimmt,

1. bei Neueinstellungen, interner Besetzung neu geschaffener Stellen oder Aufstockungen vorhandener Teilzeitstellen von
   a) Hygienefachkräften in Höhe von 90 Prozent der zusätzlich entstehenden Personalkosten,
   b) Krankenhaushygienikerinnen oder Krankenhaushygienikern mit abgeschlossener Weiterbildung zur Fachärztin oder zum Facharzt für Hygiene und Umweltmedizin oder für Mikrobiologie, Virologie und Infektionsepidemiologie in Höhe von 75 Prozent der zusätzlich entstehenden Personalkosten,
   c) Krankenhaushygienikerinnen oder Krankenhaushygienikern mit strukturierter curricularer Fortbildung Krankenhaushygiene und mit Fortbildung im Bereich der rationalen Antibiotikatherapieberatung in Anlehnung an die Fortbildung der Deutschen Gesellschaft für Infektiologie in Höhe von 50 Prozent der zusätzlich entstehenden Personalkosten,

    d) hygienebeauftragten Ärztinnen oder Ärzten in Höhe von 10 Prozent der zusätzlich entstehenden Personalkosten,

2. bei Fort- und Weiterbildungen

    a) zur Fachärztin oder zum Facharzt für Hygiene und Umweltmedizin für die Dauer von maximal fünf Jahren durch einen pauschalen Zuschuss in Höhe von jährlich 30 000 Euro,

    b) zur Fachärztin oder zum Facharzt für Mikrobiologie, Virologie und Infektionsepidemiologie zur Befähigung und zum Einsatz in der klinisch-mikrobiologischen Beratung im Krankenhaus für die Dauer von maximal fünf Jahren durch einen pauschalen Zuschuss in Höhe von jährlich 15 000 Euro,

    c) zur Krankenhaushygienikerin oder zum Krankenhaushygieniker mit strukturierter curricularer Fortbildung Krankenhaushygiene für die Dauer von maximal zwei Jahren durch einen pauschalen Zuschuss in Höhe von jährlich 5 000 Euro,

    d) zur Ärztin oder zum Arzt und zur Krankenhausapothekerin oder zum Krankenhausapotheker mit Fortbildung im Bereich der rationalen Antibiotikatherapieberatung in Anlehnung an die Fortbildung der Deutschen Gesellschaft für Infektiologie durch einen pauschalen Zuschuss in Höhe von 5000 Euro,

    e) zur hygienebeauftragten Ärztin oder zum hygienebeauftragten Arzt durch einen pauschalen Zuschuss in Höhe von 5000 Euro und

    f) zur Hygienefachkraft durch einen pauschalen Zuschuss von 10 000 Euro,

3. bei vertraglich vereinbarten externen Beratungsleistungen durch Krankenhaushygienikerinnen oder Krankenhaushygieniker mit abgeschlossener Weiterbildung zur Fachärztin oder zum Facharzt für Hygiene und Umweltmedizin oder für Mikrobiologie, Virologie und Infektionsepidemiologie pauschal in Höhe von 400 Euro je Beratungstag;

Fort- und Weiterbildungen nach Nummer 2 Buchstabe a bis c werden über das Jahr 2019 hinaus gefördert, wenn sie spätestens im Jahr 2019 beginnen, Beratungsleistungen nach Nummer 3 werden bis einschließlich zum Jahr 2023 gefördert. [2]Abweichend von Satz 1 werden

1. unabhängig von den dort genannten Voraussetzungen in den Jahren 2016 bis 2019 außerdem finanziell gefördert

    a) die in diesen Jahren begonnene Weiterbildung zur Fachärztin oder zum Facharzt für Innere Medizin und Infektiologie sowie Zusatz-Weiterbildung Infektiologie für Fachärztinnen und Fachärzte durch einen pauschalen Zuschuss in Höhe von 30 000 Euro,

    b) bei vertraglich vereinbarten externen Beratungsleistungen durch Fachärztinnen und Fachärzte für Innere Medizin und Infektiologie oder mit abgeschlossener Zusatz-Weiterbildung Infektiologie pauschal in Höhe von 400 Euro je Beratungstag,

2. Personalmaßnahmen nach Satz 1 Nummer 1 Buchstabe d sowie Fort- und Weiterbildungen nach Satz 1 Nummer 2 Buchstabe e lediglich bis zum Jahr 2016 gefördert.

[3]Kosten im Rahmen von Satz 1 werden auch gefördert, wenn diese ab dem 1. August 2013 für erforderliche Neueinstellungen, Aufstockungen, Beratungen oder Fort- und Weiterbildungen zur Erfüllung der Anforderungen des Infektionsschutzgesetzes entstehen, die nach dem 4. August 2011 vorgenommen wurden. [4]Für Maßnahmen nach den Sätzen 1 bis 3 haben die Vertragsparteien jährlich einen zusätzlichen Betrag als Prozentsatz des Gesamtbetrags nach Absatz 3 Satz 1 zu vereinbaren. [5]Der dem Krankenhaus nach Satz 4 insgesamt zustehende Betrag wird durch einen Zuschlag auf die abgerechnete Höhe der DRG-Fallpauschalen und die Zusatzentgelte (§ 7 Absatz 1 Satz 1 Nummer 1 und 2) sowie auf die sonstigen Entgelte nach § 6 Absatz 1 Satz 1 und Absatz 2a finanziert; der Zuschlag wird gesondert in der Rechnung ausgewiesen. [6]Absatz 8 Satz 4 und 7 bis 11 sowie § 5 Absatz 4 Satz 5 gelten entsprechend, wobei der Nachweis über die Stellenbesetzung und die zweckentsprechende Mittelverwendung berufsbildspezifisch zu erbringen ist.

§ 5 Vereinbarung und Abrechnung von Zu- und Abschlägen. (1) [1]Die nach § 9 Abs. 1 Satz 1 Nr. 3 vereinbarten Regelungen für bundeseinheitliche Zu- und Abschläge nach § 17b Absatz 1a des Krankenhausfinanzierungsgesetzes sind für die Vertragsparteien nach § 11 verbindlich. [2]Auf Antrag einer Vertragspartei ist zu prüfen, ob bei dem Krankenhaus die Voraussetzungen für einen Zu- oder Abschlag vorliegen. [3]Wurde für einen Tatbestand ein bundeseinheitlicher Zu- oder Abschlagsbetrag festgelegt, der für die Zwecke der Berechnung gegenüber den Patienten oder den Kostenträgern auf eine krankenhausindividuelle Bezugsgröße, beispielsweise die Fallzahl oder eine Erlössumme, umgerechnet werden muss, so vereinbaren die Vertragsparteien gemäß den bundeseinheitlichen Vereinbarungen den sich daraus ergebenden krankenhausindividuellen Abrechnungsbetrag oder -prozentsatz.

(2) [1]Zur Sicherstellung einer für die Versorgung der Bevölkerung notwendigen Vorhaltung von Leistungen, die aufgrund des geringen Versorgungsbedarfs mit den auf Bundesebene vereinbarten Fallpauschalen und Zusatzentgelten nicht kostendeckend finanzierbar ist, vereinbaren die Vertragsparteien nach § 11 bei Erfüllung der Vorgaben nach den Sätzen 2, 4 und 5 sowie der Vorgaben des Gemeinsamen Bundesausschusses nach § 136c Absatz 3 des Fünften Buches Sozialgesetzbuch Sicherstellungszuschläge nach § 17b Absatz 1a Nummer 6 des Krankenhausfinanzierungsgesetzes. [2]Die Landesregierungen werden ermächtigt, durch Rechtsverordnung ergänzende oder abweichende Vorgaben zu erlassen, insbesondere um regionale Besonderheiten bei der Vorhaltung der für die Versorgung notwendigen Leistungseinheiten Rechnung zu tragen; dabei sind die Interessen anderer Krankenhäuser zu berücksichtigen. [3]Die Landesregierungen können diese Ermächtigung durch Rechtsverordnung auf oberste Landesbehörden übertragen. [4]Voraussetzung für die Vereinbarung eines Sicherstellungszuschlags ist zudem, dass das Krankenhaus für das Kalenderjahr vor der Vereinbarung ein Defizit in der Bilanz ausweist. [5]Die zuständige Landesbehörde prüft auf Antrag einer Vertragspartei nach § 11, ob die Vorgaben für die Vereinbarung eines Sicherstellungszuschlags nach Satz 1 erfüllt sind, und ent-

scheidet, ob ein Sicherstellungszuschlag zu vereinbaren ist; sie hat dabei auch zu prüfen, ob die Leistung durch ein anderes geeignetes Krankenhaus, das diese Leistungsart bereits erbringt, ohne Zuschlag erbracht werden kann. [6]Im Falle einer Krankenhausfusion erfolgt bei Krankenhäusern mit unterschiedlichen Betriebsstätten die Prüfung der Weitergewährung eines Sicherstellungszuschlags durch die zuständige Landesbehörde betriebsstättenbezogen, sofern folgende Kriterien erfüllt sind:

1. die Betriebsstätte ist im Krankenhausplan als gesonderter Standort ausgewiesen,

2. an diesem gesonderten Standort werden mindestens drei im Krankenhausplan ausgewiesene, organisatorisch selbstständig bettenführende Fachgebiete betrieben und

3. das negative wirtschaftliche Ergebnis der Betriebsstätte ist aus der Bilanz des Krankenhauses eindeutig ersichtlich und wird von einem Jahresabschlussprüfer im Auftrag der Krankenkassen bestätigt;

der Sicherstellungszuschlag kann in diesem Fall für bis zu drei Jahre weiter vereinbart werden. [7]Klagen gegen das Ergebnis der Prüfung nach den Sätzen 5 oder 6 haben keine aufschiebende Wirkung. [8]Für Krankenhäuser, für die bereits vor dem 1. Januar 2016 Sicherstellungszuschläge vereinbart wurden, sollen die Zuschläge übergangsweise bis zum 31. Dezember 2017 unter Anwendung der bisherigen Voraussetzungen vereinbart werden.

(3) [1]Die Vertragsparteien nach § 11 vereinbaren die Zuschläge für besondere Aufgaben nach § 2 Absatz 2 Satz 2 Nummer 4 auf der Grundlage der Vereinbarung nach § 9 Absatz 1a Nummer 2. [2]Für Krankenhäuser, für die bereits vor dem 1. Januar 2016 Zuschläge nach § 2 Absatz 2 Satz 2 Nummer 4 vereinbart wurden, sollen die Zuschläge übergangsweise bis zum 31. Dezember 2017 unter Anwendung der bisherigen Voraussetzungen vereinbart werden.

(3a) [1]Die Vertragsparteien nach § 11 vereinbaren unter Berücksichtigung begründeter Besonderheiten im Krankenhaus für Leistungen oder Leistungsbereiche mit außerordentlich guter oder unzureichender Qualität auf der Grundlage der Bewertungskriterien und Auswertungsergebnisse nach § 136b Absatz 1 Satz 1 Nummer 5 und Absatz 9 des Fünften Buches Sozialgesetzbuch und auf der Grundlage der Vereinbarung nach § 9 Absatz 1a Nummer 4 einen Qualitätszu- oder -abschlag. [2]Qualitätszu- oder -abschläge sind bezogen auf die betreffenden Leistungen oder Leistungsbereiche jeweils für Aufnahmen ab dem ersten Tag des Folgemonats der Vereinbarung anzuwenden. [3]Sie sind für Aufnahmen bis zum letzten Tag des Monats anzuwenden, in dem die Vertragsparteien nach Satz 1 feststellen, dass die Voraussetzungen für die weitere Erhebung von Qualitätszu- oder -abschlägen nicht mehr vorliegen. [4]Sofern die Vertragsparteien nach Satz 1 unzureichende Qualität feststellen, hat die Vereinbarung auch zu beinhalten, dass die Qualitätsmängel innerhalb eines Jahres ab dem Vereinbarungszeitpunkt zu beseitigen sind; in dieser Zeit sind keine Qualitätsabschläge zu erheben. [5]Werden die Qualitätsmängel nicht innerhalb eines Jahres beseitigt, ist der vereinbarte Qualitätsabschlag zu erheben, sofern die

Vertragsparteien feststellen, dass die Voraussetzungen für die Erhebung weiterhin vorliegen; dabei ist der Qualitätsabschlag für die Dauer von zwölf Kalendermonaten in doppelter Höhe zu erheben. [6]Die zeitliche Begrenzung für die Erhebung von Qualitätsabschlägen nach § 8 Absatz 4 Satz 2 Nummer 2 auf höchstens drei Jahre ist zu beachten.

(3b) Für klinische Sektionen ist bei Erfüllung der Anforderungen nach § 9 Absatz 1a Nummer 3 ein Zuschlag je voll- und teilstationären Fall zu vereinbaren; hierbei ist Absatz 1 Satz 3 anzuwenden.

(3c) [1]Bis zu einer Berücksichtigung bei der Kalkulation der Fallpauschalen und Zusatzentgelte vereinbaren die Vertragsparteien nach § 11 unter Berücksichtigung der Vorgaben nach § 9 Absatz 1a Nummer 1 befristete Zuschläge für die Finanzierung von Mehrkosten, die durch Mindestanforderungen an die Struktur- oder Prozessqualität in Richtlinien des Gemeinsamen Bundesausschusses zur Qualitätssicherung nach § 92 Absatz 1 Satz 2 Nummer 13 in Verbindung mit § 136 Absatz 1 Satz 1 Nummer 2 des Fünften Buches Sozialgesetzbuch entstehen. [2]Die Vereinbarung von Zuschlägen ist für Krankenhäuser, die die zusätzlichen Anforderungen des Gemeinsamen Bundesausschusses nicht erfüllen, insoweit zulässig, als der Gemeinsame Bundesausschuss keine entsprechenden zeitlichen und inhaltlichen Einschränkungen vorgegeben hat. [3]Zuschläge sind auch für Mehrkosten zu vereinbaren, wenn diese dem Krankenhaus ab dem 5. November 2015 aufgrund von Maßnahmen zur Erfüllung der zum 1. Januar 2014 in Kraft getretenen zusätzlichen Anforderungen der Qualitätssicherungs-Richtlinie Früh- und Reifgeborene des Gemeinsamen Bundesausschusses entstehen und die Maßnahmen nach dem 1. Januar 2014 vorgenommen wurden. [4]Die Finanzierung der in den Sätzen 1 und 3 genannten Mehrkosten erfolgt bei besonderen Einrichtungen nach § 17b Absatz 1 Satz 10 des Krankenhausfinanzierungsgesetzes durch eine Berücksichtigung in den krankenhausindividuellen Entgelten. [5]Die Begrenzung des Anstiegs der Erlössumme nach § 9 Absatz 1b Satz 1 in Verbindung mit § 6 Absatz 3 Satz 4 gilt insoweit nicht. [6]Bei einer Vereinbarung von Zuschlägen auf Grund einer Rahmenvereinbarung nach § 137i Absatz 6 des Fünften Buches Sozialgesetzbuch sind die Sätze 1, 4 und 5 ensprechend anzuwenden.

(4) [1]Die Erlösausgleiche nach § 4 Abs. 3 und § 15 Abs. 3 sowie ein Unterschiedsbetrag nach § 4 Abs. 5 werden über einen gemeinsamen Zu- und Abschlag auf die abgerechnete Höhe der DRG-Fallpauschalen und die Zusatzentgelte (§ 7 Abs. 1 Satz 1 Nr. 1 und 2) sowie auf die sonstigen Entgelte nach § 6 Abs. 1 Satz 1 und Abs. 2a verrechnet und unter der Bezeichnung „Zu- oder Abschlag für Erlösausgleiche" gesondert in der Rechnung ausgewiesen. [2]Die Höhe des Zu- oder Abschlags ist anhand eines Prozentsatzes zu berechnen, der aus dem Verhältnis des zu verrechnenden Betrags einerseits sowie des Gesamtbetrags nach § 4 Abs. 3 Satz 1 andererseits zu ermitteln und von den Vertragsparteien zu vereinbaren ist; wird die Vereinbarung erst während des Kalenderjahres geschlossen, ist ein entsprechender Prozentsatz bezogen auf die im restlichen Kalenderjahr zu erhebenden Entgelte zu vereinbaren. [3]Würden die

voll- und teilstationären Entgelte durch einen Zuschlag nach Satz 1 insgesamt um mehr als 15 Prozent erhöht, sind übersteigende Beträge in nachfolgenden Vereinbarungszeiträumen mit Hilfe des Zu- oder Abschlags nach Satz 1 bis jeweils zu dieser Grenze zu verrechnen; für das Jahr 2009 gilt abweichend eine Grenze von 30 Prozent. [4]In seltenen Ausnahmefällen können die Vertragsparteien nach § 11 einen höheren Zuschlag vereinbaren, wenn dies erforderlich ist, um eine ansonsten hierdurch entstehende wirtschaftliche Gefährdung des Krankenhauses abzuwenden. [5]Weicht die Summe der für das Kalenderjahr tatsächlich abgerechneten Zu- oder Abschlagsbeträge von dem zu verrechnenden Betrag nach Satz 2 ab, werden die Mehr- oder Mindererlöse vollständig ausgeglichen, indem sie über die Gesamtsumme und den Zu- oder Abschlag für das nächstmögliche Kalenderjahr verrechnet werden; dabei sind die Verrechnungen in die Grenze nach Satz 3 einzubeziehen.

(5) [1]Kann ein Zu- oder Abschlag nach Absatz 4 wegen der Schließung des Krankenhauses nicht oder nicht im notwendigen Umfang abgerechnet werden, wird der auf die gesetzliche Krankenversicherung entfallende Anteil des noch auszugleichenden Betrags den gesetzlichen Krankenkassen, deren Versicherte im Vorjahr im Krankenhaus voll- und teilstationär behandelt wurden, gesondert in Rechnung gestellt oder an diese zurückgezahlt. [2]Auf die einzelne Krankenkasse entfällt davon der Teilbetrag, der ihrem entsprechenden Anteil an der Summe der Entgelte im Vorjahr entspricht. [3]Die Vertragsparteien nach § 11 können eine abweichende Vereinbarung schließen.

(6) *(aufgehoben)*

§ 6 Vereinbarung sonstiger Entgelte. (1) [1]Für Leistungen, die noch nicht mit den DRG-Fallpauschalen und Zusatzentgelten sachgerecht vergütet werden können, und für besondere Einrichtungen nach § 17b Absatz 1 Satz 10 des Krankenhausfinanzierungsgesetzes vereinbaren die Vertragsparteien nach § 11 fall- oder tagesbezogene Entgelte oder in eng begrenzten Ausnahmefällen Zusatzentgelte, sofern die Leistungen oder besondere Einrichtungen nach Feststellung der Vertragsparteien nach § 9 oder in einer Verordnung nach § 17b Abs. 7 Satz 1 Nr. 3 des Krankenhausfinanzierungsgesetzes von der Anwendung der DRG-Fallpauschalen und Zusatzentgelte ausgenommen sind. [2]Die Entgelte sind sachgerecht zu kalkulieren; die Empfehlungen nach § 9 Abs. 1 Satz 1 Nr. 4 sind zu beachten.

(2) [1]Für die Vergütung neuer Untersuchungs- und Behandlungsmethoden, die mit den Fallpauschalen und Zusatzentgelten nach § 7 Satz 1 Nr. 1 und 2 noch nicht sachgerecht vergütet werden können und die nicht gemäß § 137c des Fünften Buches Sozialgesetzbuch von der Finanzierung ausgeschlossen worden sind, sollen die Vertragsparteien nach § 11 zeitlich befristete, fallbezogene Entgelte oder Zusatzentgelte außerhalb des Erlösbudgets nach § 4 Abs. 2 und der Erlössumme nach Absatz 3 vereinbaren. [2]Die Entgelte sind sachgerecht zu kalkulieren; die Empfehlungen nach § 9 Abs. 1 Satz 1 Nr. 4 sind zu beachten. [3]Vor der Vereinbarung einer gesonderten Vergütung hat das Krankenhaus bis spätestens zum 31. Oktober von den Vertragsparteien nach § 9 eine Information ein-

zuholen, ob die neue Methode mit den bereits vereinbarten Fallpauschalen und Zusatzentgelten sachgerecht abgerechnet werden kann. [4]Die Vertragsparteien nach § 11 haben die Information bei ihrer Vereinbarung zu berücksichtigen. [5]Liegt bei fristgerecht erfolgter Anfrage nach Satz 3 bis zur Budgetvereinbarung für das Krankenhaus eine Information nicht vor, kann die Vereinbarung ohne diese Information geschlossen werden; dies gilt nicht, wenn die Budgetvereinbarung vor dem 1. Januar geschlossen wird. [6]Die Entgelte sollen möglichst frühzeitig, auch unabhängig von der Vereinbarung des Erlösbudgets, nach § 4 vereinbart werden. [7]Wird ein Entgelt vereinbart, melden die an der Vereinbarung beteiligten gesetzlichen Krankenkassen Art und Höhe des Entgelts an die Vertragsparteien nach § 9; dabei haben sie auch die der Vereinbarung zugrunde liegenden Kalkulationsunterlagen und die vom Krankenhaus vorzulegende ausführliche Beschreibung der Methode zu übermitteln. [8]Die Vertragsparteien nach § 9 können eine Bewertung der Untersuchungs- und Behandlungsmethode nach § 137c des Fünften Buches Sozialgesetzbuch veranlassen; § 137c Abs. 1 Satz 1 des Fünften Buches Sozialgesetzbuch bleibt unberührt. [9]Für das Schiedsstellenverfahren nach § 13 kann eine Stellungnahme des Gemeinsamen Bundesausschusses nach § 137c des Fünften Buches Sozialgesetzbuch eingeholt werden.

(2a) [1]In eng begrenzten Ausnahmefällen können die Vertragsparteien nach § 11 für Leistungen, die den Fallpauschalen und Zusatzentgelten aus den Entgeltkatalogen nach § 7 Satz 1 Nr. 1 und 2 zwar zugeordnet, mit ihnen jedoch nicht sachgerecht vergütet werden, im Rahmen der Erlössumme nach Absatz 3 ein gesondertes Zusatzentgelt vereinbaren, wenn

1. diese Leistungen aufgrund einer Spezialisierung nur von sehr wenigen Krankenhäusern in der Bundesrepublik Deutschland mit überregionalem Einzugsgebiet erbracht werden,
2. aufgrund der Komplexität der Behandlung die Behandlungskosten die Höhe der DRG-Vergütung einschließlich der Zusatzentgelte um mindestens 50 vom Hundert überschreiten und
3. das Krankenhaus sich an den Maßnahmen nach den §§ 136 und 136b des Fünften Buches Sozialgesetzbuch beteiligt.

[2]Nach Vereinbarung des Zusatzentgelts melden die an der Vereinbarung beteiligten gesetzlichen Krankenkassen Art und Höhe des Entgelts an die Vertragsparteien nach § 9. [3]Dabei haben sie auch die der Vereinbarung zugrunde liegenden Kalkulationsunterlagen und die vom Krankenhaus vorzulegende ausführliche Begründung zu den Voraussetzungen nach Satz 1 zu übermitteln. [4]Soweit für die palliativmedizinische Versorgung durch Palliativdienste noch kein Zusatzentgelt nach § 7 Absatz 1 Satz 1 Nummer 2 kalkuliert werden kann, ist hierfür ab dem Jahr 2017 unter Beachtung der nach § 17b Absatz 1 des Krankenhausfinanzierungsgesetzes für Palliativdienste entwickelten Kriterien ein gesondertes krankenhausindividuelles Zusatzentgelt zu vereinbaren; Satz 2 gilt entsprechend.

(3) [1]Werden krankenhausindividuelle Entgelte für Leistungen oder besondere Einrichtungen nach Absatz 1 Satz 1 und Absatz 2a vereinbart, ist für diese Entgelte eine Erlössumme zu bilden. [2]Sie umfasst nicht die Entgelte nach

Absatz 2 und die Zusatzentgelte für die Behandlung von Blutern. [3]Für die Vereinbarung der Entgelte und der Erlössumme sind Kalkulationsunterlagen nach Absatz 1 Satz 2 vorzulegen. [4]Für besondere Einrichtungen oder Einrichtungen, deren Leistungen weitgehend über krankenhausindividuell zu vereinbarende Entgelte abgerechnet werden, gelten darüber hinaus die Vorschriften zur Vereinbarung des Gesamtbetrags nach § 6 und zu den vorzulegenden Unterlagen nach § 17 Abs. 4 in Verbindung mit den Anlagen 1 und 2 der Bundespflegesatzverordnung in der am 31. Dezember 2012 geltenden Fassung entsprechend, wobei anstelle der Veränderungsrate als maßgebliche Rate für den Anstieg der Erlössumme der Veränderungswert nach § 9 Absatz 1b Satz 1 gilt; die Unterlagen sind nur bezogen auf den Bereich der Einrichtung und nur insoweit vorzulegen, wie die anderen Vertragsparteien nach § 11 nicht darauf verzichten. [5]§ 18 Absatz 3 der Bundespflegesatzverordnung ist entsprechend mit der Maßgabe anzuwenden, dass die vereinbarte Erlössumme um ein Drittel der nach § 9 Absatz 1 Nummer 7 vereinbarten Erhöhungsrate für Tariferhöhungen erhöhend zu berichtigen ist. [6]Weichen die tatsächlich eintretenden Erlöse von der vereinbarten Erlössumme ab, sind die Mehr- oder Mindererlöse nach den Vorgaben des § 4 Abs. 3 zu ermitteln und auszugleichen.

(4) (aufgehoben)

Abschnitt 3
Entgeltarten und Abrechnung

§ 7 Entgelte für allgemeine Krankenhausleistungen. (1) [1]Die allgemeinen Krankenhausleistungen werden gegenüber den Patienten oder ihren Kostenträgern mit folgenden Entgelten abgerechnet:
1. Fallpauschalen nach dem auf Bundesebene vereinbarten Entgeltkatalog (§ 9),
2. Zusatzentgelte nach dem auf Bundesebene vereinbarten Entgeltkatalog (§ 9),
3. gesonderte Zusatzentgelte nach § 6 Abs. 2a,
4. Zu- und Abschläge nach § 17b Absatz 1a des Krankenhausfinanzierungsgesetzes und nach diesem Gesetz[1],
5. Entgelte für besondere Einrichtungen und für Leistungen, die noch nicht von den auf Bundesebene vereinbarten Fallpauschalen und Zusatzentgelten erfasst werden (§ 6 Abs. 1),
6. Entgelte für neue Untersuchungs- und Behandlungsmethoden, die noch nicht in die Entgeltkataloge nach § 9 Abs. 1 Satz 1 Nr. 1 und 2 aufgenommen worden sind (§ 6 Abs. 2),
7. Pflegezuschlag nach § 8 Absatz 10.

[2]Mit diesen Entgelten werden alle für die Versorgung des Patienten erforderlichen allgemeinen Krankenhausleistungen vergütet. [3]Darüber hinaus werden der DRG-Systemzuschlag nach § 17b Abs. 5 des Krankenhausfinanzierungsge-

---

1 Fassung ab 1.1.2020: „sowie nach § 33 Absatz 3 Satz 1 des Pflegeberufegesetzes".

setzes, der Systemzuschlag für den Gemeinsamen Bundesausschuss und das Institut für Qualität und Wirtschaftlichkeit im Gesundheitswesen nach § 91 Abs. 3 Satz 1 in Verbindung mit § 139c des Fünften Buches Sozialgesetzbuch und der Telematikzuschlag nach § 291a Abs. 7a Satz 1 und 2 des Fünften Buches Sozialgesetzbuch abgerechnet.

(2) [1]Die Höhe der Entgelte nach Absatz 1 Satz 1 wird wie folgt ermittelt:
1. Fallpauschalen nach Absatz 1 Satz 1 Nr. 1; die sich aus dem bundeseinheitlichen Entgeltkatalog ergebende Bewertungsrelation einschließlich der Regelungen zur Grenzverweildauer und zu Verlegungen (effektive Bewertungsrelation) wird mit dem Landesbasisfallwert multipliziert;
2. Zusatzentgelte nach Absatz 1 Satz 1 Nr. 2; die bundeseinheitliche Entgelthöhe wird dem Entgeltkatalog entnommen;
3. Fallpauschalen, Zusatzentgelte und tagesbezogene Entgelte nach Absatz 1 Satz 1 Nr. 3, 5 und 6; die Entgelte sind in der nach § 6 krankenhausindividuell vereinbarten Höhe abzurechnen;
4. Zu- und Abschläge nach Absatz 1 Satz 1 Nr. 4; die Zu- und Abschläge werden krankenhausindividuell vereinbart.

[2]Die auf der Bundesebene vereinbarten Abrechnungsbestimmungen nach § 9 Abs. 1 Satz 1 Nr. 3 sind anzuwenden.

§ 8 Berechnung der Entgelte. (1) [1]Die Entgelte für allgemeine Krankenhausleistungen sind für alle Benutzer des Krankenhauses einheitlich zu berechnen; § 17 Abs. 5 des Krankenhausfinanzierungsgesetzes bleibt unberührt. [2]Bei Patienten, die im Rahmen einer klinischen Studie behandelt werden, sind die Entgelte für allgemeine Krankenhausleistungen nach § 7 zu berechnen; dies gilt auch bei klinischen Studien mit Arzneimitteln. [3]Die Entgelte dürfen nur im Rahmen des Versorgungsauftrags berechnet werden; dies gilt nicht für die Behandlung von Notfallpatienten. [4]Der Versorgungsauftrag des Krankenhauses ergibt sich
1. bei einem Plankrankenhaus aus den Festlegungen des Krankenhausplans in Verbindung mit den Bescheiden zu seiner Durchführung nach § 6 Abs. 1 in Verbindung mit § 8 Abs. 1 Satz 3 des Krankenhausfinanzierungsgesetzes sowie einer ergänzenden Vereinbarung nach § 109 Abs. 1 Satz 4 des Fünften Buches Sozialgesetzbuch,
2. bei einer Hochschulklinik aus der Anerkennung nach den landesrechtlichen Vorschriften, dem Krankenhausplan nach § 6 Abs. 1 des Krankenhausfinanzierungsgesetzes sowie einer ergänzenden Vereinbarung nach § 109 Abs. 1 Satz 4 des Fünften Buches Sozialgesetzbuch,
3. bei anderen Krankenhäusern aus dem Versorgungsvertrag nach § 108 Nr. 3 des Fünften Buches Sozialgesetzbuch.

(2) [1]Fallpauschalen werden für die Behandlungsfälle berechnet, die in dem Fallpauschalen-Katalog nach § 9 Abs. 1 Satz 1 Nr. 1 bestimmt sind. [2]Für die Patienten von Belegärzten werden gesonderte Fallpauschalen berechnet. [3]Zusätzlich zu einer Fallpauschale dürfen berechnet werden:
1. Zusatzentgelte nach dem Katalog nach § 9 Abs. 1 Satz 1 Nr. 2 oder nach § 6 Abs. 1 bis 2a, insbesondere für die Behandlung von Blutern mit Blutgerin-

nungsfaktoren sowie für eine Dialyse, wenn die Behandlung des Nierenversagens nicht die Hauptleistung ist,

2. Zu- und Abschläge nach § 17b Absatz 1a des Krankenhausfinanzierungsgesetzes und nach diesem Gesetz,

3. eine nachstationäre Behandlung nach § 115a des Fünften Buches Sozialgesetzbuch, soweit die Summe aus den stationären Belegungstagen und den vor- und nachstationären Behandlungstagen die Grenzverweildauer der Fallpauschale übersteigt; eine vorstationäre Behandlung ist neben der Fallpauschale nicht gesondert berechenbar; dies gilt auch für eine entsprechende Behandlung von Privatpatienten als allgemeine Krankenhausleistung,

4. Zuschläge nach den §§ 139c, 91 Abs. 2 Satz 6 und § 291a Abs. 7a Satz 1 und 2 des Fünften Buches Sozialgesetzbuch.

(3) [1]Krankenhäuser in dem in Artikel 3 des Einigungsvertrages genannten Gebiet berechnen bis zum 31. Dezember 2014 für jeden Tag des Krankenhausaufenthalts mit Ausnahme des Entlassungstags (Belegungstage) den Investitionszuschlag nach Artikel 14 Abs. 3 des Gesundheitsstrukturgesetzes. [2]Bei teilstationärer Behandlung wird der Zuschlag auch für den Entlassungstag berechnet.

(4) [1]Hält das Krankenhaus seine Verpflichtungen zur Qualitätssicherung nicht ein, sind von den Fallpauschalen und Zusatzentgelten Abschläge nach § 137 Absatz 1 oder Absatz 2 oder nach § 137i Absatz 5 des Fünften Buches Sozialgesetzbuch vorzunehmen. [2]Entgelte dürfen für eine Leistung nicht berechnet werden, wenn

1. ein Krankenhaus die Vorgaben für Mindestmengen nach § 136b Absatz 1 Satz 1 Nummer 2 des Fünften Buches Sozialgesetzbuch nicht erfüllt, soweit keine Ausnahmetatbestände nach § 136b Absatz 1 Satz 1 Nummer 2 oder Absatz 5 des Fünften Buches Sozialgesetzbuch geltend gemacht werden können oder keine berechtigte mengenmäßige Erwartung nach § 136b Absatz 4 des Fünften Buches Sozialgesetzbuch nachgewiesen wird,

2. für diese Leistung in höchstens drei aufeinanderfolgenden Jahren gemäß § 5 Absatz 3a Qualitätsabschläge erhoben wurden und der Qualitätsmangel fortbesteht.

(5) [1]Werden Patientinnen oder Patienten, für die eine Fallpauschale abrechenbar ist, wegen einer Komplikation im Zusammenhang mit der durchgeführten Leistung innerhalb der oberen Grenzverweildauer wieder aufgenommen, hat das Krankenhaus eine Zusammenfassung der Falldaten zu einem Fall und eine Neueinstufung in eine Fallpauschale vorzunehmen. [2]Näheres oder Abweichendes regeln die Vertragsparteien nach § 17b Abs. 2 Satz 1 des Krankenhausfinanzierungsgesetzes oder eine Rechtsverordnung nach § 17b Abs. 7 des Krankenhausfinanzierungsgesetzes.

(6) Werden die mit einer Fallpauschale vergüteten Leistungen ohne Verlegung des Patienten durch mehrere Krankenhäuser erbracht, wird die Fallpauschale durch das Krankenhaus berechnet, das den Patienten stationär aufgenommen hat.

(7) [1]Das Krankenhaus kann eine angemessene Vorauszahlung verlangen, wenn und soweit ein Krankenversicherungsschutz nicht nachgewiesen wird. [2]Ab dem achten Tag des Krankenhausaufenthalts kann das Krankenhaus eine angemessene Abschlagszahlung verlangen, deren Höhe sich an den bisher erbrachten Leistungen in Verbindung mit der Höhe der voraussichtlich zu zahlenden Entgelte zu orientieren hat. [3]Die Sätze 1 bis 2 gelten nicht, soweit andere Regelungen über eine zeitnahe Vergütung der allgemeinen Krankenhausleistungen in für das Krankenhaus verbindlichen Regelungen nach den §§ 112 bis 114 des Fünften Buches Sozialgesetzbuch oder in der Vereinbarung nach § 11 Abs. 1 getroffen werden.

(8) [1]Das Krankenhaus hat dem selbst zahlenden Patienten oder seinem gesetzlichen Vertreter die für ihn voraussichtlich maßgebenden Entgelte so bald wie möglich schriftlich bekannt zu geben, es sei denn, der Patient ist in vollem Umfang für Krankenhausbehandlung versichert. [2]Im Übrigen kann jeder Patient verlangen, dass ihm unverbindlich die voraussichtlich abzurechnende Fallpauschale und deren Höhe sowie voraussichtlich zu zahlende, ergänzende Entgelte mitgeteilt werden. [3]Stehen bei der Aufnahme eines selbst zahlenden Patienten die Entgelte noch nicht endgültig fest, ist hierauf hinzuweisen. [4]Dabei ist mitzuteilen, dass das zu zahlende Entgelt sich erhöht, wenn das neue Entgelt während der stationären Behandlung des Patienten in Kraft tritt. [5]Die voraussichtliche Erhöhung ist anzugeben.

(9) [1]Die Rechnungen des Krankenhauses für selbstzahlende Patientinnen oder selbstzahlende Patienten sind in einer verständlichen und nachvollziehbaren Form zu gestalten. [2]Dabei sind die Fallpauschalen und Zusatzentgelte mit der Nummerierung und den vollständigen Texten aus dem jeweils anzuwendenden Entgeltkatalog, den maßgeblichen Diagnose- und Prozedurenschlüsseln sowie bei Fallpauschalen den effektiven Bewertungsrelationen und dem Landesbasisfallwert auszuweisen. [3]Zu den Diagnose- und Prozedurenschlüsseln sind außerdem die entsprechenden Textfassungen anzugeben. [4]Weitere Entgelte sowie Zu- oder Abschläge sind mit kurzen verständlichen Texten zu bezeichnen. [5]Die Zuschläge nach § 7 Abs. 1 Satz 3 werden in der Rechnung zusammengefasst und gemeinsam als „Systemzuschlag" ausgewiesen. [6]Die Deutsche Krankenhausgesellschaft gibt zur Gestaltung der Rechnung eine entsprechende Empfehlung im Benehmen mit dem Verband der privaten Krankenversicherung ab. [7]Das Verfahren nach § 301 des Fünften Buches Sozialgesetzbuch bleibt unberührt.

(10) [1]Zur Förderung der pflegerischen Versorgung ist bei Patientinnen oder Patienten, die zur vollstationären Behandlung in das Krankenhaus aufgenommen werden, für Aufnahmen ab dem 1. Januar 2017 ein Pflegezuschlag abzurechnen und gesondert in der Rechnung auszuweisen. [2]Die Höhe des Pflegezuschlags ist zu ermitteln, indem die jährliche Fördersumme für das Krankenhaus durch die vollstationäre Fallzahl geteilt wird, die für den Vereinbarungszeitraum des Erlösbudgets und der Erlössumme vereinbart oder festgesetzt wurde. [3]Die jährliche Fördersumme für das Krankenhaus ist von den Vertragsparteien nach

§ 11 zu ermitteln, indem der Anteil der Personalkosten des Krankenhauses für das Pflegepersonal an den Personalkosten für das Pflegepersonal aller allgemeinen Krankenhäuser errechnet wird und dieser krankenhausindividuelle Anteil auf die jährlich bundesweit zur Verfügung stehende Fördersumme von 500 Millionen Euro bezogen wird; ab dem Jahr 2019 erhöht sich die Fördersumme von 500 Millionen Euro um den Betrag der zweckentsprechend verwendeten Finanzmittel des Jahrs 2018 aus dem Pflegestellen-Förderprogramm nach § 4 Absatz 8. [4]Grundlage für die Personalkosten für das Pflegepersonal aller allgemeinen Krankenhäuser sind jeweils die vom Statistischen Bundesamt in der Fachserie 12 Reihe 6.1 ausgewiesenen Vollzeitstellen in der Pflege mit und ohne direktem Beschäftigungsverhältnis mit dem Krankenhaus, multipliziert mit den in der Fachserie 12 Reihe 6.3 ausgewiesenen bundesdurchschnittlichen Kosten pro Pflegekraft jeweils für das Jahr, das zwei Jahre vor dem Jahr liegt, in dem der Pflegezuschlag für das Folgejahr zu vereinbaren ist; Grundlage für die Personalkosten für Pflegepersonal des einzelnen Krankenhauses sind die Vollzeitstellen in der Pflege mit und ohne direktem Beschäftigungsverhältnis mit dem Krankenhaus, die für dasselbe Jahr vom Krankenhaus an das Statistische Landesamt übermittelt wurden und die Eingang in die Statistik gefunden haben, multipliziert mit den in der Fachserie 12 Reihe 6.3 ausgewiesenen Kosten pro Pflegekraft im jeweiligen Land. [5]Der nach Satz 2 zu berechnende Pflegezuschlag ist im Falle von § 10 Absatz 5 Satz 6 unter Berücksichtigung der durchschnittlichen Fallschwere des Krankenhauses zu erhöhen. [6]§ 5 Absatz 4 Satz 5, § 11 Absatz 4 Satz 3 und 4 sowie § 15 Absatz 2 gelten entsprechend.

Abschnitt 4

Vereinbarungsverfahren

§ 9 Vereinbarung auf Bundesebene. (1) Der Spitzenverband Bund der Krankenkassen und der Verband der Privaten Krankenversicherung gemeinsam vereinbaren mit der Deutschen Krankenhausgesellschaft (Vertragsparteien auf Bundesebene) mit Wirkung für die Vertragsparteien nach § 11 insbesondere

1. einen Fallpauschalen-Katalog nach § 17b Absatz 1 Satz 4 des Krankenhausfinanzierungsgesetzes einschließlich der Bewertungsrelationen sowie Regelungen zu Verlegungsfällen und zur Grenzverweildauer und der in Abhängigkeit von diesen zusätzlich zu zahlenden Entgelte oder vorzunehmenden Abschläge (effektive Bewertungsrelationen),

2. einen Katalog ergänzender Zusatzentgelte nach § 17b Absatz 1 Satz 7 des Krankenhausfinanzierungsgesetzes einschließlich der Vergütungshöhe,

3. die Abrechnungsbestimmungen für die Entgelte nach den Nummern 1 und 2 sowie die Regelungen über Zu- und Abschläge,

4. Empfehlungen für die Kalkulation und die Vergütung neuer Untersuchungs- und Behandlungsmethoden, für die nach § 6 gesonderte Entgelte vereinbart werden können,

5. den einheitlichen Aufbau der Datensätze und das Verfahren für die Übermittlung der Daten nach § 11 Absatz 4 Satz 1,

6. erstmals bis zum 31. Juli 2016 einen Katalog nicht mengenanfälliger Krankenhausleistungen, die nur dem hälftigen Abschlag unterliegen, sowie nähere Einzelheiten zur Umsetzung des Abschlags, insbesondere zur Definition des Einzugsgebiets eines Krankenhauses und zu einem geminderten Abschlag im Falle von Leistungsverlagerungen,

7. die Erhöhungsrate für Tariferhöhungen nach § 10 Absatz 5 Satz 4 sowie den Zeitpunkt der erstmaligen Abrechnung der anteiligen Erhöhungsrate.

(1a) Die Vertragsparteien auf Bundesebene vereinbaren auf der Grundlage von Absatz 1 Nummer 3

1. Vorgaben, insbesondere zur Dauer, für befristete Zuschläge für die Finanzierung von Mehrkosten aufgrund von Richtlinien des Gemeinsamen Bundesausschusses sowie auf Grund von Rahmenvereinbarungen nach § 137i Absatz 6 des Fünften Buches Sozialgesetzbuch;

2. bis zum 31. März 2016 das Nähere zur Konkretisierung der besonderen Aufgaben nach § 2 Absatz 2 Satz 2 Nummer 4; diese können sich insbesondere ergeben aus

   a) einer überörtlichen und krankenhausübergreifenden Aufgabenwahrnehmung,

   b) der Erforderlichkeit von besonderen Vorhaltungen eines Krankenhauses, insbesondere in Zentren für Seltene Erkrankungen, oder

   c) der Notwendigkeit der Konzentration der Versorgung an einzelnen Standorten wegen außergewöhnlicher technischer und personeller Voraussetzungen;

   dabei haben sie sicherzustellen, dass es sich nicht um Aufgaben handelt, die bereits durch die Entgelte nach Absatz 1 Nummer 1 und 2, nach sonstigen Regelungen dieses Gesetzes oder nach Regelungen des Fünften Buches Sozialgesetzbuch vergütet werden; § 17b Absatz 1 Satz 10 des Krankenhausfinanzierungsgesetzes bleibt unberührt;

3. bis zum 31. Dezember 2016 Anforderungen an die Durchführung klinischer Sektionen zur Qualitätssicherung; insbesondere legen sie bezogen auf die Anzahl stationärer Todesfälle eine zur Qualitätssicherung erforderliche Sektionsrate und Kriterien für die Auswahl der zu obduzierenden Todesfälle fest, bestimmen die Höhe der Durchschnittskosten einer Sektion und machen Vorgaben für die Berechnung des Zuschlags; als Grundlage für die Festlegung der Höhe der Durchschnittskosten einer Sektion ist das Institut für das Entgeltsystem im Krankenhaus mit der Kalkulation und deren regelmäßiger Anpassung zu beauftragen; für die Finanzierung gilt § 17b Absatz 5 des Krankenhausfinanzierungsgesetzes entsprechend;

4. bis zum 30. Juni 2018 die Höhe und die nähere Ausgestaltung von Qualitätszu- und -abschlägen für außerordentlich gute und unzureichende Qualität von Leistungen oder Leistungsbereichen auf der Grundlage der Vorgaben

des Gemeinsamen Bundesausschusses nach § 136b Absatz 1 Satz 1 Nummer 5 und Absatz 9 des Fünften Buches Sozialgesetzbuch;

5. bis zum 30. Juni 2018 die Höhe und die nähere Ausgestaltung der Zu- und Abschläge für eine Teilnahme oder Nichtteilnahme von Krankenhäusern an der Notfallversorgung, wobei bei der Ermittlung der Höhe der Zu- und Abschläge eine Unterstützung durch das Institut für das Entgeltsystem im Krankenhaus vorzusehen ist; die Zu- und Abschläge müssen sich auf das Stufensystem zu den Mindestvoraussetzungen für eine Teilnahme an der Notfallversorgung beziehen, das gemäß § 136c Absatz 4 des Fünften Buches Sozialgesetzbuch vom Gemeinsamen Bundesausschuss zu entwickeln ist;

6. bis zum 31. Oktober 2018 die voraussichtliche Höhe der zweckentsprechend verwendeten Finanzmittel des Jahres 2018 aus dem Pflegestellen-Förderprogramm nach § 4 Absatz 8 sowie die Berichtigung dieses Betrags in den Folgejahren bei einer Fehleinschätzung.

(1b) [1]Die Vertragsparteien auf Bundesebene vereinbaren mit Wirkung für die Vertragsparteien auf Landesebene bis zum 31. Oktober jeden Jahres den Veränderungswert nach Maßgabe des § 10 Absatz 6 Satz 2 oder Satz 3 für die Begrenzung der Entwicklung des Basisfallwerts nach § 10 Absatz 4, wobei bereits anderweitig finanzierte Kostensteigerungen zu berücksichtigen sind, soweit dadurch die Veränderungsrate nach § 71 Absatz 3 des Fünften Buches Sozialgesetzbuch nicht unterschritten wird; im Falle des § 10 Absatz 6 Satz 3 ist die Veränderungsrate nach § 71 Absatz 3 des Fünften Buches Sozialgesetzbuch unter Berücksichtigung der Gewährleistung der notwendigen medizinischen Versorgung und von Personal- und Sachkostensteigerungen um bis zu ein Drittel dieser Differenz zu erhöhen. [2]Die Vertragsparteien auf Bundesebene können Empfehlungen an die Vertragsparteien auf Landesebene zur Vereinbarung der Basisfallwerte und der zu berücksichtigenden Tatbestände, insbesondere zur Ausschöpfung von Wirtschaftlichkeitsreserven nach § 10 Absatz 3 Satz 1 Nummer 3, abgeben und geben vor, welche Tatbestände, die bei der Weiterentwicklung der Bewertungsrelationen nicht umgesetzt werden können und deshalb nach § 10 Absatz 3 Satz 1 Nummer 1 und Satz 2 bei der Vereinbarung des Basisfallwerts umzusetzen sind, in welcher Höhe zu berücksichtigen oder auszugleichen sind.

(1c) Zur Umsetzung von § 17b Absatz 1 Satz 5 zweiter Halbsatz des Krankenhausfinanzierungsgesetzes haben die Vertragsparteien auf Bundesebene bis zum 31. Mai 2016 bei Leistungen, bei denen es Anhaltspunkte für im erhöhten Maße wirtschaftlich begründete Fallzahlsteigerungen gibt, eine gezielte Absenkung oder Abstufung der Bewertung der Leistungen vorzugeben, die bei der Kalkulation des Vergütungssystems für das folgende Kalenderjahr zu berücksichtigen ist.

(2) [1]Kommt eine Vereinbarung zu Absatz 1 Satz 1 Nummer 1 und 2 ganz oder teilweise nicht zustande, gilt § 17b Absatz 7 des Krankenhausfinanzierungsgesetzes; in den übrigen Fällen entscheidet auf Antrag einer Vertrags-

partei die Schiedsstelle nach § 18a Absatz 6 des Krankenhausfinanzierungsgesetzes; eine Entscheidung zu Absatz 1b Satz 1 hat die Schiedsstelle bis zum 15. November des jeweiligen Jahres zu treffen. [2]Kommt eine Vereinbarung nach Absatz 1a Nummer 5 nicht zustande, kann auch das Bundesministerium für Gesundheit die Schiedsstelle anrufen. [3]Kommt eine Vereinbarung nach Absatz 1c nicht fristgerecht zustande, entscheidet die Schiedsstelle abweichend von Satz 1 ohne Antrag einer Vertragspartei innerhalb von sechs Wochen.

§ 10[2] **Vereinbarung auf Landesebene.** (1) [1]Zur Bestimmung der Höhe der Fallpauschalen nach § 9 Abs. 1 Satz 1 Nr. 1 vereinbaren die in § 18 Abs. 1 Satz 2 des Krankenhausfinanzierungsgesetzes genannten Beteiligten (Vertragsparteien auf Landesebene) mit Wirkung für die Vertragsparteien nach § 11 jährlich einen landesweit geltenden Basisfallwert (Landesbasisfallwert) für das folgende Kalenderjahr. [2]Dabei gehen sie von den Vereinbarungswerten der Krankenhäuser im Land für das laufende Kalenderjahr nach Anlage 1 Abschnitt B1 aus, insbesondere von der Summe der effektiven Bewertungsrelationen und der Erlössumme für Fallpauschalen (B1 laufende Nummer 3), und schätzen auf dieser Grundlage die voraussichtliche Entwicklung im folgenden Kalenderjahr; soweit Werte für einzelne Krankenhäuser noch nicht vorliegen, sind diese zu schätzen. [3]Sie vereinbaren, dass Fehlschätzungen des Basisfallwerts bei der Vereinbarung des Basisfallwerts für das Folgejahr berichtigt werden. [4]Die Vertragsparteien haben in der Vereinbarung festzulegen, zu welchen Tatbeständen und unter welchen Voraussetzungen im Folgejahr eine Verhandlung über eine Berichtigung aufgenommen wird. [5]Bei einer Berichtigung ist

---

2 Gemäß Art. 4 G vom 10.12.2015 (BGBl. I S. 2229) wird § 10 mit Wirkung zum 1.1.2021 wie folgt geändert:
  1. Absatz 9 wird wie folgt geändert:
     a) In Satz 3 wird die Angabe „31. Juli" durch die Angabe „28. Februar" ersetzt.
     b) Satz 5 wird wie folgt gefasst:
        „Das Berechnungsergebnis des DRG-Instituts ist den Vertragsparteien auf Bundesebene spätestens bis zum 15. März jeden Jahres vorzulegen; die Vertragsparteien auf Bundesebene vereinbaren das Berechnungsergebnis als einheitlichen Basisfallwert und davon ausgehend den einheitlichen Basisfallwertkorridor bis zum 31. März jeden Jahres."
  2. Absatz 11 wird wie folgt gefasst:
        „(11) [1]Liegt der vereinbarte oder festgesetzte Basisfallwert nach Absatz 10 außerhalb des einheitlichen Basisfallwertkorridors nach Absatz 9 Satz 5, ermitteln die Vertragsparteien auf Landesebene unter Beachtung des Vorzeichens die Differenz zwischen der maßgeblichen Korridorgrenze nach Absatz 8 Satz 2 oder Satz 7 und dem Basisfallwert. [2]Sie vereinbaren bis zum 30. April jeden Jahres einen Betrag zum Ausgleich der Differenz innerhalb des laufenden Jahres. [3]Dieser Betrag ist von den Krankenhäusern unter Beachtung des Vorzeichens zusätzlich zu dem Basisfallwert abzurechnen; § 15 Absatz 3 ist entsprechend anzuwenden. [4]Als Ausgangsgrundlage für die Vereinbarung des Basisfallwerts des Folgejahres ist der vereinbarte oder festgesetzte Basisfallwert des laufenden Jahres von den Vertragsparteien unter Beachtung des Vorzeichens um die Differenz nach Satz 1 zu verändern."

zusätzlich zu der Berichtigung des vereinbarten Erlösvolumens (Basisberichtigung) ein entsprechender Ausgleich durchzuführen. [6]Die Berichtigung nach den Sätzen 3 bis 5 ist nur durchzuführen, soweit im Rahmen der Vorgaben zur Beitragssatzstabilität bei der zu ändernden Vereinbarung des Vorjahres auch ohne eine Fehlschätzung eine Berücksichtigung des Betrags der Basisberichtigung zulässig gewesen wäre.

(2) *(aufgehoben)*

(3) [1]Bei der Vereinbarung sind insbesondere zu berücksichtigen:
1. der von den Vertragsparteien nach § 9 Abs. 1 Satz 2 vorgegebene Veränderungsbedarf aufgrund der jährlichen Kostenerhebung und Neukalkulation, der nicht mit den Bewertungsrelationen umgesetzt werden kann,
2. voraussichtliche allgemeine Kostenentwicklungen,
3. Möglichkeiten zur Ausschöpfung von Wirtschaftlichkeitsreserven, soweit diese nicht bereits durch die Weiterentwicklung der Bewertungsrelationen erfasst worden sind,
4. *(aufgehoben)*
5. *(aufgehoben)*
6. absenkend die Summe der Zuschläge nach § 7 Absatz 1 Satz 1 Nummer 4, soweit die Leistungen bislang durch den Basisfallwert finanziert worden sind oder die Zuschläge auf ergänzenden oder abweichenden Vorgaben des Landes nach § 5 Absatz 2 Satz 2 beruhen; dabei werden die Zuschläge nach § 4 Absatz 8 und 9 und § 5 Absatz 3, 3a, 3b und 3c nicht einbezogen,
7. erhöhend die Summe der Abschläge für die Nichtteilnahme an der Notfallversorgung und die befristeten Zuschläge nach § 5 Absatz 3c, soweit diese nicht mehr krankenhausindividuell erhoben werden und nicht durch Zusatzentgelte vergütet werden.

[2]Soweit infolge einer veränderten Kodierung der Diagnosen und Prozeduren Ausgabenerhöhungen entstehen, sind diese vollständig durch eine entsprechende Absenkung des Basisfallwerts auszugleichen.

(4) [1]Die nach Absatz 3 vereinbarte Veränderung des Basisfallwerts darf die sich bei Anwendung des Veränderungswerts nach § 9 Absatz 1b Satz 1 ergebende Veränderung des Basisfallwerts nicht überschreiten. [2]Satz 1 gilt nicht, soweit eine Erhöhung des Basisfallwerts infolge der Weiterentwicklung des DRG-Vergütungssystems oder der Abrechnungsregeln lediglich technisch bedingt ist und nicht zu einer Erhöhung der Gesamtausgaben für Krankenhausleistungen führt oder soweit eine Berichtigung von Fehlschätzungen nach Absatz 1 durchzuführen ist. [3]Wird aus anderen als den in Satz 2 genannten Tatbeständen eine niedrigere Summe der effektiven Bewertungsrelationen vereinbart, kann abweichend von Satz 1 ein höherer Basisfallwert vereinbart werden, wenn dies nicht zu einer Erhöhung der Gesamtausgaben für Krankenhausleistungen führt. [4]Soweit eine Überschreitung des Veränderungswerts durch die erhöhende Berücksichtigung von befristeten Zuschlägen nach § 5 Absatz 3c im Rahmen von Absatz 3 Satz 1 Nummer 7 begründet ist, ist abweichend von Satz 1 ein höherer Basisfallwert zu vereinbaren.

(5) [1]Bei der Vereinbarung des Basisfallwerts sind erstmals für das Jahr 2016 nach Maßgabe der folgenden Sätze Tariferhöhungen für Löhne und Gehälter über den Veränderungswert nach Absatz 4 Satz 1 hinaus zu berücksichtigen; eine Erhöhung wirkt als Basiserhöhung auch für die Folgejahre. [2]Bezogen auf die Personalkosten werden 50 Prozent des Unterschieds zwischen dem Veränderungswert und der Tarifrate, die sich aus den durchschnittlichen Auswirkungen der tarifvertraglich vereinbarten Erhöhungen der Vergütungstarifverträge und vereinbarter Einmalzahlungen errechnet, nach Maßgabe des Satzes 5 berücksichtigt. [3]Maßstäbe für die Ermittlung der Tarifrate nach Satz 2 sind für den nichtärztlichen Personalbereich einerseits und den ärztlichen Personalbereich andererseits jeweils diejenige tarifvertragliche Vereinbarung, die in dem jeweiligen Bereich für die meisten Beschäftigten maßgeblich ist. [4]Die Vertragsparteien auf Bundesebene nach § 9 vereinbaren in Höhe des Unterschieds zwischen beiden Raten eine Erhöhungsrate. [5]Der zu vereinbarende Basisfallwert ist unter Berücksichtigung des Zeitpunkts der erstmaligen Abrechnung von den Vertragsparteien auf Landesebene um ein Drittel dieser Erhöhungsrate (anteilige Erhöhungsrate) zu erhöhen. [6]Sofern der Basisfallwert für das Vereinbarungsjahr bereits vereinbart oder festgesetzt wurde, ist der Differenzbetrag, der durch die Anwendung der anteiligen Erhöhungsrate auf den Landesbasisfallwert entsteht, durch eine ab dem Zeitpunkt nach § 9 Absatz 1 Nummer 7 erfolgende unterjährige Erhöhung des Zuschlags nach § 8 Absatz 10 zu berücksichtigen; dabei ist der für das restliche Kalenderjahr anzuwendende Differenzbetrag infolge der unterjährigen Berücksichtigung entsprechend zu erhöhen. [7]Im Falle von Satz 6 ist die anteilige Erhöhungsrate nach Satz 5 bei der Vereinbarung des Basisfallwerts für das Folgejahr erhöhend zu berücksichtigen.

(6) [1]Das Statistische Bundesamt hat jährlich einen Orientierungswert, der die tatsächlichen Kostenentwicklungen der Krankenhäuser wiedergibt, zu ermitteln und spätestens bis zum 30. September jeden Jahres zu veröffentlichen; die hierfür vom Statistischen Bundesamt zu erhebenden Daten werden vom Bundesministerium für Gesundheit durch Rechtsverordnung ohne Zustimmung des Bundesrates festgelegt. [2]Unterschreitet der Orientierungswert die Veränderungsrate nach § 71 Absatz 3 des Fünften Buches Sozialgesetzbuch, entspricht der Veränderungswert der Veränderungsrate. [3]Überschreitet der Orientierungswert die Veränderungsrate nach § 71 Absatz 3 des Fünften Buches Sozialgesetzbuch, ermitteln die Vertragsparteien auf Bundesebene die Differenz zwischen beiden Werten und vereinbaren den Veränderungswert gemäß § 9 Absatz 1b Satz 1 und § 9 Absatz 1 Nummer 5 der Bundespflegesatzverordnung. [4]Für die Zeit ab dem Jahr 2018 ist die Anwendung des vollen Orientierungswerts als Veränderungswert sowie die anteilige Finanzierung von Tarifsteigerungen, die den Veränderungswert übersteigen, zu prüfen.

(7) [1]Soweit in dem in Artikel 3 des Einigungsvertrages genannten Gebiet die Höhe der Vergütung nach dem Tarifvertrag für den öffentlichen Dienst (TVöD) unter der im übrigen Bundesgebiet geltenden Höhe liegt, ist dies bei der Vereinbarung des Basisfallwerts zu beachten. [2]Die Veränderungsrate nach Absatz 4

darf überschritten werden, soweit eine Angleichung dieser Vergütung an die im übrigen Bundesgebiet geltende Höhe dies erforderlich macht.

(8) [1]Zur schrittweisen Angleichung der unterschiedlichen Basisfallwerte der Länder wird ein einheitlicher Basisfallwertkorridor in Höhe von +2,5 Prozent bis −1,02 Prozent um den einheitlichen Basisfallwert nach Absatz 9 eingeführt. [2]Jeweils zum 1. Januar der Jahre 2016 bis 2021 werden die Basisfallwerte oberhalb des einheitlichen Basisfallwertkorridors in sechs gleichen Schritten in Richtung auf den oberen Grenzwert des einheitlichen Basisfallwertkorridors angeglichen. [3]Der für die Angleichung jeweils maßgebliche Angleichungsbetrag wird ermittelt, indem der nach den Absätzen 1 bis 7, 11 und 12 verhandelte Basisfallwert ohne Ausgleiche von dem oberen Grenzwert des einheitlichen Basisfallwertkorridors abgezogen wird, wenn der Basisfallwert höher ist, und von diesem Zwischenergebnis

1. 16,67 Prozent im Jahr 2016,
2. 20,00 Prozent im Jahr 2017,
3. 25,00 Prozent im Jahr 2018,
4. 33,34 Prozent im Jahr 2019,
5. 50,00 Prozent im Jahr 2020,
6. 100 Prozent im Jahr 2021

errechnet werden. [4]Für das Jahr 2017 ist vor der Ermittlung des Angleichungsbetrags nach Satz 3 der Grenzwert nach Satz 3 um den Betrag zu erhöhen, der nach Maßgabe des Absatzes 12 beim Landesbasisfallwert zusätzlich berücksichtigt worden ist. [5]Zur Ermittlung des Basisfallwerts werden für das jeweilige Kalenderjahr der verhandelte Basisfallwert und der entsprechende Angleichungsbetrag nach Satz 3 unter Beachtung des Vorzeichens addiert. [6]Das Rechenergebnis ist von den Vertragsparteien auf Landesebene als Basisfallwert, der der Abrechnung der Fallpauschalen zu Grunde zu legen ist, zu vereinbaren. [7]Basisfallwerte unterhalb des einheitlichen Basisfallwertkorridors nach Satz 1 werden ab dem 1. Januar 2016 jeweils an den unteren Grenzwert angeglichen; die nach Absatz 3 Satz 1 Nummer 6 vorzunehmende absenkende Berücksichtigung von Zuschlägen für die Teilnahme an der Notfallversorgung und Sicherstellungszuschlägen, die auf ergänzenden oder abweichenden Vorgaben des Landes beruhen, bleibt hiervon unberührt. [8]Nach der vollständigen Angleichung nach Satz 3 oder Satz 7 sind Verhandlungsergebnisse, die außerhalb des einheitlichen Basisfallwertkorridors nach Satz 1 liegen, jährlich in vollem Umfang an den jeweiligen Grenzwert dieser Bandbreite anzugleichen; Fehlschätzungen nach Absatz 1 Satz 3 sind nur insoweit umzusetzen, als dies der vollen Erreichung des jeweiligen Grenzwerts nicht entgegensteht. [9]Die Vertragsparteien ermitteln die nach Absatz 9 Satz 3 zu meldenden Daten.

(9) [1]Die Vertragsparteien auf Bundesebene beauftragen das Institut für das Entgeltsystem im Krankenhaus, einen einheitlichen Basisfallwert und einen einheitlichen Basisfallwertkorridor nach Maßgabe der folgenden Sätze auf der Grundlage der in den Ländern jeweils geltenden, abzurechnenden Basisfallwerte zu berechnen. [2]Dabei werden die einzelnen Basisfallwerte einschließlich Be-

richtigungen und ohne Ausgleiche mit der Summe der effektiven Bewertungsrelationen, die bei ihrer Vereinbarung zu Grunde gelegt wurden, gewichtet. [3]Für die Berechnung meldet die an der Vereinbarung des Basisfallwerts beteiligte Landeskrankenhausgesellschaft bis zum 31. Juli jeden Jahres den für das laufende Jahr vereinbarten oder festgesetzten Basisfallwert einschließlich Berichtigungen und ohne Ausgleiche, das bei seiner Vereinbarung zu Grunde gelegte Ausgabenvolumen und die Summe der effektiven Bewertungsrelationen an das Institut für das Entgeltsystem im Krankenhaus. [4]Sind diese Werte für ein Land bis zu diesem Termin nicht vereinbart und übermittelt, berechnet das Institut für das Entgeltsystem im Krankenhaus den einheitlichen Basisfallwert mit den Vorjahreswerten für dieses Land. [5]Das Berechnungsergebnis des Instituts für das Entgeltsystem im Krankenhaus ist um die Rate nach Absatz 5 Satz 5 zu erhöhen, sofern diese noch nicht im Basisfallwert berücksichtigt ist, und ist Grundlage für die Vereinbarung des einheitlichen Basisfallwerts und des einheitlichen Basisfallwertkorridors durch die Vertragsparteien auf Bundesebene bis zum 31. Oktober jeden Jahres; das Berechnungsergebnis ist um die für das folgende Kalenderjahr maßgebliche Veränderungsrate oder den Veränderungswert nach Absatz 4 Satz 1 zu erhöhen. [6]Kommt eine Vereinbarung nicht zustande, entscheidet auf Antrag einer Vertragspartei die Schiedsstelle nach § 18a Abs. 6 des Krankenhausfinanzierungsgesetzes.

(10) [1]Die Vereinbarung des Basisfallwerts oder des angeglichenen Basisfallwerts nach Absatz 8 Satz 5 und 7 ist bis zum 30. November jeden Jahres zu schließen. [2]Die Vertragsparteien auf Landesebene nehmen die Verhandlungen unverzüglich auf, nachdem eine Partei dazu schriftlich aufgefordert hat. [3]Die Vereinbarung kommt durch Einigung zwischen den Parteien zustande, die an der Verhandlung teilgenommen haben; sie ist schriftlich abzuschließen. [4]Kommt eine Vereinbarung bis zu diesem Zeitpunkt nicht zustande, setzt die Schiedsstelle nach § 13 den Basisfallwert auf Antrag einer Vertragspartei auf Landesebene unverzüglich fest. [5]Abweichend von Satz 4 setzt ab dem 1. Januar 2020 die Schiedsstelle den Basisfallwert ohne Antrag einer Vertragspartei innerhalb der Frist gemäß § 13 Absatz 2 fest, wenn eine Vereinbarung bis zum 30. November nicht zustande kommt.

(11) *(aufgehoben)*

(12) [1]In den ab dem 1. Januar 2020 geltenden Basisfallwert sind die Finanzierungsbeträge für die Neueinstellung, die interne Besetzung neu geschaffener Stellen oder Aufstockung vorhandener Teilzeitstellen von Hygienefachkräften in Höhe der von den Krankenhäusern im Lande insgesamt für das Jahr 2019 nach § 4 Absatz 9 Satz 1 Nummer 1 abgerechneten Zuschläge einzurechnen; zusätzlich sind dabei die Finanzierungsbeträge der von den Krankenhäusern im Land insgesamt im Jahr 2016 für die Förderung von hygienebeauftragten Ärztinnen und Ärzten abgerechneten Zuschläge einzurechnen. [2]Absatz 4 gilt insoweit nicht.

(13) [1]Die Vertragsparteien vereinbaren bis zum 30. September jeden Jahres, erstmals bis zum 30. September 2018, einen von den Vertragsparteien nach

§ 11 für die Vereinbarung zusätzlicher Leistungen anzuwendenden Abschlag in Höhe des für zusätzliche Leistungen geschätzten durchschnittlichen Anteils der fixen Kosten an den Fallpauschalen (Fixkostendegressionsabschlag), wobei der Abschlag jeweils für drei Jahre erhoben wird. [2]Die Abschlagshöhe ist so zu vereinbaren, dass gegenüber der bei der Verhandlung des Landesbasisfallwerts für das Jahr 2015 vereinbarten absenkenden Berücksichtigung der fixen Kosten zusätzlicher Leistungen keine Mehrausgaben bei der Anwendung der Abschläge durch die Vertragsparteien nach § 11 entstehen; Ausnahmen nach § 4 Absatz 2b Satz 3 Nummer 1 bleiben hiervon unberührt. [3]Für die Jahre 2017 und 2018 wird die Höhe des Abschlags auf 35 Prozent festgesetzt.

§ 11 Vereinbarung für das einzelne Krankenhaus. (1) [1]Nach Maßgabe der §§ 3 bis 6 und unter Beachtung des Versorgungsauftrags des Krankenhauses (§ 8 Abs. 1 Satz 3 und 4) und der Einhaltung der Vorgaben des Mindestmengenkatalogs nach § 136b Absatz 1 Satz 1 Nummer 2 des Fünften Buches Sozialgesetzbuch regeln die Vertragsparteien nach § 18 Abs. 2 des Krankenhausfinanzierungsgesetzes (Vertragsparteien) in der Vereinbarung das Erlösbudget nach § 4, die Summe der Bewertungsrelationen, die sonstigen Entgelte nach § 6, die Erlössumme nach § 6 Abs. 3, die Zu- und Abschläge und die Mehr- und Mindererlösausgleiche. [2]Die Vereinbarung ist für einen zukünftigen Zeitraum (Vereinbarungszeitraum) zu schließen. [3]Die Vereinbarung muss Bestimmungen enthalten, die eine zeitnahe Zahlung der Entgelte an das Krankenhaus gewährleisten; hierzu sollen insbesondere Regelungen über angemessene monatliche Teilzahlungen und Verzugszinsen bei verspäteter Zahlung getroffen werden. [4]Die Vereinbarung kommt durch Einigung zwischen den Vertragsparteien zustande, die an der Verhandlung teilgenommen haben; sie ist schriftlich abzuschließen.

(2) [1]Der Vereinbarungszeitraum beträgt ein Kalenderjahr, wenn das Krankenhaus ganzjährig betrieben wird. [2]Ein Zeitraum, der mehrere Kalenderjahre umfasst, kann vereinbart werden.

(3) [1]Die Vertragsparteien nehmen die Verhandlung unverzüglich auf, nachdem eine Vertragspartei dazu schriftlich aufgefordert hat. [2]Die Verhandlung soll unter Berücksichtigung der Sechswochenfrist des § 18 Abs. 4 des Krankenhausfinanzierungsgesetzes so rechtzeitig abgeschlossen werden, dass das neue Erlösbudget und die neuen Entgelte mit Ablauf des laufenden Vereinbarungszeitraums in Kraft treten können.

(4) [1]Der Krankenhausträger übermittelt zur Vorbereitung der Verhandlung den anderen Vertragsparteien, den in § 18 Abs. 1 Satz 2 des Krankenhausfinanzierungsgesetzes genannten Beteiligten und der zuständigen Landesbehörde die Abschnitte E1 bis E3 und B1 nach Anlage 1 dieses Gesetzes. [2]Die Daten sind auf maschinenlesbaren Datenträgern vorzulegen. [3]Soweit dies zur Beurteilung der Leistungen des Krankenhauses im Rahmen seines Versorgungsauftrags im Einzelfall erforderlich ist, hat das Krankenhaus auf gemeinsames Verlangen der anderen Vertragsparteien nach § 18 Abs. 2 Nr. 1 und 2 des Krankenhausfinan-

zierungsgesetzes zusätzliche Unterlagen vorzulegen und Auskünfte zu erteilen. [4]Bei dem Verlangen nach Satz 2 muss der zu erwartende Nutzen den verursachten Aufwand deutlich übersteigen.

(5) Die Vertragsparteien sind verpflichtet, wesentliche Fragen zum Versorgungsauftrag und zur Leistungsstruktur des Krankenhauses sowie zur Höhe der Zu- und Abschläge nach § 5 so frühzeitig gemeinsam vorzuklären, dass die Verhandlung zügig durchgeführt werden kann.

§ 12 Vorläufige Vereinbarung. [1]Können sich die Vertragsparteien insbesondere über die Höhe des Erlösbudgets oder über die Höhe sonstiger Entgelte nicht einigen und soll wegen der Gegenstände, über die keine Einigung erzielt werden konnte, die Schiedsstelle nach § 13 angerufen werden, schließen die Vertragsparteien eine Vereinbarung, soweit die Höhe unstrittig ist. [2]Die auf dieser Vereinbarung beruhenden Entgelte sind zu erheben, bis die endgültig maßgebenden Entgelte in Kraft treten. [3]Mehr- oder Mindererlöse des Krankenhauses infolge der erhobenen vorläufigen Entgelte werden durch Zu- oder Abschläge auf die Entgelte des laufenden oder eines folgenden Vereinbarungszeitraums ausgeglichen.

§ 13 Schiedsstelle. (1) [1]Kommt eine Vereinbarung nach § 10 oder 11 ganz oder teilweise nicht zustande, entscheidet die Schiedsstelle nach § 18a Abs. 1 des Krankenhausfinanzierungsgesetzes auf Antrag einer der in § 10 oder § 11 genannten Vertragsparteien. [2]Sie ist dabei an die für die Vertragsparteien geltenden Rechtsvorschriften gebunden.

(2) Die Schiedsstelle entscheidet innerhalb von sechs Wochen über die Gegenstände, über die keine Einigung erreicht werden konnte.

§ 14 Genehmigung. (1) [1]Die Genehmigung des vereinbarten oder von der Schiedsstelle nach § 13 festgesetzten landesweit geltenden Basisfallwerts nach § 10, des Fixkostendegressionsabschlags nach § 10 Absatz 13, des Erlösbudgets nach § 4, der Entgelte nach § 6 und der krankenhausindividuell ermittelten Zu- und Abschläge ist von einer der Vertragsparteien bei der zuständigen Landesbehörde zu beantragen. [2]Die zuständige Landesbehörde erteilt die Genehmigung, wenn die Vereinbarung oder Festsetzung den Vorschriften dieses Gesetzes sowie sonstigem Recht entspricht. [3]Sie entscheidet über die Genehmigung des landesweit geltenden Basisfallwerts und des Fixkostendegressionsabschlags nach § 10 Absatz 13 innerhalb von vier Wochen nach Eingang des Antrags.

(2) [1]Die Vertragsparteien und die Schiedsstellen haben der zuständigen Landesbehörde die Unterlagen vorzulegen und die Auskünfte zu erteilen, die für die Prüfung der Rechtmäßigkeit erforderlich sind. [2]Im Übrigen sind die für die Vertragsparteien bezüglich der Vereinbarung geltenden Rechtsvorschriften entsprechend anzuwenden. [3]Die Genehmigung kann mit Nebenbestimmungen verbunden werden, soweit dies erforderlich ist, um rechtliche Hindernisse zu beseitigen, die einer uneingeschränkten Genehmigung entgegenstehen.

(3) Wird die Genehmigung eines Schiedsspruches versagt, ist die Schiedsstelle auf Antrag verpflichtet, unter Beachtung der Rechtsauffassung der Genehmigungsbehörde erneut zu entscheiden.

(4) [1]Im Hinblick auf die Genehmigung des landesweit geltenden Basisfallwerts und des Fixkostendegressionsabschlags nach § 10 Absatz 13 ist der Verwaltungsrechtsweg nur für die Vertragsparteien auf Landesebene gegeben. [2]Ein Vorverfahren findet nicht statt; die Klage hat keine aufschiebende Wirkung.

§ 15 Laufzeit. (1) [1]Die für das Kalenderjahr vereinbarten Fallpauschalen und Zusatzentgelte nach § 7 Abs. 1 Satz 1 Nr. 1 und 2 werden bei Patientinnen und Patienten abgerechnet, die ab dem 1. Januar in das Krankenhaus aufgenommen werden, soweit die Vertragsparteien auf Bundesebene nichts Abweichendes vereinbart haben. [2]Die Fallpauschalen werden mit dem Landesbasisfallwert für das Kalenderjahr bewertet. [3]Wird der Landesbasisfallwert für das Kalenderjahr erst nach diesem Zeitpunkt genehmigt, ist er ab dem ersten Tag des Monats anzuwenden, der auf die Genehmigung folgt. [4]Bis dahin sind die Fallpauschalen mit dem bisher geltenden Landesbasisfallwert zu bewerten und in der sich ergebenden Entgelthöhe abzurechnen. [5]Werden die Entgeltkataloge für die Fallpauschalen oder Zusatzentgelte nach § 7 Abs. 1 Satz 1 Nr. 1 und 2 so spät vereinbart oder durch Rechtsverordnung nach § 17b Abs. 7 des Krankenhausfinanzierungsgesetzes vorgegeben, dass eine erstmalige Abrechnung erst nach dem 1. Januar möglich ist, sind bis zum Inkrafttreten der neuen Entgeltkataloge die bisher geltenden Fallpauschalen oder Zusatzentgelte weiter abzurechnen.

(2) [1]Die für das Kalenderjahr krankenhausindividuell zu vereinbarenden Entgelte werden vom Beginn des neuen Vereinbarungszeitraums an erhoben. [2]Wird die Vereinbarung erst nach diesem Zeitpunkt genehmigt, sind die Entgelte ab dem ersten Tag des Monats zu erheben, der auf die Genehmigung folgt, soweit in der Vereinbarung oder Schiedsstellenentscheidung kein anderer zukünftiger Zeitpunkt bestimmt ist. [3]Bis dahin sind die bisher geltenden Entgelte der Höhe nach weiter zu erheben; dies gilt nicht, wenn
1. ein bisher krankenhausindividuell vereinbartes Entgelt ab dem 1. Januar nicht mehr abgerechnet werden darf, weil die Leistung durch ein bundeseinheitlich bewertetes Entgelt aus den neuen Entgeltkatalogen vergütet wird, oder
2. die Vertragsparteien auf Bundesebene in den Abrechnungsbestimmungen festlegen, dass hilfsweise ein anderes Entgelt abzurechnen ist.
[4]Sie sind jedoch um die darin enthaltenen Ausgleichsbeträge zu bereinigen, wenn und soweit dies in der bisherigen Vereinbarung oder Festsetzung so bestimmt worden ist.

(3) [1]Mehr- oder Mindererlöse infolge der Weitererhebung des bisherigen Landesbasisfallwerts und bisheriger Entgelte nach den Absätzen 1 und 2 werden grundsätzlich im restlichen Vereinbarungszeitraum ausgeglichen. [2]Der Ausgleichsbetrag wird im Rahmen des Zu- oder Abschlags nach § 5 Abs. 4 abgerechnet.

Gesondert berechenbare ärztliche und andere Leistungen

§ 16 *(weggefallen)*

§ 17 Wahlleistungen. (1) [1]Neben den Entgelten für die voll- und teilstationäre Behandlung dürfen andere als die allgemeinen Krankenhausleistungen als Wahlleistungen gesondert berechnet werden, wenn die allgemeinen Krankenhausleistungen durch die Wahlleistungen nicht beeinträchtigt werden und die gesonderte Berechnung mit dem Krankenhaus vereinbart ist. [2]Diagnostische und therapeutische Leistungen dürfen als Wahlleistungen nur gesondert berechnet werden, wenn die Voraussetzungen des Satzes 1 vorliegen und die Leistungen von einem Arzt oder einer Psychologischen Psychotherapeutin oder einem Psychologischen Psychotherapeuten oder Kinder- und Jugendlichenpsychotherapeutinnen oder Kinder- und Jugendlichenpsychotherapeuten im Sinne von § 1 Abs. 3 des Psychotherapeutengesetzes erbracht werden. [3]Die Entgelte für Wahlleistungen dürfen in keinem unangemessenen Verhältnis zu den Leistungen stehen. [4]Die Deutsche Krankenhausgesellschaft und der Verband der privaten Krankenversicherung können Empfehlungen zur Bemessung der Entgelte für nichtärztliche Wahlleistungen abgeben. [5]Verlangt ein Krankenhaus ein unangemessen hohes Entgelt für nichtärztliche Wahlleistungen, kann der Verband der privaten Krankenversicherung die Herabsetzung auf eine angemessene Höhe verlangen; gegen die Ablehnung einer Herabsetzung ist der Zivilrechtsweg gegeben.

(2) [1]Wahlleistungen sind vor der Erbringung schriftlich zu vereinbaren; der Patient ist vor Abschluss der Vereinbarung schriftlich über die Entgelte der Wahlleistungen und deren Inhalt im Einzelnen zu unterrichten. [2]Die Art der Wahlleistungen ist der zuständigen Landesbehörde zusammen mit dem Genehmigungsantrag nach § 14 mitzuteilen.

(3) [1]Eine Vereinbarung über wahlärztliche Leistungen erstreckt sich auf alle an der Behandlung des Patienten beteiligten angestellten oder beamteten Ärzte des Krankenhauses, soweit diese zur gesonderten Berechnung ihrer Leistungen im Rahmen der vollstationären und teilstationären sowie einer vor- und nachstationären Behandlung (§ 115a des Fünften Buches Sozialgesetzbuch) berechtigt sind, einschließlich der von diesen Ärzten veranlassten Leistungen von Ärzten und ärztlich geleiteten Einrichtungen außerhalb des Krankenhauses; darauf ist in der Vereinbarung hinzuweisen. [2]Ein zur gesonderten Berechnung wahlärztlicher Leistungen berechtigter Arzt des Krankenhauses kann eine Abrechnungsstelle mit der Abrechnung der Vergütung für die wahlärztlichen Leistungen beauftragen oder die Abrechnung dem Krankenhausträger überlassen. [3]Der Arzt oder eine von ihm beauftragte Abrechnungsstelle ist verpflichtet, dem Krankenhaus umgehend die zur Ermittlung der nach § 19 Abs. 2 zu erstattenden Kosten jeweils erforderlichen Unterlagen einschließlich einer Auflistung aller erbrachten Leistungen vollständig zur Verfügung zu stellen. [4]Der Arzt ist verpflichtet,

dem Krankenhaus die Möglichkeit einzuräumen, die Rechnungslegung zu überprüfen. [5]Wird die Abrechnung vom Krankenhaus durchgeführt, leitet dieses die Vergütung nach Abzug der anteiligen Verwaltungskosten und der nach § 19 Abs. 2 zu erstattenden Kosten an den berechtigten Arzt weiter. [6]Personenbezogene Daten dürfen an eine beauftragte Abrechnungsstelle außerhalb des Krankenhauses nur mit Einwilligung des Betroffenen, die jederzeit widerrufen werden kann, übermittelt werden. [7]Für die Berechnung wahlärztlicher Leistungen finden die Vorschriften der Gebührenordnung für Ärzte oder der Gebührenordnung für Zahnärzte entsprechende Anwendung, soweit sich die Anwendung nicht bereits aus diesen Gebührenordnungen ergibt.

(4) Eine Vereinbarung über gesondert berechenbare Unterkunft darf nicht von einer Vereinbarung über sonstige Wahlleistungen abhängig gemacht werden.

(5) Bei Krankenhäusern, für die die Bundespflegesatzverordnung gilt, müssen die Wahlleistungsentgelte mindestens die dafür nach § 7 Abs. 2 Satz 2 Nr. 4, 5 und 7 der Bundespflegesatzverordnung in der am 31. Dezember 2012 geltenden Fassung abzuziehenden Kosten decken.

§ 18 Belegärzte. (1) [1]Belegärzte im Sinne dieses Gesetzes sind nicht am Krankenhaus angestellte Vertragsärzte, die berechtigt sind, ihre Patienten (Belegpatienten) im Krankenhaus unter Inanspruchnahme der hierfür bereitgestellten Dienste, Einrichtungen und Mittel stationär oder teilstationär zu behandeln, ohne hierfür vom Krankenhaus eine Vergütung zu erhalten. [2]Leistungen des Belegarztes sind

1. seine persönlichen Leistungen,
2. der ärztliche Bereitschaftsdienst für Belegpatienten,
3. die von ihm veranlassten Leistungen nachgeordneter Ärzte des Krankenhauses, die bei der Behandlung seiner Belegpatienten in demselben Fachgebiet wie der Belegarzt tätig werden,
4. die von ihm veranlassten Leistungen von Ärzten und ärztlich geleiteten Einrichtungen außerhalb des Krankenhauses.

(2) [1]Für Belegpatienten werden gesonderte pauschalierte Pflegesätze nach § 17 Absatz 1a des Krankenhausfinanzierungsgesetzes vereinbart, für das Entgeltsystem nach § 17d des Krankenhausfinanzierungsgesetzes frühestens für das Jahr 2017. [2]Soweit für Belegpatientinnen und -patienten gesonderte Entgelte nach Satz 1 nicht oder noch nicht vereinbart wurden, werden gesonderte sonstige Entgelte nach § 6 oder nach § 6 der Bundespflegesatzverordnung vereinbart.

(3) [1]Krankenhäuser mit Belegbetten, die nach § 121 Abs. 5 des Fünften Buches Sozialgesetzbuch zur Vergütung der belegärztlichen Leistungen mit Belegärzten Honorarverträge schließen, rechnen für die von Belegärzten mit Honorarverträgen behandelten Belegpatientinnen und -patienten die mit Bewertungsrelationen bewerteten Entgelte für Hauptabteilungen in Höhe von 80 Prozent ab. [2]Bei diesen Krankenhäusern ist bei der Vereinbarung sonstiger Entgelte nach § 6 oder nach § 6 der Bundespflegesatzverordnung die Vergütung des Belegarztes einzubeziehen.

§ 19 Kostenerstattung der Ärzte. (1) [1]Soweit Belegärzte zur Erbringung ihrer Leistungen nach § 18 Ärzte des Krankenhauses in Anspruch nehmen, sind sie verpflichtet, dem Krankenhaus die entstehenden Kosten zu erstatten; dies gilt nicht in den Fällen des § 18 Absatz 3. [2]Die Kostenerstattung kann pauschaliert werden. [3]Soweit vertragliche Regelungen der Vorschrift des Satzes 1 entgegenstehen, sind sie anzupassen.

(2) [1]Soweit ein Arzt des Krankenhauses wahlärztliche Leistungen nach § 17 Abs. 3 gesondert berechnen kann, ist er, soweit in Satz 2 nichts Abweichendes bestimmt ist, verpflichtet, dem Krankenhaus die auf diese Wahlleistungen entfallenden, nach § 7 Abs. 2 Satz 2 Nr. 4 der Bundespflegesatzverordnung in der am 31. Dezember 2012 geltenden Fassung nicht pflegesatzfähigen Kosten zu erstatten. [2]Beruht die Berechtigung des Arztes, wahlärztliche Leistungen nach § 17 Abs. 3 gesondert zu berechnen, auf einem mit dem Krankenhausträger vor dem 1. Januar 1993 geschlossenen Vertrag oder einer vor dem 1. Januar 1993 aufgrund beamtenrechtlicher Vorschriften genehmigten Nebentätigkeit, ist der Arzt abweichend von Satz 1 verpflichtet, dem Krankenhaus die auf diese Wahlleistungen entfallenden, nach § 7 Abs. 2 Satz 2 Nr. 5 der Bundespflegesatzverordnung in der am 31. Dezember 2012 geltenden Fassung nicht pflegesatzfähigen Kosten zu erstatten.

(3) [1]Soweit Ärzte zur Erbringung sonstiger vollstationärer oder teilstationärer ärztlicher Leistungen, die sie selbst berechnen können, Personen, Einrichtungen oder Mittel des Krankenhauses in Anspruch nehmen, sind sie verpflichtet, dem Krankenhaus die auf diese Leistungen entfallenden Kosten zu erstatten. [2]Absatz 1 Satz 2 und 3 gilt entsprechend.

(4) Soweit ein Krankenhaus weder nach dem Krankenhausfinanzierungsgesetz noch nach den landesrechtlichen Vorschriften für den Hochschulbau gefördert wird, umfasst die Kostenerstattung nach den Absätzen 1 bis 3 auch die auf diese Leistungen entfallenden Investitionskosten.

(5) Beamtenrechtliche oder vertragliche Regelungen über die Entrichtung eines Entgelts bei der Inanspruchnahme von Einrichtungen, Personal und Material des Krankenhauses, soweit sie ein über die Kostenerstattung hinausgehendes Nutzungsentgelt festlegen, und sonstige Abgaben der Ärzte werden durch die Vorschriften der Absätze 1 bis 4 nicht berührt.

Abschnitt 6

Sonstige Vorschriften

§ 20 Zuständigkeit der Krankenkassen auf Landesebene. Die in diesem Gesetz den Landesverbänden der Krankenkassen zugewiesenen Aufgaben nehmen für die Ersatzkassen die nach § 212 Abs. 5 des Fünften Buches Sozialgesetzbuch benannten Bevollmächtigten, für die knappschaftliche Krankenversicherung die Deutsche Rentenversicherung Knappschaft-Bahn-See und für die

Krankenversicherung der Landwirte die Sozialversicherung für Landwirtschaft, Forsten und Gartenbau wahr.

§ 21 Übermittlung und Nutzung von Daten. (1) Das Krankenhaus übermittelt auf einem maschinenlesbaren Datenträger jeweils zum 31. März für das jeweils vorangegangene Kalenderjahr die Daten nach Absatz 2 an eine von den Vertragsparteien nach § 17b Abs. 2 Satz 1 des Krankenhausfinanzierungsgesetzes zu benennende Datenstelle auf Bundesebene.

(2) Zu übermitteln sind folgende Daten:

1. je Übermittlung einen Datensatz mit folgenden Strukturdaten

   a) Institutionskennzeichen des Krankenhauses, Art des Krankenhauses und der Trägerschaft sowie Anzahl der aufgestellten Betten,

   b) Merkmale für die Vereinbarung von Zu- und Abschlägen nach § 17b Absatz 1a des Krankenhausfinanzierungsgesetzes,

   c) Anzahl der Ausbildungsplätze, Kosten des theoretischen und praktischen Unterrichts, Kosten der praktischen Ausbildung, Kosten der Ausbildungsstätte, gegliedert nach Sachaufwand, Gemeinkosten und vereinbarten Gesamtkosten sowie Anzahl der Ausbildenden und Auszubildenden, jeweils gegliedert nach Berufsbezeichnung nach § 2 Nr. 1a des Krankenhausfinanzierungsgesetzes; die Anzahl der Auszubildenden nach Berufsbezeichnungen zusätzlich gegliedert nach jeweiligem Ausbildungsjahr,

   d) Summe der vereinbarten und abgerechneten DRG-Fälle, der vereinbarten und abgerechneten Summe der Bewertungsrelationen sowie der Ausgleichsbeträge nach § 5 Absatz 4, jeweils für das vorangegangene Kalenderjahr,

   e) die Anzahl der im Pflegedienst beschäftigten Personen umgerechnet auf Vollkräfte, insgesamt und gegliedert nach pflegesensitiven Bereichen nach § 137i des Fünften Buches Sozialgesetzgebung;

2. je Krankenhausfall einen Datensatz mit folgenden Leistungsdaten

   a) unveränderbarer Teil der Krankenversichertennummer nach § 290 Absatz 1 Satz 2 des Fünften Buches Sozialgesetzbuch oder, sofern eine Krankenversichertennummer nicht besteht, das krankenhausinterne Kennzeichen des Behandlungsfalles,

   b) Institutionskennzeichen des Krankenhauses, ab dem 1. Januar 2020 dessen Kennzeichen nach § 293 Absatz 6 des Fünften Buches Sozialgesetzbuch für den aufnehmenden, den weiterbehandelnden und den entlassenden Standort sowie bei einer nach Standorten differenzierten Festlegung des Versorgungsauftrags bis zum 30. Juni 2020 zusätzlich Kennzeichen für den entlassenden Standort,

   c) Institutionskennzeichen der Krankenkasse,

   d) Geburtsjahr und Geschlecht des Patienten sowie die Postleitzahl und der Wohnort des Patienten, in den Stadtstaaten der Stadtteil, bei Kindern bis zur Vollendung des ersten Lebensjahres außerdem der Geburtsmonat,

e) Aufnahmedatum, Aufnahmegrund und -anlass, aufnehmende Fachabteilung, bei Verlegung die der weiter behandelnden Fachabteilungen, Entlassungs- oder Verlegungsdatum, Entlassungs- oder Verlegungsgrund, bei Kindern bis zur Vollendung des ersten Lebensjahres außerdem das Aufnahmegewicht in Gramm,

f) Haupt- und Nebendiagnosen sowie Datum und Art der durchgeführten Operationen und Prozeduren nach den jeweils gültigen Fassungen der Schlüssel nach § 301 Abs. 2 Satz 1 und 2 des Fünften Buches Sozialgesetzbuch, einschließlich der Angabe der jeweiligen Versionen, bei Beatmungsfällen die Beatmungszeit in Stunden entsprechend der Kodierregeln nach § 17b Abs. 5 Nr. 1 des Krankenhausfinanzierungsgesetzes und Angabe, ob durch Belegoperateur, -anästhesist oder Beleghebamme erbracht,

g) Art aller im einzelnen Behandlungsfall abgerechneten Entgelte,

h) Höhe aller im einzelnen Behandlungsfall abgerechneten Entgelte.

(3) ¹Die Datenstelle prüft die Daten auf Plausibilität und übermittelt jeweils bis zum 1. Juli die

1. Daten nach Absatz 2 Nr. 1 und Nr. 2 Buchstabe b bis h zur Weiterentwicklung des DRG-Vergütungssystems nach § 17b des Krankenhausfinanzierungsgesetzes sowie zur Entwicklung und Weiterentwicklung des Entgeltsystems nach § 17d des Krankenhausfinanzierungsgesetzes und der Investitionsbewertungsrelationen nach § 10 Abs. 2 des Krankenhausfinanzierungsgesetzes an die Vertragsparteien nach § 17b Abs. 2 Satz 1 des Krankenhausfinanzierungsgesetzes,

2. landesbezogenen Daten nach Absatz 2 Nr. 1 Buchstabe c und d und Nr. 2 Buchstabe g und h zur Vereinbarung des Basisfallwerts nach § 10 Abs. 1 an die Vertragsparteien auf der Landesebene,

3. landesbezogenen Daten nach Absatz 2 Nr. 1 Buchstabe a bis c und Nr. 2 Buchstabe b und d bis g für Zwecke der Krankenhausplanung sowie zusätzlich nach Absatz 2 Nummer 2 Buchstabe h für Zwecke der Investitionsförderung, sofern das Land hierfür Investitionspauschalen nach § 10 des Krankenhausfinanzierungsgesetzes verwendet oder dies beabsichtigt, und, sofern ein gemeinsames Landesgremium nach § 90a des Fünften Buches Sozialgesetzbuch besteht, für Empfehlungen zu sektorenübergreifenden Versorgungsfragen an die zuständigen Landesbehörden; die Datennutzung für Zwecke der Empfehlungen zu sektorenübergreifenden Versorgungsfragen, insbesondere die Wahrung der Betriebsgeheimnisse der Krankenhäuser, regeln die Länder unter Einbeziehung des Datenschutzbeauftragten des jeweiligen Landes in einer Verordnung,

4. Daten nach Absatz 2 Nr. 1 Buchstabe a, c und d und Nr. 2 Buchstabe b und d bis h für Zwecke der amtlichen Krankenhausstatistik an das Statistische Bundesamt; dieses kann landesbezogene Daten an die Statistischen Landesämter übermitteln.

²Nach Abschluss der Plausibilitätsprüfung darf die Herstellung eines Personenbezugs nicht mehr möglich sein. ³Die Datenstelle veröffentlicht zusam-

mengefasste Daten jeweils bis zum 1. Juli, gegliedert nach bundes- und landesweiten Ergebnissen. [4]Dem Bundesministerium für Gesundheit sind auf Anforderung unverzüglich Auswertungen für seine Belange und für empfohlene Auswertungen nach Satz 5 zur Verfügung zu stellen; diese Auswertungen übermittelt das Bundesministerium für Gesundheit auch den für die Krankenhausplanung zuständigen Landesbehörden. [5]Die Länder können dem Bundesministerium für Gesundheit zusätzliche Auswertungen empfehlen. [6]Die Datenstelle übermittelt oder veröffentlicht Daten nach diesem Absatz nur, wenn ein Bezug zu einzelnen Patienten nicht hergestellt werden kann. [7]Die Datenempfänger nach Satz 1 Nr. 3 und 4 dürfen die Postleitzahl und den Wohnort, in den Stadtstaaten den Stadtteil, nur für die Erstellung von Einzugsgebietsstatistiken für ein Krankenhaus oder bei nach Standorten differenziertem Versorgungsauftrag für einen Standort verwenden; dabei dürfen nur folgende Daten verbunden werden: Postleitzahl, Wohnort, in den Stadtstaaten Stadtteil, Patientenzahl und Fachabteilung in Verbindung mit DRG-Fallpauschalen oder Hauptdiagnose oder Prozedur. [8]Dem Bundeskartellamt sind auf Anforderung für ausgewählte Krankenhäuser Daten nach Absatz 2 Nummer 1 Buchstabe a und d und Nummer 2 Buchstabe b, d, e, g und h zur Fusionskontrolle nach dem Gesetz gegen Wettbewerbsbeschränkungen zur Verfügung zu stellen, soweit die Krankenhäuser von einem jeweils zu benennenden Fusionskontrollverfahren betroffen sind. [9]Andere als die in diesem Absatz und in § 17b Abs. 8 des Krankenhausfinanzierungsgesetzes genannten Verarbeitungen und Nutzungen der Daten sind unzulässig.

(3a) [1]Das Institut nach § 137a des Fünften Buches Sozialgesetzbuch oder eine andere vom Gemeinsamen Bundesausschuss nach § 91 des Fünften Buches Sozialgesetzbuch beauftragte Stelle kann ausgewählte Leistungsdaten nach Absatz 2 Nummer 2 Buchstabe a bis f anfordern, soweit diese nach Art und Umfang notwendig und geeignet sind, um Maßnahmen der Qualitätssicherung nach § 137a Absatz 3 des Fünften Buches Sozialgesetzbuch durchführen zu können. [2]Das Institut oder eine andere nach Satz 1 beauftragte Stelle kann entsprechende Daten auch für Zwecke der einrichtungsübergreifenden Qualitätssicherung auf Landesebene anfordern und diese an die jeweils zuständige Institution auf Landesebene weitergeben. [3]Die Datenstelle übermittelt die Daten, soweit die Notwendigkeit nach Satz 1 vom Institut oder einer anderen nach Satz 1 beauftragten Stelle glaubhaft dargelegt wurde. [4]Absatz 3 Satz 9 gilt entsprechend.

(4) [1]Die Vertragsparteien nach § 17b Abs. 2 Satz 1 des Krankenhausfinanzierungsgesetzes vereinbaren im Benehmen mit dem Bundesbeauftragten für den Datenschutz und dem Bundesamt für die Sicherheit in der Informationstechnik die weiteren Einzelheiten der Datenübermittlung. [2]Näheres zu den Daten nach Absatz 2 Nummer 1 Buchstabe e sowie zu deren Übermittlung, die erstmals für das erste Halbjahr 2018 zu erfolgen hat, ist bis zum 31. Juli 2018 auf der Grundlage eines Konzeptes des Instituts für das Entgeltsystem im Krankenhaus zu vereinbaren.

(5) [1]Die Vertragsparteien nach § 17b Abs. 2 Satz 1 vereinbaren einen Abschlag von den pauschalierten Pflegesätzen nach § 17 Absatz 1 des Krankenhausfinanzierungsgesetzes für die Krankenhäuser, die ihre Verpflichtung zur Übermittlung der Daten nach Absatz 1 nicht, nicht vollständig oder nicht rechtzeitig erfüllen. [2]Die Datenstelle unterrichtet jeweils die Vertragsparteien nach § 18 Absatz 2 des Krankenhausfinanzierungsgesetzes über Verstöße. [3]Die Vertragsparteien nach § 18 Absatz 2 des Krankenhausfinanzierungsgesetzes berücksichtigen den Abschlag in den Jahren 2013 bis 2021 bei der Vereinbarung des krankenhausindividuellen Basisentgeltwerts.

(6) [1]Kommt eine Vereinbarung nach den Absätzen 4 und 5 ganz oder teilweise nicht zustande, entscheidet auf Antrag einer Vertragspartei die Schiedsstelle nach § 18a Abs. 6 des Krankenhausfinanzierungsgesetzes. [2]Das Benehmen nach Absatz 4 ist entsprechend herzustellen.

Verordnung zur Regelung der Krankenhauspflegesätze (Bundespflegesatzverordnung – BPflV)

i.d.F. der Bek. vom 26.9.1994 (BGBl. I S. 2750),
zuletzt geändert durch Art. 6b G vom 17.7.2017 (BGBl. I S. 2581)

Erster Abschnitt

Allgemeine Vorschriften

§ 1 Anwendungsbereich. (1) [1]Nach dieser Verordnung werden die vollstationären, stationsäquivalenten und teilstationären Leistungen der Krankenhäuser und selbstständigen, gebietsärztlich geleiteten Abteilungen für die Fachgebiete Psychiatrie und Psychotherapie, Kinder- und Jugendpsychiatrie und -psychotherapie sowie Psychosomatische Medizin und Psychotherapie vergütet, die nicht in das DRG-Vergütungssystem einbezogen sind. [2]Krankenhaus im Sinne dieser Verordnung ist auch die Gesamtheit der selbstständigen, gebietsärztlich geleiteten Abteilungen für die Fachgebiete Psychiatrie und Psychotherapie, Kinder- und Jugendpsychiatrie und -psychotherapie (psychiatrische Einrichtungen) und für die Psychosomatische Medizin und Psychotherapie (psychosomatische Einrichtungen) an einem somatischen Krankenhaus.

(2) Diese Verordnung gilt nicht für

1. die Krankenhäuser, auf die das Krankenhausfinanzierungsgesetz nach seinem § 3 Satz 1 Nr. 1 bis 4 keine Anwendung findet,
2. die Krankenhäuser, die nach § 5 Abs. 1 Nr. 2, 4 oder 7 des Krankenhausfinanzierungsgesetzes nicht gefördert werden.

(3) Die vor- und nachstationäre Behandlung wird für alle Benutzer einheitlich nach § 115a des Fünften Buches Sozialgesetzbuch vergütet.

§ 2 Krankenhausleistungen. (1) [1]Krankenhausleistungen nach § 1 Abs. 1 sind insbesondere ärztliche Behandlung, auch durch nicht fest angestellte Ärztinnen und Ärzte, Krankenpflege, Versorgung mit Arznei-, Heil- und Hilfsmitteln, die für die Versorgung im Krankenhaus oder durch das Krankenhaus notwendig sind, sowie Unterkunft und Verpflegung; sie umfassen allgemeine Krankenhausleistungen und Wahlleistungen. [2]Zu den Krankenhausleistungen gehören nicht die Leistungen der Belegärzte (§ 18 des Krankenhausentgeltgesetzes).

(2) [1]Allgemeine Krankenhausleistungen sind die Krankenhausleistungen, die unter Berücksichtigung der Leistungsfähigkeit des Krankenhauses im Einzelfall nach Art und Schwere der Krankheit für die medizinisch zweckmäßige und ausreichende Versorgung des Patienten notwendig sind. [2]Unter diesen Voraussetzungen gehören dazu auch

1. die während des Krankenhausaufenthalts durchgeführten Maßnahmen zur Früherkennung von Krankheiten im Sinne des Fünften Buches Sozialgesetzbuch,
2. die vom Krankenhaus veranlassten Leistungen Dritter,
3. die aus medizinischen Gründen notwendige Mitaufnahme einer Begleitperson des Patienten oder die Mitaufnahme einer Pflegekraft nach § 11 Absatz 3 des Fünften Buches Sozialgesetzbuch,
4. das Entlassmanagement im Sinne des § 39 Absatz 1a des Fünften Buches Sozialgesetzbuch.

[3]Nicht zu den Krankenhausleistungen gehört eine Dialyse.

(3) Bei der Erbringung von allgemeinen Krankenhausleistungen durch nicht im Krankenhaus fest angestellte Ärztinnen und Ärzte hat das Krankenhaus sicherzustellen, dass diese für ihre Tätigkeit im Krankenhaus die gleichen Anforderungen erfüllen, wie sie auch für fest im Krankenhaus angestellte Ärztinnen und Ärzte gelten.

Zweiter Abschnitt

Vergütung der Krankenhausleistungen

§ 3 Vereinbarung eines Gesamtbetrags. (1) [1]Das Vergütungssystem nach § 17d des Krankenhausfinanzierungsgesetzes wird für die Jahre 2013 bis 2019 budgetneutral für das Krankenhaus eingeführt. [2]Für die Jahre 2013, 2014, 2015, 2016 oder 2017 (Optionsjahre) erfolgt die Einführung auf Verlangen des Krankenhauses. [3]Das Krankenhaus hat sein Verlangen zum Zeitpunkt der Aufforderung zur Verhandlung durch die Sozialleistungsträger, frühestens jedoch zum 31. Dezember des jeweiligen Vorjahres, den anderen Vertragsparteien nach § 18 Absatz 2 Nummer 1 oder 2 des Krankenhausfinanzierungsgesetzes schriftlich mitzuteilen. [4]Ab dem 1. Januar 2018 ist die Anwendung des Vergütungssystems für alle Krankenhäuser verbindlich. [5]Für die Jahre 2013 bis 2019 dürfen die nach § 11 Absatz 4 vorzulegenden Nachweise über Art und Anzahl der Entgelte nach § 7 Satz 1 Nummer 1 und 2 nur verwendet werden, um den krankenhausindividuellen Basisentgeltwert nach den Vorgaben des Absatzes 5 zu ermitteln und die Veränderung der medizinischen Leistungsstruktur zu erörtern.

(2) [1]Ab dem krankenhausindividuellen Einführungsjahr bis zum Jahr 2019 ist für ein Krankenhaus ein Gesamtbetrag in entsprechender Anwendung des § 6 Absatz 1 der Bundespflegesatzverordnung in der am 31. Dezember 2012 geltenden Fassung zu vereinbaren; ab dem 1. Januar 2017 bildet der Veränderungswert nach § 9 Absatz 1 Nummer 5 die maßgebliche Rate für den Anstieg des Gesamtbetrags. [2]Ausgangsgrundlage der Vereinbarung ist der für das jeweilige Vorjahr vereinbarte Gesamtbetrag. [3]Dieser wird bei der Vereinbarung nach Satz 1 insbesondere

1. vermindert um
   a) anteilige Kosten für Leistungen, die im Vereinbarungszeitraum in andere Versorgungsbereiche verlagert werden,
   b) darin enthaltene Kosten für Leistungen für ausländische Patientinnen und Patienten sowie Leistungen für Empfänger von Gesundheitsleistungen nach dem Asylbewerberleistungsgesetz, soweit sie nach Absatz 8 aus dem Gesamtbetrag ausgegliedert werden,
2. bereinigt um darin enthaltene Ausgleiche sowie Ausgleichszahlungen aufgrund von Berichtigungen für Vorjahre,
3. verändert um die Ausgliederung oder Wiedereingliederung von
   a) sonstigen Zu- und Abschlägen nach § 7 Satz 1 Nummer 3,
   b) Kosten für Leistungen, die im Vereinbarungszeitraum erstmals im Rahmen von Modellvorhaben nach § 63 des Fünften Buches Sozialgesetzbuch oder von Verträgen zur integrierten Versorgung nach § 140a des Fünften Buches Sozialgesetzbuch oder erstmals im Rahmen des Krankenhausbudgets vergütet werden.
[4]Der vereinbarte Gesamtbetrag ist sachgerecht aufzuteilen auf
1. Erlöse für Entgelte nach § 7 Satz 1 Nummer 1 und 2 (Erlösbudget), einschließlich noch nicht ausgegliederter sonstiger Zu- und Abschläge nach § 7 Satz 1 Nummer 3; das Erlösbudget umfasst auch die effektiven Bewertungsrelationen,
2. Erlöse für Entgelte nach § 7 Satz 1 Nummer 4 (Erlössumme).
[5]Der Gesamtbetrag und das Erlösbudget nach Satz 4 Nummer 1 sind um Ausgleiche und Berichtigungen für Vorjahre zu verändern; bei einer Berichtigung ist zusätzlich zu der Berichtigung des bisherigen Budgets (Basisberichtigung) ein entsprechender Ausgleich durchzuführen.

(3) [1]Für die Jahre ab 2020 ist für ein Krankenhaus ein Gesamtbetrag nach den folgenden Vorgaben zu vereinbaren; Besonderheiten der Versorgung von Kindern und Jugendlichen sind zu berücksichtigen. [2]Ausgangsgrundlage für die Vereinbarung des Gesamtbetrags für das Jahr 2020 ist der nach Absatz 2 vereinbarte Gesamtbetrag für das Jahr 2019. [3]In den Folgejahren ist Ausgangsgrundlage der für das jeweilige Vorjahr vereinbarte Gesamtbetrag. [4]Bei der Vereinbarung sind insbesondere zu berücksichtigen:
1. Veränderungen von Art und Menge der Leistungen des Krankenhauses, die von den auf Bundesebene vereinbarten Katalogen nach § 9 Absatz 1 Nummer 1 und 2 umfasst sind,
2. Veränderungen von Art und Menge der krankenhausindividuell zu vereinbarenden Leistungen, einschließlich regionaler oder struktureller Besonderheiten in der Leistungserbringung,
3. Kostenentwicklungen sowie Verkürzungen von Verweildauern, Ergebnisse von Fehlbelegungsprüfungen und Leistungsverlagerungen, zum Beispiel in die ambulante Versorgung,
4. die Ergebnisse des leistungsbezogenen Vergleichs nach § 4,

5. die Umsetzung der vom Gemeinsamen Bundesausschuss nach § 136a Absatz 2 des Fünften Buches Sozialgesetzbuch festgelegten Anforderungen zur Ausstattung mit dem für die Behandlung erforderlichen therapeutischen Personal,

6. eine Anpassungsvereinbarung nach Satz 6.

[5]Der Gesamtbetrag darf den um den Veränderungswert nach § 9 Absatz 1 Nummer 5 veränderten Gesamtbetrag des Vorjahres nur überschreiten, soweit der Tatbestand nach Satz 4 Nummer 5 dies erfordert oder im Rahmen einer Anpassungsvereinbarung nach Satz 6 eine entsprechende Überschreitung als notwendig vereinbart wurde; eine Überschreitung aufgrund der Tatbestände nach Satz 4 Nummer 1 oder Nummer 2 ist nur zulässig, wenn die Veränderung von Art und Menge der Leistungen durch zusätzliche Kapazitäten für medizinische Leistungen aufgrund der Krankenhausplanung oder des Investitionsprogramms des Landes begründet oder wenn dies aufgrund von Veränderungen der medizinischen Leistungsstruktur oder der Fallzahlen erforderlich ist. [6]Sofern die Vertragsparteien unter Berücksichtigung der Erkrankungsschwere der Patientinnen oder Patienten, möglicher Leistungsverlagerungen, regionaler oder struktureller Besonderheiten in der Leistungserbringung sowie der Ergebnisse des Vergleichs nach § 4 vereinbaren, dass der Gesamtbetrag zu vermindern oder zu erhöhen ist, haben sie für die Jahre ab 2020 über Umfang, Dauer und weitere Einzelheiten der Anpassung eine Anpassungsvereinbarung zu treffen. [7]Entgelte, die die maßgeblichen Vergleichswerte nach § 4 deutlich überschreiten, dürfen nur vereinbart werden, wenn der Krankenhausträger schlüssig darlegt, aus welchen Gründen die Überschreitung unabweisbar ist. [8]Sofern sich auf Grundlage der Nachweise nach § 18 Absatz 2 ergibt, dass eine vereinbarte Stellenbesetzung nicht vorgenommen wurde, haben die Vertragsparteien zu vereinbaren, inwieweit der Gesamtbetrag abzusenken ist. [9]Eine Absenkung des Gesamtbetrags nach Satz 8 ist nicht vorzunehmen, wenn das Krankenhaus nachweist, dass nur eine vorübergehende und keine dauerhafte Unterschreitung der vereinbarten Stellenzahl vorliegt. [10]Wird nach einer Absenkung des Gesamtbetrags eine Stellenbesetzung vorgenommen, ist der Gesamtbetrag für den nächsten Vereinbarungszeitraum in Höhe der entstehenden zusätzlichen Kosten zu erhöhen. [11]Der vereinbarte Gesamtbetrag ist sachgerecht aufzuteilen auf

1. das Erlösbudget und

2. die Erlössumme.

[12]Der Gesamtbetrag und das Erlösbudget nach Satz 9 Nummer 1 sind um Ausgleiche und Berichtigungen für Vorjahre zu verändern; bei einer Berichtigung ist zusätzlich zu der Basisberichtigung ein entsprechender Ausgleich durchzuführen.

(4) [1]Bei der Vereinbarung einer Erhöhungsrate für Tariferhöhungen nach § 9 Absatz 1 Nummer 7 des Krankenhausentgeltgesetzes ist der von den Vertragsparteien vereinbarte Gesamtbetrag nach Absatz 2 oder Absatz 3 um 40 Prozent der nach § 9 Absatz 1 Nummer 7 des Krankenhausentgeltgesetzes vereinbarten Erhöhungsrate für Tariferhöhungen erhöhend zu berichtigen, wobei der Berich-

tigungsbetrag über das Budget des nächstmöglichen Pflegesatzzeitraums abzuwickeln ist; Absatz 2 Satz 5 zweiter Halbsatz und Absatz 3 Satz 12 sind zu beachten. [2]Eine Begrenzung nach Absatz 3 Satz 5 gilt insoweit nicht.

(5) [1]Für die Abrechnung der Entgelte nach § 7 Satz 1 Nummer 1 ist ein krankenhausindividueller Basisentgeltwert zu ermitteln. [2]Dazu wird von dem jeweiligen veränderten Erlösbudget nach Absatz 2 Satz 5 oder Absatz 3 Satz 12 die Summe der Zusatzentgelte abgezogen und der sich ergebende Betrag wird durch die vereinbarte Summe der effektiven Bewertungsrelationen dividiert. [3]Der für das jeweilige Jahr geltende Basisentgeltwert ist der Abrechnung der mit Bewertungsrelationen bewerteten Entgelte zugrunde zu legen.

(6) [1]Auf Antrag eines nicht nach dem Krankenhausfinanzierungsgesetz geförderten Krankenhauses sind Investitionskosten für neue Investitionsmaßnahmen in dem Gesamtbetrag nach Absatz 2 Satz 1 oder Absatz 3 Satz 1 zusätzlich zu berücksichtigen, soweit der krankenhausindividuelle Basisentgeltwert niedriger ist als der geschätzte durchschnittliche Basisentgeltwert der Krankenhäuser in dem Land. [2]Die Berücksichtigung erfolgt nach Maßgabe des § 17 Absatz 5 Satz 3 des Krankenhausfinanzierungsgesetzes in Verbindung mit § 8 der Bundespflegesatzverordnung in der am 31. Dezember 2012 geltenden Fassung. [3]Die Sätze 1 und 2 gelten entsprechend für Krankenhäuser, die aufgrund einer Vereinbarung nach § 8 Absatz 1 Satz 2 des Krankenhausfinanzierungsgesetzes nur teilweise gefördert werden.

(7) [1]Weicht die Summe der auf das Kalenderjahr entfallenden Erlöse des Krankenhauses aus Entgelten nach § 7 Satz 1 Nummer 1, 2 und 4 von dem veränderten Gesamtbetrag nach Absatz 2 Satz 5 oder Absatz 3 Satz 12 ab, so werden die Mehr- oder Mindererlöse wie folgt ausgeglichen:
1. Mindererlöse werden für die Jahre 2013, 2014, 2015 und 2016 zu 95 Prozent und ab dem Jahr 2017 zu 50 Prozent ausgeglichen,
2. Mehrerlöse, die infolge einer veränderten Kodierung von Diagnosen und Prozeduren entstehen, werden vollständig ausgeglichen,
3. sonstige Mehrerlöse werden für die Jahre 2013, 2014, 2015 und 2016 zu 65 Prozent ausgeglichen, ab dem Jahr 2017 werden sonstige Mehrerlöse bis zur Höhe von 5 Prozent des veränderten Gesamtbetrags nach Absatz 2 Satz 5 oder Absatz 3 Satz 12 zu 85 Prozent und darüber hinaus zu 90 Prozent ausgeglichen.
[2]Die Vertragsparteien können im Voraus abweichende Ausgleichssätze vereinbaren, wenn dies der angenommenen Entwicklung von Leistungen und deren Kosten besser entspricht. [3]Für den Bereich der mit Bewertungsrelationen bewerteten Entgelte werden die sonstigen Mehrerlöse nach Satz 1 Nummer 3 vereinfacht ermittelt, indem folgende Faktoren miteinander multipliziert werden:
1. Anzahl der Berechnungs- und Belegungstage, die zusätzlich zu denjenigen Berechnungs- und Belegungstagen erbracht werden, die bei der Ermittlung des krankenhausindividuellen Basisentgeltwerts nach Absatz 5 Satz 3 zugrunde gelegt werden,

2. Mittelwert der vereinbarten Bewertungsrelationen je Berechnungs- und Belegungstag; der Mittelwert wird ermittelt, indem die Summe der effektiven Bewertungsrelationen nach Absatz 5 Satz 2 durch die vereinbarten Berechnungs- und Belegungstage dividiert wird, und

3. krankenhausindividueller Basisentgeltwert nach Absatz 5 Satz 3.

[4]Soweit das Krankenhaus oder eine andere Vertragspartei nachweist, dass die sonstigen Mehrerlöse nach Satz 1 Nummer 3 infolge von Veränderungen der Leistungsstruktur mit der vereinfachten Ermittlung nach Satz 3 zu niedrig oder zu hoch bemessen sind, ist der Betrag der sonstigen Mehrerlöse entsprechend anzupassen. [5]Die Mehrerlöse nach Satz 1 Nummer 2 werden ermittelt, indem von den insgesamt angefallenen Mehrerlösen für Entgelte, die mit Bewertungsrelationen bewertet sind, die Mehrerlöse nach Satz 3 oder Satz 4 abgezogen werden. [6]Zur Ermittlung der Mehr- oder Mindererlöse hat der Krankenhausträger eine vom Jahresabschlussprüfer bestätigte Aufstellung über die Erlöse des Krankenhauses aus Entgelten nach § 7 Satz 1 Nummer 1, 2 und 4 vorzulegen.

(8) [1]Auf Verlangen des Krankenhauses werden Leistungen für ausländische Patientinnen und Patienten, die mit dem Ziel einer Krankenhausbehandlung in die Bundesrepublik Deutschland einreisen, sowie Leistungen für Empfänger von Gesundheitsleistungen nach dem Asylbewerberleistungsgesetz nicht im Rahmen des Gesamtbetrags vergütet. [2]Das Verlangen kann für im Jahr 2015 zusätzlich erbrachte Leistungen für Empfänger von Gesundheitsleistungen nach dem Asylbewerberleistungsgesetz, die in einem nachfolgenden Vereinbarungszeitraum zu Mehrerlösausgleichen führen, nachträglich geäußert werden.

(9) [1]Die Vertragsparteien sind an den Gesamtbetrag gebunden. [2]Auf Verlangen einer Vertragspartei ist bei wesentlichen Änderungen der Annahmen, die der Vereinbarung des Gesamtbetrags zugrunde liegen, der Gesamtbetrag für das laufende Kalenderjahr neu zu vereinbaren. [3]Die Vertragsparteien können im Voraus vereinbaren, dass in bestimmten Fällen der Gesamtbetrag nur teilweise neu vereinbart wird. [4]Der Unterschiedsbetrag zum bisherigen Gesamtbetrag ist über den neu vereinbarten Gesamtbetrag abzurechnen; § 15 Absatz 2 Satz 3 gilt entsprechend.

§ 4 Leistungsbezogener Vergleich. (1) [1]Zur Unterstützung der Vertragsparteien nach § 11 bei der Vereinbarung eines leistungsgerechten Gesamtbetrags, eines leistungsgerechten krankenhausindividuellen Basisentgeltwerts und sonstiger leistungsgerechter krankenhausindividueller Entgelte, erstellen die Vertragsparteien auf Bundesebene einen leistungsbezogenen Vergleich. [2]In die Ermittlung der Ergebnisse des leistungsbezogenen Vergleichs sind insbesondere einzubeziehen

1. die der letzten Budgetvereinbarung zugrunde gelegten Leistungen,
2. die regionalen oder strukturellen Besonderheiten in der Leistungserbringung nach § 6 Absatz 2,
3. die vereinbarten Entgelte sowie
4. die Ergebnisse der Nachweise nach § 18 Absatz 2 zur personellen Ausstattung für die Erbringung der jeweiligen Leistungen.

[3]Auf der Grundlage der Daten nach Satz 2 und der Vorgaben der Vereinbarung nach § 9 Absatz 1 Nummer 9 sind als Ergebnisse des leistungsbezogenen Vergleichs insbesondere auszuweisen

1. nach Leistungen oder Leistungsgruppen differenzierend die Bandbreite der vereinbarten Entgelte und statistische Lage- und Streumaße zu diesen Entgelten,

2. die regionalen oder strukturellen Besonderheiten in der Leistungserbringung nach § 6 Absatz 2 sowie

3. der Umfang der personellen Ausstattung.

[4]Die Ergebnisse des leistungsbezogenen Vergleichs sind grundsätzlich bundes- und landesweit auszuweisen und unter gesonderter Berücksichtigung der Kinder- und Jugendpsychiatrie nach Fachgebieten zu untergliedern.

(2) [1]Die Krankenhäuser übermitteln die Daten nach Absatz 1 Satz 2 an das Institut für das Entgeltsystem im Krankenhaus. [2]Dieses ermittelt die Ergebnisse des leistungsbezogenen Vergleichs nach Absatz 1 Satz 3 und stellt sie den Vertragsparteien nach § 11 und den Beteiligten nach § 18 Absatz 1 Satz 2 des Krankenhausfinanzierungsgesetzes zur Verfügung. [3]Die Ergebnisse sind so rechtzeitig zu übermitteln, dass sie für die Vorklärung nach § 11 Absatz 5 genutzt werden können.

§ 5 Vereinbarung von Zu- und Abschlägen. (1) [1]Die nach § 9 Absatz 1 Nummer 3 vereinbarten Regelungen für bundeseinheitliche Zu- und Abschläge nach § 17d Absatz 2 Satz 4 des Krankenhausfinanzierungsgesetzes sind für die Vertragsparteien nach § 11 verbindlich. [2]Auf Antrag einer Vertragspartei ist zu prüfen, ob bei dem Krankenhaus die Voraussetzungen für einen Zu- oder Abschlag vorliegen. [3]Wurde für einen Tatbestand ein bundeseinheitlicher Zu- oder Abschlagsbetrag festgelegt, der für die Zwecke der Abrechnung gegenüber den Patientinnen und Patienten oder den Kostenträgern auf eine krankenhausindividuelle Bezugsgröße umgerechnet werden muss, so vereinbaren die Vertragsparteien gemäß den bundeseinheitlichen Vereinbarungen den sich daraus ergebenden krankenhausindividuellen Abrechnungsbetrag oder -prozentsatz.

(2) Für die Vereinbarung von Sicherstellungszuschlägen gilt § 17d Absatz 2 Satz 5 des Krankenhausfinanzierungsgesetzes.

(3) Für die Vereinbarung von Qualitätszu- und -abschlägen auf der Grundlage der Vorgaben des Gemeinsamen Bundesausschusses nach § 136b Absatz 1 Satz 1 Nummer 5 und Absatz 9 des Fünften Buches Sozialgesetzbuch sind § 5 Absatz 3a des Krankenhausentgeltgesetzes und § 9 Absatz 1a Nummer 4 des Krankenhausentgeltgesetzes entsprechend anzuwenden.

(4) Für die Vereinbarung von befristeten Zuschlägen für die Finanzierung von Mehrkosten aufgrund von Richtlinien des Gemeinsamen Bundesausschusses ist § 5 Absatz 3c des Krankenhausentgeltgesetzes entsprechend anzuwenden.

§ 6 Vereinbarung sonstiger Entgelte. (1) Für Leistungen, die mit den nach § 17d des Krankenhausfinanzierungsgesetzes auf Bundesebene bewerteten

Entgelten noch nicht sachgerecht vergütet werden können, vereinbaren die Vertragsparteien nach § 11 tages-, fall- oder zeitraumbezogene Entgelte, sofern die Leistungen nach Feststellung der Vertragsparteien nach § 9 oder in einer Verordnung nach § 17d Absatz 6 Satz 1 Nummer 3 des Krankenhausfinanzierungsgesetzes von der Anwendung der auf Bundesebene bewerteten Entgelte ausgenommen sind.

(2) [1]Für regionale oder strukturelle Besonderheiten in der Leistungserbringung, die nicht bereits mit den Entgelten nach § 7 Satz 1 Nummer 1 bis 3 und 5 sachgerecht vergütet werden, vereinbaren die Vertragsparteien nach § 11 tages-, fall- oder zeitraumbezogene Entgelte oder ergänzende Zuschläge; hierzu hat das Krankenhaus die Besonderheiten und die damit verbundenen Zusatzkosten darzulegen. [2]Nach der Vereinbarung eines Entgelts für eine regionale oder strukturelle Besonderheit in der Leistungserbringung haben die an der Vereinbarung beteiligten gesetzlichen Krankenkassen Art und Höhe des Entgelts an das Institut für das Entgeltsystem im Krankenhaus zu melden; dabei haben sie auch die der Vereinbarung zugrunde liegenden Kalkulationsunterlagen und die vom Krankenhaus vorzulegende Darlegung der Besonderheit zu übermitteln.

(3) [1]Die Entgelte nach den Absätzen 1 und 2 sind sachgerecht zu kalkulieren. [2]Das Krankenhaus hat die Empfehlungen nach § 9 Absatz 1 Nummer 4 zu beachten und den anderen Vertragsparteien nach § 11 entsprechende Kalkulationsunterlagen vorzulegen. [3]In eng begrenzten Ausnahmefällen vereinbaren die Vertragsparteien Zusatzentgelte.

(4) [1]Für die Vergütung neuer Untersuchungs- und Behandlungsmethoden, die mit den nach § 17d des Krankenhausfinanzierungsgesetzes auf Bundesebene bewerteten Entgelten noch nicht sachgerecht vergütet werden können und nicht gemäß § 137c des Fünften Buches Sozialgesetzbuch von der Finanzierung ausgeschlossen worden sind, sollen die Vertragsparteien nach § 11 erstmals für das Kalenderjahr 2020 zeitlich befristete Entgelte außerhalb des Gesamtbetrags nach § 3 Absatz 3 vereinbaren. [2]Für die Einzelheiten des Verfahrens ist § 6 Absatz 2 Satz 2 bis 9 des Krankenhausentgeltgesetzes entsprechend anzuwenden.

(5) Werden krankenhausindividuelle Entgelte nach Absatz 1, Absatz 2 oder Absatz 3 Satz 3 vereinbart, so ist für diese Entgelte im Rahmen des Gesamtbetrags nach § 3 Absatz 2 oder Absatz 3 eine Erlössumme zu bilden.

Dritter Abschnitt

Entgeltarten und Abrechnung

§ 7 Entgelte für allgemeine Krankenhausleistungen. [1]Die allgemeinen Krankenhausleistungen werden gegenüber den Patientinnen und Patienten oder ihren Kostenträgern mit folgenden Entgelten abgerechnet:

1. mit Bewertungsrelationen bewertete Entgelte nach dem auf Bundesebene vereinbarten Entgeltkatalog (§ 9),
2. Zusatzentgelte nach dem auf Bundesebene vereinbarten Entgeltkatalog (§ 9),
3. Ausbildungszuschlag (§ 17a Absatz 6 des Krankenhausfinanzierungsgesetzes[1]) und sonstige Zu- und Abschläge (§ 17d Absatz 2 Satz 4 und 5 des Krankenhausfinanzierungsgesetzes und Qualitätssicherungsabschläge nach § 8 Absatz 4),
4. Entgelte für Leistungen, die noch nicht von den auf Bundesebene vereinbarten Entgelten erfasst werden (§ 6 Absatz 1 oder Absatz 3 Satz 3), und für regionale oder strukturelle Besonderheiten in der Leistungserbringung (§ 6 Absatz 2),
5. Entgelte für neue Untersuchungs- und Behandlungsmethoden, die noch nicht in die Entgeltkataloge nach § 9 aufgenommen worden sind (§ 6 Absatz 4).

[2]Mit diesen Entgelten werden alle für die Versorgung der Patientinnen und Patienten erforderlichen allgemeinen Krankenhausleistungen vergütet. [3]Darüber hinaus werden folgende Zuschläge abgerechnet:

1. der DRG-Systemzuschlag nach § 17b Absatz 5 des Krankenhausfinanzierungsgesetzes,
2. der Systemzuschlag für den Gemeinsamen Bundesausschuss und das Institut für Qualität und Wirtschaftlichkeit im Gesundheitswesen nach § 91 Absatz 3 Satz 1 in Verbindung mit § 139c des Fünften Buches Sozialgesetzbuch und
3. der Telematikzuschlag nach § 291a Absatz 7a Satz 1 und 2 des Fünften Buches Sozialgesetzbuch.

§ 8 Berechnung der Entgelte. (1) [1]Die Entgelte für allgemeine Krankenhausleistungen sind für alle Patientinnen und Patienten des Krankenhauses einheitlich zu berechnen; § 17 Absatz 5 des Krankenhausfinanzierungsgesetzes bleibt unberührt. [2]Bei Patientinnen und Patienten, die im Rahmen einer klinischen Studie behandelt werden, sind die Entgelte für allgemeine Krankenhausleistungen nach § 7 zu berechnen; dies gilt auch bei klinischen Studien mit Arzneimitteln. [3]Die Entgelte dürfen nur im Rahmen des Versorgungsauftrags berechnet werden; dies gilt nicht für die Behandlung von Notfallpatientinnen und -patienten. [4]Der Versorgungsauftrag des Krankenhauses ergibt sich

1. bei einem Plankrankenhaus aus den Festlegungen des Krankenhausplans in Verbindung mit den Bescheiden zu seiner Durchführung nach § 6 Absatz 1 in Verbindung mit § 8 Absatz 1 Satz 3 des Krankenhausfinanzierungsgesetzes sowie aus einer ergänzenden Vereinbarung nach § 109 Absatz 1 Satz 4 des Fünften Buches Sozialgesetzbuch,
2. bei einer Hochschulklinik aus der Anerkennung nach den landesrechtlichen Vorschriften, aus dem Krankenhausplan nach § 6 Absatz 1 des Krankenhausfinanzierungsgesetzes sowie aus einer ergänzenden Vereinbarung nach § 109 Absatz 1 Satz 4 des Fünften Buches Sozialgesetzbuch,

---

1 Fassung ab 1.1.2020: „sowie § 33 Absatz 3 Satz 1 des Pflegeberufegesetzes".

3. bei anderen Krankenhäusern aus dem Versorgungsvertrag nach § 108 Nummer 3 des Fünften Buches Sozialgesetzbuch.

(2) [1]Tagesbezogene Entgelte für voll- oder teilstationäre Leistungen werden für den Aufnahmetag und jeden weiteren Tag des Krankenhausaufenthalts berechnet (Berechnungstag); der Verlegungstag, der nicht zugleich Aufnahmetag ist, wird nur bei teilstationärer Behandlung berechnet. [2]Satz 1 erster Halbsatz gilt entsprechend bei internen Verlegungen; wird ein Patient oder eine Patientin an einem Tag mehrfach intern verlegt, berechnet nur die zuletzt aufnehmende Abteilung das tagesbezogene Entgelt. [3]Für die zusätzlich zu tagesbezogenen Entgelten berechenbaren Entgelte gelten die Vorgaben des § 8 Absatz 2 Satz 3 Nummer 1, 2 und 4 des Krankenhausentgeltgesetzes entsprechend. [4]Sofern fallbezogene Entgelte zu berechnen sind, gelten die Vorgaben des § 8 Absatz 2 Satz 3, Absatz 5 und 6 des Krankenhausentgeltgesetzes entsprechend. [5]Näheres oder Abweichendes wird von den Vertragsparteien nach § 17b Absatz 2 Satz 1 des Krankenhausfinanzierungsgesetzes vereinbart oder in einer Rechtsverordnung nach § 17d Absatz 6 des Krankenhausfinanzierungsgesetzes geregelt. [6]Für die Patientinnen und Patienten von Belegärzten werden gesonderte Entgelte berechnet.

(3) Hält das Krankenhaus seine Verpflichtungen zur Qualitätssicherung nicht ein, so sind von den Entgelten nach § 7 Satz 1 Nummer 1 und 2 Abschläge nach § 137 Absatz 1 oder Absatz 2 des Fünften Buches Sozialgesetzbuch vorzunehmen.

(4) [1]Das Krankenhaus kann von Patientinnen und Patienten eine angemessene Vorauszahlung verlangen, soweit ein Krankenversicherungsschutz nicht nachgewiesen wird. [2]Ab dem achten Tag des Krankenhausaufenthalts kann das Krankenhaus eine angemessene Abschlagszahlung verlangen, deren Höhe sich an den bisher erbrachten Leistungen in Verbindung mit den voraussichtlich zu zahlenden Entgelten orientiert. [3]Die Sätze 1 bis 2 gelten nicht, soweit andere Regelungen über eine zeitnahe Vergütung der allgemeinen Krankenhausleistungen in für das Krankenhaus verbindlichen Regelungen nach den §§ 112 bis 114 des Fünften Buches Sozialgesetzbuch oder in der Vereinbarung nach § 11 Absatz 1 getroffen werden.

(5) [1]Das Krankenhaus hat selbstzahlenden Patientinnen und Patienten oder deren gesetzlichem Vertreter die voraussichtlich maßgebenden Entgelte so bald wie möglich schriftlich bekannt zu geben, es sei denn, die Patientin oder der Patient ist in vollem Umfang für die Krankenhausbehandlung versichert. [2]Im Übrigen kann jede Patientin und jeder Patient verlangen, dass die voraussichtlich abzurechnenden Entgelte unverbindlich mitgeteilt werden. [3]Stehen bei der Aufnahme einer selbstzahlenden Patientin oder eines selbstzahlenden Patienten die Entgelte noch nicht endgültig fest, so ist hierauf hinzuweisen. [4]Dabei ist mitzuteilen, dass das zu zahlende Entgelt sich erhöht, wenn das neue Entgelt während der stationären Behandlung der Patientin oder des Patienten in Kraft tritt. [5]Die voraussichtliche Erhöhung ist anzugeben.

Vierter Abschnitt
Vereinbarungsverfahren

§ 9 Vereinbarung auf Bundesebene. (1) Der Spitzenverband Bund der Krankenkassen und der Verband der privaten Krankenversicherung gemeinsam vereinbaren mit der Deutschen Krankenhausgesellschaft (Vertragsparteien auf Bundesebene) mit Wirkung für die Vertragsparteien nach § 11 insbesondere

1. einen Katalog nach § 17d Absatz 1 des Krankenhausfinanzierungsgesetzes mit insbesondere tagesbezogenen Entgelten einschließlich der Bewertungsrelationen sowie in geeigneten Fällen Regelungen zu Zu- oder Abschlägen, die nach Über- oder Unterschreitung erkrankungstypischer Behandlungszeiten vorzunehmen sind,

2. einen Katalog ergänzender Zusatzentgelte nach § 17d Absatz 2 Satz 2 des Krankenhausfinanzierungsgesetzes einschließlich der Vergütungshöhe,

3. die Abrechnungsbestimmungen für die Entgelte nach den Nummern 1 und 2 sowie die Regelungen zu Zu- und Abschlägen; § 9 Absatz 1a Nummer 1, 2, 4 und 5 des Krankenhausentgeltgesetzes gilt entsprechend,

4. Empfehlungen für die Kalkulation und die krankenhausindividuelle Vergütung von Leistungen, von regionalen oder strukturellen Besonderheiten in der Leistungserbringung und von neuen Untersuchungs- und Behandlungsmethoden, für die nach § 6 gesonderte Entgelte vereinbart werden können,

5. bis zum 31. Oktober jeden Jahres den Veränderungswert nach Maßgabe des § 10 Absatz 6 Satz 2 oder Satz 3 des Krankenhausentgeltgesetzes, wobei bereits anderweitig finanzierte Kostensteigerungen zu berücksichtigen sind, soweit dadurch die Veränderungsrate nach § 71 Absatz 3 des Fünften Buches Sozialgesetzbuch nicht unterschritten wird; im Falle des § 10 Absatz 6 Satz 3 des Krankenhausentgeltgesetzes ist die Veränderungsrate nach § 71 Absatz 3 des Fünften Buches Sozialgesetzbuch um 40 Prozent dieser Differenz zu erhöhen,

6. den einheitlichen Aufbau der Datensätze und das Verfahren für die Übermittlung der Daten nach § 11 Absatz 4 Satz 1 sowie die Weiterentwicklung der von den Vertragsparteien auf Bundesebene vereinbarten Aufstellung der Entgelte und Budgetermittlung, wobei den Zwecken des leistungsbezogenen Vergleichs nach § 4 Rechnung zu tragen ist,

7. erstmals zum 31. März 2017 und ab 2018 bis zum 28. Februar jeden Jahres die Beschreibung von Leistungen, die für den Zweck des Vergütungssystems nach § 17d des Krankenhausfinanzierungsgesetzes in den Prozedurenschlüssel nach § 301 Absatz 2 des Fünften Buches Sozialgesetzbuch einzuführen sind, sowie die Benennung von Schlüsseln, die zu streichen sind, da sie sich für diesen Zweck als nicht erforderlich erwiesen haben; das Deutsche Institut für Medizinische Dokumentation und Information soll erforderliche Änderungen im Prozedurenschlüssel nach § 301 Absatz 2 des Fünften Buches Sozialgesetzbuch zum nächstmöglichen Zeitpunkt umsetzen,

8. bis zum 31. März 2017 die Ausgestaltung des Nachweises nach § 18 Absatz 2 Satz 2 und 3, insbesondere den einheitlichen Aufbau der Datensätze sowie das Verfahren für die Übermittlung der Daten,

9. bis zum 1. Januar 2019 auf der Grundlage eines Konzepts des Instituts für das Entgeltsystem im Krankenhaus die näheren Einzelheiten des leistungsbezogenen Vergleichs nach § 4, insbesondere zu dessen Ausgestaltung, Organisation, Durchführung, Finanzierung und Anwendung; in die Vereinbarung ist eine Regelung zum Verfahren für die Übermittlung der Daten nach § 4 Absatz 1 Satz 2 an das Institut für das Entgeltsystem im Krankenhaus zum Zweck der Ermittlung der Ergebnisse des leistungsbezogenen Vergleichs und zum Verfahren für die Übermittlung der Ergebnisse des leistungsbezogenen Vergleichs nach § 4 Absatz 1 Satz 3 an die Vertragsparteien nach § 11 und die Beteiligten nach § 18 Absatz 1 Satz 2 des Krankenhausfinanzierungsgesetzes aufzunehmen.

(2) [1]Kommt eine Vereinbarung zu Absatz 1 Nummer 1 und 2 sowie die Abrechnungsbestimmungen nach Nummer 3 ganz oder teilweise nicht zustande, gilt § 17d Absatz 6 des Krankenhausfinanzierungsgesetzes. [2]In den übrigen Fällen entscheidet auf Antrag einer Vertragspartei die Schiedsstelle nach § 18a Absatz 6 des Krankenhausfinanzierungsgesetzes; eine Entscheidung zu Absatz 1 Nummer 5 hat die Schiedsstelle bis zum 15. November des jeweiligen Jahres zu treffen.

§ 10 *(aufgehoben)*

§ 11 Vereinbarung für das einzelne Krankenhaus. (1) [1]Nach Maßgabe der §§ 3 bis 6 und unter Beachtung des Versorgungsauftrags des Krankenhauses (§ 8 Absatz 1 Satz 3 und 4) regeln die Vertragsparteien nach § 18 Absatz 2 des Krankenhausfinanzierungsgesetzes (Vertragsparteien) in der Vereinbarung den Gesamtbetrag, das Erlösbudget, die Summe der Bewertungsrelationen, den krankenhausindividuellen Basisentgeltwert, die Erlössumme, die sonstigen Entgelte, die Zu- und Abschläge und die Mehr- und Mindererlösausgleiche. [2]Die Vereinbarung ist für einen zukünftigen Zeitraum (Vereinbarungszeitraum) zu treffen. [3]Die Vereinbarung muss auch Bestimmungen enthalten, die eine zeitnahe Zahlung der Entgelte an das Krankenhaus gewährleisten; hierzu sollen insbesondere Regelungen zu angemessenen monatlichen Teilzahlungen und Verzugszinsen bei verspäteter Zahlung getroffen werden. [4]Die Vereinbarung kommt durch Einigung zwischen den Vertragsparteien zustande, die an der Verhandlung teilgenommen haben; sie ist schriftlich abzuschließen und unter Verwendung der in Absatz 4 Satz 1 genannten Unterlagen auf maschinenlesbaren Datenträgern zu dokumentieren.

(2) [1]Der Vereinbarungszeitraum beträgt ein Kalenderjahr, wenn das Krankenhaus ganzjährig betrieben wird. [2]Ein Zeitraum, der mehrere Kalenderjahre umfasst, kann vereinbart werden.

(3) [1]Die Vertragsparteien nehmen die Verhandlung unverzüglich auf, nachdem eine Vertragspartei dazu schriftlich aufgefordert hat. [2]Die Verhandlung soll

unter Berücksichtigung der Sechswochenfrist des § 18 Absatz 4 des Krankenhausfinanzierungsgesetzes so rechtzeitig abgeschlossen werden, dass das neue Budget und die neuen Entgelte mit Ablauf des laufenden Vereinbarungszeitraums in Kraft treten können.

(4) [1]Der Krankenhausträger übermittelt zur Vorbereitung der Verhandlung den anderen Vertragsparteien, den in § 18 Absatz 1 Satz 2 des Krankenhausfinanzierungsgesetzes genannten Beteiligten und der zuständigen Landesbehörde

1. ab dem krankenhausindividuellen Einführungsjahr des Vergütungssystems und bis einschließlich des Jahres 2019 die Unterlagen der Vereinbarung nach § 9 Absatz 1 Nummer 6 in ihrer jeweils aktuellen Fassung sowie die Leistungs- und Kalkulationsaufstellung nach Anlage 1 in der am 31. Dezember 2012 geltenden Fassung mit Ausnahme der Abschnitte V1, V4, L4 und K4,

2. für die Jahre ab 2020 die Unterlagen der Vereinbarung nach § 9 Absatz 1 Nummer 6 in ihrer jeweils aktuellen Fassung.

[2]Die Daten sind auf maschinenlesbaren Datenträgern vorzulegen. [3]Das Krankenhaus hat auf gemeinsames Verlangen der anderen Vertragsparteien nach § 18 Absatz 2 Nummer 1 und 2 des Krankenhausfinanzierungsgesetzes zusätzliche Unterlagen vorzulegen und Auskünfte zu erteilen, soweit dies zur Beurteilung der Leistungen des Krankenhauses im Rahmen seines Versorgungsauftrags im Einzelfall erforderlich ist und wenn der zu erwartende Nutzen den verursachten Aufwand deutlich übersteigt.

(5) Die Vertragsparteien sind verpflichtet, wesentliche Fragen zum Versorgungsauftrag und zur Leistungsstruktur des Krankenhauses, einschließlich regionaler oder struktureller Besonderheiten in der Leistungserbringung, sowie zur Höhe der Zu- und Abschläge nach § 5 so frühzeitig gemeinsam vorzuklären, dass die Verhandlung zügig durchgeführt werden kann.

§ 12 Vorläufige Vereinbarung. [1]Können sich die Vertragsparteien insbesondere über die Höhe des Gesamtbetrags, des Erlösbudgets, des krankenhausindividuellen Basisentgeltwerts oder über die Höhe sonstiger Entgelte nicht einigen und soll deswegen die Schiedsstelle nach § 13 angerufen werden, schließen die Vertragsparteien eine Vereinbarung, soweit die Höhe unstrittig ist. [2]Die auf dieser Vereinbarung beruhenden Entgelte sind so lange zu erheben, bis die endgültig maßgebenden Entgelte verbindlich werden. [3]Mehr- oder Mindererlöse des Krankenhauses infolge der erhobenen vorläufigen Entgelte werden durch Zu- oder Abschläge auf die Entgelte des laufenden oder eines folgenden Vereinbarungszeitraums ausgeglichen.

§ 13 Schiedsstelle. (1) [1]Kommt eine Vereinbarung nach § 11 ganz oder teilweise nicht zustande, entscheidet die Schiedsstelle nach § 18a Abs. 1 des Krankenhausfinanzierungsgesetzes auf Antrag einer der in § 11 genannten Vertragsparteien. [2]Sie ist dabei an die für die Vertragsparteien geltenden Rechtsvorschriften gebunden.

(2) Die Schiedsstelle entscheidet innerhalb von sechs Wochen über die Gegenstände, über die keine Einigung erreicht werden konnte.

(3) *(aufgehoben)*

§ 14 Genehmigung. (1) [1]Die Genehmigung des vereinbarten oder von der Schiedsstelle nach § 13 festgesetzten krankenhausindividuellen Basisentgeltwerts, des Erlösbudgets, der Erlössumme, der sonstigen Entgelte und der krankenhausindividuell ermittelten Zu- und Abschläge ist von einer der Vertragsparteien bei der zuständigen Landesbehörde zu beantragen. [2]Die zuständige Landesbehörde erteilt die Genehmigung, wenn die Vereinbarung oder Festsetzung den Vorschriften dieser Verordnung sowie sonstigem Recht entspricht.

(2) [1]Die Vertragsparteien und die Schiedsstellen haben der zuständigen Landesbehörde die Unterlagen vorzulegen und die Auskünfte zu erteilen, die für die Prüfung der Rechtmäßigkeit erforderlich sind. [2]Im Übrigen sind die für die Vertragsparteien bezüglich der Vereinbarung geltenden Rechtsvorschriften entsprechend anzuwenden. [3]Die Genehmigung kann mit Nebenbestimmungen verbunden werden, soweit dies erforderlich ist, um rechtliche Hindernisse zu beseitigen, die einer uneingeschränkten Genehmigung entgegenstehen.

(3) Wird die Genehmigung eines Schiedsspruches versagt, ist die Schiedsstelle auf Antrag verpflichtet, unter Beachtung der Rechtsauffassung der Genehmigungsbehörde erneut zu entscheiden.

(4) *(weggefallen)*

§ 15 Laufzeit. (1) [1]Die mit Bewertungsrelationen bewerteten Entgelte und sonstigen Entgelte werden in der für das Kalenderjahr vereinbarten krankenhausindividuellen Höhe vom Beginn des neuen Vereinbarungszeitraums an erhoben. [2]Wird die Vereinbarung erst nach diesem Zeitpunkt genehmigt, so sind die Entgelte ab dem ersten Tag des Monats zu erheben, der auf die Genehmigung folgt, sofern in der Vereinbarung oder Schiedsstellenentscheidung kein anderer zukünftiger Zeitpunkt bestimmt ist. [3]Bis dahin sind die bisher geltenden Entgelte weiter zu erheben; dies gilt auch bei der Einführung des Vergütungssystems nach § 17d des Krankenhausfinanzierungsgesetzes im Jahr 2013, 2014, 2015, 2016, 2017 oder 2018. [4]Sie sind jedoch um die darin enthaltenen Ausgleichsbeträge zu bereinigen, wenn und soweit dies in der bisherigen Vereinbarung oder Festsetzung so bestimmt worden ist.

(2) [1]Mehr- oder Mindererlöse infolge der Weitererhebung der bisherigen Entgelte werden durch Zu- und Abschläge auf die im restlichen Vereinbarungszeitraum zu erhebenden neuen Entgelte ausgeglichen. [2]Wird der Ausgleichsbetrag durch die Erlöse aus diesen Zu- und Abschlägen im restlichen Vereinbarungszeitraum über- oder unterschritten, so wird der abweichende Betrag über die Entgelte des nächsten Vereinbarungszeitraums ausgeglichen; es ist ein einfaches Ausgleichsverfahren zu vereinbaren. [3]Würden die Entgelte durch diesen Ausgleich und einen Betrag nach § 3 Absatz 9 insgesamt um mehr als 30 Prozent erhöht, sind übersteigende Beträge bis jeweils zu dieser Grenze in nachfol-

genden Budgets auszugleichen. [4]Ein Ausgleich von Mindererlösen entfällt, soweit die verspätete Genehmigung der Vereinbarung von dem Krankenhaus zu vertreten ist.

Fünfter Abschnitt
Sonstige Vorschriften

§ 16 Gesondert berechenbare ärztliche und andere Leistungen. [1]Die Berechnung belegärztlicher Leistungen richtet sich nach § 18 des Krankenhausentgeltgesetzes. [2]Die Vereinbarung und Berechnung von Wahlleistungen auch für stationsäquivalente Behandlung richten sich nach den §§ 17 und 19 des Krankenhausentgeltgesetzes.

§ 17 Zuständigkeit der Krankenkassen auf Landesebene. Die in dieser Verordnung den Landesverbänden der Krankenkassen zugewiesenen Aufgaben nehmen für die Ersatzkassen die nach § 212 Abs. 5 des Fünften Buches Sozialgesetzbuch benannten Bevollmächtigten, für die knappschaftliche Krankenversicherung die Deutsche Rentenversicherung Knappschaft-Bahn-See und für die Krankenversicherung der Landwirte die Sozialversicherung für Landwirtschaft, Forsten und Gartenbau wahr.

§ 18 Übergangsvorschriften. (1) Krankenhäuser, die in den Jahren 2013, 2014, 2015, 2016 oder 2017 nach § 3 Absatz 1 Satz 2 das Vergütungssystem nach § 17d des Krankenhausfinanzierungsgesetzes nicht einführen, haben in diesen Jahren die Bundespflegesatzverordnung in der am 31. Dezember 2012 geltenden Fassung mit der Maßgabe anzuwenden, dass

1. anstelle der Veränderungsrate nach § 6 Absatz 1 Satz 3 ab dem Jahr 2013 der Veränderungswert nach § 9 Absatz 1 Nummer 5 der Bundespflegesatzverordnung in der ab dem 1. Januar 2013 jeweils geltenden Fassung als maßgebliche Rate für den Anstieg des Gesamtbetrags gilt,

2. § 6 Absatz 2 zum 31. Dezember 2012 aufgehoben wird,

3. § 15 Absatz 1 Satz 1 letztmalig für das Jahr 2012 gilt,

4. § 3 Absatz 4 Satz 1 auf Leistungen für Empfänger von Gesundheitsleistungen nach dem Asylbewerberleistungsgesetz entsprechend anzuwenden ist, wobei das Verlangen für im Jahr 2015 zusätzlich erbrachte Leistungen für Empfänger von Gesundheitsleistungen nach dem Asylbewerberleistungsgesetz, die in einem nachfolgenden Vereinbarungszeitraum zu Mehrerlösausgleichen führen, nachträglich geäußert werden kann und

5. § 3 Absatz 4 in der ab dem 1. Januar 2017 jeweils geltenden Fassung entsprechend anzuwenden ist.

(2) [1]Für die Jahre 2013 bis 2019 haben die Krankenhäuser, die eine Vereinbarung nach § 6 Absatz 4 in der am 31. Dezember 2012 geltenden Fassung abschließen, den anderen Vertragsparteien nach § 11 eine Bestätigung des Jah-

resabschlussprüfers über die tatsächliche jahresdurchschnittliche Stellenbesetzung in Vollkräften sowie über die zweckentsprechende Mittelverwendung vorzulegen; nicht zweckentsprechend verwendete Mittel sind zurückzuzahlen. [2]Für die Jahre 2016, 2017, 2018 und 2019 hat das Krankenhaus dem Institut für das Entgeltsystem im Krankenhaus und den anderen Vertragsparteien nach § 11 nachzuweisen, inwieweit die Vorgaben der Psychiatrie-Personalverordnung zur Zahl der Personalstellen eingehalten werden. [3]Für die Jahre ab 2020 hat das Krankenhaus dem Institut für das Entgeltsystem im Krankenhaus und den anderen Vertragsparteien nach § 11 die Einhaltung der von dem Gemeinsamen Bundesausschuss nach § 136a Absatz 2 des Fünften Buches Sozialgesetzbuch festgelegten Vorgaben zur Ausstattung mit dem für die Behandlung erforderlichen therapeutischen Personal nachzuweisen. [4]Für den Nachweis nach den Sätzen 2 und 3 hat das Krankenhaus eine Bestätigung des Jahresabschlussprüfers über die zweckentsprechende Mittelverwendung vorzulegen. [5]Aus dem Nachweis nach den Sätzen 2 und 3 müssen insbesondere die vereinbarte Stellenbesetzung in Vollkräften, die tatsächliche jahresdurchschnittliche Stellenbesetzung in Vollkräften, jeweils gegliedert nach Berufsgruppen, sowie der Umsetzungsgrad der personellen Anforderungen hervorgehen. [6]Das Krankenhaus übermittelt den Nachweis nach den Sätzen 2 und 3 zum 31. März jeden Jahres für das jeweils vorangegangene Kalenderjahr an die anderen Vertragsparteien nach § 11 und an das Institut für das Entgeltsystem im Krankenhaus für die Weiterentwicklung des Entgeltsystems nach § 17d des Krankenhausfinanzierungsgesetzes und für die Ermittlung der Ergebnisse des leistungsbezogenen Vergleichs nach § 4; die Angaben für das Jahr 2016 sind bis zum 1. August 2017 zu übermitteln.

(3) [1]Soweit der Nachweis nach Absatz 2 Satz 2 bei der tatsächlichen jahresdurchschnittlichen Stellenbesetzung für das Jahr 2016 eine Unterschreitung der Vorgaben der Psychiatrie-Personalverordnung zur Zahl der Personalstellen ausweist, ist der Gesamtbetrag nach § 3 Absatz 2 für die Jahre 2017 bis 2019 in Höhe der entstehenden Kosten für zusätzlich zu besetzende Stellen zur Erreichung der Vorgaben der Psychiatrie-Personalverordnung zu erhöhen. [2]Die Begrenzung des Anstiegs des Gesamtbetrags durch den Veränderungswert nach § 9 Absatz 1 Nummer 5 findet keine Anwendung. [3]Eine Rückzahlung von Mitteln und eine Absenkung des Gesamtbetrags ist für die Jahre 2017 bis 2019 nicht vorzunehmen, wenn das Krankenhaus nachweist, dass die im Gesamtbetrag vereinbarten Mittel für Personal vollständig für die Finanzierung von Personal verwendet wurden. [4]Wurden Personalmittel abweichend von Satz 3 nicht zweckentsprechend verwendet, ist § 3 Absatz 3 Satz 8 entsprechend anzuwenden. [5]Die Sätze 1 bis 4 gelten entsprechend für Krankenhäuser nach Absatz 1.

Zulassungsverordnung für Vertragsärzte (Ärzte-ZV)

vom 28.5.1957 (BGBl. I S. 572, ber. S. 608),
zuletzt geändert durch Art. 6 VO vom 7.7.2017 (BGBl. I S. 2842)

Aufgrund des § 368c Abs. 1 der Reichsversicherungsordnung in der Fassung des Gesetzes über Änderungen von Vorschriften des Zweiten Buches der Reichsversicherungsordnung und zur Ergänzung des Sozialgerichtsgesetzes (Gesetz über Kassenarztrecht – GKAR) vom 17. August 1995 (Bundesgesetzbl. I S. 513) wird nach Beratung mit dem Bundesausschuss der Ärzte und Krankenkassen mit Zustimmung des Bundesrates verordnet:

Abschnitt I
Arztregister

§ 1 (1) Für jeden Zulassungsbezirk führt die Kassenärztliche Vereinigung neben dem Arztregister die Registerakten.

(2) Das Arztregister erfasst

a) die zugelassenen Ärzte und Psychotherapeuten,

b) Ärzte, die die Voraussetzungen des § 3 und Psychotherapeuten, die die Voraussetzungen des § 95c des Fünften Buches Sozialgesetzbuch erfüllen und ihre Eintragung nach § 4 beantragt haben.

(3) Diese Verordnung gilt für

1. die Psychotherapeuten und die dort angestellten Psychotherapeuten,

2. die medizinischen Versorgungszentren und die dort angestellten Ärzte und Psychotherapeuten sowie

3. die bei Vertragsärzten angestellten Ärzte und Psychotherapeuten
entsprechend.

§ 2 (1) Das Arztregister muss die Angaben über die Person und die berufliche Tätigkeit des Arztes enthalten, die für die Zulassung von Bedeutung sind.

(2) Das Arztregister ist nach dem Muster der Anlage zu führen.

§ 3 (1) Die Eintragung in das Arztregister ist bei der nach § 4 zuständigen Kassenärztlichen Vereinigung zu beantragen.

(2) Voraussetzungen für die Eintragung sind

a) die Approbation als Arzt,

b) der erfolgreiche Abschluss entweder einer allgemeinmedizinischen Weiterbildung oder einer Weiterbildung in einem anderen Fachgebiet mit der Befugnis zum Führen einer entsprechenden Gebietsbezeichnung oder der Nachweis einer Qualifikation, die gemäß § 95a Abs. 4 und 5 des Fünften Buches Sozialgesetzbuch anerkannt ist.

(3) Eine allgemeinmedizinische Weiterbildung im Sinne von Absatz 2 Buchstabe b ist nachgewiesen, wenn der Arzt nach landesrechtlichen Vorschriften zum Führen der Facharztbezeichnung für Allgemeinmedizin berechtigt ist und diese Berechtigung nach einer mindestens fünfjährigen erfolgreichen Weiterbildung in der Allgemeinmedizin bei zur Weiterbildung ermächtigten Ärzten und in dafür zugelassenen Einrichtungen erworben hat.

(4) [1]Die allgemeinmedizinische Weiterbildung muss unbeschadet ihrer mindestens fünfjährigen Dauer inhaltlich mindestens den Anforderungen nach Artikel 28 der Richtlinie 2005/36/EG des Europäischen Parlaments und des Rates vom 7. September 2005 über die Anerkennung von Berufsqualifikationen (ABl. EU Nr. L 255 S. 22, 2007 Nr. L 271 S. 18) entsprechen und mit dem Erwerb der Facharztbezeichnung für Allgemeinmedizin abschließen. [2]Sie hat insbesondere folgende Tätigkeiten einzuschließen:

a) mindestens sechs Monate in der Praxis eines zur Weiterbildung in der Allgemeinmedizin ermächtigten niedergelassenen Arztes,
b) mindestens sechs Monate in zugelassenen Krankenhäusern,
c) höchstens sechs Monate in anderen zugelassenen Einrichtungen oder Diensten des Gesundheitswesens, die sich mit Allgemeinmedizin befassen, soweit der Arzt mit einer patientenbezogenen Tätigkeit betraut ist.

(5) Soweit die Tätigkeit als Arzt im Praktikum
a) im Krankenhaus in den Gebieten Innere Medizin, Chirurgie, Frauenheilkunde und Geburtshilfe, Kinderheilkunde oder Nervenheilkunde oder
b) in der Praxis eines niedergelassenen Arztes abgeleistet worden ist,
wird diese auf die Weiterbildung nach Absatz 2 Buchstabe b bis zur Höchstdauer von insgesamt 18 Monaten angerechnet.

§ 4 (1) [1]Der Arzt ist in das Arztregister des Zulassungsbezirks einzutragen, in dem er seinen Wohnort hat. [2]Sofern er keinen Wohnort im Geltungsbereich dieser Verordnung hat, steht ihm die Wahl des Arztregisters frei.

(2) [1]Der Antrag muss die zur Eintragung erforderlichen Angaben enthalten. [2]Die Angaben sind nachzuweisen, insbesondere sind beizufügen
a) die Geburtsurkunde,
b) die Urkunde über die Approbation als Arzt,
c) der Nachweis über die ärztliche Tätigkeit nach bestandener ärztlicher Prüfung.

(3) Anstelle von Urschriften können ausnahmsweise amtlich beglaubigte Abschriften beigefügt werden.

(4) [1]Können die in Absatz 2 bezeichneten Unterlagen nicht vorgelegt werden, sind die nachzuweisenden Tatsachen glaubhaft zu machen. [2]Zur Glaubhaftmachung der Approbation als Arzt und der ärztlichen Tätigkeit (Abs. 2 Buchstaben b und c) genügt eine eidesstattliche Erklärung des Antragstellers allein nicht.

§ 5 (1) Verzieht ein im Arztregister eingetragener nicht zugelassener Arzt aus dem bisherigen Zulassungsbezirk, so wird er auf seinen Antrag in das für den neuen Wohnort zuständige Arztregister umgeschrieben.

(2) Wird ein Arzt zugelassen, so wird er von Amts wegen in das Arztregister umgeschrieben, das für den Vertragsarztsitz geführt wird.

(3) Die bisher registerführende Stelle hat einen Registerauszug und die Registerakten des Arztes der zuständigen registerführenden Stelle zu übersenden.

§ 6 (1) Die Zulassung eines Arztes ist im Arztregister kenntlich zu machen.

(2) [1]Tatsachen, die für die Zulassung, ihr Ruhen, ihren Entzug oder ihr Ende von Bedeutung sind, werden von Amts wegen oder auf Antrag des Arztes, einer Kassenärztlichen Vereinigung, einer Krankenkasse oder eines Landesverbandes der Krankenkassen in den Registerakten eingetragen. [2]Der Arzt ist zu dem Antrag auf Eintragung zu hören, falls er die Eintragung nicht selbst beantragt hat.

(3) Unanfechtbar gewordene Beschlüsse in Disziplinarangelegenheiten (§ 81 Abs. 5 des Fünften Buches Sozialgesetzbuch), mit Ausnahme der Verwarnung, sind zu den Registerakten zu nehmen; sie sind nach Ablauf von fünf Jahren, nachdem der Beschluss unanfechtbar geworden ist, aus den Registerakten zu entfernen und zu vernichten.

§ 7 Der Arzt wird im Arztregister gestrichen, wenn
a) er es beantragt,
b) er gestorben ist,
c) die Voraussetzungen für seine Eintragung nach § 3 Abs. 2 Buchstabe a nicht oder nicht mehr gegeben sind,
d) die Voraussetzungen nach § 3 Abs. 2 Buchstabe b aufgrund falscher Angaben des Arztes irrtümlich als gegeben angenommen worden sind.

§ 8 (1) Über Eintragungen und Streichungen im Arztregister und in den Registerakten beschließt der Vorstand der Kassenärztlichen Vereinigung oder die durch die Satzung bestimmte Stelle.

(2) Der Arzt erhält über die seine Person betreffenden Eintragungen und Streichungen sowie über die Ablehnung seiner Anträge auf Eintragung oder Streichung einen schriftlichen Bescheid.

§ 9 (1) Die Kassenärztlichen Vereinigungen, die Krankenkassen und die Landesverbände der Krankenkassen können das Arztregister und bei Darlegung eines berechtigten Interesses die Registerakten einsehen.

(2) Der Arzt kann selbst oder durch einen Bevollmächtigten bei berechtigtem Interesse das Arztregister und die seine Person betreffenden Registerakten einsehen.

(3) Den Zulassungs- und Berufungsausschüssen sind die Registerakten der am Zulassungsverfahren beteiligten Ärzte auf Anfordern zur Einsicht zu überlassen.

§ 10 (1) Die Kassenärztliche Bundesvereinigung führt das Bundesarztregister nach dem Muster der Anlage.

(2) Die Kassenärztlichen Vereinigungen teilen Eintragungen und Veränderungen in den Arztregistern der Kassenärztlichen Bundesvereinigung unverzüglich mit.

(3) Die Kassenärztliche Bundesvereinigung teilt Tatsachen, die für das Arztregister von Bedeutung sind, der zuständigen Kassenärztlichen Vereinigung unverzüglich mit.

Abschnitt II

Bildung und Abgrenzung der Zulassungsbezirke

§ 11 (1) Die Zulassungsbezirke werden von den Kassenärztlichen Vereinigungen und den Landesverbänden der Krankenkassen sowie den Ersatzkassen gemeinsam gebildet und abgegrenzt.

(2) Werden Zulassungsbezirke für Teile des Bezirks einer Kassenärztlichen Vereinigung gebildet, so sind bei der Abgrenzung in der Regel die Grenzen der Stadt- und Landkreise zu berücksichtigen.

(3) Die Kassenärztliche Vereinigung hat die Zulassungsbezirke unverzüglich in den für ihre amtlichen Bekanntmachungen zuständigen Blättern bekannt zu geben.

Abschnitt III

Bedarfsplanung

§ 12 (1) Durch die den Kassenärztlichen Vereinigungen im Einvernehmen mit den Landesverbänden der Krankenkassen und den Ersatzkassen obliegende Bedarfsplanung sollen zum Zwecke einer auch mittel- und langfristig wirksamen Sicherstellung der vertragsärztlichen Versorgung und als Grundlage für Sicherstellungsmaßnahmen umfassende und vergleichbare Übersichten über den Stand der kassenärztlichen Versorgung und die absehbare Entwicklung des Bedarfs vermittelt werden.

(2) [1]Der Bedarfsplan ist für den Bereich einer Kassenärztlichen Vereinigung aufzustellen und der Entwicklung anzupassen. [2]Für die Bereiche mehrerer Kassenärztlicher Vereinigungen kann mit Zustimmung der beteiligten für die Sozialversicherung zuständigen obersten Landesbehörden auch ein gemeinschaftlicher Bedarfsplan aufgestellt werden, wenn besondere Verhältnisse dies geboten erscheinen lassen.

(3) [1]Der Bedarfsplan hat nach Maßgabe der Richtlinien des Gemeinsamen Bundesausschusses und unter Beachtung der Ziele und Erfordernisse der Raumordnung und Landesplanung auf der Grundlage einer regionalen Untergliederung des Planungsbereichs nach Absatz 2 Feststellungen zu enthalten insbesondere über

– die ärztliche Versorgung auch unter Berücksichtigung der Arztgruppen,
– Einrichtungen der Krankenhausversorgung sowie der sonstigen medizinischen Versorgung, soweit sie Leistungen der vertragsärztlichen Versorgung erbringen und erbringen können,
– Bevölkerungsdichte und -struktur,
– Umfang und Art der Nachfrage nach vertragsärztlichen Leistungen, ihre Deckung sowie ihre räumliche Zuordnung im Rahmen der vertragsärztlichen Versorgung,
– für die vertragsärztliche Versorgung bedeutsame Verkehrsverbindungen.

[2]Ist es aufgrund regionaler Besonderheiten für eine bedarfsgerechte Versorgung erforderlich, von den Richtlinien des Gemeinsamen Bundesausschusses abzuweichen, sind die Abweichungen zu kennzeichnen und die Besonderheiten darzustellen. [3]Sieht das Landesrecht die Einrichtung eines gemeinsamen Landesgremiums nach § 90a des Fünften Buches Sozialgesetzbuch vor und sollen dessen Empfehlungen berücksichtigt werden, sind die sich daraus ergebenden Besonderheiten ebenfalls darzustellen.

(4) [1]Der Bedarfsplan bildet auch die Grundlage für die Beratung von Ärzten, die zur Teilnahme an der vertragsärztlichen Versorgung bereit sind. [2]Die Kassenärztlichen Vereinigungen sollen darauf hinwirken, dass die Ärzte bei der Wahl ihres Vertragsarztsitzes auf die sich aus den Bedarfsplänen ergebenden Versorgungsbedürfnisse Rücksicht nehmen.

§ 13 (1) [1]Die Kassenärztlichen Vereinigungen haben andere Träger der Krankenversicherung und die kommunalen Verbände, soweit deren Belange durch die Bedarfsplanung berührt werden, zu unterrichten und bei der Aufstellung und Fortentwicklung der Bedarfspläne rechtzeitig hinzuzuziehen. [2]Auch andere Sozialversicherungsträger und die Krankenhausgesellschaften sind zu unterrichten; sie können bei der Bedarfsplanung hinzugezogen werden.

(2) Die zuständigen Landesbehörden und die auf Landesebene für die Wahrnehmung der Interessen der Patientinnen und Patienten und der Selbsthilfe chronisch kranker und behinderter Menschen maßgeblichen Organisationen sind über die Aufstellung und Anpassung der Bedarfspläne rechtzeitig zu unterrichten, damit ihre Anregungen in die Beratungen einbezogen werden können.

(3) [1]Die aufgestellten oder angepassten Bedarfspläne sind den Landesausschüssen der Ärzte und Krankenkassen zuzuleiten. [2]Sie sind den für die Sozialversicherung zuständigen obersten Landesbehörden vorzulegen, die sie innerhalb einer Frist von zwei Monaten nach Vorlage beanstanden können.

(4) Die Kassenärztlichen Vereinigungen, die Landesverbände der Krankenkassen und die Ersatzkassen sollen die Erfahrungen aus der Anwendung der Bedarfspläne im Abstand von drei Jahren auswerten, das Ergebnis gemeinsam beraten und die in Absatz 3 genannten Stellen von der Auswertung und dem Beratungsergebnis unterrichten.

(5) [1]Die Kassenärztliche Bundesvereinigung und der Spitzenverband Bund der Krankenkassen sollen die Kassenärztlichen Vereinigungen, die Landesver-

bände der Krankenkassen und die Ersatzkassen unterstützen. [2]Die Kassenärztliche Bundesvereinigung und der Spitzenverband Bund der Krankenkassen sollen die Ergebnisse nach Absatz 4 auswerten, gemeinsam beraten sowie den Bundesausschuss der Ärzte und Krankenkassen und das Bundesministerium für Gesundheit von der Auswertung und dem Beratungsergebnis unterrichten.

§ 14 (1) [1]Kommt das Einvernehmen bei der Aufstellung und Fortentwicklung des Bedarfsplanes zwischen der Kassenärztlichen Vereinigung, den Landesverbänden der Krankenkassen und Ersatzkassen nicht zustande, hat der Landesausschuss der Ärzte und Krankenkassen nach Anrufung durch einen der Beteiligten unverzüglich darüber zu beraten und zu entscheiden. [2]Satz 1 gilt auch für den Fall, dass der Bedarfsplan von der für die Sozialversicherung zuständigen obersten Landesbehörde beanstandet wurde und einer der Beteiligten den Landesausschuss angerufen hat. [3]Soweit die Hinzuziehung weiterer Beteiligter notwendig ist, gilt § 13 Abs. 1 und 2 entsprechend.

(2) [1]Der Landesausschuss hat die für die Sozialversicherung zuständige oberste Landesbehörde an seinen Beratungen zu beteiligen. [2]Wurde der Landesausschuss zur Entscheidung angerufen, legt er den beschlossenen Bedarfsplan mit dem Ergebnis der Beratungen der für die Sozialversicherung zuständigen obersten Landesbehörde im Rahmen der Rechtsaufsicht vor. [3]Wird eine Nichtbeanstandung mit Auflagen verbunden, ist zu deren Erfüllung erneut zu beraten und bei Änderungen des Bedarfsplans erneut zu entscheiden. [4]Beanstandet die für die Sozialversicherung zuständige oberste Landesbehörde den Bedarfsplan oder erlässt sie den Bedarfsplan an Stelle des Landesausschusses selbst, ist der beanstandete oder selbst erlassene Bedarfsplan dem Landesausschuss sowie der Kassenärztlichen Vereinigung, den Landesverbänden der Krankenkassen und den Ersatzkassen mit der Begründung für die Beanstandung oder die Ersatzvornahme zuzuleiten.

Abschnitt IV

Unterversorgung

§ 15 Weist der Bedarfsplan einen Bedarf an Vertragsärzten für einen bestimmten Versorgungsbereich aus und werden über einen Zeitraum von mehr als sechs Monaten Vertragsarztsitze dort nicht besetzt, so hat die Kassenärztliche Vereinigung spätestens nach Ablauf dieses Zeitraums Vertragsarztsitze in den für ihre amtlichen Bekanntmachungen vorgesehenen Blättern auszuschreiben.

§ 16 (1) [1]Der Landesausschuss der Ärzte und Krankenkassen hat von Amts wegen zu prüfen, ob in einem Planungsbereich eine ärztliche Unterversorgung besteht oder droht. [2]Die Prüfung ist nach den tatsächlichen Verhältnissen unter Berücksichtigung des Zieles der Sicherstellung und auf der Grundlage des Bedarfsplans vorzunehmen; die in den Richtlinien des Bundesausschusses der Ärzte und Krankenkassen zur Beurteilung einer Unterversorgung vorgesehenen einheitlichen und vergleichbaren Grundlagen, Maßstäbe und Verfahren sind zu berücksichtigen.

(2) [1]Stellt der Landesausschuss eine bestehende oder in absehbarer Zeit drohende Unterversorgung fest, so hat er der Kassenärztlichen Vereinigung aufzugeben, binnen einer von ihm zu bestimmenden angemessenen Frist die Unterversorgung zu beseitigen. [2]Der Landesausschuss kann bestimmte Maßnahmen empfehlen.

(3) [1]Dauert die bestehende Unterversorgung auch nach Ablauf der Frist an, hat der Landesausschuss festzustellen, ob die in § 100 Abs. 2 des Fünften Buches Sozialgesetzbuch bestimmten Voraussetzungen für Zulassungsbeschränkungen gegeben sind und zur Beseitigung der bestehenden oder in absehbarer Zeit drohenden Unterversorgung mit verbindlicher Wirkung für einen oder mehrere Zulassungsausschüsse Zulassungsbeschränkungen anzuordnen. [2]Die betroffenen Zulassungsausschüsse sind vor der Anordnung zu hören.

(4) Für die Dauer der bestehenden oder in absehbarer Zeit drohenden Unterversorgung sind als Beschränkungen zulässig:

a) Ablehnung von Zulassungen in Gebieten von Zulassungsbezirken, die außerhalb der vom Landesausschuss als unterversorgt festgestellten Gebiete liegen;

b) Ablehnung von Zulassungen für bestimmte Arztgruppen in den in Buchstabe a bezeichneten Gebieten.

(5) Der Zulassungsausschuss kann im Einzelfall eine Ausnahme von einer Zulassungsbeschränkung zulassen, wenn die Ablehnung der Zulassung für den Arzt eine unbillige Härte bedeuten würde.

(6) [1]Der Landesausschuss hat spätestens nach jeweils sechs Monaten zu prüfen, ob die Voraussetzungen für die Anordnung von Zulassungsbeschränkungen fortbestehen. [2]Absatz 3 Satz 2 gilt entsprechend.

(7) Die Anordnung und Aufhebung von Zulassungsbeschränkungen ist in den für amtliche Bekanntmachungen der Kassenärztlichen Vereinigungen vorgesehenen Blättern zu veröffentlichen.

Abschnitt IVa

Überversorgung

§ 16a *(aufgehoben)*

§ 16b (1) [1]Der Landesausschuss hat von Amts wegen zu prüfen, ob in einem Planungsbereich eine ärztliche Überversorgung vorliegt. [2]Überversorgung ist anzunehmen, wenn der allgemeine bedarfsgerechte Versorgungsgrad um 10 vom Hundert überschritten ist. [3]Hierbei sind die in den Richtlinien des Bundesausschusses der Ärzte und Krankenkassen vorgesehenen Maßstäbe, Grundlagen und Verfahren zu berücksichtigen.

(2) Stellt der Landesausschuss fest, dass eine Überversorgung vorliegt, so hat er mit verbindlicher Wirkung für einen oder mehrere Zulassungsausschüsse nach Maßgabe des § 103 Abs. 2 des Fünften Buches Sozialgesetzbuch Zulassungsbeschränkungen anzuordnen.

(3) [1]Der Landesausschuss hat spätestens nach jeweils sechs Monaten zu prüfen, ob die Voraussetzungen für die Anordnung von Zulassungsbeschränkungen fortbestehen. [2]Entfallen die Voraussetzungen, so hat der Landesausschuss mit verbindlicher Wirkung für die Zulassungsausschüsse die Zulassungsbeschränkungen unverzüglich aufzuheben. [3]Absatz 2 Satz 2 gilt entsprechend.

(4) Die Anordnung und Aufhebung von Zulassungsbeschränkungen ist in den für amtliche Bekanntmachungen der Kassenärztlichen Vereinigungen vorgesehenen Blättern zu veröffentlichen.

§ 16c *(aufgehoben)*

Abschnitt V
Voraussetzungen für die Zulassung

§ 17 *(aufgehoben)*

§ 18 (1) [1]Der Antrag muss schriftlich gestellt werden. [2]In dem Antrag ist anzugeben, für welchen Vertragsarztsitz und unter welcher Arztbezeichnung die Zulassung beantragt wird. [3]Dein Antrag sind beizufügen

a) ein Auszug aus dem Arztregister, aus dem der Tag der Approbation, der Tag der Eintragung in das Arztregister und gegebenenfalls der Tag der Anerkennung des Rechts zum Führen einer bestimmten Facharzt-, Schwerpunkt- oder Zusatzbezeichnung hervorgehen müssen,

b) Bescheinigungen über die seit der Approbation ausgeübten ärztlichen Tätigkeiten,

c) gegebenenfalls eine Erklärung nach § 19a Abs. 2 Satz 1, mit der der aus der Zulassung folgende Versorgungsauftrag auf die Hälfte beschränkt wird.

(2) Ferner sind beizufügen:

1. ein Lebenslauf,

2. ein polizeiliches Führungszeugnis,

3. Bescheinigungen der Kassenärztlichen Vereinigungen, in deren Bereich der Arzt bisher niedergelassen oder zur Kassenpraxis zugelassen war, aus denen sich Ort und Dauer der bisherigen Niederlassung oder Zulassung und der Grund einer etwaigen Beendigung ergeben,

4. eine Erklärung über im Zeitpunkt der Antragstellung bestehende Dienst- oder Beschäftigungsverhältnisse unter Angabe des frühestmöglichen Endes des Beschäftigungsverhältnisses,

5. eine Erklärung des Arztes, ob er drogen- oder alkoholabhängig ist oder innerhalb der letzten fünf Jahre gewesen ist, ob er sich innerhalb der letzten

fünf Jahre einer Entziehungskur wegen Drogen- oder Alkoholabhängigkeit unterzogen hat und dass gesetzliche Hinderungsgründe der Ausübung des ärztlichen Berufs nicht entgegenstehen.

(3) Anstelle von Urschriften können amtlich beglaubigte Abschriften beigefügt werden.

(4) Können die in Absatz 1 Buchstabe b und in Absatz 2 Buchstabe c bezeichneten Unterlagen nicht vorgelegt werden, so ist der nachzuweisende Sachverhalt glaubhaft zu machen.

(5) *(aufgehoben)*

Abschnitt VI
Zulassung und Vertragsarztsitz

§ 19[1]   (1) [1]Über den Antrag befindet der Zulassungsausschuss durch Beschluss. [2]Wegen Zulassungsbeschränkungen kann ein Antrag nur dann abgelehnt werden, wenn diese bereits bei Antragstellung angeordnet waren.

(2) [1]Wird der Arzt zugelassen, so ist in dem Beschluss der Zeitpunkt festzusetzen, bis zu dem die vertragsärztliche Tätigkeit aufzunehmen ist. [2]Liegen wichtige Gründe vor, so kann der Zulassungsausschuss auf Antrag des Arztes nachträglich einen späteren Zeitpunkt festsetzen.

(3) Wenn die vertragsärztliche Tätigkeit in einem von Zulassungsbeschränkungen betroffenen Planungsbereich nicht innerhalb von drei Monaten nach Zustellung des Beschlusses über die Zulassung aufgenommen wird, endet die Zulassung.

(4) In einem Planungsbereich ohne Zulassungsbeschränkungen mit einem allgemeinen bedarfsgerechten Versorgungsgrad ab 100 Prozent kann der Zulassungsausschuss die Zulassung befristen.

§ 19a   (1) Die Zulassung verpflichtet den Arzt, die vertragsärztliche Tätigkeit vollzeitig auszuüben.

(2) [1]Der Arzt ist berechtigt, durch schriftliche Erklärung gegenüber dem Zulassungsausschuss seinen Versorgungsauftrag auf die Hälfte des Versorgungsauftrages nach Absatz 1 zu beschränken. [2]Die Beschränkung des Versorgungsauftrages wird entweder im Rahmen eines Beschlusses nach § 19 Abs. 1 oder durch gesonderten Beschluss festgestellt.

---

1   **Anm. d. Verlages:**
  Aus dem Beschluss des Bundesverfassungsgerichts vom 26.9.2016 – 1 BvR 1326/15
  – wurde vom Bundesministerium der Justiz und für Verbraucherschutz am 8.11.2016
  (BGBl. I S. 2521) folgende Entscheidungsformel veröffentlicht:
    § 19 Absatz 3 der Zulassungsverordnung für Vertragsärzte (Ärzte-ZV) verstößt gegen Artikel 12 Absatz 1 des Grundgesetzes und ist nichtig.
  Die vorstehende Entscheidungsformel hat gemäß § 31 Absatz 2 des Bundesverfassungsgerichtsgesetzes Gesetzeskraft.

(3) ¹Auf Antrag des Arztes kann eine Beschränkung des Versorgungsauftrages nach Absatz 2 Satz 2 durch Beschluss aufgehoben werden. ²Der Antrag muss schriftlich gestellt werden. ³Es gelten die Vorschriften dieses Abschnitts.

§ 20 (1) ¹Ein Beschäftigungsverhältnis oder eine andere nicht ehrenamtliche Tätigkeit steht der Eignung für die Ausübung der vertragsärztlichen Tätigkeit entgegen, wenn der Arzt unter Berücksichtigung der Dauer und zeitlichen Lage der anderweitigen Tätigkeit den Versicherten nicht in dem seinem Versorgungsauftrag entsprechenden Umfang persönlich zur Verfügung steht und insbesondere nicht in der Lage ist, Sprechstunden zu den in der vertragsärztlichen Versorgung üblichen Zeiten anzubieten. ²Ein Arzt steht auch dann für die Versorgung der Versicherten in erforderlichem Maße zur Verfügung, wenn er neben seiner vertragsärztlichen Tätigkeit im Rahmen eines Vertrages nach den §§ 73b oder 140a des Fünften Buches Sozialgesetzbuch oder im Rahmen der ambulanten spezialfachärztlichen Versorgung nach § 116b des Fünften Buches Sozialgesetzbuch tätig wird. ³Gleiches gilt für die Tätigkeit im Rahmen eines Vertrages, der nach den §§ 73c und 140b des Fünften Buches Sozialgesetzbuch in der am 22. Juli 2015 geltenden Fassung geschlossen wurde.

(2) ¹Für die Ausübung vertragsärztlicher Tätigkeit ist nicht geeignet ein Arzt, der eine ärztliche Tätigkeit ausübt, die ihrem Wesen nach mit der Tätigkeit des Vertragsarztes am Vertragsarztsitz nicht zu vereinbaren ist. ²Die Tätigkeit in oder die Zusammenarbeit mit einem zugelassenen Krankenhaus nach § 108 des Fünften Buches Sozialgesetzbuch oder einer Vorsorge- oder Rehabilitationseinrichtung nach § 111 des Fünften Buches Sozialgesetzbuch ist mit der Tätigkeit des Vertragsarztes vereinbar.

(3) Ein Arzt, bei dem Hinderungsgründe nach den Absätzen 1 oder 2 vorliegen, kann unter der Bedingung zugelassen werden, dass der seiner Eignung entgegenstehende Grund spätestens drei Monate nach dem Zeitpunkt beseitigt wird, in dem die Entscheidung über die Zulassung unanfechtbar geworden ist.

§ 21 ¹Ungeeignet für die Ausübung der vertragsärztlichen Tätigkeit ist ein Arzt, der aus gesundheitlichen oder sonstigen in der Person liegenden schwerwiegenden Gründen nicht nur vorübergehend unfähig ist, die vertragsärztliche Tätigkeit ordnungsgemäß auszuüben. ²Das ist insbesondere zu vermuten, wenn er innerhalb der letzten fünf Jahre vor seiner Antragstellung drogen- oder alkoholabhängig war. ³Wenn es zur Entscheidung über die Ungeeignetheit zur Ausübung der vertragsärztlichen Tätigkeit nach Satz 1 erforderlich ist, verlangt der Zulassungsausschuss vom Betroffenen, dass dieser innerhalb einer vom Zulassungsausschuss bestimmten angemessenen Frist das Gutachten eines vom Zulassungsausschuss bestimmten Arztes über seinen Gesundheitszustand vorlegt. ⁴Das Gutachten muss auf einer Untersuchung und, wenn dies ein Amtsarzt für erforderlich hält, auch auf einer klinischen Beobachtung des Betroffenen beruhen. ⁵Die Kosten des Gutachtens hat der Betroffene zu tragen. ⁶Rechtsbehelfe gegen die Anordnung nach Satz 3 haben keine aufschiebende Wirkung.

§ 22 *(aufgehoben)*

§ 23 *(aufgehoben)*

§ 24 (1) Die Zulassung erfolgt für den Ort der Niederlassung als Arzt (Vertragsarztsitz).

(2) Der Vertragsarzt muss am Vertragsarztsitz seine Sprechstunde halten.

(3) [1]Vertragsärztliche Tätigkeiten außerhalb des Vertragsarztsitzes an weiteren Orten sind zulässig, wenn und soweit

1. dies die Versorgung der Versicherten an den weiteren Orten verbessert und

2. die ordnungsgemäße Versorgung der Versicherten am Ort des Vertragsarztsitzes nicht beeinträchtigt wird; geringfügige Beeinträchtigungen für die Versorgung am Ort des Vertragsarztsitzes sind unbeachtlich, wenn sie durch die Verbesserung der Versorgung an dem weiteren Ort aufgewogen werden.

[2]Es ist nicht erforderlich, dass die an weiteren Orten angebotenen Leistungen in ähnlicher Weise auch am Vertragsarztsitz angeboten werden, oder dass das Fachgebiet eines in der Zweigpraxis tätigen Arztes auch am Vertragsarztsitz vertreten ist. [3]Ausnahmen zu den in Satz 2 genannten Grundsätzen können im Bundesmantelvertrag geregelt werden. [4]Regelungen zur Verteilung der Tätigkeit zwischen dem Vertragsarztsitz und weiteren Orten sowie zu Mindest- und Höchstzeiten gelten bei medizinischen Versorgungszentren nicht für den einzelnen in dem medizinischen Versorgungszentrum tätigen Arzt. [5]Sofern die weiteren Orte im Bezirk der Kassenärztlichen Vereinigung liegen, in der der Vertragsarzt Mitglied ist, hat er bei Vorliegen der Voraussetzungen nach Satz 1 Anspruch auf vorherige Genehmigung durch seine Kassenärztliche Vereinigung. [6]Sofern die weiteren Orte außerhalb des Bezirks seiner Kassenärztlichen Vereinigung liegen, hat der Vertragsarzt bei Vorliegen der Voraussetzungen nach Satz 1 Anspruch auf Ermächtigung durch den Zulassungsausschuss, in dessen Bezirk er die Tätigkeit aufnehmen will; der Zulassungsausschuss, in dessen Bezirk er seinen Vertragsarztsitz hat, sowie die beteiligten Kassenärztlichen Vereinigungen sind vor der Beschlussfassung anzuhören. [7]Der nach Satz 6 ermächtigte Vertragsarzt kann die für die Tätigkeit an seinem Vertragsarztsitz angestellten Ärzte auch im Rahmen seiner Tätigkeit an dem weiteren Ort beschäftigen. [8]Er kann außerdem Ärzte für die Tätigkeit an dem weiteren Ort nach Maßgabe der Vorschriften anstellen, die für ihn als Vertragsarzt gelten würden, wenn er an dem weiteren Ort zugelassen wäre. [9]Zuständig für die Genehmigung der Anstellung nach Satz 8 ist der für die Erteilung der Ermächtigung nach Satz 6 zuständige Zulassungsausschuss. [10]Keiner Genehmigung bedarf die Tätigkeit eines Vertragsarztes an einem der anderen Vertragsarztsitze eines Mitglieds der überörtlichen Berufsausübungsgemeinschaft nach § 33 Abs. 2, der er angehört.

(4) [1]Die Genehmigung und die Ermächtigung zur Aufnahme weiterer vertragsärztlicher Tätigkeiten nach Absatz 3 können mit Nebenbestimmungen erteilt werden, wenn dies zur Sicherung der Erfüllung der Versorgungspflicht des Vertragsarztes am Vertragsarztsitz und an den weiteren Orten unter Berücksich-

tigung der Mitwirkung angestellter Ärzte erforderlich ist. [2]Das Nähere hierzu ist einheitlich in den Bundesmantelverträgen zu regeln.

(5) Erbringt der Vertragsarzt spezielle Untersuchungs- und Behandlungsleistungen an weiteren Orten in räumlicher Nähe zum Vertragsarztsitz (ausgelagerte Praxisräume), hat er Ort und Zeitpunkt der Aufnahme der Tätigkeit seiner Kassenärztlichen Vereinigung unverzüglich anzuzeigen.

(6) Ein Vertragsarzt darf die Facharztbezeichnung, mit der er zugelassen ist, nur mit vorheriger Genehmigung des Zulassungsausschusses wechseln.

(7) [1]Der Zulassungsausschuss darf den Antrag eines Vertragsarztes auf Verlegung seines Vertragsarztsitzes nur genehmigen, wenn Gründe der vertragsärztlichen Versorgung dem nicht entgegenstehen. [2]Entsprechendes gilt für die Verlegung einer genehmigten Anstellung.

§ 25 *(aufgehoben)*

Abschnitt VII
Ruhen, Entziehung und Ende der Zulassung

§ 26 (1) Der Zulassungsausschuss hat das vollständige oder hälftige Ruhen der Zulassung eines Vertragsarztes zu beschließen, wenn die Voraussetzungen des § 95 Abs. 5 des Fünften Buches Sozialgesetzbuch erfüllt sind und Gründe der Sicherstellung der vertragsärztlichen Versorgung nicht entgegenstehen.

(2) Tatsachen, die das Ruhen der Zulassung bedingen können, haben der Vertragsarzt, die Kassenärztliche Vereinigung, die Krankenkassen und die Landesverbände der Krankenkassen dem Zulassungsausschuss mitzuteilen.

(3) In dem Beschluss ist die Ruhenszeit festzusetzen.

(4) Über die ruhenden Zulassungen führt die Kassenärztliche Vereinigung (Registerstelle) ein besonderes Verzeichnis.

§ 27 [1]Der Zulassungsausschuss hat von Amts wegen über die vollständige oder hälftige Entziehung der Zulassung zu beschließen, wenn die Voraussetzungen nach § 95 Abs. 6 des Fünften Buches Sozialgesetzbuch gegeben sind. [2]Die Kassenärztliche Vereinigung und die Landesverbände der Krankenkassen sowie die Ersatzkassen können die Entziehung der Zulassung beim Zulassungsausschuss unter Angabe der Gründe beantragen.

§ 28 (1) [1]Der Verzicht auf die Zulassung wird mit dem Ende des auf den Zugang der Verzichtserklärung des Vertragsarztes beim Zulassungsausschuss folgenden Kalendervierteljahres wirksam. [2]Diese Frist kann verkürzt werden, wenn der Vertragsarzt nachweist, dass für ihn die weitere Ausübung der vertragsärztlichen Tätigkeit für die gesamte Dauer oder einen Teil der Frist unzumutbar ist. [3]Endet die Zulassung aus anderen Gründen (§ 95d Abs. 3 und 5 und

§ 95 Abs. 7 des Fünften Buches Sozialgesetzbuch), so ist der Zeitpunkt ihres Endes durch Beschluss des Zulassungsausschusses festzustellen.

(2) Tatsachen, die das Ende der Zulassung bedingen, haben die Kassenärztliche Vereinigung, die Krankenkassen und die Landesverbände der Krankenkassen dem Zulassungsausschuss mitzuteilen.

§ 29 *(aufgehoben)*

§ 30 *(aufgehoben)*

Abschnitt VIII

Ermächtigung

§ 31 (1) [1]Die Zulassungsausschüsse können über den Kreis der zugelassenen Ärzte hinaus weitere Ärzte, insbesondere in Krankenhäusern, Vorsorge- und Rehabilitationseinrichtungen, stationären Pflegeeinrichtungen und Einrichtungen der beruflichen Rehabilitation oder in besonderen Fällen Einrichtungen zur Teilnahme an der vertragsärztlichen Versorgung, ermächtigen, sofern dies notwendig ist, um

1. eine bestehende oder unmittelbar drohende Unterversorgung nach § 100 Absatz 1 des Fünften Buches Sozialgesetzbuch abzuwenden oder einen nach § 100 Absatz 3 des Fünften Buches Sozialgesetzbuch festgestellten zusätzlichen lokalen Versorgungsbedarf zu decken oder
2. einen begrenzten Personenkreis zu versorgen, beispielsweise Rehabilitanden in Einrichtungen der beruflichen Rehabilitation oder Beschäftigte eines abgelegenen oder vorübergehenden Betriebes.

[2]Ärzte mit einer für die Behandlung erforderlichen abgeschlossenen Weiterbildung sowie psychosoziale Einrichtungen mit einer fachlich-medizinischen ständigen ärztlichen Leitung sind vom Zulassungsausschuss auf Antrag zur ambulanten psychotherapeutischen und psychiatrischen Versorgung von Empfängern laufender Leistungen nach § 2 des Asylbewerberleistungsgesetzes, die Folter, Vergewaltigung oder sonstige schwere Formen psychischer, physischer oder sexueller Gewalt erlitten haben, zu ermächtigen.

(2) Die Kassenärztliche Bundesvereinigung und der Spitzenverband Bund der Krankenkassen können im Bundesmantelvertrag Regelungen treffen, die über die Voraussetzungen des Absatzes 1 hinaus Ermächtigungen zur Erbringung bestimmter ärztlicher Leistungen im Rahmen der vertragsärztlichen Versorgung vorsehen.

(3) Die Kassenärztlichen Vereinigungen können unter den Voraussetzungen des Absatzes 1 auch Ärzte, die eine Approbation nach deutschen Rechtsvorschriften nicht besitzen, zur Teilnahme an der vertragsärztlichen Versorgung ermächtigen, soweit ihnen von der zuständigen deutschen Behörde eine Erlaubnis zur vorübergehenden Ausübung des ärztlichen Berufs erteilt worden ist.

(4) *(aufgehoben)*

(5) Die Kassenärztliche Bundesvereinigung und der Spitzenverband Bund der Krankenkassen haben im Bundesmantelvertrag Regelungen über die Ermächtigung von Ärzten zu treffen, die als Staatsangehörige eines Mitgliedstaats der Europäischen Union oder eines anderen Vertragsstaates des Abkommens über den Europäischen Wirtschaftsraum oder eines Vertragsstaates, dem Deutschland und die Europäische Gemeinschaft oder Deutschland und die Europäische Union vertraglich einen entsprechenden Rechtsanspruch eingeräumt haben, den ärztlichen Beruf im Inland zur vorübergehenden Erbringung von Dienstleistungen im Sinne des Artikels 50 des Vertrages zur Gründung der Europäischen Gemeinschaft oder des Artikels 37 des Abkommens über den Europäischen Wirtschaftsraum ausüben dürfen.

(6) [1]Der Antrag auf Ermächtigung ist schriftlich an den Zulassungsausschuss zu richten. [2]Ihm sind die Approbationsurkunde sowie die in § 18 Absatz 2 Nummer 5 genannten Erklärungen beizufügen. [3]§ 18 Abs. 3 gilt entsprechend.

(7) [1]Die Ermächtigung ist zeitlich, räumlich und ihrem Umfang nach zu bestimmen. [2]In dem Ermächtigungsbeschluss ist auch auszusprechen, ob der ermächtigte Arzt unmittelbar oder auf Überweisung in Anspruch genommen werden kann. [3]Die Sätze 1 und 2 gelten nicht für Ermächtigungen nach § 119b des Fünften Buches Sozialgesetzbuch.

(8) [1]Ein Arzt darf nicht ermächtigt werden, wenn die in § 21 genannten Gründe ihn für die Teilnahme an der vertragsärztlichen Versorgung ungeeignet erscheinen lassen. [2]Die Ermächtigung ist zurückzunehmen, wenn nachträglich bekannt wird, dass bei ihrer Erteilung Versagungsgründe im Sinne des Satzes 1 vorgelegen haben. [3]Sie ist zu widerrufen, wenn nachträglich durch einen in der Person des Arztes liegenden Grund der mit der Ermächtigung verfolgte Zweck nicht erreicht wird. [4]Die Sätze 1 bis 3 gelten entsprechend, wenn Einrichtungen ermächtigt werden.

(9) *(aufgehoben)*

(10) Über die Ermächtigungen führt die Kassenärztliche Vereinigung (Registerstelle) ein besonderes Verzeichnis.

§ 31a (1) [1]Die Zulassungsausschüsse können Ärzte, die

1. in einem Krankenhaus,
2. in einer Vorsorge- oder Rehabilitationseinrichtung, mit der ein Versorgungsvertrag nach § 111 Absatz 2 des Fünften Buches Sozialgesetzbuch besteht, oder
3. nach § 119b Absatz 1 Satz 3 und 4 des Fünftens Buches Sozialgesetzbuch in einer stationären Pflegeeinrichtung

tätig sind, zur Teilnahme an der vertragsärztlichen Versorgung der Versicherten ermächtigen, soweit sie über eine entsprechende abgeschlossene Weiterbildung verfügen und der Träger der Einrichtung, in der der Arzt tätig ist, zustimmt. [2]Die Ermächtigung ist zu erteilen, soweit und solange eine ausreichende ärztliche Versorgung der Versicherten ohne die besonderen Untersuchungs- und Behandlungsmethoden oder Kenntnisse von hierfür geeigneten Ärzten nach Satz 1 nicht sichergestellt wird.

(2) [1]Der Antrag eines Arztes nach Absatz 1 Satz 1 auf Ermächtigung ist schriftlich an den Zulassungsausschuss zu richten, in dessen Bereich die Einrichtung liegt, in der der Arzt tätig ist. [2]Ihm sind die in § 31 Abs. 6 genannten Bescheinigungen und Erklärungen, die Urkunde, aus der sich die Berechtigung zum Führen einer Gebietsbezeichnung ergibt, sowie eine schriftliche Zustimmungserklärung des Trägers der Einrichtung, in der der Arzt tätig ist, beizufügen. [3]§ 18 Abs. 3 gilt entsprechend.

(3) § 31 Abs. 7 bis 10 gilt entsprechend.

Abschnitt IX

Vertreter, Assistenten, angestellte Ärzte und Berufsausübungsgemeinschaft

§ 32 (1) [1]Der Vertragsarzt hat die vertragsärztliche Tätigkeit persönlich in freier Praxis auszuüben. [2]Bei Krankheit, Urlaub oder Teilnahme an ärztlicher Fortbildung oder an einer Wehrübung kann er sich innerhalb von zwölf Monaten bis zur Dauer von drei Monaten vertreten lassen. [3]Eine Vertragsärztin kann sich in unmittelbarem zeitlichen Zusammenhang mit einer Entbindung bis zu einer Dauer von zwölf Monaten vertreten lassen. [4]Dauert die Vertretung länger als eine Woche, so ist sie der Kassenärztlichen Vereinigung mitzuteilen. [5]Der Vertragsarzt darf sich grundsätzlich nur durch einen anderen Vertragsarzt oder durch einen Arzt, der die Voraussetzungen des § 3 Abs. 2 erfüllt, vertreten lassen. [6]Überschreitet innerhalb von zwölf Monaten die Dauer der Vertretung einen Monat, kann die Kassenärztliche Vereinigung beim Vertragsarzt oder beim Vertreter überprüfen, ob der Vertreter die Voraussetzungen nach Satz 5 erfüllt und keine Ungeeignetheit nach § 21 vorliegt.

(2) [1]Die Beschäftigung von Assistenten gemäß § 3 Abs. 3 bedarf der Genehmigung der Kassenärztlichen Vereinigung. [2]Im Übrigen darf der Vertragsarzt einen Vertreter oder einen Assistenten nur beschäftigen,
1. wenn dies im Rahmen der Aus- oder Weiterbildung oder aus Gründen der Sicherstellung der vertragsärztlichen Versorgung erfolgt,
2. während Zeiten der Erziehung von Kindern bis zu einer Dauer von 36 Monaten, wobei dieser Zeitraum nicht zusammenhängend genommen werden muss, und
3. während der Pflege eines pflegebedürftigen nahen Angehörigen in häuslicher Umgebung bis zu einer Dauer von sechs Monaten.
[3]Die Beschäftigung von Ärzten als Weiterbildungsassistenten nach Satz 2 Nummer 1 erste Alternative ist bei Antrag auf Teilnahme zur vertragsärztlichen Versorgung auch nach Abschluss der Weiterbildung zulässig für die Zeit bis zur

Entscheidung über den Antrag. [4]Die Kassenärztliche Vereinigung kann die in Satz 2 Nummer 2 und 3 genannten Zeiträume verlängern. [5]Für die Beschäftigung eines Vertreters oder Assistenten ist die vorherige Genehmigung der Kassenärztlichen Vereinigung erforderlich. [6]Die Dauer der Beschäftigung ist zu befristen. [7]Die Genehmigung ist zu widerrufen, wenn die Beschäftigung eines Vertreters oder Assistenten nicht mehr begründet ist; sie kann widerrufen werden, wenn in der Person des Vertreters oder Assistenten Gründe liegen, welche beim Vertragsarzt zur Entziehung der Zulassung führen können.

(3) [1]Die Beschäftigung eines Assistenten darf nicht der Vergrößerung der Kassenpraxis oder der Aufrechterhaltung eines übergroßen Praxisumfangs dienen. [2]In den Fällen der Beschäftigung eines Assistenten im Rahmen der Weiterbildung nach § 75a des Fünften Buches Sozialgesetzbuch hat die Kassenärztliche Vereinigung im Verteilungsmaßstab nach § 87b des Fünften Buches Sozialgesetzbuch festzulegen, in welchem Umfang abweichend von Satz 1 und § 87b Absatz 2 Satz 1 des Fünften Buches Sozialgesetzbuch eine Vergrößerung der Kassenpraxis zulässig ist; bei der Festlegung ist insbesondere der von der Praxis zu zahlende Anhebungsbetrag nach § 75a Absatz 1 Satz 4 des Fünften Buches Sozialgesetzbuch zu berücksichtigen.

(4) Der Vertragsarzt hat Vertreter und Assistenten zur Erfüllung der vertragsärztlichen Pflichten anzuhalten.

§ 32a [1]Der ermächtigte Arzt hat die in dem Ermächtigungsbeschluss bestimmte vertragsärztliche Tätigkeit persönlich auszuüben. [2]Bei Krankheit, Urlaub oder Teilnahme an ärztlicher Fortbildung oder an einer Wehrübung kann er sich innerhalb von zwölf Monaten bis zur Dauer von drei Monaten vertreten lassen. [3]Satz 2 gilt nicht für Ermächtigungen nach § 31 Absatz 1 Satz 1 Nummer 2.

§ 32b (1) [1]Der Vertragsarzt kann Ärzte nach Maßgabe des § 95 Abs. 9 und 9a des Fünften Buches Sozialgesetzbuch anstellen. [2]In den Bundesmantelverträgen sind einheitliche Regelungen zu treffen über den zahlenmäßigen Umfang der Beschäftigung angestellter Ärzte unter Berücksichtigung der Versorgungspflicht des anstellenden Vertragsarztes.

(2) [1]Die Anstellung bedarf der Genehmigung des Zulassungsausschusses. [2]Für den Antrag gelten § 4 Abs. 2 bis 4 und § 18 Abs. 2 bis 4 entsprechend. [3]§ 21 gilt entsprechend. [4]§ 95d Abs. 5 des Fünften Buches Sozialgesetzbuch gilt entsprechend.

(3) Der Vertragsarzt hat den angestellten Arzt zur Erfüllung der vertragsärztlichen Pflichten anzuhalten.

(4) Über die angestellten Ärzte führt die Kassenärztliche Vereinigung (Registerstelle) ein besonderes Verzeichnis.

(5) Auf Antrag des Vertragsarztes ist eine nach Absatz 2 genehmigte Anstellung vom Zulassungsausschuss in eine Zulassung umzuwandeln, sofern der Umfang der vertragsärztlichen Tätigkeit des angestellten Arztes einem ganzen oder halben Versorgungsauftrag entspricht; beantragt der anstellende Vertrags-

arzt nicht zugleich bei der Kassenärztlichen Vereinigung die Durchführung eines Nachbesetzungsverfahrens nach § 103 Absatz 4 des Fünften Buches Sozialgesetzbuch, wird der bisher angestellte Arzt Inhaber der Zulassung.

(6) [1]Die Beschäftigung eines Vertreters für einen angestellten Arzt ist zulässig; § 32 Absatz 1 und 4 gilt entsprechend. [2]Die Beschäftigung eines Vertreters für einen angestellten Arzt ist für die Dauer von sechs Monaten zulässig, wenn der angestellte Arzt freigestellt ist oder das Anstellungsverhältnis durch Tod, Kündigung oder andere Gründe beendet ist. [3]Hat der angestellte Arzt einen gesetzlichen Anspruch auf Freistellung, ist eine Vertretung für die Dauer der Freistellung zulässig.

(7) § 26 gilt entsprechend.

§ 33 (1) [1]Die gemeinsame Nutzung von Praxisräumen und Praxiseinrichtungen sowie die gemeinsame Beschäftigung von Hilfspersonal durch mehrere Ärzte ist zulässig. [2]Die Kassenärztlichen Vereinigungen sind hiervon zu unterrichten. [3]Nicht zulässig ist die gemeinsame Beschäftigung von Ärzten und Zahnärzten; dies gilt nicht für medizinische Versorgungszentren.

(2) [1]Die gemeinsame Ausübung vertragsärztlicher Tätigkeit ist zulässig unter allen zur vertragsärztlichen Versorgung zugelassenen Leistungserbringern an einem gemeinsamen Vertragsarztsitz (örtliche Berufsausübungsgemeinschaft). [2]Sie ist auch zulässig bei unterschiedlichen Vertragsarztsitzen der Mitglieder der Berufsausübungsgemeinschaft (überörtliche Berufsausübungsgemeinschaft), wenn die Erfüllung der Versorgungspflicht des jeweiligen Mitglieds an seinem Vertragsarztsitz unter Berücksichtigung der Mitwirkung angestellter Ärzte und Psychotherapeuten in dem erforderlichen Umfang gewährleistet ist sowie das Mitglied und die bei ihm angestellten Ärzte und Psychotherapeuten an den Vertragsarztsitzen der anderen Mitglieder nur in zeitlich begrenztem Umfang tätig werden. [3]Die gemeinsame Berufsausübung, bezogen auf einzelne Leistungen, ist zulässig, sofern diese nicht einer Umgehung des Verbots der Zuweisung von Versicherten gegen Entgelt oder sonstige wirtschaftliche Vorteile nach § 73 Absatz 7 des Fünften Buches Sozialgesetzbuch dient. [4]Eine Umgehung liegt insbesondere vor, wenn sich der Beitrag des Arztes auf das Erbringen medizinisch-technischer Leistungen auf Veranlassung der übrigen Mitglieder einer Berufsausübungsgemeinschaft beschränkt oder wenn der Gewinn ohne Grund in einer Weise verteilt wird, die nicht dem Anteil der persönlich erbrachten Leistungen entspricht. [5]Die Anordnung einer Leistung, insbesondere aus den Bereichen der Labormedizin, der Pathologie und der bildgebenden Verfahren, stellt keine persönlich erbrachte anteilige Leistung in diesem Sinne dar.

(3) [1]Die Berufsausübungsgemeinschaft bedarf der vorherigen Genehmigung des Zulassungsausschusses. [2]Für überörtliche Berufsausübungsgemeinschaften mit Vertragsarztsitzen in mehreren Zulassungsbezirken einer Kassenärztlichen Vereinigung wird der zuständige Zulassungsausschuss durch Vereinbarung zwischen der Kassenärztlichen Vereinigung sowie den Landesverbänden der Krankenkassen und den Ersatzkassen bestimmt. [3]Hat eine überörtliche Berufs-

ausübungsgemeinschaft Mitglieder in mehreren Kassenärztlichen Vereinigungen, so hat sie den Vertragsarztsitz zu wählen, der maßgeblich ist für die Genehmigungsentscheidung sowie für die auf die gesamte Leistungserbringung dieser überörtlichen Berufsausübungsgemeinschaft anzuwendenden ortsgebundenen Regelungen, insbesondere zur Vergütung, zur Abrechnung sowie zu den Abrechnungs-, Wirtschaftlichkeits- und Qualitätsprüfungen. [4]Die Wahl hat jeweils für einen Zeitraum von mindestens zwei Jahren unwiderruflich zu erfolgen. [5]Die Genehmigung kann mit Auflagen erteilt werden, wenn dies zur Sicherung der Anforderungen nach Absatz 2 erforderlich ist; das Nähere hierzu ist einheitlich in den Bundesmantelverträgen zu regeln.

Abschnitt X

Zulassungs- und Berufungsausschüsse

§ 34 (1) Der Zulassungsausschuss besteht aus sechs Mitgliedern, und zwar aus je drei Vertretern der Ärzte und der Krankenkassen sowie aus Stellvertretern in der nötigen Zahl.

(2) [1]Die Vertreter der Krankenkassen werden von den Landesverbänden der Krankenkassen und den Ersatzkassen gemeinsam bestellt. [2]Kommt es nicht zu einer gemeinsamen Bestellung, so werden die Vertreter aus der Reihe der von den Landesverbänden der Krankenkassen und den Ersatzkassen vorgeschlagenen Personen ausgelost.

(3) [1]Die Amtsdauer der Mitglieder beträgt vier Jahre. [2]Die Amtsdauer endet erstmals mit dem 31. Dezember 1961.

(4) [1]Scheidet ein Mitglied vorzeitig aus, so erfolgt Neubestellung. [2]Die Amtsdauer neu bestellter Mitglieder endet mit der Amtsdauer der übrigen Mitglieder nach Absatz 3.

(5) [1]Ein Mitglied kann aus einem wichtigen Grund durch die Stelle abberufen werden, von der es bestellt ist. [2]Das Ehrenamt des nicht zugelassenen Arztes endet mit seiner Zulassung.

(6) Die Niederlegung des Ehrenamtes hat gegenüber dem Zulassungsausschuss schriftlich zu erfolgen.

(7) [1]Die Mitglieder der Ausschüsse haben Anspruch auf Erstattung ihrer baren Auslagen und auf eine Entschädigung für Zeitverlust nach den für die Mitglieder der Organe der bestellenden Körperschaften geltenden Grundsätzen. [2]Der Anspruch richtet sich gegen die bestellenden Körperschaften.

(8) Die Kosten der Zulassungsausschüsse werden, soweit sie nicht durch Gebühren gedeckt sind, je zur Hälfte von der Kassenärztlichen Vereinigung einerseits und den Landesverbänden der Krankenkassen sowie den Ersatzkassen andererseits – von letzteren entsprechend der Anzahl der Versicherten ihrer Mitgliedskassen – getragen.

(9) Für die Stellvertreter gelten die Vorschriften für die Mitglieder entsprechend.

§ 35 (1) [1]Der Berufungsausschuss besteht aus einem Vorsitzenden mit der Befähigung zum Richteramt und aus je drei Vertretern der Ärzte und der Krankenkassen. [2]Stellvertreter sind in der nötigen Zahl zu bestellen.

(2) Die Vorschriften des § 34 gelten entsprechend.

(3) Mitglieder eines Zulassungsausschusses können nicht gleichzeitig Beisitzer in dem für den Zulassungsausschuss zuständigen Berufungsausschuss sein.

Abschnitt XI

Verfahren vor den Zulassungs- und Berufungsausschüssen

1. Zulassungsausschuss für Ärzte

§ 36 (1) [1]Der Zulassungsausschuss beschließt in Sitzungen. [2]Zu den Sitzungen lädt der Vorsitzende unter Angabe der Tagesordnung ein.

(2) In den Fällen des § 140f Abs. 3 des Fünften Buches Sozialgesetzbuch sind die Patientenvertreterinnen und -vertreter unter Einhaltung einer Frist von zwei Wochen unter Angabe der Tagesordnung zu laden.

§ 37 (1) [1]Über Zulassungen und über die Entziehung von Zulassungen beschließt der Zulassungsausschuss nach mündlicher Verhandlung. [2]In allen anderen Fällen kann der Zulassungsausschuss eine mündliche Verhandlung anberaumen.

(2) [1]Die Kassenärztliche Vereinigung, die Landesverbände der Krankenkassen und die Ersatzkassen sowie die an dem Verfahren beteiligten Ärzte sind unter Einhaltung einer Frist von zwei Wochen zur mündlichen Verhandlung zu laden; die Ladung ist zuzustellen. [2]Es kann auch in Abwesenheit Beteiligter verhandelt werden, falls in der Ladung darauf hingewiesen ist.

§ 38 [1]Über gebührenpflichtige Anträge wird erst nach Entrichtung der nach § 46 zu zahlenden Gebühr verhandelt. [2]Wird die Gebühr nach Anforderung nicht innerhalb der gesetzten Frist eingezahlt, so gilt der Antrag als zurückgenommen, es sei denn, der Vorsitzende stundet die Gebühr. [3]Die Zahlungsfrist und die Folgen ihrer Nichteinhaltung sind in der Anforderung zu vermerken.

§ 39 (1) Der Zulassungsausschuss erhebt die ihm erforderlich erscheinenden Beweise.

(2) Die vom Zulassungsausschuss herangezogenen Sachverständigen und Auskunftspersonen erhalten eine Vergütung oder Entschädigung entsprechend dem Justizvergütungs- und -entschädigungsgesetz.

§ 40 [1]Die Sitzung ist nicht öffentlich. [2]Sie beginnt nach dem Aufruf der Sache mit der Darstellung des Sachverhalts durch den Vorsitzenden oder das von ihm als Berichterstatter bestellte Mitglied. [3]Der Vorsitzende leitet die Verhandlung, Beratung und Abstimmung. [4]Der Vorsitzende hat dahin zu wirken, dass der Sachverhalt ausreichend geklärt wird. [5]Jedes Mitglied des Zulassungsausschusses kann sachdienliche Fragen und Anträge stellen.

§ 41 (1) [1]Beratung und Beschlussfassung erfolgen in Abwesenheit der am Verfahren Beteiligten. [2]Die Anwesenheit eines von der Kassenärztlichen Vereinigung gestellten Schriftführers für den Zulassungsausschuss ist zulässig. [3]In den Fällen des § 140f Abs. 3 des Fünften Buches Sozialgesetzbuch nehmen die Patientenvertreterinnen und -vertreter mit beratender Stimme an den Sitzungen teil; sie haben ein Recht auf Anwesenheit bei der Beschlussfassung.

(2) [1]Beschlüsse können nur bei vollständiger Besetzung des Zulassungsausschusses gefasst werden. [2]Stimmenthaltung ist unzulässig.

(3) Über den Hergang der Beratungen und über das Stimmenverhältnis ist Stillschweigen zu bewahren.

(4) [1]Das Ergebnis des Verfahrens ist in einem Beschluss niederzulegen. [2]In dem Beschluss sind die Bezeichnung des Zulassungsausschusses, die an der Beschlussfassung beteiligten Mitglieder und der Tag der Beschlussfassung anzugeben. [3]Der Beschluss ist mit Gründen zu versehen und vom Vorsitzenden und je einem Vertreter der Ärzte und der Krankenkassen zu unterzeichnen. [4]Dem Beschluss ist eine Belehrung über die Zulässigkeit des Rechtsbehelfs, die einzuhaltende Frist und den Sitz des zuständigen Berufungsausschusses beizufügen.

(5) [1]Den Beteiligten wird alsbald je eine Ausfertigung des Beschlusses zugestellt; eine weitere Ausfertigung erhält die Kassenärztliche Vereinigung für die Registerakten. [2]In den Fällen des § 140f Abs. 3 des Fünften Buches Sozialgesetzbuch erhalten die Patientenvertreterinnen und -vertreter eine Abschrift des Beschlusses. [3]Der Zulassungsausschuss kann beschließen, dass auch andere Stellen Abschriften des Beschlusses erhalten, wenn sie ein berechtigtes Interesse nachweisen.

(6) *(aufgehoben)*

§ 42 [1]Über jede Sitzung ist eine Niederschrift anzufertigen. [2]Sie soll die Namen der Sitzungsteilnehmer, die Anträge und wesentlichen Erklärungen der Beteiligten, das Ergebnis der Beweiserhebung und die Beschlüsse enthalten. [3]Die Niederschrift ist von dem Vorsitzenden zu unterzeichnen. [4]Die Patientenvertreterinnen und -vertreter erhalten eine Niederschrift über die Tagesordnungspunkte der Sitzung, die sie gemäß § 140f Abs. 3 des Fünften Buches Sozialgesetzbuch mitberaten haben.

§ 43 Die Akten des Zulassungsausschusses sind fünf Jahre, Niederschriften und Urschriften von Beschlüssen 20 Jahre aufzubewahren.

2. Berufungsausschuss für Ärzte (Widerspruchsverfahren)

§ 44 [1]Der Widerspruch ist schriftlich oder zur Niederschrift der Geschäftsstelle des Berufungsausschusses beim Berufungsausschuss einzulegen. [2]Er muss den Beschluss bezeichnen, gegen den er sich richtet.

§ 45 (1) [1]Der Widerspruch gilt als zurückgenommen, wenn die Gebühr nach § 46 nicht innerhalb der gesetzten Frist entrichtet ist. [2]Die Zahlungsfrist und die Folgen ihrer Nichteinhaltung sind in der Anforderung zu vermerken.

(2) Der Widerspruch kann ohne mündliche Verhandlung zurückgewiesen werden, wenn der Berufungsausschuss die Zurückweisung einstimmig beschließt.

(3) Die Vorschriften der §§ 36 bis 43 gelten entsprechend.

Abschnitt XII

Gebühren

§ 46 (1) [1]Für das Verfahren werden nachstehende Gebühren erhoben:

a) bei Antrag auf Eintragung des Arztes in das Arztregister — 100 Euro

b) bei Antrag des Arztes oder des medizinischen Versorgungszentrums auf Zulassung — 100 Euro

c) bei sonstigen Anträgen, mit denen der Arzt, das medizinische Versorgungszentrum oder die sonstige ärztlich geleitete Einrichtung die Beschlussfassung des Zulassungsausschusses anstrebt — 120 Euro

d) bei Einlegung eines Widerspruchs, durch den der Arzt, das medizinische Versorgungszentrum oder die sonstige ärztlich geleitete Einrichtung die Änderung eines Verwaltungsaktes anstrebt — 200 Euro.

[2]Die Gebühren sind mit der Stellung des Antrags oder Einlegung des Widerspruchs fällig. [3]Wird einem Widerspruch ganz oder teilweise stattgegeben, so wird die nach Buchstabe d entrichtete Gebühr zurückgezahlt.

(2) Außer der Gebühr nach Absatz 1 werden als Verwaltungsgebühren erhoben:

a) nach unanfechtbar gewordener Zulassung — 400 Euro

b) nach erfolgter Eintragung einer auf § 31 Abs. 1 bis 3 oder § 31a Abs. 1 beruhenden Ermächtigung in das Verzeichnis nach § 31 Abs. 10 — 400 Euro

c) nach erfolgter Genehmigung der Anstellung eines Arztes bei einem Vertragsarzt, in einem medizinischen Versorgungszentrum nach § 95 Abs. 2 des Fünften Buches Sozialgesetzbuch oder einer Einrichtung nach § 311 Abs. 2 des Fünften Buches Sozialgesetzbuch — 400 Euro

d) nach erfolgter Eintragung einer auf § 32b Abs. 2 beruhenden Genehmigung in das Verzeichnis nach § 32b Abs. 4 — 400 Euro.

(3) Es sind zu zahlen

a) die Gebühren nach Absatz 1 Buchstabe a an die Kassenärztliche Vereinigung,
b) die Gebühren nach Absatz 1 Buchstaben b und c und Absatz 2 Buchstaben a und b an die Geschäftsstelle des Zulassungsausschusses,
c) die Gebühr nach Absatz 1 Buchstabe d an die Geschäftsstelle des Berufungsausschusses.

(4) ¹Abweichend von den Absätzen 1 und 2 werden in Verfahren, die eine Tätigkeit in Gebieten betreffen, für die der Landesausschuss der Ärzte und Krankenkassen die Feststellung nach § 100 Absatz 1 und 3 des Fünften Buches Sozialgesetzbuch getroffen hat, keine Gebühren erhoben. ²Dies gilt nicht für Anträge nach Absatz 1 Buchstabe a. ³Der Zulassungsausschuss kann von der Erhebung von Gebühren auch absehen oder diese reduzieren, wenn dies aus Versorgungsgründen angezeigt ist. ⁴Bei der Nachbesetzung einer genehmigten Anstellung sind die Gebühren nach den Absätzen 1 und 2 um 50 Prozent zu reduzieren.

Abschnitt XIII

Übergangs- und Schlussbestimmungen

§ 47 (1) Diese Zulassungsordnung tritt am Ersten des auf die Verkündung folgenden Monats in Kraft.

(2) Die §§ 25 und 31 Abs. 9 gelten erst für Anträge von Psychotherapeuten, die nach dem 31. Dezember 1998 gestellt werden.

§ 48-52 *(gegenstandslos)*

§ 53 (1) Nach dem Inkrafttreten dieser Zulassungsordnung sind Arztregister nach dem in § 2 vorgeschriebenen Muster anzulegen.

§ 53 Abs. 2-4 *(gegenstandslos)*

§ 54 *(aufgehoben)*

§ 55 (1) Diese Verordnung gilt nach § 14 des Dritten Überleitungsgesetzes vom 4. Januar 1952 (Bundesgesetzbl. I S. 1) in Verbindung mit Artikel 3 Abs. 2 des Gesetzes über Kassenarztrecht auch im Land Berlin …

(2) *(gegenstandslos)*

Anlage (**zu § 2 Abs. 2**)

Muster für das Arztregister

Das Arztregister hat folgende Angaben zu enthalten:

1. Laufende Nummer ....
2. Name und Titel ....
3. Vorname ....
4. Wohnort ....
5. Geburtsdatum und -ort ....
6. a) Wohnungsanschrift ....
   b) Praxisanschrift ....
7. Staatsangehörigkeit ....
8. Fremdsprachenkenntnisse ....
9. Datum des Staatsexamens ....
10. Datum der Approbation ....
11. Datum der Promotion ....
12. Datum der Facharztanerkennung und Fachgebiet ....
13. Niederlassung als
    prakt. Arzt .... ab ....
    Arzt für .... ab ....
14. Ausübung sonstiger ärztlicher Tätigkeit ....
15. Eingetragen am ....
16. Zugelassen am ....
17. Zulassung beendet am ....
18. Zulassung ruht seit ....
19. Zulassung entzogen am ....
20. Approbation entzogen am ....
21. Approbation ruht seit ....
22. Verhängung eines Berufsverbots am ....
23. Im Arztregister gestrichen am ....
24. Bemerkungen ....

Sozialgesetzbuch (SGB) – Fünftes Buch (V) – Gesetzliche Krankenversicherung[1]

vom 20.12.1988 (BGBl. I S. 2477),
zuletzt geändert durch Art. 4 G vom 17.8.2017 (BGBl. I S. 3214)

Erstes Kapitel
Allgemeine Vorschriften

§ 1 Solidarität und Eigenverantwortung. [1]Die Krankenversicherung als Solidargemeinschaft hat die Aufgabe, die Gesundheit der Versicherten zu erhalten, wiederherzustellen oder ihren Gesundheitszustand zu bessern. [2]Das umfasst auch die Förderung der gesundheitlichen Eigenkompetenz und Eigenverantwortung der Versicherten. [3]Die Versicherten sind für ihre Gesundheit mitverantwortlich; sie sollen durch eine gesundheitsbewusste Lebensführung, durch frühzeitige Beteiligung an gesundheitlichen Vorsorgemaßnahmen sowie durch aktive Mitwirkung an Krankenbehandlung und Rehabilitation dazu beitragen, den Eintritt von Krankheit und Behinderung zu vermeiden oder ihre Folgen zu überwinden. [3]Die Krankenkassen haben den Versicherten dabei durch Aufklärung, Beratung und Leistungen zu helfen und auf gesunde Lebensverhältnisse hinzuwirken.

§ 2 Leistungen. (1) [1]Die Krankenkassen stellen den Versicherten die im Dritten Kapitel genannten Leistungen unter Beachtung des Wirtschaftlichkeitsgebots (§ 12) zur Verfügung, soweit diese Leistungen nicht der Eigenverantwortung der Versicherten zugerechnet werden. [2]Behandlungsmethoden, Arznei- und Heilmittel der besonderen Therapierichtungen sind nicht ausgeschlossen. [3]Qualität und Wirksamkeit der Leistungen haben dem allgemein anerkannten Stand der medizinischen Erkenntnisse zu entsprechen und den medizinischen Fortschritt zu berücksichtigen.

(1a) [1]Versicherte mit einer lebensbedrohlichen oder regelmäßig tödlichen Erkrankung oder mit einer zumindest wertungsmäßig vergleichbaren Erkrankung, für die eine allgemein anerkannte, dem medizinischen Standard entsprechende Leistung nicht zur Verfügung steht, können auch eine von Absatz 1 Satz 3 abweichende Leistung beanspruchen, wenn eine nicht ganz entfernt liegende Aussicht auf Heilung oder auf eine spürbare positive Einwirkung auf den Krankheitsverlauf besteht. [2]Die Krankenkasse erteilt für Leistungen nach Satz 1 vor Beginn der Behandlung eine Kostenübernahmeerklärung, wenn Versicherte oder behandelnde Leistungserbringer dies beantragen. [3]Mit der Kos-

---

1 Das Gesetz ist Art. 1 des Gesetzes zur Strukturreform im Gesundheitswesen (Gesundheits-Reformgesetz – GRG).

tenübernahmeerklärung wird die Abrechnungsmöglichkeit der Leistung nach Satz 1 festgestellt.

(2) [1]Die Versicherten erhalten die Leistungen als Sach- und Dienstleistungen, soweit dieses oder das Neunte Buch nichts Abweichendes vorsehen. [2]Die Leistungen werden auf Antrag durch ein Persönliches Budget erbracht; § 29 des Neunten Buches gilt entsprechend. [3]Über die Erbringung der Sach- und Dienstleistungen schließen die Krankenkassen nach den Vorschriften des Vierten Kapitels Verträge mit den Leistungserbringern.

(3) [1]Bei der Auswahl der Leistungserbringer ist ihre Vielfalt zu beachten. [2]Den religiösen Bedürfnissen der Versicherten ist Rechnung zu tragen.

(4) Krankenkassen, Leistungserbringer und Versicherte haben darauf zu achten, dass die Leistungen wirksam und wirtschaftlich erbracht und nur im notwendigen Umfang in Anspruch genommen werden.

§ 2a Leistungen an behinderte und chronisch kranke Menschen. Den besonderen Belangen behinderter und chronisch kranker Menschen ist Rechnung zu tragen.

§ 2b Geschlechtsspezifische Besonderheiten. Bei den Leistungen der Krankenkassen ist geschlechtsspezifischen Besonderheiten Rechnung zu tragen.

§ 3 Solidarische Finanzierung. [1]Die Leistungen und sonstigen Ausgaben der Krankenkassen werden durch Beiträge finanziert. [2]Dazu entrichten die Mitglieder und die Arbeitgeber Beiträge, die sich in der Regel nach den beitragspflichtigen Einnahmen der Mitglieder richten. [3]Für versicherte Familienangehörige werden Beiträge nicht erhoben.

§ 4 Krankenkassen. (1) Die Krankenkassen sind rechtsfähige Körperschaften des öffentlichen Rechts mit Selbstverwaltung.

(2) Die Krankenversicherung ist in folgende Kassenarten gegliedert:
- Allgemeine Ortskrankenkassen,
- Betriebskrankenkassen,
- Innungskrankenkassen,
- Sozialversicherung für Landwirtschaft, Forsten und Gartenbau als Träger der Krankenversicherung der Landwirte,
- die Deutsche Rentenversicherung Knappschaft-Bahn-See als Träger der Krankenversicherung (Deutsche Rentenversicherung Knappschaft-Bahn-See),
- Ersatzkassen.

(3) [1]Im Interesse der Leistungsfähigkeit und Wirtschaftlichkeit der gesetzlichen Krankenversicherung arbeiten die Krankenkassen und ihre Verbände sowohl innerhalb einer Kassenart als auch kassenartenübergreifend miteinander und mit allen anderen Einrichtungen des Gesundheitswesens eng zusammen. [2]Krankenkassen können die Unterlassung unzulässiger Werbemaßnahmen von

anderen Krankenkassen verlangen; § 12 Absatz 1 bis 3 des Gesetzes gegen den unlauteren Wettbewerb gilt entsprechend.

(4) [1]Die Krankenkassen haben bei der Durchführung ihrer Aufgaben und in ihren Verwaltungsangelegenheiten sparsam und wirtschaftlich zu verfahren und dabei ihre Ausgaben so auszurichten, dass Beitragserhöhungen ausgeschlossen werden, es sei denn, die notwendige medizinische Versorgung ist auch nach Ausschöpfung von Wirtschaftlichkeitsreserven nicht zu gewährleisten. [2]Die Verwaltungsausgaben der einzelnen Krankenkasse dürfen sich in den Jahren 2011 und 2012 gegenüber dem Jahr 2010 nicht erhöhen. [3]Zu den Verwaltungsausgaben zählen auch die Kosten der Krankenkasse für die Durchführung ihrer Verwaltungsaufgaben durch Dritte. [4]Abweichend von Satz 2 sind

1. Veränderungen der für die Zuweisung nach § 270 Absatz 1 Satz 1 Buchstabe c maßgeblichen Bestimmungsgrößen sowie
2. Erhöhungen der Verwaltungsausgaben, die auf der Durchführung der Sozialversicherungswahlen beruhen, es sei denn, dass das Wahlverfahren nach § 46 Absatz 2 des Vierten Buches durchgeführt wird,

zu berücksichtigen. [5]In Fällen unabweisbaren personellen Mehrbedarfs durch gesetzlich neu zugewiesene Aufgaben kann die Aufsichtsbehörde eine Ausnahme von Satz 2 zulassen, soweit die Krankenkasse nachweist, dass der Mehrbedarf nicht durch Ausschöpfung von Wirtschaftlichkeitsreserven gedeckt werden kann. [6]Die Sätze 2 und 3, Satz 4 Nummer 2 und Satz 5 gelten für die Verbände der Krankenkassen entsprechend.

(5) In den Verwaltungsvorschriften nach § 78 Satz 1 und § 77 Absatz 1a des Vierten Buches ist sicherzustellen, dass Verwaltungsausgaben, die der Werbung neuer Mitglieder dienen, nach für alle Krankenkassen gleichen Grundsätzen gebucht werden.

(6) [1]Bei Krankenkassen, die bis zum 31. Dezember 2011 nicht an mindestens 10 Prozent ihrer Versicherten elektronische Gesundheitskarten nach § 291a ausgegeben haben, reduzieren sich abweichend von Absatz 4 Satz 2 die Verwaltungsausgaben im Jahr 2012 gegenüber dem Jahr 2010 um 2 Prozent. [2]Bei Krankenkassen, die bis zum 31. Dezember 2012 nicht an mindestens 70 Prozent ihrer Versicherten elektronische Gesundheitskarten nach § 291a ausgegeben haben, dürfen sich die Verwaltungsausgaben im Jahr 2013 gegenüber dem Jahr 2012 nicht erhöhen. [3]Absatz 4 Satz 4 Nummer 1 und Satz 5 sowie § 291a Absatz 7 Satz 7 gelten entsprechend. [4]Für die Bestimmung des Versichertenanteils ist die Zahl der Versicherten am 1. Juli 2011 maßgeblich.

§ 4a Sonderregelungen zum Verwaltungsverfahren. Abweichungen von den Regelungen des Verwaltungsverfahrens gemäß den §§ 266, 267 und 269 durch Landesrecht sind ausgeschlossen.

Zweites Kapitel

Versicherter Personenkreis

Erster Abschnitt

Versicherung kraft Gesetzes

§ 5[2] **Versicherungspflicht.** (1) Versicherungspflichtig sind

1. Arbeiter, Angestellte und zu ihrer Berufsausbildung Beschäftigte, die gegen Arbeitsentgelt beschäftigt sind,

2. Personen in der Zeit, für die sie Arbeitslosengeld nach dem Dritten Buch beziehen oder nur deshalb nicht beziehen, weil der Anspruch wegen einer Sperrzeit (§ 159 des Dritten Buches) oder wegen einer Urlaubsabgeltung (§ 157 Absatz 2 des Dritten Buches) ruht; dies gilt auch, wenn die Entscheidung, die zum Bezug der Leistung geführt hat, rückwirkend aufgehoben oder die Leistung zurückgefordert oder zurückgezahlt worden ist,

2a. Personen in der Zeit, für die sie Arbeitslosengeld II nach dem Zweiten Buch beziehen, es sei denn, dass diese Leistung nur darlehensweise gewährt wird oder nur Leistungen nach § 24 Abs. 3 Satz 1 des Zweiten Buches bezogen werden; dies gilt auch, wenn die Entscheidung, die zum Bezug der Leistung geführt hat, rückwirkend aufgehoben oder die Leistung zurückgefordert oder zurückgezahlt worden ist,

3. Landwirte, ihre mitarbeitenden Familienangehörigen und Altenteiler nach näherer Bestimmung des Zweiten Gesetzes über die Krankenversicherung der Landwirte,

4. Künstler und Publizisten nach näherer Bestimmung des Künstlersozialversicherungsgesetzes,

5. Personen, die in Einrichtungen der Jugendhilfe für eine Erwerbstätigkeit befähigt werden sollen,

6. Teilnehmer an Leistungen zur Teilhabe am Arbeitsleben sowie an Abklärungen der beruflichen Eignung oder Arbeitserprobung, es sei denn, die Maßnahmen werden nach den Vorschriften des Bundesversorgungsgesetzes erbracht,

7. behinderte Menschen, die in anerkannten Werkstätten für behinderte Menschen oder in Blindenwerkstätten im Sinne des § 226 des Neunten Buches oder für diese Einrichtungen in Heimarbeit oder bei einem anderen Leistungsanbieter nach § 60 des Neunten Buches tätig sind,

---

2 Gemäß Art. 6 Nr. 2 G vom 23.12.2016 (BGBl. I S. 3234) wird § 5 wie folgt geändert:
In Absatz 8a Satz 2 werden die Wörter „nach dem Dritten, Vierten, Sechsten und Siebten Kapitel des Zwölften Buches" durch die Wörter „nach dem Dritten, Vierten und Siebten Kapitel des Zwölften Buches, dem Teil 2 des Neunten Buches" ersetzt.
Die Änderung tritt zum 1.1.2020 in Kraft.

8. behinderte Menschen, die in Anstalten, Heimen oder gleichartigen Einrichtungen in gewisser Regelmäßigkeit eine Leistung erbringen, die einem Fünftel der Leistung eines voll erwerbsfähigen Beschäftigten in gleichartiger Beschäftigung entspricht; hierzu zählen auch Dienstleistungen für den Träger der Einrichtung,

9. Studenten, die an staatlichen oder staatlich anerkannten Hochschulen eingeschrieben sind, unabhängig davon, ob sie ihren Wohnsitz oder gewöhnlichen Aufenthalt im Inland haben, wenn für sie aufgrund über- oder zwischenstaatlichen Rechts kein Anspruch auf Sachleistungen besteht, bis zum Abschluss des vierzehnten Fachsemesters, längstens bis zur Vollendung des dreißigsten Lebensjahres; Studenten nach Abschluss des vierzehnten Fachsemesters oder nach Vollendung des dreißigsten Lebensjahres sind nur versicherungspflichtig, wenn die Art der Ausbildung oder familiäre sowie persönliche Gründe, insbesondere der Erwerb der Zugangsvoraussetzungen in einer Ausbildungsstätte des Zweiten Bildungswegs, die Überschreitung der Altersgrenze oder eine längere Fachstudienzeit rechtfertigen,

10. Personen, die eine in Studien- oder Prüfungsordnungen vorgeschriebene berufspraktische Tätigkeit ohne Arbeitsentgelt verrichten, sowie zu ihrer Berufsausbildung ohne Arbeitsentgelt Beschäftigte; Auszubildende des Zweiten Bildungswegs, die sich in einem förderungsfähigen Teil eines Ausbildungsabschnitts nach dem Bundesausbildungsförderungsgesetz befinden, sind Praktikanten gleichgestellt,

11. Personen, die die Voraussetzungen für den Anspruch auf eine Rente aus der gesetzlichen Rentenversicherung erfüllen und diese Rente beantragt haben, wenn sie seit der erstmaligen Aufnahme einer Erwerbstätigkeit bis zur Stellung des Rentenantrags mindestens neun Zehntel der zweiten Hälfte des Zeitraums Mitglied oder nach § 10 versichert waren,

11a. Personen, die eine selbstständige künstlerische oder publizistische Tätigkeit vor dem 1. Januar 1983 aufgenommen haben, die Voraussetzungen für den Anspruch auf eine Rente aus der Rentenversicherung erfüllen und diese Rente beantragt haben, wenn sie mindestens neun Zehntel des Zeitraums zwischen dem 1. Januar 1985 und der Stellung des Rentenantrags nach dem Künstlersozialversicherungsgesetz in der gesetzlichen Krankenversicherung versichert waren; für Personen, die am 3. Oktober 1990 ihren Wohnsitz im Beitrittsgebiet hatten, ist anstelle des 1. Januar 1985 der 1. Januar 1992 maßgebend,

11b. Personen, die die Voraussetzungen für den Anspruch
a) auf eine Waisenrente nach § 48 des Sechsten Buches oder
b) auf eine entsprechende Leistung einer berufsständischen Versorgungseinrichtung, wenn der verstorbene Elternteil zuletzt als Beschäftigter von der Versicherungspflicht in der gesetzlichen Rentenversicherung wegen einer Pflichtmitgliedschaft in einer berufsständischen Versorgungseinrichtung nach § 6 Absatz 1 Satz 1 Nummer 1 des Sechsten Buches befreit war,

erfüllen und diese beantragt haben; dies gilt nicht für Personen, die zuletzt vor der Stellung des Rentenantrags privat krankenversichert waren, es sei denn, sie erfüllen die Voraussetzungen für eine Familienversicherung mit Ausnahme des § 10 Absatz 1 Satz 1 Nummer 2 oder die Voraussetzungen der Nummer 11,

12. Personen, die die Voraussetzungen für den Anspruch auf eine Rente aus der gesetzlichen Rentenversicherung erfüllen und diese Rente beantragt haben, wenn sie zu den in § 1 oder § 17a des Fremdrentengesetzes oder zu den in § 20 des Gesetzes zur Wiedergutmachung nationalsozialistischen Unrechts in der Sozialversicherung genannten Personen gehören und ihren Wohnsitz innerhalb der letzten 10 Jahre vor der Stellung des Rentenantrags in das Inland verlegt haben,

13. Personen, die keinen anderweitigen Anspruch auf Absicherung im Krankheitsfall haben und

   a) zuletzt gesetzlich krankenversichert waren oder

   b) bisher nicht gesetzlich oder privat krankenversichert waren, es sei denn, dass sie zu den in Absatz 5 oder den in § 6 Abs. 1 oder 2 genannten Personen gehören oder bei Ausübung ihrer beruflichen Tätigkeit im Inland gehört hätten.

(2) [1]Der nach Absatz 1 Nr. 11 erforderlichen Mitgliedszeit steht bis zum 31. Dezember 1988 die Zeit der Ehe mit einem Mitglied gleich, wenn die mit dem Mitglied verheiratete Person nicht mehr als nur geringfügig beschäftigt oder geringfügig selbstständig tätig war. [2]Bei Personen, die ihren Rentenanspruch aus der Versicherung einer anderen Person ableiten, gelten die Voraussetzungen des Absatzes 1 Nr. 11 oder 12 als erfüllt, wenn die andere Person diese Voraussetzungen erfüllt hatte. [3]Auf die nach Absatz 1 Nummer 11 erforderliche Mitgliedszeit wird für jedes Kind, Stiefkind oder Pflegekind (§ 56 Absatz 2 Nummer 2 des Ersten Buches) eine Zeit von drei Jahren angerechnet.

(3) Als gegen Arbeitsentgelt beschäftigte Arbeiter und Angestellte im Sinne des Absatzes 1 Nr. 1 gelten Bezieher von Vorruhestandsgeld, wenn sie unmittelbar vor Bezug des Vorruhestandsgeldes versicherungspflichtig waren und das Vorruhestandsgeld mindestens in Höhe von 65 vom Hundert des Bruttoarbeitsentgelts im Sinne des § 3 Abs. 2 des Vorruhestandsgesetzes gezahlt wird.

(4) Als Bezieher von Vorruhestandsgeld ist nicht versicherungspflichtig, wer im Ausland seinen Wohnsitz oder gewöhnlichen Aufenthalt in einem Staat hat, mit dem für Arbeitnehmer mit Wohnsitz oder gewöhnlichem Aufenthalt in diesem Staat keine über- oder zwischenstaatlichen Regelungen über Sachleistungen bei Krankheit bestehen.

(4a) [1]Auszubildende, die im Rahmen eines Berufsausbildungsvertrages nach dem Berufsbildungsgesetz in einer außerbetrieblichen Einrichtung ausgebildet werden, stehen den Beschäftigten zur Berufsausbildung im Sinne des Absatzes 1 Nr. 1 gleich. [2]Teilnehmer an dualen Studiengängen stehen den Beschäftigten zur Berufsausbildung im Sinne des Absatzes 1 Nummer 1 gleich. [3]Als zu ihrer Berufsausbildung Beschäftigte im Sinne des Absatzes 1 Nr. 1 gelten Personen, die als nicht satzungsmäßige Mitglieder geistlicher Genossenschaften oder ähnlicher religiöser Gemeinschaften für den Dienst in einer solchen Genossenschaft oder ähnlichen religiösen Gemeinschaft außerschulisch ausgebildet werden.

(5) ¹Nach Absatz 1 Nr. 1 oder 5 bis 12 ist nicht versicherungspflichtig, wer hauptberuflich selbstständig erwerbstätig ist. ²Bei Personen, die im Zusammenhang mit ihrer selbstständigen Erwerbstätigkeit regelmäßig mindestens einen Arbeitnehmer mehr als geringfügig beschäftigen, wird vermutet, dass sie hauptberuflich selbstständig erwerbstätig sind; als Arbeitnehmer gelten für Gesellschafter auch die Arbeitnehmer der Gesellschaft.

(5a) ¹Nach Absatz 1 Nr. 2a ist nicht versicherungspflichtig, wer zuletzt vor dem Bezug von Arbeitslosengeld II privat krankenversichert war oder weder gesetzlich noch privat krankenversichert war und zu den in Absatz 5 oder den in § 6 Abs. 1 oder 2 genannten Personen gehört oder bei Ausübung seiner beruflichen Tätigkeit im Inland gehört hätte. ²Satz 1 gilt nicht für Personen, die am 31. Dezember 2008 nach § 5 Abs. 1 Nr. 2a versicherungspflichtig waren, für die Dauer ihrer Hilfebedürftigkeit. ³Personen nach Satz 1 sind nicht nach § 10 versichert. ⁴Personen nach Satz 1, die am 31. Dezember 2015 die Voraussetzungen des § 10 erfüllt haben, sind ab dem 1. Januar 2016 versicherungspflichtig nach Absatz 1 Nummer 2a, solange sie diese Voraussetzungen erfüllen.

(6) ¹Nach Absatz 1 Nr. 5 bis 7 oder 8 ist nicht versicherungspflichtig, wer nach Absatz 1 Nr. 1 versicherungspflichtig ist. ²Trifft eine Versicherungspflicht nach Absatz 1 Nr. 6 mit einer Versicherungspflicht nach Absatz 1 Nr. 7 oder 8 zusammen, geht die Versicherungspflicht vor, nach der die höheren Beiträge zu zahlen sind.

(7) ¹Nach Absatz 1 Nr. 9 oder 10 ist nicht versicherungspflichtig, wer nach Absatz 1 Nr. 1 bis 8, 11 bis 12 versicherungspflichtig oder nach § 10 versichert ist, es sei denn, der Ehegatte, der Lebenspartner oder das Kind des Studenten oder Praktikanten ist nicht versichert oder die Versicherungspflicht nach Absatz 1 Nummer 11b besteht über die Altersgrenze des § 10 Absatz 2 Nummer 3 hinaus. ²Die Versicherungspflicht nach Absatz 1 Nr. 9 geht der Versicherungspflicht nach Absatz 1 Nr. 10 vor.

(8) ¹Nach Absatz 1 Nr. 11 bis 12 ist nicht versicherungspflichtig, wer nach Absatz 1 Nr. 1 bis 7 oder 8 versicherungspflichtig ist. ²Satz 1 gilt für die in § 190 Abs. 11a genannten Personen entsprechend. ³Bei Beziehern einer Rente der gesetzlichen Rentenversicherung, die nach dem 31. März 2002 nach § 5 Abs. 1 Nr. 11 versicherungspflichtig geworden sind, deren Anspruch auf Rente schon an diesem Tag bestand und die bis zu diesem Zeitpunkt nach § 10 oder nach § 7 des Zweiten Gesetzes über die Krankenversicherung der Landwirte versichert waren, aber nicht die Vorversicherungszeit des § 5 Abs. 1 Nr. 11 in der seit dem 1. Januar 1993 geltenden Fassung erfüllt hatten und deren Versicherung nach § 10 oder nach § 7 des Zweiten Gesetzes über die Krankenversicherung der Landwirte nicht von einer der in § 9 Abs. 1 Nr. 6 genannten Perso-

nen abgeleitet worden ist, geht die Versicherung nach § 10 oder nach § 7 des Zweiten Gesetzes über die Krankenversicherung der Landwirte der Versicherung nach § 5 Abs. 1 Nr. 11 vor.

(8a) [1]Nach Absatz 1 Nr. 13 ist nicht versicherungspflichtig, wer nach Absatz 1 Nr. 1 bis 12 versicherungspflichtig, freiwilliges Mitglied oder nach § 10 versichert ist. [2]Satz 1 gilt entsprechend für Empfänger laufender Leistungen nach dem Dritten, Vierten, Sechsten und Siebten Kapitel des Zwölften Buches und für Empfänger laufender Leistungen nach § 2 des Asylbewerberleistungsgesetzes. [3]Satz 2 gilt auch, wenn der Anspruch auf diese Leistungen für weniger als einen Monat unterbrochen wird. [4]Der Anspruch auf Leistungen nach § 19 Abs. 2 gilt nicht als Absicherung im Krankheitsfall im Sinne von Absatz 1 Nr. 13, sofern im Anschluss daran kein anderweitiger Anspruch auf Absicherung im Krankheitsfall besteht.

(9) [1]Kommt eine Versicherung nach den §§ 5, 9 oder 10 nach Kündigung des Versicherungsvertrages nicht zu Stande oder endet eine Versicherung nach den §§ 5 oder 10 vor Erfüllung der Vorversicherungszeit nach § 9, ist das private Krankenversicherungsunternehmen zum erneuten Abschluss eines Versicherungsvertrages verpflichtet, wenn der vorherige Vertrag für mindestens fünf Jahre vor seiner Kündigung ununterbrochen bestanden hat. [2]Der Abschluss erfolgt ohne Risikoprüfung zu gleichen Tarifbedingungen, die zum Zeitpunkt der Kündigung bestanden haben; die bis zum Ausscheiden erworbenen Alterungsrückstellungen sind dem Vertrag zuzuschreiben. [3]Wird eine gesetzliche Krankenversicherung nach Satz 1 nicht begründet, tritt der neue Versicherungsvertrag am Tag nach der Beendigung des vorhergehenden Versicherungsvertrages in Kraft. [4]Endet die gesetzliche Krankenversicherung nach Satz 1 vor Erfüllung der Vorversicherungszeit, tritt der neue Versicherungsvertrag am Tag nach Beendigung der gesetzlichen Krankenversicherung in Kraft. [5]Die Verpflichtung nach Satz 1 endet drei Monate nach der Beendigung des Versicherungsvertrages, wenn eine Versicherung nach den §§ 5, 9 oder 10 nicht begründet wurde. [6]Bei Beendigung der Versicherung nach den §§ 5 oder 10 vor Erfüllung der Vorversicherungszeiten nach § 9 endet die Verpflichtung nach Satz 1 längstens zwölf Monate nach der Beendigung des privaten Versicherungsvertrages. [7]Die vorstehenden Regelungen zum Versicherungsvertrag sind auf eine Anwartschaftsversicherung in der privaten Krankenversicherung entsprechend anzuwenden.

(10) *(nicht besetzt)*

(11) [1]Ausländer, die nicht Angehörige eines Mitgliedstaates der Europäischen Union, Angehörige eines Vertragsstaates des Abkommens über den Europäischen Wirtschaftsraum oder Staatsangehörige der Schweiz sind, werden von der Versicherungspflicht nach Absatz 1 Nr. 13 erfasst, wenn sie eine Niederlassungserlaubnis oder eine Aufenthaltserlaubnis mit einer Befristung auf mehr als zwölf Monate nach dem Aufenthaltsgesetz besitzen und für die Erteilung dieser Aufenthaltstitel keine Verpflichtung zur Sicherung des Lebensunterhalts nach § 5 Abs. 1 Nr. 1 des Aufenthaltsgesetzes besteht. [2]Angehörige eines anderen Mitgliedstaates der Europäischen Union, Angehörige eines ande-

ren Vertragsstaates des Abkommens über den Europäischen Wirtschaftsraum oder Staatsangehörige der Schweiz werden von der Versicherungspflicht nach Absatz 1 Nr. 13 nicht erfasst, wenn die Voraussetzung für die Wohnortnahme in Deutschland die Existenz eines Krankenversicherungsschutzes nach § 4 des Freizügigkeitsgesetzes/EU ist. [3]Bei Leistungsberechtigten nach dem Asylbewerberleistungsgesetz liegt eine Absicherung im Krankheitsfall bereits dann vor, wenn ein Anspruch auf Leistungen bei Krankheit, Schwangerschaft und Geburt nach § 4 des Asylbewerberleistungsgesetzes dem Grunde nach besteht.

§ 6 Versicherungsfreiheit. (1) Versicherungsfrei sind

1. Arbeiter und Angestellte, deren regelmäßiges Jahresarbeitsentgelt die Jahresarbeitsentgeltgrenze nach den Absätzen 6 oder 7 übersteigt; Zuschläge, die mit Rücksicht auf den Familienstand gezahlt werden, bleiben unberücksichtigt,

1a. nicht-deutsche Besatzungsmitglieder deutscher Seeschiffe, die ihren Wohnsitz oder gewöhnlichen Aufenthalt nicht in einem Mitgliedstaat der Europäischen Union, einem Vertragsstaat des Abkommens über den Europäischen Wirtschaftsraum oder der Schweiz haben,

2. Beamte, Richter, Soldaten auf Zeit sowie Berufssoldaten der Bundeswehr und sonstige Beschäftigte des Bundes, eines Landes, eines Gemeindeverbandes, einer Gemeinde, von öffentlich-rechtlichen Körperschaften, Anstalten, Stiftungen oder Verbänden öffentlich-rechtlicher Körperschaften oder deren Spitzenverbänden, wenn sie nach beamtenrechtlichen Vorschriften oder Grundsätzen bei Krankheit Anspruch auf Fortzahlung der Bezüge und auf Beihilfe oder Heilfürsorge haben,

3. Personen, die während der Dauer ihres Studiums als ordentliche Studierende einer Hochschule oder einer der fachlichen Ausbildung dienenden Schule gegen Arbeitsentgelt beschäftigt sind,

4. Geistliche der als öffentlich-rechtliche Körperschaften anerkannten Religionsgesellschaften, wenn sie nach beamtenrechtlichen Vorschriften oder Grundsätzen bei Krankheit Anspruch auf Fortzahlung der Bezüge und auf Beihilfe haben,

5. Lehrer, die an privaten genehmigten Ersatzschulen hauptamtlich beschäftigt sind, wenn sie nach beamtenrechtlichen Vorschriften oder Grundsätzen bei Krankheit Anspruch auf Fortzahlung der Bezüge und auf Beihilfe haben,

6. die in den Nummern 2, 4 und 5 genannten Personen, wenn ihnen ein Anspruch auf Ruhegehalt oder ähnliche Bezüge zuerkannt ist und sie Anspruch auf Beihilfe im Krankheitsfalle nach beamtenrechtlichen Vorschriften oder Grundsätzen haben,

7. satzungsmäßige Mitglieder geistlicher Genossenschaften, Diakonissen und ähnliche Personen, wenn sie sich aus überwiegend religiösen oder sittlichen Beweggründen mit Krankenpflege, Unterricht oder anderen gemeinnützigen Tätigkeiten beschäftigen und nicht mehr als freien Unterhalt oder ein geringes Entgelt beziehen, das nur zur Beschaffung der unmittelbaren Lebensbedürfnisse an Wohnung, Verpflegung, Kleidung und dergleichen ausreicht,

8. Personen, die nach dem Krankheitsfürsorgesystem der Europäischen Gemeinschaften bei Krankheit geschützt sind.

(2) Nach § 5 Abs. 1 Nr. 11 versicherungspflichtige Hinterbliebene der in Absatz 1 Nr. 2 und 4 bis 6 genannten Personen sind versicherungsfrei, wenn sie ihren Rentenanspruch nur aus der Versicherung dieser Personen ableiten und nach beamtenrechtlichen Vorschriften oder Grundsätzen bei Krankheit Anspruch auf Beihilfe haben.

(3) [1]Die nach Absatz 1 oder anderen gesetzlichen Vorschriften mit Ausnahme von Absatz 2 und § 7 versicherungsfreien oder von der Versicherungspflicht befreiten Personen bleiben auch dann versicherungsfrei, wenn sie eine der in § 5 Abs. 1 Nr. 1 oder 5 bis 13 genannten Voraussetzungen erfüllen. [2]Dies gilt nicht für die in Absatz 1 Nr. 3 genannten Personen, solange sie während ihrer Beschäftigung versicherungsfrei sind.

(3a) [1]Personen, die nach Vollendung des 55. Lebensjahres versicherungspflichtig werden, sind versicherungsfrei, wenn sie in den letzten fünf Jahren vor Eintritt der Versicherungspflicht nicht gesetzlich versichert waren. [2]Weitere Voraussetzung ist, dass diese Personen mindestens die Hälfte dieser Zeit versicherungsfrei, von der Versicherungspflicht befreit oder nach § 5 Abs. 5 nicht versicherungspflichtig waren. [3]Der Voraussetzung nach Satz 2 stehen die Ehe oder die Lebenspartnerschaft mit einer in Satz 2 genannten Person gleich. [4]Satz 1 gilt nicht für Personen, die nach § 5 Abs. 1 Nr. 13 versicherungspflichtig sind.

(4) [1]Wird die Jahresarbeitsentgeltgrenze überschritten, endet die Versicherungspflicht mit Ablauf des Kalenderjahres, in dem sie überschritten wird. [2]Dies gilt nicht, wenn das Entgelt die vom Beginn des nächsten Kalenderjahres an geltende Jahresarbeitsentgeltgrenze nicht übersteigt. [3]Rückwirkende Erhöhungen des Entgelts werden dem Kalenderjahr zugerechnet, in dem der Anspruch auf das erhöhte Entgelt entstanden ist.

(5) *(aufgehoben)*

(6)[3] [1]Die Jahresarbeitsentgeltgrenze nach Absatz 1 Nr. 1 beträgt im Jahr 2003 45 900 Euro. [2]Sie ändert sich zum 1. Januar eines jeden Jahres im Verhältnis, in dem die Bruttolöhne und -gehälter je Arbeitnehmer (§ 68 Abs. 2 Satz 1 des Sechsten Buches) im vergangenen Kalenderjahr zu den entsprechenden Bruttolöhnen und -gehältern im vorvergangenen Kalenderjahr stehen. [3]Die veränderten Beträge werden nur für das Kalenderjahr, für das die Jahresarbeitsentgeltgrenze bestimmt wird, auf das nächsthöhere Vielfache von 450 aufgerundet. [4]Die Bundesregierung setzt die Jahresarbeitsentgeltgrenze in der Rechtsverordnung nach § 160 des Sechsten Buches Sozialgesetzbuch fest.

(7)[4] [1]Abweichend von Absatz 6 Satz 1 beträgt die Jahresarbeitsentgeltgrenze für Arbeiter und Angestellte, die am 31. Dezember 2002 wegen Überschrei-

---

3 Die Jahresarbeitsentgeltgrenze nach § 6 Abs. 6 beträgt 60.750 Euro für das Jahr 2019 (2018: 59.400 Euro).

4 Die Jahresarbeitsentgeltgrenze nach § 6 Abs. 7 (Beitragsbemessungsgrenze) beträgt 54.450 Euro für das Jahr 2019 (2018: 53.100 Euro).

tens der an diesem Tag geltenden Jahresarbeitsentgeltgrenze versicherungsfrei und bei einem privaten Krankenversicherungsunternehmen in einer substitutiven Krankenversicherung versichert waren, im Jahr 2003 41 400 Euro. [2]Absatz 6 Satz 2 bis 4 gilt entsprechend.

(8) Der Ausgangswert für die Bestimmung der Jahresarbeitsentgeltgrenze für das Jahr 2004 beträgt für die in Absatz 6 genannten Arbeiter und Angestellten 45 594,05 Euro und für die in Absatz 7 genannten Arbeiter und Angestellten 41 034,64 Euro.

(9) *(aufgehoben)*

§ 7 Versicherungsfreiheit bei geringfügiger Beschäftigung. (1) [1]Wer eine geringfügige Beschäftigung nach §§ 8, 8a des Vierten Buches ausübt, ist in dieser Beschäftigung versicherungsfrei; dies gilt nicht für eine Beschäftigung
1. im Rahmen betrieblicher Berufsbildung,
2. nach dem Jugendfreiwilligendienstegesetz,
3. nach dem Bundesfreiwilligendienstgesetz.
[2]§ 8 Abs. 2 des Vierten Buches ist mit der Maßgabe anzuwenden, dass eine Zusammenrechnung mit einer nicht geringfügigen Beschäftigung nur erfolgt, wenn diese Versicherungspflicht begründet.

(2) [1]Personen, die am 31. März 2003 nur in einer Beschäftigung versicherungspflichtig waren, die die Merkmale einer geringfügigen Beschäftigung nach den §§ 8, 8a des Vierten Buches erfüllt, und die nach dem 31. März 2003 nicht die Voraussetzungen für eine Versicherung nach § 10 erfüllen, bleiben in dieser Beschäftigung versicherungspflichtig. [2]Sie werden auf ihren Antrag von der Versicherungspflicht befreit. [3]§ 8 Abs. 2 gilt entsprechend mit der Maßgabe, dass an die Stelle des Zeitpunkts des Beginns der Versicherungspflicht der 1. April 2003 tritt. [4]Die Befreiung ist auf die jeweilige Beschäftigung beschränkt.

(3) [1]Personen, die am 31. Dezember 2012 in einer mehr als geringfügigen Beschäftigung versicherungspflichtig waren, die die Merkmale einer geringfügigen Beschäftigung in der ab dem 1. Januar 2013 geltenden Fassung der §§ 8 oder 8a des Vierten Buches erfüllt, bleiben in dieser Beschäftigung längstens bis zum 31. Dezember 2014 versicherungspflichtig, sofern sie nicht die Voraussetzungen für eine Versicherung nach § 10 erfüllen und solange das Arbeitsentgelt 400,00 Euro monatlich übersteigt. [2]Sie werden auf ihren Antrag von der Versicherungspflicht nach Satz 1 befreit. [3]§ 8 Absatz 2 gilt entsprechend mit der Maßgabe, dass an die Stelle des Zeitpunkts des Beginns der Versicherungspflicht der 1. Januar 2013 tritt.

§ 8 Befreiung von der Versicherungspflicht. (1) Auf Antrag wird von der Versicherungspflicht befreit, wer versicherungspflichtig wird
1. wegen Änderung der Jahresarbeitsentgeltgrenze nach § 6 Abs. 6 Satz 2 oder Abs. 7,
1a. durch den Bezug von Arbeitslosengeld oder Unterhaltsgeld (§ 5 Abs. 1 Nr. 2) und in den letzten fünf Jahren vor dem Leistungsbezug nicht gesetz-

lich krankenversichert war, wenn er bei einem Krankenversicherungsunternehmen versichert ist und Vertragsleistungen erhält, die der Art und dem Umfang nach den Leistungen dieses Buches entsprechen,

2. durch Aufnahme einer nicht vollen Erwerbstätigkeit nach § 2 des Bundeserziehungsgeldgesetzes oder nach § 1 Abs. 6 des Bundeselterngeld- und Elternzeitgesetzes während der Elternzeit; die Befreiung erstreckt sich nur auf die Elternzeit,

2a. durch Herabsetzung der regelmäßigen Wochenarbeitszeit während einer Freistellung nach § 3 des Pflegezeitgesetzes oder der Familienpflegezeit nach § 2 des Familienpflegezeitgesetzes; die Befreiung erstreckt sich nur auf die Dauer einer Freistellung oder die Dauer der Familienpflegezeit,

3. weil seine Arbeitszeit auf die Hälfte oder weniger als die Hälfte der regelmäßigen Wochenarbeitszeit vergleichbarer Vollbeschäftigter des Betriebes herabgesetzt wird; dies gilt auch für Beschäftigte, die im Anschluss an ihr bisheriges Beschäftigungsverhältnis bei einem anderen Arbeitgeber ein Beschäftigungsverhältnis aufnehmen, das die Voraussetzungen des vorstehenden Halbsatzes erfüllt, sowie für Beschäftigte, die im Anschluss an die Zeiten des Bezugs von Elterngeld oder der Inanspruchnahme von Elternzeit oder einer Freistellung nach § 3 des Pflegezeitgesetzes oder § 2 des Familienpflegezeitgesetzes ein Beschäftigungsverhältnis im Sinne des ersten Teilsatzes aufnehmen, das bei Vollbeschäftigung zur Versicherungsfreiheit nach § 6 Absatz 1 Nummer 1 führen würde; Voraussetzung ist ferner, dass der Beschäftigte seit mindestens fünf Jahren wegen Überschreitens der Jahresarbeitsentgeltgrenze versicherungsfrei ist; Zeiten des Bezugs von Erziehungsgeld oder Elterngeld oder der Inanspruchnahme von Elternzeit oder Pflegezeit oder Familienpflegezeit und Nachpflegephase werden angerechnet,

4. durch den Antrag auf Rente oder den Bezug von Rente oder die Teilnahme an einer Leistung zur Teilhabe am Arbeitsleben (§ 5 Abs. 1 Nr. 6, 11 bis 12),

5. durch die Einschreibung als Student oder die berufspraktische Tätigkeit (§ 5 Abs. 1 Nr. 9 oder 10),

6. durch die Beschäftigung als Arzt im Praktikum,

7. durch die Tätigkeit in einer Einrichtung für behinderte Menschen (§ 5 Abs. 1 Nr. 7 oder 8).

(2) [1]Der Antrag ist innerhalb von drei Monaten nach Beginn der Versicherungspflicht bei der Krankenkasse zu stellen. [2]Die Befreiung wirkt vom Beginn der Versicherungspflicht an, wenn seit diesem Zeitpunkt noch keine Leistungen in Anspruch genommen wurden, sonst vom Beginn des Kalendermonats an, der auf die Antragstellung folgt. [3]Die Befreiung kann nicht widerrufen werden. [4]Die Befreiung wird nur wirksam, wenn das Mitglied das Bestehen eines anderweitigen Anspruchs auf Absicherung im Krankheitsfall nachweist.

(3) [1]Personen, die am 31. Dezember 2014 von der Versicherungspflicht nach Absatz 1 Nummer 2a befreit waren, bleiben auch für die Dauer der Nachpflegephase nach § 3 Absatz 1 Nummer 1 Buchstabe c des Familienpflegezeitge-

setzes in der am 31. Dezember 2014 geltenden Fassung befreit. [2]Bei Anwendung des Absatzes 1 Nummer 3 steht der Freistellung nach § 2 des Familienpflegezeitgesetzes die Nachpflegephase nach § 3 Absatz 1 Nummer 1 Buchstabe c des Familienpflegezeitgesetzes in der am 31. Dezember 2014 geltenden Fassung gleich.

Zweiter Abschnitt

Versicherungsberechtigung

§ 9 Freiwillige Versicherung. (1) [1]Der Versicherung können beitreten

1. Personen, die als Mitglieder aus der Versicherungspflicht ausgeschieden sind und in den letzten fünf Jahren vor dem Ausscheiden mindestens vierundzwanzig Monate oder unmittelbar vor dem Ausscheiden ununterbrochen mindestens zwölf Monate versichert waren; Zeiten der Mitgliedschaft nach § 189 und Zeiten, in denen eine Versicherung allein deshalb bestanden hat, weil Arbeitslosengeld II zu Unrecht bezogen wurde, werden nicht berücksichtigt,

2. Personen, deren Versicherung nach § 10 erlischt oder nur deswegen nicht besteht, weil die Voraussetzungen des § 10 Abs. 3 vorliegen, wenn sie oder der Elternteil, aus dessen Versicherung die Familienversicherung abgeleitet wurde, die in Nummer 1 genannte Vorversicherungszeit erfüllen,

3. Personen, die erstmals eine Beschäftigung im Inland aufnehmen und nach § 6 Absatz 1 Nummer 1 versicherungsfrei sind; Beschäftigungen vor oder während der beruflichen Ausbildung bleiben unberücksichtigt,

4. schwerbehinderte Menschen im Sinne des Neunten Buches, wenn sie, ein Elternteil, ihr Ehegatte oder ihr Lebenspartner in den letzten fünf Jahren vor dem Beitritt mindestens drei Jahre versichert waren, es sei denn, sie konnten wegen ihrer Behinderung diese Voraussetzung nicht erfüllen; die Satzung kann das Recht zum Beitritt von einer Altersgrenze abhängig machen,

5. Arbeitnehmer, deren Mitgliedschaft durch Beschäftigung im Ausland oder bei einer zwischenstaatlichen oder überstaatlichen Organisation endete, wenn sie innerhalb von zwei Monaten nach Rückkehr in das Inland oder nach Beendigung ihrer Tätigkeit bei der zwischenstaatlichen oder überstaatlichen Organisation wieder eine Beschäftigung aufnehmen,

6. innerhalb von sechs Monaten nach dem Eintritt der Versicherungspflicht Bezieher einer Rente der gesetzlichen Rentenversicherung, die nach dem 31. März 2002 nach § 5 Abs. 1 Nr. 11 versicherungspflichtig geworden sind, deren Anspruch auf Rente schon an diesem Tag bestand, die aber nicht die Vorversicherungszeit nach § 5 Abs. 1 Nr. 11 in der seit dem 1. Januar 1993 geltenden Fassung erfüllt hatten und die deswegen bis zum 31. März 2002 freiwillige Mitglieder waren,

7. innerhalb von sechs Monaten nach ständiger Aufenthaltnahme im Inland oder innerhalb von drei Monaten nach Ende des Bezugs von Arbeitslosen-

geld II Spätaussiedler sowie deren gemäß § 7 Abs. 2 Satz 1 des Bundesvertriebenengesetzes leistungsberechtigte Ehegatten und Abkömmlinge, die bis zum Verlassen ihres früheren Versicherungsbereichs bei einem dortigen Träger der gesetzlichen Krankenversicherung versichert waren. [2]Für die Berechnung der Vorversicherungszeiten nach Satz 1 Nr. 1 gelten 360 Tage eines Bezugs von Leistungen, die nach § 339 des Dritten Buches berechnet werden, als zwölf Monate.

(2) Der Beitritt ist der Krankenkasse innerhalb von drei Monaten anzuzeigen,

1. im Falle des Absatzes 1 Nr. 1 nach Beendigung der Mitgliedschaft,
2. im Falle des Absatzes 1 Nr. 2 nach Beendigung der Versicherung oder nach Geburt des Kindes,
3. im Falle des Absatzes 1 Satz 1 Nummer 3 nach Aufnahme der Beschäftigung,
4. im Falle des Absatzes 1 Nr. 4 nach Feststellung der Behinderung nach § 151 des Neunten Buches,
5. im Falle des Absatzes 1 Nummer 5 nach Rückkehr in das Inland oder nach Beendigung der Tätigkeit bei der zwischenstaatlichen oder überstaatlichen Organisation.

(3) Kann zum Zeitpunkt des Beitritts zur gesetzlichen Krankenversicherung nach Absatz 1 Nr. 7 eine Bescheinigung nach § 15 Abs. 1 oder 2 des Bundesvertriebenengesetzes nicht vorgelegt werden, reicht als vorläufiger Nachweis der vom Bundesverwaltungsamt im Verteilungsverfahren nach § 8 Abs. 1 des Bundesvertriebenengesetzes ausgestellte Registrierschein und die Bestätigung der für die Ausstellung einer Bescheinigung nach § 15 Abs. 1 oder 2 des Bundesvertriebenengesetzes zuständigen Behörde, dass die Ausstellung dieser Bescheinigung beantragt wurde.

Dritter Abschnitt

Versicherung der Familienangehörigen

§ 10 Familienversicherung. (1) [1]Versichert sind der Ehegatte, der Lebenspartner und die Kinder von Mitgliedern sowie die Kinder von familienversicherten Kindern, wenn diese Familienangehörigen

1. ihren Wohnsitz oder gewöhnlichen Aufenthalt im Inland haben,
2. nicht nach § 5 Abs. 1 Nr. 1, 2, 2a, 3 bis 8, 11 bis 12 oder nicht freiwillig versichert sind,
3. nicht versicherungsfrei oder nicht von der Versicherungspflicht befreit sind; dabei bleibt die Versicherungsfreiheit nach § 7 außer Betracht,
4. nicht hauptberuflich selbstständig erwerbstätig sind und
5. kein Gesamteinkommen haben, das regelmäßig im Monat ein Siebtel der monatlichen Bezugsgröße nach § 18 des Vierten Buches überschreitet; bei Renten wird der Zahlbetrag ohne den auf Entgeltpunkte für Kindererzie-

hungszeiten entfallenden Teil berücksichtigt; für geringfügig Beschäftigte nach § 8 Abs. 1 Nr. 1, § 8a des Vierten Buches beträgt das zulässige Gesamteinkommen 450 Euro. [2]Eine hauptberufliche selbstständige Tätigkeit im Sinne des Satzes 1 Nr. 4 ist nicht deshalb anzunehmen, weil eine Versicherung nach § 1 Abs. 3 des Gesetzes über die Alterssicherung der Landwirte vom 29. Juli 1994 (BGBl. I S. 1890, 1891) besteht. [3]Das Gleiche gilt bis zum 31. Dezember 2018 für eine Tagespflegeperson, die bis zu fünf gleichzeitig anwesende, fremde Kinder in Tagespflege betreut. [4]Ehegatten und Lebenspartner sind für die Dauer der Schutzfristen nach § 3 Abs. 2 und § 6 Abs. 1 des Mutterschutzgesetzes sowie der Elternzeit nicht versichert, wenn sie zuletzt vor diesen Zeiträumen nicht gesetzlich krankenversichert waren.

(2) Kinder sind versichert
1. bis zur Vollendung des achtzehnten Lebensjahres,
2. bis zur Vollendung des dreiundzwanzigsten Lebensjahres, wenn sie nicht erwerbstätig sind,
3. bis zur Vollendung des fünfundzwanzigsten Lebensjahres, wenn sie sich in Schul- oder Berufsausbildung befinden oder ein freiwilliges soziales Jahr oder ein freiwilliges ökologisches Jahr im Sinne des Jugendfreiwilligendienstegesetzes oder Bundesfreiwilligendienst nach dem Bundesfreiwilligendienstgesetz leisten; wird die Schul- oder Berufsausbildung durch Erfüllung einer gesetzlichen Dienstpflicht des Kindes unterbrochen oder verzögert, besteht die Versicherung auch für einen der Dauer dieses Dienstes entsprechenden Zeitraum über das fünfundzwanzigste Lebensjahr hinaus; dies gilt ab dem 1. Juli 2011 auch bei einer Unterbrechung oder Verzögerung durch den freiwilligen Wehrdienst nach § 58b des Soldatengesetzes, einen Freiwilligendienst nach dem Bundesfreiwilligendienstgesetz, dem Jugendfreiwilligendienstegesetz oder einen vergleichbaren anerkannten Freiwilligendienst oder durch eine Tätigkeit als Entwicklungshelfer im Sinne des § 1 Absatz 1 des Entwicklungshelfer-Gesetzes für die Dauer von höchstens zwölf Monaten,
4. ohne Altersgrenze, wenn sie als behinderte Menschen (§ 2 Abs. 1 Satz 1 des Neunten Buches) außerstande sind, sich selbst zu unterhalten; Voraussetzung ist, dass die Behinderung zu einem Zeitpunkt vorlag, in dem das Kind nach Nummer 1, 2 oder 3 versichert war.

(3) Kinder sind nicht versichert, wenn der mit den Kindern verwandte Ehegatte oder Lebenspartner des Mitglieds nicht Mitglied einer Krankenkasse ist und sein Gesamteinkommen regelmäßig im Monat ein Zwölftel der Jahresarbeitsentgeltgrenze übersteigt und regelmäßig höher als das Gesamteinkommen des Mitglieds ist; bei Renten wird der Zahlbetrag berücksichtigt.

(4) [1]Als Kinder im Sinne der Absätze 1 bis 3 gelten auch Stiefkinder und Enkel, die das Mitglied überwiegend unterhält, sowie Pflegekinder (§ 56 Abs. 2 Nr. 2 des Ersten Buches). [2]Kinder, die mit dem Ziel der Annahme als Kind in die Obhut des Annehmenden aufgenommen sind und für die die zur Annahme

erforderliche Einwilligung der Eltern erteilt ist, gelten als Kinder des Annehmenden und nicht mehr als Kinder der leiblichen Eltern. [3]Stiefkinder im Sinne des Satzes 1 sind auch die Kinder des Lebenspartners eines Mitglieds.

(5) Sind die Voraussetzungen der Absätze 1 bis 4 mehrfach erfüllt, wählt das Mitglied die Krankenkasse.

(6) [1]Das Mitglied hat die nach den Absätzen 1 bis 4 Versicherten mit den für die Durchführung der Familienversicherung notwendigen Angaben sowie die Änderung dieser Angaben an die zuständige Krankenkasse zu melden. [2]Der Spitzenverband Bund der Krankenkassen legt für die Meldung nach Satz 1 ein einheitliches Verfahren und einheitliche Meldevordrucke fest.

Drittes Kapitel

Leistungen der Krankenversicherung

Erster Abschnitt

Übersicht über die Leistungen

§ 11 Leistungsarten. (1) Versicherte haben nach den folgenden Vorschriften Anspruch auf Leistungen
1. bei Schwangerschaft und Mutterschaft (§§ 24c bis 24i),
2. zur Verhütung von Krankheiten und von deren Verschlimmerung sowie zur Empfängnisverhütung, bei Sterilisation und bei Schwangerschaftsabbruch (§§ 20 bis 24b),
3. zur Erfassung von gesundheitlichen Risiken und Früherkennung von Krankheiten (§§ 25 und 26),
4. zur Behandlung einer Krankheit (§§ 27 bis 52),
5. des persönlichen Budgets nach § 29 des Neunten Buches.

(2) [1]Versicherte haben auch Anspruch auf Leistungen zur medizinischen Rehabilitation sowie auf unterhaltssichernde und andere ergänzende Leistungen, die notwendig sind, um eine Behinderung oder Pflegebedürftigkeit abzuwenden, zu beseitigen, zu mindern, auszugleichen, ihre Verschlimmerung zu verhüten oder ihre Folgen zu mildern. [2]Leistungen der aktivierenden Pflege nach Eintritt von Pflegebedürftigkeit werden von den Pflegekassen erbracht. [3]Die Leistungen nach Satz 1 werden unter Beachtung des Neunten Buches erbracht, soweit in diesem Buch nichts anderes bestimmt ist.

(3) Bei stationärer Behandlung umfassen die Leistungen auch die aus medizinischen Gründen notwendige Mitaufnahme einer Begleitperson des Versicherten oder bei stationärer Behandlung in einem Krankenhaus nach § 108 oder einer Vorsorge- oder Rehabilitationseinrichtung nach § 107 Abs. 2 die Mitaufnahme einer Pflegekraft, soweit Versicherte ihre Pflege nach § 63b Absatz 6 Satz 1 des Zwölften Buches durch von ihnen beschäftigte besondere Pflegekräfte sicherstellen.

(4) [1]Versicherte haben Anspruch auf ein Versorgungsmanagement insbesondere zur Lösung von Problemen beim Übergang in die verschiedenen Versorgungsbereiche; dies umfasst auch die fachärztliche Anschlussversorgung. [2]Die betroffenen Leistungserbringer sorgen für eine sachgerechte Anschlussversorgung des Versicherten und übermitteln sich gegenseitig die erforderlichen Informationen. [3]Sie sind zur Erfüllung dieser Aufgabe von den Krankenkassen zu unterstützen. [4]In das Versorgungsmanagement sind die Pflegeeinrichtungen einzubeziehen; dabei ist eine enge Zusammenarbeit mit Pflegeberatern und Pflegeberaterinnen nach § 7a des Elften Buches zu gewährleisten. [5]Das Versorgungsmanagement und eine dazu erforderliche Übermittlung von Daten darf nur mit Einwilligung und nach vorheriger Information des Versicherten erfolgen. [6]Soweit in Verträgen nach den § 140a nicht bereits entsprechende Regelungen vereinbart sind, ist das Nähere im Rahmen von Verträgen mit sonstigen Leistungserbringern der gesetzlichen Krankenversicherung und mit Leistungserbringern nach dem Elften Buch sowie mit den Pflegekassen zu regeln.

(5) [1]Auf Leistungen besteht kein Anspruch, wenn sie als Folge eines Arbeitsunfalls oder einer Berufskrankheit im Sinne der gesetzlichen Unfallversicherung zu erbringen sind. [2]Dies gilt auch in Fällen des § 12a des Siebten Buches.

(6) [1]Die Krankenkasse kann in ihrer Satzung zusätzliche vom Gemeinsamen Bundesausschuss nicht ausgeschlossene Leistungen in der fachlich gebotenen Qualität im Bereich der medizinischen Vorsorge und Rehabilitation (§§ 23, 40), der Leistungen von Hebammen bei Schwangerschaft und Mutterschaft (§ 24d), der künstlichen Befruchtung (§ 27a), der zahnärztlichen Behandlung ohne die Versorgung mit Zahnersatz (§ 28 Absatz 2), bei der Versorgung mit nicht verschreibungspflichtigen apothekenpflichtigen Arzneimitteln (§ 34 Absatz 1 Satz 1), mit Heilmitteln (§ 32) und Hilfsmitteln (§ 33), im Bereich der häuslichen Krankenpflege (§ 37) und der Haushaltshilfe (§ 38) sowie Leistungen von nicht zugelassenen Leistungserbringern vorsehen. [2]Die Satzung muss insbesondere die Art, die Dauer und den Umfang der Leistung bestimmen; sie hat hinreichende Anforderungen an die Qualität der Leistungserbringung zu regeln. [3]Die zusätzlichen Leistungen sind von den Krankenkassen in ihrer Rechnungslegung gesondert auszuweisen.

Zweiter Abschnitt

Gemeinsame Vorschriften

§ 12 **Wirtschaftlichkeitsgebot.** (1) [1]Die Leistungen müssen ausreichend, zweckmäßig und wirtschaftlich sein; sie dürfen das Maß des Notwendigen nicht überschreiten. [2]Leistungen, die nicht notwendig oder unwirtschaftlich sind, können Versicherte nicht beanspruchen, dürfen die Leistungserbringer nicht bewirken und die Krankenkassen nicht bewilligen.

(2) Ist für eine Leistung ein Festbetrag festgesetzt, erfüllt die Krankenkasse ihre Leistungspflicht mit dem Festbetrag.

(3) Hat die Krankenkasse Leistungen ohne Rechtsgrundlage oder entgegen geltendem Recht erbracht und hat ein Vorstandsmitglied hiervon gewusst oder hätte es hiervon wissen müssen, hat die zuständige Aufsichtsbehörde nach Anhörung des Vorstandsmitglieds den Verwaltungsrat zu veranlassen, das Vorstandsmitglied auf Ersatz des aus der Pflichtverletzung entstandenen Schadens in Anspruch zu nehmen, falls der Verwaltungsrat das Regressverfahren nicht bereits von sich aus eingeleitet hat.

§ 13 Kostenerstattung. (1) Die Krankenkasse darf anstelle der Sach- oder Dienstleistung (§ 2 Abs. 2) Kosten nur erstatten, soweit es dieses oder das Neunte Buch vorsieht.

(2) [1]Versicherte können anstelle der Sach- oder Dienstleistungen Kostenerstattung wählen. [2]Hierüber haben sie ihre Krankenkasse vor Inanspruchnahme der Leistung in Kenntnis zu setzen. [3]Der Leistungserbringer hat die Versicherten vor Inanspruchnahme der Leistung darüber zu informieren, dass Kosten, die nicht von der Krankenkasse übernommen werden, von dem Versicherten zu tragen sind. [4]Eine Einschränkung der Wahl auf den Bereich der ärztlichen Versorgung, der zahnärztlichen Versorgung, den stationären Bereich oder auf veranlasste Leistungen ist möglich. [5]Nicht im Vierten Kapitel genannte Leistungserbringer dürfen nur nach vorheriger Zustimmung der Krankenkasse in Anspruch genommen werden. [6]Eine Zustimmung kann erteilt werden, wenn medizinische oder soziale Gründe eine Inanspruchnahme dieser Leistungserbringer rechtfertigen und eine zumindest gleichwertige Versorgung gewährleistet ist. [7]Die Inanspruchnahme von Leistungserbringern nach § 95b Absatz 3 Satz 1 im Wege der Kostenerstattung ist ausgeschlossen. [8]Anspruch auf Erstattung besteht höchstens in Höhe der Vergütung, die die Krankenkasse bei Erbringung als Sachleistung zu tragen hätte. [9]Die Satzung hat das Verfahren der Kostenerstattung zu regeln. [10]Sie kann dabei Abschläge vom Erstattungsbetrag für Verwaltungskosten in Höhe von höchstens 5 Prozent in Abzug bringen. [11]Im Falle der Kostenerstattung nach § 129 Absatz 1 Satz 5 sind die der Krankenkasse entgangenen Rabatte nach § 130a Absatz 8 sowie die Mehrkosten im Vergleich zur Abgabe eines Arzneimittels nach § 129 Absatz 1 Satz 3 und 4 zu berücksichtigen; die Abschläge sollen pauschaliert werden. [12]Die Versicherten sind an ihre Wahl der Kostenerstattung mindestens ein Kalendervierteljahr gebunden.

(3) [1]Konnte die Krankenkasse eine unaufschiebbare Leistung nicht rechtzeitig erbringen oder hat sie eine Leistung zu Unrecht abgelehnt und sind dadurch Versicherten für die selbstbeschaffte Leistung Kosten entstanden, sind diese von der Krankenkasse in der entstandenen Höhe zu erstatten, soweit die Leistung notwendig war. [2]Die Kosten für selbstbeschaffte Leistungen zur medizinischen Rehabilitation nach dem Neunten Buch werden nach § 18 des Neunten Buches erstattet.

(3a) [1]Die Krankenkasse hat über einen Antrag auf Leistungen zügig, spätestens bis zum Ablauf von drei Wochen nach Antragseingang oder in Fällen, in denen eine gutachtliche Stellungnahme, insbesondere des Medizinischen Dienstes der Krankenversicherung (Medizinischer Dienst), eingeholt wird, innerhalb von fünf Wochen nach Antragseingang zu entscheiden. [2]Wenn die Krankenkasse eine gutachtliche Stellungnahme für erforderlich hält, hat sie diese unverzüglich einzuholen und die Leistungsberechtigten hierüber zu unterrichten. [3]Der Medizinische Dienst nimmt innerhalb von drei Wochen gutachtlich Stellung. [4]Wird ein im Bundesmantelvertrag für Zahnärzte vorgesehenes Gutachterverfahren durchgeführt, hat die Krankenkasse ab Antragseingang innerhalb von sechs Wochen zu entscheiden; der Gutachter nimmt innerhalb von vier Wochen Stellung. [5]Kann die Krankenkasse Fristen nach Satz 1 oder Satz 4 nicht einhalten, teilt sie dies den Leistungsberechtigten unter Darlegung der Gründe rechtzeitig schriftlich mit. [6]Erfolgt keine Mitteilung eines hinreichenden Grundes, gilt die Leistung nach Ablauf der Frist als genehmigt. [7]Beschaffen sich Leistungsberechtigte nach Ablauf der Frist eine erforderliche Leistung selbst, ist die Krankenkasse zur Erstattung der hierdurch entstandenen Kosten verpflichtet. [8]Die Krankenkasse berichtet dem Spitzenverband Bund der Krankenkassen jährlich über die Anzahl der Fälle, in denen Fristen nicht eingehalten oder Kostenerstattungen vorgenommen wurden. [9]Für Leistungen zur medizinischen Rehabilitation gelten die §§ 14 bis 24 des Neunten Buches zur Koordinierung der Leistungen und zur Erstattung selbst beschaffter Leistungen.

(4) [1]Versicherte sind berechtigt, auch Leistungserbringer in einem anderen Mitgliedstaat der Europäischen Union, einem anderen Vertragsstaat des Abkommens über den Europäischen Wirtschaftsraum oder der Schweiz anstelle der Sach- oder Dienstleistung im Wege der Kostenerstattung in Anspruch zu nehmen, es sei denn, Behandlungen für diesen Personenkreis im anderen Staat sind auf der Grundlage eines Pauschbetrages zu erstatten oder unterliegen aufgrund eines vereinbarten Erstattungsverzichts nicht der Erstattung. [2]Es dürfen nur solche Leistungserbringer in Anspruch genommen werden, bei denen die Bedingungen des Zugangs und der Ausübung des Berufes Gegenstand einer Richtlinie der Europäischen Gemeinschaft sind oder die im jeweiligen nationalen System der Krankenversicherung des Aufenthaltsstaates zur Versorgung der Versicherten berechtigt sind. [3]Der Anspruch auf Erstattung besteht höchstens in Höhe der Vergütung, die die Krankenkasse bei Erbringung als Sachleistung im Inland zu tragen hätte. [4]Die Satzung hat das Verfahren der Kostenerstattung zu regeln. [5]Sie hat dabei ausreichende Abschläge vom Erstattungsbetrag für Verwaltungskosten und fehlende Wirtschaftlichkeitsprüfungen vorzusehen sowie vorgesehene Zuzahlungen in Abzug zu bringen. [6]Ist eine dem allgemein anerkannten Stand der medizinischen Erkenntnisse entsprechende Behandlung einer Krankheit nur in einem anderen Mitgliedstaat der Europäischen Union oder einem anderen Vertragsstaat des Abkommens über den Europäischen Wirtschaftsraum möglich, kann die Krankenkasse die Kosten der erforderlichen Behandlung auch ganz übernehmen.

(5) [1]Abweichend von Absatz 4 können in einem anderen Mitgliedstaat der Europäischen Union, einem anderen Vertragsstaat des Abkommens über den Europäischen Wirtschaftsraum oder der Schweiz Krankenhausleistungen nach § 39 nur nach vorheriger Zustimmung durch die Krankenkassen in Anspruch genommen werden. [2]Die Zustimmung darf nur versagt werden, wenn die gleiche oder eine für den Versicherten ebenso wirksame, dem allgemein anerkannten Stand der medizinischen Erkenntnisse entsprechende Behandlung einer Krankheit rechtzeitig bei einem Vertragspartner der Krankenkasse im Inland erlangt werden kann.

(6) § 18 Abs. 1 Satz 2 und Abs. 2 gilt in den Fällen der Absätze 4 und 5 entsprechend.

§ 14 Teilkostenerstattung. (1) [1]Die Satzung kann für Angestellte der Krankenkassen und ihrer Verbände, für die eine Dienstordnung nach § 351 der Reichsversicherungsordnung gilt, und für Beamte, die in einer Betriebskrankenkasse oder in der knappschaftlichen Krankenversicherung tätig sind, bestimmen, dass an die Stelle der nach diesem Buch vorgesehenen Leistungen ein Anspruch auf Teilkostenerstattung tritt. [2]Sie hat die Höhe des Erstattungsanspruchs in Vomhundertsätzen festzulegen und das Nähere über die Durchführung des Erstattungsverfahrens zu regeln.

(2) [1]Die in Absatz 1 genannten Versicherten können sich jeweils im Voraus für die Dauer von zwei Jahren für die Teilkostenerstattung nach Absatz 1 entscheiden. [2]Die Entscheidung wirkt auch für ihre nach § 10 versicherten Angehörigen.

§ 15 Ärztliche Behandlung, elektronische Gesundheitskarte. (1) [1]Ärztliche oder zahnärztliche Behandlung wird von Ärzten oder Zahnärzten erbracht, soweit nicht in Modellvorhaben nach § 63 Abs. 3c etwas anderes bestimmt ist. [2]Sind Hilfeleistungen anderer Personen erforderlich, dürfen sie nur erbracht werden, wenn sie vom Arzt (Zahnarzt) angeordnet und von ihm verantwortet werden.

(2) Versicherte, die ärztliche, zahnärztliche oder psychotherapeutische Behandlung in Anspruch nehmen, haben dem Arzt, Zahnarzt oder Psychotherapeuten vor Beginn der Behandlung ihre elektronische Gesundheitskarte zum Nachweis der Berechtigung zur Inanspruchnahme von Leistungen auszuhändigen.

(3) [1]Für die Inanspruchnahme anderer Leistungen stellt die Krankenkasse den Versicherten Berechtigungsscheine aus, soweit es zweckmäßig ist. [2]Der Berechtigungsschein ist vor der Inanspruchnahme der Leistung dem Leistungserbringer auszuhändigen.

(4) [1]In den Berechtigungsscheinen sind die Angaben nach § 291 Abs. 2 Satz 1 Nr. 1 bis 9, bei befristeter Gültigkeit das Datum des Fristablaufs, aufzunehmen. [2]Weitere Angaben dürfen nicht aufgenommen werden.

(5) In dringenden Fällen kann die elektronische Gesundheitskarte oder der Berechtigungsschein nachgereicht werden.

(6) [1]Jeder Versicherte erhält die elektronische Gesundheitskarte bei der erstmaligen Ausgabe und bei Beginn der Versicherung bei einer Krankenkasse sowie bei jeder weiteren, nicht vom Versicherten verschuldeten erneuten Ausgabe gebührenfrei. [2]Die Krankenkassen haben einem Missbrauch der Karten durch geeignete Maßnahmen entgegenzuwirken. [3]Muss die Karte aufgrund von vom Versicherten verschuldeten Gründen neu ausgestellt werden, kann eine Gebühr von 5 Euro erhoben werden; diese Gebühr ist auch von den nach § 10 Versicherten zu zahlen. [4]Satz 3 gilt entsprechend, wenn die Karte aus vom Versicherten verschuldeten Gründen nicht ausgestellt werden kann und von der Krankenkasse eine zur Überbrückung von Übergangszeiten befristete Ersatzbescheinigung zum Nachweis der Berechtigung zur Inanspruchnahme von Leistungen ausgestellt wird. [5]Die wiederholte Ausstellung einer Bescheinigung nach Satz 4 kommt nur in Betracht, wenn der Versicherte bei der Ausstellung der elektronischen Gesundheitskarte mitwirkt; hierauf ist der Versicherte bei der erstmaligen Ausstellung einer Ersatzbescheinigung hinzuweisen. [6]Die Krankenkasse kann die Aushändigung der elektronischen Gesundheitskarte vom Vorliegen der Meldung nach § 10 Abs. 6 abhängig machen.

§ 16 Ruhen des Anspruchs. (1) [1]Der Anspruch auf Leistungen ruht, solange Versicherte

1. sich im Ausland aufhalten, und zwar auch dann, wenn sie dort während eines vorübergehenden Aufenthalts erkranken, soweit in diesem Gesetzbuch nichts Abweichendes bestimmt ist,

2. Dienst aufgrund einer gesetzlichen Dienstpflicht oder Dienstleistungen und Übungen nach dem Vierten Abschnitt des Soldatengesetzes leisten,

2a. in einem Wehrdienstverhältnis besonderer Art nach § 6 des Einsatz-Weiterverwendungsgesetzes stehen,

3. nach dienstrechtlichen Vorschriften Anspruch auf Heilfürsorge haben oder als Entwicklungshelfer Entwicklungsdienst leisten,

4. sich in Untersuchungshaft befinden, nach § 126a der Strafprozessordnung einstweilen untergebracht sind oder gegen sie eine Freiheitsstrafe oder freiheitsentziehende Maßregel der Besserung und Sicherung vollzogen wird, soweit die Versicherten als Gefangene Anspruch auf Gesundheitsfürsorge nach dem Strafvollzugsgesetz haben oder sonstige Gesundheitsfürsorge erhalten.

[2]Satz 1 gilt nicht für den Anspruch auf Mutterschaftsgeld.

(2) Der Anspruch auf Leistungen ruht, soweit Versicherte gleichartige Leistungen von einem Träger der Unfallversicherung im Ausland erhalten.

(3) [1]Der Anspruch auf Leistungen ruht, soweit durch das Seearbeitsgesetz für den Fall der Erkrankung oder Verletzung Vorsorge getroffen ist. [2]Er ruht insbesondere, solange sich das Besatzungsmitglied an Bord des Schiffes oder auf der Reise befindet, es sei denn, das Besatzungsmitglied hat nach § 100 Absatz 1 des Seearbeitsgesetzes die Leistungen der Krankenkasse gewählt oder der Reeder hat das Besatzungsmitglied nach § 100 Absatz 2 des Seearbeitsgesetzes an die Krankenkasse verwiesen.

(3a) [1]Der Anspruch auf Leistungen für nach dem Künstlersozialversicherungsgesetz Versicherte, die mit einem Betrag in Höhe von Beitragsanteilen für zwei Monate im Rückstand sind und trotz Mahnung nicht zahlen, ruht nach näherer Bestimmung des § 16 Abs. 2 des Künstlersozialversicherungsgesetzes. [2]Satz 1 gilt entsprechend für Mitglieder nach den Vorschriften dieses Buches, die mit einem Betrag in Höhe von Beitragsanteilen für zwei Monate im Rückstand sind und trotz Mahnung nicht zahlen, ausgenommen sind Untersuchungen zur Früherkennung von Krankheiten nach den §§ 25 und 26 und Leistungen, die zur Behandlung akuter Erkrankungen und Schmerzzustände sowie bei Schwangerschaft und Mutterschaft erforderlich sind; das Ruhen endet, wenn alle rückständigen und die auf die Zeit des Ruhens entfallenden Beitragsanteile gezahlt sind. [3]Ist eine wirksame Ratenzahlungsvereinbarung zu Stande gekommen, hat das Mitglied ab diesem Zeitpunkt wieder Anspruch auf Leistungen, solange die Raten vertragsgemäß entrichtet werden. [4]Das Ruhen tritt nicht ein oder endet, wenn Versicherte hilfebedürftig im Sinne des Zweiten oder Zwölften Buches sind oder werden.

(4) Der Anspruch auf Krankengeld ruht nicht, solange sich Versicherte nach Eintritt der Arbeitsunfähigkeit mit Zustimmung der Krankenkasse im Ausland aufhalten.

§ 17 Leistungen bei Beschäftigung im Ausland.   (1) [1]Mitglieder, die im Ausland beschäftigt sind und während dieser Beschäftigung erkranken oder bei denen Leistungen bei Schwangerschaft oder Mutterschaft erforderlich sind, erhalten die ihnen nach diesem Kapitel zustehenden Leistungen von ihrem Arbeitgeber. [2]Satz 1 gilt entsprechend für die nach § 10 versicherten Familienangehörigen, soweit sie das Mitglied für die Zeit dieser Beschäftigung begleiten oder besuchen.

(2) Die Krankenkasse hat dem Arbeitgeber die ihm nach Absatz 1 entstandenen Kosten bis zu der Höhe zu erstatten, in der sie ihr im Inland entstanden wären.

(3) Die zuständige Krankenkasse hat dem Reeder die Aufwendungen zu erstatten, die ihm nach § 104 Absatz 2 des Seearbeitsgesetzes entstanden sind.

§ 18 Kostenübernahme bei Behandlung außerhalb des Geltungsbereichs des Vertrages zur Gründung der Europäischen Gemeinschaft und des Abkommens über den Europäischen Wirtschaftsraum.   (1) [1]Ist eine dem allgemein anerkannten Stand der medizinischen Erkenntnisse entsprechende Behandlung einer Krankheit nur außerhalb des Geltungsbereichs des Vertrages zur Gründung der Europäischen Gemeinschaft und des Abkommens über den Europäischen Wirtschaftsraum möglich, kann die Krankenkasse die Kosten der erforderlichen Behandlung ganz oder teilweise übernehmen. [2]Der Anspruch auf Krankengeld ruht in diesem Fall nicht.

(2) In den Fällen des Absatzes 1 kann die Krankenkasse auch weitere Kosten für den Versicherten und für eine erforderliche Begleitperson ganz oder teilweise übernehmen.

(3) ¹Ist während eines vorübergehenden Aufenthalts außerhalb des Geltungsbereichs des Vertrages zur Gründung der Europäischen Gemeinschaft und des Abkommens über den Europäischen Wirtschaftsraum eine Behandlung unverzüglich erforderlich, die auch im Inland möglich wäre, hat die Krankenkasse die Kosten der erforderlichen Behandlung insoweit zu übernehmen, als Versicherte sich hierfür wegen einer Vorerkrankung oder ihres Lebensalters nachweislich nicht versichern können und die Krankenkasse dies vor Beginn des Aufenthalts außerhalb des Geltungsbereichs des Vertrages zur Gründung der Europäischen Gemeinschaft und des Abkommens über den Europäischen Wirtschaftsraum festgestellt hat. ²Die Kosten dürfen nur bis zu der Höhe, in der sie im Inland entstanden wären, und nur für längstens sechs Wochen im Kalenderjahr übernommen werden. ³Eine Kostenübernahme ist nicht zulässig, wenn Versicherte sich zur Behandlung ins Ausland begeben. ⁴Die Sätze 1 und 3 gelten entsprechend für Auslandsaufenthalte, die aus schulischen oder Studiengründen erforderlich sind; die Kosten dürfen nur bis zu der Höhe übernommen werden, in der sie im Inland entstanden wären.

§ 19 Erlöschen des Leistungsanspruchs. (1) Der Anspruch auf Leistungen erlischt mit dem Ende der Mitgliedschaft, soweit in diesem Gesetzbuch nichts Abweichendes bestimmt ist.

(1a) ¹Endet die Mitgliedschaft durch die Schließung oder Insolvenz einer Krankenkasse, gelten die von dieser Krankenkasse getroffenen Leistungsentscheidungen mit Wirkung für die aufnehmende Krankenkasse fort. ²Hiervon ausgenommen sind Leistungen aufgrund von Satzungsregelungen. ³Beim Abschluss von Wahltarifen, die ein Mitglied zum Zeitpunkt der Schließung in vergleichbarer Form bei der bisherigen Krankenkasse abgeschlossen hatte, dürfen von der aufnehmenden Krankenkasse keine Wartezeiten geltend gemacht werden. ⁴Die Vorschriften des Zehnten Buches, insbesondere zur Rücknahme von Leistungsentscheidungen, bleiben hiervon unberührt.

(2) ¹Endet die Mitgliedschaft Versicherungspflichtiger, besteht Anspruch auf Leistungen längstens für einen Monat nach dem Ende der Mitgliedschaft, solange keine Erwerbstätigkeit ausgeübt wird. ²Eine Versicherung nach § 10 hat Vorrang vor dem Leistungsanspruch nach Satz 1.

(3) Endet die Mitgliedschaft durch Tod, erhalten die nach § 10 versicherten Angehörigen Leistungen längstens für einen Monat nach dem Tode des Mitglieds.

Dritter Abschnitt

Leistungen zur Verhütung von Krankheiten, betriebliche Gesundheitsförderung und Prävention arbeitsbedingter Gesundheitsgefahren, Förderung der Selbsthilfe sowie Leistungen bei Schwangerschaft und Mutterschaft

§ 20 Primäre Prävention und Gesundheitsförderung. (1) [1]Die Krankenkasse sieht in der Satzung Leistungen zur Verhinderung und Verminderung von Krankheitsrisiken (primäre Prävention) sowie zur Förderung des selbstbestimmten gesundheitsorientierten Handelns der Versicherten (Gesundheitsförderung) vor. [2]Die Leistungen sollen insbesondere zur Verminderung sozial bedingter sowie geschlechtsbezogener Ungleichheit von Gesundheitschancen beitragen. [3]Die Krankenkasse legt dabei die Handlungsfelder und Kriterien nach Absatz 2 zugrunde.

(2) [1]Der Spitzenverband Bund der Krankenkassen legt unter Einbeziehung unabhängigen, insbesondere gesundheitswissenschaftlichen, ärztlichen, arbeitsmedizinischen, psychotherapeutischen, psychologischen, pflegerischen, ernährungs-, sport-, sucht-, erziehungs- und sozialwissenschaftlichen Sachverstandes sowie des Sachverstandes der Menschen mit Behinderung einheitliche Handlungsfelder und Kriterien für die Leistungen nach Absatz 1 fest, insbesondere hinsichtlich Bedarf, Zielgruppen, Zugangswegen, Inhalt, Methodik, Qualität, intersektoraler Zusammenarbeit, wissenschaftlicher Evaluation und der Messung der Erreichung der mit den Leistungen verfolgten Ziele. [2]Er bestimmt außerdem die Anforderungen und ein einheitliches Verfahren für die Zertifizierung von Leistungsangeboten durch die Krankenkassen, um insbesondere die einheitliche Qualität von Leistungen nach Absatz 4 Nummer 1 und 3 sicherzustellen. [3]Der Spitzenverband Bund der Krankenkassen stellt sicher, dass seine Festlegungen nach den Sätzen 1 und 2 sowie eine Übersicht der nach Satz 2 zertifizierten Leistungen der Krankenkassen auf seiner Internetseite veröffentlicht werden. [4]Die Krankenkassen erteilen dem Spitzenverband Bund der Krankenkassen hierfür sowie für den nach § 20d Absatz 2 Nummer 2 zu erstellenden Bericht die erforderlichen Auskünfte und übermitteln ihm nicht versichertenbezogen die erforderlichen Daten.

(3) [1]Bei der Aufgabenwahrnehmung nach Absatz 2 Satz 1 berücksichtigt der Spitzenverband Bund der Krankenkassen auch die folgenden Gesundheitsziele im Bereich der Gesundheitsförderung und Prävention:
1. Diabetes mellitus Typ 2: Erkrankungsrisiko senken, Erkrankte früh erkennen und behandeln,
2. Brustkrebs: Mortalität vermindern, Lebensqualität erhöhen,
3. Tabakkonsum reduzieren,
4. gesund aufwachsen: Lebenskompetenz, Bewegung, Ernährung,

5. gesundheitliche Kompetenz erhöhen, Souveränität der Patientinnen und Patienten stärken,
6. depressive Erkrankungen: verhindern, früh erkennen, nachhaltig behandeln,
7. gesund älter werden und
8. Alkoholkonsum reduzieren.

[2]Bei der Berücksichtigung des in Satz 1 Nummer 1 genannten Ziels werden auch die Ziele und Teilziele beachtet, die in der Bekanntmachung über die Gesundheitsziele und Teilziele im Bereich der Prävention und Gesundheitsförderung vom 21. März 2005 (BAnz. S. 5304) festgelegt sind. [3]Bei der Berücksichtigung der in Satz 1 Nummer 2, 3 und 8 genannten Ziele werden auch die Ziele und Teilziele beachtet, die in der Bekanntmachung über die Gesundheitsziele und Teilziele im Bereich der Prävention und Gesundheitsförderung vom 27. April 2015 (BAnz. AT 19.05.2015 B3) festgelegt sind. [4]Bei der Berücksichtigung der in Satz 1 Nummer 4 bis 7 genannten Ziele werden auch die Ziele und Teilziele beachtet, die in der Bekanntmachung über die Gesundheitsziele und Teilziele im Bereich der Prävention und Gesundheitsförderung vom 26. Februar 2013 (BAnz. AT 26.03.2013 B3) festgelegt sind. [5]Der Spitzenverband Bund der Krankenkassen berücksichtigt auch die von der Nationalen Arbeitsschutzkonferenz im Rahmen der gemeinsamen deutschen Arbeitsschutzstrategie nach § 20a Absatz 2 Nummer 1 des Arbeitsschutzgesetzes entwickelten Arbeitsschutzziele.

(4) Leistungen nach Absatz 1 werden erbracht als
1. Leistungen zur verhaltensbezogenen Prävention nach Absatz 5,
2. Leistungen zur Gesundheitsförderung und Prävention in Lebenswelten für in der gesetzlichen Krankenversicherung Versicherte nach § 20a und
3. Leistungen zur Gesundheitsförderung in Betrieben (betriebliche Gesundheitsförderung) nach § 20b.

(5) [1]Die Krankenkasse kann eine Leistung zur verhaltensbezogenen Prävention nach Absatz 4 Nummer 1 erbringen, wenn diese nach Absatz 2 Satz 2 von einer Krankenkasse oder von einem mit der Wahrnehmung dieser Aufgabe beauftragten Dritten in ihrem Namen zertifiziert ist. [2]Bei ihrer Entscheidung über eine Leistung zur verhaltensbezogenen Prävention berücksichtigt die Krankenkasse eine Präventionsempfehlung nach § 25 Absatz 1 Satz 2, nach § 26 Absatz 1 Satz 3 oder eine im Rahmen einer arbeitsmedizinischen Vorsorge oder einer sonstigen ärztlichen Untersuchung schriftlich abgegebene Empfehlung. [3]Die Krankenkasse darf die sich aus der Präventionsempfehlung ergebenden personenbezogenen Daten nur mit schriftlicher Einwilligung und nach vorheriger schriftlicher Information des Versicherten erheben, verarbeiten und nutzen. [4]Die Einwilligung kann jederzeit schriftlich widerrufen werden. [5]Die Krankenkassen dürfen ihre Aufgaben nach dieser Vorschrift an andere Krankenkassen, deren Verbände oder Arbeitsgemeinschaften übertragen. [6]Für Leistungen zur verhaltensbezogenen Prävention, die die Krankenkasse wegen besonderer beruflicher oder familiärer Umstände wohnortfern erbringt, gilt § 23 Absatz 2 Satz 2 entsprechend.

(6) ¹Die Ausgaben der Krankenkassen für die Wahrnehmung ihrer Aufgaben nach dieser Vorschrift und nach den §§ 20a bis 20c sollen insgesamt im Jahr 2015 für jeden ihrer Versicherten einen Betrag in Höhe von 3,17 Euro und ab dem Jahr 2016 einen Betrag in Höhe von 7 Euro umfassen. ²Ab dem Jahr 2016 wenden die Krankenkassen von dem Betrag nach Satz 1 für jeden ihrer Versicherten mindestens 2 Euro jeweils für Leistungen nach den §§ 20a und 20b auf. ³Unterschreiten die jährlichen Ausgaben einer Krankenkasse den Betrag nach Satz 2 für Leistungen nach § 20a, so stellt die Krankenkasse diese nicht ausgegebenen Mittel im Folgejahr zusätzlich für Leistungen nach § 20a zur Verfügung. ⁴Die Ausgaben nach den Sätzen 1 und 2 sind in den Folgejahren entsprechend der prozentualen Veränderung der monatlichen Bezugsgröße nach § 18 Absatz 1 des Vierten Buches anzupassen.

§ 20a Leistungen zur Gesundheitsförderung und Prävention in Lebenswelten. (1) ¹Lebenswelten im Sinne des § 20 Absatz 4 Nummer 2 sind für die Gesundheit bedeutsame, abgrenzbare soziale Systeme insbesondere des Wohnens, des Lernens, des Studierens, der medizinischen und pflegerischen Versorgung sowie der Freizeitgestaltung einschließlich des Sports. ²Die Krankenkassen fördern unbeschadet der Aufgaben anderer auf der Grundlage von Rahmenvereinbarungen nach § 20f Absatz 1 mit Leistungen zur Gesundheitsförderung und Prävention in Lebenswelten insbesondere den Aufbau und die Stärkung gesundheitsförderlicher Strukturen. ³Hierzu erheben sie unter Beteiligung der Versicherten und der für die Lebenswelt Verantwortlichen die gesundheitliche Situation einschließlich ihrer Risiken und Potenziale und entwickeln Vorschläge zur Verbesserung der gesundheitlichen Situation sowie zur Stärkung der gesundheitlichen Ressourcen und Fähigkeiten und unterstützen deren Umsetzung. ⁴Bei der Wahrnehmung ihrer Aufgaben nach Satz 2 sollen die Krankenkassen zusammenarbeiten und kassenübergreifende Leistungen zur Gesundheitsförderung und Prävention in Lebenswelten erbringen. ⁵Bei der Erbringung von Leistungen für Personen, deren berufliche Eingliederung auf Grund gesundheitlicher Einschränkungen besonderes erschwert ist, arbeiten die Krankenkassen mit der Bundesagentur für Arbeit und mit den kommunalen Trägern der Grundsicherung für Arbeitsuchende eng zusammen.

(2) Die Krankenkasse kann Leistungen zur Gesundheitsförderung und Prävention in Lebenswelten erbringen, wenn die Bereitschaft der für die Lebenswelt Verantwortlichen zur Umsetzung von Vorschlägen zur Verbesserung der gesundheitlichen Situation sowie zur Stärkung der gesundheitlichen Ressourcen und Fähigkeiten besteht und sie mit einer angemessenen Eigenleistung zur Umsetzung der Rahmenvereinbarungen nach § 20f beitragen.

(3) ¹Zur Unterstützung der Krankenkassen bei der Wahrnehmung ihrer Aufgaben zur Gesundheitsförderung und Prävention in Lebenswelten für in der gesetzlichen Krankenversicherung Versicherte, insbesondere in Kindertageseinrichtungen, in sonstigen Einrichtungen der Kinder- und Jugendhilfe, in Schulen sowie in den Lebenswelten älterer Menschen und zur Sicherung und Weiterentwicklung der Qualität der Leistungen beauftragt der Spitzenverband Bund der

Krankenkassen die Bundeszentrale für gesundheitliche Aufklärung ab dem Jahr 2016 insbesondere mit der Entwicklung der Art und der Qualität krankenkassenübergreifender Leistungen, deren Implementierung und deren wissenschaftlicher Evaluation. [2]Der Spitzenverband Bund der Krankenkassen legt dem Auftrag die nach § 20 Absatz 2 Satz 1 festgelegten Handlungsfelder und Kriterien sowie die in den Rahmenvereinbarungen nach § 20f jeweils getroffenen Festlegungen zugrunde. [3]Im Rahmen des Auftrags nach Satz 1 soll die Bundeszentrale für gesundheitliche Aufklärung geeignete Kooperationspartner heranziehen. [4]Die Bundeszentrale für gesundheitliche Aufklärung erhält für die Ausführung des Auftrags nach Satz 1 vom Spitzenverband Bund der Krankenkassen eine pauschale Vergütung in Höhe von mindestens 0,45 Euro aus dem Betrag, den die Krankenkassen nach § 20 Absatz 6 Satz 2 für Leistungen zur Gesundheitsförderung und Prävention in Lebenswelten aufzuwenden haben. [5]Die Vergütung nach Satz 4 erfolgt quartalsweise und ist am ersten Tag des jeweiligen Quartals zu leisten. [6]Sie ist nach Maßgabe von § 20 Absatz 6 Satz 3 jährlich anzupassen. [7]Die Bundeszentrale für gesundheitliche Aufklärung stellt sicher, dass die vom Spitzenverband Bund der Krankenkassen geleistete Vergütung ausschließlich zur Durchführung des Auftrags nach diesem Absatz eingesetzt wird und dokumentiert dies nach Maßgabe des Spitzenverbandes Bund der Krankenkassen.

(4) [1]Das Nähere über die Beauftragung der Bundeszentrale für gesundheitliche Aufklärung nach Absatz 3, insbesondere zum Inhalt und Umfang, zur Qualität und zur Prüfung der Wirtschaftlichkeit sowie zu den für die Durchführung notwendigen Kosten, vereinbaren der Spitzenverband Bund der Krankenkassen und die Bundeszentrale für gesundheitliche Aufklärung erstmals bis zum 30. November 2015. [2]Kommt die Vereinbarung nicht innerhalb der Frist nach Satz 1 zustande, erbringt die Bundeszentrale für gesundheitliche Aufklärung die Leistungen nach Absatz 3 Satz 1 unter Berücksichtigung der vom Spitzenverband Bund der Krankenkassen nach § 20 Absatz 2 Satz 1 festgelegten Handlungsfelder und Kriterien sowie unter Beachtung der in den Rahmenvereinbarungen nach § 20f getroffenen Festlegungen und des Wirtschaftlichkeitsgebots nach § 12. [3]Der Spitzenverband Bund der Krankenkassen regelt in seiner Satzung das Verfahren zur Aufbringung der erforderlichen Mittel durch die Krankenkassen. [4]§ 89 Absatz 3 bis 5 des Zehnten Buches gilt entsprechend.

§ 20b Betriebliche Gesundheitsförderung. (1) [1]Die Krankenkassen fördern mit Leistungen zur Gesundheitsförderung in Betrieben (betriebliche Gesundheitsförderung) insbesondere den Aufbau und die Stärkung gesundheitsförderlicher Strukturen. [2]Hierzu erheben sie unter Beteiligung der Versicherten und der Verantwortlichen für den Betrieb sowie der Betriebsärzte und der Fachkräfte für Arbeitssicherheit die gesundheitliche Situation einschließlich ihrer Risiken und Potenziale und entwickeln Vorschläge zur Verbesserung der gesundheitlichen Situation sowie zur Stärkung der gesundheitlichen Ressourcen und Fähigkeiten und unterstützen deren Umsetzung. [3]Für im Rahmen der Gesundheitsförderung in Betrieben erbrachte Leistungen zur individuellen, verhaltensbezogenen Prävention gilt § 20 Absatz 5 Satz 1 entsprechend.

(2) [1]Bei der Wahrnehmung von Aufgaben nach Absatz 1 arbeiten die Krankenkassen mit dem zuständigen Unfallversicherungsträger sowie mit den für den Arbeitsschutz zuständigen Landesbehörden zusammen. [2]Sie können Aufgaben nach Absatz 1 durch andere Krankenkassen, durch ihre Verbände oder durch zu diesem Zweck gebildete Arbeitsgemeinschaften (Beauftragte) mit deren Zustimmung wahrnehmen lassen und sollen bei der Aufgabenwahrnehmung mit anderen Krankenkassen zusammenarbeiten. [3]§§ 88 Abs. 1 Satz 1 und Abs. 2 des Zehnten Buches und § 219 gelten entsprechend.

(3) [1]Die Krankenkassen bieten Unternehmen unter Nutzung bestehender Strukturen in gemeinsamen regionalen Koordinierungsstellen Beratung und Unterstützung an. [2]Die Beratung und Unterstützung umfasst insbesondere die Information über Leistungen nach Absatz 1 und die Klärung, welche Krankenkasse im Einzelfall Leistungen nach Absatz 1 im Betrieb erbringt. [3]Örtliche Unternehmensorganisationen sollen an der Beratung beteiligt werden. [4]Die Landesverbände der Krankenkassen und die Ersatzkassen regeln einheitlich und gemeinsam das Nähere über die Aufgaben, die Arbeitsweise und die Finanzierung der Koordinierungsstellen sowie über die Beteiligung örtlicher Unternehmensorganisationen durch Kooperationsvereinbarungen. [5]Auf die zum Zwecke der Vorbereitung und Umsetzung der Kooperationsvereinbarungen gebildeten Arbeitsgemeinschaften findet § 94 Absatz 1a Satz 2 und 3 des Zehnten Buches keine Anwendung.

(4) [1]Unterschreiten die jährlichen Ausgaben einer Krankenkasse den Betrag nach § 20 Absatz 6 Satz 2 für Leistungen nach Absatz 1, stellt die Krankenkasse die nicht verausgabten Mittel dem Spitzenverband Bund der Krankenkassen zur Verfügung. [2]Dieser verteilt die Mittel nach einem von ihm festzulegenden Schlüssel auf die Landesverbände der Krankenkassen und die Ersatzkassen, die Kooperationsvereinbarungen mit örtlichen Unternehmensorganisationen nach Absatz 3 Satz 4 abgeschlossen haben. [3]Die Mittel dienen der Umsetzung der Kooperationsvereinbarungen nach Absatz 3 Satz 4.

§ 20c Prävention arbeitsbedingter Gesundheitsgefahren. (1) [1]Die Krankenkassen unterstützen die Träger der gesetzlichen Unfallversicherung bei ihren Aufgaben zur Verhütung arbeitsbedingter Gesundheitsgefahren. [2]Insbesondere erbringen sie in Abstimmung mit den Trägern der gesetzlichen Unfallversicherung auf spezifische arbeitsbedingte Gesundheitsrisiken ausgerichtete Maßnahmen zur betrieblichen Gesundheitsförderung nach § 20b und informieren diese über die Erkenntnisse, die sie über Zusammenhänge zwischen Erkrankungen und Arbeitsbedingungen gewonnen haben. [3]Ist anzunehmen, dass bei einem Versicherten eine berufsbedingte gesundheitliche Gefährdung oder eine Berufskrankheit vorliegt, hat die Krankenkasse dies unverzüglich den für den Arbeitsschutz zuständigen Stellen und dem Unfallversicherungsträger mitzuteilen.

(2) [1]Zur Wahrnehmung der Aufgaben nach Absatz 1 arbeiten die Krankenkassen eng mit den Trägern der gesetzlichen Unfallversicherung sowie mit den für den Arbeitsschutz zuständigen Landesbehörden zusammen. [2]Dazu sollen sie und ihre Verbände insbesondere regionale Arbeitsgemeinschaften bilden. [3]§ 88 Abs. 1 Satz 1 und Abs. 2 des Zehnten Buches und § 219 gelten entsprechend.

§ 20d Nationale Präventionsstrategie. (1) Die Krankenkassen entwickeln im Interesse einer wirksamen und zielgerichteten Gesundheitsförderung und Prävention mit den Trägern der gesetzlichen Rentenversicherung, der gesetzlichen Unfallversicherung und den Pflegekassen eine gemeinsame nationale Präventionsstrategie und gewährleisten ihre Umsetzung und Fortschreibung im Rahmen der Nationalen Präventionskonferenz nach § 20e.

(2) Die Nationale Präventionsstrategie umfasst insbesondere

1. die Vereinbarung bundeseinheitlicher, trägerübergreifender Rahmenempfehlungen zur Gesundheitsförderung und Prävention nach Absatz 3,

2. die Erstellung eines Berichts über die Entwicklung der Gesundheitsförderung und Prävention (Präventionsbericht) nach Absatz 4.

(3) [1]Zur Sicherung und Weiterentwicklung der Qualität von Gesundheitsförderung und Prävention sowie der Zusammenarbeit der für die Erbringung von Leistungen zur Prävention in Lebenswelten und in Betrieben zuständigen Träger und Stellen vereinbaren die Träger nach Absatz 1 bundeseinheitliche, trägerübergreifende Rahmenempfehlungen, insbesondere durch Festlegung gemeinsamer Ziele, vorrangiger Handlungsfelder und Zielgruppen, der zu beteiligenden Organisationen und Einrichtungen sowie zu Dokumentations- und Berichtspflichten erstmals zum 31. Dezember 2015. [2]Bei der Festlegung gemeinsamer Ziele werden auch die Ziele der gemeinsamen deutschen Arbeitsschutzstrategie sowie die von der Ständigen Impfkommission gemäß § 20 Absatz 2 des Infektionsschutzgesetzes empfohlenen Schutzimpfungen berücksichtigt. [3]Die Rahmenempfehlungen werden im Benehmen mit dem Bundesministerium für Gesundheit, dem Bundesministerium für Arbeit und Soziales, dem Bundesministerium für Ernährung und Landwirtschaft, dem Bundesministerium für Familie, Senioren, Frauen und Jugend, dem Bundesministerium des Innern und den Ländern vereinbart. [4]Das Bundesministerium für Gesundheit beteiligt weitere Bundesministerien, soweit die Rahmenempfehlungen ihre Zuständigkeit berühren. [5]An der Vorbereitung der Rahmenempfehlungen werden die Bundesagentur für Arbeit, die kommunalen Träger der Grundsicherung für Arbeitsuchende über ihre Spitzenverbände auf Bundesebene, die für den Arbeitsschutz zuständigen obersten Landesbehörden sowie die Träger der öffentlichen Jugendhilfe über die obersten Landesjugendbehörden beteiligt.

(4) [1]Die Nationale Präventionskonferenz erstellt den Präventionsbericht alle vier Jahre, erstmals zum 1. Juli 2019, und leitet ihn dem Bundesministerium für Gesundheit zu. [2]Das Bundesministerium für Gesundheit legt den Bericht den gesetzgebenden Körperschaften des Bundes vor und fügt eine Stellung-

nahme der Bundesregierung bei. [3]Der Bericht enthält insbesondere Angaben zu den Erfahrungen mit der Anwendung der §§ 20 bis 20g und zu den Ausgaben für die Leistungen der Träger nach Absatz 1 und im Fall des § 20e Absatz 1 Satz 3 bis 5 auch der Unternehmen der privaten Krankenversicherung und der Unternehmen, die die private Pflege-Pflichtversicherung durchführen, den Zugangswegen, den erreichten Personen, der Erreichung der gemeinsamen Ziele und der Zielgruppen, den Erfahrungen mit der Qualitätssicherung und der Zusammenarbeit bei der Durchführung von Leistungen sowie zu möglichen Schlussfolgerungen. [4]Der Bericht enthält auch Empfehlungen für die weitere Entwicklung des in § 20 Absatz 6 Satz 1 bestimmten Ausgabenrichtwerts für Leistungen der Krankenkassen nach den §§ 20 bis 20c und der in § 20 Absatz 6 Satz 2 bestimmten Mindestwerte für Leistungen der Krankenkassen nach den §§ 20a und 20b. [5]Die Leistungsträger nach Satz 3 erteilen der Nationalen Präventionskonferenz die für die Erstellung des Präventionsberichts erforderlichen Auskünfte. [6]Das Robert Koch-Institut liefert für den Präventionsbericht die im Rahmen des Gesundheitsmonitorings erhobenen relevanten Informationen. [7]Die Länder können regionale Erkenntnisse aus ihrer Gesundheitsberichterstattung für den Präventionsbericht zur Verfügung stellen.

§ 20e Nationale Präventionskonferenz. (1) [1]Die Aufgabe der Entwicklung und Fortschreibung der nationalen Präventionsstrategie wird von der Nationalen Präventionskonferenz als Arbeitsgemeinschaft der gesetzlichen Spitzenorganisationen der Leistungsträger nach § 20d Absatz 1 mit je zwei Sitzen wahrgenommen. [2]Die Leistungsträger nach § 20d Absatz 1 setzen die Präventionsstrategie in engem Zusammenwirken um. [3]Im Fall einer angemessenen finanziellen Beteiligung der Unternehmen der privaten Krankenversicherung und der Unternehmen, die die private Pflege-Pflichtversicherung durchführen, an Programmen und Projekten im Sinne der Rahmenempfehlungen nach § 20d Absatz 2 Nummer 1 erhält der Verband der privaten Krankenversicherungsunternehmen e.V. ebenfalls einen Sitz. [4]Die Höhe der hierfür jährlich von den Unternehmen der privaten Krankenversicherung zur Verfügung zu stellenden Mittel bemisst sich mindestens nach dem Betrag, den die Krankenkassen nach § 20 Absatz 6 Satz 2 und 3 für Leistungen zur Gesundheitsförderung und Prävention nach § 20a aufzuwenden haben, multipliziert mit der Anzahl der in der privaten Krankenversicherung Vollversicherten. [5]Die Höhe der hierfür jährlich von den Unternehmen, die die private Pflege-Pflichtversicherung durchführen, zur Verfügung zu stellenden Mittel bemisst sich nach dem Betrag, den die Pflegekassen nach § 5 Absatz 2 des Elften Buches für Leistungen zur Prävention in Lebenswelten aufzuwenden haben, multipliziert mit der Anzahl ihrer Versicherten. [6]Bund und Länder erhalten jeweils vier Sitze mit beratender Stimme. [7]Darüber hinaus entsenden die kommunalen Spitzenverbände auf Bundesebene, die Bundesagentur für Arbeit, die repräsentativen Spitzenorganisationen der Arbeitgeber und Arbeitnehmer sowie das Präventionsforum jeweils einen Vertreter in die Nationale Präventionskonferenz, die mit beratender Stimme an den Sitzungen teilnehmen. [8]Die Nationale Präventionskonferenz gibt sich eine Geschäftsordnung; darin werden insbesondere die Arbeitsweise und das Beschlussverfahren festgelegt. [9]Die Geschäftsordnung muss einstimmig angenommen werden. [10]Die Geschäftsstelle, die die Mitglieder der Nationalen Präventionskonferenz bei der Wahrnehmung ihrer Aufgabe nach Satz 1 unterstützt, wird bei der Bundeszentrale für gesundheitliche Aufklärung angesiedelt.

(2) [1]Die Nationale Präventionskonferenz wird durch ein Präventionsforum beraten, das in der Regel einmal jährlich stattfindet. [2]Das Präventionsforum setzt sich aus Vertretern der für die Gesundheitsförderung und Prävention maßgeblichen Organisationen und Verbände sowie der stimmberechtigten und beratenden Mitglieder der Nationalen Präventionskonferenz nach Absatz 1 zusammen. [3]Die Nationale Präventionskonferenz beauftragt die Bundesvereinigung für Prävention und Gesundheitsförderung e.V. mit der Durchführung des Präventionsforums und erstattet dieser die notwendigen Aufwendungen. [4]Die Einzelheiten zur Durchführung des Präventionsforums einschließlich der für die Durchführung notwendigen Kosten werden in der Geschäftsordnung der Nationalen Präventionskonferenz geregelt.

§ 20f Landesrahmenvereinbarungen zur Umsetzung der nationalen Präventionsstrategie. (1) [1]Zur Umsetzung der nationalen Präventionsstrategie schließen die Landesverbände der Krankenkassen und die Ersatzkassen, auch für die Pflegekassen, mit den Trägern der gesetzlichen Rentenversicherung, den Trägern der gesetzlichen Unfallversicherung und mit den in den Ländern zuständigen Stellen gemeinsame Rahmenvereinbarungen auf Landesebene. [2]Die für die Rahmenvereinbarungen maßgeblichen Leistungen richten sich nach § 20 Absatz 4 Nummer 2 und 3, nach den §§ 20a bis 20c sowie nach den für die Pflegekassen, für die Träger der gesetzlichen Rentenversicherung und für die Träger der gesetzlichen Unfallversicherung jeweils geltenden Leistungsgesetzen.

(2) [1]Die an den Rahmenvereinbarungen Beteiligten nach Absatz 1 treffen Festlegungen unter Berücksichtigung der bundeseinheitlichen, trägerübergreifenden Rahmenempfehlungen nach § 20d Absatz 2 Nummer 1 und der regionalen Erfordernisse insbesondere über
1. gemeinsam und einheitlich zu verfolgende Ziele und Handlungsfelder,
2. die Koordinierung von Leistungen zwischen den Beteiligten,
3. die einvernehmliche Klärung von Zuständigkeitsfragen,
4. Möglichkeiten der gegenseitigen Beauftragung der Leistungsträger nach dem Zehnten Buch,
5. die Zusammenarbeit mit dem öffentlichen Gesundheitsdienst und den Trägern der örtlichen öffentlichen Jugendhilfe und
6. die Mitwirkung weiterer für die Gesundheitsförderung und Prävention relevanter Einrichtungen und Organisationen.

[2]An der Vorbereitung der Rahmenvereinbarungen werden die Bundesagentur für Arbeit, die für den Arbeitsschutz zuständigen obersten Landesbehörden und die kommunalen Spitzenverbände auf Landesebene beteiligt. [3]Sie können den

Rahmenvereinbarungen beitreten. [4]Auf die zum Zwecke der Vorbereitung und Umsetzung der Rahmenvereinbarungen gebildeten Arbeitsgemeinschaften wird § 94 Absatz 1a Satz 2 und 3 des Zehnten Buches nicht angewendet.

§ 20g Modellvorhaben. (1) [1]Die Leistungsträger nach § 20d Absatz 1 und ihre Verbände können zur Erreichung der in den Rahmenempfehlungen nach § 20d Absatz 2 Nummer 1 festgelegten gemeinsamen Ziele einzeln oder in Kooperation mit Dritten, insbesondere den in den Ländern zuständigen Stellen nach § 20f Absatz 1, Modellvorhaben durchführen. [2]Anhand der Modellvorhaben soll die Qualität und Effizienz der Versorgung mit Leistungen zur Gesundheitsförderung und Prävention in Lebenswelten und mit Leistungen zur betrieblichen Gesundheitsförderung verbessert werden. [3]Die Modellvorhaben können auch der wissenschaftlich fundierten Auswahl geeigneter Maßnahmen der Zusammenarbeit dienen. [4]Die Aufwendungen der Krankenkassen für Modellvorhaben sind auf die Mittel nach § 20 Absatz 6 Satz 2 anzurechnen.

(2) Die Modellvorhaben sind im Regelfall auf fünf Jahre zu befristen und nach allgemein anerkannten wissenschaftlichen Standards wissenschaftlich zu begleiten und auszuwerten.

§ 20h Förderung der Selbsthilfe. (1) [1]Die Krankenkassen und ihre Verbände fördern Selbsthilfegruppen und -organisationen, die sich die gesundheitliche Prävention oder die Rehabilitation von Versicherten bei einer der im Verzeichnis nach Satz 2 aufgeführten Krankheiten zum Ziel gesetzt haben, sowie Selbsthilfekontaktstellen im Rahmen der Festlegungen des Absatzes 3. [2]Der Spitzenverband Bund der Krankenkassen beschließt ein Verzeichnis der Krankheitsbilder, bei deren gesundheitlicher Prävention oder Rehabilitation eine Förderung zulässig ist; sie haben die Kassenärztliche Bundesvereinigung und die Vertretungen der für die Wahrnehmung der Interessen der Selbsthilfe maßgeblichen Spitzenorganisationen zu beteiligen. [3]Selbsthilfekontaktstellen müssen für eine Förderung ihrer gesundheitsbezogenen Arbeit themen-, bereichs- und indikationsgruppenübergreifend tätig sein.

(2) [1]Der Spitzenverband Bund der Krankenkassen beschließt Grundsätze zu den Inhalten der Förderung der Selbsthilfe und zur Verteilung der Fördermittel auf die verschiedenen Förderebenen und Förderbereiche. [2]Die in Absatz 1 Satz 2 genannten Vertretungen der Selbsthilfe sind zu beteiligen. [3]Die Förderung kann durch pauschale Zuschüsse und als Projektförderung erfolgen.

(3) [1]Die Ausgaben der Krankenkassen und ihrer Verbände für die Wahrnehmung der Aufgaben nach Absatz 1 Satz 1 sollen insgesamt im Jahr 2016 für jeden ihrer Versicherten einen Betrag von 1,05 Euro umfassen; sie sind in den Folgejahren entsprechend der prozentualen Veränderung der monatlichen Bezugsgröße nach § 18 Abs. 1 des Vierten Buches anzupassen. [2]Für die Förderung auf der Landesebene und in den Regionen sind die Mittel entsprechend dem Wohnort der Versicherten aufzubringen. [3]Mindestens 50 vom Hundert der in Satz 1 bestimmten Mittel sind für kassenartenübergreifende Gemeinschaftsförderung aufzubringen. [4]Über die Vergabe der Fördermittel aus der Gemein-

schaftsförderung beschließen die Krankenkassen oder ihre Verbände auf den jeweiligen Förderebenen gemeinsam nach Maßgabe der in Absatz 2 Satz 1 genannten Grundsätze und nach Beratung mit den zur Wahrnehmung der Interessen der Selbsthilfe jeweils maßgeblichen Vertretungen von Selbsthilfegruppen, -organisationen und -kontaktstellen. [5]Erreicht eine Krankenkasse den in Satz 1 genannten Betrag der Förderung in einem Jahr nicht, hat sie die nicht verausgabten Fördermittel im Folgejahr zusätzlich für die Gemeinschaftsförderung zur Verfügung zu stellen.

§ 20i Primäre Prävention durch Schutzimpfungen. (1) [1]Versicherte haben Anspruch auf Leistungen für Schutzimpfungen im Sinne des § 2 Nr. 9 des Infektionsschutzgesetzes. [2]Satz 1 gilt für Schutzimpfungen, die wegen eines erhöhten Gesundheitsrisikos durch einen Auslandsaufenthalt indiziert sind, nur dann, wenn der Auslandsaufenthalt beruflich bedingt oder im Rahmen der Ausbildung vorgeschrieben ist oder wenn zum Schutz der öffentlichen Gesundheit ein besonderes Interesse daran besteht, der Einschleppung einer übertragbaren Krankheit in die Bundesrepublik Deutschland vorzubeugen. [3]Einzelheiten zu Voraussetzungen, Art und Umfang der Leistungen bestimmt der Gemeinsame Bundesausschuss in Richtlinien nach § 92 auf der Grundlage der Empfehlungen der Ständigen Impfkommission beim Robert Koch-Institut gemäß § 20 Abs. 2 des Infektionsschutzgesetzes unter besonderer Berücksichtigung der Bedeutung der Schutzimpfungen für die öffentliche Gesundheit. [4]Abweichungen von den Empfehlungen der Ständigen Impfkommission sind besonders zu begründen. [5]Zu Änderungen der Empfehlungen der Ständigen Impfkommission hat der Gemeinsame Bundesausschuss innerhalb von drei Monaten nach ihrer Veröffentlichung eine Entscheidung zu treffen. [6]Kommt eine Entscheidung nicht fristgemäß zustande, dürfen insoweit die von der Ständigen Impfkommission empfohlenen Schutzimpfungen mit Ausnahme von Schutzimpfungen nach Satz 2 erbracht werden, bis die Richtlinie vorliegt. [7]Der Anspruch nach Satz 1 schließt die Bereitstellung des erforderlichen Impfausweisvordruckes ein.

(2) Die Krankenkasse kann in ihrer Satzung weitere Schutzimpfungen vorsehen.

(3) [1]Die Krankenkassen haben außerdem im Zusammenwirken mit den Behörden der Länder, die für die Durchführung von Schutzimpfungen nach dem Infektionsschutzgesetz zuständig sind, unbeschadet der Aufgaben anderer, gemeinsam und einheitlich Schutzimpfungen ihrer Versicherten zu fördern und sich durch Erstattung der Sachkosten an den Kosten der Durchführung zu beteiligen. [2]Dies gilt entsprechend für die Erstattung der Kosten für den Impfstoff für Personen bis zum vollendeten 18. Lebensjahr aus Mitgliedstaaten der Europäischen Union, deren Versicherteneigenschaft in der gesetzlichen Krankenversicherung zum Zeitpunkt der Durchführung der Schutzimpfung noch nicht festgestellt ist und die nicht privat krankenversichert sind. [3]Zur Durchführung der Maßnahmen und zur Erstattung der Sachkosten schließen die Landesverbände der Krankenkassen und die Ersatzkassen gemeinsam Rahmenvereinbarungen

mit den in den Ländern dafür zuständigen Stellen. [4]Dabei sollen vereinfachte Möglichkeiten für die Abrechnung der zu erstattenden Sachkosten vorgesehen werden.

§ 21 Verhütung von Zahnerkrankungen (Gruppenprophylaxe). (1) [1]Die Krankenkassen haben im Zusammenwirken mit den Zahnärzten und den für die Zahngesundheitspflege in den Ländern zuständigen Stellen unbeschadet der Aufgaben anderer gemeinsam und einheitlich Maßnahmen zur Erkennung und Verhütung von Zahnerkrankungen ihrer Versicherten, die das zwölfte Lebensjahr noch nicht vollendet haben, zu fördern und sich an den Kosten der Durchführung zu beteiligen. [2]Sie haben auf flächendeckende Maßnahmen hinzuwirken. [3]In Schulen und Behinderteneinrichtungen, in denen das durchschnittliche Kariesrisiko der Schüler überproportional hoch ist, werden die Maßnahmen bis zum 16. Lebensjahr durchgeführt. [4]Die Maßnahmen sollen vorrangig in Gruppen, insbesondere in Kindergärten und Schulen, durchgeführt werden; sie sollen sich insbesondere auf die Untersuchung der Mundhöhle, Erhebung des Zahnstatus, Zahnschmelzhärtung, Ernährungsberatung und Mundhygiene erstrecken. [5]Für Kinder mit besonders hohem Kariesrisiko sind spezifische Programme zu entwickeln.

(2) [1]Zur Durchführung der Maßnahmen nach Absatz 1 schließen die Landesverbände der Krankenkassen und die Ersatzkassen mit den zuständigen Stellen nach Absatz 1 Satz 1 gemeinsame Rahmenvereinbarungen. [2]Der Spitzenverband Bund der Krankenkassen hat bundeseinheitliche Rahmenempfehlungen insbesondere über Inhalt, Finanzierung, nicht versichertenbezogene Dokumentation und Kontrolle zu beschließen.

(3) Kommt eine gemeinsame Rahmenvereinbarung nach Absatz 2 Satz 1 nicht zustande, werden Inhalt, Finanzierung, nicht versichertenbezogene Dokumentation und Kontrolle unter Berücksichtigung der bundeseinheitlichen Rahmenempfehlungen des Spitzenverbandes Bund der Krankenkassen durch Rechtsverordnung der Landesregierung bestimmt.

§ 22 Verhütung von Zahnerkrankungen (Individualprophylaxe). (1) Versicherte, die das sechste, aber noch nicht das achtzehnte Lebensjahr vollendet haben, können sich zur Verhütung von Zahnerkrankungen einmal in jedem Kalenderhalbjahr zahnärztlich untersuchen lassen.

(2) Die Untersuchungen sollen sich auf den Befund des Zahnfleisches, die Aufklärung über Krankheitsursachen und ihre Vermeidung, das Erstellen von diagnostischen Vergleichen zur Mundhygiene, zum Zustand des Zahnfleisches und zur Anfälligkeit gegenüber Karieserkrankungen, auf die Motivation und Einweisung bei der Mundpflege sowie auf Maßnahmen zur Schmelzhärtung der Zähne erstrecken.

(3) Versicherte, die das sechste, aber noch nicht das achtzehnte Lebensjahr vollendet haben, haben Anspruch auf Fissurenversiegelung der Molaren.

(4) *(aufgehoben)*

(5) Der Gemeinsame Bundesausschuss regelt das Nähere über Art, Umfang und Nachweis der individualprophylaktischen Leistungen in Richtlinien nach § 92.

§ 22a Verhütung von Zahnerkrankungen bei Pflegebedürftigen und Menschen mit Behinderungen. (1) [1]Versicherte, die einem Pflegegrad nach § 15 des Elften Buches zugeordnet sind oder Eingliederungshilfe nach § 53 des Zwölften Buches erhalten, haben Anspruch auf Leistungen zur Verhütung von Zahnerkrankungen. [2]Die Leistungen umfassen insbesondere die Erhebung eines Mundgesundheitsstatus, die Aufklärung über die Bedeutung der Mundhygiene und über Maßnahmen zu deren Erhaltung, die Erstellung eines Planes zur individuellen Mund- und Prothesenpflege sowie die Entfernung harter Zahnbeläge. [3]Pflegepersonen des Versicherten sollen in die Aufklärung und Planerstellung nach Satz 2 einbezogen werden.

(2) Das Nähere über Art und Umfang der Leistungen regelt der Gemeinsame Bundesausschuss in Richtlinien nach § 92.

§ 23 Medizinische Vorsorgeleistungen. (1) Versicherte haben Anspruch auf ärztliche Behandlung und Versorgung mit Arznei-, Verband-, Heil- und Hilfsmitteln, wenn diese notwendig sind,

1. eine Schwächung der Gesundheit, die in absehbarer Zeit voraussichtlich zu einer Krankheit führen würde, zu beseitigen,
2. einer Gefährdung der gesundheitlichen Entwicklung eines Kindes entgegenzuwirken,
3. Krankheiten zu verhüten oder deren Verschlimmerung zu vermeiden oder
4. Pflegebedürftigkeit zu vermeiden.

(2) [1]Reichen bei Versicherten die Leistungen nach Absatz 1 nicht aus oder können sie wegen besonderer beruflicher oder familiärer Umstände nicht durchgeführt werden, kann die Krankenkasse aus medizinischen Gründen erforderliche ambulante Vorsorgeleistungen in anerkannten Kurorten erbringen. [2]Die Satzung der Krankenkasse kann zu den übrigen Kosten, die Versicherten im Zusammenhang mit dieser Leistung entstehen, einen Zuschuss von bis zu 16 Euro täglich vorsehen. [3]Bei ambulanten Vorsorgeleistungen für versicherte chronisch kranke Kleinkinder kann der Zuschuss nach Satz 2 auf bis zu 25 Euro erhöht werden.

(3) In den Fällen der Absätze 1 und 2 sind die §§ 31 bis 34 anzuwenden.

(4) [1]Reichen bei Versicherten die Leistungen nach Absatz 1 und 2 nicht aus, kann die Krankenkasse Behandlung mit Unterkunft und Verpflegung in einer Vorsorgeeinrichtung erbringen, mit der ein Vertrag nach § 111 besteht; für pflegende Angehörige kann die Krankenkasse unter denselben Voraussetzungen Behandlung mit Unterkunft und Verpflegung auch in einer Vorsorgeeinrichtung erbringen, mit der ein Vertrag nach § 111a besteht. [2]Die Krankenkasse führt statistische Erhebungen über Anträge auf Leistungen nach Satz 1 und Absatz 2 sowie deren Erledigung durch.

(5) ¹Die Krankenkasse bestimmt nach den medizinischen Erfordernissen des Einzelfalls unter entsprechender Anwendung des Wunsch- und Wahlrechts der Leistungsberechtigten nach § 8 des Neunten Buches Art, Dauer, Umfang, Beginn und Durchführung der Leistungen nach Absatz 4 sowie die Vorsorgeeinrichtung nach pflichtgemäßem Ermessen; die Krankenkasse berücksichtigt bei ihrer Entscheidung die besonderen Belange pflegebedürftiger Angehöriger. ²Leistungen nach Absatz 4 sollen für längstens drei Wochen erbracht werden, es sei denn, eine Verlängerung der Leistung ist aus medizinischen Gründen dringend erforderlich. ³Satz 2 gilt nicht, soweit der Spitzenverband Bund der Krankenkassen nach Anhörung der für die Wahrnehmung der Interessen der ambulanten und stationären Vorsorgeeinrichtungen auf Bundesebene maßgeblichen Spitzenorganisationen in Leitlinien Indikationen festgelegt und diesen jeweils eine Regeldauer zugeordnet hat; von dieser Regeldauer kann nur abgewichen werden, wenn dies aus dringenden medizinischen Gründen im Einzelfall erforderlich ist. ⁴Leistungen nach Absatz 2 können nicht vor Ablauf von drei, Leistungen nach Absatz 4 können nicht vor Ablauf von vier Jahren nach Durchführung solcher oder ähnlicher Leistungen erbracht werden, deren Kosten aufgrund öffentlich-rechtlicher Vorschriften getragen oder bezuschusst worden sind, es sei denn, eine vorzeitige Leistung ist aus medizinischen Gründen dringend erforderlich.

(6) ¹Versicherte, die eine Leistung nach Absatz 4 in Anspruch nehmen und das achtzehnte Lebensjahr vollendet haben, zahlen je Kalendertag den sich nach § 61 Satz 2 ergebenden Betrag an die Einrichtung. ²Die Zahlung ist an die Krankenkasse weiterzuleiten.

(7) Medizinisch notwendige stationäre Vorsorgemaßnahmen für versicherte Kinder, die das 14. Lebensjahr noch nicht vollendet haben, sollen in der Regel für vier bis sechs Wochen erbracht werden.

(8) *(aufgehoben)*

(9) *(aufgehoben)*

§ 24 Medizinische Vorsorge für Mütter und Väter. (1) ¹Versicherte haben unter den in § 23 Abs. 1 genannten Voraussetzungen Anspruch auf aus medizinischen Gründen erforderliche Vorsorgeleistungen in einer Einrichtung des Müttergenesungswerks oder einer gleichartigen Einrichtung; die Leistung kann in Form einer Mutter-Kind-Maßnahme erbracht werden. ²Satz 1 gilt auch für Vater-Kind-Maßnahmen in dafür geeigneten Einrichtungen. ³Vorsorgeleistungen nach den Sätzen 1 und 2 werden in Einrichtungen erbracht, mit denen ein Versorgungsvertrag nach § 111a besteht. ⁴§ 23 Abs. 4 Satz 1 gilt nicht; § 23 Abs. 4 Satz 2 gilt entsprechend.

(2) § 23 Abs. 5 gilt entsprechend.

(3) ¹Versicherte, die das achtzehnte Lebensjahr vollendet haben und eine Leistung nach Absatz 1 in Anspruch nehmen, zahlen je Kalendertag den sich nach § 61 Satz 2 ergebenden Betrag an die Einrichtung. ²Die Zahlung ist an die Krankenkasse weiterzuleiten.

(4) *(aufgehoben)*

§ 24a Empfängnisverhütung. (1) [1]Versicherte haben Anspruch auf ärztliche Beratung über Fragen der Empfängnisregelung. [2]Zur ärztlichen Beratung gehören auch die erforderliche Untersuchung und die Verordnung von empfängnisregelnden Mitteln.

(2) [1]Versicherte bis zum vollendeten 20. Lebensjahr haben Anspruch auf Versorgung mit verschreibungspflichtigen empfängnisverhütenden Mitteln; § 31 Abs. 2 bis 4 gilt entsprechend. [2]Satz 1 gilt entsprechend für nicht verschreibungspflichtige Notfallkontrazeptiva, soweit sie ärztlich verordnet werden; § 129 Absatz 5a gilt entsprechend.

§ 24b Schwangerschaftsabbruch und Sterilisation. (1) [1]Versicherte haben Anspruch auf Leistungen bei einer durch Krankheit erforderlichen Sterilisation und bei einem nicht rechtswidrigen Abbruch der Schwangerschaft durch einen Arzt. [2]Der Anspruch auf Leistungen bei einem nicht rechtswidrigen Schwangerschaftsabbruch besteht nur, wenn dieser in einer Einrichtung im Sinne des § 13 Abs. 1 des Schwangerschaftskonfliktgesetzes vorgenommen wird.

(2) [1]Es werden ärztliche Beratung über die Erhaltung und den Abbruch der Schwangerschaft, ärztliche Untersuchung und Begutachtung zur Feststellung der Voraussetzungen für eine durch Krankheit erforderliche Sterilisation oder für einen nicht rechtswidrigen Schwangerschaftsabbruch, ärztliche Behandlung, Versorgung mit Arznei-, Verbands- und Heilmitteln sowie Krankenhauspflege gewährt. [2]Anspruch auf Krankengeld besteht, wenn Versicherte wegen einer durch Krankheit erforderlichen Sterilisation oder wegen eines nicht rechtswidrigen Abbruchs der Schwangerschaft durch einen Arzt arbeitsunfähig werden, es sei denn, es besteht ein Anspruch nach § 44 Abs. 1.

(3) Im Fall eines unter den Voraussetzungen des § 218a Abs. 1 des Strafgesetzbuches vorgenommenen Abbruchs der Schwangerschaft haben Versicherte Anspruch auf die ärztliche Beratung über die Erhaltung und den Abbruch der Schwangerschaft, die ärztliche Behandlung mit Ausnahme der Vornahme des Abbruchs und der Nachbehandlung bei komplikationslosem Verlauf, die Versorgung mit Arznei-, Verband- und Heilmitteln sowie auf Krankenhausbehandlung, falls und soweit die Maßnahmen dazu dienen,

1. die Gesundheit des Ungeborenen zu schützen, falls es nicht zum Abbruch kommt,
2. die Gesundheit der Kinder aus weiteren Schwangerschaften zu schützen oder
3. die Gesundheit der Mutter zu schützen, insbesondere zu erwartenden Komplikationen aus dem Abbruch der Schwangerschaft vorzubeugen oder eingetretene Komplikationen zu beseitigen.

(4) [1]Die nach Absatz 3 vom Anspruch auf Leistungen ausgenommene ärztliche Vornahme des Abbruchs umfasst
1. die Anästhesie,
2. den operativen Eingriff oder die Gabe einer den Schwangerschaftsabbruch herbeiführenden Medikation,

3. die vaginale Behandlung einschließlich der Einbringung von Arzneimitteln in die Gebärmutter,
4. die Injektion von Medikamenten,
5. die Gabe eines wehenauslösenden Medikamentes,
6. die Assistenz durch einen anderen Arzt,
7. die körperlichen Untersuchungen im Rahmen der unmittelbaren Operationsvorbereitungen und der Überwachung im direkten Anschluss an die Operation.

[2]Mit diesen ärztlichen Leistungen im Zusammenhang stehende Sachkosten, insbesondere für Narkosemittel, Verbandmittel, Abdecktücher, Desinfektionsmittel fallen ebenfalls nicht in die Leistungspflicht der Krankenkassen. [3]Bei vollstationärer Vornahme des Abbruchs übernimmt die Krankenkasse nicht die mittleren Kosten der Leistungen nach den Sätzen 1 und 2 für den Tag, an dem der Abbruch vorgenommen wird. [4]Das DRG-Institut ermittelt die Kosten nach Satz 3 gesondert und veröffentlicht das Ergebnis jährlich in Zusammenhang mit dem Entgeltsystem nach § 17b des Krankenhausfinanzierungsgesetzes.

§ 24c Leistungen bei Schwangerschaft und Mutterschaft. Die Leistungen bei Schwangerschaft und Mutterschaft umfassen
1. ärztliche Betreuung und Hebammenhilfe,
2. Versorgung mit Arznei-, Verband-, Heil- und Hilfsmitteln,
3. Entbindung,
4. häusliche Pflege,
5. Haushaltshilfe,
6. Mutterschaftsgeld.

§ 24d Ärztliche Betreuung und Hebammenhilfe. [1]Die Versicherte hat während der Schwangerschaft, bei und nach der Entbindung Anspruch auf ärztliche Betreuung sowie auf Hebammenhilfe einschließlich der Untersuchungen zur Feststellung der Schwangerschaft und zur Schwangerenvorsorge; ein Anspruch auf Hebammenhilfe im Hinblick auf die Wochenbettbetreuung besteht bis zum Ablauf von zwölf Wochen nach der Geburt, weitergehende Leistungen bedürfen der ärztlichen Anordnung. [2]Sofern das Kind nach der Entbindung nicht von der Versicherten versorgt werden kann, hat das versicherte Kind Anspruch auf die Leistungen der Hebammenhilfe, die sich auf dieses beziehen. [3]Die ärztliche Betreuung umfasst auch die Beratung der Schwangeren zur Bedeutung der Mundgesundheit für Mutter und Kind einschließlich des Zusammenhangs zwischen Ernährung und Krankheitsrisiko sowie die Einschätzung oder Bestimmung des Übertragungsrisikos von Karies. [4]Die ärztliche Beratung der Versicherten umfasst bei Bedarf auch Hinweise auf regionale Unterstützungsangebote für Eltern und Kind.

§ 24e Versorgung mit Arznei-, Verband-, Heil- und Hilfsmitteln. [1]Die Versicherte hat während der Schwangerschaft und im Zusammenhang mit der Entbindung Anspruch auf Versorgung mit Arznei-, Verband-, Heil- und Hilfsmitteln. [2]Die für die Leistungen nach den §§ 31 bis 33 geltenden Vorschriften gelten entsprechend; bei Schwangerschaftsbeschwerden und im Zusammenhang mit der Entbindung finden § 31 Absatz 3, § 32 Absatz 2, § 33 Absatz 8 und § 127 Absatz 4 keine Anwendung.

§ 24f Entbindung. [1]Die Versicherte hat Anspruch auf ambulante oder stationäre Entbindung. [2]Die Versicherte kann ambulant in einem Krankenhaus, in einer von einer Hebamme oder einem Entbindungspfleger geleiteten Einrichtung, in einer ärztlich geleiteten Einrichtung, in einer Hebammenpraxis oder im Rahmen einer Hausgeburt entbinden. [3]Wird die Versicherte zur stationären Entbindung in einem Krankenhaus oder in einer anderen stationären Einrichtung aufgenommen, hat sie für sich und das Neugeborene Anspruch auf Unterkunft, Pflege und Verpflegung. [4]Für diese Zeit besteht kein Anspruch auf Krankenhausbehandlung. [5]§ 39 Absatz 2 gilt entsprechend.

§ 24g Häusliche Pflege. [1]Die Versicherte hat Anspruch auf häusliche Pflege, soweit diese wegen Schwangerschaft oder Entbindung erforderlich ist. [2]§ 37 Absatz 3 und 4 gilt entsprechend.

§ 24h Haushaltshilfe. [1]Die Versicherte erhält Haushaltshilfe, soweit ihr wegen Schwangerschaft oder Entbindung die Weiterführung des Haushalts nicht möglich und eine andere im Haushalt lebende Person den Haushalt nicht weiterführen kann. [2]§ 38 Absatz 4 gilt entsprechend.

§ 24i Mutterschaftsgeld. (1) [1]Weibliche Mitglieder, die bei Arbeitsunfähigkeit Anspruch auf Krankengeld haben oder denen wegen der Schutzfristen nach § 3 des Mutterschutzgesetzes kein Arbeitsentgelt gezahlt wird, erhalten Mutterschaftsgeld. [2]Mutterschaftsgeld erhalten auch Frauen, deren Arbeitsverhältnis unmittelbar vor Beginn der Schutzfrist nach § 3 Absatz 1 des Mutterschutzgesetzes endet, wenn sie am letzten Tag des Arbeitsverhältnisses Mitglied einer Krankenkasse waren.

(2) [1]Für Mitglieder, die bei Beginn der Schutzfrist vor der Entbindung nach § 3 Absatz 1 des Mutterschutzgesetzes in einem Arbeitsverhältnis stehen oder in Heimarbeit beschäftigt sind oder deren Arbeitsverhältnis nach Maßgabe von § 17 Absatz 2 des Mutterschutzgesetzes gekündigt worden ist, wird als Mutterschaftsgeld das um die gesetzlichen Abzüge verminderte durchschnittliche kalendertägliche Arbeitsentgelt der letzten drei abgerechneten Kalendermonate vor Beginn der Schutzfrist nach § 3 Absatz 1 des Mutterschutzgesetzes gezahlt. [2]Es beträgt höchstens 13 Euro für den Kalendertag. [3]Für die Ermittlung des durchschnittlichen kalendertäglichen Arbeitsentgelts gilt § 21 des Mutterschutzgesetzes entsprechend. [4]Übersteigt das durchschnittliche Arbeitsentgelt 13 Euro kalendertäglich, wird der übersteigende Betrag vom Arbeitgeber oder von der für die Zahlung des Mutterschaftsgeldes zuständigen Stelle nach den Vorschriften des Mutterschutzgesetzes gezahlt. [5]Für Frauen nach Absatz 1 Satz 2 sowie für andere Mitglieder wird das Mutterschaftsgeld in Höhe des Krankengeldes gezahlt.

(3) [1]Das Mutterschaftsgeld wird für die letzten sechs Wochen vor dem voraussichtlichen Tag der Entbindung, den Entbindungstag und für die ersten acht Wochen nach der Entbindung gezahlt. [2]Bei Früh- und Mehrlingsgeburten sowie in Fällen, in denen vor Ablauf von acht Wochen nach der Entbindung bei dem Kind eine Behinderung im Sinne von § 2 Absatz 1 Satz 1 des Neunten Buches ärztlich festgestellt und ein Antrag nach § 3 Absatz 2 Satz 4 des Mutterschutzgesetzes gestellt wird, verlängert sich der Zeitraum der Zahlung des Mutterschaftsgeldes nach Satz 1 auf die ersten zwölf Wochen nach der Entbindung. [3]Wird bei Frühgeburten und sonstigen vorzeitigen Entbindungen der Zeitraum von sechs Wochen vor dem voraussichtlichen Tag der Entbindung verkürzt, so verlängert sich die Bezugsdauer um den Zeitraum, der vor der Entbindung nicht in Anspruch genommen werden konnte. [4]Für die Zahlung des Mutterschaftsgeldes vor der Entbindung ist das Zeugnis eines Arztes oder einer Hebamme maßgebend, in dem der voraussichtliche Tag der Entbindung angegeben ist. [5]Bei Entbindungen nach dem voraussichtlichen Tag der Entbindung verlängert sich die Bezugsdauer bis zum Tag der Entbindung entsprechend. [6]Für Mitglieder, deren Arbeitsverhältnis während der Schutzfristen nach § 3 des Mutterschutzgesetzes beginnt, wird das Mutterschaftsgeld von Beginn des Arbeitsverhältnisses an gezahlt.

(4) [1]Der Anspruch auf Mutterschaftsgeld ruht, soweit und solange das Mitglied beitragspflichtiges Arbeitsentgelt, Arbeitseinkommen oder Urlaubsabgeltung erhält. [2]Dies gilt nicht für einmalig gezahltes Arbeitsentgelt.

Vierter Abschnitt

Leistungen zur Erfassung von gesundheitlichen Risiken und Früherkennung von Krankheiten

§ 25 Gesundheitsuntersuchungen.   (1) [1]Versicherte, die das 18. Lebensjahr vollendet haben, haben Anspruch auf alters-, geschlechter- und zielgruppengerechte ärztliche Gesundheitsuntersuchungen zur Erfassung und Bewertung gesundheitlicher Risiken und Belastungen, zur Früherkennung von bevölkerungsmedizinisch bedeutsamen Krankheiten und eine darauf abgestimmte präventionsorientierte Beratung, einschließlich einer Überprüfung des Impfstatus im Hinblick auf die Empfehlungen der Ständigen Impfkommission nach § 20 Absatz 2 des Infektionsschutzgesetzes. [2]Die Untersuchungen umfassen, sofern medizinisch angezeigt, eine Präventionsempfehlung für Leistungen zur verhaltensbezogenen Prävention nach § 20 Absatz 5. [3]Die Präventionsempfehlung wird in Form einer ärztlichen Bescheinigung erteilt. [4]Sie informiert über Möglichkeiten und Hilfen zur Veränderung gesundheitsbezogener Verhaltensweisen und kann auch auf andere Angebote zur verhaltensbezogenen Prävention hinweisen wie beispielsweise auf die vom Deutschen Olympischen Sportbund e.V. und der Bundesärztekammer empfohlenen Bewegungsangebote in Sportvereinen oder auf sonstige qualitätsgesicherte Bewegungsangebote in Sport- oder Fitnessstudios sowie auf Angebote zur Förderung einer ausgewogenen Ernährung.

(2) Versicherte, die das 18. Lebensjahr vollendet haben, haben Anspruch auf Untersuchungen zur Früherkennung von Krebserkrankungen.

(3) [1]Voraussetzung für die Untersuchung nach den Absätzen 1 und 2 ist, dass es sich um Krankheiten handelt, die wirksam behandelt werden können oder um zu erfassende gesundheitliche Risiken und Belastungen, die durch geeignete Leistungen zur verhaltensbezogenen Prävention nach § 20 Absatz 5 vermieden, beseitigt oder vermindert werden können. [2]Die im Rahmen der Untersuchungen erbrachten Maßnahmen zur Früherkennung setzen ferner voraus, dass

1. das Vor- und Frühstadium dieser Krankheiten durch diagnostische Maßnahmen erfassbar ist,
2. die Krankheitszeichen medizinisch-technisch genügend eindeutig zu erfassen sind,
3. genügend Ärzte und Einrichtungen vorhanden sind, um die aufgefundenen Verdachtsfälle eindeutig zu diagnostizieren und zu behandeln.

[3]Stellt der Gemeinsame Bundesausschuss bei seinen Beratungen über eine Gesundheitsuntersuchung nach Absatz 1 fest, dass notwendige Erkenntnisse fehlen, kann er eine Richtlinie zur Erprobung der geeigneten inhaltlichen und organisatorischen Ausgestaltung der Gesundheitsuntersuchung beschließen. [4]§ 137e gilt entsprechend.

(4) [1]Die Untersuchungen nach Absatz 1 und 2 sollen, soweit berufsrechtlich zulässig, zusammen angeboten werden. [2]Der Gemeinsame Bundesausschuss bestimmt in den Richtlinien nach § 92 das Nähere über Inhalt, Art und Umfang der Untersuchungen sowie die Erfüllung der Voraussetzungen nach Absatz 3. [3]Ferner bestimmt er für die Untersuchungen die Zielgruppen, Altersgrenzen und die Häufigkeit der Untersuchungen. [4]Der Gemeinsame Bundesausschuss regelt erstmals bis zum 31. Juli 2016 in Richtlinien nach § 92 das Nähere zur Ausgestaltung der Präventionsempfehlung nach Absatz 1 Satz 2. [5]Im Übrigen beschließt der Gemeinsame Bundesausschuss erstmals bis zum 31. Juli 2018 in Richtlinien nach § 92 das Nähere über die Gesundheitsuntersuchungen nach Absatz 1 zur Erfassung und Bewertung gesundheitlicher Risiken und Belastungen sowie eine Anpassung der Richtlinie im Hinblick auf Gesundheitsuntersuchungen zur Früherkennung von bevölkerungsmedizinisch bedeutsamen Krankheiten. [6]Die Frist nach Satz 5 verlängert sich in dem Fall einer Erprobung nach Absatz 3 Satz 3 um zwei Jahre.

(4a) [1]Legt das Bundesministerium für Umwelt, Naturschutz, Bau und Reaktorsicherheit in einer Rechtsverordnung nach § 84 Absatz 2 des Strahlenschutzgesetzes die Zulässigkeit einer Früherkennungsuntersuchung fest, für die der Gemeinsame Bundesausschuss noch keine Richtlinie nach § 92 Absatz 1 Satz 2 Nummer 3 beschlossen hat, prüft der Gemeinsame Bundesausschuss innerhalb von 18 Monaten nach Inkrafttreten der Rechtsverordnung, ob die Früherkennungsuntersuchung nach Absatz 1 oder Absatz 2 zu Lasten der Krankenkassen zu erbringen ist und regelt gegebenenfalls das Nähere nach Absatz 3 Satz 2 und 3.

[2]Gelangt der Gemeinsame Bundesausschuss zu der Feststellung, dass der Nutzen der neuen Früherkennungsuntersuchung noch nicht hinreichend belegt ist, so hat er in der Regel eine Richtlinie nach § 137e zu beschließen.

(5) [1]In den Richtlinien des Gemeinsamen Bundesausschusses ist ferner zu regeln, dass die Durchführung von Maßnahmen nach den Absätzen 1 und 2 von einer Genehmigung der Kassenärztlichen Vereinigung abhängig ist, wenn es zur Sicherung der Qualität der Untersuchungen geboten ist, dass Ärzte mehrerer Fachgebiete zusammenwirken oder die teilnehmenden Ärzte eine Mindestzahl von Untersuchungen durchführen oder besondere technische Einrichtungen vorgehalten werden oder dass besonders qualifiziertes nichtärztliches Personal mitwirkt. [2]Ist es erforderlich, dass die teilnehmenden Ärzte eine hohe Mindestzahl von Untersuchungen durchführen oder dass bei der Leistungserbringung Ärzte mehrerer Fachgebiete zusammenwirken, legen die Richtlinien außerdem Kriterien für die Bemessung des Versorgungsbedarfs fest, so dass eine bedarfsgerechte räumliche Verteilung gewährleistet ist. [3]Die Auswahl der Ärzte durch die Kassenärztliche Vereinigung erfolgt auf der Grundlage der Bewertung ihrer Qualifikation und der geeigneten räumlichen Zuordnung ihres Praxissitzes für die Versorgung im Rahmen eines in den Richtlinien geregelten Ausschreibungsverfahrens. [4]Die Genehmigung zur Durchführung der Früherkennungsuntersuchungen kann befristet und mit für das Versorgungsziel notwendigen Auflagen erteilt werden.

§ 25a Organisierte Früherkennungsprogramme. (1) [1]Untersuchungen zur Früherkennung von Krebserkrankungen gemäß § 25 Absatz 2, für die von der Europäischen Kommission veröffentlichte Europäische Leitlinien zur Qualitätssicherung von Krebsfrüherkennungsprogrammen vorliegen, sollen als organisierte Krebsfrüherkennungsprogramme angeboten werden. [2]Diese Programme umfassen insbesondere

1. die regelmäßige Einladung der Versicherten in Textform zur Früherkennungsuntersuchung nach Satz 1,

2. die mit der Einladung erfolgende umfassende und verständliche Information der Versicherten über Nutzen und Risiken der jeweiligen Untersuchung, über die nach Absatz 4 vorgesehene Erhebung, Verarbeitung und Nutzung der personenbezogenen Daten, die zum Schutz dieser Daten getroffenen Maßnahmen, die verantwortliche Stelle und bestehende Widerspruchsrechte,

3. die inhaltliche Bestimmung der Zielgruppen, der Untersuchungsmethoden, der Abstände zwischen den Untersuchungen, der Altersgrenzen, des Vorgehens zur Abklärung auffälliger Befunde und der Maßnahmen zur Qualitätssicherung sowie

4. die systematische Erfassung, Überwachung und Verbesserung der Qualität der Krebsfrüherkennungsprogramme unter besonderer Berücksichtigung der Teilnahmeraten, des Auftretens von Intervallkarzinomen, falsch positiver Diagnosen und der Sterblichkeit an der betreffenden Krebserkrankung unter den Programmteilnehmern.

[3]Die Maßnahmen nach Satz 2 Nummer 4 beinhalten auch einen Abgleich der Daten, die nach § 299 zum Zwecke der Qualitätssicherung an eine vom Gemeinsamen Bundesausschuss bestimmte Stelle übermittelt werden, mit Daten der epidemiologischen oder der klinischen Krebsregister, soweit dies insbesondere für die Erfassung des Auftretens von Intervallkarzinomen und der Sterblichkeit an der betreffenden Krebserkrankung unter den Programmteilnehmern erforderlich ist und landesrechtliche Vorschriften die Übermittlung von Krebsregisterdaten erlauben. [4]Die entstehenden Kosten für den Datenabgleich werden von den Krankenkassen getragen.

(2) [1]Der Gemeinsame Bundesausschuss regelt bis zum 30. April 2016 in Richtlinien nach § 92 das Nähere über die Durchführung der organisierten Krebsfrüherkennungsprogramme für Früherkennungsuntersuchungen, für die bereits Europäische Leitlinien zur Qualitätssicherung nach Absatz 1 Satz 1 vorliegen. [2]Für künftige Leitlinien erfolgt eine Regelung innerhalb von drei Jahren nach Veröffentlichung der Leitlinien. [3]Handelt es sich um eine neue Früherkennungsuntersuchung, für die noch keine Richtlinien nach § 92 Absatz 1 Satz 2 Nummer 3 bestehen, prüft der Gemeinsame Bundesausschuss zunächst innerhalb von drei Jahren nach Veröffentlichung der Leitlinien, ob die Früherkennungsuntersuchung nach § 25 Absatz 2 zu Lasten der Krankenkassen zu erbringen ist, und regelt gegebenenfalls innerhalb von weiteren drei Jahren das Nähere über die Durchführung des organisierten Krebsfrüherkennungsprogramms. [4]In den Richtlinien über die Durchführung der organisierten Krebsfrüherkennungsprogramme ist insbesondere das Nähere zum Einladungswesen, zur Qualitätssicherung und zum Datenabgleich mit den Krebsregistern festzulegen, und es sind die hierfür zuständigen Stellen zu bestimmen. [5]Der Verband der Privaten Krankenversicherung ist bei den Richtlinien zu beteiligen.

(3) [1]Stellt der Gemeinsame Bundesausschuss bei seinen Beratungen fest, dass notwendige Erkenntnisse fehlen, kann er eine Richtlinie zur Erprobung der geeigneten inhaltlichen und organisatorischen Ausgestaltung eines organisierten Krebsfrüherkennungsprogramms beschließen. [2]§ 137e gilt entsprechend. [3]Die Frist nach Absatz 2 Satz 1 bis 3 für die Regelung des Näheren über die Durchführung der organisierten Krebsfrüherkennungsprogramme verlängert sich in diesem Fall um den Zeitraum der Vorbereitung, Durchführung und Auswertung der Erprobung, längstens jedoch um fünf Jahre.

(4) [1]Die nach Absatz 2 Satz 4 in den Richtlinien bestimmten Stellen sind befugt, die für die Wahrnehmung ihrer Aufgaben erforderlichen und in den Richtlinien aufgeführten Daten nach den dort genannten Vorgaben zu erheben, zu verarbeiten und zu nutzen. [2]Für die Einladungen nach Absatz 1 Satz 2 Nummer 1 dürfen die in § 291 Absatz 2 Satz 1 Nummer 2 bis 6 genannten Daten der Krankenkassen erhoben, verarbeitet und genutzt werden; sofern andere Stellen als die Krankenkassen die Aufgabe der Einladung wahrnehmen, darf die Krankenversichertennummer nur in pseudonymisierter Form verwendet werden. [3]Die Versicherten können in Textform weiteren Einladungen widersprechen; sie sind in den Einladungen auf ihr Widerspruchsrecht hinzuweisen.

[4]Andere personenbezogene Daten der Krankenkassen, insbesondere Befunddaten und Daten über die Inanspruchnahme von Krebsfrüherkennungsuntersuchungen, dürfen für die Einladungen nur mit Einwilligung der Versicherten verwendet werden. [5]Für die Datenerhebungen, -verarbeitungen und -nutzungen zum Zwecke der Qualitätssicherung nach Absatz 1 Satz 2 Nummer 4 gilt § 299, sofern der Versicherte nicht schriftlich widersprochen hat. [6]Ein Abgleich der Daten nach Satz 4 und der Daten, die nach § 299 zum Zwecke der Qualitätssicherung an eine vom Gemeinsamen Bundesausschuss bestimmte Stelle übermittelt werden, mit Daten der epidemiologischen oder klinischen Krebsregister ist unter Beachtung der landesrechtlichen Vorschriften zulässig, sofern der Versicherte nicht schriftlich widersprochen hat. [7]Der Gemeinsame Bundesausschuss legt in den Richtlinien fest, welche Daten für den Abgleich zwischen den von ihm bestimmten Stellen und den epidemiologischen oder klinischen Krebsregistern übermittelt werden sollen.

(5) [1]Der Gemeinsame Bundesausschuss oder eine von ihm beauftragte Stelle veröffentlicht alle zwei Jahre einen Bericht über den Stand der Maßnahmen nach Absatz 1 Satz 2 Nummer 4. [2]Der Gemeinsame Bundesausschuss oder eine von ihm beauftragte Stelle übermittelt auf Antrag, nach Prüfung des berechtigten Interesses des Antragstellers, anonymisierte Daten zum Zwecke der wissenschaftlichen Forschung. [3]Die Entscheidung über den Antrag ist dem Antragsteller innerhalb von zwei Monaten nach Antragstellung mitzuteilen; eine Ablehnung ist zu begründen.

§ 26 Gesundheitsuntersuchungen für Kinder und Jugendliche. (1) [1]Versicherte Kinder und Jugendliche haben bis zur Vollendung des 18. Lebensjahres Anspruch auf Untersuchungen zur Früherkennung von Krankheiten, die ihre körperliche, geistige oder psycho-soziale Entwicklung in nicht geringfügigem Maße gefährden. [2]Die Untersuchungen beinhalten auch eine Erfassung und Bewertung gesundheitlicher Risiken einschließlich einer Überprüfung der Vollständigkeit des Impfstatus sowie eine darauf abgestimmte präventionsorientierte Beratung einschließlich Informationen zu regionalen Unterstützungsangeboten für Eltern und Kind. [3]Die Untersuchungen umfassen, sofern medizinisch angezeigt, eine Präventionsempfehlung für Leistungen zur verhaltensbezogenen Prävention nach § 20 Absatz 5, die sich altersentsprechend an das Kind, den Jugendlichen oder die Eltern oder andere Sorgeberechtigte richten kann. [4]Die Präventionsempfehlung wird in Form einer ärztlichen Bescheinigung erteilt. [5]Zu den Früherkennungsuntersuchungen auf Zahn-, Mund- und Kieferkrankheiten gehören insbesondere die Inspektion der Mundhöhle, die Einschätzung oder Bestimmung des Kariesrisikos, die Ernährungs- und Mundhygieneberatung sowie Maßnahmen zur Schmelzhärtung der Zähne und zur Keimzahlsenkung. [6]Die Leistungen nach Satz 5 werden bis zur Vollendung des sechsten Lebensjahres erbracht und können von Ärzten oder Zahnärzten erbracht werden.

(2) [1]§ 25 Absatz 3 gilt entsprechend. [2]Der Gemeinsame Bundesausschuss bestimmt in den Richtlinien nach § 92 das Nähere über Inhalt, Art und Umfang der Untersuchungen nach Absatz 1 sowie über die Erfüllung der Vorausset-

zungen nach § 25 Absatz 3. [3]Ferner bestimmt er die Altersgrenzen und die Häufigkeit dieser Untersuchungen. [4]Der Gemeinsame Bundesausschuss regelt erstmals bis zum 31. Juli 2016 in Richtlinien nach § 92 das Nähere zur Ausgestaltung der Präventionsempfehlung nach Absatz 1 Satz 3. [5]Er regelt insbesondere das Nähere zur Ausgestaltung der zahnärztlichen Früherkennungsuntersuchungen zur Vermeidung frühkindlicher Karies.

(3) [1]Die Krankenkassen haben im Zusammenwirken mit den für die Kinder- und Gesundheitspflege durch Landesrecht bestimmten Stellen der Länder auf eine Inanspruchnahme der Leistungen nach Absatz 1 hinzuwirken. [2]Zur Durchführung der Maßnahmen nach Satz 1 schließen die Landesverbände der Krankenkassen und die Ersatzkassen mit den Stellen der Länder nach Satz 1 gemeinsame Rahmenvereinbarungen.

Fünfter Abschnitt
Leistungen bei Krankheit

Erster Titel
Krankenbehandlung

§ 27 Krankenbehandlung. (1) [1]Versicherte haben Anspruch auf Krankenbehandlung, wenn sie notwendig ist, um eine Krankheit zu erkennen, zu heilen, ihre Verschlimmerung zu verhüten oder Krankheitsbeschwerden zu lindern. [2]Die Krankenbehandlung umfasst

1. ärztliche Behandlung einschließlich Psychotherapie als ärztliche und psychotherapeutische Behandlung,
2. zahnärztliche Behandlung,
2a. Versorgung mit Zahnersatz einschließlich Zahnkronen und Suprakonstruktionen,
3. Versorgung mit Arznei-, Verband-, Heil- und Hilfsmitteln,
4. häusliche Krankenpflege und Haushaltshilfe,
5. Krankenhausbehandlung,
6. Leistungen zur medizinischen Rehabilitation und ergänzende Leistungen.

[3]Zur Krankenbehandlung gehört auch die palliative Versorgung der Versicherten. [4]Bei der Krankenbehandlung ist den besonderen Bedürfnissen psychisch Kranker Rechnung zu tragen, insbesondere bei der Versorgung mit Heilmitteln und bei der medizinischen Rehabilitation. [5]Zur Krankenbehandlung gehören auch Leistungen zur Herstellung der Zeugungs- oder Empfängnisfähigkeit, wenn diese Fähigkeit nicht vorhanden war oder durch Krankheit oder wegen einer durch Krankheit erforderlichen Sterilisation verloren gegangen war.

(1a) [1]Spender von Organen oder Geweben oder von Blut zur Separation von Blutstammzellen oder anderen Blutbestandteilen (Spender) haben bei einer nach den §§ 8 und 8a des Transplantationsgesetzes erfolgten Spende von Organen oder Geweben oder im Zusammenhang mit einer im Sinne von § 9 des Transfusionsgesetzes erfolgenden Spende zum Zwecke der Übertragung auf Versicherte (Entnahme bei lebenden Spendern) Anspruch auf Leistungen der Krankenbehandlung. [2]Dazu gehören die ambulante und stationäre Behandlung der Spender, die medizinisch erforderliche Vor- und Nachbetreuung, Leistungen zur medizinischen Rehabilitation sowie die Erstattung des Ausfalls von Arbeitseinkünften als Krankengeld nach § 44a und erforderlicher Fahrkosten; dies gilt auch für Leistungen, die über die Leistungen nach dem Dritten Kapitel dieses Gesetzes, auf die ein Anspruch besteht, hinausgehen, soweit sie vom Versicherungsschutz des Spenders umfasst sind. [3]Zuzahlungen sind von den Spendern nicht zu leisten. [4]Zuständig für Leistungen nach den Sätzen 1 und 2 ist die Krankenkasse der Empfänger von Organen, Geweben oder Blutstammzellen sowie anderen Blutbestandteilen (Empfänger). [5]Im Zusammenhang mit der Spende von Knochenmark nach den §§ 8 und 8a des Transplantationsgesetzes, von Blutstammzellen oder anderen Blutbestandteilen nach § 9 des Transfusionsgesetzes können die Erstattung der erforderlichen Fahrkosten des Spenders und die Erstattung der Entgeltfortzahlung an den Arbeitgeber nach § 3a Absatz 2 Satz 1 des Entgeltfortzahlungsgesetzes einschließlich der Befugnis zum Erlass der hierzu erforderlichen Verwaltungsakte auf Dritte übertragen werden. [6]Das Nähere kann der Spitzenverband Bund der Krankenkassen mit den für die nationale und internationale Suche nach nichtverwandten Spendern von Blutstammzellen aus Knochenmark oder peripherem Blut maßgeblichen Organisationen vereinbaren. [7]Für die Behandlung von Folgeerkrankungen der Spender ist die Krankenkasse der Spender zuständig, sofern der Leistungsanspruch nicht nach § 11 Absatz 5 ausgeschlossen ist. [8]Ansprüche nach diesem Absatz haben auch nicht gesetzlich krankenversicherte Personen. [9]Die Krankenkasse der Spender ist befugt, die für die Leistungserbringung nach den Sätzen 1 und 2 erforderlichen personenbezogenen Daten an die Krankenkasse oder das private Krankenversicherungsunternehmen der Empfänger zu übermitteln; dies gilt auch für personenbezogene Daten von nach dem Künstlersozialversicherungsgesetz Krankenversicherungspflichtigen. [10]Die nach Satz 7 übermittelten Daten dürfen nur für die Erbringung von Leistungen nach den Sätzen 1 und 2 verarbeitet und genutzt werden. [11]Die Datenverarbeitung und Nutzung nach den Sätzen 7 und 8 darf nur mit schriftlicher Einwilligung der Spender, der eine umfassende Information vorausgegangen ist, erfolgen.

(2) Versicherte, die sich nur vorübergehend im Inland aufhalten, Ausländer, denen eine Aufenthaltserlaubnis nach § 25 Abs. 4 bis 5 des Aufenthaltsgesetzes erteilt wurde, sowie

1. Asyl suchende Ausländer, deren Asylverfahren noch nicht unanfechtbar abgeschlossen ist,

2. Vertriebene im Sinne des § 1 Abs. 2 Nr. 2 und 3 des Bundesvertriebenengesetzes sowie Spätaussiedler im Sinne des § 4 des Bundesvertriebenengesetzes, ihre Ehegatten, Lebenspartner und Abkömmlinge im Sinne des § 7 Abs. 2 des Bundesvertriebenengesetzes haben Anspruch auf Versorgung

mit Zahnersatz, wenn sie unmittelbar vor Inanspruchnahme mindestens ein Jahr lang Mitglied einer Krankenkasse (§ 4) oder nach § 10 versichert waren oder wenn die Behandlung aus medizinischen Gründen ausnahmsweise unaufschiebbar ist.

§ 27a[5] **Künstliche Befruchtung.** (1) Die Leistungen der Krankenbehandlung umfassen auch medizinische Maßnahmen zur Herbeiführung einer Schwangerschaft, wenn

1. diese Maßnahmen nach ärztlicher Feststellung erforderlich sind,
2. nach ärztlicher Feststellung hinreichend Aussicht besteht, dass durch die Maßnahmen eine Schwangerschaft herbeigeführt wird; eine hinreichende Aussicht besteht nicht mehr, wenn die Maßnahme drei Mal ohne Erfolg durchgeführt worden ist,
3. die Personen, die diese Maßnahmen in Anspruch nehmen wollen, miteinander verheiratet sind,
4. ausschließlich Ei- und Samenzellen der Ehegatten verwendet werden und
5. sich die Ehegatten vor Durchführung der Maßnahmen von einem Arzt, der die Behandlung nicht selbst durchführt, über eine solche Behandlung unter Berücksichtigung ihrer medizinischen und psychosozialen Gesichtspunkte haben unterrichten lassen und der Arzt sie an einen der Ärzte oder eine der Einrichtungen überwiesen hat, denen eine Genehmigung nach § 121a erteilt worden ist.

(2) ¹Absatz 1 gilt auch für Inseminationen, die nach Stimulationsverfahren durchgeführt werden und bei denen dadurch ein erhöhtes Risiko von Schwangerschaften mit drei oder mehr Embryonen besteht. ²Bei anderen Inseminationen ist Absatz 1 Nr. 2 zweiter Halbsatz und Nr. 5 nicht anzuwenden.

(3) ¹Anspruch auf Sachleistungen nach Absatz 1 besteht nur für Versicherte, die das 25. Lebensjahr vollendet haben; der Anspruch besteht nicht für weibliche Versicherte, die das 40. und für männliche Versicherte, die das 50. Lebensjahr vollendet haben. ²Vor Beginn der Behandlung ist der Krankenkasse ein Behandlungsplan zur Genehmigung vorzulegen. ³Die Krankenkasse übernimmt 50 vom Hundert der mit dem Behandlungsplan genehmigten Kosten der Maßnahmen, die bei ihrem Versicherten durchgeführt werden.

(4) Der Gemeinsame Bundesausschuss bestimmt in den Richtlinien nach § 92 die medizinischen Einzelheiten zu Voraussetzungen, Art und Umfang der Maßnahmen nach Absatz 1.

---

5 Aus dem Urteil des Bundesverfassungsgerichts vom 28. Februar 2007 – 1 BvL 5/03 – wurde in BGBl. I 2007 S. 350 folgende Entscheidungsformel veröffentlicht:

§ 27a Absatz 1 Nummer 3 des Fünften Buches Sozialgesetzbuch ist mit dem Grundgesetz vereinbar, soweit die Leistung medizinischer Maßnahmen zur Herbeiführung einer Schwangerschaft (künstliche Befruchtung) durch die gesetzliche Krankenversicherung auf Personen beschränkt ist, die miteinander verheiratet sind.

Die vorstehende Entscheidungsformel hat gemäß § 31 Abs. 2 des Bundesverfassungsgerichtsgesetzes Gesetzeskraft.

§ 27b Zweitmeinung. (1) [1]Versicherte, bei denen die Indikation zu einem planbaren Eingriff gestellt wird, bei dem insbesondere im Hinblick auf die zahlenmäßige Entwicklung seiner Durchführung die Gefahr einer Indikationsausweitung nicht auszuschließen ist, haben Anspruch darauf, eine unabhängige ärztliche Zweitmeinung bei einem Arzt oder einer Einrichtung nach Absatz 3 einzuholen. [2]Die Zweitmeinung kann nicht bei einem Arzt oder einer Einrichtung eingeholt werden, durch den oder durch die der Eingriff durchgeführt werden soll.

(2) [1]Der Gemeinsame Bundesausschuss bestimmt in seinen Richtlinien nach § 92 Absatz 1 Satz 2 Nummer 13, für welche planbaren Eingriffe nach Absatz 1 Satz 1 der Anspruch auf Einholung der Zweitmeinung im Einzelnen besteht. [2]Er legt indikationsspezifische Anforderungen an die Abgabe der Zweitmeinung zum empfohlenen Eingriff und an die Erbringer einer Zweitmeinung fest, um eine besondere Expertise zur Zweitmeinungserbringung zu sichern. [3]Kriterien für die besondere Expertise sind
1. eine langjährige fachärztliche Tätigkeit in einem Fachgebiet, das für die Indikation zum Eingriff maßgeblich ist,
2. Kenntnisse über den aktuellen Stand der wissenschaftlichen Forschung zur jeweiligen Diagnostik und Therapie einschließlich Kenntnissen über Therapiealternativen zum empfohlenen Eingriff.
[4]Der Gemeinsame Bundesausschuss kann Anforderungen mit zusätzlichen Kriterien festlegen. [5]Zusätzliche Kriterien sind insbesondere
1. Erfahrungen mit der Durchführung des jeweiligen Eingriffs,
2. regelmäßige gutachterliche Tätigkeit in einem für die Indikation maßgeblichen Fachgebiet oder
3. besondere Zusatzqualifikationen, die für die Beurteilung einer gegebenenfalls interdisziplinär abzustimmenden Indikationsstellung von Bedeutung sind.
[6]Der Gemeinsame Bundesausschuss berücksichtigt bei den Festlegungen nach Satz 2 die Möglichkeiten einer telemedizinischen Erbringung der Zweitmeinung. [7]Er beschließt die Festlegungen nach den Sätzen 1 bis 5 erstmals bis zum 31. Dezember 2015.

(3) Zur Erbringung einer Zweitmeinung sind berechtigt:
1. zugelassene Ärzte,
2. zugelassene medizinische Versorgungszentren,
3. ermächtigte Ärzte und Einrichtungen,
4. zugelassene Krankenhäuser sowie
5. nicht an der vertragsärztlichen Versorgung teilnehmende Ärzte, die nur zu diesem Zweck an der vertragsärztlichen Versorgung teilnehmen,
soweit sie die Anforderungen nach Absatz 2 Satz 2 erfüllen.

(4) Die Kassenärztlichen Vereinigungen und die Landeskrankenhausgesellschaften informieren inhaltlich abgestimmt über Leistungserbringer, die unter Berücksichtigung der vom Gemeinsamen Bundesausschuss nach Absatz 2 Satz 2 festgelegten Anforderungen zur Erbringung einer unabhängigen Zweitmeinung geeignet und bereit sind.

(5) ¹Der Arzt, der die Indikation für einen Eingriff nach Absatz 1 Satz 1 in Verbindung mit Absatz 2 Satz 1 stellt, muss den Versicherten über das Recht, eine unabhängige ärztliche Zweitmeinung einholen zu können, aufklären und ihn auf die Informationsangebote über geeignete Leistungserbringer nach Absatz 4 hinweisen. ²Die Aufklärung muss mündlich erfolgen; ergänzend kann auf Unterlagen Bezug genommen werden, die der Versicherte in Textform erhält. ³Der Arzt hat dafür Sorge zu tragen, dass die Aufklärung in der Regel mindestens zehn Tage vor dem geplanten Eingriff erfolgt. ⁴In jedem Fall hat die Aufklärung so rechtzeitig zu erfolgen, dass der Versicherte seine Entscheidung über die Einholung einer Zweitmeinung wohlüberlegt treffen kann. ⁵Der Arzt hat den Versicherten auf sein Recht auf Überlassung von Abschriften der Befundunterlagen aus der Patientenakte gemäß § 630g Absatz 2 des Bürgerlichen Gesetzbuchs, die für die Einholung der Zweitmeinung erforderlich sind, hinzuweisen. ⁶Die Kosten, die dem Arzt durch die Zusammenstellung und Überlassung von Befundunterlagen für die Zweitmeinung entstehen, trägt die Krankenkasse.

(6) ¹Die Krankenkasse kann in ihrer Satzung zusätzliche Leistungen zur Einholung einer unabhängigen ärztlichen Zweitmeinung vorsehen. ²Sofern diese zusätzlichen Leistungen die vom Gemeinsamen Bundesausschuss bestimmten Eingriffe nach Absatz 2 Satz 1 betreffen, müssen sie die Anforderungen nach Absatz 2 Satz 2 erfüllen, die der Gemeinsame Bundesausschuss festgelegt hat. ³Dies gilt auch, wenn die Krankenkasse ein Zweitmeinungsverfahren im Rahmen von Verträgen der besonderen Versorgung nach § 140a anbietet.

§ 28 Ärztliche und zahnärztliche Behandlung. (1) ¹Die ärztliche Behandlung umfasst die Tätigkeit des Arztes, die zur Verhütung, Früherkennung und Behandlung von Krankheiten nach den Regeln der ärztlichen Kunst ausreichend und zweckmäßig ist. ²Zur ärztlichen Behandlung gehört auch die Hilfeleistung anderer Personen, die von dem Arzt angeordnet und von ihm zu verantworten ist. ³Die Partner der Bundesmantelverträge legen bis zum 30. Juni 2012 für die ambulante Versorgung beispielhaft fest, bei welchen Tätigkeiten Personen nach Satz 2 ärztliche Leistungen erbringen können und welche Anforderungen an die Erbringung zu stellen sind. ⁴Der Bundesärztekammer ist Gelegenheit zur Stellungnahme zu geben.

(2) ¹Die zahnärztliche Behandlung umfasst die Tätigkeit des Zahnarztes, die zur Verhütung, Früherkennung und Behandlung von Zahn-, Mund- und Kieferkrankheiten nach den Regeln der zahnärztlichen Kunst ausreichend und zweckmäßig ist; sie umfasst auch konservierend-chirurgische Leistungen und Röntgenleistungen, die im Zusammenhang mit Zahnersatz einschließlich Zahnkronen und Suprakonstruktionen erbracht werden. ²Wählen Versicherte bei Zahnfüllungen eine darüber hinausgehende Versorgung, haben sie die Mehrkosten selbst zu tragen. ³In diesen Fällen ist von den Kassen die vergleichbare preisgünstigste plastische Füllung als Sachleistung abzurechnen. ⁴In Fällen des Satzes 2 ist vor Beginn der Behandlung eine schriftliche Vereinbarung zwischen dem Zahnarzt und dem Versicherten zu treffen. ⁵Die Mehrkostenregelung gilt nicht für Fälle, in denen intakte plastische Füllungen ausgetauscht

werden. [6]Nicht zur zahnärztlichen Behandlung gehört die kieferorthopädische Behandlung von Versicherten, die zu Beginn der Behandlung das 18. Lebensjahr vollendet haben. [7]Dies gilt nicht für Versicherte mit schweren Kieferanomalien, die ein Ausmaß haben, das kombinierte kieferchirurgische und kieferorthopädische Behandlungsmaßnahmen erfordert. [8]Ebenso gehören funktionsanalytische und funktionstherapeutische Maßnahmen nicht zur zahnärztlichen Behandlung; sie dürfen von den Krankenkassen auch nicht bezuschusst werden. [9]Das Gleiche gilt für implantologische Leistungen, es sei denn, es liegen seltene vom Gemeinsamen Bundesausschuss in Richtlinien nach § 92 Abs. 1 festzulegende Ausnahmeindikationen für besonders schwere Fälle vor, in denen die Krankenkasse diese Leistung einschließlich der Suprakonstruktion als Sachleistung im Rahmen einer medizinischen Gesamtbehandlung erbringt. [10]Absatz 1 Satz 2 gilt entsprechend.

(3) [1]Die psychotherapeutische Behandlung einer Krankheit wird durch Psychologische Psychotherapeuten und Kinder- und Jugendlichenpsychotherapeuten (Psychotherapeuten), soweit sie zur psychotherapeutischen Behandlung zugelassen sind, sowie durch Vertragsärzte entsprechend den Richtlinien nach § 92 durchgeführt. [2]Absatz 1 Satz 2 gilt entsprechend. [3]Spätestens nach den probatorischen Sitzungen gemäß § 92 Abs. 6a hat der Psychotherapeut vor Beginn der Behandlung den Konsiliarbericht eines Vertragsarztes zur Abklärung einer somatischen Erkrankung sowie, falls der somatisch abklärende Vertragsarzt dies für erforderlich hält, eines psychiatrisch tätigen Vertragsarztes einzuholen.

(4) *(aufgehoben)*

§ 29 Kieferorthopädische Behandlung. (1) Versicherte haben Anspruch auf kieferorthopädische Versorgung in medizinisch begründeten Indikationsgruppen, bei denen eine Kiefer- oder Zahnfehlstellung vorliegt, die das Kauen, Beißen, Sprechen oder Atmen erheblich beeinträchtigt oder zu beeinträchtigen droht.

(2) [1]Versicherte leisten zu der kieferorthopädischen Behandlung nach Absatz 1 einen Anteil in Höhe von 20 vom Hundert der Kosten an den Vertragszahnarzt. [2]Satz 1 gilt nicht für im Zusammenhang mit kieferorthopädischer Behandlung erbrachte konservierend-chirurgische und Röntgenleistungen. [3]Befinden sich mindestens zwei versicherte Kinder, die bei Beginn der Behandlung das 18. Lebensjahr noch nicht vollendet haben und mit ihren Erziehungsberechtigten in einem gemeinsamen Haushalt leben, in kieferorthopädischer Behandlung, beträgt der Anteil nach Satz 1 für das zweite und jedes weitere Kind 10 vom Hundert.

(3) [1]Der Vertragszahnarzt rechnet die kieferorthopädische Behandlung abzüglich des Versichertenanteils nach Absatz 2 Satz 1 und 3 mit der Kassenzahnärztlichen Vereinigung ab. [2]Wenn die Behandlung in dem durch den Behandlungsplan bestimmten medizinisch erforderlichen Umfang abgeschlossen worden ist, zahlt die Kasse den von den Versicherten geleisteten Anteil nach Absatz 2 Satz 1 und 3 an die Versicherten zurück.

(4) [1]Der Gemeinsame Bundesausschuss bestimmt in den Richtlinien nach § 92 Abs. 1 befundbezogen die objektiv überprüfbaren Indikationsgruppen, bei denen die in Absatz 1 genannten Voraussetzungen vorliegen. [2]Dabei sind auch einzuhaltende Standards zur kieferorthopädischen Befunderhebung und Diagnostik vorzugeben.

§ 30 *(aufgehoben)*

§ 30a *(aufgehoben)*

§ 31 Arznei- und Verbandmittel. (1) [1]Versicherte haben Anspruch auf Versorgung mit apothekenpflichtigen Arzneimitteln, soweit die Arzneimittel nicht nach § 34 oder durch Richtlinien nach § 92 Abs. 1 Satz 2 Nr. 6 ausgeschlossen sind, und auf Versorgung mit Verbandmitteln, Harn- und Blutteststreifen. [2]Der Gemeinsame Bundesausschuss hat in den Richtlinien nach § 92 Abs. 1 Satz 2 Nr. 6 festzulegen, in welchen medizinisch notwendigen Fällen Stoffe und Zubereitungen aus Stoffen, die als Medizinprodukte nach § 3 Nr. 1 oder Nr. 2 des Medizinproduktegesetzes zur Anwendung am oder im menschlichen Körper bestimmt sind, ausnahmsweise in die Arzneimittelversorgung einbezogen werden; § 34 Abs. 1 Satz 5, 7 und 8 und Abs. 6 sowie die §§ 35, 126 und 127 gelten entsprechend. [3]Für verschreibungspflichtige und nicht verschreibungspflichtige Medizinprodukte nach Satz 2 gilt § 34 Abs. 1 Satz 6 entsprechend. [4]Der Vertragsarzt kann Arzneimittel, die aufgrund der Richtlinien nach § 92 Abs. 1 Satz 2 Nr. 6 von der Versorgung ausgeschlossen sind, ausnahmsweise in medizinisch begründeten Einzelfällen mit Begründung verordnen. [5]Für die Versorgung nach Satz 1 können die Versicherten unter den Apotheken, für die der Rahmenvertrag nach § 129 Abs. 2 Geltung hat, frei wählen.

(2) [1]Für ein Arznei- oder Verbandmittel, für das ein Festbetrag nach § 35 oder § 35a festgesetzt ist, trägt die Krankenkasse die Kosten bis zur Höhe dieses Betrages, für andere Arznei- oder Verbandmittel die vollen Kosten, jeweils abzüglich der vom Versicherten zu leistenden Zuzahlung und der Abschläge nach den §§ 130, 130 a und dem Gesetz zur Einführung von Abschlägen der pharmazeutischen Großhändler. [2]Hat die Krankenkasse mit einem pharmazeutischen Unternehmen, das ein Festbetragsarzneimittel anbietet, eine Vereinbarung nach § 130a Abs. 8 abgeschlossen, trägt die Krankenkasse abweichend von Satz 1 den Apothekenverkaufspreis dieses Mittels abzüglich der Zuzahlungen und Abschläge nach den §§ 130 und 130a Abs. 1, 3a und 3b. [3]Diese Vereinbarung ist nur zulässig, wenn hierdurch die Mehrkosten der Überschreitung des Festbetrages ausgeglichen werden. [4]Die Krankenkasse übermittelt die erforderlichen Angaben einschließlich des Arzneimittel- und des Institutionskennzeichens der Krankenkasse an die Vertragspartner nach § 129 Abs. 2; das Nähere ist in den Verträgen nach § 129 Abs. 2 und 5 zu vereinbaren. [5]Versicherte und Apotheken sind nicht zu vereinbaren. [6]Versicherte und Apotheken sind nicht verpflichtet, Mehrkosten an die Krankenkasse zurückzuzahlen, wenn die von der Krankenkasse abgeschlossene Vereinbarung den gesetzlichen Anforderungen nicht entspricht.

(2a) *(aufgehoben)*

(3) [1]Versicherte, die das achtzehnte Lebensjahr vollendet haben, leisten an die abgebende Stelle zu jedem zu Lasten der gesetzlichen Krankenversicherung verordneten Arznei- und Verbandmittel als Zuzahlung den sich nach § 61 Satz 1 ergebenden Betrag, jedoch jeweils nicht mehr als die Kosten des Mittels. [2]Satz 1 findet keine Anwendung bei Harn- und Blutteststreifen. [3]Satz 1 gilt auch für Medizinprodukte, die nach Absatz 1 Satz 2 und 3 in die Versorgung mit Arzneimitteln einbezogen worden sind. [4]Der Spitzenverband Bund der Krankenkassen kann Arzneimittel, deren Abgabepreis des pharmazeutischen Unternehmers ohne Mehrwertsteuer mindestens um 30 vom Hundert niedriger als der jeweils gültige Festbetrag ist, der diesem Preis zugrunde liegt, von der Zuzahlung freistellen, wenn hieraus Einsparungen zu erwarten sind. [5]Für andere Arzneimittel, für die eine Vereinbarung nach § 130a Abs. 8 besteht, kann die Krankenkasse die Zuzahlung um die Hälfte ermäßigen oder aufheben, wenn hieraus Einsparungen zu erwarten sind. [6]Absatz 2 Satz 4 gilt entsprechend.

(4) [1]Das Nähere zu therapiegerechten und wirtschaftlichen Packungsgrößen bestimmt das Bundesministerium für Gesundheit durch Rechtsverordnung ohne Zustimmung des Bundesrates. [2]Ein Fertigarzneimittel, dessen Packungsgröße die größte der aufgrund der Verordnung nach Satz 1 bestimmte Packungsgröße übersteigt, ist nicht Gegenstand der Versorgung nach Absatz 1 und darf nicht zu Lasten der gesetzlichen Krankenversicherung abgegeben werden.

(5) [1]Versicherte haben Anspruch auf bilanzierte Diäten zur enteralen Ernährung, wenn eine diätetische Intervention mit Bilanzierten Diäten medizinisch notwendig, zweckmäßig und wirtschaftlich ist. [2]Der Gemeinsame Bundesausschuss legt in den Richtlinien nach § 92 Abs. 1 Satz 2 Nr. 6 fest, unter welchen Voraussetzungen welche bilanzierten Diäten zur enteralen Ernährung vom Vertragsarzt verordnet werden können und veröffentlicht im Bundesanzeiger eine Zusammenstellung der verordnungsfähigen Produkte. [3]§ 34 Abs. 6 gilt entsprechend. [4]In die Zusammenstellung sollen nur Produkte aufgenommen werden, die die Anforderungen der Richtlinie erfüllen. [5]Für die Zuzahlung gilt Absatz 3 Satz 1 entsprechend. [6]Für die Abgabe von bilanzierten Diäten zur enteralen Ernährung gelten die §§ 126 und 127 entsprechend. [7]Bei Vereinbarungen nach § 84 Abs. 1 Satz 2 Nr. 1 sind Leistungen nach Satz 1 zu berücksichtigen.

§ 31a Medikationsplan. (1) [1]Versicherte, die gleichzeitig mindestens drei verordnete Arzneimittel anwenden, haben ab dem 1. Oktober 2016 Anspruch auf Erstellung und Aushändigung eines Medikationsplans in Papierform durch einen an der vertragsärztlichen Versorgung teilnehmenden Arzt. [2]Das Nähere zu den Voraussetzungen des Anspruchs nach Satz 1 vereinbaren die Kassenärztliche Bundesvereinigung und der Spitzenverband Bund der Krankenkassen bis zum 30. Juni 2016 mit Wirkung zum 1. Oktober 2016 als Bestandteil der Bundesmantelverträge. [3]Jeder an der vertragsärztlichen Versorgung teilnehmende Arzt ist verpflichtet, bei der Verordnung eines Arzneimittels den Versicherten, der einen Anspruch nach Satz 1 hat, über diesen Anspruch zu informieren.

(2) [1]In dem Medikationsplan sind mit Anwendungshinweisen zu dokumentieren

1. alle Arzneimittel, die dem Versicherten verordnet worden sind,
2. Arzneimittel, die der Versicherte ohne Verschreibung anwendet, sowie
3. Hinweise auf Medizinprodukte, soweit sie für die Medikation nach den Nummern 1 und 2 relevant sind.

[2]Den besonderen Belangen der blinden und sehbehinderten Patienten ist bei der Erläuterung der Inhalte des Medikationsplans Rechnung zu tragen.

(3) [1]Der Arzt nach Absatz 1 Satz 1 hat den Medikationsplan zu aktualisieren, sobald er die Medikation ändert oder er Kenntnis davon erlangt, dass eine anderweitige Änderung der Medikation eingetreten ist. [2]Auf Wunsch des Versicherten hat die Apotheke bei Abgabe eines Arzneimittels eine insoweit erforderliche Aktualisierung des Medikationsplans vorzunehmen. [3]Ab dem 1. Januar 2019 besteht der Anspruch auf Aktualisierung über den Anspruch nach Satz 1 hinaus gegenüber jedem an der vertragsärztlichen Versorgung teilnehmenden Arzt sowie nach Satz 2 gegenüber der abgebenden Apotheke, wenn der Versicherte gegenüber dem Arzt oder der abgebenden Apotheke den Zugriff auf die Daten nach § 291a Absatz 3 Satz 1 Nummer 3 erlaubt. [4]Die Aktualisierungen nach Satz 3 sind mittels der elektronischen Gesundheitskarte zu speichern, sofern der Versicherte dies wünscht.

(4) [1]Inhalt, Struktur und Vorgaben zur Erstellung und Aktualisierung des Medikationsplans sowie ein Verfahren zu seiner Fortschreibung vereinbaren die Kassenärztliche Bundesvereinigung, die Bundesärztekammer und die für die Wahrnehmung der wirtschaftlichen Interessen gebildete maßgebliche Spitzenorganisation der Apotheker auf Bundesebene bis zum 30. April 2016 im Benehmen mit dem Spitzenverband Bund der Krankenkassen und der Deutschen Krankenhausgesellschaft. [2]Den auf Bundesebene für die Wahrnehmung der Interessen der Patienten und der Selbsthilfe chronisch kranker und behinderter Menschen maßgeblichen Organisationen ist Gelegenheit zur Stellungnahme zu geben. [3]Kommt die Vereinbarung nicht innerhalb der Frist nach Satz 1 zustande, ist auf Antrag einer der Vereinbarungspartner nach Satz 1 oder des Bundesministeriums für Gesundheit ein Schlichtungsverfahren bei der Schlichtungsstelle nach § 291c Absatz 1 einzuleiten. [4]Innerhalb von vier Wochen nach Einleitung des Schlichtungsverfahrens hat die Schlichtungsstelle einen Entscheidungsvorschlag vorzulegen. [5]Vor ihrem Entscheidungsvorschlag hat die Schlichtungsstelle den in den Sätzen 1 und 2 genannten Organisationen Gelegenheit zur Stellungnahme zu geben. [6]Kommt innerhalb von zwei Wochen nach Vorlage des Entscheidungsvorschlags keine Entscheidung der Vereinbarungspartner zustande, entscheidet die Schlichtungsstelle anstelle der Vereinbarungspartner innerhalb von zwei Wochen. [7]Auf die Entscheidungen der Schlichtungsstelle findet § 291c Absatz 7 Satz 4 bis 6 Anwendung. [8]Die Entscheidung der Schlichtungsstelle ist für die Vereinbarungspartner nach Satz 1 und für die Leistungserbringer und Krankenkassen sowie für ihre Verbände nach diesem Buch verbindlich; sie kann nur durch eine alternative Ent-

scheidung der Vereinbarungspartner nach Satz 1 in gleicher Sache ersetzt werden.

(5) [1]Für die elektronische Verarbeitung und Nutzung der Daten des Medikationsplans ist die Vereinbarung nach Absatz 4 Satz 1 erstmals bis zum 30. April 2017 so fortzuschreiben, dass Daten nach Absatz 2 Satz 1 in den von Vertragsärzten zur Verordnung genutzten elektronischen Programmen und in den elektronischen Programmen der Apotheken einheitlich abgebildet und zur Prüfung der Arzneimitteltherapiesicherheit genutzt werden können. [2]Bei der Fortschreibung nach Satz 1 ist der Gesellschaft für Telematik Gelegenheit zur Stellungnahme zu geben. [3]Kommt die erstmalige Fortschreibung nach Satz 1 nicht innerhalb der dort genannten Frist zustande, gilt Absatz 4 Satz 3 bis 8 entsprechend.

(6) Von den Regelungen dieser Vorschrift bleiben regionale Modellvorhaben nach § 63 unberührt.

§ 32 Heilmittel. (1) [1]Versicherte haben Anspruch auf Versorgung mit Heilmitteln, soweit sie nicht nach § 34 ausgeschlossen sind. [2]Für nicht nach Satz 1 ausgeschlossene Heilmittel bleibt § 92 unberührt.

(1a) [1]Der Gemeinsame Bundesausschuss regelt bis zum 30. Juni 2016 in seiner Richtlinie nach § 92 Absatz 1 Satz 2 Nummer 6 das Nähere zur Heilmittelversorgung von Versicherten mit langfristigem Behandlungsbedarf. [2]Er hat insbesondere zu bestimmen, wann ein langfristiger Heilmittelbedarf vorliegt, und festzulegen, ob und inwieweit ein Genehmigungsverfahren durchzuführen ist. [3]Ist in der Richtlinie ein Genehmigungsverfahren vorgesehen, so ist über die Anträge innerhalb von vier Wochen zu entscheiden; ansonsten gilt die Genehmigung nach Ablauf der Frist als erteilt. [4]Soweit zur Entscheidung ergänzende Informationen des Antragstellers erforderlich sind, ist der Lauf der Frist bis zum Eingang dieser Informationen unterbrochen.

(2) [1]Versicherte, die das achtzehnte Lebensjahr vollendet haben, haben zu den Kosten der Heilmittel als Zuzahlung den sich nach § 61 Satz 3 ergebenden Betrag an die abgebende Stelle zu leisten. [2]Dies gilt auch, wenn Massagen, Bäder und Krankengymnastik als Bestandteil der ärztlichen Behandlung (§ 27 Satz 2 Nr. 1) oder bei ambulanter Behandlung in Krankenhäusern, Rehabilitations- oder anderen Einrichtungen abgegeben werden. [3]Die Zuzahlung für die in Satz 2 genannten Heilmittel, die als Bestandteil der ärztlichen Behandlung abgegeben werden, errechnet sich nach den Preisen, die für die Krankenkasse des Versicherten nach § 125 für den Bereich des Vertragsarztsitzes vereinbart sind. [4]Bestehen insoweit unterschiedliche Preisvereinbarungen, hat die Krankenkasse einen durchschnittlichen Preis zu errechnen. [5]Die Krankenkasse teilt die anzuwendenden Preise den Kassenärztlichen Vereinigungen mit, die die Vertragsärzte darüber unterrichten.

§ 33 Hilfsmittel. (1) [1]Versicherte haben Anspruch auf Versorgung mit Hörhilfen, Körperersatzstücken, orthopädischen und anderen Hilfsmitteln, die im Einzelfall erforderlich sind, um den Erfolg der Krankenbehandlung zu sichern, einer drohenden Behinderung vorzubeugen oder eine Behinderung auszugleichen, soweit die Hilfsmittel nicht als allgemeine Gebrauchsgegenstände des täglichen Lebens anzusehen oder nach § 34 Abs. 4 ausgeschlossen sind. [2]Der Anspruch auf Versorgung mit Hilfsmitteln zum Behinderungsausgleich hängt bei stationärer Pflege nicht davon ab, in welchem Umfang eine Teilhabe am Leben der Gemeinschaft noch möglich ist; die Pflicht der stationären Pflegeeinrichtungen zur Vorhaltung von Hilfsmitteln und Pflegehilfsmitteln, die für den üblichen Pflegebetrieb jeweils notwendig sind, bleibt hiervon unberührt. [3]Für nicht durch Satz 1 ausgeschlossene Hilfsmittel bleibt § 92 Abs. 1 unberührt. [4]Der Anspruch umfasst auch die notwendige Änderung, Instandsetzung und Ersatzbeschaffung von Hilfsmitteln, die Ausbildung in ihrem Gebrauch und, soweit zum Schutz der Versicherten vor unvertretbaren gesundheitlichen Risiken erforderlich, die nach dem Stand der Technik zur Erhaltung der Funktionsfähigkeit und der technischen Sicherheit notwendigen Wartungen und technischen Kontrollen. [5]Wählen Versicherte Hilfsmittel oder zusätzliche Leistungen, die über das Maß des Notwendigen hinausgehen, haben sie die Mehrkosten und dadurch bedingte höhere Folgekosten selbst zu tragen. [6]§ 18 Absatz 6a des Elften Buches ist zu beachten.

(2) [1]Versicherte haben bis zur Vollendung des 18. Lebensjahres Anspruch auf Versorgung mit Sehhilfen entsprechend den Voraussetzungen nach den Absatz 1. [2]Für Versicherte, die das 18. Lebensjahr vollendet haben, besteht der Anspruch auf Sehhilfen, wenn sie aufgrund ihrer Sehschwäche oder Blindheit, entsprechend der von der Weltgesundheitsorganisation empfohlenen Klassifikation des Schweregrades der Sehbeeinträchtigung, auf beiden Augen eine schwere Sehbeeinträchtigung mindestens der Stufe 1 aufweisen; Anspruch auf therapeutische Sehhilfen besteht, wenn diese der Behandlung von Augenverletzungen oder Augenerkrankungen dienen. [3]Der Gemeinsame Bundesausschuss bestimmt in Richtlinien nach § 92, bei welchen Indikationen therapeutische Sehhilfen verordnet werden. [4]Der Anspruch auf Versorgung mit Sehhilfen umfasst nicht die Kosten des Brillengestells.

(3) [1]Anspruch auf Versorgung mit Kontaktlinsen besteht für anspruchsberechtigte Versicherte nach Absatz 2 nur in medizinisch zwingend erforderlichen Ausnahmefällen. [2]Der Gemeinsame Bundesausschuss bestimmt in den Richtlinien nach § 92, bei welchen Indikationen Kontaktlinsen verordnet werden. [3]Wählen Versicherte statt einer erforderlichen Brille Kontaktlinsen und liegen die Voraussetzungen des Satzes 1 nicht vor, zahlt die Krankenkasse als Zuschuss zu den Kosten von Kontaktlinsen höchstens den Betrag, den sie für eine erforderliche Brille aufzuwenden hätte. [4]Die Kosten für Pflegemittel werden nicht übernommen.

(4) Ein erneuter Anspruch auf Versorgung mit Sehhilfen nach Absatz 2 besteht für Versicherte, die das vierzehnte Lebensjahr vollendet haben, nur bei einer Änderung der Sehfähigkeit um mindestens 0,5 Dioptrien; für medizinisch zwingend erforderliche Fälle kann der Gemeinsame Bundesausschuss in den Richtlinien nach § 92 Ausnahmen zulassen.

(5) [1]Die Krankenkasse kann den Versicherten die erforderlichen Hilfsmittel auch leihweise überlassen. [2]Sie kann die Bewilligung von Hilfsmitteln davon abhängig machen, dass die Versicherten sich das Hilfsmittel anpassen oder sich in seinem Gebrauch ausbilden lassen.

(5a) [1]Eine vertragsärztliche Verordnung ist für die Beantragung von Leistungen nach den Absätzen 1 bis 4 nur erforderlich, soweit eine erstmalige oder erneute ärztliche Diagnose oder Therapieentscheidung medizinisch geboten ist. [2]Abweichend von Satz 1 können die Krankenkassen eine vertragsärztliche Verordnung als Voraussetzung für die Kostenübernahme verlangen, soweit sie auf die Genehmigung der beantragten Hilfsmittelversorgung verzichtet haben. [3]§ 18 Absatz 6a des Elften Buches ist zu beachten.

(6) [1]Die Versicherten können alle Leistungserbringer in Anspruch nehmen, die Vertragspartner ihrer Krankenkasse sind. [2]Hat die Krankenkasse Verträge nach § 127 Abs. 1 über die Versorgung mit bestimmten Hilfsmitteln geschlossen, erfolgt die Versorgung durch einen Vertragspartner, der den Versicherten von der Krankenkasse zu benennen ist. [3]Abweichend von Satz 2 können Versicherte ausnahmsweise einen anderen Leistungserbringer wählen, wenn ein berechtigtes Interesse besteht; dadurch entstehende Mehrkosten haben sie selbst zu tragen.

(7) Die Krankenkasse übernimmt die jeweils vertraglich vereinbarten Preise.

(8) [1]Versicherte, die das 18. Lebensjahr vollendet haben, leisten zu jedem zu Lasten der gesetzlichen Krankenversicherung abgegebenen Hilfsmittel als Zuzahlung den sich nach § 61 Satz 1 ergebenden Betrag zu dem von der Krankenkasse zu übernehmenden Betrag an die abgebende Stelle. [2]Der Vergütungsanspruch nach Absatz 7 verringert sich um die Zuzahlung; § 43c Abs. 1 Satz 2 findet keine Anwendung. [3]Die Zuzahlung bei zum Verbrauch bestimmten Hilfsmitteln beträgt 10 vom Hundert des insgesamt von der Krankenkasse zu übernehmenden Betrags, jedoch höchstens 10 Euro für den gesamten Monatsbedarf.

(9) Absatz 1 Satz 5 gilt entsprechend für Intraokularlinsen beschränkt auf die Kosten der Linsen.

§ 33a *(aufgehoben)*

§ 34 Ausgeschlossene Arznei-, Heil- und Hilfsmittel. (1) [1]Nicht verschreibungspflichtige Arzneimittel sind von der Versorgung nach § 31 ausgeschlossen. [2]Der Gemeinsame Bundesausschuss legt in den Richtlinien nach § 92 Abs. 1 Satz 2 Nr. 6 fest, welche nicht verschreibungspflichtigen Arzneimittel, die bei der Behandlung schwerwiegender Erkrankungen als Therapiestandard gelten, zur Anwendung bei diesen Erkrankungen mit Begründung vom Vertragsarzt ausnahmsweise verordnet werden können. [3]Dabei ist der therapeutischen Vielfalt Rechnung zu tragen. [4]Der Gemeinsame Bundesausschuss hat auf der Grundlage der Richtlinie nach Satz 2 dafür Sorge zu tragen, dass eine Zusammenstellung der verordnungsfähigen Fertigarzneimittel erstellt, regelmäßig aktualisiert wird und im Internet abruffähig sowie in elektronisch weiterverarbeitbarer Form zur Verfügung steht. [5]Satz 1 gilt nicht für:

1. versicherte Kinder bis zum vollendeten 12. Lebensjahr,
2. versicherte Jugendliche bis zum vollendeten 18. Lebensjahr mit Entwicklungsstörungen.

[6]Für Versicherte, die das achtzehnte Lebensjahr vollendet haben, sind von der Versorgung nach § 31 folgende verschreibungspflichtige Arzneimittel bei Verordnung in den genannten Anwendungsgebieten ausgeschlossen:

1. Arzneimittel zur Anwendung bei Erkältungskrankheiten und grippalen Infekten einschließlich der bei diesen Krankheiten anzuwendenden Schnupfenmittel, Schmerzmittel, hustendämpfenden und hustenlösenden Mittel,
2. Mund- und Rachentherapeutika, ausgenommen bei Pilzinfektionen,
3. Abführmittel,
4. Arzneimittel gegen Reisekrankheit.

[7]Von der Versorgung sind außerdem Arzneimittel ausgeschlossen, bei deren Anwendung eine Erhöhung der Lebensqualität im Vordergrund steht. [8]Ausgeschlossen sind insbesondere Arzneimittel, die überwiegend zur Behandlung der erektilen Dysfunktion, der Anreizung sowie Steigerung der sexuellen Potenz, zur Raucherentwöhnung, zur Abmagerung oder zur Zügelung des Appetits, zur Regulierung des Körpergewichts oder zur Verbesserung des Haarwuchses dienen. [9]Das Nähere regeln die Richtlinien nach § 92 Abs. 1 Satz 2 Nr. 6.

(2) *(aufgehoben)*

(3) [1]Der Ausschluss der Arzneimittel, die in Anlage 2 Nummer 2 bis 6 der Verordnung über unwirtschaftliche Arzneimittel in der gesetzlichen Krankenversicherung vom 21. Februar 1990 (BGBl. I S. 301), die zuletzt durch die Verordnung vom 9. Dezember 2002 (BGBl. I S. 4554) geändert worden ist, aufgeführt sind, gilt als Verordnungsausschluss des Gemeinsamen Bundesausschusses und ist Teil der Richtlinien nach § 92 Absatz 1 Satz 2 Nummer 6. [2]Bei der Beurteilung von Arzneimitteln der besonderen Therapierichtungen wie homöopathischen, phytotherapeutischen und anthroposophischen Arzneimitteln ist der besonderen Wirkungsweise dieser Arzneimittel Rechnung zu tragen.

(4) [1]Das Bundesministerium für Gesundheit kann durch Rechtsverordnung mit Zustimmung des Bundesrates Hilfsmittel von geringem oder umstrittenem therapeutischen Nutzen oder geringem Abgabepreis bestimmen, deren Kosten die Krankenkasse nicht übernimmt. [2]Die Rechtsverordnung kann auch bestimmen, inwieweit geringfügige Kosten der notwendigen Änderung, Instandsetzung und Ersatzbeschaffung sowie der Ausbildung im Gebrauch der Hilfsmittel von der Krankenkasse nicht übernommen werden. [3]Die Sätze 1 und 2 gelten nicht für die Instandsetzung von Hörgeräten und ihre Versorgung mit Batterien bei Versicherten, die das achtzehnte Lebensjahr noch nicht vollendet haben. [4]Für nicht durch Rechtsverordnung nach Satz 1 ausgeschlossene Hilfsmittel bleibt § 92 unberührt.

(5) *(aufgehoben)*

(6) [1]Pharmazeutische Unternehmer können beim Gemeinsamen Bundesausschuss Anträge zur Aufnahme von Arzneimitteln in die Zusammenstellung nach Absatz 1 Satz 2 und 4 stellen. [2]Die Anträge sind ausreichend zu begründen; die erforderlichen Nachweise sind dem Antrag beizufügen. [3]Sind die Angaben zur Begründung des Antrags unzureichend, teilt der Gemeinsame Bundesausschuss dem Antragsteller unverzüglich mit, welche zusätzlichen Einzelangaben erforderlich sind. [4]Der Gemeinsame Bundesausschuss hat über ausreichend begründete Anträge nach Satz 1 innerhalb von 90 Tagen zu bescheiden und den Antragsteller über Rechtsmittel und Rechtsmittelfristen zu belehren. [5]Eine ablehnende Entscheidung muss eine auf objektiven und überprüfbaren Kriterien beruhende Begründung enthalten. [6]Für das Antragsverfahren sind Gebühren zu erheben. [7]Das Nähere insbesondere zur ausreichenden Begründung und zu den erforderlichen Nachweisen regelt der Gemeinsame Bundesausschuss.

§ 34a *(aufgehoben)*

§ 35 Festbeträge für Arznei- und Verbandmittel. (1) [1]Der Gemeinsame Bundesausschuss bestimmt in den Richtlinien nach § 92 Abs. 1 Satz 2 Nr. 6, für welche Gruppen von Arzneimitteln Festbeträge festgesetzt werden können. [2]In den Gruppen sollen Arzneimittel mit

1. denselben Wirkstoffen,
2. pharmakologisch-therapeutisch vergleichbaren Wirkstoffen, insbesondere mit chemisch verwandten Stoffen,
3. therapeutisch vergleichbarer Wirkung, insbesondere Arzneimittelkombinationen,

zusammengefasst werden; unterschiedliche Bioverfügbarkeiten wirkstoffgleicher Arzneimittel sind zu berücksichtigen, sofern sie für die Therapie bedeutsam sind. [3]Bei der Bildung von Gruppen nach Satz 1 soll bei Arzneimitteln mit Wirkstoffen zur Behandlung bakterieller Infektionskrankheiten (Antibiotika) die Resistenzsituation berücksichtigt werden. [4]Arzneimittel, die als Reserveantibiotika für die Versorgung von Bedeutung sind, können von der Bildung von Gruppen nach Satz 1 ausgenommen sein. [5]Die nach Satz 2 Nr. 2 und 3 gebildeten Gruppen müssen gewährleisten, dass Therapiemöglichkeiten nicht eingeschränkt werden und medizinisch notwendige Verordnungsalternativen zur Verfügung stehen; insbesondere können altersgerechte Darreichungsformen für Kinder berücksichtigt werden. [6]Ausgenommen von den nach Satz 2 Nummer 2 und 3 gebildeten Gruppen sind Arzneimittel mit patentgeschützten Wirkstoffen, deren Wirkungsweise neuartig ist oder die eine therapeutische Verbesserung, auch wegen geringerer Nebenwirkungen, bedeuten. [7]Als neuartig gilt ein Wirkstoff, solange derjenige Wirkstoff, der als Erster dieser Gruppe in Verkehr gebracht worden ist, unter Patentschutz steht. [8]Der Gemeinsame Bundesausschuss ermittelt auch die nach Absatz 3 notwendigen rechnerischen mittleren Tages- oder Einzeldosen oder anderen geeigneten Vergleichsgrößen. [9]Für die Vorbereitung der Beschlüsse nach Satz 1 durch die Geschäftsstelle des Gemeinsamen Bundesausschusses gilt § 106 Absatz 3 Satz 1 entsprechend. [10]Soweit der Gemeinsame Bundesausschuss Dritte beauftragt, hat er zu gewährleisten, dass diese ihre Bewertungsgrundsätze und die Begründung für ihre Bewertungen einschließlich der verwendeten Daten offen legen. [11]Die Namen beauftragter Gutachter dürfen nicht genannt werden.

(1a) *(aufgehoben)*

(1b) [1]Eine therapeutische Verbesserung nach Absatz 1 Satz 6 liegt vor, wenn das Arzneimittel einen therapierelevanten höheren Nutzen als andere Arzneimittel dieser Wirkstoffgruppe hat und deshalb als zweckmäßige Therapie regelmäßig auch für relevante Patientengruppen oder Indikationsbereiche den anderen Arzneimitteln dieser Gruppe vorzuziehen ist. [2]Bewertungen nach Satz 1 erfolgen für gemeinsame Anwendungsgebiete der Arzneimittel der Wirkstoffgruppe. [3]Ein höherer Nutzen nach Satz 1 kann auch eine Verringerung der Häufigkeit oder des Schweregrads therapierelevanter Nebenwirkungen sein. [4]Der Nachweis einer therapeutischen Verbesserung erfolgt aufgrund der Fachinformationen und durch Bewertung von klinischen Studien nach methodischen Grundsätzen der evidenzbasierten Medizin, soweit diese Studien allgemein verfügbar sind oder gemacht werden und ihre Methodik internationalen Standards entspricht. [5]Vorrangig sind klinische Studien, insbesondere direkte Vergleichsstudien mit anderen Arzneimitteln dieser Wirkstoffgruppe mit patientenrelevanten Endpunkten, insbesondere Mortalität, Morbidität und Lebensqualität, zu berücksichtigen. [6]Die Ergebnisse der Bewertung sind in der Begründung zu dem Beschluss nach Absatz 1 Satz 1 fachlich und methodisch aufzubereiten, sodass die tragenden Gründe des Beschlusses nachvollziehbar sind. [7]Vor der Entscheidung sind die Sachverständigen nach Absatz 2 auch mündlich anzuhören. [8]Vorbehaltlich einer abweichenden Entscheidung des Gemeinsamen Bundesausschusses aus wichtigem Grund ist die Begründung des Beschlusses bekannt zu machen, sobald die Vorlage nach § 94 Abs. 1 erfolgt, spätestens jedoch mit Bekanntgabe des Beschlusses im Bundesanzeiger. [9]Ein Arzneimittel, das von einer Festbetragsgruppe freigestellt ist, weil es einen therapierelevanten höheren Nutzen nur für einen Teil der Patienten oder Indikationsbereiche des gemeinsamen Anwendungsgebietes nach Satz 1 hat, ist nur für diese Anwendungen wirtschaftlich; das Nähere ist in den Richtlinien nach § 92 Abs. 1 Satz 2 Nr. 6 zu regeln.

(2) [1]Sachverständigen der medizinischen und pharmazeutischen Wissenschaft und Praxis sowie der Arzneimittelhersteller und der Berufsvertretungen der Apotheker ist vor der Entscheidung des Gemeinsamen Bundesausschusses Gelegenheit zur Stellungnahme zu geben; bei der Beurteilung von Arzneimitteln der besonderen Therapierichtungen sind auch Stellungnahmen von Sachverständigen dieser Therapierichtungen einzuholen. [2]Die Stellungnahmen sind in die Entscheidung einzubeziehen.

(3) [1]Der Spitzenverband Bund der Krankenkassen setzt den jeweiligen Festbetrag auf der Grundlage von rechnerischen mittleren Tages- oder Einzeldosen oder anderen geeigneten Vergleichsgrößen fest. [2]Der Spitzenverband Bund der

Krankenkassen kann einheitliche Festbeträge für Verbandmittel festsetzen. [3]Für die Stellungnahmen der Sachverständigen gilt Absatz 2 entsprechend.

(4) *(aufgehoben)*

(5) [1]Die Festbeträge sind so festzusetzen, dass sie im Allgemeinen eine ausreichende, zweckmäßige und wirtschaftliche sowie in der Qualität gesicherte Versorgung gewährleisten. [2]Sie haben Wirtschaftlichkeitsreserven auszuschöpfen, sollen einen wirksamen Preiswettbewerb auslösen und haben sich deshalb an möglichst preisgünstigen Versorgungsmöglichkeiten auszurichten; soweit wie möglich ist eine für die Therapie hinreichende Arzneimittelauswahl sicherzustellen. [3]Die Festbeträge sind mindestens einmal im Jahr zu überprüfen; sie sind in geeigneten Zeitabständen an eine veränderte Marktlage anzupassen. [4]Der Festbetrag für die Arzneimittel in einer Festbetragsgruppe nach Absatz 1 Satz 2 soll den höchsten Abgabepreis des unteren Drittels des Intervalls zwischen dem niedrigsten Preis und dem höchsten Preis einer Standardpackung nicht übersteigen. [5]Dabei müssen mindestens ein Fünftel aller Verordnungen und mindestens ein Fünftel aller Packungen zum Festbetrag verfügbar sein; zugleich darf die Summe der jeweiligen Vomhundertsätze der Verordnungen und Packungen, die nicht zum Festbetrag erhältlich sind, den Wert von 160 nicht überschreiten. [6]Bei der Berechnung nach Satz 4 sind hochpreisige Packungen mit einem Anteil von weniger als 1 vom Hundert an den verordneten Packungen in der Festbetragsgruppe nicht zu berücksichtigen. [7]Für die Zahl der Verordnungen sind die zum Zeitpunkt des Berechnungsstichtages zuletzt verfügbaren Jahresdaten nach § 84 Abs. 5 zu Grunde zu legen.

(6) [1]Sofern zum Zeitpunkt der Anpassung des Festbetrags ein gültiger Beschluss nach § 31 Absatz 3 Satz 4 vorliegt und tatsächlich Arzneimittel aufgrund dieses Beschlusses von der Zuzahlung freigestellt sind, soll der Festbetrag so angepasst werden, dass auch nach der Anpassung eine hinreichende Versorgung mit Arzneimitteln ohne Zuzahlung gewährleistet werden kann. [2]In diesem Fall darf die Summe nach Absatz 5 Satz 5 den Wert von 100 nicht überschreiten, wenn zu erwarten ist, dass anderenfalls keine hinreichende Anzahl zuvor aufgrund von § 31 Absatz 3 Satz 4 von der Zuzahlung freigestellter Arzneimittel weiterhin freigestellt wird.

(7) [1]Die Festbeträge sind im Bundesanzeiger bekannt zu machen. [2]Klagen gegen die Festsetzung der Festbeträge haben keine aufschiebende Wirkung. [3]Ein Vorverfahren findet nicht statt. [4]Eine gesonderte Klage gegen die Gruppeneinteilung nach Absatz 1 Satz 1 bis 6, gegen die rechnerischen mittleren Tages- oder Einzeldosen oder anderen geeigneten Vergleichsgrößen nach Absatz 1 Satz 8 oder gegen sonstige Bestandteile der Festsetzung der Festbeträge ist unzulässig.

(8) [1]Der Spitzenverband Bund der Krankenkassen erstellt und veröffentlicht Übersichten über sämtliche Festbeträge und die betroffenen Arzneimittel und übermittelt diese im Wege der Datenübertragung dem Deutschen Institut für medizinische Dokumentation und Information zur abruffähigen Veröffentlichung im Internet. [2]Die Übersichten sind vierteljährlich zu aktualisieren.

(9) [1]Der Spitzenverband Bund der Krankenkassen rechnet die nach Absatz 7 Satz 1 bekannt gemachten Festbeträge für verschreibungspflichtige Arzneimittel entsprechend den Handelszuschlägen der Arzneimittelpreisverordnung in der ab dem 1. Januar 2012 geltenden Fassung um und macht die umgerechneten Festbeträge bis zum 30. Juni 2011 bekannt. [2]Für die Umrechnung ist die Einholung von Stellungnahmen Sachverständiger nicht erforderlich. [3]Die umgerechneten Festbeträge finden ab dem 1. Januar 2012 Anwendung.

§ 35a Bewertung des Nutzens von Arzneimitteln mit neuen Wirkstoffen.

(1) [1]Der Gemeinsame Bundesausschuss bewertet den Nutzen von erstattungsfähigen Arzneimitteln mit neuen Wirkstoffen. [2]Hierzu gehört insbesondere die Bewertung des Zusatznutzens gegenüber der zweckmäßigen Vergleichstherapie, des Ausmaßes des Zusatznutzens und seiner therapeutischen Bedeutung. [3]Die Nutzenbewertung erfolgt auf Grund von Nachweisen des pharmazeutischen Unternehmers, die er einschließlich aller von ihm durchgeführten oder in Auftrag gegebenen klinischen Prüfungen spätestens zum Zeitpunkt des erstmaligen Inverkehrbringens sowie vier Wochen nach Zulassung neuer Anwendungsgebiete des Arzneimittels an den Gemeinsamen Bundesausschuss elektronisch zu übermitteln hat, und die insbesondere folgende Angaben enthalten müssen:

1. zugelassene Anwendungsgebiete,
2. medizinischer Nutzen,
3. medizinischer Zusatznutzen im Verhältnis zur zweckmäßigen Vergleichstherapie,
4. Anzahl der Patienten und Patientengruppen, für die ein therapeutisch bedeutsamer Zusatznutzen besteht,
5. Kosten der Therapie für die gesetzliche Krankenversicherung,
6. Anforderung an eine qualitätsgesicherte Anwendung.

[4]Bei Arzneimitteln, die pharmakologisch-therapeutisch vergleichbar mit Festbetragsarzneimitteln sind, ist der medizinische Zusatznutzen nach Satz 3 Nummer 3 als therapeutische Verbesserung entsprechend § 35 Absatz 1b Satz 1 bis 5 nachzuweisen. [5]Legt der pharmazeutische Unternehmer die erforderlichen Nachweise trotz Aufforderung durch den Gemeinsamen Bundesausschuss nicht rechtzeitig oder nicht vollständig vor, gilt ein Zusatznutzen als nicht belegt. [6]Der Gemeinsame Bundesausschuss bestimmt in seiner Verfahrensordnung, wann die Voraussetzungen nach Satz 5 vorliegen. [7]Das Bundesministerium für Gesundheit regelt durch Rechtsverordnung ohne Zustimmung des Bundesrats das Nähere zur Nutzenbewertung. [8]Darin sind insbesondere festzulegen:

1. Anforderungen an die Übermittlung der Nachweise nach Satz 3,
2. Grundsätze für die Bestimmung der zweckmäßigen Vergleichstherapie und des Zusatznutzens, und dabei auch die Fälle, in denen zusätzliche Nachweise erforderlich sind, und die Voraussetzungen, unter denen Studien bestimmter Evidenzstufen zu verlangen sind; Grundlage sind die internationalen Standards der evidenzbasierten Medizin und der Gesundheitsökonomie,

3. Verfahrensgrundsätze,
4. Grundsätze der Beratung nach Absatz 7,
5. die Veröffentlichung der Nachweise, die der Nutzenbewertung zu Grunde liegen, sowie
6. Übergangsregelungen für Arzneimittel mit neuen Wirkstoffen, die bis zum 31. Juli 2011 erstmals in den Verkehr gebracht werden.

[9]Der Gemeinsame Bundesausschuss regelt weitere Einzelheiten erstmals innerhalb eines Monats nach Inkrafttreten der Rechtsverordnung in seiner Verfahrensordnung. [10]Zur Bestimmung der zweckmäßigen Vergleichstherapie kann er verlangen, dass der pharmazeutische Unternehmer Informationen zu den Anwendungsgebieten des Arzneimittels übermittelt, für die eine Zulassung beantragt wird. [11]Für Arzneimittel, die zur Behandlung eines seltenen Leidens nach der Verordnung (EG) Nr. 141/2000 des Europäischen Parlaments und des Rates vom 16. Dezember 1999 über Arzneimittel für seltene Leiden zugelassen sind, gilt der medizinische Zusatznutzen durch die Zulassung als belegt; Nachweise nach Satz 3 Nummer 2 und 3 müssen nicht vorgelegt werden. [12]Übersteigt der Umsatz des Arzneimittels nach Satz 10 mit der gesetzlichen Krankenversicherung zu Apothekenverkaufspreisen einschließlich Umsatzsteuer in den letzten zwölf Kalendermonaten einen Betrag von 50 Millionen Euro, hat der pharmazeutische Unternehmer innerhalb von drei Monaten nach Aufforderung durch den Gemeinsamen Bundesausschuss Nachweise nach Satz 3 zu übermitteln und darin den Zusatznutzen gegenüber der zweckmäßigen Vergleichstherapie abweichend von Satz 10 nachzuweisen. [13]Der Umsatz nach Satz 11 ist auf Grund der Angaben nach § 84 Absatz 5 Satz 4 zu ermitteln.

(1a) [1]Der Gemeinsame Bundesausschuss hat den pharmazeutischen Unternehmer von der Verpflichtung zur Vorlage der Nachweise nach Absatz 1 und das Arzneimittel von der Nutzenbewertung nach Absatz 3 auf Antrag freizustellen, wenn zu erwarten ist, dass den gesetzlichen Krankenkassen nur geringfügige Ausgaben für das Arzneimittel entstehen werden. [2]Der pharmazeutische Unternehmer hat seinen Antrag entsprechend zu begründen. [3]Der Gemeinsame Bundesausschuss kann die Freistellung befristen. [4]Ein Antrag auf Freistellung nach Satz 1 ist nur vor der erstmaligen Verpflichtung zur Vorlage der Nachweise nach Absatz 1 Satz 3 zulässig. [5]Das Nähere regelt der Gemeinsame Bundesausschuss in seiner Verfahrensordnung.

(1b) Für folgende Arzneimittel besteht keine Verpflichtung zur Vorlage von Nachweisen nach Absatz 1 Satz 3:
1. für Arzneimittel, die nach § 34 Absatz 1 Satz 5 für versicherte Kinder und Jugendliche nicht von der Versorgung nach § 31 ausgeschlossen sind,
2. für verschreibungspflichtige Arzneimittel, die nach § 34 Absatz 1 Satz 6 von der Versorgung nach § 31 ausgeschlossen sind.

(2) [1]Der Gemeinsame Bundesausschuss prüft die Nachweise nach Absatz 1 Satz 3 und entscheidet, ob er die Nutzenbewertung selbst durchführt oder hiermit das Institut für Qualität und Wirtschaftlichkeit im Gesundheitswesen oder Dritte beauftragt. [2]Der Gemeinsame Bundesausschuss und das Institut für Qua-

lität und Wirtschaftlichkeit im Gesundheitswesen erhalten auf Verlangen Einsicht in die Zulassungsunterlagen bei der zuständigen Bundesoberbehörde. [3]Die Nutzenbewertung ist spätestens innerhalb von drei Monaten nach dem nach Absatz 1 Satz 3 maßgeblichen Zeitpunkt für die Einreichung der Nachweise abzuschließen und im Internet zu veröffentlichen.

(3) [1]Der Gemeinsame Bundesausschuss beschließt über die Nutzenbewertung innerhalb von drei Monaten nach ihrer Veröffentlichung. [2]§ 92 Absatz 3a gilt entsprechend mit der Maßgabe, dass Gelegenheit auch zur mündlichen Stellungnahme zu geben ist. [3]Mit dem Beschluss wird insbesondere der Zusatznutzen des Arzneimittels festgestellt. [4]Die Geltung des Beschlusses über die Nutzenbewertung kann befristet werden. [5]Der Beschluss ist im Internet zu veröffentlichen. [6]Der Beschluss ist Teil der Richtlinie nach § 92 Absatz 1 Satz 2 Nummer 6; § 94 Absatz 1 gilt nicht.

(3a) [1]Der Gemeinsame Bundesausschuss veröffentlicht innerhalb eines Monats nach dem Beschluss nach Absatz 3 eine maschinenlesbare Fassung zu dem Beschluss, die zur Abbildung in elektronischen Programmen nach § 73 Absatz 9 geeignet ist und den Anforderungen der Rechtsverordnung nach § 73 Absatz 9 Satz 2 genügt. [2]Das Nähere regelt der Gemeinsame Bundesausschuss erstmals innerhalb von drei Monaten nach Inkrafttreten der Rechtsverordnung nach § 73 Absatz 9 Satz 2 in seiner Verfahrensordnung. [3]Vor der erstmaligen Beschlussfassung nach Satz 2 findet § 92 Absatz 3a entsprechende Anwendung. [4]Zu den vor der erstmaligen Änderung der Verfahrensordnung nach Satz 2 gefassten Beschlüssen nach Absatz 3 veröffentlicht der Gemeinsame Bundesausschuss die maschinenlesbare Fassung nach Satz 1 innerhalb von sechs Monaten nach der erstmaligen Änderung der Verfahrensordnung nach Satz 2.

(4) [1]Wurde für ein Arzneimittel nach Absatz 1 Satz 4 keine therapeutische Verbesserung festgestellt, ist es in dem Beschluss nach Absatz 3 in die Festbetragsgruppe nach § 35 Absatz 1 mit pharmakologisch-therapeutisch vergleichbaren Arzneimitteln einzuordnen. [2]§ 35 Absatz 1b Satz 6 gilt entsprechend. [3]§ 35 Absatz 1b Satz 7 und 8 sowie Absatz 2 gilt nicht.

(5) [1]Für ein Arzneimittel, für das ein Beschluss nach Absatz 3 vorliegt, kann der pharmazeutische Unternehmer eine erneute Nutzenbewertung beantragen, wenn er die Erforderlichkeit wegen neuer wissenschaftlicher Erkenntnisse nachweist. [2]Der Gemeinsame Bundesausschuss entscheidet über diesen Antrag innerhalb von acht Wochen. [3]Der pharmazeutische Unternehmer übermittelt dem Gemeinsamen Bundesausschuss auf Anforderung die Nachweise nach Absatz 1 Satz 3 innerhalb von drei Monaten. [4]Die erneute Nutzenbewertung beginnt frühestens ein Jahr nach Veröffentlichung des Beschlusses nach Absatz 3. [5]Die Absätze 1 bis 4 und 5a bis 8 gelten entsprechend.

(5a) [1]Stellt der Gemeinsame Bundesausschuss in seinem Beschluss nach Absatz 3 keinen Zusatznutzen oder nach Absatz 4 keine therapeutische Verbesserung fest, hat er auf Verlangen des pharmazeutischen Unternehmers eine Bewertung nach § 35b oder nach § 139a Absatz 3 Nummer 5 in Auftrag zu geben, wenn der pharmazeutische Unternehmer die Kosten hierfür trägt. [2]Die Verpflichtung zur Festsetzung eines Festbetrags oder eines Erstattungsbetrags bleibt unberührt.

(5b) [1]Der Gemeinsame Bundesausschuss kann den für die Vorlage der erforderlichen Nachweise maßgeblichen Zeitpunkt auf Antrag des pharmazeutischen Unternehmers abweichend von Absatz 1 Satz 3 bestimmen, wenn innerhalb eines Zeitraums von sechs Monaten ab dem nach Absatz 1 Satz 3 maßgeblichen Zeitpunkt die Zulassung von mindestens einem neuen Anwendungsgebiet zu erwarten ist. [2]Der vom Gemeinsamen Bundesausschuss bestimmte maßgebliche Zeitpunkt darf nicht mehr als sechs Monate nach dem maßgeblichen Zeitpunkt nach Absatz 1 Satz 3 liegen. [3]Der pharmazeutische Unternehmer hat den Antrag spätestens drei Monate vor dem maßgeblichen Zeitpunkt nach Absatz 1 Satz 3 zu stellen. [4]Der Gemeinsame Bundesausschuss entscheidet über den Antrag innerhalb von acht Wochen. [5]Er regelt das Nähere in seiner Verfahrensordnung. [6]§ 130b Absatz 3a Satz 2 und 3 und Absatz 4 Satz 3 bleiben unberührt.

(6) [1]Für ein Arzneimittel mit einem Wirkstoff, der kein neuer Wirkstoff im Sinne des Absatzes 1 Satz 1 ist, kann der Gemeinsame Bundesausschuss eine Nutzenbewertung nach Absatz 1 veranlassen, wenn für das Arzneimittel eine neue Zulassung mit neuem Unterlagenschutz erteilt wird. [2]Satz 1 gilt auch für Arzneimittel mit einem neuen Wirkstoff im Sinne des Absatzes 1 Satz 1, wenn für das Arzneimittel eine neue Zulassung mit neuem Unterlagenschutz erteilt wird. [3]Das Nähere regelt der Gemeinsame Bundesausschuss in seiner Verfahrensordnung.

(7) [1]Der Gemeinsame Bundesausschuss berät den pharmazeutischen Unternehmer insbesondere zu vorzulegenden Unterlagen und Studien sowie zur Vergleichstherapie. [2]Er kann hierüber Vereinbarungen mit dem pharmazeutischen Unternehmer treffen. [3]Eine Beratung vor Beginn von Zulassungsstudien der Phase drei oder zur Planung klinischer Prüfungen soll unter Beteiligung des Bundesinstituts für Arzneimittel und Medizinprodukte oder des Paul-Ehrlich-Instituts stattfinden. [4]Der pharmazeutische Unternehmer erhält eine Niederschrift über das Beratungsgespräch. [5]Das Nähere einschließlich der Erstattung der für diese Beratung entstandenen Kosten ist in der Verfahrensordnung zu regeln.

(8) [1]Eine gesonderte Klage gegen die Aufforderung zur Übermittlung der Nachweise nach Absatz 1, die Nutzenbewertung nach Absatz 2, den Beschluss nach Absatz 3 und die Einbeziehung eines Arzneimittels in eine Festbetragsgruppe nach Absatz 4 ist unzulässig. [2]§ 35 Absatz 7 Satz 1 bis 3 gilt entsprechend.

§ 35b Kosten-Nutzen-Bewertung von Arzneimitteln. (1) [1]Der Gemeinsame Bundesausschuss beauftragt aufgrund eines Antrags nach § 130b Absatz 8 das Institut für Qualität und Wirtschaftlichkeit im Gesundheitswesen mit einer Kosten-Nutzen-Bewertung. [2]In dem Auftrag ist insbesondere festzulegen, für welche zweckmäßige Vergleichstherapie und Patientengruppen die Bewertung erfolgen soll sowie welcher Zeitraum, welche Art von Nutzen und Kosten und welches Maß für den Gesamtnutzen bei der Bewertung zu berücksichtigen sind; das Nähere regelt der Gemeinsame Bundesausschuss in seiner Verfahrensordnung; für die Auftragserteilung gilt § 92 Absatz 3a entsprechend mit der Maßgabe, dass der Gemeinsame Bundesausschuss auch eine mündliche Anhörung durchführt. [3]Die Bewertung erfolgt durch Vergleich mit anderen Arzneimitteln und Behandlungsformen unter Berücksichtigung des therapeutischen Zusatznutzens für die Patienten im Verhältnis zu den Kosten; Basis für die Bewertung sind die Ergebnisse klinischer Studien sowie derjenigen Versorgungsstudien, die mit dem Gemeinsamen Bundesausschuss nach Absatz 2 vereinbart wurden oder die der Gemeinsame Bundesausschuss auf Antrag des pharmazeutischen Unternehmens anerkennt; § 35a Absatz 1 Satz 3 und Absatz 2 Satz 2 gilt entsprechend. [4]Beim Patienten-Nutzen sollen insbesondere die Verbesserung des Gesundheitszustandes, eine Verkürzung der Krankheitsdauer, eine Verlängerung der Lebensdauer, eine Verringerung der Nebenwirkungen sowie eine Verbesserung der Lebensqualität, bei der wirtschaftlichen Bewertung auch die Angemessenheit und Zumutbarkeit einer Kostenübernahme durch die Versichertengemeinschaft, angemessen berücksichtigt werden. [5]Das Institut bestimmt auftragsbezogen über die Methoden und Kriterien für die Erarbeitung von Bewertungen nach Satz 1 auf der Grundlage der in den jeweiligen Fachkreisen anerkannten internationalen Standards der evidenzbasierten Medizin und der Gesundheitsökonomie. [6]Das Institut gewährleistet vor Abschluss von Bewertungen hohe Verfahrenstransparenz und eine angemessene Beteiligung der in § 35 Abs. 2 und § 139a Abs. 5 Genannten. [7]Das Institut veröffentlicht die jeweiligen Methoden und Kriterien im Internet.

(2) [1]Der Gemeinsame Bundesausschuss kann mit dem pharmazeutischen Unternehmer Versorgungsstudien und die darin zu behandelnden Schwerpunkte vereinbaren. [2]Die Frist zur Vorlage dieser Studien bemisst sich nach der Indikation und dem nötigen Zeitraum zur Bereitstellung valider Daten; sie soll drei Jahre nicht überschreiten. [3]Das Nähere regelt der Gemeinsame Bundesausschuss in seiner Verfahrensordnung. [4]Die Studien sind auf Kosten des pharmazeutischen Unternehmers bevorzugt in Deutschland durchzuführen.

(3) [1]Auf Grundlage der Kosten-Nutzen-Bewertung nach Absatz 1 beschließt der Gemeinsame Bundesausschuss über die Kosten-Nutzen-Bewertung und veröffentlicht den Beschluss im Internet. [2]§ 92 Absatz 3a gilt entsprechend. [3]Mit dem Beschluss werden insbesondere der Zusatznutzen sowie die Therapiekosten bei Anwendung des jeweiligen Arzneimittels festgestellt. [4]Der Beschluss ist Teil der Richtlinie nach § 92 Absatz 1 Satz 2 Nummer 6; der Beschluss kann auch Therapiehinweise nach § 92 Absatz 2 enthalten. [5]§ 94 Absatz 1 gilt nicht.

(4) [1]Gesonderte Klagen gegen den Auftrag nach Absatz 1 Satz 1 oder die Bewertung nach Absatz 1 Satz 3 sind unzulässig. [2]Klagen gegen eine Feststellung des Kosten-Nutzen-Verhältnisses nach Absatz 3 haben keine aufschiebende Wirkung.

§ 35c Zulassungsüberschreitende Anwendung von Arzneimitteln.

(1) [1]Für die Abgabe von Bewertungen zum Stand der wissenschaftlichen Erkenntnis über die Anwendung von zugelassenen Arzneimitteln für Indikationen und Indikationsbereiche, für die sie nach dem Arzneimittelgesetz nicht zugelassen sind, beruft das Bundesministerium für Gesundheit Expertengruppen beim Bundesinstitut für Arzneimittel und Medizinprodukte, davon mindestens eine ständige Expertengruppe, die fachgebietsbezogen ergänzt werden kann. [2]Das Nähere zur Organisation und Arbeitsweise der Expertengruppen regelt eine Geschäftsordnung des Bundesinstituts für Arzneimittel und Medizinprodukte, die der Zustimmung des Bundesministeriums für Gesundheit bedarf. [3]Zur Sicherstellung der fachlichen Unabhängigkeit der Experten gilt § 139b Absatz 3 Satz 2 entsprechend. [4]Der Gemeinsame Bundesausschuss kann die Expertengruppen mit Bewertungen nach Satz 1 beauftragen; das Nähere regelt er in seiner Verfahrensordnung. [5]Bewertungen nach Satz 1 kann auch das Bundesministerium für Gesundheit beauftragen. [6]Die Bewertungen werden dem Gemeinsamen Bundesausschuss als Empfehlung zur Beschlussfassung nach § 92 Absatz 1 Satz 2 Nummer 6 zugeleitet. [7]Bewertungen sollen nur mit Zustimmung der betroffenen pharmazeutischen Unternehmer erstellt werden. [8]Gesonderte Klagen gegen diese Bewertungen sind unzulässig.

(2) [1]Außerhalb des Anwendungsbereichs des Absatzes 1 haben Versicherte Anspruch auf Versorgung mit zugelassenen Arzneimitteln in klinischen Studien, sofern hierdurch eine therapierelevante Verbesserung der Behandlung einer schwerwiegenden Erkrankung im Vergleich zu bestehenden Behandlungsmöglichkeiten zu erwarten ist, damit verbundene Mehrkosten in einem angemessenen Verhältnis zum erwarteten medizinischen Zusatznutzen stehen, die Behandlung durch einen Arzt erfolgt, der an der vertragsärztlichen Versorgung oder an der ambulanten Versorgung nach den §§ 116b und 117 teilnimmt, und der Gemeinsame Bundesausschuss der Arzneimittelverordnung nicht widerspricht. [2]Eine Leistungspflicht der Krankenkasse ist ausgeschlossen, sofern das Arzneimittel aufgrund arzneimittelrechtlicher Vorschriften vom pharmazeutischen Unternehmer kostenlos bereitzustellen ist. [3]Der Gemeinsame Bundesausschuss ist mindestens zehn Wochen vor dem Beginn der Arzneimittelverordnung zu informieren; er kann innerhalb von acht Wochen nach Eingang der Mitteilung widersprechen, sofern die Voraussetzungen nach Satz 1 nicht erfüllt sind. [4]Das Nähere, auch zu den Nachweisen und Informationspflichten, regelt der Gemeinsame Bundesausschuss in den Richtlinien nach § 92 Abs. 1 Satz 2 Nr. 6. [5]Leisten Studien nach Satz 1 für die Erweiterung einer Zulassung einen entscheidenden Beitrag, hat der pharmazeutische Unternehmer den Krankenkassen die Verordnungskosten zu erstatten. [6]Dies gilt auch für eine Genehmigung für das Inverkehrbringen nach europäischem Recht.

§ 36 Festbeträge für Hilfsmittel. (1) [1]Der Spitzenverband Bund der Krankenkassen bestimmt Hilfsmittel, für die Festbeträge festgesetzt werden. [2]Dabei sollen unter Berücksichtigung des Hilfsmittelverzeichnisses nach § 139 in ihrer Funktion gleichartige und gleichwertige Mittel in Gruppen zusammengefasst und die Einzelheiten der Versorgung festgelegt werden. ³Den maßgeblichen Spitzenorganisationen der betroffenen Hersteller und Leistungserbringer auf Bundesebene ist unter Übermittlung der hierfür erforderlichen Informationen innerhalb einer angemessenen Frist vor der Entscheidung Gelegenheit zur Stellungnahme zu geben; die Stellungnahmen sind in die Entscheidung einzubeziehen.

(2) ¹Der Spitzenverband Bund der Krankenkassen setzt für die Versorgung mit den nach Absatz 1 bestimmten Hilfsmitteln einheitliche Festbeträge fest. ²Absatz 1 Satz 3 gilt entsprechend. ³Die Hersteller und Leistungserbringer sind verpflichtet, dem Spitzenverband Bund der Krankenkassen auf Verlangen die zur Wahrnehmung der Aufgaben nach Satz 1 und nach Absatz 1 Satz 1 und 2 erforderlichen Informationen und Auskünfte, insbesondere auch zu den Abgabepreisen der Hilfsmittel, zu erteilen.

(3) § 35 Abs. 5 und 7 gilt entsprechend.

(4) *(aufgehoben)*

§ 37 Häusliche Krankenpflege. (1) ¹Versicherte erhalten in ihrem Haushalt, ihrer Familie oder sonst an einem geeigneten Ort, insbesondere in betreuten Wohnformen, Schulen und Kindergärten, bei besonders hohem Pflegebedarf auch in Werkstätten für behinderte Menschen neben der ärztlichen Behandlung häusliche Krankenpflege durch geeignete Pflegekräfte, wenn Krankenhausbehandlung geboten, aber nicht ausführbar ist, oder wenn sie durch die häusliche Krankenpflege vermieden oder verkürzt wird. ²§ 10 der Werkstättenverordnung bleibt unberührt. ³Die häusliche Krankenpflege umfasst die im Einzelfall erforderliche Grund- und Behandlungspflege sowie hauswirtschaftliche Versorgung. ⁴Der Anspruch besteht bis zu vier Wochen je Krankheitsfall. ⁵In begründeten Ausnahmefällen kann die Krankenkasse die häusliche Krankenpflege für einen längeren Zeitraum bewilligen, wenn der Medizinische Dienst (§ 275) festgestellt hat, dass dies aus den in Satz 1 genannten Gründen erforderlich ist.

(1a) ¹Versicherte erhalten an geeigneten Orten im Sinne von Absatz 1 Satz 1 wegen schwerer Krankheit oder wegen akuter Verschlimmerung einer Krankheit, insbesondere nach einem Krankenhausaufenthalt, nach einer ambulanten Operation oder nach einer ambulanten Krankenhausbehandlung, soweit keine Pflegebedürftigkeit mit Pflegegrad 2, 3, 4 oder 5 im Sinne des Elften Buches vorliegt, die erforderliche Grundpflege und hauswirtschaftliche Versorgung. ²Absatz 1 Satz 4 und 5 gilt entsprechend.

(2) ¹Versicherte erhalten in ihrem Haushalt, ihrer Familie oder sonst an einem geeigneten Ort, insbesondere in betreuten Wohnformen, Schulen und Kindergärten, bei besonders hohem Pflegebedarf auch in Werkstätten für behinderte Menschen als häusliche Krankenpflege Behandlungspflege, wenn diese zur Sicherung des Ziels der ärztlichen Behandlung erforderlich ist. ²§ 10 der Werkstättenverordnung bleibt unberührt. ³Der Anspruch nach Satz 1 besteht über die dort genannten Fälle hinaus ausnahmsweise auch für solche Versicherte in zu-

gelassenen Pflegeeinrichtungen im Sinne des § 43 des Elften Buches, die auf Dauer, voraussichtlich für mindestens sechs Monate, einen besonders hohen Bedarf an medizinischer Behandlungspflege haben. [4]Die Satzung kann bestimmen, dass die Krankenkasse zusätzlich zur Behandlungspflege nach Satz 1 als häusliche Krankenpflege auch Grundpflege und hauswirtschaftliche Versorgung erbringt. [5]Die Satzung kann dabei Dauer und Umfang der Grundpflege und der hauswirtschaftlichen Versorgung nach Satz 4 bestimmen. [6]Leistungen nach den Sätzen 4 und 5 sind nach Eintritt von Pflegebedürftigkeit mit mindestens Pflegegrad 2 im Sinne des Elften Buches nicht zulässig. [7]Versicherte, die nicht auf Dauer in Einrichtungen nach § 71 Abs. 2 oder 4 des Elften Buches aufgenommen sind, erhalten Leistungen nach Satz 1 und den Sätzen 4 bis 6 auch dann, wenn ihr Haushalt nicht mehr besteht und ihnen nur zur Durchführung der Behandlungspflege vorübergehender Aufenthalt in einer Einrichtung oder in einer anderen geeigneten Unterkunft zur Verfügung gestellt wird. [8]Versicherte erhalten in stationären Einrichtungen im Sinne des § 43a des Elften Buches Leistungen nach Satz 1, wenn der Bedarf an Behandlungspflege eine ständige Überwachung und Versorgung durch eine qualifizierte Pflegefachkraft erfordert.

(2a) [1]Die häusliche Krankenpflege nach den Absätzen 1 und 2 umfasst auch die ambulante Palliativversorgung. [2]Für Leistungen der ambulanten Palliativversorgung ist regelmäßig ein begründeter Ausnahmefall im Sinne von Absatz 1 Satz 5 anzunehmen. [3]§ 37b Absatz 4 gilt für die häusliche Krankenpflege zur ambulanten Palliativversorgung entsprechend.

(3) Der Anspruch auf häusliche Krankenpflege besteht nur, soweit eine im Haushalt lebende Person den Kranken in dem erforderlichen Umfang nicht pflegen und versorgen kann.

(4) Kann die Krankenkasse keine Kraft für die häusliche Krankenpflege stellen oder besteht Grund, davon abzusehen, sind den Versicherten die Kosten für eine selbstbeschaffte Kraft in angemessener Höhe zu erstatten.

(5) Versicherte, die das 18. Lebensjahr vollendet haben, leisten als Zuzahlung den sich nach § 61 Satz 3 ergebenden Betrag, begrenzt auf die für die ersten 28 Kalendertage der Leistungsinanspruchnahme je Kalenderjahr anfallenden Kosten an die Krankenkasse.

(6) Der Gemeinsame Bundesausschuss legt in Richtlinien nach § 92 fest, an welchen Orten und in welchen Fällen Leistungen nach den Absätzen 1 und 2 auch außerhalb des Haushalts und der Familie des Versicherten erbracht werden können.

(7) [1]Der Gemeinsame Bundesausschuss regelt in Richtlinien nach § 92 unter Berücksichtigung bestehender Therapieangebote das Nähere zur Versorgung von chronischen und schwer heilenden Wunden. [2]Die Versorgung von chronischen und schwer heilenden Wunden kann auch in spezialisierten Einrichtungen an einem geeigneten Ort außerhalb der Häuslichkeit von Versicherten erfolgen.

§ 37a Soziotherapie. (1) [1]Versicherte, die wegen schwerer psychischer Erkrankung nicht in der Lage sind, ärztliche oder ärztlich verordnete Leistungen selbstständig in Anspruch zu nehmen, haben Anspruch auf Soziotherapie, wenn dadurch Krankenhausbehandlung vermieden oder verkürzt wird oder wenn diese geboten, aber nicht ausführbar ist. [2]Die Soziotherapie umfasst im Rahmen des Absatzes 2 die im Einzelfall erforderliche Koordinierung der verordneten Leistungen sowie Anleitung und Motivation zu deren Inanspruchnahme. [3]Der Anspruch besteht für höchstens 120 Stunden innerhalb von drei Jahren je Krankheitsfall.

(2) Der Gemeinsame Bundesausschuss bestimmt in den Richtlinien nach § 92 das Nähere über Voraussetzungen, Art und Umfang der Versorgung nach Absatz 1, insbesondere

1. die Krankheitsbilder, bei deren Behandlung im Regelfall Soziotherapie erforderlich ist,
2. die Ziele, den Inhalt, den Umfang, die Dauer und die Häufigkeit der Soziotherapie,
3. die Voraussetzungen, unter denen Ärzte zur Verordnung von Soziotherapie berechtigt sind,
4. die Anforderungen an die Therapiefähigkeit des Patienten,
5. Inhalt und Umfang der Zusammenarbeit des verordnenden Arztes mit dem Leistungserbringer.

(3) Versicherte, die das 18. Lebensjahr vollendet haben, leisten als Zuzahlung je Kalendertag der Leistungsinanspruchnahme den sich nach § 61 Satz 1 ergebenden Betrag an die Krankenkasse.

§ 37b Spezialisierte ambulante Palliativversorgung. (1) [1]Versicherte mit einer nicht heilbaren, fortschreitenden und weit fortgeschrittenen Erkrankung bei einer zugleich begrenzten Lebenserwartung, die eine besonders aufwendige Versorgung benötigen, haben Anspruch auf spezialisierte ambulante Palliativversorgung. [2]Die Leistung ist von einem Vertragsarzt oder Krankenhausarzt zu verordnen. [3]Die spezialisierte ambulante Palliativversorgung umfasst ärztliche und pflegerische Leistungen einschließlich ihrer Koordination insbesondere zur Schmerztherapie und Symptomkontrolle und zielt darauf ab, die Betreuung der Versicherten nach Satz 1 in der vertrauten Umgebung des häuslichen oder familiären Bereichs zu ermöglichen; hierzu zählen beispielsweise Einrichtungen der Eingliederungshilfe für behinderte Menschen und der Kinder- und Jugendhilfe. [4]Versicherte in stationären Hospizen haben einen Anspruch auf die Teilleistung der erforderlichen ärztlichen Versorgung im Rahmen der spezialisierten ambulanten Palliativversorgung. [5]Dies gilt nur, wenn und soweit nicht andere Leistungsträger zur Leistung verpflichtet sind. [6]Dabei sind die besonderen Belange von Kindern zu berücksichtigen.

(2) [1]Versicherte in stationären Pflegeeinrichtungen im Sinne von § 72 Abs. 1 des Elften Buches haben in entsprechender Anwendung des Absatzes 1 einen Anspruch auf spezialisierte Palliativversorgung. [2]Die Verträge nach § 132d

Abs. 1 regeln, ob die Leistung nach Absatz 1 durch Vertragspartner der Krankenkassen in der Pflegeeinrichtung oder durch Personal der Pflegeeinrichtung erbracht wird; § 132d Abs. 2 gilt entsprechend.

(3) Der Gemeinsame Bundesausschuss bestimmt in den Richtlinien nach § 92 das Nähere über die Leistungen, insbesondere

1. die Anforderungen an die Erkrankungen nach Absatz 1 Satz 1 sowie an den besonderen Versorgungsbedarf der Versicherten,
2. Inhalt und Umfang der spezialisierten ambulanten Palliativversorgung einschließlich von deren Verhältnis zur ambulanten Versorgung und der Zusammenarbeit der Leistungserbringer mit den bestehenden ambulanten Hospizdiensten und stationären Hospizen (integrativer Ansatz); die gewachsenen Versorgungsstrukturen sind zu berücksichtigen,
3. Inhalt und Umfang der Zusammenarbeit des verordnenden Arztes mit dem Leistungserbringer.

(4) ¹Der Spitzenverband Bund der Krankenkassen berichtet dem Bundesministerium für Gesundheit erstmals bis zum 31. Dezember 2017 und danach alle drei Jahre über die Entwicklung der spezialisierten ambulanten Palliativversorgung und die Umsetzung der dazu erlassenen Richtlinien des Gemeinsamen Bundesausschusses. ²Er bestimmt zu diesem Zweck die von seinen Mitgliedern zu übermittelnden statistischen Informationen über die geschlossenen Verträge und die erbrachten Leistungen der spezialisierten ambulanten Palliativversorgung.

§ 38 Haushaltshilfe. (1) ¹Versicherte erhalten Haushaltshilfe, wenn ihnen wegen Krankenhausbehandlung oder wegen einer Leistung nach § 23 Abs. 2 oder 4, §§ 24, 37, 40 oder § 41 die Weiterführung des Haushalts nicht möglich ist. ²Voraussetzung ist ferner, dass im Haushalt ein Kind lebt, das bei Beginn der Haushaltshilfe das zwölfte Lebensjahr noch nicht vollendet hat oder das behindert und auf Hilfe angewiesen ist. ³Darüber hinaus erhalten Versicherte, soweit keine Pflegebedürftigkeit mit Pflegegrad 2, 3, 4 oder 5 im Sinne des Elften Buches vorliegt, auch dann Haushaltshilfe, wenn ihnen die Weiterführung des Haushalts wegen schwerer Krankheit oder wegen akuter Verschlimmerung einer Krankheit, insbesondere nach einem Krankenhausaufenthalt, nach einer ambulanten Operation oder nach einer ambulanten Krankenhausbehandlung, nicht möglich ist, längstens jedoch für die Dauer von vier Wochen. ⁴Wenn im Haushalt ein Kind lebt, das bei Beginn der Haushaltshilfe das zwölfte Lebensjahr noch nicht vollendet hat oder das behindert und auf Hilfe angewiesen ist, verlängert sich der Anspruch nach Satz 3 auf längstens 26 Wochen. ⁵Die Pflegebedürftigkeit von Versicherten schließt Haushaltshilfe nach den Sätzen 3 und 4 zur Versorgung des Kindes nicht aus.

(2) ¹Die Satzung kann bestimmen, dass die Krankenkasse in anderen als den in Absatz 1 genannten Fällen Haushaltshilfe erbringt, wenn Versicherten wegen Krankheit die Weiterführung des Haushalts nicht möglich ist. ²Sie kann dabei von Absatz 1 Satz 2 bis 4 abweichen sowie Umfang und Dauer der Leistung bestimmen.

(3) Der Anspruch auf Haushaltshilfe besteht nur, soweit eine im Haushalt lebende Person den Haushalt nicht weiterführen kann.

(4) [1]Kann die Krankenkasse keine Haushaltshilfe stellen oder besteht Grund, davon abzusehen, sind den Versicherten die Kosten für eine selbstbeschaffte Haushaltshilfe in angemessener Höhe zu erstatten. [2]Für Verwandte und Verschwägerte bis zum zweiten Grad werden keine Kosten erstattet; die Krankenkasse kann jedoch die erforderlichen Fahrkosten und den Verdienstausfall erstatten, wenn die Erstattung in einem angemessenen Verhältnis zu den sonst für eine Ersatzkraft entstehenden Kosten steht.

(5) Versicherte, die das 18. Lebensjahr vollendet haben, leisten als Zuzahlung je Kalendertag der Leistungsinanspruchnahme den sich nach § 61 Satz 1 ergebenden Betrag an die Krankenkasse.

§ 39 Krankenhausbehandlung. (1) [1]Die Krankenhausbehandlung wird vollstationär, stationsäquivalent, teilstationär, vor- und nachstationär sowie ambulant erbracht. [2]Versicherte haben Anspruch auf vollstationäre oder stationsäquivalente Behandlung durch ein nach § 108 zugelassenes Krankenhaus, wenn die Aufnahme oder die Behandlung im häuslichen Umfeld nach Prüfung durch das Krankenhaus erforderlich ist, weil das Behandlungsziel nicht durch teilstationäre, vor- und nachstationäre oder ambulante Behandlung einschließlich häuslicher Krankenpflege erreicht werden kann. [3]Die Krankenhausbehandlung umfasst im Rahmen des Versorgungsauftrags des Krankenhauses alle Leistungen, die im Einzelfall nach Art und Schwere der Krankheit für die medizinische Versorgung der Versicherten im Krankenhaus notwendig sind, insbesondere ärztliche Behandlung (§ 28 Abs. 1), Krankenpflege, Versorgung mit Arznei-, Heil- und Hilfsmitteln, Unterkunft und Verpflegung; die akutstationäre Behandlung umfasst auch die im Einzelfall erforderlichen und zum frühestmöglichen Zeitpunkt einsetzenden Leistungen zur Frührehabilitation. [4]Die stationsäquivalente Behandlung umfasst eine psychiatrische Behandlung im häuslichen Umfeld durch mobile ärztlich geleitete multiprofessionelle Behandlungsteams. [5]Sie entspricht hinsichtlich der Inhalte sowie der Flexibilität und Komplexität der Behandlung einer vollstationären Behandlung.

(1a) [1]Die Krankenhausbehandlung umfasst ein Entlassmanagement zur Unterstützung einer sektorenübergreifenden Versorgung der Versicherten beim Übergang in die Versorgung nach Krankenhausbehandlung. [2]§ 11 Absatz 4 Satz 4 gilt. [3]Das Krankenhaus kann mit Leistungserbringern nach § 95 Ab-satz 1 Satz 1 vereinbaren, dass diese Aufgaben des Entlassmanagements wahrnehmen. [4]§ 11 des Apothekengesetzes bleibt unberührt. [5]Der Versicherte hat gegenüber der Krankenkasse einen Anspruch auf Unterstützung des Entlassmanagements nach Satz 1; soweit Hilfen durch die Pflegeversicherung in Betracht kommen, kooperieren Kranken- und Pflegekassen miteinander. [6]Soweit dies für die Versorgung des Versicherten unmittelbar nach der Entlassung erforderlich ist, können die Krankenhäuser die in § 92 Absatz 1 Satz 2 Nummer 6 genannten Leistungen verordnen und die Arbeitsunfähigkeit feststellen; hierfür gelten die Bestimmungen über die vertragsärztliche Versorgung mit der Maßgabe, dass bis zur Verwendung der Artznummer nach § 293 Absatz 7 Satz 3 Nummer 1 eine im Rahmenvertrag nach Satz 9 erster Halbsatz zu vereinbarende alternative Kennzeichnung zu verwenden ist. [7]Bei der Verordnung von Arzneimitteln können Krankenhäuser eine Packung mit dem kleinsten Packungsgrößenkennzeichen gemäß der Packungsgrößenverordnung verordnen; im Übrigen können die in § 92 Absatz 1 Satz 2 Nummer 6 genannten Leistungen für die Versorgung in einem Zeitraum von bis zu sieben Tagen verordnet und die Arbeitsunfähigkeit festgestellt werden (§ 92 Absatz 1 Satz 2 Numme 7). [8]Der Gemeinsame Bundesausschuss bestimmt in den Richtlinien nach § 92 Absatz 1 Satz 2 Nummer 6 und 7 die weitere Ausgestaltung des Verordnungsrechts nach Satz 7. [9]Die weiteren Einzelheiten zu den Sätzen 1 bis 7, insbesondere zur Zusammenarbeit der Leistungserbringer mit den Krankenkassen, regeln der Spitzenverband Bund der Krankenkassen auch als Spitzenverband Bund der Pflegekassen, die Kassenärztliche Bundesvereinigung und die Deutsche Krankenhausgesellschaft unter Berücksichtigung der Richtlinien des Gemeinsamen Bundesausschusses bis zum 31. Dezember 2015 in einem Rahmenvertrag; § 118a Absatz 2 Satz 2 gilt entsprechend; kommt eine Vereinbarung nicht zustande, kann auch das Bundesministerium für Gesundheit das Schiedsamt anrufen. [10]Vor Abschluss des Rahmenvertrages ist der für die Wahrnehmung der wirtschaftlichen Interessen gebildeten maßgeblichen Spitzenorganisation der Apotheker sowie den Vereinigungen der Träger der Pflegeeinrichtungen auf Bundesebene Gelegenheit zur Stellungnahme zu geben. [11]Das Entlassmanagement und eine dazu erforderliche Erhebung, Verarbeitung und Nutzung personenbezogener Daten dürfen nur mit Einwilligung und nach vorheriger Information des Versicherten erfolgen. [12]Die Einwilligung kann jederzeit widerrufen werden. [13]Information, Einwilligung und Widerruf bedürfen der Schriftform.

(2) Wählen Versicherte ohne zwingenden Grund ein anderes als ein in der ärztlichen Einweisung genanntes Krankenhaus, können ihnen die Mehrkosten ganz oder teilweise auferlegt werden.

(3) [1]Die Landesverbände der Krankenkassen, die Ersatzkassen und die Deutsche Rentenversicherung Knappschaft-Bahn-See gemeinsam erstellen unter Mitwirkung der Landeskrankenhausgesellschaft und der Kassenärztlichen Vereinigung ein Verzeichnis der Leistungen und Entgelte für die Krankenhausbehandlung in den zugelassenen Krankenhäusern im Land oder in einer Region und passen es der Entwicklung an (Verzeichnis stationärer Leistungen und Entgelte). [2]Dabei sind die Entgelte so zusammenzustellen, dass sie miteinander verglichen werden können. [3]Die Krankenkassen haben darauf hinzuwirken, dass Vertragsärzte und Versicherte das Verzeichnis bei der Verordnung und Inanspruchnahme von Krankenhausbehandlung beachten.

(4) [1]Versicherte, die das achtzehnte Lebensjahr vollendet haben, zahlen vom Beginn der vollstationären Krankenhausbehandlung an innerhalb eines Kalenderjahres für längstens 28 Tage den sich nach § 61 Satz 2 ergebenden Betrag je Kalendertag an das Krankenhaus. [2]Die innerhalb des Kalenderjahres bereits an

einen Träger der gesetzlichen Rentenversicherung geleistete Zahlung nach § 32 Abs. 1 Satz 2 des Sechsten Buches sowie die nach § 40 Abs. 6 Satz 1 geleistete Zahlung sind auf die Zahlung nach Satz 1 anzurechnen.

(5) *(aufgehoben)*

§ 39a Stationäre und ambulante Hospizleistungen. (1) [1]Versicherte, die keiner Krankenhausbehandlung bedürfen, haben im Rahmen der Verträge nach Satz 4 Anspruch auf einen Zuschuss zu stationärer oder teilstationärer Versorgung in Hospizen, in denen palliativ-medizinische Behandlung erbracht wird, wenn eine ambulante Versorgung im Haushalt oder der Familie des Versicherten nicht erbracht werden kann. [2]Die Krankenkasse trägt die zuschussfähigen Kosten nach Satz 1 unter Anrechnung der Leistungen nach dem Elften Buch zu 95 Prozent. [3]Der Zuschuss darf kalendertäglich 9 Prozent der monatlichen Bezugsgröße nach § 18 Abs. 1 des Vierten Buches nicht unterschreiten und unter Anrechnung der Leistungen anderer Sozialleistungsträger die tatsächlichen kalendertäglichen Kosten nach Satz 1 nicht überschreiten. [4]Der Spitzenverband Bund der Krankenkassen vereinbart mit den für die Wahrnehmung der Interessen der stationären Hospize maßgeblichen Spitzenorganisationen das Nähere über Art und Umfang der Versorgung nach Satz 1. [5]Dabei ist den besonderen Belangen der Versorgung in Kinderhospizen und in Erwachsenenhospizen durch jeweils gesonderte Vereinbarungen nach Satz 4 ausreichend Rechnung zu tragen. [6]In den Vereinbarungen nach Satz 4 sind bundesweit geltende Standards zum Leistungsumfang und zur Qualität der zuschussfähigen Leistungen festzulegen. [7]Der besondere Verwaltungsaufwand stationärer Hospize ist dabei zu berücksichtigen. [8]Die Vereinbarungen nach Satz 4 sind spätestens bis zum 31. Dezember 2016 und danach mindestens alle vier Jahre zu überprüfen und an aktuelle Versorgungs- und Kostenentwicklungen anzupassen. In den Vereinbarungen ist auch zu regeln, in welchen Fällen Bewohner einer stationären Pflegeeinrichtung in ein stationäres Hospiz wechseln können; dabei sind die berechtigten Wünsche der Bewohner zu berücksichtigen. [10]Der Kassenärztlichen Bundesvereinigung ist Gelegenheit zur Stellungnahme zu geben. [11]In den über die Einzelheiten der Versorgung nach Satz 1 zwischen Krankenkassen und Hospizen abzuschließenden Verträgen ist zu regeln, dass im Falle von Nichteinigung eine von den Parteien zu bestimmende unabhängige Schiedsperson den Vertragsinhalt festlegt. [12]Einigen sich die Vertragspartner nicht auf eine Schiedsperson, so wird diese von der für die vertragschließende Krankenkasse zuständigen Aufsichtsbehörde bestimmt. [13]Die Kosten des Schiedsverfahrens tragen die Vertragspartner zu gleichen Teilen.

(2) [1]Die Krankenkasse hat ambulante Hospizdienste zu fördern, die für Versicherte, die keiner Krankenhausbehandlung und keiner stationären oder teilstationären Versorgung in einem Hospiz bedürfen, qualifizierte ehrenamtliche Sterbebegleitung in deren Haushalt, in der Familie, in stationären Pflegeeinrichtungen, in Einrichtungen der Eingliederungshilfe für behinderte Menschen oder der Kinder- und Jugendhilfe erbringen. [2]Satz 1 gilt entsprechend, wenn ambulante Hospizdienste für Versicherte in Krankenhäusern Sterbebegleitung

im Auftrag des jeweiligen Krankenhausträgers erbringen. ³Voraussetzung der Förderung ist außerdem, dass der ambulante Hospizdienst

1. mit palliativ-medizinisch erfahrenen Pflegediensten und Ärzten zusammenarbeitet sowie

2. unter der fachlichen Verantwortung einer Krankenschwester, eines Krankenpflegers oder einer anderen fachlich qualifizierten Person steht, die über mehrjährige Erfahrung in der palliativ-medizinischen Pflege oder über eine entsprechende Weiterbildung verfügt und eine Weiterbildung als verantwortliche Pflegefachkraft oder in Leitungsfunktionen nachweisen kann.

⁴Der ambulante Hospizdienst erbringt palliativ-pflegerische Beratung durch entsprechend ausgebildete Fachkräfte und stellt die Gewinnung, Schulung, Koordination und Unterstützung der ehrenamtlich tätigen Personen, die für die Sterbebegleitung zur Verfügung stehen, sicher. ⁵Die Förderung nach Satz 1 erfolgt durch einen angemessenen Zuschuss zu den notwendigen Personal- und Sachkosten. ⁶Der Zuschuss bezieht sich auf Leistungseinheiten, die sich aus dem Verhältnis der Zahl der qualifizierten Ehrenamtlichen zu der Zahl der Sterbebegleitungen bestimmen. ⁷Die Ausgaben der Krankenkassen für die Förderung nach Satz 1 betragen je Leistungseinheit 13 vom Hundert der monatlichen Bezugsgröße nach § 18 Absatz 1 des Vierten Buches, sie dürfen die zuschussfähigen Personal- und Sachkosten des Hospizdienstes nicht überschreiten. ⁸Der Spitzenverband Bund der Krankenkassen vereinbart mit den für die Wahrnehmung der Interessen der ambulanten Hospizdienste maßgeblichen Spitzenorganisationen das Nähere zu den Voraussetzungen der Förderung sowie zu Inhalt, Qualität und Umfang der ambulanten Hospizarbeit. ⁹Dabei ist den besonderen Belangen der Versorgung von Kindern durch ambulante Hospizdienste und der ambulanten Hospizarbeit in Pflegeeinrichtungen nach § 72 des Elften Buches ausreichend Rechnung zu tragen. ¹⁰Es ist sicherzustellen, dass ein bedarfsgerechtes Verhältnis von ehrenamtlichen und hauptamtlichen Mitarbeitern gewährleistet ist, und dass die Förderung zeitnah ab dem Zeitpunkt erfolgt, in dem der ambulante Hospizdienst zuschussfähige Sterbebegleitung leistet. ¹¹Die Vereinbarung ist spätestens zum 31. Dezember 2016 und danach mindestens alle vier Jahre zu überprüfen und an aktuelle Versorgungs- und Kostenentwicklungen anzupassen. ¹²Pflegeeinrichtungen nach § 72 des Elften Buches sollen mit ambulanten Hospizdiensten zusammenarbeiten.

§ 39b Hospiz- und Palliativberatung durch die Krankenkassen.

(1) ¹Versicherte haben Anspruch auf individuelle Beratung und Hilfestellung durch die Krankenkasse zu den Leistungen der Hospiz- und Palliativversorgung. ²Der Anspruch umfasst auch die Erstellung einer Übersicht der Ansprechpartner der regional verfügbaren Beratungs- und Versorgungsangebote. ³Die Krankenkasse leistet bei Bedarf Hilfestellung bei der Kontaktaufnahme und Leistungsinanspruchnahme. ⁴Die Beratung soll mit der Pflegeberatung nach § 7a des Elften Buches und anderen bereits in Anspruch genommenen Beratungsangeboten abgestimmt werden. ⁵Auf Verlangen des Versicherten sind Angehörige und andere Vertrauenspersonen an der Beratung zu beteiligen. ⁶Im

Auftrag des Versicherten informiert die Krankenkasse die Leistungserbringer und Einrichtungen, die an der Versorgung des Versicherten mitwirken, über die wesentlichen Beratungsinhalte und Hilfestellungen oder händigt dem Versicherten zu diesem Zweck ein entsprechendes Begleitschreiben aus. [7]Maßnahmen nach dieser Vorschrift und die dazu erforderliche Erhebung, Verarbeitung und Nutzung personenbezogener Daten dürfen nur mit schriftlicher Einwilligung und nach vorheriger schriftlicher Information des Versicherten erfolgen. [8]Die Einwilligung kann jederzeit schriftlich widerrufen werden. [9]Die Krankenkassen dürfen ihre Aufgaben nach dieser Vorschrift an andere Krankenkassen, deren Verbände oder Arbeitsgemeinschaften übertragen.

(2) [1]Die Krankenkasse informiert ihre Versicherten in allgemeiner Form über die Möglichkeiten persönlicher Vorsorge für die letzte Lebensphase, insbesondere zu Patientenverfügung, Vorsorgevollmacht und Betreuungsverfügung. [2]Der Spitzenverband Bund der Krankenkassen regelt erstmals bis zum 30. Juni 2016 für seine Mitglieder das Nähere zu Form und Inhalt der Informationen und berücksichtigt dabei das Informationsmaterial und die Formulierungshilfen anderer öffentlicher Stellen.

§ 39c Kurzzeitpflege bei fehlender Pflegebedürftigkeit. [1]Reichen Leistungen der häuslichen Krankenpflege nach § 37 Absatz 1a bei schwerer Krankheit oder wegen akuter Verschlimmerung einer Krankheit, insbesondere nach einem Krankenhausaufenthalt, nach einer ambulanten Operation oder nach einer ambulanten Krankenhausbehandlung, nicht aus, erbringt die Krankenkasse die erforderliche Kurzzeitpflege entsprechend § 42 des Elften Buches für eine Übergangszeit, wenn keine Pflegebedürftigkeit mit Pflegegrad 2, 3, 4 oder 5 im Sinne des Elften Buches festgestellt ist. [2]Im Hinblick auf die Leistungsdauer und die Leistungshöhe gilt § 42 Absatz 2 Satz 1 und 2 des Elften Buches entsprechend. [3]Die Leistung kann in zugelassenen Einrichtungen nach dem Elften Buch oder in anderen geeigneten Einrichtungen erbracht werden. [4]Der Spitzenverband Bund der Krankenkassen legt über das Bundesministerium für Gesundheit dem Deutschen Bundestag bis Ende des Jahres 2018 einen Bericht vor, in dem die Erfahrungen mit der Einführung eines Anspruchs auf Leistungen nach dieser Vorschrift wiedergegeben werden.

§ 40 Leistungen zur medizinischen Rehabilitation. (1) [1]Reicht bei Versicherten eine ambulante Krankenbehandlung nicht aus, um die in § 11 Abs. 2 beschriebenen Ziele zu erreichen, erbringt die Krankenkasse aus medizinischen Gründen erforderliche ambulante Rehabilitationsleistungen in Rehabilitationseinrichtungen, für die ein Versorgungsvertrag nach § 111c besteht; dies schließt mobile Rehabilitationsleistungen durch wohnortnahe Einrichtungen ein. [2]Leistungen nach Satz 1 sind auch in stationären Pflegeeinrichtungen nach § 72 Abs. 1 des Elften Buches zu erbringen.

(2) [1]Reicht die Leistung nach Absatz 1 nicht aus, erbringt die Krankenkasse stationäre Rehabilitation mit Unterkunft und Verpflegung in einer nach § 37 Absatz 3 des Neunten Buches zertifizierten Rehabilitationseinrichtung, mit der

ein Vertrag nach § 111 besteht; für pflegende Angehörige kann die Krankenkasse unter denselben Voraussetzungen stationäre Rehabilitation mit Unterkunft und Verpflegung auch in einer zertifizierten Rehabilitationseinrichtung erbringen, mit der ein Vertrag nach § 111a besteht. [2]Wählt der Versicherte eine andere zertifizierte Einrichtung, so hat er die dadurch entstehenden Mehrkosten zu tragen; dies gilt nicht für solche Mehrkosten, die im Hinblick auf die Beachtung des Wunsch- und Wahlrechts nach § 8 des Neunten Buches angemessen sind. [3]Die Krankenkasse führt nach Geschlecht differenzierte statistische Erhebungen über Anträge auf Leistungen nach Satz 1 und Absatz 1 sowie deren Erledigung durch. [4]§ 39 Absatz 1a gilt entsprechend mit der Maßgabe, dass bei dem Rahmenvertrag entsprechend § 39 Absatz 1a die für die Erbringung von Leistungen zur medizinischen Rehabilitation maßgeblichen Verbände auf Bundesebene zu beteiligen sind; bei Anrufung des Bundesschiedsamtes entsprechend § 118a Absatz 2 Satz 2 ist das Bundesschiedsamt anstelle der Vertreter der Deutschen Krankenhausgesellschaft um Vertreter der für die Erbringung von Leistungen zur medizinischen Rehabilitation maßgeblichen Verbände auf Bundesebene zu erweitern.

(3) [1]Die Krankenkasse bestimmt nach den medizinischen Erfordernissen des Einzelfalls unter Beachtung des Wunsch- und Wahlrechts der Leistungsberechtigten nach § 8 des Neunten Buches Art, Dauer, Umfang, Beginn und Durchführung der Leistungen nach den Absätzen 1 und 2 sowie die Rehabilitationseinrichtung nach pflichtgemäßem Ermessen; die Krankenkasse berücksichtigt bei ihrer Entscheidung die besonderen Belange pflegender Angehöriger. [2]Leistungen nach Absatz 1 sollen für längstens 20 Behandlungstage, Leistungen nach Absatz 2 für längstens drei Wochen erbracht werden, es sei denn, eine Verlängerung der Leistung ist aus medizinischen Gründen dringend erforderlich. [3]Satz 2 gilt nicht, soweit der Spitzenverband Bund der Krankenkassen nach Anhörung der für die Wahrnehmung der Interessen der ambulanten und stationären Rehabilitationseinrichtungen auf Bundesebene maßgeblichen Spitzenorganisationen in Leitlinien Indikationen festgelegt und diesen jeweils eine Regeldauer zugeordnet hat; von dieser Regeldauer kann nur abgewichen werden, wenn dies aus dringenden medizinischen Gründen im Einzelfall erforderlich ist. [4]Leistungen nach den Absätzen 1 und 2 können nicht vor Ablauf von vier Jahren nach Durchführung solcher oder ähnlicher Leistungen erbracht werden, deren Kosten aufgrund öffentlich-rechtlicher Vorschriften getragen oder bezuschusst worden sind, es sei denn, eine vorzeitige Leistung ist aus medizinischen Gründen dringend erforderlich. [5]§ 23 Abs. 7 gilt entsprechend. [6]Die Krankenkasse zahlt der Pflegekasse einen Betrag in Höhe von 3 072 Euro für pflegebedürftige Versicherte, für die innerhalb von sechs Monaten nach Antragstellung keine notwendigen Leistungen zur medizinischen Rehabilitation erbracht worden sind. [7]Satz 6 gilt nicht, wenn die Krankenkasse die fehlende Leistungserbringung nicht zu vertreten hat. [8]Die Krankenkasse berichtet ihrer Aufsichtsbehörde jährlich über Fälle nach Satz 6.

(4) Leistungen nach den Absätzen 1 und 2 werden nur erbracht, wenn nach den für andere Träger der Sozialversicherung geltenden Vorschriften mit Aus-

nahme der § 14, 15a, 17 und 31 des Sechsten Buches solche Leistungen nicht erbracht werden können.

(5) [1]Versicherte, die eine Leistung nach Absatz 1 oder 2 in Anspruch nehmen und das achtzehnte Lebensjahr vollendet haben, zahlen je Kalendertag den sich nach § 61 Satz 2 ergebenden Betrag an die Einrichtung. [2]Die Zahlungen sind an die Krankenkasse weiterzuleiten.

(6) [1]Versicherte, die das achtzehnte Lebensjahr vollendet haben und eine Leistung nach Absatz 1 oder 2 in Anspruch nehmen, deren unmittelbarer Anschluss an eine Krankenhausbehandlung medizinisch notwendig ist (Anschlussrehabilitation), zahlen den sich nach § 61 Satz 2 ergebenden Betrag für längstens 28 Tage je Kalenderjahr an die Einrichtung; als unmittelbar gilt der Anschluss auch, wenn die Maßnahme innerhalb von 14 Tagen beginnt, es sei denn, die Einhaltung dieser Frist ist aus zwingenden tatsächlichen oder medizinischen Gründen nicht möglich. [2]Die innerhalb des Kalenderjahres bereits an einen Träger der gesetzlichen Rentenversicherung geleistete kalendertägliche Zahlung nach § 32 Abs. 1 Satz 2 des Sechsten Buches sowie die nach § 39 Abs. 4 geleistete Zahlung sind auf die Zahlung nach Satz 1 anzurechnen. [3]Die Zahlungen sind an die Krankenkasse weiterzuleiten.

(7) [1]Der Spitzenverband Bund der Krankenkassen legt gemeinsam und einheitlich und unter Beteiligung der Arbeitsgemeinschaft nach § 282 (Medizinischer Dienst der Spitzenverbände der Krankenkassen) Indikationen fest, bei denen für eine medizinisch notwendige Leistung nach Absatz 2 die Zuzahlung nach Absatz 6 Satz 1 Anwendung findet, ohne dass es sich um Anschlussrehabilitation handelt. [2]Vor der Festlegung der Indikationen ist den für die Wahrnehmung der Interessen der stationären Rehabilitation auf Bundesebene maßgebenden Organisationen Gelegenheit zur Stellungnahme zu geben; die Stellungnahmen sind in die Entscheidung einzubeziehen.

§ 41 Medizinische Rehabilitation für Mütter und Väter. (1) [1]Versicherte haben unter den in § 27 Abs. 1 genannten Voraussetzungen Anspruch auf aus medizinischen Gründen erforderliche Rehabilitationsleistungen in einer Einrichtung des Müttergenesungswerks oder einer gleichartigen Einrichtung; die Leistung kann in Form einer Mutter-Kind-Maßnahme erbracht werden. [2]Satz 1 gilt auch für Vater-Kind-Maßnahmen in dafür geeigneten Einrichtungen. [3]Rehabilitationsleistungen nach den Sätzen 1 und 2 werden in Einrichtungen erbracht, mit denen ein Versorgungsvertrag nach § 111a besteht. [4]§ 40 Abs. 2 Satz 1 und 2 gilt nicht; § 40 Abs. 2 Satz 3 und 4 gilt entsprechend.

(2) § 40 Abs. 3 und 4 gilt entsprechend.

(3) [1]Versicherte, die das achtzehnte Lebensjahr vollendet haben und eine Leistung nach Absatz 1 in Anspruch nehmen, zahlen je Kalendertag den sich nach § 61 Satz 2 ergebenden Betrag an die Einrichtung. [2]Die Zahlungen sind an die Krankenkasse weiterzuleiten.

(4) *(aufgehoben)*

§ 42 Belastungserprobung und Arbeitstherapie. Versicherte haben Anspruch auf Belastungserprobung und Arbeitstherapie, wenn nach den für andere Träger der Sozialversicherung geltenden Vorschriften solche Leistungen nicht erbracht werden können.

§ 43 Ergänzende Leistungen zur Rehabilitation. (1) Die Krankenkasse kann neben den Leistungen, die nach § 64 Abs. 1 Nr. 2 bis 6 sowie nach §§ 73 und 74 des Neunten Buches als ergänzende Leistungen zu erbringen sind,

1. solche Leistungen zur Rehabilitation ganz oder teilweise erbringen oder fördern, die unter Berücksichtigung von Art oder Schwere der Behinderung erforderlich sind, um das Ziel der Rehabilitation zu erreichen oder zu sichern, aber nicht zu den Leistungen zur Teilhabe am Arbeitsleben oder den Leistungen zur allgemeinen sozialen Eingliederung gehören,

2. wirksame und effiziente Patientenschulungsmaßnahmen für chronisch Kranke erbringen; Angehörige und ständige Betreuungspersonen sind einzubeziehen, wenn dies aus medizinischen Gründen erforderlich ist,

wenn zuletzt die Krankenkasse Krankenbehandlung geleistet hat oder leistet.

(2) ¹Die Krankenkasse erbringt aus medizinischen Gründen in unmittelbarem Anschluss an eine Krankenhausbehandlung nach § 39 Abs. 1 oder stationäre Rehabilitation erforderliche sozialmedizinische Nachsorgemaßnahmen für chronisch kranke oder schwerstkranke Kinder und Jugendliche, die das 14. Lebensjahr, in besonders schwierigen Fällen das 18. Lebensjahr, noch nicht vollendet haben, wenn die Nachsorge wegen der Art, Schwere und Dauer der Erkrankung notwendig ist, um den stationären Aufenthalt zu verkürzen oder die anschließende ambulante ärztliche Behandlung zu sichern. ²Die Nachsorgemaßnahmen umfassen die im Einzelfall erforderliche Koordinierung der verordneten Leistungen sowie Anleitung und Motivation zu deren Inanspruchnahme. ³Angehörige und ständige Betreuungspersonen sind einzubeziehen, wenn dies aus medizinischen Gründen erforderlich ist. ⁴Der Spitzenverband Bund der Krankenkassen bestimmt das Nähere zu den Voraussetzungen sowie zu Inhalt und Qualität der Nachsorgemaßnahmen.

§ 43a Nichtärztliche sozialpädiatrische Leistungen. (1) Versicherte Kinder haben Anspruch auf nichtärztliche sozialpädiatrische Leistungen, insbesondere auf psychologische, heilpädagogische und psychosoziale Leistungen, wenn sie unter ärztlicher Verantwortung erbracht werden und erforderlich sind, um eine Krankheit zum frühestmöglichen Zeitpunkt zu erkennen und einen Behandlungsplan aufzustellen; § 46 des Neunten Buches bleibt unberührt.

(2) Versicherte Kinder haben Anspruch auf nichtärztliche sozialpädiatrische Leistungen, die unter ärztlicher Verantwortung in der ambulanten psychiatrischen Behandlung erbracht werden.

§ 43b Nichtärztliche Leistungen für Erwachsene mit geistiger Behinderung oder schweren Mehrfachbehinderungen. ¹Versicherte Erwachsene mit geistiger Behinderung oder schweren Mehrfachbehinderungen haben Anspruch auf nichtärztliche Leistungen, insbesondere auf psychologische, therapeutische und psychosoziale Leistungen, wenn sie unter ärztlicher Verantwortung durch ein medizinisches Behandlungszentrum nach § 119c erbracht werden und erforderlich sind, um eine Krankheit zum frühestmöglichen Zeitpunkt zu erkennen und einen Behandlungsplan aufzustellen. [2]Dies umfasst auch die im Einzelfall erforderliche Koordinierung von Leistungen.

§ 43c Zahlungsweg. (1) [1]Leistungserbringer haben Zahlungen, die Versicherte zu entrichten haben, einzubeziehen und mit ihrem Vergütungsanspruch gegenüber der Krankenkasse zu verrechnen. [2]Zahlt der Versicherte trotz einer gesonderten schriftlichen Aufforderung durch den Leistungserbringer nicht, hat die Krankenkasse die Zahlung einzuziehen.

(2) *(aufgehoben)*

(3) [1]Zuzahlungen, die Versicherte nach § 39 Abs. 4 zu entrichten haben, hat das Krankenhaus einzubehalten; sein Vergütungsanspruch gegenüber der Krankenkasse verringert sich entsprechend. [2]Absatz 1 Satz 2 gilt nicht. [3]Zahlt der Versicherte trotz einer gesonderten schriftlichen Aufforderung durch das Krankenhaus nicht, hat dieses im Auftrag der Krankenkasse die Zuzahlung einzuziehen. [4]Die Krankenhäuser werden zur Durchführung des Verwaltungsverfahrens nach Satz 3 beliehen. [5]Sie können hierzu Verwaltungsakte gegenüber den Versicherten erlassen; Klagen gegen diese Verwaltungsakte haben keine aufschiebende Wirkung; ein Vorverfahren findet nicht statt. [6]Die zuständige Krankenkasse erstattet dem Krankenhaus je durchgeführtem Verwaltungsverfahren nach Satz 3 eine angemessene Kostenpauschale. [7]Die dem Krankenhaus für Klagen von Versicherten gegen den Verwaltungsakt entstehenden Kosten werden von den Krankenkassen getragen. [8]Das Vollstreckungsverfahren für Zuzahlungen nach § 39 Absatz 4 wird von der zuständigen Krankenkasse durchgeführt. [9]Das Nähere zur Umsetzung der Kostenerstattung nach den Sätzen 6 und 7 vereinbaren der Spitzenverband Bund und die Deutsche Krankenhausgesellschaft. [10]Soweit die Einziehung der Zuzahlung durch das Krankenhaus erfolglos bleibt, verringert sich abweichend von Satz 1 der Vergütungsanspruch des Krankenhauses gegenüber der Krankenkasse nicht. [11]Zwischen dem Krankenhaus und der Krankenkasse können abweichende Regelungen zum Zahlungsweg vereinbart werden, soweit dies wirtschaftlich ist.

Zweiter Titel
Krankengeld

§ 44 Krankengeld. (1) Versicherte haben Anspruch auf Krankengeld, wenn die Krankheit sie arbeitsunfähig macht oder sie auf Kosten der Krankenkasse stationär in einem Krankenhaus, einer Vorsorge- oder Rehabilitationseinrichtung (§ 23 Abs. 4, §§ 24, 40 Abs. 2 und § 41) behandelt werden.

(2) ¹Keinen Anspruch auf Krankengeld haben

1. die nach § 5 Abs. 1 Nr. 2a, 5, 6, 9, 10 oder 13 sowie die nach § 10 Versicherten; dies gilt nicht für die nach § 5 Abs. 1 Nr. 6 Versicherten, wenn sie Anspruch auf Übergangsgeld haben, und für Versicherte nach § 5 Abs. 1 Nr. 13, soweit sie abhängig beschäftigt und nicht nach den §§ 8 und 8a des Vierten Buches geringfügig beschäftigt sind,

2. hauptberuflich selbstständig Erwerbstätige, es sei denn, das Mitglied erklärt gegenüber der Krankenkasse, dass die Mitgliedschaft den Anspruch auf Krankengeld umfassen soll (Wahlerklärung),

3. Versicherte nach § 5 Absatz 1 Nummer 1, die bei Arbeitsunfähigkeit nicht mindestens sechs Wochen Anspruch auf Fortzahlung des Arbeitsentgelts aufgrund des Entgeltfortzahlungsgesetzes, eines Tarifvertrags, einer Betriebsvereinbarung oder anderer vertraglicher Zusagen oder auf Zahlung einer die Versicherungspflicht begründenden Sozialleistung haben, es sei denn, das Mitglied gibt eine Wahlerklärung ab, dass die Mitgliedschaft den Anspruch auf Krankengeld umfassen soll. ²Dies gilt nicht für Versicherte, die nach § 10 des Entgeltfortzahlungsgesetzes Anspruch auf Zahlung eines Zuschlages zum Arbeitsentgelt haben,

4. Versicherte, die eine Rente aus einer öffentlich-rechtlichen Versicherungseinrichtung oder Versorgungseinrichtung ihrer Berufsgruppe oder von anderen vergleichbaren Stellen beziehen, die ihrer Art nach den in § 50 Abs. 1 genannten Leistungen entspricht. ²Für Versicherte nach Satz 1 Nr. 4 gilt § 50 Abs. 2 entsprechend, soweit sie eine Leistung beziehen, die ihrer Art nach den in dieser Vorschrift aufgeführten Leistungen entspricht.

²Für die Wahlerklärung nach Satz 1 Nummer 2 und 3 gilt § 53 Absatz 8 Satz 1 entsprechend. ³Für die nach Nummer 2 und 3 aufgeführten Versicherten bleibt § 53 Abs. 6 unberührt.

(3) Der Anspruch auf Fortzahlung des Arbeitsentgelts bei Arbeitsunfähigkeit richtet sich nach arbeitsrechtlichen Vorschriften.

(4) ¹Versicherte haben Anspruch auf individuelle Beratung und Hilfestellung durch die Krankenkasse, welche Leistungen und unterstützende Angebote zur Wiederherstellung der Arbeitsfähigkeit erforderlich sind. ²Maßnahmen nach Satz 1 und die dazu erforderliche Erhebung, Verarbeitung und Nutzung personenbezogener Daten dürfen nur mit schriftlicher Einwilligung und nach vorheriger schriftlicher Information des Versicherten erfolgen. ³Die Einwilligung kann jederzeit schriftlich widerrufen werden. ⁴Die Krankenkassen dürfen ihre Aufgaben nach Satz 1 an die in § 35 des Ersten Buches genannten Stellen übertragen. ⁵Das Bundesministerium für Gesundheit legt dem Deutschen Bundestag bis zum 31. Dezember 2018 einen Bericht über die Umsetzung des Anspruchs auf individuelle Beratung und Hilfestellung durch die Krankenkassen nach diesem Absatz vor.

§ 44a Krankengeld bei Spende von Organen, Geweben oder Blut zur Separation von Blutstammzellen oder anderen Blutbestandteilen. ¹Spender von Organen, Geweben oder Blut zur Separation von Blutstammzellen oder anderen Blutbestandteilen nach § 27 Absatz 1a Satz 1 haben Anspruch auf Krankengeld, wenn die Spende an Versicherte sie arbeitsunfähig macht. [2]Das Krankengeld wird den Spendern von der Krankenkasse der Empfänger in Höhe des vor Beginn der Arbeitsunfähigkeit regelmäßig erzielten Nettoarbeitsentgelts oder Arbeitseinkommens bis zur Höhe des Betrages der kalendertäglichen Beitragsbemessungsgrenze geleistet. [3]Für nach dem Künstlersozialversicherungsgesetz versicherungspflichtige Spender ist das ausgefallene Arbeitseinkommen im Sinne von Satz 2 aus demjenigen Arbeitseinkommen zu berechnen, das der Beitragsbemessung für die letzten zwölf Kalendermonate vor Beginn der Arbeitsunfähigkeit im Hinblick auf die Spende zugrunde gelegen hat. [4]§ 44 Absatz 3, § 47 Absatz 2 bis 4, die §§ 47b, 49 und 50 gelten entsprechend; Ansprüche nach § 44 sind gegenüber Ansprüchen nach dieser Vorschrift ausgeschlossen. [5]Ansprüche nach dieser Vorschrift haben auch nicht gesetzlich krankenversicherte Personen.

§ 45 Krankengeld bei Erkrankung des Kindes. (1) [1]Versicherte haben Anspruch auf Krankengeld, wenn es nach ärztlichem Zeugnis erforderlich ist, dass sie zur Beaufsichtigung, Betreuung oder Pflege ihres erkrankten und versicherten Kindes der Arbeit fernbleiben, eine andere in ihrem Haushalt lebende Person das Kind nicht beaufsichtigen, betreuen oder pflegen kann und das Kind das zwölfte Lebensjahr noch nicht vollendet hat oder behindert und auf Hilfe angewiesen ist. [2]§ 10 Abs. 4 und § 44 Absatz 2 gelten.

(2) [1]Anspruch auf Krankengeld nach Absatz 1 besteht in jedem Kalenderjahr für jedes Kind längstens für 10 Arbeitstage, für allein erziehende Versicherte längstens für 20 Arbeitstage. [2]Der Anspruch nach Satz 1 besteht für Versicherte für nicht mehr als 25 Arbeitstage, für allein erziehende Versicherte für nicht mehr als 50 Arbeitstage je Kalenderjahr. [3]Das Krankengeld nach Absatz 1 beträgt 90 Prozent des ausgefallenen Nettoarbeitsentgelts aus beitragspflichtigem Arbeitsentgelt der Versicherten, bei Bezug von beitragspflichtigem einmalig gezahltem Arbeitsentgelt (§ 23a des Vierten Buches) in den der Freistellung von Arbeitsleistung nach Absatz 3 vorangegangenen zwölf Kalendermonaten 100 Prozent des ausgefallenen Nettoarbeitsentgelts aus beitragspflichtigem Arbeitsentgelt; es darf 70 Prozent der Beitragsbemessungsgrenze nach § 223 Absatz 3 nicht überschreiten. [4]Erfolgt die Berechnung des Krankengeldes nach Absatz 1 aus Arbeitseinkommen, beträgt dies 70 Prozent des erzielten regelmäßigen Arbeitseinkommens, soweit es der Beitragsberechnung unterliegt. [5]§ 47 Absatz 1 Satz 6 bis 8und Absatz 4 Satz 3 bis 5 gilt entsprechend.

(3) [1]Versicherte mit Anspruch auf Krankengeld nach Absatz 1 haben für die Dauer dieses Anspruchs gegen ihren Arbeitgeber Anspruch auf unbezahlte Freistellung von der Arbeitsleistung, soweit nicht aus dem gleichen Grund Anspruch auf bezahlte Freistellung besteht. [2]Wird der Freistellungsanspruch nach Satz 1 geltend gemacht, bevor die Krankenkasse ihre Leistungsverpflichtung nach Absatz 1 anerkannt hat, und sind die Voraussetzungen dafür nicht erfüllt, ist der Arbeitgeber berechtigt, die gewährte Freistellung von der Arbeitsleistung auf einen späteren Freistellungsanspruch zur Beaufsichtigung, Betreuung

oder Pflege eines erkrankten Kindes anzurechnen. [3]Der Freistellungsanspruch nach Satz 1 kann nicht durch Vertrag ausgeschlossen oder beschränkt werden.

(4) [1]Versicherte haben ferner Anspruch auf Krankengeld, wenn sie zur Beaufsichtigung, Betreuung oder Pflege ihres erkrankten und versicherten Kindes der Arbeit fernbleiben, sofern das Kind das zwölfte Lebensjahr noch nicht vollendet hat oder behindert und auf Hilfe angewiesen ist und nach ärztlichem Zeugnis an einer Erkrankung leidet,

a) die progredient verläuft und bereits ein weit fortgeschrittenes Stadium erreicht hat,

b) bei der eine Heilung ausgeschlossen und eine palliativ-medizinische Behandlung notwendig oder von einem Elternteil erwünscht ist und

c) die lediglich eine begrenzte Lebenserwartung von Wochen oder wenigen Monaten erwarten lässt.

[2]Der Anspruch besteht nur für ein Elternteil. [3]Absatz 1 Satz 2, Absatz 3 und § 47 gelten entsprechend.

(5) Anspruch auf unbezahlte Freistellung nach den Absätzen 3 und 4 haben auch Arbeitnehmer, die nicht Versicherte mit Anspruch auf Krankengeld nach Absatz 1 sind.

§ 46 Entstehen des Anspruchs auf Krankengeld. [1]Der Anspruch auf Krankengeld entsteht

1. bei Krankenhausbehandlung oder Behandlung in einer Vorsorge- oder Rehabilitationseinrichtung (§ 23 Abs. 4, §§ 24, 40 Abs. 2 und § 41) von ihrem Beginn an,

2. im Übrigen von dem Tag der ärztlichen Feststellung der Arbeitsunfähigkeit an.

[2]Der Anspruch auf Krankengeld bleibt jeweils bis zu dem Tag bestehen, an dem die weitere Arbeitsunfähigkeit wegen derselben Krankheit ärztlich festgestellt wird, wenn diese ärztliche Feststellung spätestens am nächsten Werktag nach dem zuletzt bescheinigten Ende der Arbeitsunfähigkeit erfolgt; Samstage gelten insoweit nicht als Werktage. [3]Für die nach dem Künstlersozialversicherungsgesetz Versicherten sowie für Versicherte, die eine Wahlerklärung nach § 44 Absatz 2 Satz 1 Nummer 2 abgegeben haben, entsteht der Anspruch von der siebten Woche der Arbeitsunfähigkeit an. [4]Der Anspruch auf Krankengeld für die in Satz 3 genannten Versicherten nach dem Künstlersozialversicherungsgesetz entsteht bereits vor der siebten Woche der Arbeitsunfähigkeit zu dem von der Satzung bestimmten Zeitpunkt, spätestens jedoch mit Beginn der dritten Woche der Arbeitsunfähigkeit, wenn der Versicherte bei seiner Krankenkasse einen Tarif nach § 53 Abs. 6 gewählt hat.

§ 47 Höhe und Berechnung des Krankengeldes. (1) [1]Das Krankengeld beträgt 70 vom Hundert des erzielten regelmäßigen Arbeitsentgelts und Arbeitseinkommens, soweit es der Beitragsberechnung unterliegt (Regelentgelt). [2]Das aus dem Arbeitsentgelt berechnete Krankengeld darf 90 vom Hundert des bei entsprechender Anwendung des Absatzes 2 berechneten Nettoarbeitsentgelts nicht übersteigen. [3]Für die Berechnung des Nettoarbeitsentgelts nach

Satz 2 ist der sich aus dem kalendertäglichen Hinzurechnungsbetrag nach Absatz 2 Satz 6 ergebende Anteil am Nettoarbeitsentgelt mit dem Vomhundertsatz anzusetzen, der sich aus dem Verhältnis des kalendertäglichen Regelentgeltbetrages nach Absatz 2 Satz 1 bis 5 zu dem sich aus diesem Regelentgeltbetrag ergebenden Nettoarbeitsentgelt ergibt. [4]Das nach Satz 1 bis 3 berechnete kalendertägliche Krankengeld darf das sich aus dem Arbeitsentgelt nach Absatz 2 Satz 1 bis 5 ergebende kalendertägliche Nettoarbeitsentgelt nicht übersteigen. [5]Das Regelentgelt wird nach den Absätzen 2, 4 und 6 berechnet. [6]Das Krankengeld wird für Kalendertage gezahlt. [7]Ist es für einen ganzen Kalendermonat zu zahlen, ist dieser mit dreißig Tagen anzusetzen. [8]Bei der Berechnung des Regelentgelts nach Satz 1 und des Nettoarbeitsentgelts nach den Sätzen 2 und 4 sind die für die jeweilige Beitragsbemessung und Beitragstragung geltenden Besonderheiten der Gleitzone nach § 20 Abs. 2 des Vierten Buches nicht zu berücksichtigen.

(2) [1]Für die Berechnung des Regelentgelts ist das von dem Versicherten im letzten vor Beginn der Arbeitsunfähigkeit abgerechneten Entgeltabrechnungszeitraum, mindestens das während der letzten abgerechneten vier Wochen (Bemessungszeitraum) erzielte und um einmalig gezahltes Arbeitsentgelt verminderte Arbeitsentgelt durch die Zahl der Stunden zu teilen, für die es gezahlt wurde. [2]Das Ergebnis ist mit der Zahl der sich aus dem Inhalt des Arbeitsverhältnisses ergebenden regelmäßigen wöchentlichen Arbeitsstunden zu vervielfachen und durch sieben zu teilen. [3]Ist das Arbeitsentgelt nach Monaten bemessen oder ist eine Berechnung des Regelentgelts nach den Sätzen 1 und 2 nicht möglich, gilt der dreißigste Teil des im letzten vor Beginn der Arbeitsunfähigkeit abgerechneten Kalendermonat erzielten und um einmalig gezahltes Arbeitsentgelt verminderten Arbeitsentgelts als Regelentgelt. [4]Wenn mit einer Arbeitsleistung Arbeitsentgelt erzielt wird, das für Zeiten einer Freistellung vor oder nach dieser Arbeitsleistung fällig wird (Wertguthaben nach § 7b des Vierten Buches), ist für die Berechnung des Regelentgelts das im Bemessungszeitraum der Beitragsberechnung zugrunde liegende und um einmalig gezahltes Arbeitsentgelt verminderte Arbeitsentgelt maßgebend; Wertguthaben, die nicht gemäß einer Vereinbarung über flexible Arbeitszeitregelungen verwendet werden (§ 23b Abs. 2 des Vierten Buches), bleiben außer Betracht. [5]Bei der Anwendung des Satzes 1 gilt als regelmäßige wöchentliche Arbeitszeit die Arbeitszeit, die dem gezahlten Arbeitsentgelt entspricht. [6]Für die Berechnung des Regelentgelts ist der dreihundertsechzigste Teil des einmalig gezahlten Arbeitsentgelts, das in den letzten zwölf Kalendermonaten vor Beginn der Arbeitsunfähigkeit nach § 23a des Vierten Buches der Beitragsberechnung zugrunde gelegen hat, dem nach Satz 1 bis 5 berechneten Arbeitsentgelt hinzuzurechnen.

(3) Die Satzung kann bei nicht kontinuierlicher Arbeitsverrichtung und -vergütung abweichende Bestimmungen zur Zahlung und Berechnung des Krankengeldes vorsehen, die sicherstellen, dass das Krankengeld seine Entgeltersatzfunktion erfüllt.

(4) [1]Für Seeleute gelten als Regelentgelt die beitragspflichtigen Einnahmen nach § 233 Abs. 1. [2]Für Versicherte, die nicht Arbeitnehmer sind, gilt als Regelentgelt der kalendertägliche Betrag, der zuletzt vor Beginn der Arbeitsunfähigkeit für die Beitragsbemessung aus Arbeitseinkommen maßgebend war. [3]Für nach dem Künstlersozialversicherungsgesetz Versicherte ist das Regelentgelt aus dem Arbeitseinkommen zu berechnen, das der Beitragsbemessung für die letzten zwölf Kalendermonate vor Beginn der Arbeitsunfähigkeit zugrunde gelegen hat; dabei ist für den Kalendertag der dreihundertsechzigste Teil dieses Betrages anzusetzen. [4]Die Zahl dreihundertsechzig ist um die Zahl der Kalendertage zu vermindern, in denen eine Versicherungspflicht nach dem Künstlersozialversicherungsgesetz nicht bestand oder für die nach § 234 Abs. 1 Satz 3 Arbeitseinkommen nicht zugrunde zu legen ist. [5]Einmalig gezahltes Arbeitsentgelt (§ 23a des Vierten Buches) und die Beträge nach § 226 Abs. 1 Nr. 2 und 3 bleiben außer Betracht.

(5) *(aufgehoben)*

(6) Das Regelentgelt wird bis zur Höhe des Betrages der kalendertäglichen Beitragsbemessungsgrenze berücksichtigt.

§ 47a Beitragszahlungen der Krankenkassen an berufsständische Versorgungseinrichtungen. (1) [1]Für Bezieher von Krankengeld, die wegen einer Pflichtmitgliedschaft in einer berufsständischen Versorgungseinrichtung von der Versicherungspflicht in der gesetzlichen Rentenversicherung befreit sind, zahlen die Krankenkassen auf Antrag des Mitglieds diejenigen Beiträge an die zuständige berufsständische Versorgungseinrichtung, wie sie bei Eintritt von Versicherungspflicht nach § 3 Satz 1 Nummer 3 des Sechsten Buches an die gesetzliche Rentenversicherung zu entrichten wären. [2]Die von der Krankenkasse zu zahlenden Beiträge sind auf die Höhe der Beiträge begrenzt, die die Krankenkasse ohne die Befreiung von der Versicherungspflicht in der gesetzlichen Rentenversicherung für die Dauer des Leistungsbezugs zu tragen hätte; sie dürfen die Hälfte der in der Zeit des Leistungsbezugs vom Mitglied an die berufsständische Versorgungseinrichtung zu zahlenden Beiträge nicht übersteigen.

(2) [1]Die Krankenkassen haben der zuständigen berufsständischen Versorgungseinrichtung den Beginn und das Ende der Beitragszahlung sowie die Höhe der der Beitragsberechnung zugrunde liegenden beitragspflichtigen Einnahmen und den zu zahlenden Beitrag für das Mitglied zu übermitteln; ab dem 1. Januar 2017 erfolgt die Übermittlung durch elektronischen Nachweis. [2]Das Nähere zum Verfahren, zu notwendigen weiteren Angaben und den Datensatz regeln der Spitzenverband Bund der Krankenkassen und die Arbeitsgemeinschaft berufsständischer Versorgungseinrichtungen bis zum 31. Juli 2016 in gemeinsamen Grundsätzen, die vom Bundesministerium für Gesundheit zu genehmigen sind.

§ 47b Höhe und Berechnung des Krankengeldes bei Beziehern von Arbeitslosengeld, Unterhaltsgeld oder Kurzarbeitergeld. (1) [1]Das Krankengeld für Versicherte nach § 5 Abs. 1 Nr. 2 wird in Höhe des Betrages des Arbeitslosengeldes oder des Unterhaltsgeldes gewährt, den der Versicherte zuletzt bezogen hat. ²Das Krankengeld wird vom ersten Tage der Arbeitsunfähigkeit an gewährt.

(2) ¹Ändern sich während des Bezuges von Krankengeld die für den Anspruch auf Arbeitslosengeld oder Unterhaltsgeld maßgeblichen Verhältnisse des Versicherten, so ist auf Antrag des Versicherten als Krankengeld derjenige Betrag zu gewähren, den der Versicherte als Arbeitslosengeld oder Unterhaltsgeld erhalten würde, wenn er nicht erkrankt wäre. ²Änderungen, die zu einer Erhöhung des Krankengeldes um weniger als zehn vom Hundert führen würden, werden nicht berücksichtigt.

(3) Für Versicherte, die während des Bezuges von Kurzarbeitergeld arbeitsunfähig erkranken, wird das Krankengeld nach dem regelmäßigen Arbeitsentgelt, das zuletzt vor Eintritt des Arbeitsausfalls erzielt wurde (Regelentgelt), berechnet.

(4) ¹Für Versicherte, die arbeitsunfähig erkranken, bevor in ihrem Betrieb die Voraussetzungen für den Bezug von Kurzarbeitergeld nach dem Dritten Buch erfüllt sind, wird, solange Anspruch auf Fortzahlung des Arbeitsentgelts im Krankheitsfalle besteht, neben dem Arbeitsentgelt als Krankengeld der Betrag des Kurzarbeitergeldes gewährt, den der Versicherte erhielte, wenn er nicht arbeitsunfähig wäre. ²Der Arbeitgeber hat das Krankengeld kostenlos zu errechnen und auszuzahlen. ³Der Arbeitnehmer hat die erforderlichen Angaben zu machen.

(5) Bei der Ermittlung der Bemessungsgrundlage für die Leistungen der gesetzlichen Krankenversicherung ist von dem Arbeitsentgelt auszugehen, das bei der Bemessung der Beiträge zur gesetzlichen Krankenversicherung zugrunde gelegt wurde.

(6) ¹In den Fällen des § 232a Abs. 3 wird das Krankengeld abweichend von Absatz 3 nach dem Arbeitsentgelt unter Hinzurechnung des Winterausfallgeldes berechnet. ²Die Absätze 4 und 5 gelten entsprechend.

§ 48 Dauer des Krankengeldes. (1) ¹Versicherte erhalten Krankengeld ohne zeitliche Begrenzung, für den Fall der Arbeitsunfähigkeit wegen derselben Krankheit jedoch für längstens achtundsiebzig Wochen innerhalb von je drei Jahren, gerechnet vom Tage des Beginns der Arbeitsunfähigkeit an. ²Tritt während der Arbeitsunfähigkeit eine weitere Krankheit hinzu, wird die Leistungsdauer nicht verlängert.

(2) Für Versicherte, die im letzten Dreijahreszeitraum wegen derselben Krankheit für achtundsiebzig Wochen Krankengeld bezogen haben, besteht nach Beginn eines neuen Dreijahreszeitraums ein neuer Anspruch auf Krankengeld wegen derselben Krankheit, wenn sie bei Eintritt der erneuten Arbeitsunfähigkeit mit Anspruch auf Krankengeld versichert sind und in der Zwischenzeit mindestens sechs Monate

1. nicht wegen dieser Krankheit arbeitsunfähig waren und
2. erwerbstätig waren oder der Arbeitsvermittlung zur Verfügung standen.

(3) ¹Bei der Feststellung der Leistungsdauer des Krankengeldes werden Zeiten, in denen der Anspruch auf Krankengeld ruht oder für die das Krankengeld versagt wird, wie Zeiten des Bezugs von Krankengeld berücksichtigt. ²Zeiten, für die kein Anspruch auf Krankengeld besteht, bleiben unberücksichtigt.

§ 49 Ruhen des Krankengeldes. (1) Der Anspruch auf Krankengeld ruht,

1. soweit und solange Versicherte beitragspflichtiges Arbeitsentgelt oder Arbeitseinkommen erhalten; dies gilt nicht für einmalig gezahltes Arbeitsentgelt,

2. solange Versicherte Elternzeit nach dem Bundeselterngeld- und Elternzeitgesetz in Anspruch nehmen; dies gilt nicht, wenn die Arbeitsunfähigkeit vor Beginn der Elternzeit eingetreten ist oder das Krankengeld aus dem Arbeitsentgelt zu berechnen ist, das aus einer versicherungspflichtigen Beschäftigung während der Elternzeit erzielt worden ist,

3. soweit und solange Versicherte Versorgungskrankengeld, Übergangsgeld, Unterhaltsgeld oder Kurzarbeitergeld beziehen,

3a. solange Versicherte Mutterschaftsgeld oder Arbeitslosengeld beziehen oder der Anspruch wegen einer Sperrzeit nach dem Dritten Buch ruht,

4. soweit und solange Versicherte Entgeltersatzleistungen, die ihrer Art nach den in Nummer 3 genannten Leistungen vergleichbar sind, von einem Träger der Sozialversicherung oder einer staatlichen Stelle im Ausland erhalten,

5. solange die Arbeitsunfähigkeit der Krankenkasse nicht gemeldet wird; dies gilt nicht, wenn die Meldung innerhalb einer Woche nach Beginn der Arbeitsunfähigkeit erfolgt,

6. soweit und solange für Zeiten einer Freistellung von der Arbeitsleistung (§ 7 Abs. 1a des Vierten Buches) eine Arbeitsleistung nicht geschuldet wird,

7. während der ersten sechs Wochen der Arbeitsunfähigkeit für Versicherte, die eine Wahlerklärung nach § 44 Absatz 2 Satz 1 Nummer 3 abgegeben haben.

(2) *(aufgehoben)*

(3) Aufgrund gesetzlicher Bestimmungen gesenkte Entgelt- oder Entgeltersatzleistungen dürfen bei der Anwendung des Absatzes 1 nicht aufgestockt werden.

(4) *(aufgehoben)*

§ 50 Ausschluss und Kürzung des Krankengeldes. (1) ¹Für Versicherte, die

1. Rente wegen voller Erwerbsminderung, Erwerbsunfähigkeit oder Vollrente wegen Alters aus der gesetzlichen Rentenversicherung,

2. Ruhegehalt, das nach beamtenrechtlichen Vorschriften oder Grundsätzen gezahlt wird,

3. Vorruhestandsgeld nach § 5 Abs. 3,

4. Leistungen, die ihrer Art nach den in den Nummern 1 und 2 genannten Leistungen vergleichbar sind, wenn sie von einem Träger der gesetzlichen Rentenversicherung oder einer staatlichen Stelle im Ausland gezahlt werden,

5. Leistungen, die ihrer Art nach den in den Nummern 1 und 2 genannten Leistungen vergleichbar sind, wenn sie nach den ausschließlich für das in Artikel 3 des Einigungsvertrages genannte Gebiet geltenden Bestimmungen gezahlt werden,

beziehen, endet ein Anspruch auf Krankengeld vom Beginn dieser Leistungen an; nach Beginn dieser Leistungen entsteht ein neuer Krankengeldanspruch nicht. [2]Ist über den Beginn der in Satz 1 genannten Leistungen hinaus Krankengeld gezahlt worden und übersteigt dieses den Betrag der Leistungen, kann die Krankenkasse den überschießenden Betrag vom Versicherten nicht zurückfordern. [3]In den Fällen der Nummer 4 gilt das überzahlte Krankengeld bis zur Höhe der dort genannten Leistungen als Vorschuss des Trägers oder der Stelle; es ist zurückzuzahlen. [4]Wird eine der in Satz 1 genannten Leistungen nicht mehr gezahlt, entsteht ein Anspruch auf Krankengeld, wenn das Mitglied bei Eintritt einer erneuten Arbeitsunfähigkeit mit Anspruch auf Krankengeld versichert ist.

(2) Das Krankengeld wird um den Zahlbetrag
1. der Altersrente, der Rente wegen Erwerbsminderung oder der Landabgaberente aus der Alterssicherung der Landwirte,
2. der Rente wegen teilweiser Erwerbsminderung, Berufsunfähigkeit oder der Teilrente wegen Alters aus der gesetzlichen Rentenversicherung,
3. der Knappschaftsausgleichsleistung oder der Rente für Bergleute oder
4. einer vergleichbaren Leistung, die von einem Träger oder einer staatlichen Stelle im Ausland gezahlt wird,
5. von Leistungen, die ihrer Art nach den in den Nummern 1 bis 3 genannten Leistungen vergleichbar sind, wenn sie nach den ausschließlich für das in dem in Artikel 3 des Einigungsvertrages genannten Gebiets geltenden Bestimmungen gezahlt werden,

gekürzt, wenn die Leistung von einem Zeitpunkt nach dem Beginn der Arbeitsunfähigkeit oder der stationären Behandlung an zuerkannt wird.

§ 51 Wegfall des Krankengeldes, Antrag auf Leistungen zur Teilhabe.

(1) [1]Versicherten, deren Erwerbsfähigkeit nach ärztlichem Gutachten erheblich gefährdet oder gemindert ist, kann die Krankenkasse eine Frist von zehn Wochen setzen, innerhalb der sie einen Antrag auf Leistungen zur medizinischen Rehabilitation und zur Teilhabe am Arbeitsleben zu stellen haben. [2]Haben diese Versicherten ihren Wohnsitz oder gewöhnlichen Aufenthalt im Ausland, kann ihnen die Krankenkasse eine Frist von zehn Wochen setzen, innerhalb der sie entweder einen Antrag auf Leistungen zur medizinischen Rehabilitation und zur Teilhabe am Arbeitsleben bei einem Leistungsträger mit Sitz im Inland oder einen Antrag auf Rente wegen voller Erwerbsminderung bei einem Träger der gesetzlichen Rentenversicherung mit Sitz im Inland zu stellen haben.

(2) Erfüllen Versicherte die Voraussetzungen für den Bezug der Regelaltersrente oder Altersrente aus der Alterssicherung der Landwirte bei Vollendung des 65. Lebensjahres, kann ihnen die Krankenkasse eine Frist von zehn Wochen setzen, innerhalb der sie den Antrag auf diese Leistung zu stellen haben.

(3) [1]Stellen Versicherte innerhalb der Frist den Antrag nicht, entfällt der Anspruch auf Krankengeld mit Ablauf der Frist. [2]Wird der Antrag später gestellt, lebt der Anspruch auf Krankengeld mit dem Tag der Antragstellung wieder auf.

Dritter Titel
Leistungsbeschränkungen

§ 52 Leistungsbeschränkung bei Selbstverschulden. (1) Haben sich Versicherte eine Krankheit vorsätzlich oder bei einem von ihnen begangenen Verbrechen oder vorsätzlichen Vergehen zugezogen, kann die Krankenkasse sie an den Kosten der Leistungen in angemessener Höhe beteiligen und das Krankengeld ganz oder teilweise für die Dauer dieser Krankheit versagen und zurückfordern.

(2) Haben sich Versicherte eine Krankheit durch eine medizinisch nicht indizierte ästhetische Operation, eine Tätowierung oder ein Piercing zugezogen, hat die Krankenkasse die Versicherten in angemessener Höhe an den Kosten zu beteiligen und das Krankengeld für die Dauer dieser Behandlung ganz oder teilweise zu versagen oder zurückzufordern.

§ 52a Leistungsausschluss. [1]Auf Leistungen besteht kein Anspruch, wenn sich Personen in den Geltungsbereich dieses Gesetzbuchs begeben, um in einer Versicherung nach § 5 Abs. 1 Nr. 13 oder aufgrund dieser Versicherung in einer Versicherung nach § 10 missbräuchlich Leistungen in Anspruch zu nehmen. [2]Das Nähere zur Durchführung regelt die Krankenkasse in ihrer Satzung.

Sechster Abschnitt
Selbstbehalt, Beitragsrückzahlung

§ 53 Wahltarife. (1) [1]Die Krankenkasse kann in ihrer Satzung vorsehen, dass Mitglieder jeweils für ein Kalenderjahr einen Teil der von der Krankenkasse zu tragenden Kosten übernehmen können (Selbstbehalt). [2]Die Krankenkasse hat für diese Mitglieder Prämienzahlungen vorzusehen.

(2) [1]Die Krankenkasse kann in ihrer Satzung für Mitglieder, die im Kalenderjahr länger als drei Monate versichert waren, eine Prämienzahlung vorsehen, wenn sie und ihre nach § 10 mitversicherten Angehörigen in diesem Kalenderjahr Leistungen zu Lasten der Krankenkasse nicht in Anspruch genommen haben. [2]Die Prämienzahlung darf ein Zwölftel der jeweils im Kalenderjahr gezahlten Beiträge nicht überschreiten und wird innerhalb eines Jahres nach Ablauf des Kalenderjahres an das Mitglied gezahlt. [3]Die im dritten und vierten Abschnitt genannten Leistungen mit Ausnahme der Leistungen nach § 23 Abs. 2 und den §§ 24 bis 24b sowie Leistungen für Versicherte, die das 18. Lebensjahr noch nicht vollendet haben, bleiben unberücksichtigt.

(3) [1]Die Krankenkasse hat in ihrer Satzung zu regeln, dass für Versicherte, die an besonderen Versorgungsformen nach § 63, § 73b, § 137f oder § 140a teilnehmen, Tarife angeboten werden. [2]Für diese Versicherten kann die Krankenkasse eine Prämienzahlung oder Zuzahlungsermäßigungen vorsehen.

(4) [1]Die Krankenkasse kann in ihrer Satzung vorsehen, dass Mitglieder für sich und ihre nach § 10 mitversicherten Angehörigen Tarife für Kostenerstattung wählen. [2]Sie kann die Höhe der Kostenerstattung variieren und hierfür spezielle Prämienzahlungen durch die Versicherten vorsehen. [3]§ 13 Abs. 2 Satz 2 und 3 gilt nicht.

(5) Die Krankenkasse kann in ihrer Satzung die Übernahme der Kosten für Arzneimittel der besonderen Therapierichtungen regeln, die nach § 34 Abs. 1 Satz 1 von der Versorgung ausgeschlossen sind, und hierfür spezielle Prämienzahlungen durch die Versicherten vorsehen.

(6) [1]Die Krankenkasse hat in ihrer Satzung für die in § 44 Absatz 2 Nummer 2 und 3 genannten Versicherten gemeinsame Tarife sowie Tarife für die nach dem Künstlersozialversicherungsgesetz Versicherten anzubieten, die einen Anspruch auf Krankengeld entsprechend § 46 Satz 1 oder zu einem späteren Zeitpunkt entstehen lassen, für die Versicherten nach dem Künstlersozialversicherungsgesetz jedoch spätestens mit Beginn der dritten Woche der Arbeitsunfähigkeit. [2]Von § 47 kann abgewichen werden. [3]Die Krankenkasse hat entsprechend der Leistungserweiterung Prämienzahlungen des Mitglieds vorzusehen. [4]Die Höhe der Prämienzahlung ist unabhängig von Alter, Geschlecht oder Krankheitsrisiko des Mitglieds festzulegen. [5]Die Krankenkasse kann durch Satzungsregelung die Durchführung von Wahltarifen nach Satz 1 auf eine andere Krankenkasse oder einen Landesverband übertragen. [6]In diesen Fällen erfolgt die Prämienzahlung weiterhin an die übertragende Krankenkasse. [7]Die Rechenschaftslegung erfolgt durch die durchführende Krankenkasse oder den durchführenden Landesverband.

(7) Die Krankenkasse kann in ihrer Satzung für bestimmte Mitgliedergruppen, für die sie den Umfang der Leistungen nach Vorschriften dieses Buches beschränkt, der Leistungsbeschränkung entsprechende Prämienzahlung vorsehen.

(8) [1]Die Mindestbindungsfrist beträgt für die Wahltarife nach den Absätzen 2, 4 und 5 ein Jahr und für die Wahltarife nach den Absätzen 1 und 6 drei Jahre; für die Wahltarife nach Absatz 3 gilt keine Mindestbindungsfrist. [2]Die Mitgliedschaft kann frühestens zum Ablauf der Mindestbindungsfrist nach Satz 1, aber nicht vor Ablauf der Mindestbindungsfrist nach § 175 Absatz 4 Satz 1 gekündigt werden; § 175 Absatz 4 Satz 5 gilt mit Ausnahme für Mitglieder in Wahltarifen nach Absatz 6. [3]Die Satzung hat für Tarife ein Sonderkündigungsrecht in besonderen Härtefällen vorzusehen. [4]Die Prämienzahlung an Versicherte darf bis zu 20 vom Hundert, für einen oder mehrere Tarife 30 vom Hundert der vom Mitglied im Kalenderjahr getragenen Beiträge mit Ausnahme der Beitragszuschüsse nach § 106 des Sechsten Buches sowie § 257 Abs. 1 Satz 1, jedoch nicht mehr als 600 Euro, bei einem oder mehreren Tarifen einschließlich

Prämienzahlungen nach § 242 900 Euro jährlich betragen. [5]Satz 4 gilt nicht für Versicherte, die Teilkostenerstattung nach § 14 gewählt haben. [6]Mitglieder, deren Beiträge vollständig von Dritten getragen werden, können nur Tarife nach Absatz 3 wählen.

(9) [1]Die Aufwendungen für jeden Wahltarif müssen jeweils aus Einnahmen, Einsparungen und Effizienzsteigerungen aus diesen Wahltarifen auf Dauer finanziert werden. [2]Kalkulatorische Einnahmen, die allein durch das Halten oder die Neugewinnung von Mitgliedern erzielt werden, dürfen dabei nicht berücksichtigt werden; wurden solche Einnahmen bei der Kalkulation von Wahltarifen berücksichtigt, ist die Kalkulation unverzüglich, spätestens bis zum 31. Dezember 2013 entsprechend umzustellen. [3]Die Krankenkassen haben über die Berechnung nach den Sätzen 1 und 2 der zuständigen Aufsichtsbehörde regelmäßig, mindestens alle drei Jahre, Rechenschaft abzulegen. [3]Sie haben hierzu ein versicherungsmathematisches Gutachten vorzulegen über die wesentlichen versicherungsmathematischen Annahmen, die der Berechnung der Beiträge und der versicherungstechnischen Rückstellungen der Wahltarife zugrunde liegen.

§ 54 *(aufgehoben)*

Siebter Abschnitt

Zahnersatz

§ 55 Leistungsanspruch. (1) [1]Versicherte haben nach den Vorgaben in den Sätzen 2 bis 7 Anspruch auf befundbezogene Festzuschüsse bei einer medizinisch notwendigen Versorgung mit Zahnersatz einschließlich Zahnkronen und Suprakonstruktionen (zahnärztliche und zahntechnische Leistungen) in den Fällen, in denen eine zahnprothetische Versorgung notwendig ist und die geplante Versorgung einer Methode entspricht, die gemäß § 135 Abs. 1 anerkannt ist. [2]Die Festzuschüsse umfassen 50 vom Hundert der nach § 57 Abs. 1 Satz 6 und Absatz 2 Satz 5 und 6 festgesetzten Beträge für die jeweilige Regelversorgung. [3]Für eigene Bemühungen zur Gesunderhaltung der Zähne erhöhen sich die Festzuschüsse nach Satz 2 um 20 vom Hundert. [4]Die Erhöhung entfällt, wenn der Gebisszustand des Versicherten regelmäßige Zahnpflege nicht erkennen lässt und der Versicherte während der letzten fünf Jahre vor Beginn der Behandlung

1. die Untersuchungen nach § 22 Abs. 1 nicht in jedem Kalenderhalbjahr in Anspruch genommen hat und
2. sich nach Vollendung des 18. Lebensjahres nicht wenigstens einmal in jedem Kalenderjahr hat zahnärztlich untersuchen lassen.

[5]Die Festzuschüsse nach Satz 2 erhöhen sich um weitere 10 vom Hundert, wenn der Versicherte seine Zähne regelmäßig gepflegt und in den letzten zehn Kalenderjahren vor Beginn der Behandlung die Untersuchungen nach Satz 4 Nr. 1

und 2 ohne Unterbrechung in Anspruch genommen hat. [6]Dies gilt nicht in den Fällen des Absatzes 2. [7]Für Versicherte, die nach dem 31. Dezember 1978 geboren sind, gilt der Nachweis für eigene Bemühungen zur Gesunderhaltung der Zähne für die Jahre 1997 und 1998 als erbracht.

(2) [1]Versicherte haben bei der Versorgung mit Zahnersatz zusätzlich zu den Festzuschüssen nach Absatz 1 Satz 2 Anspruch auf einen Betrag in jeweils gleicher Höhe, angepasst an die Höhe der für die Regelversorgungsleistungen tatsächlich anfallenden Kosten, höchstens jedoch in Höhe der tatsächlich entstandenen Kosten, wenn sie ansonsten unzumutbar belastet würden; wählen Versicherte, die unzumutbar belastet würden, nach Absatz 4 oder 5 einen über die Regelversorgung hinausgehenden gleich- oder andersartigen Zahnersatz, leisten die Krankenkassen nur den doppelten Festzuschuss. [2]Eine unzumutbare Belastung liegt vor, wenn

1. die monatlichen Bruttoeinnahmen zum Lebensunterhalt des Versicherten 40 vom Hundert der monatlichen Bezugsgröße nach § 18 des Vierten Buches nicht überschreiten,

2. der Versicherte Hilfe zum Lebensunterhalt nach dem Zwölften Buch oder im Rahmen der Kriegsopferfürsorge nach dem Bundesversorgungsgesetz, Leistungen nach dem Recht der bedarfsorientierten Grundsicherung, Leistungen zur Sicherung des Lebensunterhalts nach dem Zweiten Buch, Ausbildungsförderung nach dem Bundesausbildungsförderungsgesetz oder dem Dritten Buch erhält oder

3. die Kosten der Unterbringung in einem Heim oder einer ähnlichen Einrichtung von einem Träger der Sozialhilfe oder der Kriegsopferfürsorge getragen werden.

[3]Als Einnahmen zum Lebensunterhalt der Versicherten gelten auch die Einnahmen anderer in dem gemeinsamen Haushalt lebender Angehöriger und Angehöriger des Lebenspartners. [4]Zu den Einnahmen zum Lebensunterhalt gehören nicht Grundrenten, die Beschädigte nach dem Bundesversorgungsgesetz oder nach anderen Gesetzen in entsprechender Anwendung des Bundesversorgungsgesetzes erhalten, sowie Renten oder Beihilfen, die nach dem Bundesentschädigungsgesetz für Schäden an Körper und Gesundheit gezahlt werden, bis zur Höhe der vergleichbaren Grundrente nach dem Bundesversorgungsgesetz. [5]Der in Satz 2 Nr. 1 genannte Vomhundertsatz erhöht sich für den ersten in dem gemeinsamen Haushalt lebenden Angehörigen des Versicherten um 15 vom Hundert und für jeden weiteren in dem gemeinsamen Haushalt lebenden Angehörigen des Versicherten und des Lebenspartners um 10 vom Hundert der monatlichen Bezugsgröße nach § 18 des Vierten Buches.

(3) [1]Versicherte haben bei der Versorgung mit Zahnersatz zusätzlich zu den Festzuschüssen nach Absatz 1 Satz 2 Anspruch auf einen weiteren Betrag. [2]Die Krankenkasse erstattet den Versicherten den Betrag, um den die Festzuschüsse nach Absatz 1 Satz 2 das Dreifache der Differenz zwischen den monatlichen Bruttoeinnahmen zum Lebensunterhalt und der zur Gewährung eines zweifachen Festzuschusses nach Absatz 2 Satz 2 Nr. 1 maßgebenden Einnahme-

grenze übersteigen. [3]Die Beteiligung an den Kosten umfasst höchstens einen Betrag in Höhe der zweifachen Festzuschüsse nach Absatz 1 Satz 2, jedoch nicht mehr als die tatsächlich entstandenen Kosten.

(4) Wählen Versicherte einen über die Regelversorgung gemäß § 56 Abs. 2 hinausgehenden gleichartigen Zahnersatz, haben sie die Mehrkosten gegenüber den in § 56 Abs. 2 Satz 10 aufgelisteten Leistungen selbst zu tragen.

(5) Die Krankenkassen haben die bewilligten Festzuschüsse nach Absatz 1 Satz 2 bis 7, den Absätzen 2 und 3 in den Fällen zu erstatten, in denen eine von der Regelversorgung nach § 56 Abs. 2 abweichende, andersartige Versorgung durchgeführt wird.

§ 56 Festsetzung der Regelversorgungen. (1) Der Gemeinsame Bundesausschuss bestimmt in Richtlinien, erstmalig bis zum 30. Juni 2004, die Befunde, für die Festzuschüsse nach § 55 gewährt werden und ordnet diesen prothetische Regelversorgungen zu.

(2) [1]Die Bestimmung der Befunde erfolgt auf der Grundlage einer international anerkannten Klassifikation des Lückengebisses. [2]Dem jeweiligen Befund wird eine zahnprothetische Regelversorgung zugeordnet. [3]Diese hat sich an zahnmedizinisch notwendigen zahnärztlichen und zahntechnischen Leistungen zu orientieren, die zu einer ausreichenden, zweckmäßigen und wirtschaftlichen Versorgung mit Zahnersatz einschließlich Zahnkronen und Suprakonstruktionen bei einem Befund im Sinne von Satz 1 nach dem allgemein anerkannten Stand der zahnmedizinischen Erkenntnisse gehören. [4]Bei der Zuordnung der Regelversorgung zum Befund sind insbesondere die Funktionsdauer, die Stabilität und die Gegenbezahnung zu berücksichtigen. [5]Zumindest bei kleinen Lücken ist festsitzender Zahnersatz zu Grunde zu legen. [6]Bei großen Brücken ist die Regelversorgung auf den Ersatz von bis zu vier fehlenden Zähnen je Kiefer und bis zu drei fehlenden Zähnen je Seitenzahngebiet begrenzt. [7]Bei Kombinationsversorgungen ist die Regelversorgung auf zwei Verbindungselemente je Kiefer, bei Versicherten mit einem Restzahnbestand von höchstens drei Zähnen je Kiefer auf drei Verbindungselemente je Kiefer begrenzt. [8]Regelversorgungen umfassen im Oberkiefer Verblendungen bis einschließlich Zahn fünf, im Unterkiefer bis einschließlich Zahn vier. [9]In die Festlegung der Regelversorgung einzubeziehen sind die Befunderhebung, die Planung, die Vorbereitung des Restgebisses, die Beseitigung von groben Okklusionshindernissen und alle Maßnahmen zur Herstellung und Eingliederung des Zahnersatzes einschließlich der Nachbehandlung sowie die Unterweisung im Gebrauch des Zahnersatzes. [10]Bei der Festlegung der Regelversorgung für zahnärztliche Leistungen und für zahntechnische Leistungen sind jeweils die einzelnen Leistungen nach § 87 Abs. 2 und § 88 Abs. 1 getrennt aufzulisten. [11]Inhalt und Umfang der Regelversorgungen sind in geeigneten Zeitabständen zu überprüfen und an die zahnmedizinische Entwicklung anzupassen. [12]Der Gemeinsame Bundesausschuss kann von den Vorgaben der Sätze 5 bis 8 abweichen und die Leistungsbeschreibung fortentwickeln.

(3) Vor der Entscheidung des Gemeinsamen Bundesausschusses nach Absatz 2 ist dem Verband Deutscher Zahntechniker-Innungen Gelegenheit zur Stellungnahme zu geben; die Stellungnahme ist in die Entscheidung über die Regelversorgung hinsichtlich der zahntechnischen Leistungen einzubeziehen.

(4) Der Gemeinsame Bundesausschuss hat jeweils bis zum 30. November eines Kalenderjahres die Befunde, die zugeordneten Regelversorgungen einschließlich der nach Absatz 2 Satz 10 aufgelisteten zahnärztlichen und zahntechnischen Leistungen sowie die Höhe der auf die Regelversorgung entfallenden Beträge nach § 57 Abs. 1 Satz 6 und Absatz 2 Satz 5 und 6 in den Abstaffelungen nach § 55 Abs. 1 Satz 2, 3 und 5 sowie Abs. 2 im Bundesanzeiger bekannt zu machen.

(5) [1]§ 94 Abs. 1 Satz 2 gilt mit der Maßgabe, dass die Beanstandungsfrist einen Monat beträgt. [2]Erlässt das Bundesministerium für Gesundheit die Richtlinie nach § 94 Abs. 1 Satz 5, gilt § 87 Abs. 6 Satz 4 zweiter Halbsatz und Satz 6 entsprechend.

§ 57 Beziehungen zu Zahnärzten und Zahntechnikern. (1) [1]Der Spitzenverband Bund der Krankenkassen und die Kassenzahnärztliche Bundesvereinigung vereinbaren jeweils bis zum 30. September eines Kalenderjahres für das Folgejahr, erstmalig bis zum 30. September 2004 für das Jahr 2005, die Höhe der Vergütungen für die zahnärztlichen Leistungen bei den Regelversorgungen nach § 56 Abs. 2 Satz 2. [2]Für die erstmalige Vereinbarung ermitteln die Vertragspartner nach Satz 1 den bundeseinheitlichen durchschnittlichen Punktwert des Jahres 2004 für zahnärztliche Leistungen beim Zahnersatz einschließlich Zahnkronen gewichtet nach der Zahl der Versicherten. [3]Soweit Punktwerte für das Jahr 2004 bis zum 30. Juni 2004 von den Partnern der Gesamtverträge nicht vereinbart sind, werden die Punktwerte des Jahres 2003 unter Anwendung der für das Jahr 2004 nach § 71 Abs. 3 maßgeblichen durchschnittlichen Veränderungsrate der beitragspflichtigen Einnahmen aller Mitglieder der Krankenkassen je Mitglied für das gesamte Bundesgebiet festgelegt. [4]Für das Jahr 2005 wird der durchschnittliche Punktwert nach den Sätzen 2 und 3 unter Anwendung der für das Jahr 2005 nach § 71 Abs. 3 maßgeblichen durchschnittlichen Veränderungsrate der beitragspflichtigen Einnahmen aller Mitglieder der Krankenkassen je Mitglied für das gesamte Bundesgebiet festgelegt. [5]Für die folgenden Kalenderjahre gelten § 71 Abs. 1 bis 3 sowie § 85 Abs. 3. [6]Die Beträge nach Satz 1 ergeben sich jeweils aus der Summe der Punktzahlen der nach § 56 Abs. 2 Satz 10 aufgelisteten zahnärztlichen Leistungen, multipliziert mit den jeweils vereinbarten Punktwerten. [7]Die Vertragspartner nach Satz 1 informieren den Gemeinsamen Bundesausschuss über die Beträge nach Satz 6. [8]§ 89 Abs. 4 gilt mit der Maßgabe, dass auch § 89 Abs. 1 und 1a entsprechend gilt. [9]Die Festsetzungsfristen nach § 89 Abs. 1 Satz 1 und 3 und Abs. 1a Satz 2 betragen für die Festsetzungen nach den Sätzen 2 bis 4 zwei Monate.

(2) [1]Der Spitzenverband Bund der Krankenkassen und der Verband Deutscher Zahntechniker-Innungen vereinbaren jeweils zum 30. September eines

Kalenderjahres die Veränderung der erstmalig für das Jahr 2005 ermittelten bundeseinheitlichen durchschnittlichen Preise. [2]§ 71 Absatz 1 bis 3 gilt. [3]Die Landesverbände der Krankenkassen und die Ersatzkassen gemeinsam und einheitlich vereinbaren mit den Innungsverbänden der Zahntechniker-Innungen die Höchstpreise für die zahntechnischen Leistungen bei den Regelversorgungen nach § 56 Absatz 2 Satz 2; sie dürfen die für das jeweilige Kalenderjahr nach Satz 1 festgesetzten bundeseinheitlichen Preise um bis zu 5 Prozent unter- oder überschreiten. [4]Für die Vereinbarungen nach Satz 2 gilt § 71 nicht. [5]Die für die Festlegung der Festzuschüsse nach § 55 Absatz 1 Satz 2 maßgeblichen Beträge für die zahntechnischen Leistungen bei den Regelversorgungen, die nicht von Zahnärzten erbracht werden, ergeben sich als Summe der bundeseinheitlichen Preise nach Satz 1 für die nach § 56 Absatz 2 Satz 10 aufgelisteten zahntechnischen Leistungen. [6]Die Höchstpreise nach Satz 3 und die Beträge nach Satz 5 vermindern sich um 5 Prozent für zahntechnische Leistungen, die von Zahnärzten erbracht werden. [7]Die Vertragspartner nach Satz 1 informieren den Gemeinsamen Bundesausschuss über die Beträge für die zahntechnischen Leistungen bei Regelversorgungen. [8]§ 89 Absatz 7 gilt mit der Maßgabe, dass die Festsetzungsfristen nach § 89 Absatz 1 Satz 1 und 3 und Absatz 1a Satz 2 für die Festsetzungen nach Satz 1 jeweils einen Monat betragen.

§ 58 *(aufgehoben)*

§ 59 *(aufgehoben)*

Achter Abschnitt

Fahrkosten

§ 60 Fahrkosten. (1) [1]Die Krankenkasse übernimmt nach den Absätzen 2 und 3 die Kosten für Fahrten einschließlich der Transporte nach § 133 (Fahrkosten), wenn sie im Zusammenhang mit einer Leistung der Krankenkasse aus zwingenden medizinischen Gründen notwendig sind. [2]Welches Fahrzeug benutzt werden kann, richtet sich nach der medizinischen Notwendigkeit im Einzelfall. [3]Die Krankenkasse übernimmt Fahrkosten zu einer ambulanten Behandlung unter Abzug des sich nach § 61 Satz 1 ergebenden Betrages in besonderen Ausnahmefällen, die der Gemeinsame Bundesausschuss in den Richtlinien nach § 92 Abs. 1 Satz 2 Nr. 12 festgelegt hat. [4]Die Übernahme von Fahrkosten nach Satz 3 und nach Absatz 2 Satz 1 Nummer 3 für Fahrten zur ambulanten Behandlung erfolgt nur nach vorheriger Genehmigung durch die Krankenkasse.

(2) [1]Die Krankenkasse übernimmt die Fahrkosten in Höhe des sich nach § 61 Satz 1 ergebenden Betrages je Fahrt übersteigenden Betrages

1. bei Leistungen, die stationär erbracht werden; dies gilt bei einer Verlegung in ein anderes Krankenhaus nur, wenn die Verlegung aus zwingenden medi-

zinischen Gründen erforderlich ist, oder bei einer mit Einwilligung der Krankenkasse erfolgten Verlegung in ein wohnortnahes Krankenhaus,

2. bei Rettungsfahrten zum Krankenhaus auch dann, wenn eine stationäre Behandlung nicht erforderlich ist,

3. bei anderen Fahrten von Versicherten, die während der Fahrt einer fachlichen Betreuung oder der besonderen Einrichtungen eines Krankenkraftwagens bedürfen oder bei denen dies aufgrund ihres Zustandes zu erwarten ist (Krankentransport),

4. bei Fahrten von Versicherten zu einer ambulanten Krankenbehandlung sowie zu einer Behandlung nach § 115a oder § 115b, wenn dadurch eine an sich gebotene vollstationäre oder teilstationäre Krankenhausbehandlung (§ 39) vermieden oder verkürzt wird oder diese nicht ausführbar ist, wie bei einer stationären Krankenhausbehandlung.

²Soweit Fahrten nach Satz 1 von Rettungsdiensten durchgeführt werden, zieht die Krankenkasse die Zuzahlung von in Höhe des sich aus § 61 Satz 1 ergebenden Betrages je Fahrt von dem Versicherten ein.

(3) Als Fahrkosten werden anerkannt

1. bei Benutzung eines öffentlichen Verkehrsmittels der Fahrpreis unter Ausschöpfung von Fahrpreisermäßigungen,

2. bei Benutzung eines Taxis oder Mietwagens, wenn ein öffentliches Verkehrsmittel nicht benutzt werden kann, der nach § 133 berechnungsfähige Betrag,

3. bei Benutzung eines Krankenkraftwagens oder Rettungsfahrzeugs, wenn ein öffentliches Verkehrsmittel, ein Taxi oder ein Mietwagen nicht benutzt werden kann, der nach § 133 berechnungsfähige Betrag,

4. bei Benutzung eines privaten Kraftfahrzeugs für jeden gefahrenen Kilometer, den jeweils aufgrund des Bundesreisekostengesetzes festgesetzten Höchstbetrag für Wegstreckenentschädigung, höchstens jedoch die Kosten, die bei Inanspruchnahme des nach Nummer 1 bis 3 erforderlichen Transportmittels entstanden wären.

(4) ¹Die Kosten des Rücktransports in das Inland werden nicht übernommen. ²§ 18 bleibt unberührt.

(5) Im Zusammenhang mit Leistungen zur medizinischen Rehabilitation werden Fahr- und andere Reisekosten nach § 73 Absatz 1 bis 3 des Neunten Buches übernommen.

Neunter Abschnitt

Zuzahlungen, Belastungsgrenze

§ 61 Zuzahlungen. [1]Zuzahlungen, die Versicherte zu leisten haben, betragen 10 vom Hundert des Abgabepreises, mindestens jedoch 5 Euro und höchstens 10 Euro; allerdings jeweils nicht mehr als die Kosten des Mittels. [2]Als Zuzahlungen zu stationären Maßnahmen werden je Kalendertag 10 Euro erhoben. [3]Bei Heilmitteln und häuslicher Krankenpflege beträgt die Zuzahlung 10 vom Hundert der Kosten sowie 10 Euro je Verordnung. [4]Geleistete Zuzahlungen sind von dem zum Einzug Verpflichteten gegenüber dem Versicherten zu quittieren; ein Vergütungsanspruch hierfür besteht nicht.

§ 62 Belastungsgrenze. (1) [1]Versicherte haben während jedes Kalenderjahres nur Zuzahlungen bis zur Belastungsgrenze zu leisten; wird die Belastungsgrenze bereits innerhalb eines Kalenderjahres erreicht, hat die Krankenkasse eine Bescheinigung darüber zu erteilen, dass für den Rest des Kalenderjahres keine Zuzahlungen mehr zu leisten sind. [2]Die Belastungsgrenze beträgt 2 vom Hundert der jährlichen Bruttoeinnahmen zum Lebensunterhalt; für chronisch Kranke, die wegen derselben schwerwiegenden Krankheit in Dauerbehandlung sind, beträgt sie 1 vom Hundert der jährlichen Bruttoeinnahmen zum Lebensunterhalt. [3]Abweichend von Satz 2 beträgt die Belastungsgrenze 2 vom Hundert der jährlichen Bruttoeinnahmen zum Lebensunterhalt für nach dem 1. April 1972 geborene chronisch kranke Versicherte, die ab dem 1. Januar 2008 die in § 25 Absatz 1 genannten Gesundheitsuntersuchungen vor der Erkrankung nicht regelmäßig in Anspruch genommen haben.

[4]Für Versicherte nach Satz 3, die an einem für ihre Erkrankung bestehenden strukturierten Behandlungsprogramm teilnehmen, beträgt die Belastungsgrenze 1 vom Hundert der jährlichen Bruttoeinnahmen zum Lebensunterhalt. [5]Der Gemeinsame Bundesausschuss legt in seinen Richtlinien fest, in welchen Fällen Gesundheitsuntersuchungen ausnahmsweise nicht zwingend durchgeführt werden müssen. [6]Die weitere Dauer der in Satz 2 genannten Behandlung ist der Krankenkasse jeweils spätestens nach Ablauf eines Kalenderjahres nachzuweisen und vom Medizinischen Dienst der Krankenversicherung, soweit erforderlich, zu prüfen; die Krankenkasse kann auf den jährlichen Nachweis verzichten, wenn bereits die notwendigen Feststellungen getroffen worden sind und im Einzelfall keine Anhaltspunkte für einen Wegfall der chronischen Erkrankung vorliegen. [7]Die Krankenkassen sind verpflichtet, ihre Versicherten zu Beginn eines Kalenderjahres auf die für sie in diesem Kalenderjahr maßgeblichen Untersuchungen nach § 25 Abs. 1 hinzuweisen. [8]Das Nähere zur Definition einer schwerwiegenden chronischen Erkrankung bestimmt der Gemeinsame Bundesausschuss in den Richtlinien nach § 92.

(2) [1]Bei der Ermittlung der Belastungsgrenzen nach Absatz 1 werden die Zuzahlungen und die Bruttoeinnahmen zum Lebensunterhalt des Versicherten, seines Ehegatten oder Lebenspartners, der minderjährigen oder nach

§ 10 versicherten Kinder des Versicherten, seines Ehegatten oder Lebenspartners sowie der Angehörigen im Sinne des § 8 Absatz 4 des Zweiten Gesetzes über die Krankenversicherung der Landwirte jeweils zusammengerechnet, soweit sie im gemeinsamen Haushalt leben. [2]Hierbei sind die jährlichen Bruttoeinnahmen für den ersten in dem gemeinsamen Haushalt lebenden Angehörigen des Versicherten um 15 vom Hundert und für jeden weiteren in dem gemeinsamen Haushalt lebenden Angehörigen des Versicherten und des Lebenspartners um 10 vom Hundert der jährlichen Bezugsgröße nach § 18 des Vierten Buches zu vermindern. [3]Für jedes Kind des Versicherten und des Lebenspartners sind die jährlichen Bruttoeinnahmen um den sich aus dem Freibetrag nach § 32 Abs. 6 Satz 1 und 2 des Einkommensteuergesetzes ergebenden Betrag zu vermindern; die nach Satz 2 bei der Ermittlung der Belastungsgrenze vorgesehene Berücksichtigung entfällt. [4]Zu den Einnahmen zum Lebensunterhalt gehören nicht Grundrenten, die Beschädigte nach dem Bundesversorgungsgesetz oder nach anderen Gesetzen in entsprechender Anwendung des Bundesversorgungsgesetzes erhalten, sowie Renten oder Beihilfen, die nach dem Bundesentschädigungsgesetz für Schäden an Körper und Gesundheit gezahlt werden, bis zur Höhe der vergleichbaren Grundrente nach dem Bundesversorgungsgesetz. [5]Abweichend von den Sätzen 1 bis 3 ist bei Versicherten,

1. die Hilfe zum Lebensunterhalt oder Grundsicherung im Alter und bei Erwerbsminderung nach dem Zwölften Buch oder die ergänzende Hilfe zum Lebensunterhalt nach dem Bundesversorgungsgesetz oder nach einem Gesetz, das dieses für anwendbar erklärt, erhalten,

2. bei denen die Kosten der Unterbringung in einem Heim oder einer ähnlichen Einrichtung von einem Träger der Sozialhilfe oder der Kriegsopferfürsorge getragen werden

sowie für den in § 264 genannten Personenkreis als Bruttoeinnahmen zum Lebensunterhalt für die gesamte Bedarfsgemeinschaft nur der Regelsatz für die Regelbedarfsstufe 1 nach der Anlage zu § 28 des Zwölften Buches maßgeblich. [6]Bei Versicherten, die Leistungen zur Sicherung des Lebensunterhalts nach dem Zweiten Buch erhalten, ist abweichend von den Sätzen 1 bis 3 als Bruttoeinnahmen zum Lebensunterhalt für die gesamte Bedarfsgemeinschaft nur der Regelbedarf nach § 20 Absatz 2 Satz 1 des Zweiten Buches maßgeblich. [7]Bei Ehegatten und Lebenspartnern ist ein gemeinsamer Haushalt im Sinne des Satzes 1 auch dann anzunehmen, wenn ein Ehegatte oder Lebenspartner dauerhaft in eine vollstationäre Einrichtung aufgenommen wurde, in der Leistungen gemäß § 43 oder § 43a des Elften Buches erbracht werden

(3) [1]Die Krankenkasse stellt dem Versicherten eine Bescheinigung über die Befreiung nach Absatz 1 aus. [2]Diese darf keine Angaben über das Einkommen des Versicherten oder anderer zu berücksichtigender Personen enthalten.

(4) *(aufgehoben)*

(5) Die Spitzenverbände der Krankenkassen evaluieren für das Jahr 2006 die Ausnahmeregelungen von der Zuzahlungspflicht hinsichtlich ihrer Steuerungs-

wirkung und legen dem Deutschen Bundestag hierzu über das Bundesministerium für Gesundheit spätestens bis zum 30. Juni 2007 einen Bericht vor.

§ 62a *(aufgehoben)*

Zehnter Abschnitt

Weiterentwicklung der Versorgung

§ 63[6] **Grundsätze.**　(1) Die Krankenkassen und ihre Verbände können im Rahmen ihrer gesetzlichen Aufgabenstellung zur Verbesserung der Qualität und der Wirtschaftlichkeit der Versorgung Modellvorhaben zur Weiterentwicklung der Verfahrens-, Organisations-, Finanzierungs- und Vergütungsformen der Leistungserbringung durchführen oder nach § 64 vereinbaren.

(2) Die Krankenkassen können Modellvorhaben zu Leistungen zur Verhütung und Früherkennung von Krankheiten, zur Krankenbehandlung sowie bei Schwangerschaft und Mutterschaft, die nach den Vorschriften dieses Buches oder aufgrund hiernach getroffener Regelungen keine Leistungen der Krankenversicherung sind, durchführen oder nach § 64 vereinbaren.

(3) [1]Bei der Vereinbarung und Durchführung von Modellvorhaben nach Absatz 1 kann von den Vorschriften des Vierten und des Zehnten Kapitels dieses Buches, soweit es für die Modellvorhaben erforderlich ist, und des Krankenhausfinanzierungsgesetzes, des Krankenhausentgeltgesetzes sowie den nach diesen Vorschriften getroffenen Regelungen abgewichen werden; der Grundsatz der Beitragssatzstabilität gilt entsprechend. [2]Gegen diesen Grundsatz wird insbesondere für den Fall nicht verstoßen, dass durch ein Modellvorhaben ent-

---

6　Gemäß Art. 3 G vom 17.7.2017 (BGBl. I S. 2581) wird § 63 mit Wirkung vom 1.1.2020 wie folgt geändert:
　　a) In Absatz 3b Satz 1 werden im Satzteil vor der Aufzählung nach den Wörtern „dass Angehörige der" die Wörter „im Pflegeberufegesetz" eingefügt.
　　b) Absatz 3c wird wie folgt gefasst: „Modellvorhaben nach Absatz 1 können eine Übertragung der ärztlichen Tätigkeiten, bei denen es sich um selbstständige Ausübung von Heilkunde handelt und für die die Angehörigen des im Pflegeberufegesetz geregelten Berufs auf Grundlage einer Ausbildung nach § 14 des Pflegeberufegesetzes qualifiziert sind, auf diese vorsehen. Die Krankenkassen und ihre Verbände sollen entsprechende Vorhaben spätestens bis zum Ablauf des 31. Dezember 2020 vereinbaren oder durchführen. Der Gemeinsame Bundesausschuss legt in Richtlinien fest, bei welchen Tätigkeiten eine Übertragung von Heilkunde auf die Angehörigen des in Satz 1 genannten Berufs im Rahmen von Modellvorhaben erfolgen kann. Vor der Entscheidung des Gemeinsamen Bundesausschusses ist der Bundesärztekammer sowie den maßgeblichen Verbänden der Pflegeberufe Gelegenheit zur Stellungnahme zu geben. Die Stellungnahmen sind in die Entscheidungen einzubeziehen. Durch den Gemeinsamen Bundesausschuss nach den Sätzen 2 bis 4 festgelegte Richtlinien gelten für die Angehörigen des in Satz 1 geregelten Berufs fort."

stehende Mehraufwendungen durch nachzuweisende Einsparungen aufgrund der in dem Modellvorhaben vorgesehenen Maßnahmen ausgeglichen werden. [3]Einsparungen nach Satz 2 können, soweit sie die Mehraufwendungen überschreiten, auch an die an einem Modellvorhaben teilnehmenden Versicherten weitergeleitet werden. [4]Satz 1 gilt mit der Maßgabe, dass von § 284 Abs. 1 Satz 5 nicht abgewichen werden darf.

(3a) [1]Gegenstand von Modellvorhaben nach Absatz 1, in denen von den Vorschriften des Zehnten Kapitels dieses Buches abgewichen wird, können insbesondere informationstechnische und organisatorische Verbesserungen der Datenverwendung, einschließlich der Erweiterungen der Befugnisse zur Erhebung, Verarbeitung und Nutzung von personenbezogenen Daten sein. [2]Von den Vorschriften des Zehnten Kapitels dieses Buches zur Erhebung, Verarbeitung und Nutzung personenbezogener Daten darf nur mit schriftlicher Einwilligung des Versicherten und nur in dem Umfang abgewichen werden, der erforderlich ist, um die Ziele des Modellvorhabens zu erreichen. [3]Der Versicherte ist vor Erteilung der Einwilligung schriftlich oder elektronisch darüber zu unterrichten, inwieweit das Modellvorhaben von den Vorschriften des Zehnten Kapitels dieses Buches abweicht und aus welchen Gründen diese Abweichungen erforderlich sind. [4]Die Einwilligung des Versicherten hat sich auf Zweck, Inhalt, Art, Umfang und Dauer der Erhebung, Verarbeitung und Nutzung seiner personenbezogenen Daten sowie die daran Beteiligten zu erstrecken; die Einwilligung kann widerrufen werden. [5]Beim Einsatz mobiler personenbezogener Speicher- und Verarbeitungsmedien gilt § 6c des Bundesdatenschutzgesetzes entsprechend.

(3b) [1]Modellvorhaben nach Absatz 1 können vorsehen, dass Angehörige der im Krankenpflegegesetz und im Altenpflegegesetz geregelten Berufe
1. die Verordnung von Verbandsmitteln und Pflegehilfsmitteln sowie
2. die inhaltliche Ausgestaltung der häuslichen Krankenpflege einschließlich deren Dauer
vornehmen, soweit diese aufgrund ihrer Ausbildung qualifiziert sind und es sich bei der Tätigkeit nicht um selbstständige Ausübung von Heilkunde handelt. [2]Modellvorhaben nach Absatz 1 können vorsehen, dass Physiotherapeuten mit einer Erlaubnis nach § 1 Abs. 1 Nr. 2 des Masseur- und Physiotherapeutengesetzes die Auswahl und die Dauer der physikalischen Therapie und die Frequenz der Behandlungseinheiten bestimmen, soweit die Physiotherapeuten aufgrund ihrer Ausbildung qualifiziert sind und es sich bei der Tätigkeit nicht um selbstständige Ausübung von Heilkunde handelt. [3]Satz 2 gilt im Bereich ergotherapeutischer Behandlungen entsprechend für Ergotherapeuten mit einer Erlaubnis nach § 1 Absatz 1 des Ergotherapeutengesetzes.

(3c) [1]Modellvorhaben nach Absatz 1 können eine Übertragung der ärztlichen Tätigkeiten, bei denen es sich um selbständige Ausübung von Heilkunde handelt und für die die Angehörigen der im Krankenpflegegesetz geregelten Berufe auf Grund einer Ausbildung nach § 4 Abs. 7 des Krankenpflegegesetzes qualifiziert sind, auf diese vorsehen. [2]Satz 1 gilt für die Angehörigen des im Altenpflegegesetz geregelten Berufes auf Grund einer Ausbildung nach § 4 Abs. 7 des Altenpflegegesetzes entsprechend. [3]Der Gemeinsame Bundesausschuss legt in Richtlinien fest, bei welchen Tätigkeiten eine Übertragung von Heilkunde auf die Angehörigen der in den Sätzen 1 und 2 genannten Berufe im Rahmen von Modellvorhaben erfolgen kann. [4]Vor der Entscheidung des Gemeinsamen Bundesausschusses ist der Bundesärztekammer sowie den maßgeblichen Verbänden der Pflegeberufe Gelegenheit zur Stellungnahme zu geben. [5]Die Stellungnahmen sind in die Entscheidungen einzubeziehen.

(4) [1]Gegenstand von Modellvorhaben nach Absatz 2 können nur solche Leistungen sein, über deren Eignung als Leistung der Krankenversicherung der Gemeinsame Bundesausschuss nach § 91 im Rahmen der Beschlüsse nach § 92 Abs. 1 Satz 2 Nr. 5 oder im Rahmen der Beschlüsse nach § 137c Abs. 1 keine ablehnende Entscheidung getroffen hat. [2]Fragen der biomedizinischen Forschung sowie Forschungen zur Entwicklung und Prüfung von Arzneimitteln und Medizinprodukten können nicht Gegenstand von Modellvorhaben sein.

(5) [1]Die Modellvorhaben sind im Regelfall auf längstens acht Jahre zu befristen. [2]Verträge nach § 64 Abs. 1 sind den für die Vertragsparteien zuständigen Aufsichtsbehörden vorzulegen. [3]Modellvorhaben nach Absatz 1, in denen von den Vorschriften des Zehnten Kapitels dieses Buches abgewichen werden kann, sind auf längstens fünf Jahre zu befristen; personenbezogene Daten, die in Abweichung von den Regelungen des Zehnten Kapitels dieses Buches erhoben, verarbeitet oder genutzt worden sind, sind unverzüglich nach Abschluss des Modellvorhabens zu löschen. [4]Über Modellvorhaben nach Absatz 1, in denen von den Vorschriften des Zehnten Kapitels dieses Buches abgewichen wird, sind der Bundesbeauftragte für den Datenschutz oder die Landesbeauftragten für den Datenschutz, soweit diese zuständig sind, rechtzeitig vor Beginn des Modellvorhabens zu unterrichten.

(6) [1]Modellvorhaben nach den Absätzen 1 und 2 können auch von den Kassenärztlichen Vereinigungen im Rahmen ihrer gesetzlichen Aufgabenstellung mit den Krankenkassen oder ihren Verbänden vereinbart werden. [2]Die Vorschriften dieses Abschnitts gelten entsprechend.

§ 64 Vereinbarungen mit Leistungserbringern.　(1) [1]Die Krankenkassen und ihre Verbände können mit den in der gesetzlichen Krankenversicherung zugelassenen Leistungserbringern oder Gruppen von Leistungserbringern Vereinbarungen über die Durchführung von Modellvorhaben nach § 63 Abs. 1 oder 2 schließen. [2]Soweit die ärztliche Behandlung im Rahmen der vertragsärztlichen Versorgung betroffen ist, können sie nur mit einzelnen Vertragsärzten, mit Gemeinschaften dieser Leistungserbringer oder mit Kassenärztlichen Vereinigungen Verträge über die Durchführung von Modellvorhaben nach § 63 Abs. 1 oder 2 schließen.

(2) *(aufgehoben)*

(3) [1]Werden in einem Modellvorhaben nach § 63 Abs. 1 oder § 64a Leistungen außerhalb der für diese Leistungen geltenden Vergütungen nach § 85 oder § 87a, der Ausgabenvolumen nach § 84 oder der Krankenhausbudgets vergütet, sind die Vergütungen oder der Behandlungsbedarf nach § 87a Absatz 3 Satz 2, die Ausgabenvolumen oder die Budgets, in denen die Ausgaben für diese Leistungen enthalten sind, entsprechend der Zahl und der Morbiditäts- oder Risikostruktur der am Modellversuch teilnehmenden Versicherten sowie dem in den Verträgen nach Absatz 1 jeweils vereinbarten Inhalt des Modellvorhabens zu bereinigen; die Budgets der teilnehmenden Krankenhäuser sind dem geringeren Leistungsumfang anzupassen. [2]Kommt eine Einigung der zuständigen Vertragsparteien über die Bereinigung der Vergütungen, Ausgabenvolumen oder Budgets nach Satz 1 nicht zustande, können auch die Krankenkassen oder ihre Verbände, die Vertragspartner der Vereinbarung nach Absatz 1 sind, das Schiedsamt nach § 89 oder die Schiedsstelle nach § 18a Abs. 1 des Krankenhausfinanzierungsgesetzes anrufen. [3]Vereinbaren alle gemäß § 18 Abs. 2 des Krankenhausfinanzierungsgesetzes an der Pflegesatzvereinbarung beteiligten Krankenkassen gemeinsam ein Modellvorhaben, das die gesamten nach der Bundespflegesatzverordnung oder dem Krankenhausentgeltgesetz vergüteten Leistungen eines Krankenhauses für Versicherte erfasst, sind die vereinbarten Entgelte für alle Benutzer des Krankenhauses einheitlich zu berechnen. [4]Bei der Ausgliederung nach Satz 1 sind nicht auf die einzelne Leistung bezogene, insbesondere periodenfremde, Finanzierungsverpflichtungen in Höhe der ausgegliederten Belegungsanteile dem Modellvorhaben zuzuordnen. [5]Für die Bereinigung des Behandlungsbedarfs nach § 87a Absatz 3 Satz 2 gilt § 73b Absatz 7 entsprechend; falls eine Vorabeinschreibung der teilnehmenden Versicherten nicht möglich ist, kann eine rückwirkende Bereinigung vereinbart werden. [6]Die Krankenkasse kann bei Verträgen nach Satz 1 auf die Bereinigung verzichten, wenn das voraussichtliche Bereinigungsvolumen einer Krankenkasse für ein Modellvorhaben geringer ist als der Aufwand für die Durchführung dieser Bereinigung. [7]Der Bewertungsausschuss hat in seinen Vorgaben gemäß § 87a Absatz 5 Satz 7 zur Bereinigung und zur Ermittlung der kassenspezifischen Aufsatzwerte des Behandlungsbedarfs auch Vorgaben zur Höhe des Schwellenwertes für das voraussichtliche Bereinigungsvolumen, unterhalb dessen von einer basiswirksamen Bereinigung abgesehen werden kann, zu der pauschalen Ermittlung und Übermittlung des voraussichtlichen Bereinigungsvolumens an die Vertragspartner nach § 73b Absatz 7 Satz 1 sowie zu dessen Anrechnung beim Aufsatzwert der betroffenen Krankenkasse zu machen.

(4) [1]Die Vertragspartner nach Absatz 1 Satz 1 können Modellvorhaben zur Vermeidung einer unkoordinierten Mehrfachinanspruchnahme von Vertragsärzten durch die Versicherten durchführen. [2]Sie können vorsehen, dass der Vertragsarzt, der vom Versicherten weder als erster Arzt in einem Behandlungsquartal noch mit Überweisung noch zur Einholung einer Zweitmeinung in Anspruch genommen wird, von diesem Versicherten verlangen kann, dass die bei ihm in Anspruch genommenen Leistungen im Wege der Kostenerstattung abgerechnet werden.

§ 64a Modellvorhaben zur Arzneimittelversorgung. (1) ¹Die Kassenärztliche Vereinigung und die für die Wahrnehmung der wirtschaftlichen Interessen maßgebliche Organisation der Apotheker auf Landesebene gemeinsam können mit den für ihren Bezirk zuständigen Landesverbänden der Krankenkassen und den Ersatzkassen gemeinsam die Durchführung eines Modellvorhabens nach § 63 zur Verbesserung der Qualität und Wirtschaftlichkeit der Arzneimittelversorgung für eine Zeitdauer von bis zu drei Jahren vereinbaren. ²Werden Modellvorhaben in mehreren Bezirken der Kassenärztlichen Vereinigungen vereinbart, sollen sich die Kassenärztlichen Vereinigungen auf die Durchführung des Modellvorhabens in einem Bezirk einigen. ³Überschüsse aufgrund von Minderaufwendungen, die durch Maßnahmen des Modellvorhabens nach Satz 1 bei den Krankenkassen realisiert werden, sind in Teilen an die Leistungserbringer weiterzuleiten. ⁴Die durch das Modellvorhaben den Krankenkassen entstehenden Mehraufwendungen sind auszugleichen. ⁵Die Vereinbarung nach Satz 1 umfasst das Nähere zu dem Modellvorhaben, insbesondere

1. einen Katalog für eine wirtschaftliche Wirkstoffauswahl in allen versorgungsrelevanten Indikationen,
2. die im Modellprojekt zu erbringenden Leistungen und deren Dokumentation,
3. die Grundsätze zur Ermittlung von Überschüssen und deren teilweise Weiterleitung an die Leistungserbringer nach Satz 3 sowie zum Ausgleichsverfahren nach Satz 4.

⁶Im Übrigen gilt für die Vereinbarung nach Satz 1 § 63 Absatz 3 und 4 bis 6 entsprechend. ⁷§ 65 gilt entsprechend mit der Maßgabe, dass die Begleitung und Auswertung von den Vertragspartnern nach Satz 1 veranlasst wird. ⁸Für das Modellvorhaben ist eine Vereinbarung nach § 106b Absatz 1 Satz 1 zu treffen. ⁹Die Kassenärztliche Bundesvereinigung und die Vertragspartner nach § 129 Absatz 2 können gemeinsame Empfehlungen insbesondere zum Inhalt und zur Durchführung des Modellvorhabens vereinbaren, die in der Vereinbarung nach Satz 1 zu beachten sind.

(2) ¹Soweit keine Einigung über die Durchführung eines Modellvorhabens nach Absatz 1 erzielt wird, kann jede Vertragspartei das Schiedsamt für die vertragsärztliche Versorgung nach § 89 Absatz 2 zur Festsetzung des Inhalts der Vereinbarung nach Absatz 1 anrufen. ²Die Festsetzung soll unterbleiben, wenn in dem Bezirk einer anderen Kassenärztlichen Vereinigung bereits ein Modellvorhaben vereinbart wurde. ³Das Schiedsamt wird um Vertreter der für die Wahrnehmung der wirtschaftlichen Interessen gebildeten maßgeblichen Spitzenorganisation der Apotheker in der gleichen Zahl erweitert, wie sie jeweils für die Vertreter der Krankenkassen und der Kassenärztlichen Vereinigung vorgesehen ist. ⁴Das so erweiterte Schiedsamt beschließt mit einer Mehrheit von zwei Dritteln der Stimmen der Mitglieder.

§ 64b Modellvorhaben zur Versorgung psychisch kranker Menschen.
(1) ¹Gegenstand von Modellvorhaben nach § 63 Absatz 1 oder 2 kann auch die Weiterentwicklung der Versorgung psychisch kranker Menschen sein, die auf eine Verbesserung der Patientenversorgung oder der sektorenübergreifen-

den Leistungserbringung ausgerichtet ist, einschließlich der komplexen psychiatrischen Behandlung im häuslichen Umfeld. [2]In jedem Land soll unter besonderer Berücksichtigung der Kinder- und Jugendpsychiatrie mindestens ein Modellvorhaben nach Satz 1 durchgeführt werden; dabei kann ein Modellvorhaben auf mehrere Länder erstreckt werden. [3]Eine bestehende Verpflichtung der Leistungserbringer zur Versorgung bleibt unberührt. [4]§ 63 Absatz 3 ist für Modellvorhaben nach Satz 1 mit der Maßgabe anzuwenden, dass von den Vorgaben der §§ 295, 300, 301 und 302 sowie des § 17d Absatz 9 des Krankenhausfinanzierungsgesetzes nicht abgewichen werden darf. [5]§ 63 Absatz 5 Satz 1 gilt nicht. [6]Die Meldung nach Absatz 3 Satz 2 hat vor der Vereinbarung zu erfolgen.

(2) [1]Die Modellvorhaben nach Absatz 1 sind im Regelfall auf längstens acht Jahre zu befristen. [2]Unter Vorlage des Berichts nach § 65 können die Krankenkassen und die Vertragsparteien bei den zuständigen Aufsichtsbehörden eine Verlängerung beantragen.

(3) [1]Dem DRG-Institut der Selbstverwaltungspartner nach § 17b Absatz 2 des Krankenhausfinanzierungsgesetzes sind neben den nach § 21 des Krankenhausentgeltgesetzes zu übermittelnden Daten von den Vertragsparteien des Modellvorhabens insbesondere auch Informationen zur vereinbarten Art und Anzahl der Patientinnen und Patienten, zu spezifischen Leistungsinhalten und den der verhandelten Vergütungen zugrunde gelegten Kosten sowie zu strukturellen Merkmalen des jeweiligen Modellvorhabens einschließlich der Auswertung nach § 65 mitzuteilen. [2]Über Art und Umfang der zu meldenden Daten sowie zur Meldung von Modellvorhaben beim DRG-Institut schließen die Selbstverwaltungspartner nach § 17b Absatz 2 des Krankenhausfinanzierungsgesetzes bis zum 31. Dezember 2012 eine Vereinbarung. [3]§ 21 Absatz 4, 5 Satz 1 und 2 sowie Absatz 6 des Krankenhausentgeltgesetzes ist für die Vereinbarung und die Datenübermittlung entsprechend anzuwenden. [4]Für die Finanzierung der Aufgaben des DRG-Instituts gilt § 17d Absatz 5 des Krankenhausfinanzierungsgesetzes entsprechend.

(4) Private Krankenversicherungen und der Verband der privaten Krankenversicherung können sich an Modellvorhaben nach Absatz 1 und deren Finanzierung beteiligen.

§ 64c Modellvorhaben zum Screening auf 4MRGN. (1) [1]Die in § 115 Absatz 1 Satz 1 genannten Vertragspartner vereinbaren gemeinsam und einheitlich im Einvernehmen mit dem Robert Koch-Institut die Durchführung eines Modellvorhabens nach § 63, um Erkenntnisse zur Effektivität und zum Aufwand eines Screenings auf 4MRGN (Multiresistente gramnegative Stäbchen mit einer Resistenz gegen vier der vier Antibiotikagruppen) im Vorfeld eines planbaren Krankenhausaufenthaltes zu gewinnen. [2]Das Modellvorhaben ist insbesondere auf die Risikopersonen nach Maßgabe der Empfehlungen der Kommission für Krankenhaushygiene und Infektionsprävention auszurichten. [3]Die Kassenärztlichen Vereinigungen verständigen sich auf die Durchführung eines Modellvorhabens in mindestens einer Kassenärztlichen Vereinigung.

[4]Soweit eine überbezirkliche Versorgung besteht, soll das Modellvorhaben in den betroffenen Kassenärztlichen Vereinigungen gemeinsam durchgeführt werden. [5]Das Modellvorhaben kann in mehreren Kassenärztlichen Vereinigungen durchgeführt werden, insbesondere um ausreichende Fallzahlen zu gewährleisten und um regionale Unterschiede in der Bevölkerungsstruktur zu berücksichtigen. [6]§ 65 gilt mit der Maßgabe, dass die wissenschaftliche Begleitung und Auswertung des Modellvorhabens im Einvernehmen mit dem Robert Koch-Institut zu erfolgen hat.

(2) [1]Soweit bis zum 31. Dezember 2015 keine Einigung über die Durchführung eines Modellvorhabens nach Absatz 1 erzielt wird, kann jede Vertragspartei die Landesschiedsstelle nach § 114 anrufen. [2]§ 115 Absatz 3 Satz 2 gilt entsprechend. [3]Die Anrufung der Schiedsstelle soll unterbleiben, wenn in einer anderen Kassenärztlichen Vereinigung bereits ein Modellvorhaben nach Absatz 1 vereinbart wurde, keine überbezirkliche Versorgung besteht oder eine Durchführung in mehreren Kassenärztlichen Vereinigungen aus wissenschaftlichen Gründen nicht erforderlich ist.

§ 64d Modellvorhaben zur Heilmittelversorgung. (1) [1]Die Landesverbände der Krankenkassen und die Ersatzkassen haben gemeinsam und einheitlich mit den für die Wahrnehmung der Interessen der Heilmittelerbringer maßgeblichen Verbänden auf Landesebene zur Stärkung der Verantwortung der Heilmittelerbringer die Durchführung von Modellvorhaben nach Satz 3 zu vereinbaren. [2]Dabei kann ein Modellvorhaben auch auf mehrere Länder erstreckt werden. [3]In den Modellvorhaben ist vorzusehen, dass die Heilmittelerbringer auf der Grundlage einer vertragsärztlich festgestellten Diagnose und Indikation für eine Heilmittelbehandlung selbst die Auswahl und die Dauer der Therapie sowie die Frequenz der Behandlungseinheiten bestimmen. [4]In der Vereinbarung nach Satz 1 ist die mit dem Modellvorhaben verbundene höhere Verantwortung der Heilmittelerbringer, insbesondere im Hinblick auf zukünftige Mengenentwicklungen und auf die Anforderungen an die Qualifikation der Heilmittelerbringer, zu berücksichtigen. [5]Zudem ist in der Vereinbarung festzulegen, inwieweit die Heilmittelerbringer bei der Leistungserbringung von den Vorgaben der Richtlinien des Gemeinsamen Bundesausschusses nach § 92 Absatz 1 Satz 2 Nummer 6 abweichen dürfen. [6]Vereinbarungen nach Satz 1 sind den zuständigen Aufsichtsbehörden vorzulegen. [7]§ 211a gilt entsprechend.

(2) Voraussetzung für die Teilnahme der Heilmittelerbringer ist, dass sie
1. nach § 124 Absatz 2 zur Versorgung zugelassen sind,
2. auf Grund ihrer Ausbildung über die notwendige Qualifikation verfügen und gegebenenfalls weitere von den Vertragspartnern nach Absatz 1 vertraglich vereinbarte Qualifikationsanforderungen erfüllen und
3. ihre Tätigkeit nicht als selbständige Heilkunde ausüben.

(3) [1]Die Modellvorhaben nach Absatz 1 sind im Regelfall auf längstens drei Jahre zu befristen. [2]§ 65 gilt entsprechend. [3]§ 63 Absatz 3b Satz 2 und 3 bleibt unberührt.

(4) Im Übrigen gilt für Heilmittel, die nach der Richtlinie des Gemeinsamen Bundesausschusses gemäß § 92 Absatz 1 Satz 2 Nummer 6 zur Behandlung krankheitsbedingter Schädigungen nur verordnungsfähig sind, wenn die Schädigungen auf Grund bestimmter Grunderkrankungen eintreten, dass auch ihre Anwendung bei anderen ursächlichen Grunderkrankungen Gegenstand von Modellvorhaben nach § 63 Absatz 2 sein kann.

§ 65 Auswertung der Modellvorhaben. [1]Die Krankenkassen oder ihre Verbände haben eine wissenschaftliche Begleitung und Auswertung der Modellvorhaben im Hinblick auf die Erreichung der Ziele der Modellvorhaben nach § 63 Abs. 1 oder Abs. 2 nach allgemein anerkannten wissenschaftlichen Standards zu veranlassen. [2]Der von unabhängigen Sachverständigen zu erstellende Bericht über die Ergebnisse der Auswertung ist zu veröffentlichen.

§ 65a Bonus für gesundheitsbewusstes Verhalten. (1) Die Krankenkasse soll in ihrer Satzung bestimmen, unter welchen Voraussetzungen Versicherte, die

1. regelmäßig Leistungen zur Erfassung von gesundheitlichen Risiken und Früherkennung von Krankheiten nach den §§ 25 und 26 in Anspruch nehmen,
2. Leistungen für Schutzimpfungen nach § 20i in Anspruch nehmen oder
3. regelmäßig Leistungen der Krankenkassen zur verhaltensbezogenen Prävention nach § 20 Absatz 5 in Anspruch nehmen oder an vergleichbaren, qualitätsgesicherten Angeboten zur Förderung eines gesundheitsbewussten Verhaltens teilnehmen,

Anspruch auf einen Bonus haben, der zusätzlich zu der in § 62 Absatz 1 Satz 2 genannten abgesenkten Belastungsgrenze zu gewähren ist.

(2) Die Krankenkasse soll in ihrer Satzung auch vorsehen, dass bei Maßnahmen zur betrieblichen Gesundheitsförderung durch Arbeitgeber sowohl der Arbeitgeber als auch die teilnehmenden Versicherten einen Bonus erhalten.

(3) [1]Die Aufwendungen für Maßnahmen nach Absatz 1 müssen mittelfristig aus Einsparungen und Effizienzsteigerungen, die durch diese Maßnahmen erzielt werden, finanziert werden. [2]Die Krankenkassen haben regelmäßig, mindestens alle drei Jahre, über diese Einsparungen gegenüber der zuständigen Aufsichtsbehörde Rechenschaft abzulegen. [3]Werden keine Einsparungen erzielt, dürfen keine Boni für die entsprechenden Versorgungsformen gewährt werden.

§ 65b Förderung von Einrichtungen zur Verbraucher- und Patientenberatung. (1) [1]Der Spitzenverband Bund der Krankenkassen fördert Einrichtungen, die Verbraucherinnen und Verbraucher sowie Patientinnen und Patienten in gesundheitlichen und gesundheitsrechtlichen Fragen qualitätsgesichert und kostenfrei informieren und beraten, mit dem Ziel, die Patientenorientierung im Gesundheitswesen zu stärken und Problemlagen im Gesundheitssystem aufzuzeigen. [2]Der Spitzenverband Bund der Krankenkassen darf auf den Inhalt oder den Umfang der Beratungstätigkeit keinen Einfluss nehmen. [3]Die Förderung einer Einrichtung zur Verbraucher- und Patientenberatung setzt deren Nachweis über ihre Neutralität und Unabhängigkeit voraus. [4]Die Vorbereitung der Vergabe der Fördermittel und die Entscheidung darüber erfolgt durch den Spitzenverband Bund der Krankenkassen im Einvernehmen mit der oder dem Beauftragten der Bundesregierung für die Belange der Patientinnen und Patienten; die Fördermittel werden jeweils für eine Laufzeit von sieben Jahren vergeben. [5]Die oder der Beauftragte der Bundesregierung für die Belange der Patientinnen und Patienten und der Spitzenverband Bund der Krankenkassen werden bei der Vergabe und während der Förderphase durch einen Beirat beraten. [6]Der Beirat tagt unter der Leitung der oder des Beauftragten der Bundesregierung für die Belange der Patientinnen und Patienten mindestens zweimal jährlich; ihm gehören Vertreterinnen und Vertreter der Wissenschaften und Patientenorganisationen, zwei Vertreterinnen oder Vertreter des Bundesministeriums für Gesundheit und eine Vertreterin oder ein Vertreter des Bundesministeriums der Justiz und für Verbraucherschutz sowie im Fall einer angemessenen finanziellen Beteiligung der privaten Krankenversicherungen an der Förderung nach Satz 1 eine Vertreterin oder ein Vertreter des Verbandes der privaten Krankenversicherung an. [7]Der Spitzenverband Bund der Krankenkassen hat den Beirat jährlich über Angelegenheiten betreffend die Förderung nach Satz 1 zu unterrichten. [8]Der nach Satz 1 geförderten Beratungseinrichtung ist auf Antrag die Gelegenheit zu geben, sich gegenüber dem Beirat zu äußern.

(2) [1]Die Fördersumme nach Absatz 1 Satz 1 beträgt im Jahr 2016 insgesamt 9 000 000 Euro und ist in den Folgejahren entsprechend der prozentualen Veränderung der monatlichen Bezugsgröße nach § 18 Absatz 1 des Vierten Buches anzupassen. [2]Sie umfasst auch die für die Qualitätssicherung und die Berichterstattung notwendigen Aufwendungen. [3]Die Fördermittel nach Satz 1 werden durch eine Umlage der Krankenkassen gemäß dem Anteil ihrer eigenen Mitglieder an der Gesamtzahl der Mitglieder aller Krankenkassen erbracht. [4]Die Zahl der Mitglieder der Krankenkassen ist nach dem Vordruck KM6 der Statistik über die Versicherten in der gesetzlichen Krankenversicherung jeweils zum 1. Juli eines Jahres zu bestimmen.

§ 65c Klinische Krebsregister. (1) [1]Zur Verbesserung der Qualität der onkologischen Versorgung richten die Länder klinische Krebsregister ein. [2]Die klinischen Krebsregister haben insbesondere folgende Aufgaben:

1. die personenbezogene Erfassung der Daten aller in einem regional festgelegten Einzugsgebiet stationär und ambulant versorgten Patientinnen und Patienten über das Auftreten, die Behandlung und den Verlauf von bösartigen Neubildungen einschließlich ihrer Frühstadien sowie von gutartigen Tumoren des zentralen Nervensystems nach Kapitel II der Internationalen statistischen Klassifikation der Krankheiten und verwandter Gesundheitsprobleme (ICD) mit Ausnahme der Daten von Erkrankungsfällen, die an das Deutsche Kinderkrebsregister zu melden sind,

2. die Auswertung der erfassten klinischen Daten und die Rückmeldung der Auswertungsergebnisse an die einzelnen Leistungserbringer,

3. den Datenaustausch mit anderen regionalen klinischen Krebsregistern bei solchen Patientinnen und Patienten, bei denen Hauptwohnsitz und Behandlungsort in verschiedenen Einzugsgebieten liegen, sowie mit Auswertungsstellen der klinischen Krebsregistrierung auf Landesebene,

4. die Förderung der interdisziplinären, direkt patientenbezogenen Zusammenarbeit bei der Krebsbehandlung,

5. die Beteiligung an der einrichtungs- und sektorenübergreifenden Qualitätssicherung des Gemeinsamen Bundesausschusses nach § 136 Absatz 1 Nummer 1 in Verbindung mit § 135a Absatz 2 Nummer 1,

6. die Zusammenarbeit mit Zentren in der Onkologie,

7. die Erfassung von Daten für die epidemiologischen Krebsregister,

8. die Bereitstellung notwendiger Daten zur Herstellung von Versorgungstransparenz und zu Zwecken der Versorgungsforschung.

[3]Die klinische Krebsregistrierung erfolgt auf der Grundlage des bundesweit einheitlichen Datensatzes der Arbeitsgemeinschaft Deutscher Tumorzentren und der Gesellschaft der epidemiologischen Krebsregister in Deutschland zur Basisdokumentation für Tumorkranke und ihn ergänzender Module flächendeckend sowie möglichst vollzählig. [4]Die Daten sind jährlich landesbezogen auszuwerten. [5]Eine flächendeckende klinische Krebsregistrierung kann auch länderübergreifend erfolgen. [6]Die für die Einrichtung und den Betrieb der klinischen Krebsregister nach Satz 2 notwendigen Bestimmungen einschließlich datenschutzrechtlicher Regelungen bleiben dem Landesrecht vorbehalten.

(2) [1]Die Krankenkassen fördern den Betrieb klinischer Krebsregister nach Absatz 1 Satz 2, indem sie eine Pauschale nach Absatz 4 Satz 2 bis 4 zahlen. [2]Der Spitzenverband Bund der Krankenkassen beschließt bis zum 31. Dezember 2013 einheitliche Voraussetzungen für diese Förderung. [3]Er hat in den Fördervoraussetzungen insbesondere Folgendes festzulegen:

1. die sachgerechte Organisation und Ausstattung der klinischen Krebsregister einschließlich eines einheitlichen Datenformates und entsprechender Schnittstellen zur Annahme, Verarbeitung und Weiterleitung der Daten,

2. die Mindestanforderungen an den Grad der Erfassung und an die Vollständigkeit der verschiedenen Datenkategorien nach Absatz 1 Satz 2 Nummer 1 sowie über notwendige Verfahren zur Datenvalidierung,

3. ein einheitliches Verfahren zur Rückmeldung der Auswertungsergebnisse an die Leistungserbringer,

4. die notwendigen Verfahren zur Qualitätsverbesserung der Krebsbehandlung,

5. die erforderlichen Instrumente zur Unterstützung der interdisziplinären Zusammenarbeit nach Absatz 1 Satz 2 Nummer 4,

6. die Kriterien, Inhalte und Indikatoren für eine landesbezogene Auswertung, die eine länderübergreifende Vergleichbarkeit garantieren,

7. die Modalitäten für die Abrechnung der klinischen Krebsregister mit den Krankenkassen.

[4]Über die Festlegungen nach den Sätzen 2 und 3 entscheidet der Spitzenverband Bund der Krankenkassen im Benehmen mit zwei von der Gesundheitsmi-

nisterkonferenz der Länder zu bestimmenden Vertretern. [5]Soweit die Länder Einwände gegen die Festlegungen haben, sind diese dem Bundesministerium für Gesundheit vorzulegen, das in diesem Fall die entsprechenden Fördervoraussetzungen festlegen kann.

(3) [1]Bei der Erarbeitung der Fördervoraussetzungen hat der Spitzenverband Bund der Krankenkassen folgende Organisationen und Personen zu beteiligen:
1. die Kassenärztlichen Bundesvereinigungen,
2. die Deutsche Krankenhausgesellschaft,
3. den Gemeinsamen Bundesausschuss,
4. die Deutsche Krebsgesellschaft,
5. die Deutsche Krebshilfe,
6. die Arbeitsgemeinschaft Deutscher Tumorzentren,
7. die Gesellschaft der epidemiologischen Krebsregister in Deutschland,
8. die Bundesärztekammer,
9. die Arbeitsgemeinschaft der Wissenschaftlichen Medizinischen Fachgesellschaften sowie
10. die für die Wahrnehmung der Interessen der Patientinnen und Patienten und der Selbsthilfe chronisch kranker und behinderter Menschen maßgeblichen Organisationen.

[2]Der Verband der Privaten Krankenversicherung ist an der Erarbeitung der Fördervoraussetzungen zu beteiligen, wenn die privaten Krankenversicherungsunternehmen den Betrieb der klinischen Krebsregister fördern, indem sie die Pauschale nach Absatz 4 Satz 2 bis 4 für Meldungen in Bezug auf privat krankenversicherte Personen zahlen. [3]Gleiches gilt für die Träger der Kosten in Krankheits-, Pflege- und Geburtsfällen nach beamtenrechtlichen Vorschriften, wenn sie für Meldungen in Bezug auf die nach diesen Vorschriften berechtigten Personen einen Teil der fallbezogenen Krebsregisterpauschale nach Absatz 4 Satz 2 bis 4 zahlen.

(4) [1]Auf Antrag eines klinischen Krebsregisters oder dessen Trägers stellen die Landesverbände der Krankenkassen und die Ersatzkassen gemeinsam und einheitlich mit Wirkung für ihre Mitgliedskassen fest, dass
1. das klinische Krebsregister die Fördervoraussetzungen nach Absatz 2 Satz 2 und 3 erfüllt und
2. in dem Land, in dem das klinische Krebsregister seinen Sitz hat, eine flächendeckende klinische Krebsregistrierung und eine Zusammenarbeit mit den epidemiologischen Krebsregistern gewährleistet sind.

[2]Weist ein klinisches Krebsregister aufgrund der Feststellungen nach Satz 1 nach, dass die Fördervoraussetzungen erfüllt sind, so zahlt die Krankenkasse an dieses Register oder dessen Träger einmalig für jede verarbeitete Meldung zur Neuerkrankung an einem Tumor nach Absatz 1 Nummer 1 mit Ausnahme der Meldungen von nicht-melanotischen Hautkrebsarten und ihrer Frühstadien eine fallbezogene Krebsregisterpauschale in Höhe von 119 Euro. [3]Ab dem Jahr 2015 erhöht sich die fallbezogene Krebsregisterpauschale nach Satz 2 jährlich entsprechend der prozentualen Veränderung der monatlichen Bezugsgröße

nach § 18 Absatz 1 des Vierten Buches. [4]Die Landesverbände der Krankenkassen und die Ersatzkassen gemeinsam und einheitlich können mit Wirkung für ihre Mitgliedskassen mit dem Land eine von Satz 2 abweichende Höhe der fallbezogenen Krebsregisterpauschale vereinbaren, wenn dies aufgrund regionaler Besonderheiten erforderlich ist. [5]Im Falle des Absatzes 3 Satz 2 tritt der jeweilige Landesausschuss des Verbandes der Privaten Krankenversicherung bei der Vereinbarung nach Satz 4 an die Seite der Landesverbände der Krankenkassen und der Ersatzkassen. [6]Der Spitzenverband Bund der Krankenkassen passt die Pauschale nach Satz 2 an, wenn die Anpassung erforderlich ist, um 90 Prozent der durchschnittlichen Betriebskosten der nach Absatz 2 Satz 1 geförderten klinischen Krebsregister abzudecken. [7]Die erstmalige Überprüfung der Pauschale erfolgt spätestens bis zum Ablauf des Jahres 2019; Absatz 2 Satz 4 und 5 gilt entsprechend.

(5) [1]In einer Übergangsphase bis zum 31. Dezember 2017 zahlt die Krankenkasse die Pauschale nach Absatz 4 Satz 2 bis 4 unabhängig von den Feststellungen nach Absatz 4 Satz 1 an die klinischen Krebsregister, die von den Ländern für ein festgelegtes Einzugsgebiet als zuständig bestimmt worden sind. [2]Eine anderweitige Finanzierung der klinischen Krebsregister aus Mitteln der gesetzlichen Krankenversicherung ist in diesen Fällen ausgeschlossen. [3]Die Landesverbände der Krankenkassen und die Ersatzkassen gemeinsam und einheitlich können mit dem Land für die Übergangsphase Vereinbarungen über den Prozess zur Einrichtung und Weiterentwicklung der klinischen Krebsregister treffen. [4]Erfüllt ein klinisches Krebsregister die Anforderungen nach Absatz 4 Satz 1 Nummer 1 nach Ablauf der Übergangsphase nach Satz 1 oder zu einem späteren Zeitpunkt nicht, hat das klinische Krebsregister die Möglichkeit der Nachbesserung innerhalb eines Jahres. [5]Für diesen Zeitraum gilt Satz 1 entsprechend.

(6) [1]Für jede landesrechtlich vorgesehene Meldung der zu übermittelnden klinischen Daten an ein klinisches Krebsregister, das nach Absatz 4 Satz 1 förderfähig ist, ist den Leistungserbringern vom jeweiligen klinischen Krebsregister eine Meldevergütung zu zahlen, wenn die zu übermittelnden Daten vollständig gemeldet wurden. [2]Satz 1 gilt nicht für Meldungen, die nicht-melanotische Hautkrebsarten und ihre Frühstadien betreffen. [3]Die Krankenkasse des gemeldeten Versicherten hat dem klinischen Krebsregister die nach Satz 1 entstandenen Kosten zu erstatten. [4]Die Übergangsregelung nach Absatz 5 gilt entsprechend. [5]Die Höhe der einzelnen Meldevergütungen vereinbart der Spitzenverband Bund der Krankenkassen mit der Deutschen Krankenhausgesellschaft und den Kassenärztlichen Bundesvereinigungen bis zum 31. Dezember 2013. [6]Wenn die privaten Krankenversicherungsunternehmen den klinischen Krebsregistern die Kosten für Vergütungen von Meldungen von Daten privat krankenversicherter Personen erstatten, tritt der Verband der Privaten Krankenversicherung bei der Vereinbarung nach Satz 5 an die Seite des Spitzenverbandes Bund der Krankenkassen. [7]Gleiches gilt für die Träger der Kosten in Krankheits-, Pflege- und Geburtsfällen nach beamtenrechtlichen Vorschriften, wenn sie den kli-

nischen Krebsregistern einen Teil der Kosten für Vergütungen von Meldungen von Daten der nach diesen Vorschriften berechtigten Personen erstatten. [8]Kommt eine Vereinbarung bis zu dem in Satz 5 genannten Zeitpunkt nicht zustande, haben sich die Vereinbarungspartner nach Satz 5 auf eine unabhängige Schiedsperson zu verständigen, die die Höhe der einzelnen Meldevergütungen festlegt. [9]Einigen sich die Vereinbarungspartner nicht auf eine Schiedsperson, so wird diese vom Bundesministerium für Gesundheit bestellt. [10]Die Kosten des Schiedsverfahrens tragen die Vereinbarungspartner zu gleichen Teilen. [11]Klagen gegen die Bestimmung der Schiedsperson haben keine aufschiebende Wirkung. [12]Klagen gegen die Festlegung der Höhe der einzelnen Meldevergütungen richten sich gegen einen der Vereinbarungspartner, nicht gegen die Schiedsperson.

(7) [1]Klinische Krebsregister und Auswertungsstellen der klinischen Krebsregistrierung auf Landesebene arbeiten mit dem Gemeinsamen Bundesausschuss bei der Qualitätssicherung der onkologischen Versorgung zusammen. [2]Der Gemeinsame Bundesausschuss lässt notwendige bundesweite Auswertungen der klinischen Krebsregisterdaten durchführen. [3]Hierfür übermitteln die Auswertungsstellen der klinischen Krebsregistrierung auf Landesebene dem Gemeinsamen Bundesausschuss oder dem nach Satz 4 benannten Empfänger auf Anforderung die erforderlichen Daten in anonymisierter Form. [4]Der Gemeinsame Bundesausschuss bestimmt durch Beschluss die von den Auswertungsstellen der klinischen Krebsregistrierung auf Landesebene zu übermittelnden Daten, den Empfänger dieser Daten sowie Inhalte und Kriterien für Auswertungen nach Satz 2; § 92 Absatz 7e gilt entsprechend. [5]Bei der Erarbeitung und Festlegung von Kriterien und Inhalten der bundesweiten Auswertungen nach Satz 2 ist der Deutschen Krebsgesellschaft, der Deutschen Krebshilfe und der Arbeitsgemeinschaft Deutscher Tumorzentren Gelegenheit zum Einbringen von Vorschlägen zu geben.

(8) [1]Bei Maßnahmen der einrichtungs- und sektorenübergreifenden Qualitätssicherung nach § 135a Absatz 2 Nummer 1 in Verbindung mit § 136 Absatz 1 Nummer 1 in der onkologischen Versorgung soll der Gemeinsame Bundesausschuss die klinischen Krebsregister unter Einhaltung der Vorgaben des § 299 bei der Aufgabenerfüllung einbeziehen. [2]Soweit den klinischen Krebsregistern Aufgaben nach Satz 1 übertragen werden, sind sie an Richtlinien nach § 92 Absatz 1 Nummer 13 gebunden.

(9) [1]Der Gemeinsame Bundesausschuss gleicht erstmals bis zum 31. Dezember 2013 die Dokumentationsanforderungen, die für die Zulassung von strukturierten Behandlungsprogrammen für Brustkrebs nach § 137f Absatz 2 Satz 2 Nummer 5 geregelt sind, an den bundesweit einheitlichen Datensatz der Arbeitsgemeinschaft Deutscher Tumorzentren und der Gesellschaft der epidemiologischen Krebsregister in Deutschland zur Basisdokumentation für Tumorkranke und ihn ergänzende Module an. [2]Leistungserbringer, die an einem nach § 137g Absatz 1 zugelassenen, strukturierten Behandlungsprogramm für Brustkrebs in koordinierender Funktion teilnehmen, können die in dem Pro-

gramm für die Annahme der Dokumentationsdaten nach § 137f Absatz 2 Satz 2 Nummer 5 zuständige Stelle mit der Meldung der entsprechenden Daten an das klinische Krebsregister beauftragen, wenn die Versicherte nach umfassender Information hierin schriftlich eingewilligt hat. ³Die Einwilligung kann widerrufen werden. ⁴Macht der Leistungserbringer von der Möglichkeit nach Satz 2 Gebrauch, erhält er insoweit keine Meldevergütungen nach Absatz 6.

(10) ¹Der Spitzenverband Bund der Krankenkassen veröffentlicht ab dem Jahr 2018 alle fünf Jahre einen Bericht über die bundesweiten Ergebnisse der klinischen Krebsregistrierung in patientenverständlicher Form, wozu auch die barrierefreie Bereitstellung des Berichtes gehört. ²Der Bericht ist auf der Grundlage der Landesauswertungen nach Absatz 1 Satz 3 und der Ergebnisse von Bundesauswertungen des Gemeinsamen Bundesausschusses nach Absatz 9 Satz 2 zu erstellen. ³Die Auswertungsstellen der klinischen Krebsregistrierung auf Landesebene und der Gemeinsame Bundesausschuss liefern dem Spitzenverband Bund der Krankenkassen die Auswertungen, die zum Erstellen des Berichts benötigt werden.

§ 65d Förderung besonderer Therapieeinrichtungen. (1) ¹Der Spitzenverband Bund der Krankenkassen fördert ab 1. Januar 2017 mit insgesamt fünf Millionen Euro je Kalenderjahr im Rahmen von Modellvorhaben Leistungserbringer, die Patienten mit pädophilen Sexualstörungen behandeln. ²Förderungsfähig sind an der vertragsärztlichen Versorgung teilnehmende Leistungserbringer, die ein freiwilliges Therapieangebot vorhalten und die vom Spitzenverband Bund der Krankenkassen als förderungsfähig anerkannt werden. ³Für die Erhebung, Verarbeitung und Nutzung personenbezogener Daten im Rahmen der Modellvorhaben gilt § 63 Absatz 3 Satz 1 und 4, Absatz 3a und 5 entsprechend mit der Maßgabe, dass die Anonymität der Patienten zu gewährleisten ist. ⁴Die Anonymität darf nur eingeschränkt werden, soweit die Patienten dazu ihre Einwilligung erteilen.

(2) ¹Der Spitzenverband Bund der Krankenkassen hat eine wissenschaftliche Begleitung und Auswertung der Modellvorhaben im Hinblick auf die Erreichung der Ziele der Modellvorhaben nach allgemein anerkannten wissenschaftlichen Standards zu veranlassen. ²Ziel dieser wissenschaftlichen Begleitung und Auswertung ist die Erreichung möglichst hochwertiger Evidenz zur Wirksamkeit der Therapieangebote nach Absatz 1 unter Berücksichtigung der Besonderheiten der pädophilen Sexualstörungen.

(3) ¹Der von unabhängigen Sachverständigen zu erstellende Bericht über die Ergebnisse der Auswertung nach Absatz 2 ist zu veröffentlichen. ²Die Sachverständigen dürfen nicht für Krankenkassen, Kassenärztliche Vereinigungen oder deren Verbände tätig oder als Leistungserbringer oder deren Angestellte am Modellvorhaben beteiligt sein.

(4) ¹Die Finanzierung der Fördermittel nach Absatz 1 erfolgt durch eine Umlage der Krankenkassen gemäß dem Anteil ihrer Versicherten an der Gesamtzahl der in der gesetzlichen Krankenversicherung Versicherten. ²Das Nä-

here zur Umlage und zur Vergabe der Fördermittel bestimmt der Spitzenverband Bund der Krankenkassen. [3]An Modellvorhaben nach Absatz 1 und ihrer Finanzierung können sich über die Fördersumme nach Absatz 1 Satz 1 hinaus weitere Einrichtungen beteiligen, insbesondere private Krankenversicherungen und der Verband der Privaten Krankenversicherung sowie öffentliche Stellen. [4]Das Verfahren nach § 64 Absatz 3 ist nicht anzuwenden.

§ 66 Unterstützung der Versicherten bei Behandlungsfehlern. [1]Die Krankenkassen sollen die Versicherten bei der Verfolgung von Schadensersatzansprüchen, die bei der Inanspruchnahme von Versicherungsleistungen aus Behandlungsfehlern entstanden sind und nicht nach § 116 des Zehnten Buches auf die Krankenkassen übergehen, unterstützen. [2]Die Unterstützung der Krankenkassen nach Satz 1 kann insbesondere die Prüfung der von den Versicherten vorgelegten Unterlagen auf Vollständigkeit und Plausibilität, mit Einwilligung der Versicherten die Anforderung weiterer Unterlagen bei den Leistungserbringern, die Veranlassung einer sozialmedizinischen Begutachtung durch den Medizinischen Dienst nach § 275 Absatz 3 Nummer 4 sowie eine abschließende Gesamtbewertung aller vorliegenden Unterlagen umfassen. [3]Die auf Grundlage der Einwilligung des Versicherten bei den Leistungserbringern erhobenen Daten dürfen ausschließlich zum Zwecke der Unterstützung des Versicherten bei Behandlungsfehlern verwendet werden.

§ 67 Elektronische Kommunikation.   (1) Zur Verbesserung der Qualität und Wirtschaftlichkeit der Versorgung soll die papiergebundene Kommunikation unter den Leistungserbringern und mit den Krankenkassen so bald und so umfassend wie möglich durch die elektronische und maschinell verwertbare Übermittlung von Befunden, Diagnosen, Therapieempfehlungen, Behandlungsberichten und Unterlagen in Genehmigungsverfahren, die sich auch für eine einrichtungsübergreifende fallbezogene Zusammenarbeit eignet, ersetzt werden.

(2) Die Krankenkassen und Leistungserbringer sowie ihre Verbände sollen den Übergang zur elektronischen Kommunikation nach Absatz 1 finanziell unterstützen.

§ 68 Finanzierung einer persönlichen elektronischen Gesundheitsakte. [1]Zur Verbesserung der Qualität und der Wirtschaftlichkeit der Versorgung können die Krankenkassen ihren Versicherten zu von Dritten angebotenen Dienstleistungen der elektronischen Speicherung und Übermittlung patientenbezogener Gesundheitsdaten finanzielle Unterstützung gewähren. [2]Das Nähere ist durch die Satzung zu regeln.

Viertes Kapitel
Beziehungen der Krankenkassen zu den Leistungserbringern

Erster Abschnitt
Allgemeine Grundsätze

§ 69 Anwendungsbereich. (1) [1]Dieses Kapitel sowie die §§ 63 und 64 regeln abschließend die Rechtsbeziehungen der Krankenkassen und ihrer Verbände zu Ärzten, Zahnärzten, Psychotherapeuten, Apotheken sowie sonstigen Leistungserbringern und ihren Verbänden, einschließlich der Beschlüsse des Gemeinsamen Bundesausschusses und der Landesausschüsse nach den §§ 90 bis 94. [2]Die §§ 19 bis 21 des Gesetzes gegen Wettbewerbsbeschränkungen gelten entsprechend; dies gilt nicht für Verträge von Krankenkassen oder deren Verbänden mit Leistungserbringern, zu deren Abschluss die Krankenkassen oder deren Verbände gesetzlich verpflichtet sind und bei deren Nichtzustandekommen eine Schiedsamtsregelung gilt. [3]Die Rechtsbeziehungen der Krankenkassen und ihrer Verbände zu den Krankenhäusern und ihren Verbänden werden abschließend in diesem Kapitel, in den §§ 63, 64 und in dem Krankenhausfinanzierungsgesetz, dem Krankenhausentgeltgesetz sowie den hiernach erlassenen Rechtsverordnungen geregelt. [4]Für die Rechtsbeziehungen nach den Sätzen 1 und 2 gelten im Übrigen die Vorschriften des Bürgerlichen Gesetzbuches entsprechend, soweit sie mit den Vorgaben des § 70 und den übrigen Aufgaben und Pflichten der Beteiligten nach diesem Kapitel vereinbar sind. [5]Die Sätze 1 bis 3 gelten auch, soweit durch diese Rechtsbeziehungen Rechte Dritter betroffen sind.

(2) [1]Die §§ 1, 2, 3 Absatz 1, §§ 19, 20, 21, 32 bis 34a, 48 bis 80, 81 Absatz 2 Nummer 1, 2a und 6, Absatz 3 Nummer 1 und 2, Absatz 4 bis 10 und §§ 82 bis 95 des Gesetzes gegen Wettbewerbsbeschränkungen gelten für die in Absatz 1 genannten Rechtsbeziehungen entsprechend. [2]Satz 1 gilt nicht für Verträge und sonstige Vereinbarungen von Krankenkassen oder deren Verbänden mit Leistungserbringern oder deren Verbänden, zu deren Abschluss die Krankenkassen oder deren Verbände gesetzlich verpflichtet sind. [3]Satz 1 gilt auch nicht für Beschlüsse, Empfehlungen, Richtlinien oder sonstige Entscheidungen der Krankenkassen oder deren Verbände, zu denen sie gesetzlich verpflichtet sind, sowie für Beschlüsse, Richtlinien und sonstige Entscheidungen des Gemeinsamen Bundesausschusses, zu denen er gesetzlich verpflichtet ist. [4]Die Vorschriften des Teils 4 des Gesetzes gegen Wettbewerbsbeschränkungen sind anzuwenden.

(3) Auf öffentliche Aufträge nach diesem Buch sind die Vorschriften des Teils 4 des Gesetzes gegen Wettbewerbsbeschränkungen anzuwenden.

(4) [1]Bei der Vergabe öffentlicher Dienstleistungsaufträge nach den §§ 63 und 140a über soziale und andere besondere Dienstleistungen im Sinne des

Anhangs XIV der Richtlinie 2014/24/EU des Europäischen Parlaments und des Rates vom 26. Februar 2014, die im Rahmen einer heilberuflichen Tätigkeit erbracht werden, kann der öffentliche Auftraggeber abweichend von § 119 Absatz 1 und § 130 Absatz 1 Satz 1 des Gesetzes gegen Wettbewerbsbeschränkungen sowie von § 14 Absatz 1 bis 3 der Vergabeverordnung andere Verfahren vorsehen, die die Grundsätze der Transparenz und der Gleichbehandlung gewährleisten. [2]Ein Verfahren ohne Teilnahmewettbewerb und ohne vorherige Veröffentlichung nach § 66 der Vergabeverordnung darf der öffentliche Auftraggeber nur in den Fällen des § 14 Absatz 4 und 6 der Vergabeverordnung vorsehen. [3]Von den Vorgaben der §§ 15 bis 36 und 42 bis 65 der Vergabeverordnung, mit Ausnahme der §§ 53, 58, 60 und 63, kann abgewichen werden. [4]Der Spitzenverband Bund der Krankenkassen berichtet dem Bundesministerium für Gesundheit bis zum 17. April 2019 über die Anwendung dieses Absatzes durch seine Mitglieder.

§ 70 Qualität, Humanität und Wirtschaftlichkeit. (1) [1]Die Krankenkassen und die Leistungserbringer haben eine bedarfsgerechte und gleichmäßige, dem allgemein anerkannten Stand der medizinischen Erkenntnisse entsprechende Versorgung der Versicherten zu gewährleisten. [2]Die Versorgung der Versicherten muss ausreichend und zweckmäßig sein, darf das Maß des Notwendigen nicht überschreiten und muss in der fachlich gebotenen Qualität sowie wirtschaftlich erbracht werden.

(2) Die Krankenkassen und die Leistungserbringer haben durch geeignete Maßnahmen auf eine humane Krankenbehandlung ihrer Versicherten hinzuwirken.

§ 71 Beitragssatzstabilität. (1) [1]Die Vertragspartner auf Seiten der Krankenkassen und der Leistungserbringer haben die Vereinbarungen über die Vergütungen nach diesem Buch so zu gestalten, dass Beitragserhöhungen ausgeschlossen werden, es sei denn, die notwendige medizinische Versorgung ist auch nach Ausschöpfung von Wirtschaftlichkeitsreserven nicht zu gewährleisten (Grundsatz der Beitragssatzstabilität). [2]Ausgabensteigerungen aufgrund von gesetzlich vorgeschriebenen Vorsorge- und Früherkennungsmaßnahmen oder für zusätzliche Leistungen, die im Rahmen zugelassener strukturierter Behandlungsprogramme (§ 137g) aufgrund der Anforderungen der Richtlinien des Gemeinsamen Bundesausschusses nach § 137f oder der Rechtsverordnung nach § 266 Abs. 7 erbracht werden, verletzen nicht den Grundsatz der Beitragssatzstabilität.

(2) [1]Um den Vorgaben nach Absatz 1 Satz 1 Halbsatz 1 zu entsprechen, darf die vereinbarte Veränderung der jeweiligen Vergütung die sich bei Anwendung der Veränderungsrate für das gesamte Bundesgebiet nach Absatz 3 ergebende Veränderung der Vergütung nicht überschreiten. [2]Abweichend von Satz 1 ist eine Überschreitung zulässig, wenn die damit verbundenen Mehrausgaben durch vertraglich abgesicherte oder bereits erfolgte Einsparungen in anderen Leistungsbereichen ausgeglichen werden.

(3) [1]Das Bundesministerium für Gesundheit stellt bis zum 15. September eines jeden Jahres für die Vereinbarungen der Vergütungen des jeweils folgenden

Kalenderjahres die nach den Absätzen 1 und 2 anzuwendende durchschnittliche Veränderungsrate der beitragspflichtigen Einnahmen aller Mitglieder der Krankenkassen je Mitglied für den gesamten Zeitraum der zweiten Hälfte des Vorjahres und der ersten Hälfte des laufenden Jahres gegenüber dem entsprechenden Zeitraum der jeweiligen Vorjahre fest. [2]Grundlage sind die monatlichen Erhebungen der Krankenkassen und die vierteljährlichen Rechnungsergebnisse des Gesundheitsfonds, die die beitragspflichtigen Einnahmen aller Mitglieder der Krankenkassen ausweisen. [3]Die Feststellung wird durch Veröffentlichung im Bundesanzeiger bekannt gemacht. [4]Bei der Ermittlung der durchschnittlichen Veränderungsrate nach Satz 1 werden für die Jahre 2017 und 2018 die Mitglieder nicht berücksichtigt, die nach § 5 Absatz 1 Nummer 2a in der am 31. Dezember 2015 geltenden Fassung vorrangig familienversichert gewesen wären.

(3a) *(aufgehoben)*

(4) [1]Die Vereinbarungen über die Vergütung der Leistungen nach § 57 Abs. 1 und 2, §§ 83 und 85 sind den für die Vertragsparteien zuständigen Aufsichtsbehörden vorzulegen. [2]Die Aufsichtsbehörden können die Vereinbarungen bei einem Rechtsverstoß innerhalb von zwei Monaten nach Vorlage beanstanden.

(5) Die Vereinbarungen nach Absatz 4 Satz 1 und die Verträge nach den §§ 73b und 140a sind unabhängig von Absatz 4 auch den für die Sozialversicherung zuständigen obersten Verwaltungsbehörden der Länder, in denen sie wirksam werden, zu übermitteln, soweit diese nicht die Aufsicht über die vertragsschließende Krankenkasse führen.

(6) [1]Wird durch einen der in den §§ 73b und 140a genannten Verträge das Recht erheblich verletzt, kann die Aufsichtsbehörde abweichend von § 89 Absatz 1 Satz 1 und 2 des Vierten Buches alle Anordnungen treffen, die für eine sofortige Behebung der Rechtsverletzung geeignet und erforderlich sind. [2]Sie kann gegenüber der Krankenkasse insbesondere anordnen, den Vertrag dafür zu ändern oder aufzuheben. [3]Die Krankenkasse kann bei einer solchen Anordnung den Vertrag auch außerordentlich kündigen. [4]Besteht die Gefahr eines schweren, nicht wieder gutzumachenden Schadens insbesondere für die Belange der Versicherten, kann die Aufsichtsbehörde einstweilige Maßnahmen anordnen. [5]Ein Zwangsgeld kann bis zu einer Höhe von 10 Millionen Euro zugunsten des Gesundheitsfonds nach § 271 festgesetzt werden. [6]Die Aufsichtsbehörde kann eine erhebliche Rechtsverletzung auch feststellen, nachdem diese beendet ist, sofern ein berechtigtes Interesse an der Feststellung besteht. [7]Rechtsbehelfe gegen Anordnungen nach den Sätzen 1 bis 4 haben keine aufschiebende Wirkung. [8]Die Sätze 1 bis 7 gelten auch für Verträge nach § 140a Absatz 1 Satz 3. [9]Verträge zwischen Krankenkassen und Leistungserbringern dürfen keine Vorschläge in elektronischer oder maschinell verwertbarer Form für die Vergabe und Dokumentation von Diagnosen für den Vertragspartner beinhalten. [10]Die Krankenkassen haben auf Verlangen der zuständigen Aufsichtsbehörde bezüglich der Einhaltung Nachweise zu erbringen.

Zweiter Abschnitt

Beziehungen zu Ärzten, Zahnärzten und Psychotherapeuten

Erster Titel
Sicherstellung der vertragsärztlichen und vertragszahnärztlichen Versorgung

§ 72 Sicherstellung der vertragsärztlichen und vertragszahnärztlichen Versorgung. (1) [1]Ärzte, Zahnärzte, Psychotherapeuten, medizinische Versorgungszentren und Krankenkassen wirken zur Sicherstellung der vertragsärztlichen Versorgung der Versicherten zusammen. [2]Soweit sich die Vorschriften dieses Kapitels auf Ärzte beziehen, gelten sie entsprechend für Zahnärzte, Psychotherapeuten und medizinische Versorgungszentren, sofern nichts Abweichendes bestimmt ist.

(2) Die vertragsärztliche Versorgung ist im Rahmen der gesetzlichen Vorschriften und der Richtlinien des Gemeinsamen Bundesausschusses durch schriftliche Verträge der Kassenärztlichen Vereinigungen mit den Verbänden der Krankenkassen so zu regeln, dass eine ausreichende, zweckmäßige und wirtschaftliche Versorgung der Versicherten unter Berücksichtigung des allgemein anerkannten Standes der medizinischen Erkenntnisse gewährleistet ist und die ärztlichen Leistungen angemessen vergütet werden.

(3) Für die knappschaftliche Krankenversicherung gelten die Absätze 1 und 2 entsprechend, soweit das Verhältnis zu den Ärzten nicht durch die Deutsche Rentenversicherung Knappschaft-Bahn-See nach den örtlichen Verhältnissen geregelt ist.

§ 72a Übergang des Sicherstellungsauftrages auf die Krankenkassen.

(1) Haben mehr als 50 vom Hundert aller in einem Zulassungsbezirk oder einem regionalen Planungsbereich niedergelassenen Vertragsärzte auf ihre Zulassung nach § 95b Abs. 1 verzichtet oder die vertragsärztliche Versorgung verweigert und hat die Aufsichtsbehörde nach Anhörung der Landesverbände der Krankenkassen, der Ersatzkassen und der Kassenärztlichen Vereinigung festgestellt, dass dadurch die vertragsärztliche Versorgung nicht mehr sichergestellt ist, erfüllen insoweit die Krankenkassen und ihre Verbände den Sicherstellungsauftrag.

(2) An der Erfüllung des Sicherstellungsauftrags nach Absatz 1 wirkt die Kassenärztliche Vereinigung insoweit mit, als die vertragsärztliche Versorgung weiterhin durch zugelassene oder ermächtigte Ärzte sowie durch ermächtigte Einrichtungen durchgeführt wird.

(3) [1]Erfüllen die Krankenkassen den Sicherstellungsauftrag, schließen die Krankenkassen oder die Landesverbände der Krankenkassen und die Ersatzkassen gemeinsam und einheitlich Einzel- oder Gruppenverträge mit Ärzten, Zahnärzten, Krankenhäusern oder sonstigen geeigneten Einrichtungen. [2]Sie

können auch Eigeneinrichtungen gemäß § 140 Abs. 2 errichten. [3]Mit Ärzten oder Zahnärzten, die in einem mit anderen Vertragsärzten aufeinander abgestimmten Verfahren oder Verhalten auf ihre Zulassung als Vertragsarzt verzichteten (§ 95b Abs. 1), dürfen keine Verträge nach Satz 1 abgeschlossen werden.

(4) [1]Die Verträge nach Absatz 3 dürfen mit unterschiedlichem Inhalt abgeschlossen werden. [2]Die Höhe der vereinbarten Vergütung an Ärzte oder Zahnärzte soll sich an Inhalt, Umfang und Schwierigkeit der zugesagten Leistungen, an erweiterten Gewährleistungen oder eingeräumten Garantien oder vereinbarten Verfahren zur Qualitätssicherung orientieren. [3]Ärzten, die unmittelbar nach der Feststellung der Aufsichtsbehörde nach Absatz 1 Verträge nach Absatz 3 abschließen, können höhere Vergütungsansprüche eingeräumt werden als Ärzten, mit denen erst später Verträge abgeschlossen werden.

(5) Soweit für die Sicherstellung der Versorgung Verträge nach Absatz 3 nicht ausreichen, können auch mit Ärzten und geeigneten Einrichtungen mit Sitz im Ausland Verträge zur Versorgung der Versicherten abgeschlossen werden.

(6) Ärzte oder Einrichtungen, mit denen nach Absatz 3 und 5 Verträge zur Versorgung der Versicherten geschlossen worden sind, sind verpflichtet und befugt, die für die Erfüllung der Aufgaben der Krankenkassen und die für die Abrechnung der vertraglichen Vergütung notwendigen Angaben, die aus der Erbringung, der Verordnung sowie der Abgabe von Versicherungsleistungen entstehen, aufzuzeichnen und den Krankenkassen mitzuteilen.

§ 73 Kassenärztliche Versorgung, Verordnungsermächtigung. (1) [1]Die vertragsärztliche Versorgung gliedert sich in die hausärztliche und die fachärztliche Versorgung. [2]Die hausärztliche Versorgung beinhaltet insbesondere
1. die allgemeine und fortgesetzte ärztliche Betreuung eines Patienten in Diagnostik und Therapie bei Kenntnis seines häuslichen und familiären Umfeldes; Behandlungsmethoden, Arznei- und Heilmittel der besonderen Therapierichtungen sind nicht ausgeschlossen,
2. die Koordination diagnostischer, therapeutischer und pflegerischer Maßnahmen,
3. die Dokumentation, insbesondere Zusammenführung, Bewertung und Aufbewahrung der wesentlichen Behandlungsdaten, Befunde und Berichte aus der ambulanten und stationären Versorgung,
4. die Einleitung oder Durchführung präventiver und rehabilitativer Maßnahmen sowie die Integration nichtärztlicher Hilfen und flankierender Dienste in die Behandlungsmaßnahmen.

(1a) [1]An der hausärztlichen Versorgung nehmen
1. Allgemeinärzte,
2. Kinderärzte,
3. Internisten ohne Schwerpunktbezeichnung, die die Teilnahme an der hausärztlichen Versorgung gewählt haben,

4. Ärzte, die nach § 95a Abs. 4 und 5 Satz 1 in das Arztregister eingetragen sind und

5. Ärzte, die am 31. Dezember 2000 an der hausärztlichen Versorgung teilgenommen haben,

teil (Hausärzte). [2]Die übrigen Fachärzte nehmen an der fachärztlichen Versorgung teil. [3]Der Zulassungsausschuss kann für Kinderärzte und Internisten ohne Schwerpunktbezeichnung eine von Satz 1 abweichende befristete Regelung treffen, wenn eine bedarfsgerechte Versorgung nicht gewährleistet ist. [4]Hat der Landesausschuss der Ärzte und Krankenkassen für die Arztgruppe der Hausärzte, der Kinderärzte oder der Fachinternisten eine Feststellung nach § 100 Absatz 1 Satz 1 getroffen, fasst der Zulassungsausschuss innerhalb von sechs Monaten den Beschluss, ob eine Regelung nach Satz 3 getroffen wird. [5]Kinderärzte mit Schwerpunktbezeichnung können auch an der fachärztlichen Versorgung teilnehmen. [5]Der Zulassungsausschuss kann Allgemeinärzten und Ärzten ohne Gebietsbezeichnung, die im Wesentlichen spezielle Leistungen erbringen, auf deren Antrag die Genehmigung zur ausschließlichen Teilnahme an der fachärztlichen Versorgung erteilen.

(1b) [1]Ein Hausarzt darf mit schriftlicher Einwilligung des Versicherten, die widerrufen werden kann, bei Leistungserbringern, die einen seiner Patienten behandeln, die den Versicherten betreffenden Behandlungsdaten und Befunde zum Zwecke der Dokumentation und der weiteren Behandlung erheben. [2]Die einen Versicherten behandelnden Leistungserbringer sind verpflichtet, den Versicherten nach dem von ihm gewählten Hausarzt zu fragen und diesem mit schriftlicher Einwilligung des Versicherten, die widerrufen werden kann, die in Satz 1 genannten Daten zum Zwecke der bei diesem durchzuführenden Dokumentation und der weiteren Behandlung zu übermitteln; die behandelnden Leistungserbringer sind berechtigt, mit schriftlicher Einwilligung des Versicherten, die widerrufen werden kann, die für die Behandlung erforderlichen Behandlungsdaten und Befunde bei dem Hausarzt und anderen Leistungserbringern zu erheben und für die Zwecke der von ihnen zu erbringenden Leistungen zu verarbeiten und zu nutzen. [3]Der Hausarzt darf die ihm nach den Sätzen 1 und 2 übermittelten Daten nur zu dem Zweck verarbeiten und nutzen, zu dem sie ihm übermittelt worden sind; er ist berechtigt und verpflichtet, die für die Behandlung erforderlichen Daten und Befunde an die den Versicherten auch behandelnden Leistungserbringer mit dessen schriftlicher Einwilligung, die widerrufen werden kann, zu übermitteln. [4]§ 276 Abs. 2 Satz 1 Halbsatz 2 bleibt unberührt. [5]Bei einem Hausarztwechsel ist der bisherige Hausarzt des Versicherten verpflichtet, dem neuen Hausarzt die bei ihm über den Versicherten gespeicherten Unterlagen mit dessen Einverständnis vollständig zu übermitteln; der neue Hausarzt darf die in diesen Unterlagen enthaltenen personenbezogenen Daten erheben.

(1c) *(aufgehoben)*

(2) [1]Die vertragsärztliche Versorgung umfasst die

1. ärztliche Behandlung,
2. zahnärztliche Behandlung und kieferorthopädische Behandlung nach Maßgabe des § 28 Abs. 2,
2a. Versorgung mit Zahnersatz einschließlich Zahnkronen und Suprakonstruktionen, soweit sie § 56 Abs. 2 entspricht,
3. Maßnahmen zur Früherkennung von Krankheiten,
4. ärztliche Betreuung bei Schwangerschaft und Mutterschaft,
5. Verordnung von Leistungen zur medizinischen Rehabilitation,
6. Anordnung der Hilfeleistung anderer Personen,
7. Verordnung von Arznei-, Verband-, Heil- und Hilfsmitteln, Krankentransporten sowie Krankenhausbehandlung oder Behandlung in Vorsorge- oder Rehabilitationseinrichtungen,
8. Verordnung häuslicher Krankenpflege,
9. Ausstellung von Bescheinigungen und Erstellung von Berichten, die die Krankenkassen oder der Medizinische Dienst (§ 275) zur Durchführung ihrer gesetzlichen Aufgaben oder die die Versicherten für den Anspruch auf Fortzahlung des Arbeitsentgelts benötigen,
10. medizinische Maßnahmen zur Herbeiführung einer Schwangerschaft nach § 27a Abs. 1,
11. ärztlichen Maßnahmen nach den §§ 24a und 24b,
12. Verordnung von Soziotherapie,
13. Zweitmeinung nach § 27b,
14. Verordnung von spezialisierter ambulanter Palliativversorgung nach § 37b.

[2]Satz 1 Nummer 2 bis 4, 6, 8, 10, 11 und 14 gilt nicht für Psychotherapeuten; Satz 1 Nummer 9 gilt nicht für Psychotherapeuten, soweit sich diese Regelung auf die Feststellung und die Bescheinigung von Arbeitsunfähigkeit bezieht. [3]Satz 1 Nummer 5 gilt für Psychotherapeuten in Bezug auf die Verordnung von Leistungen zur psychotherapeutischen Rehabilitation. [4]Satz 1 Nummer 7 gilt für Psychotherapeuten in Bezug auf die Verordnung von Krankentransporten sowie Krankenhausbehandlung. [5]Das Nähere zu den Verordnungen durch Psychotherapeuten bestimmt der Gemeinsame Bundesausschuss in seinen Richtlinien nach § 92 Absatz 1 Satz 2 Nummer 6, 8 und 12.

(3) In den Gesamtverträgen ist zu vereinbaren, inwieweit Maßnahmen zur Vorsorge und Rehabilitation, soweit sie nicht zur kassenärztlichen Versorgung nach Absatz 2 gehören, Gegenstand der kassenärztlichen Versorgung sind.

(4) [1]Krankenhausbehandlung darf nur verordnet werden, wenn eine ambulante Versorgung der Versicherten zur Erzielung des Heil- oder Linderungserfolges nicht ausreicht. [2]Die Notwendigkeit der Krankenhausbehandlung ist bei der Verordnung zu begründen. [3]In der Verordnung von Krankenhausbehandlung sind in den geeigneten Fällen auch die beiden nächsterreichbaren, für die vorgesehene Krankenhausbehandlung geeigneten Krankenhäuser anzugeben. [4]Das Verzeichnis nach § 39 Abs. 3 ist zu berücksichtigen.

(5) [1]Der an der kassenärztlichen Versorgung teilnehmende Arzt und die ermächtigte Einrichtung sollen bei der Verordnung von Arzneimitteln die Preisvergleichsliste nach § 92 Abs. 2 beachten. [2]Sie können auf dem Verordnungsblatt oder in dem elektronischen Verordnungsdatensatz ausschließen, dass die Apotheken ein preisgünstigeres wirkstoffgleiches Arzneimittel anstelle des verordneten Mittels abgeben. [3]Verordnet der Arzt ein Arzneimittel, dessen Preis den Festbetrag nach § 35 überschreitet, hat der Arzt den Versicherten über die sich aus seiner Verordnung ergebende Pflicht zur Übernahme der Mehrkosten hinzuweisen.

(6) Zur kassenärztlichen Versorgung gehören Maßnahmen zur Früherkennung von Krankheiten nicht, wenn sie im Rahmen der Krankenhausbehandlung oder der stationären Entbindung durchgeführt werden, es sei denn, die ärztlichen Leistungen werden von einem Belegarzt erbracht.

(7) [1]Es ist Vertragsärzten nicht gestattet, für die Zuweisung von Versicherten ein Entgelt oder sonstige wirtschaftliche Vorteile sich versprechen oder sich gewähren zu lassen oder selbst zu versprechen oder zu gewähren. [2]§ 128 Absatz 2 Satz 3 gilt entsprechend.

(8) [1]Zur Sicherung der wirtschaftlichen Verordnungsweise haben die Kassenärztlichen Vereinigungen und die Kassenärztlichen Bundesvereinigungen sowie die Krankenkassen und ihre Verbände die Vertragsärzte auch vergleichend über preisgünstige verordnungsfähige Leistungen und Bezugsquellen, einschließlich der jeweiligen Preise und Entgelte zu informieren sowie nach dem allgemeinen anerkannten Stand der medizinischen Erkenntnisse Hinweise zu Indikation und therapeutischen Nutzen zu geben. [2]Die Informationen und Hinweise für die Verordnung von Arznei-, Verband- und Heilmitteln erfolgen insbesondere auf der Grundlage der Hinweise nach § 92 Abs. 2 Satz 3, der Rahmenvorgaben nach § 84 Abs. 7 Satz 1 und der getroffenen Arzneimittelvereinbarungen nach § 84 Abs. 1. [3]In den Informationen und Hinweisen sind Handelsbezeichnung, Indikationen und Preise sowie weitere für die Verordnung von Arzneimitteln bedeutsame Angaben insbesondere aufgrund der Richtlinien nach § 92 Abs. 1 Satz 2 Nr. 6 in einer Weise anzugeben, die unmittelbar einen Vergleich ermöglichen; dafür können Arzneimittel ausgewählt werden, die einen maßgeblichen Anteil an der Versorgung der Versicherten im Indikationsgebiet haben. [4]Die Kosten der Arzneimittel je Tagesdosis sind nach den Angaben der anatomisch-therapeutisch-chemischen Klassifikation anzugeben. [5]Es gilt die vom Deutschen Institut für medizinische Dokumentation und Information im Auftrage des Bundesministeriums für Gesundheit herausgegebene Klassifikation in der jeweils gültigen Fassung. [6]Die Übersicht ist für einen Stichtag zu erstellen und in geeigneten Zeitabständen, im Regelfall jährlich, zu aktualisieren.

(9) [1]Vertragsärzte dürfen für die Verordnung von Arzneimitteln, von Verbandmitteln und von Produkten, die gemäß den Richtlinien nach § 92 Absatz 1 Satz 2 Nummer 6 zu Lasten der gesetzlichen Krankenversicherung verordnet

werden können, nur solche elektronischen Programme nutzen, die mindestens folgende Inhalte mit dem jeweils aktuellen Stand enthalten:
1. die Informationen nach Absatz 8 Satz 2 und 3,
2. die Informationen über das Vorliegen von Rabattverträgen nach § 130a Absatz 8,
3. die Informationen nach § 131 Absatz 4 Satz 2,
4. die zur Erstellung und Aktualisierung des Medikationsplans nach § 31a notwendigen Funktionen und Informationen sowie
5. die Informationen nach § 35a Absatz 3a Satz 1

und die von der Kassenärztlichen Bundesvereinigung für die vertragsärztliche Versorgung zugelassen sind. [2]Das Bundesministerium für Gesundheit wird ermächtigt, durch Rechtsverordnung ohne Zustimmung des Bundesrates das Nähere insbesondere zu den Mindestanforderungen der Informationen nach Satz 1 Nummer 5 und zur Veröffentlichung der Beschlüsse nach § 35a Absatz 3a zu regeln. [3]Es kann in der Rechtsverordnung auch das Nähere zu den weiteren Anforderungen nach Satz 1 regeln. [4]Es kann dabei Vorgaben zur Abbildung der für die vertragsärztliche Versorgung geltenden Regelungen zur Zweckmäßigkeit und Wirtschaftlichkeit der Verordnung von Arzneimitteln im Vergleich zu anderen Therapiemöglichkeiten machen. [5]Es kann auch Vorgaben zu semantischen und technischen Voraussetzungen zur Interoperabilität machen. [6]Weitere Einzelheiten sind in den Verträgen nach § 82 Absatz 1 zu vereinbaren. [7]Die Vereinbarungen in den Verträgen nach § 82 Absatz 1 sind innerhalb von drei Monaten nach dem erstmaligen Inkrafttreten der Rechtsverordnung nach den Sätzen 2 bis 4 sowie nach dem jeweiligen Inkrafttreten einer Änderung der Rechtsverordnung anzupassen. [8]Sie sind davon unabhängig in regelmäßigen Abständen zu überprüfen und bei Bedarf anzupassen.

(10) [1]Für die Verordnung von Heilmitteln dürfen Vertragsärzte ab dem 1. Januar 2017 nur solche elektronischen Programme nutzen, die die Informationen der Richtlinien nach § 92 Absatz 1 Satz 2 Nummer 6 in Verbindung mit § 92 Absatz 6 und über besondere Verordnungsbedarfe nach § 106b Absatz 2 Satz 4 enthalten und die von der Kassenärztlichen Bundesvereinigung für die vertragsärztliche Versorgung zugelassen sind. [2]Das Nähere ist in den Verträgen nach § 82 Absatz 1 zu vereinbaren.

§ 73a *(aufgehoben)*

§ 73b Hausarztzentrierte Versorgung. (1) Die Krankenkassen haben ihren Versicherten eine besondere hausärztliche Versorgung (hausarztzentrierte Versorgung) anzubieten.

(2) Dabei ist sicherzustellen, dass die hausarztzentrierte Versorgung insbesondere folgenden Anforderungen genügt, die über die vom Gemeinsamen Bundesausschuss sowie in den Bundesmantelverträgen geregelten Anforderungen an die hausärztliche Versorgung nach § 73 hinausgehen:
1. Teilnahme der Hausärzte an strukturierten Qualitätszirkeln zur Arzneimitteltherapie unter Leitung entsprechend geschulter Moderatoren,

2. Behandlung nach für die hausärztliche Versorgung entwickelten, evidenzbasierten, praxiserprobten Leitlinien,

3. Erfüllung der Fortbildungspflicht nach § 95d durch Teilnahme an Fortbildungen, die sich auf hausarzttypische Behandlungsprobleme konzentrieren, wie patientenzentrierte Gesprächsführung, psychosomatische Grundversorgung, Palliativmedizin, allgemeine Schmerztherapie, Geriatrie,

4. Einführung eines einrichtungsinternen, auf die besonderen Bedingungen einer Hausarztpraxis zugeschnittenen, indikatorengestützten und wissenschaftlich anerkannten Qualitätsmanagements.

(3) ¹Die Teilnahme an der hausarztzentrierten Versorgung ist freiwillig. ²Die Teilnehmer verpflichten sich schriftlich gegenüber ihrer Krankenkasse, nur einen von ihnen aus dem Kreis der Hausärzte nach Absatz 4 gewählten Hausarzt in Anspruch zu nehmen sowie ambulante fachärztliche Behandlung mit Ausnahme der Leistungen der Augenärzte und Frauenärzte nur auf dessen Überweisung; die direkte Inanspruchnahme eines Kinderarztes bleibt unberührt. ³Die Versicherten können die Teilnahmeerklärung innerhalb von zwei Wochen nach deren Abgabe in Textform oder zur Niederschrift bei der Krankenkasse ohne Angabe von Gründen widerrufen. ⁴Zur Fristwahrung genügt die rechtzeitige Absendung der Widerrufserklärung an die Krankenkasse. ⁵Die Widerrufsfrist beginnt, wenn die Krankenkasse dem Versicherten eine Belehrung über sein Widerrufsrecht in Textform mitgeteilt hat, frühestens jedoch mit der Abgabe der Teilnahmeerklärung. ⁶Wird das Widerrufsrecht nicht ausgeübt, ist der Versicherte an seine Teilnahmeerklärung und an die Wahl seines Hausarztes mindestens ein Jahr gebunden; er darf den gewählten Hausarzt nur bei Vorliegen eines wichtigen Grundes wechseln. ⁷Das Nähere zur Durchführung der Teilnahme der Versicherten, insbesondere zur Bindung an den gewählten Hausarzt, zu weiteren Ausnahmen von dem Überweisungsgebot und zu den Folgen bei Pflichtverstößen der Versicherten, regeln die Krankenkassen in den Teilnahmeerklärungen. ⁸Die Satzung der Krankenkasse hat Regelungen zur Abgabe der Teilnahmeerklärung zu enthalten; die Regelungen sind auf der Grundlage der Richtlinie nach § 217f Absatz 4a zu treffen.

(4) ¹Zur flächendeckenden Sicherstellung des Angebots nach Absatz 1 haben Krankenkassen allein oder in Kooperation mit anderen Krankenkassen spätestens bis zum 30. Juni 2009 Verträge mit Gemeinschaften zu schließen, die mindestens die Hälfte der an der hausärztlichen Versorgung teilnehmenden Allgemeinärzte des Bezirks der Kassenärztlichen Vereinigung vertreten. ²Können sich die Vertragsparteien nicht einigen, kann die Gemeinschaft die Einleitung eines Schiedsverfahrens nach Absatz 4a beantragen. ³Ist ein Vertrag nach Satz 1 zustande gekommen oder soll ein Vertrag zur Versorgung von Kindern und Jugendlichen geschlossen werden, können Verträge auch abgeschlossen werden mit

1. vertragsärztlichen Leistungserbringern, die an der hausärztlichen Versorgung nach § 73 Abs. 1a teilnehmen,

2. Gemeinschaften dieser Leistungserbringer,

3. Trägern von Einrichtungen, die eine hausarztzentrierte Versorgung durch vertragsärztliche Leistungserbringer, die an der hausärztlichen Versorgung nach § 73 Abs. 1a teilnehmen, anbieten,

4. Kassenärztlichen Vereinigungen, soweit Gemeinschaften nach Nummer 2 sie hierzu ermächtigt haben.

[4]Finden die Krankenkassen in dem Bezirk einer Kassenärztlichen Vereinigung keinen Vertragspartner, der die Voraussetzungen nach Satz 1 erfüllt, haben sie zur flächendeckenden Sicherstellung des Angebots nach Absatz 1 Verträge mit einem oder mehreren der in Satz 3 genannten Vertragspartner zu schließen. [5]In den Fällen der Sätze 3 und 4 besteht kein Anspruch auf Vertragsabschluss; die Aufforderung zur Abgabe eines Angebots ist unter Bekanntgabe objektiver Auswahlkriterien auszuschreiben. [6]Soweit die hausärztliche Versorgung der Versicherten durch Verträge nach diesem Absatz durchgeführt wird, ist der Sicherstellungsauftrag nach § 75 Abs. 1 eingeschränkt. [7]Satz 6 gilt nicht für die Organisation der vertragsärztlichen Versorgung zu den sprechstundenfreien Zeiten.

(4a) [1]Beantragt eine Gemeinschaft gemäß Absatz 4 Satz 2 die Einleitung eines Schiedsverfahrens, haben sich die Parteien auf eine unabhängige Schiedsperson zu verständigen, die den Inhalt des Vertrages nach Absatz 4 Satz 1 festlegt. [2]Einigen sich die Parteien nicht auf eine Schiedsperson, so wird diese von der für die Krankenkassen zuständigen Aufsichtsbehörde bestimmt. [3]Die Kosten des Schiedsverfahrens tragen die Vertragspartner zu gleichen Teilen. [4]Klagen gegen die Bestimmung der Schiedsperson haben keine aufschiebende Wirkung. [5]Klagen gegen die Festlegung des Vertragsinhalts richten sich gegen eine der beiden Vertragsparteien, nicht gegen die Schiedsperson.

(5) [1]In den Verträgen nach Absatz 4 sind das Nähere über den Inhalt und die Durchführung der hausarztzentrierten Versorgung, insbesondere die Ausgestaltung der Anforderungen nach Absatz 2, sowie die Vergütung zu regeln; in Verträgen, die nach dem 31. März 2014 zustande kommen, sind zudem Wirtschaftlichkeitskriterien und Maßnahmen bei Nichteinhaltung der vereinbarten Wirtschaftlichkeitskriterien sowie Regelungen zur Qualitätssicherung zu vereinbaren. [2]Eine Beteiligung der Kassenärztlichen Vereinigung bei der Ausgestaltung und Umsetzung der Anforderungen nach Absatz 2 ist möglich. [3]Die Verträge können auch Abweichendes von den im Dritten Kapitel benannten Leistungen beinhalten, soweit sie die in § 11 Absatz 6 genannten Leistungen, Leistungen nach den §§ 20d, 25, 26, 37a und 37b sowie ärztliche Leistungen einschließlich neuer Untersuchungs- und Behandlungsmethoden betreffen, soweit der Gemeinsame Bundesausschuss nach § 91 im Rahmen der Beschlüsse nach § 92 Absatz 1 Satz 2 Nummer 5 keine ablehnende Entscheidung getroffen hat. [4]Die Einzelverträge können Abweichendes von den Vorschriften dieses Kapitels sowie den nach diesen Vorschriften getroffenen Regelungen regeln. [5]§ 106d Absatz 3 gilt hinsichtlich der arzt- und versichertenbezogenen Prüfung der Abrechnungen auf Rechtmäßigkeit entsprechend. [6]Zugelassene strukturierte Behandlungsprogramme nach §§ 137f und 137g sind, soweit sie die hausärztliche Versorgung betreffen, Bestandteil der Verträge nach Absatz 4.

[7]Vereinbarungen über zusätzliche Vergütungen für Diagnosen können nicht Gegenstand der Verträge sein.

(6) Die Krankenkassen haben ihre Versicherten in geeigneter Weise umfassend über Inhalt und Ziele der hausarztzentrierten Versorgung sowie über die jeweils wohnortnah teilnehmenden Hausärzte zu informieren.

(7) [1]Die Vertragspartner der Gesamtverträge haben den Behandlungsbedarf nach § 87a Absatz 3 Satz 2 zu bereinigen. [2]Die Bereinigung erfolgt rechtzeitig zu dem Kalendervierteljahr, für welches die Gesamtvergütung bereinigt werden soll, entsprechend der Zahl und der Morbiditätsstruktur der für dieses Kalendervierteljahr eingeschriebenen Versicherten sowie dem vertraglich vereinbarten Inhalt der hausarztzentrierten Versorgung nach Maßgabe der Vorgaben des Bewertungsausschusses nach § 87a Absatz 5 Satz 7. [3]Dabei können die Bereinigungsbeträge unter Beachtung der Maßgaben nach Satz 2 auch pauschaliert ermittelt werden. [4]Kommt eine rechtzeitige Einigung über die Bereinigung des Behandlungsbedarfs nicht zustande, können auch die Vertragspartner der Verträge über eine hausarztzentrierte Versorgung das Schiedsamt nach § 89 anrufen. [5]Die für die Bereinigungsverfahren erforderlichen arzt- und versichertenbezogenen Daten übermitteln die Krankenkassen den zuständigen Gesamtvertragspartnern bis spätestens drei Wochen vor dem Kalendervierteljahr, für welches die Gesamtvergütung für die in diesem Kalendervierteljahr eingeschriebenen Versicherten bereinigt werden soll. [6]Die Krankenkasse kann, falls eine rechtzeitige Bereinigung nicht festgesetzt worden ist, den Behandlungsbedarf unter Beachtung der Maßgaben nach Satz 2 vorläufig bereinigen. [7]Sie kann auch die Anerkennung und Umsetzung des geltenden Bereinigungsverfahrens für die Bereinigung der Gesamtvergütung für an der hausarztzentrierten Versorgung teilnehmende Versicherte mit Wohnort im Bezirk anderer Kassenärztlichen Vereinigungen von diesen Kassenärztlichen Vereinigungen verlangen. [8]Für die Bereinigung des Behandlungsbedarfs nach Satz 7 sowie für den Fall der Rückführung von Bereinigungsbeträgen bei Beendigung der Teilnahme eines Versicherten sind die Verfahren gemäß § 87a Absatz 5 Satz 9 anzuwenden. [9]Die Kassenärztlichen Vereinigungen haben die zur Bereinigung erforderlichen Vorgaben im Rahmen ihrer gesetzlichen Aufgaben umzusetzen.

(8) Die Vertragsparteien nach Absatz 4 können vereinbaren, dass Aufwendungen für Leistungen, die über die hausärztliche Versorgung nach § 73 hinausgehen und insoweit nicht unter die Bereinigungspflicht nach Absatz 7 fallen, aus Einsparungen und Effizienzsteigerungen, die aus den Maßnahmen von Verträgen nach Absatz 4 erzielt werden, finanziert werden.

(9) Die Einhaltung der nach Absatz 5 Satz 1 vereinbarten Wirtschaftlichkeitskriterien muss spätestens vier Jahre nach dem Wirksamwerden der zugrunde liegenden Verträge nachweisbar sein; § 88 Absatz 2 des Vierten Buches gilt entsprechend.

§ 73c *(aufgehoben)*

§ 73d *(aufgehoben)*

§ 74 Stufenweise Wiedereingliederung. Können arbeitsunfähige Versicherte nach ärztlicher Feststellung ihre bisherige Tätigkeit teilweise verrichten und können sie durch eine stufenweise Wiederaufnahme ihrer Tätigkeit voraussichtlich besser wieder in das Erwerbsleben eingegliedert werden, soll der Arzt auf der Bescheinigung über die Arbeitsunfähigkeit Art und Umfang der möglichen Tätigkeiten angeben und dabei in geeigneten Fällen die Stellungnahme des Betriebsarztes oder mit Zustimmung der Krankenkasse die Stellungnahme des Medizinischen Dienstes (§ 275) einholen.

§ 75 Inhalt und Umfang der Sicherstellung. (1) [1]Die Kassenärztlichen Vereinigungen und die Kassenärztlichen Bundesvereinigungen haben die vertragsärztliche Versorgung in dem in § 73 Abs. 2 bezeichneten Umfang sicherzustellen und den Krankenkassen und ihren Verbänden gegenüber die Gewähr dafür zu übernehmen, dass die vertragsärztliche Versorgung den gesetzlichen und vertraglichen Erfordernissen entspricht. [2]Kommt die Kassenärztliche Vereinigung ihrem Sicherstellungsauftrag aus Gründen, die sie zu vertreten hat, nicht nach, können die Krankenkassen die in den Gesamtverträgen nach § 85 oder § 87a vereinbarten Vergütungen teilweise zurückbehalten. [3]Die Einzelheiten regeln die Partner der Bundesmantelverträge.

(1a) [1]Der Sicherstellungsauftrag nach Absatz 1 umfasst auch die angemessene und zeitnahe Zurverfügungstellung der fachärztlichen Versorgung. [2]Hierzu haben die Kassenärztlichen Vereinigungen bis zum 23. Januar 2016 Terminservicestellen einzurichten; die Terminservicestellen können in Kooperation mit den Landesverbänden der Krankenkassen und den Ersatzkassen betrieben werden. [3]Die Terminservicestelle hat Versicherten bei Vorliegen einer Überweisung zu einem Facharzt innerhalb einer Woche einen Behandlungstermin bei einem Leistungserbringer nach § 95 Absatz 1 Satz 1 zu vermitteln; einer Überweisung bedarf es nicht, wenn ein Behandlungstermin bei einem Augenarzt oder einem Frauenarzt zu vermitteln ist. [4]Die Wartezeit auf den zu vermittelnden Behandlungstermin darf vier Wochen nicht überschreiten. [5]Die Entfernung zwischen Wohnort des Versicherten und dem vermittelten Facharzt muss zumutbar sein. [6]Kann die Terminservicestelle keinen Behandlungstermin bei einem Leistungserbringer nach § 95 Absatz 1 Satz 1 innerhalb der Frist nach Satz 4 vermitteln, hat sie einen ambulanten Behandlungstermin in einem zugelassenen Krankenhaus anzubieten; die Sätze 3 bis 5 gelten entsprechend. [7]Satz 6 gilt nicht bei verschiebbaren Routineuntersuchungen und in Fällen von Bagatellerkrankungen sowie bei weiteren vergleichbaren Fällen. [8]Für die ambulante Behandlung im Krankenhaus gelten die Bestimmungen über die vertragsärztliche Versorgung. [9]In den Fällen von Satz 7 hat die Terminservicestelle einen Behandlungstermin bei einem Leistungserbringer nach § 95 Absatz 1 Satz 1 in einer angemessenen Frist zu vermitteln. [10]Im Bundesmantelvertrag nach § 82 Absatz 1 sind bis zum 23. Oktober 2015 insbesondere Regelungen zu treffen

1. zum Nachweis des Vorliegens einer Überweisung,
2. zur zumutbaren Entfernung nach Satz 5, differenziert nach Arztgruppen,
3. über das Nähere zu den Fällen nach Satz 7,
4. zur Notwendigkeit weiterer Behandlungen nach § 76 Absatz 1a Satz 2.

[11]Im Bundesmantelvertrag können zudem ergänzende Regelungen insbesondere zu weiteren Ausnahmen von der Notwendigkeit des Vorliegens einer Überweisung getroffen werden. [12]Die Sätze 2 bis 11 gelten nicht für Behandlungen nach § 28 Absatz 2 und § 29. [13]Ab Inkrafttreten des Beschlusses des Gemeinsamen Bundesausschusses nach § 92 Absatz 6a Satz 3 gelten die Sätze 2 bis 11 für Behandlungen nach § 28 Absatz 3 hinsichtlich der Vermittlung eines Termins für ein Erstgespräch im Rahmen der psychotherapeutischen Sprechstunden und der sich aus der Abklärung ergebenden zeitnah erforderlichen Behandlungstermine; einer Überweisung bedarf es nicht. [14]Die Kassenärztliche Bundesvereinigung kann die Kassenärztlichen Vereinigungen durch das Angebot einer Struktur für ein elektronisch gestütztes Wartezeitenmanagement bei der Terminvermittlung unterstützen. [15]Die Kassenärztliche Bundesvereinigung evaluiert die Auswirkungen der Tätigkeit der Terminservicestellen insbesondere im Hinblick auf die Erreichung der fristgemäßen Vermittlung von Facharztterminen, auf die Häufigkeit der Inanspruchnahme und auf die Vermittlungsquote. [16]Über die Ergebnisse hat die Kassenärztliche Bundesvereinigung dem Bundesministerium für Gesundheit jährlich, erstmals zum 30. Juni 2017, zu berichten.

(1b) [1]Der Sicherstellungsauftrag nach Absatz 1 umfasst auch die vertragsärztliche Versorgung zu den sprechstundenfreien Zeiten (Notdienst), nicht jedoch die notärztliche Versorgung im Rahmen des Rettungsdienstes, soweit Landesrecht nichts anderes bestimmt. [2]Die Kassenärztlichen Vereinigungen sollen den Notdienst auch durch Kooperation und eine organisatorische Verknüpfung mit zugelassenen Krankenhäusern sicherstellen; hierzu sollen sie entweder Notdienstpraxen in oder an Krankenhäusern einrichten oder Notfallambulanzen der Krankenhäuser unmittelbar in den Notdienst einbinden. [3]Nicht an der vertragsärztlichen Versorgung teilnehmende zugelassene Krankenhäuser und Ärzte, die aufgrund einer Kooperationsvereinbarung mit der Kassenärztlichen Vereinigung in den Notdienst einbezogen sind, sind zur Leistungserbringung im Rahmen des Notdienstes berechtigt und nehmen zu diesem Zweck an der vertragsärztlichen Versorgung teil. [4]Satz 3 gilt entsprechend für nicht an der vertragsärztlichen Versorgung teilnehmende Ärzte im Rahmen der notärztlichen Versorgung des Rettungsdienstes, soweit entsprechend Satz 1 durch Landesrecht bestimmt ist, dass auch diese Versorgung vom Sicherstellungsauftrag der Kassenärztlichen Vereinigung umfasst ist. [5]Die Kassenärztlichen Vereinigungen sollen mit den Landesapothekerkammern in einen Informationsaustausch über die Organisation des Notdienstes treten, um die Versorgung der Versicherten im Notdienst zu verbessern; die Ergebnisse aus diesem Informationsaustausch sind in die Kooperationen nach Satz 2 einzubeziehen. [6]Die Kassenärztlichen Vereinigungen sollen mit den Rettungsleitstellen der Länder kooperieren.

(2) ¹Die Kassenärztlichen Vereinigungen und die Kassenärztlichen Bundesvereinigungen haben die Rechte der Vertragsärzte gegenüber den Krankenkassen wahrzunehmen. ²Sie haben die Erfüllung der den Vertragsärzten obliegenden Pflichten zu überwachen und die Vertragsärzte, soweit notwendig, unter Anwendung der in § 81 Abs. 5 vorgesehenen Maßnahmen zur Erfüllung dieser Pflichten anzuhalten.

(3) ¹Die Kassenärztlichen Vereinigungen und die Kassenärztlichen Bundesvereinigungen haben auch die ärztliche Versorgung von Personen sicherzustellen, die aufgrund dienstrechtlicher Vorschriften über die Gewährung von Heilfürsorge einen Anspruch auf unentgeltliche ärztliche Versorgung haben, soweit die Erfüllung dieses Anspruchs nicht auf andere Weise gewährleistet ist. ²Die ärztlichen Leistungen sind so zu vergüten, wie die Ersatzkassen die vertragsärztlichen Leistungen vergüten. ³Die Sätze 1 und 2 gelten entsprechend für ärztliche Untersuchungen zur Durchführung der allgemeinen Wehrpflicht sowie Untersuchungen zur Vorbereitung von Personalentscheidungen und betriebs- und fürsorgeärztliche Untersuchungen, die von öffentlich-rechtlichen Kostenträgern veranlasst werden.

(3a) ¹Die Kassenärztlichen Vereinigungen und die Kassenärztlichen Bundesvereinigungen haben auch die ärztliche Versorgung in den brancheneinheitlichen Standardtarifen nach § 257 Abs. 2a in Verbindung mit § 314 und nach § 257 Abs. 2a in Verbindung mit § 315 sowie dem brancheneinheitlichen Basistarif nach § 152 Absatz 1 des Versicherungsaufsichtsgesetzes und dem Notlagentarif nach § 153 des Versicherungsaufsichtsgesetzes Versicherten mit den in diesen Tarifen versicherten ärztlichen Leistungen sicherzustellen. ²Solange und soweit nach Absatz 3b nichts Abweichendes vereinbart oder festgesetzt wird, sind die in Satz 1 genannten Leistungen einschließlich der belegärztlichen Leistungen nach § 12 nach der Gebührenordnung für Ärzte oder der Gebührenordnung für Zahnärzte mit der Maßgabe zu vergüten, dass Gebühren für die in Abschnitt M des Gebührenverzeichnisses der Gebührenordnung für Ärzte genannten Leistungen sowie für die Leistung nach Nummer 437 des Gebührenverzeichnisses der Gebührenordnung für Ärzte nur bis zum 1,16fachen des Gebührensatzes der Gebührenordnung für Ärzte, Gebühren für die in den Abschnitten A, E und O des Gebührenverzeichnisses der Gebührenordnung für Ärzte genannten Leistungen nur bis zum 1,38fachen des Gebührensatzes der Gebührenordnung für Ärzte, Gebühren für die übrigen Leistungen des Gebührenverzeichnisses der Gebührenordnung für Ärzte nur bis zum 1,8fachen des Gebührensatzes der Gebührenordnung für Ärzte und Gebühren für die Leistungen des Gebührenverzeichnisses der Gebührenordnung für Zahnärzte nur bis zum 2fachen des Gebührensatzes der Gebührenordnung für Zahnärzte berechnet werden dürfen. ³Für die Vergütung von in den §§ 115b und 116b bis 119 genannten Leistungen gilt Satz 2 entsprechend, wenn diese für die in Satz 1 genannten Versicherten im Rahmen der dort genannten Tarife erbracht werden.

(3b) ¹Die Vergütung für die in Absatz 3a Satz 2 genannten Leistungen kann in Verträgen zwischen dem Verband der privaten Krankenversicherung einheitlich mit Wirkung für die Unternehmen der privaten Krankenversicherung und im Einvernehmen mit den Trägern der Kosten in Krankheits-, Pflege- und Geburtsfällen nach beamtenrechtlichen Vorschriften mit den Kassenärztlichen Vereinigungen oder den Kassenärztlichen Bundesvereinigungen ganz oder teilweise abweichend von den Vorgaben des Absatzes 3a Satz 2 geregelt werden. [2]Für den Verband der privaten Krankenversicherung gilt § 158 Absatz 2 des Versicherungsaufsichtsgesetzes entsprechend. [3]Wird zwischen den Beteiligten nach Satz 1 keine Einigung über eine von Absatz 3a Satz 2 abweichende Vergütungsregelung erzielt, kann der Beteiligte, der die Abweichung verlangt, die Schiedsstelle nach Absatz 3c anrufen. [4]Diese hat innerhalb von drei Monaten über die Gegenstände, über die keine Einigung erzielt werden konnte, zu entscheiden und den Vertragsinhalt festzusetzen. [5]Die Schiedsstelle hat ihre Entscheidung so zu treffen, dass der Vertragsinhalt

1. den Anforderungen an eine ausreichende, zweckmäßige, wirtschaftliche und in der Qualität gesicherte ärztliche Versorgung der in Absatz 3a Satz 1 genannten Versicherten entspricht,

2. die Vergütungsstrukturen vergleichbarer Leistungen aus dem vertragsärztlichen und privatärztlichen Bereich berücksichtigt und

3. die wirtschaftlichen Interessen der Vertragsärzte sowie die finanziellen Auswirkungen der Vergütungsregelungen auf die Entwicklung der Prämien für die Tarife der in Absatz 3a Satz 1 genannten Versicherten angemessen berücksichtigt.

[6]Wird nach Ablauf einer von den Vertragsparteien nach Satz 1 vereinbarten oder von der Schiedsstelle festgesetzten Vertragslaufzeit keine Einigung über die Vergütung erzielt, gilt der bisherige Vertrag bis zu der Entscheidung der Schiedsstelle weiter. [7]Für die in Absatz 3a Satz 1 genannten Versicherten und Tarife kann die Vergütung für die in den §§ 115b und 116b bis 119 genannten Leistungen in Verträgen zwischen dem Verband der privaten Krankenversicherung einheitlich mit Wirkung für die Unternehmen der privaten Krankenversicherung und im Einvernehmen mit den Trägern der Kosten in Krankheits-, Pflege- und Geburtsfällen nach beamtenrechtlichen Vorschriften mit den entsprechenden Leistungserbringern oder den sie vertretenden Verbänden ganz oder teilweise abweichend von den Vorgaben des Absatzes 3a Satz 2 und 3 geregelt werden; Satz 2 gilt entsprechend. [8]Wird nach Ablauf einer von den Vertragsparteien nach Satz 7 vereinbarten Vertragslaufzeit keine Einigung über die Vergütung erzielt, gilt der bisherige Vertrag weiter.

(3c) [1]Die Kassenärztlichen Bundesvereinigungen bilden mit dem Verband der privaten Krankenversicherung je eine gemeinsame Schiedsstelle. [2]Sie besteht aus Vertretern der Kassenärztlichen Bundesvereinigung oder der Kassenzahnärztlichen Bundesvereinigung einerseits und Vertretern des Verbandes der privaten Krankenversicherung und der Träger der Kosten in Krankheits-, Pflege- und Geburtsfällen nach beamtenrechtlichen Vorschriften andererseits in gleicher Zahl, einem unparteiischen Vorsitzenden und zwei weiteren unparteiischen Mitgliedern sowie je einem Vertreter des Bundesministeriums der Finanzen und des Bundesministeriums für Gesundheit. [3]Die Amtsdauer beträgt vier Jahre. [4]Über den Vorsitzenden und die weiteren unparteiischen Mitglieder sowie deren Stellvertreter sollen sich die Vertragsparteien einigen. [5]Kommt eine Einigung nicht zu Stande, gilt § 89 Abs. 3 Satz 4 bis 6 entsprechend. [6]Im Übrigen gilt § 129 Abs. 9 entsprechend. [7]Die Aufsicht über die Geschäftsführung der Schiedsstelle führt das Bundesministerium der Finanzen; § 129 Abs. 10 Satz 2 gilt entsprechend.

(4) [1]Die Kassenärztlichen Vereinigungen und die Kassenärztlichen Bundesvereinigungen haben auch die ärztliche Behandlung von Gefangenen in Justizvollzugsanstalten in Notfällen außerhalb der Dienstzeiten der Anstaltsärzte und Anstaltszahnärzte sicherzustellen, soweit die Behandlung nicht auf andere Weise gewährleistet ist. [2]Absatz 3 Satz 2 gilt entsprechend.

(5) Soweit die ärztliche Versorgung in der knappschaftlichen Krankenversicherung nicht durch Knappschaftsärzte sichergestellt wird, gelten die Absätze 1 und 2 entsprechend.

(6) Mit Zustimmung der Aufsichtsbehörden können die Kassenärztlichen Vereinigungen und Kassenärztlichen Bundesvereinigungen weitere Aufgaben der ärztlichen Versorgung insbesondere für andere Träger der Sozialversicherung übernehmen.

(7) [1]Die Kassenärztlichen Bundesvereinigungen haben
1. die erforderlichen Richtlinien für die Durchführung der von ihnen im Rahmen ihrer Zuständigkeit geschlossenen Verträge aufzustellen,
2. in Richtlinien die überbezirkliche Durchführung der vertragsärztlichen Versorgung und den Zahlungsausgleich hierfür zwischen den Kassenärztlichen Vereinigungen zu regeln, soweit nicht in Bundesmantelverträgen besondere Vereinbarungen getroffen sind,
3. Richtlinien über die Betriebs-, Wirtschafts- und Rechnungsführung der Kassenärztlichen Vereinigungen aufzustellen und
4. Richtlinien für die Umsetzung einer bundeseinheitlichen Notdienstnummer aufzustellen.

[2]Die Richtlinie nach Satz 1 Nr. 2 muss sicherstellen, dass die für die erbrachte Leistung zur Verfügung stehende Vergütung die Kassenärztliche Vereinigung erreicht, in deren Bezirk die Leistung erbracht wurde; eine Vergütung auf der Basis bundesdurchschnittlicher Verrechnungspunktwerte ist zulässig. [3]Die Richtlinie nach Satz 1 Nr. 2 kann auch Regelungen über die Abrechnungs-, Wirtschaftlichkeits- und Qualitätsprüfung sowie über Verfahren bei Disziplinarangelegenheiten bei überörtlichen Berufsausübungsgemeinschaften, die Mitglieder in mehreren Kassenärztlichen Vereinigungen haben, treffen, soweit hierzu nicht in den Bundesmantelverträgen besondere Vereinbarungen getroffen sind.

(7a) [1]Abweichend von Absatz 7 Satz 2 muss die für die ärztliche Versorgung geltende Richtlinie nach Absatz 7 Satz 1 Nr. 2 sicherstellen, dass die Kassenärztliche Vereinigung, in deren Bezirk die Leistungen erbracht wurden

(Leistungserbringer-KV), von der Kassenärztlichen Vereinigung, in deren Bezirk der Versicherte seinen Wohnort hat (Wohnort-KV), für die erbrachten Leistungen jeweils die entsprechenden Vergütungen der in der Leistungserbringer-KV geltenden Euro-Gebührenordnung nach § 87a Abs. 2 erhält. [2]Dabei ist das Benehmen mit dem Spitzenverband Bund der Krankenkassen herzustellen.

(8) Die Kassenärztlichen Vereinigungen und die Kassenärztlichen Bundesvereinigungen haben durch geeignete Maßnahmen darauf hinzuwirken, dass die zur Ableistung der Vorbereitungszeiten von Ärzten sowie die zur allgemeinmedizinischen Weiterbildung in den Praxen niedergelassener Vertragsärzte benötigten Plätze zur Verfügung stehen.

(9) Die Kassenärztlichen Vereinigungen sind verpflichtet, mit Einrichtungen nach § 13 des Schwangerschaftskonfliktgesetzes auf deren Verlangen Verträge über die ambulante Erbringung der in § 24b aufgeführten ärztlichen Leistungen zu schließen und die Leistungen außerhalb des Verteilungsmaßstabes nach den zwischen den Kassenärztlichen Vereinigungen und den Einrichtungen nach § 13 des Schwangerschaftskonfliktgesetzes oder deren Verbänden vereinbarten Sätzen zu vergüten.

(10) *(aufgehoben)*

§ 75a Förderung der Weiterbildung.   (1) [1]Die Kassenärztlichen Vereinigungen und die Krankenkassen sind zur Sicherung der hausärztlichen Versorgung verpflichtet, die allgemeinmedizinische Weiterbildung in den Praxen zugelassener Ärzte und zugelassener medizinischer Versorgungszentren zu fördern. [2]Die Kassenärztlichen Vereinigungen und die Krankenkassen tragen die Kosten der Förderung für die Weiterbildung in der Allgemeinmedizin im ambulanten Bereich je zur Hälfte. [3]Die Zuschüsse der Krankenkassen werden außerhalb der Gesamtvergütung für die vertragsärztliche Versorgung gewährt. [4]Die Förderung ist von der Weiterbildungsstelle auf die im Krankenhaus übliche Vergütung anzuheben und an den Weiterzubildenden in voller Höhe auszuzahlen.

(2) [1]Die Krankenkassen sind zur Sicherung der hausärztlichen Versorgung auch verpflichtet, die allgemeinmedizinische Weiterbildung in zugelassenen Krankenhäusern und in Vorsorge- und Rehabilitationseinrichtungen, für die ein Versorgungsvertrag nach § 111 besteht, zu fördern. [2]Die Zuschüsse der Krankenkassen werden außerhalb der mit den Krankenhäusern vereinbarten Budgets gewährt.

(3) [1]Die Anzahl der zu fördernden Stellen soll bundesweit insgesamt mindestens 7 500 betragen. [2]Die Kassenärztlichen Vereinigungen dürfen die Anzahl der zu fördernden Weiterbildungsstellen nicht begrenzen.

(4) [1]Die Kassenärztliche Bundesvereinigung vereinbart mit dem Spitzenverband Bund der Krankenkassen und der Deutschen Krankenhausgesellschaft bis zum 23. Oktober 2015 das Nähere über den Umfang und die Durchführung der finanziellen Förderung nach den Absätzen 1 bis 3. [2]Sie haben insbesondere Vereinbarungen zu treffen über

1. die Höhe der finanziellen Förderung,
2. die Sicherstellung einer durchgängigen Förderung auch bei einem Wechsel in eine andere Weiterbildungsstelle in einem Bezirk einer anderen Kassenärztlichen Vereinigung,
3. die Verteilung der zu fördernden Stellen auf die Kassenärztlichen Vereinigungen,
4. ein finanzielles Ausgleichverfahren, wenn in einem Bezirk einer Kassenärztlichen Vereinigung mehr oder weniger Weiterbildungsstellen gefördert werden, als nach Nummer 3 vorgesehen sind, sowie
5. die zu fördernden Fachärzte aus dem Bereich der allgemeinen fachärztlichen Versorgung, die an der Grundversorgung teilnehmen (grundversorgende Fachärzte).

[3]Mit der Bundesärztekammer ist das Benehmen herzustellen.

(5) [1]Die Höhe der finanziellen Beteiligung der Krankenkassen an den Kosten der Förderung der allgemeinmedizinischen Weiterbildung vermindert sich um den von den privaten Krankenversicherungsunternehmen gezahlten Betrag. [2]Über die Verträge nach Absatz 4 ist das Einvernehmen mit dem Verband der Privaten Krankenversicherung anzustreben.

(6) [1]Die nach Absatz 4 Satz 2 Nummer 1 zu vereinbarende Höhe der finanziellen Förderung ist so zu bemessen, dass die Weiterzubildenden in allen Weiterbildungseinrichtungen nach den Absätzen 1 und 2 eine angemessene Vergütung erhalten. [2]In Gebieten, für die der Landesausschuss der Ärzte und Krankenkassen für den Bereich der hausärztlichen Versorgung eine Feststellung nach § 100 Absatz 1 Satz 1 getroffen hat, soll eine höhere finanzielle Förderung vorgesehen werden. [3]Die Vertragspartner haben die Angemessenheit der Förderung regelmäßig zu überprüfen und soweit erforderlich anzupassen.

(7) In den Verträgen nach Absatz 4 kann auch vereinbart werden, dass
1. die Fördermittel durch eine zentrale Stelle auf Landes- oder Bundesebene verwaltet werden,
2. eine finanzielle Beteiligung an regionalen Projekten zur Förderung der Allgemeinmedizin erfolgt,
3. bis zu 5 Prozent der vorgesehenen Fördermittel überregional für die Errichtung und Organisation von Einrichtungen, die die Qualität und Effizienz der Weiterbildung verbessern können, bereitgestellt werden,
4. in einem Förderungszeitraum nicht abgerufene Fördermittel in den darauffolgenden Förderzeitraum übertragen sowie überregional und
unabhängig von der Art der Weiterbildungseinrichtung bereitgestellt werden.

(8) Die Kassenärztlichen Vereinigungen können zur Erfüllung der in Absatz 1 genannten Aufgaben kooperieren oder eine Kassenärztliche Vereinigung mit der Durchführung der Aufgaben nach Absatz 1 beauftragen.

(9) [1]Die Absätze 1 und 4 bis 8 gelten für die Förderung der Weiterbildung in der ambulanten grundversorgenden fachärztlichen Versorgung nach Maßgabe der Vereinbarung nach Absatz 4 Satz 2 Nummer 5 entsprechend. [2]Es sind bundesweit bis zu 1000 Stellen zu fördern.

§ 76 Freie Arztwahl. (1) [1]Die Versicherten können unter den zur vertragsärztlichen Versorgung zugelassenen Ärzten, den medizinischen Versorgungszentren, den ermächtigten Ärzten, den ermächtigten oder nach § 116b an der ambulanten Versorgung teilnehmenden Einrichtungen, den Zahnkliniken der Krankenkassen, den Eigeneinrichtungen der Krankenkassen nach § 140 Abs. 2 Satz 2, den nach § 72a Abs. 3 vertraglich zur ärztlichen Behandlung verpflichteten Ärzten und Zahnärzten, den zum ambulanten Operieren zugelassenen Krankenhäusern sowie den Einrichtungen nach § 75 Abs. 9 frei wählen. [2]Andere Ärzte dürfen nur in Notfällen in Anspruch genommen werden. [3]Die Inanspruchnahme der Eigeneinrichtungen der Krankenkassen nach § 140 Abs. 1 und 2 Satz 1 richtet sich nach den hierüber abgeschlossenen Verträgen. [4]Die Zahl der Eigeneinrichtungen darf aufgrund vertraglicher Vereinbarung vermehrt werden, wenn die Voraussetzungen des § 140 Abs. 2 Satz 1 erfüllt sind.

(1a) [1]In den Fällen des § 75 Absatz 1a Satz 6 können Versicherte auch zugelassene Krankenhäuser in Anspruch nehmen, die nicht an der vertragsärztlichen Versorgung teilnehmen. [2]Die Inanspruchnahme umfasst auch weitere auf den Termin folgende notwendige Behandlungen, die dazu dienen, den Behandlungserfolg zu sichern oder zu festigen.

(2) Wird ohne zwingenden Grund ein anderer als einer der nächsterreichbaren an der vertragsärztlichen Versorgung teilnehmenden Ärzte, Einrichtungen oder medizinische Versorgungszentren in Anspruch genommen, hat der Versicherte die Mehrkosten zu tragen.

(3) [1]Die Versicherten sollen den an der vertragsärztlichen Versorgung teilnehmenden Arzt innerhalb eines Kalendervierteljahres nur bei Vorliegen eines wichtigen Grundes wechseln. [2]Der Versicherte wählt einen Hausarzt. [3]Der Arzt hat den Versicherten vorab über Inhalt und Umfang der hausärztlichen Versorgung (§ 73) zu unterrichten; eine Teilnahme an der hausärztlichen Versorgung hat er auf seinem Praxisschild anzugeben.

(3a) Die Partner der Verträge nach § 82 Abs. 1 haben geeignete Maßnahmen zu vereinbaren, die einer unkoordinierten Mehrfachinanspruchnahme von Vertragsärzten entgegenwirken und den Informationsaustausch zwischen vor- und nachbehandelnden Ärzten gewährleisten.

(4) Die Übernahme der Behandlung verpflichtet die in Absatz 1 genannten Personen oder Einrichtungen dem Versicherten gegenüber zur Sorgfalt nach den Vorschriften des bürgerlichen Vertragsrechts.

(5) [1]Die Versicherten der knappschaftlichen Krankenversicherung können unter den Knappschaftsärzten und den in Absatz 1 genannten Personen und Einrichtungen frei wählen. [2]Die Absätze 2 bis 4 gelten entsprechend.

Zweiter Titel
Kassenärztliche und Kassenzahnärztliche Vereinigungen

§ 77 Kassenärztliche Vereinigungen und Bundesvereinigungen. (1) [1]Zur Erfüllung der ihnen durch dieses Buch übertragenen Aufgaben der vertragsärztlichen Versorgung bilden die Vertragsärzte für den Bereich jedes Landes eine Kassenärztliche und eine Kassenzahnärztliche Vereinigung (Kassenärztliche Vereinigungen). [2]Bestehen in einem Land mehrere Kassenärztliche Vereinigungen, können sich diese nach Absatz 2 vereinigen.

(2) [1]Mit Zustimmung der für die Sozialversicherung zuständigen obersten Verwaltungsbehörden der Länder können sich Kassenärztliche Vereinigungen auf Beschluss ihrer Vertreterversammlungen auch für den Bereich mehrerer Länder vereinigen. [2]Der Beschluss bedarf der Genehmigung der vor der Vereinigung zuständigen Aufsichtsbehörden. [3]§ 144 Absatz 2 bis 4 gilt entsprechend. [4]Die Bundesvereinigung nach Absatz 4 ist vor der Vereinigung zu hören. [5]Die gemeinsame Kassenärztliche Vereinigung kann nach Bereichen der an der Vereinigung beteiligten Kassenärztlichen Vereinigungen getrennte Gesamtverträge längstens für bis zu vier Quartale anwenden. [6]Darüber hinaus können die Vertragspartner der Gesamtverträge unterschiedliche Vergütungen im Einvernehmen mit der zuständigen Aufsichtsbehörde vereinbaren, soweit es zum Ausgleich unterschiedlicher landesrechtlicher Bestimmungen oder aus anderen besonderen Gründen erforderlich ist.

(3) [1]Die zugelassenen Ärzte, die im Rahmen der vertragsärztlichen Versorgung in den zugelassenen medizinischen Versorgungszentren tätigen angestellten Ärzte, die bei Vertragsärzten nach § 95 Abs. 9 und 9a angestellten Ärzte, die in Eigeneinrichtungen nach § 105 Absatz 1 Satz 2 und Absatz 5 Satz 1 angestellten Ärzte und die an der vertragsärztlichen Versorgung teilnehmenden ermächtigten Krankenhausärzte sind Mitglieder der für ihren Arztsitz zuständigen Kassenärztlichen Vereinigung. [2]Voraussetzung der Mitgliedschaft angestellter Ärzte in der für ihren Arztsitz zuständigen Kassenärztlichen Vereinigung ist, dass sie mindestens zehn Stunden pro Woche beschäftigt sind.

(4) [1]Die Kassenärztlichen Vereinigungen bilden die Kassenärztliche Bundesvereinigung und die Kassenzahnärztliche Bundesvereinigung (Kassenärztliche Bundesvereinigungen). [2]Die Kassenärztlichen Vereinigungen und Kassenärztlichen Bundesvereinigungen können die für sie zuständigen obersten Bundes- und Landesbehörden insbesondere in Fragen der Rechtsetzung kurzzeitig personell unterstützen. [3]Dadurch entstehende Kosten sind ihnen grundsätzlich zu erstatten; Ausnahmen werden in den jeweiligen Gesetzen zur Feststellung der Haushalte von Bund und Ländern festgelegt.

(5) Die Kassenärztlichen Vereinigungen und die Kassenärztlichen Bundesvereinigungen sind Körperschaften des öffentlichen Rechts.

(6) [1]§§ 88, 94 Abs. 1a bis 4 und § 97 Abs. 1 Satz 1 bis 4 des Zehnten Buches gelten entsprechend. [2]Wenn eine Kassenärztliche Vereinigung eine andere Kas-

senärztliche Vereinigung nach Satz 1 in Verbindung mit § 88 des Zehnten Buches beauftragt, eine ihr obliegende Aufgabe wahrzunehmen und hiermit eine Erhebung, Verarbeitung und Nutzung von Sozialdaten durch die Beauftragte verbunden ist, wird die Beauftragte mit dem Empfang der ihr nach § 285 Absatz 3 Satz 7 übermittelten Sozialdaten verantwortliche Stelle nach § 67 Absatz 9 Satz 1 des Zehnten Buches. [3]§ 80 Absatz 3 Satz 1 Nummer 1 bis 3 und Satz 2 des Zehnten Buches gilt entsprechend, Satz 1 Nummer 1 jedoch mit der Maßgabe, dass nur der Auftragnehmer anzuzeigen ist.

§ 77a Dienstleistungsgesellschaften. (1) Die Kassenärztlichen Vereinigungen und die Kassenärztlichen Bundesvereinigungen können zur Erfüllung der in Absatz 2 aufgeführten Aufgaben Gesellschaften gründen.

(2) Gesellschaften nach Absatz 1 können gegenüber vertragsärztlichen Leistungserbringern folgende Aufgaben erfüllen:

1. Beratung beim Abschluss von Verträgen, die die Versorgung von Versicherten mit Leistungen der gesetzlichen Krankenversicherung betreffen,
2. Beratung in Fragen der Datenverarbeitung, der Datensicherung und des Datenschutzes,
3. Beratung in allgemeinen wirtschaftlichen Fragen, die die Vertragsarzttätigkeit betreffen,
4. Vertragsabwicklung für Vertragspartner von Verträgen, die die Versorgung von Versicherten mit Leistungen der gesetzlichen Krankenversicherung betreffen,
5. Übernahme von Verwaltungsaufgaben für Praxisnetze.

(3) [1]Gesellschaften nach Absatz 1 dürfen nur gegen Kostenersatz tätig werden. [2]Eine Finanzierung aus Mitteln der Kassenärztlichen Vereinigungen oder Kassenärztlichen Bundesvereinigungen ist ausgeschlossen.

§ 77b Besondere Regelungen zu Einrichtungen und Arbeitsgemeinschaften der Kassenärztlichen Bundesvereinigungen. (1) [1]Vor der Entscheidung des Vorstandes der Kassenärztlichen Bundesvereinigungen über die Errichtung, Übernahme oder wesentliche Erweiterung von Einrichtungen im Sinne des § 85 Absatz 1 des Vierten Buches sowie über eine unmittelbare oder mittelbare Beteiligung an solchen Einrichtungen ist die Vertreterversammlung der Kassenärztlichen Bundesvereinigungen durch den Vorstand auf der Grundlage geeigneter Daten umfassend über die Chancen und Risiken der beabsichtigten Betätigung zu unterrichten. [2]Die Entscheidung des Vorstandes nach Satz 1 bedarf der Zustimmung der Vertreterversammlung.

(2) [1]Der Vorstand hat zur Information der Vertreterversammlung der Kassenärztlichen Bundesvereinigungen jährlich einen Bericht über die Einrichtungen zu erstellen, an denen die Kassenärztlichen Bundesvereinigungen beteiligt sind. [2]Der Beteiligungsbericht muss zu jeder Einrichtung mindestens Angaben enthalten über

1. den Gegenstand der Einrichtung, die Beteiligungsverhältnisse, die Besetzung der Organe der Einrichtung und die Beteiligungen der Einrichtung an weiteren Einrichtungen,

2. den fortbestehenden Zusammenhang zwischen der Beteiligung an der Einrichtung und den gesetzlichen Aufgaben der Kassenärztlichen Bundesvereinigungen,

3. die Grundzüge des Geschäftsverlaufs der Einrichtung, die Ertragslage der Einrichtung, die Kapitalzuführungen an und die Kapitalentnahmen aus der Einrichtung durch die Kassenärztlichen Bundesvereinigungen, die Auswirkungen der Kapitalzuführungen und Kapitalentnahmen auf die Haushaltswirtschaft der Kassenärztlichen Bundesvereinigungen und die von den Kassenärztlichen Bundesvereinigungen der Einrichtung gewährten Sicherheiten,

4. die im Geschäftsjahr gewährten Gesamtbezüge der Mitglieder der Geschäftsführung, des Aufsichtsrates, des Beirates oder eines ähnlichen Gremiums der Einrichtung für jedes einzelne Gremium sowie die im Geschäftsjahr gewährten Bezüge eines jeden Mitglieds dieser Gremien unter Namensnennung.

[3]Der Bericht über das abgelaufene Geschäftsjahr ist der Vertreterversammlung der Kassenärztlichen Bundesvereinigungen und der Aufsichtsbehörde spätestens am 1. Oktober des folgenden Jahres vorzulegen.

(3) Für die Aufsicht über die Arbeitsgemeinschaften nach § 94 Absatz 1a des Zehnten Buches in Verbindung mit § 77 Absatz 6 Satz 1, an denen die Kassenärztlichen Bundesvereinigungen beteiligt sind, gilt § 89 des Vierten Buches entsprechend.

(4) Die Absätze 1 und 2 gelten entsprechend für Dienstleistungsgesellschaften nach § 77a, an denen die Kassenärztlichen Bundesvereinigungen beteiligt sind, und für Arbeitsgemeinschaften nach § 94 Absatz 1a des Zehnten Buches in Verbindung mit § 77 Absatz 6 Satz 1, an denen die Kassenärztlichen Bundesvereinigungen beteiligt sind.

§ 78 Aufsicht, Haushalts- und Rechnungswesen, Vermögen, Statistiken.

(1) Die Aufsicht über die Kassenärztlichen Bundesvereinigungen führt das Bundesministerium für Gesundheit, die Aufsicht über die Kassenärztlichen Vereinigungen führen die für die Sozialversicherung zuständigen obersten Verwaltungsbehörden der Länder.

(2) [1]Die Aufsicht über die für den Bereich mehrerer Länder gebildeten gemeinsamen Kassenärztlichen Vereinigungen führt die für die Sozialversicherung zuständige oberste Verwaltungsbehörde des Landes, in dem diese Vereinigungen ihren Sitz haben. [2]Die Aufsicht ist im Benehmen mit den zuständigen obersten Verwaltungsbehörden der beteiligten Länder wahrzunehmen.

(3) [1]Die Aufsicht erstreckt sich auf die Beachtung von Gesetz und sonstigem Recht. [2]Die §§ 88 und 89 des Vierten Buches gelten entsprechend.

(4) Für die Vollstreckung von Aufsichtsverfügungen gegen die Kassenärztlichen Bundesvereinigungen kann die Aufsichtsbehörde ein Zwangsgeld bis zu einer Höhe von 10 000 000 Euro zugunsten des Gesundheitsfonds nach § 271 festsetzen.

(5) [1]Die Kosten der Tätigkeit der Kassenärztlichen Bundesvereinigungen werden nach Maßgabe des Haushaltsplans durch die Beiträge der Kassenärztlichen Vereinigungen gemäß den Vorgaben der Satzungen der Kassenärztlichen Bundesvereinigungen aufgebracht, soweit sie nicht durch sonstige Einnahmen gedeckt werden. [2]Für die Kassenärztlichen Bundesvereinigungen gelten für das Haushalts- und Rechnungswesen einschließlich der Statistiken die §§ 67 bis 70 Absatz 1 und 5, die §§ 72 bis 77 Absatz 1 und 1a und die §§ 78 und 79 Absatz 1 und 2 in Verbindung mit Absatz 3a, für das Vermögen die §§ 80 bis 83 und 85 des Vierten Buches sowie § 220 Absatz 1 Satz 2 und für die Verwendung der Mittel § 305b entsprechend. [3]Die Jahresrechnung nach § 77 Absatz 1a des Vierten Buches ist für das abgelaufene Haushaltsjahr bis zum 1. Oktober des Folgejahres aufzustellen und der Aufsichtsbehörde vorzulegen. [4]Betriebsmittel dürfen die Ausgaben nicht übersteigen, die nach dem Haushaltsplan der Kassenärztlichen Bundesvereinigungen auf eineinhalb Monate entfallen. [5]Rücklagen sind zulässig, sofern sie angemessen sind und für einen den gesetzlichen Aufgaben dienenden Zweck bestimmt sind. [6]Soweit Vermögen nicht zur Rücklagenbildung erforderlich ist, ist es zur Senkung der Beiträge der Kassenärztlichen Vereinigungen zu verwenden oder an die Kassenärztlichen Vereinigungen zurückzuzahlen.

(6) Für die Kassenärztlichen Vereinigungen gelten für das Haushalts- und Rechnungswesen einschließlich der Statistiken die §§ 67 bis 70 Absatz 1 und 5, die §§ 72 bis 77 Absatz 1 und die §§ 78 und 79 Absatz 1 und 2 in Verbindung mit Absatz 3a, für das Vermögen die §§ 80 und 85 des Vierten Buches und für die Verwendung der Mittel § 305b entsprechend.

§ 78a Aufsichtsmittel in besonderen Fällen bei den Kassenärztlichen Bundesvereinigungen. (1) [1]Ergibt sich nachträglich, dass eine Satzung nicht hätte genehmigt werden dürfen, oder bedarf eine Satzung wegen nachträglich eingetretener rechtlicher oder tatsächlicher Umstände, die zur Rechtswidrigkeit der Satzung führen, einer Änderung, so kann die Aufsichtsbehörde anordnen, dass die Kassenärztlichen Bundesvereinigungen innerhalb einer bestimmten Frist die erforderlichen Änderungen vornehmen. [2]Kommen die Kassenärztlichen Bundesvereinigungen der Anordnung innerhalb der Frist nicht nach, so kann die Aufsichtsbehörde die erforderlichen Änderungen selbst vornehmen.

(2) [1]Ist zur Umsetzung von gesetzlichen Vorschriften oder aufsichtsrechtlichen Verfügungen ein Beschluss der Vertreterversammlung erforderlich, so kann die Aufsichtsbehörde anordnen, dass dieser Beschluss innerhalb einer bestimmten Frist gefasst wird. [2]Wird der erforderliche Beschluss innerhalb der Frist nicht gefasst, so kann die Aufsichtsbehörde den Beschluss der Vertreterversammlung ersetzen.

(3) [1]Verstößt ein Beschluss der Vertreterversammlung der Kassenärztlichen Bundesvereinigungen gegen ein Gesetz oder gegen sonstiges für die Kassenärztlichen Bundesvereinigungen maßgebendes Recht, so kann die Aufsichtsbehörde anordnen, den Beschluss innerhalb einer bestimmten Frist aufzuheben. [2]Mit Zugang der Anordnung darf der Beschluss nicht vollzogen werden. [3]Die Aufsichtsbehörde kann verlangen, dass Maßnahmen, die aufgrund des Beschlusses getroffen wurden, rückgängig gemacht werden. [4]Kommen die Kassenärztlichen Bundesvereinigungen der Anordnung innerhalb der Frist nicht nach, so kann die Aufsichtsbehörde den Beschluss aufheben.

(4) [1]Einer Anordnung mit Fristsetzung bedarf es nicht, wenn ein Beschluss nach Absatz 1 oder Absatz 2 auf Grund gesetzlicher Regelungen innerhalb einer bestimmten Frist zu fassen ist. [2]Klagen gegen Anordnungen und Maßnahmen der Aufsichtsbehörde nach den Absätzen 1 bis 3 haben keine aufschiebende Wirkung.

§ 78b Entsandte Person für besondere Angelegenheiten bei den Kassenärztlichen Bundesvereinigungen. (1) [1]Solange und soweit die ordnungsgemäße Verwaltung bei den Kassenärztlichen Bundesvereinigungen gefährdet ist, kann die Aufsichtsbehörde eine Person an die Kassenärztlichen Bundesvereinigungen entsenden, diese Person mit der Wahrnehmung von Aufgaben bei den Kassenärztlichen Bundesvereinigungen betrauen und ihr hierfür die erforderlichen Befugnisse übertragen. [2]Die ordnungsgemäße Verwaltung ist insbesondere gefährdet, wenn

1. ein Mitglied des Vorstandes interne oder externe Maßnahmen ergreift, die nicht im Einklang mit den eigenen Verwaltungsvorschriften oder satzungsrechtlichen oder gesetzlichen Vorschriften stehen,
2. ein Mitglied des Vorstandes Handlungen vornimmt, die die interne Organisation der Verwaltung oder auch die Zusammenarbeit der Organe untereinander erheblich beeinträchtigen,
3. die Umsetzung von Aufsichtsverfügungen nicht gewährleistet ist oder
4. hinreichende Anhaltspunkte dafür vorliegen, dass eine Pflichtverletzung eines Organmitglieds oder eines ehemaligen Organmitglieds einen Schaden der Körperschaft verursacht hat.

[3]Die Aufsichtsbehörde kann die Person in diesen Fällen zur Beratung und Unterstützung des Vorstandes oder der Vertreterversammlung, zur Überwachung der Umsetzung von Aufsichtsverfügungen oder zur Prüfung von Schadensersatzansprüchen gegen Organmitglieder oder ehemalige Organmitglieder entsenden. [4]Die Aufsichtsbehörde bestimmt, in welchem Umfang die entsandte Person im Innenverhältnis anstelle der Organe handeln darf. [5]Die Befugnisse der Organe im Außenverhältnis bleiben unberührt. [6]Die Entsendung erfolgt durch Verwaltungsakt gegenüber den Kassenärztlichen Bundesvereinigungen.

(2) [1]Die nach Absatz 1 entsandte Person ist im Rahmen ihrer Aufgaben berechtigt, von den Mitgliedern der Organe und von den Beschäftigten der Kassenärztlichen Bundesvereinigungen Auskünfte und die Vorlage von Unterlagen

zu verlangen. [2]Sie kann an allen Sitzungen der Organe und sonstigen Gremien der Kassenärztlichen Bundesvereinigungen in beratender Funktion teilnehmen, die Geschäftsräume der Kassenärztlichen Bundesvereinigungen betreten und Nachforschungen zur Erfüllung ihrer Aufgaben anstellen. [3]Die Organe und Organmitglieder haben die entsandte Person bei der Wahrnehmung von deren Aufgaben zu unterstützen. [4]Die entsandte Person ist verpflichtet, der Aufsichtsbehörde Auskunft über alle Erkenntnisse zu geben, die sie im Rahmen ihrer Tätigkeit gewonnen hat.

(3) [1]Die Kassenärztlichen Bundesvereinigungen gewähren der nach Absatz 1 entsandten Person eine Vergütung und angemessene Auslagen. [2]Die Höhe der Vergütung wird von der Aufsichtsbehörde durch Verwaltungsakt gegenüber den Kassenärztlichen Bundesvereinigungen festgesetzt. [3]Die Kassenärztlichen Bundesvereinigungen tragen zudem die übrigen Kosten, die durch die Entsendung entstehen.

(4) [1]Der Entsendung der Person hat eine Anordnung vorauszugehen, mit der die Aufsichtsbehörde den Kassenärztlichen Bundesvereinigungen aufgibt, innerhalb einer bestimmten Frist das Erforderliche zur Gewährleistung einer ordnungsgemäßen Verwaltung zu veranlassen. [2]Klagen gegen die Anordnung nach Satz 1 oder gegen die Entsendung der Person haben keine aufschiebende Wirkung.

§ 78c Berichtspflicht des Bundesministeriums für Gesundheit. Sofern schutzwürdige Belange Dritter nicht entgegenstehen, hat das Bundesministerium für Gesundheit dem Ausschuss für Gesundheit des Deutschen Bundestages jährlich zum 1. März, erstmalig zum 1. März 2018, einen Bericht über aufsichtsrechtliche Maßnahmen nach § 78a Absatz 1 bis 3, § 78b Absatz 1 und 4 Satz 1 und § 79a Absatz 1a und 2 Satz 1, über den Erlass von Verpflichtungsbescheiden nach § 89 Absatz 1 Satz 2 des Vierten Buches in Verbindung mit § 78 Absatz 3 Satz 2 sowie über den Sachstand der Aufsichtsverfahren vorzulegen.

§ 79 Organe. (1) Bei den Kassenärztlichen Vereinigungen und den Kassenärztlichen Bundesvereinigungen werden eine Vertreterversammlung als Selbstverwaltungsorgan sowie ein hauptamtlicher Vorstand gebildet.

(2) [1]Die Satzungen bestimmen die Zahl der Mitglieder der Vertreterversammlung der Kassenärztlichen Vereinigungen und Kassenärztlichen Bundesvereinigungen. [2]Die Vertreterversammlung der Kassenärztlichen Vereinigungen hat bis zu 30 Mitglieder. [3]Bei mehr als 5 000 Mitgliedern der Kassenärztlichen Vereinigung oder mehr als 2 000 Mitgliedern der Kassenzahnärztlichen Vereinigung kann die Zahl der Mitglieder auf bis zu 40, bei mehr als 10 000 Mitgliedern der Kassenärztlichen Vereinigung oder mehr als 5 000 Mitgliedern der Kassenzahnärztlichen Vereinigung auf bis zu 50 erhöht werden. [4]Die Vertreterversammlung der Kassenärztlichen Bundesvereinigungen hat bis zu 60 Mitglieder.

(3) [1]Die Vertreterversammlung hat insbesondere

1. die Satzung und sonstiges autonomes Recht zu beschließen,
2. den Vorstand zu überwachen,
3. alle Entscheidungen zu treffen, die für die Körperschaft von grundsätzlicher Bedeutung sind,
4. den Haushaltsplan festzustellen,
5. über die Entlastung des Vorstandes wegen der Jahresrechnung zu beschließen,
6. die Körperschaft gegenüber dem Vorstand und dessen Mitgliedern zu vertreten,
7. über den Erwerb, die Veräußerung oder die Belastung von Grundstücken sowie über die Errichtung von Gebäuden zu beschließen.

[2]Sie kann sämtliche Geschäfts- und Verwaltungsunterlagen einsehen und prüfen. [3]Die Vertreterversammlung der Kassenärztlichen Bundesvereinigungen kann von dem Vorstand jederzeit einen Bericht über die Angelegenheiten der Körperschaft verlangen. [4]Der Bericht ist rechtzeitig und in der Regel schriftlich zu erstatten. [5]Die Vertreterversammlung der Kassenärztlichen Bundesvereinigungen kann die Rechte nach den Sätzen 2 und 3 auch mit einem Viertel der abgegebenen Stimmen ihrer Mitglieder geltend machen. [6]Der Vorstand hat die Vertreterversammlung der Kassenärztlichen Bundesvereinigungen über die Nebentätigkeit in ärztlichen Organisationen zu informieren.

(3a) [1]In der Vertreterversammlung der Kassenärztlichen Bundesvereinigung stimmen über die Belange, die ausschließlich die hausärztliche Versorgung betreffen, nur die Vertreter der Hausärzte, über die Belange, die ausschließlich die fachärztliche Versorgung betreffen, nur die Vertreter der Fachärzte ab. [2]Bei gemeinsamen Abstimmungen einschließlich der Wahlen nach § 80 Absatz 2 sind die Stimmen so zu gewichten, dass insgesamt eine Parität der Stimmen zwischen Vertretern der Hausärzte und Vertretern der Fachärzte in der Vertreterversammlung besteht. [3]Das Nähere zur Abgrenzung der Abstimmungsgegenstände nach Satz 1 und zur Stimmengewichtung nach Satz 2 regelt die Satzung bis spätestens zum 1. November 2015; der Satzungsbeschluss bedarf der Mehrheit von zwei Dritteln der Stimmen der Mitglieder der Vertreterversammlung.

(3b) [1]Die Vertreterversammlung der Kassenärztlichen Bundesvereinigungen hat ihre Beschlüsse nachvollziehbar zu begründen. [2]Sie hat ihre Sitzungen zu protokollieren. [3]Die Vertreterversammlung der Kassenärztlichen Bundesvereinigungen kann ein Wortprotokoll verlangen. [4]Abstimmungen in der Vertreterversammlung der Kassenärztlichen Bundesvereinigungen erfolgen in der Regel nicht geheim. [5]Eine geheime Abstimmung findet nur in besonderen Angelegenheiten statt. [6]Eine namentliche Abstimmung erfolgt über die in der Satzung nach § 81 Absatz 1 festzulegenden haftungsrelevanten Abstimmungsgegenstände. [7]Die Sitzungen der Vertreterversammlung sind in der Regel öffentlich. [8]Die Öffentlichkeit kann nur in besonderen Fällen ausgeschlossen werden, insbesondere wenn berechtigte Interessen Einzelner einer öffentlichen Sitzung entgegenstehen.

(3c) [1]Verpflichtet sich ein Mitglied der Vertreterversammlung der Kassenärztlichen Bundesvereinigungen außerhalb seiner Tätigkeit in der Vertreterversammlung durch einen Dienstvertrag, durch den ein Arbeitsverhältnis nicht begründet wird, oder durch einen Werkvertrag gegenüber den Kassenärztlichen Bundesvereinigungen zu einer Tätigkeit höherer Art, so hängt die Wirksamkeit des Vertrages von der Zustimmung der Vertreterversammlung ab. [2]Gewähren die Kassenärztlichen Bundesvereinigungen aufgrund des Dienstvertrages oder des Werkvertrages dem Mitglied der Vertreterversammlung eine Vergütung, ohne dass die Vertreterversammlung diesem Vertrag zugestimmt hat, so hat das Mitglied der Vertreterversammlung die Vergütung zurückzugewähren, es sei denn, dass die Vertreterversammlung dem Vertrag nachträglich genehmigt. [3]Ein Anspruch des Mitglieds der Vertreterversammlung gegen die Kassenärztlichen Bundesvereinigungen auf Herausgabe der durch die geleistete Tätigkeit erlangten Bereicherung bleibt unberührt. [4]Der Anspruch kann jedoch nicht gegen den Rückgewähranspruch aufgerechnet werden.

(3d) Die Höhe der jährlichen Entschädigungen der einzelnen Mitglieder der Vertreterversammlung einschließlich Nebenleistungen sind in einer Übersicht jährlich zum 1. März, erstmals zum 1. März 2017, von den Kassenärztlichen Bundesvereinigungen im Bundesanzeiger und gleichzeitig in den jeweiligen Mitteilungen der Kassenärztlichen Bundesvereinigungen zu veröffentlichen.

(4) [1]Der Vorstand der Kassenärztlichen Vereinigungen und der Kassenzahnärztlichen Bundesvereinigung besteht aus bis zu drei Mitgliedern. [2]Der Vorstand der Kassenärztlichen Bundesvereinigung besteht aus drei Mitgliedern. [3]Bei Meinungsverschiedenheiten im Vorstand der Kassenärztlichen Bundesvereinigung entscheidet der Vorstand mit der Mehrheit seiner Mitglieder. [4]Bei Stimmengleichheit entscheidet der Vorsitzende. [5]Die Mitglieder des Vorstandes vertreten sich gegenseitig. [6]Sie üben ihre Tätigkeit hauptamtlich aus. [7]Wird ein Arzt in den hauptamtlichen Vorstand gewählt, kann er eine ärztliche Tätigkeit als Nebentätigkeit in begrenztem Umfang weiterführen oder seine Zulassung ruhen lassen. [8]Die Amtszeit beträgt sechs Jahre, es sei denn, ein Vorstandsmitglied wird während der laufenden Amtsdauer der Vertreterversammlung gewählt; die Wiederwahl ist möglich. [9]Die Höhe der jährlichen Vergütungen der einzelnen Vorstandsmitglieder einschließlich Nebenleistungen sowie die wesentlichen Versorgungsregelungen sind in einer Übersicht jährlich zum 1. März, erstmalig zum 1. März 2005 im Bundesanzeiger und gleichzeitig getrennt nach den kassenärztlichen und kassenzahnärztlichen Organisationen in den jeweiligen ärztlichen Mitteilungen der Kassenärztlichen Bundesvereinigungen zu veröffentlichen. [10]Die Art und die Höhe finanzieller Zuwendungen, die den Vorstandsmitgliedern im Zusammenhang mit ihrer Vorstandstätigkeit von Dritten gewährt werden, sind dem Vorsitzenden und dem stellvertretenden Vorsitzenden der Vertreterversammlung mitzuteilen.

(5) [1]Der Vorstand verwaltet die Körperschaft und vertritt sie gerichtlich und außergerichtlich, soweit Gesetz oder sonstiges Recht nichts Abweichendes bestimmen. [2]In der Satzung oder im Einzelfall durch den Vorstand kann bestimmt werden, dass auch einzelne Mitglieder des Vorstandes die Körperschaft vertreten können.

(6) ¹§ 35a Abs. 1 Satz 3 und 4, Abs. 2, 5 Satz 1, Absatz 6a, 7 und § 42 Abs. 1 bis 3 des Vierten Buches gelten entsprechend. ²Die Vertreterversammlung hat bei ihrer Wahl darauf zu achten, dass die Mitglieder des Vorstandes die erforderliche fachliche Eignung für ihren jeweiligen Geschäftsbereich besitzen. ³Die Aufsichtsbehörde kann vor ihrer Entscheidung nach § 35a Absatz 6a des Vierten Buches in Verbindung mit Satz 1 verlangen, dass ihr die Kassenärztlichen Bundesvereinigungen eine unabhängige rechtliche und wirtschaftliche Bewertung der Vorstandsdienstverträge vorlegen.

(7) ¹Der Vorstand der Kassenärztlichen Bundesvereinigungen hat geeignete Maßnahmen zur Herstellung und Sicherung einer ordnungsgemäßen Verwaltungsorganisation zu ergreifen. ²In der Verwaltungsorganisation ist insbesondere ein angemessenes internes Kontrollverfahren mit einem internen Kontrollsystem und mit einer unabhängigen internen Revision einzurichten. ³Die interne Revision berichtet in regelmäßigen Abständen dem Vorstand sowie bei festgestellten Verstößen gegen gesetzliche Regelungen oder andere wesentliche Vorschriften auch der Aufsichtsbehörde. ⁴Beziehen sich die festgestellten Verstöße auf das Handeln von Vorstandsmitgliedern, so ist auch der Vertreterversammlung zu berichten.

§ 79a Verhinderung von Organen, Bestellung eines Beauftragten.

(1) ¹Solange und soweit die Wahl der Vertreterversammlung und des Vorstandes der Kassenärztlichen Vereinigungen nicht zustande kommt oder die Vertreterversammlung oder der Vorstand der Kassenärztlichen Vereinigungen sich weigert, ihre oder seine Geschäfte zu führen, nimmt auf Kosten der Kassenärztlichen Vereinigungen die Aufsichtsbehörde selbst oder ein von ihr bestellter Beauftragter die Aufgaben der Kassenärztlichen Vereinigungen wahr. ²Auf deren Kosten werden ihre Geschäfte durch die Aufsichtsbehörde selbst oder durch den von ihr bestellten Beauftragten auch dann geführt, wenn die Vertreterversammlung oder der Vorstand die Funktionsfähigkeit der Körperschaft gefährden, insbesondere wenn sie die Körperschaft nicht mehr im Einklang mit den Gesetzen und der Satzung verwalten, die Auflösung der Kassenärztlichen Vereinigung betreiben oder das Vermögen gefährdende Entscheidungen beabsichtigen oder treffen.

(1a) ¹Solange und soweit die Wahl der Vertreterversammlung und des Vorstandes der Kassenärztlichen Bundesvereinigungen nicht zustande kommt oder die Vertreterversammlung oder der Vorstand der Kassenärztlichen Bundesvereinigungen sich weigert, ihre oder seine Geschäfte zu führen, kann die Aufsichtsbehörde die Geschäfte selbst führen oder einen Beauftragten bestellen und ihm ganz oder teilweise die Befugnisse eines oder mehrerer Organe der Kassenärztlichen Bundesvereinigungen übertragen. ²Dies gilt auch, wenn die Vertreterversammlung oder der Vorstand die Funktionsfähigkeit der Körperschaft gefährdet, insbesondere wenn sie oder er die Körperschaft nicht mehr im Einklang mit den Gesetzen oder mit der Satzung verwaltet, die Auflösung der Kassenärztlichen Bundesvereinigungen betreibt oder das Vermögen gefährdende Entscheidungen beabsichtigt oder trifft.

(1b) [1]Die Bestellung eines Beauftragten nach Absatz 1a erfolgt durch Verwaltungsakt gegenüber den Kassenärztlichen Bundesvereinigungen. [2]Die Befugnisse und Rechte des Organs, für das der Beauftragte bestellt wird, ruhen in dem Umfang und für die Dauer der Bestellung im Innen- und Außenverhältnis. [3]Die Kassenärztlichen Bundesvereinigungen gewähren dem nach Absatz 1a bestellten Beauftragten eine Vergütung und angemessene Auslagen. [4]Die Höhe der Vergütung wird von der Aufsichtsbehörde durch Verwaltungsakt gegenüber den Kassenärztlichen Bundesvereinigungen festgesetzt. [5]Die Kassenärztlichen Bundesvereinigungen tragen zudem die übrigen Kosten, die durch die Bestellung des Beauftragten entstehen. [6]Werden dem Beauftragten Befugnisse des Vorstandes übertragen, ist die Vergütung des Vorstandes entsprechend zu kürzen.

(2) [1]Der Führung der Geschäfte durch die Aufsichtsbehörde oder der Bestellung eines Beauftragten hat eine Anordnung vorauszugehen, mit der die Aufsichtsbehörde den Kassenärztlichen Vereinigungen oder den Kassenärztlichen Bundesvereinigungen aufgibt, innerhalb einer bestimmten Frist das Erforderliche zu veranlassen. [2]Klagen gegen die Anordnung nach Satz 1, gegen die Entscheidung über die Bestellung eines Beauftragten oder gegen die Wahrnehmung der Aufgaben der Kassenärztlichen Vereinigungen oder der Kassenärztlichen Bundesvereinigungen durch die Aufsichtsbehörde haben keine aufschiebende Wirkung. [3]Die Aufsichtsbehörde oder die von ihr bestellten Beauftragten haben die Stellung des Organs der Kassenärztlichen Vereinigung, für das sie die Geschäfte führen.

§ 79b Beratender Fachausschuss für Psychotherapie. [1]Bei den Kassenärztlichen Vereinigungen und der Kassenärztlichen Bundesvereinigung wird ein beratender Fachausschuss für Psychotherapie gebildet. [2]Der Ausschuss besteht aus fünf Psychologischen Psychotherapeuten und einem Kinder- und Jugendlichenpsychotherapeuten sowie Vertretern der Ärzte in gleicher Zahl, die von der Vertreterversammlung aus dem Kreis der Mitglieder ihrer Kassenärztlichen Vereinigung in unmittelbarer und geheimer Wahl gewählt werden. [3]Für die Wahl der Mitglieder des Fachausschusses bei der Kassenärztlichen Bundesvereinigung gilt Satz 2 mit der Maßgabe, dass die von den Psychotherapeuten gestellten Mitglieder des Fachausschusses zugelassene Psychotherapeuten sein müssen. [4]Dem Ausschuss ist vor Entscheidungen der Kassenärztlichen Vereinigungen und der Kassenärztlichen Bundesvereinigung in den die Sicherstellung der psychotherapeutischen Versorgung berührenden wesentlichen Fragen rechtzeitig Gelegenheit zur Stellungnahme zu geben. [5]Seine Stellungnahmen sind in die Entscheidungen einzubeziehen. [6]Das Nähere regelt die Satzung. [7]Die Befugnisse der Vertreterversammlungen der Kassenärztlichen Vereinigungen und der Kassenärztlichen Bundesvereinigung bleiben unberührt.

§ 79c Beratender Fachausschuss für hausärztliche Versorgung; weitere beratende Fachausschüsse. [1]Bei den Kassenärztlichen Vereinigungen und der Kassenärztlichen Bundesvereinigung wird jeweils ein beratender Fachausschuss gebildet für

1. die hausärztliche Versorgung,
2. die fachärztliche Versorgung und
3. angestellte Ärztinnen und Ärzte.

[2]Die Fachausschüsse nach Satz 1 Nummer 1 und 2 bestehen aus Mitgliedern, die an der jeweiligen Versorgung teilnehmen und nicht bereits Mitglied in einem Fachausschuss nach § 79b sind. [3]Der Fachausschuss nach Satz 1 Nummer 3 besteht aus Mitgliedern, die angestellte Ärztinnen und Ärzte nach § 77 Absatz 3 Satz 2 sind. [4]Weitere beratende Fachausschüsse, insbesondere für rehabilitationsmedizinische Fragen, können gebildet werden. [5]Die Mitglieder der beratenden Fachausschüsse sind von der Vertreterversammlung aus dem Kreis der Mitglieder der Kassenärztlichen Vereinigungen in unmittelbarer und geheimer Wahl zu wählen. [6]Das Nähere über die beratenden Fachausschüsse und ihre Zusammensetzung regelt die Satzung. [7]§ 79b Satz 5 bis 8 gilt entsprechend.

§ 80 Wahl und Abberufung. (1) [1]Die Mitglieder der Kassenärztlichen Vereinigungen wählen in unmittelbarer und geheimer Wahl die Mitglieder der Vertreterversammlung. [2]Die Wahlen erfolgen nach den Grundsätzen der Verhältniswahl auf Grund von Listen- und Einzelwahlvorschlägen. [3]Die Psychotherapeuten wählen ihre Mitglieder der Vertreterversammlung entsprechend den Sätzen 1 und 2 mit der Maßgabe, dass sie höchstens mit einem Zehntel der Mitglieder in der Vertreterversammlung vertreten sind. [4]Das Nähere zur Wahl der Mitglieder der Vertreterversammlung, einschließlich des Anteils der übrigen Mitglieder der Kassenärztlichen Vereinigungen, bestimmt die Satzung.

(1a) [1]Der Vorsitzende und jeweils ein Stellvertreter des Vorsitzenden der Kassenärztlichen Vereinigungen sind Mitglieder der Vertreterversammlung der Kassenärztlichen Bundesvereinigungen. [2]Die Mitglieder der Vertreterversammlungen der Kassenärztlichen Vereinigungen wählen in unmittelbarer und geheimer Wahl aus ihren Reihen die weiteren Mitglieder der Vertreterversammlung der Kassenärztlichen Bundesvereinigungen. [3]Absatz 1 gilt entsprechend mit der Maßgabe, dass die Kassenärztlichen Vereinigungen entsprechend ihrem jeweiligen Anteil ihrer Mitglieder an der Gesamtzahl der Mitglieder der Kassenärztlichen Vereinigungen berücksichtigt werden.

(2) [1]Die Vertreterversammlung wählt in unmittelbarer und geheimer Wahl

1. aus ihrer Mitte einen Vorsitzenden und einen stellvertretenden Vorsitzenden,
2. die Mitglieder des Vorstandes,
3. den Vorsitzenden des Vorstandes und den stellvertretenden Vorsitzenden des Vorstandes.

[2]Der Vorsitzende der Vertreterversammlung und sein Stellvertreter dürfen nicht zugleich Vorsitzender oder stellvertretender Vorsitzender des Vorstandes sein. [3]Für jeweils ein Mitglied des Vorstandes der Kassenärztlichen Vereinigungen und der Kassenärztlichen Bundesvereinigung erfolgt die Wahl auf der Grundlage von getrennten Vorschlägen der Mitglieder der Vertreterversammlung, die

an der hausärztlichen Versorgung teilnehmen, und der Mitglieder der Vertreterversammlung, die an der fachärztlichen Versorgung teilnehmen. [4]Mindestens ein Mitglied des Vorstandes der Kassenärztlichen Bundesvereinigung darf weder an der hausärztlichen noch an der fachärztlichen Versorgung teilnehmen. [5]Für die Wahl des Vorstandsvorsitzenden der Kassenärztlichen Bundesvereinigung ist eine Mehrheit von zwei Dritteln der Stimmen der Mitglieder der Vertreterversammlung erforderlich. [6]Kommt eine solche Mehrheit nicht zustande, so genügt im dritten Wahlgang die einfache Mehrheit der Stimmen der Mitglieder der Vertreterversammlung.

(3) [1]Die Mitglieder der Vertreterversammlung der Kassenärztlichen Vereinigungen und der Kassenärztlichen Bundesvereinigungen werden für sechs Jahre gewählt. [2]Die Amtsdauer endet ohne Rücksicht auf den Zeitpunkt der Wahl jeweils mit dem Schluß des sechsten Kalenderjahres. [3]Die Gewählten bleiben nach Ablauf dieser Zeit bis zur Amtsübernahme ihrer Nachfolger im Amt.

(4) [1]Die Vertreterversammlung der Kassenärztlichen Bundesvereinigungen kann ihren Vorsitzenden oder dessen Stellvertreter abberufen, wenn bestimmte Tatsachen das Vertrauen der Mitglieder der Vertreterversammlung zu der Amtsführung des Vorsitzenden oder des stellvertretenden Vorsitzenden ausschließen, insbesondere wenn der Vorsitzende oder der stellvertretende Vorsitzende seine Pflicht als Willensvertreter der Vertreterversammlung verletzt hat oder seine Informationspflichten gegenüber der Vertreterversammlung verletzt hat. [2]Für die Abberufung ist die einfache Mehrheit der abgegebenen Stimmen erforderlich. [3]Mit dem Beschluss über die Abberufung muss die Vertreterversammlung gleichzeitig einen Nachfolger für den Vorsitzenden oder den stellvertretenden Vorsitzenden wählen. [4]Die Amtszeit des abberufenen Vorsitzenden oder des abberufenen stellvertretenden Vorsitzenden endet mit der Abberufung.

§ 81 Satzung.   (1) [1]Die Satzung muss insbesondere Bestimmungen enthalten über

1. Namen, Bezirk und Sitz der Vereinigung,
2. Zusammensetzung, Wahl und Zahl der Mitglieder der Organe,
3. Öffentlichkeit und Art der Beschlussfassung der Vertreterversammlung,
4. Rechte und Pflichten der Organe und der Mitglieder,
5. Aufbringung und Verwaltung der Mittel,
6. jährliche Prüfung der Betriebs- und Rechnungsprüfung und Abnahme der Jahresrechnung,
7. Änderung der Satzung,
8. Entschädigungsregelung für Organmitglieder,
9. Art der Bekanntmachungen,
10. die vertragsärztlichen Pflichten zur Ausfüllung des Sicherstellungsauftrags.
[2]Die Satzung bedarf der Genehmigung der Aufsichtsbehörde.

(2) Sollen Verwaltungs- und Abrechnungsstellen errichtet werden, müssen die Satzungen der Kassenärztlichen Vereinigungen Bestimmungen über Errichtung und Aufgaben dieser Stellen enthalten.

(3) Die Satzungen der Kassenärztlichen Vereinigungen müssen Bestimmungen enthalten, nach denen

1. die von den Kassenärztlichen Bundesvereinigungen abzuschließenden Verträge und die dazu gefassten Beschlüsse sowie die Bestimmungen über die überbezirkliche Durchführung der vertragsärztlichen Versorgung und den Zahlungsausgleich zwischen den Kassenärztlichen Vereinigungen für die Kassenärztlichen Vereinigungen und ihre Mitglieder verbindlich sind,

2. die Richtlinien nach § 75 Abs. 7, § 92, § 136 Absatz 1 und § 136a Absatz 4 für die Kassenärztlichen Vereinigungen und ihre Mitglieder verbindlich sind.

(4) Die Satzungen der Kassenärztlichen Vereinigungen müssen Bestimmungen enthalten über die Fortbildung der Ärzte auf dem Gebiet der vertragsärztlichen Tätigkeit, das Nähere über die Art und Weise der Fortbildung sowie die Teilnahmepflicht.

(5) [1]Die Satzungen der Kassenärztlichen Vereinigungen müssen ferner die Voraussetzungen und das Verfahren zur Verhängung von Maßnahmen gegen Mitglieder bestimmen, die ihre vertragsärztlichen Pflichten nicht oder nicht ordnungsgemäß erfüllen. [2]Maßnahmen nach Satz 1 sind je nach der Schwere der Verfehlung Verwarnung, Verweis, Geldbuße oder die Anordnung des Ruhens der Zulassung oder der vertragsärztlichen Beteiligung bis zu zwei Jahren. [3]Das Höchstmaß der Geldbußen kann bis zu fünfzigtausend Euro betragen. [4]Ein Vorverfahren (§ 78 des Sozialgerichtsgesetzes) findet nicht statt.

§ 81a Stellen zur Bekämpfung von Fehlverhalten im Gesundheitswesen.
(1) [1]Die Kassenärztlichen Vereinigungen und die Kassenärztlichen Bundesvereinigungen richten organisatorische Einheiten ein, die Fällen und Sachverhalten nachzugehen haben, die auf Unregelmäßigkeiten oder auf rechtswidrige oder zweckwidrige Nutzung von Finanzmitteln im Zusammenhang mit den Aufgaben der jeweiligen Kassenärztlichen Vereinigung oder Kassenärztlichen Bundesvereinigung hindeuten. [2]Sie nehmen Kontrollbefugnisse nach § 67c Abs. 3 des Zehnten Buches wahr.

(2) [1]Jede Person kann sich in den Angelegenheiten des Absatzes 1 an die Kassenärztlichen Vereinigungen und Kassenärztlichen Bundesvereinigungen wenden. [2]Die Einrichtungen nach Absatz 1 gehen den Hinweisen nach, wenn sie aufgrund der einzelnen Angaben oder der Gesamtumstände glaubhaft erscheinen.

(3) [1]Die Kassenärztlichen Vereinigungen und die Kassenärztlichen Bundesvereinigungen haben zur Erfüllung der Aufgaben nach Absatz 1 untereinander und mit den Krankenkassen und ihren Verbänden zusammenzuarbeiten. [2]Die Kassenärztlichen Bundesvereinigungen organisieren für ihren Bereich einen regelmäßigen Erfahrungsaustausch mit Einrichtungen nach Absatz 1 Satz 1, an dem die Vertreter der Einrichtungen nach § 197a Absatz 1 Satz 1, der berufsständischen Kammern und der Staatsanwaltschaft in geeigneter Form zu beteiligen sind. [3]Über die Ergebnisse des Erfahrungsaustausches sind die Aufsichtsbehörden zu informieren.

(3a) [1]Die Einrichtungen nach Absatz 1 dürfen personenbezogene Daten, die von ihnen zur Erfüllung ihrer Aufgaben nach Absatz 1 erhoben oder an sie weitergegeben oder übermittelt wurden, untereinander und an Einrichtungen nach § 197a Absatz 1 übermitteln, soweit dies für die Feststellung und Bekämpfung von Fehlverhalten im Gesundheitswesen beim Empfänger erforderlich ist. [2]Der Empfänger darf diese nur zu dem Zweck verarbeiten und nutzen, zu dem sie ihm übermittelt worden sind.

(4) Die Kassenärztlichen Vereinigungen und die Kassenärztlichen Bundesvereinigungen sollen die Staatsanwaltschaft unverzüglich unterrichten, wenn die Prüfung ergibt, dass ein Anfangsverdacht auf strafbare Handlungen mit nicht nur geringfügiger Bedeutung für die gesetzliche Krankenversicherung bestehen könnte.

(5) [1]Der Vorstand hat der Vertreterversammlung im Abstand von zwei Jahren über die Arbeit und Ergebnisse der organisatorischen Einheiten nach Absatz 1 zu berichten. [2]In den Berichten sind zusammengefasst auch die Anzahl der Mitglieder der Kassenärztlichen Vereinigung, bei denen es im Berichtszeitraum Hinweise auf Pflichtverletzungen gegeben hat, die Anzahl der nachgewiesenen Pflichtverletzungen, die Art und Schwere der Pflichtverletzung und die dagegen getroffenen Maßnahmen, einschließlich der Maßnahmen nach § 81 Absatz 5, sowie der verhinderte und der entstandene Schaden zu nennen; wiederholt aufgetretene Fälle sowie sonstige geeignete Fälle sind als anonymisierte Fallbeispiele zu beschreiben. [3]Die Berichte sind der zuständigen Aufsichtsbehörde zuzuleiten; die Berichte der Kassenärztlichen Vereinigungen sind auch den Kassenärztlichen Bundesvereinigungen zuzuleiten.

(6) [1]Die Kassenärztlichen Bundesvereinigungen treffen bis zum 1. Januar 2017 nähere Bestimmungen über

1. die einheitliche Organisation der Einrichtungen nach Absatz 1 Satz 1 bei ihren Mitgliedern,
2. die Ausübung der Kontrollen nach Absatz 1 Satz 2,
3. die Prüfung der Hinweise nach Absatz 2,
4. die Zusammenarbeit nach Absatz 3,
5. die Unterrichtung nach Absatz 4 und
6. die Berichte nach Absatz 5.

[2]Die Bestimmungen nach Satz 1 sind dem Bundesministerium für Gesundheit vorzulegen. [3]Die Kassenärztlichen Bundesvereinigungen führen die Berichte nach Absatz 5, die ihnen von ihren Mitgliedern zuzuleiten sind, zusammen, gleichen die Ergebnisse mit dem Spitzenverband Bund der Krankenkassen ab und veröffentlichen ihre eigenen Berichte im Internet.

Dritter Titel
Verträge auf Bundes- und Landesebene

§ 82 Grundsätze. (1) [1]Den allgemeinen Inhalt der Gesamtverträge vereinbaren die Kassenärztlichen Bundesvereinigungen mit dem Spitzenverband Bund der Krankenkassen in Bundesmantelverträgen. [2]Der Inhalt der Bundesmantelverträge ist Bestandteil der Gesamtverträge.

(2) [1]Die Vergütungen der an der vertragsärztlichen Versorgung teilnehmenden Ärzte und Einrichtungen werden von den Landesverbänden der Krankenkassen und den Ersatzkassen mit den Kassenärztlichen Vereinigungen durch Gesamtverträge geregelt. [2]Die Verhandlungen können auch von allen Kassenarten gemeinsam geführt werden.

(3) Die Kassenärztlichen Bundesvereinigungen können mit nicht bundesunmittelbaren Ersatzkassen, der Deutschen Rentenversicherung Knappschaft-Bahn-See und der landwirtschaftlichen Krankenkasse von § 83 Satz 1 abweichende Verfahren zur Vereinbarung der Gesamtverträge, von § 85 Abs. 1 und § 87a Abs. 3 abweichende Verfahren zur Entrichtung der in den Gesamtverträgen vereinbarten Vergütungen sowie von § 291 Abs. 2 Nr. 1 abweichende Kennzeichen vereinbaren.

§ 83 Gesamtverträge. [1]Die Kassenärztlichen Vereinigungen schließen mit den für ihren Bezirk zuständigen Landesverbänden der Krankenkassen und den Ersatzkassen Gesamtverträge über die vertragsärztliche Versorgung der Mitglieder mit Wohnort in ihrem Bezirk einschließlich der mitversicherten Familienangehörigen; die Landesverbände der Krankenkassen schließen die Gesamtverträge mit Wirkung für die Krankenkassen der jeweiligen Kassenart. [2]Für die Deutsche Rentenversicherung Knappschaft-Bahn-See gilt Satz 1 entsprechend, soweit die ärztliche Versorgung durch die Kassenärztliche Vereinigung sichergestellt wird. [3]§ 82 Abs. 2 Satz 2 gilt entsprechend. [4]Kassenindividuelle oder kassenartenspezifische Vereinbarungen über zusätzliche Vergütungen für Diagnosen können nicht Gegenstand der Gesamtverträge sein; § 71 Absatz 6 gilt entsprechend. [5]Satz 4 gilt nicht für vertragszahnärztliche Leistungen.

§ 84 Arznei- und Heilmittelbudget. (1) [1]Die Landesverbände der Krankenkassen und die Ersatzkassen gemeinsam und einheitlich und die Kassenärztliche Vereinigung treffen zur Sicherstellung der vertragsärztlichen Versorgung mit Leistungen nach § 31 bis zum 30. November für das jeweils folgende Kalenderjahr eine Arzneimittelvereinbarung. [2]Die Vereinbarung umfasst
1. ein Ausgabenvolumen für die insgesamt von den Vertragsärzten nach § 31 veranlassten Leistungen,
2. Versorgungs- und Wirtschaftlichkeitsziele und konkrete, auf die Umsetzung dieser Ziele ausgerichtete Maßnahmen, insbesondere Verordnungsanteile für Wirkstoffe und Wirkstoffgruppen im jeweiligen Anwendungsgebiet auch zur Verordnung wirtschaftlicher Einzelmengen (Zielvereinbarungen), insbesondere zur Information und Beratung und

3. Kriterien für Sofortmaßnahmen zur Einhaltung des vereinbarten Ausgabenvolumens innerhalb des laufenden Kalenderjahres.
[3]Kommt eine Vereinbarung bis zum Ablauf der in Satz 1 genannten Frist nicht zustande, gilt die bisherige Vereinbarung bis zum Abschluss einer neuen Vereinbarung oder einer Entscheidung durch das Schiedsamt weiter. [4]Die Landesverbände der Krankenkassen und die Ersatzkassen teilen das nach Satz 2 Nr. 1 vereinbarte oder schiedsamtlich festgelegte Ausgabenvolumen dem Spitzenverband Bund der Krankenkassen mit. [5]Die Krankenkasse kann mit Ärzten abweichende oder über die Regelungen nach Satz 2 hinausgehende Vereinbarungen treffen.

(2) Bei der Anpassung des Ausgabenvolumens nach Absatz 1 Nr. 1 sind insbesondere zu berücksichtigen
1. Veränderungen der Zahl und Altersstruktur der Versicherten,
2. Veränderungen der Preise der Leistungen nach § 31,
3. Veränderungen der gesetzlichen Leistungspflicht der Krankenkassen,
4. Änderungen der Richtlinien des Gemeinsamen Bundesausschusses nach § 92 Abs. 1 Nr. 6,
5. der wirtschaftliche und qualitätsgesicherte Einsatz innovativer Arzneimittel,
6. Veränderungen der sonstigen indikationsbezogenen Notwendigkeit und Qualität bei der Arzneimittelverordnung aufgrund von getroffenen Zielvereinbarungen nach Absatz 1 Nr. 2,
7. Veränderungen des Verordnungsumfangs von Leistungen nach § 31 aufgrund von Verlagerungen zwischen den Leistungsbereichen und
8. Ausschöpfung von Wirtschaftlichkeitsreserven entsprechend den Zielvereinbarungen nach Absatz 1 Nr. 2.

(3) [1]Überschreitet das tatsächliche, nach Absatz 5 Satz 1 bis 3 festgestellte Ausgabenvolumen für Leistungen nach § 31 das nach Absatz 1 Nr. 1 vereinbarte Ausgabenvolumen, ist diese Überschreitung Gegenstand der Gesamtverträge. [2]Die Vertragsparteien haben dabei die Ursachen der Überschreitung, insbesondere auch die Erfüllung der Zielvereinbarungen nach Absatz 1 Nr. 2 zu berücksichtigen. [3]Bei Unterschreitung des nach Absatz 1 Nr. 1 vereinbarten Ausgabenvolumens kann diese Unterschreitung Gegenstand der Gesamtverträge werden.

(4) Werden die Zielvereinbarungen nach Absatz 1 Nr. 2 erfüllt, entrichten die beteiligten Krankenkassen aufgrund einer Regelung der Parteien der Gesamtverträge auch unabhängig von der Einhaltung des vereinbarten Ausgabenvolumens nach Absatz 1 Nr. 1 einen vereinbarten Bonus an die Kassenärztliche Vereinigung.

(4a) Die Vorstände der Krankenkassenverbände sowie der Ersatzkassen, soweit sie Vertragspartei nach Absatz 1 sind und der Kassenärztlichen Vereinigungen haften für eine ordnungsgemäße Umsetzung der vorgenannten Maßnahmen.

(5) [1]Zur Feststellung des tatsächlichen Ausgabenvolumens nach Absatz 3 erfassen die Krankenkassen die während der Geltungsdauer der Arzneimittelver-

einbarung veranlassten Ausgaben arztbezogen, nicht versichertenbezogen. [2]Sie übermitteln diese Angaben nach Durchführung der Abrechnungsprüfung dem Spitzenverband Bund der Krankenkassen, der diese Daten kassenartenübergreifend zusammenführt und jeweils der Kassenärztlichen Vereinigung übermittelt, der die Ärzte, welche die Ausgaben veranlasst haben, angehören; zugleich übermittelt der Spitzenverband Bund der Krankenkassen diese Daten den Landesverbänden der Krankenkassen und den Ersatzkassen, die Vertragspartner der jeweiligen Kassenärztlichen Vereinigung nach Absatz 1 sind. [3]Ausgaben nach Satz 1 sind auch Ausgaben für Leistungen nach § 31, die durch Kostenerstattung vergütet worden sind. [4]Zudem erstellt der Spitzenverband Bund der Krankenkassen für jede Kassenärztliche Vereinigung monatliche Berichte über die Entwicklung der Ausgaben von Leistungen nach § 31 und übermitteln diese Berichte als Schnellinformationen den Vertragspartnern nach Absatz 1 insbesondere für Abschluss und Durchführung der Arzneimittelvereinbarung sowie für die Informationen nach § 73 Abs. 8. [5]Für diese Berichte gelten Satz 1 und 2 entsprechend; Satz 2 gilt mit der Maßgabe, dass die Angaben vor Durchführung der Abrechnungsprüfung zu übermitteln sind. [6]Die Kassenärztliche Bundesvereinigung erhält für die Vereinbarung der Rahmenvorgaben nach Absatz 7 und für die Informationen nach § 73 Abs. 8 eine Auswertung dieser Berichte. [7]Die Krankenkassen sowie der Spitzenverband Bund der Krankenkassen können eine Arbeitsgemeinschaft nach § 219 mit der Durchführung der vorgenannten Aufgaben beauftragen. [8]§ 304 Abs. 1 Satz 1 Nr. 2 gilt entsprechend.

(6) [1]Die Kassenärztliche Bundesvereinigung und der Spitzenverband Bund der Krankenkassen vereinbaren bis zum 30. September für das jeweils folgende Kalenderjahr Rahmenvorgaben für die Inhalte der Arzneimittelvereinbarungen nach Absatz 1 sowie für die Inhalte der Informationen und Hinweise nach § 73 Abs. 8. [2]Die Rahmenvorgaben haben die Arzneimittelverordnungen zwischen den Kassenärztlichen Vereinigungen zu vergleichen und zu bewerten; dabei ist auf Unterschiede in der Versorgungsqualität und Wirtschaftlichkeit hinzuweisen. [3]Von den Rahmenvorgaben dürfen die Vertragspartner der Arzneimittelvereinbarung nur abweichen, soweit dies durch die regionalen Versorgungsbedingungen begründet ist.

(7) [1]Die Absätze 1 bis 6 sind für Heilmittel unter Berücksichtigung der besonderen Versorgungs- und Abrechnungsbedingungen im Heilmittelbereich entsprechend anzuwenden. [2]Veranlasste Ausgaben im Sinne des Absatzes 5 Satz 1 betreffen die während der Geltungsdauer der Heilmittelvereinbarung mit den Krankenkassen abgerechneten Leistungen.

(8) Das Bundesministerium für Gesundheit kann bei Ereignissen mit erheblicher Folgewirkung für die medizinische Versorgung zur Gewährleistung der notwendigen Versorgung mit Leistungen nach § 31 die Ausgabenvolumen nach Absatz 1 Nr. 1 durch Rechtsverordnung mit Zustimmung des Bundesrates erhöhen.

§ 85 Gesamtvergütung. (1) Die Krankenkasse entrichtet nach Maßgabe der Gesamtverträge an die jeweilige Kassenärztliche Vereinigung mit befreiender

Wirkung eine Gesamtvergütung für die gesamte vertragsärztliche Versorgung der Mitglieder mit Wohnort im Bezirk der Kassenärztlichen Vereinigung einschließlich der mitversicherten Familienangehörigen.

(2) [1]Die Höhe der Gesamtvergütung wird im Gesamtvertrag vereinbart; die Landesverbände der Krankenkassen treffen die Vereinbarung mit Wirkung für die Krankenkassen der jeweiligen Kassenart. [2]Die Gesamtvergütung ist das Ausgabenvolumen für die Gesamtheit der zu vergütenden vertragsärztlichen Leistungen; sie kann als Festbetrag oder auf der Grundlage des Bewertungsmaßstabes nach Einzelleistungen, nach einer Kopfpauschale, nach einer Fallpauschale oder nach einem System berechnet werden, das sich aus der Verbindung dieser oder weiterer Berechnungsarten ergibt. [3]Die Vereinbarung unterschiedlicher Vergütungen für die Versorgung verschiedener Gruppen von Versicherten ist nicht zulässig. [4]Die Vertragsparteien haben auch eine angemessene Vergütung für nichtärztliche Leistungen im Rahmen sozialpädiatrischer und psychiatrischer Tätigkeit und für eine besonders qualifizierte onkologische Versorgung zu vereinbaren; das Nähere ist jeweils im Bundesmantelvertrag zu vereinbaren. [5]Die Vergütungen der Untersuchungen nach den §§ 22, 25 Abs. 1 und 2, § 26 werden als Pauschalen vereinbart. [6]Beim Zahnersatz sind Vergütungen für die Aufstellung eines Heil- und Kostenplans nicht zulässig. [7]Soweit die Gesamtvergütung auf der Grundlage von Einzelleistungen vereinbart wird, ist der Betrag des Ausgabenvolumens nach Satz 2 zu bestimmen. [8]Ausgaben für Kostenerstattungsleistungen nach § 13 Abs. 2 und nach § 53 Abs. 4 mit Ausnahme der Kostenerstattungsleistungen nach § 13 Abs. 2 Satz 6 und Ausgaben aufgrund der Mehrkostenregelung nach § 28 Abs. 2 Satz 3 sind auf das Ausgabenvolumen nach Satz 2 anzurechnen.

(2a) [1]Für die Vereinbarung der Vergütungen vertragszahnärztlicher Leistungen im Jahr 2013 ermitteln die Landesverbände der Krankenkassen und die Ersatzkassen einmalig gemeinsam und einheitlich mit der jeweiligen Kassenzahnärztlichen Vereinigung bis zum 31. Dezember 2012 die durchschnittlichen Punktwerte des Jahres 2012 für zahnärztliche Leistungen ohne Zahnersatz, gewichtet nach den gegenüber der jeweiligen Kassenzahnärztlichen Vereinigung abgerechneten Punktmengen. [2]Soweit Punktwerte für das Jahr 2012 bis zum 30. September 2012 von den Partnern der Gesamtverträge nicht vereinbart sind, werden die Punktwerte des Jahres 2011 unter Berücksichtigung des Absatzes 3g und unter Anwendung der um 0,5 Prozentpunkte verminderten für das Jahr 2012 nach § 71 Absatz 3 für das gesamte Bundesgebiet festgestellten Veränderungsrate zugrunde gelegt. [3]Erfolgt die Vergütung nicht auf der Grundlage von vereinbarten Punktwerten, legen die Vertragspartner nach Satz 1 für die jeweiligen Leistungsbereiche einen fiktiven Punktwert fest, der sich aus dem Verhältnis der abgerechneten Punktmenge zur vereinbarten Gesamtvergütung im Jahr 2012 ergibt. [4]Die Partner der Gesamtverträge passen die für das Jahr 2012 vereinbarte Gesamtvergütung auf der Grundlage der nach den Sätzen 1 bis 3 festgestellten Punktwerte an und legen diese als Ausgangsbasis für die Vertragsverhandlungen für das Jahr 2013 zugrunde.

(2b) *(aufgehoben)*

(2c) [1]Die Vertragspartner nach § 82 Abs. 1 können vereinbaren, dass für die Gesamtvergütungen getrennte Vergütungsanteile für die an der vertragsärztlichen Versorgung beteiligten Arztgruppen zugrunde gelegt werden; sie können auch die Grundlagen für die Bemessung der Vergütungsanteile regeln. [2]§ 89 Abs. 1 gilt nicht.

(2d) Die am 31. Dezember 2010 geltenden Punktwerte für zahnärztliche Leistungen ohne Zahnersatz dürfen sich im Jahr 2011 höchstens um die um 0,25 Prozentpunkte verminderte und im Jahr 2012 höchstens um die um 0,5 Prozentpunkte verminderte nach § 71 Absatz 3 für das gesamte Bundesgebiet festgestellte Veränderungsrate verändern; dies gilt nicht für Leistungen der Individualprophylaxe und Früherkennung.

(3) [1]In der vertragszahnärztlichen Versorgung vereinbaren die Vertragsparteien die Gesamtvergütungen des Vertragszahnarztes die Veränderungen der Gesamtvergütungen unter Berücksichtigung der Zahl und Struktur der Versicherten, der Morbiditätsentwicklung, der Kosten- und Versorgungsstruktur, der für die vertragszahnärztliche Tätigkeit aufzuwendenden Arbeitszeit sowie der Art und des Umfangs der zahnärztlichen Leistungen, soweit sie auf einer Veränderung des gesetzlichen oder satzungsmäßigen Leistungsumfangs beruhen. [2]Bei der Vereinbarung der Veränderungen der Gesamtvergütungen ist der Grundsatz der Beitragssatzstabilität (§ 71) in Bezug auf das Ausgabenvolumen für die Gesamtheit der zu vergütenden vertragszahnärztlichen Leistungen ohne Zahnersatz neben den Kriterien nach Satz 1 zu berücksichtigen. [3]Absatz 2 Satz 2 bleibt unberührt. [4]Die Krankenkassen haben den Kassenzahnärztlichen Vereinigungen die Zahl ihrer Versicherten vom 1. Juli eines Jahres, die ihren Wohnsitz im Bezirk der jeweiligen Kassenzahnärztlichen Vereinigung haben, gegliedert nach den Altersgruppen des Vordrucks KM 6 der Statistik über die Versicherten in der gesetzlichen Krankenversicherung bis zum 1. Oktober des Jahres mitzuteilen. [5]Bei den Verhandlungen über die Vereinbarungen nach Satz 1 für das Jahr 2013 sind die gegenüber der jeweiligen Kassenzahnärztlichen Vereinigung für das Jahr 2012 abgerechneten Punktmengen für zahnärztliche Leistungen ohne Zahnersatz nach sachlich-rechnerischer Berichtigung angemessen zu berücksichtigen.

(3a) bis (3e) *(aufgehoben)*

(3f) Die nach Absatz 3 zu vereinbarenden Veränderungen der Gesamtvergütungen als Ausgabenvolumen für die Gesamtheit der zu vergütenden vertragszahnärztlichen Leistungen ohne Zahnersatz dürfen sich im Jahr 2011 höchstens um die um 0,25 Prozentpunkte verminderte und im Jahr 2012 höchstens um die um 0,5 Prozentpunkte verminderte nach § 71 Absatz 3 für das gesamte Bundesgebiet festgestellte Veränderungsrate verändern; dies gilt nicht für Leistungen der Individualprophylaxe und Früherkennung.

(3g) [1]Zur Angleichung der Vergütung für zahnärztliche Leistungen ohne Zahnersatz werden die für das Jahr 2011 vereinbarten Punktwerte und Gesamtvergütungen im Jahr 2012 zusätzlich zu der nach Absatz 3 in Verbindung mit den Absätzen 2d und 3f vereinbarten Veränderung im Gebiet der in Artikel 1 Absatz 1 des Einigungsvertrages genannten Länder um 2,5 Prozent und im Land Berlin um 2 Prozent erhöht. [2]Die sich daraus ergebenden Punktwerte und Gesamtvergütungen des Jahres 2012 werden im Jahr 2013 im Gebiet der in Artikel 1 Absatz 1 des Einigungsvertrages genannten Länder zusätzlich zu der nach Absatz 3 vereinbarten Veränderung um weitere 2,5 Prozent und im Land Berlin um weitere 2 Prozent erhöht. [3]Die Veränderungen der Gesamtvergütungen des Jahres 2014 sind auf die nach Satz 2 erhöhten Gesamtvergütungen zu beziehen.

(4) [1]Die Kassenzahnärztliche Vereinigung verteilt die Gesamtvergütungen an die Vertragszahnärzte. [2]Sie wendet dabei in der vertragszahnärztlichen Versorgung den im Benehmen mit den Landesverbänden der Krankenkassen und den Ersatzkassen festgesetzten Verteilungsmaßstab an. [3]Bei der Verteilung der Gesamtvergütungen sind Art und Umfang der Leistungen der Vertragszahnärzte zugrunde zu legen; dabei ist jeweils für die von den Krankenkassen einer Kassenart gezahlten Vergütungsbeträge ein Punktwert in gleicher Höhe zugrunde zu legen. [4]Der Verteilungsmaßstab hat sicherzustellen, dass die Gesamtvergütungen gleichmäßig auf das gesamte Jahr verteilt werden. [5]Der Verteilungsmaßstab hat Regelungen zur Verhinderung einer übermäßigen Ausdehnung der Tätigkeit des Vertragszahnarztes entsprechend seinem Versorgungsauftrag nach § 95 Absatz 3 Satz 1 vorzusehen. [6]Widerspruch und Klage gegen die Honorarfestsetzung sowie ihre Änderung oder Aufhebung haben keine aufschiebende Wirkung.

(4a) *(aufgehoben)*

(4b) [1]Ab einer Gesamtpunktmenge je Vertragszahnarzt aus vertragszahnärztlicher Behandlung einschließlich kieferorthopädischer Behandlung von 262 500 Punkten je Kalenderjahr verringert sich der Vergütungsanspruch für die weiteren vertragszahnärztlichen Behandlungen im Sinne des § 73 Abs. 2 Nr. 2 um 20 vom Hundert, ab einer Punktmenge von 337 500 je Kalenderjahr um 30 vom Hundert und ab einer Punktmenge von 412 500 je Kalenderjahr um 40 vom Hundert; für Kieferorthopäden verringert sich der Vergütungsanspruch für die weiteren vertragszahnärztlichen Behandlungen ab einer Gesamtpunktmenge von 280 000 Punkten je Kalenderjahr um 20 vom Hundert, ab einer Punktmenge von 360 000 Punkten je Kalenderjahr um 30 vom Hundert und ab einer Punktmenge von 440 000 Punkten je Kalenderjahr um 40 vom Hundert. [2]Satz 1 gilt für ermächtigte Zahnärzte, für bei Vertragszahnärzten nach § 95 Abs. 9 Satz 1 angestellte Zahnärzte und für in medizinischen Versorgungszentren angestellte Zahnärzte entsprechend. [3]Die Punktmengengrenzen bei Berufsausübungsgemeinschaften richten sich nach der Zahl der zahnärztlichen Mitglieder. [4]Die Punktmengen erhöhen sich um 25 vom Hundert für Entlastungs-, Weiterbildungs- und Vorbereitungsassistenten. [5]Bei Teilzeit oder nicht ganzjähriger Beschäftigung verringert sich die Punktmengengrenze nach Satz 1 oder die zusätzlich zu berücksichtigende Punktmenge nach Satz 4 entsprechend der Beschäftigungsdauer. [6]Die Punktmengen umfassen alle vertragszahnärztlichen

152

Leistungen im Sinne des § 73 Abs. 2 Nr. 2. [7]In die Ermittlung der Punktmengen sind die Kostenerstattungen nach § 13 Abs. 2 einzubeziehen. [8]Diese werden den Kassenzahnärztlichen Vereinigungen von den Krankenkassen mitgeteilt.

(4c) Die Kassenzahnärztliche Vereinigung hat die zahnprothetischen und kieferorthopädischen Rechnungen zahnarzt- und krankenkassenbezogen nach dem Leistungsquartal zu erfassen und mit den abgerechneten Leistungen nach § 28 Abs. 2 Satz 1, 3, 7, 9 und den gemeldeten Kostenerstattungen nach § 13 Abs. 2 und nach § 53 Abs. 4 zusammenzuführen und die Punktmengen bei der Ermittlung der Gesamtpunktmenge nach Absatz 4b zugrunde zu legen.

(4d) [1]Die Kassenzahnärztlichen Vereinigungen teilen den Krankenkassen bei jeder Rechnungslegung mit, welche Vertragszahnärzte, welche bei Vertragszahnärzten nach § 95 Abs. 9 Satz 1 angestellten Zahnärzte und welche in medizinischen Versorgungszentren angestellten Zahnärzte die Punktmengengrenzen nach Absatz 4b überschreiten. [2]Dabei ist für diese Zahnärzte die Punktmenge sowie der Zeitpunkt anzugeben, ab dem die Überschreitung der Punktmengengrenzen eingetreten ist. [3]Die Zahl der Entlastungs-, Weiterbildungs- und Vorbereitungsassistenten einschließlich ihrer Beschäftigungsdauer sind, bezogen auf die einzelne Praxis, ebenfalls mitzuteilen.

(4e) [1]Die Kassenzahnärztlichen Vereinigungen haben die Honorareinsparungen aus den Vergütungsminderungen nach Absatz 4b an die Krankenkassen weiterzugeben. [2]Die Durchführung der Vergütungsminderung durch die Kassenzahnärztliche Vereinigung erfolgt durch Absenkung der vertraglich vereinbarten Punktwerte ab dem Zeitpunkt der jeweiligen Grenzwertüberschreitungen nach Absatz 4b. [3]Die abgesenkten Punktwerte nach Satz 2 sind den auf dem Zeitpunkt der Grenzwertüberschreitungen folgenden Abrechnungen gegenüber den Krankenkassen zugrunde zu legen. [4]Überzahlungen werden mit der nächsten Abrechnung verrechnet. [5]Weitere Einzelheiten können die Vertragspartner der Vergütungsverträge (§ 83) regeln.

(4f) [1]Die Krankenkasse hat ein Zurückbehaltungsrecht in Höhe von 10 vom Hundert gegenüber jeder Forderung der Kassenzahnärztlichen Vereinigung, solange die Kassenzahnärztliche Vereinigung ihren Pflichten aus den Absätzen 4c bis 4 e nicht nachkommt. [2]Der Anspruch auf Auszahlung der nach Satz 1 einbehaltenen Beträge erlischt, wenn die Kassenzahnärztliche Vereinigung bis zur letzten Quartalsabrechnung eines Jahres ihre Verpflichtungen für dieses Jahr nicht oder nicht vollständig erfüllt.

§§ 85a bis 86 *(aufgehoben)*

§ 87 Bundesmantelvertrag, einheitlicher Bewertungsmaßstab, bundeseinheitliche Orientierungswerte. (1) [1]Die Kassenärztlichen Bundesvereinigungen vereinbaren mit dem Spitzenverband Bund der Krankenkassen durch Bewertungsausschüsse als Bestandteil der Bundesmantelverträge einen einheitlichen Bewertungsmaßstab für die ärztlichen und einen einheitlichen Bewertungsmaßstab für die zahnärztlichen Leistungen, im ärztlichen Bereich einschließlich der Sachkosten. [2]In den Bundesmantelverträgen sind auch die Regelungen, die zur Organisation der vertragsärztlichen Versorgung notwendig sind, insbesondere Vordrucke und Nachweise, zu vereinbaren. [3]Bei der Gestaltung der Arzneiverordnungsblätter ist § 73 Abs. 5 zu beachten. [4]Die Arzneiverordnungsblätter sind so zu gestalten, daß bis zu drei Verordnungen je Verordnungsblatt möglich sind. [5]Dabei ist für jede Verordnung ein Feld für die Auftragung des Kennzeichens nach § 300 Abs. 1 Nr. 1 sowie ein weiteres Feld vorzusehen, in dem der Arzt seine Entscheidung nach § 73 Abs. 5 durch Ankreuzen kenntlich machen kann. [6]Die Kassenärztlichen Bundesvereinigungen und der Spitzenverband Bund der Krankenkassen prüfen, inwieweit bislang papiergebundene Verfahren zur Organisation der vertragsärztlichen Versorgung durch elektronische Kommunikationsverfahren ersetzt werden können. [7]Das Ergebnis der Prüfung ist dem Bundesministerium für Gesundheit spätestens am 31. Dezember 2016 vorzulegen.

(1a) [1]In dem Bundesmantelvertrag haben die Kassenzahnärztliche Bundesvereinigung und der Spitzenverband Bund der Krankenkassen festzulegen, dass die Kosten für Zahnersatz einschließlich Zahnkronen und Suprakonstruktionen, soweit die gewählte Versorgung der Regelversorgung nach § 56 Abs. 2 entspricht, gegenüber den Versicherten nach Absatz 2 abzurechnen sind. [2]Darüber hinaus sind im Bundesmantelvertrag folgende Regelungen zu treffen: Der Vertragszahnarzt hat vor Beginn der Behandlung einen kostenfreien Heil- und Kostenplan zu erstellen, der den Befund, die Regelversorgung und die tatsächlich geplante Versorgung auch in den Fällen des § 55 Abs. 4 und 5 nach Art, Umfang und Kosten beinhaltet. [3]Im Heil- und Kostenplan sind Angaben zum Herstellungsort des Zahnersatzes zu machen. [4]Der Heil- und Kostenplan ist von der Krankenkasse vor Beginn der Behandlung insgesamt zu prüfen. [5]Die Krankenkasse kann den Befund, die Versorgungsnotwendigkeit und die geplante Versorgung begutachten lassen. [6]Bei bestehender Versorgungsnotwendigkeit bewilligt die Krankenkasse die Festzuschüsse gemäß § 55 Abs. 1 oder 2 entsprechend dem im Heil- und Kostenplan ausgewiesenen Befund. [7]Nach Abschluss der Behandlung rechnet der Vertragszahnarzt die von der Krankenkasse bewilligten Festzuschüsse mit Ausnahme der Fälle des § 55 Abs. 5 mit der Kassenzahnärztlichen Vereinigung ab. [8]Der Vertragszahnarzt hat bei Rechnungslegung eine Durchschrift der Rechnung des gewerblichen oder des praxiseigenen Labors über zahntechnische Leistungen und die Erklärung nach Anhang VIII der Richtlinie 93/42/EWG des Rates vom 14. Juni 1993 über Medizinprodukte (ABl. EG Nr. L 169 S. 1) in der jeweils geltenden Fassung beizufügen. [9]Der Bundesmantelvertrag regelt auch das Nähere zur Ausgestaltung des Heil- und Kostenplans, insbesondere muss aus dem Heil- und Kostenplan erkennbar sein, ob die zahntechnischen Leistungen von Zahnärzten erbracht werden oder nicht.

(1b) [1]Die Kassenärztliche Bundesvereinigung und der Spitzenverband Bund der Krankenkassen vereinbaren im Bundesmantelvertrag erstmals bis spätestens zum 30. Juni 2016 die Voraussetzungen für eine besonders qualifizierte und koordinierte palliativ-medizinische Versorgung. [2]Im Bundesmantelvertrag sind insbesondere zu vereinbaren:

1. Inhalte und Ziele der qualifizierten und koordinierten palliativ-medizinischen Versorgung und deren Abgrenzung zu anderen Leistungen,
2. Anforderungen an die Qualifikation der ärztlichen Leistungserbringer,
3. Anforderungen an die Koordination und interprofessionelle Strukturierung der Versorgungsabläufe sowie die aktive Kooperation mit den weiteren an der Palliativversorgung beteiligten Leistungserbringern, Einrichtungen und betreuenden Angehörigen,
4. Maßnahmen zur Sicherung der Versorgungsqualität.

[3]Der Bundesärztekammer und der Bundespsychotherapeutenkammer sowie den in § 92 Absatz 7b genannten Organisationen ist vor Abschluss der Vereinbarung Gelegenheit zur Stellungnahme zu geben. [4]Die Stellungnahmen sind in den Entscheidungsprozess einzubeziehen. [5]Auf der Grundlage der Vereinbarung hat der Bewertungsausschuss den einheitlichen Bewertungsmaßstab für ärztliche Leistungen nach Absatz 2 Satz 2 zu überprüfen und innerhalb von sechs Monaten nach dem in Satz 1 genannten Zeitpunkt anzupassen. [6]Der Bewertungsausschuss hat dem Bundesministerium für Gesundheit erstmals bis zum 31. Dezember 2017 und danach jährlich über die Entwicklung der abgerechneten palliativ-medizinischen Leistungen auch in Kombination mit anderen vertragsärztlichen Leistungen, über die Zahl und Qualifikation der ärztlichen Leistungserbringer, über die Versorgungsqualität sowie über die Auswirkungen auf die Verordnung der spezialisierten ambulanten Palliativversorgung zu berichten. [7]Das Bundesministerium für Gesundheit kann das Nähere zum Inhalt des Berichts und zu den dafür erforderlichen Auswertungen bestimmen.

(2) [1]Der einheitliche Bewertungsmaßstab bestimmt den Inhalt der abrechnungsfähigen Leistungen und ihr wertmäßiges, in Punkten ausgedrücktes Verhältnis zueinander; soweit möglich, sind die Leistungen mit Angaben für den zur Leistungserbringung erforderlichen Zeitaufwand des Vertragsarztes zu versehen; dies gilt nicht für vertragszahnärztliche Leistungen. [2]Die Bewertungsmaßstäbe sind in bestimmten Zeitabständen auch daraufhin zu überprüfen, ob die Leistungsbeschreibungen und ihre Bewertungen noch dem Stand der medizinischen Wissenschaft und Technik sowie dem Erfordernis der Rationalisierung im Rahmen wirtschaftlicher Leistungserbringung entsprechen, wobei in die Überprüfung des einheitlichen Bewertungsmaßstabes für ärztliche Leistungen auch die Regelung nach § 33 Absatz 9 erstmalig bis spätestens zum 31. Oktober 2012 einzubeziehen ist; bei der Bewertung der Leistungen ist insbesondere der Aspekt der wirtschaftlichen Nutzung der bei der Erbringung von Leistungen eingesetzten medizinisch-technischen Geräte zu berücksichtigen. [3]Im Bewertungsmaßstab für die ärztlichen Leistungen ist die Bewertung der Leistungen nach Satz 1 und die Überprüfung der wirtschaftlichen Aspekte nach Satz 2 unter Berücksichtigung der Besonderheiten der jeweils betroffenen Arztgruppen auf der Grundlage von sachgerechten Stichproben bei vertrags-

ärztlichen Leistungserbringern auf in bestimmten Zeitabständen zu aktualisierender betriebswirtschaftlicher Basis durchzuführen; die Bewertung der von einer Arztpraxis oder einem medizinischen Versorgungszentrum in einem bestimmten Zeitraum erbrachten Leistungen kann dabei insgesamt so festgelegt werden, dass sie ab einem bestimmten Schwellenwert mit zunehmender Menge sinkt. [4]Die Bewertung der Sachkosten kann abweichend von Satz 1 in Eurobeträgen bestimmt werden.

(2a) [1]Die im einheitlichen Bewertungsmaßstab für ärztliche Leistungen aufgeführten Leistungen sind entsprechend der in § 73 Abs. 1 festgelegten Gliederung der vertragsärztlichen Versorgung in Leistungen der hausärztlichen und Leistungen der fachärztlichen Versorgung zu gliedern mit der Maßgabe, dass unbeschadet gemeinsam abrechenbarer Leistungen Leistungen der hausärztlichen Versorgung nur von den an der hausärztlichen Versorgung teilnehmenden Ärzten und Leistungen der fachärztlichen Versorgung nur von den an der fachärztlichen Versorgung teilnehmenden Ärzten abgerechnet werden dürfen; die Leistungen der fachärztlichen Versorgung sind in der Weise zu gliedern, dass den einzelnen Facharztgruppen die von ihnen ausschließlich abrechenbaren Leistungen zugeordnet werden. [2]Bei der Bestimmung der Arztgruppen nach Satz 1 ist der Versorgungsauftrag der jeweiligen Arztgruppe im Rahmen der vertragsärztlichen Versorgung zugrunde zu legen. [3]Der einheitliche Bewertungsmaßstab für ärztliche Leistungen hat eine Regelung zu enthalten, nach der ärztliche Leistungen zur Diagnostik und ambulanten Eradikationstherapie einschließlich elektronischer Dokumentation von Trägern mit dem Methicillin-resistenten Staphylococcus aureus (MRSA) vergütet werden. [4]Die Kassenärztliche Bundesvereinigung berichtet dem Bundesministerium für Gesundheit quartalsbezogen über Auswertungsergebnisse der Regelung nach Satz 3. [5]Das Bundesministerium für Gesundheit kann das Nähere zum Inhalt des Berichts nach Satz 4 sowie zur Auswertung der anonymisierten Dokumentationen zum Zwecke der Versorgungsforschung und zur Förderung der Qualität bestimmen; es kann auch den Bewertungsausschuss mit der Vorlage des Berichts beauftragen. [6]Im Übrigen gilt die Veröffentlichungspflicht gemäß § 135b Absatz 1 Satz 2. [7]Bei der Überprüfung nach Absatz 2 Satz 2 prüft der Bewertungsausschuss bis spätestens zum 31. Oktober 2012, in welchem Umfang ambulante telemedizinische Leistungen erbracht werden können; auf dieser Grundlage beschließt er bis spätestens zum 31. März 2013, inwieweit der einheitliche Bewertungsmaßstab für ärztliche Leistungen anzupassen ist. [8]In die Überprüfung nach Absatz 2 Satz 2 ist auch einzubeziehen, in welchem Umfang delegationsfähige Leistungen durch Personen nach § 28 Absatz 1 Satz 2 qualifiziert erbracht und angemessen vergütet werden können; auf dieser Grundlage ist eine Anpassung des einheitlichen Bewertungsmaßstabes für ärztliche Leistungen unter Berücksichtigung der unterschiedlichen Versorgungsstrukturen bis zum 23. Januar 2016 zu beschließen. [9]Nach Inkrafttreten der Bestimmungen nach § 27b Absatz 2 Satz 2 ist im einheitlichen Bewertungsmaßstab für ärztliche Leistungen durch den Bewertungsausschuss gemäß Absatz 5a eine Regelung zu treffen, nach der Leistungen und Kosten im Rahmen der Einholung der Zweitmeinungen nach § 27b abgerechnet werden können. [10]Sofern drei Monate nach Inkrafttreten der Bestimmungen des Gemeinsamen Bundesausschusses nach § 27b Absatz 2 keine Regelung im einheitlichen Bewertungsmaßstab für ärztliche Leistungen getroffen wurde, können Versicherte die Leistungen nach § 27b bei den dafür berechtigten Leistungserbringern im Wege der Kostenerstattung nach § 13 Absatz 1 in Anspruch nehmen. [11]Die Kosten sind von der Krankenkasse in der entstandenen Höhe zu erstatten. [12]Die Möglichkeit der Inanspruchnahme im Wege der Kostenerstattung nach § 13 Absatz 1 endet, sobald die Regelung nach Satz 9 in Kraft getreten ist. [13]Bis spätestens zum 31. Dezember 2015 ist mit Wirkung zum 1. April 2016 eine Regelung zu treffen, nach der die zusätzlichen ärztlichen Kooperations- und Koordinationsleistungen in Kooperationsverträgen, die den Anforderungen nach § 119b Absatz 2 entsprechen, vergütet werden. [14]Das Bundesministerium für Gesundheit kann für den Fall, dass Beschlüsse des Bewertungsausschusses zu telemedizinischen Leistungen nicht oder teilweise nicht oder nicht innerhalb einer vom Bundesministerium für Gesundheit gesetzten Frist zustande kommen, den erweiterten Bewertungsausschuss nach Absatz 4 mit Wirkung für die Vertragspartner anrufen; Absatz 6 gilt. [15]Der Bewertungsausschuss legt dem Bundesministerium für Gesundheit im Abstand von zwei Jahren beginnend zum 31. Oktober 2016 einen Bericht über den Stand der Beratungen nach Satz 7 vor, in dem der Stand der Arbeiten der vom Bewertungsausschuss erfassten und bearbeiteten Leistungen dargestellt wird. [16]Das Bundesministerium für Gesundheit leitet den Bericht an den Deutschen Bundestag weiter. [17]Der Bewertungsausschuss prüft bis zum 30. Juni 2016, inwieweit durch den Einsatz sicherer elektronischer Informations- und Kommunikationstechnologien konsiliarische Befundbeurteilungen von Röntgenaufnahmen und bis zum 30. September 2016, inwieweit durch den Einsatz sicherer elektronischer Informations- und Kommunikationstechnologien Videosprechstunden telemedizinisch erbracht werden können. [18]Auf der Grundlage dieser Prüfung beschließt er bis zum 31. Dezember 2016 mit Wirkung zum 1. April 2017 für konsiliarische Befundbeurteilungen von Röntgenaufnahmen und bis zum 31. März 2017 mit Wirkung zum 1. Juli 2017 für Videosprechstunden entsprechende Anpassungen des einheitlichen Bewertungsmaßstabes für ärztliche Leistungen. [19]Die Anpassung erfolgt auf der Grundlage der Vereinbarung nach § 291g. [20]Sofern der Bewertungsausschuss für konsiliarische Befundbeurteilungen von Röntgenaufnahmen bis zum 31. Dezember 2016 und für Videosprechstunden bis zum 31. März 2017 auf der Grundlage der Vereinbarung nach § 291g die erforderlichen Beschlüsse nicht getroffen hat, gilt § 291 Absatz 2b Satz 7 bis 9 entsprechend für die Kassenärztliche Bundesvereinigung und den Spitzenverband Bund der Krankenkassen. [21]Bis zum 30. Juni 2016 ist mit Wirkung zum 1. Oktober 2016 eine Regelung zu treffen, nach der ärztliche Leistungen nach § 31a vergütet werden. [22]Bis zum 30. September 2017 ist mit Wirkung zum 1. Januar 2018 eine Regelung zu treffen, nach der ärztliche Leistungen zur Erstellung und Aktualisierung von Datensätzen nach § 291a Absatz 3 Satz 1 Nummer 1 vergütet werden. [23]Der Bewertungsausschuss nach Absatz 5a hat bis spätestens zum 31. Dezember 2016 die Regelungen für die Versorgung im Notfall und im Notdienst im einheitlichen Bewertungsmaßstab für ärztliche Leistungen nach dem Schweregrad der Fälle zu differenzieren. [24]Zwei Jahre nach Inkrafttreten dieser Regelungen hat der Bewertungsausschuss nach Absatz 5a die Entwicklung der Leistungen zu evaluieren und hierüber dem Bundesministerium für Gesundheit zu berichten; Absatz 3a gilt entsprechend. [25]Der Bewertungsausschuss überprüft, in welchem Umfang Diagnostika zur schnellen und zur qualitätsgesicherten Antibiotikatherapie eingesetzt werden können, und beschließt auf dieser Grundlage erstmals bis spätestens zum 1. Dezember 2017 entsprechende Anpassungen des einheitlichen Bewertungsmaßstabes für ärztliche Leistungen.

(2b) [1]Die im einheitlichen Bewertungsmaßstab für ärztliche Leistungen aufgeführten Leistungen der hausärztlichen Versorgung sollen als Versichertenpauschalen abgebildet werden; für Leistungen, die besonders gefördert werden sollen oder nach Absatz 2a Satz 7 und 8 telemedizinisch oder im Wege der Delegation erbracht werden können, sind Einzelleistungen oder Leistungskomplexe vorzusehen. [2]Mit den Pauschalen nach Satz 1 sollen die gesamten im Abrechnungszeitraum regelmäßig oder sehr selten und zugleich mit geringem Aufwand im Rahmen der hausärztlichen Versorgung eines Versicherten erbrachten Leistungen einschließlich der anfallenden Betreuungs-, Koordinations- und Dokumentationsleistungen vergütet werden. [3]Die Pauschalen nach Satz 1 sollen einerseits nach Patienten, die in der jeweiligen Arztpraxis erstmals diagnostiziert und behandelt werden, sowie andererseits nach Patienten, bei denen eine begonnene Behandlung fortgeführt wird, und soweit möglich nach weiteren insbesondere auf der Grundlage von Abrechnungsdaten empirisch ermittelten Morbiditätskriterien insbesondere zur Abbildung des Schweregrads der Erkrankung differenziert werden, um mit dem Gesundheitszustand verbundene Unterschiede im Behandlungsaufwand der Versicherten zu berücksichtigen. [4]Zudem können Qualitätszuschläge vorgesehen werden, mit denen die in besonderen Behandlungsfällen erforderliche Qualität vergütet wird.

(2c) [1]Die im einheitlichen Bewertungsmaßstab für ärztliche Leistungen aufgeführten Leistungen der fachärztlichen Versorgung sollen arztgruppenspezifisch und unter Berücksichtigung der Besonderheiten kooperativer Versorgungsformen als Grund- und Zusatzpauschalen abgebildet werden; Einzelleistungen sollen vorgesehen werden, soweit dies medizinisch oder auf Grund von Besonderheiten bei Veranlassung und Ausführung der Leistungserbringung, einschließlich der Möglichkeit telemedizinischer Erbringung gemäß Absatz 2a Satz 7 oder der Erbringung im Wege der Delegation nach Absatz 2a Satz 8, erforderlich ist. [2]Mit den Grundpauschalen nach Satz 1 sollen die regelmäßig oder sehr selten und zugleich mit geringem Aufwand von der Arztgruppe in jedem Behandlungsfall erbrachten Leistungen vergütet werden; die Grundpauschalen sollen dabei soweit möglich und sachgerecht einerseits nach Patienten, die in der jeweiligen Arztpraxis erstmals diagnostiziert und behandelt werden, sowie andererseits nach Patienten, bei denen eine begonnene Behandlung fortgeführt wird, sowie nach insbesondere auf der Grundlage von Abrechnungsdaten empirisch ermittelten Morbiditätskriterien insbesondere zur Abbildung des Schweregrads der Erkrankung, falls dieser nicht durch die Zusatzpauschalen nach Satz 3 berücksichtigt wird, differenziert werden. [3]Mit den Zusatzpauschalen nach Satz 1 wird der besondere Leistungsaufwand vergütet, der sich aus den Leistungs-, Struktur- und Qualitätsmerkmalen des Leistungserbringers und, soweit dazu Veranlassung besteht, in bestimmten Behandlungsfällen ergibt. [4]Abweichend von Satz 3 kann die Behandlung von Versichertengruppen, die mit einem erheblichen therapeutischen Leistungsaufwand und überproportionalen Kosten verbunden ist, mit arztgruppenspezifischen diagnosebezogenen Fallpauschalen vergütet werden. [5]Für die Versorgung im Rahmen von kooperativen Versorgungsformen sind spezifische Fallpauschalen festzulegen, die dem fallbezogenen Zusammenwirken von Ärzten unterschiedlicher Fachrichtungen in diesen Versorgungsformen Rechnung tragen. [6]Die Bewertungen für psychotherapeutische Leistungen haben eine angemessene Höhe der Vergütung je Zeiteinheit zu gewährleisten.

(2d) [1]Im einheitlichen Bewertungsmaßstab für ärztliche Leistungen sind Regelungen einschließlich Prüfkriterien vorzusehen, die sicherstellen, dass der Leistungsinhalt der in den Absätzen 2a Satz 3, 2a bis 2c genannten Leistungen und Pauschalen jeweils vollständig erbracht wird, die jeweiligen notwendigen Qualitätsstandards eingehalten, die abgerechneten Leistungen auf den medizinisch notwendigen Umfang begrenzt sowie bei Abrechnung der Fallpauschalen nach Absatz 2c Satz 5 die Mindestanforderungen zu der institutionellen Ausgestaltung der Kooperation der beteiligten Ärzte eingehalten werden; dazu kann die Abrechenbarkeit der Leistungen an die Einhaltung der vom Gemeinsamen Bundesausschuss und in den Bundesmantelverträgen beschlossenen Qualifikations- und Qualitätssicherungsanforderungen sowie an die Einhaltung der gegenüber der Kassenärztlichen Vereinigung zu erbringenden Dokumentationsverpflichtungen geknüpft werden. [2]Zudem können Regelungen vorgesehen werden, die darauf abzielen, dass die Abrechnung der Versichertenpauschalen nach Absatz 2b Satz 1 sowie der Grundpauschalen nach Absatz 2c Satz 1 für einen Versicherten nur durch einen Arzt im Abrechnungszeitraum erfolgt, oder es können Regelungen zur Kürzung der Pauschalen für den Fall eines Arztwechsels des Versicherten innerhalb des Abrechnungszeitraums vorgesehen werden.

(2e) Im einheitlichen Bewertungsmaßstab für ärztliche Leistungen ist jährlich bis zum 31. August ein bundeseinheitlicher Punktwert als Orientierungswert in Euro zur Vergütung der vertragsärztlichen Leistungen festzulegen.

(2f) *(weggefallen)*

(2g) Bei der Anpassung des Orientierungswertes nach Absatz 2e sind insbesondere
1. die Entwicklung der für Arztpraxen relevanten Investitions- und Betriebskosten, soweit diese nicht bereits durch die Weiterentwicklung der Bewertungsrelationen nach Absatz 2 Satz 2 erfasst worden sind,

2. Möglichkeiten zur Ausschöpfung von Wirtschaftlichkeitsreserven, soweit diese nicht bereits durch die Weiterentwicklung der Bewertungsrelationen nach Absatz 2 Satz 2 erfasst worden sind, sowie

3. die allgemeine Kostendegression bei Fallzahlsteigerungen, soweit diese nicht durch eine Abstaffelungsregelung nach Absatz 2 Satz 3 berücksichtigt worden ist,

zu berücksichtigen.

(2h) [1]Die im einheitlichen Bewertungsmaßstab für zahnärztliche Leistungen aufgeführten Leistungen können zu Leistungskomplexen zusammengefasst werden. [2]Die Leistungen sind entsprechend einer ursachengerechten, zahnsubstanzschonenden und präventionsorientierten Versorgung insbesondere nach dem Kriterium der erforderlichen Arbeitszeit gleichgewichtig in und zwischen den Leistungsbereichen für Zahnerhaltung, Prävention, Zahnersatz und Kieferorthopädie zu bewerten. [3]Bei der Festlegung der Bewertungsrelationen ist wissenschaftlicher Sachverstand einzubeziehen.

(2i) [1]Im einheitlichen Bewertungsmaßstab für zahnärztliche Leistungen ist eine zusätzliche Leistung vorzusehen für das erforderliche Aufsuchen von Versicherten, die einem Pflegegrad nach § 15 des Elften Buches zugeordnet sind, Eingliederungshilfe nach § 53 des Zwölften Buches erhalten und die die Zahnarztpraxis aufgrund ihrer Pflegebedürftigkeit, Behinderung oder Einschränkung nicht oder nur mit hohem Aufwand aufsuchen können. [2]§ 71 Absatz 1 Satz 2 gilt entsprechend.

(2j) [1]Für Leistungen, die im Rahmen eines Vertrages nach § 119b Absatz 1 erbracht werden, ist im einheitlichen Bewertungsmaßstab für zahnärztliche Leistungen eine zusätzliche, in der Bewertung über Absatz 2i Satz 1 hinausgehende Leistung vorzusehen. [2]Voraussetzung für die Abrechnung dieser zusätzlichen Leistung ist die Einhaltung der in der Vereinbarung nach § 119b Absatz 2 festgelegten Anforderungen. [3]Die Leistung nach Absatz 2i Satz 1 ist in diesen Fällen nicht berechnungsfähig. [4]§ 71 Absatz 1 Satz 2 gilt entsprechend.

(3) [1]Der Bewertungsausschuß besteht aus drei von der Kassenärztlichen Bundesvereinigung bestellten Vertretern sowie drei vom Spitzenverband Bund der Krankenkassen bestellten Vertreter. [2]Den Vorsitz führt abwechselnd ein Vertreter der Ärzte und ein Vertreter der Krankenkassen. [3]Die Beratungen des Bewertungsausschusses einschließlich der Beratungsunterlagen und Niederschriften sind vertraulich. [4]Die Vertraulichkeit gilt auch für die zur Vorbereitung und Durchführung der Beratungen im Bewertungsausschuss dienenden Unterlagen der Trägerorganisationen und des Instituts des Bewertungsausschusses.

(3a) [1]Der Bewertungsausschuss analysiert die Auswirkungen seiner Beschlüsse insbesondere auf die Versorgung der Versicherten mit vertragsärztlichen Leistungen, auf die vertragsärztlichen Honorare sowie auf die Ausgaben der Krankenkassen. [2]Das Bundesministerium für Gesundheit kann das Nähere zum Inhalt der Analysen bestimmen. [3]Absatz 6 gilt entsprechend.

(3b) [1]Der Bewertungsausschuss wird bei der Wahrnehmung seiner Aufgaben von einem Institut unterstützt, das gemäß der vom Bewertungsausschuss nach Absatz 3e zu vereinbarenden Geschäftsordnung die Beschlüsse nach den §§ 87, 87a und 116b Absatz 6 sowie die Analysen nach Absatz 3a vorbereitet. [2]Träger des Instituts sind die Kassenärztliche Bundesvereinigung und der Spitzenverband Bund der Krankenkassen. [3]Ist das Institut nicht oder nicht in einer seinen Aufgaben entsprechenden Weise errichtet, kann das Bundesministerium für Gesundheit eine oder mehrere der in Satz 2 genannten Organisationen zur Errichtung des Instituts verpflichten oder eine oder mehrere der in Satz 2 genannten Organisationen oder einen Dritten mit den Aufgaben nach Satz 1 beauftragen. [4]Satz 3 gilt entsprechend, wenn das Institut seine Aufgaben nicht in dem vorgesehenen Umfang oder nicht entsprechend den geltenden Vorgaben erfüllt oder wenn es aufgelöst wird. [5]Abweichend von den Sätzen 1 und 2 können die in Satz 2 genannten Organisationen einen Dritten mit den Aufgaben nach Satz 1 beauftragen. [6]Sie haben im Zeitraum bis zur Herstellung der vollständigen Arbeitsfähigkeit des Instituts oder des von ihnen beauftragten Dritten sicherzustellen, dass der Bewertungsausschuss die in Satz 1 genannten Aufgaben in vollem Umfang und fristgerecht erfüllen kann. [7]Hierzu hat der Bewertungsausschuss festzustellen, ob und in welchem Umfang das Institut oder der beauftragte Dritte arbeitsfähig ist und ob abweichend von Satz 2 die dort genannten Aufgaben zwischen dem Institut oder dem beauftragten Dritten und der Kassenärztlichen Bundesvereinigung und dem Spitzenverband Bund der Krankenkassen aufgeteilt werden sollen; Absatz 6 gilt entsprechend.

(3c) [1]Die Finanzierung des Instituts oder des beauftragten Dritten nach Absatz 3b erfolgt durch die Erhebung eines Zuschlags auf jeden ambulant-kurativen Behandlungsfall in der vertragsärztlichen Versorgung. [2]Der Zuschlag ist von den Krankenkassen außerhalb der Gesamtvergütung nach § 85 oder der morbiditätsbedingten Gesamtvergütung nach § 87a zu finanzieren. [3]Das Nähere bestimmt der Bewertungsausschuss in seinem Beschluss nach Absatz 3e Satz 1 Nr. 3.

(3d) [1]Über die Ausstattung des Instituts oder des beauftragten Dritten nach Absatz 3b mit den für die Aufgabenwahrnehmung erforderlichen Sachmitteln, die Einstellung des Personals und die Nutzung der Daten gemäß Absatz 3f durch das Institut oder den beauftragten Dritten entscheidet der Bewertungsausschuss; Absatz 6 gilt entsprechend. [2]Die innere Organisation ist jeweils so zu gestalten, dass sie den besonderen Anforderungen des Datenschutzes nach § 78a des Zehnten Buches gerecht wird.

(3e) [1]Der Bewertungsausschuss beschließt

1. bis spätestens zum 31. August 2017 eine Verfahrensordnung, in der er insbesondere die Antragsberechtigten, methodische Anforderungen und Fristen in Bezug auf die Vorbereitung und Durchführung der Beratungen sowie die Beschlussfassung über die Aufnahme in den einheitlichen Bewertungsmaßstab insbesondere solcher neuer Laborleistungen und neuer humangenetischer Leistungen regelt, bei denen es sich jeweils nicht um eine neue Untersuchungs- oder Behandlungsmethode nach § 135 Absatz 1 Satz 1 handelt,

2. eine Geschäftsordnung, in der er Regelungen zur Arbeitsweise des Bewertungsausschusses und des Instituts gemäß Absatz 3b trifft, insbesondere zur Geschäftsführung und zur Art und Weise der Vorbereitung der in Absatz 3b Satz 1 genannten Beschlüsse, Analysen und Berichte, sowie

3. eine Finanzierungsregelung, in der er Näheres zur Erhebung des Zuschlags nach Absatz 3c bestimmt.

[2]Die Verfahrensordnung, die Geschäftsordnung und die Finanzierungsregelung bedürfen der Genehmigung des Bundesministeriums für Gesundheit. [3]Die Verfahrensordnung und die Geschäftsordnung sind im Internet zu veröffentlichen. [4]Der Bewertungsausschuss ist verpflichtet, im Einvernehmen mit dem Gemeinsamen Bundesausschuss hinsichtlich einer neuen Leistung auf Verlangen Auskunft zu erteilen, ob die Aufnahme der neuen Leistung in den einheitlichen Bewertungsmaßstab in eigener Zuständigkeit des Bewertungsausschusses beraten werden kann oder ob es sich dabei um eine neue Methode handelt, die nach § 135 Absatz 1 Satz 1 zunächst einer Bewertung durch den Gemeinsamen Bundesausschuss bedarf. [5]Eine Auskunft können pharmazeutische Unternehmer, Hersteller von Medizinprodukten, Hersteller von Diagnostikleistungen und deren jeweilige Verbände, einschlägige Berufsverbände, medizinische Fachgesellschaften und die für die Wahrnehmung der Interessen der Patientinnen und Patienten und der Selbsthilfe chronisch kranker und behinderter Menschen auf Bundesebene maßgeblichen Organisationen nach § 140f verlangen. [6]Das Nähere regeln der Bewertungsausschuss und der Gemeinsame Bundesausschuss im gegenseitigen Einvernehmen in ihrer jeweiligen Verfahrensordnung.

(3f) [1]Die Kassenärztlichen Vereinigungen und die Krankenkassen erfassen jeweils nach Maßgabe der vom Bewertungsausschuss zu bestimmenden inhaltlichen und verfahrensmäßigen Vorgaben die für die Aufgaben des Bewertungsausschusses nach diesem Gesetz erforderlichen Daten, einschließlich der Daten nach § 73b Absatz 7 Satz 5 und § 140a Absatz 6, arzt- und versichertenbezogen in einheitlicher pseudonymisierter Form. [2]Die Daten nach Satz 1 werden jeweils unentgeltlich von den Kassenärztlichen Vereinigungen an die Kassenärztliche Bundesvereinigung und von den Krankenkassen an den Spitzenverband Bund der Krankenkassen übermittelt, die diese Daten jeweils zusammenführen und sie unentgeltlich dem Institut oder dem beauftragten Dritten gemäß Absatz 3b übermitteln. [3]Soweit erforderlich hat der Bewertungsausschuss darüber hinaus Erhebungen und Auswertungen nicht personenbezogener Daten durchzuführen oder in Auftrag zu geben oder Sachverständigengutachten einzuholen. [4]Für die Erhebung und Verarbeitung der Daten nach den Sätzen 2 und 3 kann der Bewertungsausschuss eine Datenstelle errichten oder eine externe Datenstelle beauftragen; für die Finanzierung der Datenstelle gelten die Absätze 3c und 3e entsprechend. [5]Personenbezogene Daten nach Satz 1 sind zu löschen, sobald sie nicht mehr benötigt werden. [6]Das Verfahren der Pseudonymisierung nach Satz 1 ist vom Bewertungsausschuss im Einvernehmen mit dem Bundesamt für Sicherheit in der Informationstechnik zu bestimmen.

(3g) Die Regelungen der Absätze 3a bis 3f gelten nicht für den für zahnärztliche Leistungen zuständigen Bewertungsausschuss.

(4) [1]Kommt im Bewertungsausschuß durch übereinstimmenden Beschluß aller Mitglieder eine Vereinbarung ganz oder teilweise nicht zustande, wird der Bewertungsausschuß auf Verlangen von mindestens zwei Mitgliedern um einen unparteiischen Vorsitzenden und zwei weitere unparteiische Mitglieder erweitert. [2]Für die Benennung des unparteiischen Vorsitzenden gilt § 89 Abs. 3 entsprechend. [3]Von den weiteren unparteiischen Mitgliedern wird ein Mitglied von der Kassenärztlichen Bundesvereinigung sowie ein Mitglied vom Spitzenverband Bund der Krankenkassen benannt.

(5) [1]Der erweiterte Bewertungsausschuß setzt mit der Mehrheit seiner Mitglieder die Vereinbarung fest. [2]Die Festsetzung hat die Rechtswirkung einer vertraglichen Vereinbarung im Sinne des § 82 Abs. 1. [3]Zur Vorbereitung von Maßnahmen nach Satz 1 für den Bereich der ärztlichen Leistungen hat das Institut oder der beauftragte Dritte nach Absatz 3b dem zuständigen erweiterten Bewertungsausschuss unmittelbar und unverzüglich nach dessen Weisungen zuzuarbeiten. [4]Absatz 3 Satz 3 und 4 gilt entsprechend; auch für die Unterlagen der unparteiischen Mitglieder gilt Vertraulichkeit.

(5a) [1]Bei Beschlüssen zur Anpassung des einheitlichen Bewertungsmaßstabes zur Vergütung der Leistungen der spezialfachärztlichen Versorgung nach § 116b sind der Bewertungsausschuss für ärztliche Leistungen nach Absatz 3 sowie der erweiterte Bewertungsausschuss für ärztliche Leistungen nach Absatz 4 jeweils um drei Vertreter der Deutschen Krankenhausgesellschaft und jeweils um drei weitere Vertreter des Spitzenverbandes Bund der Krankenkassen zu ergänzen. [2]Für den erweiterten Bewertungsausschuss nach Satz 1 ist darüber hinaus jeweils ein weiteres unparteiisches Mitglied von der Deutschen Krankenhausgesellschaft und vom Spitzenverband Bund der Krankenkassen zu benennen. [3]Die Benennung soll bis spätestens zum 31. März 2016 erfolgen. [4]Bis zur Benennung gilt die Besetzung in der bis zum 31. Dezember 2015 geltenden Fassung fort.

(5b) [1]Der einheitliche Bewertungsmaßstab für ärztliche Leistungen ist innerhalb von sechs Monaten nach Inkrafttreten der Beschlüsse des Gemeinsamen Bundesausschusses über die Einführung neuer Untersuchungs- und Behandlungsmethoden nach § 92 Absatz 1 Satz 2 Nummer 5 in Verbindung mit § 135 Absatz 1 anzupassen. [2]Satz 1 gilt entsprechend für weitere Richtlinienbeschlüsse des Gemeinsamen Bundesausschusses, die eine Anpassung des einheitlichen Bewertungsmaßstabes für ärztliche Leistungen erforderlich machen. [3]In diesem Zusammenhang notwendige Vereinbarungen nach § 135 Absatz 2 sind zeitgleich zu treffen. [4]Für Beschlüsse des Gemeinsamen Bundesausschusses, die vor dem 23. Juli 2015 in Kraft getreten sind, gelten die Sätze 1 bis 3 entsprechend mit der Maßgabe, dass die Frist nach Satz 1 mit dem 23. Juli 2015 beginnt. [5]Der einheitliche Bewertungsmaßstab für ärztliche Leistungen ist zeitgleich mit dem Beschluss nach § 35a Absatz 3 Satz 1 anzupassen, sofern die Fachinformation des Arzneimittels zu seiner Anwendung eine zwingend erfor-

derliche Leistung vorsieht, die eine Anpassung des einheitlichen Bewertungsmaßstabes für ärztliche Leistungen erforderlich macht. [6]Das Nähere zu ihrer
Zusammenarbeit regeln der Bewertungsausschuss und der Gemeinsame Bundesausschuss im gegenseitigen Einvernehmen in ihrer jeweiligen Verfahrensordnung. [7]Für Beschlüsse nach § 35a Absatz 3 Satz 1, die vor dem 13. Mai
2017 getroffen worden sind, gilt Satz 5 entsprechend mit der Maßgabe, dass der
Bewertungsausschuss spätestens bis 13. November 2017 den einheitlichen Bewertungsmaßstab für ärztliche Leistungen anzupassen hat.

(6) [1]Das Bundesministerium für Gesundheit kann an den Sitzungen der Bewertungsausschüsse, des Instituts oder des beauftragten Dritten nach Absatz 3b
sowie der von diesen jeweils gebildeten Unterausschüssen und Arbeitsgruppen
teilnehmen; ihm sind die Beschlüsse der Bewertungsausschüsse zusammen mit
den den Beschlüssen zugrunde liegenden Beratungsunterlagen und den für die
Beschlüsse jeweils entscheidungserheblichen Gründen vorzulegen. [2]Das Bundesministerium für Gesundheit kann die Beschlüsse innerhalb von zwei Monaten beanstanden; es kann im Rahmen der Prüfung eines Beschlusses vom Bewertungsausschuss zusätzliche Informationen und ergänzende Stellungnahmen
dazu anfordern; bis zum Eingang der Auskünfte ist der Lauf der Frist unterbrochen. [3]Die Nichtbeanstandung eines Beschlusses kann vom Bundesministerium
für Gesundheit mit Auflagen verbunden werden; das Bundesministerium für
Gesundheit kann zur Erfüllung einer Auflage eine angemessene Frist setzen.
[4]Kommen Beschlüsse der Bewertungsausschüsse ganz oder teilweise nicht oder
nicht innerhalb einer vom Bundesministerium für Gesundheit gesetzten Frist
zustande oder werden die Beanstandungen des Bundesministeriums für Gesundheit nicht innerhalb einer von ihm gesetzten Frist behoben, kann das Bundesministerium für Gesundheit die Vereinbarungen festsetzen; es kann dazu
Datenerhebungen in Auftrag geben oder Sachverständigengutachten einholen.
[5]Zur Vorbereitung von Maßnahmen nach Satz 4 für den Bereich der ärztlichen
Leistungen hat das Institut oder der beauftragte Dritte oder die vom Bundesministerium für Gesundheit beauftragte Organisation gemäß Absatz 3b dem Bundesministerium für Gesundheit unmittelbar und unverzüglich nach dessen Weisungen zuzuarbeiten. [6]Die mit den Maßnahmen nach Satz 4 verbundenen
Kosten sind von dem Spitzenverband Bund der Krankenkassen und der Kassenärztlichen Bundesvereinigung jeweils zur Hälfte zu tragen; das Nähere bestimmt das Bundesministerium für Gesundheit. [7]Abweichend von Satz 4 kann
das Bundesministerium für Gesundheit für den Fall, dass Beschlüsse der Bewertungsausschüsse nicht oder teilweise nicht oder nicht innerhalb einer vom
Bundesministerium für Gesundheit gesetzten Frist zustande kommen, den erweiterten Bewertungsausschuss nach Absatz 4 mit Wirkung für die Vertragspartner anrufen. [8]Der erweiterte Bewertungsausschuss setzt mit der Mehrheit
seiner Mitglieder innerhalb einer vom Bundesministerium für Gesundheit
gesetzten Frist die Vereinbarung fest; Satz 1 bis 6 gilt entsprechend. [9]Die
Beschlüsse und die entscheidungserheblichen Gründe sind im Deutschen Ärzteblatt oder im Internet bekannt zu machen; falls die Bekanntmachung im In-

ternet erfolgt, muss im Deutschen Ärzteblatt ein Hinweis auf die Fundstelle veröffentlicht werden.

(7) Klagen gegen Maßnahmen des Bundesministeriums für Gesundheit nach Absatz 2a Satz 14 und Absatz 6 haben keine aufschiebende Wirkung.

§ 87a Regionale Euro-Gebührenordnung, Morbiditätsbedingte Gesamtvergütung, Behandlungsbedarf der Versicherten. (1) Abweichend von § 82 Abs. 2 Satz 2 und § 85 gelten für die Vergütung vertragsärztlicher Leistungen die in Absatz 2 bis 6 getroffenen Regelungen; dies gilt nicht für vertragszahnärztliche Leistungen.

(2) ¹Die Kassenärztliche Vereinigung und die Landesverbände der Krankenkassen und die Ersatzkassen gemeinsam und einheitlich vereinbaren auf der Grundlage des Orientierungswertes gemäß § 87 Absatz 2e jeweils bis zum 31. Oktober eines jeden Jahres einen Punktwert, der zur Vergütung der vertragsärztlichen Leistungen im Folgejahr anzuwenden ist. ²Die Vertragspartner nach Satz 1 können dabei einen Zuschlag auf den oder einen Abschlag von dem Orientierungswert gemäß § 87 Absatz 2e vereinbaren, um insbesondere regionale Besonderheiten bei der Kosten- und Versorgungsstruktur zu berücksichtigen. ³Darüber hinaus können auf der Grundlage von durch den Bewertungsausschuss festzulegenden Kriterien zur Verbesserung der Versorgung der Versicherten, insbesondere in Planungsbereichen, für die Feststellungen nach § 100 Absatz 1 oder Absatz 3 getroffen wurden, Zuschläge auf den Orientierungswert nach § 87 Absatz 2e für besonders förderungswürdige Leistungen sowie für Leistungen von besonders zu fördernden Leistungserbringern vereinbart werden. ⁴Bei der Festlegung des Zu- oder Abschlags ist zu gewährleisten, dass die medizinisch notwendige Versorgung der Versicherten sichergestellt ist. ⁵Aus dem vereinbarten Punktwert nach diesem Absatz und dem einheitlichen Bewertungsmaßstab für ärztliche Leistungen gemäß § 87 Absatz 1 ist eine regionale Gebührenordnung mit Euro-Preisen (regionale Euro-Gebührenordnung) zu erstellen. ⁶Besonders förderungswürdige Leistungen nach Satz 3 können auch vertragsärztliche Leistungen sein, die telemedizinisch erbracht werden.

(3) ¹Ebenfalls jährlich bis zum 31. Oktober vereinbaren die in Absatz 2 Satz 1 genannten Vertragsparteien gemeinsam und einheitlich für das Folgejahr mit Wirkung für die Krankenkassen die von den Krankenkassen mit befreiender Wirkung an die jeweilige Kassenärztliche Vereinigung zu zahlenden morbiditätsbedingten Gesamtvergütungen für die gesamte vertragsärztliche Versorgung der Versicherten mit Wohnort im Bezirk der Kassenärztlichen Vereinigung. ²Hierzu vereinbaren sie als Punktzahlvolumen auf der Grundlage des einheitlichen Bewertungsmaßstabes den mit der Zahl und der Morbiditätsstruktur der Versicherten verbundenen Behandlungsbedarf und bewerten diesen mit dem nach Absatz 2 Satz 1 vereinbarten Punktwert in Euro; der vereinbarte Behandlungsbedarf gilt als notwendige medizinische Versorgung gemäß § 71 Abs. 1 Satz 1. ³Die im Rahmen des Behandlungsbedarfs erbrachten Leistungen sind mit den Preisen der Euro-Gebührenordnung nach Absatz 2 Satz 5 zu ver-

güten. [4]Darüber hinausgehende Leistungen, die sich aus einem bei der Vereinbarung der morbiditätsbedingten Gesamtvergütung nicht vorhersehbaren Anstieg des morbiditätsbedingten Behandlungsbedarfs ergeben, sind von den Krankenkassen zeitnah, spätestens im folgenden Abrechnungszeitraum unter Berücksichtigung der Empfehlungen nach Absatz 5 Satz 1 Nr. 1 ebenfalls mit den in der Euro-Gebührenordnung nach Absatz 2 Satz 5 enthaltenen Preisen zu vergüten. [5]Vertragsärztliche Leistungen bei der Substitutionsbehandlung der Drogenabhängigkeit gemäß den Richtlinien des Gemeinsamen Bundesausschusses sind von den Krankenkassen außerhalb der nach Satz 1 vereinbarten Gesamtvergütungen mit den Preisen der Euro-Gebührenordnung nach Absatz 2 zu vergüten; in Vereinbarungen nach Satz 1 kann darüber hinaus geregelt werden, dass weitere vertragsärztliche Leistungen außerhalb der nach Satz 1 vereinbarten Gesamtvergütungen mit den Preisen der Euro-Gebührenordnung nach Absatz 2 vergütet werden, wenn sie besonders gefördert werden sollen oder soweit dies medizinisch oder aufgrund von Besonderheiten bei Veranlassung und Ausführung der Leistungserbringung erforderlich ist.

(3a) [1]Für den Fall der überbezirklichen Durchführung der vertragsärztlichen Versorgung sind die Leistungen abweichend von Absatz 3 Satz 3 und 4 von den Krankenkassen mit den Preisen zu vergüten, die in der Kassenärztlichen Vereinigung gelten, deren Mitglied der Leistungserbringer ist. [2]Weichen die nach Absatz 2 Satz 5 vereinbarten Preise von den Preisen nach Satz 1 ab, so ist die Abweichung zeitnah, spätestens bei der jeweils folgenden Vereinbarung der Veränderung der morbiditätsbedingten Gesamtvergütung zu berücksichtigen. [3]Die Zahl der Versicherten nach Absatz 3 Satz 2 ist entsprechend der Zahl der auf den zugrunde gelegten Zeitraum entfallenden Versichertentage zu ermitteln. [4]Weicht die bei der Vereinbarung der morbiditätsbedingten Gesamtvergütung zu Grunde gelegte Zahl der Versicherten von der tatsächlichen Zahl der Versicherten im Vereinbarungszeitraum ab, ist die Abweichung zeitnah, spätestens bei der jeweils folgenden Vereinbarung der Veränderung der morbiditätsbedingten Gesamtvergütung zu berücksichtigen. [5]Ausgaben für Kostenerstattungsleistungen nach § 13 Abs. 2 und nach § 53 Abs. 4 mit Ausnahme der Kostenerstattungsleistungen nach § 13 Abs. 2 Satz 5 sind auf die nach Absatz 3 Satz 1 zu zahlende Gesamtvergütung anzurechnen.

(4) [1]Grundlage der Vereinbarung über die Anpassung des Behandlungsbedarfs jeweils aufsetzend auf dem insgesamt für alle Versicherten mit Wohnort im Bezirk einer Kassenärztlichen Vereinigung für das Vorjahr nach Absatz 3 Satz 2 vereinbarten und bereinigten Behandlungsbedarf sind insbesondere Veränderungen

1. der Zahl der Versicherten der Krankenkasse mit Wohnort im Bezirk der jeweiligen Kassenärztlichen Vereinigung,
2. der Morbiditätsstruktur der Versicherten aller Krankenkassen mit Wohnort im Bezirk der jeweiligen Kassenärztlichen Vereinigung,
3. von Art und Umfang der ärztlichen Leistungen, soweit sie auf einer Veränderung des gesetzlichen oder satzungsmäßigen Leistungsumfangs der Kran-

kenkassen oder auf Beschlüssen des Gemeinsamen Bundesausschusses nach § 135 Absatz 1 beruhen,

4. des Umfangs der vertragsärztlichen Leistungen aufgrund von Verlagerungen von Leistungen zwischen dem stationären und dem ambulanten Sektor und

5. des Umfangs der vertragsärztlichen Leistungen aufgrund der Ausschöpfung von Wirtschaftlichkeitsreserven bei der vertragsärztlichen Leistungserbringung;

dabei sind die Empfehlungen und Vorgaben des Bewertungsausschusses gemäß Absatz 5 zu berücksichtigen. [2]Bei der Ermittlung des Aufsatzwertes für den Behandlungsbedarf nach Satz 1 für eine Krankenkasse ist ihr jeweiliger Anteil an dem insgesamt für alle Versicherten mit Wohnort im Bezirk der Kassenärztlichen Vereinigung für das Vorjahr vereinbarten, bereinigten Behandlungsbedarf entsprechend ihres aktuellen Anteils an der Menge der für vier Quartale abgerechneten Leistungen jeweils nach sachlich-rechnerischer Richtigstellung anzupassen. [3]Die jeweils jahresbezogene Veränderung der Morbiditätsstruktur im Bezirk einer Kassenärztlichen Vereinigung ist auf der Grundlage der vertragsärztlichen Behandlungsdiagnosen gemäß § 295 Absatz 1 Satz 2 einerseits sowie auf der Grundlage demografischer Kriterien (Alter und Geschlecht) andererseits durch eine gewichtete Zusammenfassung der vom Bewertungsausschuss als Empfehlungen nach Absatz 5 Satz 2 bis 4 mitgeteilten Raten zu vereinbaren. [4]Falls erforderlich, können weitere für die ambulante Versorgung relevante Morbiditätskriterien herangezogen werden.

(4a) [1]Über eine mit Wirkung ab dem 1. Januar 2017 einmalige basiswirksame Erhöhung des nach Absatz 4 Satz 1 für das Jahr 2016 angepassten Aufsatzwertes ist in den Vereinbarungen nach Absatz 3 Satz 1 im Jahr 2016 zu verhandeln, wenn die jeweils für das Jahr 2014 und jeweils einschließlich der Bereinigungen zu berechnende durchschnittliche an die Kassenärztliche Vereinigung entrichtete morbiditätsbedingte Gesamtvergütung je Versicherten mit Wohnort im Bezirk der Kassenärztlichen Vereinigung die durchschnittliche an alle Kassenärztlichen Vereinigungen im Bundesgebiet entrichtete morbiditätsbedingte Gesamtvergütung je Versicherten unterschreitet. [2]Die Berechnungen nach Satz 1 werden durch das Institut nach § 87 Absatz 3b Satz 1 durchgeführt. [3]Es teilt den Vertragsparteien nach Absatz 2 Satz 1 und dem Bundesministerium für Gesundheit das Ergebnis bis spätestens zum 15. September 2016 mit. [4]Eine einmalige basiswirksame Erhöhung des Aufsatzwertes ist nur dann zu vereinbaren, wenn in den Verhandlungen nach Satz 1 festgestellt wird, dass der Aufsatzwert im Jahr 2014 unbegründet zu niedrig war. [5]Ob und in welchem Umfang der Aufsatzwert im Jahr 2014 unbegründet zu niedrig war, ist von der Kassenärztlichen Vereinigung auch unter Berücksichtigung der Inanspruchnahme des stationären Sektors nachzuweisen. [6]Der Aufsatzwert ist in dem Umfang zu erhöhen, wie der Aufsatzwert im Jahr 2014 unbegründet zu niedrig war. [7]Die durch die vereinbarte Erhöhung des Aufsatzwertes einschließlich der Bereinigungen sich ergebende morbiditätsbedingte Gesamtvergütung je Versicherten mit Wohnort im Bezirk der betroffenen Kassenärztlichen Vereinigung im Jahr 2014 darf die für das Jahr 2014 berechnete durchschnittliche an alle Kassenärztlichen Vereinigungen im Bundesgebiet einschließlich der Bereinigung entrichtete morbiditätsbedingte Gesamtvergütung je Versicherten nicht übersteigen. [8]Die Erhöhung erfolgt um einen im Bezirk der Kassenärztlichen Vereinigung für alle Krankenkassen einheitlichen Faktor. [9]Die vereinbarte Erhöhung kann auch schrittweise über mehrere Jahre verteilt werden. [10]Die zusätzlichen Mittel sind zur Verbesserung der Versorgungsstruktur einzusetzen. [11]Umverteilungen zu Lasten anderer Kassenärztlicher Vereinigungen sind auszuschließen.

(5) [1]Der Bewertungsausschuss beschließt Empfehlungen

1. zur Vereinbarung des Umfangs des nicht vorhersehbaren Anstiegs des morbiditätsbedingten Behandlungsbedarfs nach Absatz 3 Satz 4,

2. zur Vereinbarung von Veränderungen der Morbiditätsstruktur nach Absatz 4 Satz 1 Nummer 2 sowie

3. zur Bestimmung von Vergütungen nach Absatz 3 Satz 5.

[2]Bei der Empfehlung teilt der Bewertungsausschuss den in Absatz 2 Satz 1 genannten Vertragspartnern die Ergebnisse der Berechnungen des Instituts des Bewertungsausschusses zu den Veränderungen der Morbiditätsstruktur nach Absatz 4 Satz 1 Nummer 2 mit. [3]Das Institut des Bewertungsausschusses errechnet für jeden Bezirk einer Kassenärztlichen Vereinigung zwei einheitliche Veränderungsraten, wobei eine Rate insbesondere auf den Behandlungsdiagnosen gemäß § 295 Absatz 1 Satz 2 und die andere Rate auf demografischen Kriterien (Alter und Geschlecht) basiert. [4]Die Veränderungsraten werden auf der Grundlage des Beschlusses des erweiterten Bewertungsausschusses vom 2. September 2009 Teil B Nummer 2.3 bestimmt mit der Maßgabe, die Datengrundlagen zu aktualisieren. [5]Zur Ermittlung der diagnosenbezogenen Rate ist das geltende Modell des Klassifikationsverfahrens anzuwenden. [6]Der Bewertungsausschuss kann das Modell in bestimmten Zeitabständen auf seine weitere Eignung für die Anwendung in der vertragsärztlichen Versorgung überprüfen und fortentwickeln. [7]Der Bewertungsausschuss hat zudem Vorgaben für ein Verfahren zur Bereinigung des Behandlungsbedarfs in den durch dieses Gesetz vorgesehenen Fällen sowie zur Ermittlung der Aufsatzwerte nach Absatz 4 Satz 1 und der Anteile der einzelnen Krankenkassen nach Absatz 4 Satz 2 zu beschließen; er kann darüber hinaus insbesondere Empfehlungen zur Vereinbarung von Veränderungen nach Absatz 4 Satz 1 Nummer 3 bis 5 und Satz 3 und 4 sowie ein Verfahren zur Bereinigung der Relativgewichte des Klassifikationsverfahrens im Falle von Vergütungen nach Absatz 3 Satz 5 beschließen. [8]Die Empfehlungen nach Satz 1 sowie die Vorgaben nach Satz 7 sind jährlich bis spätestens zum 31. August zu beschließen; die Mitteilungen nach Satz 2 erfolgen jährlich bis spätestens zum 15. September. [9]Der Bewertungsausschuss beschließt geeignete pauschalierende Verfahren zur Bereinigung des Behandlungsbedarfs in den Fällen des § 73b Absatz 7 Satz 7 und 8. [10]In den Vorgaben zur Ermittlung der Aufsatzwerte nach Absatz 4 Satz 1 sind auch Vorgaben zu beschließen, die die Aufsatzwerte einmalig und basiswirksam jeweils in dem

Umfang erhöhen, der dem jeweiligen Betrag der Honorarerhöhung durch die Aufhebung des Investitionskostenabschlags nach § 120 Absatz 3 Satz 2 in der bis einschließlich 31. Dezember 2015 geltenden Fassung entspricht.

(6) Der Bewertungsausschuss beschließt erstmals bis zum 31. März 2012 Vorgaben zu Art, Umfang, Zeitpunkt und Verfahren der für die Vereinbarungen und Berechnungen nach den Absätzen 2 bis 4 erforderlichen Datenübermittlungen von den Kassenärztlichen Vereinigungen und Krankenkassen an das Institut des Bewertungsausschusses, welches den Vertragspartnern nach Absatz 2 Satz 1 die jeweils erforderlichen Datengrundlagen bis zum 30. Juni eines jeden Jahres zur Verfügung stellt; § 87 Absatz 3f Satz 2 gilt entsprechend.

§ 87b Vergütung der Ärzte (Honorarverteilung). (1) [1]Die Kassenärztliche Vereinigung verteilt die vereinbarten Gesamtvergütungen an die Ärzte, Psychotherapeuten, medizinischen Versorgungszentren sowie ermächtigten Einrichtungen, die an der vertragsärztlichen Versorgung teilnehmen, getrennt für die Bereiche der hausärztlichen und der fachärztlichen Versorgung; dabei sollen die von fachärztlich tätigen Ärzten erbrachten hausärztlichen Leistungen nicht den hausärztlichen Teil der Gesamtvergütungen und die von hausärztlich tätigen Ärzten erbrachten fachärztlichen Leistungen nicht den fachärztlichen Teil der Gesamtvergütungen mindern. [2]Die Kassenärztliche Vereinigung wendet bei der Verteilung den Verteilungsmaßstab an, der im Benehmen mit den Landesverbänden der Krankenkassen und den Ersatzkassen festgesetzt worden ist. [3]Die Vergütung der Leistungen im Notfall und im Notdienst erfolgt aus einem vor der Trennung für die Versorgungsbereiche gebildeten eigenen Honorarvolumen mit der Maßgabe, dass für diese Leistungen im Verteilungsmaßstab keine Maßnahmen zur Begrenzung oder Minderung des Honorars angewandt werden dürfen. [4]Bisherige Bestimmungen, insbesondere zur Zuweisung von arzt- und praxisbezogenen Regelleistungsvolumen, gelten bis zur Entscheidung über einen Verteilungsmaßstab vorläufig fort.

(2) [1]Der Verteilungsmaßstab hat Regelungen vorzusehen, die verhindern, dass die Tätigkeit des Leistungserbringers über seinen Versorgungsauftrag nach § 95 Absatz 3 oder seinen Ermächtigungsumfang hinaus übermäßig ausgedehnt wird; dabei soll dem Leistungserbringer eine Kalkulationssicherheit hinsichtlich der Höhe seines zu erwartenden Honorars ermöglicht werden. [2]Der Verteilungsmaßstab hat der kooperativen Behandlung von Patienten in dafür gebildeten Versorgungsformen angemessen Rechnung zu tragen. [3]Für Praxisnetze, die von den Kassenärztlichen Vereinigungen anerkannt sind, müssen gesonderte Vergütungsregelungen vorgesehen werden; für solche Praxisnetze können auch eigene Honorarvolumen als Teil der morbiditätsbedingten Gesamtvergütungen nach § 87a Absatz 3 gebildet werden. [4]Im Verteilungsmaßstab sind Regelungen zur Vergütung psychotherapeutischer Leistungen der Psychotherapeuten, der Fachärzte für Kinder- und Jugendpsychiatrie und -psychotherapie, der Fachärzte für Psychiatrie und Psychotherapie, der Fachärzte für Nervenheilkunde, der Fachärzte für psychosomatische Medizin und Psychotherapie sowie der ausschließlich psychotherapeutisch tätigen Ärzte zu treffen, die eine angemessene Höhe

der Vergütung je Zeiteinheit gewährleisten. [5]Im Verteilungsmaßstab dürfen keine Maßnahmen zur Begrenzung oder Minderung des Honorars für anästhesiologische Leistungen angewandt werden, die im Zusammenhang mit vertragszahnärztlichen Behandlungen von Patienten mit mangelnder Kooperationsfähigkeit bei geistiger Behinderung oder schwerer Dyskinesie notwendig sind. [6]Widerspruch und Klage gegen die Honorarfestsetzung sowie gegen deren Änderung oder Aufhebung haben keine aufschiebende Wirkung.

(3) [1]Hat der Landesausschuss der Ärzte und Krankenkassen einen Beschluss nach § 100 Absatz 1 oder 3 getroffen, dürfen für Ärzte der betroffenen Arztgruppe im Verteilungsmaßstab Maßnahmen zur Fallzahlbegrenzung oder -minderung nicht bei der Behandlung von Patienten des betreffenden Planungsbereiches angewendet werden. [2]Darüber hinausgehend hat der Verteilungsmaßstab geeignete Regelungen vorzusehen, nach der die Kassenärztliche Vereinigung im Einzelfall verpflichtet ist, zu prüfen, ob und in welchem Umfang diese Maßnahme ausreichend ist, die Sicherstellung der medizinischen Versorgung zu gewährleisten. [3]Die Kassenärztliche Vereinigung veröffentlicht einmal jährlich in geeigneter Form Informationen über die Grundsätze und Versorgungsziele des Honorarverteilungsmaßstabs.

(4) [1]Die Kassenärztliche Bundesvereinigung hat Vorgaben zur Festlegung und Anpassung des Vergütungsvolumens für die hausärztliche und fachärztliche Versorgung nach Absatz 1 Satz 1 sowie Kriterien und Qualitätsanforderungen für die Anerkennung besonders förderungswürdiger Praxisnetze nach Absatz 2 Satz 2 als Rahmenvorgabe für Richtlinien der Kassenärztlichen Vereinigungen, insbesondere zu Versorgungszielen, im Einvernehmen mit dem Spitzenverband Bund der Krankenkassen zu bestimmen. [2]Darüber hinaus hat die Kassenärztliche Bundesvereinigung Vorgaben insbesondere zu den Regelungen des Absatzes 2 Satz 1 bis 4 und zur Durchführung geeigneter und neutraler Verfahren zur Honorarbereinigung zu bestimmen; dabei ist das Benehmen mit dem Spitzenverband Bund der Krankenkassen herzustellen. [3]Die Vorgaben nach den Sätzen 1 und 2 sind von den Kassenärztlichen Vereinigungen zu beachten. [4]Die Kassenärztlichen Vereinigungen haben bis spätestens zum 23. Oktober 2015 Richtlinien nach Satz 1 zu beschließen.

(5) Die Regelungen der Absätze 1 bis 4 gelten nicht für vertragszahnärztliche Leistungen.

§ 87c Transparenz der Vergütung vertragsärztlicher Leistungen. [1]Die Kassenärztliche Bundesvereinigung veröffentlicht für jedes Quartal zeitnah nach Abschluss des jeweiligen Abrechnungszeitraumes sowie für jede Kassenärztliche Vereinigung einen Bericht über die Ergebnisse der Honorarverteilung, über die Gesamtvergütungen, über die Bereinigungssummen und über das Honorar je Arzt und je Arztgruppe. [2]Zusätzlich ist über Arztzahlen, Fallzahlen und Leistungsmengen zu informieren, um mögliche regionale Honorarunterschiede zu erklären. [3]Die Kassenärztlichen Vereinigungen übermitteln der Kassenärztlichen Bundesvereinigung hierzu die erforderlichen Daten. [4]Das Nähere bestimmt die Kassenärztliche Bundesvereinigung.

§ 87d Vergütung vertragsärztlicher Leistungen im Jahr 2012. (1) [1]Für das Jahr 2012 ist kein Beschluss nach § 87 Absatz 2g zur Anpassung des Orientierungswertes nach § 87 Absatz 2e zu treffen. [2]Der in § 87a Absatz 2 Satz 1 genannte Punktwert wird für das Jahr 2012 nicht angepasst. [3]Die nach § 87a Absatz 2 Satz 2 bis 5 für das Jahr 2010 vereinbarten Zuschläge dürfen mit Wirkung für das Jahr 2012 in der Höhe nicht angepasst und darüber hinausgehende Zuschläge auf den Orientierungswert nicht vereinbart werden.

(2) [1]Der Behandlungsbedarf für das Jahr 2012 ist je Krankenkasse zu ermitteln, indem der für das Jahr 2011 vereinbarte, bereinigte Behandlungsbedarf je Versicherten um 1,25 Prozent erhöht wird. [2]§ 87a Absatz 3 Satz 5 zweiter Halbsatz bleibt unberührt. [3]Der sich aus Satz 1 ergebende Behandlungsbedarf für das Jahr 2012 wird mit dem in Absatz 1 Satz 2 genannten Punktwert in Euro bewertet. [4]Die Regelungen nach § 87a Absatz 3 Satz 4 sowie nach § 87a Absatz 4 Nummer 2, 4 und 5 werden für das Jahr 2012 nicht angewendet.

§ 87e Zahlungsanspruch bei Mehrkosten. [1]Abrechnungsgrundlage für die Mehrkosten nach § 28 Abs. 2 Satz 2 und § 55 Abs. 4 ist die Gebührenordnung für Zahnärzte. [2]Der Zahlungsanspruch des Vertragszahnarztes gegenüber dem Versicherten ist bei den für diese Mehrkosten zu Grunde liegenden Leistungen auf das 2,3fache des Gebührensatzes der Gebührenordnung für Zahnärzte begrenzt. [3]Bei Mehrkosten für lichthärtende Composit-Füllungen in Schicht- und Ätztechnik im Seitenzahnbereich nach § 28 Abs. 2 Satz 2 ist höchstens das 3,5fache des Gebührensatzes der Gebührenordnung für Zahnärzte berechnungsfähig. [4]Die Begrenzung nach den Sätzen 2 und 3 entfällt, wenn der Gemeinsame Bundesausschuss seinen Auftrag gemäß § 92 Abs. 1a und der Bewertungsausschuss seinen Auftrag gemäß § 87 Abs. 2h Satz 2 erfüllt hat. [5]Maßgebend ist der Tag des Inkrafttretens der Richtlinien und der Tag des Beschlusses des Bewertungsausschusses.

Vierter Titel

Zahntechnische Leistungen

§ 88 Bundesleistungsverzeichnis, Vergütungen. (1) [1]Der Spitzenverband Bund der Krankenkassen vereinbart mit dem Verband Deutscher Zahntechniker-Innungen ein bundeseinheitliches Verzeichnis der abrechnungsfähigen zahntechnischen Leistungen. [2]Das bundeseinheitliche Verzeichnis ist im Benehmen mit der Kassenzahnärztlichen Bundesvereinigung zu vereinbaren.

(2) [1]Die Landesverbände der Krankenkassen und die Ersatzkassen vereinbaren mit den Innungsverbänden der Zahntechniker die Vergütungen für die nach dem bundeseinheitlichen Verzeichnis abrechnungsfähigen zahntechnischen Leistungen, ohne die zahntechnischen Leistungen beim Zahnersatz einschließlich Zahnkronen und Suprakonstruktionen. [2]Die vereinbarten Vergütungen sind

Höchstpreise. ³Die Krankenkassen können die Versicherten sowie die Zahnärzte über preisgünstige Versorgungsmöglichkeiten informieren.

(3) ¹Preise für zahntechnische Leistungen nach Absatz 1, ohne die zahntechnischen Leistungen beim Zahnersatz einschließlich Zahnkronen und Suprakonstruktionen, die von einem Zahnarzt erbracht werden, haben die Preise nach Absatz 2 Satz 1 und 2 um mindestens 5 vom Hundert zu unterschreiten. ²Hierzu können Verträge nach § 83 abgeschlossen werden.

Fünfter Titel
Schiedswesen

§ 89 Schiedsamt. (1) ¹Kommt ein Vertrag über die vertragsärztliche Versorgung ganz oder teilweise nicht zustande, setzt das Schiedsamt mit der Mehrheit seiner Mitglieder innerhalb von drei Monaten den Vertragsinhalt fest. ²Kündigt eine Vertragspartei einen Vertrag, hat sie die Kündigung dem zuständigen Schiedsamt schriftlich mitzuteilen. ³Kommt bis zum Ablauf eines Vertrages ein neuer Vertrag nicht zustande, setzt das Schiedsamt mit der Mehrheit seiner Mitglieder innerhalb von drei Monaten dessen Inhalt fest. ⁴In diesem Fall gelten die Bestimmungen des bisherigen Vertrages bis zur Entscheidung des Schiedsamts vorläufig weiter. ⁵Kommt ein Vertrag bis zum Ablauf von drei Monaten durch Schiedsspruch nicht zu Stande und setzt das Schiedsamt auch innerhalb einer von der zuständigen Aufsichtsbehörde bestimmten Frist den Vertragsinhalt nicht fest, setzt die für das Schiedsamt zuständige Aufsichtsbehörde den Vertragsinhalt fest. ⁶Die Klage gegen die Festsetzung des Schiedsamts hat keine aufschiebende Wirkung.

(1a) ¹Kommt ein gesetzlich vorgeschriebener Vertrag über die vertragsärztliche Versorgung ganz oder teilweise nicht zustande und stellt keine der Vertragsparteien bei dem Schiedsamt den Antrag, eine Einigung herbeizuführen, können die zuständigen Aufsichtsbehörden nach Ablauf einer von ihnen gesetzten angemessenen Frist oder nach Ablauf einer für das Zustandekommen des Vertrags gesetzlich vorgesehenen Frist das Schiedsamt mit Wirkung für die Vertragsparteien anrufen. ²Das Schiedsamt setzt mit der Mehrheit seiner Mitglieder innerhalb von drei Monaten den Vertragsinhalt fest. ³Absatz 1 Satz 5 gilt entsprechend. ⁴Die Klage gegen die Festsetzung des Schiedsamts hat keine aufschiebende Wirkung.

(2) ¹Die Kassenärztlichen Vereinigungen, die Landesverbände der Krankenkassen sowie die Ersatzkassen bilden je ein gemeinsames Schiedsamt für die vertragsärztliche und die vertragszahnärztliche Versorgung (Landesschiedsamt). ²Das Schiedsamt besteht aus Vertretern der Ärzte und der Krankenkassen in gleicher Zahl sowie einem unparteiischen Vorsitzenden und zwei weiteren unparteiischen Mitgliedern. ³Bei der Entscheidung über einen Vertrag, der nicht alle Kassenarten betrifft, wirken nur Vertreter der betroffenen Kassenarten im Schiedsamt mit. ⁴Die in Satz 1 genannten Krankenkassen

und Verbände der Krankenkassen können von Satz 3 abweichende Regelungen vereinbaren.

(3) [1]Über den Vorsitzenden und die zwei weiteren unparteiischen Mitglieder sowie deren Stellvertreter sollen sich die Kassenärztlichen Vereinigungen, die Landesverbände der Krankenkassen und die Ersatzkassen einigen. [2]§ 213 Abs. 2 in der bis zum 31. Dezember 2008 geltenden Fassung gilt für die Landesverbände der Krankenkassen und die Ersatzkassen entsprechend. [3]Die Amtsdauer beträgt vier Jahre. [4]Soweit eine Einigung nicht zustande kommt, stellen die Beteiligten eine gemeinsame Liste auf, die mindestens die Namen für zwei Vorsitzende und je zwei weitere unparteiische Mitglieder sowie deren Stellvertreter enthalten muss. [5]Kommt es nicht zu einer Einigung über den Vorsitzenden, die unparteiischen Mitglieder oder die Stellvertreter aus der gemeinsam erstellten Liste, entscheidet das Los, wer das Amt des Vorsitzenden, der weiteren unparteiischen Mitglieder und der Stellvertreter auszuüben hat. [6]Die Amtsdauer beträgt in diesem Fall ein Jahr. [7]Die Mitglieder des Schiedsamts führen ihr Amt als Ehrenamt. [8]Sie sind an Weisungen nicht gebunden.

(4) [1]Die Kassenärztlichen Bundesvereinigungen und der Spitzenverband Bund der Krankenkassen bilden je ein gemeinsames Schiedsamt für die vertragsärztliche und die vertragszahnärztliche Versorgung. [2]Absatz 2 Satz 2 bis 4 und Absatz 3 gelten entsprechend.

(5) [1]Die Aufsicht über die Schiedsämter nach Absatz 2 führen die für die Sozialversicherung zuständigen obersten Verwaltungsbehörden der Länder oder die von den Landesregierungen durch Rechtsverordnung bestimmten Behörden; die Landesregierungen können diese Ermächtigung auf die obersten Landesbehörden weiterübertragen. [2]Die Aufsicht über die Schiedsämter nach Absatz 4 führt das Bundesministerium für Gesundheit. [3]Die Aufsicht erstreckt sich auf die Beachtung von Gesetz und sonstigem Recht. [4]Die Entscheidungen der Schiedsämter über die Vergütung der Leistungen nach § 57 Abs. 1 und 2, §§ 83, 85 und 87a sind den zuständigen Aufsichtsbehörden vorzulegen. [5]Die Aufsichtsbehörden können die Entscheidungen bei einem Rechtsverstoß innerhalb von zwei Monaten nach Vorlage beanstanden. [6]Für Klagen der Vertragspartner gegen die Beanstandungen gelten die Vorschriften über die Anfechtungsklage entsprechend.

(6) Das Bundesministerium für Gesundheit bestimmt durch Rechtsverordnung mit Zustimmung des Bundesrates das Nähere über die Zahl, die Bestellung, die Amtsdauer, die Amtsführung, die Erstattung der baren Auslagen und die Entschädigung für Zeitaufwand der Mitglieder der Schiedsämter, die Geschäftsführung, das Verfahren, die Erhebung und die Höhe der Gebühren sowie über die Verteilung der Kosten.

(7) [1]Der Verband Deutscher Zahntechniker-Innungen und der Spitzenverband Bund der Krankenkassen bilden ein Bundesschiedsamt. [2]Das Schiedsamt besteht aus Vertretern des Verbandes Deutscher Zahntechniker-Innungen und des Spitzenverbandes Bund der Krankenkassen in gleicher Zahl sowie einem unparteiischen Vorsitzenden und zwei weiteren unparteiischen Mitgliedern.

³Im Übrigen gelten die Absätze 1, 1a, 3 und 5 Satz 2 und 3 sowie die aufgrund des Absatzes 6 erlassene Schiedsamtsverordnung entsprechend.

(8) ¹Die Innungsverbände der Zahntechniker, die Landesverbände der Krankenkassen und die Ersatzkassen bilden ein Landesschiedsamt. ²Das Schiedsamt besteht aus Vertretern der Innungsverbände der Zahntechniker und der Krankenkassen in gleicher Zahl sowie einem unparteiischen Vorsitzenden und zwei weiteren unparteiischen Mitgliedern. ³Im Übrigen gelten die Absätze 1, 1a und 3 sowie Absatz 5 entsprechend.

Sechster Titel
Landesausschüsse und Gemeinsamer Bundesausschuss

§ 90 Landesausschüsse. (1) ¹Die Kassenärztlichen Vereinigungen und die Landesverbände der Krankenkassen sowie die Ersatzkassen bilden für den Bereich jedes Landes einen Landesausschuss der Ärzte und Krankenkassen und einen Landesausschuss der Zahnärzte und Krankenkassen. ²Die Ersatzkassen können diese Aufgabe auf eine im Bezirk der Kassenärztlichen Vereinigung von den Ersatzkassen gebildete Arbeitsgemeinschaft oder eine Ersatzkasse übertragen.

(2) ¹Die Landesausschüsse bestehen aus einem unparteiischen Vorsitzenden, zwei weiteren unparteiischen Mitgliedern, neun Vertretern der Ärzte, drei Vertretern der Ortskrankenkassen, drei Vertretern der Ersatzkassen, je einem Vertreter der Betriebskrankenkassen und der Innungskrankenkassen sowie einem gemeinsamen Vertreter der landwirtschaftlichen Krankenkasse und der Knappschaft-Bahn-See. ²Über den Vorsitzenden und die zwei weiteren unparteiischen Mitglieder sowie deren Stellvertreter sollen sich die Kassenärztlichen Vereinigungen und die Landesverbände sowie die Ersatzkassen einigen. ³Kommt eine Einigung nicht zustande, werden sie durch die für die Sozialversicherung zuständige oberste Verwaltungsbehörde des Landes im Benehmen mit den Kassenärztlichen Vereinigungen, den Landesverbänden der Krankenkassen sowie den Ersatzkassen berufen. ⁴Besteht in dem Bereich eines Landesausschusses ein Landesverband einer bestimmten Kassenart nicht und verringert sich dadurch die Zahl der Vertreter der Krankenkassen, verringert sich die Zahl der Ärzte entsprechend. ⁵Die Vertreter der Ärzte und ihre Stellvertreter werden von den Kassenärztlichen Vereinigungen, die Vertreter der Krankenkassen und ihre Stellvertreter werden von den Landesverbänden der Krankenkassen sowie den Ersatzkassen bestellt.

(3) ¹Die Mitglieder der Landesausschüsse führen ihr Amt als Ehrenamt. ²Sie sind an Weisungen nicht gebunden. ³Die beteiligten Kassenärztlichen Vereinigungen einerseits und die Verbände der Krankenkassen sowie die Ersatzkassen andererseits tragen die Kosten der Landesausschüsse je zur Hälfte. ⁴Das Bundesministerium für Gesundheit bestimmt durch Rechtsverordnung mit Zustimmung des Bundesrates nach Anhörung der Kassenärztlichen Bundesvereini-

gungen und des Spitzenverbandes Bund der Krankenkassen das Nähere über die Amtsdauer, die Amtsführung, die Erstattung der baren Auslagen und die Entschädigung für Zeitaufwand der Ausschussmitglieder sowie über die Verteilung der Kosten.

(4) [1]Die Aufgaben der Landesausschüsse bestimmen sich nach diesem Buch. [2]In den Landesausschüssen sowie den erweiterten Landesausschüssen nach § 116b Absatz 3 wirken die für die Sozialversicherung zuständigen obersten Landesbehörden beratend mit. [3]Das Mitberatungsrecht umfasst auch das Recht zur Anwesenheit bei der Beschlussfassung.

(5) [1]Die Aufsicht über die Landesausschüsse führen die für die Sozialversicherung zuständigen obersten Verwaltungsbehörden der Länder. [2]§ 87 Absatz 1 Satz 2 und die §§ 88 und 89 des Vierten Buches gelten entsprechend.

(6) [1]Die von den Landesausschüssen getroffenen Entscheidungen nach § 99 Absatz 2, § 100 Absatz 1 Satz 1 und Absatz 3 sowie § 103 Absatz 1 Satz 1 und Absatz 3 sind den für die Sozialversicherung zuständigen obersten Landesbehörden vorzulegen. [2]Diese können die Entscheidungen innerhalb von zwei Monaten beanstanden. [3]§ 94 Absatz 1 Satz 3 bis 5 gilt entsprechend.

§ 90a Gemeinsames Landesgremium. (1) [1]Nach Maßgabe der landesrechtlichen Bestimmungen kann für den Bereich des Landes ein gemeinsames Gremium aus Vertretern des Landes, der Kassenärztlichen Vereinigung, der Landesverbände der Krankenkassen sowie der Ersatzkassen und der Landeskrankenhausgesellschaft sowie weiterer Beteiligten gebildet werden. [2]Das gemeinsame Landesgremium kann Empfehlungen zu sektorenübergreifenden Versorgungsfragen abgeben; hierzu gehören auch Empfehlungen zu einer sektorenübergreifenden Notfallversorgung.

(2) Soweit das Landesrecht es vorsieht, ist dem gemeinsamen Landesgremium Gelegenheit zu geben, zu der Aufstellung und der Anpassung der Bedarfspläne nach § 99 Absatz 1 und zu den von den Landesausschüssen zu treffenden Entscheidungen nach § 99 Absatz 2, § 100 Absatz 1 Satz 1 und Absatz 3 sowie § 103 Absatz 1 Satz 1 Stellung zu nehmen.

§ 91 Gemeinsamer Bundesausschuss. (1) [1]Die Kassenärztlichen Bundesvereinigungen, die Deutsche Krankenhausgesellschaft und der Spitzenverband Bund der Krankenkassen bilden einen Gemeinsamen Bundesausschuss. [2]Der Gemeinsame Bundesausschuss ist rechtsfähig. [3]Er wird durch den Vorsitzenden des Beschlussgremiums gerichtlich und außergerichtlich vertreten.

(2) [1]Das Beschlussgremium des Gemeinsamen Bundesausschusses besteht aus einem unparteiischen Vorsitzenden, zwei weiteren unparteiischen Mitgliedern, einem von der Kassenzahnärztlichen Bundesvereinigung, jeweils zwei von der Kassenärztlichen Bundesvereinigung und der Deutschen Krankenhausgesellschaft und fünf von dem Spitzenverband Bund der Krankenkassen benannten Mitgliedern. [2]Für die Berufung des unparteiischen Vorsitzenden und der weiteren unparteiischen Mitglieder sowie jeweils zweier Stellvertreter eini-

gen sich die Organisationen nach Absatz 1 Satz 1 jeweils auf einen Vorschlag und legen diese Vorschläge dem Bundesministerium für Gesundheit spätestens zwölf Monate vor Ablauf der Amtszeit vor. [3]Als unparteiische Mitglieder und deren Stellvertreter können nur Personen benannt werden, die im vorangegangenen Jahr nicht bei den Organisationen nach Absatz 1 Satz 1, bei deren Mitgliedern, bei Verbänden von deren Mitgliedern oder in einem Krankenhaus beschäftigt oder selbst als Vertragsarzt, Vertragszahnarzt oder Vertragspsychotherapeut tätig waren. [4]Das Bundesministerium für Gesundheit übermittelt die Vorschläge an den Ausschuss für Gesundheit des Deutschen Bundestages. [5]Der Ausschuss für Gesundheit des Deutschen Bundestages kann einem Vorschlag nach nichtöffentlicher Anhörung der jeweils vorgeschlagenen Person innerhalb von sechs Wochen mit einer Mehrheit von zwei Dritteln seiner Mitglieder durch Beschluss widersprechen, sofern er die Unabhängigkeit oder die Unparteilichkeit der vorgeschlagenen Person als nicht gewährleistet ansieht. [6]Die Organisationen nach Absatz 1 Satz 1 legen innerhalb von sechs Wochen, nachdem das Bundesministerium für Gesundheit den Gemeinsamen Bundesausschuss über einen erfolgten Widerspruch unterrichtet hat, einen neuen Vorschlag vor. [7]Widerspricht der Ausschuss für Gesundheit des Deutschen Bundestages nach Satz 5 auch dem neuen Vorschlag innerhalb von sechs Wochen oder haben die Organisationen nach Absatz 1 Satz 1 keinen neuen Vorschlag vorgelegt, erfolgt die Berufung durch das Bundesministerium für Gesundheit. [8]Die Unparteiischen üben ihre Tätigkeit in der Regel hauptamtlich aus; eine ehrenamtliche Ausübung ist zulässig, soweit die Unparteiischen von ihren Arbeitgebern in dem für die Tätigkeit erforderlichen Umfang freigestellt werden. [9]Die Stellvertreter der Unparteiischen sind ehrenamtlich tätig. [10]Hauptamtliche Unparteiische stehen während ihrer Amtszeit in einem Dienstverhältnis zum Gemeinsamen Bundesausschuss. [11]Zusätzlich zu ihren Aufgaben im Beschlussgremium übernehmen die einzelnen Unparteiischen den Vorsitz der Unterausschüsse des Gemeinsamen Bundesausschusses. [12]Der Vorsitzende nach Absatz 1 Satz 3 stellt übergreifend die Einhaltung aller dem Gemeinsamen Bundesausschuss auferlegten gesetzlichen Fristen sicher. [13]Zur Erfüllung dieser Aufgabe nimmt er eine zeitliche Steuerungsverantwortung wahr, er erstattet auch den nach Absatz 11 jährlich vorzulegenden Bericht. [14]Die Organisationen nach Absatz 1 Satz 1 schließen die Dienstvereinbarungen mit den hauptamtlichen Unparteiischen; § 35a Absatz 6 Satz 2 und Absatz 6a Satz 1 und 2 des Vierten Buches gilt entsprechend. [15]Die von den Organisationen benannten sonstigen Mitglieder des Beschlussgremiums üben ihre Tätigkeit ehrenamtlich aus; sie sind bei den Entscheidungen im Beschlussgremium an Weisungen nicht gebunden. [16]Die Organisationen nach Absatz 1 Satz 1 benennen für jedes von ihnen benannte Mitglied bis zu drei Stellvertreter. [17]Die Amtszeit im Beschlussgremium beträgt ab der am 1. Juli 2012 beginnenden Amtszeit sechs Jahre.

(2a) [1]Bei Beschlüssen, die allein einen der Leistungssektoren wesentlich betreffen, werden ab dem 1. Februar 2012 alle fünf Stimmen der Leistungserbringerseite anteilig auf diejenigen Mitglieder übertragen, die von der betroffenen Leistungserbringerorganisation nach Absatz 1 Satz 1 benannt worden sind.

[2]Bei Beschlüssen, die allein zwei der drei Leistungssektoren wesentlich betreffen, werden ab dem 1. Februar 2012 die Stimmen der von der nicht betroffenen Leistungserbringerorganisation benannten Mitglieder anteilig auf diejenigen Mitglieder übertragen, die von den betroffenen Leistungserbringerorganisationen benannt worden sind. [3]Der Gemeinsame Bundesausschuss legt in seiner Geschäftsordnung erstmals bis zum 31. Januar 2012 fest, welche Richtlinien und Entscheidungen allein einen oder allein zwei der Leistungssektoren wesentlich betreffen. [4]Bei Beschlüssen zur Bewertung ärztlicher Untersuchungs- und Behandlungsmethoden wird die Stimme des von der Kassenzahnärztlichen Bundesvereinigung benannten Mitglieds ab dem 1. Januar 2012 anteilig auf die von der Kassenärztlichen Bundesvereinigung und der Deutschen Krankenhausgesellschaft benannten Mitglieder übertragen.

(3) [1]Für die Tragung der Kosten des Gemeinsamen Bundesausschusses mit Ausnahme der Kosten der von den Organisationen nach Absatz 1 Satz 1 benannten Mitglieder gilt § 139c entsprechend. [2]Im Übrigen gilt § 90 Abs. 3 Satz 4 entsprechend mit der Maßgabe, dass vor Erlass der Rechtsverordnung außerdem die Deutsche Krankenhausgesellschaft anzuhören ist.

(3a) [1]Verletzen Mitglieder oder deren Stellvertreter, die von den in Absatz 1 Satz 1 genannten Organisationen benannt oder berufen werden, in der ihnen insoweit übertragenen Amtsführung die ihnen einem Dritten gegenüber obliegende Amtspflicht, gilt § 42 Absatz 1 bis 3 des Vierten Buches mit der Maßgabe entsprechend, dass die Verantwortlichkeit den Gemeinsamen Bundesausschuss, nicht aber die in Absatz 1 Satz 1 genannten Organisationen, trifft. [2]Dies gilt auch im Falle einer Berufung der unparteiischen Mitglieder und deren Stellvertreter durch das Bundesministerium für Gesundheit nach Absatz 2 Satz 7. [3]Soweit von den in Absatz 1 Satz 1 genannten Organisationen für die Vorbereitung von Entscheidungen des Gemeinsamen Bundesausschusses Personen für die nach seiner Geschäftsordnung bestehenden Gremien benannt werden und diese Personen zur Wahrung der Vertraulichkeit der für den Gemeinsamen Bundesausschuss geheimhaltungspflichtigen, ihnen zugänglichen Unterlagen und Informationen verpflichtet werden, gilt Satz 1 entsprechend. [4]Das Gleiche gilt für nach § 140f Absatz 2 Satz 1 zweiter Halbsatz benannte sachkundige Personen, denen zur Ausübung ihres Mitberatungsrechts für den Gemeinsamen Bundesausschuss geheimhaltungspflichtige Unterlagen und Informationen zugänglich gemacht werden, wenn sie durch den Gemeinsamen Bundesausschuss zur Wahrung der Vertraulichkeit dieser Unterlagen verpflichtet worden sind. [5]Das Nähere regelt der Gemeinsame Bundesausschuss in seiner Geschäftsordnung.

(4) [1]Der Gemeinsame Bundesausschuss beschließt
1. eine Verfahrensordnung, in der er insbesondere methodische Anforderungen an die wissenschaftliche sektorenübergreifende Bewertung des Nutzens, einschließlich Bewertungen nach den §§ 35a und 35b, der Notwendigkeit und der Wirtschaftlichkeit von Maßnahmen als Grundlage für Beschlüsse sowie die Anforderungen an den Nachweis der fachlichen Unabhängigkeit von

Sachverständigen und das Verfahren der Anhörung zu den jeweiligen Richtlinien, insbesondere die Feststellung der anzuhörenden Stellen, die Art und Weise der Anhörung und deren Auswertung, regelt,

2. eine Geschäftsordnung, in der er Regelungen zur Arbeitsweise des Gemeinsamen Bundesausschusses insbesondere zur Geschäftsführung, zur Vorbereitung der Richtlinienbeschlüsse durch Einsetzung von in der Regel sektorenübergreifend gestalteten Unterausschüssen, zum Vorsitz der Unterausschüsse durch die Unparteiischen des Beschlussgremiums sowie zur Zusammenarbeit der Gremien und der Geschäftsstelle des Gemeinsamen Bundesausschusses trifft; in der Geschäftsordnung sind Regelungen zu treffen zur Gewährleistung des Mitberatungsrechts der von den Organisationen nach § 140f Abs. 2 entsandten sachkundigen Personen.

[2]Die Verfahrensordnung und die Geschäftsordnung bedürfen der Genehmigung des Bundesministeriums für Gesundheit. [3]Die Genehmigung gilt als erteilt, wenn das Bundesministerium für Gesundheit sie nicht innerhalb von drei Monaten nach Vorlage des Beschlusses und der tragenden Gründe ganz oder teilweise versagt. [4]Das Bundesministerium für Gesundheit kann im Rahmen der Genehmigungsprüfung vom Gemeinsamen Bundesausschuss zusätzliche Informationen und ergänzende Stellungnahmen anfordern; bis zum Eingang der Auskünfte ist der Lauf der Frist nach Satz 3 unterbrochen. [5]Wird die Genehmigung ganz oder teilweise versagt, so kann das Bundesministerium für Gesundheit insbesondere zur Sicherstellung einer sach- und funktionsgerechten Ausgestaltung der Arbeitsweise und des Bewertungsverfahrens des Gemeinsamen Bundesausschusses erforderliche Änderungen bestimmen und anordnen, dass der Gemeinsame Bundesausschuss innerhalb einer bestimmten Frist die erforderlichen Änderungen vornimmt. [6]Kommt der Gemeinsame Bundesausschuss der Anordnung innerhalb der Frist nicht nach, so kann das Bundesministerium für Gesundheit die erforderlichen Änderungen selbst vornehmen. [7]Die Sätze 5 und 6 gelten entsprechend, wenn sich die Erforderlichkeit der Änderung einer bereits genehmigten Regelung der Verfahrensordnung oder der Geschäftsordnung erst nachträglich ergibt. [8]Klagen gegen Anordnungen und Maßnahmen des Bundesministeriums für Gesundheit nach den Sätzen 3 bis 7 haben keine aufschiebende Wirkung.

(5) [1]Bei Beschlüssen, deren Gegenstand die Berufsausübung der Ärzte, Psychotherapeuten oder Zahnärzte berührt, ist der jeweiligen Arbeitsgemeinschaft der Kammern dieser Berufe auf Bundesebene Gelegenheit zur Stellungnahme zu geben. [2]§ 136b Absatz 2 Satz 2 bleibt unberührt.

(5a) Bei Beschlüssen des Gemeinsamen Bundesausschusses, die die Erhebung, Verarbeitung oder Nutzung personenbezogener oder personenbeziehbarer Daten regeln oder voraussetzen, ist dem Bundesbeauftragten für den Datenschutz und die Informationsfreiheit Gelegenheit zur Stellungnahme zu geben; die Stellungnahme ist in die Entscheidung einzubeziehen.

(6) Die Beschlüsse des Gemeinsamen Bundesausschusses mit Ausnahme der Beschlüsse zu Entscheidungen nach § 136d sind für die Träger nach

Absatz 1 Satz 1, deren Mitglieder und Mitgliedskassen sowie für die Versicherten und die Leistungserbringer verbindlich.

(7) [1]Das Beschlussgremium des Gemeinsamen Bundesausschusses nach Absatz 2 Satz 1 fasst seine Beschlüsse mit der Mehrheit seiner Mitglieder, sofern die Geschäftsordnung nichts anderes bestimmt. [2]Beschlüsse zur Arzneimittelversorgung und zur Qualitätssicherung sind in der Regel sektorenübergreifend zu fassen. [3]Beschlüsse, die nicht allein einen der Leistungssektoren wesentlich betreffen und die zur Folge haben, dass eine bisher zulasten der Krankenkassen erbringbare Leistung zukünftig nicht mehr zu deren Lasten erbracht werden darf, bedürfen einer Mehrheit von neun Stimmen. [4]Der unparteiische Vorsitzende und die weiteren unparteiischen Mitglieder können dem Beschlussgremium gemeinsam einen eigenen Beschlussvorschlag zur Entscheidung vorlegen. [5]Mit der Vorbereitung eines Beschlussvorschlags können sie die Geschäftsführung beauftragen. [6]Die Sitzungen des Beschlussgremiums sind in der Regel öffentlich. [7]Die nichtöffentlichen Beratungen des Gemeinsamen Bundesausschusses, insbesondere auch die Beratungen in den vorbereitenden Gremien, sind einschließlich der Beratungsunterlagen und Niederschriften vertraulich.

(8) *(aufgehoben)*

(9) [1]Jedem, der berechtigt ist, zu einem Beschluss des Gemeinsamen Bundesausschusses Stellung zu nehmen und eine schriftliche oder elektronische Stellungnahme abgegeben hat, ist in der Regel auch Gelegenheit zu einer mündlichen Stellungnahme zu geben. [2]Der Gemeinsame Bundesausschuss hat in seiner Verfahrensordnung vorzusehen, dass die Teilnahme jeweils eines Vertreters einer zu einem Beschlussgegenstand stellungnahmeberechtigten Organisation an den Beratungen zu diesem Gegenstand in dem zuständigen Unterausschuss zugelassen werden kann.

(10) [1]Der Gemeinsame Bundesausschuss ermittelt spätestens ab dem 1. September 2012 die infolge seiner Beschlüsse zu erwartenden Bürokratiekosten im Sinne des § 2 Absatz 2 des Gesetzes zur Einsetzung eines Nationalen Normenkontrollrates und stellt diese Kosten in der Begründung des jeweiligen Beschlusses nachvollziehbar dar. [2]Bei der Ermittlung der Bürokratiekosten ist die Methodik nach § 2 Absatz 3 des Gesetzes zur Einsetzung eines Nationalen Normenkontrollrates anzuwenden. [3]Das Nähere regelt der Gemeinsame Bundesausschuss bis zum 30. Juni 2012 in seiner Verfahrensordnung.

(11) [1]Der Gemeinsame Bundesausschuss hat dem Ausschuss für Gesundheit des Deutschen Bundestages einmal jährlich zum 31. März über das Bundesministerium für Gesundheit einen Bericht über die Einhaltung der Fristen nach § 135 Absatz 1 Satz 4 und 5, § 137c Absatz 1 Satz 6 und 7 sowie § 137h Absatz 4 Satz 5 vorzulegen, in dem im Falle von Fristüberschreitungen auch die zur Straffung des Verfahrens unternommenen Maßnahmen und die besonderen Schwierigkeiten einer Bewertung, die zu einer Fristüberschreitung geführt haben können, im Einzelnen dargelegt werden müssen. [2]Zudem sind in dem Bericht auch alle anderen Beratungsverfahren über Entscheidungen und

Richtlinien des Gemeinsamen Bundesausschusses darzustellen, die seit förmlicher Einleitung des Beratungsverfahrens länger als drei Jahre andauern und in denen noch keine abschließende Beschlussfassung erfolgt ist.

§ 91a Aufsicht über den Gemeinsamen Bundesausschuss, Haushalts- und Rechnungswesen, Vermögen. (1) [1]Die Aufsicht über den Gemeinsamen Bundesausschuss führt das Bundesministerium für Gesundheit. [2]Die §§ 87 bis 89 des Vierten Buches gelten entsprechend. [3]Für das Haushalts- und Rechnungswesen gelten die §§ 67 bis 69 Absatz 1 und 2, § 70 Absatz 1 und die §§ 76 bis 77 Absatz 1 und 1a des Vierten Buches entsprechend. [4]Der Gemeinsame Bundesausschuss übermittelt seinen Haushaltsplan dem Bundesministerium für Gesundheit. [5]Er teilt dem Bundesministerium für Gesundheit mit, wenn er eine vorläufige Haushaltsführung, die Genehmigung überplanmäßiger oder außerplanmäßiger Ausgaben oder einen Nachtragshaushalt beschließt. [6]Für das Vermögen gelten die §§ 80 bis 83 und 85 Absatz 1 Satz 1 und Absatz 2 bis 5 des Vierten Buches und für die Verwendung der Mittel § 305b entsprechend. [7]Für das Verwaltungsvermögen gilt § 263 entsprechend. [8]Für die Höhe der Betriebsmittel gilt § 260 Absatz 2 Satz 1 entsprechend. [9]Soweit Vermögen nicht zur Rücklagenbildung erforderlich ist, ist es zur Senkung der nach § 91 Absatz 3 Satz 1 in Verbindung mit § 139c zu erhebenden Zuschläge zu verwenden.

(2) Für die Vollstreckung von Aufsichtsverfügungen gegen den Gemeinsamen Bundesausschuss kann die Aufsichtsbehörde ein Zwangsgeld bis zu einer Höhe von 10 000 000 Euro zugunsten des Gesundheitsfonds nach § 271 festsetzen.

(3) [1]Der Gemeinsame Bundesausschuss hat geeignete Maßnahmen zur Herstellung und Sicherung einer ordnungsgemäßen Verwaltungsorganisation zu ergreifen. [2]In der Verwaltungsorganisation ist insbesondere ein angemessenes internes Kontrollverfahren mit einem internen Kontrollsystem einzurichten. [3]Die Ergebnisse des internen Kontrollsystems sind dem Beschlussgremium nach § 91 Absatz 2 Satz 1 und dem Innovationsausschuss nach § 92b Absatz 1 in regelmäßigen Abständen sowie bei festgestellten Verstößen gegen gesetzliche Regelungen oder andere wesentliche Vorschriften auch der Aufsichtsbehörde mitzuteilen.

(4) Die Vorschriften über die Errichtung, Übernahme oder wesentliche Erweiterung von Einrichtungen sowie über eine unmittelbare oder mittelbare Beteiligung an Einrichtungen nach § 219 Absatz 2 bis 4 gelten entsprechend.

§ 92 Richtlinien des Gemeinsamen Bundesausschusses. (1) [1]Der Gemeinsame Bundesausschuss beschließt die zur Sicherung der ärztlichen Versorgung erforderlichen Richtlinien über die Gewähr für eine ausreichende, zweckmäßige und wirtschaftliche Versorgung der Versicherten; dabei ist den besonderen Erfordernissen der Versorgung behinderter oder von Behinderung bedrohter Menschen und psychisch Kranker Rechnung zu tragen, vor allem bei den Leistungen zur Belastungserprobung und Arbeitstherapie; er kann dabei die Erbringung und Verordnung von Leistungen oder Maßnahmen einschränken oder ausschließen, wenn nach allgemein anerkanntem Stand der medizinischen Erkenntnisse der diagnostische oder therapeutische Nutzen, die medizinische Notwendigkeit oder die Wirtschaftlichkeit nicht nachgewiesen sind; er kann die Verordnung von Arzneimitteln einschränken oder ausschließen, wenn die Unzweckmäßigkeit erwiesen oder eine andere, wirtschaftlichere Behandlungsmöglichkeit mit vergleichbarem diagnostischen oder therapeutischen Nutzen verfügbar ist. [2]Er soll insbesondere Richtlinien beschließen über die

1. ärztliche Behandlung,
2. zahnärztliche Behandlung einschließlich der Versorgung mit Zahnersatz sowie kieferorthopädische Behandlung,
3. Maßnahmen zur Früherkennung von Krankheiten und zur Qualitätssicherung der Früherkennungsuntersuchungen sowie zur Durchführung organisierter Krebsfrüherkennungsprogramme nach § 25a einschließlich der systematischen Erfassung, Überwachung und Verbesserung der Qualität dieser Programme,
4. ärztliche Betreuung bei Schwangerschaft und Mutterschaft,
5. Einführung neuer Untersuchungs- und Behandlungsmethoden,
6. Verordnung von Arznei-, Verband-, Heil- und Hilfsmitteln, Krankenhausbehandlung, häuslicher Krankenpflege und Soziotherapie,
7. Beurteilung der Arbeitsunfähigkeit einschließlich der Arbeitsunfähigkeit nach § 44a Satz 1 sowie der nach § 5 Abs. 1 Nr. 2a versicherten erwerbsfähigen Hilfebedürftigen im Sinne des Zweiten Buches,
8. Verordnung von im Einzelfall gebotenen Leistungen zur medizinischen Rehabilitation und die Beratung über Leistungen zur medizinischen Rehabilitation, Leistungen zur Teilhabe am Arbeitsleben und ergänzende Leistungen zur Rehabilitation,
9. Bedarfsplanung,
10. medizinische Maßnahmen zur Herbeiführung einer Schwangerschaft nach § 27a Abs. 1,
11. Maßnahmen nach den §§ 24a und 24b,
12. Verordnung von Krankentransporten,
13. Qualitätssicherung,
14. spezialisierte ambulante Palliativversorgung,
15. Schutzimpfungen.

(1a) [1]Die Richtlinien nach Absatz 1 Satz 2 Nr. 2 sind auf eine ursachengerechte, zahnsubstanzschonende und präventionsorientierte zahnärztliche Behandlung einschließlich der Versorgung mit Zahnersatz sowie kieferorthopädischer Behandlung auszurichten. [2]Der Gemeinsame Bundesausschuss hat die Richtlinien auf der Grundlage auch von externem, umfassendem zahnmedizinisch-wissenschaftlichem Sachverstand zu beschließen. [3]Das Bundesministerium für Gesundheit kann dem Gemeinsamen Bundesausschuss vorgeben, einen Beschluss zu einzelnen dem Bundesausschuss durch Gesetz zugewiesenen Aufgaben zu fassen oder zu überprüfen und hierzu eine angemessene Frist setzen. [4]Bei Nichteinhaltung der Frist fasst eine aus den Mitgliedern des Bundesausschusses zu bildende Schiedsstelle innerhalb von 30 Tagen den erforderlichen Beschluss. [5]Die Schiedsstelle besteht aus dem unparteiischen Vorsitzenden, den zwei weiteren unparteiischen Mitgliedern des Bundesausschusses und je einem von der Kassenärztlichen Bundesvereinigung und dem Spitzenverband Bund der Krankenkassen bestimmten Vertreter. [6]Vor der Entscheidung des Bundesausschusses über die Richtlinien nach Absatz 1 Satz 2 Nr. 2 ist den für die Wahrnehmung der Interessen von Zahntechnikern maßgeblichen Spitzenorganisationen auf Bundesebene Gelegenheit zur Stellungnahme zu geben; die Stellungnahmen sind in die Entscheidung einzubeziehen.

(1b) Vor der Entscheidung des Gemeinsamen Bundesausschusses über die Richtlinien nach Absatz 1 Satz 2 Nr. 4 ist den in § 134a Absatz 1 genannten Organisationen der Leistungserbringer auf Bundesebene Gelegenheit zur Stellungnahme zu geben; die Stellungnahmen sind in die Entscheidung einzubeziehen.

(2) [1]Die Richtlinien nach Absatz 1 Satz 2 Nr. 6 haben Arznei und Heilmittel unter Berücksichtigung der Bewertungen nach den §§ 35a oder 35b so zusammenzustellen, dass dem Arzt die wirtschaftliche und zweckmäßige Auswahl der Arzneimitteltherapie ermöglicht wird. [2]Die Zusammenstellung der Arzneimittel ist nach Indikationsgebieten und Stoffgruppen zu gliedern. [3]Um dem Arzt eine therapie- und preisgerechte Auswahl der Arzneimittel zu ermöglichen, sind zu den einzelnen Indikationsgebieten Hinweise aufzunehmen, aus denen sich für Arzneimittel mit pharmakologisch vergleichbaren Wirkstoffen oder therapeutisch vergleichbarer Wirkung eine Bewertung des therapeutischen Nutzens auch im Verhältnis zu den Therapiekosten und damit zur Wirtschaftlichkeit der Verordnung ergibt; § 73 Abs. 8 Satz 3 bis 6 gilt entsprechend. [4]Um dem Arzt eine therapie- und preisgerechte Auswahl der Arzneimittel zu ermöglichen, können ferner für die einzelnen Indikationsgebiete die Arzneimittel in folgenden Gruppen zusammengefasst werden:
1. Mittel, die allgemein zur Behandlung geeignet sind,
2. Mittel, die nur bei einem Teil der Patienten oder in besonderen Fällen zur Behandlung geeignet sind,
3. Mittel, bei deren Verordnung wegen bekannter Risiken oder zweifelhafter therapeutischer Zweckmäßigkeit besondere Aufmerksamkeit geboten ist.
[5]Absatz 3a gilt entsprechend. [6]In den Therapiehinweisen nach den Sätzen 1 und 7 können Anforderungen an die qualitätsgesicherte Anwendung von Arzneimitteln festgestellt werden, insbesondere bezogen auf die Qualifikation des Arztes oder auf die zu behandelnden Patientengruppen. [7]In den Richtlinien nach Absatz 1 Satz 2 Nr. 6 können auch Therapiehinweise zu Arzneimitteln außerhalb von Zusammenstellungen gegeben werden; die Sätze 3 und 4 sowie Absatz 1 Satz 1 dritter Halbsatz gelten entsprechend. [8]Die Therapiehinweise nach den Sätzen 1 und 7 können Empfehlungen zu den Anteilen einzelner Wirkstoffe an den Verordnungen im Indikationsgebiet vorsehen. [9]Der Gemein-

same Bundesausschuss regelt die Grundsätze für die Therapiehinweise nach den Sätzen 1 und 7 in seiner Verfahrensordnung. [10]Verordnungseinschränkungen oder Verordnungsausschlüsse nach Absatz 1 für Arzneimittel beschließt der Gemeinsame Bundesausschuss gesondert in Richtlinien außerhalb von Therapiehinweisen. [11]Der Gemeinsame Bundesausschuss kann die Verordnung eines Arzneimittels nur einschränken oder ausschließen, wenn die Wirtschaftlichkeit nicht durch einen Festbetrag nach § 35 hergestellt werden kann. [12]Verordnungseinschränkungen oder -ausschlüsse eines Arzneimittels wegen Unzweckmäßigkeit nach Absatz 1 Satz 1 dürfen den Feststellungen der Zulassungsbehörde über Qualität, Wirksamkeit und Unbedenklichkeit eines Arzneimittels nicht widersprechen.

(2a) [1]Der Gemeinsame Bundesausschuss kann im Einzelfall mit Wirkung für die Zukunft vom pharmazeutischen Unternehmer im Benehmen mit der Arzneimittelkommission der deutschen Ärzteschaft und dem Bundesinstitut für Arzneimittel und Medizinprodukte oder dem Paul-Ehrlich-Institut innerhalb einer angemessenen Frist ergänzende versorgungsrelevante Studien zur Bewertung der Zweckmäßigkeit eines Arzneimittels fordern. [2]Absatz 3a gilt für die Forderung nach Satz 1 entsprechend. [3]Das Nähere zu den Voraussetzungen, zu der Forderung ergänzender Studien, zu Fristen sowie zu den Anforderungen an die Studien regelt der Gemeinsame Bundesausschuss in seiner Verfahrensordnung. [4]Werden die Studien nach Satz 1 nicht oder nicht rechtzeitig vorgelegt, kann der Gemeinsame Bundesausschuss das Arzneimittel abweichend von Absatz 1 Satz 1 von der Verordnungsfähigkeit ausschließen. [5]Eine gesonderte Klage gegen die Forderung ergänzender Studien ist ausgeschlossen.

(3) [1]Für Klagen gegen die Zusammenstellung der Arzneimittel nach Absatz 2 gelten die Vorschriften über die Anfechtungsklage entsprechend. [2]Die Klagen haben keine aufschiebende Wirkung. [3]Ein Vorverfahren findet nicht statt. [4]Eine gesonderte Klage gegen die Gliederung nach Indikationsgebieten oder Stoffgruppen nach Absatz 2 Satz 2, die Zusammenfassung der Arzneimittel in Gruppen nach Absatz 2 Satz 4 oder gegen sonstige Bestandteile der Zusammenstellung nach Absatz 2 ist unzulässig.

(3a) [1]Vor der Entscheidung über die Richtlinien zur Verordnung von Arzneimitteln nach Absatz 1 Satz 2 Nr. 6 und Therapiehinweise nach Absatz 2 Satz 7 ist den Sachverständigen der medizinischen und pharmazeutischen Wissenschaft und Praxis sowie den für die Wahrnehmung der wirtschaftlichen Interessen gebildeten maßgeblichen Spitzenorganisationen der pharmazeutischen Unternehmer, den betroffenen pharmazeutischen Unternehmern, den Berufsvertretungen der Apotheker und den maßgeblichen Dachverbänden der Ärztegesellschaften der besonderen Therapierichtungen auf Bundesebene Gelegenheit zur Stellungnahme zu geben. [2]Die Stellungnahmen sind in die Entscheidung einzubeziehen. [3]Der Gemeinsame Bundesausschuss hat unter Wahrung der Betriebs- und Geschäftsgeheimnisse Gutachten oder Empfehlungen von Sachverständigen, die er bei Richtlinien zur Verordnung von Arzneimitteln nach Absatz 1 Satz 2 Nr. 6 sowie bei Therapiehinweisen nach Absatz 2

Satz 7 zu Grunde legt, bei Einleitung des Stellungnahmeverfahrens zu benennen und zu veröffentlichen sowie in den tragenden Gründen der Beschlüsse zu benennen.

(4) In den Richtlinien nach Absatz 1 Satz 2 Nr. 3 sind insbesondere zu regeln

1. die Anwendung wirtschaftlicher Verfahren und die Voraussetzungen, unter denen mehrere Maßnahmen zur Früherkennung zusammenzufassen sind,
2. das Nähere über die Bescheinigungen und Aufzeichnungen bei Durchführung der Maßnahmen zur Früherkennung von Krankheiten,
3. Einzelheiten zum Verfahren und zur Durchführung von Auswertungen der Aufzeichnungen sowie der Evaluation der Maßnahmen zur Früherkennung von Krankheiten einschließlich der organischen Krebsfrüherkennungsprogramme nach § 25a.

(5) [1]Vor der Entscheidung des Gemeinsamen Bundesausschusses über die Richtlinien nach Absatz 1 Satz 2 Nr. 8 ist den in § 111b Satz 1 genannten Organisationen der Leistungserbringer, den Rehabilitationsträgern (§ 6 Abs. 1 Nr. 2 bis 7 des Neunten Buches) sowie der Bundesarbeitsgemeinschaft für Rehabilitation Gelegenheit zur Stellungnahme zu geben; die Stellungnahmen sind in die Entscheidung einzubeziehen. [2]In den Richtlinien ist zu regeln, bei welchen Behinderungen, unter welchen Voraussetzungen und nach welchen Verfahren die Vertragsärzte die Krankenkassen über die Behinderungen von Versicherten zu unterrichten haben.

(6) [1]In den Richtlinien nach Absatz 1 Satz 2 Nr. 6 ist insbesondere zu regeln

1. der Katalog verordnungsfähiger Heilmittel,
2. die Zuordnung der Heilmittel zu Indikationen,
3. die Besonderheiten bei Wiederholungsverordnungen und
4. Inhalt und Umfang der Zusammenarbeit des verordnenden Vertragsarztes mit dem jeweiligen Heilmittelerbringer.

[2]Vor der Entscheidung des Bundesausschusses über die Richtlinien zur Verordnung von Heilmitteln nach Absatz 1 Satz 2 Nr. 6 ist den in § 125 Abs. 1 Satz 1 genannten Organisationen der Leistungserbringer Gelegenheit zur Stellungnahme zu geben; die Stellungnahmen sind in die Entscheidung einzubeziehen.

(6a) [1]In den Richtlinien nach Absatz 1 Satz 2 Nr. 1 ist insbesondere das Nähere über die psychotherapeutisch behandlungsbedürftigen Krankheiten, die zur Krankenbehandlung geeigneten Verfahren, das Antrags- und Gutachterverfahren, die probatorischen Sitzungen sowie über Art, Umfang und Durchführung der Behandlung zu regeln. [2]Die Richtlinien haben darüber hinaus Regelungen zu treffen über die inhaltlichen Anforderungen an den Konsiliarbericht und an die fachlichen Anforderungen des den Konsiliarbericht (§ 28 Abs. 3) abgebenden Vertragsarztes. [3]Der Gemeinsame Bundesausschuss beschließt bis zum 30. Juni 2016 in den Richtlinien Regelungen zur Flexibilisierung des Therapieangebotes, insbesondere zur Einrichtung von psychotherapeutischen Sprechstunden, zur Förderung der frühzeitigen diagnostischen Abklärung und der Akutversorgung, zur Förderung von Gruppentherapien und der Rezidivprophylaxe sowie zur Vereinfachung des Antrags- und Gutachterverfahrens.

(7) [1]In den Richtlinien nach Absatz 1 Satz 2 Nr. 6 sind insbesondere zu regeln
1. die Verordnung der häuslichen Krankenpflege und deren ärztliche Zielsetzung,
2. Inhalt und Umfang der Zusammenarbeit des verordnenden Vertragsarztes mit dem jeweiligen Leistungserbringer und dem Krankenhaus,
3. die Voraussetzungen für die Verordnung häuslicher Krankenpflege und für die Mitgabe von Arzneimitteln im Krankenhaus im Anschluss an einen Krankenhausaufenthalt,
4. Näheres zur Verordnung häuslicher Krankenpflege zur Dekolonisation von Trägern mit dem Methicillin-resistenten Staphylococcus aureus (MRSA),
5. Näheres zur Verordnung häuslicher Krankenpflege zur ambulanten Palliativversorgung.

[2]Vor der Entscheidung des Gemeinsamen Bundesausschusses über die Richtlinien zur Verordnung von häuslicher Krankenpflege nach Absatz 1 Satz 2 Nr. 6 ist den in § 132a Abs. 1 Satz 1 genannten Leistungserbringern und zu den Regelungen gemäß Satz 1 Nummer 5 zusätzlich den maßgeblichen Spitzenorganisationen der Hospizarbeit und der Palliativversorgung auf Bundesebene Gelegenheit zur Stellungnahme zu geben; die Stellungnahmen sind in die Entscheidung einzubeziehen.

(7a) Vor der Entscheidung des Gemeinsamen Bundesausschusses über die Richtlinien zur Verordnung von Hilfsmitteln nach Absatz 1 Satz 2 Nr. 6 ist den in § 127 Absatz 6 Satz 1 genannten Organisationen der Leistungserbringer und den Spitzenorganisationen der betroffenen Hilfsmittelhersteller auf Bundesebene Gelegenheit zur Stellungnahme zu geben; die Stellungnahmen sind in die Entscheidung einzubeziehen.

(7b) [1]Vor der Entscheidung über die Richtlinien zur Verordnung von spezialisierter ambulanter Palliativversorgung nach Absatz 1 Satz 2 Nr. 14 ist den maßgeblichen Organisationen der Hospizarbeit und der Palliativversorgung sowie den in § 132a Abs. 1 Satz 1 genannten Organisationen Gelegenheit zur Stellungnahme zu geben. [2]Die Stellungnahmen sind in die Entscheidung einzubeziehen.

(7c) Vor der Entscheidung über die Richtlinien zur Verordnung von Soziotherapie nach Absatz 1 Satz 2 Nr. 6 ist den maßgeblichen Organisationen der Leistungserbringer der Soziotherapieversorgung Gelegenheit zur Stellungnahme zu geben; die Stellungnahmen sind in die Entscheidung einzubeziehen.

(7d) [1]Vor der Entscheidung über die Richtlinien nach den §§ 135, 137c und § 137e ist den jeweils einschlägigen wissenschaftlichen Fachgesellschaften Gelegenheit zur Stellungnahme zu geben; bei Methoden, deren technische Anwendung maßgeblich auf dem Einsatz eines Medizinprodukts beruht, ist auch den für die Wahrnehmung der wirtschaftlichen Interessen gebildeten maßgeblichen Spitzenorganisationen der Medizinproduktehersteller und den jeweils betroffenen Medizinprodukteherstellern Gelegenheit zur Stellungnahme zu geben. [2]Bei Methoden, bei denen radioaktive Stoffe oder ionisierende Strahlung am Menschen angewandt werden, ist auch der Strahlenschutzkommission Gelegenheit zur Stellungnahme zu geben. [3]Die Stellungnahmen sind in die Entscheidung einzubeziehen.

(7e) [1]Bei den Richtlinien nach Absatz 1 Satz 2 Nummer 9 erhalten die Länder ein Mitberatungsrecht. [2]Es wird durch zwei Vertreter der Länder ausgeübt, die von der Gesundheitsministerkonferenz der Länder benannt werden. [3]Die Mitberatung umfasst auch das Recht, Beratungsgegenstände auf die Tagesordnung setzen zu lassen und das Recht zur Anwesenheit bei der Beschlussfassung.

(7f) [1]Bei den Richtlinien nach Absatz 1 Satz 2 Nummer 13 und den Beschlüssen nach den §§ 136b und 136c erhalten die Länder ein Mitberatungsrecht, soweit diese Richtlinien und Beschlüsse für die Krankenhausplanung von Bedeutung sind; Absatz 7e Satz 2 und 3 gilt entsprechend. [2]Vor der Entscheidung über die Richtlinien nach § 136 Absatz 1 in Verbindung mit § 136a Absatz 1 Satz 1 bis 3 ist dem Robert Koch-Institut Gelegenheit zur Stellungnahme zu geben. [3]Das Robert Koch-Institut hat die Stellungnahme mit den wissenschaftlichen Kommissionen am Robert Koch-Institut nach § 23 des Infektionsschutzgesetzes abzustimmen. [4]Die Stellungnahme ist in die Entscheidung einzubeziehen.

(8) Die Richtlinien des Gemeinsamen Bundesausschusses sind Bestandteil der Bundesmantelverträge.

§ 92a Innovationsfonds, Grundlagen der Förderung von neuen Versorgungsformen zur Weiterentwicklung der Versorgung und von Versorgungsforschung durch den Gemeinsamen Bundesausschuss. (1) [1]Der Gemeinsame Bundesausschuss fördert neue Versorgungsformen, die über die bisherige Regelversorgung hinausgehen. [2]Gefördert werden insbesondere Vorhaben, die eine Verbesserung der sektorenübergreifenden Versorgung zum Ziel haben und hinreichendes Potential aufweisen, dauerhaft in die Versorgung aufgenommen zu werden. [3]Voraussetzung für eine Förderung ist, dass eine wissenschaftliche Begleitung und Auswertung der Vorhaben erfolgt. [4]Förderkriterien sind insbesondere:

1. Verbesserung der Versorgungsqualität und Versorgungseffizienz,
2. Behebung von Versorgungsdefiziten,
3. Optimierung der Zusammenarbeit innerhalb und zwischen verschiedenen Versorgungsbereichen, Versorgungseinrichtungen und Berufsgruppen,
4. interdisziplinäre und fachübergreifende Versorgungsmodelle,
5. Übertragbarkeit der Erkenntnisse, insbesondere auf andere Regionen oder Indikationen,
6. Verhältnismäßigkeit von Implementierungskosten und Nutzen,
7. Evaluierbarkeit.

[5]Förderfähig sind nur diejenigen Kosten, die dem Grunde nach nicht von den Vergütungssystemen der Regelversorgung umfasst sind. [6]Bei der Antragstellung ist in der Regel eine Krankenkasse zu beteiligen. [7]Ein Anspruch auf Förderung besteht nicht.

(2) [1]Der Gemeinsame Bundesausschuss fördert Versorgungsforschung, die auf einen Erkenntnisgewinn zur Verbesserung der bestehenden Versorgung in der gesetzlichen Krankenversicherung ausgerichtet ist. [2]Antragsteller für eine Förderung von Versorgungsforschung können insbesondere universitäre und nichtuniversitäre Forschungseinrichtungen sein. [3]Für Verträge, die nach den §§ 73c und 140a in der am 22. Juli 2015 geltenden Fassung geschlossen wurden, kann auf Antrag der Vertragsparteien eine wissenschaftliche Begleitung und Auswertung gefördert werden, wenn die Vertragsinhalte hinreichendes Potential aufweisen, in die Regelversorgung überführt zu werden. [4]Ein Anspruch auf Förderung besteht nicht. [5]Die für Versorgungsforschung zur Verfügung stehenden Mittel können auch für Forschungsvorhaben zur Weiterentwicklung und insbesondere Evaluation der Richtlinien des Gemeinsamen Bundesausschusses eingesetzt werden.

(3) [1]Die Fördersumme für neue Versorgungsformen und Versorgungsforschung nach den Absätzen 1 und 2 beträgt in den Jahren 2016 bis 2019 jeweils 300 Millionen Euro. [2]Sie umfasst auch die für die Verwaltung der Mittel und die Durchführung der Förderung einschließlich der wissenschaftlichen Auswertung nach Absatz 5 notwendigen Aufwendungen. [3]Soweit hierfür bereits im Jahr 2015 Ausgaben anfallen, werden diese aus der Liquiditätsreserve des Gesundheitsfonds getragen; der Betrag nach § 271 Absatz 2 Satz 5 verringert sich für das Jahr 2016 um den im Jahr 2015 in Anspruch genommenen Betrag. [4]Von der Fördersumme sollen 75 Prozent für die Förderung nach Absatz 1 und 25 Prozent für die Förderung nach Absatz 2 verwendet werden. [5]Mittel, die im Haushaltsjahr nicht bewilligt wurden, sind entsprechend Absatz 4 Satz 1 anteilig an den Gesundheitsfonds (Liquiditätsreserve) und die Krankenkassen zurückzuführen. [6]Die Laufzeit eines Vorhabens nach den Absätzen 1 und 2 kann bis zu vier Jahre betragen.

(4) [1]Die Mittel nach Absatz 3, verringert um den Finanzierungsanteil der landwirtschaftlichen Krankenkasse nach § 221 Absatz 3 Satz 1 Nummer 1, werden durch den Gesundheitsfonds (Liquiditätsreserve) und die nach § 266 am Risikostrukturausgleich teilnehmenden Krankenkassen jeweils zur Hälfte getragen. [2]Das Bundesversicherungsamt erhebt und verwaltet die Mittel (Innovationsfonds) und zahlt die Fördermittel auf der Grundlage der Entscheidungen des Innovationsausschusses nach § 92b aus. [3]Die dem Bundesversicherungsamt im Zusammenhang mit dem Innovationsfonds entstehenden Ausgaben werden aus den Einnahmen des Innovationsfonds gedeckt. [4]Das Nähere zur Erhebung der Mittel für den Innovationsfonds durch das Bundesversicherungsamt bei den nach § 266 am Risikostrukturausgleich teilnehmenden Krankenkassen regelt die Rechtsverordnung nach § 266 Absatz 7 Satz 1; § 266 Absatz 6 Satz 7 gilt entsprechend. [5]Das Nähere zur Weiterleitung der Mittel an den Innovationsfonds und zur Verwaltung der Mittel des Innovationsfonds bestimmt das Bundesversicherungsamt im Benehmen mit dem Innovationsausschuss und dem Spitzenverband Bund der Krankenkassen.

(5) [1]Das Bundesministerium für Gesundheit veranlasst eine wissenschaftliche Auswertung der Förderung nach dieser Vorschrift im Hinblick auf deren

Eignung zur Weiterentwicklung der Versorgung. [2]Die hierfür entstehenden Ausgaben werden aus den Einnahmen des Innovationsfonds gedeckt. [3]Das Bundesministerium für Gesundheit übersendet dem Deutschen Bundestag zum 31. März 2019 einen Zwischenbericht über die wissenschaftliche Auswertung. [4]Einen abschließenden Bericht über das Ergebnis der wissenschaftlichen Auswertung legt das Bundesministerium für Gesundheit dem Deutschen Bundestag zum 31. März 2021 vor.

§ 92b Durchführung der Förderung von neuen Versorgungsformen zur Weiterentwicklung der Versorgung und von Versorgungsforschung durch den Gemeinsamen Bundesausschuss. (1) [1]Zur Durchführung der Förderung wird beim Gemeinsamen Bundesausschuss bis zum 1. Januar 2016 ein Innovationsausschuss eingerichtet. [2]Dem Innovationsausschuss gehören drei vom Spitzenverband Bund der Krankenkassen benannte Mitglieder des Beschlussgremiums nach § 91 Absatz 2, jeweils ein von der Kassenärztlichen Bundesvereinigung, der Kassenzahnärztlichen Bundesvereinigung und der Deutschen Krankenhausgesellschaft benanntes Mitglied des Beschlussgremiums nach § 91 Absatz 2, der unparteiische Vorsitzende des Gemeinsamen Bundesausschusses sowie zwei Vertreter des Bundesministeriums für Gesundheit und ein Vertreter des Bundesministeriums für Bildung und Forschung an. [3]Die für die Wahrnehmung der Interessen der Patientinnen und Patienten und der Selbsthilfe chronisch kranker und behinderter Menschen auf Bundesebene maßgeblichen Organisationen erhalten ein Mitberatungs- und Antragsrecht. [4]§ 140f Absatz 2 Satz 2 bis 7, Absatz 5 sowie 6 gilt entsprechend.

(2) [1]Der Innovationsausschuss legt in Förderbekanntmachungen die Schwerpunkte und Kriterien für die Förderung nach § 92a Absatz 1 und 2 Satz 1 bis 4 fest. [2]Er führt auf der Grundlage der Förderbekanntmachungen Interessenbekundungsverfahren durch und entscheidet über die eingegangenen Anträge auf Förderung. [3]Der Innovationsausschuss entscheidet auch über die Verwendung der Mittel nach § 92a Absatz 2 Satz 5. [4]Entscheidungen des Innovationsausschusses bedürfen einer Mehrheit von sieben Stimmen. [5]Der Innovationsausschuss beschließt eine Geschäfts- und Verfahrensordnung, in der er insbesondere seine Arbeitsweise und die Zusammenarbeit mit der Geschäftsstelle nach Absatz 3 sowie das Förderverfahren nach Satz 2 regelt. [6]Die Geschäfts- und Verfahrensordnung bedarf der Genehmigung des Bundesministeriums für Gesundheit.

(3) [1]Zur Vorbereitung und Umsetzung der Entscheidungen des Innovationsausschusses wird eine Geschäftsstelle eingerichtet. [2]Der personelle und sachliche Bedarf des Innovationsausschusses und seiner Geschäftsstelle wird vom Innovationsausschuss bestimmt und ist vom Gemeinsamen Bundesausschuss in seinen Haushalt einzustellen.

(4) Die Geschäftsstelle nach Absatz 3 untersteht der fachlichen Weisung des Innovationsausschusses und der dienstlichen Weisung des unparteiischen Vorsitzenden des Gemeinsamen Bundesausschusses und hat insbesondere folgende Aufgaben:

1. Erarbeitung von Entwürfen für Förderbekanntmachungen,
2. Möglichkeit zur Einholung eines Zweitgutachtens, insbesondere durch das Institut für Qualität und Wirtschaftlichkeit im Gesundheitswesen nach § 139a oder das Institut für Qualitätssicherung und Transparenz nach § 137a,
3. Erlass von Förderbescheiden,
4. Veranlassung der Auszahlung der Fördermittel durch das Bundesversicherungsamt,
5. Prüfung der ordnungsgemäßen Verwendung der Fördermittel und eventuelle Rückforderung der Fördermittel,
6. Veröffentlichung der aus dem Innovationsfonds geförderten Vorhaben.

(5) ¹Zur Einbringung wissenschaftlichen und versorgungspraktischen Sachverstands in die Beratungsverfahren des Innovationsausschusses wird ein Expertenbeirat gebildet. ²Mitglieder des Expertenbeirats sind Vertreter aus Wissenschaft und Versorgungspraxis. ³Die Zahl der Mitglieder soll zehn nicht überschreiten. ⁴Der Expertenbeirat wird vom Bundesministerium für Gesundheit berufen. ⁵Die Empfehlungen des Expertenbeirats sind vom Innovationsausschuss in seine Entscheidungen einzubeziehen. ⁶Abweichungen vom Votum des Expertenbeirats sind vom Innovationsausschuss schriftlich zu begründen.

(6) Der Expertenbeirat hat insbesondere folgende Aufgaben:
1. Abgabe von Empfehlungen zum Inhalt der Förderbekanntmachungen auf Grundlage von Entwürfen der Geschäftsstelle nach Absatz 3,
2. Durchführung von Kurzbegutachtungen der Anträge auf Förderung,
3. Abgabe einer Empfehlung zur Förderentscheidung.

(7) ¹Klagen bei Streitigkeiten nach dieser Vorschrift haben keine aufschiebende Wirkung. ²Ein Vorverfahren findet nicht statt.

§ 93 Übersicht über ausgeschlossene Arzneimittel. (1) ¹Der Gemeinsame Bundesausschuss soll in regelmäßigen Zeitabständen die nach § 34 Abs. 1 oder durch Rechtsverordnung aufgrund des § 34 Abs. 2 und 3 ganz oder für bestimmte Indikationsgebiete von der Versorgung nach § 31 ausgeschlossenen Arzneimittel in einer Übersicht zusammenstellen. ²Die Übersicht ist im Bundesanzeiger bekannt zu machen.

(2) Kommt der Gemeinsame Bundesausschuss seiner Pflicht nach Absatz 1 nicht oder nicht in einer vom Bundesministerium für Gesundheit gesetzten Frist nach, kann das Bundesministerium für Gesundheit die Übersicht zusammenstellen und im Bundesanzeiger bekannt machen.

§ 94 Wirksamwerden der Richtlinien. (1) ¹Die vom Gemeinsamen Bundesausschuss beschlossenen Richtlinien sind dem Bundesministerium für Gesundheit vorzulegen. ²Es kann sie innerhalb von zwei Monaten beanstanden; bei Beschlüssen nach § 35 Abs. 1 innerhalb von vier Wochen. ³Das Bundesministerium für Gesundheit kann im Rahmen der Richtlinienprüfung vom Gemeinsamen Bundesausschuss zusätzliche Informationen und ergänzende Stellungnahmen anfordern; bis zum Eingang der Auskünfte ist der Lauf der Frist nach Satz 2 unterbrochen. ⁴Die Nichtbeanstandung einer Richtlinie kann vom Bundesministerium für Gesundheit mit Auflagen verbunden werden; das Bundesministerium für Gesundheit kann zur Erfüllung einer Auflage eine angemessene Frist setzen. [5]Kommen die für die Sicherstellung der ärztlichen Versorgung erforderlichen Beschlüsse des Gemeinsamen Bundesausschusses nicht oder nicht innerhalb einer vom Bundesministerium für Gesundheit gesetzten Frist zustande oder werden die Beanstandungen des Bundesministeriums für Gesundheit nicht innerhalb der von ihm gesetzten Frist behoben, erlässt das Bundesministerium für Gesundheit die Richtlinien.

(2) [1]Die Richtlinien sind im Bundesanzeiger und deren tragende Gründe im Internet bekannt zu machen. [2]Die Bekanntmachung der Richtlinien muss auch einen Hinweis auf die Fundstelle der Veröffentlichung der tragenden Gründe im Internet enthalten.

(3) Klagen gegen Maßnahmen des Bundesministeriums für Gesundheit nach Absatz 1 haben keine aufschiebende Wirkung.

Siebter Titel
Voraussetzungen und Formen der Teilnahme von Ärzten und Zahnärzten an der Versorgung

§ 95 Teilnahme an der vertragsärztlichen Versorgung. (1) [1]An der vertragsärztlichen Versorgung nehmen zugelassene Ärzte und zugelassene medizinische Versorgungszentren sowie ermächtigte Ärzte und ermächtigte Einrichtungen teil. [2]Medizinische Versorgungszentren sind ärztlich geleitete Einrichtungen, in denen Ärzte, die in das Arztregister nach Absatz 2 Satz 3 eingetragen sind, als Angestellte oder Vertragsärzte tätig sind. [3]Der ärztliche Leiter muss in dem medizinischen Versorgungszentrum selbst als angestellter Arzt oder als Vertragsarzt tätig sein; er ist in medizinischen Fragen weisungsfrei. [4]Sind in einem medizinischen Versorgungszentrum Angehörige unterschiedlicher Berufsgruppen, die an der vertragsärztlichen Versorgung teilnehmen, tätig, ist auch eine kooperative Leitung möglich. [5]Die Zulassung erfolgt für den Ort der Niederlassung als Arzt oder den Ort der Niederlassung als medizinisches Versorgungszentrum (Vertragsarztsitz).

(1a) [1]Medizinische Versorgungszentren können von zugelassenen Ärzten, von zugelassenen Krankenhäusern, von Erbringern nichtärztlicher Dialyseleistungen nach § 126 Absatz 3, von gemeinnützigen Trägern, die aufgrund von Zulassung oder Ermächtigung an der vertragsärztlichen Versorgung teilnehmen, oder von Kommunen gegründet werden; die Gründung ist nur in der Rechtsform einer Personengesellschaft, einer eingetragenen Genossenschaft oder einer Gesellschaft mit beschränkter Haftung oder in einer öffentlich rechtlichen Rechtsform möglich. [2]Die Zulassung von medizinischen Versorgungszentren, die am 1. Januar 2012 bereits zugelassen sind, gilt unabhängig von der Trägerschaft und der Rechtsform des medizinischen Versorgungszentrums unverändert fort. [3]Für die Gründung von medizinischen Versorgungszentren durch Kommunen findet § 105 Absatz 5 Satz 1 bis 4 keine Anwendung.

(2) [1]Um die Zulassung als Vertragsarzt kann sich jeder Arzt bewerben, der seine Eintragung in ein Arzt- oder Zahnarztregister (Arztregister) nachweist. [2]Die Arztregister werden von den Kassenärztlichen Vereinigungen für jeden Zulassungsbezirk geführt. [3]Die Eintragung in ein Arztregister erfolgt auf Antrag

1. nach Erfüllung der Voraussetzungen nach § 95a für Vertragsärzte und nach § 95c für Psychotherapeuten,

2. nach Ableistung einer zweijährigen Vorbereitungszeit für Vertragszahnärzte.

[4]Das Nähere regeln die Zulassungsverordnungen. [5]Um die Zulassung kann sich ein medizinisches Versorgungszentrum bewerben, dessen Ärzte in das Arztregister nach Satz 3 eingetragen sind. [6]Für die Zulassung eines medizinischen Versorgungszentrums in der Rechtsform einer Gesellschaft mit beschränkter Haftung ist außerdem Voraussetzung, dass die Gesellschafter selbstschuldnerische Bürgschaftserklärungen oder andere Sicherheitsleistungen nach § 232 des Bürgerlichen Gesetzbuchs für Forderungen von Kassenärztlichen Vereinigungen und Krankenkassen gegen das medizinische Versorgungszentrum aus dessen vertragsärztlicher Tätigkeit abgeben; dies gilt auch für Forderungen, die erst nach Auflösung des medizinischen Versorgungszentrums fällig werden. [7]Die Anstellung eines Arztes in einem zugelassenen medizinischen Versorgungszentrum bedarf der Genehmigung des Zulassungsausschusses. [8]Die Genehmigung ist zu erteilen, wenn die Voraussetzungen des Satzes 5 erfüllt sind; Absatz 9b gilt entsprechend. [9]Anträge auf Zulassung eines Arztes und auf Zulassung eines medizinischen Versorgungszentrums sowie auf Genehmigung der Anstellung eines Arztes in einem zugelassenen medizinischen Versorgungszentrum sind abzulehnen, wenn bei Antragstellung für die dort tätigen Ärzte Zulassungsbeschränkungen nach § 103 Abs. 1 Satz 2 angeordnet sind. [10]Für die in den medizinischen Versorgungszentren angestellten Ärzte gilt § 135 entsprechend.

(2a) *(aufgehoben)*

(3) [1]Die Zulassung bewirkt, dass der Vertragsarzt Mitglied der für seinen Kassenarztsitz zuständigen kassenärztlichen Vereinigung wird und zur Teilnahme an der vertragsärztlichen Versorgung im Umfang seines aus der Zulassung folgenden zeitlich vollen oder hälftigen Versorgungsauftrags berechtigt und verpflichtet ist. [2]Die Zulassung des medizinischen Versorgungszentrums bewirkt, dass die in dem Versorgungszentrum angestellten Ärzte Mitglieder der für den Vertragsarztsitz des Versorgungszentrums zuständigen Kassenärztlichen Vereinigung sind und dass das zugelassene medizinische Versorgungszentrum insoweit zur Teilnahme an der vertragsärztlichen Versorgung berechtigt und verpflichtet ist. [3]Die vertraglichen Bestimmungen über die vertragsärztliche Versorgung sind verbindlich. [4]Die Einhaltung der sich aus den Sätzen 1 und 2 ergebenden Versorgungsaufträge sind von der Kassenärztlichen Vereinigung zu prüfen. [5]Die Ergebnisse sind den Landes- und Zulassungsausschüssen mindestens jährlich zu übermitteln.

(4) [1]Die Ermächtigung bewirkt, dass der ermächtigte Arzt oder die ermächtigte Einrichtung zur Teilnahme an der vertragsärztlichen Versorgung berechtigt und verpflichtet ist. [2]Die vertraglichen Bestimmungen über die vertragsärztliche Versorgung sind für sie verbindlich. [3]Die Absätze 5 bis 7, § 75 Abs. 2 und § 81 Abs. 5 gelten entsprechend.

(5) [1]Die Zulassung ruht auf Beschluss des Zulassungsausschusses, wenn der Vertragsarzt seine Tätigkeit nicht aufnimmt oder nicht ausübt, ihre Aufnahme aber in angemessener Frist zu erwarten ist, oder auf Antrag eines Vertragsarztes, der in den hauptamtlichen Vorstand nach § 79 Abs. 1 gewählt worden ist. [2]Unter den gleichen Voraussetzungen kann bei vollem Versorgungsauftrag das hälftige Ruhen der Zulassung beschlossen werden.

(6) [1]Die Zulassung ist zu entziehen, wenn ihre Voraussetzungen nicht oder nicht mehr vorliegen, der Vertragsarzt die vertragsärztliche Tätigkeit nicht aufnimmt oder nicht mehr ausübt oder seine vertragsärztlichen Pflichten gröblich verletzt. [2]Der Zulassungsausschuss kann in diesen Fällen statt einer vollständigen auch eine hälftige Entziehung der Zulassung beschließen. [3]Einem medizinischen Versorgungszentrum ist die Zulassung auch dann zu entziehen, wenn die Gründungsvoraussetzung des Absatzes 1 Satz 4 und 5 oder des Absatzes 1a Satz 1 länger als sechs Monate nicht mehr vorliegt. [4]Die Gründereigenschaft nach Absatz 1a Satz 1 bleibt auch für die angestellten Ärzte bestehen, die auf ihre Zulassung zugunsten der Anstellung in einem medizinischen Versorgungszentrum verzichtet haben, solange sie in dem medizinischen Versorgungszentrum tätig sind und Gesellschafter des medizinischen Versorgungszentrums sind. [5]Medizinischen Versorgungszentren, die unter den in Absatz 1a Satz 2 geregelten Bestandsschutz fallen, ist die Zulassung zu entziehen, wenn die Gründungsvoraussetzungen des Absatzes 1 Satz 6 zweiter Halbsatz in der bis zum 31. Dezember 2011 geltenden Fassung seit mehr als sechs Monaten nicht mehr vorliegen oder das medizinische Versorgungszentrum gegenüber dem Zulassungsausschuss nicht bis zum 30. Juni 2012 nachweist, dass die ärztliche Leitung den Voraussetzungen des Absatzes 1 Satz 3 entspricht.

(7) [1]Die Zulassung endet mit dem Tod, mit dem Wirksamwerden eines Verzichts, mit dem Ablauf des Befristungszeitraumes oder mit dem Wegzug des Berechtigten aus dem Bezirk seines Kassenarztsitzes. [2]Die Zulassung eines medizinischen Versorgungszentrums endet mit dem Wirksamwerden eines Verzichts, der Auflösung, dem Ablauf des Befristungszeitraumes oder mit dem Wegzug des zugelassenen medizinischen Versorgungszentrums aus dem Bezirk des Vertragsarztsitzes.

(8) *(aufgehoben)*

(9) [1]Der Vertragsarzt kann mit Genehmigung des Zulassungsausschusses Ärzte, die in das Arztregister eingetragen sind, anstellen, sofern für die Arztgruppe, der der anzustellende Arzt angehört, keine Zulassungsbeschränkungen angeordnet sind. [2]Sind Zulassungsbeschränkungen angeordnet, gilt Satz 1 mit der Maßgabe, dass die Voraussetzungen des § 101 Abs. 1 Satz 1 Nr. 5 erfüllt

sein müssen. [3]Das Nähere zu der Anstellung von Ärzten bei Vertragsärzten bestimmen die Zulassungsverordnungen. [4]Absatz 5 gilt entsprechend.

(9a) [1]Der an der hausärztlichen Versorgung teilnehmende Vertragsarzt kann mit Genehmigung des Zulassungsausschusses Ärzte, die von einer Hochschule mindestens halbtags als angestellte oder beamtete Hochschullehrer für Allgemeinmedizin oder als deren wissenschaftliche Mitarbeiter beschäftigt werden und in das Arztregister eingetragen sind, unabhängig von Zulassungsbeschränkungen anstellen. [2]Bei der Ermittlung des Versorgungsgrades in einem Planungsbereich sind diese angestellten Ärzte nicht mitzurechnen.

(9b) Eine genehmigte Anstellung nach Absatz 9 Satz 1 ist auf Antrag des anstellenden Vertragsarztes vom Zulassungsausschuss in eine Zulassung umzuwandeln, sofern der Umfang der Tätigkeit des angestellten Arztes einem ganzen oder halben Versorgungsauftrag entspricht; beantragt der anstellende Vertragsarzt nicht zugleich bei der Kassenärztlichen Vereinigung die Durchführung eines Nachbesetzungsverfahrens nach § 103 Absatz 4, wird der bisher angestellte Arzt Inhaber der Zulassung.

(10) [1]Psychotherapeuten werden zur vertragsärztlichen Versorgung zugelassen, wenn sie
1. bis zum 31. Dezember 1998 die Voraussetzung der Approbation nach § 12 des Psychotherapeutengesetzes und des Fachkundenachweises nach § 95c Satz 2 Nr. 3 erfüllt und den Antrag auf Erteilung der Zulassung gestellt haben,
2. bis zum 31. März 1999 die Approbationsurkunde vorlegen und
3. in der Zeit vom 25. Juni 1994 bis zum 24. Juni 1997 an der ambulanten psychotherapeutischen Versorgung der Versicherten der gesetzlichen Krankenversicherung teilgenommen haben.
[2]Der Zulassungsausschuss hat über die Zulassungsanträge bis zum 30. April 1999 zu entscheiden.

(11) [1]Psychotherapeuten werden zur vertragsärztlichen Versorgung ermächtigt, wenn sie
1. bis zum 31. Dezember 1998 die Voraussetzungen der Approbation nach § 12 des Psychotherapeutengesetzes erfüllt und 500 dokumentierte Behandlungsstunden oder 250 dokumentierte Behandlungsstunden unter qualifizierter Supervision in Behandlungsverfahren erbracht haben, die der Gemeinsame Bundesausschuss in den bis zum 31. Dezember 1998 geltenden Richtlinien über die Durchführung der Psychotherapie in der vertragsärztlichen Versorgung anerkannt hat (Psychotherapie-Richtlinien in der Neufassung vom 3. Juli 1987 – BAnz. Nr. 156 Beilage Nr. 156a –, zuletzt geändert durch Bekanntmachung vom 12. März 1997 – BAnz. Nr. 49 S. 2946), und den Antrag auf Nachqualifikation gestellt haben,
2. bis zum 31. März 1999 die Approbationsurkunde vorlegen und
3. in der Zeit vom 25. Juni 1994 bis zum 24. Juni 1997 an der ambulanten psychotherapeutischen Versorgung der Versicherten der gesetzlichen Krankenversicherung teilgenommen haben.

[2]Der Zulassungsausschuss hat über die Anträge bis zum 30. April 1999 zu entscheiden. [3]Die erfolgreiche Nachqualifikation setzt voraus, dass die für die Approbation gemäß § 12 Abs. 1 und § 12 Abs. 3 des Psychotherapeutengesetzes geforderte Qualifikation, die geforderten Behandlungsstunden, Behandlungsfälle und die theoretische Ausbildung in vom Gemeinsamen Bundesausschuss anerkannten Behandlungsverfahren erbracht wurden. [4]Bei Nachweis des erfolgreichen Abschlusses der Nachqualifikation hat der Zulassungsausschuss auf Antrag die Ermächtigung in eine Zulassung umzuwandeln. [5]Die Ermächtigung des Psychotherapeuten erlischt bei Beendigung der Nachqualifikation, spätestens fünf Jahre nach Erteilung der Ermächtigung; sie bleibt jedoch bis zur Entscheidung des Zulassungsausschusses erhalten, wenn der Antrag auf Umwandlung bis fünf Jahre nach Erteilung der Ermächtigung gestellt wurde.

(11a) [1]Für einen Psychotherapeuten, der bis zum 31. Dezember 1998 wegen der Betreuung und der Erziehung eines Kindes in den ersten drei Lebensjahren, für das ihm die Personensorge zustand und mit dem er in einem Haushalt gelebt hat, keine Erwerbstätigkeit ausgeübt hat, wird die in Absatz 11 Satz 1 Nr. 1 genannte Frist zur Antragstellung für eine Ermächtigung und zur Erfüllung der Behandlungsstunden um den Zeitraum hinausgeschoben, der der Kindererziehungszeit entspricht, höchstens jedoch um drei Jahre. [2]Die Ermächtigung eines Psychotherapeuten ruht in der Zeit, in der er wegen der Betreuung und der Erziehung eines Kindes in den ersten drei Lebensjahren, für das ihm die Personensorge zusteht und das mit ihm in einem Haushalt lebt, keine Erwerbstätigkeit ausübt. [3]Sie verlängert sich längstens um den Zeitraum der Kindererziehung.

(11b) [1]Für einen Psychotherapeuten, der in dem in Absatz 10 Satz 1 Nr. 3 und Absatz 11 Satz 1 Nr. 3 genannten Zeitraum wegen der Betreuung und Erziehung eines Kindes in den ersten drei Lebensjahren, für das ihm die Personensorge zustand und mit dem er in einem Haushalt gelebt hat, keine Erwerbstätigkeit ausgeübt hat, wird der Beginn der Frist um die Zeit vorverlegt, die der Zeit der Kindererziehung in dem Dreijahreszeitraum entspricht. [2]Begann die Kindererziehungszeit vor dem 25. Juni 1994, berechnet sich die Frist vom Zeitpunkt des Beginns der Kindererziehungszeit an.

(12) [1]Der Zulassungsausschuss kann über Zulassungsanträge von Psychotherapeuten und überwiegend oder ausschließlich psychotherapeutisch tätige Ärzte, die nach dem 31. Dezember 1998 gestellt werden, erst dann entscheiden, wenn der Landesausschuss der Ärzte und Krankenkassen die Feststellung nach § 103 Abs. 1 Satz 1 getroffen hat. [2]Anträge nach Satz 1 sind wegen Zulassungsbeschränkungen auch dann abzulehnen, wenn diese bei Antragstellung noch nicht angeordnet waren.

(13) [1]In Zulassungssachen der Psychotherapeuten und der überwiegend oder ausschließlich psychotherapeutisch tätigen Ärzte (§ 101 Abs. 4 Satz 1) treten abweichend von § 96 Abs. 2 Satz 1 und § 97 Abs. 2 Satz 1 an die Stelle der Vertreter der Ärzte Vertreter der Psychotherapeuten und der Ärzte in gleicher Zahl; unter den Vertretern der Psychotherapeuten muss mindestens ein Kinder- und

Jugendlichenpsychotherapeut sein. [2]Für die erstmalige Besetzung der Zulassungsausschüsse und der Berufungsausschüsse nach Satz 1 werden die Vertreter der Psychotherapeuten von der zuständigen Aufsichtsbehörde auf Vorschlag der für die beruflichen Interessen maßgeblichen Organisationen der Psychotherapeuten auf Landesebene berufen.

§ 95a Voraussetzung für die Eintragung in das Arztregister für Vertragsärzte. (1) Bei Ärzten setzt die Eintragung in das Arztregister voraus:

1. die Approbation als Arzt,
2. den erfolgreichen Abschluss entweder einer allgemeinmedizinischen Weiterbildung oder einer Weiterbildung in einem anderen Fachgebiet mit der Befugnis zum Führen einer entsprechenden Gebietsbezeichnung oder den Nachweis einer Qualifikation, die gemäß den Absätzen 4 und 5 anerkannt ist.

(2) [1]Eine allgemeinmedizinische Weiterbildung im Sinne von Absatz 1 Nr. 2 ist nachgewiesen, wenn der Arzt nach landesrechtlichen Vorschriften zum Führen der Facharztbezeichnung für Allgemeinmedizin berechtigt ist und diese Berechtigung nach einer mindestens fünfjährigen erfolgreichen Weiterbildung in der Allgemeinmedizin bei zur Weiterbildung ermächtigten Ärzten und in dafür zugelassene Einrichtungen erworben hat. [2]Bis zum 31. Dezember 2008 ist eine dem Satz 1 entsprechende mindestens dreijährige Weiterbildung ausnahmsweise ausreichend, wenn nach den entsprechenden landesrechtlichen Vorschriften eine begonnene Weiterbildung in der Allgemeinmedizin, für die eine Dauer von mindestens drei Jahren vorgeschrieben war, wegen der Erziehung eines Kindes in den ersten drei Lebensjahren, für das dem Arzt die Personensorge zustand und mit dem er in einem Haushalt gelebt hat, die Weiterbildung unterbrochen worden ist und nach den landesrechtlichen Vorschriften als mindestens dreijährige Weiterbildung fortgesetzt werden darf. [3]Satz 2 gilt entsprechend, wenn aus den dort genannten Gründen der Kindererziehung die Aufnahme einer vertragsärztlichen Tätigkeit in der Allgemeinmedizin vor dem 1. Januar 2006 nicht möglich war und ein entsprechender Antrag auf Eintragung in das Arztregister auf der Grundlage einer abgeschlossenen mindestens dreijährigen Weiterbildung bis zum 31. Dezember 2008 gestellt wird.

(3) [1]Die allgemeinmedizinische Weiterbildung muss unbeschadet ihrer mindestens fünfjährigen Dauer inhaltlich mindestens den Anforderungen nach Artikel 28 der Richtlinie 2005/36/EG des Europäischen Parlaments und des Rates vom 7. September 2005 über die Anerkennung von Berufsqualifikationen (ABl. EU Nr. L 255 S. 22, 2007 Nr. L 271 S. 18) entsprechen und mit dem Erwerb der Facharztbezeichnung für Allgemeinmedizin abschließen. [2]Sie hat insbesondere folgende Tätigkeiten einzuschließen:

1. mindestens sechs Monate in der Praxis eines zur Weiterbildung in der Allgemeinmedizin ermächtigten niedergelassenen Arztes,
2. mindestens sechs Monate in zugelassenen Krankenhäusern,
3. höchstens sechs Monate in anderen zugelassenen Einrichtungen oder Diensten des Gesundheitswesens, die sich mit Allgemeinmedizin befassen, soweit der Arzt mit einer patientenbezogenen Tätigkeit betraut ist.

(4) Die Voraussetzungen zur Eintragung sind auch erfüllt, wenn der Arzt aufgrund von landesrechtlichen Vorschriften zur Ausführung des Artikels 30 der Richtlinie 2005/36/EG des Europäischen Parlaments und des Rates vom 7. September 2005 über die Anerkennung von Berufsqualifikationen (ABl. EU Nr. L 255 S. 22, 2007 Nr. L 271 S. 18) bis zum 31. Dezember 1995 die Bezeichnung „Praktischer Arzt" erworben hat.

(5) ¹Einzutragen sind auf ihren Antrag auch im Inland zur Berufsausübung zugelassene Ärzte, wenn sie Inhaber eines Ausbildungsnachweises über eine inhaltlich mindestens den Anforderungen nach Artikel 28 der Richtlinie 2005/36/EG des Europäischen Parlaments und des Rates vom 7. September 2005 über die Anerkennung von Berufsqualifikationen (ABl. EU Nr. L 255 S. 22, 2007 Nr. L 271 S. 18) entsprechende besondere Ausbildung in der Allgemeinmedizin sind und dieser Ausbildungsnachweis in einem Mitgliedstaat der Europäischen Union oder einem anderen Vertragsstaat des Abkommens über den Europäischen Wirtschaftsraum oder einem Vertragsstaat, dem Deutschland und die Europäische Gemeinschaft oder Deutschland und die Europäische Union vertraglich einen entsprechenden Rechtsanspruch eingeräumt haben, ausgestellt worden ist. ²Einzutragen sind auch Inhaber von Bescheinigungen über besondere erworbene Rechte von praktischen Ärzten nach Artikel 30 der in Satz 1 genannten Richtlinie, Inhaber eines Ausbildungsnachweises über eine inhaltlich mindestens den Anforderungen nach Artikel 25 dieser Richtlinie entsprechende fachärztliche Weiterbildung oder Inhaber einer Bescheinigung über besondere erworbene Rechte von Fachärzten nach Artikel 27 dieser Richtlinie.

§ 95b Kollektiver Verzicht auf die Zulassung. (1) Mit den Pflichten eines Vertragsarztes ist es nicht vereinbar, in einem mit anderen Ärzten aufeinander abgestimmten Verfahren oder Verhalten auf die Zulassung als Vertragsarzt zu verzichten.

(2) Verzichten Vertragsärzte in einem mit anderen Vertragsärzten aufeinander abgestimmten Verfahren oder Verhalten auf ihre Zulassung als Vertragsarzt und kommt es aus diesem Grunde zur Feststellung der Aufsichtsbehörde nach § 72a Abs. 1, kann eine erneute Zulassung frühestens nach Ablauf von sechs Jahren nach Abgabe der Verzichtserklärung erteilt werden.

(3) ¹Nimmt ein Versicherter einen Arzt oder Zahnarzt in Anspruch, der auf seine Zulassung nach Absatz 1 verzichtet hat, zahlt die Krankenkasse die Vergütung mit befreiender Wirkung an den Arzt oder Zahnarzt. ²Der Vergütungsanspruch gegen die Krankenkasse ist auf das 1,0fache des Gebührensatzes der Gebührenordnung für Ärzte oder der Gebührenordnung für Zahnärzte beschränkt. ³Ein Vergütungsanspruch des Arztes oder Zahnarztes gegen den Versicherten besteht nicht. ⁴Abweichende Vereinbarungen sind nichtig.

§ 95c Voraussetzung für die Eintragung von Psychotherapeuten in das Arztregister. ¹Bei Psychotherapeuten setzt die Eintragung in das Arztregister voraus:

1. die Approbation als Psychotherapeut nach § 2 oder § 12 des Psychotherapeutengesetzes und
2. den Fachkundenachweis.

²Der Fachkundenachweis setzt voraus

1. für den nach § 2 Abs. 1 des Psychotherapeutengesetzes approbierten Psychotherapeuten, dass der Psychotherapeut die vertiefte Ausbildung gemäß
   § 8 Abs. 3 Nr. 1 des Psychotherapeutengesetzes in einem durch den Gemeinsamen Bundesausschuss nach § 92 Abs. 6a anerkannten Behandlungsverfahren erfolgreich abgeschlossen hat;
2. für den nach § 2 Abs. 2 und Abs. 3 des Psychotherapeutengesetzes approbierten Psychotherapeuten, dass die der Approbation zugrunde liegende Ausbildung und Prüfung in einem durch den Gemeinsamen Bundesausschuss nach
   § 92 Abs. 6a anerkannten Behandlungsverfahren abgeschlossen wurden;
3. für den nach § 12 des Psychotherapeutengesetzes approbierten Psychotherapeuten, dass er die für eine Approbation geforderte Qualifikation, Weiterbildung oder Behandlungsstunden, Behandlungsfälle und die theoretische
   Ausbildung in einem durch den Gemeinsamen Bundesausschuss nach § 92
   Abs. 1 Satz 2 Nr. 1 anerkannten Behandlungsverfahren nachweist.

§ 95d Pflicht zur fachlichen Fortbildung. (1) ¹Der Vertragsarzt ist verpflichtet, sich in dem Umfang fachlich fortzubilden, wie es zur Erhaltung und
Fortentwicklung der zu seiner Berufsausübung in der vertragsärztlichen Versorgung erforderlichen Fachkenntnisse notwendig ist. ²Die Fortbildungsinhalte
müssen dem aktuellen Stand der wissenschaftlichen Erkenntnisse auf dem Gebiet der Medizin, Zahnmedizin oder Psychotherapie entsprechen. ³Sie müssen
frei von wirtschaftlichen Interessen sein.

(2) ¹Der Nachweis über die Fortbildung kann durch Fortbildungszertifikate
der Kammern der Ärzte, der Zahnärzte sowie der Psychologischen Psychotherapeuten und Kinder- und Jugendlichenpsychotherapeuten erbracht werden.
²Andere Fortbildungszertifikate müssen den Kriterien entsprechen, die die jeweilige Arbeitsgemeinschaft der Kammern dieser Berufe auf Bundesebene aufgestellt hat. ³In Ausnahmefällen kann die Übereinstimmung der Fortbildung
mit den Anforderungen nach Absatz 1 Satz 2 und 3 auch durch sonstige Nachweise erbracht werden; die Einzelheiten werden von den Kassenärztlichen
Bundesvereinigungen nach Absatz 6 Satz 2 geregelt.

(3) ¹Ein Vertragsarzt hat alle fünf Jahre gegenüber der Kassenärztlichen Vereinigung den Nachweis zu erbringen, dass er in dem zurückliegenden Fünfjahreszeitraum seiner Fortbildungspflicht nach Absatz 1 nachgekommen ist; für
die Zeit des Ruhens der Zulassung ist die Frist unterbrochen. ²Endet die bisherige Zulassung infolge Wegzugs des Vertragsarztes aus dem Bezirk seines Vertragsarztsitzes, läuft die bisherige Frist weiter. ³Erbringt ein Vertragsarzt den
Fortbildungsnachweis nicht oder nicht vollständig, ist die Kassenärztliche Vereinigung verpflichtet, das an ihn zu zahlende Honorar aus der Vergütung vertragsärztlicher Tätigkeit für die ersten vier Quartale, die auf den Fünfjahreszeitraum folgen, um 10 vom Hundert zu, kürzen, ab dem darauf folgenden Quartal

um 25 vom Hundert. [4]Ein Vertragsarzt kann die für den Fünfjahreszeitraum festgelegte Fortbildung binnen zwei Jahren ganz oder teilweise nachholen; die nachgeholte Fortbildung wird auf den folgenden Fünfjahreszeitraum nicht angerechnet. [5]Die Honorarkürzung endet nach Ablauf des Quartals, in dem der vollständige Fortbildungsnachweis erbracht wird. [6]Erbringt ein Vertragsarzt den Fortbildungsnachweis nicht spätestens zwei Jahre nach Ablauf des Fünfjahreszeitraums, soll die Kassenärztliche Vereinigung unverzüglich gegenüber dem Zulassungsausschuss einen Antrag auf Entziehung der Zulassung stellen. [7]Wird die Zulassungsentziehung abgelehnt, endet die Honorarkürzung nach Ablauf des Quartals, in dem der Vertragsarzt den vollständigen Fortbildungsnachweis des folgenden Fünfjahreszeitraums erbringt.

(4) Die Absätze 1 bis 3 gelten für ermächtigte Ärzte entsprechend.

(5) [1]Die Absätze 1 und 2 gelten entsprechend für angestellte Ärzte eines medizinischen Versorgungszentrums, eines Vertragsarztes oder einer Einrichtung nach § 105 Absatz 1 Satz 2, Absatz 5 oder nach § 119b. [2]Den Fortbildungsnachweis nach Absatz 3 für die von ihm angestellten Ärzte führt das medizinische Versorgungszentrum oder der Vertragsarzt; für die in einer Einrichtung nach § 105 Absatz 5 oder nach § 119b angestellten Ärzte wird der Fortbildungsnachweis nach Absatz 3 von der Einrichtung geführt. [3]Übt ein angestellter Arzt die Beschäftigung länger als drei Monate nicht aus, hat die Kassenärztliche Vereinigung auf Antrag den Fünfjahreszeitraum um die Fehlzeiten zu verlängern. [4]Absatz 3 Satz 2 bis 5 und 7 gilt entsprechend mit der Maßgabe, dass das Honorar des medizinischen Versorgungszentrums, des Vertragsarztes oder der Einrichtung nach § 105 Absatz 1 Satz 2, Absatz 5 oder nach § 119b gekürzt wird. [5]Die Honorarkürzung endet auch dann, wenn der Kassenärztlichen Vereinigung die Beendigung des Beschäftigungsverhältnisses nachgewiesen wird, nach Ablauf des Quartals, in dem das Beschäftigungsverhältnis endet. [6]Besteht das Beschäftigungsverhältnis fort und wird nicht spätestens zwei Jahre nach Ablauf des Fünfjahreszeitraums für einen angestellten Arzt der Fortbildungsnachweis gemäß Satz 2 erbracht, soll die Kassenärztliche Vereinigung unverzüglich gegenüber dem Zulassungsausschuss einen Antrag auf Widerruf der Genehmigung der Anstellung stellen.

(6) [1]Die Kassenärztlichen Bundesvereinigungen regeln im Einvernehmen mit den zuständigen Arbeitsgemeinschaften der Kammern auf Bundesebene den angemessenen Umfang der im Fünfjahreszeitraum notwendigen Fortbildung. [2]Die Kassenärztlichen Bundesvereinigungen regeln das Verfahren des Fortbildungsnachweises und der Honorarkürzung. [3]Es ist insbesondere festzulegen, in welchen Fällen Vertragsärzte bereits vor Ablauf des Fünfjahreszeitraums Anspruch auf eine schriftliche oder elektronische Anerkennung abgeleisteter Fortbildung haben. [4]Die Regelungen sind für die Kassenärztlichen Vereinigungen verbindlich.

§ 96 Zulassungsausschüsse. (1) Zur Beschlussfassung und Entscheidung in Zulassungssachen errichten die Kassenärztlichen Vereinigungen und die Landesverbände der Krankenkassen sowie die Ersatzkassen für den Bezirk jeder Kassenärztlichen Vereinigung oder für Teile dieses Bezirks (Zulassungsbezirk) einen Zulassungsausschuss für Ärzte und einen Zulassungsausschuss für Zahnärzte.

(2) [1]Die Zulassungsausschüsse bestehen aus Vertretern der Ärzte und der Krankenkassen in gleicher Zahl. [2]Die Vertreter der Ärzte und ihre Stellvertreter werden von den Kassenärztlichen Vereinigungen, die Vertreter der Krankenkassen und ihre Stellvertreter von den Landesverbänden der Krankenkassen und den Ersatzkassen bestellt. [3]Die Mitglieder der Zulassungsausschüsse führen ihr Amt als Ehrenamt. [4]Sie sind an Weisungen nicht gebunden. [5]Den Vorsitz führt abwechselnd ein Vertreter der Ärzte und der Krankenkassen. [6]Die Zulassungsausschüsse beschließen mit einfacher Stimmenmehrheit, bei Stimmengleichheit gilt ein Antrag als abgelehnt.

(3) [1]Die Geschäfte der Zulassungsausschüsse werden bei den Kassenärztlichen Vereinigungen geführt. [2]Die Kosten der Zulassungsausschüsse werden, soweit sie nicht durch Gebühren gedeckt sind, je zur Hälfte von den Kassenärztlichen Vereinigungen einerseits und den Landesverbänden der Krankenkassen und den Ersatzkassen andererseits getragen.

(4) [1]Gegen die Entscheidungen der Zulassungsausschüsse können die am Verfahren beteiligten Ärzte und Einrichtungen, die Kassenärztlichen Vereinigungen und die Landesverbände der Krankenkassen sowie die Ersatzkassen den Berufungsausschuss anrufen. [2]Die Anrufung hat aufschiebende Wirkung.

§ 97 Berufungsausschüsse.   (1) [1]Die Kassenärztlichen Vereinigungen und die Landesverbände der Krankenkassen sowie die Ersatzkassen errichten für den Bezirk jeder Kassenärztlichen Vereinigung einen Berufungsausschuss für Ärzte und einen Berufungsausschuss für Zahnärzte. [2]Sie können nach Bedarf mehrere Berufungsausschüsse für den Bezirk einer Kassenärztlichen Vereinigung oder einen gemeinsamen Berufungsausschuss für die Bezirke mehrerer Kassenärztlicher Vereinigungen errichten.

(2) [1]Die Berufungsausschüsse bestehen aus einem Vorsitzenden mit der Befähigung zum Richteramt und aus Vertretern der Ärzte einerseits und der Landesverbände der Krankenkassen sowie der Ersatzkassen andererseits in gleicher Zahl als Beisitzern. [2]Über den Vorsitzenden sollen sich die Beisitzer einigen. [3]Kommt eine Einigung nicht zustande, beruft ihn die für die Sozialversicherung zuständige oberste Verwaltungsbehörde im Benehmen mit den Kassenärztlichen Vereinigungen und den Landesverbänden der Krankenkassen sowie den Ersatzkassen. [4]§ 96 Abs. 2 Satz 2 bis 5 und 7 und Abs. 3 gilt entsprechend.

(3) [1]Für das Verfahren sind § 84 Abs. 1 und § 85 Abs. 3 des Sozialgerichtsgesetzes anzuwenden. [2]Das Verfahren vor dem Berufungsausschuss gilt als Vorverfahren (§ 78 des Sozialgerichtsgesetzes).

(4) Der Berufungsausschuss kann die sofortige Vollziehung seiner Entscheidung im öffentlichen Interesse anordnen.

(5) [1]Die Aufsicht über die Geschäftsführung der Zulassungsausschüsse und der Berufungsausschüsse führen die für die Sozialversicherung zuständigen obersten Verwaltungsbehörden der Länder. [2]Sie berufen die Vertreter der Ärzte und der Krankenkassen, wenn und solange die Kassenärztlichen Vereinigungen, die Landesverbände der Krankenkassen oder die Ersatzkassen diese nicht bestellen.

§ 98 Zulassungsverordnungen. (1) [1]Die Zulassungsverordnungen regeln das Nähere über die Teilnahme an der vertragsärztlichen Versorgung sowie die zu ihrer Sicherstellung erforderliche Bedarfsplanung (§ 99) und die Beschränkung von Zulassungen. [2]Sie werden vom Bundesministerium für Gesundheit mit Zustimmung des Bundesrates als Rechtsverordnung erlassen.

(2) Die Zulassungsverordnungen müssen Vorschriften enthalten über

1. die Zahl, die Bestellung und die Abberufung der Mitglieder der Ausschüsse sowie ihrer Stellvertreter, ihre Amtsdauer, ihre Amtsführung und die ihnen zu gewährende Erstattung der baren Auslagen und Entschädigung für Zeitaufwand,

2. die Geschäftsführung der Ausschüsse,

3. das Verfahren der Ausschüsse entsprechend den Grundsätzen des Vorverfahrens in der Sozialgerichtsbarkeit,

4. die Verfahrensgebühren unter Berücksichtigung des Verwaltungsaufwandes und der Bedeutung der Angelegenheit für den Gebührenschuldner sowie über die Verteilung der Kosten der Ausschüsse auf die beteiligten Verbände,

5. die Führung der Arztregister durch die Kassenärztlichen Vereinigungen und die Führung von Bundesarztregistern durch die Kassenärztlichen Bundesvereinigungen sowie das Recht auf Einsicht in diese Register und die Registerakten, insbesondere durch die betroffenen Ärzte und Krankenkassen,

6. das Verfahren für die Eintragung in die Arztregister sowie über die Verfahrensgebühren unter Berücksichtigung des Verwaltungsaufwandes und der Bedeutung der Angelegenheit für den Gebührenschuldner,

7. die Bildung und Abgrenzung der Zulassungsbezirke,

8. die Aufstellung, Abstimmung, Fortentwicklung und Auswertung der für die mittel- und langfristige Sicherstellung der vertragsärztlichen Versorgung erforderlichen Bedarfspläne sowie die hierbei notwendige Zusammenarbeit mit anderen Stellen, deren Unterrichtung und die Beratung in den Landesausschüssen der Ärzte und Krankenkassen,

9. die Ausschreibung von Vertragsarztsitzen,

10. die Voraussetzungen für die Zulassung hinsichtlich der Vorbereitung und der Eignung zur Ausübung der vertragsärztlichen Tätigkeit sowie die nähere Bestimmung des zeitlichen Umfangs des Versorgungsauftrags aus der Zulassung,

11. die Voraussetzungen, unter denen Ärzte, insbesondere in Krankenhäusern und Einrichtungen der beruflichen Rehabilitation, oder in besonderen Fällen Einrichtungen durch die Zulassungsausschüsse zur Teilnahme an der vertragsärztlichen Versorgung ermächtigt werden können, die Rechte und Pflichten der ermächtigten Ärzte und ermächtigten Einrichtungen sowie die Zulässigkeit einer Vertretung von ermächtigten Krankenhausärzten durch Ärzte mit derselben Gebietsbezeichnung,

12. die Voraussetzungen für eine Befristung von Zulassungen,

13. die Voraussetzungen, unter denen nach den Grundsätzen der Ausübung eines freien Berufes die Vertragsärzte, angestellte Ärzte, Assistenten und Vertreter in der vertragsärztlichen Versorgung beschäftigen dürfen oder die vertragsärztliche Tätigkeit an weiteren Orten ausüben können,

13a. die Voraussetzungen, unter denen die zur vertragsärztlichen Versorgung zugelassenen Leistungserbringer die vertragsärztliche Tätigkeit gemeinsam ausüben können,

14. die Teilnahme an der vertragsärztlichen Versorgung durch Ärzte, denen die zuständige deutsche Behörde eine Erlaubnis zur vorübergehenden Ausübung des ärztlichen Berufes erteilt hat, sowie durch Ärzte, die zur vorübergehenden Erbringung von Dienstleistungen im Sinne des Artikels 50 des Vertrages zur Gründung der Europäischen Gemeinschaft oder des Artikels 37 des Abkommens über den Europäischen Wirtschaftsraum im Inland tätig werden,

15. die zur Sicherstellung der vertragsärztlichen Versorgung notwendigen angemessenen Fristen für die Beendigung der vertragsärztlichen Tätigkeit bei Verzicht.

(3) Absatz 2 Nummer 12 gilt nicht für die Zulassungsverordnung für Vertragszahnärzte.

Achter Titel
Bedarfsplanung, Unterversorgung, Überversorgung

§ 99 Bedarfsplan. (1) [1]Die Kassenärztlichen Vereinigungen haben im Einvernehmen mit den Landesverbänden der Krankenkassen und den Ersatzkassen nach Maßgabe der vom Gemeinsamen Bundesausschuss erlassenen Richtlinien auf Landesebene einen Bedarfsplan zur Sicherstellung der vertragsärztlichen Versorgung aufzustellen und jeweils der Entwicklung anzupassen. [2]Die Ziele und Erfordernisse der Raumordnung und Landesplanung sowie der Krankenhausplanung sind zu beachten. [3]Soweit es zur Berücksichtigung regionaler Besonderheiten, insbesondere der regionalen Demografie und Morbidität, für eine bedarfsgerechte Versorgung erforderlich ist, kann von den Richtlinien des Gemeinsamen Bundesausschusses abgewichen werden. [4]Den zuständigen Landesbehörden und den auf Landesebene für die Wahrnehmung der Interessen der Patientinnen und Patienten und der Selbsthilfe chronisch kranker und behinderter Menschen maßgeblichen Organisationen ist Gelegenheit zur Stellungnahme zu geben. [5]Der aufgestellte oder angepasste Bedarfsplan ist der für die Sozialversicherung zuständigen obersten Landesbehörde vorzulegen. [6]Sie kann den Bedarfsplan innerhalb einer Frist von zwei Monaten beanstanden. [7]Der Bedarfsplan ist in geeigneter Weise zu veröffentlichen.

(2) [1]Kommt das Einvernehmen zwischen den Kassenärztlichen Vereinigungen, den Landesverbänden der Krankenkassen und den Ersatzkassen nicht zustande, kann jeder der Beteiligten den Landesausschuss der Ärzte und Krankenkassen anrufen. [2]Dies gilt auch für den Fall, dass kein Einvernehmen darüber besteht, wie einer Beanstandung des Bedarfsplans abzuhelfen ist.

(3) Die Landesausschüsse beraten die Bedarfspläne nach Absatz 1 und entscheiden im Falle des Absatzes 2.

§ 100 Unterversorgung. (1) [1]Den Landesausschüssen der Ärzte und Krankenkassen obliegt die Feststellung, dass in bestimmten Gebieten eines Zulassungsbezirks eine ärztliche Unterversorgung eingetreten ist oder in absehbarer Zeit droht; die durch Ermächtigung an der vertragsärztlichen Versorgung teilnehmenden Ärzte sind bei der Feststellung einer Unterversorgung nicht zu berücksichtigen. [2]Sie haben den für die betroffenen Gebiete zuständigen Kassenärztlichen Vereinigungen eine angemessene Frist zur Beseitigung oder Abwendung der Unterversorgung einzuräumen.

(2) Konnte durch Maßnahmen einer Kassenärztlichen Vereinigung oder durch andere geeignete Maßnahmen die Sicherstellung nicht gewährleistet werden und dauert die Unterversorgung auch nach Ablauf der Frist an, haben die Landesausschüsse mit verbindlicher Wirkung für die Zulassungsausschüsse nach deren Anhörung Zulassungsbeschränkungen in anderen Gebieten nach den Zulassungsverordnungen anzuordnen.

(3) Den Landesausschüssen der Ärzte und Krankenkassen obliegt nach Maßgabe der Richtlinien nach § 101 Abs. 1 Nr. 3a die Feststellung, dass in einem nicht unterversorgten Planungsbereich zusätzlicher lokaler Versorgungsbedarf besteht.

(4) Absatz 1 Satz 2 und Absatz 2 gelten nicht für Zahnärzte.

§ 101 Überversorgung. (1) [1]Der Gemeinsame Bundesausschuss beschließt in Richtlinien Bestimmungen über

1. einheitliche Verhältniszahlen für den allgemeinen bedarfsgerechten Versorgungsgrad in der vertragsärztlichen Versorgung,
2. Maßstäbe für eine ausgewogene hausärztliche und fachärztliche Versorgungsstruktur,
2a. Regelungen, mit denen bei der Berechnung des Versorgungsgrades die von Ärzten erbrachten spezialfachärztlichen Leistungen nach § 116b berücksichtigt werden,
2b. Regelungen, mit denen bei der Berechnung des Versorgungsgrades die durch Ermächtigung an der vertragsärztlichen Versorgung teilnehmenden Ärzte berücksichtigt werden,

3. Vorgaben für die ausnahmsweise Besetzung zusätzlicher Vertragsarztsitze, soweit diese zur Gewährleistung der vertragsärztlichen Versorgung in einem Versorgungsbereich unerlässlich sind, um einen zusätzlichen lokalen oder einen qualifikationsbezogenen Versorgungsbedarf insbesondere innerhalb einer Arztgruppe zu decken,

3a. allgemeine Voraussetzungen, nach denen die Landesausschüsse der Ärzte und Krankenkassen nach § 100 Abs. 3 einen zusätzlichen lokalen Versorgungsbedarf in nicht unterversorgten Planungsbereichen feststellen können,

4. Ausnahmeregelungen für die Zulassung eines Arztes in einem Planungsbereich, für den Zulassungsbeschränkungen angeordnet sind, sofern der Arzt die vertragsärztliche Tätigkeit gemeinsam mit einem dort bereits tätigen Vertragsarzt desselben Fachgebiets oder, sofern die Weiterbildungsordnungen Facharztbezeichnungen vorsehen, derselben Facharztbezeichnung ausüben will und sich die Partner der Berufsausübungsgemeinschaft gegenüber dem Zulassungsausschuss zu einer Leistungsbegrenzung verpflichten, die den bisherigen Praxisumfang nicht wesentlich überschreitet, dies gilt für die Anstellung eines Arztes in einer Einrichtung nach § 311 Abs. 2 Satz 1 und in einem medizinischen Versorgungszentrum entsprechend; bei der Ermittlung des Versorgungsgrades ist der Arzt nicht mitzurechnen,

5. Regelungen für die Anstellung von Ärzten bei einem Vertragsarzt desselben Fachgebiets oder, sofern die Weiterbildungsordnungen Facharztbezeichnungen vorsehen, mit derselben Facharztbezeichnung in einem Planungsbereich, für den Zulassungsbeschränkungen angeordnet sind, sofern sich der Vertragsarzt gegenüber dem Zulassungsausschuss zu einer Leistungsbegrenzung verpflichtet, die den bisherigen Praxisumfang nicht wesentlich überschreitet, und Ausnahmen von der Leistungsbegrenzung, soweit und solange dies zur Deckung eines zusätzlichen lokalen Versorgungsbedarfs erforderlich ist; bei der Ermittlung des Versorgungsgrades sind die angestellten Ärzte nicht mitzurechnen,

6. Ausnahmeregelungen zur Leistungsbegrenzung nach den Nummern 4 und 5 im Fall eines unterdurchschnittlichen Praxisumfangs; für psychotherapeutische Praxen mit unterdurchschnittlichem Praxisumfang soll eine Vergrößerung des Praxisumfangs nicht auf den Fachgruppendurchschnitt begrenzt werden.

[2]Sofern die Weiterbildungsordnungen mehrere Facharztbezeichnungen innerhalb desselben Fachgebiets vorsehen, bestimmen die Richtlinien nach Nummer 4 und 5 auch, welche Facharztbezeichnungen bei der gemeinschaftlichen Berufsausübung nach Nummer 4 und bei der Anstellung nach Nummer 5 vereinbar sind. [3]Überversorgung ist anzunehmen, wenn der allgemeine bedarfsgerechte Versorgungsgrad um 10 vom Hundert überschritten ist. [4]Der allgemeine bedarfsgerechte Versorgungsgrad ist erstmals bundeseinheitlich zum Stand vom 31. Dezember 1990 zu ermitteln. [5]Bei der Ermittlung des Versorgungsgrades ist die Entwicklung des Zugangs zur vertragsärztlichen Versorgung seit dem 31. Dezember 1980 arztgruppenspezifisch angemessen zu berücksichti-

gen. [6]Die regionalen Planungsbereiche sind mit Wirkung zum 1. Januar 2013 so festzulegen, dass eine flächendeckende Versorgung sichergestellt wird. [7]Der Gemeinsame Bundesausschuss trifft mit Wirkung zum 1. Januar 2017 die erforderlichen Anpassungen für eine bedarfsgerechte Versorgung nach Prüfung der Verhältniszahlen gemäß Absatz 2 Nummer 3 und unter Berücksichtigung der Möglichkeit zu einer kleinräumigen Planung, insbesondere für die Arztgruppe nach Absatz 4. [8]Bei der Berechnung des Versorgungsgrades in einem Planungsbereich sind Vertragsärzte mit einem hälftigen Versorgungsauftrag mit dem Faktor 0,5 sowie die bei einem Vertragsarzt nach § 95 Abs. 9 Satz 1 angestellten Ärzte, die in einem medizinischen Versorgungszentrum angestellten Ärzte entsprechend und die in einer Einrichtung nach § 105 Absatz 1 Satz 2 angestellten Ärzte ihrer Arbeitszeit anteilig zu berücksichtigen. [9]Erbringen die in Satz 7 genannten Ärzte spezialfachärztliche Leistungen nach § 116b, ist dies bei der Berechnung des Versorgungsgrades nach Maßgabe der Bestimmungen nach Satz 1 Nummer 2a zu berücksichtigen. [10]Die Berücksichtigung ermächtigter Ärzte und der in ermächtigten Einrichtungen tätigen Ärzte erfolgt nach Maßgabe der Bestimmungen nach Satz 1 Nummer 2b.

(2) Der Gemeinsame Bundesausschuss hat die auf der Grundlage des Absatzes 1 Satz 4 und 5 ermittelten Verhältniszahlen anzupassen oder neue Verhältniszahlen festzulegen, wenn dies erforderlich ist

1. wegen der Änderung der fachlichen Ordnung der Arztgruppen,
2. weil die Zahl der Ärzte einer Arztgruppe bundesweit die Zahl 1000 übersteigt oder
3. zur Sicherstellung der bedarfsgerechten Versorgung; dabei sind insbesondere die demografische Entwicklung sowie die Sozial- und Morbiditätsstruktur zu berücksichtigen.

(3) [1]Im Falle des Absatzes 1 Satz 1 Nr. 4 erhält der Arzt eine auf die Dauer der gemeinsamen vertragsärztlichen Tätigkeit beschränkte Zulassung. [2]Die Beschränkung und die Leistungsbegrenzung nach Absatz 1 Satz 1 Nr. 4 enden bei Aufhebung der Zulassungsbeschränkungen nach § 103 Abs. 3, spätestens jedoch nach zehnjähriger gemeinsamer vertragsärztlicher Tätigkeit. [3]Endet die Beschränkung, wird der Arzt bei der Ermittlung des Versorgungsgrades mitgerechnet. [4]Im Fall der Praxisfortführung nach § 103 Abs. 4 ist bei der Auswahl der Bewerber die gemeinschaftliche Praxisausübung im Absatz 1 Satz 1 Nr. 4 genannten Arztes erst nach mindestens fünfjähriger gemeinsamer vertragsärztlicher Tätigkeit zu berücksichtigen. [5]Für die Einrichtungen nach § 311 Abs. 2 Satz 1 gelten die Sätze 2 und 3 entsprechend.

(3a) [1]Die Leistungsbegrenzung nach Absatz 1 Satz 1 Nr. 5 endet bei Aufhebung der Zulassungsbeschränkungen. [2]Endet die Leistungsbegrenzung, wird der angestellte Arzt bei der Ermittlung des Versorgungsgrades mitgerechnet.

(4) [1]Überwiegend oder ausschließlich psychotherapeutisch tätige Ärzte und Psychotherapeuten bilden eine Arztgruppe im Sinne des Absatzes 2. [2]Der allgemeine bedarfsgerechte Versorgungsgrad ist für diese Arztgruppe erstmals zum Stand vom 1. Januar 1999 zu ermitteln. [3]Zu zählen sind die zugelassenen

Ärzte sowie die Psychotherapeuten, die nach § 95 Abs. 10 zugelassen werden. [4]Dabei sind überwiegend psychotherapeutisch tätige Ärzte mit dem Faktor 0,7 zu berücksichtigen. [5]In den Richtlinien nach Absatz 1 ist für die Zeit bis zum 31. Dezember 2015 sicherzustellen, dass mindestens ein Versorgungsanteil in Höhe von 25 Prozent der allgemeinen Verhältniszahl den überwiegend oder ausschließlich psychotherapeutisch tätigen Ärzten und mindestens ein Versorgungsanteil in Höhe von 20 Prozent der allgemeinen Verhältniszahl den Leistungserbringern nach Satz 1, die ausschließlich Kinder und Jugendliche psychotherapeutisch betreuen, vorbehalten ist. [6]Ab dem 1. Januar 2016 gelten die in Satz 5 vorgesehenen Mindestversorgungsanteile mit der Maßgabe fort, dass der Gemeinsame Bundesausschuss ihre Höhe aus Versorgungsgründen bedarfsgerecht anpassen kann; zudem können innerhalb des Mindestversorgungsanteils für überwiegend oder ausschließlich psychotherapeutisch tätige Ärzte weitere nach Fachgebieten differenzierte Mindestversorgungsanteile vorgesehen werden. [7]Bei der Feststellung der Überversorgung nach § 103 Abs. 1 sind die ermächtigten Psychotherapeuten nach § 95 Abs. 11 mitzurechnen.

(5) [1]Hausärzte (§ 73 Abs. 1a) bilden ab dem 1. Januar 2001 mit Ausnahme der Kinderärzte eine Arztgruppe im Sinne des Absatzes 2; Absatz 4 bleibt unberührt. [2]Der allgemeine bedarfsgerechte Versorgungsgrad ist für diese Arztgruppe erstmals zum Stand vom 31. Dezember 1995 zu ermitteln. [3]Die Verhältniszahlen für die an der fachärztlichen Versorgung teilnehmenden Internisten sind zum Stand vom 31. Dezember 1995 neu zu ermitteln. [4]Der Gemeinsame Bundesausschuss hat die neuen Verhältniszahlen bis zum 31. März 2000 zu beschließen. [5]Der Landesausschuss hat die Feststellungen nach § 103 Abs. 1 Satz 1 erstmals zum Stand vom 31. Dezember 2000 zu treffen. [6]Ein Wechsel für Internisten ohne Schwerpunktbezeichnung in die hausärztliche oder fachärztliche Versorgung ist nur dann zulässig, wenn dafür keine Zulassungsbeschränkungen nach § 103 Abs. 1 angeordnet sind.

(6) Absatz 1 Satz 1 Nummer 2a, 2b, 3, 4, 5 und 6 und die Absätze 3 und 3a gelten nicht für Zahnärzte.

§ 102 *(aufgehoben)*

§ 103 Zulassungsbeschränkungen. (1) [1]Die Landesausschüsse der Ärzte und Krankenkassen stellen fest, ob eine Überversorgung vorliegt; die durch Ermächtigung an der vertragsärztlichen Versorgung teilnehmenden Ärzte sind bei der Feststellung einer Überversorgung nicht zu berücksichtigen. [2]Wenn dies der Fall ist, hat der Landesausschuss nach den Vorschriften der Zulassungsverordnungen und unter Berücksichtigung der Richtlinien des Gemeinsamen Bundesausschusses Zulassungsbeschränkungen anzuordnen. [3]Darüber hinaus treffen die Landesausschüsse eine Feststellung, wenn der allgemeine bedarfsgerechte Versorgungsgrad um 40 Prozent überschritten ist.

(2) [1]Die Zulassungsbeschränkungen sind räumlich zu begrenzen. [2]Sie können einen oder mehrere Planungsbereiche einer Kassenärztlichen Vereinigung

umfassen. [3]Sie sind arztgruppenbezogen unter angemessener Berücksichtigung der Besonderheiten bei den Kassenarten anzuordnen.

(3) Die Zulassungsbeschränkungen sind aufzuheben, wenn die Voraussetzungen für eine Überversorgung entfallen sind.

(3a) [1]Wenn die Zulassung eines Vertragsarztes in einem Planungsbereich, für den Zulassungsbeschränkungen angeordnet sind, durch Tod, Verzicht oder Entziehung endet und die Praxis von einem Nachfolger weitergeführt werden soll, entscheidet der Zulassungsausschuss auf Antrag des Vertragsarztes oder seiner zur Verfügung über die Praxis berechtigten Erben, ob ein Nachbesetzungsverfahren nach Absatz 4 für den Vertragsarztsitz durchgeführt werden soll. [2]Satz 1 gilt auch bei hälftigem Verzicht oder bei hälftiger Entziehung; Satz 1 gilt nicht, wenn ein Vertragsarzt, dessen Zulassung befristet ist, vor Ablauf der Frist auf seine Zulassung verzichtet. [3]Der Zulassungsausschuss kann den Antrag ablehnen, wenn eine Nachbesetzung des Vertragsarztsitzes aus Versorgungsgründen nicht erforderlich ist; dies gilt nicht, sofern die Praxis von einem Nachfolger weitergeführt werden soll, der dem in Absatz 4 Satz 5 Nummer 4, 5 und 6 bezeichneten Personenkreis angehört oder der sich verpflichtet, die Praxis in ein anderes Gebiet des Planungsbereichs zu verlegen, in dem nach Mitteilung der Kassenärztlichen Vereinigung aufgrund einer zu geringen Ärztedichte ein Versorgungsbedarf besteht. [4]Für einen Nachfolger, der dem in Absatz 4 Satz 5 Nummer 4 bezeichneten Personenkreis angehört, gilt Satz 3 zweiter Halbsatz mit der Maßgabe, dass dieser Nachfolger die vertragsärztliche Tätigkeit in einem Gebiet, in dem der Landesausschuss nach § 100 Absatz 1 das Bestehen von Unterversorgung festgestellt hat, nach dem 23. Juli 2015 erstmals aufgenommen hat. [5]Für einen Nachfolger, der dem in Absatz 4 Satz 5 Nummer 6 bezeichneten Personenkreis angehört, gilt Satz 3 zweiter Halbsatz mit der Maßgabe, dass das Anstellungsverhältnis oder der gemeinschaftliche Betrieb der Praxis mindestens drei Jahre lang angedauert haben muss. [6]Satz 5 gilt nicht, wenn das Anstellungsverhältnis oder der gemeinschaftliche Praxisbetrieb vor dem 5. März 2015 begründet wurde. [7]Hat der Landesausschuss eine Feststellung nach Absatz 1 Satz 3 getroffen, soll der Zulassungsausschuss den Antrag auf Durchführung eines Nachbesetzungsverfahrens ablehnen, wenn eine Nachbesetzung des Vertragsarztsitzes aus Versorgungsgründen nicht erforderlich ist. [8]Im Fall des Satzes 7 gelten Satz 3 zweiter Halbsatz sowie die Sätze 4 bis 6 entsprechend; Absatz 4 Satz 9 gilt mit der Maßgabe, dass die Nachbesetzung abgelehnt werden soll. [9]Der Zulassungsausschuss beschließt mit einfacher Stimmenmehrheit; bei Stimmengleichheit ist dem Antrag abweichend von § 96 Absatz 2 Satz 6 zu entsprechen. [10]§ 96 Absatz 4 findet keine Anwendung. [11]Ein Vorverfahren (§ 78 des Sozialgerichtsgesetzes) findet nicht statt. [12]Klagen gegen einen Beschluss des Zulassungsausschusses, mit dem einem Antrag auf Durchführung eines Nachbesetzungsverfahrens entsprochen wird, haben keine aufschiebende Wirkung. [13]Hat der Zulassungsausschuss den Antrag abgelehnt, hat die Kassenärztliche Vereinigung dem Vertragsarzt oder seinen zur Verfügung über die Praxis berechtigten Erben eine Entschädigung in der Höhe des Verkehrswertes der Arztpraxis zu zahlen. [14]Bei der Ermittlung des Verkehrswertes ist auf den Verkehrswert abzustellen, der nach Absatz 4 Satz 8 bei Fortführung der Praxis maßgeblich wäre.

(4) [1]Hat der Zulassungsausschuss in einem Planungsbereich, für den Zulassungsbeschränkungen angeordnet sind, nach Absatz 3a einem Antrag auf Durchführung eines Nachbesetzungsverfahrens entsprochen, hat die Kassenärztliche Vereinigung den Vertragsarztsitz in den für ihre amtlichen Bekanntmachungen vorgesehenen Blättern unverzüglich auszuschreiben und eine Liste der eingehenden Bewerbungen zu erstellen. [2]Satz 1 gilt auch bei hälftigem Verzicht oder bei hälftiger Entziehung der Zulassung. [3]Dem Zulassungsausschuss sowie dem Vertragsarzt oder seinen Erben ist eine Liste der eingehenden Bewerbungen zur Verfügung zu stellen. [4]Unter mehreren Bewerbern, die die ausgeschriebene Praxis als Nachfolger des bisherigen Vertragsarztes fortführen wollen, hat der Zulassungsausschuss den Nachfolger nach pflichtgemäßem Ermessen auszuwählen. [5]Bei der Auswahl der Bewerber sind folgende Kriterien zu berücksichtigen:

1. die berufliche Eignung,
2. das Approbationsalter,
3. die Dauer der ärztlichen Tätigkeit,
4. eine mindestens fünf Jahre dauernde vertragsärztliche Tätigkeit in einem Gebiet, in dem der Landesausschuss nach § 100 Absatz 1 das Bestehen von Unterversorgung festgestellt hat,
5. ob der Bewerber Ehegatte, Lebenspartner oder ein Kind des bisherigen Vertragsarztes ist,
6. ob der Bewerber ein angestellter Arzt des bisherigen Vertragsarztes oder ein Vertragsarzt ist, mit dem die Praxis bisher gemeinschaftlich betrieben wurde,
7. ob der Bewerber bereit ist, besondere Versorgungsbedürfnisse, die in der Ausschreibung der Kassenärztlichen Vereinigung definiert worden sind, zu erfüllen,
8. Belange von Menschen mit Behinderung beim Zugang zur Versorgung.

[6]Ab dem 1. Januar 2006 sind für ausgeschriebene Hausarztsitze vorrangig Allgemeinärzte zu berücksichtigen. [7]Die Dauer der ärztlichen Tätigkeit nach Satz 5 Nummer 3 wird verlängert um Zeiten, in denen die ärztliche Tätigkeit wegen der Erziehung von Kindern oder der Pflege pflegebedürftiger naher Angehöriger in häuslicher Umgebung unterbrochen worden ist. [8]Die wirtschaftlichen Interessen des ausscheidenden Vertragsarztes oder seiner Erben sind nur insoweit zu berücksichtigen, als der Kaufpreis die Höhe des Verkehrswerts der Praxis nicht übersteigt. [9]Kommt der Zulassungsausschuss in den Fällen des Absatzes 3a Satz 3 zweiter Halbsatz bei der Auswahlentscheidung nach Satz 4 zu dem Ergebnis, dass ein Bewerber auszuwählen ist, der nicht dem in Absatz 3a Satz 3 zweiter Halbsatz in Verbindung mit Absatz 3a Satz 4 bis 6 bezeichneten Personenkreis angehört, kann er die Nachbesetzung des Vertragsarztsitzes mit der Mehrheit seiner Stimmen ablehnen, wenn eine Nachbesetzung aus Versorgungsgründen nicht erforderlich ist; Absatz 3a Satz 10, 11, 13

und 14 gilt in diesem Fall entsprechend. [10]Hat sich ein medizinisches Versorgungszentrum auf die Nachbesetzung des Vertragsarztsitzes beworben, kann auch anstelle der in Satz 5 genannten Kriterien die Ergänzung des besonderen Versorgungsangebots des medizinischen Versorgungszentrums berücksichtigt werden.

(4a) [1]Verzichtet ein Vertragsarzt in einem Planungsbereich, für den Zulassungsbeschränkungen angeordnet sind, auf seine Zulassung, um in einem medizinischen Versorgungszentrum tätig zu werden, so hat der Zulassungsausschuss die Anstellung zu genehmigen, wenn Gründe der vertragsärztlichen Versorgung dem nicht entgegenstehen; eine Fortführung der Praxis nach Absatz 4 ist nicht möglich. [2]Nach einer Tätigkeit von mindestens fünf Jahren in einem medizinischen Versorgungszentrum, dessen Sitz in einem Planungsbereich liegt, für den Zulassungsbeschränkungen angeordnet sind, erhält ein Arzt unbeschadet der Zulassungsbeschränkungen auf Antrag eine Zulassung in diesem Planungsbereich; dies gilt nicht für Ärzte, die aufgrund einer Nachbesetzung nach Satz 5 oder erst seit dem 1. Januar 2007 in einem medizinischen Versorgungszentrum tätig sind. [3]Medizinischen Versorgungszentren ist die Nachbesetzung einer Arztstelle möglich, auch wenn Zulassungsbeschränkungen angeordnet sind. [4]§ 95 Absatz 9b gilt entsprechend.

(4b) [1]Verzichtet ein Vertragsarzt in einem Planungsbereich, für den Zulassungsbeschränkungen angeordnet sind, auf seine Zulassung, um bei einem Vertragsarzt als nach § 95 Abs. 9 Satz 1 angestellter Arzt tätig zu werden, so hat der Zulassungsausschuss die Anstellung zu genehmigen, wenn Gründe der vertragsärztlichen Versorgung dem nicht entgegenstehen; eine Fortführung der Praxis nach Absatz 4 ist nicht möglich. [2]Soll die vertragsärztliche Tätigkeit in den Fällen der Beendigung der Zulassung durch Tod, Verzicht oder Entziehung von einem Praxisnachfolger weitergeführt werden, kann die Praxis auch in der Form weitergeführt werden, dass ein Vertragsarzt den Vertragsarztsitz übernimmt und die vertragsärztliche Tätigkeit durch einen angestellten Arzt in seiner Praxis weiterführt, wenn Gründe der vertragsärztlichen Versorgung dem nicht entgegenstehen. [3]Die Nachbesetzung der Stelle eines nach § 95 Abs. 9 Satz 1 angestellten Arztes ist möglich, auch wenn Zulassungsbeschränkungen angeordnet sind. [4]§ 95 Absatz 9b gilt entsprechend.

(4c) [1]Soll die vertragsärztliche Tätigkeit in den Fällen der Beendigung der Zulassung durch Tod, Verzicht oder Entziehung von einem Praxisnachfolger weitergeführt werden, kann die Praxis auch in der Form weitergeführt werden, dass ein medizinisches Versorgungszentrum den Vertragsarztsitz übernimmt und die vertragsärztliche Tätigkeit durch einen angestellten Arzt in der Einrichtung weiterführt, wenn Gründe der vertragsärztlichen Versorgung dem nicht entgegenstehen. [2]Die Absätze 3a, 4 und 5 gelten entsprechend. [3]Absatz 4 gilt mit der Maßgabe, dass bei der Auswahl des Praxisnachfolgers ein medizinisches Versorgungszentrum, bei dem die Mehrheit der Geschäftsanteile und der Stimmrechte nicht bei Ärzten liegt, die in dem medizinischen Versorgungszentrum als Vertragsärzte tätig sind, gegenüber den übrigen Bewerbern nachrangig zu berücksichtigen ist. [4]Dieser Nachrang gilt nicht für ein medizinisches Versorgungszentrum, das am 31. Dezember 2011 zugelassen war und bei dem die Mehrheit der Geschäftsanteile und der Stimmrechte bereits zu diesem Zeitpunkt nicht bei den dort tätigen Vertragsärzten lag.

(5) [1]Die Kassenärztlichen Vereinigungen (Registerstelle) führen für jeden Planungsbereich eine Warteliste. [2]In die Warteliste werden auf Antrag die Ärzte, die sich um einen Vertragsarztsitz bewerben und in das Arztregister eingetragen sind, aufgenommen. [3]Bei der Auswahl der Bewerber für die Übernahme einer Vertragsarztpraxis nach Absatz 4 ist die Dauer der Eintragung in die Warteliste zu berücksichtigen.

(6) [1]Endet die Zulassung eines Vertragsarztes, der die Praxis bisher mit einem oder mehreren Vertragsärzten gemeinschaftlich ausgeübt hat, so gelten die Absätze 4 und 5 entsprechend. [2]Die Interessen des oder der in der Praxis verbleibenden Vertragsärzte sind bei der Bewerberauswahl angemessen zu berücksichtigen.

(7) [1]In einem Planungsbereich, für den Zulassungsbeschränkungen angeordnet sind, haben Krankenhausträger das Angebot zum Abschluss von Belegarztverträgen auszuschreiben. [2]Kommt ein Belegarztvertrag mit einem im Planungsbereich niedergelassenen Vertragsarzt nicht zustande, kann der Krankenhausträger mit einem bisher im Planungsbereich nicht niedergelassenen geeigneten Arzt einen Belegarztvertrag schließen. [3]Dieser erhält eine auf die Dauer der belegärztlichen Tätigkeit beschränkte Zulassung; die Beschränkung entfällt bei Aufhebung der Zulassungsbeschränkungen nach Absatz 3, spätestens nach Ablauf von zehn Jahren.

(8) Die Absätze 1 bis 7 gelten nicht für Zahnärzte.

§ 104 Verfahren bei Zulassungsbeschränkungen. (1) Die Zulassungsverordnungen bestimmen, unter welchen Voraussetzungen, in welchem Umfang und für welche Dauer zur Sicherstellung einer bedarfsgerechten ärztlichen Versorgung in solchen Gebieten eines Zulassungsbezirks, in denen eine vertragsärztliche Unterversorgung eingetreten ist oder in absehbarer Zeit droht, Beschränkungen der Zulassungen in hiervon nicht betroffenen Gebieten von Zulassungsbezirken nach vorheriger Ausschöpfung anderer geeigneter Maßnahmen vorzusehen und inwieweit hierbei die Zulassungsausschüsse an die Anordnung der Landesausschüsse gebunden sind und Härtefälle zu berücksichtigen haben.

(2) Die Zulassungsverordnungen bestimmen nach Maßgabe des § 101 auch das Nähere über das Verfahren bei der Anordnung von Zulassungsbeschränkungen bei vertragsärztlicher Überversorgung.

(3) Die Absätze 1 und 2 gelten nicht für Zahnärzte.

§ 105 Förderung der vertragsärztlichen Versorgung. (1) [1]Die Kassenärztlichen Vereinigungen haben mit Unterstützung der Kassenärztlichen Bundesvereinigungen entsprechend den Bedarfsplänen alle geeigneten finanziellen und sonstigen Maßnahmen zu ergreifen, um die Sicherstellung der vertragsärztlichen Versorgung zu gewährleisten, zu verbessern oder zu fördern; zu den möglichen Maßnahmen gehört auch die Zahlung von Sicherstellungszuschlägen an Vertragsärzte in Gebieten oder in Teilen von Gebieten, für die der Landesausschuss der Ärzte und Krankenkassen die Feststellung nach § 100 Abs. 1 und 3 getroffen hat. [2]Zum Betreiben von Einrichtungen, die der unmittelbaren medizinischen Versorgung der Versicherten dienen, oder zur Beteiligung an solchen Einrichtungen bedürfen die Kassenärztlichen Vereinigungen des Benehmens mit den Landesverbänden der Krankenkassen und den Ersatzkassen. [3]Die in den Einrichtungen nach Satz 2 erbrachten ärztlichen Leistungen sind aus der vertragsärztlichen Gesamtvergütung zu vergüten.

(1a) [1]Die Kassenärztliche Vereinigung kann zur Finanzierung von Fördermaßnahmen zur Sicherstellung der vertragsärztlichen Versorgung einen Strukturfonds bilden, für den sie 0,1 Prozent der nach § 87a Absatz 3 Satz 1 vereinbarten morbiditätsbedingten Gesamtvergütungen zur Verfügung stellt. [2]Hat die Kassenärztliche Vereinigung einen Strukturfonds nach Satz 1 gebildet, haben die Landesverbände der Krankenkassen und die Ersatzkassen zusätzlich einen Betrag in gleicher Höhe in den Strukturfonds zu entrichten. [3]Mittel des Strukturfonds sollen insbesondere für Zuschüsse zu den Investitionskosten bei der Neuniederlassung oder der Gründung von Zweigpraxen, für Zuschläge zur Vergütung und zur Ausbildung sowie für die Vergabe von Stipendien verwendet werden.

(2) [1]Die Kassenärztlichen Vereinigungen haben darauf hinzuwirken, dass medizinisch-technische Leistungen, die der Arzt zur Unterstützung seiner Maßnahmen benötigt, wirtschaftlich erbracht werden. [2]Die Kassenärztlichen Vereinigungen sollen ermöglichen, solche Leistungen im Rahmen der vertragsärztlichen Versorgung von Gemeinschaftseinrichtungen der niedergelassenen Ärzte zu beziehen, wenn eine solche Erbringung medizinischen Erfordernissen genügt.

(3) [1]Die Kassenärztlichen Vereinigungen können den freiwilligen Verzicht auf die Zulassung als Vertragsarzt finanziell fördern. [2]In einem Planungsbereich, für den Zulassungsbeschränkungen angeordnet sind, ist eine finanzielle Förderung auch durch den Aufkauf der Arztpraxis durch die Kassenärztliche Vereinigung möglich, wenn auf eine Ausschreibung zur Nachbesetzung nach § 103 Absatz 4 Satz 1 verzichtet wird.

(4) [1]Der Landesausschuss der Ärzte und Krankenkassen entscheidet über die Gewährung der Sicherstellungszuschläge nach Absatz 1 Satz 1 zweiter Halbsatz; über die Höhe der zu zahlenden Sicherstellungszuschläge je Arzt, über die Dauer der Maßnahme sowie über die Anforderungen an den berechtigten Personenkreis. [2]Die für den Vertragsarzt zuständige Kassenärztliche Vereinigung und die Krankenkassen, die an diese Kassenärztliche Vereinigung eine Vergütung nach Maßgabe des Gesamtvertrages nach § 83 oder § 87a entrichten, tragen den sich aus Satz 1 ergebenden Zahlbetrag an den Vertragsarzt jeweils zur Hälfte. [3]Über das Nähere zur Aufteilung des auf die Krankenkassen entfallen-

den Betrages nach Satz 2 auf die einzelnen Krankenkassen entscheidet der Landesausschuss der Ärzte und Krankenkassen.

(5) [1]Kommunen können mit Zustimmung der Kassenärztlichen Vereinigung in begründeten Ausnahmefällen eigene Einrichtungen zur unmittelbaren medizinischen Versorgung der Versicherten betreiben. [2]Ein begründeter Ausnahmefall kann insbesondere dann vorliegen, wenn eine Versorgung auf andere Weise nicht sichergestellt werden kann. [3]Sind die Voraussetzungen nach Satz 1 erfüllt, hat der Zulassungsausschuss die Einrichtung auf Antrag zur Teilnahme an der vertragsärztlichen Versorgung mit angestellten Ärzten, die in das Arztregister eingetragen sind, zu ermächtigen. [4]§ 95 Absatz 2 Satz 7 bis 10 gilt entsprechend. [5]In der kommunalen Eigeneinrichtung tätige Ärzte sind bei ihren ärztlichen Entscheidungen nicht an Weisungen von Nichtärzten gebunden.

Neunter Titel
Wirtschaftlichkeits- und Abrechnungsprüfung

§ 106 Wirtschaftlichkeitsprüfung. (1) [1]Die Krankenkassen und die Kassenärztlichen Vereinigungen überwachen die Wirtschaftlichkeit der vertragsärztlichen Versorgung durch Beratungen und Prüfungen. [2]Die Landesverbände der Krankenkassen und die Ersatzkassen gemeinsam und einheitlich und die Kassenärztlichen Vereinigungen vereinbaren Inhalt und Durchführung der Beratungen und Prüfungen nach Absatz 2 sowie die Voraussetzungen für Einzelfallprüfungen. [3]Die Vertragspartner können die Prüfungsstelle mit der Prüfung ärztlich verordneter Leistungen in der ambulanten Versorgung außerhalb der vertragsärztlichen Versorgung beauftragen und tragen die Kosten. [4]Die Krankenkassen übermitteln der Prüfungsstelle die Daten der in der ambulanten Versorgung außerhalb der vertragsärztlichen Versorgung verordneten Leistungen; dabei sind zusätzlich die Zahl der Behandlungsfälle und eine Zuordnung der verordneten Leistungen zum Datum der Behandlung zu übermitteln. [5]Die §§ 296 und 297 gelten entsprechend.

(2) [1]Die Wirtschaftlichkeit der Versorgung wird von der Prüfungsstelle nach § 106c geprüft durch
1. arztbezogene Prüfungen ärztlicher Leistungen nach § 106a,
2. arztbezogene Prüfungen ärztlich verordneter Leistungen nach § 106b.
[2]Die Prüfungen werden auf der Grundlage der Daten durchgeführt, die der Prüfungsstelle nach § 106c gemäß § 296 Absatz 1, 2 und 4 sowie § 297 Absatz 1 bis 3 übermittelt werden. [3]Hat die Prüfungsstelle Zweifel an der Richtigkeit der übermittelten Daten, ermittelt sie die Datengrundlagen für die Prüfung aus einer Stichprobe der abgerechneten Behandlungsfälle des Arztes und rechnet die so ermittelten Teildaten nach einem statistisch zulässigen Verfahren auf die Grundgesamtheit der Arztpraxis hoch.

(3) [1]Die Prüfungsstelle nach § 106c bereitet die für die Prüfungen nach Absatz 2 erforderlichen Daten und sonstigen Unterlagen auf, trifft Feststellun-

gen zu den für die Beurteilung der Wirtschaftlichkeit wesentlichen Sachverhalten und entscheidet unter Beachtung der Vereinbarungen nach den §§ 106a und 106b, ob der Vertragsarzt, der ermächtigte Arzt oder die ermächtigte Einrichtung gegen das Wirtschaftlichkeitsgebot verstoßen hat und welche Maßnahmen zu treffen sind. [2]Eine Maßnahme kann insbesondere auch die Festsetzung einer Nachforderung oder einer Kürzung sein. [3]Gezielte Beratungen sollen weiteren Maßnahmen in der Regel vorangehen. [4]Die Prüfungsstelle berät die Vertragsärzte auf der Grundlage von Übersichten über die von ihnen im Zeitraum eines Jahres oder in einem kürzeren Zeitraum erbrachten, verordneten oder veranlassten Leistungen über Fragen der Wirtschaftlichkeit und Qualität der Versorgung.

(4) [1]Werden Wirtschaftlichkeitsprüfungen nicht in dem vorgesehenen Umfang oder nicht entsprechend den für ihre Durchführung geltenden Vorgaben durchgeführt, haften die zuständigen Vorstandsmitglieder der Krankenkassenverbände und Kassenärztlichen Vereinigungen für eine ordnungsgemäße Umsetzung. [2]Können Wirtschaftlichkeitsprüfungen nicht in dem vorgesehenen Umfang oder nicht entsprechend den für ihre Durchführung geltenden Vorgaben durchgeführt werden, weil die erforderlichen Daten nach den §§ 296 und 297 nicht oder nicht im vorgesehenen Umfang oder nicht fristgerecht übermittelt worden sind, haften die zuständigen Vorstandsmitglieder der Krankenkassen oder der Kassenärztlichen Vereinigung. [3]Die zuständige Aufsichtsbehörde hat nach Anhörung der Vorstandsmitglieder und der jeweils entsandten Vertreter im Ausschuss den Verwaltungsrat oder die Vertreterversammlung zu veranlassen, das Vorstandsmitglied auf Ersatz des aus der Pflichtverletzung entstandenen Schadens in Anspruch zu nehmen, falls der Verwaltungsrat oder die Vertreterversammlung das Regressverfahren nicht bereits von sich aus eingeleitet hat.

(5) Die Absätze 1 bis 4 gelten auch für die Prüfung der Wirtschaftlichkeit der im Krankenhaus erbrachten ambulanten ärztlichen und belegärztlichen Leistungen.

§ 106a Wirtschaftlichkeitsprüfung ärztlicher Leistungen. (1) [1]Die Wirtschaftlichkeit der Versorgung wird geprüft durch die arztbezogene Prüfung ärztlicher Leistungen auf der Grundlage von arztbezogenen und versichertenbezogenen Stichproben, die mindestens 2 Prozent der Ärzte je Quartal umfassen (Zufälligkeitsprüfung). [2]Die Höhe der Stichprobe ist nach Arztgruppen gesondert zu bestimmen. [3]Die Zufälligkeitsprüfung umfasst neben dem zur Abrechnung vorgelegten Leistungsvolumen auch Überweisungen, Feststellungen der Arbeitsunfähigkeit sowie sonstige veranlasste ärztliche Leistungen, insbesondere aufwändige medizinisch-technische Leistungen; honorarwirksame Begrenzungsregelungen haben keinen Einfluss auf die Prüfungen. [4]Der einer Zufälligkeitsprüfung zugrunde zu legende Zeitraum beträgt mindestens ein Jahr.

(2) Gegenstand der Beurteilung der Wirtschaftlichkeit in den Zufälligkeitsprüfungen sind, soweit dafür Veranlassung besteht,

1. die medizinische Notwendigkeit der Leistungen (Indikation),
2. die Eignung der Leistungen zur Erreichung des therapeutischen oder diagnostischen Ziels (Effektivität),
3. die Übereinstimmung der Leistungen mit den anerkannten Kriterien für ihre fachgerechte Erbringung (Qualität), insbesondere mit den in den Richtlinien des Gemeinsamen Bundesausschusses enthaltenen Vorgaben,
4. die Angemessenheit der durch die Leistungen verursachten Kosten im Hinblick auf das Behandlungsziel,
5. bei Leistungen des Zahnersatzes und der Kieferorthopädie auch die Vereinbarkeit der Leistungen mit dem Heil- und Kostenplan.

(3) ¹Die Kassenärztlichen Bundesvereinigungen und der Spitzenverband Bund der Krankenkassen vereinbaren Richtlinien zum Inhalt und zur Durchführung der Zufälligkeitsprüfungen, insbesondere zu den Beurteilungsgegenständen nach Absatz 2, zur Bestimmung und zum Umfang der Stichproben sowie zur Auswahl von Leistungsmerkmalen. ²Die Richtlinien sind dem Bundesministerium für Gesundheit vorzulegen. ³Es kann sie innerhalb von zwei Monaten beanstanden. ⁴Kommen die Richtlinien nicht zustande oder werden die Beanstandungen des Bundesministeriums für Gesundheit nicht innerhalb einer von ihm gesetzten Frist behoben, kann das Bundesministerium für Gesundheit die Richtlinien erlassen.

(4) ¹Die Richtlinien nach Absatz 3 sind Inhalt der Vereinbarungen nach § 106 Absatz 1 Satz 2. ²In den Vereinbarungen nach § 106 Absatz 1 Satz 2 ist insbesondere das Verfahren der Bestimmung der Stichproben für die Zufälligkeitsprüfungen festzulegen; dabei kann die Bildung von Stichprobengruppen abweichend von den Fachgebieten nach ausgewählten Leistungsmerkmalen vorgesehen werden. ³Die in § 106 Absatz 1 Satz 2 genannten Vertragspartner können über die Zufälligkeitsprüfung hinaus Prüfungen ärztlicher Leistungen nach Durchschnittswerten oder andere arztbezogene Prüfungsarten vereinbaren; dabei dürfen versichertenbezogene Daten nur nach den Vorschriften des Zehnten Kapitels erhoben, verarbeitet oder genutzt werden.

(5) Ergeben die Prüfungen nach Absatz 1 sowie nach Absatz 4 Satz 3 und nach § 275 Absatz 1 Nummer 3 Buchstabe b, § 275 Absatz 1a und 1b, dass ein Arzt Arbeitsunfähigkeit festgestellt hat, obwohl die medizinischen Voraussetzungen dafür nicht vorlagen, kann der Arbeitgeber, der zu Unrecht Arbeitsentgelt gezahlt hat, und die Krankenkasse, die zu Unrecht Krankengeld gezahlt hat, von dem Arzt Schadensersatz verlangen, wenn die Arbeitsunfähigkeit grob fahrlässig oder vorsätzlich festgestellt worden ist, obwohl die Voraussetzungen dafür nicht vorgelegen hatten.

§ 106b Wirtschaftlichkeitsprüfung ärztlich verordneter Leistungen.

(1) ¹Die Wirtschaftlichkeit der Versorgung mit ärztlich verordneten Leistungen wird ab dem 1. Januar 2017 anhand von Vereinbarungen geprüft, die von den Landesverbänden der Krankenkassen und den Ersatzkassen gemeinsam und einheitlich mit den Kassenärztlichen Vereinigungen zu treffen sind.

²Auf Grundlage dieser Vereinbarungen können Nachforderungen wegen unwirtschaftlicher Verordnungsweise nach § 106 Absatz 3 festgelegt werden. ³In den Vereinbarungen müssen Regelungen zu Wirtschaftlichkeitsprüfungen in allen Bereichen ärztlich verordneter Leistungen enthalten sein. ⁴Die Vereinbarungen nach Satz 1 gelten für Leistungen, die ab dem 1. Januar 2017 verordnet werden.

(2) ¹Die Kassenärztlichen Bundesvereinigungen und der Spitzenverband Bund der Krankenkassen vereinbaren einheitliche Rahmenvorgaben für die Prüfungen nach Absatz 1. ²Darin ist insbesondere festzulegen, in welchem Umfang Wirtschaftlichkeitsprüfungen mindestens durchgeführt werden sollen. ³Festzulegen ist auch ein Verfahren, das sicherstellt, dass individuelle Beratungen bei statistischen Prüfungen der Ärztinnen und Ärzte der Festsetzung einer Nachforderung bei erstmaliger Auffälligkeit vorgehen; dies gilt nicht für Einzelfallprüfungen. ⁴Die Vereinbarungspartner nach Satz 1 legen zudem besondere Verordnungsbedarfe für die Verordnung von Heilmitteln fest, die bei den Prüfungen nach Absatz 1 anzuerkennen sind. ⁵Die Vertragspartner nach Absatz 1 Satz 1 können darüber hinaus weitere anzuerkennende besondere Verordnungsbedarfe vereinbaren. ⁶Kommt eine Vereinbarung nach Satz 1 erstmalig bis zum 31. Oktober 2015 nicht zustande, entscheidet das Schiedsamt nach § 89 Absatz 4. ⁷Die Klage gegen die Festsetzung des Schiedsamts hat keine aufschiebende Wirkung.

(3) ¹Sofern Vereinbarungen nach Absatz 1 bis zum 31. Juli 2016 ganz oder teilweise nicht zustande kommen, wird der Vertragsinhalt durch das Schiedsamt nach § 89 festgesetzt. ²Die Klage gegen die Festsetzung des Schiedsamts hat keine aufschiebende Wirkung. ³Bis zu einer Vereinbarung nach Absatz 1 gelten die Regelungen in den §§ 84, 106, 296 und 297 in der am 31. Dezember 2016 geltenden Fassung fort.

(4) Wirtschaftlichkeitsprüfungen unterliegen nicht:
1. Verordnungen von Heilmitteln für Versicherte mit langfristigem Behandlungsbedarf nach § 32 Absatz 1a;
2. Verordnungen von Arzneimitteln, für die der Arzt einem Vertrag nach § 130a Absatz 8 beigetreten ist; die Krankenkasse übermittelt der Prüfungsstelle die notwendigen Angaben, insbesondere die Arzneimittelkennzeichen, die teilnehmenden Ärzte und die Laufzeit der Verträge.

(5) § 130b Absatz 2 und § 130c Absatz 4 bleiben unberührt.

§ 106c Prüfungsstelle und Beschwerdeausschuss bei Wirtschaftlichkeitsprüfungen. (1) ¹Die Landesverbände der Krankenkassen und die Ersatzkassen sowie die Kassenärztlichen Vereinigungen bilden jeweils eine gemeinsame Prüfungsstelle und einen gemeinsamen Beschwerdeausschuss. ²Der Beschwerdeausschuss besteht aus Vertretern der Kassenärztlichen Vereinigung und der Krankenkassen in gleicher Zahl sowie einem unparteiischen Vorsitzenden. ³Die Amtsdauer beträgt zwei Jahre. ⁴Bei Stimmengleichheit gibt die Stimme des Vorsitzenden den Ausschlag. ⁵Über den Vorsitzenden, dessen Stellvertreter sowie den Sitz des Beschwerdeausschusses sollen sich die Vertragspartner nach Satz 1 einigen. [6]Kommt eine Einigung nicht zustande, beruft die Aufsichtsbehörde nach Absatz 5 im Benehmen mit den Vertragspartnern nach Satz 1 den Vorsitzenden und dessen Stellvertreter und entscheidet über den Sitz des Beschwerdeausschusses.

(2) [1]Die Prüfungsstelle und der Beschwerdeausschuss nehmen ihre Aufgaben jeweils eigenverantwortlich wahr; der Beschwerdeausschuss wird bei der Erfüllung seiner laufenden Geschäfte von der Prüfungsstelle organisatorisch unterstützt. [2]Die Prüfungsstelle wird bei der Kassenärztlichen Vereinigung, einem Landesverband der Krankenkassen oder bei einer bereits bestehenden Arbeitsgemeinschaft im Land errichtet. [3]Über die Errichtung, den Sitz und den Leiter der Prüfungsstelle einigen sich die Vertragspartner nach Absatz 1 Satz 1; sie einigen sich auf Vorschlag des Leiters jährlich bis zum 30. November über die personelle, sachliche sowie finanzielle Ausstattung der Prüfungsstelle für das folgende Kalenderjahr. [4]Der Leiter führt die laufenden Verwaltungsgeschäfte der Prüfungsstelle und gestaltet die innere Organisation so, dass sie den besonderen Anforderungen des Datenschutzes nach § 78a des Zehnten Buches gerecht wird. [5]Kommt eine Einigung nach den Sätzen 2 und 3 nicht zustande, entscheidet der Aufsichtsbehörde nach Absatz 2. [6]Die Kosten der Prüfungsstelle und des Beschwerdeausschusses tragen die Kassenärztliche Vereinigung und die beteiligten Krankenkassen je zur Hälfte. [7]Das Bundesministerium für Gesundheit bestimmt durch Rechtsverordnung mit Zustimmung des Bundesrates das Nähere zur Geschäftsführung der Prüfungsstellen und der Beschwerdeausschüsse einschließlich der Entschädigung der Vorsitzenden der Ausschüsse und zu den Pflichten der von den in Absatz 1 Satz 1 genannten Vertragspartnern entsandten Vertreter. [8]Die Rechtsverordnung kann auch die Voraussetzungen und das Verfahren zur Verhängung von Maßnahmen gegen Mitglieder der Ausschüsse bestimmen, die ihre Pflichten nach diesem Gesetzbuch nicht oder nicht ordnungsgemäß erfüllen.

(3) [1]Gegen die Entscheidungen der Prüfungsstelle können die betroffenen Ärzte und ärztlich geleiteten Einrichtungen, die Krankenkassen, die betroffenen Landesverbände der Krankenkassen sowie die Kassenärztlichen Vereinigungen die Beschwerdeausschüsse anrufen. [2]Die Anrufung hat aufschiebende Wirkung. [3]Für das Verfahren sind § 84 Absatz 1 und § 85 Absatz 3 des Sozialgerichtsgesetzes anzuwenden. [4]Das Verfahren vor dem Beschwerdeausschuss gilt als Vorverfahren im Sinne des § 78 des Sozialgerichtsgesetzes. [5]Die Klage gegen eine vom Beschwerdeausschuss festgesetzte Maßnahme hat keine aufschiebende Wirkung. [6]Abweichend von Satz 1 findet in Fällen der Festsetzung einer Ausgleichspflicht für den Mehraufwand bei Leistungen, die durch das Gesetz oder durch die Richtlinien nach § 92 ausgeschlossen sind, eine Anrufung des Beschwerdeausschusses nicht statt.

(4) [1]Die Vertragspartner nach Absatz 1 Satz 1 können mit Zustimmung der für sie zuständigen Aufsichtsbehörde die gemeinsame Bildung einer Prüfungsstelle und eines Beschwerdeausschusses über den Bereich eines Landes oder ei-

ner anderen Kassenärztlichen Vereinigung hinaus vereinbaren. [2]Die Aufsicht über eine für den Bereich mehrerer Länder tätige Prüfungsstelle und einen für den Bereich mehrerer Länder tätigen Beschwerdeausschuss führt die für die Sozialversicherung zuständige oberste Verwaltungsbehörde des Landes, in dem der Ausschuss oder die Stelle ihren Sitz hat. [3]Die Aufsicht ist im Benehmen mit den zuständigen obersten Verwaltungsbehörden der beteiligten Länder wahrzunehmen.

(5) [1]Die Aufsicht über die Prüfungsstellen und Beschwerdeausschüsse führen die für die Sozialversicherung zuständigen obersten Verwaltungsbehörden der Länder. [2]Die Prüfungsstellen und die Beschwerdeausschüsse erstellen einmal jährlich eine Übersicht über die Zahl der durchgeführten Beratungen und Prüfungen sowie die von ihnen festgesetzten Maßnahmen. [3]Die Übersicht ist der Aufsichtsbehörde vorzulegen.

§ 106d Abrechnungsprüfung in der vertragsärztlichen Versorgung.
(1) Die Kassenärztlichen Vereinigungen und die Krankenkassen prüfen die Rechtmäßigkeit und Plausibilität der Abrechnungen in der vertragsärztlichen Versorgung.

(2) [1]Die Kassenärztliche Vereinigung stellt die sachliche und rechnerische Richtigkeit der Abrechnungen der an der vertragsärztlichen Versorgung teilnehmenden Ärzte und Einrichtungen fest; dazu gehört auch die arztbezogene Prüfung der Abrechnungen auf Plausibilität sowie die Prüfung der abgerechneten Sachkosten. [2]Gegenstand der arztbezogenen Plausibilitätsprüfung ist insbesondere der Umfang der je Tag abgerechneten Leistungen im Hinblick auf den damit verbundenen Zeitaufwand des Arztes; Vertragsärzte und angestellte Ärzte sind entsprechend des jeweiligen Versorgungsauftrages gleich zu behandeln. [3]Bei der Prüfung nach Satz 2 ist ein Zeitrahmen für das pro Tag höchstens abrechenbare Leistungsvolumen zu Grunde zu legen; zusätzlich können Zeitrahmen für die in längeren Zeitperioden höchstens abrechenbaren Leistungsvolumina zu Grunde gelegt werden. [4]Soweit Angaben zum Zeitaufwand nach § 87 Abs. 2 Satz 1 zweiter Halbsatz bestimmt sind, sind diese bei den Prüfungen nach Satz 2 zu Grunde zu legen. [5]Satz 2 bis 4 gilt nicht für die vertragszahnärztliche Versorgung. [6]Bei den Prüfungen ist von dem jeweils angeforderten Punktzahlvolumen unabhängig von honorarwirksamen Begrenzungsregelungen auszugehen. [7]Soweit es für den jeweiligen Prüfungsgegenstand erforderlich ist, sind die Abrechnungen vorangegangener Abrechnungszeiträume in die Prüfung einzubeziehen. [8]Die Kassenärztliche Vereinigung unterrichtet die in Absatz 5 genannten Verbände der Krankenkassen sowie die Ersatzkassen unverzüglich über die Durchführung der Prüfungen und deren Ergebnisse. [9]Satz 2 gilt auch für Verfahren, die am 31. Dezember 2014 noch nicht rechtskräftig abgeschlossen waren.

(3) [1]Die Krankenkassen prüfen die Abrechnungen der an der vertragsärztlichen Versorgung teilnehmenden Ärzte und Einrichtungen insbesondere hinsichtlich

1. des Bestehens und des Umfangs ihrer Leistungspflicht,
2. der Plausibilität von Art und Umfang der für die Behandlung eines Versicherten abgerechneten Leistungen in Bezug auf die angegebene Diagnose, bei zahnärztlichen Leistungen in Bezug auf die angegebenen Befunde,
3. der Plausibilität der Zahl der vom Versicherten in Anspruch genommenen Ärzte, unter Berücksichtigung ihrer Fachgruppenzugehörigkeit.

[2]Sie unterrichten die Kassenärztlichen Vereinigungen unverzüglich über die Durchführung der Prüfungen und deren Ergebnisse.

(4) [1]Die Krankenkassen oder ihre Verbände können, sofern dazu Veranlassung besteht, gezielte Prüfungen durch die Kassenärztliche Vereinigung nach Absatz 2 beantragen. [2]Die Kassenärztliche Vereinigung kann, sofern dazu Veranlassung besteht, Prüfungen durch die Krankenkassen nach Absatz 3 beantragen. [3]Bei festgestellter Unplausibilität nach Absatz 3 Satz 1 Nr. 2 oder 3 kann die Krankenkasse oder ihr Verband eine Wirtschaftlichkeitsprüfung ärztlicher Leistungen beantragen; dies gilt für die Kassenärztliche Vereinigung bei festgestellter Unplausibilität nach Absatz 2 entsprechend. [4]Wird ein Antrag nach Satz 1 von der Kassenärztlichen Vereinigung nicht innerhalb von sechs Monaten bearbeitet, kann die Krankenkasse einen Betrag in Höhe der sich unter Zugrundelegung des Antrags ergebenden Honorarberichtigung auf die zu zahlende Gesamtvergütung anrechnen.

(5) [1]Die Kassenärztlichen Vereinigungen und die Landesverbände der Krankenkassen und die Ersatzkassen gemeinsam und einheitlich vereinbaren Inhalt und Durchführung der Prüfungen nach den Absätzen 2 bis 4. [2]In den Vereinbarungen sind auch Maßnahmen für den Fall von Verstößen gegen Abrechnungsbestimmungen, einer Überschreitung der Zeitrahmen nach Absatz 2 Satz 3 sowie des Nichtbestehens einer Leistungspflicht der Krankenkassen, soweit dies dem Leistungserbringer bekannt sein musste, vorzusehen. [3]Der Inhalt der Richtlinien nach Absatz 6 ist Bestandteil der Vereinbarungen.

(6) [1]Die Kassenärztlichen Bundesvereinigungen und der Spitzenverband Bund der Krankenkassen vereinbaren Richtlinien zum Inhalt und zur Durchführung der Prüfungen nach den Absätzen 2 und 3 einschließlich des Einsatzes eines elektronisch gestützten Regelwerks; die Richtlinien enthalten insbesondere Vorgaben zu den Kriterien nach Absatz 2 Satz 2 und 3. [2]Die Richtlinien sind dem Bundesministerium für Gesundheit vorzulegen. [3]Es kann sie innerhalb von zwei Monaten beanstanden. [4]Kommen die Richtlinien nicht zu Stande oder werden die Beanstandungen des Bundesministeriums für Gesundheit nicht innerhalb einer von ihm gesetzten Frist behoben, kann das Bundesministerium für Gesundheit die Richtlinien erlassen.

(7) § 106 Abs. 4b gilt entsprechend.

Dritter Abschnitt

Beziehungen zu Krankenhäusern
und anderen Einrichtungen

§ 107 Krankenhäuser, Vorsorge- oder Rehabilitationseinrichtungen.

(1) Krankenhäuser im Sinne dieses Gesetzbuchs sind Einrichtungen, die

1. der Krankenhausbehandlung oder Geburtshilfe dienen,

2. fachlich-medizinisch unter ständiger ärztlicher Leitung stehen, über ausreichende, ihrem Versorgungsauftrag entsprechende diagnostische und therapeutische Möglichkeiten verfügen und nach wissenschaftlich anerkannten Methoden arbeiten,

3. mit Hilfe von jederzeit verfügbarem ärztlichem, Pflege-, Funktions- und medizinisch-technischem Personal darauf eingerichtet sind, vorwiegend durch ärztliche und pflegerische Hilfeleistung Krankheiten der Patienten zu erkennen, zu heilen, ihre Verschlimmerung zu verhüten, Krankheitsbeschwerden zu lindern oder Geburtshilfe zu leisten,

und in denen

4. die Patienten untergebracht und verpflegt werden können.

(2) Vorsorge- oder Rehabilitationseinrichtungen im Sinne dieses Gesetzbuchs sind Einrichtungen, die

1. der stationären Behandlung der Patienten dienen, um

   a) eine Schwächung der Gesundheit, die in absehbarer Zeit voraussichtlich zu einer Krankheit führen würde, zu beseitigen oder einer Gefährdung der gesundheitlichen Entwicklung eines Kindes entgegenzuwirken (Vorsorge) oder

   b) eine Krankheit zu heilen, ihre Verschlimmerung zu verhüten oder Krankheitsbeschwerden zu lindern oder im Anschluss an Krankenhausbehandlung den dabei erzielten Behandlungserfolg zu sichern oder zu festigen, auch mit dem Ziel, eine drohende Behinderung oder Pflegebedürftigkeit abzuwenden, zu beseitigen, zu mildern, auszugleichen, ihre Verschlimmerung zu verhüten oder ihre Folgen zu mildern (Rehabilitation), wobei Leistungen der aktivierenden Pflege nicht von den Krankenkassen übernommen werden dürfen.

2. fachlich-medizinisch unter ständiger ärztlicher Verantwortung und unter Mitwirkung von besonders geschultem Personal darauf eingerichtet sind, den Gesundheitszustand der Patienten nach einem ärztlichen Behandlungsplan vorwiegend durch Anwendung von Heilmitteln einschließlich Krankengymnastik, Bewegungstherapie, Sprachtherapie oder Arbeits- und Beschäftigungstherapie, ferner durch andere geeignete Hilfen, auch durch geistige und seelische Einwirkungen, zu verbessern und den Patienten bei der Entwicklung eigener Abwehr- und Heilungskräfte zu helfen,

und in denen

3. die Patienten untergebracht und verpflegt werden können.

§ 108 Zugelassene Krankenhäuser. Die Krankenkassen dürfen Krankenhausbehandlung nur durch folgende Krankenhäuser (zugelassene Krankenhäuser) erbringen lassen:

1. Krankenhäuser, die nach den landesrechtlichen Vorschriften als Hochschulklinik anerkannt sind,

2. Krankenhäuser, die in den Krankenhausplan eines Landes aufgenommen sind (Plankrankenhäuser) oder

3. Krankenhäuser, die einen Versorgungsvertrag mit den Landesverbänden der Krankenkassen und den Verbänden der Ersatzkassen abgeschlossen haben.

§ 108a Krankenhausgesellschaften. ¹Die Landeskrankenhausgesellschaft ist ein Zusammenschluss von Trägern zugelassener Krankenhäuser im Land. ²In der Deutschen Krankenhausgesellschaft sind die Landeskrankenhausgesellschaften zusammengeschlossen. ³Bundesverbände oder Landesverbände der Krankenhausträger können den Krankenhausgesellschaften angehören.

§ 109 Abschluss von Versorgungsverträgen mit Krankenhäusern. (1) ¹Der Versorgungsvertrag nach § 108 Nr. 3 kommt durch Einigung zwischen den Landesverbänden der Krankenkassen und den Ersatzkassen gemeinsam und dem Krankenhausträger zustande; er bedarf der Schriftform. ²Bei den Hochschulkliniken gilt die Anerkennung nach den landesrechtlichen Vorschriften, bei den Plankrankenhäusern die Aufnahme in den Krankenhausbedarfsplan nach § 8 Abs. 1 Satz 2 des Krankenhausfinanzierungsgesetzes als Abschluss des Versorgungsvertrages. ³Dieser ist für alle Krankenkassen im Inland unmittelbar verbindlich. ⁴Die Vertragsparteien nach Satz 1 können im Einvernehmen mit der für die Krankenhausplanung zuständigen Landesbehörde eine gegenüber dem Krankenhausplan geringere Bettenzahl vereinbaren, soweit die Leistungsstruktur des Krankenhauses nicht verändert wird; die Vereinbarung kann befristet werden. ⁵Enthält der Krankenhausplan keine oder keine abschließende Festlegung der Bettenzahl oder der Leistungsstruktur des Krankenhauses, werden diese durch die Vertragsparteien nach Satz 1 im Benehmen mit der für die Krankenhausplanung zuständigen Landesbehörde ergänzend vereinbart.

(2) ¹Ein Anspruch auf Abschluss eines Versorgungsvertrags nach § 108 Nr. 3 besteht nicht. ²Bei notwendiger Auswahl zwischen mehreren geeigneten Krankenhäusern, die sich um den Abschluss eines Versorgungsvertrags bewerben, entscheiden die Landesverbände der Krankenkassen und die Ersatzkassen gemeinsam unter Berücksichtigung der öffentlichen Interessen und der Vielfalt der Krankenhausträger nach pflichtgemäßem Ermessen, welches Krankenhaus den Erfordernissen einer qualitativ hochwertigen, patienten- und bedarfsgerechten sowie leistungsfähigen und wirtschaftlichen Krankenhausbehandlung am besten gerecht wird.

(3) ¹Ein Versorgungsvertrag nach § 108 Nr. 3 darf nicht abgeschlossen werden, wenn das Krankenhaus

1. nicht die Gewähr für eine leistungsfähige und wirtschaftliche Krankenhausbehandlung bietet,

2. bei den maßgeblichen planungsrelevanten Qualitätsindikatoren nach § 6 Absatz 1a des Krankenhausfinanzierungsgesetzes auf der Grundlage der vom Gemeinsamen Bundesausschuss nach § 136c Absatz 2 übermittelten Maßstäbe und Bewertungskriterien nicht nur vorübergehend eine in einem erheblichen Maß unzureichende Qualität aufweist, die im jeweiligen Landesrecht vorgesehenen Qualitätsanforderungen nicht nur vorübergehend und in einem erheblichen Maß nicht erfüllt, höchstens drei Jahre in Folge Qualitätsabschlägen nach § 5 Absatz 3a des Krankenhausentgeltgesetzes unterliegt oder

3. für eine bedarfsgerechte Krankenhausbehandlung der Versicherten nicht erforderlich ist. ²Abschluss und Ablehnung des Versorgungsvertrags werden mit der Genehmigung durch die zuständigen Landesbehörden wirksam. ³Verträge, die vor dem 1. Januar 1989 nach § 371 Abs. 2 der Reichsversicherungsordnung abgeschlossen worden sind, gelten bis zu ihrer Kündigung nach § 110 weiter.

(4) ¹Mit einem Versorgungsvertrag nach Absatz 1 wird das Krankenhaus für die Dauer des Vertrages zur Krankenhausbehandlung der Versicherten zugelassen. ²Das zugelassene Krankenhaus ist im Rahmen seines Versorgungsauftrags zur Krankenhausbehandlung (§ 39) der Versicherten verpflichtet. ³Die Krankenkassen sind verpflichtet, unter Beachtung der Vorschriften dieses Gesetzbuchs mit dem Krankenhausträger Pflegesatzverhandlungen nach Maßgabe des Krankenhausfinanzierungsgesetzes, des Krankenhausentgeltgesetzes und der Bundespflegesatzverordnung zu führen.

§ 110 Kündigung von Versorgungsverträgen mit Krankenhäusern.

(1) ¹Ein Versorgungsvertrag nach § 109 Abs. 1 kann von jeder Vertragspartei mit einer Frist von einem Jahr ganz oder teilweise gekündigt werden, von den Landesverbänden der Krankenkassen und den Ersatzkassen nur gemeinsam und nur aus den in § 109 Abs. 3 Satz 1 genannten Gründen. ²Die Kündigung hat zu erfolgen, wenn der in § 109 Absatz 3 Satz 1 Nummer 2 genannte Kündigungsgrund vorliegt. ³Eine Kündigung ist nur zulässig, wenn die Kündigungsgründe nicht nur vorübergehend bestehen. ⁴Bei Plankrankenhäusern ist die Kündigung mit einem Antrag an die zuständige Landesbehörde auf Aufhebung oder Änderung des Feststellungsbescheids nach § 8 Abs. 1 Satz 2 des Krankenhausfinanzierungsgesetzes zu verbinden, mit dem das Krankenhaus in den Krankenhausplan des Landes aufgenommen worden ist. ⁵Kommt ein Beschluss über die Kündigung eines Versorgungsvertrags durch die Landesverbände der Krankenkassen und der Ersatzkassen nicht zustande, entscheidet eine unabhängige Schiedsperson über die Kündigung, wenn dies von Kassenarten beantragt wird, die mindestens ein Drittel der landesweiten Anzahl der Versicherten auf sich vereinigen. ⁶Einigen sich die Landesverbände der Krankenkassen und die Ersatzkassen nicht auf eine Schiedsperson, wird diese von der für die Landesverbände der Krankenkassen zuständigen Aufsichtsbehörde bestimmt. ⁷Klagen gegen die Bestimmung der Schiedsperson haben keine aufschiebende Wirkung. ⁸Die Kosten des Schiedsverfahrens tragen die Landesver-

bände der Krankenkassen und die Ersatzkassen entsprechend der landesweiten Anzahl ihrer Versicherten. [9]Klagen gegen die Entscheidung der Schiedsperson über die Kündigung richten sich gegen die Landesverbände der Krankenkassen und die Ersatzkassen, nicht gegen die Schiedsperson.

(2) [1]Die Kündigung durch die in Absatz 1 Satz 1 genannten Verbände wird mit der Genehmigung durch die zuständige Landesbehörde wirksam. [2]Diese hat ihre Entscheidung zu begründen. [3]Bei Plankrankenhäusern kann die Genehmigung nur versagt werden, wenn und soweit das Krankenhaus für die Versorgung unverzichtbar ist und die zuständige Landesbehörde die Unabweisbarkeit des Bedarfs schriftlich oder elektronisch dargelegt hat. [4]Die Genehmigung gilt als erteilt, wenn die zuständige Landesbehörde nicht innerhalb von drei Monaten nach Mitteilung der Kündigung widersprochen hat. [5]Die Landesbehörde hat einen Widerspruch spätestens innerhalb von drei weiteren Monaten schriftlich oder elektronisch zu begründen. [6]Mit Wirksamwerden der Kündigung gilt ein Plankrankenhaus insoweit nicht mehr als zugelassenes Krankenhaus.

§ 110a Qualitätsverträge. (1) [1]Krankenkassen oder Zusammenschlüsse von Krankenkassen sollen zu den vom Gemeinsamen Bundesausschuss nach § 136b Absatz 1 Nummer 4 festgelegten Leistungen oder Leistungsbereichen mit dem Krankenhausträger Verträge schließen zur Förderung einer qualitativ hochwertigen stationären Versorgung (Qualitätsverträge). [2]Ziel der Qualitätsverträge ist die Erprobung, inwieweit sich eine weitere Verbesserung der Versorgung mit stationären Behandlungsleistungen, insbesondere durch die Vereinbarung von Anreizen sowie höherwertigen Qualitätsanforderungen erreichen lässt. [3]Die Qualitätsverträge sind zu befristen. [4]In den Qualitätsverträgen darf nicht vereinbart werden, dass der Abschluss von Qualitätsverträgen mit anderen Krankenkassen oder Zusammenschlüssen von Krankenkassen unzulässig ist. [5]Ein Anspruch auf Abschluss eines Qualitätsvertrags besteht nicht.

(2) [1]Der Spitzenverband Bund der Krankenkassen und die Deutsche Krankenhausgesellschaft vereinbaren für die Qualitätsverträge nach Absatz 1 bis spätestens zum 31. Juli 2018 die verbindlichen Rahmenvorgaben für den Inhalt der Verträge. [2]Die Rahmenvorgaben, insbesondere für die Qualitätsanforderungen, sind nur soweit zu vereinheitlichen, wie dies für eine aussagekräftige Evaluierung der Qualitätsverträge erforderlich ist. [3]Kommt eine Vereinbarung nach Satz 1 ganz oder teilweise nicht zustande, setzt die Schiedsstelle nach § 18a Absatz 6 des Krankenhausfinanzierungsgesetzes auf Antrag einer Vertragspartei oder des Bundesministeriums für Gesundheit den Inhalt der Rahmenvorgaben fest.

§ 111 Versorgungsverträge mit Vorsorge- oder Rehabilitationseinrichtungen. (1) Die Krankenkassen dürfen medizinische Leistungen zur Vorsorge (§ 23 Abs. 4) oder Leistungen zur medizinischen Rehabilitation einschließlich der Anschlussheilbehandlung (§ 40), die eine stationäre Behandlung, aber keine Krankenhausbehandlung erfordern, nur in Vorsorge- oder Rehabilitationseinrichtungen erbringen lassen, mit denen ein Versorgungsvertrag nach Absatz 2 besteht; für pflegende Angehörige dürfen die Krankenkassen diese Leistungen auch in Vorsorge- und Rehabilitationseinrichtungen erbringen lassen, mit denen ein Vertrag nach § 111a besteht.

(2) [1]Die Landesverbände der Krankenkassen und die Ersatzkassen gemeinsam schließen mit Wirkung für ihre Mitgliedskassen einheitliche Versorgungsverträge über die Durchführung der in Absatz 1 genannten Leistungen mit Vorsorge- oder Rehabilitationseinrichtungen, die
1. die Anforderungen des § 107 Abs. 2 erfüllen und
2. für eine bedarfsgerechte, leistungsfähige und wirtschaftliche Versorgung der Versicherten ihrer Mitgliedskassen mit stationären medizinischen Leistungen zur Vorsorge oder Leistungen zur medizinischen Rehabilitation einschließlich der Anschlussheilbehandlung notwendig sind.
[2]§ 109 Abs. 1 Satz 1 gilt entsprechend. [3]Die Landesverbände der Krankenkassen eines anderen Bundeslandes und die Ersatzkassen können einem nach Satz 1 geschlossenen Versorgungsvertrag beitreten, soweit für die Behandlung der Versicherten ihrer Mitgliedskassen in der Vorsorge- oder Rehabilitationseinrichtung ein Bedarf besteht.

(3) [1]Bei Vorsorge- oder Rehabilitationseinrichtungen, die vor dem 1. Januar 1989 stationäre medizinische Leistungen für die Krankenkassen erbracht haben, gilt ein Versorgungsvertrag in dem Umfang der in den Jahren 1986 bis 1988 erbrachten Leistungen als abgeschlossen. [2]Satz 1 gilt nicht, wenn die Einrichtung die Anforderungen nach Absatz 2 Satz 1 nicht erfüllt und die zuständigen Landesverbände der Krankenkassen und die Ersatzkassen gemeinsam dies bis zum 30. Juni 1989 gegenüber dem Träger der Einrichtung schriftlich geltend machen.

(4) [1]Mit dem Versorgungsvertrag wird die Vorsorge- oder Rehabilitationseinrichtung für die Dauer des Vertrages zur Versorgung der Versicherten mit stationären medizinischen Leistungen zur Vorsorge oder Rehabilitation zugelassen. [2]Der Versorgungsvertrag kann von den Landesverbänden der Krankenkassen und den Ersatzkassen gemeinsam mit einer Frist von einem Jahr gekündigt werden, wenn die Voraussetzungen für seinen Abschluss nach Absatz 2 Satz 1 nicht mehr gegeben sind. [3]Mit der für die Krankenhausplanung zuständigen Landesbehörde ist Einvernehmen über Abschluss und Kündigung des Versorgungsvertrags anzustreben.

(5) [1]Die Vergütungen für die in Absatz 1 genannten Leistungen werden zwischen den Krankenkassen und den Trägern der zugelassenen Vorsorge- oder Rehabilitationseinrichtungen vereinbart. [2]Kommt eine Vereinbarung innerhalb von zwei Monaten, nachdem eine Vertragspartei nach Satz 1 schriftlich zur Aufnahme von Verhandlungen aufgefordert hat, nicht oder teilweise nicht zustande, wird ihr Inhalt auf Antrag einer Vertragspartei durch die Landesschiedsstelle nach § 111b festgesetzt. [3]Die Landesschiedsstelle ist dabei an die für die Vertragsparteien geltenden Rechtsvorschriften gebunden.

(6) Soweit eine wirtschaftlich und organisatorisch selbstständige, gebietsärztlich geleitete Vorsorge- oder Rehabilitationseinrichtung an einem zugelas-

senen Krankenhaus die Anforderungen des Absatzes 2 Satz 1 erfüllt, gelten im Übrigen die Absätze 1 bis 5.

§ 111a Versorgungsverträge mit Einrichtungen des Müttergenesungs-werks oder gleichartigen Einrichtungen. (1) [1]Die Krankenkassen dürfen stationäre medizinische Leistungen zur Vorsorge für Mütter und Väter (§ 24) oder Rehabilitation für Mütter und Väter (§ 41) nur in Einrichtungen des Müttergenesungswerks oder gleichartigen Einrichtungen oder für Vater-Kind-Maßnahmen geeigneten Einrichtungen erbringen lassen, mit denen ein Versorgungsvertrag besteht. [2]§ 111 Abs. 2, 4 Satz 1 und 2 und Abs. 5 sowie § 111b gelten entsprechend.

(2) [1]Bei Einrichtungen des Müttergenesungswerks oder gleichartigen Einrichtungen, die vor dem 1. August 2002 stationäre medizinische Leistungen für die Krankenkassen erbracht haben, gilt ein Versorgungsvertrag in dem Umfang der im Jahr 2001 erbrachten Leistungen als abgeschlossen. [2]Satz 1 gilt nicht, wenn die Einrichtung die Anforderungen nach § 111 Abs. 2 Satz 1 nicht erfüllt und die zuständigen Landesverbände der Krankenkassen und die Ersatzkassen gemeinsam dies bis zum 1. Januar 2004 gegenüber dem Träger der Einrichtung schriftlich geltend machen.

§ 111b Landesschiedsstelle für Vergütungsvereinbarungen zwischen Krankenkassen und Trägern von Vorsorge- oder Rehabilitationseinrichtungen. (1) [1]Die Landesverbände der Krankenkassen und die Ersatzkassen gemeinsam und die für die Wahrnehmung der Interessen der Vorsorge- und Rehabilitationseinrichtungen auf Landesebene maßgeblichen Verbände bilden miteinander für jedes Land eine Schiedsstelle. [2]Diese entscheidet in den Angelegenheiten, die ihr nach diesem Buch zugewiesen sind.

(2) [1]Die Schiedsstelle besteht aus einem unparteiischen Vorsitzenden und zwei weiteren unparteiischen Mitgliedern sowie aus Vertretern der jeweiligen Vertragsparteien nach § 111 Absatz 5 Satz 1 oder im Falle ambulanter Rehabilitationseinrichtungen nach § 111c Absatz 3 Satz 1 in gleicher Zahl; für den Vorsitzenden und die unparteiischen Mitglieder können Stellvertreter bestellt werden. [2]Der Vorsitzende und die unparteiischen Mitglieder werden von den beteiligten Verbänden nach Absatz 1 gemeinsam bestellt. [3]Kommt eine Einigung nicht zustande, werden sie von den zuständigen Landesbehörden bestellt.

(3) [1]Die Mitglieder der Schiedsstelle führen ihr Amt als Ehrenamt. [2]Sie sind an Weisungen nicht gebunden. [3]Jedes Mitglied hat eine Stimme. [4]Die Entscheidungen werden von der Mehrheit der Mitglieder getroffen. [5]Ergibt sich keine Mehrheit, gibt die Stimme des Vorsitzenden den Ausschlag.

(4) Die Rechtsaufsicht über die Schiedsstelle führt die zuständige Landesbehörde.

(5) [1]Die Landesregierungen werden ermächtigt, durch Rechtsverordnung das Nähere über die Zahl, die Bestellung, die Amtsdauer und die Amtsführung, die Erstattung der baren Auslagen und die Entschädigung für Zeitaufwand der

Mitglieder der Schiedsstelle, die Geschäftsführung, das Verfahren, die Erhebung und die Höhe der Gebühren sowie über die Verteilung der Kosten zu bestimmen. [2]Sie können diese Ermächtigung durch Rechtsverordnung auf oberste Landesbehörden übertragen.

§ 111c Versorgungsverträge mit Rehabilitationseinrichtungen. (1) Die Landesverbände der Krankenkassen und die Ersatzkassen gemeinsam schließen mit Wirkung für ihre Mitgliedskassen einheitliche Versorgungsverträge über die Durchführung der in § 40 Absatz 1 genannten ambulanten Leistungen zur medizinischen Rehabilitation mit Rehabilitationseinrichtungen,

1. für die ein Versorgungsvertrag nach § 111 Absatz 2 besteht und

2. die für eine bedarfsgerechte, leistungsfähige und wirtschaftliche Versorgung der Versicherten ihrer Mitgliedskassen mit ambulanten Leistungen zur medizinischen Rehabilitation einschließlich der Anschlussrehabilitation notwendig sind. [2]Soweit es für die Erbringung wohnortnaher ambulanter Leistungen zur medizinischen Rehabilitation erforderlich ist, können Verträge nach Satz 1 auch mit Einrichtungen geschlossen werden, die die in Satz 1 genannten Voraussetzungen erfüllen, ohne dass für sie ein Versorgungsvertrag nach § 111 besteht.

(2) [1]§ 109 Absatz 1 Satz 1 gilt entsprechend. [2]Die Landesverbände der Krankenkassen eines anderen Bundeslandes und die Ersatzkassen können einem nach Absatz 1 geschlossenen Versorgungsvertrag beitreten, soweit für die Behandlung der Versicherten ihrer Mitgliedskassen in der Rehabilitationseinrichtung ein Bedarf besteht. [3]Mit dem Versorgungsvertrag wird die Rehabilitationseinrichtung für die Dauer des Vertrages zur Versorgung der Versicherten mit ambulanten medizinischen Leistungen zur Rehabilitation zugelassen. [4]Der Versorgungsvertrag kann von den Landesverbänden der Krankenkassen und den Ersatzkassen gemeinsam mit einer Frist von einem Jahr gekündigt werden, wenn die Voraussetzungen für seinen Abschluss nach Absatz 1 nicht mehr gegeben sind. [5]Mit der für die Krankenhausplanung zuständigen Landesbehörde ist Einvernehmen über Abschluss und Kündigung des Versorgungsvertrags anzustreben.

(3) [1]Die Vergütungen für die in § 40 Absatz 1 genannten Leistungen werden zwischen den Krankenkassen und den Trägern der zugelassenen Rehabilitationseinrichtungen vereinbart. [2]Kommt eine Vereinbarung innerhalb von zwei Monaten, nachdem eine Vertragspartei nach Satz 1 schriftlich zur Aufnahme von Verhandlungen aufgefordert hat, nicht oder teilweise nicht zustande, wird ihr Inhalt auf Antrag einer Vertragspartei durch die Landesschiedsstelle nach § 111b festgesetzt. [3]Diese ist dabei an die für die Vertragsparteien geltenden Rechtsvorschriften gebunden.

(4) [1]Bei Einrichtungen, die vor dem 1. Januar 2012 ambulante Leistungen zur medizinischen Rehabilitation erbracht haben, gilt ein Versorgungsvertrag nach § 111c in dem Umfang der bis dahin erbrachten Leistungen als abgeschlossen. [2]Satz 1 gilt nicht, wenn die Einrichtung die Anforderungen nach

Absatz 1 nicht erfüllt und die zuständigen Landesverbände der Krankenkassen und die Ersatzkassen gemeinsam dies bis zum 31. Dezember 2012 gegenüber dem Träger der Einrichtung schriftlich geltend machen.

§ 112 Zweiseitige Verträge und Rahmenempfehlungen über Krankenhausbehandlung. (1) Die Landesverbände der Krankenkassen und die Ersatzkassen gemeinsam schließen mit der Landeskrankenhausgesellschaft oder mit den Vereinigungen der Krankenhausträger im Land gemeinsam Verträge, um sicherzustellen, dass Art und Umfang der Krankenhausbehandlung den Anforderungen dieses Gesetzbuchs entsprechen.

(2) ¹Die Verträge regeln insbesondere

1. die allgemeinen Bedingungen der Krankenhausbehandlung einschließlich der
   a) Aufnahme und Entlassung der Versicherten,
   b) Kostenübernahme, Abrechnung der Entgelte, Berichte und Bescheinigungen,
2. die Überprüfung der Notwendigkeit und Dauer der Krankenhausbehandlung einschließlich eines Kataloges von Leistungen, die in der Regel teilstationär erbracht werden können,
3. Verfahrens- und Prüfungsgrundsätze für Wirtschaftlichkeits- und Qualitätsprüfungen,
4. die soziale Betreuung und Beratung der Versicherten im Krankenhaus,
5. den nahtlosen Übergang von der Krankenhausbehandlung zur Rehabilitation oder Pflege,
6. das Nähere über Voraussetzungen, Art und Umfang der medizinischen Maßnahmen zur Herbeiführung einer Schwangerschaft nach § 27a Abs. 1.

(aufgehoben)
²Sie sind für die Krankenkassen und die zugelassenen Krankenhäuser im Land unmittelbar verbindlich.

(3) Kommt ein Vertrag nach Absatz 1 bis zum 31. Dezember 1989 ganz oder teilweise nicht zustande, wird sein Inhalt auf Antrag einer Vertragspartei durch die Landesschiedsstelle nach § 114 festgesetzt.

(4) ¹Die Verträge nach Absatz 1 können von jeder Vertragspartei mit einer Frist von einem Jahr ganz oder teilweise gekündigt werden. ²Satz 1 gilt entsprechend für die von der Landesschiedsstelle nach Absatz 3 getroffenen Regelungen. ³Diese können auch ohne Kündigung jederzeit durch einen Vertrag nach Absatz 1 ersetzt werden.

(5) Der Spitzenverband Bund der Krankenkassen und die Deutsche Krankenhausgesellschaft oder die Bundesverbände der Krankenhausträger gemeinsam sollen Rahmenempfehlungen zum Inhalt der Verträge nach Absatz 1 abgeben.

(6) Beim Abschluss der Verträge nach Absatz 1 und bei Abgabe der Empfehlungen nach Absatz 5 sind, soweit darin Regelungen nach Absatz 2 Nr. 5 getroffen werden, die Spitzenorganisationen der Vorsorge- und Rehabilitationseinrichtungen zu beteiligen.

§ 113 Qualitäts- und Wirtschaftlichkeitsprüfung der Krankenhausbehandlung. (1) ¹Die Landesverbände der Krankenkassen, die Ersatzkassen und der Landesausschuss des Verbandes der privaten Krankenversicherung können gemeinsam die Wirtschaftlichkeit, Leistungsfähigkeit und Qualität der Krankenhausbehandlung eines zugelassenen Krankenhauses durch einvernehmlich mit dem Krankenhausträger bestellte Prüfer untersuchen lassen. ²Kommt eine Einigung über den Prüfer nicht zustande, wird dieser auf Antrag innerhalb von zwei Monaten von der Landesschiedsstelle nach § 114 Abs. 1 bestimmt. ³Der Prüfer ist unabhängig und an Weisungen nicht gebunden.

(2) Die Krankenhäuser und ihre Mitarbeiter sind verpflichtet, dem Prüfer und seinen Beauftragten auf Verlangen die für die Wahrnehmung ihrer Aufgaben notwendigen Unterlagen vorzulegen und Auskünfte zu erteilen.

(3) ¹Das Prüfungsergebnis ist, unabhängig von den sich daraus ergebenden Folgerungen für eine Kündigung des Versorgungsvertrags nach § 110, in der nächstmöglichen Pflegesatzvereinbarung mit Wirkung für die Zukunft zu berücksichtigen. ²Die Vorschriften über Wirtschaftlichkeitsprüfungen nach der Bundespflegesatzverordnung bleiben unberührt.

(4) ¹Die Wirtschaftlichkeit und Qualität der Versorgung durch Hochschulambulanzen nach § 117, psychiatrische Institutsambulanzen nach § 118, sozialpädiatrische Zentren nach § 119 sowie medizinische Behandlungszentren nach § 119c werden von den Krankenkassen in entsprechender Anwendung der nach §§ 106 bis 106b und 106d und § 135b geltenden Regelungen geprüft. ²Die Wirtschaftlichkeit der ärztlich verordneten Leistungen im Rahmen des Entlassmanagements nach § 39 Absatz 1a Satz 5 und der Inanspruchnahme eines Krankenhauses nach § 76 Absatz 1a wird durch die Prüfungsstellen nach § 106c entsprechend §§ 106 bis 106b gegen Kostenersatz durchgeführt, soweit die Krankenkasse mit dem Krankenhaus nichts anderes vereinbart hat.

§ 114 Landesschiedsstelle. (1) ¹Die Landesverbände der Krankenkassen und die Ersatzkassen gemeinsam und die Landeskrankenhausgesellschaften oder die Vereinigungen der Krankenhausträger im Land gemeinsam bilden für jedes Land eine Schiedsstelle. ²Diese entscheidet in den ihr nach diesem Buch zugewiesenen Aufgaben.

(2) ¹Die Landesschiedsstelle besteht aus Vertretern der Krankenkassen und zugelassenen Krankenhäuser in gleicher Zahl sowie einem unparteiischen Vorsitzenden und zwei weiteren unparteiischen Mitgliedern. ²Die Vertreter der Krankenkassen und deren Stellvertreter werden von den Landesverbänden der Krankenkassen und den Ersatzkassen, die Vertreter der zugelassenen Krankenhäuser und deren Stellvertreter von der Landeskrankenhausgesellschaft bestellt. ³Der Vorsitzende und die weiteren unparteiischen Mitglieder werden von den beteiligten Organisationen gemeinsam bestellt. ⁴Kommt eine Einigung nicht zustande, werden sie in entsprechender Anwendung des Verfahrens nach § 89 Abs. 3 Satz 3 und 4 durch Los bestellt. ⁵Soweit beteiligte Organisationen keine Vertreter bestellen oder im Verfahren nach Satz 3 keine Kandidaten für

das Amt des Vorsitzenden oder der weiteren unparteiischen Mitglieder benennen, bestellt die zuständige Landesbehörde auf Antrag einer beteiligten Organisation die Vertreter und benennt die Kandidaten; die Amtsdauer der Mitglieder der Schiedsstelle beträgt in diesem Fall ein Jahr.

(3) [1]Die Mitglieder der Schiedsstelle führen ihr Amt als Ehrenamt. [2]Sie sind an Weisungen nicht gebunden. [3]Jedes Mitglied hat eine Stimme. [4]Die Entscheidungen werden mit der Mehrheit der Mitglieder getroffen. [5]Ergibt sich keine Mehrheit, gibt die Stimme des Vorsitzenden den Ausschlag.

(4) Die Aufsicht über die Geschäftsführung der Schiedsstelle führt die zuständige Landesbehörde.

(5) Die Landesregierungen werden ermächtigt, durch Rechtsverordnung das Nähere über die Zahl, die Bestellung, die Amtsdauer und die Amtsführung, die Erstattung der baren Auslagen und die Entschädigung für Zeitaufwand der Mitglieder der Schiedsstelle und der erweiterten Schiedsstelle (§ 115 Abs. 3), die Geschäftsführung, das Verfahren, die Erhebung und die Höhe der Gebühren sowie über die Verteilung der Kosten zu bestimmen.

Vierter Abschnitt
Beziehungen zu Krankenhäusern und Vertragsärzten

§ 115 Dreiseitige Verträge und Rahmenempfehlungen zwischen Krankenkassen, Krankenhäusern und Vertragsärzten. (1) Die Landesverbände der Krankenkassen und die Ersatzkassen gemeinsam und die Kassenärztlichen Vereinigungen schließen mit der Landeskrankenhausgesellschaft oder mit den Vereinigungen der Krankenhausträger im Land gemeinsam Verträge mit dem Ziel, durch enge Zusammenarbeit zwischen Vertragsärzten und zugelassenen Krankenhäusern eine nahtlose ambulante und stationäre Behandlung der Versicherten zu gewährleisten.

(2) [1]Die Verträge regeln insbesondere
1. die Förderung des Belegarztwesens und der Behandlung in Einrichtungen, in denen die Versicherten durch Zusammenarbeit mehrerer Vertragsärzte ambulant und stationär versorgt werden (Praxiskliniken),
2. die gegenseitige Unterrichtung über die Behandlung der Patienten sowie über die Überlassung und Verwendung von Krankenunterlagen,
3. die Zusammenarbeit bei der Gestaltung und Durchführung eines ständig einsatzbereiten Notdienstes; darüber hinaus können auf Grundlage des einheitlichen Bewertungsmaßstabs für ärztliche Leistungen ergänzende Regelungen zur Vergütung vereinbart werden,
4. die Durchführung einer vor- und nachstationären Behandlung im Krankenhaus nach § 115a einschließlich der Prüfung der Wirtschaftlichkeit und der Verhinderung von Missbrauch; in den Verträgen können von § 115a Abs. 2 Satz 1 bis 3 abweichende Regelungen vereinbart werden,

5. die allgemeinen Bedingungen der ambulanten Behandlung im Krankenhaus,
6. ergänzende Vereinbarungen zu Voraussetzungen, Art und Umfang des Entlassmanagements nach § 39 Absatz 1a.
²Sie sind für die Krankenkassen, die Vertragsärzte und die zugelassenen Krankenhäuser im Land unmittelbar verbindlich.

(3) ¹Kommt ein Vertrag nach Absatz 1 ganz oder teilweise nicht zustande, wird sein Inhalt auf Antrag einer Vertragspartei durch die Landesschiedsstelle nach § 114 festgesetzt. ²Diese wird hierzu um Vertreter der Vertragsärzte in der gleichen Zahl erweitert, wie sie jeweils für die Vertreter der Krankenkassen und Krankenhäuser vorgesehen ist (erweiterte Schiedsstelle). ³Die Vertreter der Vertragsärzte werden von den Kassenärztlichen Vereinigungen bestellt. ⁴Das Nähere wird durch die Rechtsverordnung nach § 114 Abs. 5 bestimmt. ⁵Für die Kündigung der Verträge sowie die vertragliche Ablösung der von der erweiterten Schiedsstelle festgesetzten Verträge gilt § 112 Abs. 4 entsprechend.

(3a) ¹Kommt eine vertragliche Regelung nach Absatz 2 Satz 1 Nummer 3 bis zum 30. Juni 2016 nicht zustande, wird ihr Inhalt innerhalb von sechs Wochen durch die Landesschiedsstelle nach § 114 festgelegt. ²Absatz 3 Satz 2 bis 5 gilt entsprechend.

(4) ¹Kommt eine Regelung nach Absatz 1 bis 3 bis zum 31. Dezember 1990 ganz oder teilweise nicht zustande, wird ihr Inhalt durch Rechtsverordnung der Landesregierung bestimmt. ²Eine Regelung nach den Absätzen 1 bis 3 ist zulässig, solange und soweit die Landesregierung eine Rechtsverordnung nicht erlassen hat.

(5) Der Spitzenverband Bund der Krankenkassen, die Kassenärztlichen Bundesvereinigungen und die Deutsche Krankenhausgesellschaft oder die Bundesverbände der Krankenhausträger gemeinsam sollen Rahmenempfehlungen zum Inhalt der Verträge nach Absatz 1 abgeben.

§ 115a Vor- und nachstationäre Behandlung im Krankenhaus. (1) ¹Das Krankenhaus kann bei Verordnung von Krankenhausbehandlung Versicherte in medizinisch geeigneten Fällen ohne Unterkunft und Verpflegung behandeln, um
1. die Erforderlichkeit einer vollstationären Krankenhausbehandlung zu klären oder die vollstationäre Krankenhausbehandlung vorzubereiten (vorstationäre Behandlung) oder
2. im Anschluss an eine vollstationäre Krankenhausbehandlung den Behandlungserfolg zu sichern oder zu festigen (nachstationäre Behandlung).
²Das Krankenhaus kann die Behandlung nach Satz 1 auch durch hierzu ausdrücklich beauftragte niedergelassene Vertragsärzte in den Räumen des Krankenhauses oder der Arztpraxis erbringen. ³Absatz 2 Satz 5 findet insoweit keine Anwendung.

(2) ¹Die vorstationäre Behandlung ist auf längstens drei Behandlungstage innerhalb von fünf Tagen vor Beginn der stationären Behandlung begrenzt. ²Die nachstationäre Behandlung darf sieben Behandlungstage innerhalb von 14 Tagen, bei Organübertragungen nach § 9 Absatz 2 des Transplantationsgesetzes

drei Monate nach Beendigung der stationären Krankenhausbehandlung nicht überschreiten. [3]Die Frist von 14 Tagen kann in medizinisch begründeten Einzelfällen im Einvernehmen mit dem einweisenden Arzt verlängert werden. [4]Kontrolluntersuchungen bei Organübertragungen nach § 9 Absatz 2 des Transplantationsgesetzes dürfen vom Krankenhaus auch nach Beendigung der nachstationären Behandlung fortgeführt werden, um die weitere Krankenbehandlung oder Maßnahmen der Qualitätssicherung wissenschaftlich zu begleiten oder zu unterstützen. [5]Eine notwendige ärztliche Behandlung außerhalb des Krankenhauses während der vor- und nachstationären Behandlung wird im Rahmen des Sicherstellungsauftrags durch die an der vertragsärztlichen Versorgung teilnehmenden Ärzte gewährleistet. [6]Das Krankenhaus hat den einweisenden Arzt über die vor- oder nachstationäre Behandlung sowie diesen und die an der weiteren Krankenbehandlung jeweils beteiligten Ärzte über die Kontrolluntersuchungen und deren Ergebnis unverzüglich zu unterrichten. [7]Die Sätze 2 bis 6 gelten für die Nachbetreuung von Organspendern nach § 8 Abs. 3 Satz 1 des Transplantationsgesetzes entsprechend.

(3) [1]Die Landesverbände der Krankenkassen, die Ersatzkassen und der Landesausschuss des Verbandes der privaten Krankenversicherung gemeinsam vereinbaren mit der Landeskrankenhausgesellschaft oder mit den Vereinigungen der Krankenhausträger im Land gemeinsam und im Benehmen mit der Kassenärztlichen Vereinigung die Vergütung der Leistungen mit Wirkung für die Vertragsparteien nach § 18 Abs. 2 des Krankenhausfinanzierungsgesetzes. [2]Die Vergütung soll pauschaliert werden und geeignet sein, eine Verminderung der stationären Kosten herbeizuführen. [3]Der Spitzenverband Bund der Krankenkassen und die Deutsche Krankenhausgesellschaft oder die Bundesverbände der Krankenhausträger gemeinsam geben im Benehmen mit der Kassenärztlichen Bundesvereinigung Empfehlungen zur Vergütung ab. [4]Diese gelten bis zum Inkrafttreten einer Vereinbarung nach Satz 1. [5]Kommt eine Vereinbarung über die Vergütung innerhalb von drei Monaten nicht zustande, nachdem eine Vertragspartei schriftlich zur Aufnahme der Verhandlungen aufgefordert hat, setzt die Schiedsstelle nach § 18a Abs. 1 des Krankenhausfinanzierungsgesetzes auf Antrag einer Vertragspartei oder der zuständigen Landesbehörde die Vergütung fest.

§ 115b Ambulantes Operieren im Krankenhaus. (1) [1]Der Spitzenverband Bund der Krankenkassen, die Deutsche Krankenhausgesellschaft oder die Bundesverbände der Krankenhausträger gemeinsam und die Kassenärztlichen Bundesvereinigungen vereinbaren

1. einen Katalog ambulant durchführbarer Operationen und sonstiger stationsersetzender Eingriffe,
2. einheitliche Vergütungen für Krankenhäuser und Vertragsärzte.

[2]In der Vereinbarung nach Satz 1 Nr. 1 sind bis zum 31. Dezember 2000 die ambulant durchführbaren Operationen und stationsersetzenden Eingriffe gesondert zu benennen, die in der Regel ambulant durchgeführt werden können, und allgemeine Tatbestände zu bestimmen, bei deren Vorliegen eine stationäre

Durchführung erforderlich sein kann. [3]In der Vereinbarung sind die Qualitätsvoraussetzungen nach § 135 Abs. 2 sowie die Richtlinien und Beschlüsse des Gemeinsamen Bundesausschusses nach § 92 Abs. 1 Satz 2 und den §§ 136 bis 136b zu berücksichtigen. [4]In der Vereinbarung ist vorzusehen, dass die Leistungen nach Satz 1 auch auf der Grundlage einer vertraglichen Zusammenarbeit des Krankenhauses mit niedergelassenen Vertragsärzten ambulant im Krankenhaus erbracht werden können.

(2) [1]Die Krankenhäuser sind zur ambulanten Durchführung der in dem Katalog genannten Operationen und stationsersetzenden Eingriffe zugelassen. [2]Hierzu bedarf es einer Mitteilung des Krankenhauses an die Landesverbände der Krankenkassen und die Ersatzkassen, die Kassenärztliche Vereinigung und den Zulassungsausschuss (§ 96); die Kassenärztliche Vereinigung unterrichtet die Landeskrankenhausgesellschaft über den Versorgungsgrad in der vertragsärztlichen Versorgung. [3]Das Krankenhaus ist zur Einhaltung des Vertrages nach Absatz 1 verpflichtet. [4]Die Leistungen werden unmittelbar von den Krankenkassen vergütet. [5]Die Prüfung der Wirtschaftlichkeit und Qualität erfolgt durch die Krankenkassen; die Krankenhäuser übermitteln den Krankenkassen die Daten nach § 301, soweit dies für die Erfüllung der Aufgaben der Krankenkassen erforderlich ist.

(3) [1]Kommt eine Vereinbarung nach Absatz 1 ganz oder teilweise nicht zu Stande, wird ihr Inhalt auf Antrag einer Vertragspartei durch das Bundesschiedsamt nach § 89 Abs. 4 festgesetzt. [2]Dieses wird hierzu um Vertreter der Deutschen Krankenhausgesellschaft in der gleichen Zahl erweitert, wie sie jeweils für die Vertreter der Krankenkassen und der Kassenärztlichen Bundesvereinigungen vorgesehen ist (erweitertes Bundesschiedsamt). [3]Das erweiterte Bundesschiedsamt beschließt mit einer Mehrheit von zwei Dritteln der Stimmen der Mitglieder. [4]§ 112 Abs. 4 gilt entsprechend.

(4) [1]In der Vereinbarung nach Absatz 1 können Regelungen über ein gemeinsames Budget zur Vergütung der ambulanten Operationsleistungen der Krankenhäuser und der Vertragsärzte getroffen werden. [2]Die Mittel sind aus der Gesamtvergütung und den Budgets der zum ambulanten Operieren zugelassenen Krankenhäuser aufzubringen.

§ 115c Fortsetzung der Arzneimitteltherapie nach Krankenhausbehandlung. (1) [1]Ist im Anschluss an eine Krankenhausbehandlung die Verordnung von Arzneimitteln erforderlich, hat das Krankenhaus dem weiterbehandelnden Vertragsarzt die Therapievorschläge unter Verwendung der Wirkstoffbezeichnungen mitzuteilen. [2]Falls preisgünstigere Arzneimittel mit pharmakologisch vergleichbaren Wirkstoffen oder therapeutisch vergleichbarer Wirkung verfügbar sind, ist mindestens ein preisgünstigerer Therapievorschlag anzugeben. [3]Abweichungen in den Fällen der Sätze 1 und 2 sind in medizinisch begründeten Ausnahmefällen zulässig.

(2) Ist im Anschluss an eine Krankenhausbehandlung die Fortsetzung der im Krankenhaus begonnenen Arzneimitteltherapie in der vertragsärztlichen Ver-

sorgung für einen längeren Zeitraum notwendig, soll das Krankenhaus bei der Entlassung Arzneimittel anwenden, die auch bei Verordnung in der vertragsärztlichen Versorgung zweckmäßig und wirtschaftlich sind, soweit dies ohne eine Beeinträchtigung der Behandlung im Einzelfall oder ohne eine Verlängerung der Verweildauer möglich ist.

§ 115d Stationsäquivalente psychiatrische Behandlung. (1) [1]Psychiatrische Krankenhäuser mit regionaler Versorgungsverpflichtung sowie Allgemeinkrankenhäuser mit selbstständigen, fachärztlich geleiteten psychiatrischen Abteilungen mit regionaler Versorgungsverpflichtung können in medizinisch geeigneten Fällen, wenn eine Indikation für eine stationäre psychiatrische Behandlung vorliegt, anstelle einer vollstationären Behandlung eine stationsäquivalente psychiatrische Behandlung im häuslichen Umfeld erbringen. [2]Der Krankenhausträger stellt sicher, dass die erforderlichen Ärzte und nichtärztlichen Fachkräfte und die notwendigen Einrichtungen für eine stationsäquivalente Behandlung bei Bedarf zur Verfügung stehen. [3]In geeigneten Fällen, insbesondere wenn dies der Behandlungskontinuität dient oder aus Gründen der Wohnortnähe sachgerecht ist, kann das Krankenhaus an der ambulanten psychiatrischen Versorgung teilnehmende Leistungserbringer oder ein anderes zur Erbringung der stationsäquivalenten Behandlung berechtigtes Krankenhaus mit der Durchführung von Teilen der Behandlung beauftragen.

(2) [1]Der Spitzenverband Bund der Krankenkassen, der Verband der Privaten Krankenversicherung und die Deutsche Krankenhausgesellschaft vereinbaren im Benehmen mit der Kassenärztlichen Bundesvereinigung bis zum 30. Juni 2017
1. die Anforderungen an die Dokumentation; dabei ist sicherzustellen, dass für die stationsäquivalente psychiatrische Behandlung die Krankenhausbehandlungsbedürftigkeit dokumentiert wird,
2. die Anforderungen an die Qualität der Leistungserbringung,
3. die Anforderungen an die Beauftragung von an der ambulanten psychiatrischen Behandlung teilnehmenden Leistungserbringern oder anderen, zur Erbringung der stationsäquivalenten Behandlung berechtigten Krankenhäusern.
[2]Kommt eine Vereinbarung nach Satz 1 ganz oder teilweise nicht fristgerecht zustande, entscheidet die Schiedsstelle nach § 18a Absatz 6 des Krankenhausfinanzierungsgesetzes ohne Antrag einer Vertragspartei innerhalb von sechs Wochen.

(3) Die Vertragsparteien nach Absatz 2 Satz 1 vereinbaren bis zum 28. Februar 2017 im Benehmen mit den maßgeblichen medizinischen Fachgesellschaften die Leistungsbeschreibung der stationsäquivalenten psychiatrischen Behandlung als Grundlage für die Verschlüsselung der Leistungen nach § 301 Absatz 2 Satz 2.

(4) [1]Der Spitzenverband Bund der Krankenkassen, der Verband der Privaten Krankenversicherung und die Deutsche Krankenhausgesellschaft legen dem Bundesministerium für Gesundheit bis zum 31. Dezember 2021 einen gemein-

samen Bericht über die Auswirkungen der stationsäquivalenten psychiatrischen Behandlung im häuslichen Umfeld auf die Versorgung der Patientinnen und Patienten einschließlich der finanziellen Auswirkungen vor. [2]Die für den Bericht erforderlichen Daten sind ihnen von den Krankenkassen, den Unternehmen der privaten Krankenversicherung und den Krankenhäusern in anonymisierter Form zu übermitteln.

§ 116 Ambulante Behandlung durch Krankenhausärzte. [1]Ärzte, die in einem Krankenhaus, einer Vorsorge- oder Rehabilitationseinrichtung, mit der ein Versorgungsvertrag nach § 111 Absatz 2 besteht, oder nach § 119b Absatz 1 Satz 3 oder 4 in einer stationären Pflegeeinrichtung tätig sind, können, soweit sie über eine abgeschlossene Weiterbildung verfügen, mit Zustimmung des jeweiligen Trägers der Einrichtung, in der der Arzt tätig ist, vom Zulassungsausschuss (§ 96) zur Teilnahme an der vertragsärztlichen Versorgung der Versicherten ermächtigt werden. [2]Die Ermächtigung ist zu erteilen, soweit und solange eine ausreichende ärztliche Versorgung der Versicherten ohne die besonderen Untersuchungs- und Behandlungsmethoden oder Kenntnisse von hierfür geeigneten Ärzten der in Satz 1 genannten Einrichtungen nicht sichergestellt wird.

§ 116a Ambulante Behandlung durch Krankenhäuser bei Unterversorgung. [1]Der Zulassungsausschuss muss zugelassene Krankenhäuser für das entsprechende Fachgebiet in den Planungsbereichen, in denen der Landesausschuss der Ärzte und Krankenkassen eingetretene Unterversorgung nach § 100 Absatz 1 oder einen zusätzlichen lokalen Versorgungsbedarf nach § 100 Absatz 3 festgestellt hat, auf deren Antrag zur vertragsärztlichen Versorgung ermächtigen, soweit und solange dies zur Beseitigung der Unterversorgung oder zur Deckung des zusätzlichen lokalen Versorgungsbedarfs erforderlich ist. [2]Der Ermächtigungsbeschluss ist nach zwei Jahren zu überprüfen.

§ 116b Ambulante spezialfachärztliche Versorgung. (1) [1]Die ambulante spezialfachärztliche Versorgung umfasst die Diagnostik und Behandlung komplexer, schwer therapierbarer Krankheiten, die je nach Krankheit eine spezielle Qualifikation, eine interdisziplinäre Zusammenarbeit und besondere Ausstattungen erfordern. [2]Hierzu gehören nach Maßgabe der Absätze 4 und 5 insbesondere folgende Erkrankungen mit besonderen Krankheitsverläufen, seltene Erkrankungen und Erkrankungszustände mit entsprechend geringen Fallzahlen sowie hochspezialisierte Leistungen:

1. Erkrankungen mit besonderen Krankheitsverläufen wie
   a) onkologische Erkrankungen,
   b) rheumatologische Erkrankungen,
   c) HIV/AIDS,
   d) Herzinsuffizienz (NYHA Stadium 3-4),
   e) Multiple Sklerose,
   f) zerebrale Anfallsleiden (Epilepsie),
   g) komplexe Erkrankungen im Rahmen der pädiatrischen Kardiologie,

h) Folgeschäden bei Frühgeborenen oder

i) Querschnittslähmung bei Komplikationen, die eine interdisziplinäre Versorgung erforderlich machen;

bei Erkrankungen nach den Buchstaben c bis i umfasst die ambulante spezialfachärztliche Versorgung nur schwere Verlaufsformen der jeweiligen Erkrankungen mit besonderen Krankheitsverläufen;

2. seltene Erkrankungen und Erkrankungszustände mit entsprechend geringen Fallzahlen wie

a) Tuberkulose,

b) Mukoviszidose,

c) Hämophilie,

d) Fehlbildungen, angeborene Skelettsystemfehlbildungen und neuromuskuläre Erkrankungen,

e) schwerwiegende immunologische Erkrankungen,

f) biliäre Zirrhose,

g) primär sklerosierende Cholangitis,

h) Morbus Wilson,

i) Transsexualismus,

j) Versorgung von Kindern mit angeborenen Stoffwechselstörungen,

k) Marfan-Syndrom,

l) pulmonale Hypertonie,

m) Kurzdarmsyndrom oder

n) Versorgung von Patienten vor oder nach Organtransplantation und von lebenden Spendern sowie

3. hochspezialisierte Leistungen wie

a) CT/MRT-gestützte interventionelle schmerztherapeutische Leistungen oder

b) Brachytherapie.

[3]Untersuchungs- und Behandlungsmethoden können Gegenstand des Leistungsumfangs in der ambulanten spezialfachärztlichen Versorgung sein, soweit der Gemeinsame Bundesausschuss im Rahmen der Beschlüsse nach § 137c für die Krankenhausbehandlung keine ablehnende Entscheidung getroffen hat.

(2) [1]An der vertragsärztlichen Versorgung teilnehmende Leistungserbringer und nach § 108 zugelassene Krankenhäuser sind berechtigt, Leistungen der ambulanten spezialfachärztlichen Versorgung nach Absatz 1, deren Behandlungsumfang der Gemeinsame Bundesausschuss nach den Absätzen 4 und 5 bestimmt hat, zu erbringen, soweit sie die hierfür jeweils maßgeblichen Anforderungen und Voraussetzungen nach den Absätzen 4 und 5 erfüllen und dies gegenüber dem nach Maßgabe des Absatzes 3 Satz 1 erweiterten Landesausschuss der Ärzte und Krankenkassen nach § 90 Absatz 1 unter Beifügung entsprechender Belege anzeigen. [2]Soweit der Abschluss von Vereinbarungen nach Absatz 4 Satz 9 und 10 zwischen den in Satz 1 genannten Leistungserbringern erforderlich ist, sind diese im Rahmen des Anzeigeverfahrens nach Satz 1 ebenfalls vorzulegen. [3]Dies gilt nicht, wenn der Leistungserbringer glaubhaft versi-

chert, dass ihm die Vorlage aus den in Absatz 4 Satz 11 zweiter Halbsatz genannten Gründen nicht möglich ist. [4]Der Leistungserbringer ist nach Ablauf einer Frist von zwei Monaten nach Eingang seiner Anzeige zur Teilnahme an der ambulanten spezialfachärztlichen Versorgung berechtigt, es sei denn, der Landesausschuss nach Satz 1 teilt ihm innerhalb dieser Frist mit, dass er die Anforderungen und Voraussetzungen hierfür nicht erfüllt. [5]Der Landesausschuss nach Satz 1 kann von dem anzeigenden Leistungserbringer zusätzlich erforderliche Informationen und ergänzende Stellungnahmen anfordern; bis zum Eingang der Auskünfte ist der Lauf der Frist nach Satz 4 unterbrochen. [6]Danach läuft die Frist weiter; der Zeitraum der Unterbrechung wird in die Frist nicht eingerechnet. [7]Nach Satz 4 berechtigte Leistungserbringer haben ihre Teilnahme an der ambulanten spezialfachärztlichen Versorgung den Landesverbänden der Krankenkassen und den Ersatzkassen, der Kassenärztlichen Vereinigung sowie der Landeskrankenhausgesellschaft zu melden und dabei den Erkrankungs- und Leistungsbereich anzugeben, auf den sich die Berechtigung erstreckt. [8]Erfüllt der Leistungserbringer die für ihn nach den Sätzen 1 und 2 maßgeblichen Voraussetzungen für die Berechtigung zur Teilnahme an der ambulanten spezialfachärztlichen Versorgung nicht mehr, hat er dies unverzüglich unter Angabe des Zeitpunkts ihres Wegfalls gegenüber dem Landesausschuss nach Satz 1 anzuzeigen sowie den in Satz 7 genannten Stellen zu melden. [9]Der Landesausschuss nach Satz 1 kann einen an der ambulanten spezialfachärztlichen Versorgung teilnehmenden Leistungserbringer aus gegebenem Anlass sowie unabhängig davon nach Ablauf von mindestens fünf Jahren seit seiner erstmaligen Teilnahmeanzeige oder der letzten späteren Überprüfung seiner Teilnahmeberechtigung auffordern, ihm gegenüber innerhalb einer Frist von zwei Monaten nachzuweisen, dass er die Voraussetzungen für seine Teilnahme an der ambulanten spezialfachärztlichen Versorgung weiterhin erfüllt. [10]Die Sätze 4, 5 und 8 gelten entsprechend.

(3) [1]Für die Wahrnehmung der Aufgaben nach Absatz 2 wird der Landesausschuss der Ärzte und Krankenkassen nach § 90 Absatz 1 um Vertreter der Krankenhäuser in der gleichen Zahl erweitert, wie sie nach § 90 Absatz 2 jeweils für die Vertreter der Krankenkassen und die Vertreter der Ärzte vorgesehen ist (erweiterter Landesausschuss). [2]Die Vertreter der Krankenhäuser werden von der Landeskrankenhausgesellschaft bestellt. [3]Über den Vorsitzenden des erweiterten Landesausschusses und die zwei weiteren unparteiischen Mitglieder sowie deren Stellvertreter sollen sich die beteiligten Kassenärztlichen Vereinigungen, die Landesverbände der Krankenkassen und die Ersatzkassen sowie die Landeskrankenhausgesellschaft einigen. [4]Kommt eine Einigung nicht zustande, werden sie durch die für die Sozialversicherung zuständige oberste Verwaltungsbehörde des Landes im Benehmen mit den beteiligten Kassenärztlichen Vereinigungen, den Landesverbänden der Krankenkassen und den Ersatzkassen sowie der Landeskrankenhausgesellschaft berufen. [5]Die dem Landesausschuss durch die Wahrnehmung der Aufgaben nach Absatz 2 entstehenden Kosten werden zur Hälfte von den Verbänden der Krankenkassen und den Ersatzkassen sowie zu je einem Viertel von den beteiligten Kassenärztlichen Ver-

einigungen und der Landeskrankenhausgesellschaft getragen. [6]Der erweiterte Landesausschuss beschließt mit einfacher Mehrheit; bei der Gewichtung der Stimmen zählen die Stimmen der Vertreter der Krankenkassen doppelt. [7]Der erweiterte Landesausschuss kann für die Beschlussfassung über Entscheidungen im Rahmen des Anzeigeverfahrens nach Absatz 2 in seiner Geschäftsordnung abweichend von Satz 1 die Besetzung mit einer kleineren Zahl von Mitgliedern festlegen; die Mitberatungsrechte nach § 90 Absatz 4 Satz 2 sowie § 140f Absatz 3 bleiben unberührt. [8]Er ist befugt, geeignete Dritte ganz oder teilweise mit der Durchführung von Aufgaben nach Absatz 2 zu beauftragen und kann hierfür nähere Vorgaben beschließen.

(4) [1]Der Gemeinsame Bundesausschuss regelt in einer Richtlinie bis zum 31. Dezember 2012 das Nähere zur ambulanten spezialfachärztlichen Versorgung nach Absatz 1. [2]Er konkretisiert die Erkrankungen nach Absatz 1 Satz 2 nach der Internationalen Klassifikation der Krankheiten in der jeweiligen vom Deutschen Institut für medizinische Dokumentation und Information im Auftrag des Bundesministeriums für Gesundheit herausgegebenen deutschen Fassung oder nach weiteren von ihm festzulegenden Merkmalen und bestimmt den Behandlungsumfang. [3]In Bezug auf Krankenhäuser, die an der ambulanten spezialfachärztlichen Versorgung teilnehmen, hat der Gemeinsame Bundesausschuss für Leistungen, die sowohl ambulant spezialfachärztlich als auch teilstationär oder stationär erbracht werden können, allgemeine Tatbestände zu bestimmen, bei deren Vorliegen eine ambulante spezialfachärztliche Leistungserbringung ausnahmsweise nicht ausreichend ist und eine teilstationäre oder stationäre Durchführung erforderlich sein kann. [4]Er regelt die sächlichen und personellen Anforderungen an die ambulante spezialfachärztliche Leistungserbringung sowie sonstige Anforderungen an die Qualitätssicherung unter Berücksichtigung der Ergebnisse nach § 137a Absatz 3. [5]Bei Erkrankungen mit besonderen Krankheitsverläufen setzt die ambulante spezialfachärztliche Versorgung die Überweisung durch einen Vertragsarzt voraus; das Nähere hierzu regelt der Gemeinsame Bundesausschuss in seiner Richtlinie nach Satz 1. [6]Satz 5 gilt nicht bei Zuweisung von Versicherten aus dem stationären Bereich. [7]Für seltene Erkrankungen und Erkrankungszustände mit entsprechend geringen Fallzahlen sowie hochspezialisierte Leistungen regelt der Gemeinsame Bundesausschuss, in welchen Fällen die ambulante spezialfachärztliche Leistungserbringung die Überweisung durch den behandelnden Arzt voraussetzt. [8]Für die Behandlung von Erkrankungen mit besonderen Krankheitsverläufen nach Absatz 1 Satz 2 Nummer 1, bei denen es sich nicht zugleich um seltene Erkrankungen oder Erkrankungszustände mit entsprechend geringen Fallzahlen handelt, kann er Empfehlungen als Entscheidungshilfe für den behandelnden Arzt abgeben, in welchen medizinischen Fallkonstellationen bei der jeweiligen Krankheit von einem besonderen Krankheitsverlauf auszugehen ist. [9]Zudem kann er für die Versorgung von Erkrankungen mit besonderen Krankheitsverläufen Regelungen zu Vereinbarungen treffen, die eine Kooperation zwischen den beteiligten Leistungserbringern nach Absatz 2 Satz 1 in diesem Versorgungsbereich fördern. [10]Für die Versorgung von Patienten mit onkologi-

schen Erkrankungen hat er Regelungen für solche Vereinbarungen zu treffen.
[11]Diese Vereinbarungen nach den Sätzen 9 und 10 sind Voraussetzung für die
Teilnahme an der ambulanten spezialfachärztlichen Versorgung, es sei denn,
dass ein Leistungserbringer eine Vereinbarung nach den Sätzen 9 oder 10 nicht
abschließen kann, weil in seinem für die ambulante spezialfachärztliche Versorgung relevanten Einzugsbereich
a) kein geeigneter Kooperationspartner vorhanden ist oder
b) er dort trotz ernsthaften Bemühens innerhalb eines Zeitraums von mindestens zwei Monaten keinen zur Kooperation mit ihm bereiten geeigneten
   Leistungserbringer finden konnte.
[12]Der Gemeinsame Bundesausschuss hat spätestens jeweils zwei Jahre nach
dem Inkrafttreten eines Richtlinienbeschlusses, der für eine Erkrankung nach
Absatz 1 Satz 2 Nummer 1 Buchstabe a oder Buchstabe b getroffen wurde, die
Auswirkungen dieses Beschlusses hinsichtlich Qualität, Inanspruchnahme und
Wirtschaftlichkeit der ambulanten spezialfachärztlichen Versorgung sowie die
Erforderlichkeit einer Anpassung dieses Beschlusses zu prüfen. [13]Über das Er-
gebnis der Prüfung berichtet der Gemeinsame Bundesausschuss dem Bundes-
ministerium für Gesundheit.

(5) [1]Der Gemeinsame Bundesausschuss ergänzt den Katalog nach Absatz 1
Satz 2 auf Antrag eines Unparteiischen nach § 91 Absatz 2 Satz 1, einer Trä-
gerorganisation des Gemeinsamen Bundesausschusses oder der für die Wahrnehmung der Interessen der Patientinnen und Patienten und der Selbsthilfe
chronisch kranker und behinderter Menschen auf Bundesebene maßgeblichen
Organisationen nach § 140f nach Maßgabe des Absatzes 1 Satz 1 um weitere
Erkrankungen mit besonderen Krankheitsverläufen, seltene Erkrankungen und
Erkrankungszustände mit entsprechend geringen Fallzahlen sowie hochspezialisierte Leistungen. [2]Im Übrigen gilt Absatz 4 entsprechend.

(6) [1]Die Leistungen der ambulanten spezialfachärztlichen Versorgung werden unmittelbar von der Krankenkasse vergütet; Leistungserbringer können die
Kassenärztliche Vereinigung gegen Aufwendungsersatz mit der Abrechnung
von Leistungen der ambulanten spezialfachärztlichen Versorgung beauftragen.
[2]Für die Vergütung der Leistungen der ambulanten spezialfachärztlichen Versorgung vereinbaren der Spitzenverband Bund der Krankenkassen, die Deutsche Krankenhausgesellschaft und die Kassenärztliche Bundesvereinigung
gemeinsam und einheitlich die Kalkulationssystematik, diagnosebezogene Gebührenpositionen in Euro sowie deren jeweilige verbindliche Einführungszeit-
punkte nach Inkrafttreten der entsprechenden Richtlinien gemäß den Absätzen 4
und 5. [3]Die Kalkulation erfolgt auf betriebswirtschaftlicher Grundlage ausge-
hend vom einheitlichen Bewertungsmaßstab für ärztliche Leistungen unter ergänzender Berücksichtigung der nichtärztlichen Leistungen, der Sachkosten
sowie der spezifischen Investitionsbedingungen. [4]Bei den seltenen Erkrankungen und Erkrankungszuständen mit entsprechend geringen Fallzahlen sollen
die Gebührenpositionen für die Diagnostik und die Behandlung getrennt kalkuliert werden. [5]Die Vertragspartner können einen Dritten mit der Kalkulation be-

auftragen. [6]Die Gebührenpositionen sind in regelmäßigen Zeitabständen daraufhin zu überprüfen, ob sie noch dem Stand der medizinischen Wissenschaft und Technik sowie dem Grundsatz der wirtschaftlichen Leistungserbringung entsprechen. [7]Kommt eine Vereinbarung nach Satz 2 ganz oder teilweise nicht zustande, wird ihr Inhalt auf Antrag einer Vertragspartei durch das Schiedsamt nach § 89 Absatz 4 innerhalb von drei Monaten festgesetzt, das hierzu um weitere Vertreter der Deutschen Krankenhausgesellschaft sowie der Krankenkassen in jeweils gleicher Zahl erweitert wird und mit einer Mehrheit der Stimmen der Mitglieder beschließt; § 112 Absatz 4 gilt entsprechend. [8]Bis zum Inkrafttreten einer Vereinbarung nach Satz 2 erfolgt die Vergütung auf der Grundlage der vom Bewertungsausschuss gemäß § 87 Absatz 5a bestimmten abrechnungsfähigen ambulanten spezialfachärztlichen Leistungen des einheitlichen Bewertungsmaßstabs für ärztliche Leistungen mit dem Preis der jeweiligen regionalen Euro-Gebührenordnung. [9]Der Bewertungsausschuss gemäß § 87 Absatz 5a hat den einheitlichen Bewertungsmaßstab für ärztliche Leistungen bis zum Inkrafttreten einer Vereinbarung nach Satz 2 und jeweils bis spätestens sechs Monate nach Inkrafttreten der Richtlinien gemäß den Absätzen 4 und 5 insbesondere so anzupassen, dass die Leistungen nach Absatz 1 unter Berücksichtigung der Vorgaben nach den Absätzen 4 und 5 angemessen bewertet sind und nur von den an der ambulanten spezialfachärztlichen Versorgung teilnehmenden Leistungserbringern abgerechnet werden können. [10]Die Prüfung der Abrechnung und der Wirtschaftlichkeit sowie der Qualität, soweit der Gemeinsame Bundesausschuss hierzu in der Richtlinie nach Absatz 4 keine abweichende Regelung getroffen hat, erfolgt durch die Krankenkassen, die hiermit eine Arbeitsgemeinschaft oder den Medizinischen Dienst der Krankenversicherung beauftragen können; ihnen sind die für die Prüfungen erforderlichen Belege und Berechtigungsdaten nach Absatz 2 auf Verlangen vorzulegen. [11]Für die Abrechnung gilt § 295 Absatz 1b Satz 1 entsprechend. [12]Das Nähere über Form und Inhalt des Abrechnungsverfahrens sowie über die erforderlichen Vordrucke wird von den Vertragsparteien nach Satz 2 vereinbart; Satz 7 gilt entsprechend. [13]Die morbiditätsbedingte Gesamtvergütung ist nach Maßgabe der Vorgaben des Bewertungsausschusses nach § 87a Absatz 5 Satz 7 in den Vereinbarungen nach § 87a Absatz 3 um die Leistungen zu bereinigen, die Bestandteil der ambulanten spezialfachärztlichen Versorgung sind. [14]Die Bereinigung darf nicht zulasten des hausärztlichen Vergütungsanteils und der fachärztlichen Grundversorgung gehen. [15]In den Vereinbarungen zur Bereinigung ist auch über notwendige Korrekturverfahren zu entscheiden.

(7) [1]Die ambulante spezialfachärztliche Versorgung nach Absatz 1 schließt die Verordnung von Leistungen nach § 73 Absatz 2 Nummer 5 bis 8 und 12 ein, soweit diese zur Erfüllung des Behandlungsauftrags nach Absatz 2 erforderlich sind; § 73 Absatz 2 Nummer 9 gilt entsprechend. [2]Die Richtlinien nach § 92 Absatz 1 Satz 2 gelten entsprechend. [3]Die Vereinbarungen über Vordrucke und Nachweise nach § 87 Absatz 1 Satz 2 sowie die Richtlinien nach § 75 Absatz 7 gelten entsprechend, soweit sie Regelungen zur Verordnung von Leistungen nach Satz 1 betreffen. [4]Verordnungen im Rahmen der Versorgung nach Absatz 1

sind auf den Vordrucken gesondert zu kennzeichnen. [5]Leistungserbringer nach Absatz 2 erhalten ein Kennzeichen nach § 293 Absatz 1 und Absatz 4 Satz 2 Nummer 1, das eine eindeutige Zuordnung im Rahmen der Abrechnung nach den §§ 300 und 302 ermöglicht, und tragen dieses auf die Vordrucke auf. [6]Das Nähere zu Form und Zuweisung der Kennzeichen nach den Sätzen 4 und 5, zur Bereitstellung der Vordrucke sowie zur Auftragung der Kennzeichen auf die Vordrucke ist in der Vereinbarung nach Absatz 6 Satz 12 zu regeln. [7]Für die Prüfung der Wirtschaftlichkeit der Verordnungen nach Satz 1 gilt § 113 Absatz 4 entsprechend mit der Maßgabe, dass die Prüfung durch die Prüfungsstellen gegen Kostenersatz durchgeführt wird, soweit die Krankenkasse mit dem Leistungserbringer nach Absatz 2 nichts anderes vereinbart hat.

(8) [1]Bestimmungen, die von einem Land nach § 116b Absatz 2 Satz 1 in der bis zum 31. Dezember 2011 geltenden Fassung getroffen wurden, gelten weiter. [2]Bestimmungen nach Satz 1 für eine Erkrankung nach Absatz 1 Satz 2 Nummer 1 oder Nummer 2 oder eine hochspezialisierte Leistung nach Absatz 1 Satz 2 Nummer 3, für die der Gemeinsame Bundesausschuss das Nähere zur ambulanten spezialfachärztlichen Versorgung in der Richtlinie nach Absatz 4 Satz 1 geregelt hat, werden unwirksam, wenn das Krankenhaus zu dieser Erkrankung oder hochspezialisierten Leistung zur Teilnahme an der ambulanten spezialfachärztlichen Versorgung berechtigt ist, spätestens jedoch drei Jahre nach Inkrafttreten des entsprechenden Richtlinienbeschlusses des Gemeinsamen Bundesausschusses. [3]Die von zugelassenen Krankenhäusern aufgrund von Bestimmungen nach Satz 1 erbrachten Leistungen werden nach § 116b Absatz 5 in der bis zum 31. Dezember 2011 geltenden Fassung vergütet.

(9) [1]Die Auswirkungen der ambulanten spezialfachärztlichen Versorgung auf die Kostenträger, die Leistungserbringer sowie auf die Patientenversorgung sind fünf Jahre nach Inkrafttreten des Gesetzes zu bewerten. [2]Gegenstand der Bewertung sind insbesondere der Stand der Versorgungsstruktur, der Qualität sowie der Abrechnung der Leistungen in der ambulanten spezialfachärztlichen Versorgung auch im Hinblick auf die Entwicklung in anderen Versorgungsbereichen. [3]Die Ergebnisse der Bewertung sind dem Bundesministerium für Gesundheit zum 31. März 2017 zuzuleiten. [4]Die Bewertung und die Berichtspflicht obliegen dem Spitzenverband Bund, der Kassenärztlichen Bundesvereinigung und der Deutschen Krankenhausgesellschaft gemeinsam.

§ 117 Hochschulambulanzen. (1) [1]Ambulanzen, Institute und Abteilungen der Hochschulkliniken (Hochschulambulanzen) sind zur ambulanten ärztlichen Behandlung der Versicherten und der in § 75 Absatz 3 genannten Personen
1. in dem für Forschung und Lehre erforderlichen Umfang sowie
2. für solche Personen, die wegen Art, Schwere oder Komplexität ihrer Erkrankung einer Untersuchung oder Behandlung durch die Hochschulambulanz bedürfen,

ermächtigt. [2]In den Fällen von Satz 1 Nummer 2 kann die ambulante ärztliche Behandlung nur auf Überweisung eines Facharztes in Anspruch genommen werden. [3]Der Spitzenverband Bund der Krankenkassen, die Kassenärztliche Bundesvereinigung und die Deutsche Krankenhausgesellschaft vereinbaren die Gruppe derjenigen Patienten, die wegen Art, Schwere oder Komplexität der Erkrankung einer Versorgung durch die Hochschulambulanzen bedürfen. [4]Sie können zudem Ausnahmen von dem fachärztlichen Überweisungsgebot in den Fällen von Satz 1 Nummer 2 vereinbaren. [5]Kommt eine Einigung bis zum 23. Januar 2016 ganz oder teilweise nicht zustande, wird ihr Inhalt auf Antrag einer Vertragspartei durch das Bundesschiedsamt nach § 89 Absatz 4 innerhalb von drei Monaten festgelegt. [6]Dieses wird hierzu um Vertreter der Deutschen Krankenhausgesellschaft in der gleichen Zahl erweitert, wie sie jeweils für die Vertreter der Krankenkassen und der Kassenärztlichen Bundesvereinigung vorgesehen ist (erweitertes Bundesschiedsamt). [7]Das erweiterte Bundesschiedsamt beschließt mit einer Mehrheit von zwei Dritteln der Stimmen der Mitglieder. [8]Soweit und solange kein Vertrag nach Satz 3 zustande gekommen ist, können die Hochschulen oder Hochschulkliniken mit den Kassenärztlichen Vereinigungen im Einvernehmen mit den Landesverbänden der Krankenkassen und der Ersatzkassen die Festlegungen nach den Sätzen 3 und 4 vereinbaren. [9]Ist ein Vertrag nach Satz 3 zustande gekommen, können Hochschulen oder Hochschulkliniken zur Berücksichtigung regionaler Besonderheiten mit den Kassenärztlichen Vereinigungen im Einvernehmen mit den Landesverbänden der Krankenkassen und der Ersatzkassen gemeinsam und einheitlich durch Vertrag Abweichendes von dem Vertrag nach Satz 3 regeln.

(2) [1]Absatz 1 gilt entsprechend für die Ermächtigung der Hochschulambulanzen an Psychologischen Universitätsinstituten im Rahmen des für Forschung und Lehre erforderlichen Umfangs sowie für solche Personen, die wegen Art, Schwere oder Komplexität ihrer Erkrankung einer Untersuchung oder Behandlung durch die Hochschulambulanzen bedürfen. [2]Für die Vergütung gilt § 120 Abs. 2 bis 4 entsprechend.

(3) [1]Ambulanzen an Ausbildungsstätten nach § 6 des Psychotherapeutengesetzes sind zur ambulanten psychotherapeutischen Behandlung der Versicherten und der in § 75 Absatz 3 genannten Personen in Behandlungsverfahren, die vom Gemeinsamen Bundesausschuss nach § 92 Absatz 6a anerkannt sind, ermächtigt, sofern die Krankenbehandlung unter der Verantwortung von Personen stattfindet, die die fachliche Qualifikation für die psychotherapeutische Behandlung im Rahmen der vertragsärztlichen Versorgung erfüllen. [2]Für die Vergütung gilt § 120 Absatz 2 Satz 1 und 2 entsprechend mit der Maßgabe, dass dabei eine Abstimmung mit Entgelten für vergleichbare Leistungen erfolgen soll. [3]Im Übrigen gilt § 120 Absatz 3 Satz 2 und 3 sowie Absatz 4 Satz 1 entsprechend.

(4) [1]Untersuchungs- und Behandlungsmethoden können Gegenstand des Leistungsumfangs der Hochschulambulanzen nach den Absätzen 1 und 2 sein, soweit der Gemeinsame Bundesausschuss im Rahmen der Beschlüsse nach § 137c für die Krankenhausbehandlung keine ablehnende Entscheidung getroffen hat. [2]§ 137c Absatz 3 gilt entsprechend.

§ 118 Psychiatrische Institutsambulanzen. (1) [1]Psychiatrische Krankenhäuser sind vom Zulassungsausschuss zur ambulanten psychiatrischen und psychotherapeutischen Versorgung der Versicherten zu ermächtigen. [2]Die Behandlung ist auf diejenigen Versicherten auszurichten, die wegen Art, Schwere oder Dauer ihrer Erkrankung oder wegen zu großer Entfernung zu geeigneten Ärzten auf die Behandlung durch diese Krankenhäuser angewiesen sind. [3]Der Krankenhausträger stellt sicher, dass die für die ambulante psychiatrische und psychotherapeutische Behandlung erforderlichen Ärzte und nichtärztlichen Fachkräfte sowie die notwendigen Einrichtungen bei Bedarf zur Verfügung stehen.

(2) [1]Allgemeinkrankenhäuser mit selbstständigen, fachärztlich geleiteten psychiatrischen Abteilungen mit regionaler Versorgungsverpflichtung sind zur psychiatrischen und psychotherapeutischen Behandlung der im Vertrag nach Satz 2 vereinbarten Gruppe von Kranken ermächtigt. [2]Der Spitzenverband Bund der Krankenkassen mit der Deutschen Krankenhausgesellschaft und der Kassenärztlichen Bundesvereinigung legen in einem Vertrag die Gruppe psychisch Kranker fest, die wegen ihrer Art, Schwere oder Dauer ihrer Erkrankung der ambulanten Behandlung durch die Einrichtungen nach Satz 1 bedürfen. [3]Kommt der Vertrag ganz oder teilweise nicht zu Stande, wird sein Inhalt auf Antrag einer Vertragspartei durch das Bundesschiedsamt nach § 89 Abs. 4 festgelegt. [4]Dieses wird hierzu um Vertreter der Deutschen Krankenhausgesellschaft in der gleichen Zahl erweitert, wie sie jeweils für die Vertreter der Krankenkassen und der Kassenärztlichen Bundesvereinigung vorgesehen ist (erweitertes Bundesschiedsamt). [5]Das erweiterte Bundesschiedsamt beschließt mit einer Mehrheit von zwei Dritteln der Stimmen der Mitglieder. [6]Absatz 1 Satz 3 gilt. [7]Für die Qualifikation der Krankenhausärzte gilt § 135 Abs. 2 entsprechend.

(3) [1]Absatz 2 gilt für psychosomatische Krankenhäuser sowie für psychiatrische Krankenhäuser und Allgemeinkrankenhäuser mit selbstständigen, fachärztlich geleiteten psychosomatischen Abteilungen entsprechend. [2]In dem Vertrag nach Absatz 2 Satz 2 regeln die Vertragsparteien auch,

1. unter welchen Voraussetzungen eine ambulante psychosomatische Versorgung durch die Einrichtungen nach Satz 1 als bedarfsgerecht anzusehen ist, insbesondere weil sie eine zentrale Versorgungsfunktion wahrnehmen,

2. besondere Anforderungen an eine qualitativ hochwertige Leistungserbringung sowie

3. das Verfahren, in dem nachzuweisen ist, ob diese vertraglichen Vorgaben erfüllt sind.

[3]Die ambulante ärztliche Behandlung in einer Einrichtung nach Satz 1 kann nur auf Überweisung in Anspruch genommen werden. [4]Die Überweisung soll in der Regel durch einen Facharzt für psychosomatische Medizin und Psychotherapie oder durch Ärzte mit äquivalenter Weiterbildung oder Zusatzweiterbildung erfolgen.

(4) Die in den Absätzen 1 und 2 genannten Krankenhäuser sind vom Zulassungsausschuss auch dann zur ambulanten psychiatrischen und psychotherapeutischen Versorgung zu ermächtigen, wenn die Versorgung durch räumlich

und organisatorisch nicht angebundene Einrichtungen der Krankenhäuser erfolgt, soweit und solange die Ermächtigung notwendig ist, um eine Versorgung nach Maßgabe der Absätze 1 und 2 sicherzustellen.

§ 118a Geriatrische Institutsambulanzen. (1) [1]Geriatrische Fachkrankenhäuser, Allgemeinkrankenhäuser mit selbstständigen geriatrischen Abteilungen, geriatrische Rehabilitationskliniken und dort angestellte Ärzte sowie Krankenhausärzte können vom Zulassungsausschuss zu einer strukturierten und koordinierten ambulanten geriatrischen Versorgung der Versicherten ermächtigt werden. [2]Die Ermächtigung ist zu erteilen, soweit und solange sie notwendig ist, um eine ausreichende ambulante geriatrische Versorgung nach Absatz 2 Satz 1 Nummer 1 sicherzustellen. [3]Voraussetzung für die Erteilung einer Ermächtigung ist, dass die Einrichtung unter fachärztlich geriatrischer Leitung steht; die Ermächtigung eines in der geriatrischen Rehabilitationsklinik angestellten Arztes oder eines Krankenhausarztes setzt voraus, dass dieser über eine geriatrische Weiterbildung verfügt.

(2) [1]Der Spitzenverband Bund der Krankenkassen und die Kassenärztliche Bundesvereinigung vereinbaren im Einvernehmen mit der Deutschen Krankenhausgesellschaft:
1. Inhalt und Umfang einer strukturierten und koordinierten Versorgung geriatrischer Patienten nach Nummer 2,
2. die Gruppe derjenigen geriatrischen Patienten, die wegen Art, Schwere und Komplexität ihrer Krankheitsverläufe einer Versorgung nach Nummer 1 bedürfen,
3. sächliche und personelle Voraussetzungen an die Leistungserbringung sowie sonstige Anforderungen an die Qualitätssicherung und
4. in welchen Fällen die ermächtigte Einrichtung oder der ermächtigte Krankenhausarzt unmittelbar oder auf Überweisung in Anspruch genommen werden kann.

[2]Kommt eine Vereinbarung nach Satz 1 ganz oder teilweise nicht zustande, wird ihr Inhalt auf Antrag einer Vertragspartei durch das Bundesschiedsamt nach § 89 Absatz 4 innerhalb von drei Monaten festgelegt, das hierzu um Vertreter der Deutschen Krankenhausgesellschaft sowie der Krankenkassen in jeweils gleicher Zahl erweitert wird und mit einfacher Stimmenmehrheit entscheidet; § 112 Absatz 4 gilt entsprechend.

§ 119 Sozialpädiatrische Zentren. (1) [1]Sozialpädiatrische Zentren, die fachlich-medizinisch unter ständiger ärztlicher Leitung stehen und die Gewähr für eine leistungsfähige und wirtschaftliche sozialpädiatrische Behandlung bieten, können vom Zulassungsausschuss (§ 96) zur ambulanten sozialpädiatrischen Behandlung von Kindern ermächtigt werden. [2]Die Ermächtigung ist zu erteilen, soweit und solange sie notwendig ist, um eine ausreichende sozialpädiatrische Behandlung sicherzustellen.

(2) [1]Die Behandlung durch sozialpädiatrische Zentren ist auf diejenigen Kinder auszurichten, die wegen der Art, Schwere oder Dauer ihrer Krankheit

oder einer drohenden Krankheit nicht von geeigneten Ärzten oder in geeigneten Frühförderstellen behandelt werden können. [2]Die Zentren sollen mit den Ärzten und den Frühförderstellen eng zusammenarbeiten.

§ 119a Ambulante Behandlung in Einrichtungen der Behindertenhilfe.

[1]Einrichtungen der Behindertenhilfe, die über eine ärztlich geleitete Abteilung verfügen, sind vom Zulassungsausschuss zur ambulanten ärztlichen Behandlung von Versicherten mit geistiger Behinderung zu ermächtigen, soweit und solange eine ausreichende ärztliche Versorgung dieser Versicherten ohne die besonderen Untersuchungs- und Behandlungsmethoden oder Kenntnisse der Ärzte in den Einrichtungen durch niedergelassene Ärzte nicht sichergestellt ist. [2]Die Behandlung ist auf diejenigen Versicherten auszurichten, die wegen der Art oder Schwere ihrer Behinderung auf die ambulante Behandlung in diesen Einrichtungen angewiesen sind. [3]In dem Zulassungsbescheid ist zu regeln, ob und in welchen Fällen die Ärzte in den Einrichtungen unmittelbar oder auf Überweisung in Anspruch genommen werden können. [4]Die ärztlich geleiteten Abteilungen sollen mit den übrigen Leistungserbringern eng zusammenarbeiten.

§ 119b Ambulante Behandlung in stationären Pflegeeinrichtungen.

(1) [1]Stationäre Pflegeeinrichtungen sollen einzeln oder gemeinsam bei entsprechendem Bedarf unbeschadet des § 75 Abs. 1 Kooperationsverträge mit dafür geeigneten vertragsärztlichen Leistungserbringern schließen. [2]Auf Antrag der Pflegeeinrichtung hat die Kassenärztliche Vereinigung zur Sicherstellung einer ausreichenden ärztlichen Versorgung von pflegebedürftigen Versicherten in der Pflegeeinrichtung Verträge nach Satz 1 zu vermitteln. [3]Kommt ein Vertrag nach Satz 1 nicht innerhalb einer Frist von sechs Monaten nach Zugang des Antrags der Pflegeeinrichtung zustande, ist die Pflegeeinrichtung vom Zulassungsausschuss zur Teilnahme an der vertragsärztlichen Versorgung der pflegebedürftigen Versicherten in der Pflegeeinrichtung mit angestellten Ärzten, die in das Arztregister eingetragen sind und geriatrisch fortgebildet sein sollen, zu ermächtigen; die Anstellung bedarf der Genehmigung des Zulassungsausschusses. [4]Soll die Versorgung der pflegebedürftigen Versicherten durch einen in mehreren Pflegeeinrichtungen angestellten Arzt erfolgen, ist der angestellte Arzt zur Teilnahme an der vertragsärztlichen Versorgung der pflegebedürftigen Versicherten in den Pflegeeinrichtungen zu ermächtigen. [5]Das Recht auf freie Arztwahl der Versicherten in der Pflegeeinrichtung bleibt unberührt. [6]Der in der Pflegeeinrichtung tätige Arzt ist bei seinen ärztlichen Entscheidungen nicht an Weisungen von Nichtärzten gebunden. [7]Er soll mit den übrigen Leistungserbringern eng zusammenarbeiten.

(2) Die Vertragsparteien der Verträge nach § 82 Absatz 1 und § 87 Absatz 1 vereinbaren im Benehmen mit den Vereinigungen der Träger der Pflegeeinrichtungen auf Bundesebene sowie den Verbänden der Pflegeberufe auf Bundesebene insbesondere zur Verbesserung der Qualität der Versorgung Anforderun-

gen an eine kooperative und koordinierte ärztliche und pflegerische Versorgung von pflegebedürftigen Versicherten in stationären Pflegeeinrichtungen.

(3) [1]Der Bewertungsausschuss für ärztliche Leistungen evaluiert die mit der Vergütungsregelung nach § 87 Absatz 2a verbundenen Auswirkungen auf das Versorgungsgeschehen im Bereich der vertragsärztlichen Versorgung einschließlich der finanziellen Auswirkungen auf die Krankenkassen und berichtet der Bundesregierung bis zum 31. Dezember 2017 über die Ergebnisse. [2]Die für die Durchführung der Evaluation erforderlichen Daten sind von den Kassenärztlichen Vereinigungen, den Krankenkassen und den Pflegekassen zu erfassen und jeweils über die Kassenärztliche Bundesvereinigung und den Spitzenverband Bund der Krankenkassen an den Bewertungsausschuss nach Satz 1 zu übermitteln; § 87 Absatz 3f gilt entsprechend.

§ 119c Medizinische Behandlungszentren. (1) [1]Medizinische Behandlungszentren für Erwachsene mit geistiger Behinderung oder schweren Mehrfachbehinderungen, die fachlich unter ständiger ärztlicher Leitung stehen und die Gewähr für eine leistungsfähige und wirtschaftliche Behandlung bieten, können vom Zulassungsausschuss zur ambulanten Behandlung von Erwachsenen mit geistiger Behinderung oder schweren Mehrfachbehinderungen ermächtigt werden. [2]Die Ermächtigung ist zu erteilen, soweit und solange sie notwendig ist, um eine ausreichende Versorgung von Erwachsenen mit geistiger Behinderung oder schweren Mehrfachbehinderungen sicherzustellen.

(2) [1]Die Behandlung durch medizinische Behandlungszentren ist auf diejenigen Erwachsenen auszurichten, die wegen der Art, Schwere oder Komplexität ihrer Behinderung auf die ambulante Behandlung in diesen Einrichtungen angewiesen sind. [2]Die medizinischen Behandlungszentren sollen dabei mit anderen behandelnden Ärzten, den Einrichtungen und Diensten der Eingliederungshilfe und mit dem Öffentlichen Gesundheitsdienst eng zusammenarbeiten.

§ 120 Vergütung ambulanter Krankenhausleistungen. (1) [1]Die im Krankenhaus erbrachten ambulanten ärztlichen Leistungen der ermächtigten Krankenhausärzte, die in stationären Pflegeeinrichtungen erbrachten ambulanten ärztlichen Leistungen von nach § 119b Absatz 1 Satz 4 ermächtigten Ärzten, ambulante ärztliche Leistungen, die in ermächtigten Einrichtungen erbracht werden, und Leistungen, die im Rahmen einer Inanspruchnahme nach § 27b Absatz 3 Nummer 4 oder nach § 76 Absatz 1a erbracht werden, werden nach den für Vertragsärzte geltenden Grundsätzen aus der vertragsärztlichen Gesamtvergütung vergütet. [2]Die mit diesen Leistungen verbundenen allgemeinen Praxiskosten, die durch die Anwendung von ärztlichen Geräten entstehenden Kosten sowie die sonstigen Sachkosten sind mit den Gebühren abgegolten, soweit in den einheitlichen Bewertungsmaßstäben nichts Abweichendes bestimmt ist. [3]Die den ermächtigten Krankenhausärzten zustehende Vergütung wird für diese vom Krankenhausträger mit der Kassenärztlichen Vereinigung abgerechnet und nach Abzug der anteiligen Verwaltungskosten sowie der dem

Krankenhaus nach Satz 2 entstehenden Kosten an die berechtigten Kranken-hausärzte weitergeleitet. [4]Die Vergütung der von nach § 119b Satz 3 zweiter Halbsatz ermächtigten Ärzten erbrachten Leistungen wird von der stationären Pflegeeinrichtung mit der Kassenärztlichen Vereinigung abgerechnet. [5]Die Ver-gütung der Leistungen, die im Rahmen einer Inanspruchnahme nach § 76 Absatz 1a erbracht werden, wird vom Krankenhausträger nach Maßgabe der re-gionalen Euro-Gebührenordnung mit der Kassenärztlichen Vereinigung abge-rechnet.

(1a) [1]Ergänzend zur Vergütung nach Absatz 1 sollen die Landesverbände der Krankenkassen und die Ersatzkassen gemeinsam und einheitlich für die in kin-der- und jugendmedizinischen, kinderchirurgischen und kinderorthopädischen sowie insbesondere pädaudiologischen und kinderradiologischen Fachabteilun-gen von Krankenhäusern erbrachten ambulanten Leistungen mit dem Kranken-hausträger fall- oder einrichtungsbezogene Pauschalen vereinbaren, wenn diese erforderlich sind, um die Behandlung von Kindern und Jugendlichen, die auf Überweisung erfolgt, angemessen zu vergüten. [2]Die Pauschalen werden von der Krankenkasse unmittelbar vergütet. [3]§ 295 Absatz 1b Satz 1 gilt entsprechend. [4]Das Nähere über Form und Inhalt der Abrechnungsunterlagen und der erfor-derlichen Vordrucke wird in der Vereinbarung nach § 301 Absatz 3 geregelt. [5]Soweit für ein Jahr für diese Leistungen erstmals Pauschalen nach Satz 1 ver-einbart werden, sind bei besonderen Einrichtungen einmalig die Erlössumme nach § 6 Absatz 3 des Krankenhausentgeltgesetzes für dieses Jahr in Höhe der Summe der nach Satz 1 vereinbarten Pauschalen zu vermindern. [6]Der jeweilige Minderungsbetrag ist bereits bei der Vereinbarung der Vergütung nach Satz 1 festzulegen. [7]Bei der Vereinbarung des Landesbasisfallwerts nach § 10 des Krankenhausentgeltgesetzes ist die Summe der für das jeweilige Jahr erstmalig vereinbarten ambulanten Pauschalen ausgabenmindernd zu berücksichtigen.

(2) [1]Die Leistungen der Hochschulambulanzen, der psychiatrischen Institut-sambulanzen, der sozialpädiatrischen Zentren und der medizinischen Behand-lungszentren werden unmittelbar von der Krankenkasse vergütet. [2]Die Vergü-tung wird von den Landesverbänden der Krankenkassen und den Ersatzkassen gemeinsam und einheitlich mit den Hochschulen oder Hochschulkliniken, den Krankenhäusern oder den sie vertretenden Vereinigungen im Land vereinbart; die Höhe der Vergütung für die Leistungen der jeweiligen Hochschulambulanz gilt auch für andere Krankenkassen im Inland, wenn deren Versicherte durch diese Hochschulambulanz behandelt werden. [3]Sie muss die Leistungsfähigkeit der Hochschulambulanzen, der psychiatrischen Institutsambulanzen, der sozi-alpädiatrischen Zentren und der medizinischen Behandlungszentren bei wirt-schaftlicher Betriebsführung gewährleisten. [4]Bei der Vergütung der Leistungen der Hochschulambulanzen sind die Grundsätze nach Absatz 3 Satz 4 erstmals bis zum 1. Juli 2017 und danach jeweils innerhalb von sechs Monaten nach In-krafttreten der Anpassung der Grundsätze nach Absatz 3 Satz 4 zu berücksich-tigen. [5]Bei den Vergütungsvereinbarungen für Hochschulambulanzen nach Satz 2 sind Vereinbarungen nach Absatz 1a Satz 1 zu berücksichtigen.

(3) ¹Die Vergütung der Leistungen der Hochschulambulanzen, der psychiatrischen Institutsambulanzen, der sozialpädiatrischen Zentren, der medizinischen Behandlungszentren und sonstiger ermächtigter ärztlich geleiteter Einrichtungen kann pauschaliert werden. ²§ 295 Absatz 1b Satz 1 gilt entsprechend. ³Das Nähere über Form und Inhalt der Abrechnungsunterlagen und der erforderlichen Vordrucke wird für die Hochschulambulanzen, die psychiatrischen Institutsambulanzen, die sozial-pädiatrischen Zentren und die medizinischen Behandlungszentren von den Vertragsparteien nach § 301 Absatz 3, für die sonstigen ermächtigten ärztlich geleiteten Einrichtungen von den Vertragsparteien nach § 83 Satz 1 vereinbart. ⁴Die Vertragsparteien nach § 301 Absatz 3 vereinbaren bis zum 23. Januar 2016 bundeseinheitliche Grundsätze, die die Besonderheiten der Hochschulambulanzen angemessen abbilden, insbesondere zur Vergütungsstruktur und zur Leistungsdokumentation.

(3a) ¹Die Vergütung der Leistungen, die im Rahmen einer Inanspruchnahme nach § 76 Absatz 1a erbracht werden, erfolgt mit den festen Preisen der regionalen Euro-Gebührenordnung zu Lasten des Anteils der morbiditätsbedingten Gesamtvergütungen, der für den Bereich der fachärztlichen Versorgung zu bilden ist, es sei denn, die Vertragsparteien nach § 87a Absatz 2 Satz 1 haben für diese Leistungen Vergütungen nach § 87a Absatz 2 Satz 3 oder § 87a Absatz 3 Satz 5 vereinbart. ²Eine Prüfung der Abrechnungen auf Plausibilität ist nicht vorzunehmen. ³Das Nähere über Form und Inhalt der Abrechnungsunterlagen und der erforderlichen Vordrucke bestimmt die Kassenärztliche Vereinigung im Einvernehmen mit der Landeskrankenhausgesellschaft und den Landesverbänden der Krankenkassen und den Ersatzkassen gemeinsam und einheitlich unter Berücksichtigung der Regelungen nach § 87 Absatz 1 Satz 2 bis zum 23. Januar 2016; § 115 Absatz 3 gilt entsprechend. ⁴Die in § 112 Absatz 1 genannten Vertragspartner treffen eine Vereinbarung über eine pauschale Vergütung und Abrechnung des Sprechstundenbedarfs mit den Krankenkassen im Rahmen der Inanspruchnahme nach § 76 Absatz 1a; § 112 Absatz 5 gilt entsprechend.

(4) ¹Kommt eine Vereinbarung nach Absatz 1a Satz 1 oder nach Absatz 2 Satz 2 oder eine Berücksichtigung der Grundsätze nach Absatz 2 Satz 4 ganz oder teilweise nicht zustande, setzt die Schiedsstelle nach § 18a Abs. 1 des Krankenhausfinanzierungsgesetzes auf Antrag einer Vertragspartei die Vergütung fest; im Falle von Vereinbarungen nach Absatz 1a Satz 1 hat die Schiedsstelle zunächst festzustellen, ob die Vereinbarung erforderlich ist, um die Behandlung von Kindern und Jugendlichen, die auf Überweisung erfolgt, angemessen zu vergüten. ²Kommt die Vereinbarung nach Absatz 3 Satz 4 ganz oder teilweise nicht zustande, setzt die Schiedsstelle nach § 18a Absatz 6 des Krankenhausfinanzierungsgesetzes in der Besetzung ohne den Vertreter des Verbandes der privaten Krankenversicherung auf Antrag einer Vertragspartei den Inhalt innerhalb von sechs Wochen fest. ³Kommt die Vereinbarung nach Absatz 3a Satz 4 ganz oder teilweise nicht zustande, setzt die Schiedsstelle nach § 114 auf Antrag einer Vertragspartei den Inhalt innerhalb von sechs Wochen fest.

(5) Beamtenrechtliche Vorschriften über die Entrichtung eines Entgelts bei der Inanspruchnahme von Einrichtungen, Personal und Material des Dienstherrn oder vertragliche Regelungen über ein weitergehendes Nutzungsentgelt, das neben der Kostenerstattung auch einen Vorteilsausgleich umfasst, und sonstige Abgaben der Ärzte werden durch die Absätze 1 bis 4 nicht berührt.

(6) *(aufgehoben)*

§ 121 Belegärztliche Leistungen.   (1) [1]Die Vertragsparteien nach § 115 Abs. 1 wirken gemeinsam mit Krankenkassen und zugelassenen Krankenhäusern auf eine leistungsfähige und wirtschaftliche belegärztliche Behandlung der Versicherten hin. [2]Die Krankenhäuser sollen Belegärzten gleicher Fachrichtung die Möglichkeit geben, ihre Patienten gemeinsam zu behandeln (kooperatives Belegarztwesen).

(2) Belegärzte im Sinne dieses Gesetzbuchs sind nicht am Krankenhaus angestellte Vertragsärzte, die berechtigt sind, ihre Patienten (Belegpatienten) im Krankenhaus unter Inanspruchnahme der hierfür bereitgestellten Dienste, Einrichtungen und Mittel vollstationär oder teilstationär zu behandeln, ohne hierfür vom Krankenhaus eine Vergütung zu erhalten.

(3) [1]Die belegärztlichen Leistungen werden aus der vertragsärztlichen Gesamtvergütung vergütet. [2]Die Vergütung hat die Besonderheiten der belegärztlichen Tätigkeit zu berücksichtigen. [3]Hierzu gehören auch leistungsgerechte Entgelte für

1. den ärztlichen Bereitschaftsdienst für Belegpatienten und
2. die vom Belegarzt veranlassten Leistungen nachgeordneter Ärzte des Krankenhauses, die bei der Behandlung seiner Belegpatienten in demselben Fachgebiet wie der Belegarzt tätig werden.

(4) Der Bewertungsausschuss hat in einem Beschluss nach § 87 mit Wirkung zum 1. April 2007 im einheitlichen Bewertungsmaßstab für ärztliche Leistungen Regelungen zur angemessenen Bewertung der belegärztlichen Leistungen unter Berücksichtigung der Vorgaben nach Absatz 3 Satz 2 und 3 zu treffen.

(5) Abweichend von den Vergütungsregelungen in Absatz 2 bis 4 können Krankenhäuser mit Belegbetten zur Vergütung der belegärztlichen Leistungen mit Belegärzten Honorarverträge schließen.

(6) [1]Für belegärztliche Leistungen gelten die Richtlinien und Beschlüsse des Gemeinsamen Bundesausschusses nach den §§ 136 bis 136b zur Qualitätssicherung im Krankenhaus bis zum Inkrafttreten vergleichbarer Regelungen für die vertragsärztliche oder sektorenübergreifende Qualitätssicherung. [2]Die in der stationären Qualitätssicherung für belegärztliche Leistungen erhobenen Qualitätsdaten werden bei der Auswertung der planungsrelevanten Qualitätsindikatoren nach § 136c Absatz 1 und 2 sowie bei der qualitätsabhängigen Vergütung eines Krankenhauses nach § 5 Absatz 3a des Krankenhausentgeltgesetzes berücksichtigt. [3]Die Folgen, die diese Berücksichtigung im Verhältnis zwischen dem Krankenhaus und dem Belegarzt haben soll, werden zwischen diesen vertraglich vereinbart.

§ 121a Genehmigung zur Durchführung künstlicher Befruchtungen.
(1) [1]Die Krankenkassen dürfen Maßnahmen zur Herbeiführung einer Schwangerschaft (§ 27a Abs. 1) nur erbringen lassen durch
1. Vertragsärzte,
2. zugelassene medizinische Versorgungszentren,
3. ermächtigte Ärzte,
4. ermächtigte ärztlich geleitete Einrichtungen oder
5. zugelassene Krankenhäuser,

denen die zuständige Behörde eine Genehmigung nach Absatz 2 zur Durchführung dieser Maßnahmen erteilt hat. [2]Satz 1 gilt bei Inseminationen nur dann, wenn sie nach Stimulationsverfahren durchgeführt werden, bei denen dadurch ein erhöhtes Risiko von Schwangerschaften mit drei oder mehr Embryonen besteht.

(2) Die Genehmigung darf den im Absatz 1 Satz 1 genannten Ärzten oder Einrichtungen nur erteilt werden, wenn sie
1. über die für die Durchführung der Maßnahmen zur Herbeiführung einer Schwangerschaft (§ 27a Abs. 1) notwendigen diagnostischen und therapeutischen Möglichkeiten verfügen und nach wissenschaftlich anerkannten Methoden arbeiten und
2. die Gewähr für eine bedarfsgerechte, leistungsfähige und wirtschaftliche Durchführung von Maßnahmen zur Herbeiführung einer Schwangerschaft (§ 27a Abs. 1) bieten.

(3) [1]Ein Anspruch auf Genehmigung besteht nicht. [2]Bei notwendiger Auswahl zwischen mehreren geeigneten Ärzten oder Einrichtungen, die sich um die Genehmigung bewerben, entscheidet die zuständige Behörde unter Berücksichtigung der öffentlichen Interessen und der Vielfalt der Bewerber nach pflichtgemäßem Ermessen, welche Ärzte oder welche Einrichtungen den Erfordernissen einer bedarfsgerechten, leistungsfähigen und wirtschaftlichen Durchführung von Maßnahmen zur Herbeiführung einer Schwangerschaft (§ 27a Abs. 1) am besten gerecht werden.

(4) Die zur Erteilung der Genehmigung zuständigen Behörden bestimmt die nach Landesrecht zuständige Stelle, mangels einer solchen Bestimmung die Landesregierung; diese kann die Ermächtigung weiter übertragen.

§ 122 Behandlung in Praxiskliniken. [1]Der Spitzenverband Bund der Krankenkassen und die für die Wahrnehmung der Interessen der in Praxiskliniken tätigen Vertragsärzte gebildete Spitzenorganisation vereinbaren in einem Rahmenvertrag
1. einen Katalog von in Praxiskliniken nach § 115 Absatz 2 Satz 1 Nr. 1 ambulant oder stationär durchführbaren stationsersetzenden Behandlungen,
2. Maßnahmen zur Sicherung der Qualität der Behandlung, der Versorgungsabläufe und der Behandlungsergebnisse.

[2]Die Praxiskliniken nach § 115 Absatz 2 Satz 1 Nr. 1 sind zur Einhaltung des Vertrages nach Satz 1 verpflichtet.

§ 123 *(aufgehoben)*

Fünfter Abschnitt
Beziehungen zu Leistungserbringern von Heilmitteln

§ 124 Zulassung. (1) Heilmittel, die als Dienstleistungen abgegeben werden, insbesondere Leistungen der physikalischen Therapie, der Sprachtherapie oder der Ergotherapie, dürfen an Versicherte nur von zugelassenen Leistungserbringern abgegeben werden.

(2) [1]Zuzulassen ist, wer

1. die für die Leistungserbringung erforderliche Ausbildung sowie eine entsprechende zur Führung der Berufsbezeichnung berechtigende Erlaubnis besitzt,

2. über eine Praxisausstattung verfügt, die eine zweckmäßige und wirtschaftliche Leistungserbringung gewährleistet, und

3. die für die Versorgung der Versicherten geltenden Vereinbarungen anerkennt.

[2]Ein zugelassener Leistungserbringer von Heilmitteln ist in einem weiteren Heilmittelbereich zuzulassen, sofern er für diesen Bereich die Voraussetzungen des Satzes 1 Nr. 2 und 3 erfüllt und eine oder mehrere Personen beschäftigt, die die Voraussetzungen des Satzes 1 Nr. 1 nachweisen.

(3) Krankenhäuser, Rehabilitationseinrichtungen und ihnen vergleichbare Einrichtungen dürfen die in Absatz 1 genannten Heilmittel durch Personen abgeben, die die Voraussetzungen nach Absatz 2 Nr. 1 erfüllen; Absatz 2 Nr. 2 und 3 gilt entsprechend.

(4) [1]Der Spitzenverband Bund der Krankenkassen gibt Empfehlungen für eine einheitliche Anwendung der Zulassungsbedingungen nach Absatz 2 ab. [2]Die für die Wahrnehmung der wirtschaftlichen Interessen maßgeblichen Spitzenorganisationen der Leistungserbringer auf Bundesebene sollen gehört werden.

(5) [1]Die Zulassung wird von den Landesverbänden der Krankenkassen und den Ersatzkassen erteilt. [2]Die Zulassung berechtigt zur Versorgung der Versicherten. [3]Die Landesverbände der Krankenkassen und die Ersatzkassen können die Entscheidung über die Erteilung oder Aufhebung der Zulassung oder über den Widerspruch dagegen auf einen anderen Landesverband oder den Verband der Ersatszkassen übertragen, der zu diesem Zweck Verwaltungsakte erlassen darf.

(6) [1]Die Zulassung kann widerrufen werden, wenn der Leistungserbringer nach Erteilung der Zulassung die Voraussetzungen nach Absatz 2 Nr. 1, 2 oder 3 nicht mehr erfüllt. [2]Die Zulassung kann auch widerrufen werden, wenn der Leistungserbringer die Fortbildung nicht innerhalb der Nachfrist gemäß § 125 Absatz 2 Satz 4 erbringt. [3]Absatz 5 Satz 1 gilt entsprechend.

(7) [1]Die am 30. Juni 2008 bestehenden Zulassungen, die von den Verbänden der Ersatzkassen erteilt wurden, gelten als von den Ersatzkassen gemäß Absatz 5 erteilte Zulassungen weiter. [2]Absatz 6 gilt entsprechend.

§ 125 Rahmenempfehlungen und Verträge. (1) [1]Der Spitzenverband Bund der Krankenkassen und die für die Wahrnehmung der Interessen der Heilmittelerbringer maßgeblichen Spitzenorganisationen auf Bundesebene sollen unter Berücksichtigung der Richtlinien nach § 92 Abs. 1 Satz 2 Nr. 6 gemeinsam Rahmenempfehlungen über die einheitliche Versorgung mit Heilmitteln abgeben; es kann auch mit den für den jeweiligen Leistungsbereich maßgeblichen Spitzenorganisationen eine gemeinsame entsprechende Rahmenempfehlung abgegeben werden. [2]Vor Abschluß der Rahmenempfehlungen ist der Kassenärztlichen Bundesvereinigung Gelegenheit zur Stellungnahme zu geben. [3]Die Stellungnahme ist in den Entscheidungsprozeß der Partner der Rahmenempfehlungen einzubeziehen. [4]In den Rahmenempfehlungen sind insbesondere zu regeln:

1. Inhalt der einzelnen Heilmittel einschließlich Umfang und Häufigkeit ihrer Anwendungen im Regelfall sowie deren Regelbehandlungszeit,
2. Maßnahmen zur Fort- und Weiterbildung sowie zur Qualitätssicherung, die die Qualität der Behandlung, der Versorgungsabläufe und der Behandlungsergebnisse umfassen,
3. Inhalt und Umfang der Zusammenarbeit des Heilmittelerbringers mit dem verordnenden Vertragsarzt,
3a. Vorgaben für die notwendigen Angaben der Heilmittelverordnung sowie einheitliche Regelungen zur Abrechnung,
4. Maßnahmen der Wirtschaftlichkeit der Leistungserbringung und deren Prüfung und
5. Vorgaben für Vergütungsstrukturen einschließlich der Transparenzvorgaben für die Vergütungsverhandlungen zum Nachweis der tatsächlich gezahlten Tariflöhne oder Arbeitsentgelte.

[5]Kommt eine Einigung nicht zustande, wird der Empfehlungsinhalt durch eine von den Empfehlungspartnern nach Satz 1 gemeinsam zu benennende unabhängige Schiedsperson festgelegt. [6]Einigen sich die Empfehlungspartner nicht auf eine Schiedsperson, so wird diese von der für den Spitzenverband Bund der Krankenkassen zuständigen Aufsichtsbehörde bestimmt. [7]Die Kosten des Schiedsverfahrens tragen der Spitzenverband Bund der Krankenkassen und die für die Wahrnehmung der Interessen der Heilmittelerbringer maßgeblichen Spitzenorganisationen je zur Hälfte. [8]Die Inhalte der Rahmenempfehlungen nach Satz 4 Nummer 3a sind den Verträgen nach Absatz 2 zugrunde zu legen.

(2) [1]Über die Einzelheiten der Versorgung mit Heilmitteln, der erforderlichen Weiterbildungen, über die Preise, deren Abrechnung und die Verpflichtung der Leistungserbringer zur Fortbildung schließen die Krankenkassen, ihre Landesverbände oder Arbeitsgemeinschaften Verträge mit Leistungserbringern oder Verbänden oder sonstigen Zusammenschlüssen der Leistungserbringer; die vereinbarten Preise sind Höchstpreise. [2]Für die Jahre 2017 bis 2019 gilt § 71 für die Verträge nach Satz 1 nicht. [3]Für den Fall, dass die Fortbildung gegenüber dem jeweiligen Vertragspartner nicht nachgewiesen wird, sind in den Verträgen nach Satz 1 Vergütungsabschläge vorzusehen. [4]Dem Leistungserbringer

ist eine Frist zu setzen, innerhalb derer er die Fortbildung nachholen kann. [5]Soweit sich die Vertragspartner in den mit Verbänden der Leistungserbringer abgeschlossenen Verträgen nicht auf die Vertragspreise oder eine Anpassung der Vertragspreise einigen, werden die Preise von einer von den Vertragspartnern gemeinsam zu benennenden unabhängigen Schiedsperson innerhalb von drei Monaten festgelegt. [6]Die Benennung der Schiedsperson kann von den Vertragspartnern für das jeweilige Schiedsverfahren oder für einen Zeitraum von bis zu vier Jahren erfolgen. [7]Einigen sich die Vertragspartner nicht auf eine Schiedsperson, wird diese von der für die vertragsschließende Krankenkasse oder den vertragsschließenden Landesverband zuständigen Aufsichtsbehörde innerhalb eines Monats nach Vorliegen der für die Bestimmung der Schiedsperson notwendigen Informationen bestimmt; Satz 6 gilt entsprechend mit der Maßgabe, dass die Schiedsperson auch für nachfolgende Schiedsverfahren des Verbandes der Leistungserbringer mit anderen Krankenkassen oder Landesverbänden bestimmt werden kann. [8]Die Kosten des Schiedsverfahrens tragen die Verbände der Leistungserbringer sowie die Krankenkassen oder ihre Landesverbände je zur Hälfte. [9]Widersprüche und Klagen gegen die Bestimmung der Schiedsperson haben keine aufschiebende Wirkung. [10]Klagen gegen die Festlegung des Vertragsinhalts richten sich gegen eine der beiden Vertragsparteien, nicht gegen die Schiedsperson.

(2a) Die Vertragspartner nach Absatz 2 Satz 1 schließen Verträge über eine zentrale und bundeseinheitliche Prüfung und Listung der Weiterbildungsträger, der Weiterbildungsstätten sowie der Fachlehrer hinsichtlich der Erfüllung der Anforderungen an die Durchführung von besonderen Maßnahmen der Physiotherapie unter Berücksichtigung der Richtlinien nach § 92 Absatz 1 Satz 2 Nummer 6 und der Rahmenempfehlungen nach Absatz 1.

(3) [1]Untergrenze für die in den Jahren 2016 bis 2021 nach Absatz 2 zu vereinbarenden Höchstpreise ist der Betrag, der sich jeweils aus dem niedrigsten Preis zuzüglich zwei Drittel der Differenz zwischen dem niedrigsten und dem höchsten Preis des betreffenden Landes ergibt. [2]Bei der Ermittlung der niedrigsten und der höchsten Preise sind diejenigen Höchstpreise zu berücksichtigen, die zwischen den Krankenkassen, ihren Landesverbänden oder Arbeitsgemeinschaften mit Verbänden der Leistungserbringer vereinbart wurden. [3]Die Vertragspartner auf Kassenseite melden dem Spitzenverband Bund der Krankenkassen jährlich zum 1. April die zu diesem Zeitpunkt gültigen Preise. [4]Der Spitzenverband Bund der Krankenkassen ermittelt daraus für jedes Land die Untergrenze nach Satz 1 und teilt diese sowie den höchsten Preis den Vertragspartnern nach Absatz 2 Satz 1 auf Anfrage mit. [5]Preisanhebungen oberhalb der nach § 71 Absatz 3 festgestellten Veränderungsrate verletzen nicht den Grundsatz der Beitragssatzstabilität, wenn sie erforderlich sind, um die Untergrenze nach Satz 1 zu erreichen; Absatz 2 Satz 2 bleibt unberührt. [6]Die Sätze 1 bis 5 gelten nur für die am Risikostrukturausgleich teilnehmenden Krankenkassen.

SGB V D 6

Sechster Abschnitt
Beziehungen zu Leistungserbringern von Hilfsmitteln

§ 126 Versorgung durch Vertragspartner. (1) [1]Hilfsmittel dürfen an Versicherte nur auf der Grundlage von Verträgen nach § 127 Abs. 1, 2 und 3 abgegeben werden. [2]Vertragspartner der Krankenkassen können nur Leistungserbringer sein, die die Voraussetzungen für eine ausreichende, zweckmäßige und funktionsgerechte Herstellung, Abgabe und Anpassung der Hilfsmittel erfüllen. [3]Der Spitzenverband Bund der Krankenkassen gibt Empfehlungen für eine einheitliche Anwendung der Anforderungen nach Satz 2, einschließlich der Fortbildung der Leistungserbringer, ab.

(1a) [1]Die Krankenkassen stellen sicher, dass die Voraussetzungen nach Absatz 1 Satz 2 erfüllt sind. [2]Die Leistungserbringer führen den Nachweis der Erfüllung der Voraussetzungen nach Absatz 1 Satz 2 durch Vorlage eines Zertifikats einer geeigneten, unabhängigen Stelle (Präqualifizierungsstelle); bei Verträgen nach § 127 Absatz 3 kann der Nachweis im Einzelfall auch durch eine Feststellung der Krankenkasse erfolgen. [3]Die Leistungserbringer haben einen Anspruch auf Erteilung des Zertifikats oder eine Feststellung der Krankenkasse nach Satz 2 zweiter Halbsatz, wenn sie die Voraussetzungen nach Absatz 1 Satz 2 erfüllen. [4]Bei der Prüfung der Voraussetzungen nach Absatz 1 Satz 2 haben die Präqualifizierungsstelle im Rahmen ihrer Zertifizierungstätigkeit und die Krankenkasse bei ihrer Feststellung die Empfehlungen nach Absatz 1 Satz 3 zu beachten. [5]Die Zertifikate sind auf höchstens fünf Jahre zu befristen. [6]Erteilte Zertifikate sind einzuschränken, auszusetzen oder zurückzuziehen, wenn die erteilende Stelle oder die Stelle nach Absatz 2 Satz 6 auf Grund von Überwachungstätigkeiten im Sinne der DIN EN ISO/IEC 17065, Ausgabe Januar 2013, feststellt, dass die Voraussetzungen nach Absatz 1 Satz 2 nicht oder nicht mehr erfüllt sind, soweit der Leistungserbringer nicht innerhalb einer angemessenen Frist die Übereinstimmung herstellt. [7]Die erteilenden Stellen dürfen die für den Nachweis der Erfüllung der Anforderungen nach Absatz 1 Satz 2 erforderlichen Daten von Leistungserbringern erheben, verarbeiten und nutzen. [8]Sie haben den Spitzenverband Bund der Krankenkassen entsprechend seiner Vorgaben über ausgestellte sowie über verweigerte, eingeschränkte, ausgesetzte und zurückgezogene Zertifikate einschließlich der für die Identifizierung der jeweiligen Leistungserbringer erforderlichen Daten zu unterrichten. [9]Der Spitzenverband Bund der Krankenkassen ist befugt, die übermittelten Daten zu verarbeiten und den Krankenkassen sowie der nationalen Akkreditierungsstelle nach Absatz 2 Satz 1 bekannt zu geben.

(2) [1]Als Präqualifizierungsstellen dürfen nur Zertifizierungsstellen für Produkte, Prozesse und Dienstleistungen gemäß DIN EN ISO/IEC 17065, Ausgabe Januar 2013, tätig werden, die die Vorgaben nach Absatz 1a Satz 4 bis 8 beachten und von einer nationalen Akkreditierungsstelle im Sinne der Verordnung (EG) Nr. 765/2008 des Europäischen Parlaments und des Rates vom 9. Juli 2008 über die Vorschriften für die Akkreditierung und Marktüber-

wachung im Zusammenhang mit der Vermarktung von Produkten und zur Aufhebung der Verordnung (EWG) Nr. 339/93 des Rates (ABl. L 218 vom 13.8.2008, S. 30) in der jeweils geltenden Fassung akkreditiert worden sind. [2]Die Akkreditierung ist auf höchstens fünf Jahre zu befristen. [3]Die Akkreditierung erlischt mit dem Ablauf der Frist, mit der Einstellung des Betriebes der Präqualifizierungsstelle oder durch Verzicht der Präqualifizierungsstelle. [4]Die Einstellung und der Verzicht sind der nationalen Akkreditierungsstelle unverzüglich mitzuteilen. [5]Die bisherige Präqualifizierungsstelle ist verpflichtet, die Leistungserbringer, denen sie Zertifikate erteilt hat, über das Erlöschen ihrer Akkreditierung zu informieren. [6]Die Leistungserbringer haben umgehend mit einer anderen Präqualifizierungsstelle die Fortführung des Präqualifizierungsverfahrens zu vereinbaren, der die bisherige Präqualifizierungsstelle die ihr vorliegenden Antragsunterlagen in elektronischer Form zur Verfügung zu stellen hat. [7]Das Bundesministerium für Gesundheit übt im Anwendungsbereich dieses Gesetzes die Fachaufsicht über die nationale Akkreditierungsstelle aus. [8]Präqualifizierungsstellen, die seit dem 1. Juli 2010 Aufgaben nach Absatz 1a wahrnehmen, haben spätestens bis zum 31. Juli 2017 einen Antrag auf Akkreditierung nach Satz 1 zu stellen und spätestens bis zum 30. April 2019 den Nachweis über eine erfolgreiche Akkreditierung zu erbringen. [9]Die nationale Akkreditierungsstelle überwacht die Einhaltung der sich aus der DIN EN ISO/IEC 17065 und den Vorgaben nach Absatz 1a Satz 4 bis 8 für die Präqualifizierungsstellen ergebenden Anforderungen und Verpflichtungen. [10]Sie hat die Akkreditierung einzuschränken, auszusetzen oder zurückzunehmen, wenn die Präqualifizierungsstelle die Anforderungen für die Akkreditierung nicht oder nicht mehr erfüllt oder ihre Verpflichtungen erheblich verletzt; die Sätze 5 und 6 gelten entsprechend. [11]Für die Prüfung, ob die Präqualifizierungsstellen ihren Verpflichtungen nachkommen, kann die nationale Akkreditierungsstelle nach Absatz 2 Satz 1 auf Informationen der Krankenkassen oder des Spitzenverbandes Bund der Krankenkassen, berufsständischer Organisationen und Aufsichtsbehörden zurückgreifen.

(3) Für nichtärztliche Dialyseleistungen, die nicht in der vertragsärztlichen Versorgung erbracht werden, gelten die Regelungen dieses Abschnitts entsprechend.

§ 127 Verträge. (1) [1]Soweit dies zur Gewährleistung einer wirtschaftlichen und in der Qualität gesicherten Versorgung zweckmäßig ist, können die Krankenkassen, ihre Landesverbände oder Arbeitsgemeinschaften im Wege der Ausschreibung Verträge mit Leistungserbringern oder zu diesem Zweck gebildeten Zusammenschlüssen der Leistungserbringer über die Lieferung einer bestimmten Menge von Hilfsmitteln, die Durchführung einer bestimmten Anzahl von Versorgungen oder die Versorgung für einen bestimmten Zeitraum schließen. [2]Dabei haben sie durch die Leistungsbeschreibung eine hinreichende Auswahl an mehrkostenfreien Hilfsmitteln, die Qualität der Hilfsmittel, die notwendige Beratung der Versicherten und die sonstigen, zusätzlichen Leistungen im Sinne des § 33 Absatz 1 Satz 5 sicherzustellen sowie für eine wohnortnahe

Versorgung der Versicherten zu sorgen. [3]Den Verträgen sind mindestens die im Hilfsmittelverzeichnis nach § 139 Absatz 2 festgelegten Anforderungen an die Qualität der Versorgung und Produkte zugrunde zu legen. [4]Werden nach Abschluss des Vertrages die Anforderungen an die Qualität der Versorgung und Produkte nach § 139 Absatz 2 durch Fortschreibung des Hilfsmittelverzeichnisses verändert, liegt darin eine wesentliche Änderung der Verhältnisse, die die Vertragsparteien zur Vertragsanpassung oder Kündigung berechtigt. [5]Verträge nach Satz 1 können mit mehreren Leistungserbringern abgeschlossen werden. [6]Für Hilfsmittel, die für einen bestimmten Versicherten individuell angefertigt werden, oder Versorgungen mit hohem Dienstleistungsanteil sind Ausschreibungen nicht zweckmäßig. [7]Öffentliche Aufträge im Sinne des § 103 Absatz 1 des Gesetzes gegen Wettbewerbsbeschränkungen, deren geschätzter Auftragswert ohne Umsatzsteuer den maßgeblichen Schwellenwert gemäß § 106 des Gesetzes gegen Wettbewerbsbeschränkungen erreicht oder überschreitet, sind nach Maßgabe des Teils 4 des Gesetzes gegen Wettbewerbsbeschränkungen zu vergeben.

(1a) [1]Der Spitzenverband Bund der Krankenkassen und die Spitzenorganisationen der Leistungserbringer auf Bundesebene geben erstmalig bis zum 30. Juni 2009 gemeinsam Empfehlungen zur Zweckmäßigkeit von Ausschreibungen ab. [2]Kommt eine Einigung bis zum Ablauf der nach Satz 1 bestimmten Frist nicht zustande, wird der Empfehlungsinhalt durch eine von den Empfehlungspartnern nach Satz 1 gemeinsam zu benennende unabhängige Schiedsperson festgelegt. [3]Einigen sich die Empfehlungspartner nicht auf eine Schiedsperson, so wird diese von der für den Spitzenverband Bund der Krankenkassen zuständigen Aufsichtsbehörde bestimmt. [4]Die Kosten des Schiedsverfahrens tragen der Spitzenverband Bund und die Spitzenorganisationen der Leistungserbringer je zur Hälfte.

(1b) [1]Bei Ausschreibungen nach Absatz 1 ist der Zuschlag auf das wirtschaftlichste Angebot zu erteilen. [2]Der Preis darf nicht das alleinige Zuschlagskriterium sein. [3]Zu berücksichtigen sind verschiedene, mit dem Auftragsgegenstand in Verbindung stehende Kriterien, wie etwa Qualität, technischer Wert, Zweckmäßigkeit, Zugänglichkeit der Leistung insbesondere für Menschen mit Behinderungen, Organisation, Qualifikation und Erfahrung des mit der Ausführung des Auftrags betrauten Personals, Kundendienst und technische Hilfe, Lieferbedingungen, Betriebs- und Lebenszykluskosten und Preis. [4]Die Leistungsbeschreibung oder die Zuschlagskriterien müssen so festgelegt und bestimmt sein, dass qualitative Aspekte angemessen berücksichtigt sind; soweit diese qualitativen Anforderungen der Liefer- oder Dienstleistungen nicht bereits in der Leistungsbeschreibung festgelegt sind, darf die Gewichtung der Zuschlagskriterien, die nicht den Preis oder die Kosten betreffen, 50 Prozent nicht unterschreiten. [5]§ 60 der Vergabeverordnung zum Ausschluss ungewöhnlich niedriger Angebote bleibt unberührt.

(2) [1]Soweit Ausschreibungen nach Absatz 1 nicht durchgeführt werden, schließen die Krankenkassen, ihre Landesverbände oder Arbeitsgemeinschaf-

ten Verträge mit Leistungserbringern oder Verbänden oder sonstigen Zusammenschlüssen der Leistungserbringer über die Einzelheiten der Versorgung mit Hilfsmitteln, deren Wiedereinsatz, die Qualität der Hilfsmittel und zusätzlich zu erbringender Leistungen, die Anforderungen an die Fortbildung der Leistungserbringer, die Preise und die Abrechnung. [2]Absatz 1 Satz 2 und 3 gilt entsprechend. [3]Die Absicht, über die Versorgung mit bestimmten Hilfsmitteln Verträge zu schließen, ist in geeigneter Weise öffentlich bekannt zu machen. [4]Über die Inhalte abgeschlossener Verträge sind andere Leistungserbringer auf Nachfrage unverzüglich zu informieren.

(2a) [1]Den Verträgen nach Absatz 2 Satz 1 können Leistungserbringer zu den gleichen Bedingungen als Vertragspartner beitreten, soweit sie nicht auf Grund bestehender Verträge bereits zur Versorgung der Versicherten berechtigt sind. [2]Verträgen, die mit Verbänden oder sonstigen Zusammenschlüssen der Leistungserbringer abgeschlossen wurden, können auch Verbände und sonstige Zusammenschlüsse der Leistungserbringer beitreten. [3]Die Sätze 1 und 2 gelten entsprechend für fortgeltende Verträge, die vor dem 1. April 2007 abgeschlossen wurden. [4]§ 126 Abs. 1a und 2 bleibt unberührt.

(3) [1]Soweit für ein erforderliches Hilfsmittel keine Verträge der Krankenkasse nach Absatz 1 und 2 mit Leistungserbringern bestehen oder durch Vertragspartner eine Versorgung der Versicherten in einer für sie zumutbaren Weise nicht möglich ist, trifft die Krankenkasse eine Vereinbarung im Einzelfall mit einem Leistungserbringer; Absatz 1 Satz 2 und 3 gilt entsprechend. [2]Sie kann vorher auch bei anderen Leistungserbringern in pseudonymisierter Form Preisangebote einholen. [3]In den Fällen des § 33 Abs. 1 Satz 5 und Abs. 6 Satz 3 gilt Satz 1 entsprechend.

(4) Für Hilfsmittel, für die ein Festbetrag festgesetzt wurde, können in den Verträgen nach den Absätzen 1, 2 und 3 Preise höchstens bis zur Höhe des Festbetrags vereinbart werden.

(4a) [1]Die Leistungserbringer haben die Versicherten vor Inanspruchnahme der Leistung zu beraten, welche Hilfsmittel und zusätzlichen Leistungen nach § 33 Absatz 1 Satz 1 und 5 für die konkrete Versorgungssituation im Einzelfall geeignet und notwendig sind. [2]Die Leistungserbringer haben die Beratung nach Satz 1 schriftlich zu dokumentieren und sich durch Unterschrift der Versicherten bestätigen zu lassen. [3]Das Nähere ist in den Verträgen nach § 127 zu regeln. [4]Im Falle des § 33 Absatz 1 Satz 6 sind die Versicherten vor der Wahl der Hilfsmittel oder zusätzlicher Leistungen auch über die von ihnen zu tragenden Mehrkosten zu informieren. [5]Satz 2 gilt entsprechend.

(5) [1]Die Krankenkassen haben ihre Versicherten über die zur Versorgung berechtigten Vertragspartner und über die wesentlichen Inhalte der Verträge zu informieren. [2]Abweichend von Satz 1 informieren die Krankenkassen ihre Versicherten auf Nachfrage, wenn diese bereits einen Leistungserbringer gewählt oder die Krankenkassen auf die Genehmigung der beantragten Hilfsmittelversorgung verzichtet haben. [3]Sie können auch den Vertragsärzten entsprechende Informationen zur Verfügung stellen. [4]Die Krankenkassen haben die wesentli-

chen Inhalte der Verträge nach Satz 1 für Versicherte anderer Krankenkassen im Internet zu veröffentlichen.

(5a) [1]Die Krankenkassen überwachen die Einhaltung der vertraglichen und gesetzlichen Pflichten der Leistungserbringer nach diesem Gesetz. [2]Zur Sicherung der Qualität in der Hilfsmittelversorgung führen sie Auffälligkeits- und Stichprobenprüfungen durch. [3]Die Leistungserbringer sind verpflichtet, den Krankenkassen auf Verlangen die für die Prüfungen nach Satz 1 erforderlichen einrichtungsbezogenen Informationen und Auskünfte zu erteilen und die von den Versicherten unterzeichnete Bestätigung über die Durchführung der Beratung nach Absatz 4a Satz 1 vorzulegen. [4]Soweit es für Prüfungen nach Satz 1 erforderlich ist und der Versicherte nach vorheriger Information schriftlich eingewilligt hat, können die Krankenkassen von den Leistungserbringern auch die personenbezogene Dokumentation über den Verlauf der Versorgung einzelner Versicherter anfordern. [5]Die Leistungserbringer sind insoweit zur Datenübermittlung verpflichtet. [6]Die Krankenkassen stellen vertraglich sicher, dass Verstöße der Leistungserbringer gegen ihre vertraglichen und gesetzlichen Pflichten nach diesem Gesetz angemessen geahndet werden. [7]Schwerwiegende Verstöße sind der Stelle, die das Zertifikat nach § 126 Absatz 1a Satz 2 erteilt hat, mitzuteilen.

(5b) Der Spitzenverband Bund der Krankenkassen gibt bis zum 30. Juni 2017 Rahmenempfehlungen zur Sicherung der Qualität in der Hilfsmittelversorgung ab, in denen insbesondere Regelungen zum Umfang der Stichprobenprüfungen in den jeweiligen Produktbereichen, zu möglichen weiteren Überwachungsinstrumenten und darüber getroffen werden, wann Auffälligkeiten anzunehmen sind.

(6) [1]Der Spitzenverband Bund der Krankenkassen und die für die Wahrnehmung der Interessen der Leistungserbringer maßgeblichen Spitzenorganisationen auf Bundesebene geben bis zum 31. Dezember 2017 gemeinsam Rahmenempfehlungen zur Vereinfachung und Vereinheitlichung der Durchführung und Abrechnung der Versorgung mit Hilfsmitteln ab; Absatz 1a Satz 2 bis 4 gilt entsprechend. [2]In den Empfehlungen können auch Regelungen über die in § 302 Absatz 2 Satz 1 und Absatz 3 genannten Inhalte getroffen werden. [3]§ 139 Absatz 2 bleibt unberührt. [4]Die Empfehlungen nach Satz 1 sind den Verträgen nach den Absätzen 1, 2 und 3 zugrunde zu legen.

§ 128 Unzulässige Zusammenarbeit zwischen Leistungserbringern und Vertragsärzten. (1) [1]Die Abgabe von Hilfsmitteln an Versicherte über Depots bei Vertragsärzten ist unzulässig, soweit es sich nicht um Hilfsmittel handelt, die zur Versorgung in Notfällen benötigt werden. [2]Satz 1 gilt entsprechend für die Abgabe von Hilfsmitteln in Krankenhäusern und anderen medizinischen Einrichtungen.

(2) [1]Leistungserbringer dürfen Vertragsärzte sowie Ärzte in Krankenhäusern und anderen medizinischen Einrichtungen nicht gegen Entgelt oder Gewährung sonstiger wirtschaftlicher Vorteile an der Durchführung der Versorgung mit

Hilfsmitteln beteiligen oder solche Zuwendungen im Zusammenhang mit der Verordnung von Hilfsmitteln gewähren. [2]Unzulässig ist ferner die Zahlung einer Vergütung für zusätzliche privatärztliche Leistungen, die im Rahmen der Versorgung mit Hilfsmitteln von Vertragsärzten erbracht werden, durch Leistungserbringer. [3]Unzulässige Zuwendungen im Sinne des Satzes 1 sind auch die unentgeltliche oder verbilligte Überlassung von Geräten und Materialien und Durchführung von Schulungsmaßnahmen, die Gestellung von Räumlichkeiten oder Personal oder die Beteiligung an den Kosten hierfür sowie Einkünfte aus Beteiligungen an Unternehmen von Leistungserbringern, die Vertragsärzte durch ihr Verordnungs- oder Zuweisungsverhalten selbst maßgeblich beeinflussen.

(3) [1]Die Krankenkassen stellen vertraglich sicher, dass Verstöße gegen die Verbote nach den Absätzen 1 und 2 angemessen geahndet werden. [2]Für den Fall schwerwiegender und wiederholter Verstöße ist vorzusehen, dass Leistungserbringer für die Dauer von bis zu zwei Jahren von der Versorgung der Versicherten ausgeschlossen werden können.

(4) [1]Vertragsärzte dürfen nur auf der Grundlage vertraglicher Vereinbarungen mit Krankenkassen über die ihnen im Rahmen der vertragsärztlichen Versorgung obliegenden Aufgaben hinaus an der Durchführung der Versorgung mit Hilfsmitteln mitwirken. [2]Die Absätze 1 bis 3 bleiben unberührt. [3]Über eine Mitwirkung nach Satz 1 informieren die Krankenkassen die für die jeweiligen Vertragsärzte zuständige Ärztekammer.

(4a) [1]Krankenkassen können mit Vertragsärzten Verträge nach Absatz 4 abschließen, wenn die Wirtschaftlichkeit und die Qualität der Versorgung dadurch nicht eingeschränkt werden. [2]§ 126 Absatz 1 Satz 2 und 3 sowie Absatz 1a gilt entsprechend auch für die Vertragsärzte. [3]In den Verträgen sind die von den Vertragsärzten zusätzlich zu erbringenden Leistungen und welche Vergütung sie dafür erhalten eindeutig festzulegen. [4]Die zusätzlichen Leistungen sind unmittelbar von den Krankenkassen an die Vertragsärzte zu vergüten. [5]Jede Mitwirkung der Leistungserbringer an der Abrechnung und der Abwicklung der Vergütung der von den Vertragsärzten erbrachten Leistungen ist unzulässig.

(4b) [1]Vertragsärzte, die auf der Grundlage von Verträgen nach Absatz 4 an der Durchführung der Hilfsmittelversorgung mitwirken, haben die von ihnen ausgestellten Verordnungen der jeweils zuständigen Krankenkasse zur Genehmigung der Versorgung zu übersenden. [2]Die Verordnungen sind den Versicherten von den Krankenkassen zusammen mit der Genehmigung zu übermitteln. [3]Dabei haben die Krankenkassen die Versicherten in geeigneter Weise über die verschiedenen Versorgungswege zu beraten.

(5) [1]Absatz 4 Satz 3 gilt entsprechend, wenn Krankenkassen Auffälligkeiten bei der Ausführung von Verordnungen von Vertragsärzten bekannt werden, die auf eine mögliche Zuweisung von Versicherten an bestimmte Leistungserbringer oder eine sonstige Form unzulässiger Zusammenarbeit hindeuten. [2]In diesen Fällen ist auch die zuständige Kassenärztliche Vereinigung zu informieren.

[3]Gleiches gilt, wenn Krankenkassen Hinweise auf die Forderung oder Annahme unzulässiger Zuwendungen oder auf eine unzulässige Beeinflussung von Versicherten nach Absatz 5a vorliegen.

(5a) Vertragsärzte, die unzulässige Zuwendungen fordern oder annehmen oder Versicherte zur Inanspruchnahme einer privatärztlichen Versorgung anstelle der ihnen zustehenden Leistung der gesetzlichen Krankenversicherung beeinflussen, verstoßen gegen ihre vertragsärztlichen Pflichten.

(5b) Die Absätze 2, 3, 5 und 5a gelten für die Versorgung mit Heilmitteln entsprechend.

(6) [1]Ist gesetzlich nichts anderes bestimmt, gelten bei der Erbringung von Leistungen nach den §§ 31 und 116b Absatz 7 die Absätze 1 bis 3 sowohl zwischen pharmazeutischen Unternehmern, Apotheken, pharmazeutischen Großhändlern und sonstigen Anbietern von Gesundheitsleistungen als auch jeweils gegenüber Vertragsärzten, Ärzten in Krankenhäusern und Krankenhausträgern entsprechend. [2]Hiervon unberührt bleiben gesetzlich zulässige Vereinbarungen von Krankenkassen mit Leistungserbringern über finanzielle Anreize für die Mitwirkung an der Erschließung von Wirtschaftlichkeitsreserven und die Verbesserung der Qualität der Versorgung bei der Verordnung von Leistungen nach den §§ 31 und 116b Absatz 7. [3]Die Sätze 1 und 2 gelten auch bei Leistungen zur Versorgung von chronischen und schwer heilenden Wunden nach § 37 Absatz 7 gegenüber den Leistungserbringern, die diese Leistungen erbringen.

Siebter Abschnitt

Beziehungen zu Apotheken und pharmazeutischen Unternehmern

§ 129 Rahmenvertrag über die Arzneimittelversorgung. (1) [1]Die Apotheken sind bei der Abgabe verordneter Arzneimittel an Versicherte nach Maßgabe des Rahmenvertrages nach Absatz 2 verpflichtet zur

1. Abgabe eines preisgünstigen Arzneimittels in den Fällen, in denen der verordnende Arzt
   a) ein Arzneimittel nur unter seiner Wirkstoffbezeichnung verordnet oder
   b) die Ersetzung des Arzneimittels durch ein wirkstoffgleiches Arzneimittel nicht ausgeschlossen hat,
2. Abgabe von preisgünstigen importierten Arzneimitteln, deren für den Versicherten maßgeblicher Arzneimittelabgabepreis unter Berücksichtigung der Abschläge nach § 130a Absatz 1, 1a, 2, 3a und 3b mindestens 15 vom Hundert oder mindestens 15 Euro niedriger ist als der Preis des Bezugsarzneimittels; in dem Rahmenvertrag nach Absatz 2 können Regelungen vereinbart werden, die zusätzliche Wirtschaftlichkeitsreserven erschließen,
3. Abgabe von wirtschaftlichen Einzelmengen und
4. Angabe des Apothekenabgabepreises auf der Arzneimittelpackung.

[2]Bei der Abgabe eines Arzneimittels nach Satz 1 Nummer 1 haben die Apotheken ein Arzneimittel abzugeben, das mit dem verordneten in Wirkstärke und Packungsgröße identisch ist, für ein gleiches Anwendungsgebiet zugelassen ist und die gleiche oder eine austauschbare Darreichungsform besitzt; als identisch gelten dabei Packungsgrößen mit dem gleichen Packungsgrößenkennzeichen nach der in § 31 Absatz 4 genannten Rechtsverordnung. [3]Dabei ist die Ersetzung durch ein wirkstoffgleiches Arzneimittel vorzunehmen, für das eine Vereinbarung nach § 130a Abs. 8 mit Wirkung für die Krankenkasse besteht, soweit hierzu in Verträgen nach Absatz 5 nichts anderes vereinbart ist. [4]Eine Ersetzung durch ein wirkstoffgleiches Arzneimittel ist auch bei Fertigarzneimitteln vorzunehmen, die für in Apotheken hergestellte parenterale Zubereitungen verwendet werden, wenn für das wirkstoffgleiche Arzneimittel eine Vereinbarung nach § 130a Absatz 8a mit Wirkung für die Krankenkasse besteht und sofern in Verträgen nach Absatz 5 nichts anderes vereinbart ist. [5]Besteht keine entsprechende Vereinbarung nach § 130a Abs. 8, hat die Apotheke die Ersetzung durch ein preisgünstigeres Arzneimittel nach Maßgabe des Rahmenvertrages vorzunehmen. [6]Abweichend von den Sätzen 3 und 5 können Versicherte gegen Kostenerstattung ein anderes Arzneimittel erhalten, wenn die Voraussetzungen nach Satz 2 erfüllt sind. [7]§ 13 Absatz 2 Satz 2 und 12 findet keine Anwendung. [8]Bei der Abgabe von importierten Arzneimitteln und ihren Bezugsarzneimitteln gelten die Sätze 3 und 5 entsprechend; dabei hat die Abgabe eines Arzneimittels, für das eine Vereinbarung nach § 130a Absatz 8 besteht, Vorrang vor der Abgabe nach Satz 1 Nummer 2.

(1a) [1]Der Gemeinsame Bundesausschuss gibt in den Richtlinien nach § 92 Abs. 1 Satz 2 Nr. 6 unverzüglich Hinweise zur Austauschbarkeit von Darreichungsformen unter Berücksichtigung ihrer therapeutischen Vergleichbarkeit. [2]Der Gemeinsame Bundesausschuss bestimmt in den Richtlinien nach § 92 Absatz 1 Satz 2 Nummer 6 erstmals bis zum 30. September 2014 die Arzneimittel, bei denen die Ersetzung durch ein wirkstoffgleiches Arzneimittel abweichend von Absatz 1 Satz 1 Nummer 1 Buchstabe b ausgeschlossen ist; dabei sollen insbesondere Arzneimittel mit geringer therapeutischer Breite berücksichtigt werden. [3]Das Nähere regelt der Gemeinsame Bundesausschuss in seiner Verfahrensordnung.

(2) Der Spitzenverband Bund der Krankenkassen und die für die Wahrnehmung der wirtschaftlichen Interessen gebildete maßgebliche Spitzenorganisation der Apotheker regeln in einem gemeinsamen Rahmenvertrag das Nähere.

(3) Der Rahmenvertrag nach Absatz 2 hat Rechtswirkung für Apotheken, wenn sie

1. einem Mitgliedsverband der Spitzenorganisation angehören und die Satzung des Verbandes vorsieht, daß von der Spitzenorganisation abgeschlossene Verträge dieser Art Rechtswirkung für die dem Verband angehörenden Apotheken haben, oder

2. dem Rahmenvertrag beitreten.

(4) [1]Im Rahmenvertrag nach Absatz 2 ist zu regeln, welche Maßnahmen die Vertragspartner auf Landesebene ergreifen können, wenn Apotheken gegen ihre Verpflichtungen nach Absatz 1, 2 oder 5 verstoßen. [2]In dem Rahmenvertrag ist erstmals bis zum 1. Januar 2016 zu regeln, in welchen Fällen einer Beanstandung der Abrechnung durch Krankenkassen, insbesondere bei Formfehlern, eine Retaxation vollständig oder teilweise unterbleibt; kommt eine Regelung nicht innerhalb der Frist zustande, entscheidet die Schiedsstelle nach Absatz 8. [3]Bei gröblichen und wiederholten Verstößen ist vorzusehen, daß Apotheken von der Versorgung der Versicherten bis zur Dauer von zwei Jahren ausgeschlossen werden können.

(5) [1]Die Krankenkassen oder ihre Verbände können mit der für die Wahrnehmung der wirtschaftlichen Interessen maßgeblichen Organisation der Apotheker auf Landesebene ergänzende Verträge schließen. [2]Absatz 3 gilt entsprechend. [3]In dem Vertrag nach Satz 1 kann abweichend vom Rahmenvertrag nach Absatz 2 vereinbart werden, dass die Apotheke die Ersetzung wirkstoffgleicher Arzneimittel so vorzunehmen hat, dass der Krankenkasse Kosten nur in Höhe eines zu vereinbarenden durchschnittlichen Betrags je Arzneimittel entstehen. [4]Verträge nach Satz 3 in der bis zum 12. Mai 2017 geltenden Fassung werden mit Ablauf des 31. August 2017 unwirksam.

(5a) Bei Abgabe eines nicht verschreibungspflichtigen Arzneimittels gilt bei Abrechnung nach § 300 ein für die Versicherten maßgeblicher Arzneimittelabgabepreis in Höhe des Abgabepreises des pharmazeutischen Unternehmens zuzüglich der Zuschläge nach den §§ 2 und 3 der Arzneimittelpreisverordnung in der am 31. Dezember 2003 gültigen Fassung.

(5b) [1]Apotheken können an vertraglich vereinbarten Versorgungsformen beteiligt werden; die Angebote sind öffentlich auszuschreiben. [2]In Verträgen nach Satz 1 sollen auch Maßnahmen zur qualitätsgesicherten Beratung des Versicherten durch die Apotheke vereinbart werden. [3]In der besonderen Versorgung kann in Verträgen nach Satz 1 das Nähere über Qualität und Struktur der Arzneimittelversorgung für die an der besonderen Versorgung teilnehmenden Versicherten auch abweichend von Vorschriften dieses Buches vereinbart werden.

(5c) [1]Für Zubereitungen aus Fertigarzneimitteln gelten die Preise, die zwischen der mit der Wahrnehmung der wirtschaftlichen Interessen gebildeten maßgeblichen Spitzenorganisation der Apotheker und dem Spitzenverband Bund der Krankenkassen auf Grund von Vorschriften nach dem Arzneimittelgesetz vereinbart sind. [2]Für parenterale Zubereitungen aus Fertigarzneimitteln in der Onkologie haben die Vertragspartner nach Satz 1 die Höhe der Preise nach Satz 1 neu zu vereinbaren. [3]Kommt eine Vereinbarung nach Satz 1 oder 2 ganz oder teilweise nicht zustande, entscheidet die Schiedsstelle nach Absatz 8. [4]Die Vereinbarung nach Satz 2 ist bis zum 31. August 2017 zu treffen. [5]Die Vereinbarung oder der Schiedsspruch gilt bis zum Wirksamwerden einer neuen Vereinbarung fort. [6]Gelten für Fertigarzneimittel in parenteralen Zubereitungen keine Vereinbarungen über die zu berechnenden Einkaufspreise nach Satz 1, berechnet die Apotheke ihre tatsächlich vereinbarten Einkaufspreise, höchstens jedoch die Apothekeneinkaufspreise, die bei Abgabe an Verbraucher auf Grund der Preisvorschriften nach dem Arzneimittelgesetz oder auf Grund von Satz 1 gelten, jeweils abzüglich der Abschläge nach § 130a Absatz 1. [7]Kostenvorteile durch die Verwendung von Teilmengen von Fertigarzneimitteln sind zu berücksichtigen. [8]Der Spitzenverband Bund der Krankenkassen und die Krankenkasse können von der Apotheke Nachweise über Bezugsquellen und verarbeitete Mengen sowie die tatsächlich vereinbarten Einkaufspreise und vom pharmazeutischen Unternehmer über die Abnehmer, die abgegebenen Mengen und die vereinbarten Preise für Fertigarzneimittel in parenteralen Zubereitungen verlangen. [9]Sofern eine Apotheke bei der parenteralen Zubereitung aus Fertigarzneimitteln in der Onkologie einen Betrieb, der nach § 21 Absatz 2 Nummer 1b Buchstabe a erste Alternative des Arzneimittelgesetzes tätig wird, beauftragt, können der Spitzenverband Bund der Krankenkassen und die Krankenkasse von der Apotheke auch einen Nachweis über den tatsächlichen Einkaufspreis dieses Betriebs verlangen. [10]Der Anspruch nach Satz 8 umfasst jeweils auch die auf das Fertigarzneimittel und den Gesamtumsatz bezogenen Rabatte. [11]Klagen über den Auskunftsanspruch haben keine aufschiebende Wirkung; ein Vorverfahren findet nicht statt. [12]Die Krankenkasse kann ihren Landesverband mit der Prüfung beauftragen.

(6) [1]Die für die Wahrnehmung der wirtschaftlichen Interessen gebildete maßgebliche Spitzenorganisation der Apotheker ist verpflichtet, die zur Wahrnehmung der Aufgaben nach Absatz 1 Satz 4 und Absatz 1a, die zur Herstellung einer pharmakologisch-therapeutischen und preislichen Transparenz im Rahmen der Richtlinien nach § 92 Abs. 1 Satz 2 Nr. 6 und die zur Festsetzung von Festbeträgen nach § 35 Abs. 1 und 2 oder zur Erfüllung der Aufgaben nach § 35a Abs. 1 Satz 2 und Abs. 5 erforderlichen Daten dem Gemeinsamen Bundesausschuss sowie dem Spitzenverband Bund der Krankenkassen zu übermitteln und auf Verlangen notwendige Auskünfte zu erteilen. [2]Das Nähere regelt der Rahmenvertrag nach Absatz 2.

(7) Kommt der Rahmenvertrag nach Absatz 2 ganz oder teilweise nicht oder nicht innerhalb einer vom Bundesministerium für Gesundheit bestimmten Frist zustande, wird der Vertragsinhalt durch die Schiedsstelle nach Absatz 8 festgesetzt.

(8) [1]Der Spitzenverband Bund der Krankenkassen und die für die Wahrnehmung der wirtschaftlichen Interessen gebildete maßgebliche Spitzenorganisation der Apotheker bilden eine gemeinsame Schiedsstelle. [2]Sie besteht aus Vertretern der Krankenkassen und der Apotheker in gleicher Zahl sowie aus einem unparteiischen Vorsitzenden und zwei weiteren unparteiischen Mitgliedern. [3]Über den Vorsitzenden und die zwei weiteren unparteiischen Mitglieder sowie deren Stellvertreter sollen sich die Vertragspartner einigen. [4]Kommt eine Einigung nicht zustande, gilt § 89 Absatz 3 Satz 4 bis 6 entsprechend.

(9) [1]Die Schiedsstelle gibt sich eine Geschäftsordnung. [2]Die Mitglieder der Schiedsstelle führen ihr Amt als Ehrenamt. [3]Sie sind an Weisungen nicht gebunden. [4]Jedes Mitglied hat eine Stimme. [5]Die Entscheidungen werden mit der

Mehrheit der Mitglieder getroffen. [6]Ergibt sich keine Mehrheit, gibt die Stimme des Vorsitzenden den Ausschlag. [7]Klagen gegen Festsetzungen der Schiedsstelle haben keine aufschiebende Wirkung.

(10) [1]Die Aufsicht über die Geschäftsführung der Schiedsstelle führt das Bundesministerium für Gesundheit. [2]Es kann durch Rechtsverordnung mit Zustimmung des Bundesrates das Nähere über die Zahl und die Bestellung der Mitglieder, die Erstattung der baren Auslagen und die Entschädigung für Zeitaufwand der Mitglieder, das Verfahren sowie über die Verteilung der Kosten regeln.

§ 129a Krankenhausapotheken. [1]Die Krankenkassen oder ihre Verbände vereinbaren mit dem Träger des zugelassenen Krankenhauses das Nähere über die Abgabe verordneter Arzneimittel durch die Krankenhausapotheke an Versicherte, insbesondere die Höhe des für den Versicherten maßgeblichen Abgabepreises. [2]Die nach § 300 Abs. 3 getroffenen Regelungen sind Teil der Vereinbarungen nach Satz 1. [3]Eine Krankenhausapotheke darf verordnete Arzneimittel zu Lasten von Krankenkassen nur abgeben, wenn für sie eine Vereinbarung nach Satz 1 besteht. [4]Die Regelungen des § 129 Absatz 5c Satz 8 und 12 gelten für Vereinbarungen nach Satz 1 entsprechend.

§ 130 Rabatt. (1) Die Krankenkassen erhalten von den Apotheken für verschreibungspflichtige Fertigarzneimittel sowie für Zubereitungen nach § 5 Absatz 3 der Arzneimittelpreisverordnung, die nicht § 5 Absatz 6 der Arzneimittelpreisverordnung unterfallen, einen Abschlag von 1,77 Euro je Arzneimittel, für sonstige Arzneimittel einen Abschlag in Höhe von 5 vom Hundert auf den für den Versicherten maßgeblichen Arzneimittelabgabepreis.

(2) [1]Ist für das Arzneimittel ein Festbetrag nach § 35 festgesetzt, bemisst sich der Abschlag nach dem Festbetrag. [2]Liegt der maßgebliche Arzneimittelabgabepreis 1 unter dem Festbetrag, bemisst sich der Abschlag nach dem niedrigeren Abgabepreis.

(3) [1]Die Gewährung des Abschlags setzt voraus, dass die Rechnung des Apothekers innerhalb von zehn Tagen nach Eingang bei der Krankenkasse beglichen wird. [2]Das Nähere regelt der Rahmenvertrag nach § 129.

§ 130a Rabatte der pharmazeutischen Unternehmer. (1) [1]Die Krankenkassen erhalten von Apotheken für zu ihren Lasten abgegebene Arzneimittel einen Abschlag in Höhe von 7 vom Hundert des Abgabepreises des pharmazeutischen Unternehmers ohne Mehrwertsteuer. [2]Für Arzneimittel nach Absatz 3b Satz 1 beträgt der Abschlag nach Satz 1 6 vom Hundert. [3]Pharmazeutische Unternehmer sind verpflichtet, den Apotheken den Abschlag zu erstatten. [4]Soweit pharmazeutische Großhändler nach Absatz 5 bestimmt sind, sind pharmazeutische Unternehmer verpflichtet, den Abschlag den pharmazeutischen Großhändlern zu erstatten. [5]Der Abschlag ist den Apotheken und pharmazeutischen Großhändlern innerhalb von zehn Tagen nach Geltendmachung des Anspruches zu erstatten. [6]Satz 1 gilt für Fertigarzneimittel, deren Apothekenabgabepreise aufgrund der Preisvorschriften nach dem Arzneimittelgesetz oder aufgrund des § 129 Abs. 5a bestimmt sind, sowie für Arzneimittel, die nach § 129a abgegeben werden. [7]Die Krankenkassen erhalten den Abschlag nach Satz 1 für Fertigarzneimittel in parenteralen Zubereitungen sowie für Arzneimittel, die nach § 129a abgegeben werden, auf den Abgabepreis des pharmazeutischen Unternehmers ohne Mehrwertsteuer, der bei Abgabe an Verbraucher auf Grund von Preisvorschriften nach dem Arzneimittelgesetz gilt. [8]Wird nur eine Teilmenge des Fertigarzneimittels zubereitet, wird der Abschlag nur für diese Mengeneinheiten erhoben.

(1a) [1]Vom 1. August 2010 bis zum 31. Dezember 2013 beträgt der Abschlag für verschreibungspflichtige Arzneimittel einschließlich Fertigarzneimittel in parenteralen Zubereitungen abweichend von Absatz 1 16 Prozent. [2]Satz 1 gilt nicht für Arzneimittel nach Absatz 3b Satz 1. [3]Die Differenz des Abschlags nach Satz 1 zu dem Abschlag nach Absatz 1 mindert die am 30. Juli 2010 bereits vertraglich vereinbarten Rabatte nach Absatz 8 entsprechend. [4]Eine Absenkung des Abgabepreises des pharmazeutischen Unternehmers ohne Mehrwertsteuer gegenüber dem Preisstand am 1. August 2009, die ab dem 1. August 2010 vorgenommen wird, mindert den Abschlag nach Satz 1 in Höhe des Betrags der Preissenkung, höchstens in Höhe der Differenz des Abschlags nach Satz 1 zu dem Abschlag nach Absatz 1; § 130a Absatz 3b Satz 2 zweiter Halbsatz gilt entsprechend. [5]Für Arzneimittel, die nach dem 1. August 2009 in den Markt eingeführt wurden, gilt Satz 4 mit der Maßgabe, dass der Preisstand der Markteinführung Anwendung findet. [6]Hat ein pharmazeutischer Unternehmer für ein Arzneimittel, das im Jahr 2010 zu Lasten der gesetzlichen Krankenversicherung abgegeben wurde und das dem erhöhten Abschlag nach Satz 1 unterliegt, auf Grund einer Preissenkung ab dem 1. August 2010 nicht den Abschlag gezahlt, obwohl die Preissenkung nicht zu einer Unterschreitung des am 1. August 2009 geltenden Abgabepreises des pharmazeutischen Unternehmers um mindestens 10 Prozent geführt hat, gilt für die im Jahr 2011 abgegebenen Arzneimittel abweichend von Satz 1 ein Abschlag von 20,5 Prozent. [7]Das gilt nicht, wenn der pharmazeutische Unternehmer den nach Satz 6 nicht gezahlten Abschlag spätestens bis zu dem Tag vollständig leistet, an dem der Abschlag für die im Dezember 2010 abgegebenen Arzneimittel zu zahlen ist. [8]Der erhöhte Abschlag von 20,5 Prozent wird durch eine erneute Preissenkung gegenüber dem am 1. August 2009 geltenden Abgabepreis des pharmazeutischen Unternehmers gemindert; Satz 4 gilt entsprechend.

(2) [1]Die Krankenkassen erhalten von den Apotheken für die zu ihren Lasten abgegebenen Impfstoffe für Schutzimpfungen nach § 20i Absatz 1 einen Abschlag auf den Abgabepreis des pharmazeutischen Unternehmers ohne Mehrwertsteuer, mit dem der Unterschied zu einem geringeren durchschnittlichen Preis nach Satz 2 je Mengeneinheit ausgeglichen wird. [2]Der durchschnittliche Preis je Mengeneinheit ergibt sich aus den tatsächlich gültigen Abgabepreisen des pharmazeutischen Unternehmers in den vier Mitgliedstaaten der Europäischen Union mit den am nächsten kommenden Bruttonationaleinkommen, ge-

wichtet nach den jeweiligen Umsätzen und Kaufkraftparitäten. [3]Absatz 1 Satz 3 bis 5, Absätze 6 und 7 sowie § 131 Absatz 4 gelten entsprechend. [4]Der pharmazeutische Unternehmer ermittelt die Höhe des Abschlags nach Satz 1 und den durchschnittlichen Preis nach Satz 2 und übermittelt dem Spitzenverband Bund der Krankenkassen auf Anfrage die Angaben zu der Berechnung. [5]Das Nähere regelt der Spitzenverband Bund der Krankenkassen. [6]Bei Preisvereinbarungen für Impfstoffe, für die kein einheitlicher Apothekenabgabepreis nach den Preisvorschriften auf Grund des Arzneimittelgesetzes gilt, darf höchstens ein Betrag vereinbart werden, der dem entsprechenden Apothekenabgabepreis abzüglich des Abschlags nach Satz 1 entspricht.

(3) Die Absätze 1, 1a und 2 gelten nicht für Arzneimittel, für die ein Festbetrag auf Grund des § 35 festgesetzt ist.

(3a) [1]Erhöht sich der Abgabepreis des pharmazeutischen Unternehmers ohne Mehrwertsteuer gegenüber dem Preisstand am 1. August 2009, erhalten die Krankenkassen für die zu ihren Lasten abgegebenen Arzneimittel ab dem 1. August 2010 bis zum 31. Dezember 2022 einen Abschlag in Höhe des Betrages der Preiserhöhung; dies gilt nicht für Arzneimittel, für die ein Festbetrag auf Grund des § 35 festgesetzt ist. [2]Zur Berechnung des Abschlags nach Satz 1 ist der Preisstand vom 1. August 2009 erstmalig am 1. Juli 2018 und jeweils am 1. Juli der Folgejahre um den Betrag anzuheben, der sich aus der Veränderung des vom Statistischen Bundesamt festgelegten Verbraucherpreisindex für Deutschland im Vergleich zum Vorjahr ergibt. [3]Für Arzneimittel, die nach dem 1. August 2010 in den Markt eingeführt werden, gilt Satz 1 mit der Maßgabe, dass der Preisstand der Markteinführung Anwendung findet. [4]Bei Neueinführungen eines Arzneimittels, für das der pharmazeutische Unternehmer bereits ein Arzneimittel mit gleichem Wirkstoff und vergleichbarer Darreichungsform in Verkehr gebracht hat, ist der Abschlag auf Grundlage des Preises je Mengeneinheit der Packung zu berechnen, die dem neuen Arzneimittel in Bezug auf die Packungsgröße unter Berücksichtigung der Wirkstärke am nächsten kommt. [5]Satz 4 gilt entsprechend bei Änderungen zu den Angaben des pharmazeutischen Unternehmers oder zum Mitvertrieb durch einen anderen pharmazeutischen Unternehmer. [6]Für importierte Arzneimittel, die nach § 129 Absatz 1 Satz 1 Nummer 2 abgegeben werden, gilt abweichend von Satz 1 ein Abrechnungsbetrag von höchstens dem Betrag, welcher entsprechend den Vorgaben des § 129 Absatz 1 Satz 1 Nummer 2 niedriger ist als der Arzneimittelabgabepreis des Bezugsarzneimittels einschließlich Mehrwertsteuer, unter Berücksichtigung von Abschlägen für das Bezugsarzneimittel aufgrund dieser Vorschrift. [7]Abschläge nach Absatz 1, 1a und 3b werden zusätzlich zu dem Abschlag nach den Sätzen 1 bis 5 erhoben. [8]Rabattbeträge, die auf Preiserhöhungen nach Absatz 1 und 3b zu gewähren sind, vermindern den Abschlag nach den Sätzen 1 bis 6 entsprechend. [9]Für die Abrechnung des Abschlags nach den Sätzen 1 bis 6 gelten die Absätze 1, 5 bis 7 und 9 entsprechend. [10]Absatz 4 findet Anwendung. [11]Das Nähere regelt der Spitzenverband Bund der Krankenkassen ab dem 13. Mai 2017 im Benehmen mit den für die Wahrnehmung der wirtschaftlichen Interessen gebildeten maßgeblichen Spitzenorganisationen der pharmazeutischen Unternehmer auf Bundesebene. [12]Der Abschlag nach Satz 1 gilt entsprechend für Arzneimittel, die nach § 129a abgegeben werden; Absatz 1 Satz 7 gilt entsprechend.

(3b) [1]Für patentfreie, wirkstoffgleiche Arzneimittel erhalten die Krankenkassen ab dem 1. April 2006 einen Abschlag von 10 vom Hundert des Abgabepreises des pharmazeutischen Unternehmers ohne Mehrwertsteuer; für preisgünstige importierte Arzneimittel gilt Absatz 3a Satz 6 entsprechend. [2]Eine Absenkung des Abgabepreises des pharmazeutischen Unternehmers ohne Mehrwertsteuer, die ab dem 1. Januar 2007 vorgenommen wird, vermindert den Abschlag nach Satz 1 in Höhe des Betrages der Preissenkung; wird der Preis innerhalb der folgenden 36 Monate erhöht, erhöht sich der Abschlag nach Satz 1 um den Betrag der Preiserhöhung ab der Wirksamkeit der Preiserhöhung bei der Abrechnung mit der Krankenkasse. [3]Die Sätze 1 und 2 gelten nicht für Arzneimittel, deren Abgabepreis des pharmazeutischen Unternehmers ohne Mehrwertsteuer mindestens um 30 vom Hundert niedriger als der jeweils gültige Festbetrag ist, der diesem Preis zugrunde liegt. [4]Absatz 3a Satz 8 bis 11 gilt entsprechend. [5]Satz 2 gilt nicht für ein Arzneimittel, dessen Abgabepreis nach Satz 1 im Zeitraum von 36 Monaten vor der Preissenkung erhöht worden ist; Preiserhöhungen vor dem 1. Dezember 2006 sind nicht zu berücksichtigen. [6]Für ein Arzneimittel, dessen Preis einmalig zwischen dem 1. Dezember 2006 und dem 1. April 2007 erhöht und anschließend gesenkt worden ist, kann der pharmazeutische Unternehmer den Abschlag nach Satz 1 durch eine ab 1. April 2007 neu vorgenommene Preissenkung von mindestens 10 vom Hundert des Abgabepreises des pharmazeutischen Unternehmers ohne Mehrwertsteuer ablösen, sofern er für die Dauer von zwölf Monaten ab der neu vorgenommenen Preissenkung einen weiteren Abschlag von 2 vom Hundert des Abgabepreises nach Satz 1 gewährt.

(4) [1]Das Bundesministerium für Gesundheit hat nach einer Überprüfung der Erforderlichkeit der Abschläge nach den Absätzen 1, 1a und 3a nach Maßgabe des Artikels 4 der Richtlinie 89/105/EWG des Rates vom 21. Dezember 1988 betreffend die Transparenz von Maßnahmen zur Regelung der Preisfestsetzung bei Arzneimitteln für den menschlichen Gebrauch und ihre Einbeziehung in die staatlichen Krankenversicherungssysteme die Abschläge durch Rechtsverordnung mit Zustimmung des Bundesrates aufzuheben oder zu verringern, wenn und soweit diese nach der gesamtwirtschaftlichen Lage, einschließlich ihrer Auswirkung auf die gesetzliche Krankenversicherung, nicht mehr gerechtfertigt sind. [2]Über Anträge pharmazeutischer Unternehmer nach Artikel 4 der in Satz 1 genannten Richtlinie auf Ausnahme von den nach den Absätzen 1, 1a und 3a vorgesehenen Abschlägen entscheidet das Bundesministerium für Gesundheit. [3]Das Vorliegen eines Ausnahmefalls und der besonderen Gründe sind im Antrag hinreichend darzulegen. [4]§ 34 Absatz 6 Satz 3 bis 5 und 7 gilt entsprechend. [5]Das Bundesministerium für Gesundheit kann Sachverständige mit der Prüfung der Angaben des pharmazeutischen Unternehmers beauftragen. [6]Dabei hat es

die Wahrung der Betriebs- und Geschäftsgeheimnisse sicherzustellen. [7]§ 137g Absatz 1 Satz 7 bis 9 und 13 gilt entsprechend mit der Maßgabe, dass die tatsächlich entstandenen Kosten auf der Grundlage pauschalierter Kostensätze berechnet werden können. [8]Das Bundesministerium für Gesundheit kann die Aufgaben nach den Sätzen 2 bis 7 auf eine Bundesoberbehörde übertragen.

(5) Der pharmazeutische Unternehmer kann berechtigte Ansprüche auf Rückzahlung der Abschläge nach den Absätzen 1, 1a, 2, 3a und 3b gegenüber der begünstigten Krankenkasse geltend machen.

(6) [1]Zum Nachweis des Abschlags übermitteln die Apotheken die Arzneimittelkennzeichen über die abgegebenen Arzneimittel sowie deren Abgabedatum auf der Grundlage der den Krankenkassen nach § 300 Abs. 1 übermittelten Angaben maschinenlesbar an die pharmazeutischen Unternehmer oder, bei einer Vereinbarung nach Absatz 5, an die pharmazeutischen Großhändler. [2]Die pharmazeutischen Unternehmer sind verpflichtet, die erforderlichen Angaben zur Bestimmung des Abschlags an die für die Wahrnehmung der wirtschaftlichen Interessen maßgeblichen Organisationen der Apotheker sowie den Spitzenverband Bund der Krankenkassen zur Erfüllung ihrer gesetzlichen Aufgaben auf maschinell lesbaren Datenträgern zu übermitteln. [3]Die für die Wahrnehmung der wirtschaftlichen Interessen gebildeten maßgeblichen Spitzenorganisationen der Apotheker, der pharmazeutischen Großhändler und der pharmazeutischen Unternehmer können in einem gemeinsamen Rahmenvertrag das Nähere regeln.

(7) [1]Die Apotheke kann den Abschlag nach Ablauf der Frist nach Absatz 1 Satz 4 gegenüber pharmazeutischen Großhändlern verrechnen. [2]Pharmazeutische Großhändler können den nach Satz 1 verrechneten Abschlag, auch in pauschalierter Form, gegenüber den pharmazeutischen Unternehmern verrechnen.

(8) [1]Die Krankenkassen oder ihre Verbände können mit pharmazeutischen Unternehmern Rabatte für die zu ihren Lasten abgegebenen Arzneimittel vereinbaren. [2]Dabei kann insbesondere eine mengenbezogene Staffelung des Preisnachlasses, ein jährliches Umsatzvolumen mit Ausgleich von Mehrerlösen oder eine Erstattung in Abhängigkeit von messbaren Therapieerfolgen vereinbart werden. [3]Verträge nach Satz 1 über patentfreie Arzneimittel sind so zu vereinbaren, dass die Pflicht des pharmazeutischen Unternehmers zur Gewährleistung der Lieferfähigkeit frühestens sechs Monate nach Versendung der Information nach § 134 Absatz 1 des Gesetzes gegen Wettbewerbsbeschränkungen und frühestens drei Monate nach Zuschlagserteilung beginnt. [4]Der Bieter, dessen Angebot berücksichtigt werden soll, ist zeitgleich zur Information nach § 134 Absatz 1 des Gesetzes gegen Wettbewerbsbeschränkungen über die geplante Annahme des Angebots zu informieren. [5]Rabatte nach Satz 1 sind von den pharmazeutischen Unternehmern an die Krankenkassen zu vergüten. [6]Eine Vereinbarung nach Satz 1 berührt die Abschläge nach den Absätzen 3a und 3b nicht; Abschläge nach den Absätzen 1, 1a und 2 können abgelöst werden, sofern dies ausdrücklich vereinbart ist. [7]Die Krankenkassen oder ihre Verbände können Leistungserbringer oder Dritte am Abschluss von Verträgen nach Satz 1

beteiligen oder diese mit dem Abschluss solcher Verträge beauftragen. [8]Die Vereinbarung von Rabatten nach Satz 1 soll für eine Laufzeit von zwei Jahren erfolgen. [9]Dabei ist der Vielfalt der Anbieter Rechnung zu tragen.

(8a) [1]Die Landesverbände der Krankenkassen und die Ersatzkassen können einheitlich und gemeinsam zur Versorgung ihrer Versicherten mit in Apotheken hergestellten parenteralen Zubereitungen aus Fertigarzneimitteln in der Onkologie zur unmittelbaren ärztlichen Anwendung bei Patienten mit pharmazeutischen Unternehmern Rabatte für die jeweils verwendeten Fertigarzneimittel vereinbaren. [2]Absatz 8 Satz 2 bis 9 gilt entsprechend. [3]In den Vereinbarungen nach Satz 1 ist die Sicherstellung einer bedarfsgerechten Versorgung der Versicherten zu berücksichtigen.

(9) [1]Pharmazeutische Unternehmer können einen Antrag nach Absatz 4 Satz 2 auch für ein Arzneimittel stellen, das zur Behandlung eines seltenen Leidens nach der Verordnung (EG) Nr. 141/2000 des Europäischen Parlaments und des Rates vom 16. Dezember 1999 zugelassen ist. [2]Dem Antrag ist stattzugeben, wenn der Antragsteller nachweist, dass durch einen Abschlag nach den Absätzen 1, 1a und 3a seine Aufwendungen insbesondere für Forschung und Entwicklung für das Arzneimittel nicht mehr finanziert werden.

§ 130b Vereinbarungen zwischen dem Spitzenverband Bund der Krankenkassen und pharmazeutischen Unternehmern über Erstattungsbeträge für Arzneimittel, Verordnungsermächtigung.   (1) [1]Der Spitzenverband Bund der Krankenkassen vereinbart mit pharmazeutischen Unternehmern im Benehmen mit dem Verband der privaten Krankenversicherung auf Grundlage des Beschlusses des Gemeinsamen Bundesausschusses über die Nutzenbewertung nach § 35a Absatz 3 mit Wirkung für alle Krankenkassen Erstattungsbeträge für Arzneimittel, die mit diesem Beschluss keiner Festbetragsgruppe zugeordnet wurden. [2]Dabei soll jeweils ein Vertreter einer Krankenkasse an der Verhandlung teilnehmen; das Nähere regelt der Spitzenverband Bund der Krankenkassen in seiner Satzung. [3]Für Arzneimittel nach § 129a kann mit dem pharmazeutischen Unternehmer höchstens der Erstattungsbetrag vereinbart werden. [4]§ 130a Absatz 8 Satz 6 gilt entsprechend. [5]Die Vereinbarung soll auch Anforderungen an die Zweckmäßigkeit, Qualität und Wirtschaftlichkeit einer Verordnung beinhalten. [6]Der pharmazeutische Unternehmer soll dem Spitzenverband Bund der Krankenkassen die Angaben zur Höhe seines tatsächlichen Abgabepreises in anderen europäischen Ländern übermitteln. [7]Die Verhandlungen und deren Vorbereitung einschließlich der Beratungsunterlagen und Niederschriften zur Vereinbarung des Erstattungsbetrages sind vertraulich.

(1a) [1]Bei einer Vereinbarung nach Absatz 1 können insbesondere auch mengenbezogene Aspekte, wie eine mengenbezogene Staffelung oder ein jährliches Gesamtvolumen, vereinbart werden. [2]Eine Vereinbarung nach Absatz 1 kann auch das Gesamtausgabevolumen des Arzneimittels unter Beachtung seines Stellenwerts in der Versorgung berücksichtigen. [3]Dies kann eine Begrenzung des packungsbezogenen Erstattungsbetrags oder die Berücksichtigung mengenbezogener Aspekte erforderlich machen. [4]Das Nähere zur Abwicklung solcher Vereinbarungen, insbesondere im Verhältnis zu den Krankenkassen und im Hinblick auf deren Mitwirkungspflichten, regelt der Spitzenverband Bund der Krankenkassen in seiner Satzung.

(2) [1]Eine Vereinbarung nach Absatz 1 soll vorsehen, dass Verordnungen des Arzneimittels von der Prüfungsstelle als bei den Wirtschaftlichkeitsprüfungen nach den §§ 106 bis 106c zu berücksichtigende Praxisbesonderheiten anerkannt werden, wenn der Arzt bei der Verordnung im Einzelfall die dafür vereinbarten Anforderungen an die Verordnung eingehalten hat. [2]Diese Anforderungen sind in den Programmen zur Verordnung von Arzneimitteln nach § 73 Absatz 9 Satz 1 zu hinterlegen. [3]Das Nähere ist in den Verträgen nach § 82 Absatz 1 zu vereinbaren.

(3) [1]Für ein Arzneimittel, das nach dem Beschluss des Gemeinsamen Bundesausschusses nach § 35a Absatz 3 keinen Zusatznutzen hat und keiner Festbetragsgruppe zugeordnet werden kann, soll ein Erstattungsbetrag nach Absatz 1 vereinbart werden, der nicht zu höheren Jahrestherapiekosten führt als die nach § 35a Absatz 1 Satz 7 bestimmte zweckmäßige Vergleichstherapie. [2]Sind nach § 35a Absatz 1 Satz 7 mehrere Alternativen für die zweckmäßige Vergleichstherapie bestimmt, soll der Erstattungsbetrag nicht zu höheren Jahrestherapiekosten führen als die wirtschaftlichste Alternative. [3]Absatz 2 findet keine Anwendung. [4]Soweit nichts anderes vereinbart wird, kann der Spitzenverband Bund der Krankenkassen zur Festsetzung eines Festbetrags nach § 35 Absatz 3 die Vereinbarung abweichend von Absatz 7 außerordentlich kündigen. [5]Für ein Arzneimittel, für das ein Zusatznutzen nach § 35a Absatz 1 Satz 5 als nicht belegt gilt, ist ein Erstattungsbetrag zu vereinbaren, der zu in angemessenem Umfang geringeren Jahrestherapiekosten führt als die nach § 35a Absatz 1 Satz 7 bestimmte zweckmäßige Vergleichstherapie. [6]Sind nach § 35a Absatz 1 Satz 7 mehrere Alternativen für die zweckmäßige Vergleichstherapie bestimmt, ist ein Erstattungsbetrag zu vereinbaren, der zu in angemessenem Umfang geringeren Jahrestherapiekosten führt als die wirtschaftlichste Alternative.

(3a) [1]Der nach Absatz 1 vereinbarte Erstattungsbetrag gilt einschließlich der Vereinbarungen für die Anerkennung von Praxisbesonderheiten nach Absatz 2 für alle Arzneimittel mit dem gleichen neuen Wirkstoff, die ab dem 1. Januar 2011 in Verkehr gebracht worden sind. [2]Er gilt ab dem 13. Monat nach dem erstmaligen Inverkehrbringen eines Arzneimittels mit dem Wirkstoff. [3]Wird auf Grund einer Nutzenbewertung nach Zulassung eines neuen Anwendungsgebiets ein neuer Erstattungsbetrag vereinbart, gilt dieser ab dem 13. Monat nach Zulassung des neuen Anwendungsgebiets. [4]In den Fällen, in denen die Geltung des für ein anderes Arzneimittel mit dem gleichen Wirkstoff vereinbarten Erstattungsbetrags im Hinblick auf die Versorgung nicht sachgerecht wäre oder eine unbillige Härte darstellen würde, vereinbart der GKV-Spitzenverband mit dem pharmazeutischen Unternehmer abweichend von Satz 1 insbesondere einen eigenen Erstattungsbetrag. [5]Der darin vereinbarte Erstattungsbetrag gilt ebenfalls ab dem 13. Monat nach dem erstmaligen Inverkehrbringen eines Arzneimittels mit dem Wirkstoff mit der Maßgabe, dass die Differenz zwischen dem Erstattungsbetrag und dem bis zu dessen Vereinbarung tatsächlich gezahlten Abgabepreis auszugleichen ist. [6]Das Nähere, insbesondere zur Abgrenzung der Fälle nach Satz 4, ist in der Vereinbarung nach Absatz 9 zu regeln.

(4) [1]Kommt eine Vereinbarung nach Absatz 1 oder 3 nicht innerhalb von sechs Monaten nach Veröffentlichung des Beschlusses nach § 35a Absatz 3 oder nach § 35b Absatz 3 zustande, setzt die Schiedsstelle nach Absatz 5 den Vertragsinhalt innerhalb von drei Monaten fest. [2]Die Schiedsstelle entscheidet unter freier Würdigung aller Umstände des Einzelfalls und berücksichtigt dabei die Besonderheiten des jeweiligen Therapiegebietes. [3]Der im Schiedsspruch festgelegte Erstattungsbetrag gilt ab dem 13. Monat nach dem in § 35a Absatz 1 Satz 3 genannten Zeitpunkt mit der Maßgabe, dass die Preisdifferenz zwischen dem von der Schiedsstelle festgelegten Erstattungsbetrag und dem tatsächlich gezahlten Abgabepreis bei der Festsetzung auszugleichen ist. [4]Die Schiedsstelle gibt dem Verband der privaten Krankenversicherung vor ihrer Entscheidung Gelegenheit zur Stellungnahme. [5]Klagen gegen Entscheidungen der Schiedsstelle haben keine aufschiebende Wirkung. [6]Ein Vorverfahren findet nicht statt. [7]Absatz 1 Satz 7 gilt entsprechend.

(5) [1]Der Spitzenverband Bund der Krankenkassen und die für die Wahrnehmung der wirtschaftlichen Interessen gebildeten maßgeblichen Spitzenorganisationen der pharmazeutischen Unternehmer auf Bundesebene bilden eine gemeinsame Schiedsstelle. [2]Sie besteht aus einem unparteiischen Vorsitzenden und zwei weiteren unparteiischen Mitgliedern sowie aus jeweils zwei Vertretern der Vertragsparteien nach Absatz 1. [3]Die Patientenorganisationen nach § 140f können beratend an den Sitzungen der Schiedsstelle teilnehmen. [4]Über den Vorsitzenden und die zwei weiteren unparteiischen Mitglieder sowie deren Stellvertreter sollen sich die Verbände nach Satz 1 einigen. [5]Kommt eine Einigung nicht zustande, gilt § 89 Absatz 3 Satz 4 bis 6 entsprechend.

(6) [1]Die Schiedsstelle gibt sich eine Geschäftsordnung. [2]Über die Geschäftsordnung entscheiden die unparteiischen Mitglieder im Benehmen mit den Verbänden nach Absatz 5 Satz 1. [3]Die Geschäftsordnung bedarf der Genehmigung des Bundesministeriums für Gesundheit. [4]Im Übrigen gilt § 129 Absatz 9 und 10 entsprechend. [5]In der Rechtsverordnung nach § 129 Absatz 10 Satz 2 kann das Nähere über die Zahl und die Bestellung der Mitglieder, die Erstattung der baren Auslagen und die Entschädigung für Zeitaufwand der Mitglieder, das Verfahren sowie über die Verteilung der Kosten geregelt werden.

(7) [1]Eine Vereinbarung nach Absatz 1 oder 3 oder ein Schiedsspruch nach Absatz 4 kann von einer Vertragspartei frühestens nach einem Jahr gekündigt werden. [2]Die Vereinbarung oder der Schiedsspruch gilt bis zum Wirksamwerden einer neuen Vereinbarung fort. [3]Bei Veröffentlichung eines neuen Beschlusses zur Nutzenbewertung nach § 35a Absatz 3 oder zur Kosten-Nutzen-Bewertung nach § 35b Absatz 3 für das Arzneimittel sowie bei Vorliegen der Voraussetzungen für die Bildung einer Festbetragsgruppe nach § 35 Absatz 1 ist eine Kündigung vor Ablauf eines Jahres möglich.

(7a) [1]Für Arzneimittel, für die nach dem Beschluss nach § 35a Absatz 3 ein Zusatznutzen in keinem Anwendungsgebiet belegt ist und für die vor dem 13. Mai 2017 ein Erstattungsbetrag nach Absatz 3 vereinbart oder nach Absatz 4 festgesetzt wurde, kann die Vereinbarung oder der Schiedsspruch von jeder Vertragspartei bis zum 13. August 2017 gekündigt werden, auch wenn sich das Arzneimittel im Geltungsbereich dieses Gesetzes nicht im Verkehr befindet. [2]Im Fall einer Kündigung nach Satz 1 ist unverzüglich erneut ein Erstattungsbetrag nach Absatz 3 zu vereinbaren. [3]Satz 1 gilt nicht, wenn der Zusatznutzen nach § 35a Absatz 1 Satz 5 als nicht belegt gilt.

(8) [1]Nach einem Schiedsspruch nach Absatz 4 kann jede Vertragspartei beim Gemeinsamen Bundesausschuss eine Kosten-Nutzen-Bewertung nach § 35b beantragen. [2]Die Geltung des Schiedsspruchs bleibt hiervon unberührt. [3]Der Erstattungsbetrag ist auf Grund des Beschlusses über die Kosten-Nutzen-Bewertung nach § 35b Absatz 3 neu zu vereinbaren. [4]Die Absätze 1 bis 7 gelten entsprechend.

(9) [1]Die Verbände nach Absatz 5 Satz 1 treffen eine Rahmenvereinbarung über die Maßstäbe für Vereinbarungen nach Absatz 1. [2]Darin legen sie insbesondere Kriterien fest, die neben dem Beschluss nach § 35a und den Vorgaben nach Absatz 1 zur Vereinbarung eines Erstattungsbetrags nach Absatz 1 heranzuziehen sind. [3]Für Arzneimittel, für die der Gemeinsame Bundesausschuss nach § 35a Absatz 3 einen Zusatznutzen festgestellt hat, sollen die Jahrestherapiekosten vergleichbarer Arzneimittel sowie die tatsächlichen Abgabepreise in anderen europäischen Ländern gewichtet nach den jeweiligen Umsätzen und Kaufkraftparitäten berücksichtigt werden. [4]In der Vereinbarung nach Satz 1 sind auch Maßstäbe für die Angemessenheit der Abschläge nach Absatz 3 Satz 5 und 6 zu vereinbaren. [5]In der Vereinbarung nach Satz 1 ist auch das Nähere zu Inhalt, Form und Verfahren der jeweils erforderlichen Auswertung der Daten nach § 217f Absatz 7 und der Übermittlung der Auswertungsergebnisse an den pharmazeutischen Unternehmer sowie zur Aufteilung der entstehenden Kosten zu vereinbaren. [6]Kommt eine Rahmenvereinbarung nicht zustande, setzen die unparteiischen Mitglieder der Schiedsstelle die Rahmenvereinbarung im Benehmen mit den Verbänden auf Antrag einer Vertragspartei nach Satz 1 fest. [7]Kommt eine Rahmenvereinbarung nicht innerhalb einer vom Bundesministerium für Gesundheit gesetzten Frist zustande, gilt Satz 5 entsprechend. [8]Eine Klage gegen Entscheidungen der Schiedsstelle hat keine aufschiebende Wirkung. [9]Ein Vorverfahren findet nicht statt. [10]Absatz 1 Satz 7 gilt entsprechend.

(10) Der Gemeinsame Bundesausschuss, der Spitzenverband Bund der Krankenkassen und das Institut für Qualität und Wirtschaftlichkeit im Gesundheitswesen schließen mit dem Verband der privaten Krankenversicherung eine Vereinbarung über die von den Unternehmen der privaten Krankenversicherung zu erstattenden Kosten für die Nutzen-Bewertung nach § 35a und für die Kosten-Nutzen-Bewertung nach § 35b sowie für die Festsetzung eines Erstattungsbetrags nach Absatz 4.

§ 130c Verträge von Krankenkassen mit pharmazeutischen Unternehmern.

(1) [1]Krankenkassen oder ihre Verbände können abweichend von bestehenden Vereinbarungen oder Schiedssprüchen nach § 130b mit pharmazeutischen Unternehmern Vereinbarungen über die Erstattung von Arzneimitteln sowie zur Versorgung ihrer Versicherten mit Arzneimitteln treffen. [2]Dabei kann insbesondere eine mengenbezogene Staffelung des Preisnachlasses, ein jährliches Umsatzvolumen mit Ausgleich von Mehrerlösen oder eine Erstattung in Abhängigkeit von messbaren Therapieerfolgen vereinbart werden. [3]Durch eine Vereinbarung nach Satz 1 kann eine Vereinbarung nach § 130b ergänzt oder ganz oder teilweise abgelöst werden; dabei können auch zusätzliche Rabatte auf den Erstattungsbetrag vereinbart werden. [4]§ 78 Absatz 3a des Arzneimittelgesetzes bleibt unberührt. [5]Die Ergebnisse der Bewertungen nach den §§ 35a und 35b, die Richtlinien nach § 92, die Vereinbarungen nach § 84 und die Informationen nach § 73 Absatz 8 Satz 1 sind zu berücksichtigen. [6]§ 130a Absatz 8 gilt entsprechend.

(2) Die Krankenkassen informieren ihre Versicherten und die an der vertragsärztlichen Versorgung teilnehmenden Ärzte umfassend über die vereinbarten Versorgungsinhalte.

(3) Die Krankenkassen oder ihre Verbände können mit Ärzten, kassenärztlichen Vereinigungen oder Verbänden von Ärzten Regelungen zur bevorzugten Verordnung von Arzneimitteln nach Absatz 1 Satz 1 entsprechend § 84 Absatz 1 Satz 5 treffen.

(4) Arzneimittelverordnungen im Rahmen einer Vereinbarung nach Absatz 3 Satz 1 sind von der Prüfungsstelle als bei den Wirtschaftlichkeitsprüfungen nach den §§ 106 bis 106c zu berücksichtigende Praxisbesonderheiten anzuerkennen, soweit dies vereinbart wurde und die vereinbarten Voraussetzungen zur Gewährleistung von Zweckmäßigkeit, Qualität und Wirtschaftlichkeit der Versorgung eingehalten sind.

(5) [1]Informationen über die Regelungen nach Absatz 3 sind in den Programmen zur Verordnung von Arzneimitteln nach § 73 Absatz 9 Satz 1 zu hinterlegen. [2]Das Nähere ist in den Verträgen nach § 82 Absatz 1 zu vereinbaren.

§ 131 Rahmenverträge mit pharmazeutischen Unternehmern. (1) Der Spitzenverband Bund der Krankenkassen und die für die Wahrnehmung der wirtschaftlichen Interessen gebildeten maßgeblichen Spitzenorganisationen der pharmazeutischen Unternehmer auf Bundesebene können einen Vertrag über die Arzneimittelversorgung in der gesetzlichen Krankenversicherung schließen.

(2) Der Vertrag kann sich erstrecken auf

1. die Bestimmung therapiegerechter und wirtschaftlicher Packungsgrößen und die Ausstattung der Packungen,
2. Maßnahmen zur Erleichterung der Erfassung und Auswertung von Arzneimittelpreisdaten, Arzneimittelverbrauchsdaten und Arzneimittelverordnungsdaten einschließlich des Datenaustausches, insbesondere für die Ermittlung der Preisvergleichsliste (§ 92 Abs. 2) und die Festsetzung von Festbeträgen.

(3) § 129 Abs. 3 gilt für pharmazeutische Unternehmer entsprechend.

(4) [1]Die pharmazeutischen Unternehmer sind verpflichtet, die zur Herstellung einer pharmakologisch-therapeutischen und preislichen Transparenz im Rahmen der Richtlinien nach § 92 Abs. 1 Satz 2 Nr. 6 und die zur Festsetzung von Festbeträgen nach § 35 Abs. 1 und 2 oder zur Erfüllung der Aufgaben nach § 35a Abs. 1 Satz 2 und Abs. 5 sowie die zur Wahrnehmung der Aufgaben nach § 129 Abs. 1a erforderlichen Daten dem Gemeinsamen Bundesausschuss sowie dem Spitzenverband Bund der Krankenkassen zu übermitteln und auf Verlangen notwendige Auskünfte zu erteilen. [2]Für die Abrechnung von Fertigarzneimitteln, von Verbandmitteln und von Produkten, die gemäß den Richtlinien nach § 92 Absatz 1 Satz 2 Nummer 6 zu Lasten der gesetzlichen Krankenversicherung verordnet werden können, übermitteln die pharmazeutischen Unternehmer und sonstigen Hersteller die für die Abrechnung nach § 300 erforderlichen Preis- und Produktangaben einschließlich der Rabatte nach § 130a an die in § 129 Absatz 2 genannten Verbände sowie an die Kassenärztliche Bundesvereinigung und den Gemeinsamen Bundesausschuss im Wege elektronischer Datenübertragung und maschinell verwertbar auf Datenträgern; dabei ist auch der für den Versicherten maßgebliche Arzneimittelabgabepreis nach § 129 Absatz 5a sowie für Produkte nach § 31 Absatz 1 Satz 2 und Absatz 1a Satz 1 und 4 ein Kennzeichen zur Verordnungsfähigkeit zu Lasten der gesetzlichen Krankenversicherung anzugeben. [3]Das Nähere zur Übermittlung der in Satz 2 genannten Angaben vereinbaren die Verbände nach § 129 Absatz 2. [4]Sie können die Übermittlung der Angaben nach Satz 2 innerhalb angemessener Frist unmittelbar von dem pharmazeutischen Unternehmer verlangen. [5]Sie können fehlerhafte Angaben selbst korrigieren und die durch eine verspätete Übermittlung oder erforderliche Korrektur entstandenen Aufwendungen geltend machen. [6]Die nach Satz 2 übermittelten Angaben oder, im Falle einer Korrektur nach Satz 5, die korrigierten Angaben sind verbindlich. [7]Die Abrechnung der Apotheken gegenüber den Krankenkassen und die Erstattung der Abschläge nach § 130a Absatz 1, 1a, 2, 3a und 3b durch die pharmazeutischen Unternehmer an die Apotheken erfolgt auf Grundlage der Angaben nach Satz 2. [8]Die Korrektur fehlerhafter Angaben und die Geltendmachung der Ansprüche kann auf Dritte übertragen werden. [9]Zur Sicherung der Ansprüche nach Satz 4 können einstweilige Verfügungen auch ohne die Darlegung und Glaubhaftmachung der in den §§ 935 und 940 der Zivilprozessordnung bezeichneten Voraussetzungen erlassen werden. [10]Entsprechendes gilt für einstweilige Anordnungen nach § 86b Absatz 2 Satz 1 und 2 des Sozialgerichtsgesetzes.

(5) [1]Die pharmazeutischen Unternehmer sind verpflichtet, auf den äußeren Umhüllungen der Arzneimittel das Arzneimittelkennzeichen nach § 300 Abs. 1 Nr. 1 in einer für Apotheken maschinell erfaßbaren bundeseinheitlichen Form anzugeben. [2]Das Nähere regelt der Spitzenverband Bund der Krankenkassen und die für die Wahrnehmung der wirtschaftlichen Interessen gebildeten maßgeblichen Spitzenorganisationen der pharmazeutischen Unternehmer auf Bundesebene in Verträgen.

Beziehungen zu sonstigen Leistungserbringern

§ 132 Versorgung mit Haushaltshilfe. (1) ¹Über Inhalt, Umfang, Vergütung sowie Prüfung der Qualität und Wirtschaftlichkeit der Dienstleistungen zur Versorgung mit Haushaltshilfe schließen die Krankenkassen Verträge mit geeigneten Personen, Einrichtungen oder Unternehmen. ²Im Fall der Nichteinigung wird der Vertragsinhalt durch eine von den Vertragspartnern zu bestimmende unabhängige Schiedsperson festgelegt. ³Einigen sich die Vertragspartner nicht auf eine Schiedsperson, so wird diese von der für die Vertrag schließende Krankenkasse zuständigen Aufsichtsbehörde bestimmt. ⁴Die Kosten des Schiedsverfahrens tragen die Vertragsparteien zu gleichen Teilen. ⁵Abweichend von Satz 1 kann die Krankenkasse zur Gewährung von Haushaltshilfe auch geeignete Personen anstellen.

(2) ¹Die Krankenkasse hat darauf zu achten, dass die Leistungen wirtschaftlich und preisgünstig erbracht werden. ²Bei der Auswahl der Leistungserbringer ist ihrer Vielfalt, insbesondere der Bedeutung der freien Wohlfahrtspflege, Rechnung zu tragen.

§ 132a Versorgung mit häuslicher Krankenpflege. (1) ¹Der Spitzenverband Bund der Krankenkassen und die für die Wahrnehmung der Interessen von Pflegediensten maßgeblichen Spitzenorganisationen auf Bundesebene haben unter Berücksichtigung der Richtlinien nach § 92 Abs. 1 Satz 2 Nr. 6 gemeinsam Rahmenempfehlungen über die einheitliche und flächendeckende Versorgung mit häuslicher Krankenpflege abzugeben; für Pflegedienste, die einer Kirche oder einer Religionsgemeinschaft des öffentlichen Rechts oder einem sonstigen freigemeinnützigen Träger zuzuordnen sind, können die Rahmenempfehlungen gemeinsam mit den übrigen Partnern der Rahmenempfehlungen auch von der Kirche oder der Religionsgemeinschaft oder vom dem Wohlfahrtsverband abgeschlossen werden, dem die Einrichtung angehört. ²Vor Abschluss der Vereinbarung ist der Kassenärztlichen Bundesvereinigung und der Deutschen Krankenhausgesellschaft Gelegenheit zur Stellungnahme zu geben. ³Die Stellungnahmen sind in den Entscheidungsprozess der Partner der Rahmenempfehlungen einzubeziehen. ⁴In den Rahmenempfehlungen sind insbesondere zu regeln:

1. Eignung der Leistungserbringer einschließlich Anforderungen an die Eignung nach § 37 Absatz 7,
2. Maßnahmen zur Qualitätssicherung und Fortbildung,
3. Inhalt und Umfang der Zusammenarbeit des Leistungserbringers mit dem verordnenden Vertragsarzt und dem Krankenhaus,
4. Grundsätze der Wirtschaftlichkeit der Leistungserbringung einschließlich deren Prüfung,
5. Grundsätze der Vergütungen und ihrer Strukturen einschließlich der Transparenzvorgaben für die Vergütungsverhandlungen zum Nachweis der tatsächlich gezahlten Tariflöhne oder Arbeitsentgelte und

6. Grundsätze zum Verfahren der Prüfung der Leistungspflicht der Krankenkassen sowie zum Abrechnungsverfahren einschließlich der für diese Zwecke jeweils zu übermittelnden Daten.
[5]Um den Besonderheiten der intensivpflegerischen Versorgung im Rahmen der
häuslichen Krankenpflege Rechnung zu tragen, sind in den Rahmenempfehlungen auch Regelungen über die behandlungspflegerische Versorgung von Versicherten, die auf Grund eines besonders hohen Bedarfs an diesen Leistungen
oder einer Bedrohung ihrer Vitalfunktion einer ununterbrochenen Anwesenheit
einer Pflegekraft bedürfen, vorzusehen. [6]In den Rahmenempfehlungen nach
Satz 4 Nummer 6 können auch Regelungen über die nach § 302 Absatz 2
Satz 1 und Absatz 3 in Richtlinien geregelten Inhalte getroffen werden; in diesem Fall gilt § 302 Absatz 4. [7]Die Inhalte der Rahmenempfehlungen sind den
Verträgen nach Absatz 4 zugrunde zu legen.

(2) [1]Kommt eine Rahmenempfehlung nach Absatz 1 ganz oder teilweise
nicht zu Stande, können die Rahmenempfehlungspartner die Schiedsstelle nach
Absatz 3 anrufen. [2]Die Schiedsstelle kann auch vom Bundesministerium für
Gesundheit angerufen werden. [3]Sie setzt innerhalb von drei Monaten den betreffenden Rahmenempfehlungsinhalt fest.

(3) [1]Der Spitzenverband Bund der Krankenkassen und die für die Wahrnehmung der Interessen von Pflegediensten maßgeblichen Spitzenorganisationen auf Bundesebene bilden erstmals bis zum 1. Juli 2017 eine gemeinsame Schiedsstelle. [2]Sie besteht aus Vertretern der Krankenkassen und der
Pflegedienste in gleicher Zahl sowie aus einem unparteiischen Vorsitzenden
und zwei weiteren unparteiischen Mitgliedern. [3]Die Amtsdauer beträgt vier
Jahre. [4]Über den Vorsitzenden und die zwei weiteren unparteiischen Mitglieder sowie deren Stellvertreter sollen sich die Rahmenempfehlungspartner einigen. [5]Kommt eine Einigung nicht zu Stande, gilt § 89 Absatz 3 Satz 5
und 6 entsprechend. [6]Das Bundesministerium für Gesundheit kann durch
Rechtsverordnung mit Zustimmung des Bundesrates das Nähere über die
Zahl und die Bestellung der Mitglieder, die Erstattung der baren Auslagen
und die Entschädigung für den Zeitaufwand der Mitglieder, das Verfahren
sowie über die Verteilung der Kosten regeln. [7]§ 129 Absatz 9 und 10 Satz 1
gilt entsprechend.

(4) [1]Über die Einzelheiten der Versorgung mit häuslicher Krankenpflege,
über die Preise und deren Abrechnung und die Verpflichtung der Leistungserbringer zur Fortbildung schließen die Krankenkassen Verträge mit den Leistungserbringern. [2]Wird die Fortbildung nicht nachgewiesen, sind Vergütungsabschläge vorzusehen. [3]Dem Leistungserbringer ist eine Frist zu setzen,
innerhalb derer er die Fortbildung nachholen kann. [4]Erbringt der Leistungserbringer in diesem Zeitraum die Fortbildung nicht, ist der Vertrag zu kündigen.
[5]Die Krankenkassen haben darauf zu achten, dass die Leistungen wirtschaftlich
und preisgünstig erbracht werden. [6]Verträge dürfen nur mit Leistungserbringern abgeschlossen werden, die die Gewähr für eine leistungsgerechte und
wirtschaftliche Versorgung bieten. [7]Im Fall der Nichteinigung wird der Ver-

tragsinhalt durch eine von den Vertragspartnern zu bestimmende unabhängige Schiedsperson innerhalb von drei Monaten festgelegt. [8]Einigen sich die Vertragspartner nicht auf eine Schiedsperson, so wird diese von der für die vertragschließende Krankenkasse zuständigen Aufsichtsbehörde innerhalb eines Monats nach Vorliegen der für die Bestimmung der Schiedsperson notwendigen Informationen bestimmt. [9]Die Kosten des Schiedsverfahrens tragen die Vertragspartner zu gleichen Teilen. [10]Bei der Auswahl der Leistungserbringer ist ihrer Vielfalt, insbesondere der Bedeutung der freien Wohlfahrtspflege, Rechnung zu tragen. [11]Die Leistungserbringer sind verpflichtet, an Qualitäts- und Abrechnungsprüfungen nach § 275b teilzunehmen; § 114 Absatz 2 des Elften Buches bleibt unberührt. [12]Der Leistungserbringer hat der Krankenkasse anzuzeigen, dass er behandlungspflegerische Leistungen im Sinne des Absatzes 1 Satz 5 erbringt, wenn er diese Leistungen für mindestens zwei Versicherte in einer durch den Leistungserbringer oder einen Dritten organisierten Wohneinheit erbringt. [13]Abweichend von Satz 1 kann die Krankenkasse zur Gewährung von häuslicher Krankenpflege geeignete Personen anstellen.

§ 132b Versorgung mit Soziotherapie. (1) Die Krankenkassen oder die Landesverbände der Krankenkassen können unter Berücksichtigung der Richtlinien nach § 37a Abs. 2 mit geeigneten Personen oder Einrichtungen Verträge über die Versorgung mit Soziotherapie schließen, soweit dies für eine bedarfsgerechte Versorgung notwendig ist.

(2) [1]Im Fall der Nichteinigung wird der Vertragsinhalt durch eine von den Vertragspartnern zu bestimmende unabhängige Schiedsperson festgelegt. [2]Einigen sich die Vertragspartner nicht auf eine Schiedsperson, so wird diese von der für die vertragsschließende Krankenkasse zuständigen Aufsichtsbehörde innerhalb eines Monats nach Vorliegen der für die Bestimmung der Schiedsperson notwendigen Informationen bestimmt. [3]Die Kosten des Schiedsverfahrens tragen die Vertragspartner zu gleichen Teilen.

§ 132c Versorgung mit sozialmedizinischen Nachsorgemaßnahmen. (1) Die Krankenkassen oder die Landesverbände der Krankenkassen können mit geeigneten Personen oder Einrichtungen Verträge über die Erbringung sozialmedizinischer Nachsorgemaßnahmen schließen, soweit dies für eine bedarfsgerechte Versorgung notwendig ist.

(2) Der Spitzenverband Bund der Krankenkassen legt in Empfehlungen die Anforderungen an die Leistungserbringer der sozialmedizinischen Nachsorgemaßnahmen fest.

§ 132d Spezialisierte ambulante Palliativversorgung. (1) [1]Über die spezialisierte ambulante Palliativversorgung einschließlich der Vergütung und deren Abrechnung schließen die Krankenkassen unter Berücksichtigung der Richtlinien nach § 37b Verträge mit geeigneten Einrichtungen oder Personen, soweit dies für eine bedarfsgerechte Versorgung notwendig ist. [2]In den Verträgen ist ergänzend zu regeln, in welcher Weise die Leistungserbringer auch beratend tätig werden. [3]Im Fall der Nichteinigung wird der Vertragsinhalt durch eine von den Vertragspartnern zu bestimmende unabhängige Schiedsperson festgelegt. [4]Einigen sich die Vertragspartner nicht auf eine Schiedsperson, so wird diese von der für die vertragschließende Krankenkasse zuständigen Aufsichtsbehörde bestimmt. [5]Die Kosten des Schiedsverfahrens tragen die Vertragspartner zu gleichen Teilen.

(2) Der Spitzenverband Bund der Krankenkassen legt gemeinsam und einheitlich unter Beteiligung der Deutschen Krankenhausgesellschaft, der Vereinigungen der Träger der Pflegeeinrichtungen auf Bundesebene, der Spitzenorganisationen der Hospizarbeit und der Palliativversorgung sowie der Kassenärztlichen Bundesvereinigung in Empfehlungen

1. die sächlichen und personellen Anforderungen an die Leistungserbringung,
2. Maßnahmen zur Qualitätssicherung und Fortbildung,
3. Maßstäbe für eine bedarfsgerechte Versorgung mit spezialisierter ambulanter Palliativversorgung

fest.

(3) [1]Krankenkassen können Verträge, die eine ambulante Palliativversorgung und die spezialisierte ambulante Palliativversorgung umfassen, auch auf Grundlage der §§ 73b oder 140a abschließen. [2]Die Qualitätsanforderungen in den Empfehlungen nach Absatz 2 und in den Richtlinien nach § 37b Absatz 3 und § 92 Absatz 7 Satz 1 Nummer 5 gelten entsprechend.

§ 132e Versorgung mit Schutzimpfungen. [1]Die Krankenkassen oder ihre Verbände schließen mit Kassenärztlichen Vereinigungen, geeigneten Ärzten einschließlich Betriebsärzten, deren Gemeinschaften, Einrichtungen mit geeignetem ärztlichen Personal oder dem öffentlichen Gesundheitsdienst Verträge über die Durchführung von Schutzimpfungen nach § 20i Absatz 1 und 2. [2]Dabei haben sie sicherzustellen, dass insbesondere die an der vertragsärztlichen Versorgung teilnehmenden Ärzte sowie Fachärzte für Arbeitsmedizin und Ärzte mit der Zusatzbezeichnung „Betriebsmedizin", die nicht an der vertragsärztlichen Versorgung teilnehmen, berechtigt sind, Schutzimpfungen zu Lasten der Krankenkasse vorzunehmen. [3]Im Fall von Nichteinigung innerhalb einer Frist von drei Monaten nach der Entscheidung gemäß § 20i Absatz 1 Satz 3 legt eine von den Vertragsparteien zu bestimmende unabhängige Schiedsperson den Vertragsinhalt fest. [4]Einigen sich die Vertragsparteien nicht auf eine Schiedsperson, so wird diese von der für die vertragsschließende Krankenkasse oder für den vertragsschließenden Verband zuständigen Aufsichtsbehörde bestimmt. [5]Die Kosten des Schiedsverfahrens tragen die Vertragspartner zu gleichen Teilen. [6]Endet ein Vertrag, der die Versorgung mit Schutzimpfungen durch die in Satz 2 genannten Personen regelt, so gelten seine Bestimmungen bis zum Abschluss eines neuen Vertrages oder bis zur Entscheidung der Schiedsperson vorläufig weiter.

§ 132f Versorgung durch Betriebsärzte. Die Krankenkassen oder ihre Verbände können in Ergänzung zur vertragsärztlichen Versorgung und unter Berücksichtigung der Richtlinien nach § 25 Absatz 4 Satz 2 mit geeigneten Fachärzten für Arbeitsmedizin oder den über die Zusatzbezeichnung „Betriebsmedizin" verfügenden Ärzten oder deren Gemeinschaften Verträge über die Durchführung von Gesundheitsuntersuchungen nach § 25 Absatz 1, über Maßnahmen zur betrieblichen Gesundheitsförderung, über Präventionsempfehlungen, Empfehlungen medizinischer Vorsorgeleistungen und über die Heilmittelversorgung schließen, soweit diese in Ergänzung zur arbeitsmedizinischen Vorsorge erbracht werden.

§ 132g Gesundheitliche Versorgungsplanung für die letzte Lebensphase.
(1) [1]Zugelassene Pflegeeinrichtungen im Sinne des § 43 des Elften Buches und Einrichtungen der Eingliederungshilfe für behinderte Menschen können den Versicherten in den Einrichtungen eine gesundheitliche Versorgungsplanung für die letzte Lebensphase anbieten. [2]Versicherte sollen über die medizinisch-pflegerische Versorgung und Betreuung in der letzten Lebensphase beraten werden, und ihnen sollen Hilfen und Angebote der Sterbebegleitung aufgezeigt werden. [3]Im Rahmen einer Fallbesprechung soll nach den individuellen Bedürfnissen des Versicherten insbesondere auf medizinische Abläufe in der letzten Lebensphase und während des Sterbeprozesses eingegangen, sollen mögliche Notfallsituationen besprochen und geeignete einzelne Maßnahmen der palliativ-medizinischen, palliativ-pflegerischen und psychosozialen Versorgung dargestellt werden. [4]Die Fallbesprechung kann bei wesentlicher Änderung des Versorgungs- oder Pflegebedarfs auch mehrfach angeboten werden.

(2) [1]In die Fallbesprechung ist der den Versicherten behandelnde Hausarzt oder sonstige Leistungserbringer der vertragsärztlichen Versorgung nach § 95 Absatz 1 Satz 1 einzubeziehen. [2]Auf Wunsch des Versicherten sind Angehörige und weitere Vertrauenspersonen zu beteiligen. [3]Für mögliche Notfallsituationen soll die erforderliche Übergabe des Versicherten an relevante Rettungsdienste und Krankenhäuser vorbereitet werden. [4]Auch andere regionale Betreuungs- und Versorgungsangebote sollen einbezogen werden, um die umfassende medizinische, pflegerische, hospizliche und seelsorgerische Begleitung nach Maßgabe der individuellen Versorgungsplanung für die letzte Lebensphase sicherzustellen. [5]Die Einrichtungen nach Absatz 1 Satz 1 können das Beratungsangebot selbst oder in Kooperation mit anderen regionalen Beratungsstellen durchführen.

(3) [1]Der Spitzenverband Bund der Krankenkassen vereinbart mit den Vereinigungen der Träger der in Absatz 1 Satz 1 genannten Einrichtungen auf Bundesebene erstmals bis zum 31. Dezember 2016 das Nähere über die Inhalte und Anforderungen der Versorgungsplanung nach den Absätzen 1 und 2. [2]Den Kassenärztlichen Bundesvereinigungen, der Deutschen Krankenhausgesellschaft, den für die Wahrnehmung der Interessen der Hospizdienste und stationären Hospize maßgeblichen Spitzenorganisationen, den Verbänden der Pflegeberufe auf Bundesebene, den maßgeblichen Organisationen für die Wahrnehmung der Interessen und der Selbsthilfe der pflegebedürftigen und behinderten Menschen, dem Medizinischen Dienst des Spitzenverbandes Bund der Krankenkassen,

dem Verband der Privaten Krankenversicherung e.V., der Bundesarbeitsgemeinschaft der überörtlichen Träger der Sozialhilfe sowie der Bundesvereinigung der kommunalen Spitzenverbände ist Gelegenheit zur Stellungnahme zu geben. [3]§ 132d Absatz 1 Satz 3 bis 5 gilt entsprechend.

(4) [1]Die Krankenkasse des Versicherten trägt die notwendigen Kosten für die nach Maßgabe der Vereinbarung nach Absatz 3 erbrachten Leistungen der Einrichtung nach Absatz 1 Satz 1. [2]Die Kosten sind für Leistungseinheiten zu tragen, die die Zahl der benötigten qualifizierten Mitarbeiter und die Zahl der durchgeführten Beratungen berücksichtigen. [3]Das Nähere zu den erstattungsfähigen Kosten und zu der Höhe der Kostentragung ist in der Vereinbarung nach Absatz 3 zu regeln. [4]Der Spitzenverband Bund der Krankenkassen regelt für seine Mitglieder das Erstattungsverfahren. [5]Die ärztlichen Leistungen nach den Absätzen 1 und 2 sind unter Berücksichtigung der Vereinbarung nach Absatz 3 aus der vertragsärztlichen Gesamtvergütung zu vergüten. [6]Sofern diese ärztlichen Leistungen im Rahmen eines Vertrages nach § 132d Absatz 1 erbracht werden, ist deren Vergütung in diesen Verträgen zu vereinbaren.

(5) [1]Der Spitzenverband Bund der Krankenkassen berichtet dem Bundesministerium für Gesundheit erstmals bis zum 31. Dezember 2017 und danach alle drei Jahre über die Entwicklung der gesundheitlichen Versorgungsplanung für die letzte Lebensphase und die Umsetzung der Vereinbarung nach Absatz 3. [2]Er legt zu diesem Zweck die von seinen Mitgliedern zu übermittelnden statistischen Informationen über die erstatteten Leistungen fest.

§ 132h Versorgungsverträge mit Kurzzeitpflegeeinrichtungen. Die Krankenkassen oder die Landesverbände der Krankenkassen können mit geeigneten Einrichtungen Verträge über die Erbringung von Kurzzeitpflege nach § 39c schließen, soweit dies für eine bedarfsgerechte Versorgung notwendig ist.

§ 133 Versorgung mit Krankentransportleistungen. (1) [1]Soweit die Entgelte für die Inanspruchnahme von Leistungen des Rettungsdienstes und anderer Krankentransporte nicht durch landesrechtliche oder kommunalrechtliche Bestimmungen festgelegt werden, schließen die Krankenkassen oder ihre Landesverbände Verträge über die Vergütung dieser Leistungen unter Beachtung des § 71 Abs. 1 bis 3 mit dafür geeigneten Einrichtungen oder Unternehmen. [2]Kommt eine Vereinbarung nach Satz 1 nicht zu Stande und sieht das Landesrecht für diesen Fall eine Festlegung der Vergütungen vor, ist auch bei dieser Festlegung § 71 Abs. 1 bis 3 zu beachten. [3]Sie haben dabei die Sicherstellung der flächendeckenden rettungsdienstlichen Versorgung und die Empfehlungen der Konzertierten Aktion im Gesundheitswesen zu berücksichtigen. [4]Die vereinbarten Preise sind Höchstpreise. [5]Die Preisvereinbarungen haben sich an möglichst preisgünstigen Versorgungsmöglichkeiten auszurichten.

(2) Werden die Entgelte für die Inanspruchnahme von Leistungen des Rettungsdienstes durch landesrechtliche oder kommunalrechtliche Bestimmungen festgelegt, können die Krankenkassen ihre Leistungspflicht zur Übernahme der

Kosten auf Festbeträge an die Versicherten in Höhe vergleichbarer wirtschaftlich erbrachter Leistungen beschränken, wenn

1. vor der Entgeltfestsetzung den Krankenkassen oder ihren Verbänden keine Gelegenheit zur Erörterung gegeben wurde,
2. bei der Entgeltbemessung Investitionskosten und Kosten der Reservevorhaltung berücksichtigt worden sind, die durch eine über die Sicherstellung der Leistungen des Rettungsdienstes hinausgehende öffentliche Aufgabe der Einrichtungen bedingt sind, oder
3. die Leistungserbringung gemessen an den rechtlich vorgegebenen Sicherstellungsverpflichtungen unwirtschaftlich ist.

(3) Absatz 1 gilt auch für Leistungen des Rettungsdienstes und andere Krankentransporte im Rahmen des Personenbeförderungsgesetzes.

(4) § 127 Absatz 6 gilt entsprechend.

§ 134 *(aufgehoben)*

§ 134a Versorgung mit Hebammenhilfe. (1) [1]Der Spitzenverband Bund der Krankenkassen schließt mit den für die Wahrnehmung der wirtschaftlichen Interessen gebildeten maßgeblichen Berufsverbänden der Hebammen und den Verbänden der von Hebammen geleiteten Einrichtungen auf Bundesebene mit bindender Wirkung für die Krankenkassen Verträge über die Versorgung mit Hebammenhilfe, die abrechnungsfähigen Leistungen unter Einschluss einer Betriebskostenpauschale bei ambulanten Entbindungen in von Hebammen geleiteten Einrichtungen, die Anforderungen an die Qualitätssicherung in diesen Einrichtungen, die Anforderungen an die Qualität der Hebammenhilfe einschließlich der Verpflichtung der Hebammen zur Teilnahme an Qualitätssicherungsmaßnahmen sowie über die Höhe der Vergütungen und die Einzelheiten der Vergütungsabrechnung durch die Krankenkassen. [2]Die Vertragspartner haben dabei den Bedarf der Versicherten an Hebammenhilfe unter Einbeziehung der in § 24f Satz 2 geregelten Wahlfreiheit der Versicherten und deren Qualität, den Grundsatz der Beitragssatzstabilität sowie die berechtigten wirtschaftlichen Interessen der freiberuflich tätigen Hebammen zu berücksichtigen. [3]Bei der Berücksichtigung der wirtschaftlichen Interessen der freiberuflich tätigen Hebammen nach Satz 2 sind insbesondere Kostensteigerungen zu beachten, die die Berufsausübung betreffen.

(1a) [1]Die Vereinbarungen nach Absatz 1 Satz 1 zu den Anforderungen an die Qualität der Hebammenhilfe sind bis zum 31. Dezember 2014 zu treffen. [2]Sie sollen Mindestanforderungen an die Struktur-, Prozess- und Ergebnisqualität umfassen sowie geeignete verwaltungsunaufwendige Verfahren zum Nachweis der Erfüllung dieser Qualitätsanforderungen festlegen.

(1b) [1]Hebammen, die Leistungen der Geburtshilfe erbringen und die Erfüllung der Qualitätsanforderungen nach Absatz 1a nachgewiesen haben, erhalten für Geburten ab dem 1. Juli 2015 einen Sicherstellungszuschlag nach Maßgabe der Vereinbarungen nach Satz 3, wenn ihre wirtschaftlichen Interessen wegen zu geringer Geburtenzahlen bei der Vereinbarung über die Höhe der Vergütung nach Absatz 1 nicht ausreichend berücksichtigt sind. [2]Die Auszahlung des Sicherstellungszuschlags erfolgt nach Ende eines Abrechnungszeitraums auf Antrag der Hebamme durch den Spitzenverband Bund der Krankenkassen. [3]In den Vereinbarungen, die nach Absatz 1 Satz 1 zur Höhe der Vergütung getroffen werden, sind bis zum 1. Juli 2015 die näheren Einzelheiten der Anspruchsvoraussetzungen und des Verfahrens nach Satz 1 zu regeln. [4]Zu treffen sind insbesondere Regelungen über die Höhe des Sicherstellungszuschlags in Abhängigkeit von der Anzahl der betreuten Geburten, der Anzahl der haftpflichtversicherten Monate für Hebammen mit Geburtshilfe ohne Vorschäden und der Höhe der zu entrichtenden Haftpflichtprämie, die Anforderungen an die von der Hebamme zu erbringenden Nachweise sowie die Auszahlungsmodalitäten. [5]Dabei muss die Hebamme gewährleisten, dass sie bei geringer Geburtenzahl unterjährige Wechselmöglichkeiten der Haftpflichtversicherungsform in Anspruch nimmt. [6]Die erforderlichen Angaben nach den Sätzen 3 bis 5 hat die Hebamme im Rahmen ihres Antrags nach Satz 2 zu übermitteln. [7]Für die Erfüllung der Aufgaben nach Satz 2 übermitteln die Krankenkassen dem Spitzenverband Bund der Krankenkassen leistungserbringer- und nicht versichertenbezogen die erforderlichen Daten nach § 301a Absatz 1 Satz 1 Nummer 2 bis 6.

(1c) Die Vertragspartner vereinbaren in den Verträgen nach Absatz 1 Satz 1 bis zum 30. September 2014 zusätzlich zu den nach Absatz 1 Satz 3 vorzunehmenden Vergütungsanpassungen einen Zuschlag auf die Abrechnungspositionen für Geburtshilfeleistungen bei Hausgeburten, außerklinischen Geburten in von Hebammen geleiteten Einrichtungen sowie Geburten durch Beleghebammen in einer Eins-zu-eins-Betreuung ohne Schichtdienst, der von den Krankenkassen für Geburten vom 1. Juli 2014 bis zum 30. Juni 2015 an die Hebammen zu zahlen ist.

(2) [1]Die Verträge nach Absatz 1 haben Rechtswirkung für freiberuflich tätige Hebammen, wenn sie
1. einem Verband nach Absatz 1 Satz 1 auf Bundes- oder Landesebene angehören und die Satzung des Verbandes vorsieht, dass die von dem Verband nach Absatz 1 abgeschlossenen Verträge Rechtswirkung für die dem Verband angehörenden Hebammen haben, oder
2. einem nach Absatz 1 geschlossenen Vertrag beitreten.
[2]Hebammen, für die die Verträge nach Absatz 1 keine Rechtswirkung haben, sind nicht als Leistungserbringer zugelassen. [3]Das Nähere über Form und Verfahren des Nachweises der Mitgliedschaft in einem Verband nach Satz 1 Nr. 1 sowie des Beitritts nach Satz 1 Nr. 2 regelt der Spitzenverband Bund der Krankenkassen.

(3) [1]Kommt ein Vertrag nach Absatz 1 ganz oder teilweise nicht oder nicht bis zum Ablauf der nach Absatz 1a Satz 1, Absatz 1b Satz 3 und Absatz 1c vorgegebenen Fristen zu Stande, wird der Vertragsinhalt durch die Schiedsstelle nach Absatz 4 festgesetzt. [2]Der bisherige Vertrag gilt bis zur Entscheidung durch die Schiedsstelle vorläufig weiter.

(4) [1]Der Spitzenverband Bund der Krankenkassen und die für die Wahrnehmung der wirtschaftlichen Interessen gebildeten maßgeblichen Berufsverbände der Hebammen sowie die Verbände der von Hebammen geleiteten Einrichtungen auf Bundesebene bilden eine gemeinsame Schiedsstelle. [2]Sie besteht aus Vertretern der Krankenkassen und der Hebammen in gleicher Zahl sowie aus einem unparteiischen Vorsitzenden und zwei weiteren unparteiischen Mitgliedern. [3]Die Amtsdauer beträgt vier Jahre. [4]Über den Vorsitzenden und die zwei weiteren unparteiischen Mitglieder sowie deren Stellvertreter sollen sich die Vertragspartner einigen. [5]Kommt eine Einigung nicht zu Stande, gilt § 89 Abs. 3 Satz 5 und 6 entsprechend. [6]Im Übrigen gilt § 129 Abs. 9 und 10 entsprechend.

(5) [1]Ein Ersatzanspruch nach § 116 Absatz 1 des Zehnten Buches wegen Schäden aufgrund von Behandlungsfehlern in der Geburtshilfe kann von Kranken- und Pflegekassen gegenüber freiberuflich tätigen Hebammen nur geltend gemacht werden, wenn der Schaden vorsätzlich oder grob fahrlässig verursacht wurde. [2]Im Fall einer gesamtschuldnerischen Haftung können Kranken- und Pflegekassen einen nach § 116 Absatz 1 des Zehnten Buches übergegangenen Ersatzanspruch im Umfang des Verursachungs- und Verschuldensanteils der nach Satz 1 begünstigten Hebamme gegenüber den übrigen Gesamtschuldnern nicht geltend machen.

(6) Als Hebammen im Sinne dieser Vorschrift gelten auch Entbindungspfleger.

Neunter Abschnitt
Sicherung der Qualität der Leistungserbringung

§ 135 Bewertung von Untersuchungs- und Behandlungsmethoden.

(1) [1]Neue Untersuchungs- und Behandlungsmethoden dürfen in der vertragsärztlichen und vertragszahnärztlichen Versorgung zu Lasten der Krankenkassen nur erbracht werden, wenn der Gemeinsame Bundesausschuss auf Antrag eines Unparteiischen nach § 91 Abs. 2 Satz 1, einer Kassenärztlichen Bundesvereinigung, einer Kassenärztlichen Vereinigung oder des Spitzenverbandes Bund der Krankenkassen in Richtlinien nach § 92 Abs. 1 Satz 2 Nr. 5 Empfehlungen abgegeben hat über

1. die Anerkennung des diagnostischen und therapeutischen Nutzens der neuen Methode sowie deren medizinische Notwendigkeit und Wirtschaftlichkeit – auch im Vergleich zu bereits zu Lasten der Krankenkassen erbrachte Methoden – nach dem jeweiligen Stand der wissenschaftlichen Erkenntnisse in der jeweiligen Therapierichtung,

2. die notwendige Qualifikation der Ärzte, die apparativen Anforderungen sowie Anforderungen an Maßnahmen der Qualitätssicherung, um eine sachgerechte Anwendung der neuen Methode zu sichern, und

3. die erforderlichen Aufzeichnungen über die ärztliche Behandlung.

[2]Der Gemeinsame Bundesausschuss überprüft die zu Lasten der Krankenkassen erbrachten vertragsärztlichen und vertragszahnärztlichen Leistungen daraufhin, ob sie den Kriterien nach Satz 1 Nr. 1 entsprechen. [3]Falls die Überprüfung ergibt, dass diese Kriterien nicht erfüllt werden, dürfen die Leistungen nicht mehr als vertragsärztliche oder vertragszahnärztliche Leistungen zu Lasten der Krankenkassen erbracht werden. [4]Die Beschlussfassung über die Annahme eines Antrags nach Satz 1 muss spätestens drei Monate nach Antragseingang erfolgen. [5]Das sich anschließende Methodenbewertungsverfahren ist in der Regel innerhalb von spätestens drei Jahren abzuschließen, es sei denn, dass auch bei Straffung des Verfahrens im Einzelfall eine längere Verfahrensdauer erforderlich ist. [6]Hat der Gemeinsame Bundesausschuss in einem Verfahren zur Bewertung einer neuen Untersuchungs- und Behandlungsmethode nach Ablauf von sechs Monaten seit Vorliegen der für die Entscheidung erforderlichen Auswertung der wissenschaftlichen Erkenntnisse noch keinen Beschluss gefasst, können die Antragsberechtigten nach Satz 1 sowie das Bundesministerium für Gesundheit vom Gemeinsamen Bundesausschuss die Beschlussfassung innerhalb eines Zeitraums von weiteren sechs Monaten verlangen. [7]Kommt innerhalb dieser Frist kein Beschluss zustande, darf die Untersuchungs- und Behandlungsmethode in der vertragsärztlichen oder vertragszahnärztlichen Versorgung zu Lasten der Krankenkassen erbracht werden.

(2) [1]Für ärztliche und zahnärztliche Leistungen, welche wegen der Anforderungen an ihre Ausführung oder wegen der Neuheit des Verfahrens besonderer Kenntnisse und Erfahrungen (Fachkundenachweis), einer besonderen Praxisausstattung oder anderer Anforderungen an die Versorgungsqualität bedürfen, können die Partner der Bundesmantelverträge einheitlich entsprechende Voraussetzungen für die Ausführung und Abrechnung dieser Leistungen vereinbaren. [2]Soweit für die notwendigen Kenntnisse und Erfahrungen, welche als Qualifikation vorausgesetzt werden müssen, in landesrechtlichen Regelungen zur ärztlichen Berufsausübung, insbesondere solchen des Facharztrechts, bundesweit inhaltsgleich und hinsichtlich der Qualitätsvoraussetzungen nach Satz 1 gleichwertige Qualifikationen eingeführt sind, sind diese notwendige und ausreichende Voraussetzung. [3]Wird die Erbringung ärztlicher Leistungen erstmalig von einer Qualifikation abhängig gemacht, so können die Vertragspartner für Ärzte, welche entsprechende Qualifikationen nicht während einer Weiterbildung erworben haben, übergangsweise Qualifikationen einführen, welche dem Kenntnis- und Erfahrungsstand der facharztrechtlichen Regelungen entsprechen müssen. [4]Abweichend von Satz 2 können die Vertragspartner nach Satz 1 zur Sicherung der Qualität und der Wirtschaftlichkeit der Leistungserbringung Regelungen treffen, nach denen die Erbringung bestimmter medizinisch-technischer Leistungen den Fachärzten vorbehalten ist, für die diese Leistungen zum Kern ihres Fachgebietes gehören. [5]Die nach der Rechtsverordnung nach § 140g anerkannten Organisationen sind vor dem Abschluss von Vereinbarungen nach Satz 1 in die Beratungen der Vertragspartner einzubeziehen; die Organisationen benennen hierzu sachkundige Personen. [6]§ 140f Absatz 5 gilt ent-

sprechend. [7]Das Nähere zum Verfahren vereinbaren die Vertragspartner nach Satz 1. [8]Für die Vereinbarungen nach diesem Absatz gilt § 87 Absatz 6 Satz 9 entsprechend.

§ 135a Verpflichtung der Leistungserbringer zur Qualitätssicherung.

(1) [1]Die Leistungserbringer sind zur Sicherung und Weiterentwicklung der Qualität der von ihnen erbrachten Leistungen verpflichtet. [2]Die Leistungen müssen dem jeweiligen Stand der wissenschaftlichen Erkenntnisse entsprechen und in der fachlich gebotenen Qualität erbracht werden.

(2) Vertragsärzte, medizinische Versorgungszentren, zugelassene Krankenhäuser, Erbringer von Vorsorgeleistungen oder Rehabilitationsmaßnahmen und Einrichtungen, mit denen ein Versorgungsvertrag nach § 111a besteht, sind nach Maßgabe der §§ 136 bis 136b und 137d verpflichtet,

1. sich an einrichtungsübergreifenden Maßnahmen der Qualitätssicherung zu beteiligen, die insbesondere zum Ziel haben, die Ergebnisqualität zu verbessern und

2. einrichtungsintern ein Qualitätsmanagement einzuführen und weiterzuentwickeln, wozu in Krankenhäusern auch die Verpflichtung zur Durchführung eines patientenorientierten Beschwerdemanagements gehört.

(3) [1]Meldungen und Daten aus einrichtungsinternen und einrichtungsübergreifenden Risikomanagement- und Fehlermeldesystemen nach Absatz 2 in Verbindung mit § 136a Absatz 3 dürfen im Rechtsverkehr nicht zum Nachteil des Meldenden verwendet werden. [2]Dies gilt nicht, soweit die Verwendung zur Verfolgung einer Straftat, die im Höchstmaß mit mehr als fünf Jahren Freiheitsstrafe bedroht ist und auch im Einzelfall besonders schwer wiegt, erforderlich ist und die Erforschung des Sachverhalts oder die Ermittlung des Aufenthaltsorts des Beschuldigten auf andere Weise aussichtslos oder wesentlich erschwert wäre.

§ 135b Förderung der Qualität durch die Kassenärztlichen Vereinigungen.

(1) [1]Die Kassenärztlichen Vereinigungen haben Maßnahmen zur Förderung der Qualität der vertragsärztlichen Versorgung durchzuführen. [2]Die Ziele und Ergebnisse dieser Qualitätssicherungsmaßnahmen sind von den Kassenärztlichen Vereinigungen zu dokumentieren und jährlich zu veröffentlichen.

(2) [1]Die Kassenärztlichen Vereinigungen prüfen die Qualität der in der vertragsärztlichen Versorgung erbrachten Leistungen einschließlich der belegärztlichen Leistungen im Einzelfall durch Stichproben; in Ausnahmefällen sind auch Vollerhebungen zulässig. [2]Der Gemeinsame Bundesausschuss entwickelt in Richtlinien nach § 92 Absatz 1 Satz 2 Nummer 13 Kriterien zur Qualitätsbeurteilung in der vertragsärztlichen Versorgung sowie nach Maßgabe des § 299 Absatz 1 und 2 Vorgaben zu Auswahl, Umfang und Verfahren der Qualitätsprüfungen nach Satz 1; dabei sind die Ergebnisse nach § 137a Absatz 3 zu berücksichtigen.

(3) Die Absätze 1 und 2 gelten auch für die im Krankenhaus erbrachten ambulanten ärztlichen Leistungen.

(4) ¹Zur Förderung der Qualität der vertragsärztlichen Versorgung können die Kassenärztlichen Vereinigungen mit einzelnen Krankenkassen oder mit den für ihren Bezirk zuständigen Landesverbänden der Krankenkassen oder den Verbänden der Ersatzkassen unbeschadet der Regelungen des § 87a gesamtvertragliche Vereinbarungen schließen, in denen für bestimmte Leistungen einheitlich strukturierte und elektronisch dokumentierte besondere Leistungs-, Struktur- oder Qualitätsmerkmale festgelegt werden, bei deren Erfüllung die an dem jeweiligen Vertrag teilnehmenden Ärzte Zuschläge zu den Vergütungen erhalten. ²In den Verträgen nach Satz 1 ist ein Abschlag von dem nach § 87a Absatz 2 Satz 1 vereinbarten Punktwert für die an dem jeweiligen Vertrag beteiligten Krankenkassen und die von dem Vertrag erfassten Leistungen, die von den an dem Vertrag nicht teilnehmenden Ärzten der jeweiligen Facharztgruppe erbracht werden, zu vereinbaren, durch den die Mehrleistungen nach Satz 1 für die beteiligten Krankenkassen ausgeglichen werden.

§ 135c Förderung der Qualität durch die Deutsche Krankenhausgesellschaft. (1) ¹Die Deutsche Krankenhausgesellschaft fördert im Rahmen ihrer Aufgaben die Qualität der Versorgung im Krankenhaus. ²Sie hat in ihren Beratungs- und Formulierungshilfen für Verträge der Krankenhäuser mit leitenden Ärzten im Einvernehmen mit der Bundesärztekammer Empfehlungen abzugeben, die sicherstellen, dass Zielvereinbarungen ausgeschlossen sind, die auf finanzielle Anreize insbesondere für einzelne Leistungen, Leistungsmengen, Leistungskomplexe oder Messgrößen hierfür abstellen. ³Die Empfehlungen sollen insbesondere die Unabhängigkeit medizinischer Entscheidungen sichern.

(2) ¹Der Qualitätsbericht des Krankenhauses nach § 136b Absatz 1 Satz 1 Nummer 3 hat eine Erklärung zu enthalten, die unbeschadet der Rechte Dritter Auskunft darüber gibt, ob sich das Krankenhaus bei Verträgen mit leitenden Ärzten an die Empfehlungen nach Absatz 1 Satz 2 hält. ²Hält sich das Krankenhaus nicht an die Empfehlungen, hat es unbeschadet der Rechte Dritter anzugeben, welche Leistungen oder Leistungsbereiche von solchen Zielvereinbarungen betroffen sind.

§ 136 Richtlinien des Gemeinsamen Bundesausschusses zur Qualitätssicherung. (1) ¹Der Gemeinsame Bundesausschuss bestimmt für die vertragsärztliche Versorgung und für zugelassene Krankenhäuser grundsätzlich einheitlich für alle Patienten durch Richtlinien nach § 92 Absatz 1 Satz 2 Nummer 13 insbesondere

1. die verpflichtenden Maßnahmen der Qualitätssicherung nach § 135a Absatz 2, § 115b Absatz 1 Satz 3 und § 116b Absatz 4 Satz 4 unter Beachtung der Ergebnisse nach § 137a Absatz 3 sowie die grundsätzlichen Anforderungen an ein einrichtungsinternes Qualitätsmanagement und

2. Kriterien für die indikationsbezogene Notwendigkeit und Qualität der durchgeführten diagnostischen und therapeutischen Leistungen, insbesondere aufwendiger medizintechnischer Leistungen; dabei sind auch Mindestanforderungen an die Struktur-, Prozess- und Ergebnisqualität festzulegen.

[2]Soweit erforderlich erlässt der Gemeinsame Bundesausschuss die notwendigen Durchführungsbestimmungen. [3]Er kann dabei die Finanzierung der notwendigen Strukturen zur Durchführung von Maßnahmen der einrichtungsübergreifenden Qualitätssicherung insbesondere über Qualitätssicherungszuschläge regeln.

(2) [1]Die Richtlinien nach Absatz 1 sind sektorenübergreifend zu erlassen, es sei denn, die Qualität der Leistungserbringung kann nur durch sektorbezogene Regelungen angemessen gesichert werden. [2]Die Regelungen nach § 136a Absatz 4 und § 136b bleiben unberührt.

(3) Der Verband der Privaten Krankenversicherung, die Bundesärztekammer sowie die Berufsorganisationen der Pflegeberufe sind bei den Richtlinien nach § 92 Absatz 1 Satz 2 Nummer 13 zu beteiligen; die Bundespsychotherapeutenkammer und die Bundeszahnärztekammer sind, soweit jeweils die Berufsausübung der Psychotherapeuten oder der Zahnärzte berührt ist, zu beteiligen.

§ 136a Richtlinien des Gemeinsamen Bundesausschusses zur Qualitätssicherung in ausgewählten Bereichen. (1) [1]Der Gemeinsame Bundesausschuss legt in seinen Richtlinien nach § 136 Absatz 1 geeignete Maßnahmen zur Sicherung der Hygiene in der Versorgung fest und bestimmt insbesondere für die einrichtungsübergreifende Qualitätssicherung der Krankenhäuser Indikatoren zur Beurteilung der Hygienequalität. [2]Er hat die Festlegungen nach Satz 1 erstmalig bis zum 31. Dezember 2016 zu beschließen. [3]Der Gemeinsame Bundesausschuss berücksichtigt bei den Festlegungen etablierte Verfahren zur Erfassung, Auswertung und Rückkopplung von nosokomialen Infektionen, antimikrobiellen Resistenzen und zum Antibiotika-Verbrauch sowie die Empfehlungen der nach § 23 Absatz 1 und 2 des Infektionsschutzgesetzes beim Robert Koch-Institut eingerichteten Kommissionen. [4]Die nach der Einführung mit den Indikatoren nach Satz 1 gemessenen und für eine Veröffentlichung geeigneten Ergebnisse sind in den Qualitätsberichten nach § 136b Absatz 1 Satz 1 Nummer 3 darzustellen. [5]Der Gemeinsame Bundesausschuss soll ihm bereits zugängliche Erkenntnisse zum Stand der Hygiene in den Krankenhäusern unverzüglich in die Qualitätsberichte aufnehmen lassen sowie zusätzliche Anforderungen nach § 136b Absatz 6 zur Verbesserung der Informationen über die Hygiene stellen.

(2) [1]Der Gemeinsame Bundesausschuss legt in seinen Richtlinien nach § 136 Absatz 1 geeignete Maßnahmen zur Sicherung der Qualität in der psychiatrischen und psychosomatischen Versorgung fest. [2]Dazu bestimmt er insbesondere verbindliche Mindestvorgaben für die Ausstattung der stationären Einrichtungen mit dem für die Behandlung erforderlichen therapeutischen Personal sowie Indikatoren zur Beurteilung der Struktur-, Prozess- und Ergebnisqualität für die einrichtungs- und sektorenübergreifende Qualitätssicherung in der psychiatrischen und psychosomatischen Versorgung. [3]Die Mindestvorgaben zur Personalausstattung nach Satz 2 sollen möglichst evidenzbasiert sein und zu einer leitliniengerechten Behandlung beitragen. [4]Der Gemeinsame Bundesausschuss bestimmt zu den Mindestvorgaben zur Per-

sonalausstattung nach Satz 2 notwendige Ausnahmetatbestände und Übergangsregelungen. [5]Den betroffenen medizinischen Fachgesellschaften ist Gelegenheit zur Stellungnahme zu geben. [6]Die Stellungnahmen sind durch den Gemeinsamen Bundesausschuss in die Entscheidung einzubeziehen. [7]Bei Festlegungen nach den Sätzen 1 und 2 für die kinder- und jugendpsychiatrische Versorgung hat er die Besonderheiten zu berücksichtigen, die sich insbesondere aus den altersabhängigen Anforderungen an die Versorgung von Kindern und Jugendlichen ergeben. [8]Der Gemeinsame Bundesausschuss hat die verbindlichen Mindestvorgaben und Indikatoren nach Satz 2 erstmals bis spätestens zum 30. September 2019 mit Wirkung zum 1. Januar 2020 zu beschließen. [9]Informationen über die Umsetzung der verbindlichen Mindestvorgaben zur Ausstattung mit therapeutischem Personal und die nach der Einführung mit den Indikatoren nach Satz 2 gemessenen und für eine Veröffentlichung geeigneten Ergebnisse sind in den Qualitätsberichten nach § 136b Absatz 1 Satz 1 Nummer 3 darzustellen.

(3) [1]Der Gemeinsame Bundesausschuss bestimmt in seinen Richtlinien über die grundsätzlichen Anforderungen an ein einrichtungsinternes Qualitätsmanagement nach § 136 Absatz 1 Satz 1 Nummer 1 wesentliche Maßnahmen zur Verbesserung der Patientensicherheit und legt insbesondere Mindeststandards für Risikomanagement- und Fehlermeldesysteme fest. [2]Über die Umsetzung von Risikomanagement- und Fehlermeldesystemen in Krankenhäusern ist in den Qualitätsberichten nach § 136b Absatz 1 Satz 1 Nummer 3 zu informieren. [3]Als Grundlage für die Vereinbarung von Vergütungszuschlägen nach § 17b Absatz 1a Nummer 4 des Krankenhausfinanzierungsgesetzes bestimmt der Gemeinsame Bundesausschuss Anforderungen an einrichtungsübergreifende Fehlermeldesysteme, die in besonderem Maße geeignet erscheinen, Risiken und Fehlerquellen in der stationären Versorgung zu erkennen, auszuwerten und zur Vermeidung unerwünschter Ereignisse beizutragen.

(4) [1]Der Gemeinsame Bundesausschuss hat auch Qualitätskriterien für die Versorgung mit Füllungen und Zahnersatz zu beschließen. [2]Bei der Festlegung von Qualitätskriterien für Zahnersatz ist der Verband Deutscher Zahntechniker-Innungen zu beteiligen; die Stellungnahmen sind in die Entscheidung einzubeziehen. [3]Der Zahnarzt übernimmt für Füllungen und die Versorgung mit Zahnersatz eine zweijährige Gewähr. [4]Identische und Teilwiederholungen von Füllungen sowie die Erneuerung und Wiederherstellung von Zahnersatz einschließlich Zahnkronen sind in diesem Zeitraum vom Zahnarzt kostenfrei vorzunehmen. [5]Ausnahmen hiervon bestimmen die Kassenzahnärztliche Bundesvereinigung und der Spitzenverband Bund der Krankenkassen. [6]§ 195 des Bürgerlichen Gesetzbuchs bleibt unberührt. [7]Längere Gewährleistungsfristen können zwischen den Kassenzahnärztlichen Vereinigungen und den Landesverbänden der Krankenkassen und den Ersatzkassen sowie in Einzel- oder Gruppenverträgen zwischen Zahnärzten und Krankenkassen vereinbart werden. [8]Die Krankenkassen können hierfür Vergütungszuschläge gewähren; der Eigenanteil der Versicherten bei Zahnersatz bleibt unberührt. [9]Die Zahnärzte,

die ihren Patienten eine längere Gewährleistungsfrist einräumen, können dies ihren Patienten bekannt machen.

§ 136b Beschlüsse des Gemeinsamen Bundesausschusses zur Qualitätssicherung im Krankenhaus. (1) [1]Der Gemeinsame Bundesausschuss fasst für zugelassene Krankenhäuser grundsätzlich einheitlich für alle Patientinnen und Patienten auch Beschlüsse über

1. die im Abstand von fünf Jahren zu erbringenden Nachweise über die Erfüllung der Fortbildungspflichten der Fachärzte, der Psychologischen Psychotherapeuten und der Kinder- und Jugendlichenpsychotherapeuten,

2. einen Katalog planbarer Leistungen, bei denen die Qualität des Behandlungsergebnisses von der Menge der erbrachten Leistungen abhängig ist, sowie Mindestmengen für die jeweiligen Leistungen je Arzt oder Standort eines Krankenhauses oder je Arzt und Standort eines Krankenhauses und Ausnahmetatbestände,

3. Inhalt, Umfang und Datenformat eines jährlich zu veröffentlichenden strukturierten Qualitätsberichts der zugelassenen Krankenhäuser,

4. vier Leistungen oder Leistungsbereiche, zu denen Verträge nach § 110a mit Anreizen für die Einhaltung besonderer Qualitätsanforderungen erprobt werden sollen,

5. einen Katalog von Leistungen oder Leistungsbereichen, die sich für eine qualitätsabhängige Vergütung mit Zu- und Abschlägen eignen, sowie Qualitätsziele und Qualitätsindikatoren.

[2]§ 136 Absatz 1 Satz 2 gilt entsprechend. [3]Der Verband der Privaten Krankenversicherung, die Bundesärztekammer sowie die Berufsorganisationen der Pflegeberufe sind bei den Beschlüssen nach den Nummern 1 bis 5 zu beteiligen; bei den Beschlüssen nach den Nummern 1 und 3 ist zusätzlich die Bundespsychotherapeutenkammer zu beteiligen.

(2) [1]Die Beschlüsse nach Absatz 1 Satz 1 sind für zugelassene Krankenhäuser unmittelbar verbindlich. [2]Sie haben Vorrang vor Verträgen nach § 112 Absatz 1, soweit diese keine ergänzenden Regelungen zur Qualitätssicherung enthalten. [3]Verträge zur Qualitätssicherung nach § 112 Absatz 1 gelten bis zum Inkrafttreten von Beschlüssen nach Absatz 1 und Richtlinien nach § 136 Absatz 1 fort. [4]Ergänzende Qualitätsanforderungen im Rahmen der Krankenhausplanung der Länder sind zulässig.

(3) [1]Der Gemeinsame Bundesausschuss soll bei den Mindestmengenfestlegungen nach Absatz 1 Satz 1 Nummer 2 Ausnahmetatbestände und Übergangsregelungen vorsehen, um unbillige Härten insbesondere bei nachgewiesener, hoher Qualität unterhalb der festgelegten Mindestmenge zu vermeiden. [2]Er regelt in seiner Verfahrensordnung das Nähere insbesondere zur Auswahl einer planbaren Leistung nach Absatz 1 Satz 1 Nummer 2 sowie zur Festlegung der Höhe einer Mindestmenge. [3]Der Gemeinsame Bundesausschuss soll insbesondere die Auswirkungen von neu festgelegten Mindestmengen möglichst zeitnah evaluieren und die Festlegungen auf der Grundlage des Ergebnisses anpassen.

(4) [1]Wenn die nach Absatz 1 Satz 1 Nummer 2 erforderliche Mindestmenge bei planbaren Leistungen voraussichtlich nicht erreicht wird, dürfen entsprechende Leistungen nicht bewirkt werden. [2]Einem Krankenhaus, das die Leistungen dennoch bewirkt, steht kein Vergütungsanspruch zu. [3]Für die Zulässigkeit der Leistungserbringung muss der Krankenhausträger gegenüber den Landesverbänden der Krankenkassen und der Ersatzkassen jährlich darlegen, dass die erforderliche Mindestmenge im jeweils nächsten Kalenderjahr auf Grund berechtigter mengenmäßiger Erwartungen voraussichtlich erreicht wird (Prognose). [4]Eine berechtigte mengenmäßige Erwartung liegt in der Regel vor, wenn das Krankenhaus im vorausgegangenen Kalenderjahr die maßgebliche Mindestmenge je Arzt oder Standort eines Krankenhauses oder je Arzt und Standort eines Krankenhauses erreicht hat. [5]Der Gemeinsame Bundesausschuss regelt im Beschluss nach Absatz 1 Satz 1 Nummer 2 das Nähere zur Darlegung der Prognose. [6]Die Landesverbände der Krankenkassen und der Ersatzkassen können bei begründeten erheblichen Zweifeln an der Richtigkeit die vom Krankenhausträger getroffene Prognose widerlegen. [7]Gegen die Entscheidung nach Satz 6 ist der Rechtsweg vor den Gerichten der Sozialgerichtsbarkeit gegeben. [8]Ein Vorverfahren findet nicht statt.

(5) [1]Die für die Krankenhausplanung zuständige Landesbehörde kann Leistungen aus dem Katalog nach Absatz 1 Satz 1 Nummer 2 bestimmen, bei denen die Anwendung des Absatzes 4 Satz 1 und 2 die Sicherstellung einer flächendeckenden Versorgung der Bevölkerung gefährden könnte. [2]Die Landesbehörde entscheidet auf Antrag des Krankenhauses für diese Leistungen über die Nichtanwendung des Absatzes 4 Satz 1 und 2.

(6) [1]In dem Bericht nach Absatz 1 Satz 1 Nummer 3 ist der Stand der Qualitätssicherung insbesondere unter Berücksichtigung der Anforderungen nach § 136 Absatz 1 und § 136a sowie der Umsetzung der Regelungen nach Absatz 1 Satz 1 Nummer 1 und 2 darzustellen. [2]Der Bericht hat auch Art und Anzahl der Leistungen des Krankenhauses auszuweisen sowie Informationen zu Nebendiagnosen, die mit wesentlichen Hauptdiagnosen häufig verbunden sind, zu enthalten. [3]Ergebnisse von Patientenbefragungen, soweit diese vom Gemeinsamen Bundesausschuss veranlasst werden, sind in den Qualitätsbericht aufzunehmen. [4]Der Bericht ist in einem für die Abbildung aller Kriterien geeigneten standardisierten Datensatzformat zu erstellen. [5]In einem speziellen Berichtsteil sind die besonders patientenrelevanten Informationen in übersichtlicher Form und in allgemein verständlicher Sprache zusammenzufassen. [6]Besonders patientenrelevant sind insbesondere Informationen zur Patientensicherheit und hier speziell zur Umsetzung des Risiko- und Fehlermanagements, zu Maßnahmen der Arzneimitteltherapiesicherheit, zur Einhaltung von Hygienestandards sowie zu Maßzahlen der Personalausstattung in den Fachabteilungen des jeweiligen Krankenhauses.

(7) [1]Die Qualitätsberichte nach Absatz 1 Satz 1 Nummer 3 sind über den in dem Beschluss festgelegten Empfängerkreis hinaus vom Gemeinsamen Bundesausschuss, von den Landesverbänden der Krankenkassen und den Ersatz-

kassen im Internet zu veröffentlichen. [2]Zum Zwecke der Erhöhung von Transparenz und Qualität der stationären Versorgung können die Kassenärztlichen Vereinigungen sowie die Krankenkassen und ihre Verbände die Vertragsärzte und die Versicherten auf der Basis der Qualitätsberichte auch vergleichend über die Qualitätsmerkmale der Krankenhäuser informieren und Empfehlungen aussprechen. [3]Das Krankenhaus hat den Qualitätsbericht auf der eigenen Internetseite leicht auffindbar zu veröffentlichen.

(8) [1]Der Gemeinsame Bundesausschuss hat die Festlegung der vier Leistungen oder Leistungsbereiche nach Absatz 1 Satz 1 Nummer 4 bis zum 31. Dezember 2017 zu beschließen. [2]Er hat das Institut nach § 137a mit einer Untersuchung zur Entwicklung der Versorgungsqualität bei den ausgewählten Leistungen und Leistungsbereichen nach Abschluss des Erprobungszeitraums zu beauftragen. [3]Gegenstand der Untersuchung ist auch ein Vergleich der Versorgungsqualität von Krankenhäusern mit und ohne Vertrag nach § 110a.

(9) [1]Der Gemeinsame Bundesausschuss hat die Festlegungen zu den Leistungen oder Leistungsbereichen nach Absatz 1 Satz 1 Nummer 5, die sich für eine qualitätsabhängige Vergütung eignen, erstmals bis spätestens zum 31. Dezember 2017 zu beschließen. [2]Qualitätszu- und -abschläge für die Einhaltung oder Nichteinhaltung von Mindestanforderungen nach § 136 Absatz 1 Satz 1 Nummer 2 sind ausgeschlossen. [3]Der Gemeinsame Bundesausschuss regelt ein Verfahren, das den Krankenkassen und den Krankenhäusern ermöglicht, auf der Grundlage der beschlossenen Festlegungen Qualitätszuschläge für außerordentlich gute und Qualitätsabschläge für unzureichende Leistungen zu vereinbaren. [4]Hierfür hat er insbesondere jährlich Bewertungskriterien für außerordentlich gute und unzureichende Qualität zu veröffentlichen, möglichst aktuelle Datenübermittlungen der Krankenhäuser zu den festgelegten Qualitätsindikatoren an das Institut nach § 137a vorzusehen und die Auswertung der Daten sicherzustellen. [5]Die Auswertungsergebnisse sind den Krankenkassen und den Krankenhäusern jeweils zeitnah zur Verfügung zu stellen; dies kann über eine Internetplattform erfolgen. [6]Die Krankenkassen geben in das Informationsangebot nach Satz 5 regelmäßig Angaben ein, welche Krankenhäuser Qualitätszu- oder -abschläge für welche Leistungen oder Leistungsbereiche erhalten; den für die Krankenhausplanung zuständigen Landesbehörden ist der Zugang zu diesen Informationen zu eröffnen.

§ 136c Beschlüsse des Gemeinsamen Bundesausschusses zu Qualitätssicherung und Krankenhausplanung. (1) [1]Der Gemeinsame Bundesausschuss beschließt Qualitätsindikatoren zur Struktur-, Prozess- und Ergebnisqualität, die als Grundlage für qualitätsorientierte Entscheidungen der Krankenhausplanung geeignet sind und nach § 6 Absatz 1a des Krankenhausfinanzierungsgesetzes Bestandteil des Krankenhausplans werden. [2]Der Gemeinsame Bundesausschuss übermittelt die Beschlüsse zu diesen planungsrelevanten Qualitätsindikatoren als Empfehlungen an die für die Krankenhausplanung zuständigen Landesbehörden; § 91 Absatz 6 bleibt unberührt. [3]Ein erster Beschluss ist bis zum 31. Dezember 2016 zu fassen.

(2) ¹Der Gemeinsame Bundesausschuss übermittelt den für die Krankenhausplanung zuständigen Landesbehörden sowie den Landesverbänden der Krankenkassen und den Ersatzkassen regelmäßig einrichtungsbezogen Auswertungsergebnisse der einrichtungsübergreifenden Qualitätssicherung zu nach Absatz 1 Satz 1 beschlossenen planungsrelevanten Qualitätsindikatoren sowie Maßstäbe und Kriterien zur Bewertung der Qualitätsergebnisse von Krankenhäusern. ²Die Maßstäbe und Kriterien müssen eine Bewertung der Qualitätsergebnisse von Krankenhäusern insbesondere im Hinblick darauf ermöglichen, ob eine in einem erheblichen Maß unzureichende Qualität im Sinne von § 8 Absatz 1a Satz 1 und Absatz 1b des Krankenhausfinanzierungsgesetzes und § 109 Absatz 3 Satz 1 Nummer 2 vorliegt. ³Hierfür hat der Gemeinsame Bundesausschuss sicherzustellen, dass die Krankenhäuser dem Institut nach § 137a zu den planungsrelevanten Qualitätsindikatoren quartalsweise Daten der einrichtungsübergreifenden Qualitätssicherung liefern. ⁴Er soll das Auswertungsverfahren einschließlich des strukturierten Dialogs für diese Indikatoren um sechs Monate verkürzen.

(3) ¹Der Gemeinsame Bundesausschuss beschließt erstmals bis zum 31. Dezember 2016 bundeseinheitliche Vorgaben für die Vereinbarung von Sicherstellungszuschlägen nach § 17b Absatz 1a Nummer 6 des Krankenhausfinanzierungsgesetzes in Verbindung mit § 5 Absatz 2 des Krankenhausentgeltgesetzes. ²Der Gemeinsame Bundesausschuss hat insbesondere Vorgaben zu beschließen
1. zur Erreichbarkeit (Minutenwerte) für die Prüfung, ob die Leistungen durch ein anderes geeignetes Krankenhaus, das die Leistungsart erbringt, ohne Zuschlag erbracht werden können,
2. zur Frage, wann ein geringer Versorgungsbedarf besteht, und
3. zur Frage, für welche Leistungen die notwendige Vorhaltung für die Versorgung der Bevölkerung sicherzustellen ist.
³Bei dem Beschluss sind die planungsrelevanten Qualitätsindikatoren nach Absatz 1 Satz 1 zu berücksichtigen. ⁴Der Gemeinsame Bundesausschuss legt in dem Beschluss auch das Nähere über die Prüfung der Einhaltung der Vorgaben durch die zuständige Landesbehörde nach § 5 Absatz 2 Satz 5 des Krankenhausentgeltgesetzes fest. ⁵Den betroffenen medizinischen Fachgesellschaften ist Gelegenheit zur Stellungnahme zu geben. ⁶Die Stellungnahmen sind bei der Beschlussfassung zu berücksichtigen.

(4) ¹Der Gemeinsame Bundesausschuss beschließt bis zum 31. Dezember 2017 ein gestuftes System von Notfallstrukturen in Krankenhäusern, einschließlich einer Stufe für die Nichtteilnahme an der Notfallversorgung. ²Hierbei sind für jede Stufe der Notfallversorgung insbesondere Mindestvorgaben zur Art und Anzahl von Fachabteilungen, zur Anzahl und Qualifikation des vorzuhaltenden Fachpersonals sowie zum zeitlichen Umfang der Bereitstellung von Notfallleistungen differenziert festzulegen. ³Der Gemeinsame Bundesausschuss berücksichtigt bei diesen Festlegungen planungsrelevante Qualitätsindikatoren nach Absatz 1 Satz 1, soweit diese für die Notfallversorgung von Bedeutung sind. ⁴Den betroffenen medizinischen Fachgesellschaften ist Gelegenheit zur Stel-

lungnahme zu geben. [5]Die Stellungnahmen sind bei der Beschlussfassung zu berücksichtigen. [6]Der Gemeinsame Bundesausschuss führt vor Beschlussfassung eine Folgenabschätzung durch und berücksichtigt deren Ergebnisse.

§ 136d Evaluation und Weiterentwicklung der Qualitätssicherung durch den Gemeinsamen Bundesausschuss. [1]Der Gemeinsame Bundesausschuss hat den Stand der Qualitätssicherung im Gesundheitswesen festzustellen, sich daraus ergebenden Weiterentwicklungsbedarf zu benennen, eingeführte Qualitätssicherungsmaßnahmen auf ihre Wirksamkeit hin zu bewerten und Empfehlungen für eine an einheitlichen Grundsätzen ausgerichtete sowie sektoren- und berufsgruppenübergreifende Qualitätssicherung im Gesundheitswesen einschließlich ihrer Umsetzung zu erarbeiten. [2]Er erstellt in regelmäßigen Abständen einen Bericht über den Stand der Qualitätssicherung.

§ 137 Durchsetzung und Kontrolle der Qualitätsanforderungen des Gemeinsamen Bundesausschusses. (1) [1]Der Gemeinsame Bundesausschuss hat zur Förderung der Qualität ein gestuftes System von Folgen der Nichteinhaltung von Qualitätsanforderungen nach den §§ 136 bis 136c festzulegen. [2]Er ist ermächtigt, neben Maßnahmen zur Beratung und Unterstützung bei der Qualitätsverbesserung je nach Art und Schwere von Verstößen gegen wesentliche Qualitätsanforderungen angemessene Durchsetzungsmaßnahmen vorzusehen. [3]Solche Maßnahmen können insbesondere sein

1. Vergütungsabschläge,
2. der Wegfall des Vergütungsanspruchs für Leistungen, bei denen Mindestanforderungen nach § 136 Absatz 1 Satz 1 Nummer 2 nicht erfüllt sind,
3. die Information Dritter über die Verstöße,
4. die einrichtungsbezogene Veröffentlichung von Informationen zur Nichteinhaltung von Qualitätsanforderungen.

[4]Die Maßnahmen sind verhältnismäßig zu gestalten und anzuwenden. [5]Der Gemeinsame Bundesausschuss trifft die Festlegungen nach den Sätzen 1 bis 4 und zu den Stellen, denen die Durchsetzung der Maßnahmen obliegt, in grundsätzlicher Weise in einer Richtlinie nach § 92 Absatz 1 Satz 2 Nummer 13. [6]Die Festlegungen nach Satz 5 sind vom Gemeinsamen Bundesausschuss in einzelnen Richtlinien und Beschlüssen jeweils für die in ihnen geregelten Qualitätsanforderungen zu konkretisieren. [7]Bei wiederholten oder besonders schwerwiegenden Verstößen kann er von dem nach Satz 1 vorgegebenen gestuften Verfahren abweichen.

(2) [1]Der Gemeinsame Bundesausschuss legt in seinen Richtlinien über Maßnahmen der einrichtungsübergreifenden Qualitätssicherung eine Dokumentationsrate von 100 Prozent für dokumentationspflichtige Datensätze der Krankenhäuser fest. [2]Er hat bei der Unterschreitung dieser Dokumentationsrate Vergütungsabschläge nach § 8 Absatz 4 des Krankenhausentgeltgesetzes oder § 8 Absatz 4 der Bundespflegesatzverordnung vorzusehen, es sei denn, das Krankenhaus weist nach, dass die Unterschreitung unverschuldet ist.

(3) ¹Der Gemeinsame Bundesausschuss regelt in einer Richtlinie die Einzelheiten zu den Kontrollen des Medizinischen Dienstes der Krankenversicherung nach § 275a, die durch Anhaltspunkte begründet sein müssen oder als Stichprobenprüfungen zur Validierung der Qualitätssicherungsdaten erforderlich sind. ²Er trifft insbesondere Festlegungen, welche Stellen die Kontrollen beauftragen, welche Anhaltspunkte Kontrollen auch unangemeldet rechtfertigen, zu Art, Umfang und zum Verfahren der Kontrollen sowie zum Umgang mit den Ergebnissen und zu deren Folgen. ³Der Gemeinsame Bundesausschuss hat hierbei vorzusehen, dass die nach Absatz 1 Satz 5 für die Durchsetzung der Qualitätsanforderungen zuständigen Stellen zeitnah einrichtungsbezogen über die Prüfergebnisse informiert werden. ⁴Er legt fest, in welchen Fällen der Medizinische Dienst der Krankenversicherung die Prüfergebnisse wegen erheblicher Verstöße gegen Qualitätsanforderungen unverzüglich einrichtungsbezogen an Dritte, insbesondere an jeweils zuständige Behörden der Länder zu übermitteln hat. ⁵Die Festlegungen des Gemeinsamen Bundesausschusses nach den Sätzen 1 und 2 sollen eine möglichst aufwandsarme Durchführung der Kontrollen nach § 275a unterstützen.

§ 137a Institut für Qualitätssicherung und Transparenz im Gesundheitswesen. (1) ¹Der Gemeinsame Bundesausschuss nach § 91 gründet ein fachlich unabhängiges, wissenschaftliches Institut für Qualitätssicherung und Transparenz im Gesundheitswesen. ²Hierzu errichtet er eine Stiftung des privaten Rechts, die Trägerin des Instituts ist.

(2) ¹Der Vorstand der Stiftung bestellt die Institutsleitung mit Zustimmung des Bundesministeriums für Gesundheit. ²Das Bundesministerium für Gesundheit entsendet ein Mitglied in den Vorstand der Stiftung.

(3) ¹Das Institut arbeitet im Auftrag des Gemeinsamen Bundesausschusses an Maßnahmen zur Qualitätssicherung und zur Darstellung der Versorgungsqualität im Gesundheitswesen. ²Es soll insbesondere beauftragt werden,

1. für die Messung und Darstellung der Versorgungsqualität möglichst sektorenübergreifend abgestimmte risikoadjustierte Indikatoren und Instrumente einschließlich Module für ergänzende Patientenbefragungen zu entwickeln,

2. die notwendige Dokumentation für die einrichtungsübergreifende Qualitätssicherung unter Berücksichtigung des Gebotes der Datensparsamkeit zu entwickeln,

3. sich an der Durchführung der einrichtungsübergreifenden Qualitätssicherung zu beteiligen und dabei, soweit erforderlich, die weiteren Einrichtungen nach Satz 3 einzubeziehen,

4. die Ergebnisse der Qualitätssicherungsmaßnahmen in geeigneter Weise und in einer für die Allgemeinheit verständlichen Form zu veröffentlichen,

5. auf der Grundlage geeigneter Daten, die in den Qualitätsberichten der Krankenhäuser veröffentlicht werden, einrichtungsbezogen vergleichende risikoadjustierte Übersichten über die Qualität in maßgeblichen Bereichen der stationären Versorgung zu erstellen und in einer für die Allgemeinheit verständlichen Form im Internet zu veröffentlichen; Ergebnisse nach Nummer 6 sollen einbezogen werden,

6. für die Weiterentwicklung der Qualitätssicherung zu ausgewählten Leistungen die Qualität der ambulanten und stationären Versorgung zusätzlich auf der Grundlage geeigneter Sozialdaten darzustellen, die dem Institut von den Krankenkassen nach § 299 Absatz 1a auf der Grundlage von Richtlinien und Beschlüssen des Gemeinsamen Bundesausschusses übermittelt werden, sowie

7. Kriterien zur Bewertung von Zertifikaten und Qualitätssiegeln, die in der ambulanten und stationären Versorgung verbreitet sind, zu entwickeln und anhand dieser Kriterien über die Aussagekraft dieser Zertifikate und Qualitätssiegel in einer für die Allgemeinheit verständlichen Form zu informieren.

[3]In den Fällen, in denen weitere Einrichtungen an der Durchführung der verpflichtenden Maßnahmen der Qualitätssicherung nach § 136 Absatz 1 Satz 1 Nummer 1 mitwirken, haben diese dem Institut nach Absatz 1 auf der Grundlage der Richtlinien des Gemeinsamen Bundesausschusses zur einrichtungsübergreifenden Qualitätssicherung die für die Wahrnehmung seiner Aufgaben nach Satz 2 erforderlichen Daten zu übermitteln.

(4) [1]Die den Gemeinsamen Bundesausschuss bildenden Institutionen, die unparteiischen Mitglieder des Gemeinsamen Bundesausschusses, das Bundesministerium für Gesundheit und die für die Wahrnehmung der Interessen der Patientinnen und Patienten und der Selbsthilfe chronisch kranker und behinderter Menschen maßgeblichen Organisationen auf Bundesebene können die Beauftragung des Instituts beim Gemeinsamen Bundesausschuss beantragen. [2]Das Bundesministerium für Gesundheit kann das Institut unmittelbar mit Untersuchungen und Handlungsempfehlungen zu den Aufgaben nach Absatz 3 für den Gemeinsamen Bundesausschuss beauftragen. [3]Das Institut kann einen Auftrag des Bundesministeriums für Gesundheit ablehnen, es sei denn, das Bundesministerium für Gesundheit übernimmt die Finanzierung der Bearbeitung des Auftrags. [4]Das Institut kann sich auch ohne Auftrag mit Aufgaben nach Absatz 3 befassen; der Vorstand der Stiftung ist hierüber von der Institutsleitung unverzüglich zu informieren. [5]Für die Tätigkeit nach Satz 4 können jährlich bis zu 10 Prozent der Haushaltsmittel eingesetzt werden, die dem Institut zur Verfügung stehen. [6]Die Ergebnisse der Arbeiten nach Satz 4 sind dem Gemeinsamen Bundesausschuss und dem Bundesministerium für Gesundheit vor der Veröffentlichung vorzulegen.

(5) [1]Das Institut hat zu gewährleisten, dass die Aufgaben nach Absatz 3 auf Basis der maßgeblichen, international anerkannten Standards der Wissenschaften erfüllt werden. [2]Hierzu ist in der Stiftungssatzung ein wissenschaftlicher Beirat aus unabhängigen Sachverständigen vorzusehen, der das Institut in grundsätzlichen Fragen berät. [3]Die Mitglieder des wissenschaftlichen Beirats werden auf Vorschlag der Institutsleitung einvernehmlich vom Vorstand der Stiftung bestellt. [4]Der wissenschaftliche Beirat kann dem Institut Vorschläge für eine Befassung nach Absatz 4 Satz 4 machen.

(6) Zur Erledigung der Aufgaben nach Absatz 3 kann das Institut im Einvernehmen mit dem Gemeinsamen Bundesausschuss insbesondere Forschungs-

und Entwicklungsaufträge an externe Sachverständige vergeben; soweit hierbei personenbezogene Daten übermittelt werden sollen, gilt § 299.

(7) Bei der Entwicklung der Inhalte nach Absatz 3 sind zu beteiligen:
1. die Kassenärztlichen Bundesvereinigungen,
2. die Deutsche Krankenhausgesellschaft,
3. der Spitzenverband Bund der Krankenkassen,
4. der Verband der Privaten Krankenversicherung,
5. die Bundesärztekammer, die Bundeszahnärztekammer und die Bundespsychotherapeutenkammer,
6. die Berufsorganisationen der Krankenpflegeberufe,
7. die wissenschaftlichen medizinischen Fachgesellschaften,
8. das Deutsche Netzwerk Versorgungsforschung,
9. die für die Wahrnehmung der Interessen der Patientinnen und Patienten und der Selbsthilfe chronisch kranker und behinderter Menschen maßgeblichen Organisationen auf Bundesebene,
10. der oder die Beauftragte der Bundesregierung für die Belange der Patientinnen und Patienten,
11. zwei von der Gesundheitsministerkonferenz der Länder zu bestimmende Vertreter sowie
12. die Bundesoberbehörden im Geschäftsbereich des Bundesministeriums für Gesundheit, soweit ihre Aufgabenbereiche berührt sind.

(8) Für die Finanzierung des Instituts gilt § 139c entsprechend.

(9) Zur Sicherstellung der fachlichen Unabhängigkeit des Instituts hat der Stiftungsvorstand dafür Sorge zu tragen, dass Interessenkonflikte von Beschäftigten des Instituts sowie von allen anderen an der Aufgabenerfüllung nach Absatz 3 beteiligten Personen und Institutionen vermieden werden.

(10) [1]Der Gemeinsame Bundesausschuss kann das Institut oder eine andere an der einrichtungsübergreifenden Qualitätssicherung beteiligte Stelle beauftragen, die bei der verpflichtenden Maßnahmen der Qualitätssicherung nach § 136 Absatz 1 Satz 1 Nummer 1 erhobenen Daten auf Antrag eines Dritten für Zwecke der wissenschaftlichen Forschung und der Weiterentwicklung der Qualitätssicherung auszuwerten. [2]Jede natürliche oder juristische Person kann hierzu beim Gemeinsamen Bundesausschuss oder bei einer nach Satz 1 beauftragten Stelle einen Antrag auf Auswertung und Übermittlung der Auswertungsergebnisse stellen. [3]Das Institut oder eine andere nach Satz 1 beauftragte Stelle übermittelt dem Antragstellenden nach Prüfung des berechtigten Interesses die anonymisierten Auswertungsergebnisse, wenn dieser sich bei der Antragstellung zur Übernahme der entstehenden Kosten bereit erklärt hat. [4]Der Gemeinsame Bundesausschuss regelt in der Verfahrensordnung für die Auswertung der nach § 137 Absatz 1 Satz 1 Nummer 1 erhobenen Daten und die Übermittlung der Auswertungsergebnisse unter Beachtung datenschutzrechtlicher Vorgaben und des Gebotes der Datensicherheit ein transparentes Verfahren sowie das Nähere zum Verfahren der Kostenübernahme nach Satz 3. [5]Der Gemeinsame Bundesausschuss hat zur Verbesserung des Datenschutzes

und der Datensicherheit das für die Wahrnehmung der Aufgaben nach den Sätzen 1 und 3 notwendige Datenschutzkonzept regelmäßig durch unabhängige Gutachter prüfen und bewerten zu lassen; das Ergebnis der Prüfung ist zu veröffentlichen.

(11) ¹Der Gemeinsame Bundesausschuss beauftragt das Institut, die bei den verpflichtenden Maßnahmen der Qualitätssicherung nach § 136 Absatz 1 Satz 1 Nummer 1 erhobenen Daten den für die Krankenhausplanung zuständigen Landesbehörden oder von diesen bestimmten Stellen auf Antrag für konkrete Zwecke der qualitätsorientierten Krankenhausplanung oder ihrer Weiterentwicklung, soweit erforderlich auch einrichtungsbezogen sowie versichertenbezogen, in pseudonymisierter Form zu übermitteln. ²Die Landesbehörde hat ein berechtigtes Interesse an der Verarbeitung und Nutzung der Daten darzulegen und sicherzustellen, dass die Daten nur für die im Antrag genannten konkreten Zwecke verarbeitet und genutzt werden. ³Eine Übermittlung der Daten durch die Landesbehörden oder von diesen bestimmten Stellen an Dritte ist nicht zulässig. ⁴In dem Antrag ist der Tag, bis zu dem die übermittelten Daten aufbewahrt werden dürfen, genau zu bezeichnen. ⁵Absatz 10 Satz 3 bis 5 gilt entsprechend.

§ 137b Aufträge des Gemeinsamen Bundesausschusses an das Institut nach § 137a. (1) ¹Der Gemeinsame Bundesausschuss beschließt zur Entwicklung und Durchführung der Qualitätssicherung sowie zur Verbesserung der Transparenz über die Qualität der ambulanten und stationären Versorgung Aufträge nach § 137a Absatz 3 an das Institut nach § 137a. ²Soweit hierbei personenbezogene Daten übermittelt werden sollen, gilt § 299.

(2) ¹Das Institut nach § 137a leitet die Arbeitsergebnisse der Aufträge nach § 137a Absatz 3 Satz 1 und 2 und Absatz 4 Satz 2 dem Gemeinsamen Bundesausschuss als Empfehlungen zu. ²Der Gemeinsame Bundesausschuss hat die Empfehlungen im Rahmen seiner Aufgabenstellung zu berücksichtigen.

§ 137c Bewertung von Untersuchungs- und Behandlungsmethoden im Krankenhaus. (1) ¹Der Gemeinsame Bundesausschuss nach § 91 überprüft auf Antrag des Spitzenverbandes Bund der Krankenkassen, der Deutschen Krankenhausgesellschaft oder eines Bundesverbandes der Krankenhausträger Untersuchungs- und Behandlungsmethoden, die zu Lasten der gesetzlichen Krankenkassen im Rahmen einer Krankenhausbehandlung angewandt werden oder angewandt werden sollen, daraufhin, ob sie für eine ausreichende, zweckmäßige und wirtschaftliche Versorgung der Versicherten unter Berücksichtigung des allgemein anerkannten Standes der medizinischen Erkenntnisse erforderlich sind. ²Ergibt die Überprüfung, dass der Nutzen einer Methode nicht hinreichend belegt ist und sie nicht das Potenzial einer erforderlichen Behandlungsalternative bietet, insbesondere weil sie schädlich oder unwirksam ist, erlässt der Gemeinsame Bundesausschuss eine entsprechende Richtlinie, wonach die Methode im Rahmen einer Krankenhausbehandlung nicht mehr zulasten der Krankenkassen erbracht werden darf. ³Ergibt die Überprüfung, dass der

Nutzen einer Methode noch nicht hinreichend belegt ist, sie aber das Potenzial einer erforderlichen Behandlungsalternative bietet, beschließt der Gemeinsame Bundesausschuss eine Richtlinie zur Erprobung nach § 137e. [4]Nach Abschluss der Erprobung erlässt der Gemeinsame Bundesausschuss eine Richtlinie, wonach die Methode im Rahmen einer Krankenhausbehandlung nicht mehr zulasten der Krankenkassen erbracht werden darf, wenn die Überprüfung unter Hinzuziehung der durch die Erprobung gewonnenen Erkenntnisse ergibt, dass die Methode nicht den Kriterien nach Satz 1 entspricht. [5]Ist eine Richtlinie zur Erprobung nicht zustande gekommen, weil es an einer nach § 137e Absatz 6 erforderlichen Vereinbarung fehlt, gilt Satz 4 entsprechend. [6]Die Beschlussfassung über die Annahme eines Antrags nach Satz 1 muss spätestens drei Monate nach Antragseingang erfolgen. [7]Das sich anschließende Methodenbewertungsverfahren ist in der Regel innerhalb von spätestens drei Jahren abzuschließen, es sei denn, dass auch bei Straffung des Verfahrens im Einzelfall eine längere Verfahrensdauer erforderlich ist.

(2) [1]Wird eine Beanstandung des Bundesministeriums für Gesundheit nach § 94 Abs. 1 Satz 2 nicht innerhalb der von ihm gesetzten Frist behoben, kann das Bundesministerium die Richtlinie erlassen. [2]Ab dem Tag des Inkrafttretens einer Richtlinie nach Absatz 1 Satz 2 oder 4 darf die ausgeschlossene Methode im Rahmen einer Krankenhausbehandlung nicht mehr zu Lasten der Krankenkassen erbracht werden; die Durchführung klinischer Studien bleibt von einem Ausschluss nach Absatz 1 Satz 4 unberührt.

(3) [1]Untersuchungs- und Behandlungsmethoden, zu denen der Gemeinsame Bundesausschuss bisher keine Entscheidung nach Absatz 1 getroffen hat, dürfen im Rahmen einer Krankenhausbehandlung angewandt werden, wenn sie das Potential einer erforderlichen Behandlungsalternative bieten und ihre Anwendung nach den Regeln der ärztlichen Kunst erfolgt, sie also insbesondere medizinisch indiziert und notwendig ist. [2]Dies gilt sowohl für Methoden, für die noch kein Antrag nach Absatz 1 Satz 1 gestellt wurde, als auch für Methoden, deren Bewertung nach Absatz 1 noch nicht abgeschlossen ist.

§ 137d Qualitätssicherung bei der ambulanten und stationären Vorsorge oder Rehabilitation. (1) [1]Für stationäre Rehabilitationseinrichtungen, mit denen ein Vertrag nach § 111 oder § 111a und für ambulante Rehabilitationseinrichtungen, mit denen ein Vertrag über die Erbringung ambulanter Leistungen zur medizinischen Rehabilitation nach § 111c Absatz 1 besteht, vereinbart der Spitzenverband Bund der Krankenkassen auf der Grundlage der Empfehlungen nach § 37 Absatz 1 des Neunten Buches mit den für die Wahrnehmung der Interessen der ambulanten und stationären Rehabilitationseinrichtungen und der Einrichtungen des Müttergenesungswerks oder gleichartiger Einrichtungen auf Bundesebene maßgeblichen Spitzenorganisationen die Maßnahmen der Qualitätssicherung nach § 135a Abs. 2 Nr. 1. [2]Die Kosten der Auswertung von Maßnahmen der einrichtungsübergreifenden Qualitätssicherung tragen die Krankenkassen anteilig nach ihrer Belegung der Einrichtungen oder Fachabteilungen. [3]Das einrichtungsinterne Qualitätsmanagement und die Verpflichtung zur Zertifizierung für stationäre Rehabilitationseinrichtungen richten sich nach § 37 des Neunten Buches.

(2) ¹Für stationäre Vorsorgeeinrichtungen, mit denen ein Versorgungsvertrag nach § 111 und für Einrichtungen, mit denen ein Versorgungsvertrag nach § 111a besteht, vereinbart der Spitzenverband Bund der Krankenkassen mit den für die Wahrnehmung der Interessen der stationären Vorsorgeeinrichtungen und der Einrichtungen des Müttergenesungswerks oder gleichartiger Einrichtungen auf Bundesebene maßgeblichen Spitzenorganisationen die Maßnahmen der Qualitätssicherung nach § 135a Abs. 2 Nr. 1 und die Anforderungen an ein einrichtungsinternes Qualitätsmanagement nach § 135a Abs. 2 Nr. 2. ²Dabei sind die gemeinsamen Empfehlungen nach § 37 Absatz 1 des Neunten Buches zu berücksichtigen und in ihren Grundzügen zu übernehmen. ³Die Kostentragungspflicht nach Absatz 1 Satz 3 gilt entsprechend.

(3) Für Leistungserbringer, die ambulante Vorsorgeleistungen nach § 23 Abs. 2 erbringen, vereinbart der Spitzenverband Bund der Krankenkassen mit der Kassenärztlichen Bundesvereinigung und den maßgeblichen Bundesverbänden der Leistungserbringer, die ambulante Vorsorgeleistungen durchführen, die grundsätzlichen Anforderungen an ein einrichtungsinternes Qualitätsmanagement nach § 135a Abs. 2 Nr. 2.

(4) ¹Die Vertragspartner haben durch geeignete Maßnahmen sicherzustellen, dass die Anforderungen an die Qualitätssicherung für die ambulante und stationäre Vorsorge und Rehabilitation einheitlichen Grundsätzen genügen, und die Erfordernisse einer sektor- und berufsgruppenübergreifenden Versorgung angemessen berücksichtigt sind. ²Bei Vereinbarungen nach den Absätzen 1 und 2 ist der Bundesärztekammer, der Bundespsychotherapeutenkammer und der Deutschen Krankenhausgesellschaft Gelegenheit zur Stellungnahme zu geben.

§ 137e Erprobung von Untersuchungs- und Behandlungsmethoden.

(1) ¹Gelangt der Gemeinsame Bundesausschuss bei der Prüfung von Untersuchungs- und Behandlungsmethoden nach § 135 oder § 137c zu der Feststellung, dass eine Methode das Potenzial einer erforderlichen Behandlungsalternative bietet, ihr Nutzen aber noch nicht hinreichend belegt ist, kann der Gemeinsame Bundesausschuss unter Aussetzung seines Bewertungsverfahrens eine Richtlinie zur Erprobung beschließen, um die notwendigen Erkenntnisse für die Bewertung des Nutzens der Methode zu gewinnen. ²Aufgrund der Richtlinie wird die Untersuchungs- oder Behandlungsmethode in einem befristeten Zeitraum im Rahmen der Krankenbehandlung oder der Früherkennung zulasten der Krankenkassen erbracht.

(2) ¹Der Gemeinsame Bundesausschuss regelt in der Richtlinie nach Absatz 1 Satz 1 die in die Erprobung einbezogenen Indikationen und die sächlichen, personellen und sonstigen Anforderungen an die Qualität der Leistungserbringung im Rahmen der Erprobung. ²Er legt zudem Anforderungen an die Durchführung, die wissenschaftliche Begleitung und die Auswertung der Erprobung fest. ³Für Krankenhäuser, die nicht an der Erprobung teilnehmen, kann

der Gemeinsame Bundesausschuss nach den §§ 136 bis 136b Anforderungen an die Qualität der Leistungserbringung regeln.

(3) An der vertragsärztlichen Versorgung teilnehmende Leistungserbringer und nach § 108 zugelassene Krankenhäuser können in dem erforderlichen Umfang an der Erprobung einer Untersuchungs- oder Behandlungsmethode teilnehmen, wenn sie gegenüber der wissenschaftlichen Institution nach Absatz 5 nachweisen, dass sie die Anforderungen nach Absatz 2 erfüllen.

(4) ¹Die von den Leistungserbringern nach Absatz 3 im Rahmen der Erprobung erbrachten und verordneten Leistungen werden unmittelbar von den Krankenkassen vergütet. ²Bei voll- und teilstationären Krankenhausleistungen werden diese durch Entgelte nach § 17b oder § 17d des Krankenhausfinanzierungsgesetzes oder nach der Bundespflegesatzverordnung vergütet. ³Kommt für eine neue Untersuchungs- oder Behandlungsmethode, die mit pauschalierten Pflegesätzen nach § 17 Absatz 1a des Krankenhausfinanzierungsgesetzes noch nicht sachgerecht vergütet werden kann, eine sich auf den gesamten Erprobungszeitraum beziehende Vereinbarung nach § 6 Absatz 2 Satz 1 des Krankenhausentgeltgesetzes oder nach § 6 Absatz 2 Satz 1 der Bundespflegesatzverordnung nicht innerhalb von drei Monaten nach Erteilung des Auftrags des Gemeinsamen Bundesausschusses nach Absatz 5 zustande, wird ihr Inhalt durch die Schiedsstelle nach § 13 des Krankenhausentgeltgesetzes oder nach § 13 der Bundespflegesatzverordnung festgelegt. ⁴Bei Methoden, die auch ambulant angewandt werden können, wird die Höhe der Vergütung für die ambulante Leistungserbringung durch die Vertragspartner nach § 115 Absatz 1 Satz 1 vereinbart. ⁵Kommt eine Vereinbarung nach Satz 4 nicht innerhalb von drei Monaten nach Erteilung des Auftrags des Gemeinsamen Bundesausschusses nach Absatz 5 zustande, wird ihr Inhalt durch die erweiterte Schiedsstelle nach § 115 Absatz 3 innerhalb von sechs Wochen festgelegt. ⁶Klagen gegen die Festlegung des Vertragsinhalts haben keine aufschiebende Wirkung.

(5) ¹Für die wissenschaftliche Begleitung und Auswertung der Erprobung beauftragt der Gemeinsame Bundesausschuss eine unabhängige wissenschaftliche Institution. ²Die an der Erprobung teilnehmenden Leistungserbringer sind verpflichtet, die für die wissenschaftliche Begleitung und Auswertung erforderlichen Daten zu dokumentieren und der beauftragten Institution zur Verfügung zu stellen. ³Sofern hierfür personenbezogene Daten der Versicherten benötigt werden, ist vorher deren Einwilligung einzuholen. ⁴Für den zusätzlichen Aufwand im Zusammenhang mit der Durchführung der Erprobung erhalten die an der Erprobung teilnehmenden Leistungserbringer von der beauftragten Institution eine angemessene Aufwandsentschädigung.

(6) ¹Beruht die technische Anwendung der Methode maßgeblich auf dem Einsatz eines Medizinprodukts, darf der Gemeinsame Bundesausschuss einen Beschluss zur Erprobung nach Absatz 1 nur dann fassen, wenn sich die Hersteller dieses Medizinprodukts oder Unternehmen, die in sonstiger Weise als Anbieter der Methode ein wirtschaftliches Interesse an einer Erbringung zulasten der Krankenkassen haben, zuvor gegenüber dem Gemeinsamen Bun-

desausschuss bereit erklären, die nach Absatz 5 entstehenden Kosten der wissenschaftlichen Begleitung und Auswertung in angemessenem Umfang zu übernehmen. [2]Die Hersteller oder sonstigen Unternehmen vereinbaren mit der beauftragten Institution nach Absatz 5 das Nähere zur Übernahme der Kosten.

(7) [1]Unabhängig von einem Beratungsverfahren nach § 135 oder § 137c können Hersteller eines Medizinprodukts, auf dessen Einsatz die technische Anwendung einer neuen Untersuchungs- oder Behandlungsmethode maßgeblich beruht, und Unternehmen, die in sonstiger Weise als Anbieter einer neuen Methode ein wirtschaftliches Interesse an einer Erbringung zulasten der Krankenkassen haben, beim Gemeinsamen Bundesausschuss beantragen, dass dieser eine Richtlinie zur Erprobung des neuen Methode nach Absatz 1 beschließt. [2]Der Antragsteller hat aussagekräftige Unterlagen vorzulegen, aus denen hervorgeht, dass die Methode hinreichendes Potenzial für eine Erprobung bietet sowie eine Verpflichtungserklärung nach Absatz 6 abzugeben. [3]Der Gemeinsame Bundesausschuss entscheidet innerhalb von drei Monaten nach Antragstellung auf der Grundlage der vom Antragsteller zur Begründung seines Antrags vorgelegten Unterlagen. [4]Beschließt der Gemeinsame Bundesausschuss eine Erprobung, entscheidet er im Anschluss an die Erprobung auf der Grundlage der gewonnenen Erkenntnisse über eine Richtlinie nach § 135 oder § 137c.

(8) [1]Der Gemeinsame Bundesausschuss berät Hersteller von Medizinprodukten und sonstige Unternehmen im Sinne von Absatz 7 Satz 1 zu den Voraussetzungen der Erbringung einer Untersuchungs- oder Behandlungsmethode zulasten der Krankenkassen. [2]Das Nähere einschließlich der Erstattung der für diese Beratung entstandenen Kosten ist in der Verfahrensordnung zu regeln.

§ 137f Strukturierte Behandlungsprogramme bei chronischen Krankheiten. (1) [1]Der Gemeinsame Bundesausschuss nach § 91 legt in Richtlinien nach Maßgabe von Satz 2 geeignete chronische Krankheiten fest, für die strukturierte Behandlungsprogramme entwickelt werden sollen, die den Behandlungsablauf und die Qualität der medizinischen Versorgung chronisch Kranker verbessern. [2]Bei der Auswahl der chronischen Krankheiten sind insbesondere die folgenden Kriterien zu berücksichtigen:

1. Zahl der von der Krankheit betroffenen Versicherten,
2. Möglichkeiten zur Verbesserung der Qualität der Versorgung,
3. Verfügbarkeit von evidenzbasierten Leitlinien,
4. sektorenübergreifender Behandlungsbedarf,
5. Beeinflussbarkeit des Krankheitsverlaufs durch Eigeninitiative des Versicherten und
6. hoher finanzieller Aufwand der Behandlung.

[3]Bis zum 31. Dezember 2016 legt der Gemeinsame Bundesausschuss weitere in § 321 Satz 1 nicht genannte, geeignete chronische Krankheiten fest und erlässt insbesondere für die Behandlung von Rückenleiden und Depressionen jeweils entsprechende Richtlinien nach Absatz 2.

(2) [1]Der Gemeinsame Bundesausschuss nach § 91 erlässt Richtlinien zu den Anforderungen an die Ausgestaltung von Behandlungsprogrammen nach Absatz 1. [2]Zu regeln sind insbesondere Anforderungen an die

1. Behandlung nach dem aktuellen Stand der medizinischen Wissenschaft unter Berücksichtigung von evidenzbasierten Leitlinien oder nach der jeweils besten, verfügbaren Evidenz sowie unter Berücksichtigung des jeweiligen Versorgungssektors,

2. durchzuführenden Qualitätssicherungsmaßnahmen unter Berücksichtigung der Ergebnisse nach § 137a Absatz 3,

3. Voraussetzungen für die Einschreibung des Versicherten in ein Programm,

4. Schulungen der Leistungserbringer und der Versicherten,

5. Dokumentation einschließlich der für die Durchführung der Programme erforderlichen personenbezogenen Daten und deren Aufbewahrungsfristen,

6. Bewertung der Auswirkungen der Versorgung in den Programmen (Evaluation).

[3]Soweit diese Anforderungen Inhalte der ärztlichen Therapie betreffen, schränken sie den zur Erfüllung des ärztlichen Behandlungsauftrags im Einzelfall erforderlichen ärztlichen Behandlungsspielraum nicht ein. [4]Der Spitzenverband Bund der Krankenkassen hat den Medizinischen Dienst des Spitzenverbandes Bund der Krankenkassen zu beteiligen. [5]Den für die Wahrnehmung der Interessen der ambulanten und stationären Vorsorge- und Rehabilitationseinrichtungen und der Selbsthilfe sowie den für die sonstigen Leistungserbringer auf Bundesebene maßgeblichen Spitzenorganisationen, soweit ihre Belange berührt sind, sowie dem Bundesversicherungsamt und den jeweils einschlägigen wissenschaftlichen Fachgesellschaften ist Gelegenheit zur Stellungnahme zu geben; die Stellungnahmen sind in die Entscheidungen mit einzubeziehen. [6]Der Gemeinsame Bundesausschuss nach § 91 hat seine Richtlinien regelmäßig zu überprüfen.

(3) [1]Für die Versicherten ist die Teilnahme an Programmen nach Absatz 1 freiwillig. [2]Voraussetzung für die Einschreibung ist die nach umfassender Information durch die Krankenkasse erteilte schriftliche Einwilligung zur Teilnahme an dem Programm, zur Erhebung, Verarbeitung und Nutzung der in den Richtlinien des Gemeinsamen Bundesausschusses nach Absatz 2 festgelegten Daten durch die Krankenkasse, die Sachverständigen nach Absatz 4 und die beteiligten Leistungserbringer sowie zur Übermittlung dieser Daten an die Krankenkasse. [3]Die Einwilligung kann widerrufen werden.

(4) [1]Die Krankenkassen oder ihre Verbände haben nach den Richtlinien des Gemeinsamen Bundesausschusses nach Absatz 2 eine externe Evaluation der für dieselbe Krankheit nach Absatz 1 zugelassenen Programme nach Absatz 1 durch einen vom Bundesversicherungsamt im Benehmen mit der Krankenkasse oder dem Verband auf deren Kosten bestellten unabhängigen Sachverständigen auf der Grundlage allgemein anerkannter wissenschaftlicher Standards zu veranlassen, die zu veröffentlichen ist. [2]Die Krankenkassen oder ihre Verbände erstellen für die Programme zudem für jedes volle Kalenderjahr Qualitätsberichte

nach den Vorgaben der Richtlinien des Gemeinsamen Bundesausschusses nach Absatz 2, die dem Bundesversicherungsamt jeweils bis zum 1. Oktober des Folgejahres vorzulegen sind.

(5) [1]Die Verbände der Krankenkassen und der Spitzenverband Bund der Krankenkassen unterstützen ihre Mitglieder bei dem Aufbau und der Durchführung von Programmen nach Absatz 1; hierzu gehört auch, dass die in Satz 2 genannten Aufträge auch von diesen Verbänden erteilt werden können, soweit hierdurch bundes- oder landeseinheitliche Vorgaben umgesetzt werden sollen. [2]Die Krankenkassen können ihre Aufgaben zur Durchführung von mit zugelassenen Leistungserbringern vertraglich vereinbarten Programmen nach Absatz 1 auf Dritte übertragen. [3]§ 80 des Zehnten Buches bleibt unberührt.

(6) [1]Soweit in den Verträgen zur Durchführung strukturierter Behandlungsprogramme nach Absatz 1 die Bildung einer Arbeitsgemeinschaft vorgesehen ist, darf diese zur Erfüllung ihrer Aufgaben abweichend von § 80 Abs. 5 Nr. 2 des Zehnten Buches dem Auftragnehmer die Verarbeitung des gesamten Datenbestandes übertragen. [2]Der Auftraggeber hat den für ihn zuständigen Datenschutzbeauftragten rechtzeitig vor der Auftragserteilung die in § 80 Abs. 3 Satz 1 Nr. 1 bis 4 des Zehnten Buches genannten Angaben schriftlich anzuzeigen. [3]§ 80 Abs. 6 Satz 4 des Zehnten Buches bleibt unberührt. [4]Die für die Auftraggeber und Auftragnehmer zuständigen Aufsichtsbehörden haben bei der Kontrolle der Verträge nach Satz 1 eng zusammenzuarbeiten.

(7) [1]Die Krankenkassen oder ihre Landesverbände können mit zugelassenen Krankenhäusern, die an der Durchführung eines strukturierten Behandlungsprogramms nach Absatz 1 teilnehmen, Verträge über ambulante ärztliche Behandlung schließen, soweit die Anforderungen an die ambulante Leistungserbringung in den Verträgen zu den strukturierten Behandlungsprogrammen dies erfordern. [2]Für die sächlichen und personellen Anforderungen an die ambulante Leistungserbringung des Krankenhauses gelten als Mindestvoraussetzungen die Anforderungen nach § 135 entsprechend.

§ 137g Zulassung strukturierter Behandlungsprogramme. (1) [1]Das Bundesversicherungsamt hat auf Antrag einer oder mehrerer Krankenkassen oder eines Verbandes der Krankenkassen die Zulassung von Programmen nach § 137f Abs. 1 zu erteilen, wenn die Programme und die zu ihrer Durchführung geschlossenen Verträge die in den Richtlinien des Gemeinsamen Bundesausschusses nach § 137f und in der Rechtsverordnung nach § 266 Abs. 7 genannten Anforderungen erfüllen. [2]Dabei kann es wissenschaftliche Sachverständige hinzuziehen. [3]Die Zulassung kann mit Auflagen und Bedingungen versehen werden. [4]Die Zulassung ist innerhalb von drei Monaten zu erteilen. [5]Die Frist nach Satz 4 gilt als gewahrt, wenn die Zulassung aus Gründen, die von der Krankenkasse zu vertreten sind, nicht innerhalb dieser Frist erteilt werden kann. [6]Die Zulassung wird mit dem Tage wirksam, an dem die in den Richtlinien des Gemeinsamen Bundesausschusses nach § 137f und in der Rechtsverordnung nach § 266 Abs. 7 genannten Anforderungen erfüllt und die Verträge nach

Satz 1 geschlossen sind, frühestens mit dem Tag der Antragstellung, nicht jedoch vor dem Inkrafttreten dieser Richtlinien und Verordnungsregelungen. [7]Für die Bescheiderteilung sind Kosten deckende Gebühren zu erheben. [8]Die Kosten werden nach dem tatsächlich entstandenen Personal- und Sachaufwand berechnet. [9]Zusätzlich zu den Personalkosten entstehende Verwaltungsausgaben sind den Kosten in ihrer tatsächlichen Höhe hinzuzurechnen. [10]Soweit dem Bundesversicherungsamt im Zusammenhang mit der Zulassung von Programmen nach § 137f Abs. 1 notwendige Vorhaltekosten entstehen, die durch die Gebühren nach Satz 7 nicht gedeckt sind, sind diese aus dem Gesundheitsfonds zu finanzieren. [11]Das Nähere über die Berechnung der Kosten nach den Sätzen 8 und 9 und über die Berücksichtigung der Kosten nach Satz 10 im Risikostrukturausgleich regelt das Bundesministerium für Gesundheit ohne Zustimmung des Bundesrates in der Rechtsverordnung nach § 266 Abs. 7. [12]In der Rechtsverordnung nach § 266 Abs. 7 kann vorgesehen werden, dass die tatsächlich entstandenen Kosten nach den Sätzen 8 und 9 auf der Grundlage pauschalierter Kostensätze zu berechnen sind. [13]Klagen gegen die Gebührenbescheide des Bundesversicherungsamts haben keine aufschiebende Wirkung.

(2) [1]Die Programme und die zu ihrer Durchführung geschlossenen Verträge sind unverzüglich, spätestens innerhalb eines Jahres an Änderungen der in den Richtlinien des Gemeinsamen Bundesausschusses nach § 137f und der in der Rechtsverordnung nach § 266 Absatz 7 genannten Anforderungen anzupassen. [2]Satz 1 gilt entsprechend für Programme, deren Zulassung bei Inkrafttreten von Änderungen der in den Richtlinien des Gemeinsamen Bundesausschusses nach § 137f und der in der Rechtsverordnung nach § 266 Absatz 7 genannten Anforderungen bereits beantragt ist. [3]Die Krankenkasse hat dem Bundesversicherungsamt die angepassten Verträge unverzüglich vorzulegen und es über die Anpassung der Programme unverzüglich zu unterrichten.

(3) [1]Die Zulassung eines Programms ist mit Wirkung zum Zeitpunkt der Änderung der Verhältnisse aufzuheben, wenn das Programm und die zu seiner Durchführung geschlossenen Verträge die rechtlichen Anforderungen nicht mehr erfüllen. [2]Die Zulassung ist mit Wirkung zum Beginn des Bewertungszeitraums aufzuheben, für den die Evaluation nach § 137f Absatz 4 Satz 1 nicht gemäß den Anforderungen nach den Richtlinien des Gemeinsamen Bundesausschusses nach § 137f durchgeführt wurde. [3]Sie ist mit Wirkung zum Beginn des Kalenderjahres aufzuheben, für das ein Qualitätsbericht nach § 137f Absatz 4 Satz 2 nicht fristgerecht vorgelegt worden ist.

§ 137h Bewertung neuer Untersuchungs- und Behandlungsmethoden mit Medizinprodukten hoher Risikoklasse.

(1) [1]Wird hinsichtlich einer neuen Untersuchungs- oder Behandlungsmethode, deren technische Anwendung maßgeblich auf dem Einsatz eines Medizinprodukts mit hoher Risikoklasse beruht, erstmalig eine Anfrage nach § 6 Absatz 2 Satz 3 des Krankenhausentgeltgesetzes gestellt, hat das anfragende Krankenhaus dem Gemeinsamen Bundesausschuss zugleich Informationen über den Stand der wissenschaftlichen Erkenntnisse zu dieser Methode sowie zu der Anwendung des Medizinprodukts

zu übermitteln. [2]Eine Anfrage nach Satz 1 und die Übermittlung der Unterlagen erfolgt im Benehmen mit dem Hersteller derjenigen Medizinprodukte mit hoher Risikoklasse, die in dem Krankenhaus bei der Methode zur Anwendung kommen sollen. [3]Weist die Methode ein neues theoretisch-wissenschaftliches Konzept auf, gibt der Gemeinsame Bundesausschuss innerhalb von zwei Wochen nach Eingang der Informationen im Wege einer öffentlichen Bekanntmachung im Internet allen Krankenhäusern, die eine Erbringung der neuen Untersuchungs- oder Behandlungsmethode vorsehen, sowie den jeweils betroffenen Medizinprodukteherstellern in der Regel einen Monat Gelegenheit, weitere Informationen im Sinne von Satz 1 an ihn zu übermitteln. [4]Der Gemeinsame Bundesausschuss nimmt auf Grundlage der übermittelten Informationen innerhalb von drei Monaten eine Bewertung vor, ob

1. der Nutzen der Methode unter Anwendung des Medizinprodukts als hinreichend belegt anzusehen ist,

2. der Nutzen zwar als noch nicht hinreichend belegt anzusehen ist, aber die Methode unter Anwendung des Medizinprodukts das Potential einer erforderlichen Behandlungsalternative bietet, oder

3. die Methode unter Anwendung des Medizinprodukts kein Potential für eine erforderliche Behandlungsalternative bietet, insbesondere weil sie als schädlich oder unwirksam anzusehen ist.

[5]Für den Beschluss des Gemeinsamen Bundesausschusses nach Satz 4 gilt § 94 Absatz 2 Satz 1 entsprechend. [6]Das Nähere zum Verfahren ist erstmals innerhalb von drei Monaten nach Inkrafttreten der Rechtsverordnung nach Absatz 2 in der Verfahrensordnung zu regeln. [7]Satz 1 ist erst ab dem Zeitpunkt des Inkrafttretens der Verfahrensordnung anzuwenden.'

(2) [1]Medizinprodukte mit hoher Risikoklasse nach Absatz 1 Satz 1 sind solche, die der Risikoklasse IIb oder III nach Artikel 9 in Verbindung mit Anhang IX der Richtlinie 93/42/EWG des Rates vom 14. Juni 1993 über Medizinprodukte (ABl. L 169 vom 12.7.1993, S. 1), die zuletzt durch Artikel 2 der Richtlinie 2007/47/EG (ABl. L 247 vom 21.9.2007, S. 21) geändert worden ist, oder den aktiven implantierbaren Medizinprodukten zuzuordnen sind und deren Anwendung einen besonders invasiven Charakter aufweist. [2]Eine Methode weist ein neues theoretisch-wissenschaftliches Konzept im Sinne von Absatz 1 Satz 3 auf, wenn sich ihr Wirkprinzip oder ihr Anwendungsgebiet von anderen, in der stationären Versorgung bereits eingeführten systematischen Herangehensweisen wesentlich unterscheidet. [3]Nähere Kriterien zur Bestimmung der in den Sätzen 1 und 2 genannten Voraussetzungen regelt das Bundesministerium für Gesundheit im Benehmen mit dem Bundesministerium für Bildung und Forschung erstmals bis zum 31. Dezember 2015 durch Rechtsverordnung ohne Zustimmung des Bundesrates.

(3) [1]Für eine Methode nach Absatz 1 Satz 4 Nummer 1 prüft der Gemeinsame Bundesausschuss, ob Anforderungen an die Qualität der Leistungserbringung nach den §§ 136 bis 136b zu regeln sind. [2]Wenn die Methode mit pauschalierten Pflegesätzen nach § 17 Absatz 1a des Krankenhausfinanzierungsgesetzes

noch nicht sachgerecht vergütet werden kann und eine Vereinbarung nach § 6 Absatz 2 Satz 1 des Krankenhausentgeltgesetzes oder nach § 6 Absatz 2 Satz 1 der Bundespflegesatzverordnung nicht innerhalb von drei Monaten nach dem Beschluss nach Absatz 1 Satz 4 zustande kommt, ist ihr Inhalt durch die Schiedsstelle nach § 13 des Krankenhausentgeltgesetzes oder nach § 13 der Bundespflegesatzverordnung festzulegen. ³Der Anspruch auf die vereinbarte oder durch die Schiedsstelle festgelegte Vergütung gilt für Behandlungsfälle, die ab dem Zeitpunkt der Anfrage nach § 6 Absatz 2 Satz 3 des Krankenhausentgeltgesetzes oder nach § 6 Absatz 2 Satz 2 der Bundespflegesatzverordnung in das Krankenhaus aufgenommen worden sind. ⁴Für die Abwicklung des Vergütungsanspruchs, der zwischen dem Zeitpunkt nach Satz 3 und der Abrechnung der vereinbarten oder durch die Schiedsstelle festgelegten Vergütung entstanden ist, ermitteln die Vertragsparteien nach § 11 des Krankenhausentgeltgesetzes oder nach § 11 der Bundespflegesatzverordnung die Differenz zwischen der vereinbarten oder durch die Schiedsstelle festgelegten Vergütung und der für die Behandlungsfälle bereits gezahlten Vergütung; für die ermittelte Differenz ist § 15 Absatz 3 des Krankenhausentgeltgesetzes oder § 15 Absatz 2 der Bundespflegesatzverordnung entsprechend anzuwenden.

(4) ¹Für eine Methode nach Absatz 1 Satz 4 Nummer 2 entscheidet der Gemeinsame Bundesausschuss innerhalb von sechs Monaten nach dem Beschluss nach Absatz 1 Satz 4 über eine Richtlinie zur Erprobung nach § 137e. ²Wenn die Methode mit pauschalierten Pflegesätzen nach § 17 Absatz 1a des Krankenhausfinanzierungsgesetzes noch nicht sachgerecht vergütet werden kann und eine Vereinbarung nach § 6 Absatz 2 Satz 1 des Krankenhausentgeltgesetzes oder nach § 6 Absatz 2 Satz 1 der Bundespflegesatzverordnung nicht innerhalb von drei Monaten nach dem Beschluss nach Absatz 1 Satz 4 zustande kommt, ist ihr Inhalt durch die Schiedsstelle nach § 13 des Krankenhausentgeltgesetzes oder nach § 13 der Bundespflegesatzverordnung festzulegen. ³Der Anspruch auf die vereinbarte oder durch die Schiedsstelle festgelegte Vergütung gilt für die Behandlungsfälle, die ab dem Zeitpunkt der Anfrage nach § 6 Absatz 2 Satz 3 des Krankenhausentgeltgesetzes oder nach § 6 Absatz 2 Satz 2 der Bundespflegesatzverordnung in das Krankenhaus aufgenommen worden sind. ⁴Für die Abwicklung des Vergütungsanspruchs, der zwischen dem Zeitpunkt nach Satz 3 und der Abrechnung der vereinbarten oder durch die Schiedsstelle festgelegten Vergütung entstanden ist, ermitteln die Vertragsparteien nach § 11 des Krankenhausentgeltgesetzes oder nach § 11 der Bundespflegesatzverordnung die Differenz zwischen der vereinbarten oder durch die Schiedsstelle festgelegten Vergütung und der für die Behandlungsfälle bereits gezahlten Vergütung; für die ermittelte Differenz ist § 15 Absatz 3 des Krankenhausentgeltgesetzes oder § 15 Absatz 2 der Bundespflegesatzverordnung entsprechend anzuwenden. ⁵Krankenhäuser, die die Methode unter Anwendung des Medizinprodukts zu Lasten der Krankenkassen erbringen wollen, sind verpflichtet, an einer Erprobung nach § 137e teilzunehmen. ⁶Die Anforderungen an die Erprobung nach § 137e Absatz 2 haben unter Berücksichtigung der Versorgungsrealität

die tatsächliche Durchführbarkeit der Erprobung und der Leistungserbringung zu gewährleisten. [7]Die Erprobung ist in der Regel innerhalb von zwei Jahren abzuschließen, es sei denn, dass auch bei Straffung des Verfahrens im Einzelfall eine längere Erprobungszeit erforderlich ist. [8]Nach Abschluss der Erprobung entscheidet der Gemeinsame Bundesausschuss innerhalb von drei Monaten über eine Richtlinie nach § 137c.

(5) Für eine Methode nach Absatz 1 Satz 4 Nummer 3 ist eine Vereinbarung nach § 6 Absatz 2 Satz 1 des Krankenhausentgeltgesetzes oder nach § 6 Absatz 2 Satz 1 der Bundespflegesatzverordnung ausgeschlossen; der Gemeinsame Bundesausschuss entscheidet unverzüglich über eine Richtlinie nach § 137c Absatz 1 Satz 2.

(6) [1]Der Gemeinsame Bundesausschuss berät Krankenhäuser und Hersteller von Medizinprodukten im Vorfeld des Verfahrens nach Absatz 1 über dessen Voraussetzungen und Anforderungen im Hinblick auf konkrete Methoden. [2]Der Gemeinsame Bundesausschuss kann im Rahmen der Beratung prüfen, ob eine Methode dem Verfahren nach Absatz 1 unterfällt, insbesondere ob sie ein neues theoretisch-wissenschaftliches Konzept aufweist, und hierzu eine Feststellung treffen. [3]Vor einem solchen Beschluss gibt er im Wege einer öffentlichen Bekanntmachung im Internet weiteren betroffenen Krankenhäusern sowie den jeweils betroffenen Medizinprodukteherstellern Gelegenheit zur Stellungnahme. [4]Die Stellungnahmen sind in die Entscheidung einzubeziehen. [5]Für den Beschluss gilt § 94 Absatz 2 Satz 1 entsprechend.

(7) [1]Klagen bei Streitigkeiten nach dieser Vorschrift haben keine aufschiebende Wirkung. [2]Ein Vorverfahren findet nicht statt.

§ 137i Pflegepersonaluntergrenzen in pflegesensitiven Bereichen in Krankenhäusern; Verordnungsermächtigung. (1) [1]Der Spitzenverband Bund der Krankenkassen und die Deutsche Krankenhausgesellschaft legen im Benehmen mit dem Verband der Privaten Krankenversicherung pflegesensitive Bereiche im Krankenhaus fest, für die sie im Benehmen mit dem Verband der Privaten Krankenversicherung spätestens bis zum 30. Juni 2018 mit Wirkung zum 1. Januar 2019 verbindliche Pflegepersonaluntergrenzen mit Wirkung für alle gemäß § 108 zugelassenen Krankenhäuser vereinbaren. [2]Für die Ermittlung der Pflegepersonaluntergrenzen sind alle Patientinnen und Patienten gleichermaßen zu berücksichtigen. [3]Die Mindestvorgaben zur Personalausstattung nach § 136a Absatz 2 Satz 2 bleiben unberührt. [4]In den pflegesensitiven Bereichen sind die dazugehörigen Intensiveinheiten, in begründeten Fällen auch Intensiveinheiten außerhalb von pflegesensitiven Krankenhausbereichen, sowie die Besetzungen im Nachtdienst zu berücksichtigen. [5]Die Vertragsparteien nach Satz 1 haben geeignete Maßnahmen vorzusehen, um Personalverlagerungseffekte aus anderen Krankenhausbereichen zu vermeiden. [6]Sie bestimmen notwendige Ausnahmetatbestände und Übergangsregelungen sowie die Anforderungen an deren Nachweis. [7]Für den Fall der Nichteinhaltung der Pflegepersonaluntergrenzen bestimmen die Vertragsparteien nach Satz 1 mit Wirkung für die Vertragsparteien nach § 11 des Krankenhausentgeltgesetzes insbesondere die Höhe und die nähere Ausgestaltung von Vergütungsabschlägen. [8]Zur Unterstützung bei der Festlegung der pflegesensitiven Bereiche sowie zur Ermittlung der Pflegepersonaluntergrenzen können sie im Bedarfsfall fachlich unabhängige wissenschaftliche Einrichtungen oder Sachverständige beauftragen. [9]Bei der Ausarbeitung und Festlegung der Pflegepersonaluntergrenzen in pflegesensitiven Bereichen sind insbesondere der Deutsche Pflegerat e.V. – DPR, Vertreter der für Personalfragen der Krankenhäuser maßgeblichen Gewerkschaften und Arbeitgeberverbände, die in § 2 Absatz 1 der Patientenbeteiligungsverordnung genannten Organisationen sowie die Arbeitsgemeinschaft der Wissenschaftlichen Medizinischen Fachgesellschaften e.V. qualifiziert zu beteiligen, indem ihnen insbesondere in geeigneter Weise die Teilnahme an und die Mitwirkung in Beratungen zu ermöglichen sind und ihre Stellungnahmen zu berücksichtigen und bei der Entscheidungsfindung miteinzubeziehen sind. [10]Kommt eine Vereinbarung über die Vergütungsabschläge nach Satz 7 bis zum 30. Juni 2018 nicht zustande, trifft die Schiedsstelle nach § 18a Absatz 6 des Krankenhausfinanzierungsgesetzes ohne Antrag einer Vertragspartei nach Satz 1 innerhalb von sechs Wochen die ausstehenden Entscheidungen.

(2) [1]Bei der Umsetzung der Vorgaben nach Absatz 1 steht das Bundesministerium für Gesundheit im ständigen fachlichen Austausch mit den Vertragsparteien nach Absatz 1 Satz 1 und beteiligt den Beauftragten der Bundesregierung für die Belange der Patientinnen und Patienten sowie Bevollmächtigten für Pflege bei den in den Sätzen 4 bis 6 vorgesehenen Verfahrensschritten. [2]Das Bundesministerium für Gesundheit kann zur Unterstützung der Vertragsparteien nach Absatz 1 Satz 1 das Institut nach § 137a mit Gutachten beauftragen; § 137a Absatz 4 Satz 3 gilt entsprechend. [3]Das Bundesministerium für Gesundheit ist berechtigt, an den Sitzungen der Vertragsparteien nach Absatz 1 Satz 1 teilzunehmen, und erhält deren fachliche Unterlagen. [4]Die Vertragsparteien nach Absatz 1 Satz 1 legen dem Bundesministerium für Gesundheit unverzüglich, spätestens bis zum 31. August 2017, einen Zeitplan mit konkreten Zeitzielen für die Entwicklung und Umsetzung der Vorgaben nach Absatz 1 vor. [5]Sie sind verpflichtet, dem Bundesministerium für Gesundheit fortlaufend, insbesondere wenn die Umsetzung der Vorgaben nach Absatz 1 oder die Erreichung der konkreten Zeitziele des Zeitplans gefährdet sind, und auf dessen Verlangen unverzüglich Auskunft über den Bearbeitungsstand der Beratungen zu geben und mögliche Lösungen für Vereinbarungshindernisse vorzulegen. [6]Die Vertragsparteien nach Absatz 1 Satz 1 legen dem Bundesministerium für Gesundheit bis zum 31. Januar 2018 einen Zwischenbericht über die Umsetzung der Vorgaben nach Absatz 1 vor.

(3) [1]Kommt die Vereinbarung nach Absatz 1 ganz oder teilweise nicht fristgerecht zustande, erlässt das Bundesministerium für Gesundheit nach Fristablauf die Vorgaben nach Absatz 1 Satz 1 bis 4 und 6 durch Rechtsverordnung ohne Zustimmung des Bundesrates. [2]Zum Erlass der Vorgaben nach Absatz 1 Satz 1 bis 4 und 6 kann das Bundesministerium für Gesundheit auf Kosten der

Vertragsparteien nach Absatz 1 Satz 1 Datenerhebungen oder Auswertungen in Auftrag geben oder Sachverständigengutachten einholen. [3]Das Bundesministerium für Gesundheit kann insbesondere das Institut für das Entgeltsystem im Krankenhaus und das Institut nach § 137a mit Auswertungen oder Sachverständigengutachten beauftragen. [4]Wird das Institut für das Entgeltsystem im Krankenhaus beauftragt, sind die notwendigen Aufwendungen des Instituts aus dem Zuschlag nach § 17b Absatz 5 Satz 1 Nummer 1 des Krankenhausfinanzierungsgesetzes zu finanzieren; für die Aufwendungen des Instituts nach § 137a gilt § 137a Absatz 4 Satz 3 entsprechend.

(4) [1]Für die Jahre ab 2019 haben die Krankenhäuser durch Bestätigung eines Wirtschaftsprüfers, einer Wirtschaftsprüfungsgesellschaft, eines vereidigten Buchprüfers oder einer Buchprüfungsgesellschaft den Vertragsparteien nach Absatz 1 Satz 1, den Vertragsparteien nach § 11 des Krankenhausentgeltgesetzes und der jeweiligen für die Krankenhausplanung zuständigen Behörde den Erfüllungsgrad der Einhaltung der Pflegepersonaluntergrenzen nach Absatz 1 oder Absatz 3, differenziert nach Personalgruppen und Berufsbezeichnungen und unter Berücksichtigung des Ziels der Vermeidung von Personalverlagerungseffekten, nachzuweisen. [2]Zu diesem Zweck vereinbaren die Vertragsparteien nach Absatz 1 Satz 1 bis zum 30. Juni 2018 mit Wirkung für die Vertragsparteien nach § 11 des Krankenhausentgeltgesetzes die nähere Ausgestaltung der Nachweise. [3]Die Krankenhäuser übermitteln den Nachweis zum 30. Juni jedes Jahres für das jeweils vorangegangene Kalenderjahr, erstmals für das Jahr 2019 zum 30. Juni 2020. [4]Der Erfüllungsgrad der Einhaltung der Vorgaben nach Absatz 1 oder Absatz 3, differenziert nach Personalgruppen und Berufsbezeichnungen, ist in den Qualitätsberichten der Krankenhäuser nach § 136b Absatz 1 Satz 1 Nummer 3 darzustellen. [5]Kommt eine Vereinbarung über die nähere Ausgestaltung der Nachweise nach Satz 2 unter Einschluss der gemäß Absatz 1 Satz 5 vorzusehenden Maßnahmen zur Vermeidung von Personalverlagerungseffekten nicht zustande, trifft die Schiedsstelle nach § 18a Absatz 6 des Krankenhausfinanzierungsgesetzes ohne Antrag einer Vertragspartei nach Satz 1 innerhalb von sechs Wochen die ausstehenden Entscheidungen.

(5) Hält ein Krankenhaus die nach Absatz 1 oder Absatz 3 festgelegten verbindlichen Pflegepersonaluntergrenzen nicht ein, ohne dass ein nach Absatz 1 Satz 6 oder Absatz 3 bestimmter Ausnahmetatbestand vorliegt oder die Voraussetzungen einer nach Absatz 1 Satz 6 oder Absatz 3 bestimmten Übergangsregelung erfüllt sind, ist durch die Vertragsparteien nach § 11 des Krankenhausentgeltgesetzes ein nach Absatz 1 Satz 7 bestimmter Vergütungsabschlag zu vereinbaren.

(6) [1]Für die nach Absatz 1 oder Absatz 3 festgelegten Pflegepersonaluntergrenzen treffen die Vertragsparteien nach Absatz 1 Satz 1 unter Schätzung der personellen und finanziellen Folgen eine Rahmenvereinbarung darüber, welche Mehrkosten, die bei der Finanzierung der Pflegepersonaluntergrenzen entstehen, in Art und Umfang von den Vertragsparteien nach § 11 des Krankenhausentgeltgesetzes bei der Vereinbarung von krankenhausindividuellen Zuschlä-

gen nach § 5 Absatz 3c des Krankenhausentgeltgesetzes zu berücksichtigen sind. [2]Dabei haben die Vertragsparteien nach Absatz 1 Satz 1 auf Grundlage von Auswertungen des Instituts für das Entgeltsystem im Krankenhaus festzustellen, inwieweit die Pflegepersonaluntergrenzen bereits durch Entgelte nach dem Krankenhausentgeltgesetz oder nach diesem Gesetz finanziert werden. [3]Kommt eine Vereinbarung nach Satz 1 nicht zustande, entscheidet auf Antrag einer der Vertragsparteien nach Absatz 1 Satz 1 die Schiedsstelle nach § 18a Absatz 6 des Krankenhausfinanzierungsgesetzes.

(7) Die Vertragsparteien nach Absatz 1 Satz 1 legen dem Deutschen Bundestag über das Bundesministerium für Gesundheit bis zum 31. Dezember 2022 einen wissenschaftlich evaluierten Bericht über die Auswirkungen der festgelegten Pflegepersonaluntergrenzen in den pflegesensitiven Bereichen in Krankenhäusern vor.

§ 138 Neue Heilmittel. Die an der vertragsärztlichen Versorgung teilnehmenden Ärzte dürfen neue Heilmittel nur verordnen, wenn der Gemeinsame Bundesausschuss zuvor ihren therapeutischen Nutzen anerkannt und in den Richtlinien nach § 92 Abs. 1 Satz 2 Nr. 6 Empfehlungen für die Sicherung der Qualität bei der Leistungserbringung abgegeben hat.

§ 139 Hilfsmittelverzeichnis, Qualitätssicherung bei Hilfsmitteln. (1) [1]Der Spitzenverband Bund der Krankenkassen erstellt ein systematisch strukturiertes Hilfsmittelverzeichnis. [2]In dem Verzeichnis sind von der Leistungspflicht umfasste Hilfsmittel aufzuführen. [3]Das Hilfsmittelverzeichnis ist im Bundesanzeiger bekannt zu machen.

(2) [1]Soweit dies zur Gewährleistung einer ausreichenden, zweckmäßigen und wirtschaftlichen Versorgung erforderlich ist, sind im Hilfsmittelverzeichnis indikations- oder einsatzbezogen besondere Qualitätsanforderungen für Hilfsmittel festzulegen. [2]Besondere Qualitätsanforderungen nach Satz 1 können auch festgelegt werden, um eine ausreichend lange Nutzungsdauer oder in geeigneten Fällen den Wiedereinsatz von Hilfsmitteln bei anderen Versicherten zu ermöglichen. [3]Im Hilfsmittelverzeichnis sind auch die Anforderungen an die zusätzlich zur Bereitstellung des Hilfsmittels zu erbringenden Leistungen zu regeln.

(3) [1]Die Aufnahme eines Hilfsmittels in das Hilfsmittelverzeichnis erfolgt auf Antrag des Herstellers. [2]Über die Aufnahme entscheidet der Spitzenverband Bund der Krankenkassen; er kann vom Medizinischen Dienst prüfen lassen, ob die Voraussetzungen nach Absatz 4 erfüllt sind. [3]Hält der Spitzenverband Bund der Krankenkassen bei der Prüfung des Antrags eine Klärung durch den Gemeinsamen Bundesausschuss für erforderlich, ob der Einsatz des Hilfsmittels untrennbarer Bestandteil einer neuen Untersuchungs- oder Behandlungsmethode ist, holt er hierzu unter Vorlage der ihm vorliegenden Unterlagen sowie einer Begründung seiner Einschätzung eine Auskunft des Gemeinsamen Bundesausschusses ein. [4]Der Gemeinsame Bundesausschuss hat die Auskunft innerhalb von sechs Monaten zu erteilen. [5]Kommt der Gemeinsame Bundesausschuss zu

dem Ergebnis, dass das Hilfsmittel untrennbarer Bestandteil einer neuen Untersuchungs- oder Behandlungsmethode ist, beginnt unmittelbar das Verfahren zur Bewertung der Methode nach § 135 Absatz 1 Satz 1, wenn der Hersteller den Antrag auf Eintragung des Hilfsmittels in das Hilfsmittelverzeichnis nicht innerhalb eines Monats zurücknimmt, nachdem ihm der Spitzenverband Bund der Krankenkassen das Ergebnis der Auskunft mitgeteilt hat.

(4) [1]Das Hilfsmittel ist aufzunehmen, wenn der Hersteller die Funktionstauglichkeit und Sicherheit, die Erfüllung der Qualitätsanforderungen nach Absatz 2 und, soweit erforderlich, den medizinischen Nutzen nachgewiesen hat und es mit den für eine ordnungsgemäße und sichere Handhabung erforderlichen Informationen in deutscher Sprache versehen ist. [2]Hat der Hersteller Nachweise nach Satz 1 nur für bestimmte Indikationen erbracht, ist die Aufnahme in das Hilfsmittelverzeichnis auf diese Indikationen zu beschränken. [3]Nimmt der Hersteller an Hilfsmitteln, die im Hilfsmittelverzeichnis aufgeführt sind, Änderungen vor, hat er diese dem Spitzenverband Bund der Krankenkassen unverzüglich mitzuteilen. [4]Die Mitteilungspflicht gilt auch, wenn ein Hilfsmittel nicht mehr hergestellt wird.

(5) [1]Für Medizinprodukte im Sinne des § 3 Nr. 1 des Medizinproduktegesetzes gilt der Nachweis der Funktionstauglichkeit und der Sicherheit durch die CE-Kennzeichnung grundsätzlich als erbracht. [2]Der Spitzenverband Bund der Krankenkassen vergewissert sich von der formalen Rechtmäßigkeit der CE-Kennzeichnung anhand der Konformitätserklärung und, soweit zutreffend, der Zertifikate der an der Konformitätsbewertung beteiligten Benannten Stelle. [3]Aus begründetem Anlass können zusätzliche Prüfungen vorgenommen und hierfür erforderliche Nachweise verlangt werden. [4]Prüfungen nach Satz 3 können nach erfolgter Aufnahme des Produkts auch auf der Grundlage von Stichproben vorgenommen werden. [5]Ergeben sich bei den Prüfungen nach Satz 2 bis 4 Hinweise darauf, dass Vorschriften des Medizinprodukterechts nicht beachtet sind, sind unbeschadet sonstiger Konsequenzen die danach zuständigen Behörden hierüber zu informieren.

(6) [1]Legt der Hersteller unvollständige Antragsunterlagen vor, ist ihm eine angemessene Frist, die insgesamt sechs Monate nicht übersteigen darf, zur Nachreichung fehlender Unterlagen einzuräumen. [2]Wenn nach Ablauf der Frist die für die Entscheidung über den Antrag erforderlichen Unterlagen nicht vollständig vorliegen, ist der Antrag abzulehnen. [3]Ansonsten entscheidet der Spitzenverband Bund der Krankenkassen innerhalb von drei Monaten nach Vorlage der vollständigen Unterlagen. [4]Bis zum Eingang einer im Einzelfall nach Absatz 3 Satz 3 angeforderten Auskunft des Gemeinsamen Bundesausschusses ist der Lauf der Frist nach Satz 3 unterbrochen. [5]Über die Entscheidung ist ein Bescheid zu erteilen. [6]Die Aufnahme ist zu widerrufen, wenn die Anforderungen nach Absatz 4 Satz 1 nicht mehr erfüllt sind.

(7) [1]Der Spitzenverband Bund der Krankenkassen beschließt bis zum 31. Dezember 2017 eine Verfahrensordnung, in der er nach Maßgabe der Absätze 3 bis 6, 8 und 9 das Nähere zum Verfahren zur Aufnahme von Hilfsmitteln in das

Hilfsmittelverzeichnis, zu deren Streichung und zur Fortschreibung des Hilfsmittelverzeichnisses sowie das Nähere zum Verfahren der Auskunftseinholung beim Gemeinsamen Bundesausschuss regelt. [2]Er kann dabei vorsehen, dass von der Erfüllung bestimmter Anforderungen ausgegangen wird, sofern Prüfzertifikate geeigneter Institutionen vorgelegt werden oder die Einhaltung einschlägiger Normen oder Standards in geeigneter Weise nachgewiesen wird. [3]In der Verfahrensordnung legt er insbesondere Fristen für die regelmäßige Fortschreibung des Hilfsmittelverzeichnisses fest. [4]Den maßgeblichen Spitzenorganisationen der betroffenen Hersteller und Leistungserbringer auf Bundesebene ist vor Beschlussfassung innerhalb einer angemessenen Frist Gelegenheit zur Stellungnahme zu geben; die Stellungnahmen sind in die Entscheidung einzubeziehen. [5]Die Verfahrensordnung bedarf der Genehmigung des Bundesministeriums für Gesundheit. [6]Für Änderungen der Verfahrensordnung gelten die Sätze 4 und 5 entsprechend. [7]Sofern dies in einer Rechtsverordnung nach Absatz 8 vorgesehen ist, erhebt der Spitzenverband Bund der Krankenkassen Gebühren zur Deckung seiner Verwaltungsausgaben nach Satz 1.

(8) [1]Das Bundesministerium für Gesundheit kann durch Rechtsverordnung ohne Zustimmung des Bundesrates bestimmen, dass für das Verfahren zur Aufnahme von Hilfsmitteln in das Hilfsmittelverzeichnis Gebühren von den Herstellern zu erheben sind. [2]Es legt die Höhe der Gebühren unter Berücksichtigung des Verwaltungsaufwandes und der Bedeutung der Angelegenheit für den Gebührenschuldner fest. [3]In der Rechtsverordnung kann vorgesehen werden, dass die tatsächlich entstandenen Kosten auf der Grundlage pauschalierter Kostensätze zu berechnen sind.

(9) [1]Das Hilfsmittelverzeichnis ist regelmäßig fortzuschreiben. [2]Der Spitzenverband Bund der Krankenkassen hat bis zum 31. Dezember 2018 sämtliche Produktgruppen, die seit dem 30. Juni 2015 nicht mehr grundlegend aktualisiert wurden, einer systematischen Prüfung zu unterziehen und sie im erforderlichen Umfang fortzuschreiben. [3]Er legt dem Ausschuss für Gesundheit des Deutschen Bundestages über das Bundesministerium für Gesundheit einmal jährlich zum 1. März einen Bericht über die im Berichtszeitraum erfolgten sowie über die begonnenen, aber noch nicht abgeschlossenen Fortschreibungen vor. [4]Die Fortschreibung umfasst die Weiterentwicklung und Änderungen der Systematik und der Anforderungen nach Absatz 2, die Aufnahme neuer Hilfsmittel sowie die Streichung von Hilfsmitteln.

(10) [1]Zum Zweck der Fortschreibung nach Absatz 9 Satz 1, 2 und 4 kann der Spitzenverband Bund der Krankenkassen von dem Hersteller für seine im Hilfsmittelverzeichnis aufgeführten Produkte innerhalb einer in der Verfahrensordnung festgelegten angemessenen Frist die zur Prüfung der Anforderungen nach Absatz 4 Satz 1 erforderlichen Unterlagen anfordern. [2]Bringt der Hersteller die angeforderten Unterlagen nicht fristgemäß bei, verliert die Aufnahme des Produktes in das Hilfsmittelverzeichnis ihre Wirksamkeit und das Produkt ist unmittelbar aus dem Hilfsmittelverzeichnis zu streichen. [3]Ergibt die Prüfung, dass die Anforderungen nach Absatz 4 Satz 1 nicht oder nicht mehr erfüllt sind, ist

die Aufnahme zurückzunehmen oder zu widerrufen. [4]Nach Eintritt der Bestandskraft des Rücknahme- oder Widerrufsbescheids ist das Produkt aus dem Hilfsmittelverzeichnis zu streichen. [5]Für die Prüfung, ob ein Hilfsmittel noch hergestellt wird, gelten die Sätze 1 bis 3 entsprechend mit der Maßgabe, dass die Streichung auch zu einem späteren Zeitpunkt erfolgen kann.

(11) [1]Vor einer Weiterentwicklung und Änderungen der Systematik und der Anforderungen nach Absatz 2 ist den maßgeblichen Spitzenorganisationen der betroffenen Hersteller und Leistungserbringer auf Bundesebene unter Übermittlung der hierfür erforderlichen Informationen innerhalb einer angemessenen Frist Gelegenheit zur Stellungnahme zu geben; die Stellungnahmen sind in die Entscheidung einzubeziehen. [2]Der Spitzenverband Bund der Krankenkassen kann auch Stellungnahmen von medizinischen Fachgesellschaften sowie Sachverständigen aus Wissenschaft und Technik einholen.

§ 139a Institut für Qualität und Wirtschaftlichkeit im Gesundheitswesen.

(1) [1]Der Gemeinsame Bundesausschuss nach § 91 gründet ein fachlich unabhängiges, rechtsfähiges, wissenschaftliches Institut für Qualität und Wirtschaftlichkeit im Gesundheitswesen und ist dessen Träger. [2]Hierzu kann eine Stiftung des privaten Rechts errichtet werden.

(2) [1]Die Bestellung der Institutsleitung hat im Einvernehmen mit dem Bundesministerium für Gesundheit zu erfolgen. [2]Wird eine Stiftung des privaten Rechts errichtet, erfolgt das Einvernehmen innerhalb des Stiftungsvorstands, in den das Bundesministerium für Gesundheit einen Vertreter entsendet.

(3) Das Institut wird zu Fragen von grundsätzlicher Bedeutung für die Qualität und Wirtschaftlichkeit der im Rahmen der gesetzlichen Krankenversicherung erbrachten Leistungen insbesondere auf folgenden Gebieten tätig:

1. Recherche, Darstellung und Bewertung des aktuellen medizinischen Wissensstandes zu diagnostischen und therapeutischen Verfahren bei ausgewählten Krankheiten,
2. Erstellung von wissenschaftlichen Ausarbeitungen, Gutachten und Stellungnahmen zu Fragen der Qualität und Wirtschaftlichkeit der im Rahmen der gesetzlichen Krankenversicherung erbrachten Leistungen unter Berücksichtigung alters-, geschlechts- und lebenslagenspezifischer Besonderheiten,
3. Bewertungen evidenzbasierter Leitlinien für die epidemiologisch wichtigsten Krankheiten,
4. Abgabe von Empfehlungen zu Disease-Management-Programmen,
5. Bewertung des Nutzens und der Kosten von Arzneimitteln,
6. Bereitstellung von für alle Bürgerinnen und Bürger verständlichen allgemeinen Informationen zur Qualität und Effizienz in der Gesundheitsversorgung sowie zu Diagnostik und Therapie von Krankheiten mit erheblicher epidemiologischer Bedeutung,
7. Beteiligung an internationalen Projekten zur Zusammenarbeit und Weiterentwicklung im Bereich der evidenzbasierten Medizin.

(4) ¹Das Institut hat zu gewährleisten, dass die Bewertung des medizinischen Nutzens nach den international anerkannten Standards der evidenzbasierten Medizin und die ökonomische Bewertung nach den hierfür maßgeblichen international anerkannten Standards, insbesondere der Gesundheitsökonomie erfolgt. ²Es hat in regelmäßigen Abständen über die Arbeitsprozesse und -ergebnisse einschließlich der Grundlagen für die Entscheidungsfindung öffentlich zu berichten.

(5) ¹Das Institut hat in allen wichtigen Abschnitten des Bewertungsverfahrens Sachverständigen der medizinischen, pharmazeutischen und gesundheitsökonomischen Wissenschaft und Praxis, den Arzneimittelherstellern sowie den für die Wahrnehmung der Interessen der Patientinnen und Patienten und der Selbsthilfe chronisch Kranker und behinderter Menschen maßgeblichen Organisationen sowie der oder dem Beauftragten der Bundesregierung für die Belange der Patientinnen und Patienten Gelegenheit zur Stellungnahme zu geben. ²Die Stellungnahmen sind in die Entscheidung einzubeziehen.

(6) Zur Sicherstellung der fachlichen Unabhängigkeit des Instituts haben die Beschäftigten vor ihrer Einstellung alle Beziehungen zu Interessenverbänden, Auftragsinstituten, insbesondere der pharmazeutischen Industrie und der Medizinprodukteindustrie, einschließlich Art und Höhe von Zuwendungen offen zu legen.

§ 139b Aufgabendurchführung. (1) ¹Der Gemeinsame Bundesausschuss nach § 91 beauftragt das Institut mit Arbeiten nach § 139a Abs. 3. ²Die den Gemeinsamen Bundesausschuss bildenden Institutionen, das Bundesministerium für Gesundheit und die für die Wahrnehmung der Interessen der Patientinnen und Patienten und der Selbsthilfe chronisch kranker und behinderter Menschen maßgeblichen Organisationen sowie die oder der Beauftragte der Bundesregierung für die Belange der Patientinnen und Patienten können die Beauftragung des Instituts beim Gemeinsamen Bundesausschuss beantragen.

(2) ¹Das Bundesministerium für Gesundheit kann die Bearbeitung von Aufgaben nach § 139a Abs. 3 unmittelbar beim Institut beantragen. ²Das Institut kann einen Antrag des Bundesministeriums für Gesundheit als unbegründet ablehnen, es sei denn, das Bundesministerium für Gesundheit übernimmt die Finanzierung der Bearbeitung des Auftrags.

(3) ¹Zur Erledigung der Aufgaben nach § 139a Abs. 3 Nr. 1 bis 5 hat das Institut wissenschaftliche Forschungsaufträge an externe Sachverständige zu vergeben. ²Diese haben alle Beziehungen zu Interessenverbänden, Auftragsinstituten, insbesondere der pharmazeutischen Industrie und der Medizinprodukteindustrie, einschließlich Art und Höhe von Zuwendungen offen zu legen.

(4) ¹Das Institut leitet die Arbeitsergebnisse der Aufträge nach den Absätzen 1 und 2 dem Gemeinsamen Bundesausschuss nach § 91 als Empfehlungen zu. ²Der Gemeinsame Bundesausschuss hat die Empfehlungen im Rahmen seiner Aufgabenstellung zu berücksichtigen.

(5) ¹Versicherte und sonstige interessierte Einzelpersonen können beim Institut Bewertungen nach § 139a Absatz 3 Nummer 1 und 2 zu medizinischen

Verfahren und Technologien vorschlagen. [2]Das Institut soll die für die Versorgung von Patientinnen und Patienten besonders bedeutsamen Vorschläge auswählen und bearbeiten.

§ 139c Finanzierung. [1]Die Finanzierung des Instituts nach § 139a Abs. 1 erfolgt jeweils zur Hälfte durch die Erhebung eines Zuschlags für jeden abzurechnenden Krankenhausfall und durch die zusätzliche Anhebung der Vergütungen für die ambulante vertragsärztliche und vertragszahnärztliche Versorgung nach den §§ 85 und 87a um einen entsprechenden Vomhundertsatz. [2]Die im stationären Bereich erhobenen Zuschläge werden in der Rechnung des Krankenhauses gesondert ausgewiesen; sie gehen nicht in den Gesamtbetrag oder die Erlösausgleiche nach dem Krankenhausentgeltgesetz oder der Bundespflegesatzverordnung ein. [3]Der Zuschlag für jeden Krankenhausfall, die Anteile der Kassenärztlichen und der Kassenzahnärztlichen Vereinigungen sowie das Nähere zur Weiterleitung dieser Mittel an eine zu benennende Stelle werden durch den Gemeinsamen Bundesausschuss festgelegt.

§ 139d Erprobung von Leistungen und Maßnahmen zur Krankenbehandlung. [1]Gelangt der Gemeinsame Bundesausschuss bei seinen Beratungen über eine Leistung oder Maßnahme zur Krankenbehandlung, die kein Arzneimittel ist und die nicht der Bewertung nach § 135 oder § 137c unterliegt, zu der Feststellung, dass sie das Potential einer erforderlichen Behandlungsalternative bietet, ihr Nutzen aber noch nicht hinreichend belegt ist, kann der Gemeinsame Bundesausschuss unter Aussetzung seines Bewertungsverfahrens im Einzelfall und nach Maßgabe der hierzu in seinen Haushalt eingestellten Mittel eine wissenschaftliche Untersuchung zur Erprobung der Leistung oder Maßnahme in Auftrag geben oder sich an einer solchen beteiligen. [2]Das Nähere regelt der Gemeinsame Bundesausschuss in seiner Verfahrensordnung.

Zehnter Abschnitt

Eigeneinrichtungen der Krankenkassen

§ 140 Eigeneinrichtungen. (1) [1]Krankenkassen dürfen der Versorgung der Versicherten dienende Eigeneinrichtungen, die am 1. Januar 1989 bestehen, weiterbetreiben. [2]Die Eigeneinrichtungen können nach Art, Umfang und finanzieller Ausstattung an den Versorgungsbedarf unter Beachtung der Landeskrankenhausplanung und der Zulassungsbeschränkungen im vertragsärztlichen Bereich angepasst werden; sie können Gründer von medizinischen Versorgungszentren nach § 95 Abs. 1 sein.

(2) [1]Sie dürfen neue Eigeneinrichtungen nur errichten, soweit sie die Durchführung ihrer Aufgaben bei der Gesundheitsvorsorge und der Rehabilitation auf andere Weise nicht sicherstellen können. [2]Die Krankenkassen oder ihre Verbände dürfen Eigeneinrichtungen auch dann errichten, wenn mit ihnen der Sicherstellungsauftrag nach § 72a Abs. 1 erfüllt werden soll.

Elfter Abschnitt
Sonstige Beziehungen zu den Leistungserbringern

§ 140a Besondere Versorgung. (1) [1]Die Krankenkassen können Verträge mit den in Absatz 3 genannten Leistungserbringern über eine besondere Versorgung der Versicherten abschließen. [2]Sie ermöglichen eine verschiedene Leistungssektoren übergreifende oder eine interdisziplinär fachübergreifende Versorgung (integrierte Versorgung) sowie unter Beteiligung vertragsärztlicher Leistungserbringer oder deren Gemeinschaften besondere ambulante ärztliche Versorgungsaufträge. [3]Verträge, die nach den §§ 73a, 73c und 140a in der am 22. Juli 2015 geltenden Fassung geschlossen wurden, gelten fort. [4]Soweit die Versorgung der Versicherten nach diesen Verträgen durchgeführt wird, ist der Sicherstellungsauftrag nach § 75 Absatz 1 eingeschränkt. [5]Satz 4 gilt nicht für die Organisation der vertragsärztlichen Versorgung zu den sprechstundenfreien Zeiten.

(2) [1]Die Verträge können Abweichendes von den Vorschriften dieses Kapitels, des Krankenhausfinanzierungsgesetzes, des Krankenhausentgeltgesetzes sowie den nach diesen Vorschriften getroffenen Regelungen beinhalten. [2]Die Verträge können auch Abweichendes von den im Dritten Kapitel benannten Leistungen beinhalten, soweit sie die in § 11 Absatz 6 genannten Leistungen, Leistungen nach den §§ 20d, 25, 26, 27b, 37a und 37b sowie ärztliche Leistungen einschließlich neuer Untersuchungs- und Behandlungsmethoden betreffen. [3]Die Sätze 1 und 2 gelten insoweit, als über die Eignung der Vertragsinhalte als Leistung der gesetzlichen Krankenversicherung der Gemeinsame Bundesausschuss nach § 91 im Rahmen der Beschlüsse nach § 92 Absatz 1 Satz 2 Nummer 5 oder im Rahmen der Beschlüsse nach § 137c Absatz 1 keine ablehnende Entscheidung getroffen hat und die abweichende Regelung dem Sinn und der Eigenart der vereinbarten besonderen Versorgung entspricht, sie insbesondere darauf ausgerichtet ist, die Qualität, die Wirksamkeit und die Wirtschaftlichkeit der Versorgung zu verbessern. [4]Die Wirtschaftlichkeit der besonderen Versorgung muss spätestens vier Jahre nach dem Wirksamwerden der zugrunde liegenden Verträge nachweisbar sein; § 88 Absatz 2 des Vierten Buches gilt entsprechend. [5]Für die Qualitätsanforderungen zur Durchführung der Verträge gelten die vom Gemeinsamen Bundesausschuss sowie die in den Bundesmantelverträgen für die Leistungserbringung in der vertragsärztlichen Versorgung beschlossenen Anforderungen als Mindestvoraussetzungen entsprechend. [6]Gegenstand der Verträge dürfen auch Vereinbarungen sein, die allein die Organisation der Versorgung betreffen. [7]Vereinbarungen über zusätzliche Vergütungen für Diagnosen können nicht Gegenstand der Verträge sein.

(3) [1]Die Krankenkassen können nach Maßgabe von Absatz 1 Satz 2 Verträge abschließen mit:

1. nach diesem Kapitel zur Versorgung der Versicherten berechtigten Leistungserbringern oder deren Gemeinschaften,

2. Trägern von Einrichtungen, die eine besondere Versorgung durch zur Versorgung der Versicherten nach dem Vierten Kapitel berechtigte Leistungserbringer anbieten,
3. Pflegekassen und zugelassenen Pflegeeinrichtungen auf der Grundlage des § 92b des Elften Buches,
4. Praxiskliniken nach § 115 Absatz 2 Satz 1 Nummer 1,
5. pharmazeutischen Unternehmern,
6. Herstellern von Medizinprodukten im Sinne des Gesetzes über Medizinprodukte,
7. Kassenärztlichen Vereinigungen zur Unterstützung von Mitgliedern, die an der besonderen Versorgung teilnehmen.

²Die Partner eines Vertrages über eine besondere Versorgung nach Absatz 1 können sich auf der Grundlage ihres jeweiligen Zulassungsstatus für die Durchführung der besonderen Versorgung darauf verständigen, dass Leistungen auch dann erbracht werden können, wenn die Erbringung dieser Leistungen vom Zulassungs-, Ermächtigungs- oder Berechtigungsstatus des jeweiligen Leistungserbringers nicht gedeckt ist.

(4) ¹Die Versicherten erklären ihre freiwillige Teilnahme an der besonderen Versorgung schriftlich gegenüber ihrer Krankenkasse. ²Die Versicherten können die Teilnahmeerklärung innerhalb von zwei Wochen nach deren Abgabe in Textform oder zur Niederschrift bei der Krankenkasse ohne Angabe von Gründen widerrufen. ³Zur Fristwahrung genügt die rechtzeitige Absendung der Widerrufserklärung an die Krankenkasse. ⁴Die Widerrufsfrist beginnt, wenn die Krankenkasse dem Versicherten eine Belehrung über sein Widerrufsrecht in Textform mitgeteilt hat, frühestens jedoch mit der Abgabe der Teilnahmeerklärung. ⁵Das Nähere zur Durchführung der Teilnahme der Versicherten, insbesondere zur zeitlichen Bindung an die Teilnahmeerklärung, zur Bindung an die vertraglich gebundenen Leistungserbringer und zu den Folgen bei Pflichtverstößen der Versicherten, regeln die Krankenkassen in den Teilnahmeerklärungen. ⁶Die Satzung der Krankenkasse hat Regelungen zur Abgabe der Teilnahmeerklärungen zu enthalten. ⁷Die Regelungen sind auf der Grundlage der Richtlinie nach § 217f Absatz 4a zu treffen.

(5) Die Erhebung, Verarbeitung und Nutzung der für die Durchführung der Verträge nach Absatz 1 erforderlichen personenbezogenen Daten durch die Vertragspartner nach Absatz 1 darf nur mit Einwilligung und nach vorheriger Information der Versicherten erfolgen.

(6) ¹Für die Bereinigung des Behandlungsbedarfs nach § 87a Absatz 3 Satz 2 gilt § 73b Absatz 7 entsprechend; falls eine Vorabeinschreibung der teilnehmenden Versicherten nicht möglich ist, kann eine rückwirkende Bereinigung vereinbart werden. ²Die Krankenkasse kann bei Verträgen nach Absatz 1 auf die Bereinigung verzichten, wenn das voraussichtliche Bereinigungsvolumen einer Krankenkasse für einen Vertrag nach Absatz 1 geringer ist als der Aufwand für die Durchführung dieser Bereinigung. ³Der Bewertungsausschuss hat in seinen Vorgaben gemäß § 87a Absatz 5 Satz 7 zur Bereinigung und zur

Ermittlung der kassenspezifischen Aufsatzwerte des Behandlungsbedarfs auch Vorgaben zur Höhe des Schwellenwertes für das voraussichtliche Bereinigungsvolumen, unterhalb dessen von einer basiswirksamen Bereinigung abgesehen werden kann, zu der pauschalen Ermittlung und Übermittlung des voraussichtlichen Bereinigungsvolumens an die Vertragspartner nach § 73b Absatz 7 Satz 1 sowie zu dessen Anrechnung beim Aufsatzwert der betroffenen Krankenkasse zu machen.

§§ 140b bis **140d** *(nicht belegt)*

Zwölfter Abschnitt

Beziehungen zu Leistungserbringern europäischer Staaten

§ 140e Verträge mit Leistungserbringern europäischer Staaten. Krankenkassen dürfen zur Versorgung ihrer Versicherten nach Maßgabe des Dritten Kapitels und des dazugehörigen untergesetzlichen Rechts Verträge mit Leistungserbringern nach § 13 Absatz 4 Satz 2 in anderen Mitgliedstaaten der Europäischen Union, in den Vertragsstaaten des Abkommens über den Europäischen Wirtschaftsraum oder in der Schweiz abschließen.

Dreizehnter Abschnitt

Beteiligung von Patientinnen und Patienten, Beauftragte oder Beauftragter der Bundesregierung für die Belange der Patientinnen und Patienten

§ 140f Beteiligung von Interessenvertretungen der Patientinnen und Patienten. (1) Die für die Wahrnehmung der Interessen der Patientinnen und Patienten und der Selbsthilfe chronisch kranker und behinderter Menschen maßgeblichen Organisationen sind in Fragen, die die Versorgung betreffen, nach Maßgabe der folgenden Vorschriften zu beteiligen.

(2) [1]Im Gemeinsamen Bundesausschuss nach § 91 und in der Nationalen Präventionskonferenz nach § 20e Absatz 1 erhalten die für die Wahrnehmung der Interessen der Patientinnen und Patienten und der Selbsthilfe chronisch kranker und behinderter Menschen auf Bundesebene maßgeblichen Organisationen ein Mitberatungsrecht; die Organisationen benennen hierzu sachkundige Personen. [2]Das Mitberatungsrecht beinhaltet auch das Recht zur Anwesenheit bei der Beschlussfassung. [3]Die Zahl der sachkundigen Personen soll höchstens der Zahl der von dem Spitzenverbande Bund der Krankenkassen entsandten Mitglieder in diesem Gremium entsprechen. [4]Die sachkundigen Personen werden einvernehmlich von den in der Verordnung nach § 140g genannten oder nach der Verordnung anerkannten Organisationen benannt. [5]Bei Beschlüssen des Gemeinsa-

men Bundesausschusses nach § 56 Abs. 1, § 92 Abs. 1 Satz 2, § 116b Abs. 4, § 135b Absatz 2 Satz 2, den §§ 136 bis 136b, 136d, 137a, 137b, 137c und 137f erhalten die Organisationen das Recht, Anträge zu stellen. ⁶Der Gemeinsame Bundesausschuss hat über Anträge der Organisationen nach Satz 5 in der nächsten Sitzung des jeweiligen Gremiums zu beraten. ⁷Wenn über einen Antrag nicht entschieden werden kann, soll in der Sitzung das Verfahren hinsichtlich der weiteren Beratung und Entscheidung festgelegt werden. ⁸Entscheidungen über die Einrichtung einer Arbeitsgruppe und die Bestellung von Sachverständigen durch einen Unterausschuss sind nur im Einvernehmen mit den benannten Personen zu treffen. ⁹Dabei haben diese ihr Votum einheitlich abzugeben.

(3) ¹Die auf Landesebene für die Wahrnehmung der Interessen der Patientinnen und Patienten und der Selbsthilfe chronisch kranker und behinderter Menschen maßgeblichen Organisationen erhalten in

1. den Landesausschüssen nach § 90 sowie den erweiterten Landesausschüssen nach § 116b Absatz 3,

2. dem gemeinsamen Landesgremium nach § 90a,

3. den Zulassungsausschüssen nach § 96 und den Berufungsausschüssen nach § 97, soweit Entscheidungen betroffen sind über

   a) die ausnahmeweise Besetzung zusätzlicher Vertragsarztsitze nach § 101 Absatz 1 Satz 1 Nummer 3,

   b) die Befristung einer Zulassung nach § 19 Absatz 4 der Zulassungsverordnung für Vertragsärzte,

   c) die Ermächtigung von Ärzten und Einrichtungen,

4. den Zulassungsausschüssen nach § 96, soweit Entscheidungen betroffen sind über

   a) die Durchführung eines Nachbesetzungsverfahrens nach § 103 Absatz 3a,

   b) die Ablehnung einer Nachbesetzung nach § 103 Absatz 4 Satz 9,

ein Mitberatungsrecht; die Organisationen benennen hierzu sachkundige Personen. ²Das Mitberatungsrecht beinhaltet auch das Recht zur Anwesenheit bei der Beschlussfassung. ³Die Zahl der sachkundigen Personen soll höchstens der Zahl der von den Krankenkassen entsandten Mitglieder in diesen Gremien entsprechen. ⁴Die sachkundigen Personen werden einvernehmlich von den in der Verordnung nach § 140g genannten oder nach der Verordnung anerkannten Organisationen benannt.

(4) ¹Bei einer Änderung, Neufassung oder Aufhebung der in § 21 Abs. 2, § 112 Absatz 5, § 115 Abs. 5, § 124 Abs. 4, § 125 Abs. 1, § 126 Abs. 1 Satz 3, § 127 Absatz 1a Satz 1, Absatz 5b und 6, §§ 132a, 132c Absatz 2, § 132d Abs. 2, § 133 Absatz 4 und § 217f Absatz 4a vorgesehenen Rahmenempfehlungen, Empfehlungen und Richtlinien des Spitzenverbandes Bund der Krankenkassen, des Hilfsmittelverzeichnisses nach § 139 sowie bei der Bestimmung der Festbetragsgruppen nach § 36 Abs. 1 und der Festsetzung der Festbeträge nach § 36 Abs. 2 wirken die in der Verordnung nach § 140g genannten oder nach der Verordnung anerkannten Organisationen beratend mit. ²Das Mitbera-

tungsrecht beinhaltet auch das Recht zur Anwesenheit bei der Beschlussfassung. [3]Wird ihrem schriftlichen Anliegen nicht gefolgt, sind ihnen auf Verlangen die Gründe dafür schriftlich mitzuteilen.

(5) [1]Die sachkundigen Personen erhalten Reisekosten nach dem Bundesreisekostengesetz oder nach den Vorschriften des Landes über Reisekostenvergütung, Ersatz des Verdienstausfalls in entsprechender Anwendung des § 41 Abs. 2 des Vierten Buches sowie einen Pauschbetrag für Zeitaufwand in Höhe eines Fünfzigstels der monatlichen Bezugsgröße (§ 18 des Vierten Buches) für jeden Kalendertag einer Sitzung. [2]Der Anspruch richtet sich gegen die Gremien, in denen sie als sachkundige Personen mitberatend tätig sind.

(6) [1]Die in der Verordnung nach § 140g genannten oder nach der Verordnung anerkannten Organisationen sowie die sachkundigen Personen werden bei der Durchführung ihres Mitberatungsrechts nach Absatz 2 vom Gemeinsamen Bundesausschuss durch geeignete Maßnahmen organisatorisch und inhaltlich unterstützt. [2]Hierzu kann der Gemeinsame Bundesausschuss eine Stabstelle Patientenbeteiligung einrichten. [3]Die Unterstützung erfolgt insbesondere durch Organisation von Fortbildung und Schulungen, Aufbereitung von Sitzungsunterlagen, koordinatorische Leitung des Benennungsverfahrens auf Bundesebene und bei der Ausübung des in Absatz 2 Satz 4 genannten Antragsrechts. [4]Der Anspruch auf Unterstützung durch den Gemeinsamen Bundesausschuss gilt ebenso für die Wahrnehmung der Antrags-, Beteiligungs- und Stellungnahmerechte nach § 137a Absatz 4 und 7, § 139a Absatz 5 sowie § 139b Absatz 1. [5]Der Anspruch auf Übernahme von Reisekosten, Aufwandsentschädigung und Verdienstausfall nach Absatz 5 besteht auch für die Teilnahme der sachkundigen Personen an Koordinierungs- und Abstimmungstreffen sowie an Fortbildungen und Schulungen nach Satz 3.

(7) [1]Die in der Verordnung nach § 140g genannten oder nach der Verordnung anerkannten Organisationen sowie die sachkundigen Personen werden bei der Durchführung ihres Mitberatungsrechts nach Absatz 3 von den Landesausschüssen nach § 90 unterstützt. [2]Die Unterstützung erstreckt sich insbesondere auf die Übernahme von Reisekosten, Aufwandsentschädigung und Verdienstausfall entsprechend Absatz 5 für jährlich bis zu sechs Koordinierungs- und Abstimmungstreffen, auf Fortbildungen und Schulungen der sachkundigen Personen sowie auf die Durchführung des Benennungsverfahrens nach Absatz 3 Satz 4.

(8) [1]Die in der Verordnung nach § 140g genannten oder nach der Verordnung nach § 140g anerkannten Organisationen erhalten für den Aufwand zur Koordinierung ihrer Beteiligungsrechte einen Betrag in Höhe von 120 Euro für jede neu für ein Gremium benannte sachkundige Person. [2]Der Anspruch richtet sich gegen das jeweilige Gremium, in dem die sachkundige Person tätig ist. [3]Der Anspruch ist durch den von den anerkannten Organisationen gebildeten Koordinierungsausschuss geltend zu machen.

§ 140g Verordnungsermächtigung. Das Bundesministerium für Gesundheit wird ermächtigt, durch Rechtsverordnung mit Zustimmung des Bundesrates

Näheres zu den Voraussetzungen der Anerkennung der für die Wahrnehmung der Interessen der Patientinnen und Patienten und der Selbsthilfe chronisch kranker und behinderter Menschen maßgeblichen Organisationen auf Bundesebene, insbesondere zu den Erfordernissen an die Organisationsform und die Offenlegung der Finanzierung, sowie zum Verfahren der Patientenbeteiligung zu regeln.

§ 140h Amt, Aufgabe und Befugnisse der oder des Beauftragten der Bundesregierung für die Belange der Patientinnen und Patienten. (1) ¹Die Bundesregierung bestellt eine Beauftragte oder einen Beauftragten für die Belange der Patientinnen und Patienten. ²Der beauftragten Person ist die für die Erfüllung ihrer Aufgabe notwendige Personal- und Sachausstattung zur Verfügung zu stellen. ³Das Amt endet, außer im Falle der Entlassung, mit dem Zusammentreten eines neuen Bundestages.

(2) ¹Aufgabe der beauftragten Person ist es, darauf hinzuwirken, dass die Belange von Patientinnen und Patienten besonders hinsichtlich ihrer Rechte auf umfassende und unabhängige Beratung und objektive Information durch Leistungserbringer, Kostenträger und Behörden im Gesundheitswesen und auf die Beteiligung bei Fragen der Sicherstellung der medizinischen Versorgung berücksichtigt werden. ²Sie setzt sich bei der Wahrnehmung dieser Aufgabe dafür ein, dass unterschiedliche Lebensbedingungen und Bedürfnisse von Frauen und Männern beachtet und in der medizinischen Versorgung sowie in der Forschung geschlechtsspezifische Aspekte berücksichtigt werden. ³Die beauftragte Person soll die Rechte der Patientinnen und Patienten umfassend, in allgemein verständlicher Sprache und in geeigneter Form zusammenstellen und zur Information der Bevölkerung bereithalten.

(3) ¹Zur Wahrnehmung der Aufgabe nach Absatz 2 beteiligen die Bundesministerien die beauftragte Person bei allen Gesetzes-, Verordnungs- und sonstigen wichtigen Vorhaben, soweit sie Fragen der Rechte und des Schutzes von Patientinnen und Patienten behandeln oder berühren. ²Alle Bundesbehörden und sonstigen öffentlichen Stellen im Bereich des Bundes unterstützen die beauftragte Person bei der Erfüllung der Aufgabe.

Fünftes Kapitel

Sachverständigenrat zur Begutachtung der Entwicklung im Gesundheitswesen

§ 141 *(aufgehoben)*

§ 142 Unterstützung der Konzertierten Aktion; Sachverständigenrat. (1) ¹Das Bundesministerium für Gesundheit beruft einen Sachverständigenrat zur Begutachtung der Entwicklung im Gesundheitswesen. ²Zur Unterstützung der Arbeiten des Sachverständigenrates richtet das Bundesministerium für Gesundheit eine Geschäftsstelle ein.

(2) ¹Der Sachverständigenrat hat die Aufgabe, Gutachten zur Entwicklung der gesundheitlichen Versorgung mit ihren medizinischen und wirtschaftlichen Auswirkungen zu erstellen. ²Im Rahmen der Gutachten entwickelt der Sachverständigenrat unter Berücksichtigung der finanziellen Rahmenbedingungen und vorhandener Wirtschaftlichkeitsreserven Prioritäten für den Abbau von Versorgungsdefiziten und bestehenden Überversorgungen und zeigt Möglichkeiten und Wege zur Weiterentwicklung des Gesundheitswesens auf; er kann in seine Gutachten Entwicklungen in anderen Zweigen der Sozialen Sicherung einbeziehen. ³Das Bundesministerium für Gesundheit kann den Gegenstand der Gutachten näher bestimmen sowie den Sachverständigenrat mit der Erstellung von Sondergutachten beauftragen.

(3) ¹Der Sachverständigenrat erstellt das Gutachten im Abstand von zwei Jahren und leitet es dem Bundesministerium für Gesundheit in der Regel zum 15. April eines Jahres zu. ²Das Bundesministerium für Gesundheit legt das Gutachten den gesetzgebenden Körperschaften des Bundes unverzüglich vor.

Sechstes Kapitel

Organisation der Krankenkassen

Erster Abschnitt

Arten der Krankenkassen

Erster Titel
Ortskrankenkassen

§ 143 Bezirk der Ortskrankenkassen. (1) Ortskrankenkassen bestehen für abgegrenzte Regionen.

(2) ¹Die Landesregierung kann die Abgrenzung der Regionen durch Rechtsverordnung regeln. ²Die Landesregierung kann die Ermächtigung auf die nach Landesrecht zuständige Behörde übertragen.

(3) Die betroffenen Länder können durch Staatsvertrag vereinbaren, dass sich die Region über mehrere Länder erstreckt.

§ 144 Freiwillige Vereinigung. (1) ¹Ortskrankenkassen können sich auf Beschluss ihrer Verwaltungsräte auch dann vereinigen, wenn sich der Bezirk der neuen Krankenkasse nach der Vereinigung über das Gebiet eines Landes hinaus erstreckt. ²Der Beschluss bedarf der Genehmigung der vor der Vereinigung zuständigen Aufsichtsbehörden.

(2) Die beteiligten Krankenkassen fügen dem Antrag auf Genehmigung eine Satzung, einen Vorschlag zur Berufung der Mitglieder der Organe, ein Konzept zur Organisations-, Personal- und Finanzstruktur der neuen Krankenkasse ein-

schließlich der Zahl und der Verteilung ihrer Geschäftsstellen sowie eine Vereinbarung über die Rechtsbeziehungen zu Dritten bei.

(3) Die Aufsichtsbehörde genehmigt die Satzung und die Vereinbarung, beruft die Mitglieder der Organe und bestimmt den Zeitpunkt, an dem die Vereinigung wirksam wird.

(4) [1]Mit diesem Zeitpunkt sind die bisherigen Krankenkassen geschlossen. [2]Die neue Krankenkasse tritt in die Rechte und Pflichten der bisherigen Krankenkassen ein.

§ 145 Vereinigung innerhalb eines Landes auf Antrag. (1) Die Landesregierung kann auf Antrag einer Ortskrankenkasse oder des Landesverbandes durch Rechtsverordnung einzelne oder alle Ortskrankenkassen des Landes nach Anhörung der betroffenen Ortskrankenkassen und ihrer Landesverbände vereinigen, wenn

1. durch die Vereinigung die Leistungsfähigkeit der betroffenen Krankenkassen verbessert werden kann oder
2. der Bedarfssatz einer Ortskrankenkasse den durchschnittlichen Bedarfssatz aller Ortskrankenkassen auf Bundes- oder Landesebene um mehr als 5 vom Hundert übersteigt. § 313 Abs. 10 Buchst. a gilt entsprechend.

(2) Die Landesregierung vereinigt auf Antrag des Landesverbandes durch Rechtsverordnung einzelne oder alle Ortskrankenkassen des Landes nach Anhörung der betroffenen Ortskrankenkassen und ihrer Landesverbände, wenn
1. die Voraussetzungen nach Absatz 1 erfüllt sind und
2. eine freiwillige Vereinigung innerhalb von zwölf Monaten nach Antragstellung nicht zustande gekommen ist. Erstreckt sich der Bezirk nach der Vereinigung der Ortskrankenkassen über das Gebiet eines Landes hinaus, gilt § 143 Abs. 3 entsprechend.

(3) [1]Bedarfssatz ist das Verhältnis der Ausgaben für Leistungen zur Summe der beitragspflichtigen Einnahmen der Mitglieder im abgelaufenen Geschäftsjahr. [2]Die Ausgaben sind zu mindern um die von Dritten erstatteten Ausgaben für Leistungen, um die Ausgaben für Mehr- und Erprobungsleistungen sowie für Leistungen, auf die kein Rechtsanspruch besteht, um den nach § 266 erhaltenen Risikostrukturausgleich und um den nach § 269 erhaltenen Ausgleich aus dem Risikopool. [3]Zu den Ausgaben zählen auch die nach den §§ 266 und 269 zu tragenden Ausgleiche.

§ 146 Verfahren bei Vereinigung innerhalb eines Landes auf Antrag.
(1) Werden Ortskrankenkassen nach § 145 vereinigt, legen sie der Aufsichtsbehörde eine Satzung, einen Vorschlag zur Berufung der Mitglieder der Organe und eine Vereinbarung über die Neuordnung der Rechtsbeziehungen zu Dritten vor.

(2) Die Aufsichtsbehörde genehmigt die Satzung und die Vereinbarung, beruft die Mitglieder der Organe und bestimmt den Zeitpunkt, an dem die Vereinigung wirksam wird.

(3) [1]Mit diesem Zeitpunkt sind die bisherigen Krankenkassen geschlossen. [2]Die neue Krankenkasse tritt in die Rechte und Pflichten der bisherigen Krankenkassen ein.

(4) [1]Kommen die beteiligten Krankenkassen ihrer Verpflichtung nach Absatz 1 nicht innerhalb einer von der Aufsichtsbehörde gesetzten Frist nach, setzt die Aufsichtsbehörde die Satzung fest, bestellt die Mitglieder der Organe, regelt die Neuordnung der Rechtsbeziehungen zu Dritten und bestimmt den Zeitpunkt, an dem die Vereinigung wirksam wird. [2]Absatz 3 gilt.

§ 146a Schließung. [1]Eine Ortskrankenkasse wird von der Aufsichtsbehörde geschlossen, wenn ihre Leistungsfähigkeit nicht mehr auf Dauer gesichert ist. [2]Die Aufsichtsbehörde bestimmt den Zeitpunkt, an dem die Schließung wirksam wird, wobei zwischen diesem Zeitpunkt und der Zustellung des Schließungsbescheids mindestens acht Wochen liegen müssen. [3]§ 155, mit Ausnahme von Absatz 4 Satz 9, und § 164 Abs. 2 bis 5 gelten entsprechend.

Zweiter Titel
Betriebskrankenkassen

§ 147 Errichtung. (1) Der Arbeitgeber kann für einen oder mehrere Betriebe eine Betriebskrankenkasse errichten, wenn
1. in diesen Betrieben regelmäßig mindestens 1000 Versicherungspflichtige beschäftigt werden und
2. ihre Leistungsfähigkeit auf Dauer gesichert ist.

(2) [1]Bei Betriebskrankenkassen, deren Satzung keine Regelung nach § 173 Abs. 2 Satz 1 Nr. 4 enthält, kann der Arbeitgeber auf seine Kosten die für die Führung der Geschäfte erforderlichen Personen bestellen. [2]Nicht bestellt werden dürfen Personen, die im Personalbereich des Betriebes oder Dienstbetriebes tätig sein dürfen. [3]Wird eine Betriebskrankenkasse nach dem 31. Dezember 1995 errichtet, ist in der dem Antrag auf Genehmigung nach § 148 Abs. 3 beigefügten Satzung zu bestimmen, ob der Arbeitgeber auf seine Kosten das Personal bestellt. [4]Lehnt der Arbeitgeber die weitere Übernahme der Kosten des für die Führung der Geschäfte erforderlichen Personals durch unwiderrufliche Erklärung gegenüber dem Vorstand der Krankenkasse ab, übernimmt die Betriebskrankenkasse spätestens zum 1. Januar des auf den Zugang der Erklärung folgenden übernächsten Kalenderjahres die bisher mit der Führung der Geschäfte der Betriebskrankenkasse beauftragten Personen, wenn diese zustimmen. [5]Die Betriebskrankenkasse tritt in die Rechte und Pflichten aus den Dienst- oder Arbeitsverhältnissen der übernommenen Personen ein; § 613a des Bürgerlichen Gesetzbuchs ist entsprechend anzuwenden. [6]Neueinstellungen nimmt vom Tag des Zugangs der Erklärung nach Satz 4 an die Betriebskrankenkasse vor. [7]Die Sätze 4 bis 6 gelten entsprechend, wenn die Betriebskran-

kenkasse in ihrer Satzung eine Regelung nach § 173 Abs. 2 Satz 1 Nr. 4 vorsieht, vom Tag des Wirksamwerdens dieser Satzungsbestimmung an.

(2a) ¹Betriebskrankenkassen nach Absatz 2 Satz 1, bei denen der Arbeitgeber auf seine Kosten die für die Führung der Geschäfte erforderlichen Personen bestellt, leiten 85 vom Hundert ihrer Zuweisungen, die sie nach § 270 Absatz 1 Satz 1 Buchstabe c erhalten, an den Arbeitgeber weiter. ²Trägt der Arbeitgeber die Kosten der für die Führung der Geschäfte der Betriebskrankenkasse erforderlichen Personen nur anteilig, reduziert sich der von der Betriebskrankenkasse an den Arbeitgeber weiterzuleitende Betrag entsprechend. ³Die weitergeleiteten Beträge sind gesondert auszuweisen. ⁴Der weiterzuleitende Betrag nach den Sätzen 1 und 2 ist auf die Höhe der Kosten begrenzt, die der Arbeitgeber tatsächlich trägt.

(3) ¹Betriebskrankenkassen, deren Satzung am 1. Januar 2004 eine Regelung nach § 173 Abs. 2 Satz 1 Nr. 4 enthält und bei denen der Arbeitgeber die Kosten des für die Führung der Geschäfte erforderlichen Personals trägt, übernehmen spätestens bis zum 31. Dezember 2004 die mit der Führung der Geschäfte beauftragten Personen, wenn diese zustimmen. ²Absatz 2 Satz 5 gilt entsprechend. ³Neueinstellungen nimmt ab dem 1. Januar 2004 die Betriebskrankenkasse vor.

(4) ¹Absatz 1 gilt nicht für Betriebe, die als Leistungserbringer zugelassen sind oder deren maßgebliche Zielsetzung die Wahrnehmung wirtschaftlicher Interessen von Leistungserbringern ist, soweit sie nach diesem Buch Verträge mit den Krankenkassen oder deren Verbänden zu schließen haben. ²Satz 1 gilt nicht für Leistungserbringer, die nicht überwiegend Leistungen aufgrund von Verträgen mit den Krankenkassen oder deren Verbänden erbringen.

§ 148 Verfahren bei Errichtung. (1) ¹Die Errichtung der Betriebskrankenkasse bedarf der Genehmigung der nach der Errichtung zuständigen Aufsichtsbehörde. ²Die Genehmigung darf nur versagt werden, wenn eine der in § 147 Abs. 1 genannten Voraussetzungen nicht vorliegt oder die Krankenkasse zum Errichtungszeitpunkt nicht 1000 Mitglieder haben wird.

(2) ¹Die Errichtung bedarf der Zustimmung der Mehrheit der im Betrieb Beschäftigten. ²Die Aufsichtsbehörde oder die von ihr beauftragte Behörde leitet die Abstimmung. ³Die Abstimmung ist geheim.

(3) ¹Der Arbeitgeber hat dem Antrag auf Genehmigung eine Satzung beizufügen. ²Die Aufsichtsbehörde genehmigt die Satzung und bestimmt den Zeitpunkt, an dem die Errichtung wirksam wird.

§ 149 Ausdehnung auf weitere Betriebe. ¹Eine Betriebskrankenkasse, deren Satzung keine Regelung nach § 173 Abs. 2 Satz 1 Nr. 4 enthält, kann auf Antrag des Arbeitgebers auf weitere Betriebe desselben Arbeitgebers ausgedehnt werden. ²§ 148 gilt entsprechend.

§ 150 Freiwillige Vereinigung. (1) ¹Betriebskrankenkassen können sich auf Beschluss ihrer Verwaltungsräte zu einer gemeinsamen Betriebskrankenkasse vereinigen. ²Der Beschluss bedarf der Genehmigung der vor der Vereinigung zuständigen Aufsichtsbehörden.

(2) ¹§ 144 Abs. 2 bis 4 gilt entsprechend. ²Für Betriebskrankenkassen, deren Satzungen eine Regelung nach § 173 Abs. 2 Satz 1 Nr. 4 enthalten, gelten die §§ 145 und 146 entsprechend; für die Vereinigung einer oder mehrerer bundesunmittelbarer Betriebskrankenkassen mit anderen Betriebskrankenkassen gilt § 168a Abs. 2 entsprechend.

§ 151 Ausscheiden von Betrieben. (1) Geht von mehreren Betrieben desselben Arbeitgebers, für die eine gemeinsame Betriebskrankenkasse besteht, einer auf einen anderen Arbeitgeber über, kann jeder beteiligte Arbeitgeber das Ausscheiden des übergegangenen Betriebes aus der gemeinsamen Betriebskrankenkasse beantragen.

(2) ¹Besteht für mehrere Betriebe verschiedener Arbeitgeber eine gemeinsame Betriebskrankenkasse, kann jeder beteiligte Arbeitgeber beantragen, mit seinem Betrieb aus der gemeinsamen Betriebskrankenkasse auszuscheiden. ²Satz 1 gilt nicht für Betriebskrankenkassen mehrerer Arbeitgeber, deren Satzung eine Regelung nach § 173 Abs. 2 Satz 1 Nr. 4 enthält.

(3) ¹Über den Antrag auf Ausscheiden des Betriebes aus der gemeinsamen Betriebskrankenkasse entscheidet die Aufsichtsbehörde. ²Sie bestimmt den Zeitpunkt, an dem das Ausscheiden wirksam wird.

§ 152 Auflösung. ¹Eine Betriebskrankenkasse kann auf Antrag des Arbeitgebers aufgelöst werden, wenn der Verwaltungsrat mit einer Mehrheit von mehr als drei Vierteln der stimmberechtigten Mitglieder zustimmt. ²Über den Antrag entscheidet die Aufsichtsbehörde. ³Sie bestimmt den Zeitpunkt, an dem die Auflösung wirksam wird. ⁴Die Sätze 1 und 2 gelten nicht, wenn die Satzung der Betriebskrankenkasse eine Regelung nach § 173 Abs. 2 Satz 1 Nr. 4 enthält. ⁵Für Betriebskrankenkassen mehrerer Arbeitgeber, die nach dem 31. Dezember 1995 vereinigt wurden, ist der Antrag nach Satz 1 von allen beteiligten Arbeitgebern zu stellen.

§ 153 Schließung. ¹Eine Betriebskrankenkasse wird von der Aufsichtsbehörde geschlossen, wenn

1. der Betrieb schließt, für den sie errichtet worden ist und die Satzung keine Regelung nach § 173 Abs. 2 Satz 1 Nr. 4 enthält,
2. sie nicht hätte errichtet werden dürfen oder
3. ihre Leistungsfähigkeit nicht mehr auf Dauer gesichert ist.

²Die Aufsichtsbehörde bestimmt den Zeitpunkt, an dem die Schließung wirksam wird, wobei zwischen diesem Zeitpunkt und der Zustellung des Schließungsbescheids mindestens acht Wochen liegen müssen.

§ 154 *(aufgehoben)*

§ 155 Abwicklung der Geschäfte, Haftung für Verpflichtungen. (1) ¹Der Vorstand einer aufgelösten oder geschlossenen Betriebskrankenkasse wickelt die Geschäfte ab. [2]Bis die Geschäfte abgewickelt sind, gilt die Betriebskrankenkasse als fortbestehend, soweit es der Zweck der Abwicklung erfordert. [3]Scheidet ein Vorstand nach Auflösung oder Schließung aus dem Amt, bestimmt die Aufsichtsbehörde nach Anhörung des Spitzenverbandes Bund der Krankenkassen und des Landesverbandes den Abwicklungsvorstand. [4]§ 35a Abs. 7 des Vierten Buches gilt entsprechend.

(2) [1]Der Vorstand macht die Auflösung oder Schließung öffentlich bekannt. [2]Die Befriedigung von Gläubigern, die ihre Forderungen nicht innerhalb von sechs Monaten nach der Bekanntmachung anmelden, kann verweigert werden, wenn die Bekanntmachung einen entsprechenden Hinweis enthält. [3]Bekannte Gläubiger sind unter Hinweis auf diese Folgen zur Anmeldung besonders aufzufordern. [4]Die Sätze 2 und 3 gelten nicht für Ansprüche aus der Versicherung sowie für Forderungen aufgrund zwischen- oder überstaatlichen Rechts. [5]Der Vorstand hat unverzüglich nach Zustellung des Schließungsbescheids jedem Mitglied einen Vordruck mit den für die Erklärung nach § 175 Absatz 1 Satz 1 erforderlichen und den von der gewählten Krankenkasse für die Erbringung von Leistungen benötigten Angaben sowie eine wettbewerbsneutral gestaltete Übersicht über die wählbaren Krankenkassen zu übermitteln und darauf hinzuweisen, dass der ausgefüllte Vordruck an ihn zur Weiterleitung an die gewählte Krankenkasse zurückgesandt werden kann. [6]Er hat die einzelnen Mitgliedergruppen ferner auf die besonderen Fristen für die Ausübung des Kassenwahlrechts nach § 175 Absatz 3a hinzuweisen sowie auf die Folgen einer nicht rechtzeitigen Ausübung des Wahlrechts. [7]Der Abwicklungsvorstand hat außerdem die zur Meldung verpflichtete Stelle über die Schließung zu informieren sowie über die Fristen für die Ausübung des Kassenwahlrechts und für die Anmeldung des Mitglieds, wenn das Wahlrecht nicht rechtzeitig ausgeübt wird.

(3) [1]Verbleibt nach Abwicklung der Geschäfte noch Vermögen, geht dieses auf den Landesverband über. [2]Das Vermögen geht auf den Spitzenverband Bund der Krankenkassen über, der dieses auf die übrigen Betriebskrankenkassen verteilt, wenn der Landesverband nicht besteht oder die Betriebskrankenkasse keinem Landesverband angehörte.

(4) [1]Reicht das Vermögen einer aufgelösten oder geschlossenen Betriebskrankenkasse nicht aus, um die Gläubiger zu befriedigen, hat der Arbeitgeber die Verpflichtungen zu erfüllen. [2]Sind mehrere Arbeitgeber beteiligt, haften sie als Gesamtschuldner. [3]Reicht das Vermögen des Arbeitgebers nicht aus, um die Gläubiger zu befriedigen, haben die übrigen Betriebskrankenkassen die Verpflichtungen zu erfüllen. [4]Die Sätze 1 bis 3 gelten nicht, wenn die Satzung der geschlossenen Betriebskrankenkasse eine Regelung nach § 173 Abs. 2 Satz 1 Nr. 4 enthält; in diesem Fall haben die übrigen Betriebskrankenkassen die Verpflichtungen zu erfüllen. [5]Die Erfüllung der Verpflichtungen nach den Sätzen 3 und 4 kann nur vom Spitzenverband Bund der Krankenkassen verlangt werden, der die Verteilung auf die einzelnen Betriebskrankenkassen vornimmt und die zur Tilgung erforderlichen Beträge von den Betriebskrankenkassen anfordert.

[6]Sind die Betriebskrankenkassen zur Erfüllung dieser Verpflichtungen nicht in der Lage, macht der Spitzenverband Bund der Krankenkassen den nicht gedeckten Betrag bei allen anderen Krankenkassen mit Ausnahme der landwirtschaftlichen Krankenkasse geltend. [7]Klagen gegen die Geltendmachung der Beträge und gegen ihre Vollstreckung haben keine aufschiebende Wirkung. [8]Übersteigen die Verpflichtungen einer Betriebskrankenkasse ihr Vermögen zum Zeitpunkt des Inkrafttretens einer Satzungsbestimmung nach § 173 Abs. 2 Satz 1 Nr. 4, hat der Arbeitgeber den Unterschiedsbetrag innerhalb von sechs Monaten nach dem Inkrafttreten der Satzungsbestimmung auszugleichen. [9]§ 164 Abs. 2 bis 4 gilt entsprechend mit der Maßgabe, dass § 164 Abs. 3 Satz 3 nur für Beschäftigte gilt, deren Arbeitsverhältnis nicht durch ordentliche Kündigung beendet werden kann.

(5) [1]Für die Erfüllung

1. einer am 1. Januar 2008 bestehenden Verschuldung,
2. der sonstigen Schließungskosten, wenn die Auflösung oder Schließung innerhalb von zehn Jahren nach dem 1. Januar 2008 erfolgt und die an diesem Tag bestehende Verschuldung nach Nummer 1 zum Zeitpunkt der Auflösung oder Schließung noch nicht getilgt war,
3. der Ansprüche der Leistungserbringer und der Ansprüche aus der Versicherung,
4. der in § 171d Abs. 1 Satz 3 genannten Verpflichtungen bis zum 31. Dezember 2049 sowie
5. der Forderungen aufgrund zwischen- und überstaatlichen Rechts

einer aufgelösten oder geschlossenen Betriebskrankenkasse haftet auch die neue Krankenkasse, wenn sich eine Betriebskrankenkasse nach dem 1. April 2007 mit einer anderen Krankenkasse nach § 171a vereinigt und die neue Krankenkasse einer anderen Kassenart angehört. [2]Die Haftung nach Satz 1 wird nicht dadurch berührt, dass sich die aufgelöste oder geschlossene Betriebskrankenkasse nach dem 1. April 2007 mit einer anderen Krankenkasse nach § 171a vereinigt hat und die neue Krankenkasse einer anderen Kassenart angehört. [3]Der Spitzenverband Bund der Krankenkassen stellt für jede Betriebskrankenkasse die Höhe der am 1. Januar 2008 bestehenden Verschuldung fest und nimmt ihre Verteilung auf die einzelnen Betriebskrankenkassen bei Auflösung oder Schließung einer Betriebskrankenkasse vor. [4]Absatz 4 Satz 5 bis 7 gilt entsprechend.

§ 156 Betriebskrankenkassen öffentlicher Verwaltungen.   [1]Die §§ 147 bis 155 Abs. 4 gelten entsprechend für Dienstbetriebe von Verwaltungen des Bundes, der Länder, der Gemeindeverbände oder der Gemeinden. [2]An die Stelle des Arbeitgebers tritt die Verwaltung.

Dritter Titel
Innungskrankenkassen

§ 157 Errichtung. (1) Eine oder mehrere Handwerksinnungen können für die Handwerksbetriebe ihrer Mitglieder, die in die Handwerksrolle eingetragen sind, eine Innungskrankenkasse errichten.

(2) Eine Innungskrankenkasse darf nur errichtet werden, wenn
1. in den Handwerksbetrieben der Mitglieder der Handwerksinnung regelmäßig mindestens 1000 Versicherungspflichtige beschäftigt werden,
2. ihre Leistungsfähigkeit auf Dauer gesichert ist.

(3) Absatz 1 gilt nicht für Handwerksbetriebe, die als Leistungserbringer zugelassen sind, soweit sie nach diesem Buch Verträge mit den Krankenkassen oder deren Verbänden zu schließen haben.

§ 158 Verfahren bei Errichtung. (1) ¹Die Errichtung der Innungskrankenkasse bedarf der Genehmigung der nach der Errichtung zuständigen Aufsichtsbehörde. ²Die Genehmigung darf nur versagt werden, wenn eine der in § 157 genannten Voraussetzungen nicht vorliegt oder die Krankenkasse zum Errichtungszeitpunkt nicht 1000 Mitglieder haben wird.

(2) Die Errichtung bedarf der Zustimmung der Innungsversammlung und der Mehrheit der in den Innungsbetrieben Beschäftigten.

(3) ¹Für das Verfahren gilt § 148 Abs. 2 Satz 2 und 3 und Abs. 3 entsprechend. ²An die Stelle des Arbeitgebers tritt die Handwerksinnung.

§ 159 Ausdehnung auf weitere Handwerksinnungen. (1) ¹Wird eine Handwerksinnung, die allein oder gemeinsam mit anderen Handwerksinnungen eine Innungskrankenkasse errichtet hat (Trägerinnung), mit einer anderen Handwerksinnung vereinigt, für die keine Innungskrankenkasse besteht, so gehören die in den Betrieben der anderen Handwerksinnung versicherungspflichtigen Beschäftigten der Innungskrankenkasse an, wenn die Mehrheit der in den Innungsbetrieben Beschäftigten zustimmt; § 157 Abs. 2 Nr. 2 gilt entsprechend. ²Satz 1 gilt entsprechend, wenn eine Trägerinnung ihren Zuständigkeitsbereich örtlich oder sachlich erweitert. ³§ 158 gilt entsprechend.

(2) ¹Wird aufgrund von Änderungen des Handwerksrechts der Kreis der Innungsmitglieder einer Trägerinnung verändert, hat die zuständige Aufsichtsbehörde den Mitgliederkreis der Innungskrankenkasse entsprechend anzupassen. ²Sind nur der Anpassung mehr als 1000 Beschäftigte von Innungsmitgliedern der Trägerinnung betroffen, gelten die §§ 157, 158 entsprechend.

(3) Erstreckt sich die Innungskrankenkasse nach der Anpassung über die Bezirke mehrerer Aufsichtsbehörden, treffen die Entscheidung nach Absatz 2 die Aufsichtsbehörden, die vor der Anpassung zuständig waren.

§ 160 Vereinigung von Innungskrankenkassen. (1) ¹Innungskrankenkassen können sich auf Beschluss ihrer Verwaltungsräte miteinander vereinigen.

²Der Beschluss bedarf der Genehmigung der vor der Vereinigung zuständigen Aufsichtsbehörden. ³Für das Verfahren gilt § 144 Abs. 2 bis 4 entsprechend.

(2) ¹Innungskrankenkassen werden vereinigt, wenn sich ihre Trägerinnungen vereinigen. ²Für das Verfahren gilt § 146 entsprechend.

(3) Für die Vereinigung von Innungskrankenkassen durch die Landesregierung gelten die §§ 145 und 146 entsprechend.

§ 161 Ausscheiden einer Handwerksinnung. ¹Eine Handwerksinnung kann das Ausscheiden aus einer gemeinsamen Innungskrankenkasse beantragen. ²Über den Antrag auf Ausscheiden entscheidet die Aufsichtsbehörde. ³Sie bestimmt den Zeitpunkt, an dem das Ausscheiden wirksam wird. ⁴Die Sätze 1 bis 3 gelten nicht für Innungskrankenkassen, deren Satzung eine Regelung nach § 173 Abs. 2 Satz 1 Nr. 4 enthält.

§ 162 Auflösung. ¹Eine Innungskrankenkasse kann auf Antrag der Innungsversammlung nach Anhörung des Gesellenausschusses, eine gemeinsame Innungskrankenkasse auf Antrag aller Innungsversammlungen nach Anhörung der Gesellenausschüsse aufgelöst werden, wenn der Verwaltungsrat mit einer Mehrheit von mehr als drei Vierteln der stimmberechtigten Mitglieder zustimmt. ²Über den Antrag entscheidet die Aufsichtsbehörde. ³Sie bestimmt den Zeitpunkt, an dem die Auflösung wirksam wird. ⁴Die Sätze 1 bis 3 gelten nicht, wenn die Satzung der Innungskrankenkasse eine Regelung nach § 173 Abs. 2 Satz 1 Nr. 4 enthält.

§ 163 Schließung. ¹Eine Innungskrankenkasse wird von der Aufsichtsbehörde geschlossen, wenn

1. die Handwerksinnung, die sie errichtet hat, aufgelöst wird, eine gemeinsame Innungskrankenkasse dann, wenn alle beteiligten Handwerksinnungen aufgelöst werden,

2. sie nicht hätte errichtet werden dürfen oder

3. ihre Leistungsfähigkeit nicht mehr auf Dauer gesichert ist.

²Die Aufsichtsbehörde bestimmt den Zeitpunkt, an dem die Schließung wirksam wird, wobei zwischen diesem Zeitpunkt und der Zustellung des Schließungsbescheids mindestens acht Wochen liegen müssen. ³Satz 1 Nr. 1 gilt nicht, wenn die Satzung der Innungskrankenkasse eine Regelung nach § 173 Abs. 2 Satz 1 Nr. 4 enthält.

§ 164 Auseinandersetzung, Abwicklung der Geschäfte, Haftung bei Verpflichtungen, Dienstordnungsangestellte. (1) ¹Bei Auflösung und Schließung von Innungskrankenkassen gelten die §§ 154 und 155 Abs. 1 bis 3 entsprechend. ²Reicht das Vermögen einer aufgelösten oder geschlossenen Innungskrankenkasse nicht aus, um die Gläubiger zu befriedigen, hat die Handwerksinnung die Verpflichtungen zu erfüllen. ³Sind mehrere Handwerksinnungen beteiligt, haften sie als Gesamtschuldner. ⁴Reicht das Vermögen der Handwerksinnung nicht aus, um die Gläubiger zu befriedigen, haben die übrigen

Innungskrankenkassen die Verpflichtungen zu erfüllen. ⁵Die Sätze 2 bis 4 gelten nicht, wenn die Satzung der geschlossenen Innungskrankenkasse eine Regelung nach § 173 Abs. 2 Satz 1 Nr. 4 enthält; in diesem Fall haben die übrigen Innungskrankenkassen die Verpflichtungen zu erfüllen. ⁶Für die Haftung nach den Sätzen 4 und 5 gilt § 155 Abs. 4 Satz 5 bis 7 und Abs. 5 entsprechend. ⁷Für die Haftung im Zeitpunkt des Inkrafttretens einer Satzungsbestimmung nach § 173 Abs. 2 Satz 1 Nr. 4 gilt § 155 Abs. 4 Satz 8 entsprechend.

(2) Die Versorgungsansprüche der am Tage der Auflösung oder Schließung einer Innungskrankenkasse vorhandenen Versorgungsempfänger und ihrer Hinterbliebenen bleiben unberührt.

(3) ¹Die dienstordnungsmäßigen Angestellten sind verpflichtet, eine vom Landesverband der Innungskrankenkassen nachgewiesene dienstordnungsgemäße Stellung bei ihm oder einer anderen Innungskrankenkasse anzutreten, wenn die Stellung nicht in auffälligem Missverhältnis zu den Fähigkeiten der Angestellten steht. ²Entstehen hierdurch geringere Besoldungs- oder Versorgungsansprüche, sind diese auszugleichen. ³Den übrigen Beschäftigten ist bei dem Landesverband der Innungskrankenkassen oder einer anderen Innungskrankenkasse eine Stellung anzubieten, die ihnen unter Berücksichtigung ihrer Fähigkeiten und bisherigen Dienststellung zuzumuten ist. ⁴Jede Innungskrankenkasse ist verpflichtet, entsprechend ihrem Anteil an der Zahl der Versicherten aller Innungskrankenkassen dienstordnungsmäßige Stellungen nach Satz 1 nachzuweisen und Anstellungen nach Satz 3 anzubieten; die Nachweise und Angebote sind den Beschäftigten in geeigneter Form zugänglich zu machen.

(4) ¹Die Vertragsverhältnisse der Beschäftigten, die nicht nach Absatz 3 untergebracht werden, enden mit dem Tage der Auflösung oder Schließung. ²Vertragsmäßige Rechte, zu einem früheren Zeitpunkt zu kündigen, werden hierdurch nicht berührt.

(5) Für die Haftung aus den Verpflichtungen nach den Absätzen 2 bis 4 gilt Absatz 1 und § 155 Abs. 5 entsprechend.

Vierter Titel

(aufgehoben)

Fünfter Titel
Landwirtschaftliche Krankenkasse

§ 166 Landwirtschaftliche Krankenkasse.   Die Sozialversicherung für Landwirtschaft, Forsten und Gartenbau als Träger der Krankenversicherung der Landwirte führt die Krankenversicherung nach dem Zweiten Gesetz über die Krankenversicherung der Landwirte durch; sie führt in Angelegenheiten der Krankenversicherung die Bezeichnung landwirtschaftliche Krankenkasse.

Sechster Titel
Deutsche Rentenversicherung Knappschaft-Bahn-See

§ 167 Deutsche Rentenversicherung Knappschaft-Bahn-See. Die Deutsche Rentenversicherung Knappschaft-Bahn-See führt die Krankenversicherung nach den Vorschriften dieses Buches durch.

Siebter Titel
Ersatzkassen

§ 168 Ersatzkassen. (1) Ersatzkassen sind am 31. Dezember 1992 bestehende Krankenkassen, bei denen Versicherte die Mitgliedschaft bis zum 31. Dezember 1995 durch Ausübung des Wahlrechts erlangen können.

(2) Beschränkungen des aufnahmeberechtigten Mitgliederkreises sind nicht zulässig.

(3) [1]Der Bezirk einer Ersatzkasse kann durch Satzungsregelung auf das Gebiet eines oder mehrerer Länder oder das Bundesgebiet erweitert werden. [2]Die Satzungsregelung bedarf der Genehmigung der vor der Erweiterung zuständigen Aufsichtsbehörde.

§ 168a Vereinigung von Ersatzkassen. (1) [1]Ersatzkassen können sich auf Beschluss ihrer Verwaltungsräte vereinigen. [2]Der Beschluss bedarf der Genehmigung der vor der Vereinigung zuständigen Aufsichtsbehörden. [3]Für das Verfahren gilt § 144 Abs. 2 bis 4 entsprechend.

(2) [1]Das Bundesministerium für Gesundheit kann auf Antrag einer Ersatzkasse durch Rechtsverordnung mit Zustimmung des Bundesrates einzelne Ersatzkassen nach Anhörung der betroffenen Ersatzkassen vereinigen. [2]Für die Vereinigung von Ersatzkassen durch Rechtsverordnung des Bundesministeriums für Gesundheit gelten die §§ 145 und 146 entsprechend.

§ 169 *(aufgehoben)*

§ 170 Schließung. [1]Eine Ersatzkasse wird von der Aufsichtsbehörde geschlossen, wenn ihre Leistungsfähigkeit nicht mehr auf Dauer gesichert ist. [2]Die Aufsichtsbehörde bestimmt den Zeitpunkt, an dem die Schließung wirksam wird, wobei zwischen diesem Zeitpunkt und der Zustellung des Schließungsbescheids mindestens acht Wochen liegen müssen.

§ 171 Auseinandersetzung, Abwicklung der Geschäfte, Haftung für Verpflichtungen. [1]Bei Schließung gelten die §§ 154, 155 Abs. 1 bis 3 und § 164 Abs. 2 bis 5 entsprechend mit der Maßgabe, dass § 164 Abs. 3 Satz 3 nur für Beschäftigte gilt, deren Arbeitsverhältnis nicht durch ordentliche Kündigung beendet werden kann. [2]Reicht das Vermögen einer geschlossenen Ersatzkasse nicht aus, um die Gläubiger zu befriedigen, gilt § 155 Abs. 4 Satz 4 bis 7 und Abs. 5 entsprechend.

Achter Titel
Kassenartenübergreifende Regelungen

§ 171a Kassenartenübergreifende Vereinigung von Krankenkassen.

(1) [1]Die im Ersten bis Dritten und Siebten Titel dieses Abschnitts genannten Krankenkassen können sich auf Beschluss ihrer Verwaltungsräte mit den in diesen Titeln genannten Krankenkassen anderer Kassenarten vereinigen. [2]Der Beschluss bedarf der Genehmigung der vor der Vereinigung zuständigen Aufsichtsbehörden. [3]§ 144 Abs. 2 bis 4 gilt entsprechend mit der Maßgabe, dass dem Antrag auf Genehmigung auch eine Erklärung beizufügen ist, welche Kassenartzugehörigkeit aufrechterhalten bleiben soll. [4]Soll danach die neue Krankenkasse Mitglied des Verbandes werden, dem die an der Vereinigung beteiligte Krankenkasse mit der kleinsten Mitgliederzahl am Tag der Beantragung der Genehmigung angehört hat, kann dieser die Mitgliedschaft der neuen Krankenkasse gegenüber den Aufsichtsbehörden nach Satz 2 ablehnen, wenn aufgrund einer von der Aufsichtsbehörde dieses Verbandes durchgeführten Prüfung einvernehmlich festgestellt wird, dass hierdurch seine finanziellen Grundlagen gefährdet würden.

(2) [1]Die neue Krankenkasse hat für die Dauer von fünf Jahren nach dem Wirksamwerden der Vereinigung Zahlungsverpflichtungen aufgrund der Haftung nach Schließung oder Krankenkasse oder der Gewährung finanzieller Hilfen nach § 265a gegenüber den Verbänden zu erfüllen, denen gegenüber die an der Vereinigung beteiligten Krankenkassen ohne die Vereinigung zahlungspflichtig geworden wären. [2]§ 155 Abs. 5 gilt. [3]Die für die Ermittlung der Zahlungsverpflichtung maßgeblichen Größen sind auf die neue Krankenkasse unter Zugrundelegung des Verhältnisses anzuwenden, in dem diese Größen bei den an der Vereinigung beteiligten Krankenkassen am Tag der Stellung des Antrags auf Genehmigung der Vereinigung zueinander gestanden haben. [4]Die neue Krankenkasse hat den betroffenen Verbänden die für die Ermittlung der Höhe des Zahlungsanspruchs erforderlichen Angaben mitzuteilen. [5]Handelt es sich bei der neuen Krankenkasse um eine Betriebs- oder Ersatzkasse, gilt bei Schließung dieser Krankenkasse § 164 Abs. 2 bis 5 entsprechend.

§ 171b Insolvenz von Krankenkassen. (1) [1]Vom 1. Januar 2010 an findet § 12 Abs. 1 Nr. 2 der Insolvenzordnung auf Krankenkassen keine Anwendung. [2]Von diesem Zeitpunkt an gilt die Insolvenzordnung für die Krankenkassen nach Maßgabe der nachfolgenden Absätze.

(2) [1]Wird eine Krankenkasse zahlungsunfähig oder ist sie voraussichtlich nicht in der Lage, die bestehenden Zahlungspflichten im Zeitpunkt der Fälligkeit zu erfüllen (drohende Zahlungsunfähigkeit), oder tritt Überschuldung ein, hat der Vorstand der Krankenkasse dies der zuständigen Aufsichtsbehörde unter Beifügung aussagefähiger Unterlagen unverzüglich anzuzeigen. [2]Verbindlichkeiten der Krankenkasse, für die nach § 171d Abs. 1 der Spitzenverband Bund der Krankenkassen haftet, sind bei der Feststellung der Überschuldung nicht zu berücksichtigen.

(3) ¹Der Antrag auf Eröffnung des Insolvenzverfahrens über das Vermögen der Krankenkasse kann nur von der Aufsichtsbehörde gestellt werden. ²Liegen zugleich die Voraussetzungen für eine Schließung wegen auf Dauer nicht mehr gesicherter Leistungsfähigkeit vor, soll die Aufsichtsbehörde anstelle des Antrages nach Satz 1 die Krankenkasse schließen. ³Stellt die Aufsichtsbehörde den Antrag nach Satz 1 nicht innerhalb von drei Monaten nach Eingang der in Absatz 2 Satz 1 genannten Anzeige, ist die spätere Stellung eines Insolvenzantrages so lange ausgeschlossen, wie der Insolvenzgrund, der zu der Anzeige geführt hat, fortbesteht. ⁴§ 155 Absatz 2 Satz 5 bis 7 gilt entsprechend, wenn die Aufsichtsbehörde den Antrag auf Eröffnung des Insolvenzverfahrens gestellt hat.

(4) ¹Die Aufsichtsbehörde hat den Spitzenverband Bund der Krankenkassen unverzüglich über die Anzeige nach Absatz 2 Satz 1 und die Antragstellung nach Absatz 3 Satz 1 zu unterrichten. ²Der Spitzenverband Bund der Krankenkassen unterrichtet hierüber unverzüglich die Krankenkassen derselben Kassenart oder deren Landesverbände. ³Vor der Bestellung des Insolvenzverwalters hat das Insolvenzgericht die Aufsichtsbehörde zu hören. ⁴Der Aufsichtsbehörde ist der Eröffnungsbeschluss gesondert zuzustellen. ⁵Die Aufsichtsbehörde und der Spitzenverband Bund der Krankenkassen können jederzeit vom Insolvenzgericht und dem Insolvenzverwalter Auskünfte über den Stand des Verfahrens verlangen.

(5) Mit dem Tag der Eröffnung des Insolvenzverfahrens oder dem Tag der Rechtskraft des Beschlusses, durch den die Eröffnung des Insolvenzverfahrens mangels Masse abgelehnt worden ist, ist die Krankenkasse geschlossen mit der Maßgabe, dass die Abwicklung der Geschäfte der Krankenkasse im Fall der Eröffnung des Insolvenzverfahrens nach den Vorschriften der Insolvenzordnung erfolgt.

(6) ¹Zum Vermögen einer Krankenkasse gehören die Betriebsmittel, die Rücklage und das Verwaltungsvermögen. ²Abweichend von § 260 Abs. 2 Satz 2 bleiben die Beitragsforderungen der Krankenkasse außer Betracht, soweit sie dem Gesundheitsfonds als Sondervermögen zufließen.

(7) Für die bis zum 31. Dezember 2009 entstandenen Wertguthaben aus Altersteilzeitvereinbarungen sind die Verpflichtungen nach § 8a des Altersteilzeitgesetzes vollständig spätestens ab dem 1. Januar 2015 zu erfüllen.

§ 171c Aufhebung der Haftung nach § 12 Abs. 2 der Insolvenzordnung. Vom 1. Januar 2009 an haften die Länder nicht mehr nach § 12 Abs. 2 der Insolvenzordnung für die Ansprüche der Beschäftigten von Krankenkassen auf Leistungen der Altersversorgung und auf Insolvenzgeld.

§ 171d Haftung im Insolvenzfall. (1) ¹Wird über das Vermögen einer Krankenkasse das Insolvenzverfahren eröffnet oder die Eröffnung mangels Masse rechtskräftig abgewiesen (Insolvenzfall), haftet der Spitzenverband Bund der Krankenkassen für die bis zum 31. Dezember 2009 entstandenen Altersversorgungs- und Altersteilzeitverpflichtungen dieser Krankenkasse und für Verpflichtungen aus Darlehen, die zur Ablösung von Verpflichtungen gegenüber einer öffentlich-rechtlichen Einrichtung zur betrieblichen Altersversorgung aufgenommen worden sind, soweit die Erfüllung dieser Verpflichtungen durch den Insolvenzfall beeinträchtigt oder unmöglich wird. [2]Soweit der Träger der Insolvenzsicherung nach dem Betriebsrentengesetz die unverfallbaren Altersversorgungsverpflichtungen einer Krankenkasse zu erfüllen hat, ist ein Rückgriff gegen die anderen Krankenkassen oder ihre Verbände ausgeschlossen. [3]Der Spitzenverband Bund der Krankenkassen macht die zur Erfüllung seiner Haftungsverpflichtung erforderlichen Beträge bei den übrigen Krankenkassen der Kassenart sowie bis zum 31. Dezember 2049 anteilig auch bei den Krankenkassen geltend, die aus einer Vereinigung nach § 171a hervorgegangen sind, wenn an der Vereinigung eine Krankenkasse beteiligt war, die dieser Kassenart angehört hat. [4]Sind die in Satz 3 genannten Krankenkassen nicht in der Lage, die Verpflichtungen nach Satz 1 zu erfüllen, macht der Spitzenverband Bund der Krankenkassen den nicht gedeckten Betrag bei allen anderen Krankenkassen geltend. [5]§ 155 Abs. 4 Satz 7 und § 164 Abs. 2 bis 4 gelten entsprechend.

(1a) Die Haftung für Altersteilzeitverpflichtungen nach Absatz 1 Satz 1 gilt nicht für Insolvenzfälle nach dem 1. Januar 2015.

(2) [1]Das Nähere zur Geltendmachung der Beträge nach Absatz 1 Satz 3 und 4, Absatz 5 Satz 1 und 2 sowie nach § 155 Abs. 4 Satz 5 und 6 und Abs. 5 Satz 1 Nr. 3 und 5 regelt das Bundesministerium für Gesundheit durch Rechtsverordnung mit Zustimmung des Bundesrates. [2]Dabei ist vorzusehen, dass Betriebs- und Innungskrankenkassen, deren Satzungen keine Regelung nach § 173 Abs. 2 Satz 1 Nr. 4 enthalten, an der Finanzierung mit einer Quote in Höhe von 20 Prozent des an sich zu zahlenden Betrages beteiligt werden. [3]In der Rechtsverordnung kann auch geregelt werden, welche Angaben die Krankenkassen dem Spitzenverband Bund der Krankenkassen für die Durchführung des Absatzes 1 Satz 3 und 4 mitzuteilen haben, einschließlich der Zeitpunkte für die Übermittlung dieser Angaben.

(3) [1]Im Fall der Insolvenz einer Krankenkasse, bei der vor dem 1. Januar 2010 das Insolvenzverfahren nicht zulässig war, umfasst der Insolvenzschutz nach dem Vierten Abschnitt des Betriebsrentengesetzes nur die Ansprüche und Anwartschaften aus Versorgungszusagen, die nach dem 31. Dezember 2009 entstanden sind. [2]Die §§ 7 bis 15 des Betriebsrentengesetzes gelten nicht für Krankenkassen, die aufgrund Landesgesetz Pflichtmitglied beim Kommunalen Versorgungsverband Baden-Württemberg oder Sachsen sind. [3]Hiervon ausgenommen ist die AOK Baden-Württemberg. [4]Falls die Mitgliedschaft endet, gilt Satz 1 entsprechend.

(4) [1]Hat der Spitzenverband Bund der Krankenkassen aufgrund des Absatzes 1 Leistungen zu erbringen, gehen die Ansprüche der Berechtigten auf ihn über; § 9 Absatz 2 bis 3a mit Ausnahme des Absatzes 3 Satz 1 letzter Halbsatz des Betriebsrentengesetzes gilt entsprechend für den Spitzenverband Bund der Krankenkassen. [2]Der Spitzenverband Bund der Krankenkassen macht die

Ansprüche nach Satz 1 im Insolvenzverfahren zu Gunsten der Krankenkassen nach Absatz 1 Satz 3 und 4 geltend.

(5) [1]Für die in § 155 Abs. 5 Satz 1 Nr. 3 und 5 genannten Ansprüche und Forderungen haften im Insolvenzfall die übrigen Krankenkassen der Kassenart. [2]Übersteigen die Verpflichtungen nach Satz 1 1 Prozent des Gesamtbetrages der Zuweisungen, den die Krankenkassen der jeweiligen Kassenart aus dem Gesundheitsfonds jährlich erhalten, haften hierfür auch die Krankenkassen der anderen Kassenarten. [3]§ 155 Abs. 4 Satz 5 bis 7 gilt entsprechend. [4]Soweit Krankenkassen nach Satz 1 oder Satz 2 Leistungen zu erbringen haben, gehen die Ansprüche der Versicherten und der Leistungserbringer auf sie über. [5]Absatz 4 Satz 2 gilt entsprechend.

(6) [1]Wird der Spitzenverband Bund der Krankenkassen nach dieser Vorschrift oder nach § 155 Absatz 4 oder Absatz 5 von Gläubigern einer Krankenkasse in Anspruch genommen, kann er zur Zwischenfinanzierung des Haftungsbetrags ein nicht zu verzinsendes Darlehen in Höhe von bis zu 750 Millionen Euro aus der Liquiditätsreserve des Gesundheitsfonds nach § 271 Absatz 2 aufnehmen. [2]Das Nähere zur Darlehensaufnahme vereinbart der Spitzenverband Bund der Krankenkassen mit dem Bundesversicherungsamt. [3]Ein zum 31. Dezember eines Jahres noch nicht getilgter Darlehensbetrag ist bis zum 28. Februar des Folgejahres zurückzuzahlen. [4]Überschreitet der zum Ende eines Kalendermonats festgestellte, für einen Schließungsfall aufgenommene Darlehensbetrag den Betrag von 50 Millionen Euro, ist dieser Betrag bis zum Ende des übernächsten Kalendermonats zurückzuzahlen. [5]Die darlehensweise Inanspruchnahme des Gesundheitsfonds für Zwecke dieses Absatzes darf insgesamt den in Satz 1 genannten Betrag nicht übersteigen. [6]§ 271 Absatz 3 gilt entsprechend.

§ 171e Deckungskapital für Altersversorgungsverpflichtungen. (1) [1]Krankenkassen haben für Versorgungszusagen, die eine direkte Einstandspflicht nach § 1 Abs. 1 Satz 3 des Betriebsrentengesetzes auslösen sowie für ihre Beihilfeverpflichtungen durch mindestens jährliche Zuführungen vom 1. Januar 2010 an bis spätestens zum 31. Dezember 2049 ein wertgleiches Deckungskapital zu bilden, mit dem der voraussichtliche Barwert dieser Verpflichtungen an diesem Tag vollständig ausfinanziert wird. [2]Auf der Passivseite der Vermögensrechnung sind Rückstellungen in Höhe des vorhandenen Deckungskapitals zu bilden. [3]Satz 1 gilt nicht, soweit eine Krankenkasse der Aufsichtsbehörde durch ein versicherungsmathematisches Gutachten nachweist, dass für ihre Verpflichtungen aus Versorgungsanwartschaften und -ansprüchen sowie für ihre Beihilfeverpflichtungen ein Deckungskapital besteht, das die in Satz 1 und in der Rechtsverordnung nach Absatz 3 genannten Voraussetzungen erfüllt. [4]Der Nachweis ist bei wesentlichen Änderungen der Berechnungsgrundlagen, in der Regel alle fünf Jahre, zu aktualisieren. [5]Das Deckungskapital darf nur zweckentsprechend verwendet werden.

(2) [1]Soweit Krankenversicherungsträger vor dem 31. Dezember 2009 Mitglied einer öffentlich-rechtlichen Versorgungseinrichtung geworden sind, wer-

den die zu erwartenden Versorgungsleistungen im Rahmen der Verpflichtungen nach Absatz 1 entsprechend berücksichtigt. [2]Wurde vor dem 31. Dezember 2009 Deckungskapital bei aufsichtspflichtigen Unternehmen im Sinne des § 1 Absatz 1 Nummer 1 und 5 des Versicherungsaufsichtsgesetzes gebildet, wird dieses anteilig berücksichtigt, sofern es sich um Versorgungszusagen nach Absatz 1 Satz 1 handelt. [3]Soweit Krankenversicherungsträger dem Versorgungsrücklagegesetz des Bundes oder entsprechender Landesgesetze unterliegen, ist das nach den Vorgaben dieser Gesetze gebildete Kapital ebenfalls zu berücksichtigen.

(2a) [1]Für die Anlage der Mittel zur Finanzierung des Deckungskapitals für Altersrückstellungen gelten die Vorschriften des Vierten Titels des Vierten Abschnitts des Vierten Buches mit der Maßgabe, dass eine Anlage auch in Eurodenominierten Aktien im Rahmen eines passiven, indexorientierten Managements zulässig ist. [2]Die Anlageentscheidungen sind jeweils so zu treffen, dass der Anteil an Aktien maximal 10 Prozent des Deckungskapitals beträgt. [3]Änderungen des Aktienkurses können vorübergehend zu einem höheren Anteil an Aktien am Deckungskapital führen.

(3) [1]Das Bundesministerium für Gesundheit regelt durch Rechtsverordnung mit Zustimmung des Bundesrates das Nähere über

1. die Abgrenzung der Versorgungsverpflichtungen, für die das Deckungskapital zu bilden ist,
2. die allgemeinen versicherungsmathematischen Vorgaben für die Ermittlung des Barwertes der Versorgungsverpflichtungen,
3. die Höhe der für die Bildung des Deckungskapitals erforderlichen Zuweisungsbeträge und über die Überprüfung und Anpassung der Höhe der Zuweisungsbeträge,
4. das Zahlverfahren der Zuweisungen zum Deckungskapital,
5. die Anrechnung von Deckungskapital bei den jeweiligen Durchführungswegen der betrieblichen Altersversorgung.

[2]Das Bundesministerium für Gesundheit kann die Befugnis nach Satz 1 durch Rechtsverordnung mit Zustimmung des Bundesrates auf das Bundesversicherungsamt übertragen. [3]In diesem Fall gilt für die dem Bundesversicherungsamt entstehenden Ausgaben § 271 Abs. 6 entsprechend.

(4) *(aufgehoben)*

(5) *(aufgehoben)*

§ 171f Insolvenzfähigkeit von Krankenkassenverbänden.   Die §§ 171b bis 171e gelten für die Verbände der Krankenkassen entsprechend.

§ 172 Vermeidung der Schließung oder Insolvenz von Krankenkassen.
(1) [1]Vor Errichtung, Vereinigung, Öffnung (§ 173 Abs. 2 Satz 1 Nr. 4), Auflösung oder Schließung von Krankenkassen sind die Verbände der beteiligten Krankenkassen zu hören. [2]Satz 1 gilt entsprechend, wenn eine Krankenkasse ihren Sitz in den Bezirk eines anderen Verbandes verlegt.

(2) ¹Die Krankenkassen haben dem Spitzenverband Bund der Krankenkassen und dem Landesverband, dem sie angehören, auf Verlangen unverzüglich die Unterlagen vorzulegen und die Auskünfte zu erteilen, die diese zur Beurteilung ihrer dauerhaften Leistungsfähigkeit für erforderlich halten, oder ihnen auf Verlangen die Einsichtnahme in diese Unterlagen in ihren Räumen zu gestatten. ²Stellt der Spitzenverband Bund der Krankenkassen fest, dass in der letzten Vierteljahresrechnung einer Krankenkasse die Ausgaben die Einnahmen um einen Betrag überstiegen haben, der größer ist als 0,5 Prozent der durchschnittlichen monatlichen Zuweisungen aus dem Gesundheitsfonds für den zu beurteilenden Berichtszeitraum, so hat er hierüber die zuständige Aufsichtsbehörde zu unterrichten. ³Darüber hinaus hat der Spitzenverband Bund der Krankenkassen den Aufsichtsbehörden die in den Jahresrechnungen zum Stichtag 31. Dezember eins jeden Kalenderjahres ausgewiesenen Betriebsmittel, Rücklagen und Geldmittel zur Anschaffung und Erneuerung von Verwaltungsvermögen einer Krankenkasse mitzuteilen. ⁴Die Aufsichtsbehörde hat unter Berücksichtigung der in den Sätzen 2 und 3 genannten Finanzdaten dem Vorstand einer Krankenkasse unverzüglich die Vorlage der in Satz 1 genannten Unterlagen und Auskünfte zu verlangen, wenn sich daraus Anhaltspunkte für eine dauerhafte Gefährdung der wirtschaftlichen Leistungsfähigkeit der Kasse ergeben. ⁵Hält der Verband aufgrund der nach Satz 1 übermittelten Informationen die dauerhafte Leistungsfähigkeit der Krankenkasse für bedroht, hat er die Krankenkasse über geeignete Maßnahmen zur Sicherung ihrer dauerhaften Leistungsfähigkeit zu beraten und die Aufsichtsbehörde der Krankenkasse über die finanzielle Situation der Krankenkasse und die vorgeschlagenen Maßnahmen zu unterrichten. ⁶Kommt eine Krankenkasse ihren Verpflichtungen nach den Sätzen 1 und 4 nicht nach, ist die Aufsichtsbehörde der Krankenkasse auch hierüber zu unterrichten.

(3) ¹Stellt die Aufsichtsbehörde im Benehmen mit dem Spitzenverband Bund der Krankenkassen fest, dass bei einer Krankenkasse nur durch die Vereinigung mit einer anderen Krankenkasse die Leistungsfähigkeit auf Dauer gesichert oder der Eintritt von Zahlungsunfähigkeit oder Überschuldung vermieden werden kann, kann dieser der Aufsichtsbehörde Vorschläge für eine Vereinigung dieser Krankenkasse mit einer anderen Krankenkasse vorlegen. ²Kommt bei der in ihrer Leistungsfähigkeit gefährdeten Krankenkasse ein Beschluss über eine freiwillige Vereinigung innerhalb einer von der Aufsichtsbehörde gesetzten Frist nicht zustande, ersetzt die Aufsichtsbehörde diesen Beschluss.

§ 172a Zusammenschlusskontrolle bei Vereinigungen von Krankenkassen. (1) Bei der freiwilligen Vereinigung von Krankenkassen finden die Vorschriften über die Zusammenschlusskontrolle nach dem Siebten Abschnitt des Ersten Teils des Gesetzes gegen Wettbewerbsbeschränkungen nach Maßgabe des Absatzes 2 sowie die §§ 48, 49, 50c Absatz 2, §§ 54 bis 80 und 81 Absatz 2 und 3 Nummer 3, Absatz 4 bis 10 und die §§ 83 bis 86a des Gesetzes gegen Wettbewerbsbeschränkungen entsprechende Anwendung.

(2) ¹Finden die Vorschriften über die Zusammenschlusskontrolle Anwendung, darf die Genehmigung nach § 144 Absatz 3 erst erfolgen, wenn das Bundeskartellamt die Vereinigung nach § 40 des Gesetzes gegen Wettbewerbsbeschränkungen freigegeben hat oder sie als freigegeben gilt. ²Hat der Vorstand einer an der Vereinigung beteiligten Krankenkasse eine Anzeige nach § 171b Absatz 2 Satz 1 abgegeben, beträgt die Frist nach § 40 Absatz 2 Satz 2 des Gesetzes gegen Wettbewerbsbeschränkungen sechs Wochen. ³Vor einer Untersagung ist mit den zuständigen Aufsichtsbehörden nach § 90 des Vierten Buches das Benehmen herzustellen. ⁴Neben die obersten Landesbehörden nach § 42 Absatz 4 Satz 2 des Gesetzes gegen Wettbewerbsbeschränkungen treten die zuständigen Aufsichtsbehörden nach § 90 des Vierten Buches. ⁵§ 41 Absatz 3 und 4 des Gesetzes gegen Wettbewerbsbeschränkungen gilt nicht.

Zweiter Abschnitt

Wahlrechte der Mitglieder

§ 173 Allgemeine Wahlrechte. (1) Versicherungspflichtige (§ 5) und Versicherungsberechtigte (§ 9) sind Mitglied der von ihnen gewählten Krankenkasse, soweit in den nachfolgenden Vorschriften, im Zweiten Gesetz über die Krankenversicherung der Landwirte oder im Künstlersozialversicherungsgesetz nichts Abweichendes bestimmt ist.

(2) ¹Versicherungspflichtige und Versicherungsberechtigte können wählen

1. die Ortskrankenkasse des Beschäftigungs- oder Wohnorts,

2. jede Ersatzkasse, deren Zuständigkeit sich nach der Satzung auf den Beschäftigungs- oder Wohnort erstreckt,

3. die Betriebs- oder Innungskrankenkasse, wenn sie in dem Betrieb beschäftigt sind, für den die Betriebs- oder die Innungskrankenkasse besteht,

4. die Betriebs- oder Innungskrankenkasse, wenn die Satzung der Betriebs- oder Innungskrankenkasse dies vorsieht,

4a. die Deutsche Rentenversicherung Knappschaft-Bahn-See,

5. die Krankenkasse, bei der vor Beginn der Versicherungspflicht oder Versicherungsberechtigung zuletzt eine Mitgliedschaft oder eine Versicherung nach § 10 bestanden hat,

6. die Krankenkasse, bei der der Ehegatte oder der Lebenspartner versichert ist.
²Falls die Satzung eine Regelung nach Nummer 4 enthält, gilt diese für die Gebiete der Länder, in denen Betriebe oder Innungsbetriebe bestehen und die Zuständigkeit für diese Betriebe sich aus der Satzung der Betriebs- oder Innungskrankenkasse ergibt; soweit eine Satzungsregelung am 31. März 2007 für ein darüber hinausgehendes Gebiet gegolten hat, bleibt dies unberührt; die Satzung darf das Wahlrecht nicht auf bestimmte Personen beschränken oder von Bedingungen abhängig machen. ³Eine Satzungsregelung nach Satz 1 Nr. 4 kann nicht widerrufen werden. ⁴Ist an der Vereinigung von Betriebskrankenkassen oder von Innungskrankenkassen eine Krankenkasse mit einer Satzungsregelung

nach Satz 1 Nr. 4 beteiligt, gilt diese Satzungsregelung auch für die vereinigte Krankenkasse. [5]Satz 1 Nr. 4 und Satz 4 gelten nicht für Betriebskrankenkassen, die für Betriebe privater Kranken- oder Lebensversicherungen errichtet oder aus einer Vereinigung mit solchen Betriebskrankenkassen hervorgegangen sind, wenn die Satzung dieser Krankenkassen am 26. September 2003 keine Regelung nach Satz 1 Nr. 4 enthalten hat.

(2a) § 2 Abs. 1 der Verordnung über den weiteren Ausbau der knappschaftlichen Versicherung in der im Bundesgesetzblatt Teil III, Gliederungsnummer 822-4, veröffentlichten bereinigten Fassung, die zuletzt durch Artikel 22 Nr. 1 des Gesetzes vom 22. Dezember 1983 (BGBl. I S. 1532) geändert worden ist, gilt nicht für Personen, die nach dem 31. März 2007 Versicherte der Deutschen Rentenversicherung Knappschaft-Bahn-See werden.

(3) Studenten können zusätzlich die Ortskrankenkasse oder jede Ersatzkasse an dem Ort wählen, in dem die Hochschule ihren Sitz hat.

(4) Nach § 5 Abs. 1 Nr. 5 bis 8 versicherungspflichtige Jugendliche, Teilnehmer an Leistungen zur Teilhabe am Arbeitsleben, behinderte Menschen und nach § 5 Abs. 1 Nr. 11 und 12 oder nach § 9 versicherte Rentner sowie nach § 9 Abs. 1 Nr. 4 versicherte behinderte Menschen können zusätzlich die Krankenkasse wählen, bei der ein Elternteil versichert ist.

(5) Versicherte Rentner können zusätzlich die Betriebs- oder Innungskrankenkasse wählen, wenn sie in dem Betrieb beschäftigt gewesen sind, für den die Betriebs- oder Innungskrankenkasse besteht.

(6) Für nach § 10 Versicherte gilt die Wahlentscheidung des Mitglieds.

(7) War an einer Vereinigung nach § 171a eine Betriebs- oder Innungskrankenkasse ohne Satzungsregelung nach Absatz 2 Satz 1 Nr. 4 beteiligt, und gehört die aus der Vereinigung hervorgegangene Krankenkasse einem Verband der Betriebs- oder Innungskrankenkassen an, ist die neue Krankenkasse auch für die Versicherungspflichtigen und Versicherungsberechtigten wählbar, die ein Wahlrecht zu der Betriebs- oder Innungskrankenkasse gehabt hätten, wenn deren Satzung vor der Vereinigung eine Regelung nach Absatz 2 Satz 1 Nr. 4 enthalten hätte.

§ 174 Besondere Wahlrechte. (1) *(aufgehoben)*

(2) Für Versicherungspflichtige und Versicherungsberechtigte, die bei einer Betriebs- oder Innungskrankenkasse beschäftigt sind oder vor dem Rentenbezug beschäftigt waren, gilt § 173 Abs. 2 Satz 1 Nr. 3 entsprechend.

(3) Versicherungspflichtige und Versicherungsberechtigte, die bei einem Verband der Betriebs- oder Innungskrankenkassen beschäftigt sind oder vor dem Rentenbezug beschäftigt waren, können eine Betriebs- oder Innungskrankenkasse am Wohn- oder Beschäftigungsort wählen.

(4) *(aufgehoben)*

(5) Abweichend von § 173 werden Versicherungspflichtige nach § 5 Abs. 1 Nr. 13 Mitglied der Krankenkasse oder des Rechtsnachfolgers der Krankenkas-

se, bei der sie zuletzt versichert waren, andernfalls werden sie Mitglied der von ihnen nach § 173 Abs. 1 gewählten Krankenkasse; § 173 gilt.

§ 175 Ausübung des Wahlrechts. (1) ¹Die Ausübung des Wahlrechts ist gegenüber der gewählten Krankenkasse zu erklären. ²Diese darf die Mitgliedschaft nicht ablehnen oder die Erklärung nach Satz 1 durch falsche oder unvollständige Beratung verhindern oder erschweren. ³Das Wahlrecht kann nach Vollendung des 15. Lebensjahres ausgeübt werden.

(2) ¹Die gewählte Krankenkasse hat nach Ausübung des Wahlrechts unverzüglich eine Mitgliedsbescheinigung auszustellen. ²Hat innerhalb der letzten 18 Monate vor Beginn der Versicherungspflicht oder Versicherungsberechtigung eine Mitgliedschaft bei einer anderen Krankenkasse bestanden, kann die Mitgliedsbescheinigung nur ausgestellt werden, wenn die Kündigungsbestätigung nach Absatz 4 Satz 3 vorgelegt wird. ³Eine Mitgliedsbescheinigung ist zum Zweck der Vorlage bei der zur Meldung verpflichteten Stelle auch bei Eintritt einer Versicherungspflicht unverzüglich auszustellen.

(2a) ¹Liegen der Aufsichtsbehörde Anhaltspunkte dafür vor, dass eine Krankenkasse entgegen Absatz 1 Satz 2 eine Mitgliedschaft rechtswidrig abgelehnt hat oder die Abgabe der Erklärung nach Absatz 1 Satz 1 verhindert oder erschwert, hat sie diesen Anhaltspunkten unverzüglich nachzugehen und die Krankenkasse zur Behebung einer festgestellten Rechtsverletzung und zur Unterlassung künftiger Rechtsverletzungen zu verpflichten. ²Als rechtswidrig ist insbesondere eine Beratung durch die angegangene Krankenkasse anzusehen, die dazu führt, dass von der Erklärung nach Absatz 1 Satz 1 ganz abgesehen wird oder diese nur unter erschwerten Bedingungen abgegeben werden kann. ³Die Verpflichtung der Krankenkasse nach Satz 1 ist mit der Androhung eines Zwangsgeldes von bis zu 50 000 Euro für jeden Fall der Zuwiderhandlung zu verbinden. ⁴Rechtsbehelfe gegen Maßnahmen der Aufsichtsbehörde nach den Sätzen 1 und 3 haben keine aufschiebende Wirkung. ⁵Vorstandsmitglieder, die vorsätzlich oder fahrlässig nicht verhindern, dass die Krankenkasse entgegen Absatz 1 Satz 2 eine Mitgliedschaft rechtswidrig ablehnt oder die Abgabe der Erklärung nach Absatz 1 Satz 1 verhindert oder erschwert, sind der Krankenkasse zum Ersatz des daraus entstehenden Schadens als Gesamtschuldner verpflichtet. ⁶Die zuständige Aufsichtsbehörde hat nach Anhörung des Vorstandsmitglieds den Verwaltungsrat zu veranlassen, das Vorstandsmitglied in Anspruch zu nehmen, falls der Verwaltungsrat das Regressverfahren nicht bereits von sich aus eingeleitet hat.

(3) ¹Versicherungspflichtige haben der zur Meldung verpflichteten Stelle unverzüglich eine Mitgliedsbescheinigung vorzulegen. ²Wird die Mitgliedsbescheinigung nicht spätestens zwei Wochen nach Eintritt der Versicherungspflicht vorgelegt, hat die zur Meldung verpflichtete Stelle den Versicherungspflichtigen ab Eintritt der Versicherungspflicht bei der Krankenkasse anzumelden, bei der zuletzt eine Versicherung bestand; bestand vor Eintritt der Versicherungspflicht keine Versicherung, hat die zur Meldung verpflichtete Stelle den Versiche-

rungspflichtigen ab Eintritt der Versicherungspflicht bei einer nach § 173 wählbaren Krankenkasse anzumelden und den Versicherungspflichtigen unverzüglich über die gewählte Krankenkasse zu unterrichten. [3]Für die Fälle, in denen eine Mitgliedsbescheinigung nach Satz 1 nicht vorgelegt wird und keine Meldung nach Satz 2 erfolgt, legt der Spitzenverband Bund der Krankenkassen Regeln über die Zuständigkeit fest.

(3a) [1]Bei Schließung oder Insolvenz einer Krankenkasse haben Versicherungspflichtige spätestens innerhalb von sechs Wochen nach Zustellung des Schließungsbescheids oder der Stellung des Insolvenzantrags (§ 171b Absatz 3 Satz 1) der zur Meldung verpflichteten Stelle eine Mitgliedsbescheinigung vorzulegen. [2]Wird die Mitgliedsbescheinigung nicht rechtzeitig vorgelegt, gilt Absatz 3 Satz 2 entsprechend mit der Maßgabe, dass die Anmeldung durch die zur Meldung verpflichtete Stelle innerhalb von weiteren zwei Wochen mit Wirkung zu dem Zeitpunkt zu erfolgen hat, an dem die Schließung wirksam wird. [3]Bei Stellung eines Insolvenzantrags erfolgt die Meldung zum ersten Tag des laufenden Monats, spätestens zu dem Zeitpunkt, an dem das Insolvenzverfahren eröffnet oder der Antrag mangels Masse abgewiesen wird. [4]Wird die Krankenkasse nicht geschlossen, bleibt die Mitgliedschaft bei dieser Krankenkasse bestehen. [5]Die gewählten Krankenkassen haben der geschlossenen oder insolventen Krankenkasse unverzüglich eine Mitgliedsbescheinigung zu übermitteln. [6]Mitglieder, bei denen keine zur Meldung verpflichtete Stelle besteht, haben der geschlossenen Krankenkasse innerhalb von drei Monaten nach dem in Satz 1 genannten Zeitpunkt eine Mitgliedsbescheinigung vorzulegen.

(4) [1]Versicherungspflichtige und Versicherungsberechtigte sind an die Wahl der Krankenkasse mindestens 18 Monate gebunden. [2]Eine Kündigung der Mitgliedschaft ist zum Ablauf des übernächsten Kalendermonats möglich, gerechnet von dem Monat, in dem das Mitglied die Kündigung erklärt. [3]Die Krankenkasse hat dem Mitglied unverzüglich, spätestens jedoch innerhalb von zwei Wochen nach Eingang der Kündigung eine Kündigungsbestätigung auszustellen. [4]Die Kündigung wird wirksam, wenn das Mitglied innerhalb der Kündigungsfrist eine Mitgliedschaft bei einer anderen Krankenkasse durch eine Mitgliedsbescheinigung oder das Bestehen einer anderweitigen Absicherung im Krankheitsfall nachweist. [5]Erhebt die Krankenkasse nach § 242 Absatz 1 erstmals einen Zusatzbeitrag oder erhöht sie ihren Zusatzbeitragssatz, kann die Kündigung der Mitgliedschaft abweichend von Satz 1 bis zum Ablauf des Monats erklärt werden, für den der Zusatzbeitrag erstmals erhoben wird oder für den der Zusatzbeitragssatz erhöht wird. [6]Die Krankenkasse hat spätestens einen Monat vor dem in Satz 5 genannten Zeitpunkt ihre Mitglieder in einem gesonderten Schreiben auf das Kündigungsrecht nach Satz 5, auf die Höhe des durchschnittlichen Zusatzbeitragssatzes nach § 242a sowie auf die Übersicht des Spitzenverbandes Bund der Krankenkassen zu den Zusatzbeitragssätzen der Krankenkassen nach § 242 Absatz 5 hinzuweisen; überschreitet der neu erhobene Zusatzbeitrag oder der erhöhte Zusatzbeitragssatz den durchschnittlichen Zusatzbeitragssatz, so sind die Mitglieder auf die Möglichkeit hinzuweisen, in

eine günstigere Krankenkasse zu wechseln. [7]Kommt die Krankenkasse ihrer Hinweispflicht nach Satz 6 gegenüber einem Mitglied verspätet nach, gilt eine erfolgte Kündigung als in dem Monat erklärt, für den der Zusatzbeitrag erstmalig erhoben wird oder für den der Zusatzbeitragssatz erhöht wird; hiervon ausgenommen sind Kündigungen, die bis zu dem in Satz 5 genannten Zeitpunkt ausgeübt worden sind. [8]Die Sätze 1 und 4 gelten nicht, wenn die Kündigung eines Versicherungsberechtigten erfolgt, weil die Voraussetzungen einer Versicherung nach § 10 erfüllt sind, Satz 1 gilt nicht, wenn die Kündigung erfolgt, weil keine Mitgliedschaft bei einer Krankenkasse begründet werden soll. [9]Die Krankenkassen können in ihren Satzungen vorsehen, dass die Frist nach Satz 1 nicht gilt, wenn eine Mitgliedschaft bei einer anderen Krankenkasse der gleichen Kassenart begründet werden soll.

(4a) *(aufgehoben)*

(5) Absatz 4 gilt nicht für Versicherungspflichtige, die durch die Errichtung oder Ausdehnung einer Betriebs- oder Innungskrankenkasse oder durch betriebliche Veränderungen Mitglieder einer Betriebs- oder Innungskrankenkasse werden können, wenn sie die Wahl innerhalb von zwei Wochen nach dem Zeitpunkt der Errichtung, Ausdehnung oder betrieblichen Veränderung ausüben.

(6) Der Spitzenverband Bund der Krankenkassen legt für die Meldungen und Mitgliedsbescheinigungen nach dieser Vorschrift einheitliche Verfahren und Vordrucke fest.

§§ 176 bis **185** *(aufgehoben)*

Dritter Abschnitt
Mitgliedschaft und Verfassung

Erster Titel
Mitgliedschaft

§ 186 Beginn der Mitgliedschaft Versicherungspflichtiger. (1) Die Mitgliedschaft versicherungspflichtig Beschäftigter beginnt mit dem Tag des Eintritts in das Beschäftigungsverhältnis.

(2) [1]Die Mitgliedschaft unständig Beschäftigter (§ 179 Abs. 2) beginnt mit dem Tag der Aufnahme der unständigen Beschäftigung, für die die zuständige Krankenkasse erstmalig Versicherungspflicht festgestellt hat, wenn die Feststellung innerhalb eines Monats nach Aufnahme der Beschäftigung erfolgt, andernfalls mit dem Tag der Feststellung. [2]Die Mitgliedschaft besteht auch an den Tagen fort, an denen der unständig Beschäftigte vorübergehend, längstens für drei Wochen nicht beschäftigt wird.

(2a) Die Mitgliedschaft der Bezieher von Arbeitslosengeld II nach dem Zweiten Buch und Arbeitslosengeld oder Unterhaltsgeld nach dem Dritten Buch beginnt mit dem Tag, von dem an die Leistung bezogen wird.

(3) ¹Die Mitgliedschaft der nach dem Künstlersozialversicherungsgesetz Versicherten beginnt mit dem Tage, an dem die Versicherungspflicht aufgrund der Feststellung der Künstlersozialkasse beginnt. ²Ist die Versicherungspflicht nach dem Künstlersozialversicherungsgesetz durch eine unständige Beschäftigung (§ 179 Abs. 2) unterbrochen worden, beginnt die Mitgliedschaft mit dem Tage nach dem Ende der unständigen Beschäftigung. ³Kann nach § 9 des Künstlersozialversicherungsgesetzes ein Versicherungsvertrag gekündigt werden, beginnt die Mitgliedschaft mit dem auf die Kündigung folgenden Monat, spätestens zwei Monate nach der Feststellung der Versicherungspflicht.

(4) Die Mitgliedschaft von Personen, die in Einrichtungen der Jugendhilfe für eine Erwerbstätigkeit befähigt werden, beginnt mit dem Beginn der Maßnahme.

(5) Die Mitgliedschaft versicherungspflichtiger Teilnehmer an Leistungen zur Teilhabe am Arbeitsleben beginnt mit dem Beginn der Maßnahme.

(6) Die Mitgliedschaft versicherungspflichtiger behinderter Menschen beginnt mit dem Beginn der Tätigkeit in den anerkannten Werkstätten für behinderte Menschen, Anstalten, Heimen oder gleichartigen Einrichtungen.

(7) Die Mitgliedschaft versicherungspflichtiger Studenten beginnt mit dem Semester, frühestens mit dem Tag der Einschreibung oder der Rückmeldung an der Hochschule.

(8) ¹Die Mitgliedschaft versicherungspflichtiger Praktikanten beginnt mit dem Tag der Aufnahme der berufspraktischen Tätigkeit. ²Die Mitgliedschaft von zu ihrer Berufsausbildung ohne Arbeitsentgelt Beschäftigten beginnt mit dem Tag des Eintritts in die Beschäftigung.

(9) Die Mitgliedschaft versicherungspflichtiger Rentner beginnt mit dem Tag der Stellung des Rentenantrags.

(10) Wird die Mitgliedschaft Versicherungspflichtiger zu einer Krankenkasse gekündigt (§ 175), beginnt die Mitgliedschaft bei der neu gewählten Krankenkasse abweichend von den Absätzen 1 bis 9 mit dem Tag nach Eintritt der Rechtswirksamkeit der Kündigung.

(11) ¹Die Mitgliedschaft der nach § 5 Abs. 1 Nr. 13 Versicherungspflichtigen beginnt mit dem ersten Tag ohne anderweitigen Anspruch auf Absicherung im Krankheitsfall im Inland. ²Die Mitgliedschaft von Ausländern, die nicht Angehörige eines Mitgliedstaates der Europäischen Union, eines Vertragsstaates des Abkommens über den Europäischen Wirtschaftsraum oder Staatsangehörige der Schweiz sind, beginnt mit dem ersten Tag der Geltung der Niederlassungserlaubnis oder der Aufenthaltserlaubnis. ³Für Personen, die am 1. April 2007 keinen anderweitigen Anspruch auf Absicherung im Krankheitsfall haben, beginnt die Mitgliedschaft an diesem Tag.

§ 187 Beginn der Mitgliedschaft bei einer neu errichteten Krankenkasse.

Die Mitgliedschaft bei einer neu errichteten Krankenkasse beginnt für Versicherungspflichtige, für die diese Krankenkasse zuständig ist, mit dem Zeitpunkt, an dem die Errichtung der Krankenkasse wirksam wird.

§ 188 Beginn der freiwilligen Mitgliedschaft. (1) Die Mitgliedschaft Versicherungsberechtigter beginnt mit dem Tag ihres Beitritts zur Krankenkasse.

(2) [1]Die Mitgliedschaft der in § 9 Abs. 1 Nr. 1 und 2 genannten Versicherungsberechtigten beginnt mit dem Tag nach dem Ausscheiden aus der Versicherungspflicht oder mit dem Tag nach dem Ende der Versicherung nach § 10. [2]Die Mitgliedschaft der in § 9 Absatz 1 Satz 1 Nummer 3 und 5 genannten Versicherungsberechtigten beginnt mit dem Tag der Aufnahme der Beschäftigung. [3]Die Mitgliedschaft der in § 9 Abs. 1 Nr. 6 genannten Versicherungsberechtigten beginnt mit dem Eintritt der Versicherungspflicht nach § 5 Abs. 1 Nr. 11.

(3) Der Beitritt ist schriftlich zu erklären.

(4) [1]Für Personen, deren Versicherungspflicht oder Familienversicherung endet, setzt sich die Versicherung mit dem Tag nach dem Ausscheiden aus der Versicherungspflicht oder mit dem Tag nach dem Ende der Familienversicherung als freiwillige Mitgliedschaft fort, es sei denn, das Mitglied erklärt innerhalb von zwei Wochen nach Hinweis der Krankenkasse über die Austrittsmöglichkeiten seinen Austritt. [2]Der Austritt wird nur wirksam, wenn das Mitglied das Bestehen eines anderweitigen Anspruchs auf Absicherung im Krankheitsfall nachweist. [3]Satz 1 gilt nicht für Personen, deren Versicherungspflicht endet, wenn die übrigen Voraussetzungen für eine Familienversicherung erfüllt sind oder ein Anspruch auf Leistungen nach § 19 Absatz 2 besteht, sofern im Anschluss daran das Bestehen eines anderweitigen Anspruchs auf Absicherung im Krankheitsfall nachgewiesen wird. [4]Bei Saisonarbeitnehmern, deren Versicherungspflicht mit der Beendigung der Saisonarbeitnehmertätigkeit endet, setzt sich die Versicherung nur dann nach Satz 1 fort, wenn diese Personen innerhalb von drei Monaten nach dem Ende der Versicherungspflicht ihren Beitritt zur freiwilligen Versicherung gegenüber ihrer bisherigen Krankenkasse erklären und ihren Wohnsitz oder ständigen Aufenthalt in der Bundesrepublik Deutschland nachweisen. [5]Ein Saisonarbeitnehmer nach Satz 4 ist ein Arbeitnehmer, der vorübergehend für eine versicherungspflichtige auf bis zu acht Monate befristete Beschäftigung in die Bundesrepublik Deutschland gekommen ist, um mit seiner Tätigkeit einen jahreszeitlich bedingten jährlich wiederkehrenden erhöhten Arbeitskräftebedarf des Arbeitgebers abzudecken. [6]Der Arbeitgeber hat den Saisonarbeitnehmer nach Satz 4 im Meldeverfahren nach § 28a des Vierten Buches gesondert zu kennzeichnen. [7]Die Krankenkasse hat den Saisonarbeitnehmer nach Satz 4, nachdem der Arbeitgeber der Krankenkasse den Beginn der Beschäftigungsaufnahme gemeldet hat, unverzüglich auf das Beitrittsrecht und seine Nachweispflicht nach Satz 4 hinzuweisen.

§ 189 Mitgliedschaft von Rentenantragstellern. (1) [1]Als Mitglieder gelten Personen, die eine Rente der gesetzlichen Rentenversicherung beantragt haben und die Voraussetzungen nach § 5 Absatz 1 Nummer 11 bis 12 und Absatz 2, jedoch nicht die Voraussetzungen für den Bezug der Rente erfüllen. ²Satz 1 gilt nicht für Personen, die nach anderen Vorschriften versicherungspflichtig oder nach § 6 Abs. 1 versicherungsfrei sind.

(2) ¹Die Mitgliedschaft beginnt mit dem Tag der Stellung des Rentenantrags. ²Sie endet mit dem Tod oder mit dem Tag, an dem der Antrag zurückgenommen oder die Ablehnung des Antrags unanfechtbar wird.

§ 190 Ende der Mitgliedschaft Versicherungspflichtiger. (1) Die Mitgliedschaft Versicherungspflichtiger endet mit dem Tod des Mitglieds.

(2) Die Mitgliedschaft versicherungspflichtig Beschäftigter endet mit Ablauf des Tages, an dem das Beschäftigungsverhältnis gegen Arbeitsentgelt endet.

(3) *(aufgehoben)*

(4) Die Mitgliedschaft unständig Beschäftigter endet, wenn das Mitglied die berufsmäßige Ausübung der unständigen Beschäftigung nicht nur vorübergehend aufgibt, spätestens mit Ablauf von drei Wochen nach dem Ende der letzten unständigen Beschäftigung.

(5) Die Mitgliedschaft der nach dem Künstlersozialversicherungsgesetz Versicherten endet mit dem Tage, an dem die Versicherungspflicht aufgrund der Feststellung der Künstlersozialkasse endet; § 192 Abs. 1 Nr. 2 und 3 bleibt unberührt.

(6) Die Mitgliedschaft von Personen, die in Einrichtungen der Jugendhilfe für eine Erwerbstätigkeit befähigt werden, endet mit dem Ende der Maßnahme.

(7) Die Mitgliedschaft versicherungspflichtiger Teilnehmer an Leistungen zur Teilhabe am Arbeitsleben endet mit dem Ende der Maßnahme, bei Weiterzahlung des Übergangsgeldes mit Ablauf des Tages, bis zu dem Übergangsgeld gezahlt wird.

(8) Die Mitgliedschaft von versicherungspflichtigen behinderten Menschen in anerkannten Werkstätten für behinderte Menschen, Anstalten, Heimen oder gleichartigen Einrichtungen endet mit Aufgabe der Tätigkeit.

(9) Die Mitgliedschaft versicherungspflichtiger Studenten endet einen Monat nach Ablauf des Semesters, für das sie sich zuletzt eingeschrieben oder zurückgemeldet haben.

(10) ¹Die Mitgliedschaft versicherungspflichtiger Praktikanten endet mit dem Tag der Aufgabe der berufspraktischen Tätigkeit. ²Die Mitgliedschaft von zu ihrer Berufsausbildung ohne Arbeitsentgelt Beschäftigten endet mit dem Tag der Aufgabe der Beschäftigung.

(11) Die Mitgliedschaft versicherungspflichtiger Rentner endet

1. mit Ablauf des Monats, in dem der Anspruch auf Rente wegfällt oder die Entscheidung über den Wegfall oder den Entzug der Rente unanfechtbar geworden ist, frühestens mit Ablauf des Monats, für den letztmalig Rente zu zahlen ist,

2. bei Gewährung einer Rente für zurückliegende Zeiträume mit Ablauf des Monats, in dem die Entscheidung unanfechtbar wird.

(11a) Die Mitgliedschaft der in § 9 Abs. 1 Nr. 6 genannten Personen, die das Beitrittsrecht ausgeübt haben, sowie ihrer Familienangehörigen, die nach dem 31. März 2002 nach § 5 Abs. 1 Nr. 11 versicherungspflichtig geworden sind, deren Anspruch auf Rente schon an diesem Tag bestand, die aber nicht die Vorversicherungszeit des § 5 Abs. 1 Nr. 11 in der seit dem 1. Januar 1993 geltenden Fassung erfüllt hatten und die bis zum 31. März 2002 nach § 10 oder nach § 7 des Zweiten Gesetzes über die Krankenversicherung der Landwirte versichert waren, endet mit dem Eintritt der Versicherungspflicht nach § 5 Abs. 1 Nr. 11.

(12) Die Mitgliedschaft der Bezieher von Arbeitslosengeld II nach dem Zweiten Buch und Arbeitslosengeld oder Unterhaltsgeld nach dem Dritten Buch endet mit Ablauf des letzten Tages, für den die Leistung bezogen wird.

(13) ¹Die Mitgliedschaft der in § 5 Abs. 1 Nr. 13 genannten Personen endet mit Ablauf des Vortages, an dem
1. ein anderweitiger Anspruch auf Absicherung im Krankheitsfall begründet wird oder
2. der Wohnsitz oder gewöhnliche Aufenthalt in einen anderen Staat verlegt wird.
²Satz 1 Nr. 1 gilt nicht für Mitglieder, die Empfänger von Leistungen nach dem Dritten, Vierten, Sechsten und Siebten Kapitel des Zwölften Buches sind.

§ 191　Ende der freiwilligen Mitgliedschaft.　Die freiwillige Mitgliedschaft endet
1. mit dem Tod des Mitglieds,
2. mit Beginn einer Pflichtmitgliedschaft oder
3. mit dem Wirksamwerden der Kündigung (§ 175 Abs. 4); die Satzung kann einen früheren Zeitpunkt bestimmen, wenn das Mitglied die Voraussetzungen einer Versicherung nach § 10 erfüllt.

§ 192　Fortbestehen der Mitgliedschaft Versicherungspflichtiger.　(1) Die Mitgliedschaft Versicherungspflichtiger bleibt erhalten, solange
1. sie sich in einem rechtmäßigen Arbeitskampf befinden,
2. Anspruch auf Krankengeld oder Mutterschaftsgeld besteht oder eine dieser Leistungen oder nach gesetzlichen Vorschriften Erziehungsgeld oder Elterngeld bezogen oder Elternzeit in Anspruch genommen oder Pflegeunterstützungsgeld bezogen wird,
2a. von einem privaten Krankenversicherungsunternehmen, von einem Beihilfeträger des Bundes, von sonstigen öffentlich-rechtlichen Trägern von Kosten in Krankheitsfällen auf Bundesebene, von dem Träger der Heilfürsorge im Bereich des Bundes, von dem Träger der truppenärztlichen Versorgung oder von einem öffentlich-rechtlichen Träger von Kosten in Krankheitsfällen auf Landesebene, soweit das Landesrecht dies vorsieht, Leistungen für den Ausfall von Arbeitseinkünften im Zusammenhang mit einer nach den

§§ 8 und 8a des Transplantationsgesetzes erfolgenden Spende von Organen oder Geweben oder im Zusammenhang mit einer Spende von Blut zur Separation von Blutstammzellen oder anderen Blutbestandteilen im Sinne von § 9 des Transfusionsgesetzes bezogen werden oder diese beansprucht werden können,

3. von einem Rehabilitationsträger während einer Leistung zur medizinischen Rehabilitation Verletztengeld, Versorgungskrankengeld oder Übergangsgeld gezahlt wird oder

4. Kurzarbeitergeld nach dem Dritten Buch bezogen wird.

(2) Während der Schwangerschaft bleibt die Mitgliedschaft Versicherungspflichtiger auch erhalten, wenn das Beschäftigungsverhältnis vom Arbeitgeber zulässig aufgelöst oder das Mitglied unter Wegfall des Arbeitsentgelts beurlaubt worden ist, es sei denn, es besteht eine Mitgliedschaft nach anderen Vorschriften.

§ 193 Fortbestehen der Mitgliedschaft bei Wehrdienst oder Zivildienst.

(1) ^{1}Bei versicherungspflichtig Beschäftigten, denen nach § 1 Abs. 2 des Arbeitsplatzschutzgesetzes Entgelt weiterzugewähren ist, gilt das Beschäftigungsverhältnis als durch den Wehrdienst nach § 4 Abs. 1 und § 6b Abs. 1 des Wehrpflichtgesetzes nicht unterbrochen. ^{2}Dies gilt auch für Personen in einem Wehrdienstverhältnis besonderer Art nach § 6 des Einsatz-Weiterverwendungsgesetzes, wenn sie den Einsatzunfall in einem Versicherungsverhältnis erlitten haben.

(2) ^{1}Bei Versicherungspflichtigen, die nicht unter Absatz 1 fallen, sowie bei freiwilligen Mitgliedern berührt der Wehrdienst nach § 4 Abs. 1 und § 6b Abs. 1 des Wehrpflichtgesetzes eine bestehende Mitgliedschaft bei einer Krankenkasse nicht. ^{2}Die versicherungspflichtige Mitgliedschaft gilt als fortbestehend, wenn die Versicherungspflicht am Tag vor dem Beginn des Wehrdienstes endet oder wenn zwischen dem letzten Tag der Mitgliedschaft und dem Beginn des Wehrdienstes ein Samstag, Sonntag oder gesetzlicher Feiertag liegt. ^{3}Absatz 1 Satz 2 gilt entsprechend.

(3) Die Absätze 1 und 2 gelten für den Zivildienst entsprechend.

(4) ^{1}Die Absätze 1 und 2 gelten für Personen, die Dienstleistungen oder Übungen nach dem Vierten Abschnitt des Soldatengesetzes leisten. ^{2}Die Dienstleistungen und Übungen gelten nicht als Beschäftigungen im Sinne des § 5 Abs. 1 Nr. 1 und § 6 Abs. 1 Nr. 3.

(5) Die Zeit in einem Wehrdienstverhältnis besonderer Art nach § 6 des Einsatz-Weiterverwendungsgesetzes gilt nicht als Beschäftigung im Sinne von § 5 Abs. 1 Nr. 1 und § 6 Abs. 1 Nr. 3.

Zweiter Titel
Satzung, Organe

§ 194 Satzung der Krankenkassen. (1) Die Satzung muss insbesondere Bestimmungen enthalten über

1. Namen und Sitz der Krankenkasse,
2. Bezirk der Krankenkasse und Kreis der Mitglieder,
3. Art und Umfang der Leistungen, soweit sie nicht durch Gesetz bestimmt sind,
4. Festsetzung des Zusatzbeitrags nach § 242,
5. Zahl der Mitglieder der Organe,
6. Rechte und Pflichten der Organe,
7. Art der Beschlussfassung des Verwaltungsrates,
8. Bemessung der Entschädigungen für Organmitglieder,
9. jährliche Prüfung der Betriebs- und Rechnungsführung und Abnahme der Jahresrechnung,
10. Zusammensetzung und Sitz der Widerspruchsstelle und
11. Art der Bekanntmachungen.

(1a) [1]Die Satzung kann eine Bestimmung enthalten, nach der die Krankenkasse den Abschluss privater Zusatzversicherungsverträge zwischen ihren Versicherten und privaten Krankenversicherungsunternehmen vermitteln kann. [2]Gegenstand dieser Verträge können alle Leistungen sein, die den gesetzlichen Krankenversicherungsschutz ergänzen, insbesondere Ergänzungstarife zur Kostenerstattung, Wahlarztbehandlung im Krankenhaus, Ein- oder Zweibettzuschlag im Krankenhaus sowie eine Auslandskrankenversicherung.

(2) [1]Die Satzung darf keine Bestimmungen enthalten, die den Aufgaben der gesetzlichen Krankenversicherung widersprechen. [2]Sie darf Leistungen nur vorsehen, soweit dieses Buch sie zulässt.

§ 195 Genehmigung der Satzung. (1) Die Satzung bedarf der Genehmigung der Aufsichtsbehörde.

(2) [1]Ergibt sich nachträglich, dass eine Satzung nicht hätte genehmigt werden dürfen, kann die Aufsichtsbehörde anordnen, dass die Krankenkasse innerhalb einer bestimmten Frist die erforderliche Änderung vornimmt. [2]Kommt die Krankenkasse der Anordnung nicht innerhalb dieser Frist nach, kann die Aufsichtsbehörde die erforderliche Änderung anstelle der Krankenkasse selbst vornehmen. [3]Klagen gegen Maßnahmen der Aufsichtsbehörde nach den Sätzen 1 und 2 haben keine aufschiebende Wirkung.

(3) Absatz 2 gilt entsprechend, wenn die Satzung wegen nachträglich eingetretener Umstände einer Änderung bedarf.

§ 196 Einsichtnahme in die Satzung. (1) Die geltende Satzung kann in den Geschäftsräumen der Krankenkasse während der üblichen Geschäftsstunden eingesehen werden.

(2) Jedes Mitglied erhält unentgeltlich ein Merkblatt über Beginn und Ende der Mitgliedschaft bei Pflichtversicherung und freiwilliger Versicherung, über Beitrittsrechte sowie die von der Krankenkasse zu gewährenden Leistungen und über die Beiträge.

§ 197 Verwaltungsrat. (1) Der Verwaltungsrat hat insbesondere

1. die Satzung und sonstiges autonomes Recht zu beschließen,

1a. den Vorstand zu überwachen,

1b. alle Entscheidungen zu treffen, die für die Krankenkasse von grundsätzlicher Bedeutung sind,

2. den Haushaltsplan festzustellen,

3. über die Entlastung des Vorstands wegen der Jahresrechnung zu beschließen,

4. die Krankenkasse gegenüber dem Vorstand und dessen Mitgliedern zu vertreten,

5. über den Erwerb, die Veräußerung oder die Belastung von Grundstücken sowie über die Errichtung von Gebäuden zu beschließen und

6. über die Auflösung der Krankenkasse oder die freiwillige Vereinigung mit anderen Krankenkassen zu beschließen.

(2) Der Verwaltungsrat kann sämtliche Geschäfts- und Verwaltungsunterlagen einsehen und prüfen.

(3) Der Verwaltungsrat soll zur Erfüllung seiner Aufgaben Fachausschüsse bilden.

§ 197a Stellen zur Bekämpfung von Fehlverhalten im Gesundheitswesen. (1) [1]Die Krankenkassen, wenn angezeigt ihre Landesverbände, und der Spitzenverband Bund der Krankenkassen richten organisatorische Einheiten ein, die Fällen und Sachverhalten nachzugehen haben, die auf Unregelmäßigkeiten oder auf rechtswidrige oder zweckwidrige Nutzung von Finanzmitteln im Zusammenhang mit den Aufgaben der jeweiligen Krankenkasse oder des jeweiligen Verbandes hindeuten. [2]Sie nehmen Kontrollbefugnisse nach § 67c Abs. 3 des Zehnten Buches wahr.

(2) [1]Jede Person kann sich in Angelegenheiten des Absatzes 1 an die Krankenkassen und die weiteren in Absatz 1 genannten Organisationen wenden. [2]Die Einrichtungen nach Absatz 1 gehen den Hinweisen nach, wenn sie aufgrund der einzelnen Angaben oder der Gesamtumstände glaubhaft erscheinen.

(3) [1]Die Krankenkassen und die weiteren in Absatz 1 genannten Organisationen haben zur Erfüllung der Aufgaben nach Absatz 1 untereinander und mit den Kassenärztlichen Vereinigungen und Kassenärztlichen Bundesvereinigungen zusammenzuarbeiten. [2]Der Spitzenverband Bund der Krankenkassen organisiert einen regelmäßigen Erfahrungsaustausch mit Einrichtungen nach Absatz 1 Satz 1, an dem die Vertreter der Einrichtungen nach § 81a Absatz 1 Satz 1, der berufsständischen Kammern und der Staatsanwaltschaft in geeigneter Form zu beteiligen sind. [3]Über die Ergebnisse des Erfahrungsaustausches sind die Aufsichtsbehörden zu informieren.

(3a) [1]Die Einrichtungen nach Absatz 1 dürfen personenbezogene Daten, die von ihnen zur Erfüllung ihrer Aufgaben nach Absatz 1 erhoben oder an sie weitergegeben oder übermittelt wurden, untereinander und an Einrichtungen nach § 81a übermitteln, soweit dies für die Feststellung und Bekämpfung von Fehlverhalten im Gesundheitswesen beim Empfänger erforderlich ist. [2]Der Empfänger darf diese nur zu dem Zweck verarbeiten und nutzen, zu dem sie ihm übermittelt worden sind.

(4) Die Krankenkassen und die weiteren in Absatz 1 genannten Organisationen sollen die Staatsanwaltschaft unverzüglich unterrichten, wenn die Prüfung ergibt, dass ein Anfangsverdacht auf strafbare Handlungen mit nicht nur geringfügiger Bedeutung für die gesetzliche Krankenversicherung bestehen könnte.

(5) [1]Der Vorstand der Krankenkassen und der weiteren in Absatz 1 genannten Organisationen hat dem Verwaltungsrat im Abstand von zwei Jahren über die Arbeit und Ergebnisse der organisatorischen Einheiten nach Absatz 1 zu berichten. [2]Der Bericht ist der zuständigen Aufsichtsbehörde und dem Spitzenverband Bund der Krankenkassen zuzuleiten. [3]In dem Bericht sind zusammmengefasst auch die Anzahl der Leistungserbringer und Versicherten, bei denen es im Berichtszeitraum Hinweise auf Pflichtverletzungen oder Leistungsmissbrauch gegeben hat, die Anzahl der nachgewiesenen Fälle, die Art und Schwere des Pflichtverstoßes und die dagegen getroffenen Maßnahmen sowie der verhinderte und der entstandene Schaden zu nennen; wiederholt aufgetretene Fälle sowie sonstige geeignete Fälle sind als anonymisierte Fallbeispiele zu beschreiben.

(6) [1]Der Spitzenverband Bund der Krankenkassen trifft bis zum 1. Januar 2017 nähere Bestimmungen über

1. die einheitliche Organisation der Einrichtungen nach Absatz 1 Satz 1 bei seinen Mitgliedern,
2. die Ausübung der Kontrollen nach Absatz 1 Satz 2,
3. die Prüfung der Hinweise nach Absatz 2,
4. die Zusammenarbeit nach Absatz 3,
5. die Unterrichtung nach Absatz 4 und
6. die Berichte nach Absatz 5.

[2]Die Bestimmungen nach Satz 1 sind dem Bundesministerium für Gesundheit vorzulegen. [3]Der Spitzenverband Bund der Krankenkassen führt die Berichte nach Absatz 5, die ihm von seinen Mitgliedern zuzuleiten sind, zusammen, gleicht die Ergebnisse mit den Kassenärztlichen Bundesvereinigungen ab und veröffentlicht seinen eigenen Bericht im Internet.

§ 197b Aufgabenerledigung durch Dritte. [1]Krankenkassen können die ihnen obliegenden Aufgaben durch Arbeitsgemeinschaften oder durch Dritte mit deren Zustimmung wahrnehmen lassen, wenn die Aufgabenwahrnehmung durch die Arbeitsgemeinschaften oder den Dritten wirtschaftlicher ist, es im wohlverstandenen Interesse der Betroffenen liegt und Rechte der Versicherten nicht beeinträchtigt werden. [2]Wesentliche Aufgaben zur Versorgung der Versicherten dürfen nicht in Auftrag gegeben werden. [3]§ 88 Abs. 3 und 4 und die §§ 89, 90 bis 92 und 97 des Zehnten Buches gelten entsprechend.

Vierter Abschnitt

Meldungen

§ 198 Meldepflicht des Arbeitgebers für versicherungspflichtig Beschäftigte. Der Arbeitgeber hat die versicherungspflichtig Beschäftigten nach den §§ 28a bis 28 c des Vierten Buches an die zuständige Krankenkasse zu melden.

§ 199 Meldepflichten bei unständiger Beschäftigung. (1) [1]Unständig Beschäftigte haben der nach § 179 Abs. 1 zuständigen Krankenkasse Beginn und Ende der berufsmäßigen Ausübung von unständigen Beschäftigungen unverzüglich zu melden. [2]Der Arbeitgeber hat die unständig Beschäftigten auf ihre Meldepflicht hinzuweisen.

(2) [1]Gesamtbetriebe, in denen regelmäßig unständig Beschäftigte beschäftigt werden, haben die sich aus diesem Buch *ergebenden Pflichten der Arbeitgeber zu übernehmen. [2]Welche Einrichtungen als Gesamtbetriebe gelten, richtet sich nach Landesrecht.

§ 200 Meldepflichten bei sonstigen versicherungspflichtigen Personen. (1) [1]Eine Meldung nach § 28a Abs. 1 bis 3 des Vierten Buches hat zu erstatten
1. für Personen, die in Einrichtungen der Jugendhilfe für eine Erwerbstätigkeit befähigt werden sollen oder in Werkstätten für behinderte Menschen, Blindenwerkstätten, Anstalten, Heimen oder gleichartigen Einrichtungen tätig sind, der Träger dieser Einrichtung,
2. für Personen, die an Leistungen zur Teilhabe am Arbeitsleben teilnehmen, der zuständige Rehabilitationsträger,
3. für Personen, die Vorruhestandsgeld beziehen, der zur Zahlung des Vorruhestandsgeldes Verpflichtete.
[2]§ 28a Abs. 5 sowie die §§ 28b und 28c des Vierten Buches gelten entsprechend.

(2) [1]Die staatlichen und die staatlich anerkannten Hochschulen haben versicherte Studenten, die Ausbildungsstätten versicherungspflichtige Praktikanten und zu ihrer Berufsausbildung ohne Arbeitsentgelt Beschäftigte der zuständigen Krankenkasse zu melden. [2]Das Bundesministerium für Gesundheit regelt durch Rechtsverordnung mit Zustimmung des Bundesrates Inhalt, Form und Frist der Meldungen sowie das Nähere über das Meldeverfahren.

§ 201 Meldepflichten bei Rentenantragstellung und Rentenbezug.
(1) [1]Wer eine Rente der gesetzlichen Rentenversicherung beantragt, hat mit dem Antrag eine Meldung für die zuständige Krankenkasse einzureichen. [2]Der Rentenversicherungsträger hat die Meldung unverzüglich an die zuständige Krankenkasse weiterzugeben.

(2) Wählen versicherungspflichtige Rentner oder Hinterbliebene eine andere Krankenkasse, hat die gewählte Krankenkasse dies der bisherigen Krankenkasse und dem zuständigen Rentenversicherungsträger unverzüglich mitzuteilen.

(3) ¹Nehmen versicherungspflichtige Rentner oder Hinterbliebene eine versicherungspflichtige Beschäftigung auf, für die eine andere als die bisherige Krankenkasse zuständig ist, hat die für das versicherungspflichtige Beschäftigungsverhältnis zuständige Krankenkasse dies der bisher zuständigen Krankenkasse und dem Rentenversicherungsträger mitzuteilen. ²Satz 1 gilt entsprechend, wenn das versicherungspflichtige Beschäftigungsverhältnis endet.

(4) Der Rentenversicherungsträger hat der zuständigen Krankenkasse unverzüglich mitzuteilen

1. Beginn und Höhe einer Rente der gesetzlichen Rentenversicherung, den Monat, für den die Rente erstmalig laufend gezahlt wird,
2. den Tag der Rücknahme des Rentenantrags,
3. bei Ablehnung des Rentenantrags den Tag, an dem über den Rentenantrag verbindlich entschieden worden ist,
4. Ende, Entzug, Wegfall und sonstige Nichtleistung der Rente sowie
5. Beginn und Ende der Beitragszahlung aus der Rente.

(5) ¹Wird der Bezieher einer Rente der gesetzlichen Rentenversicherung versicherungspflichtig, hat die Krankenkasse dies dem Rentenversicherungsträger unverzüglich mitzuteilen. ²Satz 1 gilt entsprechend, wenn die Versicherungspflicht aus einem anderen Grund als den in Absatz 4 Nr. 4 genannten Gründen endet.

(6) ¹Die Meldungen sind auf maschinell verwertbaren Datenträgern oder durch Datenübertragung zu erstatten. ²Der Spitzenverband Bund der Krankenkassen vereinbart mit der Deutschen Rentenversicherung Bund das Nähere über das Verfahren im Benehmen mit dem Bundesversicherungsamt.

§ 202 Meldepflichten bei Versorgungsbezügen. (1) ¹Die Zahlstelle hat bei der erstmaligen Bewilligung von Versorgungsbezügen sowie bei Mitteilung über die Beendigung der Mitgliedschaft eines Versorgungsempfängers und in den Fällen des § 5 Absatz 1 Nummer 11b die zuständige Krankenkasse des Versorgungsempfängers zu ermitteln und dieser Beginn, Höhe, Veränderungen und Ende der Versorgungsbezüge und in den Fällen des § 5 Absatz 1 Nummer 11b den Tag der Antragstellung unverzüglich mitzuteilen. ²Bei den am 1. Januar 1989 vorhandenen Versorgungsempfängern hat die Ermittlung der Krankenkasse innerhalb von sechs Monaten zu erfolgen. ³Der Versorgungsempfänger hat der Zahlstelle seine Krankenkasse anzugeben und einen Kassenwechsel sowie die Aufnahme einer versicherungspflichtigen Beschäftigung anzuzeigen. ⁴Die Krankenkasse hat der Zahlstelle von Versorgungsbezügen und dem Bezieher von Versorgungsbezügen unverzüglich die Beitragspflicht des Versorgungsempfängers und, soweit die Summe der beitragspflichtigen Einnahmen nach § 237 Satz 1 Nummer 1 und 2 die Beitragsbemessungsgrenze überschreitet, deren Umfang mitzuteilen.

(2) ¹Die Zahlstelle hat der zuständigen Krankenkasse die Meldung durch gesicherte und verschlüsselte Datenübertragung aus systemgeprüften Programmen oder mittels maschineller Ausfüllhilfen erstatten. ²Die Krankenkasse hat

nach inhaltlicher Prüfung alle fehlerfreien Angaben elektronisch zu übernehmen, zu verarbeiten und zu nutzen. [3]Alle Rückmeldungen der Krankenkasse an die Zahlstelle erfolgen arbeitstäglich durch Datenübertragung. [4]Den Aufbau des Datensatzes, notwendige Schlüsselzahlen und Angaben legt der Spitzenverband Bund der Krankenkassen in Grundsätzen fest, die vom Bundesministerium für Arbeit und Soziales im Einvernehmen mit dem Bundesministerium für Gesundheit zu genehmigen sind; die Bundesvereinigung der Deutschen Arbeitgeberverbände ist anzuhören.

(3) [1]Die Zahlstellen haben für die Durchführung der Meldeverfahren nach diesem Gesetzbuch eine Zahlstellennummer beim Spitzenverband Bund der Krankenkassen elektronisch zu beantragen. [2]Die Zahlstellennummern und alle Angaben, die zur Vergabe der Zahlstellennummer notwendig sind, werden in einer gesonderten elektronischen Datei beim Spitzenverband Bund der Krankenkassen gespeichert. [3]Die Sozialversicherungsträger, ihre Verbände und ihre Arbeitsgemeinschaften, die Künstlersozialkasse, die Behörden der Zollverwaltung, soweit sie Aufgaben nach § 2 des Schwarzarbeitsbekämpfungsgesetzes oder nach § 66 des Zehnten Buches wahrnehmen, sowie die zuständigen Aufsichtsbehörden und die Arbeitgeber dürfen die Zahlstellennummern verarbeiten, nutzen und übermitteln, soweit dies für die Erfüllung einer gesetzlichen Aufgabe nach diesem Gesetzbuch erforderlich ist. [4]Andere Behörden, Gerichte oder Dritte dürfen die Zahlstellennummern verarbeiten, nutzen oder übermitteln, soweit dies für die Erfüllung einer gesetzlichen Aufgabe einer der in Satz 3 genannten Stellen erforderlich ist. [5]Das Nähere zum Verfahren und den Aufbau der Zahlstellennummer regeln die Grundsätze nach Absatz 2 Satz 4.

§ 203 Meldepflichten bei Bezug von Erziehungsgeld oder Elterngeld. Die Zahlstelle des Erziehungsgeldes oder Elterngeldes hat der zuständigen Krankenkasse Beginn und Ende der Zahlung des Erziehungsgeldes oder Elterngeldes unverzüglich mitzuteilen.

§ 203a Meldepflicht bei Bezug von Arbeitslosengeld, Arbeitslosengeld II oder Unterhaltsgeld. Die Agenturen für Arbeit oder in den Fällen des § 6a des Zweiten Buches die zugelassenen kommunalen Träger erstatten die Meldungen hinsichtlich der nach § 5 Abs. 1 Nr. 2 und Nr. 2a Versicherten entsprechend §§ 28a bis 28c des Vierten Buches.

§ 204 Meldepflichten bei Einberufung zum Wehrdienst oder Zivildienst.
(1) [1]Bei Einberufung zu einem Wehrdienst hat bei versicherungspflichtig Beschäftigten der Arbeitgeber und bei Arbeitslosen die Agentur für Arbeit den Beginn des Wehrdienstes sowie das Ende des Grundwehrdienstes und einer Wehrübung oder einer Dienstleistung oder Übung nach dem Vierten Abschnitt des Soldatengesetzes der zuständigen Krankenkasse unverzüglich zu melden. [2]Das Ende eines Wehrdienstes nach § 4 Abs. 1 Nr. 6 des Wehrpflichtgesetzes hat das Bundesministerium der Verteidigung oder die von ihm bestimmte Stelle zu melden. [3]Sonstige Versicherte haben die Meldungen nach Satz 1 selbst zu erstatten.

(2) ¹Absatz 1 gilt für den Zivildienst entsprechend. ²An die Stelle des Bundesministeriums der Verteidigung tritt das Bundesamt für den Zivildienst.

§ 205 Meldepflichten bestimmter Versicherungspflichtiger. Versicherungspflichtige, die eine Rente der gesetzlichen Rentenversicherung oder der Rente vergleichbare Einnahmen (Versorgungsbezüge) beziehen, haben ihrer Krankenkasse unverzüglich zu melden

1. Beginn und Höhe der Rente,
2. Beginn, Höhe, Veränderungen und die Zahlstelle der Versorgungsbezüge sowie
3. Beginn, Höhe und Veränderungen des Arbeitseinkommens.

§ 206 Auskunfts- und Mitteilungspflichten der Versicherten. (1) ¹Wer versichert ist oder als Versicherter in Betracht kommt, hat der Krankenkasse, soweit er nicht nach § 28o des Vierten Buches auskunftspflichtig ist,

1. auf Verlangen über alle für die Feststellung der Versicherungs- und Beitragspflicht und für die Durchführung der der Krankenkasse übertragenen Aufgaben erforderlichen Tatsachen unverzüglich Auskunft zu erteilen,
2. Änderungen in den Verhältnissen, die für die Feststellung der Versicherungs- und Beitragspflicht erheblich sind und nicht durch Dritte gemeldet werden, unverzüglich mitzuteilen.

²Er hat auf Verlangen die Unterlagen, aus denen die Tatsachen oder die Änderung der Verhältnisse hervorgehen, der Krankenkasse in deren Geschäftsräumen unverzüglich vorzulegen.

(2) Entstehen der Krankenkasse durch eine Verletzung der Pflichten nach Absatz 1 zusätzliche Aufwendungen, kann sie von dem Verpflichteten die Erstattung verlangen.

Siebtes Kapitel

Verbände der Krankenkassen

§ 207 Bildung und Vereinigung von Landesverbänden. (1) ¹In jedem Land bilden

– die Ortskrankenkassen einen Landesverband der Ortskrankenkassen,
– die Betriebskrankenkassen einen Landesverband der Betriebskrankenkassen,
– die Innungskrankenkassen einen Landesverband der Innungskrankenkassen.

²Die Landesverbände der Krankenkassen sind Körperschaften des öffentlichen Rechts. ³Die Krankenkassen gehören mit Ausnahme der Betriebskrankenkassen der Dienstbetriebe des Bundes dem Landesverband des Landes an, in dem sie ihren Sitz haben. ⁴Andere Krankenkassen können den Landesverbänden beitreten.

(2) ¹Bestehen in einem Land am 1. Januar 1989 mehrere Landesverbände, bestehen diese fort, wenn die für die Sozialversicherung zuständige oberste Verwaltungsbehörde des Landes ihre Zustimmung nicht bis zum 31. Dezember 1989 versagt. ²Die für die Sozialversicherung zuständigen obersten Verwaltungsbehörden der Länder können ihre Zustimmung nach Satz 1 unter Einhaltung einer einjährigen Frist zum Ende eines Kalenderjahres widerrufen. ³Versagen oder widerrufen sie die Zustimmung, regeln sie die Durchführung der erforderlichen Organisationsänderungen.

(2a) Vereinigen sich in einem Land alle Mitglieder eines Landesverbandes oder werden alle Mitglieder eines Landesverbandes durch die Landesregierung zu einer Krankenkasse vereinigt, tritt diese Krankenkasse in die Rechte und Pflichten des Landesverbandes ein.

(3) ¹Länderübergreifende Landesverbände bestehen fort, wenn nicht eine der für die Sozialversicherung zuständigen obersten Verwaltungsbehörden in den betroffenen Ländern ihre Zustimmung bis zum 31. Dezember 1989 versagt. ²Jede dieser obersten Verwaltungsbehörden der Länder kann ihre Zustimmung unter Einhaltung einer einjährigen Frist zum Ende eines Kalenderjahres widerrufen. ³Wird die Zustimmung versagt oder widerrufen, regeln die beteiligten Länder die Durchführung der erforderlichen Organisationsänderungen einvernehmlich.

(4) ¹Besteht in einem Land nur eine Krankenkasse der gleichen Art, nimmt sie zugleich die Aufgaben eines Landesverbandes wahr. ²Sie hat insoweit die Rechtsstellung eines Landesverbandes.

(4a) ¹Besteht in einem Land für eine Kassenart kein Landesverband, nimmt ein anderer Landesverband dieser Kassenart mit Zustimmung der für die Sozialversicherung zuständigen obersten Verwaltungsbehörden der beteiligten Länder die Aufgabe eines Landesverbandes in diesem Land wahr. ²Kommt eine Einigung der Beteiligten nicht innerhalb von drei Monaten nach Wegfall des Landesverbandes zustande, nimmt der Bundesverband der Kassenart diese Aufgabe wahr.

(5) ¹Mit Zustimmung der für die Sozialversicherung zuständigen obersten Verwaltungsbehörden der Länder können sich Landesverbände der gleichen Krankenkassenart zu einem Verband zusammenschließen. ²Das gilt auch, wenn die Landesverbände ihren Sitz in verschiedenen Ländern haben.

§ 208 Aufsicht, Haushalts- und Rechnungswesen, Vermögen, Statistiken.
(1) Die Landesverbände unterstehen der Aufsicht der für die Sozialversicherung zuständigen obersten Verwaltungsbehörde des Landes, in dem sie ihren Sitz haben.

(2) ¹Für die Aufsicht gelten die §§ 87 bis 89 des Vierten Buches. ²Für das Haushalts- und Rechnungswesen einschließlich der Statistiken gelten die §§ 67 bis 70 Abs. 1 und 5, §§ 72 bis 77 Abs. 1, §§ 78 und 79 Abs. 1 und 2, für das Vermögen die §§ 80 und 85 des Vierten Buches. ³Für das Verwaltungsvermögen gilt § 263 entsprechend.

§ 209 Verwaltungsrat der Landesverbände. (1) [1]Bei den Landesverbänden der Krankenkassen wird als Selbstverwaltungsorgan ein Verwaltungsrat nach näherer Bestimmung der Satzungen gebildet. [2]Der Verwaltungsrat hat höchstens 30 Mitglieder. [3]In dem Verwaltungsrat müssen, soweit möglich, alle Mitgliedskassen vertreten sein.

(2) [1]Der Verwaltungsrat setzt sich je zur Hälfte aus Vertretern der Versicherten und der Arbeitgeber zusammen. [2]Die Versicherten wählen die Vertreter der Versicherten, die Arbeitgeber wählen die Vertreter der Arbeitgeber. [3]§ 44 Abs. 4 des Vierten Buches gilt entsprechend.

(3) Die Mitglieder des Verwaltungsrats werden von dem Verwaltungsrat der Mitgliedskassen aus dessen Reihen gewählt.

(4) [1]Für den Verwaltungsrat gilt § 197 entsprechend. [2]§ 33 Abs. 3, § 37 Abs. 1, die §§ 40, 41, 42 Abs. 1 bis 3, § 51 Abs. 1 Satz 1 Nr. 3, die §§ 58, 59, 62, 63 Abs. 1, 3, 4, § 64 Abs. 3 und § 66 Abs. 1 des Vierten Buches gelten entsprechend.

§ 209a Vorstand bei den Landesverbänden. [1]Bei den Landesverbänden der Orts-, Betriebs- und Innungskrankenkassen wird ein Vorstand gebildet. [2]Er besteht aus höchstens drei Personen. [3]§ 35a Abs. 1 bis 3 und 5 bis 7 des Vierten Buches gilt entsprechend.

§ 210 Satzung der Landesverbände. (1) [1]Jeder Landesverband hat durch seinen Verwaltungsrat eine Satzung aufzustellen. [2]Die Satzung bedarf der Genehmigung der für die Sozialversicherung zuständigen obersten Verwaltungsbehörde des Landes. [3]Die Satzung muss Bestimmungen enthalten über
1. Namen, Bezirk und Sitz des Verbandes,
2. Zahl und Wahl der Mitglieder des Verwaltungsrats und ihrer Vertreter,
3. Entschädigungen für Organmitglieder,
4. Öffentlichkeit des Verwaltungsrats,
5. Rechte und Pflichten der Mitgliedskassen,
6. Aufbringung und Verwaltung der Mittel,
7. Jährliche Prüfung der Betriebs- und Rechnungsführung,
8. Art der Bekanntmachungen.
[4]§ 34 Abs. 2 des Vierten Buches gilt entsprechend.

(2) Die Satzung muss ferner Bestimmungen darüber enthalten, dass die von dem Spitzenverband Bund der Krankenkassen abzuschließenden Verträge und die Richtlinien nach den §§ 92 und § 282 für die Landesverbände und ihre Mitgliedskassen verbindlich sind.

§ 211 Aufgaben der Landesverbände. (1) Die Landesverbände haben die ihnen gesetzlich zugewiesenen Aufgaben zu erfüllen.

(2) Die Landesverbände unterstützen die Mitgliedskassen bei der Erfüllung ihrer Aufgaben und bei der Wahrnehmung ihrer Interessen, insbesondere durch

1. Beratung und Unterrichtung,
2. Sammlung und Aufbereitung von statistischem Material zu Verbandszwecken,
3. Abschluss und Änderung von Verträgen, insbesondere mit anderen Trägern der Sozialversicherung, soweit sie von der Mitgliedskasse hierzu bevollmächtigt worden sind,
4. Übernahme der Vertretung der Mitgliedskassen gegenüber anderen Trägern der Sozialversicherung, Behörden und Gerichten,
5. Entscheidung von Zuständigkeitskonflikten zwischen den Mitgliedskassen,
6. Förderung und Mitwirkung bei der beruflichen Aus-, Fort- und Weiterbildung der bei den Mitgliedskassen Beschäftigten,
7. Arbeitstagungen,
8. Entwicklung und Abstimmung von Verfahren und Programmen für die automatische Datenverarbeitung, den Datenschutz und die Datensicherung sowie den Betrieb von Rechenzentren in Abstimmung mit den Mitgliedskassen.

(3) Die Landesverbände sollen die zuständigen Behörden in Fragen der Gesetzgebung und Verwaltung unterstützen; § 30 Abs. 3 des Vierten Buches ist entsprechend anzuwenden.

(4) ¹Die für die Finanzierung der Aufgaben eines Landesverbandes erforderlichen Mittel werden von seinen Mitgliedskassen sowie von den Krankenkassen derselben Kassenart mit Mitgliedern mit Wohnsitz im Zuständigkeitsbereich des Landesverbandes aufgebracht. ²Die mitgliedschaftsrechtliche Zuordnung der Krankenkassen nach § 207 Abs. 1 Satz 3 bleibt unberührt. ³Das Nähere zur Aufbringung der Mittel nach Satz 1 vereinbaren die Landesverbände. ⁴Kommt die Vereinbarung nach Satz 3 nicht bis zum 1. November eines Jahres zustande, wird der Inhalt der Vereinbarung durch eine von den Vertragsparteien zu bestimmende Schiedsperson festgelegt.

§ 211a Entscheidungen auf Landesebene. ¹Die Landesverbände der Krankenkassen und die Ersatzkassen sollen sich über die von ihnen nach diesem Gesetz gemeinsam und einheitlich zu treffenden Entscheidungen einigen. ²Kommt eine Einigung nicht zustande, erfolgt die Beschlussfassung durch je einen Vertreter der Kassenart, dessen Stimme mit der landesweiten Anzahl der Versicherten nach der Statistik KM6 seiner Kassenart zu gewichten ist. ³Die Gewichtung ist entsprechend der Entwicklung der Versichertenzahlen nach der Statistik KM6 jährlich zum 1. Januar anzupassen.

§ 212 Bundesverbände, Deutsche Rentenversicherung Knappschaft-Bahn-See, Verbände der Ersatzkassen. (1) ¹Die nach § 212 Abs. 1 in der bis zum 31. Dezember 2008 geltenden Fassung bestehenden Bundesverbände werden kraft Gesetzes zum 1. Januar 2009 in Gesellschaften des bürgerlichen Rechts umgewandelt. ²Gesellschafter der Gesellschaften sind die am 31. Dezember 2008 vorhandenen Mitglieder des jeweiligen Bundesverbandes. ³Die Gesellschaften sind bis zum 31. Dezember 2012 verpflichtet, den bei den bis zum

31. Dezember 2008 bestehenden Bundesverbänden unbefristet tätigen Angestellten ein neues Beschäftigungsverhältnis zu vermitteln. [4]So lange sind betriebsbedingte Kündigungen unzulässig. [5]Nach dem 31. Dezember 2012 steht es den Gesellschaftern frei, über den Fortbestand der Gesellschaft und die Gestaltung der Gesellschaftsverhältnisse zu entscheiden. [6]Soweit sich aus den folgenden Vorschriften nichts anderes ergibt, finden die Vorschriften des Bürgerlichen Gesetzbuchs über die Gesellschaft bürgerlichen Rechts Anwendung. [7]Der Gesellschaft nach Satz 1 können Krankenkassen der jeweiligen Kassenart beitreten.

(2) *(aufgehoben)*

(3) Für die knappschaftliche Krankenversicherung nimmt die Deutsche Rentenversicherung Knappschaft-Bahn-See die Aufgaben eines Landesverbandes wahr.

(4) [1]Die Gesellschaften nach Absatz 1 sind Rechtsnachfolger der nach § 212 in der bis zum 31. Dezember 2008 geltenden Fassung bestehenden Bundesverbände. [2]Zweck der Gesellschaft ist die Erfüllung ihrer sich nach § 214 ergebenden oder zusätzlich vertraglich vereinbarten Aufgaben. [3]Bis zum Abschluss eines Gesellschaftsvertrages gelten die zur Erreichung des Gesellschaftszwecks erforderlichen Pflichten und Rechte als vereinbart. [4]Das Betriebsverfassungsgesetz findet Anwendung.

(5) [1]Die Ersatzkassen können sich zu Verbänden zusammenschließen. [2]Die Verbände haben in der Satzung ihre Zwecke und Aufgaben festzusetzen. [3]Die Satzungen bedürfen der Genehmigung, der Antrag auf Eintragung in das Vereinsregister der Einwilligung der Aufsichtsbehörde. [4]Die Ersatzkassen haben für alle Verträge auf Landesebene, die nicht gemeinsam und einheitlich abzuschließen sind, jeweils einen Bevollmächtigten mit Abschlussbefugnis zu benennen. [5]Ersatzkassen können sich auf eine gemeinsame Vertretung auf Landesebene einigen. [6]Für gemeinsam und einheitlich abzuschließende Verträge auf Landesebene müssen sich die Ersatzkassen auf einen gemeinsamen Bevollmächtigten mit Abschlussbefugnis einigen. [7]In den Fällen der Sätze 5 und 6 können die Ersatzkassen die Verbände der Ersatzkassen als Bevollmächtigte benennen. [8]Sofern nichts anderes bestimmt ist, haben die Ersatzkassen für sonstige Maßnahmen und Entscheidungen einen gemeinsamen Vertreter zu benennen. [9]Können sich die Ersatzkassen in den Fällen der Sätze 6 und 8 nicht auf einen gemeinsamen Vertreter einigen, bestimmt die Aufsicht den Vertreter. [10]Soweit für die Aufgabenerfüllung der Erlass von Verwaltungsakten notwendig ist, haben im Falle der Bevollmächtigung die Verbände der Ersatzkassen hierzu die Befugnis.

(6) [1]Absatz 5 Satz 6, 8 und 9 gilt für die Krankenkassen der anderen Kassenarten entsprechend. [2]Besteht in einem Land ein Landesverband, gilt abweichend von Satz 1 der Landesverband als Bevollmächtigter der Kassenart. [3]Satz 2 gilt entsprechend, wenn die Aufgaben eines Landesverbandes von einer Krankenkasse oder einem anderen Landesverband nach § 207 wahrgenommen werden. [4]Bestehen in einem Land mehrere Landesverbände, gelten diese in ihrem jeweiligen Zuständigkeitsbereich als Bevollmächtigte.

§ 213 Rechtsnachfolge, Vermögensübergang, Arbeitsverhältnisse.

(1) [1]Das den bis zum 31. Dezember 2008 bestehenden Bundesverbänden zustehende Vermögen wandelt sich in Gesamthandsvermögen der Gesellschaften des bürgerlichen Rechts um. [2]Für die Arbeitsverhältnisse findet § 613a des Bürgerlichen Gesetzbuchs entsprechend Anwendung. [3]Für Ansprüche aus Dienst- und Arbeitsvertrag einschließlich der Ansprüche auf Versorgung haften die Gesellschafter zeitlich unbeschränkt. [4]Bei Auflösung eines Verbandes der Ersatzkassen oder des Austritts eines Mitglieds aus einem Verband der Ersatzkassen haften die Vereinsmitglieder für Ansprüche aus Dienst- und Arbeitsvertrag einschließlich der Ansprüche auf Versorgung zeitlich unbeschränkt. [5]Die bei den bis zum 31. Dezember 2008 bestehenden Bundesverbänden tätigen Angestellten, für die die Dienstordnung gilt, werden unter Wahrung ihrer Rechtsstellung und Fortgeltung der jeweiligen Dienstordnungen bei den Gesellschaften beschäftigt. [6]§ 164 Abs. 2 und 3 gilt entsprechend. [7]Angestellte, für die die Dienstordnung gilt, haben einen Anspruch auf Anstellung bei einem Landesverband ihrer Wahl; der Landesverband muss zuvor Mitglied des Bundesverbandes nach § 212 in der bis zum 31. Dezember 2008 geltenden Fassung gewesen sein, bei dem der Dienstordnungsangestellte angestellt war. [8]Der Landesverband oder die Krankenkasse, der oder die einen Dienstordnungsangestellten oder einen übrigen Beschäftigten anstellt, dessen Arbeitsplatz bei einem der bis zum 31. Dezember 2008 bestehenden Bundesverbände oder bei einer der in Satz 1 genannten Gesellschaften bürgerlichen Rechts weggefallen ist, hat einen Ausgleichsanspruch gegen die übrigen Landesverbände oder Krankenkassen der Kassenart. [9]Für die Vergütungs- und Versorgungsansprüche haften die Gesellschafter zeitlich unbeschränkt. [10]Die Sätze 6 bis 9 gelten auch für die Beschäftigten der Verbände der Ersatzkassen.

(2) [1]Die in den Bundesverbänden bis zum 31. Dezember 2008 bestehenden Personalräte nehmen ab dem 1. Januar 2009 die Aufgaben eines Betriebsrates mit dessen Rechten und Pflichten nach dem Betriebsverfassungsgesetz übergangsweise wahr. [2]Das Übergangsmandat endet, sobald ein Betriebsrat gewählt und das Wahlergebnis bekannt gegeben ist; es besteht längstens bis zum 31. Mai 2010.

(3) Die in den Bundesverbänden am 31. Dezember 2008 jeweils bestehenden Dienstvereinbarungen gelten in den Gesellschaften des bürgerlichen Rechts als Betriebsvereinbarungen für längstens 24 Monate fort, soweit sie nicht durch andere Regelungen ersetzt werden.

(4) [1]Auf die bis zum 31. Dezember 2008 förmlich eingeleiteten Beteiligungsverfahren im Bereich der Bundesverbände finden bis zu deren Abschluss die Bestimmungen des Bundespersonalvertretungsgesetzes sinngemäß Anwendung. [2]Dies gilt auch für Verfahren vor der Einigungsstelle und den Verwaltungsgerichten. [3]In den Fällen der Sätze 1 und 2 tritt in diesen Verfahren an die Stelle der Personalvertretung die nach dem Betriebsverfassungsgesetz zuständige Arbeitnehmervertretung.

(5) Bei der Fusion von Landesverbänden wird die Gesellschaft mit dem Rechtsnachfolger des fusionierten Landesverbandes fortgeführt.

(6) [1]Der Spitzenverband Bund soll den Beschäftigten der nach § 212 Abs. 1 in der bis zum 31. Dezember 2008 geltenden Fassung bestehenden Bundesverbände sowie den Beschäftigten der Verbände der Ersatzkassen eine Anstellung anbieten, soweit dies für eine ordnungsgemäße Erfüllung der Aufgaben des Spitzenverbandes Bund erforderlich ist. [2]Einer vorherigen Ausschreibung bedarf es nicht.

§ 214 Aufgaben. [1]Die Gesellschaft hat die Aufgabe, die Verpflichtungen aufgrund der Rechtsnachfolge oder aus Gesetz zu erfüllen. [2]Die Gesellschafter können im Gesellschaftsvertrag weitere Aufgaben zur Unterstützung der Durchführung der gesetzlichen Krankenversicherung vereinbaren.

§ 215-217 *(aufgehoben)*

§ 217a Errichtung des Spitzenverbandes Bund der Krankenkassen.

(1) Die Krankenkassen bilden den Spitzenverband Bund der Krankenkassen.

(2) Der Spitzenverband Bund der Krankenkassen ist eine Körperschaft des öffentlichen Rechts.

§ 217b Organe. (1) [1]Bei dem Spitzenverband Bund der Krankenkassen wird als Selbstverwaltungsorgan ein Verwaltungsrat gebildet. [2]Ein Mitglied des Verwaltungsrates muss dem Verwaltungsrat, dem ehrenamtlichen Vorstand oder der Vertreterversammlung einer Mitgliedskasse angehören. [3]§ 33 Abs. 3, die §§ 40, 41, 42 Abs. 1 bis 3, die §§ 58, 59, 62 Absatz 1 bis 4 und 6, § 63 Abs. 1, 3, 4, § 64 Abs. 1 bis 3 und § 66 Abs. 1 des Vierten Buches und § 197 gelten entsprechend.

(1a) [1]Der Verwaltungsrat kann sämtliche Geschäfts- und Verwaltungsunterlagen einsehen und prüfen. [2]Der Verwaltungsrat kann von dem Vorstand jederzeit einen Bericht über Angelegenheiten der Körperschaften verlangen. [3]Der Bericht ist rechtzeitig und in der Regel schriftlich zu erstatten. [4]Die Rechte nach den Sätzen 1 und 2 können auch mit einem Viertel der abgegebenen Stimmen im Verwaltungsrat geltend gemacht werden.

(1b) [1]Der Verwaltungsrat hat seine Beschlüsse nachvollziehbar zu begründen. [2]Er hat seine Sitzungen zu protokollieren. [3]Der Verwaltungsrat kann ein Wortprotokoll verlangen. [4]Abstimmungen erfolgen in der Regel nicht geheim. [5]Eine geheime Abstimmung findet nur in besonderen Angelegenheiten statt. [6]Eine namentliche Abstimmung erfolgt über die in der Satzung nach § 217e Absatz 1 festzulegenden haftungsrelevanten Abstimmungsgegenstände.

(1c) [1]Verpflichtet sich ein Mitglied des Verwaltungsrates außerhalb seiner Tätigkeit im Verwaltungsrat durch einen Dienstvertrag, durch den ein Arbeitsverhältnis nicht begründet wird, oder durch einen Werkvertrag gegenüber dem Spitzenverband Bund der Krankenkassen zu einer Tätigkeit höherer Art, so hängt die Wirksamkeit des Vertrages von der Zustimmung des Verwaltungsrates ab. [2]Gewährt der Spitzenverband Bund der Krankenkassen auf Grund des Dienstvertrages oder des Werkvertrages dem Mitglied des Verwaltungsrates eine Vergütung, ohne dass der Verwaltungsrat diesem Vertrag zugestimmt hat, so hat das Mitglied des Verwaltungsrates die Vergütung zurückzugewähren, es sei denn, dass der Verwaltungsrat den Vertrag nachträglich genehmigt. [3]Ein Anspruch des Mitglieds des Verwaltungsrates gegen den Spitzenverband Bund der Krankenkassen auf Herausgabe der durch die geleistete Tätigkeit erlangten Bereicherung bleibt unberührt. [4]Der Anspruch kann jedoch nicht gegen den Rückgewähranspruch aufgerechnet werden.

(1d) Die Höhe der jährlichen Entschädigungen der einzelnen Mitglieder des Verwaltungsrates einschließlich Nebenleistungen sind in einer Übersicht jährlich zum 1. März, erstmals zum 1. März 2017, vom Spitzenverband Bund der Krankenkassen im Bundesanzeiger und gleichzeitig in den Mitteilungen des Spitzenverbandes Bund der Krankenkassen zu veröffentlichen.

(1e) [1]Der Verwaltungsrat kann seinen Vorsitzenden oder dessen Stellvertreter abberufen, wenn bestimmte Tatsachen das Vertrauen der Mitglieder des Verwaltungsrates zu der Amtsführung des Vorsitzenden oder des stellvertretenden Vorsitzenden ausschließen, insbesondere wenn der Vorsitzende oder der stellvertretende Vorsitzende seine Pflicht als Willensvertreter des Verwaltungsrates verletzt hat oder seine Informationspflichten gegenüber dem Verwaltungsrat verletzt hat. [2]Für die Abberufung ist die einfache Mehrheit der abgegebenen Stimmen erforderlich. [3]Mit dem Beschluss über die Abberufung muss der Verwaltungsrat gleichzeitig einen Nachfolger für den Vorsitzenden oder den stellvertretenden Vorsitzenden wählen. [4]Die Amtszeit des abberufenen Vorsitzenden oder des abberufenen stellvertretenden Vorsitzenden endet mit der Abberufung.

(2) [1]Bei dem Spitzenverband Bund der Krankenkassen wird ein Vorstand gebildet. [2]Der Vorstand besteht aus höchstens drei Personen. [3]Der Vorstand sowie aus seiner Mitte der Vorstandsvorsitzende und dessen Stellvertreter werden von dem Verwaltungsrat gewählt. [4]Der Vorstand verwaltet den Spitzenverband und vertritt den Spitzenverband gerichtlich und außergerichtlich, soweit Gesetz oder sonstiges für den Spitzenverband maßgebendes Recht nichts Abweichendes bestimmen. [5]Die Mitglieder des Vorstandes üben ihre Tätigkeit hauptamtlich aus. [6]§ 35a Abs. 1 bis 3, 6 bis 7 des Vierten Buches gilt entsprechend. [7]Die Aufsichtsbehörde kann vor ihrer Entscheidung nach § 35a Absatz 6a des Vierten Buches in Verbindung mit Satz 6 verlangen, dass ihr der Spitzenverband Bund der Krankenkassen eine unabhängige rechtliche und wirtschaftliche Bewertung der Vorstandsdienstverträge vorlegt.

(2a) [1]Der Vorstand hat geeignete Maßnahmen zur Herstellung und Sicherung einer ordnungsgemäßen Verwaltungsorganisation zu ergreifen. [2]In der Verwaltungsorganisation ist insbesondere ein angemessenes internes Kontrollverfahren mit einem internen Kontrollsystem und mit einer unabhängigen internen Revision einzurichten. [3]Die interne Revision berichtet in regelmäßigen Abständen dem Vorstand und bei festgestellten Verstößen gegen gesetzliche

Regelungen oder andere wesentliche Vorschriften auch der Aufsichtsbehörde. [4]Beziehen sich die festgestellten Verstöße auf das Handeln von Vorstandsmitgliedern, so ist auch dem Verwaltungsrat zu berichten.

(3) [1]Bei dem Spitzenverband Bund der Krankenkassen wird eine Mitgliederversammlung gebildet. [2]Die Mitgliederversammlung wählt den Verwaltungsrat. [3]In die Mitgliederversammlung entsendet jede Mitgliedskasse jeweils einen Vertreter der Versicherten und der Arbeitgeber aus ihrem Verwaltungsrat, ihrem ehrenamtlichen Vorstand oder ihrer Vertreterversammlung. [4]Eine Ersatzkasse, deren Verwaltungsrat nicht zur Hälfte mit Vertretern der Arbeitgeber besetzt ist, entsendet jeweils zwei Vertreter der Versicherten aus ihrem Verwaltungsrat. [5]§ 64 Abs. 1 und 3 des Vierten Buches gilt entsprechend.

§ 217c Wahl des Verwaltungsrates und des Vorsitzenden der Mitgliederversammlung. (1) [1]Der Verwaltungsrat besteht aus höchstens 52 Mitgliedern. [2]Zu wählen sind als Mitglieder des Verwaltungsrates Versichertenvertreter und Arbeitgebervertreter für die Allgemeinen Ortskrankenkassen, die Ersatzkassen, die Betriebskrankenkassen und die Innungskrankenkassen sowie gemeinsame Versicherten- und Arbeitgebervertreter für die Deutsche Rentenversicherung Knappschaft-Bahn-See und die landwirtschaftliche Krankenkasse. [3]Abweichend von Satz 2 sind für die Ersatzkassen, deren Verwaltungsrat nicht zur Hälfte mit Vertretern der Arbeitgeber besetzt ist, nur Versichertenvertreter zu wählen. [4]Für jedes Mitglied ist ein Stellvertreter zu wählen. [5]§ 43 Absatz 2 des Vierten Buches gilt entsprechend. [6]Die Verteilung der Sitze bestimmt sich nach den bundesweiten Versichertenzahlen der Kassenarten zum 1. Januar des Kalenderjahres, in dem die Mitgliederversammlung den Verwaltungsrat für die neue Wahlperiode wählt.

(2) [1]Die für die Krankenkassen einer Kassenart zu wählenden Mitglieder des Verwaltungsrates müssen jeweils zur Hälfte der Gruppe der Versicherten und der Gruppe der Arbeitgeber angehören. [2]Abweichend von Satz 1 ist für die Festlegung der Zahl der Arbeitgebervertreter, die für die Ersatzkassen zu wählen sind, deren Verwaltungsrat mit Arbeitgebervertretern besetzt ist, die Hälfte des Anteils der Versichertenzahlen dieser Ersatzkassen an den bundesweiten Versichertenzahlen aller Ersatzkassen zum 1. Januar des Kalenderjahres zu Grunde zu legen, in dem der Verwaltungsrat gewählt wird. [3]Bei Abstimmungen des Verwaltungsrates sind die Stimmen zu gewichten, soweit dies erforderlich ist, um insgesamt eine Parität der Stimmen zwischen Versichertenvertretern und Arbeitgebervertretern im Verwaltungsrat herzustellen. [4]Die Verteilung der Sitze und die Gewichtung der Stimmen zwischen den Kassenarten haben zu einer größtmöglichen Annäherung an den prozentualen Versichertenanteil der jeweiligen Kassenart zu führen. [5]Die Einzelheiten zur Sitzverteilung und Stimmengewichtung regelt die Satzung spätestens sechs Monate vor dem Ende der Amtsdauer des Verwaltungsrates. [6]Die Satzung kann vorsehen, dass die Stimmenverteilung während einer Wahlperiode an die Entwicklung der Versichertenzahlen angepasst wird.

(3) ¹Die Wahl des Verwaltungsrates wird nach Vorschlagslisten durchgeführt. ²Jede Kassenart soll eine Vorschlagsliste erstellen, die mindestens so viele Bewerber enthält, wie ihr Sitze nach der Satzung zugeordnet sind. ³Entsprechendes gilt für die nach Absatz 1 gemeinsam zu wählenden Mitglieder für die Deutsche Rentenversicherung Knappschaft-Bahn-See und die landwirtschaftliche Krankenkasse. ⁴Verständigt sich eine Kassenart nicht auf eine Vorschlagsliste, benennt jede Krankenkasse dieser Kassenart einen Bewerber als Versichertenvertreter und einen Bewerber als Arbeitgebervertreter; die Ersatzkassen, deren Verwaltungsrat nicht zur Hälfte mit Vertretern der Arbeitgeber besetzt ist, benennen jeweils bis zu drei Versichertenvertreter. ⁵Aus den eingereichten Einzelvorschlägen erstellt der Vorsitzende der Mitgliederversammlung die kassenartbezogene Vorschlagsliste mit den Bewerbern. ⁶Entsprechendes gilt für die Erstellung der Vorschlagslisten mit den zu wählenden Stellvertretern. ⁷Die Vorschlagslisten werden getrennt für die Vertreter der Versicherten und der Arbeitgeber sowie jeweils deren Stellvertreter erstellt. ⁸Die Wahl erfolgt jeweils getrennt für die Vertreter der Versicherten und der Arbeitgeber, getrennt für deren Stellvertreter sowie getrennt nach Kassenarten. ⁹Die Versichertenvertreter in der Mitgliederversammlung wählen die Versichertenvertreter und deren Stellvertreter aus den Vorschlagslisten für den Verwaltungsrat. ¹⁰Die Arbeitgebervertreter in der Mitgliederversammlung wählen die Arbeitgebervertreter und deren Stellvertreter aus den Vorschlagslisten für den Verwaltungsrat. ¹¹Bei den nach Satz 8 getrennten Wahlgängen hat ein wahlberechtigter Vertreter der Mitgliedskasse bei einem Wahlgang so viele Stimmen, wie jeweils Sitze nach der Satzung zur Verfügung stehen.

(4) ¹Gewählt sind jeweils die Bewerber auf der Vorschlagsliste, die die höchste der nach Absatz 4 gewichteten, abgegebenen Stimmenzahl erhalten (Höchstzahlen). ²Dabei sind so viele Bewerber mit den Höchstzahlen gewählt, wie Sitze je Kassenart nach der Satzung zu verteilen sind. ³Entsprechendes gilt für die Wahl der Stellvertreter.

(5) ¹Bei der Wahl der Mitglieder des Verwaltungsrates durch die Mitgliederversammlung sind die Stimmen der Mitgliedskassen des Spitzenverbandes Bund zu gewichten. ²Die Gewichtung orientiert sich an der bundesweiten Anzahl der Versicherten eines Mitgliedes am 1. Januar eines Jahres. ³Die Gewichtung ist entsprechend der Entwicklung der Versichertenzahlen jährlich zum 1. Februar anzupassen. ⁴Das Nähere regelt die Satzung.

(6) ¹Die Mitgliederversammlung wählt aus ihren Reihen einen Vorsitzenden und dessen Stellvertreter. ²Die Wahl des Vorsitzenden der Mitgliederversammlung erfolgt mit einer Mehrheit von zwei Dritteln der abgegebenen Stimmen der Mitgliedskassen. ³Für die Mitgliedskasse kann nur eine einheitliche Stimmabgabe erfolgen. ⁴Das Bundesministerium für Gesundheit lädt die Mitglieder des Spitzenverbandes Bund zu der ersten konstituierenden Mitgliederversammlung ein und leitet in dieser ersten Sitzung die Wahl des Vorsitzenden der Mitgliederversammlung. ⁵Für die erste Sitzung der Mitgliederversammlung gilt § 76 der Wahlordnung für die Sozialversicherung entsprechend mit der Maßga-

be, dass der Vertreter des Bundesministeriums für Gesundheit die Aufgaben des Wahlausschusses wahrnimmt. [6]Zu den nachfolgenden Sitzungen der Mitgliederversammlung beruft der Vorsitzende ein. [7]Er leitet die Wahl des Verwaltungsrates und stellt das Wahlergebnis fest. [8]Das Nähere regelt die Satzung.

(7) [1]Der Vorsitzende der Mitgliederversammlung lädt den gewählten Verwaltungsrat zu seiner konstituierenden Sitzung ein und leitet die Wahl des Vorsitzenden des Verwaltungsrates. [2]Für die erste Sitzung des Verwaltungsrates gelten die §§ 75 und 76 der Wahlordnung für die Sozialversicherung entsprechend mit der Maßgabe, dass der Vorsitzende der Mitgliederversammlung die Aufgaben des Wahlausschusses wahrnimmt.

(8) Das Nähere zur Durchführung der Wahl des Verwaltungsrates und der Wahl des Vorsitzenden der Mitgliederversammlung sowohl für die Wahl im Errichtungsstadium wie auch für die folgenden Wahlen nach Ablauf der jeweiligen Amtsperioden kann das Bundesministerium für Gesundheit durch Rechtsverordnung ohne Zustimmung des Bundesrates in einer Wahlordnung regeln.

§ 217d Aufsicht, Haushalts- und Rechnungswesen, Vermögen, Statistiken.
(1) [1]Der Spitzenverband Bund der Krankenkassen untersteht der Aufsicht des Bundesministeriums für Gesundheit, bei Ausführung des § 217f Abs. 3 der Aufsicht des Bundesministeriums für Arbeit und Soziales. [2]Die Aufsicht über den Spitzenverband Bund der Krankenkassen in seiner Funktion als Verbindungsstelle nach § 219a wird vom Bundesministerium für Gesundheit im Einvernehmen mit dem Bundesministerium für Arbeit und Soziales ausgeübt.

(2) [1]Die Kosten der Tätigkeit des Spitzenverbandes Bund der Krankenkassen werden nach Maßgabe des Haushaltsplans durch die Beiträge der Mitgliedskassen gemäß den Vorgaben der Satzung aufgebracht, soweit sie nicht durch sonstige Einnahmen gedeckt werden. [2]Für die Aufsicht über den Spitzenverband Bund der Krankenkassen gelten die §§ 87 bis 89 des Vierten Buches entsprechend. [3]Für das Haushalts- und Rechnungswesen einschließlich der Statistiken gelten die §§ 67 bis 70 Absatz 1 und 5, die §§ 72 bis 77 Absatz 1 und 1a und die §§ 78 und 79 Absatz 1 und 2 in Verbindung mit Absatz 3a, für das Vermögen die §§ 80 bis 83 und 85 des Vierten Buches sowie § 220 Absatz 1 Satz 2 und für die Verwendung der Mittel § 305b entsprechend. [4]Die Jahresrechnung nach § 77 Absatz 1a des Vierten Buches ist für das abgelaufene Haushaltsjahr bis zum 1. Oktober des Folgejahres aufzustellen und der Aufsichtsbehörde vorzulegen. [5]Betriebsmittel dürfen die Ausgaben nicht übersteigen, die nach dem Haushaltsplan des Spitzenverbandes Bund der Krankenkassen auf eineinhalb Monate entfallen. [6]Rücklagen sind zulässig, sofern sie angemessen sind und für einen den gesetzlichen Aufgaben dienenden Zweck bestimmt sind. [7]Soweit Vermögen nicht zur Rücklagenbildung erforderlich ist, ist es zur Senkung der Beiträge der Mitgliedskassen zu verwenden oder an die Mitgliedskassen zurückzuzahlen.

(3) Für die Vollstreckung von Aufsichtsverfügungen gegen den Spitzenverband Bund der Krankenkassen kann die Aufsichtsbehörde ein Zwangsgeld bis

zu einer Höhe von 10 000 000 Euro zugunsten des Gesundheitsfonds nach § 271 festsetzen.

§ 217e Satzung. (1) [1]Der Verwaltungsrat hat eine Satzung zu beschließen. [2]Die Satzung bedarf der Genehmigung der zuständigen Aufsichtsbehörde. [3]Der Spitzenverband Bund hat seinen Sitz in Berlin; die Satzung kann einen davon abweichenden Sitz bestimmen. [4]Die Verbindungsstelle (§ 219a) hat ihren Sitz in Bonn; die Satzung kann einen davon abweichenden Sitz in Berücksichtigung der spezifischen Aufgabenstellung festlegen. [5]Die Satzung muss Bestimmungen enthalten über

1. die Wahl des Verwaltungsrates und des Vorstandes sowie die Ergänzung des Verwaltungsrates bei vorzeitigem Ausscheiden eines Mitglieds,
2. die Entschädigung der Mitglieder des Verwaltungsrates,
3. die Aufbringung und Verwaltung der Mittel,
4. die Beurkundung der Beschlüsse des Verwaltungsrates,
5. die Herstellung der Öffentlichkeit der Sitzungen des Verwaltungsrates,
6. das Nähere über die Entsendung der Vertreter der Mitgliedskassen in die Mitgliederversammlung, über die Wahl des Vorsitzenden der Mitgliederversammlung sowie dessen Aufgaben,
7. die Rechte und Pflichten der Mitgliedskassen,
8. die jährliche Prüfung der Betriebs- und Rechnungsführung,
9. die Art der Bekanntmachung.

[6]§ 34 Abs. 2 des Vierten Buches gilt entsprechend.

(2) Die vom Spitzenverband Bund der Krankenkassen abgeschlossenen Verträge und seine sonstigen Entscheidungen gelten für die Mitgliedskassen des Spitzenverbandes, die Landesverbände der Krankenkassen und die Versicherten.

§ 217f Aufgaben des Spitzenverbandes Bund der Krankenkassen. (1) Der Spitzenverband Bund der Krankenkassen hat ab dem 1. Juli 2008 die ihm gesetzlich zugewiesenen Aufgaben zu erfüllen.

(2) [1]Der Spitzenverband Bund der Krankenkassen unterstützt die Krankenkassen und ihre Landesverbände bei der Erfüllung ihrer Aufgaben und bei der Wahrnehmung ihrer Interessen, insbesondere durch die Entwicklung von und Abstimmung zu Datendefinitionen (Formate, Strukturen und Inhalte) und Prozessoptimierungen (Vernetzung der Abläufe) für den elektronischen Datenaustausch in der gesetzlichen Krankenversicherung und mit den Arbeitgebern. [2]Die Wahrnehmung der Interessen der Krankenkassen bei über- und zwischenstaatlichen Organisationen und Einrichtungen ist Aufgabe des Spitzenverbandes Bund der Krankenkassen.

(3) [1]Der Spitzenverband Bund der Krankenkassen trifft in grundsätzlichen Fach- und Rechtsfragen Entscheidungen zum Beitrags- und Meldeverfahren und zur einheitlichen Erhebung der Beiträge (§§ 23, 76 des Vierten Buches). [2]Der Spitzenverband Bund der Krankenkassen gibt Empfehlungen zur Benen-

nung und Verteilung von beauftragten Stellen nach § 28f Abs. 4 des Vierten Buches.

(4) Der Spitzenverband Bund der Krankenkassen trifft Entscheidungen zur Organisation des Qualitäts- und Wirtschaftlichkeitswettbewerbs der Krankenkassen, insbesondere zu dem Erlass von Rahmenrichtlinien für den Aufbau und die Durchführung eines zielorientierten Benchmarking der Leistungs- und Qualitätsdaten.

(4a) [1]Der Spitzenverband Bund der Krankenkassen legt in einer Richtlinie allgemeine Vorgaben zu den Regelungen nach § 73b Absatz 3 Satz 8 und § 140a Absatz 4 Satz 6 und 7 fest. [2]Die Richtlinie bedarf der Genehmigung des Bundesministeriums für Gesundheit.

(4b) [1]Der Spitzenverband Bund der Krankenkassen legt bis zum 31. Januar 2018 in einer Richtlinie Maßnahmen zum Schutz von Sozialdaten der Versicherten vor unbefugter Kenntnisnahme fest, die von den Krankenkassen bei Kontakten mit ihren Versicherten anzuwenden sind. [2]Die Maßnahmen müssen geeignet sein, im Verhältnis zum Gefährdungspotential mit abgestuften Verfahren den Schutz der Sozialdaten zu gewährleisten und dem Stand der Technik entsprechen. [3]Insbesondere für die elektronische Übermittlung von Sozialdaten hat die Richtlinie Maßnahmen zur sicheren Identifizierung und zur sicheren Datenübertragung vorzusehen; hierbei sollen bereits vorhandene Verfahren für einen sicheren elektronischen Identitätsnachweis nach § 36a Absatz 2 Satz 5 des Ersten Buches berücksichtigt werden. [4]Die Richtlinie hat Konzepte zur Umsetzung der Maßnahmen durch die Krankenkassen und Vorgaben für eine Zertifizierung durch unabhängige Gutachter vorzusehen. [5]Sie ist in Abstimmung mit der oder dem Bundesbeauftragten für den Datenschutz und die Informationsfreiheit und dem Bundesamt für Sicherheit in der Informationstechnik zu erstellen und bedarf der Genehmigung des Bundesministeriums für Gesundheit.

(5) Die von den bis zum 31. Dezember 2008 bestehenden Bundesverbänden sowie der Deutschen Rentenversicherung Knappschaft-Bahn-See, den Verbänden der Ersatzkassen und der See-Krankenkasse bis zum 30. Juni 2008 zu treffenden Vereinbarungen, Regelungen und Entscheidungen gelten so lange fort, bis der Spitzenverband Bund im Rahmen seiner Aufgabenstellung neue Vereinbarungen, Regelungen oder Entscheidungen trifft oder Schiedsämter den Inhalt von Verträgen neu festsetzen.

(6) Der Spitzenverband Bund der Krankenkassen trifft Entscheidungen, die bei Schließung oder Insolvenz einer Krankenkasse im Zusammenhang mit dem Mitgliederübergang der Versicherten erforderlich sind, um die Leistungsansprüche der Versicherten sicherzustellen und die Leistungen abzurechnen.

(7) Der Spitzenverband Bund der Krankenkassen kann zur Durchführung seiner gesetzlichen Aufgaben nach § 130b die Daten nach § 268 Absatz 3 Satz 14 in Verbindung mit Satz 1 Nummer 1 bis 7 anonymisiert und ohne Krankenkassenbezug verarbeiten und nutzen.

§ 217g Aufsichtsmittel in besonderen Fällen bei dem Spitzenverband Bund der Krankenkassen. (1) ¹Ergibt sich nachträglich, dass eine Satzung nicht hätte genehmigt werden dürfen, oder bedarf eine Satzung wegen nachträglich eingetretener rechtlicher oder tatsächlicher Umstände, die zur Rechtswidrigkeit der Satzung führen, einer Änderung, so kann die Aufsichtsbehörde anordnen, dass der Spitzenverband Bund der Krankenkassen innerhalb einer bestimmten Frist die erforderlichen Änderungen vornimmt. ²Kommt der Spitzenverband Bund der Krankenkassen der Anordnung innerhalb der Frist nicht nach, so kann die Aufsichtsbehörde die erforderlichen Änderungen selbst vornehmen.

(2) ¹Ist zur Umsetzung von gesetzlichen Vorschriften oder aufsichtsrechtlichen Verfügungen ein Beschluss des Verwaltungsrates erforderlich, so kann die Aufsichtsbehörde anordnen, dass dieser Beschluss innerhalb einer bestimmten Frist gefasst wird. ²Wird der erforderliche Beschluss innerhalb der Frist nicht gefasst, so kann die Aufsichtsbehörde den Beschluss des Verwaltungsrates ersetzen.

(3) ¹Verstößt ein Beschluss des Verwaltungsrates des Spitzenverbandes Bund der Krankenkassen gegen ein Gesetz oder gegen sonstiges für den Spitzenverband Bund der Krankenkassen maßgebendes Recht, so kann die Aufsichtsbehörde anordnen, den Beschluss innerhalb einer bestimmten Frist aufzuheben. ²Mit Zugang der Anordnung darf der Beschluss nicht vollzogen werden. ³Die Aufsichtsbehörde kann verlangen, dass Maßnahmen, die auf Grund des Beschlusses getroffen wurden, rückgängig gemacht werden. ⁴Kommt der Spitzenverband Bund der Krankenkassen der Anordnung innerhalb der Frist nicht nach, so kann die Aufsichtsbehörde den Beschluss aufheben.

(4) ¹Einer Anordnung mit Fristsetzung bedarf es nicht, wenn ein Beschluss nach Absatz 1 oder Absatz 2 auf Grund gesetzlicher Regelungen innerhalb einer bestimmten Frist zu fassen ist. ²Klagen gegen Anordnungen und Maßnahmen der Aufsichtsbehörde nach den Absätzen 1 bis 3 haben keine aufschiebende Wirkung.

§ 217h Entsandte Person für besondere Angelegenheiten bei dem Spitzenverband Bund der Krankenkassen. (1) ¹Solange und soweit die ordnungsgemäße Verwaltung bei dem Spitzenverband Bund der Krankenkassen gefährdet ist, kann die Aufsichtsbehörde eine Person an den Spitzenverband Bund der Krankenkassen entsenden, diese Person mit der Wahrnehmung von Aufgaben bei dem Spitzenverband Bund der Krankenkassen betrauen und ihr hierfür die erforderlichen Befugnisse übertragen. ²Die ordnungsgemäße Verwaltung ist insbesondere gefährdet, wenn

1. ein Mitglied des Vorstandes interne oder externe Maßnahmen ergreift, die nicht in Einklang mit den eigenen Verwaltungsvorschriften oder satzungsrechtlichen oder gesetzlichen Vorschriften stehen,

2. ein Mitglied des Vorstandes Handlungen vornimmt, die die interne Organisation der Verwaltung oder auch die Zusammenarbeit der Organe untereinander erheblich beeinträchtigen,

D 6 SGB V

Sozialgesetzbuch Fünftes Buch

3. die Umsetzung von Aufsichtsverfügungen nicht gewährleistet ist oder

4. hinreichende Anhaltspunkte dafür vorliegen, dass eine Pflichtverletzung eines Organmitglieds oder eines ehemaligen Organmitglieds einen Schaden der Körperschaft verursacht hat.

³Die Aufsichtsbehörde kann die Person in diesen Fällen zur Beratung und Unterstützung des Vorstandes oder des Verwaltungsrates, zur Überwachung der Umsetzung von Aufsichtsverfügungen oder zur Prüfung von Schadensersatzansprüchen gegen Organmitglieder oder ehemalige Organmitglieder entsenden. ⁴Die Aufsichtsbehörde bestimmt, in welchem Umfang die entsandte Person im Innenverhältnis anstelle der Organe handeln darf. ⁵Die Befugnisse der Organe im Außenverhältnis bleiben unberührt. ⁶Die Entsendung erfolgt durch Verwaltungsakt gegenüber dem Spitzenverband Bund der Krankenkassen.

(2) ¹Die nach Absatz 1 entsandte Person ist im Rahmen ihrer Aufgaben berechtigt, von den Mitgliedern der Organe und von den Beschäftigten des Spitzenverbandes Bund der Krankenkassen Auskünfte und die Vorlage von Unterlagen zu verlangen. ²Sie kann an allen Sitzungen der Organe und sonstigen Gremien des Spitzenverbandes Bund der Krankenkassen in beratender Funktion teilnehmen, die Geschäftsräume des Spitzenverbandes Bund der Krankenkassen betreten und Nachforschungen zur Erfüllung ihrer Aufgaben anstellen. ³Die Organe und Organmitglieder haben die entsandte Person bei der Wahrnehmung von deren Aufgaben zu unterstützen. ⁴Die entsandte Person ist verpflichtet, der Aufsichtsbehörde Auskunft über alle Erkenntnisse zu geben, die sie im Rahmen ihrer Tätigkeit gewonnen hat.

(3) ¹Der Spitzenverband Bund der Krankenkassen gewährt der nach Absatz 1 entsandten Person eine Vergütung und angemessene Auslagen. ²Die Höhe der Vergütung wird von der Aufsichtsbehörde durch Verwaltungsakt gegenüber dem Spitzenverband Bund der Krankenkassen festgesetzt. ³Der Spitzenverband Bund der Krankenkassen trägt zudem die übrigen Kosten, die durch die Entsendung entstehen.

(4) ¹Der Entsendung der Person hat eine Anordnung vorauszugehen, mit der die Aufsichtsbehörde dem Spitzenverband Bund der Krankenkassen aufgibt, innerhalb einer bestimmten Frist das Erforderliche zur Gewährleistung einer ordnungsgemäßen Verwaltung zu veranlassen. ²Klagen gegen die Anordnung nach Satz 1 oder gegen die Entsendung der Person haben keine aufschiebende Wirkung.

§ 217i Verhinderung von Organen, Bestellung eines Beauftragten.
(1) ¹Solange und soweit die Wahl des Verwaltungsrates und des Vorstandes des Spitzenverbandes Bund der Krankenkassen nicht zustande kommt oder der Verwaltungsrat oder der Vorstand des Spitzenverbandes Bund der Krankenkassen sich weigert, seine Geschäfte zu führen, kann die Aufsichtsbehörde die Geschäfte selbst führen oder einen Beauftragten bestellen und ihm ganz oder teilweise die Befugnisse eines oder mehrerer Organe des Spitzenverbandes Bund der Krankenkassen übertragen. ²Dies gilt auch, wenn der Verwaltungsrat oder

der Vorstand die Funktionsfähigkeit der Körperschaft gefährdet, insbesondere wenn er die Körperschaft nicht mehr im Einklang mit den Gesetzen oder mit der Satzung verwaltet, die Auflösung des Spitzenverbandes Bund der Krankenkassen betreibt oder das Vermögen gefährdende Entscheidungen beabsichtigt oder trifft.

(2) [1]Die Bestellung eines Beauftragten nach Absatz 1 erfolgt durch Verwaltungsakt gegenüber dem Spitzenverband Bund der Krankenkassen. [2]Die Befugnisse und Rechte des Organs, für das der Beauftragte bestellt wird, ruhen in dem Umfang und für die Dauer der Bestellung im Innen- und Außenverhältnis. [3]Der Spitzenverband Bund der Krankenkassen gewährt dem nach Absatz 1 bestellten Beauftragten eine Vergütung und angemessene Auslagen. [4]Die Höhe der Vergütung wird von der Aufsichtsbehörde durch Verwaltungsakt gegenüber dem Spitzenverband Bund der Krankenkassen festgesetzt. [5]Der Spitzenverband Bund der Krankenkassen trägt zudem die übrigen Kosten, die durch die Bestellung des Beauftragten entstehen. [6]Werden dem Beauftragten Befugnisse des Vorstandes übertragen, ist die Vergütung des Vorstandes entsprechend zu kürzen.

(3) [1]Der Führung der Geschäfte durch die Aufsichtsbehörde oder der Bestellung eines Beauftragten hat eine Anordnung vorauszugehen, mit der die Aufsichtsbehörde dem Spitzenverband Bund der Krankenkassen aufgibt, innerhalb einer bestimmten Frist das Erforderliche zu veranlassen. [2]Klagen gegen die Anordnung nach Satz 1, gegen die Entscheidung über die Bestellung eines Beauftragten oder gegen die Wahrnehmung der Aufgaben des Spitzenverbandes Bund der Krankenkassen durch die Aufsichtsbehörde haben keine aufschiebende Wirkung.

§ 217j Berichtspflicht des Bundesministeriums für Gesundheit. Sofern schutzwürdige Belange Dritter nicht entgegenstehen, hat das Bundesministerium für Gesundheit dem Ausschuss für Gesundheit des Deutschen Bundestages jährlich zum 1. März, erstmalig zum 1. März 2018, einen Bericht über aufsichtsrechtliche Maßnahmen nach § 217g Absatz 1 bis 3, § 217h Absatz 1 und 4 Satz 1 und § 217i Absatz 1 und 3 Satz 1 und den Erlass von Verpflichtungsbescheiden nach § 89 Absatz 1 Satz 2 des Vierten Buches in Verbindung mit § 217d Absatz 2 Satz 2 sowie über den Sachstand der Aufsichtsverfahren vorzulegen.

§ 218 Regionale Kassenverbände. (1) Orts-, Betriebs- und Innungskrankenkassen können sich durch übereinstimmenden Beschluss ihrer Verwaltungsräte zu einem Kassenverband vereinigen, wenn sie ihren Sitz im Bezirk desselben Versicherungsamts haben.

(2) Mit Genehmigung der für die Sozialversicherung zuständigen obersten Verwaltungsbehörde des Landes kann sich ein Kassenverband über die Bezirke oder Bezirksteile mehrerer Versicherungsämter erstrecken.

§ 219 Besondere Regelungen zu Einrichtungen und Arbeitsgemeinschaften des Spitzenverbandes Bund der Krankenkassen. (1) Die Krankenkassen und ihre Verbände können insbesondere mit Kassenärztlichen Vereinigungen und anderen Leistungserbringern sowie mit dem öffentlichen Gesundheitsdienst zur Förderung der Gesundheit, Prävention, Versorgung chronisch Kranker und Rehabilitation Arbeitsgemeinschaften zur Wahrnehmung der in § 94 Abs. 1a Satz 1 des Zehnten Buches genannten Aufgaben bilden.

(2) [1]Vor der Entscheidung des Vorstandes des Spitzenverbandes Bund der Krankenkassen über die Errichtung, Übernahme oder wesentliche Erweiterung von Einrichtungen im Sinne des § 85 Absatz 1 des Vierten Buches sowie über eine unmittelbare oder mittelbare Beteiligung an solchen Einrichtungen ist der Verwaltungsrat des Spitzenverbandes Bund der Krankenkassen durch den Vorstand auf der Grundlage geeigneter Daten umfassend über die Chancen und Risiken der beabsichtigten Betätigung zu unterrichten. [2]Die Entscheidung des Vorstandes nach Satz 1 bedarf der Zustimmung des Verwaltungsrates.

(3) [1]Der Vorstand hat zur Information des Verwaltungsrates des Spitzenverbandes Bund der Krankenkassen jährlich einen Bericht über die Einrichtungen zu erstellen, an denen der Spitzenverband Bund der Krankenkassen beteiligt ist. [2]Der Beteiligungsbericht muss zu jeder Einrichtung mindestens Angaben enthalten über

1. den Gegenstand der Einrichtung, die Beteiligungsverhältnisse, die Besetzung der Organe der Einrichtung und die Beteiligungen der Einrichtung an weiteren Einrichtungen,

2. den fortbestehenden Zusammenhang zwischen der Beteiligung an der Einrichtung und den gesetzlichen Aufgaben des Spitzenverbandes Bund der Krankenkassen,

3. die Grundzüge des Geschäftsverlaufs der Einrichtung, die Ertragslage der Einrichtung, die Kapitalzuführungen an und die Kapitalentnahmen aus der Einrichtung durch den Spitzenverband Bund der Krankenkassen, die Auswirkungen der Kapitalzuführungen und Kapitalentnahmen auf die Haushaltswirtschaft des Spitzenverbandes Bund der Krankenkassen und die von dem Spitzenverband Bund der Krankenkassen der Einrichtung gewährten Sicherheiten,

4. die im Geschäftsjahr gewährten Gesamtbezüge der Mitglieder der Geschäftsführung, des Aufsichtsrates, des Beirates oder eines ähnlichen Gremiums der Einrichtung für jedes einzelne Gremium sowie die im Geschäftsjahr gewährten Bezüge eines jeden Mitglieds dieser Gremien unter Namensnennung.

[3]Der Bericht über das abgelaufene Geschäftsjahr ist dem Verwaltungsrat des Spitzenverbandes Bund der Krankenkassen und der Aufsichtsbehörde spätestens am 1. Oktober des folgenden Jahres vorzulegen.

(4) Für die Aufsicht über die Arbeitsgemeinschaften nach § 94 Absatz 1a des Zehnten Buches in Verbindung mit Absatz 1, an denen der Spitzenverband Bund der Krankenkassen beteiligt ist, gilt § 89 des Vierten Buches entsprechend.

(5) Die Absätze 2 und 3 gelten entsprechend für Arbeitsgemeinschaften nach § 94 Absatz 1a des Zehnten Buches in Verbindung mit Absatz 1, an denen der Spitzenverband Bund der Krankenkassen beteiligt ist.

§ 219a Deutsche Verbindungsstelle Krankenversicherung – Ausland.

(1) [1]Der Spitzenverband Bund der Krankenkassen nimmt die Aufgaben der Deutschen Verbindungsstelle Krankenversicherung – Ausland (Verbindungsstelle) wahr. [2]Er erfüllt dabei die ihm durch über- und zwischenstaatliches sowie durch innerstaatliches Recht übertragenen Aufgaben. [3]Insbesondere gehören hierzu

1. Vereinbarungen mit ausländischen Verbindungsstellen,
2. Kostenabrechnungen mit in- und ausländischen Stellen,
3. Festlegung des anzuwendenden Versicherungsrechts,
4. Koordinierung der Verwaltungshilfe und Durchführung des Datenaustauschs in grenzüberschreitenden Fällen,
5. Aufklärung, Beratung und Information,
6. Wahrnehmung der Aufgaben der nationalen Kontaktstelle nach § 219d.

[4]Die Festlegung des anzuwendenden Versicherungsrechts erfolgt für in Deutschland wohnende und gewöhnlich in mehreren Mitgliedstaaten der Europäischen Union erwerbstätige Personen im Benehmen mit der Arbeitsgemeinschaft Berufsständischer Versorgungseinrichtungen oder der Sozialversicherung für Landwirtschaft, Forsten und Gartenbau, soweit es sich um Mitglieder einer berufsständischen Versorgungseinrichtung oder der landwirtschaftlichen Sozialversicherung handelt oder eine solche Mitgliedschaft bei Anwendbarkeit des deutschen Rechts gegeben wäre. [5]Die Satzung des Spitzenverbandes kann Einzelheiten zur Aufgabenerfüllung regeln und dabei im Rahmen der Zuständigkeit des Spitzenverbandes Bund der Verbindungsstelle auch weitere Aufgaben übertragen.

(2) [1]Der Spitzenverband Bund der Krankenkassen ist Rechtsnachfolger der Deutschen Verbindungsstelle Krankenversicherung – Ausland (Verbindungsstelle) nach § 219a in der bis zum 31. Dezember 2007 geltenden Fassung. [2]§ 613a des Bürgerlichen Gesetzbuchs findet entsprechend Anwendung. [3]Der für das Jahr 2008 aufgestellte Haushaltsplan gilt als Teil des Haushalts des Spitzenverbandes fort.

(3) [1]Der Verwaltungsrat hat für die Erfüllung der Aufgaben nach Absatz 1 einen Geschäftsführer und seinen Stellvertreter zu bestellen. [2]Der Geschäftsführer verwaltet den Spitzenverband Bund in allen Angelegenheiten nach Absatz 1 und vertritt den Spitzenverband Bund in diesen Angelegenheiten gerichtlich und außergerichtlich, soweit Gesetz oder sonstiges maßgebendes Recht nichts anderes bestimmen. [3]Für den Abschluss des Dienstvertrages gilt § 35a Abs. 6 Satz 1 des Vierten Buches entsprechend. [4]Das Nähere über die Grundsätze der Geschäftsführung durch den Geschäftsführer bestimmt die Satzung.

(4) [1]Der Verwaltungsrat hat den Gesamthaushaltsplan des Spitzenverbandes Bund für den Aufgabenbereich der Verbindungsstelle zu untergliedern. [2]Die Haushaltsführung hat getrennt nach den Aufgabenbereichen zu erfolgen.

(5) ¹Die zur Finanzierung der Verbindungsstelle erforderlichen Mittel werden durch eine Umlage, deren Berechnungskriterien in der Satzung festgelegt werden (§ 217e Abs. 1 Nr. 3), und durch die sonstigen Einnahmen der Verbindungsstelle aufgebracht. ²Die Satzung muss insbesondere Bestimmungen zur ausschließlichen Verwendung der für die Aufgabenerfüllung verfügbaren Mittel für Zwecke der Verbindungsstelle enthalten.

§ 219b Datenaustausch im automatisierten Verfahren zwischen den Trägern der sozialen Sicherheit und der Deutschen Verbindungsstelle Krankenversicherung – Ausland. Der Datenaustausch der Krankenkassen und der anderen Träger der sozialen Sicherheit mit dem Spitzenverband Bund der Krankenkassen, Deutsche Verbindungsstelle Krankenversicherung – Ausland, erfolgt im automatisierten Verfahren, soweit hierfür strukturierte Dokumente zur Verfügung stehen, die von der bei der Kommission der Europäischen Union eingesetzten Verwaltungskommission für die Koordinierung der Systeme der sozialen Sicherheit festgelegt worden sind.

§ 219c Dateien bei der Deutschen Verbindungsstelle Krankenversicherung – Ausland. (1) Zur Durchführung von Artikel 15 der Verordnung (EG) Nr. 987/2009 des Europäischen Parlaments und des Rates vom 16. September 2009 zur Festlegung der Modalitäten für die Durchführung der Verordnung (EG) Nr. 883/2004 über die Koordinierung der Systeme der sozialen Sicherheit (ABl. L 284 vom 30.10.2009, S. 1) melden die Krankenkassen und die anderen Träger der sozialen Sicherheit, die für die Festlegung der anzuwendenden Rechtsvorschriften zuständig sind, dem Spitzenverband Bund der Krankenkassen, Deutsche Verbindungsstelle Krankenversicherung – Ausland, im automatisierten Verfahren diejenigen Daten, die

1. in der von der Verwaltungskommission festgelegten Bescheinigung über die anzuwendenden Rechtsvorschriften oder

2. in den entsprechenden strukturierten Dokumenten

enthalten sind.

(2) ¹Wenn die zuständigen Behörden des Mitgliedstaates, in dem die Tätigkeit ausgeübt wird, dies verlangen, leitet der Spitzenverband Bund der Krankenkassen, Deutsche Verbindungsstelle Krankenversicherung – Ausland, die Daten unverzüglich an den Träger des Mitgliedstaates weiter. ²Andernfalls werden die Daten gespeichert und für spätere Anforderungen aus dem Mitgliedstaat, in dem die Tätigkeit ausgeübt wird oder ausgeübt wurde, zur Verfügung gehalten.

(3) Anforderungen und auch die bei der Antwort anfallenden Daten dürfen ebenfalls gespeichert werden.

(4) Die Daten sind spätestens fünf Jahre nach Ablauf des Geltungszeitraums zu löschen, der in der Bescheinigung oder dem entsprechenden strukturierten Dokument genannt ist.

§ 219d Nationale Kontaktstelle. (1) ¹Die Aufgaben der nationalen Kontaktstelle nach der Richtlinie 2011/24/EU des Europäischen Parlaments und des Rates vom 9. März 2011 über die Ausübung der Patientenrechte in der grenzüberschreitenden Gesundheitsversorgung (ABl. L 88 vom 4.4.2011, S. 45) nimmt der Spitzenverband Bund der Krankenkassen, Deutsche Verbindungsstelle Krankenversicherung – Ausland, ab dem 25. Oktober 2013 wahr. [2]Sie stellt insbesondere Informationen über

1. nationale Gesundheitsdienstleister, geltende Qualitäts- und Sicherheitsbestimmungen, Patientenrechte einschließlich der Möglichkeiten ihrer Durchsetzung sowie die Zugänglichkeit von Krankenhäusern für Menschen mit Behinderungen,
2. die Rechte und Ansprüche des Versicherten bei Inanspruchnahme grenzüberschreitender Leistungen in anderen Mitgliedstaaten,
3. Mindestanforderungen an eine im grenzüberschreitenden Verkehr anerkennungsfähige Verschreibung und
4. Kontaktstellen in anderen Mitgliedstaaten

zur Verfügung. [3]In den Informationen nach Satz 2 Nummer 2 ist klar zu unterscheiden zwischen den Rechten, die Versicherte nach § 13 Absatz 4 und 5 in Umsetzung der Richtlinie 2011/24/EU geltend machen können, und den Rechten, die Versicherte aus der Verordnung (EG) Nr. 883/2004 des Europäischen Parlaments und des Rates vom 29. April 2004 zur Koordinierung der Systeme der sozialen Sicherheit (ABl. L 166 vom 30.4.2004, S. 1) geltend machen können. [4]Die Deutsche Krankenhausgesellschaft, die Kassenärztliche Bundesvereinigung, die Kassenzahnärztliche Bundesvereinigung und die privaten Krankenversicherungen stellen der nationalen Kontaktstelle die zur Aufgabenerfüllung erforderlichen Informationen zur Verfügung. [5]Soweit es zur Erfüllung ihrer Aufgaben erforderlich ist, darf die nationale Kontaktstelle personenbezogene Daten der anfragenden Versicherten nur mit deren schriftlicher Einwilligung und nach deren vorheriger Information verarbeiten und nutzen.

(2) Der Spitzenverband Bund der Krankenkassen, Deutsche Verbindungsstelle Krankenversicherung – Ausland, und die in Absatz 1 Satz 3 genannten Organisationen vereinbaren das Nähere zur Bereitstellung der Informationen durch die nationale Kontaktstelle gemäß Absatz 1 Satz 2 in einem Vertrag.

(3) [1]An den zur Finanzierung der Aufgaben der nationalen Kontaktstelle erforderlichen Kosten sind die in Absatz 1 Satz 3 genannten Organisationen zu beteiligen. [2]Das Nähere zur Finanzierung, insbesondere auch zur Höhe der jährlich erforderlichen Mittel, vereinbaren der Spitzenverband Bund der Krankenkassen, Deutsche Verbindungsstelle Krankenversicherung – Ausland, und die in Absatz 1 Satz 3 genannten Organisationen in dem Vertrag nach Absatz 2. [3]Wird nichts Abweichendes vereinbart, beteiligen sich die privaten Krankenversicherungen zu 5 Prozent, die Deutsche Krankenhausgesellschaft zu 20 Prozent, die Kassenärztliche Bundesvereinigung zu 20 Prozent sowie die Kassenzahnärztliche Bundesvereinigung zu 10 Prozent an den zur Aufgabenerfüllung erforderlichen Kosten.

(4) Die in Absatz 1 Satz 2 genannten Informationen müssen leicht zugänglich sein und, soweit erforderlich, auf elektronischem Wege und in barrierefreien Formaten bereitgestellt werden.

(5) Die nationale Kontaktstelle arbeitet mit den nationalen Kontaktstellen anderer Mitgliedstaaten und der Europäischen Kommission in Fragen grenzüberschreitender Gesundheitsversorgung zusammen.

Achtes Kapitel
Finanzierung

Erster Abschnitt
Beiträge

Erster Titel
Aufbringung der Mittel

§ 220 Grundsatz. (1) [1]Die Mittel der Krankenversicherung werden durch Beiträge und sonstige Einnahmen aufgebracht; als Beiträge gelten auch Zusatzbeiträge nach § 242. [2]Darlehensaufnahmen sind nicht zulässig. [3]Die Aufsichtsbehörde kann im Einzelfall Darlehensaufnahmen bei Kreditinstituten zur Finanzierung des Erwerbs von Grundstücken für Eigeneinrichtungen nach § 140 sowie der Errichtung, der Erweiterung oder des Umbaus von Gebäuden für Eigeneinrichtungen nach § 140 genehmigen.

(2) [1]Der beim Bundesversicherungsamt gebildete Schätzerkreis schätzt jedes Jahr bis zum 15. Oktober für das jeweilige Jahr und für das Folgejahr
1. die Höhe der voraussichtlichen beitragspflichtigen Einnahmen der Mitglieder der Krankenkassen,
2. die Höhe der voraussichtlichen jährlichen Einnahmen des Gesundheitsfonds,
3. die Höhe der voraussichtlichen jährlichen Ausgaben der Krankenkassen sowie
4. die voraussichtliche Zahl der Versicherten und der Mitglieder der Krankenkassen.
[2]Die Schätzung für das Folgejahr dient als Grundlage für die Festlegung des durchschnittlichen Zusatzbeitragssatzes nach § 242a, für die Zuweisungen aus dem Gesundheitsfonds nach den §§ 266 und 270 sowie für die Durchführung des Einkommensausgleichs nach § 270a. [3]Bei der Schätzung der Höhe der voraussichtlichen jährlichen Einnahmen bleiben die Beträge nach § 271 Absatz 1a außer Betracht.

(3) [1]Für das Haushalts- und Rechnungswesen einschließlich der Statistiken bei der Verwaltung des Gesundheitsfonds durch das Bundesversicherungsamt gelten die §§ 67 bis 69, 70 Abs. 5, § 72 Abs. 1 und 2 Satz 1 erster Halbsatz, die §§ 73 bis 77 Absatz 1a Satz 1 bis 6 und § 79 Abs. 1 und 2 in Verbindung mit Abs. 3a des Vierten Buches sowie die aufgrund des § 78 des Vierten Buches erlassenen Rechtsverordnungen entsprechend. [2]Für das Vermögen gelten die

§§ 80 und 85 des Vierten Buches entsprechend. [3]Die Bestellung des Wirtschaftsprüfers oder des vereidigten Buchprüfers zur Prüfung der Jahresrechnung des Gesundheitsfonds erfolgt durch die beim Bundesversicherungsamt eingerichtete Prüfstelle im Einvernehmen mit dem Bundesministerium für Gesundheit und dem Bundesministerium der Finanzen. [4]Die Entlastung des Präsidenten oder der Präsidentin des Bundesversicherungsamts als Verwalter des Gesundheitsfonds erfolgt durch das Bundesministerium für Gesundheit im Einvernehmen mit dem Bundesministerium der Finanzen.

(4) *(aufgehoben)*

§ 221 Beteiligung des Bundes an Aufwendungen. (1) Der Bund leistet zur pauschalen Abgeltung der Aufwendungen der Krankenkassen für versicherungsfremde Leistungen 10,5 Milliarden Euro für das Jahr 2014, 11,5 Milliarden Euro für das Jahr 2015, 14 Milliarden Euro für das Jahr 2016 und ab dem Jahr 2017 jährlich 14,5 Milliarden Euro in monatlich zum ersten Bankarbeitstag zu überweisenden Teilbeträgen an den Gesundheitsfonds.

(2) [1]Der Gesundheitsfonds überweist von den ihm zufließenden Leistungen des Bundes nach Absatz 1 der landwirtschaftlichen Krankenkasse den auf sie entfallenden Anteil an der Beteiligung des Bundes. [2]Der Überweisungsbetrag nach Satz 1 bemisst sich nach dem Verhältnis der Anzahl der Versicherten dieser Krankenkasse zu der Anzahl der Versicherten aller Krankenkassen; maßgebend sind die Verhältnisse am 1. Juli des Vorjahres.

(3) [1]Der Überweisungsbetrag nach Absatz 2 Satz 1 reduziert sich

1. in den Jahren 2016 bis 2019 um den auf die landwirtschaftliche Krankenkasse entfallenden Anteil an der Finanzierung des Innovationsfonds nach § 92a Absatz 3 und 4 und

2. ab dem Jahr 2016 um den auf die landwirtschaftliche Krankenkasse entfallenden Anteil an der Finanzierung des Strukturfonds nach Maßgabe der §§ 12 bis 14 des Krankenhausfinanzierungsgesetzes; solange der Anteil noch nicht feststeht, ist er vorläufig auf 1 Million Euro für das Haushaltsjahr festzulegen.

[2]Absatz 2 Satz 2 gilt entsprechend. [3]Der Anteil nach Satz 1 Nummer 1 wird dem Innovationsfonds und der Anteil nach Satz 1 Nummer 2 dem Strukturfonds zugeführt. [4]Mittel für den Innovationsfonds nach § 92a Absatz 3 und 4, die im Haushaltsjahr nicht verausgabt wurden, sind nach Vorliegen der Geschäfts- und Rechnungsergebnisse des Gesundheitsfonds für das abgelaufene Kalenderjahr anteilig an die landwirtschaftliche Krankenkasse zurückzuführen.

§ 221a *(aufgehoben)*

§ 221b *(aufgehoben)*

§ 222 *(aufgehoben)*

§ 223 Beitragspflicht, beitragspflichtige Einnahmen, Beitragsbemessungsgrenze. (1) Die Beiträge sind für jeden Kalendertag der Mitgliedschaft zu zahlen, soweit dieses Buch nichts Abweichendes bestimmt.

(2) ¹Die Beiträge werden nach den beitragspflichtigen Einnahmen der Mitglieder bemessen. ²Für die Berechnung ist die Woche zu sieben, der Monat zu dreißig und das Jahr zu dreihundertsechzig Tagen anzusetzen.

(3) ¹Beitragspflichtige Einnahmen sind bis zu einem Betrag von einem Dreihundertsechzigstel der Jahresarbeitsentgeltgrenze nach § 6 Abs. 7 für den Kalendertag zu berücksichtigen (Beitragsbemessungsgrenze). ²Einnahmen, die diesen Betrag übersteigen, bleiben außer Ansatz, soweit dieses Buch nichts Abweichendes bestimmt.

§ 224 Beitragsfreiheit bei Krankengeld, Mutterschaftsgeld oder Erziehungsgeld oder Elterngeld. (1) ¹Beitragsfrei ist ein Mitglied für die Dauer des Anspruchs auf Krankengeld oder Mutterschaftsgeld oder des Bezugs von Elterngeld oder Betreuungsgeld. ²Die Beitragsfreiheit erstreckt sich nur auf die in Satz 1 genannten Leistungen.

(2) Durch die Beitragsfreiheit wird ein Anspruch auf Schadensersatz nicht ausgeschlossen oder gemindert.

§ 225 Beitragsfreiheit bestimmter Rentenantragsteller. ¹Beitragsfrei ist ein Rentenantragsteller bis zum Beginn der Rente, wenn er

1. als hinterbliebener Ehegatte oder hinterbliebener Lebenspartner eines nach § 5 Abs. 1 Nr. 11 oder 12 versicherungspflichtigen Rentners, der bereits Rente bezogen hat, Hinterbliebenenrente beantragt,

2. als Waise die Voraussetzungen nach § 5 Absatz 1 Nummer 11b erfüllt und die dort genannten Leistungen vor Vollendung des achtzehnten Lebensjahres beantragt oder

3. ohne die Versicherungspflicht nach § 5 Abs. 1 Nr. 11 oder 12 nach § 10 dieses Buches oder nach § 7 des Zweiten Gesetzes über die Krankenversicherung der Landwirte versichert wäre.

²Satz 1 gilt nicht, wenn der Rentenantragsteller Arbeitseinkommen oder Versorgungsbezüge erhält. ³§ 226 Abs. 2 gilt entsprechend.

Zweiter Titel
Beitragspflichtige Einnahmen der Mitglieder

§ 226 Beitragspflichtige Einnahmen versicherungspflichtig Beschäftigter. (1) ¹Bei versicherungspflichtig Beschäftigten werden der Beitragsbemessung zugrunde gelegt

1. das Arbeitsentgelt aus einer versicherungspflichtigen Beschäftigung,

2. der Zahlbetrag der Rente der gesetzlichen Rentenversicherung,

3. der Zahlbetrag der der Rente vergleichbaren Einnahmen (Versorgungsbezüge),

4. das Arbeitseinkommen, soweit es neben einer Rente der gesetzlichen Rentenversicherung oder Versorgungsbezügen erzielt wird.

[2]Dem Arbeitsentgelt steht das Vorruhestandsgeld gleich. [3]Bei Auszubildenden, die in einer außerbetrieblichen Einrichtung im Rahmen eines Berufsausbildungsvertrages nach dem Berufsbildungsgesetz ausgebildet werden, steht die Ausbildungsvergütung dem Arbeitsentgelt gleich.

(2) Die nach Absatz 1 Satz 1 Nr. 3 und 4 zu bemessenden Beiträge sind nur zu entrichten, wenn die monatlichen beitragspflichtigen Einnahmen nach Absatz 1 Satz 1 Nr. 3 und 4 insgesamt ein Zwanzigstel der monatlichen Bezugsgröße nach § 18 des Vierten Buches übersteigen.

(3) Für Schwangere, deren Mitgliedschaft nach § 192 Abs. 2 erhalten bleibt, gelten die Bestimmungen der Satzung.

(4) Bei Arbeitnehmern, die gegen ein monatliches Arbeitsentgelt bis zum oberen Grenzbetrag der Gleitzone (§ 20 Absatz 2 des Vierten Buches) mehr als geringfügig beschäftigt sind, gilt der Betrag der beitragspflichtigen Einnahme nach § 163 Absatz 10 Satz 1 bis 5 und 8 oder § 276b des Sechsten Buches entsprechend.

§ 227 Beitragspflichtige Einnahmen versicherungspflichtiger Rückkehrer in die gesetzliche Krankenversicherung und bisher nicht Versicherter. Für die nach § 5 Abs. 1 Nr. 13 Versicherungspflichtigen gilt § 240 entsprechend.

§ 228 Rente als beitragspflichtige Einnahmen. (1) [1]Als Rente der gesetzlichen Rentenversicherung gelten Renten der allgemeinen Rentenversicherung sowie Renten der knappschaftlichen Rentenversicherung einschließlich der Steigerungsbeträge aus Beiträgen der Höherversicherung. [2]Satz 1 gilt auch, wenn vergleichbare Renten aus dem Ausland bezogen werden.

(2) [1]Bei der Beitragsbemessung sind auch Nachzahlungen einer Rente nach Absatz 1 zu berücksichtigen, soweit sie auf einen Zeitraum entfallen, in dem der Rentner Anspruch auf Leistungen nach diesem Buch hatte. [2]Die Beiträge aus der Nachzahlung gelten als Beiträge für die Monate, für die die Rente nachgezahlt wird.

§ 229 Versorgungsbezüge als beitragspflichtige Einnahmen. (1) [1]Als der Rente vergleichbare Einnahmen (Versorgungsbezüge) gelten, soweit sie wegen einer Einschränkung der Erwerbsfähigkeit oder zur Alters- oder Hinterbliebenenversorgung erzielt werden,

1. Versorgungsbezüge aus einem öffentlich-rechtlichen Dienstverhältnis oder aus einem Arbeitsverhältnis mit Anspruch auf Versorgung nach beamtenrechtlichen Vorschriften oder Grundsätzen; außer Betracht bleiben
   a) lediglich übergangsweise gewährte Bezüge,
   b) unfallbedingte Leistungen und Leistungen der Beschädigtenversorgung,
   c) bei einer Unfallversorgung ein Betrag von 20 vom Hundert des Zahlbetrags und
   d) bei einer erhöhten Unfallversorgung der Unterschiedsbetrag zum Zahlbetrag der Normalversorgung, mindestens 20 vom Hundert des Zahlbetrags der erhöhten Unfallversorgung,

2. Bezüge aus der Versorgung der Abgeordneten, Parlamentarischen Staatssekretäre und Minister,

3. Renten der Versicherungs- und Versorgungseinrichtungen, die für Angehörige bestimmter Berufe errichtet sind,

4. Renten und Landabgaberenten nach dem Gesetz über die Alterssicherung der Landwirte mit Ausnahme einer Übergangshilfe,

5. Renten der betrieblichen Altersversorgung einschließlich der Zusatzversorgung im öffentlichen Dienst und der hüttenknappschaftlichen Zusatzversorgung; außer Betracht bleiben Leistungen aus Altersvorsorgevermögen im Sinne des § 92 des Einkommensteuergesetzes.

[2]Satz 1 gilt auch, wenn Leistungen dieser Art aus dem Ausland oder von einer zwischenstaatlichen oder überstaatlichen Einrichtung bezogen werden. [3]Tritt an die Stelle der Versorgungsbezüge eine nicht regelmäßig wiederkehrende Leistung, oder ist eine solche Leistung vor Eintritt des Versicherungsfalls vereinbart oder zugesagt worden, gilt ein Einhundertzwanzigstel der Leistung als monatlicher Zahlbetrag der Versorgungsbezüge, längstens jedoch für einhundertzwanzig Monate.

(2) Für Nachzahlungen von Versorgungsbezügen gilt § 228 Abs. 2 entsprechend.

§ 230 Rangfolge der Einnahmearten versicherungspflichtig Beschäftigter. [1]Erreicht das Arbeitsentgelt nicht die Beitragsbemessungsgrenze, werden nacheinander der Zahlbetrag der Versorgungsbezüge und das Arbeitseinkommen des Mitglieds bis zur Beitragsbemessungsgrenze berücksichtigt. [2]Der Zahlbetrag der Rente der gesetzlichen Rentenversicherung wird getrennt von den übrigen Einnahmearten bis zur Beitragsbemessungsgrenze berücksichtigt.

§ 231 Erstattung von Beiträgen. (1) Beiträge aus Versorgungsbezügen oder Arbeitseinkommen werden dem Mitglied durch die Krankenkasse auf Antrag erstattet, soweit sie auf Beträge entfallen, um die die Versorgungsbezüge und das Arbeitseinkommen zusammen mit dem Arbeitsentgelt einschließlich des einmalig gezahlten Arbeitsentgelts die anteilige Jahresarbeitsentgeltgrenze nach § 6 Abs. 7 überschritten haben.

(2) [1]Die zuständige Krankenkasse erstattet dem Mitglied auf Antrag die von ihm selbst getragenen Anteile an den Beiträgen aus der Rente der gesetzlichen Rentenversicherung, soweit sie auf Beträge entfallen, um die die Rente zusammen mit den übrigen der Beitragsbemessung zugrunde gelegten Einnahmen des Mitglieds die Beitragsbemessungsgrenze überschritten hat. [2]Die Satzung der Krankenkasse kann Näheres über die Durchführung der Erstattung bestimmen. [3]Wenn dem Mitglied auf Antrag von ihm getragene Beitragsanteile nach Satz 1 erstattet werden, werden dem Träger der gesetzlichen Rentenversicherung die von diesem insoweit getragenen Beitragsanteile erstattet.

(3) Weist ein Mitglied, dessen Beiträge nach § 240 Absatz 4a Satz 6 festgesetzt wurden, innerhalb von drei Jahren nach Ablauf des Kalenderjahres, für

das die Beiträge zu zahlen waren, beitragspflichtige Einnahmen nach, die für den Kalendertag unterhalb des 30. Teils der monatlichen Beitragsbemessungsgrenze liegen, wird dem Mitglied der Anteil der gezahlten Beiträge erstattet, der die Beiträge übersteigt, die das Mitglied auf der Grundlage der tatsächlich erzielten beitragspflichtigen Einnahmen nach § 240 hätte zahlen müssen.

§ 232 Beitragspflichtige Einnahmen unständig Beschäftigter. (1) [1]Für unständig Beschäftigte ist als beitragspflichtige Einnahmen ohne Rücksicht auf die Beschäftigungsdauer das innerhalb eines Kalendermonats erzielte Arbeitsentgelt bis zur Höhe von einem Zwölftel der Jahresarbeitsentgeltgrenze nach § 6 Abs. 7 zugrunde zu legen. [2]Die §§ 226 und 228 bis 231 dieses Buches sowie § 23a des Vierten Buches gelten.

(2) [1]Bestanden innerhalb eines Kalendermonats mehrere unständige Beschäftigungen und übersteigt das Arbeitsentgelt insgesamt die genannte monatliche Bemessungsgrenze nach Absatz 1, sind bei der Berechnung der Beiträge die einzelnen Arbeitsentgelte anteilmäßig nur zu berücksichtigen, soweit der Gesamtbetrag die monatliche Bemessungsgrenze nicht übersteigt. [2]Auf Antrag des Mitglieds oder eines Arbeitgebers verteilt die Krankenkasse die Beiträge nach den anrechenbaren Arbeitsentgelten.

(3) Unständig ist die Beschäftigung, die auf weniger als eine Woche entweder nach der Natur der Sache befristet zu sein pflegt oder im Voraus durch den Arbeitsvertrag befristet ist.

§ 232a Beitragspflichtige Einnahmen der Bezieher von Arbeitslosengeld, Unterhaltsgeld oder Kurzarbeitergeld. (1) [1]Als beitragspflichtige Einnahmen gelten
1. bei Personen, die Arbeitslosengeld oder Unterhaltsgeld nach dem Dritten Buch beziehen, 80 vom Hundert des der Leistung zugrunde liegenden, durch sieben geteilten wöchentlichen Arbeitsentgelts nach § 226 Abs. 1 Satz 1 Nr. 1, soweit es ein Dreihundertsechzigstel der Jahresarbeitsentgeltgrenze nach § 6 Abs. 7 nicht übersteigt; 80 vom Hundert des beitragspflichtigen Arbeitsentgelts aus einem nicht geringfügigen Beschäftigungsverhältnis sind abzuziehen,
2. bei Personen, die Arbeitslosengeld II beziehen, das 0,2155fache der monatlichen Bezugsgröße; abweichend von § 223 Absatz 1 sind die Beiträge für jeden Kalendermonat, in dem mindestens für einen Tag eine Mitgliedschaft besteht, zu zahlen.

[2]Bei Personen, die Teilarbeitslosengeld oder Teilunterhaltsgeld nach dem Dritten Buch beziehen, ist Satz 1 Nr. 1 zweiter Teilsatz nicht anzuwenden. [3]Ab Beginn des zweiten Monats bis zur zwölften Woche einer Sperrzeit oder ab Beginn des zweiten Monats eines Ruhenszeitraumes wegen einer Urlaubsabgeltung gelten die Leistungen als bezogen.

(1a) [1]Der Faktor nach Absatz 1 Satz 1 Nummer 2 ist im Jahr 2018 im Hinblick auf die für die Berechnung maßgebliche Struktur der Bezieherinnen und Bezieher von Arbeitslosengeld II zu überprüfen. [2]Bei Veränderungen ist der

Faktor nach Absatz 1 Satz 1 Nummer 2 mit Wirkung zum 1. Januar 2018 neu zu bestimmen. [3]Das Nähere über das Verfahren einer nachträglichen Korrektur bestimmen das Bundesministerium für Gesundheit und das Bundesministerium für Arbeit und Soziales im Einvernehmen mit dem Bundesministerium der Finanzen.

(2) Soweit Kurzarbeitergeld nach dem Dritten Buch gewährt wird, gelten als beitragspflichtige Einnahmen nach § 226 Abs. 1 Satz 1 Nr. 1 80 vom Hundert des Unterschiedsbetrages zwischen dem Sollentgelt und dem Istentgelt nach § 106 des Dritten Buches.

(3) § 226 gilt entsprechend.

§ 232b Beitragspflichtige Einnahmen der Bezieher von Pflegeunterstützungsgeld. (1) Bei Personen, die Pflegeunterstützungsgeld nach § 44a Absatz 3 des Elften Buches beziehen, gelten 80 Prozent des während der Freistellung ausgefallenen, laufenden Arbeitsentgelts als beitragspflichtige Einnahmen.

(2) [1]Für Personen, deren Mitgliedschaft nach § 192 Absatz 1 Nummer 2 erhalten bleibt, gelten § 226 Absatz 1 Nummer 2 bis 4 und Absatz 2 sowie die §§ 228 bis 231 entsprechend. [2]Die Einnahmen nach § 226 Absatz 1 Satz 1 Nummer 2 bis 4 unterliegen höchstens in dem Umfang der Beitragspflicht, in dem zuletzt vor dem Bezug des Pflegeunterstützungsgeldes Beitragspflicht bestand. [3]Für freiwillige Mitglieder gilt Satz 2 entsprechend.

§ 233 Beitragspflichtige Einnahmen der Seeleute. (1) [1]Für Seeleute gilt als beitragspflichtige Einnahme der Betrag, der nach dem Recht der gesetzlichen Unfallversicherung für die Beitragsberechnung maßgebend ist.

(2) § 226 Abs. 1 Satz 1 Nr. 2 bis 4 und Abs. 2 sowie die §§ 228 bis 231 gelten entsprechend.

§ 234 Beitragspflichtige Einnahmen der Künstler und Publizisten. (1) [1]Für die nach dem Künstlersozialversicherungsgesetz versicherungspflichtigen Mitglieder wird der Beitragsbemessung der dreihundertsechzigste Teil des voraussichtlichen Jahresarbeitseinkommens (§ 12 des Künstlersozialversicherungsgesetzes), mindestens jedoch der einhundertachtzigste Teil der monatlichen Bezugsgröße nach § 18 des Vierten Buches Sozialgesetzbuch zugrunde gelegt. [2]Für die Dauer des Bezugs von Elterngeld oder Erziehungsgeld oder für die Zeit, in der Erziehungsgeld nur wegen des zu berücksichtigenden Einkommens nicht bezogen wird, wird auf Antrag des Mitglieds das in dieser Zeit voraussichtlich erzielte Arbeitseinkommen nach Satz 1 mit dem auf den Kalendertag entfallenden Teil zugrunde gelegt, wenn es im Durchschnitt monatlich 325 Euro übersteigt. [3]Für Kalendertage, für die Anspruch auf Krankengeld oder Mutterschaftsgeld besteht oder für die Beiträge nach § 251 Abs. 1 zu zahlen sind, wird Arbeitseinkommen nicht zugrunde gelegt. [4]Arbeitseinkommen sind auch die Vergütungen für die Verwertung und Nutzung urheberrechtlich geschützter Werke oder Leistungen.

(2) § 226 Abs. 1 Satz 1 Nr. 2 bis 4 und Abs. 2 sowie die §§ 228 bis 231 gelten entsprechend.

§ 235 Beitragspflichtige Einnahmen von Rehabilitanden, Jugendlichen und Behinderten in Einrichtungen.

(1) [1]Für die nach § 5 Abs. 1 Nr. 6 versicherungspflichtigen Teilnehmer an Leistungen zur Teilhabe am Arbeitsleben gilt als beitragspflichtige Einnahmen 80 vom Hundert des Regelentgelts, das der Berechnung des Übergangsgelds zugrunde liegt. [2]Das Entgelt ist um den Zahlbetrag der Rente wegen verminderter Erwerbsfähigkeit sowie um das Entgelt zu kürzen, das aus einer die Versicherungspflicht begründenden Beschäftigung erzielt wird. [3]Bei Personen, die Teilübergangsgeld nach dem Dritten Buch beziehen, ist Satz 2 nicht anzuwenden. [4]Wird das Übergangsgeld, das Verletztengeld oder das Versorgungskrankengeld angepasst, ist das Entgelt um den gleichen Vomhundertsatz zu erhöhen. [5]Für Teilnehmer, die kein Übergangsgeld erhalten, sowie für die nach § 5 Abs. 1 Nr. 5 Versicherungspflichtigen gilt als beitragspflichtige Einnahmen ein Arbeitsentgelt in Höhe von 20 vom Hundert der monatlichen Bezugsgröße nach § 18 des Vierten Buches.

(2) [1]Für Personen, deren Mitgliedschaft nach § 192 Abs. 1 Nr. 3 erhalten bleibt, sind die vom zuständigen Rehabilitationsträger nach § 251 Abs. 1 zu tragenden Beiträge nach 80 vom Hundert des Regelentgelts zu bemessen, das der Berechnung des Übergangsgeldes, des Verletztengeldes oder des Versorgungskrankengeldes zugrunde liegt. [2]Absatz 1 Satz 3 gilt. [3]Bei Personen, die Verletztengeld nach § 45 Absatz 4 des Siebten Buches in Verbindung mit § 45 Absatz 1 beziehen, gelten abweichend von Satz 1 als beitragspflichtige Einnahmen 80 Prozent des während der Freistellung ausgefallenen laufenden Arbeitsentgelts oder des der Leistung zugrunde liegenden Arbeitseinkommens.

(3) Für die nach § 5 Abs. 1 Nr. 7 und 8 versicherungspflichtigen behinderten Menschen ist als beitragspflichtige Einnahmen das tatsächlich erzielte Arbeitsentgelt, mindestens jedoch ein Betrag in Höhe von 20 vom Hundert der monatlichen Bezugsgröße nach § 18 des Vierten Buches zugrunde zu legen.

(4) § 226 Abs. 1 Satz 1 Nr. 2 bis 4 und Abs. 2 sowie die §§ 228 bis 231 gelten entsprechend; bei Anwendung des § 230 Satz 1 ist das Arbeitsentgelt vorrangig zu berücksichtigen.

§ 236 Beitragspflichtige Einnahmen der Studenten und Praktikanten.

(1) [1]Für die nach § 5 Abs. 1 Nr. 9 und 10 Versicherungspflichtigen gilt als beitragspflichtige Einnahmen ein Dreißigstel des Betrages, der als monatlicher Bedarf nach § 13 Abs. 1 Nr. 2 und Abs. 2 des Bundesausbildungsförderungsgesetzes für Studenten festgesetzt ist, die nicht bei ihren Eltern wohnen. [2]Änderungen des Bedarfsbetrags sind vom Beginn des auf die Änderung folgenden Semesters an zu berücksichtigen.

(2) [1]§ 226 Abs. 1 Satz 1 Nr. 2 bis 4 und Abs. 2 sowie die §§ 228 bis 231 gelten entsprechend. [2]Die nach § 226 Abs. 1 Satz 1 Nr. 3 und 4 zu bemessenden Beiträge sind nur zu entrichten, soweit sie die nach Absatz 1 zu bemessenden Beiträge übersteigen.

§ 237 Beitragspflichtige Einnahmen versicherungspflichtiger Rentner.
[1]Bei versicherungspflichtigen Rentnern werden der Beitragsbemessung zugrunde gelegt

1. der Zahlbetrag der Rente der gesetzlichen Rentenversicherung,
2. der Zahlbetrag der der Rente vergleichbaren Einnahmen und
3. das Arbeitseinkommen.

[2]Bei Versicherungspflichtigen nach § 5 Absatz 1 Nummer 11b sind die dort genannten Leistungen bis zum Erreichen der Altersgrenzen des § 10 Absatz 2 beitragsfrei. [3]Dies gilt entsprechend für die Waisenrente nach § 15 des Gesetzes über die Alterssicherung der Landwirte. [4]§ 226 Abs. 2 und die §§ 228, 229 und 231 gelten entsprechend.

§ 238 Rangfolge der Einnahmearten versicherungspflichtiger Rentner.
Erreicht der Zahlbetrag der Rente der gesetzlichen Rentenversicherung nicht die Beitragsbemessungsgrenze, werden nacheinander der Zahlbetrag der Versorgungsbezüge und das Arbeitseinkommen des Mitglieds bis zur Beitragsbemessungsgrenze berücksichtigt.

§ 238a Rangfolge der Einnahmearten freiwillig versicherter Rentner. Bei freiwillig versicherten Rentnern werden der Beitragsbemessung nacheinander der Zahlbetrag der Rente, der Zahlbetrag der Versorgungsbezüge, das Arbeitseinkommen und die sonstigen Einnahmen, die die wirtschaftliche Leistungsfähigkeit des freiwilligen Mitglieds bestimmen (§ 240 Abs. 1), bis zur Beitragsbemessungsgrenze zugrunde gelegt.

§ 239 Beitragsbemessung bei Rentenantragstellern. [1]Bei Rentenantragstellern wird die Beitragsbemessung für die Zeit der Rentenantragstellung bis zum Beginn der Rente durch den Spitzenverband Bund der Krankenkassen geregelt. [2]Dies gilt auch für Personen, bei denen die Rentenzahlung eingestellt wird, bis zum Ablauf des Monats, in dem die Entscheidung über Wegfall oder Entzug der Rente unanfechtbar geworden ist. [3]§ 240 gilt entsprechend.

§ 240 Beitragspflichtige Einnahmen freiwilliger Mitglieder. (1) [1]Für freiwillige Mitglieder wird die Beitragsbemessung einheitlich durch den Spitzenverband Bund der Krankenkassen geregelt. [2]Dabei ist sicherzustellen, daß die Beitragsbelastung die gesamte wirtschaftliche Leistungsfähigkeit des freiwilligen Mitglieds berücksichtigt; sofern und solange Mitglieder Nachweise über die beitragspflichtigen Einnahmen auf Verlangen der Krankenkasse nicht vorlegen, gilt als beitragspflichtige Einnahmen für den Kalendertag der dreißigste Teil der monatlichen Beitragsbemessungsgrenze (§ 223).

(2) [1]Bei der Bestimmung der wirtschaftlichen Leistungsfähigkeit sind mindestens die Einnahmen des freiwilligen Mitglieds zu berücksichtigen, die bei einem vergleichbaren versicherungspflichtig Beschäftigten der Beitragsbemessung zugrunde zu legen sind. [2]Abstufungen nach dem Familienstand oder der Zahl der Angehörigen, für die eine Versicherung nach § 10 besteht, sind unzulässig. [3]Der zur sozialen Sicherung vorgesehene Teil des Gründungszuschusses

nach § 94 des Dritten Buches in Höhe von monatlich 300 Euro darf nicht berücksichtigt werden. [4]Ebenfalls nicht zu berücksichtigen ist das an eine Pflegeperson weitergereichte Pflegegeld bis zur Höhe des Pflegegeldes nach § 37 Absatz 1 des Elften Buches. [5]Die §§ 223 und 228 Abs. 2, § 229 Abs. 2 und die §§ 238a, 247 Satz 1 und 2 und § 248 Satz 1 und 2 dieses Buches sowie § 23a des Vierten Buches gelten entsprechend.

(3) [1]Für freiwillige Mitglieder, die neben dem Arbeitsentgelt eine Rente der gesetzlichen Rentenversicherung beziehen, ist der Zahlbetrag der Rente getrennt von den übrigen Einnahmen bis zur Beitragsbemessungsgrenze zu berücksichtigen. [2]Soweit dies insgesamt zu einer über der Beitragsbemessungsgrenze liegenden Beitragsbelastung führen würde, ist statt des entsprechenden Beitrags aus der Rente nur der Zuschuß des Rentenversicherungsträgers einzuzahlen.

(4) [1]Als beitragspflichtige Einnahmen gilt für den Kalendertag mindestens der neunzigste Teil der monatlichen Bezugsgröße. [2]Für freiwillige Mitglieder, die hauptberuflich selbständig erwerbstätig sind, gilt als beitragspflichtige Einnahmen für den Kalendertag der dreißigste Teil der monatlichen Beitragsbemessungsgrenze (§ 223), bei Nachweis niedrigerer Einnahmen jedoch mindestens der vierzigste, für freiwillige Mitglieder, die einen monatlichen Gründungszuschuss nach § 93 des Dritten Buches oder eine entsprechende Leistung nach § 16b des Zweiten Buches erhalten, der sechzigste Teil der monatlichen Bezugsgröße. [3]Der Spitzenverband Bund der Krankenkassen bestimmt, unter welchen Voraussetzungen darüber hinaus der Beitragsbemessung hauptberuflich selbstständig Erwerbstätiger niedrigere Einnahmen, mindestens jedoch der sechzigste Teil der monatlichen Bezugsgröße, zugrunde gelegt werden. [4]Dabei sind insbesondere das Vermögen des Mitglieds sowie Einkommen und Vermögen von Personen, die mit dem Mitglied in Bedarfsgemeinschaft leben, zu berücksichtigen. [5]Die durch den Spitzenverband Bund der Krankenkassen auf Grundlage der Sätze 3 und 4 bestimmten Voraussetzungen für eine Beitragsberechnung sind bis zur endgültigen Beitragsfestsetzung nach Absatz 4a Satz 3 durch das Mitglied nachzuweisen. [6]Für die Beurteilung der selbständigen Erwerbstätigkeit einer Tagespflegeperson gilt § 10 Abs. 1 Satz 2 und 3 entsprechend. [7]Für freiwillige Mitglieder, die Schüler einer Fachschule oder Berufsfachschule oder als Studenten an einer ausländischen staatlichen oder staatlich anerkannten Hochschule eingeschrieben sind oder regelmäßig als Arbeitnehmer ihre Arbeitsleistung im Umherziehen anbieten (Wandergesellen), gilt § 236 in Verbindung mit § 245 Abs. 1 entsprechend. [8]Satz 1 gilt nicht für freiwillige Mitglieder, die die Voraussetzungen für den Anspruch auf eine Rente aus der gesetzlichen Rentenversicherung erfüllen und diese Rente beantragt haben, wenn sie seit der erstmaligen Aufnahme einer Erwerbstätigkeit bis zur Stellung des Rentenantrags mindestens neun Zehntel der zweiten Hälfte dieses Zeitraums Mitglied oder nach § 10 versichert waren; § 5 Abs. 2 Satz 1 gilt entsprechend.

(4a) [1]Die nach dem Arbeitseinkommen zu bemessenden Beiträge werden auf der Grundlage des zuletzt erlassenen Einkommensteuerbescheides vorläufig festgesetzt; dabei ist der Einkommensteuerbescheid für die Beitragsbemessung ab Beginn des auf die Ausfertigung folgenden Monats heranzuziehen; Absatz 1 Satz 2 zweiter Halbsatz gilt entsprechend. [2]Bei Aufnahme einer selbstständigen Tätigkeit werden die Beiträge auf der Grundlage der nachgewiesenen voraussichtlichen Einnahmen vorläufig festgesetzt. [3]Die nach den Sätzen 1 und 2 vorläufig festgesetzten Beiträge werden auf Grundlage der tatsächlich erzielten beitragspflichtigen Einnahmen für das jeweilige Kalenderjahr nach Vorlage des jeweiligen Einkommensteuerbescheides endgültig festgesetzt. [4]Weist das Mitglied seine tatsächlichen Einnahmen auf Verlangen der Krankenkasse nicht innerhalb von drei Jahren nach Ablauf des jeweiligen Kalenderjahres nach, gilt für die endgültige Beitragsfestsetzung nach Satz 3 als beitragspflichtige Einnahme für den Kalendertag der 30. Teil der monatlichen Beitragsbemessungsgrenze. [5]Für die Bemessung der Beiträge aus Einnahmen aus Vermietung und Verpachtung gelten die Sätze 1, 3 und 4 entsprechend. [6]Die Sätze 1 bis 5 gelten nicht, wenn auf Grund des zuletzt erlassenen Einkommensteuerbescheides oder einer Erklärung des Mitglieds für den Kalendertag beitragspflichtige Einnahmen in Höhe des 30. Teils der monatlichen Beitragsbemessungsgrenze zugrunde gelegt werden.

(4b) [1]Der Beitragsbemessung für freiwillige Mitglieder sind 10 vom Hundert der monatlichen Bezugsgröße nach § 18 des Vierten Buches zugrunde zu legen, wenn der Anspruch auf Leistungen für das Mitglied und seine nach § 10 versicherten Angehörigen während eines Auslandsaufenthaltes, der durch die Berufstätigkeit des Mitglieds, seines Ehegatten, seines Lebenspartners oder eines seiner Elternteile bedingt ist, oder nach § 16 Abs. 1 Nr. 3 ruht. [2]Satz 1 gilt entsprechend, wenn nach § 16 Abs. 1 der Anspruch auf Leistungen aus anderem Grund für länger als drei Kalendermonate ruht, sowie für Versicherte während einer Tätigkeit für eine internationale Organisation im Geltungsbereich dieses Gesetzes.

(5) Soweit bei der Beitragsbemessung freiwilliger Mitglieder das Einkommen von Ehegatten oder Lebenspartnern nach dem Lebenspartnerschaftsgesetz, die nicht einer Krankenkasse nach § 4 Absatz 2 angehören, berücksichtigt wird, ist von diesem Einkommen für jedes gemeinsame unterhaltsberechtigte Kind, für das eine Familienversicherung wegen der Regelung des § 10 Absatz 3 nicht besteht, ein Betrag in Höhe von einem Drittel der monatlichen Bezugsgröße, für nach § 10 versicherte Kinder ein Betrag in Höhe von einem Fünftel der monatlichen Bezugsgröße abzusetzen.

Dritter Titel
Beitragssätze, Zusatzbeitrag

§ 241 Allgemeiner Beitragssatz. Der allgemeine Beitragssatz beträgt 14,6 Prozent der beitragspflichtigen Einnahmen der Mitglieder.

§ 241a *(aufgehoben)*

§ 242 Zusatzbeitrag. (1) [1]Soweit der Finanzbedarf einer Krankenkasse durch die Zuweisungen aus dem Gesundheitsfonds nicht gedeckt ist, hat sie in ihrer Satzung zu bestimmen, dass von ihren Mitgliedern ein einkommensabhängiger Zusatzbeitrag erhoben wird. [2]Die Krankenkassen haben den einkommensabhängigen Zusatzbeitrag als Prozentsatz der beitragspflichtigen Einnahmen jedes Mitglieds zu erheben (kassenindividueller Zusatzbeitragssatz). [3]Der Zusatzbeitragssatz ist so zu bemessen, dass die Einnahmen aus dem Zusatzbeitrag zusammen mit den Zuweisungen aus dem Gesundheitsfonds und den sonstigen Einnahmen die im Haushaltsjahr voraussichtlich zu leistenden Ausgaben und die vorgeschriebene Höhe der Rücklage decken; dabei ist die Höhe der voraussichtlichen beitragspflichtigen Einnahmen aller Krankenkassen nach § 220 Absatz 2 Satz 2 je Mitglied zugrunde zu legen.

(2) [1]Ergibt sich während des Haushaltsjahres, dass die Betriebsmittel der Krankenkassen einschließlich der Zuführung aus der Rücklage zur Deckung der Ausgaben nicht ausreichen, ist der Zusatzbeitragssatz nach Absatz 1 durch Änderung der Satzung zu erhöhen. [2]Muss eine Krankenkasse kurzfristig ihre Leistungsfähigkeit erhalten, so hat der Vorstand zu beschließen, dass der Zusatzbeitragssatz bis zur satzungsmäßigen Neuregelung erhöht wird; der Beschluss bedarf der Genehmigung der Aufsichtsbehörde. [3]Kommt kein Beschluss zustande, ordnet die Aufsichtsbehörde die notwendige Erhöhung des Zusatzbeitragssatzes an. [4]Klagen gegen die Anordnung nach Satz 3 haben keine aufschiebende Wirkung.

(3) [1]Die Krankenkasse hat den Zusatzbeitrag abweichend von Absatz 1 in Höhe des durchschnittlichen Zusatzbeitragssatzes nach § 242a zu erheben für

1. Mitglieder nach § 5 Absatz 1 Nummer 2a,
2. Mitglieder nach § 5 Absatz 1 Nummer 5 und 6 und Absatz 4a Satz 1,
3. Mitglieder nach § 5 Absatz 1 Nummer 7 und 8, wenn das tatsächliche Arbeitsentgelt den nach § 235 Absatz 3 maßgeblichen Mindestbetrag nicht übersteigt,
4. Mitglieder, deren Mitgliedschaft nach § 192 Absatz 1 Nummer 3 oder nach § 193 Absatz 2 bis 5 oder nach § 8 des Eignungsübungsgesetzes fortbesteht,
5. Mitglieder, die Verletztengeld nach dem Siebten Buch, Versorgungskrankengeld nach dem Bundesversorgungsgesetz oder vergleichbare Entgeltersatzleistungen beziehen, sowie
6. Beschäftigte, bei denen § 20 Absatz 3 Satz 1 Nummer 1 oder Nummer 2 oder Satz 2 des Vierten Buches angewendet wird.

²Auf weitere beitragspflichtige Einnahmen dieser Mitglieder findet der Beitragssatz nach Absatz 1 Anwendung.

(4) Die Vorschriften des Zweiten und Dritten Abschnitts des Vierten Buches gelten entsprechend.

(5) ¹Die Krankenkassen melden die Zusatzbeitragssätze nach Absatz 1 dem Spitzenverband Bund der Krankenkassen. ²Der Spitzenverband Bund der Krankenkassen führt eine laufend aktualisierte Übersicht, welche Krankenkassen einen Zusatzbeitrag erheben und in welcher Höhe, und veröffentlicht diese Übersicht im Internet. ³Das Nähere zu Zeitpunkt, Form und Inhalt der Meldungen sowie zur Veröffentlichung regelt der Spitzenverband Bund der Krankenkassen.

§ 242a Durchschnittlicher Zusatzbeitragssatz. (1) Der durchschnittliche Zusatzbeitragssatz ergibt sich aus der Differenz zwischen den voraussichtlichen jährlichen Ausgaben der Krankenkassen und den voraussichtlichen jährlichen Einnahmen des Gesundheitsfonds, die für die Zuweisungen nach den §§ 266 und 270 zur Verfügung stehen, geteilt durch die voraussichtlichen jährlichen beitragspflichtigen Einnahmen der Mitglieder aller Krankenkassen, multipliziert mit 100.

(2) Das Bundesministerium für Gesundheit legt nach Auswertung der Ergebnisse des Schätzerkreises nach § 220 Absatz 2 die Höhe des durchschnittlichen Zusatzbeitragssatzes für das Folgejahr fest und gibt diesen Wert in Prozent jeweils bis zum 1. November eines Kalenderjahres im Bundesanzeiger bekannt.

§ 242b *(aufgehoben)*

§ 243 Ermäßigter Beitragssatz. ¹Für Mitglieder, die keinen Anspruch auf Krankengeld haben, gilt ein ermäßigter Beitragssatz. ²Dies gilt nicht für die Beitragsbemessung nach § 240 Absatz 4b. ³Der ermäßigte Beitragssatz beträgt 14,0 Prozent der beitragspflichtigen Einnahmen der Mitglieder.

§ 244 Ermäßigter Beitrag für Wehrdienstleistende und Zivildienstleistende. (1) ¹Bei Einberufung zu einem Wehrdienst wird der Beitrag für
1. Wehrdienstleistende nach § 193 Abs. 1 auf ein Drittel,
2. Wehrdienstleistende nach § 193 Abs. 2 auf ein Zehntel
des Beitrags ermäßigt, der vor der Einberufung zuletzt zu entrichten war. ²Dies gilt nicht für aus Renten der gesetzlichen Rentenversicherung, Versorgungsbezügen und Arbeitseinkommen zu bemessende Beiträge.

(2) Das Bundesministerium für Gesundheit kann im Einvernehmen mit dem Bundesministerium der Verteidigung und dem Bundesministerium der Finanzen durch Rechtsverordnung mit Zustimmung des Bundesrates für die Beitragszahlung nach Absatz 1 Satz 1 Nr. 2 eine pauschale Beitragsberechnung vorschreiben und die Zahlungsweise regeln.

(3) ¹Die Absätze 1 und 2 gelten für Zivildienstleistende entsprechend. ²Bei einer Rechtsverordnung nach Absatz 2 tritt an die Stelle des Bundesministeri-

ums der Verteidigung das Bundesministerium für Familie, Senioren, Frauen und Jugend.

§ 245 Beitragssatz für Studenten und Praktikanten. (1) Für die nach § 5 Abs. 1 Nr. 9 und 10 Versicherungspflichtigen gelten als Beitragssatz sieben Zehntel des allgemeinen Beitragssatzes.

(2) Der Beitragssatz nach Absatz 1 gilt auch für Personen, deren Mitgliedschaft in der studentischen Krankenversicherung nach § 190 Abs. 9 endet und die sich freiwillig weiterversichert haben, bis zu der das Studium abschließenden Prüfung, jedoch längstens für die Dauer von sechs Monaten.

§ 246 Beitragssatz für Bezieher von Arbeitslosengeld II. Für Personen, die Arbeitslosengeld II beziehen, gilt als Beitragssatz der ermäßigte Beitragssatz nach § 243.

§ 247 Beitragssatz aus der Rente. ¹Für Versicherungspflichtige findet für die Bemessung der Beiträge aus Renten der gesetzlichen Rentenversicherung der allgemeine Beitragssatz nach § 241 Anwendung. ²Abweichend von Satz 1 gilt bei Versicherungspflichtigen für die Bemessung der Beiträge aus ausländischen Renten nach § 228 Absatz 1 Satz 2 die Hälfte des allgemeinen Beitragssatzes. ³Veränderungen des Zusatzbeitragssatzes gelten jeweils vom ersten Tag des zweiten auf die Veränderung folgenden Kalendermonats an; dies gilt nicht für ausländische Renten nach § 228 Absatz 1 Satz 2.

§ 248 Beitragssatz aus Versorgungsbezügen und Arbeitseinkommen. ¹Bei Versicherungspflichtigen gilt für die Bemessung der Beiträge aus Versorgungsbezügen und Arbeitseinkommen der allgemeine Beitragssatz. ²Abweichend von Satz 1 gilt bei Versicherungspflichtigen für die Bemessung der Beiträge aus Versorgungsbezügen nach § 229 Abs. 1 Satz 1 Nr. 4 die Hälfte des allgemeinen Beitragssatzes. ³Veränderungen des Zusatzbeitragssatzes gelten für Versorgungsbezüge nach § 229 in den Fällen des § 256 Absatz 1 Satz 1 jeweils vom ersten Tag des zweiten auf die Veränderung folgenden Kalendermonats an.

Vierter Titel

Tragung der Beiträge

§ 249 Tragung der Beiträge bei versicherungspflichtiger Beschäftigung.
(1) ¹Bei versicherungspflichtig Beschäftigten nach § 5 Abs. 1 Nr. 1 und 13 trägt der Arbeitgeber die Hälfte der Beiträge des Mitglieds aus dem Arbeitsentgelt nach dem allgemeinen oder ermäßigten Beitragssatz; im Übrigen tragen die Beschäftigten die Beiträge. ²Bei geringfügig Beschäftigten gilt § 249b.

(2) Der Arbeitgeber trägt den Beitrag allein für Beschäftigte, soweit Beiträge für Kurzarbeitergeld zu zahlen sind.

(3) [1]Abweichend von Absatz 1 werden die Beiträge bei versicherungspflichtig Beschäftigten mit einem monatlichen Arbeitsentgelt innerhalb der Gleitzone nach § 20 Abs. 2 des Vierten Buches vom Arbeitgeber in Höhe der Hälfte des Betrages, der sich ergibt, wenn der allgemeine oder ermäßigte Beitragssatz auf das der Beschäftigung zugrunde liegende Arbeitsentgelt angewendet wird, im Übrigen vom Versicherten getragen. [2]Dies gilt auch für Personen, für die § 7 Absatz 3 Anwendung findet.

§ 249a Tragung der Beiträge bei Versicherungspflichtigen mit Rentenbezug. [1]Bei Versicherungspflichtigen, die eine Rente nach § 228 Absatz 1 Satz 1 beziehen, trägt der Träger der Rentenversicherung die Hälfte der nach der Rente zu bemessenden Beiträge nach dem allgemeinen Beitragssatz; im Übrigen tragen die Rentner die Beiträge. [2]Bei Versicherungspflichtigen, die eine für sie nach § 237 Satz 2 beitragsfreie Waisenrente nach § 48 des Sechsten Buches beziehen, trägt der Träger der Rentenversicherung die Hälfte der nach dieser Rente zu bemessenden Beiträge nach dem allgemeinen Beitragssatz, wie er sie ohne die Beitragsfreiheit zu tragen hätte. [3]Die Beiträge aus ausländischen Renten nach § 228 Absatz 1 Satz 2 tragen die Rentner allein.

§ 249b Beitrag des Arbeitgebers bei geringfügiger Beschäftigung. [1]Der Arbeitgeber einer Beschäftigung nach § 8 Abs. 1 Nr. 1 des Vierten Buches hat für Versicherte, die in dieser Beschäftigung versicherungsfrei oder nicht versicherungspflichtig sind, einen Beitrag in Höhe von 13 vom Hundert des Arbeitsentgelts dieser Beschäftigung zu tragen. [2]Für Beschäftigte in Privathaushalten nach § 8a Satz 1 des Vierten Buches, die in dieser Beschäftigung versicherungsfrei oder nicht versicherungspflichtig sind, hat der Arbeitgeber einen Beitrag in Höhe von 5 vom Hundert des Arbeitsentgelts dieser Beschäftigung zu tragen. [3]Für den Beitrag des Arbeitgebers gelten der Dritte Abschnitt des Vierten Buches sowie § 111 Abs. 1 Nr. 2 bis 4, 8 und Abs. 2 und 4 des Vierten Buches entsprechend.

§ 249c Tragung der Beiträge bei Bezug von Pflegeunterstützungsgeld. [1]Bei Bezug von Pflegeunterstützungsgeld werden die Beiträge, soweit sie auf das Pflegeunterstützungsgeld entfallen, getragen

1. bei Personen, die einen in der sozialen Pflegeversicherung versicherten Pflegebedürftigen pflegen, von den Versicherten und der Pflegekasse je zur Hälfte,
2. bei Personen, die einen in der privaten Pflege-Pflichtversicherung versicherungspflichtigen Pflegebedürftigen pflegen, von den Versicherten und dem privaten Versicherungsunternehmen je zur Hälfte,
3. bei Personen, die einen Pflegebedürftigen pflegen, der wegen Pflegebedürftigkeit Beihilfeleistungen oder Leistungen der Heilfürsorge und Leistungen einer Pflegekasse oder eines privaten Versicherungsunternehmens erhält, von den Versicherten zur Hälfte und von der Festsetzungsstelle für die Beihilfe oder vom Dienstherrn und der Pflegekasse oder dem privaten Versicherungsunternehmen jeweils anteilig,

im Übrigen von der Pflegekasse, dem privaten Versicherungsunternehmen oder anteilig von der Festsetzungsstelle für die Beihilfe oder dem Dienstherrn und der Pflegekasse oder dem privaten Versicherungsunternehmen. [2]Die Beiträge werden von der Pflegekasse oder dem privaten Versicherungsunternehmen allein oder anteilig von der Festsetzungsstelle für die Beihilfe oder dem Dienstherrn und der Pflegekasse oder dem privaten Versicherungsunternehmen getragen, wenn das dem Pflegeunterstützungsgeld zugrunde liegende monatliche Arbeitsentgelt 450 Euro nicht übersteigt.

§ 250 Tragung der Beiträge durch das Mitglied. (1) Versicherungspflichtige tragen die Beiträge aus
1. den Versorgungsbezügen,
2. dem Arbeitseinkommen,
3. den beitragspflichtigen Einnahmen nach § 236 Abs. 1.

(2) Freiwillige Mitglieder, in § 189 genannte Rentenantragsteller sowie Schwangere, deren Mitgliedschaft nach § 192 Abs. 2 erhalten bleibt, tragen den Beitrag allein.

(3) Versicherungspflichtige nach § 5 Abs. 1 Nr. 13 tragen ihre Beiträge mit Ausnahme der aus Arbeitsentgelt und aus Renten nach § 228 Absatz 1 Satz 1 zu tragenden Beiträge allein.

§ 251 Tragung der Beiträge durch Dritte. (1) Der zuständige Rehabilitationsträger trägt die aufgrund der Teilnahme an Leistungen zur Teilhabe am Arbeitsleben sowie an Berufsfindung oder Arbeitserprobung (§ 5 Abs. 1 Nr. 6) oder des Bezugs von Übergangsgeld, Verletztengeld oder Versorgungskrankengeld (§ 192 Abs. 1 Nr. 3) zu zahlenden Beiträge.

(2) [1]Der Träger der Einrichtung trägt den Beitrag allein
1. für die nach § 5 Abs. 1 Nr. 5 versicherungspflichtigen Jugendlichen,
2. für die nach § 5 Abs. 1 Nr. 7 oder 8 versicherungspflichtigen behinderten Menschen, wenn das tatsächliche Arbeitsentgelt den nach § 235 Abs. 3 maßgeblichen Mindestbetrag nicht übersteigt; im Übrigen gilt § 249 Abs. 1 entsprechend.
[2]Für die nach § 5 Abs. 1 Nr. 7 versicherungspflichtigen behinderten Menschen sind die Beiträge, die der Träger der Einrichtung zu tragen hat, von den für die behinderten Menschen zuständigen Leistungsträgern zu erstatten. [3]Satz 1 Nummer 2 und Satz 2 gelten für einen anderen Leistungsanbieter nach § 60 des Neunten Buches entsprechend.

(3) [1]Die Künstlersozialkasse trägt die Beiträge für die nach dem Künstlersozialversicherungsgesetz versicherungspflichtigen Mitglieder. [2]Hat die Künstlersozialkasse nach § 16 Abs. 2 Satz 2 des Künstlersozialversicherungsgesetzes das Ruhen der Leistungen festgestellt, entfällt für die Zeit des Ruhens die Pflicht zur Entrichtung des Beitrages, es sei denn, das Ruhen endet nach § 16 Abs. 2 Satz 5 des Künstlersozialversicherungsgesetzes. [3]Bei einer Vereinbarung nach § 16 Abs. 2 Satz 6 des Künstlersozialversicherungsgesetzes ist die

Künstlersozialkasse zur Entrichtung der Beiträge für die Zeit des Ruhens insoweit verpflichtet, als der Versicherte seine Beitragsanteile zahlt.

(4) [1]Der Bund trägt die Beiträge für Wehrdienst- und Zivildienstleistende im Falle des § 193 Abs. 2 und 3 sowie für die nach § 5 Abs. 1 Nr. 2a versicherungspflichtigen Bezieher von Arbeitslosengeld II. [2]Die Höhe der vom Bund zu tragenden Zusatzbeiträge für die nach § 5 Absatz 1 Nummer 2a versicherungspflichtigen Bezieher von Arbeitslosengeld II wird für ein Kalenderjahr jeweils im Folgejahr abschließend festgestellt. [3]Hierzu ermittelt das Bundesministerium für Gesundheit den rechnerischen Zusatzbeitragssatz, der sich als Durchschnitt der im Kalenderjahr geltenden Zusatzbeitragssätze der Krankenkassen nach § 242 Absatz 1 unter Berücksichtigung der Zahl ihrer Mitglieder ergibt. [4]Weicht der durchschnittliche Zusatzbeitragssatz nach § 242a von dem für das Kalenderjahr nach Satz 2 ermittelten rechnerischen Zusatzbeitragssatz ab, so erfolgt zwischen dem Gesundheitsfonds und dem Bundeshaushalt ein finanzieller Ausgleich des sich aus der Abweichung ergebenden Differenzbetrags. [5]Den Ausgleich führt das Bundesversicherungsamt für den Gesundheitsfonds nach § 271 und das Bundesministerium für Arbeit und Soziales im Einvernehmen mit dem Bundesministerium der Finanzen für den Bund durch. [6]Ein Ausgleich findet nicht statt, wenn sich ein Betrag von weniger als einer Million Euro ergibt.

(4a) Die Bundesagentur für Arbeit trägt die Beiträge für die Bezieher von Arbeitslosengeld und Unterhaltsgeld nach dem Dritten Buch.

(4b) Für Personen, die als nicht satzungsmäßige Mitglieder geistlicher Genossenschaften oder ähnlicher religiöser Gemeinschaften für den Dienst in einer solchen Genossenschaft oder ähnlichen religiösen Gemeinschaft außerschulisch ausgebildet werden, trägt die geistliche Genossenschaft oder ähnliche religiöse Gemeinschaft die Beiträge.

(4c) Für Auszubildende, die in einer außerbetrieblichen Einrichtung im Rahmen eines Berufsausbildungsvertrages nach dem Berufsbildungsgesetz ausgebildet werden, trägt der Träger der Einrichtung die Beiträge.

(5) [1]Die Krankenkassen sind zur Prüfung der Beitragszahlung berechtigt. [2]In den Fällen der Absätze 3, 4 und 4a ist das Bundesversicherungsamt zur Prüfung der Beitragszahlung berechtigt. [3]Ihm sind die für die Durchführung der Prüfung erforderlichen Unterlagen vorzulegen und die erforderlichen Auskünfte zu erteilen. [4]Das Bundesversicherungsamt kann die Prüfung durch eine Krankenkasse oder einen Landesverband wahrnehmen lassen; der Beauftragte muss zustimmen. [5]Dem Beauftragten sind die erforderlichen Unterlagen vorzulegen und die erforderlichen Auskünfte zu erteilen. [6]Der Beauftragte darf die erhobenen Daten nur zum Zweck der Durchführung der Prüfung verarbeiten und nutzen. [7]Die Daten sind nach Abschluss der Prüfung zu löschen. [8]Im Übrigen gelten für die Datenerhebung, Verarbeitung und Nutzung die Vorschriften des Ersten und Zehnten Buches.

(6) *(aufgehoben)*

Fünfter Titel
Zahlung der Beiträge

§ 252 Beitragszahlung. (1) [1]Soweit gesetzlich nichts Abweichendes bestimmt ist, sind die Beiträge von demjenigen zu zahlen, der sie zu tragen hat. [2]Abweichend von Satz 1 zahlen die Bundesagentur für Arbeit oder in den Fällen des § 6a des Zweiten Buches die zugelassenen kommunalen Träger die Beiträge für die Bezieher von Arbeitslosengeld II nach dem Zweiten Buch.

(2) [1]Die Beitragszahlung erfolgt in den Fällen des § 251 Abs. 3, 4 und 4a an den Gesundheitsfonds. [2]Ansonsten erfolgt die Beitragszahlung an die nach § 28i des Vierten Buches zuständige Einzugsstelle. [3]Die Einzugsstellen leiten die nach Satz 2 gezahlten Beiträge einschließlich der Zinsen auf Beiträge und Säumniszuschläge arbeitstäglich an den Gesundheitsfonds weiter. [4]Die Weitere zum Verfahren der Beitragszahlungen nach Satz 1 und Beitragsweiterleitungen nach Satz 3 wird durch Rechtsverordnung nach den §§ 28c und 28n des Vierten Buches geregelt.

(2a) [1]Die Pflegekassen zahlen für Bezieher von Pflegeunterstützungsgeld die Beiträge nach § 249c Satz 1 Nummer 1 und 3. [2]Die privaten Versicherungsunternehmen, die Festsetzungsstellen für die Beihilfe oder die Dienstherren zahlen die Beiträge nach § 249c Satz 1 Nummer 2 und 3; der Verband der privaten Krankenversicherung e. V., die Festsetzungsstellen für die Beihilfe und die Dienstherren vereinbaren mit dem Spitzenverband Bund der Krankenkassen und dem Bundesversicherungsamt Näheres über die Zahlung und Abrechnung der Beiträge. [3]Für den Beitragsabzug gilt § 28g Satz 1 und 2 des Vierten Buches entsprechend.

(2b) *(aufgehoben)*

(3) [1]Schuldet ein Mitglied Auslagen, Gebühren, insbesondere Mahn- und Vollstreckungsgebühren sowie wie Gebühren zu behandelnde Entgelte für Rücklastschriften, Beiträge, den Zusatzbeitrag nach § 242 in der bis zum 31. Dezember 2014 geltenden Fassung, Prämien nach § 53, Säumniszuschläge, Zinsen, Bußgelder oder Zwangsgelder, kann es bei Zahlung bestimmen, welche Schuld getilgt werden soll. [2]Trifft das Mitglied keine Bestimmung, werden die Schulden in der genannten Reihenfolge getilgt. [3]Innerhalb der gleichen Schuldenart werden die einzelnen Schulden nach ihrer Fälligkeit, bei gleichzeitiger Fälligkeit anteilmäßig getilgt.

(4) Für die Haftung der Einzugsstellen wegen schuldhafter Pflichtverletzung beim Einzug von Beiträgen nach Absatz 2 Satz 2 gilt § 28r Abs. 1 und 2 des Vierten Buches entsprechend.

(5) Das Bundesministerium für Gesundheit regelt durch Rechtsverordnung mit Zustimmung des Bundesrates das Nähere über die Prüfung der von den Krankenkassen mitzuteilenden Daten durch die mit der Prüfung nach § 274 befassten Stellen einschließlich der Folgen fehlerhafter Datenlieferungen oder nicht prüfbarer Daten sowie das Verfahren der Prüfung und der Prüfkriterien für die Bereiche der Beitragsfestsetzung, des Beitragseinzugs und der Weiterlei-

tung von Beiträgen nach Absatz 2 Satz 2 durch die Krankenkassen, auch abweichend von § 274.

(6) Stellt die Aufsichtsbehörde fest, dass eine Krankenkasse die Monatsabrechnungen über die Sonstigen Beiträge gegenüber dem Bundesversicherungsamt als Verwalter des Gesundheitsfonds entgegen der Rechtsverordnung auf Grundlage der §§ 28n und 28p des Vierten Buches nicht, nicht vollständig, nicht richtig oder nicht fristgerecht abgibt, kann sie die Aufforderung zur Behebung der festgestellten Rechtsverletzung und zur Unterlassung künftiger Rechtsverletzungen mit der Androhung eines Zwangsgeldes bis zu 50 000 Euro für jeden Fall der Zuwiderhandlung verbinden.

§ 253 Beitragszahlung aus dem Arbeitsentgelt. Für die Zahlung der Beiträge aus Arbeitsentgelt bei einer versicherungspflichtigen Beschäftigung gelten die Vorschriften über den Gesamtsozialversicherungsbeitrag nach den §§ 28d bis 28n und § 28r des Vierten Buches.

§ 254 Beitragszahlung der Studenten. [1]Versicherungspflichtige Studenten haben vor der Einschreibung oder Rückmeldung an der Hochschule die Beiträge für das Semester im Voraus an die zuständige Krankenkasse zu zahlen. [2]Der Spitzenverband Bund der Krankenkassen kann andere Zahlungsweisen vorsehen. [3]Weist ein als Student zu Versichernder die Erfüllung der ihm gegenüber der Krankenkasse aufgrund dieses Gesetzbuchs auferlegten Verpflichtungen nicht nach, verweigert die Hochschule die Einschreibung oder die Annahme der Rückmeldung.

§ 255 Beitragszahlung aus der Rente. (1) [1]Beiträge, die Versicherungspflichtige aus ihrer Rente nach § 228 Absatz 1 Satz 1 zu tragen haben, sind von den Trägern der Rentenversicherung bei der Zahlung der Rente einzubehalten und zusammen mit den von den Trägern der Rentenversicherung zu tragenden Beiträgen an die Deutsche Rentenversicherung Bund für die Krankenkassen mit Ausnahme der landwirtschaftlichen Krankenkasse zu zahlen. [2]Bei einer Änderung in der Höhe der Beiträge ist die Erteilung eines besonderen Bescheides durch den Träger der Rentenversicherung nicht erforderlich.

(2) [1]Ist bei der Zahlung der Rente die Einbehaltung von Beiträgen nach Absatz 1 unterblieben, sind die rückständigen Beiträge durch den Träger der Rentenversicherung aus der weiterhin zu zahlenden Rente einzubehalten; § 51 Abs. 2 des Ersten Buches gilt entsprechend. [2]Wird die Rente nicht mehr gezahlt, obliegt der Einzug von rückständigen Beiträgen der zuständigen Krankenkasse. [3]Der Träger der Rentenversicherung haftet dem von ihm zu tragenden Anteil an den Aufwendungen für die Krankenversicherung.

(3) [1]Soweit im Folgenden nichts Abweichendes bestimmt ist, werden die Beiträge nach den Absätzen 1 und 2 am letzten Bankarbeitstag des Monats fällig, der dem Monat folgt, für den die Rente gezahlt wird. [2]Wird eine Rente am letzten Bankarbeitstag des Monats ausgezahlt, der dem Monat vorausgeht, in dem sie fällig wird (§ 272a des Sechsten Buches), werden die Beiträge nach

den Absätzen 1 und 2 abweichend von Satz 1 am letzten Bankarbeitstag des Monats, für den die Rente gezahlt wird, fällig. [3]Am Achten eines Monats wird ein Betrag in Höhe von 300 Millionen Euro fällig; die im selben Monat fälligen Beträge nach den Sätzen 1 und 2 verringern sich um diesen Betrag. [4]Die Deutsche Rentenversicherung Bund leitet die Beiträge nach den Absätzen 1 und 2 an den Gesundheitsfonds weiter und teilt dem Bundesversicherungsamt bis zum 15. des Monats die voraussichtliche Höhe der am letzten Bankarbeitstag fälligen Beträge mit.

(3a) *(aufgehoben)*

(4) *(aufgehoben)*

§ 256 Beitragszahlung aus Versorgungsbezügen. (1) [1]Für Versicherungspflichtige, die eine Rente der gesetzlichen Rentenversicherung beziehen, haben die Zahlstellen der Versorgungsbezüge die Beiträge aus Versorgungsbezügen einzubehalten und an die zuständige Krankenkasse zu zahlen. [2]Die zu zahlenden Beiträge werden am 15. des Folgemonats der Auszahlung der Versorgungsbezüge fällig. [3]Die Zahlstellen haben der Krankenkasse die einbehaltenen Beiträge nachzuweisen; § 28f Absatz 3 Satz 1 und 2 des Vierten Buches gilt entsprechend. [4]Die Beitragsnachweise sind von den Zahlstellen durch Datenübertragung zu übermitteln; § 202 Absatz 2 gilt entsprechend. [5]Bezieht das Mitglied Versorgungsbezüge von mehreren Zahlstellen und übersteigen die Versorgungsbezüge zusammen mit dem Zahlbetrag der Rente der gesetzlichen Rentenversicherung die Beitragsbemessungsgrenze, verteilt die Krankenkasse auf Antrag des Mitglieds oder einer der Zahlstellen die Beiträge.

(2) [1]§ 255 Abs. 2 Satz 1 und 2 gilt entsprechend. [2]Die Krankenkasse zieht die Beiträge aus nachgezahlten Versorgungsbezügen ein. [3]Dies gilt nicht für Beiträge aus Nachzahlungen aufgrund von Anpassungen der Versorgungsbezüge an die wirtschaftliche Entwicklung. [4]Die Erstattung von Beiträgen obliegt der zuständigen Krankenkasse. [5]Die Krankenkassen können mit den Zahlstellen der Versorgungsbezüge Abweichendes vereinbaren.

(3) [1]Die Krankenkasse überwacht die Beitragszahlung. [2]Sind für die Überwachung der Beitragszahlung durch eine Zahlstelle mehrere Krankenkassen zuständig, haben sie zu vereinbaren, dass eine dieser Krankenkassen die Überwachung für die beteiligten Krankenkassen übernimmt. [3]§ 98 Abs. 1 Satz 2 des Zehnten Buches gilt entsprechend.

(4) Zahlstellen, die regelmäßig an weniger als dreißig beitragspflichtige Mitglieder Versorgungsbezüge auszahlen, können bei der zuständigen Krankenkasse beantragen, dass das Mitglied die Beiträge selbst zahlt.

§ 256a Ermäßigung und Erlass von Beitragsschulden und Säumniszuschlägen. (1) Zeigt ein Versicherter das Vorliegen der Voraussetzungen der Versicherungspflicht nach § 5 Absatz 1 Nummer 13 erst nach einem der in § 186 Absatz 11 Satz 1 und 2 genannten Zeitpunkte an, soll die Krankenkasse die für die Zeit seit dem Eintritt der Versicherungspflicht nachzuzahlenden Beiträge angemessen ermäßigen; darauf entfallende Säumniszuschläge nach § 24 des Vierten Buches sind vollständig zu erlassen.

(2) [1]Erfolgt die Anzeige nach Absatz 1 bis zum 31. Dezember 2013, soll die Krankenkasse den für die Zeit seit dem Eintritt der Versicherungspflicht nachzuzahlenden Beitrag und die darauf entfallenden Säumniszuschläge nach § 24 des Vierten Buches erlassen. [2]Satz 1 gilt für bis zum 31. Juli 2013 erfolgte Anzeigen der Versicherungspflicht nach § 5 Absatz 1 Nummer 13 für noch ausstehende Beiträge und Säumniszuschläge entsprechend.

(3) Die Krankenkasse hat für Mitglieder nach § 5 Absatz 1 Nummer 13 sowie für freiwillige Mitglieder noch nicht gezahlte Säumniszuschläge in Höhe der Differenz zwischen dem nach § 24 Absatz 1a des Vierten Buches in der bis zum 31. Juli 2013 geltenden Fassung erhobenen Säumniszuschlag und dem sich bei Anwendung des in § 24 Absatz 1 des Vierten Buches ergebenden Säumniszuschlag zu erlassen.

(4) [1]Der Spitzenverband Bund der Krankenkassen regelt das Nähere zur Ermäßigung und zum Erlass von Beiträgen und Säumniszuschlägen nach den Absätzen 1 bis 3, insbesondere zu einem Verzicht auf die Inanspruchnahme von Leistungen als Voraussetzung für die Ermäßigung oder den Erlass. [2]Die Regelungen nach Satz 1 bedürfen zu ihrer Wirksamkeit der Zustimmung des Bundesministeriums für Gesundheit und sind diesem spätestens bis zum 15. September 2013 vorzulegen.

Zweiter Abschnitt

Beitragszuschüsse

§ 257 Beitragszuschüsse für Beschäftigte. (1) [1]Freiwillig in der gesetzlichen Krankenversicherung versicherte Beschäftigte, die nur wegen Überschreitens der Jahresarbeitsentgeltgrenze versicherungsfrei sind, erhalten von ihrem Arbeitgeber als Beitragszuschuss den Betrag, den der Arbeitgeber entsprechend § 249 Absatz 1 oder 2 bei Versicherungspflicht des Beschäftigten zu tragen hätte. [2]Bestehen innerhalb desselben Zeitraumes mehrere Beschäftigungsverhältnisse, sind die beteiligten Arbeitgeber anteilig nach dem Verhältnis der Höhe der jeweiligen Arbeitsentgelte zur Zahlung des Beitragszuschusses verpflichtet.

(2) [1]Beschäftigte, die nur wegen Überschreitens der Jahresarbeitsentgeltgrenze oder aufgrund von § 6 Abs. 3a versicherungsfrei oder die von der Versicherungspflicht befreit und bei einem privaten Krankenversicherungsunternehmen versichert sind und für sich und ihre Angehörigen, die bei Versicherungspflicht des Beschäftigten nach § 10 versichert wären, Vertragsleistungen beanspruchen können, die der Art nach den Leistungen dieses Buches entsprechen, erhalten von ihrem Arbeitgeber einen Beitragszuschuss. [2]Der Zuschuss wird in Höhe des Betrages gezahlt, der sich bei Anwendung der Hälfte des Beitragssatzes

nach § 241 und der nach § 226 Absatz 1 Satz 1 Nummer 1 bei Versicherungspflicht zugrunde zu legenden beitragspflichtigen Einnahmen als Beitrag ergibt, höchstens jedoch in Höhe der Hälfte des Betrages, den der Beschäftigte für seine Krankenversicherung zu zahlen hat. [3]Für Beschäftigte, die bei Versicherungspflicht keinen Anspruch auf Krankengeld hätten, tritt an die Stelle des Beitragssatzes nach § 241 der Beitragssatz nach § 243. [4]Soweit Kurzarbeitergeld bezogen wird, ist der Beitragszuschuss in Höhe des Betrages zu zahlen, den der Arbeitgeber bei Versicherungspflicht des Beschäftigten entsprechend § 249 Absatz 2 zu tragen hätte, höchstens jedoch in Höhe des Betrages, den der Beschäftigte für seine Krankenversicherung zu zahlen hat; für die Berechnung gilt der um den durchschnittlichen Zusatzbeitragssatz nach § 242a erhöhte allgemeine Beitragssatz nach § 241. [5]Absatz 1 Satz 2 gilt.

(2a) [1]Der Zuschuss nach Absatz 2 wird ab 1. Januar 2009 für eine private Krankenversicherung nur gezahlt, wenn das Versicherungsunternehmen

1. diese Krankenversicherung nach Art der Lebensversicherung betreibt,
2. einen Basistarif im Sinne des § 152 Absatz 1 des Versicherungsaufsichtsgesetzes anbietet,
2a. sich verpflichtet, Interessenten vor Abschluss der Versicherung das amtliche Informationsblatt der Bundesanstalt für Finanzdienstleistungsaufsicht gemäß § 146 Absatz 1 Nummer 6 des Versicherungsaufsichtsgesetzes auszuhändigen, welches über die verschiedenen Prinzipien der gesetzlichen sowie der privaten Krankenversicherung aufklärt,
3. soweit es über versicherte Personen im brancheneinheitlichen Standardtarif im Sinne von § 257 Abs. 2a in der bis zum 31. Dezember 2008 geltenden Fassung verfügt, sich verpflichtet, die in § 257 Abs. 2a in der bis zum 31. Dezember 2008 geltenden Fassung in Bezug auf den Standardtarif genannten Pflichten einzuhalten,
4. sich verpflichtet, den überwiegenden Teil der Überschüsse, die sich aus dem selbst abgeschlossenen Versicherungsgeschäft ergeben, zugunsten der Versicherten zu verwenden,
5. vertraglich auf das ordentliche Kündigungsrecht verzichtet,
6. die Krankenversicherung nicht zusammen mit anderen Versicherungssparten betreibt, wenn das Versicherungsunternehmen seinen Sitz im Geltungsbereich dieses Gesetzes hat.

[2]Der Versicherungsnehmer hat dem Arbeitgeber jeweils nach Ablauf von drei Jahren eine Bescheinigung des Versicherungsunternehmens darüber vorzulegen, dass die Aufsichtsbehörde dem Versicherungsunternehmen bestätigt hat, dass es die Versicherung, die Grundlage des Versicherungsvertrages ist, nach den in Satz 1 genannten Voraussetzungen betreibt.

(2b) *(aufgehoben)*

(2c) *(aufgehoben)*

(3) [1]Für Bezieher von Vorruhestandsgeld nach § 5 Abs. 3, die als Beschäftigte bis unmittelbar vor Beginn der Vorruhestandsleistungen Anspruch auf den vollen oder anteiligen Beitragszuschuss nach Absatz 1 hatten, bleibt der An-

spruch für die Dauer der Vorruhestandsleistungen gegen den zur Zahlung des Vorruhestandsgeldes Verpflichteten erhalten. [2]Der Zuschuss wird in Höhe des Betrages gezahlt, den der Arbeitgeber bei Versicherungspflicht des Beziehers von Vorruhestandsgeld zu tragen hätte. [3]Absatz 1 Satz 2 gilt entsprechend.

(4) [1]Für Bezieher von Vorruhestandsgeld nach § 5 Abs. 3, die als Beschäftigte bis unmittelbar vor Beginn der Vorruhestandsleistungen Anspruch auf den vollen oder anteiligen Beitragszuschuss nach Absatz 2 hatten, bleibt der Anspruch für die Dauer der Vorruhestandsleistungen gegen den zur Zahlung des Vorruhestandsgeldes Verpflichteten erhalten. [2]Der Zuschuss wird in Höhe des Betrages gezahlt, der sich bei Anwendung der Hälfte des Beitragssatzes nach § 243 und des Vorruhestandsgeldes bis zur Beitragsbemessungsgrenze (§ 223 Absatz 3) als Beitrag ergibt, höchstens jedoch in Höhe der Hälfte des Betrages, den der Bezieher von Vorruhestandsgeld für seine Krankenversicherung zu zahlen hat; Absatz 1 Satz 2 gilt entsprechend.

§ 258 Beitragszuschüsse für andere Personen. [1]In § 5 Abs. 1 Nr. 6, 7 oder 8 genannte Personen, die nach § 6 Abs. 3a versicherungsfrei sind, sowie Bezieher von Übergangsgeld, die nach § 8 Abs. 1 Nr. 4 von der Versicherungspflicht befreit sind, erhalten vom zuständigen Leistungsträger einen Zuschuss zu ihrem Krankenversicherungsbeitrag. [2]Als Zuschuss ist der Betrag zu zahlen, der von dem Leistungsträger als Beitrag bei Krankenversicherungspflicht zu zahlen wäre, höchstens jedoch der Betrag, der an das private Krankenversicherungsunternehmen zu zahlen ist. [3]§ 257 Abs. 2a gilt entsprechend.

Dritter Abschnitt

Verwendung und Verwaltung der Mittel

§ 259 Mittel der Krankenkasse. Die Mittel der Krankenkasse umfassen die Betriebsmittel, die Rücklage und das Verwaltungsvermögen.

§ 260 Betriebsmittel. (1) Betriebsmittel dürfen nur verwendet werden
1. für die gesetzlich oder durch die Satzung vorgesehenen Aufgaben sowie für die Verwaltungskosten; die Aufgaben der Krankenkassen als Pflegekassen sind keine gesetzlichen Aufgaben im Sinne dieser Vorschrift,
2. zur Auffüllung der Rücklage und zur Bildung von Verwaltungsvermögen.

(2) [1]Die Betriebsmittel sollen im Durchschnitt des Haushaltsjahres monatlich das Eineinhalbfache des nach dem Haushaltsplan der Krankenkasse auf einen Monat entfallenden Betrages der Ausgaben für die in Absatz 1 Nr. 1 genannten Zwecke nicht übersteigen. [2]Bei der Feststellung der vorhandenen Betriebsmittel sind die Forderungen und Verpflichtungen der Krankenkasse zu berücksichtigen, soweit sie nicht der Rücklage oder dem Verwaltungsvermögen zuzuordnen sind. [3]Durchlaufende Gelder bleiben außer Betracht.

(3) Die Betriebsmittel sind im erforderlichen Umfang bereitzuhalten und im Übrigen so anzulegen, dass sie für die in Absatz 1 genannten Zwecke verfügbar sind.

§ 261 Rücklage. (1) Die Krankenkasse hat zur Sicherstellung ihrer Leistungsfähigkeit eine Rücklage zu bilden.

(2) ¹Die Satzung bestimmt die Höhe der Rücklage in einem Vomhundertsatz des nach dem Haushaltsplan durchschnittlich auf den Monat entfallenden Betrages der Ausgaben für die in § 260 Abs. 1 Nr. 1 genannten Zwecke (Rücklagesoll). ²Die Rücklage muss mindestens ein Viertel und darf höchstens das Einfache des Betrages der auf den Monat entfallenden Ausgaben nach Satz 1 betragen.

(3) ¹Die Krankenkasse kann Mittel aus der Rücklage den Betriebsmitteln zuführen, wenn Einnahme- und Ausgabeschwankungen innerhalb eines Haushaltsjahres nicht durch die Betriebsmittel ausgeglichen werden können. ²In diesem Fall soll die Rücklage in Anspruch genommen werden, wenn dadurch Erhöhungen des Zusatzbeitragssatzes nach § 242 während des Haushaltsjahres vermieden werden.

(4) Ergibt sich bei der Aufstellung des Haushaltsplans, dass die Rücklage geringer ist als das Rücklagesoll, ist bis zur Erreichung des Rücklagesolls die Auffüllung der Rücklage im Regelfall mit einem Betrag in Höhe von mindestens einem Viertel des Rücklagesolls im Haushaltsplan vorzusehen.

(5) Übersteigt die Rücklage das Rücklagesoll, ist der übersteigende Betrag den Betriebsmitteln zuzuführen.

(6) ¹Die Rücklage ist getrennt von den sonstigen Mitteln so anzulegen, dass sie für den nach Absatz 1 genannten Zweck verfügbar ist. ²Sie wird vorbehaltlich des § 262 von der Krankenkasse verwaltet.

§ 262 Gesamtrücklage. (1) ¹Die Satzungen der Landesverbände können bestimmen, dass die von den Verbandsmitgliedern zu bildenden Rücklagen bis zu einem Drittel des Rücklagesolls von dem Landesverband als Sondervermögen (Gesamtrücklage) verwaltet werden. ²Die Gesamtrücklage ist vorrangig vor dem von der Krankenkasse verwalteten Teil der Rücklage aufzufüllen.

(2) ¹Die im Laufe eines Jahres entstehenden Kapitalerträge und die aus den Veräußerungen erwachsenden Gewinne der Gesamtrücklage werden gegen die aus Veräußerungen entstehenden Verluste ausgeglichen. ²Der Unterschied wird auf die beteiligten Krankenkassen nach der Höhe ihres Rücklageguthabens beim Landesverband im Jahresdurchschnitt umgelegt.

(3) ¹Ergibt sich nach Absatz 2 ein Überschuss, wird er den Krankenkassen ausgezahlt, deren Rücklageguthaben beim Landesverband den nach Absatz 1 bestimmten Anteil erreicht hat. ²Ist dieses Rücklageguthaben noch nicht erreicht, wird der Überschuss bis zur Höhe des fehlenden Betrages nicht ausgezahlt, sondern gutgeschrieben. ³Ergibt sich nach Absatz 2 ein

Fehlbetrag, wird er dem Rücklageguthaben der Krankenkassen zur Last geschrieben.

(4) [1]Die Krankenkasse kann über ihr Rücklageguthaben beim Landesverband erst verfügen, wenn die von ihr selbst verwalteten Rücklagemittel verbraucht sind. [2]Hat die Krankenkasse ihr Rücklageguthaben verbraucht, kann sie von dem Landesverband ein Darlehen aus der Gesamtrücklage erhalten. [3]Die Satzung des Landesverbandes trifft Regelungen über die Voraussetzungen der Darlehensgewährung, die Rückzahlung und die Verzinsung.

(5) Die Gesamtrücklage ist so anzulegen, dass sie für die in § 261 Abs. 1 und 4 genannten Zwecke verfügbar ist.

§ 263 Verwaltungsvermögen. (1) [1]Das Verwaltungsvermögen der Krankenkasse umfasst

1. Vermögensanlagen, die der Verwaltung der Krankenkasse sowie der Führung ihrer betrieblichen Einrichtungen (Eigenbetriebe) zu dienen bestimmt sind,

2. die zur Anschaffung und Erneuerung dieser Vermögensteile und für künftig zu zahlende Versorgungsbezüge der Bediensteten und ihrer Hinterbliebenen bereitgehaltenen Geldmittel,

soweit sie für die Erfüllung der Aufgaben der Krankenkasse erforderlich sind. [2]Zum Verwaltungsvermögen gehören auch Grundstücke, die nur teilweise für Zwecke der Verwaltung der Krankenkasse oder für Eigenbetriebe erforderlich sind.

(2) Als Verwaltungsvermögen gelten auch sonstige Vermögensanlagen aufgrund rechtlicher Verpflichtung oder Ermächtigung, soweit sie nicht den Betriebsmitteln, der Rücklage oder einem Sondervermögen zuzuordnen sind.

§ 263a *(aufgehoben)*

§ 264[7] Übernahme der Krankenbehandlung für nicht Versicherungspflichtige gegen Kostenerstattung. (1) [1]Die Krankenkasse kann für Arbeits- und Erwerbslose, die nicht gesetzlich gegen Krankheit versichert sind, für andere Hilfeempfänger sowie für die vom Bundesministerium für Gesundheit bezeichneten Personenkreise die Krankenbehandlung übernehmen, sofern der Krankenkasse Ersatz der vollen Aufwendungen für den Einzelfall sowie eines angemessenen Teils ihrer Verwaltungskosten gewährleistet wird. [2]Die Krankenkasse ist zur Übernahme der Krankenbehandlung nach Satz 1 für Empfänger von Gesundheitsleistungen nach den §§ 4 und 6 des Asylbewerberleistungsgesetzes verpflichtet, wenn sie durch die Landesregierung oder die von der Landesregierung beauftragte oberste Landesbehörde dazu aufgefordert

---

7   Gemäß Art. 6 Nr. 13a G vom 23.12.2016 (BGBl. I S. 3234) werden dem § 264 Abs. 2 Satz 1 mit Wirkung vom 1.1.2020 nach den Wörtern „nach dem Dritten bis Neunten Kapitel des Zwölften Buches" ein Komma und die Wörter „nach dem Teil 2 des Neunten Buches" eingefügt.

wird und mit ihr eine entsprechende Vereinbarung mindestens auf Ebene der Landkreise oder kreisfreien Städte geschlossen wird. [3]Die Vereinbarung über die Übernahme der Krankenbehandlung nach Satz 1 für den in Satz 2 genannten Personenkreis hat insbesondere Regelungen zur Erbringung der Leistungen sowie zum Ersatz der Aufwendungen und Verwaltungskosten nach Satz 1 zu enthalten; die Ausgabe einer elektronischen Gesundheitskarte kann vereinbart werden. [4]Wird von der Landesregierung oder der von ihr beauftragten obersten Landesbehörde eine Rahmenvereinbarung auf Landesebene zur Übernahme der Krankenbehandlung für den in Satz 2 genannten Personenkreis gefordert, sind die Landesverbände der Krankenkassen und die Ersatzkassen gemeinsam zum Abschluss einer Rahmenvereinbarung verpflichtet. [5]Zudem vereinbart der Spitzenverband Bund der Krankenkassen mit den auf Bundesebene bestehenden Spitzenorganisationen der nach dem Asylbewerberleistungsgesetz zuständigen Behörden Rahmenempfehlungen zur Übernahme der Krankenbehandlung für den in Satz 2 genannten Personenkreis. [6]Die Rahmenempfehlungen nach Satz 5, die von den zuständigen Behörden nach dem Asylbewerberleistungsgesetz und den Krankenkassen nach den Sätzen 1 bis 3 sowie von den Vertragspartnern auf Landesebene nach Satz 4 übernommen werden sollen, regeln insbesondere die Umsetzung der leistungsrechtlichen Regelungen nach den §§ 4 und 6 des Asylbewerberleistungsgesetzes, die Abrechnung und die Abrechnungsprüfung der Leistungen sowie den Ersatz der Aufwendungen und der Verwaltungskosten der Krankenkassen nach Satz 1. [7]Bis zum Inkrafttreten einer Regelung, wonach die elektronische Gesundheitskarte bei Vereinbarungen nach Satz 3 zweiter Halbsatz die Angabe zu enthalten hat, dass es sich um einen Empfänger von Gesundheitsleistungen nach den §§ 4 und 6 des Asylbewerberleistungsgesetzes handelt, stellen die Vereinbarungspartner die Erkennbarkeit dieses Status in anderer geeigneter Weise sicher.

(2) [1]Die Krankenbehandlung von Empfängern von Leistungen nach dem Dritten bis Neunten Kapitel des Zwölften Buches, von Empfängern laufender Leistungen nach § 2 des Asylbewerberleistungsgesetzes und von Empfängern von Krankenhilfeleistungen nach dem Achten Buch, die nicht versichert sind, wird von der Krankenkasse übernommen. [2]Satz 1 gilt nicht für Empfänger, die voraussichtlich nicht mindestens einen Monat ununterbrochen Hilfe zum Lebensunterhalt beziehen, für Personen, die ausschließlich Leistungen nach § 11 Abs. 5 Satz 3 und § 33 des Zwölften Buches beziehen sowie für die in § 24 des Zwölften Buches genannten Personen.

(3) [1]Die in Absatz 2 Satz 1 genannten Empfänger haben unverzüglich eine Krankenkasse im Bereich des für die Hilfe zuständigen Trägers der Sozialhilfe oder der öffentlichen Jugendhilfe zu wählen, die ihre Krankenbehandlung übernimmt. [2]Leben mehrere Empfänger in häuslicher Gemeinschaft, wird das Wahlrecht vom Haushaltsvorstand für sich und für die Familienangehörigen ausgeübt, die bei Versicherungspflicht des Haushaltsvorstands nach § 10 versichert wären. [3]Wird das Wahlrecht nach den Sätzen 1 und 2 nicht ausgeübt, gelten § 28i des Vierten Buches und § 175 Abs. 3 Satz 2 entsprechend.

(4) ¹Für die in Absatz 2 Satz 1 genannten Empfänger gelten § 11 Abs. 1 sowie die §§ 61 und 62 entsprechend. ²Sie erhalten eine elektronische Gesundheitskarte nach § 291. ³Als Versichertenstatus nach § 291 Abs. 2 Nr. 7 gilt für Empfänger bis zur Vollendung des 65. Lebensjahres die Statusbezeichnung „Mitglied", für Empfänger nach Vollendung des 65. Lebensjahres die Statusbezeichnung „Rentner". ⁴Empfänger, die das 65. Lebensjahr noch nicht vollendet haben, in häuslicher Gemeinschaft leben und nicht Haushaltsvorstand sind, erhalten die Statusbezeichnung „Familienversicherte".

(5) ¹Wenn Empfänger nicht mehr bedürftig im Sinne des Zwölften Buches oder des Achten Buches sind, meldet der Träger der Sozialhilfe oder der öffentlichen Jugendhilfe diese bei der jeweiligen Krankenkasse ab. ²Bei der Abmeldung hat der Träger der Sozialhilfe oder der öffentlichen Jugendhilfe die elektronische Gesundheitskarte vom Empfänger einzuziehen und an die Krankenkasse zu übermitteln. ³Aufwendungen, die der Krankenkasse nach Abmeldung durch eine missbräuchliche Verwendung der Karte entstehen, hat der Träger der Sozialhilfe oder der öffentlichen Jugendhilfe zu erstatten. ⁴Satz 3 gilt nicht in den Fällen, in denen die Krankenkasse aufgrund gesetzlicher Vorschriften oder vertraglicher Vereinbarungen verpflichtet ist, ihre Leistungspflicht vor der Inanspruchnahme der Leistung zu prüfen.

(6) ¹Bei der Bemessung der Vergütungen nach § 85 oder § 87a ist die vertragsärztliche Versorgung der Empfänger zu berücksichtigen. ²Werden die Gesamtvergütungen nach § 85 nach Kopfpauschalen berechnet, gelten die Empfänger als Mitglieder. ³Leben mehrere Empfänger in häuslicher Gemeinschaft, gilt abweichend von Satz 2 nur der Haushaltsvorstand nach Absatz 3 als Mitglied; die vertragsärztliche Versorgung der Familienangehörigen, die nach § 10 versichert wären, wird durch die für den Haushaltsvorstand zu zahlende Kopfpauschale vergütet.

(7) ¹Die Aufwendungen, die den Krankenkassen durch die Übernahme der Krankenbehandlung nach den Absätzen 2 bis 6 entstehen, werden ihnen von den für die Hilfe zuständigen Trägern der Sozialhilfe oder der öffentlichen Jugendhilfe vierteljährlich erstattet. ²Als angemessene Verwaltungskosten einschließlich Personalaufwand für den Personenkreis nach Absatz 2 werden bis zu 5 vom Hundert der abgerechneten Leistungsaufwendungen festgelegt. ³Wenn Anhaltspunkte für eine unwirtschaftliche Leistungserbringung oder -gewährung vorliegen, kann der zuständige Träger der Sozialhilfe oder der öffentlichen Jugendhilfe von der jeweiligen Krankenkasse verlangen, die Angemessenheit der Aufwendungen zu prüfen und nachzuweisen.

Vierter Abschnitt

Finanzausgleiche und Zuweisungen aus dem Gesundheitsfonds

§ 265 Finanzausgleich für aufwendige Leistungsfälle. [1]Die Satzungen der Landesverbände und der Verbände der Ersatzkassen können eine Umlage der Verbandsmitglieder vorsehen, um die Kosten für aufwendige Leistungsfälle und für andere aufwendige Belastungen ganz oder teilweise zu decken. [2]Die Hilfen können auch als Darlehen gewährt werden; Näheres über Voraussetzungen, Rückzahlung und Verzinsung regelt die Satzung des Verbandes.

§ 265a Finanzielle Hilfen zur Vermeidung der Schließung oder Insolvenz einer Krankenkasse. (1) [1]Die Satzung des Spitzenverbandes Bund der Krankenkassen hat bis zum 31. März 2009 Bestimmungen über die Gewährung finanzieller Hilfen zur Ermöglichung oder Erleichterung von Vereinigungen von Krankenkassen, die zur Abwendung von Haftungsrisiken für notwendig erachtet werden, vorzusehen. [2]Näheres über Voraussetzungen, Umfang, Finanzierung und Durchführung der Hilfen regelt die Satzung des Spitzenverbandes Bund der Krankenkassen. [3]In der Satzung ist vorzusehen, dass die Hilfen nur gewährt werden, wenn finanzielle Hilfe nach § 265b in ausreichender Höhe gewährt wird. [4]Die Satzungsregelungen werden mit 70 Prozent der nach § 217c Abs. 1 Satz 2 gewichteten Stimmen der Mitglieder beschlossen.

(2) [1]Der Antrag auf Gewährung einer finanziellen Hilfe nach Absatz 1 kann nur von der Aufsichtsbehörde gestellt werden. [2]Der Vorstand des Spitzenverbandes Bund der Krankenkassen entscheidet über die Gewährung der Hilfe nach Absatz 1. [3]Die Hilfen können auch als Darlehen gewährt werden. [4]Sie sind zu befristen und mit Auflagen zu versehen, die der Verbesserung der Wirtschaftlichkeit und Leistungsfähigkeit dienen.

(3) [1]Der Spitzenverband Bund der Krankenkassen macht die zur Finanzierung der Hilfen erforderlichen Beträge durch Bescheid bei seinen Mitgliedskassen mit Ausnahme der landwirtschaftlichen Krankenkasse geltend. [2]Bei der Aufteilung der Finanzierung der Hilfen sind die unterschiedliche Leistungsfähigkeit der Krankenkassen sowie bereits geleistete Hilfen nach § 265b angemessen zu berücksichtigen. [3]Klagen gegen die Bescheide, mit denen die Beträge zur Finanzierung der Hilfeleistungen angefordert werden, haben keine aufschiebende Wirkung.

(4) Ansprüche und Verpflichtungen aufgrund der bis zum 31. Dezember 2008 geltenden Fassung des § 265a bleiben unberührt.

§ 265b Freiwillige finanzielle Hilfen. (1) [1]Krankenkassen können mit anderen Krankenkassen derselben Kassenart Verträge über die Gewährung von Hilfeleistungen schließen, um

1. deren Leistungs- und Wettbewerbsfähigkeit zu erhalten,
2. Haftungsfälle nach § 155 Abs. 4 und 5 und § 171d Abs. 1 Satz 3 und 4 insbesondere durch die Unterstützung von freiwilligen Vereinigungen zu verhindern oder
3. die Aufteilung der Beträge nach § 171d Abs. 1 Satz 3 und 4 abweichend von der nach § 171d Abs. 2 erlassenen Rechtsverordnung zu regeln.

[2]In den Verträgen ist Näheres über Umfang, Finanzierung und Durchführung der Hilfeleistungen zu regeln. [3]§ 60 des Zehnten Buches gilt entsprechend. [4]Die Verbände nach § 172 Absatz 2 Satz 1 haben den Krankenkassen nach Satz 1 auf Verlangen die Auskünfte zu erteilen, die zur Beurteilung des Umfangs der Hilfeleistungen erforderlich sind.

(2) Die Verträge sind von den für die am Vertrag beteiligten Krankenkassen zuständigen Aufsichtsbehörden zu genehmigen.

§ 266 Zuweisungen aus dem Gesundheitsfonds (Risikostrukturausgleich).

(1) [1]Die Krankenkassen erhalten als Zuweisungen aus dem Gesundheitsfonds (§ 271) zur Deckung ihrer Ausgaben eine Grundpauschale, alters-, geschlechts- und risikoadjustierte Zu- und Abschläge zum Ausgleich der unterschiedlichen Risikostrukturen und Zuweisungen für sonstige Ausgaben (§ 270). [2]Mit den alters-, geschlechts- und risikoadjustierten Zuweisungen wird jährlich ein Risikostrukturausgleich durchgeführt, mit dem die finanziellen Auswirkungen von Unterschieden in der Verteilung der Versicherten auf nach Alter und Geschlecht getrennte Versichertengruppen (§ 267 Abs. 2) und Morbiditätsgruppen (§ 268) zwischen den Krankenkassen ausgeglichen werden.

(2) [1]Die Grundpauschale und die alters-, geschlechts- und risikoadjustierten Zu- und Abschläge dienen zur Deckung der standardisierten Leistungsausgaben der Krankenkassen. [2]Die standardisierten Leistungsausgaben je Versicherten werden auf der Basis der durchschnittlichen Leistungsausgaben je Versicherten aller Krankenkassen jährlich so bestimmt, dass das Verhältnis der standardisierten Leistungsausgaben je Versicherten der Versichertengruppen zueinander dem Verhältnis der nach § 267 Abs. 3 für alle Krankenkassen ermittelten durchschnittlichen Leistungsausgaben je Versicherten der Versichertengruppen nach § 267 Abs. 2 zueinander entspricht.

(3) *(aufgehoben)*

(4) [1]Bei der Ermittlung der standardisierten Leistungsausgaben nach Absatz 2 bleiben außer Betracht
1. die von Dritten erstatteten Ausgaben,
2. Aufwendungen für satzungsgemäße Mehr- und Erprobungsleistungen sowie für Leistungen, auf die kein Rechtsanspruch besteht.

[2]Aufwendungen für eine stationäre Anschlussrehabilitation (§ 40 Abs. 6 Satz 1) sind in die Ermittlung der durchschnittlichen Leistungsausgaben nach Satz 1 einzubeziehen. [3]Die Aufwendungen für die Leistungen der Knappschaftsärzte und -zahnärzte werden in der gleichen Weise berechnet wie für Vertragsärzte und -zahnärzte.

(5) ¹Das Bundesversicherungsamt ermittelt die Höhe der Zuweisungen und weist die entsprechenden Mittel den Krankenkassen zu. ²Es gibt für die Ermittlung der Höhe der Zuweisung nach Absatz 2 Satz 1 jährlich bekannt

1. die Höhe der standardisierten Leistungsausgaben aller am Ausgleich beteiligten Krankenkassen je Versicherten, getrennt nach Versichertengruppen (§ 267 Abs. 2) und Morbiditätsgruppen (§ 268 Abs. 1), und

2. die Höhe der alters-, geschlechts- und risikoadjustierten Zu- und Abschläge.

³Das Bundesversicherungsamt kann zum Zwecke der einheitlichen Zuordnung und Erfassung der für die Berechnung maßgeblichen Daten über die Vorlage der Geschäfts- und Rechnungsergebnisse hinaus weitere Auskünfte und Nachweise verlangen.

(6) ¹Das Bundesversicherungsamt stellt im Voraus für ein Kalenderjahr die Werte nach Absatz 5 Satz 2 Nr. 1 und 2 vorläufig fest. ²Es legt bei der Berechnung der Höhe der monatlichen Zuweisungen die Werte nach Satz 1, die zuletzt erhobene Zahl der Versicherten der Krankenkassen und die zum 1. Oktober des Vorjahres erhobene Zahl der Versicherten der Krankenkassen je Versichertengruppe nach § 267 Abs. 2 und je Morbiditätsgruppe nach § 268 zugrunde. ³Nach Ablauf des Kalenderjahres ist die Höhe der Zuweisung für jede Krankenkasse vom Bundesversicherungsamt aus den für dieses Jahr erstellten Geschäfts- und Rechnungsergebnissen und den zum 1. Oktober dieses Jahres erhobenen Versichertenzahlen der beteiligten Krankenkassen zu ermitteln. ⁴Die nach Satz 2 erhaltenen Zuweisungen gelten als Abschlagszahlungen. ⁵Sie sind nach der Ermittlung der endgültigen Höhe der Zuweisung für das Geschäftsjahr nach Satz 3 auszugleichen. ⁶Werden nach Abschluss der Ermittlung der Werte nach Satz 3 sachliche oder rechnerische Fehler in den Berechnungsgrundlagen festgestellt, hat das Bundesversicherungsamt diese bei der nächsten Ermittlung der Höhe der Zuweisungen nach den dafür geltenden Vorschriften zu berücksichtigen. ⁷Klagen gegen die Höhe der Zuweisungen im Risikostrukturausgleich einschließlich der hierauf entfallenden Nebenkosten haben keine aufschiebende Wirkung.

(7) ¹Das Bundesministerium für Gesundheit regelt durch Rechtsverordnung mit Zustimmung des Bundesrates das Nähere über

1. die Ermittlung der Höhe der Grundpauschale nach Absatz 1 Satz 1 und ihre Bekanntgabe an die Versicherten, der Werte nach Absatz 5 sowie die Art, den Umfang und den Zeitpunkt der Bekanntmachung der für die Durchführung des Risikoausgleichsverfahrens erforderlichen Daten,

2. die Abgrenzung der Leistungsausgaben nach Absatz 2, 4 und 5; dabei können für in § 267 Abs. 3 genannten Versichertengruppen abweichend von Absatz 2 Satz 3 besondere Standardisierungsverfahren und Abgrenzungen für die Berücksichtigung des Krankengeldes geregelt werden,

2a. die Abgrenzung und die Verfahren der Standardisierung der sonstigen Ausgaben nach § 270 sowie die Kriterien der Zuweisung der Mittel zur Deckung dieser Ausgaben,

3. die Abgrenzung der zu berücksichtigenden Versichertengruppen nach § 267 Absatz 2 einschließlich der Altersabstände zwischen den Altersgruppen,

auch abweichend von § 267 Absatz 2; hierzu gehört auch die Festlegung der Anforderungen an die Zulassung der Programme nach § 137g hinsichtlich des Verfahrens der Einschreibung der Versicherten einschließlich der Dauer der Teilnahme und des Verfahrens der Erhebung und Übermittlung der für die Durchführung der Programme erforderlichen personenbezogenen Daten,

4. die Berechnungsverfahren sowie die Durchführung des Zahlungsverkehrs einschließlich der Stelle, der die Berechnungen und die Durchführung des Zahlungsverkehrs übertragen werden können,

5. die Fälligkeit der Beträge und die Erhebung von Säumniszuschlägen,

6. das Verfahren und die Durchführung des Ausgleichs,

7. die Festsetzung der Stichtage und Fristen nach § 267; anstelle des Stichtages nach § 267 Abs. 2 kann ein Erhebungszeitraum bestimmt werden,

8. die von den Krankenkassen, den Rentenversicherungsträgern und den Leistungserbringern mitzuteilenden Angaben,

9. die Prüfung der von den Krankenkassen mitzuteilenden Daten durch die mit der Prüfung nach § 274 befassten Stellen einschließlich der Folgen fehlerhafter Datenlieferungen oder nicht prüfbarer Daten sowie das Verfahren der Prüfung und der Prüfkriterien, auch abweichend von § 274.

²Abweichend von Satz 1 können die Verordnungsregelungen zu Absatz 4 Satz 2 und Satz 1 Nr. 3 ohne Zustimmung des Bundesrates erlassen werden.

(8) *(aufgehoben)*

(9) Die landwirtschaftliche Krankenkasse nimmt am Risikostrukturausgleich nicht teil.

(10) *(aufgehoben)*

§ 267 Datenerhebungen zum Risikostrukturausgleich. (1) Die Krankenkassen erheben für jedes Geschäftsjahr nicht versichertenbezogen die Leistungsausgaben in der Gliederung und nach den Bestimmungen des Kontenrahmens.

(2) ¹Die Krankenkassen erheben jährlich zum 1. Oktober die Zahl der Mitglieder und der nach § 10 versicherten Familienangehörigen nach Altersgruppen mit Altersabständen von fünf Jahren, getrennt nach Mitgliedergruppen und Geschlecht. ²Die Trennung der Mitgliedergruppen erfolgt danach, ob

1. die Mitglieder bei Arbeitsunfähigkeit Anspruch auf Fortzahlung des Arbeitsentgelts oder auf Zahlung einer die Versicherungspflicht begründenden Sozialleistung haben, die Mitglieder nach § 46 Satz 3 einen Anspruch auf Krankengeld von der siebten Woche der Arbeitsunfähigkeit an haben oder die Mitglieder eine Wahlerklärung nach § 44 Absatz 2 Satz 1 Nummer 3 abgegeben haben,

2. die Mitglieder keinen Anspruch auf Krankengeld haben oder ob die Krankenkasse den Umfang der Leistungen aufgrund von Vorschriften dieses Buches beschränkt hat oder

3. die Mitglieder nach § 10 des Entgeltfortzahlungsgesetzes Anspruch auf Zahlung eines Zuschlages zum Arbeitsentgelt haben.

[3]Die Zahl der Personen, deren Erwerbsfähigkeit nach den §§ 43 und 45 des Sechsten Buches gemindert ist, wird in der Erhebung nach Satz 1 als eine gemeinsame weitere Mitgliedergruppe getrennt erhoben.

(3) [1]Die Krankenkassen erheben in Abständen von längstens drei Jahren, erstmals für das Geschäftsjahr 1994, nicht versichertenbezogen die in Absatz 1 genannten Leistungsausgaben und die Krankengeldtage auch getrennt nach den Altersgruppen gemäß Absatz 2 Satz 1 und nach dem Geschlecht der Versicherten, die Krankengeldausgaben nach § 44 und die Krankengeldtage zusätzlich gegliedert nach den in Absatz 2 Satz 2 genannten Mitgliedergruppen; die Ausgaben für Mehr- und Erprobungsleistungen und für Leistungen, auf die kein Rechtsanspruch besteht, werden mit Ausnahme der Leistungen nach § 266 Abs. 4 Satz 2 nicht erhoben. [2]Bei der Erhebung nach Satz 1 sind die Leistungsausgaben für die Gruppe der Personen, deren Erwerbsfähigkeit nach den §§ 43 und 45 des Sechsten Buches gemindert ist, getrennt zu erheben. [3]Die Leistungsausgaben für die Gruppen der Versicherten nach Absatz 2 Satz 4 sind bei der Erhebung nach den Sätzen 1 bis 3 nach Versichertengruppen getrennt zu erheben. [4]Die Erhebung der Daten nach den Sätzen 1 bis 3 kann auf für die Region und die Krankenkassenart repräsentative Stichproben im Bundesgebiet oder in einzelnen Ländern begrenzt werden. [5]Der Gesamtumfang der Stichproben beträgt höchstens 10 vom Hundert aller in der gesetzlichen Krankenversicherung Versicherten.

(4) Die Krankenkassen legen die Ergebnisse der Datenerhebung nach den Absätzen 1 und 3 bis zum 31. Mai des Folgejahres, die Ergebnisse der Datenerhebung nach Absatz 2 spätestens drei Monate nach dem Erhebungsstichtag über den Spitzenverband Bund der Krankenkassen der in der Rechtsverordnung nach § 266 Abs. 7 genannten Stelle auf maschinell verwertbaren Datenträgern vor.

(5) [1]Für die Datenerfassung nach Absatz 3 können die hiervon betroffenen Krankenkassen auf der elektronischen Gesundheitskarte auch Kennzeichen für die Mitgliedergruppen nach Absatz 3 Satz 1 bis 3 verwenden. [2]Enthält die elektronische Gesundheitskarte Kennzeichnungen nach Satz 1, übertragen Ärzte und Zahnärzte diese Kennzeichnungen auf die für die vertragsärztliche Versorgung verbindlichen Verordnungsblätter und Überweisungsscheine oder in die entsprechenden elektronischen Datensätze. [3]Die Kassenärztlichen und Kassenzahnärztlichen Vereinigungen und die Leistungserbringer verwenden die Kennzeichen nach Satz 1 bei der Leistungsabrechnung; sie weisen zusätzlich die Summen der den einzelnen Kennzeichen zugeordneten Abrechnungsbeträge in der Leistungsabrechnung gesondert aus. [4]Andere Verwendungen der Kennzeichen nach Satz 1 sind unzulässig. [5]Die Kassenärztlichen und Kassenzahnärztlichen Vereinigungen und die Leistungserbringer stellen die für die Datenerfassung nach den Absätzen 1 bis 3 notwendigen Abrechnungsdaten in geeigneter Weise auf maschinell verwertbaren Datenträgern zur Verfügung.

(6) [1]Die Krankenkassen übermitteln den Trägern der gesetzlichen Rentenversicherung über den Spitzenverband Bund der Krankenkassen die Kennzei-

chen nach § 293 Abs. 1 sowie die Versicherungsnummern nach § 147 des Sechsten Buches der bei ihnen pflichtversicherten Rentner. [2]Die Träger der gesetzlichen Rentenversicherung melden den zuständigen Krankenkassen über den Spitzenverband Bund der Krankenkassen jährlich bis zum 31. Dezember auf der Grundlage der Kennzeichen nach Satz 1 die Information, welche Versicherten eine Rente wegen Erwerbsminderung oder eine Berufs- oder Erwerbsunfähigkeitsrente erhalten. [3]Die Träger der gesetzlichen Rentenversicherung können die Durchführung der Aufgaben nach Satz 2 auf die Deutsche Post AG übertragen; die Krankenkassen übermitteln über den Spitzenverband Bund der Krankenkassen die Daten nach Satz 1 in diesem Fall an die Deutsche Post AG. [4]§ 119 Abs. 6 Satz 1 des Sechsten Buches gilt. [5]Die Träger der gesetzlichen Rentenversicherung oder die nach Satz 3 beauftragte Stelle löschen die Daten nach Satz 1, sobald sie ihre Aufgaben nach diesem Absatz durchgeführt haben. [6]Die Krankenkassen dürfen die Daten nur für die Datenerhebung nach den Absätzen 1 bis 3 verwenden. [7]Die Daten nach Satz 2 sind zu löschen, sobald der Risikostrukturausgleich nach § 266 durchgeführt und abgeschlossen ist.

(7) [1]Der Spitzenverband Bund der Krankenkassen bestimmt das Nähere über

1. den Erhebungsumfang, die Auswahl der Regionen und der Stichprobenverfahren nach Absatz 3 und

2. das Verfahren der Kennzeichnung nach Absatz 5 Satz 1.

[2]Der Spitzenverband Bund der Krankenkassen vereinbart

1. mit den Kassenärztlichen Bundesvereinigungen in den Vereinbarungen nach § 295 Abs. 3 das Nähere über das Verfahren nach Absatz 5 Satz 2 bis 4 und

2. mit der Deutschen Rentenversicherung Bund das Nähere über das Verfahren der Meldung nach Absatz 6.

(8) *(aufgehoben)*

(9) Die Kosten werden getragen

1. für die Erhebung nach den Absätzen 1 und 2 von den betroffenen Krankenkassen,

2. für die Erhebung nach Absatz 3 vom Spitzenverband Bund der Krankenkassen,

3. für die Erhebung und Verarbeitung der Daten nach Absatz 5 von den Kassenärztlichen und Kassenzahnärztlichen Vereinigungen und den übrigen Leistungserbringern,

4. für die Meldung nach Absatz 6 von den Trägern der gesetzlichen Rentenversicherung.

(10) Die Absätze 1 bis 9 gelten nicht für die landwirtschaftliche Krankenkasse.

(11) *(aufgehoben)*

§ 268 Weiterentwicklung des Risikostrukturausgleichs. (1) [1]Die Versichertengruppen nach § 266 Abs. 1 Satz 2 und 3 und die Gewichtungsfaktoren nach § 266 Abs. 2 Satz 2 sind vom 1. Januar 2009 an abweichend von § 266 nach Klassifikationsmerkmalen zu bilden (Morbiditätsgruppen), die zugleich

1. die Morbidität der Versicherten auf der Grundlage von Diagnosen, Diagnosegruppen, Indikationen, Indikationengruppen, medizinischen Leistungen oder Kombinationen dieser Merkmale unmittelbar berücksichtigen,

2. an der Höhe der durchschnittlichen krankheitsspezifischen Leistungsausgaben der zugeordneten Versicherten orientiert sind,

3. Anreize zu Risikoselektion verringern,

4. keine Anreize zu medizinisch nicht gerechtfertigten Leistungsausweitungen setzen und

5. 50 bis 80 insbesondere kostenintensive chronische Krankheiten und Krankheiten mit schwerwiegendem Verlauf der Auswahl der Morbiditätsgruppen zugrunde legen.

[2]Im Übrigen gilt § 266.

(2) [1]Das Bundesministerium für Gesundheit regelt bis zum 31. Dezember 2009 durch Rechtsverordnung nach § 266 Abs. 7 mit Zustimmung des Bundesrates das Nähere zur Umsetzung der Vorgaben nach Absatz 1. [2]In der Verordnung ist auch zu bestimmen, ob einzelne oder mehrere der bis zum 31. Dezember 2008 geltenden Kriterien zur Bestimmung der Versichertengruppen neben den in Absatz 1 Satz 1 genannten Vorgaben weitergelten; § 266 Abs. 7 Nr. 3 gilt.

(3) [1]Für die Vorbereitung der Gruppenbildung und Durchführung der Untersuchung nach Absatz 2 Satz 5 erheben die Krankenkassen für die Jahre 2001 und 2002 als Stichproben entsprechend § 267 Abs. 3 Satz 3 und 4 bis zum 15. August des jeweiligen Folgejahres getrennt nach den Versichertengruppen nach § 267 Abs. 2 je Versicherten die Versichertentage und die Leistungsausgaben in der Gliederung und nach den Bestimmungen des Kontenrahmens in den Bereichen

1. Krankenhaus einschließlich der Angaben nach § 301 Abs. 1 Satz 1 Nr. 6, 7 und 9 sowie die Angabe des Tages der Aufnahme und der Aufnahmediagnosen nach § 301 Abs. 1 Satz 1 Nr. 3, jedoch ohne das Institutionskennzeichen der aufnehmenden Institution und ohne die Uhrzeit der Entlassung,

2. stationäre Anschlussrehabilitation einschließlich der Angaben nach § 301 Abs. 4 Satz 1 Nr. 5 und 7, jedoch ohne das Institutionskennzeichen der aufnehmenden Institution,

3. Arzneimittel einschließlich des Kennzeichens nach § 300 Abs. 1 Nr. 1,

4. Krankengeld nach § 44 einschließlich der Angaben nach § 295 Abs. 1 Satz 1 Nr. 1,

5. vertragsärztliche Versorgung einschließlich der Angaben nach § 295 Abs. 1 Satz 1 Nr. 2 sowie der abgerechneten Punktzahlen und Kosten und der Angaben nach § 295 Abs. 1 Satz 4, jedoch ohne den Tag der Behandlung,

6. der Leistungserbringer nach § 302 einschließlich der Diagnose, des Befunds und des Tages der Leistungserbringung, jedoch ohne die Leistungen nach Art, Menge und Preis sowie ohne die Arztnummer des verordnenden Arztes,

7. die nach den Nummern 1 bis 6 nicht erfassten Leistungsausgaben ohne die Leistungsausgaben nach § 266 Abs. 4 Satz 1.

[2]Sofern die Erhebung nach Satz 1 Nummer 1 bis 7 Diagnosedaten und Arzneimittelkennzeichen beinhaltet, dürfen ausschließlich Diagnosedaten und Arzneimittelkennzeichen verarbeitet oder genutzt werden, die von den Krankenkassen nach den §§ 294 bis 303 erhoben wurden. [3]Die für die Stichprobe erforderlichen versichertenbezogenen Daten sind zu pseudonymisieren. [4]Der Schlüssel für die Herstellung des Pseudonyms ist vom Beauftragten für den Datenschutz der Krankenkasse aufzubewahren und darf anderen Personen nicht zugänglich gemacht werden. [5]Die Kassenärztlichen und Kassenzahnärztlichen Vereinigungen übermitteln den Krankenkassen die erforderlichen Daten zu Satz 1 Nr. 5 bis spätestens 1. Juli des Folgejahres. [6]Die Daten sind vor der Übermittlung mit einem Pseudonym je Versicherten zu versehen, das den Kassenärztlichen und Kassenzahnärztlichen Vereinigungen hierfür von den Krankenkassen übermittelt wird. [7]Die Krankenkassen übermitteln die Daten nach Satz 1 in pseudonymisierter und maschinenlesbarer Form über ihren Spitzenverband an das Bundesversicherungsamt. [8]Die Herstellung des Versichertenbezugs ist zulässig, soweit dies für die Berücksichtigung nachträglicher Veränderungen der nach Satz 7 übermittelten Daten erforderlich ist. [9]Über die Pseudonymisierung in der Krankenkasse und über jede Herstellung des Versichertenbezugs ist eine Niederschrift anzufertigen. [10]Die Spitzenverbände der Krankenkassen bestimmen bis zum 31. März 2002 in Einvernehmen mit dem Bundesversicherungsamt in ihrer Vereinbarung nach § 267 Abs. 7 Nr. 1 und 2 sowie in Vereinbarungen mit der Kassenärztlichen Bundesvereinigung und den für die Wahrnehmung der wirtschaftlichen Interessen der übrigen Leistungserbringer gebildeten maßgeblichen Spitzenorganisationen das Nähere über den Umfang der Stichproben und das Verfahren der Datenerhebung und -übermittlung. [11]In der Vereinbarung nach Satz 10 kann die Stichprobenerhebung ergänzend auch auf das erste Halbjahr 2003 erstreckt werden. [12]§ 267 Abs. 9 und 10 gilt. [13]Kommen die Vereinbarungen nach Satz 10 nicht zustande, bestimmt das Bundesministerium für Gesundheit bis zum 30. Juni 2002 in der Rechtsverordnung nach § 266 Abs. 7 das Nähere über das Verfahren. [14]Die Rechtsverordnung bestimmt außerdem, welche der in Satz 1 genannten Daten vom 1. Januar 2005 an für die Durchführung des Risikostrukturausgleichs sowie für seine weitere Entwicklung zu erheben sind, Verfahren und Umfang dieser Datenerhebung sowie die Voraussetzungen, unter denen die Herstellung des Versichertenbezugs zulässig ist, Satz 2 gilt entsprechend; im Übrigen gilt § 267.

(4) [1]Die Krankenkassen erheben vom 1. Juli 2017 an versichertenbezogen den amtlichen Gemeindeschlüssel des Wohnorts des Versicherten. [2]Das Nähere über die zeitliche Zuordnung und das Verfahren der Erhebung und Übermittlung der Daten nach Satz 1 bestimmt der Spitzenverband Bund der Krankenkassen im Einvernehmen mit dem Bundesversicherungsamt in der Bestimmung nach § 267 Absatz 7 Satz 1 Nummer 1 und 2. [3]§ 268 Absatz 3 Satz 7 gilt entsprechend.

§ 269 Sonderregelungen für Krankengeld und Auslandsversicherte.

(1) Für die in § 267 Absatz 2 Satz 2 genannten Versichertengruppen kann das bestehende Standardisierungsverfahren für die Berücksichtigung des Krankengeldes ab dem Ausgleichsjahr 2013 um ein Verfahren ergänzt werden, das die tatsächlichen Leistungsausgaben der einzelnen Krankenkassen für Krankengeld anteilig berücksichtigt.

(2) Für Versicherte, die während des überwiegenden Teils des dem Ausgleichsjahr vorangegangenen Jahres ihren Wohnsitz oder gewöhnlichen Aufenthalt außerhalb des Gebiets der Bundesrepublik Deutschland hatten, ist ab dem Ausgleichsjahr 2013 die Höhe der Zuweisungen zur Deckung ihrer standardisierten Leistungsausgaben auf die tatsächlichen Leistungsausgaben aller Krankenkassen für diese Versichertengruppen zu begrenzen.

(3) [1]Das Bundesversicherungsamt gibt Gutachten in Auftrag, mit denen Modelle für eine zielgerichtetere Ermittlung der Zuweisungen zur Deckung der Aufwendungen für Krankengeld und für Versicherte, die während des überwiegenden Teils des dem Ausgleichsjahr vorangegangenen Jahres ihren Wohnsitz oder gewöhnlichen Aufenthalt außerhalb des Gebiets der Bundesrepublik Deutschland hatten, entwickelt werden sollen. [2]Dabei ist auch zu untersuchen, ob zusätzliche Daten erforderlich sind, um das in Satz 1 genannte Ziel zu erreichen. [3]§ 268 Absatz 1 Satz 1 Nummer 2 bis 4 ist bei der Entwicklung der Modelle zu beachten. [4]Zur Erfüllung des jeweiligen Gutachtenauftrags ist der beauftragten Person oder Personengruppe beim Bundesversicherungsamt Einsicht in die diesem nach § 268 Absatz 3 Satz 7 übermittelten pseudonymisierten versichertenbezogenen Daten zu geben. [5]Zu diesem Zweck ist der beauftragten Person oder Personengruppe bei der Deutschen Verbindungsstelle Krankenversicherung – Ausland ebenso Einsicht in die dieser nach Artikel 35 der Verordnung (EG) Nr. 883/2004 des Europäischen Parlaments und des Rates vom 29. April 2004 zur Koordinierung der Systeme der sozialen Sicherheit (ABl. L 166 vom 30.4.2004, S. 1, L 200 vom 7.6.2004, S. 1, L 204 vom 4.8.2007, S. 30) in Verbindung mit Titel IV der Verordnung (EG) Nr. 987/2009 des Europäischen Parlaments und des Rates vom 16. September 2009 zur Festlegung der Modalitäten für die Durchführung der Verordnung (EG) Nr. 883/2004 über die Koordinierung der Systeme der sozialen Sicherheit (ABl. L 284 vom 30.10.2009, S. 1) vorliegenden Daten zu geben; Einsicht ist nur in pseudonymisierte oder anonymisierte Daten zu geben.

(3a) [1]Das Bundesversicherungsamt gibt Folgegutachten in Auftrag, mit denen insbesondere die in den Gutachten nach Absatz 3 Satz 1 entwickelten Modelle auf Grundlage der nach § 30 Absatz 1 der Risikostruktur-Ausgleichsverordnung sowie nach den Absätzen 3b und 3c erhobenen Daten überprüft und zur Umsetzungsreife weiterentwickelt werden sollen. [2]Zur Erfüllung des jeweiligen Gutachtenauftrags ist der beauftragten Person oder Personengruppe beim Bundesversicherungsamt Einsicht in die diesem nach § 30 Absatz 4 Satz 1 der Risikostruktur-Ausgleichsverordnung sowie nach Absatz 3d übermittelten pseudonymisierten versichertenbezogenen Daten zu gewähren. [3]Absatz 3 Satz 3 und 5 gilt entsprechend.

(3b) [1]Im Folgegutachten zu den Zuweisungen zur Deckung der Aufwendungen für Krankengeld sind die im Gutachten nach Absatz 3 Satz 1 entwickelten Modelle für eine zielgerichtetere Ermittlung der Zuweisungen zur Deckung der Aufwendungen für Krankengeld insbesondere auf Grundlage der Daten, mit welchen sich die für die Höhe der Krankengeldausgaben der Krankenkassen maßgeblichen Bestimmungsfaktoren gemäß dem Gutachten nach Absatz 3 Satz 1 abbilden lassen, zu überprüfen und zur Umsetzungsreife weiterzuentwickeln. [2]Dazu erheben die Krankenkassen für die Berichtsjahre 2016 und 2017 versichertenbezogen folgende zur Abbildung der Bestimmungsfaktoren nach Satz 1 erforderliche Angaben:

1. die beitragspflichtigen Einnahmen aus nichtselbständiger Tätigkeit gemäß der Jahresarbeitsentgeltmeldung nach § 28a Absatz 3 Satz 2 Nummer 2 Buchstabe b des Vierten Buches sowie den Zeitraum, in dem diese Einnahmen erzielt wurden,

2. die beitragspflichtigen Einnahmen aus selbständiger Tätigkeit sowie den Zeitraum, in dem diese erzielt wurden,

3. die beitragspflichtigen Einnahmen aus dem Bezug von Arbeitslosengeld nach § 136 des Dritten Buches sowie die jeweiligen Bezugstage,

4. die Diagnosen nach § 295 Absatz 1 Satz 1 Nummer 1 einschließlich des Datums der Feststellung der Arbeitsunfähigkeit und des Beginns der Arbeitsunfähigkeit,

5. die Leistungsausgaben für Krankengeld nach § 44 sowie das Datum des Beginns und des Endes des Krankengeldbezugs,

6. die Leistungsausgaben für Krankengeld nach § 45 sowie das Datum des Beginns und des Endes des Krankengeldbezugs,

7. den Tätigkeitsschlüssel nach § 28a Absatz 3 Satz 1 Nummer 5 des Vierten Buches sowie

8. die dem Beschäftigungsbetrieb des Versicherten zugeordnete Betriebsnummer nach § 28a Absatz 3 Satz 1 Nummer 6 des Vierten Buches.

(3c) [1]Im Folgegutachten zu den Zuweisungen für Versicherte, die während des überwiegenden Teils des dem Ausgleichsjahr vorangegangenen Jahres ihren Wohnsitz oder gewöhnlichen Aufenthalt außerhalb des Gebiets der Bundesrepublik Deutschland hatten, sind die im Gutachten nach Absatz 3 Satz 1 entwickelten Modelle für eine zielgerichtetere Ermittlung der Zuweisungen zur Deckung der Aufwendungen für diese Versichertengruppe insbesondere auf Grundlage der Daten, mit welchen sich die für die Höhe der Ausgaben einer Krankenkasse für diese Versichertengruppen maßgeblichen Bestimmungsfaktoren gemäß dem Gutachten nach Absatz 3 Satz 1 abbilden lassen, zu überprüfen und zur Umsetzungsreife weiterzuentwickeln. [2]Dazu erheben die Krankenkassen für die Berichtsjahre 2016 und 2017 versichertenbezogen folgende zur Abbildung der Bestimmungsfaktoren nach Satz 1 erforderliche Angaben:

1. das Grenzgängerkennzeichen,

2. das Länderkennzeichen des Wohnstaats.

³Darüber hinaus erhebt der Spitzenverband Bund der Krankenkassen, Deutsche Verbindungsstelle Krankenversicherung – Ausland –, nicht personenbezogen die mit den Krankenkassen abgerechneten Rechnungssummen, differenziert nach dem Wohnstaat, dem Abrechnungsjahr und der leistungspflichtigen Krankenkasse, und übermittelt diese an das Bundesversicherungsamt. ⁴Das Nähere zur Erhebung und Übermittlung sowie zum Umfang der Datenerhebung nach Satz 3 bestimmt das Bundesversicherungsamt im Einvernehmen mit dem Spitzenverband Bund der Krankenkassen. ⁵Es kann auch bestimmt werden, dass der Spitzenverband Bund der Krankenkassen, Deutsche Verbindungsstelle Krankenversicherung – Ausland –, weitere für das Gutachten nach Satz 1 erforderliche nicht personenbezogene Daten zu Abrechnungen von Versicherten nach Satz 1 erhebt und an das Bundesversicherungsamt übermittelt.

(3d) ¹Die Daten nach den Absätzen 3b und 3c Satz 1 und 2 sind dem Bundesversicherungsamt erstmals bis zum 15. Juni 2018 und letztmals bis zum 15. April 2019 zu übermitteln; für die Erhebung und Übermittlung der Daten gilt § 268 Absatz 3 Satz 2 bis 9 entsprechend. ²Das Nähere über die zeitliche Zuordnung, zum Umfang sowie zum Verfahren der Erhebung und Übermittlung der Daten nach Satz 1 bestimmt der Spitzenverband Bund der Krankenkassen im Einvernehmen mit dem Bundesversicherungsamt in der Bestimmung nach § 267 Absatz 7 Satz 1 Nummer 1 und 2. ³Die Nutzung der Daten nach den Absätzen 3b und 3c ist auf die Zwecke nach den Absätzen 3b und 3c beschränkt. ⁴Das Bundesversicherungsamt oder der Spitzenverband Bund der Krankenkassen, Deutsche Verbindungsstelle Krankenversicherung – Ausland–, kann den nach Absatz 3a beauftragten Personen oder Personengruppen ausschließlich für die Zwecke der Folgegutachten nach den Absätzen 3b und 3c die jeweils erforderlichen versichertenbezogenen Daten nach Absatz 3a Satz 2 und 3 in pseudonymisierter oder anonymisierter Form übermitteln, wenn eine ausschließliche Nutzung der Daten über eine Einsichtnahme nach Absatz 3a Satz 2 und 3 aus organisatorischen oder technischen Gründen nicht ausreichend ist. ⁵Die nach Satz 4 übermittelten Daten sind von den nach Absatz 3a beauftragten Personen oder Personengruppen jeweils unverzüglich nach Übergabe der Gutachten an das Bundesversicherungsamt zu löschen. ⁶Die Löschung ist von den nach Absatz 3a beauftragten Personen oder Personengruppen dem Bundesversicherungsamt oder dem Spitzenverband Bund der Krankenkassen, Deutsche Verbindungsstelle Krankenversicherung – Ausland –, nachzuweisen.

(4) Das Nähere zur Umsetzung der Vorgaben der Absätze 1 bis 3d, insbesondere zur Abgrenzung der Leistungsausgaben, zum Verfahren einschließlich der Durchführung des Zahlungsverkehrs sowie zur Festlegung der Vorgaben für die Gutachten regelt die Rechtsverordnung nach § 266 Absatz 7 Satz 1.

§ 270 Zuweisungen aus dem Gesundheitsfonds für sonstige Ausgaben.

(1) ¹Die Krankenkassen erhalten aus dem Gesundheitsfonds Zuweisungen zur Deckung

a) ihrer standardisierten Aufwendungen nach § 266 Abs. 4 Satz 1 Nr. 2 mit Ausnahme der Leistungen nach § 11 Absatz 6 und § 53,

b) ihrer standardisierten Aufwendungen, die aufgrund der Entwicklung und Durchführung von Programmen nach § 137g entstehen und die in der Rechtsverordnung nach § 266 Abs. 7 näher zu bestimmen sind, sowie

c) ihrer standardisierten Verwaltungsausgaben.

²§ 266 Abs. 5 Satz 1 und 3, Abs. 6 und 9 gilt entsprechend.

(2) ¹Für die Ermittlung der Höhe der Zuweisungen nach Absatz 1 erheben die Krankenkassen nicht versichertenbezogen jährlich die Aufwendungen nach § 266 Abs. 4 Satz 1 Nr. 2 und die Verwaltungsausgaben. ²§ 266 Absatz 4 Satz 1 Nummer 1 und § 267 Absatz 4 gelten entsprechend.

§ 270a Einkommensausgleich. (1) Zwischen den Krankenkassen wird im Hinblick auf die von ihnen erhobenen Zusatzbeiträge nach § 242 nach Maßgabe der folgenden Absätze ein vollständiger Ausgleich der beitragspflichtigen Einnahmen ihrer Mitglieder durchgeführt.

(2) ¹Die Krankenkassen, die einen Zusatzbeitrag nach § 242 erheben, erhalten aus dem Gesundheitsfonds die Beträge aus den Zusatzbeiträgen ihrer Mitglieder in der Höhe, die sich nach dem Einkommensausgleich ergibt. ²Die Höhe dieser Mittel für jede Krankenkasse wird ermittelt, indem der Zusatzbeitragssatz der Krankenkasse nach § 242 Absatz 1 mit den voraussichtlichen durchschnittlichen beitragspflichtigen Einnahmen je Mitglied aller Krankenkassen und ihrer Mitgliederzahl multipliziert wird.

(3) Weicht der Gesamtbetrag aus den Zusatzbeiträgen nach § 242 von den notwendigen Aufwendungen für die Mittel nach Absatz 2 ab, wird der Abweichungsbetrag entweder aus den Mitteln der Liquiditätsreserve des Gesundheitsfonds nach § 271 Absatz 2 aufgebracht oder der Liquiditätsreserve zugeführt.

(4) ¹Das Bundesversicherungsamt verwaltet für die Zwecke der Durchführung des Einkommensausgleichs die eingehenden Beträge aus den Zusatzbeiträgen; § 271 Absatz 6 Satz 1 ist entsprechend anzuwenden. ²Das Bundesversicherungsamt ermittelt die Höhe der Mittel nach Absatz 2 und weist sie den Krankenkassen zu. ³§ 266 Absatz 5 Satz 3 und Absatz 6 Satz 7 ist entsprechend anzuwenden. ⁴Das Nähere zur Ermittlung der vorläufigen und endgültigen Mittel, die die Krankenkassen im Rahmen des Einkommensausgleichs erhalten, zur Durchführung, zum Zahlungsverkehr und zur Fälligkeit der Beiträge regelt die Rechtsverordnung nach § 266 Absatz 7 Satz 1.

§ 271 Gesundheitsfonds. (1) Das Bundesversicherungsamt verwaltet als Sondervermögen (Gesundheitsfonds) die eingehenden Beträge aus:

1. den von den Einzugsstellen nach § 28k Abs. 1 Satz 1 des Vierten Buches und nach § 252 Abs. 2 Satz 3 eingezogenen Beiträgen für die gesetzliche Krankenversicherung,

2. den Beiträgen aus Rentenzahlungen nach § 255,

3. den Beiträgen nach § 28k Abs. 2 des Vierten Buches,

4. der Beitragszahlung nach § 252 Abs. 2 und

5. den Bundesmitteln nach § 221.

(1a) [1]Die eingehenden Beträge nach Absatz 1 sind, soweit es sich dabei um Zusatzbeiträge nach § 242 handelt, in voller Höhe für den Einkommensausgleich nach § 270a zu verwenden. [2]Sie sind dem Bundesversicherungsamt als Verwalter der eingehenden Beträge aus den Zusatzbeiträgen nachzuweisen.

(2) [1]Der Gesundheitsfonds hat liquide Mittel als Liquiditätsreserve vorzuhalten. [2]Aus der Liquiditätsreserve sind unterjährige Schwankungen in den Einnahmen, nicht berücksichtigte Einnahmeausfälle in der nach § 242a Absatz 1 zugrunde gelegten voraussichtlichen jährlichen Einnahmen des Gesundheitsfonds und die erforderlichen Aufwendungen für die Durchführung des Einkommensausgleichs nach § 270a zu decken. [3]Die Höhe der Liquiditätsreserve muss nach Ablauf eines Geschäftsjahres mindestens 25 Prozent der durchschnittlich auf den Monat entfallenden Ausgaben des Gesundheitsfonds betragen. [4]Den Einnahmen des Gesundheitsfonds nach Absatz 1 werden im Jahr 2017 1,5 Milliarden Euro aus der Liquiditätsreserve zugeführt. [5]Zur Finanzierung der Fördermittel nach § 92a Absatz 3 und 4 werden dem Innovationsfonds aus der Liquiditätsreserve des Gesundheitsfonds in den Jahren 2016 bis 2019 jährlich 150 Millionen Euro abzüglich der Hälfte des anteiligen Betrages der landwirtschaftlichen Krankenkasse gemäß § 221 Absatz 3 Satz 1 Nummer 1 und 4 zugeführt; Finanzmittel aus der Liquiditätsreserve, die im Haushaltsjahr nicht verausgabt wurden, werden nach § 92a Absatz 3 Satz 5 anteilig an die Liquiditätsreserve des Gesundheitsfonds zurückgeführt. [6]Ab dem Jahr 2016 werden dem Strukturfonds zudem aus der Liquiditätsreserve des Gesundheitsfonds zur Finanzierung der Fördermittel nach § 12 des Krankenhausfinanzierungsgesetzes Finanzmittel bis zu einer Höhe von 500 Millionen Euro abzüglich des anteiligen Betrages der landwirtschaftlichen Krankenkasse gemäß § 221 Absatz 3 Satz 1 Nummer 2 zugeführt, soweit die Fördermittel von den Ländern nach Maßgabe der §§ 12 bis 14 des Krankenhausfinanzierungsgesetzes abgerufen werden.

(2a) [1]Bei Schließung oder Insolvenz einer Krankenkasse kann das Bundesversicherungsamt einer leistungsaushelfenden Krankenkasse auf Antrag ein Darlehen aus der Liquiditätsreserve gewähren, wenn dies erforderlich ist, um Leistungsansprüche von Versicherten zu finanzieren, deren Mitgliedschaftsverhältnisse noch nicht geklärt sind. [2]Das Darlehen ist innerhalb von sechs Monaten zurückzuzahlen. [3]Das Nähere zur Darlehensgewährung, Verzinsung und Rückzahlung regelt das Bundesversicherungsamt im Benehmen mit dem Spitzenverband Bund der Krankenkassen.

(3) [1]Reicht die Liquiditätsreserve nicht aus, um alle Zuweisungen nach § 266 Abs. 1 Satz 1 zu erfüllen, leistet der Bund dem Gesundheitsfonds ein nicht zu verzinsendes Liquiditätsdarlehen in Höhe der fehlenden Mittel. [2]Das Darlehen ist im Haushaltsjahr zurückzuzahlen. [3]Die jahresendliche Rückzahlung ist durch geeignete Maßnahmen sicherzustellen.

(4) Die im Laufe eines Jahres entstehenden Kapitalerträge werden dem Sondervermögen gutgeschrieben.

(5) Die Mittel des Gesundheitsfonds sind so anzulegen, dass sie für den in den §§ 266, 269 und 270 genannten Zweck verfügbar sind.

(6) [1]Die dem Bundesversicherungsamt bei der Verwaltung des Fonds entstehenden Ausgaben einschließlich der Ausgaben für die Durchführung und Weiterentwicklung des Risikostrukturausgleichs werden aus den Einnahmen des Gesundheitsfonds gedeckt. [2]Das Nähere regelt die Rechtsverordnung nach § 266 Abs. 7.

§ 271a Sicherstellung der Einnahmen des Gesundheitsfonds. (1) [1]Steigen die Beitragsrückstände einer Krankenkasse erheblich an, so hat die Krankenkasse nach Aufforderung durch das Bundesversicherungsamt diesem die Gründe hierfür zu berichten und innerhalb einer Frist von vier Wochen glaubhaft zu machen, dass der Anstieg nicht auf eine Pflichtverletzung zurückzuführen ist. [2]Entscheidungserhebliche Tatsachen sind durch geeignete Unterlagen glaubhaft zu machen.

(2) [1]Werden die entscheidungserheblichen Unterlagen nicht vorgelegt oder reichen diese nicht zur Glaubhaftmachung eines unverschuldeten Beitragsrückstandes aus, wird die Krankenkasse säumig. [2]Für jeden angefangenen Monat nach Aufforderung zur Berichtslegung wird vorläufig ein Säumniszuschlag in Höhe von 10 Prozent von dem Betrag erhoben, der sich aus der Rückstandsquote des die Berichtspflicht auslösenden Monats abzüglich der des Vorjahresmonats oder der des Vorjahresdurchschnitts der Krankenkasse, multipliziert mit den insgesamt zum Soll gestellten Beiträgen der Krankenkasse des die Berichtspflicht auslösenden Monats, ergibt. [3]Es wird der jeweils niedrigere Wert zur Berechnung der Säumniszuschläge in Ansatz gebracht.

(3) [1]Die Krankenkasse erhält ihre Säumniszuschläge zurück, wenn sie innerhalb einer angemessenen, vom Bundesversicherungsamt festzusetzenden Frist, die im Regelfall drei Monate nach Eintritt der Säumnis nach Absatz 2 nicht unterschreiten soll, glaubhaft macht, dass die Beitragsrückstände nicht auf eine Pflichtverletzung ihrerseits zurückzuführen sind. [2]Anderenfalls werden die Säumniszuschläge endgültig festgesetzt und verbleiben dem Gesundheitsfonds.

(4) [1]Bleiben die Beitragsrückstände auch nach Ablauf der Frist nach Absatz 3 erheblich im Sinne des Absatzes 1 und ist die Krankenkasse säumig im Sinne des Absatzes 2, ist von einer fortgesetzten Pflichtverletzung auszugehen. [2]In diesem Fall soll das Bundesversicherungsamt den Säumniszuschlag um weitere 10 Prozentpunkte pro Monat bis zur vollen Höhe des für die Berechnung der Säumniszuschläge zu Grunde gelegten Differenzbetrages nach Absatz 2 erhöhen. [3]Diese Säumniszuschläge gelten als endgültig festgesetzt und verbleiben dem Gesundheitsfonds.

(5) Klagen gegen die Erhebung von Säumniszuschlägen haben keine aufschiebende Wirkung.

(6) § 28r des Vierten Buches und § 251 Abs. 5 Satz 2 bleiben unberührt.

§ 272 *(aufgehoben)*

§ 273 Sicherung der Datengrundlagen für den Risikostrukturausgleich.

(1) [1]Das Bundesversicherungsamt prüft im Rahmen der Durchführung des Risikostrukturausgleichs nach Maßgabe der folgenden Absätze die Datenmeldungen der Krankenkassen hinsichtlich der Vorgaben des § 268 Absatz 3 Satz 1, 2 und 14, insbesondere die Zulässigkeit der Meldung von Diagnosedaten und Arzneimittelkennzeichen. [2]§ 266 Absatz 7 Satz 1 Nummer 9 und § 274 bleiben unberührt.

(2) [1]Das Bundesversicherungsamt unterzieht die Daten nach § 268 Absatz 3 Satz 14 in Verbindung mit Satz 1 Nummer 5 einer Prüfung zur Feststellung einer Auffälligkeit. [2]Die Daten nach § 268 Absatz 3 Satz 14 in Verbindung mit Satz 1 Nummer 1 bis 4 und 6 bis 7 kann das Bundesversicherungsamt einer Prüfung zur Feststellung einer Auffälligkeit unterziehen. [3]Die Prüfung erfolgt als kassenübergreifende Vergleichsanalyse. [4]Der Vergleichsanalyse sind geeignete Analysegrößen, insbesondere Häufigkeit und Schweregrad der übermittelten Diagnosen, sowie geeignete Vergleichskenngrößen und Vergleichszeitpunkte zugrunde zu legen, um Veränderungen der Daten und ihre Bedeutung für die Klassifikation der Versicherten nach Morbidität nach § 268 Absatz 1 Satz 1 Nummer 1 erkennbar zu machen. [5]Das Nähere, insbesondere einen Schwellenwert für die Feststellung einer Auffälligkeit, bestimmt das Bundesversicherungsamt im Benehmen mit dem Spitzenverband Bund der Krankenkassen.

(3) [1]Hat das Bundesversicherungsamt eine Auffälligkeit nach Absatz 2 festgestellt, unterzieht es die betroffene Krankenkasse insbesondere wegen der Zulässigkeit der Meldung von Diagnosedaten nach § 268 Absatz 3 Satz 14 einer Einzelfallprüfung. [2]Das Gleiche gilt auch dann, wenn bestimmte Tatsachen den Verdacht begründen, dass eine Krankenkasse die Vorgaben des § 268 Absatz 3 Satz 1, 2 und 14 nicht eingehalten hat. [3]Die Krankenkassen sind verpflichtet, bei der Prüfung aufklärend mitzuwirken und auf Verlangen des Bundesversicherungsamts diesem weitere Auskünfte und Nachweise, insbesondere über die zugehörigen anonymisierten Arztnummern sowie die abgerechneten Gebührenpositionen, in einer von diesem gesetzten angemessenen Frist zu liefern; legt die Krankenkasse die geforderten Unterlagen nicht innerhalb der Frist vor, kann das Bundesversicherungsamt ein Zwangsgeld entsprechend § 71 Absatz 6 Satz 5 festsetzen. [4]Das Nähere über die einheitliche technische Aufbereitung der Daten kann das Bundesversicherungsamt bestimmen. [5]Das Bundesversicherungsamt kann die betroffene Krankenkasse auch vor Ort prüfen. [6]Eine Prüfung der Leistungserbringer, insbesondere im Hinblick auf Diagnosedaten, ist ausgeschlossen. [7]Die von den Krankenkassen übermittelten Daten dürfen ausschließlich für die Prüfung zur Feststellung einer Auffälligkeit nach Absatz 2 sowie für die Einzelfallprüfung nach diesem Absatz verarbeitet oder genutzt werden.

(4) [1]Das Bundesversicherungsamt stellt als Ergebnis der Prüfungen nach den Absätzen 2 und 3 fest, ob und in welchem Umfang die betroffene Krankenkasse die Vorgaben des § 268 Absatz 3 Satz 1, 2 und 14 eingehalten hat. [2]Hat die be-

troffene Krankenkasse die Vorgaben des § 268 Absatz 3 Satz 1, 2 und 14 nicht oder nur teilweise eingehalten, ermittelt das Bundesversicherungsamt einen Korrekturbetrag, um den die Zuweisungen nach § 266 Absatz 2 Satz 1 für diese Krankenkasse zu kürzen sind. [3]Das Nähere über die Ermittlung des Korrekturbetrags und die Kürzung der Zuweisungen regelt das Bundesministerium für Gesundheit durch Rechtsverordnung nach § 266 Absatz 7 mit Zustimmung des Bundesrates.

(5) [1]Das Bundesversicherungsamt teilt der betroffenen Krankenkasse seine Feststellung nach Absatz 4 Satz 1 und den Korrekturbetrag nach Absatz 4 Satz 2 mit. [2]Klagen bei Streitigkeiten nach dieser Vorschrift haben keine aufschiebende Wirkung.

Fünfter Abschnitt
Prüfung der Krankenkassen und ihrer Verbände

§ 274 Prüfung der Geschäfts-, Rechnungs- und Betriebsführung. (1) [1]Das Bundesversicherungsamt und die für die Sozialversicherung zuständigen obersten Verwaltungsbehörden der Länder haben mindestens alle fünf Jahre die Geschäfts-, Rechnungs- und Betriebsführung der ihrer Aufsicht unterstehenden Krankenkassen und deren Arbeitsgemeinschaften zu prüfen. [2]Das Bundesministerium für Gesundheit hat mindestens alle fünf Jahre die Geschäfts-, Rechnungs- und Betriebsführung des Spitzenverbandes Bund der Krankenkassen und der Kassenärztlichen Bundesvereinigungen, die für die Sozialversicherung zuständigen obersten Verwaltungsbehörden der Länder haben mindestens alle fünf Jahre die Geschäfts-, Rechnungs- und Betriebsführung der Landesverbände der Krankenkassen und der Kassenärztlichen Vereinigungen, sowie der Prüfstelle und des Beschwerdeausschusses nach § 106c zu prüfen. [3]Das Bundesministerium für Gesundheit kann die Prüfung der bundesunmittelbaren Krankenkassen und deren Arbeitsgemeinschaften, die der Aufsicht des Bundesversicherungsamts unterstehen, des Spitzenverbandes Bund der Krankenkassen und der Kassenärztlichen Bundesvereinigungen, die für die Sozialversicherung zuständigen obersten Verwaltungsbehörden der Länder können die Prüfung der landesunmittelbaren Krankenkassen und deren Arbeitsgemeinschaften, die ihrer Aufsicht unterstehen, der Landesverbände der Krankenkassen und der Kassenärztlichen Vereinigungen auf eine öffentlich-rechtliche Prüfungseinrichtung übertragen, die bei der Durchführung der Prüfung unabhängig ist, oder eine solche Prüfungseinrichtung errichten. [4]Die Prüfung hat sich auf den gesamten Geschäftsbetrieb zu erstrecken; sie umfasst die Prüfung seiner Gesetzmäßigkeit und Wirtschaftlichkeit. [5]Die Krankenkassen, die Verbände und Arbeitsgemeinschaften der Krankenkassen, die Kassenärztlichen Vereinigungen und die Kassenärztlichen Bundesvereinigungen haben auf Verlangen alle Unterlagen vorzulegen und alle Auskünfte zu erteilen, die zur Durchführung der

Prüfung erforderlich sind. [6]Die mit der Prüfung nach diesem Absatz befassten Stellen können nach Anhörung des Spitzenverbandes Bund der Krankenkassen bestimmen, dass die Krankenkassen die zu prüfenden Daten elektronisch und in einer bestimmten Form zur Verfügung stellen.

(2) [1]Die Kosten, die den mit der Prüfung befassten Stellen entstehen, tragen die Krankenkassen ab dem Jahr 2009 nach der Zahl ihrer Mitglieder. [2]Das Nähere über die Erstattung der Kosten einschließlich der zu zahlenden Vorschüsse regeln für die Prüfung der bundesunmittelbaren Krankenkassen und des Spitzenverbandes Bund der Krankenkassen das Bundesministerium für Gesundheit, für die Prüfung der landesunmittelbaren Krankenkassen und der Landesverbände die für die Sozialversicherung zuständigen obersten Verwaltungsbehörden der Länder. [3]Die Kassenärztlichen Vereinigungen, die Kassenärztlichen Bundesvereinigungen sowie die Verbände und Arbeitsgemeinschaften der Krankenkassen tragen die Kosten der bei ihnen durchgeführten Prüfungen selbst. [4]Die Kosten werden nach dem tatsächlich entstandenen Personal- und Sachaufwand berechnet. [5]Der Berechnung der Kosten für die Prüfung der Kassenärztlichen Bundesvereinigungen sind die vom Bundesministerium des Innern erstellten Übersichten über die Personalkostenansätze des laufenden Rechnungsjahres für Beamte, Angestellte und Lohnempfänger einschließlich der Sachkostenpauschale eines Arbeitsplatzes/Beschäftigten in der Bundesverwaltung, der Berechnung der Kosten für die Prüfung der Kassenärztlichen Vereinigungen die entsprechenden, von der zuständigen obersten Landesbehörde erstellten Übersichten zugrunde zu legen. [6]Fehlt es in einem Land an einer solchen Übersicht, gilt die Übersicht des Bundesministeriums des Innern entsprechend. [7]Zusätzlich zu den Personalkosten entstehende Verwaltungsausgaben sind den Kosten in ihrer tatsächlichen Höhe hinzuzurechnen. [8]Die Personalkosten sind pro Prüfungsstunde anzusetzen. [9]Die Kosten der Vor- und Nachbereitung der Prüfung einschließlich der Abfassung des Prüfberichts und einer etwaigen Beratung sind einzubeziehen. [10]Die Prüfungskosten nach Satz 1 werden um die Prüfungskosten vermindert, die von den in Satz 3 genannten Stellen zu tragen sind.

(3) [1]Das Bundesministerium für Gesundheit kann mit Zustimmung des Bundesrates allgemeine Verwaltungsvorschriften für die Durchführung der Prüfungen erlassen. [2]Dabei ist ein regelmäßiger Erfahrungsaustausch zwischen den Prüfungseinrichtungen vorzusehen.

(4) Der Bundesrechnungshof prüft die Haushalts- und Wirtschaftsführung der gesetzlichen Krankenkassen, ihrer Verbände und Arbeitsgemeinschaften.

Neuntes Kapitel
Medizinischer Dienst der Krankenversicherung

Erster Abschnitt
Aufgaben

§ 275 Begutachtung und Beratung. (1) Die Krankenkassen sind in den gesetzlich bestimmten Fällen oder wenn es nach Art, Schwere, Dauer oder Häufigkeit der Erkrankung oder nach dem Krankheitsverlauf erforderlich ist, verpflichtet,

1. bei Erbringung von Leistungen, insbesondere zur Prüfung von Voraussetzungen, Art und Umfang der Leistung, sowie bei Auffälligkeiten zur Prüfung der ordnungsgemäßen Abrechnung,

2. zur Einleitung von Leistungen zur Teilhabe, insbesondere zur Koordinierung der Leistungen nach den §§ 14 bis 24 des Neunten Buches, im Benehmen mit dem behandelnden Arzt,

3. bei Arbeitsunfähigkeit

   a) zur Sicherung des Behandlungserfolgs, insbesondere zur Einleitung von Maßnahmen der Leistungsträger für die Wiederherstellung der Arbeitsfähigkeit, oder

   b) zur Beseitigung von Zweifeln an der Arbeitsunfähigkeit,

eine gutachtliche Stellungnahme des Medizinischen Dienstes der Krankenversicherung (Medizinischer Dienst) einzuholen.

(1a) ¹Zweifel an der Arbeitsunfähigkeit nach Absatz 1 Nr. 3 Buchstabe b sind insbesondere in Fällen anzunehmen, in denen

a) Versicherte auffällig häufig oder auffällig häufig nur für kurze Dauer arbeitsunfähig sind oder der Beginn der Arbeitsunfähigkeit häufig auf einen Arbeitstag am Beginn oder am Ende einer Woche fällt oder

b) die Arbeitsunfähigkeit von einem Arzt festgestellt worden ist, der durch die Häufigkeit der von ihm ausgestellten Bescheinigungen über Arbeitsunfähigkeit auffällig geworden ist.

²Die Prüfung hat unverzüglich nach Vorlage der ärztlichen Feststellung über die Arbeitsunfähigkeit zu erfolgen. ³Der Arbeitgeber kann verlangen, dass die Krankenkasse eine gutachtliche Stellungnahme des Medizinischen Dienstes zur Überprüfung der Arbeitsunfähigkeit einholt. ⁴Die Krankenkasse kann von einer Beauftragung des Medizinischen Dienstes absehen, wenn sich die medizinischen Voraussetzungen der Arbeitsunfähigkeit eindeutig aus den der Krankenkasse vorliegenden ärztlichen Unterlagen ergeben.

(1b) ¹Der Medizinische Dienst überprüft bei Vertragsärzten, die nach § 106a Absatz 1 geprüft werden, stichprobenartig und zeitnah Feststellungen der Arbeitsunfähigkeit. ²Die in § 106 Absatz 1 Satz 2 genannten Vertragspartner vereinbaren das Nähere.

(1c) [1]Bei Krankenhausbehandlung nach § 39 ist eine Prüfung nach Absatz 1 Nr. 1 zeitnah durchzuführen. [2]Die Prüfung nach Satz 1 ist spätestens sechs Wochen nach Eingang der Abrechnung bei der Krankenkasse einzuleiten und durch den Medizinischen Dienst dem Krankenhaus anzuzeigen. [3]Falls die Prüfung nicht zu einer Minderung des Abrechnungsbetrags führt, hat die Krankenkasse dem Krankenhaus eine Aufwandspauschale in Höhe von 300 Euro zu entrichten. [4]Als Prüfung nach Satz 1 ist jede Prüfung der Abrechnung eines Krankenhauses anzusehen, mit der die Krankenkasse den Medizinischen Dienst beauftragt und die eine Datenerhebung durch den Medizinischen Dienst beim Krankenhaus erfordert.

(2) Die Krankenkassen haben durch den Medizinischen Dienst prüfen zu lassen
1. die Notwendigkeit der Leistungen nach den §§ 23, 24, 40 und 41 unter Zugrundelegung eines ärztlichen Behandlungsplans in Stichproben vor Bewilligung und regelmäßig bei beantragter Verlängerung; der Spitzenverband Bund der Krankenkassen regelt in Richtlinien den Umfang und die Auswahl der Stichproben und kann Ausnahmen zulassen, wenn Prüfungen nach Indikation und Personenkreis nicht notwendig erscheinen; dies gilt insbesondere für Leistungen zur medizinischen Rehabilitation im Anschluss an eine Krankenhausbehandlung (Anschlussheilbehandlung),
2. *(aufgehoben)*
3. bei Kostenübernahme einer Behandlung im Ausland, ob die Behandlung einer Krankheit nur im Ausland möglich ist (§ 18),
4. ob und für welchen Zeitraum häusliche Krankenpflege länger als vier Wochen erforderlich ist (§ 37 Abs. 1),
5. ob Versorgung mit Zahnersatz aus medizinischen Gründen ausnahmsweise unaufschiebbar ist (§ 27 Abs. 2).

(3) Die Krankenkassen können in geeigneten Fällen durch den Medizinischen Dienst prüfen lassen
1. vor Bewilligung eines Hilfsmittels, ob das Hilfsmittel erforderlich ist (§ 33); der Medizinische Dienst hat hierbei den Versicherten zu beraten; er hat mit den Orthopädischen Versorgungsstellen zusammenzuarbeiten,
2. bei Dialysebehandlung, welche Form der ambulanten Dialysebehandlung unter Berücksichtigung des Einzelfalls notwendig und wirtschaftlich ist,
3. die Evaluation durchgeführter Hilfsmittelversorgungen,
4. ob Versicherten bei der Inanspruchnahme von Versicherungsleistungen aus Behandlungsfehlern ein Schaden entstanden ist (§ 66).

(3a) Ergeben sich bei der Auswertung der Unterlagen über die Zuordnung von Patienten zu den Behandlungsbereichen nach § 4 der Psychiatrie-Personalverordnung in vergleichbaren Gruppen Abweichungen, so können die Landesverbände der Krankenkassen und die Verbände der Ersatzkassen die Zuordnungen durch den Medizinischen Dienst überprüfen lassen; das zu übermittelnde Ergebnis der Überprüfung darf keine Sozialdaten enthalten.

(4) ¹Die Krankenkassen und ihre Verbände sollen bei der Erfüllung anderer als der in Absatz 1 bis 3 genannten Aufgaben im notwendigen Umfang den Medizinischen Dienst oder andere Gutachterdienste zu Rate ziehen, insbesondere für allgemeine medizinische Fragen der gesundheitlichen Versorgung und Beratung der Versicherten, für Fragen der Qualitätssicherung, für Vertragsverhandlungen mit den Leistungserbringern und für Beratungen der gemeinsamen Ausschüsse von Ärzten und Krankenkassen, insbesondere der Prüfungsausschüsse. ²Der Medizinische Dienst führt die Aufgaben nach § 116b Absatz 2 durch, wenn der erweiterte Landesausschuss ihn hiermit nach § 116b Absatz 3 Satz 8 ganz oder teilweise beauftragt.

(4a) ¹Soweit die Erfüllung der sonstigen dem Medizinischen Dienst obliegenden Aufgaben nicht beeinträchtigt wird, kann er Beamte nach den §§ 44 bis 49 des Bundesbeamtengesetzes ärztlich untersuchen und ärztliche Gutachten fertigen. ²Die hierdurch entstehenden Kosten sind von der Behörde, die den Auftrag erteilt hat, zu erstatten. ³§ 281 Absatz 1a Satz 2 gilt entsprechend. ⁴Der Medizinische Dienst des Spitzenverbandes Bund der Krankenkassen und das Bundesministerium des Innern vereinbaren unter Beteiligung der Medizinischen Dienste, die ihre grundsätzliche Bereitschaft zur Durchführung von Untersuchungen und zur Fertigung von Gutachten nach Satz 1 erklärt haben, das Nähere über das Verfahren und die Höhe der Kostenerstattung. ⁵Die Medizinischen Dienste legen die Vereinbarung ihrer Aufsichtsbehörde vor, die der Vereinbarung innerhalb von drei Monaten nach Vorlage widersprechen kann, wenn die Erfüllung der sonstigen Aufgaben des Medizinischen Dienstes gefährdet wäre.

(5) ¹Die Ärzte des Medizinischen Dienstes sind bei der Wahrnehmung ihrer medizinischen Aufgaben nur ihrem ärztlichen Gewissen unterworfen. ²Sie sind nicht berechtigt, in die ärztliche Behandlung einzugreifen.

§ 275a Durchführung und Umfang von Qualitätskontrollen in Krankenhäusern durch den Medizinischen Dienst. (1) ¹Der Medizinische Dienst führt nach Maßgabe der folgenden Absätze und der Richtlinie des Gemeinsamen Bundesausschusses nach § 137 Absatz 3 Kontrollen zur Einhaltung von Qualitätsanforderungen in den nach § 108 zugelassenen Krankenhäusern durch. ²Voraussetzung für die Durchführung einer solchen Kontrolle ist, dass der Medizinische Dienst hierzu von einer vom Gemeinsamen Bundesausschuss in der Richtlinie nach § 137 Absatz 3 festgelegten Stelle oder einer Stelle nach Absatz 4 beauftragt wurde. ³Die Kontrollen sind aufwandsarm zu gestalten und können unangemeldet durchgeführt werden.

(2) ¹Art und Umfang der vom Medizinischen Dienst durchzuführenden Kontrollen bestimmen sich abschließend nach dem konkreten Auftrag, den die in den Absätzen 3 und 4 genannten Stellen erteilen. ²Der Auftrag muss in einem angemessenen Verhältnis zu den Anhaltspunkten stehen, die Auslöser für die Kontrollen sind. ³Gegenstand dieser Aufträge können sein

1. die Einhaltung der Qualitätsanforderungen nach den §§ 135b und 136 bis 136c,

2. die Kontrolle der Richtigkeit der Dokumentation der Krankenhäuser im Rahmen der externen stationären Qualitätssicherung und

3. die Einhaltung der Qualitätsanforderungen der Länder, soweit dies landesrechtlich vorgesehen ist.

[4]Werden bei Durchführung der Kontrollen Anhaltspunkte für erhebliche Qualitätsmängel offenbar, die außerhalb des Kontrollauftrags liegen, so teilt der Medizinische Dienst diese dem Auftraggeber nach Absatz 3 oder Absatz 4 sowie dem Krankenhaus unverzüglich mit. [5]Satz 2 gilt nicht für Stichprobenprüfungen zur Validierung der Qualitätssicherungsdaten nach § 137 Absatz 3 Satz 1.

(3) [1]Die vom Gemeinsamen Bundesausschuss hierfür bestimmten Stellen beauftragen den Medizinischen Dienst nach Maßgabe der Richtlinie nach § 137 Absatz 3 mit Kontrollen nach Absatz 1 in Verbindung mit Absatz 2 Satz 3 Nummer 1 und 2. [2]Soweit der Auftrag auch eine Kontrolle der Richtigkeit der Dokumentation nach Absatz 2 Satz 3 Nummer 2 beinhaltet, sind dem Medizinischen Dienst vom Gemeinsamen Bundesausschuss die Datensätze zu übermitteln, die das Krankenhaus im Rahmen der externen stationären Qualitätssicherung den zuständigen Stellen gemeldet hat und deren Richtigkeit der Medizinische Dienst im Rahmen der Kontrolle zu prüfen hat.

(4) Der Medizinische Dienst kann auch von den für die Krankenhausplanung zuständigen Stellen der Länder mit Kontrollen nach Absatz 1 in Verbindung mit Absatz 2 Satz 3 Nummer 3 beauftragt werden.

§ 275b Durchführung und Umfang von Qualitäts- und Abrechnungsprüfungen bei Leistungen der häuslichen Krankenpflege durch den Medizinischen Dienst. (1) [1]Die Landesverbände der Krankenkassen veranlassen bei Leistungserbringern, mit denen die Krankenkassen Verträge nach § 132a Absatz 4 abgeschlossen haben und die keiner Regelprüfung nach § 114 Absatz 2 des Elften Buches unterliegen, Regelprüfungen durch den Medizinischen Dienst; § 114 Absatz 2 und 3 des Elften Buches gilt entsprechend. [2]Der Medizinische Dienst führt bei Leistungserbringern, mit denen die Krankenkassen Verträge nach § 132a Absatz 4 abgeschlossen haben, im Auftrag der Krankenkassen oder der Landesverbände der Krankenkassen auch anlassbezogen Prüfungen durch, ob die Leistungs- und Qualitätsanforderungen nach diesem Buch und den nach diesem Buch abgeschlossenen vertraglichen Vereinbarungen für Leistungen nach § 37 erfüllt sind und ob die Abrechnung ordnungsgemäß erfolgt ist; § 114 Absatz 4 des Elften Buches gilt entsprechend. [3]Das Nähere, insbesondere zu den Prüfanlässen, den Inhalten der Prüfungen, der Durchführung der Prüfungen, der Beteiligung der Krankenkassen an den Prüfungen sowie zur Abstimmung der Prüfungen nach den Sätzen 1 und 2 mit den Prüfungen nach § 114 des Elften Buches bestimmt der Spitzenverband Bund der Krankenkassen in Richtlinien nach § 282 Absatz 2 Satz 3. [4]§ 114a Absatz 7 Satz 5 bis 8 und 11 des Elften Buches gilt entsprechend mit der Maßgabe, dass auch den für die Wahrnehmung der Interessen von Pflegediensten maßgeblichen Spitzenorganisationen auf Bundesebene Gelegenheit zur Stellungnahme zu geben ist. [5]Die Richtlinien sind bis zum 30. September 2017 zu beschließen.

(2) [1]Für die Durchführung der Prüfungen nach Absatz 1 gelten § 114a Absatz 1 bis 3a des Elften Buches sowie § 276 Absatz 2 Satz 3 bis 9 entsprechend. [2]Prüfungen nach Absatz 1 bei Leistungserbringern, mit denen die Krankenkassen Verträge nach § 132a Absatz 4 abgeschlossen haben und die in einer Wohneinheit behandlungspflegerische Leistungen erbringen, die nach § 132a Absatz 4 Satz 12 anzeigepflichtig sind, sind grundsätzlich unangemeldet durchzuführen. [3]Räume dieser Wohneinheit, die einem Wohnrecht der Versicherten unterliegen, dürfen vom Medizinischen Dienst ohne deren Einwilligung nur betreten werden, soweit dies zur Verhütung dringender Gefahren für die öffentliche Sicherheit und Ordnung erforderlich ist; das Grundrecht der Unverletzlichkeit der Wohnung (Artikel 13 Absatz 1 des Grundgesetzes) wird insoweit eingeschränkt. [4]Der Medizinische Dienst ist im Rahmen der Prüfungen nach Absatz 1 befugt, zu den üblichen Geschäfts- und Betriebszeiten die Räume des Leistungserbringers, mit dem die Krankenkassen Verträge nach § 132a Absatz 4 abgeschlossen haben, zu betreten, die erforderlichen Unterlagen einzusehen und personenbezogene Daten zu verarbeiten, zu verarbeiten und zu nutzen, soweit dies für die Prüfungen nach Absatz 1 erforderlich und in den Richtlinien nach Absatz 1 Satz 3 festgelegt ist; für die Einwilligung der Betroffenen gilt § 114a Absatz 3 Satz 5 des Elften Buches entsprechend. [5]Der Leistungserbringer, mit dem die Krankenkassen Verträge nach § 132a Absatz 4 abgeschlossen haben, ist zur Mitwirkung bei den Prüfungen nach Absatz 1 verpflichtet und hat dem Medizinischen Dienst Zugang zu den Räumen und den Unterlagen zu verschaffen sowie die Voraussetzungen dafür zu schaffen, dass der Medizinische Dienst die Prüfungen nach Absatz 1 ordnungsgemäß durchführen kann. [6]Im Rahmen der Mitwirkung ist der Leistungserbringer befugt und verpflichtet, dem Medizinischen Dienst Einsicht in personenbezogene Daten zu gewähren oder diese Daten dem Medizinischen Dienst auf dessen Anforderung zu übermitteln. [7]Für die Einwilligung der Betroffenen gilt § 114a Absatz 3 Satz 5 des Elften Buches entsprechend. [8]§ 114a Absatz 4 Satz 2 und 3 des Elften Buches sowie § 277 Absatz 1 Satz 4 gelten entsprechend.

(3) [1]Der Medizinische Dienst berichtet dem Medizinischen Dienst des Spitzenverbandes Bund der Krankenkassen über seine Erfahrungen mit den nach den Absätzen 1 und 2 durchzuführenden Prüfungen, über die Ergebnisse seiner Prüfungen sowie über seine Erkenntnisse zum Stand und zur Entwicklung der Pflegequalität und der Qualitätssicherung in der häuslichen Krankenpflege. [2]Die Medizinischen Dienste stellen unter Beteiligung des Medizinischen Dienstes des Spitzenverbandes Bund der Krankenkassen die Vergleichbarkeit der gewonnenen Daten sicher. [3]Der Medizinische Dienst des Spitzenverbandes Bund der Krankenkassen hat die Erfahrungen und Erkenntnisse der Medizinischen Dienste zu den nach den Absätzen 1 und 2 durchzuführenden Prüfungen sowie die Ergebnisse dieser Prüfungen in den Bericht nach § 114a Absatz 6 des Elften Buches einzubeziehen.

§ 276 Zusammenarbeit. (1) [1]Die Krankenkassen sind verpflichtet, dem Medizinischen Dienst die für die Beratung und Begutachtung erforderlichen Unterlagen vorzulegen und Auskünfte zu erteilen. [2]Unterlagen, die der Versicherte über seine Mitwirkungspflicht nach den §§ 60 und 65 des Ersten Buches hinaus seiner Krankenkasse freiwillig selbst überlassen hat, dürfen an den Medizinischen Dienst nur weitergegeben werden, soweit der Versicherte eingewilligt hat. [3]Für die Einwilligung gilt § 67b Abs. 2 des Zehnten Buches.

(2) [1]Der Medizinische Dienst darf Sozialdaten erheben und speichern sowie einem anderen Medizinischen Dienst übermitteln, soweit dies für die Prüfungen, Beratungen und gutachtlichen Stellungnahmen nach § 275 erforderlich ist. [2]Haben die Krankenkassen oder der Medizinische Dienst für eine gutachtliche Stellungnahme oder Prüfung nach § 275 Absatz 1 bis 3 erforderliche versichertenbezogene Daten bei den Leistungserbringern angefordert, so sind die Leistungserbringer verpflichtet, diese Daten unmittelbar an den Medizinischen Dienst zu übermitteln. [3]Die rechtmäßig erhobenen und gespeicherten Sozialdaten dürfen nur für die in § 275 genannten Zwecke verarbeitet oder genutzt werden, für andere Zwecke, soweit dies durch Rechtsvorschriften des Sozialgesetzbuchs angeordnet oder erlaubt ist. [4]Die Sozialdaten sind nach fünf Jahren zu löschen. [5]Die §§ 286, 287 und 304 Abs. 1 Satz 2 und 3 und Abs. 2 gelten für den Medizinischen Dienst entsprechend. [6]Der Medizinische Dienst hat Sozialdaten zur Identifikation des Versicherten getrennt von den medizinischen Sozialdaten des Versicherten zu speichern. [7]Durch technische und organisatorische Maßnahmen ist sicherzustellen, dass die Sozialdaten nur den Personen zugänglich sind, die sie zur Erfüllung ihrer Aufgaben benötigen. [8]Der Schlüssel für die Zusammenführung der Daten ist vom Beauftragten für den Datenschutz des Medizinischen Dienstes aufzubewahren und darf anderen Personen nicht zugänglich gemacht werden. [9]Jede Zusammenführung ist zu protokollieren.

(2a) [1]Ziehen die Krankenkassen den Medizinischen Dienst oder einen anderen Gutachterdienst nach § 275 Abs. 4 zu Rate, können sie ihn mit Erlaubnis der Aufsichtsbehörde beauftragen, Datenbestände leistungserbringer- oder fallbezogen für zeitlich befristete und im Umfang begrenzte Aufträge nach § 275 Abs. 4 auszuwerten; die versichertenbezogenen Sozialdaten sind vor der Übermittlung an den Medizinischen Dienst oder den anderen Gutachterdienst zu anonymisieren. [2]Absatz 2 Satz 2 gilt entsprechend.

(2b) Beauftragt der Medizinische Dienst einen Gutachter (§ 279 Abs. 5), ist die Übermittlung von erforderlichen Daten zwischen Medizinischem Dienst und dem Gutachter zulässig, soweit dies zur Erfüllung des Auftrages erforderlich ist.

(3) Für das Akteneinsichtsrecht des Versicherten gilt § 25 des Zehnten Buches entsprechend.

(4) [1]Wenn es im Einzelfall zu einer gutachtlichen Stellungnahme über die Notwendigkeit und Dauer der stationären Behandlung des Versicherten erforderlich ist, sind die Ärzte des Medizinischen Dienstes befugt, zwischen 8.00 und 18.00 Uhr die Räume der Krankenhäuser und Vorsorge- oder Rehabilitati-

onseinrichtungen zu betreten, um dort die Krankenunterlagen einzusehen und, soweit erforderlich, den Versicherten untersuchen zu können. [2]In den Fällen des § 275 Abs. 3a sind die Ärzte des Medizinischen Dienstes befugt, zwischen 8.00 und 18.00 Uhr die Räume der Krankenhäuser zu betreten, um dort die zur Prüfung erforderlichen Unterlagen einzusehen.

(4a) [1]Der Medizinische Dienst ist im Rahmen der Kontrollen nach § 275a befugt, zu den üblichen Geschäfts- und Betriebszeiten die Räume des Krankenhauses zu betreten, die erforderlichen Unterlagen einzusehen und personenbezogene Daten zu erheben, zu verarbeiten und zu nutzen, soweit dies in der Richtlinie des Gemeinsamen Bundesausschusses nach § 137 Absatz 3 festgelegt und für die Kontrollen erforderlich ist. [2]Absatz 2 Satz 3 bis 9 gilt für die Durchführung von Kontrollen nach § 275a entsprechend. [3]Das Krankenhaus ist zur Mitwirkung verpflichtet und hat dem Medizinischen Dienst Zugang zu den Räumen und den Unterlagen zu verschaffen sowie die Voraussetzungen dafür zu schaffen, dass er die Kontrollen nach § 275a ordnungsgemäß durchführen kann; das Krankenhaus ist hierbei befugt und verpflichtet, dem Medizinischen Dienst Einsicht in personenbezogene Daten zu gewähren oder diese auf Anforderung des Medizinischen Dienstes zu übermitteln. [4]Die Sätze 1 und 2 gelten für Kontrollen nach § 275a Absatz 4 nur unter der Voraussetzung, dass das Landesrecht entsprechende Mitwirkungspflichten und datenschutzrechtliche Befugnisse der Krankenhäuser zur Gewährung von Einsicht in personenbezogene Daten vorsieht.

(5) [1]Wenn sich im Rahmen der Überprüfung der Feststellungen von Arbeitsunfähigkeit (§ 275 Abs. 1 Nr. 3b, Abs. 1a und Abs. 1b) aus den ärztlichen Unterlagen ergibt, dass der Versicherte aufgrund seines Gesundheitszustandes nicht in der Lage ist, einer Vorladung des Medizinischen Dienstes Folge zu leisten oder wenn der Versicherte einen Vorladungstermin unter Berufung auf seinen Gesundheitszustand absagt und der Untersuchung fernbleibt, soll die Untersuchung in der Wohnung des Versicherten stattfinden. [2]Verweigert er hierzu seine Zustimmung, kann ihm die Leistung versagt werden. [3]Die §§ 65, 66 des Ersten Buches bleiben unberührt.

(6) Die Aufgaben des Medizinischen Dienstes im Rahmen der sozialen Pflegeversicherung ergeben sich zusätzlich zu den Bestimmungen dieses Buches aus den Vorschriften des Elften Buches.

§ 277 Mitteilungspflichten. (1) [1]Der Medizinische Dienst hat dem an der vertragsärztlichen Versorgung teilnehmenden Arzt, sonstigen Leistungserbringern, über deren Leistungen er eine gutachtliche Stellungnahme abgegeben hat, und der Krankenkasse das Ergebnis der Begutachtung und der Krankenkasse die erforderlichen Angaben über den Befund mitzuteilen. [2]Er ist befugt, den an der vertragsärztlichen Versorgung teilnehmenden Ärzten und den sonstigen Leistungserbringern, über deren Leistungen er eine gutachtliche Stellungnahme abgegeben hat, die erforderlichen Angaben über den Befund mitzuteilen. [3]Der Versicherte kann der Mitteilung über den Befund an die Leistungserbringer widersprechen. [4]Nach Abschluss der Kontrollen nach § 275a hat der Medizinische Dienst die Kontrollergebnisse dem geprüften Krankenhaus und dem jeweiligen Auftraggeber mitzuteilen. [5]Soweit in der Richtlinie nach § 137 Absatz 3 Fälle festgelegt sind, in denen Dritte wegen erheblicher Verstöße gegen Qualitätsanforderungen unverzüglich einrichtungsbezogen über das Kontrollergebnis zu informieren sind, hat der Medizinische Dienst sein Kontrollergebnis unverzüglich an die in dieser Richtlinie abschließend benannten Dritten zu übermitteln. [6]Soweit erforderlich und in der Richtlinie des Gemeinsamen Bundesausschusses nach § 137 Absatz 3 vorgesehen, dürfen diese Mitteilungen auch personenbezogene Angaben enthalten; in der Mitteilung an den Auftraggeber und den Dritten sind personenbezogene Daten zu anonymisieren.

(2) [1]Die Krankenkasse hat, solange ein Anspruch auf Fortzahlung des Arbeitsentgelts besteht, dem Arbeitgeber und dem Versicherten das Ergebnis des Gutachtens des Medizinischen Dienstes über die Arbeitsunfähigkeit mitzuteilen, wenn das Gutachten mit der Bescheinigung des Kassenarztes im Ergebnis nicht übereinstimmt. [2]Die Mitteilung darf keine Angaben über die Krankheit des Versicherten enthalten.

Zweiter Abschnitt

Organisation

§ 278 Arbeitsgemeinschaft. (1) [1]In jedem Land wird eine von den Krankenkassen der in Absatz 2 genannten Kassenarten gemeinsam getragene Arbeitsgemeinschaft „Medizinischer Dienst der Krankenversicherung" errichtet. [2]Die Arbeitsgemeinschaft ist nach Maßgabe des Artikels 73 Abs. 4 Satz 3 und 4 des Gesundheits-Reformgesetzes eine rechtsfähige Körperschaft des öffentlichen Rechts.

(2) Mitglieder der Arbeitsgemeinschaft sind die Landesverbände der Orts-, Betriebs- und Innungskrankenkassen, die landwirtschaftliche Krankenkasse, die Ersatzkassen und die BAHN-BKK.

(3) [1]Bestehen in einem Land mehrere Landesverbände einer Kassenart, kann durch Beschluss der Mitglieder der Arbeitsgemeinschaft in einem Land ein weiterer Medizinischer Dienst errichtet werden. [2]Für mehrere Länder kann durch Beschluss der Mitglieder der betroffenen Arbeitsgemeinschaften ein gemeinsamer Medizinischer Dienst errichtet werden. [3]Die Beschlüsse bedürfen der Zustimmung der für die Sozialversicherung zuständigen obersten Verwaltungsbehörden der betroffenen Länder.

§ 279 Verwaltungsrat und Geschäftsführer; Beirat. (1) Organe des Medizinischen Dienstes sind der Verwaltungsrat und der Geschäftsführer.

(2) [1]Der Verwaltungsrat wird von den Verwaltungsräten oder der Vertreterversammlung der Mitglieder gewählt. [2]§ 51 Abs. 1 Satz 1 Nr. 2 bis 4, Abs. 6 Nr. 2 bis 4, Nr. 5 Buchstabe b und c und Nr. 6 Buchstabe a des Vierten Buches

gilt entsprechend. [3]Beschäftigte des Medizinischen Dienstes sind nicht wählbar. [4]Beschäftigte der Krankenkassen oder Beschäftigte von Verbänden oder Arbeitsgemeinschaften der Krankenkassen dürfen zusammen mit höchstens einem Viertel der Mitglieder im Verwaltungsrat vertreten sein.

(3) [1]Der Verwaltungsrat hat höchstens sechzehn Vertreter. [2]Sind mehrere Landesverbände einer Kassenart Mitglieder des Medizinischen Dienstes, kann die Zahl der Vertreter im Verwaltungsrat angemessen erhöht werden. [3]Die Mitglieder haben sich über die Zahl der Vertreter, die auf die einzelne Kassenart entfällt, zu einigen. [4]Kommt eine Einigung nicht zustande, entscheidet die für die Sozialversicherung zuständige oberste Verwaltungsbehörde des Landes.

(4) [1]Der Geschäftsführer führt die Geschäfte des Medizinischen Dienstes nach den Richtlinien des Verwaltungsrats. [2]Er stellt den Haushaltsplan auf und vertritt den Medizinischen Dienst gerichtlich und außergerichtlich. [3]Die Höhe der jährlichen Vergütungen des Geschäftsführers und seines Stellvertreters einschließlich Nebenleistungen sowie die wesentlichen Versorgungsregelungen sind in einer Übersicht jährlich zum 1. März im Bundesanzeiger zu veröffentlichen. [4]Abweichend davon erfolgt die erstmalige Veröffentlichung zum 1. September 2011. [5]Die Art und die Höhe finanzieller Zuwendungen, die dem Geschäftsführer und seinem Stellvertreter im Zusammenhang mit ihrer Geschäftsführertätigkeit von Dritten gewährt werden, sind dem Vorsitzenden und dem stellvertretenden Vorsitzenden des Verwaltungsrates mitzuteilen.

(4a) [1]Bei den Medizinischen Diensten wird ein Beirat errichtet, der den Verwaltungsrat bei seinen Entscheidungen berät und durch Vorschläge und Stellungnahmen unterstützt. [2]Er ist vor allen Entscheidungen des Verwaltungsrates zu hören. [3]Der Beirat besteht aus bis zu acht Vertretern. [4]Die Anzahl der Vertreter im Beirat soll der Hälfte der Anzahl der Mitglieder des Verwaltungsrates entsprechen. [5]Die Vertreter im Beirat werden von der für die Sozialversicherung zuständigen obersten Verwaltungsbehörde des Landes bestimmt, und zwar zur einen Hälfte auf Vorschlag der für die Wahrnehmung der Interessen und der Selbsthilfe der pflegebedürftigen und behinderten Menschen sowie der pflegenden Angehörigen maßgeblichen Organisationen auf Landesebene und zur anderen Hälfte auf Vorschlag der maßgeblichen Verbände der Pflegeberufe auf Landesebene. [6]Die für die Sozialversicherung zuständige oberste Verwaltungsbehörde des Landes bestimmt die Voraussetzungen der Anerkennung der maßgeblichen Organisationen und Verbände nach Satz 3, insbesondere zu den Erfordernissen an die Organisationsform und die Offenlegung der Finanzierung. [7]Sie legt auch die Einzelheiten für das Verfahren der Übermittlung und der Bearbeitung der Vorschläge der Organisationen und Verbände nach Satz 3 fest. [8]Die Kosten der Tätigkeit des Beirats trägt der Medizinische Dienst. [9]Die Vertreter des Beirates nach Satz 1 erhalten Reisekosten nach dem Bundesreisekostengesetz oder nach den Vorschriften des Landes über Reisekostenvergütung, Ersatz des Verdienstausfalls in entsprechender Anwendung des § 41 Absatz 2 des Vierten Buches sowie einen Pauschbetrag für Zeitaufwand in Höhe eines Fünfzigstels der monatlichen Bezugsgröße (§ 18 des Vierten Buches) für jeden

Kalendertag einer Sitzung. [10]Das Nähere, insbesondere zum Verfahren der Beteiligung des Beirats und zu seiner Finanzierung, ist in der Satzung des Medizinischen Dienstes zu regeln.

(5) Die Fachaufgaben des Medizinischen Dienstes werden von Ärzten und Angehörigen anderer Heilberufe wahrgenommen; der Medizinische Dienst hat vorrangig Gutachter zu beauftragen.

(6) Folgende Vorschriften des Vierten Buches gelten entsprechend: §§ 34, 37, 38, 40 Abs. 1 Satz 1 und 2 und Abs. 2, §§ 41, 42 Abs. 1 bis 3, § 43 Abs. 2, §§ 58, 59 Abs. 1 bis 3, Abs. 5 und 6, §§ 60, 62 Abs. 1 Satz 1 erster Halbsatz, Abs. 2, Abs. 3 Satz 1 und 4 und Abs. 4 bis 6, § 63 Abs. 1 und 2, Abs. 3 Satz 2 und 3, Abs. 4 und 5, § 64 Abs. 1 und Abs. 2 Satz 2, Abs. 3 Satz 2 und 3 und § 66 Abs. 1 Satz 1 und Abs. 2.

§ 280 Aufgaben des Verwaltungsrates. (1) [1]Der Verwaltungsrat hat
1. die Satzung zu beschließen,
2. den Haushaltsplan festzustellen,
3. die jährliche Betriebs- und Rechnungsführung zu prüfen,
4. Richtlinien für die Erfüllung der Aufgaben des Medizinischen Dienstes unter Berücksichtigung der Richtlinien und Empfehlungen des Spitzenverbandes Bund der Krankenkassen nach § 282 Abs. 2 aufzustellen,
5. Nebenstellen zu errichten und aufzulösen,
6. den Geschäftsführer und seinen Stellvertreter zu wählen und zu entlasten.
[2]§ 210 Abs. 1 gilt entsprechend. [3]§ 35a Absatz 6a des Vierten Buches gilt entsprechend.

(2) [1]Beschlüsse des Verwaltungsrats werden mit einfacher Mehrheit der Mitglieder gefasst. [2]Beschlüsse über Haushaltsangelegenheiten und über die Aufstellung und Änderung der Satzung bedürfen einer Mehrheit von zwei Dritteln der Mitglieder.

§ 281 Finanzierung und Aufsicht. (1) [1]Die zur Finanzierung der Aufgaben des Medizinischen Dienstes nach § 275 Absatz 1 bis 3a, den §§ 275a und 275b erforderlichen Mittel mit Ausnahme der erforderlichen Mittel für die Kontrollen nach § 275a Absatz 4 werden von den Krankenkassen nach § 278 Abs. 1 Satz 1 durch eine Umlage aufgebracht. [2]Die Mittel sind im Verhältnis der Zahl der Mitglieder der einzelnen Krankenkassen mit Wohnort im Einzugsbereich des Medizinischen Dienstes aufzuteilen. [3]Die Zahl der nach Satz 2 maßgeblichen Mitglieder der Krankenkasse ist nach dem Vordruck KM 6 der Statistik über die Versicherten in der gesetzlichen Krankenversicherung jeweils zum 1. Juli eines Jahres zu bestimmen. [4]Werden dem Medizinischen Dienst Aufgaben übertragen, die für die Prüfung von Ansprüchen gegenüber Leistungsträgern bestimmt sind, die nicht Mitglied der Arbeitsgemeinschaft nach § 278 sind, sind ihm die hierdurch entstehenden Kosten von den anderen Leistungsträgern zu erstatten. [5]Die Pflegekassen tragen abweichend von Satz 3 die Hälfte der Umlage nach Satz 1.

(1a) [1]Die Leistungen der Medizinischen Dienste oder anderer Gutachterdienste im Rahmen der ihnen nach § 275 Abs. 4 übertragenen Aufgaben sind von dem jeweiligen Auftraggeber durch aufwandsorientierte Nutzerentgelte zu vergüten. [2]Dies gilt auch für Kontrollen des Medizinischen Dienstes nach § 275a Absatz 4. [3]Eine Verwendung von Umlagemitteln nach Absatz 1 Satz 1 zur Finanzierung dieser Aufgaben ist auszuschließen.

(2) [1]Für das Haushalts- und Rechnungswesen einschließlich der Statistiken gelten die §§ 67 bis 69, § 70 Abs. 5, § 72 Abs. 1 und 2 Satz 1 erster Halbsatz, §§ 73 bis 77 Abs. 1, § 79 Abs. 1 und 2 in Verbindung mit Absatz 3a des Vierten Buches sowie die aufgrund des § 78 des Vierten Buches erlassenen Rechtsverordnungen entsprechend. [2]Für die Bildung von Rückstellungen und Deckungskapital von Altersversorgungsverpflichtungen gelten § 171e sowie § 12 Absatz 1 und 1a der Sozialversicherungs-Rechnungsverordnung entsprechend. [3]Für das Vermögen gelten die §§ 80 und 85 des Vierten Buches entsprechend.

(3) [1]Der Medizinische Dienst untersteht der Aufsicht der für die Sozialversicherung zuständigen obersten Verwaltungsbehörde des Landes, in dem er seinen Sitz hat. [2]§ 87 Abs. 1 Satz 2 und die §§ 88 und 89 des Vierten Buches sowie § 274 gelten entsprechend. [3]§ 275 Abs. 5 ist zu beachten.

§ 282 Medizinischer Dienst des Spitzenverbandes Bund der Krankenkassen. (1) [1]Der Spitzenverband Bund der Krankenkassen bildet zum 1. Juli 2008 einen Medizinischen Dienst auf Bundesebene (Medizinischer Dienst des Spitzenverbandes Bund der Krankenkassen). [2]Dieser ist nach Maßgabe des Artikels 73 Abs. 4 Satz 3 und 4 des Gesundheits-Reformgesetzes eine rechtsfähige Körperschaft des öffentlichen Rechts.

(2) [1]Der Medizinische Dienst des Spitzenverbandes Bund der Krankenkassen berät den Spitzenverband Bund der Krankenkassen in allen medizinischen Fragen der diesem zugewiesenen Aufgaben. [2]Der Medizinische Dienst des Spitzenverbandes Bund der Krankenkassen koordiniert und fördert die Durchführung der Aufgaben und die Zusammenarbeit der Medizinischen Dienste der Krankenversicherung in medizinischen und organisatorischen Fragen. [3]Der Spitzenverband Bund der Krankenkassen erlässt Richtlinien über die Zusammenarbeit der Krankenkassen mit den Medizinischen Diensten, zur Sicherstellung einer einheitlichen Begutachtung sowie über Grundsätze zur Fort- und Weiterbildung. [4]Im Übrigen kann er Empfehlungen abgeben. [5]Die Medizinischen Dienste der Krankenversicherung haben den Medizinischen Dienst des Spitzenverbandes Bund der Krankenkassen bei der Wahrnehmung seiner Aufgaben zu unterstützen.

(2a) [1]Mitglieder des Medizinischen Dienstes des Spitzenverbandes Bund der Krankenkassen sind der Spitzenverband Bund der Krankenkassen als allein entscheidungsbefugtes Mitglied sowie fördernde Mitglieder. [2]Als fördernde Mitglieder können die Verbände der Krankenkassen und die Medizinischen Dienste der Krankenversicherung beitreten; der Beitritt von für die Wahrnehmung der Interessen der Patientinnen und Patienten und der Selbsthilfe chronisch kranker und behinderter Menschen maßgeblichen Organisationen auf Bundesebene als weitere fördernde Mitglieder kann in der Satzung nach Absatz 2e geregelt werden. [3]Organe des Medizinischen Dienstes des Spitzenverbandes Bund der Krankenkassen sind der Verwaltungsrat, die Geschäftsführung und die Mitgliederversammlung.

(2b) [1]Bei dem Medizinischen Dienst des Spitzenverbandes Bund der Krankenkassen wird als Selbstverwaltungsorgan ein Verwaltungsrat gebildet. [2]Der Verwaltungsrat setzt sich zusammen aus stimmberechtigten Vertretern der im Verwaltungsrat des Spitzenverbandes Bund der Krankenkassen vertretenen Versicherten und Arbeitgeber sowie aus stimmberechtigten Vertretern des Vorstandes des Spitzenverbandes Bund der Krankenkassen. [3]Das Nähere, insbesondere zur Zusammensetzung des Verwaltungsrates, zur Wahl des Vorsitzenden und dessen Stellvertreter sowie zur Wahl nicht stimmberechtigter Mitglieder aus dem Kreis der fördernden Mitglieder des Medizinischen Dienstes des Spitzenverbandes Bund der Krankenkassen, regelt die Satzung nach Absatz 2e. [4]§ 217b Absatz 1 Satz 3 und Absatz 1a bis 1e gilt entsprechend.

(2c) [1]Bei dem Medizinischen Dienst des Spitzenverbandes Bund der Krankenkassen wird eine Mitgliederversammlung gebildet. [2]Die Mitgliederversammlung setzt sich zusammen aus Vertretern der im Verwaltungsrat des Spitzenverbandes Bund der Krankenkassen vertretenen Versicherten und Arbeitgeber sowie aus Vertretern der fördernden Mitglieder des Medizinischen Dienstes des Spitzenverbandes Bund der Krankenkassen. [3]Das Nähere regelt die Satzung nach Absatz 2e, insbesondere zur Zusammensetzung, zu den Aufgaben, zu den Rechten und Pflichten der Mitglieder, zu den Beiträgen der fördernden Mitglieder sowie zur Beschlussfassung der Mitgliederversammlung.

(2d) [1]Bei dem Medizinischen Dienst des Spitzenverbandes Bund der Krankenkassen wird eine Geschäftsführung gebildet, die Vorstand im Sinne des Sozialgesetzbuches ist. [2]Die Geschäftsführung besteht aus einem Geschäftsführer und einem Stellvertreter, die vom Verwaltungsrat des Medizinischen Dienstes des Spitzenverbandes Bund der Krankenkassen gewählt werden. [3]Der Geschäftsführer und sein Stellvertreter führen die Geschäfte des Medizinischen Dienstes des Spitzenverbandes Bund der Krankenkassen, soweit nicht der Verwaltungsrat oder die Mitgliederversammlung zuständig ist, und vertreten den Medizinischen Dienst des Spitzenverbandes Bund der Krankenkassen gerichtlich und außergerichtlich. [4]In der Satzung nach Absatz 2e können die Aufgaben der Geschäftsführung näher konkretisiert werden. [5]§ 217b Absatz 2 Satz 7 und Absatz 2a sowie § 35a Absatz 1 bis 3, 6 Satz 1, Absatz 6a und 7 des Vierten Buches gelten entsprechend.

(2e) [1]Der Verwaltungsrat hat eine Satzung zu beschließen. [2]Die Satzung bedarf der Genehmigung der Aufsichtsbehörde. [3]§ 34 Absatz 2 des Vierten Buches und § 217e Absatz 1 Satz 5 gelten entsprechend.

(3) [1]§ 217d Absatz 2 gilt mit der Maßgabe entsprechend, dass der Spitzenverband Bund der Krankenkassen die Mittel zur Wahrnehmung der Aufgaben des Medizinischen Dienstes des Spitzenverbandes Bund der Krankenkassen

nach diesem und dem Elften Buch aufzubringen hat. [2]Für fördernde Mitglieder des Medizinischen Dienstes des Spitzenverbandes Bund der Krankenkassen kann ein Beitrag zur Finanzierung vorgesehen werden. [3]Das Nähere zur Finanzierung regelt die Satzung nach Absatz 2e. [4]Für die Bildung von Rückstellungen und Deckungskapital von Altersversorgungsverpflichtungen gelten § 171e sowie § 12 Absatz 1 und 1a der Sozialversicherungs-Rechnungsverordnung entsprechend.

(4) [1]Der Medizinische Dienst des Spitzenverbandes Bund der Krankenkassen untersteht der Aufsicht des Bundesministeriums für Gesundheit. [2]§ 217d Absatz 3 und die §§ 217g bis 217j, 219, 274, 279 Absatz 4 Satz 3 und 5 gelten entsprechend. [3]§ 275 Absatz 5 ist zu beachten.

§ 283 Ausnahmen. Die Aufgaben des Medizinischen Dienstes nimmt für die Krankenversicherung der Deutschen Rentenversicherung Knappschaft-Bahn-See deren Sozialmedizinischer Dienst wahr.

Zehntes Kapitel
Versicherungs- und Leistungsdaten, Datenschutz, Datentransparenz

Erster Abschnitt
Informationsgrundlagen

Erster Titel
Grundsätze der Datenverwendung

§ 284 Sozialdaten bei den Krankenkassen. (1) [1]Die Krankenkassen dürfen Sozialdaten für Zwecke der Krankenversicherung nur erheben und speichern, soweit diese für

1. die Feststellung des Versicherungsverhältnisses und der Mitgliedschaft, einschließlich der für die Anbahnung eines Versicherungsverhältnisses erforderlichen Daten,
2. die Ausstellung des Berechtigungsscheines und der elektronischen Gesundheitskarte,
3. die Feststellung der Beitragspflicht und der Beiträge, deren Tragung und Zahlung,
4. die Prüfung der Leistungspflicht und der Erbringung von Leistungen an Versicherte einschließlich der Voraussetzungen von Leistungsbeschränkungen, die Bestimmung des Zuzahlungsstatus und die Durchführung der Verfahren bei Kostenerstattung, Beitragsrückzahlung und der Ermittlung der Belastungsgrenze,
5. die Unterstützung der Versicherten bei Behandlungsfehlern,

6. die Übernahme der Behandlungskosten in den Fällen des § 264,
7. die Beteiligung des Medizinischen Dienstes,
8. die Abrechnung mit den Leistungserbringern, einschließlich der Prüfung der Rechtmäßigkeit und Plausibilität der Abrechnung,
9. die Überwachung der Wirtschaftlichkeit der Leistungserbringung,
10. die Abrechnung mit anderen Leistungsträgern,
11. die Durchführung von Erstattungs- und Ersatzansprüchen,
12. die Vorbereitung, Vereinbarung und Durchführung von Vergütungsverträgen nach dem § 87a,
13. die Vorbereitung und Durchführung von Modellvorhaben, die Durchführung des Versorgungsmanagements nach § 11 Abs. 4, die Durchführung von Verträgen zur hausarztzentrierten Versorgung, zu besonderen Versorgungsformen und zur ambulanten Erbringung hochspezialisierter Leistungen, einschließlich der Durchführung von Wirtschaftlichkeitsprüfungen und Qualitätsprüfungen, soweit Verträge ohne Beteiligung der Kassenärztlichen Vereinigungen abgeschlossen wurden,
14. die Durchführung des Risikostrukturausgleichs (§ 266 Abs. 1 bis 6, § 267 Abs. 1 bis 6, § 268 Abs. 3) sowie zur Gewinnung von Versicherten für die Programme nach § 137g und zur Vorbereitung und Durchführung dieser Programme,
15. die Durchführung des Entlassmanagements nach § 39 Absatz 1a,
16. die Auswahl von Versicherten für Maßnahmen nach § 44 Absatz 4 Satz 1 und nach § 39b sowie zu deren Durchführung,
16a. die Überwachung der Einhaltung der vertraglichen und gesetzlichen Pflichten der Leistungserbringer von Hilfsmitteln nach § 127 Absatz 5a,
17. die Erfüllung der Aufgaben der Krankenkassen als Rehabilitationsträger nach dem Neunten Buch

erforderlich sind. [2]Versichertenbezogene Angaben über ärztliche Leistungen dürfen auch auf maschinell verwertbaren Datenträgern gespeichert werden, soweit dies für die in Satz 1 Nr. 4, 8, 9, 10, 11, 12, 13, 14 und § 305 Absatz 1 bezeichneten Zwecke erforderlich ist. [3]Versichertenbezogene Angaben über ärztlich verordnete Leistungen dürfen auf maschinell verwertbaren Datenträgern gespeichert werden, soweit dies für die in Satz 1 Nr. 4, 8, 9, 10, 11, 12, 13, 14 und § 305 Abs. 1 bezeichnete Zwecke erforderlich ist. [4]Die nach den Sätzen 2 und 3 gespeicherten Daten sind zu löschen, sobald sie für die genannten Zwecke nicht mehr benötigt werden. [5]Im Übrigen gelten für die Datenerhebung und -speicherung die Vorschriften des Ersten und Zehnten Buches.

(2) Im Rahmen der Überwachung der Wirtschaftlichkeit der vertragsärztlichen Versorgung dürfen versichertenbezogene Leistungs- und Gesundheitsdaten auf maschinell verwertbaren Datenträgern nur gespeichert werden, soweit dies für Stichprobenprüfungen nach § 106a Absatz 1 Satz 1 oder § 106b Absatz 1 Satz 1 erforderlich ist.

(3) [1]Die rechtmäßig erhobenen und gespeicherten versichertenbezogenen Daten dürfen nur für die Zwecke der Aufgaben nach Absatz 1 in dem jeweils

erforderlichen Umfang verarbeitet oder genutzt werden, für andere Zwecke, soweit dies durch Rechtsvorschriften des Sozialgesetzbuchs angeordnet oder erlaubt ist. ²Daten, die nach § 295 Abs. 1b Satz 1 an die Krankenkasse übermittelt werden, dürfen nur zu Zwecken nach Absatz 1 Satz 1 Nr. 4, 8, 9, 10, 11, 12, 13, 14 und § 305 Abs. 1 versichertenbezogen verarbeitet und genutzt werden und nur, soweit dies für diese Zwecke erforderlich ist; für die Verarbeitung und Nutzung dieser Daten zu anderen Zwecken ist der Versichertenbezug vorher zu löschen.

(4) ¹Zur Gewinnung von Mitgliedern dürfen die Krankenkassen Daten erheben, verarbeiten und nutzen, wenn die Daten allgemein zugänglich sind, es sei denn, dass das schutzwürdige Interesse des Betroffenen an dem Ausschluss der Verarbeitung oder Nutzung überwiegt. ²Ein Abgleich der erhobenen Daten mit den Angaben nach § 291 Abs. 2 Nr. 2, 3, 4 und 5 ist zulässig. ³Widerspricht der Betroffene bei der verantwortlichen Stelle der Nutzung oder Übermittlung seiner Daten, ist sie unzulässig. ⁴Die Daten sind zu löschen, sobald sie für die Zwecke nach Satz 1 nicht mehr benötigt werden. ⁵Im Übrigen gelten für die Datenerhebung, Verarbeitung und Nutzung die Vorschriften des Ersten und Zehnten Buches.

§ 285 Personenbezogene Daten bei den Kassenärztlichen Vereinigungen.

(1) Die Kassenärztlichen Vereinigungen dürfen Einzelangaben über die persönlichen und sachlichen Verhältnisse der Ärzte nur erheben und speichern, soweit dies zur Erfüllung der folgenden Aufgaben erforderlich ist:
1. Führung des Arztregisters (§ 95),
2. Sicherstellung und Vergütung der vertragsärztlichen Versorgung einschließlich der Überprüfung der Zulässigkeit und Richtigkeit der Abrechnung,
3. Vergütung der ambulanten Krankenhausleistungen (§ 120),
4. Vergütung der belegärztlichen Leistungen (§ 121),
5. Durchführung von Wirtschaftlichkeitsprüfungen (§ 106 bis 106c),
6. Durchführung von Qualitätsprüfungen (§ 135b).

(2) Einzelangaben über die persönlichen und sachlichen Verhältnisse der Versicherten dürfen die Kassenärztlichen Vereinigungen nur erheben und speichern, soweit dies zur Erfüllung der in Absatz 1 Nr. 2, 5, 6 sowie § 106d und § 305 genannten Aufgaben erforderlich ist.

(3) ¹Die rechtmäßig erhobenen und gespeicherten Sozialdaten dürfen nur für die Zwecke der Aufgaben nach Absatz 1 in dem jeweils erforderlichen Umfang verarbeitet oder genutzt werden, für andere Zwecke, soweit dies durch Rechtsvorschriften des Sozialgesetzbuchs angeordnet oder erlaubt ist. ²Die nach Absatz 1 Nr. 6 rechtmäßig erhobenen und gespeicherten Daten dürfen den ärztlichen und zahnärztlichen Stellen nach § 17a der Röntgenverordnung und den ärztlichen Stellen nach § 83 der Strahlenschutzverordnung übermittelt werden, soweit dies für die Durchführung von Qualitätsprüfungen erforderlich ist. ³Die beteiligten Kassenärztlichen Vereinigungen dürfen die nach Absatz 1 und 2 rechtmäßig erhobenen und gespeicherten Sozialdaten der für die überörtliche

Berufsausübungsgemeinschaft zuständigen Kassenärztlichen Vereinigung übermitteln, soweit dies zur Erfüllung der in Absatz 1 Nr. 1, 2, 4, 5 und 6 genannten Aufgaben erforderlich ist. [4]Sie dürfen die nach den Absätzen 1 und 2 rechtmäßig erhobenen Sozialdaten der nach § 24 Abs. 3 Satz 3 der Zulassungsverordnung für Vertragsärzte und § 24 Abs. 3 Satz 3 der Zulassungsverordnung für Vertragszahnärzte ermächtigten Vertragsärzte und Vertragszahnärzte auf Anforderung auch untereinander übermitteln, soweit dies zur Erfüllung der in Absatz 1 Nr. 2 genannten Aufgaben erforderlich ist. [5]Die zuständige Kassenärztliche und die zuständige Kassenzahnärztliche Vereinigung dürfen die nach Absatz 1 und 2 rechtmäßig erhobenen und gespeicherten Sozialdaten der Leistungserbringer, die vertragsärztliche und vertragszahnärztliche Leistungen erbringen, auf Anforderung untereinander übermitteln, soweit dies zur Erfüllung der in Absatz 1 Nr. 2 sowie in § 106a genannten Aufgaben erforderlich ist. [6]Sie dürfen rechtmäßig erhobene und gespeicherte Sozialdaten auf Anforderung auch untereinander übermitteln, soweit dies zur Erfüllung der in § 32 Abs. 1 der Zulassungsverordnung für Vertragsärzte und § 32 Abs. 1 der Zulassungsverordnung für Vertragszahnärzte genannten Aufgaben erforderlich ist. [7]Die Kassenärztlichen Vereinigungen dürfen rechtmäßig erhobene und gespeicherte Sozialdaten auch untereinander übermitteln, soweit dies im Rahmen eines Auftrags nach § 77 Absatz 6 Satz 2 in Verbindung mit § 88 des Zehnten Buches erforderlich ist. [8]Versichertenbezogene Daten sind vor ihrer Übermittlung zu pseudonymisieren.

(3a) Die Kassenärztlichen Vereinigungen sind befugt, personenbezogene Daten der Ärzte, von denen sie bei Erfüllung ihrer Aufgaben nach Absatz 1 Kenntnis erlangt haben, und soweit diese

1. für Entscheidungen über die Rücknahme, den Widerruf oder die Anordnung des Ruhens der Approbation oder
2. für berufsrechtliche Verfahren

erheblich sind, den hierfür zuständigen Behörden und Heilberufskammern zu übermitteln.

(4) Soweit sich die Vorschriften dieses Kapitels auf Ärzte und Kassenärztliche Vereinigungen beziehen, gelten sie entsprechend für Psychotherapeuten, Zahnärzte und Kassenzahnärztliche Vereinigungen.

§ 286 Datenübersicht. (1) [1]Die Krankenkassen und die Kassenärztlichen Vereinigungen erstellen einmal jährlich eine Übersicht über die Art der von ihnen oder in ihrem Auftrag gespeicherten Sozialdaten. [2]Die Übersicht ist der zuständigen Aufsichtsbehörde vorzulegen.

(2) Die Krankenkassen und die Kassenärztlichen Vereinigungen sind verpflichtet, die Übersicht nach Absatz 1 in geeigneter Weise zu veröffentlichen.

(3) Die Krankenkassen und die Kassenärztlichen Vereinigungen regeln in Dienstanweisungen das Nähere insbesondere über
1. die zulässigen Verfahren der Verarbeitung der Daten,
2. Art, Form, Inhalt und Kontrolle der einzugebenden und der auszugebenden Daten,

3. die Abgrenzung der Verantwortungsbereiche bei der Datenverarbeitung,
4. die weiteren zur Gewährleistung von Datenschutz und Datensicherheit zu treffenden Maßnahmen, insbesondere der Maßnahmen nach der Anlage zu § 78a des Zehnten Buches.

§ 287 Forschungsvorhaben. (1) Die Krankenkassen und die Kassenärztlichen Vereinigungen dürfen mit Erlaubnis der Aufsichtsbehörde die Datenbestände leistungserbringer- oder fallbeziehbar für zeitlich befristete und im Umfang begrenzte Forschungsvorhaben, insbesondere zur Gewinnung epidemiologischer Erkenntnisse, von Erkenntnissen über Zusammenhänge zwischen Erkrankungen und Arbeitsbedingungen oder von Erkenntnissen über örtliche Krankheitsschwerpunkte, selbst auswerten oder über die sich aus § 304 ergebenden Fristen hinaus aufbewahren.

(2) Sozialdaten sind zu anonymisieren.

Zweiter Titel
Informationsgrundlagen der Krankenkassen

§ 288 Versichertenverzeichnis. [1]Die Krankenkasse hat ein Versichertenverzeichnis zu führen. [2]Das Versichertenverzeichnis hat alle Angaben zu enthalten, die zur Feststellung der Versicherungspflicht oder -berechtigung, zur Bemessung und Einziehung der Beiträge, soweit nach der Art der Versicherung notwendig sowie zur Feststellung des Leistungsanspruchs einschließlich der Versicherung nach § 10 erforderlich sind.

§ 289 Nachweispflicht bei Familienversicherung. [1]Für die Eintragung in das Versichertenverzeichnis hat die Krankenkasse die Versicherung nach § 10 bei deren Beginn festzustellen. [2]Sie kann die dazu erforderlichen Daten vom Angehörigen oder mit dessen Zustimmung vom Mitglied erheben. [3]Der Fortbestand der Voraussetzungen der Versicherung nach § 10 ist auf Verlangen der Krankenkasse nachzuweisen.

§ 290 Krankenversichertennummer. (1) [1]Die Krankenkasse verwendet für jeden Versicherten eine Krankenversichertennummer. [2]Die Krankenversichertennummer besteht aus einem unveränderbaren Teil zur Identifikation des Versicherten und einem veränderbaren Teil, der bundeseinheitliche Angaben zur Kassenzugehörigkeit enthält und aus dem bei Vergabe der Nummer an Versicherte nach § 10 sicherzustellen ist, dass der Bezug zu dem Angehörigen, der Mitglied ist, hergestellt werden kann. [3]Der Aufbau und das Verfahren der Vergabe der Krankenversichertennummer haben den Richtlinien nach Absatz 2 zu entsprechen. [4]Die Rentenversicherungsnummer darf nicht als Krankenversichertennummer verwendet werden. [5]Eine Verwendung der Rentenversicherungsnummer zur Bildung der Krankenversichertennummer entsprechend den Richtlinien nach Absatz 2 ist zulässig, wenn nach dem Stand von Wissenschaft und Technik sichergestellt ist, dass nach Vergabe der Krankenversichertennummer weder aus der Krankenversichertennummer auf die Rentenversicherungsnummer noch aus der Rentenversicherungsnummer auf die Krankenversicherungsnummer zurückgeschlossen werden kann; dieses Erfordernis gilt auch in Bezug auf die vergebende Stelle. [6]Die Prüfung einer Mehrfachvergabe der Krankenversichertennummer durch die Vertrauensstelle bleibt davon unberührt. [7]Wird die Rentenversicherungsnummer zur Bildung der Krankenversichertennummer verwendet, ist für Personen, denen eine Krankenversichertennummer zugewiesen werden muss und die noch keine Rentenversicherungsnummer erhalten haben, eine Rentenversicherungsnummer zu vergeben.

(2) [1]Der Spitzenverband Bund der Krankenkassen hat den Aufbau und das Verfahren der Vergabe der Krankenversichertennummer durch Richtlinien zu regeln. [2]Die Krankenversichertennummer ist von einer von den Krankenkassen und ihren Verbänden räumlich, organisatorisch und personell getrennten Vertrauensstelle zu vergeben. [3]Die Vertrauensstelle gilt als öffentliche Stelle und unterliegt dem Sozialgeheimnis nach § 35 des Ersten Buches. [4]Sie untersteht der Rechtsaufsicht des Bundesministeriums für Gesundheit. [5]§ 274 Abs. 1 Satz 2 gilt entsprechend. [6]Die Richtlinien sind dem Bundesministerium für Gesundheit vorzulegen. [7]Es kann sie innerhalb von zwei Monaten beanstanden. [8]Kommen die Richtlinien nicht innerhalb der gesetzten Frist zu Stande oder werden die Beanstandungen nicht innerhalb der vom Bundesministerium für Gesundheit gesetzten Frist behoben, kann das Bundesministerium für Gesundheit die Richtlinien erlassen.

§ 291 Elektronische Gesundheitskarte als Versicherungsnachweis.

(1) [1]Die Krankenkasse stellt für jeden Versicherten eine elektronische Gesundheitskarte aus. [2]Sie dient dem Nachweis der Berechtigung zur Inanspruchnahme von Leistungen im Rahmen der vertragsärztlichen Versorgung (Versicherungsnachweis) sowie der Abrechnung mit den Leistungserbringern. [3]Neben der Verwendung nach Satz 2 hat die elektronische Gesundheitskarte die Durchführung der Anwendungen nach § 291a Absatz 2 und 3 zu gewährleisten. [4]Die elektronische Gesundheitskarte ist von dem Versicherten zu unterschreiben. [5]Die Karte gilt nur für die Dauer der Mitgliedschaft bei der ausstellenden Krankenkasse und ist nicht übertragbar. [6]Bei Inanspruchnahme ärztlicher Behandlung bestätigt der Versicherte auf dem Abrechnungsschein des Arztes das Bestehen der Mitgliedschaft durch seine Unterschrift. [7]Die Krankenkasse kann die Gültigkeit der Karte befristen.

(2) [1]Die elektronische Gesundheitskarte enthält vorbehaltlich des § 291a folgende Angaben:
1. die Bezeichnung der ausstellenden Krankenkasse, einschließlich eines Kennzeichens für die Kassenärztliche Vereinigung, in deren Bezirk der Versicherte seinen Wohnsitz hat,
2. den Familiennamen und Vornamen des Versicherten,
3. das Geburtsdatum des Versicherten,

4. das Geschlecht des Versicherten,
5. die Anschrift des Versicherten,
6. die Krankenversichertennummer des Versicherten,
7. den Versichertenstatus, für die Personengruppen nach § 264 Absatz 2 den Status der auftragsweisen Betreuung,
8. den Zuzahlungsstatus des Versicherten,
9. den Tag des Beginns des Versicherungsschutzes,
10. bei befristeter Gültigkeit der elektronischen Gesundheitskarte das Datum des Fristablaufs.

[2]Über die Angaben nach Satz 1 hinaus kann die elektronische Gesundheitskarte auch Angaben zum Nachweis von Wahltarifen nach § 53, von zusätzlichen Vertragsverhältnissen und in den Fällen des § 16 Absatz 1 Satz 1 Nummer 2 bis 4 und Absatz 3a Angaben zum Ruhen des Anspruchs auf Leistungen enthalten. [3]Die Angaben nach den Sätzen 1 und 2 sind in einer Form zu speichern, die geeignet ist für eine maschinelle Übertragung auf die für die vertragsärztliche Versorgung vorgesehenen Abrechnungsunterlagen und Vordrucke nach § 295 Absatz 3 Nummer 1 und 2. [4]Die elektronische Gesundheitskarte ist mit einem Lichtbild des Versicherten zu versehen. [5]Versicherte bis zur Vollendung des 15. Lebensjahres sowie Versicherte, deren Mitwirkung bei der Erstellung des Lichtbildes nicht möglich ist, erhalten eine elektronische Gesundheitskarte ohne Lichtbild. [6]Bei Vereinbarungen nach § 264 Absatz 1 Satz 3 zweiter Halbsatz hat die elektronische Gesundheitskarte die Angabe zu enthalten, dass es sich um einen Empfänger von Gesundheitsleistungen nach den §§ 4 und 6 des Asylbewerberleistungsgesetzes handelt.

(2a) Die elektronische Gesundheitskarte muss technisch geeignet sein, Authentifizierung, Verschlüsselung und elektronische Signatur zu ermöglichen.

(2b) [1]Die Krankenkassen sind verpflichtet, Dienste anzubieten, mit denen die Leistungserbringer die Gültigkeit und die Aktualität der Daten nach Absatz 1 und 2 bei den Krankenkassen online überprüfen und auf der elektronischen Gesundheitskarte aktualisieren können. [2]Diese Dienste müssen auch ohne Netzanbindung an die Praxisverwaltungssysteme der Leistungserbringer online genutzt werden können. [3]Die an der vertragsärztlichen Versorgung teilnehmenden Ärzte, Einrichtungen und Zahnärzte prüfen bei der erstmaligen Inanspruchnahme ihrer Leistungen durch einen Versicherten im Quartal die Leistungspflicht der Krankenkasse durch Nutzung der Dienste nach Satz 1. [4]Dazu ermöglichen sie den Online-Abgleich und die -Aktualisierung der auf der elektronischen Gesundheitskarte gespeicherten Daten nach Absatz 1 und 2 mit den bei der Krankenkasse vorliegenden aktuellen Daten. [5]Die Prüfungspflicht besteht ab dem Zeitpunkt, ab dem die Dienste nach Satz 1 sowie die Anbindung an die Telematikinfrastruktur zur Verfügung stehen und die Vereinbarungen nach § 291a Absatz 7a und 7b geschlossen sind. [6]Die hierfür erforderlichen Maßnahmen hat die Gesellschaft für Telematik bis zum 30. Juni 2016 durchzuführen. [7]Hält die Gesellschaft für Telematik die Frist nach Satz 6 nicht ein, dürfen die Ausgaben in den Haushalten des Spitzenverbands Bund der Krankenkassen sowie der Kassenärztlichen Bundesvereinigungen ab 2017 die Ausgaben des Jahres 2014 abzüglich 1 Prozent so lange nicht überschreiten, bis die Maßnahmen nach Satz 1 durchgeführt worden sind. [8]Die Ausgaben zur Finanzierung der Deutschen Verbindungsstelle Krankenversicherung – Ausland, des Medizinischen Dienstes des Spitzenverbands Bund der Krankenkassen und der Gesellschaft für Telematik, die Umlagen nach den §§ 65b und 303a Absatz 3 dieses Gesetzes in Verbindung mit § 6 der Datentransparenzverordnung, die Umlagen an die Bundeszentrale für gesundheitliche Aufklärung nach § 20a sowie der Sicherstellungszuschlag für Hebammen nach § 134a Absatz 1b zählen nicht zu den Ausgaben nach Satz 7. [9]Das Bundesministerium für Gesundheit kann die Frist nach Satz 6 durch Rechtsverordnung ohne Zustimmung des Bundesrates verlängern. [10]§ 15 Absatz 5 ist entsprechend anzuwenden. [11]Die Durchführung der Prüfung ist auf der elektronischen Gesundheitskarte zu speichern. [12]Die Mitteilung der durchgeführten Prüfung ist Bestandteil der an die Kassenärztliche oder Kassenzahnärztliche Vereinigung zu übermittelnden Abrechnungsunterlagen nach § 295. [13]Die technischen Einzelheiten zur Durchführung des Verfahrens nach Satz 2 bis 5 sind in den Vereinbarungen nach § 295 Absatz 3 zu regeln. [14]Den an der vertragsärztlichen Versorgung teilnehmenden Ärzten, Einrichtungen und Zahnärzten, die die Prüfung nach Satz 3 ab dem 1. Juli 2018 nicht durchführen, ist die Vergütung vertragsärztlicher Leistungen pauschal um 1 Prozent so lange zu kürzen, bis sie die Prüfung nach Satz 3 durchführen. [15]Das Bundesministerium für Gesundheit kann die Frist nach Satz 14 durch Rechtsverordnung mit Zustimmung des Bundesrates verlängern.

(3) Das Nähere zur bundesweiten Verwendung der elektronischen Gesundheitskarte als Versicherungsnachweis vereinbaren die Vertragspartner im Rahmen der Verträge nach § 87 Absatz 1.

(4) [1]Bei Beendigung des Versicherungsschutzes oder bei einem Krankenkassenwechsel ist die elektronische Gesundheitskarte von der bisherigen Krankenkasse einzuziehen oder zu sperren, sobald die Dienste nach Absatz 2b zur Verfügung stehen. [2]Abweichend von Satz 1 kann der Spitzenverband Bund der Krankenkassen zur Verbesserung der Wirtschaftlichkeit und der Optimierung der Verfahrensabläufe für die Versicherten die Weiternutzung der elektronischen Gesundheitskarte bei Kassenwechsel beschließen; dabei ist sicherzustellen, dass die Daten nach Absatz 2 Satz 1 Nummer 1, 6, 7, 9 und 10 fristgerecht aktualisiert werden. [3]Der Beschluss bedarf der Genehmigung des Bundesministeriums für Gesundheit. [4]Vor Erteilung der Genehmigung ist der oder dem Bundesbeauftragten für den Datenschutz und die Informationsfreiheit Gelegenheit zur Stellungnahme zu geben. [5]Wird die elektronische Gesundheitskarte nach Satz 1 eingezogen, hat die einziehende Krankenkasse sicherzustellen, dass eine Weiternutzung der Daten nach § 291a Abs. 3 Satz 1 durch die Versicherten möglich ist. [6]Vor Einzug der elektronischen Gesundheitskarte hat die einziehende Krankenkasse über Möglichkeiten zur Löschung der Daten nach § 291a Abs. 3 Satz 1 zu informieren. [7]Die Sätze 5 und 6 gelten auch bei Austausch der elektronischen Gesundheitskarte im Rahmen eines bestehenden Versicherungsverhältnisses.

§ 291a Elektronische Gesundheitskarte und Telematikinfrastruktur.

(1) Die elektronische Gesundheitskarte dient mit den in den Absätzen 2 und 3 genannten Anwendungen der Verbesserung von Wirtschaftlichkeit, Qualität und Transparenz der Behandlung.

(1a) [1]Werden von Unternehmen der privaten Krankenversicherung elektronische Gesundheitskarten für die Verarbeitung und Nutzung von Daten nach Absatz 2 Satz 1 Nr. 1 und Absatz 3 Satz 1 an ihre Versicherten ausgegeben, gelten Absatz 2 Satz 1 Nr. 1 und Satz 2 sowie die Absätze 3 bis 5a, 6 und 8 entsprechend. [2]Für den Einsatz elektronischer Gesundheitskarten nach Satz 1 können Unternehmen der privaten Krankenversicherung als Versichertennummer den unveränderbaren Teil der Krankenversichertennummer nach § 290 Abs. 1 Satz 2 nutzen. [3]§ 290 Abs. 1 Satz 4 bis 7 gilt entsprechend. [4]Die Vergabe der Versichertennummer erfolgt durch die Vertrauensstelle nach § 290 Abs. 2 Satz 2 und hat den Vorgaben der Richtlinien nach § 290 Abs. 2 Satz 1 für den unveränderbaren Teil der Krankenversichertennummer zu entsprechen. [5]Die Kosten zur Bildung der Versichertennummer und, sofern die Vergabe einer Rentenversicherungsnummer erforderlich ist, zur Vergabe der Rentenversicherungsnummer tragen die Unternehmen der privaten Krankenversicherung. [6]Die Regelungen dieses Absatzes gelten auch für die Postbeamtenkrankenkasse und die Krankenversorgung der Bundesbahnbeamten.

(2) [1]Die elektronische Gesundheitskarte muss geeignet sein, Angaben aufzunehmen für

1. die Übermittlung ärztlicher Verordnungen in elektronischer und maschinell verwertbarer Form sowie
2. den Berechtigungsnachweis zur Inanspruchnahme von Leistungen in einem Mitgliedstaat der Europäischen Union, einem Vertragsstaat des Abkommens über den Europäischen Wirtschaftsraum oder der Schweiz.

[2]§ 6c des Bundesdatenschutzgesetzes findet Anwendung.

(3) [1]Über Absatz 2 hinaus muss die Gesundheitskarte geeignet sein, folgende Anwendungen zu unterstützen, insbesondere das Erheben, Verarbeiten und Nutzen von

1. medizinischen Daten, soweit sie für die Notfallversorgung erforderlich sind,
2. Befunden, Diagnosen, Therapieempfehlungen sowie Behandlungsberichten in elektronischer und maschinell verwertbarer Form für eine einrichtungsübergreifende, fallbezogene Kooperation (elektronischer Arztbrief),
3. Daten des Medikationsplans nach § 31a einschließlich Daten zur Prüfung der Arzneimitteltherapiesicherheit,
4. Daten über Befunde, Diagnosen, Therapiemaßnahmen, Behandlungsberichte sowie Impfungen für eine fall- und einrichtungsübergreifende Dokumentation über den Patienten (elektronische Patientenakte),
5. durch von Versicherten selbst oder für sie zur Verfügung gestellte Daten,
6. Daten über in Anspruch genommene Leistungen und deren vorläufige Kosten für die Versicherten (§ 305 Abs. 2),
7. Erklärungen der Versicherten zur Organ- und Gewebespende,

8. Hinweisen der Versicherten auf das Vorhandensein und den Aufbewahrungsort von Erklärungen zur Organ- und Gewebespende sowie

9. Hinweisen der Versicherten auf das Vorhandensein und den Aufbewahrungsort von Vorsorgevollmachten oder Patientenverfügungen nach § 1907a des Bürgerlichen Gesetzbuchs;

die Verarbeitung und Nutzung von Daten nach Nummer 1 muss auch auf der Karte ohne Netzzugang möglich sein. [2]Die Authentizität der Erklärungen nach Satz 1 Nummer 7 muss sichergestellt sein. [3]Spätestens bei der Versendung der Karte hat die Krankenkasse die Versicherten umfassend und in allgemein verständlicher Form über deren Funktionsweise, einschließlich der Art der auf ihr oder durch sie zu erhebenden, zu verarbeitenden oder zu nutzenden personenbezogenen Daten zu informieren. [4]Zugriffsberechtigte nach Absatz 4 Satz 1 und Absatz 5a Satz 1 dürfen mit dem Erheben, Verarbeiten und Nutzen von Daten der Versicherten nach Satz 1 erst beginnen, wenn die Versicherten gegenüber einem zugriffsberechtigten Arzt, Zahnarzt, Psychotherapeuten oder Apotheker dazu ihre Einwilligung erklärt haben. [5]Die Einwilligung ist bei erster Verwendung der Karte vom Leistungserbringer oder unter dessen Aufsicht von einer Person, die bei dem Leistungserbringer oder in einem Krankenhaus als berufsmäßiger Gehilfe oder zur Vorbereitung auf den Beruf tätig ist auf der Karte zu dokumentieren; die Einwilligung ist jederzeit widerruflich und kann auf einzelne Anwendungen nach diesem Absatz beschränkt werden. [6]Satz 4 gilt nicht, wenn Versicherte mit dem Erheben, Verarbeiten und Nutzen von Daten nach Satz 1 ohne die Unterstützung von Zugriffsberechtigten nach Absatz 4 Satz 1 und Absatz 5a Satz 1 begonnen haben. [7]§ 6c des Bundesdatenschutzgesetzes findet Anwendung.

(4) [1]Zum Zwecke des Erhebens, Verarbeitens oder Nutzens mittels der elektronischen Gesundheitskarte dürfen, soweit es zur Versorgung der Versicherten erforderlich ist, auf Daten

1. nach Absatz 2 Satz 1 Nr. 1 ausschließlich
   a) Ärzte,
   b) Zahnärzte,
   c) Apotheker, Apothekerassistenten, Pharmazieingenieure, Apothekenassistenten,
   d) Personen, die
      aa) bei den unter Buchstabe a bis c Genannten oder
      bb) in einem Krankenhaus
      als berufsmäßige Gehilfen oder zur Vorbereitung auf den Beruf tätig sind, soweit dies im Rahmen der von ihnen zulässigerweise zu erledigenden Tätigkeiten erforderlich ist und der Zugriff unter Aufsicht der in Buchstabe a bis c Genannten erfolgt,
   e) sonstige Erbringer ärztlich verordneter Leistungen,
2. nach Absatz 3 Satz 1 Nr. 1 bis 5 ausschließlich
   a) Ärzte,
   b) Zahnärzte,

c) Apotheker, Apothekerassistenten, Pharmazieingenieure, Apothekenassistenten,

d) Personen, die
   aa) bei den unter Buchstabe a bis c Genannten oder
   bb) in einem Krankenhaus

als berufsmäßige Gehilfen oder zur Vorbereitung auf den Beruf tätig sind, soweit dies im Rahmen der von ihnen zulässigerweise zu erledigenden Tätigkeiten erforderlich ist und der Zugriff unter Aufsicht der in Buchstabe a bis c Genannten erfolgt,

e) nach Absatz 3 Satz 1 Nr. 1, beschränkt auf den lesenden Zugriff, auch Angehörige eines anderen Heilberufs, der für die Berufsausübung oder die Führung der Berufsbezeichnung eine staatlich geregelte Ausbildung erfordert,

f) Psychotherapeuten

zugreifen. [2]Die Versicherten haben das Recht, auf die Daten nach Absatz 2 Satz 1 und Absatz 3 Satz 1 zuzugreifen.

(5) [1]Das Erheben, Verarbeiten und Nutzen von Daten mittels der elektronischen Gesundheitskarte in den Fällen des Absatzes 3 Satz 1 ist nur mit dem Einverständnis der Versicherten zulässig. [2]Durch technische Vorkehrungen ist zu gewährleisten, dass in den Fällen des Absatzes 3 Satz 1 Nr. 2 bis 6 der Zugriff vorbehaltlich Satz 4 nur durch Autorisierung der Versicherten möglich ist. [3]Soweit es zur Notfallversorgung erforderlich ist, ist der Zugriff auf Daten nach Absatz 3 Satz 1 Nummer 1 ohne eine Autorisierung der Versicherten zulässig; ansonsten ist der Zugriff auf Daten nach Absatz 3 Satz 1 Nummer 1 zulässig, soweit er zur Versorgung der Versicherten erforderlich ist und wenn nachprüfbar protokolliert wird, dass der Zugriff mit Einverständnis der Versicherten erfolgt. [4]Bei Daten nach Absatz 3 Satz 1 Nummer 3 können die Versicherten auf das Erfordernis der Zugriffsautorisierung nach Satz 2 verzichten. [5]Der Zugriff auf Daten sowohl nach Absatz 2 Satz 1 Nr. 1 als auch nach Absatz 3 Satz 1 Nummer 1 bis 6 mittels der elektronischen Gesundheitskarte darf nur in Verbindung mit einem elektronischen Heilberufsausweis, im Falle des Absatzes 2 Satz 1 Nr. 1 auch in Verbindung mit einem entsprechenden Berufsausweis, erfolgen, die jeweils über eine Möglichkeit zur sicheren Authentifizierung und über eine qualifizierte elektronische Signatur verfügen. [6]Zugriffsberechtigte Personen nach Absatz 4 Satz 1 Nr. 1 Buchstabe d und e sowie Nr. 2 Buchstabe d und e, die über keinen elektronischen Heilberufsausweis oder entsprechenden Berufsausweis verfügen, können auf die entsprechenden Daten zugreifen, wenn sie hierfür von Personen autorisiert sind, die über einen elektronischen Heilberufsausweis oder entsprechenden Berufsausweis verfügen, und wenn nachprüfbar elektronisch protokolliert wird, wer auf die Daten zugegriffen hat und von welcher Person die zugreifende Person autorisiert wurde. [7]Der Zugriff auf Daten nach Absatz 2 Satz 1 Nr. 1 mittels der elektronischen Gesundheitskarte kann abweichend von den Sätzen 5 und 6 auch erfolgen, wenn die Versicherten den jeweiligen Zugriff durch ein geeignetes technisches Ver-

fahren autorisieren. [8]Abweichend von Satz 5 können die Versicherten auf Daten nach Absatz 3 Satz 1 Nummer 5 auch zugreifen, wenn sie sich für den Zugriff durch ein geeignetes technisches Verfahren authentifizieren. [9]Auf Wunsch des Versicherten haben Zugriffsberechtigte nach Absatz 4 bei Erhebung, Verarbeitung oder Nutzung der mittels der elektronischen Gesundheitskarte gespeicherten Daten nach Absatz 3 Satz 1 sowie der Daten nach § 291f diese dem Versicherten als Daten nach Absatz 3 Satz 1 Nummer 5 zur Verfügung zu stellen; die Zugriffsberechtigten haben die Versicherten über diese Möglichkeit zu informieren.

(5a) [1]Zum Zwecke des Erhebens, Verarbeitens oder Nutzens mittels der elektronischen Gesundheitskarte dürfen, soweit es zur Versorgung erforderlich ist, auf Daten nach Absatz 3 Satz 1 Nummer 7 bis 9 ausschließlich

1. Ärzte,
2. Personen, die
   a) bei Ärzten oder
   b) in einem Krankenhaus

als berufsmäßige Gehilfen oder zur Vorbereitung auf den Beruf tätig sind, soweit dies im Rahmen der von ihnen zulässigerweise zu erledigenden Tätigkeiten erforderlich ist und der Zugriff unter Aufsicht eines Arztes erfolgt, in Verbindung mit einem elektronischen Heilberufsausweis, der über eine Möglichkeit zur sicheren Authentifizierung und über eine qualifizierte elektronische Signatur verfügt, zugreifen; Absatz 5 Satz 1 und 6 gilt entsprechend. [2]Ohne Einverständnis der betroffenen Person dürfen Zugriffsberechtigte nach Satz 1 auf Daten

1. nach Absatz 3 Satz 1 Nummer 7 und 8 nur zugreifen, nachdem der Tod nach § 3 Absatz 1 Satz 1 Nummer 2 des Transplantationsgesetzes festgestellt wurde und der Zugriff zur Klärung erforderlich ist, ob die verstorbene Person in die Entnahme von Organen oder Gewebe eingewilligt hat,
2. nach Absatz 3 Satz 1 Nummer 9 nur zugreifen, wenn eine ärztlich indizierte Maßnahme unmittelbar bevorsteht und die betroffene Person nicht fähig ist, in die Maßnahme einzuwilligen.

[3]Zum Speichern, Verändern, Sperren oder Löschen von Daten nach Absatz 3 Satz 1 Nummer 7 durch Zugriffsberechtigte nach Satz 1 ist eine technische Autorisierung durch die Versicherten für den Zugriff erforderlich. [4]Versicherte können auf Daten nach Absatz 3 Satz 1 Nummer 7 bis 9 zugreifen, wenn sie sich für den Zugriff durch ein geeignetes technisches Verfahren authentifizieren. [5]Sobald die technische Infrastruktur für das Erheben, Verarbeiten und Nutzen von Daten nach Absatz 3 Satz 1 Nummer 7 bis 9 flächendeckend zur Verfügung steht, haben die Krankenkassen die Versicherten umfassend über die Möglichkeiten der Wahrnehmung ihrer Zugriffsrechte zu informieren sowie allein oder in Kooperation mit anderen Krankenkassen für ihre Versicherten technische Einrichtungen zur Wahrnehmung ihrer Zugriffsrechte nach Satz 4 flächendeckend zur Verfügung zu stellen. [6]Der Spitzenverband Bund der Krankenkassen hat über die Ausstattung jährlich einen Bericht nach den Vorgaben

des Bundesministeriums für Gesundheit zu erstellen und ihm diesen erstmals zum 31. Januar 2016 vorzulegen.

(5b) ¹Die Gesellschaft für Telematik hat Verfahren zur Unterstützung der Versicherten bei der Verwaltung von Daten nach Absatz 3 Satz 1 Nummer 7 bis 9 zu entwickeln und hierbei auch die Möglichkeit zu schaffen, dass Versicherte für die Dokumentation der Erklärung auf der elektronischen Gesundheitskarte die Unterstützung der Krankenkasse in Anspruch nehmen können. ²Bei diesen für die Versicherten freiwilligen Verfahren sind Rückmeldeverfahren der Versicherten über die Krankenkassen mit einzubeziehen, bei denen die Krankenkassen mit Zustimmung der Versicherten Daten nach Absatz 3 Satz 1 Nummer 7 und 8 speichern und löschen können. ³Über das Ergebnis der Entwicklung legt die Gesellschaft für Telematik dem Deutschen Bundestag über das Bundesministerium für Gesundheit spätestens bis zum 30. Juni 2013 einen Bericht vor. ⁴Anderenfalls kann das Bundesministerium für Gesundheit Verfahren nach den Sätzen 1 und 2 im Rahmen eines Forschungs- und Entwicklungsvorhabens entwickeln lassen, dessen Kosten von der Gesellschaft für Telematik zu erstatten sind. ⁵In diesem Fall unterrichtet das Bundesministerium für Gesundheit den Deutschen Bundestag über das Ergebnis der Entwicklung.

(5c) ¹Die Gesellschaft für Telematik hat bis zum 31. Dezember 2018 die erforderlichen Voraussetzungen dafür zu schaffen, dass Daten über den Patienten in einer elektronischen Patientenakte nach Absatz 3 Satz 1 Nummer 4 bereitgestellt werden können. ²Die technischen und organisatorischen Verfahren hierfür müssen geeignet sein, Daten nach Absatz 3 Satz 1 Nummer 1 bis 3 sowie Daten nach § 291f für eine fall- und einrichtungsübergreifende Dokumentation verfügbar zu machen. ³Sie sollen geeignet sein, weitere medizinische Daten des Versicherten verfügbar zu machen.

(5d) ¹Die Länder bestimmen entsprechend dem Stand des Aufbaus der Telematikinfrastruktur

1. die Stellen, die für die Ausgabe elektronischer Heilberufs- und Berufsausweise zuständig sind, und

2. die Stellen, die bestätigen, dass eine Person

   a) befugt ist, einen der von Absatz 4 Satz 1 erfassten Berufe im Geltungsbereich dieses Gesetzes auszuüben oder, sofern für einen der in Absatz 4 Satz 1 erfassten Berufe lediglich die Führung der Berufsbezeichnung geschützt ist, die Berufsbezeichnung zu führen oder

   b) zu den sonstigen Zugriffsberechtigten nach Absatz 4 gehört.

²Die Länder können zur Wahrnehmung der Aufgaben nach Satz 1 gemeinsame Stellen bestimmen. ³Die nach Satz 1 Nummer 2 oder nach Satz 2 jeweils zuständige Stelle hat der nach Satz 1 Nummer 1 zuständigen Stelle die für die Ausgabe elektronischer Heilberufs- und Berufsausweise erforderlichen Daten auf Anforderung zu übermitteln. ⁴Entfällt die Befugnis zur Ausübung des Berufs, zur Führung der Berufsbezeichnung oder sonst das Zugriffsrecht nach Absatz 4, hat die jeweilige Stelle nach Satz 1 Nr. 2 oder Satz 2 die herausgebende Stelle in Kenntnis zu setzen; diese hat unverzüglich die Sperrung der Au-

thentifizierungsfunktion des elektronischen Heilberufs- oder Berufsausweises zu veranlassen.

(6) [1]Daten nach Absatz 2 Satz 1 Nr. 1 und Absatz 3 Satz 1 müssen auf Verlangen der Versicherten gelöscht werden; die Verarbeitung und Nutzung von Daten nach Absatz 2 Satz 1 Nr. 1 für Zwecke der Abrechnung bleiben davon unberührt. [2]Daten nach Absatz 2 Satz 1 Nummer 1 und Absatz 3 Satz 1 Nummer 5 und 7 bis 9 können Versicherte auch eigenständig löschen. [3]Durch technische Vorkehrungen ist zu gewährleisten, dass mindestens die letzten 50 Zugriffe auf die Daten nach Absatz 2 oder Absatz 3 für Zwecke der Datenschutzkontrolle protokolliert werden. [4]Eine Verwendung der Protokolldaten für andere Zwecke ist unzulässig. [5]Die Protokolldaten sind durch geeignete Vorkehrungen gegen zweckfremde Verwendung und sonstigen Missbrauch zu schützen.

(7) [1]Der Spitzenverband Bund der Krankenkassen, die Kassenärztliche Bundesvereinigung, die Kassenzahnärztliche Bundesvereinigung, die Bundesärztekammer, die Bundeszahnärztekammer, die Deutsche Krankenhausgesellschaft sowie die für die Wahrnehmung der wirtschaftlichen Interessen gebildete maßgebliche Spitzenorganisation der Apotheker auf Bundesebene schaffen die insbesondere für die Nutzung der elektronischen Gesundheitskarte und ihrer Anwendungen erforderliche interoperable und kompatible Informations-, Kommunikations- und Sicherheitsinfrastruktur (Telematikinfrastruktur). [2]Sie nehmen diese Aufgabe durch eine Gesellschaft für Telematik nach Maßgabe des § 291b wahr, die die Regelungen zur Telematikinfrastruktur trifft sowie deren Aufbau und Betrieb übernimmt. [3]Über Anwendungen der elektronischen Gesundheitskarte hinaus kann die Telematikinfrastruktur für weitere elektronische Anwendungen des Gesundheitswesens sowie für die Gesundheitsforschung verwendet werden, wenn

1. die Wirksamkeit der Maßnahmen zur Gewährleistung von Datenschutz und Datensicherheit sowie die Verfügbarkeit und Nutzbarkeit der Telematikinfrastruktur nicht beeinträchtigt werden,

2. im Falle des Erhebens, Verarbeitens und Nutzens personenbezogener Daten die dafür geltenden Vorschriften zum Datenschutz eingehalten und die erforderlichen technischen Maßnahmen getroffen werden, um die Anforderungen an die Sicherheit der Anwendung im Hinblick auf die Schutzbedürftigkeit der Daten zu gewährleisten, und

3. bei den dafür erforderlichen technischen Systemen und Verfahren Barrierefreiheit für den Versicherten gewährleistet ist.

[4]Vereinbarungen und Richtlinien zur elektronischen Datenübermittlung nach diesem Buch müssen, soweit sie die Telematikinfrastruktur berühren, mit deren Regelungen vereinbar sein. [5]Die in Satz 1 genannten Spitzenorganisationen treffen eine Vereinbarung zur Finanzierung

1. der erforderlichen erstmaligen Ausstattungskosten, die den Leistungserbringern in der Festlegungs-, Erprobungs- und Einführungsphase der Telematikinfrastruktur sowie

2. der Kosten, die den Leistungserbringern im laufenden Betrieb der Telematikinfrastruktur, einschließlich der Aufteilung dieser Kosten auf die in den Absätzen 7a und 7b genannten Leistungssektoren, entstehen.

⁶Zur Finanzierung der Gesellschaft für Telematik zahlt der Spitzenverband Bund der Krankenkassen an die Gesellschaft für Telematik jährlich einen Betrag in Höhe von 1,00 Euro je Mitglied der gesetzlichen Krankenversicherung; die Zahlungen sind quartalsweise, spätestens drei Wochen vor Beginn des jeweiligen Quartals, zu leisten. ⁷Die Höhe des Betrages kann das Bundesministerium für Gesundheit entsprechend dem Mittelbedarf der Gesellschaft für Telematik und unter Beachtung des Gebotes der Wirtschaftlichkeit durch Rechtsverordnung ohne Zustimmung des Bundesrates anpassen. ⁸Die Kosten der Sätze 5 und 6 zählen nicht zu den Ausgaben nach § 4 Abs. 4 Satz 2 und 6.

(7a) ¹Die bei den Krankenhäusern entstehenden Investitions- und Betriebskosten nach Absatz 7 Satz 5 Nummer 1 und 2 werden durch einen Zuschlag finanziert (Telematikzuschlag). ²Der Zuschlag nach Satz 1 wird in der Rechnung des Krankenhauses jeweils gesondert ausgewiesen; er geht nicht in den Gesamtbetrag oder die Erlösausgleiche nach dem Krankenhausentgeltgesetz oder der Bundespflegesatzverordnung ein. ³Das Nähere zur Höhe und Erhebung des Zuschlags nach Satz 1 regelt der Spitzenverband Bund der Krankenkassen gemeinsam mit der Deutschen Krankenhausgesellschaft in einer gesonderten Vereinbarung. ⁴Kommt eine Vereinbarung nicht innerhalb einer vom Bundesministerium für Gesundheit gesetzten Frist oder, in den folgenden Jahren, jeweils bis zum 30. Juni zu Stande, legt die Schiedsstelle nach § 18a Absatz 6 des Krankenhausfinanzierungsgesetzes auf Antrag einer Vertragspartei oder des Bundesministeriums für Gesundheit mit Wirkung für die Vertragsparteien innerhalb einer Frist von zwei Monaten den Vereinbarungsinhalt fest. ⁵Die Klage gegen die Festsetzung der Schiedsstelle hat keine aufschiebende Wirkung. ⁶Für die Finanzierung der Investitions- und Betriebskosten nach Absatz 7 Satz 5 Nummer 1 und 2, die bei Leistungserbringern nach § 115b Absatz 2 Satz 1, § 116b Absatz 2 Satz 1 und § 120 Absatz 2 Satz 1 sowie bei Notfallambulanzen in Krankenhäusern, die Leistungen für die Versorgung im Notfall erbringen, entstehen, finden die Sätze 1 und 2 erster Halbsatz sowie die Sätze 3 und 4 entsprechend Anwendung.

(7b) ¹Zum Ausgleich der Kosten nach Absatz 7 Satz 5 erhalten die in diesem Absatz genannten Leistungserbringer nutzungsbezogene Zuschläge von den Krankenkassen. ²Das Nähere zu den Regelungen der Vereinbarung nach Absatz 7 Satz 5 für die an der vertragsärztlichen Versorgung teilnehmenden Ärzte, Zahnärzte, Psychotherapeuten sowie medizinischen Versorgungszentren vereinbaren der Spitzenverband Bund der Krankenkassen und die Kassenärztlichen Bundesvereinigungen in den Bundesmantelverträgen. ³Bis zum 30. September 2017 vereinbaren die Vertragspartner nach Satz 2 mit Wirkung ab dem 1. Januar 2018 nutzungsbezogene Zuschläge für die Nutzung von Daten nach Absatz 3 Satz 1 Nummer 1 und für die Nutzung von Daten nach Absatz 3 Satz 1 Nummer 3. ⁴Das Nähere zu den Regelungen der Vereinbarung nach

Absatz 7 Satz 5 für die Arzneimittelversorgung vereinbaren der Spitzenverband Bund der Krankenkassen und die für die Wahrnehmung der wirtschaftlichen Interessen gebildete maßgebliche Spitzenorganisation der Apotheker auf Bundesebene im Rahmenvertrag nach § 129 Abs. 2; die nutzungsbezogenen Zuschläge für die Nutzung von Daten nach Absatz 3 Satz 1 Nummer 3 sind bis zum 30. September 2017 mit Wirkung ab dem 1. Januar 2018 zu vereinbaren. [5]Kommt eine Vereinbarung nach Satz 2 nicht innerhalb einer vom Bundesministerium für Gesundheit gesetzten Frist zustande oder kommt eine Vereinbarung nach Satz 3 nicht bis zum 30. September 2017 zustande, legt das jeweils zuständige Schiedsamt nach § 89 Absatz 4 auf Antrag einer Vertragspartei oder des Bundesministeriums für Gesundheit mit Wirkung für die Vertragsparteien innerhalb einer Frist von zwei Monaten den Vereinbarungsinhalt fest. [6]Kommt eine Vereinbarung nach Satz 4 erster Halbsatz nicht innerhalb einer vom Bundesministerium für Gesundheit gesetzten Frist zustande oder kommt eine Vereinbarung nach Satz 4 zweiter Halbsatz nicht bis zum 30. September 2017 zustande, legt die Schiedsstelle nach § 129 Absatz 8 auf Antrag einer Vertragspartei oder des Bundesministeriums für Gesundheit innerhalb einer Frist von zwei Monaten den Vereinbarungsinhalt fest. [7]In den Fällen der Sätze 5 und 6 ist Absatz 7a Satz 5 entsprechend anzuwenden.

(7c) [1]Kommt eine Vereinbarung zu den Kosten nach Absatz 7 Satz 4 Nr. 1 nicht innerhalb einer vom Bundesministerium für Gesundheit gesetzten Frist zu Stande oder wird sie gekündigt, entrichten die Gesellschafter der Gesellschaft für Telematik den Finanzierungsbeitrag für die Kosten nach Absatz 7 Satz 4 Nr. 1 gemäß ihrem jeweiligen Geschäftsanteil und nach Aufforderung durch die Geschäftsführung der Gesellschaft; die Spitzenverbände der Krankenkassen erstatten den Finanzierungsbeitrag unmittelbar den Spitzenorganisationen, soweit die nachfolgenden Vorschriften keine andere Regelung enthalten. [2]Im Krankenhausbereich erfolgt die Erstattung des Finanzierungsbeitrages über einen Zuschlag entsprechend Absatz 7a Satz 1 durch vertragliche Vereinbarung der Spitzenverbände der Krankenkassen mit der Deutschen Krankenhausgesellschaft. [3]Kommt eine Vereinbarung nicht innerhalb einer vom Bundesministerium für Gesundheit gesetzten Frist oder, in den folgenden Jahren, jeweils bis zum 30. Juni zu Stande, entscheidet die Schiedsstelle nach § 18a Abs. 6 des Krankenhausfinanzierungsgesetzes auf Antrag einer Vertragspartei innerhalb einer Frist von zwei Monaten. [4]Im Bereich der vertragsärztlichen Versorgung gilt für die Erstattung des Finanzierungsbeitrages Absatz 7b Satz 1, 2 und 4 entsprechend, im Bereich der Arzneimittelversorgung gilt Absatz 7b Satz 1, 3 und 5 entsprechend.

(7d) [1]Kommt eine Vereinbarung zu den Kosten nach Absatz 7 Satz 5 Nummer 1 nicht innerhalb einer vom Bundesministerium für Gesundheit gesetzten Frist als Grundlage der Vereinbarungen nach Absatz 7a Satz 3 und 5 sowie Absatz 7b Satz 2 bis 4 zu Stande, trifft der Spitzenverband Bund der Krankenkassen Vereinbarungen zur Finanzierung der den jeweiligen Leistungserbringern entstehenden Kosten nach Absatz 7 Satz 5 Nummer 1 jeweils mit der Deutschen Krankenhausgesellschaft, den Kassenärztlichen Bundesvereinigungen und der für die Wahrnehmung der wirtschaftlichen Interessen gebildeten maßgeblichen Spitzenorganisation der Apotheker auf Bundesebene. [2]Soweit diese Vereinbarungen nicht zu Stande kommen, entscheidet bei Nichteinigung mit der Deutschen Krankenhausgesellschaft die Schiedsstelle nach § 18a Abs. 6 des Krankenhausfinanzierungsgesetzes, bei Nichteinigung mit den Kassenärztlichen Bundesvereinigungen das jeweils zuständige Schiedsamt nach § 89 Abs. 4 und bei Nichteinigung mit der für die Wahrnehmung der wirtschaftlichen Interessen gebildeten maßgeblichen Spitzenorganisation der Apotheker auf Bundesebene die Schiedsstelle nach § 129 Abs. 8 jeweils auf Antrag einer Vertragspartei innerhalb einer Frist von zwei Monaten.

(7e) [1]Kommt eine Vereinbarung zu den Kosten nach Absatz 7 Satz 5 Nummer 2 nicht innerhalb einer vom Bundesministerium für Gesundheit gesetzten Frist als Grundlage der Vereinbarungen nach Absatz 7a Satz 3 und 5, Absatz 7b Satz 2 bis 4 zu Stande, bilden die Spitzenorganisationen nach Absatz 7 Satz 1 eine gemeinsame Kommission aus Sachverständigen. [2]Die Kommission ist innerhalb einer Woche nach Ablauf der Frist nach Satz 1 zu bilden. [3]Sie besteht aus jeweils zwei Mitgliedern, die von den Spitzenorganisationen der Leistungserbringer und von dem Spitzenverband Bund der Krankenkassen berufen werden sowie einer oder einem unparteiischen Vorsitzenden, über die oder den sich die Spitzenorganisationen nach Absatz 7 Satz 1 gemeinsam verständigen. [4]Kommt es innerhalb der Frist nach Satz 2 nicht zu einer Einigung über den Vorsitz oder die Berufung der weiteren Mitglieder, beruft das Bundesministerium für Gesundheit die Vorsitzende oder den Vorsitzenden und die weiteren Sachverständigen. [5]Die Kosten der Kommission sind aus den Finanzmitteln der Gesellschaft für Telematik zu begleichen. [6]Die Kommission gibt innerhalb von drei Monaten eine Empfehlung zur Aufteilung der Kosten, die den einzelnen Leistungssektoren nach den Absätzen 7a und 7b im laufenden Betrieb der Telematikinfrastruktur entstehen. [7]Die Empfehlung der Kommission ist innerhalb eines Monats in der Vereinbarung nach Absatz 7 Satz 5 Nummer 2 zu berücksichtigen. [8]Das Bundesministerium für Gesundheit wird ermächtigt, durch Rechtsverordnung ohne Zustimmung des Bundesrates die Aufteilung der Kosten, die den einzelnen Leistungssektoren nach den Absätzen 7a und 7b im laufenden Betrieb der Telematikinfrastruktur entstehen, als Grundlage der Vereinbarungen nach den Absätzen 7a und 7b festzulegen, sofern die Empfehlung der Kommission nicht berücksichtigt wird.

(8) [1]Vom Inhaber der Karte darf nicht verlangt werden, den Zugriff auf Daten nach Absatz 2 Satz 1 Nr. 1 oder Absatz 3 Satz 1 anderen als den in Absatz 4 Satz 1 und Absatz 5a Satz 1 genannten Personen oder zu anderen Zwecken als denen der Versorgung der Versicherten, einschließlich der Abrechnung der zum Zwecke der Versorgung erbrachten Leistungen, zu gestatten; mit ihnen darf nicht vereinbart werden, Derartiges zu gestatten. [2]Sie dürfen nicht bevorzugt oder benachteiligt werden, weil sie einen Zugriff bewirkt oder verweigert haben.

§ 291b Gesellschaft für Telematik. (1) [1]Im Rahmen der Aufgaben nach § 291a Absatz 7 Satz 2 hat die Gesellschaft für Telematik

1. die funktionalen und technischen Vorgaben einschließlich eines Sicherheitskonzepts zu erstellen,
2. Inhalt und Struktur der Datensätze für deren Bereitstellung und Nutzung festzulegen,
3. Vorgaben für den sicheren Betrieb der Telematikinfrastruktur zu erstellen und ihre Umsetzung zu überwachen,
4. die notwendigen Test- und Zertifizierungsmaßnahmen sicherzustellen und
5. Verfahren einschließlich der dafür erforderlichen Authentisierungsverfahren festzulegen zur Verwaltung
   a) der in § 291a Absatz 4 und 5a geregelten Zugriffsberechtigungen und
   b) der Steuerung der Zugriffe auf Daten nach § 291a Absatz 2 und 3.

[2]Bei der Gestaltung der Verfahren nach Satz 1 Nummer 5 berücksichtigt die Gesellschaft für Telematik, dass die Telematikinfrastruktur schrittweise ausgebaut wird und die Zugriffsberechtigungen künftig auf weitere Leistungserbringergruppen ausgedehnt werden können. [3]Soweit bei den Festlegungen und Maßnahmen nach Satz 1 Fragen der Datensicherheit berührt sind, sind diese im Einvernehmen mit dem Bundesamt für Sicherheit in der Informationstechnik zu treffen. [4]Die Gesellschaft für Telematik hat die Interessen von Patienten zu wahren und die Einhaltung der Vorschriften zum Schutz personenbezogener Daten sowie zur Barrierefreiheit sicherzustellen. [5]Die Gesellschaft für Telematik hat Aufgaben nur insoweit wahrzunehmen, als dies zur Schaffung einer interoperablen, kompatiblen und sicheren Telematikinfrastruktur erforderlich ist. [6]Mit Teilaufgaben der Gesellschaft für Telematik können einzelne Gesellschafter oder Dritte beauftragt werden; hierbei sind durch die Gesellschaft für Telematik Interoperabilität, Kompatibilität und das notwendige Sicherheitsniveau der Telematikinfrastruktur zu gewährleisten. [7]Im Auftrag des Bundesministeriums für Gesundheit nimmt die Gesellschaft für Telematik auf europäischer Ebene Aufgaben wahr, soweit die Telematikinfrastruktur berührt ist oder künftig berührt werden kann. [8]Das Bundesministerium für Gesundheit kann ihr dabei Weisungen erteilen. [9]Bis zum 31. Dezember 2017 hat die Gesellschaft für Telematik die Maßnahmen durchzuführen, die erforderlich sind, damit zugriffsberechtigte Ärzte auf die Daten nach § 291a Absatz 3 Satz 1 Nummer 1 zugreifen können. [10]Bis zum 31. Dezember 2017 hat die Gesellschaft für Telematik die Maßnahmen durchzuführen, die erforderlich sind, damit die Daten nach § 291a Absatz 3 Satz 1 Nummer 3 genutzt werden können. [11]§ 291 Absatz 2b Satz 7 bis 9 gilt für die Fristen nach den Sätzen 9 und 10 jeweils mit der Maßgabe entsprechend, dass die Ausgaben ab dem Jahr 2018 die Ausgaben des Jahres 2014 abzüglich 1 Prozent nicht überschreiten dürfen. [12]Bis zum 31. Dezember 2018 hat die Gesellschaft für Telematik die Maßnahmen durchzuführen, die erforderlich sind, damit nach § 291a Absatz 3 Satz 1 Nummer 5 Versicherte selbst Daten zur Verfügung stellen oder Daten für sie zur Verfügung gestellt werden können. [13]Bis zum 31. Dezember 2016 hat die Gesellschaft für Telematik zu prüfen, inwieweit mobile und stationäre Endgeräte der Versicherten zur

Wahrnehmung ihrer Rechte, insbesondere der Zugriffsrechte gemäß § 291a Absatz 4 Satz 2, und für die Kommunikation im Gesundheitswesen einbezogen werden können. [14]Über das Ergebnis der Prüfung nach Satz 13 legt die Gesellschaft für Telematik dem Deutschen Bundestag über das Bundesministerium für Gesundheit spätestens bis zum 31. März 2017 einen Bericht vor.

(1a) [1]Die Komponenten und Dienste der Telematikinfrastruktur werden von der Gesellschaft für Telematik zugelassen. [2]Die Zulassung wird auf Antrag des Anbieters einer Komponente oder des Anbieters eines Dienstes erteilt, wenn die Komponente oder der Dienst funktionsfähig, interoperabel und sicher ist. [3]Die Zulassung kann mit Nebenbestimmungen versehen werden. [4]Die Gesellschaft für Telematik prüft die Funktionsfähigkeit und Interoperabilität auf der Grundlage der von ihr veröffentlichten Prüfkriterien. [5]Der Nachweis der Sicherheit erfolgt nach den Vorgaben des Bundesamtes für Sicherheit in der Informationstechnik durch eine Sicherheitszertifizierung. [6]Hierzu entwickelt das Bundesamt für Sicherheit in der Informationstechnik geeignete Prüfvorschriften und veröffentlicht diese im Bundesanzeiger. [7]Das Nähere zum Zulassungsverfahren und zu den Prüfkriterien wird von der Gesellschaft für Telematik in Abstimmung mit dem Bundesamt für Sicherheit in der Informationstechnik beschlossen. [8]Die Gesellschaft für Telematik veröffentlicht eine Liste mit den zugelassenen Komponenten und Diensten. [9]Die für die Aufgaben nach den Sätzen 5, 6 und 12 beim Bundesamt für Sicherheit in der Informationstechnik entstehenden Kosten sind diesem durch die Gesellschaft für Telematik zu erstatten. [10]Die Einzelheiten werden von dem Bundesamt für Sicherheit in der Informationstechnik und der Gesellschaft für Telematik einvernehmlich festgelegt. [11]Die Gesellschaft für Telematik kann eine befristete Genehmigung zur Verwendung von nicht zugelassenen Komponenten und Diensten in der Telematikinfrastruktur erteilen, wenn dies zur Aufrechterhaltung der Funktionsfähigkeit und Sicherheit der Telematikinfrastruktur erforderlich ist. [12]Hinsichtlich der Sicherheit ist die Genehmigung im Einvernehmen mit dem Bundesamt für Sicherheit in der Informationstechnik zu erteilen.

(1b) [1]Die Gesellschaft für Telematik hat eine diskriminierungsfreie Nutzung der Telematikinfrastruktur für Anwendungen nach § 291a Absatz 7 Satz 3 zu gewährleisten. [2]Dabei sind elektronische Anwendungen, die der Erfüllung von gesetzlichen Aufgaben der Kranken- und Pflegeversicherung dienen, vorrangig zu berücksichtigen. [3]Für die Nutzung der Telematikinfrastruktur für Anwendungen nach § 291a Absatz 7 Satz 3 legt die Gesellschaft für Telematik in Abstimmung mit dem Bundesamt für Sicherheit in der Informationstechnik und der oder dem Bundesbeauftragten für den Datenschutz und die Informationsfreiheit die erforderlichen Voraussetzungen bis zum 30. Juni 2016 fest und veröffentlicht diese auf ihrer Internetseite. [4]Die Erfüllung dieser Voraussetzungen muss der Anbieter einer Anwendung gegenüber der Gesellschaft für Telematik in einem Bestätigungsverfahren nachweisen. [5]Die Einzelheiten des Bestätigungsverfahrens sowie die dazu erforderlichen Prüfkriterien legt die Gesellschaft für Telematik in Abstimmung mit dem Bundesamt für Sicherheit in der

Informationstechnik bis zum 30. September 2016 fest und veröffentlicht sie auf ihrer Internetseite. [6]Das Bestätigungsverfahren wird auf Antrag eines Anbieters einer Anwendung durchgeführt. [7]Die Bestätigung kann mit Nebenbestimmungen versehen werden. [8]Die Gesellschaft für Telematik veröffentlicht eine Liste mit den erteilten Bestätigungen auf ihrer Internetseite. [9]Für Leistungserbringer in der gesetzlichen Kranken- und Pflegeversicherung, die die Telematikinfrastruktur für Anwendungen nach § 291a Absatz 7 Satz 3 nutzen wollen und für die noch keine sicheren Authentisierungsverfahren nach Absatz 1 Satz 1 Nummer 5 festgelegt sind, legt die Gesellschaft für Telematik diese Verfahren in Abstimmung mit dem Bundesamt für Sicherheit in der Informationstechnik fest. [10]Die nach diesem Absatz beim Bundesamt für Sicherheit in der Informationstechnik sowie bei der oder dem Bundesbeauftragten für den Datenschutz und die Informationsfreiheit entstehenden Kosten sind durch die Gesellschaft für Telematik zu erstatten. [11]Die Gesellschaft für Telematik legt die Einzelheiten der Kostenerstattung einvernehmlich jeweils mit dem Bundesamt für Sicherheit in der Informationstechnik sowie der oder dem Bundesbeauftragten für den Datenschutz und die Informationsfreiheit fest.

(1c) [1]Betriebsleistungen sind auf der Grundlage der von der Gesellschaft für Telematik zu beschließenden Rahmenbedingungen zu erbringen. [2]Zur Durchführung des operativen Betriebs der Telematikinfrastruktur vergibt die Gesellschaft für Telematik Aufträge oder erteilt in einem transparenten und diskriminierungsfreien Verfahren Zulassungen; sind nach Absatz 1 Satz 6 erster Halbsatz einzelne Gesellschafter oder Dritte beauftragt worden, so sind die Beauftragten für die Vergabe und für die Erteilung der Zulassung zuständig. [3]Bei der Vergabe von Aufträgen sind abhängig vom Auftragswert die Vorschriften über die Vergabe öffentlicher Aufträge: Teil 4 des Gesetzes gegen Wettbewerbsbeschränkungen sowie die Vergabeverordnung und § 22 der Verordnung über das Haushaltswesen in der Sozialversicherung sowie der Abschnitt 1 des Teils A der Vergabe- und Vertragsordnung für Leistungen (VOL/A) anzuwenden. [4]Für die freihändige Vergabe von Leistungen gemäß § 3 Absatz 5 Buchstabe i der Vergabe- und Vertragsordnung für Leistungen – Teil A (VOL/A) werden die Ausführungsbestimmungen vom Bundesministerium für Gesundheit festgelegt und im Bundesanzeiger veröffentlicht. [5]Bei Zulassungsverfahren nach Satz 2 haben Anbieter von operativen Betriebsleistungen einen Anspruch auf Zulassung, wenn

1. die zu verwendenden Komponenten und Dienste nach den Absätzen 1a und 1e zugelassen sind,
2. der Anbieter den Nachweis erbringt, dass die Verfügbarkeit und Sicherheit der Betriebsleistung gewährleistet sind, und
3. der Anbieter sich vertraglich verpflichtet, die Rahmenbedingungen für Betriebsleistungen der Gesellschaft für Telematik einzuhalten.

[6]Die Zulassung kann mit Nebenbestimmungen versehen werden. [7]Die Gesellschaft für Telematik beziehungsweise die von ihr beauftragten Organisationen können die Anzahl der Zulassungen beschränken, soweit dies zur Gewährleis-

tung von Interoperabilität, Kompatibilität und des notwendigen Sicherheitsniveaus erforderlich ist. [8]Die Gesellschaft für Telematik beziehungsweise die von ihr beauftragten Organisationen veröffentlichen

1. die fachlichen und sachlichen Voraussetzungen, die für den Nachweis nach Satz 5 Nr. 2 erfüllt sein müssen, sowie

2. eine Liste mit den zugelassenen Anbietern.

(1d) [1]Die Gesellschaft für Telematik kann für die Zulassungen und Bestätigungen der Absätze 1a bis 1c und 1e Gebühren und Auslagen erheben. [2]Die Gebührensätze sind so zu bemessen, dass sie den auf die Leistungen entfallenden durchschnittlichen Personal- und Sachaufwand nicht übersteigen. [3]Das Bundesministerium für Gesundheit wird ermächtigt, durch Rechtsverordnung ohne Zustimmung des Bundesrates die gebührenpflichtigen Tatbestände zu bestimmen und dabei feste Sätze oder Rahmensätze vorzusehen sowie Regelungen über die Gebührenentstehung, die Gebührenerhebung, die Erstattung von Auslagen, den Gebührenschuldner, Gebührenbefreiungen, die Fälligkeit, die Stundung, die Niederschlagung, den Erlass, Säumniszuschläge, die Verjährung und die Erstattung zu treffen. [4]Für die Nutzung der Telematikinfrastruktur für Anwendungen nach § 291a Absatz 7 Satz 3, die nicht in diesem Buch oder im Elften Buch Sozialgesetzbuch geregelt sind, kann die Gesellschaft für Telematik Entgelte verlangen. [5]Der Entgeltkatalog bedarf der Genehmigung des Bundesministeriums für Gesundheit.

(1e) [1]Die Gesellschaft für Telematik legt bis zum 31. Dezember 2016 sichere Verfahren zur Übermittlung medizinischer Dokumente über die Telematikinfrastruktur in Abstimmung mit dem Bundesamt für Sicherheit in der Informationstechnik und mit der oder dem Bundesbeauftragten für den Datenschutz und die Informationsfreihbeit fest und veröffentlicht diese Festlegungen auf ihrer Internetseite. [2]Die Erfüllung dieser Festlegungen muss der Anbieter eines Dienstes für ein Übermittlungsverfahren gegenüber der Gesellschaft für Telematik in einem Zulassungsverfahren nachweisen. [3]Für das Zulassungsverfahren gilt Absatz 1a. [4]Die für das Zulassungsverfahren erforderlichen Festlegungen sind bis zum 31. März 2017 zu treffen und auf der Internetseite der Gesellschaft für Telematik zu veröffentlichen. [5]Die nach diesem Absatz bei dem Bundesamt für Sicherheit in der Informationstechnik und bei der oder dem Bundesbeauftragten für den Datenschutz und die Informationsfreiheit entstehenden Kosten sind durch die Gesellschaft für Telematik zu erstatten. [6]Die Gesellschaft für Telematik legt die Einzelheiten der Kostenerstattung einvernehmlich mit der oder dem Bundesbeauftragten für den Datenschutz und die Informationsfreiheit fest.

(2) Der Gesellschaftsvertrag bedarf der Zustimmung des Bundesministeriums für Gesundheit und ist nach folgenden Grundsätzen zu gestalten:

1. Die in § 291a Abs. 7 Satz 1 genannten Spitzenorganisationen sind Gesellschafter der Gesellschaft für Telematik. Die Geschäftsanteile entfallen zu 50 Prozent auf den Spitzenverband Bund der Krankenkassen und zu 50 Prozent auf die anderen in § 291a Abs. 7 Satz 1 genannten Spitzenorgani-

sationen. Mit Zustimmung des Bundesministeriums für Gesundheit können die Gesellschafter den Beitritt weiterer Spitzenorganisationen der Leistungserbringer auf Bundesebene und des Verbandes der Privaten Krankenversicherung beschließen; im Falle eines Beitritts sind die Geschäftsanteile innerhalb der Gruppen der Kostenträger und Leistungserbringer entsprechend anzupassen;

2. unbeschadet zwingender gesetzlicher Mehrheitserfordernisse entscheiden die Gesellschafter mit der Mehrheit von 67 Prozent der sich aus den Geschäftsanteilen ergebenden Stimmen, soweit nicht der Gesellschaftsvertrag eine geringere Mehrheit vorsieht;

3. das Bundesministerium für Gesundheit entsendet in die Versammlung der Gesellschafter eine Vertreterin oder einen Vertreter ohne Stimmrecht;

4. *(aufgehoben)*

(2a) [1]Die Gesellschaft für Telematik hat einen Beirat einzurichten, der sie in fachlichen Belangen berät. [2]Er kann Angelegenheiten von grundsätzlicher Bedeutung der Gesellschafterversammlung der Gesellschaft für Telematik zur Befassung vorlegen und ist vor der Beschlussfassung zu Angelegenheiten von grundsätzlicher Bedeutung zu hören. [3]Zu Angelegenheiten von grundsätzlicher Bedeutung gehören insbesondere:

1. Fachkonzepte zu Anwendungen der elektronischen Gesundheitskarte,

2. Planungen und Konzepte für Erprobung und Betrieb der Telematikinfrastruktur sowie

3. Konzepte zur Evaluation von Erprobungsphasen und Anwendungen.

[4]Hierzu sind dem Beirat die entsprechenden Informationen in verständlicher Form so rechtzeitig zur Verfügung zu stellen, dass er sich mit ihnen inhaltlich befassen kann. [5]Die Gesellschaft für Telematik hat sich mit den Stellungnahmen des Beirats zu befassen und dem Beirat mitzuteilen, inwieweit sie die Empfehlungen des Beirats berücksichtigt. [6]Der Vorsitzende des Beirats kann an den Gesellschafterversammlungen der Gesellschaft für Telematik teilnehmen. [7]Der Beirat besteht aus vier Vertretern der Länder, drei Vertretern der für die Wahrnehmung der Interessen der Patienten und der Selbsthilfe chronisch Kranker und behinderter Menschen maßgeblichen Organisationen, drei Vertretern der Wissenschaft, drei Vertretern der für die Wahrnehmung der Interessen der Industrie maßgeblichen Bundesverbände aus dem Bereich der Informationstechnologie im Gesundheitswesen, einem Vertreter der für die Wahrnehmung der Interessen der an der hausarztzentrierten Versorgung teilnehmenden Vertragsärzte maßgeblichen Spitzenorganisation sowie der oder dem Bundesbeauftragten für den Datenschutz und die Informationsfreiheit und der oder dem Beauftragten der Bundesregierung für die Belange der Patientinnen und Patienten. [8]Vertreter weiterer Gruppen und Bundesbehörden können berufen werden. [9]Die Mitglieder des Beirats werden von der Gesellschafterversammlung der Gesellschaft für Telematik im Einvernehmen mit dem Bundesministerium für Gesundheit berufen; die Vertreter der Länder werden von den Ländern benannt. [10]Die Gesellschafter, der Geschäftsführer der Gesellschaft für Telema-

tik sowie das Bundesministerium für Gesundheit können an den Sitzungen des Beirats teilnehmen.

(3) [1]Wird die Gesellschaft für Telematik nicht innerhalb einer vom Bundesministerium für Gesundheit gesetzten Frist gegründet oder löst sich die Gesellschaft für Telematik auf, kann das Bundesministerium für Gesundheit eine oder mehrere der in § 291a Abs. 7 Satz 1 genannten Spitzenorganisationen zur Errichtung der Gesellschaft für Telematik verpflichten; die übrigen Spitzenorganisationen können mit Zustimmung des Bundesministeriums für Gesundheit der Gesellschaft für Telematik als Gesellschafter beitreten. [2]Für die Finanzierung der Gesellschaft für Telematik nach Satz 1 gilt § 291a Absatz 7 Satz 6 bis 8 entsprechend.

(4) [1]Die Beschlüsse der Gesellschaft für Telematik zu den Regelungen, dem Aufbau und dem Betrieb der Telematikinfrastruktur sind dem Bundesministerium für Gesundheit vorzulegen, das sie, soweit sie gegen Gesetz oder sonstiges Recht verstoßen, innerhalb eines Monats beanstanden kann; bei der Prüfung der Beschlüsse hat das Bundesministerium für Gesundheit der oder dem Bundesbeauftragten für den Datenschutz und die Informationsfreiheit Gelegenheit zur Stellungnahme zu geben. [2]In begründeten Einzelfällen, insbesondere wenn die Prüfung der Beschlüsse innerhalb von einem Monat nicht abgeschlossen werden kann, kann das Bundesministerium für Gesundheit die Frist vor ihrem Ablauf um höchstens einen Monat verlängern. [3]Erfolgt keine Beanstandung, werden die Beschlüsse nach Ablauf der Beanstandungsfrist für die Leistungserbringer und Krankenkassen sowie ihre Verbände nach diesem Buch verbindlich. [4]Kommen die erforderlichen Beschlüsse nicht innerhalb einer vom Bundesministerium für Gesundheit gesetzten Frist zustande oder werden die Beanstandungen des Bundesministeriums für Gesundheit nicht innerhalb der von ihm gesetzten Frist behoben, so kann das Bundesministerium für Gesundheit den Inhalt der Beschlüsse im Benehmen mit den zuständigen obersten Landesbehörden durch Rechtsverordnung ohne Zustimmung des Bundesrates festlegen oder die Schlichtungsstelle nach § 291c anrufen. [5]Die Gesellschaft für Telematik ist verpflichtet, dem Bundesministerium für Gesundheit zur Vorbereitung der Rechtsverordnung unverzüglich nach dessen Weisungen zuzuarbeiten.

(5) Die vom Bundesministerium für Gesundheit und von seinem Geschäftsbereich zur Vorbereitung der Rechtsverordnung nach Absatz 4 veranlassten Kosten sind unverzüglich aus den Finanzmitteln der Gesellschaft für Telematik zu begleichen; dies gilt auch, soweit Arbeiten zur Vorbereitung der Rechtsverordnung im Rahmen von Forschungs- und Entwicklungstätigkeiten durchgeführt werden.

(6) [1]Soweit von Komponenten und Diensten eine Gefahr für die Funktionsfähigkeit oder Sicherheit der Telematikinfrastruktur ausgeht, ist die Gesellschaft für Telematik in Abstimmung mit dem Bundesamt für Sicherheit in der Informationstechnik befugt, die erforderlichen technischen und organisatorischen Maßnahmen zur Abwehr dieser Gefahr zu treffen. [2]Betreiber von nach den Absätzen 1a und 1e zugelassenen Diensten und Betreiber von Diensten für nach

Absatz 1b bestätigte Anwendungen haben erhebliche Störungen der Verfügbarkeit, Integrität, Authentizität und Vertraulichkeit dieser Dienste unverzüglich an die Gesellschaft für Telematik zu melden. [3]Erheblich sind Störungen, die zum Ausfall oder zur Beeinträchtigung der Sicherheit oder Funktionsfähigkeit der in Satz 2 genannten Dienste oder zum Ausfall oder zur Beeinträchtigung der Sicherheit oder Funktionsfähigkeit der Telematikinfrastruktur führen können oder bereits geführt haben. [4]Die Gesellschaft für Telematik hat die ihr nach Satz 2 gemeldeten Störungen sowie darüber hinausgehende bedeutende Störungen, die zu beträchtlichen Auswirkungen auf die Sicherheit oder Funktionsfähigkeit der Telematikinfrastruktur führen können oder bereits geführt haben, unverzüglich an das Bundesamt für Sicherheit in der Informationstechnik zu melden. [5]Die Gesellschaft für Telematik kann zur Gefahrenabwehr im Einzelfall insbesondere Komponenten und Dienste für den Zugang zur Telematikinfrastruktur sperren oder den weiteren Zugang zur Telematikinfrastruktur nur unter der Bedingung gestatten, dass die von der Gesellschaft für Telematik angeordneten Maßnahmen zur Beseitigung der Gefahr umgesetzt werden.

(7) [1]Die Gesellschaft für Telematik kann für Komponenten und Dienste, die die Telematikinfrastruktur nutzen, aber außerhalb der Telematikinfrastruktur betrieben werden, in Abstimmung mit dem Bundesamt für Sicherheit in der Informationstechnik solche Maßnahmen zur Überwachung des Betriebs treffen, die erforderlich sind, um die Sicherheit, Verfügbarkeit und Nutzbarkeit der Telematikinfrastruktur zu gewährleisten. [2]Die Gesellschaft für Telematik legt hierzu fest, welche näheren Angaben ihr die Betreiber der Komponenten und Dienste offenzulegen haben, damit die Überwachung durchgeführt werden kann. [3]Für die Erstattung der Kosten des Bundesamtes für Sicherheit in der Informationstechnik gilt Absatz 1a Satz 9 und 10 entsprechend.

(8) [1]Die Gesellschaft für Telematik legt dem Bundesamt für Sicherheit in der Informationstechnik auf Verlangen die folgenden Unterlagen und Informationen vor:
1. die Zulassungen und Bestätigungen nach den Absätzen 1a bis 1c und 1e einschließlich der zugrunde gelegten Dokumentation,
2. eine Aufstellung der nach den Absätzen 6 und 7 getroffenen Maßnahmen einschließlich der festgestellten Sicherheitsmängel und Ergebnisse der Maßnahmen und
3. sonstige für die Bewertung der Sicherheit der Telematikinfrastruktur sowie der zugelassenen Dienste und bestätigten Anwendungen erforderlichen Informationen.
[2]Ergibt die Bewertung der in Satz 1 genannten Informationen Sicherheitsmängel, so kann das Bundesamt für Sicherheit in der Informationstechnik der Gesellschaft für Telematik verbindliche Anweisungen zur Beseitigung der festgestellten Sicherheitsmängel erteilen. [3]Die Gesellschaft für Telematik ist befugt, Betreibern von zugelassenen Diensten und bestätigten Anwendungen nach den Absätzen 1a bis 1c und 1e verbindliche Anweisungen zur Beseitigung festgestellter Sicherheitsmängel zu erteilen. [4]Die Kosten der Überprüfung tragen

1. die Gesellschaft für Telematik, sofern das Bundesamt für Sicherheit in der Informationstechnik auf Grund von Anhaltspunkten tätig geworden ist, die berechtigte Zweifel an der Sicherheit der Telematikinfrastruktur begründeten,

2. der Betreiber von zugelassenen Diensten und bestätigten Anwendungen nach den Absätzen 1a bis 1c und 1e, sofern das Bundesamt für Sicherheit in der Informationstechnik auf Grund von Anhaltspunkten tätig geworden ist, die berechtigte Zweifel an der Sicherheit der zugelassenen Dienste und bestätigten Anwendungen begründeten.

§ 291c Schlichtungsstelle der Gesellschaft für Telematik. (1) Bei der Gesellschaft für Telematik ist eine Schlichtungsstelle einzurichten.

(2) [1]Die Schlichtungsstelle hat einen unparteiischen Vorsitzenden. [2]Über den unparteiischen Vorsitzenden sollen sich die Gesellschafter der Gesellschaft für Telematik einigen. [3]Kommt nach Fristsetzung durch das Bundesministerium für Gesundheit keine Einigung zustande, benennt das Bundesministerium für Gesundheit den Vorsitzenden.

(3) [1]Der Spitzenverband Bund der Krankenkassen kann einen Vertreter als Mitglied der Schlichtungsstelle benennen, die übrigen in § 291a Absatz 7 Satz 1 genannten Gesellschafter der Gesellschaft für Telematik können einen gemeinsamen Vertreter als Mitglied der Schlichtungsstelle benennen. [2]Die Amtsdauer der Mitglieder der Schlichtungsstelle beträgt zwei Jahre. [3]Wiederbenennung ist zulässig.

(4) Die Schlichtungsstelle gibt sich eine Geschäftsordnung, die der Genehmigung durch das Bundesministerium für Gesundheit bedarf.

(5) [1]Die Selbstverwaltungsorganisationen tragen die Kosten für die von ihnen benannten Vertreter jeweils selbst. [2]Die Kosten für den unparteiischen Vorsitzenden sowie die sonstigen Kosten der Schlichtungsstelle werden aus den Finanzmitteln der Gesellschaft für Telematik finanziert.

(6) [1]Erhält ein Beschlussvorschlag zu den Regelungen, zum Aufbau und zum Betrieb der Telematikinfrastruktur nach § 291b Absatz 4 Satz 1 in der Gesellschafterversammlung oder in anderen Beschlussgremien der Gesellschafter der Gesellschaft für Telematik nicht die für die Beschlussfassung erforderliche Mehrheit, so wird ein Schlichtungsverfahren zu den Inhalten des Beschlussvorschlags eingeleitet, wenn mindestens 50 Prozent der Gesellschafter der Gesellschaft für Telematik oder das Bundesministerium für Gesundheit ein solches beantragen. [2]Bei Beschlussvorschlägen zu § 291 Absatz 2b Satz 6 und zu § 291b Absatz 1 Satz 9 gilt Satz 1 mit der Maßgabe, dass jede der in § 291 Absatz 2b Satz 7 genannten Organisationen das Schlichtungsverfahren einleiten kann.

(7) [1]Innerhalb von vier Wochen nach Einleitung des Schlichtungsverfahrens hat die Geschäftsführung der Gesellschaft für Telematik eine Gesellschafterversammlung einzuberufen. [2]Die Schlichtungsstelle hat zur Gesellschafterversammlung einen Entscheidungsvorschlag vorzulegen. [3]Erhält bei der Gesellschafterversammlung kein Vorschlag die erforderliche Mehrheit, entscheidet die

Schlichtungsstelle innerhalb von zwei Wochen nach der Gesellschafterversammlung. [4]Jedes Mitglied der Schlichtungsstelle hat eine Stimme. [5]Die Schlichtungsstelle entscheidet mit einfacher Stimmenmehrheit. [6]Ergibt sich keine Mehrheit, gibt die Stimme des unparteiischen Vorsitzenden den Ausschlag.

(8) [1]Die Gesellschaft für Telematik oder die von ihr beauftragten Organisationen sind verpflichtet, der Schlichtungsstelle nach deren Vorgaben unverzüglich zuzuarbeiten. [2]Der unparteiische Vorsitzende kann an den Gesellschafterversammlungen der Gesellschaft für Telematik teilnehmen.

(9) [1]Die Entscheidung der Schlichtungsstelle ist dem Bundesministerium für Gesundheit zur Prüfung vorzulegen. [2]Bei der Prüfung der Entscheidung hat das Bundesministerium für Gesundheit der oder dem Bundesbeauftragten für den Datenschutz und die Informationsfreiheit Gelegenheit zur Stellungnahme zu geben. [3]Das Bundesministerium für Gesundheit kann die Entscheidung, soweit sie gegen Gesetz oder sonstiges Recht verstößt, innerhalb von einem Monat beanstanden. [4]Werden die Beanstandungen nicht innerhalb einer vom Bundesministerium für Gesundheit gesetzten Frist behoben, so kann das Bundesministerium für Gesundheit anstelle der Schlichtungsstelle entscheiden. [5]Die Gesellschaft für Telematik ist verpflichtet, dem Bundesministerium für Gesundheit zur Vorbereitung seiner Entscheidung unverzüglich nach dessen Weisungen zuzuarbeiten. [6]Die Entscheidungen nach den Sätzen 1 und 4 sind für alle Gesellschafter, für die Leistungserbringer und Krankenkassen sowie für ihre Verbände nach diesem Buch verbindlich; sie können nur durch eine alternative Entscheidung der Gesellschafterversammlung der Gesellschaft für Telematik in gleicher Sache ersetzt werden.

§ 291d Integration offener Schnittstellen in informationstechnische Systeme, Verordnungsermächtigung. (1) [1]In informationstechnische Systeme, die zum Erheben, Verarbeiten und Nutzen von personenbezogenen Patientendaten eingesetzt werden in

1. der vertragsärztlichen Versorgung,
2. der vertragszahnärztlichen Versorgung und
3. Krankenhäusern,

sind offene und standardisierte Schnittstellen zur systemneutralen Archivierung von Patientendaten sowie zur Übertragung von Patientendaten bei einem Systemwechsel zu integrieren. [2]Die Integration der Schnittstellen muss spätestens zwei Jahre, nachdem die jeweiligen Festlegungen nach den Absätzen 2 bis 4 in das Interoperabilitätsverzeichnis nach § 291e aufgenommen worden sind, erfolgt sein. [3]Informationstechnische Systeme, in die nach Satz 1 Schnittstellen integriert worden sind, bedürfen der jeweiligen Bestätigung nach den Absätzen 2 bis 4, bevor sie eingesetzt werden dürfen.

(1a) [1]Absatz 1 gilt entsprechend für die Integration von offenen und standardisierten Schnittstellen für

1. elektronische Programme, die nach § 73 Absatz 9 Satz 1 für die Verordnung von Arzneimitteln zugelassen sind, und

2. elektronische Programme, die auf Grund der Rechtsverordnung nach § 14 Absatz 8 Satz 1 des Infektionsschutzgesetzes zur Durchführung von Meldungen und Benachrichtigungen zugelassen sind.

²Bei den Festlegungen zu den offenen und standardisierten Schnittstellen nach den Absätzen 2 bis 4 für elektronische Programme, die nach § 73 Absatz 9 Satz 1 zugelassen sind, sind die Vorgaben nach § 73 Absatz 9 und der Rechtsverordnung nach § 73 Absatz 9 Satz 2 zu berücksichtigen. ³Bei den Festlegungen zu den offenen und standardisierten Schnittstellen nach den Absätzen 2 bis 4 für elektronische Programme, die auf Grund der Rechtsverordnung nach § 14 Absatz 8 Satz 1 des Infektionsschutzgesetzes zugelassen sind, sind die Vorgaben der Rechtsverordnung nach § 14 Absatz 8 Satz 1 des Infektionsschutzgesetzes zu berücksichtigen; zudem ist ein Einvernehmen mit dem Robert Koch-Institut herzustellen. ⁴Die Rechtsverordnung nach § 73 Absatz 9 Satz 2 und die Rechtsverordnung nach § 14 Absatz 8 Satz 1 des Infektionsschutzgesetzes können für die Integration von Schnittstellen für die elektronischen Programme eine Frist festlegen, die von der in Absatz 1 Satz 2 genannten Frist abweicht.

(1b) Das Bundesministerium für Gesundheit wird ermächtigt, durch Rechtsverordnung ohne Zustimmung des Bundesrates Fristen für die Integration weiterer offener und standardisierter Schnittstellen in informationstechnische Systeme nach Absatz 1 Satz 1 festzulegen.

(2) ¹Für die in der vertragsärztlichen Versorgung eingesetzten informationstechnischen Systeme trifft die Kassenärztliche Bundesvereinigung im Benehmen mit der Gesellschaft für Telematik sowie den für die Wahrnehmung der Interessen der Industrie maßgeblichen Bundesverbänden aus dem Bereich der Informationstechnologie im Gesundheitswesen die erforderlichen Festlegungen zu den offenen und standardisierten Schnittstellen. ²Die Kassenärztliche Bundesvereinigung bestätigt auf Antrag eines Anbieters eines informationstechnischen Systems, dass das System die Festlegungen nach Satz 1 erfüllt. ³Sie veröffentlicht eine Liste mit den bestätigten informationstechnischen Systemen.

(3) ¹Für die in der vertragszahnärztlichen Versorgung eingesetzten informationstechnischen Systeme trifft die Kassenzahnärztliche Bundesvereinigung im Benehmen mit der Gesellschaft für Telematik sowie den für die Wahrnehmung der Interessen der Industrie maßgeblichen Bundesverbänden aus dem Bereich der Informationstechnologie im Gesundheitswesen die erforderlichen Festlegungen zu den offenen und standardisierten Schnittstellen. ²Die Kassenzahnärztliche Bundesvereinigung bestätigt auf Antrag eines Anbieters eines informationstechnischen Systems, dass das System die Festlegungen nach Satz 1 erfüllt. ³Sie veröffentlicht eine Liste mit den bestätigten informationstechnischen Systemen.

(4) ¹Für die in den Krankenhäusern eingesetzten informationstechnischen Systeme trifft die Deutsche Krankenhausgesellschaft im Benehmen mit der Gesellschaft für Telematik sowie den für die Wahrnehmung der Interessen der In-

dustrie maßgeblichen Bundesverbänden aus dem Bereich der Informationstechnologie im Gesundheitswesen die erforderlichen Festlegungen zu den offenen und standardisierten Schnittstellen. [2]Die Deutsche Krankenhausgesellschaft bestätigt auf Antrag eines Anbieters eines informationstechnischen Systems, dass das System die Festlegungen nach Satz 1 erfüllt. [3]Sie veröffentlicht eine Liste mit den bestätigten informationstechnischen Systemen.

(5) Die nach den Absätzen 2 bis 4 für die Festlegung zuständigen Organisationen stimmen sich mit dem Ziel ab, bei inhaltlichen Gemeinsamkeiten der Schnittstellen sektorübergreifende einheitliche Vorgaben zu treffen.

(6) Die nach den Absätzen 2 bis 4 getroffenen Festlegungen sind in das Interoperabilitätsverzeichnis nach § 291e aufzunehmen.

§ 291e Interoperabilitätsverzeichnis. (1) [1]Die Gesellschaft für Telematik hat bis zum 30. Juni 2017 ein elektronisches Interoperabilitätsverzeichnis für technische und semantische Standards, Profile und Leitfäden für informationstechnische Systeme im Gesundheitswesen aufzubauen und dieses Interoperabilitätsverzeichnis zu pflegen und zu betreiben. [2]Das Interoperabilitätsverzeichnis dient der Förderung der Interoperabilität zwischen informationstechnischen Systemen.

(2) Das Interoperabilitätsverzeichnis ist für die Nutzung öffentlich zur Verfügung zu stellen.

(3) [1]Die Gesellschaft für Telematik erstellt hinsichtlich des Interoperabilitätsverzeichnisses eine Geschäfts- und Verfahrensordnung. [2]Die Geschäfts- und Verfahrensordnung bedarf der Genehmigung durch das Bundesministerium für Gesundheit. [3]Sie ist dem Bundesministerium für Gesundheit spätestens zwölf Monate nach Inkrafttreten dieses Gesetzes vorzulegen. [4]Die Geschäfts- und Verfahrensordnung regelt das Nähere

1. zum Aufbau, zur Pflege und zum Betrieb sowie zur Nutzung des Interoperabilitätsverzeichnisses,
2. zur Benennung der Experten und zu deren Kostenerstattung nach Absatz 5,
3. zum Verfahren der Aufnahme von Informationen nach den Absätzen 7 bis 9 in das Interoperabilitätsverzeichnis sowie
4. zum Verfahren der Aufnahme von Informationen in das Informationsportal nach Absatz 11.

(4) [1]Für die Aufnahme von Informationen nach Absatz 8 in das Interoperabilitätsverzeichnis kann die Gesellschaft für Telematik Entgelte verlangen. [2]Der Entgeltkatalog bedarf der Genehmigung durch das Bundesministerium für Gesundheit.

(5) [1]Die Gesellschaft für Telematik benennt mit Zustimmung des Bundesministeriums für Gesundheit Experten, die über Fachwissen im Bereich der Gesundheitsversorgung und im Bereich der Informationstechnik und Standardisierung im Gesundheitswesen verfügen. [2]Die Experten sind aus folgenden Gruppen auszuwählen:

1. Anwendern informationstechnischer Systeme,
2. für die Wahrnehmung der Interessen der Industrie maßgeblichen Bundesverbänden aus dem Bereich der Informationstechnologie im Gesundheitswesen,
3. Ländern,
4. fachlich betroffenen Bundesbehörden,
5. fachlich betroffenen nationalen und internationalen Standardisierungs- und Normungsorganisationen sowie
6. Vertretern wissenschaftlicher Einrichtungen.

[3]Die Experten können der Gesellschaft für Telematik für den Aufbau, die Pflege und die Weiterentwicklung des Interoperabilitätsverzeichnisses Empfehlungen geben. [4]Die Gesellschaft für Telematik erstattet den Experten die ihnen durch die Mitarbeit entstehenden Kosten.

(6) [1]Die Gesellschaft für Telematik hat die Fachöffentlichkeit über den Stand des Aufbaus, der Pflege und der Weiterentwicklung des Interoperabilitätsverzeichnisses auf der Internetseite des Interoperabilitätsverzeichnisses zu informieren. [2]Die Gesellschaft für Telematik hat die Fachöffentlichkeit über elektronische Informationstechnologien zu beteiligen bei

1. Festlegungen nach Absatz 7 Satz 2,
2. Bewertungen nach Absatz 8 Satz 3 sowie
3. Empfehlungen nach Absatz 9 Satz 1.

[3]Hierzu hat die Gesellschaft für Telematik die Entwürfe der Festlegungen nach Absatz 7 Satz 2, der Bewertungen nach Absatz 8 Satz 3 und der Empfehlungen nach Absatz 9 Satz 1 auf der Internetseite des Interoperabilitätsverzeichnisses zu veröffentlichen. [4]Die Entwürfe sind mit dem Hinweis zu veröffentlichen, dass Stellungnahmen während der Veröffentlichung abgegeben werden können. [5]Die eingegangenen Stellungnahmen hat die Gesellschaft für Telematik auf der Internetseite des Interoperabilitätsverzeichnisses zu veröffentlichen und in die weitere Prüfung der Entwürfe einzubeziehen.

(7) [1]Technische und semantische Standards, Profile und Leitfäden, die die Gesellschaft für Telematik zur Nutzung in Anwendungen nach den §§ 291 und 291a Absatz 2 und 3 festgelegt hat (Interoperabilitätsfestlegungen), sind frühestmöglich, jedoch spätestens dann in das Interoperabilitätsverzeichnis aufzunehmen, wenn sie für den flächendeckenden Wirkbetrieb der Telematikinfrastruktur freigegeben sind. [2]Vor Festlegungen nach Satz 1, die die Gesellschaft für Telematik nach dem Inkrafttreten dieses Gesetzes trifft, hat sie den Experten nach Absatz 5 Gelegenheit zur Stellungnahme zu geben. [3]In ihren Stellungnahmen können die Experten weitere Empfehlungen zur Umsetzung und Nutzung der in das Interoperabilitätsverzeichnis aufgenommenen Inhalte sowie zu anwendungsspezifischen Konkretisierungen und Ergänzungen abgeben. [4]Die Gesellschaft für Telematik hat die Stellungnahmen in ihre Entscheidung einzubeziehen. [5]Die Stellungnahmen sind auf der Internetseite des Interoperabilitätsverzeichnisses zu veröffentlichen.

(8) [1]Technische und semantische Standards, Profile und Leitfäden, deren Aufnahme nicht nach dem in Absatz 7 geregelten Verfahren erfolgt, nimmt die

Gesellschaft für Telematik auf Antrag in das Interoperabilitätsverzeichnis auf. [2]Antragsberechtigt sind die Anwender der informationstechnischen Systeme und deren Interessenvertretungen, die Anbieter informationstechnischer Systeme, wissenschaftliche Einrichtungen sowie Standardisierungs- und Normungsorganisationen. [3]Vor Aufnahme in das Interoperabilitätsverzeichnis bewertet die Gesellschaft für Telematik, inwieweit die technischen und semantischen Standards, Profile und Leitfäden den Interoperabilitätsfestlegungen nach Absatz 7 Satz 1 entsprechen. [4]Vor ihrer Bewertung hat die Gesellschaft für Telematik den Experten nach Absatz 5 Gelegenheit zur Stellungnahme zu geben. [5]In ihren Stellungnahmen können die Experten weitere Empfehlungen zur Umsetzung und Nutzung der in das Interoperabilitätsverzeichnis aufgenommenen Inhalte sowie zu anwendungsspezifischen Konkretisierungen und Ergänzungen abgeben. [6]Die Gesellschaft für Telematik hat die Stellungnahmen in ihre Entscheidung einzubeziehen. [7]Die Stellungnahmen der Experten sowie die Bewertung der Gesellschaft für Telematik sind auf der Internetseite des Interoperabilitätsverzeichnisses zu veröffentlichen.

(9) [1]Die Gesellschaft für Telematik kann die Zusammenarbeit der Standardisierungs- und Normungsorganisationen unterstützen und im Interoperabilitätsverzeichnis enthaltene technische und semantische Standards, Profile und Leitfäden nach Absatz 8 als Referenz für informationstechnische Systeme im Gesundheitswesen empfehlen. [2]Vor ihrer Empfehlung hat die Gesellschaft für Telematik den Experten nach Absatz 5 sowie den Empfehlungen zur Datensicherheit und zum Datenschutz dem Bundesamt für Sicherheit in der Informationstechnik sowie dem oder der Bundesbeauftragten für den Datenschutz und die Informationsfreiheit Gelegenheit zur Stellungnahme zu geben. [3]Die Gesellschaft für Telematik hat die Stellungnahmen und Vorschläge in ihre Entscheidung einzubeziehen. [4]Die Stellungnahmen und Vorschläge der Experten sowie die Empfehlungen der Gesellschaft für Telematik sind auf der Internetseite des Interoperabilitätsverzeichnisses zu veröffentlichen.

(10) [1]Elektronische Anwendungen im Gesundheitswesen dürfen aus Mitteln der gesetzlichen Krankenversicherung nur ganz oder teilweise finanziert werden, wenn die Anbieter der elektronischen Anwendungen die Festlegungen nach Absatz 7 Satz 1 sowie die Empfehlungen nach Absatz 9 Satz 1 beachten. [2]Anbieter einer elektronischen Anwendung im Gesundheitswesen nach § 291a Absatz 7 Satz 3 oder einer elektronischen Anwendung, die aus Mitteln der gesetzlichen Krankenversicherung ganz oder teilweise finanziert wird, haben einen Antrag nach Absatz 8 Satz 1 zu stellen.

(11) [1]Als Bestandteil des Interoperabilitätsverzeichnisses hat die Gesellschaft für Telematik ein Informationsportal aufzubauen. [2]In das Informationsportal aufgenommen werden auf Antrag Informationen insbesondere über den Inhalt, den Verwendungszweck und die Finanzierung von elektronischen Anwendungen im Gesundheitswesen, insbesondere von telemedizinischen Anwendungen. [3]Antragsberechtigt sind Projektträger und Anbieter einer elektronischen Anwendung. [4]Projektträger und Anbieter einer elektronischen Anwendung, die aus

Mitteln der gesetzlichen Krankenversicherung ganz oder teilweise finanziert wird, haben einen Antrag zu stellen. [5]Das Nähere zu den Inhalten des Informationsportals und zu den Mindestinhalten des Antrages nach Satz 2 legt die Gesellschaft für Telematik in der Geschäfts- und Verfahrensordnung nach Absatz 3 fest.

(12) [1]Die Gesellschaft für Telematik legt dem Bundesministerium für Gesundheit zwei Jahre nach Inkrafttreten dieses Gesetzes einen Bericht vor. [2]Das Bundesministerium für Gesundheit leitet den Bericht an den Deutschen Bundestag weiter. [3]Der Bericht enthält Informationen über den Aufbau des Interoperabilitätsverzeichnisses, Anwendungserfahrungen und Vorschläge zur Weiterentwicklung des Interoperabilitätsverzeichnisses. [4]Außerdem enthält er eine Einschätzung zur Standardisierung im Gesundheitswesen sowie Empfehlungen zur Harmonisierung der Standards. [5]Das Bundesministerium für Gesundheit kann weitere Inhalte für den Bericht bestimmen. [6]Im Abstand von zwei Jahren ist ein neuer Bericht zu erstellen und vorzulegen.

§ 291f Übermittlung elektronischer Briefe in der vertragsärztlichen Versorgung. (1) [1]Der Zuschlag nach § 291a Absatz 7b Satz 1 erhöht sich im Jahr 2017 um eine Pauschale von 55 Cent pro Übermittlung eines elektronischen Briefs zwischen den an der vertragsärztlichen Versorgung teilnehmenden Ärzten und Einrichtungen, wenn die Übermittlung durch sichere elektronische Verfahren erfolgt und dadurch der Versand durch Post-, Boten- oder Kurierdienste entfällt. [2]Der Wegfall des Versands durch Post-, Boten- oder Kurierdienste ist bei der Anpassung des Behandlungsbedarfes nach § 87a Absatz 4 zu berücksichtigen. [3]§ 73 Absatz 1b Satz 1 bis 3 gilt entsprechend. [4]Ein sicheres elektronisches Verfahren setzt voraus, dass der elektronische Brief durch geeignete technische Maßnahmen entsprechend dem aktuellen Stand der Technik gegen unberechtigte Zugriffe geschützt wird.

(2) [1]Das Nähere, insbesondere über Inhalt und Struktur des elektronischen Briefs, zur Abrechnung, zu Regelungen, die eine nicht bedarfsgerechte Mengenausweitung vermeiden, und Einzelheiten zu den Sicherheitsmaßnahmen, regelt die Kassenärztliche Bundesvereinigung im Benehmen mit dem Spitzenverband Bund der Krankenkassen und der Gesellschaft für Telematik in einer Richtlinie. [2]In der Richtlinie ist festzulegen, dass für die Übermittlung des elektronischen Briefs zugelassene Dienste nach § 291b Absatz 1e genutzt werden, sobald diese zur Verfügung stehen. [3]Die Richtlinie ist dem Bundesministerium für Gesundheit zur Prüfung vorzulegen. [4]Bei der Prüfung der Richtlinie ist dem oder dem Bundesbeauftragten für den Datenschutz und die Informationsfreiheit und dem Bundesamt für Sicherheit in der Informationstechnik Gelegenheit zur Stellungnahme zu geben. [5]Das Bundesministerium für Gesundheit kann die Richtlinie innerhalb von einem Monat beanstanden.

(3) [1]Die Kassenärztliche Bundesvereinigung bestätigt auf Antrag eines Anbieters eines informationstechnischen Systems für an der vertragsärztlichen Versorgung teilnehmende Ärzte und Einrichtungen, dass sein System die in

der Richtlinie enthaltenen Vorgaben erfüllt. [2]Die Kassenärztliche Bundesvereinigung veröffentlicht eine Liste mit den bestätigten informationstechnischen Systemen.

(4) [1]Die Abrechnung des Zuschlags nach Absatz 1 ist zulässig, wenn für das verwendete informationstechnische System eine Bestätigung nach Absatz 3 gegenüber der zuständigen Abrechnungsstelle nachgewiesen wird. [2]Die Abrechnung eines Zuschlags nach Absatz 1 ist über die Voraussetzungen des Satzes 1 hinaus nur zulässig, wenn der elektronische Brief mit einer qualifizierten elektronischen Signatur versehen ist, die mit einem elektronischen Heilberufsausweis nach § 291a Absatz 5 Satz 5 erzeugt wurde.

(5) [1]Für den Zeitraum ab 2018 wird die Höhe des Zuschlags durch die Vertragspartner nach § 291a Absatz 7b Satz 2 vereinbart. [2]Der Zuschlag darf nur vereinbart werden, wenn für die Übermittlung des elektronischen Briefs zugelassene Dienste nach § 291b Absatz 1e genutzt werden.

(6) Die Absätze 1 bis 5 gelten nicht für die Vertragszahnärzte.

§ 291g Vereinbarung über technische Verfahren zur konsiliarischen Befundbeurteilung und zur Videosprechstunde. (1) [1]Die Kassenärztliche Bundesvereinigung vereinbart bis zum 30. Juni 2016 mit dem Spitzenverband Bund der Krankenkassen im Benehmen mit der Gesellschaft für Telematik die Anforderungen an die technischen Verfahren zur telemedizinischen Erbringung der konsiliarischen Befundbeurteilung von Röntgenaufnahmen in der vertragsärztlichen Versorgung, insbesondere Einzelheiten hinsichtlich der Qualität und der Sicherheit, und die Anforderungen an die technische Umsetzung. [2]Die Vereinbarung ist dem Bundesministerium für Gesundheit zur Prüfung vorzulegen. [3]Bei der Prüfung der Vereinbarung ist der oder dem Bundesbeauftragten für den Datenschutz und die Informationsfreiheit und dem Bundesamt für Sicherheit in der Informationstechnik Gelegenheit zur Stellungnahme zu geben. [4]Das Bundesministerium für Gesundheit kann die Vereinbarung innerhalb von einem Monat beanstanden.

(2) [1]Kommt die Vereinbarung nach Absatz 1 nicht bis zum 31. März 2016 zustande, so ist auf Antrag einer der Vereinbarungspartner nach Absatz 1 ein Schlichtungsverfahren bei der Schlichtungsstelle nach § 291c Absatz 1 einzuleiten. [2]Innerhalb von vier Wochen nach Einleitung des Schlichtungsverfahrens hat die Schlichtungsstelle einen Entscheidungsvorschlag vorzulegen. [3]Vor ihrem Entscheidungsvorschlag hat die Schlichtungsstelle den Vereinbarungspartnern nach Absatz 1 und der Gesellschaft für Telematik Gelegenheit zur Stellungnahme zu geben. [4]Kommt innerhalb von zwei Wochen nach Vorlage des Entscheidungsvorschlags keine Entscheidung der Vereinbarungspartner nach Absatz 1 zustande, entscheidet die Schlichtungsstelle anstelle der Vereinbarungspartner nach Absatz 1 innerhalb von zwei Wochen. [5]Auf die Entscheidungen der Schlichtungsstelle findet § 291c Absatz 7 Satz 4 bis 6 Anwendung. [6]Die Entscheidung der Schlichtungsstelle ist für die Vereinbarungspartner nach Absatz 1 und für die Leistungserbringer und Krankenkassen sowie für ihre Ver-

bände nach diesem Buch verbindlich; sie kann nur durch eine alternative Entscheidung der Vereinbarungspartner nach Absatz 1 in gleicher Sache ersetzt werden.

(3) Sofern die Vereinbarung nach Absatz 1 nicht bis zum 30. Juni 2016 getroffen wird, gilt § 291 Absatz 2b Satz 7 bis 9 entsprechend für die Kassenärztliche Bundesvereinigung und den Spitzenverband Bund der Krankenkassen.

(4) Die Absätze 1 bis 3 gelten für die Vereinbarung über technische Verfahren zu Videosprechstunden entsprechend mit der Maßgabe, dass die Vereinbarung nach Absatz 1 bis zum 30. September 2016 zu treffen ist.

§ 292 Angaben über Leistungsvoraussetzungen. (1) [1]Die Krankenkasse hat Angaben über Leistungen, die zur Prüfung der Voraussetzungen späterer Leistungsgewährung erforderlich sind, aufzuzeichnen. [2]Hierzu gehören insbesondere Angaben zur Feststellung der Voraussetzungen von Leistungsansprüchen bei Krankenhausbehandlung, medizinischen Leistungen zur Gesundheitsvorsorge und Rehabilitation sowie zur Feststellung der Voraussetzungen der Kostenerstattung und zur Leistung von Zuschüssen. [3]Im Falle der Arbeitsunfähigkeit sind auch die Diagnosen aufzuzeichnen.

(2) bis (4) *(aufgehoben)*

§ 293 Kennzeichen für Leistungsträger und Leistungserbringer. (1) [1]Die Krankenkassen verwenden im Schriftverkehr, einschließlich des Einsatzes elektronischer Datenübertragung oder maschinell verwertbarer Datenträger, beim Datenaustausch, für Maßnahmen zur Qualitätssicherung und für Abrechnungszwecke mit den anderen Trägern der Sozialversicherung, der Bundesagentur für Arbeit und den Versorgungsverwaltungen der Länder sowie mit ihren Vertragspartnern einschließlich deren Mitgliedern bundeseinheitliche Kennzeichen. [2]Der Spitzenverband Bund der Krankenkassen, die Spitzenorganisationen der anderen Träger der Sozialversicherung, die Postbeamtenkrankenkasse, die Bundesagentur für Arbeit und die Versorgungsverwaltungen der Länder bilden für die Vergabe der Kennzeichen nach Satz 1 eine Arbeitsgemeinschaft.

(2) Die Mitglieder der Arbeitsgemeinschaft nach Absatz 1 Satz 2 gemeinsam vereinbaren mit den Spitzenorganisationen der Leistungserbringer einheitlich Art und Aufbau der Kennzeichen und das Verfahren der Vergabe und ihre Verwendung.

(3) Kommt eine Vereinbarung nach Absatz 2 nicht oder nicht innerhalb einer vom Bundesministerium für Gesundheit gesetzten Frist zustande, kann dieses im Einvernehmen mit dem Bundesministerium für Arbeit und Soziales nach Anhörung der Beteiligten das Nähere der Regelungen über Art und Aufbau der Kennzeichen und das Verfahren der Vergabe und ihre Verwendung durch Rechtsverordnung mit Zustimmung des Bundesrates bestimmen.

(4) [1]Die Kassenärztliche und die Kassenzahnärztliche Bundesvereinigung führen jeweils ein bundesweites Verzeichnis der an der vertragsärztlichen Ver-

sorgung teilnehmenden Ärzte und Zahnärzte sowie Einrichtungen. [2]Das Verzeichnis enthält folgende Angaben:

1. Arzt- oder Zahnarztnummer (unverschlüsselt),
2. Hausarzt- oder Facharztkennung,
3. Teilnahmestatus,
4. Geschlecht des Arztes oder Zahnarztes,
5. Titel des Arztes oder Zahnarztes,
6. Name des Arztes oder Zahnarztes,
7. Vorname des Arztes oder Zahnarztes,
8. Geburtsdatum des Arztes oder Zahnarztes,
9. Straße der Arzt- oder Zahnarztpraxis oder der Einrichtung,
10. Hausnummer der Arzt- oder Zahnarztpraxis oder der Einrichtung,
11. Postleitzahl der Arzt- oder Zahnarztpraxis oder der Einrichtung,
12. Ort der Arzt- oder Zahnarztpraxis oder der Einrichtung,
13. Beginn der Gültigkeit der Arzt- oder Zahnarztnummer und
14. Ende der Gültigkeit der Arzt- oder Zahnarztnummer.

[3]Das Verzeichnis ist in monatlichen oder kürzeren Abständen zu aktualisieren. [4]Die Arzt- und Zahnarztnummer ist so zu gestalten, dass sie ohne zusätzliche Daten über den Arzt oder Zahnarzt nicht einem bestimmten Arzt oder Zahnarzt zugeordnet werden kann; dabei ist zu gewährleisten, dass die Arzt- und Zahnarztnummer eine Identifikation des Arztes oder Zahnarztes auch für die Krankenkassen und ihre Verbände für die gesamte Dauer der vertragsärztlichen oder vertragszahnärztlichen Tätigkeit ermöglicht. [5]Die Kassenärztliche Bundesvereinigung und die Kassenzahnärztliche Bundesvereinigung stellen sicher, dass das Verzeichnis die Arzt- und Zahnarztnummern enthält, welche Vertragsärzte und -zahnärzte im Rahmen der Abrechnung ihrer erbrachten und verordneten Leistungen mit den Krankenkassen nach den Vorschriften des Zweiten Abschnitts verwenden. [6]Die Kassenärztliche Bundesvereinigung und die Kassenzahnärztliche Bundesvereinigung stellen dem Spitzenverband Bund der Krankenkassen das Verzeichnis bis zum 31. März 2004 im Wege elektronischer Datenübertragung oder maschinell verwertbar auf Datenträgern zur Verfügung; Änderungen des Verzeichnisses sind dem Spitzenverband Bund in monatlichen oder kürzeren Abständen unentgeltlich zu übermitteln. [7]Der Spitzenverband Bund der Krankenkassen stellt seinen Mitgliedsverbänden und den Krankenkassen das Verzeichnis zur Erfüllung ihrer Aufgaben, insbesondere im Bereich der Gewährleistung der Qualität und der Wirtschaftlichkeit der Versorgung sowie der Aufbereitung der dafür erforderlichen Datengrundlagen, zur Verfügung; für andere Zwecke darf der Spitzenverband Bund der Krankenkassen das Verzeichnis nicht verwenden.

(5) [1]Die für die Wahrnehmung der wirtschaftlichen Interessen gebildete maßgebliche Spitzenorganisation der Apotheker führt ein bundeseinheitliches Verzeichnis über die Apotheken und stellt dieses dem Spitzenverband Bund der Krankenkassen im Wege elektronischer Datenübertragung oder maschinell verwertbar auf Datenträgern unentgeltlich zur Verfügung. [2]Änderungen des Ver-

zeichnisses sind dem Spitzenverband Bund der Krankenkassen in monatlichen oder kürzeren Abständen unentgeltlich zu übermitteln. [3]Das Verzeichnis enthält den Namen des Apothekers, die Anschrift und das Kennzeichen der Apotheke; es ist in monatlichen oder kürzeren Abständen zu aktualisieren. [4]Die für die Wahrnehmung der wirtschaftlichen Interessen gebildete maßgebliche Spitzenorganisation der Apotheker stellt das Verzeichnis und die Änderungen nach Satz 2 auch der nach § 2 Satz 1 des Gesetzes über Rabatte für Arzneimittel gebildeten zentralen Stelle im Wege elektronischer Datenübertragung oder maschinell verwertbar auf Datenträgern zur Verfügung; die zentrale Stelle hat die Übermittlungskosten zu tragen. [5]Der Spitzenverband Bund der Krankenkassen stellt seinen Mitgliedsverbänden und den Krankenkassen das Verzeichnis zur Erfüllung ihrer Aufgaben im Zusammenhang mit der Abrechnung der Apotheken, der in den §§ 129 und 300 getroffenen Regelungen sowie der damit verbundenen Datenaufbereitungen zur Verfügung; für andere Zwecke darf der Spitzenverband Bund der Krankenkassen das Verzeichnis nicht verwenden. [6]Die zentrale Stelle darf das Verzeichnis an die Träger der Kosten in Krankheits-, Pflege- und Geburtsfällen nach beamtenrechtlichen Vorschriften, die Unternehmen der privaten Krankenversicherung sowie die sonstigen Träger von Kosten in Krankheitsfällen weitergeben. [7]Das Verzeichnis darf nur für die in § 2 des Gesetzes über Rabatte für Arzneimittel genannten Zwecke verarbeitet oder genutzt werden. [8]Apotheken nach Satz 1 sind verpflichtet, die für das Verzeichnis erforderlichen Auskünfte zu erteilen. [9]Weitere Anbieter von Arzneimitteln sind gegenüber dem Spitzenverband Bund der Krankenkassen entsprechend auskunftspflichtig.

(6) [1]Der Spitzenverband Bund der Krankenkassen und die Deutsche Krankenhausgesellschaft führen auf der Grundlage der Vereinbarung nach § 2a Absatz 1 Satz 1 des Krankenhausfinanzierungsgesetzes ein bundesweites Verzeichnis der Standorte der nach § 108 zugelassenen Krankenhäuser und ihrer Ambulanzen. [2]Sie können das Institut für das Entgeltsystem im Krankenhaus mit der Aufgabe nach Satz 1 beauftragen. [3]In diesem Fall sind die notwendigen Aufwendungen des Instituts aus dem Zuschlag nach § 17b Absatz 5 Satz 1 Nummer 1 des Krankenhausfinanzierungsgesetzes zu finanzieren. [4]Die zugelassenen Krankenhäuser sind verpflichtet, der das Verzeichnis führenden Stelle auf Anforderung die für den Aufbau und die Durchführung des Verzeichnisses erforderlichen Daten sowie Veränderungen dieser Daten auch ohne Anforderung zu übermitteln. [5]Das Verzeichnis ist in nach Satz 10 Nummer 3 zu vereinbarenden Abständen zeitnah zu aktualisieren und im Internet zu veröffentlichen. [6]Die Krankenhäuser verwenden die im Verzeichnis enthaltenen Kennzeichen zu Abrechnungszwecken, für Datenübermittlungen an die Datenstelle nach § 21 Absatz 1 des Krankenhausentgeltgesetzes sowie zur Erfüllung der Anforderungen der Richtlinien und Beschlüsse zur Qualitätssicherung des Gemeinsamen Bundesausschusses. [7]Die Kostenträger nutzen das Verzeichnis zur Erfüllung ihrer Aufgaben insbesondere im Zusammenhang mit der Abrechnung von Leistungen sowie mit Anforderungen der Richtlinien und Beschlüsse

des Gemeinsamen Bundesausschusses zur Qualitätssicherung. [8]Der Gemeinsame Bundesausschuss nutzt das Verzeichnis, sofern dies zur Erfüllung der ihm nach diesem Gesetzbuch übertragenen Aufgaben insbesondere im Rahmen der Qualitätssicherung erforderlich ist. [9]Das Bundeskartellamt erhält die Daten des Verzeichnisses von der das Verzeichnis führenden Stelle im Wege elektronischer Datenübertragung oder maschinell verwertbar auf Datenträgern zur Erfüllung seiner Aufgaben nach dem Gesetz gegen Wettbewerbsbeschränkungen. [10]Die Deutsche Krankenhausgesellschaft und der Spitzenverband Bund der Krankenkassen vereinbaren bis zum 30. Juni 2017 das Nähere zu dem Verzeichnis nach Satz 1, insbesondere

1. die Art und den Aufbau des Verzeichnisses,
2. die Art und den Aufbau der im Verzeichnis enthaltenen Kennzeichen sowie die Voraussetzungen und das Verfahren für die Vergabe der Kennzeichen,
3. die geeigneten Abstände einer zeitnahen Aktualisierung und das Verfahren der kontinuierlichen Fortschreibung,
4. die sächlichen und personellen Voraussetzungen für die Verwendung der Kennzeichen sowie die sonstigen Anforderungen an die Verwendung der Kennzeichen und
5. die Finanzierung der Aufwände, die durch die Führung und die Aktualisierungen des Verzeichnisses entstehen.

[11]§ 2a Absatz 2 des Krankenhausfinanzierungsgesetzes gilt entsprechend für die Auftragserteilung nach Satz 2 und die Vereinbarung nach Satz 10.

(7) [1]Der Spitzenverband Bund der Krankenkassen und die Deutsche Krankenhausgesellschaft führen ein bundesweites Verzeichnis aller in den nach § 108 zugelassenen Krankenhäusern und ihren Ambulanzen tätigen Ärzte. [2]Sie können einen Dritten mit der Aufgabe nach Satz 1 beauftragen; für eine das Verzeichnis führende Stelle, die nicht zu den in § 35 des Ersten Buches genannten Stellen gehört, gilt § 35 des Ersten Buches entsprechend. [3]Das Verzeichnis enthält für alle Ärzte nach Satz 1 folgende Angaben:

1. Arztnummer (unverschlüsselt),
2. Angaben des Arztes nach Absatz 4 Satz 2 Nummer 4 bis 8,
3. Datum des Staatsexamens,
4. Datum der Approbation,
5. Datum der Promotion,
6. Datum der Facharztanerkennung und Fachgebiet,
7. Kennzeichen im Verzeichnis nach Absatz 6 des Krankenhauses, in dem der Arzt beschäftigt ist,
8. Datum des Beginns der Tätigkeit des Arztes im Krankenhaus und
9. Datum des Endes der Tätigkeit des Arztes im Krankenhaus.

[4]Die Arztnummer nach Satz 3 Nummer 1 folgt in ihrer Struktur der Arztnummer nach Absatz 4 Satz 2 Nummer 1. [5]Die zugelassenen Krankenhäuser sind verpflichtet, der das Verzeichnis führenden Stelle auf Anforderung die für den Aufbau und die Durchführung des Verzeichnisses erforderlichen Daten sowie Veränderungen dieser Daten auch ohne Anforderung zu übermitteln. [6]Die Kos-

ten zur Führung des Verzeichnisses tragen der Spitzenverband Bund der Krankenkassen und die Deutsche Krankenhausgesellschaft je zur Hälfte. [7]Wird das Institut für das Entgeltsystem im Krankenhaus mit der Führung des Verzeichnisses beauftragt, sind die notwendigen Aufwendungen des Instituts aus dem Zuschlag nach § 17b Absatz 5 Satz 1 Nummer 1 des Krankenhausfinanzierungsgesetzes zu finanzieren. [8]Der Spitzenverband Bund der Krankenkassen stellt seinen Mitgliedern das Verzeichnis zur Erfüllung ihrer gesetzlichen Aufgaben zur Verfügung; für andere Zwecke darf der Spitzenverband Bund der Krankenkassen das Verzeichnis nicht verwenden. [9]Die Krankenhäuser und die Krankenkassen verwenden und nutzen die im Verzeichnis enthaltenen Angaben spätestens zum 1. Januar 2019 in den gesetzlich bestimmten Fällen. [10]Der Spitzenverband Bund der Krankenkassen und die Deutsche Krankenhausgesellschaft vereinbaren im Einvernehmen mit der Kassenärztlichen Bundesvereinigung bis zum 31. Dezember 2017 das Nähere zu dem Verzeichnis nach Satz 1, insbesondere

1. die Art und den Aufbau des Verzeichnisses,
2. die Art, den Abgleich und den Aufbau der im Verzeichnis enthaltenen Angaben sowie die Voraussetzungen und das Verfahren für die Vergabe der Angaben nach Satz 3 Nummer 1 sowie der Verarbeitung der Angaben nach Satz 3 Nummer 2 bis 9,
3. die geeigneten Abstände einer zeitnahen Aktualisierung und das Verfahren der kontinuierlichen Fortschreibung sowie das Verfahren zur Löschung von Einträgen und
4. die sächlichen und personellen Voraussetzungen für die Verwendung der Angaben sowie die sonstigen Anforderungen an die Verwendung der Angaben.

[11]Die Vereinbarung nach Satz 10 ist für den Spitzenverband Bund der Krankenkassen, die Deutsche Krankenhausgesellschaft, die Kassenärztliche Bundesvereinigung sowie deren jeweiligen Mitglieder und für die Leistungserbringer verbindlich. [12]Kommt eine Vereinbarung nach Satz 10 ganz oder teilweise nicht zustande, wird ihr Inhalt auf Antrag einer Vertragspartei durch das Bundesschiedsamt nach § 89 Absatz 4 innerhalb von drei Monaten festgelegt, das hierzu um Vertreter der Deutschen Krankenhausgesellschaft sowie der Krankenkassen in jeweils gleicher Zahl erweitert wird und mit einfacher Stimmenmehrheit entscheidet; § 112 Absatz 4 gilt entsprechend.

Zweiter Abschnitt

Übermittlung und Aufarbeitung von Leistungsdaten, Datentransparenz

Erster Titel
Übermittlung von Leistungsdaten

§ 294 Pflichten der Leistungserbringer. Die an der vertragsärztlichen Versorgung teilnehmenden Ärzte und die übrigen Leistungserbringer sind verpflichtet, die für die Erfüllung der Aufgaben der Krankenkassen sowie der Kassenärztlichen Vereinigungen notwendigen Angaben, die aus der Erbringung, der Verordnung sowie der Abgabe von Versicherungsleistungen entstehen, aufzuzeichnen und gemäß den nachstehenden Vorschriften den Krankenkassen, den Kassenärztlichen Vereinigungen oder den mit der Datenverarbeitung beauftragten Stellen mitzuteilen.

§ 294a Mitteilung von Krankheitsursachen und drittverursachten Gesundheitsschäden. (1) [1]Liegen Anhaltspunkte dafür vor, dass eine Krankheit eine Berufskrankheit im Sinne der gesetzlichen Unfallversicherung oder deren Spätfolgen oder die Folge oder Spätfolge eines Arbeitsunfalls, eines sonstigen Unfalls, einer Körperverletzung, einer Schädigung im Sinne des Bundesversorgungsgesetzes oder eines Impfschadens im Sinne des Infektionsschutzgesetzes ist oder liegen Hinweise auf drittverursachte Gesundheitsschäden vor, sind die an der vertragsärztlichen Versorgung teilnehmenden Ärzte und Einrichtungen sowie die Krankenhäuser nach § 108 verpflichtet, die erforderlichen Daten, einschließlich der Angaben über Ursachen und den möglichen Verursacher, den Krankenkassen mitzuteilen. [2]Bei Hinweisen auf drittverursachte Gesundheitsschäden, die Folge einer Misshandlung, eines sexuellen Missbrauchs, eines sexuellen Übergriffs, einer sexuellen Nötigung, einer Vergewaltigung oder einer Vernachlässigung von Kindern und Jugendlichen sein können, besteht keine Mitteilungspflicht nach Satz 1. [3]Bei Hinweisen auf drittverursachte Gesundheitsschäden, die Folge einer Misshandlung, eines sexuellen Missbrauchs, eines sexuellen Übergriffs, einer sexuellen Nötigung oder einer Vergewaltigung einer oder eines volljährigen Versicherten sein können, besteht die Mitteilungspflicht nach Satz 1 nur dann, wenn die oder der Versicherte in die Mitteilung ausdrücklich eingewilligt hat..

(2) [1]Liegen Anhaltspunkte für ein Vorliegen der Voraussetzungen des § 52 Abs. 2 vor, sind die an der vertragsärztlichen Versorgung teilnehmenden Ärzte und Einrichtungen sowie die Krankenhäuser nach § 108 verpflichtet, den Krankenkassen die erforderlichen Daten mitzuteilen. [2]Die Versicherten sind über den Grund der Meldung nach Satz 1 und die gemeldeten Daten zu informieren.

§ 295 Abrechnung ärztlicher Leistungen. (1) [1]Die an der vertragsärztlichen Versorgung teilnehmenden Ärzte und Einrichtungen sind verpflichtet,

1. in dem Abschnitt der Arbeitsunfähigkeitsbescheinigung, den die Krankenkasse erhält, die Diagnosen,
2. in den Abrechnungsunterlagen für die vertragsärztlichen Leistungen die von ihnen erbrachten Leistungen einschließlich des Tages und, soweit für die Überprüfung der Zulässigkeit und Richtigkeit der Abrechnung erforderlich, der Uhrzeit der Behandlung, bei ärztlicher Behandlung mit Diagnosen, bei zahnärztlicher Behandlung mit Zahnbezug und Befunden,
3. in den Abrechnungsunterlagen sowie auf den Vordrucken für die vertragsärztliche Versorgung ihre Arztnummer, in Überweisungsfällen die Arztnummer des überweisenden Arztes sowie die Angaben nach § 291 Abs. 2 Nr. 1 bis 10 maschinenlesbar

aufzuzeichnen und zu übermitteln. ²Die Diagnosen nach Satz 1 Nr. 1 und 2 sind nach der Internationalen Klassifikation der Krankheiten in der jeweiligen vom Deutschen Institut für medizinische Dokumentation und Information im Auftrag des Bundesministeriums für Gesundheit herausgegebenen deutschen Fassung zu verschlüsseln. ³Das Bundesministerium für Gesundheit kann das Deutsche Institut für medizinische Dokumentation und Information beauftragen, den in Satz 2 genannten Schlüssel um Zusatzkennzeichen zur Gewährleistung der für die Erfüllung der Aufgaben der Krankenkassen notwendigen Aussagefähigkeit des Schlüssels zu ergänzen. ⁴Von Vertragsärzten durchgeführte Operationen und sonstige Prozeduren sind nach dem vom Deutschen Institut für medizinische Dokumentation und Information im Auftrag des Bundesministeriums für Gesundheit herausgegebenen Schlüssel zu verschlüsseln. ⁵Das Bundesministerium für Gesundheit gibt den Zeitpunkt des Inkrafttretens der jeweiligen Fassung des Diagnosenschlüssels nach Satz 2 sowie des Prozedurenschlüssels nach Satz 4 im Bundesanzeiger bekannt.

(1a) Für die Erfüllung der Aufgaben nach § 106a sind die an der vertragsärztlichen Versorgung teilnehmenden Ärzte verpflichtet und befugt, auf Verlangen der Kassenärztlichen Vereinigungen die für die Prüfung erforderlichen Befunde vorzulegen.

(1b) ¹Ärzte, Einrichtungen und medizinische Versorgungszentren, die ohne Beteiligung der Kassenärztlichen Vereinigungen mit den Krankenkassen oder ihren Verbänden Verträge zu besonderen Versorgungsformen (§ 140a) oder zur Versorgung nach § 73b abgeschlossen haben, psychiatrische Institutsambulanzen sowie Leistungserbringer, die gemäß § 116b Abs. 2 an der ambulanten spezialfachärztlichen Versorgung teilnehmen, übermitteln die in Absatz 1 genannten Angaben, bei Krankenhäusern einschließlich ihres Institutionskennzeichens, an die jeweilige Krankenkassen im Wege elektronischer Datenübertragung oder maschinell verwertbar auf Datenträgern; vertragsärztliche Leistungserbringer können in den Fällen des § 116b die Angaben über die Kassenärztliche Vereinigung übermitteln. ²Das Nähere regelt der Spitzenverband Bund der Krankenkassen mit Ausnahme der Datenübermittlung der Leistungserbringer, die gemäß § 116b Absatz 2 an der ambulanten spezialärztlichen Versorgung teilnehmen, sowie der psychiatrischen Institutsambulanzen.

³Die psychiatrischen Institutsambulanzen übermitteln die Angaben nach Satz 1 zusätzlich an die Datenstelle nach § 21 Absatz 1 Satz 1 des Krankenhausentgeltgesetzes. ⁴Die Selbstverwaltungspartner nach § 17b Absatz 2 des Krankenhausfinanzierungsgesetzes vereinbaren für die Dokumentation der Leistungen der psychiatrischen Institutsambulanzen nach Satz 1 sowie für die Durchführung der vom Gemeinsamen Bundesausschuss nach § 101 Absatz 1 Satz 1 Nummer 2b zu beschließenden Bestimmungen bis spätestens zum 1. Januar 2018 einen bundeseinheitlichen Katalog, der nach Art und Umfang der Leistung sowie der zur Leistungserbringung eingesetzten personellen Kapazitäten getrennt nach Berufsgruppen und Fachgebieten differenziert, sowie das Nähere zur Datenübermittlung nach Satz 3; für die Umsetzung des Prüfauftrags nach § 17d Absatz 1 Satz 3 des Krankenhausfinanzierungsgesetzes vereinbaren sie dabei auch, ob und wie der Prüfauftrag auf der Grundlage der Daten einer Vollerhebung oder einer repräsentativen Stichprobe der Leistungen psychiatrischer Institutsambulanzen sachgerecht zu erfüllen ist. ⁵§ 21 Absatz 4, Absatz 5 Satz 1 und 2 sowie Absatz 6 des Krankenhausentgeltgesetzes ist für die Vereinbarung zur Datenübermittlung entsprechend anzuwenden. ⁶Für die Vereinbarung einer bundeseinheitlichen Dokumentation der Leistungen der psychiatrischen Institutsambulanzen gilt § 21 Absatz 4 und 6 des Krankenhausentgeltgesetzes entsprechend mit der Maßgabe, dass die Schiedsstelle innerhalb von sechs Wochen entscheidet. ⁷Die Schiedsstelle entscheidet innerhalb von sechs Wochen nach Antrag einer Vertragspartei auch über die Tatbestände nach Satz 4 zweiter Halbsatz, zu denen keine Einigung zustande gekommen ist.

(2) ¹Für die Abrechnung der Vergütung übermitteln die Kassenärztlichen Vereinigungen im Wege elektronischer Datenübertragung oder maschinell verwertbar auf Datenträgern den Krankenkassen für jedes Quartal für jeden Behandlungsfall folgende Daten:
1. Angaben nach § 291 Abs. 2 Nr. 1, 6 und 7,
2. Arzt- oder Zahnarztnummer, in Überweisungsfällen die Arzt- oder Zahnarztnummer des überweisenden Arztes,
3. Art der Inanspruchnahme,
4. Art der Behandlung,
5. Tag und, soweit für die Überprüfung der Zulässigkeit und Richtigkeit der Abrechnung erforderlich, die Uhrzeit der Behandlung,
6. abgerechnete Gebührenpositionen mit den Schlüsseln nach Absatz 1 Satz 5, bei zahnärztlicher Behandlung mit Zahnbezug und Befunden,
7. Kosten der Behandlung.
²Die Kassenärztlichen Vereinigungen übermitteln für die Durchführung der Programme nach § 137g die in den Richtlinien des Gemeinsamen Bundesausschusses nach § 137f festgelegten Angaben versichertenbezogen an die Krankenkassen, soweit sie an der Durchführung dieser Programme beteiligt sind. ³Die Kassenärztlichen Vereinigungen übermitteln den Krankenkassen die Angaben nach Satz 1 für Versicherte, die an den Programmen nach § 137f teilnehmen, versichertenbezogen. ⁴§ 137f Abs. 3 Satz 2 bleibt unberührt.

(2a) Die an der vertragsärztlichen Versorgung teilnehmenden Ärzte und Einrichtungen, sowie Leistungserbringer, die ohne Beteiligung der Kassenärztlichen Vereinigungen mit den Krankenkassen oder ihren Verbänden Verträge zu besonderen Versorgungsformen (§ 140a) oder zur Versorgung nach § 73b abgeschlossen haben, sowie Leistungserbringer, die gemäß § 116b Abs. 2 an der ambulanten spezialfachärztlichen Versorgung teilnehmen, sind verpflichtet, die Angaben gemäß § 292 aufzuzeichnen und den Krankenkassen zu übermitteln; vertragsärztliche Leistungserbringer können in den Fällen des § 116b die Angaben über die Kassenärztliche Vereinigung übermitteln.

(3) Die Vertragsparteien der Verträge nach § 82 Abs. 1 und § 87 Abs. 1 vereinbaren als Bestandteil dieser Verträge das Nähere über

1. Form und Inhalt der Abrechnungsunterlagen für die vertragsärztlichen Leistungen,
2. Form und Inhalt der im Rahmen der vertragsärztlichen Versorgung erforderlichen Vordrucke,
3. die Erfüllung der Pflichten der Vertragsärzte nach Absatz 1,
4. die Erfüllung der Pflichten der Kassenärztlichen Vereinigungen nach Absatz 2, insbesondere auch Form, Frist und Umfang der Weiterleitung der Abrechnungsunterlagen an die Krankenkassen oder deren Verbände,
5. Einzelheiten der Datenübermittlung einschließlich einer einheitlichen Datensatzstruktur und der Aufbereitung von Abrechnungsunterlagen nach den §§ 296 und 297.

(4) [1]Die an der vertragsärztlichen Versorgung teilnehmenden Ärzte, Einrichtungen und medizinischen Versorgungszentren haben die für die Abrechnung der Leistungen notwendigen Angaben der Kassenärztlichen Vereinigung im Wege elektronischer Datenübertragung oder maschinell verwertbar auf Datenträgern zu übermitteln. [2]Das Nähere regelt die Kassenärztliche Bundesvereinigung.

§ 295a Abrechnung der im Rahmen von Verträgen nach § 73b und § 140a sowie vom Krankenhaus im Notfall erbrachten Leistungen. (1) [1]Für die Abrechnung der im Rahmen von Verträgen nach § 73b und § 140a erbrachten Leistungen sind die an diesen Versorgungsformen teilnehmenden Leistungserbringer befugt, die nach den Vorschriften dieses Kapitels erforderlichen Angaben an den Vertragspartner auf Leistungserbringerseite als verantwortliche Stelle zu übermitteln, indem diese Angaben entweder an die eine oder eine nach Absatz 2 beauftragte andere Stelle weitergegeben werden; für den Vertragspartner auf Leistungserbringerseite gilt § 35 des Ersten Buches entsprechend. [2]Voraussetzung ist, dass der Versicherte vor Abgabe der Teilnahmeerklärung an der Versorgungsform umfassend über die vorgesehene Datenübermittlung informiert worden ist und mit der Einwilligung in die Teilnahme zugleich in die damit verbundene Datenübermittlung schriftlich eingewilligt hat. [3]Der Vertragspartner auf Leistungserbringerseite oder die beauftragte andere Stelle dürfen die übermittelten Daten nur zu Abrechnungszwecken verarbeiten und nutzen; sie übermitteln die Daten im Wege elektronischer Datenübertragung oder maschinell verwertbar auf Datenträgern an den jeweiligen Vertragspartner auf Krankenkassenseite.

(2) ¹Der Vertragspartner auf Leistungserbringerseite darf eine andere Stelle mit der Erhebung, Verarbeitung und Nutzung der für die Abrechnung der in Absatz 1 genannten Leistungen erforderlichen personenbezogenen Daten beauftragen; § 291a bleibt unberührt. ²§ 80 des Zehnten Buches ist anzuwenden mit der weiteren Maßgabe, dass Unterauftragsverhältnisse ausgeschlossen sind und dass abweichend von dessen Absatz 5 die Beauftragung einer nichtöffentlichen Stelle auch zulässig ist, soweit die Speicherung der Daten den gesamten Datenbestand erfasst; Auftraggeber und Auftragnehmer unterliegen der Aufsicht der nach § 38 des Bundesdatenschutzgesetzes zuständigen Aufsichtsbehörde. ³Für Auftraggeber und Auftragnehmer, die nicht zu den in § 35 des Ersten Buches genannten Stellen gehören, gilt diese Vorschrift entsprechend; sie haben insbesondere die technischen und organisatorischen Maßnahmen nach § 78a des Zehnten Buches zu treffen.

(3) ¹Für die Abrechnung von im Notfall erbrachten ambulanten ärztlichen Leistungen darf das Krankenhaus eine andere Stelle mit der Erhebung, Verarbeitung und Nutzung der erforderlichen personenbezogenen Daten beauftragen, sofern der Versicherte schriftlich in die Datenweitergabe eingewilligt hat; § 291a bleibt unberührt. ²Der Auftragnehmer darf diese Daten nur zu Abrechnungszwecken verarbeiten und nutzen. ³Absatz 2 Satz 2 und 3 gilt entsprechend.

§ 296 Datenübermittlung für Wirtschaftlichkeitsprüfungen. (1) ¹Für die arztbezogenen Prüfungen nach § 106 übermitteln die Kassenärztlichen Vereinigungen im Wege elektronischer Datenübertragung oder maschinell verwertbar auf Datenträgern den Prüfungsstellen nach § 106c aus den Abrechnungsunterlagen der Vertragsärzte für jedes Quartal folgende Daten:

1. Arztnummer, einschließlich von Angaben nach § 293 Abs. 4 Satz 1 Nr. 2, 3, 6, 7 und 9 bis 14 und Angaben zu Schwerpunkt- und Zusatzbezeichnungen sowie zusätzlichen Abrechnungsgenehmigungen,
2. Kassennummer,
3. die abgerechneten Behandlungsfälle sowie deren Anzahl, getrennt nach Mitgliedern und Rentnern sowie deren Angehörigen,
4. die Überweisungsfälle sowie die Notarzt- und Vertreterfälle sowie deren Anzahl, jeweils in der Aufschlüsselung nach Nummer 3,
5. durchschnittliche Anzahl der Fälle der vergleichbaren Fachgruppe in der Gliederung nach den Nummern 3 und 4,
6. Häufigkeit der abgerechneten Gebührenposition unter Angabe des entsprechenden Fachgruppendurchschnitts,
7. in Überweisungsfällen die Arztnummer des überweisenden Arztes.

²Soweit es zur Durchführung der in den Vereinbarungen nach § 106b Absatz 1 Satz 1 vorgesehenen Wirtschaftlichkeitsprüfungen erforderlich ist, sind die Daten nach Satz 1 Nummer 3 jeweils unter Angabe der nach § 295 Absatz 1 Satz 2 verschlüsselten Diagnose zu übermitteln.

(2) ¹Für die arztbezogenen Prüfungen nach § 106 übermitteln die Kranken-kassen im Wege elektronischer Datenübertragung oder maschinell verwertbar auf Datenträgern den Prüfungsstellen nach § 106c über die von allen Vertrags-ärzten verordneten Leistungen (Arznei-, Verband-, Heil- und Hilfsmittel sowie Krankenhausbehandlungen) für jedes Quartal folgende Daten:

1. Arztnummer des verordnenden Arztes,
2. Kassennummer,
3. Art, Menge und Kosten verordneter Arznei, Verband-, Heil- und Hilfs-mittel, getrennt nach Mitgliedern und Rentnern sowie deren Angehöri-gen, oder bei Arzneimitteln einschließlich des Kennzeichens nach § 300 Abs. 3 Nr. 1,
4. Häufigkeit von Krankenhauseinweisungen sowie Dauer der Krankenhaus-behandlung.

²Soweit es zur Durchführung der in den Vereinbarungen nach § 106b Absatz 1 Satz 1 vorgesehenen Wirtschaftlichkeitsprüfungen erforderlich ist, sind der Prüfungsstelle auf Anforderung auch die Versichertennummern arztbezogen zu übermitteln.

(3) ¹Die Kassenärztliche Bundesvereinigung und der Spitzenverband Bund der Krankenkassen bestimmen im Vertrag nach § 295 Abs. 3 Nr. 5 Näheres über die nach Absatz 2 Nr. 3 anzugebenden Arten und Gruppen von Arznei-, Verband- und Heilmitteln. ²Sie können auch vereinbaren, dass jedes einzelne Mittel oder dessen Kennzeichen angegeben wird. ³Zu vereinbaren ist ferner Nä-heres zu den Fristen der Datenübermittlungen nach den Absätzen 1 und 2 sowie zu den Folgen der Nichteinhaltung dieser Fristen.

(4) Soweit es zur Durchführung der in den Vereinbarungen nach § 106b Absatz 1 Satz 1 vorgesehenen Wirtschaftlichkeitsprüfungen erforderlich ist, sind die an der vertragsärztlichen Versorgung teilnehmenden Ärzte und Ein-richtungen verpflichtet und befugt, auf Verlangen der Prüfungsstelle nach § 106c die für die Prüfung erforderlichen Befunde vorzulegen.

§ 297 Weitere Regelungen zur Datenübermittlung für Wirtschaftlich-keitsprüfungen. (1) Die Kassenärztlichen Vereinigungen übermitteln den Prüfungsstellen nach § 106c für jedes Quartal eine Liste der Ärzte, die gemäß § 106a Absatz 4 in die Prüfung nach § 106a einbezogen werden.

(2) ¹Die Kassenärztlichen Vereinigungen übermitteln im Wege der elektro-nischen Datenübertragung oder maschinell verwertbar auf Datenträgern den Prüfungsstellen nach § 106c aus den Abrechnungsunterlagen der in die Prüfung einbezogenen Vertragsärzte folgende Daten:

1. Arztnummer,
2. Kassennummer,
3. Krankenversichertennummer,
4. abgerechnete Gebührenpositionen je Behandlungsfall einschließlich des Ta-ges der Behandlung, bei ärztlicher Behandlung mit der nach dem in § 295 Abs. 1 Satz 2 genannten Schlüssel verschlüsselten Diagnose, bei zahnärzt-

licher Behandlung mit Zahnbezug und Befunden, bei Überweisungen mit dem Auftrag des überweisenden Arztes. [2]Die Daten sind jeweils für den Zeitraum eines Jahres zu übermitteln.

(3) [1]Die Krankenkassen übermitteln im Wege der elektronischen Datenübertragung oder maschinell verwertbar auf Datenträgern den Prüfungsstellen nach § 106c die Daten über die von den in die Prüfung nach § 106a einbezogenen Vertragsärzten getroffenen Feststellungen der Arbeitsunfähigkeit jeweils unter Angabe der Arztnummer, der Kassennummer und der Krankenversichertennummer. [2]Die Daten über die Feststellungen der Arbeitsunfähigkeit enthalten zusätzlich die gemäß § 295 Abs. 1 übermittelte Diagnose sowie die Dauer der Arbeitsunfähigkeit. [3]Die Daten sind jeweils für den Zeitraum eines Jahres zu übermitteln.

(4) [1]Soweit es zur Durchführung der in den Vereinbarungen nach § 106b Absatz 1 Satz 1 vorgesehenen Wirtschaftlichkeitsprüfungen erforderlich ist, übermitteln die Krankenkassen im Wege der elektronischen Datenübertragung oder maschinell verwertbar auf Datenträgern den Prüfungsstellen nach § 106c die Daten über die von den in die Prüfung einbezogenen Vertragsärzten verordneten Leistungen unter Angabe der Arztnummer, der Kassennummer und der Krankenversichertennummer. [2]Die Daten über die verordneten Arzneimittel enthalten zusätzlich jeweils das Kennzeichen nach § 300 Absatz 3 Satz 1. [3]Die Daten über die Verordnungen von Krankenhausbehandlungen enthalten zusätzlich jeweils die gemäß § 301 übermittelten Angaben über den Tag und den Grund der Aufnahme, die Einweisungsdiagnose, die Aufnahmediagnose, die Art der durchgeführten Operationen und sonstigen Prozeduren sowie die Dauer der Krankenhausbehandlung. [4]Die Daten sind jeweils für den Zeitraum eines Jahres zu übermitteln.

§ 298 Übermittlung versichertenbezogener Daten. Im Rahmen eines Prüfverfahrens ist die versichertenbezogene Übermittlung von Angaben über ärztliche oder ärztlich verordnete Leistungen zulässig, soweit die Wirtschaftlichkeit oder Qualität der ärztlichen Behandlungs- oder Verordnungsweise im Einzelfall zu beurteilen ist.

§ 299 Datenerhebung, -verarbeitung und -nutzung für Zwecke der Qualitätssicherung. (1) [1]Die an der vertragsärztlichen Versorgung teilnehmenden Ärzte, zugelassenen Krankenhäuser und übrigen Leistungserbringer gemäß § 135a Absatz 2 sind befugt und verpflichtet, personen- oder einrichtungsbezogene Daten der Versicherten und der Leistungserbringer für Zwecke der Qualitätssicherung nach § 135a Absatz 2, § 135b Absatz 2 oder § 137a Absatz 3 zu erheben, verarbeiten oder nutzen, soweit dies erforderlich und in Richtlinien und Beschlüssen des Gemeinsamen Bundesausschusses nach § 135b Absatz 2 und § 136 Absatz 1 Satz 1 und § 136b sowie in Vereinbarungen nach § 137d vorgesehen ist. [2]In den Richtlinien, Beschlüssen und Vereinbarungen nach Satz 1 sind diejenigen Daten, die von den Leistungserbringern zu erheben, zu verarbeiten oder zu nutzen sind, sowie deren Empfänger festzulegen und die

Erforderlichkeit darzulegen. [3]Der Gemeinsame Bundesausschuss hat bei der Festlegung der Daten nach Satz 2 in Abhängigkeit von der jeweiligen Maßnahme der Qualitätssicherung insbesondere diejenigen Daten zu bestimmen, die für die Ermittlung der Qualität von Diagnostik oder Behandlung mit Hilfe geeigneter Qualitätsindikatoren, für die Erfassung möglicher Begleiterkrankungen und Komplikationen, für die Feststellung der Sterblichkeit sowie für eine geeignete Validierung oder Risikoadjustierung bei der Auswertung der Daten medizinisch oder methodisch notwendig sind. [4]Die Richtlinien und Beschlüsse sowie Vereinbarungen nach Satz 1 haben darüber hinaus sicherzustellen, dass

1. in der Regel die Datenerhebung auf eine Stichprobe der betroffenen Patienten begrenzt wird und die versichertenbezogenen Daten pseudonymisiert werden,

2. die Auswertung der Daten, soweit sie nicht im Rahmen der Qualitätsprüfungen durch die Kassenärztlichen Vereinigungen erfolgt, von einer unabhängigen Stelle vorgenommen wird und

3. eine qualifizierte Information der betroffenen Patienten in geeigneter Weise stattfindet.

[5]Abweichend von Satz 4 Nummer 1 können die Richtlinien, Beschlüsse und Vereinbarungen

1. auch eine Vollerhebung der Daten aller betroffenen Patienten vorsehen, sofern dies aus gewichtigen medizinisch fachlichen oder gewichtigen methodischen Gründen, die als Bestandteil der Richtlinien, Beschlüsse und Vereinbarungen dargelegt werden müssen, erforderlich ist;

2. auch vorsehen, dass von einer Pseudonymisierung der versichertenbezogenen Daten abgesehen werden kann, wenn für die Qualitätssicherung die Überprüfung der ärztlichen Behandlungsdokumentation fachlich oder methodisch erforderlich ist und die technische Beschaffenheit des die versichertenbezogenen Daten speichernden Datenträgers eine Pseudonymisierung nicht zulässt und die Anfertigung einer Kopie des speichernden Datenträgers, um auf dieser die versichertenbezogenen Daten zu pseudonymisieren, mit für die Qualitätssicherung nicht hinnehmbaren Qualitätsverlusten verbunden wäre; die Gründe sind in den Richtlinien, Beschlüssen und Vereinbarungen darzulegen.

[6]Auch Auswahl, Umfang und Verfahren der Stichprobe sind in den Richtlinien und Beschlüssen sowie den Vereinbarungen nach Satz 1 festzulegen und von den an der vertragsärztlichen Versorgung teilnehmenden Ärzten und den übrigen Leistungserbringern zu erheben und zu übermitteln. [7]Es ist auszuschließen, dass die Krankenkassen, Kassenärztlichen Vereinigungen oder deren jeweilige Verbände Kenntnis von Daten erlangen, die über den Umfang der ihnen nach den §§ 295, 300, 301, 301a und 302 zu übermittelnden Daten hinausgeht; dies gilt nicht für die Kassenärztlichen Vereinigungen in Bezug auf die für die Durchführung der Qualitätsprüfung nach § 135b Absatz 2 sowie die für die Durchführung der Aufgaben einer Datenannahmestelle oder für Einrichtungsbefragungen zur Qualitätssicherung aus Richtlinien nach § 136 Absatz 1 Satz 1 erforderlichen Daten. [8]Eine über die in den Richtlinien nach § 136 Absatz 1

Satz 1 festgelegten Zwecke hinausgehende Erhebung, Verarbeitung und Nutzung dieser Daten, insbesondere eine Zusammenführung mit anderen Daten, ist unzulässig. [9]Aufgaben zur Qualitätssicherung sind von den Kassenärztlichen Vereinigungen räumlich und personell getrennt von ihren anderen Aufgaben wahrzunehmen.

(1a) [1]Die Krankenkassen sind befugt und verpflichtet, nach § 284 Absatz 1 erhobene und gespeicherte Sozialdaten für Zwecke der Qualitätssicherung nach § 135a Absatz 2, § 135b Absatz 2 oder § 137a Absatz 3 zu verarbeiten oder zu nutzen, soweit dies erforderlich und in Richtlinien und Beschlüssen des Gemeinsamen Bundesausschusses nach § 135b Absatz 2 und § 136 Absatz 1 Satz 1, §§ 136b und 137b Absatz 1 sowie in Vereinbarungen nach § 137d vorgesehen ist. [2]In den Richtlinien, Beschlüssen und Vereinbarungen nach Satz 1 sind diejenigen Daten, die von den Krankenkassen für Zwecke der Qualitätssicherung zu verarbeiten oder zu nutzen sind, sowie deren Empfänger festzulegen und die Erforderlichkeit darzulegen. [3]Absatz 1 Satz 3 bis 7 gilt entsprechend.

(2) [1]Das Verfahren zur Pseudonymisierung der Daten wird durch die an der vertragsärztlichen Versorgung teilnehmenden Ärzte und übrigen Leistungserbringer gemäß § 135a Absatz 2 angewendet. [2]Es ist in den Richtlinien und Beschlüssen sowie den Vereinbarungen nach Absatz 1 Satz 1 unter Berücksichtigung der Empfehlungen des Bundesamtes für Sicherheit in der Informationstechnik festzulegen. [3]Das Verfahren zur Pseudonymisierung der Daten kann in den Richtlinien, Beschlüssen und Vereinbarungen auch auf eine von den Krankenkassen, Kassenärztlichen Vereinigungen oder deren jeweiligen Verbänden räumlich, organisatorisch und personell getrennte Stelle übertragen werden, wenn das Verfahren für die in Satz 1 genannten Leistungserbringer einen unverhältnismäßig hohen Aufwand bedeuten würde; für Verfahren zur Qualitätsprüfung nach § 135b Absatz 2 kann dies auch eine gesonderte Stelle bei den Kassenärztlichen Vereinigungen sein. [4]Die Gründe für die Übertragung sind in den Richtlinien, Beschlüssen und Vereinbarungen darzulegen. [5]Bei einer Vollerhebung nach Absatz 1 Satz 5 hat die Pseudonymisierung durch eine von den Krankenkassen, Kassenärztlichen Vereinigungen oder deren jeweiligen Verbänden räumlich organisatorisch und personell getrennten Vertrauensstelle zu erfolgen.

(2a) [1]Enthalten die für Zwecke des Absatz 1 Satz 1 erhobenen, verarbeiteten und genutzten Daten noch keine den Anforderungen des § 290 Absatz 1 Satz 2 entsprechende Krankenversichertennummer und ist in Richtlinien des Gemeinsamen Bundesausschusses vorgesehen, dass die Pseudonymisierung auf der Grundlage der Krankenversichertennummer nach § 290 Absatz 1 Satz 2 erfolgen soll, kann der Gemeinsame Bundesausschuss in den Richtlinien ein Übergangsverfahren regeln, das einen Abgleich der für einen Versicherten vorhandenen Krankenversichertennummern ermöglicht. [2]In diesem Fall hat er in den Richtlinien eine von den Krankenkassen und ihren Verbänden räumlich, organisatorisch und personell getrennte eigenständige Vertrauensstelle zu bestimmen, die dem Sozialgeheimnis nach § 35 Absatz 1 des Ersten Buches unterliegt, an die die Krankenkassen für die in das Qualitätssicherungsverfahren einbezogenen Versicherten die vorhandenen Krankenversichertennummern übermitteln. [3]Weitere Daten dürfen nicht übermittelt werden. [4]Der Gemeinsame Bundesausschuss hat in den Richtlinien die Dauer der Übergangsregelung und den Zeitpunkt der Löschung der Daten bei der Stelle nach Satz 2 festzulegen.

(3) [1]Zur Auswertung der für Zwecke der Qualitätssicherung nach § 135a Abs. 2 erhobenen Daten bestimmen in den Fällen des § 136 Absatz 1 Satz 1 und § 136b der Gemeinsame Bundesausschuss und im Falle des § 137d die Vereinbarungspartner eine unabhängige Stelle. [2]Diese darf Auswertungen nur für Qualitätssicherungsverfahren mit zuvor in den Richtlinien, Beschlüssen oder Vereinbarungen festgelegten Auswertungszielen durchführen. [3]Daten, die für Zwecke der Qualitätssicherung nach § 135a Abs. 2 für ein Qualitätssicherungsverfahren verarbeitet werden, dürfen nicht mit für andere Zwecke als die Qualitätssicherung erhobenen Datenbeständen zusammengeführt und ausgewertet werden. [4]Für die unabhängige Stelle gilt § 35 Absatz 1 des Ersten Buches entsprechend.

(4) [1]Der Gemeinsame Bundesausschuss kann zur Durchführung von Patientenbefragungen für Zwecke der Qualitätssicherung in den Richtlinien und Beschlüssen nach den §§ 136 bis 136b eine zentrale Stelle (Versendestelle) bestimmen, die die Auswahl der zu befragenden Versicherten und die Versendung der Fragebögen übernimmt. [2]In diesem Fall regelt er in den Richtlinien oder Beschlüssen die Einzelheiten des Verfahrens; insbesondere legt er die Auswahlkriterien fest und bestimmt, wer welche Daten an die Versendestelle zu übermitteln hat. [3]Dabei kann er auch die Übermittlung nicht pseudonymisierter personenbezogener Daten der Versicherten und nicht pseudonymisierter personen- oder einrichtungsbezogener Daten der Leistungserbringer vorsehen, soweit dies für die Auswahl der Versicherten oder die Versendung der Fragebögen erforderlich ist. [4]Der Rücklauf der ausgefüllten Fragebögen darf nicht über die Versendestelle erfolgen. [5]Die Versendestelle muss von den Krankenkassen und ihren Verbänden, den Kassenärztlichen Vereinigungen und ihren Verbänden, der Vertrauensstelle nach Absatz 2 Satz 5, dem Institut nach § 137a und sonstigen nach Absatz 1 Satz 2 festgelegten Datenempfängern räumlich, organisatorisch und personell getrennt sein und darf über die Daten nach Satz 2 hinaus keine Behandlungs-, Leistungs- oder Sozialdaten von Versicherten erheben und verarbeiten. [6]Die Versendestelle hat die ihr übermittelten Identifikationsmerkmale der Versicherten in gleicher Weise geheim zu halten wie derjenige, von dem sie sie erhalten hat; sie darf diese Daten anderen Personen oder Stellen nicht zugänglich machen. [7]Die an der vertragsärztlichen Versorgung teilnehmenden Ärzte, zugelassenen Krankenhäuser und übrigen Leistungserbringer gemäß § 135a Absatz 2 sowie die Krankenkassen sind befugt und verpflichtet, die vom Gemeinsamen Bundesausschuss nach Satz 2 festgelegten Daten an die Stelle nach Satz 1 zu übermitteln. [8]Die Daten nach Satz 7 sind von der Versendestelle zu löschen, wenn sie zur Erfüllung ihrer Aufgaben nicht mehr erforderlich sind, spätestens jedoch sechs Monate nach Versendung der Fragebögen.

(5) Der Gemeinsame Bundesausschuss ist befugt und berechtigt, abweichend von Absatz 3 Satz 3 transplantationsmedizinische Qualitätssicherungsdaten, die aufgrund der Richtlinien nach § 136 Absatz 1 Satz 1 Nummer 1 erhoben werden, nach § 15e des Transplantationsgesetzes an die Transplantationsregisterstelle zu übermitteln sowie von der Transplantationsregisterstelle nach § 15f des Transplantationsgesetzes übermittelte Daten für die Weiterentwicklung von Richtlinien und Beschlüssen zur Qualitätssicherung transplantationsmedizinischer Leistungen nach den §§ 136 bis 136c zu erheben, zu verarbeiten und zu nutzen.

§ 300 Abrechnung der Apotheken und weiterer Stellen. (1) [1]Die Apotheken und weitere Anbieter von Arzneimitteln sind verpflichtet, unabhängig von der Höhe der Zuzahlung (oder dem Eigenanteil),

1. bei Abgabe von Fertigarzneimitteln für Versicherte das nach Absatz 3 Nr. 1 zu verwendende Kennzeichen maschinenlesbar auf das für die vertragsärztliche Versorgung verbindliche Verordnungsblatt oder in den elektronischen Verordnungsdatensatz zu übertragen,

2. die Verordnungsblätter oder die elektronischen Verordnungsdatensätze an die Krankenkassen weiterzuleiten und diesen die nach Maßgabe der nach Absatz 3 Nr. 2 getroffenen Vereinbarungen erforderlichen Abrechnungsdaten zu übermitteln.

[2]Satz 1 gilt auch für Apotheken und weitere Anbieter, die sonstige Leistungen nach § 31 sowie Impfstoffe nach § 20i Absatz 1 und 2 abrechnen, im Rahmen der jeweils vereinbarten Abrechnungsverfahren.

(2) [1]Die Apotheken und weitere Anbieter von Leistungen nach § 31 können zur Erfüllung ihrer Verpflichtungen nach Absatz 1 Rechenzentren in Anspruch nehmen. [2]Die Rechenzentren dürfen die Daten für im Sozialgesetzbuch bestimmte Zwecke und ab dem 1. Januar 2003 nur in einer auf diese Zwecke ausgerichteten Weise verarbeiten und nutzen, soweit sie dazu von einer berechtigten Stelle beauftragt worden sind; anonymisierte Daten dürfen auch für andere Zwecke verarbeitet und genutzt werden. [3]Die Rechenzentren übermitteln die Daten nach Absatz 1 auf Anforderung den Kassenärztlichen Vereinigungen, soweit diese Daten zur Erfüllung ihrer Aufgaben nach § 73 Abs. 8, den §§ 84 und 305a erforderlich sind, sowie dem Bundesministerium für Gesundheit oder einer von ihm benannten Stelle im Wege elektronischer Datenübertragung oder maschinell verwertbar auf Datenträgern. [4]Dem Bundesministerium für Gesundheit oder der von ihm benannten Stelle sind die Daten nicht arzt- und nicht versichertenbezogen zu übermitteln. [5]Vor der Verarbeitung der Daten durch die Kassenärztlichen Vereinigungen ist der Versichertenbezug durch eine von der jeweiligen Kassenärztlichen Vereinigung räumlich, organisatorisch und personell getrennten Stelle zu pseudonymisieren. [6]Für die Datenübermittlung an die Kassenärztlichen Vereinigungen erhalten die Rechenzentren einen dem Arbeitsaufwand entsprechenden Aufwandsersatz. [7]Der Arbeitsaufwand für die Datenübermittlung ist auf Nachfrage der Kassenärztlichen Vereinigungn diesen in geeigneter Form nachzuweisen.

(3) [1]Der Spitzenverband Bund der Krankenkassen und die für die Wahrnehmung der wirtschaftlichen Interessen gebildete maßgebliche Spitzenorganisation der Apotheker regeln in einer Arzneimittelabrechnungsvereinbarung das Nähere insbesondere über

1. die Verwendung eines bundeseinheitlichen Kennzeichens für das verordnete Fertigarzneimittel als Schlüssel zu Handelsname, Hersteller, Darreichungsform, Wirkstoffstärke und Packungsgröße des Arzneimittels,

2. die Einzelheiten der Übertragung des Kennzeichens und der Abrechnung, die Voraussetzungen und Einzelheiten der Übermittlung der Abrechnungsdaten im Wege elektronischer Datenübertragung oder maschinell verwertbar auf Datenträgern sowie die Weiterleitung der Verordnungsblätter an die Krankenkassen, spätestens zum 1. Januar 2006 auch die Übermittlung des elektronischen Verordnungsdatensatzes,

3. die Übermittlung des Apothekenverzeichnisses nach § 293 Abs. 5.

[2]Bei der nach Absatz 1 Satz 1 Nummer 2 genannten Datenübermittlung sind das bundeseinheitliche Kennzeichen der Fertigarzneimittel in parenteralen Zubereitungen sowie die enthaltenen Mengeneinheiten von Fertigarzneimitteln zu übermitteln. [3]Satz 2 gilt auch für Fertigarzneimittel, aus denen wirtschaftliche Einzelmengen nach § 129 Absatz 1 Satz 1 Nummer 3 abgegeben werden. [4]Für Fertigarzneimittel in parenteralen Zubereitungen sind zusätzlich die mit dem pharmazeutischen Unternehmer vereinbarten Preise ohne Mehrwertsteuer zu übermitteln. [5]Besteht eine parenterale Zubereitung aus mehr als drei Fertigarzneimitteln, können die Vertragsparteien nach Satz 1 vereinbaren, Angaben für Fertigarzneimittel von der Übermittlung nach den Sätzen 1 und 2 auszunehmen, wenn eine Übermittlung unverhältnismäßig aufwendig wäre.

(4) Kommt eine Vereinbarung nach Absatz 3 nicht oder nicht innerhalb einer vom Bundesministerium für Gesundheit gesetzten Frist zustande, wird ihr Inhalt durch die Schiedsstelle nach § 129 Abs. 8 festgesetzt.

§ 301 Krankenhäuser. (1) [1]Die nach § 108 zugelassenen Krankenhäuser oder ihre Krankenhausträger sind verpflichtet, den Krankenkassen bei Krankenhausbehandlung folgende Angaben im Wege elektronischer Datenübertragung oder maschinell verwertbar auf Datenträgern zu übermitteln:

1. die Angaben nach § 291 Abs. 2 Nr. 1 bis 10 sowie das krankenhausinterne Kennzeichen des Versicherten,

2. das Institutionskennzeichen der Krankenkasse und des Krankenhauses sowie ab dem 1. Januar 2020 dessen Kennzeichen nach § 293 Absatz 6,

3. den Tag, die Uhrzeit und den Grund der Aufnahme sowie die Einweisungsdiagnose, die Aufnahmediagnose, bei einer Änderung der Aufnahmediagnose die nachfolgenden Diagnosen, die voraussichtliche Dauer der Krankenhausbehandlung sowie, falls diese überschritten wird, auf Verlangen der Krankenkasse die medizinische Begründung, bei Kleinkindern bis zu einem Jahr das Aufnahmegewicht,

4. bei ärztlicher Verordnung von Krankenhausbehandlung die Arztnummer des einweisenden Arztes, bei Verlegung das Institutionskennzeichen des

veranlassenden Krankenhauses, bei Notfallaufnahme die die Aufnahme veranlassende Stelle,

5. die Bezeichnung der aufnehmenden Fachabteilung, bei Verlegung die der weiterbehandelnden Fachabteilungen,

6. Datum und Art der im oder vom jeweiligen Krankenhaus durchgeführten Operationen und sonstigen Prozeduren,

7. den Tag, die Uhrzeit und den Grund der Entlassung oder der Verlegung, bei externer Verlegung das Institutionskennzeichen der aufnehmenden Institution, bei Entlassung oder Verlegung die für die Krankenhausbehandlung maßgebliche Hauptdiagnose und die Nebendiagnosen,

8. Aussagen zur Arbeitsfähigkeit und Vorschläge zur erforderlichen weiteren Behandlung für Zwecke des Entlassmanagements nach § 39 Absatz 1a mit Angabe geeigneter Einrichtungen,

9. die nach den § 115a und § 115b sowie nach dem Krankenhausentgeltgesetz und der Bundespflegesatzverordnung berechneten Entgelte.

²Die Übermittlung der medizinischen Begründung von Verlängerungen der Verweildauer nach Satz 1 Nr. 3 sowie der Angaben nach Satz 1 Nr. 8 ist auch in nicht maschinenlesbarer Form zulässig.

(2) ¹Die Diagnosen nach Absatz 1 Satz 1 Nr. 3 und 7 sind nach der Internationalen Klassifikation der Krankheiten in der jeweiligen vom Deutschen Institut für medizinische Dokumentation und Information im Auftrag des Bundesministeriums für Gesundheit herausgegebenen deutschen Fassung zu verschlüsseln. ²Die Operationen und sonstigen Prozeduren nach Absatz 1 Satz 1 Nr. 6 sind nach dem vom Deutschen Institut für medizinische Dokumentation und Information im Auftrag des Bundesministeriums für Gesundheit herausgegebenen Schlüssel zu verschlüsseln; der Schlüssel hat die sonstigen Prozeduren zu umfassen, die nach § 17b und § 17d des Krankenhausfinanzierungsgesetzes abgerechnet werden können. ³Das Bundesministerium für Gesundheit gibt den Zeitpunkt der Inkraftsetzung der jeweiligen Fassung des Diagnosenschlüssels nach Satz 1 sowie des Prozedurenschlüssels nach Satz 2 im Bundesanzeiger bekannt; es kann das Deutsche Institut für medizinische Dokumentation und Information beauftragen, den in Satz 1 genannten Schlüssel um Zusatzkennzeichen zur Gewährleistung der für die Erfüllung der Aufgaben der Krankenkassen notwendigen Aussagefähigkeit des Schlüssels zu ergänzen.

(3) Das Nähere über Form und Inhalt der erforderlichen Vordrucke, die Zeitabstände für die Übermittlung der Angaben nach Absatz 1 und das Verfahren der Abrechnung im Wege elektronischer Datenübertragung oder maschinell verwertbar auf Datenträgern vereinbart der Spitzenverband Bund der Krankenkassen mit der Deutschen Krankenhausgesellschaft oder den Bundesverbänden der Krankenhausträger gemeinsam.

(4) ¹Vorsorge- oder Rehabilitationseinrichtungen, für die ein Versorgungsvertrag nach § 111 oder § 111c besteht, sind verpflichtet, den Krankenkassen bei stationärer oder ambulanter Behandlung folgende Angaben im Wege elek-

tronischer Datenübertragung oder maschinell verwertbar auf Datenträgern zu übermitteln:

1. die Angaben nach § 291 Abs. 2 Nr. 1 bis 10 sowie das interne Kennzeichen der Einrichtung für den Versicherten,

2. das Institutionskennzeichen der Vorsorge- oder Rehabilitationseinrichtung und der Krankenkasse,

3. den Tag der Aufnahme, die Einweisungsdiagnose, die Aufnahmediagnose, die voraussichtliche Dauer der Behandlung sowie, falls diese überschritten wird, auf Verlangen der Krankenkasse die medizinische Begründung,

4. bei ärztlicher Verordnung von Vorsorge- oder Rehabilitationsmaßnahmen die Arztnummer des einweisenden Arztes,

5. den Tag, die Uhrzeit und den Grund der Entlassung oder der externen Verlegung sowie die Entlassung- oder Verlegungsdiagnose; bei externer Verlegung das Institutionskennzeichen der aufnehmenden Institution,

6. Angaben über die durchgeführten Vorsorge- und Rehabilitationsmaßnahmen sowie Vorschläge für die Art der weiteren Behandlung mit Angabe geeigneter Einrichtungen,

7. die berechneten Entgelte.

[2]Die Übermittlung der medizinischen Begründung von Verlängerungen der Verweildauer nach Satz 1 Nr. 3 sowie Angaben nach Satz 1 Nr. 6 ist auch in nicht maschinenlesbarer Form zulässig. [3]Für die Angabe der Diagnosen nach Satz 1 Nr. 3 und 5 gilt Absatz 2 entsprechend. [4]Absatz 3 gilt entsprechend.

(5) [1]Die ermächtigten Krankenhausärzte sind verpflichtet, dem Krankenhausträger im Rahmen des Verfahrens nach § 120 Abs. 1 Satz 3 die für die Abrechnung der vertragsärztlichen Leistungen erforderlichen Unterlagen zu übermitteln; § 295 gilt entsprechend. [2]Der Krankenhausträger hat den Kassenärztlichen Vereinigungen die Abrechnungsunterlagen zum Zwecke der Abrechnung vorzulegen. [3]Die Sätze 1 und 2 gelten für die Abrechnung wahlärztlicher Leistungen entsprechend.

§ 301a Abrechnung der Hebammen und der von ihnen geleiteten Einrichtungen. (1) [1]Freiberuflich tätige Hebammen und von Hebammen geleitete Einrichtungen sind verpflichtet, den Krankenkassen folgende Angaben im Wege elektronischer Datenübertragung oder maschinell verwertbar auf Datenträgern zu übermitteln:

1. die Angaben nach § 291 Abs. 2 Satz 1 Nr. 1 bis 3, 5 und 6,

2. die erbrachten Leistungen mit dem Tag der Leistungserbringung,

3. die Zeit und die Dauer der erbrachten Leistungen soweit dies für die Höhe der Vergütung von Bedeutung ist,

4. bei der Abrechnung von Wegegeld Datum, Zeit und Ort der Leistungserbringung sowie die zurückgelegte Entfernung,

5. bei der Abrechnung von Auslagen die Art der Auslage und, soweit Auslagen für Arzneimittel abgerechnet werden, eine Auflistung der einzelnen Arzneimittel,

6. das Kennzeichen nach § 293; rechnet die Hebamme ihre Leistungen über eine zentrale Stelle ab, so ist in der Abrechnung neben dem Kennzeichen der abrechnenden Stelle das Kennzeichen der Hebamme anzugeben.
[2]Ist eine ärztliche Anordnung für die Abrechnung der Leistung vorgeschrieben, ist diese der Rechnung beizufügen. [3]§ 134a Absatz 5 gilt entsprechend.

(2) § 302 Abs. 2 Satz 1 bis 3 und Abs. 3 gilt entsprechend.

§ 302 Abrechnung der sonstigen Leistungserbringer. (1) [1]Die Leistungserbringer im Bereich der Heil- und Hilfsmittel und die weiteren Leistungserbringer sind verpflichtet, den Krankenkassen im Wege elektronischer Datenübertragung oder maschinell verwertbar auf Datenträgern die von ihnen erbrachten Leistungen nach Art, Menge und Preis zu bezeichnen und den Tag der Leistungserbringung sowie die Arztnummer des verordnenden Arztes, die Verordnung des Arztes mit der Diagnose und den erforderlichen Angaben über den Befund und die Angaben nach § 291 Absatz 2 Nummer 1 bis 10 anzugeben; bei der Abrechnung über die Abgabe von Hilfsmitteln sind dabei die Bezeichnungen des Hilfsmittelverzeichnisses nach § 139 zu verwenden und die Höhe der mit dem Versicherten abgerechneten Mehrkosten nach § 33 Absatz 1 Satz 6 anzugeben. [2]Bei der Abrechnung von Leistungen der häuslichen Krankenpflege nach § 37 ist zusätzlich zu den Angaben nach Satz 1 die Zeit der Leistungserbringung anzugeben.

(2) [1]Das Nähere über Form und Inhalt des Abrechnungsverfahrens bestimmt der Spitzenverband Bund der Krankenkassen in Richtlinien, die in den Leistungs- oder Lieferverträgen zu beachten sind. [2]Die Leistungserbringer nach Absatz 1 können zur Erfüllung ihrer Verpflichtungen Rechenzentren in Anspruch nehmen. [3]Die Rechenzentren dürfen die Daten für im Sozialgesetzbuch bestimmte Zwecke und nur in einer auf diese Zwecke ausgerichteten Weise verarbeiten und nutzen, soweit sie dazu von einer berechtigten Stelle beauftragt worden sind; anonymisierte Daten dürfen auch für andere Zwecke verarbeitet und genutzt werden. [4]Die Rechenzentren dürfen die Daten nach Absatz 1 den Kassenärztlichen Vereinigungen übermitteln, soweit diese Daten zur Erfüllung ihrer Aufgaben nach § 73 Abs. 8, § 84 und § 305a erforderlich sind.

(3) Die Richtlinien haben auch die Voraussetzungen und das Verfahren bei Teilnahme an einer Abrechnung im Wege elektronischer Datenübertragung oder maschinell verwertbar auf Datenträgern zu regeln.

(4) Soweit der Spitzenverband Bund der Krankenkassen und die für die Wahrnehmung der Interessen der Leistungserbringer maßgeblichen Spitzenorganisationen auf Bundesebene in Rahmenempfehlungen Regelungen zur Abrechnung der Leistungen getroffen haben, die von den Richtlinien nach den Absätzen 2 und 3 abweichen, sind die Rahmenempfehlungen maßgeblich.

(5) [1]Der Spitzenverband Bund der Krankenkassen veröffentlicht erstmals bis zum 30. Juni 2018 und danach jährlich einen nach Produktgruppen differenzierten Bericht über die Entwicklung der Mehrkostenvereinbarungen für Versorgungen mit Hilfsmittelleistungen. [2]Der Bericht informiert ohne Versicher-

ten- oder Einrichtungsbezug insbesondere über die Zahl der abgeschlossenen Mehrkostenvereinbarungen und die durchschnittliche Höhe der mit ihnen verbundenen Aufzahlungen der Versicherten. [3]Der Spitzenverband Bund der Krankenkassen bestimmt zu diesem Zweck die von seinen Mitgliedern zu übermittelnden statistischen Informationen sowie Art und Umfang der Übermittlung.

§ 303 Ergänzende Regelungen. (1) Die Landesverbände der Krankenkassen und die Verbände der Ersatzkassen können mit den Leistungserbringern oder ihren Verbänden vereinbaren, dass

1. der Umfang der zu übermittelnden Abrechnungsbelege eingeschränkt,
2. bei der Abrechnung von Leistungen von einzelnen Angaben ganz oder teilweise abgesehen wird, wenn dadurch eine ordnungsgemäße Abrechnung und die Erfüllung der gesetzlichen Aufgaben der Krankenkassen nicht gefährdet werden.

(2) [1]Die Krankenkassen können zur Vorbereitung und Kontrolle der Umsetzung der Vereinbarungen nach § 84, zur Vorbereitung der Prüfungen nach den §§ 112 Abs. 2 Satz 1 Nr. 2 und § 113, zur Vorbereitung der Unterrichtung der Versicherten nach § 305 sowie zur Vorbereitung und Umsetzung der Beratung der Vertragsärzte nach § 305a Arbeitsgemeinschaften nach § 219 mit der Speicherung, Verarbeitung und Nutzung der dafür erforderlichen Daten beauftragen. [2]Die den Arbeitsgemeinschaften übermittelten versichertenbezogenen Daten sind vor der Übermittlung zu anonymisieren. [3]Die Identifikation des Versicherten durch die Krankenkasse ist dabei zu ermöglichen; sie ist zulässig, soweit sie für die in Satz 1 genannten Zwecke erforderlich ist. [4]§ 286 gilt entsprechend.

(3) [1]Werden die den Krankenkassen nach § 291 Abs. 2 Nr. 1 bis 10, § 295 Abs. 1 und 2, § 300 Abs. 1, § 301 Abs. 1, §§ 301a und 302 Abs. 1 zu übermittelnden Daten nicht im Wege elektronischer Datenübertragung oder maschinell verwertbar auf Datenträgern übermittelt, haben die Krankenkassen die Daten nachzuerfassen. [2]Erfolgt die nicht maschinell verwertbare Datenübermittlung aus Gründen, die der Leistungserbringer zu vertreten hat, haben die Krankenkassen die mit der Nacherfassung verbundenen Kosten den betroffenen Leistungserbringern durch eine pauschale Rechnungskürzung in Höhe von bis zu 5 vom Hundert des Rechnungsbetrages in Rechnung zu stellen. [3]Für die Angabe der Diagnosen nach § 295 Abs. 1 gilt Satz 1 ab dem Zeitpunkt der Inkraftsetzung der überarbeiteten Zehnten Fassung des Schlüssels gemäß § 295 Abs. 1 Satz 3.

(4) [1]Sofern Datenübermittlungen zu Diagnosen nach den §§ 295 und 295a fehlerhaft oder unvollständig sind, ist eine erneute Übermittlung in korrigierter oder ergänzter Form nur im Falle technischer Übermittlungs- oder formaler Datenfehler zulässig. [2]Eine nachträgliche Änderung oder Ergänzung von Diagnosedaten insbesondere auch auf Grund von Prüfungen gemäß den §§ 106 bis 106c, Unterrichtungen nach § 106d Absatz 3 Satz 2 und Anträgen nach § 106d Absatz 4 ist unzulässig. [3]Das Nähere regeln die Vertragspartner nach § 82 Absatz 1 Satz 1.

Zweiter Titel
Datentransparenz

§ 303a Wahrnehmung der Aufgaben der Datentransparenz. (1) [1]Die Aufgaben der Datentransparenz werden von öffentlichen Stellen des Bundes als Vertrauensstelle nach § 303c und Datenaufbereitungsstelle nach § 303d wahrgenommen. [2]Das Bundesministerium für Gesundheit bestimmt durch Rechtsverordnung ohne Zustimmung des Bundesrates zur Wahrnehmung der Aufgaben der Datentransparenz eine öffentliche Stelle des Bundes als Vertrauensstelle nach § 303c und eine öffentliche Stelle des Bundes als Datenaufbereitungsstelle nach § 303d.

(2) In der Rechtsverordnung nach Absatz 1 Satz 2 ist auch das Nähere zu regeln
1. zum Datenumfang,
2. zu den Verfahren der in den §§ 303a bis 303e vorgesehenen Datenübermittlungen,
3. zum Verfahren der Pseudonymisierung (§ 303c Absatz 2),
4. zu den Kriterien für die ausnahmsweise pseudonymisierte Bereitstellung von Daten (§ 303e Absatz 3 Satz 3).

(3) [1]Die Kosten, die den öffentlichen Stellen nach Absatz 1 durch die Wahrnehmung der Aufgaben der Datentransparenz entstehen, tragen die Krankenkassen nach der Zahl ihrer Mitglieder. [2]Das Nähere über die Erstattung der Kosten einschließlich der zu zahlenden Vorschüsse regelt das Bundesministerium für Gesundheit in der Rechtsverordnung nach Absatz 1 Satz 2.

§ 303b Datenübermittlung. (1) [1]Das Bundesversicherungsamt übermittelt die nach § 268 Absatz 3 Satz 14 in Verbindung mit Satz 1 Nummer 1 bis 7 erhobenen Daten für die in § 303e Absatz 2 genannten Zwecke an die Datenaufbereitungsstelle nach § 303d sowie eine Liste mit den dazugehörigen Pseudonymen an die Vertrauensstelle nach § 303c. [2]Die Daten sollen übermittelt werden, nachdem die Prüfung auf Vollständigkeit und Plausibilität durch das Bundesversicherungsamt abgeschlossen ist.

(2) [1]Die Krankenkassen ermitteln aus den bei ihnen nach § 284 Absatz 1 gespeicherten Daten für die in § 303e Absatz 2 genannten Zwecke die Postleitzahl des Wohnortes des Versicherten (Regionalkennzeichen). [2]Sie übermitteln die Regionalkennzeichen zusätzlich zu den Daten nach Absatz 1 Satz 1 jährlich an das Bundesversicherungsamt nach dem in § 268 Absatz 3 in Verbindung mit der Rechtsverordnung nach § 266 Absatz 7 geregelten Verfahren. [3]Die Krankenkassen haben die Regionalkennzeichen so zu verschlüsseln, dass nur die Datenaufbereitungsstelle nach § 303d in der Lage ist, die Regionalkennzeichen zu entschlüsseln und mit den Daten nach Absatz 1 zusammenzuführen.

(3) [1]Das Bundesversicherungsamt übermittelt die Regionalkennzeichen mit den Daten nach Absatz 1 an die Datenaufbereitungsstelle nach § 303d. [2]Für die Jahre 2009 und 2010 übermittelt das Bundesversicherungsamt die bei ihm für

Zwecke des § 272 gespeicherten Kennzeichen zum Wohnort der Versicherten an die Datenaufbereitungsstelle nach § 303d sowie eine Liste mit den dazugehörigen Pseudonymen an die Vertrauensstelle nach § 303c.

(4) Das Nähere zu den Datenübermittlungen nach den Absätzen 2 und 3 vereinbaren der Spitzenverband Bund der Krankenkassen, das Bundesversicherungsamt und die nach § 303a Absatz 1 Satz 2 bestimmten Stellen.

§ 303c Vertrauensstelle.   (1) Die Vertrauensstelle überführt die ihr nach § 303b übermittelte Liste der Pseudonyme nach einem einheitlich anzuwendenden Verfahren, das im Einvernehmen mit dem Bundesamt für Sicherheit in der Informationstechnik zu bestimmen ist, in periodenübergreifende Pseudonyme.

(2) [1]Es ist ein schlüsselabhängiges Verfahren vorzusehen und das periodenübergreifende Pseudonym ist so zu gestalten, dass für alle Leistungsbereiche ein bundesweit eindeutiger periodenübergreifender Bezug der Daten zu dem Versicherten, der Leistungen in Anspruch genommen hat, hergestellt werden kann. [2]Es ist auszuschließen, dass Versicherte durch die Verarbeitung und Nutzung der Daten bei der Vertrauensstelle, der Datenaufbereitungsstelle oder den nutzungsberechtigten Stellen nach § 303e Absatz 1 wieder identifiziert werden können.

(3) [1]Die Vertrauensstelle hat die Liste der periodenübergreifenden Pseudonyme der Datenaufbereitungsstelle zu übermitteln. [2]Nach der Übermittlung dieser Liste an die Datenaufbereitungsstelle hat sie die Listen mit den temporären und den periodenübergreifenden Pseudonymen bei sich zu löschen.

(4) [1]Die Vertrauensstelle ist räumlich, organisatorisch und personell eigenständig zu führen. [2]Sie unterliegt dem Sozialgeheimnis nach § 35 des Ersten Buches und untersteht der Rechtsaufsicht des Bundesministeriums für Gesundheit.

§ 303d Datenaufbereitungsstelle.   (1) [1]Die Datenaufbereitungsstelle hat die ihr vom Bundesversicherungsamt und von der Vertrauensstelle übermittelten Daten zur Erstellung von Datengrundlagen für die in § 303e Absatz 2 genannten Zwecke aufzubereiten und den in § 303e Absatz 1 genannten Nutzungsberechtigten zur Verfügung zu stellen. [2]Die Datenaufbereitungsstelle hat die Daten zu löschen, sobald diese für die Erfüllung ihrer Aufgaben nicht mehr erforderlich sind.

(2) [1]Die Datenaufbereitungsstelle ist räumlich, organisatorisch und personell eigenständig zu führen. [2]Sie unterliegt dem Sozialgeheimnis nach § 35 des Ersten Buches und untersteht der Rechtsaufsicht des Bundesministeriums für Gesundheit.

§ 303e Datenverarbeitung und -nutzung, Verordnungsermächtigung.
(1) Die bei der Datenaufbereitungsstelle gespeicherten Daten können von folgenden Institutionen verarbeitet und genutzt werden, soweit sie für die Erfüllung ihrer Aufgaben erforderlich sind:

1. dem Spitzenverband Bund der Krankenkassen,
2. den Bundes- und Landesverbänden der Krankenkassen,
3. den Krankenkassen,
4. den Kassenärztlichen Bundesvereinigungen und den Kassenärztlichen Vereinigungen,
5. den für die Wahrnehmung der wirtschaftlichen Interessen gebildeten maßgeblichen Spitzenorganisationen der Leistungserbringer auf Bundesebene,
6. den Institutionen der Gesundheitsberichterstattung des Bundes und der Länder,
7. den Institutionen der Gesundheitsversorgungsforschung,
8. den Hochschulen und sonstigen Einrichtungen mit der Aufgabe unabhängiger wissenschaftlicher Forschung, sofern die Daten wissenschaftlichen Vorhaben dienen,
9. dem Gemeinsamen Bundesausschuss,
10. dem Institut für Qualität und Wirtschaftlichkeit im Gesundheitswesen,
11. dem Institut des Bewertungsausschusses,
12. der oder dem Beauftragten der Bundesregierung für die Belange der Patientinnen und Patienten,
13. den für die Wahrnehmung der Interessen der Patientinnen und Patienten und der Selbsthilfe chronisch kranker und behinderter Menschen maßgeblichen Organisationen auf Bundesebene,
14. der Institut nach § 137a,
15. dem Institut nach § 17b Absatz 5 des Krankenhausfinanzierungsgesetzes (DRG-Institut),
16. den für die gesetzliche Krankenversicherung zuständigen obersten Bundes- und Landesbehörden sowie deren jeweiligen nachgeordneten Bereichen und den übrigen obersten Bundesbehörden,
17. der Bundesärztekammer, der Bundeszahnärztekammer, der Bundespsychotherapeutenkammer sowie der Bundesapothekerkammer,
18. der Deutschen Krankenhausgesellschaft.

(2) [1]Die nach Absatz 1 Berechtigten können die Daten insbesondere für folgende Zwecke verarbeiten und nutzen:
1. Wahrnehmung von Steuerungsaufgaben durch die Kollektivvertragspartner,
2. Verbesserung der Qualität der Versorgung,
3. Planung von Leistungsressourcen (zum Beispiel Krankenhausplanung),
4. Längsschnittanalysen über längere Zeiträume, Analysen von Behandlungsabläufen, Analysen des Versorgungsgeschehens zum Erkennen von Fehlentwicklungen und von Ansatzpunkten für Reformen (Über-, Unter- und Fehlversorgung),
5. Unterstützung politischer Entscheidungsprozesse zur Weiterentwicklung der gesetzlichen Krankenversicherung,
6. Analyse und Entwicklung von sektorenübergreifenden Versorgungsformen sowie von Einzelverträgen der Krankenkassen.

²Die nach § 303a Absatz 1 Satz 2 bestimmte Datenaufbereitungsstelle erhebt für individuell zurechenbare öffentliche Leistungen nach § 303d Absatz 1 in Verbindung mit § 303e Absatz 3 zur Deckung des Verwaltungsaufwandes Gebühren und Auslagen. ³Die Gebührensätze sind so zu bemessen, dass das geschätzte Gebührenaufkommen den auf die Leistungen entfallenden durchschnittlichen Personal- und Sachaufwand nicht übersteigt. ⁴Das Bundesministerium für Gesundheit wird ermächtigt, durch Rechtsverordnung ohne Zustimmung des Bundesrates die gebührenpflichtigen Tatbestände zu bestimmen und dabei feste Sätze oder Rahmensätze vorzusehen sowie Regelungen über die Gebührenentstehung, die Gebührenerhebung, die Erstattung von Auslagen, den Gebührenschuldner, Gebührenbefreiungen, die Fälligkeit, die Stundung, die Niederschlagung, den Erlass, Säumniszuschläge, die Verjährung und die Erstattung zu treffen.

(3) ¹Die Datenaufbereitungsstelle hat bei Anfragen der nach Absatz 1 Berechtigten zu prüfen, ob der Zweck zur Verarbeitung und Nutzung der Daten dem Katalog nach Absatz 2 entspricht und ob der Umfang und die Struktur der Daten für diesen Zweck ausreichend und erforderlich sind. ²Die Daten werden anonymisiert zur Verfügung gestellt. ³Ausnahmsweise werden die Daten pseudonymisiert bereitgestellt, wenn dies für den angestrebten Zweck erforderlich ist. ⁴Das Ergebnis der Prüfung ist dem Antragsteller mitzuteilen und zu begründen.

Dritter Abschnitt

Datenlöschung, Auskunftspflicht

§ 304 Aufbewahrung von Daten bei Krankenkassen, Kassenärztlichen Vereinigungen und Geschäftsstellen der Prüfungsausschüsse. (1) ¹Für das Löschen der für Aufgaben der gesetzlichen Krankenversicherung bei Krankenkassen, Kassenärztlichen Vereinigungen und Geschäftsstellen der Prüfungsausschüsse gespeicherten Sozialdaten gilt § 84 Abs. 2 des Zehnten Buches entsprechend mit der Maßgabe, dass

1. die Daten nach § 292 spätestens nach zehn Jahren,
2. Daten nach § 295 Abs. 1a, 1b und 2 sowie Daten, die für die Prüfungsausschüsse und ihre Geschäftsstellen für die Prüfungen nach § 106 bis 106c erforderlich sind, spätestens nach vier Jahren und Daten, die aufgrund der nach § 266 Abs. 7 Satz 1 erlassenen Rechtsverordnung für die Durchführung des Risikostrukturausgleichs (§§ 266, 267) erforderlich sind, spätestens nach dem in der Rechtsverordnung genannten Fristen

zu löschen sind. ²Die Aufbewahrungsfristen beginnen mit dem Ende des Geschäftsjahres, in dem die Leistungen gewährt oder abgerechnet wurden. ³Abweichend von Satz 1 Nummer 2 können Krankenkassen die rechtmäßig gespeicherten ärztlichen Abrechnungsdaten für Zwecke der Weiterentwicklung und Durchführung des Risikostrukturausgleichs länger aufbewahren; sie sind nach spätestens vier Jahren zu sperren und spätestens nach den in der

Rechtsverordnung genannten Fristen zu löschen. [4]Die Krankenkassen können für Zwecke der Krankenversicherung Leistungsdaten länger aufbewahren, wenn sichergestellt ist, dass ein Bezug zum Arzt und Versicherten nicht mehr herstellbar ist.

(2) Im Falle des Wechsels der Krankenkasse ist die bisher zuständige Krankenkasse verpflichtet, die für die Fortführung der Versicherung erforderlichen Angaben nach den §§ 288 und 292 auf Verlangen der neuen Krankenkasse mitzuteilen.

(3) Für die Aufbewahrung der Kranken- und sonstigen Berechtigungsscheine für die Inanspruchnahme von Leistungen einschließlich der Verordnungsblätter für Arznei-, Verband-, Heil- und Hilfsmittel gilt § 84 Abs. 2 und 6 des Zehnten Buches.

§ 305 Auskünfte an Versicherte. (1) [1]Die Krankenkassen unterrichten die Versicherten auf deren Antrag über die in einem Zeitraum von mindestens 18 Monaten vor Antragstellung in Anspruch genommenen Leistungen und deren Kosten. [2]Die Unterrichtung über die in Anspruch genommenen ärztlichen Leistungen erfolgt getrennt von der Unterrichtung über die ärztlich verordneten und veranlassten Leistungen. [3]Die für die Unterrichtung nach Satz 1 erforderlichen Daten dürfen ausschließlich für diesen Zweck verarbeitet und genutzt werden; eine Gesamtaufstellung der von den Versicherten in Anspruch genommenen Leistungen darf von den Krankenkassen nicht erstellt werden. [4]Eine Mitteilung an die Leistungserbringer über die Unterrichtung des Versicherten ist nicht zulässig. [5]Die Krankenkassen können in ihrer Satzung das Nähere über das Verfahren der Unterrichtung regeln.

(2) [1]Die an der vertragsärztlichen Versorgung teilnehmenden Ärzte, Einrichtungen und medizinischen Versorgungszentren haben die Versicherten auf Verlangen schriftlich in verständlicher Form, direkt im Anschluss an die Behandlung oder mindestens quartalsweise spätestens vier Wochen nach Ablauf des Quartals, in dem die Leistungen in Anspruch genommen worden sind, über die zu Lasten der Krankenkassen erbrachten Leistungen und deren vorläufige Kosten (Patientenquittung) zu unterrichten. [2]Satz 1 gilt auch für die vertragszahnärztliche Versorgung. [3]Der Versicherte erstattet für eine quartalsweise schriftliche Unterrichtung nach Satz 1 eine Aufwandspauschale in Höhe von 1 Euro zuzüglich Versandkosten. [4]Das Nähere regelt die Kassenärztliche Bundesvereinigung. [5]Die Krankenhäuser unterrichten die Versicherten auf Verlangen schriftlich in verständlicher Form innerhalb von vier Wochen nach Abschluss der Krankenhausbehandlung über die erbrachten Leistungen und die dafür von den Krankenkassen zu zahlenden Entgelte. [6]Das Nähere regelt der Spitzenverband Bund der Krankenkassen und die Deutsche Krankenhausgesellschaft durch Vertrag.

(3) [1]Die Krankenkassen informieren ihre Versicherten auf Verlangen umfassend über in der gesetzlichen Krankenversicherung zugelassene Leistungserbringer einschließlich medizinische Versorgungszentren und Leistungserbringer in der besonderen Versorgung sowie über die verordnungsfähigen Leistungen und Bezugsquellen, einschließlich der Informationen nach § 73 Abs. 8, § 127

Absatz 1 Satz 4, Absatz 3 und 4a. [2]Die Krankenkasse hat Versicherte vor deren Entscheidung über die Teilnahme an besonderen Versorgungsformen in Wahltarifen nach § 53 Abs. 3 umfassend über darin erbrachte Leistungen und die beteiligten Leistungserbringer zu informieren. [3]§ 69 Absatz 1 Satz 3 gilt entsprechend.

§ 305a Beratung der Vertragsärzte. [1]Die Kassenärztlichen Vereinigungen und die Krankenkassen beraten in erforderlichen Fällen die Vertragsärzte auf der Grundlage von Übersichten über die von ihnen im Zeitraum eines Jahres oder in einem kürzeren Zeitraum erbrachten, verordneten oder veranlassten Leistungen über Fragen der Wirtschaftlichkeit. [2]Ergänzend können die Vertragsärzte den Kassenärztlichen Vereinigungen die Daten über die von ihnen verordneten Leistungen nicht versichertenbezogen übermitteln, die Kassenärztlichen Vereinigungen können diese Daten für ihre Beratung des Vertragsarztes auswerten und auf der Grundlage dieser Daten erstellte vergleichende Übersichten den Vertragsärzten nicht arztbezogen zur Verfügung stellen. [3]Die Vertragsärzte und die Kassenärztlichen Vereinigungen dürfen die Daten nach Satz 2 nur für im Sozialgesetzbuch bestimmte Zwecke verarbeiten und nutzen. [4]Ist gesetzlich oder durch Vereinbarung nach § 130a Abs. 8 nichts anderes bestimmt, dürfen Vertragsärzte Daten über von ihnen verordnete Arzneimittel nur solchen Stellen übermitteln, die sich verpflichten, die Daten ausschließlich als Nachweis für die in einer Kassenärztlichen Vereinigung oder einer Region mit mindestens jeweils 300 000 Einwohnern oder mit jeweils mindestens 1 300 Ärzten insgesamt in Anspruch genommenen Leistungen zu verarbeiten; eine Verarbeitung dieser Daten mit regionaler Differenzierung innerhalb einer Kassenärztlichen Vereinigung, für einzelne Vertragsärzte oder Einrichtungen sowie für einzelne Apotheken ist unzulässig. [5]Satz 4 gilt auch für die Übermittlung von Daten über die nach diesem Buch verordnungsfähigen Arzneimittel durch Apotheken, den Großhandel, Krankenkassen sowie deren Rechenzentren. [6]Abweichend von Satz 4 dürfen Leistungserbringer und Krankenkassen Daten über verordnete Arzneimittel in vertraglichen Versorgungsformen nach den §§ 63, 73b, 137f oder 140a nutzen. [7]Eine Beratung des Arztes oder Psychotherapeuten durch die Krankenkasse oder durch einen von der Krankenkasse beauftragten Dritten im Hinblick auf die Vergabe und Dokumentation von Diagnosen auch mittels informationstechnischer Systeme ist unzulässig.

§ 305b Veröffentlichung der Jahresrechnungsergebnisse. [1]Die Krankenkassen, mit Ausnahme der landwirtschaftlichen Krankenkasse, veröffentlichen im elektronischen Bundesanzeiger sowie auf der eigenen Internetpräsenz zum 30. November des dem Berichtsjahr folgenden Jahres die wesentlichen Ergebnisse ihrer Rechnungslegung in einer für die Versicherten verständlichen Weise. [2]Die Satzung hat weitere Arten der Veröffentlichung zu regeln, die sicherstellen, dass alle Versicherten der Krankenkasse davon Kenntnis erlangen können. [3]Zu veröffentlichen sind insbesondere Angaben zur Entwicklung der

Zahl der Mitglieder und Versicherten, zur Höhe und Struktur der Einnahmen, zur Höhe und Struktur der Ausgaben sowie zur Vermögenssituation. [4]Ausgaben für Prävention und Gesundheitsförderung sowie Verwaltungsausgaben sind gesondert auszuweisen. [5]Das Nähere zu den zu veröffentlichenden Angaben wird in der Allgemeinen Verwaltungsvorschrift über das Rechnungswesen in der Sozialversicherung geregelt.

Elftes Kapitel

Straf- und Bußgeldvorschriften

§ 306 Zusammenarbeit zur Verfolgung und Ahndung von Ordnungswidrigkeiten. [1]Zur Verfolgung und Ahndung von Ordnungswidrigkeiten arbeiten die Krankenkassen insbesondere mit der Bundesagentur für Arbeit, den Behörden der Zollverwaltung, den Rentenversicherungsträgern, den Trägern der Sozialhilfe, den in § 71 des Aufenthaltsgesetzes genannten Behörden, den Finanzbehörden, den nach Landesrecht für die Verfolgung und Ahndung von Ordnungswidrigkeiten nach dem Schwarzarbeitsbekämpfungsgesetz zuständigen Behörden, den Trägern der Unfallversicherung und den für den Arbeitsschutz zuständigen Landesbehörden zusammen, wenn sich im Einzelfall konkrete Anhaltspunkte ergeben für

1. Verstöße gegen das Schwarzarbeitsbekämpfungsgesetz,
2. eine Beschäftigung oder Tätigkeit von nichtdeutschen Arbeitnehmern ohne den erforderlichen Aufenthaltstitel nach § 4 Abs. 3 des Aufenthaltsgesetzes, eine Aufenthaltsgestattung oder eine Duldung, die zur Ausübung der Beschäftigung berechtigen, oder eine Genehmigung nach § 284 Abs. 1 des Dritten Buches,
3. Verstöße gegen die Mitwirkungspflicht nach § 60 Abs. 1 Satz 1 Nr. 2 des Ersten Buches gegenüber einer Dienststelle der Bundesagentur für Arbeit, einem Träger der gesetzlichen Unfall- oder Rentenversicherung oder einem Träger der Sozialhilfe oder gegen die Meldepflicht nach § 8a des Asylbewerberleistungsgesetzes,
4. Verstöße gegen das Arbeitnehmerüberlassungsgesetz,
5. Verstöße gegen die Vorschriften des Vierten und des Siebten Buches über die Verpflichtung zur Zahlung von Beiträgen, soweit sie im Zusammenhang mit den in den Nummern 1 bis 4 genannten Verstößen stehen,
6. Verstöße gegen Steuergesetze,
7. Verstöße gegen das Aufenthaltsgesetz.

[2]Sie unterrichten die für die Verfolgung und Ahndung zuständigen Behörden, die Träger der Sozialhilfe sowie die Behörden nach § 71 des Aufenthaltsgesetzes. [3]Die Unterrichtung kann auch Angaben über die Tatsachen enthalten, die für die Einziehung der Beiträge zur Kranken- und Rentenversicherung erforderlich sind. [4]Die Übermittlung von Sozialdaten, die nach den §§ 284 bis 302 von Versicherten erhoben werden, ist unzulässig.

§ 307 Bußgeldvorschriften.　　(1) Ordnungswidrig handelt, wer entgegen § 291a Abs. 8 Satz 1 eine dort genannte Gestattung verlangt oder mit dem Inhaber der Karte eine solche Gestattung vereinbart.

(1a) Ordnungswidrig handelt, wer vorsätzlich oder fahrlässig entgegen § 291b Absatz 6 Satz 2 und 4 eine Meldung nicht, nicht richtig, nicht vollständig oder nicht rechtzeitig vornimmt.

(1b) Ordnungswidrig handelt, wer vorsätzlich oder fahrlässig entgegen § 291b Absatz 8 Satz 2 einer verbindlichen Anweisung nicht, nicht vollständig oder nicht rechtzeitig Folge leistet.

(1c) Ordnungswidrig handelt, wer vorsätzlich oder fahrlässig entgegen § 291b Absatz 8 Satz 3 einer verbindlichen Anweisung nicht, nicht vollständig oder nicht rechtzeitig Folge leistet.

(2) Ordnungswidrig handelt, wer vorsätzlich oder leichtfertig

1. a) als Arbeitgeber entgegen § 204 Abs. 1 Satz 1, auch in Verbindung mit Absatz 2 Satz 1, oder

   b) entgegen § 204 Abs. 1 Satz 3, auch in Verbindung mit Abs. 2 Satz 1, oder § 205 Nr. 3 oder

   c) als für die Zahlstelle Verantwortlicher entgegen § 202 Absatz 1 Satz 1 eine Meldung nicht, nicht richtig, nicht vollständig oder nicht rechtzeitig erstattet,

2. entgegen § 206 Abs. 1 Satz 1 eine Auskunft oder eine Änderung nicht, nicht richtig, nicht vollständig oder nicht rechtzeitig erteilt oder mitteilt oder

3. entgegen § 206 Abs. 1 Satz 2 die erforderlichen Unterlagen nicht, nicht vollständig oder nicht rechtzeitig vorlegt.

(3) Die Ordnungswidrigkeit kann in den Fällen des Absatzes 1 mit einer Geldbuße bis zu fünfzigtausend Euro, in den übrigen Fällen mit einer Geldbuße bis zu 2 500 Euro geahndet werden.

(4) Verwaltungsbehörde im Sinne des § 36 Absatz 1 Nummer 1 des Gesetzes über Ordnungswidrigkeiten ist in den Fällen der Absätze 1a bis 1c das Bundesamt für Sicherheit in der Informationstechnik.

§ 307a Strafvorschriften.　(1) Mit Freiheitsstrafe bis zu drei Jahren oder mit Geldstrafe wird bestraft, wer entgegen § 171b Absatz 2 Satz 1 die Zahlungsunfähigkeit oder die Überschuldung nicht, nicht richtig oder nicht rechtzeitig anzeigt.

(2) Handelt der Täter fahrlässig, so ist die Strafe Freiheitsstrafe bis zu einem Jahr oder Geldstrafe.

§ 307b Strafvorschriften.　(1) Mit Freiheitsstrafe bis zu einem Jahr oder mit Geldstrafe wird bestraft, wer entgegen § 291a Absatz 4 Satz 1 oder Absatz 5a Satz 1 erster Halbsatz oder Satz 2 auf dort genannte Daten zugreift.

(2) Handelt der Täter gegen Entgelt oder in der Absicht, sich oder einen Anderen zu bereichern oder einen Anderen zu schädigen, so ist die Strafe Freiheitsstrafe bis zu drei Jahren oder Geldstrafe.

(3) ¹Die Tat wird nur auf Antrag verfolgt. ²Antragsberechtigt sind der Betroffene, der Bundesbeauftragte für den Datenschutz oder die zuständige Aufsichtsbehörde.

(4) *(aufgehoben)*

Sozialgesetzbuch (SGB)
Zwölftes Buch (XII)
– Sozialhilfe –

vom 27.12.2003 (BGBl. I S. 3022, 3023),
zuletzt geändert durch § 2 VO vom 19.10.2018 (BGBl. I S. 1766)

– Auszug –

Fünftes Kapitel
Hilfen zur Gesundheit

§ 47 Vorbeugende Gesundheitshilfe. [1]Zur Verhütung und Früherkennung von Krankheiten werden die medizinischen Vorsorgeleistungen und Untersuchungen erbracht. [2]Andere Leistungen werden nur erbracht, wenn ohne diese nach ärztlichem Urteil eine Erkrankung oder ein sonstiger Gesundheitsschaden einzutreten droht.

§ 48 Hilfe bei Krankheit. [1]Um eine Krankheit zu erkennen, zu heilen, ihre Verschlimmerung zu verhüten oder Krankheitsbeschwerden zu lindern, werden Leistungen zur Krankenbehandlung entsprechend dem Dritten Kapitel Fünften Abschnitt Ersten Titel des Fünften Buches erbracht. [2]Die Regelungen zur Krankenbehandlung nach § 264 des Fünften Buches gehen den Leistungen der Hilfe bei Krankheit nach Satz 1 vor.

§ 49 Hilfe zur Familienplanung. [1]Zur Familienplanung werden die ärztliche Beratung, die erforderliche Untersuchung und die Verordnung der empfängnisregelnden Mittel geleistet. [2]Die Kosten für empfängnisverhütende Mittel werden übernommen, wenn diese ärztlich verordnet worden sind.

§ 50 Hilfe bei Schwangerschaft und Mutterschaft. Bei Schwangerschaft und Mutterschaft werden
1. ärztliche Behandlung und Betreuung sowie Hebammenhilfe,
2. Versorgung mit Arznei-, Verband- und Heilmitteln,
3. Pflege in einer stationären Einrichtung und
4. häusliche Pflege nach den §§ 64c und 64f sowie die angemessenen Aufwendungen der Pflegeperson
geleistet.

§ 51 Hilfe bei Sterilisation. Bei einer durch Krankheit erforderlichen Sterilisation werden die ärztliche Untersuchung, Beratung und Begutachtung, die ärztliche Behandlung, die Versorgung mit Arznei-, Verband- und Heilmitteln sowie die Krankenhauspflege geleistet.

§ 52[1] Leistungserbringung, Vergütung. (1) [1]Die Hilfen nach den §§ 47 bis 51 entsprechen den Leistungen der gesetzlichen Krankenversicherung. [2]Soweit Krankenkassen in ihrer Satzung Umfang und Inhalt der Leistungen bestimmen können, entscheidet der Träger der Sozialhilfe über Umfang und Inhalt der Hilfen nach pflichtgemäßem Ermessen.

(2) [1]Leistungsberechtigte haben die freie Wahl unter den Ärzten und Zahnärzten sowie den Krankenhäusern entsprechend den Bestimmungen der gesetzlichen Krankenversicherung. [2]Hilfen werden nur in dem durch Anwendung des § 65a des Fünften Buches erzielbaren geringsten Umfang geleistet.

(3) [1]Bei Erbringung von Leistungen nach den §§ 47 bis 51 sind die für die gesetzlichen Krankenkassen nach dem Vierten Kapitel des Fünften Buches geltenden Regelungen mit Ausnahme des Dritten Titels des Zweiten Abschnitts anzuwenden. [2]Ärzte, Psychotherapeuten im Sinne des § 28 Abs. 3 Satz 1 des Fünften Buches und Zahnärzte haben für ihre Leistungen Anspruch auf die Vergütung, welche die Ortskrankenkasse, in deren Bereich der Arzt, Psychotherapeut oder der Zahnarzt niedergelassen ist, für ihre Mitglieder zahlt. [3]Die sich aus den §§ 294, 295, 300 bis 302 des Fünften Buches für die Leistungserbringer ergebenden Verpflichtungen gelten auch für die Abrechnung von Leistungen nach diesem Kapitel mit dem Träger der Sozialhilfe. [4]Die Vereinbarungen nach § 303 Abs. 1 sowie § 304 des Fünften Buches gelten für den Träger der Sozialhilfe entsprechend.

(4) Leistungsberechtigten, die nicht in der gesetzlichen Krankenversicherung versichert sind, wird unter den Voraussetzungen von § 39a Satz 1 des Fünften Buches zu stationärer und teilstationärer Versorgung in Hospizen der von den gesetzlichen Krankenkassen entsprechend § 39a Satz 3 des Fünften Buches zu zahlende Zuschuss geleistet.

(5) Für Leistungen zur medizinischen Rehabilitation nach § 54 Abs. 1 Satz 1 gelten die Absätze 2 und 3 entsprechend.

---

1 Gemäß Art. 13 Nr. 17 G vom 23.12.2016 (BGBl. I S. 3234) wird § 52 Abs. 5 mit Wirkung vom 1.1.2020 aufgehoben.

Gesetz über den Versicherungsvertrag (Versicherungsvertragsgesetz – VVG)[1]

vom 23.11.2007 (BGBl. I S. 2631),
zuletzt geändert durch Art. 15 G vom 17.8.2017 (BGBl. I S. 3214)

– Auszug –

Kapitel 8

Krankenversicherung

§ 192 Vertragstypische Leistungen des Versicherers. (1) Bei der Krankheitskostenversicherung ist der Versicherer verpflichtet, im vereinbarten Umfang die Aufwendungen für medizinisch notwendige Heilbehandlung wegen Krankheit oder Unfallfolgen und für sonstige vereinbarte Leistungen einschließlich solcher bei Schwangerschaft und Entbindung sowie für ambulante Vorsorgeuntersuchungen zur Früherkennung von Krankheiten nach gesetzlich eingeführten Programmen zu erstatten.

(2) Der Versicherer ist zur Leistung nach Absatz 1 insoweit nicht verpflichtet, als die Aufwendungen für die Heilbehandlung oder sonstigen Leistungen in einem auffälligen Missverhältnis zu den erbrachten Leistungen stehen.

(3) Als Inhalt der Krankheitskostenversicherung können zusätzliche Dienstleistungen, die in unmittelbarem Zusammenhang mit Leistungen nach Absatz 1 stehen, vereinbart werden, insbesondere

1. die Beratung über Leistungen nach Absatz 1 sowie über die Anbieter solcher Leistungen;
2. die Beratung über die Berechtigung von Entgeltansprüchen der Erbringer von Leistungen nach Absatz 1;
3. die Abwehr unberechtigter Entgeltansprüche der Erbringer von Leistungen nach Absatz 1;
4. die Unterstützung der versicherten Personen bei der Durchsetzung von Ansprüchen wegen fehlerhafter Erbringung der Leistungen nach Absatz 1 und der sich hieraus ergebenden Folgen;
5. die unmittelbare Abrechnung der Leistungen nach Absatz 1 mit deren Erbringern.

(4) Bei der Krankenhaustagegeldversicherung ist der Versicherer verpflichtet, bei medizinisch notwendiger stationärer Heilbehandlung das vereinbarte Krankenhaustagegeld zu leisten.

(5) [1]Bei der Krankentagegeldversicherung ist der Versicherer verpflichtet, den als Folge von Krankheit oder Unfall durch Arbeitsunfähigkeit verursachten

---

1 Das Gesetz wurde als Artikel 1 des Gesetzes zur Reform des Versicherungsvertragsrechts vom 23.11.2007 (BGBl. I S. 2631) verkündet und ist am 1.1.2008 in Kraft getreten. § 7 Abs. 2 und 3 ist am 30.11.2007 in Kraft getreten.

Verdienstausfall durch das vereinbarte Krankentagegeld zu ersetzen. [2]Er ist außerdem verpflichtet, den Verdienstausfall, der während der Schutzfristen nach § 3 Absatz 1 und 2 des Mutterschutzgesetzes sowie am Entbindungstag entsteht, durch das vereinbarte Krankentagegeld zu ersetzen, soweit der versicherten Person kein anderweitiger angemessener Ersatz für den während dieser Zeit verursachten Verdienstausfall zusteht.

(6) [1]Bei der Pflegekrankenversicherung ist der Versicherer verpflichtet, im Fall der Pflegebedürftigkeit im vereinbarten Umfang die Aufwendungen für die Pflege der versicherten Person zu erstatten (Pflegekostenversicherung) oder das vereinbarte Tagegeld zu leisten (Pflegetagegeldversicherung). [2]Absatz 2 gilt für die Pflegekostenversicherung entsprechend. [3]Die Regelungen des Elften Buches Sozialgesetzbuch über die private Pflegeversicherung bleiben unberührt.

(7) [1]Bei der Krankheitskostenversicherung im Basistarif nach § 152 des Versicherungsaufsichtsgesetzes kann der Leistungserbringer seinen Anspruch auf Leistungserstattung auch gegen den Versicherer geltend machen, soweit der Versicherer aus dem Versicherungsverhältnis zur Leistung verpflichtet ist. [2]Im Rahmen der Leistungspflicht des Versicherers aus dem Versicherungsverhältnis haften Versicherer und Versicherungsnehmer gesamtschuldnerisch.

(8) [1]Der Versicherungsnehmer kann vor Beginn einer Heilbehandlung, deren Kosten voraussichtlich 2000 Euro überschreiten werden, in Textform vom Versicherer Auskunft über den Umfang des Versicherungsschutzes für die beabsichtigte Heilbehandlung verlangen. [2]Ist die Durchführung der Heilbehandlung dringlich, hat der Versicherer eine mit Gründen versehene Auskunft unverzüglich, spätestens nach zwei Wochen, zu erteilen, ansonsten nach vier Wochen; auf einen vom Versicherungsnehmer vorgelegten Kostenvoranschlag und andere Unterlagen ist dabei einzugehen. [3]Die Frist beginnt mit Eingang des Auskunftsverlangens beim Versicherer. [4]Ist die Auskunft innerhalb der Frist nicht erteilt, wird bis zum Beweis des Gegenteils durch den Versicherer vermutet, dass die beabsichtigte medizinische Heilbehandlung notwendig ist.

§ 193[2] **Versicherte Person; Versicherungspflicht.** (1) [1]Die Krankenversicherung kann auf die Person des Versicherungsnehmers oder eines anderen genommen werden. [2]Versicherte Person ist die Person, auf welche die Versicherung genommen wird.

(2) Soweit nach diesem Gesetz die Kenntnis und das Verhalten des Versicherungsnehmers von rechtlicher Bedeutung sind, ist bei der Versicherung auf die Person eines anderen auch deren Kenntnis und Verhalten zu berücksichtigen.

---

2 Gemäß Art. 20 Abs. 3 G vom 23.12.2016 (BGBl. I S. 3234) wird § 193 Abs. 3 Nr. 4 mit Wirkung zum 1.1.2020 wie folgt gefasst:
„4. Empfänger laufender Leistungen nach dem Dritten, Vierten und Siebten Kapitel des Zwölften Buches Sozialgesetzbuch und Empfänger von Leistungen nach Teil 2 des Neunten Buches Sozialgesetzbuch sind für die Dauer dieses Leistungsbezugs und während Zeiten einer Unterbrechung des Leistungsbezugs von weniger als einem Monat, wenn der Leistungsbezug vor dem 1. Januar 2009 begonnen hat."

(3) [1]Jede Person mit Wohnsitz im Inland ist verpflichtet, bei einem in Deutschland zum Geschäftsbetrieb zugelassenen Versicherungsunternehmen für sich selbst und für die von ihr gesetzlich vertretenen Personen, soweit diese nicht selbst Verträge abschließen können, eine Krankheitskostenversicherung, die mindestens eine Kostenerstattung für ambulante und stationäre Heilbehandlung umfasst und bei der die für tariflich vorgesehene Leistungen vereinbarten absoluten und prozentualen Selbstbehalte für ambulante und stationäre Heilbehandlung für jede zu versichernde Person auf eine betragsmäßige Auswirkung von kalenderjährlich 5000 Euro begrenzt ist, abzuschließen und aufrechtzuerhalten; für Beihilfeberechtigte ergeben sich die möglichen Selbstbehalte durch eine sinngemäße Anwendung des durch den Beihilfesatz nicht gedeckten Vom-Hundert-Anteils auf den Höchstbetrag von 5000 Euro. [2]Die Pflicht nach Satz 1 besteht nicht für Personen, die

1. in der gesetzlichen Krankenversicherung versichert oder versicherungspflichtig sind oder
2. Anspruch auf freie Heilfürsorge haben, beihilfeberechtigt sind oder vergleichbare Ansprüche haben im Umfang der jeweiligen Berechtigung oder
3. Anspruch auf Leistungen nach dem Asylbewerberleistungsgesetz haben oder
4. Empfänger laufender Leistungen nach dem Dritten, Vierten, Sechsten und Siebten Kapitel des Zwölften Buches Sozialgesetzbuch sind für die Dauer dieses Leistungsbezugs und während Zeiten einer Unterbrechung des Leistungsbezugs von weniger als einem Monat, wenn der Leistungsbezug vor dem 1. Januar 2009 begonnen hat.

[3]Ein vor dem 1. April 2007 vereinbarter Krankheitskostenversicherungsvertrag genügt den Anforderungen des Satzes 1.

(4) [1]Wird der Vertragsabschluss später als einen Monat nach Entstehen der Pflicht nach Absatz 3 Satz 1 beantragt, ist ein Prämienzuschlag zu entrichten. [2]Dieser beträgt einen Monatsbeitrag für jeden weiteren angefangenen Monat der Nichtversicherung, ab dem sechsten Monat der Nichtversicherung für jeden weiteren angefangenen Monat der Nichtversicherung ein Sechstel eines Monatsbeitrags. [3]Kann die Dauer der Nichtversicherung nicht ermittelt werden, ist davon auszugehen, dass der Versicherte mindestens fünf Jahre nicht versichert war. [4]Der Prämienzuschlag ist einmalig zusätzlich zur laufenden Prämie zu entrichten. [5]Der Versicherungsnehmer kann vom Versicherer die Stundung des Prämienzuschlages verlangen, wenn den Interessen des Versicherers durch die Vereinbarung einer angemessenen Ratenzahlung Rechnung getragen werden kann. [6]Der gestundete Betrag ist zu verzinsen. [7]Wird der Vertragsabschluss bis zum 31. Dezember 2013 beantragt, ist kein Prämienzuschlag zu entrichten. Dies gilt für bis zum 31. Juli 2013 abgeschlossene Verträge für noch ausstehende Prämienzuschläge nach Satz 1 entsprechend.

(5) [1]Der Versicherer ist verpflichtet,

1. allen freiwillig in der gesetzlichen Krankenversicherung Versicherten
   a) innerhalb von sechs Monaten nach Einführung des Basistarifes,

b) innerhalb von sechs Monaten nach Beginn der im Fünften Buch Sozialgesetzbuch vorgesehenen Wechselmöglichkeit im Rahmen ihres freiwilligen Versicherungsverhältnisses,

2. allen Personen mit Wohnsitz in Deutschland, die nicht in der gesetzlichen Krankenversicherung versicherungspflichtig sind, nicht zum Personenkreis nach Nummer 1 oder Absatz 3 Satz 2 Nr. 3 und 4 gehören und die nicht bereits eine private Krankheitskostenversicherung mit einem in Deutschland zum Geschäftsbetrieb zugelassenen Versicherungsunternehmen vereinbart haben, die der Pflicht nach Absatz 3 genügt,

3. Personen, die beihilfeberechtigt sind oder vergleichbare Ansprüche haben, soweit sie zur Erfüllung der Pflicht nach Absatz 3 Satz 1 ergänzenden Versicherungsschutz benötigen,

4. allen Personen mit Wohnsitz in Deutschland, die eine private Krankheitskostenversicherung im Sinn des Absatzes 3 mit einem in Deutschland zum Geschäftsbetrieb zugelassenen Versicherungsunternehmen vereinbart haben und deren Vertrag nach dem 31. Dezember 2008 abgeschlossen wird,

Versicherung im Basistarif nach § 152 des Versicherungsaufsichtsgesetzes zu gewähren. [2]Ist der private Krankheitskostenversicherungsvertrag vor dem 1. Januar 2009 abgeschlossen, kann bei Wechsel oder Kündigung des Vertrags der Abschluss eines Vertrags im Basistarif beim eigenen oder einem anderen Versicherungsunternehmen unter Mitnahme der Alterungsrückstellungen gemäß § 204 Abs. 1 nur bis zum 30. Juni 2009 verlangt werden. [3]Der Antrag muss bereits dann angenommen werden, wenn bei einer Kündigung eines Vertrags bei einem anderen Versicherer die Kündigung nach § 205 Abs. 1 Satz 1 noch nicht wirksam geworden ist. [4]Der Antrag darf nur abgelehnt werden, wenn der Antragsteller bereits bei dem Versicherer versichert war und der Versicherer

1. den Versicherungsvertrag wegen Drohung oder arglistiger Täuschung angefochten hat oder

2. vom Versicherungsvertrag wegen einer vorsätzlichen Verletzung der vorvertraglichen Anzeigepflicht zurückgetreten ist.

(6) [1]Ist der Versicherungsnehmer in einer der Pflicht nach Absatz 3 genügenden Versicherung mit einem Betrag in Höhe von Prämienanteilen für zwei Monate im Rückstand, hat ihn der Versicherer zu mahnen. [2]Der Versicherungsnehmer hat für jeden angefangenen Monat eines Prämienrückstandes an Stelle von Verzugszinsen einen Säumniszuschlag in Höhe von 1 Prozent des Prämienrückstandes zu entrichten. [3]Ist der Prämienrückstand einschließlich der Säumniszuschläge zwei Monate nach Zugang der Mahnung höher als der Prämienanteil für einen Monat, mahnt der Versicherer ein zweites Mal und weist auf die Folgen nach Satz 4 hin. [4]Ist der Prämienrückstand einschließlich der Säumniszuschläge einen Monat nach Zugang der zweiten Mahnung höher als der Prämienanteil für einen Monat, ruht der Vertrag ab dem ersten Tag des nachfolgenden Monats. [5]Das Ruhen des Vertrages tritt nicht ein oder endet, wenn der Versicherungsnehmer oder die versicherte Person hilfebedürftig im Sinne des Zweiten oder Zwölften Buches Sozialgesetzbuch ist oder wird; die

Hilfebedürftigkeit ist auf Antrag des Versicherungsnehmers vom zuständigen Träger nach dem Zweiten oder dem Zwölften Buch Sozialgesetzbuch zu bescheinigen.

(7) [1]Solange der Vertrag ruht, gilt der Versicherungsnehmer als im Notlagentarif nach § 153 des Versicherungsaufsichtsgesetzes versichert. [2]Risikozuschläge, Leistungsausschlüsse und Selbstbehalte entfallen während dieser Zeit. [3]Der Versicherer kann verlangen, dass Zusatzversicherungen ruhen, solange die Versicherung nach § 153 des Versicherungsaufsichtsgesetzes besteht. [4]Ein Wechsel in den oder aus dem Notlagentarif nach § 153 des Versicherungsaufsichtsgesetzes ist ausgeschlossen. [5]Ein Versicherungsnehmer, dessen Vertrag nur die Erstattung eines Prozentsatzes der entstandenen Aufwendungen vorsieht, gilt als in einer Variante des Notlagentarifs nach § 153 des Versicherungsaufsichtsgesetzes versichert, die Leistungen in Höhe von 20, 30 oder 50 Prozent der versicherten Behandlungskosten vorsieht, abhängig davon, welcher Prozentsatz dem Grad der vereinbarten Erstattung am nächsten ist.

(8) [1]Der Versicherer übersendet dem Versicherungsnehmer in Textform eine Mitteilung über die Fortsetzung des Vertrages im Notlagentarif nach § 153 des Versicherungsaufsichtsgesetzes und über die zu zahlende Prämie. [2]Dabei ist der Versicherungsnehmer in herausgehobener Form auf die Folgen der Anrechnung der Alterungsrückstellung nach § 153 Absatz 2 Satz 6 des Versicherungsaufsichtsgesetzes für die Höhe der künftig zu zahlenden Prämie hinzuweisen. [3]Angaben zur Versicherung im Notlagentarif nach § 153 des Versicherungsaufsichtsgesetzes kann der Versicherer auf einer elektronischen Gesundheitskarte nach § 291a Absatz 1a des Fünften Buches Sozialgesetzbuch vermerken.

(9) [1]Sind alle rückständigen Prämienanteile einschließlich der Säumniszuschläge und der Beitreibungskosten gezahlt, wird der Vertrag ab dem ersten Tag des übernächsten Monats in dem Tarif fortgesetzt, in dem der Versicherungsnehmer vor Eintritt des Ruhens versichert war. [2]Dabei ist der Versicherungsnehmer so zu stellen, wie er vor der Versicherung im Notlagentarif nach § 153 des Versicherungsaufsichtsgesetzes stand, abgesehen von den während der Ruhenszeit verbrauchten Anteilen der Alterungsrückstellung. [3]Während der Ruhenszeit vorgenommene Prämienanpassungen und Änderungen der Allgemeinen Versicherungsbedingungen gelten ab dem Tag der Fortsetzung.

(10) Hat der Versicherungsnehmer die Krankenversicherung auf die Person eines anderen genommen, gelten die Absätze 6 bis 9 für die versicherte Person entsprechend.

(11) Bei einer Versicherung im Basistarif nach § 152 des Versicherungsaufsichtsgesetzes kann das Versicherungsunternehmen verlangen, dass Zusatzversicherungen ruhen, wenn und solange ein Versicherter auf die Halbierung des Beitrags nach § 152 Absatz 4 des Versicherungsaufsichtsgesetzes angewiesen ist.

§ 194 Anzuwendende Vorschriften. (1) [1]Soweit der Versicherungsschutz nach den Grundsätzen der Schadensversicherung gewährt wird, sind die §§ 74 bis 80 und 82 bis 87 anzuwenden. [2]Die §§ 23 bis 27 und 29 sind auf die Krankenversicherung nicht anzuwenden. [3]§ 19 Abs. 4 ist auf die Krankenversicherung nicht anzuwenden, wenn der Versicherungsnehmer die Verletzung der Anzeigepflicht nicht zu vertreten hat. [4]Abweichend von § 21 Abs. 3 Satz 1 beläuft sich die Frist für die Geltendmachung der Rechte des Versicherers auf drei Jahre.

(2) Steht dem Versicherungsnehmer oder einer versicherten Person ein Anspruch auf Rückzahlung ohne rechtlichen Grund gezahlter Entgelte gegen den Erbringer von Leistungen zu, für die der Versicherer aufgrund des Versicherungsvertrags Erstattungsleistungen erbracht hat, ist § 86 Abs. 1 und 2 entsprechend anzuwenden.

(3) [1]Die §§ 43 bis 48 sind auf die Krankenversicherung mit der Maßgabe anzuwenden, dass ausschließlich die versicherte Person die Versicherungsleistung verlangen kann, wenn der Versicherungsnehmer sie gegenüber dem Versicherer in Textform als Empfangsberechtigten der Versicherungsleistung benannt hat; die Benennung kann widerruflich oder unwiderruflich erfolgen. [2]Liegt diese Voraussetzung nicht vor, kann nur der Versicherungsnehmer die Versicherungsleistung verlangen. [3]Einer Vorlage des Versicherungsscheins bedarf es nicht.

§ 195 Versicherungsdauer. (1) [1]Die Krankenversicherung, die ganz oder teilweise den im gesetzlichen Sozialversicherungssystem vorgesehenen Kranken- oder Pflegeversicherungsschutz ersetzen kann (substitutive Krankenversicherung), ist vorbehaltlich der Absätze 2 und 3 und der §§ 196 und 199 unbefristet. [2]Wird die nicht substitutive Krankenversicherung nach Art der Lebensversicherung betrieben, gilt Satz 1 entsprechend.

(2) Bei Ausbildungs-, Auslands-, Reise- und Restschuldkrankenversicherungen können Vertragslaufzeiten vereinbart werden.

(3) [1]Bei der Krankenversicherung einer Person mit befristetem Aufenthaltstitel für das Inland kann vereinbart werden, dass sie spätestens nach fünf Jahren endet. [2]Ist eine kürzere Laufzeit vereinbart, kann ein gleichartiger neuer Vertrag nur mit einer Höchstlaufzeit geschlossen werden, die unter Einschluss der Laufzeit des abgelaufenen Vertrags fünf Jahre nicht überschreitet; dies gilt auch, wenn der neue Vertrag mit einem anderen Versicherer geschlossen wird.

§ 196 Befristung der Krankentagegeldversicherung. (1) [1]Bei der Krankentagegeldversicherung kann vereinbart werden, dass die Versicherung mit Vollendung des 65. Lebensjahres der versicherten Person endet. [2]Der Versicherungsnehmer kann in diesem Fall vom Versicherer verlangen, dass dieser den Antrag auf Abschluss einer mit Vollendung des 65. Lebensjahres beginnenden neuen Krankentagegeldversicherung annimmt, die spätestens mit Vollendung des 70. Lebensjahres endet. [3]Auf dieses Recht hat der Versicherer ihn frühestens sechs Monate vor dem Ende der Versicherung unter Beifügung des Wortlauts dieser Vorschrift in Textform hinzuweisen. [4]Wird der Antrag bis zum Ablauf von zwei Monaten nach Vollendung des 65. Lebensjahres gestellt, hat der Versicherer den Versicherungsschutz ohne Risikoprüfung oder Wartezeiten zu gewähren, soweit der Versicherungsschutz nicht höher oder umfassender ist als im bisherigen Tarif.

(2) [1]Hat der Versicherer den Versicherungsnehmer nicht nach Absatz 1 Satz 3 auf das Ende der Versicherung hingewiesen und wird der Antrag vor Vollendung des 66. Lebensjahres gestellt, gilt Absatz 1 Satz 4 entsprechend, wobei die Versicherung mit Zugang des Antrags beim Versicherer beginnt. [2]Ist der Versicherungsfall schon vor Zugang des Antrags eingetreten, ist der Versicherer nicht zur Leistung verpflichtet.

(3) Absatz 1 Satz 2 und 4 gilt entsprechend, wenn in unmittelbarem Anschluss an eine Versicherung nach Absatz 1 Satz 4 oder Absatz 2 Satz 1 eine neue Krankentagegeldversicherung beantragt wird, die spätestens mit Vollendung des 75. Lebensjahres endet.

(4) Die Vertragsparteien können ein späteres Lebensjahr als in den vorstehenden Absätzen festgelegt vereinbaren.

§ 197 Wartezeiten. (1) [1]Soweit Wartezeiten vereinbart werden, dürfen diese in der Krankheitskosten-, Krankenhaustagegeld- und Krankentagegeldversicherung als allgemeine Wartezeit drei Monate und als besondere Wartezeit für Entbindung, Krankentagegeld nach § 192 Absatz 5 Satz 2, Psychotherapie, Zahnbehandlung, Zahnersatz und Kieferorthopädie acht Monate nicht überschreiten. [2]Bei der Pflegekrankenversicherung darf die Wartezeit drei Jahre nicht überschreiten.

(2) [1]Personen, die aus der gesetzlichen Krankenversicherung ausscheiden oder die aus einem anderen Vertrag über eine Krankheitskostenversicherung ausgeschieden sind, ist die dort ununterbrochen zurückgelegte Versicherungszeit auf die Wartezeit anzurechnen, sofern die Versicherung spätestens zwei Monate nach Beendigung der Vorversicherung zum unmittelbaren Anschluss daran beantragt wird. [2]Dies gilt auch für Personen, die aus einem öffentlichen Dienstverhältnis mit Anspruch auf Heilfürsorge ausscheiden.

§ 198 Kindernachversicherung. (1) [1]Besteht am Tag der Geburt für mindestens einen Elternteil eine Krankenversicherung, ist der Versicherer verpflichtet, dessen neugeborenes Kind ab Vollendung der Geburt ohne Risikozuschläge und Wartezeiten zu versichern, wenn die Anmeldung zur Versicherung spätestens zwei Monate nach dem Tag der Geburt rückwirkend erfolgt. [2]Diese Verpflichtung besteht nur insoweit, als der beantragte Versicherungsschutz des Neugeborenen nicht höher und nicht umfassender als der des versicherten Elternteils ist.

(2) [1]Der Geburt eines Kindes steht die Adoption gleich, sofern das Kind im Zeitpunkt der Adoption noch minderjährig ist. [2]Besteht eine höhere Gefahr, ist die Vereinbarung eines Risikozuschlags höchstens bis zur einfachen Prämienhöhe zulässig.

(3) [1]Als Voraussetzung für die Versicherung des Neugeborenen oder des Adoptivkindes kann eine Mindestversicherungsdauer des Elternteils vereinbart werden. [2]Diese darf drei Monate nicht übersteigen.

(4) Die Absätze 1 bis 3 gelten für die Auslands- und die Reisekrankenversicherung nicht, soweit für das Neugeborene oder für das Adoptivkind anderweitiger privater oder gesetzlicher Krankenversicherungsschutz im Inland oder Ausland besteht.

§ 199 Beihilfeempfänger. (1) Bei der Krankheitskostenversicherung einer versicherten Person mit Anspruch auf Beihilfe nach den Grundsätzen des öffentlichen Dienstes kann vereinbart werden, dass sie mit der Versetzung der versicherten Person in den Ruhestand im Umfang der Erhöhung des Beihilfebemessungssatzes endet.

(2) ¹Ändert sich bei einer versicherten Person mit Anspruch auf Beihilfe nach den Grundsätzen des öffentlichen Dienstes der Beihilfebemessungssatz oder entfällt der Beihilfeanspruch, hat der Versicherungsnehmer Anspruch darauf, dass der Versicherer den Versicherungsschutz im Rahmen der bestehenden Krankheitskostentarife so anpasst, dass dadurch der veränderte Beihilfebemessungssatz oder der weggefallene Beihilfeanspruch ausgeglichen wird. ²Wird der Antrag innerhalb von sechs Monaten nach der Änderung gestellt, hat der Versicherer den angepassten Versicherungsschutz ohne Risikoprüfung oder Wartezeiten zu gewähren.

(3) Absatz 2 gilt nicht bei Gewährung von Versicherung im Basistarif.

§ 200 Bereicherungsverbot. Hat die versicherte Person wegen desselben Versicherungsfalles einen Anspruch gegen mehrere Erstattungsverpflichtete, darf die Gesamterstattung die Gesamtaufwendungen nicht übersteigen.

§ 201 Herbeiführung des Versicherungsfalles. Der Versicherer ist nicht zur Leistung verpflichtet, wenn der Versicherungsnehmer oder die versicherte Person vorsätzlich die Krankheit oder den Unfall bei sich selbst herbeiführt.

§ 202 Auskunftspflicht des Versicherers; Schadensermittlungskosten. ¹Der Versicherer ist verpflichtet, auf Verlangen des Versicherungsnehmers oder der versicherten Person Auskunft über und Einsicht in Gutachten oder Stellungnahmen zu geben, die er bei der Prüfung seiner Leistungspflicht über die Notwendigkeit einer medizinischen Behandlung eingeholt hat. ²Wenn der Auskunft an oder der Einsicht durch den Versicherungsnehmer oder die versicherte Person erhebliche therapeutische Gründe oder sonstige erhebliche Gründe entgegenstehen, kann nur verlangt werden, einem benannten Arzt oder Rechtsanwalt Auskunft oder Einsicht zu geben. ³Der Anspruch kann nur von der jeweils betroffenen Person oder ihrem gesetzlichen Vertreter geltend gemacht werden. ⁴Hat der Versicherungsnehmer das Gutachten oder die Stellungnahme auf Veranlassung des Versicherers eingeholt, hat der Versicherer die entstandenen Kosten zu erstatten.

§ 203 Prämien- und Bedingungsanpassung. (1) ¹Bei einer Krankenversicherung, bei der die Prämie nach Art der Lebensversicherung berechnet wird, kann der Versicherer nur die entsprechend den technischen Berechnungsgrundlagen nach den §§ 146, 149, 150 in Verbindung mit § 160 des Versicherungsaufsichtsgesetzes zu berechnende Prämie verlangen. [2]Außer bei Verträgen im Basistarif nach § 152 des Versicherungsaufsichtsgesetzes kann der Versicherer mit Rücksicht auf ein erhöhtes Risiko einen angemessenen Risikozuschlag oder einen Leistungsausschluss vereinbaren. [3]Im Basistarif ist eine Risikoprüfung nur zulässig, soweit sie für Zwecke des Risikoausgleichs nach § 154 des Versicherungsaufsichtsgesetzes oder für spätere Tarifwechsel erforderlich ist.

(2) [1]Ist bei einer Krankenversicherung das ordentliche Kündigungsrecht des Versicherers gesetzlich oder vertraglich ausgeschlossen, ist der Versicherer bei einer nicht nur als vorübergehend anzusehenden Veränderung einer für die Prämienkalkulation maßgeblichen Rechnungsgrundlage berechtigt, die Prämie entsprechend den berichtigten Rechnungsgrundlagen auch für bestehende Versicherungsverhältnisse neu festzusetzen, sofern ein unabhängiger Treuhänder die technischen Berechnungsgrundlagen überprüft und der Prämienanpassung zugestimmt hat. [2]Dabei dürfen auch ein betragsmäßig festgelegter Selbstbehalt angepasst und ein vereinbarter Risikozuschlag entsprechend geändert werden, soweit dies vereinbart ist. [3]Maßgebliche Rechnungsgrundlagen im Sinn der Sätze 1 und 2 sind die Versicherungsleistungen und die Sterbewahrscheinlichkeiten. [4]Für die Änderung der Prämien, Prämienzuschläge und Selbstbehalte sowie ihre Überprüfung und Zustimmung durch den Treuhänder gilt § 155 in Verbindung mit einer aufgrund des § 160 des Versicherungsaufsichtsgesetzes erlassenen Rechtsverordnung.

(3) Ist bei einer Krankenversicherung im Sinn des Absatzes 1 Satz 1 das ordentliche Kündigungsrecht des Versicherers gesetzlich oder vertraglich ausgeschlossen, ist der Versicherer bei einer nicht nur als vorübergehend anzusehenden Veränderung der Verhältnisse des Gesundheitswesens berechtigt, die Allgemeinen Versicherungsbedingungen und die Tarifbestimmungen den veränderten Verhältnissen anzupassen, wenn die Änderungen zur hinreichenden Wahrung der Belange der Versicherungsnehmer erforderlich erscheinen und ein unabhängiger Treuhänder die Voraussetzungen für die Änderungen überprüft und ihre Angemessenheit bestätigt hat.

(4) Ist eine Bestimmung in Allgemeinen Versicherungsbedingungen des Versicherers durch höchstrichterliche Entscheidung oder durch einen bestandskräftigen Verwaltungsakt für unwirksam erklärt worden, ist § 164 anzuwenden.

(5) Die Neufestsetzung der Prämie und die Änderungen nach den Absätzen 2 und 3 werden zu Beginn des zweiten Monats wirksam, der auf die Mitteilung der Neufestsetzung oder der Änderungen und der hierfür maßgeblichen Gründe an den Versicherungsnehmer folgt.

§ 204 Tarifwechsel. (1) [1]Bei bestehendem Versicherungsverhältnis kann der Versicherungsnehmer vom Versicherer verlangen, dass dieser

1. Anträge auf Wechsel in andere Tarife mit gleichartigem Versicherungsschutz unter Anrechnung der aus dem Vertrag erworbenen Rechte und der

Alterungsrückstellung annimmt; soweit die Leistungen in dem Tarif, in den der Versicherungsnehmer wechseln will, höher oder umfassender sind als in dem bisherigen Tarif, kann der Versicherer für die Mehrleistung einen Leistungsausschluss oder einen angemessenen Risikozuschlag und insoweit auch eine Wartezeit verlangen; der Versicherungsnehmer kann die Vereinbarung eines Risikozuschlages und einer Wartezeit dadurch abwenden, dass er hinsichtlich der Mehrleistung einen Leistungsausschluss vereinbart; bei einem Wechsel aus dem Basistarif in einen anderen Tarif kann der Versicherer auch den bei Vertragsschluss ermittelten Risikozuschlag verlangen; der Wechsel in den Basistarif des Versicherers unter Anrechnung der aus dem Vertrag erworbenen Rechte und der Alterungsrückstellung ist nur möglich, wenn

a) die bestehende Krankheitskostenversicherung nach dem 1. Januar 2009 abgeschlossen wurde oder

b) der Versicherungsnehmer das 55. Lebensjahr vollendet hat oder das 55. Lebensjahr noch nicht vollendet hat, aber die Voraussetzungen für den Anspruch auf eine Rente der gesetzlichen Rentenversicherung erfüllt und diese Rente beantragt hat oder ein Ruhegehalt nach beamtenrechtlichen oder vergleichbaren Vorschriften bezieht oder hilfebedürftig nach dem Zweiten oder Zwölften Buch Sozialgesetzbuch ist oder

c) die bestehende Krankheitskostenversicherung vor dem 1. Januar 2009 abgeschlossen wurde und der Wechsel in den Basistarif vor dem 1. Juli 2009 beantragt wurde;

ein Wechsel aus einem Tarif, bei dem die Prämien geschlechtsunabhängig kalkuliert werden, in einen Tarif, bei dem dies nicht der Fall ist, ist ausgeschlossen;

2. bei einer Kündigung des Vertrags und dem gleichzeitigen Abschluss eines neuen Vertrags, der ganz oder teilweise den im gesetzlichen Sozialversicherungssystem vorgesehenen Krankenversicherungsschutz ersetzen kann, bei einem anderen Krankenversicherer

a) die kalkulierte Alterungsrückstellung des Teils der Versicherung, dessen Leistungen dem Basistarif entsprechen, an den neuen Versicherer überträgt, sofern die gekündigte Krankheitskostenversicherung nach dem 1. Januar 2009 abgeschlossen wurde;

b) bei einem Abschluss eines Vertrags im Basistarif die kalkulierte Alterungsrückstellung des Teils der Versicherung, dessen Leistungen dem Basistarif entsprechen, an den neuen Versicherer überträgt, sofern die gekündigte Krankheitskostenversicherung vor dem 1. Januar 2009 abgeschlossen wurde und die Kündigung vor dem 1. Juli 2009 erfolgte.

[2]Soweit die Leistungen in dem Tarif, aus dem der Versicherungsnehmer wechseln will, höher oder umfassender sind als im Basistarif, kann der Versicherungsnehmer vom bisherigen Versicherer die Vereinbarung eines Zusatztarifes verlangen, in dem die über den Basistarif hinausgehende Alterungsrückstellung anzurechnen ist. [3]Auf die Ansprüche nach den Sätzen 1 und 2 kann nicht verzichtet werden.

(2) [1]Im Falle der Kündigung des Vertrags zur privaten Pflege-Pflichtversicherung und dem gleichzeitigen Abschluss eines neuen Vertrags bei einem anderen Versicherer kann der Versicherungsnehmer vom bisherigen Versicherer verlangen, dass dieser die für ihn kalkulierte Alterungsrückstellung an den neuen Versicherer überträgt. [2]Auf diesen Anspruch kann nicht verzichtet werden.

(3) [1]Absatz 1 gilt nicht für befristete Versicherungsverhältnisse. [2]Handelt es sich um eine Befristung nach § 196, besteht das Tarifwechselrecht nach Absatz 1 Nummer 1.

(4) Soweit die Krankenversicherung nach Art der Lebensversicherung betrieben wird, haben die Versicherungsnehmer und die versicherte Person das Recht, einen gekündigten Versicherungsvertrag in Form einer Anwartschaftsversicherung fortzuführen.

§ 205 Kündigung des Versicherungsnehmers. (1) [1]Vorbehaltlich einer vereinbarten Mindestversicherungsdauer bei der Krankheitskosten- und bei der Krankenhaustagegeldversicherung kann der Versicherungsnehmer ein Krankenversicherungsverhältnis, das für die Dauer von mehr als einem Jahr eingegangen ist, zum Ende des ersten Jahres oder jedes darauf folgenden Jahres unter Einhaltung einer Frist von drei Monaten kündigen. [2]Die Kündigung kann auf einzelne versicherte Personen oder Tarife beschränkt werden.

(2) [1]Wird eine versicherte Person kraft Gesetzes kranken- oder pflegeversicherungspflichtig, kann der Versicherungsnehmer binnen drei Monaten nach Eintritt der Versicherungspflicht eine Krankheitskosten-, eine Krankentagegeld- oder eine Pflegekrankenversicherung sowie eine für diese Versicherungen bestehende Anwartschaftsversicherung rückwirkend zum Eintritt der Versicherungspflicht kündigen. [2]Die Kündigung ist unwirksam, wenn der Versicherungsnehmer dem Versicherer den Eintritt der Versicherungspflicht nicht innerhalb von zwei Monaten nachweist, nachdem der Versicherer ihn hierzu in Textform aufgefordert hat, es sei denn, der Versicherungsnehmer hat die Versäumung dieser Frist nicht zu vertreten. [3]Macht der Versicherungsnehmer von seinem Kündigungsrecht Gebrauch, steht dem Versicherer die Prämie nur bis zu diesem Zeitpunkt zu. [4]Später kann der Versicherungsnehmer das Versicherungsverhältnis zum Ende des Monats kündigen, in dem er den Eintritt der Versicherungspflicht nachweist. [5]Der Versicherungspflicht steht der gesetzliche Anspruch auf Familienversicherung oder der nicht nur vorübergehende Anspruch auf Heilfürsorge aus einem beamtenrechtlichen oder ähnlichen Dienstverhältnis gleich.

(3) Ergibt sich aus dem Versicherungsvertrag, dass bei Erreichen eines bestimmten Lebensalters oder bei Eintreten anderer dort genannter Voraussetzungen die Prämie für ein anderes Lebensalter oder eine andere Altersgruppe gilt oder die Prämie unter Berücksichtigung einer Alterungsrückstellung berechnet wird, kann der Versicherungsnehmer das Versicherungsverhältnis hinsichtlich der betroffenen versicherten Person binnen zwei Monaten nach der Änderung zum Zeitpunkt ihres Wirksamwerdens kündigen, wenn sich die Prämie durch die Änderung erhöht.

(4) Erhöht der Versicherer aufgrund einer Anpassungsklausel die Prämie oder vermindert er die Leistung, kann der Versicherungsnehmer hinsichtlich der betroffenen versicherten Person innerhalb von zwei Monaten nach Zugang der Änderungsmitteilung mit Wirkung für den Zeitpunkt kündigen, zu dem die Prämienerhöhung oder die Leistungsminderung wirksam werden soll.

(5) ¹Hat sich der Versicherer vorbehalten, die Kündigung auf einzelne versicherte Personen oder Tarife zu beschränken, und macht er von dieser Möglichkeit Gebrauch, kann der Versicherungsnehmer innerhalb von zwei Wochen nach Zugang der Kündigung die Aufhebung des übrigen Teils der Versicherung zu dem Zeitpunkt verlangen, zu dem die Kündigung wirksam wird. ²Satz 1 gilt entsprechend, wenn der Versicherer die Anfechtung oder den Rücktritt nur für einzelne versicherte Personen oder Tarife erklärt. ³In diesen Fällen kann der Versicherungsnehmer die Aufhebung zum Ende des Monats verlangen, in dem ihm die Erklärung des Versicherers zugegangen ist.

(6) ¹Abweichend von den Absätzen 1 bis 5 kann der Versicherungsnehmer eine Versicherung, die eine Pflicht aus § 193 Abs. 3 Satz 1 erfüllt, nur dann kündigen, wenn er bei einem anderen Versicherer für die versicherte Person einen neuen Vertrag abschließt, der dieser Pflicht genügt. ²Die Kündigung wird nur wirksam, wenn der Versicherungsnehmer innerhalb von zwei Monaten nach der Kündigungserklärung nachweist, dass die versicherte Person bei einem neuen Versicherer ohne Unterbrechung versichert ist; liegt der Termin, zu dem die Kündigung ausgesprochen wurde, mehr als zwei Monate nach der Kündigungserklärung, muss der Nachweis bis zu diesem Termin erbracht werden.

§ 206 Kündigung des Versicherers. (1) ¹Jede Kündigung einer Krankheitskostenversicherung, die eine Pflicht nach § 193 Abs. 3 Satz 1 erfüllt, ist durch den Versicherer ausgeschlossen. ²Darüber hinaus ist die ordentliche Kündigung einer Krankheitskosten-, Krankentagegeld- und einer Pflegekrankenversicherung durch den Versicherer ausgeschlossen, wenn die Versicherung ganz oder teilweise den im gesetzlichen Sozialversicherungssystem vorgesehenen Kranken- oder Pflegeversicherungsschutz ersetzen kann. ³Sie ist weiterhin ausgeschlossen für eine Krankenhaustagegeld-Versicherung, die neben einer Krankheitskostenvollversicherung besteht. ⁴Eine Krankentagegeldversicherung, für die kein gesetzlicher Anspruch auf einen Beitragszuschuss des Arbeitgebers besteht, kann der Versicherer abweichend von Satz 2 in den ersten drei Jahren unter Einhaltung einer Frist von drei Monaten zum Ende eines jeden Versicherungsjahres kündigen.

(2) ¹Liegen bei einer Krankenhaustagegeldversicherung oder einer Krankheitskostenteilversicherung die Voraussetzungen nach Absatz 1 nicht vor, kann der Versicherer das Versicherungsverhältnis nur innerhalb der ersten drei Versicherungsjahre zum Ende eines Versicherungsjahres kündigen. ²Die Kündigungsfrist beträgt drei Monate.

(3) ¹Wird eine Krankheitskostenversicherung oder eine Pflegekrankenversicherung vom Versicherer wegen Zahlungsverzugs des Versicherungsnehmers

wirksam gekündigt, sind die versicherten Personen berechtigt, die Fortsetzung des Versicherungsverhältnisses unter Benennung des künftigen Versicherungsnehmers zu erklären; die Prämie ist ab Fortsetzung des Versicherungsverhältnisses zu leisten. ²Die versicherten Personen sind vom Versicherer über die Kündigung und das Recht nach Satz 1 in Textform zu informieren. ³Dieses Recht endet zwei Monate nach dem Zeitpunkt, zu dem die versicherte Person Kenntnis von diesem Recht erlangt hat.

(4) ¹Die ordentliche Kündigung eines Gruppenversicherungsvertrags, der Schutz gegen das Risiko Krankheit enthält, durch den Versicherer ist zulässig, wenn die versicherten Personen die Krankenversicherung unter Anrechnung der aus dem Vertrag erworbenen Rechte und der Alterungsrückstellung, soweit eine solche gebildet wird, zu den Bedingungen der Einzelversicherung fortsetzen können. ²Absatz 3 Satz 2 und 3 ist entsprechend anzuwenden.

§ 207 Fortsetzung des Versicherungsverhältnisses. (1) Endet das Versicherungsverhältnis durch den Tod des Versicherungsnehmers, sind die versicherten Personen berechtigt, binnen zwei Monaten nach dem Tod des Versicherungsnehmers die Fortsetzung des Versicherungsverhältnisses unter Benennung des künftigen Versicherungsnehmers zu erklären.

(2) ¹Kündigt der Versicherungsnehmer das Versicherungsverhältnis insgesamt oder für einzelne versicherte Personen, gilt Absatz 1 entsprechend. ²Die Kündigung ist nur wirksam, wenn die versicherte Person von der Kündigungserklärung Kenntnis erlangt hat. ³Handelt es sich bei dem gekündigten Vertrag um einen Gruppenversicherungsvertrag und wird kein neuer Versicherungsnehmer benannt, sind die versicherten Personen berechtigt, das Versicherungsverhältnis unter Anrechnung der aus dem Vertrag erworbenen Rechte und der Alterungsrückstellung, soweit eine solche gebildet wird, zu den Bedingungen der Einzelversicherung fortzusetzen. ⁴Das Recht nach Satz 3 endet zwei Monate nach dem Zeitpunkt, zu dem die versicherte Person von diesem Recht Kenntnis erlangt hat.

(3) Verlegt eine versicherte Person ihren gewöhnlichen Aufenthalt in einen anderen Mitgliedstaat der Europäischen Union oder einen anderen Vertragsstaat des Abkommens über den Europäischen Wirtschaftsraum, setzt sich das Versicherungsverhältnis mit der Maßgabe fort, dass der Versicherer höchstens zu denjenigen Leistungen verpflichtet bleibt, die er bei einem Aufenthalt im Inland zu erbringen hätte.

§ 208 Abweichende Vereinbarungen. ¹Von § 192 Absatz 5 Satz 2 und den §§ 194 bis 199 und 201 bis 207 kann nicht zum Nachteil des Versicherungsnehmers oder der versicherten Person abgewichen werden. ²Für die Kündigung des Versicherungsnehmers nach § 205 kann die Schrift oder die Textform vereinbart werden.

Gesetz zur Verhütung und Bekämpfung von Infektionskrankheiten beim Menschen (Infektionsschutzgesetz – IfSG)

vom 20.7.2000 (BGBl. I S. 1045),
zuletzt geändert durch Art. 1 G vom 17.7.2017 (BGBl. I S. 2615)

INHALTSÜBERSICHT[1]

---

1 Gemäß Art. 4 Abs. 20 Nr. 1 G vom 18.7.2016 (BGBl. I S. 1666), geändert durch Art. 9 G vom 17.7.2017 (BGBl. I S. 2615), wird in der Inhaltsübersicht mit Wirkung vom 1.10.2021 in der Angabe zu § 18 das Wort „Verordnungsermächtigungen" durch das Wort „Verordnungsermächtigung" ersetzt.

Erster Abschnitt

Allgemeine Vorschriften

§ 1 Zweck des Gesetzes. (1) Zweck des Gesetzes ist es, übertragbaren Krankheiten beim Menschen vorzubeugen, Infektionen frühzeitig zu erkennen und ihre Weiterverbreitung zu verhindern.

(2) ¹Die hierfür notwendige Mitwirkung und Zusammenarbeit von Behörden des Bundes, der Länder und der Kommunen, Ärzten, Tierärzten, Krankenhäusern, wissenschaftlichen Einrichtungen sowie sonstigen Beteiligten soll entsprechend dem jeweiligen Stand der medizinischen und epidemiologischen Wissenschaft und Technik gestaltet und unterstützt werden. ²Die Eigenverantwortung der Träger und Leiter von Gemeinschaftseinrichtungen, Lebensmittelbetrieben, Gesundheitseinrichtungen sowie des Einzelnen bei der Prävention übertragbarer Krankheiten soll verdeutlicht und gefördert werden.

§ 1a Verarbeitung personenbezogener Daten. Die zur Erfüllung der Aufgaben nach Maßgabe der Zwecke dieses Gesetzes verarbeiteten personenbezogenen Daten sind zu löschen, wenn diese zur Erfüllung der Aufgaben nicht mehr benötigt werden.

§ 2 Begriffsbestimmungen. Im Sinne dieses Gesetzes ist
1. Krankheitserreger
   ein vermehrungsfähiges Agens (Virus, Bakterium, Pilz, Parasit) oder ein sonstiges biologisches transmissibles Agens, das bei Menschen eine Infektion oder übertragbare Krankheit verursachen kann,
2. Infektion
   die Aufnahme eines Krankheitserregers und seine nachfolgende Entwicklung oder Vermehrung im menschlichen Organismus,

3. übertragbare Krankheit
    eine durch Krankheitserreger oder deren toxische Produkte, die unmittelbar oder mittelbar auf den Menschen übertragen werden, verursachte Krankheit,

3a. bedrohliche übertragbare Krankheit
    eine übertragbare Krankheit, die auf Grund klinisch schwerer Verlaufsformen oder ihrer Ausbreitungsweise eine schwerwiegende Gefahr für die Allgemeinheit verursachen kann,

4. Kranker
    eine Person, die an einer übertragbaren Krankheit erkrankt ist,

5. Krankheitsverdächtiger
    eine Person, bei der Symptome bestehen, welche das Vorliegen einer bestimmten übertragbaren Krankheit vermuten lassen,

6. Ausscheider
    eine Person, die Krankheitserreger ausscheidet und dadurch eine Ansteckungsquelle für die Allgemeinheit sein kann, ohne krank oder krankheitsverdächtig zu sein,

7. Ansteckungsverdächtiger
    eine Person, von der anzunehmen ist, dass sie Krankheitserreger aufgenommen hat, ohne krank, krankheitsverdächtig oder Ausscheider zu sein,

8. nosokomiale Infektion
    eine Infektion mit lokalen oder systemischen Infektionszeichen als Reaktion auf das Vorhandensein von Erregern oder ihrer Toxine, die im zeitlichen Zusammenhang mit einer stationären oder einer ambulanten medizinischen Maßnahme steht, soweit die Infektion nicht bereits vorher bestand,

9. Schutzimpfung
    die Gabe eines Impfstoffes mit dem Ziel, vor einer übertragbaren Krankheit zu schützen,

10. andere Maßnahme der spezifischen Prophylaxe
    die Gabe von Antikörpern (passive Immunprophylaxe) oder die Gabe von Medikamenten (Chemoprophylaxe) zum Schutz vor Weiterverbreitung bestimmter übertragbarer Krankheiten,

11. Impfschaden
    die gesundheitliche und wirtschaftliche Folge einer über das übliche Ausmaß einer Impfreaktion hinausgehenden gesundheitlichen Schädigung durch die Schutzimpfung; ein Impfschaden liegt auch vor, wenn mit vermehrungsfähigen Erregern geimpft wurde und eine andere als die geimpfte Person geschädigt wurde,

12. Gesundheitsschädling
    ein Tier, durch das Krankheitserreger auf Menschen übertragen werden können,

13. Sentinel-Erhebung
    eine epidemiologische Methode zur stichprobenartigen Erfassung der Verbreitung bestimmter übertragbarer Krankheiten und der Immunität ge-

gen bestimmte übertragbare Krankheiten in ausgewählten Bevölkerungsgruppen,

14. Gesundheitsamt

die nach Landesrecht für die Durchführung dieses Gesetzes bestimmte und mit einem Amtsarzt besetzte Behörde.

§ 3 Prävention durch Aufklärung. [1]Die Information und Aufklärung der Allgemeinheit über die Gefahren übertragbarer Krankheiten und die Möglichkeiten zu deren Verhütung sind eine öffentliche Aufgabe. [2]Insbesondere haben die nach Landesrecht zuständigen Stellen über Möglichkeiten des allgemeinen und individuellen Infektionsschutzes sowie über Beratungs-, Betreuungs- und Versorgungsangebote zu informieren.

Zweiter Abschnitt

Koordinierung und Früherkennung

§ 4 Aufgaben des Robert Koch-Institutes. (1) [1]Das Robert Koch-Institut hat im Rahmen dieses Gesetzes die Aufgabe, Konzeptionen zur Vorbeugung übertragbarer Krankheiten sowie zur frühzeitigen Erkennung und Verhinderung der Weiterverbreitung von Infektionen zu entwickeln. [2]Dies schließt die Entwicklung und Durchführung epidemiologischer und laborgestützter Analysen sowie Forschung zu Ursache, Diagnostik und Prävention übertragbarer Krankheiten ein. [3]Auf dem Gebiet der Zoonosen und mikrobiell bedingten Lebensmittelvergiftungen ist das Bundesinstitut für Risikobewertung zu beteiligen. [4]Auf Ersuchen einer obersten Landesgesundheitsbehörde berät das Robert Koch-Institut die zuständigen Stellen bei Maßnahmen zur Vorbeugung, Erkennung und Verhinderung der Weiterverbreitung von schwerwiegenden übertragbaren Krankheiten und die obersten Landesgesundheitsbehörden bei länderübergreifenden Maßnahmen; auf Ersuchen einer obersten Landesgesundheitsbehörde berät das Robert Koch-Institut diese zur Bewertung der Gefahrensituation beim Auftreten einer bedrohlichen übertragbaren Krankheit. [5]Es arbeitet mit den jeweils zuständigen Bundesbehörden, den zuständigen Länderbehörden, den nationalen Referenzzentren, weiteren wissenschaftlichen Einrichtungen und Fachgesellschaften sowie ausländischen und internationalen Organisationen und Behörden zusammen.

(2) Das Robert Koch-Institut

1. erstellt im Benehmen mit den jeweils zuständigen Bundesbehörden für Fachkreise als Maßnahme des vorbeugenden Gesundheitsschutzes Richtlinien, Empfehlungen, Merkblätter und sonstige Informationen zur Vorbeugung, Erkennung und Verhinderung der Weiterverbreitung übertragbarer Krankheiten,

2. wertet die Daten zu meldepflichtigen Krankheiten und meldepflichtigen Nachweisen von Krankheitserregern, die ihm nach diesem Gesetz und nach

§ 11 Absatz 5, § 16 Absatz 4 des IGV-Durchführungsgesetzes übermittelt worden sind, infektionsepidemiologisch aus,

3. stellt die Ergebnisse der infektionsepidemiologischen Auswertungen den folgenden Behörden und Institutionen zur Verfügung:
   a) den jeweils zuständigen Bundesbehörden,
   b) dem Kommando Sanitätsdienst der Bundeswehr,
   c) den obersten Landesgesundheitsbehörden,
   d) den Gesundheitsämtern,
   e) den Landesärztekammern,
   f) dem Spitzenverband Bund der Krankenkassen,
   g) der Kassenärztlichen Bundesvereinigung,
   h) dem Institut für Arbeitsschutz der Deutschen Gesetzlichen Unfallversicherung und
   i) der Deutschen Krankenhausgesellschaft,
4. veröffentlicht die Ergebnisse der infektionsepidemiologischen Auswertungen periodisch und
5. unterstützt die Länder und sonstigen Beteiligten bei ihren Aufgaben im Rahmen der epidemiologischen Überwachung nach diesem Gesetz.

(3) [1]Das Robert Koch-Institut arbeitet zu den in § 1 Absatz 1 genannten Zwecken im Bereich des internationalen Gesundheitsschutzes mit ausländischen Stellen und supranationalen Organisationen sowie mit der Weltgesundheitsorganisation und anderen internationalen Organisationen zusammen, um deren Fähigkeiten zu stärken, insbesondere einer möglichen grenzüberschreitenden Ausbreitung von übertragbaren Krankheiten vorzubeugen, entsprechende Gefahren frühzeitig zu erkennen und Maßnahmen zur Verhinderung einer möglichen grenzüberschreitenden Weiterverbreitung einzuleiten. [2]Die Zusammenarbeit kann insbesondere eine dauerhafte wissenschaftliche Zusammenarbeit mit Einrichtungen in Partnerstaaten, die Ausbildung von Personal der Partnerstaaten sowie Unterstützungsleistungen im Bereich der epidemiologischen Lage- und Risikobewertung und des Krisenmanagements umfassen, auch verbunden mit dem Einsatz von Personal des Robert Koch-Institutes im Ausland.

§ 5 Bund-Länder-Informationsverfahren. [1]Die Bundesregierung erstellt durch allgemeine Verwaltungsvorschrift mit Zustimmung des Bundesrates einen Plan zur gegenseitigen Information von Bund und Ländern in epidemisch bedeutsamen Fällen mit dem Ziel,

1. die Einschleppung bedrohlicher übertragbarer Krankheiten in die Bundesrepublik Deutschland oder ihre Ausbreitung zu verhindern,
2. beim örtlich oder zeitlich gehäuften Auftreten bedrohlicher übertragbarer Krankheiten oder bedrohlicher Erkrankungen, bei denen Krankheitserreger als Ursache in Betracht kommen und eine landesübergreifende Ausbreitung zu befürchten ist, die erforderlichen Maßnahmen einzuleiten.

[2]In der Verwaltungsvorschrift kann auch eine Zusammenarbeit der beteiligten Behörden von Bund und Ländern und anderen beteiligten Stellen geregelt werden.

Dritter Abschnitt
Epidemiologische Überwachung

§ 6 Meldepflichtige Krankheiten. (1) [1]Namentlich ist zu melden:

1. der Verdacht einer Erkrankung, die Erkrankung sowie der Tod in Bezug auf die folgenden Krankheiten:
   a) Botulismus,
   b) Cholera,
   c) Diphtherie,
   d) humane spongiforme Enzephalopathie, außer familiär-hereditärer Formen,
   e) akute Virushepatitis,
   f) enteropathisches hämolytisch-urämisches Syndrom (HUS),
   g) virusbedingtes hämorrhagisches Fieber,
   h) Keuchhusten,
   i) Masern,
   j) Meningokokken-Meningitis oder -Sepsis,
   k) Milzbrand,
   l) Mumps,
   m) Pest,
   n) Poliomyelitis,
   o) Röteln einschließlich Rötelnembryopathie,
   p) Tollwut,
   q) Tyhpus abdominalis oder Paratyphus,
   r) Windpocken,
   sowie die Erkrankung und der Tod an einer behandlungsbedürftigen Tuberkulose, auch wenn ein bakteriologischer Nachweis nicht vorliegt,
2. der Verdacht auf und die Erkrankung an einer mikrobiell bedingten Lebensmittelvergiftung oder an einer akuten infektiösen Gastroenteritis, wenn
   a) eine Person betroffen ist, die eine Tätigkeit im Sinne des § 42 Abs. 1 ausübt,
   b) zwei oder mehr gleichartige Erkrankungen auftreten, bei denen ein epidemischer Zusammenhang wahrscheinlich ist oder vermutet wird,
3. der Verdacht einer über das übliche Ausmaß einer Impfreaktion hinausgehenden gesundheitlichen Schädigung,
4. die Verletzung eines Menschen durch ein tollwutkrankes, -verdächtiges oder -ansteckungsverdächtiges Tier sowie die Berührung eines solchen Tieres oder Tierkörpers,
5. das Auftreten einer bedrohlichen übertragbaren Krankheit, die nicht bereits nach den Nummern 1 bis 4 meldepflichtig ist.

[2]Die Meldung nach Satz 1 hat gemäß § 8 Absatz 1 Nummer 1, 3 bis 8, § 9 Absatz 1, 2, 3 Satz 1 oder 3 zu erfolgen.

(2) [1]Dem Gesundheitsamt ist über die Meldung nach Absatz 1 Nr. 1 hinaus zu melden, wenn Personen, die an einer behandlungsbedürftigen Lungentuberkulose leiden, eine Behandlung verweigern oder abbrechen. [2]Die Meldung

nach Satz 1 hat gemäß § 8 Absatz 1 Nummer 1, § 9 Absatz 1 und 3 Satz 1 oder 3 zu erfolgen.

(3) ¹Nichtnamentlich ist das Auftreten von zwei oder mehr nosokomialen Infektionen zu melden, bei denen ein epidemischer Zusammenhang wahrscheinlich ist oder vermutet wird. ²Die Meldung nach Satz 1 hat gemäß § 8 Absatz 1 Nummer 1, 3 oder 5, § 10 Absatz 1 zu erfolgen.

§ 7 Meldepflichtige Nachweise von Krankheitserregern. (1) ¹Namentlich ist bei folgenden Krankheitserregern, soweit nicht anders bestimmt, der direkte oder indirekte Nachweis zu melden, soweit die Nachweise auf eine akute Infektion hinweisen:

1. Adenoviren; Meldepflicht nur für den direkten Nachweis im Konjunktivalabstrich
2. Bacillus anthracis
3. Bordetella pertussis, Bordetella parapertussis
4. Borrelia recurrentis
5. Brucella sp.
6. Campylobacter sp., darmpathogen
7. Chlamydia psittaci
8. Clostridium botulinum oder Toxinnachweis
9. Corynebacterium spp., Toxin bildend
10. Coxiella burnetii
11. humanpathogene Cryptosporidium sp.
12. Ebolavirus
13. a) Escherichia coli, enterohämorrhagische Stämme (EHEC)
    b) Escherichia coli, sonstige darmpathogene Stämme
14. Francisella tularensis
15. FSME-Virus
16. Gelbfiebervirus
17. Giardia lamblia
18. Haemophilus influenzae; Meldepflicht nur für den direkten Nachweis aus Liquor oder Blut
19. Hantaviren
20. Hepatitis-A-Virus
21. Hepatitis-B-Virus; Meldepflicht für alle Nachweise
22. Hepatitis-C-Virus; Meldepflicht für alle Nachweise
23. Hepatitis-D-Virus; Meldepflicht für alle Nachweise
24. Hepatitis-E-Virus
25. Influenzaviren; Meldepflicht nur für den direkten Nachweis
26. Lassavirus
27. Legionella sp.
28. humanpathogene Leptospira sp.
29. Listeria monocytogenes; Meldepflicht nur für den direkten Nachweis aus Blut, Liquor oder anderen normalerweise sterilen Substraten sowie aus Abstrichen von Neugeborenen

30. Marburgvirus
31. Masernvirus
32. Mumpsvirus
33. Mycobacterium leprae
34. Mycobacterium tuberculosis/africanum, Mycobacterium bovis; Meldepflicht für den direkten Erregernachweis sowie nachfolgend für das Ergebnis der Resistenzbestimmung; vorab auch für den Nachweis säurefester Stäbchen im Sputum
35. Neisseria meningitidis; Meldepflicht nur für den direkten Nachweis aus Liquor, Blut, hämorrhagischen Hautinfiltraten oder anderen normalerweise sterilen Substraten
36. Norovirus
37. Poliovirus
38. Rabiesvirus
39. Rickettsia prowazekii
40. Rotavirus
41. Rubellavirus
42. Salmonella Paratyphi; Meldepflicht für alle direkten Nachweise
43. Salmonella Typhi; Meldepflicht für alle direkten Nachweise
44. Salmonella, sonstige
45. Shigella sp.
46. Trichinella spiralis
47. Varizella-Zoster-Virus
48. Vibrio cholerae O 1 und O 139
49. Yersinia pestis
50. Yersinia spp., darmpathogen
51. andere Erreger hämorrhagischer Fieber.

²Die Meldung nach Satz 1 hat gemäß § 8 Absatz 1 Nummer 2, 3, 4 oder Absatz 4, § 9 Absatz 1, 2, 3 Satz 1 oder 3 zu erfolgen.

(2) ¹Namentlich sind in Bezug auf Infektionen und Kolonisationen Nachweise von in dieser Vorschrift nicht genannten Krankheitserregern zu melden, wenn unter Berücksichtigung der Art der Krankheitserreger und der Häufigkeit ihres Nachweises Hinweise auf eine schwerwiegende Gefahr für die Allgemeinheit bestehen. ²Die Meldung nach Satz 1 hat gemäß § 8 Absatz 1 Nummer 2, 3 oder Absatz 4, § 9 Absatz 2, 3 Satz 1 oder 3 zu erfolgen.

(3) ¹Nichtnamentlich ist bei folgenden Krankheitserregern der direkte oder indirekte Nachweis zu melden:

1. Treponema pallidum
2. HIV
3. Echinococcus sp.
4. Plasmodium sp.
5. Toxoplasma gondii; Meldepflicht nur bei konnatalen Infektionen.

²Die Meldung nach Satz 1 hat gemäß § 8 Absatz 1 Nummer 2, 3 oder Absatz 4, § 10 Absatz 2 zu erfolgen.

§ 8 Zur Meldung verpflichtete Personen. (1) Zur Meldung sind verpflichtet:

1. im Falle des § 6 der feststellende Arzt; in Einrichtungen nach § 23 Absatz 5 Satz 1 ist für die Einhaltung der Meldepflicht neben dem feststellenden Arzt auch der leitende Arzt, in Krankenhäusern mit mehreren selbstständigen Abteilungen der leitende Abteilungsarzt, in Einrichtungen ohne leitenden Arzt der behandelnde Arzt verantwortlich,

2. im Falle des § 7 die Leiter von Medizinaluntersuchungsämtern und sonstigen privaten oder öffentlichen Untersuchungsstellen einschließlich von Arztpraxen mit Infektionserregerdiagnostik und Krankenhauslaboratorien,

3. im Falle der §§ 6 und 7 die Leiter von Einrichtungen der pathologisch-anatomischen Diagnostik,

4. im Falle des § 6 Absatz 1 Satz 1 Nummer 4 und im Falle des § 7 Absatz 1 Satz 1 Nummer 38 bei Tieren, mit denen Menschen Kontakt gehabt haben, auch der Tierarzt,

5. im Falle des § 6 Absatz 1 Satz 1 Nr. 1, 2 und 5 und Abs. 3 Angehörige eines anderen Heil- oder Pflegeberufs, der für die Berufsausübung oder die Führung der Berufsbezeichnung eine staatlich geregelte Ausbildung oder Anerkennung erfordert,

6. (*aufgehoben*)

7. im Falle des § 6 Absatz 1 Satz 1 Nummer 1, 2 und 5 die Leiter von Einrichtungen nach § 36 Absatz 1 Nummer 1 bis 6,

8. im Falle des § 6 Absatz 1 Satz 1 der Heilpraktiker.

(2) ¹Die Meldepflicht besteht nicht für Personen des Not- und Rettungsdienstes, wenn der Patient unverzüglich in eine ärztlich geleitete Einrichtung gebracht wurde. ²Die Meldepflicht besteht für die in Absatz 1 Nr. 5 bis 7 bezeichneten Personen nur, wenn ein Arzt nicht hinzugezogen wurde.

(3) ¹Die Meldepflicht besteht nicht, wenn dem Meldepflichtigen ein Nachweis vorliegt, dass die Meldung bereits erfolgte und andere als die bereits gemeldeten Angaben nicht erhoben wurden. ²Eine Meldepflicht besteht ebenfalls nicht für Erkrankungen, bei denen der Verdacht bereits gemeldet wurde und andere als die bereits gemeldeten Angaben nicht erhoben wurden.

(4) Absatz 1 Nr. 2 gilt entsprechend für Personen, die die Untersuchung zum Nachweis von Krankheitserregern außerhalb des Geltungsbereichs dieses Gesetzes durchführen lassen.

§ 9 Namentliche Meldung. (1) Die namentliche Meldung durch eine der in § 8 Absatz 1 Nummer 1 und 4 bis 8 genannten Personen muss, soweit vorliegend, folgende Angaben enthalten:

1. zur betroffenen Person:
   a) Name und Vorname,
   b) Geschlecht,
   c) Geburtsdatum,
   d) Anschrift der Hauptwohnung oder des gewöhnlichen Aufenthaltsortes und, falls abweichend: Anschrift des derzeitigen Aufenthaltsortes,

e) weitere Kontaktdaten,

f) Tätigkeit in Einrichtungen und Unternehmen nach § 23 Absatz 5 oder nach § 36 Absatz 1 und 2 mit Namen, Anschrift und weiteren Kontaktdaten der Einrichtung oder des Unternehmens,

g) Tätigkeit nach § 42 Absatz 1 bei akuter Gastroenteritis, bei akuter Virushepatitis, bei Typhus abdominalis oder Paratyphus und bei Cholera mit Namen, Anschrift und weiteren Kontaktdaten der Einrichtung oder des Unternehmens,

h) Betreuung oder Unterbringung in Einrichtungen nach § 23 Absatz 5 Satz 1 oder § 36 Absatz 1 Nummer 1 bis 6 mit Namen, Anschrift und weiteren Kontaktdaten der Einrichtung,

i) Diagnose oder Verdachtsdiagnose,

j) Tag der Erkrankung, Tag der Diagnose, gegebenenfalls Tag des Todes und wahrscheinlicher Zeitpunkt oder Zeitraum der Infektion,

k) wahrscheinliche Infektionsquelle, einschließlich der zugrunde liegenden Tatsachen,

l) in Deutschland: Landkreis oder kreisfreie Stadt, in dem oder in der die Infektion wahrscheinlich erworben worden ist, ansonsten Staat, in dem die Infektion wahrscheinlich erworben worden ist,

m) bei Tuberkulose, Hepatitis B und Hepatitis C: Geburtsstaat, Staatsangehörigkeit und gegebenenfalls Jahr der Einreise nach Deutschland,

n) Überweisung, Aufnahme und Entlassung aus einer Einrichtung nach § 23 Absatz 5 Satz 1, gegebenenfalls intensivmedizinische Behandlung und deren Dauer,

o) Spender für eine Blut-, Organ-, Gewebe- oder Zellspende in den letzten sechs Monaten,

p) bei impfpräventablen Krankheiten Angaben zum diesbezüglichen Impfstatus,

2. Name, Anschrift und weitere Kontaktdaten der Untersuchungsstelle, die mit der Erregerdiagnostik beauftragt ist,

3. Name, Anschrift und weitere Kontaktdaten des Meldenden und

4. bei einer Meldung nach § 6 Absatz 1 Satz 1 Nummer 3 die Angaben zur Schutzimpfung nach § 22 Absatz 2.

(2) ¹Die namentliche Meldung durch eine in § 8 Absatz 1 Nummer 2 und 3 genannte Person muss, soweit vorliegend, folgende Angaben enthalten:

1. zur betroffenen Person:

a) Name und Vorname,

b) Geschlecht,

c) Geburtsdatum,

d) Anschrift der Hauptwohnung oder des gewöhnlichen Aufenthaltsortes und, falls abweichend: Anschrift des derzeitigen Aufenthaltsortes,

e) weitere Kontaktdaten,

f) Art des Untersuchungsmaterials,

g) Eingangsdatum des Untersuchungsmaterials,

h) Nachweismethode,

i) Untersuchungsbefund, einschließlich Typisierungsergebnissen, und

j) erkennbare Zugehörigkeit zu einer Erkrankungshäufung,

2. Name, Anschrift und weitere Kontaktdaten des Einsenders und

3. Name, Anschrift und weitere Kontaktdaten des Meldenden. [2]Der Einsender hat den Meldenden bei dessen Angaben nach Satz 1 zu unterstützen und diese Angaben gegebenenfalls zu vervollständigen. [3]Bei einer Untersuchung auf Hepatitis C hat der Einsender dem Meldenden mitzuteilen, ob ihm eine chronische Hepatitis C bei der betroffenen Person bekannt ist.

(3) [1]Die namentliche Meldung muss unverzüglich erfolgen und dem zuständigen Gesundheitsamt nach Absatz 4 spätestens 24 Stunden, nachdem der Meldende Kenntnis erlangt hat, vorliegen. [2]Eine Meldung darf wegen einzelner fehlender Angaben nicht verzögert werden. [3]Die Nachmeldung oder Korrektur von Angaben hat unverzüglich nach deren Vorliegen an das Gesundheitsamt zu erfolgen, das die ursprüngliche Meldung erhalten hat. [4]Das Gesundheitsamt ist befugt, von dem Meldenden Auskunft über Angaben zu verlangen, die die Meldung zu enthalten hat. [5]Der Meldende hat dem Gesundheitsamt unverzüglich anzugeben, wenn sich eine Verdachtsmeldung nicht bestätigt hat.

(4) [1]Meldungen nach Absatz 1 haben an das Gesundheitsamt zu erfolgen, in dessen Bezirk sich die betroffene Person derzeitig aufhält oder zuletzt aufhielt. [2]Sofern die betroffene Person in einer Einrichtung gemäß Absatz 1 Nummer 1 Buchstabe h betreut oder untergebracht ist, haben Meldungen nach Absatz 1 an das Gesundheitsamt zu erfolgen, in dessen Bezirk sich die Einrichtung befindet. [3]Meldungen nach Absatz 2 haben an das Gesundheitsamt zu erfolgen, in dessen Bezirk die Einsender ihren Sitz haben.

(5) Die verarbeiteten Daten zu meldepflichtigen Krankheiten und Nachweisen von Krankheitserregern werden jeweils fallbezogen mit den Daten der zu diesem Fall geführten Ermittlungen und getroffenen Maßnahmen sowie mit den daraus gewonnenen Erkenntnissen auch an das Gesundheitsamt übermittelt,

1. in dessen Bezirk die betroffene Person ihre Hauptwohnung hat oder zuletzt hatte oder

2. in dessen Bezirk sich die betroffene Person gewöhnlich aufhält, falls ein Hauptwohnsitz nicht feststellbar ist oder falls die betroffene Person sich dort gewöhnlich nicht aufhält.

§ 10 Nichtnamentliche Meldung. (1) [1]Die nichtnamentliche Meldung nach § 6 Absatz 3 Satz 1 muss unverzüglich erfolgen und dem Gesundheitsamt, in dessen Bezirk sich die Einrichtung befindet, spätestens 24 Stunden nach der Feststellung des Ausbruchs vorliegen. [2]Die Meldung muss, soweit vorliegend, folgende Angaben enthalten:

1. Name, Anschrift und weitere Kontaktdaten

a) der betroffenen Einrichtung,

b) des Meldenden,

c) der mit der Erregerdiagnostik beauftragten Untersuchungsstelle und

2. folgende einzelfallbezogene Angaben zu den aufgetretenen nosokomialen Infektionen sowie zu allen damit wahrscheinlich oder vermutlich in epidemischem Zusammenhang stehenden Kolonisationen:

a) Geschlecht der betroffenen Person,

b) Monat und Jahr der Geburt der betroffenen Person,

c) Untersuchungsbefund, einschließlich Typisierungsergebnissen,

d) Diagnose,

e) Datum der Diagnose,

f) wahrscheinliche Infektionsquelle, einschließlich der zugrunde liegenden Tatsachen.

³§ 9 Absatz 3 Satz 2 bis 4 gilt entsprechend.

(2) ¹Die nichtnamentliche Meldung nach § 7 Absatz 3 Satz 1 muss innerhalb von zwei Wochen, nachdem der Meldende Kenntnis erlangt hat, an das Robert Koch-Institut erfolgen. ²Das Robert Koch-Institut bestimmt die technischen Übermittlungsstandards. ³Die Meldung muss folgende Angaben enthalten:

1. in den Fällen des § 7 Absatz 3 Satz 1 Nummer 2 eine fallbezogene Pseudonymisierung nach Absatz 3,

2. Geschlecht der betroffenen Person,

3. Monat und Jahr der Geburt der betroffenen Person,

4. die ersten drei Ziffern der Postleitzahl der Hauptwohnung oder des gewöhnlichen Aufenthaltsortes,

5. Untersuchungsbefund einschließlich Typisierungsergebnissen,

6. Monat und Jahr der Diagnose,

7. Art des Untersuchungsmaterials,

8. Nachweismethode,

9. wahrscheinlicher Infektionsweg und wahrscheinliches Infektionsrisiko,

10. Staat, in dem die Infektion wahrscheinlich erfolgt ist,

11. bei Malaria Angaben zur Expositions- und Chemoprophylaxe,

12. Name, Anschrift und weitere Kontaktdaten des Einsenders und

13. Name, Anschrift und weitere Kontaktdaten des Meldenden.

⁴Der Einsender hat den Meldenden bei den Angaben nach Satz 3 zu unterstützen und diese Angaben gegebenenfalls zu vervollständigen. ⁵§ 9 Absatz 3 Satz 2 bis 4 gilt entsprechend.

(3) ¹Die fallbezogene Pseudonymisierung besteht aus dem dritten Buchstaben des ersten Vornamens in Verbindung mit der Anzahl der Buchstaben des ersten Vornamens sowie dem dritten Buchstaben des ersten Nachnamens in Verbindung mit der Anzahl der Buchstaben des ersten Nachnamens. ²Bei Doppelnamen wird jeweils nur der erste Teil des Namens berücksichtigt; Umlaute werden in zwei Buchstaben dargestellt. ³Namenszusätze bleiben unberücksichtigt. ⁴§ 14 Absatz 3 bleibt unberührt. ⁵Angaben nach den Sätzen 1 bis 3 und die Angaben zum Monat der Geburt dürfen vom Robert Koch-Institut lediglich zu der Prüfung, ob verschiedene Meldungen sich auf denselben Fall beziehen, verarbeitet und genutzt werden. ⁶Sie sind zu löschen, sobald nicht mehr zu erwarten ist, dass die damit bewirkte Einschränkung der Prüfung nach Satz 5 eine

nicht unerhebliche Verfälschung der aus den Meldungen zu gewinnenden epidemiologischen Beurteilung bewirkt.

§ 11 Übermittlung an die zuständige Landesbehörde und an das Robert Koch-Institut. (1) [1]Die verarbeiteten Daten zu meldepflichtigen Krankheiten und Nachweisen von Krankheitserregern werden anhand der Falldefinitionen nach Absatz 2 bewertet und spätestens am folgenden Arbeitstag durch das nach Absatz 3 zuständige Gesundheitsamt der zuständigen Landesbehörde sowie von dort spätestens am folgenden Arbeitstag dem Robert Koch-Institut mit folgenden Angaben übermittelt:

1. zur betroffenen Person:
    a) Geschlecht,
    b) Monat und Jahr der Geburt,
    c) Tag der Erkrankung, Tag der Diagnose, gegebenenfalls Tag des Todes und wahrscheinlicher Zeitpunkt oder Zeitraum der Infektion,
    d) Untersuchungsbefund, einschließlich Typisierungsergebnissen,
    e) wahrscheinlicher Infektionsweg, wahrscheinliches Infektionsrisiko einschließlich Impfstatus, erkennbare Zugehörigkeit zu einer Erkrankungshäufung,
    f) gegebenenfalls Informationen zur Art der Einrichtung bei Tätigkeit, Betreuung oder Unterbringung in Einrichtungen und Unternehmen nach § 23 Absatz 5 oder § 36 Absatz 1 und 2,
    g) in Deutschland: Landkreis oder kreisfreie Stadt, in dem oder in der die Infektion wahrscheinlich erfolgt ist, ansonsten Staat, in dem die Infektion wahrscheinlich erfolgt ist,
    h) bei reiseassoziierter Legionellose: Name und Anschrift der Unterkunft,
    i) bei Tuberkulose, Hepatitis B und Hepatitis C: Geburtsstaat, Staatsangehörigkeit und gegebenenfalls Jahr der Einreise nach Deutschland,
    j) Überweisung, Aufnahme und Entlassung aus einer Einrichtung nach § 23 Absatz 5 Satz 1, gegebenenfalls intensivmedizinische Behandlung und deren Dauer,
2. zuständige Gesundheitsämter und
3. Datum der Meldung.

[2]In den Fällen der Meldung nach § 6 Absatz 3 Satz 1 sind nur die Angaben nach Satz 1 Nummer 2 und 3 sowie zu den aufgetretenen nosokomialen Infektionen und den damit zusammenhängenden Kolonisationen jeweils nur die Angaben nach Satz 1 Nummer 1 Buchstabe a bis e erforderlich. [3]Für die Übermittlungen von den zuständigen Landesbehörden an das Robert Koch-Institut bestimmt das Robert Koch-Institut die technischen Übermittlungsstandards. [4]Frühere Übermittlungen sind gegebenenfalls zu berichtigen und zu ergänzen, insoweit gelten die Sätze 1 bis 3 entsprechend.

(2) Das Robert Koch-Institut erstellt entsprechend den jeweiligen epidemiologischen Erfordernissen die Falldefinitionen für die Bewertung von Erkrankungs- oder Todesfällen und Nachweisen von Krankheitserregern und schreibt sie fort.

(3) ¹Für die Übermittlung nach Absatz 1 ist das Gesundheitsamt zuständig, in dessen Bezirk die betroffene Person ihre Hauptwohnung hat oder zuletzt hatte. ²Falls ein Hauptwohnsitz nicht feststellbar ist oder die betroffene Person sich dort gewöhnlich nicht aufhält, so ist das Gesundheitsamt zuständig, in dessen Bezirk sich die betroffene Person gewöhnlich aufhält. ³Falls ein solcher Aufenthaltsort nicht feststellbar ist oder in den Fällen der Meldung nach § 6 Absatz 3 Satz 1 ist das Gesundheitsamt zuständig, welches die Daten erstmals verarbeitet hat. ⁴Das nach den Sätzen 1 bis 3 zuständige Gesundheitsamt kann diese Zuständigkeit an ein anderes Gesundheitsamt mit dessen Zustimmung abgeben, insbesondere wenn schwerpunktmäßig im Zuständigkeitsbereich des anderen Gesundheitsamtes weitere Ermittlungen nach § 25 Absatz 1 angestellt werden müssen.

(4) ¹Einen nach § 6 Absatz 1 Satz 1 Nummer 3 gemeldeten Verdacht einer über das übliche Ausmaß einer Impfreaktion hinausgehenden gesundheitlichen Schädigung übermittelt das Gesundheitsamt unverzüglich der zuständigen Landesbehörde. ²Das Gesundheitsamt übermittelt alle notwendigen Angaben, sofern es diese Angaben ermitteln kann, wie Bezeichnung des Produktes, Name oder Firma des pharmazeutischen Unternehmers, die Chargenbezeichnung, den Zeitpunkt der Impfung und den Beginn der Erkrankung. ³Über die betroffene Person sind ausschließlich das Geburtsdatum, das Geschlecht sowie der erste Buchstabe des ersten Vornamens und der erste Buchstabe des ersten Nachnamens anzugeben. ⁴Die zuständige Behörde übermittelt die Angaben unverzüglich dem Paul-Ehrlich-Institut. ⁵Die personenbezogenen Daten sind zu pseudonymisieren.

§ 12 Übermittlungen und Mitteilungen auf Grund völker- und unionsrechtlicher Vorschriften. (1) ¹Im Hinblick auf eine übertragbare Krankheit, die nach Anlage 2 der Internationalen Gesundheitsvorschriften (2005) vom 23. Mai 2005 (BGBl. 2007 II S. 930, 932) eine gesundheitliche Notlage von internationaler Tragweite im Sinne von Artikel 1 Absatz 1 der Internationalen Gesundheitsvorschriften (2005) darstellen könnte, übermittelt die zuständige Behörde der zuständigen Landesbehörde unverzüglich folgende Angaben:

1. das Auftreten der übertragbaren Krankheit, Tatsachen, die auf das Auftreten der übertragbaren Krankheit hinweisen, oder Tatsachen, die zum Auftreten der übertragbaren Krankheit führen können,
2. die getroffenen Maßnahmen und
3. sonstige Informationen, die für die Bewertung der Tatsachen und für die Verhütung und Bekämpfung der übertragbaren Krankheit von Bedeutung sind.

²Die zuständige Behörde und die zuständige Landesbehörde dürfen im Rahmen dieser Vorschrift nicht übermitteln

1. zur betroffenen Person:
   a) den Namen und Vornamen,
   b) Tag der Geburt und
   c) Anschrift der Hauptwohnung oder des gewöhnlichen Aufenthaltsortes und
2. den Namen des Meldenden.

[3]Die zuständige Landesbehörde übermittelt die in Satz 1 genannten Angaben unverzüglich dem Robert Koch-Institut. [4]Darüber hinaus übermittelt die zuständige Landesbehörde dem Robert Koch-Institut auf dessen Anforderung unverzüglich alle ihr vorliegenden Informationen, die für Mitteilungen an die Weltgesundheitsorganisation im Sinne der Artikel 6 bis 12 und 19 Buchstabe c der Internationalen Gesundheitsvorschriften (2005) erforderlich sind. [5]Für die Übermittlungen von den zuständigen Landesbehörden an das Robert Koch-Institut kann das Robert Koch-Institut die technischen Übermittlungsstandards bestimmen. [6]Das Robert Koch-Institut bewertet die ihm übermittelten Angaben nach der Anlage 2 der Internationalen Gesundheitsvorschriften (2005) und nimmt die Aufgaben nach § 4 Absatz 1 Nummer 1 des IGV-Durchführungsgesetzes wahr.

(2) [1]Im Hinblick auf Gefahren biologischen oder unbekannten Ursprungs nach Artikel 2 Absatz 1 Buchstabe a oder d des Beschlusses Nr. 1082/2013/EU des Europäischen Parlaments und des Rates vom 22. Oktober 2013 zu schwerwiegenden grenzüberschreitenden Gesundheitsgefahren und zur Aufhebung der Entscheidung Nr. 2119/98/EG (ABl. L 293 vom 5.11.2013, S. 1; L 231 vom 4.9.2015, S. 16) übermittelt die zuständige Behörde der zuständigen Landesbehörde unverzüglich alle Angaben, die für Übermittlungen nach den Artikeln 6 bis 9 des Beschlusses Nr. 1082/2013/EU erforderlich sind. [2]Die zuständige Landesbehörde übermittelt diese Angaben unverzüglich dem Robert Koch-Institut. [3]Für die Übermittlung an das Robert Koch-Institut kann das Robert Koch-Institut die technischen Übermittlungsstandards bestimmen. [4]Das Robert Koch-Institut ist in dem in Satz 1 genannten Bereich der Gefahren biologischen oder unbekannten Ursprungs die zuständige nationale Behörde im Sinne der Artikel 6 und 8 bis 10 des Beschlusses Nr. 1082/2013/EU.

(3) Abweichungen von den Regelungen des Verwaltungsverfahrens in Absatz 1 Satz 1 bis 5 und Absatz 2 Satz 1 bis 3 durch Landesrecht sind ausgeschlossen.

§ 13 Weitere Formen der epidemiologischen Überwachung; Verordnungsermächtigung. (1) [1]Zur Überwachung übertragbarer Krankheiten können der Bund und die Länder weitere Formen der epidemiologischen Überwachung durchführen. [2]Bei Erhebungen des Bundes ist den jeweils zuständigen Landesbehörden Gelegenheit zu geben, sich zu beteiligen. [3]Das Bundesministerium für Gesundheit kann im Benehmen mit den jeweils zuständigen obersten Landesgesundheitsbehörden festlegen, welche Krankheiten und Krankheitserreger durch Erhebungen nach Satz 1 überwacht werden.

(2) [1]Das Robert Koch-Institut kann insbesondere nach Absatz 1 zur Überwachung übertragbarer Krankheiten in Zusammenarbeit mit ausgewählten Einrichtungen der Gesundheitsvorsorge oder -versorgung Sentinel-Erhebungen zu Personen, die diese Einrichtungen unabhängig von der Erhebung in Anspruch nehmen, koordinieren und durchführen zur Ermittlung

1. der Verbreitung übertragbarer Krankheiten, wenn diese Krankheiten von großer gesundheitlicher Bedeutung für das Gemeinwohl sind, und

2. des Anteils der Personen, der gegen bestimmte Erreger nicht immun ist, sofern dies notwendig ist, um die Gefährdung der Bevölkerung durch diese Krankheitserreger zu bestimmen.

²Die Sentinel-Erhebungen können auch über anonyme unverknüpfbare Testungen an Restblutproben oder anderem geeigneten Material erfolgen. ³Werden personenbezogene Daten verwendet, die bereits bei der Vorsorge oder Versorgung erhoben wurden, sind diese zu anonymisieren. ⁴Bei den Erhebungen dürfen keine Daten erhoben werden, die eine Identifizierung der in die Untersuchung einbezogenen Personen erlauben. ⁵Die obersten Landesgesundheitsbehörden können zusätzliche Sentinel-Erhebungen durchführen.

(3) ¹Das Bundesministerium für Gesundheit wird ermächtigt, durch Rechtsverordnung mit Zustimmung des Bundesrates festzulegen, dass die Träger der in § 8 Absatz 1 Nummer 2 und 3 genannten Einrichtungen verpflichtet sind, Untersuchungsmaterial, aus dem meldepflichtige Nachweise von bestimmten Krankheitserregern gewonnen wurden, sowie Isolate der entsprechenden Erreger zum Zwecke weiterer Untersuchungen und der Verwahrung (molekulare Surveillance) an bestimmte Einrichtungen der Spezialdiagnostik abzuliefern, insbesondere an nationale Referenzzentren, an Konsiliarlaboratorien, an das Robert Koch-Institut und an fachlich unabhängige Landeslaboratorien. ²Das abgelieferte Material kann mit einer fallbezogenen Pseudonymisierung versehen werden. ³Daten, die eine Identifizierung der in die Untersuchung einbezogenen Personen erlauben, dürfen nicht übermittelt werden. ⁴Enthält das Untersuchungsmaterial humangenetische Bestandteile, sind angemessene Maßnahmen zu treffen, die eine Identifizierung betroffener Personen verhindern; humangenetische Analysen des Untersuchungsmaterials sind verboten. ⁵In der Rechtsverordnung kann insbesondere bestimmt werden,

1. dass die Ablieferung nur in bestimmten Fällen oder nur auf Anforderung zu erfolgen hat,
2. wann eine Pseudonymisierung nach Satz 2 zu erfolgen hat und welche Verfahren bei der Bildung dieser Pseudonymisierung und bei den Maßnahmen nach Satz 4 anzuwenden sind,
3. dass Angaben zu Art und Herkunft des Untersuchungsmaterials sowie zu Zeitpunkt und Umständen der Probennahme zu übermitteln sind und
4. in welchem Verfahren und in welcher Höhe die durch die Ablieferungspflicht entstehenden Kosten für die Vorbereitung, die Verpackung und den Versand der Proben erstattet werden und welcher Kostenträger diese Kosten übernimmt.

⁶Die Länder können zusätzliche Maßnahmen der molekularen Surveillance treffen.

§ 14 Elektronisches Melde- und Informationssystem; Verordnungsermächtigung. (1) ¹Für die Erfüllung der Aufgaben nach Maßgabe der Zwecke dieses Gesetzes richtet das Robert Koch-Institut nach Weisung des Bundesministeriums für Gesundheit und nach Maßgabe der technischen Möglichkeiten ein elektronisches Melde- und Informationssystem ein. ²Das Robert Koch-Institut kann einen IT-Dienstleister des Bundes mit der technischen Umsetzung beauftragen. [3]Die Zusammenarbeit von Bund und Ländern bei der Umsetzung des elektronischen Melde- und Informationssystems wird durch einen gemeinsamen Planungsrat koordiniert. [4]Sofern eine Nutzungspflicht für das elektronische Melde- und Informationssystem besteht, ist den Anwendern mindestens eine kostenlose Software-Lösung bereitzustellen.

(2) Im elektronischen Melde- und Informationssystem können insbesondere folgende Daten fallbezogen verarbeitet und genutzt werden:
1. die Daten zu meldepflichtigen Krankheiten und Nachweisen von Krankheitserregern nach den §§ 6 und 7 und die Daten aus Benachrichtigungen nach den §§ 34 und 36,
2. die Daten, die bei den Meldungen nach dem IGV-Durchführungsgesetz und im Rahmen von § 12 erhoben worden sind,
3. die Daten, die im Rahmen der epidemiologischen Überwachung nach § 13 erhoben worden sind,
4. die im Verfahren zuständigen Behörden und Ansprechpartner,
5. die Daten über die von den zuständigen Behörden nach den §§ 25 bis 32 geführten Ermittlungen, getroffenen Maßnahmen und die daraus gewonnenen Erkenntnisse und
6. sonstige Informationen, die für die Bewertung, Verhütung und Bekämpfung der übertragbaren Krankheit von Bedeutung sind.

(3) Im elektronischen Melde- und Informationssystem werden die verarbeiteten Daten zu meldepflichtigen Krankheiten und Nachweisen von Krankheitserregern nach den §§ 6 und 7 und aus Benachrichtigungen nach den §§ 34 und 36 jeweils fallbezogen mit den Daten der zu diesem Fall geführten Ermittlungen, getroffenen Maßnahmen und den daraus gewonnenen Erkenntnissen automatisiert
1. pseudonymisiert,
2. den zuständigen Behörden übermittelt mit der Möglichkeit, dass sie diese Daten im Rahmen ihrer jeweiligen Zuständigkeit verarbeiten und nutzen können,
3. gegebenenfalls gemäß den Falldefinitionen nach § 11 Absatz 2 bewertet und
4. gemeinsam mit den Daten nach den Nummern 1 bis 3 nach einer krankheitsspezifischen Dauer gelöscht, es sei denn, es handelt sich um epidemiologische Daten, die nach den §§ 11 und 12 übermittelt wurden; § 1a bleibt unberührt.

(4) Im elektronischen Melde- und Informationssystem können die verarbeiteten Daten zu meldepflichtigen Krankheiten und Nachweisen von Krankheitserregern nach den §§ 6 und 7 und aus Benachrichtigungen nach den §§ 34 und 36 daraufhin automatisiert überprüft werden, ob sich diese Daten auf denselben Fall beziehen.

(5) Im elektronischen Melde- und Informationssystem können die verarbeiteten Daten zu meldepflichtigen Krankheiten und Nachweisen von Krankheits-

erregern nach den §§ 6 und 7 und aus Benachrichtigungen nach den §§ 34 und 36 daraufhin automatisiert überprüft werden, ob es ein gehäuftes Auftreten von übertragbaren Krankheiten gibt, bei denen ein epidemischer Zusammenhang wahrscheinlich ist.

(6) [1]Der Zugriff auf gespeicherte Daten ist nur im gesetzlich bestimmten Umfang zulässig, sofern die Kenntnis der Daten zur Erfüllung der gesetzlichen Aufgaben der beteiligten Behörden erforderlich ist. [2]Eine Wiederherstellung des Personenbezugs bei pseudonymisierten Daten ist nur zulässig, sofern diese Daten auf der Grundlage eines Gesetzes der beteiligten Behörde übermittelt werden dürfen. [3]Es wird gewährleistet, dass auch im Bereich der Verschlüsselungstechnik der Authentifizierung organisatorische und dem jeweiligen Stand der Technik entsprechende Maßnahmen getroffen werden, um den Datenschutz und die Datensicherheit und insbesondere die Vertraulichkeit und Integrität der im elektronischen Melde- und Informationssystem gespeicherten Daten sicherzustellen. [4]Unter diesen Voraussetzungen kann die Übermittlung der Daten auch durch eine verschlüsselte Datenübertragung über das Internet erfolgen.

(7) Bis zur Einrichtung des elektronischen Melde- und Informationssystems kann das Robert Koch-Institut im Einvernehmen mit den zuständigen obersten Landesgesundheitsbehörden zur Erprobung für die freiwillig teilnehmenden meldepflichtigen Personen und für die zuständigen Gesundheitsämter Abweichungen von den Vorschriften des Melde- und Übermittlungsverfahrens zulassen.

(8) [1]Das Bundesministerium für Gesundheit wird ermächtigt, durch Rechtsverordnung mit Zustimmung des Bundesrates, festzulegen,

1. dass beteiligte Behörden für die Erfüllung der Aufgaben nach diesem Gesetz das elektronische Melde- und Informationssystem zu nutzen und bei der Nutzung ein bestimmtes Verfahren einzuhalten haben,
2. dass Melde- und Benachrichtigungspflichtige oder bestimmte Gruppen von Melde- und Benachrichtigungspflichtigen ihrer Verpflichtung zur Meldung und Benachrichtigung durch Nutzung des elektronischen Melde- und Informationssystems nachzukommen haben und dabei nur Meldeportale oder elektronische Programme nutzen dürfen, die vom Robert Koch-Institut zugelassen sind,
3. welcher IT-Dienstleister des Bundes mit der technischen Umsetzung beauftragt wird und wie der gemeinsame Planungsrat besetzt wird,
4. welche funktionalen und technischen Vorgaben einschließlich eines Sicherheitskonzepts dem elektronischen Melde- und Informationssystem zugrunde liegen müssen,
5. welche notwendigen Test-, Authentifizierungs- und Zertifizierungsmaßnahmen sicherzustellen sind,
6. nach welcher krankheitsspezifischen Dauer die im elektronischen Melde- und Informationssystem verarbeiteten personenbezogenen Daten nach Absatz 3 Nummer 4 zu löschen sind und

7. welches Verfahren bei der Bildung der fallbezogenen Pseudonymisierung nach Absatz 3 anzuwenden ist; hierzu kann festgelegt werden, dass bei nichtnamentlichen Meldungen andere als die in § 10 Absatz 1 genannten Angaben übermittelt werden, die sofort nach Herstellung der fallbezogenen Pseudonymisierung zu löschen sind.

[2]Sofern bei den Festlegungen und Maßnahmen Fragen der Datensicherheit berührt sind, sind diese Festlegungen und Maßnahmen im Einvernehmen mit dem Bundesamt für Sicherheit in der Informationstechnik zu treffen. [3]Sofern bei den Festlegungen und Maßnahmen nach Satz 1 Fragen des Datenschutzes berührt sind, sind diese Festlegungen und Maßnahmen im Einvernehmen mit der oder dem Bundesbeauftragten für den Datenschutz und die Informationsfreiheit zu treffen.

(9) Abweichungen von den in dieser Vorschrift getroffenen Regelungen des Verwaltungsverfahrens durch Landesrecht sind ausgeschlossen.

§ 15 Anpassung der Meldepflicht an die epidemische Lage. (1) Das Bundesministerium für Gesundheit wird ermächtigt, durch Rechtsverordnung mit Zustimmung des Bundesrates die Meldepflicht für die in § 6 aufgeführten Krankheiten oder die in § 7 aufgeführten Krankheitserreger aufzuheben, einzuschränken oder zu erweitern oder die Meldepflicht auf andere übertragbare Krankheiten oder Krankheitserreger auszudehnen, soweit die epidemische Lage dies zulässt oder erfordert.

(2) [1]In dringenden Fällen kann zum Schutz der Bevölkerung die Rechtsverordnung ohne Zustimmung des Bundesrates erlassen werden. [2]Eine auf der Grundlage des Satzes 1 erlassene Verordnung tritt ein Jahr nach ihrem Inkrafttreten außer Kraft; ihre Geltungsdauer kann mit Zustimmung des Bundesrates verlängert werden.

(3) [1]Solange das Bundesministerium für Gesundheit von der Ermächtigung nach Absatz 1 keinen Gebrauch macht, sind die Landesregierungen zum Erlass einer Rechtsverordnung nach Absatz 1 ermächtigt, sofern die Meldepflicht nach diesem Gesetz hierdurch nicht eingeschränkt oder aufgehoben wird. [2]Sie können die Ermächtigung durch Rechtsverordnung auf andere Stellen übertragen.

Vierter Abschnitt

Verhütung übertragbarer Krankheiten

§ 16 Allgemeine Maßnahmen der zuständigen Behörde. (1) [1]Werden Tatsachen festgestellt, die zum Auftreten einer übertragbaren Krankheit führen können, oder ist anzunehmen, dass solche Tatsachen vorliegen, so trifft die zuständige Behörde die notwendigen Maßnahmen zur Abwendung der dem Einzelnen oder der Allgemeinheit hierdurch drohenden Gefahren. [2]Die bei diesen Maßnahmen erhobenen personenbezogenen Daten dürfen nur für Zwecke dieses Gesetzes verarbeitet und genutzt werden.

(2) ¹In den Fällen des Absatzes 1 sind die Beauftragten der zuständigen Behörde und des Gesundheitsamtes zur Durchführung von Ermittlungen und zur Überwachung der angeordneten Maßnahmen berechtigt, Grundstücke, Räume, Anlagen und Einrichtungen sowie Verkehrsmittel aller Art zu betreten und Bücher oder sonstige Unterlagen einzusehen und hieraus Abschriften, Ablichtungen oder Auszüge anzufertigen sowie sonstige Gegenstände zu untersuchen oder Proben zur Untersuchung zu fordern oder zu entnehmen. ²Der Inhaber der tatsächlichen Gewalt ist verpflichtet, den Beauftragten der zuständigen Behörde und des Gesundheitsamtes Grundstücke, Räume, Anlagen, Einrichtungen und Verkehrsmittel sowie sonstige Gegenstände zugänglich zu machen. ³Personen, die über die in Absatz 1 genannten Tatsachen Auskunft geben können, sind verpflichtet, auf Verlangen die erforderlichen Auskünfte insbesondere über den Betrieb und den Betriebsablauf einschließlich dessen Kontrolle zu erteilen und Unterlagen einschließlich dem tatsächlichen Stand entsprechende technische Pläne vorzulegen. ⁴Der Verpflichtete kann die Auskunft auf solche Fragen verweigern, deren Beantwortung ihn selbst oder einen der in § 383 Abs. 1 Nr. 1 bis 3 der Zivilprozessordnung bezeichneten Angehörigen der Gefahr strafrechtlicher Verfolgung oder eines Verfahrens nach dem Gesetz über Ordnungswidrigkeiten aussetzen würde; Entsprechendes gilt für die Vorlage von Unterlagen.

(3) Soweit es die Aufklärung der epidemischen Lage erfordert, kann die zuständige Behörde Anordnungen über die Übergabe von in Absatz 2 genannten Untersuchungsmaterialien zum Zwecke der Untersuchung und Verwahrung an Institute des öffentlichen Gesundheitsdienstes oder andere vom Land zu bestimmende Einrichtungen treffen.

(4) Das Grundrecht der Unverletzlichkeit der Wohnung (Artikel 13 Abs. 1 Grundgesetz) wird im Rahmen der Absätze 2 und 3 eingeschränkt.

(5) ¹Wenn die von Maßnahmen nach den Absätzen 1 und 2 betroffenen Personen geschäftsunfähig oder in der Geschäftsfähigkeit beschränkt sind, hat derjenige für die Erfüllung der genannten Verpflichtung zu sorgen, dem die Sorge für die Person zusteht. ²Die gleiche Verpflichtung trifft den Betreuer einer von Maßnahmen nach den Absätzen 1 und 2 betroffenen Person, soweit die Erfüllung dieser Verpflichtung zu seinem Aufgabenkreis gehört.

(6) ¹Die Maßnahmen nach Absatz 1 werden auf Vorschlag des Gesundheitsamtes von der zuständigen Behörde angeordnet. ²Kann die zuständige Behörde einen Vorschlag des Gesundheitsamtes nicht rechtzeitig einholen, so hat sie das Gesundheitsamt über die getroffene Maßnahme unverzüglich zu unterrichten.

(7) ¹Bei Gefahr im Verzuge kann das Gesundheitsamt die erforderlichen Maßnahmen selbst anordnen. ²Es hat die zuständige Behörde unverzüglich hiervon zu unterrichten. ³Diese kann die Anordnung ändern oder aufheben. ⁴Wird die Anordnung nicht innerhalb von zwei Arbeitstagen nach der Unterrichtung aufgehoben, so gilt sie als von der zuständigen Behörde getroffen.

(8) Widerspruch und Anfechtungsklage gegen Maßnahmen nach den Absätzen 1 bis 3 haben keine aufschiebende Wirkung.

§ 17 Besondere Maßnahmen der zuständigen Behörde, Rechtsverordnungen durch die Länder. (1) ¹Wenn Gegenstände mit meldepflichtigen Krankheitserregern behaftet sind oder wenn das anzunehmen ist und dadurch eine Verbreitung der Krankheit zu befürchten ist, hat die zuständige Behörde die notwendigen Maßnahmen zur Abwendung der hierdurch drohenden Gefahren zu treffen. ²Wenn andere Maßnahmen nicht ausreichen, kann die Vernichtung von Gegenständen angeordnet werden. ³Sie kann auch angeordnet werden, wenn andere Maßnahmen im Verhältnis zum Wert der Gegenstände zu kostspielig sind, es sei denn, dass derjenige, der ein Recht an diesem Gegenstand oder die tatsächliche Gewalt darüber hat, widerspricht und auch die höheren Kosten übernimmt. ⁴Müssen Gegenstände entseucht (desinfiziert), von Gesundheitsschädlingen befreit oder vernichtet werden, so kann ihre Benutzung und die Benutzung der Räume und Grundstücke, in denen oder auf denen sie sich befinden, untersagt werden, bis die Maßnahme durchgeführt ist.

(2) ¹Wenn Gesundheitsschädlinge festgestellt werden und die Gefahr begründet ist, dass durch sie Krankheitserreger verbreitet werden, so hat die zuständige Behörde die zu ihrer Bekämpfung erforderlichen Maßnahmen anzuordnen. ²Die Bekämpfung umfasst Maßnahmen gegen das Auftreten, die Vermehrung und Verbreitung sowie zur Vernichtung von Gesundheitsschädlingen.

(3) ¹Erfordert die Durchführung einer Maßnahme nach den Absätzen 1 und 2 besondere Sachkunde, so kann die zuständige Behörde anordnen, dass der Verpflichtete damit geeignete Fachkräfte beauftragt. ²Die zuständige Behörde kann selbst geeignete Fachkräfte mit der Durchführung beauftragen, wenn das zur wirksamen Bekämpfung der übertragbaren Krankheiten oder Krankheitserreger oder der Gesundheitsschädlinge notwendig ist und der Verpflichtete diese Maßnahme nicht durchführen kann oder einer Anordnung nach Satz 1 nicht nachkommt oder nach seinem bisherigen Verhalten anzunehmen ist, dass er einer Anordnung nach Satz 1 nicht rechtzeitig nachkommen wird. ³Wer ein Recht an dem Gegenstand oder die tatsächliche Gewalt darüber hat, muss die Durchführung der Maßnahme dulden.

(4) ¹Die Landesregierungen werden ermächtigt, unter den nach § 16 sowie nach Absatz 1 maßgebenden Voraussetzungen durch Rechtsverordnung entsprechende Gebote und Verbote zur Verhütung übertragbarer Krankheiten zu erlassen. ²Sie können die Ermächtigung durch Rechtsverordnung auf andere Stellen übertragen.

(5) ¹Die Landesregierungen können zur Verhütung und Bekämpfung übertragbarer Krankheiten Rechtsverordnungen über die Feststellung und die Bekämpfung von Gesundheitsschädlingen, Krätzmilben und Kopfläusen erlassen. ²Sie können die Ermächtigung durch Rechtsverordnung auf andere Stellen übertragen. ³Die Rechtsverordnungen können insbesondere Bestimmungen treffen über

1. die Verpflichtung der Eigentümer von Gegenständen, der Nutzungsberechtigten oder der Inhaber der tatsächlichen Gewalt an Gegenständen sowie der zur Unterhaltung von Gegenständen Verpflichteten,

a) den Befall mit Gesundheitsschädlingen festzustellen oder feststellen zu lassen und der zuständigen Behörde anzuzeigen,

b) Gesundheitsschädlinge zu bekämpfen oder bekämpfen zu lassen,

2. die Befugnis und die Verpflichtung der Gemeinden oder der Gemeindeverbände, Gesundheitsschädlinge, auch am Menschen, festzustellen, zu bekämpfen und das Ergebnis der Bekämpfung festzustellen,

3. die Feststellung und Bekämpfung insbesondere über

a) die Art und den Umfang der Bekämpfung,

b) den Einsatz von Fachkräften,

c) die zulässigen Bekämpfungsmittel und -verfahren,

d) die Minimierung von Rückständen und die Beseitigung von Bekämpfungsmitteln und

e) die Verpflichtung, Abschluss und Ergebnis der Bekämpfung der zuständigen Behörde mitzuteilen und das Ergebnis durch Fachkräfte feststellen zu lassen,

4. die Mitwirkungs- und Duldungspflichten, insbesondere im Sinne des § 16 Abs. 2, die den in Nummer 1 genannten Personen obliegen.

(6) § 16 Abs. 5 bis 8 gilt entsprechend.

(7) Die Grundrechte der Freiheit der Person (Artikel 2 Abs. 2 Satz 2 Grundgesetz), der Freizügigkeit (Artikel 11 Abs. 1 Grundgesetz), der Versammlungsfreiheit (Artikel 8 Grundgesetz) und der Unverletzlichkeit der Wohnung (Artikel 13 Abs. 1 Grundgesetz) werden im Rahmen der Absätze 1 bis 5 eingeschränkt.

§ 18[2] **Behördlich angeordnete Maßnahmen zur Desinfektion und zur Bekämpfung von Gesundheitsschädlingen, Krätzmilben und Kopfläusen; Verordnungsermächtigungen.** (1) [1]Zum Schutz des Menschen vor übertragbaren Krankheiten dürfen bei behördlich angeordneten Maßnahmen zur

1. Desinfektion und

2. Bekämpfung von Gesundheitsschädlingen, Krätzmilben oder Kopfläusen

nur Mittel und Verfahren verwendet werden, die von der zuständigen Bundesoberbehörde anerkannt worden sind. [2]Bei Maßnahmen nach Satz 1 Nummer 2 kann die anordnende Behörde mit Zustimmung der zuständigen Bundesoberbehörde zulassen, dass andere Mittel oder Verfahren als die behördlich anerkannten verwendet werden.

(2) Die Mittel und Verfahren werden von der zuständigen Bundesoberbehörde auf Antrag oder von Amts wegen nur anerkannt, wenn sie hinreichend wirk-

---

2 Gemäß Art. 4 Abs. 20 Nr. 2 G vom 18.7.2016 (BGBl. I S. 1666), geändert durch Art. 9 G vom 17.7.2017 (BGBl. I S. 2615) wird § 18 mit Wirkung zum 1.10.2021 wie folgt geändert:

a) In der Überschrift wird das Wort „Verordnungsermächtigungen" durch das Wort „Verordnungsermächtigung" ersetzt.

b) Die Absätze 8 und 9 werden aufgehoben.

c) Absatz 10 wird Absatz 8.

sam sind und keine unvertretbaren Auswirkungen auf die menschliche Gesundheit und die Umwelt haben.

(3) [1]Zuständige Bundesoberbehörde für die Anerkennung von Mitteln und Verfahren zur Desinfektion ist das Robert Koch-Institut. [2]Im Anerkennungsverfahren prüft:

1. die Wirksamkeit der Mittel und Verfahren das Robert Koch-Institut,
2. die Auswirkungen der Mittel und Verfahren auf die menschliche Gesundheit das Bundesinstitut für Arzneimittel und Medizinprodukte und
3. die Auswirkungen der Mittel und Verfahren auf die Umwelt das Umweltbundesamt.

[3]Das Robert Koch-Institut erteilt die Anerkennung im Einvernehmen mit dem Bundesinstitut für Arzneimittel und Medizinprodukte und mit dem Umweltbundesamt.

(4) [1]Zuständige Bundesoberbehörde für die Anerkennung von Mitteln und Verfahren zur Bekämpfung von Gesundheitsschädlingen, Krätzmilben und Kopfläusen ist das Umweltbundesamt. [2]Im Anerkennungsverfahren prüft:

1. die Wirksamkeit der Mittel und Verfahren sowie deren Auswirkungen auf die Umwelt das Umweltbundesamt,
2. die Auswirkungen der Mittel und Verfahren auf die menschliche Gesundheit das Bundesinstitut für Arzneimittel und Medizinprodukte, soweit es nach § 77 Absatz 1 des Arzneimittelgesetzes für die Zulassung zuständig ist,
3. die Auswirkungen der Mittel und Verfahren auf die Gesundheit von Beschäftigten als Anwender die Bundesanstalt für Arbeitsschutz und Arbeitsmedizin, wenn die Prüfung nicht nach Nummer 2 dem Bundesinstitut für Arzneimittel und Medizinprodukte zugewiesen ist, und
4. die Auswirkungen der Mittel und Verfahren auf die Gesundheit von anderen als den in Nummer 3 genannten Personen das Bundesinstitut für Risikobewertung, wenn die Prüfung nicht nach Nummer 2 dem Bundesinstitut für Arzneimittel und Medizinprodukte zugewiesen ist.

[3]Das Umweltbundesamt erteilt die Anerkennung im Einvernehmen mit den nach Satz 2 Nummer 2 bis 4 prüfenden Behörden. [4]Sofern Mittel Wirkstoffe enthalten, die in zugelassenen Pflanzenschutzmitteln oder in der Zulassungsprüfung befindlichen Pflanzenschutzmitteln enthalten sind, erfolgt die Anerkennung zusätzlich im Benehmen mit dem Bundesamt für Verbraucherschutz und Lebensmittelsicherheit.

(5) Die Prüfungen können durch eigene Untersuchungen der zuständigen Bundesbehörde oder auf der Grundlage von Sachverständigengutachten, die im Auftrag der zuständigen Bundesbehörde durchgeführt werden, erfolgen.

(6) [1]Die Prüfung der Wirksamkeit der Mittel und Verfahren nach Absatz 1 Satz 1 Nummer 2 ist an den betreffenden Schädlingen unter Einbeziehung von Wirtstieren bei parasitären Nichtwirbeltieren vorzunehmen. [2]Die Prüfung der Wirksamkeit von Mitteln nach Absatz 1 Satz 1 Nummer 2 unterbleibt, sofern die Mittel nach einer der folgenden Vorschriften nach dem Tilgungsprinzip gleichwertig geprüft und zugelassen sind:

1. Verordnung (EU) Nr. 528/2012 des Europäischen Parlaments und des Rates vom 22. Mai 2012 über die Bereitstellung auf dem Markt und die Verwendung von Biozidprodukten (ABl. L 167 vom 27.6.2012, S. 1; L 303 vom 20.11.2015, S. 109), die zuletzt durch die Verordnung (EU) Nr. 334/2014 (ABl. L 103 vom 5.4.2014, S. 22) geändert worden ist,

2. Verordnung (EG) Nr. 1107/2009 des Europäischen Parlaments und des Rates vom 21. Oktober 2009 über das Inverkehrbringen von Pflanzenschutzmitteln und zur Aufhebung der Richtlinien 79/117/EWG und 91/414/EWG des Rates (ABl. L 309 vom 24.11.2009, S. 1), die zuletzt durch die Verordnung (EU) Nr. 652/2014 (ABl. L 189 vom 27.6.2014, S. 1) geändert worden ist, oder

3. Arzneimittelgesetz.

³Die Prüfung der Auswirkungen von Mitteln nach Absatz 1 Satz 1 Nummer 1 und 2 auf die menschliche Gesundheit und die Prüfung ihrer Auswirkungen auf die Umwelt unterbleibt, sofern die Mittel oder ihre Biozidwirkstoffe nach einer der in Satz 2 genannten Vorschriften geprüft und zugelassen sind.

(7) ¹Die Anerkennung ist zu widerrufen, wenn die zuständige Bundesoberbehörde davon Kenntnis erlangt, dass eine nach anderen Gesetzen erforderliche Verkehrsfähigkeit für das Mittel oder Verfahren nicht mehr besteht. ²Sie kann widerrufen werden, insbesondere wenn nach aktuellen Erkenntnissen und Bewertungsmaßstäben die Voraussetzungen nach Absatz 2 nicht mehr erfüllt sind. ³Die zuständige Bundesoberbehörde führt die jeweils anerkannten Mittel und Verfahren in einer Liste und veröffentlicht die Liste.

(8) Das Robert Koch-Institut und das Umweltbundesamt erheben für individuell zurechenbare öffentliche Leistungen nach den Absätzen 1 und 2 Gebühren und Auslagen.

(9) Das Bundesministerium für Gesundheit wird ermächtigt, im Einvernehmen mit dem Bundesministerium für Umwelt, Naturschutz, Bau und Reaktorsicherheit durch Rechtsverordnung ohne Zustimmung des Bundesrates die gebührenpflichtigen Tatbestände der individuell zurechenbaren öffentlichen Leistungen nach den Absätzen 1 bis 4 und 7 näher zu bestimmen und dabei feste Sätze oder Rahmensätze vorzusehen.

(10) Das Bundesministerium für Gesundheit wird ermächtigt, im Einvernehmen mit dem Bundesministerium für Umwelt, Naturschutz, Bau und Reaktorsicherheit durch Rechtsverordnung ohne Zustimmung des Bundesrates Einzelheiten des Anerkennungsverfahrens festzulegen.

§ 19 Aufgaben des Gesundheitsamtes in besonderen Fällen. (1) ¹Das Gesundheitsamt bietet bezüglich sexuell übertragbarer Krankheiten und Tuberkulose Beratung und Untersuchung an oder stellt diese in Zusammenarbeit mit anderen medizinischen Einrichtungen sicher. ²Diese sollen für Personen, deren Lebensumstände eine erhöhte Ansteckungsgefahr für sich oder andere mit sich bringen, auch aufsuchend angeboten werden und können im Einzelfall die ambulante Behandlung durch einen Arzt des Gesundheitsamtes umfassen, soweit dies zur Verhinderung der Weiterverbreitung der sexuell übertragbaren Krankheiten und der Tuberkulose erforderlich ist. [3]Die Angebote können bezüglich sexuell übertragbarer Krankheiten anonym in Anspruch genommen werden, soweit hierdurch die Geltendmachung von Kostenerstattungsansprüchen nach Absatz 2 nicht gefährdet wird.

(2) [1]Die Kosten der Untersuchung und Behandlung werden getragen:
1. von den Trägern der Krankenversicherung nach dem fünften Abschnitt des dritten Kapitels des Fünften Buches Sozialgesetzbuch, falls die Person bei einer Krankenkasse nach § 4 des Fünften Buches Sozialgesetzbuch versichert ist,
2. im Übrigen aus öffentlichen Mitteln, falls die Person die Kosten der Untersuchung oder Behandlung nicht selbst tragen kann; des Nachweises des Unvermögens bedarf es nicht, wenn dieses offensichtlich ist oder die Gefahr besteht, dass die Inanspruchnahme anderer Zahlungspflichtiger die Durchführung der Untersuchung oder Behandlung erschweren würde.

[2]Wenn bei der Untersuchung oder der Feststellung der Behandlungsbedürftigkeit der Kostenträger noch nicht feststeht, werden die Kosten vorläufig aus öffentlichen Mitteln übernommen. [3]Der Kostenträger ist zur Erstattung verpflichtet.

§ 20 Schutzimpfungen und andere Maßnahmen der spezifischen Prophylaxe. (1) Die zuständige obere Bundesbehörde, die obersten Landesgesundheitsbehörden und die von ihnen beauftragten Stellen sowie die Gesundheitsämter informieren die Bevölkerung über die Bedeutung von Schutzimpfungen und anderen Maßnahmen der spezifischen Prophylaxe übertragbarer Krankheiten.

(2) [1]Beim Robert Koch-Institut wird eine Ständige Impfkommission eingerichtet. [2]Die Kommission gibt sich eine Geschäftsordnung, die der Zustimmung des Bundesministeriums für Gesundheit bedarf. [3]Die Kommission gibt Empfehlungen zur Durchführung von Schutzimpfungen und zur Durchführung anderer Maßnahmen der spezifischen Prophylaxe übertragbarer Krankheiten und entwickelt Kriterien zur Abgrenzung einer üblichen Impfreaktion und einer über das übliche Ausmaß einer Impfreaktion hinausgehenden gesundheitlichen Schädigung. [4]Die Mitglieder der Kommission werden vom Bundesministerium für Gesundheit im Benehmen mit den obersten Landesgesundheitsbehörden berufen. [5]Vertreter des Bundesministeriums für Gesundheit, der obersten Landesgesundheitsbehörden, des Robert Koch-Institutes und des Paul Ehrlich-Institutes nehmen mit beratender Stimme an den Sitzungen teil. [6]Weitere Vertreter von Bundesbehörden können daran teilnehmen. [7]Die Empfehlungen der Kommission werden von dem Robert Koch-Institut den obersten Landesgesundheitsbehörden übermittelt und anschließend veröffentlicht.

(3) Die obersten Landesgesundheitsbehörden sollen öffentliche Empfehlungen für Schutzimpfungen oder andere Maßnahmen der spezifischen Prophylaxe auf der Grundlage der jeweiligen Empfehlungen der Ständigen Impfkommission aussprechen.

(4) [1]Das Bundesministerium für Gesundheit wird ermächtigt, nach Anhörung der Ständigen Impfkommission und der Spitzenverbände der gesetzlichen Krankenkassen durch Rechtsverordnung ohne Zustimmung des Bundesrates zu bestimmen, dass die Kosten für bestimmte Schutzimpfungen von den Trägern der Krankenversicherung nach dem dritten Abschnitt des dritten Kapitels des Fünften Buches Sozialgesetzbuch getragen werden, falls die Person bei einer Krankenkasse nach § 4 des Fünften Buches Sozialgesetzbuch versichert ist. [2]In der Rechtsverordnung können auch Regelungen zur Erfassung und Übermittlung von anonymisierten Daten über durchgeführte Schutzimpfungen getroffen werden.

(5) Die obersten Landesgesundheitsbehörden können bestimmen, dass die Gesundheitsämter unentgeltlich Schutzimpfungen oder andere Maßnahmen der spezifischen Prophylaxe gegen bestimmte übertragbare Krankheiten durchführen.

(6) [1]Das Bundesministerium für Gesundheit wird ermächtigt, durch Rechtsverordnung mit Zustimmung des Bundesrates anzuordnen, dass bedrohte Teile der Bevölkerung an Schutzimpfungen oder anderen Maßnahmen der spezifischen Prophylaxe teilzunehmen haben, wenn eine übertragbare Krankheit mit klinisch schweren Verlaufsformen auftritt und mit ihrer epidemischen Verbreitung zu rechnen ist. [2]Das Grundrecht der körperlichen Unversehrtheit (Artikel 2 Abs. 2 Satz 1 Grundgesetz) kann insoweit eingeschränkt werden. [3]Ein nach dieser Rechtsverordnung Impfpflichtiger, der nach ärztlichem Zeugnis ohne Gefahr für sein Leben oder seine Gesundheit nicht geimpft werden kann, ist von der Impfpflicht freizustellen; dies gilt auch bei anderen Maßnahmen der spezifischen Prophylaxe. [4]§ 15 Abs. 2 gilt entsprechend.

(7) [1]Solange das Bundesministerium für Gesundheit von der Ermächtigung nach Absatz 6 keinen Gebrauch macht, sind die Landesregierungen zum Erlass einer Rechtsverordnung nach Absatz 6 ermächtigt. [2]Die Landesregierungen können die Ermächtigung durch Rechtsverordnung auf die obersten Landesgesundheitsbehörden übertragen. [3]Das Grundrecht der körperlichen Unversehrtheit (Artikel 2 Abs. 2 Satz 1 Grundgesetz) kann insoweit eingeschränkt werden.

§ 21 Impfstoffe. [1]Bei einer auf Grund dieses Gesetzes angeordneten oder einer von der obersten Landesgesundheitsbehörde öffentlich empfohlenen Schutzimpfung oder einer Impfung nach § 17 Abs. 4 des Soldatengesetzes dürfen Impfstoffe verwendet werden, die Mikroorganismen enthalten, welche von den Geimpften ausgeschieden und von anderen Personen aufgenommen werden können. [2]Das Grundrecht der körperlichen Unversehrtheit (Artikel 2 Abs. 2 Satz 1 Grundgesetz) wird insoweit eingeschränkt.

§ 22 Impfausweis. (1) [1]Der impfende Arzt hat jede Schutzimpfung unverzüglich in einen Impfausweis nach Absatz 2 einzutragen oder, falls der Impfausweis nicht vorgelegt wird, eine Impfbescheinigung auszustellen. [2]Der impfende Arzt hat den Inhalt der Impfbescheinigung auf Verlangen in den Impfausweis einzutragen. [3]Im Falle seiner Verhinderung hat das Gesundheitsamt die Eintragung nach Satz 2 vorzunehmen.

(2) Der Impfausweis oder die Impfbescheinigung muss über jede Schutzimpfung enthalten:

1. Datum der Schutzimpfung
2. Bezeichnung und Chargen-Bezeichnung des Impfstoffes
3. Name der Krankheit, gegen die geimpft wird
4. Namen und Anschrift des impfenden Arztes sowie
5. Unterschrift des impfenden Arztes oder Bestätigung der Eintragung des Gesundheitsamtes.

(3) [1]Im Impfausweis ist in geeigneter Form auf das zweckmäßige Verhalten bei ungewöhnlichen Impfreaktionen und auf die sich gegebenenfalls aus den §§ 60 bis 64 ergebenden Ansprüche bei Eintritt eines Impfschadens sowie auf Stellen, bei denen diese geltend gemacht werden können, hinzuweisen. [2]Der Impfausweis oder die Impfbescheinigung soll ein Textfeld enthalten, in dem der impfende Arzt einen Terminvorschlag für die nächste Auffrischungsimpfung eintragen kann.

§ 23 Nosokomiale Infektionen; Resistenzen; Rechtsverordnungen durch die Länder. (1) [1]Beim Robert Koch-Institut wird eine Kommission für Krankenhaushygiene und Infektionsprävention eingerichtet. [2]Die Kommission gibt sich eine Geschäftsordnung, die der Zustimmung des Bundesministeriums für Gesundheit bedarf. [3]Die Kommission erstellt Empfehlungen zur Prävention nosokomialer Infektionen sowie zu betrieblich-organisatorischen und baulich-funktionellen Maßnahmen der Hygiene in Krankenhäusern und anderen medizinischen Einrichtungen. [4]Sie erstellt zudem Empfehlungen zu Kriterien und Verfahren zur Einstufung von Einrichtungen als Einrichtungen für ambulantes Operieren. [5]Die Empfehlungen der Kommission werden unter Berücksichtigung aktueller infektionsepidemiologischer Auswertungen stetig weiterentwickelt und vom Robert Koch-Institut veröffentlicht. [6]Die Mitglieder der Kommission werden vom Bundesministerium für Gesundheit im Benehmen mit den obersten Landesgesundheitsbehörden berufen. [7]Vertreter des Bundesministeriums für Gesundheit, der obersten Landesgesundheitsbehörden und des Robert Koch-Institutes nehmen mit beratender Stimme an den Sitzungen teil.

(2) [1]Beim Robert Koch-Institut wird eine Kommission Antiinfektiva, Resistenz und Therapie eingerichtet. [2]Die Kommission gibt sich eine Geschäftsordnung, die der Zustimmung des Bundesministeriums für Gesundheit bedarf. [3]Die Kommission erstellt Empfehlungen mit allgemeinen Grundsätzen für Diagnostik und antimikrobielle Therapie, insbesondere bei Infektionen mit resistenten Krankheitserregern. [4]Die Empfehlungen der Kommission werden unter Berücksichtigung aktueller infektionsepidemiologischer Auswertungen stetig weiterentwickelt und vom Robert Koch-Institut veröffentlicht. [5]Die Mitglieder der Kommission werden vom Bundesministerium für Gesundheit im Benehmen mit den obersten Landesgesundheitsbehörden berufen. [6]Vertreter des Bundesministeriums für Gesundheit, der obersten Landesgesundheitsbehörden, des Robert Koch-Institutes und des Bundesinstitutes für Arzneimittel und Medizinprodukte nehmen mit beratender Stimme an den Sitzungen teil.

(3) [1]Die Leiter folgender Einrichtungen haben sicherzustellen, dass die nach dem Stand der medizinischen Wissenschaft erforderlichen Maßnahmen getroffen werden, um nosokomiale Infektionen zu verhüten und die Weiterverbreitung von Krankheitserregern, insbesondere solcher mit Resistenzen, zu vermeiden:

1. Krankenhäuser,
2. Einrichtungen für ambulantes Operieren,
3. Vorsorge- oder Rehabilitationseinrichtungen, in denen eine den Krankenhäusern vergleichbare medizinische Versorgung erfolgt,
4. Dialyseeinrichtungen,
5. Tageskliniken,
6. Entbindungseinrichtungen,
7. Behandlungs- oder Versorgungseinrichtungen, die mit einer der in den Nummern 1 bis 6 genannten Einrichtungen vergleichbar sind,
8. Arztpraxen, Zahnarztpraxen und
9. Praxen sonstiger humanmedizinischer Heilberufe.

[2]Die Einhaltung des Standes der medizinischen Wissenschaft auf diesem Gebiet wird vermutet, wenn jeweils die veröffentlichten Empfehlungen der Kommission für Krankenhaushygiene und Infektionsprävention beim Robert Koch-Institut und der Kommission Antiinfektiva, Resistenz und Therapie beim Robert Koch-Institut beachtet worden sind.

(4) [1]Die Leiter von Einrichtungen nach Absatz 3 Satz 1 Nummer 1 bis 3 haben sicherzustellen, dass die nach Absatz 4a festgelegten nosokomialen Infektionen und das Auftreten von Krankheitserregern mit speziellen Resistenzen und Multiresistenzen fortlaufend in einer gesonderten Niederschrift aufgezeichnet, bewertet und sachgerechte Schlussfolgerungen hinsichtlich erforderlicher Präventionsmaßnahmen gezogen werden und dass die erforderlichen Präventionsmaßnahmen dem Personal mitgeteilt und umgesetzt werden. [2]Darüber hinaus haben die Leiter sicherzustellen, dass die nach Absatz 4a festgelegten Daten zu Art und Umfang des Antibiotika-Verbrauchs fortlaufend in zusammengefasster Form aufgezeichnet, unter Berücksichtigung der lokalen Resistenzsituation bewertet und sachgerechte Schlussfolgerungen hinsichtlich des Einsatzes von Antibiotika gezogen werden und dass die erforderlichen Anpassungen des Antibiotikaeinsatzes dem Personal mitgeteilt und umgesetzt werden. [3]Die Aufzeichnungen nach den Sätzen 1 und 2 sind zehn Jahre nach deren Anfertigung aufzubewahren. [4]Dem zuständigen Gesundheitsamt ist auf Verlangen Einsicht in die Aufzeichnungen, Bewertungen und Schlussfolgerungen zu gewähren.

(4a) [1]Das Robert Koch-Institut hat entsprechend den jeweiligen epidemiologischen Erkenntnissen die nach Absatz 4 zu erfassenden nosokomialen Infektionen und Krankheitserreger mit speziellen Resistenzen und Multiresistenzen sowie Daten zu Art und Umfang des Antibiotikaverbrauchs festzulegen. [2]Die Festlegungen hat es in einer Liste im Bundesgesundheitsblatt zu veröffentlichen. [3]Die Liste ist an den aktuellen Stand anzupassen.

(5) [1]Die Leiter folgender Einrichtungen haben sicherzustellen, dass innerbetriebliche Verfahrensweisen zur Infektionshygiene in Hygieneplänen festgelegt sind:

1. Krankenhäuser,
2. Einrichtungen für ambulantes Operieren,
3. Vorsorge- oder Rehabilitationseinrichtungen,
4. Dialyseeinrichtungen,
5. Tageskliniken,
6. Entbindungseinrichtungen und
7. Behandlungs- oder Versorgungseinrichtungen, die mit einer der in den Nummern 1 bis 6 genannten Einrichtungen vergleichbar sind.

[2]Die Landesregierungen können durch Rechtsverordnung vorsehen, dass Leiter von Zahnarztpraxen sowie Leiter von Arztpraxen und Praxen sonstiger humanmedizinischer Heilberufe, in denen invasive Eingriffe vorgenommen werden, sicherzustellen haben, dass innerbetriebliche Verfahrensweisen zur Infektionshygiene in Hygieneplänen festgelegt sind. [3]Die Landesregierungen können die Ermächtigung durch Rechtsverordnung auf andere Stellen übertragen.

(6) [1]Einrichtungen nach Absatz 5 Satz 1 unterliegen der infektionshygienischen Überwachung durch das Gesundheitsamt. [2]Einrichtungen nach Absatz 5 Satz 2 können durch das Gesundheitsamt infektionshygienisch überwacht werden.

(7) [1]Die mit der Überwachung beauftragten Personen sind befugt, zu Betriebs- und Geschäftszeiten Betriebsgrundstücke, Geschäfts- und Betriebsräume, zum Betrieb gehörende Anlagen und Einrichtungen sowie Verkehrsmittel zu betreten, zu besichtigen sowie in die Bücher oder sonstigen Unterlagen Einsicht zu nehmen und hieraus Abschriften, Ablichtungen oder Auszüge anzufertigen sowie sonstige Gegenstände zu untersuchen oder Proben zur Untersuchung zu fordern oder zu entnehmen, soweit dies zur Erfüllung ihrer Aufgaben erforderlich ist. [2]§ 16 Absatz 2 Satz 2 bis 4 gilt entsprechend.

(8) [1]Die Landesregierungen haben durch Rechtsverordnung für Krankenhäuser, Einrichtungen für ambulantes Operieren, Vorsorge- oder Rehabilitationseinrichtungen, in denen eine den Krankenhäusern vergleichbare medizinische Versorgung erfolgt, sowie für Dialyseeinrichtungen und Tageskliniken die jeweils erforderlichen Maßnahmen zur Verhütung, Erkennung, Erfassung und Bekämpfung von nosokomialen Infektionen und Krankheitserregern mit Resistenzen zu regeln. [2]Dabei sind insbesondere Regelungen zu treffen über

1. hygienische Mindestanforderungen an Bau, Ausstattung und Betrieb der Einrichtungen,
2. Bestellung, Aufgaben und Zusammensetzung einer Hygienekommission,
3. die erforderliche personelle Ausstattung mit Hygienefachkräften und Krankenhaushygienikern und die Bestellung von hygienebeauftragten Ärzten einschließlich bis längstens zum 31. Dezember 2019 befristeter Übergangsvorschriften zur Qualifikation einer ausreichenden Zahl geeigneten Fachpersonals,

4. Aufgaben und Anforderungen an Fort- und Weiterbildung der in der Einrichtung erforderlichen Hygienefachkräfte, Krankenhaushygieniker und hygienebeauftragten Ärzte,

5. die erforderliche Qualifikation und Schulung des Personals hinsichtlich der Infektionsprävention,

6. Strukturen und Methoden zur Erkennung von nosokomialen Infektionen und resistenten Erregern und zur Erfassung im Rahmen der ärztlichen und pflegerischen Dokumentationspflicht,

7. die zur Erfüllung ihrer jeweiligen Aufgaben erforderliche Einsichtnahme der in Nummer 4 genannten Personen in Akten der jeweiligen Einrichtung einschließlich der Patientenakten,

8. die Information des Personals über Maßnahmen, die zur Verhütung und Bekämpfung von nosokomialen Infektionen und Krankheitserregern mit Resistenzen erforderlich sind,

9. die klinisch-mikrobiologisch und klinisch-pharmazeutische Beratung des ärztlichen Personals,

10. die Information von aufnehmenden Einrichtungen und niedergelassenen Ärzten bei der Verlegung, Überweisung oder Entlassung von Patienten über Maßnahmen, die zur Verhütung und Bekämpfung von nosokomialen Infektionen und von Krankheitserregern mit Resistenzen erforderlich sind.

[3]Die Landesregierungen können die Ermächtigung durch Rechtsverordnung auf andere Stellen übertragen.

§ 23a Personenbezogene Daten über den Impf- und Serostatus von Beschäftigten. [1]Soweit es zur Erfüllung von Verpflichtungen aus § 23 Absatz 3 in Bezug auf Krankheiten, die durch Schutzimpfung verhütet werden können, erforderlich ist, darf der Arbeitgeber personenbezogene Daten eines Beschäftigten über dessen Impf- und Serostatus erheben, verarbeiten oder nutzen, um über die Begründung eines Beschäftigungsverhältnisses oder über die Art und Weise einer Beschäftigung zu entscheiden. [2]Im Übrigen gelten die Bestimmungen des allgemeinen Datenschutzrechts.

Fünfter Abschnitt

Bekämpfung übertragbarer Krankheiten

§ 24 Behandlung übertragbarer Krankheiten. [1]Die Behandlung von Personen, die an einer der in § 6 Abs. 1 Satz 1 Nr. 1, 2 und 5 oder § 34 Abs. 1 genannten übertragbaren Krankheiten erkrankt oder dessen verdächtig sind oder die mit einem Krankheitserreger nach § 7 infiziert sind, ist insoweit im Rahmen der berufsmäßigen Ausübung der Heilkunde nur Ärzten gestattet. [2]Satz 1 gilt entsprechend bei sexuell übertragbaren Krankheiten und für Krankheiten oder Krankheitserreger, die durch eine Rechtsverordnung auf Grund des § 15 Abs. 1 in die Meldepflicht einbezogen sind. [3]Als Behandlung im Sinne der Sätze 1 und 2 gilt auch der direkte und indirekte Nachweis eines Krankheitserregers für die Feststellung einer Infektion oder übertragbaren Krankheit; § 46 gilt entsprechend.

§ 25 Ermittlungen. (1) Ergibt sich oder ist anzunehmen, dass jemand krank, krankheitsverdächtig, ansteckungsverdächtig oder Ausscheider ist oder dass ein Verstorbener krank, krankheitsverdächtig oder Ausscheider war, so stellt das Gesundheitsamt die erforderlichen Ermittlungen an, insbesondere über Art, Ursache, Ansteckungsquelle und Ausbreitung der Krankheit.

(2) [1]Für die Durchführung der Ermittlungen nach Absatz 1 gilt § 16 Absatz 2, 3, 5 und 8 entsprechend. [2]Das Gesundheitsamt kann eine im Rahmen der Ermittlungen im Hinblick auf eine bedrohliche übertragbare Krankheit erforderliche Befragung in Bezug auf die Art, Ursache, Ansteckungsquelle und Ausbreitung der Krankheit unmittelbar an eine dritte Person, insbesondere an den behandelnden Arzt, richten, wenn eine Mitwirkung der betroffenen Person oder der nach § 16 Absatz 5 verpflichteten Person nicht oder nicht rechtzeitig möglich ist; die dritte Person ist in entsprechender Anwendung von § 16 Absatz 2 Satz 3 und 4 zur Auskunft verpflichtet.

(3) [1]Die in Absatz 1 genannten Personen können durch das Gesundheitsamt vorgeladen werden. [2]Sie können durch das Gesundheitsamt verpflichtet werden,

1. Untersuchungen und Entnahmen von Untersuchungsmaterial an sich vornehmen zu lassen, insbesondere die erforderlichen äußerlichen Untersuchungen, Röntgenuntersuchungen, Tuberkulintestungen, Blutentnahmen und Abstriche von Haut und Schleimhäuten durch die Beauftragten des Gesundheitsamtes zu dulden, sowie
2. das erforderliche Untersuchungsmaterial auf Verlangen bereitzustellen.

[3]Darüber hinausgehende invasive Eingriffe sowie Eingriffe, die eine Betäubung erfordern, dürfen nur mit Einwilligung des Betroffenen vorgenommen werden; § 16 Absatz 5 gilt nur entsprechend, wenn der Betroffene einwilligungsunfähig ist. [4]Die bei den Untersuchungen erhobenen personenbezogenen Daten dürfen nur für Zwecke dieses Gesetzes verarbeitet und genutzt werden.

(4) [1]Den Ärzten des Gesundheitsamtes und dessen ärztlichen Beauftragten ist vom Gewahrsamsinhaber die Untersuchung der in Absatz 1 genannten Verstorbenen zu gestatten. [2]Die zuständige Behörde kann gegenüber dem Gewahrsamsinhaber die innere Leichenschau anordnen, wenn dies vom Gesundheitsamt für erforderlich gehalten wird.

(5) Die Grundrechte der körperlichen Unversehrtheit (Artikel 2 Absatz 2 Satz 1 des Grundgesetzes), der Freiheit der Person (Artikel 2 Absatz 2 Satz 2 des Grundgesetzes) und der Unverletzlichkeit der Wohnung (Artikel 13 Absatz 1 des Grundgesetzes) werden insoweit eingeschränkt.

§ 26 Teilnahme des behandelnden Arztes. Der behandelnde Arzt ist berechtigt, mit Zustimmung des Patienten an den Untersuchungen nach § 25 sowie an der inneren Leichenschau teilzunehmen.

§ 27 Unterrichtungspflichten des Gesundheitsamtes. (1) Das Gesundheitsamt unterrichtet insbesondere in den Fällen des § 25 Absatz 1 unverzüglich andere Gesundheitsämter, deren Aufgaben nach diesem Gesetz berührt sind, und übermittelt ihnen die zur Erfüllung von deren Aufgaben erforderlichen Angaben, sofern ihm die Angaben vorliegen.

(2) ¹Das Gesundheitsamt unterrichtet unverzüglich die für die Überwachung nach § 39 Absatz 1 Satz 1 des Lebensmittel- und Futtermittelgesetzbuchs örtlich zuständige Lebensmittelüberwachungsbehörde, wenn aufgrund von Tatsachen feststeht oder der Verdacht besteht,
1. dass ein spezifisches Lebensmittel, das an Endverbraucher abgegeben wurde, in mindestens zwei Fällen mit epidemiologischem Zusammenhang Ursache einer übertragbaren Krankheit ist, oder
2. dass Krankheitserreger auf Lebensmittel übertragen wurden und deshalb eine Weiterverbreitung der Krankheit durch Lebensmittel zu befürchten ist.
²Das Gesundheitsamt stellt folgende Angaben zur Verfügung, soweit sie ihm vorliegen und die Angaben für die von der zuständigen Lebensmittelüberwachungsbehörde zu treffenden Maßnahmen erforderlich sind:
1. Zahl der Kranken, Krankheitsverdächtigen, Ansteckungsverdächtigen und Ausscheider, auf Ersuchen der Lebensmittelüberwachungsbehörde auch Namen und Erreichbarkeitsdaten,
2. betroffenes Lebensmittel,
3. an Endverbraucher abgegebene Menge des Lebensmittels,
4. Ort und Zeitraum seiner Abgabe,
5. festgestellter Krankheitserreger und
6. von Personen entgegen § 42 ausgeübte Tätigkeit sowie Ort der Ausübung.

(3) ¹Das Gesundheitsamt unterrichtet unverzüglich die nach § 4 Absatz 1 des Tiergesundheitsgesetzes zuständige Behörde, wenn
1. auf Grund von Tatsachen feststeht oder der Verdacht besteht, dass
   a) Erreger einer übertragbaren Krankheit unmittelbar oder mittelbar von Tieren auf eine betroffene Person übertragen wurden oder
   b) Erreger von einer betroffenen Person auf Tiere übertragen wurden, und
2. es sich um Erreger einer nach einer auf Grund des Tiergesundheitsgesetzes erlassenen Rechtsverordnung anzeigepflichtigen Tierseuche oder meldepflichtigen Tierkrankheit handelt.
²Das Gesundheitsamt übermittelt der nach § 4 Absatz 1 des Tiergesundheitsgesetzes zuständigen Behörde Angaben zum festgestellten Erreger, zur Tierart und zum Standort der Tiere, sofern ihm die Angaben vorliegen.

(4) ¹Das Gesundheitsamt unterrichtet unverzüglich die für den Immissionsschutz zuständige Behörde, wenn im Fall einer örtlichen oder zeitlichen Häufung von Infektionen mit Legionella sp. der Verdacht besteht, dass Krankheitserreger durch Aerosole in der Außenluft auf den Menschen übertragen wurden. ²Das Gesundheitsamt übermittelt der für den Immissionsschutz zuständigen Behörde Angaben zu den wahrscheinlichen Orten und Zeitpunkten der Infektionen, sofern ihm die Angaben vorliegen.

(5) [1]Das Gesundheitsamt unterrichtet unverzüglich die zuständige Landesbehörde, wenn der Verdacht besteht, dass ein Arzneimittel die Quelle einer Infektion ist. [2]Das Gesundheitsamt übermittelt der zuständigen Landesbehörde alle notwendigen Angaben, sofern es diese Angaben ermitteln kann, wie Bezeichnung des Produktes, Name oder Firma des pharmazeutischen Unternehmers und die Chargenbezeichnung. [3]Über die betroffene Person sind ausschließlich das Geburtsdatum, das Geschlecht sowie der erste Buchstabe des ersten Vornamens und der erste Buchstabe des ersten Nachnamens anzugeben. [4]Die zuständige Behörde übermittelt die Angaben unverzüglich der nach § 77 des Arzneimittelgesetzes zuständigen Bundesoberbehörde. [5]Die personenbezogenen Daten sind zu pseudonymisieren.

(6) [1]Steht aufgrund von Tatsachen fest oder besteht der Verdacht, dass jemand, der an einer meldepflichtigen Krankheit erkrankt oder mit einem meldepflichtigen Krankheitserreger infiziert ist, oder dass ein Verstorbener, der an einer meldepflichtigen Krankheit erkrankt oder mit einem meldepflichtigen Krankheitserreger infiziert war, nach dem vermuteten Zeitpunkt der Infektion Blut-, Organ-, Gewebe- oder Zellspender war, so hat das Gesundheitsamt, wenn es sich dabei um eine durch Blut, Blutprodukte, Organe, Gewebe oder Zellen übertragbare Krankheit oder Infektion handelt, die zuständigen Behörden von Bund und Ländern unverzüglich über den Befund oder Verdacht zu unterrichten. [2]Es meldet dabei die ihm bekannt gewordenen Sachverhalte. [3]Nach den Sätzen 1 und 2 hat es bei Spendern vermittlungspflichtiger Organe (§ 1a Nummer 2 des Transplantationsgesetzes) auch die nach § 11 des Transplantationsgesetzes errichtete oder bestimmte Koordinierungsstelle zu unterrichten, bei sonstigen Organ-, Gewebe- oder Zellspendern nach den Vorschriften des Transplantationsgesetzes die Einrichtung der medizinischen Versorgung, in der das Organ, das Gewebe oder die Zelle übertragen wurde oder übertragen werden soll, und die Gewebeeinrichtung, die das Gewebe oder die Zelle entnommen hat.

§ 28 Schutzmaßnahmen. (1) [1]Werden Kranke, Krankheitsverdächtige, Ansteckungsverdächtige oder Ausscheider festgestellt oder ergibt sich, dass ein Verstorbener krank, krankheitsverdächtig oder Ausscheider war, so trifft die zuständige Behörde die notwendigen Schutzmaßnahmen, insbesondere die in den §§ 29 bis 31 genannten, soweit und solange es zur Verhinderung der Verbreitung übertragbarer Krankheiten erforderlich ist. [2]Unter den Voraussetzungen von Satz 1 kann die zuständige Behörde Veranstaltungen oder sonstige Ansammlungen einer größeren Anzahl von Menschen beschränken oder verbieten und Badeanstalten oder in § 33 genannte Gemeinschaftseinrichtungen oder Teile davon schließen; sie kann auch Personen verpflichten, den Ort, an dem sie sich befinden, nicht zu verlassen oder von ihr bestimmte Orte nicht zu betreten, bis die notwendigen Schutzmaßnahmen durchgeführt worden sind. [3]Eine Heilbehandlung darf nicht angeordnet werden. [4]Die Grundrechte der Freiheit der Person (Artikel 2 Abs. 2 Satz 2 Grundgesetz), der Versammlungsfreiheit (Artikel 8 Grundgesetz) und der Unverletzlichkeit der Wohnung (Artikel 13 Abs. 1 Grundgesetz) werden insoweit eingeschränkt.

(2) Wird festgestellt, dass eine Person in einer Gemeinschaftseinrichtung an Masern erkrankt, dessen verdächtig oder ansteckungsverdächtig ist, kann die zuständige Behörde Personen, die weder einen Impfschutz, der den Empfehlungen der Ständigen Impfkommission entspricht, noch eine Immunität gegen Masern durch ärztliche Bescheinigung nachweisen können, die in § 34 Absatz 1 Satz 1 und 2 genannten Verbote erteilen, bis eine Weiterverbreitung der Krankheit in der Gemeinschaftseinrichtung nicht mehr zu befürchten ist.

(3) Für Maßnahmen nach den Absätzen 1 und 2 gilt § 16 Abs. 5 bis 8, für ihre Überwachung außerdem § 16 Abs. 2 entsprechend.

§ 29 Beobachtung. (1) Kranke, Krankheitsverdächtige, Ansteckungsverdächtige und Ausscheider können einer Beobachtung unterworfen werden.

(2) [1]Wer einer Beobachtung nach Absatz 1 unterworfen ist, hat die erforderlichen Untersuchungen durch die Beauftragten des Gesundheitsamtes zu dulden und den Anordnungen des Gesundheitsamtes Folge zu leisten. [2]§ 25 Absatz 3 gilt entsprechend. [3]Eine Person nach Satz 1 ist ferner verpflichtet, den Beauftragten des Gesundheitsamtes zum Zwecke der Befragung oder der Untersuchung den Zutritt zu seiner Wohnung zu gestatten, auf Verlangen ihnen über alle seinen Gesundheitszustand betreffenden Umstände Auskunft zu geben und im Falle des Wechsels der Hauptwohnung oder des gewöhnlichen Aufenthaltes unverzüglich dem bisher zuständigen Gesundheitsamt Anzeige zu erstatten. [4]Die Anzeigepflicht gilt auch bei Änderungen einer Tätigkeit im Lebensmittelbereich im Sinne von § 42 Abs. 1 Satz 1 oder in Einrichtungen im Sinne von § 23 Absatz 5 oder § 36 Absatz 1 sowie beim Wechsel einer Gemeinschaftseinrichtung im Sinne von § 33. [5]§ 16 Abs. 2 Satz 4 gilt entsprechend. [6]Die Grundrechte der körperlichen Unversehrtheit (Artikel 2 Abs. 2 Satz 1 Grundgesetz), der Freiheit der Person (Artikel 2 Abs. 2 Satz 2 Grundgesetz) und der Unverletzlichkeit der Wohnung (Artikel 13 Abs. 1 Grundgesetz) werden insoweit eingeschränkt.

§ 30 Quarantäne. (1) [1]Die zuständige Behörde hat anzuordnen, dass Personen, die an Lungenpest oder an von Mensch zu Mensch übertragbarem hämorrhagischem Fieber erkrankt oder dessen verdächtig sind, unverzüglich in einem Krankenhaus oder einer für diese Krankheiten geeigneten Einrichtung abgesondert werden. [2]Bei sonstigen Kranken sowie Krankheitsverdächtigen, Ansteckungsverdächtigen und Ausscheidern kann angeordnet werden, dass sie in einem geeigneten Krankenhaus oder in sonst geeigneter Weise abgesondert werden, bei Ausscheidern jedoch nur, wenn sie andere Schutzmaßnahmen nicht befolgen, befolgen können oder befolgen würden und dadurch ihre Umgebung gefährden.

(2) [1]Kommt der Betroffene den seine Absonderung betreffenden Anordnungen nicht nach oder ist nach seinem bisherigen Verhalten anzunehmen, dass er solchen Anordnungen nicht ausreichend Folge leisten wird, so ist er zwangsweise durch Unterbringung in einem abgeschlossenen Krankenhaus oder einem abgeschlossenen Teil eines Krankenhauses abzusondern. [2]Ansteckungsver-

dächtige und Ausscheider können auch in einer anderen geeigneten abgeschlossenen Einrichtung abgesondert werden. [3]Das Grundrecht der Freiheit der Person (Artikel 2 Abs. 2 Satz 2 Grundgesetz) kann insoweit eingeschränkt werden. [4]Buch 7 des Gesetzes über das Verfahren in Familiensachen und in den Angelegenheiten der freiwilligen Gerichtsbarkeit gilt entsprechend.

(3) [1]Der Abgesonderte hat die Anordnungen des Krankenhauses oder der sonstigen Absonderungseinrichtung zu befolgen und die Maßnahmen zu dulden, die der Aufrechterhaltung eines ordnungsgemäßen Betriebs der Einrichtung oder der Sicherung des Unterbringungszwecks dienen. [2]Insbesondere dürfen ihm Gegenstände, die unmittelbar oder mittelbar einem Entweichen dienen können, abgenommen und bis zu seiner Entlassung anderweitig verwahrt werden. [3]Für ihn eingehende oder von ihm ausgehende Pakete und schriftliche Mitteilungen können in seinem Beisein geöffnet und zurückgehalten werden, soweit dies zur Sicherung des Unterbringungszwecks erforderlich ist. [4]Die bei der Absonderung erhobenen personenbezogenen Daten sowie die über Pakete und schriftliche Mitteilungen gewonnenen Erkenntnisse dürfen nur für Zwecke dieses Gesetzes verarbeitet und genutzt werden. [5]Postsendungen von Gerichten, Behörden, gesetzlichen Vertretern, Rechtsanwälten, Notaren oder Seelsorgern dürfen weder geöffnet noch zurückgehalten werden; Postsendungen an solche Stellen oder Personen dürfen nur geöffnet und zurückgehalten werden, soweit dies zum Zwecke der Entseuchung notwendig ist. [6]Die Grundrechte der körperlichen Unversehrtheit (Artikel 2 Abs. 2 Satz 1 Grundgesetz), der Freiheit der Person (Artikel 2 Abs. 2 Satz 2 Grundgesetz) und das Grundrecht des Brief- und Postgeheimnisses (Artikel 10 Grundgesetz) werden insoweit eingeschränkt.

(4) [1]Der behandelnde Arzt und die zur Pflege bestimmten Personen haben freien Zutritt zu abgesonderten Personen. [2]Dem Seelsorger oder Urkundspersonen muss, anderen Personen kann der behandelnde Arzt den Zutritt unter Auferlegung der erforderlichen Verhaltensmaßregeln gestatten.

(5) Die Träger der Einrichtungen haben dafür zu sorgen, dass das eingesetzte Personal sowie die weiteren gefährdeten Personen den erforderlichen Impfschutz oder eine spezifische Prophylaxe erhalten.

(6) Die Länder haben dafür Sorge zu tragen, dass die nach Absatz 1 Satz 1 notwendigen Räume, Einrichtungen und Transportmittel zur Verfügung stehen.

(7) [1]Die zuständigen Gebietskörperschaften haben dafür zu sorgen, dass die nach Absatz 1 Satz 2 und Absatz 2 notwendigen Räume, Einrichtungen und Transportmittel sowie das erforderliche Personal zur Durchführung von Absonderungsmaßnahmen außerhalb der Wohnung zur Verfügung stehen. [2]Die Räume und Einrichtungen zur Absonderung nach Absatz 2 sind nötigenfalls von den Ländern zu schaffen und zu unterhalten.

§ 31 Berufliches Tätigkeitsverbot. [1]Die zuständige Behörde kann Kranken, Krankheitsverdächtigen, Ansteckungsverdächtigen und Ausscheidern die Ausübung bestimmter beruflicher Tätigkeiten ganz oder teilweise untersagen.

[2]Satz 1 gilt auch für sonstige Personen, die Krankheitserreger so in oder an sich tragen, dass im Einzelfall die Gefahr einer Weiterverbreitung besteht.

§ 32 Erlass von Rechtsverordnungen. [1]Die Landesregierungen werden ermächtigt, unter den Voraussetzungen, die für Maßnahmen nach den §§ 28 bis 31 maßgebend sind, auch durch Rechtsverordnungen entsprechende Gebote und Verbote zur Bekämpfung übertragbarer Krankheiten zu erlassen. [2]Die Landesregierungen können die Ermächtigung durch Rechtsverordnung auf andere Stellen übertragen. [3]Die Grundrechte der Freiheit der Person (Artikel 2 Abs. 2 Satz 2 Grundgesetz), der Freizügigkeit (Artikel 11 Abs. 1 Grundgesetz), der Versammlungsfreiheit (Artikel 8 Grundgesetz), der Unverletzlichkeit der Wohnung (Artikel 13 Abs. 1 Grundgesetz) und des Brief- und Postgeheimnisses (Artikel 10 Grundgesetz) können insoweit eingeschränkt werden.

Sechster Abschnitt

Infektionsschutz bei bestimmten Einrichtungen, Unternehmen und Personen

§ 33 Gemeinschaftseinrichtungen. Gemeinschaftseinrichtungen im Sinne dieses Gesetzes sind Einrichtungen, in denen überwiegend Säuglinge, Kinder oder Jugendliche betreut werden, insbesondere Kinderkrippen, Kindergärten, Kindertagesstätten, Kinderhorte, Schulen oder sonstige Ausbildungseinrichtungen, Heime, Ferienlager und ähnliche Einrichtungen.

§ 34 Gesundheitliche Anforderungen, Mitwirkungspflichten, Aufgaben des Gesundheitsamtes. (1) [1]Personen, die an

1. Cholera
2. Diphtherie
3. Enteritis durch enterohämorrhagische E. coli (EHEC)
4. virusbedingtem hämorrhagischen Fieber
5. Haemophilus influenzae Typ b-Meningitis
6. Impetigo contagiosa (ansteckende Borkenflechte)
7. Keuchhusten
8. ansteckungsfähiger Lungentuberkulose
9. Masern
10. Meningokokken-Infektion
11. Mumps
12. Paratyphus
13. Pest
14. Poliomyelitis
14a. Röteln
15. Scharlach oder sonstigen Streptococcus pyogenes-Infektionen
16. Shigellose

17. Skabies (Krätze)
18. Typhus abdominalis
19. Virushepatitis A oder E
20. Windpocken

erkrankt oder dessen verdächtig oder die verlaust sind, dürfen in den in § 33 genannten Gemeinschaftseinrichtungen keine Lehr-, Erziehungs-, Pflege-, Aufsichts- oder sonstige Tätigkeiten ausüben, bei denen sie Kontakt zu den dort Betreuten haben, bis nach ärztlichem Urteil eine Weiterverbreitung der Krankheit oder der Verlausung durch sie nicht mehr zu befürchten ist. [2]Satz 1 gilt entsprechend für die in der Gemeinschaftseinrichtung Betreuten mit der Maßgabe, dass sie die dem Betrieb der Gemeinschaftseinrichtung dienenden Räume nicht betreten, Einrichtungen der Gemeinschaftseinrichtung nicht benutzen und an Veranstaltungen der Gemeinschaftseinrichtung nicht teilnehmen dürfen. [3]Satz 2 gilt auch für Kinder, die das 6. Lebensjahr noch nicht vollendet haben und an infektiöser Gastroenteritis erkrankt oder dessen verdächtig sind.

(2) Ausscheider von

1. Vibrio cholerae O 1 und O 139
2. Corynebacterium spp., Toxin bildend
3. Salmonella Typhi
4. Salmonella Paratyphi
5. Shigella sp.
6. enterohämorrhagischen E. coli (EHEC)

dürfen nur mit Zustimmung des Gesundheitsamtes und unter Beachtung der gegenüber dem Ausscheider und der Gemeinschaftseinrichtung verfügten Schutzmaßnahmen die dem Betrieb der Gemeinschaftseinrichtung dienenden Räume betreten, Einrichtungen der Gemeinschaftseinrichtung benutzen und an Veranstaltungen der Gemeinschaftseinrichtung teilnehmen.

(3) Absatz 1 Satz 1 und 2 gilt entsprechend für Personen, in deren Wohngemeinschaft nach ärztlichem Urteil eine Erkrankung an oder ein Verdacht auf

1. Cholera
2. Diphtherie
3. Enteritis durch enterohämorrhagische E. coli (EHEC)
4. virusbedingtem hämorrhagischem Fieber
5. Haemophilus influenzae Typ b-Meningitis
6. ansteckungsfähiger Lungentuberkulose
7. Masern
8. Meningokokken-Infektion
9. Mumps
10. Paratyphus
11. Pest
12. Poliomyelitis
12a. Röteln
13. Shigellose
14. Typhus abdominalis

15. Virushepatitis A oder E aufgetreten ist
16. Windpocken.

(4) ¹Wenn die nach den Absätzen 1 bis 3 verpflichteten Personen geschäfts-unfähig oder in der Geschäftsfähigkeit beschränkt sind, so hat derjenige für die Einhaltung der diese Personen nach den Absätzen 1 bis 3 treffenden Verpflich-tungen zu sorgen, dem die Sorge für diese Person zusteht. ²Die gleiche Ver-pflichtung trifft den Betreuer einer von Verpflichtungen nach den Absätzen 1 bis 3 betroffenen Person, soweit die Erfüllung dieser Verpflichtungen zu sei-nem Aufgabenkreis gehört.

(5) ¹Wenn einer der in den Absätzen 1, 2 oder 3 genannten Tatbestände bei den in Absatz 1 genannten Personen auftritt, so haben diese Personen oder in den Fällen des Absatzes 4 der Sorgeinhaber der Gemeinschaftseinrichtung hiervon unverzüglich Mitteilung zu machen. ²Die Leitung der Gemeinschafts-einrichtung hat jede Person, die in der Gemeinschaftseinrichtung neu betreut wird, oder deren Sorgeberechtigte über die Pflichten nach Satz 1 zu belehren.

(6) ¹Werden Tatsachen bekannt, die das Vorliegen einer der in den Absät-zen 1, 2 oder 3 aufgeführten Tatbestände annehmen lassen, so hat die Leitung der Gemeinschaftseinrichtung das Gesundheitsamt, in dessen Bezirk sich die Gemeinschaftseinrichtung befindet, unverzüglich zu benachrichtigen und krankheits- und personenbezogene Angaben zu machen. ²Dies gilt auch beim Auftreten von zwei oder mehr gleichartigen, schwerwiegenden Erkrankungen, wenn als deren Ursache Krankheitserreger anzunehmen sind. ³Eine Benach-richtigungspflicht besteht nicht, wenn der Leitung ein Nachweis darüber vor-liegt, dass die Meldung des Sachverhalts nach § 6 bereits erfolgt ist.

(7) Die zuständige Behörde kann im Einvernehmen mit dem Gesundheits-amt für die in § 33 genannten Einrichtungen Ausnahmen von dem Verbot nach Absatz 1, auch in Verbindung mit Absatz 3, zulassen, wenn Maßnahmen durch-geführt werden oder wurden, mit denen eine Übertragung der aufgeführten Er-krankungen oder der Verlausung verhütet werden kann.

(8) Das Gesundheitsamt kann gegenüber der Leitung der Gemeinschaftsein-richtung anordnen, dass das Auftreten einer Erkrankung oder eines hierauf ge-richteten Verdachtes ohne Hinweis auf die Person in der Gemeinschaftseinrich-tung bekannt gegeben wird.

(9) Wenn in Gemeinschaftseinrichtungen betreute Personen Krankheitserre-ger so in oder an sich tragen, dass im Einzelfall die Gefahr einer Weiterverbrei-tung besteht, kann die zuständige Behörde die notwendigen Schutzmaßnahmen anordnen.

(10) Die Gesundheitsämter und die in § 33 genannten Gemeinschaftsein-richtungen sollen die betreuten Personen oder deren Sorgeberechtigte gemein-sam über die Bedeutung eines vollständigen, altersgemäßen, nach den Empfeh-lungen der Ständigen Impfkommission ausreichenden Impfschutzes und über die Prävention übertragbarer Krankheiten aufklären.

(10a) [1]Bei der Erstaufnahme in eine Kindertageseinrichtung haben die Personensorgeberechtigten gegenüber dieser einen schriftlichen Nachweis darüber zu erbringen, dass zeitnah vor der Aufnahme eine ärztliche Beratung in Bezug auf einen vollständigen, altersgemäßen, nach den Empfehlungen der Ständigen Impfkommission ausreichenden Impfschutz des Kindes erfolgt ist. [2]Wenn der Nachweis nicht erbracht wird, benachrichtigt die Leitung der Kindertageseinrichtung das Gesundheitsamt, in dessen Bezirk sich die Einrichtung befindet, und übermittelt dem Gesundheitsamt personenbezogene Angaben. [3]Das Gesundheitsamt kann die Personensorgeberechtigten zu einer Beratung laden. [4]Weitergehende landesrechtliche Regelungen bleiben unberührt.

(11) Bei Erstaufnahme in die erste Klasse einer allgemein bildenden Schule hat das Gesundheitsamt oder der von ihm beauftragte Arzt den Impfstatus zu erheben und die hierbei gewonnenen aggregierten und anonymisierten Daten über die oberste Landesgesundheitsbehörde dem Robert Koch-Institut zu übermitteln.

§ 35 Belehrung für Personen in der Betreuung von Kindern und Jugendlichen. [1]Personen, die in den in § 33 genannten Gemeinschaftseinrichtungen Lehr-, Erziehungs-, Pflege-, Aufsichts- oder sonstige regelmäßige Tätigkeiten ausüben und Kontakt mit den dort Betreuten haben, sind vor erstmaliger Aufnahme ihrer Tätigkeit und im Weiteren mindestens im Abstand von zwei Jahren von ihrem Arbeitgeber über die gesundheitlichen Anforderungen und Mitwirkungsverpflichtungen nach § 34 zu belehren. [2]Über die Belehrung ist ein Protokoll zu erstellen, das beim Arbeitgeber für die Dauer von drei Jahren aufzubewahren ist. [3]Die Sätze 1 und 2 finden für Dienstherren entsprechende Anwendung.

§ 36 Infektionsschutz bei bestimmten Einrichtungen, Unternehmen und Personen; Verordnungsermächtigung. (1) Folgende Einrichtungen und Unternehmen müssen in Hygieneplänen innerbetriebliche Verfahrensweisen zur Infektionshygiene festlegen und unterliegen der infektionshygienischen Überwachung durch das Gesundheitsamt:

1. die in § 33 genannten Gemeinschaftseinrichtungen,
2. nicht unter § 23 Absatz 5 Satz 1 fallende voll- oder teilstationäre Einrichtungen zur Betreuung und Unterbringung älterer, behinderter oder pflegebedürftiger Menschen,
3. Obdachlosenunterkünfte,
4. Einrichtungen zur gemeinschaftlichen Unterbringung von Asylbewerbern, vollziehbar Ausreisepflichtigen, Flüchtlingen und Spätaussiedlern,
5. sonstige Massenunterkünfte,
6. Justizvollzugsanstalten sowie
7. ambulante Pflegedienste und Unternehmen, die den Einrichtungen nach Nummer 2 vergleichbare Dienstleistungen anbieten; Angebote zur Unterstützung im Alltag im Sinne von § 45a Absatz 1 Satz 2 des Elften Buches Sozialgesetzbuch zählen nicht zu den Dienstleistungen, die mit Angeboten in Einrichtungen nach Nummer 2 vergleichbar sind.

(2) Einrichtungen und Unternehmen, bei denen die Möglichkeit besteht, dass durch Tätigkeiten am Menschen durch Blut Krankheitserreger übertragen werden, können durch das Gesundheitsamt infektionshygienisch überwacht werden.

(3) ¹Die mit der Überwachung beauftragten Personen sind befugt, zu Betriebs- und Geschäftszeiten Betriebsgrundstücke, Geschäfts- und Betriebsräume, zum Betrieb gehörende Anlagen und Einrichtungen sowie Verkehrsmittel zu betreten, zu besichtigen sowie in die Bücher oder sonstigen Unterlagen Einsicht zu nehmen und hieraus Abschriften, Ablichtungen oder Auszüge anzufertigen sowie sonstige Gegenstände zu untersuchen oder Proben zur Untersuchung zu fordern oder zu entnehmen, soweit dies zur Erfüllung ihrer Aufgaben erforderlich ist. ²§ 16 Absatz 2 Satz 2 bis 4 gilt entsprechend.

(3a) Die Leiter von in Absatz 1 Nummer 2 bis 6 genannten Einrichtungen haben das Gesundheitsamt, in dessen Bezirk sich die Einrichtung befindet, unverzüglich zu benachrichtigen und die nach diesem Gesetz erforderlichen krankheits- und personenbezogenen Angaben zu machen, wenn eine in der Einrichtung tätige oder untergebrachte Person an Skabies erkrankt ist oder bei ihr der Verdacht besteht, dass sie an Skabies erkrankt ist.

(4) ¹Personen, die in eine Einrichtung nach Absatz 1 Nummer 2 bis 4 aufgenommen werden sollen, haben der Leitung der Einrichtung vor oder unverzüglich nach ihrer Aufnahme ein ärztliches Zeugnis darüber vorzulegen, dass bei ihnen keine Anhaltspunkte für das Vorliegen einer ansteckungsfähigen Lungentuberkulose vorhanden sind. ²Bei der erstmaligen Aufnahme darf die Erhebung der Befunde, die dem ärztlichen Zeugnis zugrunde liegt, nicht länger als sechs Monate zurückliegen, bei einer erneuten Aufnahme darf sie nicht länger als zwölf Monate zurückliegen. ³Bei Personen, die in eine Einrichtung nach Absatz 1 Nummer 4 aufgenommen werden sollen, muss sich das Zeugnis auf eine im Geltungsbereich dieses Gesetzes erstellte Röntgenaufnahme der Lunge stützen. ⁴Bei Personen, die das 15. Lebensjahr noch nicht vollendet haben, sowie bei Schwangeren ist von der Röntgenaufnahme abzusehen; stattdessen ist ein ärztliches Zeugnis vorzulegen, dass nach sonstigen Befunden eine ansteckungsfähige Lungentuberkulose nicht zu befürchten ist. ⁵§ 34 Absatz 4 gilt entsprechend. ⁶Satz 1 gilt nicht für Obdachlose, die weniger als drei Tage in eine Einrichtung nach Absatz 1 Nummer 3 aufgenommen werden.

(5) ¹Personen, die in eine Einrichtung nach Absatz 1 Nummer 4 aufgenommen werden sollen, sind verpflichtet, eine ärztliche Untersuchung auf Ausschluss einer ansteckungsfähigen Lungentuberkulose einschließlich einer Röntgenaufnahme der Atmungsorgane zu dulden. ²Dies gilt nicht, wenn die betroffenen Personen ein ärztliches Zeugnis nach Absatz 4 vorlegen oder unmittelbar vor ihrer Aufnahme in einer anderen Einrichtung nach Absatz 1 Nummer 4 untergebracht waren und die entsprechenden Untersuchungen bereits dort durchgeführt wurden. ³Personen, die in eine Justizvollzugsanstalt aufgenommen werden, sind verpflichtet, eine ärztliche Untersuchung auf übertragbare Krankheiten einschließlich einer Röntgenaufnahme der Lunge zu dulden. ⁴Für Untersuchungen

nach den Sätzen 1 und 3 gilt Absatz 4 Satz 4 entsprechend. [5]Widerspruch und Anfechtungsklage gegen Anordnungen nach den Sätzen 1 und 3 haben keine aufschiebende Wirkung.

(6) [1]Das Bundesministerium für Gesundheit wird ermächtigt, durch Rechtsverordnung mit Zustimmung des Bundesrates festzulegen, dass Personen, die in die Bundesrepublik Deutschland einreisen wollen oder eingereist sind und die wahrscheinlich einem erhöhten Infektionsrisiko für eine bestimmte schwerwiegende übertragbare Krankheit ausgesetzt waren, vor oder nach ihrer Einreise ein ärztliches Zeugnis darüber vorzulegen haben, dass bei ihnen keine Anhaltspunkte für das Vorliegen einer solchen schwerwiegenden übertragbaren Krankheit vorhanden sind, sofern dies zum Schutz der Bevölkerung vor einer Gefährdung durch schwerwiegende übertragbare Krankheiten erforderlich ist; § 34 Absatz 4 gilt entsprechend. [2]Personen, die kein auf Grund der Rechtsverordnung erforderliches ärztliches Zeugnis vorlegen, sind verpflichtet, eine ärztliche Untersuchung auf Ausschluss einer schwerwiegenden übertragbaren Krankheit im Sinne des Satzes 1 zu dulden; Absatz 5 Satz 5 gilt entsprechend. [3]In der Rechtsverordnung können nähere Einzelheiten insbesondere zu den betroffenen Personengruppen und zu den Anforderungen an das ärztliche Zeugnis nach Satz 1 und zu der ärztlichen Untersuchung nach Satz 2 bestimmt werden. [4]Das Robert Koch-Institut kann zu den Einzelheiten nach Satz 3 Empfehlungen abgeben. [5]In dringenden Fällen kann zum Schutz der Bevölkerung die Rechtsverordnung ohne Zustimmung des Bundesrates erlassen werden. [6]Eine auf der Grundlage des Satzes 5 erlassene Verordnung tritt ein Jahr nach ihrem Inkrafttreten außer Kraft; ihre Geltungsdauer kann mit Zustimmung des Bundesrates verlängert werden.

(7) Durch die Absätze 4 bis 6 wird das Grundrecht der körperlichen Unversehrtheit (Artikel 2 Absatz 2 Satz 1 des Grundgesetzes) eingeschränkt.

Siebenter Abschnitt

Wasser

§ 37 Beschaffenheit von Wasser für den menschlichen Gebrauch sowie von Wasser zum Schwimmen oder Baden in Becken oder Teichen, Überwachung.   (1) Wasser für den menschlichen Gebrauch muss so beschaffen sein, dass durch seinen Genuss oder Gebrauch eine Schädigung der menschlichen Gesundheit, insbesondere durch Krankheitserreger, nicht zu besorgen ist.

(2) [1]Wasser, das in Gewerbebetrieben, öffentlichen Bädern sowie in sonstigen nicht ausschließlich privat genutzten Einrichtungen zum Schwimmen oder Baden bereitgestellt wird

1. in Schwimm- oder Badebecken oder
2. in Schwimm- oder Badeteichen, die nicht Badegewässer im Sinne der Richtlinie 2006/7/EG des Europäischen Parlaments und des Rates vom

15. Februar 2006 über die Qualität der Badegewässer und deren Bewirtschaftung und zur Aufhebung der Richtlinie 76/160/EWG (ABl. L 64 vom 4.3.2006, S. 37; L 359 vom 29.12.2012, S. 77), die zuletzt durch die Richtlinie 2013/64/EU (ABl. L 353 vom 28.12.2013, S. 8) geändert worden ist, sind, muss so beschaffen sein, dass durch seinen Gebrauch eine Schädigung der menschlichen Gesundheit, insbesondere durch Krankheitserreger, nicht zu besorgen ist. [2]Bei Schwimm- oder Badebecken muss die Aufbereitung des Wassers eine Desinfektion einschließen. [3]Bei Schwimm- oder Badeteichen hat die Aufbereitung des Wassers durch biologische und mechanische Verfahren, die mindestens den allgemein anerkannten Regeln der Technik entsprechen, zu erfolgen.

(3) [1]Wassergewinnungs- und Wasserversorgungsanlagen, Schwimm- oder Badebecken und Schwimm- oder Badeteiche einschließlich ihrer Wasseraufbereitungsanlagen unterliegen hinsichtlich der in den Absätzen 1 und 2 genannten Anforderungen der Überwachung durch das Gesundheitsamt. [2]Für die Durchführung der Überwachung gilt § 16 Abs. 2 entsprechend. [3]Das Grundrecht der Unverletzlichkeit der Wohnung (Artikel 13 Abs. 1 Grundgesetz) wird insoweit eingeschränkt.

§ 38[3] **Erlass von Rechtsverordnungen.** (1) [1]Das Bundesministerium für Gesundheit bestimmt durch Rechtsverordnung mit Zustimmung des Bundesrates,

1. welchen Anforderungen das Wasser für den menschlichen Gebrauch entsprechen muss, um der Vorschrift von § 37 Abs. 1 zu genügen,

2. dass und wie die Wassergewinnungs- und Wasserversorgungsanlagen und das Wasser in hygienischer Hinsicht zu überwachen sind,

3. welche Handlungs-, Unterlassungs-, Mitwirkungs- und Duldungspflichten dem Unternehmer oder sonstigen Inhaber einer Wassergewinnungs- oder Wasserversorgungsanlage im Sinne der Nummern 1 und 2 obliegen, welche Wasseruntersuchungen dieser durchführen oder durchführen lassen muss und in welchen Zeitabständen diese vorzunehmen sind,

4. die Anforderungen an Stoffe, Verfahren und Materialien bei der Gewinnung, Aufbereitung oder Verteilung des Wassers für den menschlichen Gebrauch, soweit diese nicht den Vorschriften des Lebensmittel- und Futtermittelgesetzbuches unterliegen, und insbesondere, dass nur Aufbereitungsstoffe und Desinfektionsverfahren verwendet werden dürfen, die hinreichend wirksam sind und keine vermeidbaren oder unvertretbaren Auswirkungen auf Gesundheit und Umwelt haben,

5. in welchen Fällen das Wasser für den menschlichen Gebrauch, das den Anforderungen nach den Nummern 1 oder 4 nicht entspricht, nicht oder nur eingeschränkt abgegeben oder anderen nicht oder nur eingeschränkt zur Verfügung gestellt werden darf,

---

3 Gemäß Art. 4 Abs. 20 Nr. 3 G vom 18.7.2016 (BGBl. I S. 1666), geändert durch Art. 9 G vom 17.7.2017 (BGBl. I S. 2615) wird § 38 Abs. 3 mit Wirkung vom 1.10.2021 aufgehoben.

6. dass und wie die Bevölkerung über die Beschaffenheit des Wassers für den menschlichen Gebrauch und über etwaige zu treffende Maßnahmen zu informieren ist,

7. dass und wie Angaben über die Gewinnung und die Beschaffenheit des Wassers für den menschlichen Gebrauch einschließlich personenbezogener Daten, soweit diese für die Erfassung und die Überwachung der Wasserqualität und der Wasserversorgung erforderlich sind, zu übermitteln sind und

8. die Anforderungen an die Untersuchungsstellen, die das Wasser für den menschlichen Gebrauch analysieren.

²In der Rechtsverordnung können auch Regelungen über die Anforderungen an die Wassergewinnungs- und Wasserversorgungsanlagen getroffen werden. ³Ferner kann in der Rechtsverordnung dem Umweltbundesamt die Aufgabe übertragen werden, zu prüfen und zu entscheiden, ob Stoffe, Verfahren und Materialien die nach Satz 1 Nummer 4 festgelegten Anforderungen erfüllen. ⁴Voraussetzungen, Inhalt und Verfahren der Prüfung und Entscheidung können in der Rechtsverordnung näher bestimmt werden. ⁵In der Rechtsverordnung kann zudem festgelegt werden, dass Stoffe, Verfahren und Materialien bei der Gewinnung, Aufbereitung und Verteilung des Wassers für den menschlichen Gebrauch erst dann verwendet werden dürfen, wenn das Umweltbundesamt festgestellt hat, dass sie die nach Satz 1 Nummer 4 festgelegten Anforderungen erfüllen. ⁶Die Rechtsverordnung bedarf des Einvernehmens mit dem Bundesministerium für Umwelt, Naturschutz, Bau und Reaktorsicherheit, soweit es sich um Wassergewinnungsanlagen handelt.

(2) ¹Das Bundesministerium für Gesundheit bestimmt durch Rechtsverordnung mit Zustimmung des Bundesrates,

1. welchen Anforderungen das in § 37 Abs. 2 bezeichnete Wasser entsprechen muss, um der Vorschrift von § 37 Abs. 2 zu genügen,

2. dass und wie die Schwimm- oder Badebecken, die Schwimm- oder Badeteiche und das Wasser in hygienischer Hinsicht zu überwachen sind,

3. welche Handlungs-, Unterlassungs-, Mitwirkungs- und Duldungspflichten dem Unternehmer oder sonstigen Inhaber eines Schwimm- oder Badebeckens oder eines Schwimm- oder Badeteiches im Sinne der Nummern 1 und 2 obliegen, welche Wasseruntersuchungen dieser durchführen oder durchführen lassen muss und in welchen Zeitabständen diese vorzunehmen sind,

4. in welchen Fällen das in § 37 Abs. 2 bezeichnete Wasser, das den Anforderungen nach Nummer 1 nicht entspricht, anderen nicht zur Verfügung gestellt werden darf und

5. dass für die Aufbereitung des in § 37 Absatz 2 Satz 1 bezeichneten Wassers nur Mittel und Verfahren verwendet werden dürfen, die vom Umweltbundesamt in einer Liste bekannt gemacht worden sind.

²Die Aufnahme von Mitteln und Verfahren zur Aufbereitung des in § 37 Absatz 2 Satz 2 bezeichneten Wassers in die Liste nach Nummer 5 erfolgt nur, wenn das Umweltbundesamt festgestellt hat, dass die Mittel und Verfahren mindestens den allgemein anerkannten Regeln der Technik entsprechen.

(3) [1]Für individuell zurechenbare öffentliche Leistungen in Antragsverfahren nach den auf Grund der Absätze 1 und 2 erlassenen Rechtsverordnungen kann das Umweltbundesamt zur Deckung des Verwaltungsaufwands Gebühren und Auslagen erheben. [2]Das Bundesministerium für Umwelt, Naturschutz, Bau und Reaktorsicherheit wird ermächtigt, durch Rechtsverordnung ohne Zustimmung des Bundesrates die gebührenpflichtigen Tatbestände, die Gebührensätze und die Auslagenerstattung näher zu bestimmen und dabei feste Sätze oder Rahmensätze vorzusehen.

§ 39[4] Untersuchungen, Maßnahmen der zuständigen Behörde. (1) [1]Der Unternehmer oder sonstige Inhaber einer Wassergewinnungs- oder Wasserversorgungsanlage, eines Schwimm- oder Badebeckens oder eines Schwimm- oder Badeteiches hat die ihm auf Grund von Rechtsverordnungen nach § 38 Abs. 1 oder 2 obliegenden Wasseruntersuchungen auf eigene Kosten durchzuführen oder durchführen zu lassen. [2]Er hat auch die Gebühren und Auslagen der Wasseruntersuchungen zu tragen, die die zuständige Behörde auf Grund der Rechtsverordnungen nach § 38 Abs. 1 oder 2 durchführt oder durchführen lässt.

(2) [1]Die zuständige Behörde hat die notwendigen Maßnahmen zu treffen, um
1. die Einhaltung der Vorschriften des § 37 Abs. 1 und 2 und von Rechtsverordnungen nach § 38 Abs. 1 und 2 sicherzustellen,
2. Gefahren für die menschliche Gesundheit abzuwenden, die von Wasser für den menschlichen Gebrauch im Sinne von § 37 Abs. 1 sowie von Wasser für und in Schwimm- oder Badebecken und Schwimm- oder Badeteichen im Sinne von § 37 Abs. 2 ausgehen können, insbesondere um das Auftreten oder die Weiterverbreitung übertragbarer Krankheiten zu verhindern.
[2]§ 16 Abs. 6 bis 8 gilt entsprechend.

§ 40 Aufgaben des Umweltbundesamtes. [1]Das Umweltbundesamt hat im Rahmen dieses Gesetzes die Aufgabe, Konzeptionen zur Vorbeugung, Erkennung und Verhinderung der Weiterverbreitung von durch Wasser übertragbaren Krankheiten zu entwickeln. [2]Beim Umweltbundesamt können zur Erfüllung dieser Aufgaben beratende Fachkommissionen eingerichtet werden, die Empfehlungen zum Schutz der menschlichen Gesundheit hinsichtlich der Anforderungen an die Qualität des in § 37 Abs. 1 und 2 bezeichneten Wassers sowie der insoweit notwendigen Maßnahmen abgeben können. [3]Die Mitglieder dieser Kommissionen werden vom Bundesministerium für Gesundheit im Benehmen mit dem Bundesministerium für Umwelt, Naturschutz, Bau und Reaktorsicherheit sowie im Benehmen mit den jeweils zuständigen obersten Landesbehörden berufen. [4]Vertreter des Bundesministeriums für Gesundheit, des Bundesministeriums für Umwelt, Naturschutz, Bau und Reaktorsicherheit und des Umwelt-

---

4 Gemäß Art. 4 Abs. 20 Nr. 3 G vom 18.7.2016 (BGBl. I S. 1666), geändert durch G vom 17.7.2017 (BGBl. I S. 2615) wird § 39 Abs. 1 Satz 2 mit Wirkung vom 1.10.2021 aufgehoben.

bundesamtes nehmen mit beratender Stimme an den Sitzungen teil. [5]Weitere Vertreter von Bundes- und Landesbehörden können daran teilnehmen.

§ 41 Abwasser. (1) [1]Die Abwasserbeseitigungspflichtigen haben darauf hinzuwirken, dass Abwasser so beseitigt wird, dass Gefahren für die menschliche Gesundheit durch Krankheitserreger nicht entstehen. [2]Einrichtungen zur Beseitigung des in Satz 1 genannten Abwassers unterliegen der infektionshygienischen Überwachung durch die zuständige Behörde. [3]Die Betreiber von Einrichtungen nach Satz 2 sind verpflichtet, den Beauftragten der zuständigen Behörde Grundstücke, Räume, Anlagen und Einrichtungen zugänglich zu machen und auf Verlangen Auskunft zu erteilen, soweit dies zur Überwachung erforderlich ist. [4]Das Grundrecht der Unverletzlichkeit der Wohnung (Artikel 13 Abs. 1 Grundgesetz) wird insoweit eingeschränkt. [5]§ 16 Abs. 1 bis 3 findet Anwendung.

(2) [1]Die Landesregierungen werden ermächtigt, bezüglich des Abwassers durch Rechtsverordnung entsprechende Gebote und Verbote zur Verhütung übertragbarer Krankheiten zu erlassen. [2]Die Landesregierungen können die Ermächtigung durch Rechtsverordnung auf andere Stellen übertragen. [3]Das Grundrecht der Unverletzlichkeit der Wohnung (Artikel 13 Abs. 1 Grundgesetz) kann insoweit eingeschränkt werden.

Achter Abschnitt

Gesundheitliche Anforderungen an das Personal beim Umgang mit Lebensmitteln

§ 42 Tätigkeits- und Beschäftigungsverbote. (1) [1]Personen, die

1. an Typhus abdominalis, Paratyphus, Cholera, Shigellenruhr, Salmonellose, einer anderen infektiösen Gastroenteritis oder Virushepatitis A oder E erkrankt oder dessen verdächtig sind,
2. an infizierten Wunden oder an Hautkrankheiten erkrankt sind, bei denen die Möglichkeit besteht, dass deren Krankheitserreger über Lebensmittel übertragen werden können,
3. die Krankheitserreger Shigellen, Salmonellen, enterohämorrhagische Escherichia coli oder Choleravibrionen ausscheiden,

   dürfen nicht tätig sein oder beschäftigt werden

   a) beim Herstellen, Behandeln oder Inverkehrbringen der in Absatz 2 genannten Lebensmittel, wenn sie dabei mit diesen in Berührung kommen, oder

   b) in Küchen von Gaststätten und sonstigen Einrichtungen mit oder zur Gemeinschaftsverpflegung.

[2]Satz 1 gilt entsprechend für Personen, die mit Bedarfsgegenständen, die für die dort genannten Tätigkeiten verwendet werden, so in Berührung kommen, dass eine Übertragung von Krankheitserregern auf die Lebensmittel im Sinne des

Absatzes 2 zu befürchten ist. [3]Die Sätze 1 und 2 gelten nicht für den privaten hauswirtschaftlichen Bereich.

(2) Lebensmittel im Sinne des Absatzes 1 sind

1. Fleisch, Geflügelfleisch und Erzeugnisse daraus
2. Milch und Erzeugnisse auf Milchbasis
3. Fische, Krebse oder Weichtiere und Erzeugnisse daraus
4. Eiprodukte
5. Säuglings- und Kleinkindernahrung
6. Speiseeis und Speiseeishalberzeugnisse
7. Backwaren mit nicht durchgebackener oder durcherhitzter Füllung oder Auflage
8. Feinkost-, Rohkost- und Kartoffelsalate, Marinaden, Mayonnaisen, andere emulgierte Soßen, Nahrungshefen
9. Sprossen und Keimlinge zum Rohverzehr sowie Samen zur Herstellung von Sprossen und Keimlingen zum Rohverzehr.

(3) Personen, die in amtlicher Eigenschaft, auch im Rahmen ihrer Ausbildung, mit den in Absatz 2 bezeichneten Lebensmitteln oder mit Bedarfsgegenständen im Sinne des Absatzes 1 Satz 4 in Berührung kommen, dürfen ihre Tätigkeit nicht ausüben, wenn sie an einer der in Absatz 1 Nr. 1 genannten Krankheiten erkrankt oder dessen verdächtig sind, an einer der in Absatz 1 Nr. 2 genannten Krankheiten erkrankt sind oder die in Absatz 1 Nr. 3 genannten Krankheitserreger ausscheiden.

(4) Das Gesundheitsamt kann Ausnahmen von den Verboten nach dieser Vorschrift zulassen, wenn Maßnahmen durchgeführt werden, mit denen eine Übertragung der aufgeführten Erkrankungen und Krankheitserreger verhütet werden kann.

(5) [1]Das Bundesministerium für Gesundheit wird ermächtigt, durch Rechtsverordnung mit Zustimmung des Bundesrates den Kreis der in Absatz 1 Nr. 1 und 2 genannten Krankheiten, der in Absatz 1 Nr. 3 genannten Krankheitserreger und der in Absatz 2 genannten Lebensmittel einzuschränken, wenn epidemiologische Erkenntnisse dies zulassen, oder zu erweitern, wenn dies zum Schutz der menschlichen Gesundheit vor einer Gefährdung durch Krankheitserreger erforderlich ist. [2]In dringenden Fällen kann zum Schutz der Bevölkerung die Rechtsverordnung ohne Zustimmung des Bundesrates erlassen werden. [3]Eine auf der Grundlage des Satzes 2 erlassene Verordnung tritt ein Jahr nach ihrem Inkrafttreten außer Kraft; ihre Geltungsdauer kann mit Zustimmung des Bundesrates verlängert werden.

§ 43 Belehrung, Bescheinigung des Gesundheitsamtes. (1) [1]Personen dürfen gewerbsmäßig die in § 42 Abs. 1 bezeichneten Tätigkeiten erstmalig nur dann ausüben und mit diesen Tätigkeiten erstmalig nur dann beschäftigt werden, wenn durch eine nicht mehr als drei Monate alte Bescheinigung des Gesundheitsamtes oder eines vom Gesundheitsamt beauftragten Arztes nachgewiesen ist, dass sie

1. über die in § 42 Abs. 1 genannten Tätigkeitsverbote und über die Verpflichtungen nach den Absätzen 2, 4 und 5 in mündlicher und schriftlicher Form vom Gesundheitsamt oder von einem durch das Gesundheitsamt beauftragten Arzt belehrt wurden und

2. nach der Belehrung im Sinne der Nummer 1 schriftlich erklärt haben, dass ihnen keine Tatsachen für ein Tätigkeitsverbot bei ihnen bekannt sind. ²Liegen Anhaltspunkte vor, dass bei einer Person Hinderungsgründe nach § 42 Abs. 1 bestehen, so darf die Bescheinigung erst ausgestellt werden, wenn durch ein ärztliches Zeugnis nachgewiesen ist, dass Hinderungsgründe nicht oder nicht mehr bestehen.

(2) Treten bei Personen nach Aufnahme ihrer Tätigkeit Hinderungsgründe nach § 42 Abs. 1 auf, sind sie verpflichtet, dies ihrem Arbeitgeber oder Dienstherrn unverzüglich mitzuteilen.

(3) Werden dem Arbeitgeber oder Dienstherrn Anhaltspunkte oder Tatsachen bekannt, die ein Tätigkeitsverbot nach § 42 Abs. 1 begründen, so hat dieser unverzüglich die zur Verhinderung der Weiterverbreitung der Krankheitserreger erforderlichen Maßnahmen einzuleiten.

(4) ¹Der Arbeitgeber hat Personen, die eine der in § 42 Abs. 1 Satz 1 oder 2 genannten Tätigkeiten ausüben, nach Aufnahme ihrer Tätigkeit und im Weiteren alle zwei Jahre über die in § 42 Abs. 1 genannten Tätigkeitsverbote und über die Verpflichtung nach Absatz 2 zu belehren. ²Die Teilnahme an der Belehrung ist zu dokumentieren. ³Die Sätze 1 und 2 finden für Dienstherren entsprechende Anwendung.

(5) ¹Die Bescheinigung nach Absatz 1 und die letzte Dokumentation der Belehrung nach Absatz 4 sind beim Arbeitgeber aufzubewahren. ²Der Arbeitgeber hat die Nachweise nach Satz 1 und, sofern er eine in § 42 Abs. 1 bezeichnete Tätigkeit selbst ausübt, die ihn betreffende Bescheinigung nach Absatz 1 Satz 1 an der Betriebsstätte verfügbar zu halten und der zuständigen Behörde und ihren Beauftragten auf Verlangen vorzulegen. ³Bei Tätigkeiten an wechselnden Standorten genügt die Vorlage einer beglaubigten Abschrift oder einer beglaubigten Kopie.

(6) ¹Im Falle der Geschäftsunfähigkeit oder der beschränkten Geschäftsfähigkeit treffen die Verpflichtungen nach Absatz 1 Satz 1 Nr. 2 und Absatz 2 denjenigen, dem die Sorge für die Person zusteht. ²Die gleiche Verpflichtung trifft auch den Betreuer, soweit die Sorge für die Person zu seinem Aufgabenkreis gehört. ³Die den Arbeitgeber oder Dienstherrn betreffenden Verpflichtungen nach dieser Vorschrift gelten entsprechend für Personen, die die in § 42 Abs. 1 genannten Tätigkeiten selbstständig ausüben.

(7) Das Bundesministerium für Gesundheit wird ermächtigt, durch Rechtsverordnung mit Zustimmung des Bundesrates Untersuchungen und weitergehende Anforderungen vorzuschreiben oder Anforderungen einzuschränken, wenn Rechtsakte der Europäischen Gemeinschaft dies erfordern.

Tätigkeiten mit Krankheitserregern

§ 44 Erlaubnispflicht für Tätigkeiten mit Krankheitserregern. Wer Krankheitserreger in den Geltungsbereich dieses Gesetzes verbringen, sie ausführen, aufbewahren, abgeben oder mit ihnen arbeiten will, bedarf einer Erlaubnis der zuständigen Behörde.

§ 45 Ausnahmen. (1) Einer Erlaubnis nach § 44 bedürfen nicht Personen, die zur selbstständigen Ausübung des Berufs als Arzt, Zahnarzt oder Tierarzt berechtigt sind, für mikrobiologische Untersuchungen zur orientierenden medizinischen und veterinärmedizinischen Diagnostik mittels solcher kultureller Verfahren, die auf die primäre Anzucht und nachfolgender Subkultur zum Zwecke der Resistenzbestimmung beschränkt sind und bei denen die angewendeten Methoden nicht auf den spezifischen Nachweis meldepflichtiger Krankheitserreger gerichtet sind, soweit die Untersuchungen für die unmittelbare Behandlung der eigenen Patienten für die eigene Praxis durchgeführt werden.

(2) Eine Erlaubnis nach § 44 ist nicht erforderlich für

1. Sterilitätsprüfungen, Bestimmung der Koloniezahl und sonstige Arbeiten zur mikrobiologischen Qualitätssicherung bei der Herstellung, Prüfung und der Überwachung des Verkehrs mit
   a) Arzneimitteln,
   b) Medizinprodukten,
2. Sterilitätsprüfungen, Bestimmung der Koloniezahl und sonstige Arbeiten zur mikrobiologischen Qualitätssicherung, soweit diese nicht dem spezifischen Nachweis von Krankheitserregern dienen und dazu Verfahrensschritte zur gezielten Anreicherung oder gezielten Vermehrung von Krankheitserregern beinhalten,
3. Sterilitätsprüfungen, Bestimmung der Koloniezahl und sonstige Arbeiten zur mikrobiologischen Qualitätssicherung, wenn
   a) diese durch die in Absatz 1 bezeichneten Personen durchgeführt werden,
   b) der Qualitätssicherung von mikrobiologischen Untersuchungen nach Absatz 1 dienen und
   c) von der jeweiligen Berufskammer vorgesehen sind.

(3) Die zuständige Behörde hat Personen für sonstige Arbeiten zur mikrobiologischen Qualitätssicherung, die auf die primäre Anzucht auf Selektivmedien beschränkt sind, von der Erlaubnispflicht nach § 44 freizustellen, wenn die Personen im Rahmen einer mindestens zweijährigen Tätigkeit auf dem Gebiet der mikrobiologischen Qualitätssicherung oder im Rahmen einer staatlich geregelten Ausbildung die zur Ausübung der beabsichtigten Tätigkeiten erforderliche Sachkunde erworben haben.

(4) Die zuständige Behörde hat Tätigkeiten im Sinne der Absätze 1, 2 und 3 zu untersagen, wenn eine Person, die die Arbeiten ausführt, sich bezüglich der

erlaubnisfreien Tätigkeiten nach den Absätzen 1, 2 oder 3 als unzuverlässig erwiesen hat.

§ 46 Tätigkeit unter Aufsicht. Der Erlaubnis nach § 44 bedarf nicht, wer unter Aufsicht desjenigen, der eine Erlaubnis besitzt oder nach § 45 keiner Erlaubnis bedarf, tätig ist.

§ 47 Versagungsgründe, Voraussetzungen für die Erlaubnis. (1) Die Erlaubnis ist zu versagen, wenn der Antragsteller
1. die erforderliche Sachkenntnis nicht besitzt oder
2. sich als unzuverlässig in Bezug auf die Tätigkeiten erwiesen hat, für deren Ausübung die Erlaubnis beantragt wird.

(2) ¹Die erforderliche Sachkenntnis wird durch
1. den Abschluss eines Studiums der Human-, Zahn- oder Veterinärmedizin, der Pharmazie oder den Abschluss eines naturwissenschaftlichen Fachhochschul- oder Universitätsstudiums mit mikrobiologischen Inhalten und
2. eine mindestens zweijährige hauptberufliche Tätigkeit mit Krankheitserregern unter Aufsicht einer Person, die im Besitz der Erlaubnis zum Arbeiten mit Krankheitserregern ist,

nachgewiesen. ²Die zuständige Behörde hat auch eine andere, mindestens zweijährige hauptberufliche Tätigkeit auf dem Gebiet der Bakteriologie, Mykologie, Parasitologie oder Virologie als Nachweis der Sachkenntnis nach Nummer 2 anzuerkennen, wenn der Antragsteller bei dieser Tätigkeit eine gleichwertige Sachkenntnis erworben hat.

(3) ¹Die Erlaubnis ist auf bestimmte Tätigkeiten und auf bestimmte Krankheitserreger zu beschränken und mit Auflagen zu verbinden, soweit dies zur Verhütung übertragbarer Krankheiten erforderlich ist. ²Die zuständige Behörde kann Personen, die ein naturwissenschaftliches Fachhochschul- oder Universitätsstudium ohne mikrobiologische Inhalte oder ein ingenieurwissenschaftliches Fachhochschul- oder Universitätsstudium mit mikrobiologischen Inhalten abgeschlossen haben oder die die Voraussetzungen nach Absatz 2 Satz 1 Nr. 2 nur teilweise erfüllen, eine Erlaubnis nach Satz 1 erteilen, wenn der Antragsteller für den eingeschränkten Tätigkeitsbereich eine ausreichende Sachkenntnis erworben hat.

(4) ¹Bei Antragstellern, die nicht die Approbation oder Bestallung als Arzt, Zahnarzt oder Tierarzt besitzen, darf sich die Erlaubnis nicht auf den direkten oder indirekten Nachweis eines Krankheitserregers für die Feststellung einer Infektion oder übertragbaren Krankheit erstrecken. ²Satz 1 gilt nicht für Antragsteller, die Arbeiten im Auftrag eines Arztes, Zahnarztes oder Tierarztes, die im Besitz der Erlaubnis sind, oder Untersuchungen in Krankenhäusern für die unmittelbare Behandlung der Patienten des Krankenhauses durchführen.

§ 48 Rücknahme und Widerruf. Die Erlaubnis nach § 44 kann außer nach den Vorschriften des Verwaltungsverfahrensgesetzes zurückgenommen oder widerrufen werden, wenn ein Versagungsgrund nach § 47 Abs. 1 vorliegt.

§ 49 Anzeigepflichten. (1) [1]Wer Tätigkeiten im Sinne von § 44 erstmalig aufnehmen will, hat dies der zuständigen Behörde mindestens 30 Tage vor Aufnahme anzuzeigen. [2]Die Anzeige nach Satz 1 muss enthalten:

1. eine beglaubigte Abschrift der Erlaubnis, soweit die Erlaubnis nicht von der Behörde nach Satz 1 ausgestellt wurde, oder Angaben zur Erlaubnisfreiheit im Sinne von § 45,
2. Angaben zu Art und Umfang der beabsichtigten Tätigkeiten sowie Entsorgungsmaßnahmen,
3. Angaben zur Beschaffenheit der Räume und Einrichtungen.

[3]Soweit die Angaben in einem anderen durch Bundesrecht geregelten Verfahren bereits gemacht wurden, kann auf die dort vorgelegten Unterlagen Bezug genommen werden. [4]Die Anzeigepflicht gilt nicht für Personen, die auf der Grundlage des § 46 tätig sind.

(2) Mit Zustimmung der zuständigen Behörde können die Tätigkeiten im Sinne von § 44 vor Ablauf der Frist aufgenommen werden.

(3) Die zuständige Behörde untersagt Tätigkeiten, wenn eine Gefährdung der Gesundheit der Bevölkerung zu besorgen ist, insbesondere weil

1. für Art und Umfang der Tätigkeiten geeignete Räume oder Einrichtungen nicht vorhanden sind oder
2. die Voraussetzungen für eine gefahrlose Entsorgung nicht gegeben sind.

§ 50 Veränderungsanzeige. [1]Wer eine in § 44 genannte Tätigkeit ausübt, hat jede wesentliche Veränderung der Beschaffenheit der Räume und Einrichtungen, der Entsorgungsmaßnahmen sowie von Art und Umfang der Tätigkeit unverzüglich der zuständigen Behörde anzuzeigen. [2]Anzuzeigen ist auch die Beendigung oder Wiederaufnahme der Tätigkeit. [3]§ 49 Abs. 1 Satz 3 gilt entsprechend. [4]Die Anzeigepflicht gilt nicht für Personen, die auf der Grundlage des § 46 tätig sind.

§ 50a Laborcontainment und Ausrottung des Poliovirus; Verordnungsermächtigung. (1) [1]Natürliche oder juristische Personen, die die tatsächliche Sachherrschaft über Polioviren oder Material, das möglicherweise Polioviren enthält, haben (Besitzer), haben dies der zuständigen Behörde unverzüglich anzuzeigen. [2]Die Anzeige muss Angaben zu der Einrichtung, zu der verantwortlichen Person, zu der Art und der Menge der Polioviren oder des Materials sowie zu dem damit verfolgten Zweck enthalten. [3]Im Fall einer wesentlichen Veränderung der Tatsachen nach Satz 2 gelten die Sätze 1 und 2 entsprechend. [4]Die zuständige Behörde übermittelt die Angaben nach den Sätzen 1 bis 3 unverzüglich der obersten Landesgesundheitsbehörde, die sie unverzüglich der Geschäftsstelle der Nationalen Kommission für die Polioeradikation beim Robert Koch-Institut übermittelt. [5]Die Pflichten nach den §§ 49 und 50 bleiben von den Sätzen 1 bis 3 unberührt.

(2) Der Besitzer hat Polioviren oder Material, das möglicherweise Polioviren enthält, unverzüglich zu vernichten, sobald die Polioviren oder das Material

nicht mehr konkret für Zwecke der Erkennung, Verhütung oder Bekämpfung von Poliomyelitis oder Polioviren benötigt wird.

(3) [1]Polioviren oder Material, das möglicherweise Polioviren enthält, darf nur eine Einrichtung besitzen, die eine Zulassung für den Besitz von Polioviren hat (zentrale Einrichtung). [2]Für Polioimpf- oder -wildviren des Typs 1 und 3 sowie für Material, das möglicherweise solche Polioviren enthält, gilt Satz 1 ab den in einer Rechtsverordnung nach Absatz 4 Nummer 2 festgelegten Zeitpunkten. [3]Die Zulassung als zentrale Einrichtung darf die zuständige Behörde mit Zustimmung der obersten Landesgesundheitsbehörde nur erteilen, wenn die Einrichtung Sicherheitsmaßnahmen gewährleistet, die mindestens den Schutzmaßnahmen der Schutzstufe 3 nach den §§ 10 und 13 der Biostoffverordnung entsprechen und die die Anforderungen erfüllen, die nach den Empfehlungen der Weltgesundheitsorganisation an die Biosicherheit in Bezug auf Polioviren zu stellen sind. [4]Die Zulassung ist auf ein Jahr zu befristen. [5]Die zentrale Einrichtung ist mit der Zulassung verpflichtet, Polioviren und Material, das Polioviren enthält, aus anderen Einrichtungen zu übernehmen; bei der Übernahme ist jeweils Absatz 1 anzuwenden. [6]Absatz 2 bleibt unberührt. [7]Die zentrale Einrichtung hat über den jeweiligen Bestand nach den Vorgaben der zuständigen Behörde ein Verzeichnis zu führen.

(4) Das Bundesministerium für Gesundheit wird ermächtigt, durch Rechtsverordnung mit Zustimmung des Bundesrates die Zeitpunkte festzulegen,

1. zu denen Polioviren und Material, das möglicherweise Polioviren enthält, nach Absatz 2 spätestens vernichtet sein müssen,
2. ab denen nur eine zentrale Einrichtung Poliowildviren des Typs 1 und 3, Polioimpfviren des Typs 1 und 3 sowie Material, das möglicherweise solche Polioviren enthält, besitzen darf.

(5) [1]Wenn der Verdacht besteht, dass eine Person Polioviren oder Material, das möglicherweise Polioviren enthält, besitzt, ohne dass dies nach Absatz 1 angezeigt wurde, kann die zuständige Behörde die erforderlichen Ermittlungen durchführen. [2]Für die Ermittlungen gilt § 16 Absatz 2 bis 4 entsprechend. [3]Das Grundrecht der Unverletzlichkeit der Wohnung (Artikel 13 Absatz 1 des Grundgesetzes) wird insoweit eingeschränkt.

§ 51 Aufsicht. [1]Wer eine in § 44 genannte Tätigkeit ausübt oder Polioviren oder Material, das möglicherweise Polioviren enthält, besitzt, untersteht der Aufsicht der zuständigen Behörde. [2]Er und der sonstige Berechtigte ist insoweit verpflichtet, den von der zuständigen Behörde beauftragten Personen Grundstücke, Räume, Anlagen und Einrichtungen zugänglich zu machen, auf Verlangen Bücher und sonstige Unterlagen vorzulegen, die Einsicht in diese zu gewähren und die notwendigen Prüfungen zu dulden. [3]Das Grundrecht der Unverletzlichkeit der Wohnung (Artikel 13 Abs. 1 Grundgesetz) wird insoweit eingeschränkt.

§ 52 Abgabe. [1]Krankheitserreger sowie Material, das Krankheitserreger enthält, dürfen nur an denjenigen abgegeben werden, der eine Erlaubnis besitzt, unter Aufsicht eines Erlaubnisinhabers tätig ist oder einer Erlaubnis nach § 45 Absatz 2 Nummer 1 oder Nummer 3 nicht bedarf. [2]Satz 1 gilt nicht für staatliche human- oder veterinärmedizinische Untersuchungseinrichtungen.

§ 53 Anforderungen an Räume und Einrichtungen, Gefahrenvorsorge.
(1) Die Bundesregierung wird ermächtigt, durch Rechtsverordnung mit Zustimmung des Bundesrates Vorschriften

1. über die an die Beschaffenheit der Räume und Einrichtungen zu stellenden Anforderungen sowie

2. über die Sicherheitsmaßnahmen, die bei Tätigkeiten nach § 44 zu treffen sind,

zu erlassen, soweit dies zum Schutz der Bevölkerung vor übertragbaren Krankheiten erforderlich ist.

(2) In der Rechtsverordnung nach Absatz 1 kann zum Zwecke der Überwachung der Tätigkeiten auch vorgeschrieben werden, dass bei bestimmten Tätigkeiten Verzeichnisse zu führen und Berichte über die durchgeführten Tätigkeiten der zuständigen Behörde vorzulegen sowie bestimmte Wahrnehmungen dem Gesundheitsamt zu melden sind, soweit dies zur Verhütung oder Bekämpfung übertragbarer Krankheiten erforderlich ist.

§ 53a Verfahren über eine einheitliche Stelle, Entscheidungsfrist.
(1) Verwaltungsverfahren nach diesem Abschnitt können über eine einheitliche Stelle abgewickelt werden.

(2) [1]Über Anträge auf Erteilung einer Erlaubnis nach § 44 entscheidet die zuständige Behörde innerhalb einer Frist von drei Monaten. [2]§ 42a Absatz 2 Satz 2 bis 4 des Verwaltungsverfahrensgesetzes gilt entsprechend.

Zehnter Abschnitt

Zuständige Behörde

§ 54 Benennung der Behörde. [1]Die Landesregierungen bestimmen durch Rechtsverordnung die zuständigen Behörden im Sinne dieses Gesetzes, soweit eine landesrechtliche Regelung nicht besteht. [2]Sie können ferner darin bestimmen, dass nach diesem Gesetz der obersten Landesgesundheitsbehörde oder der für die Kriegsopferversorgung zuständigen obersten Landesbehörde zugewiesene Aufgaben ganz oder im Einzelnen von einer diesen jeweils nachgeordneten Landesbehörde wahrgenommen werden und dass auf die Wahrnehmung von Zustimmungsvorbehalten der obersten Landesbehörden nach diesem Gesetz verzichtet wird.

Elfter Abschnitt
Angleichung an Gemeinschaftsrecht

§ 55 Angleichung an Gemeinschaftsrecht. Rechtsverordnungen nach diesem Gesetz können auch zum Zwecke der Angleichung der Rechtsvorschriften der Mitgliedstaaten der Europäischen Union erlassen werden, soweit dies zur Durchführung von Verordnungen oder zur Umsetzung von Richtlinien oder Entscheidungen des Rates der Europäischen Union oder der Kommission der Europäischen Gemeinschaften, die Sachbereiche dieses Gesetzes betreffen, erforderlich ist.

Zwölfter Abschnitt
Entschädigung in besonderen Fällen

§ 56 Entschädigung. (1) [1]Wer auf Grund dieses Gesetzes als Ausscheider, Ansteckungsverdächtiger, Krankheitsverdächtiger oder als sonstiger Träger von Krankheitserregern im Sinne von § 31 Satz 2 Verboten in der Ausübung seiner bisherigen Erwerbstätigkeit unterliegt oder unterworfen wird und dadurch einen Verdienstausfall erleidet, erhält eine Entschädigung in Geld. [2]Das Gleiche gilt für Personen, die als Ausscheider oder Ansteckungsverdächtige abgesondert wurden oder werden, bei Ausscheidern jedoch nur, wenn sie andere Schutzmaßnahmen nicht befolgen können.

(2) [1]Die Entschädigung bemisst sich nach dem Verdienstausfall. [2]Für die ersten sechs Wochen wird sie in Höhe des Verdienstausfalls gewährt. [3]Vom Beginn der siebenten Woche an wird sie in Höhe des Krankengeldes nach § 47 Abs. 1 des Fünften Buches Sozialgesetzbuch gewährt, soweit der Verdienstausfall die für die gesetzliche Krankenversicherungspflicht maßgebende Jahresarbeitsentgeltgrenze nicht übersteigt.

(3) [1]Als Verdienstausfall gilt das Arbeitsentgelt (§ 14 des Vierten Buches Sozialgesetzbuch), das dem Arbeitnehmer bei der für ihn maßgebenden regelmäßigen Arbeitszeit nach Abzug der Steuern und der Beiträge zur Sozialversicherung und zur Arbeitsförderung oder entsprechenden Aufwendungen zur sozialen Sicherung in angemessenem Umfang zusteht (Netto-Arbeitsentgelt). [2]Der Betrag erhöht sich um das Kurzarbeitergeld und um das Zuschuss-Wintergeld, auf das der Arbeitnehmer Anspruch hätte, wenn er nicht aus den in Absatz 1 genannten Gründen an der Arbeitsleistung verhindert wäre. [3]Verbleibt dem Arbeitnehmer nach Einstellung der verbotenen Tätigkeit oder bei Absonderung ein Teil des bisherigen Arbeitsentgelts, so gilt als Verdienstausfall der Unterschiedsbetrag zwischen dem in Satz 1 genannten Netto-Arbeitsentgelt und dem in dem auf die Einstellung der verbotenen Tätigkeit oder der Absonderung folgenden Kalendermonat erzielten Netto-Arbeitsentgelt aus dem bisherigen Arbeitsverhältnis. [4]Die Sätze 1 und 3 gelten für die Berechnung des

Verdienstausfalls bei den in Heimarbeit Beschäftigten und bei Selbstständigen entsprechend mit der Maßgabe, dass bei den in Heimarbeit Beschäftigten das im Durchschnitt des letzten Jahres vor Einstellung der verbotenen Tätigkeit oder vor der Absonderung verdiente monatliche Arbeitsentgelt und bei Selbstständigen ein Zwölftel des Arbeitseinkommens (§ 15 des Vierten Buches Sozialgesetzbuch) aus der entschädigungspflichtigen Tätigkeit zugrunde zu legen ist.

(4) ¹Bei einer Existenzgefährdung können den Entschädigungsberechtigten die während der Verdienstausfallzeiten entstehenden Mehraufwendungen auf Antrag in angemessenem Umfang von der zuständigen Behörde erstattet werden. ²Selbstständige, deren Betrieb oder Praxis während der Dauer einer Maßnahme nach Absatz 1 ruht, erhalten neben der Entschädigung nach den Absätzen 2 und 3 auf Antrag von der zuständigen Behörde Ersatz der in dieser Zeit weiterlaufenden nicht gedeckten Betriebsausgaben in angemessenem Umfang.

(5) ¹Bei Arbeitnehmern hat der Arbeitgeber für die Dauer des Arbeitsverhältnisses, längstens für sechs Wochen, die Entschädigung für die zuständige Behörde auszuzahlen. ²Die ausgezahlten Beträge werden dem Arbeitgeber auf Antrag von der zuständigen Behörde erstattet. ³Im Übrigen wird die Entschädigung von der zuständigen Behörde auf Antrag gewährt.

(6) ¹Bei Arbeitnehmern richtet sich die Fälligkeit der Entschädigungsleistungen nach der Fälligkeit des aus der bisherigen Tätigkeit erzielten Arbeitsentgelts. ²Bei sonstigen Entschädigungsberechtigten ist die Entschädigung jeweils zum Ersten eines Monats für den abgelaufenen Monat zu gewähren.

(7) ¹Wird der Entschädigungsberechtigte arbeitsunfähig, so bleibt der Entschädigungsanspruch in Höhe des Betrages, der bei Eintritt der Arbeitsunfähigkeit an den Berechtigten auszuzahlen war, bestehen. ²Ansprüche, die Berechtigten nach Absatz 1 Satz 2 wegen des durch die Arbeitsunfähigkeit bedingten Verdienstausfalls auf Grund anderer gesetzlicher Vorschriften oder eines privaten Versicherungsverhältnisses zustehen, gehen insoweit auf das entschädigungspflichtige Land über.

(8) ¹Auf die Entschädigung sind anzurechnen

1. Zuschüsse des Arbeitgebers, soweit sie zusammen mit der Entschädigung den tatsächlichen Verdienstausfall übersteigen,

2. das Netto-Arbeitsentgelt und das Arbeitseinkommen nach Absatz 3 aus einer Tätigkeit, die als Ersatz der verbotenen Tätigkeit ausgeübt wird, soweit es zusammen mit der Entschädigung den tatsächlichen Verdienstausfall übersteigt,

3. der Wert desjenigen, das der Entschädigungsberechtigte durch Ausübung einer anderen als der verbotenen Tätigkeit zu erwerben böswillig unterlässt, soweit es zusammen mit der Entschädigung den tatsächlichen Verdienstausfall übersteigt,

4. das Arbeitslosengeld in der Höhe, in der diese Leistung dem Entschädigungsberechtigten ohne Anwendung der Vorschriften über das Ruhen des

Anspruchs auf Arbeitslosengeld bei Sperrzeit nach dem Dritten Buch Sozialgesetzbuch sowie des § 66 des Ersten Buches Sozialgesetzbuch in der jeweils geltenden Fassung hätten gewährt werden müssen. [2]Liegen die Voraussetzungen für eine Anrechnung sowohl nach Nummer 3 als auch nach Nummer 4 vor, so ist der höhere Betrag anzurechnen.

(9) Der Anspruch auf Entschädigung geht insoweit, als dem Entschädigungsberechtigten Arbeitslosengeld oder Kurzarbeitergeld für die gleiche Zeit zu gewähren ist, auf die Bundesagentur für Arbeit über.

(10) Ein auf anderen gesetzlichen Vorschriften beruhender Anspruch auf Ersatz des Verdienstausfalls, der dem Entschädigungsberechtigten durch das Verbot der Ausübung seiner Erwerbstätigkeit oder durch die Absonderung erwachsen ist, geht insoweit auf das zur Gewährung der Entschädigung verpflichtete Land über, als dieses dem Entschädigungsberechtigten nach diesem Gesetz Leistungen zu gewähren hat.

(11) [1]Die Anträge nach Absatz 5 sind innerhalb einer Frist von drei Monaten nach Einstellung der verbotenen Tätigkeit oder dem Ende der Absonderung bei der zuständigen Behörde zu stellen. [2]Dem Antrag ist von Arbeitnehmern eine Bescheinigung des Arbeitgebers und von den in Heimarbeit Beschäftigten eine Bescheinigung des Auftraggebers über die Höhe des in dem nach Absatz 3 für sie maßgeblichen Zeitraum verdienten Arbeitsentgelts und der gesetzlichen Abzüge, von Selbstständigen eine Bescheinigung des Finanzamtes über die Höhe des letzten beim Finanzamt nachgewiesenen Arbeitseinkommens beizufügen. [3]Ist ein solches Arbeitseinkommen noch nicht nachgewiesen oder ist ein Unterschiedsbetrag nach Absatz 3 zu errechnen, so kann die zuständige Behörde die Vorlage anderer oder weiterer Nachweise verlangen.

(12) Die zuständige Behörde hat auf Antrag dem Arbeitgeber einen Vorschuss in der voraussichtlichen Höhe des Erstattungsbetrages, den in Heimarbeit Beschäftigten und Selbstständigen in der voraussichtlichen Höhe der Entschädigung zu gewähren.

§ 57 Verhältnis zur Sozialversicherung und zur Arbeitsförderung.
(1) [1]Für Personen, denen eine Entschädigung nach § 56 Abs. 1 zu gewähren ist, besteht eine Versicherungspflicht in der gesetzlichen Rentenversicherung fort. [2]Bemessungsgrundlage für Beiträge sind
1. bei einer Entschädigung nach § 56 Abs. 2 Satz 2 das Arbeitsentgelt, das der Verdienstausfallentschädigung nach § 56 Abs. 3 vor Abzug von Steuern und Beitragsanteilen zur Sozialversicherung oder entsprechender Aufwendungen zur sozialen Sicherung zugrunde liegt,
2. bei einer Entschädigung nach § 56 Abs. 2 Satz 3 80 vom Hundert des dieser Entschädigung zugrunde liegenden Arbeitsentgelts oder Arbeitseinkommens.
[3]Das entschädigungspflichtige Land trägt die Beiträge zur gesetzlichen Rentenversicherung allein. [4]Zahlt der Arbeitgeber für die zuständige Behörde die Ent-

schädigung aus, gelten die Sätze 2 und 3 entsprechend; die zuständige Behörde hat ihm auf Antrag die entrichteten Beiträge zu erstatten.

(2) [1]Für Personen, denen nach § 56 Abs. 1 Satz 2 eine Entschädigung zu gewähren ist, besteht eine Versicherungspflicht in der gesetzlichen Kranken- und in der sozialen Pflegeversicherung sowie nach dem Dritten Buch Sozialgesetzbuch fort. [2]Absatz 1 Satz 2 bis 4 gilt entsprechend.

(3) [1]In der gesetzlichen Unfallversicherung wird, wenn es für den Berechtigten günstiger ist, der Berechnung des Jahresarbeitsverdienstes für Zeiten, in denen dem Verletzten im Jahr vor dem Arbeitsunfall eine Entschädigung nach § 56 Abs. 1 zu gewähren war, das Arbeitsentgelt oder Arbeitseinkommen zugrunde gelegt, das seinem durchschnittlichen Arbeitsentgelt oder Arbeitseinkommen in den mit Arbeitsentgelt oder Arbeitseinkommen belegten Zeiten dieses Zeitraums entspricht. [2]§ 82 Abs. 3 des Siebten Buches Sozialgesetzbuch gilt entsprechend. [3]Die durch die Anwendung des Satzes 1 entstehenden Mehraufwendungen werden den Versicherungsträgern von der zuständigen Behörde erstattet.

(4) In der Krankenversicherung werden die Leistungen nach dem Arbeitsentgelt berechnet, das vor Beginn des Anspruchs auf Entschädigung gezahlt worden ist.

(5) Zeiten, in denen nach Absatz 1 eine Versicherungspflicht nach dem Dritten Buch Sozialgesetzbuch fortbesteht, bleiben bei der Feststellung des Bemessungszeitraums für einen Anspruch auf Arbeitslosengeld nach dem Dritten Buch Sozialgesetzbuch außer Betracht.

§ 58 Aufwendungserstattung. [1]Entschädigungsberechtigte im Sinne des § 56 Abs. 1, die der Pflichtversicherung in der gesetzlichen Kranken-, Renten- sowie der sozialen Pflegeversicherung nicht unterliegen, haben gegenüber der zuständigen Behörde einen Anspruch auf Erstattung ihrer Aufwendungen für soziale Sicherung in angemessenem Umfang. [2]In den Fällen, in denen sie Netto-Arbeitsentgelt und Arbeitseinkommen aus einer Tätigkeit beziehen, die als Ersatz der verbotenen Tätigkeit ausgeübt wird, mindert sich der Anspruch nach Satz 1 in dem Verhältnis dieses Einkommens zur ungekürzten Entschädigung.

§ 59 Sondervorschrift für Ausscheider. Ausscheider, die Anspruch auf eine Entschädigung nach § 56 haben, gelten als körperlich Behinderte im Sinne des Dritten Buches Sozialgesetzbuch.

§ 60 Versorgung bei Impfschaden und bei Gesundheitsschäden durch andere Maßnahmen der spezifischen Prophylaxe. (1) [1]Wer durch eine Schutzimpfung oder durch eine andere Maßnahme der spezifischen Prophylaxe, die

1. von einer zuständigen Landesbehörde öffentlich empfohlen und in ihrem Bereich vorgenommen wurde,
2. auf Grund dieses Gesetzes angeordnet wurde,
3. gesetzlich vorgeschrieben war oder
4. auf Grund der Verordnungen zur Ausführung der Internationalen Gesundheitsvorschriften durchgeführt worden ist,

eine gesundheitliche Schädigung erlitten hat, erhält nach der Schutzimpfung wegen des Impfschadens im Sinne des § 2 Nr. 11 oder in dessen entsprechender Anwendung bei einer anderen Maßnahme wegen der gesundheitlichen und wirtschaftlichen Folgen der Schädigung auf Antrag Versorgung in entsprechender Anwendung der Vorschriften des Bundesversorgungsgesetzes, soweit dieses Gesetz nichts Abweichendes bestimmt. ²Satz 1 Nr. 4 gilt nur für Personen, die zum Zwecke der Wiedereinreise in den Geltungsbereich dieses Gesetzes geimpft wurden und die ihren Wohnsitz oder gewöhnlichen Aufenthalt in diesem Gebiet haben oder nur vorübergehend aus beruflichen Gründen oder zum Zwecke der Ausbildung aufgegeben haben, sowie deren Angehörige, die mit ihnen in häuslicher Gemeinschaft leben. ³Als Angehörige gelten die in § 10 des Fünften Buches Sozialgesetzbuch genannten Personen.

(2) ¹Versorgung im Sinne des Absatzes 1 erhält auch, wer als Deutscher außerhalb des Geltungsbereichs dieses Gesetzes einen Impfschaden durch eine Impfung erlitten hat, zu der er auf Grund des Impfgesetzes vom 8. April 1874 in der im Bundesgesetzblatt Teil III, Gliederungsnummer 2126-5, veröffentlichten bereinigten Fassung, bei einem Aufenthalt im Geltungsbereich dieses Gesetzes verpflichtet gewesen wäre. ²Die Versorgung wird nur gewährt, wenn der Geschädigte

1. nicht im Geltungsbereich dieses Gesetzes geimpft werden konnte,

2. von einem Arzt geimpft worden ist und

3. zur Zeit der Impfung in häuslicher Gemeinschaft mit einem Elternteil oder einem Sorgeberechtigten gelebt hat, der sich zur Zeit der Impfung aus beruflichen Gründen oder zur Ausbildung nicht nur vorübergehend außerhalb des Geltungsbereichs dieses Gesetzes aufgehalten hat.

(3) ¹Versorgung im Sinne des Absatzes 1 erhält auch, wer außerhalb des Geltungsbereichs dieses Gesetzes einen Impfschaden erlitten hat infolge einer Pockenimpfung auf Grund des Impfgesetzes oder infolge einer Pockenimpfung, die in den in § 1 Abs. 2 Nr. 3 des Bundesvertriebenengesetzes bezeichneten Gebieten, in der Deutschen Demokratischen Republik oder in Berlin (Ost) gesetzlich vorgeschrieben oder auf Grund eines Gesetzes angeordnet worden ist oder war, soweit nicht auf Grund anderer gesetzlicher Vorschriften Entschädigung gewährt wird. ²Ansprüche nach Satz 1 kann nur geltend machen, wer

1. als Deutscher bis zum 8. Mai 1945,

2. als Berechtigter nach den §§ 1 bis 4 des Bundesvertriebenengesetzes oder des § 1 des Flüchtlingshilfegesetzes in der Fassung der Bekanntmachung vom 15. Mai 1971 (BGBl. I S. 681), das zuletzt durch Artikel 24 des Gesetzes vom 26. Mai 1994 (BGBl. I S. 1014) geändert worden ist, in der jeweils geltenden Fassung,

3. als Ehegatte oder Abkömmling eines Spätaussiedlers im Sinne des § 7 Abs. 2 des Bundesvertriebenengesetzes oder

4. im Wege der Familienzusammenführung gemäß § 94 des Bundesvertriebenengesetzes in der vor dem 1. Januar 1993 geltenden Fassung

seinen ständigen Aufenthalt im Geltungsbereich dieses Gesetzes genommen hat oder nimmt.

(4) ¹Die Hinterbliebenen eines Geschädigten im Sinne der Absätze 1 bis 3 erhalten auf Antrag Versorgung in entsprechender Anwendung der Vorschriften des Bundesversorgungsgesetzes. ²Partner einer eheähnlichen Gemeinschaft erhalten Leistungen in entsprechender Anwendung der §§ 40, 40a und 41 des Bundesversorgungsgesetzes, sofern ein Partner an den Schädigungsfolgen verstorben ist und der andere unter Verzicht auf eine Erwerbstätigkeit die Betreuung eines gemeinschaftlichen Kindes ausübt; dieser Anspruch ist auf die ersten drei Lebensjahre des Kindes beschränkt. ³Satz 2 gilt entsprechend, wenn ein Partner in der Zeit zwischen dem 1. November 1994 und dem 23. Juni 2006 an den Schädigungsfolgen verstorben ist.

(5) ¹Als Impfschaden im Sinne des § 2 Nr. 11 gelten auch die Folgen einer gesundheitlichen Schädigung, die durch einen Unfall unter den Voraussetzungen des § 1 Abs. 2 Buchstabe e oder f oder des § 8a des Bundesversorgungsgesetzes herbeigeführt worden sind. ²Einem Impfschaden im Sinne des Satzes 1 steht die Beschädigung eines am Körper getragenen Hilfsmittels, einer Brille, von Kontaktlinsen oder von Zahnersatz infolge eines Impfschadens im Sinne des Absatzes 1 oder eines Unfalls im Sinne des Satzes 1 gleich.

(6) Im Rahmen der Versorgung nach Absatz 1 bis 5 finden die Vorschriften des zweiten Kapitels des Zehnten Buches Sozialgesetzbuch über den Schutz der Sozialdaten Anwendung.

§ 61 Gesundheitsschadensanerkennung. ¹Zur Anerkennung eines Gesundheitsschadens als Folge einer Schädigung im Sinne des § 60 Abs. 1 Satz 1 genügt die Wahrscheinlichkeit des ursächlichen Zusammenhangs. ²Wenn diese Wahrscheinlichkeit nur deshalb nicht gegeben ist, weil über die Ursache des festgestellten Leidens in der medizinischen Wissenschaft Ungewissheit besteht, kann mit Zustimmung der für die Kriegsopferversorgung zuständigen obersten Landesbehörde der Gesundheitsschaden als Folge einer Schädigung im Sinne des § 60 Abs. 1 Satz 1 anerkannt werden. ³Die Zustimmung kann allgemein erteilt werden.

§ 62 Heilbehandlung. Dem Geschädigten im Sinne von § 60 Abs. 1 bis 3 sind im Rahmen der Heilbehandlung auch heilpädagogische Behandlung, heilgymnastische und bewegungstherapeutische Übungen zu gewähren, wenn diese bei der Heilbehandlung notwendig sind.

§ 63 Konkurrenz von Ansprüchen, Anwendung der Vorschriften nach dem Bundesversorgungsgesetz, Übergangsregelungen zum Erstattungsverfahren an die Krankenkassen. (1) Treffen Ansprüche aus § 60 mit Ansprüchen aus § 1 des Bundesversorgungsgesetzes oder aus anderen Gesetzen zusammen, die eine entsprechende Anwendung des Bundesversorgungsgesetzes vorsehen, ist unter Berücksichtigung des durch die gesamten Schädigungsfolgen bedingten Grades der Schädigungsfolgen eine einheitliche Rente festzusetzen.

(2) Trifft ein Versorgungsanspruch nach § 60 mit einem Schadensersatzanspruch auf Grund fahrlässiger Amtspflichtverletzung zusammen, so wird der Anspruch nach § 839 Abs. 1 des Bürgerlichen Gesetzbuchs nicht dadurch ausgeschlossen, dass die Voraussetzungen des § 60 vorliegen.

(3) Bei Impfschäden gilt § 4 Abs. 1 Nr. 2 des Siebten Buches Sozialgesetzbuch nicht.

(4) § 81a des Bundesversorgungsgesetzes findet mit der Maßgabe Anwendung, dass der gegen Dritte bestehende gesetzliche Schadensersatzanspruch auf das zur Gewährung der Leistungen nach diesem Gesetz verpflichtete Land übergeht.

(5) [1]Die §§ 64 bis 64d, 64f und 89 des Bundesversorgungsgesetzes sind entsprechend anzuwenden mit der Maßgabe, dass an die Stelle der Zustimmung des Bundesministeriums für Arbeit und Soziales die Zustimmung der für die Kriegsopferversorgung zuständigen obersten Landesbehörde tritt. [2]Die Zustimmung ist bei entsprechender Anwendung des § 89 Abs. 2 des Bundesversorgungsgesetzes im Einvernehmen mit der obersten Landesgesundheitsbehörde zu erteilen.

(6) § 20 des Bundesversorgungsgesetzes ist mit den Maßgaben anzuwenden, dass an die Stelle der in Absatz 1 Satz 3 genannten Zahl die Zahl der rentenberechtigten Beschädigten und Hinterbliebenen nach diesem Gesetz im Vergleich zur Zahl des Vorjahres tritt, dass in Absatz 1 Satz 4 an die Stelle der dort genannten Ausgaben der Krankenkassen je Mitglied und Rentner einschließlich Familienangehörige die bundesweiten Ausgaben je Mitglied treten, dass Absatz 2 Satz 1 für die oberste Landesbehörde, die für die Kriegsopferversorgung zuständig ist, oder für die von ihr bestimmte Stelle gilt und dass in Absatz 3 an die Stelle der in Satz 1 genannten Zahl die Zahl 1,3 tritt und die Sätze 2 bis 4 nicht gelten.

(7) Am 1. Januar 1998 noch nicht gezahlte Erstattungen von Aufwendungen für Leistungen, die von den Krankenkassen vor dem 1. Januar 1998 erbracht worden sind, werden nach den bis dahin geltenden Erstattungsregelungen abgerechnet.

(8) Für das Jahr 1998 wird der Pauschalbetrag nach § 20 des Bundesversorgungsgesetzes wie folgt ermittelt: Aus der Summe der Erstattungen des Landes an die Krankenkassen nach diesem Gesetz in den Jahren 1995 bis 1997, abzüglich der Erstattungen für Leistungen bei Pflegebedürftigkeit nach § 11 Abs. 4 und § 12 Abs. 5 des Bundesversorgungsgesetzes in der bis zum 31. März 1995 geltenden Fassung und abzüglich der Erstattungen nach § 19 Abs. 4 des Bundesversorgungsgesetzes in der bis zum 31. Dezember 1993 geltenden Fassung, wird der Jahresdurchschnitt ermittelt.

§ 64 Zuständige Behörde für die Versorgung. (1) [1]Die Versorgung nach den §§ 60 bis 63 Abs. 1 wird von den für die Durchführung des Bundesversorgungsgesetzes zuständigen Behörden durchgeführt. [2]Die örtliche Zuständigkeit der Behörden bestimmt die Regierung des Landes, das die Versorgung zu gewähren hat (§ 66 Abs. 2), durch Rechtsverordnung. [3]Die Landesregierung ist befugt, die Ermächtigung durch Rechtsverordnung auf eine andere Stelle zu übertragen.

(2) Das Gesetz über das Verwaltungsverfahren der Kriegsopferversorgung in der Fassung der Bekanntmachung vom 6. Mai 1976 (BGBl. I S. 1169), zuletzt geändert durch das Gesetz vom 18. August 1980 (BGBl. I S. 1469), mit Ausnahme der §§ 3 und 4, die Vorschriften des ersten und dritten Kapitels des Zehnten Buches Sozialgesetzbuch sowie die Vorschriften des Sozialgerichtsgesetzes über das Vorverfahren sind anzuwenden.

(3) Absatz 2 gilt nicht, soweit die Versorgung in der Gewährung von Leistungen besteht, die den Leistungen der Kriegsopferfürsorge nach den §§ 25 bis 27j des Bundesversorgungsgesetzes entsprechen.

§ 65 Entschädigung bei behördlichen Maßnahmen. (1) [1]Soweit auf Grund einer Maßnahme nach den §§ 16 und 17 Gegenstände vernichtet, beschädigt oder in sonstiger Weise in ihrem Wert gemindert werden oder ein anderer nicht nur unwesentlicher Vermögensnachteil verursacht wird, ist eine Entschädigung in Geld zu leisten; eine Entschädigung erhält jedoch nicht derjenige, dessen Gegenstände mit Krankheitserregern oder mit Gesundheitsschädlingen als vermutlichen Übertragern solcher Krankheitserreger behaftet oder dessen verdächtig sind. [2]§ 254 des Bürgerlichen Gesetzbuchs ist entsprechend anzuwenden.

(2) [1]Die Höhe der Entschädigung nach Absatz 1 bemisst sich im Falle der Vernichtung eines Gegenstandes nach dessen gemeinem Wert, im Falle der Beschädigung oder sonstigen Wertminderung nach der Minderung des gemeinen Wertes. [2]Kann die Wertminderung behoben werden, so bemisst sich die Entschädigung nach den hierfür erforderlichen Aufwendungen. [3]Die Entschädigung darf den gemeinen Wert nicht übersteigen, den der Gegenstand ohne die Beschädigung oder Wertminderung gehabt hätte. [4]Bei Bestimmung des gemeinen Wertes sind der Zustand und alle sonstigen den Wert des Gegenstandes bestimmenden Umstände in dem Zeitpunkt maßgeblich, in dem die Maßnahme getroffen wurde. [5]Die Entschädigung für andere nicht nur unwesentliche Vermögensnachteile darf den Betroffenen nicht besser stellen, als er ohne die Maßnahme gestellt sein würde. [6]Auf Grund der Maßnahme notwendige Aufwendungen sind zu erstatten.

§ 66 Zahlungsverpflichteter. (1) [1]Verpflichtet zur Zahlung der Entschädigung nach § 56 ist das Land, in dem das Verbot erlassen worden ist, in den Fällen des § 34 Abs. 1 bis 3 und des § 42 das Land, in dem die verbotene Tätigkeit ausgeübt worden ist. [2]Verpflichtet zur Zahlung der Entschädigung nach § 65 ist das Land, in dem der Schaden verursacht worden ist.

(2) Versorgung wegen eines Impfschadens nach den §§ 60 bis 63 ist zu gewähren

1. in den Fällen des § 60 Abs. 1 von dem Land, in dem der Schaden verursacht worden ist,

2. in den Fällen des § 60 Abs. 2

   a) von dem Land, in dem der Geschädigte bei Eintritt des Impfschadens im Geltungsbereich dieses Gesetzes seinen Wohnsitz oder gewöhnlichen Aufenthalt hat,

   b) wenn bei Eintritt des Schadens ein Wohnsitz oder gewöhnlicher Aufenthalt im Geltungsbereich dieses Gesetzes nicht vorhanden ist, von dem Land, in dem der Geschädigte zuletzt seinen Wohnsitz oder gewöhnlichen Aufenthalt gehabt hat, oder

   c) bei minderjährigen Geschädigten, wenn die Wohnsitzvoraussetzungen der Buchstaben a oder b nicht gegeben sind, von dem Land, in dem der Elternteil oder Sorgeberechtigte des Geschädigten, mit dem der Geschädigte in häuslicher Gemeinschaft lebt, seinen Wohnsitz oder gewöhnlichen Aufenthalt im Geltungsbereich dieses Gesetzes hat oder, falls ein solcher Wohnsitz oder gewöhnlicher Aufenthalt nicht gegeben ist, zuletzt seinen Wohnsitz oder gewöhnlichen Aufenthalt gehabt hat,

3. in den Fällen des § 60 Abs. 3 von dem Land, in dem der Geschädigte seinen Wohnsitz oder gewöhnlichen Aufenthalt im Geltungsbereich dieses Gesetzes hat oder erstmalig nimmt. Die Zuständigkeit für bereits anerkannte Fälle bleibt unberührt.

(3) In den Fällen des § 63 Abs. 1 sind die Kosten, die durch das Hinzutreten der weiteren Schädigung verursacht werden, von dem Leistungsträger zu übernehmen, der für die Versorgung wegen der weiteren Schädigung zuständig ist.

§ 67 Pfändung. (1) Die nach § 56 Abs. 2 Satz 2 und 3 zu zahlenden Entschädigungen können nach den für das Arbeitseinkommen geltenden Vorschriften der Zivilprozessordnung gepfändet werden.

(2) Übertragung, Verpfändung und Pfändung der Ansprüche nach den §§ 60, 62 und 63 Abs. 1 richten sich nach den Vorschriften des Bundesversorgungsgesetzes.

§ 68 Rechtsweg. (1) Für Streitigkeiten über Entschädigungsansprüche nach den §§ 56 und 65 und für Streitigkeiten über Erstattungsansprüche nach § 56 Abs. 4 Satz 2, § 57 Abs. 1 Satz 3 und Abs. 3 Satz 3 sowie § 58 Satz 1 ist der ordentliche Rechtsweg gegeben.

(2) [1]Für öffentlich-rechtliche Streitigkeiten in Angelegenheiten der §§ 60 bis 63 Abs. 1 ist der Rechtsweg vor den Sozialgerichten gegeben. [2]Soweit das Sozialgerichtsgesetz besondere Vorschriften für die Kriegsopferversorgung enthält, gelten diese auch für Streitigkeiten nach Satz 1.

(3) [1]Absatz 2 gilt nicht, soweit Versorgung entsprechend den Vorschriften der Kriegsopferfürsorge nach den §§ 25 bis 27j des Bundesversorgungsgesetzes gewährt wird. [2]Insoweit ist der Rechtsweg vor den Verwaltungsgerichten gegeben.

Dreizehnter Abschnitt
Kosten

§ 69 Kosten. (1) Folgende Kosten sind aus öffentlichen Mitteln zu bestreiten, soweit nicht die von der Maßnahme betroffene Person oder Dritte zur Kostentragung verpflichtet sind:

1. Kosten für die Übermittlung der Meldungen der nach § 6 meldepflichtigen Krankheiten,
2. Kosten für die Übermittlung der Meldungen der nach § 7 meldepflichtigen Nachweise von Krankheitserregern,
3. Kosten für die Durchführung der Erhebungen nach § 13 Absatz 2 Satz 5,
4. Kosten für die Ablieferung von Untersuchungsmaterial an bestimmte Einrichtungen der Spezialdiagnostik nach § 13 Absatz 3 Satz 1,
5. Kosten für Maßnahmen nach § 17 Absatz 1, auch in Verbindung mit Absatz 3, soweit sie von der zuständigen Behörde angeordnet worden sind und die Notwendigkeit der Maßnahmen nicht vorsätzlich herbeigeführt wurde,
6. Kosten für Untersuchung und Behandlung bei sexuell übertragbaren Krankheiten und bei Tuberkulose nach § 19 Absatz 2 Satz 1 Nummer 2,
7. Kosten für Schutzimpfungen oder andere Maßnahmen der spezifischen Prophylaxe gegen bestimmte übertragbare Krankheiten nach § 20 Absatz 5,
8. Kosten für die Durchführung von Ermittlungen nach § 25,
9. Kosten für Beobachtungsmaßnahmen nach § 29,
10. Kosten für Quarantänemaßnahmen nach § 30 sowie
11. Kosten für ärztliche Untersuchungen nach § 36 Absatz 5.

(2) Wer die öffentlichen Mittel aufzubringen hat, bleibt, soweit nicht bundesgesetzlich geregelt, der Regelung durch die Länder vorbehalten.

(3) ¹Für aus öffentlichen Mitteln zu bestreitende Kosten der Quarantänemaßnahmen nach § 30 ist der Kostenträger zuständig, in dessen Bezirk die von der Maßnahme betroffene Person zum Zeitpunkt der Anordnung der Maßnahme ihren gewöhnlichen Aufenthalt hat oder zuletzt hatte. ²Falls ein gewöhnlicher Aufenthaltsort nicht feststellbar ist, werden die Kosten vorläufig von dem Kostenträger übernommen, in dessen Bezirk die Maßnahme angeordnet wird. ³Der zuständige Kostenträger ist im Fall des Satzes 2 zur Erstattung verpflichtet. ⁴Satz 1 gilt nicht, soweit die Länder abweichende Vereinbarungen treffen.

Vierzehnter Abschnitt

Sondervorschriften

§ 70 Aufgaben der Bundeswehr und des Gesundheitsamtes. (1) Im Geschäftsbereich des Bundesministeriums der Verteidigung obliegt der Vollzug dieses Gesetzes den zuständigen Stellen der Bundeswehr, soweit er betrifft

1. Personen, die in Unterkünften oder sonstigen Einrichtungen der Bundeswehr untergebracht sind,
2. Soldaten, die dauernd oder vorübergehend außerhalb der in Nummer 1 bezeichneten Einrichtungen wohnen,
3. Angehörige der Bundeswehr auf dem Transport, bei Märschen, in Manövern und Übungen,
4. die Belehrung nach § 43 bei Personen, die in Einrichtungen der Bundeswehr eine der in § 42 bezeichneten Tätigkeiten ausüben,
5. Grundstücke, Einrichtungen, Ausrüstungs- und Gebrauchsgegenstände der Bundeswehr,
6. im Bereich der Bundeswehr die Tätigkeiten mit Krankheitserregern.

(2) In den Fällen des Absatzes 1 Nr. 2 sind die Maßnahmen zur Bekämpfung übertragbarer Krankheiten im Benehmen mit dem zuständigen Gesundheitsamt zu treffen.

(3) Bei Zivilbediensteten, die außerhalb der in Absatz 1 Nr. 1 bezeichneten Einrichtungen wohnen, sind die Maßnahmen zur Bekämpfung übertragbarer Krankheiten im Benehmen mit der zuständigen Stelle der Bundeswehr zu treffen.

(4) In den Fällen des Absatzes 2 kann bei Gefahr im Verzug das Gesundheitsamt, in den Fällen des Absatzes 3 die zuständige Stelle der Bundeswehr vorläufige Maßnahmen treffen.

(5) Die Bundesregierung kann durch allgemeine Verwaltungsvorschriften mit Zustimmung des Bundesrates bestimmen, inwieweit sich die Gesundheitsämter und die zuständigen Stellen der Bundeswehr von dem Auftreten oder dem Verdacht des Auftretens einer übertragbaren Krankheit gegenseitig zu benachrichtigen und inwieweit sie sich bei den Ermittlungen gegenseitig zu unterstützen haben.

§ 71 *(aufgehoben)*

§ 72 Aufgaben des Eisenbahn-Bundesamtes. Im Bereich der Eisenbahnen des Bundes und der Magnetschwebebahnen obliegt der Vollzug dieses Gesetzes für Schienenfahrzeuge sowie für ortsfeste Anlagen zur ausschließlichen Befüllung von Schienenfahrzeugen dem Eisenbahn-Bundesamt, soweit die Aufgaben des Gesundheitsamtes und der zuständigen Behörde nach den §§ 37 bis 39 und 41 betroffen sind.

Fünfzehnter Abschnitt
Straf- und Bußgeldvorschriften

§ 73 Bußgeldvorschriften. (1) Ordnungswidrig handelt, wer entgegen § 50a Absatz 3 Satz 1, auch in Verbindung mit einer Rechtsverordnung nach § 50a Absatz 4 Nummer 2, Polioviren oder dort genanntes Material besitzt.

(1a) Ordnungswidrig handelt, wer vorsätzlich oder fahrlässig

1. entgegen § 6 oder § 7, jeweils auch in Verbindung mit einer Rechtsverordnung nach § 14 Absatz 8 Satz 1 Nummer 2, 4 bis 6 oder 7 oder § 15 Absatz 1 oder 3, eine Meldung nicht, nicht richtig, nicht vollständig, nicht in der vorgeschriebenen Weise oder nicht rechtzeitig macht,

2. *(aufgehoben)*

3. entgegen § 16 Abs. 2 Satz 2, auch in Verbindung mit § 25 Absatz 2, § 36 Abs. 3 oder einer Rechtsverordnung nach § 17 Abs. 4 Satz 1, § 41 Abs. 1 Satz 3, auch in Verbindung mit einer Rechtsverordnung nach Abs. 2 Satz 1, oder § 51 Satz 2 ein Grundstück, einen Raum, eine Anlage, eine Einrichtung, ein Verkehrsmittel oder einen sonstigen Gegenstand nicht zugänglich macht,

4. entgegen § 16 Abs. 2 Satz 3, auch in Verbindung mit § 25 Absatz 2, § 36 Abs. 3 oder einer Rechtsverordnung nach § 17 Abs. 4 Satz 1, § 29 Abs. 2 Satz 3, auch in Verbindung mit einer Rechtsverordnung nach § 32 Satz 1, oder § 41 Abs. 1 Satz 3, auch in Verbindung mit einer Rechtsverordnung nach Abs. 2 Satz 1, eine Auskunft nicht, nicht richtig, nicht vollständig oder nicht rechtzeitig erteilt,

5. entgegen § 16 Abs. 2 Satz 3, auch in Verbindung mit § 25 Absatz 2, § 36 Abs. 3 oder einer Rechtsverordnung nach § 17 Abs. 4 Satz 1, eine Unterlage nicht, nicht richtig, nicht vollständig oder nicht rechtzeitig vorlegt,

6. einer vollziehbaren Anordnung nach § 17 Abs. 1, auch in Verbindung mit einer Rechtsverordnung nach Abs. 4 Satz 1, § 17 Abs. 3 Satz 1, § 25 Absatz 3 Satz 1 oder 2, auch in Verbindung mit § 29 Abs. 2 Satz 2, dieser auch in Verbindung mit einer Rechtsverordnung nach § 32 Satz 1, § 25 Absatz 4 Satz 2, § 28 Abs. 1 Satz 1, auch in Verbindung mit einer Rechtsverordnung nach § 32 Satz 1, oder § 34 Abs. 8 oder 9 zuwiderhandelt,

7. entgegen § 18 Abs. 1 Satz 1 ein Mittel oder ein Verfahren anwendet,

8. entgegen § 22 Abs. 1 Satz 1 oder 2 eine Eintragung nicht, nicht richtig, nicht vollständig oder nicht rechtzeitig vornimmt oder eine Impfbescheinigung nicht, nicht richtig, nicht vollständig oder nicht rechtzeitig ausstellt,

9. entgegen § 23 Absatz 4 Satz 1 nicht sicherstellt, dass die dort genannten Infektionen und das Auftreten von Krankheitserregern aufgezeichnet oder die Präventionsmaßnahmen mitgeteilt oder umgesetzt werden,

9a. entgegen § 23 Absatz 4 Satz 2 nicht sicherstellt, dass die dort genannten Daten aufgezeichnet oder die Anpassungen mitgeteilt oder umgesetzt werden,

9b. entgegen § 23 Absatz 4 Satz 3 eine Aufzeichnung nicht oder nicht mindestens zehn Jahre aufbewahrt,

10. entgegen § 23 Absatz 4 Satz 4 Einsicht nicht gewährt,

10a. entgegen § 23 Absatz 5 Satz 1, auch in Verbindung mit einer Rechtsverordnung nach § 23 Absatz 5 Satz 2, nicht sicherstellt, dass die dort genannten Verfahrensweisen festgelegt sind,

11. entgegen § 25 Absatz 4 Satz 1 eine Untersuchung nicht gestattet,

11a. einer vollziehbaren Anordnung nach § 28 Absatz 2, auch in Verbindung mit einer Rechtsverordnung nach § 32 Satz 1, zuwiderhandelt,

12. entgegen § 29 Abs. 2 Satz 3, auch in Verbindung mit einer Rechtsverordnung nach § 32 Satz 1, Zutritt nicht gestattet,

13. entgegen § 29 Abs. 2 Satz 3, auch in Verbindung mit Satz 4 oder einer Rechtsverordnung nach § 32 Satz 1, § 49 Absatz 1 Satz 1, § 50 Satz 1 oder 2 oder § 50a Absatz 1 Satz 1 eine Anzeige nicht, nicht richtig, nicht vollständig oder nicht rechtzeitig erstattet,

14. entgegen § 34 Abs. 1 Satz 1, auch in Verbindung mit Satz 2 oder Abs. 3, eine dort genannte Tätigkeit ausübt, einen Raum betritt, eine Einrichtung benutzt oder an einer Veranstaltung teilnimmt,

15. ohne Zustimmung nach § 34 Abs. 2 einen Raum betritt, eine Einrichtung benutzt oder an einer Veranstaltung teilnimmt,

16. entgegen § 34 Abs. 4 für die Einhaltung der dort genannten Verpflichtungen nicht sorgt,

16a. entgegen § 34 Absatz 5 Satz 1 oder § 43 Absatz 2 eine Mitteilung nicht, nicht richtig, nicht vollständig oder nicht rechtzeitig macht,

17. entgegen § 34 Abs. 6 Satz 1, auch in Verbindung mit Satz 2 oder § 36 Absatz 3a, das Gesundheitsamt nicht, nicht richtig, nicht vollständig oder nicht rechtzeitig benachrichtigt,

17a. entgegen § 34 Absatz 10a Satz 1 einen Nachweis nicht oder nicht rechtzeitig erbringt,

18. entgegen § 35 Satz 1 oder § 43 Abs. 4 Satz 1 eine Belehrung nicht, nicht richtig, nicht vollständig oder nicht rechtzeitig durchführt,

19. entgegen § 36 Absatz 5 Satz 1 oder 3 eine Untersuchung nicht duldet,

20. entgegen § 43 Abs. 1 Satz 1, auch in Verbindung mit einer Rechtsverordnung nach Abs. 7, eine Person beschäftigt,

21. entgegen § 43 Abs. 5 Satz 2 einen Nachweis oder eine Bescheinigung nicht oder nicht rechtzeitig vorlegt,

22. einer vollziehbaren Auflage nach § 47 Abs. 3 Satz 1 zuwiderhandelt,

22a. entgegen § 50a Absatz 2, auch in Verbindung mit einer Rechtsverordnung nach § 50a Absatz 4 Nummer 1, Polioviren oder dort genanntes Material nicht oder nicht rechtzeitig vernichtet,

23. entgegen § 51 Satz 2 ein Buch oder eine sonstige Unterlage nicht oder nicht rechtzeitig vorlegt, Einsicht nicht gewährt oder eine Prüfung nicht duldet oder

24. einer Rechtsverordnung nach § 13 Absatz 3 Satz 1, § 17 Absatz 4 Satz 1 oder Absatz 5 Satz 1, § 20 Abs. 6 Satz 1 oder Abs. 7 Satz 1, § 23 Absatz 8 Satz 1 oder Satz 2, § 38 Abs. 1 Satz 1 Nr. 3 oder Abs. 2 Nr. 3 oder 5 oder § 53 Abs. 1 Nr. 2 oder einer vollziehbaren Anordnung auf Grund einer

solchen Rechtsverordnung zuwiderhandelt, soweit die Rechtsverordnung für einen bestimmten Tatbestand auf diese Bußgeldvorschrift verweist.

(2) Die Ordnungswidrigkeit kann in den Fällen des Absatzes 1a Nr. 8, 9b, 11a, 17a und 21 mit einer Geldbuße bis zu zweitausendfünfhundert Euro, in den übrigen Fällen mit einer Geldbuße bis zu fünfundzwanzigtausend Euro geahndet werden.

§ 74 Strafvorschriften. Mit Freiheitsstrafe bis zu fünf Jahren oder mit Geldstrafe wird bestraft, wer eine in § 73 Absatz 1 oder Absatz 1a Nummer 1 bis 7, 11 bis 20, 22, 22a, 23 oder 24 bezeichnete vorsätzliche Handlung begeht und dadurch eine in § 6 Absatz 1 Satz 1 Nummer 1 genannte Krankheit oder einen in § 7 genannten Krankheitserreger verbreitet.

§ 75 Weitere Strafvorschriften. (1) Mit Freiheitsstrafe bis zu zwei Jahren oder mit Geldstrafe wird bestraft, wer

1. einer vollziehbaren Anordnung nach § 28 Abs. 1 Satz 2, § 30 Abs. 1 oder § 31, jeweils auch in Verbindung mit einer Rechtsverordnung nach § 32 Satz 1, zuwiderhandelt,
2. entgegen § 42 Abs. 1 Satz 1, auch in Verbindung mit Satz 2, jeweils auch in Verbindung mit einer Rechtsverordnung nach § 42 Abs. 5 Satz 1, oder § 42 Abs. 3 eine Person beschäftigt oder eine Tätigkeit ausübt,
3. ohne Erlaubnis nach § 44 Krankheitserreger verbringt, ausführt, aufbewahrt, abgibt oder mit ihnen arbeitet oder
4. entgegen § 52 Satz 1 Krankheitserreger oder Material abgibt.

(2) Ebenso wird bestraft, wer einer Rechtsverordnung nach § 38 Abs. 1 Satz 1 Nr. 5 oder Abs. 2 Nr. 4 oder einer vollziehbaren Anordnung auf Grund einer solchen Rechtsverordnung zuwiderhandelt, soweit die Rechtsverordnung für einen bestimmten Tatbestand auf diese Strafvorschrift verweist.

(3) Wer durch eine in Absatz 1 bezeichnete Handlung eine in § 6 Abs. 1 Nr. 1 genannte Krankheit oder einen in § 7 genannten Krankheitserreger verbreitet, wird mit Freiheitsstrafe von drei Monaten bis zu fünf Jahren bestraft, soweit nicht die Tat in anderen Vorschriften mit einer schwereren Strafe bedroht ist.

(4) Handelt der Täter in den Fällen der Absätze 1 oder 2 fahrlässig, so ist die Strafe Freiheitsstrafe bis zu einem Jahr oder Geldstrafe.

(5) Mit Freiheitsstrafe bis zu einem Jahr oder mit Geldstrafe wird bestraft, wer entgegen § 24 Satz 1, auch in Verbindung mit Satz 2, dieser auch in Verbindung mit einer Rechtsverordnung nach § 15 Abs. 1, eine Person behandelt.

§ 76 Einziehung. Gegenstände, auf die sich eine Straftat nach § 75 Abs. 1 oder 3 bezieht, können eingezogen werden.

Sechzehnter Abschnitt
Übergangsvorschriften

§ 77 Übergangsvorschriften. (1) [1]Die nach den Vorschriften des Bundes-Seuchengesetzes bestehende Erlaubnis für das Arbeiten und den Verkehr mit Krankheitserregern gilt im Geltungsbereich dieses Gesetzes als Erlaubnis im Sinne des § 44; bei juristischen Personen gilt dies bis fünf Jahre nach Inkrafttreten dieses Gesetzes mit der Maßgabe, dass die Erlaubnis nach § 48 zurückgenommen oder widerrufen werden kann, wenn ein Versagungsgrund nach § 47 Abs. 1 Nr. 2 bei den nach Gesetz oder Satzung zur Vertretung berufenen Personen vorliegt; die Maßgabe gilt auch, wenn der Erlaubnisinhaber nicht selbst die Leitung der Tätigkeiten übernommen hat und bei der von ihm mit der Leitung beauftragten Person ein Versagungsgrund nach § 47 Abs. 1 vorliegt. [2]Die Beschränkung des § 47 Abs. 4 Satz 1 gilt nicht für die in § 22 Abs. 4 Satz 2 des Bundes-Seuchengesetzes genannten Personen, wenn bei Inkrafttreten dieses Gesetzes sie selbst oder diejenigen Personen, von denen sie mit der Leitung der Tätigkeiten beauftragt worden sind, Inhaber einer insoweit unbeschränkten Erlaubnis sind. [3]Bei Personen, die die in § 20 Abs. 1 Satz 1 des Bundes-Seuchengesetzes bezeichneten Arbeiten vor dem Inkrafttreten des Gesetzes berechtigt durchgeführt haben, bleibt die Befreiung von der Erlaubnis für diese Arbeiten fünf Jahre nach Inkrafttreten des Gesetzes bestehen; § 45 Abs. 4 findet entsprechend Anwendung.

(2) Ein Zeugnis nach § 18 des Bundes-Seuchengesetzes gilt als Bescheinigung nach § 43 Abs. 1.

Stichwortverzeichnis